GRUNDRISS
DER GESCHICHTE DER PHILOSOPHIE
Ueberweg: Antike 4/2

GRUNDRISS DER GESCHICHTE DER PHILOSOPHIE

BEGRÜNDET VON FRIEDRICH UEBERWEG

VÖLLIG NEUBEARBEITETE AUSGABE

JEREMIA 23,29

SCHWABE & CO AG · VERLAG
BASEL

DIE PHILOSOPHIE DER ANTIKE

BAND 4

DIE HELLENISTISCHE PHILOSOPHIE

VON MICHAEL ERLER · HELLMUT FLASHAR
GÜNTER GAWLICK
WOLDEMAR GÖRLER · PETER STEINMETZ

HERAUSGEGEBEN VON
HELLMUT FLASHAR

SCHWABE & CO AG · VERLAG
BASEL · 1994

PUBLIZIERT MIT UNTERSTÜTZUNG
DES SCHWEIZERISCHEN NATIONALFONDS
ZUR FÖRDERUNG DER WISSENSCHAFTLICHEN FORSCHUNG

AUFLAGENHÖHE: 2200 EXEMPLARE

REDAKTION IM VERLAG: WOLFGANG ROTHER

EINLEITUNG

VON HELLMUT FLASHAR UND WOLDEMAR GÖRLER

EPIKUR – DIE SCHULE EPIKURS – LUKREZ

VON MICHAEL ERLER

DIE STOA

VON PETER STEINMETZ

ÄLTERER PYRRHONISMUS – JÜNGERE AKADEMIE
ANTIOCHOS AUS ASKALON

VON WOLDEMAR GÖRLER

CICERO

VON GÜNTER GAWLICK UND WOLDEMAR GÖRLER

Ueberweg: Antike 4/2

© 1994 by Schwabe & Co. AG · Basel
Gesamtherstellung: Schwabe & Co. AG · Basel/Muttenz
ISBN 3-7965-0930-4

ZWEITER HALBBAND

Viertes Kapitel

Die Stoa

Von Peter Steinmetz

VORBEMERKUNG

Im Jahre 1969 habe ich das Anerbieten des Herausgebers des 'Ueberweg' angenommen, den Artikel über die Stoa zu schreiben. Nach längeren Vorarbeiten und auch Diskussionen über die Art der Darstellung, die durch meine Tätigkeit in der akademischen Selbstverwaltung (1971-1976) auf kurze Mussestunden beschränkt waren, habe ich mit der intensiven Ausarbeitung 1977 begonnen. Das Typoskript war im Jahre 1987 fertiggestellt.

Diese Arbeit konnte nur gelingen durch die Hilfe vieler Mitarbeiter. Insbesondere danke ich Frau Gerda Meyer, die das Typoskript geschrieben, Frau Rosalinde Dier, die mich in vielen Schreibarbeiten und Besorgungen unterstützt, und Frau Rosemarie Degen, die unermüdlich bei der Besorgung der Literatur geholfen hat. Weiterhin danke ich den Mitarbeitern Christoph Catrein, Georg Müller, Jutta Neu, Jörg Pusse, Heidi Thome, Hans-Werner Zimmer und Christine Zwick, die mir bei den schwierigen Korrekturen und ihrer Übertragung in den PC geholfen haben. Schliesslich möchte ich auch den Mitarbeitern des Verlags Schwabe, insbesondere Herrn Walter Tinner und Herrn Dr. Wolfgang Rother, für die Sorgfalt und Mühewaltung bei der Drucklegung herzlich danken.

Saarbrücken, im Dezember 1993   Peter Steinmetz

§ 33. Die Stoa bis zum Beginn der römischen Kaiserzeit im allgemeinen

A. Darstellung 495: 1. Allgemeine Charakteristik der Stoa und ihrer Geschichte 495; 2. Antike Nachrichten über Leben und Schriften der Stoiker 496; 3. Antike Bildnisse 497; 4. Quellen zur Chronologie der Stoa 497; 5. Quellen zur Ermittlung der Schriften und Lehrmeinungen der stoischen Philosophen 497; 6. Charakteristik der wichtigsten Fragmentsammlungen 500; 7. Skizze der Forschungslage 501. – B. Zeugnisse und Sekundärliteratur 502: 1. Bibliographien 502; 2. Fragmentsammlungen 503; 3. Bildliche Darstellungen 503; 4. Editionen der wichtigsten Quellenschriften 503; 5. Sekundärliteratur 505: a) Zur Stoa im ganzen 505; b) Zu einzelnen Disziplinen der Stoa 507: α) Erkenntnistheorie 507; β) Logik 508; γ) Sprachphilosophie 510; δ) Physik 510; ε) Ethik 513; c) Sonstiges 517.

A. DARSTELLUNG

1. Allgemeine Charakteristik der Stoa und ihrer Geschichte

Die Stoa, eine der vier grossen hellenistischen Philosophenschulen, wurde gegen 300 v. Chr. von Zenon aus Kition in Athen gegründet und endete in der Mitte des 3. Jh. n. Chr. Sie trägt ihren Namen nach dem Ort, an dem Zenon lehrte, der στοά ποικίλη ('bunte Halle'), einer Säulenhalle an der Agora von Athen, die von dem Maler Polygnot mit mythologischen Szenen ausgemalt war. Die Schüler und Anhänger Zenons werden gelegentlich 'die Zenonier' (οἱ Ζηνώνειοι), meist 'die aus der Stoa' (οἱ ἀπὸ oder ἐκ τῆς στοᾶς) und schliesslich 'die stoischen Philosophen' bzw. 'die Stoiker' (οἱ στωϊκοί sc. φιλόσοφοι) genannt. Für die Schule selbst hat sich die Bezeichnung ἡ στοά = 'die Stoa' durchgesetzt. Heute gebraucht man das Wort 'Stoa' auch für die stoische Philosophie.

Die Schule hatte zunächst keinen grösseren Besitz, weswegen sie ja für die Lehre mit einem öffentlichen Raum vorliebnehmen musste. Sie besass aber wohl im Hause Zenons, das rechtlich vermutlich einem athenischen Bürger als Strohmann gehörte, einen gewissen Mittelpunkt. Über die Schulorganisation ist nur sehr wenig bekannt. Sie scheint der Organisation der anderen hellenistischen Schulen geglichen zu haben. Man gliedert die Geschichte der Stoa in drei Phasen: 1. in die alte Stoa, 2. in die mittlere Stoa und 3. in die späte oder kaiserzeitliche Stoa. Die Phasen sind durch äussere Merkmale, aber auch durch deutlichere Differenzen in der Ausprägung der Lehre unterschieden. Der Begriff 'Phase' deutet auf Übergänge hin und schliesst abrupten Wandel aus. Die 1. Phase umfasst das 3. Jh. v. Chr., die Zeit der Grundlegung des stoischen Systems durch Zenon aus Kition, des drohenden Verfalls der Stoa infolge der Kritik aus den anderen Philosophenschulen und infolge des Streits der Zenonschüler (Ariston aus Chios, Herillos aus Kalchedon, Dionysios aus Herakleia, Persaios aus Kition, Kleanthes aus Assos u.a.) um das rechte Verständnis der Lehre Zenons und schliesslich die Zeit der Erneuerung,

Begründung, Absicherung, Ergänzung und Systematisierung der Philosophie Zenons durch Chrysippos aus Soloi. Der Beginn der 2. Phase der Stoa ist umstritten. SCHMEKEL (1892 [*350: 3]), der den Begriff 'mittlere Stoa' geprägt hat, lässt sie mit Panaitios einsetzen; dagegen sah BONHÖFFER (1890 [*701: 168]) den Anfang der mittleren Stoa schon bei Diogenes aus Seleukeia; diese Position erweiternd, fasste SCHÄFER (1934 [*712]) Diogenes, Antipatros aus Tarsos und Archedemos unter dem Begriff 'frühmittelstoisch' zusammen; GOEDECKEMEYER (^{6}1946 [*351]) lässt die mittlere Stoa schon mit Zenon aus Tarsos beginnen; heute ist man gelegentlich gegenüber dem Ansatz einer mittleren Phase skeptisch (einen kurzen Überblick über die Diskussion dieser Frage gibt SCHMIDT 1970 [§ 38 *201: 1383-1384]). Die folgende Darstellung geht aus sachlichen Gründen vom Früheinsatz der 2. Phase aus. Die mittlere Stoa reicht demnach vom Beginn des 2. Jh. bis ins 3. Drittel des 1. Jh. v. Chr. Sie ist gekennzeichnet 1. durch das Festhalten an der von Chrysipp geschaffenen Orthodoxie im Grundsätzlichen, durch ihre Interpretation und die Umsetzung in für den Gebrauch im Unterricht handliche Lehrbücher, 2. durch die polemische Verschärfung der Auseinandersetzung mit den anderen Schulen, aus der aber allmählich eine gemeinphilosophische Terminologie entsteht, 3. durch die Ausweitung der kritischen Auseinandersetzung auf aktuelle Fragen, wie sie sich u.a. aus dem neuen Interesse an der Naturphilosophie oder aus der Konfrontation mit dem Römertum stellten, schliesslich 4. durch den Versuch eines Ausgleichs der unterschiedlichen Schuldogmen mit Hilfe des Nachweises, alle Schulen ausser der Epikurs seien ihrer Herkunft nach sokratische Schulen, womit sich einerseits eine stärkere philosophiegeschichtliche Argumentation, andererseits die Offenheit für einen gewissen Eklektizismus verbanden. Die wichtigsten Stoiker dieser Phase sind Diogenes aus Seleukeia, Antipatros aus Tarsos, Panaitios aus Rhodos und Poseidonios aus Apameia. Die späte oder kaiserzeitliche Stoa reicht von Augustus bis in die Mitte des 3. Jh. n. Chr. Sie wird in diesem Band nicht mehr behandelt.

Auch die stoische Philosophie ist bei aller theoretischen und dialektischen Grundlegung und Durchdringung in starkem Masse darauf ausgerichtet, in den unruhigen und durch raschen Wechsel charakterisierten Zeitläuften des Ringens der Diadochen um das Erbe Alexanders des Grossen, in deren Gefolge die Polis, die einmal den ganzen Lebensraum des Einzelnen umfasst und geschützt hatte, sich allmählich zur blossen Gemeinde wandelte, dem entwurzelten, isolierten und hilflos dem Walten des blinden Zufalls (τύχη) sich ausgesetzt fühlenden Menschen den Weg zum rechten Leben und damit zum Glück (εὐδαιμονία) zu weisen.

2. Antike Nachrichten über Leben und Schriften der Stoiker

Hauptquellen für das Leben und die Schriften der Stoiker sind:

1. DIOGENES LAERT., Buch VII. Nach der Biographie Zenons aus Kition 1-38, der wie in den anderen Biographien ein Verzeichnis der Schriften eingelegt und in die bei der Aufzählung der Schüler eine Kurzbiographie des Persaios aus Kition eingefügt ist (36), lässt DIOGENES LAERT. einen Überblick über die stoische Philosophie folgen (38-160). Daran schliessen sich an die Biographien Aristons aus Chios (160-164), des Herillos (165-166), des Dionysios aus Herakleia (166-167), des Kleanthes (168-176), des Sphairos (177-178) und des Chrysipp (ab 179). Das Buch bricht jetzt

im Verzeichnis der Schriften Chrysipps ab, reichte aber einst nach dem handschriftlich erhaltenen Inhaltsverzeichnis (ROSE 1866 [*316: 368-372] und LONG im kritischen App. der Ausg. des DIOGENES LAERT. VII 202, S. 392) bis zu Kornutos (Zeit Neros). Verlorengegangen sind also die Biographien folgender Stoiker: Zenon aus Tarsos, Diogenes, Apollodoros, Boethos, Mnesarchides, Mnesagoras, Nestor, Basilides, Dardanos, Antipatros aus Tarsos, Herakleides, Sosigenes, Panaitios, Hekaton, Poseidonios, die beiden Athenodoros, Antipatros aus Tyros, Areios Didymos und Kornutos.

2. der Index Stoicorum Herculanensis.

3. Artikel des Suda-Lexikons, u.a. Στωικοί, Ζήνων Μνασέου, Περσαῖος Κιτιεύς, Χρύσιππος, Ζήνων Ταρσεύς, Παναίτιος, Ποσειδώνιος.

Als Primär- und Zwischenquellen dieser Schriften lassen sich u.a. Antigonos aus Karystos, Hermippos, Satyros, Sotion aus Alexandreia, Stratokles aus Rhodos, Apollonios aus Tyros und Diokles aus Magnesia ermitteln (vgl. POHLENZ ^{4}1972 [*353: 2,9-12], zu Sotion vgl. WEHRLI, Suppl. 2, zu Hermippos WEHRLI Suppl. 1, zur Problematik einer Quellenanalyse des DIOGENES LAERT. vgl. SCHWARTZ 1903 [*317: 739-762], MEJER 1978 [§ 1 *123], und jetzt GIANNANTONI (Hg.) 1986 [§ 1 *124]). Zu den Hauptquellen treten nicht wenige Bemerkungen, Hinweise und Notizen, die viele Autoren gelegentlich in ihre Darstellung eingestreut haben. Auch diese Nachrichten sind zusammengestellt und ediert in den unten zu nennenden Fragmentsammlungen. Eine Übersetzung einer Auswahl der Zeugnisse bietet POHLENZ (1950 ^{2}1964 [*14]).

3. Antike Bildnisse

In dem monumentalen Werk von RICHTER ‹The portraits of the Greeks› (1965 [§ 1 *455]), das die alte Sammlung von BERNOULLI (1901 [§ 1 *452]) ersetzen, vervollständigen und auf den jüngsten wissenschaftlichen Stand bringen will, sind auch die antiken Zeugnisse über Bildnisse von Philosophen sowie die aus der Antike erhaltenen Bildnisse samt einer guten Dokumentation durch Fotografien zusammengestellt, andere ältere Sammlungen sind in der Bibliographie der Sekundärliteratur aufgeführt. Einzelbelege werden bei den Biographien der Philosophen gegeben.

4. Quellen zur Chronologie der Stoa

Auch die Kenntnis der Chronologie der älteren stoischen Philosophen beruht vor allem auf den Forschungen des Apollodoros aus Athen. Die Reste seiner Chronika hat JACOBY (1902 [§ 1 *221] und FGrH 244) veröffentlicht. Ausserdem sind in den Hauptquellen zum Leben und zu den Schriften der Stoiker und in Hinweisen anderer Autoren weitere chronologische Notizen erhalten, die zuweilen von Apollodor unabhängig zu sein scheinen. Diese lassen gelegentlich eine kritische Prüfung der Ergebnisse Apollodors und die Erschliessung anderer chronologischer Ansätze zu. Auch diese chronologischen Notizen sind in den Fragmentsammlungen aufgeführt.

5. Quellen zur Ermittlung der Schriften und Lehrmeinungen der stoischen Philosophen

Wenn man von den 39 Versen des Zeushymnos des Kleanthes (SVF 1, frg. 537) und grösseren Teilen des 1. Buches der Λογικῶν Ζητημάτων (Logische Untersuchungen) Chrysipps, die wir einem Papyrus aus Herculaneum verdanken (SVF 2, frg. 298a), und anderen Bruchstücken auf Papyrus absieht, so ist von den ungezählten Schriften stoischer Philosophen von Zenon aus Kition bis zur Generation der Schüler des Poseidonios kein einziges Werk im Original erhalten. Sowohl die Lehren der einzelnen Stoiker als auch die stoische Philosophie, und diese sowohl in ihrem systematischen Aufbau als auch in ihrer Entwicklung und Entfaltung, können daher nur rekonstruiert werden. Material zur Rekonstruktion liefern drei Gruppen von Quellen: 1. wörtliche Zitate aus Schriften der Stoiker der 1. und der 2. Phase, die in Werken der späteren Literatur angeführt werden, 2. Referate über die stoische Philosophie und kritische Auseinandersetzungen mit der stoischen Philosophie, deren Verfasser oder Quellenautoren noch aus den Originalschriften schöpfen konnten, 3. Werke stoischer Philosophen oder von Autoren, die auf der Grundlage der stoischen Philosophie philosophische oder wissenschaftliche Fragen untersucht haben, aus der römisch-kaiserzeitlichen Phase der Stoa.

Die wichtigsten Autoren von Werken der 2. Gruppe sind:

– *Cicero* (106-43 v. Chr.). Im Werke Ciceros sind zu unterscheiden a) Schriften, die im Zusammenhang des grossangelegten Unternehmens der Jahre 45/44 v. Chr., dessen Plan aber während der Durchführung mehrfach abgeändert worden ist, geschrieben worden sind mit dem Ziel, die griechische Philosophie in lateinischer Sprache referierend-kritisch darzustellen; hierzu gehören folgende Schriften: α) *Hortensius,* ein Protreptikos mit dem Ziel der Hinführung zur Philosophie; von ihm sind nur Fragmente erhalten. β) *Academici libri,* Erkenntnistheorie mit dem Referat der stoisch gefärbten Erkenntnistheorie des Antiochos aus Askalon und der Kritik an ihr vom Standpunkt der skeptischen Akademie; erhalten sind von der 1. Fassung in zwei Büchern das 2. Buch (Lucullus), von der letzten Fassung in vier Büchern der Anfang des 1. Buches. γ) *De finibus bonorum et malorum libri V* (Über das höchste Gut und das höchste Übel); das 3. Buch enthält die Darstellung, das 4. die akademische Kritik der stoischen Telos-Lehre. δ) *Tusculanarum disputationum libri V* (Gespräche in Tusculum); das Werk handelt über die Störungen, denen die Nicht-Weisen beim Streben nach der Eudaimonie ausgesetzt sind, und zwar Buch 1 über die Furcht vor dem Tode, Buch 2 über die körperlichen Schmerzen, Buch 3 und 4 über die Affekte, Buch 5 über die sogenannten äusseren Übel. Neben der Kritik stoischer Lehren finden sich Partien, in denen Cicero auf der Grundlage stoischer Thesen zu philosophieren versucht. ε) *De natura deorum libri III* (Vom Wesen der Götter); in das 1. Buch sind auch Kritiken vom epikureischen Standpunkt aus der stoischen Theologie (1,20-24) und stoischer Philosophen (1,36-41) aufgenommen, das 2. Buch enthält das Referat, das 3. die akademische Kritik der stoischen Physik und Theologie. ζ) *De divinatione libri II* (Über die Vorhersage der Zukunft); die Schrift bringt im 1. Buch das Referat, im 2. die akademische Kritik der stoischen (poseidonischen) Auffassungen der Mantik. η) *De fato liber* (Über das Schicksal), eine Auseinandersetzung mit der stoischen Auffassung der εἱμαρμένη. b) Schriften, in denen Cicero nicht als Akademiker die Dogmen anderer Schulen referiert und kritisiert, sondern, zuweilen auch auf stoischer Grundlage, philosophische Lehren vorträgt, weiterentwickelt und so sich zu eigen macht. Hier sind besonders zu nennen das 1. Buch *De legibus* (Über die Gesetze) zum Naturrecht, die Schrift *De officiis* (Über die Pflichten), der im 1. und 2. Buch die Schrift gleichen Titels des Panaitios zugrunde liegt, der *Laelius de amicitia* (Laelius über die Freundschaft), der auf der Freundschaftslehre des Panaitios basiert, und schliesslich die oben genannten Teile der ‹Gespräche in Tusculum›. Die unter b) genannten Werke gehören eher in die 3. Gruppe der Quellen zur Rekonstruktion der Philosophie der älteren und mittleren Stoa.

– *Philodemos aus Gadara,* Zeitgenosse Ciceros und epikureischer Philosoph, hat in vielen ästhetischen und philosophischen Werken stoische Philosophen und stoische Lehrmeinungen bekämpft. Hier seien nur genannt Περὶ εὐσεβείας (Über Frömmigkeit), mit der Kritik der Götterauffassung der nichtepikureischen Philosophen, und Περὶ τῶν Στωικῶν (Über die Stoiker), eine Streitschrift gegen den Staatsentwurf Zenons (CRÖNERT 1906 [§ 37 *51: 53-67]), sowie De musica und De rhetorica mit Kritik entsprechender Lehrmeinungen des Diogenes aus Seleukeia.

– *Areios Didymos,* der Lehrer und Freund des Augustus, hat in der Schrift Ἐπιτομὴ τῶν ἀρεσκόντων τοῖς φιλοσόφοις (Auszug der Lehrmeinungen der Philosophen) auch die stoische Ethik und Physik dargestellt, jene ist von STOBAIOS (II 57-116) erhalten, diese von DIELS (DDG 457-472) ediert. Vgl. unten § 41, S. 712f.

– Bei *Philon aus Alexandreia* (1. Hälfte des 1. Jh. n. Chr.) finden sich in den philosophischen, aber auch in den exegetischen, theologischen und apologetischen Schriften manche Darlegungen von und Auseinandersetzungen mit stoischem Gedankengut. Hervorgehoben seien die Schriften Περὶ ἀφθαρσίας κόσμου (Über die Unvergänglichkeit der Welt), Περὶ προνοίας (Über die Vorsehung), Περὶ τοῦ πάντα σπουδαῖον εἶναι ἐλεύθερον (Jeder rechtschaffene Mensch ist frei).

– *Aëtios* (um 100 n. Chr.) hat in seinem doxographischen Werk über die Naturphilosophie (Συναγωγὴ περὶ τῶν ἀρεσκόντων), das DIELS (DDG 45-69, 267-444) wiederhergestellt und herausgegeben hat, auch die Lehrsätze der stoischen Physik berücksichtigt.

– *Plutarchos* (geboren kurz nach 45, gestorben nach 120 n. Chr.) hat in vielen Schriften auch stoische Lehren angeführt und sich mit ihnen, oft sehr polemisch, auseinandergesetzt, besonders aber in den erhaltenen Streitschriften gegen die Stoa Περὶ Στωικῶν ἐναντιωμάτων (De Stoicis repugnantibus, Über stoische Selbstwidersprüche, mor. 1033a-1057c), Περὶ τῶν κοινῶν ἐννοιῶν πρὸς τοὺς Στωικούς (De communibus notitiis, Über die allgemeinen Begriffe gegen die Stoiker, mor. 1058e-1086b) und Ὅτι παραδοξότερα οἱ Στωϊκοὶ τῶν ποιητῶν λέγουσιν (Die Stoiker behaupten Widersinnigeres als die Dichter, mor. 1057c-1058d, diese Schrift ist nur in einer Synopse von gerade 80 Zeilen erhalten). Einen guten Überblick über Thematik, Gedankengang und Eigenart dieser Schriften gibt ZIEGLER (²1964 [*236: 116-124]).

– Der Arzt *Galenos* (129-199 n. Chr.) geht an zahlreichen Stellen seines ungeheuren Œuvres, nicht nur in den philosophischen, sondern auch in den exegetischen und systematischen medizinischen Schriften auf stoische Philosopheme ein.

– *Sextus Empiricus* (letztes Drittel des 2. Jh. n. Chr.) referiert und kritisiert in seinen skeptischen und antidogmatischen Schriften gerade auch Lehren der stoischen Philosophie.

– *Diogenes Laertios* (3. Jh. n. Chr.) legt in seine Philosophengeschichte ausser Bemerkungen zur Lehre einzelner Stoiker auch ein Referat über die stoische Philosophie ein (DIOGENES LAERT. VII 38-159).

– *Alexander aus Aphrodisias* (um 200 n. Chr.) hat sowohl in seinen Kommentaren zu Werken des Aristoteles, z.B. zu Aristoteles' Topika, als auch in seinen eigenen philosophischen Schriften, darunter Περὶ μίξεως (De mixtione, Über Mischung), Περὶ εἱμαρμένης (De fato, Über das Schicksal) und Περὶ προνοίας (De providentia, Über die Vorsehung) – diese Schrift ist nur in arabischer Fassung erhalten; sie ist ediert, übersetzt und kommentiert von RULAND (1976 [§ 1 *91]) – stoische Lehrmeinungen referiert und sich mit ihnen auseinandergesetzt.

– Ihm und *Aspasios* (um 135 n. Chr.) folgend, haben die späteren Aristoteles- und Platonkommentatoren nicht selten auch stoische Dogmen herangezogen; allerdings fand *Simplikios* (1. Hälfte des 6. Jh. n. Chr.) kaum noch altstoische Originalschriften vor.

Die wichtigsten Werke der dritten Gruppe sind:
– die philosophischen Schriften *Senecas* (gestorben 65 n. Chr.), insbesondere die Epistulae morales ad Lucilium und die Quaestiones naturales,

– die Ἐπιδρομὴ τῶν κατὰ τὴν Ἑλληνικὴν θεολογίαν παραδεδομένων (Kurzer Überblick über die Überlieferungen hinsichtlich der hellenischen Theologie), eine allegorisch-physikalische Mythendeutung des *L. Annaeus Cornutus*, des Zeitgenossen Senecas,

– die von *Stobaios* erhaltenen Exzerpte aus Schülernachschriften mündlicher Vorträge des C. Musonius Rufus, des Lehrers Epiktets,

– die von *Arrian* aufgezeichneten und unter dem Titel Διατριβαὶ Ἐπικτήτου (Erörterungen) veröffentlichten Lehrvorträge des Epiktet aus Hierapolis in Phrygien (geb. um 50 n. Chr., gestorben nach 135 n. Chr.) und der aus diesem Werk von Epiktet selbst ausgezogene moralische Katechismus Ἐγχειρίδιον (Handbüchlein),

– die Aphorismen Τὰ εἰς ἑαυτόν (Wege zu sich selbst, oft auch als 'Selbstgespräche' u.ä. übersetzt) des Kaisers *Mark Aurel* (121-180),

– die Ἠθικὴ στοιχείωσις (Grundlegung der Ethik) und die von Stobaios erhaltenen Exzerpte eines nach Pflichtenkreisen geordneten populären Moralbuchs des *Hierokles*, offenbar eines Zeitgenossen Mark Aurels,

– die allegorische Homerinterpretation (Ὁμηρικὰ προβλήματα) eines *Heraklit* (1. Jh. n. Chr.),

– die Εἰσαγωγὴ εἰς τὰ φαινόμενα (Einführung in die Astronomie) des *Geminos* (1. Jh. v. Chr.), vgl. unten § 41, S. 710,

– die Κυκλικὴ θεωρία μετεώρων des *Kleomedes* (1. Jh. n. Chr.), ebenfalls eine Einführung in die Astronomie.

Schliesslich sei noch auf die oben unter b) charakterisierten Schriften Ciceros verwiesen und daran erinnert, dass sich in den Werken nicht weniger römischer Dichter dieser Zeit stoisches Weltverständnis spiegelt; genannt seien das astrologische Lehrgedicht des Manilius (Tiberianische Zeit), die Satiren des Persius, das Epos Lucans über den Bürgerkrieg, die Tragödien Senecas (alles Dichtungen neronischer Zeit).

6. Charakteristik der wichtigsten Fragmentsammlungen

Die Zitate und die Quellenschriften der 2. Gruppe hat H. VON ARNIM in den gross angelegten Stoicorum veterum fragmenta (SVF) in vier Bänden (1 Zeno et Zenonis discipuli (1905), 2 Chrysippi fragmenta logica et physica (1903), 3 Chrysippi fragmenta moralia, Fragmenta successorum Chrysippi (1903), 4 Indices [zusammengestellt von M. ADLER (1924)]) gesammelt und ediert. Der erste Band enthält Testimonien und Fragmente Zenons S. 3-72 = Frg. 1-332, des Ariston aus Chios S. 75-90 = 333-403, des Apollophanes S. 90 = Frg. 404-408, des Herillos S. 91-93 = Frg. 409-421, des Dionysios aus Herakleia S. 93-96 = Frg. 422-434, des Persaios S. 96-102 = Frg. 435-462, des Kleanthes S. 103-139 = Frg. 463-619, des Sphairos S. 139-142 = Frg. 620-630 und von anonymen älteren Stoikern S. 142 = Frg. 631; die Fragmente sind also durch den Band durchnumeriert. Dagegen werden im dritten Band die Fragmente der Nachfolger Chrysipps jeweils neu durchnumeriert. Es werden dort angeführt: Zenon aus Tarsos S. 209, 5 Fragm., Diogenes aus Seleukeia S. 210-243, 126 Fragm., Antipater aus Tarsos S. 244-258, 67 Fragm., Sosigenes S. 258, 1 Fragm., Herakleides aus Tarsos S. 258, 1 Fragm., Apollodoros aus Seleukeia S. 259-261, 18 Fragm., Archedemos aus Tarsos S. 262-264, 22 Fragm., Boethos aus Sidon S. 265-267, 11 Fragm., Basilides S. 268, 1 Fragm., Eudromos S. 268, 2 Fragm., Krinis S. 268-269, 5 Fragm. Dieses grundlegende Werk ist einerseits in den rund 80 Jahren, die seit seiner Veröffentlichung vergangen sind, in manchem veraltet; neue Fragmente der Stoiker sind unterdessen dazugekommen, und zu nicht wenigen Quellenschriften liegen heute besser fundierte Editionen vor. Andererseits ist es aber auch von Anfang an von gewissen Schwächen nicht frei. Nicht alle Fragmente, die damals bekannt waren, sind aufgenommen. Bei vielen Zitaten ist die Abgrenzung umstritten, so dass nicht selten die Quellenwerke eingesehen werden müssen. Die Referate stoischer Philosophie sind nicht je als ganzes abgedruckt, sondern auf zweifache Weise zerteilt und zerstückelt. Lehren, die in ihnen für einen bestimmten Stoiker bezeugt sind, werden unter dessen Fragmenten angeführt, Lehren aber, die nur als stoisch charakterisiert sind, werden zusammen mit den ausdrücklich für Chrysipp bezeugten Fragmenten dargeboten. Da Chrysipp erst das altstoische System durch Neuinterpretation älterer Dogmen, durch neue dialektische Begründung und durch Hinzufügungen und Ergänzungen vollendet hat, ist dieses Verfahren zwar nicht unangemessen, schreibt aber letztlich den Zustand der Doxographie, wie er bei Cicero, Areios Didymos und Diogenes Laertios gegeben ist, fest. Zudem werden die Referate (und gelegentlich auch die Zitate) thematisch zerlegt. Denn innerhalb der Lehren Chrysipps oder eines anderen Stoikers werden die Fragmente nach Sachgebieten und Einzelthemen geordnet, was gewiss die Erfassung der Dogmen zu bestimmten Sachfragen erleichtert, aber den Kontext eines Fragments nicht mehr erkennen lässt. Eine Neuausgabe der SVF wird von J. MANSFELD vorbereitet.

Die Stoikerfragmente hat FESTA (1932-1936 [*12]) mit gewissen Umordnungen (zur Ermöglichung der Rekonstruktion von Originalwerken), Ergänzungen und guten Erläuterungen ins Italienische übersetzt. Eine Übersetzung ins Französische hat BRÉHIER (1962 [*13]) geliefert. Ausgewählte Fragmente hat POHLENZ (1950 ^{2}1964 [*14]) ins Deutsche übertragen. Sammlungen der Fragmente, Referate und Zeugnisse über einzelne Stoiker sind bei diesen angeführt.

In den 1980er Jahren sind zwei Sammlungen der Testimonien und Fragmente der stoischen Dialektik erschienen:

1. M. BALDASSARRI: La logica stoica. Testimonianze e Frammenti. Testi originali con introduzione e traduzione commentata, 10 Bde., I, II, III, IV, Va, Vb, VI, VIIa, VIIb, VIII (Como 1984-1987). – Der Verfasser will dem Leser die erhaltenen Werke oder Werkabschnitte, in denen die stoische Dialektik dargestellt, referiert und kritisiert wird, erschliessen. Zu diesem Zweck ediert er diese Werke oder Werkabschnitte, übersetzt sie ins Italienische und fügt der Übersetzung meist kurze kommentierende Anmerkungen hinzu.

2. K. HÜLSER: Die Fragmente zur Dialektik der Stoiker. Neue Sammlung der Texte mit deutscher Übersetzung und Kommentaren, 4 Bde. (Stuttgart 1987-1988) [FDS]. – Um die Schwächen der Sammlung VON ARNIMS zu vermeiden und um dem Leser einen Zugang zur stoischen Dialektik und ihren Einzelproblemen zu erschliessen, hat HÜLSER die Zeugnisse unter Hintanstellung der Zuordnung der Fragmente zu bestimmten Philosophen thematisch geordnet. Über die Dialektik im engeren Sinne hinaus hat er Texte zur Einteilung der stoischen Philosophie, zur Herkunft, Entwicklung und Rezeption der stoischen Dialektik und, wie in modernen Darstellungen üblich, zur stoischen Erkenntnistheorie und zur stoischen

Psychologie aufgenommen. Bei den einzelnen Fragmenten wird der Kontext, aus dem sie genommen sind, vermerkt und auf die vorausgehenden oder anschliessenden Textabschnitte aufmerksam gemacht. 8 Indizes sollen helfen, das Werk zu erschliessen. Eine vorläufige xerographische Edition in 6 Einzelbänden ist 1982 in den Forschungsberichten und Arbeitspapieren des Sonderforschungsbereichs 99 'Linguistik' der Universität Konstanz erschienen, und zwar: Nr. 57: Bd. I (F 1-154), Nr. 58: Bd. II (F 155-473), Nr. 61: Bd. III (F 474-680), Nr. 63: Bd. IV 1/2 (F 681-873), Nr. 65: Bd. IV 3/4 (F 874-1035), Nr. 67: Bd. IV 5 (F 1036-1198), Nr. 72: IV 6 (F 1199-1257, Indices, Corrigenda et Addenda). Mir waren trotz intensiver Bemühungen nicht alle Bände des Vorabdrucks zugänglich. Die Textstücke der SVF zur stoischen Dialektik in der Sammlung HÜLSERS können mit Hilfe seiner ausführlichen Indices ermittelt werden.

Eine Auswahl wichtiger Texte zur stoischen Philosophie haben A. A. LONG und D. N. SEDLEY in ihrem Werk ‹The Hellenistic philosophers› (Cambridge 1987) unter den Nummern 26-67 in thematischer Ordnung ediert, ins Englische übersetzt und mit Anmerkungen und philosophischem Kommentar versehen. Vgl. die Beschreibung dieses Werks [§ 1 *295].

7. Skizze der Forschungslage

Angesichts dieser Art der Überlieferung führt man in umfassenden philosophiegeschichtlichen Werken, aber auch in Darstellungen der Stoa meist nur das altstoische System in der Ausprägung, die ihm Chrysipp gegeben hat, vor, vermerkt einerseits in ihm abweichende Lehrmeinungen der Stoiker vor Chrysipp und legt andererseits in der Darstellung der mittleren Phase der Stoa Neuerungen gegenüber diesem System dar. Dabei hat man in den letzten Jahrzehnten des 19. Jh. die Aufmerksamkeit vor allem auf die erhaltenen Schriften von Stoikern der 3. Phase, auf die Referate über die stoische Philosophie und auf die kritischen Auseinandersetzungen mit ihr gerichtet, nicht selten mit dem Ziel, das stoische System als ganzes oder gar das altstoische System zu ermitteln. Die Anordnung der SVF spiegelt diese Forschungsrichtung recht getreu wider. Daneben bemühte man sich, durch Quellenanalyse der damaligen Form vor allem aus Cicero und Seneca weiteres Material gerade für die Stoiker der mittleren Phase zu gewinnen. Nicht wenige Werke dieser Zeit sind nicht heute heranzuziehen. Sie werden in den Literaturverzeichnissen angeführt.

Die Veröffentlichung der SVF (1903-1905) markierte in der Forschung insofern einen Einschnitt, als einerseits sich nun die Möglichkeit bot, innerhalb des altstoischen Systems zwischen Zenon, Kleanthes und Chrysipp schärfer zu differenzieren, aber auch die Abweichungen der übrigen Zenonschüler wenigstens in ihrer Tendenz genauer zu erfassen, andererseits aber auch Wege offen schienen, die spezifischen Eigenarten der Stoiker der 2. Phase im Kontrast zur älteren Stoa herauszuarbeiten. Diesen Weg der Forschung ist POHLENZ seit dem letzten Jahrzehnt des vergangenen Jahrhunderts fast bis zu seinem Tode mit Monographien, Abhandlungen, Aufsätzen und Rezensionen mitgegangen und hat in nicht geringem Masse seinen Verlauf mitbestimmt. Die Summe seiner Forschungen hat er 1948/49 in dem monumentalen Werk ‹Die Stoa. Geschichte einer geistigen Bewegung› [*353] in zwei Bänden vorgelegt, das natürlich auch vom Stempel seiner eigenen Denkungsart und seiner zuweilen unbeirrbaren Anschauung geprägt ist.

Unter dem überwältigenden Eindruck dieses Werkes stockte zunächst die Forschung zur Stoa, setzte aber bald mit der kritischen Überprüfung seiner Thesen neu ein (vgl. hierzu SCHUHL 1964 [*3]). In diesen neueren Forschungen sind vier Richtungen deutlich zu erkennen. 1. Man wendet sich nunmehr über alle historische Differenzierung hinweg der 'Einheit der stoischen Philosophie' zu. Fast programmatisch kennzeichnend für diese Richtung ist schon der Titel des 1962 erschienenen Büchleins des dänischen Forschers J. CHRISTENSEN ‹An essay on the unity of Stoic philosophy›. Der Autor wendet sich aber auch ausdrücklich gegen eine Differenzierung der altstoischen Philosophie (1962 [*355]). Wenn man allein dieser Richtung folgt, läuft man Gefahr, gerade wegen der mangelnden Berücksichtigung des historischen Ortes vieler Zeugnisse letztendlich ein System zu rekonstruieren, wie es in dieser Art in der Antike nicht existiert hat. 2. Man sieht das Ziel der Forschung gerade darin, mit immer feineren Kriterien die Lehrmeinungen der einzelnen Stoiker zu ermitteln, um noch relativ grobe Differenzierungen der älteren Forschung zu überwinden. Das Buch von HUNT ‹A physical interpretation of the universe. The doctrines of Zeno the

Stoic› (1976 [§ 34 *151]) mag als Beispiel dienen. Man muss allerdings darauf achten, dass eine individuelle Lehrmeinung durchaus eine Interpretation eines traditionellen Schuldogmas sein kann und so im ganzen im Rahmen der gemeinstoischen Doktrin bleibt. 3. Es hat sich das Bemühen verstärkt, die Anregungen, die der Stoa von älteren Philosophen oder Schulen zuteil geworden sind, und die Übernahme älterer Lehrmeinungen zu ermitteln und so den philosophiegeschichtlichen Ort der Stoa oder eines Stoikers zu bestimmen. Als Beispiele dieser Richtung seien der RE-Artikel über Zenon, den VON FRITZ verfasst hat (1972 [§ 34 *15]), und das Buch von GRAESER über Zenon (1975 [§ 34 *16]) genannt. So wichtig und notwendig diese Fragestellung ist, so kann sie doch auch zur Überschätzung der Einflüsse älterer Philosophen und zur Verkennung des genuin Stoischen führen. 4. Gelegentlich findet man auch das Bemühen, die Lehrmeinung eines stoischen Philosophen als ganz persönliche Antworten auf zu seiner Zeit aktuelle Fragestellungen und Probleme zu verstehen. Als Belege hierfür sei auf die Arbeiten von STEINMETZ über die Krise der Philosophie im Hochhellenismus (1969 [§ 1 *393]) und über die hellenistische Philosophie und ihre Entwicklung (1988 [§ 1 *403]) verwiesen. Freilich hat auch diese Zielsetzung ihre Gefahren. Die Tagesprobleme dürfen den Blick für systematische und entwicklungsgeschichtliche Zusammenhänge nicht verstellen. Die neueren Forschungen haben seit der 2. Hälfte der sechziger Jahre eine grosse Zahl von Veröffentlichungen gezeigt. In stoicis ist offenbar vieles in Fluss. Zur Situation der Forschung vgl. jetzt RIST (1985 [*429]).

Dementsprechend werden in die folgende Darstellung auch die Anregungen und schon gesichert scheinende Ergebnisse auch und gerade der jüngsten Forschung aufgenommen, allerdings mit Vorsicht und Kritik. Auch wird versucht, in den genannten vier Richtungen, soweit es ein Handbuch zulässt, weiterzugehen. Insbesondere wird, was die Gliederung anlangt, angesichts der Zielsetzung dieser Philosophiegeschichte die stoische Philosophie in ihrer Grundlegung durch Zenon, dann ihre unterschiedliche Deutung durch die Zenonschüler, danach ihre Festigung, Erweiterung und Neuinterpretation durch Chrysipp und schliesslich die differenzierte Weitergabe und auch Entfaltung in der zweiten Phase der Stoa dargetan. Natürlich wird man nicht erwarten dürfen, dass dabei jedes einzelne Fragment besonders gewürdigt wird, zumal eine philosophiegeschichtliche Darstellung dieser Art und dieses Umfangs die Beschränkung auf die Erhellung der Grundlehren und der Grundlinien geradezu anbietet.

B. ZEUGNISSE UND SEKUNDÄRLITERATUR

1. Bibliographien [*1-*4]. – 2. Fragmentsammlungen [*11-*18]. – 3. Bildliche Darstellungen [*31]. – 4. Editionen der wichtigsten Quellenschriften: Antigonos aus Karystos; Sotion aus Alexandreia; Hippobotos; Apollodor aus Athen; M. Tullius Cicero; Philodemos aus Gadara; Diokles aus Magnesia [*96-*97]; Areios Didymos; Geminos [*111-*113]; Manilius [*131-*132]; L. Annaeus Seneca [*141-*147]; Philon aus Alexandreia [*151-*153]; L. Annaeus Cornutus [*161]; C. Musonius Rufus [*171]; A. Persius Flaccus [*181]; M. Annaeus Lucanus [*191-*192]; Aëtios; Herakleitos [*211]; Kleomedes [*221]; Plutarch aus Chaironeia [*236-*237]; Epiktet aus Hierapolis [*241-*246]; Marcus Aurelius [*251]; Galenos aus Pergamon [*261-*266]; Hierokles [*271]; Aristokles aus Messene; Sextus Empiricus; Alexander aus Aphrodisias; Diogenes Laertios [*316-*317]; C(h)alcidius; Johannes aus Stoboi; Suda. – 5. Sekundärliteratur: a) Zur Stoa im ganzen [*350-*370]; b) Zu einzelnen Disziplinen der Stoa: α) Erkenntnistheorie [*401-*429]; β) Logik [*451-*519]; γ) Sprachphilosophie [*531-*543]; δ) Physik [*571-*669]; ε) Ethik [*701-*825]; c) Sonstiges [*901-*910].

1. Bibliographien

1 P. De Lacy: Some recent publications on Hellenistic philosophy (1937-1957), in: The Classical World 52 (1958) 8-15. 25-27. 37-39. 57. – Zur Stoa 10-15. 25-26. 37-38.

2 W. Totok: Handbuch der Geschichte der Philosophie, Bd. 1: Altertum (Frankfurt a.M. 1964) 271-278. 293-296. – Auswahlbibliographie.

3 P.-M. Schuhl: L'état des études stoïciennes, in: VIIe Congrès Aix-en-Provence, 1-6 avril 1963 (1964) [*356: 263-276].

4 R. H. Epp: Stoicism bibliography, in: Southern Journal of Philosophy, Suppl. 23 (1985) 125-171.

2. Fragmentsammlungen

11 H. von Arnim (= J. ab Arnim): Stoicorum Veterum Fragmenta [SVF], 4 Bde. – Vol. 1: Zeno et Zenonis discipuli (Leipzig 1905, ND 1964), Vol. 2: Chrysippi fragmenta logica et physica (Leipzig 1903, ND 1964), Vol. 3: Chrysippi fragmenta moralia, Fragmenta successorum Chrysippi (Leipzig 1903, ND 1964), Vol. 4: Indices (conscr. M. Adler, Leipzig 1924, ND 1964).

12 N. Festa: I frammenti degli stoici antichi, ordinati, tradotti e annotati, Vol. 1: Zenone (Bari 1932), Vol. 2: Aristone, Apollofane, Erillo, Dionigi d'Eraclea, Perseo, Cleante, Sfero (Bari 1936) (Bd. 1 und 2 in einem Band, ND 1971).

13 E. Bréhier: Les stoïciens. Textes traduits (Paris 1962).

14 M. Pohlenz: Stoa und Stoiker. Die Gründer, Panaitios, Poseidonios. Selbstzeugnisse und Berichte, eingeleitet und übertragen (Zürich 1950, ²1964) [Die Bibliothek der Alten Welt. Griechische Reihe].

15 M. Baldassarri: La logica stoica. Testimonianze e frammenti. Testi originali con introduzione e traduzione commentata.
I: Introduzione alla logica stoica (Como 1984).
II: Crisippo, Il catalogo degli scritti e i frammenti dai papiri (Como 1985).
III: Diogene Laerzio, Dalle Vite dei Filosofi VII (Como 1986).
IV: Sesto Empirico, Dai Lineamenti pirroniani II, Dal Contro i matematici VIII (Como 1986).
Va: Alessandro di Afrodisia, Dal Commento agli Analitici primi, Dal Commento ai Topici (Como 1986).
Vb: Plotino, I Commentatori aristotelici tardi, Boezio (Como 1987).
VI: Cicerone, Testi dal Lucullus, dal De fato, dai Topica (Como 1985).
VIIa: Galeno, Dalla Introduzione alla dialettica (Como 1986).
VIIb: Le testimonianze minori del sec. II d.C.: Epitteto, Plutarco, Gellio, Apuleio (Como 1987).
VIII: Testimonianze sparse ordinate sistematicamente (Como 1987).

16 K. Hülser: Die Fragmente zur Dialektik der Stoiker. Neue Sammlung der Texte mit dt. Übers. und Kommentaren (künftig: FDS).
I: Einleitung des Herausgebers, Literaturnachweise. F 1-368 (Stuttgart 1987).
II: F 369-772 (Stuttgart 1987).
III: F 773-1074 (Stuttgart 1987).
IV: F 1075-1257 (Stuttgart 1988).

17 A. A. Long, D. N. Sedley: The Hellenistic philosophers (1987) [§ 1 *295]. – Enthält auch wichtigere Textstücke zur stoischen Philosophie unter den Nummern 26-67.

18 Margherita Isnardi Parente: Stoici antichi, 2 Bde. (Turin 1989) [Classici della Filosofia UTET].
Bd. 1: Introduzione (9-74), Nota bibliografica (75-96), antike Nachrichten über Leben und Lehre der Philosophen der Alten Stoa von Zenon aus Kition bis zu den Schülern Chrysipps in ital. Übers. mit erläuternden Fussnoten (97-680).
Bd. 2: Antike Berichte über die stoische Philosophie in ital. Übers. mit erläuternden Fussnoten (681-1279), Indices (1281-1308).
Ergänzungen und Nachträge in: Studi classici e orientali 41 (1991) 235-278.

3. Bildliche Darstellungen

Vgl. Arndt/Bruckmann 1891-1942 [§ 1 *451], Bernoulli 1901 [§ 1 *452], Schefold 1943 [§ 1 *453], Richter 1955-1962 [§ 1 *454], Richter 1965 [§ 1 *455].

31 A. Thielemann, H. Wrede: Bildnisstatuen stoischer Philosophen, in: Mitteilungen des Deutschen Archäologischen Instituts (Abteilung Athen) 104 (1989) 109-155.

4. Editionen der wichtigsten Quellenschriften

Antigonos aus Karystos (3. Jh. v. Chr.)
Fragmentsammlung und Studien: § 1 *182, *191-*196.

Sotion aus Alexandreia (frühes 2. Jh. v. Chr.)
Fragmentsammlung und Sekundärliteratur: § 1 *201, *204.

Hippobotos (erste Hälfte des 2. Jh. v. Chr.?)
Zur Fragmentsammlung mit grundlegender Darstellung vgl. § 1 *211-*212.

Apollodor aus Athen (2. Jh. v. Chr.)
Fragmentsammlungen und Sekundärliteratur: § 1 *221-*223, *226-*227.

§ 33. Die Stoa bis zum Beginn der römischen Kaiserzeit im allgemeinen

M. Tullius Cicero (106-43 v.Chr.)
Die Ausgaben der Schriften Ciceros sind aufgeführt in § 54.

Philodemos aus Gadara (ca. 110 bis nach 40 v.Chr.)
Die Ausgaben der Schriften Philodems und des Index Stoicorum sind aufgeführt in § 25. Zur Einführung vgl. § 1 *11-*13.

Diokles aus Magnesia (ca. 80-20 v.Chr.)
Vgl. die Sekundärliteratur in § 1 *241-*243 und dazu:
96 J. Mansfeld: Diogenes Laertius on Stoic philosophy, in: Giannantoni (Hg.) 1986 [§ 1 *124: 295-382].
97 J. Barnes: Nietzsche and Diogenes (1986) [§ 1 *125].

Areios Didymos (spätes 1. Jh. v.Chr.)
Zu Fragmentsammlung, Sekundärliteratur und Darstellung seines Lebens und Wirkens vgl. § 41, ferner auch § 1 *250-*255.

Geminos (spätes 1. Jh. v.Chr.?)
111 Elementa astronomiae (Εἰσαγωγὴ εἰς τὰ φαινόμενα), ed. C. Manitius (Leipzig 1898). – Mit dt. Übers.; grundlegend.
112 Teilabdruck von *111 mit niederl. Glossar: Textus Minores Vol. 22 (Leiden 1957).
113 Introduction aux phénomènes (Elementa astronomiae, Εἰσαγωγὴ εἰς τὰ φαινόμενα), ed. G. Aujac (Paris 1975).

Manilius (erste Hälfte des 1. Jh. n.Chr.)
131 Astronomica, ed. A. E. Housman (London ¹1903-1920, ²1937).
132 Astronomica, ed. G. P. Gould (Leipzig 1985) [Bibliotheca Teubneriana].

L. Annaeus Seneca (ca. 4 v.Chr.? bis 65 n.Chr.)
Ausgaben, Bibliographien und Sachindex: § 1 *21-*25, *31-*32, *35. Hinzu kommt:
141 L. Annaei Senecae Tragoediae, incertorum auctorum Hercules [Oetaeus] et Octavia, rec. O. Zwierlein (Oxford 1986) [Bibliotheca Oxoniensis].
Als Einführung zum philosophischen Hintergrund und zur philosophischen Ausrichtung eignen sich besonders:
146 E. Lefèvre (Hg.): Senecas Tragödien (Darmstadt 1972) [Wege der Forschung 310].
147 G. A. Seeck: Senecas Tragödien, in: E. Lefèvre (Hg.): Das römische Drama (Darmstadt 1978) [Grundriss der Literaturgeschichten nach Gattungen].

Philon aus Alexandreia (1. Jh. n.Chr.)
151 De aeternitate mundi (Περὶ ἀφθαρσίας κόσμου), ed. L. Cohn et S. Reiter (Berlin 1915) [Philonis Alexandrini Opera quae supersunt, ed. L. Cohn et P. Wendland, Vol. 6, 72-119].
152 De providentia (Περὶ προνοίας), ed. M. Hadas-Lebel (Paris 1973) [Œuvres de Philon d'Alexandrie, ed. R. Arnaldez, J. Pouilloux et C. Mondésert Bd. 35].
153 Quod omnis probus liber (Περὶ τοῦ πάντα σπουδαῖον εἶναι ἐλεύθερον), ed. M. Petit (Paris 1974) [wie *152: Bd. 28].

L. Annaeus Cornutus (1. Jh. n.Chr.)
161 Theologiae Graecae compendium (Ἐπιδρομὴ τῶν κατὰ τὴν Ἑλληνικὴν θεολογίαν παραδεδομένων), ed. C. Lang (Leipzig 1881) [Bibliotheca Teubneriana]. – Eine Neuausgabe ist erforderlich.

C. Musonius Rufus (etwa 30-100 n.Chr.)
171 C. Musonii Rufi reliquiae, ed. O. Henze (Leipzig 1905) [Bibliotheca Teubneriana].

A. Persius Flaccus (34-62 n.Chr.)
181 Saturarum liber, ed. D. Bo (Turin 1969) [Corpus Scriptorum Latinorum Paravianum]. – Dazu J. H. Brouwers, in: Mnemosyne 25 (1972) 449-451.

M. Annaeus Lucanus (39-65 n.Chr.)
191 M. Annaei Lucani Belli civilis libri decem, ed. A. E. Housman (London 1926, ND 1970).
192 Lucanus: Bellum civile – Der Bürgerkrieg, hg. u. übers. v. W. Ehlers (München 1973) [Tusculum].

Aëtios (1. Jh. n.Chr.?)
Fragmentsammlung in: DDG [§ 1 *301: 273-444]. Wichtigste Sekundärliteratur: § 1 *121-*122, *126, *261-*267.

Herakleitos (1. Jh. n.Chr.)
211 Allégories d'Homère (Heracliti quaestiones Homericae, Ὁμηρικὰ προβλήματα), ed. F. Buffière (Paris 1962).

Kleomedes (1. Jh. n.Chr.?)
221 Cléomède, Théorie élémentaire (De motu circulari corporum caelestium, Κυκλικὴ θεωρία μετεώρων), ed. R. Goulet (Paris 1980).

Plutarch aus Chaironeia (ca. 46 bis nach 120 n. Chr.)
Ausgaben, Bibliographie und wichtigste Sekundärliteratur: § 1 *41-*42, *45, *48-*57. Ferner:
236 K. Ziegler: Art. 'Plutarchos von Chaironeia', in: RE 21 (1951) 636-962. – Zitiert nach der Sonderausgabe des Artikels (Stuttgart ²1964).
237 M. Pohlenz: Plutarchs Schriften gegen die Stoiker, in: Hermes 74 (1931) 1-33 [Kleine Schriften 1 (Hildesheim 1965) 448-480].

Epiktet aus Hierapolis (ca. 55-135 n. Chr.)
241 Epicteti dissertationes ab Arriano digestae, ed. H. Schenkl (Leipzig 1894). – Die Ausgabe enthält auch das Enchiridium (Ἐγχειρίδιον). Zur Einführung vgl. unten Bonhöffer 1890 [*701] und 1894 [*702] und ferner:
246 L. Spanneut: Art. 'Epiktetos', in: RAC 5 (1961) 599-681.

Marcus Aurelius (121-180 n. Chr.)
251 Ad se ipsum (Εἰς ἑαυτόν), ed. A. S. L. Farquharson (Oxford 1944).

Galenos aus Pergamon (129-199 n. Chr.)
261 De Placitis Hippocratis et Platonis (Περὶ τῶν Ἱπποκράτους καὶ Πλάτωνος δογμάτων), ed. P. De Lacy, 2 Bde. (Berlin 1978-1980) [Corpus Medicorum Graecorum V 4, 1, 2].
262 Historia philosopha (Περὶ φιλοσόφου ἱστορίας), ed. H. Diels, in: DDG [§ 1 *301: 595-648].
263 Introduzione alla dialettica, ed. M. Baldassarri 1986 [*15: VIIa].
266 R. Walzer: New light on Galen's moral philosophy (from a recently discovered Arabic source), in: Classical Quarterly 43 (1949) 82-96. – Zu Galens De moribus.

Hierokles (Mitte 2. Jh. n. Chr.)
271 Elementa moralia (Ἠθικὴ στοιχείωσις), ed. H. von Arnim, in: H. v. A.: Hierokles, Ethische Elementarlehre, nebst den bei Stobaios erhaltenen ethischen Exzerpten aus Hierokles (Berlin 1906) [Berliner Klassikertexte Heft 4].

Aristokles aus Messene (Datierung unsicher; erwogen wird: Ende 1. Jh. v. Chr. bis Mitte 1. Jh. n. Chr.)
Ausgaben und Sekundärliteratur: § 1 *271, *274-*278.

Sextus Empiricus (2. Hälfte des 2. Jh. n. Chr.)
Ausgaben und Sekundärliteratur: § 1 *61-*67, *70-*82.

Alexander aus Aphrodisias (2./3. Jh. n. Chr.)
Hinweise auf Ausgaben und Sekundärliteratur: § 1 *91-*92, *95-*98.

Diogenes Laertios (Anfang 3. Jh. n. Chr.)
Ausgaben, Übersetzungen und Sekundärliteratur: § 1 *111-*115, *118, *121-*140, *182, *204, *241-*242. Ferner:
316 V. Rose: Die Lücke im Diogenes Laertius und der alte Übersetzer, in: Hermes 1 (1866) 367-397.
317 E. Schwartz: Art. 'Diogenes Laertios', in: RE 5,1 (1903) 738-763. ND in: E. S.: Geschichtsschreiber (Leipzig 1957) 453-491.

C(h)alcidius (kurz nach 400 n. Chr.)
Ausgaben und Sekundärliteratur: § 1 *151, *154-*157.

Johannes aus Stoboi [Stobaios] (5. Jh. n. Chr.)
Ausgaben der Anthologie vgl. § 1 *161.

Suda (= Suidas in älterer Literatur), ein byzantinisches Lexikon (10. Jh. n. Chr.)
341 ed. A. Adler, 5 Bde. (Leipzig 1928-1938, ND Stuttgart 1967-1971).

5. Sekundärliteratur

a) Zur Stoa im ganzen

Vgl. auch Hirzel 1877-1883 [§ 1 *331], Zeller 1879-1922 [§ 1 *332: 3. Teil, 1. Abteilung, 1. Hälfte 27-273. 572-609], Susemihl 1891-1892 [§ 1 *333], Ueberweg/Praechter ¹²1926 [§ 1 *336: 410-431. 475-483. 486-503], Long 1974 [§ 1 *396: 107-222], Reale 1976 [§ 1 *339: 3, 301-459], Ioppolo 1986 [§ 1 *401], Steinmetz 1988 [§ 1 *403] sowie die Beiträge zur Stoa in: Giannantoni (Hg.) 1977 [§ 1 *361], Schofield/Burnyeat/Barnes (Hg.) 1980 [§ 1 *362], Barnes/Brunschwig/Burnyeat/Schofield (Hg.) 1982 [§ 1 *363], Fortenbaugh (Hg.) 1983 [§ 1 *251], Giannantoni/Vegetti (Hg.) 1984 [§ 1 *364], Schofield/Striker (Hg.) 1986 [§ 1 *365], Flashar/ Gigon (Hg.) 1986 [§ 1 *366], Barnes/Mignucci (Hg.) 1988 [§ 1 *367].

350 A. Schmekel: Die Philosophie der mittleren Stoa in ihrem geschichtlichen Zusammen-

hang (Berlin 1892). – Grundlegend für die Erfassung der Philosophie der mittleren Stoa, aber in Einzelheiten überholt.

351 P. Barth, A. Goedeckemeyer: Die Stoa (Stuttgart [5]1941, [6]1946). – Brauchbare Einführung.

352 M. Pohlenz: Grundfragen der stoischen Philosophie (Göttingen 1940) [Abhandlungen der Gesellschaft für Wissenschaften zu Göttingen, Folge 3, 26]. – Vorarbeit zu *353.

353 M. Pohlenz: Die Stoa. Geschichte einer geistigen Bewegung. 1. Bd.: Text (Göttingen [1]1948, [4]1971). 2. Bd.: Erläuterungen (Göttingen [1]1949, [4]1972 (Mit Zitatskorrekturen, bibliogr. Nachträgen und Stellenregister von H.-Th. Johann). – Epochemachend. Rez.: H. J. Mette, in: Gnomon 23 (1951) 27-39.

354 J. Brun: Le stoïcisme (Paris 1958) [Que sais-je? 770].

355 J. Christensen: An essay on the unity of Stoic philosophy (Kopenhagen 1962). – Rez.: P. De Lacy, in: Gnomon 35 (1963) 308-310.

356 Association G. Budé (Hg.): VIIe Congrès Aix-en-Provence, 1-6 avril 1963 (Paris 1964), Titres des conférences et des rapports: P. J.-E. d'Angers: Le renouveau du stoïcisme aux XVIe et XVIIe siècles (122-153); P. Boyancé: Le stoïcisme à Rome (218-255); P.-M. Schuhl: L'état des études stoïciennes (263-276). Dazu zahlreiche «communications», u.a. von P. Aubenque, R. Aulotte, J. Bailbé, M. Bizos, D. Bonneau, K. Büchner, P. Courcelle, R.-P. Des Places, Galperine, M. de Grandillac, A. Haury, B.-L. Hijmans, A. Jagu, A. Jannone, M. Laffranque, A.-M. Malingrey, A. Michel, J. Moreau, G. Rodis-Lewis, S. Sambursky, M. Spanneut, G. Verbeke, A. Virieux-Reymond.

357 L. Edelstein: The meaning of Stoicism (Cambridge, Mass. 1966) [Martin Classical Lectures 21].

358 J. M. Rist: Stoic philosophy (Cambridge 1969). – Rez.: W. Görler, in: Philosophische Rundschau 19 (1972-1973) 289-300.

359 A. A. Long (Hg.): Problems in Stoicism (London 1971). – Inhalt: F. H. Sandbach: Phantasia Kataleptike (9-21); F. H. Sandbach: Ennoia and Prolepsis in the Stoic theory of knowledge (22-37); J. M. Rist: Categories and their uses (38-57); A. C. Lloyd: Grammar and metaphysics in the Stoa (58-74); A. A. Long: Language and thought in Stoicism (75-113); S. G. Pembroke: Oikeiosis (114-149); I. G. Kidd: Stoic intermediates and the end for man (150-172); A. A. Long: Freedom and determinism in the Stoic theory of human action (173-199); I. G. Kidd: Posidonius on emotions (200-215); G. Watson: The natural law and Stoicism (216-238).

360 E. Elorduy: El estoicismo, 2 Bde. (Madrid 1972).

361 F. H. Sandbach: The Stoics (London 1975). – Rez.: W. Theiler, in: Museum Helveticum 33 (1976) 58.

362 A. Grilli: Lo stoicismo antico. Lo stoicismo di mezzo, in: Dal Pra 1975 [§ 1 *338: 4, 63-101. 141-166].

363 H. F. Cherniss: Introduction to Stoicism, in: H. F. C.: Plutarch's Moralia, vol. 13,2 (1976) [§ 1 *41: 369-411].

364 A. Virieux-Reymond. Pour connaître la pensée des stoïciens (Paris 1976) [Collection Pour connaître].

365 J. M. Rist (Hg.): The Stoics (Berkeley, Los Angeles, London 1978) [Major Thinkers Series 1]. – Inhalt: Ian Mueller: An introduction to Stoic logic (1-26); M. Frede: Principles of Stoic grammar (27-75); A. Graeser: The Stoic theory of meaning (77-100); A. A. Long: Dialectic and the Stoic sage (101-124); G. B. Kerferd: What does the wise man know? (125-136); R. B. Todd: Monism and immanence: The foundations of Stoic physics (137-160); M. Lapidge: Stoic cosmology (161-185); M. E. Reesor: Necessity and fate in Stoic philosophy (187-202); C. Stough: Stoic determinism and moral responsibility (203-231); A. C. Lloyd: Emotion and decision in Stoic psychology (233-246); I. G. Kidd: Moral actions and rules in Stoic ethics (247-258); J. M. Rist: The Stoic concept of detachment (259-272); F. E. Sparshott: Zeno on art. Anatomy of a definition (273-290).

366 J. Moreau: Stoïcisme, épicurisme, tradition hellénique (Paris 1979). – Aufsatzsammlung.

367 J. Croissant: Le stoïcisme ancien: Cours d'histoire de la philosophie ancienne (Brüssel [3]1980).

368 M. L. Colish: The Stoic tradition from antiquity to the early Middle Ages. Vol. 1: Stoicism in classical Latin literature. Vol. 2: Stoicism in Christian Latin thought through the sixth century (Leiden 1985) [Studies in the History of Christian Thought 34-35].

369 M. Hossenfelder: Stoa, Epikureismus und Skepsis, in: Röd (Hg.) 1985 [§ 1 *340: 3, 44-98].

370 F. H. Sandbach: Aristotle and the Stoics (Cambridge 1985).

b) Zu einzelnen Disziplinen der Stoa

α) Erkenntnistheorie

401 H. Hartmann: Gewissheit und Wahrheit. Der Streit zwischen Stoa und akademischer Skepsis (Halle 1927). – Diss. Heidelberg; quellenmässige Darstellung der stoischen Erkenntnistheorie.
402 A. Levi: La teoria stoica della verità e dell'errore, in: Revue d'Histoire de la Philosophie 2 (1928) 113-132.
403 F. H. Sandbach: Ἔννοια and πρόληψις in the Stoic theory of knowledge, in: Classical Quarterly 24 (1930) 44-51. – Vgl. auch *410. Der Begriff 'Prolepsis' ist epikureischer Herkunft.
404 E. Bréhier: Stoïcisme et science, in: Revue de Synthèse, section Synthèse général 8 (1934) 65-72. – Charakteristik des stoischen Wissenschaftsbegriffs.
405 B. Wiśniewski: The problem of cognition of the external world in Stoic philosophy, in: Classica et Mediaevalia 19 (1958) 110-119.
406 Alain (E. A. Chartier): La théorie de la connaissance des stoïciens (Paris 1964). – Rez.: A. Virieux-Reymond, in: Revue de Synthèse 85, Nr. 36 (1964) 76-78.
407 G. Watson: The Stoic theory of knowledge (Belfast 1966). – Rez.: A. Virieux-Reymond, in: Revue de Synthèse 88 (1967) 69.
408 P. Pachet: Les métaphores de la connaissance chez les anciens stoïciens, in: Revue des Etudes grecques 81 (1968) 374-377.
409 F. H. Sandbach: Phantasia Kataleptike, in: Long (Hg.) 1971 [*359: 9-21].
410 F. H. Sandbach: Ennoia and Prolepsis in the Stoic theory of knowledge, in: Long (Hg.) 1971 [*359: 22-37]. – Überarb. von *403.
411 D. Z. Andriopoulos: The Stoic theory of perceiving and knowing, in: Philosophia 2 (1972) 305-326.
412 R. B. Todd: The Stoic common notions. A re-examination and reinterpretation, in: Symbolae Osloenses 48 (1973) 47-75.
413 G. Striker: Κριτήριον τῆς ἀληθείας, in: Nachrichten der Akademie der Wissenschaften in Göttingen, Philologisch-Historische Klasse 2 (1974) 47-110. – Begriffsgeschichtliche Untersuchung.
414 R. B. Todd: Συνέντασις and the Stoic theory of perception, in: Grazer Beiträge 2 (1974) 251-261.
415 W. Görler: Ἀσθενὴς συγκατάθεσις. Zur stoischen Erkenntnistheorie, in: Würzburger Jahrbücher für die Altertumswissenschaft N.F. 3 (1977) 83-92.
416 D. E. Hahm: Early Hellenistic theories of vision and the perception of color, in: P. K. Machamer, R. G. Turnbull (Hg.): Studies in perception. Interrelations in the history of philosophy and science (Columbus, Ohio 1978) 60-95.
417 H. von Staden: The Stoic theory of perception and its 'Platonic' critics, in: P. K. Machamer, R. G. Turnbull (Hg.): Studies in perception. Interrelations in the history of philosophy and science (Columbus, Ohio 1978) 96-136.
418 V. Goldschmidt: Remarques sur l'origine épicurienne de la 'prénotion', in: Brunschwig (Hg.) 1978 [*494: 155-169].
419 G. B. Kerferd: The problem of synkatathesis and katalepsis in Stoic doctrine, in: Brunschwig (Hg.) 1978 [*494: 251-272].
420 G. B. Kerferd: What does the wise man know?, in: Rist (Hg.) 1978 [*365: 125-136].
421 J. Annas: Truth and knowledge, in: Schofield/Burnyeat/Barnes (Hg.) 1980 [§ 1 *362: 84-104].
422 M. Schofield: Preconception, argument, and God, in: Schofield/Burnyeat/Barnes (Hg.) 1980 [§ 1 *362: 283-308].
423 D. Sedley: The Stoic criterion of identity, in: Phronesis 27 (1982) 255-275.
424 A.-J. Voelke: Représentation, signification et communication dans le Stoïcisme, in: Actes du XVIIIe Congrès des Sociétés de Philosophie de Langue française (Strassburg 1982) 346-349.
425 E. P. Arthur: The Stoic analysis of the mind's reactions to presentations, in: Hermes 111 (1983) 69-78.
426 M. Frede: Stoics and Skeptics on clear and distinct impressions, in: M. Burnyeat (Hg.): The skeptical tradition (Berkeley 1983) 65-93.
427 J. Pigeaud: Voir, imaginer, rêver, être fou. Quelques remarques sur l'hallucination et l'illusion dans la philosophie stoïcienne, épicurienne, sceptique et la médecine antique, in: Littérature, Médecine et Société 5 (1983) 23-53.
428 J. M. Rist: An early dispute about right reason, in: The Monist 66 (1983) 39-48.
429 J. M. Rist: Stoicism: some reflections on the state of the art, in: Southern Journal of Philosophy, Suppl. 23 (1985) 1-11.

β) Logik

451 C. Prantl: Geschichte der Logik im Abendlande, Bd. 1 (München 1855, ND Darmstadt 1955). – Wichtig wegen der Sammlung der Zeugnisse; Interpretation und Einschätzung der stoischen Logik sind überholt.
452 J. Lukasiewicz: Zur Geschichte der Aussagenlogik, in: Erkenntnis 5 (1935) 111-131. ND in: 1970 [*482] (in engl. Sprache: On the history of the logic of propositions) 197-217. – Gibt entschieden Anstoss zur Neuinterpretation der stoischen Logik.
453 M. Hurst: Implication in the fourth century B.C., in: Mind 44 (1935) 484-495.
454 K. Dürr: Alte und neue Logik, in: Studia Philosophica (1942) 104-122.
455 E. Elorduy: La lógica del Estoa, in: Revista de Filosofia 3 (1944) 7-65, 222-265.
456 P. De Lacy: The Stoic categories as methodological principles, in: Transactions and Proceedings of the American Philological Association 76 (1945) 246-263.
457 B. Mates: Stoic logic and the text of Sextus Empiricus, in: American Journal of Philology 70 (1949) 290-298.
458 A. Virieux-Reymond: La logique et l'épistémologie des stoïciens. Leurs rapports avec la logique d'Aristote, la logistique et la pensée contemporaines. Avec une préface de M. E. Bréhier (Chambéry 1950). – Thèse Lausanne 1949; Rez.: J. Lohmann, in: Erasmus 4 (1951) 527-533.
459 I. M. Bochenski: Ancient formal logic (Amsterdam 1951).
460 J. Lukasiewicz: Aristotle's syllogistic (Oxford [1]1951, [2]1957 erweitert).
461 B. Mates: Stoic logic (Berkeley [1]1953, [2]1961). – Rez.: W. Kneale, in: Mind 63 (1954) 553-554.
462 K. Dürr: Moderne historische Forschung im Gebiet der antiken Logik, in: Studia Philosophica 13 (1953) 72-98.
463 M. E. Reesor: The Stoic concept of quality, in: American Journal of Philology 75 (1954) 40-58.
464 I. M. Bochenski: Formale Logik (Freiburg 1956).
465 G. Preti: Sulla dottrina del semeion nella logica stoica, in: Rivista critica di Storia della Filosofia 11 (1956) 5-14.
466 H. Meyer: Le prolongement de la logique stoïcienne contemporaine, in: Revue philosophique 146 (1956) 387-392.

467 O. Becker: Zwei Untersuchungen zur antiken Logik (Wiesbaden 1957) [Klassisch-philologische Studien 17].
468 J. Mau: Stoische Logik. Ihre Stellung gegenüber der aristotelischen Syllogistik und dem modernen Aussagenkalkül, in: Hermes 85 (1957) 147-158.
469 M. E. Reesor: The Stoic categories, in: American Journal of Philology 78 (1957) 63-82.
470 C. A. Viano: La dialettica stoica, in: Rivista di Filosofia 49 (1958) 179-227.
471 W. und M. Kneale: The development of logic (Oxford 1962).
472 A. Virieux-Reymond: La logique formelle stoïcienne, in: Association G. Budé (Hg.): VIIe Congrès Aix-en-Provence, 1-6 avril 1963 (1964) [*356: 276-278]. – Knappe Charakteristik der stoischen Logik.
473 M. Mignucci: Il significato della logica stoica (Bologna 1965). – Rez.: A. Virieux-Reymond, in: Revue des Etudes grecques 79 (1966) 549-550.
474 A. Joja: Les conditions sociales de la logique stoïcienne, in: Romanian Journal of Sociology 4-5 (1966) 157-170.
475 U. Egli: Zur stoischen Dialektik (Basel 1967). – Diss. Bern 1967.
476 J. Lohmann: Über die stoische Sprachphilosophie, in: Studium Generale 21 (1968) 250-257.
477 W. H. Hay: Stoic use of logic, in: Archiv für Geschichte der Philosophie 51 (1969) 145-157.
478 C. H. Kahn: Stoic logic and Stoic logos, in: Archiv für Geschichte der Philosophie 51 (1969) 158-172.
479 Ian Mueller: Stoic and peripatetic logic, in: Archiv für Geschichte der Philosophie 51 (1969) 173-187.
480 A. Surdu: La logique d'Aristote et la logique stoïcienne, in: Revue roumaine des Sciences sociologiques (Philosophie et Logique) 13,3 (1969) 293-298.
481 R. Blanché: La logique et son histoire d'Aristote à Russell (Paris 1970). – Rez.: Danek, in: Laval théol. et philos. 28 (1972) 75-84.
482 J. Lukasiewicz: Selected works, ed. L. Borkowski (Amsterdam, London 1970).
483 J. M. Rist: Categories and their uses, in: Long (Hg.) 1971 [*359: 38-57].
484 A. C. Lloyd: Grammar and metaphysics in the Stoa, in: Long (Hg.) 1971 [*359: 58-74].
485 A. A. Long: Language and thought in Stoicism, in: Long (Hg.) 1971 [*359: 75-113].

486 M. E. Reesor: Ποιόν and ποιότης in Stoic philosophy, in: Phronesis 17 (1972) 279-285.
487 M. Frede: Die stoische Logik (Göttingen 1974) [Abhandlungen der Akademie der Wissenschaften in Göttingen, phil.-hist. Klasse, 3. Folge, Nr. 88]. – Rez.: K. von Fritz, in: Philosophische Rundschau 25 (1978) 102-119.
488 M. Frede: Stoic vs. Aristotelian syllogistic, in: Archiv für Geschichte der Philosophie 56 (1974) 1-32.
489 L. Melazzo: La teoria del segno linguistico negli stoici, in: Lingua e Stile 10 (1975) 199-230.
490 R. B. Edlow: The Stoics on fallacy and ambiguity, in: R. B. E.: Galen on language and ambiguity (Leiden 1977) 56-68.
491 A. Graeser: On language, thought, and reality in ancient Greek philosophy, in: Dialectica 31 (1977) 359-388.
492 A. López Eire: Linguistica y poética en la Estoa, in: Studia philologica Salmanticensia 1 (1977) 131-156.
493 G. Verbeke: Der Nominalismus der stoischen Logik, in: Allgemeine Zeitschrift für Philosophie 2 (1977) 36-55.
494 J. Brunschwig (Hg.): Les stoïciens et leur logique. Actes du colloque de Chantilly, 18-22 septembre 1976 (Paris 1978) [Bibliothèque d'Histoire de la Philosophie]. – Inhalt: J. Barnes: La doctrine du retour éternel (3-20); H. Barreau: Cleanthe et Chrysippe face au Maître Argument de Diodore (21-40); J. Bertier: Une hénadologie liée au stoïcisme tardif dans le Commentaire d'Alexandre d'Aphrodise à la Metaphysique d'Aristote (990b 9) (41-57); J. Brunschwig: Le modèle conjonctif (59-86); M. Daraki-Mallet: Les fonctions psychologiques du logos dans le stoïcisme ancien (87-119); J.-P. Dumont: Mos geometricus, mos physicus (121-134); U. Egli: Stoic syntax and semantics (135-154); V. Goldschmidt: Remarques sur l'origine épicurienne de la 'prénotion' (155-169); R. Goulet: La classification stoïcienne des propositions simples selon Diogène Laërce VII 69-70 (171-198); A. Graeser: The Stoic categories (199-221); C. Imbert: Théorie de la représentation et doctrine logique dans le stoïcisme ancien (223-249); G. B. Kerferd: The problem of synkatathesis and katalepsis in Stoic doctrine (251-272); I. G. Kidd: Posidonius and logic (273-283); A. C. Lloyd: Definite propositions and the concept of reference (285-295); A. A. Long: The Stoic distinction between truth (ἡ ἀλήθεια) and the true (τὸ ἀληθές) (297-315); M. Mignucci: Sur la logique modale des stoïciens (317-346); J. Moreau: Immutabilité du vrai, nécessité logique et lien causal (347-360); P. Pachet: L'impératif stoïcien (361-374); P. Pasquino: Le statut ontologique des incorporels dans l'ancien stoïcisme (375-386); J. M. Rist: Zeno and the origins of Stoic logic (387-400); G. Verbeke: La philosophie du signe chez les stoïciens (401-424); F. Caujolle-Zaslawsky: Le style stoïcien et la 'paremphasis' (425-448); ausführliche Rez.: V. Celluprica: La logica stoica in alcune recenti interpretazioni, in: Elenchos 1 (1980) 123-150.
495 G. Cortassa: Pensiero e linguaggio nella teoria stoica del λεκτόν, in: Rivista di Filologia e di Istruzione classica 106 (1978) 385-394.
496 Ian Mueller: An introduction to Stoic logic, in: Rist (Hg.) 1978 [*365: 1-26].
497 A. Graeser: The Stoic theory of meaning, in: Rist (Hg.) 1978 [*365: 77-100].
498 A. A. Long: Dialectic and the Stoic sage, in: Rist (Hg.) 1978 [*365: 101-124].
499 H. Hagius: The Stoic theory of the parts of speech (New York 1979) [Columbia University Diss.].
500 R. Maróth: Die hypothetischen Syllogismen, in: Acta Antiqua Academiae Hungaricae 27 (1979) 407-436.
501 Ian Mueller: The completeness of Stoic propositional logic, in: Notre Dame Journal of Formal Logic 20 (1979) 201-215.
502 V. Celluprica: La logica stoica in alcune recenti interpretazioni, in: Elenchos 1 (1980) 123-150. – Krit. Referat von Brunschwig (Hg.) 1978 [*494].
503 D. Dubarle: Logique et épistémologie du signe chez Aristote et chez les stoïciens, in: E. Joós (Hg.): La scolastique: certitude et recherche (Montréal 1980) 27-83.
504 P. Hadot: Philosophie, dialectique, rhétorique dans l'antiquité, in: Studia Philosophica 39 (1980) 139-166.
505 C. Imbert: Stoic logic and Alexandrian poetics, in: Schofield/Burnyeat/Barnes (Hg.) 1980 [§ 1 *362: 182-216].
506 M. Baratin: Les origines stoïciennes de la théorie augustinienne du signe, in: Revue des Etudes latines 59 (1981) 260-268.
507 M. Nasti de Vincentis: Logica scettica e implicazione stoica, in: G. Giannantoni (Hg.): Lo scetticismo antico (Neapel 1981) 501-532.

508 M. Baratin: L'identité de la pensée et de la parole dans l'ancien stoïcisme, in: Languages 16 (1982) 9-21.

509 J. Barnes: Medicine, experience and logic, in: Barnes/Brunschwig/Burnyeat/Schofield (Hg.) 1982 [§ 1 *363: 24-68].

510 M. L. Colish: The Stoic theory of verbal signification and the problem of lies and false statement from antiquity to St. Anselm, in: Archéologie du signe (Toronto 1982) 17-43.

511 D. Sedley: On signs, in: Barnes/Brunschwig/Burnyeat/Schofield (Hg.) 1982 [§ 1 *363: 239-272].

512 M. García Sola: Doctrina estoica del lectón, in: Sodalitas 2 (1982) 71-82.

513 Z. Telegdi: On the formation of the concept of 'linguistic sign' and Stoic language doctrin, in: F. Kiefer: Hungarian Linguistics (Amsterdam 1982) 537-588.

514 M. Jager: De stoicijnse logica. Inleiding tot het stoicijnse aandeel in de formalisering van de dialectica, in: Lampas 16 (1983) 38-52.

515 M. Baldassarri: Una recente visione panoramica della logica stoica, in: Annali del Gimnasio-Liceo A. Volta (Como 1974-1984) 185-198. – Zu Frede 1974 [*487].

516 M. Nasti de Vincentis: Stopper on Nasti's contention and Stoic logic, in: Phronesis 29 (1984) 313-324.

517 D. Sedley: The negated conjunction in Stoicism, in: Elenchos 5 (1984) 311-316.

518 A. Virieux-Reymond: L'originalité de la logique mégaro-stoïcienne par rapport à la logique d'Aristote, in: Diotima 12 (1984) 172-174.

519 J. Barnes: Theophrastus and hypothetical syllogistic, in: W. W. Fortenbaugh et al. (Hg.): Theophrastus of Eresos. On his life and work (New Brunswick, Oxford 1985) [Rutgers University Studies in Classical Humanities 2] 125-141.

γ) Sprachphilosophie

531 Rudolf Traugott Schmidt: Stoicorum Grammatica (Halle 1839, ND Amsterdam 1967). – Dieses Werk liegt jetzt in einer dt. Bearbeitung vor unter dem Titel: Die Grammatik der Stoiker. Einführung, Übersetzung und Bearbeitung von K. Hülser, mit einer kommentierten Bibliographie zur stoischen Sprachwissenschaft (Dialektik) von U. Egli (Braunschweig 1979) [Schriften zur Linguistik 12].

532 M. Pohlenz: Die Begründung der abendländischen Sprachlehre durch die Stoa, in: Nachrichten der Akademie der Wissenschaften in Göttingen, Philologisch-Historische Klasse 1939, 151-198 [Kleine Schriften, hg. von H. Dörrie (Hildesheim 1965) 1, 39-86].

533 J. Lohmann: Gemeinitalisch und uritalisch, in: Lexis 3 (1953) 165-217. – Mit Kritik an Pohlenz 1939 [*532].

534 K. Barwick: Probleme der stoischen Sprachlehre und Rhetorik (Berlin 1957) [Abhandlungen der Sächsischen Akademie der Wissenschaften zu Leipzig 49, 3].

535 P. M. Gentinetta: Zur Sprachbetrachtung bei den Sophisten und in der stoisch-hellenistischen Zeit (Winterthur 1961). – Diss. Zürich 1961.

536 A. Della Casa: La grammatica, in: Introduzione allo studio della cultura classica, Bd. 2: Linguistica e Filologica (Mailand 1974) 41-91. – Gute Einführung.

537 R. Hiersche: 'Aspekt' in der stoischen Tempuslehre? in: Zeitschrift für vergleichende Sprachforschung 91 (1977) 275-287.

538 U. Egli: Stoic syntax and semantics, in: Brunschwig (Hg.) 1978 [*494: 135-154].

539 M. Frede: Principles of Stoic grammar, in: Rist (Hg.) 1978 [*365: 27-75]. – Zum philosophischen Hintergrund der stoischen Grammatik.

540 U. Egli: The Stoic concept of anaphora, in: R. Bäuerle, U. Egli, A. Stechow (Hg.): Semantics from different points of view (Berlin 1979) 266-283.

541 A. J.-L. Delamarre: La notion de πτῶσις chez Aristote et les stoïciens, in: P. Aubenque (Hg.): Concepts et catégories dans la pensée antique (Paris 1980) 321-345.

542 C. H. M. Versteegh: The Stoic verbal system, in: Hermes 108 (1980) 338-357.

543 W. Ax: Laut, Stimme und Sprache. Studien zu drei Grundbegriffen der antiken Sprachtheorie (Göttingen 1986) [Hypomnemata 84].

δ) Physik

Über den Ausgangspunkt und die Wege der modernen Forschung zur stoischen Physik bis 1925 informieren Zeller [4]1909 [§ 1 *332: 3. Teil, 1. Abt. 118-209] und Ueberweg/Praechter [12]1926 [§ 1 *336: 419-424].

571 F. A. Ferrari: Idealismo implicito nel logos degli stoici, in: Bilynchis 30 (1927) 91-104.

572 E. Bréhier: La théorie des incorporels dans l'ancien stoïcisme (Paris 1928, ³1962).
573 N. Lossky: The metaphysics of the Stoics, in: Journal of philosophical Studies 4 (1929) 481-489.
574 A. Faggi: Il 'somatismo' o 'corporalismo' degli stoici, in: Atti della Accademia delle Scienze di Torino, Classe di Scienze morali 67 (1931-1932) 59-70.
575 R. Philippson: Zur Psychologie der Stoa, in: Rheinisches Museum für Philologie 86 (1937) 140-179.
576 J. Moreau: L'âme du monde de Platon aux stoïciens (Paris 1939). – Rez.: H. Cherniss, in: American Journal of Philology 68 (1947) 121-126.
577 V. Stegemann: Fatum und Freiheit im Hellenismus und in der Spätantike, in: Gymnasium 50 (1939) 165-191.
588 G. Verbeke: L'évolution de la doctrine du pneuma du stoïcisme à Saint-Augustin. Etude philosophique (Löwen 1945). – Rez.: G. Le Roy, in: Revue philosophique 137 (1947) 488-490.
589 A. Virieux-Reymond: Le 'synemmenon' stoïcien et la notion de loi scientifique, in: Studia Philosophica 9 (1949) 162-169.
590 M. Simon-Jalowicz: Der Naturbegriff in der Physik und der Logik der alten Stoa. Ein Beitrag zum Verständnis der stoischen Ideologie (Berlin 1951). – Masch. Diss.
591 Carolus Keller: Quid Epicurei et Stoici de interitu mundi docuerint. Quaestiones selectae (Bonn 1953). – Diss.
592 S. Sambursky: The dynamic notion in the cosmos of the Stoics, in: Actes du VIIe Congrès internat. d'Histoire des Sciences, Jérusalem, 4-12 août 1953 (Paris 1954) 537-541.
593 V. Goldschmidt: Le système stoïcien et l'idée de temps (Paris 1953, ³1977 augmentée). – Rez.: E. de Stryker, in: L'Antiquité classique 23 (1954) 545-547.
594 H. und M. Simon: Die alte Stoa und ihr Naturbegriff. Ein Beitrag zur Philosophiegeschichte des Hellenismus (Berlin 1956). – Rez.: P. De Lacy, in: Gnomon 30 (1958) 60-63.
595 S. Sambursky: On some references to experience in Stoic physics, in: Isis 49 (1958) 331-335.
596 J. W. Stannard: The psychology of the passions in the old Stoa (1958). – Diss. Illinois University [Mikrofilm].
597 S. Sambursky: Physics of the Stoics (London 1959, ND Westport, Connecticut 1973). – Rez.: A. D. Leeman, in: Gnomon 32 (1960) 575-576.
598 M. Simon: Zum Problem der stoischen Theologie, in: Irmscher, Steffen et al. (Hg.): Philologische Vorträge (Breslau 1959) 71-77.
599 M. Gigante: Il panlogismo stoico e il testo di Diogene Laerzio, in: La Parola del Passato 15 (1960) 415-427.
600 J. A. Akimpelu: Stoicism and future existence, in: Phrontisterion 3 (1964) 32-36.
601 A. Jannone: Aristote et la physique stoïcienne, in: Association G. Budé (Hg.) 1964 [*356: 284-287].
602 S. Sambursky: Le dynamisme stoïcien et le monde physique, in: Association G. Budé (Hg.) 1964 [*356: 278-284].
603 E. Weil: Remarques sur le 'matérialisme' des stoïciens, in: Mélanges A. Koyré (Paris 1964) 556-573.
604 M. E. Reesor: Fate and possibility in early Stoic philosophy, in: Phoenix 19 (1965) 285-304.
605 J. A. Akimpelu: The Stoic 'scala naturae', in: Phrontisterion 5 (1967) 7-16.
606 H. A. K. Hunt: Some problems in the interpretation of Stoicism, in: Journal of the Australian Universities Language and Literature Association 28 (1967) 165-177.
607 J. A. Akimpelu: Stoicism and a future existence, in: Classical Bulletin 45 (1969) 67-68. 76-77.
608 H. Dörrie: Präpositionen und Metaphysik. Wechselwirkung zweier Prinzipienreihen, in: Museum Helveticum 26 (1969) 217-228.
609 T. M. Murphy: Early Stoic teleology (1970). – Diss. Harvard University; Resümee in: Harvard Studies in Classical Philology 75 (1971) 211-214.
610 R. Hoven: Stoïcisme et stoïciens face au problème de l'au-delà (Paris 1971) [Bibliothèque de la Faculté de Philosophie et Lettres de l'Université de Liège 1971]. – Rez.: H. G. Ingenkamp, in: Anzeiger für die Altertumswissenschaft 26 (1973) 234.
611 V. Goldschmidt: Ὑπάρχειν et ὑφιστάναι dans la philosophie stoïcienne, in: Revue des Etudes grecques 85 (1972) 331-344.
612 L. Bloos: Probleme der stoischen Physik (Hamburg 1973) [Hamburger Studien zur Philosophie 4]. – Diss. Göttingen 1971.
613 M. Lapidge: Ἀρχαί and στοιχεῖα. A problem in Stoic cosmology, in: Phronesis 18 (1973) 240-278.

614 J. B. Gould: The Stoic conception of fate, in: Journal of the History of Ideas 35 (1974) 17-32.
615 A. Le Boulluec: L'allégorie chez les stoïciens, in: Poétique 6 (1975) 301-321.
616 A. A. Long: Heraclitus and Stoicism, in: Philosophia 5-6 (1975-1976) 133-156.
617 J. Longrigg: Elementary physics in the Lyceum and Stoa, in: Isis 66 (1975) 211-229.
618 E. E. Malkin: Stoicism and paranoia, in: Psychiatry 38 (1975) 186-192.
619 R. W. Sharples: Aristotelian and Stoic conception of necessity in ‹De fato› of Alexander of Aphrodisias, in: Phronesis 20 (1975) 247-274.
620 B. Wiśniewski: Le problème du dualisme chez les stoïciens, in: Rivista di Cultura classica e medioevale 17 (1975) 57-64.
621 Y. Belaval: Sur la liberté stoïcienne, in: Kantstudien 67 (1976) 333-338.
622 M. Dragona-Monachou: The Stoic arguments for the existence and the providence of the gods (Athen 1976). – Rez.: R. W. Sharples, in: Journal of Hellenic Studies 98 (1978) 187-188.
623 R. B. Todd: Alexander of Aphrodisias on Stoic physics. A study of the ‹De mixtione› with preliminary essays, text, translation and commentary (Leiden 1976) [Philosophia antiqua 28]. – Rez.: F. H. Sandbach, in: Classical Review 28 (1978) 362-363.
624 P. L. Donini: Stoici e megarici nel ‹de fato› di Alessandro di Afrodisia? in: Giannantoni (Hg.) 1977 [§ 1 *361: 173-194].
625 H. Dörrie: Der Begriff 'Pronoia' in Stoa und Platonismus, in: Freiburger Zeitschrift für Philosophie und Theologie 24 (1977) 60-87.
626 D. E. Hahm: The origins of Stoic cosmology (Columbus, Ohio 1977). – Rez.: M. E. Reesor, in: American Journal of Philology 99 (1978) 534-537.
627 M. van Straaten: Menschliche Freiheit in der stoischen Philosophie, in: Gymnasium 84 (1977) 501-518.
628 J. Barnes: La doctrine du retour éternel, in: Brunschwig (Hg.) 1978 [*494: 3-20].
629 J.-P. Dumont: Mos geometricus, mos physicus, in: Brunschwig (Hg.) 1978 [*494: 121-134].
630 A. Graeser: The Stoic categories, in: Brunschwig (Hg.) 1978 [*494: 199-221].
631 O. Hamelin: La nécessité mégarique et la fatalité stoïcienne, in: O. H.: Sur le ‹de fato›, publ. et annoté par M. Conche (Villiers-sur-Mer 1978) 55-103.
632 K. Kleve: On the beauty of God. A discussion between Epicureans, Stoics and Sceptics, in: Symbolae Osloenses 53 (1978) 69-83.
633 M. Lapidge: Stoic cosmology, in: Rist (Hg.) 1978 [*365: 161-185].
634 J. Moreau: Immutabilité du vrai, nécessité logique et lien causal, in: Brunschwig (Hg.) 1978 [*494: 347-360].
635 P. Pasquino: Le statut ontologique des incorporels, in: Brunschwig (Hg.) 1978 [*494: 375-386].
636 M. E. Reesor: Necessity and fate in Stoic philosophy, in: Rist (Hg.) 1978 [*365: 187-202].
637 J. M. Rist: The Stoic concept of detachment, in: Rist (Hg.) 1978 [*365: 259-272].
638 C. L. Stough: Stoic determinism and moral responsibility, in: Rist (Hg.) 1978 [*365: 203-231].
639 R. B. Todd: Monism and immanence: The foundations of Stoic physics, in: Rist (Hg.) 1978 [*365: 137-160].
640 J. F. Callahan: Four views of time in ancient philosophy (Westport 1979).
641 J. Mansfeld: Providence and the destruction of the universe in early Stoic thought, with some remarks on the mysteries of philosophy, in: M. J. Vermaseren (Hg.): Studies in Hellenistic religions (Leiden 1979) 129-188.
642 E. Montanari: Κρᾶσις e μίξις. Un itinerario semantico e filosofico (Florenz 1979).
643 M. Frede: The original notion of cause, in: Schofield/Burnyeat/Barnes (Hg.) 1980 [§ 1 *362: 217-249].
644 M. Isnardi Parente: Stoici, epicurei e il 'motus sine causa', in: Rivista critica di Storia della Filosofia 35 (1980) 23-31.
645 M. Schofield: Preconception, argument, and God, in: Schofield/Burnyeat/Barnes (Hg.) 1980 [§ 1 *362: 283-308].
646 R. Sorabji: Causation, laws, and necessity, in: Schofield/Burnyeat/Barnes (Hg.) 1980 [§ 1 *362: 250-282].
647 M. M. White: Aristotle's temporal interpretation of necessary coming-to-be and Stoic determinism, in: Phoenix 35 (1980) 208-218.
648 M. J. White: Facets of Megarian fatalism. Aristotelian criticism and the Stoic doctrine of the eternal recurrence, in: Canadian Journal of Philosophy 10 (1980) 189-206.
649 R. J. Rabel: Deseases of soul in Stoic psychology, in: Greek, Roman and Byzantine Studies 22 (1981) 385-393.

650 R. W. Sharples: Necessity in the Stoic doctrine of fate, in: Symbolae Osloenses 56 (1981) 81-97.
651 J. Bels: La survie de l'âme de Platon à Posidonius, in: Revue de l'Histoire des Religions 199 (1982) 169-182.
652 M. F. Burnyeat: Gods and heaps, in: M. Schofield, M. Nussbaum (Hg.): Language and logos. Studies in ancient Greek philosophy presented to G. E. L. Owen (Cambridge 1982) 315-338.
653 Dorothea Frede: The dramatization of determinism: Alexander of Aphrodisias ‹De fato›, in: Phronesis 27 (1982) 276-298.
654 V. Celluprica: Necessità megarica e fatalità stoica, in: Elenchos 3 (1982) 361-385.
655 G. Lieberg: Theologia tripertita als Formprinzip antiken Denkens, in: Rheinisches Museum für Philologie 125 (1982) 25-53.
656 A. A. Long: Astrology: arguments pro and contra, in: Barnes/Brunschwig/Burnyeat/Schofield (Hg.) 1982 [§ 1 *363: 165-192].
657 A. A. Long: Soul and body in Stoicism, in: Phronesis 27 (1982) 34-57.
658 S. K. Papantoniou: Δόγματα περὶ θεοῦ Στωικῶν καὶ Ἐπικουρείων, in: Zenon 3 (1982) 69-82.
659 R. W. Sharples: Alexander of Aphrodisias ‹On fate› (1983) [§ 1 *92].
660 R. Sorabji: Time, creation and the continuum. Theories in Antiquity and the Middle Ages (Ithaca, N.Y. 1983).
661 M. J. White: Time and determinism in the Hellenistic philosophical schools, in: Archiv für Geschichte der Philosophie 65 (1983) 40-62.
662 M. M. Tweedale: Alexander of Aphrodisias' view on universals, in: Phronesis 29 (1984) 279-303.
663 A. M. Ioppolo: L'astrologia nello stoicismo antico, in: Giannantoni/Vegetti (Hg.) 1984 [§ 1 *364: 73-91].
664 D. E. Hahm: The Stoic theory of change, in: Southern Journal of Philosophy, Suppl. 23 (1985) 39-56.
665 A. A. Long: The Stoics on world-conflagration and everlasting recurrence, in: Southern Journal of Philosophy, Suppl. 23 (1985) 13-37.
666 D. Sedley: The Stoic theory of universals, in: Southern Journal of Philosophy, Suppl. 23 (1985) 87-92.
667 M. J. White: Agency and integrality: philosophical themes in the ancient discussions of determinism and responsibility (Dordrecht 1985) [Philosophical Studies, Series in Philosophy, 32].
668 P. Steinmetz: Allegorische Deutung und allegorische Dichtung in der alten Stoa, in: Rheinisches Museum 129 (1986) 18-30.
669 J. Talanga: Zukunftsurteile und Fatum. Eine Untersuchung über Aristoteles' De interpretatione 9 und Ciceros De fato, mit einem Überblick über die spätantiken Heimarmene-Lehren (Bonn 1986) [Habelts Dissertationsdrucke: Reihe Klassische Philologie, H. 36]. – Diss. Bonn 1985.

ε) Ethik

Vgl. auch H. und M. Simon 1956 [*594].

701 A. Bonhöffer: Epiktet und die Stoa (Stuttgart 1890, ND 1968).
702 A. Bonhöffer: Die Ethik des Stoikers Epiktet (Stuttgart 1894).
703 A. Dyroff: Die Ethik der alten Stoa (Berlin 1897).
704 E. Benz: Das Todesproblem in der stoischen Philosophie (Stuttgart 1929) [Tübinger Beiträge zur Altertumswissenschaft 7].
705 H. von Arnim: Die Ethik des naturgemässen Lebens, in: Verhandlungen der Versammlung Deutscher Philologen (1929) 21-22.
706 K. Deissner: Das Idealbild des stoischen Weisen (Bamberg 1930) [Greifswalder Universitätsreden 24].
707 J. Bidez: La cité du monde et la cité du soleil chez les stoïciens, in: Bulletin de la Classe des Lettres de l'Académie Royale de Belgique (1932) 244-294.
708 E. Grumach: Physis und Agathon in der alten Stoa (Berlin 1932) [Problemata 8]. – Rez.: M. Pohlenz, in: Göttingische Gelehrte Anzeigen 195 (1933) 324-329; O. Rieth, in: Gnomon 10 (1934) 125-134.
709 R. Philippson: Das erste Naturgemässe, in: Philologus 87 (1932) 445-466.
710 J. Sauter: Die philosophischen Grundlagen des Naturrechts (Wien 1932).
711 O. Rieth: Grundbegriffe der stoischen Ethik. Eine traditionsgeschichtliche Untersuchung (Berlin 1933) [Problemata 9]. – Rez.: H. Cherniss, in: American Journal of Philology 55 (1934) 374-376.
712 M. Schäfer: Ein frühmittelstoisches System der Ethik bei Cicero. Untersuchungen von Ciceros drittem Buch ‹De finibus bonorum et malorum› nach Aufbau und Zugehörigkeit

auf Grund griechischer Quellen zur stoischen Ethik (München 1934). – Diss. München 1933; Rez.: R. Philippson, in: Philologische Wochenschrift (1936) 593-606; O. Rieth, in: Gnomon 13 (1937) 548-552.
713 O. Rieth: Über das Telos der Stoiker, in: Hermes 69 (1934) 13-45.
714 G. Nebel: Der Begriff des καϑῆκον in der alten Stoa, in: Hermes 70 (1935) 439-460.
715 A.-M. Young: The Stoic creed on the origin of kingship and of laws, in: The Classical World 28 (1935) 115-118.
716 V. Beonio-Brocchieri: L'individualismo cosmopolitico degli stoici, in: Annali di Scienze politiche 9 (1936) 199-256.
717 E. Elorduy: Die Sozialphilosophie der Stoa (Leipzig 1936). – Rez.: M. Pohlenz, in: Göttingische Gelehrte Anzeigen 200 (1938) 123-136.
718 W. Mann: Beitrag zur Kenntnis der sozial- und staatsphilosophischen Anschauungen der Hauptvertreter der neueren Stoa (Halle 1936). – Diss.
719 A. Tsirimba: Die allgemeinen pädagogischen Gedanken der alten Stoa (München 1936). – Diss.
720 M. H. Fisch: Alexander and the Stoics, in: American Journal of Philology 58 (1937) 59-82. 129-151.
721 W. Wiersma: Τέλος und καϑῆκον in der alten Stoa, in: Mnemosyne 5 (1937) 219-228.
722 G. Kilb: Ethische Grundbegriffe der alten Stoa und ihre Übersetzung durch Cicero im dritten Buch ‹De finibus bonorum et malorum› (Freiburg 1939). – Diss. Freiburg 1938; Rez.: H. Leisegang, in: Philologische Wochenschrift (1944) 80-85.
723 G. Mancini: L'etica stoica da Zenone a Crisippo (Padua 1940).
724 E. Hoffmann: Leben und Tod in der stoischen Philosophie (Heidelberg 1946).
725 A. Lesky: Zum Gesetzesbegriff der Stoa, in: Österreichische Zeitschrift für öffentliches Recht 2 (1950) 587-599. ND in: A. L.: Gesammelte Schriften, Aufsätze und Reden zu antiker und deutscher Dichtung und Kultur (Bern 1966) 493-505.
726 M. E. Reesor: The political theory of the old and middle Stoa (New York 1951). – Rez.: O. Luschnat, in: Gnomon 24 (1952) 381-382.
727 M. E. Reesor: The 'indifferents' in the old and middle Stoa, in: Transactions and Proceedings of the American Philological Association 82 (1951) 102-110.
728 E. Schwartz: Ethik der Griechen, hg. von Will Richter (Stuttgart 1951). – Das Buch basiert auf einem Stenogramm der Vorlesungen «Begriffe und Probleme der hellenischen Ethik» und «Hellenistische Ethik», die Schwartz in den Wintersemestern 1933/34 und 1934/35 in München gehalten hat.
729 H. Simon: Die Ideologiefunktion der alten Stoa. Der Begriff der Natur in der stoischen Ethik (Berlin 1951). – Masch. Diss. Humboldt-Universität.
730 A. R. C. Duncan: The Stoic view of life, in: Phoenix 6 (1952) 123-138.
731 P. Rabbow: Seelenführung. Methodik der Exerzitien in der Antike (München 1954). – Rez.: G. Luck, in: Gnomon 28 (1956) 268-271.
732 W. Trillhaas: Adiaphoron, in: Theologische Literaturzeitung 79 (1954) 457-462.
733 Ernst Hoffmann: Die Pädagogik der Stoa, in: W. Rüegg, A. Stein (Hg.): Pädagogischer Humanismus. 22 pädagogische Vorträge und Abhandlungen (Zürich 1955) 162-176.
734 I. G. Kidd: The relation of Stoic intermediates to the summum bonum, with reference to change in the Stoa, in: Classical Quarterly 49 (1955) 181-194.
735 F. Hampl: Stoische Staatsethik und frühes Rom, in: Historische Zeitschrift 184 (1957) 249-271.
736 G. Pire: Stoïcisme et pédagogie. De Zénon à Marc-Aurèle. De Sénèque à Montaigne et à J.-J. Rousseau (Lüttich 1957). – Rez.: J. Moreau, in: Revue des Etudes anciennes 60 (1958) 207-209.
737 O. Luschnat: Das Problem des ethischen Fortschritts in der alten Stoa, in: Philologus 102 (1958) 178-214.
738 G. Buehring: Untersuchungen zur Anwendung, Bedeutung und Vorgeschichte der stoischen 'numeri officii' (Hamburg 1960). – Diss.
739 V. Goldschmidt: Sagesse et liberté, in: Revue d'Histoire et de Philosophie religieuses 40 (1960) 323-337.
740 A.-J. Voelke: Les rapports avec autrui dans la philosophie grecque d'Aristote à Panétius (Paris 1961) [Bibliothèque d'Histoire de la Philosophie]. – Rez.: P. Moraux, in: Gnomon 35 (1963) 306-308.
741 B. Wiśniewski: Sur les origines du ὁμολογουμένως τῇ φύσει ζῆν des stoïciens, in: Classica et Mediaevalia 22 (1961) 106-116.
742 R. P. Haynes: The theory of pleasure of the

old Stoa, in: American Journal of Philology 83 (1962) 412-419.
743 D. Babut: Les stoïciens et l'amour, in: Revue des Etudes grecques 76 (1963) 55-63.
744 P. Aubenque: Le phronesis chez les stoïciens, in: Association G. Budé (Hg.) 1964 [*356: 291-293].
745 W. Gent: Der Begriff des Weisen. Eine historisch-kritische Untersuchung, in: Zeitschrift für philosophische Forschung 20 (1966) 77-117.
746 E. Escoubas: Ascétisme stoïcien et ascétisme épicurien, in: Etudes philosophiques 22 (1967) 163-173.
747 H. Reiner: Der Streit um die stoische Ethik, in: Zeitschrift für philosophische Forschung 21 (1967) 77-117.
748 A. A. Long: Aristotle's legacy to Stoic ethics, in: Bulletin of the Institute of Classical Studies of the University of London 15 (1968) 72-85.
749 A. A. Long: The Stoic concept of evil, in: Philosophical Quarterly 18 (1968) 329-343.
750 H. Reiner: Die ethische Weisheit der Stoiker heute, in: Gymnasium 76 (1969) 330-357.
751 A.-J. Voelke: Les origines stoïciennes de la notion de volonté, in: Revue de Théologie et de Philosophie 3. Sér. 19 (1969) 1-22.
752 F. E. Devine: Stoicism on the best regime, in: Journal of the History of Ideas 31 (1970) 323-336.
753 Ilsetraut Hadot: Tradition stoïcienne et idées politiques au temps des grecques, in: Revue des Etudes latines 48 (1970) 133-159.
754 G. Rodis-Lewis: La morale stoïcienne (Paris 1970) [Initiation philosophique 90]. – Rez.: J.-C. Fraisse, in: Revue des Etudes anciennes 75 (1973) 381-382.
755 A. A. Long: Freedom and determinism in the Stoic theory of human action, in: Long (Hg.) 1971 [*359: 173-199].
756 I. G. Kidd: Stoic intermediates and the end for man, in: Long (Hg.) 1971 [*359: 150-172].
757 S. G. Pembroke: Oikeiosis, in: Long (Hg.) 1971 [*359: 114-149].
758 G. Watson: The natural law and Stoicism, in: Long (Hg.) 1971 [*359: 216-238].
759 A. Graeser: Zirkel oder Deduktion? Zur Begründung der stoischen Ethik, in: Kantstudien 63 (1972) 213-224.
760 R. Nickel: Das Verhältnis von Bedürfnis und Brauchbarkeit in seiner Bedeutung für das kynostoische Ideal der Bedürfnislosigkeit, in: Hermes 100 (1972) 42-47.

761 Ernst Günther Schmidt: Stoisches Arbeitsethos, in: Philologus 117 (1973) 266-269.
762 A.-J. Voelke: L'idée de volonté dans le stoïcisme (Paris 1973). – Rez.: J. B. Gould, in: Journal of the History of Philosophy 13 (1975) 404-406.
763 J. D. G. Evans: The Old Stoa on the truth-value of oaths, in: Proceedings of the Cambridge Philological Society 20 (1974) 43-47.
764 M. C. Horowitz: The Stoic synthesis of the idea of natural law in man. Four themes, in: Journal of the History of Ideas 35 (1974) 3-16.
765 A. M. Ioppolo: La dottrina stoica dei beni esterni e i suoi rapporti con l'etica aristotelica, in: Rivista critica di Storia della Filosofia 29 (1974) 363-385.
766 M. Isnardi Parente: Etica situazionale dell'antica Stoa? in: P. Piovani (Hg.): L'etica della situazione (Neapel 1974) [Esperienze 24] 39-74.
767 F. Kudlien: Die stoische Gesundheitsbewertung und ihre Probleme, in: Hermes 102 (1974) 446-456.
768 H. Reiner, A. Graeser: Zum Begriff des Guten (Agathon) in der stoischen Ethik, in: Zeitschrift für philosophische Forschung 28 (1974) 228-235.
769 J. M. Rist: Pleasure 360-300 B.C., in: Phoenix 28 (1974) 167-179.
770 D. Tsekourakis: Studies in the terminology of early Stoic ethics (Wiesbaden 1974) [Hermes-Einzelschriften 32]. – Rez.: F. Lasserre, in: Erasmus 27 (1975) 878-880.
771 J. Ferguson: The early Stoics, in: J. F.: Utopias of the classical world (Ithaca 1975) 111-121.
772 J. A. Rabel: Theories of emotion in the Old Stoa (1975). – Diss. University of Michigan [Mikrofilm]; Zusammenfassung in: Dissertation Abstracts 36 (1975) 3673 A.
773 G. J. D. Aalders: Political thought in Hellenistic times (Amsterdam 1975).
774 R. Alpers-Goelz: Der Begriff 'Skopos' in der Stoa und seine Vorgeschichte (Hildesheim, New York 1976).
775 A. A. Long: The early Stoic concept of moral choice, in: F. Bossier et al. (Hg.): Images of man in ancient and medieval thought. Studia G. Verbeke ab amicis et collegis dedicata (Löwen 1976) 77-92.
776 G. Rocca-Serra: Le stoïcisme pré-impérial et l'esclavage, in: Centro ricerche e documentazione sull'antichità classica: Atti 8 (1976-1977) 205-222.

3 Ueberweg: Antike 4/2

777 L. Moretti: Filosofia stoica ed evergetismo ellenistico, in: Athenaeum 55 (1977) 82-87.
778 D. Pesce: L'etica stoica nel terzo libro del ‹De finibus› (Brescia 1977).
779 R. L. Rabel: The Stoic doctrine of generic and specific pathé, in: Apeiron 11 (1977) 40-42.
780 M. van Straaten: Menschliche Freiheit in der stoischen Philosophie, in: Gymnasium 84 (1977) 501-518.
781 E. Eyben: De latere Stoa over het huwelijk, in: Hermeneus 50 (1978) 15-32, 71-94, 337-358.
782 G. B. Kerferd: The origin of evil in Stoic thought, in: Bulletin of the John Rylands University Library of Manchester 60 (1977-1978) 482-494.
783 G. B. Kerferd: What does the wise man know? in: Rist (Hg.) 1978 [*365: 125-136].
784 I. G. Kidd: Moral actions and rules in Stoic ethics, in: Rist (Hg.) 1978 [*365: 247-258].
785 A. C. Lloyd: Emotion and decision in Stoic philosophy, in Rist (Hg.) 1978 [*365: 233-246].
786 T. G. Sinnige: Eigenheid en saamhorigheid in de stoische ethica, in: Lampas 11 (1978) 24-42.
787 N. P. White: Two notes in Stoic terminology, in: American Journal of Philology 99 (1978) 111-119. – Zu περίστασις und ἀπάθης.
788 C. J. Classen: Der platonisch-stoische Kanon der Kardinaltugenden bei Philon, Clemens Alexandrinus und Origenes, in: A. M. Ritter (Hg.): Kerygma und Logos. Beziehungen zwischen Antike und Christentum (Göttingen 1979) 68-88.
789 N. P. White: The basis of Stoic ethics, in: Harvard Studies in Classical Philology 83 (1979) 143-178.
790 M. Forschner: Die stoische Ethik. Über den Zusammenhang von Natur-, Sprach- und Moralphilosophie im altstoischen System (Stuttgart 1981). – Rez.: W. Görler, in: Philosophische Rundschau 31 (1984) 272-281.
791 B. C. Inwood: Impulse and human nature in Stoic ethics (1981). – Diss. University of Toronto [Mikrofilm].
792 A. MacIntyre: After virtue. A study in moral theory (Notre Dame University 1981).
793 F. Villena Maldonaro: Concepto de telos en la stoa antigua, in: Sodalitas 2 (1981) 273-284.
794 A. Preus: Intention and impulse in Aristotle and the Stoics, in: Apeiron 15 (1981) 48-58.
795 R. Bodéus: Le philosophe et la cité (Paris 1982).
796 M. Daraki: Le fils de la mort, la nécrophagie cynique et stoïcienne, in: G. de Gnoli, J.-P. Vernant (Hg.): La mort, les morts dans les sociétés anciennes (Cambridge, Paris 1982) 155-176.
797 A. Dihle: Theory of will in classical Antiquity (Berkeley 1982) [Sather Classical Lectures 48]. Dt. Fassung: Die Vorstellung vom Willen in der Antike (Göttingen 1986).
798 J. Dillon: Metriopatheia and apatheia. Some reflections on a controversy in later Greek ethics, in: Essays in ancient Greek philosophy II (New York 1982) 508-517.
799 J. C. B. Gosling, C. C. W. Taylor: The Greeks on pleasure (Oxford 1982).
800 B. Inwood: A note on desire in Stoic theory, in: Dialogue 21 (1982) 329-331.
801 D. Konstan: Stoics and Epicureans on the nature of man, in: International Studies in Philosophy 14 (1982) 27-33.
802 J. M. Rist: Human value. A study in ancient philosophical ethics (Leiden 1982).
803 K. Abel: Das Propatheia-Theorem. Ein Beitrag zur stoischen Affektenlehre, in: Hermes 111 (1983) 78-97.
804 E. Elders: Vieillesse, mort et mort voluntaire dans l'antiquité classique, in: La mort selon la Bible dans l'antiquité classique et selon le manichéisme (Louvain-la-Neuve 1983) 93-133.
805 L. Gerson: Isa ta hamartēmata. The Stoic doctrine 'all errors are equal', in: Hamartia. The concept of error in the western tradition. Essays in honor of J. M. Crossett (New York 1983) [Textes and Studies in Religion 16] 119-130.
806 J. Moreau: La place des officia dans l'éthique stoïcienne, in: Revue de Philosophie ancienne 1 (1983) 99-112.
807 M. Slote: Stoicism and the limits of human good, in: Goods and virtues (Oxford 1983) 131-141.
808 G. Striker: The role of oikeiosis in Stoic ethics, in: Oxford Studies in Ancient Philosophy 1 (1983) 145-167.
809 W. den Boer: Duty and pleasure. Their relative value, in: Actes du VIIe Congrès de la F.I.E.C. 2 (Budapest 1984) 327-343.
810 J. Christensen: Equality of man and Stoic social thought, in: Equality and inequality of man in ancient thought. Papers read at the colloquium in connection with the Assemblée générale of the F.I.E.C. (Helsinki 1984) 45-54.

811 N. Chronis: Post-classical philosophers' concept of man as a social animal, in: Diotima 12 (1984) 57-70.
812 W. Görler: Pflicht und Lust in der Ethik der Alten Stoa, in: Actes du VIIe Congrès de la F.I.E.C. 2 (Budapest 1984) 397-414.
813 W. Görler: Zum Virtus-Fragment des Lucilius (1326-1338 Marx) und zur Geschichte der stoischen Güterlehre, in: Hermes 112 (1984) 445-468.
814 A. A. Long: Greek ethics after MacIntyre and the Stoic community of reason, in: Maistor. Classical, Byzantine and Renaissance Studies for R. Browning (Canberra 1984) [Byzantina Australiensia 5] 37-56.
815 E. Moutsopoulos: La distinction épicurienne des plaisirs et sa réduction axiologique dans la morale stoïcienne, in: Actes du VIIe Congrès de la F.I.E.C. 1 (Budapest 1984) 359-361.
816 Reimar Müller: Zur Staatsauffassung der frühen Stoa, in: Actes du VIIe Congrès de la F.I.E.C. 1 (Budapest 1984) 303-311.
817 M. Wacht: Güterlehre: in: RAC 13 (1984) 59-150.
818 F. Alesse: Il problema della nascità dei concetti morali nello stoicismo antico, in: Elenchos 6 (1985) 43-65.
819 B. Inwood: Ethics and human action in early Stoicism (Oxford 1985).
820 B. Inwood: The Stoics on the grammar of action, in: Southern Journal of Philosophy, Suppl. 23 (1985) 75-86.
821 N. P. White: The role of physics in Stoic ethics, in: Southern Journal of Philosophy, Suppl. 23 (1985) 57-74.
822 J. Brunschwig: The cradle argument in Epicureanism and Stoicism, in: Schofield/Striker (Hg.) 1986 [§ 1 *365: 113-144].
823 T. Engberg-Pedersen: Discovering the good: oikeiosis and kathekonta in Stoic ethics, in: Schofield/Striker (Hg.) 1986 [§ 1 *365: 145-184].
824 M. Frede: The Stoic doctrine of the affections of the soul, in: Schofield/Striker (Hg.) 1986 [§ 1 *365: 93-110].
825 T. H. Irwin: Stoic and Aristotelian conceptions of happiness, in: Schofield/Striker (Hg.) 1986 [§ 1 *365: 205-244].

c) Sonstiges

901 O. Bardenhewer: Geschichte der altkirchlichen Literatur, 5 Bde. (Freiburg [1]1902-1932, ND Darmstadt 1962).
902 Wilhelm Schmid, O. Stählin: Geschichte der griechischen Literatur, 2. Teil: Die nachklassische Periode der griechischen Literatur, 1. Bd.: Von 320 v. Chr. bis 100 n. Chr. (München [6]1920, ND 1974), 2. Bd.: Von 100 bis 530 n. Chr. (München [6]1924, ND 1961) [Iwan von Müller, W. Otto (Hg.): Handbuch der Altertumswissenschaft VII 2, 1-2].
903 H. von Arnim: Arius Didymus' Abriss der peripatetischen Ethik (Wien, Leipzig 1926) [Sitzungsberichte der Akademie der Wissenschaften in Wien, Philosophisch-historische Klasse 204 (1926) 3. Abh.].
904 M. Schanz, C. Hosius: Geschichte der römischen Literatur, 1. Teil: Die römische Literatur in der Zeit der Republik (München [4]1927, ND 1966, 1979), 2. Teil: Die römische Literatur in der Zeit der Monarchie bis auf Hadrian (München [4]1935, ND 1955, 1980) [Iwan von Müller, W. Otto (Hg.): Handbuch der Altertumswissenschaft VIII 1-2].
905 W. Theiler: Die Vorbereitung des Neuplatonismus (Berlin 1930, ND 1964) [Problemata 1]. – Rez.: E. R. Dodds, in: Gnomon 7 (1931) 307-310.
906 H. Dahlmann: Varro und die hellenistische Sprachtheorie (Berlin 1932) [Problemata 5].
907 F. Dirlmeier: Die Oikeiosislehre Theophrasts (Leipzig 1937) [Philologus Suppl. 30].
908 P. Steinmetz: Eine jungepikureische Sicht der Geschichte der Philosophie, in: Archiv für Geschichte der Philosophie 48 (1966) 153-162.
909 Carl Werner Müller: Die Kurzdialoge der Appendix Platonica. Philologische Beiträge zur nachplatonischen Sokratik (München 1975) [Studia et Testimonia antiqua 17].
910 Carl Werner Müller: Art. 'Akademie', in: H. H. Schmitt, E. Vogt (Hg.): Kleines Wörterbuch des Hellenismus (Wiesbaden 1988) 23-47. – Manuskript abgeschlossen 1968; eine xerographische Vorveröffentlichung ist 1980 in Saarbrücken erschienen.

§ 34. Zenon aus Kition

A. Biographie 518. – B. Bildnisse 521. – C. Schriften 521: 1. Titel des Schriftenverzeichnisses 521: a) Ethische Schriften 521; b) Physikalische Schriften 521; c) Logische Schriften (zur Dialektik, Rhetorik, Grammatik) 522; 2. Titel des Anhangs des Schriftenverzeichnisses 522; 3. Sonst genannte Schriftentitel 522. – D. Werkbeschreibung 522: 1. Politeia 522; 2. Über das All 523; 3. Zu Hesiods Theogonie 523; 4. Die Problematik der Rekonstruktion der übrigen Werke Zenons 524. – E. Doxographie 525: 1. Charakteristik der Art des Philosophierens Zenons 525; 2. Die ersten beiden Phasen seines Philosophierens 526; 3. Die dritte Phase seines Philosophierens 527: a) Aufgabe und Einteilung der Philosophie 527; b) Logik einschliesslich Erkenntnistheorie 528; c) Physik 534; d) Ethik 541. – F. Ausgaben und Sekundärliteratur 549: 1. Fragmentsammlungen 549; 2. Gesamtdarstellungen 549; 3. Zur Biographie 550; 4. Zu den Bildnissen 550; 5. Zu den einzelnen Werken 550; 6. Zur Doxographie 551: a) Einteilung der Philosophie 551; b) Logik einschliesslich Erkenntnistheorie 551; c) Physik 552; d) Ethik 553.

A. BIOGRAPHIE

Biographische Quellen. – SVF 1, frg. 1-40a (Die Notizen aus der Suda hat von Arnim nicht aufgenommen). Die erhaltenen Nachrichten gehen auf mehrere hellenistische Biographien zurück. Am besten fassbar sind die Biographien des Autors des Index Stoicorum Herculanensis und des Stoikers Apollonios aus Tyros, vermutlich der Hauptquelle des Diogenes Laertios. Beide Autoren wirkten im 1. Jh. v. Chr. Die hellenistischen Biographen benützten auch Primärquellen aus der Zeit Zenons wie z.B. politische Urkunden, die Denkwürdigkeiten des Zenonschülers Persaios, die Sillen Timons aus Phleius, Briefe Epikurs u.ä. Die Biographen gelangten zu wenigstens zwei einander widersprechenden und ausschliessenden Berechnungen der Lebensjahre Zenons.

Leben. – Von den Lebensdaten Zenons ist eines mit Sicherheit zu ermitteln. Nach der Urkunde mit dem Beschluss der athenischen Volksversammlung, Zenon durch einen goldnen Kranz und ein Ehrengrab auf dem Kerameikos zu ehren (DIOGENES LAERT. VII 10-12 = SVF 1, frg. 7. 8), und der Angabe PHILODEMS (Περὶ τῶν φιλοσόφων col. IV 9-13 = SVF 1, frg. 36a) ist Zenon im Jahre des Archons Arrheneides in Athen gestorben, d.h. im Jahre 262/61 v. Chr. (JACOBY FGrH 2 D 2, S. 736 zu 244 (Apollodoros von Athen), Chronika Frg. 44 und 45, DINSMOOR 1931 [*35: 47], PRITCHETT/MERITT 1940 [*36: XX], VON FRITZ 1972 [*15: 83] mit weiteren Literaturangaben). Alle anderen Daten divergieren. Sie sind abhängig von zwei durch Urkunden scheinbar gesicherten Angaben über die Lebensjahre Zenons. Zenon ist nach der einen Angabe, die sein vertrauter Schüler Persaios aus Kition in seinen Ἠθικαῖς σχολαῖς gemacht hat, im Alter von 72 Jahren gestorben und im Alter von 22 Jahren nach Athen gekommen (DIOGENES LAERT. VII 28 = SVF 1, frg. 458). Demnach wäre Zenon 333/32 geboren, 312/11 nach Athen gekommen, hätte elf Jahre in Athen bei verschiedenen Philosophen gehört und 301/300 unter dem Archontat des Klearchos seine Lehrtätigkeit aufgenommen. Die zweite Berechnung der Lebensjahre scheint Apollonios aus Tyros vorgenommen zu haben. Er stützt sich auf den bei DIOGENES LAERT. VII 7-9 erhaltenen

Briefwechsel zwischen Antigonos Gonatas und Zenon, in dem Zenon die Einladung des Königs an den Hof nach Pella abgelehnt hat mit der Begründung, er sei schon achtzig Jahre alt, und berechnet daraus eine Lebensdauer von 98 Jahren, ein Scholarchat von 58 Jahren und die Ankunft in Athen im Alter von 30 Jahren (DIOGENES LAERT. VII 2. 28. Die Angabe einer Lebenszeit von 101 Jahren (SVF 1, frg. 36a) scheint eine Variante dieser Berechnung zu sein). Demnach wäre Zenon 359/58 geboren, 329/28 nach Athen gekommen, hätte 319/18 seine Lehrtätigkeit aufgenommen und 58 Jahre seiner Schule vorgestanden. Beide Berechnungen schliessen einander aus. Daher scheinen Kontaminationen mit Elementen beider Berechnungen, wie sie ARMSTRONG (1930 [*34]) und auch GRILLI (1963 [*37]) versucht haben, das Problem nicht lösen zu können. Eine Entscheidung zwischen beiden Alternativen ist letztlich nur durch Prüfung ihrer Grundlagen möglich. Verdienen die Angaben des Persaios oder der Brief Zenons mehr Vertrauen? Für den Brief Zenons ist vor einiger Zeit GRILLI (1963 [*37]) eingetreten, indem er die Echtheit des Briefwechsels zu erweisen versucht und die Zahl 72 bei Persaios als aus 92 verdorben erklärt hat. Die Mehrzahl der Forscher, denen ich mich anschliesse, erkennt in den Zahlen des Persaios die grössere Wahrscheinlichkeit und hält den Briefwechsel zwischen Antigonos Gonatas und Zenon für eine der häufigen Fälschungen von Philosophenbriefen in hellenistischer Zeit (vgl. zuletzt VON FRITZ 1972 [*15: 83-85], LONG 1974 [§ 1 *396: 109], GRAESER 1975 [*16: 1, Anm. 1], SANDBACH 1975 [§ 33 *361: 20-27], HUNT 1976 [*151: 1-3]).

Kition, die Geburtsstadt Zenons, ist eine phoinikische Gründung, die noch Ende des 4. Jh. von phoinikischen Königen regiert wurde. Nach Auskunft der Münzen und Inschriften war das Phoinikische die Landessprache. Dies, dazu der Name des Vaters Mnaseas, dem ein phoinikisches Manasse oder Menahem entsprechen könnte, und dass Zenon in der Antike, nicht zuletzt auch wegen seines Aussehens, als Phoiniker galt, weisen auf semitische Herkunft Zenons hin. Das Phoinikische war möglicherweise auch seine Muttersprache (OBERHUMMER 1922 [*32: 535-539], POHLENZ 1926 [*33]). Zenon lernte aber schon in seinem Elternhaus Griechisch und wurde mit griechischer Philosophie bekannt. Sein Vater, ein reicher Kaufmann, brachte aus Athen sokratische Schriften mit (DIOGENES LAERT. VII 31 = SVF 1, frg. 6). Semitische Einflüsse auf die Philosophie Zenons sind nicht zu erweisen. Geistig ist er ganz von griechischem Denken geprägt.

Die Gründe der Übersiedlung des zweiundzwanzigjährigen Zenon nach Athen sind von Anekdoten und Legenden verdunkelt. Es werden u.a. genannt ein Schiffbruch, der Verlust des Vermögens, ein delphischer Orakelspruch. Vielleicht ist die Übersiedlung nach Athen auch politisch motiviert. Denn im gleichen Jahr 312/11 ist in den Auseinandersetzungen zwischen Ptolemaios und Antigonos Monophthalmos, auf dessen Seite Kition gestanden hatte, diese Stadt in die Hand des Ptolemaios gefallen. Dieser liess den letzten phoinikischen König von Kition Pumiathon hinrichten (vgl. die Inschr. Journal of the Asiatic Society (1960) 111f.) und legte in die Stadt eine ptolemaische Garnison. Eine Übersiedlung nach Athen bot sich auch deshalb an, weil die Kaufleute aus Kition 333/32 von Athen das Recht erhalten hatten, im Piräus ein Heiligtum der Aphrodite Urania (Astarte) zu gründen (IG II² 337. 4636-7).

Jedenfalls wandte sich Zenon in Athen der Philosophie zu und schloss sich als erstem dem Kyniker Krates aus Theben an. Später war er auch Schüler der Megariker Stilpon und Diodoros Kronos und schliesslich auch des Schulhaupts der Akademie Polemon, der, wie es scheint, den Anstoss zu einer neuen Hinwendung zu den Schriften Platons gegeben hat (DIOGENES LAERT. VII 2 = SVF 1, frg. 1. DIOGENES LAERT. VII 24-25 = SVF 1, frg. 5; dass Zenon auch noch Xenokrates gehört habe, widerstreitet der Chronologie; zu Polemon C. W. MÜLLER 1988 [§ 33 *910: 31-33]). Im Wechsel der Lehrer, den man keineswegs als Konversionen deuten sollte, spiegeln sich die das Philosophieren Zenons bestimmenden Einflüsse. Zenon ist von Jugend auf mit sokratischer Philosophie vertraut und versteht diese insbesondere in der Ausprägung, die ihr der Kynismus und die unter kynischen Einfluss geratene megarische Dialektik gegeben haben. Dazu hat er aber auch die platonische Tradition kennengelernt und hat die Auseinandersetzungen in und zwischen den zeitgenössischen Schulen miterlebt. In alledem zeigt sich zugleich aber auch Zenons Bereitschaft, als richtig erkannte Lehren anderer anzunehmen und dies auch zuzugeben. Hierzu passt die Anekdote, Zenon habe den bekannten Spruch Hesiods umgedreht (HES. erg. 293f., DIOGENES LAERT. VII 25 = SVF 1, frg. 5):

«Der steht allen voran, der dem Gutes Ratenden folgsam,
tüchtig ist zweitens auch der, der selbst ein Jegliches einsieht.»

Um 301/300 nahm Zenon seine eigene Lehrtätigkeit auf. Da er als Ausländer keinen Grundbesitz in Athen erwerben konnte und für den Kauf durch einen Mittelsmann wohl auch die Mittel fehlten, lehrte er in der 'Bunten Halle' an der Agora, wo man ihm wohl bald einen Raum überliess (DIOGENES LAERT. VII 5 = SVF 1, frg. 2). Wann und wie sich aus diesem Provisorium eine organisierte Schule entwickelte, ist nicht bekannt. Jedenfalls scheint beim Tode Zenons die Schule schon eine festere Form gehabt zu haben. Zenon hielt offenbar nicht nur Vorträge, sondern lehrte wie im Peripatos vornehmlich im Hin- und Hergehen, wobei er zum dialektischen Gespräch jeweils nur wenige Schüler zuliess. Die Lehren in Worten unterstützte er durch Demonstrationen. Sein Umgang mit den Schülern scheint zuweilen barsch, im ganzen aber freundlich gewesen zu sein, besonders bei den üblichen Symposien (DUMONT 1967-1968 [*98: 1-8], VON FRITZ 1972 [*15: 86ff. mit Belegen]). Seine Lehre mit den strengen ethischen Forderungen, besonders aber auch seine einfache und bescheidene Lebensweise brachten Zenon bald hohes Ansehen und den gutmütigen Spott des Volksmunds und der Komödie ein (DIOGENES LAERT. VII 6. 26-27 = SVF 1, frg. 5-6), forderten aber auch den Widerspruch der anderen Philosophenschulen und -richtungen heraus. Es meldeten sich u.a. Theophrast, Epikur, Krantor, Timon aus Phleius und auch schon Arkesilaos zu Wort. Um Tagespolitik hat sich Zenon offenbar nicht gekümmert, aber sich in Athen an öffentlichen Stiftungen beteiligt, das athenische Bürgerrecht jedoch für sich abgelehnt und Wert darauf gelegt, Bürger von Kition zu bleiben, was man in seiner Vaterstadt dankbar vermerkte (DIOGENES LAERT. VII 12 = SVF 1, frg. 3, PLUT. de Stoic. repugn. 1033 e = SVF 1, frg. 27. 1034 a = SVF 1, frg. 26). Trotzdem fand er auch die Freundschaft von Politikern, wie des Chremonides (DIOGENES LAERT. VII 17, SARTORI 1963 [*38]) und des Antigonos Gonatas. Dieser lud ihn sogar nach Pella ein und veranlasste die Ehrungen Zenons nach dessen Tod (DIOGENES LAERT. VII 6. 9. 13. 14. 15 = SVF 1, frg. 1. 3. 4).

Zenon soll gestorben sein, indem er nach einem leichten Unfall sich durch Erhängen oder durch Nahrungsverweigerung das Leben nahm (DIOGENES LAERT. VII 28 (= SVF 1, frg. 6). 31. 176 (= SVF 1, frg. 474), LUCIAN Macr. 19 = SVF 1, frg. 36; beachtliche Argumente gegen die Historizität des Selbstmords bei MIZUCHI 1969 [*40]).

Zenon hatte viele Schüler, darunter die Philosophen Persaios aus Kition, Ariston aus Chios, Herillos aus Kalchedon, Dionysios aus Herakleia, Kleanthes aus Assos, Sphairos vom Borysthenes, Philonides aus Theben, Kallipos aus Korinth, Poseidonios aus Alexandreia, Athenodoros aus Soloi und Zenon aus Sidon (Ind. Stoic. Herc. col. X-XII = SVF 1, frg. 39, DIOGENES LAERT. VII 37-38 = SVF 1, frg. 38).

B. BILDNISSE

Die Bürger Athens und Kitions haben Zenon auch mit Bronzestandbildern geehrt (DIOGENES LAERT. VII 6). Offenbar letzteres hat Cato bei seiner Zypernexpedition (58 v.Chr.) nach Rom gebracht (PLIN. NH XXXIV 92). Es scheint das Vorbild der erhaltenen 11 Porträtköpfe Zenons zu sein (ARNDT/BRUCKMANN 1891-1942 [§ 1 *451: 235-238], BERNOULLI 1901 [§ 1 *452: 2, 136-139], SCHEFOLD 1943 [§ 1 *453: 108f.], RICHTER 1965 [§ 1 *455: 2, 186-189, Abb. 1084-1105]). Auf einen weiteren Zenonkopf, der sich in Schloss Fasanerie bei Fulda befindet, macht KRUSE (1966 [*53]) aufmerksam.

C. SCHRIFTEN

Das unvollständige Verzeichnis der Schriften Zenons (DIOGENES LAERT. VII 4 = SVF 1, frg. 41) nennt insgesamt 19 Titel, und zwar 15 Titel nach Sachgebieten geordnet und einen ungeordneten Anhang mit 4 Titeln; dazu sind aus sonstigen Zitaten 6 weitere Titel bekannt (vgl. die Zusammenstellung SVF 1, S. 71f. und den Versuch der Zuweisung der Fragmente zu den einzelnen Schriften durch FESTA 1932 [*3: 1]). Ob es noch weitere Werke gegeben hat, ist ungewiss. Die bekannten Schriftentitel lauten:

1. Titel des Schriftenverzeichnisses

a) Ethische Schriften

1 Πολιτεία – Politeia – Vom Staate. – SVF 1, frg. 222. 248. 252. 259-270.
2 Περὶ τοῦ κατὰ φύσιν βίου – Über das naturgemässe Leben. – Zitate sind nicht erhalten.
3 Περὶ ὁρμῆς ἢ Περὶ ἀνϑρώπου φύσεως – Über den Trieb [oder] Über die Natur des Menschen. – SVF 1, frg. 179.
4 Περὶ παϑῶν – Über die Leidenschaften [Affekte]. – SVF 1, frg. 211.
5 Περὶ τοῦ καϑήκοντος – Über das Zukommende [die Pflicht]. – Zitate sind nicht erhalten.
6 Περὶ νόμου – Über das Gesetz. – Zitate sind nicht erhalten.
7 Περὶ τῆς Ἑλληνικῆς παιδείας – Über hellenische Erziehung. – Zitate sind nicht erhalten.

b) Physikalische Schriften

8 Περὶ ὄψεως – Über das Sehen. – Zitate sind nicht erhalten.
9 Περὶ τοῦ ὅλου – Über das All. – SVF 1, frg. 97. 102. 117. 119.
10 Περὶ σημείων – Über Zeichen [Vorzeichen? Wetterzeichen? oder eine logische Schrift?]. – Zitate sind nicht erhalten.
11 Πυϑαγορικά – Pythagorika. – Zitate sind nicht erhalten.

c) Logische Schriften (zur Dialektik, Rhetorik, Grammatik)

12 Καθολικά – Allgemeine Probleme(?) [oder Sätze(?)]. – Zitate sind nicht erhalten.
13 Περὶ λέξεων – Über den sprachlichen Ausdruck. – Zitate sind nicht erhalten.
14 Προβλημάτων Ὁμηρικῶν ε΄ – Homerische Probleme in fünf Büchern. – Zitate sind nicht erhalten.
15 Περὶ ποιητικῆς ἀκροάσεως – Vorlesung über Poetik. – Zitate sind nicht erhalten.

2. Titel des Anhangs des Schriftenverzeichnisses

16 Τέχνη – Kunst [Die Kunst der Rede = Rhetorik?]. – Zitate sind nicht erhalten.
17 Λύσεις – Lösungen. – Zitate sind nicht erhalten.
18 Ἔλεγχοι β΄ – Widerlegungen in zwei Büchern. – Zitate sind nicht erhalten.
19 Ἀπομνημονεύματα Κράτητος ἠθικά – Erinnerungen an Krates ethischen Inhalts. – SVF 1, frg. 273.

3. Sonst genannte Schriftentitel

20 Περὶ οὐσίας – Über die Substanz. – SVF 1, frg. 85.
21 Περὶ φύσεως – Über die Natur. – SVF 1, frg. 176.
22 Περὶ λόγου – Über die Rede. – SVF 1, frg. 45-46.
23 Εἰς Ἡσιόδου θεογονίαν – Zu Hesiods Theogonie. – SVF 1, frg. 100. 103-105. 167. 276.
24 Διατριβαί – Diatriben [volkstümlich gehaltene Vorträge]. – SVF 1, frg. 250.
25 Χρεῖαι – Chrien [Anekdoten mit lehrhaftem Sinn]. – SVF 1, frg. 272.

Nach 1950 sind eine arabische und eine armenische Zenon-Tradition bekannt geworden. Bei As Sahrastani (gest. 1153) ist ein Abschnitt mit 19 'Weisheitssprüchen Zenons', die die Form von Sentenzen oder Chrien bzw. Anekdoten haben (Erstveröffentlichung ALTHEIM/STIEHL 1962 [*6]), erhalten. Sie stammen offenbar aus einem spätantiken Florilegium, das auch unechtes Material enthielt, und sind teilweise bei der Übersetzung ins Arabische arabisch eingefärbt worden (vgl. SCHMIDT 1962 [*68: 372-374]). Zwei im Armenischen unter dem Namen Zenons erhaltene doxographische Notizen sind wohl echt, dagegen stellt die armenisch erhaltene Schrift Περὶ φύσεως (Über die Natur) ein Anfang des 7. Jh. entstandenes Kompendium dar, das fälschlich unter den Namen Zenons geraten ist (KHATSCHIKIAN 1950 [*4] Erstveröffentlichung, AFERSCHATIAN 1956 [*5], eine Übersetzung ins Russische, POHLENZ 1949 [§ 33 *353: 2, 232], DÖRRIE 1957 [zu *5], SCHMIDT 1961 [*67], 1962 [*68: 374f.], WESTERINK 1963 [zu *67]). Diese Zeugnisse sind nur für die Nachwirkung auch der stoischen Philosophie von Belang, geben aber kaum verlässliche Nachrichten über ihre Anfänge.

D. WERKBESCHREIBUNG

Von den Schriften Zenons sind mit Hilfe der ausdrücklich aus ihnen genommenen Fragmente drei wenigstens in ihrer Tendenz und in Umrissen erkennbar:

1. Politeia

Die ‹Politeia› (Vom Staate), ein Jugendwerk, das vermutlich noch vor der Schulgründung verfasst worden ist (PHILODEM. de Stoicis col. 15, 1-4, DIOGENES LAERT. VII 4 = SVF 1, frg. 2), bietet die Skizze eines Idealstaates von stark kynischer Prägung mit deutlich kultur-, traditions- und tabufeindlichen Tendenzen und offensichtlicher Wendung gegen Platons ‹Politeia› (SVF 1, frg. 2. 260. 262. 263. 269). Man sagte deshalb polemisch, «Zenon habe sie auf den Schwanz des Hundes geschrieben» (SVF 1, frg. 2). Zenon begann die Schrift mit einer Kritik der zeitgenössischen Gesellschaft und führte deren Mängel auf die ἐγκύκλιος παιδεία ('allgemeine Bildung') zurück (PHILODEM. de Stoicis col. 18, 1-11, DIOGENES LAERT. VII 32 = SVF 1, frg. 259). In der Form eines Gedankenexperiments (etwa «wenn alle Bürger weise wären, dann ...») liess er dann die Ratschläge für seinen Idealstaat folgen. Bürger dieses Staates könnten nur die σπουδαῖοι ('die sittlich Guten' = 'die Weisen') sein, die zugleich und allein 'die Freunde, Hausgenossen und Freien' seien; dagegen blieben andere Klassen oder Stände von diesem Staat ausgeschlossen, weil die Nichtweisen zugleich die Schlechten seien, mögen sie auch mit den Weisen blutmässig verwandt sein, und weil diesen die Fähigkeit zu einem Gemeinschaftsleben fehle (DIOGENES LAERT. VII 32-33 = SVF 1, frg. 226. 222). Hier klingt zum ersten Mal einer der Grundzüge der stoischen Philosophie an, der schroffe unüberbrückbare Gegensatz zwischen Weisen und Nichtweisen. Mit dieser Grundlinie verbunden sind deutlich kosmopolitische Züge (SVF 1, frg. 262). An Einzelheiten hören wir dann noch folgendes: In diesem Staat der Weisen solle als Gott allein Eros verehrt werden, der Freundschaft und Liebe, Freiheit und dazu bürgerliche Eintracht bewirke (SVF 1, frg. 263); er solle aber nicht in Tempeln und mit Standbildern verehrt werden, da beides als Menschenwerk der Gottheit nicht würdig sei (SVF 1, frg. 264. 265); wie es keine Tempel, so solle es auch keine Gerichtsgebäude oder Gymnasien geben, und statt der Standbilder solle die Tüchtigkeit der Einwohner die Stadt schmücken; Geld und Münzen seien überflüssig (SVF 1, frg. 267. 266. 268). Besonders krass wirken die Empfehlungen hinsichtlich des Zusammenlebens der Geschlechter. Der Bogen spannt sich von der Forderung gleicher Kleidung für beide Geschlechter über die Empfehlung der Promiskuität und der Homosexualität bis zum Widerspruch gegen die Tabuierung des Inzests (SVF 1, frg. 252. 257. 269. 248. 256). Gerade Äusserungen dieser Art gaben später Anlass zu einer heftigen Kritik und zu Versuchen von Stoikern, gegen solche Kritik Zenon zu retten. Die Kritik spiegelt sich z.B. in Schriften wie PHILODEMS de Stoicis oder PLUTARCHS de Stoic. repugn. und bei dem Skeptiker Cassius bei DIOGENES LAERT. VII 32-34 (vgl. dazu VON FRITZ 1972 [*15: 89-90]). Weitere Literatur zur ‹Politeia›: ZELLER ⁵1923 [*61: 302], POHLENZ 1948-1949 [§ 33 *353: 1, 137. 2, 75], FESTUGIÈRE 1949 [*62: 264. 270], FESTA 1932 [*3: 1, 9-25], BALDRY 1959 [*63] (grundlegend!), VON FRITZ 1972 [*15: 88-89]).

2. Über das All

Diese Schrift mit dem Titel Περὶ τοῦ ὅλου enthielt offenbar eine kurz gefasste Kosmologie und Meteorologie. Ihr sind ausdrücklich fünf Lehrmeinungen zugeschrieben, nämlich dass Zenon nur eine Welt angenommen hat (DIOGENES LAERT. VII 143 = SVF 1, frg. 97), dass er ferner in ihr über Entstehen und Vergehen der Welt gehandelt hat und aus dem präkosmischen Urstoff zunächst die vier Elemente Feuer, Luft, Wasser und Erde entstehen liess, aus deren Mischung alles übrige hervorgegangen sei (DIOGENES LAERT. VII 135-136 und 142 = SVF 1, frg. 102). Weiterhin erklärte er naturwissenschaftlich richtig die Sonnenfinsternis durch das Dazwischentreten des Neumonds zwischen Erde und Sonne, die Mondfinsternis durch das Eintauchen des Vollmonds in den Erdschatten und das Faktum, dass es nicht bei jedem Mondwechsel zu Verfinsterungen kommt, durch die Neigung der Sonnen- und Mondbahn zueinander (DIOGENES LAERT. VII 145-146 = SVF 1, frg. 119) und gibt, theophrastisches Gedankengut aufgreifend, definitionsartige Skizzierungen des (in der Ferne) aufleuchtenden (ἀστραπή) und des (in der Nähe) einschlagenden Blitzes (κεραυνός) sowie des Donners (DIOGENES LAERT. VII 153-154 = SVF 1, frg. 117; zu Theophrast vgl. STEINMETZ 1964 [*65: 172-190]). Es liegt auf der Hand, dass viele weitere Fragmente kosmologischen und meteorologischen Inhalts dieser Schrift entstammen können. Aber da die im einzelnen kaum fassbaren Schriften Περὶ φύσεως (Über die Natur) und Περὶ οὐσίας (Über die Substanz) sowie die zu vermutende Schrift (oder Schriften?) zur Theologie jedenfalls denselben Themenkreis berührten, gibt es für eine Zuweisung der Fragmente im einzelnen kein Kriterium. Daher können die Rekonstruktionsversuche von FESTA (1928 [*64], 1932 [*3: 77-94]) nicht zur Evidenz gebracht werden.

3. Zu Hesiods Theogonie

Sowohl diese Schrift als auch ihr Titel – Εἰς τὴν Ἡσιόδου θεογονίαν – sind erschlossen. Unter den Fragmenten Zenons gibt es Stücke mit methodisch ähnlichen Erklärungen von sechs bestimmten Stellen der Theogonie Hesiods. Zwei dieser Deutungen sind mehrfach bezeugt. Die meisten Fundstellen finden sich in den antiken Scholien zu Hesiods Theogonie oder in anderen grammatischen Schriften. Nur zwei Stellen sind in philosophischem oder doxographischem Zusammenhang belegt. Zu ihnen gehört CICERO de nat. deor. I 36, der Abschnitt über Zenon in der epikureischen Kritik der ausserepikureischen Theologie, wo der Epikureer Velleius nicht selten auf Widersprüche in den Aussagen ein und desselben Philosophen in verschiedenen Schriften aufmerksam macht. So führt er, freilich ohne genaue Angabe der Titel, auch verschiedene Schriften Zenons an. Zuletzt heisst es: Cum autem Hesiodi Theogoniam ... interpretatur, tollit ... («Wenn er aber Hesiods Theogonie interpretiert, hebt er auf ...»). Aus all diesem kann eine Schrift mit einem fortlaufenden Kommentar zu Hesiods Theogonie erschlossen werden. Die Form des Titels dieser Schrift bleibt aber ungewiss. Die Fragmente in der Reihenfolge der erklärten Hesiodverse sind:

1 zu Theog. 116, 117, 120 über Chaos, Erde und Eros, Fundstellen: Schol. Hes. Theog. 117, Schol. Apoll. Rhod. I 498, PROBUS in Verg. Ecl. 6, 31, ACHILL. TAT. Isag. in Arat. phaen. 3, 125 e (sachlich ähnlich DIOGENES LAERT. VII 137, CORNUT. 17 = SVF 1, frg. 103-105).

2 zu Theog. 126-128 über Gaia und Uranos, Fundstelle: DIOGENES LAERT. VIII 48 = SVF 1, frg. 276.

3 zu Theog. 134 über die Titanen Koios, Kreios, Hyperion und Iapetos, Fundstelle: Schol. Hes. Theog. 134 = SVF 1, frg. 100.

4 zu Theog. 139-140 über die Kyklopen Brontes, Steropes und Arges, Fundstelle: Schol. Hes. Theog. 139 = SVF 1, frg. 118.

5 zu Theog. 371 über Helios, Fundstellen: Etymol. Gud. und Etymol. magnum s.v. ἥλιος = SVF 1, frg. 121.

6 zu Theog. 453-458 über die Kinder des Kronos und der Rheia: Zeus, Poseidon, Hera, Hestia/Demeter (erweitert von Minucius Felix um Hephaistos, Theog. 927), Fundstellen: CICERO de nat. deor. I 36, MINUCIUS FELIX Octav. 19, 10 = SVF 1, frg. 167 und 169.

Es ist nicht auszuschliessen, dass Zenon einige dieser Deutungen auch in anderen Schriften verwendet hat. FESTA (1932 [*3: 202]) sieht auch in SVF 1, frg. 168 und 170 (aus PHILODEM de pietate) Fragmente dieser Schrift. Beide Stellen haben, abgesehen von kaum richtiger Textgestaltung, keinen Bezug zu Hesiods Theogonie. Was die Methode der Interpretation anlangt, deutet Zenon die 'Göttergestalten' Hesiods unter Zuhilfenahme der Etymologie in allegorisch-physikalischer Weise. So stellen die Titanen Elemente des Kosmos dar: Koios symbolisiere die Qualität (κοῖος als äolische Form des attischen ποῖος), Kreios das Herrschende und Leitende, Hyperion meine nach der Etymologie ὑπεράνω ἰέναι die Bewegung oben (den kreisförmig sich bewegenden Stoff der Himmelskörper?), Iapetos das Leichte, das nach oben strebt (τὰ κοῦφα ἀφιέμενα πίπτειν ἄνω), Frg. 1 = SVF 1, frg. 100. Der Epikureer Velleius bei CICERO (Frg. 6 = SVF 1, frg. 167) charakterisiert diese Methode folgendermassen: «Er hebt die üblichen und allgemein angenommenen Vorstellungen von den Göttern gänzlich auf; er rechnet nämlich Jupiter (Zeus), Juno (Hera), Vesta (Hestia oder Demeter) und jede andere so benannte göttliche Person nicht zu den Göttern, sondern lehrt, dass diese Namen in einer Art Allegorie leblosen und stummen Dingen zugeteilt worden seien.» Mit dieser Methode hat Zenon aller späteren stoischen Mythendeutung den Weg gewiesen (dazu STEINMETZ 1986 [*74]).

4. Die Problematik der Rekonstruktion der übrigen Werke Zenons

Aber die meisten Werke Zenons sind nur durch ihren Titel und nur zuweilen auch dazu durch ein oder zwei Fragmente kenntlich, z.B. ‹Über das naturgemässe Leben›, bei vielen ist selbst der Sinn des Titels unklar; meint z.B. der Titel Τέχνη eine Lehrschrift über Rhetorik? Ein nicht kleiner Teil der Schriften behandelt Gegenstände, die schwerlich als philosophisch angesehen werden können oder sich nur äusserlich mit Philosophie berühren: ‹Über hellenische Bildung›, ‹Vorlesung über Poetik›, ‹Homerische Probleme› (5 Bücher), ‹Zu Hesiods Theogonie›, ‹Erinnerungen an Krates›, ‹Über den sprachlichen Ausdruck›, ‹Chrien› (wohl eine von einem Schüler angelegte Sammlung von Aussprüchen und Anekdoten um Zenon). Andere Titel weisen zwar auf Untersuchungen philosophischer Themen hin, bezeichnen aber Schriften, in denen eher Einzelfragen (Probleme) abgehandelt werden: ‹Diatriben›, ‹Widerlegungen› (2 Bücher), ‹Allgemeine Probleme›, ‹Lösungen›. Nur 11 Titel scheinen Werke rein philosophischen Inhalts zu bezeichnen, aber in allen diesen Werken werden nur kleinere Teilgebiete der Philosophie untersucht: ‹Über den Trieb oder über die menschliche Natur›, ‹Über die Affekte›, ‹Über das naturgemässe Leben›, ‹Über die Pflicht›, ‹Über das Gesetz›, ‹Politeia›, ‹Über die Natur›, ‹Über das All›, ‹Über das wahrhafte Sein›, ‹Über den Logos›, ‹Über das Sehen›, ‹Über Zeichen› (oder ‹Über Vorzeichen›?). Es existiert aber offenbar keine Schrift, in der Zenon das System der von ihm begründeten Philosophie wenigstens in den Grundzügen dargetan hätte. Andererseits hat er aber offensichtlich bei der Untersuchung von Teilgebieten die Einordnung des Teilgebiets in den grösseren Zusammenhang seiner Philosophie diskutiert (vgl. DIOGENES LAERT. VII 39 und 40 = SVF 1, frg. 45 und 46 aus Περὶ λόγου).

E. DOXOGRAPHIE

1. Charakteristik der Art des Philosophierens Zenons

Schon die Eigentümlichkeit der Schriften Zenons taucht die Art und Weise des Philosophierens Zenons in ein aufhellendes Licht. Vier Charakteristika sind deutlich zu erkennen:

a) Zenon vermittelt seine Philosophie primär mündlich im Gespräch mit seinen Schülern, das durchaus auch die Form einer Unterweisung annehmen kann. Themen sind vornehmlich Einzelfragen, die aber auch in einen grösseren Zusammenhang gerückt werden können.

b) Die Schriften dienen der Ergänzung der mündlichen Unterweisung. Sie untersuchen Einzelfragen, sind aber auf ein System hin angelegt, jedoch nicht soweit aufeinander abgestimmt, dass keine Widersprüche zwischen ihnen stehengeblieben wären. So erklärt Zenon in ‹Über das All› Sonnen- und Mondfinsternis naturwissenschaftlich richtig (SVF 1, frg. 119); aber, wohl im Zusammenhang von Theologie und Kosmogonie, lässt er auch den Mond als vernunftbegabtes Wesen aus 'Feuer' bestehen und spricht ihm damit eigenes Licht zu (Areios Did. fr. phys. 33 D = SVF frg. 1, 120). Auch die Ergänzung und Umgestaltung der ursprünglichen Telosformel τὸ ὁμολογουμένως ζῆν zu τὸ ὁμολογουμένως τῇ φύσει ζῆν in der Schrift ‹Über die menschliche Natur› kann hier genannt werden (SVF 1, frg. 179, siehe unten).

c) Die Schriften Zenons entstammen verschiedenen Lebenszeiten und spiegeln deutlich eine, wenn auch für uns nicht mehr in allen Einzelheiten fassbare, geistige Entwicklung ihres Autors von einem ziemlich rigorosen Kynismus zu der Eigenart seines eigenen Philosophierens wider. Im groben sind drei Phasen des Philosophierens Zenons zu erkennen.

d) Es scheint zu den Eigentümlichkeiten Zenons zu gehören, zunächst auf Grund konsequenter und in sich stimmiger theoretischer Überlegungen einen Grundsatz seiner Philosophie zu formulieren, dann aber bei kritischer Prüfung, bei Konfrontation mit der empirisch fassbaren Realität, bei Einwendungen von Schülern und Gegnern diesen Grundsatz nicht zurückzunehmen oder zu modifizieren, sondern einerseits durch Hilfs- und Nebenthesen abzustützen, andererseits aber doch seine Härte sozusagen auf einer tieferen Stufe abzumildern (Beispiele siehe unten). Demnach ist Zenons Philosophie keineswegs schon ein in sich geschlossenes System, sondern ein Entwurf oder auch eine Reihe von Entwürfen zu einem solchen System. Gerade dies musste bei den unterschiedlichen Interessen und Entwicklungen der einzelnen Schüler zu unterschiedlichen Rezeptionen der zenonischen Philosophie führen.

2. Die ersten beiden Phasen seines Philosophierens

Die *erste Phase* wird durch den Rigorismus der Politeia repräsentiert (vgl. S. 522f.). Auch in der *zweiten Phase* steht die Ethik ganz im Vordergrund. Es fehlen noch jede naturphilosophische oder psychologische Unterbauung der Ethik und jede erkenntnistheoretische Absicherung. Zenon greift vielmehr sokratische Grundauffassungen auf, die hinter dem kynischen Rigorismus sichtbar sind, vor allem die Grundüberzeugung, dass niemand, der wahrhaft wisse, was das ἀγαθόν (das Gute) sei, diesem entgegenhandle; nur wer diese Grundkenntnis nicht besitze und sich in Widersprüche verwickle, wie sie in den frühen Dialogen Platons demonstriert werden, werde falsch handeln. Diese Grundauffassung eignet sich Zenon an, indem er sie theoretisiert, dogmatisiert und verabsolutiert. So wird ihm zum Ziel des menschlichen Lebens das ὁμολογουμένως ζῆν, das er mit deutlicher Etymologie des ὁμολογουμένως (ὁμός und λόγος) als 'ein Leben in Übereinstimmung mit dem Logos', der 'einer und widerspruchslos' ist, versteht (Stob. Ecl. II p. 75, 11 [nach Areios Did.] = SVF 1, frg. 179; zur sokratisch-kynischen Wurzel der Ethik Zenons vgl. zuletzt von Fritz 1972 [*15: 112-115], zur etymologischen Deutung des ὁμολογουμένως Pohlenz 1948 [§ 33 *353: 1, 116-117]; manche Interpreten, u.a. Rist 1969 [*14: 16. 76], von Fritz 1972 [*15: 112f.] übersetzen die Formel 'in Übereinstimmung leben', wobei man dies in aller Regel als 'in Übereinstimmung mit sich selbst leben' versteht; gerade die Notwendigkeit einer solchen vom Sinn geforderten Ergänzung spricht gegen diese Deutung; dies kann auch gegen die Interpretation von Bloos 1973 [§ 33 *612: 24-30] 'in Übereinstimmung mit der Natur' eingewendet werden). Wer so lebt, ist im Besitz der Eudaimonia, die von Zenon auch εὔροια βίου genannt wird ('glücklicher Fluss des Lebens'; SVF 1, frg. 184). Der sokratischen Tendenz dieser Grundauffassung entsprechend lehrt Zenon weiter, dass nur die ἀρεταί (Tugenden) Einsicht, Gerechtigkeit, Besonnenheit und Tapferkeit wahre Güter sind, allein die entgegengesetzten Laster aber wahre Übel; alles übrige, selbst Leben und Tod, Ruhm und Ruhmlosigkeit, Mühsal und Lust, Reichtum und Armut, Krankheit und Gesundheit seien gegenüber den wahren Gütern (und den wahren Übeln) ἀδιάφορα ('gleichgültig', 'indifferent'; SVF 1, frg. 190, ferner 186-189). Die Tugenden sind voneinander nicht zu trennen, sie bilden eine Einheit, sie sind nur die verschiedenen Aspekte derselben Einsicht (SVF 1; frg. 199. 200); dementsprechend sind auch die Verfehlungen gleichartig und graduell nicht geschieden (SVF 1, frg. 224. 225). Zur Verdeutlichung der Einheit der Tugend hat Zenon die übrigen Kardinaltugenden als 'Einsichten' definiert, und zwar die Gerechtigkeit als 'richtige Einsicht im Zuteilen', die Besonnenheit als 'richtige Einsicht in der Auswahl' und die Tapferkeit als 'richtige Einsicht im Aushalten oder im Aufsichnehmen' (SVF 1, frg. 200-202). Die scharfe Trennung in Tugenden als das alleinige Gute und in Laster als das alleinige Übel stützt die in der ‹Politeia› grundgelegte und keinen Kompromiss oder keine Zwischenstufe zulassende Einteilung der Menschen in Weise und Unweise. Der Weise handelt, im Besitz der richtigen Einsicht, immer richtig; alle seine Entscheidungen sind κατορθώματα ('richtige Entscheidungen'), wogegen die Entscheidungen des Unweisen stets Verfehlungen (ἁμαρτήματα) sind; der Weise kann von niemandem gezwungen, von niemandem getäuscht, von niemandem der Tugend beraubt werden; er ist in jeder Beziehung glücklich und auf allen Gebieten, auch in der Politik, in der Wirtschaft und im Kriegswesen der wahrhaft Einsichtige (SVF 1, frg. 216); er besitzt die wahre Freiheit und kann zu nichts gezwungen werden; so wandelt Zenon ein bekanntes Wort des Sophokles «Wer zum Tyrannen geht, ist dessen Knecht, auch wenn als freier Mann er zu ihm kommt» folgendermassen um: «..., ist niemals Knecht, wenn nur als freier Mann er zu ihm kommt» (SVF 1, frg. 219). Selbst wenn er arm ist, ist der Weise reich, da er die Einsicht in den rechten Gebrauch des Besitzes hat (SVF 1, frg. 220. 221). Ob eine Reihe der Paradoxa über den Weisen und provozierende Ratschläge wie über das Verhalten des Weisen zu den Toten und zum Kannibalismus (SVF 1, frg. 253. 254) zu diesem Konzept gehören oder nicht doch zur ‹Politeia›, muss offenbleiben. Es ist eben dieses aus der Sokratik entwickelte Konzept vom menschlichen Glück, von der Tugend als dem alleinigen Gut und von der Unabhängigkeit des Weisen von zufälligen Mängeln und Vorteilen, das der Stoa über Jahrhunderte ihre Anziehungskraft gegeben hat.

In diesem Konzept fehlt jede Anspielung auf nachsokratische Überlegungen, z.B. über das Verhältnis von Natur, von Übung und Gewohnheit und von Wissen zur Tugend; auch musste manche paradoxe Formulierung Anstoss erregen und schliesslich sind Schwierigkeiten der Anwendung dieses theoretisierenden Modells auf die Praxis unverkennbar. Was zum Beispiel soll der Weise als der Gerechte den anderen zuteilen? Die Tugend als das alleinige Gut kann es nicht sein; wenn es aber etwas anderes als die Tugend ist, müssten es 'gleichgültige' Dinge sein. Wie aber ist dies denkbar? Überlegungen dieser Art führen in die dritte Phase des zenonischen Philosophierens. Jetzt stellt er Erkenntnistheorie, Logik und Naturphilosophie einschliesslich der Theologie in den Dienst der Ethik. Erst hierdurch wird seine Philosophie zu einem umfassenden und in sich geschlossenen Ganzen.

3. Die dritte Phase seines Philosophierens

a) Aufgabe und Einteilung der Philosophie

Gerade die ethische Zielsetzung der Philosophie und ihre Definition als eine Erkenntnis mussten fast zwangsläufig einerseits zu einer Absicherung durch eine überzeugende Erkenntnistheorie und durch eine beweiskräftige Dialektik, andererseits zu einer Stützung durch die richtige Einsicht in die Natur in ihren verschiedenen Erscheinungsformen bis hin zum Wesen der Götter führen. Dieser umfassende Begriff von Wissen und Philosophie kommt zum Ausdruck in der Bestimmung der Aufgaben der Philosophie in der Sicht der Stoiker, die AËTIOS (Plac. I prooem. 2 = 273, 11-24 DDG = SVF 2, frg. 35) vorträgt: «Die Weisheit ist das Wissen von den göttlichen und menschlichen Dingen, die Philosophie (d.i. das Streben nach Weisheit) aber ist die Einübung der lebensnotwendigen Kunst; lebensnotwendig aber ist allein und im höchsten Sinn die Tugend (als die vollkommene Leistung auf jedem Gebiet); es gibt aber drei generelle Bereiche der Tugend (und damit drei generelle Tugenden), den physikalischen, den ethischen und den logischen Bereich; aus diesem Grund ist die Philosophie auch dreigeteilt, in Physik, Ethik und Logik; in der Physik stellen wir Untersuchungen an über die Welt und die Dinge in der Welt, in der Ethik bemühen wir uns um das menschliche Leben, in der Logik oder Dialektik um den Logos.» Diese Dreiteilung der Philosophie hat Zenon äusserlich von der alten Akademie übernommen (CICERO de fin. IV 4; der Widerspruch zur Aussage des DIOGENES LAERT. VII 39, Zenon habe als erster eine Dreigliederung vorgenommen, ist nur scheinbar: als erster sc. der Stoiker; FREDE 1974 [§ 33 *487: 24, Anm. 9], GRAESER 1975 [*16: 10]). Er verliert aber die Einheit der Philosophie nicht aus den Augen, sondern beachtet stets das Zusammenwirken der Teile zu dieser umfassenden Einheit Philosophie. Allerdings hat er noch nicht aus didaktischen Gründen eine bestimmte Reihenfolge der drei Teile festgelegt, sondern sie je nach dem Zusammenhang verschieden angeordnet. Allein in der Schrift Περὶ λόγου (Über den Logos) hat er zwei verschiedene Anordnungen vorgenommen, einmal die in Physik, Ethik und Logik (DIOGENES LAERT. VII 39 = SVF 1, frg. 45), sodann die in Logik, Physik und Ethik (DIOGENES LAERT. VII 40 = SVF 1, frg. 46). Diese Teile und ihr Zusammenspiel zur grösseren Einheit Philosophie hat offensichtlich schon Zenon durch Vergleiche verdeutlicht, indem er z.B. die Philosophie mit einem Obstgarten verglich, in welchem der umhegende Zaun der Logik, der Boden oder die Gewächse der Physik und das Obst der Ethik entspreche (DIOGENES LAERT. VII 40, SEXTUS EMP. adv. math. VII 16, PHILO de agricultura 14 = SVF 2, frg. 38-40. Zur Einteilung der Philosophie vgl. zuletzt: HADOT 1979 [*81], 1982 [*83], POHLENZ 1948 [§ 33 *353: 1, 32-36], KRÄMER 1971 [§ 1 *394: 174], LONG 1974 [§ 1 *396: 118, 121], GRAESER 1975 [*16: 8-23], MANSFELD 1978 [*18: 136-153], zur Deutung des Vergleichs BONHÖFFER 1890 [§ 33 *701: 16], SCHUBERT 1927 [*82: 68], BLOOS 1973 [§ 33 *612: 20-23], der freilich einen systematischen Zusammenhang der verschiedenen Bilder erzwingen will).

b) Logik einschliesslich Erkenntnistheorie

Schon Zenon differenzierte die Logik u.a. in Dialektik und Rhetorik (SVF 1, frg. 75). Hinzu tritt, wenigstens nach späterer Systematik, die ursprünglich zur Physik gehörende Erkenntnistheorie. Aus schon auf Zenon zurückzuführenden Gründen sollte man in diesem Zusammenhang auch die Grammatik und die Philologie anführen.

In der vorangegangenen Phase des Philosophierens Zenons war die Frage nach dem Kriterium der Wahrheit durch die Gestalt des Weisen an sich schon beantwortet. Er ist gelegentlich, auch unter dem Aspekt der Formel vom 'Leben in Übereinstimmung mit dem Logos', zum ὀρϑὸς λόγος entpersonalisiert worden (DIOGENES LAERT. VII 54 = SVF 1, frg. 631; zur Zurückführung dieses Zeugnisses auf Zenon vgl. GRAESER 1975 [*16: 63-65]). Das Problem stellte sich aber anders, wenn man gegen kritische Einwände aus der Schule und von ausserhalb der Schule eine Erkenntnis als Erkenntnis sichern wollte. Dabei hielt Zenon durchaus an der Grundposition fest, dass es zum Wesen des Weisen gehöre, eine sichere und feste Erkenntnis zu besitzen, und ihm folglich Irrtum, leichtfertiges Urteil, Unkenntnis und insbesondere eine blosse Meinung im Sinne von Wähnen (δόξα, δοξάζειν, opinio, opinari) fremd sein müsse (SVF 1, frg. 52-54). Zu einer so gearteten Sicherung der Erkenntnis griff er auf ältere Anregungen zurück, wahrscheinlich gerade auch auf solche des Antisthenes (hierzu von Fritz 1927 [*93: 461ff.], 1972 [*15: 93-95]). Die Grundlage einer jeden Erkenntnis sah er in der sinnlichen Wahrnehmung (αἴσθησις). Diese zerlegte er in zwei zeitlich aufeinanderfolgende Phasen.

In der ersten Phase ist die erkennende Seele passiv. Sie erfährt von einem Gegenstand der Aussenwelt einen Eindruck. Diesen Eindruck nennt Zenon nach der optischen Sinneswahrnehmung φαντασία (Phantasia = Vorstellung). Er unterscheidet aber nun verschiedene Arten der Vorstellung. Die wichtigste ist die φαντασία καταληπτική, daneben nennt er die blosse Vorstellung, dann die φαντασία ἀκατάληπτος und schliesslich eine Vorstellung, die nicht von einem realen Gegenstand der Aussenwelt ausgeht, sondern sich im Traum oder bei einer Krankheit bildet; sie heisst φάντασμα ('leere Vorstellung'). Voraussetzung dieser Erklärung ist die deutliche Unterscheidung zwischen dem realen Gegenstand, der die Vorstellung bewirkt, τὸ ὑπάρχον, und dem Bild, das durch den Eindruck in der Seele entsteht, φαντασία (die Übersetzung von φαντασία mit 'Sinneseindruck' durch Striker 1974 [§ 33 *413: 83 Anm. 1; 107-110] scheint zwar die unten gegebene Definition Zenons zu berücksichtigen, es wird aber die anschauliche Terminologiebildung Zenons nicht beachtet). In der zweiten Phase ist die Seele, genauer der führende Seelenteil (τὸ ἡγεμονικόν, ὁ λόγος), aktiv. Er 'ergreift' (καταλαμβάνει) das Bild, das die Vorstellung anbietet, als mit dem verursachenden Gegenstand in Übereinstimmung und gelangt so zur 'Wahrnehmung'. Diese Wahrnehmung bezeichnet Zenon nach dem Vorgang des 'Ergreifens, Erfassens' κατάληψις. Das notwendige Mittel des Ergreifens ist die συγκατάθεσις ('die Zustimmung'). Obwohl aus der Überlieferung über die Stoa eine eindeutige Differenzierung von συγκατάθεσις, κατάληψις und ἐπιστήμη im Sinne einer Sonderform der κατάληψις nicht möglich zu sein scheint (vgl. Görler 1977 [*105: 85ff.]), gilt nach den Berichten Ciceros (Acad. post. I 40-42 = SVF 1, frg. 55. 60-62) für Zenon, dass die Wahrnehmung in den eben genannten graduell unterschiedenen Formen sich ereignet. Nach Cicero hat Zenon die genannten drei graduell unterschiedenen Formen der Zustimmung durch instruktive Vergleiche demonstriert, indem er die φαντασία als die Vorstellung, die aber selbst noch nichts als gesichert festhält, mit der flachen Hand, deren Finger gespreizt sind, verglich, die drei graduell unterschiedenen Formen der Wahrnehmung aber mit unterschiedlichen Gesten des Zugreifens und Festhaltens, nämlich die blosse συγκατάθεσις mit einem leichten Krümmen der Finger zu einer Kralle, die κατάληψις mit dem Ballen der Hand zu einer Faust und die als Form der κατάληψις verstandene ἐπιστήμη mit dem Zusammenpressen der geballten Faust mit Hilfe der linken Hand (Cicero Acad. pr. II 144 = SVF 1, frg. 66; meine Interpretation führt Überlegungen fort, die u.a. Pohlenz 1948 [§ 33 *353: 1, 60], Graeser 1975 [*16: 41 Anm. 10], Görler 1977 [*105: 8ff.] geäussert haben; andere sehen in dem Vergleich zeitlich verschiedene Stufen des Erkenntnisvorgangs, u.a. Stroux 1965 [*97: 72-85], Rist 1969 [§ 33 *358: 139], von Fritz 1972 [*15: 95], und auch Sandbach 1975 [§ 33 *361: 87-90], oder die Entwicklung des Nicht-Weisen zum Weisen, Long 1974 [§ 1 *396: 129]). Die hinter diesen Ausführungen Zenons liegende begriffliche Differenzierung dürfte sich meines Erachtens folgendermassen darstellen:

συγκατάθεσις
(Zustimmung schlechthin)

a) συγκατάθεσις
(blosse Zustimmung)

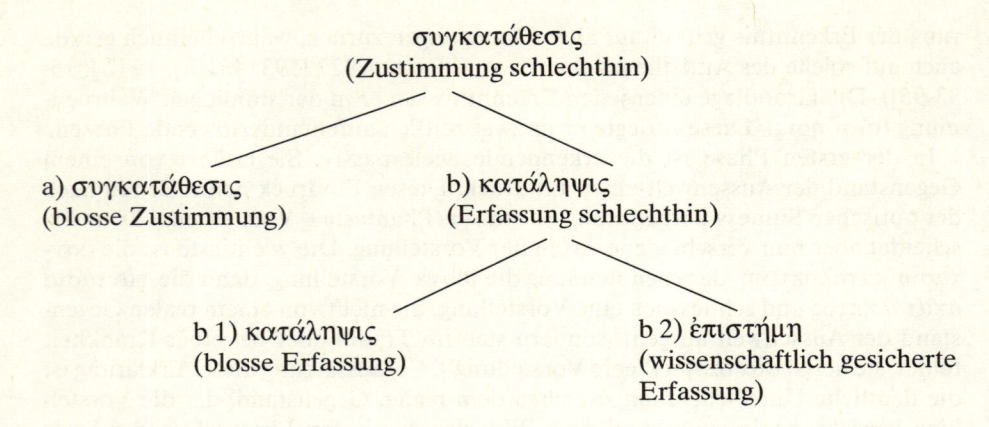

b) κατάληψις
(Erfassung schlechthin)

b 1) κατάληψις
(blosse Erfassung)

b 2) ἐπιστήμη
(wissenschaftlich gesicherte Erfassung)

Aus Zenons Darstellung des Vorgangs der sinnlichen Wahrnehmung, wie sie sich aus den Berichten Ciceros ergibt, sind bei Sextus Empiricus drei Definitionen wichtiger Begriffe erhalten, 1. die Definition der 'Vorstellung'; sie wird von Sextus ausdrücklich dem Zenon zugesprochen (Sextus Emp. adv. math. VII 236 und 230 = SVF 1, frg. 58), 2. die Definition der erkenntnistheoretisch wichtigsten Vorstellung, der φαντασία καταληπτική, deren zenonische Herkunft durch Parallelen bei Cicero gesichert ist (Sextus Emp. adv. math. VII 248, vgl. SVF 1, frg. 59 mit den dort aufgeführten Parallelen), 3. die Definition der ἐπιστήμη, die ebenfalls durch Parallelen bei Cicero für Zenon gesichert ist (Sextus Emp. adv. math. VII 151 und Cicero Acad. post. I 41, vgl. SVF 1, frg. 68 mit weiteren Parallelen).

Die Definition der Vorstellung lautet: φαντασίαν εἶναι τύπωσιν ἐν ψυχῇ («Die Vorstellung ist eine Einprägung in die Seele»). Hierbei ist die Seele körperlich, das heisst als aus feinem Feuerstoff bestehend, zu verstehen (dazu unten). Die erste Phase des Wahrnehmungsvorgangs ist demnach die Einwirkung eines Körpers auf einen anderen Körper, also ein physikalischer Akt. Da die Seele bei Geburt eine tabula rasa darstellt, erhält sie erst durch solche Vorstellungen und deren Verarbeitung ihr Wissen.

Die zweite Definition lautet: φαντασία καταληπτική ἐστιν ἡ ἀπό του (so vermutet von Fritz 1972 [*15: 95] für ἀπὸ τοῦ) ὑπάρχοντος καὶ κατ' αὐτὸ τὸ ὑπάρχον ἐναπομεμαγμένη καὶ ἐναπεσφραγισμένη ὁποία οὐκ ἂν γένοιτο ἀπὸ μὴ ὑπάρχοντος. Auch diese Vorstellung ist ein Eindruck und eine Einsiegelung in die Seele. Ob Zenon Eindruck und Einsiegelung eher wörtlich oder eher bildlich und in übertragenem Sinne verstanden wissen wollte, ist unsicher (dazu zuletzt Graeser 1975 [*16: 30ff.]). Jedenfalls verlangt dieser Abdruck drei besondere Qualifikationen:

1. Der Abdruck und damit die Vorstellung muss von etwas ausgegangen sein, was real existiert.
2. Der Abdruck und damit die Vorstellung muss diesem real existierenden Gegenstand genau entsprechen.
3. Der Abdruck und damit die Vorstellung muss so deutliche Merkmale an sich

tragen (= so geartet sein), wie sie von etwas (so?) nicht Existierendem nicht entstehen könnten.

Besondere Schwierigkeiten hat in der Deutung der Definition das Adjektiv καταληπτικός gemacht. Der Begriff κατάληψις ist ein Zentralbegriff der zweiten Phase des Wahrnehmungsvorgangs. Worauf weist aber dann das mit diesem Begriff zusammenhängende Adjektiv beim Zentralbegriff der ersten Phase hin? Es wird von einer Reihe von Forschern passivisch im Sinne von 'ergreifbar' verstanden (HIRZEL 1882 [*91: 2, 84-85], RIST 1969 [*14: 136]; zur Möglichkeit des passiven Sinns SANDBACH 1975 [§ 33 *361: 21 Anm. 15]), was sprachlich zwar nicht unmöglich ist, aber doch eher ferne liegt, zumal Zenon für diesen Sinn καταληπτός verwendet (SVF 1, frg. 60). Wenn man, wie es näher liegt, das Adjektiv aktivisch versteht im Sinne von 'ergreifend', 'fähig zu ergreifen', erhebt sich die Frage, was als Objekt zum Verbalbegriff in diesem Adjektiv zu verstehen sei. Zwei Möglichkeiten, die schon in der Antike diskutiert wurden, bieten sich an, einmal die Vorstellung, die der Definition entspricht, 'ergreife' infolge der ihr innewohnenden Evidenz den erkennenden Verstand und zwinge ihn zur 'Zustimmung' (so schon SEXTUS EMP. adv. math. VII 257 und 405, von Neueren u.a. ZELLER 1923 [*61: 84f.]); nach der zweiten Interpretation ist die Vorstellung, die der Definition entspricht, befähigt, die Dinge, von denen sie bewirkt worden ist, zu ergreifen; deshalb stimme der Verstand dieser Vorstellung zu (so schon SEXTUS EMP. adv. math. VII 248 und von den Neueren u.a. BRÉHIER 1910 [*92: 97], GRUMACH 1932 [§ 33 *708: 74], in gewissem Sinne auch POHLENZ 1948 [§ 33 *353: 1, 60. 62] und WATSON 1967 [§ 33 *407: 35]; zur Kritik beider Deutungen zuletzt GRAESER 1975 [*16: 45 Anm. 22]). Auch die von GRAESER vorgeschlagene Lösung, eine Vorstellung, wie sie der Definition entspreche, unterscheide sich von anderen Vorstellungen durch ihre Evidenz eben dadurch, dass sie «ein eigentümlich distinktes Bild dessen enthält, was sie 'verursacht' hat», und so sei nicht «das Aussending in eine Relation zu der durch den Terminus καταληπτικός bezeichneten Eigentümlichkeit der Vorstellung gesetzt, sondern sein Bild», kann letztlich noch nicht befriedigen (GRAESER 1975 [*16: 51ff.], dazu die kritische Anmerkung von MANSFELD 1978 [*18: 154f.]). Trotz diesem Dilemma wird man sich nicht zu dem Ausweg verstehen wollen, Zenon habe in dieser Definition sich bewusst unklar ausgedrückt (dazu GRAESER 1975 [*16: 46 Anm. 24]).

Einer Anregung von POHLENZ (1948 [§ 33 *353: 1, 62]) folgend und diesen Ansatz fortführend, glaube ich, dass die Deutung des Adjektivs und seiner Funktion in der Definition weniger kompliziert ist. Zenon unterscheidet mehrere Formen der Vorstellung und kennzeichnet mit dem Adjektiv καταληπτικός die für den Wahrnehmungsvorgang wichtigste Vorstellung. Er hat zwar das Wort κατάληψις zur Bezeichnung des wichtigsten Aktes des Wahrnehmungsvorgangs eingeführt, aber doch auch zu einem festumrissenen Terminus erhoben. Wenn er nun das Adjektiv καταληπτικός bildet, empfindet er nicht so sehr die vorterminologische Bedeutung 'ergreifend' oder 'fähig zu ergreifen' wie die terminologische Bedeutung 'befähigt zur κατάληψις', ohne dass er dabei an ein bestimmtes Objekt denkt. Das Adjektiv wäre demnach zu übersetzen 'zum Akt der Wahrnehmung führend oder geeignet'. Man könnte sich sogar mit einer blossen Transkription zufriedengeben: 'kataleptisch'. Demnach übersetze ich die Definition: «Die kataleptische (zum Akt der Wahrnehmung geeignete) Vorstellung ist diejenige, die, von einem realen Gegenstand ausgehend und diesem Gegenstand völlig entsprechend, in der Seele abgedrückt und eingesiegelt ist, und zwar so geartet (mit so deutlichen Merkmalen), wie sie von einem (so?) nicht real Existierenden nicht entstehen könnte.»

Die dritte Definition lautet: ἐπιστήμην εἶναι τὴν ἀσφαλῆ καὶ βεβαίαν καὶ ἀμετάθετον ὑπὸ λόγου κατάληψιν («Das Wissen ist die täuschungsfreie, sichere und vom Logos nicht mehr veränderbare Wahrnehmung»). Sie ist, wie CICERO, Zenon folgend, erklärt, nur dem Weisen möglich (Acad. pr. II 144 = SVF 1, frg. 66).

Falls die Zustimmung nur schwach (begründet) und mit Falschem und Unbekanntem durchsetzt ist, führt sie zur Unwissenheit, zu Irrtum oder zum blossen 'Meinen' (SVF 1, frg. 60; zur schwachen Zustimmung zuletzt GÖRLER 1977 [*105: 83-92]).

An weiteren Einzelheiten der Erkenntnistheorie Zenons sind noch belegt die Erklärung der Erinnerung als eines Schatzes von Vorstellungen und die Entstehung der Allgemeinbegriffe (ἐννοήματα) aus den (wiederholten?) Wahrnehmungen. Die Allgemeinbegriffe haben keine reale Existenz, sondern sind blosse φαντάσματα ψυχῆς ('Scheinvorstellungen der Seele'), was auch für die platonischen Ideen gelte (SVF 1, frg. 64. 65). Wie sich Zenon die Bildung der Allgemeinbegriffe angesichts des physikalischen Charakters der Entstehung der Vorstellungen im einzelnen gedacht hat, ist nicht mehr zu ermitteln. Schliesslich kennen wir noch eine zenonische Definition der τέχνη (als der Theorie einer Praxis); sie ist ein System von Wahrnehmungen, die organisch zusammengefasst sind zu einem für das menschliche Leben bedeutsamen Ziel (SVF 1, frg. 73, VON FRITZ 1972 [*15: 95]).

Selbst die wenigen Nachrichten über die Dialektik Zenons sind widersprüchlich. Auf der einen Seite stehen kritische, das Wesen und die Aufgaben der Dialektik kaum erfassende Urteile, wie der Vergleich der Dialektik mit zwar richtigen Massen, die aber nicht Weizen oder sonst etwas Wertvolles messen, sondern Spreu und Mist, oder das Geltenlassen der Dialektik, um mit ihrer Hilfe sophistische Trugschlüsse zu lösen (SVF 1, frg. 49 und 50). Diese Beurteilung der Dialektik dürfte noch der allein auf die Ethik konzentrierten zweiten Phase des zenonischen Philosophierens angehören. Auf der anderen Seite steht eine Auffassung, die offensichtlich der dritten Phase zuzuordnen ist. Hier sieht Zenon die gemeinsame Aufgabe von Dialektik und Rhetorik darin, der Erforschung des Problems der Mitteilung und der Mitteilbarkeit einer Erkenntnis durch die Sprache zu dienen, wobei es um das richtige, nicht so sehr um das äusserlich aufgeputzte schöne Sprechen geht. Dementsprechend befasst sich die Dialektik mit dem richtigen Sprechen im Dialog, die Rhetorik mit dem richtigen Sprechen in der Rede und im Vortrag (SVF 1, frg. 75). Hieraus ist zu folgern, dass sich Zenon wenigstens mit den Anfängen einer neuen Sprachtheorie beschäftigt hat. Darauf weisen ferner hin, dass Zenon die Erkenntnis der Elemente der Rede als Aufgabe des Philosophen bestimmt hat (SVF 1, frg. 51) und dass er den Laut bzw. das Wort, insofern es Lautgebilde (φωνή) ist, als eine 'Erschütterung der Luft' definiert hat (SVF 1, frg. 74). Von der späteren stoischen Sprachtheorie kann, wie VON FRITZ gezeigt hat, wenigstens der Ansatz der Lehre von den 'Lekta' für Zenon in Anspruch genommen werden (VON FRITZ

1972 [*15: 97-99]; zum Versuch GRAESERS 1975 [*16: 2. 15-19], eine zenonische Sprachtheorie im Sinne Freges, wie er ihn versteht, zu erweisen, vergleiche man die scharfe Kritik MANSFELDS 1978 [*18: 135ff.]). Diese Lehre geht von der Beobachtung aus, dass die Bedeutung eines Wortes weder mit dem Gegenstand, den es bezeichnet, noch mit der Vorstellung von diesem Gegenstand identisch ist. Demgemäss ist zu unterscheiden zwischen
1. dem Wort als einem Lautgebilde, φωνή (z.B. das gesprochene Wort Δίων); dieses Lautgebilde wird τὸ σημαῖνον 'das Bezeichnende' genannt;
2. dem, was durch das Wort bezeichnet wird, dem σημαινόμενον, dem 'Bezeichneten', das auch λεκτόν genannt wird (zur Vieldeutigkeit dieses Wortes im stoischen Sprachgebrauch CORTASSA 1978 [*106: 385-394]); damit ist die 'Bedeutung' des Wortes gemeint, das, was wir beim Hören des Wortes mit dem Verstand aufnehmen (z.B. Δίων als der *Name,* der eine bestimmte Person bezeichnet);
3. dem Gegenstand, der durch die Bedeutung bezeichnet wird (Δίων als der wirklich existierende Mensch Dion). Von diesen drei Gegebenheiten sind sowohl das Wort als auch der bezeichnete reale Gegenstand als Körper (= als materielle Gegebenheiten) zu verstehen. Die Wortbedeutung dagegen, das σημαινόμενον oder λεκτόν, ist 'unkörperlich' (ἀσώματον, vgl. SEXTUS EMP. adv. math. VIII 11 = SVF 2, frg. 166). Auch in diesen für Zenon beanspruchten Überlegungen ist die Tendenz zu beobachten, vom Einzelgegenstand auszugehen.

Ob im Zusammenhang mit Sprachbetrachtungen dieser Art schon Zenon zur Entwicklung der die spätere abendländische Sprachwissenschaft bestimmenden stoischen Grammatik gekommen ist, insbesondere zur Lehre von den Kasus und von den Tempora, wie POHLENZ nachweisen zu können glaubte (1939 [§ 33 *532: 62ff.]), muss offenbleiben. Gut belegt aber ist, dass er auf grammatischem Gebiet sich auch der Homer- und Hesioderklärung gewidmet und dazu sich der Methode einer von der Etymologie ausgehenden physikalischen Allegorese bedient hat (SVF 1, frg. 274-276 und oben S. 523f.). Was die Rhetorik im engeren technischen Sinn anlangt, so hat Zenon sich unter anderem mit den ἀρεταὶ τῆς λέξεως ('den Tugenden des Stils'), insbesondere mit der Sprachreinheit, ferner mit den Teilen der Gerichtsrede und mit bestimmten Formen des Schmucks der Rede befasst (SVF 1, frg. 82-84). Charakteristisch ist wiederum, wie er sich darum bemühte, den engen Zusammenhang zwischen Erkenntnis, sprachlichem Ausdruck und ethischem Verhalten herauszustellen. Ziel blieb es, dass in der Rede die Wahrheit möglichst unverfälscht zum Ausdruck komme. So verglich er die wohlgesetzten Vorträge fehlerlos Redender mit dem alexandrinischen Silbergeld; sie seien schön anzusehen und schön gestochen wie diese Münzen; die andersgearteten Reden verglich er mit den alten attischen Vierdrachmenstücken, die nachlässig und unregelmässig geprägt seien; aber an Feingehalt seien sie oft besser als die schöngeschriebenen Reden (DIOGENES LAERT. VII 18 = SVF 1, frg. 81). Für die Annahme einer formalen Logik Zenons im engeren Sinne fehlen die Zeugnisse.

c) Physik

Physik als Teil der Philosophie umfasst ohnehin am Ende des 4. Jh. und zu Beginn des 3. Jh. v. Chr. einen weiteren Bereich als der moderne Begriff. Sie umschliesst Untersuchungen über die Welt und über die Dinge und Wesen in ihr. Diese Untersuchungen können grundsätzlich unter zwei Aspekten betrieben werden, dem naturphilosophischen und dem naturwissenschaftlichen, wobei der letztgenannte teils auf die Beschreibung der Einzelgegenstände (deskriptive Phänomenologie), teils auf die Ermittlung der Ursachen der Einzelgegenstände (Aitiologie) gerichtet ist. Auf der einen Seite stehen so theoretische Untersuchungen zur Ontologie, zu den physikalischen Grundbegriffen und zur Kosmologie, auf der anderen die stärker naturwissenschaftlich ausgerichteten Disziplinen der Astronomie, der Meteorologie, der Mineralogie und Hydrologie, der Botanik, der Zoologie und der Anthropologie mit dem Schwerpunkt der Psychologie. In der Übernahme dieses umfänglicheren Begriffs der Physik steht Zenon ganz im Denken seiner Zeit. Aber bei ihm liegt das Hauptgewicht auf der Naturphilosophie, während naturwissenschaftliche Fragen im engeren Sinn weithin ausserhalb seines Interesses bleiben. In der Naturphilosophie selbst kommt es sogar gerade auf Grund der eigentümlich zenonischen Erklärungsweise zu einer Ausweitung des Geltungsbereichs der Physik: Ontologie und Kosmologie, wie Zenon sie versteht, führen zur Einbeziehung der Theologie in die Physik. In der Naturphilosophie hat Zenon verschiedene Anregungen aus dem Denken älterer und zeitgenössischer Philosophen aufgenommen. Ein Teil dieser Anregungen ist deutlich zu erkennen (dazu die guten Beobachtungen bei VON FRITZ 1972 [*15: 100-112], ferner MOREAU 1947 [§ 33 *576], JANNONE 1963 [*138], KRÄMER 1971 [§ 1 *394: 108-131], LAPIDGE 1973 [*146], GRAESER 1975 [*16: 82-124], LONGRIGG 1975 [*148], LONG 1975-1976 [*149], HAHM 1978 [§ 33 *626]; über die Herkunft vieler Anregungen im einzelnen ist noch keine Einmütigkeit erreicht). Es wäre aber verfehlt, Zenons Philosophieren über die Natur allein aus solchen Anregungen abzuleiten. Zenons Philosophieren ist gewiss eklektisch, insofern er Anregungen aufgegriffen hat. Aber er hat fremdes Gedankengut nicht äusserlich zusammengesetzt, sondern es ist sozusagen durch seinen Kopf gegangen, von ihm durchdacht, mehr oder weniger verändert und fortgebildet worden, bis es seinen Platz in dem aus einem einheitlichen Konzept entwickelten naturphilosophischen System erhielt. Man sollte jedoch solche Anregungen, die zuweilen auch einen bestimmenden Einfluss haben können, nicht voreilig leugnen. Anders steht es mit nicht wenigen naturwissenschaftlichen Details, die Zenon verschiedentlich aufnimmt. Hier ist er wenig originell und bleibt meist abhängig von den Detailforschungen anderer, insbesondere des Theophrast. Im folgenden wird bei Gelegenheit auf solche Anregungen und Einflüsse hingewiesen.

Die Interpretation der Zeugnisse über die Naturphilosophie Zenons ist an nicht wenigen Stellen äusserst schwierig. Hier kann ein Vergleich mit den naturwissenschaftlichen Grundfragen der modernen Physik, wenn man nur behutsam vorgeht, erhellend wirken. Zu solchen Interpretationshilfen vergleiche man besonders SAMBURSKY (1959 [§ 33 *597]), WEIL (1964 [*140]), VON FRITZ (1972 [*15: 101ff.]),

BLOOS (1973 [§ 33 *612]) und HUNT (1976 [*151]); auch auf solche Verständnishilfen wird im folgenden aufmerksam gemacht. Interpretationsschwierigkeiten ergeben sich aber auch aus wirklichen und scheinbaren Widersprüchen zwischen einzelnen Äusserungen Zenons. Hier muss man auch mit Missverständnissen antiker Referenten und Interpreten rechnen. Ein Musterbeispiel solcher Fehlinterpretation ist die auf jungepikureischem Gedankengut basierende Kritik der zenonischen Theologie, die Cicero in De natura deorum dem Epikureer Velleius in den Mund legt. Einzelsätze aus verschiedenen Schriften werden aus dem Zusammenhang gelöst und nebeneinander gestellt, so dass Zenons Theologie inkonsequent und widersprüchlich erscheint (CICERO de nat. deor. I 36; dazu STEINMETZ 1966 [*141]). Auch sei daran erinnert, dass Zenon keine systematische Darstellung der ganzen Physik, sondern Einzelschriften zur Physik hinterlassen hat. Je nach dem Aspekt der jeweiligen Darstellung kann es so zu Widersprüchen in Detailfragen kommen. Auf einen derartigen Widerspruch in der Bestimmung des Stoffes des Mondes ist oben aufmerksam gemacht (S. 525, SVF 1, frg. 119 und 120).

Die folgende Analyse der Physik Zenons habe ich aus didaktischen Erwägungen gegliedert. Die einzelnen Schritte des Vorgehens dürfen daher nicht als zeitlich aufeinanderfolgende Erweiterungen, geschweige denn als Stufen einer Entwicklung missverstanden werden.

α) Zenon sieht die Welt (κόσμος Kosmos, lat. mundus) als eine Einheit (ἕν) an. Einheit heisst dabei, dass es nur eine Welt, nämlich diese unsere Welt gibt (Gegensatz zu den unzähligen Welten Epikurs) und dass diese eine Welt einheitlich und widerspruchsfrei als 'ein Ordnungsgebilde' (= κόσμος im Sinne von Ordnung) erklärt werden kann (SVF 1, frg. 97). Da, wie weiter unten ausgeführt wird, dieser so verstandene Kosmos entstanden ist und wieder vergehen wird, ist Erklärung der Welt nicht Beschreibung eines unveränderlichen Zustandes, sondern Aufhellung eines physikalischen Prozesses und seiner Ursachen.

β) Substanz dieser Welt ist die Urmaterie (οὐσίαν δὲ εἶναι τὴν τῶν ὄντων πάντων πρώτην ὕλην SVF 1, frg. 87. 86. 88). Sie ist zeitlich unbegrenzt und somit ewig, aber in ihrer Quantität begrenzt. Von dieser Materie ist der Stoff einzelner Gegenstände zu unterscheiden; er besteht letztlich aus den aus der Urmaterie hervorgegangenen Elementen bzw. aus deren Mischung. Die Elemente sind demnach 'Teile' der Urmaterie, aus der sie entstehen und in die sie wieder vergehen. Eine Entstehung aus dem Nichts oder eine Auflösung ins Nichts gibt es nicht. Insofern die Physik Zenons so nur eine Ur-sache kennt, ist sie monistisch, insofern sie diese Ur-sache als Materie definiert, ist sie materialistisch. Diesen monistischen Materialismus versucht Zenon in der ganzen Physik durchzuhalten.

γ) In diesen monistischen Materialismus fügt Zenon nun eine dualistische Erklärungsweise ein, ohne damit den materialistischen Ansatz aufzuheben, ein Vorgehen, das zu viel Unverständnis und zu viel Kritik geführt hat. Des Aristoteles Unterscheidung von Stoff und Form aufgreifend und in seinem Sinne umdeutend, zerlegt er die Substanz in zwei Prinzipien, in das 'aktive', 'gestaltende' Prinzip (τὸ ποιοῦν) und in das 'passive', 'die Gestaltung erfahrende' Prinzip (τὸ πάσχον oder τὸ ποιούμενον, DIOGENES LAERT. VII 134, SVF 1, frg. 85). Jenes verursacht in der Substanz die Gestaltung und Veränderung, dieses erfährt in der Substanz die

Gestaltung und Veränderung durch jenes; es ist die qualitätslose Materie (ὕλη im engeren Sinn). Beide Prinzipien sind untrennbar miteinander verbunden (inseparabilis, SVF 1, frg. 88), sie sind Aspekte der einen Substanz und daher materiell, sie durchdringen sich gegenseitig vollständig. Beide Prinzipien, auch das aktive, werden als die beiden Seiten der Materie und damit als Körper verstanden, wobei Körper als dreidimensional und einer Einwirkung von aussen Widerstand leistend definiert wird (DIOGENES LAERT. VII 134. 135. 150, SVF 1, frg. 98; im zuerst genannten Zeugnis lese ich gemäss der handschriftlichen Überlieferung σώματα; vgl. HUNT 1976 [*151: 24]). Es ist sehr gewagt, entgegen der Übereinstimmung der Zeugnisse über die Körperlichkeit des aktiven Prinzips allein, gestützt auf die Variante in der Suda, das aktive Prinzip als körperlos und mit der Materie (dem passiven Prinzip) als λεκτά oder Reflexionsbegriffe zu deuten. Zu dieser Diskussion zuletzt GRAESER (1975 [*16: 94-108]), MANSFELD (1978 [*18: 167-173]), TODD (1978 [*153: 139-143]), FORSCHNER (1981 [§ 33 *790: 25-42]). Diese Lesart scheint zwar zu einer einfachen Lösung des Problems, wie das Ineinssetzen von Substanz einerseits und aktivem und passivem Prinzip und deren vollständige Durchdringung andererseits gedacht werden könnte, zu führen. Aber abgesehen von der mangelnden Stütze in der Überlieferung widerspricht dieser Textgestaltung auch, dass die beiden Prinzipien in der Aufzählung des 'Unkörperlichen' nicht genannt werden und dass damit das Problem des Ineinssetzens zweier Körper in anderen Fällen nicht aus der Welt geschafft ist (vgl. dazu unten S. 606f.). Denn, so argumentiert Zenon, alles, was etwas bewirkt, ist ein Körper und ebenso alles, was bewirkt wird (SVF 1, frg. 90. 146, DIOGENES LAERT. VII 56). Demgegenüber sind unkörperlich ausser den Wortbedeutungen, den λεκτά oder σημαινόμενα, im Bereich der Physik nur das Leere, der Ort und die Zeit. Leeres gibt es innerhalb der Welt, die als ein körperliches Kontinuum verstanden wird, nicht. Es findet sich nur ausserhalb der Welt und ist grenzenlos. Zenon definiert es als ἐρημία τοῦ σώματος ('Abwesenheit des Körpers'). Ort dagegen ist das, was von einem Körper eingenommen wird (SVF 1, frg. 94-96); gelegentlich wird von dem Ort (τόπος) der Raum (χώρα) geschieden als das, was nur teilweise von einem Körper eingenommen wird, wie ein Weinkrug, der nur teilweise von Wein gefüllt ist (SVF 1, frg. 95); wenn man nicht einen schweren Widerspruch zum Grundsatz, dass es innerhalb der Welt nichts Leeres gibt, hinnehmen will, muss man wohl so interpretieren, dass der übrige Teil des Raumes von anderen Körpern eingenommen wird, wie der halbvolle Weinkrug von Luft, es sei denn, der Begriff 'Raum' werde allein in der Kosmologie angewendet und bezeichne dasselbe wie τὸ πᾶν (das All). Dann wäre die Differenzierung von τὸ πᾶν (= das Leere und die Welt) und τὸ ὅλον (= κόσμος = Welt, ohne das Leere) schon auf Zenon zurückzuführen (SVF 2, frg. 522-525). Die Zeit definiert Zenon als 'Ausdehnung der Bewegung', dies aber sei das Mass und der Massstab einer jeden Bewegung (AREIOS DID. Frg. 26 DIELS = SVF 1, frg. 93: χρόνον εἶναι κινήσεως διάστημα, τοῦτο δὲ καὶ μέτρον καὶ κριτήριον τάχους τε καὶ βραδύτητος, ὅπως ἔχει ⟨ τὸ ἐπικινούμενον ⟩. Die Lücke habe ich nach der gleichen Definition des POSEIDONIOS (F 98 EDELSTEIN/KIDD = F 270 THEILER) ergänzt, wo ich für τὸ ἐπινοούμενον, das hier unverständlich ist, τὸ ἐπικινούμενον konjiziere; zur Interpretation RIST 1969 [*14: 273-276]). Diese unkörperlichen Gegebenheiten des Leeren, des Ortes und der Zeit sind nicht als blosse Formen der Anschauung zu verstehen, sondern durch die körperlichen Dinge mitgegeben und dienen der Formulierung des Inhalts eines Gedankens (LONG 1974 [§ 1 *396: 161 Anm. 1]).

Durch die Überlegungen über die Einheit der Welt und deren einheitliche Substanz, über die mit dieser materiell verstandenen Substanz mitgegebenen körperlichen Prinzipien des aktiv Gestaltenden und des passiv die Gestaltung Erfahrenden, die untrennbar miteinander verbunden sind und sich gegenseitig durchdringen, sieht Zenon die Welt offensichtlich als ein 'sich selbst steuerndes physikalisches System' mit einer vollkommenen Immanenz des Bewirkenden an (dazu HUNT 1976 [*151: 17-25]). In dieser Auffassung der Welt stecken gewiss zahlreiche Schwierigkeiten. Wie soll man sich das gegenseitige Durchdringen zweier Körper vorstellen, die doch als dreidimensional gedacht sind? Wie die Körperlichkeit des aktiven Prinzips? Wie kann das passive Prinzip qualitätlos als Abstrahierung und zugleich als dreidimensionaler Körper verstanden werden? Schon antike Kritiker wie Aristokles, wie Hippolytos, wie Galen, Sextus Empiricus, Plutarch und Origenes haben diese Schwierigkeiten hervorgehoben (SVF 2, frg. 323. 380. 318. 1051; 1, frg. 98. 153). Andererseits weist VON FRITZ (1972 [*15: 102]) auf ähnliche Schwierigkeiten in der modernen Physik bei der Durchdringung von Kraftfeldern und bei der Differenzierung von Kraftfeld und Materie hin und zitiert dazu EINSTEIN/INFELD (1957 [*134: 162]): «Materie ist dort, wo sehr viel Energie konzentriert ist, ein Feld ist dort, wo wenig Energie ist. Wenn das aber stimmt, dann ist der Unterschied zwischen Materie und Feld eher quantitativer als qualitativer Natur. Es hat dann keinen Sinn mehr, Materie und Feld als zwei grundverschiedene Dinge zu betrachten, und wir dürfen auch nicht von einer klar definierten Oberfläche, einer Scheidewand zwischen Feld und Materie sprechen.» Eine Hilfe zum Verständnis der völligen Durchdringung und Ineinssetzung zweier Körper könnte auch folgende Überlegung sein: Zenons materialistische und monistische Physik, die die Welt als ein Kontinuum ohne Inanspruchnahme des Leeren versteht und von der vollständigen Immanenz der Ursachen ausgeht, impliziert eine nichtatomistische Chemie. Man versuche sich vorzustellen, wie in einer solchen Chemie die 'Verbindung' zweier Körper, die mit physikalischen Mitteln nicht mehr gelöst werden kann, aussehen müsste (vgl. die stoische Lehre von der 'Mischung' unten S. 606f.).

δ) In diesem physikalischen System setzt Zenon nun das aktive Prinzip mit λόγος, mit εἱμαρμένη (Fatum, determiniertem Schicksal), mit πρόνοια (providentia, Vorsehung), mit φύσις (Natur als der Gestalterin der Welt), ja auch mit νοῦς (Vernunft) gleich (DIOGENES LAERT. VII 134 = SVF 1, frg. 85, AREIOS DID. Frg. 20 DIELS = SVF 1, frg. 87, CHALCIDIUS in Tim. c. 282 = SVF 1, frg. 88, ferner SVF 1, frg. 98. 102. 172. 176. 171. 102). Im Sinne des sich selbst steuernden physikalischen Systems meint er offenbar mit Logos, Heimarmene und Pronoia, dass das materielle aktive Prinzip in sich Muster und Gesetzmässigkeiten, überspitzt formuliert, Strukturpläne der Welt und ihrer Teile trägt, nach denen es die als reinen Stoff verstandene Materie gestaltet. Dabei entsteht kein Widerspruch zwischen 'determiniertem Schicksal' und 'Vorsehung', insofern jenes die unumstössliche Gesetzmässigkeit, diese die Zweckmässigkeit und Vernünftigkeit des Weltenplans meint. Hierfür sprechen erstens die Definitionen der Heimarmene als 'Ursachenverkettung des Seienden', als 'Logos, gemäss dem die Welt zur Vollkommenheit gebracht wird', oder als 'Vermögen, die Materie (d.h. das passive Prinzip) in Bewegung zu setzen (d.h. zu verändern und zu gestalten) gemäss denselben Gesetzen und auf dieselbe Weise' (SVF 1, frg. 175 und 176; die Gleichsetzung von Schicksal und Vorsehung ermöglicht auch die Mantik SVF 1, frg. 174). Dementsprechend kann das aktive Prinzip auch Natur genannt werden, insofern Natur als das verstanden wird, was die Welt gestaltet, was etwa unserem Sprachgebrauch entspricht, wenn wir sagen 'die Natur bewirkt, bringt hervor u.ä.' Weiterhin fügen sich hierzu einzelne Ausführungen über die Weltperioden: Die nacheinander wiederentstehenden Welten sind einander völlig gleich, und zwar bis in das Schicksal der einzelnen Menschen; so wird zum Beispiel wiederum ein Sokrates auftreten, wird auf die gleiche Weise wirken und wird wiederum von Anytos und Meletos angeklagt werden (SVF 1, frg. 108-109). Schliesslich vergleicht Zenon das als Logos, als Heimarmene, als Pronoia und als Natur verstandene aktive Prinzip mit dem Samen in der Samenflüssigkeit, der von allem, was geworden ist, was wird und was sein wird, die λόγοι ('Strukturpläne') und die Gründe enthält. Diese λόγοι heissen dementsprechend σπερματικοὶ λόγοι (SVF 1, frg. 87. 98. 102).

Im Zusammenhang mit den Weltperioden, mit der Natur als Gestalterin der Welt und mit den σπερματικοὶ λόγοι kommt Zenon zu einer Veranschaulichung und Präzisierung der Urmaterie (in ihrem vorweltlichen Zustand) als der Substanz der Welt. Sie ist 'Feuer', aber nicht Feuer im Sinn des gewöhnlichen Elements oder des alltäglichen Feuers, das seinen Brennstoff in sich verwandelt (πῦρ ἄτεχνον), sondern das durch Wärme wachsenlassende und bewahrende 'Feuer', wie es sich in Pflanzen und Lebewesen befindet (πῦρ τεχνικόν 'künstlerisches, gestaltendes Feuer', SVF 1, frg. 120). Die bestehende Welt wird nach Ablauf der Weltperiode in dieses 'Feuer' verwandelt werden (ἐκπύρωσις, Ekpyrosis, 'Ausbrennung') und wieder aus diesem hervorgehen in der Gestalt, wie sie vorher war (παλιγγενεσία, Palingenesia, 'Wiedergeburt', SVF 1, frg. 98. 107; in 98 ist στοιχεῖον im Sinne von οὐσία verwendet, HUNT 1976 [*151: 24]). Wenn dieses 'Feuer' aus sich wieder die Welt hervorbringt, ist es im engeren Sinn das aktive Prinzip und damit Logos, Heimarmene, Pronoia und Natur. So ist der Logos der kunstreiche Ordner der Welt, der zugleich auch Heimarmene genannt wird (SVF 1, frg. 160). So heisst es von der Natur als der Gestalterin der Welt, sie sei das gestaltende und erzeugende 'Feuer' (πῦρ τεχνικόν), das sich planvoll und methodisch dem Werk der Erzeugung und Hervorbringung widmet: naturam ... ignem esse artificiosum ad gignendum progredientem via: φύσιν εἶναι πῦρ τεχνικὸν ὁδῷ βαδίζον εἰς γένεσιν (CICERO de nat. deor. II 57, DIOGENES LAERT. VII 156 = SVF 1, frg. 171). Auf diese Überlegungen Zenons mögen Äusserungen Heraklits eingewirkt haben, wie man schon in der Antike beobachtet hat (z.B. die Heraklitinterpretationen des Kleanthes SVF 1, frg. 481, ferner SVF 1, frg. 98); unverkennbar ist aber auch der Einfluss, der von Theophrasts Physik ausgegangen ist (STEINMETZ 1964 [*65: 111-147. 325-327. 330]).

Dieses Feuer ist aber zugleich auch Seele und als solche mit Vernunft begabt (SVF 1, frg. 120: δύο γὰρ γένη πυρός, τὸ μὲν ἄτεχνον ..., τὸ δὲ τεχνικόν, ... ὃ δὴ φύσις ἐστὶ καὶ ψυχή). Demnach ist die Welt beseelt, besitzt Sinneswahrnehmung und Denkkraft. Syllogismen Zenons, die dies beweisen sollen, haben Cicero und Sextus erhalten. Zum Beweis der Vernünftigkeit der Welt setzt so Zenon als promissio maior «Das Vernunftbegabte ist besser als das Nicht-Vernunftbegabte», dann als promissio minor «Nichts ist besser als die Welt» und folgert «Also ist die Welt mit Vernunft begabt» (SVF 1, frg. 111-114). Das aber, was die Welt beseelt, was als Logos, als Heimarmene, als Pronoia, als gestaltende Natur, kurz, was als aktives Prinzip nach Hervorbringung der Welt aus dem 'Feuer' als die ganze Welt durchdringendes 'Feuer' weiterwirkt, das ist die Weltseele (mens mundi, gelegentlich nennt Zenon diese 'feurige' Weltseele auch πνεῦμα, Pneuma, lat. spiritus, ohne dass Pneuma schon ein fester Terminus wäre; denn θερμασίαν δὲ καὶ πνεῦμα Ζήνων τὸ αὐτὸ εἶναί φησιν: «Nach Zenon sind Wärme und Pneuma identisch», SVF 1, frg. 127. 88). Hierüber legt Cicero dem Stoiker Balbus folgende nach Zenon gestaltete Darlegung in den Mund (De nat. deor. II 58 = SVF 1, frg. 172): «Doch die Natur als gestaltendes Prinzip der alles in sich umschliessenden und umfassenden Welt wird von demselben Zenon nicht nur reich an Kunstfertigkeiten, sondern sogar eine Künstlerin genannt, die für alles Nützliche und Zweckmässige vorausplant und -denkt. Und wie die übrigen Wesen alle aus und gemäss ihrem Samen entstehen, wachsen und Bestand haben, so hat die Gestalterin der Welt alle Arten vom Willen gesteuerter Bewegungen, Versuche und Strebungen, die die Griechen ὁρμαί nennen, und wendet die dazu passenden Tätigkeiten so an, wie wir selbst, die wir uns auf Grund unserer geistig-seelischen Kräfte und Wahrnehmungen bewegen. Solcher Art ist die Weltseele; da sie aus diesem Grund mit Recht Voraussicht und Voraussehung genannt werden kann – griechisch heisst das πρόνοια –, sorgt sie vor allem dafür und ist damit am meisten beschäftigt, dass die Welt erstens die beste Möglichkeit für ihren Fortbestand erhält, dann, dass es ihr an nichts fehlt, insbesondere aber, dass die Welt hervorragende Schönheit und jeglichen Schmuck besitzt.» Als in dieser Weise beseelt ist die Welt aber ein Lebewesen, ein ζῷον oder animal (SVF 1, frg. 88). Und das bedeutet, dass Zenon das sich selbst steuernde physikalische System, als das er die Welt anschaut, zugleich auch vitalistisch bzw. biologistisch als einen einheitlichen lebendigen Organismus deutet.

ε) Nun setzt aber Zenon das aktive Prinzip nicht nur mit Logos, Heimarmene, Pronoia, gestaltender Natur und Seele gleich, sondern zugleich auch mit Gott, mit Zeus oder der Denkkraft des Zeus (SVF 1, frg. 85. 87. 98. 102. 158-161). Gott ist demnach «die aus Feuer bestehende Vernunft der Welt» (νοῦν κόσμου πύρινον SVF 1, frg. 157) und «der σπερματικὸς λόγος der Welt» (SVF 1, frg. 102). Durch seine feurige Art und infolge seiner untrennbaren Verquickung mit dem passiven Prinzip, der Materie im engeren Sinne, durchdringt er die ganze Welt (siehe oben und SVF 1, frg. 155. 156. 158. 159). Mit Hilfe der Gleichsetzung Gottes mit dem aktiven Prinzip begegnet Zenon auch einem möglichen Einwand gegen das sich selbst steuernde physikalische System. Man kann nämlich fragen, woher denn das aktive Prinzip die Muster und Strukturpläne der Welt und der Dinge und Wesen in ihr habe. Gott als Vernunft hat sie sinnvoll und zweckmässig gestaltet und ein für allemal festgelegt. Sie gelten im Sinne der Heimarmene ewig durch alle Weltperioden. Die Welt ist somit auch die beste aller denkbaren Welten. Die Immanenz des aktiven Prinzips bedeutet zugleich die vollkommene Immanenz Gottes in der

Welt. So besehen kann sogar die Welt selbst 'Gott' genannt werden (SVF 1, frg. 88 quem sc. mundum beatum animal et deum adpellant; 1, frg. 163). Das aber bedeutet, dass Gott bis in die letzte Materie ist und wirkt. Demnach hat Zenon die Welt auch pantheistisch erklärt.

ζ) Aus der Analyse der Naturphilosophie Zenons folgt also, dass Zenon die Welt zugleich
– physikalisch als ein sich selbst steuerndes System,
– vitalistisch als einen lebendigen Organismus,
– pantheistisch als von Gott vollkommen durchdrungen und gesteuert und so letztlich als Gott gedeutet hat. Diese drei Aspekte charakterisieren die Naturphilosophie Zenons und weisen der späteren naturphilosophischen Diskussion der Stoiker die Wege. Differenzen werden vor allem dadurch entstehen, je nachdem man einen bestimmten Aspekt bevorzugt oder vernachlässigt oder wie man die drei Aspekte verschieden gewichtet.

Aus der Theologie, Kosmologie, Meteorologie und Anthropologie Zenons seien noch folgende Einzelheiten hervorgehoben. Sie stehen zwar deutlich unter dem Einfluss der eben analysierten Grundanschauungen Zenons. Die Zeugnisse sind aber an Zahl nicht sehr umfangreich und sind teils höchst schwierig, so dass eine vollständige Einordnung in das System nicht möglich ist. Nach dem Ende einer Weltperiode durch die Ekpyrosis hat das 'Feuer', das zugleich Gott ist, die Welt ganz in sich aufgelöst. Die ewige und quantitativ gleichbleibende Substanz der Welt ist in ihren vorweltlichen Zustand zurückgekehrt und ist somit zu Beginn der neuen Weltperiode für sich allein. Gott, der zugleich dieses 'Feuer' ist, verwandelt die ganze Substanz unter Durchgang durch eine gasförmige Zwischenstufe in das Feuchte. Wie in der Samenflüssigkeit der Same enthalten ist, so bleibt Gott als der σπερματικὸς λόγος der Welt in diesem Feuchten und befähigt die Materie zur Hervorbingung des weiteren. Dann erzeugt er als erstes die vier Elemente Feuer, Luft, Wasser und Erde (vitalistische Betrachtungsweise; DIOGENES LAERT. VII 136. 142 = SVF 1, frg. 102, dazu auch HUNT 1976 [*151: 50-52], TODD 1978 [*153: 143-148], LAPIDGE 1978 [*154: 165-167]). Diese Elemente mischen sich untereinander und ordnen sich je nach dem Überwiegen der aus der Mischung hervorgegangenen Gegebenheiten Erde, Wasser, Luft und Feuer umeinander und bilden so die kugelartige Grundform der Welt. Im Zentrum der Welt sammelt sich Erde und bildet mit all ihren Beimischungen die 'Erde' (wir würden sagen den Planeten Erde) als eine Kugel. Um sie ordnen sich je nach Gewicht Wasser, Luft und Feuer, wobei der Erde und dem Wasser die Bewegung zum Zentrum (= die Bewegung abwärts), der Luft und dem Feuer die Bewegung zur Peripherie (= Bewegung aufwärts) eignen (vornehmlich physikalische Betrachtungsweise! SVF 1, frg. 99. 102). Die Peripherie der Welt ist der Himmel als Firmament mit den Fixsternen. Im Himmelsraum bewegen sich die Planeten. Firmament, Fixsterne und Planeten sind aus reinem πῦρ τεχνικόν und daher Götter (geschaffene Götter, die mit der Ekpyrosis wieder vergehen). Zenon scheint für πῦρ τεχνικόν gelegentlich das Wort αἰθήρ verwendet und das Firmament als obersten Gott angesehen zu haben (SVF 1, frg. 115. 116. 154). Ganz im Sinne der vitalistischen Weltdeutung nimmt Zenon an, dass die Gestirne von den Ausdünstungen des Meeres 'ernährt' werden und berücksichtigt in diesem Zusammenhang (als Beweis?) die Etymologie ἥλιος (Sonne) aus ἅλιος (aus dem Meer stammend, SVF 1, frg. 121).

In der Meteorologie lassen die erhaltenen Erklärungen von Wetterleuchten, Blitz und Donner eine Abhängigkeit von den Überlegungen des Peripatos erkennen (SVF 1, frg. 117). Pflanzen, Tiere und alle übrigen Dinge entstehen aus der Mischung der vier Elemente in jeder Weltperiode neu. Zenon missachtet dabei ältere griechische Entwicklungshypothesen und lässt die einzelnen Arten und auch den Menschen nicht auseinander, sondern jede in einer Form von Urschöpfung aus der Erde entstehen (SVF 1, frg. 102. 124). Hierbei wird auch eine Stufung des Seins vom Leblosen über die Pflanzen, dann die Tiere, dann den Menschen bis hin zum Göttlichen sichtbar (vgl. AKIMPELU 1967 [*142]). Neuartig ist die Erklärung dafür, dass auch Eigenschaften der Mutter im Nachkommen sichtbar werden. Er spricht deshalb auch dem weiblichen 'Samen' eine Vererbungskraft zu. Im Samen von Mann und Weib, der sich bei der Zeugung vereinigt, ist Pneuma eingeschlossen. Dieses Pneuma ist ein Stückchen der Seele und enthält sozusagen den Strukturplan des Vaters bzw. der Mutter mit Elementen der jeweiligen Vorfahren (SVF 1, frg. 128, VON FRITZ 1972 [*15: 110-111]). Überhaupt besteht die Seele des Menschen aus 'Feuer', das gelegentlich auch als πνεῦμα ἔνθερμον (warmer Lebenshauch) oder bloss als πνεῦμα (spiritus) erklärt wird. Sie besitzt etwas vom πῦρ τεχνικόν und ist folglich göttlich (SVF 1, frg. 126. 127. 134. 135. 146). Als solche ist die Seele notwendigerweise körperlich und nicht ewig. Sie trennt sich zwar beim Tod vom Körper, löst sich aber nicht sofort auf, sondern existiert noch eine Zeitlang, längstens bis zur nächsten Ekpyrosis (SVF 1, frg. 137-139. 146-147, vgl. AKIMPELU 1967 [*137], HOVEN 1973 [§ 33 *610]). Auffällig ist auch die Einteilung der Seele in acht Teile. Da die Seele den ganzen Körper durchdringt, können diese Teile in verschiedenen Körperteilen lokalisiert werden. Andererseits bleibt die Einheit der Seele dadurch gewahrt, dass diese Teile fast im Sinn von Funktionen oder Vermögen und Fähigkeiten der Seele verstanden werden. Sie bestehen im folgenden: 1. im Leitungsvermögen (τὸ ἡγεμονικόν), dann in den Vermögen der fünf Sinneswahrnehmungen, 7. im Sprechvermögen, 8. in dem oben beschriebenen Vermögen, im Samen einen 'Strukturplan' des individuellen Menschen zu hinterlassen (τὸ σπερματικόν). Bezeichnend, dass ein irgendwie geartetes irrationales Vermögen der Seele nicht genannt wird (SVF 1, frg. 143 und dazu 2, frg. 827-833).

d) Ethik

Die Ethik Zenons ist in der dritten Phase von zwei Tendenzen bestimmt. Einmal mussten die Probleme und Aporien, die sich aus dem in der zweiten Phase erarbeiteten Konzept entwickelt hatten, ohne Aufgabe des Konzepts einer Lösung zugeführt werden, zum anderen mussten sich angesichts der grundsätzlichen Einheit der Philosophie aus der Erkenntnistheorie und aus der Naturphilosophie Konsequenzen für die Ethik ergeben, zumal diese Disziplinen gerade im Hinblick auf ihre ethische Relevanz betrieben wurden.

Mit den naturphilosophischen Überlegungen Zenons steht die Telos-Formel ὁμολογουμένως ζῆν ('In Übereinstimmung mit dem Logos leben') keineswegs in

Widerspruch. Ist doch der Logos eben jenes aktive Prinzip, das unter anderem mit Gott gleichgesetzt worden ist. Man kann daher diese Formel paraphrasierend auch folgendermassen übersetzen: «In Übereinstimmung mit der (göttlichen) Weltordnung leben.» Aber diese Formel, die letztlich aus der Etymologie des Wortes ὁμολογουμένως besteht, bedarf einer Erläuterung vor allem für Leute, die beim Hören des Wortes seine Etymologie nicht mehr mitempfinden. Diese Erläuterung gab Zenon in der Schrift Περὶ ὁρμῆς ἢ περὶ ἀνϑρώπου φύσεως (Über den Trieb oder über die Natur des Menschen), indem er in die Formel τῇ φύσει einfügte: 'Leben in Übereinstimmung mit der Natur'. Er erläuterte also den in ὁμολογουμένως mitempfundenen Begriff λόγος durch φύσις (natura, Natur), und zwar im Sinne von der in der Welt wirkenden Gestalterin. Demnach hat Zenon die Formel nur ausgelegt, nicht aber in ihrem Sinn verändert. Vor allem diese ergänzte Form der Definition ist weitertradiert worden (Zeugnisse: SVF 1, frg. 179; zu den Formeln zuletzt: Rist 1977 [*225], Forschner 1981 [§ 33 *790: 212-226]). Die Vieldeutigkeit des Begriffs φύσις (Natur) musste allerdings in der Folge zu immer neuen Auslegungen der Formel führen, besonders dann, wenn der naturphilosophische Zusammenhang nicht beachtet wurde. Zenon selbst hat durch Variationen der erweiterten Formel unter verschiedenen Aspekten diesen Prozess initiiert; so spricht er von einem κατ' ἀρετήν ('gemäss der Tugend leben', SVF 1, frg. 180), von einem honeste vivere ('sittlich gut leben', SVF 1, frg. 181) oder von einem ἕπεσϑαι ϑεοῖς ('den Göttern Folge leisten', SVF 1, frg. 182) als dem Ziel des menschlichen Lebens.

Wie schon gezeigt, ist das in der zweiten Phase entwickelte Konzept der Ethik von Schwierigkeiten nicht frei. Dies gilt gerade auch für die Güterlehre, die nur die Tugend als ein Gut, nur das der Tugend entgegengesetzte Laster als ein Übel und alles übrige, wie Gesundheit, Krankheit, Reichtum, Armut und so fort, als für die Eudaimonie gleichgültig (ἀδιάφορα) ansieht; es gilt ferner für die schroffe Unterscheidung von Weisen und Nicht-Weisen, zwischen denen es keinen Übergang und keine Entwicklung gibt, sondern nur eine Art punktuellen Umschlagens, wobei der so zum Weisen 'Umgekehrte' nicht mehr in den Status eines Nicht-Weisen zurückfallen kann, sondern nur noch richtige Erkenntnisse gewinnt und richtige Entscheidungen trifft. Es scheint in diesem Konzept das Feld, sozusagen der 'Stoff' zu fehlen, in dem gemäss der Tugend gehandelt werden kann. Dies geht gerade aus den Definitionen der Gerechtigkeit und der Besonnenheit hervor. Wenn man die Gerechtigkeit als 'richtige Einsicht im Zuteilen', die Besonnenheit als 'richtige Einsicht in der Auswahl' definiert, muss man fragen, was denn die Gerechtigkeit einem Dritten zuteile oder wegnehme oder was die Besonnenheit auswähle. Die Tugend kann dies schwerlich sein; denn sie kann nicht gegeben oder weggenommen werden und so fort. Auch kann man fragen, wie denn Philosophie als Lebenshilfe verstanden werden könne, die dazu befähige, die Weisheit zu erlangen, wenn es keine Entwicklung und keinen Fortschritt auf dem Weg zur Weisheit gibt. Schliesslich, ist es nicht paradox, dass Krankheit und Gesundheit, Armut und Reichtum, Ruhm und Ruhmlosigkeit, Sinnenschärfe und Sinnenstumpfheit wegen ihrer Adiaphorie hinsichtlich der Eudaimonie gleichwertig sein sollen? Fragen dieser Art mussten den Blick auf die Adiaphora lenken. Zenon hielt nun zwar an der Grundthese fest, dass die Adiaphora für die Eudaimonie wirklich gleichgültig sind, weil ihre Anwesenheit oder Abwesenheit nicht oder nur teilweise der menschlichen Entscheidungsgewalt unterworfen sind (sie sind nicht ἐφ' ἡμῖν). Aber er liess es gelten, dass einzelne gleichgültige Dinge wie Gesundheit und Krankheit, Schönheit und Hässlichkeit, Scharfsinn und Stumpfsinn, Kraft und Schwäche, Wohlstand und Armut, wenn man sie miteinander vergleicht, unterschiedliche Vorzüge besitzen. Demnach gliedert er die Adiaphora in drei Gruppen, 1. in die προηγμένα ('bevorzugte Dinge') und definiert diese als das, «was zwar ein ἀδιάφορον ist, wir aber gemäss überwiegender vernünftiger Begründung auswählen», wie z.B. Gesundheit, gute Sinne, Ansehen, 2. in die ἀποπροηγμένα, Dinge, deren Abwesenheit ihrer Anwesenheit vorzuziehen ist, 'zurückgesetzte Dinge', wie z.B. Krankheit, stumpfe Sinne, Ruhmlosigkeit (zur Begriffsbildung vgl. KILB 1939 [§ 33 *722: 77], VON FRITZ 1972 [*15: 115 Anm. 1]), und 3. in ἀδιάφορα im engeren Sinne, Dinge, die weder 'bevorzugt' noch 'zurückgesetzt' sind, sondern für das menschliche Leben ohne Belang sind, wie z.B. ob man eine gerade oder eine ungerade Zahl von Haaren besitzt. Die 'bevorzugten' und 'zurückgesetzten' Dinge zeichnet Zenon nun auf zweifache Weise aus. Einmal spricht er den einzelnen 'bevorzugten' Dingen einen unterschiedlich hohen Wert (ἀξία, aestimatio) und den 'zurückgesetzten' Dingen eine unterschiedlich hohe Wertlosigkeit (ἀπαξία) zu. Hierdurch kann er scharf unterscheiden zwischen der Tugend, die einen Aktwert besitzt und das einzige 'Gute' ist, und den 'Sachwerten' der 'bevorzugten' Dinge. Tugend als ἀγαθόν und die προηγμένα als 'unterschiedlichen Wert besitzende Dinge' sind auf zwei verschiedenen Ebenen angesiedelt, wie in der Monarchie der König und die ihm untergeordneten Hofleute auf zwei verschiedenen Ebenen stehen. Erst durch die unterschiedliche Werthaftigkeit der Adiaphora ist die Möglichkeit zu von der Vernunft begründeten Entscheidungen und 'Auslesen' gegeben. Freilich sind nur die Tugenden als Güter wählbar (αἱρετά), die 'bevorzugten' Dinge werden 'ausgelesen' und 'mitgenommen' (ἐκλέγειν, λαμβάνειν, eligere und sumere). Dem Grundkonzept entsprechend «tragen die 'bevorzugten' Dinge ihren Namen nicht deshalb, weil sie zur Eudaimonie etwas beitragen oder mitwirken, um sie zu erlangen, sondern infolge der Notwendigkeit, eine Auslese dieser Sachwerte zu treffen gegenüber den 'zurückgesetzten' Dingen».

Die zweite Auszeichnung besteht in den Begriffen κατὰ φύσιν (secundum naturam, 'naturgemäss') und παρὰ φύσιν (naturae contraria, 'naturwidrig'). Diese Begriffe gelten allein für die Adiaphora. Die durch Wert ausgezeichneten 'bevorzugten' Dinge wie Gesundheit, Schärfe der Sinne, Schönheit, Wohlstand und Ansehen sind naturgemäss, die als wertlos gekennzeichneten 'zurückgesetzten' Dinge wie Krankheit, Stumpfheit der Sinne, Hässlichkeit, Armut und Ruhmlosigkeit sind naturwidrig. In diesem Zusammenhang ist demnach φύσις (natura, Natur) als generelle Natur des Menschen verstanden. Ein Ausgleich mit dem Sinn von 'Natur' in der Telos-Formel ist, soweit wir Zenons Lehre überblicken, nicht hergestellt. Es liegt auf der Hand, dass bei terminologischer Verfestigung dies zu schweren Missverständnissen führen und der Kritik manchen Ansatzpunkt bieten musste. Man bedenke: Die Eudaimonie besteht in einem Leben in Übereinstimmung mit der Natur; die Tugenden, die diese Eudaimonie herbeiführen, sind nicht naturgemäss;

wohl aber gibt es Werte, die naturgemäss sind, die aber nichts zur Eudaimonie beitragen (SVF 1, frg. 191-194 und dazu zuletzt: KIDD 1971 [*212: 150-172], VON FRITZ 1972 [*15: 115-116], KERFERD 1972 [*215: 60-74], LONG 1974 [§ 1 *396: 192-199], SANDBACH 1975 [§ 33 *361: 31-38], FORSCHNER 1981 [§ 33 *790: 160-171], GÖRLER 1984 [*241]). Ob Zenon im Zusammenhang mit der Differenzierung der Adiaphora die naturgemässen Dinge in geistige, körperliche und äussere Werte klassifiziert hat, ist durchaus wahrscheinlich, aber nicht durch Zeugnisse belegt. Dagegen ist bezeugt, dass er die ἡδονή (voluptas, Lust) zu den Adiaphora, und zwar offenbar zu den naturgemässen Werten gerechnet hat (SVF 1, frg. 195, dazu GRAESER 1975 [*16: 135-138], GÖRLER 1983 [*238]). Ob hier schärfer zwischen Lust als dem Begleitumstand einer Handlung und Lust als einem der vier Hauptaffekte differenziert werden muss, ist noch nicht geklärt.

Im Zusammenhang mit der Differenzierung der Adiaphora musste auch die Lehre von den Handlungen überprüft werden. Nach dem Konzept der zweiten Phase stehen sich scharf gegenüber die Handlungen des Weisen, die immer gemäss der Tugend und als solche 'richtige Entscheidungen' sind (κατορϑώματα), und die Handlungen des Nicht-Weisen, die immer wider die Tugend und als solche falsche Entscheidungen, d.h. 'Verfehlungen' (ἁμαρτήματα) sind. Wie aber sind Handlungen im Bereich der differenzierten Adiaphora, die also im 'Auslesen' und im 'Mitnehmen' der naturgemässen Dinge bzw. in den Fehlern dabei bestehen, zu beurteilen? Zenon griff hierzu einen Begriff auf, den er dem Anschein nach schon zur Charakteristik der κατορϑώματα verwendet hatte: καϑήκοντα. Dem Wortsinn nach bezeichnet dieser Begriff das 'Zukommende', 'Angemessene', was der jeweiligen Sache bis hin zur Weltordnung zukommt. Auf dem Weg über das lateinische officium übersetzt man das Wort gewöhnlich mit 'Pflicht', was zur Intention Zenons wenig passt. Zenon verwendet nun diesen Begriff zur Bezeichnung der richtigen Handlungen im Bereich der Adiaphora. Solche Handlungen sind 'angemessen', falsche Handlungen in diesem Bereich sind dementsprechend 'gegen die Angemessenheit'. Nach alledem hat wohl schon Zenon die καϑήκοντα begrifflich differenziert in τέλεια καϑήκοντα ('vollkommen angemessene Handlungen' = moralisch richtige Handlungen = κατορϑώματα = Handlungen gemäss der Tugend = Handlungen des Weisen) und in die μέσα καϑήκοντα, die mittleren angemessenen Handlungen, die im Bereich der προηγμένα vollzogen werden wie z.B. heiraten, ein Amt übernehmen u.ä. (SVF 3, frg. 494, einzelne Parallelen dazu bei Zenon in SVF 1, frg. 230). Die angemessene Handlung definiert Zenon als «eine Handlung, die sich mit Vernunftsgründen rechtfertigen lässt, als das, was sich folgerichtig im Leben ergibt» (SVF 1, frg. 230). Dies beziehe sich übrigens auch auf Pflanzen und Tiere.

Bei der Differenzierung der Adiaphora und der Einführung des mittleren Angemessenen im Bereich der Handlungen bleibt auf der einen Seite die Grenze zwischen dem Weisen und dem Nicht-Weisen fest. Nur die Entscheidungen des Weisen sind κατορϑώματα und immer κατορϑώματα; seine Wahrnehmung ist immer eine ἐπιστήμη. Auch im Bereich des mittleren Angemessenen trifft er immer die richtige Auslese. Auf der anderen Seite ist nun, auch wenn es bei dem einen punktuellen Umschlag zur Weisheit bleibt und jeder, der diesen Umschlag noch nicht erfahren hat, weiterhin ein Nicht-Weiser ist, doch eine gewisse Entwicklung, ein Sichannähern an die Grenzen der Weisheit möglich. Diese Entwicklung setzt schon beim Kleinkind ein und führt über die Schärfung der einzelnen Sinne und ebenso der Vernunft bis hin an die Grenzen zur Weisheit. In nicht wenigen der erhaltenen pädagogischen Einzelüberlegungen und Vorschriften Zenons erkennt man deutlich das Bemühen, diese Entwicklung zu steuern (SVF 1, frg. 233ff., besonders 245 und 246). Diejenigen, die sich der Grenze zur Weisheit nähern, heissen προκόπτοντες ('Fortschreitende', 'Fortgeschrittene'). Sie treffen im Bereich des Angemessenen schon viele richtige Entscheidungen; ihnen gelingt schon manche κατάληψις; ja gelegentlich fällen sie schon Entscheidungen, die wie κατορθώματα aussehen. Ob man Fortschritte mache, könne man erkennen, wenn man bemerke, dass man nicht nur im Wachen, sondern auch im Traum nichts Unrechtes tue (SVF 1, frg. 234). Den Weg der zur Grenze der Weisheit Fortschreitenden hat GÖRLER (1983 [*238: Abb. 3]) gut illustriert.

Die Skizze (siehe S. 546) mag das Zusammenspiel der verschiedenen Entscheidungsformen mit den Gütern und Werten sowie die Folgen für die Qualität des Menschen verdeutlichen. Die Feindifferenzierung innerhalb der προηγμένα und innerhalb der ἀποπροηγμένα ist weggelassen (zu diesem Problem KERFERD 1972 [*215: 60-74, besonders die Tab. S. 69]).

Im Zusammenhang mit der Eröffnung der Möglichkeit einer Entwicklung stehen Versuche, der Ethik eine biologische Grundlage zu geben. Anfänge dazu finden sich offenbar schon bei Zenon, der dabei Anregungen aus der Akademie und dem theophrastischen Peripatos aufgenommen, sich aber auch scharf gegen Epikur gewendet hat. Demnach besteht eine erste 'Erkenntnis', die mit der Geburt gegeben ist, darin, dass man sich als sich selbst zugeordnet (οἰκεῖον) empfindet und daher all das zu verwirklichen und zu erlangen trachtet, was zur Erhaltung und Entfaltung des eigenen Selbst führt. Diese Dinge wie Nahrungsaufnahme, das Bemühen um den aufrechten Gang sind die 'ersten naturgemässen Dinge' (τὰ πρῶτα κατὰ φύσιν). Von diesem Trieb zur Selbsterhaltung (und der Arterhaltung) werden dann die menschlichen Verhaltensnormen bis hin zu den Tugenden und sogar das Ziel des menschlichen Lebens abgeleitet (SVF 1, frg. 181. 197. 198 und wohl auch 183). Erst Chrysipp hat diese Lehre von der Oikeiosis voll ausgebildet und systemgerecht in die Ethik eingebaut. Sie wird daher in der Doxographie Chrysipps im einzelnen dargelegt werden.

Von der Grundposition der zenonischen Ethik aus, nämlich dass alles Handeln allein aus der Erkenntnis (bzw. aus dem Irrtum oder aus dem Wähnen als dem Mangel an Erkenntnis) hervorgeht, ist es schwierig, wenn man diese monistische intellektualistische Erklärung des menschlichen Handelns nicht aufgeben will, die Rolle des Irrationalen im Handeln zu erklären. In diesem Fragenkomplex geht Zenon von seiner Erkenntnistheorie aus und bleibt konsequent dabei, dass auch eine Entscheidung, die zum Handeln führt, eine Zustimmung (συγκατάθεσις) zu einer φαντασία ist, also zu einer Vorstellung, die als Eindruck in die Seele verstanden wird. Zur Unterscheidung von der καταληπτικὴ φαντασία hat man (vermutlich erst nach Zenon) die auf eine Handlung hinauslaufende Vorstellung φαντασία ὁρμητική genannt (SVF 3, frg. 169). Die Zustimmung oder Ablehnung einer sol-

Handlungen				
Ebene des Angemessenen	παρὰ τὸ καθῆκον – wider die Angemessenheit		καθήκοντα – angemessene Handlungen	
	ἁμαρτήματα sittlich falsche Entscheidungen	μέσα καθήκοντα mittlere angemessene Handlungen	τέλεια καθήκοντα vollkommen angemessene Handlungen	
			κατορθώματα – sittlich richtige Entscheidungen	
Güter	κακά – Übel	ἀδιάφορα – gleichgültige Dinge	ἀγαθά – Güter	
Ebene der Güter und Werte	ἀποπροηγμένα zurückgestellte Dinge		προηγμένα vorgezogene Dinge	
	ἀπαξίαν ἔχοντα mit unterschiedlicher Wertlosigkeit		ἀξίαν ἔχοντα mit unterschiedlichem Wert	
	παρὰ φύσιν naturwidrig		κατὰ φύσιν naturgemäss	
		ohne Belang für das menschliche Leben		
Qualifikation der Menschen	Toren	Durchschnittsmenschen	Fortschreitende	Weise
		Nicht-Weise		

chen Vorstellung nennt Zenon auch κρίσις ('Entscheidung'). Die Frage, die eine auf eine Handlung gerichtete Vorstellung an den führenden Seelenteil richtet, dürfte, um ein Beispiel zu nennen, lauten: Ist dieses Geld zu nehmen richtig (oder angemessen)? Erfolgt eine richtige Entscheidung, so löst diese, falls die Antwort ja lautet, den Antrieb (ὁρμή) zu der entsprechenden Handlung aus, falls aber nein, die Weigerung, der φαντασία ὁρμητική zu folgen (ἀφορμή, wörtlich 'der Antrieb weg'). Ist die Entscheidung aber falsch oder nur schwach begründet und demnach als ein intellektueller Irrtum oder als ein blosses Wähnen zu qualifizieren, so führt sie zu einer Betroffenheit und Verwirrung der Seele, die Zenon selbst πάϑος (Pathos, passio, 'Leiden') nennt; dieser Begriff ist aber oft ins Lateinische mit affectus übersetzt worden; daher das deutsche Übersetzungslehnwort 'Affekt'. Oft verwendet Zenon für Pathos auch bildhafte Ausdrücke wie 'Flattern der Seele' oder 'Zusammenziehung', 'Ausweitung', 'Erhebung' und 'Niedergeschlagenheit' der Seele. Vermutlich will er mit diesen Metaphern auch auf physiologische Nebenwirkungen der Affekte anspielen (SVF 1, frg. 206. 209). Demnach ist der Trieb die Folge einer richtigen, der Affekt die Folge einer irrtümlichen rationalen Entscheidung (SVF 1, frg. 209, in frg. 208 liegt verkürzende Ausdrucksweise vor). Dementsprechend definiert Zenon den Affekt als ἄλογος καὶ παρὰ φύσιν ψυχῆς κίνησις, als «eine von der Vernunft abgewandte und widernatürliche (d.h. auf Dinge, die wider die Natur sind, gerichtete) Bewegung der Seele» (SVF 1, frg. 205). Nun hat Zenon noch eine zweite Definition des Affekts gegeben, die gut bezeugt ist, aber von Cicero wohl unter dem Einfluss Chrysipps als eine Kurzform der eben erläuterten Definition missverstanden wird (SVF 1, frg. 205 und 206). Nach dieser zweiten Definition ist der Affekt eine ὁρμὴ πλεονάζουσα, 'ein Trieb, der über das Ziel hinausschiesst'. Damit ist, was die Entstehung anlangt, offenbar eine zweite Form des Affekts gemeint. Hier geht dem Affekt eine richtige Entscheidung (κρίσις) voraus, die einen Antrieb zum Handeln ausgelöst hat. Dieser Antrieb schiesst aber nun über das von der Vernunft gesetzte Ziel hinaus und wird so zum Pathos. Daher ergänzt man diese Definition gelegentlich mit dem Zusatz 'und der wählenden Vernunft ungehorsam' (καὶ ἀπειϑῆ τῷ αἱροῦντι λόγῳ, rationi non obtemperantes: Stob. Ecl. II 7, 2, Cicero de off. I 136 in SVF 1, frg. 205). So wird zum Beispiel die richtige Entscheidung eines Hungrigen, etwas zu essen, um sich zu sättigen, dadurch, dass der Trieb über das gesetzte Ziel hinausschiesst und das Sättigen zur Völlerei ausartet, zu einem Pathos.

Die Affekte selbst hat Zenon in vier Hauptaffekte eingeteilt, in Schmerz (λύπη, aegritudo oder dolor), in Furcht (φόβος, metus oder timor), in Begierde (ἐπιϑυμία, cupiditas) und in Lust (ἡδονή, voluptas, SVF 1, frg. 211). Da Affekte Folgen irriger oder zu schwach begründeter Entscheidungen sind, die gemäss der Erkenntnistheorie eine 'Meinung' oder 'Wähnen' (δόξα, opinio) zeitigen, definiert Zenon den Schmerz als 'das frische Wähnen der Gegenwart eines Übels' (δόξα πρόσφατος κακοῦ παρουσίας, SVF 1, frg. 212). Die parallel formulierten Definitionen der drei übrigen Affekte, die in der Überlieferung nur als stoisch bezeichnet sind, gehen wohl auf Zenon zurück. So ist die Lust 'das frische Wähnen der Anwesenheit eines Gutes' (δόξα πρόσφατος ἀγαϑοῦ παρουσίας, SVF 3, frg. 391), die Furcht 'die Erwartung eines (künftigen) Furchtbaren' (προσδοκία κακοῦ, SVF 3, frg. 407), die

Begierde 'das Wähnen eines vermeintlichen künftigen Gutes' (opinio boni opinati futuri, SVF 3, frg. 387, zu allem zuletzt RIST 1969 [*14: 22-36], GOULD 1971 [§ 37 *29: 181-196], KIDD 1971 [*213: 200-215], VOELKE 1973 [§ 33 *762: 81-85], TSEKOURAKIS 1974 [§ 33 *770], LONG 1974 [§ 1 *396: 175-178], GRAESER 1975 [*16: 145.172], SANDBACH 1975 [§ 33 *361: 59-68], LONG 1976 [*223: 77-92], KERFERD 1977-1978 [*226: 482-494], KIDD 1978 [*228: 247-258], LLOYD 1978 [*229: 233-246], FORSCHNER 1981 [§ 33 *790: 114-140], GÖRLER 1983 [*238]). Durch die Erklärung von Trieb und menschlicher Emotionalität als Folgen rationaler Entscheidungen und die damit verbundene Intellektualisierung des Irrationalen im menschlichen Handeln hat Zenon ein gewiss manchen seltsam anmutendes Modell entworfen, das schon in der Antike heftigen Angriffen von akademischer, peripatetischer und epikureischer Seite ausgesetzt war. Auch ist, soweit wir Zenons Überlegungen überschauen, manches noch unstimmig oder uns nicht ganz klar. Zum Beispiel ist nicht deutlich, wie eine Vorstellung, bekanntlich ein Eindruck in der Seele, die nach der rationalen Entscheidung über ihre Richtigkeit zu einem Trieb oder zu einem Pathos führen wird, zustande kommt. Erfolgt der Eindruck aus der Erinnerung? Aus von aussen kommenden Lockungen? Oder ist hier doch eine Tür für das Irrationale offen? Auch scheint noch nicht geklärt zu sein, wie das Verhältnis von Selbst- und Arterhaltungstrieb zu den Entscheidungen, die zu einem Trieb oder zu einem Affekt führen, und zu den Trieben und Affekten selbst zu verstehen ist. Fragen, die die Nachfolger Zenons und seine Kritiker beschäftigen werden. Es bleibt aber bestehen, dass Zenons im ganzen in sich stimmiger Klärungsversuch des Irrationalen eine kaum zu unterschätzende Wirkung auf das Denken bis in unsere Tage ausgeübt hat.

Ein schwerwiegendes, letztlich unlösbares Problem, das die Stoa und ihre Kritiker immer wieder beschäftigt hat, hat Zenon mit dem Konzept der Determiniertheit der Welt auf der einen und mit der Auffassung von der Freiheit der menschlichen Entscheidung auf der anderen Seite aufgeworfen. In der Physik führt die Gleichsetzung des aktiven Prinzips mit Logos, Heimarmene und Pronoia zur völligen Determiniertheit der Welt und zur unlösbaren Einbindung eines jeden Geschehnisses in einen unabänderlichen Kausalnexus. Diese Determiniertheit ist, wie gezeigt wurde, durch die Auffassung, dieser Kausalnexus sei sinnvoll gestaltet und auf die Verwirklichung einer gut geordneten Welt gerichtet (Pronoia), und durch die Ineinssetzung mit dem Wirken Gottes zwar erträglicher gemacht, aber in seiner letztendlichen Härte nicht gemildert worden. Nun steht auf der anderen Seite, dass Zenon das Gute auf das moralisch Richtige reduziert hat. Eine moralisch richtige Handlung setzt aber notwendig die Freiheit der Entscheidung voraus. Man muss so oder so handeln können. Dies gilt für die κατορϑώματα des Weisen, für die angemessenen Entscheidungen im Bereich der Adiaphora, für Entscheidungen, deren Folge ein Trieb oder ein Affekt ist. Wie aber ist diese Freiheit möglich angesichts der zwingenden Kausalitätsreihe des einen Weltenplans, angesichts des universellen Determinismus? Man kann sicher sein, dass Zenon diesen Konflikt gesehen und Lösungen versucht hat. Aber irgendwelche genaueren Äusserungen darüber sind nicht erhalten. Am ehesten könnte man noch GRAESER (1975 [*16: 125-135]) folgen, der nach Interpretation der Ausführungen CICEROS in

Acad. post. I 40 (= SVF 1, frg. 61) und von Parallelstellen aus der antiken Doxographie über die Stoa zu dem Ergebnis kommt, dass die Freiheit des stoischen Weisen darin bestehe, zu jeder Zeit das zu tun, was objektiv richtig sei und mit den objektiven Maximen der Weltvernunft im Einklang stehe; für ihn bedeute die Freiheit der Wahl die Freiheit, sich für eine sittlich gute und gegen eine sittlich verwerfliche Handlung zu entscheiden, was durch die extreme Position seiner Logos-Natur gewissermassen präjudiziert und von der Weltvernunft auch gefordert werde (GRAESER 1975 [*16: 135]; zum Problem Determinismus und Freiheit vgl. auch die Interpretationen von LONG 1971 [*263: 173-199], einen entschiedenen Versuch der Rechtfertigung der stoischen Position, von SORABJI 1980 [in: § 1 *362: 250-282], eine sehr klare und argumentativ starke Kritik der stoischen Position, und von FORSCHNER 1981 [§ 33 *790: 98-113], einen Nachweis, dass trotz aller Versuche das Problem auf Grund der sich ausschliessenden Prämissen unlösbar ist).

F. AUSGABEN UND SEKUNDÄRLITERATUR

1. Fragmentsammlungen [*1-*6]. – 2. Gesamtdarstellungen [*11-*24]. – 3. Zur Biographie [*31-*43]. – 4. Zu den Bildnissen [*51-*53]. – 5. Zu den einzelnen Werken [*61-*74]. – 6. Zur Doxographie: a) Einteilung der Philosophie [*81-*83]; b) Logik einschliesslich Erkenntnistheorie [*91-*122]; c) Physik [*131-*175]; d) Ethik [*201-*273].

In den in § 33 aufgeführten Darstellungen, Einzeluntersuchungen und Sammelbänden zur stoischen Philosophie finden sich zahlreiche Hinweise auf die Philosophie Zenons. Diese Werke werden in allen Teilen dieser Literaturübersicht nur dann nochmals aufgeführt, wenn längere Abschnitte sich ausdrücklich mit Zenon befassen.

1. Fragmentsammlungen

1 A. C. Pearson: The fragments of Zeno and Cleanthes with introduction and explanatory notes (London 1891). – Wegen der Erläuterungen immer noch nützlich.
2 SVF 1 (1905) 1-72 = frg. 1-322.
3 N. Festa: I frammenti degli stoici antichi 1: Zenone (1932, ND 1971) [§ 33 *12].
4 L. S. Khatschikian: Ein philosophischer Traktat, zuweisbar an den Stoiker Zenon, in: Sammlung wissenschaftlicher Materialien 2 (Eriwan 1950) 65-98. – Erstveröffentlichung der altarmenischen Zenon-Schrift über die Natur.
5 S. Aferschatian: Der Traktat des Stoikers Zenon ‹Über die Natur› und seine altarmenische Übersetzung, in: Der Bote aus dem Matenadaran 3 (Eriwan 1956) 315-342. – Russ. Übers. von *4; Rez.: H. Dörrie, in Gnomon 29 (1957) 445-449.
6 F. Altheim, R. Stiehl: Neue Fragmente Zenons von Kition aus dem Arabischen, in: Forschungen und Fortschritte 36 (1962) 12-14. – Übersetzung und Kommentierung von 19 arabischen Fragmenten (Erstausgabe).

2. Gesamtdarstellungen

11 A. Falchi: Lo stoicismo di Zenone, in: Rivista internazionale di Filosofia del Diritto (1933) 175-203.
12 M. Pohlenz: Zeno und Chrysipp, in: Nachrichten der Gesellschaft der Wissenschaft zu Göttingen, Phil.-Hist. Klasse, N.F. II 9 (1938) 173-210 [Kleine Schriften, hg. von H. Dörrie (Hildesheim 1965) 1, 1-38].
13 H. Shikibu: [Der Stoiker Zenon] (Tokyo 1965). – In japanischer Sprache, mir nicht zugänglich.

14 J. M. Rist: Stoic philosophy (1969) [§ 33 *358]. – Zu Zenon: 22-36.
15 K. von Fritz: Zenon (2) von Kition, in: RE 10 A (1972) 83-121.
16 A. Graeser: Zenon von Kition, Positionen und Probleme (Berlin, New York 1975). – Rez.: J. Mansfeld in *18.
17 A. Grilli: Lo stoicismo antico. Zenone, Cleante, Crisippo, in: Dal Pra 1975 [§ 1 *338: 63-101].
18 J. Mansfeld: Zeno of Citium. Critical observations on a recent study, in: Mnemosyne 31 (1978) 134-178. – Krit. Auseinandersetzung mit A. Graeser 1975 [*16].
19 J. Croissant: Le stoïcisme ancien. Cours d'histoire de la philosophie ancienne (Brüssel ³1980).
20 O. Gigon: Poseidonios und die Geschichte der stoischen Philosophie, in: Archaiognosia 1 (1980) 261-299.
21 F. Ammoun: Zenon et l'école stoïcienne, in: F. A.: Le legs des phéniciens à la philosophie (Beirut 1983) 199-392.
22 G. Reale: Lo stoicismo dalle origini alla fine dell'era pagana, in: Reale ⁴1983 [§ 1 *339: 3, 303-431].
23 M. Jager: De Stoa. Een schets van hoofdmomenten en kernbegrippen, in: Lampas 16 (1983) 5-15.
24 F. H. Sandbach: Aristotle and the Stoics (Cambridge 1985).

3. Zur Biographie

31 F. Jacoby: Apollodori Chronica (1902) [§ 1 *221: 362-367].
32 Oberhummer: Kition (1), in: RE 11 (1922) 535-545.
33 M. Pohlenz: Stoa und Semitismus, in: Neue Jahrbücher für Wissenschaft und Jugendbildung 19 (1926) 257-270.
34 C. B. Armstrong: The chronology of Zeno of Cition, in: Hermathena 45 (1930) 360-365. – Versuch einer Harmonisierung der überlieferten Daten.
35 W. B. Dinsmoor: The Archons of Athens in the Hellenistic age (Cambridge 1931).
36 W. K. Pritchett, B. D. Meritt: The chronology of Hellenistic Athens (Cambridge, Mass. 1940).
37 A. Grilli: Zenone e Antigono II, in: Rivista di Filologia e di Istruzione classica 41 (1963) 287-301.

38 F. Sartori: Cremonide: un dissidio fra politica e filosofia, in: Miscellanea Rostagni (Turin 1963) 117-151.
39 C. Proussis: Zeno the Stoic, philosopher of Cyprus, in: Athene 25 (1964) 16-20.
40 M. Mizuchi: Some problems about Zeno of Citium, in: Journal of Classical Studies 17 (1969) 39-44. – Japanisch, engl. Zusammenfassung.
41 G. Dragoni: Introduzione allo studio della vita di Eratostene, in: Physis 17 (1975) 41-70.
42 T. Dorandi: Filodemo. Gli stoici (PHerc 155 e 339), in: Cronache Ercolanesi 12 (1981) 91-133.
43 T. Dorandi: Estratti biografici su Zenone di Cizio nell'opera filodemea ‹Gli stoici› (PHerc 155 e 339), in: La regione sotterata del Vesuvio. Studi e prospettive. Atti del convegno internazionale, 11-15 novembre 1979 (Neapel 1982) 443-454.

4. Zu den Bildnissen

Vgl. auch Arndt/Bruckmann 1891-1942 [§ 1 *451], Bernoulli 1901 [§ 1 *452], Schefold 1943 [§ 1 *453], Richter 1955-1962 [§ 1 *454], Richter 1965 [§ 1 *455].

51 J. Charbonneaux: Un double hermès de Zénon et Platon, in: American Journal of Archaeology 66 (1962) 269-271.
52 K. Kraft: Über die Bildnisse des Aristoteles und Platon, in: Jahrbuch für Numismatik und Geldgeschichte 13 (1963) 7-50. – Bes. 38-43.
53 H.-J. Kruse: Ein Beitrag zur Ikonographie des Zenon, in: Archäologischer Anzeiger 81 (1966) 386-395.

5. Zu den einzelnen Werken

61 E. Zeller: Die Philosophie der Griechen III 1 (⁵1923) [§ 1 *332: 27-34].
62 A.-J. Festugière: La révélation d'Hermès Trismégiste, Vol. 2: Le Dieu cosmique (Paris 1949) 260-269.
63 H. C. Baldry: Zeno's ideal state, in: Journal of Hellenic Studies 89 (1959) 3-15.
64 N. Festa: Lo scritto di Zenone Περὶ τοῦ ὅλου, in: Giornale critico della Filosofia italiana 9 (1928) 20-34.
65 P. Steinmetz: Die Physik des Theophrastos von Eresos (Bad Homburg v.d.H., Berlin, Zürich 1964) [Palingenesia 1].

66 B. Effe: Προτέρη γενεή – Eine stoische Hesiodinterpretation in Arats Phainomena, in: Rheinisches Museum 113 (1970) 167-182.
67 Ernst Günther Schmidt: Die altarmenische 'Zenon'-Schrift (Ost-Berlin 1961) [Abhandlungen der Deutschen Akademie der Wissenschaften zu Berlin 1960, 2]. – Rez.: Westerink, in Mnemosyne 16 (1963) 195-197.
68 Ernst Günther Schmidt: Neue Fragmente Zenons von Kition aus dem Arabischen und Armenischen, in: Forschungen und Fortschritte 36 (1962) 372-375.
69 A. Le Boulluec: L'allégorie chez les stoïciens, in: Poétique 6 (1975) 301-321.
70 K.-H. Rolke: Die bildhaften Vergleiche in den Fragmenten der Stoiker von Zenon bis Panaitios (Hildesheim 1975).
71 J. L. Riestra Rodríguez: La idea del estado universal en C. C. Tacito, in: Hispania antiqua 9 (1978) 215-227.
72 T. Dorandi: Due note Ercolanesi, in: Zeitschrift für Papyrologie und Epigraphik 45 (1982) 47-52. – Zu PHerc. 1018 IV. Zu den Politeiai des Kynikers Diogenes und des Stoikers Zenon.
73 J.-P. Dumont: Le citoyen-roi dans la République de Zénon, in: Cahiers de philosophie ... (Caen Université) 4 (1983) 35-48.
74 P. Steinmetz: Allegorische Deutung und allegorische Dichtung in der Alten Stoa, in: Rheinisches Museum 129 (1986) 18-30. – Bes. 19-23.

6. Zur Doxographie

a) Einteilung der Philosophie

81 P. Hadot: Les divisions des parties de la philosophie dans l'antiquité, in: Museum Helveticum 36 (1979) 201-223.
82 P. Schubert: Die Eschatologie des Poseidonios (Leipzig 1927). – Diss.
83 P. Hadot: Die Einteilung der Philosophie im Altertum, in: Zeitschrift für philosophische Forschung 36 (1982) 422-444.

b) Logik einschliesslich Erkenntnistheorie

91 R. Hirzel: Untersuchungen zu Cicero's philosophischen Schriften, II. Teil: De finibus, De officiis, 1. Abteilung: Die Entwicklung der stoischen Philosophie (1882) [§ 1 *331].
92 E. Bréhier: Chrysippe et l'ancien stoïcisme (Paris ¹1910, ²1951, ³1971).

93 K. von Fritz: Zur Antisthenischen Erkenntnistheorie und Logik, in: Hermes 62 (1927) 453-484.
94 T. T. Vollenhoven: Her nominalisme van Zeno den stoicijn (Amsterdam 1930).
95 F. Adorno: Sul significato del termine hyparchon in Zenone Stoico, in: La Parola del Passato 12 (1957) 363-374.
96 B. Wiśniewski: The problem of cognition of the external world in the Stoic philosophy, in: Classica et Mediaevalia 19 (1958) 110-119.
97 L. Stroux: Vergleich und Metapher in der Lehre des Zenon von Kition (Heidelberg 1965). – Diss.
98 J.-P. Dumont: L'âme et la main. Signification du geste de Zénon, in: Revue de l'Enseignement philos. 19 (1967-1968) 4, 1-8.
99 P. Steinmetz: Die Krise der Philosophie in der Zeit des Hochhellenismus (1969) [§ 1 *393].
100 A. C. Lloyd: Grammar and metaphysics in the Stoa, in: Long (Hg.) 1971 [§ 33 *359: 58-74].
101 A. A. Long: Language and thought in Stoicism, in: Long (Hg.) 1971 [§ 33 *359: 75-113].
102 F. H. Sandbach: Phantasia Kataleptike, in: Long (Hg.) 1971 [§ 33 *359: 9-21].
103 C. S. Floratus: Ἡ αἰσθητικὴ τῶν Στωϊκῶν (Athen 1973).
104 P. Pachet: La deixis selon Zénon et Chrysippe, in: Phronesis 20 (1975) 241-246.
105 W. Görler: Ἀσϑενὴς συγκατάϑεσις. Zur stoischen Erkenntnistheorie, in: Würzburger Jahrbücher für die Altertumswissenschaft N.F. 3 (1977) 83-92.
106 G. Cortassa: Pensiero e linguaggio nella teoria stoica del λεκτόν, in: Rivista di Filologia e di Istruzione classica 106 (1978) 385-394.
107 A. Graeser: The Stoic theory of meaning, in: Rist (Hg.) 1978 [§ 33 *365: 77-100].
108 G. B. Kerferd: The problem of synkatathesis and katalepsis in Stoic doctrine, in: Brunschwig (Hg.) 1978 [§ 33 *494: 252-272].
109 G. B. Kerferd: What does the wise man know? in: Rist (Hg.) 1978 [§ 33 *365: 125-136].
110 Ian Mueller: An introduction to Stoic logic, in: Rist (Hg.) 1978 [§ 33 *365: 1-26].
111 A. A. Long: The Stoic distinction between truth and the true, in: Brunschwig (Hg.) 1978 [§ 33 *494: 297-315].
112 J. M. Rist: Zeno and the origin of Stoic logic, in: Brunschwig (Hg.) 1978 [§ 33 *494: 387-400].

113 F. E. Sparshott: Zeno on art: anatomy of a definition, in: Rist (Hg.) 1978 [§ 33 *365: 273-290].
114 H. von Staden: The Stoic theory of perception and its platonic critics, in: P. K. Machamer, R. G. Turnbull (Hg.): Studies in perception. Interrelations in the history of philosophy and science (Columbus, Ohio 1978) 96-136.
115 A. A. Long: Stoa and Sceptical Academy. Origins and growth of a tradition, in: Liverpool Classical Monthly 5 (1980) 161-174.
116 E. P. Arthur: The Stoic analysis of the mind's reactions to presentations, in: Hermes 111 (1983) 69-78.
117 M. Frede: Stoics and Skeptics on clear and distinct impressions, in: M. Burnyeat (Hg.): The skeptical tradition (Berkeley 1983) 65-93.
118 J. Mansfeld: Intuitionism and formalism: Zeno's definition of geometry in a fragment of L. Calvenus Taurus, in: Phronesis 28 (1983) 59-74.
119 M. Schofield: The syllogisms of Zeno of Citium, in: Phronesis 28 (1983) 31-58.
120 A. M. Ioppolo: Doxa ed epoché in Arcesilao, in: Elenchos 5 (1984) 317-363.
121 H. Tarrant: Zeno on knowledge or on geometry? The evidence of anonymus ‹In Theaetetum›, in: Phronesis 29 (1984) 96-99.
122 J. M. Rist: Stoicism. Some reflections on the state of the art, in: Southern Journal of Philosophy, Suppl. 23 (1985) 1-11.

c) Physik

131 W. Wiersma: Der angebliche Streit des Zenon und des Theophrast über die Ewigkeit der Welt, in: Mnemosyne 8 (1940) 235-243.
132 G. Verbeke: L'évolution de la doctrine du pneuma (1945) [§ 33 *588: 15-41].
133 S. Sambursky: The dynamic notion in the cosmos of the Stoics, in: Actes du VIIe Congrès international d'Histoire des Sciences, Jérusalem, 4-12 août 1953 (Paris 1954) 537-541.
134 A. Einstein, L. Infeld: Die Evolution der Physik (Hamburg 1957).
135 F. Adorno: Sul significato del termine hegemonikon in Zenone stoico, in: La Parola del Passato 14 (1959) 26-41.
136 E. Des Places: Des temples faits de mains d'hommes (Acta 17, 24), in: Biblica 42 (1961) 217-223.
137 J. A. Akimpelu: Stoicism and future existence, in: Phrontisterion 3 (1964) 32-36.
138 A. Jannone: Aristote et la physique stoïcienne, in: Association G. Budé (Hg.) 1963 [§ 33 *356: 284-287].
139 S. Sambursky: Le dynamisme stoïcien et le monde physique (trad. par P. Aubenque), in: Association G. Budé (Hg.) 1963 [§ 33 *356: 278-284].
140 E. Weil: Remarques sur le 'matérialisme' des stoïciens, in: Mélanges Alexandre Koyré (Paris 1964) 556-572.
141 P. Steinmetz: Eine jungepikureische Sicht der Geschichte der Philosophie, in: Archiv für Gesch. der Philosophie 48 (1966) 153-162.
142 J. A. Akimpelu: The Stoic 'scala naturae', in: Phrontisterion 5 (1967) 7-16.
143 H. A. K. Hunt: The importance of Zeno's physics for an understanding of Stoicism during the late Roman republic, in: Apeiron 1, 2 (1967) 5-13.
144 V. Goldschmidt: Ὑπάρχειν et ὑφιστάναι dans la philosophie stoïcienne, in: Revue des Etudes grecques 85 (1972) 331-344.
145 J. Longrigg: Zeno's cosmology? in: Classical Review 22 (1972) 170-171.
146 M. Lapidge: Ἀρχαί and στοιχεῖα. A problem in Stoic cosmology, in: Phronesis 18 (1973) 240-278.
147 B. Wiśniewski: Le problème du dualisme chez les stoïciens, in: Rivista di Cultura classica e medioevale 17 (1975) 57-64.
148 J. Longrigg: Elementary physics in the Lyceum and Stoa, in: Isis 66 (1975) 211-229.
149 A. A. Long: Heraclitus and Stoicism, in: Philosophia 5-6 (1975-1976) 133-156.
150 N. Dragona-Monachou: The Stoic arguments for the existence and the providence of the gods (1976) [§ 33 *622: 37-70].
151 H. A. K. Hunt: A physical interpretation of the universe. The doctrines of Zeno the Stoic (Melbourne 1976). – Rez.: A. Graeser, in: Gnomon 50 (1978) 592-593; J. Mansfeld, in: Mnemosyne 32 (1979) 411-414.
152 P. Pasquino: Le statut ontologique des incorporels dans l'ancien stoïcisme, in: Brunschwig (Hg.) 1978 [§ 33 *494: 375-386].
153 R. B. Todd: Monism and immanence. The foundations of Stoic physics, in: Rist (Hg.) 1978 [§ 33 *365: 137-160].
154 M. Lapidge: Stoic cosmology, in: Rist (Hg.) 1978 [§ 33 *365: 161-185].
155 J. Barnes: La doctrine du retour éternel, in: Brunschwig (Hg.) 1978 [§ 33 *494: 3-20].

156 J. Mansfeld: Providence and the destruction of the universe in early Stoic thought, with some remarks on the mysteries of philosophy, in: M. J. Vermaseren (Hg.): Studies in Hellenistic religions (Leiden 1979) 129-188.

157 J. Mansfeld: A pseudo-fragment of Zeno Stoicus, in: Hermes 108 (1980) 255-258. – Zu SVF 1, frg. 110.

158 R. Sorabij: Causation, laws and necessity, in: Schofield/Burnyeat/Barnes (Hg.) 1980 [§ 1 *362: 250-282].

159 M. J. White: Zeno's arrow, divisible infinitesimals, and Chrysippus, in: Phronesis 27 (1982) 239-254.

160 J. Mansfeld: Zeno and Aristotle on mixture, in: Mnemosyne 36 (1983) 306-310. – Zu SVF 1, frg. 102.

161 R. W. Sharples: On fire in Heraclitus and in Zeno of Citium, in: Classical Quarterly 34 (1984) 231-233.

162 A. A. Long: The Stoics on world-conflagration and everlasting recurrence, in: Southern Journal of Philosophy, Suppl. 23 (1985) 13-37.

171 L. Stein: Die Psychologie der Stoa, 2 Bde. (Berlin 1886-1888). – Bes. I 54-65. 151-162; II 300-316.

172 R. Philippson: Zur Psychologie der Stoa, in: Rheinisches Museum 86 (1937) 140-179.

173 A. C. Lloyd: Emotion and decision in Stoic psychology, in: Rist (Hg.) 1978 [§ 33 *365: 233-246].

174 J. Bels: La survie de l'âme de Platon à Posidonius, in: Revue de l'Histoire des Religions 199 (1982) 169-182.

175 A. A. Long: Soul and body in Stoicism, in: Phronesis 27 (1982) 34-57.

d) Ethik

201 R. Philippson: Das erste Naturgemässe, in: Philologus 87 (1932) 445-466.

202 O. Rieth: Über das Telos der Stoiker, in: Hermes 69 (1934) 13-45.

203 G. Nebel: Der Begriff des καθῆκον in der alten Stoa, in: Hermes 70 (1935) 439-460.

204 W. Wiersma: Τέλος und καθῆκον in der alten Stoa, in: Mnemosyne 5 (1937) 219-228.

205 M. E. Reesor: The 'indifferents' in the old and middle Stoa, in: Transactions and Proceedings of the American Philological Association 82 (1951) 102-110.

206 I. G. Kidd: The relation of Stoic intermediates to the summum bonum, with reference to change in the Stoa, in: Classical Quarterly 49 (1955) 181-194.

207 C. O. Brink: Οἰκείωσις and οἰκειότης. Theophrastus and Zeno on nature in moral theory, in: Phronesis 1 (1955-1956) 123-145.

208 P. Aubenque: La phronesis chez les stoïciens, in: Association G. Budé (Hg.) 1963 [§ 33 *356: 291-293].

209 W. Gent: Der Begriff des Weisen. Eine historisch-kritische Untersuchung, in: Zeitschrift für philosophische Forschung 20 (1966) 77-117.

210 H. Reiner: Der Streit um die stoische Ethik, in: Zeitschrift für philosophische Forschung 21 (1967) 261-281.

211 A. A. Long: The Stoic concept of evil, in: Philosophical Quarterly 18 (1968) 329-343.

212 I. G. Kidd: Stoic intermediates and the end for man, in: Long (Hg.) 1971 [§ 33 *359: 150-172].

213 I. G. Kidd: Posidonius on emotions, in: Long (Hg.) 1971 [§ 33 *359: 200-215].

214 A. Graeser: Zirkel oder Deduktion? Zur Begründung der stoischen Ethik, in: Kantstudien 63 (1972) 213-224.

215 G. B. Kerferd: Cicero and Stoic ethics, in: Cicero and Vergil, Studies in honour of H. Hunt, ed. J. R. C. Martyn (Amsterdam 1972) 60-74.

216 Ernst Günther Schmidt: Stoisches Arbeitsethos, in: Philologus 117 (1973) 266-269.

217 M. C. Horowitz: The Stoic synthesis of the idea of natural law in man. Four themes, in: Journal of the History of Ideas 35 (1974) 3-16.

218 H. Reiner, A. Graeser: Zum Begriff des Guten (Agathon) in der stoischen Ethik, in: Zeitschrift für philosophische Forschung 28 (1974) 228-235.

219 J. M. Rist: Pleasure 360-300 B.C., in: Phoenix 28 (1974) 167-179.

220 M. Isnardi Parente: Etica situazionale dell'antica Stoa? in: P. Piovani (Hg.): L'etica della situazione (Neapel 1974) 39-54.

221 F. R. Chaumartin: A propos du chap. 33 du livre IV du De beneficiis. Essai de mise au point sur la notion stoïcienne de Kathekon, en liaison avec le problème des sources, in: Annales de la Faculté des Lettres et Sciences humaines de l'Université de Dakar 5 (1975) 65-86.

222 G. J. D. Aalders: Political thought in Hellenistic times (Amsterdam 1976).

223 A. A. Long: The early Stoic concept of moral choice, in: F. Bossier et al. (Hg.): Images of

223 man in ancient and medieval thought, Studia G. Verbeke ab amicis et collegis dedicata (Löwen 1976) 77-92.
224 R. J. Rabel: The Stoic doctrine of genesic and specific pathè, in: Apeiron 11 (1977) 40-42.
225 J. M. Rist: Zeno and Stoic consistency, in: Phronesis 22 (1977) 161-174.
226 G. B. Kerferd: The origin of evil in the Stoic thought, in: Bulletin of the John Rylands University Library of Manchester 60 (1977-1978) 482-494.
227 N. P. White: Two notes on Stoic terminology, in: American Journal of Philology 99 (1978) 111-119. – Zu περίστασις und ἀπάϑης.
228 I. G. Kidd: Moral actions and rules in Stoic ethics, in: Rist (Hg.) 1978 [§ 33 *365: 247-258].
229 A. C. Lloyd: Emotion and decision in Stoic psychology, in: Rist (Hg.) 1978 [§ 33 *365: 233-246].
230 J. M. Rist: The Stoic concept of detachment, in: Rist (Hg.) 1978 [§ 33 *365: 259-272].
231 A. A. Long: Dialectic and the Stoic sage, in: Rist (Hg.) 1978 [§ 33 *365: 101-124].
232 T. G. Sinnige: Eigenheid en saamhorigheid in de stoische ethica, in: Lampas 11 (1978) 24-42.
233 N. P. White: The basis of Stoic ethics, in: Harvard Studies in Classical Philology 83 (1979) 143-178.
234 M. Isnardi Parente: La politica della stoa antica, in: Sandalion 3 (1980) 67-98.
235 A. Preus: Intention and impulse in Aristotle and the Stoics, in: Apeiron 15 (1981) 48-58.
236 A. Dihle: Theory of will in Classical Antiquity (Berkeley 1982) [Sather Classical Lectures 48]. Dt. Fassung: Die Vorstellung vom Willen in der Antike (Göttingen 1985).
237 J. C. B. Gosling, C. C. W. Taylor: The Greeks on pleasure (Oxford 1982).
238 W. Görler: Pflicht und 'Lust' in der Ethik der Alten Stoa, in: Actes du VIIe Congrès de la F.I.E.C. 2 (Budapest 1983) 397-414.
239 M. Slote: Stoicism and the limits of human good, in: Goods and virtues (Oxford 1983) 131-141.
240 M. Vegetti: La saggezza dell'attore. Probleme dell'etica stoica, in: Aut-Aut 195/6 (1983) 19-41.
241 W. Görler: Zum Virtus-Fragment des Lucilius (1326-1338 Marx) und zur Geschichte der stoischen Güterlehre, in: Hermes 112 (1984) 445-468.
242 M. Frede: The Stoic doctrine of the affections of the soul, in: Schofield/Striker (Hg.) 1986 [§ 1 *365: 93-110].
261 M. E. Reesor: Fate and possibility in early Stoic philosophy, in: Phoenix 19 (1965) 285-297.
262 H. A. K. Hunt: Some problems in the interpretation of Stoicism, in: Journal of the Australasian Universities Language and Literature Association 28 (1967) 165-167.
263 A. A. Long: Freedom and determinism in the Stoic theory of human action, in: Long (Hg.) [§ 33 *359: 173-199].
264 G. Watson: The natural law and Stoicism, in: Long (Hg.) [§ 33 *359: 216-238].
265 J. B. Gould: The Stoic conception of fate, in: Journal of the History of Ideas 35 (1974) 17-32.
266 Y. Belaval: Sur la liberté stoïcienne, in: Kantstudien 67 (1976) 333-338.
267 H. Dörrie: Der Begriff 'Pronoia' in Stoa und Platonismus, in: Freiburger Zeitschrift für Philosophie und Theologie 24 (1977) 60-87.
268 M. van Straaten: Menschliche Freiheit in der stoischen Philosophie, in: Gymnasium 84 (1977) 501-518.
269 M. E. Reesor: Necessity and fate in Stoic philosophy, in: Rist (Hg.) 1978 [§ 33 *365: 187-202].
270 C. Stough: Stoic determinism and moral responsibility, in: Rist (Hg.) 1978 [§ 33 *365: 203-231].
271 R. W. Sharples: Necessity in the Stoic doctrine of fate, in: Symbolae Osloenses 56 (1981) 81-97.
272 V. Celluprica: Necessità megarica e fatalità stoica, in: Elenchos 3 (1982) 361-385.
273 R. W. Sharples: Alexander of Aphrodisias ‹On fate› Text, translation and commentary (London 1983).

§ 35. Die Schüler Zenons (I)

Persaios aus Kition, Philonides aus Theben, Dionysios aus Herakleia, Ariston aus Chios, Herillos aus Kalchedon

---

A. Allgemeine Charakteristik 555. – B. Persaios aus Kition 555: 1. Biographie 555; 2. Schriften 556; 3. Doxographie 557; 4. Schüler 557. – C. Philonides aus Theben 558. – D. Dionysios aus Herakleia 558. – E. Ariston aus Chios 558: 1. Biographie 558; 2. Bildnisse 559; 3. Schriften 559; 4. Doxographie 559; 5. Schüler 561. – F. Herillos aus Kalchedon 562: 1. Biographie 562; 2. Schriften 562; 3. Doxographie 562; 4. Schüler 563. – G. Ausgaben und Sekundärliteratur 563: 1. Zur allgemeinen Charakteristik 563; 2. Persaios aus Kition 564; 3. Philonides aus Theben 564; 4. Dionysios aus Herakleia 564; 5. Ariston aus Chios 564; 6. Herillos aus Kalchedon 564.

A. ALLGEMEINE CHARAKTERISTIK

Von den zahlreichen Schülern Zenons sind mit ihrer Philosophie oder doch wenigstens mit philosophischen Ansichten noch fassbar Persaios aus Kition, Philonides aus Theben, Dionysios aus Herakleia, Ariston aus Chios, Herillos aus Kalchedon, Kleanthes aus Assos und Sphairos vom Borysthenes. Die Eigenart des Philosophierens Zenons und ihre Entwicklung und Entfaltung musste fast mit Notwendigkeit zu Auseinandersetzungen der Schüler um das wahre Verständnis der Lehre ihres Meisters führen, was allein schon die Schule sprengen konnte. Diese Tendenz wurde durch Einwirkungen von aussen nur noch verstärkt; denn schon in dem Jahrzehnt von 270 bis 260 wurde ein bis dahin latenter und nur gelegentlich ausformulierter Skeptizismus virulent. Er wurde vorgetragen vor allem von Timon aus Phleius, dem Schüler Pyrrhons, und von Arkesilaos, dem Schulhaupt der Akademie (vgl. hierzu STEINMETZ 1969 [*5]). Der kritische Angriff auf die Erkenntnismöglichkeit und die Aufforderung zur ἐποχή ('Zurückhaltung des eigenen Urteils') stellten jedes Philosophieren ausser der bewussten Gestaltung des eigenen Lebens und der Lebenshilfe für andere in Frage. Diese inneren Spannungen und äusseren Angriffe liessen letztlich die Stoa auseinanderfallen.

B. PERSAIOS AUS KITION

1. Biographie

Persaios, Sohn des Demetrios, aus Kition, offenbar aus einer vornehmen Familie stammend (nur der Schulklatsch oder Missverständnisse machten aus ihm einen Sklaven, SVF 1, frg. 435. 438), wurde in Athen im Hause Zenons von diesem aufgezogen. Er ist wohl um 305 geboren (die Olympiadenangabe für seine Akme

(260/56) ist falsch (JACOBY 1902 [§ 1 *221: 368]); weder dürfte Zenon einen noch nicht Fünfundzwanzigjährigen zu Antigonos geschickt haben (276), noch dieser einen Mann zum Kommandanten von Akrokorinth gemacht haben (244), der die Sechzig schon weit überschritten hatte). Als Zenon 276 von Antigonos nach Pella eingeladen wurde, schickte er den Persaios zusammen mit Philonides, denen sich noch der Dichter Arat anschloss, an den makedonischen Hof. Antigonos betraute Persaios mit der Erziehung seines Sohnes Halkyoneus und zog ihn auch in politischen Fragen zu Rate (DIOGENES LAERT. VII 36 = SVF 1, frg. 435). Persaios führte so am Hofe eher das Leben eines einflussreichen Hofmannes als das eines Philosophen (Ind. Stoic. Herc. col. XIII = SVF 1, frg. 441) und musste daher manche Kritik ertragen, so von Menedemos, Bion vom Borysthenes und Hermipp (SVF 1, frg. 459. 460, Ind. Stoic. Herc. col. XVI). Nach der Eroberung von Korinth (244) unterstellte der König dem Persaios und dem Strategen Archelaos die Besatzung von Akrokorinth. Diese konnten aber im darauffolgenden Jahr nicht verhindern, dass Arat aus Sikyon Akrokorinth im Handstreich einnahm. In diesem Kampf ist Persaios gefallen. Eine der Philosophie und besonders der Stoa feindliche Tradition lässt den Persaios aus den Kämpfen lebend zu Antigonos entkommen und zu der Einsicht gelangen, der stoische Grundsatz über den Weisen, «er allein sei ein Feldherr», sei falsch (PAUS. II 8, 4. VII 8, 3 = SVF 1, frg. 442, PLUT. Vita Arati 18. 23 = SVF 1, frg. 443, POLYAEN. VI 5 = SVF 1, frg. 444, Ind. Stoic. Herc. col. XV (= SVF 1, frg. 445). – XVI ATHEN. IV 162 b = SVF 1, frg. 452). Bildnisse des Persaios sind nicht erhalten.

2. Schriften

Das Verzeichnis der Schriften des Persaios (DIOGENES LAERT. VII 36 = SVF 1, frg. 435) nennt folgende 11 Titel:

1 Περὶ βασιλείας – Über das Königtum. – Zitate sind nicht erhalten.
2 Πολιτεία Λακωνική – Die spartanische Verfassung. – SVF 1, frg. 454. 455.
3 Περὶ γάμου – Über die Ehe. – Zitate sind nicht erhalten.
4 Περὶ ἀσεβείας – Über Gottlosigkeit. – Zitate sind nicht erhalten.
5 Θυέστης – Thyestes. – Zitate sind nicht erhalten.
6 Περὶ ἐρώτων – Über Probleme der Liebe. – Zitate sind nicht erhalten.
7 Προτρεπτικοί – Mahnreden. – Zitate sind nicht erhalten.
8 Διατριβῶν ⟨δ′⟩ – Vier Bücher Diatriben [volkstümlich gehaltene Vorträge]. – Zitate sind nicht erhalten.
9 Χρειῶν δ′ – Vier Bücher Chrien [Anekdoten mit lehrhaftem Sinn]. – Zitate sind nicht erhalten.
10 Ἀπομνημονεύματα – Denkwürdigkeiten. – Zitate unter diesem Titel sind nicht erhalten.
11 Πρὸς τοὺς Πλάτωνος νόμους ζ′ – Sieben Bücher zu Platons Gesetzen. – Zitate sind nicht erhalten.

Dazu kommen drei sonst zitierte Titel ‹Über Götter›, ‹Ethische Vorträge› und ‹Tischgespräche› (SVF 1, frg. 448. 451-453. 458); das zuletzt genannte Werk dürfte mit den ‹Denkwürdigkeiten› des Schriftenverzeichnisses identisch sein (vgl. POHLENZ [4]1971-1972 [*4: 2, 15]). Die Schriften handeln teils über Denkwürdigkeiten, teils über praktische Lebensfragen, teils über Politisches. Über theoretische Grundfragen der Philosophie hat Persaios offenbar nicht geschrieben.

3. Doxographie

Persaios hat nach seiner Entsendung an den Hof des Antigonos Gonatas sein philosophisches Interesse weithin auf praktische und politische Fragen beschränkt. Über ein zusammenhängendes Lehrsystem können bei dem Stand der Überlieferung keine Aussagen gemacht werden. Im einzelnen kann jedoch festgestellt werden, dass er sich bemühte, die Grundpositionen Zenons beizubehalten und zu verteidigen, zum Beispiel gegen die Abweichungen des Ariston aus Chios und des Dionysios aus Herakleia (SVF 1, frg. 447. 461. 446); er scheint aber auch einzelne stoische Positionen aufgegeben zu haben. Von einiger philosophischer Bedeutung scheinen seine Untersuchungen über die Götter gewesen zu sein (SVF 1, frg. 448), obwohl sie eher historisch-antiquarisch ausgerichtet waren. In euhemeristischer Weise deutete er die Götter des Volksglaubens und des Kultes als Menschen früherer Zeit, denen man nach ihrem Tode aus Dankbarkeit für ihre das Leben der Menschen erleichternden 'Erfindungen' und 'Entdeckungen' göttliche Ehren zuteil werden liess. Auch die Erfindungen selbst, wie das Getreide oder den Wein, nannte er 'göttlich', was der epikureische Gewährsmann dieser Nachricht (über ihn STEINMETZ 1966 [§ 33 *908]) so deutete, als verstehe Persaios den Wein und das Getreide usf. als göttliche Wesen. Diese Deutung der Götter des Volksglaubens und des Kultes passt, wenn nur Zeus ausgenommen bleibt, durchaus zu den theologischen Intentionen Zenons und hat in der Stoa weitergewirkt. Es ist durchaus möglich, dass das berühmte Wort des Antigonos Gonatas, mit dem dieser sein Königtum als 'ehrenvollen Dienst' (ἔνδοξος δουλεία AELIAN. Var. Hist. II 20, POHLENZ ⁴1971-1972 [*4: 1, 25]) bezeichnete, der Tenor der Schrift des Persaios über das Königtum gewesen ist.

4. Schüler

Als Schüler des Persaios sind bekannt der Dichter Arat aus Soloi, Halkyoneus, der Sohn des Antigonos Gonatas, und ein Hermagoras aus Amphipolis. Arat hat in seinem Lehrgedicht Φαινόμενα ('Himmelserscheinungen') den gestirnten Himmel mit den wechselnden Auf- und Untergängen der Sternbilder sowie weitere Phänomene des Himmelsraums im Sinne der stoischen Philosophie als Zeichen gedeutet, die die Fürsorge des Zeus für die Menschen geschaffen hat. Drei Titel von Dialogen des Hermagoras sind bekannt. Sie lassen einige Schlüsse auf den Inhalt dieser Schriften zu. Unter anderem ergibt sich aus ihnen, dass er in den Streit mit anderen Schulen eingriff. Der Titel ‹Über Sophisterei gegen die Akademiker› spricht für sich selbst. Der Dialog ‹Misokyon (der Hundehasser = der Gegner der Kyniker) oder über Unglücksfälle› galt offenbar der Auseinandersetzung mit dem Kynismus (SVF 1, frg. 440. 435. 462, FESTA 1935 [*52: 2, 184-195]).

C. PHILONIDES AUS THEBEN

Über Philonides aus Theben, der von Zenon zusammen mit Persaios an den Hof des Antigonos Gonatas in Pella gesandt worden ist und dort ähnlich wie sein Gefährte eher das Leben eines einflussreichen Höflings führte, wissen wir an Philosophischem nur noch, dass er sich mit Naturphilosophie beschäftigte und gegen seinen Lehrer Zenon die Meinung vertrat, die Himmelskörper bedürften einer Ernährung nicht. Offenbar liess er nur den physikalisch-mechanistischen Aspekt der Naturphilosophie Zenons gelten, lehnte aber insbesondere den vitalistischen Aspekt ab (PROCL. in Plat. Tim. 33 c = II p. 88 DIEHL).

D. DIONYSIOS AUS HERAKLEIA

Dionysios, Sohn des Diophantos, aus Herakleia am Pontus ist wohl nicht viel älter als Persaios. Er hörte in Athen zuerst Alexinos aus Elis und Menedemos aus Eretria (das bei DIOGENES LAERT. VII 166 = SVF 1, frg. 422 = WEHRLI 7, 12 behauptete Schülerverhältnis zu Herakleides vom Pontos in seiner Heimatstadt ist wohl eine Konstruktion des Diokles aus Magnesia, vgl. WEHRLI 7 zu Fr. 12), schloss sich dann aber Zenon an, hing viele Jahre dessen Philosophie an und verbreitete sie in zahlreichen Schriften. Auch als Dichter hat er sich versucht. Als er aber, älter geworden, vermutlich unter der Schulleitung des Kleanthes an einem schweren und schmerzhaften Augen- oder Nierenleiden litt, gab er die stoische Grundposition auf und vertrat künftig in Leben und Lehre eine Auffassung im Sinne der hedonistischen Philosophie Aristipps und Epikurs: «der Schmerz sei ein Übel, die Lust das höchste Gut». Er erhielt deshalb den Beinamen ὁ Μεταθέμενος ('Der Überläufer', CICERO Tusc. II 20 = SVF 1, frg. 432, Acad. pr. II 71 = SVF 1, frg. 433, Ind. Stoic. Herc. col. XXIX-XXXII = SVF 1, frg. 426. 427, ATHEN. VII 281 d und LUCIAN Bis accus. 22. 21 = SVF 1, frg. 430, DIOGENES LAERT. VII 166 = SVF 1, frg. 422). Er wurde etwa 80 Jahre alt und machte seinem Leben durch Nahrungsverweigerung ein Ende. Nach Ausweis des unvollständigen Schriftenverzeichnisses (DIOGENES LAERT. VII 166 = SVF 1, frg. 422) kannte man Schriften aus beiden Epochen seines Lebens. Von der aus der stoischen Epoche stammenden Schrift ‹Über die Apathie› ist ein längerer Gedankengang bei CICERO (Tusc. III 18-21 = SVF 1, frg. 434) erhalten.

E. ARISTON AUS CHIOS

1. Biographie

Präzise Daten zum Leben des Ariston aus Chios, den man auch den Kahlkopf und wegen seiner Überzeugungskraft die Sirene nannte, sind nicht überliefert. Sein berühmtester Schüler, Eratosthenes aus Kyrene, der einen biographieartigen

Nachruf auf seinen Lehrer geschrieben hat, erklärt, zu seiner Schulzeit seien Ariston und Arkesilaos die berühmtesten Philosophen Athens gewesen (SVF 1, frg. 338). Da Eratosthenes in der Mitte der fünfziger Jahre des 3. Jh. in Athen studierte (zur Biographie der Eratosthenes DRAGONI 1975 [*215]), dürfte Ariston um oder bald nach 300 geboren sein. Er wurde Schüler Zenons und beteiligte sich bald auch an der innerschulischen Diskussion. Offensichtlich fiel es ihm schwer, dem Weg Zenons in die dritte Phase seines Philosophierens zu folgen. Auch mag die Kritik Polemons an der ausgebauten Güterlehre Zenons und die Erkenntniskritik des Arkesilaos sein Zögern verstärkt haben. So war es nur konsequent, dass er nach dem Tode Zenons, als sich bei ihm das kynische Element der stoischen Philosophie weiter verfestigt hatte, sich von seinen Schulgenossen trennte und nun im Gymnasion Kynosarges lehrte, wo einst Antisthenes seine Schule eröffnet hatte. Durch die Sprachgewalt und die Überzeugungskraft seiner Vorträge gewann er hohes Ansehen. Zusammen mit Arkesilaos, mit dem er manchen wissenschaftlichen Streit ausfocht, galt er als der berühmteste Philosoph seiner Zeit. Sein Tod soll von einem Hitzschlag (oder Sonnenstich) verursacht worden sein (DIOGENES LAERT. VII 164 = SVF 1, frg. 333).

2. Bildnisse

Eine Statue Aristons aus Chios glaubt SCHEFOLD (1943 [§ 1 *453: 120. 210f.], 1980 [*231]) auf Grund einer Neulesung der verstümmelten Inschrift (ΑΡΙΣΤ[ΩΝΧΙ]ΟΣ) und auf Grund des Stils in der bisher meist als Aristippos gedeuteten Statue aus dem Palazzo Spada in Rom zu erkennen. Doch dagegen RICHTER (1955-1962 [§ 1 *454: 4, 32-34]).

3. Schriften

Seiner erkenntnistheoretischen Grundauffassung gemäss (siehe unten) beschränkte sich Ariston in der Vermittlung seiner Philosophie auf den mündlichen Vortrag und verzichtete weithin auf eine schriftlich ausgefeilte Fixierung seiner Lehre. Demnach sind die im Schriftenverzeichnis des DIOGENES LAERT. (VII 163 = SVF 1, frg. 333) aufgeführten Schriften teils Notizen für den mündlichen Vortrag (ὑπομνήματα); die Sammlung dieser Notizen umfasste 25 Bücher, eines dieser Bücher dürften die ὑπομνήματα ὑπὲρ κενοδοξίας (Notizen über eitle Ruhmsucht) gewesen sein. Teils sind es Schülernachschriften von Vorlesungen und Vorträgen wie die Diatriben und Chrien, teils Sammlungen, die von Schülern aus eher stilistisch-rhetorischem Interesse angelegt worden sind wie die ὁμοιώματα, eine Sammlung eindrucksvoller Vergleiche, aus der VON ARNIM über zwanzig Stücke hat zusammentragen können (SVF 1, frg. 383-403). Ein Teil der Schriften dürfte dem Peripatetiker Ariston aus Keos gehören wie die ἐρωτικαὶ διατριβαί (Vorträge über erotische Fragen, dazu WEHRLI 6 zu Frg. 9) und die Dialoge (vgl. WEHRLI 6 Frg. 12). Jedenfalls liessen Panaitios und Sosikrates nur vier Bücher ‹Briefe› als echt gelten (DIOGENES LAERT. praef. 16. VII 163 = SVF 1, frg. 333 = PANAITIOS Frg. 124).

4. Doxographie

Trotz diesem Zustand der Überlieferungen haben die Lehrmeinungen Aristons auf seine Zeitgenossen, auf die unmittelbar nachfolgende Generation und auf spätere Philosophen so gewirkt, dass es möglich ist, seine Philosophie wenigstens in den Grundzügen zu ermitteln (interessante Beobachtungen dazu bei IOPPOLO 1977 [*216], die freilich die Konflikte und Differenzen eher herunterspielt). a) Zenons Philosophie der zweiten Phase entsprechend, dazu unter dem Eindruck der Einwendungen Polemons und des Arkesilaos zu Lehrmeinungen des späteren Zenon, schliesslich eine bekannte Bemerkung des Sokrates über den Wert der sophistischen Dialektik und der Naturphilosophie aufgreifend, verwarf er Logik und Physik als philosophische Disziplinen und beschränkte die Philosophie allein auf die Ethik. Als wichtigste Gründe hierfür nannte er einerseits die 'Unbrauchbarkeit' dieser Disziplinen für die Ethik und die praktische Lebensführung, andererseits, was besonders für die Naturphilosophie und ihre Gegenstände gelte, die Unmöglichkeit, zu einer gesicherten Erkenntnis zu gelangen. Die Dinge der Natur sind für ihn einer κατάληψις nicht zugänglich. Gelegentlich wendet er die 'Unbrauchbarkeit' auch ins Subjektive: physikalische Untersuchungen setzten den Philosophen dem Vorwurf der Asebie und der Ungesetzlichkeit aus (SVF 1, frg. 351-355. 378). b) Das Urteil über die Unerkennbarkeit der Gegenstände der Naturphilosophie impliziert hinsichtlich der Erkenntnistheorie einen, wie es scheint, nicht sonderlich tief begründeten, aber doch praktisch geübten Skeptizismus, der doch wohl auch eine Folge der zeitgenössischen, besonders der akademischen Erkenntniskritik ist. Als Argument für diesen Skeptizismus scheint er unter anderem auch die unterschiedlichen Lehrmeinungen der verschiedenen Naturphilosophen über dieselben Gegenstände der Naturphilosophie angeführt zu haben (SVF 1, frg. 353 gegen Ende). c) Auch in der Ethik verharrte Ariston letztlich auf dem Stand, den Zenon in der zweiten Phase seines Philosophierens erreicht hatte; nur gelegentlich modifizierte er diese Position oder entwickelte sie auch etwas fort, und zwar immer mit Blick auf Zenons weiteren Weg. In der Güterlehre hielt er streng daran fest, dass die Tugend das einzige Gut und das Laster das einzige Übel ist, und erklärte kompromisslos alles übrige für gleichgültig (ἀδιάφορον). Bei der Begründung griff er, wie es scheint, den Versuch Zenons auf, der Ethik eine biologische Grundlage zu geben; jedenfalls erklärte er, der Mensch sei dazu geboren, die Tugend zu ergreifen (SVF 1, frg. 357a). In Konsequenz dieser Grundauffassung erklärte er zum Ziel des Lebens die Adiaphorie (ἀδιαφορία) und definierte diese «als ein Leben in voller Gleichgültigkeit gegen alles, was zwischen Tugend und Laster in der Mitte liege, ohne dass man dabei irgendeinen Unterschied zwischen diesen mittleren Dingen anerkenne, sondern sich ihnen gegenüber gleichmässig verhalte» (ἀδιαφόρως ἔχοντα ζῆν πρὸς τὰ μεταξὺ ἀρετῆς καὶ κακίας, μηδὲ ἡντινοῦν ἐν αὐτοῖς παραλλαγὴν ἀπολείποντα, ἀλλ' ἐπίσης ἐπὶ πάντων ἔχοντα, SVF 1, frg. 351, ferner frg. 360-369). Infolgedessen lehnte er mit scharfer Wendung gegen Zenon jeden Versuch einer Differenzierung der Adiaphora in 'vorgezogene' und 'zurückgesetzte Dinge' mit unterschiedlichem Wert ab und verwarf ausdrücklich, dass irgendeinem Teil der Adiaphora das Prädikat 'naturgemäss' zukomme. Gesundheit, so argumentierte er, könne je nach der Situation ein ausgesprochener Nachteil sein, zum Beispiel, wenn ein Tyrann die Gesunden zur Zwangsarbeit verschleppen wolle (SVF 1, frg. 361). Hieraus folgt auch eine Reduzierung der Ethik allein auf die allgemeine Güterlehre und die Ablehnung der Aufstellung von Regeln und Vorschriften für spezielle Lebensverhältnisse, z.B. ‹Über Kindererziehung›, ‹Über Behandlung der Sklaven› oder ‹Über die Führung der Ehe›. Noch schärfer weist er kasuistische Regeln für bestimmte Situationen zurück. Es gelte, die allgemeinen Grundsätze dem Menschen bewusst zu machen; kenne er diese, so werde er in speziellen Situationen, deren Umstände nicht voraussehbar seien, schon richtig handeln. Mahnreden und Vorschriften seien den Ammen und den Erziehern zu überlassen. Damit ist aber zugleich der gesamte Komplex der 'Pflichten' (der angemessenen Handlungen im Bereich der Adiaphora), wo man ja gerade das Verhalten in einzelnen Situationen prüft, diskutiert und wertet, verworfen. Eine längere Argumentation Aristons zu diesem Fragenkreis referiert SENECA (Epist. mor. 94, 1-2. 5-18 = SVF 1, frg. 358, ferner SVF 1, frg. 356. 357, dazu RIST 1969 [*6: 74-78], SANDBACH 1975 [*7: 38-39]). Hinsichtlich der Tugend selbst geht Ariston einen Schritt über Zenon hinaus, was wiederum die Kritik Chrysipps herausfordern sollte. Er behauptete die Einheit der Tugend, die er als ἐπιστήμη ἀγαθῶν καὶ κακῶν ('Wissen des Guten und des Schlechten') definiert; die einzelnen Tugenden wie Gerechtigkeit, Einsicht, Tapferkeit und Besonnenheit seien nur in der Relation zu den verschiedenen Gegenständen des Handelns verschieden benannt (SVF 1, frg. 364, ferner frg. 351. 373. 375. 376, dazu SANDBACH 1975 [*7: 42. 94]). Ob schon zu Lebzeiten gegen Ariston eingewendet wurde, dadurch dass er eine Differenzierung der Adiaphora leugne, entziehe er letztlich der Tugend den Raum, in dem sie sich erweisen könne (vgl. CICERO de fin. II 43, III 50, IV 47, V 23 = SVF 1, frg. 364. 365), und wie er gegebenenfalls darauf reagierte, ist nicht mehr auszumachen. In der praktischen Lebensführung liess Ariston trotz diesen rigoristischen Grundthesen es durchaus zu, dass man auf äussere Reize reagiere und ihnen folge (SVF 1, frg. 369). Dementsprechend gestanden seine beiden Schüler Eratosthenes und Apollophanes in ihren Nachrufen auf Ariston ein, dass dieser der ἡδονή (Lust) nicht fremd gegenüber gestanden habe (SVF 1, frg. 341. 408).

5. Schüler

Die offensichtlich nicht wenigen Schüler Aristons wurden Aristoneier genannt. Von diesen kennen wir, abgesehen von Eratosthenes, drei mit Namen: Miltiades, Diphilos und Apollophanes. Vom zuletzt Genannten sind einige Lehrmeinungen erhalten, die ihn als einen recht eigenwilligen Kopf erscheinen lassen. Er befasste sich wieder mit Erkenntnistheorie und Naturphilosophie, schrieb eine Physik, handelte über Psychologie (hier nahm er neun 'Seelenteile' an) und über Sinneswahrnehmungen (SVF 1, frg. 404. 405. 407, FESTA 1935 [*202: 2, 33-34]). In der Ethik nannte er die eine Tugend φρόνησις ('Einsicht'), offenbar eine zwischen Ariston und Zenon vermittelnde Auffassung (SVF 1, frg. 406, vgl. SVF 1, frg. 200). Mit dieser Schülergeneration ist aber die Schule Aristons erloschen (SVF 1, frg. 363. 364. 367, STEINMETZ 1969 [*5]).

F. HERILLOS AUS KALCHEDON

1. Biographie

Jünger als Ariston aus Chios und in manchem von ihm beeinflusst dürfte Herillos sein. Seine Heimatstadt ist eher Kalchedon an der Propontis als Karthago, wie man auf Grund einer Konjektur des Frobenius in der Editio princeps des DIOGENES LAERT. (VII 165) früher annahm (VON DER MÜHLL 1963 [*264: 6-9]). Er ist schon in jungen Jahren nach Athen gekommen und Schüler Zenons geworden. Später geriet er in ähnliche Schwierigkeiten mit Zenons Auffassungen wie Ariston und gründete wie dieser nach dem Tode Zenons seine eigene Schule. Sein Unterricht scheint nicht ohne Wirkung gewesen zu sein. Über den Zeitpunkt seines Todes ist nichts bekannt. Bildnisse des Herillos sind nicht bekannt.

2. Schriften

Das Schriftenverzeichnis des DIOGENES LAERT. (VII 166 = SVF 1, frg. 409) führt folgende 13 Titel an:

1 Περὶ ἀσκήσεως – Über Einübung [der Tugend].
2 Περὶ παθῶν – Über die Leidenschaften [Affekte].
3 Περὶ ὑπολήψεως – Über die Meinung.
4 Νομοθέτης – Der Gesetzgeber.
5 Μαιευτικός – Der Geburtshelfer.
6 Ἀντιφέρων – Der Widersacher.
7 Διδάσκαλος – Der Lehrer.
8 Διασκευάζων – Der Umarbeiter.
9 Εὐθύνων – Der Rechenschaftsforderer.
10 Ἑρμῆς – Hermes.
11 Μήδεια – Medea.
12 Διάλογοι – Dialoge.
13 Θέσεων ἠθικῶν – Ethische Sätze.

Einige Titel wie der ‹Hermes› und die ‹Medea› deuten auf Nichtphilosophisches. Keiner der Titel lässt den Schluss auf ein naturphilosophisches Thema zu. Man erkennt aus ihnen nur ethische und didaktische Interessen. Nach dem Urteil, das DIOGENES LAERT. VII 165 berichtet, waren die Bücher kurz und bündig, aber voller Kraft und enthielten Einsprüche gegen Zenon. Von den wenigen Fragmenten, die erhalten sind, ist keines einer bestimmten Schrift zugewiesen. Die Fragmente sind gesammelt in SVF 1, frg. 409-422.

3. Doxographie

Von der Philosophie des Herillos sind nur ganz wenige Lehrmeinungen aus der allgemeinen Ethik (zur Telos- und zur Güterlehre) tradiert. Demnach hat er zum Ziel des Lebens die ἐπιστήμη (Wissenschaft) bestimmt und die entsprechende Lebensweise definiert als «ein Leben, in dem man immer alles auf das Leben, das mit wissenschaftlicher Erkenntnis verbunden ist, bezieht und nicht dem Vorwurf der Unwissenheit ausgesetzt ist» (ζῆν ἀεὶ πάντα ἀναφέροντα πρὸς τὸ μετ' ἐπιστήμης ζῆν καὶ μὴ τῇ ἀγνοίᾳ διαβεβλημένον, SVF 1, frg. 411, ferner frg. 413-417, 419-421). Wissenschaft, insofern sie eine Haltung ist, die sich aus der stets wissenschaftlichen Erfassung der Dinge ergibt, bestimmte er in enger Anlehnung an Zenon als «eine Haltung, die in der Aufnahme der Vorstellungen vom Logos nicht mehr verändert werden kann» (εἶναι δὲ τὴν ἐπιστήμην ἕξιν ἐν φαντασιῶν προσδέξει ἀνυπόπτωτον ὑπὸ λόγου, SVF 1, frg. 411, vgl. ZENON SVF 1, frg. 68, dazu RIST 1969 [*6: 76]). Es liegt auf der Hand, dass diese wissenschaftliche Haltung nur von den Weisen erreicht werden kann. Hierdurch geriet Herillos in ein Dilemma. Einerseits hat er wie Ariston aus Chios an der völligen Gleichgültigkeit der Adiaphora festgehalten (SVF 1, frg. 411), andererseits hat er aber auch gesehen, dass damit der gewöhnliche Mensch, der Nicht-Weise, der in den Adiaphora sein Leben gestaltet, von der Eudaimonie ausgeschlossen ist. Er versucht aus diesem Dilemma herauszukommen, indem er vom τέλος eine ὑποτελίς, eine Art untergeordnetes Ziel, unterscheidet, nach welchem die Nicht-Weisen streben könnten. Hier lässt er offenbar zu, dass die Adiaphora im konkreten Einzelfall und unter wechselnden Umständen unterschiedlich beurteilt werden können, wenn man nur nicht daraus eine objektive und generelle Vorzüglichkeit, Werthaftigkeit oder Naturgemässheit ableitet. Auf diesen Zusammenhang bezieht sich wohl der Satz, es gebe (sc. im Bereich der Adiaphora) kein (objektives und generelles) Telos, sondern es wandle sich gemäss den Umständen und Handlungen, wie dasselbe Erz je nachdem entweder zu einer Bildsäule des Alexander oder des Sokrates würde (SVF 1, frg. 411. 412).

4. Schüler

Die Schüler des Herillos wurden Herillier genannt (SVF 1, frg. 414). Es ist aber kein Name eines Schülers überliefert. Die Schule des Herillos ist wohl mit seinem Tode, spätestens mit der Generation seiner Schüler erloschen (SVF 1, frg. 413. 414. 419, STEINMETZ 1969 [*5], 1988 [*10]).

G. AUSGABEN UND SEKUNDÄRLITERATUR

1. Zur allgemeinen Charakteristik [*1-*10]. – 2. Persaios aus Kition: a) Fragmentsammlungen [*51-*53]; b) Sekundärliteratur [*61-*63]. – 3. Philonides aus Theben [*101]. – 4. Dionysios aus Herakleia: a) Fragmentsammlungen [*151-*153]; b) Sekundärliteratur [*161]. – 5. Ariston aus Chios: a) Fragmentsammlungen [*201-*203]; b) Sekundärliteratur [*211-*223]; c) Bildnis [*231]. – 6. Herillos aus Kalchedon: a) Fragmentsammlungen [*251-*253]; b) Sekundärliteratur [*261-*265].

1. Zur allgemeinen Charakteristik

1 E. Zeller: Die Philosophie der Griechen III 1.1 (⁵1923) [§ 1 *332: 36-40 und passim].
2 F. Susemihl: Geschichte der griechischen Literatur in der Alexandrinerzeit I (1891) [§ 1 *333: 64-73].
3 P. Barth, A. Goedeckemeyer: Die Stoa (⁶1946) [§ 33 *351: 35-40].
4 M. Pohlenz: Die Stoa (⁴1971-1972) [§ 33 *353: 1, 25-28. 168-180; 2, 15-17 und passim].
5 P. Steinmetz: Die Krise der Philosophie in der Zeit des Hochhellenismus (1969) [§ 1 *393: 122-134].
6 J. M. Rist: Stoic philosophy (1969) [§ 33 *358: bes. 71-78].
7 F. H. Sandbach: The Stoics (1975) [§ 33 *361: 109-122].
8 A. Grilli: Lo stoicismo antico, in: M. Dal Pra (Hg.): Storia della filosofia, Bd. 4 (Mailand 1975) 63-101.
9 A. A. Long: Stoa and Sceptical Academy. Ori-

gins and growth of a tradition, in: Liverpool Classical Monthly 5 (1980) 161-174.
10 P. Steinmetz: Philosophie, in: Schmitt/Vogt (Hg.) 1988 [§ 1 *403: 535-536].

2. Persaios aus Kition

a) Fragmentsammlungen

51 SVF 1, S. 96-102, frg. 435-462.
52 N. Festa: I frammenti degli stoici antichi 2 (^{1}1935, ^{2}1971) [§ 33 *12: 55-73].
53 M. Pohlenz: Stoa und Stoiker (^{1}1950, ^{2}1964) [§ 33 *14: 15-17].

b) Sekundärliteratur

61 R. Hirzel: Untersuchungen zu Cicero's philosophischen Schriften II/1: Die Entwicklung der stoischen Philosophie (1882) [§ 1 *331: 59-84]. – Die Darstellung ist nicht frei von Überzeichnung und Überinterpretationen.
62 K. Deichgräber: Persaios, in: RE 19 (1938) 926-931.
63 B. Effe: Προτέρη γενεή – Eine stoische Hesiodinterpretation in Arats Phainomena, in: Rheinisches Museum 113 (1970) 167-182.

3. Philonides aus Theben

101 H. J. Mette: Philonides von Theben, in: RE 20 (1941) 62-63.

4. Dionysios aus Herakleia

a) Fragmentsammlungen

151 SVF 1, S. 93-96, frg. 422-434.
152 N. Festa: I frammenti degli stoici antichi 2 (^{1}1935, ^{2}1971) [§ 33 *12: 45-53].
153 M. Pohlenz: Stoa und Stoiker (^{1}1950, ^{2}1964) [§ 33 *14: 18].

b) Sekundärliteratur

161 H. von Arnim: Dionysios (119) von Herakleia, in: RE 5, 1 (1903) 973-974.

5. Ariston aus Chios

a) Fragmentsammlungen

201 SVF 1, S. 75-90, frg. 333-403. – Die Zuweisung aller aufgeführten Fragmente an Ariston aus Chios ist nicht gesichert.
202 N. Festa: I frammenti degli stoici antichi 2 (^{1}1935, ^{2}1971) [§ 33 *12: 1-34]. – Die Zuweisung aller aufgeführten Fragmente an Ariston aus Chios ist nicht gesichert.
203 M. Pohlenz: Stoa und Stoiker (^{1}1950, ^{2}1964) [§ 33 *14: 18-20].

b) Sekundärliteratur

211 H. von Arnim: Ariston von Chios, in: RE 2, 1 (1896) 957-959.
212 N. Festa: Studi critici sullo stoicismo: Aristone, in: Archivio di Filosofia (1933) 72-94.
213 J. Moreau: Ariston et le stoïcisme, in: Revue des Etudes anciennes 50 (1948) 27-48.
214 F. Wehrli: Lykon und Ariston von Keos [= Wehrli 6 ^{1}1952, ^{2}1969]. – Wichtig zur Trennung des Gedankenguts des Ariston aus Keos von dem des Ariston aus Chios.
215 G. Dragoni: Introduzione allo studio della vita e delle opere di Eratostene, in: Physis 17 (1975) 41-70.
216 A. M. Ioppolo: Aristone di Chio, in: Giannantoni (Hg.) 1977 [§ 1 *361: 115-140].
217 H. B. Gottschalk: Varro and Ariston of Chios, in: Mnemosyne 33 (1980) 359-362.
218 A. M. Ioppolo: Aristone di Chio e lo stoicismo antico (Neapel 1980) [Collana Elenchos 1].
219 A. M. Ioppolo: Anassarco e il cinismo, in: Siculorum Gymnasium 33 (1980) 499-506.
220 M. Lancia: Aristone di Ceo e Bione di Boristene, in: Elenchos 1 (1980) 276-291.
221 D. Tsekourakis: Zwei Probleme der Aristonfrage, in: Rheinisches Museum 123 (1980) 238-257. – Zur Unterscheidung des Ariston aus Chios und des Ariston aus Keos.
222 A. B. Malgrini: Aristonymos e/o Aristone di Chio, in: Elenchos 2 (1981) 147-159.
223 M. Schofield: Ariston of Chios and the unity of virtue, in: Ancient Philosophy 4 (1984) 83-96.

c) Bildnis

231 K. Schefold: Ariston von Chios, in: Eikones. Studien zum griechischen und römischen Bildnis, H. Jucker gewidmet (Bern 1980) 160-167.

6. Herillos aus Kalchedon

a) Fragmentsammlungen

251 SVF 1, S. 91-93, frg. 409-421.
252 N. Festa: I frammenti degli stoici antichi 2 (^{1}1935, ^{2}1971) [§ 33 *12: 37-43].

253 M. Pohlenz: Stoa und Stoiker (^{1}1950, ^{2}1964) [§ 33 *14: 20].

b) *Sekundärliteratur*

261 R. Hirzel: Untersuchungen zu Cicero's philosophischen Schriften II/1. Die Entwicklung der stoischen Philosophie (1882) [§ 1 *331: 44-58].

262 H. von Arnim: Herillos aus Karthago, in: RE 8, 1 (1913) 683-684.

263 N. Festa: Il filosofo Erillo e la sua produzione letteraria, in: Rendiconti della Reale Accademia Nazionale dei Lincei, Classe di Scienze morali 9 (1933) 220-226.

264 P. von der Mühll: Zwei alte Stoiker: Zuname und Herkunft, in: Museum Helveticum 20 (1963) 1-9. – Bes. 6-9; Herillos stammt nicht aus Karthago, sondern aus Kalchedon.

265 A. N. Zoumpos: Zu den Αἱρέσεις Ἡριλλείων, in: Platon 16 (1964) 323-324.

§ 36. Die Schüler Zenons (II)

Kleanthes und Sphairos

A. Kleanthes aus Assos 566: 1. Biographie 566; 2. Bildnisse 567; 3. Schriften 567; 4. Doxographie 569: a) Einteilung der Philosophie 569; b) Logik und Erkenntnistheorie 570; c) Naturphilosophie 570; d) Ethik 574; e) Der Hymnos auf Zeus 576; 5. Schüler 579. – B. Sphairos vom Borysthenes 579: 1. Biographie 579; 2. Schriften 579; 3. Doxographie 580. – C. Zeugnisse und Sekundärliteratur 581: 1. Kleanthes aus Assos 581: a) Fragmentsammlungen 581; b) Sekundärliteratur 581; c) Spezialliteratur zum Hymnos auf Zeus 582; 2. Sphairos vom Borysthenes 583: a) Fragmentsammlungen 583; b) Sekundärliteratur 583.

A. KLEANTHES AUS ASSOS

1. Biographie

Der einzige bedeutendere Schüler Zenons, der die Philosophie seines Lehrers in der Substanz und in den systematischen Umrissen, wie sie beim Tode Zenons vorlagen, bewahrt, verteidigt, weitergegeben und fortgeführt hat, ist Kleanthes, der Sohn des Phainias, aus Assos. Auch für die Lebenszeit des Kleanthes liegen offenbar Spuren von zwei antiken Berechnungen vor. Die eine gibt ihm eine Lebensdauer von 99 Jahren (Ind. Stoic. Herc. col. XXVII 8-XXIX 5 = SVF 1, frg. 477, VAL. MAX. VIII 7 ext. 11, LUCIAN Macr. 19 = SVF 1, frg. 475, CENSORIN 15, 3). Gegen sie spricht, abgesehen von der Skepsis, die die Zahl als solche hervorruft, eine Reihe von Ungereimtheiten. Kleanthes wäre demnach 331/30 geboren, also nur zwei Jahre jünger als sein Lehrer Zenon; er müsste schon gleich bei der Aufnahme der Lehrtätigkeit durch Zenon (301/300) sich diesem angeschlossen haben, es sei denn, man stützt sich auf eine neunzehnjährige Schulzugehörigkeit, wie sie in der zweiten Berechnung angegeben wird, und nimmt in Kauf, dass Kleanthes als fünfzigjähriger Tagelöhner mit seinen philosophischen Studien begonnen habe; schliesslich müsste man glauben, dass Zenon bei seinem Tod einen nur zwei Jahre jüngeren Siebzigjährigen zu seinem Nachfolger bestimmt habe. Alle diese Schwierigkeiten meidet der zweite Ansatz. Hier greift man die 32 Jahre des Scholarchats (Ind. Stoic. Herc. col. XXIX 3-5 = SVF 1, frg. 477: τὴν σχολὴν δια[κατα]σχεῖν ἐπ' ἔτη [τ]ριάκ[ον]τα καὶ [δύ]ο «Die Schulleitung hat er gegen 32 Jahre innegehabt») und die 19 Jahre der Zugehörigkeit zur Stoa unter Zenon (DIOGENES LAERT. VII 176 = SVF 1, frg. 474) auf und gelangt so zu einer Lebenszeit von höchstens 80 Jahren. Gerade diese Zahl ist in einem Teil der älteren Handschriften des DIOGENES LAERT. an der zuletzt genannten Stelle überliefert. Falls sie eine Interpolation sein sollte, hat der Interpolator gut gerechnet (zur Chronologie vgl. VON ARNIM 1922 [*12: 558-559], VERBEKE 1949 [*17: 53-57], POHLENZ 1948-1949 [§ 33 *353: 1, 26-27; 2, 16. 232]). Kleanthes ist demnach um oder bald nach 310 in Assos geboren, offenbar in einer armen oder verarmten Familie. Nachdem er seinen Lebensunterhalt zuerst angeblich als Faustkämpfer verdient hatte, kam er 281, nun schon bald dreissig Jahre alt, nach Athen, um bei Zenon zu hören. Um das Schulgeld bezahlen und seinen Lebensunterhalt bestreiten zu können, verdingte er sich als Lohnarbeiter zu Bewässerungsarbeiten in den Gärten, die nachts durchgeführt zu werden pflegten. Kleanthes ist demnach der erste 'Werkstudent'. Um diese Tätigkeit als Lohnarbeiter ranken sich manche Anekdoten (SVF 1, frg. 463). Mit der Energie, dem Fleiss und der Härte gegen sich selbst, die hier sichtbar werden, hat die antike Tradition einen Mangel an Begabung und eine geistige Schwerfälligkeit verbunden. Ja, seine Schulgenossen haben ihn sogar einen Esel gescholten, was Kleanthes, der offenbar auch durch Angriffe gegen seine Person sich nicht beirren liess, mit der Bemerkung replizierte, er allein sei fähig, die Last der Philosophie Zenons zu tragen (DIOGENES LAERT. VII 170 = SVF 1, frg. 463). Im Jahre 262 machte ihn Zenon zu seinem Nachfolger. In den harten wissenschaftlichen Auseinandersetzungen, in die die Stoa nun immer mehr verwickelt wurde, scheute er sich nicht, Zenons Werk und seine Grundlagen zu verteidigen und Gegenpositionen zu attakkieren. Wir kennen z.B. polemische Schriften wie ‹Gegen Demokrit›, offenbar ein Angriff auf die atomistische Welterklärung und damit auch auf Epikur, ‹Gegen Aristarch›, ein Angriff auf das heliozentrische System, das dieser bedeutende Mann entwickelt hatte, und ‹Gegen Herillos›. Bei aller Polemik verstand es Kleanthes aber, zu seinen Gegnern, besonders zu Arkesilaos, im Persönlichen ein achtungsvolles, ja vielleicht sogar freundschaftliches Verhältnis zu bewahren. Nach einem Scholarchat von etwa 32 Jahren schied er durch Enthaltung der Nahrung freiwillig aus dem Leben (230/29).

2. Bildnisse

Aus JUVENAL (2, 7) ergibt sich, dass Statuen des Kleanthes weit verbreitet waren. SCHEFOLD (1943 [§ 1 *453: 145f. Nr. 2. 213]) hat eine Bronzestatuette des Britischen Museums, deren Vorbild ins 3. Jh. v.Chr. gehöre, als Kleanthes identifiziert; von dieser Statuette sind 4 oder 5 Wiederholungen erhalten, leider alle ohne Kopf. Die Identifikation ist möglich, aber noch nicht endgültig gesichert: Die Statuette stellt sicherlich einen stoischen Philosophen dar; auch passt der kräftige Körperbau zu Kleanthes (RICHTER 1965 [§ 1 *455: 2, 189f. Abb. 1106-10]).

3. Schriften

Wir kennen 57 Titel von Schriften des Kleanthes. 50 nennt das Schriftenverzeichnis des DIOGENES LAERT. (VII 174-175 = SVF 1, frg. 481), 7 sind in Zitaten aus Werken des Kleanthes erhalten. Das Schriftenverzeichnis scheint grob nach physikalischen (Nr. 1-14), ethischen (Nr. 15-45) und logischen Schriften (Nr. 46-50) gegliedert zu sein. Allerdings ist diese Gliederung gelegentlich gestört. Die Schrift gegen Herillos (Nr. 8), die offenbar ethischen Inhalts ist, hatte man den polemischen Schriften aus dem Gebiete der Physik angeschlossen, und Nr. 27, 33 und 37 sind offensichtlich Schriften aus dem Bereich der Logik, die sich unter die Ethik verirrt haben. Im einzelnen führt das Verzeichnis folgende Titel an:

1 Περὶ χρόνου – Über die Zeit. – Zitate sind nicht erhalten.

2 Περὶ τῆς [τοῦ] Ζήνωνος φυσιολογίας β′ – Über die Naturphilosophie Zenons, zwei Bücher. – Zitate sind nicht erhalten.

3 Τῶν Ἡρακλείτου ἐξηγήσεις δ′ – Auslegungen der Lehren Heraklits, vier Bücher. – Zitate sind nicht erhalten; doch vgl. Frg. 519.

4 Περὶ αἰσϑήσεως – Über die Sinneswahrnehmung. – Zitate sind nicht erhalten; doch vgl. Frg. 484.

5 Περὶ τέχνης – Über Kunst. – Da keine Zitate erhalten sind, ist eine Präzisierung des Titels nicht möglich. Falls Frg. 490 auf diese Schrift zu beziehen ist, wäre ihr Inhalt eine Methodenlehre.

6 Πρὸς Δημόκριτον – Gegen Demokrit. – Zitate sind nicht erhalten; doch vgl. zu Nr. 51.

7 Πρὸς Ἀρίσταρχον – Gegen Aristarch. – Vgl. Frg. 500.

8 Πρὸς Ἥριλλον – Gegen Herillos. – Zitate sind nicht erhalten.

9 Περὶ ὁρμῆς β′ – Über den Trieb, zwei Bücher. – Zitate sind nicht erhalten.

10 Ἀρχαιολογία – Über die Alte Zeit. – Zitate sind nicht erhalten.

11 Περὶ ϑεῶν – Über die Götter. – Vgl. Frg. 543.

12 Περὶ γιγάντων – Über die Giganten. – Zitate sind nicht erhalten.

13 Περὶ ὑμεναίου – Über die Hochzeit. – Zitate sind nicht erhalten.

14 Περὶ τοῦ ποιητοῦ – Über den Dichter [d.i. Homer]. – Vgl. Frg. 526. 535. 549. 592.

15 Περὶ τοῦ καϑήκοντος γ′ – Über die Pflicht, drei Bücher. – Zitate sind nicht erhalten; doch vgl. Frg. 578ff.

16 Περὶ εὐβουλίας – Über Wohlberatenheit. – Zitate sind nicht erhalten.

17 Περὶ χάριτος – Über Wohltaten. – Vgl. Frg. 578-580.

18 Προτρεπτικός – Mahnrede. – Vgl. Frg. 567.

19 Περὶ ἀρετῶν – Über die Tugenden. – Vgl. Frg. 564-569.

20 Περὶ εὐφυΐας – Über gute Veranlagung [oder] Über Adel. – Zitate sind nicht erhalten.

21 Περὶ Γοργίππου – Über Gorgippos. – Zitate sind nicht erhalten.

22 Περὶ φϑονερίας – Über den Neid. – Zitate sind nicht erhalten.

23 Περὶ ἔρωτος – Über die Liebe [oder] Über den Eros. – Zitate sind nicht erhalten.

24 Περὶ ἐλευϑερίας – Über die Freiheit. – Zitate sind nicht erhalten.

25 Ἐρωτικὴ τέχνη – Liebeskunst. – Vgl. Frg. 585.

26 Περὶ τιμῆς – Über die Ehre. – Zitate sind nicht erhalten.

27 Περὶ δόξης – Über das Wähnen [oder] Über die Geltung und den Ruhm(?). – Vgl. Frg. 559-560.

28 Πολιτικός – Der Staatsmann [oder] Rede über den Staat. – Vgl. Frg. 587-588.

29 Περὶ βουλῆς – Über den Rat [als staatsrechtliche Institution?]. – Zitate sind nicht erhalten.

30 Περὶ νόμων – Über Gesetze. – Zitate sind nicht erhalten.

31 Περὶ τοῦ δικάζειν – Über das Richten. – Zitate sind nicht erhalten.

32 Περὶ ἀγωγῆς – Über Erziehung. – Zitate sind nicht erhalten. .

33 Περὶ τοῦ λόγου γ′ – Über die Rede [oder] Über die Lehre [oder] Über die Denkkraft [den Logos], drei Bücher. – Zitate sind nicht erhalten.

34 Περὶ τέλους – Über das Ziel [des menschlichen Handelns]. – Vgl. Frg. 552-556.

35 Περὶ καλῶν – Über die sittlichen Werte. – Zitate sind nicht erhalten.

36 Περὶ πράξεως – Über das Handeln. – Zitate sind nicht erhalten.

37 Περὶ ἐπιστήμης – Über die Wissenschaft. – Zitate sind nicht erhalten; doch vgl. zu Nr. 5.

38 Περὶ βασιλείας – Über das Königtum. – Zitate sind nicht erhalten.

39 Περὶ φιλίας – Über Freundschaft. – Zitate sind nicht erhalten.

40 Περὶ συμποσίου – Über das Gastmahl. – Zitate sind nicht erhalten.

41 Περὶ τοῦ Ὅτι ἡ αὐτὴ ἀρετὴ [καὶ] ἀνδρὸς καὶ γυναικός – Von der Gleichheit der Tugend des Mannes und der der Frau. – Zitate sind nicht erhalten.

42 Περὶ τοῦ τὸν σοφὸν σοφιστεύειν – Von der Anwendung sophistischer Schlüsse von seiten des Weisen. – Zitate sind nicht erhalten.

43 Περὶ χρειῶν – Chrien [Lehrhafte Anekdoten]. – Zitate sind nicht erhalten.

44 Διατριβῶν β′ – Diatriben [volkstümliche Vorträge], zwei Bücher. – Zitate sind nicht erhalten.

45 Περὶ ἡδονῆς – Über die Lust. – Vgl. Frg. 530. 552. 558.

46 Περὶ ἰδίων – Über eigentümliche Merkmale. – Zitate sind nicht erhalten.

47 Περὶ τῶν ἀπόρων – Über schwierige Probleme. – Zitate sind nicht erhalten.

48 Περὶ διαλεκτικῆς – Über die Dialektik. – Vgl. Frg. 488.

49 Περὶ τρόπων – Über Tropen [Stilmittel]. – Zitate sind nicht erhalten.

50 Περὶ κατηγορημάτων – Über Aussagen. – Vgl. Frg. 488.

Aus Zitaten sind weiterhin folgende Titel bekannt:

51 Περὶ ἀτόμων – Über die Atome. – Vgl. Frg. 493.
52 Περὶ μεταλήψεως – Über Vertauschung. – Vgl. Frg. 591.
53 Περὶ τοῦ κυριεύοντος – Über den Kyrieuon des Diodoros. – Vgl. Frg. 489.
54 Τέχνη ῥητορική – Lehrbuch der Rhetorik. – Vgl. Frg. 491-492.
55 Ὑπομνήματα φυσικά – Aufzeichnungen zur Physik. – Vgl. Frg. 563.
56 Περὶ χαλκοῦ – Über das Honorar. – Vgl. Frg. 589.
57 Περὶ στ[ολῆ]ς – Über Kleidung. – Vgl. Frg. 590; so nach FESTA; der Erstherausgeber ergänzte zu Περὶ στ[ήλη]ς – Über die Säule (?); VON ARNIM konjiziert in der Fussnote zu Frg. 590 Περὶ ⟨ἐπι⟩στ[ήμη]ς – Über die Wissenschaft.

Unter den Titeln befinden sich auch Nebentitel schon genannter Schriften. Eine solche Doppelform des Titels kann mit hoher Wahrscheinlichkeit für die Titel ‹Gegen Demokrit› und ‹Über Atome› behauptet werden (dazu VON ARNIM in SVF 1, frg. 138-139). Alle diese Schriften sind verloren. Ein Teil hat Randgebiete der Philosophie behandelt, wie die ‹Liebeskunst› oder ‹Über den Dichter› (d.i. Homer)›, oder hat sich an eine breitere Öffentlichkeit gewendet, wie der ‹Protreptikos› oder die ‹Diatriben›. Andere Schriften sind polemischer, wieder andere exegetischer Art. Hierher gehören die zwei Bücher ‹Über die Naturphilosophie Zenons› oder die vier Bücher ‹Auslegungen der Lehre Heraklits›, in denen er offenbar versuchte, die Physik Zenons durch die Auslegung von Lehren Heraklits abzusichern (aus ähnlichem Zusammenhang SVF 1, frg. 519, dazu zuletzt LONG 1975-1976 [§ 33 *616]). Die meisten Schriften haben Themen aus der Ethik behandelt, nicht wenige solche aus der Erkenntnistheorie und aus der Naturphilosophie. Nur aus ganz wenigen Schriften liegt das eine oder andere ausdrückliche Zitat vor. Andere Fragmente bestimmten Schriften zuweisen zu wollen, ist angesichts der grossen Menge der Schriften ein höchst schwieriges und nur selten auf sicheren Boden führendes Unterfangen. Es liegt daher auf der Hand, dass keine dieser Schriften auch nur in den Grundzügen rekonstruiert werden kann (zum Schriftenverzeichnis: VON ARNIM 1922 [*12: 560-562], VERBEKE 1949 [*17: 68-80]; zu den Überlegungen, weitere Fragmente bestimmten Schriften zuweisen zu wollen: FESTA 1935 [*3: 75-176]). Nach antikem Urteil schrieb Kleanthes einen angenehmen Stil. Zuweilen pflegte er seinen Lehren auch eine poetische Form zu geben. Solche Gedichte sind teils Einlagen in Prosaschriften, teils sind sie für kultische Feiern der Schulgemeinde bestimmt. Hierzu gehört der Hymnos auf Zeus, das einzige Werk eines Stoikers aus der Zeit vor Cicero, das erhalten geblieben ist (siehe unten). Anderes Poetisches findet man z.B. in SVF 1, frg. 502. 527. 557. 559-562. 570. 583. 586. Die Verwendung der Dichtung zur Darlegung von Philosophie hat Kleanthes auch theoretisch begründet. Er findet, dass unser Atem einen helleren Ton hervorbringt, wenn die Trompete ihn durch die Engen einer langen Röhre zieht und er schliesslich durch eine weitere Öffnung (des Schalltrichters) ergiesst; ebenso mache der enge Zwang der Dichtung unsere Empfindungen und Wahrnehmungen heller (SVF 1, frg. 487). Und besonders eindringlich über die Rede der Philosophie: «Zwar vermag die Rede der Philosophie in hinreichendem Masse das Göttliche und Menschliche darzulegen, aber die Prosa hat nicht die geeigneten Ausdrucksmittel für die Grösse des Göttlichen; Metrum, Lied und Rhythmus (also das Gedicht) gelangen insbesondere zur Wahrheit der Anschauung des Göttlichen» (SVF 1, frg. 486).

4. Doxographie

a) Einteilung der Philosophie

Kleanthes hat die von Zenon nach dem Vorbild der Akademie vorgenommene Einteilung der Philosophie in die drei Disziplinen Logik, Ethik und Naturphilosophie übernommen, aber jede Disziplin in zwei Teile zerlegt und durch die Reihenfolge dieser Teile die didaktische Anordnung, wie sie Chrysipp vorschlagen sollte, vorgeprägt. Er gliedert also die Philosophie in folgende sechs Teile: Dialektik, Rhetorik, Ethik, Politik, Physik und Theologie (SVF 1, frg. 482).

b) Logik und Erkenntnistheorie

In der Erkenntnistheorie hat Kleanthes, wohl im Glauben, die Auffassung Zenons zu verdeutlichen, und vermutlich sie auch in dessen Sinn verdeutlichend, die φαντασίαι (die Vorstellungen als Sinneseindrücke) wörtlich als reliefartige Eindrücke mit Vertiefungen und Erhöhungen in der dritten Dimension in die körperlich verstandene Seele erläutert, die der Einprägung eines Siegels in Wachs vergleichbar seien (SVF 1, frg. 488). Es versteht sich, dass er damit rasch heftige Kritik herausgefordert hat. In der Sprachphilosophie, deren Grundzüge mit der Differenzierung des Wortes als eines Lautgebildes und dem, was durch das Wort bezeichnet wird, und schliesslich dem Gegenstand, der durch die Bedeutung bezeichnet wird, wir oben (S. 532f.) für Zenon in Anspruch genommen haben, ist jedenfalls für Kleanthes die Benennung der σημαινόμενα mit λεκτά ausdrücklich bezeugt (SVF 1, frg. 488). Sonst kennen wir noch seine Definition der Rhetorik als scientia recte dicendi ('Wissenschaft vom richtigen Sprechen', SVF 1, frg. 491) und der methodologisch verstandenen τέχνη als ἕξις ὁδῷ πάντα ἀνύουσα ('Fertigkeit, alles methodisch zu Ende zu führen', SVF 1, frg. 490) und wissen, dass er sich in einer eigenen Schrift mit dem ‹Kyrieuon› des Diodoros Kronos auseinandergesetzt und versucht hat, dessen Gedankengebäude dadurch zum Einsturz zu bringen, dass er den ersten Satz des Beweisgangs des Diodoros, nämlich dass jede wahre Aussage über die Vergangenheit notwendig sei, bestritt (EPIKT. Diss. II 19, 1-4. 9 = SVF 1, frg. 489, dazu VON ARNIM 1922 [*12: 562-563], FREDE 1974 [§ 33 *487: 115. 117], BARREAU 1978 [*34] mit Angaben der wichtigsten älteren Literatur).

c) Naturphilosophie

Gerade in der Naturphilosophie ist deutlich auszumachen, wie Kleanthes die Lehren Zenons übernimmt, durchdenkt, sie in Einzelheiten, aber auch in wesentlicheren Punkten verändert, ergänzt, fortentwickelt und neu akzentuiert, ohne sie zu verstümmeln oder sonst irgendwie zu verfälschen. Wie Zenon sieht er die Welt als eine Einheit an und deutet sie zugleich unter den drei genannten Aspekten physikalisch als ein sich selbst steuerndes System, vitalistisch als einen lebendigen Organismus und pantheistisch als von Gott vollkommen durchdrungen und gelenkt und so letztlich als Gott (z.B. SVF 1, frg. 493. 495). Aber neben Modifizierungen im Kleineren, wie zum Beispiel dadurch, dass er das Wesen des Feuers eher in der Flamme sieht und dementsprechend sowohl das Feuer selbst als auch die Gestirne, die aus reinem Feuer bestehen, hinsichtlich ihrer Gestalt für kegelförmig hält, was auch für den Mond gilt, der einem πίλος, der Mütze in Form eines stumpfen Kegels, ähnelt (SVF 1, frg. 498. 511. 508. 506), – neben Modifizierungen dieser Art bringt Kleanthes auch wenigstens zwei wesentlichere Neuerungen und setzt dadurch ohne Vernachlässigung des Physikalisch-Mechanischen einen stärkeren Akzent auf den vitalistischen und pantheistischen Aspekt.

Bei der ersten Neuerung liess er sich offenbar von Heraklits Auffassung der Welt als eines Ineinander von Gegensätzen, die dieser durch das Bild der Spannung von Leier und Bogen veranschaulichte, anregen, bedachte aber auch Lehren zeitgenössischer Ärzte. Er fand in den einander entgegengesetzten Bewegungen von innen nach aussen und von aussen nach innen eine Spannung (τόνος, Tonos), eine Kraft, die physikalisch oder vitalistisch gedeutet, das gegenständlich Einzelne wie das All zusammenhält und bestimmt. In der Kosmologie führt dies zu einer noch schärferen Differenzierung der Vorgänge von einer Ekpyrosis zur nächsten in zwei Phasen. Wenn nach der Ekpyrosis alles in Flammen verwandelt ist, beginnt die erste Phase der Kosmogonie: Die Mitte des Alls, dann die anschliessenden Teile ziehen sich zusammen und werden dabei unter allmählichem Verlöschen des Feuers bzw. seiner Zurückdrängung durch die Schläge des Zentrums in Feuchtigkeit verwandelt, bis nur noch die Peripherie der Welt feurig ist. Übrigens schliessen sowohl Zenon als auch Chrysipp die Peripherie nicht von der Verwandlung ins Feuchte aus (SVF 1, frg. 102; 2, frg. 605; doch vgl. hierzu MEERWALDT 1951 [*19: 44-53]). Nun setzt in einer Gegenbewegung die zweite Phase der Kosmogonie ein, die bis einschliesslich der neuen Ekpyrosis währt. Das Feuer dringt allmählich von der Peripherie her bis zum Zentrum vor, wodurch es sich ausdehnt und die Welt neu gestaltet und ordnet (διακόσμησις). «Weil das Feuer diesen Periodenwechsel und die Gestaltung und Ordnung der Welt immer bewegt, hört die Spannung in der Substanz des Alls nicht auf» (SVF 1, frg. 497, Zeile 15-22). Mit anderen Worten, erst diese Spannung des Feuers in der Substanz macht physikalisch die Gestaltung der Welt möglich. Dementsprechend kann Kleanthes den Tonos geradezu als 'Feuerschläge' definieren (πληγαὶ πυρός, SVF 1, frg. 563). Unter Vergleich von Mikrokosmischem mit Makrokosmischem sieht Kleanthes diese Spannung auch in der Konzentration der 'Strukturpläne' der einzelnen Lebewesen und Pflanzen im Samen und deren Wirken zur Peripherie des neuen Wesens sowie bei dessen Reife in der erneuten Sammlung im Samen wirksam (SVF 1, frg. 497, Zeile 22-28). Mit dem Tonos im All identifizierte er in der allegorischen Deutung der Götter und mythischen Gestalten den Herakles (SVF 1, frg. 514). Schliesslich führte er die Bewegungen vom Zentralorgan der Seele zur Peripherie der Sinnesorgane und umgekehrt auf die Spannkraft der Seele zurück, definierte die Körperkraft als hinreichende Spannkraft in den Muskeln und fand die Spannkraft auch bei den Tugenden wirksam (SVF 1, frg. 525, STOB. Ecl. II 7, 5b4 = SVF 1, frg. 563; zur Lehre von der Spannung bei Kleanthes HIRZEL 1882 [*11: 2, 124-134], VON ARNIM 1922 [*12: 563-566], VERBEKE 1949 [*17: 125-127], EDELSTEIN 1951 [*18: 428-429], POHLENZ 1948-1949 [§ 33 *353: 1, 75. 126; 2, 42. 234], BLOOS 1973 [§ 33 *612: 65-73], SANDBACH 1975 [§ 33 *361: 76-78], HAHM 1977 [*33: 153-156]).

Diese bisher vornehmlich unter physikalischem Aspekt betrachtete Spannung wird unter vitalistischem Aspekt zu einer lebendigen Kraft und letztlich zur Wirkungsweise des Göttlichen in der Welt und in ihren Teilen. Wie Zenon unterscheidet Kleanthes zwei Formen des Feuers, das irdische Feuer, das alles, was ihm anheimfällt, zerstört, und das Feuer mit der Fähigkeit des Gestaltens. Dieses nannte Zenon mit dem eher physikalischen Terminus πῦρ τεχνικόν, Kleanthes aber bezeichnet es nach dem Zeugnis Ciceros «als das in den Körpern befindliche lebenspendende und -erhaltende Feuer, das alles bewahrt, nährt, wachsen lässt, erhält und mit Wahrnehmungsvermögen ausstattet» (... ille corporeus vitalis et salutaris omnia conservat, alit, auget, sustinet sensuque adficit, CICERO de nat. deor. II 41 = SVF 1, frg. 504). Es ist in seiner Spannung die vis vitalis, die Lebenskraft, die im All und in seinen Teilen bis hin zu den Tieren und Pflanzen wirkt, ja sogar die Konsistenz der unbelebten Teile der Natur bedingt (CICERO de nat. deor. II 23-32; den Gedankengang dieses Abschnitts hat SOLMSEN 1961 [*23] mit überzeugenden Gründen auf Kleanthes zurückgeführt; terminologisch ist zu beachten, dass Zenon in ähnlichen Zusammenhängen meist ebenfalls von 'Feuer' spricht, gelegentlich aber auch den Begriff 'Pneuma' verwendet, den dann Chrysipp dogmatisiert hat, während Kleanthes hierfür den Terminus 'Feuer' festlegt; in SVF 1, frg. 513 ist aus dem Ciceroabschnitt nur 23-24 aufgenommen; den Abschnitt hält THEILER 1982 [§ 40 *6] F 357 weiterhin für poseidonisch, ohne sich mit Solmsen auseinanderzusetzen). Weil diese vis vitalis gleichgesetzt ist mit dem aktiven Prinzip, das selbst wiederum mit dem Logos und mit Gott identisch ist, ist sie eine Gottheit; weil die Welt von dieser lebenspendenden feurigen Kraft durchdrungen ist, ist die Welt Gott, und weil die Peripherie des Alls und die Gestirne aus diesem göttlichen lebenspendenden Feuer bestehen, sind auch diese Gottheiten. So zeigt es wiederum Cicero, der dem Velleius die jungepikureische Kritik dieser Gottesauffassung des Kleanthes in den Mund legt (CICERO de nat. deor. I 37 = SVF 1, frg. 530, SOLMSEN 1961 [*23]). Aus der Theologie des Kleanthes sei noch festgehalten, dass er auch über die Entstehung der Religion und des Glaubens an Götter nachgedacht und hierfür vier Gründe angeführt hat: 1. die Vorahnung der Zukunft, 2. die für den Menschen zweckmässige Einrichtung der Welt, 3. den Schrecken vor Natur- und Wettererscheinungen, 4. die geordnete und gleichartige Bewegung des Himmels und der Gestirne (SVF 1, frg. 528).

Auch in der zweiten wesentlicheren Neuerung setzt Kleanthes einen starken Akzent auf die vitalistische Weltansicht. Wie im Mikrokosmos des Menschen es ein steuerndes Zentralorgan gibt (τὸ ἡγεμονικόν), so nimmt er für das Gesamt der Welt ein Zentralorgan an und findet es in der Sonne. Als Gründe führt er an, dass die Sonne, die aus dem lebenspendenden und -erhaltenden Feuer besteht, das grösste Gestirn ist und den grössten Beitrag zur Ordnung der Welt leistet, indem sie den Wechsel von Tag und Nacht, das Jahr und die Jahreszeiten bewirkt und alles Lebendige blühen und zur Reife in seiner Art gelangen lässt (SVF 1, frg. 499 und 504). Die zentrale Bedeutung der Sonne zeigt sich nach Kleanthes auch in der Rolle, die sie bei der Ekpyrosis spielt. Denn die feurige Sonne nimmt dann den Mond und die übrigen Gestirne in sich auf und gleicht sie sich an, wobei diese hierzu mit der Sonne zusammenwirken (SVF 1, frg. 510). Als lebendiges und feuriges Wesen bedarf die Sonne der Nahrung und erhält sie aus der Ausdünstung des Meeres, wobei Wärmestoff frei wird (SVF 1, frg. 501. 504). Dieser Gedanke führt den Kleanthes zur fast allein auf Spekulation beruhenden Annahme eines Äquatorialozeans zwischen den beiden Wendekreisen der Sonne. Der tropische Ozean gilt auch als Ursache für die Wanderung der Sonne auf der Ekliptik und dafür, dass die Sonnenbahn nie über die Wendekreise hinausreiche (SVF 1, frg. 505. 501. 499).

Diese Mischung aus Naturwissenschaftlichem und systemimmanenter Spekulation scheint für die Art des Kleanthes kennzeichnend zu sein. Letztlich fehlte ihm der Zugang zu einer messenden Naturwissenschaft, und er täuschte sich wie schon Zenon und viele andere in der Einschätzung der astronomischen Grössen und Entfernungen des Sonnensystems, das als die Welt angesehen wurde. Als Aristarch aus Samos, sein etwas jüngerer Zeitgenosse, die Entfernungen Erde-Sonne und Erde-Mond auf Grund astronomischer Beobachtungen zu errechnen versuchte und, möglicherweise von Herakleides vom Pontus angeregt, ein heliozentrisches System entwarf, das eine unbewegliche Fixsternsphäre und im Zentrum eine unbewegliche Sonne besitzt, um die die Erde und die Planeten kreisen, wobei die Erde sich im Zeitraum eines Tages und einer Nacht um sich selbst dreht, war dies dem Kleanthes, obgleich dieses heliozentrische System doch seiner Auffassung von der zentralen Rolle der Sonne entgegenkam, so fremd, dass er in einer eigenen Schrift die Lehren Aristarchs verwarf und als Religionsfrevel charakterisierte (SVF 1, frg. 500, zur Bedeutung der Sonne VON ARNIM 1922 [*12: 565], VERBEKE 1949 [*17: 135-143], POHLENZ 1948-1949 [§ 33 *353: 1, 83]).

Die Gleichsetzung von Schicksal (εἱμαρμένη, fatum) und Vorsehung (πρόνοια, providentia) hat auch dem Kleanthes Schwierigkeiten gemacht, zumal in ihrer Konsequenz einerseits Gott auch der Planer und Verursacher des Schlechten ist und andererseits für die Willensfreiheit des Menschen kein Platz bleibt. Aus diesem Dilemma versucht Kleanthes herauszukommen, indem er die Gleichsetzung von Schicksal und Vorsehung insofern einschränkt, als er alles, was gemäss der Vorsehung geschieht, auch als gemäss dem Schicksal geschehen ansieht, aber die Umkehrung, dass alles, was gemäss dem Schicksal geschehe, auch gemäss der Vorsehung geschehe, leugnet (SVF 1, frg. 551). Die Vorsehung Gottes findet so an der Willensfreiheit des Menschen eine Grenze; demnach geschieht das Gute in Übereinstimmung mit dem Willen Gottes, das Schlechte dagegen gegen den Willen Gottes auf Grund der Torheit der Menschen; es bleibt aber Gott die Macht, das Schlechte geradezubiegen und in seine Ordnung einzufügen (Zeushymnos 11-17, SVF 1, frg. 537). Durch die törichte Entscheidung der Menschen für das Schlechte ziehen sich die Menschen nur Unheil zu (Zeushymnos 18-21). Letztlich bleibt aber auch so der Mensch dem Schicksal unterworfen, und seine Freiheit besteht darin, die Sinnhaftigkeit (und damit das Gute) der Vorsehung und des Schicksals zu erkennen, sich zu eigen zu machen und ihr zu folgen oder infolge seiner Torheit sich gegen die Sinnhaftigkeit und damit gegen das Gute zu stemmen und doch zu dem Vorbestimmten gezwungen zu werden. So spricht Kleanthes in seinem berühmten vier iambische Trimeter umfassenden Gebet an Zeus und das Schicksal:

> Führ du mich, Zeus, und du, des Schicksals Macht,
> dorthin, wo ich von euch beordert bin!
> Ich folg' euch ohne Zaudern. Will ich nicht,
> weil schlecht geworden, muss ich folgen doch.

Mit diesem Gebet sind wir schon zur Ethik gelangt (SVF 1, frg. 527; das Gedicht ist meisterhaft von SENECA Epist. mor. 107, 10 ins Lateinische übersetzt. Seneca schliesst die sinngemässe Übertragung mit der berühmten Pointe «ducunt volentem fata, nolentem trahunt» «Es führt den Wollenden das Schicksal, den Nichtwollenden schleppt es». Zu dem Gedicht und der Auffassung des Kleanthes: VON ARNIM 1922 [*12: 567], POHLENZ 1948-1949 [§ 33 *353: 1, 61; 2, 106], MARCOVICH 1959 [*21: 119-121], LONG 1968 [§ 34 *211], DALFEN 1971 [*26], LONG 1971 [*27: 179. 192], MEINEL 1972 [*28: 227-233], VON FRITZ 1972 [§ 34 *15: 106], DAHLMANN 1977 [*31], DÖRRIE 1977 [*32: 72], SETAIOLI 1979 [*36], FORSCHNER 1981 [§ 33 *790: 108. 110]).

d) Ethik

Die meisten Schriften des Kleanthes haben zwar ethische Fragestellungen zum Thema, aber Kleanthes scheint in diesen Untersuchungen die Ethik Zenons weniger ergänzt, erweitert und fortgeführt als die Positionen, die Zenon in der letzten Phase seines Philosophierens schliesslich eingenommen hatte, gegen abweichende Meinungen ehemaliger Schulgenossen, aber auch gegen andere Schulen ausgelegt und verteidigt zu haben. Nur gelegentlich ist er dabei dem zu Rigorismus neigenden Zeitgeist entgegengekommen.

Er machte sich die sogenannte zweite Telosformel Zenons τὸ ὁμολογουμένως τῇ φύσει ζῆν ('in Übereinstimmung mit der Natur leben') zu eigen. Diese Formel, die, wie oben gezeigt werden konnte, eine Selbstinterpretation Zenons darstellt, wird zuweilen als eine Neuerung des Kleanthes ausgegeben (so STOB. Ecl. p. 76, 3 = SVF 1, frg. 552), diese Behauptung scheint jedoch aus dem schon antiken Versuch hervórgegangen zu sein, die Geschichte der Stoa zu schematisieren und jedem Schulhaupt der Alten Stoa eine eigene Telosformel zuzusprechen. Weiterhin versteht Kleanthes wie Zenon den Begriff 'Natur' in der Telosformel als die allgemeine in der Welt wirkende Natur, die mit dem aktiven Prinzip und damit mit dem Logos identisch ist (SVF 1, frg. 552. 55, Zeushymnos V. 21. 25). Ob damit ein Konflikt zwischen der universalen Natur und der menschlichen Natur, wobei es der ersteren zu folgen gelte, von Kleanthes ins Auge gefasst wird, möchte ich verneinen: denn Kleanthes verstand die Natur des Menschen als einen Mikrokosmos, als wesensgleich mit der Allnatur (so schon BONHÖFFER 1894 [§ 33 *702: 10], VON ARNIM 1922 [*12: 570], GRUMACH 1932 [§ 33 *708: 35], RIST 1969 [§ 33 *358: 97], FORSCHNER 1981 [§ 33 *790: 217f.]; der anderen Auffassung neigen zu HIRZEL 1882 [*11: 105-118], TSEKOURAKIS 1974 [§ 33 *770: 35f. 39]). Wie Zenon meint er mit Eudaimonie die εὔροια βίου, «den schönen ungehemmten Fluss des Lebens» (SVF 1, frg. 554).

Zenon folgend bedenkt er eine biologische Grundlegung der Ethik: «Alle Menschen besitzen von Natur aus einen Antrieb zur Tugend.» Aus den Erläuterungen dazu ergibt sich, dass der Mensch eine Art unvollkommene Tugend besitzt, die verglichen werden kann mit dem unvollkommenen Sinn iambischer Halbverse. Diesen Befund legt Kleanthes, offensichtlich beeinflusst von Theophrast und dem Peripatos, in einer humanistischen Weise aus: Die Aufgabe des Menschen ist es, diese unvollkommene Tugend, die er als Antrieb von Natur aus besitzt, zu vollenden; lässt er sie unvollendet, bleibt er schlecht (SVF 1, frg. 566. 552. Zum Humanismus Theophrasts vgl. STEINMETZ 1959 [*22]). Auf Grund dieser Zielsetzung des

Lebens gelangt Kleanthes zu einer entschiedenen Kritik am Hedonismus. Die Lust zum höchsten Gut zu erheben, bedeutet ihm, die Tugenden zu blossen Mitteln zur Verwirklichung der Lust zu erniedrigen. Auch dies hat er in anschaulichen Vergleichen zu verdeutlichen versucht (SVF 1, frg. 553-556).

In der Güterlehre stellt sich ihm wie seinem Lehrer Zenon die Tugend als das einzige Gut und das Laster als das einzige Übel dar. Dieses Gute preist er in neun Trimetern mit dreissig fein differenzierten Prädikationen (SVF 1, frg. 557, dazu VON ARNIM 1922 [*12: 571]) und verurteilt nach einem angeblichen Ausspruch des Sokrates, der wohl aus einem Dialog eines Sokratesschülers stammt, denjenigen, der als erster die Trennung von 'sittlich gut' und 'nützlich' vorgenommen habe. Damit ist ein Thema angeschlagen, das auf lange Zeit nicht nur in der Stoa diskutiert werden sollte (SVF 1, frg. 558). – In deutlicher Wendung gegen Ariston aus Chios differenziert er wie Zenon die Adiaphora und unterscheidet sie nach 'Vorzug', 'Wert' und 'Naturgemässheit' (SVF 1, frg. 574). Hier findet man noch am ehesten die Setzung neuer Akzente und die Ergänzung von Lehren Zenons. Kleanthes nahm die Lust nicht in die Reihe derjenigen Adiaphora auf, die 'bevorzugt' sind, einen 'Wert' besitzen und demnach 'naturgemäss' sind (SVF 1, frg. 553. 574). Ob dies schon ein Reflex der Unterscheidung von ἡδονή (Lust) und χαρά (Freude) ist, muss offenbleiben (SVF 3, frg. 431. 434, vgl. GÖRLER 1984 [§ 33 *812]). Ferner hat Kleanthes den Leumund sehr gering eingeschätzt, weil er letztlich von der urteilsunfähigen Menge abhänge; er gehöre demnach nicht zu den 'bevorzugten' Dingen, die einen bestimmten Wert haben (SVF 1, frg. 559-561). Ähnlich negativ ist sein Urteil über den Reichtum. Wir kennen es aus einer kritischen Auseinandersetzung mit der Wertschätzung, die Sophokles und Euripides dem Wohlstand entgegenbrachten (SVF 1, frg. 562). Gerade in solcher Geringschätzung der Adiaphora kommt etwas von dem oben genannten Rigorismus zum Vorschein.

Zu der prinzipiellen Verteidigung des Standpunktes Zenons gerade auch gegen Ariston aus Chios gehört auch sein Werk ‹Über die Pflicht› (Über das Zukommende bzw. Angemessene) in drei Büchern. Freilich kommt er dem Ariston insofern entgegen, als er zwar an der Nützlichkeit der Untersuchung ethischer Einzelfragen festhält, aber zugibt, dass Empfehlungen für das rechte Verhalten in bestimmten Situationen und die Untersuchung derartiger Einzelfragen aus den allgemeinen ethischen Grundsätzen hervorgehen müssen (SVF 1, frg. 582, zur Position des Ariston aus Chios vgl. oben S. 560). Ein grosser Teil der Schriften des Kleanthes ist solchen Einzelfragen gewidmet; hervorgehoben sei, dass Kleanthes die gute Absicht als das Kriterion des sittlichen Wertes einer Handlung angesehen hat. Sie muss z.B. bei einer Wohltat sichtbar sein und unterscheidet schon bei Leistung eines Eides den Meineidigen von dem, der in rechter Weise schwört. Wer bei Leistung des Eides sich im geheimen die Nichterfüllung vorbehält, ist schon meineidig, wer die gute Absicht hat, zu seinem Eid zu stehen, leistet ihn in rechter Weise (SVF 1, frg. 581. 578-580).

Hinsichtlich der Tugenden bringt Kleanthes, freilich in den ‹Aufzeichnungen zur Physik› (ὑπομνήματα φυσικά), die Lehre von der Spannung (τόνος) ins Spiel. Die Spannung der seelischen Kraft, die nach stoischer Auffassung natürlich körperlich gedacht ist, ist Tugend. «Wenn diese Spannung sich in den Dingen zeigt, die man selbstverständlich aushalten muss, ist sie Selbstbeherrschung, wenn in jenen, die man auf sich nehmen muss, Tapferkeit, hinsichtlich der Wertzuweisung ist sie Gerechtigkeit, hinsichtlich von Wahl und Zurückweisung Besonnenheit» (PLUT. de Stoic. repugn. 7, 1034 d = SVF 1, frg. 563; zur Interpretation vgl. VON ARNIM 1922 [*12: 571-572], POHLENZ 1948-1949 [§ 33 *353: 1, 126], VERBEKE 1949 [*17: 221-224], CHERNISS 1967 [§ 1 *41: 424-427]). Schon dieses Zeugnis zeigt, dass Kleanthes mehrere Tugenden angenommen hat (vgl. ferner SVF 1, frg. 565), es bleibt aber offen, ob er diese Tugenden generell in die vier Kardinaltugenden einteilte und die übrigen diesen unterordnete und wie er gegebenenfalls das Verhältnis der Kardinaltugenden zueinander verstanden hat. Die Tugenden sind für Götter und Menschen sowie für Mann und Frau gleich. Über die zuletzt genannte These verfasste Kleanthes eine besondere Schrift (SVF 1, frg. 564. 481 = Schriftenverzeichnis Nr. 41). Schliesslich hielt er an der Unverlierbarkeit der einmal erworbenen Tugend fest (SVF 1, frg. 568. 569).

Hinsichtlich der Affekte hätte Kleanthes in scharfem Gegensatz zu seiner sonstigen Lehre geradezu systemwidrige unstoische Auffassungen vertreten, wenn man einer Behauptung des Poseidonios Glauben schenken müsste. Dieser glaubte nachweisen zu können, Kleanthes habe in der Art Platons drei Seelenteile oder -vermögen angenommen, die das Verhalten der Menschen bestimmen, nämlich das Vermögen des Begehrens (δύναμις ἐπιθυμητική), des Mutes (δύναμις θυμοειδής) und des Denkens (δύναμις λογιστική; POSEIDONIOS F 422 b Th = F 32 EK = SVF 1, frg. 571). Aber als Zeugnis dieser Interpretation führt Poseidonios einen in poetischer Form gehaltenen Dialog zwischen dem personifizierten λογισμός (Denkkraft) und dem personifizierten θυμός (Zornmut) an (GALEN de Hippocratis et Platonis placitis V 6 p. 456, 1-14 = POSEIDONIOS F 417 Th = F 166 EK = SVF 1, frg. 570). Offenbar vermochte er keine Lehrmeinung des Kleanthes, die in Prosa abgefasst wäre, für seine These anzuführen und interpretierte die poetische Form mancher Zeugnisse in seinem Sinne um als Beweis für das von ihm angenommene Dogma (ähnlich schon VON ARNIM 1922 [*12: 572-573], Zweifel an der Behauptung des Poseidonios auch bei SANDBACH 1975 [§ 33 *361: 65], anders POHLENZ 1948-1949 [§ 33 *353: 1, 143]).

e) Der Hymnos auf Zeus

Im Hymnos auf Zeus hat Kleanthes für die Feiern der stoischen Schulgemeinde ein Lied geschaffen, in welchem er traditionelle Formen und Motive hymnischer Dichtung, mythische Rede, Vorstellungen, die in der bildenden Kunst zum Ausdruck gekommen sind, und älteres philosophisches Gedankengut insbesondere Heraklits durch stoische Interpretation und Durchsetzung mit stoischen Philosophemen zu einem grossartigen Ganzen verwoben hat. Der Hymnos beginnt mit der traditionellen Anrufung des Zeus und der Ankündigung des Preisliedes sowie seiner Begründung (1. V. 1-6). Das Preisen selbst vollzieht sich in zwei Schritten, in einer positiven Prädikation des Zeus als des stoischen Allgotts (2a. V. 7-14) und in einer antithetischen Prädikation, die der Allmacht des Gottes die Willensfreiheit und Torheit der Menschen gegenüberstellt (2b. V. 15-31). Das Lied klingt aus mit der Bitte um Einsicht in den Logos des Zeus (3. V. 32-39). Die folgende Prosaübersetzung sucht Vorstellungen und Gedankengang möglichst genau nachzuvollziehen. In der anschliessenden Kommentierung werden nur die Konstitution des Textes und Aussagen, die nicht aus sich selbst verständlich sind, erläutert:

Erhabenster der Unsterblichen, der du viele Namen hast, immer Allmächtiger,
Zeus, Herr und Führer der Natur, der du mit deinem Gesetz alles lenkst,
sei gegrüsst! Es ist Recht und Pflicht für alle Sterblichen, dich feierlich anzusprechen;
denn wir sind deines Geschlechts, die wir der Sonne Abbild erlangt haben
als einzige, was immer an Sterblichen lebt und sich bewegt auf Erden. 5
Deshalb will ich dich preisen und immer deine Macht besingen.
Ja, dir gehorcht diese Welt, indem sie sich um die Erde dreht,
wie du sie steuerst, und willig lässt sie sich von dir beherrschen.
Einen solchen Gesellen hältst du in deinen unbesiegbaren Händen,
den doppeltgespitzten, feurigen, immer lebendigen Blitz, 10
unter dessen Schlägen alle Dinge der Natur vollendet werden;
durch ihn richtest du auf das allgemeine Gesetz, das durch alles geht,
beigemischt dem grossen und den kleinen Lichtern der Welt.
...
Durch ihn bist du so gross, der oberste König des Alls.
Und nichts kommt zustande auf Erden ohne dich, waltender Gott, 15
noch im göttlichen Bezirk der Luft noch im Meer,
ausser was schlechte Menschen tun auf Grund ihrer Unvernünftigkeit.
Aber du verstehst auch das Krumme gerade zu machen
und zu ordnen das Ungeordnete, und was nicht lieb ist, ist dir schon lieb.
Denn du bist es, der schon immer so alles zu einem Verbund zusammengefügt
   hat, das Gute mit dem Schlechten, 20
dass nur ein Logos zutage tritt in allem, immer seiend;
diesen meiden und vernachlässigen die Sterblichen, soweit sie schlecht sind,
die Unglücklichen, die zwar immer nach dem Erwerb des Guten verlangen,
aber weder hinblicken auf das allgemeine Gesetz Gottes noch auf es hören;
wenn sie ihm mit Vernunft gehorchten, hätten sie ein seliges Leben. 25
Aber sie selbst drängen ohne Vernunft hierhin und dorthin,
die einen des Ruhmes wegen Mühsal voll üblen Streites erduldend,
die anderen aus Gewinnsucht ohne Ordnung und Ziel umhergetrieben,
wieder andere zu Zügellosigkeit und zu den Genüssen des Körpers
...
Hierhin und dorthin treiben sie 30
sich mühend gar sehr darum, dass das Gegenteil des wahren Guten eintrete.
Wohlan Zeus, gütiger Spender, der du in dunklen Wolken thronst mit dem
   helleuchtenden Blitz,
errette du die Menschen vor der unheilvollen Torheit,
verjage sie, Vater, von der Seele! Gib, dass sie die Einsicht
erlangen, auf die gestützt du mit dem Recht alles lenkst, 35
damit so geehrt wir im Wechsel dich ehren,

stets besingend deine Werke, wie es sich ziemt
für den sterblichen Menschen. Denn weder den Sterblichen ist eine grössere
  ehrenvolle Aufgabe
noch den Göttern als immer und zu Recht das allgemeine Gesetz zu besingen.

Kommentierung: V. 1: πολυώνυμε «der du viele Namen hast»: erfüllt einerseits die Forderung der Epiklese, den Gott mit allen seinen Namen zu benennen, und lässt andererseits die stoische Gleichsetzung von Zeus mit Logos, Vernunft, Feuer, Heimarmene und Pronoia anklingen. – V. 2: πάντα 'alles' und 'das All'. – V. 4: Die einzige Handschrift bietet: ἐκ σοῦ γὰρ γένος ἐσμὲν ἤχου μίμημα λαχόντες. Offensichtlich korrupt ist ἤχου, das weder ins Metrum passt (die erste Silbe müsste kurz sein), noch einen vertretbaren Sinn ergibt. In die erste Hälfte des Verses darf nicht eingegriffen werden. Sie enthält als Begründung den Hinweis auf die Verwandtschaft des Menschen mit Zeus durch eine zitierende Anspielung auf den Zeushymnos im stoisierenden Prooemium der Phainomena Arats (V. 5: τοῦ γὰρ καὶ γένος εἰμέν). Die Art der Verwandtschaft wird im zweiten Teil des Verses dargetan. Sie besteht, wie sich auch aus den weiteren Aussagen des Hymnos ergibt, in der Teilhabe am göttlichen Logos. Dies bringt Kleanthes der Dichtung entsprechend bildlich zum Ausdruck durch den Hinweis auf die seit Platons Timaios (44 D-E, 90 A) gängige Auffassung, dass der Kopf des Menschen die Rundheit des Himmelgewölbes und der Gestirne nachahmt. Dieser Sinn ist erreicht, wenn man mit Scaliger statt ἤχου unter Änderung des einen verdächtigen Buchstabens ὄχου schreibt: ὄχος 'das Gefährt, der Wagen, das Rad' meint dabei die Sonne, nach Kleanthes das Zentralorgan des Kosmos. Ich führe damit die Interpretation GAISERS (1968 [*93]) fort. – V. 9ff.: Anspielung auf bildliche Darstellungen des Zeus und Deutung des Blitzes als des Tonos. – V. 11: Am Ende des Verses fehlt ein Wort. Die Ergänzung τελεῖται durch VON ARNIM füllt die Lücke; die Vermutung einer grösseren Lücke (ZUNTZ) ist nicht zwingend. – V. 13f.: μεγάλῳ so DIELS für μεγάλων, gemeint ist die Sonne. Am Ende des Verses ist in der Handschrift eine Lücke gekennzeichnet; es ist wohl ein Vers mit weiterer Darlegung der Wirkungsweise des Zeus durch den Blitz verlorengegangen; daher ist der korrupte Anfang von V. 14 (ὡς τόσσος) nicht mit letzter Sicherheit heilbar: ᾧ σὺ τόσος (VON ARNIM) ist aber recht passend. – V. 18: Vgl. HESIOD. op. 9f., ferner die παλίντροπος ἁρμονίη ('gegenstrebige Vereinigung') HERAKLITS (Frg. 51. 58. 10). – V. 19: καὶ οὐ φίλα σοὶ φίλα ἐστίν vgl. HERAKLIT Frg. 102: τῷ μὲν θεῷ καλὰ πάντα καὶ ἀγαθὰ καὶ δίκαια («Für Gott ist alles schön und gut und gerecht»). – V. 21: Die Folge der beschriebenen Tätigkeit des Zeus ist es, dass in allem der eine Logos (Plan) hervortritt; sollte man γίγνεσθαι durch φαίνεσθαι ('sichtbar werden') ersetzen? – V. 26: Ich lese mit WILAMOWITZ ἄνευ νόου statt des korrupten ἄνευ κακοῦ. Im folgenden werden verschiedene verfehlte Lebensformen und Lebensziele vorgeführt. Nach V. 29 setzt ZUNTZ eine grössere Lücke an; es fehlt nicht nur der Anfang von V. 30. V. 30/31 bringt den Schluss der Schilderung der verfehlten Lebensformen. – V. 33: Am besten ergänzt ZUNTZ die fehlende Silbe: ῥύου ⟨σύγ'⟩.

5. Schüler

Die orthodoxe stoische Schule, die von Kleanthes geleitet und repräsentiert worden ist, hat weithin im Schatten Aristons und der anderen stoischen Neugründungen gestanden. Es ist schon darauf hingewiesen worden, dass Eratosthenes als bedeutende Philosophen seiner Studienzeit in Athen nur den Ariston und den Arkesilaos nennt. Hierzu passt, dass nur zwei Schüler des Kleanthes mit Namen bekannt sind: Chrysipp und Sphairos vom Borysthenes. Es war in der Mitte des 3. Jahrhunderts durchaus offen, welcher Richtung der Stoa die Zukunft gehören sollte.

B. SPHAIROS VOM BORYSTHENES

1. Biographie

Sphairos vom Borysthenes (= Dnjepr) aus der nahe der Mündung dieses Flusses gelegenen Stadt Olbia wurde um 285 geboren und kam etwa zwanzigjährig nach Athen. Hier schloss er sich noch Zenon an und wurde nach dessen Tod Schüler des Kleanthes. Nach einer hinreichenden philosophischen Ausbildung schickte ihn Kleanthes, als er von Ptolemaios Philadelphos gebeten wurde, entweder selbst an den Hof nach Alexandreia zu kommen oder einen Schüler zu entsenden, an den ägyptischen Hof (DIOGENES LAERT. VII 177 = SVF 1, frg. 620. 621; die Nennung des Ptolemaios Philopator bei DIOGENES LAERT. ist aus chronologischen Gründen falsch; es scheint eine Verwechslung wegen der späteren Flucht zu Philopator vorzuliegen; doch vgl. HOBEIN 1929 [*163: 1683ff.]). Auch in Sparta fand Sphairos, vielleicht nicht zuletzt wegen seiner Schriften, Freunde. Das Schriftenverzeichnis nennt u.a. eine ‹Spartanische Verfassung› und ein Werk in drei Büchern ‹Über Lykurg und Sokrates›. Jedenfalls machte ihn Agis IV., als er 243 sein Reformwerk in Sparta begann, zu seinem Berater. Offenbar bei diesem Anlass gewann Sphairos auch auf Kleomenes Einfluss. Ob er nach dem Scheitern des Agis in Sparta blieb oder nach Athen zurückkehrte, wissen wir nicht. Als aber Kleomenes nach 235 in Sparta die Reformen des Agis zu erneuern versuchte, beauftragte er Sphairos mit der Durchführung der Erziehungsreform. Sphairos verstand diese Aufgabe wohl als eine Erneuerung der alten spartanischen ἀγωγή ('Erziehung') aus dem Geiste der Stoa. Nach der vernichtenden Niederlage des Kleomenes in der Schlacht bei Sellasia (221) floh er mit diesem nach Alexandreia zu Ptolemaios Philopator. Er ist wohl dort gestorben (PLUT. Vita Cleom. 2. 11. = SVF 1, frg. 622. 623).

2. Schriften

DIOGENES LAERT. (VII 178 = SVF 1, 620) führt 32 Titel von Schriften des Sphairos aus allen Bereichen der Philosophie auf. Die Schriften sind nach den Teildisziplinen der Philosophie geordnet: Zunächst werden solche aus dem Gebiet der Physik angeführt (Nr. 1-8), dann aus dem der

Ethik (Nr. 9-19, wobei nur die Einordnung von Nr. 18 unsicher ist), schliesslich solche aus der Logik (Nr. 20-31, die ethischen Schriften Nr. 26 und 28 und wohl auch 27 sind Irrläufer). Die Briefe (Nr. 32) sind wohl als Anhang zu verstehen. Im einzelnen werden folgende Titel genannt:

1 Περὶ κόσμου β' – Über die Welt, zwei Bücher.
2 Περὶ στοιχείων – Über die Elemente.
3 Περὶ σπέρματος – Über den Samen. – Daraus wohl Frg. 626.
4 Περὶ τύχης – Über das Glück [den Zufall].
5 Περὶ ἐλαχίστων – Über die kleinsten Teile.
6 Πρὸς τὰς ἀτόμους καὶ τὰ εἴδωλα – Gegen die Annahme von Atomen und Wahrnehmungsbildchen.
7 Περὶ αἰσθητηρίων – Über die Sinnesorgane. – Daraus wohl Frg. 627.
8 Περὶ Ἡρακλείτου ε' – Über Heraklit, fünf Bücher.
9 Διατριβῶν – Diatriben [volkstümliche Vorträge].
10 Περὶ τῆς ἠθικῆς διατάξεως – Über die Einteilung der Ethik.
11 Περὶ καθήκοντος – Über die Pflicht.
12 Περὶ ὁρμῆς – Über den Trieb.
13 Περὶ παθῶν β' – Über die Leidenschaften [Affekte], zwei Bücher.
14 Περὶ βασιλείας – Über das Königtum.
15 Περὶ Λακωνικῆς πολιτείας – Über die spartanische Verfassung. – Daraus Frg. 630 und vermutlich auch 629.
16 Περὶ Λυκούργου καὶ Σωκράτους γ' – Über Lykurg und Sokrates, drei Bücher.
17 Περὶ νόμου – Über das Gesetz.
18 Περὶ μαντικῆς – Über Mantik.
19 Διάλογοι ἐρωτικοί – Dialoge über erotische Fragen.
20 Περὶ τῶν Ἐρετριακῶν φιλοσόφων – Über die eretrischen Philosophen.
21 Περὶ ὁμοίων – Über Ähnlichkeiten [Vergleiche? Analogien?].
22 Περὶ ὅρων – Über Definitionen. – Daraus wohl Frg. 628.
23 Περὶ ἕξεως – Über den Habitus.
24 Περὶ τῶν ἀντιλεγομένων γ' – Über die streitigen Punkte, drei Bücher.
25 Περὶ λόγου – Über die Rede [Vernunft?].
26 Περὶ πλούτου – Über den Reichtum.
27 Περὶ δόξης – Über den Ruhm [das Wähnen?].
28 Περὶ θανάτου – Über den Tod.
29 Τέχνης διαλεκτικῆς β' – Die Kunst der Dialektik, zwei Bücher.
30 Περὶ κατηγορημάτων – Über die Aussagen.
31 Περὶ ἀμφιβολιῶν – Über Doppeldeutigkeiten.
32 Ἐπιστολαί – Briefe.

3. Doxographie

Trotz der mannigfachen politischen Aktivität hat Sphairos nach dem Ausweis des Schriftenverzeichnisses zu fast allen Bereichen der Philosophie geschrieben und dabei gerade auch aktuelle Themen wie die Kritik an der Physik und an der Erkenntnistheorie Epikurs (Nr. 6) einbezogen. Nur die Theologie scheint er, wenn man von der Schrift über die Mantik (Nr. 18) absieht, vernachlässigt zu haben. Ob sich darin eine Distanzierung von seinem Lehrer andeutet, bleibe dahingestellt. Trotz der grossen Zahl der Schriften hat die antike Doxographie nur wenige Lehrmeinungen unter dem Namen des Sphairos tradiert. In der Erkenntnislehre scheint er, wohl unter dem Einfluss der akademischen Kritik, den stoischen Grundsatz, dass der Weise nicht irre, insofern modifiziert zu haben, als er dem Urteil des Weisen jedenfalls die 'Wohlbegründetheit' (τὸ εὔλογον) zusprach (SVF 1, frg. 625). Hinsichtlich des Samens hat er ganz im Sinne der Stoa die Meinung vertreten, dieser sei ein Ausfluss aus dem Gesamt des Körpers, da er die Fähigkeit besitze, alle Teile des Körpers neu entstehen zu lassen. Auffällig ist, dass hierbei eine Einbeziehung der Seele und des Pneuma bzw. des Feuers fehlt. Andererseits hielt er an Zenons Meinung fest, dass der sogenannte weibliche Same unfruchtbar sei; ihm fehle die Spannkraft, er sei an Quantität gering und an Qualität wässerig (SVF 1, frg. 626). Ferner hat er wegen des vom Sinnesorgan ausgehenden Sehstrahls das

Dunkel für sichtbar gehalten, was durchaus stoischer Auffassung entspricht (SVF 1, frg. 627). Schliesslich nennt Cicero, durchaus anerkennend, von Sphairos drei Definitionen der Tapferkeit, die sich durch den wechselnden Aspekt leicht unterscheiden: «Tapferkeit ist das Verhalten des Geistes, das im Aushalten dem obersten Gesetz gehorcht» oder «das feste Bewahren des Urteils beim Aushalten oder Zurückweisen von Dingen, die furchtbar erscheinen» oder «das Wissen des Furchtbaren, seines Gegenteils oder des überhaupt zu Vernachlässigenden (der Adiaphora?), das ein festes Urteil darüber bewahrt» (CICERO Tusc. IV 53 = SVF 1, frg. 628). Über diese unmittelbaren Bezeugungen hinaus kann gelegentlich mit der Nachwirkung einzelner Schriften des Sphairos in Werken späterer Autoren gerechnet werden, wie dies für Περὶ τύχης in der gleichnamigen Schrift Plutarchs von BURIKS (1950 [*166]) vermutet worden ist.

C. ZEUGNISSE UND SEKUNDÄRLITERATUR

1. Kleanthes aus Assos: a) Fragmentsammlungen [*1-*4]; b) Sekundärliteratur [*11-*44]; c) Spezialliteratur zum Hymnos auf Zeus: α) Spezialausgaben und Übersetzungen [*71-*77]; β) Untersuchungen [*81-*107]. – 2. Sphairos vom Borysthenes: a) Fragmentsammlungen [*151-*153]; b) Sekundärliteratur [*161-*167].

1. Kleanthes aus Assos

a) Fragmentsammlungen

1 A. C. Pearson: The fragments of Zeno and Cleanthes (1891) [§ 34 *1: 236-330]. – Für Textgestaltung und Kommentierung immer noch wichtig.
2 SVF 1 (1905) [§ 33 *11: 103-139 = frg. 463-619].
3 N. Festa: I frammenti degli stoici antichi 2 (¹1935, ²1971) [§ 33 *12: 75-176].
4 M. Pohlenz: Stoa und Stoiker (¹1951, ²1964) [§ 33 *14: 11-15. 103-105 u.ö.].

b) Sekundärliteratur

11 R. Hirzel: Untersuchungen zu Ciceros philosophischen Schriften 2, Theil 1. Die Entwicklung der stoischen Philosophie (1882) [§ 1 *331: bes. 84-182].
12 H. von Arnim: Kleanthes (2), in: RE 11 (1922) 558-574.
13 J. D. Meerwaldt: Kleanthes' Gebet an Zeus und das Schicksal, in: Wiener Blätter 1-2 (1924) 139-142.
14 T. Zielinski: Cleantheum (frg. 500 von Arnim), in: Eos 29 (1926) 100.
15 J. Bidez: La cité du monde et la cité du soleil chez les stoïciens, in: Académie royale de Belgique, Bulletin de la Classe des Lettres (1932) 244-294.
16 C. del Grande: Hybris. Colpa e castigo nell'espressione poetica e letteraria da Omero a Cleante (Neapel 1947).
17 G. Verbeke: Kleanthes van Assos (Brüssel 1949) [Verhandelingen van de Koninklijke Vlaamse Academie voor Wetenschappen, Letteren en schone Kunsten. Kl. d. Lett. 11 Nr. 9]. – Rez.: Herzog-Hauser, in: Anzeiger für die Altertumswissenschaft 6 (1953) 155-157.
18 L. Edelstein: Rez. von M. Pohlenz: Die Stoa. Geschichte einer geistigen Bewegung (1948-1949 [§ 33 *353]), in: American Journal of Philology 72 (1951) 426-432.
19 J. D. Meerwaldt: Cleanthea I und II, in: Mnemosyne 4 (1951) 40-69; 5 (1952) 1-12. – Zu den Fragmenten 471. 472. 476. 487. 497. 519. 520. 527. 537.
20 P. Boyancé: La religion astrale de Platon à Cicéron, in: Revue des Etudes grecques 65 (1952) 312-350.
21 M. Marcovich: On the origin of Seneca's 'Ducunt volentem fata, nolentem trahunt', in: Classical Philology 54 (1959) 119-121.
22 P. Steinmetz: Der Zweck der Charaktere Theophrasts, in: Annales Universitatis Sara-

viensis, Philosophie-Lettres 8.3 (1959) 209-246.
23 F. Solmsen: Cleanthes or Posidonius? The basis of Stoic physics (Amsterdam 1961) [Medelingen der Koninklijke Nederlandse Akademie van Wetenschappen, Afd. Letterkunde 24/9].
24 M. Gigante: Σημαντικὸν ποίημα. Contributo alla storia dell'estetica antica, in: La Parola del Passato 16 (1961) 40-53.
25 H. Dörrie: Kleanthes von Assos, in: RE Suppl. Bd. 12 (1970) 1705-1709. – Nachträge zu von Arnim 1922 [*12].
26 J. Dalfen: Das Gebet des Kleanthes an Zeus und das Schicksal, in: Hermes 99 (1971) 174-183.
27 A. A. Long: Freedom and determinism in the Stoic theory of human action, in: Long (Hg.) 1971 [§ 33 *359: 173-199].
28 P. Meinel: Seneca über seine Verbannung (Bonn 1972). – Diss. Erlangen 1971.
29 A. Grilli: Lo stoicismo antico, in: Dal Pra (Hg.) 1975 [§ 1 *338: 63-101].
30 F. Magi: La tromba di Cleante, in: Atti della Pontifica Accademia Romana di Archeologia. Rendiconti 48 (1975-1976) 159-164.
31 H. Dahlmann: Nochmals 'Ducunt volentem fata, nolentem trahunt', in: Hermes 105 (1977) 342-351.
32 H. Dörrie: Der Begriff 'Pronoia' in Stoa und Platonismus, in: Freiburger Zeitschrift für Philosophie und Theologie 24 (1977) 60-87.
33 D. E. Hahm: The origins of Stoic cosmology (1977) [§ 33 *626: bes. 240-248. 267-273].
34 H. Barreau: Cleanthe et Chrysippe face au Maître Argument de Diodore, in: Brunschwig (Hg.) 1978 [§ 33 *494: 21-40].
35 J. Mansfeld: Providence and the destruction of the universe in early Stoic thought, with some remarks on the mysteries of philosophy, in: M. J. Vermaseren (Hg.): Studies in Hellenistic religions (Leiden 1979) 129-188.
36 A. Setaioli: La traduzione senecana dei versi di Cleante a Zeus e al fato, in: Studi di poesia latina in onore di A. Traglia (Rom 1979) 719-730.
37 A. A. Long: Stoa and Sceptical Academy. Origins and growth of a tradition, in: Liverpool Classical Monthly 5 (1980) 161-174.
38 P. Kotzia-Panteli: Das Fragment 570 des Stoikers Kleanthes und die Prosopopoiie des Michael Choniates im Codex Marc. gr. XI 22, in: Ἐπιστημονικὴ Ἐπετηρὶς τῆς Φιλοσοφικῆς Σχολῆς τοῦ Ἀριστοτελείου Πανεπιστημίου Θεσσαλονίκης 20 (1981) 173-184.

39 R. W. Sharples: Necessity in the Stoic doctrine of fate, in: Symbolae Osloenses 56 (1981) 81-97.
40 J. C. B. Gosling and C. C. W. Taylor: The Greeks on pleasure (Oxford 1982) 415-427.
41 J. Mansfeld: The Cleanthes-fragment in Cicero De natura deorum II 24, in: J. den Boeft und A. H. M. Kessels: Actus. Studies in honour of H. L. W. Nelson (Utrecht 1982) 203-210.
42 A. J. Kleywegt: Cleanthes and the 'vital heat', in: Mnemosyne 37 (1984) 94-102.
43 A. A. Long: The Stoics on world-conflagration and everlasting recurrence, in: Southern Journal of Philosophy, Suppl. 23 (1985) 13-37.
44 P. Steinmetz: Allegorische Deutung und allegorische Dichtung in der Alten Stoa, in: Rheinisches Museum 129 (1986) 18-30. – Bes. 23-25.

c) Spezialliteratur zum Hymnos auf Zeus

α) Spezialausgaben und Übersetzungen

71 U. von Wilamowitz-Moellendorff: Hellenistische Dichtung in der Zeit des Kallimachos 2 (Berlin ¹1924, ND ²1962) 257-261.
72 I. U. Powell: Collectanea Alexandrina (London 1925) 227-229.
73 H. Crossley: The golden sayings of Epictetus with the hymn of Cleanthes, transl. (New York 1929).
74 A. S. Way: The hymns of Callimachus with the hymn of Cleanthes in English verse (London 1934).
75 S. Delta: Ἐπικτήτου Ἐγχειρίδιον, Μάρκου Αὐρηλίου Τὰ εἰς ἑαυτόν, Κλεάνθους Ὕμνος εἰς Δία (Athen ²1935). – Übersetzungen.
76 M. Maykowska: Hymn do Zeusa, in: Meander 1 (1946) 526-527. – Polnisch.
77 M. Balkwill: Hymn to Zeus, translated, in: Athene 25/1 (Chicago 1964) 48.

β) Untersuchungen

81 E. Neustadt: Der Zeushymnos des Kleanthes, in: Hermes 66 (1931) 387-401.
82 M. Pohlenz: Kleanthes' Zeushymnus, in: Hermes 75 (1940) 117-123. – Gesamtanalyse.
83 A. S. Pease: Caeli enarrant, in: Harvard Theological Review (1941) 163-200.
84 A.-J. Festugière: La révélation d'Hermès Trismégiste, Bd. 2: Le dieu cosmique (Paris 1949) 310-325.
85 G. Zuntz: Zum Hymnus des Kleanthes, in: Rheinisches Museum 94 (1951) 337-341. – Zu Vers 7.

86 E. des Places: Hymnes grecs au seuil de l'ère chrétienne, in: Biblica 38 (1957) 113-129. – Zur monotheistischen Tendenz des Zeushymnus.
87 G. Zuntz: Zum Kleanthes-Hymnus, in: Harvard Studies in Classical Philology 63 (1958 = Festschr. W. Jaeger) 289-308. – Grundlegend für die Feststellung des überlieferten Textes durch Überprüfung der einzigen Handschrift: F(arnesinus) III D 15.
88 R. Renehan: The Collectanea Alexandrina. Selected passages, in: Harvard Studies in Classical Philology 68 (1964 = Gedenkschr. A. D. Nock) 375-388. – U.a. zum Hymnos des Kleanthes 1-6: 382-386.
89 M. Marcovich: Zum Zeushymnus des Kleanthes, in: Hermes 94 (1966) 245-250. – Zu Vers 4 mit umfasserner Darstellung älterer Konjekturen.
90 M. D. Petrusevski: 4.-5. Stih Kleantove hymne Zevsu, in: Živa Antika 16 (1966) 342.
91 E. T. Silk: The god and the searchers for happiness. Notes on Horace's repetition and variation of a favorite topos, in: Yale Classical Studies 39 (1966) 233-250. – Zur Nachwirkung des Zeus-Hymnos bei Horaz.
92 P. Colaclidès: Ἤχου μίμημα, in: Glotta 46 (1968) 58-60.
93 K. Gaiser: Das besondere Mimema des Menschen bei Kleanthes, in: Hermes 96 (1968) 243-247. – Aufhellung des geistesgeschichtlichen Hintergrunds; zu V. 4.
94 R. Renehan: A correction, in: Hermes 97 (1969) 380. – Zu Marcovich 1966 [*89].
95 M. Dragona-Monachou: Ὁ ὕμνος στο Δία καὶ τὰ Χρυσῆ Ἔπη, in: Philosophia 1 (1971) 339-378. – Über den Einfluss orphisch-pythagoreischen Gedankenguts auf die stoische Theologie und den Zeushymnos.
96 M. Ghidini Tortorelli: Morfologia cleantea di Zeus, in: Atti dell'Accademia Pontaniana (Neapel 1973) 327-332.
97 A. Le Boulluec: L'allégorie chez les stoïciens, in: Poétique 6 (1975) 301-321.
98 A. De Rossi: Cleanthes' hymn to Zeus, in: Classical Bulletin 53 (1976) 1-2.
99 R. Renehan: Acts 17, 28, in: Greek, Roman and Byzantine Studies 20 (1979) 347-353.
100 G. Zuntz: Vers 4 des Kleanthes-Hymnus, in: Rheinisches Museum 122 (1979) 97-98.
101 A. Dirkzwager: Ein Abbild der Gottheit haben und weiteres zum Kleanthes-Hymnus, in: Rheinisches Museum 123 (1980) 359-360.

102 M. Simon: Prière du philosophe et prière chrétienne, in: H. Limet et J. Ries (Hg.): L'expérience de la prière dans les grandes religions. Actes du colloque de Louvain-la-neuve et Liège (22-23 nov. 1978) (Löwen 1980) [Homo religiosus 5] 205-224.
103 G. Giangrande: Cleanthes' hymn to Zeus, line 4, in: Corolla Londiniensis 2 (1982) 95-97.
104 S. R. Slings: Θέμις im Hymnos des Kleanthes, in: Rheinisches Museum 125 (1982) 188-189.
105 P. A. Meijer: Kleanthes' Loflied op Zeus: Kunt ge nog zingen, zing dan meel! in: Lampas 16 (1983) 16-37.
106 P. A. Meijer: Γέρας in the Hymn of Cleanthes on Zeus, in: Rheinisches Museum 129 (1986) 31-35.
107 K. Sier: Zum Zeushymnos des Kleanthes, in: P. Steinmetz (Hg.): Beiträge zur hellenistischen Literatur und ihrer Rezeption in Rom (Stuttgart 1990) [Palingenesia 28] 93-108.

2. Sphairos vom Borysthenes

a) Fragmentsammlungen

151 SVF 1 (1905) [§ 33 *11: 139-142 = frg. 620-630].
152 N. Festa: I frammenti degli stoici antichi 2 (¹1935, ²1971) [§ 33 *12: 177-185].
153 M. Pohlenz: Stoa und Stoiker (¹1950, ²1964) [§ 33 *14: 17-18].

b) Sekundärliteratur

161 F. Susemihl: Geschichte der griechischen Literatur in der Alexandrinerzeit 1 (1881) [§ 1 *333: 73-74].
162 E. Zeller: Die Philosophie der Griechen III 1 (⁵1923, ⁶1963) [§ 1 *332: 39-40].
163 H. Hobein: Sphairos (3), in: RE 3 A (1929) 1683-1693.
164 F. Ollier: Le philosophe stoïcien Sphairos et l'œuvre réformatrice des rois de Sparte Agis IV. et Cléomène III., in: Revue des Etudes grecques (1936) 536-570.
165 M. Pohlenz: Die Stoa (⁴1971-1972) [§ 33 *353: 1, 26; 2, 15-16].
166 A. A. Buriks: The source of Plutarch's Περὶ τύχης, in: Phoenix 4 (1950) 59-69.
167 F. H. Sandbach: The Stoics (1975) [§ 33 *361: 140-141].

§ 37. Chrysipp aus Soloi

A. Biographie 584. – B. Bildnisse 586. – C. Schriften und Werkbeschreibung 586: 1. Schriftenverzeichnis und Zustand der Überlieferung 586; 2. Deutlicher fassbare Schriften 587: a) Prima de syllogismis introductio 587; b) De negativis enuntiationibus 587; c) Quaestiones logicae 588; d) De proverbiis 588; e) De natura 589; f) Physica 589; g) De deis 589; h) De fato 589; i) De providentia 590; j) De anima 590; k) De vitis 590; l) De iustitia 591; m) De honestate et voluptate 591; n) De affectibus 591; o) Papyrus Herculanensis 1020 591; 3. Charakteristik der Schriftstellerei Chrysipps 592. – D. Doxographie 593: 1. Charakteristik der Art des Philosophierens Chrysipps 593; 2. Aufgabe und Einteilung der Philosophie 593; 3. Logik 593: a) Erkenntnistheorie 593; b) Dialektik 595; c) Rhetorik 603; 4. Physik 603: a) Ontologische und kosmologische Grundfragen 603; b) Pneuma und Mischung 606; c) Psychologie 608; d) Theologie 609; e) Determinismus – Theodizee – Menschliche Verantwortung 610; 5. Ethik 612: a) Das Lebensziel (τέλος, finis bonorum) 612; b) Die Lehre von der Oikeiosis 613; c) Güter – Handlungen – Qualifikation des handelnden Menschen 615; d) Die Affekte 616. – E. Ausgaben und Sekundärliteratur 618: 1. Fragmentsammlungen 618; 2. Gesamtdarstellungen 619; 3. Zur Biographie und zu den Bildnissen 619; 4. Zu einzelnen Schriften 619; 5. Zur Doxographie 620: a) Logik 620; b) Physik 622; c) Ethik 624.

A. BIOGRAPHIE

Biographische Quellen. – SVF 2, frg. 1-12 (die Notizen aus der Suda hat VON ARNIM nicht aufgenommen). Es hat mehrere Beschreibungen des an äusseren Ereignissen offenbar nicht reichen Lebens Chrysipps aus hellenistischer Zeit gegeben, unter anderen die des Diokles aus Magnesia, die des Hermippos und die des Autors des Index Stoicorum Herculanensis. Auch in Werken zur Chronologie (Apollodoros aus Athen), zur Geschichte der Philosophenschulen (Sotion) und in Homonymenlisten (Demetrios) ist über Chrysipp gehandelt worden. Hinzu kommen gelegentliche Erwähnungen in den Schriften von Schulangehörigen (Hekaton) oder von Gegnern (Apollodoros der Gartentyrann).

Leben. – Beim Tode des Kleanthes hatte die Akademie des Arkesilaos und seines Nachfolgers Lakydes den ersten Platz unter den Philosophenschulen Athens inne. Die Stoa ist in drei Schulen zerfallen, in die eher konservative Schule des Kleanthes und in die Abspaltungen der Aristoneier und Herillier. Unter diesen hatte die Schule Aristons noch den weitesten Anklang gefunden. Den gewichtigen Angriffen des Arkesilaos hatte Kleanthes letztlich nur die Standfestigkeit seiner Überzeugung entgegensetzen können. Andere waren durch die akademische Kritik zur Aufgabe mancher stoischen Grundposition genötigt worden. Aber der Retter der Stoa war schon in der Schule des Kleanthes tätig: Chrysippos.

Wie sich aus der Chronik Apollodors ergibt (FGrH Nr. 244 Frg. 46 = DIOGENES LAERT. VII 184 = SVF 2, frg. 1), ist Chrysipp zwischen 281 und 277 in Soloi in Kilikien geboren. Sein Vater Apollonios oder Apollonides, wohl ein wohlhabender Kaufmann, war von Tarsos nach Soloi übergesiedelt (SVF 2, frg. 1a). Die Muttersprache Chrysipps war offenbar das Aramäische (SVF 2, frg. 24. 894 = S. 245, 4). Er war von zierlicher Gestalt, bedürfnislos, aber von grosser geistiger Energie und mit grösstem Scharfsinn begabt. Sein philosophischer Werdegang ist aus den Quellen nicht mit aller Klarheit zu ermitteln. Jedenfalls schloss er sich, als er nach Athen kam, an Kleanthes an. Offenbar hat ihn diese Persönlichkeit und die von ihr vorgetragene Philosophie Zenons tief beeindruckt, während ihm die geschickte Rhetorik Aristons nicht zusagte. Aber weniger einverstanden war er mit den Begründungen Zenons und des Kleanthes. Hier vermisste er dialektische Schärfe. Immerhin hörte er auch bei Arkesilaos und dessen Schüler Lakydes, ja er ist sogar mit Veröffentlichungen im Sinne der akademischen Philosophie hervorgetreten. Auf diese Weise hat er über Grössen und über Mengen geschrieben, wobei er sich wohl mit dem Sorites auseinandersetzte, insbesondere aber eine Schrift ‹Gegen die gewohnheitsmässigen Anschauungen› verfasst, in welcher er sogar den Arkesilaos an dialektischer Schärfe übertraf und der späteren Kritik an der Stoa manches Argument in die Hand gab. Danach ist er mit einer Schrift ‹Über die gewohnheitsmässigen Anschauungen› dem eigenen früheren Werk entgegengetreten. Es ist unentschieden, ob man diesen Befund als geistige Entwicklung oder beide Schriften als die beiden Teile eines Diskutierens 'in utramque partem' deuten soll (vgl. u.a. VON ARNIM 1899 [*23: 2502-2503], WEHRLI Suppl. 2 zu Frg. 22 = SVF 2, frg. 1 = DIOGENES LAERT. VII 183/84, DÖRRIE 1970 [*28], SANDBACH 1975 [§ 33 *361: 112f.]). Bei allem Selbstbewusstsein, das er besass, hat sich Chrysipp nicht von der Stoa getrennt und eine eigene Schule gegründet, sondern in der Schule des Kleanthes im Sinne der Stoa philosophiert, indem er die Grundsätze Zenons interpretierte, ergänzte, gelegentlich auch abänderte und vor allem dialektisch neu begründete. Nichts ist bezeichnender für diese Art des Philosophierens als sein Wort zu Kleanthes: «Er brauche allein eine Unterweisung in den stoischen Dogmen, die Beweise werde er selber finden» (DIOGENES LAERT. VII 179 = SVF 2, frg. 1). So wurde Chrysipp beim Tode des Kleanthes zum Schulhaupt der Stoa gewählt und wirkte in der geschilderten Art und Weise weiter. Seine Hauptstärke war die Dialektik. Man sagte, wenn es eine Dialektik bei den Göttern gäbe, wäre es die Chrysipps. Es ist schon früh aufgefallen und als Zeichen geistiger Unabhängigkeit gewertet worden, dass Chrysipp nicht wenige seiner zahlreichen Schriften an Schüler gerichtet, aber keine einzige einem der hellenistischen Herrscher gewidmet hat. Dagegen hat er anders als Zenon die ihm angetragenen Rechte eines Bürgers von Athen angenommen (SVF 2, frg. 1 = S. 2, 21ff., PLUT. de Stoic. repugn. 4, p. 1034a = SVF 1, frg. 26). Sein Lehrerfolg war gross. Auch für die breitere Öffentlichkeit hielt er unter freiem Himmel im Lykeion Vorträge (DIOGENES LAERT. VII 185 = SVF 2, frg. 1 = S. 2, 26ff.). Dementsprechend ist die Zahl seiner Schüler gross. Wir kennen an die 60 Namen, teils aus den Adressatenangaben des Schriftenverzeichnisses, teils aus der Liste der Schüler im Index Stoicorum (Ind. Stoic. Herc. col. XLV-XLVII und dazu CRÖNERT 1906 [*51: 79-81]). Vom Privatleben Chrysipps ist nur sehr wenig bekannt. Obwohl er auch auf Grund der Einnahmen durch Honorare nicht unvermögend war, lebte er als Junggeselle in grosser Bescheidenheit und liess sich sein Haus von nur einer Dienerin besorgen (SVF 2, frg. 1. 4. 6).

Als Chrysipp in der 143. Olympiade (208/204) im Alter von 73 Jahren in Athen starb – die tradierten Todesursachen, ein Schwindelanfall nach reichlichem Genuss ungemischten Weines bei einer Opferfeier oder ein Lachkrampf, sind legendär (vgl. WEHRLI Suppl. 1 zu Frg. 59) –, war die Stoa nicht nur zur führenden Schule

Athens geworden, sondern kraft seiner Dialektik neu begründet und zu einem einheitlichen System durchgeformt worden. Schon ging der Spruch um: εἰ μὴ γὰρ ἦν Χρύσιππος, οὐκ ἂν ἦν στοά («Wenn es Chrysipp nicht gäbe, gäbe es nicht die Stoa»), und der Neffe Aristokreon liess ein Standbild Chrysipps errichten und auf die Basis setzen: «das scharfe Messer, das der Akademiker Schlingen zerschnitt» (SVF 2, frg. 3b).

B. BILDNISSE

Ausser dem eben genannten Standbild sind noch zwei weitere Standbilder Chrysipps in Athen bekannt, eine sitzende Statue mit vorgestreckter Hand im Kerameikos (CIC. de fin. I 39, DIOGENES LAERT. VII 182) und ein Standbild (oder eine Herme?) im Gymnasion des Ptolemaios nahe der Agora (PAUSAN. I 17, 2). In der Kaiserzeit sind Gipsabgüsse Chrysipps weit verbreitet (vgl. JUVEN. 2, 4-5). Erhalten sind 16 Köpfe, 2 Statuen und eine Bronze, die vermutlich alle von der Statue auf dem Kerameikos abhängig sind (ARNDT/ BRUCKMANN 1891-1942 [§ 1 *451: 931-940], BERNOULLI 1901 [§ 1 *452: 1, 167-168. 2, 149-150], SCHEFOLD 1943 [§ 1 *453: 124f. Nr. 3. 126. 129 Nr. 4. 211], RICHTER 1965 [§ 1 *455: 2, 190-194, Abb. 1111-1114], BOUCHER-COLOZIER 1965 [*85]), ferner Abbildungen auf Münzen, Gemmen und Medaillons (RICHTER 1965 [§ 1 *455: 2, 193. Abb. 1147], INGHOLT 1967-1968 [*86], LUSCHEY 1975 [*87], BACCHIELLI 1979 [*88], FRANKE 1990 [*89]).

C. SCHRIFTEN UND WERKBESCHREIBUNG

1. Schriftenverzeichnis und Zustand der Überlieferung

Chrysipp war ein äusserst fleissiger und fruchtbarer Schriftsteller. Angeblich hat er täglich im Durchschnitt 500 Zeilen geschrieben. Die Zahl seiner Bücher wird auf 705 angegeben (DIOGENES LAERT. VII 180. 181 = SVF 2, frg. 1). Wie gewöhnlich bringt DIOGENES LAERT. ein Verzeichnis der 'namhaftesten' Werke. Es ist nach den Teilen der Philosophie in Schriften zur Logik, zur Ethik und zur Physik gegliedert, wobei diese nach Sachgebieten (διαφοραί) und die Sachgebiete wiederum in Zusammenstellungen (συντάξεις) untergliedert werden. Eine Zusammenstellung kann bis zu dreizehn verschiedene Schriften mit oft mehreren Büchern umfassen. Aber mit dem Schlussteil des VII. Buches ist auch der grössere Teil des Schriftenverzeichnisses verlorengegangen. Es bricht in der 1. Zusammenstellung des 3. Sachgebietes der Ethik (Über das Gute und das Böse) mitten im 4. Titel ab (DIOGENES LAERT. VII 189-202 = SVF 2, frg. 13-18). Auch die Aufstellung der logischen Schriften ist nicht ganz fehlerfrei überliefert. Nach der Berechnung des DIOGENES LAERT. umfassen die 119 logischen Schriften 311 Bücher. Eine Addition der genannten Buchzahlen ergibt, wenn man für die beiden ersten Werke je 1 Buch ansetzt, nur 302 Bücher. Ferner fehlt offensichtlich für das 1. Sachgebiet ein Untertitel, den VON ARNIM in Analogie zum Untertitel des 1. Sachgebiets der Ethik folgendermassen ergänzt: λογικοῦ τόπου ⟨τοῦ περὶ τὴν διάρθρωσιν τῶν λογικῶν ἐννοιῶν⟩. Mit diesem Nebentitel scheint der eine oder andere Titel mit den Buchangaben verlorengegangen zu sein. Es lässt sich aber auch nicht ausschliessen, dass sich in die Angaben der Bücherzahlen eines Werkes auch sonst Fehler eingeschlichen haben. Auch die Haupthandschriften differieren gelegentlich in den Bücherzahlen.

Abgesehen von diesen durch die Überlieferung verursachten Schäden leidet das Schriftenverzeichnis aber auch an strukturellen Mängeln. Man vermisst zunächst unter den logischen Schriften solche zur Erkenntnistheorie. Möglicherweise waren solche in der Lücke zu Anfang des Schriftenverzeichnisses angeführt. Es ist aber wahrscheinlicher, dass sie im Sinne älterer Einteilung unter den Schriften zur Physik genannt waren. Diese Zuordnung träfe aber nicht die Intentionen Chrysipps, der die Erkenntnistheorie als Aufgabe der Logik bestimmt hat (CICERO Orator 115 = SVF 2, frg. 134). Noch schwerer wiegt, dass in der Anordnung der logischen Schriften die für Chrysipp charakteristische Unterscheidung von σημαίνοντα und σημαινόμενα vernachlässigt ist und dass ganze Reihen offensichtlich logischer Schriften unter den ethischen Schriften genannt werden wie die Schriften der zweiten, dritten, vierten und fünften Zusammenstellung zum ersten und die der zweiten Zusammenstellung zum zweiten Sachgebiet der Ethik. Aus diesen Mängeln könnte sich ergeben, dass der Verfasser des Schriftenverzeichnisses sich stärker von bibliothekarischen als von philosophisch-systematischen Gesichtspunkten bestimmen liess (zum Schriftenverzeichnis vgl. SUSEMIHL 1891 [*104: 79 Anm. 336 mit Hinweisen auf ältere Literatur], VON ARNIM, SVF 1, p. XLVII-XLVIII, 1899 [*23: 2504-2505], BRÉHIER ²1971 [*24: 19-22]).

Die über 705 Bücher Chrysipps verteilen sich, wenn man in Analogie zu den logischen Schriften rechnen darf, auf etwa 230 verschiedene Werke. Nur aus etwa 70 dieser Werke sind Zitate oder zuweilen auch längere Auszüge erhalten. Ohne Schriftentitel erhaltene Fragmente können nur in den seltensten Fällen bestimmten Schriften zugewiesen werden, da Chrysipp, wie schon die antike Kritik bemerkte, in jeder Schrift in Exkursen und Abschweifungen, aber auch zur Verdeutlichung seiner Thesen, auf jedes Thema der stoischen Philosophie zu sprechen kommen konnte. Hierdurch wird die Rekonstruktion der verlorenen Schriften sehr erschwert. Nur von den folgenden Werken werden wenigstens einzelne Bücher oder auch nur Abschnitte in ihrem Charakter und zuweilen auch in der Gedankenführung in Umrissen sichtbar.

2. Deutlicher fassbare Schriften

a) Prima de syllogismis introductio
Πρώτη περὶ συλλογισμῶν εἰσαγωγή – Erste Einführung in die Syllogistik

Aus dem Anfang dieser Schrift referiert SEXTUS EMPIRICUS (Adv. math. VIII 223-227 = SVF 2, frg. 242), wohl unter Straffung des Gedankengangs und Hinzufügung eigener Erläuterungen, die Ausführungen Chrysipps über die ersten drei elementaren Syllogismen, die evident sind und eines Beweises nicht bedürfen (ἀναπόδεικτοι συλλογισμοί). Man erkennt, dass Chrysipp die einzelnen Syllogismen beschrieben, dann durch ein Beispiel verdeutlicht und schliesslich auf eine Formel (τρόπος bzw. σχῆμα) gebracht hat (näheres S. 601f.). Ob das Referat mit der Unterscheidung von einfachen und nicht einfachen elementaren Syllogismen (228-233) ebenfalls aus dieser Schrift genommen ist, ist eine offene Frage. Der Titel dieser Schrift fehlt im Schriftenverzeichnis des DIOGENES LAERT., es sei denn, er ist identisch mit Περὶ συλλογισμῶν εἰσαγωγικῶν πρὸς Ζήνωνα α' (Von den einleitenden Syllogismen an Zenon, 1 Buch) oder mit Τῶν πρὸς εἰσαγωγὴν τρόπων πρὸς Ζήνωνα γ' (Die Arten der Einführung an Zenon, 3 Bücher, SVF 2, frg. 7. 15. 16).

b) De negativis enuntiationibus
Περὶ ἀποφατικῶν πρὸς Ἀρισταγόραν γ' – Über verneinte Aussagen an Aristagoras, 3 Bücher (SVF 2, frg. 180)

Ein ägyptischer Papyrus des Louvre (Papyrus Letronii), der offenbar aus dem Nachlass des Serapisheiligtums stammt und vor 160 v. Chr. geschrieben worden ist (seine Rückseite ist für Zwecke dieses Heiligtums verwendet worden), enthält auf dem Recto 15 Kolumnen (also etwa ein Viertel bis ein Drittel einer Buchrolle) mit der Überprüfung von 25 mit einer Negation versehenen Dichterzitaten. Auf Grund des Alters des Papyrus und der gedanklichen und sprachlichen Eigenart des Textes hat BERGK (1886 [*101]) in der revidierten Ausgabe des Papyrus in diesem Stück einen Teil der oben genannten Schrift Chrysipps erkannt. Der Zuweisung an eine Schrift Chrysipps selbst hat VON ARNIM (SVF 1, p. VIIss.) mit dem Hinweis auf die umständliche viermalige Wiederholung jedes Zitates und der, wie er glaubt, törichten Verwendung des Syllogismus widersprochen; die Schrift sei das Machwerk eines wenig verständigen Schülers, spiegele aber doch stoisches Gedankengut wider. Dem ist die deutlich erkennbare didaktische Tendenz der Schrift entgegenzuhalten, durch die erst die scheinbar umständliche Gedankenführung verständlich wird. Vorausgesetzt sind drei Grundauffassungen Chrysipps: 1. Negative Aussagen sind nur solche Aussagen, in denen die ganze Aussage und nicht nur ein einzelner Term verneint ist (SVF 2, frg. 214). 2. Der so verstandenen negativen Aussage ist das Negationszeichen vorangestellt (SVF 2, frg. 204a. 214 und dazu FREDE 1974 [*243: 71]). 3. Nur zwischen einer so beschaffenen negativen

Aussage und der entsprechenden positiven Aussage besteht ein kontradiktorischer Gegensatz (SVF 2, frg. 176). Der Autor, wie ich meine Chrysipp, will dem Adressaten der Schrift einschärfen, wie er überprüfen kann, ob eine Aussage, der das Negationszeichen vorangestellt ist, eine verneinte Aussage ist oder ob in ihr nur ein Term verneint ist. Er fordert ihn deshalb auf, die entsprechende positive Aussage zu bilden und zu prüfen, ob sie im kontradiktorischen Gegensatz zu der zu prüfenden Aussage steht. Um dem sicherlich etwas begriffsstutzigen Adressaten das Verständnis zu erleichtern, wiederholt er immer wieder die zu überprüfende Aussage und den methodischen Weg. Dabei lässt er ihm nur offen, mit ja oder nein auf die gestellte Alternative zu antworten. Eine Überprüfung sei wörtlich angeführt (SVF 2, frg. 180, 6): «Wenn die Andromache des Euripides zu Hermione eine negative Aussage auf folgende Weise formuliert hat 'Nicht meiner Zauber wegen hasst dein Gatte dich' (EUR. Androm. 205), so steht eine positive Aussage in kontradiktorischem Gegensatz zu der Aussage 'Nicht meiner Zauber wegen hasst dein Gatte dich'. Ja oder nein, steht eine positive Aussage in kontradiktorischem Gegensatz zu der Aussage 'Nicht meiner Zauber wegen hasst dein Gatte dich'? Ja oder nein hat die Andromache des Euripides zu Hermione auf folgende Weise eine negative Aussage formuliert 'Nicht meiner Zauber wegen hasst dein Gatte dich'?» – Der Schüler sollte also erkennen, dass in dem angegebenen Zitat die Aussage 'dein Gatte hasst dich' durch Streichung der Negation vor dem Term 'meiner Zauber wegen' nicht verändert wird, dieser Satz also trotz vorangestelltem Negationszeichen keine negative Aussage ist (anders CAVINI 1978 [*114]).

c) Quaestiones logicae
Λογικῶν Ζητημάτων λϑ' – Logische Untersuchungen, 39 Bücher (SVF 2, frg. 298a)

Das Schriftenverzeichnis des DIOGENES LAERT. nennt in der Zusammenstellung der logischen Schriften als letzte Schrift ‹Logische Untersuchungen in 39 Büchern›, in denen zusammengestellt sei, was es ausserhalb von den in den vorangegangenen 4 Hauptgruppen von Schriften an zerstreuten und nicht zu einem Ganzen vereinten logischen Untersuchungen über die genannten Themen gibt. Ein Buch dieser Untersuchungen, vermutlich das erste, enthält die Papyrusrolle 307 von Herculaneum, bei deren Aufwicklung durch Casanova im Jahre 1802 12 Rollenstücke (pezzi) gewonnen worden sind, aus denen dann 15 colonne und 28 frammenti abgeschrieben wurden. Hiervon sind bisher nur drei Bruchstücke veröffentlicht worden. Das dritte umfangreiche Fragment enthält, leider nur zum Teil gut lesbar, 15 Kolumnen. Themen dieses Textes sind verschiedene Formen der Aussagensätze und Probleme der Amphibolie, der Zweideutigkeit bestimmter Formulierungen. Die bisher beste Behandlung der Bruchstücke bei BRÉHIER (^{2}1971 [*24: 24-29]) und MARRONE (1982 [*116], 1984 [*118]).

d) De proverbiis
Περὶ παροιμιῶν πρὸς Ζηνόδοτον β' – Über Sprichwörter an Zenodotos, 2 Bücher

Es sind wenigstens 11 Fragmente dieser Schrift nachgewiesen, 8 bei VON ARNIM (SVF 3, S. 202, vgl. schon BAGUET 1822 [*21: 246-250]), 3 bei RUPPRECHT (1949 [*111: 1738-1740]). Auch ist nicht auszuschliessen, dass sonstige Erklärungen sprichwörtlicher Wendungen, die unter dem Namen Chrysipps überliefert sind, ebenfalls aus diesem Werk genommen sind, wie z.B. die Erklärung von μαίσων bei ATHENAIOS XIV 659a. – Diese Schrift gehört in den Zusammenhang der rhetorisch-sprachwissenschaftlichen Untersuchungen. Wie Theophrast unterscheidet Chrysipp zwischen Sprichwort und geflügeltem Wort (ἀπόφϑεγμα), das als Ausspruch einer bestimmten Person erwiesen werden kann, differenziert aber nicht zwischen dem sentenzartigen Sprichwort und der sprichwörtlichen Wendung als einer in das allgemeine Sprachgut eingegangenen metaphorischen oder gleichnishaften Prägung. Gerade letztere haben ihn offenbar besonders interessiert. Bei seinen Untersuchungen leiten ihn nicht kulturhistorische Interessen oder die Erwartung, altes Weisheitsgut ermitteln zu können. Ihm geht es im Sinne einer primär sprachwissenschaftlichen Orientierung um die Ermittlung des Sinnes und die Erklärung der Entstehung der Wendung. Dabei zieht er oft die Etymologie zu Hilfe (vgl. frg. 5. 6. 8 VON ARNIM). Auffällig ist, dass er bei sentenzartigen Sprichwörtern gelegentlich Sachkritik übt und so das Sprichwort 'verbessern' will. Z.B. nimmt er bei dem Sprichwort τίς πατέρ' αἰνήσει, εἰ μὴ κακοδαίμονες υἱοί an dem Sinn, dass nur missratene Söhne ihren Vater loben (scil. weil sie keine persönlichen Leistungen aufzuweisen haben), Anstoss und schlägt vor zu verbessern, dass nur εὐδαίμονες υἱοί ihren Vater loben (frg. 7 VON ARNIM, vgl. frg. 5 und bei ZENOB. M I 77).

e) De natura
Περὶ φύσεως ε' – Über die Natur, 5 Bücher

Die Fragmente dieses Werkes sind zusammengestellt in SVF 3, S. 204, man vergleiche dazu BAGUET (1822 [*21: 159-165]) und BRÉHIER (²1971 [*24: 33-35]). Thema ist offenbar die Darstellung der Welt als eines nach sinnvollem Plan Geschaffenen, wobei gerade auch das Problem der Theodizee in den Vordergrund gerückt ist. An Fragestellungen der einzelnen Bücher lässt sich noch ermitteln: Buch 1: Kosmogonie mit Herausstellung der Planmässigkeit der Gestaltung der Welt durch Zeus. Buch 2: u.a. Begründung des Schlechten in der Welt. Buch 3: die Welt als gemeinsame Wohnstätte der Götter und Menschen, dabei Nachweis der Überlegenheit des Vernunftgemässen und, vermutlich in Form eines Exkurses im Zusammenhang mit der Theodizee, eine Darlegung der Güterlehre. Buch 5: Nachweis des Zweckvollen der Schöpfung bis zu den einzelnen Tieren und Pflanzen, Erklärung der Welt als eines vernunftbegabten Wesens und damit als Gott.

f) Physica
Φυσικά γ' – Physik, 3 Bücher

Die Schrift, die offensichtlich mit der vorgenannten nicht identisch ist, ist fassbar durch 8 Zitate bei DIOGENES LAERT. Sie sind zusammengestellt in SVF 3, S. 204f., man vergleiche dazu BAGUET (1822 [*21: 153-159]) und BRÉHIER (²1971 [*24: 35f.]). Ein einheitliches Grundthema der Schrift ist nicht erkennbar. In den einzelnen Büchern sind verschiedene Themenkreise der Naturphilosophie abgehandelt worden, und zwar im 1. Buch ontologische Grundfragen der Physik und die Kosmologie, in Buch 2 die physikalischen Grundlagen der Sinneswahrnehmung, und zwar sowohl der akustischen als auch der optischen Sinneswahrnehmung, wobei auch die materialistische Auffassung der Seele als Pneuma und die Frage des Kriteriums der Wahrheit angesprochen worden ist. Ein Thema des 3. Buches ist die Mischung, also die stoische Chemie.

g) De deis
Περὶ θεῶν γ' – Über die Götter, 3 Bücher

Gerade in dieser Schrift, von der 12 Fragmente erhalten sind, wird der Zusammenhang von Naturphilosophie und Theologie deutlich. Im 1. Buch wird die Identifikation des bewirkenden Prinzips und damit letztlich des gesamten Kosmos mit Zeus ausgeführt. Dabei werden die übrigen traditionellen Götter mittels allegorischer Deutung mit physikalischen Kräften und Gegebenheiten gleichgesetzt. Im 2. Buch wird dargelegt, dass die Aussagen der Dichter und des Mythos über die Götter in ihrem Wesenskern mit der stoischen Theologie übereinstimmen; im Zusammenhang damit wird wiederum das Problem der Theodizee erörtert. Das 3. Buch bringt, offenbar in Fortsetzung von Ausführungen des 1. Buches, die Differenzierung zwischen Zeus als dem einen unvergänglichen und ungewordenen Gott, der mit dem aktiven Prinzip identisch und somit die Ursache alles Positiven in der Welt ist, und den übrigen Göttern, darunter auch den Gestirnsgöttern, die geworden sind und in der Ekpyrosis wieder vergehen werden. Im Zusammenhang damit scheinen auch Fragen des Kultes zur Sprache gekommen zu sein. Zur Rekonstruktion und Interpretation dieser Schrift vergleiche man BAGUET (1822 [*21: 204-209]) und BRÉHIER (²1971 [*24: 36-39]).

h) De fato
Περὶ εἱμαρμένης β' – Über das Schicksal, 2 Bücher

Die Lehrmeinung Chrysipps über das Schicksal kann aus nicht wenigen Zitaten, Referaten und Anspielungen oft auch polemischer Art recht gut rekonstruiert werden. Aber weil Chrysipp dieses Thema in verschiedenen Schriften unter verschiedenen Aspekten abgehandelt hat, ist es nicht möglich, alle Zeugnisse für diese Schrift in Anspruch zu nehmen, wie es GERCKE (1885 [*102: 715-747], vgl. zur Rekonstruktion auch BAGUET 1822 [*21: 218-224]) und BRÉHIER (²1971 [*24: 40-42]) getan haben. Aus den ausdrücklich aus dieser Schrift genommenen Zeugnissen lässt sich nur feststellen, dass, wohl im 1. Buch, die εἱμαρμένη erörtert und auch mit Zeus als dem aktiven Prinzip identifiziert worden ist. Jedenfalls war, offenbar in diesem Zusammenhang, die Unterscheidung zwischen Zeus und den übrigen Göttern, die als geworden und vergänglich angesehen werden, wenigstens gestreift worden. Als Beweis für das determinierende Schicksal ist auch angeführt worden, dass Weissagungen sich erfüllt haben. Im 2. Buch ist das Problem der Willensfreiheit behandelt worden. Was die Methode anlangt, so tritt deutlich vor Augen, dass Chrysipp bemüht war, seine Thesen durch Zitate aus der Dichtung, durch anekdotisches Material und durch Anspielungen auf Ereignisse der Geschichte und des Mythos abzustützen.

i) De providentia
Περὶ προνοίας δ′ – Über die Vorsehung, 4 Bücher

Wie bei allen zentralen Themen ist es auch hier nicht möglich, alle auf das Thema bezüglichen Zitate, die ohne Fundstelle angeführt werden, dieser Schrift zuzuweisen. Diese kritische Anmerkung gilt auch für den Versuch der Rekonstruktion dieser Schrift, den GERCKE unternommen hat (1885 [*102: 704-714], vgl. ferner BAGUET 1822 [*21: 212-217], SVF 1, p. VI, BRÉHIER ²1971 [*24: 42-44]). Aus den expressis verbis aus dieser Schrift genommenen Fragmenten lässt sich erkennen, dass im 1. Buch die Grundlagen der Physik, insbesondere die Auffassung von den beiden Prinzipien und der Welt als eines beseelten Körpers sowie die Kosmologie mit Ekpyrosis und Palingenesia unter dem Aspekt der Vorsehung abgehandelt worden sind. Vom Schluss des 2. Buches sind auf einem Herculanenser Papyrus kümmerliche Reste von 7 Kolumnen erhalten. Es sind aber aus diesen Trümmern nur einzelne Themen erkennbar, ohne dass die verknüpfende Gedankenführung sichtbar würde. In Col. I liest man eine Anspielung auf die Theodizee, in Col. II eine Unterscheidung zwischen Geschehnissen nach Notwendigkeit und nach freiem Entschluss, in Col. IV die Beinamen des Zeus, in Col. V und VI ist von der Einheit der Welt und von Göttern und Dämonen die Rede, in Col. VII steht ein Vergleich der Vorsehung des Zeus in der Welt mit dem Wirken der Seele in der Natur, in den Lebewesen und in den Pflanzen. Im 4. Buch ist offenbar der Zusammenhang von Vorsehung und dem Kausalgesetz des Schicksals diskutiert und dabei auch das Problem der Willensfreiheit und der Ursache des Negativen wie der Krankheit und der Schlechtigkeit behandelt worden. Was die Methode anlangt, so findet man Syllogismen, Zitate aus der älteren Dichtung, Anspielungen auf den Mythos sowie auch Polemik gegen die Auffassungen anderer.

j) De anima
Περὶ ψυχῆς β′ – Über die Seele, 2 Bücher

Im ersten Teil des 1. Buches ist die Substanz der Seele abgehandelt. Thema des zweiten Teils ist der breit ausgeführte Nachweis, dass der führende Seelenteil (τὸ ἡγεμονικόν) in der Brust zu lokalisieren ist. Da in der kritischen Auseinandersetzung mit dieser These Galen in seiner Schrift ‹De placitis Hippocratis et Platonis› längere Ausführungen Chrysipps wörtlich anführt, gehört dieser Abschnitt zu den am besten kenntlichen Teilen der Schriften Chrysipps. Die Rekonstruktion dieses Teiles der Schrift wird VON ARNIM verdankt (SVF 2, frg. 879-910, 911 [= S. 258, 31-263, 18] ist die Zusammenstellung der Fragmente zu einem Lesetext). Was die Form der Darstellung anlangt, so hat Chrysipp zunächst seine eigene Auffassung dargetan und begründet und erst dann sich mit tatsächlichen und vorweggenommenen kritischen Einwänden auseinandergesetzt. In den Begründungen nehmen neben Syllogismen die Berücksichtigung allgemeiner menschlicher Erfahrungen und ganze Serien von Zitaten aus Homer, Hesiod, Orpheus, Empedokles, den Lyrikern und den Tragikern einen breiten Raum ein. Solche Zitate können sich zu breit angelegten Interpretationen auswachsen. Weitere Mittel der Beweisführung sind Beobachtungen des Sprachgebrauchs, der Gestikulation und der Zeichensprache sowie Etymologien. Eine wichtige Argumentationsform ist auch der Hinweis auf das εὔλογον. An Gegenargumenten werden abgehandelt widersprechende medizinische Auffassungen, widersprechende Lehren anderer Philosophen und Schulen, Dichterzitate und Mythen, die der eigenen Auffassung entgegenzustehen scheinen. Ein Thema des 2. Buches war auch die physiologische und psychologische Grundlage der Erkenntnistheorie.

k) De vitis
Περὶ βίων δ′ – Über die Lebensformen, 4 Bücher

Die Fragmente dieser Schrift sind zusammengestellt in SVF 3, S. 194, zur Rekonstruktion vergleiche man BAGUET (1822 [*21: 341-347]) und BRÉHIER (²1971 [*24: 51f.]). Das Werk ist in hohem Masse auf die Lebenspraxis ausgerichtet und setzt sich mit verschiedenen Auffassungen darüber auseinander, welches die für einen Philosophen angemessene Lebensart sei. Im 1. Buch sind die verschiedenen Lebensformen (z.B. das Leben am Hofe, in der Politik, in der Wirtschaft) auf ihre Vereinbarkeit mit dem Leben eines Philosophen gemustert. Sie werden ohne allen Rigorismus für den Philosophen zugelassen, insofern sie ihm den Lebensunterhalt sichern. Das 2. Buch brachte offenbar eine Beschreibung des Lebens des Weisen und dabei auch die Unterscheidung von Adiaphora und Proegmena. Aus dem 4. Buch sind zwei Themenkreise erkennbar, die Kritik an der Auffassung, allein die Vita scholastica sei für einen Philosophen angemessen, und die Darlegung eines Erziehungsprogramms mit den Hinweisen, in welcher Reihenfolge die Teilgebiete der Philosophie behandelt werden sollten.

l) De iustitia
Περὶ δικαιοσύνης γ′ – Über die Gerechtigkeit, 3 Bücher

Die Fragmente dieser Schrift sind zusammengestellt in SVF 3, S. 195; es fehlen dort SVF 2, frg. 724 und 1182. Nach den Fragmenten zu urteilen hat Chrysipp sich in diesem Werk vor allem mit den Auffassungen anderer über die Gerechtigkeit auseinandergesetzt, so mit der Meinung der Pythagoreer, zwischen Mensch und Tier bestehe ein Rechtsverhältnis, so mit der Grundannahme Epikurs, die Lust sei das Ziel des menschlichen Lebens, und dessen Meinung, die Götter griffen nicht strafend in das menschliche Leben ein, so auch mit der prinzipiellen Ablehnung des Kannibalismus. In dieser Kritik kommt es nur gelegentlich zur Darlegung eigener Lehren wie z.B. zum Problem der Theodizee. Wenn dieser Eindruck vom primär kritischen Charakter dieser Schrift richtig ist, dann dürften das Buch Περὶ δικαιοσύνης πρὸς Πλάτωνα (Über die Gerechtigkeit gegen Platon) mit der Kritik an Platons Politeia und der Widerspruch gegen die aristotelische Auffassung der Gerechtigkeit (SVF 3, frg. 24) Teil dieses Werkes sein.

m) De honestate et voluptate
Περὶ τοῦ καλοῦ καὶ τῆς ἡδονῆς πρὸς Ἀριστοκρέοντα ι′ – Über das sittlich Gute und die Lust, 10 Bücher

Die Fragmente dieser Schrift sind zusammengestellt in SVF 3, S. 197-200, es fehlt dort ein Hinweis auf SVF 2, frg. 729a. In diesem sehr umfangreichen Werk hat Chrysipp offenbar den Zusammenhang und die Differenzierung des sittlich Guten (τὸ καλόν) und der Lust herausgearbeitet und, wie es seine Art ist, mit zahlreichen Zitaten, Etymologien und mit kulturhistorischem und anekdotischem Material belegt. Athenaios, dem die meisten der nicht wenigen Fragmente verdankt werden, hat gerade dieses Material ausgebeutet. So lesen wir u.a. über die allegorische Darstellung der Gerechtigkeit in der Literatur und in der bildenden Kunst, wir hören von Sardanapal, von der Sitte des Bartscherens, von Opferbräuchen, vom Gaukler Pantaleon, von der Symbiose der Steckmuschel mit einem kleinen Seekrebs, von der Meinung, dass das Fleisch weisser Hühner schmackhafter sei als das dunkler Hühner. Kritisch hat sich Chrysipp auch mit dem Gedicht des Archestratos über die Feinschmeckerei auseinandergesetzt. In diesem Zusammenhang fällt ein bissiger Seitenhieb auf Epikur: «Die Mutter seiner Philosophie sei dieses Kochbuch des Archestratos.»

n) De affectibus
Περὶ παθῶν δ′ – Über die Leidenschaften [Affekte], 4 Bücher

Wie bei der Schrift über die Seele wird eine genauere Kenntnis dieses Werkes Galen verdankt, der im 4. Buch seiner Schrift ‹Über die Lehrmeinungen des Hippokrates und Platons› in der Kritik der Auffassungen Chrysipps längere Passagen aus dessen Schrift ausgeschrieben hat. Die Schrift ist samt einer Zusammenstellung der Fragmente rekonstruiert durch VON ARNIM (SVF 3, frg. 456-490). Von den sehr umfangreichen Büchern – jedes ist etwa doppelt so lang wie ein Buch Galens – sind die ersten drei Bücher logische Untersuchungen zum Wesen der Leidenschaften, das vierte Buch ist stärker praktisch orientiert. Es enthielt Überlegungen zur Heilung der als Krankheiten der Seele verstandenen Leidenschaften. Im 1. Buch ging Chrysipp von Zenons Definitionen der πάθη aus, interpretierte diese aber, ohne den Wortlaut zu verändern, in dem Sinne um, dass nun die πάθη nicht mehr Folgen rationaler Urteile des führenden Seelenteils, sondern selbst rationale Urteile darstellen. In die Untersuchung floss herbe Kritik an der nicht intellektualistischen Auffassung des Begehrens und der Leidenschaften ein, wie sie unter anderen von Platon vertreten worden ist. Schliesslich waren in diesem Buch die vier Hauptaffekte definiert. Das 2. und 3. Buch waren offenbar der Musterung und Widerlegung der Schwierigkeiten gewidmet, die der streng monistischen und intellektualistischen Auffassung der Leidenschaften entgegenstehen, so z.B. dem Problem, wie bei der Auffassung der Leidenschaften als Urteilen das Nachlassen und Aufhören eines Affektes zu erklären sei. Was die Methode anlangt, so hat auch hier Chrysipp aus Beobachtungen des Sprachgebrauchs eine allgemeine menschliche Auffassung erschlossen und dazu menschliche Verhaltensweisen und Sitten interpretiert. Wiederum werden in breitem Umfang Zitate aus der Dichtung herangezogen.

o) Papyrus Herculanensis 1020
Hercul. Vol. Coll. alt. X 112-177 = SVF 2, frg. 131

Von diesem Herculanenser Papyrus sind ansehnliche Reste von 8 Kolumnen zu durchschnittlich 28 Zeilen eines ziemlich straffen Gedankenganges über die dialektischen Fertigkeiten und Tugenden des stoischen Weisen bisher veröffentlicht worden. Auf weitere, noch nicht entzifferte Reste dieses Papyrus macht CRÖNERT (1901 [*105: 549f.]) aufmerksam. VON ARNIM (1890 [*103]) hat dieses Bruchstück mit vor allem sprachlichen Argumenten vermutungsweise einer Schrift Chrysipps zugewiesen. Diese Zuweisung hat KEIL (1905 [*106]) zur Evidenz erhoben. Die auch sonst bekannte Definition der Philosophie als ἐπιτήδευσις λόγου ὀρϑότητος (SVF 2, S. 41, 27f.) wird von ISIDOROS AUS PELUSION unter dem Namen Chrysipps zitiert (Patrol. Gr. 78, 1637 M, vgl. CLEMENS ALEX. Paedag. I 13, SENECA Epist. mor. 89, 5). Der Titel der Schrift ist nicht zu ermitteln. Auch AREIOS DID. (bei STOB. Ecl. II 11, 18ff. = SVF 3, frg. 548) scheint aus ihr geschöpft zu haben (vgl. auch BRÉHIER ²1971 [*24: 29] und CAPASSO 1982 [*115]).

3. Charakteristik der Schriftstellerei Chrysipps

Trotz der trümmerhaften Überlieferung bestätigen die Fragmente der Werke, die wenigstens in Umrissen erkennbar sind, den Charakter der Schriftstellerei Chrysipps, den schon die antike Kritik konstatiert hatte. Chrysipp verband grössten Scharfsinn mit grösster Belesenheit, grösstem Fleiss und grösster Gelehrsamkeit. So hat er in den über 705 Büchern so gut wie alle Themen und Probleme der stoischen Philosophie abgehandelt, so dass Cicero fragen konnte, welches Thema der stoischen Philosophie denn von Chrysipp übergangen worden sei (CICERO de fin. I 2, 6 = SVF 2, frg. 34). Bei der Untersuchung eines bestimmten Problems war ihm in aller Regel das Gesamt der stoischen Philosophie präsent. Dies führte dazu, dass er einzelne Fragen in verschiedenen Schriften unter immer neuen Aspekten untersucht hat, was oft Abschweifungen und Exkurse vom jeweiligen Thema gezeitigt hat. Kraft seines Scharfsinns, seiner Gelehrsamkeit und seiner Belesenheit hat er den Leser mit einer Fülle von Beweisen und Argumenten geradezu überschüttet. Syllogismen, sorgfältige, oft überspitzt anmutende Differenzierungen, Beobachtungen des allgemeinen Sprachbrauchs, der menschlichen Vorstellungen und des menschlichen Verhaltens, Etymologien, Zitate und Interpretationen von Dichtern und Philosophen breitet er in geradezu endloser Fülle aus. Gerade dies aber hat man ihm als Weitschweifigkeit und Sucht zu übertriebenen Wiederholungen angekreidet. Einmal hat er in einem Werk die Medea des Euripides fast ganz ausgeschrieben, so dass ein spottender Leser auf die Frage, was er denn lese, antwortete: «Die Medea Chrysipps». Und von epikureischer Seite hat man ihm vorgeworfen, wenn man aus seinen Schriften die Zitate streiche, behalte man nur leere Blätter (DIOGENES LAERT. VII 180-181, X 26-27). Freilich wird in der überwältigenden Fülle der Beweisführung auch etwas vom Selbstverständnis Chrysipps sichtbar. Er empfindet die stoische Philosophie, wie er sie vertritt, im Einklang mit allem, was die Menschen bisher an Vernünftigem gedacht und ausgesprochen haben. In ihr gipfelt das menschliche Denken.

Eine Konsequenz der scharfsinnigen Differenzierung und Genauigkeit ist die Entwicklung eines an speziellen und ungewohnten Termini reichen Fachjargons. Dies und die Tendenz zu einer die lebendige Sprache missachtenden Reglementierung und Uniformierung bestimmter Aussageformen erleichterte keineswegs die Lesbarkeit der Schriften Chrysipps. Man vergleiche dazu die Kritik CICEROS (De fato 15f.) an der von Chrysipp geforderten Umwandlung einer hypotaktischen Periode in eine negierte Parataxe. Hinzu kommt, dass Chrysipp selbst auf stilistische Ausarbeitung seiner Schriften keinen Wert legte. DIOGENES LAERT. (VII 180) bemerkt dazu: «Bei übergrossem Reichtum der Gedanken legte er zu wenig Gewicht auf die Form der Darstellung» (vgl. auch CICERO de or. I 50 = SVF 2, frg. 26). Dementsprechend dürfte die Mehrzahl der Schriften nicht für eine breitere Öffentlichkeit bestimmt gewesen sein, sondern hatte hypomnematischen Charakter. All dies forderte die spätere attizistische Kritik heraus. Stellvertretend für sie sei das Urteil des DIONYSIOS AUS HALIKARNASSOS (De comp. verb. 4 = SVF 2, frg. 28) angeführt, dass Chrysipp unter den berühmten Autoren zwar der vorzüglichste Dialektiker, aber der miserabelste Stilist sei. Gerade diese Einschätzung aber ist eine Mitursache dafür, dass die Schriften Chrysipps verlorengegangen sind.

D. DOXOGRAPHIE

1. Charakteristik der Art des Philosophierens Chrysipps

Chrysipp hat die Grundthesen der Philosophie Zenons übernommen und sie in kritischen Auseinandersetzungen mit den Deutungen des Kleanthes und anderer Schüler Zenons, aber auch unter Verarbeitung der Kritik der Akademie neu durchdacht, begründet, ergänzt und systematisiert. Die Ergebnisse seines Bemühens hat er als die rechte Interpretation der Philosophie Zenons hingestellt.

2. Aufgabe und Einteilung der Philosophie

Schon in der Bestimmung der Aufgaben und in der Einteilung der Philosophie bleibt Chrysipp durchaus in der Tradition Zenons. Er definiert die Philosophie als ἐπιτήδευσις λόγου ὀρθότητος, als 'Bemühung um die Richtigkeit des Denkens und Redens' (SVF 2, S. 41, 27f., Isidorus aus Pelusion Patrol. Gr. 78, 1637 M, vgl. S. 613), und hält an der ethischen Abzweckung der Philosophie fest (SVF 3, frg. 326. 68). Die drei Teilgebiete, die Zenon festgelegt hatte, ordnete er bald nach systematischen Gesichtspunkten in die Reihenfolge Logik, Physik, Ethik, bald nach didaktischen Überlegungen in die Reihenfolge Logik, Ethik, Physik, wobei die Theologie als Teilgebiet der Physik den krönenden Abschluss bilden soll (SVF 2, frg. 37. 43; 3, frg. 68. 326; sowie 2, frg. 42).

3. Logik

Eine Einteilung der Logik durch Chrysipp ist nicht erhalten. Offenbar hat er aber die traditionelle Gliederung in Dialektik und Rhetorik beibehalten, wobei die Dialektik, ihrer Eigenart entsprechend, auch die Sprachphilosophie und somit auch die Grammatik und Poetik umfasst. Wie es scheint, ist es auch Chrysipp gewesen, der die Erkenntnistheorie, die Zenon aus der zur Physik gehörenden Psychologie entwickelt hatte, als besonderes Teilgebiet der Logik an den Anfang des Systems gestellt hat (SVF 2, frg. 52 und Gould 1971 [*29: 48-50]).

a) Erkenntnistheorie

Gerade in der Erkenntnistheorie kann gut beobachtet werden, wie Chrysipp Zenons Grundansicht übernommen und vor allem auf dem Wege der Interpretation modifiziert und weiterentwickelt hat. Zunächst hat er die sozusagen physiologischen und psychologischen Grundlagen der Erkenntnistheorie schärfer gefasst und gegen Missverständnisse gesichert und so die materialistisch-monistische Auffassung der Seele mit voller Konsequenz zur Geltung gebracht, indem er die acht Teile der Seele nicht so sehr, wie der Begriff 'Teil' nahelegen könnte, als verschiedene relativ eigenständige Wesenheiten wie eher als Funktionen der einen materiell als Pneuma gefassten Seele, genauer des führenden Seelenteils verstand (SVF 2, frg. 879: totaque anima sensus, qui sunt eius officia, velut ramos ex principali parte illa tamquam trabe pandit. GOULD 1971 [*29: 51ff.]). Allein schon hierdurch werden die beiden Vorgänge, aus denen die Wahrnehmung besteht, nämlich die Vorstellung (φαντασία) und die Zustimmung (συγκατάθεσις), näher zusammengerückt und im Sinne des Monismus als Tätigkeiten der einen Seele bzw. ihres führenden Teils verstanden. In der Definition der Vorstellung hält Chrysipp an dem Wortlaut, den ihr Zenon gegeben hatte, fest (φαντασία· τύπωσις ἐν ψυχῇ SVF 1, frg. 58, oben S. 530), kritisierte aber die von der Wortbedeutung von τύπωσις ausgehende Interpretation des Kleanthes. Kleanthes hatte die Definition als eine Einprägung in die Seele wie in einen festen Körper, vergleichbar dem Eindruck eines Siegelrings in Wachs, verstanden. Demgegenüber wies Chrysipp, vermutlich auch ausserschulische Kritik aufgreifend, darauf hin, dass ein solches Verständnis zu widersinnigen Folgerungen führe: bei gleichzeitigen Vorstellungen (z.B. von Dreiecken, Vierecken und Kreisen) müsse das körperliche Substrat im selben Zeitpunkt verschiedene Gestalt annehmen. Er deutete daher τύπωσις als eine qualitative Veränderung der Seele (ἑτεροίωσις oder ἀλλοίωσις) und fand zur Verdeutlichung einen der als Pneuma verstandenen materiellen Seele adäquaten Vergleich: das Zentralorgan der Seele nehme die bunte Fülle gleichzeitiger Vorstellungen auf wie die Luft, die, wenn gleichzeitig viele Personen sprechen, unzählige verschiedene Stösse erhalte und dadurch im selben Augenblick verschiedene Wandlungen erfahre (SVF 2, frg. 55. 56, und dazu POHLENZ 1938 [*202: 174-187], [4]1971-1972 [*27: 1, 54-55], SANDBACH 1971 [*205], GOULD 1971 [*29: 50-58], IMBERT 1978 [*209: 226-234], KERFERD 1978 [*210: 251-263]).

Besondere Aufmerksamkeit widmete Chrysipp dem Problem, wie eine kataleptische Vorstellung, die von einem in der Wirklichkeit existierenden Gegenstand hervorgerufen worden ist, von einer leeren Vorstellung (φάντασμα) unterschieden werden kann. Eine Lösung fand er im Zusammenhang mit der Entstehung der Begriffe (ἔννοιαι). Im Gedächtnis als der 'Schatzkammer der Vorstellungen' (SVF 2, frg. 56) ordnen sich die Vorstellungen nach der Ähnlichkeit und bilden die Begriffe. Diese Begriffsbildung kann auf zweifache Weise geschehen, einmal unwillkürlich (ἀνεπιτεχνήτως), sozusagen unter dem Eindruck der Ähnlichkeit der in Fülle erfahrenen Vorstellungen, zum anderen auf Grund von Belehrung und menschlicher Sorgfalt, wobei im einzelnen die Begriffe gewonnen werden bald durch Erfahrung, bald auf Grund der Ähnlichkeit, nach Analogie, durch Versetzung, Zusammensetzung, Entgegensetzung, Privation und Übertragung in einen anderen Bereich. Die unwillkürliche Begriffsbildung ist sozusagen 'natürlich' und vollzieht sich vor allem im ersten Jahrsiebt des menschlichen Lebens. Begriffe, die auf diese Weise zustande kommen, heissen daher auch 'Vorwegnahmen' (προλήψεις, Prolepseis, Antizipationen). Diese Prolepseis wachsen auf diese Weise gleichsam der Seele ein. Sie können daher auch προλήψεις ἔμφυτοι genannt werden, was nicht als 'angeborene Begriffe' missverstanden werden darf. Insofern die Begriffsbildung, wie z.B. die des 'Weissen', des 'Runden', des 'Geraden' und so fort, bei allen Menschen gleich ist, heissen diese Begriffe auch 'allgemeine Begriffe' (κοιναὶ ἔννοιαι). Und diese allgemeinen Begriffe verwendet das Zentralorgan der

Seele bei der Frage, ob es einer Vorstellung zustimmen soll oder nicht. Insofern kann Chrysipp die Prolepseis und die allgemeinen Begriffe neben den allgemeinstoischen kataleptischen Vorstellungen als Kriterien der Wahrheit bezeichnen (SVF 2, frg. 83. 87. 105. 473, POHLENZ [4]1971-1972 [*27: 1, 56-59], SANDBACH 1930 [*201], GOULD 1971 [*29: 56-66], GOLDSCHMIDT 1978 [*208]).

b) Dialektik

Die bedeutendste Leistung hat Chrysipp in der Dialektik vollbracht, auf dem Gebiet also, das am ehesten der modernen Logik entspricht. Anregungen Zenons und des Kleanthes, aber auch von ausserhalb der Schule, insbesondere von Theophrast, von Eudemos aus Rhodos und von den Megarikern aufgreifend und sich mit deren Auffassungen der Logik und mit deren Lösungen einzelner Probleme kritisch auseinandersetzend, hat er im Gegensatz zu Aristoteles' Term-Logik konsequent eine Aussagenlogik geschaffen, die in wesentlichen Zügen der Aussagenlogik Freges und Carnaps gleicht. Diese Leistung ist lange Zeit, vor allem unter dem Einfluss des, wie wir heute wissen, missglückten Versuchs PRANTLS (1855 [§ 33 *451]), die stoische Logik zu rekonstruieren, verkannt worden. Erst in der Nachfolge von LUKASIEWICZ (1935 [§ 33 *452]) ist die Eigenart und Bedeutung von Chrysipps Aussagenlogik erkannt und gewürdigt worden. Von den Forschern, die hierzu wichtige Untersuchungen beigetragen haben, seien schon hier genannt BOCHENSKI 1951 [§ 33 *459], MATES 1953 [§ 33 *461], BECKER 1957 [§ 33 *467], W. und M. KNEALE 1962 [*231], FREDE 1974 [*243], TELEGDI 1976 [*249] und die Autorengruppe DETEL, HÜLSEN, KRÜGER, LORENZ 1980 [*267]. Eine instruktive Skizze der Forschungsgeschichte gibt VON FRITZ 1978 [*256].

Zur Grundlage der Dialektik macht Chrysipp sprachphilosophische Überlegungen Zenons. Wie Zenon unterscheidet er hinsichtlich der Sprache drei Gegebenheiten: 1. das Bezeichnende (τὸ σημαῖνον); darunter versteht er das Wort (bzw. den Satz) als ein Lautgebilde (φωνή, 'Stimme'); Beispiel 'Dion' als das ausgesprochene Wort von der und der lautlichen Qualität; 2. das Bezeichnete (τὸ σημαινόμενον), das auch das Gemeinte (λεκτόν, Lekton) genannt wird, es ist «der Sachverhalt (πρᾶγμα), der von dem Wort als Lautgebilde bezeichnet wird und den wir als mit unserem Denken zugleich bestehend erfassen, den aber Leute, die unsere Sprache nicht beherrschen, nicht verstehen, obwohl sie das Wort als Lautgebilde hören» (SVF 2, frg. 166), es ist demgemäss «das nach einer Vorstellung des Denkvermögens Bestehende» (SVF 2, frg. 181); Beispiel: 'Dion' als der Name, der von dem Lautgebilde Dion bezeichnet wird; 3. der Gegenstand (τὸ τυγχάνον sc. ὄν), der ausserhalb unserer Sinne und unserer Vorstellung existiert, z.B. die Person Dion selbst. Von diesen drei Gegebenheiten sind das Bezeichnende und der Gegenstand körperlich, das Bezeichnete dagegen ist unkörperlich (SVF 2, frg. 166). Während nun die Untersuchung der Gegenstände das Aufgabenfeld der Physik ist, befasst sich die Dialektik mit λόγοι als dem Bezeichnenden und als dem Bezeichneten. Diese Unterscheidung gliedert zugleich die Dialektik (SVF 2, frg. 122).

Von den Untersuchungen Chrysipps über das Bezeichnende sind nur wenige Trümmer erhalten geblieben. Das Lautgebilde 'Stimme' ist 'hervorgestossene

Luft'. Es ist dementsprechend körperlich und geht vom Sprecher aus und ruft bei dem Hörer eine Wirkung hervor. In diesem Zusammenhang differenzierte Chrysipp die Wortarten in fünf Gruppen, und zwar in Eigennamen (ὀνόματα), Appellativa (προσηγορίαι, Substantive), Verben (ῥήματα), Konjunktionen (σύνδεσμοί, zu ihnen gehören auch die Präpositionen) und in ἄρϑροι (Artikel und Pronomina), und untersuchte sowohl die Wortbildung und ihre Modalitäten als auch die Bildung der Wortformen durch die Flexion (Deklination und Konjugation). Viele der Beobachtungen und Deutungen Chrysipps sind von der späteren Grammatik aufgegriffen worden. Dabei vertrat Chrysipp im Gegensatz zur alexandrinischen Philologie den Standpunkt der Anomalie, der ein besonderes Gewicht auf den Sprachgebrauch legte (SVF 2, frg. 147-151. 153-154, POHLENZ 1939 [*224]). Anlässlich der Wortbedeutungslehre hat Chrysipp auch die Fragen der Namensgebung und damit den Ursprung der Sprache angesprochen. Zwischen der Auffassung, die Wörter der Sprache hätten einen natürlichen Ursprung, und der Auffassung, sie beruhten auf subjektiver Setzung und Konvention, nahm er eine vermittelnde Position ein. Es sind Menschen, die als erste Namensgeber den Dingen die Namen gegeben haben. Diese verfuhren aber nicht willkürlich, sondern hielten sich an die Natur als Richtschnur. Diese ursprüngliche Namensgebung sei aber im Laufe der Zeit durch den Sprachgebrauch getrübt worden, so dass oft ähnliche Dinge durch verschiedene Wörter und verschiedene Dinge durch ähnliche Wörter bezeichnet werden. Der Sprachgebrauch sei so auch die Ursache für die Doppeldeutigkeit isolierter Wörter. Andererseits kommt so der Etymologie die Aufgabe zu, den ursprünglichen Wortsinn zu erfassen. Etymologische Forschung ist demnach eine Methode zur Aufhellung des mit den Namen und Bezeichnungen ursprünglich gemeinten und somit eine Methode der Wahrheitsfindung (SVF 2, frg. 150-152. 156-163 und unten S. 609).

Die σημαινόμενα bzw. λεκτά als die von den Lautgebilden gemeinten Sachverhalte sind Träger von Wahrheitswerten, sind also wahr oder falsch (SVF 2, frg. 166. 187). Dementsprechend sind grammatisch gesehen die σημαίνοντα Sätze, die λεκτά die Inhalte von Sätzen. Nun unterscheidet Chrysipp vollständige und unvollständige Lekta (λεκτὰ αὐτοτελῆ und λεκτὰ ἐλλιπῆ SVF 2, frg. 181). Die unvollständigen Lekta sind nicht nach der lange üblichen Interpretation Satzteile wie Prädikat oder Subjekt und damit die Bedeutungen von Praedikatoren als Funktoren, da Praedikatoren ein Wahrheitswert nicht zukommen kann, sondern die Bedeutungen indefiniter Aussagen, also indefinite Sachverhalte. Beispiel: In dem unvollständigen Lekton γράφει (= er, sie, es schreibt) ist der Subjektsbegriff unbestimmt; dieses unvollständige Lekton wird zu einem vollständigen, wenn der immanente indefinite Subjektsbegriff bestimmt wird: Σωκράτης γράφει (Sokrates schreibt); die Bestimmung des Wahrheitswertes einer solchen indefiniten Aussage muss freilich über die entsprechende definite Aussage erfolgen (SVF 2, frg. 205), ähnlich ist der als Beispiel eines unvollständigen Lekton genannte Eigenname 'Dion' als elliptische Form eines Identitätssatzes aufzufassen (SVF 2, frg. 181ff. 166 und dazu DETEL/HÜLSEN/KRÜGER/LORENZ 1980 [*267]).

Die vollständigen Lekta sind in Sätzen ausgedrückte Sachverhalte. Dabei sind zehn Satzarten zu unterscheiden, neben Wort- und Satzfragen, Befehlen, Wünschen u.ä. insbesondere die Aussagen (ἀξιώματα, Axiome im Sinne der Stoa, SVF 2, frg. 186-187). Von den Satzarten ist als logisch wichtigste vor allem die Aussage untersucht worden, die Chrysipp in zweifacher Weise definiert hat, erstens als «vollständiges Lekton, das, soweit es an ihm liegt, ausgesagt werden kann» (πρᾶγμα oder λεκτὸν αὐτοτελὲς ἀποφαντὸν ὅσον ἐφ' αὑτῷ, SVF 2, frg. 193. 194. 195), wobei die Einschränkung bedeutet, dass die Aussage eine Aussage bleibt, unabhängig davon, ob die Umstände der jeweiligen Aussage gerade gegeben sind oder nicht, solange sie nur prinzipiell gegeben sein können (FREDE 1974 [*243: 32-37], zur schwierigen Interpretation ferner MATES 1953 [§ 33 *461: 27-28]). Diese Definition ist in den Handbüchern zur stoischen Logik zur Standarddefinition geworden. Zweitens hat Chrysipp die Aussage definiert als den Sachverhalt, «der in der Form der Affirmation oder der Negation ausgesagt werden kann, soweit es an ihm liegt; z.B.: 'Es ist Tag', 'Dion wandelt umher' (ἀξίωμά ἐστι τὸ ἀποφαντὸν ἢ καταφαντὸν ὅσον ἐφ' ἑαυτῷ, οἷον Ἡμέρα ἐστί, Δίων περιπατεῖ, SVF 2, frg. 193); diese Definition berücksichtigt schon die Einteilung der einfachen Aussagen in Affirmationen und Negationen; FREDES Vermutung einer Textverderbnis (1974 [*243: 37-40] – er hält ἀποφαντόν ἢ für eine eingedrungene Glosse zur Erläuterung von καταφαντόν – hält einer Prüfung nicht stand; denn ἀποφαίνεσθαι ist in Chrysipps Buch über negative Aussagen ein Synonym von ἀποφάσκειν und ἀποφάναι und Gegensatz zu καταφάναι SVF 2, frg. 180, vgl. oben S. 587f., GOULD 1971 [*29: 69f.]).

Gerade die Aussagen und im Prinzip nur die Aussagen sind wahr oder falsch. Chrysipp hat mit aller Energie diesen Grundsatz der Bivalenz verfochten. Eine Vorstellung ist dann wahr, wenn eine Aussage, die sie richtig beschreibt, wahr ist, und das ist der Fall, wenn sie mit der die Vorstellung verursachenden Wirklichkeit (den τυγχάνοντα) übereinstimmt. Wenn ich die Vorstellung habe, es sei Tag, und die Aussage 'Es ist Tag' richtig ist, weil es tatsächlich Tag ist, dann ist meine Vorstellung wahr (vgl. dazu SVF 2, frg. 193. 196, CICERO de fato 37, MATES 1953 [§ 33 *461: 29], GOULD 1971 [*29: 70], FREDE 1974 [*243: 40-44], VON FRITZ 1978 [*256: 111-112], FORSCHNER 1981 [§ 33 *790: 76-84]). Infolgedessen können Aussagen ihren Wahrheitswert ändern, wenn die Sätze, die sie ausdrücken, solche verwendungsreflexive Elemente enthalten, die sich auf Umstände der Verwendung beziehen, welche lediglich zu den Wahrheitsbedingungen gehören, z.B. verwendungsreflexive Zeitangaben wie adverbiale Bestimmungen oder das Tempus des Prädikats. Die Aussage 'Es ist Tag' ist gegenwärtig wahr, insofern tatsächlich Tag ist; sie verliert aber in der Nacht ausgesprochen ihren Wahrheitswert. Diese Aussagen heissen μεταπίπτοντα (SEXTUS EMP. adv. math. VIII 103. Pyrrh. hyp. II 234. 231, ferner SVF 2, frg. 201. 206. 206a. 954, FREDE 1974 [*243: 44-48], FORSCHNER 1981 [§ 33 *790: 74 Anm. 62]).

Mit den Überlegungen über den Wahrheitswert der Aussagen ist verknüpft die Untersuchung über die Modi der Aussagen. Chrysipps Definitionen des Möglichen, des Unmöglichen, des Notwendigen und des nicht Notwendigen sind, wie sich aus Parallelen bei PLUTARCH, CICERO und ALEXANDER AUS APHRODISIAS ergibt, bei DIOGENES LAERT. VII 75 fassbar (SVF 2, frg. 102, vgl. frg. 202. 202a, CICERO de fato 12 und dazu MATES 1953 [§ 33 *461: 41]). Chrysipp hat diese Definitionen oder besser Explikationen in kritischer Auseinandersetzung mit Positionen sowohl der peripatetischen als auch besonders der megarischen Logik formuliert und dabei sowohl die Natur des Sachverhalts als auch die äusseren Umstände berücksichtigt.

Demnach ist (als Sachverhalt)
1. möglich, was (a) wahr sein kann und (b) von den äusseren Umständen nicht gehindert wird, wahr zu sein, z.B. 'Diokles lebt',
2. unmöglich, was (a) nicht wahr sein kann und (b) von den äusseren Umständen gehindert wird, wahr zu sein, z.B. 'Die Erde fliegt' (FREDE 1974 [*243: 109f.] hat, wie auch aus dem Vergleich mit der Parallelfassung bei Boethius ‹Ad Aristotelis de interpretatione› p. 374 (= SVF 2, frg. 201) hervorgeht, richtig die Lücke im Text des DIOGENES LAERT. erkannt und mit «ἢ ἐπιδεκτικὸν μέν ἐστι, τὰ δ'ἐκτὸς αὐτῷ ἐναντιοῦται πρὸς τὸ ἀληθὲς εἶναι» sinngemäss richtig ergänzt; die Parallele bei Boethius «aliis extra eventum ipsius prohibentibus» legt aber die der sprachlichen Form der Definition des Möglichen parallele Ergänzung «τῶν ἐκτὸς ἐναντιουμένων πρὸς τὸ ἀληθὲς εἶναι» nahe; jedenfalls sind auch hier sowohl die Natur des Sachverhalts als auch die äusseren Umstände berücksichtigt; zu einer anderen Ergänzung kommt MIGNUCCI 1978 [*259: 327f.]),
3. notwendig, was wahr ist und nicht falsch sein kann, oder zwar falsch sein kann, aber von äusseren Umständen gehindert wird, falsch zu sein, z.B. 'Die Tugend nützt',
4. nicht notwendig, was, auch wenn es wahr ist, auch falsch sein kann und von äusseren Umständen nicht gehindert wird (scil. falsch zu sein), z.B. 'Dion wandelt umher' (ich lese den Text in der Emendation durch FREDE 1974 [*243: 107-117] – man könnte paläographisch noch besser auch καὶ zu κεἰ emendieren –; anders beurteilen den Text BECKER 1957 [§ 33 *467: 110f.] und EGLI 1967 [*236: 41f.], vgl. auch MIGNUCCI 1978 [*259: 325-330]).

Chrysipp hat diese Auffassung gerade auch in der Auseinandersetzung mit den Megarikern Philon und Diodoros Kronos und mit dessen Kyrieuon vertreten (SVF 2, frg. 283, dazu zuletzt GIANNANTONI 1981 [*271] mit reicher Literaturangabe).

Die Aussagen gliedert Chrysipp in einfache und nicht einfache Aussagen und definiert die einfachen Aussagen als solche, in denen weder eine Aussage mit sich selbst noch mehrere Aussagen miteinander durch Konjunktionen verknüpft sind (SVF 2, frg. 205. 201). Die einfachen Aussagen zerfallen weiterhin in zwei Gruppen, in affirmative und negative Aussagen. Die affirmativen Aussagen werden weiter in drei Untergruppen gegliedert, in definite, indefinite und mittlere Aussagen. Definite Aussagen bestehen aus einem Prädikat und aus einem deiktischen (hinweisenden) Begriff im Nominativ; Beispiel: 'Dieser wandelt umher'. Offenbar darf der Begriff deiktisch nicht im engen physikalischen Sinn als Hinweisen (grammatisch durch ein Demonstrativpronomen) verstanden werden, sondern umfasst auch die δεῖξις τοῦ νοῦ (den mentalen Hinweis), der als Anaphora bezeichnet wird (so FREDE 1974 [*243: 53-61], zustimmend VON FRITZ 1978 [*256: 116], anders LLOYD 1978 [*258]). In indefiniten Aussagen ist ein indefinites Pronomen Subjekt, Beispiel: 'Jemand wandelt umher'. In mittleren Aussagen ist ein Appellativum oder ein Eigenname Subjekt, Beispiel: 'Ein Mensch sitzt', 'Sokrates wandelt umher'. In diesen Aussagen sei der Gegenstand nicht vollständig bestimmt. Dies leuchtet bei Appellativen als Gegenstand unmittelbar ein. Bei Eigennamen als Subjekt scheint diese Vollständigkeit der Bestimmung deshalb zu fehlen, weil in der Sprechsituation nicht gesichert ist, ob der Hörer weiss, wer mit dem Eigennamen gemeint ist; manche vermuten, bei Eigennamen sei deshalb eine Person noch nicht genau bestimmt, weil es verschiedene Träger desselben Namens geben könne (SVF 2, frg. 205. 204, Mates 1953 [§ 33 *461: 30], W. und M. Kneale 1962 [*231: 146], Frede 1974 [*243: 61-69]).

Auch die negativen Aussagen werden in drei Gruppen untergliedert. Hier ist gut zu beobachten, wie Chrysipp von den sprachlichen Gegebenheiten ausgeht und wie ihm dabei auch Eigentümlichkeiten der griechischen Sprache Schwierigkeiten machen und besondere Differenzierungen erfordern. Sprachlich kann eine Verneinung vorgenommen werden durch Negationen wie οὐ, durch negative Pronomina wie οὐδείς und durch Negation eines Prädikats mit Hilfe eines α privativum; dazu ist zu unterscheiden zwischen Negationen ganzer Aussagen und einzelner Terme. Chrysipp beschäftigt sich in diesem Zusammenhang nur mit verneinten Aussagen und differenziert sie nach der sprachlichen Form in a) Verneinung (ἀποφατικόν), die durch die Negation 'nicht' vorgenommen wird (Beispiel: 'Nicht ist es Tag'), b) Bestreitung (ἀρνητικόν), die aus einem negativen Pronomen als Subjekt und einem Prädikat besteht (Beispiel: 'Niemand wandelt umher'), c) Privation (Beraubung, στηρητικόν), die aus einem α privativum und einer möglichen Aussage besteht; Beispiel: ἀφιλάνθρωπός ἐστιν οὗτος 'Ein Nicht-Menschenfreund ist dieser'. Bei allen negativen Aussagen ist gemäss der Tendenz zur Normierung und Formalisierung der Sprache das Negationszeichen an den Anfang der Aussage zu stellen (SVF 2, frg. 204, dazu Mates 1953 [§ 33 *461: 31], Frede 1974 [*243: 69-73], anders W. und M. Kneale 1962 [*231: 147] und Mates 1965 [*234: 223]). Welche Probleme sich aus dieser Formalisierung bei der Beurteilung von negativen Sätzen der Dichtung ergaben, lehrt die in Teilen auf Papyrus erhaltene Schrift über Verneinungen (siehe oben S. 587f.).

Die nicht einfachen Aussagen, die sprachlich die Form eines parataktischen oder hypotaktischen Satzgefüges haben, definiert Chrysipp als Gegensatz zu den einfachen Aussagen als solche, in denen (a) eine Aussage mit sich selbst oder (b) mehrere Aussagen miteinander durch eine (oder mehrere) Konjunktionen verbunden sind; Beispiel für den Fall (a) ist 'Wenn es Tag ist, ist es Tag', für den Fall (b) 'Wenn es Tag ist, ist es hell' (SVF 2, frg. 201. 205). Zeichen für die Art der Verbindung und damit Unterscheidungsmerkmal für die Untergliederung der nicht einfachen Aussagen ist die Konjunktion (σύνδεσμός). Von diesen Unterarten hat Chrysipp jedenfalls die drei logisch relevanten Aussagen ausführlich behandelt, nämlich die implikative, die disjunktive und die konjunktive Aussage. Die übrigen nicht einfachen Aussagen hat er vermutlich nur gestreift (die subimplikative, die begründende und die beiden Formen der disertiven Aussage). Sie sind von späteren Stoikern wie Diogenes aus Babylon und Krinis ausführlicher untersucht oder überhaupt erst in das System eingefügt worden (dazu Frede 1974 [*243: 73ff.]). Gemäss der Definition der nicht einfachen Aussagen bestimmt Chrysipp die implikative Aussage (ἀξίωμα συνημμένον) als eine nicht einfache Aussage, die gebildet ist mit Hilfe der implikativen Konjunktion εἰ ('wenn'), die anzeigt, dass der Nachsatz dem Vordersatz 'folgt' (ἀκολουθεῖ), z.B. 'Wenn es Tag ist, ist es hell' (SVF 2, frg. 207. 212. 213). Dementsprechend ist die konjunktive Aussage (ἀξίωμα συμπεπλεγμένον) mit Hilfe von Konjunktionen wie καί ('und') und die disjunktive Aussage (ἀξίωμα διεζευγμένον) im Sinne einer ausschliessenden Disjunktion mit Hilfe der disjunktiven Konjunktion ἤτοι ... ἤ ('entweder – oder') zusammengesetzt, wobei die Konjunktion anzeigt, dass eine der Aussagen falsch ist, z.B. 'Entweder es ist Tag oder es ist Nacht' (SVF 2, frg. 207. 208. 209. 217-219). Besondere Aufmerksamkeit richtete Chrysipp auf die Bestimmung des Wahrheitswerts der nicht einfachen Aussagen. Er sah ihn zunächst abhängig vom Wahrheitswert der einfachen Aussagen, die zu einer nicht einfachen Aussage zusammengesetzt sind. Demnach sind konjunktive Aussagen nur wahr, wenn alle Gliedaussagen wahr sind. Wenn nur eine Gliedaussage falsch ist, ist die ganze konjunktive Aussage falsch (dazu FREDE 1974 [*243: 96-97]). Eine zweigliedrige disjunktive Aussage ist nur wahr, wenn nur eines der Disjunktionsglieder wahr ist und das andere im kontradiktorischen Gegensatz zu diesem steht (Form 'p oder nicht-p') oder wenn es sich bei den Disjunktionsgliedern um zwei Aussagen handelt, in denen einem Gegenstand zwei unverträgliche Aussagen zugeschrieben werden, von denen ihm aber eine zukommen muss; diese vollständige Unverträglichkeit ist aus GALEN Inst. log. 3,5-4,2, SEXTUS EMP. Pyrrh. hyp. II 162. 191 und GELLIUS XVI 8, 13-14 von FREDE (1974 [*243: 95f.]) erschlossen worden. Bei der Bestimmung des Wahrheitswertes der implikativen Aussage setzte sich Chrysipp wiederum mit den Auffassungen der Megariker Philon und Diodoros Kronos auseinander. Chrysipps Bestimmung des Wahrheitswertes liegt vor in der dritten Definition bei SEXTUS EMP. Pyrrh. hyp. Denn diese Definition wird von Diokles bei DIOGENES LAERT. VII 73 als stoisch zitiert und von CICERO (De fato) in Gedankengängen Chrysipps dargetan (HURST 1935 [*223: 495], GOULD 1971 [*29: 72-82], FREDE 1974 [*243: 82-89]). Während Philon etwa im Sinne der 'material implication' unter Heranziehung der Wahrheitstafel eine implikative Aussage für wahr hält, ausser wenn der Vordersatz und der Nachsatz falsch sind, und Diodor im Sinne einer Art 'formal implication' nur diejenige implikative Aussage für wahr erklärt, für die es weder möglich war noch möglich ist, dass ihr Vordersatz wahr und ihr Nachsatz falsch ist (SEXTUS EMP. Pyrrh. hyp. II 110-111. Adv. math. VIII 112-117), bringt Chrysipp den inneren Zusammenhang (συνάρτησις) der beiden Glieder einer implikativen Aussage ins Spiel und definiert sie als wahr, wenn das kontradiktorische Gegenteil des Nachsatzes mit dem Vordersatz unverträglich ist: συνημμένον ἀληθές ἐστιν, οὗ τὸ ἀντικείμενον τοῦ λήγοντος μάχεται τῷ ἡγουμένῳ. Dagegen ist eine implikative Aussage falsch, wenn das kontradiktorische Gegenteil des Nachsatzes mit dem Vordersatz nicht unvereinbar ist. Demnach ist die implikative Aussage 'Wenn es Tag ist, ist es hell' wahr; denn das kontradiktorische Gegenteil des Nachsatzes 'Es ist nicht hell' ist unvereinbar mit dem Vordersatz 'Es ist Tag'. Dagegen ist die implikative Aussage 'Wenn es Tag ist, wandelt Dion umher' falsch; denn das kontradiktorische Gegenteil des Nachsatzes 'Dion wandelt nicht umher' ist nicht unvereinbar mit dem Vordersatz 'Es ist Tag'. Chrysipp hat damit ein Kriterium für die strikte Akoluthie gefunden (SVF 2, frg. 215, SEXTUS EMP. Pyrrh. hyp. II 111, MATES 1953 [§ 33 *461: 42-51], GOULD 1971 [*29: 72-82], FREDE 1974 [*243: 81-89]).

Ihre Krönung findet Chrysipps Logik in der Lehre vom Schluss und insbesondere in der Syllogistik. Hier glaubt Chrysipp durch die formale Analyse des Schlussverfahrens als eines besonderen Teils der Aussagenlogik ein Werkzeug geschaffen zu haben, mit dem er in Verbindung mit der Erkenntnistheorie einerseits vorgelegte Beweise auf ihre Schlüssigkeit überprüfen, andererseits selber auf jedem Gebiet der Philosophie und der Wissenschaften Gründe und Argumente vorlegen kann, die jeglicher Kritik standzuhalten vermögen. Auch hier hat er einzelne Anregungen aus dem Kreis der Megariker, besonders aber aus den logischen Untersuchungen Theophrasts aufgegriffen. Ein besonderes Charakteristikum seines Vorgehens aber ist es, dass es ihm gelingt, aus den möglichen Syllogismen fünf einfache selbstevidente Grundformen zu ermitteln und für diese Grundformen mit Hilfe der Ordinalzahlen, die sich zwar auf die einzelnen Aussagen eines Schlusses beziehen, aber schon den Charakter von Symbolen haben, den τρόπος (Modus oder Schema) als die jeweilige Struktur des Schlusses herauszuarbeiten.

Den Schluss (ebenfalls λόγος genannt) definieren die Stoiker und mit ihnen Chrysipp als ein Gefüge von (mindestens zwei) Prämissen (in stoischer Terminologie λήμματα) und einer Folgerung (in stoischer Terminologie ἐπιφορά); nur gelegentlich wird nur die Maior λῆμμα genannt, dann heisst die Minor πρόσληψις (vgl. DIOGENES LAERT. VII 45 und 76). Die Lehre vom Schluss schliesst nach systematischen Gesichtspunkten an die Untersuchung der implikativen Aussage an. Die Aufgliederung, die Chrysipp der Lehre vom Schluss gegeben hat, scheint bei DIOGENES LAERT. VII 77 (= SVF 2, frg. 238) vorzuliegen. Jedenfalls ist hier Chrysipps Bestimmung der falschen (und damit auch der wahren) implikativen Aussage auf die Bestimmung der nicht gültigen und der gültigen Schlüsse übertragen. Demnach gliedern sich die Schlüsse in gültige (περαντικοί) und in nicht gültige (ἀπέραντοι). Nicht gültig ist ein Schluss, bei dem das kontradiktorische Gegenteil der Folgerung nicht unvereinbar ist mit der Kombination der Prämissen; zum Beispiel ist in dem Schluss 'Wenn es Tag ist, ist es hell; es ist aber Tag; also wandelt Dion umher' das kontradiktorische Gegenteil der Folgerung, nämlich 'Dion wandelt nicht umher', nicht unvereinbar mit der Kombination der Prämissen. Demnach sind Schlüsse gültig, in denen das kontradiktorische Gegenteil der Folgerung unvereinbar ist mit der Kombination der Prämissen (MATES 1953 [§ 33 *461: 60]). Die gültigen Schlüsse wiederum gliedern sich in einfache gültige Schlüsse, die als in nicht syllogistischer Weise schliessende definiert werden, und in syllogistische Schlüsse. Diese sind teils derart, dass sie keines Beweises bedürfen (ἀναπόδεκτοι, elementare Syllogismen), teils sind sie zusammengesetzt und können durch Analyse mit Hilfe von einem oder mehreren ϑέματα (Themata = Metaregeln) auf die elementaren Syllogismen zurückgeführt werden.

Die Grundlage des Chrysippeischen Systems bilden die elementaren Syllogismen (in peripatetischer Sprache 'einfache hypothetische Syllogismen'), die aus den drei logisch relevanten nicht einfachen Aussagen, nämlich der implikativen, der disjunktiven und der negierten konjunktiven Aussage, entwickelt werden. Chrysipp findet so fünf evidente elementare Syllogismen, die er in seiner Darstellung (a) beschreibt, (b) durch ein Beispiel illustriert und (c) auf ihr Strukturschema (τρόπος) analysiert. Ihre Darlegung gehört zu den am besten bezeugten Teilen der Philosophie Chrysipps (vgl. oben S. 587).

Der 1. elementare Syllogismus ist ein Schluss, der aus einer implikativen Aussage und deren Vordersatz als Prämissen und ihrem Nachsatz als Folgerung besteht; Beispiel: 'Wenn es Tag ist, ist es hell; es ist aber Tag; also ist es hell'. Das Strukturschema lautet in Chrysipps Diktion: 'Wenn das Erste, dann das Zweite; aber das Erste; also das Zweite', in der Umschrift durch LUKASIEWICZ 'Wenn p, dann q; nun p; also q'. (Es sei nochmals betont, dass im Gegensatz zur Term-Logik des Aristoteles die Symbole p und q für Aussagen stehen; SVF 2, frg. 242. 241. 245, weitere Belege bei MATES 1953 [§ 33 *461: 68], FREDE 1974 [*243: 148]).

Der 2. elementare Syllogismus ist ein Schluss, der aus einer implikativen Aussage und dem kontradiktorischen Gegenteil ihres Nachsatzes als Prämissen und dem kontradiktorischen Gegenteil ihres Vordersatzes als Folgerung besteht; Beispiel: 'Wenn es Tag ist, ist es hell; es ist aber nicht hell; also ist es nicht Tag'. Das Strukturschema lautet: 'Wenn p, dann q; nun nicht-q; also nicht-p' (SVF 2, frg. 242. 241. 245, weitere Belege MATES 1953 [§ 33 *461: 68], FREDE 1974 [*243: 148-151]).

Der 3. elementare Syllogismus ist ein Schluss, der aus einer negierten konjunktiven Aussage und einer ihrer Teilaussagen als Prämissen und dem kontradiktorischen Gegenteil der anderen Teilaussage als Folgerung besteht: Beispiel: 'Nicht sowohl es ist Tag als auch es ist Nacht; es ist aber Tag; also ist es nicht Nacht'. Das Strukturschema lautet: 'Nicht sowohl p als auch q; aber p; also nicht-q' (SVF 2, frg. 242. 241. 245, MATES 1953 [§ 33 *461: 68], FREDE 1974 [*243: 151f.]).

Der 4. elementare Syllogismus ist ein Schluss, der aus einer disjunktiven Aussage (und zwar einer ausschliessenden) und einer ihrer Teilaussagen als Prämissen und dem kontradiktorischen Gegenteil der verbleibenden Teilaussage als Folgerung besteht; Beispiel: 'Entweder es ist Tag oder es ist Nacht; es ist aber Tag; also ist es nicht Nacht'. Das Strukturschema lautet: 'Entweder p oder q; nun p; also nicht-q' (SEXTUS EMP. Pyrrh. hyp. II 158, SVF 2, frg. 241. 245, MATES 1953 [§ 33 *461: 68], FREDE 1974 [*243: 152]).

Der 5. elementare Syllogismus ist ein Schluss, der aus einer (ausschliessenden) disjunktiven Aussage und dem kontradiktorischen Gegenteil einer ihrer Teilaussagen als Prämissen und der verbleibenden Teilaussage als Folgerung besteht; Beispiel: 'Entweder es ist Tag oder es ist Nacht; es ist aber nicht Nacht; also ist es Tag'. Dem entspricht das (erschlossene) Strukturschema: 'Entweder p oder q; aber nicht-q; also p' (SEXTUS EMP. Pyrrh. hyp. II 158, SVF 2, frg. 241. 245, MATES 1953 [§ 33 *461: 68], FREDE 1974 [*243: 152f.]; zu den elementaren Syllogismen vgl. besonders MATES 1953 [§ 33 *461: 67-74], W. und M. KNEALE 1962 [*231: 162-165], GOULD 1971 [*29: 82-85], FREDE 1974 [*243: 127-152], MUELLER 1978 [*260], JAGER 1983 [*283]).

Bei den nicht einfachen Syllogismen, die durch Analyse auf einfache Syllogismen zurückgeführt werden können, handelt es sich um Schlüsse, die entweder durch Schlusskonversion aus einem Syllogismus entstehen, oder aber aus Syllogismen zusammengesetzte Kettenschlüsse sind. Zur Analyse hat Chrysipp vier Metaregeln, die θέματα heissen (SVF 2, frg. 238), entwickelt, und zwar eine Schlusskonversionsregel und drei Regeln zur Analyse von Kettenschlüssen. Von diesen

Themata ist das erste und das dritte überliefert. Die beiden anderen müssen rekonstruiert werden (dazu BOCHENSKI 1951 [§ 33 *459: 146-150], MATES 1953 [§ 33 *461: 77-82], BECKER 1957 [§ 33 *467: 27-45], W. und M. KNEALE 1962 [*231: 169-175], GOULD 1971 [*29: 85-87], FREDE 1974 [*243: 167-196]).

c) Rhetorik

Wie schon gesagt, hat auch Chrysipp die Rhetorik neben der Erkenntnistheorie und der Dialektik als Teilgebiet des den Logos betreffenden Teils der Philosophie verstanden und in eigenen Schriften behandelt. Aber wir kennen nur das sehr harsche Urteil Ciceros (SVF 2, frg. 288) über diese Bemühungen Chrysipps, wissen, dass Chrysipp wie Kleanthes die Rhetorik als die 'Wissenschaft des richtigen Sprechens' definiert hat (SVF 2, frg. 292), und hören ganz selten von Lehrmeinungen zu einzelnen Gegenständen der Rhetorik (SVF 2, frg. 296-298). Aus diesen wenigen Notizen kann man nichts über den rhetorischen, geschweige denn über den philosophischen Rang dieser Studien Chrysipps ermitteln.

4. Physik

a) Ontologische und kosmologische Grundfragen

Auch in der Physik interpretiert Chrysipp unter kritischer Berücksichtigung der Auslegungen und Ausgestaltungen des Kleanthes die Philosophie Zenons und stützt sie gegen Einwände, die von anderen Schulen erhoben wurden, ab. Dementsprechend kennt er wie Zenon die eine Urmaterie, aus der alles entstanden ist, wie Zenon differenziert er diese in das aktive und in das passive Prinzip, wie Zenon sieht er dies unter physikalischem, unter biologisch-vitalistischem und unter pantheistischem Aspekt, wie dem Zenon ist ihm die Welt ein einheitliches Kontinuum, in dem es nichts Leeres gibt (das unkörperliche Leere ist ausserhalb der Welt), wie Zenon sieht er die Welt in einem dauernden Prozess von der einen Ekpyrosis über die Palingenesia zur nächsten Ekpyrosis. In den Interpretationen setzt er wiederum charakteristische Akzente, indem er von den Formulierungen Zenons ausgeht und sie in einem bestimmten Sinne präzisiert. So lässt er Zenons Definition des Ortes als das, was von einem Körper eingenommen wird, bestehen, präzisiert sie aber insofern, als er den Begriff 'Körper' durch 'das Seiende' ersetzt und zur Vermeidung von Missverständnissen darauf hinweist, dass der Ort 'gänzlich' von dem Seienden eingenommen wird: τὸν τόπον εἶναι ... τὸ κατεχόμενον δι' ὅλου ὑπὸ ὄντος (SVF 1, frg. 95. 2, frg. 503). Im Hinblick auf die Bewegung und Mischung, aber auch um den einen Ort der ganzen Welt bestimmen zu können, entwickelt er daraus eine erweiterte Definition des Ortes: er ist das, «was von einem Seienden eingenommen werden kann und gänzlich eingenommen ist, sei es von einem, sei es von einer Mehrzahl von Seienden» (SVF 2, frg. 503, JAMMER 1960 [*308: 23-24], GOLDSCHMIDT ³1977 [*305: 26-30], GOULD 1971 [*29: 114]). In ähnlicher Absicht erweitert er Zenons Definition der Zeit, die ja eigene Zeiten einer jeden einzelnen

Bewegung zulässt, indem er die Zeit in Parallele setzt mit der Bewegung des Kosmos: «Zeit ist die Ausdehnung, die der Bewegung des Weltalls folgt» (SVF 2, frg. 509. 1, frg. 93). Als Kontinuum, das sich von der Gegenwart aus in die beiden Richtungen, nämlich die der Vergangenheit und der Zukunft ins Unendliche erstreckt, ist die Zeit unendlich teilbar. Dies führt zu paradoxen Aussagen über die Gegenwart. Einerseits ist nur die Gegenwart wirklich (ὑπάρχειν), während der Vergangenheit und der Zukunft nur die Aussage der Subsistenz zukommt (ὑφεστάναι), sie also nur in unserem Denken existieren; andererseits gibt es, wenn man die Gegenwart mathematisch bestimmen will, keine Gegenwart, da ja Zeit als Kontinuum unendlich teilbar ist, so dass von der sogenannten Gegenwart immer ein Teil schon Vergangenheit und ein Teil noch Zukunft ist (SVF 2, frg. 509. 517. 518, GOLDSCHMIDT ³1977 [*305: 30-45], SAMBURSKY 1959 [*307: 100-102], RIST 1969 [§ 33 *358: 275-282], GOULD 1971 [*29: 114-116]). Die unkörperlichen Gegebenheiten von Ort und Zeit dürfen nicht als blosse Formen der Anschauung missverstanden werden: sie dienen zwar der Formulierung des Inhalts eines Gedankens, sind aber durch die körperlichen Dinge mitgegeben (LONG 1974 [*31: 161 Anm. 1]).

Gemäss der Definition des Ortes wechselt ein Gegenstand bei einer Ortsveränderung seinen Ort vollständig und bei einer qualitativen oder quantitativen Veränderung teilweise. Dementsprechend versteht Chrysipp unter Bewegung (κίνησις) sowohl die Ortsveränderung als auch die qualitative und quantitative Veränderung. Dies drücken die drei Definitionen der Bewegung aus, die Areios Didymos gesammelt hat. Sie stellen offenbar Etappen eines methodischen Vorgehens Chrysipps dar. Vermutlich begann Chrysipp mit der ersten Definition «Bewegung ist eine Veränderung des Ortes entweder im ganzen oder teilweise». Dies wird über die zweite Definition zur dritten Definition präzisiert: «Bewegung ist eine Veränderung hinsichtlich des Ortes oder hinsichtlich des Zustandes (eines Dings)»: κίνησιν μεταλλαγὴν κατὰ τόπον ἢ σχῆμα (SVF 2, frg. 492). Folglich gibt es auch zwei Formen der Ruhe, einmal das Fehlen der Ortsveränderung, dann das Fehlen der Veränderung des Zustandes eines Gegenstands. Bewegung als Ortsveränderung erfolgt teils in einer geraden, teils in einer gekrümmten Linie. Die Mischung beider Formen führt zu den unterschiedlichen Bewegungsabläufen (SVF 2, frg. 429, GOULD 1971 [*29: 112-114]).

Wie sich aus den Zeugnissen erschliessen lässt, ist es Chrysipp gewesen, der aus einer Reflexion auf die Struktur der Sprache und in Auseinandersetzung mit den Kategorien des Aristoteles ein System von vier Kategorien geschaffen hat, nämlich Substrat (ὑποκείμενον), Qualität (ποιόν), zuständliche Bestimmtheit (πὼς ἔχον, Disposition oder das Sichverhalten) und relationale Bestimmtheit (πρός τί πως ἔχον, relative Disposition), anders GOULD 1971 [*29: 103-107], der zwar Kenntnis und Anwendung von mindestens drei Kategorien für Chrysipp belegt findet, aber glaubt, das System sei erst nach Chrysipp ausgestaltet worden. Dagegen scheint eine zweite Aufgliederung der Kategorien, die SIMPLICIUS (In Aristot. Cat. VIII 165, 32ff. = SVF 2, frg. 403) vorführt, erst nach Chrysipp entwickelt worden zu sein. Diese Kategorien sind sowohl oberste Gesichtspunkte und Klassen von Sinn und dienen so als methodische Prinzipien (so CHRISTENSEN 1962 [*310: 48-52], WAT-

SON 1966 [*204], DE LACY 1945 [*303: 246-263], RIST 1971 [*320: 38-57]), zielen aber auch auf die ontologische Gliederung alles dessen, was ist. Dementsprechend sind die Kategorien hierarchisch geordnet dergestalt, dass jede folgende Kategorie die vorausgehende voraussetzt und den gemeinten Gegenstand zunehmend spezifiziert. Die erste Kategorie, das Substrat, der sprachlich das deiktische Zeichen entspricht, bestimmt das, worüber gesprochen wird, als für sich bestehenden und identifizierbaren Gegenstand. Der zweiten Kategorie entspricht sprachlich der Eigenname und das Appellativum (möglicherweise auch das Adjektivum). Sie gliedert sich demnach in die individuierenden und gattungs- sowie artbildenden Eigenschaften des Gegenstandes (ἰδίως ποιόν und κοινῶς ποιόν), sagt also die individuelle oder generelle für die Dauer seiner Existenz bleibende Bestimmtheit des gemeinten Gegenstandes aus. Der dritten Kategorie, der zuständlichen Bestimmtheit, entspricht sprachlich das Verbum; sie sagt den jeweiligen aktuellen Zustand, die jeweilige raum-zeitliche Bestimmtheit des schon in seiner dauernden Qualität bestimmten Gegenstandes aus. Während die zweite und die dritte Kategorie die Beschaffenheit und die jeweilige raum-zeitliche Bestimmtheit, die der Gegenstand aus sich hat und aus sich entwickelt, bezeichnen, erwachsen die relationalen Bestimmtheiten der vierten Kategorie allein aus den Beziehungen des Gegenstandes zu anderen Gegenständen. Dieser relationale Zustand ist so geartet, dass er mit der Änderung des Relats sich ändert, ohne dass der Gegenstand von sich aus sich ändert, wie zum Beispiel eine Person nicht mehr rechts ist, wenn der Nebenmann, der links von ihr steht, seine Stellung ändert (SVF 2, frg. 369. 372. 374. 390, RIETH 1933 [*402: 70-91], DE LACY 1945 [*303: 246-263], POHLENZ [4]1971-1972 [*27: 1, 61. 69-70], MATES 1953 [§ 33 *461: 18], REESOR 1957 [*306: 63-82], CHRISTENSEN 1962 [*310: 48-52], RIST 1969 [§ 33 *358: 152-172], LLOYD 1971 [*241: 58-74], KRÄMER 1971 [§ 1 *394: 80-107], GRAESER 1978 [*332: 199-222], FORSCHNER 1981 [§ 33 *790: 43-53. 61-63]).

Mit der Kategorienlehre scheinen die Erörterungen über die Ursachen eng verbunden zu sein. Chrysipp differenzierte zwischen αἴτιον 'Ursache' und αἰτία 'Begründung' als dem Logos über die Ursache als Ursache. Wie Zenon definierte er die Ursache als 'Wodurch' (τὸ δι' ὅ), verstand sie als körperlich, da nur Körper etwas verursachen können, erklärte aber den Effekt (οὗ δ' αἴτιον) als κατηγόρημα, als 'Aussage' und damit als unkörperlich (SVF 2, frg. 336. 1, frg. 89). Wie diese ontologische Differenzierung von Ursache und Effekt zu deuten ist, ist umstritten (vgl. zuletzt FORSCHNER 1981 [§ 33 *790: 86-89]). Chrysipp hat nun die Ursachen in zwei Paare von Dichotomien geschieden, einerseits in 'vollendete' (perfectae, αὐτοτελῆ) und '(nur) mitwirkende' (adiuvantes, συναίτια) Ursachen, andererseits in 'anfängliche' (principales, προκαταρκτικά) und '(einem Vorgang unmittelbar) vorangehende' (proximae, συνεκτικά) Ursachen (SVF 2, frg. 974; weitere Differenzierungen der Ursachen sind für Chrysipp nicht belegt, vgl. SVF 2, frg. 336-356). Die 'anfänglichen Ursachen' sind prädisponierend, sie sind es, die das Sosein eines konkreten Gegenstandes bestimmen; physikalisch gesehen sind sie das Pneuma, das den Gegenstand qualitativ gestaltet (vgl. unten S. 607); sie bewirken somit, was mit den Kategorien der Qualität und der raum-zeitlichen Bestimmtheit eines Gegenstandes ausgesagt wird. Dagegen scheinen die 'mitwirkenden' und 'einem

Vorgang unmittelbar vorausgehenden Ursachen' in einem gewissen Zusammenhang mit der vierten Kategorie zu stehen. Es sind die notwendigen äusseren Umstände und Einwirkungen, die die Wirkung der Prädisposition bei einem Vorgang erst auslösen (vgl. unten S. 611 und GÖRLER 1987 [*359], der gegen ältere Deutungen, gemäss denen von Haupt- und Nebenursachen die Rede sei, die Terminologie geklärt hat; vgl. RIETH 1934 [*403: 134-155], POHLENZ [4]1971-1972 [*27: 1, 104.105, 2, 20-61], WATSON 1966 [*204: 57-58], FREDE 1974 [*243: 234-249], GRAESER 1975 [§ 34 *16: 82-89], FORSCHNER 1981 [§ 33 *790: 90-97]).

b) Pneuma und Mischung

Zenon hatte das aktive Prinzip, den Logos – und das ist unter theologischem Aspekt Gott – mit dem vom irdischen Feuer geschiedenen πῦρ τεχνικόν gleichgesetzt, das, selbst körperlich, die ganze Welt und alle ihre Teile durchdringe und mit dem passiven Prinzip der hyletischen Materie eine untrennbare Einheit bilde. Andererseits hatte er die menschliche Seele, die er durchaus in einem materialen Zusammenhang mit Gott sah, als einen warmen Lufthauch (πνεῦμα ἔνθερμον) erklärt. Hier hat Chrysipp offenbar Schwierigkeiten gesehen. Waren nicht trotz der angestrebten monistischen Naturerklärung Gott als die Seele des Weltalls und die menschliche Seele in der Substanz letztlich verschieden? Musste nicht die Differenzierung des Feuers in zwei Formen Kritikern die Basis zu Einwänden liefern? Wie liess sich diese Differenzierung auch angesichts der verbrennenden Wärme der Sonne aufrechterhalten? Schwierigkeiten dieser Art hat Chrysipp durch eine grundlegende Neufassung der Lehre vom Pneuma bereinigt. Kosmologisch gesehen entsteht für ihn das Pneuma beim Übergang des Feuers in die Luft als ein warmer Hauch; so vereint es in sich Eigenschaften des Feuers und der Luft und kann je nach der Art der 'Mischung' in unterschiedlichen Graden wirken. Als Pneuma durchdringt das aktive Prinzip diese Welt in ihrem jetzigen Zustand, wirkt in ihr und gestaltet sie und alle ihre Teile (SVF 2, frg. 449. 310. 413. 439-444). Auf das Pneuma überträgt Chrysipp den τόνος, die Spannung, die Kleanthes dem die Welt durchdringenden Feuer zugesprochen hatte. Diese Spannung ist eine Vibration, eine wellenartige Bewegung des Pneuma vom Zentrum des jeweiligen Gegenstandes zu seiner Peripherie und zurück, wobei sich die Wellenbewegungen überlagern. Dies gilt auch für die Welt als ein Ganzes (SVF 2, frg. 407. 441. 444. 447-453. 802, SAMBURSKY 1959 [*307: 21-33], CHRISTENSEN 1962 [*310: 23-28], GOULD 1971 [*29: 99-102], BLOOS 1973 [*322: 65-73], LAPIDGE 1973 [*323: 273-278], LONG 1974 [*31: 152-163], TODD 1976 [§ 33 *623: 34-39. 211-219], HAHM 1977 [*330: 156-174], LAPIDGE 1978 [*333: 176-179], TODD 1978 [*337: 148-155], FORSCHNER 1981 [§ 33 *790: 57-58]). Mit der Annahme dieser sich in Schwingung bewegenden Materie als des Pneuma, was durchaus als ein Feld im modernen Sinn verstanden werden kann und darf, hat Chrysipp, auch Anregungen aus der zeitgenössischen Medizin, aus der platonischen Akademie und aus dem Peripatos aufgreifend, eine Theorie geschaffen, die es ihm erlaubt, im Sinne Zenons die Welt monistisch und materialistisch zu erklären. Sie bewährt sich in folgendem:
1. Als Weltseele durchdringt das Pneuma die Welt in allen ihren Teilen, sichert sie

so als ein Kontinuum und bindet sie zu einer organischen Einheit zusammen. Damit kann dem Einwand der Peripatetiker begegnet werden, die Welt müsste sich ins Leere verlieren, wenn sie ins Leere gebettet wäre (SVF 2, frg. 413. 473).
2. Durch das Pneuma als Weltseele wird die Interdependenz der Teile der Welt, ihre συμπάθεια gesichert (SVF 2, frg. 473. 912, GOULD 1971 [*29: 100-101], BLOOS 1973 [*322: 90-105]).
3. Es ist aber auch das Pneuma, das vermittels seiner Aktivität, seiner kohäsiven Kraft, seiner vitalen Spannung und seiner Elastizität jeden einzelnen Gegenstand dadurch, dass es die an sich qualitätslose Materie durchformt, erst mit Eigenschaften versieht und ihm so Gestalt gibt. Da zugleich in ein und demselben Gegenstand unterschiedliche Pneumata zusammenwirken, konstituiert sich ein konkreter Körper zu einem Kraftfeld, das in einem raum-zeitlichen Kontinuum einen Teil der Materie durchdringt und zu einem relativ konstanten und homogenen Ding zusammenzieht (SVF 2, frg. 449. 389. 442. 451. 471. 458. 439. 440. 473. 441. 826, SAMBURSKY 1959 [*307: 33-40], GOULD 1971 [*29: 101-102], BLOOS 1973 [*322: 69-73. 85-86], HUNT 1976 [§ 34 *151: 38-44], FORSCHNER 1981 [§ 33 *790: 57-58]).
4. Mit Hilfe des materiellen Pneuma kann die Körperlichkeit der Eigenschaften erklärt werden: «Denn die Eigenschaften stellen Pneumata dar, die den Teilen der Materie, in die sie eingehen, Qualität und Gestalt bringen» (SVF 2, frg. 449, vgl. 383).
5. Die unterschiedlichen Formen des Pneuma je nach der 'Mischung' von 'Feuer' und 'Luft' rufen auch die Stufung des Seienden hervor. Als ἕξις ('Haltekraft') bewirkt Pneuma die Struktur und Einheit anorganischer Körper, als φύσις ('Wachstumskraft') konstituiert es die Pflanzen, als ψυχή ('Lebenskraft') die Tiere, als λόγος ('Denkkraft') die Menschen und in gewissem Sinne auch die Götter, wobei wiederum die jeweils höhere Organisationsform die niederen voraussetzt (SVF 2, frg. 716. 458).
6. Als in dauernder Bewegung befindliche Materie ist das Pneuma Prinzip jeder Bewegung des jeweiligen Gegenstandes und damit auch die Kraft, die die aufeinanderfolgenden Zustände eines Gegenstandes kausal miteinander verbindet, und somit die Hauptursache des jeweiligen Gegenstandes (SEXTUS EMP. adv. math. IX 76, ALEXANDER APHRODIS. de mixtione S. 226, 12ff., FORSCHNER 1981 [§ 33 *790: 58]).
7. Beim Menschen ist das für ihn spezifische Pneuma als lebenspendende Kraft die Seele (SVF 2, frg. 879).

Die Theorie des Pneuma setzt voraus, dass ein Körper einen anderen vollständig durchdringen kann, so dass letztlich zwei Körper denselben Ort einnehmen. Gerade auf diese Hypothese geht Chrysipp im Zusammenhang mit seinen physikalischen Überlegungen zur Mischung ein und versucht sie abzustützen. Er unterscheidet drei Arten der Mischung (μῖξις):
1. die παράθεσις, das Gemenge, das mechanische Nebeneinander von Körpern verschiedener Art in einem Raum, wobei jeder Körper seine Gestalt und Qualität bewahrt; Beispiel ist die Schüttung verschiedener Getreidearten in einem Gefäss,
2. die σύγχυσις, die Vereinigung von Körpern verschiedener Art, die dabei ihre Gestalt und Qualität verlieren und zu einer neuen Wesenheit werden, wobei dieser

Mischungsprozess als irreversibel aufgefasst wird; Beispiel ist die Arznei, die aus verschiedenen Ingredienzien gebildet wird; wenn man von der Irreversibilität absieht, gehören hierher chemische Verbindungen,

3. die κρᾶσις δι' ὅλων, die vollständige Durchdringung zweier oder mehrerer Körper, wobei aber die an dem Prozess beteiligten Körper ihre Wesenheit und Qualität bewahren; als Beispiele führt Chrysipp an die Durchdringung der Luft durch Weihrauch, die Durchdringung einer grösseren Menge Wassers durch einen Tropfen Wein, die Durchdringung eines Metalls durch Feuer beim Erhitzen. Insofern Pneuma eine hyletische Materie vollständig durchdringt und gestaltet, sei es als ψυχή ('Lebenskraft') bei einem Lebewesen, sei es als φύσις ('Wachstumskraft') bei einer Pflanze, sei es als ἕξις ('Haltekraft') bei einem anorganischen Körper, und zwar so, dass kein Teil der Materie des Pneuma unteilhaftig bleibt, ist dieser Vorgang eine κρᾶσις δι' ὅλων. Chrysipp glaubt durch eine Reihe von Analogien, aber auch durch Hinweis auf die allgemeinen Vorstellungen diese Form der Mischung erweisen zu können (SVF 2, frg. 473. 471. 472. 479-481, SAMBURSKY 1959 [*307: 11-17], REX 1966 [*315: 21-51], GOULD 1971 [*29: 109-112], BLOOS 1973 [*322: 106-113], LONG 1974 [*31: 159-160], TODD 1976 [§ 33 *623: 29-73]).

c) Psychologie

Wie für Zenon und Kleanthes ist auch für Chrysipp die Seele körperlich. Die der Vernunft fähige Seele ist als qualifizierendes Pneuma im Menschen gegenwärtig und in allen Teilen des Leibes wirksam (SVF 2, frg. 879. 790). Beim Tode trennt sich dieses Pneuma vom Leib und löst sich auf. Nur die Seelen der Weisen existieren weiter bis zu ihrer Auflösung bei der Ekpyrosis (SVF 2, frg. 790. 811. 815). Unter Missachtung der Entdeckung der Nerven und der Funktion des Gehirns durch die Ärzte Herophilos und Erasistratos verteidigte Chrysipp Zenons Auffassung vom Sitz des Zentralorgans der Seele (des ἡγεμονικόν) im Herzen (SVF 2, frg. 879-910. 911 und dazu oben S. 541, ferner SOLMSEN 1961 [*309], GOULD 1971 [*29: 133-137]). Wie Zenon wandte er sich scharf gegen die platonische und aristotelische Annahme einer dreigeteilten Seele und damit eines irrationalen Teils (SVF 2, frg. 906. 829; 3, frg. 459). Wie Zenon kannte er acht sogenannte Teile der Seele, interpretierte aber, um Missverständnisse zu vermeiden, sieben dieser Teile, nämlich die fünf Sinne und das Sprach- und Fortpflanzungsvermögen eher als Funktionen des achten 'Seelenteils', des Hegemonikon. Diese Funktionen sind Pneumaströme, die vom Zentralorgan ausgehen und wieder zu ihm zurückkehren, nicht aber substantiell absonderbare Teile (SVF 2, frg. 879. 836. 826). Entsprechend der Auffassung der Seele als des qualifizierenden Pneuma sind dauernde Eigenschaften und aktuelle Zuständlichkeiten des Menschen Qualitäten bzw. zuständliche Bestimmtheiten (ποιόν und οὕτως ἢ οὕτως ἔχον) des Seelenpneuma bzw. des Zentralorgans (SVF 3, frg. 471a. 384; 2, frg. 836. 56, SEXTUS EMP. adv. math. VII 228-231, POHLENZ [4]1971-1972 [*27: 1, 85-93], GOULD 1971 [*29: 129-133], FORSCHNER 1981 [§ 33 *790: 58-61]).

d) Theologie

Auch in der Theologie deutet, begründet und stützt Chrysipp die Philosophie Zenons, freilich ohne dass wir wesentliche Unterschiede oder Akzentverschiebungen zu erkennen vermöchten. Die Untersuchungen waren offenbar nach der von der Kategorienlehre vorgegebenen Reihenfolge geordnet. Auf den der ersten Kategorie entsprechenden Nachweis der Existenz Gottes folgten gemäss der zweiten und der dritten Kategorie Untersuchungen über Wesen und Eigenschaft der Gottheit und über ihr Wirken (vgl. CICERO de nat. deor. II 3 und oben S. 539f.). Zum Beweis der Existenz Gottes hat er verschiedene Syllogismen vorgelegt. Er folgerte von der Existenz von Dingen, die vom Menschen nicht hervorgebracht werden können, wie z.B. die Gestirne des Himmels, auf deren Schöpfer, der qualitativ höher stehen müsse als der Mensch, und von der Ordnung der Welt auf den Verursacher der Ordnung und von der Unvollkommenheit der irdischen Dinge auf ein vollkommenes Wesen (CICERO de nat. deor. II 16. 37-39. III 18. 25-26 = SVF 2, frg. 1011-1012, ferner 1013-1020, GOULD 1971 [*29: 153-154]). In diesem Zusammenhang hat er in der Nachfolge des Kleanthes und zur Stützung der 'allgemeinen Begriffe' auch Gründe für die Verbreitung des Glaubens an Götter vorgebracht (SVF 2, frg. 1009). Was das Wesen Gottes anlangt, so ist er das aktive Prinzip, der Logos, der in dieser Welt zwischen Palingenesia und Ekpyrosis wirkt als Pneuma, das die ganze Welt durchdringt, gestaltet und beseelt. In Analogie zur Seele des Menschen kann dann das Hegemonikon der Weltseele herausgehoben werden. Es kann als Gott bezeichnet werden, ebenso der ganze Kosmos, insofern er durch die Weltseele einen in sich geschlossenen Organismus darstellt. Dieser Gott hat nicht menschliche Gestalt und kennt keine Differenzierung nach Geschlecht. Als Logos ist er ewig und unvergänglich. Er kann auch Zeus genannt werden.

Von diesem Gott zu unterscheiden sind die Götter des Volksglaubens und der politischen Gemeinschaften, des Kultus und der Dichter. Diese Götter sind geworden und werden bei der Ekpyrosis wieder in das Urelement aufgelöst. Es sind einerseits die Gestirne, andererseits Kräfte der Natur, als die durch Mythenallegorese mit Hilfe der Etymologie die meisten Götter des Volksglaubens erklärt werden, oder auch die Seelen von menschlichen Wohltätern, die bis zur Ekpyrosis fortdauern wie Dionysos oder Herakles, die also in euhemeristischer Weise gedeutet werden (SVF 2, frg. 1076-1078. 1022-1025. 1029. 1042. 1049-1051. 1062-1064, POHLENZ [4]1971-1972 [*27: 1, 93-98], GOULD 1971 [*29: 155-156], LONG 1974 [*31: 148-149], STEINMETZ 1986 [*358: 26-28]).

Zugleich ist der kosmische Gott als Logos die εἱμαρμένη, das Schicksal, das geradezu als 'Vernunftgesetz der Welt', als 'Vermögen des Pneuma', als 'Vernunftgesetz der nach der Vorsehung geordneten Einzeldinge in der Welt', als 'Vernunftgesetz, gemäss dem das Geschehene geschehen ist, das Geschehende geschieht und das künftig Geschehende geschehen wird', als 'Kausalreihe des Seienden', als 'ewig kontinuierliche und geordnete Bewegung', als 'natürliche Anordnung allen Geschehens, kraft deren von Ewigkeit her eines dem anderen folgt und nach einer unausweichlichen Verflechtung abläuft' definiert wird (SVF 2, frg. 913. 915. 916. 921. 1000). Durch diesen Kausalnexus ist jedes Geschehen in der Welt determiniert (dazu zuletzt REESOR 1965 [*313: 285-297], RIST 1969 [§ 33 *358: 112-132], GOULD 1971 [*29: 137-148], LONG 1974 [*31: 173-180], REESOR 1978 [*334: 187-202], MANSFELD 1979 [§ 33 *641: 129-188], FORSCHNER 1981 [§ 33 *790: 98-104]). Insofern aber diese Determination planmässig und vernünftig ist und als Wille Gottes verstanden wird, ist sie zugleich πρόνοια ('Vorsehung', SVF 2, frg. 1076. 1077. 913). Daher geschieht, was gemäss dem Schicksal geschieht, auch gemäss der Vorsehung und umgekehrt (SVF 2, frg. 933). Die Planmässigkeit der Vorsehung ist ausgerichtet auf den Menschen. Für ihn ist die Welt geschaffen und eingerichtet. So gipfelt die Pronoia in der Fürsorge für den Menschen (SVF 2, frg. 1118. 1152. 1153). Der universelle Determinismus, die unauflösliche Kette von Ursache und Wirkung, in die alles, was geschieht, eingebunden ist, ist zugleich die Voraussetzung dafür, dass die Zukunft aus Vorzeichen vorausgesagt werden kann. Und so verteidigt und begründet Chrysipp die Divination geradezu als eine Wissenschaft (SVF 2, frg. 1187. 1189. 1192. 1199. 1201-1206).

e) Determinismus – Theodizee – Menschliche Verantwortung

Die unausweichliche kalte Gesetzmässigkeit des universellen Determinismus Chrysipps ist in ihrer Härte zwar durch die Gleichsetzung mit der für den Menschen sorgenden göttlichen Vorsehung etwas abgemildert. Trotzdem und zum Teil gerade deswegen führt diese Auffassung den Chrysipp in zwei schwierige Dilemmata, Schwierigkeiten, auf die Gegner der Stoa von Karneades an immer wieder mit Nachdruck aufmerksam gemacht haben. Zunächst drängt sich die Frage auf, wie angesichts des planmässigen zweckgerichteten Wirkens der göttlichen Vorsehung das Übel in der Welt zu erklären ist (SVF 2, frg. 1169). Damit ist die Frage der Theodizee aufgeworfen, und zwar in ihren drei Bereichen, nämlich a) die Frage nach den Ursachen der physischen Übel, b) die Frage nach den Ursachen der moralischen Übel, c) die Frage nach dem Verhältnis der äusseren Zustände zu der sittlichen Würdigkeit. Das zuletzt genannte Problem, wie z.B. es zu begründen sei, dass der Schlechte Erfolg habe, der Gute aber äusseres Unglück wie Krankheiten, Not und ähnliches zu ertragen habe, konnte mit der Güterlehre der Ethik geklärt werden. Wenn nur die Tugend ein Gut und nur das Laster ein Übel ist, alles andere aber für gleichgültig angesehen wird, dann stösst dem Weisen und Guten kein Übel zu, und was ein Unglück zu sein scheint, ist 'Bewährungsprobe', in der er seine Rechtschaffenheit erweisen kann (vgl. dazu SENECA de providentia). Ähnliche Überlegungen konnten hinsichtlich der physischen Übel angestellt werden. Jedenfalls war angesichts des Monismus weder die Annahme eines eigenen Prinzips des Bösen, das im Gegensatz zum Prinzip des Guten stehe, noch die Annahme, dass das Schlechte durch den Widerstand der Materie gegen die gestaltende Kraft des formgebenden Prinzips verursacht werde, vertretbar. Chrysipp blieb so nur übrig, auch das physische Übel auf Gott als Ursache zurückzuführen, aber dergestalt, dass Gott das Übel nur zulasse, sei es zu einem höheren Zweck wie zur Bestrafung der Schlechten und zur Abschreckung vor dem moralisch Schlechten (SVF 2, frg. 1175. 1176) oder zum Nutzen des Ganzen der Welt, wie z.B. um durch Katastrophen eine Übervölkerung der Erde zu beseitigen (SVF 2, frg. 1176-1178. 1181), sei es, weil das

Übel mit dem entgegengesetzten Gut notwendig verbunden sei, so dass dieses ohne jenes nicht existieren könne (SVF 2, frg. 1169), oder weil es eine notwendige Begleiterscheinung (κατὰ παρακολούϑησιν) einer sinnvollen und höchst nützlichen Einrichtung sei, wie z.B. dass der sinnvollen Gestaltung des menschlichen Kopfes als notwendige Begleiterscheinung folge, dass der Kopf gegen Gewalt von aussen schlecht geschützt sei (SVF 2, frg. 1170, zur Begründung der physischen Übel vgl. POHLENZ [4]1971-1972 [*27: 1, 100-101], LONG 1968 [§ 33 *749: 329-343], GOULD 1971 [*29: 156-159], KERFERD 1977-1978 [§ 34 *226: 428-485. 493-494]). Demgegenüber schien die Frage nach der Ursache des moralisch Schlechten leichter zu beantworten. Chrysipp entlastete Gott davon, verantwortlich für das moralisch Schlechte zu sein; es ist zurückzuführen auf die verantwortliche Entscheidung des Menschen (SVF 2, frg. 1125. 1000; 3, frg. 177).

Aber damit geriet er in das zweite Dilemma. Wie ist angesichts des universellen Determinismus, angesichts der Ursachenkette der εἱμαρμένη eine Entscheidung des Menschen und damit seine Verantwortlichkeit möglich? Der stoische Determinismus schliesse dies aus, ist der Einwand der Gegner (SVF 2, frg. 954. 974. 1000). Um aus diesem Dilemma herauszukommen, konzentrierte sich Chrysipp auf den Nachweis, dass universeller Determinismus die Verantwortlichkeit des Menschen nicht ausschliesse. Die Verantwortlichkeit ist gegeben, wenn es Handlungen gibt, die in unsere Macht gelegt sind (ἐφ' ἡμῖν, in nostra potestate), womit auch die Berechtigung von Lob und Tadel, von Auszeichnung und Strafe erwiesen wäre. Hierzu greift Chrysipp auf die doppelte Dichotomie der Ursachen in 'vollendete' und 'nur mitwirkende', sowie in 'prädisponierende anfängliche' und 'der akuten Handlung unmittelbar vorausgehende Ursachen' zurück und verdeutlicht ihr Zusammenwirken bei der Entstehung eines Impulses zur Handlung (ὁρμή als Zustimmung zu einer Vorstellung, φαντασία). Die Vorstellung wird durch äussere Reize hervorgerufen. Ihr Entstehen ist nicht in der Gewalt des Menschen. Aber ein Handlungsimpuls wird erst durch die Zustimmung (συγκατάϑεσις) zur Vorstellung ausgelöst. Diese Zustimmung ist freie Tätigkeit des Hegemonikon. Demnach ist für Wahrnehmung und Trieb die Zustimmung des Hegemonikon die 'vollendete Ursache', die Vorstellung aber die 'mitwirkende und unmittelbar vorausgehende Ursache'. Wahrnehmung und Trieb sind folglich in die Macht des Menschen gelegt (vgl. GÖRLER 1987 [*359]). Chrysipp erläutert dies durch ein Beispiel aus der anorganischen Natur. Für eine Walze, die eine Schräge hinabrollt, ist der von aussen kommende Anstoss, der sie in Bewegung setzt, die 'mitwirkende und unmittelbar vorausgehende Ursache'. 'Vollendete bzw. prädisponierende Ursache' ist die ihrem Wesen eigentümliche Fähigkeit zum Rollen. Das aber ist ihre ἕξις. Der ἕξις eines anorganischen Körpers aber entspricht auf der Seinsstufe des Menschen der λόγος, die Denkkraft, physikalisch gesehen das Seelenpneuma. 'Vollendete Ursache' für das Handeln des Menschen ist somit die ihm immanente Denkkraft, die einer Vorstellung Zustimmung gewähren oder verweigern kann (SVF 2, frg. 974. 1000). Damit ist die Verantwortlichkeit des Menschen gesichert, aber das Handeln des Menschen nicht, wie CICERO de fato 39-45, PLUT. de Stoic. repugn. 1956 B, [PLUTARCH] de fato 574 D und AUGUSTINUS de civ. Dei V 10 meinen (ebenso REESOR 1965 [*313: 285-297]), aus der Ursachenkette der εἱμαρμένη herausgenommen. Denn die Fähigkeit des Menschen, sich so oder so zu entscheiden, ist Wille der Vorsehung und damit ein Glied in der Kausalkette der Welt. Auch ist die Beschaffenheit der menschlichen Seele und damit ihre innere Freiheit der Kausalkette der εἱμαρμένη unterworfen und insofern in ihren Zustimmungen und Verweigerungen, wenn auch nicht durch gewaltsamen äusseren Zwang, determiniert (SVF 2, frg. 991. 1000. 945). Jedoch ist der Mensch auch für die Beschaffenheit seiner Person verantwortlich, insofern er sie durch Ausbildung, durch Erziehung und durch Einsicht zu formen vermag (SVF 2, frg. 1000). Schliesslich ist die menschliche Seele ein, wenn auch nur winziger Teil des göttlichen Pneuma und hat auch dadurch Anteil am Schicksal und an der Vorsehung. Der Mensch hat die Fähigkeit, den Willen der Vorsehung, die ja Gott ist, zu erkennen. Gerade darauf bezieht sich die Telos-Formel Chrysipps: «Das tugendhafte Leben ist nicht verschieden von dem auf erfahrungsmässige Erkenntnis der Naturvorgänge beruhenden Leben. Denn unsere Naturen sind Teil des Weltganzen. Daher stellt sich als Endziel dar das der Natur folgende Leben, d.h. das der eigenen und der Natur des Alls gemässe Leben, indem man nichts tut, was die Weltvernunft zu verbieten pflegt, die der ὀρθὸς λόγος ist, der alles durchdringt und wesenseins ist mit Zeus, dem Ordner und Leiter der Welt» (SVF 3, frg. 4). Im ganzen gesehen besteht demnach menschliche Freiheit in der Wahl, sich in den erkannten Willen des Schicksals, der Vorsehung, des Gottes einzuordnen oder nicht. Dies meint der Vergleich mit dem an einen fahrenden Wagen gebundenen Hund, den Chrysipp von Zenon übernommen hat. Er hat die Wahl, 'frei' mit dem Wagen mitzulaufen oder sich von ihm gewaltsam mitschleppen zu lassen (SVF 2, frg. 975, zum ganzen Problem vgl. RIST 1969 [§ 33 *358: 112-132], LONG 1970 [*318: 247-265], 1971 [*319: 173-199], GOULD 1971 [*29: 148-152], VON FRITZ 1972 [§ 34 *15: 106-108], DONINI 1974 [*324: 1-44], 1975 [*326: 187-230], STOUGH 1978 [*336: 203-231], SORABJI 1980 [*341: 250-282], FORSCHNER 1981 [§ 33 *790: 104-113], SHARPLES 1981 [*345: 81-97]). Dieser Versuch Chrysipps, aus dem Dilemma zwischen universellem, sozusagen mechanischem Determinismus und der Verantwortlichkeit des Menschen herauszukommen, hat schon in der Antike mannigfache Kritik herausgefordert. Am einprägsamsten ist der Vorwurf, Chrysipp habe hierdurch den freien Willen, das Schönste im Menschen, zu einem Halbsklaven gemacht (SVF 2, frg. 978). Allerdings ist auch festzuhalten, dass sich in der Kritik an Chrysipp auch manche Missverständnisse und Entstellungen seiner Überlegungen finden.

5. Ethik

a) Das Lebensziel (τέλος, finis bonorum)

Wie Aristoteles und die hellenistischen Philosophenschulen bestimmt Chrysipp in der Nachfolge Zenons als Ziel des Lebens die Eudaimonie als das, um dessentwillen alles getan wird, während sie selbst keinem höheren Zweck untergeordnet ist. Diesen Zustand des Glücks hatte Zenon als ein Leben in Übereinstimmung mit dem Logos (ὁμολογουμένως ζῆν) erklärt und diese Formel mit 'einem Leben in

Übereinstimmung mit der Natur' interpretiert und mit Wendungen wie 'gemäss der Tugend leben' und 'sittlich gut leben' oder 'den Göttern Folge leisten' paraphrasiert (oben S. 541f.). Chrysipp behält Zenons Definition bei, ersetzt aber offenbar zur Verdeutlichung den Begriff ὁμολογουμένως ('in Übereinstimmung mit') durch ἀκολούϑως ('folgend', 'entsprechend') und hebt dadurch den normativen Charakter der Natur hervor (SVF 3, frg. 4 τέλος γίνεται τὸ ἀκολούϑως τῇ φύσει ζῆν, ferner 3, frg. 6-9. 148). Dabei versteht er im Gegensatz zu Kleanthes unter dem Begriff 'Natur' sowohl die des Alls (und damit die Wirkungsweise Gottes) als auch die des Menschen (SVF 3, frg. 4). Durch die Betonung des normativen Charakters der Natur wird die Natur gleichsam zum Gesetz erhoben und somit die alte Antithese von φύσις (Natur) und νόμος (Gesetz im Sinne von Konvention) aufgehoben (vgl. unten zur Begründung des Naturrechts S. 614f.). Die Bestimmung des Lebensziels hat er schliesslich durch die Formel 'Leben gemäss der auf Erfahrung beruhenden Kenntnis dessen, was sich von Natur aus ereignet' erläutert (SVF 3, frg. 4 κατ' ἐμπειρίαν τῶν φύσει συμβαινόντων ζῆν, ferner 3, frg. 12-15). Damit aber ist die Erforschung der Natur, und zwar sowohl der Natur der Welt als auch der Natur des Menschen, und das ist die Natur des Logos, zur Voraussetzung des richtigen Lebens und so auch des Glücks erklärt und der systematische Zusammenhang von Physik, Logik und Ethik betont. Daraus ergibt sich die Forderung, die Bestimmung des Lebensziels im einzelnen aus der Natur der Welt und aus der Natur des Menschen abzuleiten (RIETH 1934 [*403: 13-45], POHLENZ [4]1971-1972 [*27: 1, 117-118], GOULD 1971 [*29: 162-168], FORSCHNER 1981 [§ 33 *790: 212-226]). Ebenso ist der Zusammenhang mit dem nach Chrysipp nur scheinbaren Gegensatz zwischen der Kausalkette der εἱμαρμένη und der menschlichen Verantwortung hergestellt.

b) Die Lehre von der Oikeiosis

Die in diesen Überlegungen geforderte naturwissenschaftliche Begründung der Ethik leistet Chrysipp durch die Ausgestaltung von Anregungen Zenons zur Lehre von der Oikeiosis. Und er macht sie geradezu zur systematischen Grundlage der Ethik. Sie ist der am besten geeignete Weg, um zur Erkenntnis des Guten zu gelangen (SVF 3, frg. 68, vgl. oben S. 545). Jedes Lebewesen, und so auch der Mensch, erkennt gleich nach der Geburt, dass es sich selbst zugehörig und zugeeignet (οἰκεῖον) ist und dass das, was ausser ihm liegt, ihm fremd ist (ἀλλότριον). Diese Zueignung zu sich selbst (οἰκείωσις) ist von der Natur gewollt. Aus der Empfindung, sich zugeeignet zu sein (συναίσϑησις oder συνείδησις(?), sensus sui) entsteht der erste Trieb (ὁρμή). Er ist darauf gerichtet, sich selbst unversehrt zu erhalten und seinen bestmöglichen Zustand zu erreichen (Selbsterhaltung und Selbstentfaltung) und damit alles, was ihm widrig ist, abzuwehren und, was ihm förderlich ist, aufzusuchen. Wenn dem Lebewesen dies gelingt, stellt sich als Folge (ἐπιγέννημα) Lust ein. Entgegen der Ansicht Epikurs ist so nicht die Lust das Ziel des ersten Triebs. Mit dem Selbsterhaltungstrieb ist ein zweiter Trieb gepaart, nämlich sich fortzupflanzen und so die Art zu erhalten (Arterhaltungstrieb). Im Laufe seiner Entwicklung in Kindheit und Jugend und der Entfaltung seiner Vernunft erkennt der Mensch, dass sich sein Wesen nicht in der animalischen Natur erschöpft, sondern in der Denkkraft des Logos gipfelt und sein Leben sich in der Tätigkeit des Logos im Erkennen, Denken und Handeln erfüllt. Er erkennt seine eigene Natur und ihre Eingebundenheit in die vom Logos (und das ist von Gott) gestaltete Welt und findet sein Ziel in einem Leben gemäss der auf dieser Erfahrung beruhenden Erkenntnis (DIOGENES LAERT. VII 85-88, CICERO de fin. III 15-29, HIEROKLES Elementa mor., SVF 3, frg. 178. 179. 181. 183-185). Und von der Erkenntnis Gottes und seines Gesetzes in der Natur aus ist es am ehesten möglich zu erkennen, was das Gute und das Schlechte, was Gerechtigkeit sei (SVF 3, frg. 68. 326).

Mit der Lehre von der Oikeiosis legt Chrysipp aber nicht nur die Grundlage für die Formulierung des Lebensziels; sie ist ihm auch Ausgangspunkt weiterer ethischer Bestimmungen.

1. Sie ist die Grundlage der Sozial- und Staatsphilosophie. Denn aus dem naturgewollten Fortpflanzungstrieb und der damit verbundenen Zueignung der Nachkommen und der Fürsorge für die Nachkommen leitet Chrysipp ab, dass der Mensch auf das Leben in der Gemeinschaft angelegt ist und dass dieser Gemeinschaftssinn nicht nur Verwandte und nicht nur Mitglieder des eigenen Stammes oder Volkes, sondern letztlich die ganze Menschheit umfasst. Vor diesem Blick fallen die konventionellen nationalen, sozialen und ständischen Schranken (SVF 3, frg. 179. 314. 346. 352. 355, CICERO de fin. III 62ff.).

2. Mit der Oikeiosislehre wird die Begründung der Differenzierung der Adiaphora nach unterschiedlichen Sachwerten und deren Naturgemässheit oder Naturwidrigkeit gestützt. Zu dem ersten Naturgemässen, das gleich nach der Geburt mit der Selbstwahrnehmung erfasst wird, gehören unter anderem die Funktionstüchtigkeit der Sinne, die Gesundheit und Unversehrtheit des Leibes (SVF 3, frg. 140. 141, CICERO de fin. III 17. 20-21).

3. Im Zusammenhang damit werden auch die Handlungen und Verhaltensweisen erkannt, die dem Menschen zukommen, die καθήκοντα ('Pflichten'), zum Beispiel nach der Gesundheit zu streben. Im Blick darauf und auf die göttliche Pronoia kann Chrysipp bekennen: «Solange mir die Zukunft nicht offenbar ist, halte ich mich immer an das, was eher meiner Natur zugewachsen ist, um diese naturgemässen Werte zu erlangen. Denn Gott selbst hat mich mit der Fähigkeit geschaffen, diese Dinge auszuwählen. Wenn ich freilich wüsste, dass es mir jetzt vom Schicksal bestimmt wäre, krank zu sein, würde ich sogar nach der Krankheit streben» (SVF 3, frg. 191).

4. Auch die Entwicklung der 'Vorbegriffe' (προλήψεις) und der 'Allgemeinbegriffe' (κοιναὶ ἔννοιαι) ist mit der Entwicklung des Menschen von der ersten Selbstwahrnehmung und dem Empfinden, sich selbst zugehörig zu sein, verbunden (vgl. HIEROKLES Elementa mor., col. 6, 1ff., CICERO de fin. III 17. 20-21, SVF 3, frg. 178, SENECA Epist. mor. 120, oben S. 594, FORSCHNER 1981 [§ 33 *790: 151-156]).

5. Schliesslich führt der Weg von der Oikeiosis und der Erkenntnis der Gesetzmässigkeit in der Natur und in allem, was geschieht, zur Begründung des Naturrechts. Der Logos, der als Gott in der Natur wirkt und sie gestaltet, der als εἱμαρμένη die Verkettung der Ereignisse in der ununterbrochenen und ununterbrechba-

ren Reihe von Ursache und Wirkung hervorruft, ist zugleich die Quelle der Gerechtigkeit. Dieser Logos ist die Richtschnur des Gerechten und Ungerechten; er gebietet, was zu tun, er verbietet, was zu meiden ist (SVF 3, frg. 308. 314. 326, ferner die Reflexe dieser Lehre bei CICERO de leg. I 18-19. 42-43, HORSLEY 1978 [*429: 35-79]).

Gerade in der Begründung des Naturrechts wird auch die metaphysische Komponente in der Ethik Chrysipps sichtbar. Insofern aber in der Lehre von der Oikeiosis der Versuch unternommen ist, der Ethik eine naturwissenschaftliche Grundlage zu geben, schliesst auch Chrysipp letztlich vom Sein auf das Sollen, und so trifft auch auf ihn das Verdikt des naturalistischen Fehlschlusses durch G. E. Moore zu (zur Oikeiosis vgl. DIRLMEIER 1937 [*404], POHLENZ 1940 [§ 33 *352], ⁴1971-1972 [*27: 1, 113-116], BRINK 1955-1956 [*409: 123-145], PEMBROKE 1971 [*417: 112-149], GOULD 1971 [*29: 166-167], LONG 1974 [*31: 185-189], FORSCHNER 1981 [§ 33 *790: 142-159], STRIKER 1983 [*444], ENGBERG-PEDERSEN 1986 [*450]).

c) Güter – Handlungen – Qualifikation des handelnden Menschen

Im Bereich der Lehre von den Gütern, den Handlungen und der darauf basierenden Qualifikation des Menschen ist, soweit die Fragmente erkennen lassen, Chrysipp in allem Wesentlichen den Auffassungen Zenons gefolgt. Schwerer wiegende Veränderungen oder auch nur Akzentverschiebungen in der Interpretation hat es offenbar nicht gegeben. Dementsprechend ist das einzige Gut das richtige sittliche Handeln (τὸ καλόν, honestum) und damit die als Aktwert verstandene Tugend (ἀρετή, virtus). Das einzige Übel ist folglich die moralische Fehlhaltung, das Laster (κακία, vitium). Die Tugend selbst besteht im Wissen dessen, was sittlich richtig oder falsch ist, und in der entsprechenden Verhaltensweise (διάθεσις). Der Zustand der Seele, der dem Besitz der Tugend und dem dauernden Handeln gemäss der Tugend entspricht, ist die Glückseligkeit. Allein im Sittlichen und damit in der Tugend besteht die Eudaimonie (SVF 3, frg. 29. 30. 49. 53. 57. 197. 256. 257). Dementsprechend werden die Einzeltugenden als Wissen in einem bestimmten Bereich definiert, zum Beispiel die Tapferkeit als 'Wissen von dem, was man ertragen muss' oder, auf die Diathesis bezogen, als 'Geisteshaltung, die im Dulden und Ertragen dem höchsten Gesetz ohne Furcht folgt' (SVF 3, frg. 285). Die Einzeltugenden sind aber nicht isoliert, sondern stehen in einer inneren Wechselbeziehung miteinander (ἀντακολουθία), so dass, wer eine hat, sie alle besitzt (SVF 3, frg. 295. 297. 299). Dies spiegelt auch die systematische und hierarchische Gliederung der Tugenden in die vier Kardinaltugenden und die diesen untergeordneten Tugenden sowie der diesen entgegengesetzten Laster wider (SVF 3, frg. 262-294).

Gegenüber dem Aktwert der Tugend und dem einzigen Übel, dem Laster, das allein die Menschen unglücklich macht, ist im Hinblick auf die Eudaimonie alles Übrige gleichgültig (ἀδιάφορον). Wie Zenon unterscheidet Chrysipp vom Aktwert den Sachwert und spricht diesen bei der Differenzierung der Adiaphora den 'vorgezogenen Adiaphora' wie Gesundheit, Schönheit, Leben, Reichtum und edle Abkunft zu (προηγμένα bzw. ἀποπροηγμένα). Wie Zenon zeichnet er die vorgezogenen Dinge durch unterschiedlichen Wert (ἀξία) und Naturgemässheit (κατὰ φύσιν) aus und spricht den nicht vorgezogenen Dingen Unwert (ἀπαξία) und Naturwidrigkeit (παρὰ φύσιν) zu (SVF 3, frg. 117. 123. 137-139. 157. 165 und die Reflexe dieser Auffassung in frg. 124-146, zu Zenon oben S. 542-546).

In Parallele zu der Differenzierung in Akt- und Sachwerte werden die Handlungen in sittliche Handlungen des Weisen (κατορϑώματα) und in die zukommenden, pflichtgemässen mittleren Handlungen (τὰ μέσα καϑήκοντα) und ihre entsprechenden Gegenteile (ἁμαρτήματα, παρὰ τὸ καϑῆκον) geschieden (vgl. oben S. 544), ebenso die Menschen in solche, die den beständigen Zustand der εὐδαιμονία erreicht haben (σοφοί, Weise), und in solche, die nicht oder noch nicht zu diesem Ziel gelangt sind (Nicht-Weise); dabei wird anerkannt, dass es auf dem Weg zur Vollkommenheit Fortschritte gibt; solche Fortgeschrittenen (προκόπτοντες) sind zwar noch Nicht-Weise, nähern sich aber dem Umschlag, der sie zu Weisen macht (SVF 3, frg. 584. 672. 674. 539, oben S. 545).

Hinsichtlich der Unverlierbarkeit der Tugend ist eine leichte Modifizierung der Position Zenons erkennbar. Während dieser und Kleanthes die einmal erworbene Diathesis der Tugend für unverlierbar erklären, schränkt Chrysipp dies ein: durch seelische Erkrankung (μελαγχολία) oder durch Drogen wie Alkohol könne die Tugend verlorengehen (SVF 3, frg. 237).

d) Die Affekte

Ganz im Sinne der Handlungstheorie seiner Vorgänger sieht Chrysipp in der Handlung das Zusammenspiel dreier Elemente. Auf eine von aussen (oder aus der Erinnerung) kommende Vorstellung (φαντασία) nimmt die Vernunft zustimmend oder ablehnend durch ein Urteil Stellung (συγκατάϑεσις, bei praktischen Urteilen auch κρίσις). Die Zustimmung löst den Handlungsimpuls (ὁρμή), die Ablehnung das Gegenteil eines Handlungsimpulses (ἀφορμή) aus. Diese κρίσις ist sowohl ein theoretisches als auch ein praktisches Urteil. Sie stellt sowohl fest, ob die Vorstellung wahr oder falsch ist, als auch ob das Erstreben des Gegenstands, den die Vorstellung anbietet, gut oder schlecht ist. Gemäss der streng monistischen und intellektualistischen Psychologie Chrysipps ist das ἡγεμονικόν, das Leitorgan der menschlichen Seele wesentlich Vernunft (διάνοια, λόγος). Es gibt keine irrationalen Teile der Seele, die im Widerstreit mit dem rationalen Teil der Seele liegen könnten. Es ist dieselbe Seele (und damit dieselbe Denkkraft, derselbe Logos), die je nach ihrem jeweiligen Verhalten bald denkt, bald zürnt, bald begehrt (SVF 2, frg. 823. 826; 3, frg. 459). Infolgedessen definiert Chrysipp den Handlungsimpuls des Menschen, der nur auf Grund einer Zustimmung ausgelöst wird, als praktische Vernunft, als den 'Logos des Menschen, der ihm zu handeln gebietet' (ὁρμὴ ... τοῦ ἀνϑρώπου λόγος ἐστί προστακτικὸς αὐτῷ τοῦ ποιεῖν: SVF 3, frg. 175; vgl. frg. 169, DIOGENES LAERT. VII 159, SEXTUS EMP. adv. math. VII 237).

Wenn das den Handlungsimpuls auslösende Urteil aber falsch ist, also nur den Rang einer Meinung (δόξα) hat, ist auch der Handlungsimpuls verkehrt. Ein solcher Handlungsimpuls heisst πάϑος (Affekt, Leidenschaft, vgl. oben S. 547). Während aber nun Zenon das πάθος eher als die Folge des falschen Urteils auffasste, wie z.B. die physiologischen Begleiterscheinungen, die die körperliche Befindlichkeit (πὼς ἔχον) des Seelenpneuma widerspiegeln wie Verkrampfung, Lockerung und Flattern (SVF 1, frg. 209. 210), bestimmt Chrysipp es als das irrige Urteil selbst. Zu diesem Urteil trägt die Vorstellung nur insofern bei, als sie Dinge zur Beurteilung vorlegt, die zwar Adiaphora sind, aber durch Vorzüglichkeit, relativen Sachwert und Naturgemässheit ausgezeichnet sind und dadurch die Fähigkeit besitzen, die Vernunft zu einem Handlungsimpuls anzuregen (sie sind ὁρμῆς καὶ ἀφορμῆς κινητικά: SVF 3, frg. 119. 121). Die Vorstellung ist so nur Mitursache, das Urteil der Vernunft aber Hauptursache der Handlung (vgl. oben S. 605). Ein praktisches Urteil ist falsch, wenn es die Gleichgültigkeit des vorgestellten Dings für das Lebensziel der Eudaimonie verkennt, also Aktwert und Sachwert verwechselt. Chrysipp fordert noch zwei weitere Merkmale des πάθος, die miteinander zusammenhängen. Das falsche Urteil, die δόξα, muss 'frisch' sein und dadurch dem Handlungsimpuls Exzessivität geben (SVF 3, frg. 463. 481. 393. 384 u.ö.). Das πάθος ist demnach in der Sicht Chrysipps nicht Widerstreit des Irrationalen mit der Vernunft, in dem das Irrationale das Übergewicht gewinnt, es ist auch nicht Folge des falschen Urteils, sondern der Widerstreit der Vernunft mit sich selbst, Perversion der Vernunft selbst, in der der Mensch sein Wesen verkehrt und gleichsam nicht mehr als Mensch handelt (SVF 3, frg. 462. 475, so FORSCHNER 1980 [*435: 258-280], 1981 [§ 33 *790: 114-123]). Insofern ist das πάθος eine Krankheit der Seele.

Diese Auffassung aber hat Chrysipp als Auslegung der beiden zenonischen Definitionen des πάθος hingestellt und geglaubt, diese dadurch vor dem Missverständnis, Zenon nehme stillschweigend einen irrationalen Seelenteil an, der mit der Vernunft im Widerstreit liege, schützen zu können. Zenon hatte zwei Formen des Affektes unterschieden, einmal als Folge eines falschen Urteils die ἄλογος καὶ παρὰ φύσιν ψυχῆς κίνησις, dann als Folge eines an sich richtigen Urteils, wobei aber der von der Vernunft ausgelöste Handlungsimpuls über das von der Vernunft gesetzte Ziel hinausschiesst, die ὁρμὴ πλεονάζουσα (SVF 1, frg. 205, oben S. 547). Chrysipp kennt nur eine Form des Pathos und glaubt, beide Definitionen Zenons dienten der Bestimmung dieses einen Affektes als eines falschen Urteils. Dazu interpretiert er in der ersten Definition ἄλογος als 'ungehorsam gegen den Logos und vom Logos abgewandt' und in der zweiten Definition πλεονάζουσα als 'das vom Logos gesetzte Mass überschreitend' als das Exzessive eines jeden Affekts (SVF 3, frg. 462). Demnach ist im Sinne der Perversion der Vernunft im πάθος die Vernunft von sich selbst abgewendet und so ungehorsam gegen sich selbst und überschreitet ihr eigenes Mass (SVF 3, frg. 384. 459. 463. 466. 467 u.ö.). Gerade dieses Paradoxon hat späteren Interpreten erhebliche Verständnisschwierigkeiten bereitet.

Vor eine zweite Schwierigkeit sah sich Chrysipp durch die Erfahrung gestellt, dass ein Pathos wie z.B. die Trauer nachlassen kann. Wie kann dies erklärt werden, wenn das πάθος ein Urteil und nicht die Folge eines Urteils ist? Chrysipp hält – vielleicht doktrinär – daran fest, dass auch im Falle des Nachlassens eines Affekts das falsche Urteil bestehen bleibt, die physiologische Komponente des πάθος aber mit der Zeit abgeschwächt werden kann, schliesst aber auch eine sonstige Änderung der Disposition der Seele nicht aus, ja er hält sogar eine Sättigung für möglich, so dass unter all diesem der Logos 'wie durch ein Seitentürchen' wieder einschlüpft (SVF 3, frg. 466-467). Erklärungen dieser Art stehen zwar in Übereinstimmung mit der Annahme, dass das falsche Urteil frisch und der durch es ausgelöste Handlungsimpuls exzessiv sein muss, aber haben letztlich auch ihn selbst, wie man aus den Formulierungen ersehen kann, noch nicht zufriedengestellt und der späteren Kritik manche Angriffsfläche geboten.

In der Definition der vier Hauptaffekte und der Unterordnung der übrigen unter diese Hauptaffekte ist Chrysipp seinen Vorgängern gefolgt. Hinsichtlich der Heilung der als Krankheit verstandenen Affekte sind ihm eine Reihe guter Beobachtungen gelungen. Die Perversion des Logos kann nur geheilt werden, wenn der Logos wieder seine gesunde Funktion zurückerhält. Wichtigstes Mittel ist es daher, dem Kranken die Fehlerhaftigkeit seines Urteils bewusst zu machen. Dies kann kaum im frischen Ansturm der Leidenschaft gelingen, sondern erst dann, wenn der Affekt schon etwas nachgelassen hat. Wichtig ist daher auch die Prophylaxe. Letztes Ziel ist bei dieser Auffassung des Affekts als einer Perversion der Vernunft die Beseitigung des Affekts, die Apathie (SVF 3, frg. 474. 475. 482. 484. 486; zu Aufbau und Gedankenführung der Schrift Περὶ παϑῶν oben S. 591, zu Chrysipps Lehre von den Affekten im ganzen POHLENZ 1938 [*202: 187-199], ⁴1971-1972 [*27: 1, 141-153], RIST 1969 [§ 33 *358: 22-36], KIDD 1971 [*415: 200-215], GOULD 1971 [*29: 181-188], IOPPOLO 1972 [*419: 251-268], SANDBACH 1975 [§ 33 *361: 59-68], LONG 1976 [*424: 77-92], GLIBERT-THIRRY 1977 [*427: 393-435], KERFERD 1977-1978 [§ 33 *782: 482-494], KIDD 1978 [*428: 247-258], LLOYD 1978 [*430: 233-246], FORSCHNER 1980 [*435: 258-280], 1981 [§ 33 *790: 114-141], VOELKE 1981 [*272: 57-71], GÖRLER 1983 [*442: 397-414]).

E. AUSGABEN UND SEKUNDÄRLITERATUR

1. Fragmentsammlungen [*1-*4]. – 2. Gesamtdarstellungen [*21-*35]. – 3. Zur Biographie und zu den Bildnissen [*51-*89]. – 4. Zu einzelnen Schriften [*101-*118]. – 5. Zur Doxographie: a) Logik: α) Erkenntnistheorie [*201-*212]; β) Dialektik und Rhetorik [*221-*287]; b) Physik [*301-*359]; c) Ethik [*401-*452]

1. Fragmentsammlungen

1 SVF 2: Chrysippi fragmenta logica et physica (1903, ND 1964), 3: Chrysippi fragmenta moralia (1903, ND 1964) [§ 33 *11].

2 M. Pohlenz: Stoa und Stoiker (¹1950, ²1964) [§ 33 *14: 20-23: Zum Leben Chrysipps, 23-170: Zeugnisse zur Philosophie der alten Stoa, darunter auch Zeugnisse zur Philosophie Chrysipps].

3 N. Festa, R. Anastasi: I frammenti degli stoici antichi, ordinati, tradotti e annotati, Vol. 3/1: I frammenti morali di Crisippo (Padua 1962).

4 M. Naddei Carbonara: Crisippo. Vita, opere e prolegomeni alla filosofia secondo Arnim II, in: Atti dell'Accademia di Scienze morali e politiche della Società nazionale di Scienze, Lettere ed Arti di Napoli 40 (1979) 463-485.

2. Gesamtdarstellungen

21 F. N. G. Baguet: De Chrysippi vita, doctrina et reliquiis commentatio (Löwen 1822). – Immer noch brauchbar zur Rekonstruktion der verlorenen Schriften Chrysipps.
22 Ch. Petersen: Philosophiae Chrysippi fundamenta (Hamburg-Altona 1827).
23 H. von Arnim: Chrysippos (14), in: RE 3, 2 (1899) 2502-2509.
24 E. Bréhier: Chrysippe (Paris 1910, nouvelle édition revue 1951, ²1971). – Rez.: M. Pohlenz, in: Gnomon 24 (1952) 382-383.
25 E. Zeller: Die Philosophie der Griechen III 1(⁵1923) [§ 1 *332: 40-44 zum Leben Chrysipps, 50-373 systematische Darstellung der altstoischen Philosophie, in sie ist die Philosophie Chrysipps eingearbeitet].
26 P. Barth, A. Goedeckemeyer: Die Stoa (⁶1946) [§ 33 *351: 47-107].
27 M. Pohlenz: Die Stoa (⁴1971-1972) [§ 33 *353: 1, 28-30: Leben Chrysipps, 31-158: Philosophie der Alten Stoa, darin eingearbeitet die Philosophie Chrysipps].
28 H. Dörrie: Chrysippos (14), in: RE Suppl. 12 (1970) 148-155. – Nachtrag zu *23.
29 J. B. Gould: The philosophy of Chrysippus (Leiden 1971) [Philosophia antiqua 17]. – Rez.: K. Abel, in: Gnomon 44 (1972) 645-651. – Ein Versuch, die Philosophie Chrysipps allein aus den ausdrücklich bezeugten Fragmenten zu ermitteln.
30 E. Elorduy: El estoicismo, 2 Bde. (1972) [§ 33 *360]. – Besonders Bd. 1, 72-73. 141-143. 359-366.
31 A. A. Long: Hellenistic philosophy (1974) [§ 1 *396]. – 109-209: Die Darstellung der Philosophie Chrysipps ist in die Darstellung der altstoischen Philosophie eingearbeitet.
32 A. Grilli: Lo stoicismo antico, in: Dal Pra (Hg.) 1975 [§ 1 *338]. – Bd. 4, 63-101. Die Darstellung der Philosophie Chrysipps ist in die Darstellung der altstoischen Philosophie eingearbeitet.
33 J. Moreau: Stoïcisme, épicurisme, tradition hellénique (Paris 1979). – Sammlung kleiner Schriften; Rez.: Adam, in: Revue philosophique 171 (1981) 270-272.
34 O. Gigon: Poseidonios und die Geschichte der stoischen Philosophie, in: Archaiognosia 1 (1980) 261-299 [§ 34 *20].
35 G. Reale: Lo stoicismo dalle origini alla fine dell'era pagana, in: Reale ⁴1983 [§ 1 *339: 3, 303-431].

3. Zur Biographie und zu den Bildnissen

51 W. Crönert: Kolotes und Menedemos. Texte und Untersuchungen zur Philosophen- und Literaturgeschichte (Leipzig 1906).

Zu den bildlichen Darstellungen vgl. auch Arndt/Bruckmann 1891-1942 [§ 1 *451], Bernoulli 1901 [§ 1 *452], Schefold 1943 [§ 1 *453], Richter 1955-1962 [§ 1 *454], Richter 1965 [§ 1 *455].

85 S. Boucher-Colozier: Un bronze d'époque alexandrine, in: Monuments et Mémoires 54 (1965) 25-38.
86 H. Ingholt: Aratos and Chrysippos on a lead medallion from a Beirut collection, in: Berytus 17 (1967-1968) 143-177.
87 H. Luschey: Eine neue Chrysipp-Gemme, in: Wandlungen, Festschr. E. Homann-Wedeking (Waldsassen 1975) 202-204 und Tafel 38-39.
88 L. Bacchielli: Arato o Crisippo? Nuove ipotesi per un vecchio problema, in: Quaderni di Archeologia della Libia 10 (1979) 27-48.
89 P. R. Franke: «... Τῶν Ἀκαδημιακῶν στραγγαλίδων κοπίς.» Zu einem Münzbildnis des Stoikers Chrysippos, in: K.-O. Apel, R. Pozzo (Hg.): Zur Rekonstruktion der praktischen Philosophie. Gedenkschrift für K.-H. Ilting (Stuttgart 1990) 377-388.

4. Zu einzelnen Schriften

101 T. Bergk: Commentatio de Chrysippi libris Περὶ ἀποφατικῶν (Programm Kassel 1841) [Kleine Schriften 2 (Halle 1886) 111-146].
102 A. Gercke: Chrysippea, in: Jahrbücher für classische Philologie, Suppl. 14 (1885) 689-755. – Rekonstruktion der Schriften ‹De fato› und ‹De providentia›.
103 H. von Arnim: Über einen stoischen Papyrus der Herculanensischen Bibliothek, in: Hermes 25 (1890) 473-495.
104 F. Susemihl: Geschichte der griechischen Litteratur in der Alexandrinerzeit 1 (1891) 75-81 [§ 1 *333].
105 W. Crönert: Die Λογικὰ Ζητήματα des Chrysippos und die übrigen Papyri logischen Inhalts aus der Herculanensischen Bibliothek, in: Hermes 36 (1901) 548-579.
106 B. Keil: Chrysippeum, in: Hermes 40 (1905) 155-158. – Ergänzung zu *103.
107 D. Bassi: Notizie di papiri Ercolanesi inediti II, in: Rivista di Filosofia (1916) 209-220.

108 K. Pfaff: De Chrysippi copia verborum (Freiburg 1924). – Diss.
109 G. Blin, M. Keim: Chrysippe de la partie hégémonique de l'âme, trad., in: Mesures (15 avril 1939).
110 C. Nailis: Chrysippus philosophus ou Chrysippus medicus? in: L'Antiquité classique 13 (1944) 113-118.
111 K. Rupprecht: Paroimiographoi, in: RE 18, 2 (1949) 1735-1778.
112 A. M. Colombo: Un nuovo frammento di Crisippo? in: La Parola del Passato 38 (1954) 376-381.
113 K. H. Rolke: Die bildhaften Vergleiche in den Fragmenten der Stoiker von Zenon bis Panaitios, in: Spudasmata 32 (1975) [§ 34 *70].
114 W. Cavini: I sillogismi ipotetici del papiro parigino attribuito a Crisippo, in: Siculorum Gymnasium 31 (1978) 281-285.
115 M. Capasso: Il saggio infallibile (PHerc 1020 col. I), in: La regione sotterata dal Vesuvio. Studi e prospettive. Atti del Convegno internazionale, 11-15 novembre 1979 (Neapel 1982) 455-470.
116 L. Marrone: Nuove letture nel PHerc 307 (questioni logiche di Crisippo), in: Cronache Ercolanesi 12 (1982) 13-18.
117 C. Gill: Did Chrysippus understand Medea? in: Phronesis 28 (1983) 136-149.
118 L. Marrone: Il problema dei 'singolari' e dei 'plurali' nel PHerc 307, in: Atti del XVII Congresso internazionale di Papirologia (Neapel 1984) 419-427.

5. Zur Doxographie

a) Logik

α) Erkenntnistheorie

201 F. H. Sandbach: Ἔννοια and πρόληψις in the Stoic theory of knowledge, in: Classical Quarterly 24 (1930) 44-51.
202 M. Pohlenz: Zenon und Chrysipp, in: Nachrichten der Akademie der Wissenschaften zu Göttingen, Phil.-Hist. Kl. (1938) I 2, 9, 173-210 [Kleine Schriften (1965) 1, 1-38] [§ 34 *12].
203 B. Wiśniewski: The problem of cognition of the external world in Stoic philosophy, in: Classica et Mediaevalia 19 (1958) 110-119.
204 G. Watson: The Stoic theory of knowledge (1966) [§ 33 *407].
205 F. H. Sandbach: Phantasia kataleptike, in: Long (Hg.) 1971 [§ 33 *359: 9-21].
206 R. B. Todd: The Stoic common notions. A re-examination and reinterpretation, in: Symbolae Osloenses 48 (1973) 47-75.
207 W. Görler: Ἀσθενὴς συγκατάθεσις. Zur stoischen Erkenntnistheorie, in: Würzburger Jahrbücher für die Altertumswissenschaft N.F. 3 (1977) 83-92 [§ 34 *105].
208 V. Goldschmidt: Remarques sur l'origine épicurienne de la 'prénotion', in: Brunschwig (Hg.) 1978 [§ 33 *494: 155-169].
209 C. Imbert: Théorie de la représentation et doctrine logique dans le stoïcisme ancien, in: Brunschwig (Hg.) 1978 [§ 33 *494: 223-249].
210 G. B. Kerferd: The problem of synkatathesis and katalepsis in Stoic doctrine, in: Brunschwig (Hg.) 1978 [§ 33 *494: 251-272].
211 A. A. Long: Stoa and Sceptical Academy. Origins and growth of a tradition, in: Liverpool Classical Monthly 5 (1980) 161-174.
212 E. P. Arthur: The Stoic analysis of the mind's reactions to presentations, in: Hermes 111 (1983) 69-78.

β) Dialektik und Rhetorik

221 Rudolf Traugott Schmidt: Stoicorum grammatica (1839, ND 1967) [§ 33 *531].
222 H. Steinthal: Geschichte der Sprachwissenschaft bei den Griechen und Römern mit besonderer Rücksicht auf die Logik (Berlin 1863, ²1890-1891 in 2 Bdn., ND Darmstadt 1961).
223 M. Hurst: Implication in the fourth century B.C., in: Mind 44 (1935) 484-495.
224 M. Pohlenz: Die Begründung der abendländischen Sprachlehre durch die Stoa, in: Nachrichten der Akademie der Wissenschaften zu Göttingen, Phil.-Hist. Klasse 1939, 151-198 [Kleine Schriften (Hildesheim 1965) 1, 39-86].
225 K. Dürr: Alte und neue Logik, in: Studia Philosophica (1942) 104-122.
226 A. Virieux-Reymond: La logique et l'épistémologie des stoïciens (1950) [§ 33 *458].
227 J. Mau: Stoische Logik. Ihre Stellung gegenüber der Aristotelischen Syllogistik und dem modernen Aussagenkalkül, in: Hermes 85 (1957) 147-158.
228 A. Pagliaro: La dottrina dell'analogia e i suoi precedenti, in: Ricerche linguistiche 4 (1958) 1-18.
229 J. Mau: Zum Begriff des Syllogismus bei Ari-

stoteles und den Stoikern, in: Philologische Vorträge, hg. von Irmscher, Steffen et al. (Breslau 1959) 65-69.
230 M. Gigante: Il panlogismo stoico e il testo di Diogene Laerzio, in: La Parola del Passato 15 (1960) 415-427.
231 W. und M. Kneale: The development of logic (1962) [§ 33 *471].
232 J. Pinborg: Das Sprachdenken der Stoa und Augustins Dialektik, in: Classica et Mediaevalia 23 (1962) 148-177.
233 C. Christian: Zur Interpretation der Diodoreischen Modalgesetze und der Diodoreischen Implikation, in: Anzeiger der Österreichischen Akademie der Wissenschaften in Wien, Phil.-Hist. Kl. 101 (1964) 235-243.
234 B. Mates: Ancient logic, in: Encyclopedia Britannica 14 (1965) 220-225.
235 M. Mignucci: Il significato della logica stoica (1965) [§ 33 *473].
236 U. Egli: Zur stoischen Dialektik (1967) [§ 33 *475: bes. 98-104].
237 J. B. Gould: Chrysippus on the criteria for the truth of a conditional proposition, in: Phronesis 12 (1967) 152-162.
238 M. Hossenfelder: Zur stoischen Definition von Axioma, in: Archiv für Begriffsgeschichte 11 (1967) 238-241.
239 C. H. Kahn: Stoic logic and Stoic logos, in: Archiv für Geschichte der Philosophie 51 (1969) 158-172.
240 G. Calboli: Due questioni filologiche, in: Maia 23 (1971) 115-128. – Bes. 115-122.
241 A. C. Lloyd: Grammar and metaphysics in the Stoa, in: Long (Hg.) 1971 [§ 33 *359: 58-74].
242 A. A. Long: Language and thought in Stoicism, in: Long (Hg.) 1971 [§ 33 *359: 75-113].
243 M. Frede: Die stoische Logik (1974) [§ 33 *487: bes. 26-29, 37-39].
244 R. B. Edlow: The Stoics on ambiguity, in: Journal of the History of Philosophy 13 (1975) 423-435.
245 L. Melazzo: La teoria del segno linguistico negli stoici, in: Lingua e Stile 10 (1975) 199-230.
246 P. Pachet: La deixis selon Zénon et Chrysippe, in: Phronesis 20 (1975) 241-246.
247 R. Doty: Ennoemata. Prolepseis and common notions, in: Southwestern Journal of Philosophy 7 Nr. 3 (1976) 143-148.
248 F. S. Michael: What is the master argument of Diodorus Cronus? in: American Philosophical Quarterly 13 (1976) 229-235.

249 Z. Telegdi: Zur Herausbildung des Begriffs 'sprachliches Zeichen' und zur stoischen Sprachlehre, in: Acta Linguistica Academiae Scientiarum Hungaricae 26 (1976) 267-305.
250 V. Celluprica: L'argomento dominatore di Diodoro Crono e il concetto di possibile di Crisippo, in: G. Giannantoni: Scuole socratiche minori e filosofia ellenistica (Bologna 1977) 55-73.
251 R. Hiersche: 'Aspekt' in der stoischen Tempuslehre? in: Zeitschrift für vergleichende Sprachforschung 91 (1977) 275-287.
252 G. Verbeke: Der Nominalismus der stoischen Logik, in: Allgemeine Zeitschrift für Philosophie 3 (1977) 36-55.
253 G. Cortassa: Pensiero e linguaggio nella teoria stoica del λεκτόν, in: Rivista di Filologia e di Istruzione classica 106 (1978) 385-394.
254 U. Egli: Stoic syntax and semantics, in: Brunschwig (Hg.) 1978 [§ 33 *494: 135-154].
255 M. Frede: Principles of Stoic grammar, in: Rist (Hg.) 1978 [§ 33 *365: 27-75].
256 K. von Fritz: Rez. M. Frede: Die stoische Logik [*243], in: Philosophische Rundschau 25 (1978) 102-119.
257 R. Goulet: La classification stoïcienne des propositions simples selon Diogène Laerce VII 69-70, in: Brunschwig (Hg.) 1978 [§ 33 *494: 171-198].
258 A. C. Lloyd: Definite propositions and the concept of reference, in: Brunschwig (Hg.) 1978 [§ 33 *494: 285-295].
259 M. Mignucci: Sur la logique modale des stoïciens, in: Brunschwig (Hg.) 1978 [§ 33 *494: 317-346].
260 Ian Mueller: An introduction to Stoic logic, in: Rist (Hg.) 1978 [§ 33 *365: 1-26].
261 G. Verbeke: La philosophie du signe chez les stoïciens, in: Brunschwig (Hg.) 1978 [§ 33 *494: 401-424).
262 H. Hagius: The Stoic theory of the parts of speech (New York 1979). – Diss. Columbia University.
263 C. Imbert: Stoic logic and Alexandrian poetics, in: Schofield/Burnyeat/Barnes (Hg.) 1980 [§ 1 *362: 182-216].
264 M. Maróth: Die hypothetischen Syllogismen, in: Acta Antiqua Academiae Scientiarum Hungaricae 27 (1979) 407-436.
265 Ian Mueller: The completeness of Stoic propositional logic, in: Notre Dame Journal of Formal Logic 20 (1979) 201-215.
266 V. Celluprica: La logica stoica in alcune re-

centi interpretazioni, in: Elenchos 1 (1980) 123-150.
267 W. Detel, R. Hülsen, G. Krüger, W. Lorenz: Λεκτὰ ἐλλιπῆ in der stoischen Sprachphilosophie, in: Archiv für Geschichte der Philosophie 62 (1980) 276-288.
268 D. Dubarle: Logique et épistémologie du signe chez Aristote et chez les stoïciens, in: La scolastique: certitude et recherche. En hommage à Louis-Marie Régis (Montréal 1980) 27-83.
269 P. Hadot: Philosophie, dialectique, rhétorique dans l'antiquité, in: Studia Philosophica 39 (1980) 139-166.
270 C. H. M. Versteegh: The Stoic verbal system, in: Hermes 108 (1980) 338-357.
271 G. Giannantoni: Il κυριεύων λόγος di Diodoro Crono, in: Elenchos 2 (1981) 239-272.
272 A.-J. Voelke: La fonction thérapeutique du logos selon Chrysippe, in: Etudes de Lettres 4, 4/2 (1981) 57-71.
273 M. Baratin: L'identité de la pensée et de la parole dans l'ancien stoïcisme, in: Languages 16 (1982) 9-21.
274 J. Barnes: Medicine, experience and logic, in: Barnes et al. (Hg.) 1982 [§ 1 *363: 24-68].
275 M. F. Burnyeat: The origines of non-deductive inference, in: Barnes et al. (Hg.) 1982 [§ 1 *363: 193-238].
276 M.-O. Goulet-Cazé: Un syllogisme stoïcien sur la loi dans la doxographie de Diogène le Cynique: à propos de Diogène Laërce VI 72, in: Rheinisches Museum 125 (1982) 214-240.
277 D. Sedley: The Stoic criterion of identity, in: Phronesis 27 (1982) 255-275.
278 D. Sedley: On signs, in: Barnes et al. (Hg.) 1982 [§ 1 *363: 239-272].
279 R. W. Sharples: An ancient dialogue on possibility: Alexander of Aphrodisias, Quaestio 1.4, in: Archiv für Geschichte der Philosophie 64 (1982) 23-38.
280 R. W. Sharples: Alexander of Aphrodisias: problems about possibility, in: Bulletin of the Institute of Class. Studies of the Univ. of London 29 (1982) 91-108; 30 (1983) 99-110.
281 M. J. White: Zeno's arrow, divisible infinitesimals, and Chrysippus, in: Phronesis 27 (1982) 239-254.
282 M. Frede: Stoics and Skeptics on clear and distinct impressions, in: M. Burnyeat (Hg.): The skeptical tradition (Berkeley 1983) 65-93.
283 M. Jager: De stoicijnse logica, in: Lampas 16 (1983) 38-52.
284 J. Mansfeld: Techne: A new fragment of Chrysippus, in: Greek, Roman and Byzantine Studies 24 (1983) 57-65.
285 J. Vuillemin: Le carré Chrysippéen des modalités, in: Dialectica 37 (1983) 235-247.
286 M. Baldassarri: La logica stoica. Vol. 1: Introduzione alla logica stoica (1984) [§ 33 *15].
287 D. Sedley: The negated conjunction in Stoicism, in: Elenchos 5 (1984) 311-316.

Weitere Literatur zur 'Logik' in den Zusammenstellungen § 33 *401-*543, § 34 *91-*122.

b) Physik

301 E. Bréhier: La théorie des incorporels dans l'ancien stoïcisme (1928, ^{3}1962) [§ 33 *572].
302 J. Moreau: L'âme du monde de Platon aux stoïciens (1939) [§ 33 *576].
303 P. De Lacy: The Stoic categories as methodological principles, in: Transactions and Proceedings of the American Philological Association 76 (1945) 246-263.
304 G. Verbeke: L'évolution de la doctrine du pneuma du stoïcisme à Saint-Augustin (1945) [§ 33 *588: bes. 62-90].
305 V. Goldschmidt: Le système stoïcien et l'idée de temps (^{1}1953, ^{2}1969, ^{3}1977) [§ 33 *593].
306 M. E. Reesor: The Stoic categories, in: American Journal of Philology 78 (1957) 63-82.
307 S. Sambursky: Physics of the Stoics (1959, ND 1973) [§ 33 *597].
308 M. Jammer: Das Problem des Raumes. Die Entwicklung der Raumtheorien (Darmstadt 1960 [erweiterte deutsche Fassung des Werkes Concepts of Space, Harvard 1954]).
309 F. Solmsen: Greek philosophy and the discovery of the nerves, in: Museum Helveticum 18 (1961) 150-197.
310 J. Christensen: An essay on the unity of Stoic philosophy (1962) [§ 33 *355].
311 J. B. Gould: Reason in Seneca, in: Journal of the History of Philosophy 3 (1965) 13-25.
312 F. W. Kohnke: Γαστὴρ ἐργαστήριον φύσεως. Ein Chrysippzitat, in: Hermes 93 (1965) 383-384.
313 M. E. Reesor: Fate and possibility in early Stoic philosophy, in: Phoenix 19 (1965) 285-304.
314 L. Edelstein: The meaning of Stoicism (1966) [§ 33 *357].
315 F. Rex: Chrysipps Mischungslehre und die an ihr geübte Kritik in Alexander von Aphrodisias De mixtione (Frankfurt 1966). – Diss.

316 P. Grimal: La critique de l'aristotélisme dans le De vita beata, in: Revue des Etudes latines 45 (1967) 396-419.

317 C. Preaux: L'élargissement de l'espace et du temps dans la pensée grecque, in: Bulletin de la Classe des Lettres de l'Académie royale de Belgique 54 (1969) 208-267.

318 A. A. Long: Stoic determinism and Alexander of Aphrodisias, in: Archiv für Geschichte der Philosophie 52 (1970) 247-268.

319 A. A. Long: Freedom and determinism in the Stoic theory of human action, in: Long (Hg.) 1971 [§ 33 *359: 173-199].

320 J. M. Rist: Categories and their uses, in: Long (Hg.) 1971 [§ 33 *359: 38-57].

321 M. E. Reesor: Ποιόν and ποιότης in Stoic philosophy, in: Phronesis 17 (1972) 279-285.

322 L. Bloos: Probleme der stoischen Physik (1973) [§ 33 *612].

323 M. Lapidge: Ἀρχαί and στοιχεῖα. A problem in Stoic cosmology, in: Phronesis 18 (1973) 240-278.

324 P. L. Donini: Tre studi sull'aristotelismo nel II. secolo d.C. (Turin 1974) [Historica, Politica, Philosophica 7].

325 J. B. Gould: Being, the world, and appearance in early Stoicism and some other Greek philosophies, in: Review of Metaphysics 28 (1974) 261-288.

326 P. L. Donini: Fato e volontà umana in Crisippo, in: Atti della Accademia delle Scienze di Torino, Classe di Scienze morali, storiche e filologiche 109 (1975) 187-230.

327 J. Longrigg: Elementary physics in the Lyceum and Stoa, in: Isis 66 (1975) 211-229.

328 B. Wiśniewski: Le problème du dualisme chez les stoïciens, in: Rivista di Cultura classica e medioevale 17 (1975) 57-64.

329 M. Dragona-Monachou: The Stoic arguments for the existence and providence of the gods (1976) [§ 33 *622: 109-129].

330 D. E. Hahm: The origins of Stoic cosmology (1977) [§ 33 *626: bes. 260-266].

331 N. Chronis: Ἡ διαίρεσις κατ' ἐπίνοιαν ὡς μέϑοδος ἐρεύνης κοσμολογικῶν προβλημάτων, in: Ἐπιστημονικὴ Ἐπετηρὶς τῆς φιλοσοφικῆς σχολῆς τοῦ πανεπιστημίου Ἀϑηνῶν 26 (1977-1978) 162-190.

332 A. Graeser: The Stoic categories, in: Brunschwig (Hg.) 1978 [§ 33 *494: 199-221].

333 M. Lapidge: Stoic cosmology, in: Rist (Hg.) 1978 [§ 33 *365: 161-185].

334 M. E. Reesor: Necessity and fate in Stoic philosophy, in: Rist (Hg.) 1978 [§ 33 *365: 187-202].

335 S. Sambursky: Das Gespenst des Vergänglichen, in: Eranos-Jahrb. 47 (1978) 205-237.

336 C. Stough: Stoic determinism and moral responsibility, in: Rist (Hg.) 1978 [§ 33 *365: 203-231].

337 R. B. Todd: Monism and immanence. The foundations of Stoic physics, in: Rist (Hg.) 1978 [§ 33 *365: 137-160].

338 H. Eisenberger: Zur Frage der ursprünglichen Gestalt von Ciceros Schrift De fato, in: Grazer Beiträge 8 (1979) 153-172.

339 M. Frede: The original notion of cause, in: Schofield/Burnyeat/Barnes (Hg.) 1980 [§ 1 *362: 217-249].

340 M. Isnardi Parente: Stoici, epicurei e il 'motus sine causa', in: Rivista critica di Storia della Filosofia 35 (1980) 23-31.

341 R. Sorabji: Causation, laws, and necessity, in: Schofield/Burnyeat/Barnes (Hg.) 1980 [§ 1 *362: 250-282].

342 M. J. White: Facets of Megarian fatalism: Aristotelian criticisms and the Stoic doctrine of eternal recurrence, in: Canadian Journal of Philosophy 10 (1980) 189-206.

343 M. J. White: Aristotle's temporal interpretation of necessary coming-to-be and Stoic determinism, in: Phoenix 34 (1980) 208-218.

344 R. J. Rabel: Diseases of soul in Stoic psychology, in: Greek, Roman and Byzantine Studies 22 (1981) 385-393.

345 R. W. Sharples: Necessity in the Stoic doctrine on fate, in: Symbolae Osloenses 56 (1981) 81-97 [§ 34 *271].

346 J. Bels: La survie de l'âme de Platon à Posidonius, in: Revue d'Histoire des Religions 199 (1982) 169-182 [§ 34 *174].

347 Dorothea Frede: The dramatization of determinism: Alexander of Aphrodisias' ‹De fato›, in: Phronesis 27 (1982) 276-298.

348 P. Hager: Chrysippus' theory of 'pneuma', in: Prudentia 14 (1982) 97-108.

349 A. A. Long: Soul and body in Stoicism, in: Phronesis 27 (1982) 34-57.

350 J. B. Gould: The Stoic conception of fate, in: J. P. Anton, A. Preus (Hg.): Essays in Ancient Greek Philosophy, Vol. 2 (Albany 1983) 478-494 [= Journal of History of Ideas 35 (1974) 17-32].

351 R. Sorabji: Time, creation and the continuum: theories in antiquity and the early Middle Ages (London 1983).

352 M. J. White: Time and determinism in the

Hellenistic philosophical schools, in: Archiv für Geschichte der Philosophie 65 (1983) 40-62.
353 V. Celluprica: Necessità megarica e fatalità stoica, in: Elenchos 3 (1982) 361-385.
354 J.-P. Dumont: Diogène de Babylone et la déesse raison. La métis des stoïciens, in: Bulletin de l'Association G. Budé (1984) 260-278.
355 D. E. Hahm: The Stoic theory of change, in: Southern Journal of Philosophy, Suppl. 23 (1985) 39-56.
356 A. A. Long: The Stoics on world-conflagration and everlasting recurrence, in: Southern Journal of Philosophy, Suppl. 23 (1985) 13-37.
357 D. Sedley: The Stoic theory of universals, in: Southern Journal of Philosophy, Suppl. 23 (1985) 87-92.
358 P. Steinmetz: Allegorische Deutung und allegorische Dichtung in der Alten Stoa, in: Rheinisches Museum 129 (1986) 18-30. – Bes. 26-28.
359 W. Görler: 'Hauptursachen' bei Chrysipp und Cicero? Philologische Marginalien zu einem vieldiskutierten Gleichnis (De fato 41-44), in: Rheinisches Museum 130 (1987) 254-274.

Auch in anderen Untersuchungen, die in § 33 *571-*669 und in § 34 *131-*175 zusammengestellt sind und hier nicht wiederholt werden, finden sich Hinweise zur Physik Chrysipps.

c) Ethik

401 E. Grumach: Physis und Agathon in der Alten Stoa (1932) [§ 33 *708].
402 O. Rieth: Grundbegriffe der stoischen Ethik (1933) [§ 33 *711: bes. 84-91. 104-107].
403 O. Rieth: Über das Telos der Stoiker, in: Hermes 69 (1934) 13-45.
404 F. Dirlmeier: Die Oikeiosislehre Theophrasts (Leipzig 1937).
405 W. Wiersma: Τέλος und καϑῆκον in der alten Stoa, in: Mnemosyne 5 (1937) 219-228.
406 G. Mancini: L'etica stoica da Zenone a Crisippo (1940) [§ 33 *723].
407 M. E. Reesor: The 'indifferents' in the old and middle Stoa, in: Transactions and Proceedings of the American Philological Association 82 (1951) 102-110.
408 I. G. Kidd: The relation of Stoic intermediates to the 'summum bonum', with references to change in the Stoa, in: Classical Quarterly 49 (1955) 181-194.
409 C. O. Brink: Οἰκείωσις and οἰκειότης. Theophrastus and Zeno on nature in moral theory, in: Phronesis 1 (1955-1956) 123-145.
410 W. Gent: Der Begriff des Weisen. Eine historisch-kritische Untersuchung, in: Zeitschrift für philosophische Forschung 20 (1966) 77-117.
411 W. Richardson: The basis of ethics, Chrysippus and Clement of Alexandria, in: Studia Patristica 9 (1966) 87-97.
412 A. A. Long: Carneades and the Stoic telos, in: Phronesis 12 (1967) 59-90.
413 H. Reiner: Der Streit um die stoische Ethik, in: Zeitschrift für philosophische Forschung 21 (1967) 261-281.
414 H. T. Johann: Trauer und Trost. Eine quellen- und strukturanalytische Untersuchung der philosophischen Trostschriften über den Tod (München 1968) [Studia et Testimonia antiqua 5]. – Besonders 15-27.
415 I. G. Kidd: Stoic intermediates and the end for man, in: Long (Hg.) 1971 [§ 33 *359: 150-172].
416 I. G. Kidd: Posidonius on emotions, in: Long (Hg.) 1971 [§ 33 *359: 200-215].
417 S. G. Pembroke: Oikeiosis, in: Long (Hg.) 1971 [§ 33 *359: 114-149].
418 G. Watson: The natural law and Stoicism, in: Long (Hg.) 1971 [§ 33 *359: 216-238].
419 A. M. Ioppolo: La dottrina della passione in Crisippo, in: Rivista critica di Storia della Filosofia 27 (1972) 251-268.
420 A. M. Ioppolo: La dottrina stoica dei beni esterni e i suoi rapporti con l'etica aristotelica, in: Rivista critica di Storia della Filosofia 29 (1974) 363-385.
421 R. J. Rabel: Theories of the emotion in the old Stoa (University of Michigan Dissertation, Ann Arbor 1975). – Mikrofilm.
422 R. Alpers-Gölz: Der Begriff Skopos in der Stoa und seine Vorgeschichte, mit einem Anhang Materialien zum Zielbegriff in der griechischen und lateinischen Literatur von W. Haase (Hildesheim 1976) [Spudasmata 8].
423 V. Guazzoni Foà: Ricerche sull'etica delle scuole ellenistiche (Genua 1976) [Pubblicazioni dell'Istituto di Filologia classica dell'Università di Genova 44]. – Bes. 29-58.
424 A. A. Long: The early Stoic concept of moral choice, in: Images of man in ancient and medieval thought. Studia G. Verbeke ab amicis et collegis dedicata (Löwen 1976) 77-92.

425 R. J. Rabel: Stoic doctrine of generic and specific pathé, in: Apeiron 11 (1977) 40-42.
426 M. van Straaten: Menschliche Freiheit in der stoischen Philosophie, in: Gymnasium 84 (1977) 501-518.
427 A. Glibert-Thirry: La théorie stoïcienne de la passion chez Chrysippe et son évolution chez Posidonius, in: Revue philosophique de Louvain 75 (1977) 393-435.
428 I. G. Kidd: Moral actions and rules in Stoic ethics, in: Rist (Hg.) 1978 [§ 33 *365: 247-258].
429 R. A. Horsley: The law of nature in Philo and Cicero, in: Harvard Theological Review 71 (1978) 35-59.
430 A. C. Lloyd: Emotion and decision in Stoic psychology, in: Rist (Hg.) 1978 [§ 33 *365: 233-246].
431 A. Michel: A propos du bonheur. Pensée latine et tradition philosophique, in: Revue des Etudes latines 56 (1978) 349-368.
432 T. G. Sinnige: Eigenheid en saamhorigheid in de stoïsche ethica, in: Lampas 11 (1978) 24-42.
433 N. P. White: The basic of Stoic ethics, in: Harvard Studies in Classical Philology 83 (1979) 143-178.
434 J. Brisset: Le stoïcisme et la vengeance, in: Revue historique de Droit français et étranger 58 (1980) 57-68.
435 M. Forschner: Die pervertierte Vernunft. Zur stoischen Theorie der Affekte, in: Philosophisches Jahrbuch 87 (1980) 258-280 (= 1981 [§ 33 *790: 114-141]).
436 C. Lévy: Un problème doxographique chez Cicéron. Les indifférentistes, in: Revue des Etudes latines 58 (1980) 238-251.
437 G. B. Kerferd: Reason as a guide to conduct in Greek thought, in: Bulletin of the John Rylands University Library of Manchester 64 (1981) 141-164.
438 J. Pigeaud: La maladie de l'âme. Etude sur la relation de l'âme et du corps dans la tradition médico-philosophique antique (Paris 1981). – Bes. 245-315.
439 A.-J. Voelke: La fonction thérapeutique du logos selon Chrysippe, in: Etudes des Lettres 4, 4/2 (1981) 57-71.
440 B. Inwood: A note on desire in Stoic theory, in: Dialogue 21 (1982) 329-331.
441 K. Abel: Das Propatheia-Theorem. Ein Beitrag zur stoischen Affektenlehre, in: Hermes 111 (1983) 78-97.
442 W. Görler: Pflicht und 'Lust' in der Ethik der Alten Stoa, in: Actes du VIIe Congrès de la F.I.E.C. 2 (Budapest 1983) 397-414.
443 M. Slote: Stoicism and the limits of human good, in: Goods and virtues (Oxford 1983) 131-141.
444 G. Striker: The role of oikeiosis in Stoic ethics, in: Oxford Studies in Ancient Philosophy 1 (1983) 145-167.
445 W. Görler: Zum Virtus-Fragment des Lucilius (1326-1338 Marx) und zur Geschichte der stoischen Güterlehre, in: Hermes 112 (1984) 445-468.
446 B. Inwood: Ethics and human action in early Stoicism (1985) [§ 33 *819].
447 B. Inwood: The Stoics on the grammar of action, in: Southern Journal of Philosophy, Suppl. 23 (1985) 75-86 [§ 33 *820].
448 N. P. White: The role of physics in Stoic ethics, in: Southern Journal of Philosophy, Suppl. 23 (1985) 57-74 [§ 33 *821].
449 J. Brunschwig: The cradle argument in Epicureanism and Stoicism, in: Schofield/Striker (Hg.) 1986 [§ 1 *365: 113-144].
450 T. Engberg-Pedersen: Discovering the good. 'oikeiosis' and 'kathekonta' in Stoic ethics, in: Schofield/Striker (Hg.) 1986 [§ 1 *365: 145-183].
451 M. Frede: The Stoic doctrine of the affections of the soul, in: Schofield/Striker (Hg.) 1986 [§ 1 *365: 93-110].
452 T. H. Irwin: Stoic and Aristotelian conceptions of happiness, in: Schofield/Striker (Hg.) 1986 [§ 1 *365: 205-244].

Auch in anderen Untersuchungen, die § 33 *701-*825 und § 34 *201-*273 zusammengestellt sind, hier aber nicht wiederholt sind, finden sich Hinweise zur Ethik Chrysipps.

§ 38. Schüler und Nachfolger Chrysipps

A. Die stoische Philosophie nach Chrysipps Tod 626. – B. Zenon aus Tarsos 628. – C. Diogenes aus Seleukeia 629: 1. Biographie 629; 2. Schriften und Werkbeschreibung 629; 3. Doxographie 630; 4. Schüler 633: a) Zusammenstellung 633; b) Archedemos aus Tarsos 634; c) Apollodoros aus Seleukeia 635; d) Boethos aus Sidon 635; e) Krinis 636. – D. Antipatros aus Tarsos 637: 1. Biographie 637; 2. Schriften und Werkbeschreibung 637; 3. Doxographie 638; 4. Schüler des Antipatros und andere Stoiker der Zeit 641: a) Überblick 641; b) Dionysios aus Kyrene 641. – E. Ausgaben und Sekundärliteratur 642: 1. Fragmentsammlungen 642; 2. Gesamtdarstellungen 642; 3. Zu einzelnen Stoikern 643: a) Zenon aus Tarsos 643; b) Diogenes aus Seleukeia 643; c) Archedemos aus Tarsos 644; d) Apollodoros aus Seleukeia 644; e) Boethos aus Sidon 644; f) Krinis 644; g) Antipatros aus Tarsos 644; h) Dionysios aus Kyrene 645.

A. DIE STOISCHE PHILOSOPHIE NACH CHRYSIPPS TOD

Durch das gewaltige Werk Chrysipps ist die stoische Philosophie, wie sie von Zenon grundgelegt und von Kleanthes weitergeführt worden ist, als ein in sich stimmiges System im wesentlichen abgeschlossen und abgerundet und dazu gegen Einwände und Missverständnisse, die sowohl aus dem Kreis der Schüler Zenons als auch von ausserhalb der Schule vorgebracht worden waren, weithin abgesichert. Die Persönlichkeit Chrysipps hatte aus allen Teilen der griechischen Welt eine grosse Zahl Schüler angezogen. Dieser Zustrom hielt auch nach seinem Tode an. Daher ist es nicht verwunderlich, dass man sich in der Schule zunächst auf den mündlichen Unterricht konzentrierte. Hierzu mögen auch die politisch unruhigen Zeiten mit den innergriechischen Spannungen zwischen den verschiedenen Staatenbünden und die Auseinandersetzung zwischen Rom und Makedonien auf dem Boden Griechenlands in den ersten Jahrzehnten des 2. Jahrhunderts beigetragen haben. Auch in den übrigen Schulen Athens tritt in dieser Zeit die Produktion philosophischer Werke hinter den mündlichen Unterricht zurück. Vermutlich folgte man damit auch einem besonderen Interesse der Schüler. Sie scheinen eher Lebenshilfe und Begründung einer Weltanschauung gesucht zu haben (dazu STEINMETZ 1988 [*46: 536-537]).

Aber die Stoa zog nicht nur aus allen Bereichen der hellenischen Welt Schüler nach Athen an, sondern strahlte auch bis an die Peripherie der griechischen Welt aus, ja sogar über sie hinaus. Und so kam es in Fortführung der von Zenon ausgehenden Tradition, die schon nach Makedonien und Alexandrien gewirkt hatte, geradezu zu Gründungen von Filialen der stoischen Schule, so zum Beispiel in Rhodos, in Pergamon (durch Krates aus Mallos) und in Seleukeia am Tigris (durch Archedemos). Besonders folgenreich sollte die Wirkung der Stoa auf Rom werden. Hand in Hand mit dieser geographischen Ausdehnung der Stoa steigt ihr Einfluss auf die Fachwissenschaften, insbesondere auf die Grammatik, die Rhetorik, die Kulturwissenschaften, auf die Geographie und die Geschichtsschreibung.

All dies bedeutete schon eine Herausforderung. Aber auch die literarische Eigenart des fast unübersichtlich umfangreichen Werks Chrysipps stellte seine

Schüler und Nachfolger vor neue Aufgaben. Für den Unterricht, aber auch zur Verstärkung der literarischen Wirkung brauchte man handliche Lehrbücher, in denen das System in knapperer Form in seinen wesentlichen Sätzen und mit den wichtigsten Beweisen und Argumenten übersichtlich dargestellt war. Und in der Tat ist eine ganze Reihe von handbuchartigen Darstellungen in dieser Zeit verfasst worden. Ferner bot gerade der Umfang von Chrysipps Werk Gegnern der Schule manche Angriffsfläche. Man konnte relativ leicht mit Hilfe aus dem Zusammenhang gerissener Zitate scheinbare Widersprüche behaupten. Die jungepikureische Kritik an der Theologie der Stoa, die wir bei Philodem und bei Cicero fassen (STEINMETZ 1966 [*28]), und die Art, wie Plutarch Widersprüche zu konstruieren pflegt, sind beredte Zeugnisse für dieses Verfahren. Gegen solche Angriffe mussten klärende Interpretationen und Richtigstellungen gesetzt werden. Gegner konnten aber auch auf Differenzen zwischen den Äusserungen Zenons, des Kleanthes und Chrysipps hinweisen. Auch hier bedurfte es klärender Erläuterungen. Hierdurch öffnete sich aber auch ein Weg zu Akzentverschiebungen in der Darlegung dessen, was als orthodoxe stoische Lehre gelten sollte.

Während aber Einwendungen dieser Art eher polemischen Charakter hatten und relativ leicht abgewehrt werden konnten, zielten Angriffe, die aus dem Peripatos von Kritolaos und aus der Akademie von Karneades vorgetragen wurden, ins Zentrum der stoischen Philosophie, zumal wenn sie die Voraussetzungen und Grundansichten der Stoa übernahmen, aber daraus echte Widersprüche der Lehre und Inkonsequenzen aufzuzeigen versuchten. So hat Kritolaos an der Lehre von der Ekpyrosis scharfe Kritik geübt und dialektische Beweise für die Ewigkeit der Welt vorgelegt. Bei Philon aus Alexandreia, der aus älterer Kritik schöpft, lesen wir sogar den Versuch, der Stoa nachzuweisen, dass ihre ontologischen und kosmologischen Grundthesen die Ekpyrosis geradezu ausschliessen (PHILON de aeternitate mundi p. 90-96 COHN). Kritolaos hat ferner der monistischen Psychologie Chrysipps und der nur negativen Beurteilung der Affekte widersprochen und in der Güterlehre und der Bestimmung des Lebensziels bei aller Anerkennung des Vorrangs der Tugend darauf bestanden, dass die Eudaimonie nur in der Summierung aller Güter, auch der leiblichen und äusseren Güter, bestehen könne (vgl. WEHRLI oben Bd. 3, 588-589). Noch wirkungsvoller und gefährlicher waren die Einwendungen des Karneades, der die Schriften Chrysipps, insbesondere seine Dialektik gründlich studiert hatte. Mit dem Hinweis, dass wahre und falsche Vorstellungen objektiv nicht voneinander unterschieden werden könnten, leugnete er das stoische Kriterium der Wahrheit und entzog damit der stoischen Erkenntnistheorie die Grundlage. Dazu erklärte er die Dialektik für unbefriedigend. Mit scharfsinnigen Argumenten zerpflückte er die stoischen Vorstellungen vom Wesen Gottes und von der Göttlichkeit der Welt und die Gottesbeweise, stellte die anthropozentrische Vorsehung in Frage und führte die Mantik ad absurdum. Auch wies er darauf hin, dass Chrysipp das Problem, das sich aus der Annahme des universellen Determinismus und der menschlichen Verantwortlichkeit ergab, nicht gelöst habe, und verteidigte gegen den Determinismus die menschliche Freiheit. Durch diese Kritik fiel aber auch Chrysipps Annahme des Naturrechts. Ins Zentrum führte schliesslich sein Angriff gegen die stoische Ethik. Er machte sich die Lehre von der

Oikeiosis zu eigen und zeigte, es sei inkonsequent, zwar naturgemässe Sachwerte anzuerkennen, die der Mensch von Natur aus erstrebe, ihren Besitz aber als gleichgültig für die Eudaimonie zu erklären. Mit der Behauptung des Aktwertes der Tugend als des einzigen Gutes bestehe die stoische Eudaimonie nicht in der Eudaimonie selbst, sondern im Streben nach der Eudaimonie. Hierdurch machte er auch auf eine weitere Schwäche der stoischen Ethik aufmerksam; zwischen der Auffassung des Lebensziels und der Lehre von den 'zukommenden Handlungen', den Pflichten (τὰ καθήκοντα) klaffe ein noch nicht überbrückter Spalt (zu Karneades im einzelnen GÖRLER unten S. 849-897).

Diese Kritik drängte die Stoa in einen Abwehrkampf. Ziel dieses Kampfes war es, die stoischen Positionen und Dogmen durch sorgfältige Interpretation der von Zenon, Kleanthes und Chrysipp tradierten Lehren zu behaupten. Subjektiv wollte man nicht ändern, sondern verdeutlichen und rechtfertigen, man war höchstens bereit, Randpositionen zu modifizieren, vielleicht auch aufzugeben. Objektiv gesehen hat man aber in diesem Abwehrkampf manche Modifikation auch an grundsätzlicheren Thesen vorgenommen.

Mit der zu Handbüchern zusammenfassenden, in Einzelheiten auch ergänzenden Interpretation der tradierten Lehre und ihrer Verteidigung, wobei man sich auch Differenzen zwischen den Aussagen der Schulhäupter der alten Stoa zur Begründung der eigenen Position zunutze machte, beginnt die zweite Phase der Geschichte der stoischen Schule, die mittlere Stoa. Gerade die Handbücher, die in diesen Jahrzehnten geschrieben wurden, haben auf die spätere Doxographie eingewirkt.

B. ZENON AUS TARSOS

Nachfolger Chrysipps in der Leitung der Stoa ist dessen Schüler Zenon aus Tarsos, der Sohn eines Dioskurides (SVF 3, S. 209, frg. 1. 2). Über seine Lebenszeit und über die Dauer seines Scholarchats sind keine Daten überliefert. Zenon ist aber sicherlich etliche Jahre älter als sein Mitschüler, Schüler und Nachfolger Diogenes aus Seleukeia. Er hat sich auf den mündlichen Unterricht konzentriert und daher mehr Schüler als Schriften hinterlassen, ein Beweis auch für das weiterlebende Ansehen der Stoa (DIOGENES LAERT. VII 35 = SVF 3, S. 209, frg. 1). Über seine Lehre sind nur wenige Nachrichten erhalten. Er hat sich über Fragen der systematischen und didaktischen Reihenfolge der Teildisziplinen der stoischen Philosophie Gedanken gemacht (DIOGENES LAERT. VII 41. 84 = SVF 3, S. 209, frg. 3. 4). In einer Schrift in 5 Büchern gegen den Peripatetiker Hieronymos aus Rhodos hat er sich offenbar mit dessen Teloslehre kritisch auseinandergesetzt; spätere Stoiker haben dieser Schrift Mangel an Orthodoxie vorgeworfen (Index Stoic. Herc. col. XLVIII TRAVERSA; vgl. CRÖNERT 1906 [*101: 195 zur Stelle], VON FRITZ 1972 [*102: 122]). Hinsichtlich der orthodoxen Lehre vom periodischen Untergang der Welt durch Verwandlung in Feuer (Ekpyrosis) hat er in einer anderen Schrift Argumente für und gegen dieses Dogma angeführt, sich aber einer Entscheidung enthalten (AREIOS DID. Frg. 36 DIELS = SVF 3, S. 209, frg. 5).

C. DIOGENES AUS SELEUKEIA

1. Biographie

Quellen. – Reste der Darstellung des Index Stoicorum Herculanensis, dazu einzelne Notizen, sowie die Berichte über die Philosophengesandtschaft des Jahres 156/55 bei Cicero, Plutarch und Gellius. Der Abschnitt über Diogenes bei DIOGENES LAERT. ist mit dem Schlussteil des VII. Buches verlorengegangen.

Leben. – Deutlicher als Zenon aus Tarsos ist die Gestalt seines Schülers und Nachfolgers Diogenes aus Seleukeia am Tigris, den man auch den 'Babylonier' nennt, weil die Einwohner dieser Stadt auch nach der umliegenden Landschaft benannt wurden (STRABON XVI 743 und DIOGENES LAERT. VII 81 = SVF 3, S. 210, frg. 2). Auf Grund einiger Daten, die sich gut zusammenfügen, lässt sich seine Lebenszeit ermitteln. Er ist Schüler Chrysipps und Zenons und der Nachfolger Zenons (SVF 3, S. 210, frg. 1. 3), hat hochbetagt zusammen mit Karneades und Kritolaos 156/55 an der von Athen in einer heiklen politischen Angelegenheit nach Rom geschickten Philosophengesandtschaft teilgenommen, wobei er wie seine Gefährten auch philosophische Vorträge gehalten und durch seine Strenge und den massvollen nüchternen Stil Eindruck gemacht hat (SVF 3, S. 210f., frg. 6-10), ist im Jahre 150, in dem CICEROS ‹Cato maior de senectute› spielt, schon tot (SVF 3, S. 210, frg. 6) und ist nach LUKIAN (Macrob. 20 = SVF 3, S. 210, frg. 4) 88 Jahre alt geworden. Demnach ist er bald nach 240 geboren, nach 220 Schüler Chrysipps geworden, hat nach dem Tode Zenons aus Tarsos die Leitung der Stoa übernommen und ist nicht lange vor 150 gestorben.

2. Schriften und Werkbeschreibung

Ein antikes Verzeichnis der Schriften des Diogenes ist nicht erhalten. Aber durch Zitate und zum Teil umfangreichere Auszüge sind 10 Werke kenntlich:

1 Περὶ τῆς φωνῆς τέχνη – Lehrbuch über den sprachlichen Ausdruck. – SVF 3, S. 212-214, frg. 17-24. Diese Schrift, die sich durch knappe und deutliche Darstellung und klare und verständliche Definitionen auszeichnete, ist von Diokles aus Magnesia in seiner Darstellung der stoischen Dialektik als Hauptquelle für den Abschnitt über die σημαίνοντα herangezogen worden. Ferner ist sie von dem alexandrinischen Grammatiker Dionysios Thrax ausgeschöpft worden und durch diesen zur Grundlage der abendländischen Sprachwissenschaft geworden.

2 Διαλεκτικὴ τέχνη – Lehrbuch der Dialektik. – SVF 3, S. 214-215, frg. 25-26.

3 Περὶ ῥητορικῆς – Über die Rhetorik. – SVF 3, S. 235-243, frg. 91-126. Die Schrift ist kenntlich aus den Referaten und Polemiken in Philodems Schrift De rhetorica. Sie stellt eine kritische Auseinandersetzung mit der Schulrhetorik dar, spricht dieser den Wert ab und stellt den stoischen Weisen auch als den wirklichen Redner hin.

4 Περὶ μουσικῆς – Über die Musik. – Mindestens 3, vermutlich mehr als 3 Bücher. Das Werk ist kenntlich aus Referaten und kritischen Auseinandersetzungen in Philodems Schrift De musica, von der grosse Teile in den Herculanenser Rollen erhalten sind. In diesem Werk untersuchte Diogenes vor allem den ethischen und psychagogischen Wert der Musik. Im einzelnen lassen sich noch folgende Teile feststellen: eine Einleitung über den ethischen Wert der Musik im allgemeinen und die Notwendigkeit musischer Erziehung, eine Erklärung der Wahrnehmungsvorgänge beim Hören von Musik und der Art der Einwirkung der Musik auf den Menschen und der Beeinflussung des Seelenzustandes, eine Behandlung der Anwendungsgebiete der Musik im Leben mit dem Nachweis des jeweiligen Nutzens, dabei Verwendung reichen kulturhistorischen Materials und Bewertung des ästhetischen Massenurteils, eine Definition der Kräfte, welche die Musik zu ihrer Wirkung befähigen, und eine zusammenfassende Darstellung des Einflusses der Musik auf die einzelnen Tugenden, auf die sozialen Bindungen und auf die Einsicht des Menschen (SVF 3, S. 221-235, frg. 54-90).

5 Περὶ τοῦ τῆς ψυχῆς ἡγεμονικοῦ – Über das Zentralorgan der Seele. – SVF 3, S. 215, frg. 29-30.

6 Περὶ τῆς Ἀθηνᾶς – Über Athene. – SVF 3, S. 217, frg. 33-34.

7 Περὶ μαντικῆς – Über Mantik. – SVF 3, S. 217-218, frg. 35-37.

8 Ἠθικὴ τέχνη – Lehrbuch der Ethik. – Ob alle Fragmente über die Güterlehre, über das Lebensziel und über ethische Detailfragen dieser Schrift zugeordnet werden können, ist offen (SVF 3, S. 218-220, frg. 39-51).

9 Περὶ εὐγενείας – Über den Adel. – SVF 3, S. 220, frg. 52.

10 Περὶ νόμων – Über die Gesetze. – Mehr als ein Buch. SVF 3, S. 221, frg. 53.

Es lassen sich leicht drei Typen von Schriften unterscheiden. Eine Gruppe von Schriften besteht offensichtlich aus Lehrbüchern, wie sie von der Praxis des Unterrichts gefordert wurden. Sie sind knapp gehalten und erstreben eine durchsichtige Systematik und klare Definitionen. Hierzu gehören die Lehrbücher über Ethik, Dialektik und über den sprachlichen Ausdruck (Nr. 1. 2. 8). Andere Werke schliessen im Titel eng an entsprechende Schriften Chrysipps an. In ihnen wurde die stoische Position verdeutlicht, zuweilen aber auch modifiziert und vorsichtig weitergeführt. Nach dem Ausweis der Fragmente gehören zu dieser Gruppe zum Beispiel die Schriften ‹Über das Zentralorgan der Seele›, ‹Über Athene› und ‹Über Mantik› (Nr. 5-7). In einer dritten Gruppe bearbeitete Diogenes Teilgebiete der Philosophie, denen bislang noch keine umfassende Darstellung vom stoischen Standpunkt zuteil geworden war. Schriften dieser Art sind teilweise recht umfangreich. Als Beispiele seien die musikästhetische Schrift und die kritische Auseinandersetzung mit der Rhetorik genannt (Nr. 3. 4).

3. Doxographie

Wie gezeigt, hat Diogenes in seinen Lehrbüchern die stoische Philosophie dargestellt, hat Ergänzungen auf Teilgebieten vorgenommen und in der Retraktation bestimmter Themen in der Antwort auf Angriffe auf die stoische Philosophie diese vorsichtig weiterentwickelt. Gerade aus dem zuletztgenannten Bereich seien die wichtigsten Überlegungen herausgehoben. Als Beispiel sorgfältig differenzierender Definitionen seien aus der Untersuchung über den sprachlichen Ausdruck die Definitionen und Differenzierungen von φωνή, λέξις und λόγος sowie von λέγειν und προφέρεσθαι angeführt: διαφέρει δὲ φωνὴ καὶ λέξις, ὅτι φωνὴ μὲν καὶ ὁ ἦχός ἐστι, λέξις δὲ τὸ ἔναρθρον μόνον. λέξις δὲ λόγου διαφέρει, ὅτι λόγος ἀεὶ σημαντικός ἐστι, λέξις δὲ καὶ ἀσήμαντος, ὡς ἡ βλίτυρι, λόγος δὲ οὐδαμῶς. διαφέρει δὲ καὶ τὸ λέγειν τοῦ προφέρεσθαι· προφέρονται μὲν γὰρ αἱ φωναί, λέγεται δὲ τὰ πράγματα, ἃ δὴ καὶ λεκτὰ τυγχάνει (SVF 3, S. 213, frg. 20). «Es unterscheiden sich Lautgebilde von Ausdruck, insofern auch der blosse Schall ein Lautgebilde ist, aber nur das artikulierte Lautgebilde ein Ausdruck. Ferner unterscheidet sich 'Ausdruck' von 'Logos' (Wort und Rede), insofern Wort und Rede immer eine Bedeutung haben, es aber auch einen bedeutungslosen Ausdruck gibt, wie die Lautfolge 'Blityri', aber niemals eine solche Rede. Es unterscheidet sich auch das 'Sagen' vom (blossen) 'Hervorbringen' (von Lauten). Denn die Laute werden hervorgebracht, gesagt aber werden die Sachverhalte, die deshalb auch Lekta sind.» Schon diese Differenzierung lässt erkennen, dass Diogenes die Unterscheidung von λόγος ἐνδιάϑετος, der im Inneren gestalteten Rede, und von λόγος προφορικός, der durch die Stimme aus dem Inneren hervorgebrachten Rede, zumindest vorbereitet hat, die später so bedeutungsvoll werden sollte (SVF 2, frg. 135).

Aus den Untersuchungen zur Musik ist abgesehen von der musikethischen Grundtendenz und der Erörterung der psychagogischen Wirkung der Musik von besonderem Interesse die erkenntnistheoretische Begründung der Ästhetik schlechthin und der Ästhetik der Musik im besonderen. Diogenes unterscheidet zwei Wahrnehmungsvermögen, a) die Wahrnehmung der Sinneseindrücke, b) die Wahrnehmung der die Wahrnehmung der Sinneseindrücke begleitenden Lustoder Unlustgefühle. Die erstere ist im Prinzip und im Grundansatz bei allen Menschen gleich, die zweite nach der individuellen Diathesis verschieden. Die Wahrnehmung desselben akustischen Ereignisses kann bei der einen Person mit Lustgefühlen verbunden sein, bei der anderen aber nicht. Hierdurch wird das ästhetische Urteil in hohem Masse beeinflusst. Bei der Wahrnehmung der Sinneseindrücke unterscheidet er zwei aufeinanderfolgende Formen. Hierbei greift er Anregungen aus der Akademie (SPEUSIPP Frg. 29 LANG) auf, gestaltet sie aber aus in Anlehnung und Parallele zu Chrysipps Differenzierung der Allgemeinbegriffe in solche, die sozusagen natürlich ohne besonderes Zutun des Logos sich einstellen, und in solche, die unter kritischer Mitwirkung des Logos gebildet werden (vgl. S. 594). Demnach gibt es eine αὐτοφυὴς αἴσϑησις und eine ἐπιστημονικὴ αἴσϑησις. Die erste ist die Wahrnehmung der Qualität unmittelbarer Sinneseindrücke, wie des Warmen und des Kalten (musikalisch darf man an die Unterschiede von Tonhöhe und Tonstärke denken). Diese Wahrnehmung entsteht von selbst von Geburt an mit der Affizierung des jeweiligen Sinnesorgans. Mit der zweiten Form wird das Zusammenstimmen oder nicht Zusammenstimmen (Harmonie und Disharmonie) verschiedener unmittelbarer Affizierungen der Sinne wahrgenommen, z.B. das harmonische Zusammenstimmen einer Tonreihe zu einer Melodie. Diese Wahrnehmung kann vom Logos geschult werden und ist daher 'wissenschaftlich'. Hierdurch wird für das unterschiedliche Verständnis für Kunstwerke eine unterschiedliche geistige Schulung verantwortlich gemacht (SVF 3, S. 222f., frg. 61 und dazu BARTH/GOEDECKEMEYER [5]1941 [*23: 108-109], NEUBECKER 1956 [*157: 12-189], WILLE 1970 [*160: 258-262]). So wird das Verständnis für ein Kunstwerk auf zwei Wurzeln zurückgeführt, auf die sozusagen natürliche Wahrnehmung unmittelbarer Sinneseindrücke und auf die vom Logos geschulten Wahrnehmungen der Harmonie und Disharmonie und die damit verbundene unterschiedliche Gefühlsbewegung von Lust und Unlust. Zu den Folgerungen, die sich hieraus für die Lehre von den Affekten ergeben, vgl. unten S. 633.

Aus dem Bereich der Physik sind noch vier Modifizierungen und Fortführungen der stoischen Lehre erkennbar. Diogenes hat in jungen Jahren die orthodoxe Lehre von Ekpyrosis und Palingenesia vertreten, später aber zweifelnd sich des Urteils hierüber enthalten (SVF 3, S. 215, frg. 27). Während die ältere Stoa die Seele durch die ἀναϑυμίασις (Ausdünstung) des Blutes ernährt werden liess, definierte Diogenes die Substanz der Seele geradezu als Ausdünstung des Blutes (SVF 3, S. 216, frg.

30). In der Mantik räumte er der Astrologie durchaus die Fähigkeit ein, Wesensart und Veranlagung eines Menschen bestimmen zu können, bestritt aber den Anspruch der Astrologen, die Lebensdauer vorhersagen zu können, indem er auf die unterschiedliche Lebensdauer von Zwillingen hinwies (SVF 3, S. 217, frg. 36). Am weitesten ist er in der Theologie über seine Vorgänger hinausgegangen und hat den Grundansatz der stoischen Theologie im Sinne des Monotheismus konsequent zu Ende gedacht. Während seine Vorgänger noch zwischen Gott als dem aktiven Prinzip, das auch Zeus genannt werden könne, und den Göttern des Volksglaubens als gewordenen und vergänglichen göttlichen Wesenheiten unterschieden und so letztlich zwei Formen des Göttlichen annahmen, fasste er die Götter des Kultes und des Volksglaubens als Erscheinungsformen und Wirkungsweisen des einen Gottes Zeus auf. So sei Poseidon der Teil des Zeus, der sich in das Meer erstrecke, Hera der Teil, der sich in die Luft und Athene der Teil, der sich in den Äther erstrecke und so fort (SVF 3, S. 217, frg. 33. 34, STEINMETZ 1986 [*168: 28-29]).

Noch gravierender sind die Modifikationen, die Diogenes in der Ethik vorgenommen hat. Hierdurch wollte er freilich nicht neuern, sondern Missverständnisse richtigstellen und die tradierte Lehre verdeutlichen. Dabei griff er offenbar gelegentlich auf Zenon aus Kition zurück. Insbesondere bemühte er sich, den Einwänden gegen die Güterlehre und die Bestimmung des Lebensziels entgegenzutreten und angebliche Widersprüche und Unausgeglichenheiten zu glätten. Während Zenon allein die προηγμένα (die vorzüglichen Dinge der Adiaphora) wie mit Naturgemässheit so mit ἀξία (Wert im Sinne von Sachwert) ausgezeichnet hatte und Chrysipp in der Abwehr von Einwendungen Aristons diesen Sachwert in objektiven Wert (δόσις, ἀξία καθ' αὑτό) und subjektiven Wert (ἀμοιβὴ τοῦ δοκιμαστοῦ, Tauschwert, Kaufpreis) differenziert hatte, liess Diogenes eine dritte Verwendung des Begriffes 'Wert' zu, nämlich zur Bezeichnung der Würde des sittlich Guten. Ohne die Inkommensurabilität von Aktwert und Sachwert aufzugeben, rückte er hierdurch die beiden Wertbereiche näher aneinander. Daneben unterschied er bei den objektiven Sachwerten zwischen unmittelbar Naturgemässem und solchen Dingen, die für die Natur als Mittel zum Zweck von Nutzen sind (AREIOS DID. bei STOB. Ecl. II 83, 10-84, 17 = SVF 3, frg. 124-125; 3, S. 219, frg. 47, DIOGENES LAERT. VII 105 = SVF 3, frg. 126, dazu zuletzt GÖRLER 1984 [*167: 446-454. 468]). Dieser Differenzierung entsprechend rechnete er den Ruhm nicht zu den unmittelbar werthaltigen Dingen, sondern nur zu denjenigen, die um des Nutzens willen, den sie hervorbringen, Wert haben, und urteilte über ihn wie Chrysipp: ohne diesen Nutzen werde er nicht einmal einen Finger nach dem Ruhm ausstrecken (SVF 3, S. 219, frg. 42).

Die Ausdehnung des Wertbegriffs erleichterte es, die Auswahl der durch Wert ausgezeichneten naturgemässen Dinge in die Bestimmung des Lebensziels aufzunehmen. Hierbei griff er aber nur eine gemeinstoische Auffassung auf, nämlich dass sich die Tugend im Verhalten zu den Adiaphora verwirkliche. Demgemäss definierte er das τέλος als εὐλογιστεῖν ἐν τῇ τῶν κατὰ φύσιν ἐκλογῇ καὶ ἀπεκλογῇ (Lebensziel ist das vernünftige Handeln in der Auswahl und Verwerfung der Dinge, die naturgemäss sind, SVF 3, S. 219, frg. 44-46, RIETH 1934 [*19: 14-23], SCHÄFER 1934 [*20: 20-21], PHILIPPSON 1936 [*156: 593-599], BARTH/GOEDECKEMEYER

⁵1941 [*23: 110-111], POHLENZ ⁴1971-1972 [*24: 1, 186-187], LONG 1967 [*29: 68-71], GOLDSCHMIDT ³1977 [*25: 138-140], FORSCHNER 1981 [*38: 224-225], JOHANN 1981 [*39: 414-417], GÖRLER 1984 [*167: 454-456]). Damit schien der von den Gegnern vermisste Zusammenhang zwischen den Sachwerten und dem Aktwert der Tugend hergestellt, ohne dass der Rang der Tugend als des alleinigen Gutes für die Eudaimonie auch nur angetastet war. Freilich konnten Gegner ihm einen Circulus vitiosus vorwerfen, insofern das 'vernünftige Handeln' mit dem 'naturgemässen Handeln' identisch sei, so dass das Ziel des vernünftigen Handelns in der Auswahl dessen bestehe, was für das vernünftige Handeln Wert habe (PLUT. de comm. not. 1072 C-F).

Auch gegen die kasuistische antistoische Polemik bezog Diogenes Stellung. Karneades hatte, um den Widerstreit zwischen idealer Gerechtigkeit und praktischer Klugheit zu verdeutlichen, fingierte Fälle angeführt: Ein Verkäufer werde, um einen höheren Kaufpreis zu erzielen, nur ihm bekannte Mängel seiner Ware verschweigen, ebenso werde ein Kaufmann, der in einer Hungersnot mit einer Ladung Getreide als erster in die Stadt gelange, verschweigen, dass andere Schiffe mit Hilfe sich nähern, um die Situation für einen grösseren Gewinn auszunutzen. Diogenes versuchte diesen Widerstreit zwischen Gerechtigkeit und Nutzen aufzulösen, indem er die Wahrnehmung des eigenen Nutzens unter Berufung auf den Selbsterhaltungstrieb und damit auf die Oikeiosis des Menschen zu sich selbst sittlich rechtfertigte (SVF 3, S. 219f., frg. 49, POHLENZ ⁴1971-1972 [*24: 1, 190]).

Wie sich aus seinen Überlegungen zur Ästhetik ergibt, hat sich Diogenes hinsichtlich der Affekte eher der Ansicht Zenons als der Interpretation Chrysipps angeschlossen und demnach die Affekte nicht als Urteile, sondern als Folgeerscheinungen von Urteilen aufgefasst. Die Freude, die einer ästhetischen Wahrnehmung und somit einem ästhetischen Urteil folgt, hat einen positiven Wert. Dies passt durchaus zu Zenons Bestimmung der ἡδονή als eines Adiaphoron, das als Gegensatz des Schmerzes Vorzug besitzen kann (SVF 1, frg. 190. 192). So ist es möglicherweise Diogenes gewesen, der, diese Auffassung Zenons und ähnliche Urteile Chrysipps über die Oikeiosis aufgreifend, affektive Folgeerscheinungen sittlich gebotenen Verhaltens zu einem System der εὐπάθεια zusammengestellt und so den Affekten Lust, Furcht und Begierde, den Folgeerscheinungen falscher Urteile, die χαρά (Freude), εὐλάβεια (Vorsicht) und die βούλησις (das Wünschen) als gefühlsmässige Folgeerscheinungen (ἐπιγεννήματα) sittlich richtiger Urteile entgegengestellt hat (SVF 3, frg. 431-442; zur Lehre von der εὐπάθεια zuletzt FORSCHNER 1981 [*38: 139-141] und GÖRLER 1984 [*164]).

4. Schüler

a) Zusammenstellung

Im Index der verlorenen Teile des VII. Buches des DIOGENES LAERT. und im Index Stoicorum Herculanensis wird eine recht lange Reihe von Schülern des Diogenes genannt (DIOGENES LAERT. VII 202, Ind. Stoic. Herc. col. LI-LII).

Einige, wie Mnesagoras aus Alexandreia in der Troas, Chrysermos aus dem ägyptischen Alexandreia, Apollonides aus Smyrna, Nestor aus Tarsos und Basileides bleiben für uns blosse Namen. Andere sind als Wissenschaftler bekannt geworden wie Krates aus Mallos, der Begründer der Pergamenischen Philologie, wie Apollodoros aus Athen, der Chronologe und Kulturwissenschaftler, und wie der Geometer Dionysios aus Kyrene, der möglicherweise auch noch den Nachfolger des Diogenes Antipatros aus Tarsos gehört hat. In gewissem Sinne gehört auch C. Laelius, der den Beinamen Sapiens erhalten sollte, zu den Schülern des Diogenes. Denn er hat ihn während seines Aufenthalts in Rom für die Stoa gewonnen und so mitgeholfen, den Boden vorzubereiten für die Saat, die sein Schüler Panaitios bald auswerfen sollte (CICERO de fin. II 54, de or. II 154f., Tusc. IV 5). Wieder andere sind uns auch noch als Philosophen kenntlich, z.B. Archedemos aus Tarsos, Apollodoros aus Seleukeia, Boethos aus Sidon. Dazu gehören auch die bedeutendsten Schüler und Nachfolger Antipatros aus Tarsos und Panaitios aus Rhodos.

b) Archedemos aus Tarsos

Aus den wenigen Notizen über Archedemos aus Tarsos geht hervor, dass dieser noch im 3. Jh. geboren ist, in Athen zunächst Schüler seines Landsmanns Zenon, dann des Diogenes aus Seleukeia gewesen ist, schliesslich in Babylon (bzw. Seleukeia am Tigris) vermutlich auf Veranlassung des Diogenes eine stoische Schule gegründet hat und noch die Eroberung Mesopotamiens durch die Parther (140 v.Chr.) miterlebt hat (SVF 3, S. 262, frg. 1. 2, Index Stoicorum Herculanensis col. XLVIII). Von seinen Schriften sind drei mit Titel bekannt:
1 Περὶ φωνῆς ⟨τέχνη⟩ - Lehrbuch über den sprachlichen Ausdruck. - SVF 3, S. 262, frg. 6.
2 Περὶ στοιχείων - Über die Elemente. - SVF 3, S. 263, frg. 12.
3 Περὶ τοῦ κυριεύοντος - Über das Meisterargument. - SVF 3, S. 263, frg. 10.
Nach der Art der Zitate zu urteilen, hat Archedemos, der in späterer Zeit als eine bedeutende Autorität für die Interpretation der Philosophie Chrysipps galt, vor allem handbuchartige Zusammenfassungen der stoischen Philosophie geschrieben, aber gelegentlich auch, vermutlich in Spezialschriften, spezielle Ausprägungen und sogar ausgesprochene Sonderlehren vertreten. Von diesen seien hervorgehoben die Bevorzugung der Reihenfolge Logik, Physik, Ethik in der Anordnung der Teildisziplinen (SVF 3, S. 262, frg. 5), die Bestimmung der Gegenwart als der Trennungslinie (σύμβολον καὶ ἀρμή (oder ῥαφή?)) zwischen Vergangenheit und Zukunft (SVF 3, S. 263, frg. 14) und seine Überlegungen über den Sitz des ἡγεμονικόν in der als ein Lebewesen verstandenen Welt.

In Analogie zur Konstitution des Menschen, dessen Zentralorgan der Seele seinen Sitz in der Mitte des Körpers im Herzen hat, nahm er an, das ἡγεμονικόν sei in der Mitte der Welt, also in der Erde, zu lokalisieren; und da die körperliche Substanz der Weltseele Feuer ist, hielt er den Erdkern für Feuer, wofür die Erscheinungen des Vulkanismus als Beweis gelten mochten (SVF 3, S. 264, frg. 15. 16; zu dem scheinbaren Widerspruch dieser Zeugnisse SUSEMIHL 1891-1892 [*13: 85], SCHMIDT 1970 [*201: 1365-1368]). In der Lehre von der Oikeiosis unterschied er hinsichtlich der Selbstwahrnehmung der Lebewesen zwischen Wissen und Empfinden und arbeitete die Entwicklung der Selbstwahrnehmung des Menschen in einer Stufenfolge der Lebensalter heraus (SENECA Epist. ad Lucilium 121, 10-16, dazu REINHARDT 1921 [*16: 358-362], POHLENZ 1941 [*22], SCHMIDT 1970 [*201: 1378-1379]). Als Bestimmungen des Lebensziels sind zwei Formeln überliefert, die sich gegenseitig aus wechselndem Aspekt ergänzen und als Interpretationen der tradierten stoischen Lehre unter Berücksichtigung und Richtigstellung von ausserschulischen Einwendungen zu verstehen sind. Einmal definierte er in Analogie zu Diogenes aus Seleukeia und möglicherweise auch zu Antipatros aus Tarsos das Lebensziel als «zu leben, indem man, ohne zu Überschreitungen fähig zu sein, die bedeutungsvollsten und wichtigsten naturgemässen Werte auswähle» (εἶναι τὸ τέλος ⟨ζῆν⟩ ἐκλεγόμενον τὰ κατὰ φύσιν μέγιστα καὶ κυριώτατα οὐχ οἷόν τε ὄντα ὑπερβαίνειν, SVF 3, S. 264, frg. 21). Durch den Zusatz 'ohne zu Überschreitungen fähig zu sein' wird deutlich, dass nur der Weise das Lebensziel erreichen kann. Auf die Formel scheint zwar die Behauptung der Peripatetiker, zur Eudaimonie sei der Besitz aller oder wenigstens der meisten Güter notwendig (z.B. ARIST. Rhet. I 6, 1361 b 34f., EE H 15, 1248 b 15, STOB. Ecl. II 126, 14-18), eingewirkt zu haben. Da aber die Tätigkeit der Tugend sich nur auf die Auswahl der Sachwerte konzentriert, ist der Anspruch, die Tugend sei das einzige Gut, nicht angetastet. Dazu passt das ironische Zugeständnis, das Archedemos den anderen Schulen hinsichtlich der Bewertung der Lust macht. Die Lust sei naturgemäss wie die Haare in der Achselhöhle, habe aber keinen Wert (SVF 3, S. 254, frg. 22). In der zweiten Telosformel berücksichtigt er den Einwand, dass zwischen den sittlich richtigen Handlungen des Weisen (den κατορθώματα) und den 'pflichtgemässen' Handlungen ein unüberbrückbarer Spalt klaffe, indem er alle 'pflichtgemässen' Handlungen, sowohl die vollkommenen, die sich auf die Verwirklichung der Tugend, als auch die mittleren, die sich auf die Auswahl der Sachwerte beziehen, einbezieht: «Lebensziel ist es zu leben, indem man alle 'Pflichten' erfüllt» (τέλος εἶναι τὸ πάντα τὰ καθήκοντα ἐπιτελοῦντα ζῆν, SVF 3, S. 264, frg. 19. 20, dazu SCHÄFER 1934 [*20: 21-23], WIERSMA 1937 [*21: 68], GIUSTA 1964-1967 [*27: 1, 300ff.], LONG 1967 [*29], SCHMIDT 1970 [*201: 1368-1377], FORSCHNER 1981 [*38: 225]). Dass Reflexe weiterer Lehrmeinungen des Archedemos, nämlich über die Erkenntnis des Guten, über die Gewinnung des Begriffs des Guten und über die Bestimmung des Guten als des vollendet Naturgemässen bei SENECA Epist. ad Lucilium 118. 120. 124, vorliegen, hat SCHMIDT (1970 [*201: 1379-1383]) mit guten Gründen vermutet. Ob die beiden Zeugnisse über rhetorische Themen sich auf den Stoiker oder auf einen Rhetoriklehrer des 3. Jh. beziehen, ist umstritten (SVF 3, S. 262f., frg. 7. 11, SCHMIDT 1970 [*201: 1385-1392]).

c) Apollodoros aus Seleukeia

Apollodoros aus Seleukeia am Tigris mit dem Spitznamen ὁ Ἔφηλος ('der mit den hellen Flekken im Auge', VON DER MÜHLL 1963 [*252: 1-6]), von dessen Lebensverhältnissen nur noch bekannt ist, dass er Schüler des Diogenes aus Seleukeia gewesen ist (Index Stoicorum Herculanensis col. LI, DIOGENES LAERT. VII 202 Epitome), konzentrierte seine schriftstellerische Arbeit auf Lehr- und Handbücher. Drei Titel werden zitiert:

1 Εἰσαγωγαὶ εἰς τὰ δόγματα – Einführungen in das [stoische] Lehrsystem. – Mehrere Bücher. SVF 3, S. 259, frg. 1.

2 Φυσικὴ τέχνη – Physikalisches Lehrbuch. – SVF 3, S. 259-261, frg. 4. 6-8. 10. 11. 15.

3 Ἠθικὴ τέχνη – Ethisches Lehrbuch. – SVF 3, S. 261, frg. 14. 16-18.

Das ‹Physikalische Lehrbuch› und das ‹Ethische Lehrbuch› sind offenbar Teile der Einführungen, wie aus dem Plural 'Einführungen' und aus einem Zitat der Suda hervorgeht (s.v. Θέων Ἀλεξανδρεύς· φιλόσοφος στωϊκός ... ἔγραψε τῆς Ἀπολλοδώρου φυσιολογικῆς εἰσαγωγῆς ὑπόμνημα). Demnach ist die ‹Einführung in die Physik› von dem stoischen Philosophen Theon aus Alexandreia, einem Zeitgenossen des Augustus, kommentiert worden. Dies und die Zitate bei dem Gewährsmann des Diogenes Laert. und bei Areios Didymos bezeugen, dass dieses Werk auf die spätere Doxographie keinen geringen Einfluss ausgeübt hat. Die Fragmente, z.B. über die Einteilung der Philosophie und die Reihenfolge der Teildisziplinen, über die kataleptische Vorstellung als das Kriterium der Wahrheit, über den Sehvorgang, über Körper, Leere, Bewegung und Zeit, über die Einheit und Beseeltheit des Kosmos, über Güterlehre, Akoluthie der Tugenden und über Affekte, verraten einen engen Anschluss an Chrysipp. Offenbar war es das alleinige Ziel des Autors, Chrysipps Philosophie fasslich und knapp darzustellen. Dementsprechend findet man eine Tendenz zur Vereinheitlichung, ja zur Simplifizierung, z.B. in den Definitionen von Bewegung und Zeit (SVF 3, S. 260, frg. 7. 8), zuweilen sogar die Vernachlässigung feiner sprachlicher Differenzierungen Chrysipps, z.B. wenn er das Kontinuum der Substanz der Welt nicht wie Chrysipp für 'unendlich teilbar', sondern für 'ins Unendliche teilbar' hält (DIOGENES LAERT. VII 150 = SVF 2, frg. 482; 3, S. 259, frg. 4). Bezeichnend und vielleicht sogar eine Reaktion auf manche innerstoische Interpretation (z.B. des Diogenes, des Archedemos und auch des Antipater) ist, dass er die kynische Komponente der stoischen Ethik betont: Der Weise werde auch das bedürfnislose Leben eines Kynikers führen (κυνίζειν), denn der Kynismus sei der kurze Weg zur Tugend (SVF 3, S. 261, frg. 17). Zu Apollodoros vgl. ZELLER [5]1923 [*17: 3, 1, 48, Anm. 1], BARTH/GOEDECKEMEYER [5]1941 [*23: 116], POHLENZ [4]1971-1972 [*24: 1, 181], VON DER MÜHLL 1963 [*252: 1-6].

d) Boethos aus Sidon

Auch von den äusseren Lebensumständen des Boethos aus Sidon, der nicht verwechselt werden darf mit dem peripatetischen Philosophen augusteischer Zeit Boethos aus Sidon (vgl. oben Bd. 3, S. 595f.), ist nur bekannt, dass er Schüler des Diogenes aus Seleukeia gewesen ist (Index Stoicorum Herculanensis col. LI, DIOGENES LAERT. VII 202 Epitome). Von seinen Schriften werden drei Titel zitiert:

1 Περὶ φύσεως – Über die Natur. – SVF 3, S. 265, frg. 3.

2 Περὶ εἱμαρμένης – Über das Schicksal. – Mindestens 2 Bücher. SVF 3, S. 265, frg. 5.

3 Ἀράτου ἐξήγησις – Auslegung des Arat. – Mindestens 4 Bücher. GEMINOS Introductio in phaenomena 18, 48 (nicht in SVF); aus diesem Kommentar zu den Phaenomena Arats zitieren ferner CICERO (De divinatione I 13, II 47 = SVF 3, S. 265, frg. 4), der Autor der Vita Arati II (p. 12,15-13,12 MARTIN) und die Scholia ad Arati phaen. 62 (p. 98,24-25 MARTIN).

4 Eine Schrift Περὶ ψυχῆς – Über die Seele, vermutlich in mehreren Büchern, kann aus der Schrift des PORPHYRIOS Περὶ ψυχῆς πρὸς Βόηϑον (Über die Seele gegen Boethos, in 5 Büchern) erschlossen werden. Aus dieser Schrift des Porphyrios hat EUSEBIOS in der ‹Praeparatio evangelica› 9 Bruchstücke erhalten. Wie MORAUX (1973 [*305: 174-176]) mit hoher Wahrscheinlichkeit aufgezeigt hat, wendet sich Porphyrios nicht gegen den Peripatetiker, sondern gegen den Stoiker Boethos. Aus dieser Schrift des Boethos stammen wohl auch die Fragmente 10 und 11 (SVF 3, S. 267).

Aus diesen Titeln und aus den erhaltenen Fragmenten geht hervor, dass sich Boethos vor allem mit der Naturphilosophie, daneben aber auch mit der Erkenntnistheorie beschäftigt hat. Zeugnisse mit Lehrmeinungen zur Ethik sind jedenfalls nicht überliefert.

In der Erkenntnistheorie zählt er, offenbar Überlegungen Zenons und Chrysipps weiterführend, vier Kriterien der Wahrheit auf (SVF 3, S. 265, frg. 1), a) die αἴσϑησις (Sinneswahrnehmung), b) den νοῦς (Vernunft), also jene Instanz, welche die durch die Sinne vermittelte Vorstellung prüft und ihr Zustimmung gibt oder verweigert, c) die ἐπιστήμη, das Wissen, «die täuschungsfreie und von der Vernunft nicht mehr veränderbare Wahrnehmung» (SVF 1, frg. 66), die von der Vernunft zur Beurteilung einer neuen Vorstellung herangezogen wird, und d) die ὄρεξις, die von Chrysipp als «vernünftiges Streben nach etwas, was Freude bereitet, soweit es sein darf» definiert (SVF 3, frg. 463. 464. 441), als der richtige Handlungsimpuls verstanden und allein dem Weisen vorbehalten wird (SVF 3, frg. 441). Insofern diese ὄρεξις als Zustimmung zu einer als wahr erkannten Vorstellung verstanden wird, entspricht sie im Bereich des Handelns dem Wissen im Bereich des Erkennens. Um diese Aufzählung zu verstehen, ist es nicht erforderlich, einen der Stoa fremden (z.B. peripatetischen) Einfluss vorauszusetzen.

In der Physik ist Boethos, wohl unter dem Einfluss der peripatetischen und der akademischen Kritik und als Folge des Studiums der peripatetischen Naturphilosophie kühn neue Wege gegangen, ohne die stoische Grundposition der materialistischen Welterklärung aufzugeben. Vor allem scheinen ihn Einwendungen gegen die ‘vollkommene Mischung' (κρᾶσις δι' ὅλου), gegen den scheinbaren Widerspruch, Gott bald als das aktive Prinzip, bald als die Welt selbst anzusehen, und gegen die Ekpyrosis beeindruckt zu haben. So versucht er, den materiellen Pantheismus seiner Vorgänger, die die Substanz Gottes als des aktiven Prinzips noch in der letzten Materie als dem passiven Prinzip anwesend sahen, in eine Art von dynamischem Pantheismus umzugestalten. Unter Betonung der dualistischen Komponente der stoischen Naturphilosophie nimmt er an, dass das Wesen Gottes in einer ätherischen Substanz bestehe und in der Fixsternsphäre zu lokalisieren sei (SVF 3, S. 265, frg. 2. 3, EUSEBIOS Praep. ev. XV 16, 1-2, 380, 23ff.). Die Welt sei somit nicht beseelt und kein Lebewesen (SVF 3, S. 265, frg. 6). Damit ist der vitalistische Aspekt der stoischen Naturphilosophie aufgegeben, was notwendigerweise eine Unterstreichung der Auffassung der Welt als eines physikalischen Systems bedeutet. Hierauf verweisen auch die astronomischen und meteorologischen Fragmente (SVF 3, S. 267, frg. 8. 9). Gott wirke aber von der Fixsternsphäre aus (vermutlich mittels der Wärme) planmässig und fürsorglich auf die Gestirne, auf die Luft und auf alle Teile der Welt ein. So bleibt die Identifikation Gottes mit der Pronoia und der Heimarmene bestehen und damit auch die Möglichkeit, Zukünftiges aus Vorzeichen zu erkennen (SVF 3, S. 266, 27-32, frg. 7; S. 265, frg. 5. 4). Aus Überlegungen, die auf den Grundlagen der stoischen Physik fussen, bestreitet er die Ekpyrosis: a) es gebe weder innerhalb noch ausserhalb der Welt eine Ursache für den Weltuntergang, b) keine der verschiedenen Arten des Untergangs könne auf die Welt Anwendung finden, c) der ewig tätige Gott müsste in der Zeit zwischen Ekpyrosis und Palingenesia ein seinem Wesen völlig fremdes Leben der Untätigkeit führen (SVF 3, S. 265-267, frg. 7).

In der Psychologie hielt Boethos an der Bestimmung der Substanz der Seele als Pneuma fest, verstand das Pneuma aber als eine äussere Mischung aus Feuer und Luft und folgerte daraus, dass die Seele beim Tode sich nach dem Verlassen des Leibes auflöse (SVF 3, S. 267, frg. 10. 11).

e) Krinis

Ein mutmasslicher Schüler des Archedemos aus Tarsos ist Krinis, wie man aus SVF 3, S. 268, Crinis frg. 1 schliessen kann. Über seine Lebensumstände ist nichts bekannt. Er schrieb ein dialektisches Lehrbuch (Διαλεκτικὴ τέχνη), das von Diokles aus Magnesia, aus dem wiederum DIOGENES LAERT. geschöpft hat (VII 49-82), als eine seiner Hauptquellen für die Darstellung der stoischen Logik herangezogen worden ist (dazu EGLI 1967 [*351: 14-47. 56-61]). Doch vgl. jetzt MANSFELD (1986 [*45]).

D. ANTIPATROS AUS TARSOS

1. Biographie

Aus den wenigen Resten, die von dem Abschnitt über Antipatros aus Tarsos im Index Stoicorum Herculanensis (col. LIII-LIV) geblieben sind, geht hervor, dass schon der Gewährsmann dieser Schrift, der Schüler des Panaitios Stratokles nur weniges über das äussere Leben des Philosophen zu berichten wusste und vornehmlich dessen Schüler aufzählte. Doch tritt aus den sonstigen Nachrichten der äussere Ablauf seines Lebens einigermassen deutlich hervor. Antipatros aus Tarsos, aus der Stadt also, aus der der Vater Chrysipps stammte und aus der einst Paulus hervorgehen sollte, ist sicher noch im 3. Jahrhundert geboren. Nach Athen gekommen, schloss er sich Diogenes aus Seleukeia an und wurde nach dessen Tod (kurz vor 150) der Nachfolger seines Lehrers im Scholarchat. Auf ihm ruhte die Hauptlast der Verteidigung der stoischen Dogmatik gegen die Angriffe des Karneades. Da er sich einer mündlichen Diskussion mit dem Akademiker in der Öffentlichkeit schon wegen seiner Stimme nicht gewachsen fühlte, verlegte er sich auf schriftliche Auseinandersetzung und Polemik, was ihm den Spottnamen 'Federschreier' (καλαμοβόας, SVF 3, S. 244, frg. 5) einbrachte. Nach einem Scholarchat von über zwanzig Jahren, wobei er in der letzten Zeit von Panaitios zuerst unterstützt und dann vertreten wurde, schied er hochbetagt im Jahre 129, nicht lange vor dem Tod des Karneades, freiwillig aus dem Leben, indem er einen Giftbecher trank, freilich nicht ohne dankbar all des Guten zu gedenken, das ihm in seinem Leben zuteil geworden war, so auch der guten Fahrt, die ihm auf der Reise von Kilikien nach Athen beschieden war (SVF 3, S. 245, frg. 6. 7. 15).

2. Schriften und Werkbeschreibung

Ein antikes Verzeichnis der Schriften des Antipatros ist nicht überliefert. Die Zuweisung der sonst zitierten Fragmente und Schriftentitel an Antipatros aus Tarsos und an Antipatros aus Tyros, der zur Zeit Ciceros als stoischer Philosoph wirkte, ist nicht ganz unproblematisch. Nur die Schriften Nr. 9, 10 und 13 sind ausdrücklich für den Philosophen aus Tarsos bezeugt. Sonst fehlt die Herkunftsbezeichnung. Da die Zitate aus den logischen Schriften (Nr. 1-4) in dem Bericht des Diogenes Laert. über die stoische Logik stehen, der als jüngste Gewährsleute Krinis und Poseidonios zitiert, gehören diese sicherlich dem Mann aus Tarsos. Bei anderen Schriften ergibt sich die Zuweisung aus dem Ort des Zitats in einem Zitatennest (Nr. 5. 7). Auch ist der Philosoph aus Tarsos der bekanntere Autor, so dass man auch in der Antike eher an ihn als an seinen Namensvetter dachte, wenn man den Namen ohne Herkunftsbezeichnung anführte (Nr. 8. 11. 14-16). Ein Indiz hierfür ist das Verfahren des Diogenes Laert. oder seines Gewährsmanns. Im Abriss der stoischen Naturphilosophie nennt er zunächst den Tyrier (VII 139), dann dreimal einen Antipatros ohne Angabe der Herkunft (VII 140. 142. 148). Da die zuletztgenannte Stelle einen sachlichen Widerspruch zur Lehre des Tyriers darstellt, wird man diese und die beiden übrigen Zitate dem Philosophen aus Tarsos geben (anders Susemihl 1891-1892 [*13: 2, 247 Anm. 55] und Cohn 1905 [*403: 12 Anm. 6]). 17 Titel ergeben sich so mit Gewissheit oder hoher Wahrscheinlichkeit für Antipatros aus Tarsos:

1 Περὶ λέξεως καὶ τῶν λεγομένων – Über den Ausdruck und das Ausgesagte. – Mehrere Bücher. SVF 3, S. 247, frg. 22.
2 Περὶ ὅρων – Über Definitionen. – Mindestens 2 Bücher. SVF 3, S. 247, frg. 23.

3 Περὶ δυνατῶν – Über das Mögliche. – Mehrere Bücher. SVF 3, S. 248, frg. 29.

4 Περὶ τοῦ κυριεύοντος – Über das Meisterargument. – Mehrere Bücher. SVF 3, S. 248, frg. 29.

5 Περὶ οὐσίας – Über die Substanz. – Mindestens 2 Bücher. SVF 3, S. 249, frg. 32.

6 Περὶ κόσμου – Über die Welt. – Mindestens 10 Bücher. SVF 3, S. 250, frg. 43-45, von SUSEMIHL und COHN dem Tyrier zugesprochen.

7 Περὶ ψυχῆς – Über die Seele. – Mindestens 2 Bücher. SVF 3, S. 251, frg. 49. 50, deren Authentizität COHN 1905 [*403: 12 Anm. 6] bezweifelt.

8 Περὶ ζῴων – Über die Tiere. – 1 Buch. SVF 3, S. 251, frg. 48.

9 Περὶ ϑεῶν – Über die Götter. – 1 Buch. SVF 3, S. 249, frg. 33.

10 Περὶ μαντικῆς – Über Mantik. – 2 Bücher. SVF 3, S. 249. frg. 37, vermutlich sind auch die übrigen Zitate CICEROS in De divinatione aus dieser Schrift genommen (frg. 38-42).

11 Ὅτι κατὰ Πλάτωνα μόνον τὸ καλὸν ἀγαϑόν – Dass nach Platon allein das sittlich Gute ein Gut ist. – 3 Bücher. SVF 3, S. 252, frg. 56, offenbar hat der Autor in dieser Schrift in der Abwehr der Angriffe von seiten der Akademiker diese polemisch darauf hinzuweisen versucht, dass sie in ihren Ansichten von dem Gründer ihrer Schule abwichen; diese Einbeziehung von Argumenten aus der Schul- und Philosophiegeschichte sollte folgenreich sein.

12 Περὶ τῆς Κλεάνϑους καὶ Χρυσίππου διαφορᾶς – Über den Unterschied zwischen Kleanthes und Chrysipp. – 1 Buch. SVF 3, S. 257, frg. 66, es ist nicht mehr auszumachen, ob der Autor in dieser Schrift, um sich einen Freiraum für die Auslegung der tradierten Lehre zu schaffen, Differenzen herausgearbeitet oder ob er zur Abwehr von Angriffen Differenzen harmonisiert hat.

13 Περὶ δεισιδαιμονίας – Über den Aberglauben. – Mindestens 4 Bücher. SVF 3, S. 257, frg. 64, ob dieses Werk eher theologisch oder ethisch oder kulturhistorisch ausgerichtet war, kann aus diesem einen Fragment nicht ermittelt werden.

14 Περὶ ὀργῆς – Über den Zorn. – Mindestens 2 Bücher. SVF 3, S. 257, frg. 65.

15 Περὶ γυναικὸς συμβιώσεως – Über die Lebensgemeinschaft mit der Frau. – 1 Buch. SVF 3, S. 254, frg. 62.

16 Περὶ γάμου – Über die Ehe. – 1 Buch. SVF 3, S. 254-257, frg. 63, es ist nicht auszuschliessen, dass die Schriften Nr. 15 und 16 identisch sind und der Titel ‹Über die Lebensgemeinschaft mit der Frau› ein Nebentitel der Schrift ‹Über die Ehe› ist; die beiden langen Auszüge geben einen guten Eindruck von Denkungsart und Stil des Antipatros. Sie widerlegen auch den Vorwurf, in dieser Zeit habe in der Stoa eine «etwas stickige Schulluft geherrscht» (POHLENZ ²1964 [*2: 187]).

17 Κατὰ τῶν αἱρέσεων – Über [oder Gegen?] die Philosophenschulen [oder Sekten?]. – 1 Buch. Aus dem einzigen Zitat könnte man auf Polemik gegen innerstoische Abweichungen schliessen (SVF 3, S. 257, frg. 67).

Viele dieser nur zufällig bekannten Schriften bringen Untersuchungen oder auch Retractationen von Teilgebieten der Philosophie (z.B. Nr. 1. 2. 5. 7. 9. 10. 13), zuweilen auch geradezu von Detailfragen (z.B. Nr. 3. 4. 8), manche haben polemischen Charakter (z.B. Nr. 11 und vielleicht auch 17). Ethische Schriften dienen nicht selten auch der Lebenshilfe (z.B. Nr. 14-16). Die umfangreiche Schrift ‹Über die Welt› handelt offenbar den Hauptbereich der Naturphilosophie ab. Eine ähnliche Schrift hat Antipatros vermutlich auch über die zentralen Fragen der Ethik geschrieben. Jedenfalls führt die Darstellung der Grundfragen der stoischen Ethik, die CICERO in De finibus III dem Cato in den Mund legt, wenn auch nicht unmittelbar, auf die Positionen, die Antipatros eingenommen hatte, zurück (SCHÄFER 1934 [*20] und dazu RIETH 1934 [*406] und PHILIPPSON 1936 [*156]). Ein ausgesprochenes Lehrbuch scheint Antipatros nicht verfasst zu haben.

3. Doxographie

Die Retractatio von Themen der stoischen Philosophie durch Antipatros bringt in der Abwehr von Einwendungen und im neuen Durchdenken der Probleme auch – bei allem Streben nach Bewahrung der Tradition – Präzisierungen, Ergänzungen und Weiterführungen der stoischen Philosophie.

Im Streit um die Möglichkeit der menschlichen Erkenntnis stellte er der Behauptung des Karneades, nichts könne erkannt werden, die Forderung entgegen, Karneades müsse wenigstens diese Behauptung als Erkenntnis anerkennen, und gab sich mit der Antwort, auch die Behauptung der Unerkennbarkeit sei ungewiss, nicht zufrieden (SVF 3, S. 247, frg. 20. 21). In der Dialektik fügte er zu den von Chrysipp bestimmten Teilen des Satzes einen sechsten Teil hinzu, die μεσότης. Da eine Definition dieses Teiles nicht erhalten ist, ist die Interpretation dieses Begriffes umstritten. Antipatros scheint am ehesten damit das Adverb bzw. die adverbiale Bestimmung zu meinen (SVF 3, S. 247, frg. 22, SCHMIDT 1839 [*401: 38. 45], STEINTHAL ²1890-1891 [*11: 1, 298], COHN 1905 [*403: 34], POHLENZ ⁴1971-1972 [*24: 1, 44]). In der Lehre von den Syllogismen führte er eine Neuerung ein. Vermutlich in Abwehr akademischer Kritik an der Syllogistik, wie sie z.B. bei SEXTUS EMP. (Pyrrh. hyp. II 159-162) vorliegt, behauptete er die Existenz von Schlüssen mit nur einer Prämisse, die er μονολήμματοι συλλογισμοί nannte. Als Beispiele werden Schlüsse genannt, in denen die erste Prämisse als selbstverständlich vorausgesetzt ist, wie 'es ist Tag; also ist es hell' oder 'du atmest, also lebst du' (SVF 3, S. 248, frg. 26-28, COHN 1905 [*403: 40-41], FREDE 1974 [*31: 118-119]). Auch mit dem Meisterargument Diodors hat sich Antipatros auseinandergesetzt. Hier stellte er sich in Gegensatz zu Chrysipp und folgte dem Widerlegungsversuch des Kleanthes (SVF 3, S. 248, frg. 29-30).

Die wenigen Nachrichten über die Naturphilosophie lassen immerhin erkennen, dass Antipatros die Positionen der orthodoxen Stoa behauptet hat. Etwas deutlicher tritt seine Theologie vor unsere Augen. Ganz im Sinne der Alten hielt er an der körperlichen Immanenz Gottes in allen Teilen der Welt fest. Daher interpretierte er die Substanz Gottes als 'luftartig' und vertrat weiterhin Chrysipps Lehre von der totalen Mischung und die Gleichsetzung der Gottheit mit dem Schicksal und mit der Vorsehung (SVF 3, S. 250, frg. 44. 39; S. 255, 12-18, frg. 63; S. 249, frg. 35. 33. 34). Hinsichtlich der Götter des Volksglaubens folgte er aber seinem Lehrer Diogenes aus Seleukeia und verstand sie als Manifestationen des einen Gottes Zeus; so mied er den Vorwurf, den man gegen Chrysipp erhoben hatte, nämlich vergängliche Götter anzunehmen, was zudem nicht zu den allgemeinen Vorstellungen über das Wesen Gottes passe (SVF 3, S. 249, frg. 33. 34). In der späteren Kritik an der Stoa hat man dies natürlich zur Polemik gegen Chrysipp und zum Nachweis von Widersprüchen innerhalb der Stoa weidlich ausgenützt (z.B. PLUT. de Stoic. repugn. 38, 1051 F-52 B). Zum Nachweis des Wirkens dieses einen Gottes zog auch Antipatros die Mythenallegorese heran (SVF 3, S. 249, frg. 36; S. 250, frg. 46); andererseits sprach er mancher Gottheit des Volksglaubens oder anderer Völker die Göttlichkeit ab und führte sie auf abergläubische Vorstellungen zurück (SVF 3, S. 257, frg. 64). Im Ringen mit den Problemen der Theodizee scheint er das Übel als Mangel des Guten (κατὰ στέρησιν) erklärt zu haben (SVF 3, S. 252, frg. 54). Mit der Unterstreichung des Monotheismus nahm er manchem Argument, das gegen die Vergänglichkeit der Welt vorgebracht wurde, die Basis und hielt so an der Lehre von der Ekpyrosis und der Palingenesia fest (SVF 3, S. 250, frg. 45, anders COHN 1905 [*403: 43-45], der dieses Bruchstück dem Antipatros aus Tyros zuweist und den Monotheismus des Diogenes und des Antipatros aus Tarsos nicht beachtet). In Konsequenz dieser Theologie verteidigte Antipatros auch die Mantik. Als Beweis für dieses Vermögen des Menschen führte er u.a. auch das Daimonion des Sokrates mit Zitat aus der platonischen Apologie an (SVF 3, S. 249f., frg. 37-42, PLAT. Apol. 40 A-B, 41 D).

In der Ethik setzte er die Bestrebungen seines Lehrers teils fort, teils widersprach er ihnen ausdrücklich. Wie sein Lehrer dehnte er den Begriff der Werthaftigkeit (ἀξία), den die Alten allein zur Auszeichnung der «bevorzugten Dinge aus dem Bereich des für die Glückseligkeit Gleichgültigen» verwendet hatten, auch auf die Würde des sittlich Guten aus, ja fasste sogar den Sachwert bestimmter Adiaphora und den Aktwert des Guten als objektiven Wert zusammen und verwischte insoweit den graduellen Unterschied und die Inkommensurabilität von Aktwert und Sachwert, blieb sich aber bewusst, dass auf der Skala des objektiven Wertes zwischen dem Guten und den 'bevorzugten Dingen' ein Unterschied klafft wie zwischen dem Licht der Sonne und dem Licht eines Feuerfunkens. Andererseits hat er die ἀξία als Kaufpreis in den Kaufpreis im eigentlichen Sinn und in den Auswahlwert (ἀξία ἐκλεκτική) bestimmter Adiaphora differenziert (SVF 3, S. 251f., frg. 52. 53, dazu GÖRLER 1984 [*167: 447-448. 468]). Diese Differenzierung wirkt sich auch auf die Interpretation der stoischen Formel vom Lebensziel aus. Zunächst übernahm er im wesentlichen die Interpretation des Diogenes aus Seleukeia und modifizierte sie nur insofern, als er die Beständigkeit in der Zielsetzung der Auswahl betonte: Ζῆν ἐκλεγομένους μὲν τὰ κατὰ φύσιν, ἀπεκλεγομένους δὲ τὰ παρὰ φύσιν διηνεκῶς («zu leben, indem man mit Beständigkeit die naturgemässen Dinge auswählt und die naturwidrigen verwirft» SVF 3, S. 252, frg. 57, wo durch Druckversehen διηνεκῶς ausgelassen ist; ähnlich frg. 58). Während in dieser Definition die Begriffe 'naturgemäss' und 'naturwidrig' sich auf die Adiaphora beziehen, scheint in einer zweiten Definition, die Antipatros oftmals anführte, κατὰ φύσιν ähnlich wie der Begriff ἀξία nicht auf die ἀγαθά übertragen zu sein: πᾶν τὸ καθ' αὑτὸν ποιεῖν διηνεκῶς καὶ ἀπαραβάτως πρὸς τὸ τυγχάνειν τῶν προηγουμένων κατὰ φύσιν («alles, soweit es auf uns selbst ankommt, beständig und unbeirrt zu tun, um das zu erlangen, was primär unserer Natur entspricht» SVF 3, S. 252, frg. 57). Wenn man Stoiker sein will, kann man in dieser Weise nur nach den ἀγαθά streben. Diese sind aber nach Zenon die Tugend und das, was mit der Tugend in Zusammenhang steht (SVF 1, frg. 190). Mit der Tugend in Zusammenhang aber stehen die ἐπιγεννήματα des richtigen Handelns, die verschiedenen Formen der εὐπάθεια wie die Freude (χαρά; vgl. SVF 3, frg. 95. 431f.). Diese ἀγαθά sind es, die 'primär unserer Natur entsprechen'. Dieser Ausdruck grenzt also im Bereich der objektiven Werte die ἀγαθά gegen die naturgemässen Sachwerte ab. Nur insofern die Tugend sich in der Auswahl der mit Wert ausgezeichneten Adiaphora bewährt, sind auch die Sachwerte in dieser Definition berücksichtigt (zur umstrittenen Interpretation dieser Definition COHN 1905 [*403: 54-66], SCHÄFER 1934 [*20: 23-26], RIETH 1934 [*19: 13-45], POHLENZ [4]1971-1972 [*24: 1, 188], SORETH 1968 [*411: 48-72], LONG 1980 [*37: 59-90], FORSCHNER 1981 [*38: 225], JOHANN 1981 [*39: 414-417], GÖRLER 1984 [*167: 456-461]).

Scharf widersprochen hat Antipatros seinem Lehrer Diogenes in der Beurteilung des Strebens nach persönlichem Vorteil, indem er in den von Karneades vorgebrachten fingierten Fällen den scheinbaren persönlichen Vorteil den Interessen der Gemeinschaft unterordnete und in der Überwindung des Egoismus nicht nur das sittliche Handeln, sondern auch den wahren Nutzen für den Menschen erkannte (SVF 3, S. 253, frg. 61, oben S. 633). Ähnliche Überlegungen führten ihn dazu, im Gegensatz zu Chrysipp und Diogenes den guten Ruf zu den unmittelbar werthaltigen und um ihrer selbst willen wählbaren Dingen zu rechnen (SVF 3, S. 252, frg. 55, oben S. 632). Auch in der Beurteilung der Ehe ging er von den höheren Interessen der menschlichen Gemeinschaft aus, sah in ihr aber auch den Weg zur persönlichen Vervollkommnung der Ehegatten. Daher empfahl er bei der Wahl der Ehefrau nicht Reichtum, Schönheit oder vornehme Abkunft, sondern ihre Persönlichkeit zum Kriterium zu erheben (SVF 3, S. 254-257, frg. 62. 63).

4. Schüler des Antipatros und andere Stoiker der Zeit

a) Überblick

Als Schüler des Antipatros werden – neben seinem Nachfolger im Scholarchat Panaitios – Dionysios aus Kyrene, Dardanos, der Sohn des Andromachos aus Athen, ein Apollodoros aus Athen sowie Sosigenes und Herakleides aus Tarsos genannt. Dieser hat das stoische Paradoxon von der Gleichheit aller Verfehlungen bekämpft (SVF 3, S. 258). Ein anderer Schüler ist höchst bemerkenswert, C. Blossius aus Cumae, der spätere Lehrer, Berater und Vertraute des Tiberius Gracchus. Diesem Schüler hat Antipatros einige Schriften gewidmet (SVF 3, S. 245, frg. 13). Andere Stoiker, die vermutlich in diese Zeit gehören und von denen wir einiges wissen, sind Basileides, der in der Epitome des Diogenes Laertios zwischen Nestor und Dardanos aufgezählt wird und der die Existenz von Unkörperlichem gänzlich leugnete, und Eudromos, der offenbar ein Lehrbuch über die stoische Philosophie geschrieben und die Teilgebiete der Philosophie in der Reihenfolge Logik, Physik, Ethik angeordnet hat (SVF 3, S. 268).

b) Dionysios aus Kyrene

Dionysios aus Kyrene ist Schüler des Diogenes aus Seleukeia und wohl auch des Antipatros aus Tarsos und galt als vorzüglicher Mathematiker (Index Stoic. Herc. col. LXII 6-11). In die philosophische Debatte griff er vor allem vom Standpunkt und in Fragen seiner Wissenschaft ein. So bestritt er dem Arat den Rang eines selbständigen Wissenschaftlers (ANONYMUS II in Aratum S. 150 MAASS = 16b, 24 MARTIN und 143, 12-15 MAASS = 15, 2 MARTIN, dazu CRÖNERT 1906 [*101: 183]), so wandte er sich gegen die Aporien des Epikureers Polyainos und wurde deswegen von Demetrios Lakon angegriffen (PHerc. 1642 Frg. 4, CRÖNERT 1906 [*101: 111]). Ebenso verteidigte er die euklidische Geometrie gegen Angriffe von seiten der Jungepikureer wie Demetrios Lakon (PHerc. 1061, CRÖNERT 1906 [*101: 102. 111]) und griff seinerseits jungepikureische Bestrebungen zur Stützung des Induktionsverfahrens an, was wiederum die Gegenangriffe des Zenon aus Sidon auslöste. Seine Argumentation gegen die Induktion ist gut fassbar. Im ersten Abschnitt seiner Schrift über Schlussfolgerungen auf Grund empirisch gegebener Zeichen (Περὶ σημειώσεων col. I^a-XIX 4) gibt Philodem eine Vorlesung seines Lehrers Zenon aus Sidon über diesen Gegenstand wieder. Zenon hat in dieser Vorlesung zunächst stoische Einwände referiert und diese dann zu widerlegen versucht. Im Referat der stoischen Einwände zitiert er zweimal Dionysios aus Kyrene (PHILODEM de sign. col. VII 5-6 und XI 13-14) als seinen Gegner. Hieraus folgt, dass die ganze Serie der Einwände von Dionysios vorgebracht worden ist (SCHMEKEL 1892 [*14: 298 Anm. 1], DE LACY 1941 [*453: 37 Anm. 19], VON FRITZ 1972 [*455: 129]). In dieser höchst interessanten Kritik der Induktion als des Schlusses vom Bekannten auf das Unbekannte oder spezieller als der Folgerung, weil etwas ohne Gegeninstanz in vielen Fällen beobachtet worden ist, müsse es immer und überall so sein (μετάβασις καθ' ὁμοιότητα oder ἀπὸ φαινομένων ἐς τὰ ἀφανῆ), führte er u.a. an, entweder müsse die empirische Überprüfung aller Einzelfälle und aller Eigenschaften gefordert werden, dann aber sei eine Induktion lächerlich, oder die Induktion werde auf Grund gewisser Ähnlichkeiten durchgeführt, dann aber sei die Schlussfolgerung nicht zwingend und unsicher. So könne man aus der Tatsache, dass bei uns Feigen wachsen, nicht folgern, dass überall Feigen wachsen, und aus der Erfahrung, dass alle bekannten Menschen gestorben seien, nicht auf die Sterblichkeit aller Menschen schliessen (PHILODEM de sign. col. VI 10ff., Iᵃff.). Ursache für diese Schwäche der Induktion sei auch das Vorkommen atypischer Fälle (μοναχά col. I 20ff.). Da der Magnetstein Eisen, der Bernstein Spreu anziehe, könne man nicht aus der Tatsache, dass die überwältigende Mehrheit der Steine weder Eisen noch Spreu anziehen, folgern, dass die Steine generell diese Eigenschaft nicht haben (col. I 25ff.). Überdies wendeten die Epikureer die Induktion nicht konsequent an. Obwohl auf Grund der Erfahrung Körper eine Farbe haben und zerstört werden können, behaupteten die Epikureer, die als Körper gedachten Atome seien farblos und unzerstörbar. Und obwohl auf Grund der Erfahrung Dinge, die räumlich von uns fern sind, kleiner erscheinen, als sie sind, nehme Epikur, die Sonne sei ebenso gross, wie sie erscheine (col. IV 37ff., IX 8ff.). Die Induktion als μετάβασις καθ' ὁμοιότητα führe nur zu einer mehr oder weniger grossen Wahrscheinlichkeit. Sie sei nur dann zwingend, wenn die Zeichen, auf Grund derer gefolgert werde, eigentümliche Zeichen (ἴδια σημεῖα) seien und nicht allgemeine Zeichen (κοινὰ σημεῖα), die auf mehreres zugleich hinweisen. Ob ein Zeichen aber ein eigentümliches Zeichen sei, müsse durch logische Verknüpfung nachgewiesen werden, und zwar in der Form «Wenn das Erste, dann das Zweite, nun aber nicht das Zweite, also auch nicht das Erste» (τρόπος κατ' ἀνασκευήν), wobei also das kontradiktorische Gegenteil der Schlussfolgerung durch die Prämissen ausgeschlossen und mit dem Zweiten auch das Erste aufgehoben wird. Auf die Sterblichkeit des Menschen übertragen heisst dies, dass nur, wenn nachgewiesen ist, dass Sterblichkeit zum Wesen des Menschen gehört, also ein ἴδιον σημεῖον ist, weil, wenn er nicht sterblich wäre, er auch kein Mensch wäre, gefolgert werden kann, dass alle Menschen sterblich sind (col. II 25ff. vgl. SCHMEKEL 1892 [*14: 16f. 298-303], VON ARNIM 1903 [*451], CRÖNERT 1906 [*101: 102-104], DE LACY 1941 [*453: 16. 37-51. 59f. 163-171], POHLENZ ⁴1971-1972 [*24: 1, 245f.; 2, 127], VON FRITZ 1972 [*455: 128-132]).

E. AUSGABEN UND SEKUNDÄRLITERATUR

1. Fragmentsammlungen [*1-*2]. – 2. Gesamtdarstellungen [*11-*46]. – 3. Zu einzelnen Stoikern: a) Zenon aus Tarsos [*101-*102]; b) Diogenes aus Seleukeia [*151-*168]; c) Archedemos aus Tarsos [*201]; d) Apollodoros aus Seleukeia [*251-*253]; e) Boethos aus Sidon [*301-*305]; f) Krinis [*351]; g) Antipatros aus Tarsos [*401-*416]; h) Dionysios aus Kyrene [*451-*455].

1. Fragmentsammlungen

1 SVF 3: Chrysippi fragmenta moralia. Fragmenta successorum Chrysippi (Leipzig 1903, ND 1964) [§ 33 *11], darin: Zenon aus Tarsos S. 209, Diogenes aus Seleukeia S. 210-243, Archedemos aus Tarsos S. 262-264 (Ergänzungen bei Schmidt 1970 [*201]), Apollodoros aus Seleukeia S. 259-261, Boethos aus Sidon S. 265-267, Krinis S. 268-269, Antipatros aus Tarsos S. 244-258.

2 M. Pohlenz: Stoa und Stoiker (¹1950, ²1964) [§ 33 *14]. – Auswahl der einschlägigen Fragmente in Übersetzung S. 173-187.

Die Fragmente des Dionysios aus Kyrene sind noch nicht gesammelt.

2. Gesamtdarstellungen

11 H. Steinthal: Geschichte der Sprachwissenschaft bei den Griechen und Römern (1863, ²1890-1891, ND 1961) [§ 37 *222].

12 R. Hirzel: Untersuchungen zu Cicero's philosophischen Schriften II 1.2 (1882, ND 1964) [§ 1 *331].

13 F. Susemihl: Geschichte der griechischen Litteratur in der Alexandrinerzeit 2 (1891-1892) [§ 1 *333].

14 A. Schmekel: Die Philosophie der mittleren Stoa in ihrem geschichtlichen Zusammenhange (Berlin 1892).

15 A. Bonhöffer: Die Ethik des Stoikers Epiktet (1894, ND 1968) [§ 33 *702].

16 K. Reinhardt: Poseidonios (München 1921).

17 E. Zeller: Die Philosophie der Griechen in ihrer geschichtlichen Entwicklung III 1 (^{5}1923) [§ 1 *332].
18 O. Rieth: Grundbegriffe der stoischen Ethik (1933) [§ 33 *711].
19 O. Rieth: Über das Telos der Stoiker, in: Hermes 69 (1934) 13-45 [§ 33 *713].
20 M. Schäfer: Ein frühmittelstoisches System der Ethik bei Cicero (1934) [§ 33 *712].
21 W. Wiersma: Περὶ τέλους. Studie over de leer van het volmaakte leven in de ethiek van de Oude Stoa (Groningen 1937). – Diss.
22 M. Pohlenz: Tierische und menschliche Intelligenz bei Poseidonios, in: Hermes 76 (1941) 1-13 [Kleine Schriften 1 (1965) 292-304].
23 P. Barth, A. Goedeckemeyer: Die Stoa (^{5}1941, ^{6}1946) [§ 33 *351].
24 M. Pohlenz: Die Stoa, 2 Bde. (1948-1949, ^{4}1971-1972) [§ 33 *353].
25 V. Goldschmidt: Le système stoïcien et l'idée de temps (1953, ^{2}1969, ^{3}1977) [§ 33 *593].
26 K. Barwick: Probleme der stoischen Sprachlehre und Rhetorik (1957) [§ 33 *534].
27 M. Giusta: I dossografi di etica, 2 Bde. (Turin 1964-1967) [Università di Torino, Pubblicazioni della Facoltà di Lettere e Filosofia 15, 3/4].
28 P. Steinmetz: Eine jungepikureische Sicht der Geschichte der Philosophie, in: Archiv für Geschichte der Philosophie 48 (1966) 153-162.
29 A. A. Long: Carneades and the Stoic telos, in: Phronesis 12 (1967) 59-90.
30 J. M. Rist: Stoic philosophy (1969) [§ 33 *358].
31 M. Frede: Die stoische Logik (1974) [§ 33 *487].
32 A. A. Long: Hellenistic philosophy (1974) [§ 1 *396].
33 A. Grilli: Lo stoicismo di mezzo, in: Dal Pra (Hg.) 1976, ^{4}1983 [§ 1 *338: 4, 141-166].
34 F. H. Sandbach: The Stoics (1975) [§ 33 *361].
35 D. Pesce: L'etica stoica nel terzo libro del De finibus (Brescia 1977).
36 J. Mansfeld: Providence and the destruction of the universe in early Stoic thought, with some remarks on the mysteries of philosophy, in: M. J. Vermaseren (Hg.): Studies in Hellenistic religions (Leiden 1979) 129-188.
37 A. A. Long: Stoa and Sceptical Academy. Origins and growth of a tradition, in: Liverpool Classical Monthly 5 (1980) 161-174.
38 M. Forschner: Die stoische Ethik (1981) [§ 33 *790].
39 H. T. Johann: Gerechtigkeit und Nutzen. Studien zur ciceronischen und hellenistischen Naturrechts- und Staatslehre (Heidelberg 1981).
40 J. Bels: La survie de l'âme de Platon à Posidonius, in: Revue de l'Histoire des Religions 199 (1982) 169-182 [§ 34 *174].
41 A. A. Long: Astrology: arguments pro and contra, in: Barnes et al. (Hg.) 1982 [§ 1 *363: 165-192].
42 G. Reale: Lo stoicismo dalle origini alla fine dell'era pagana, in: Reale ^{4}1983 [§ 1 *339: 3, 303-431].
43 B. Inwood: Ethics and human action in early Stoicism (1985) [§ 33 *819].
44 A. A. Long: The stoics on world-conflagration and everlasting recurrence, in: Southern Journal of Philosophy 23, Suppl. (1985) 13-37.
45 J. Mansfeld: Diogenes Laertius on stoic philosophy, in: Elenchos 7 (1986) 295-382.
46 P. Steinmetz: Philosophie, in: Schmitt/Vogt (Hg.) 1988 [§ 1 *403: 533-543].

3. Zu einzelnen Stoikern

a) Zenon aus Tarsos

101 W. Crönert: Kolotes und Menedemos (1906) [§ 37 *51].
102 K. von Fritz: Zenon (4) aus Tarsos, in: RE 10 A (1972) 122.

b) Diogenes aus Seleukeia

151 C. F. Thierry: De Diogene Babylonio (Lovani 1830).
152 H. von Arnim: Diogenes (45) aus Seleukeia am Tigris, in: RE 5 (1903) 773-776.
153 A. Döring: Zwei bisher nicht genügend beachtete Beiträge zur Geschichte der Güterlehre aus Cicero de finibus, in: Zeitschrift für Philosophie und philosophische Kritik 128 (1906) 16-33.
154 A. Bonhöffer: Die Telosformel des Stoikers Diogenes, in: Philologus 67 (1908) 582-605.
155 M. Schäfer: Diogenes als Mittelstoiker, in: Philologus 91 (1936) 174-196.
156 R. Philippson: Rez. Schäfer 1934 [*20], in: Philologische Wochenschrift (1936) 593-606.
157 A. J. Neubecker: Die Bewertung der Musik bei Stoikern und Epikureern. Eine Analyse von Philodems Schrift De musica (Berlin 1956). – Diss.
158 A. Plebe: La retorica di Diogene di Babilonia, in: Filosofia 11 (1960) 451-456.

159 M. Gigante: Σημαντικὸν ποίημα. Contributo alla storia dell'estetica antica, in: La Parola del Passato 16 (1961) 40-53.
160 G. Wille: Zur Bedeutung und Anordnung von Philodem Fragment I 24 Kemke über das ästhetische Massenurteil, in: Silvae. Festschrift für Ernst Zinn (Tübingen 1970) 253-269.
161 Ernst Günther Schmidt: Die Definitionen des Guten im 118. Brief Senecas, in: Philologus 118 (1974) 65-84.
162 M. Gigante: Atakta II, in: Cronache Ercolanesi 7 (1977) 40-42.
163 J.-P. Dumont: Diogène de Babylone et la preuve ontologique, in: Revue philosophique 172 (1982) 389-395.
164 W. Görler: Pflicht und 'Lust' in der Ethik der Alten Stoa, in: Actes du VIIe congrès de la F.I.E.C. 2 (Budapest 1984) 397-414.
165 M. Schofield: The syllogisms of Zeno of Citium, in: Phronesis 28 (1983) 31-58.
166 J.-P. Dumont: Diogène de Babylone et la déesse Raison. La Métis des stoïciens, in: Bulletin de l'Association G. Budé (1984) 260-278.
167 W. Görler: Zum Virtus-Fragment des Lucilius (1326-1338 Marx) und zur Geschichte der stoischen Güterlehre, in: Hermes 112 (1984) 445-468.
168 P. Steinmetz: Allegorische Deutung und allegorische Dichtung in der Alten Stoa, in: Rheinisches Museum 129 (1986) [§ 34 *74] 18-30.

c) Archedemos aus Tarsos

201 Ernst Günther Schmidt: Archedemos (5 und 6) aus Tarsos, in: RE Suppl. 12 (1970) 1356-1392. – Umfassende Diskussion des über Archedemos Wissbaren.

d) Apollodoros aus Seleukeia

251 H. von Arnim: Apollodoros (66) aus Seleukeia am Tigris, in: RE 1 (1894) 2894-2895.
252 P. von der Mühll: Zwei alte Stoiker: Zuname und Herkunft, 1. Apollodoros aus Seleukeia am Tigris, in: Museum Helveticum 20 (1963) 1-6.
253 M.-O. Goulet-Cazé: Un syllogisme stoïcien sur la loi dans la doxographie de Diogène le Cynique. A propos de Diogène Laërce VI 72, in: Rheinisches Museum 125 (1982) 214-240.

e) Boethos aus Sidon

301 H. von Arnim: Boëthos (4) aus Sidon, in: RE 3 (1897) 601-603.
302 J. F. Dobson: Boëthus of Sidon, in: Classical Quarterly 8 (1914) 88-90.
303 H. Leisegang: Philons Schrift über die Ewigkeit der Welt, in: Philologus 92 (1937) 156-176.
304 G. Movia: Anima e intelletto. Ricerche sulla psicologia peripatetica da Teofrasto a Cratippo (Padua 1968) 194-200.
305 P. Moraux: Der Aristotelismus bei den Griechen von Andronikos bis Alexander von Aphrodisias, 1. Bd.: Die Renaissance des Aristotelismus im 1. Jh. v.Chr. (Berlin, New York 1973) [Peripatoi. Philologisch-historische Studien zum Aristotelismus 5] 143-179.

f) Krinis

351 U. Egli: Zur stoischen Dialektik (1967) [§ 33 *475].

g) Antipatros aus Tarsos

401 Rudolf Traugott Schmidt: Stoicorum Grammatica (1839, ND 1967) [§ 33 *531].
402 H. von Arnim: Antipatros (26) aus Tarsos, in: RE 1 (1894) 2515-2516.
403 H. Cohn: Antipater von Tarsos. Ein Beitrag zur Geschichte der Stoa (Berlin 1905). – Diss. Giessen 1904.
404 O. Hense: Zu Antipatros von Tarsos, in: Rheinisches Museum 73 (1920) 290-305.
405 E. Orth: Zu Antipatros von Tarsos, in: Philologische Wochenschrift 51 (1931) 189-190.
406 O. Rieth: Rez. Schäfer 1934 [*20], in: Gnomon 13 (1937) 548-552.
407 H. Markowski: Zu Antipater von Tarsos, in: Philologische Wochenschrift 58 (1938) 560.
408 C. Wendel: Späne III 23, in: Hermes 77 (1942) 216-217.
409 M. E. Reesor: The Stoic concept of quality, in: American Journal of Philology 75 (1954) 40-58.
410 F. Smuts: Stoisynse invloed ob Tiberius Gracchus, in: Acta classica. Proceedings of the Classical Association of South Africa 1 (1958) 106-116. – Mit engl. Zusammenfassung.
411 M. Soreth: Die zweite Telosformel des Antipater von Tarsos, in: Archiv für Geschichte der Philosophie 50 (1968) 48-72.

412 Ilsetraut Hadot: Tradition stoïcienne et idées politiques au temps des Gracques, in: Revue des Etudes latines 48 (1970) 133-179.
413 O. Panagl: Apollons Pythonkampf und die delphische Orakelgründung im Spiegel antiker Mythenkritik, in: Kairos 12 (1970) 31-41.
414 I. G. Kidd: Stoic intermediates and the end for man, in: Long (Hg.) 1971 [§ 33 *359: 150-172].
415 E. Eyben: De latere stoa over het huwelijk, in: Hermeneus 50 (1978) 15-32. 71-94. 337-359.
416 G. Striker: Antipater, or the art of living, in: Schofield/Striker (Hg.) (1986) [§ 1 *365] 185-204.

h) Dionysios aus Kyrene

451 H. von Arnim: Dionysios (122) aus Kyrene, in: RE 5 (1903) 974.
452 R. Philippson: Zur Wiederherstellung von Philodems sogenannter Schrift Περὶ σημείων καὶ σημειώσεων, in: Rheinisches Museum 64 (1909) 1-38.
453 P. H. und E. A. De Lacy: Philodemus: On methods of inference. A study in ancient empiricism (Philadelphia 1941) [Philological Monographs published by the American Philological Association 10]. Überarbeitete Neuauflage: Neapel 1978. – Ausgabe der Schrift Philodems Περὶ σημείων mit Übersetzung, Kommentar und Essays.
454 L. Adam: Das Wahrheits- und Hypothesenproblem bei Demokrit, Epikur und Zenon, dem Epikureer (nach Philodem) (Göttingen 1947). – Masch. Diss.
455 K. von Fritz: Zenon (5) von Sidon, in: RE 10 A (1972) 122-138.

§ 39. Panaitios aus Rhodos und seine Schüler

A. Biographie 646. – B. Schriften und Werkbeschreibung 648. – C. Doxographie 650: 1. Charakteristik der Philosophie des Panaitios 650; 2. Erkenntnistheorie und Logik 651; 3. Physik 652: a) Kosmologie und Theologie 652; b) Anthropologie und Psychologie 654; 4. Ethik 655: a) Die Lehre von der Oikeiosis 655; b) Die Bestimmung des Lebensziels 656; c) Die Güterlehre 657; d) Die 'Pflicht' 658; e) Die Affekte 659; f) Staatsphilosophie 660. – D. Schüler des Panaitios 660: 1. Überblick 660; 2. Dardanos und Mnesarchos 661; 3. Hekaton aus Rhodos 662: a) Leben 662; b) Schriften und Werkbeschreibung 663; c) Doxographie 663. – E. Ausgaben und Sekundärliteratur 665: 1. Panaitios 665: a) Fragmentsammlungen 665; b) Gesamtdarstellungen 665; c) Zu einzelnen Fragen 666; 2. Dardanos und Mnesarchos 668; 3. Hekaton aus Rhodos 668: a) Fragmentsammlungen 668; b) Sekundärliteratur 668.

A. BIOGRAPHIE

Biographische Quellen. – Der Schüler des Panaitios Stratokles aus Rhodos hat in seiner Geschichte der Stoa, die der Autor des Index Stoicorum Herculanensis ausgeschrieben hat, der Darstellung des Lebens und Wirkens seines Lehrers einen breiten Raum gewidmet. Im Index Stoicorum nimmt der Abschnitt über Panaitios die Kolumnen LV-LXXVIII ein. Leider ist von diesen Kolumnen, die einmal einen Umfang von durchschnittlich 34 Zeilen gehabt haben, nur der obere Teil mit meist nur 6-8 Zeilen, im günstigsten Fall mit 12 Zeilen, die aber oft schwer beschädigt sind, erhalten. Die Biographie des DIOGENES LAERT. ist mit dem Abschnitt über die nachchrysippische Stoa verlorengegangen und nur in den Reflexen bei späteren Autoren, z.B. in der Suda, fassbar. Hinzu kommen zufällige Notizen verschiedener antiker Autoren, insbesondere Ciceros. Die Nachrichten zur Biographie des Panaitios hat VAN STRAATEN (1962 [*2]) unter den Nummern 1-32 (Leben) und 137-164 (Schüler) gesammelt. Im folgenden werden die Fragmente nach dieser Ausgabe VAN STRAATENS zitiert.

Leben. – Panaitios wurde zwischen 185 und 180 in Lindos auf Rhodos als Spross einer angesehenen und politisch einflussreichen Familie geboren. Er ist der älteste von drei Brüdern. Seine Vorfahren zeichneten sich durch hohe politische und militärische Ämter sowie durch Siege bei panhellenischen Spielen aus. Sein Vater Nikagoras war in den für das freie Rhodos kritischen Tagen des 3. Makedonischen Krieges gegen Perseus 168 Mitglied der rhodischen Gesandtschaft in Rom (PANAET. Frg. 1 col. LV. 2-4, POLYB. XXVIII 2. 16). Schon in jungen Jahren sind Panaitios in Rhodos grosse Ehren zuteil geworden: ein Priesteramt zu Ehren des Poseidon Hippios in Lindos und eine Kommandostelle bei einem Unternehmen der rhodischen Flotte (PANAET. Frg. 4*. 1. col. LVI; Datierung und Zweck des Flottenunternehmens sind umstritten; man denkt auch an ein Hilfskontingent, das Rhodos auf Anforderung Scipios im 3. Punischen Krieg nach Karthago entsandte, und an die Teilnahme zusammen mit Polybios an der Fahrt entlang der Nordküste Afrikas (POHLENZ 1949 [*22: 422. 440], ⁴1971-1972 [*21: 2, 237f.]). Aber Panaitios schlug nicht den Weg eines Politikers ein, sondern wandte sich der Wissenschaft, insbesondere der Philosophie zu. Zuerst betrieb er grammatische und philosophische Studien bei Krates aus Mallos in Pergamon. Später ging er nach Athen, wo er sich Diogenes aus Seleukeia anschloss und auch unter dem Scholarchat des Antipatros aus Tarsos in der stoischen Schule verblieb (PANAET. Frg. 1 col. LX. 2. 4-6). Schon bald wurden ihm auch in Athen grosse Ehren zuteil. Schon als recht junger Mann erhielt er die Proxenie und wohl im Jahre 149/48 unter dem Archon Lysiades gehörte er der Kommission für die Ausrichtung der Opfer am Ptolemaiosfest an. Später bot man ihm auch das attische Bürgerrecht an; Panaitios lehnte aber ab mit der Bemerkung «dem Besonnenen genügt eine Vaterstadt». Freilich ist er, abgesehen von kürzeren Besuchen, auf Dauer nicht nach Rhodos zurückgekehrt (PANAET. Frg. 1 col. LXVIII. 28. 27. 32). Von besonderer Wichtigkeit sollte aber für Panaitios sein 'Romerlebnis' werden. Vermutlich bald nach 144 kam er für längere Zeit nach Rom, wurde mit dem jüngeren Scipio Africanus und mit Laelius bekannt und vertraut und diskutierte im Hause Scipios mit diesem und mit Polybios über die beste Staatsform. In diesem Umgang gewann er Einblick in die geistigen Probleme der römischen Führungsschicht und bestimmenden Einfluss auf die jüngeren Männer, die dem Kreis um Scipio angehörten. Man hat sich früher vielleicht übertriebene Vorstellungen von diesem Scipionenkreis gemacht, sollte aber doch seine Existenz und Wirkung nicht leugnen (zu dieser Kontroverse STRASBURGER 1966 [*104] und ABEL 1971 [*109]). Scipio jedenfalls lud 141 den Panaitios, der nun wieder in Athen weilte, ein, an seiner diplomatischen Informationsreise in den Osten als einziger persönlicher Begleiter und Berater teilzunehmen. Die Reise (140/139) führte nach Ägypten, Syrien und Kleinasien und berührte auch Rhodos. In der Folgezeit lebte Panaitios «bald in Rom, bald in Athen»; auch hierin zeigte sich die Unabhängigkeit, die ihm die Einkünfte aus seinem grossen Vermögen gewährten (PANAET. Frg. 1 col. LIX. LXIII. 2. 8-26). Als Antipatros in seinen letzten Jahren den Verpflichtungen des Scholarchats nicht mehr voll nachkommen konnte, unterstützte Panaitios seinen Lehrer und vertrat ihn schliesslich. Nach dessen Tod wurde er, nun schon über 50 Jahre alt, dessen Nachfolger im Amt (129). Panaitios stand der stoischen Schule rund 20 Jahre bis zu seinem Tode (110 oder 109) vor. Jedenfalls hörte der 140 geborene Crassus, als er nach seiner Quaestur, die er frühestens 110 bekleidet hat, nach Athen kam, in der Stoa den Nachfolger des Panaitios Mnesarchos (CICERO de or. I 45). Am Begräbnis des Panaitios nahmen die «bedeutendsten Philosophen, Dichter und Gebildeten» teil (PANAET. Frg. 1 col. LXXI). Aus der Annahme, Panaitios habe die Schrift Περὶ τοῦ καθήκοντος erst nach dem Tode Scipios (129) veröffentlicht, und der Mitteilung des Poseidonios, Panaitios habe nach der Edition dieser Schrift noch 30 Jahre gelebt, haben Philippson und Pohlenz gefolgert, Panaitios habe 110/109 die Schulleitung niedergelegt und sei erst 99 gestorben. Diese Folgerung ist aber nicht schlüssig, da die Spätdatierung der Schrift ‹Über die Pflicht› unbewiesen ist; zur Diskussion der Daten über das Leben des Panaitios vgl. SCHMEKEL 1892 [*12: 1-7], SUSEMIHL 1892 [*13: 2, 63-65], ZELLER ^{5}1923 [*15: 577-579], PHILIPPSON 1929 [*60: 338f.], TATAKIS 1931 [*17: 17-37], POHLENZ 1934 [*18: 125f.], VAN STRAATEN 1946 [*20: 3-25], POHLENZ 1949 [*22: 419-426. 440], POHLENZ ^{4}1971-1972 [*21: 2, 97-98. 237f.], SANDBACH 1975 [*25: 123ff.].

B. SCHRIFTEN UND WERKBESCHREIBUNG

Ein antikes Verzeichnis der Schriften des Panaitios ist nicht erhalten. Es sind daher nur die Titel von sieben oder acht Werken bekannt, die zufällig von späteren Autoren genannt oder zitiert werden. Es sind dies im einzelnen:

1 Περὶ προνοίας – De providentia – Über die Vorsehung. – Eine Lehrmeinung, die ausdrücklich aus dieser Schrift genommen ist, ist nicht überliefert. Cicero hat am 8. Juni 45, als er schon dabei war, die kritische Darstellung der Naturphilosophie vorzubereiten, bei Atticus dieses Werk des Panaitios bestellt. Vorausgesetzt, dass Atticus die Bestellung ausführen konnte, ist es wahrscheinlich, dass Cicero bei der Ausarbeitung von ‹De natura deorum II› zur Darlegung der stoischen Theologie, insbesondere im Abschnitt über die sinnvolle Gestaltung der Welt durch die göttliche Vorsehung, auch diese Schrift des Panaitios verwendet hat. Welche Kapitel im einzelnen aber auf Panaitios zurückgeführt werden können, ist umstritten; weithin Einvernehmen besteht nur über den panaitianischen Charakter der §§ 145-153 (dazu HEINEMANN 1921 [*57], REINHARDT 1921 [*58], POHLENZ 1949 [*22], GRILLI 1954 [*83: 340-345]; einen Einfluss des Panaitios bestreitet VAN STRAATEN 1946 [*20: 240-255]). Offen ist auch die Frage, ob die kritischen Bemerkungen des Panaitios zur Divination und zur Astrologie aus dieser Schrift oder aus einer eigenen Schrift ‹De divinatione› genommen sind (PANAET. Frg. 70-74).

2 Περὶ τοῦ καθήκοντος – De officiis – Über die Pflicht. – 3 Bücher. Nach seinem eigenen Zeugnis ist CICERO (De off. III 7 = PANAET. Frg. 35, ferner Frg. 34) im 1. und 2. Buch seines eigenen Werkes ‹De officiis› dieser Schrift des Panaitios im wesentlichen gefolgt. Auch im Laelius de amicitia hat er diese Schrift herangezogen (vgl. CICERO de off. II 31), sei es als Hauptquelle (so BOHNENBLUST 1905 [*52], FALTNER 1961 [*97: 128.], F. A. STEINMETZ 1967 [*105: 193-195]), sei es als Gewährsmann für die stoische Auffassung von der Freundschaft (so SCHÄFER 1955 [*88] und auch HOMMEL 1955 [*85], RICKEN 1955 [*87] und BÜCHNER 1964 [*101: 428]). Hieraus und aus charakterisierenden Bemerkungen Ciceros und des Gellius (PANAET. Frg. 36-39. 42 = 116) lässt sich auch der Aufbau und die literarische Eigenart der Schrift des Panaitios erhellen. Nach theoretischen Vorerörterungen über das Wesen des Menschen und der Aufzeigung der Grundprobleme, dass im Bereich des menschlichen Handelns drei Fragen zu klären seien, nämlich 1. die Frage, ob eine geplante Handlung sittlich zu rechtfertigen sei oder nicht, 2. die Frage, ob sie nützlich sei oder nicht, und 3. die Frage, ob ein Widerspruch zwischen dem sittlich zu Rechtfertigenden und dem nützlich Erscheinenden bestehe, hat Panaitios zuerst die Pflichten der Sittlichkeit, geordnet nach den vier Kardinaltugenden, untersucht, dann die Frage nach dem Nutzen einer Handlung und hierbei dem Fragenkomplex der Freundschaft einen breiten Raum zugewiesen. Der dritte Fragenkomplex ist von Panaitios zwar angekündigt, aber nicht behandelt worden (vgl. PANAET. Frg. 34. 35. 116). Wie sich diese Teile auf die drei Bücher der Schrift des Panaitios verteilen, ist umstritten (vgl. zuletzt: POHLENZ 1949 [*22: 435], F. A. STEINMETZ 1967 [*105: 187-195], BRINGMANN 1971 [*110: 269f.], GÄRTNER 1974 [*114: 16f., 69-73], DYCK 1979 [*122]). Das Werk hatte weder den Charakter einer polemischen Schrift (PANAET. Frg. 35 ... sine controversia de officiis accuratissime disputavit ...), noch den eines systematischen und auf Vollständigkeit zielenden Hand- oder Lehrbuchs. Leser, die einen solchen Charakter erwarteten, merkten z.B. kritisch an, dass Panaitios nicht von einer Definition des officium ausgehe (PANAET. Frg. 39. 40), oder vermissten eine Untersuchung der Frage des Widerstreits zweier sittlicher oder zweier Nutzwerte (comparatio honestatum bzw. utilitatum, PANAET. Frg. 36. 38) oder die Berücksichtigung der Sorge für die Gesundheit oder für das Geld im Abschnitt über das Nützliche (PANAET. Frg. 37). Mit dieser Schrift hat Panaitios grösste Wirkung erzielt. Seine Schüler und Nachfolger wie Antipatros aus Tyros, Hekaton und Poseidonios bemühten sich um Ergänzung und Fortführung. Cicero hat sie zur Grundlage der ersten beiden Bücher seines eigenen Werkes ‹De officiis› gemacht. Gellius hat sie noch gelesen und exzerpiert, und Ambrosius hat Ciceros Schrift und damit die Gedanken des Panaitios ins Christliche transformiert.

3 Περὶ εὐθυμίας – De tranquillitate animi – Über die Wohlgestimmtheit. – Erhalten ist ein indirektes Zitat (PANAET. Frg. 45). Plutarch scheint in seiner Schrift gleichen Titels auch aus dem Werk des Panaitios geschöpft zu haben (vgl. SIEFERT 1908 [*55], PHILIPPSON 1930 [*62:

358-362], van Straaten 1946 [*20: 33f.], Pohlenz 1949 [*22: 438], Grilli 1953 [*79: 137-164], Broecker 1954 [*81]).

4 Epistula ad Q. Tuberonem de dolore patiendo – Ἐπιστολὴ εἰς Κ. Τ. ὅτι πόνον καταφρονητέον – Brief an Q. Tubero über das Ertragen des Schmerzes. – Cicero zitiert zweimal diese Schrift in Briefform (De fin. IV 23, Tusc. IV 2 = Panaet. Frg. 46. 47). Auch die Notiz, dass Panaitios dem Tubero die intensive Lektüre der Schrift Krantors über das Leid empfohlen habe, ist vermutlich dieser Schrift entnommen (Panaet. Frg. 137). Pohlenz 1909 [*56], [4]1971-1972 [*21], dem sich Philippson 1929 [*60: 353f.] und Grilli 1954 [*83: 348-350] anschliessen, dem aber van Straaten 1946 [*20: 285-292] widersprochen hat, hat vermutet, dass Cicero im 2. Buch der Tusculanen (De tolerando dolore) diese Schrift des Panaitios als Quelle herangezogen hat.

5 De magistratibus [oder] De re publica – Περὶ ἀρχῶν [oder] Περὶ πολιτείας – Über Staatsverwaltung [oder] Über Staatsverfassung. – Diese politische Schrift des Panaitios wird von Cicero (De leg. III 13 = Panaet. Frg. 48) einmal ohne genaue Bezeichnung des Titels erwähnt. Auf sie weist auch die Bemerkung hin, die Cicero (De re publ. I 34 = Panaet. Frg. 119) Laelius in den Mund legt, nämlich dass Scipio oft in Anwesenheit des Polybios mit Panaitios erörtert habe, dass die römische Verfassung die bei weitem beste Staatsform sei. Es liegt auf der Hand, dass diese Grundthese Ciceros von Polybios und von Panaitios geprägt worden ist (zum Einfluss des Panaitios auf Polybios in der Staatstheorie Gärtner 1981 [*128]) und dass Cicero sowohl in ‹De re publica› als auch in ‹De legibus› diese Schrift des Panaitios herangezogen hat. Angesichts der Vielschichtigkeit dieser Schriften Ciceros ist es aber höchst schwierig, bestimmte Abschnitte als von Panaitios abhängig zu erweisen, zumal gerade in diesen in einem längeren Zeitraum geschaffenen Werken der persönliche Anteil Ciceros besonders gross ist. Mit einiger Wahrscheinlichkeit kann vermutet werden, dass in der Rede des Laelius (De re publ. III 32-42), in der die von Philus in Anlehnung an Karneades dargelegte Kritik an der Gerechtigkeit des Staates zurückgewiesen wird, auch Überlegungen des Panaitios vorgetragen werden.

6 Περὶ αἱρέσεων – De sectis – Über die Philosophenschulen. – In dieser sowohl philologisch als auch literarhistorisch und philosophiegeschichtlich ausgerichteten Schrift sind einerseits Echtheitsfragen, andererseits dogmatische Differenzierungen der zehn nachsokratischen Philosophenschulen und ihre Eigenart als sokratische Schulen herausgestellt worden (vgl. Panaet. Frg. 49. 123. 124. 126-130; Philippson 1929 [*60: 342-353], Pohlenz 1949 [*22: 427ff.]).

7 Περὶ Σωκράτους – De Socrate – Über Sokrates. – Offenbar mehrere Bücher. Neben Fragen der Biographie des Sokrates waren offenbar auch die Schüler des Sokrates in diesem Werk behandelt (vgl. Panaet. Frg. 50 = 132. 125. 131. 133. 134).

8 Περὶ τῶν κατὰ γεωμετρίαν καὶ μουσικὴν λόγων καὶ διαστημάτων – De rationibus et discriminibus vocum secundum geometriam et musicam – Über die Proportionen und Intervalle der Töne gemäss der Geometrie und der Musik. – Aus dieser musiktheoretischen Schrift führt Porphyrios vier Bruchstücke an, die van Straaten (1962 [*2: XIIs.]) zu den zweifelhaften Fragmenten rechnet, weil sonst eine musiktheoretische Schrift des Panaitios nicht bezeugt sei und weil Porphyrios von einem jüngeren Panaitios spreche. Wenn das erste Argument stichhaltig wäre, müssten alle nur von einem Autor bezeugten Schriften in Zweifel gezogen werden. Die Scheidung eines älteren und eines jüngeren Panaitios beruht hier und in der Suda (s.v. Παναίτιος = Panaet. Frg. 2) darauf, dass in der Kaiserzeit ein ‘ungebildeter Sophist’, wie Gellius (XVII 21, 1 = Panaet. Frg. 17) sich ausdrückt, den Panaitios zum Begleiter des älteren Scipio Africanus gemacht hat (Tatakis 1931 [*17: 17f.], Pohlenz [4]1971-1972 [*22: 418f.]). Nur aus dieser Schrift sind einige Sätze des Panaitios im Wortlaut erhalten.

Da diese Schriftentitel nur zufällig überliefert sind, kann diese Aufstellung keineswegs den Anspruch auf Vollständigkeit erheben. Die Äusserungen zur Erkenntnistheorie, zur Ewigkeit der Welt, zur Divination und zur Psychologie können durchaus aus besonderen Schriften des Panaitios genommen sein. Auch lässt das Faktum, dass der ältere Plinius unter den Autoren, die er zur Darstellung Nordafrikas und des Pontus herangezogen hat, den Panaitios erwähnt (Plin. NH I 64-67 = Panaet. Frg. 51), durchaus die Vermutung einer Schrift eher geographischen Inhalts zu. Immerhin bezeugen auch die Fragmente 135 und 136a ein Interesse an geographischen Fragen. Einzig über Fragen der Dialektik im engeren Sinn scheint Panaitios, wenn man aus dem Schweigen unserer Quellenautoren diesen Schluss ziehen darf, nicht geschrieben zu haben.

Was den Stil der Schriften anlangt, so ist festzuhalten, dass Panaitios gepflegt und anschaulich geschrieben, viele Zitate und Belege, Beispiele und Vergleiche angeführt und sowohl die Trockenheit des Handbuchs als auch die Spitzfindigkeit und Harschheit polemischer Schriften gemieden hat.

C. DOXOGRAPHIE

1. Charakteristik der Philosophie des Panaitios

In den philologischen und historischen Untersuchungen über Sokrates und die zehn nachsokratischen Philosophenschulen, aus denen einzelne Notizen zur Biographie des Sokrates, zur Echtheit der Schriften der Sokratiker und späterer Philosophen und zur Differenzierung der Lehrmeinungen der Philosophenschulen erhalten sind (PANAET. Frg. 123-134, dazu PHILIPPSON 1929 [*60: 342-353]), wird das Bemühen des Panaitios sichtbar, den historischen Ort der stoischen Philosophie neu zu bestimmen. Gedanken seiner Lehrer und seiner Schulgenossen aufgreifend, hat er die Philosophie Zenons – und dies zweifelsohne im Sinne Zenons – als eine Fortbildung der sokratischen Philosophie verstanden. Damit wurden für ihn die übrigen nachsokratischen und hellenistischen Schulen zu zwar deutlich zu unterscheidenden, aber doch auch parallelen Fortbildungen derselben sokratischen Philosophie. Unter diesem Aspekt sanken für ihn nicht wenige der Schulstreitigkeiten zu blossen terminologischen Zwistigkeiten zusammen. So war er der unfruchtbaren Schulpolemik enthoben. Andererseits eröffnete sich ihm aus diesem Grundansatz die Möglichkeit, die grossen Philosophen der klassischen Zeit wie Platon, Aristoteles, Xenokrates, Theophrast, Dikaiarch zur Erklärung, Deutung und Stützung der stoischen Philosophie, wie er sie verstand, heranzuziehen (sogenannte klassizistische Tendenz, vgl. PANAET. Frg. 1 col. LXI = Frg. 57, Frg. 55. 56. 59. 60). Nur wenn man als Aufgabe der Schulphilosophie allein die Wahrung und Weitergabe einer einmal gefundenen Orthodoxie im Äusserlichen versteht, kann man dieses Verfahren eklektisch nennen. Diese Ansicht der stoischen Philosophie erlaubte ihm weiterhin, einzelne Fragen der Naturphilosophie und der Ethik neu zu durchdenken, sie auf dem neuesten wissenschaftlichen Stand zu diskutieren und nötigenfalls zu modifizieren oder preiszugeben, sowie Probleme, die sich neu stellten, einer adäquaten stoischen Lösung zuzuführen. In solchen Untersuchungen stellte er immer wieder ein breites Wissen auf den Gebieten der Geschichte, der Mathematik, der Philosophie und der Politik unter Beweis (PANAET. Frg. 1 col. LXVI). Unverkennbar ist dabei ein eher empirischer Ansatz zur Problemlösung und die Scheu vor voreiliger Spekulation. Dementsprechend hat Panaitios keine systematische Darstellung des ganzen stoischen Lehrgebäudes verfasst, sondern in Einzelschriften die ihm wichtigen Themenkreise untersucht. Wenn er aber einzelne Dogmen modifiziert, in Zweifel gezogen oder gar aufgegeben hat, bedeutete dies nicht, dass er vom Grundansatz Zenons abgewichen wäre. Daher haben weder spätere Stoiker noch Kritiker der Stoa in Panaitios einen Mann gesehen, der stoische Grundpositionen preisgegeben hätte. Diese Neuinterpretation der stoischen Philosophie aus dem Geiste des Sokrates, der Klassiker und Zenons unter Heranziehung neuester wissenschaftlicher Erkenntnisse, in manchen Einzelfragen gewiss auch unter dem Eindruck des 'Romerlebnisses', gab der Stoa letztlich erst die Gestalt, in der sie auf andere Völker, besonders auf die Römer, anziehend wirken konnte, und begründete den Rang des Philosophen Panaitios. Ich zweifle, ob man diese Leistung mit den Sigeln einer Aristokratisierung oder gar Hellenisierung der Stoa und der Verwandlung von Philosophie in Weltanschauung richtig erfasst (so POHLENZ [4]1971-1972 [*21: 1, 191ff.]). Eher sollte man von einer kritischen Überprüfung der stoischen Dogmen sprechen (ähnlich EDELSTEIN 1966 [§ 33 *357: 45ff.]).

2. Erkenntnistheorie und Logik

Panaitios hat aus didaktischen Erwägungen den Durchgang durch die Teilgebiete der Philosophie mit der Physik begonnen (PANAET. Frg. 63), offenbar in der Überzeugung, dass erst, wenn die Stellung des Menschen im Kosmos und seine Eigenart bestimmt und erkannt sei, sowohl die Fragen der Dialektik als auch die der Ethik richtig untersucht werden könnten. So schickt er zum Beispiel auch der Darlegung der einzelnen 'Pflichten' eine auf der Oikeiosis beruhende Bestimmung des Wesens des Menschen und seiner Sittlichkeit voraus (CICERO de off. I 11-14 = PANAET. Frg. 98, ferner Frg. 79. 81). Ob er wie Zenon die Erkenntnistheorie noch als Teil der Physik untersucht hat, ist nicht mehr auszumachen. In den Überlegungen zur Erkenntnistheorie hat er die Einwendungen des Karneades gegen Zenon und Chrysipp wohl bedacht. Er gesteht durchaus zu, dass Sinneswahrnehmungen trügerisch sein können (PANAET. Frg. 90) und räumt ein, dass im Alltag nur die Sicherheit der Wahrscheinlichkeit erreicht werden kann (PANAET. Frg. 95). Aber an der stoischen καταληπτικὴ φαντασία als dem Kriterium der Wahrheit hält er fest, betont nur stärker als seine Vorgänger die prüfende Aufgabe des Logos bei der Zustimmung zu einem Sinneseindruck. So ist offenbar Panaitios der jüngere Stoiker, der zur καταληπτικὴ φαντασία als dem Kriterium der Wahrheit den Zusatz hinzufügte μηδὲν ἔχουσα ἔνστημα ('insofern kein Hindernis im Wege steht'). Deshalb müssen zur Anerkennung einer Sinneswahrnehmung fünf Bedingungen erfüllt sein: Verstand und Sinneswerkzeuge müssen gesund, der Gegenstand wahrnehmbar, der Ort passend und die Art und Weise der Beobachtung zweckentsprechend sein. Als Beispiel für eine Sinneswahrnehmung, der ein Hindernis entgegensteht, führt er die Wahrnehmung des Admetos an, der, als Herakles ihm seine Gattin Alkestis aus der Unterwelt zurückbrachte, zwar eine vollständig klare Vorstellung von Alkestis hatte, diese aber nicht annehmen konnte auf Grund seines Wissens, dass Alkestis gestorben war. Mit diesem Zusatz hatte Panaitios einem der Haupteinwände des Karneades gegen die stoische Erkenntnistheorie die Spitze abgebogen und letztlich der akademischen φαντασία πιθανὴ καὶ ἀπερίσπαστος καὶ περιωδευμένη ('der glaubwürdigen, beständigen und im Detail geprüften Vorstellung') den Rang des Kriteriums der Wahrheit zugesprochen (SEXTUS EMP. adv. math. VII 253-257 = PANAET. Frg. 91, vgl. VII 424 und 182ff.; zur Identifikation des jüngeren Stoikers mit Panaitios SCHMEKEL 1892 [*12: 351-356], TATAKIS 1931 [*17: 148f.], VAN STRAATEN 1946 [*20: 131-135. 269-274], zurückhaltend POHLENZ 1949 [*22: 428f.], RIST 1969 [*23: 174f.]).

Aus dem Schweigen der Zeugnisse darf man vielleicht schliessen, dass Panaitios zu den engeren Teilgebieten der Logik, nämlich zur Dialektik und zur Rhetorik nichts geschrieben hat. Er hat aber in der Beweisführung durchaus die Regeln der stoischen Syllogistik angewendet, wie z.B. bei der Begründung der Leugnung der Unsterblichkeit der Seele und bei der Widerlegung der Ansprüche der Astrologie (PANAET. Frg. 83. 74). Hinsichtlich der Rhetorik schimmert aus seiner Kritik an Demosthenes die stoische Auffassung der Rhetorik als einer auf das sittlich Gute gerichteten Wissenschaft hervor. Nur diese Ausrichtung erlaube es dem Anwalt, auch das Wahrscheinliche zur Verteidigung eines Angeklagten heranzuziehen (PANAET. Frg. 94. 95).

3. Physik

a) Kosmologie und Theologie

Panaitios ist wohl vertraut mit den naturphilosophischen Lehrmeinungen der verschiedenen Philosophenschulen, insbesondere natürlich mit denen der Stoa. Auch kennt er die Kritik, die in den anderen Philosophenschulen an den Dogmen der Stoa geübt worden ist. Darüber hinaus hat er sich ein breites und fundiertes naturwissenschaftliches Wissen angeeignet. Er beherrscht die wissenschaftliche Astronomie seiner Zeit und kann im Sinne des geozentrischen Weltbildes Abstand und Bahnen der Planeten bestimmen, kann Sonnen- und Mondfinsternisse erklären und zieht die verschiedentlich vorgetragene Deutung der Kometen als optischer Erscheinungen heran (PANAET. Frg. 74. 75. 77). Ebenso sind ihm traditionelle und neuere meteorologische Erkenntnisse und Hypothesen bekannt, wie die Passatwinde des Indischen Ozeans und ihr Einfluss auf die Bewohnbarkeit der sogenannten 'verbrannten Zone', wie die Folgen klimatischer Bedingungen auf Charakter und Lebensart einer Population (PANAET. Frg. 135. 78). Auch ist er ein guter Kenner der Medizin und der Anatomie, wie aus seiner Kritik an der Astrologie und aus dem Abschnitt der Rede des Balbus hervorgeht, der mit hoher Wahrscheinlichkeit Gedanken des Panaitios wiedergibt (PANAET. Frg. 74, CICERO de nat. deor. II 145-153).

Die antiken Berichterstatter haben das Augenmerk vor allem auf Abweichungen des Panaitios von der traditionellen stoischen Doktrin gerichtet. So hat Panaitios, offenbar weil ihm alles auf ewige Dauer angelegt erschien, wie sein Lehrer Diogenes die Lehre von der periodischen Auflösung und Neuerstehung der Welt in Ekpyrosis und Palingenesia in Zweifel gezogen (PANAET. Frg. 64. 69). Spätere Doxographen haben dies zu einer Ablehnung dieser Lehre vergröbert (PANAET. Frg. 65-68). So hat er Zweifel an der Mantik geäussert; sie entbehre der gesicherten Grundlage, und es sei nicht einzusehen, warum Zeus angeordnet habe, dass die Krähe zur Linken, der Rabe zur Rechten krächzen solle (PANAET. Frg. 70-73). Die Astrologie hat er gänzlich verworfen. Gegen das Horoskop wandte er unter anderem ein, dass Zwillinge nachweislich verschiedene Lebensschicksale hätten, dass Bedingungen, die durch Geburt gegeben seien, durch Erziehung verändert werden könnten, dass der gewaltige Abstand der Planeten von der Erde einen Einfluss dieser Art nicht zulasse, dass beim Horoskop die Verschiedenheit der Orte und der Klimata kaum beachtet werde (PANAET. Frg. 74). Hinter diesen Zweifeln und Modifikationen darf nicht ein Abrücken von stoischen Grundpositionen gesehen werden. Auch für Zenon ergab sich in der Ewigkeit der Materie mit ihren beiden Prinzipien eine Art Ewigkeit der Welt (vgl. oben S. 535f.). Infolge des Zweifels an Ekpyrosis und Palingenesia verstand Panaitios freilich den gegenwärtigen Weltzustand eher statisch, während ihn Zenon eher als einen Moment eines dynamischen Prozesses gedeutet hatte. Auch befreiten ihn diese Zweifel von den Schwierigkeiten der Annahme, jede Weltperiode wiederhole auf Grund des Gesetzes der Heimarmene genau die vorangegangene Weltperiode (vgl. oben S. 538). Aus diesen Zweifeln und aus den Zweifeln an der Mantik darf weder auf die Aufgabe der Sympathie der Teile der Welt zueinander noch auf die Preisgabe der Gleichsetzung des aktiven Prinzips mit Gott geschlossen werden, so dass Panaitios fast als ein Atheist erscheinen müsste, wie TATAKIS 1931 [*17: 142] und VAN STRAATEN 1946 [*20: 90] vermeinten. Gegen einen Atheismus sprechen ausdrückliche Zeugnisse, insbesondere die Schrift ‹Über die Vorsehung› (PANAET. Frg. 78. 79. 33), und die Notiz des Epiphanios, die einen Atheismus oder theologischen Agnostizismus zu bezeugen scheint, ist, wie sich noch zeigen wird, eine der häufigen Vergröberungen späterer Doxographen (EPIPHANIUS de fide 9, 45 = PANAET. Frg. 68). Allerdings hat Panaitios gegenüber einer allzu schnellen und im Detail und im konkreten Einzelfall nur schwer zu beweisenden Behauptung des Wirkens der Sympathie eine gesunde Zurückhaltung bewahrt, und in der Beschreibung der Ordnung der Welt und ihrer Teile in der Schrift ‹Über die Vorsehung› hat er nicht voreilig vom Walten Gottes gesprochen, sondern sich damit begnügt, das sinnvolle Wirken der Natur (φύσις/ natura) aufzuzeigen, in der in theologischer Sicht nach stoischer Tradition durchaus Gott gesehen werden kann (CICERO de nat. deor. II 145-153). Mit anderen Worten, Panaitios hat die Welt vornehmlich physikalisch erklärt und den vitalistischen und pantheistischen Aspekt der Naturphilosophie Zenons eher vernachlässigt (vgl. S. 540). Diese Zurückhaltung gegenüber voreiliger und selbstsicherer Spekulation in Detailfragen zeigt sich noch in einem weiteren: MOREAU (1953 [*80: 183f.]), GRILLI (1954 [*83: 351]) und RIST (1969 [*23: 178f.]) haben den Untersuchungen von SCHMEKEL (1892 [*12: 71]), REINHARDT (1921 [*58: 408f.]), TATAKIS (1931 [*17: 143]) und POHLENZ (1934 [*18: 94]) folgend gegen VAN STRAATEN (1946 [*20: 259-262]) gezeigt, dass die Lehre von der Theologia tripertita des Q. Mucius Scaevola (AUGUSTINUS de civ. Dei IV 27. VI 5) wenigstens in ihrer Systematisierung auf Panaitios zurückgeführt werden kann. Demnach hat Panaitios drei Arten von Göttergestalten unterschieden, die der Philosophen, die der Mythen und die des Kultes der politischen Gemeinschaften. Er war überzeugt, dass die Gottesauffassung der Philosophie – und das bedeutete für den Stoiker die mit dem aktiven Prinzip identifizierte Allgottheit, die weder Geschlecht noch Alter, noch überhaupt Menschengestalt hat – der Menge nicht verständlich gemacht werden könne; deshalb liess er für sie die Gottesvorstellungen des Kultes der politischen Gemeinschaften gelten; in den Göttern des Mythos sah er dagegen Produkte der dichterischen Phantasie und hielt sie für ein genus nugatorium, was in der Vergröberung des Berichtes des Epiphanios auf die ganze Theologie übertragen wurde (AUGUSTINUS de civ. Dei IV 27 [dazu VI 5] und EPIPHANIUS de fide 9, 45 = PANAET. Frg. 68). Damit war aber Panaitios auch der zu viel Kritik Anlass gebenden allegorischen Mythendeutung enthoben.

b) Anthropologie und Psychologie

Was die Stellung des Menschen im Ordnungsgefüge der Welt anlangt, so hielt Panaitios durchaus an der stoischen Stufung des Seienden fest:
1. Wesen ohne Seele (inanima/ἄψυχα),
1.1. Mineralien, Flüssigkeiten u.ä., deren formgebendes Prinzip nach stoischer Auffassung die ἕξις ist,
1.2. Pflanzen, deren Wesen in der 'Physis' (Wachstumsvermögen) besteht, die die Fähigkeit des Wachsens, der Nahrungsverarbeitung und der Vermehrung (Fortpflanzung) umfasst,
2. Wesen, die beseelt sind (animalia/ἔμψυχα),
2.1. Tiere; sie sind der Vernunft nicht teilhaftig (rationis expertes); ihr seelisches Vermögen besteht in der Sinneswahrnehmung (αἴσθησις), verbunden mit der Fähigkeit der Bewegung (κίνησις καθ' ὁρμήν); der Bewegungsantrieb ist eine Reaktion auf die Sinneswahrnehmung; sie sind daher auf die Gegenwart zentriert, fast ohne Empfinden für Vergangenheit und Zukunft,
2.2. Wesen, die der Vernunft teilhaftig sind (rationis participes),
2.2.1. Menschen; sie besitzen zur Sinneswahrnehmung die Fähigkeit des Denkens und damit die Fähigkeit, Sinneswahrnehmungen zu prüfen, zu verknüpfen und daraus zu folgern, und können so in der Erkenntnis von Vergangenheit und Zukunft die Bahn ihres Lebens erkennen und bestimmen,
2.2.2. Götter (nach PANAET. Frg. 79. 81).

In der Lehre von der menschlichen Seele hat Panaitios dann einige auch für die Ethik folgenreiche Modifikationen vorgenommen. Er bestimmte, zwischen der Ausdrucksweise Zenons, des Kleanthes und Chrysipps vermittelnd, ohne dass ein sachlicher Unterschied fassbar würde, das Wesen der Seele als anima inflammata (πνεῦμα ἔμπυρος), als feurigen Lufthauch. Im Gegensatz zu Boethos ist diese Mischung aber als eine vollkommene Mischung aufzufassen (κρᾶσις δι' ὅλου im Sinne Chrysipps: PANAET. Frg. 82, vgl. oben S. 608). Andererseits folgte er Boethos hinsichtlich der Leugnung der Unsterblichkeit der Seele. Zwei seiner Beweise dafür zitiert Cicero: 1. Alles, was geboren werde, gehe auch wieder unter; die Seele aber werde geboren, was aus der Ähnlichkeit der Kinder mit ihren Eltern hervorgehe, die sich nicht nur im Körperlichen, sondern auch im Charakterlich-Geistigen zeige. 2. Alles, was Schmerz empfinde, sei Leiden und Krankheit ausgesetzt; was aber in Krankheit verfalle, werde auch untergehen; nun empfinde die Seele Schmerz, also gehe sie unter (CICERO Tusc. I 79 = PANAET. Frg. 83). Weiterhin hat Panaitios die traditionelle Zahl von acht Seelenteilen, die Chrysipp als Vermögen des Hegemonikon definiert hatte, um zwei auf sechs reduziert, indem er das

Vermögen der Produktion von Samen der 'Physis' des Menschen, also der pflanzlichen Komponente seines Seins, zuwies und das Sprechvermögen als einen Teil der καθ' ὁρμὴν κίνησις, des Bewegungsvermögens des Hegemonikon verstand (PANAET. Frg. 86). Überhaupt unterschied er, in scharfem Gegensatz zu Chrysipp, eher die Position Zenons einnehmend, im Hegemonikon zwei Bewegungen bzw. Vermögen, einmal die Denkkraft (ratio oder cogitatio/λόγος), dann den Trieb (appetitus/ὁρμή), der den Menschen zum Handeln und Tätigwerden anstösst (PANAET. Frg. 87-89). Die Deutung dieser Aussagen über die Seele ist umstritten (vgl. SCHMEKEL 1892 [*12: 195-205], PHILIPPSON 1929 [*60: 353-360], SCHINDLER 1934 [*70: 32-45], PHILIPPSON 1937 [*72: 168-175], POHLENZ [4]1971-1972 [*21: 1, 198f.], TATAKIS 1931 [*17: 120-131], VAN STRAATEN 1946 [*20: 95-129. 263-267], RIST 1969 [*23: 179f.], VAN STRAATEN 1976 [*119: 104-109]). Offenbar hat Panaitios den Menschen als eine je individuelle leibseelische Einheit verstanden, die die unter ihm liegenden Seinsstufen umfasst und durch die Teilhabe an der Vernunft über sich hinausweist. Das Wesen des Menschen umschliesst so die Stufen des Unbeseelten in ihrer Stofflichkeit im engeren Sinne, was der Stufe der Mineralien entspricht, und in der Fähigkeit der Ernährung, des Wachstums und der Bildung des Samens, was der 'Physis' als der Stufe der Pflanzen entspricht. Diese Stufen sind überlagert vom Seelischen mit der Fähigkeit der Sinneswahrnehmungen, die ihrerseits wiederum als Funktionen des den Menschen auszeichnenden rationalen Hegemonikon und damit als in dessen Dienst stehend verstanden werden. Das Hegemonikon selbst besitzt zwei Vermögen, 1. das Vermögen des Bewegungsantriebs mit den Formen des Antriebs zur Ortsveränderung (μεταβητικόν), zur Bewegung des Körpers als eines Ganzen (κινητικὸν τοῦ σώματος παντός), zur Bildung der Laute und Töne (φωνητικόν) und zur Atmung (ἀναπνευστικόν, vgl. die Reflexe dieser Auffassung des Panaitios in Frg. 86a), 2. das Denkvermögen im engeren Sinn (λογικόν), dessen Aufgabe es ist, die Vermögen der fünf Sinnesorgane zu gebrauchen und den Bewegungsantrieb zu steuern und zu zügeln. Es äussert sich im Erkennen der Welt in ihren Einzelheiten und in ihrem Zusammenhang (theoretisches Denken), im Erkennen der Geordnetheit der Welt und damit der Schönheit (ästhetisches Denken) und im Erkennen der Lebensaufgabe (praktisches Denken). Aus diesen Erkenntnissen und den daraus resultierenden Antrieben zur Kreativität und zum sittlichen Handeln schafft es die Kultur (PANAET. Frg. 80, CICERO de nat. deor. II 145-153). Damit ist der Versuch unternommen, einerseits den psychologischen Monismus der Stoa im Sinne Zenons mit seinen dualistischen Einsprengseln aufrechtzuerhalten und zugleich den doktrinären Intellektualismus Chrysipps zu überwinden.

4. Ethik

a) Die Lehre von der Oikeiosis

Wie von Zenon initiiert und von Chrysipp ausgeführt, unternimmt auch Panaitios unter Beachtung der Kritik an der naturalistischen Ethik den Versuch, der Ethik eine empirisch-naturwissenschaftliche Basis zu geben. Er will unter Modifikation und Umgestaltung der Thesen seiner Vorgänger das Sollen des Menschen nicht aus der Erkenntnis der Allnatur ableiten und verzichtet somit auf eine theologische Grundlegung der Ethik, sondern er will das Sollen in der Natur des Menschen selber erkennen, um den Bruch zwischen der Oikeiosislehre und der Bestimmung des Lebensziels zu vermeiden. Von Natur aus sind dem Menschen, genauer dem Hegemonikon seiner Seele, vier Urtriebe gegeben. Mit den Tieren gemeinsam hat er den Trieb zur Selbst- und Arterhaltung. Während aber bei den Tieren dieser Trieb in den instinktiven Reaktionen auf die Sinneswahrnehmungen wirkt, ist er beim Menschen eine Komponente des Hegemonikon. Eine Konsequenz dieses Urtriebs ist das Streben nach Kommunikations- und Lebensgemeinschaft, das bis hin zur Gründung der politischen Gemeinschaften führt. Mit diesem Trieb nach Gemeinschaft verbunden sind die Triebe nach Erkenntnis, nach Vorrang und Überlegenheit über Menschen und Sachen und nach Ordnung und Mass. Auf Grund dieser Fähigkeiten erkennt der Mensch sein Wesen und, da ihm als einzigem Lebewesen im Trieb nach Ordnung und Mass der Sinn für Schönheit gegeben ist (ästhetisches Denken), erkennt er einerseits in den Gegenständen die Harmonie und Ordnung der Teile und andererseits in den Worten und Handlungen das Angemessene und Geziemende (τὸ πρέπον/decorum) und in diesem äusserlich sichtbaren Geziemenden das mit ihm untrennbar verbundene Sittlich-Schöne (καλόν, das man im Lateinischen mit 'honestum' wiedergibt), das der Mensch in seinem Handeln verwirklichen soll (CICERO de off. I 11-14. 93-96 = PANAET. Frg. 98. 107). Reflexe dieser Lehre des Panaitios liegen vor bei CICERO de fin. II 45-49 (vermittelt durch Antiochos?) und bei STOB. Ecl. II 62,6-15; 63,6-64,12 (vermittelt durch Areios Didymos; vgl. PHILIPPSON 1930 [*62: 382-394], IBSCHER 1934 [*67: 114-144], LABOWSKY 1934 [*68], POHLENZ 1965 [*69: 22], RIST 1969 [*23: 188f.], GÄRTNER 1974 [*114: 26-52]). Panaitios scheint auch gezeigt zu haben, wie sich genetisch und historisch aus diesen Grundtrieben durch Erkennen und Empfinden des Angemessenen und des Unangemessenen im Verhalten der Menschen die sittlichen Grundvorstellungen gebildet haben (vgl. die vermutlichen Reflexe bei POLYBIOS VI 6 und dazu IBSCHER 1934 [*67: 136], GÄRTNER 1981 [*128]).

b) Die Bestimmung des Lebensziels

Der Mensch besitzt aber nicht nur eine generelle Natur als Eigenart der Gattung, sondern auch eine individuelle Natur. Auch lebt er nicht isoliert, gleichsam im luftleeren Raum, sondern ist hineingestellt in Bedingungen und Verhältnisse, die der Bestimmung durch ihn entzogen sind. Schliesslich ist er aber auch das, was er aus sich macht. Dementsprechend spricht Panaitios von vier Gesichtern oder Masken (persona/πρόσωπον), die jeder Mensch trägt. Zwei sind ihm von der Natur gegeben, einmal sein generelles Wesen als Mensch – aus ihm sind die allgemeinen sittlichen Normen abgeleitet –, dann sein individuelles Wesen, seine individuelle Veranlagung. Die dritte Maske ist ihm von Zufall bzw. von den äusseren Umständen seines Lebens aufgesetzt; hierzu gehören z.B. Herrschaft, Adel, Ämter und Ehren, Reichtum, Machtmittel und ihr Gegenteil, kurz alles, was vom Zufall und den zeitlichen Umständen gegeben und genommen wird. Die vierte Maske ist diejenige, die er sich selbst aufsetzt; sie ist von den willentlichen Entscheidungen des Menschen darüber abhängig, welche Rolle er im Leben spielen will (CICERO de off. I 107ff. 115ff., Stellen, die VAN STRAATEN nach dem Vorgang von SCHMEKEL 1892 [*12: 38-41] zu Unrecht nicht unter die Fragmente des Panaitios aufgenommen hat; vgl. LABOWSKY 1934 [*68: 16f. 37-47], POHLENZ 1934 [*18: 161], GRILLI 1954 [*83: 346], 1957 [*93: 56-63], RIST 1969 [*23: 187f.]). Aus dieser Sicht der menschlichen Befindlichkeit und der menschlichen Seele interpretierte Panaitios die zenonische Telosformel des 'Lebens in Übereinstimmung mit der Natur' als 'Leben gemäss den uns von der Natur gegebenen Ansatzpunkten' (τὸ ζῆν κατὰ τὰς δεδομένας ἡμῖν ἐκ φύσεως ἀφορμάς, PANAET. Frg. 96). Er verstand also nicht wie Zenon und Chrysipp den Logos bzw. die Allnatur als den Massstab sittlichen Handelns, sondern sah das Lebensziel in der Ausbildung und Ausgestaltung der individuellen Anlagen in dem Rahmen, der von den sittlichen Grundsätzen abgesteckt wird, die ihrerseits aus der generellen Natur des Menschen abgeleitet sind (PANAET. Frg. 97). Dementsprechend kann das gleiche Ziel der Eudaimonia auf individuell verschiedenen Wegen erreicht werden (PANAET. Frg. 109). Mit diesem Individualismus vermied er sowohl die Unstimmigkeiten in Chrysipps Auffassung, gemäss der die Eudaimonia nicht im Besitz der Eudaimonia selbst, sondern im Streben nach der Eudaimonia zu bestehen schien und gemäss der zwar naturgemässe Sachwerte anerkannt, ihr Besitz aber für die Eudaimonia als gleichgültig erachtet worden waren, als auch die Schwierigkeiten, in die seine unmittelbaren Vorgänger mit ihren Versuchen geraten waren, diese Kluft zu überbrücken (PHILIPPSON 1930 [*62: 357f.], TATAKIS 1931 [*17: 163-166], VAN STRAATEN 1946 [*20: 139-158], POHLENZ ⁴1971-1972 [*21: 1, 200f.], GRILLI 1957 [*93: 31-34], RIST 1969 [*23: 186-190], FORSCHNER 1981 [§ 33 *790: 222. 226]).

c) Die Güterlehre

Für Panaitios als Stoiker bleibt der Grundsatz bestehen, dass das sittlich Gute das einzige Gut ist und folglich in ihm allein die Eudaimonia verwirklicht wird (PANAET. Frg. 101). Aber er sieht den Menschen nicht als ein Wesen an, das von den Mitmenschen und der 'Welt' isoliert wäre. Der Mensch ist vielmehr hineingestellt in Bedingungen und Verhältnisse, die dem Zufall unterworfen sind (die dritte 'Maske' des Menschen). Jeder Mensch hat einen Gesundheitszustand, eine bestimmte körperliche Stärke oder Schwäche, eine bestimmte schöne oder hässliche Gestalt, bestimmte Vermögensverhältnisse, bestimmte soziale Bindungen und Geltungen. Es ist ganz im Sinne Zenons und Chrysipps einsichtig, dass von diesen Umständen und Verhältnissen die einen vorzüglicher sind als die anderen, Gesundheit vorzüglicher ist als Krankheit usf. So gesehen ist aber die Tugend als die Verwirklichung des sittlich Schönen nicht autark, sondern kann nur im Gebrauch dieser äusseren Gegebenheiten verwirklicht werden und so den Menschen das Ziel der Eudaimonia erreichen lassen. Dieses hat Diogenes Laertios, gewiss etwas vergröbernd, in dem Satz zum Ausdruck gebracht, dass Panaitios und Poseidonios erklärt haben, die Tugend sei nicht autark, sondern habe Gesundheit, äussere

Ausstattung und Kraft nötig (DIOGENES LAERT. VII 128 = PANAET. Frg. 110: οὐκ αὐτάρκη λέγουσιν τὴν ἀρετήν, ἀλλὰ χρείαν εἶναί φασι καὶ ὑγιείας καὶ χορηγίας καὶ ἰσχύος. Zu diesem umstrittenen Satz vgl. POHLENZ [4]1971-1972 [*21: 1, 199], VAN STRAATEN 1946 [*20: 154f.], REESOR 1951 [*76: 106. 110], KIDD 1955 [*86], RIST 1969 [*23: 7-10. 189f.]).

In der Darstellung der Tugenden selbst hat Panaitios in nicht geringem Umfang altstoische Positionen modifiziert und besonders die kynische Komponente der älteren Stoa vernachlässigt. Zwar hält er an der Antakoluthie der Tugenden fest (CICERO de off. I 15 = PANAET. Frg. 103), definiert aber die Tugend und die Tugenden nicht als ein Wissen (ἐπιστήμη), sondern beschreibt sie eher als das rechte Verhalten in bestimmten Bereichen und Aufgabenfeldern. Die vier Kardinaltugenden leitet er aus den vier Grundtrieben und -vermögen des Hegemonikon des Menschen ab, die Klugheit bzw. Weisheit (φρόνησις, σοφία/prudentia, sapientia) aus dem Erkenntnistrieb, die soziale Tugend mit ihren Erscheinungsformen der Gerechtigkeit und der Wohltätigkeit (δικαιοσύνη, ἐλευθεριότης/iustitia, beneficentia) aus dem Selbst- und Arterhaltungstrieb, die Mannhaftigkeit, die eher als Hochgesinntheit (μεγαλοψυχία/magnanimitas) denn als Tapferkeit (ἀνδρεία/fortitudo) verstanden wird, aus dem Trieb nach Vorrang und Überlegenheit über Menschen und Sachen und die massvolle Besonnenheit (σωφροσύνη/moderatio) aus dem Empfinden für Ordnung und Schönheit (PANAET. Frg. 98. 103-107). In der Weise des Aristoteles versteht er, wiederum den Seelenvermögen entsprechend, die erstgenannte als theoretische, die drei übrigen als praktische Tugenden (PANAET. Frg. 103. 108). Zu Unrecht hat POHLENZ (1934 [*18: 24. 47. 135. 143. 177], [4]1971-1972 [*21: 1, 202]) vor allem aus den Akzentsetzungen Ciceros geschlossen, Panaitios weise dem praktischen Leben (βίος πρακτικός/vita activa) den Vorrang vor dem betrachtenden Leben (βίος θεωρητικός/vita contemplativa) zu. Umgekehrt überschätzt GRILLI (1953 [*79: passim], dagegen FESTUGIÈRE 1954 [*82: 180. 187]) den Einfluss des Panaitios auf das Ideal der vita contemplativa. Panaitios hat vielmehr gemäss seinem Konzept von der Verwirklichung der individuellen Anlagen als dem Lebensziel des Menschen den einzelnen Menschen die Lebensform finden lassen, die seinem Wesen am ehesten gemäss ist (RIST 1969 [*23: 193. 200], JOHANN 1981 [*129: 25ff.]).

d) Die 'Pflicht'

Das Hauptwerk des Panaitios zur Ethik ist offensichtlich die Schrift ‹Über die Pflicht›. Aus ihr stammen auch die meisten Zeugnisse zur Oikeiosis, zur Interpretation der Telos-Lehre und zur Güterlehre. Nach dem Zeugnis des Überarbeiters Cicero hat Panaitios in dieser Schrift, um in der traditionellen stoischen Terminologie zu reden, die mittleren Pflichten untersucht. Demnach hat er seinen Blick nicht auf den Weisen und dessen vollkommene sittliche Einsichten und Handlungen (κατορθώματα) gerichtet, sondern auf Menschen, die die Weisheit noch nicht erreicht haben, sondern noch auf dem Wege zu ihr sind. Für solche προκόπτοντες ist das Buch geschrieben (CICERO de off. I 46, ferner auch 7-8). Ja Panaitios empfindet sich selbst als einen Mann auf dem Wege zur Weisheit (PANAET. Frg.

114). Dies bedeutet aber, dass er das Sittliche aus den empirischen Gegebenheiten abzuleiten versucht, die Gestalt des Weisen aber und seine vollkommenen Handlungen für die Untersuchung ausser Betracht lässt. Sie verflüchtigen sich fast zu Idealen, nach denen man strebt, sind aber nicht Gegenstand des wissenschaftlichen Bemühens. In traditioneller stoischer Terminologie sind daher die Tugenden, die er ableitet, letztlich nur gleichsam Tugenden, nur Abbilder der wirklichen Tugend (CICERO de off. I 46; III 13-15). Die Pflichten werden aus den jeweiligen Tugenden hergeleitet und beziehen sich so letztlich auf die Urtriebe des Hegemonikon (CICERO de off. I 15-17. 100 = PANAET. Frg. 103. 107). Für die Untersuchung selbst ist Panaitios von der Beobachtung ausgegangen, dass bei Entscheidungsprozessen in Frage steht, erstens, ob eine Handlung sittlich oder nicht sittlich sei, zweitens, ob sie nützlich oder nicht nützlich sei, oder drittens, ob ein scheinbarer Nutzen mit dem Sittlichen widerstreite (PANAET. Frg. 99-101 und dazu GÄRTNER 1974 [*114: 11-15]). Den zuletzt genannten Fragenkomplex hat Panaitios nicht mehr untersucht, aber doch deutlich zu verstehen gegeben, dass es einen wirklichen Konflikt dieser Art nicht gebe, da das Sittliche immer auch das wirklich Nützliche sei (PANAET. Frg. 100-102).

e) Die Affekte

In der Psychologie hat Panaitios mit der Unterscheidung zweier Vermögen des Hegemonikon, nämlich der Denkkraft und der Strebekraft, den strengen monistischen Intellektualismus Chrysipps aufgegeben und ist zu einer Position zurückgekehrt, die der Zenons ziemlich nahesteht. Zwar wird weiterhin das Hegemonikon als Einheit verstanden, in diese Einheit ist aber eine gewisse dualistische Komponente eingebracht. Damit hat er letztlich aber auch Zenons Auffassung der Affekte als Folgen einer Entscheidung, und zwar als «von der Vernunft abgewandte widernatürliche Bewegung der Seele» bzw. als «Trieb, der über sein Ziel hinausschiesst» übernommen (SVF 1, frg. 205. 206, dazu oben S. 547). Demgemäss ist es Aufgabe des Menschen, dafür zu sorgen, dass das Strebevermögen der Vernunft gehorcht (PANAET. Frg. 87-89. 107), das aber heisst, dass die Affekte nicht als falsche Urteile im Sinne Chrysipps ausgerottet, sondern als Gegebenheiten der menschlichen Natur vom Menschen gelenkt werden müssen. Somit ist nicht die ἀπάθεια (die Freiheit von Affekten) das Ziel des Menschen hinsichtlich der Affekte, sondern ihre rechte Steuerung (PANAET. Frg. 111). So hat er in der Schrift in Briefform an Tubero ‹Über das Ertragen des Schmerzes›, wiederum von den empirisch feststellbaren Fakten ausgehend, wie CICERO referiert (De fin. IV 23 = PANAET. Frg. 113), «nicht behauptet, dass der Schmerz kein Übel sei, sondern ausgeführt, was er sei, von welcher Beschaffenheit und wie sehr er unserem Empfinden widerstrebe, und dann gezeigt, auf welche Weise er zu ertragen sei». Diese Grundanschauung erlaubte ihm auch, die Überlegungen seiner Vorgänger über εὐπάθεια als die affektiven Folgen und Begleiterscheinungen sittlich richtiger Urteile fortzuführen. Unbefangen konnte er so auch eine naturgemässe Form der Lust anerkennen und mit der εὐθυμία, der inneren Wohlgestimmtheit der Seele, den hinsichtlich der Affekte erstrebenswerten Zustand der Seele bezeichnen (PANAET. Frg. 112. 45. 115).

f) Staatsphilosophie

Wie schwierig es auch ist, angesichts des besonderen Charakters der politischen Schriften Ciceros, aus diesen panaitianisches Gedankengut im einzelnen auszusondern, so treten doch einige seiner Grundgedanken deutlich zutage. a) Die staatlichen Gemeinschaften basieren auf zwei Voraussetzungen, einmal auf dem natürlichen Trieb des Menschen nach Selbst- und Arterhaltung und damit nach Kommunikations- und Lebensgemeinschaft, zum andern auf dem gemeinsamen Nutzen der Individuen aus einer solchen Gemeinschaft und das heisst auf dem gemeinsamen Interesse der Glieder einer solchen Gemeinschaft wie z.B. hinsichtlich des Schutzes des Eigentums (PANAET. Frg. 118). Die zuerst genannte ist die allgemeine Voraussetzung, die zweite die spezielle Voraussetzung für den jeweiligen bestimmten Staat. Aus der ersten Voraussetzung folgt, dass die soziale Tugend der Gerechtigkeit und der Wohltätigkeit das Bestehen des Staates sichert, aus der zweiten, dass das gemeinsame Interesse gewahrt bleiben muss (dazu jetzt JOHANN 1981 [*129: 25-97]). b) Panaitios hat offenbar die gemischte Verfassung als die vorzüglichste angesehen und im einzelnen die Ämter und Behörden, aber auch die unterschiedlichen Anteile der herausragenden Bürger und der Menge der Bürger an der Gestaltung der Gemeinschaft untersucht (PANAET. Frg. 48. 119-121). c) Panaitios hat mit der Unterscheidung von Völkern, die auf Grund ihrer Gerechtigkeit und Wohltätigkeit herrschen sollen, und solchen, denen auf Grund ihrer Schwäche es eher zukommt, beherrscht zu werden, dem römischen 'Imperialismus' letztlich den ideologischen Überbau geliefert (so Laelius mit Gedanken des Panaitios bei CICERO de re publ. III 36-37 und dazu CAPELLE 1932 [*64: 86-113], WALBANK 1965 [*103: 12-16]).

D. SCHÜLER DES PANAITIOS

1. Überblick

Mit seiner Philosophie hat Panaitios in der griechischen und römischen Welt eine nicht geringe Zahl Schüler angezogen und eine nicht geringe Wirkung ausgeübt. In Rom gewann er die Freundschaft des jüngeren Scipio Africanus und des Laelius und hat auch die übrigen Männer ihres Kreises wie Q. Aelius Tubero, C. Fannius und Q. Mucius Scaevola Augur, die beiden Schwiegersöhne des Laelius, und P. Rutilius Rufus beeinflusst. In seinem Dialog ‹De re publica› hat Cicero diesem Scipionenkreis ein Denkmal gesetzt (PANAET. Frg. 137-147). Wir hören aber auch von anderen Römern und Italikern, die Schüler des Panaitios gewesen sind. So werden genannt M. Vigellius, dann ein Piso (L. Capurnius Piso Frugi?) und die beiden Samniter Marcius und Nysius (PANAET. Frg. 162. 164 col. LXXIV). Unter den zahlreichen Schülern aus der griechischen Welt ragen heraus seine unmittelbaren Nachfolger im Scholarchat Dardanos und Mnesarchos, dann Hekaton aus Rhodos und vor allen Poseidonios aus Apameia. Aber auch andere Schüler haben im Geistesleben ihrer Zeit eine Rolle gespielt. Apollonios aus Nysa hielt man für den besten philosophischen Schüler des Panaitios. Der jüngere Apollodoros, Sohn des Asklepiades aus Athen, galt als Grammatiker und Philosoph. Dem Sosos aus Askalon widmete Antiochos seine berühmte Schrift, die die Wende in der Geschichte der Akademie markieren sollte. Stratokles aus Rhodos verfasste eine Geschichte der stoischen Schule, aus der der Autor des Index Stoicorum Herculanensis geschöpft hat (PANAET. Frg. 148-150. 153. 161. 164 col. LXXIII. LXXV, SUSEMIHL 1892 [*13: 2, 239. 242-244], ZELLER [5]1923 [*15: 3, 1, 589 Anm. 3]). Demetrios, Sohn des Stoikers Diphilos aus Bithynien, ist als Epigrammatiker kenntlich. Hierher gehört vielleicht auch Diotimos oder Theotimos, der dem Epikur sittenlose Briefe unterschob (Anth. Pal. IX 730, DIOGENES LAERT. X 3, ATHENAIOS XIII 611 b, SUSEMIHL 1892 [*13: 2, 243], VAN STRAATEN 1946 [*20: 223f.], TRAVERSA 1952 [*264: 92-101]). Andere Schüler bleiben für uns blosse Namen: Asklepiodotos, Sohn des Asklepiodotos, Damokles aus Messene, Dikaios aus Tarsos, Gorgos aus Sparta, Lykon und Nikandros aus Bithynien, Paramonos aus Tarsos, Pausanias vom Pontos, Platon aus Rhodos, Sotas aus Paphos, Thribon, Timokles aus Knossos oder Knidos (PANAET. Frg. 157. 164).

2. Dardanos und Mnesarchos

Dardanos, der Sohn des Andromachos, und Mnesarchos, der Sohn des Onesimos, beide aus Athen, haben beide noch Diogenes aus Seleukeia gehört – dürften also kaum mehr als zehn Jahre jünger als Panaitios sein – und blieben unter Antipatros und Panaitios in der stoischen Schule. Als schon ältere Männer haben sie nach dem Tod des Panaitios (110 oder 109), wohl gemeinsam, die Leitung der Stoa innegehabt. Von Dardanos ist keine besondere Lehrmeinung überliefert. Titel von Schriften des Mnesarchos sind zwar nicht erhalten, aber doch einige Zeugnisse über seine Lehre. Sie lassen erkennen, dass er einerseits auf den Pfaden, die Panaitios gewiesen hat, weitergegangen ist, andererseits aber den Zusammenhang mit der traditionellen stoischen Lehre betont hat. Gegenüber der akademischen Skepsis vertrat er die stoische Lehre, dass der Weise imstande sei, das Wahre vom Falschen zu unterscheiden (CICERO Acad. pr. II 69 vgl. 67, Acad. post. I 46). In der Rhetorik bezeichnete er die gewöhnlichen Redner als Handwerker mit einer flinken und geübten Zunge, während die wahre Beredsamkeit, die in der Wissenschaft des gut und richtig Sprechens bestehe, nur der stoische Weise besitze (CICERO de or. I 83). Hinsichtlich der Ontologie wird Mnesarchos als Zeuge für die Unterscheidung zwischen der qualitativen Beschaffenheit des Einzelwesens (τὸ ἰδίως ποιόν) und seiner Beschaffenheit hinsichtlich der Substanz (τὸ κατὰ οὐσίαν ποιόν) angeführt. Seine individuelle Existenz ist vergänglich, seine Substanz aber unvergänglich (AREIOS DID. Frg. 27 DIELS). Die unvergängliche wahrhaft seiende Substanz ist das Urpneuma, aus dem alles entsteht und in das alles zurückgeht. Als aktives Prinzip ist dieses Pneuma göttlich. Dementsprechend kann er die Welt für Gott halten, insofern sie als Substanz das Urpneuma besitzt (AËTIOS Plac. I 7, 24 DIELS). Es scheint, dass Mnesarchos mit Überlegungen dieser Art versucht hat, das traditionelle Dogma von der Vergänglichkeit und Neuentstehung der so beschaffenen Welt, das Panaitios bezweifelt hatte, zu begründen. Jedenfalls hat er den pantheistischen Aspekt der stoischen Naturphilosophie herausgestellt. Andererseits stand er hinsichtlich der Leugnung der Unsterblichkeit des Menschen der Position des Panaitios nahe. Dies gilt auch für die Psychologie. Dem Stufenbau des Seins entsprechend und offensichtlich sogar über Panaitios hinausgehend, nahm er zwei Seelenteile an: τὸ λογικὸν καὶ τὸ αἰσθητικόν, den Seelenteil, der durch die Denkfähigkeit, und den, der durch die Fähigkeit zur sinnlichen Wahrnehmung charakterisiert ist; jener ist dem Menschen eigentümlich, diesen hat der Mensch mit den Tieren gemeinsam; dieser ist es wohl auch, von dem die Bewegung ausgeht; ihm rechnete er auch das Vermögen, Laute hervorzubringen (τὸ φωνητικόν) und das Vermögen der Fortpflanzung (τὸ σπερματικόν) zu. Vermutlich sah er in diesem Vermögen, anders als Panaitios, nicht die physiologische Fähigkeit, den Samen zu bilden, sondern die Steuerung der sexuellen Erregung und des Samenauswurfs durch die Sinneswahrnehmung. Hieraus darf aber nicht geschlossen werden, Mnesarchos habe die 'Physis' als die der Pflanze entsprechende Komponente des Menschen geleugnet (GALEN Hist. phil. 24 = DDG 615. 6-10). In der Ethik hat Mnesarchos jedenfalls an dem traditionellen Bild des Weisen, der alle Tugenden besitzt, und damit an der Antakoluthie der Tugenden festgehalten (CICERO de or. I 83). Als bedeutendster Schüler des Mnesarchos wird Antiochos aus Askalon genannt, eine Nachricht, die man nicht in Zweifel ziehen sollte. Sie bedeutet, dass Antiochos in Athen auch diesen Stoiker gehört und sich mit ihm auseinandergesetzt hat (Numenios bei EUSEBIOS Praep. ev. XIV 9, 3, AUGUSTINUS contra Acad. III 18, 40). Zu Mnesarchos SCHMEKEL 1892 [*12: 16. 296f.], SUSEMIHL 1892 [*13: 2, 238f.], ZELLER ⁵1923 [*15: 3, 1, 591f.], VON FRITZ 1932 [*211: 1272-1274], VAN STRAATEN 1946 [*20: 225], POHLENZ ⁴1971-1972 [*21: 1, 241f.; 2, 124], SANDBACH 1975 [*25: 119].

3. Hekaton aus Rhodos

a) Leben

Der Bericht des Diogenes Laertios über Hekaton ist mit dem Schluss des 7. Buches verloren. Daher ist über das Leben und die Lebensumstände Hekatons nur bekannt, dass er aus Rhodos stammt und dass er Schüler des Panaitios gewesen ist (HECATO Test. 1 und 2 GOMOLL). Aus der Widmung seiner Schrift ‹Über die Pflicht› an Tubero kann geschlossen werden, dass er wie Panaitios mit dem Scipionenkreis bekannt gewesen ist. Dagegen ist die Vermutung COMPARETTIS (1875 [*261: 543]), er sei mit jenem Schüler des Panaitios identisch, der mit diesem in Rom war und dort noch zu dessen Lebzeiten gestorben ist, ohne Stütze (Ind. Stoic. Herc. col. LXXIII 1-3 und dazu TRAVERSA 1952 [*264: 93]).

b) Schriften und Werkbeschreibung

Ein Verzeichnis der Schriften Hekatons ist nicht erhalten. In der späteren Literatur wird aus 7 Schriften mit Nennung des Titels zitiert:

1 Περὶ τέλους oder Περὶ τελῶν – De fine [oder] De finibus – Über das Lebensziel. – Mindestens 7 Bücher. Es sind zwei ausdrückliche Zitate erhalten, Frg. 1. 2 GOMOLL.

2 Περὶ ἀγαθῶν – De bonis – Über die Güter. – Mindestens 9 Bücher. Es sind drei ausdrückliche Zitate erhalten, Frg. 3-5 GOMOLL.

3 Περὶ ἀρετῶν – De virtutibus – Über die Tugenden. – Mindestens 3 Bücher. Es sind zwei ausdrückliche Zitate erhalten, Frg. 6. 7 GOMOLL.

4 Περὶ καθήκοντος – De officio – Über die Pflicht. – Mindestens 6 Bücher. Es sind zwei ausdrückliche Zitate erhalten, Frg. 10. 11 GOMOLL. Dieses Werk war, wie das entsprechende des Panaitios, dem Q. Tubero gewidmet. Es ist uns kenntlich durch Cicero, der oder dessen Gewährsmann es zu den Untersuchungen im 3. Buch ‹De officiis› herangezogen hat, und durch Seneca, der es während der Abfassung der Briefe an Lucilius gelesen und es in seiner Schrift ‹De officiis› verwertet hat. Diese Schrift Senecas ist zwar verloren, aber greifbar in der nach Art eines Cento verfassten Schrift ‹Formula vitae honestae› (Grundregel des sittlichen Lebens, dazu BICKEL 1905 [*262], GOMOLL 1933 [*252: 25f. 53f. 71f. 100-103]). Falls die Zitate aus Hekaton über die Wohltätigkeit in Senecas Schrift ‹De beneficiis› nicht aus einer gesonderten Schrift über dieses Thema genommen sind (vgl. Nr. 8), hat Seneca Hekatons Werk über die Pflicht auch zu dieser Schrift eingesehen.

5 Περὶ παθῶν – De affectibus – Über die Affekte. – Mindestens 2 Bücher. Es ist ein ausdrückliches Zitat erhalten, Frg. 9 GOMOLL.

6 Περὶ παραδόξων – De paradoxis – Über die stoischen Paradoxa. – Mindestens 3 Bücher. Es ist ein ausdrückliches Zitat erhalten, Frg. 20 GOMOLL. Hekaton scheint der erste Stoiker zu sein, der in einer gesonderten Schrift über die sogenannten Paradoxa stoicorum gehandelt hat. Er dürfte damit Ciceros und Senecas Werke über diese Themenkreise angeregt haben.

7 Χρεῖαι – Chriae – Aussprüche und Anekdoten. – 2 Bücher. Es sind fünf ausdrückliche Zitate (alle bei DIOGENES LAERT.) erhalten, Frg. 21-25 GOMOLL. Im ersten Buch waren Aussprüche der Kyniker, im zweiten solche der Stoiker gesammelt.

8 GOMOLL (1933 [*252: 73ff.]) vermutet, dass die fünf Zitate aus Hekaton in Senecas Werk ‹De beneficiis› aus einem besonderen Werk Hekatons mit dem Titel Περὶ χαρίτων (De beneficiis, Über Wohltaten) genommen seien. Diese Vermutung ist durchaus ansprechend, kann aber nicht schlüssig bewiesen werden. Seneca könnte auch aus dem umfangreichen Werk Hekatons ‹Über die Pflicht› zitiert haben (so ZELLER ⁵1923 [*15: 3, 1, 589 Anm. 3], FOWLER 1885 [*251: 28], SCHMEKEL 1892 [*12: 15 Anm. 6], VON ARNIM 1912 [*263]).

Werke Hekatons waren Cicero bekannt und sind von Seneca gelesen worden. In der späteren Doxographie, so bei DIOGENES LAERT., gilt Hekaton als Zeuge für stoische Orthodoxie. Er wird oft in einer Reihe mit Zenon, Kleanthes und Chrysipp zitiert (HECATO Frg. 1-5. 7. 15 GOMOLL). Die recht hohe Buchzahl der einzelnen Werke und die in den Fragmenten erkennbare Tendenz zur Kasuistik lässt auf eine breite Darstellung der einzelnen Themen schliessen. Anderseits besass Hekaton offenbar auch die Gabe zu scharfsinnigen und sentenziösen Formulierungen. Einige dieser Sentenzen zitiert Seneca: «Desines timere, si sperare desieris» («Du wirst aufhören, Furcht zu empfinden, wenn du aufhörst, Erwartungen zu hegen»), «Quaeris, quid profecerim? Amicus esse mihi coepi» («Du fragst, welchen Fortschritt ich gemacht habe? Ich habe begonnen, mir Freund zu sein»), «Ego tibi monstrabo amatorium sine medicamento, sine herba, sine ullae venificae carmine: si vis amari, ama!» («Ich will dir einen Liebeszauber zeigen ohne Gift, ohne Zauberkraut, ohne irgendeiner Hexe Zauberspruch: Wenn du geliebt werden willst, liebe!» SENECA Epist. mor. 5,7; 6,7; 9,6 = HECATO Frg. 12-14 GOMOLL).

c) Doxographie

Hekaton scheint, wenn man von der Anekdotensammlung der Chrien absieht, nur über ethische Themen geschrieben zu haben. Eine solche Schlussfolgerung legen jedenfalls die bekannten Schriftentitel und die überlieferten Lehrmeinungen nahe. In der Ethik hat er einerseits im Grundsätzlichen ausdrücklich die altstoischen Auffassungen vertreten, und zwar unter Berücksichtigung der kynischen Komponente der alten Stoa, worauf auch der Aufbau der Chrien mit Sentenzen der Kyniker im ersten und der Stoiker im zweiten Buch hinweist. Andererseits hat er sich bemüht, Auffassungen, die sein Lehrer Panaitios vorgetragen hatte, in den Zusammenhang der stoischen Orthodoxie zu rücken. Auch vor Umdeutungen ist er dabei nicht zurückgeschreckt, ebenso nicht davor, Mythenallegorese in der Art Chrysipps fortzuführen (HECATO Frg. 15 GOMOLL über die Chariten). Er hält an Zenons Formel des Lebensziels ('in Übereinstimmung mit der Natur leben') fest und interpretiert sie wie Kleanthes als 'Leben gemäss der Tugend'. Wenn er diese Interpretation damit begründet, dass die Natur den Menschen zur Tugend treibt, bringt er die Herleitung der Tugenden aus den Grundtrieben des Menschen durch Panaitios mit ins Spiel (HECATO Frg. 1 GOMOLL). Dementsprechend bleibt ihm das Sittliche (und damit die Tugend) das einzige Gut, das Unsittliche das einzige Übel und alles übrige als für das Lebensziel der Glückseligkeit gleichgültig. Die Tugend selbst ist folglich für die Glückseligkeit autark, die einzelnen Tugenden sind untrennbar miteinander verbunden (Antakoluthie der Tugenden, HECATO Frg. 2-5 GOMOLL). Hinsichtlich der Tugenden nimmt er allerdings eine folgenreiche Differenzierung vor. Er unterscheidet zunächst, dem allgemeinen griechischen Sprachgebrauch folgend, Tugend (ἀρετή) als die Vollkommenheit irgendeines Dings wie z.B. eines Standbildes von der als Vollkommenheit der Seele verstandenen menschlichen Tugend und differenziert diese in solche Tugenden, die aus theoretischen Einsichten bestehen, und in solche, die nicht theoretisch sind. Jene sind die vier Kardinaltugenden, diese sind Folgeerscheinungen der Kardinaltugenden wie Gesundheit der Seele, Stärke der Seele und Schönheit der Seele, die den entsprechenden körperlichen Befindlichkeiten analog sind und auch durch Übung erworben werden können. Die ersteren stellen die Tugenden des Weisen, letztere das sittlich richtige Verhalten des Durchschnittsmenschen dar. Hiermit ist des Panaitios Differenzierung in theoretische und praktische Tugenden zwar aufgegriffen, insofern aber umgebogen, als in orthodoxer Sehweise alle Kardinaltugenden als aus theoretischen Einsichten bestehend verstanden werden, andererseits aber der Tugendbegriff in Analogie zu den Ausführungen des Panaitios in der Schrift ‹Über die Pflicht› auch auf das Verhalten des Durchschnittsmenschen ausgedehnt wird (vgl. die Referate aus Hekaton bei DIOGENES LAERT. VII 90-91. 125-126 = HECATO Frg. 6-7 GOMOLL – in DIOGENES LAERT. VII 90 ist der Text lückenhaft und zu ergänzen: ἀρετὴ δέ τοι ἡ μέν τις κοινῶς παντὶ τελείωσις ὥσπερ ἀνδριάντος, ⟨ἡ δὲ ἰδίως τῆς ψυχῆς αὕτη διττῶς λέγεται⟩ καὶ ... – und bei Areios Didymos bei STOB. Ecl. II 7, 5 b 3-5 = 63,7-64,12 W und dazu PHILIPPSON 1930 [*62: 358-386], GOMOLL 1933 [*252: 1. 15. 39. 94-97], POHLENZ ⁴1971-1972 [*21: 1, 240f.; 2, 123f.]).

Diese Überlegungen kommen besonders in der Lehre von den Pflichten zur Geltung. Hekaton hält ausdrücklich an dem Unterschied zwischen den sittlich richtigen Entscheidungen des Weisen und den in Analogie zu diesen stehenden richtigen Handlungen des Durchschnittsmenschen, der erst auf dem Weg zur Weisheit ist, fest und somit an der Unterscheidung von vollkommen angemessenen und mittleren angemessenen Handlungen (τέλεια und μέσα καθήκοντα). Hierdurch bindet er die auf die mittleren Pflichten gerichteten Untersuchungen des Panaitios in das traditionelle stoische System ein. Zugleich wendet er seine Aufmerksamkeit in stärkerem Masse auf die äusseren Umstände konkreter Handlungen (τὰ κατὰ περίστασιν) und entwickelt so gewisse Ansätze zu einer Situationsethik, bleibt jedoch einerseits eher in der Kasuistik stecken, empfindet andererseits aber das Bedürfnis nach einer allgemeinen Regel (formula, κανών), um mit ihr im konkreten Einzelfall richtig entscheiden zu können. Diese formula sieht er in der negativ formulierten Regel, es sei Aufgabe des Weisen, nichts gegen Sitte, Gesetz und Satzung zu tun, mit anderen Worten und auf den zwischenmenschlichen Bereich bezogen, nichts einem anderen wegzunehmen und nicht durch Schädigung der Rechte des anderen den eigenen Vorteil zu mehren, da hierdurch die menschliche Gemeinschaft zerstört werde (HECATO Frg. 16. 10 GOMOLL und dazu CICERO de off. III 19-21, GOMOLL 1933 [*252: 48. 51f. 54], POHLENZ 1934 [*18], 1934 [*69], JOHANN 1981 [*129: 132ff.]). Hierin wird deutlich die individualistisch-utilitaristische Ausrichtung der Auffassung von den Wurzeln der menschlichen Gemeinschaft bei Panaitios sichtbar, nach der die konkrete menschliche Gemeinschaft sich als eine Interessengemeinschaft darstellt. Auch in den alten zwischen Diogenes aus Seleukeia und Antipatros aus Tarsos ausgefochtenen Streitfragen über das Verhältnis von Eigennutz und Sittlichkeit bezieht Hekaton Stellung. In sorgfältiger Erörterung des Für und Wider neigt er, entgegen der von der Humanitas diktierten Lösung Antipaters, eher der Position des Diogenes zu, die den Eigennutz zu rechtfertigen versuchte, freilich nur falls das Recht des anderen gewahrt werde (HECATO Frg. 11 GOMOLL, CICERO de off. III 49-55).

E. AUSGABEN UND SEKUNDÄRLITERATUR

1. Panaitios: a) Fragmentsammlungen [*1-*3]; b) Gesamtdarstellungen [*11-*27]; c) Zu einzelnen Fragen [*51-*133]. – 2. Dardanos und Mnesarchos [*211]. – 3. Hekaton aus Rhodos: a) Fragmentsammlungen [*251-*252]; b) Sekundärliteratur [*261-*266].

1. Panaitios

a) Fragmentsammlungen

1 H. N. Fowler: Panaetii et Hecatonis librorum fragmenta (Bonn 1885). – Bes. 2-17. 31-48; unvollständig und veraltet, aber für Detailfragen noch nützlich.

2 M. van Straaten: Panaetii Rhodii Fragmenta collegit tertioque edidit Leiden ³1962 [Philosophia antiqua 5]. – Ergänzte Ausgabe der erstmals in *20: 325-378 vorgelegten Fragmentsammlung. Der Autor beschränkt sich im wesentlichen auf die in antiken Quellen ausdrücklich dem Panaitios zugeschriebenen Zitate und Lehrmeinungen und urteilt skeptisch über die Beanspruchung weiterer Berichte und Darstellungen, die auf Grund von Quellenanalyse dem Panaitios zugesprochen werden.

3 M. Pohlenz: Stoa und Stoiker (¹1950, ²1964) [§ 33 *14: 191-255]. – Übersetzung einer Auswahl der für Panaitios bezeugten oder beanspruchten Fragmente.

b) Gesamtdarstellungen

11 F. G. van Lynden: Disputatio historico-critica de Panaetio Rhodio Philosopho Stoico (Leiden 1802). – Diss.
12 A. Schmekel: Die Philosophie der mittleren Stoa (1892) [§ 33 *350].
13 F. Susemihl: Geschichte der griechischen Lit-

teratur in der Alexandrinerzeit (1892) [§ 1 *333: 2, 63-80].
14 J. Kaussen: Physik und Ethik des Panätius (Bonn 1902).
15 E. Zeller: Die Philosophie der Griechen III 1 (^{5}1923) [§ 1 *332: 577-589].
16 U. von Wilamowitz-Moellendorff: Panaitios, in: Reden und Vorträge 2 (Berlin 1926) 190-215.
17 B. N. Tatakis: Panétius de Rhodes. Le fondateur du moyen stoïcisme, sa vie et son œuvre (Paris 1931). – Rez.: R. Philippson, in: Philologische Wochenschrift 53 (1933) 342-344.
18 M. Pohlenz: Antikes Führertum, Cicero De officiis und das Lebensideal des Panaitios (Leipzig, Berlin 1934) [Neue Wege zur Antike 2.3].
19 P. Barth, A. Goedeckemeyer: Die Stoa (^{5}1941, ^{6}1946) [§ 33 *351: 118-126].
20 M. van Straaten: Panétius. Sa vie, ses écrits et sa doctrine avec une édition des fragments (Amsterdam 1946). – Rez.: M. Pohlenz, in: Gnomon 21 (1949) 113-120; L. Edelstein, in: American Journal of Philology 71 (1950) 78-83. Für die weitere Forschung grundlegend.
21 M. Pohlenz: Die Stoa (^{4}1971-1972) [§ 33 *353: 1, 191-207].
22 M. Pohlenz: Panaitios (5), in: RE 18.2 (1949) 418-440.
23 J. M. Rist: Stoic philosophy (1969) [§ 33 *358: bes. 173-200].
24 A. A. Long: Hellenistic philosophy (1974) [§ 1 *396: bes. 210-216].
25 F. H. Sandbach: The Stoics (1975) [§ 33 *361: bes. 117-128].
26 A. Grilli: Lo stoicismo di mezzo: Panezio e Posidonio, in: Dal Pra (Hg.) 1975 [§ 1 *338: 4, 141-151].
27 G. Reale: Lo stoicismo dalle origini alla fine dell'era pagana, in: Reale ^{4}1983 [§ 1 *339: 3, 303-459. bes. 435-445].

c) Zu einzelnen Fragen

51 A. Hirzel: Untersuchungen zu Cicero's philosophischen Schriften, 3 Bde. (Leipzig 1877-1883) [§ 1 *331].
52 G. Bohnenblust: Beiträge zum Topos περὶ φιλίας (Berlin 1905). – Diss. Bern.
53 M. Pohlenz: Plutarchs Schrift Περὶ εὐϑυμίας, in: Hermes 40 (1905) 275-300.
54 C. Cichorius: Panaitios und die attische Stoikerinschrift, in: Rheinisches Museum 63 (1908) 197-223.
55 G. Siefert: Plutarchs' Schrift Περὶ εὐϑυμίας (Programm Pforta 1908).
56 M. Pohlenz: Das zweite Buch der Tusculanen, in: Hermes 44 (1909) 23-40.
57 I. Heinemann: Poseidonios' metaphysische Schriften I (Breslau 1921). – Bes. 26-43.
58 K. Reinhardt: Poseidonios (München 1921).
59 L. Meylan: Panétius et la pénétration du stoïcisme à Rome au dernier siècle de la république, in: Revue de Théologie et de Philosophie N.S. 17 (1929) 172-201.
60 R. Philippson: Panaetiana, in: Rheinisches Museum 78 (1929) 337-360.
61 R. Philippson: Nachtrag zu den Panaetiana, in: Rheinisches Museum 79 (1930) 406-410.
62 R. Philippson: Das Sittlichschöne bei Panaitios, in: Philologus 85 (1930) 357-413.
63 P. Finger: Die drei kosmologischen Systeme im zweiten Buch von Ciceros Schrift Über das Wesen der Götter, in: Rheinisches Museum 80 (1931) 151-200. 310-320.
64 W. Capelle: Griechische Ethik und römischer Imperialismus, in: Klio 25 (1932) 86-113.
65 R. Philippson: Das 'Erste Naturgemässe', in: Philologus 87 (1932) 445-466.
66 M. Pohlenz: Τὸ πρέπον, ein Beitrag zur Geschichte des griechischen Geistes, in: Nachrichten von der Gesellschaft der Wissenschaften zu Göttingen, Phil.-hist. Klasse, Fachgruppe 1, 16 (1933) 53-92 [Kleine Schriften (Hildesheim 1965) 1, 100-139].
67 G. Ibscher: Der Begriff des Sittlichen in der Pflichtenlehre des Panaitios (München 1934). – Diss.; Rez.: R. Philippson, in: Philologische Wochenschrift 56 (1936) 777-782.
68 L. Labowsky: Der Begriff des πρέπον in der Ethik des Panaitios. Mit Analysen von Cicero De officiis I 93-149 und Horaz Ars poetica (Heidelberg 1934). – Diss.
69 M. Pohlenz: Cicero De officiis III, in: Nachrichten von der Gesellschaft der Wissenschaften zu Göttingen, Phil.-hist. Klasse, Fachgruppe 1, N.F. 1,1 (1934) 1-40 [Kleine Schriften (Hildesheim 1965) 1, 253-291].
70 K. Schindler: Die stoische Lehre von den Seelenteilen und Seelenvermögen insbesondere bei Panaitios und Poseidonios und ihre Verwendung bei Cicero (München 1934). – Diss.; bes. 32-45. 64-65. 71-80.
71 H. Leisegang: Philons Schrift über die Ewigkeit der Welt, in: Philologus 92 (1937) 156-176.
72 R. Philippson: Zur Psychologie der Stoa, in: Rheinisches Museum 86 (1937) 140-179.

73 P. Finger: Das stoische und das akademische Führerbild in Ciceros Schrift De officiis (1. Buch), in: Neue Jahrbücher für Antike und Deutsche Bildung (1942) 1-20.

74 G. Picht: Die Grundlagen der Ethik des Panaitios (Freiburg 1943). – Diss.

75 J. Gaudemet: Utilitas publica, in: Revue historique de Droit français et étranger 29 (1951) 465-499.

76 M. E. Reesor: The 'Indifferents' in the Old and Middle Stoa, in: Transactions and Proceedings of the American Philological Association 82 (1951) 102-110.

77 A. Grilli: Plutarco, Panezio e il giudizio su Alessandro Magno, in: Acme 5 (1952) 451-457.

78 M. Fiévez: 'Opera peregrinationis huius' ou les étapes de la composition du De officiis, in: Latomus 12 (1953) 261-274.

79 A. Grilli: Il problema della vita contemplativa nel mondo greco-romano (Mailand, Rom 1953).

80 J. Moreau: Rez. van Straaten ²1952 [*2], in: Revue des Etudes anciennes 55 (1953) 183-189.

81 H. Broecker: Animadversiones ad Plutarchi libellum Περὶ εὐθυμίας (Bonn 1954). – Diss.

82 A.-J. Festugière: Il problema della vita contemplativa nel mondo greco-romano, in: Paideia 9 (1954) 180-187.

83 A. Grilli: L'opera di Panezio, in: Paideia 9 (1954) 337-353.

84 K. Reinhardt: Poseidonios von Apameia der Rhodier genannt, in: RE 22 (1954) 558-826.

85 H. Hommel: Cicero und der Peripatos, in: Gymnasium 62 (1955) 319-334.

86 I. G. Kidd: The relation of stoic intermediates to the summum bonum, with reference to change in the Stoa, in: Classical Quarterly N.S. 5 (1955) 181-194.

87 W. Ricken: Zur Entstehung des Laelius de amicitia, in: Gymnasium 62 (1955) 360-374.

88 Maximilian Schäfer: Panaitios bei Cicero und Gellius, in: Gymnasium 62 (1955) 334-353.

89 E. Des Places: Le platonisme de Panétius, in: Mélanges d'Archéologie et d'Histoire 68 (1956) 83-93.

90 A. Grilli: La data di composizione del Περὶ εὐθυμίας di Panezio, in: Acme 9, fasc. 1 (1956) 3-6.

91 A. Grilli: Il frammento 136 v. Str. di Panezio, in: Rivista di Filologia e di Istruzione classica 34 (1956) 266-272.

92 M. van Straaten: Panaetius Fragm. 86, in: Mnemosyne 9 (1956) 232-234.

93 A. Grilli: Studi Paneziani, in: Studi italiani di Filologia classica 29 (1957) 31-97.

94 Maximilian Schäfer: Cicero und der Prinzipat des Augustus, in: Gymnasium 64 (1957) 310-335.

95 Maximilian Schäfer: Des Panaitios ἀνὴρ ἀρχικός bei Cicero, in: Gymnasium 67 (1960) 500-517.

96 Q. Cataudella: Sulle fonti del ‹De officiis› di Cicerone, in: Atti del I Congresso internazionale di Studi Ciceroniani. Roma, Aprile 1959, 2 (Rom 1961) 479-491.

97 M. Faltner: M. Tulli Ciceronis Laelius de amicitia, Lat.-Deutsch (München 1961) [Tusculum-Bücherei].

98 A.-J. Voelke: Les rapports avec autrui dans la philosophie grecque d'Aristote à Panétius (1961) [§ 33 *740].

99 J. B. Becker: The influence of Roman Stoicism upon the Gracchi economic land reforms, in: La Parola del Passato 19 (1964) 125-134.

100 K. Büchner: Panaitios et Cicéron, in: Actes du VIIème Congrès Aix-en-Provence (Paris 1964) 255ff. [in erweiterter Fassung unter dem Titel 'Cicero und Panaitios' in: K. Büchner: Studien zur römischen Literatur 6 (Wiesbaden 1967) 83-92].

101 K. Büchner: Cicero. Bestand und Wandel seiner geistigen Welt (Heidelberg 1964).

102 I. Lana: Panezio scopritore del concetto filosofico di persona? in: Rivista di Storia e Letteratura religiosa 1 (1965) 94-96.

103 F. W. Walbank: Political morality and the friends of Scipio, in: Journal of Roman Studies 55 (1965) 1-16.

104 H. Strasburger: Der 'Scipionenkreis', in: Hermes 94 (1966) 60-72.

105 F. A. Steinmetz: Die Freundschaftslehre des Panaitios nach einer Analyse von Ciceros ‹Laelius de amicitia› (Wiesbaden 1967) [Palingenesia 3]. – Rez.: F. H. Sandbach, in: Classical Review N.S. 18 (1968) 310-311; A. Grilli, in: Paideia 29 (1974) 73-79.

106 O. Gigon: Bemerkungen zu Ciceros De officiis, in: P. Steinmetz (Hg.): Politeia und Res publica, Palingenesia 4 (Wiesbaden 1969) 267-278.

107 Ilsetraut Hadot: Tradition stoïcienne et idées politiques au temps des Gracques, in: Revue des Etudes latines 48 (1970) 133-179.

108 P. Boyancé: Sur les origines péripatéticiennes de l'humanitas, in: Festschrift K. Büchner (Wiesbaden 1970) 21-30.
109 K. Abel: Die kulturelle Mission des Panaitios, in: Antike und Abendland 17 (1971) 119-143.
110 K. Bringmann: Untersuchungen zum späten Cicero (Göttingen 1971) [Hypomnemata 29].
111 C. S. Floratos: Ἡ αἰσθητικὴ τῶν Στωϊκῶν (Athen 1973).
112 R. Bodéus: L'amour naturel du genre humain chez Cicéron, in: Les Etudes classiques 42 (1974) 50-57.
113 J. L. Ferrary: Les amis de Scipion-Emilien et l'empire de Rome, in: Annuaire de l'Ecole pratique des Hautes Etudes IVème Section (1973-1974) 837-842.
114 H. A. Gärtner: Cicero und Panaitios. Beobachtungen zu Ciceros De officiis (Heidelberg 1974) [Sitzungsberichte der Heidelberger Akademie der Wissenschaften, Phil.-Hist. Kl. 1974, 5].
115 A. Grilli: Cicerone tra Antioco e Panezio, in: Ciceroniana n.s. 2 (1975) 73-80.
116 G. Luck: Panaetius and Menander, in: American Journal of Philology 96 (1975) 256-268.
117 G. J. D. Aalders: Political thought in Hellenistic times (Amsterdam 1975) 97-102.
118 F.-R. Chaumartin: Panétius est-il une source secondaire du De beneficiis de Sénèque? in: Annales de la Faculté des Lettres et Sciences humaines de l'Université Dakar 6 (1976) 47-68.
119 M. van Straaten: Notes on Panaetius' theory of the constitution of man, in: Images of man in ancient and medieval thought. Studia G. Verbeke ab amicis et collegis dicata (Löwen 1976) 93-109.
120 P. De Lacy: The four Stoic personae, in: Illinois Classical Studies 2 (1977) 163-172.
121 K.-H. Ilting: Antike und moderne Ethik, in: Gymnasium 84 (1977) 149-167.
122 A. R. Dyck: The plan of Panaetius' Περὶ τοῦ καθήκοντος, in: American Journal of Philology 100 (1979) 408-416.
123 A. Dyck: On the composition and source of Cicero De officiis I 50-58, in: California Studies in Class. Antiquity 12 (1979) 77-84.
124 I. G. Taifacos: Il ‹De re publica› di Cicerone e il modello dicearcheo della costituzione mista, in: Platon 31 (1979) 128-135.
125 I. G. Taifacos: Cicerone e Polibio: sulle fonti del De re publica, in: Sileno 5/6 (1979-1980) 11-17.
126 M. Isnardi Parente: La politica della Stoa antica, in: Sandalion 3 (1980) 67-98.
127 A. Dyck: On Panaetius' conception of μεγαλοψυχία, in: Museum Helveticum 38 (1981) 153-161.
128 H. A. Gärtner: Polybios und Panaitios. Überlegungen zu Polybios VI 3-9, in: Würzburger Jahrbücher für die Altertumswissenschaft N.F. 7 (1981) 97-112.
129 H. T. Johann: Gerechtigkeit und Nutzen (1981) [§ 38 *39: bes. 25-97].
130 A. A. Long: Astrology: arguments pro and contra, in: Barnes et al. (Hg.) 1982 [§ 1 *363: 165-192].
131 A. R. Dyck: Notes on composition, text and sources of Cicero's De officiis, in: Hermes 112 (1984) 215-227.
132 A. A. Long: The Stoics on world-conflagration and everlasting recurrence, in: Southern Journal of Philosophy 23 (1985) Suppl. 13-37.
133 T. Engberg-Pedersen: Discovering the good: oikeiosis and kathekonta in Stoic ethics, in: Schofield/Striker (Hg.) 1986 [§ 1 *365: 145-183].

2. Dardanos und Mnesarchos

Berichte über Leben und Philosophie des Dardanos und des Mnesarchos sind noch nicht gesammelt.

211 K. von Fritz: Mnesarchos aus Athen, in: RE 15 (1932) 2272-2274.

3. Hekaton aus Rhodos

a) Fragmentsammlungen

251 H. N. Fowler: Panaetii et Hecatonis librorum fragmenta (Bonn 1885). – Bes. 18-29. 48-63. Siehe *1.
252 H. Gomoll: Der stoische Philosoph Hekaton. Seine Begriffswelt und Nachwirkung. Unter Beigabe seiner Fragmente (Bonn 1933). – Diss.; Rez.: M. Pohlenz, in: Göttingische Gelehrte Anzeigen 197 (1935) 104-111.

b) Sekundärliteratur

261 D. Comparetti: Papiro Ercolanese inedito, in: Rivista di Filologia 3 (1875) 449-549.

262 E. Bickel: Die Schrift des Martinus von Bracara 'Formula vitae honestae', in: Rheinisches Museum 60 (1905) 505-551.
263 H. von Arnim: Hekaton aus Rhodos, in: RE 7 (1912) 2797.
264 A. Traversa: Index Stoicorum Herculanensis (Genua 1952).
265 F.-R. Chaumartin: A propos du chap. 33 du livre IV du De beneficiis, in: Annales de la Faculté des Lettres et Sciences humaines de l'Université de Dakar 5 (1975) 65-86.
266 D. L. Sigsbee: The Paradoxa Stoicorum in Varro's Menippeans, in: Classical Philology 71 (1976) 244-248.

§ 40. Poseidonios aus Apameia

A. Biographie 670. – B. Bildliche Darstellungen 672. – C. Schriften und Werkbeschreibung 672: 1. Überlieferte Schriftentitel 672; 2. Fälschlich zugeschriebene Werke 676; 3. Vermutete Schriften 676. – D. Geschichte der poseidonischen Frage 677. – E. Doxographie 681: 1. Einleitung 681; 2. Charakteristik der Philosophie des Poseidonios 682; 3. Auffassung und Einteilung der Philosophie 683; 4. Logik 684; 5. Physik 686; 6. Ethik 690; 7. Geographie und Geschichtsschreibung 693. – F. Fragmentsammlungen und Sekundärliteratur 694: 1. Fragmentsammlungen 694; 2. Sekundärliteratur 695.

A. BIOGRAPHIE

Quellen. – Für das Leben des Poseidonios ist eine ganze Reihe von Primärquellen fassbar, zunächst autobiographische Hinweise des Poseidonios in seinen Werken, besonders über seine Reisen (POSIDONIUS T 5. 13-24. 27-28 EK), die uns durch Strabon erhalten geblieben sind, dann Erinnerungen und Äusserungen von Zeitgenossen, die mit ihm zusammengetroffen sind und nicht selten in enger Verbindung mit ihm gestanden haben, wie Pompeius und Cicero (POSIDONIUS T 3. 30-38 EK). Offensichtlich hat auch Theophanes aus Mytilene, der vertraute Berater, Historiograph und Propagandachef des Pompeius in seiner rasch hingeworfenen Geschichte des Pompeius der Beziehungen des Pompeius und des Poseidonios gedacht (JACOBY FGrH 188, REINHARDT 1953 [*224: 565]). Erste Abrisse einer Biographie des Poseidonios haben vermutlich schon einige seiner Schüler verfasst, so sein Enkel und Nachfolger Iason in den Φιλοσόφων διαδοχαί (Geschichte der Philosophenschulen) und Phanias in den Ποσειδωνεῖαι σχολαί (Vorlesungen des Poseidonios, POSIDONIUS T 40. 43 EK). Das Kapitel über Poseidonios bei DIOGENES LAERT. ist mit dem Schlussteil des 7. Buches verloren. Die Angaben der Suda über Poseidonios sind durch Einfügung von Notizen über mehrere Homonyme verwirrt (vgl. THEILER zu T 1a Th). Die Zeugnisse über Leben und Geltung des Poseidonios sind am besten gesammelt bei EDELSTEIN/KIDD 1972 [*5: S. 3-35] (vgl. JACOBY 1926 [*3: T 1-19], THEILER 1982 [*6: 1, 7-15]).

Leben. – Poseidonios aus Apameia am Orontes in Syrien, einer Stadt, die aus einer Ansiedlung von makedonischen Söldnern hervorgegangen ist, ist um 135 als Spross einer wohlhabenden Familie geboren. Um 115 verliess er seine Vaterstadt, in die er nie wieder auf Dauer zurückkehren sollte, begab sich zum Studium nach Athen und schloss sich dem schon greisen Panaitios an. Nach dessen Tod (110 oder 109) siedelte er sich – ob vor oder nach seiner grossen Reise in den Westen, ist ungewiss – in Rhodos an und gründete dort eine eigene Schule, die bald das Ansehen der athenischen Schule übertreffen sollte. Ob diese Schulgründung durch Differenzen mit der stoischen Schule und ihren Leitern in Athen veranlasst worden ist oder welche anderen Motive ihn bestimmt haben, ist nicht bekannt. Er erlangte auch das rhodische Bürgerrecht, übte es aus und bekleidete sogar das höchste Staatsamt in Rhodos, die Prytanie, vermutlich vor 87. Es scheint nämlich, dass die Rhodier ehemalige Prytanen mit wichtigen diplomatischen Missionen beauftragten, und Poseidonios weilte als Staatsgesandter von Rhodos im Dezember 87 und im Januar 86 in Rom und führte dort Verhandlungen mit Marius. Dies war aber nicht seine erste Reise nach Rom. Schon bei seiner grossen Forschungsreise in den Westen, die man in die Zeit nach dem Krieg gegen Kimbern und Teutonen wohl in die Mitte oder zweite Hälfte der neunziger Jahre datieren muss (SUSEMIHL 1891-1892 [§ 1 *333: 2, 129], LAFFRANQUE 1964 [*270: 67], THEILER 1982 [*6: 2, 6]) und die sicher länger als ein Jahr gedauert hat, ist er auch nach Rom gekommen. Von Rom aus führte ihn damals sein Weg auf der üblichen Spanienroute entlang der etrurisch-ligurischen Küste nach Massilia und weiter nach Tarraco. Unterbrechungen in Etrurien und Ligurien machten ihn mit diesen Landschaften und ihren Bewohnern bekannt. Von Massilia aus unternahm er einen längeren Abstecher nach Norden zu keltischen Stämmen und studierte deren Lebensart, Religion und Kultur, unter anderem auch das Kopfjägertum. Immerhin weilte er so lange unter Kelten, dass er sich, wie er sagte, an den Anblick solcher Trophäen gewöhnen konnte (F 274 EK = F 34 Th = F 55 J). Er suchte aber auch merkwürdige Naturerscheinungen wie das Steinfeld von Arles auf und zog weitere Erkundigungen von Einheimischen ein. Seine Reiseroute auf der Iberischen Halbinsel ist unbekannt. Jedenfalls besuchte er die Bergwerksbezirke von Turdetanien und weilte 30 Tage in Gades, um bestimmte Phänomene bei Auf- und Untergang der Sonne und die Ursachen der Gezeiten zu studieren. Die Rückreise führte an der nordafrikanischen Küste entlang. Sie zog sich wegen widriger Windverhältnisse drei Monate hin. Poseidonios beobachtete in dieser Zeit die Wind- und Wetterverhältnisse und das Verhalten der Affen an der nordafrikanischen Küste. Über Sizilien und die Liparischen Inseln, wo ihn nicht zuletzt der Vulkanismus interessierte, kehrte er nach Rom zurück. Vielleicht hat er bei dieser Rückreise den Abstecher von Puteoli nach Neapel gemacht. Für die Rückreise von Rom nach Griechenland wählte er offenbar einen damals ungewöhnlichen Weg. Er besichtigte die adriatische Küste, setzte auf die Balkanhalbinsel über, betrieb hier in Dalmatien und Epirus seine Forschungen und untersuchte u.a. den Asphalt von Apollonia. Ausser den Orten, die Poseidonios auf dieser Reise kennengelernt hatte, kannte er durch Autopsie seine Heimat Syrien, auch das Tote Meer, Griechenland, das westliche Kleinasien und Alexandrien. Für die Schule in Rhodos hat er sich eine Sammlung seltener Erden und Mineralien angelegt und nach eigenen Plänen ein Uranologium anfertigen lassen, mit dem er die Bahnen von Sonne, Mond und Planeten demonstrieren konnte (CICERO de nat. deor. II 88). Die Schule des Poseidonios in Rhodos gewann rasch hohes Ansehen. Als zum Abschluss seiner Bildungsreise Cicero im Jahre 77 in Rhodos weilte, um bei Apollonios Molon den ihm gemässen Sprechstil zu finden, hörte er auch bei Poseidonios und bezeichnete sich künftig auch als dessen Schüler. Pompeius besuchte auf seiner Fahrt in den Osten zur Übernahme des ihm anvertrauten Kommandos den Philosophen im Jahre 66 in Rhodos und hörte eine Disputation über den Vorrang der Philosophie vor der Rhetorik in allgemeinen Fragen. Als er als Sieger im Jahre 62 heimkehrte, wiederholte er den Besuch. Diesmal sprach Poseidonios trotz einer schmerzhaften Krankheit über das Thema «Nur das sittlich Gute ist ein Gut» (T 35. 39. 38 EK, T 15-18 Th). Gerade diese letzte Begegnung, bei der der Sieger vor dem Philosophen die Rutenbündel senken liess, hat sich in ihrer symbolischen Bedeutung den Zeitgenossen und der Nachwelt eingeprägt. Noch 130 Jahre später ist der ältere Plinius von dem Pathos dieser Szene sichtlich gepackt: Cn. Pompeius confecto Mithridatico bello intraturus Posidonii sapientiae professione clari domum forem percuti de more a lictore vetuit et fasces litterarum ianuae submisit is, cui se oriens occidensque submiserat («Cn. Pompeius verbot, als er nach Beendigung des Mithridatischen Krieges im Begriffe war, das Haus des durch seine Philosophie berühmten Poseidonios zu betreten, dem Liktor, nach der Sitte mit dem Beil gegen die Tür zu pochen, und liess vor der Pforte der Wissenschaft die Rutenbündel senken, er, dem sich Orient und Okzident unterworfen hatten», PLIN. NH VII 112 = POSIDONIUS T 36 EK = T 16 Th = T 8b J). Der Philosoph erwies Respekt und Dankbarkeit, indem er eine historische Monographie über die Feldzüge des Pompeius im Osten schrieb. Als im Jahre 60 Cicero sich bemühte, sein Konsulat mit der Leistung der Aufdeckung und Unterdrückung der Catilinarischen Verschwörung nicht in Vergessenheit geraten zu lassen, schickte er ein ὑπόμνημα (Materialsammlung) an Poseidonios mit der Bitte um Ausarbeitung zu einem historischen Werk. Aber Poseidonios lehnte mit einem Kompliment ab, das ὑπόμνημα sei stilistisch so durchgeformt, dass es ihn vor einer Überarbeitung geradezu abgeschreckt habe (CICERO Epist. ad Atticum II 1,2 = POSIDONIUS T 34 EK = T 14 Th = T 9 J). Anlässlich der Verhandlungen zwischen Rhodos und Rom im Jahre 51 soll Poseidonios wieder in Rom geweilt haben. Bald danach ist er im Alter von 84 Jahren gestorben. Auf das hohe Alter weist auch hin, dass sein Enkel Iason sein unmittelbarer Nachfolger in der Schulleitung geworden ist. Zum Leben des Poseidonios vgl. SUSEMIHL 1891-1892 [§ 1 *333: 2, 128-147], SCHMEKEL 1892 [*31: 9-14], ZELLER $^{3\text{-}6}$1879-1922 [§ 1 *332: 3, 1, 592-595], POHLENZ ^{4}1971-1972 [*199: 1, 208-211. 2, 103f. 239], REINHARDT 1953 [*224: 563-567], LAFFRANQUE 1964 [*270: 45-97 (die die Lebenszeit einige Jahre zu früh ansetzt)], GRIMAL 1965 [*269: 90f.], DÖRRIE 1972 [*297: 1080], GRILLI 1975 [*316: 151], SANDBACH 1975 [*318: 129f.].

B. BILDLICHE DARSTELLUNGEN

Eine Büste des Poseidonios ist in der Sammlung Farnese im Archäologischen Nationalmuseum in Neapel erhalten, eine Kopie der frühen Kaiserzeit nach einem Original, das in Rhodos wohl um 80 aufgestellt worden war, vermutlich als Ehrung für die politische Tätigkeit des Poseidonios als Prytane und Gesandter (ARNDT/BRUCKMANN 1891-1942 [§ 1 *451: 239f.], BERNOULLI 1901 [§ 1 *452: 2, 188ff., Tafel XXV], SCHEFOLD 1943 [§ 1 *453: 150f.], RICHTER 1965 [§ 1 *455: 3, 282 und Abb. 2020]).

C. SCHRIFTEN UND WERKBESCHREIBUNG

1. Überlieferte Schriftentitel

Ein Verzeichnis der Schriften des Poseidonios aus der Antike ist nicht überliefert. Durch Zitate sind folgende Schriften bekannt:

1 De Oceano – Περὶ τοῦ Ὠκεανοῦ καὶ τῶν κατ' αὐτόν – Über den Ozean und seine Anwohner (das zweite Glied des in T 1a EK = T 1a Th = T

1 J angeführten vollen Titels kann auch anders aufgefasst werden: 'und die angrenzenden Gebiete' oder 'und was damit zusammenhängt' oder 'und seine Probleme', vgl. THEILER 1982 [*6: 2, 6]; Strabon zitiert das Werk nur mit dem verkürzten Titel Περὶ Ὠκεανοῦ – Über den Ozean). – Das Werk umfasste vermutlich mehrere Bücher. Es ist kenntlich durch zahlreiche Zitate und kritische Äusserungen Strabons und gelegentliche Anführungen über die Geographie und Völkerkunde des Poseidonios bei Agathemeros, Plinius, Proklos, Symeon Seth und Eustathios. Reflexe des Werkes werden mit guten Argumenten vermutet bei Vitruv, Plinius, Manilius, Ptolemaios und Diodor (F 71. 72. 76-79 Th). Poseidonios legt in ihm unter kritischer Heranziehung von Sekundärliteratur die wissenschaftliche und philosophische Auswertung der Beobachtungen und Erfahrungen der grossen Reise in den Westen dar. Er dürfte es kurz nach der Reise begonnen und kurz vor der Gesandtschaftsreise nach Rom, aber doch erst nach der Prytanie abgeschlossen haben (F 235 EK = 46 Th = 93 J). In seinen historischen Schriften und in den meteorologischen Untersuchungen hat er gelegentlich auf dieses Werk zurückgegriffen. Aus den Zitaten, insbesondere aus der kritischen Inhaltsangabe STRABONS (II 2-3 = POSIDONIUS F 49 EK = 13 Th = 28 J) ergibt sich, dass Poseidonios nach einem Blick auf die homerische Geographie die Einteilung in Zonen, die Weltmeerfrage, das Problem der Veränderung der Erde und die diese verursachenden Kräfte, die Einteilung der Erde in Klimata und Kontinente und damit verbunden die Klimatologie und die Geographie der Pflanzen, Tiergattungen, Menschenrassen und Sprachen behandelt hat.

1ᵃ Περίπλους ἢ Περιήγησις – Küstenumfahrung oder Erdbeschreibung. – Wird von PLINIUS (NH I 5 = F 50 EK = T 34 Th = T 19c J) als eine der Quellen für sein 5. Buch genannt. Es ist vermutlich eine ungenaue Angabe des Titels von Nr. 1, es kann aber nicht ausgeschlossen werden, dass es sich um einen Auszug oder eine Kurzfassung des grossen Werkes über das Weltmeer handelt (REINHARDT 1953 [*224: 663], THEILER 1982 [*6: 2, 6ff.]).

2 Historia post Polybium – Ἱστορία ἡ μετὰ Πολύβιον [abgekürzt: Ἱστορίαι] – Geschichte in Fortsetzung des Polybios [abgekürzt: Geschichtswerk]. – 52 Bücher. In dieser Fortsetzung des Geschichtswerks des Polybios stellte Poseidonios die Geschichte von 145 (nach der Zerstörung Karthagos und Korinths und nach dem Tod des Alexander Balas und Ptolemaios VI.) bis zum Aufstand in Kyrene, zum Tod des Ptolemaios X. Alexander I. und des Marius und zur Einnahme Athens durch Sulla im 1. Mithridatischen Krieg (86) dar. Auf dieses Ende des Werkes weisen hin die Angaben in T 1a EK = T 1a Th = T 1 J und die Tatsache, dass mit Namen des Poseidonios bezeugte Fragmente bis in das Jahr 86 reichen. Demnach umfasste ein Buch in der Regel die Ereignisse von zwei Jahren, gelegentlich bei besonders reichem Stoff die Ereignisse nur eines Jahres. Das Werk ist recht gut fassbar in den zum Teil umfangreichen Zitaten bei Athenaios, Plutarch, Strabon, Josephus, Seneca und Eustathios und in Auszügen, Reflexen und Überarbeitungen, deren Abgrenzung im einzelnen umstritten ist, bei Diodor und Plutarch (POSIDONIUS F 51-78. 252-284 EK; F 80-250 Th; F 1-44. 108-123 J). Seine Erfahrungen in seiner Heimatstadt und als Politiker in Rhodos und die Gesandtschaftsreise nach Rom mögen ihm den Plan zu diesem gewaltigen Werk eingegeben haben. Es ist vermutlich nach und nach in einzelnen Buchgruppen veröffentlicht worden. Die Abfassung läuft parallel zur philosophischen Schriftstellerei. Poseidonios schrieb Geschichte als stoischer Philosoph und als philosophischer Aristokrat. In einem farbigen, oft von Erhabenheit bis zu bitterem Sarkasmus schillernden Stil führte er mit nüchternem Blick auf die Vielfalt und Buntheit der Menschen in ihrem individuellen Charakter und in ihrer sozialen Eingebundenheit und somit auf ihre edlen und banalen, ihre grausamen und erschreckenden, ihre törichten und lächerlichen Verhaltensweisen das Welttheater dieser Jahrzehnte vor Augen, liess in Exkursen ein reiches geographisches, ethnologisches und kulturgeschichtliches Wissen einfliessen und stellte sich in allem die Frage nach den Ursachen der Dekadenz.

3 Historia de Pompeio – Ἱστορία περὶ Πομπήϊον – Geschichte des Pompeius. – Der Titel dieses Werkes ist nur durch STRABON bekannt (XI 1, 6 = POSIDONIUS F 79 EK = F 47 Th = T 11 J). Da sonstige ausdrückliche Zitate aus dieser Schrift fehlen, hat man sie unter Änderung des überlieferten Textes des Strabon geleugnet (SCHWARTZ 1931 [*132: 391f.], THEILER 1982 [*6: 2, 59f. 79]). Aber der Eingriff zerstört offensichtlich das von Strabon gemeinte «Posei-

donios irre sich, obwohl er durch Pompeius informiert sein konnte, zumal er dessen Historiker geworden ist». Die Exkurse über die Juden könnten diesem Werk entnommen sein: REINHARDT 1953 [*224: 638f.].

4 *De adhortando vel Protrepticus* – Περὶ τοῦ προτρέπεσθαι ⟨ἢ⟩ προτρεπτικοὶ ⟨λόγοι⟩ – Über das Halten von Mahnreden zur Philosophie [oder] Mahnreden zur Philosophie. – 3 Bücher. Drei ausdrückliche Zitate sind erhalten (F 1-3 EK = F 435a-c Th). Die Schrift wendet sich wohl eher an die philosophischen Erzieher als an die zu erziehende Jugend, dazu REINHARDT 1953 [*224: 768-770].

5 *De criterio* – Περὶ κριτηρίου – Über das Kriterium der Wahrheit. – Vermutlich ein Buch. Ein ausdrückliches Zitat aus dieser Schrift ist bekannt (F 42 EK = F 460 Th). In dieser Schrift hat Poseidonios auch eine Doxographie der Lehrmeinungen über dieses Problem gegeben und darin die von Zenon von Kition (in seiner mittleren Periode) vertretene Auffassung vom ὀρθὸς λόγος als dem Kriterion der Wahrheit erwähnt (siehe oben S. 528). Zu Rekonstruktionsversuchen und der Kritik an ihnen vgl. REINHARDT 1921 [*87: 415ff.], 1926 [*106: 193ff.], JONES 1933 [*144: 154ff.], EDELSTEIN 1936 [*158: 318], REINHARDT 1953 [*224: 725ff.], THEILER 1982 [*6: 2, 401ff.].

6 *Introductio de elocutione* – Περὶ λέξεως εἰσαγωγή – Einführungsschrift über die Sprachform. – Vermutlich ein Buch. Nur ein ausdrückliches Zitat ist bekannt (F 44 EK = F 458 Th).

7 *De generali quaestione in Hermagoram* – Περὶ τῆς καθόλου ζητήσεως πρὸς Ἑρμαγόραν – Über die allgemeine Thesis gegen Hermagoras. – Ein Buch. Es handelt sich um die Veröffentlichung des Vortrags, den Poseidonios anlässlich des Besuchs des Pompeius bei dessen Aufbruch in den Osten gehalten hat und in dem er die Erörterung einer allgemeinen Frage, z.B. ob alle rechtschaffenen Menschen frei sind, gegen die Rhetorik für die Philosophie beansprucht hat (F 43 EK = F 457 Th).

8 *Institutio naturalis* – Φυσικὸς λόγος – Lehre von der Natur. – Wohl 8 Bücher. Aus den neun ausdrücklich aus diesem Werk genommenen Bruchstücken ergibt sich, dass in ihm die Naturphilosophie von den Grundfragen der Einheit des Kosmos und der Prinzipien über die Theologie und Astronomie bis hin zur Meteorologie einschliesslich der pneumatischen Erdbebentheorie behandelt war (F 4-12 EK = F 256-261a. 263-264 Th). THEILER 1982 [*6: 2, 134] vermutet, dieses Werk sei die ältere naturphilosophische Schrift des Poseidonios, während die im Folgenden genannten Monographien (Nr. 9-18) Einzelthemen der Naturphilosophie mit gelegentlichen Divergenzen in Einzelheiten behandelten.

9 *De mundo* – Περὶ κόσμου – Über die Welt. – Mindestens 2 Bücher. Das eine ausdrücklich aus dieser Schrift erhaltene Bruchstück lehrt, dass in diesem Werk auch die Frage der Ekpyrosis und der Palingenesia behandelt worden ist.

10 *De inani* – Περὶ κενοῦ – Über das Leere. – Mindestens ein Buch. Diese Spezialuntersuchung ist zwar nur in dem einen Zweig der Überlieferung des Aëtios (Plutarch) genannt, sollte aber nicht wie bei EDELSTEIN/KIDD (F 84) in Zweifel gezogen werden, zumal Poseidonios in der Annahme der Begrenztheit des Leeren ausserhalb des Kosmos von der traditionellen stoischen Lehre abgewichen ist (vgl. THEILER 1982 [*6: 2, 179]).

11 *De magnitudine solis* – Περὶ τοῦ ἡλίου μεγέθους – Über die Grösse der Sonne. – Vermutlich ein Buch. Diese von Kleomedes zitierte Schrift ist wohl eine kritische Auseinandersetzung mit der Auffassung der Epikureer, die Sonne sei so gross, wie sie erscheine. Wieviel bei Kleomedes auf diese Schrift zurückgeführt werden kann, ist umstritten (vgl. REINHARDT 1953 [*224: 568]), THEILER 1982 [*6: 2, 154f.] möchte in dieser Schrift das 6. Buch der ‹Lehre von der Natur› sehen. Die Art des Zitats bei Kleomedes spricht aber für eine Spezialuntersuchung.

12 *Meteorologica* – Περὶ μετεώρων – Meteorologie. – Mindestens 7 Bücher. Zwei ausdrücklich aus diesem Werk genommene Bruchstücke sind erhalten: F 16-17 EK = F 311-312 Th). THEILER 1982 [*6: 2, 200f.] vermutet, dass in dieser Schrift nicht nur die traditionellen Meteora (die Erscheinungen des Luftraums) dargestellt wurden, sondern auch die Einwirkungen von Sonne und Mond auf den irdischen Bereich wie z.B. auf die Gezeiten.

13 *Elementa meteorologicorum* – Μετεωρολογικὴ στοιχείωσις – Grundzüge der Meteorologie. – Vermutlich ein Buch. Die Schrift, aus der zwei bezeugte Bruchstücke erhalten sind (F 14-15 EK = F 334-335 Th), ist offenbar eine verkürzte Fassung von Nr. 12. Sie ist von Geminos kommentiert worden. Ein Stück des Kommentars ist bei SIMPLIKIOS (In Aristotelis

Physica II 2, 291,21-292,31 DIELS = POSIDONIUS F 18 EK = F 255 Th) erhalten. Dieser Kommentar ist gewiss auch ein Indiz für eine breitere Nachwirkung der Schrift. Aber THEILERS Versuche (1982 [*6: 2, 216-239]), umfangreichere Abschnitte aus Senecas ‹Quaestiones naturales›, aus Arrians Schriften über Meteorologie und über Kometen, aus der pseudoaristotelischen Schrift von der Welt u.a. für die meteorologischen Schriften des Poseidonios zu beanspruchen, führen weit über die Grenzen des Nachweisbaren hinaus (zur Problematik vgl. u.a. JONES 1933 [*144], EDELSTEIN 1936 [*158], STEINMETZ 1964 [*267: 68ff. 182ff. 188. 194ff. 199ff. 242ff. 248ff.], STROHM 1970 [*290: 263ff.]).

14 De anima – Περὶ ψυχῆς – Über die Seele. – Mindestens 3 Bücher, aber nur ein ausdrückliches Fragment. Jedoch dürften weitere Berichte zur Psychologie des Poseidonios dieser Schrift zuzuweisen sein (F 28ab 139-149 EK = F 389-395a. 396. 399-400a Th).

15 De deis – Περὶ θεῶν – Über die Götter. – Mindestens 5 Bücher, aus denen fünf ausdrückliche Zeugnisse erhalten geblieben sind (F 20-23 EK = F 344-347 Th). Diese Schrift war sicherlich Cicero bekannt und ist von ihm zur Abfassung des 2. Buches De natura deorum herangezogen worden. Die Abgrenzung der dem Poseidonios aus diesem Werk zuzuweisenden Stücke ist umstritten.

16 De heroibus et daemonibus – Περὶ ἡρώων καὶ δαιμόνων – Über Heroen und Dämonen. – Mindestens 2 Bücher, aus denen ein ausdrückliches Zitat erhalten ist (F 24 EK = F 387 Th). Diese Spezialuntersuchung berührt sich wegen der Auseinandersetzung mit der von Chrysipp übernommenen euhemeristischen Erklärung bestimmter Gottheiten des Kultes und des Volksglaubens mit der Theologie und mit der Psychologie.

17 De fato – Περὶ εἱμαρμένης – Über das Schicksal. – Mindestens 2 Bücher, aus denen ein ausdrückliches Zitat erhalten ist (F 25 EK = F 381 Th).

18 De divinatione – Περὶ μαντικῆς – Über Weissagung. – 5 Bücher, aus denen zwei ausdrückliche Zitate erhalten sind. Zitate aus und Anspielungen auf Poseidonios in Ciceros Schrift De divinatione und wohl auch bei Augustinus über die Astrologie sind offensichtlich aus diesem Werk genommen (F 26-27. 106-111 EK). Umfangreichere Stücke glaubt THEILER (F 371-380) dieser Schrift zuweisen zu können.

19 Institutio moralis – Ἠθικὸς λόγος – Lehre von der Moral. – Mehrere Bücher, aus denen ein ausdrückliches Zitat erhalten ist (F 29 EK = F 403 Th). Wie die ‹Lehre von der Natur› (Nr. 8) eine grundlegende und umfassende Darstellung der Naturphilosophie, so scheint dieses Werk die grundlegende und umfassende Darstellung der Ethik enthalten zu haben. Demnach sind die übrigen ethischen Monographien vermutlich spätere Detailuntersuchungen zu einzelnen Fragekreisen der Ethik. Die eine Angabe eines Buchtitels bei Diogenes Laertios zitierten Lehrmeinungen zur Güterlehre und zur Bestimmung des Lebensziels dürften aus diesem Werk genommen sein (DIOGENES LAERT. VII 86f. 103. 127 = POSIDONIUS F 185. 171. 173 EK = F 426. 425a. 425c Th).

20 De virtutum differentia – Περὶ τῆς διαφορᾶς τῶν ἀρετῶν – Über den Unterschied der Tugenden. – Eine Kurzfassung des Titels ist Περὶ ἀρετῶν, ‹Über die Tugenden›, mehrere Bücher. Drei Bruchstücke werden von Galen zitiert (F 423. 422ab Th = F 35. 32. 38. 182 EK).

21 De officio – Περὶ καθήκοντος – Über die Pflicht. – Mindestens 2 Bücher. Die Schrift ist uns am ehesten kenntlich durch Cicero, der sie gelegentlich in den ersten beiden Büchern De officiis, z.B. hinsichtlich des Konflikts zweier sittlicher Pflichten, und ebenso im 3. Buch neben den ‹Grundzügen der Pflichtenlehre›, die Athenodorus Calvus für ihn angefertigt hat, herangezogen hat. Athenodorus Calvus hatte aber auch die Schrift des Poseidonios in diesen ‹Grundzügen› berücksichtigt. Poseidonios hat den Konflikt des Sittlichen mit dem Nützlichen nur gestreift, aber offenbar ein besonderes Gewicht auf die Entscheidung unter besonderen äusseren Umständen (τὸ κατὰ περίστασιν καθῆκον) gelegt und dabei auch drastische Beispiele besprochen (F 429-434 Th = F 39-41c. 177 EK).

22 De affectibus – Περὶ παθῶν – Über die Affekte. – Mehrere Bücher. Dank der Auszüge Galens in De Placitis Hippocratis et Platonis ist dies die am besten kenntliche ethische Schrift des Poseidonios.

23 De ira – Περὶ ὀργῆς – Über den Zorn. – Mindestens 2 Bücher. THEILER (1982 [*6: 2, 373. 375]) glaubt nach dem Vorgang von POHLENZ (1922 [*92: 173 Anm. 1]) und REINHARDT (1953 [*224: 757]), in Seneca ‹De ira› seien die Abschnitte II 1,3-4,2 und II 2, 19-21 frei nach den Zornbüchern des Poseidonios gearbeitet.

24 De luctibus sedandis – Περὶ τοῦ τὴν λύπην καταπαύειν(?) – Über die Besänftigung der Trauer. – Die Form der Schrift (Brief?) ist aus dem einzigen antiken Hinweis auf diese Schrift nicht zu ermitteln (F 37 EK = F 470 Th). Es besteht kein sachlicher Grund, die Echtheit dieser Schrift zu bezweifeln, wie REINHARDT (1953 [*224: 529]) es tut.

25 De principiis geometricis in Zenonem Sidonium – Πρὸς Ζήνωνα τὸν Σιδώνιον περὶ τῶν γεωμετρικῶν ἀρχῶν – Gegen Zenon aus Sidon über die Prinzipien der Geometrie. – Vermutlich ein Buch, eine Streitschrift gegen den Epikureer Zenon aus Sidon und dessen Bestreitung der euklidischen Geometrie (F 46-47 EK = F 463 Th, dazu BRÉHIER 1914 [*57], VON FRITZ 1972 [§ 38 *455: 125-128], THEILER 1982 [*6: 2, 405-408]).

26 Comparatio Arati et Homeri de mathematicis – Σύγκρισις Ἀράτου καὶ Ὁμήρου περὶ τῶν μαθηματικῶν – Vergleich von Arat und Homer in mathematischen [astronomischen] Fragen. – Wohl ein Buch, eine Spezialuntersuchung über den Wert astronomischer Fakten, die von Homer mitgeteilt werden, und über den Rang Arats als eines Wissenschaftlers; sie steht möglicherweise in Zusammenhang mit dem geographischen Werk ‹Über den Ozean› (F 48ab EK = F 203 Th).

27 Ars tactica – Τέχνη τακτική – Taktik. – Vermutlich ein Buch. Zwei ausdrückliche Zitate sind erhalten (F 80. 81 EK = F 468ab Th). THEILER (1982 [*6: 2, 410]) hält es für möglich, dass diese theoretische Schrift über Truppenführung im Gefecht nach einer Vorlesung des Poseidonios von dessen Schüler Asklepiodot herausgegeben worden ist.

28 Epistulae – Ἐπιστολαί – Briefe. – Poseidonios hat mit vielen Zeitgenossen im Briefwechsel gestanden, u.a. mit Cicero (F 82 EK, T 14 Th). Ob er in Briefform auch philosophische Themen abgehandelt hat, kann aus den Fragmenten nicht mit Sicherheit entschieden werden (vgl. F 83. 86a EK und oben zu Nr. 24), erst recht nicht, ob solche Briefe, falls es sie gegeben hat, in ihrer Form das Vorbild für Senecas Briefe an Lucilius abgegeben haben. Aus den Zitaten in Senecas Briefen kann nicht auf eine entsprechende Form der Vorlage geschlossen werden.

2. Fälschlich zugeschriebene Werke

Allein schon der Artikel der Suda über Poseidonios (T 1a EK = T 1a Th = T 1 J) mit den Verwechslungen mit anderen Personen gleichen Namens zeigt, wie leicht Schriften von Homonymen dem Philosophen Poseidonios zugeschrieben werden konnten. Solche fälschlich zugeschriebenen Schriften sind:

29 De coniunctionibus – Περὶ συνδεσμῶν – Über Konjunktionen und Präpositionen. – Diese Schrift scheint dem Grammatiker Poseidonios, dem Vorleser Aristarchs, zu gehören (WENDEL 1953 [*227: 828], THEILER 1982 [*6: 2, 414]).

30 Die Zeugnisse über medizinische Schriften des Poseidonios beziehen sich offenbar auf einen Arzt gleichen Namens (T 112-114 EK): FLASHAR 1966 [*275: 121ff.], THEILER 1982 [*6: 2, 414]; anders KUDLIEN 1962 [*257: 419ff.].

31 Divinatio e palpitationibus – Παλμικὸν οἰώνισμα – Über Weissagungen aus Zuckungen eines Körperteils. – T 1a. F 86b. 113ab EK. Dazu THEILER 1982 [*6: 2, 1. 307. 415].

3. Vermutete Schriften

Da ein antikes Schriftenverzeichnis nicht erhalten ist und die Schriftentitel nur dem Zufall der Nachwirkung und der Überlieferung verdankt werden, liegt es auf der Hand, dass es noch weitere Schriften des Poseidonios gegeben hat. Im einzelnen ist aber über die Existenz bestimmter Schriften mit einem bestimmten Titel keine Sicherheit zu gewinnen. Bei der Jagd nach weiteren Titeln schoss man oft weit über das Ziel hinaus. Drei Gruppen von vermuteten Schriften lassen sich unterscheiden. Die erste Gruppe stellt Kommentare zu bestimmten Schriften Platons dar. Aus Bemerkungen, dass Poseidonios über jene Stelle, diesen oder jenen Gedanken aus einer Schrift Platons so oder so ausgelegt habe, schloss man auf einen Kommentar zu dieser Schrift. Ein solcher Schluss wäre nur berechtigt, wenn eine ganze Serie von ähnlichen Auslegungen erhalten wäre. Da dies aber nicht der Fall ist, bedeuten die angeführten Zeugnisse nur, dass Poseidonios in bestimmten Zusammenhängen eine bestimmte Stelle Platons zitiert und in seinem Sinne ausgelegt hat. Solche angeblichen Kommentare sind:

32 Ἐξήγησις τοῦ Πλάτωνος Τιμαίου – Kommentar zu Platons Timaios. – Erschlossen aus SEXTUS EMP. adv. math. VII 93 = POSIDONIUS F 85 EK = F 395a. 461 Th. Zur Geschichte dieses Platonkommentars REINHARDT 1953 [*224: 569ff.], THEILER 1982 [*6: 2, 403f.].

33 Ἐξήγησις τοῦ Πλάτωνος Φαίδρου – Kommentar zu Platons Phaidros. – Erschlossen aus HERMIAS ALEXANDRINUS in Platonis Phaedrum scholia ad 245c = POSIDONIUS F 86c. 290 EK.

34 Ἐξήγησις τοῦ Πλάτωνος Παρμενίδου – Kommentar zu Platons Parmenides. – Erschlossen aus PROCL. in Platonis Parmenidem VI 25 = POSIDONIUS F 86d EK.

Eine zweite umfangreiche Gruppe von Schriften versucht THEILER aus den von Poseidonios behandelten Themen zu erschliessen. Es ist aber niemals auszuschliessen, dass im Einzelfall Poseidonios das Thema in einer Schrift, deren Titel uns überliefert ist, abgehandelt hat. Z.B. ist es angesichts der Häufigkeit des Titels ‹Über die Lebensziele› durchaus plausibel zu vermuten, Poseidonios habe seine Untersuchung über die Lebensziele in einer Schrift dieses Titels vorgelegt. Aber ein solcher Schluss ist nicht zwingend. Es kann sein, dass Poseidonios dieses Thema nur im ἠϑικὸς λόγος untersucht hat. Im einzelnen vermutet THEILER folgende Schriftentitel:

35 Περὶ ἑορτῶν – Über Feste. – F 370 Th. Diese Schrift ist aus einem Text erschlossen, der für Poseidonios beansprucht wird, ohne dass sein Name als Quellenautor ausdrücklich genannt wäre.

36 Περὶ διαιρέσεως ψυχῆς καὶ ἀνϑρώπου – Über Seelen- und Menschenteilung. – F 396-399 Th.

37 Περὶ τῶν μετὰ τὸν ϑάνατον – Eschatologie. – F 400a-f Th.

38 Περὶ χρυσοῦ καὶ ἀργυρίου – Über Gold und Silber. – F 402 Th.

39 Περὶ ἀγαϑῶν καὶ κακῶν – Über Güter und Übel. – F 425a-c Th.

40 Περὶ τελῶν – Über die Lebensziele – F 425-428 Th.

41 Περὶ σωματικῶν καὶ ψυχικῶν παϑῶν – Über körperliche und seelische Affektionen. – F 436-437 Th.

42 Περὶ διαλεκτικῆς – Über die Dialektik. – F 454-455 Th.

43 Περὶ ῥητορικῆς – Über die Rhetorik. – F 456 Th.

44 Γεωμετρικὴ στοιχείωσις – Geometrische Grundlehre. – F 464-467 Th.

Schliesslich vermutet man ein weiteres historisches Werk des Poseidonios:

45 Περὶ Μαρκέλλου ἱστορία – Geschichtswerk über Marcellus. – Da Plutarch in der Biographie des Marcellus, des Eroberers von Syrakus, mehrfach Poseidonios als Quelle zitiert (F 257-261 EK = F 92-95 Th = F 41-44 J), Marcellus aber erheblich vor dem von Poseidonios in der Geschichte im Anschluss an Polybios behandelten Zeitraum gelebt hat, hat WILAMOWITZ (1932 [*143: 2, 403]) eine Sonderschrift des Poseidonios über diesen Mann vermutet. Poseidonios dürfte aber, als er auf den Enkel des Eroberers von Syrakus zu sprechen kam, dessen Herkunft und dabei auch dessen berühmten Grossvater gewürdigt haben (so JACOBY zur Stelle, REINHARDT 1953 [*224: 569], THEILER 1982 [*6: 2, 89-90]).

Was die literarische Form der philosophischen Schriften des Poseidonios anlangt, so ist festzuhalten, dass keine dieser Schriften ein Dialog ist. Auch die literarische Form des Briefes ist nicht nachgewiesen. Dagegen tragen einige Schriften durchaus kritischen und polemischen Charakter (z.B. Nr. 7. 10. 11. 25). Aus den Fragmenten erkennt man am ehesten die Form einer nicht ungepflegten, auf Klarheit des Ausdrucks zielenden wissenschaftlichen Prosa, wobei die Gedanken gelegentlich durch kritische Doxographien, durch Zitate, durch drastische Beispiele und Vergleiche verdeutlicht werden.

D. GESCHICHTE DER POSEIDONISCHEN FRAGE

Gute kritische Auseinandersetzungen mit den älteren Forschungen zu Poseidonios liefern REINHARDT (1953 [*224: 570-624: bis 1952]) und LAFFRANQUE (1964 [*270: 1-44: bis 1962]). Nützlich sind auch der kritische Überblick von ALSINA (1979 [*336]) und die instruktive Skizze, die VON FRITZ seiner Untersuchung vorausschickt (1977 [*327: 163-169]).

Das gegen Ende des 18. Jahrhunderts neu erwachende Interesse an Poseidonios fand einen ersten Niederschlag 1810 in der Sammlung der Fragmente und Berichte über Leben und Werk des Philosophen aus Apameia, die J. BAKE veranstaltet und zu der D. WYTTENBACH eine Annotatio beigesteuert hat (1810 [*1]). Diese Sammlung ist für ihre Zeit durchaus verdienstvoll, wenn sie auch unvollständig und in der Abgrenzung der Fragmente nicht immer glücklich ist und sich auf Ausgaben der Quellenschriften stützt, die heute veraltet sind. Auf Grund des von Bake gesammelten Materials erschien Poseidonios den Philosophiehistorikern des 19. Jahrhunderts als ein stoischer Philosoph von geringer Originalität, dessen Forschungen eher in die Breite als in die Tiefe gingen, der als Eklektiker manches fremde Gut besonders aus Platon und Aristoteles mit der stoischen Philosophie zu vereinigen suchte und so einen Ausgleich zwischen der sogenannten dualistischen Ethik und der monistischen Naturphilosophie der älteren Stoa, insbesondere Chrysipps anstrebte (so z.B. ZELLER 1880 [§ 1 *332: 3, 1, 572ff.], RITTER ²1837 [*21: 684-692], BRANDIS 1866 [*22: 235-241]). Zugleich schien damit Poseidonios seinen Platz in der Entwicklung der griechischen Philosophie von Platon und Aristoteles zum Neuplatonismus gefunden zu haben.

Im letzten Viertel des 19. Jahrhunderts bahnte sich dann in der Quellenanalyse von Ciceros philosophischen Schriften auch eine Wende der Forschungen zu Poseidonios an. In seiner Dissertation von 1878 glaubte CORSSEN (1878 [*23]), einerseits in Poseidonios nach dem Vorgang BAKES den Verfasser eines Kommentars zu Platons Timaios zu erkennen, andererseits ihn als Quellenautor des 1. Buchs der ‹Tusculanen› und des ‹Somnium Scipionis› Ciceros erweisen zu können, obwohl Poseidonios dort als Gewährsmann nicht namentlich genannt ist. Die Untersuchungen Corssens hat SCHMEKEL (1892 [*31]) energisch weitergeführt. Zugleich wurde die so geartete quellenanalytische Methode auf weitere Autoren und Werke angewendet, und so wurden immer neue Schriften ermittelt, deren Autoren aus Poseidonios geschöpft zu haben schienen. SCHMEKEL (1892 [*31: 104-154]) und AGAHD (1898 [*37]) beanspruchten so Varros ‹Antiquitates rerum divinarum I› und die davon abhängigen Schriften als Quellen für die Philosophie des Poseidonios. So sahen WENDLAND (1892 [*32]) Poseidonios in Philons Schrift ‹De providentia›, HEINZE (1892 [*30]) und VON ARNIM (1921 [*80]) in den naturphilosophischen Schriften Plutarchs, BOLL (1894 [*33]) bei Ptolemaios und Manilius zugrunde liegen. Poseidonios schien als Quelle des pseudovergilischen Gedichts über den Ätna (SUDHAUS 1898 [*40]), Vitruvs und der Geoponiker (ODER 1898 [*38]), Arrians und der pseudoaristotelischen Schrift von der Welt (CAPELLE 1905 [*45]) erweisbar. NORDEN (1903 [*43]) meinte, das 6. Buch der Aeneis spiegele das Weltbild des Poseidonios wider. GRONAU (1914 [*58]) und JAEGER (1914 [*59]), dem PRAECHTER nachgefolgt ist, glaubten, Poseidonios als Quellenautor der jüdisch-christlichen Genesisexegese und der Kirchenväter, insbesondere des Nemesios, beanspruchen zu dürfen.

Aus diesem immer umfangreicheren Material, das durch diese Art von Quellenanalyse dem Poseidonios zugesprochen wurde, folgerte man aber ganz unterschiedliche Poseidoniosbilder. Bald erschien er als der Mystiker und Pythagoreer, der in einer grossartigen Jenseitsschau die Stellung des Menschen im Kosmos neu begründete (so CORSSEN, SCHMEKEL, NORDEN und zunächst auch POHLENZ 1909 [*50]), bald als der Enthusiast hohen Stils, als der Universalist, der nicht so sehr Philosoph wie Theologe sei, der einerseits den Aberglauben der Mantik in ein quasiwissenschaftliches System eingebracht, andererseits den Kosmos mit religiösem Schwung gepriesen und dem Irrationalen einen Platz zugewiesen habe (SCHWARTZ 1902 [*42: 72ff.]), bald wird er mit seinen tiefverwurzelten religiösen Instinkten zum Mittler nicht nur zwischen Griechentum und Römertum, sondern auch zwischen Orient und Okzident (so WENDLAND 1888 [*28] und CUMONT 1919 [*71]), bald wird er durch den angeblichen Timaioskommentar und die ihm zugesprochene Lehre vom Syndesmos zum Genius, der die universale Weltanschauung des Spätaltertums geschaffen und so den Platon des Timaios zum Platon des Neuplatonismus und der Renaissance gemacht habe (JAEGER 1914 [*59: 70]). Im Gegensatz zu diesen vor allem in der deutschen Philologie entworfenen Poseidoniosbildern hat BRÉHIER in seiner Studie von 1914 [*57], die in Deutschland leider lange unbeachtet geblieben ist, unter scharfer Kritik dieser Art von Quellenanalyse und unter Berufung auf die Zeugnisse über die Beiträge des Poseidonios zur Mathematik diesen als einen Mann gezeichnet, dessen Rang und Bedeutung in seiner Mathematik und in seiner Naturwissenschaft liege.

Gegen die Tragfähigkeit des durch die deutsche Quellenanalyse bereiteten Bodens hatte sich aber auch sonst schon Kritik angemeldet. Und DOBSON gab seinem Aufsatz den bezeichnenden Titel ‹The

Posidonius myth› (1918 [*65]). Zu den Kritikern gehört auch REINHARDT. Unzufrieden mit einer Methode, die mit Hilfe von Topoi und Ähnlichkeiten ein Konglomerat unterschiedlicher, ja widersprüchlicher Einzelheiten zusammenbrachte, suchte er nach einem neuen Weg und fand ihn in der literarischen Analyse und der Erfassung der 'inneren Form'. Es gelte, aus grösseren Textstücken die geistige Gestalt des Autors zu ermitteln. In drei grossen Werken (1921 [*87], 1926 [*106], 1928 [*114]), denen er nach 30 Jahren in dem RE-Artikel von 1953 [*224] einen kritischen und seine Position klärenden Rückblick folgen liess, entwarf er, von Strabons Geographie ausgehend, das Bild des Vitalisten, Dynamikers, Aitiologen, Monisten, Organologen und Augendenkers (von diesem Ausdruck distanzierte er sich zuletzt [*224: 613]) Poseidonios, der, der Ursachenforschung verpflichtet, die Welt als eine lebendige organische Einheit ansah, deren Teile von der 'Lebenskraft' durchwaltet in lebendiger Wechselbeziehung zueinander stehen (Sympathie), die ihre Mitte in der Sonne als ihrer göttlichen Seele besitzt; so gipfele seine Philosophie in einer solaren Eschatologie.

REINHARDTS Werke fanden keine günstige Aufnahme. Sie gerieten zwischen die Mühlsteine der Kritik der von ihm angegriffenen älteren Poseidoniosforscher (z.B. POHLENZ 1922 [*92], 1926 [*107], HOWALD 1921 [*87], PRAECHTER [12]1926 [§ 1 *336: 478-483]) und der grundsätzlichen Skepsis dem englischen und französischen Sprachraum gegenüber der älteren Quellenanalyse (z.B. JONES 1926 [*103], 1932 [*136], 1933 [*144], BOYANCÉ 1936 [*156], BLANKERT 1949 [*179]). Diesen Forschern schien REINHARDT nur eine eigenwillige Sonderform der deutschen Quellenanalyse zu repräsentieren, man verkannte sein Bemühen um die innere Form als baren Subjektivismus und willkürliche Schau, die die strenge Interpretation zu ersetzen versuche, und hielt ihm entgegen, er betrachte Poseidonios zu isoliert, ohne das geistige Umfeld mit Personen wie Panaitios und Antiochos hinreichend zu berücksichtigen. Man versuchte aber auch, einzelnen Forschungsergebnissen REINHARDTS die Grundlage zu entziehen. JONES (1926 [*103], 1932 [*136], 1933 [*144]) brachte die Hypothese von der solaren Eschatologie zum Einsturz und wendete sich gegen die aus Galen ermittelte Wahrnehmungstheorie. CRÖNERT (1930 [*123]) glaubte nachweisen zu können, dass die 'Lebenskraft' schon vorposeidonianisch sei (dagegen REINHARDT 1953 [*224: 649]). PHILIPPSON (1941 [*183]) zeigte, dass die Vorstellungen von Vitalismus und Sympathie schon für die alte Stoa belegt sind, beachtete in dieser Kritik aber nicht die eigentümlich poseidonianischen Ausprägungen dieser Begriffe. Hinzu kam, dass etwa gleichzeitig mit den Büchern REINHARDTS neue Forschungen zu Poseidonios erschienen, in denen zum Teil die älteren Methoden praktiziert wurden. POHLENZ legte seine wichtigen Untersuchungen zur Affektenlehre und Psychologie des Poseidonios vor (1922 [*91]), HEINEMANN führte den Panaitios und den Antiochos in die Konkurrenz gegen Poseidonios (1921 [*81], 1928 [*110]). RUDBERG suchte unter Berücksichtigung der Kritik an der Quellenanalyse ein vorsichtigeres Bild des Denkers von Apameia zu zeichnen (1924 [*98]), THEILER, in vielem REINHARDT nahestehend, würdigte in seinem Buch zur Entstehung des Neuplatonismus insbesondere die Wirkungen des Poseidonios auf die Naturphilosophie Plotins (1930 [*129]).

In den 1930er und 1940er Jahren bahnte sich dann eine Vermittlung zwischen den Positionen der älteren Quellenforschung und den Studien REINHARDTS an, freilich oft im Sinne eines Sowohl-als-auch (RUDBERG 1932 [*142], POHLENZ 1941 [*184], MEYER 1947 [*195], POHLENZ [1]1948-1949 [*199]). In den folgenden Jahren wurden die Untersuchungen zur Quellenanalyse bald im Sinne der älteren Forscher, bald im Sinne REINHARDTS fortgesetzt. PFLIGERSDORFFER (1959 [*244]) versuchte, poseidonianisches Gut bei FIRMICUS MATERNUS (Math. III 1, 11-14) und bei DIODOR (I 7-8) nachzuweisen. UNTERSTEINER (1970 [*291]) möchte die Doxographie des DIOGENES LAERT. über die Philosophie Platons (III 67-80) auf Poseidonios zurückführen. JOHANN (1981 [*349]) glaubt, dass des Poseidonios Naturrechts- und Staatslehre in Ciceros ‹De officiis III›, ‹De legibus I› und ‹De re publica› (einschliesslich des Somnium Scipionis) nachwirke, in Schriften also, in denen Cicero gerade nicht fremde Lehre referiert und kritisiert, sondern, wenn auch fremde Anregungen aufgreifend, eigene Philosophie vorträgt. MALITZ (1983 [*358]) bemüht sich, auf der Grundlage älterer Analysen die Historien des Poseidonios zu rekonstruieren. Daneben wurde die Kritik an der Quellenanalyse und ihren Ergebnissen fortgesetzt (z.B. NOCK 1959 [*243], HOVEN 1971 [*293]). EDELSTEIN (1936 [*158]) schliesslich unternahm den schon lange fälligen Versuch, allein aus den mit dem Namen des Poseidonios versehenen Zeugnissen unter völligem Verzicht auf jegliche Quellenanalyse und jegliches nur erschlossene Zeugnis das philosophische System des Poseidonios zu ermitteln; er verzichtete freilich auch darauf, die namentlich überlieferten Fragmente aus dessen Geschichtsschreibung und Geographie für diese Rekonstruktion heranzuziehen und auszuwerten. Poseidonios erscheint so als ein stoischer realistischer Rationalist, als ein Denker und Forscher, der durchaus auch die Erfahrung heranzieht, der ein breites Wissen in Mathematik, Logik, Literatur, Geschichte und in den Wissenschaften besitzt, der Platon, Aristoteles und andere grosse Philosophen heranzieht, nicht um stoische Lehren zu verfälschen, sondern um sie zu stützen. In seinem System ist kein Platz für eine Eschatologie, für Ekstase und für ein besonderes religiöses Gefühl. Vitalismus scheint nicht bezeugt zu sein.

Einen neuen Impuls hat der Poseidoniosforschung MARIE LAFFRANQUE mit ihrem umfangreichen Buch von 1964 [*270] gegeben. Ausgehend von den Beobachtungen und Positionen ihres Lehrers BRÉHIER und sich weithin auf die unter dem Namen des Poseidonios überlieferten Zeugnisse beschränkend, in diesen aber im Sinne REINHARDTS durch Interpretation die innere Form erarbeitend, entwarf sie das Bild des Wissenschaftlers und Mathematikers Poseidonios, der in Mathematik, in Geographie und Ethnologie, in Astronomie und Meteorologie sowie in der Historiographie Hervorragendes geleistet habe, als Philosoph aber eher blass bleibe.

In den jüngsten Forschungen geht man die Wege, die EDELSTEIN und LAFFRANQUE gewiesen haben, weiter, freilich indem man deren Positionen bald bekräftigt, bald modifiziert und Einseitigkeiten zurechtrückt. RIST (1969 [*286: 201-218]) wirft die Frage auf, ob die Abweichungen des Poseidonios vom orthodoxen Stoizismus in der Physik, in der Psychologie und in der Ethik als Ad-hoc-Lösungen zu Teilproblemen ohne inneren Zusammenhang zu verstehen seien oder ob in ihnen eine einheitliche Weltsicht erkennbar werde, die man als charakteristisch für Poseidonios ansehen könne, und findet diesen charakteristischen Wesenszug in der Unterstreichung und Neuinterpretation der dualistischen Züge des orthodoxen stoischen Monismus, ohne dass von ihm der monistische Materialismus preisgegeben werde. SANDBACH (1975 [*318: 129-139]) zieht mit besonderer Vorsicht und lesenswerter Begründung auch Texte heran, in denen der Name des Poseidonios nicht ausdrücklich als Gewährsmann genannt wird, deren Zuweisung an Poseidonios aber unstritig zu sein scheint, und zeichnet Poseidonios als einen Philosophen, der mit weiten Interessen gerade auch an historischen, ethnologischen, geographischen, meteorologischen und psychologischen Detailfragen vom stoischen Standpunkt ausgehend das Wesen der Welt im Zusammenspiel und im Zusammenwirken ihrer Teile sieht. Dem Zusammenhang von Naturwissenschaft, Philosophie und Geschichtsschreibung im historischen Werk des Poseidonios sind VON FRITZ (1977 [*327]) und K. SCHMIDT (1980 [*346]; vgl. auch MANGANI 1983 [*359]) nachgegangen, jener, indem er die Eigenart der Geschichtsschreibung des Poseidonios und damit sein Verständnis historischer Vorgänge in den anthropologisch-ethnologischen Grundlagen und in der Verbindung von sozialen Verhältnissen mit Völker-, Massen- und Individualpsychologie erkennt, diese, indem sie die Art und Bedeutung der Klimatheorie und der klimatologischen Völkerbetrachtung des Poseidonios ermittelt. Und KIDD (1971 [*294], 1978 [*332], 1978 [*333]) untersucht Galens Zitate und Berichte aus der Schrift des Poseidonios über die Affekte, zeigt die Funktion der Logik als einer philosophischen Disziplin bei Poseidonios und klärt, sich sowohl von den Positionen LAFFRANQUES als auch EDELSTEINS absetzend, das Verhältnis von Naturphilosophie auf der einen und Naturwissenschaft und Mathematik auf der anderen Seite. Die Aufgabe der Naturphilosophie ist die deduktive Aitiologie. Die Wissenschaften dagegen sind deskriptiv und bilden Hypothesen. Sie sind nicht Teil, sondern ein notwendiges Organon der Philosophie.

Gelegentlich äussert man hinsichtlich der Ermittlung der Bedeutung der Philosophie des Poseidonios auch einen ausgeprägten Skeptizismus (z.B. HOSSENFELDER 1985 [§ 1 *340: 3, 97], der noch ganze 11 Zeilen dem Poseidonios widmet). Daneben deutet sich zuweilen auch eine Rückkehr zu den Positionen an, die man in der Mitte des 19. Jahrhunderts eingenommen hatte (z.B. LONG 1974 [*308: 216-222] und GIGON 1980 [*342]). Für das rechte Verständnis wichtig sind aber auch die Bemühungen um eine bessere Kenntnis seines geistigen Umfelds. Es sei vor allem auf die Forschungen zu Theophrast, zu Krates aus Mallos, zur skeptischen Akademie, zum jüngeren Epikureismus, zu Panaitios und zu Antiochos aus Askalon verwiesen.

Die wichtigste Leistung der letzten Jahre, die die Forschungen über Poseidonios auf eine neue Grundlage gestellt hat, ist die Herausgabe zweier Fragmentsammlungen, die freilich in ihrer Verschiedenheit die Geschichte der Poseidoniosforschung widerspiegeln. Die Sammlung der Fragmente, die EDELSTEIN angelegt und KIDD vervollständigt, abgerundet und aus dem Nachlass herausgegeben hat (1972 [*5]), beschränkt sich allein auf die unter dem Namen des Poseidonios in der antiken Literatur angeführten Zeugnisse, Bruchstücke und Berichte. Sie führt zunächst die Testimonien über Leben und Einfluss des Poseidonios sowie über die Charakterisierungen seiner Philosophie auf, bringt dann nach dem Vorbild von JACOBY die Fragmente, die von den Quellenautoren bestimmten Werken und Büchern zugewiesen werden, und zwar zunächst die philosophischen in der Reihenfolge Physik, Ethik, Logik, dann die wissenschaftlichen und historischen Werken entnommenen. Danach folgen die Fragmente, die nicht bestimmten Werken zugeschrieben sind, in derselben Reihenfolge. Querverweise erleichtern das Auffinden thematisch zusammengehöriger Zeugnisse. Unterdessen ist der in zwei Bände aufgeteilte Kommentar von I. G. KIDD zu dieser Fragmentsammlung erschienen (1988). KIDD kommentiert mit grosser Sorgfalt und Umsicht jedes einzelne Fragment, indem er zunächst das Thema des Fragments charakterisiert, dann den Kontext, aus dem es genommen ist, beschreibt und schliesslich einen Sprach- und Sachkommentar mit kritischer Auseinandersetzung mit der Sekundärliteratur und bei umfangreicheren Fragmenten mit einer Analyse des Gedankengangs folgen lässt. Dagegen hat THEILER (1982 [*6]), der sein Lebenswerk zwar noch zum Druck bringen, die Drucklegung aber selbst nicht mehr überwachen konnte, auch Berichte und Fragmente, die von der jüngeren deutschen Forschung seit REINHARDT für Poseidonios in Anspruch genommen worden sind, wenn auch mit kritischer Vorsicht, aufgenommen, aber leider im Druckbild zwischen bezeugten und erschlossenen Fragmenten nicht unterschieden. Man bedauert dies um so mehr, als abgesehen von unterschiedlichen Abgrenzungen, rund drei Fünftel der Texte THEILERS für Poseidonios nur erschlossen sind. Der kritische Apparat ist äusserst knapp gehalten und enthebt den Benutzer nicht der Nachprüfung in einer wissenschaftlichen Ausgabe der jeweiligen Quellenschrift. Die Fragmente sind im Gegensatz zu EDELSTEIN/KIDD nur nach thematischen Gesichtspunkten geordnet. Nach den Testimonien werden zunächst die Fragmente aus dem Werk über den Ozean (F 1-79), dann die aus dem Geschichtswerk (F 80-250) gebracht. Es folgen die Fragmente aus den philosophischen Büchern nach deren Titeln geordnet, und zwar zunächst aus den physikalischen Schriften (F 251-401), dann aus den ethischen (F 402-453) und schliesslich aus den logischen Schriften (F 454-462). Fragmente aus technischen Schriften und anderes bilden den Schluss (F 463-481). Nach der Meinung THEILERS weniger gesicherte Poseidoniossätze sind in den Erläuterungen des Kommentars aufgenommen, ebenso weitere Hinweise auf Parallelen und Similien. Hinweise auf Sekundärliteratur sind bewusst knapp gehalten. Die Begründung der Zuweisung eines nicht bezeugten Fragments ist leider oft sehr apodiktisch. Dagegen sind die Versuche der Rekonstruktion eines Werkes und seiner Gedankenführung anregend und hilfreich. Beim Stand der Dinge wird der Forscher künftig mit beiden Fragmentsammlungen arbeiten müssen.

E. DOXOGRAPHIE

1. Einleitung

Angesichts dieser Situation der Forschung kann im folgenden nur eine vorläufige Skizze der Philosophie des Poseidonios gegeben werden. Diese Skizze wird sich zunächst und vor allem auf die in der antiken Tradition ausdrücklich dem Poseidonios zugeschriebenen Lehrmeinungen stützen und auf dieser Basis versuchen, die Eigenart seiner Intentionen, seiner Methoden und seines Denkens zu ermitteln. Beschränkte man sich aber allein auf eine Untersuchung dieser Art, bliebe einerseits das Poseidoniosbild von der Zufälligkeit und Eigenart, wie antike Autoren ihre Quellen nennen oder nicht nennen, abhängig und damit möglicherweise verzerrt und unvollständig, blieben andererseits Quellen, die zwar sorgfältig gefiltert werden müssen, unausgeschöpft. Stücke, die mit sehr grosser Wahrscheinlichkeit dem Poseidonios zugeschrieben werden können, finden sich insbesondere bei Diodor und über die ausdrücklichen Zitate hinaus bei Strabon, Cicero (besonders in ‹De natura deorum II›), Seneca, Plutarch und Kleomedes. Auch hinter den jüngeren Stoikern, die Sextus Empiricus zitiert, verbirgt sich oft Poseidonios. Daher werden auch solche Stücke, die mit hoher Wahrscheinlichkeit für Poseidonios erschlossen werden können, herangezogen. Sie werden aber stets als solche gekennzeichnet, und zwar nötigenfalls unter Hinweis auf die divergierenden Urteile in der Sekundärliteratur. Wollte man auf Quellen dieser Art verzichten, müsste eine Reihe von unbekannten Stoikern als Quellenautoren der genannten Werke dargestellt werden, die jeweils dem Poseidonios höchst ähnlich wären.

2. Charakteristik der Philosophie des Poseidonios

Schon in den antiken Würdigungen und Charakterisierungen des Poseidonios tritt uns dieser entgegen als ein stoischer Philosoph hohen Ranges, der, vertraut mit der Mathematik und den Fachwissenschaften und dazu mit der älteren und zeitgenössischen philosophischen Literatur, sich mehr der Wahrheit verpflichtet fühlte als dem Festhalten an einem Schuldogma (vgl. T 33. 36. 38. 46-48. 52-55. 60. 83-89 besonders 58 EK). Als stoischer Philosoph hat er einerseits in Fortsetzung der Bemühungen seines Lehrers Panaitios, aber auch in manchem diesen korrigierend, die von Chrysipp geprägte stoische Orthodoxie unter Heranziehung der Ergebnisse der Fachwissenschaften und unter kritischer Würdigung älterer Lösungsversuche einer Revision unterzogen und dabei die vitalistische Komponente der Philosophie Zenons und des Kleanthes aufgegriffen und ihr eine eigentümliche Ausprägung gegeben. Andererseits hat er im Zusammenhang und im Wechselspiel mit dieser Revision der stoischen Orthodoxie eine Neuinterpretation der Welt versucht, und zwar der Welt in ihrer Gesamtheit von den naturphilosophischen und theologischen Grundfragen aus über die Erscheinungen, die von der Astronomie, Meteorologie, Hydrologie, Mineralogie, Botanik und Zoologie erforscht werden, hin zum Menschen samt seinem Handeln in der Geschichte und seinen Hervorbringungen in der Kultur und über den Menschen hinaus wieder zum Göttlichen. Bei dieser Neuinterpretation der Welt sah er als Philosoph seine Hauptaufgabe darin, die Erscheinungen im einzelnen zu begründen (αἰτιολογικόν, was sein Kritiker Strabon als Ἀριστοτελίζειν verworfen hat: F 18 EK = F 255 Th). Erster Schritt bei der Untersuchung eines Phänomens ist die genaue Feststellung des Sachverhalts durch Auswertung der Fachliteratur und von Berichten und Befragungen sowie nach Möglichkeit durch Autopsie und systematische Beobachtung. Oft in Zusammenhang mit dieser Ermittlung des Sachverhalts erfolgt der zweite Schritt, die Überprüfung älterer Erklärungsversuche. Hierzu zieht er nicht nur die Schriften älterer Stoiker wie die Zenons, des Kleanthes und Chrysipps heran, sondern gerade auch solche von Platon, Aristoteles und Theophrast. Dass Platon, Aristoteles und Theophrast ausgewertet werden, steht nicht im Widerspruch zu dem Bestreben, auf Grund der Ergebnisse der jüngeren Fachwissenschaften zu einer Revision des bisherigen Urteils zu gelangen. Denn infolge der Wende in der Akademie unter Antiochos und der Erneuerung des Studiums des Aristoteles und des Theophrast (vgl. MORAUX 1973 [*304], WEHRLI oben Bd. 3, 592-599) sind deren Werke höchst aktuell. Auf Grund des ermittelten Sachverhalts und aus der Kritik bisheriger Erklärungen entwickelt er dann vom stoischen Standpunkt aus seine eigene Deutung des Phänomens. Dieses Verfahren darf nicht als Eklektizismus missverstanden werden. Denn die stoische Grundposition bleibt die Basis jeder Deutung, wenn auch Positionen, die bestimmte Stoiker bezogen hatten, kritisch geprüft und nötigenfalls modifiziert oder auch aufgegeben werden. Die stoische Ausrichtung verhindert natürlich nicht, dass die richtige Beschreibung eines Sachverhalts aus einer anderen Schule übernommen wird. Wenn aber Lehrmeinungen aus anderen Schulen zur Stützung der eigenen Position herangezogen werden, werden sie in aller Regel stoisch interpretiert.

Am Studium der Gezeiten ist dieses Verfahren des Poseidonios besonders gut zu fassen. Zunächst hat er Berichte über dieses Phänomen und die darin versuchten Deutungen zusammengestellt und geordnet. Dann ist er nach Gades gereist, um die Gezeiten an einem Ort zu untersuchen, wo sie besonders deutlich auftreten. Unter Heranziehung der Berichte der Anwohner von Gades und auf Grund sorgfältiger eigener Beobachtungen, die sogar Messungen einschlossen, hat er dort Richtiges von Falschem getrennt, die Abhängigkeit der Gezeiten vom Lauf der Sonne und besonders des Mondes festgestellt und einen täglichen, monatlichen und jährlichen Rhythmus in der wechselnden Höhe von Ebbe und Flut unterschieden. Die Ursachen dafür hat er dann aus seiner stoischen Sicht der Welt als einer organischen Einheit, deren Teile in einer dauernden Wechselwirkung zueinander stehen (Sympathie), erschlossen. Dass er dabei auf Grund der Berichte über den jährlichen Rhythmus sich täuschte, wird man ihm nicht zur Last legen. Die Erklärung des Mechanismus der Einwirkung des Mondes auf die Gezeiten (der Mond als angeblicher Verursacher der Winde) ist, falls nicht überhaupt ein Irrtum des Berichterstatters vorliegt, zwar primitiv, aber angesichts der meteorologischen Grundauffassung des Poseidonios nicht unverständlich (F 217-218 EK = F 26 Th, F 219 EK = F 313 Th, F 220 EK = F 20 Th, F 214 EK = F 2 Th, F 215 EK = F 10 Th, F 216 EK = F 1 Th, F 23 EK = F 347 Th, F 138 EK = F 317 Th, REINHARDT 1953 [*224: 671-672], LAFFRANQUE 1964 [*270: 187-191], VON FRITZ 1977 [*327: 168-169], THEILER 1982 [*6: 2, 20-43. 201-203. 204-205]).

3. Auffassung und Einteilung der Philosophie

Aus einer Anspielung STRABONS (I 1,1 = T 75 EK = F 251a Th) folgt, dass Poseidonios die Philosophie ganz im Sinne der Stoa als 'Wissenschaft von den göttlichen und menschlichen Dingen' verstanden hat. Ob er diese Definition gelegentlich durch den Zusatz 'und ihrer Ursachen' erweitert und verdeutlicht hat, was zu seiner Auffassung der Philosophie als Ursachenforschung passt, ist umstritten (u.a. CICERO de off. II 5, SENECA Epist. mor. 89, 5, PHILON de congr. erud. gr. 79; für

Zuweisung an Poseidonios SCHWARTZ 1902 [*42: 94. 96], REINHARDT 1921 [*87: 58], 1953 [*224: 641f.], POHLENZ ⁴1971-1972 [*199: 2, 106], GIGON 1980 [*342: 281f.], dagegen CRÖNERT 1930 [*123: 147], THEILER 1982 [*6: 2, 131f.]). Wie seine Vorgänger hat er die Philosophie in die drei Teile Logik, Physik und Ethik gegliedert, aber mit besonderem Nachdruck die untrennbare Einheit und gegenseitige Abhängigkeit dieser drei Teile und ihre Gleichrangigkeit betont und zu diesem Zweck den alten Vergleich der Philosophie mit einem Garten oder mit einem Ei verworfen und durch den Vergleich mit einem Lebewesen, wobei Fleisch und Blut die Physik, Knochen und Sehnen die Logik, die Seele aber die Ethik darstellen, ersetzt (F 87-88 EK = F 252ab Th). Hierdurch wird gegen Epikureer und Peripatetiker die Auffassung der Logik als eines blossen Organons der Philosophie bestritten, andererseits die ethische Zielsetzung der ganzen Philosophie unterstrichen und zugleich der von manchen vertretenen Übergewichtung der Ethik als der Hauptdisziplin der Philosophie widersprochen (vgl. KIDD 1978 [*332]). Statt der Logik sind die Fachwissenschaften die Hilfsdisziplinen der Philosophie, ohne dass sie Teile der Philosophie wären. Die Naturphilosophie (= Physik) hat die Aufgabe, z.B. das Wesen des Himmels und der Gestirne, die in ihnen wirkenden Kräfte und ihre Ursachen zu erforschen. Dagegen untersucht und berechnet die Astronomie als Fachwissenschaft die Grösse der Gestirne, ihre Bahn, ihre Auf- und Untergänge, ihre Verfinsterungen. Da die Fachwissenschaften nicht nach dem Wesen fragen, sind sie nicht autark; sie erhalten ihre Begründung erst von der Philosophie (F 90 EK = F 447 Th, F 18 EK = F 255 Th, STRABON II 5,2 = F 3c Th, dazu u.a. REINHARDT 1921 [*87: 43ff.], 1953 [*224: 645f.], KIDD 1978 [*332]). Dementsprechend zieht Poseidonios in den philosophischen Untersuchungen immer wieder die Ergebnisse der Fachwissenschaften heran wie z.B. die Berechnungen des Umfangs der Erde, des Abstandes der Sonne und des Mondes von der Erde, der Grösse dieser Gestirne. Gelegentlich erörtert er solche Fragen in der Art eines Fachwissenschaftlers, ja er kann sogar fachwissenschaftliche Einzeluntersuchungen veröffentlichen.

In der didaktischen Anordnung der Teile der Philosophie ist er seinem Lehrer Panaitios gefolgt und hat mit der Physik begonnen und ihr die Ethik und die Logik folgen lassen (F 91 EK = F 253 Th).

4. Logik

Über die Untersuchungen des Poseidonios zur Logik und zu ihren Teilgebieten sind nur wenige Nachrichten aus der Antike erhalten. Daraus darf aber nicht geschlossen werden, Poseidonios habe die Logik vernachlässigt (FREDE 1974 [§ 33 *487: 30]). In der Schrift über das Kriterion hat er in einem historischen Überblick auch angeführt, dass in der alten Stoa (vermutlich von Zenon, vgl. oben S. 528) auch der ὀρθὸς λόγος (der aufrechte Logos) als Kriterion angesehen wurde (F 42 EK = F 460 Th). Im Zusammenhang damit hat er zumindest die Rolle des Logos in der kataleptischen Wahrnehmung stark betont. Jedenfalls hat er herausgestellt, dass Gleiches nur von Gleichem erkannt werden kann und demnach die Natur des

Alls von dem Logos, der ihr wesensverwandt ist, erfasst werden muss (F 85 EK = F 395a. 461 Th, MÜLLER 1965 [*272: 191-193]). Auch in anderen Zusammenhängen hat er die Bedeutung des Logos unterstrichen (F 31,24 EK = F 406 Th, F 187,6ff. EK = F 417 Th, F 164,61ff. EK = F 409 Th, REINHARDT 1921 [*87: 415ff.], POHLENZ 1926 [*107: 289], THEILER 1934 [*129: 94], EDELSTEIN 1936 [*158: 317f.], KIDD 1978 [*333]). Ob auch Galens vitalistisch anmutende Erklärung des Sehens auf Poseidonios zurückgeführt werden kann, ist eine offene Frage (GALEN de placitis Hippocratis et Platonis VII 5,41-6,1 = F 395b Th; gegen eine Zuweisung JONES und CHERNISS 1933 [*144] und EDELSTEIN 1936 [*158: 318 Anm. 125]; für eine Zuweisung REINHARDT 1953 [*224: 726-732], THEILER 1982 [*6: 2, 326-329], beide mit kritischen Auseinandersetzungen mit den Gegnern und Anführung weiterer Parallelen).

In der Dialektik hat Poseidonios an der gemeinstoischen Definition dieses Teiles der Logik als «der Wissenschaft von dem, was wahr, was falsch und was keines von beiden ist» festgehalten (F 188 EK = F 454 Th, vgl. SEXTUS EMP. adv. math. XI 187, DIOGENES LAERT. VII 42), ohne damit Chrysipps Einteilung der Gegenstände der Dialektik in σημαίνοντα und σημαινόμενα aufzugeben. Denn in der Rhetorik gliedert er die Status in zwei Bereiche, in den Bereich der Vox (Begriffe der Gesetzestexte) und in den Bereich der Res (Sachverhalte), mit jeweils vier Untergliederungen (F 189 EK = F 456 Th).

In seiner Einführung in die Logik zitiert Galen durchaus zustimmend die Untersuchungen des Poseidonios über die relationalen Syllogismen der Form a : b = c : x. Poseidonios nannte diese Syllogismen «auf Grund eines Axioms schlüssig» (F 191 EK = F 455 Th, dazu MAU 1960 [*246: 61] und KIDD 1978 [*333]). Dabei hat Poseidonios den Begriff 'Axiom' nicht im Sinne der Stoa als Bezeichnung eines jeglichen Urteils, sondern im Sinne Euklids als Bezeichnung eines selbstevidenten Urteils verstanden. In diesem Zusammenhang ist auch auf die Schrift des Poseidonios zu verweisen, in der er sich gegen die Angriffe des Epikureers Zenon aus Sidon gegen die Grundlagen der Geometrie Euklids gewandt hat, und auf weitere Überlegungen zur logischen Grundlegung der Mathematik (F 46-47 EK = F 463 Th, F 195-198 EK = F 464-467 Th und dazu LAFFRANQUE 1964 [*270: 241-294], VON FRITZ 1972 [§ 38 *455: 125-128], KIDD 1978 [*333: 279-281]).

Abgesehen von dem Zeugnis über die Einteilung der Status ist aus dem Teilgebiet der Rhetorik noch ein Zitat aus der Einführungsschrift über die Sprachform mit der für die Literaturwissenschaft wichtigen Unterscheidung von ποίημα (Gedicht) und ποίησις (Dichtung) erhalten. Jenes ist «eine metrische oder rhythmische Sprachform, die sich durch ihre Ausschmückung über das Prosaische erhebt», diese «ein einen Sachverhalt bezeichnendes Gedicht, das die Nachgestaltung von Göttlichem und Menschlichem enthält» (F 44 EK = F 458 Th). Beachtenswert, dass Logos ('Rede') als Oberbegriff von Poesie und Prosa erscheint und dass ποίημα eher als formales Gebilde (Metrum, Rhythmus, Schmuck), ποίησις als durch seinen Inhalt bestimmtes Gebilde gefasst ist, wobei der Zusammenhang mit der Definition der Philosophie als der Wissenschaft von den göttlichen und menschlichen Dingen offen zutage liegt.

5. Physik

Wie die Notizen bei DIOGENES LAERT. und AREIOS DID. zeigen (vgl. die F 4-17. 20-21. 23. 25. 92. 95-96. 98-99a. 117. 126-127. 139 EK und die F 256-261a. 262-271a. 304. 311-312. 334-335. 344-345. 347. 381. 390 Th), hat Poseidonios die Grundlinien der Philosophie Zenons mit Nachdruck vertreten und auch gegen gewisse Abweichungen seines Lehrers Panaitios (z.B. in der Frage der Endlichkeit der Welt und der Mantik) verteidigt. Die Überlegungen Chrysipps führt er teils weiter, teils unterzieht er sie einer scharfen Kritik. Abweichungen von Chrysipp scheint er als Rückkehr zu Positionen Zenons oder des Kleanthes hingestellt zu haben. Wie Zenon unterscheidet er die zwei Prinzipien des Bewirkenden und des Erleidenden, setzt jenes mit dem Logos (und das bedeutet mit Gott) und dieses mit der qualitätslosen Substanz (und das bedeutet mit dem Stoff: ὕλη) gleich, ja er betont noch, dass die Substanz des Alls (οὐσία) keine ihr eigentümliche Gestalt und Qualität besitzt, aber realiter immer in einer bestimmten Gestalt und Qualität sich darstellt. In diesem Zusammenhang nimmt er eine Differenzierung der Begriffe 'Substanz' und 'Stoff' vor, und zwar, wie sich aus dem offensichtlich verdorbenen Text des Areios Didymos zu ergeben scheint, dergestalt, dass die Substanz realiter existiere (κατὰ τὴν ὑπόστασιν), der Stoff jedoch nur begrifflich in unserer Vorstellung (ἐπινοίᾳ F 92 EK = F 267 Th; zu dem umstrittenen Text und der sehr unterschiedlichen Interpretation vgl. HIRZEL 1877-1883 [*24: 2, 759 Anm. 2], BÄUMKER 1890 [*29: 337 Anm. 6], EDELSTEIN 1936 [*158: 290f.], REINHARDT 1953 [*224: 643], GRAESER 1975 [§ 34 *16: 105ff. 117-119], DÖRRIE 1976 [*228: 35], MANSFELD 1978 [§ 34 *18: 170-178], THEILER 1982 [*6: 2, 140-142]). Die Substanz der Welt selbst kann wie bei Zenon weder durch Zu- noch durch Abnahme verändert werden, sondern nur sich qualitativ verändern (durch ἀλλοίωσις), während bei einem Teilindividuum (ἰδίως ποιόν) die Qualität von der Geburt bis zum Tod trotz dem Wachsen und der Abnahme gleich bleibt (F 96 EK = F 268 Th).

«Die Welt ist ein Gebilde aus Himmel und Erde und der in diesen vorhandenen Wesenheiten» (F 14 EK = F 334 Th, ebenso F 271c und 276 Th). Sie umfasst demnach alles, was existiert, und ist kugelförmig, weil diese Form sich am besten zur Bewegung eignet. Ausserhalb der Welt befindet sich das Leere, innerhalb der Welt gibt es nichts Leeres. Sie stellt demnach ein Kontinuum und als solches eine organische Einheit dar (F 6 EK = F 259 Th, F 4 EK = F 256 Th, F 8 EK = F 260 Th), deren Teile in Wechselwirkung zueinander stehen (Sympathie) und miteinander verwachsen sind (Symphyie). Der Begriff συμπάϑεια ist für Poseidonios mehrfach belegt (F 217,32 EK = F 26 Th, F 106,17 EK = F 379 Th, F 219,18 EK = F 313 Th) und tritt in den offensichtlich von Poseidonios abhängigen Darstellungen als Charakteristikum der Welterklärung hervor. Poseidonios hat hier offenbar eine Anregung Chrysipps aufgegriffen und zu einem tragenden Gedanken seiner Welterklärung gemacht (vgl. dazu REINHARDT 1953 [*224: 653-656], POHLENZ [4]1971-1972 [*199: 1, 217ff., 2, 108], THEILER 1982 [*6: 2, 150-154]). An Symphyie klingt an F 194 EK = F 395c Th. Der Begriff begegnet weiterhin in von Poseidonios eindeutig abhängigen Berichten oft in Zusammenhang mit der Sympathie (vgl. REINHARDT 1953 [*224: 656-657]). Zu dem Wechselspiel der Teile der Welt miteinander gehört auch, dass die Gestirne von der aus dem Ozean, aus den Meeren, Flüssen und sonstigen Gewässern der Erde aufsteigenden Feuchtigkeit ernährt werden und ihrerseits der Erde das Licht und die lebensnotwendige Wärme spenden (F 10 EK = 262 Th, F 118 EK = 358b Th). Als ein Gebilde, das sich in dauernder qualitativer Veränderung befindet, bleibt die Welt dem Wechsel von Ekpyrosis und Palingenesia unterworfen (F 13 EK = F 304 Th, F 84 = 97a EK = F 302 Th). Diese Zeugnisse widersprechen der Vermutung, Poseidonios habe die Lehre von der Ewigkeit der Welt vertreten (so EDELSTEIN 1936 [*158: 290-297], GRAESER 1975 [§ 34 *16: 105 Anm. 45]).

In dieser einen Welt ordnen sich die Elemente Erde, Wasser, Luft und Feuer schalenartig umeinander, so dass sie ihren natürlichen Ort einnehmen. Dementsprechend bildet die Erde das Zentrum der Welt, das Feuer aber den Himmel und damit die Peripherie der Welt. Bei der Verteilung und der Durchmischung der Elemente wirken wie bei THEOPHRAST (z.B. Causae plant. III 23,3) das Warme und das Feuchte in den Prozessen des Lebens zusammen (F 93ab EK = F 299 Th). Nun übernimmt und bestätigt Poseidonios die fachwissenschaftlichen Messungen des Umfangs der Erde, des Mondes und der Sonne und des Abstandes der Sonne, des Mondes und der Planeten von der Erde, Messungen, die sich den wahren Massen wenigstens nähern (F 202 EK = F 287 Th, F 9 EK = F 261a Th, F 116 EK = F 261b Th, F 290a Th [aus diesem Bericht übernehmen EK nur die ausdrücklich für Poseidonios bezeugten Fragmente 114 und 115], F 288-289 EK = F 290bc Th, F 123 EK = F 291 Th). Im Vergleich mit diesen gewaltigen Ausdehnungen des Weltalls nimmt die Erde trotz ihrem grossen Umfang sozusagen nur den Platz eines Punktes ein. Daraus stellen sich Poseidonios zwei schwierige Probleme. 1. In diesem geozentrischen System musste angesichts der gewaltigen Entfernungen die Geschwindigkeit der Himmelskörper und der Fixsternsphäre bei der täglichen Umdrehung um die Erde unvorstellbar gross werden. 2. Wie konnte bei diesen Grössenverhältnissen die traditionelle und für das Wirken der Sympathie notwendige Ernährung der Gestirne durch die von der Erde aufsteigende Feuchtigkeit aufrechterhalten werden? Während Poseidonios zum ersten Problem sich offenbar mit der Feststellung des Faktums der ungeheuren Geschwindigkeiten begnügt, findet er zum zweiten Problem eine eigenartige und charakteristische Lösung. Der Stoff der Erde sei zwar hinsichtlich seines Volumens gering, dehne sich aber bei der Umwandlung in Feuchtigkeit und weiter in Luft und schliesslich in Feuerstoff fast ins Unermessliche aus; wenn man sich die ganze Substanz des Himmels (d.i. des Feuers) und des Luftraums zu einem festen Körper verdichtet vorstelle, nehme er weniger Volumen ein als die Erde (KLEOMEDES 110,10-112,6 ZIEGLER = F 289 Th, zur Zuweisung dieser Stelle an Poseidonios vgl. THEILER 1934 [*129: 77f.], REINHARDT 1953 [*224: 659], THEILER 1982 [*6: 2, 162f.]). Hierzu passt die Definition des Himmels und der Gestirne (ausser des Mondes) als reines Feuer (F 17 EK = F 312 Th, F 127-128 EK = F 271ab Th, F 129-130 EK = F 298ab Th) und vor allem die Auffassung der ausserkosmischen Leere als begrenzt, aber so ausgedehnt, dass sie für die Auflösung der Welt bei der Ekpyrosis hinreichend sei (F 97ab EK = F 302 Th). Die immer wiederkehrende Auflösung der Welt in Feuer (also in Energie) und die Neubildung der Materie aus der Energie stellt sich demnach dem Poseidonios als ein Wechsel von Expansion und Kontraktion des Weltalls (modern gesprochen des Sonnensystems) dar.

Um die organische Einheit der Welt zu verdeutlichen, hat Poseidonios, ältere Anregungen des Aristoteles und auch Chrysipps aufgreifend (ARIST. Phys. 227a17-b2, SVF 2, frg. 367), hinsichtlich ihrer Struktur drei Arten von Körpern unterschieden: 1. solche, die aus Getrenntem zusammengesetzt sind (ἐκ διεστώτων), wie z.B. ein Chor, ein Heer oder eine Herde, 2. solche, die aus zusammenhängenden Teilen bestehen (συνημμένα), wie z.B. ein Schiff oder ein Haus, und schliesslich 3. solche, die eine organische Einheit bilden (ἡνώμενα) wie die Lebewesen (Nachweise dieser Lehre von den strukturell verschiedenen Körpern für Poseidonios bei REINHARDT 1921 [*87: 34ff.], 1926 [*106: 210ff.], 1953 [*224: 649-653], THEILER 1934 [*129: 98], 1982 [*6: 2, 146-150]; als schon von Chrysipp vertreten versucht sie POHLENZ 1922 [*92: 166], 1926 [*107: 275f.] zu erweisen). Die Welt ist nun ein solcher organisch geeinter Körper. Als solche ist sie ganz im Sinne Zenons ein Lebewesen, ein lebendiger Organismus, beseelt, vernünftig und verständig; sie ist eine beseelte empfindende Wesenheit (F 99a EK = F 304 Th, F 23 EK = 347 Th, besonders instruktiv SEXTUS EMP. adv. math. IX 78-87 = F 354 Th, ein Bericht, der offensichtlich nach Poseidonios gestaltet ist, THEILER 1982 [*6: 2, 251-252]). Die Seele aber, die dieses Lebewesen gestaltend und verlebendigend durchdringt, materialiter feuerartiges Pneuma, wie schon Zenon lehrte, ist das aktive Prinzip, das ist der Logos bzw. Gott (F 5 EK = F 257 Th). Denn wie die menschliche Seele den menschlichen Körper durchdringt, so durchwaltet die göttliche Vernunft alle Teile der Welt (F 21 EK = F 345 Th, F 100 EK = F 350 Th). Weil so Gott zu allem hingelangt und alles ordnet, kann man ihn Zeus nennen (F 102 EK = F 348 Th). Und insofern ist die Welt als Ganzes die Substanz Gottes (F 20 EK = F 344 Th). In Analogie zum passiven Prinzip hat Gott keine Gestalt, sondern gleicht sich in der Gestaltung der Welt allem an (συνεξομοιούμενον πᾶσι F 101 EK = F 349 Th, dazu RIST 1969 [*286: 204ff.]). Als Weltvernunft und Hegemonikon (der Weltseele) hat Gott seinen Sitz in der äussersten Peripherie der Welt (F 23 EK = F 347 Th, vgl. F 20 EK = F 344 Th). Hierzu passt, dass Poseidonios 'Oberfläche' sowohl als reales Sein als auch als Begriff verstanden hat (F 16 EK = F 311 Th). Demnach umfasst die Peripherie der Welt, ihre Oberfläche, als Hegemonikon die ganze Welt. Von dort her wirkt Gott ordnend und gestaltend durch die Welt, und zwar in unterschiedlicher Weise in den Erscheinungsformen der gestuften Welt, nämlich als ἕξις im Unbeseelten, als φύσις in den Pflanzen, als ψυχή in den Tieren, die an der Vernunft keinen Anteil haben, als νοῦς bzw. νοερὰ ψυχή in den Seelen der Menschen und in den göttlichen Gestirnen. Dabei umfasst jede höhere Stufe der Wirkungsweise Gottes die vorangegangene, und so tritt jeweils die neue Art der Wirkungsweise zu der vorangegangenen hinzu. So ist z.B. im Menschen Gott sowohl als ἕξις als auch als φύσις, als ψυχή und als νοῦς wirksam (DIOGENES LAERT. VII 138-139, in der Emendation VON ARNIMS und THEILERS = F 345 Th = F 21. 23 EK, und dazu die Parallelen, die THEILER 1982 [*6: 2, 239-241] anführt, F 127-128 EK = F 271ab Th, F 28ab EK = 389ab Th, F 139 EK = 390 Th). Gerade in dieser Addition der Wirkungsweise Gottes zeigt sich, wie Poseidonios die Lehren Chrysipps über diesen Gegenstand fortentwickelt hat. Auf Grund dieser zugleich differenzierten und zugleich additiven Wirkungsweise Gottes kann Poseidonios, ähnlich wie es Theophrast mit dem Typos-Begriff getan hat, die Stufen des Seins nicht als scharf voneinander abgegrenzte Gegebenheiten, sondern in Übergängen sehen. Zur Illustration lese man NEMESIOS c. 1, p. 38ff. (= F 309a Th), in dessen Ausführungen auf dem Weg über eine verlorene Schrift Galens poseidonisches Gedankengut geflossen ist (vgl. JAEGER 1914 [*59], SKARD 1936 [*161: 23-34], 1937 [*165: 9-25], 1939 [*175: 46-48], REINHARDT 1953 [*224: 719-725], THEILER 1982 [*6: 2, 188-192]).

Es wäre nun höchst instruktiv, eine grössere Zahl von poseidonischen Untersuchungen einzelner Phänomene des Himmelsraums, des Luftraums und der Erde mit ihren Gewässern folgen zu lassen und dabei die bald naturwissenschaftlich (im Sinne der Astronomie und der Geophysik), bald naturphilosophisch ausgerichteten Methoden und Zielsetzungen zu verfolgen. Der Charakter dieses Handbuchs lässt solche Einzeluntersuchungen jedoch nicht zu. Drei charakteristische Weiterungen, die Poseidonios auf der Grundlage seines Verständnisses der Welt als einer organischen Einheit, deren Teile in Wechselwirkung zueinander stehen, vorgenommen hat, seien aber wenigstens noch skizziert.

1. Während für die orthodoxe Stoa Gott (und damit die Vorsehung), Natur und die Heimarmene als die Ursachenkette identisch sind, hat Poseidonios eine Differenzierung vorgenommen, indem er sie in eine gestufte Reihenfolge bringt: das erste sei Zeus, das zweite die Natur, das dritte die Heimarmene (F 103 EK = F 382ab Th). Diese Differenzierung greift er auch in der Schrift über die Mantik auf; es gelte, Wesen und Begründung der Mantik von Gott, von der Heimarmene und von der Natur her zu erfassen (F 107 EK = F 377 Th). Wie diese Differenzierung zu verstehen ist, ist umstritten. Es wäre zu prüfen, ob Poseidonios sie im Zusammenhang mit den Problemen der Theodizee und der menschlichen Willensfreiheit vorgenommen hat. Immerhin hat aus ähnlichen Erwägungen Kleanthes zwischen Gott und Heimarmene unterschieden (SVF 1, frg. 551; zur unterschiedlichen Interpretation vgl. EDELSTEIN 1936 [*158: 292-305], LAFFRANQUE 1964 [*270: 329ff.], RIST 1969 [*286: 202ff.], THEILER 1982 [*6: 2, 308ff.]).

2. Gegenüber den Zweifeln seines Lehrers Panaitios findet Poseidonios in der Sympathie der Teile der als organische Einheit verstandenen Welt den Ansatzpunkt zu einer Neubegründung der Mantik und zu einer, wie er glaubt, wissenschaftlichen Grundlegung der Astrologie (F 7. 26-27. 106-113 EK und die Zusammenstellung bezeugter und erschlossener Fragmente aus der Schrift über die Mantik bei THEILER F 371a-380b).

3. Aus der Schrift über Heroen und Dämonen ist ein Zitat mit einer etymologischen Erklärung des Begriffs δαίμων erhalten. Weil die Dämonen Abspaltungen (ἀποσπάσματα, partita atque divisa) der ätherischen Substanz (des Himmelsraums und damit des Göttlichen) sind, werden sie ἀπὸ τοῦ δαιομένου (Äquivalent von καιομένου, 'brennen' bzw. von μεριζομένου, 'abgeteilt werden') genannt (F 24 EK = F 378 Th). Da nun Poseidonios nach dem Vorgang Zenons die Seele des Menschen materialiter als ein feuerartiges Pneuma definiert und zugleich als eine Abspaltung (ἀπόσπασμα) der Weltseele versteht (F 139 EK = F 390 Th, F 99a EK = F 304 Th) und sie 'den Dämon in uns' nennt («Denn Ursache aller Affekte, und das heisst Ursache unserer inneren Unausgeglichenheit und unseres unglücklichen

Lebens, ist, dass der Mensch nicht dem Dämon in seiner Brust folgt, der verwandt und wesensgleich ist dem die ganze Welt Durchwaltenden, sondern dem Schlechteren und Tierartigen in seinem Inneren zuneigend sich hinreissen lässt» F 187, 4-9 EK = F 417 Th), ist die menschliche Seele mit einem Dämon wesensgleich. Wie nun die Weltseele kraft ihrer verschiedenen Vermögen diese Welt durchdringt, so durchdringt die Seele des Menschen mit verschiedenen Vermögen den Menschen. Daher ist es die Seele, die den Leib, nicht der Leib, der die Seele zusammenhält (F 149 EK = F 400a Th), wirkt die Seele auch in den Knochen und Sehnen (vermutlich auch als ἕξις, F 28ab EK = F 389ab Th). Und so hat die Seele, die weiterhin aus einer Substanz besteht und an einem Ort (im Herzen) lokalisiert ist, wie Poseidonios in scharfer Kritik der Position Chrysipps und in vorsichtiger Anlehnung an Platon und Aristoteles herausarbeitet, auch alogische Vermögen, mit denen wir begehren und empfinden (F 142-146 EK = F 414, 421a-c, 399 Th). Ja, Poseidonios kann so, wie sich aus einem im einzelnen unsicheren Text TERTULLIANS ergibt (De anima 14,2 = F 147 EK = F 396 Th), bis zu 17 Seelenvermögen unterscheiden (zur Interpretation dieser schwierigen Stelle SCHINDLER 1934 [*152: 60], WASZINK 1947 [*197: 209ff.], THEILER 1982 [*6: 2, 329-333]). Aus der Auffassung der Seele als einer Abspaltung der göttlichen Substanz und als desjenigen, das den Körper zusammenhält, folgt, dass sie die Auflösung des Körpers im Tod überdauert (vgl. F 99a EK = F 304 Th, F 49 EK = F 400a Th, F 108 EK = F 373a Th). Wie Poseidonios sich das Schicksal der Seele nach dem Tod vorgestellt hat, ist nicht überliefert. Vermutlich kehrte sie zu der göttlichen Substanz zurück, von der sie eine Abspaltung ist.

6. Ethik

Auch bei der Bestimmung des Lebensziels stellt Poseidonios die wechselseitige Abhängigkeit der Teildisziplinen der Philosophie heraus. Nach stoischer Tradition versteht auch er die Bestimmung des Lebensziels als eine Interpretation der Telosformel Zenons, nämlich des ὁμολογουμένως (τῇ φύσει) ζῆν. Zunächst lässt er die bisherigen stoischen Deutungen kritisch Revue passieren, würdigt ihren Wert und zeigt ihre Schwächen auf. Dann bringt er seine Auffassung der menschlichen Seele in die Diskussion ein und bestimmt als Ziel «ein Leben, in dem man die Wahrheit und Ordnung des Alls betrachtend erkenne und sie nach Kräften mitverwirkliche, indem man in nichts sich von dem Unvernünftigen der Seele treiben lasse» (τὸ ζῆν θεωροῦντα τὴν τῶν ὅλων ἀλήθειαν καὶ τάξιν καὶ συγκατασκευάζοντα αὐτὴν κατὰ τὸ δυνατόν, κατὰ μηδὲν ἀγόμενον ὑπὸ τοῦ ἀλόγου [μέρους] τῆς ψυχῆς F 186 EK = F 428 Th; μέρους ist nach einer Vermutung THEILERS als fremdes Interpretament zu tilgen, da Poseidonios ausdrücklich nicht von Teilen, sondern von unterschiedlichen Vermögen und Kräften der einheitlichen Seele spricht, vgl. F 187 EK = F 417 Th, F 185 EK = F 426 Th). Lebensziel ist also ein doppeltes: einerseits die Erkenntnis der Welt, ihrer Wahrheit und Ordnung (hierin finden Physik und Logik (?) ihre Rechtfertigung), andererseits die Mitwirkung bei der Verwirklichung der Ordnung der Welt; dies aber geschieht, indem man sich selbst in Ordnung bringt, das aber heisst, indem man das eigene Verhalten bestimmen lässt von dem inneren Dämon, der Abspaltung des Göttlichen, und nicht von dem «unvernünftigen, unglückstiftenden und ungöttlichen Vermögen der Seele» (F 187, 4-12 EK = F 417 Th). Dies zu zeigen ist Aufgabe der Ethik (zur Telosdefinition: POHLENZ 1898 [*39: 625ff.], REINHARDT 1921 [*87: 3. 229ff.], RIETH 1933 [§ 33 *711: 34-44], EDELSTEIN 1936 [*158: 313-315], REINHARDT 1953 [*224: 747-750], NOCK 1959 [*243: 10], LAFFRANQUE 1964 [*270: 475-479], RIST 1969 [*286: 211-213], FORSCHNER 1981 [§ 33 *790: 226], der freilich die unnötige Konjektur SYLBURGS αὐτόν statt αὐτήν übernimmt).

Wie die Teile der Philosophie, so sind auch die Teile der Ethik voneinander abhängig und ergänzen sich gegenseitig. Dies betont Poseidonios mehrmals in seiner Schrift über die Affekte (F 30 EK = F 405 Th, F 150a EK = F 410 Th, F 150b EK = F 417 Th). Gegen den Intellektualismus Chrysipps, der nur ein Seelenvermögen anerkennt, nämlich die Denkfähigkeit, und dementsprechend den Affekt als ein Urteil definiert, aber auch gegen Zenons Auffassung des Affekts als Folge eines Urteils wendet sich Poseidonios, indem er Aporien aufwirft und dabei insbesondere die Frage nach der Ursache des jeweiligen Phänomens stellt und prüft, ob die Auffassungen seiner Vorgänger in sich konsistent sind und nicht der Wirklichkeit widersprechen. So führe der Intellektualismus Chrysipps dazu, dass man Kindern und Tieren den Affekt absprechen müsse, was der unmittelbaren Erfahrung widerspreche. So könne Chrysipp das Nachlassen der Affekte nicht erklären, und seine Definition des Schmerzes als 'der frischen Meinung vom Vorhandensein eines Übels' widerspreche geradezu seiner Auffassung vom Wesen der Affekte. Aus dieser Kritik entwickelt er dann gemäss der von ihm festgestellten drei für das sittliche Verhalten bedeutsamen Seelenvermögen des Begehrens (ἐπιθυμία), des Strebens (θυμός) und des Denkens (λόγος/νοῦς) seine Bestimmung der Affekte als 'Bewegung der beiden unvernünftigen Seelenvermögen' (κινήσεις τινὰς ἑτέρων δυνάμεων ἀλόγων, F 34 EK = F 407 Th, F 164 EK = F 409 Th, F 165 EK = F 410 Th, F 159 EK = F 412 Th, F 152 EK = F 411 Th). Mit dieser Bestimmung kann sich Poseidonios noch durchaus als in Übereinstimmung mit Zenons erster Definition des Affekts als 'einer unvernünftigen und widernatürlichen Bewegung der Seele' verstehen (SVF 1, frg. 205, F 151 EK = F 419 Th). Bei der Durchführung seiner Überlegungen bleibt Poseidonios frei von jedem starren Doktrinarismus. Er lässt durchaus als Möglichkeit gelten, dass zuweilen, wenn die Urteilskraft des Denkvermögens geschwächt ist, auch eine falsche Annahme dem Affekt vorausgeht und nicht erst aus dem Affekt hervorgeht (F 169, 77-84 EK = F 416 Th). Zu dieser differenzierenden Sehweise gehört auch die Unterscheidung (1) psychischer und (2) körperlicher Affektionen sowie (3) körperlicher Affektionen, die sich auf die Psyche auswirken, und (4) psychischer Affektionen, die sich auf den Körper auswirken. Beispiele von (1) sind Begierde, Angst und Zorn, von (2) Änderungen der Körpertemperatur, von (3) Eintreten schwarzer Galle ins Blut und Magenverstimmungen samt der psychischen Folgen, von (4) Zittern, Erblassen und sonstige Veränderungen des Aussehens infolge von Furcht oder Schmerz. In dieser Differenzierung wird auch sichtbar, dass Poseidonios den psychosomatischen Zusammenhang der Affekte gesehen hat (F 154 EK = F 436 Th, vgl. auch F 153. 169,85-103 EK = F 416 [S. 336] Th). Wegen des Intellektualismus Chrysipps gelten ihm auch dessen Empfehlungen zur Behandlung und Heilung der Affekte für verfehlt (F 167 EK = F 415 Th, F 163 EK = F 413 Th). Die unvernünftigen Seelenvermögen sind nicht der Belehrung zugänglich, wohl aber der Gewöhnung. Denn durch Gewöhnung müssen die unvernünftigen Seelenkräfte dazu gebracht werden, dem vernünftigen Seelenvermögen zu gehorchen. Infolgedessen ist nicht die Apathie, die völlige Unterdrückung der Affekte, anzustreben, «sondern eine Ausbildung des Trieblebens der Seele zu einer Beschaffenheit, in der es am besten für die Leitung durch den Logos geeignet ist» (F 31 EK = F 406 Th; zur Lehre von den Affekten vgl. REINHARDT 1921 [*87], POHLENZ 1922 [*91], EDELSTEIN 1936 [*158: 305-308], REINHARDT 1953 [*224: 733-745], NOCK 1959 [*243], LAFFRANQUE 1964 [*270: 389ff.], RIST 1969 [*286: 211-217], KIDD 1971 [*294], POHLENZ [4]1971-1972 [*199: 1, 224-231], HARRIS 1973 [*303], DE LACY 1984 [*334], THEILER 1982 [*6: 2, 350-360]).

Im Zusammenhang mit seiner Auffassung von den Vermögen und Kräften der Seele und von Wesen und Ursachen der Affekte gestaltet Poseidonios auch die Lehre von der Oikeiosis durchgreifend um. Während Chrysipp die πρῶτα κατὰ φύσιν ('das erste Naturgemässe') durch Beobachtung des Verhaltens der Kinder zu ermitteln versuchte und im Selbsterhaltungstrieb fand, richtete Poseidonios sein Augenmerk auf den erwachsenen Menschen und konstatierte den drei Seelenvermögen entsprechend drei natürliche Hinneigungen des Menschen (οἰκειώσεις), und zwar infolge des begehrenden Vermögens die Hinneigung zur Lust, infolge des strebenden Vermögens die Hinneigung zu Herrschaft und Sieg, infolge des Denkvermögens die Hinneigung zum sittlich Guten. Die ersten beiden Hinneigungen sind auch bei Kindern und Tieren zu beobachten, wobei er bei den Tieren zwischen Arten unterscheidet, die nur nach dem Genuss der Nahrung gieren, und solchen, die auch nach Vorrang und Sieg streben (F 169,4-37 EK = F 416 Th, F 158 EK = F 410 Th, F 33 EK = F 418 Th). Dies wirkt sich wiederum auf die Güterlehre aus. Offensichtlich bleibt zwar Poseidonios bei der traditionellen Bestimmung des sittlich Guten als des einzigen Gutes, das allein für die Eudaimonie notwendig ist. So hat er, von den Schmerzen einer Krankheit geplagt, vor Pompeius das Thema erörtert, allein das sittlich Gute sei ein Gut (T 38 EK = T 18 Th), und wie Seneca berichtet, ist er dabei geblieben, dass Reichtum kein Gut ist, und hat gefordert, man solle sich nicht auf Grund der Waffen, die das Glück schenken kann, für gesichert fühlen, sondern mit dem, was dem Menschen eigen ist, kämpfen (SENECA Epist. mor. 87, 31-40 = F 170 EK = F 446 Th, SENECA Epist. mor. 113,28 = F 105 EK = F 443 Th). Aber bei der Unterscheidung und Differenzierung der Adiaphora hat er den Wert von Gesundheit, Wohlstand und Stärke als vorzüglich (προηγμένα) und naturgemäss (κατὰ φύσιν) unterstrichen und vermutlich auch zugestanden, dass der Besitz dieser relativen Werte ein Leben, wie es die Telosformel verlangt, erleichtert. Hieraus mag die Vergröberung doxographischer Notizen hervorgegangen sein, nach denen Poseidonios Gesundheit und Reichtum für ein Gut oder gar für das grösste Gut gehalten und erklärt habe, die Tugend sei für die Eudaimonie nicht autark, sondern bedürfe der Gesundheit, des Wohlstands und der Stärke (F 171-173 EK = F 425a-c Th; vgl. EDELSTEIN 1936 [*158: 308f.], KIDD 1971 [*294: 158-163], KUDLIEN 1974 [*307: 453f.], FORSCHNER 1981 [§ 33 *790: 226]).

Auch in der Frage nach der Ursache der menschlichen Schlechtigkeit (κακία) versucht Poseidonios auf der Grundlage seiner Psychologie eine Antwort zu finden. Wiederum wirft er Aporien auf gegen Chrysipps Auffassung, die Schlechtigkeit entstehe durch äussere Einflüsse, nämlich infolge der äusseren Verhältnisse und durch falsche Unterrichtung. Wie kann unter dieser Annahme erklärt werden, dass bei gleicher Ernährung und Erziehung durch die gleichen Eltern und Erzieher und bei der Fernhaltung äusserer Reize manche Kinder missraten? Wie kann, wenn der Mensch nur eine Hinneigung zum sittlich Guten besitzt, erklärt werden, dass, historisch betrachtet, von den ersten Menschen viele schlecht geworden sind? Poseidonios folgert, dass Laster nicht von aussen in die Seele eindringen können, wenn sie nicht eine Wurzel in der Seele selbst haben. Unter dieser Wurzel versteht Poseidonios nicht die vernunftlosen Vermögen der Seele als solche, sondern die innere Struktur des Menschen mit den verschiedenen Seelenvermögen, infolge derer, falls die Erziehung fehlt, die unvernünftigen Seelenvermögen, die zu Lust, zu Macht und Sieg geneigt machen, die Führung über das vernünftige Seelenvermögen erringen können (F 35 EK = F 423 Th, F 169,35ff. EK = F 416 Th). Gegen die existentialistische Deutung dieser Aussagen durch NEBEL (1939 [*173]) wendet sich zu Recht REINHARDT (1953 [*224: 751f.]).

In der Pflichtenlehre hat Poseidonios die Untersuchungen seines Lehrers Panaitios fortgesetzt und ergänzt. Dabei hat er auch die Frage eines Konflikts zwischen einem scheinbar Nützlichen und dem sittlich Guten gestreift und insbesondere sein Augenmerk auf die äusseren Umstände und Situationen gelenkt (F 39-41c EK = F 429-432 Th, F 177 EK = F 433 Th; zur Frage der Benutzung dieses Werks durch Cicero vgl. unten S. 1047-1050).

7. Geographie und Geschichtsschreibung

Wie Poseidonios naturwissenschaftliche Einzeluntersuchungen vor dem Hintergrund seiner Naturphilosophie durchführt, so schreibt er auch seine grossen Werke zur Geographie und zur Geschichte als stoischer Philosoph. So stellt er in dem Werk über den Ozean die Sympathie der Teile der Welt zueinander nicht nur bei der Erklärung der Gezeiten heraus, sondern auch bei der Zonenlehre und der Begründung der unterschiedlichen Klimata und zeigt, wie die klimatischen Bedingungen und die äusseren Verhältnisse der Landschaft sich auf ihre Bewohner auswirken (vgl. besonders F 49 EK = F 13 Th, F 71 Th, und aus der Schrift über die Affekte F 169, 85ff. EK = F 416 Th; auch im Geschichtswerk weist er in langen Exkursen immer wieder auf diese anthropologischen und ethnologischen Besonderheiten hin). In der Entwicklung der Menschheit seit ihren Anfängen im Goldenen Zeitalter sieht Poseidonios offensichtlich zwei einander widerstreitende Tendenzen. Einerseits stellt sich die Entwicklung als ein Verfall dar, weil die ungebildete menschliche Seele infolge ihrer inneren Struktur der Schlechtigkeit zuneigt und die unvernünftigen Seelenvermögen die Führung an sich reissen. Andererseits wirken diesem Verfall die Weisen entgegen, sei es als Erzieher, sei es als Erfinder der Zivilisationstechniken und als Schöpfer der Kultur (F 284 EK = F 448 Th).

Dieselben Tendenzen scheint Poseidonios auch in seinem umfangreichen universalhistorisch ausgerichteten Geschichtswerk beobachtet zu haben. Der stoische Aspekt dieses Werkes ist ausdrücklich bezeugt (T 10 = F 67 EK = F 170 Th) und wird auch in den Fragmenten sichtbar. Diese philosophische Ausrichtung illustriert vortrefflich ein Satz aus dem Prooemium Diodors, den REINHARDT (1926 [*106: 184f.]) mit überzeugenden Gründen dem Poseidonios zugeschrieben hat. Die Berührung mit der Telosformel ist unübersehbar (DIODOR I 1,3 = F 80 Th, THEILER 1982 [*6: 2, 84f.], MALITZ 1983 [*358: 412ff.], skeptisch dagegen NOCK 1959 [*243: 5]). Dort heisst es: «Die Universalhistoriker haben den Ehrgeiz, alle Menschen, die an der gegenseitigen Verwandtschaft teilhaben, aber durch Ort und Zeit getrennt sind, in ein und dieselbe Zusammenordnung zu bringen, als wären sie eine Art Diener der göttlichen Vorsehung. Denn wie die göttliche Vorsehung die Ordnung der sichtbaren Gestirne und die Naturen der Menschen zu einer gemeinsamen Übereinstimmung vereinigt und sie zu ununterbrochenem Kreislauf in Ewigkeit treibt, wobei sie jedem Individuum das vom Schicksal Zukommende zumisst, so haben die Historiker, indem sie die gemeinsamen Ereignisse der bewohnten Erde wie solche einer einzigen Stadt aufgezeichnet haben, ihr Werk zu einer einheitlichen Rechenschaftslegung und zu einer Stätte der Beurteilung von allem, was zustande gebracht worden ist, gemacht.» Wie Poseidonios die bunte Fülle der Ereignisse des Zeitraums, den er darstellt (145-86 v.Chr.), mit dem zum Teil nationalen, aber immer vergeblichen Widerstand gegen Rom in Spanien (Numantia), in Gallien, in Afrika (Iugurtha), in Asien (Mithridates), mit den Auflösungserscheinungen im Seleukidenreich, in Galatien, in Pergamon und in Ägypten, mit dem Einbruch der Nordvölker (Kimbern und Teutonen) und der Heraufkunft der neuen Macht des Partherreichs, mit den inneren Auseinandersetzungen in Rom und Italien in Sklavenaufständen, in den Reformen der Gracchen, im Bundesgenossenkrieg und im Gegensatz zwischen Marius und Sulla geschichtsphilosophisch gedeutet hat, ist aus den Fragmenten nicht leicht zu ermitteln. Die Forschung ist noch zu keinem abschliessenden Ergebnis gelangt (vgl. u.a. REINHARDT 1953 [*224: 631-641], LAFFRANQUE 1964 [*270: 109-152], VON FRITZ 1977 [*327], GIGON 1980 [*342: 242-267], THEILER 1982 [*6: 2, 78ff.], MALITZ 1983 [*358: 409-428]).

F. FRAGMENTSAMMLUNGEN UND SEKUNDÄRLITERATUR

1. Fragmentsammlungen [*1-*6]. – 2. Sekundärliteratur [*21-*365].

1. Fragmentsammlungen

1 J. Bake: Posidonii Rhodii reliquiae doctrinae collegit atque illustravit J. B. Accedit D. Wyttenbachii Annotatio (Leiden 1810, ND Osnabrück 1972). – Weitgehend veraltet.

2 Carolus Müller (Hg.): FHG III (Paris 1849) 245-296; IV (Paris 1858) 661. – Beschränkt sich auf die Sammlung der historischen und geographischen Bruchstücke, heute durch *3 überholt.

3 F. Jacoby (Hg.): FGrH II A (1926, ND 1961). – Nr. 87: 222-317, II C (1926, ND 1961) Kom-

mentar: 154-220 (kommentierte Sammlung der Zeugnisse über das Leben und der Bruchstücke der geographischen und historischen Werke).
4 M. Pohlenz: Stoa und Stoiker (^{1}1950, ^{2}1964) [§ 33 *14: 257-348]. – Auswahl bezeugter und erschlossener Berichte und Fragmente in dt. Übersetzung.
5 Posidonius. I. The fragments edited by L. Edelstein and I. G. Kidd (Cambridge 1972) [Cambridge Classical Texts and Commentaries 13]. II. I. G. Kidd: The commentary. (1) Testimonia and fragments 1-149. (2) Fragments 150-293 (Cambridge 1988) [Cambridge Classical Texts and Commentaries 14 A and B]. – Vgl. S. 681.
6 W. Theiler (Hg.): Poseidonios. Die Fragmente. Bd. 1: Texte, Bd. 2: Erläuterungen (Berlin, New York 1982) Texte und Kommentare 10, 1 und 2. – Vgl. S. 681.

2. Sekundärliteratur

21 H. Ritter: Geschichte der Philosophie, 3. Theil (Hamburg ^{1}1831, ^{2}1837). – Bes. 684-692.
22 C. A. Brandis: Handbuch der Geschichte der Griechisch-Römischen Philosophie, 3. Theil, 2. Abtheilung (Berlin 1866). – Bes. 235-241.
23 P. Corssen: De Posidonio Rhodio M. Tulli Ciceronis in libro I Tusculanarum disputationum et in Somnio Scipionis auctore (Bonn 1878). – Diss.
24 R. Hirzel: Untersuchungen zu Cicero's philosophischen Schriften, 3 Teile (1877-1883) [§ 1 *331].
25 P. Corssen: Cicero's Quelle für das erste Buch der Tusculanen, in: Rheinisches Museum 36 (1881) 506-523.
26 P. Rusch: De Posidonio Lucreti Cari auctore in carmine de rerum natura VI (Greifswald 1882). – Diss.
27 I. Bywater: Prisciani Lydi quae extant Metaphrasis in Theophrastum et Solutionum ad Chosroem liber edidit (Berlin 1886) [Supplementum Aristotelicum I 2].
28 P. Wendland: Posidonius' Werk Περὶ θεῶν, in: Archiv für Geschichte der Philosophie 1 (1888) 200-210.
29 C. Bäumker: Das Problem der Materie in der griechischen Philosophie (Münster 1890).
30 R. Heinze: Xenokrates. Darstellung der Lehre und Sammlung der Fragmente (Leipzig 1892, ND 1965).
31 A. Schmekel: Die Philosophie der mittleren Stoa (1892) [§ 33 *350: bes. 85-154. 238-290].
32 P. Wendland: Philo's Schrift über die Vorsehung. Ein Beitrag zur Geschichte der nacharistotelischen Philosophie (Berlin 1892).
33 F. Boll: Studien über Claudius Ptolemäus. Ein Beitrag zur Geschichte der griechischen Philosophie und Astrologie, in: Jahrbücher für classische Philologie, Suppl. 21 (1894) 49-244.
34 A. Bonhöffer: Die Ethik des Stoikers Epiktet. Anhang: Exkurse über einige wichtige Punkte der stoischen Ethik (1894) [§ 33 *702].
35 G. Kaibel: Claudii Galeni Protreptici quae supersunt (Berlin 1894).
36 F. Hultsch: Poseidonios über die Grösse und Entfernung der Sonne (Berlin 1897) [Abhandlungen der Königlichen Gesellschaft der Wissenschaften zu Göttingen N.F. 1 Nr. 5].
37 R. Agahd: M. Terenti Varronis antiquitatum rerum divinarum libri I, XIV, XV, XVI. Praemissae sunt quaestiones Varronianae, in: Jahrbücher für classische Philologie, Suppl. 24 (1898) 1-220, Index 367-381.
38 E. Oder: Ein angebliches Bruchstück Demokrits über die Entdeckung unterirdischer Quellen, in: Philologus, Suppl. 7 (1898) 229-384. – Bes. 299-337.
39 M. Pohlenz: De Posidonii libris Περὶ παθῶν, in: Jahrbücher für classische Philologie, Suppl. 24 (1898) 537-634.
40 S. Sudhaus: Aetna (Leipzig 1898) [Sammlung wissenschaftlicher Commentare zu griechischen und römischen Schriftstellern].
41 F. Schühlein: Untersuchungen über des Posidonios Schrift Περὶ Ὠκεανοῦ (Erlangen 1901). – Diss.
42 E. Schwartz: Charakterköpfe aus der antiken Literatur I (Leipzig 1902) 73-94.
43 E. Norden: P. Vergilius Maro, Aeneis Buch VI (Leipzig ^{1}1903, ^{2}1915, ND 1957).
44 H. Binder: Dio Chrysostomus und Posidonius. Quellenuntersuchungen zur Theologie des Dio von Prusa (Leipzig 1905). – Diss. Tübingen.
45 W. Capelle: Der Physiker Arrian und Poseidonios, in: Hermes 40 (1905) 614-635.
46 G. Altmann: De Posidonio Timaei Platonis commentatore (Berlin 1906). – Diss. Kiel.
47 M. Pohlenz: Das dritte und vierte Buch der Tusculanen, in: Hermes 41 (1906) 321-355.
48 U. von Wilamowitz-Moellendorff: Der Physiker Arrian, in: Hermes 41 (1906) 157-158.
49 M. Pohlenz: Das zweite Buch der Tusculanen, in: Hermes 44 (1909) 23-40.
50 M. Pohlenz: De Ciceronis Tusculanis dispu-

tationibus (Göttingen 1909) [Götting. Programm zur akademischen Preisverleihung].
51 M. Adler: Quibus ex fontibus Plutarchus libellum ‹de facie in orbe lunae› hauserit (Wien 1910). – Diss.
52 A. Bonhöffer: Epiktet und das Neue Testament (Giessen 1911) [Religionsgeschichtliche Versuche und Vorarbeiten 10].
53 W. Gerhäusser: Der Protreptikos des Poseidonios (München 1912). – Diss. Heidelberg.
54 J. Kroll: Die Lehren des Hermes Trismegistos (Münster 1913). – Diss.
55 E. Norden: Agnostos Theos. Untersuchungen zur Formengeschichte religiöser Rede (Leipzig, Berlin 1913).
56 W. Bousset: Jüdisch-christlicher Schulbetrieb in Alexandria und Rom. Literarische Untersuchung zu Philo und Clemens von Alexandria, Justin und Irenaeus (Göttingen 1914) [Forschungen zu Religion und Literatur des Alten und Neuen Testaments N.F. 6].
57 E. Bréhier: Posidonius d'Apamée théoricien de la géométrie, in: Revue des Etudes grecques 27 (1914) 44-58.
58 K. Gronau: Poseidonios und die jüdischchristliche Genesisexegese (Leipzig 1914).
59 W. Jaeger: Nemesios von Emesa. Quellenforschungen zum Neuplatonismus und seinen Anfängen bei Poseidonios (Berlin 1914).
60 P. Rabbow: Antike Schriften über Seelenheilung und Seelenleitung auf ihre Quellen untersucht. Bd. 1: Die Therapie des Zorns (Leipzig, Berlin 1914). – Rez.: M. Pohlenz, in: Göttingische Gelehrte Anzeigen 178 (1916) 533-559.
61 A. Schmekel: Die positive Philosophie in ihrer geschichtlichen Entwicklung, Bd. 2: Isidorus von Sevilla. Sein System und seine Quellen (Berlin 1914).
62 O. Viedebantt: Eratosthenes, Hipparchos, Poseidonios. Ein Beitrag zur Geschichte des Erdmessungsproblems im Altertum, in: Klio (1914) 207-256.
63 P. Capelle: De luna stellis lacteo orbe animarum sedibus (Halle 1917). – Diss.
64 J. Kroll: Die religionsgeschichtliche Bedeutung des Poseidonios, in: Neue Jahrbücher für das klassische Altertum, Geschichte und deutsche Literatur 39 Jg. 22 1. Abt. (1917) 145-157.
65 J. F. Dobson: The Posidonius myth, in: Classical Quarterly 12 (1918) 179-195.
66 J. Kroll: Poseidonios' Ästhetik, in: Sokrates 6 (1918) 96-98.
67 R. Munz: Quellenkritische Untersuchungen zu Strabons Geographie mit besonderer Rücksicht auf die posidonianische Sprachtheorie (Basel 1918). – Diss.; Rez.: Philipp, in: Berliner Philologische Wochenschrift 40 (1920) 34.
68 H. Mutschmann: Poseidonios' Ästhetik, in: Sokrates 6 (1918) 318-319. – Antwort auf Kroll 1918 [*66].
69 G. Rudberg: Forschungen zu Poseidonios (Uppsala, Leipzig 1918).
70 K. Trüdinger: Studien zur Geschichte der griechisch-römischen Ethnographie (Basel 1918). – Bes. 80-126.
71 F. Cumont: Un mythe Pythagoricien chez Posidonius et Philon, in: Revue de Philologie N.S. 43 (1919) 78-85.
72 J. Heinemann: Poseidonios über die Entwicklung der jüdischen Religion, in: Monatsschrift für Geschichte und Wissenschaft des Judentums 63 (1919) 113.
73 O. Immisch: Agatharchidea (Heidelberg 1919) [Sitzungsberichte der Heidelberger Akademie der Wissenschaften, Phil.-hist. Kl. (1919), 7. Abh.].
74 F. Lammert: Zu Ptolemaios, in: Berliner Philologische Wochenschrift 19 (1919) 332-336.
75 O. Viedebantt: Poseidonios, Marinos, Ptolemaios. Ein weiterer Beitrag zur Geschichte des Erdmessungsproblems im Altertum, in: Klio 16 (1920) 94-108.
76 W. Capelle: Die griechische Erdkunde und Poseidonios, in: Neue Jahrbücher für das klassische Altertum, Geschichte und deutsche Literatur 45 (1920) 305-324.
77 R. Munz: Über die wissenschaftliche Durchführung der biologischen Klimatheorie bei Posidonius und ein daran anschliessendes Fragment bei Strabo c. 695 s., in: Berliner Philologische Wochenschrift 40 (1920) 282-288.
78 E. Norden: Die germanische Urgeschichte in Tacitus' Germania (Leipzig, Berlin 1920, ²1921 mit Ergänzungen).
79 F. E. Robbins: Posidonius and the source of Pythagorean arithmology, in: Classical Philology 15 (1920) 309-322.
80 H. von Arnim: Plutarch über Dämonen und Mantik (Amsterdam 1921) [Verhandelingen der Koninklijke Akademie van Wetenschappen te Amsterdam].
81 I. Heinemann: Poseidonios' metaphysische Schriften I (Breslau 1921).
82 Ernst Hoffmann: Zwei quellenkritische Be-

obachtungen, II: Das Prooemium zu Plinius' Naturalis historia, in: Sokrates 9 (1921) 58-62.
83 H. A. Koch: Quellenuntersuchungen zu Nemesius von Emesa (Berlin 1921). – Diss. Leipzig; bes. 9-21.
84 R. Munz: Über γλῶττα und διάλεκτος und über ein posidonianisches Fragment bei Strabo, in: Glotta 11 (1921) 85-94.
85 E. Norden: Jahve und Moses in hellenistischer Theologie, in: Festgabe für D. Dr. A. von Harnack zum 70. Geburtstag (Tübingen 1921) 292-301.
86 A. Rehm: Das siebente Buch der Naturales Quaestiones des Seneca und die Kometentheorie des Poseidonios, in: Sitzungsberichte der Bayrischen Akademie der Wissenschaften, Phil.-philol. u. hist. Kl. (1921) Abh. 1, 3-40.
87 K. Reinhardt: Poseidonios (München 1921, ND Hildesheim 1976). – Rez.: E. Howald, in: Sokrates 9 (1921) 187.
88 F. Cumont: After life in Roman paganism (New Haven 1922, ND 1959).
89 H. Diels: Lukrezstudien V, in: Sitzungsberichte der preussischen Akademie der Wissenschaften, Phil.-hist. Kl. (1922) 46-59.
90 R. Liechtenhan: Die göttliche Vorherbestimmung bei Paulus und in der Posidonianischen Philosophie (Göttingen 1922) [Forschungen zur Religion und Literatur des Alten und Neuen Testaments N.F. 18].
91 M. Pohlenz: Poseidonios' Affektenlehre und Psychologie, in: Nachrichten der Gesellschaft der Wissenschaften zu Göttingen, Phil.-hist. Kl. (1922) 163-194 [Kleine Schriften 1, 140-171].
92 M. Pohlenz: Rez. von Reinhardt 1921 [*87] und Heinemann 1921 [*81], in: Göttingische Gelehrte Anzeigen 184 (1922) 161-182 [Kleine Schriften 1, 172-193].
93 F. Cumont: La théologie solaire du paganisme romain, in: Mémoires de l'Académie des Inscriptions et Belles Lettres (Paris 1923) 448-479.
94 R. M. Jones: Posidonius and Cicero's Tusculan disputations I 17-81, in: Classical Philology 18 (1923) 202-228.
95 U. von Wilamowitz-Moellendorff: Athenion und Aristion, in: Sitzungsberichte der Preussischen Akademie der Wissenschaften, Phil.-hist. Kl. (1923) Abh. 7, 39-50.
96 A. Lörcher: Bericht über die Literatur zu Ciceros philosophischen Schriften aus den Jahren 1912-1921, in: Bursians Jahresberichte 200 (1924) 71-165.
97 A. Brinkmann: Die Meteorologie Arrians, in: Rheinisches Museum 73 (1924) 373-401; 74 (1925) 25-63.
98 G. Rudberg: Poseidonios. En hellenismens lærer og profet (Kristiania 1924).
99 W. Graf Uxkull-Gyllenband: Griechische Kulturentstehungslehren (Berlin 1924) [Beilage zu Heft 3/4 des Archivs für Geschichte der Philosophie 36 (1924)] 41-46.
100 J. Morr: Die Landeskunde von Palästina bei Strabon und Josephos, in: Philologus 81 (1926) 256-271.
101 M. Mühl: Poseidonios und der plutarchische Marcellus (Berlin 1925) [Klassisch-philologische Studien 4].
102 H. von Arnim: Arius Didymus' Abriss der peripatetischen Ethik (Wien, Leipzig 1926) [Sitzungsberichte der Akademie der Wissenschaften in Wien, Phil.-hist. Kl. 204, 3].
103 R. M. Jones: Posidonius and the flight of the mind through the universe, in: Classical Philology 21 (1926) 97-113.
104 J. Morr: Die Quellen von Strabons 3. Buch (Leipzig 1926) [Philologus, Suppl. 18, 3].
105 J. Morr: Poseidonios von Rhodos über Dichtung und Redekunst, in: Wiener Studien 45 (1926) 47-63.
106 K. Reinhardt: Kosmos und Sympathie. Neue Untersuchungen über Poseidonios (München 1926, ND Hildesheim 1976).
107 M. Pohlenz: Rez. von Reinhardt 1926 [*106], in: Göttingische Gelehrte Anzeigen 188 (1926) 273-306 [Kleine Schriften 1, 199-232].
108 P. Schubert: Die Eschatologie des Posidonius (Leipzig 1927) [Veröffentlichungen des Forschungsinstituts für vergleichende Religionsgeschichte an der Univ. Leipzig, 2. Reihe, Heft 4].
109 E. Turowski: Die Widerspiegelung des stoischen Systems bei Philon von Alexandreia (Borna, Leipzig 1927). – Diss. Königsberg.
110 I. Heinemann: Poseidonios' metaphysische Schriften 2 (Breslau 1928).
111 F. Levy: Der Weltuntergang in Senecas Naturales Quaestiones, in: Philologus 83 (1928) 459-466.
112 J. Morr: Poseidonios – eine Quelle Strabons im XVII. Buche, in: Philologus 83 (1928) 306-315.
113 R. Munz: Ein Beitrag zum Verhältnis von Poseidonios und Strabon, in: Philologische Wochenschrift 48 (1928) 1177-1184.

114 K. Reinhardt: Poseidonios über Ursprung und Entartung. Interpretation zweier kulturgeschichtlicher Fragmente (Heidelberg 1928) [Orient und Antike 6].
115 P. Finger: Die beiden Quellen des III. Buches der Tusculanen Ciceros, in: Philologus 84 (1929) 51-81. 320-348.
116 P. Finger: Die zwei mantischen Systeme in Ciceros Schrift über die Weissagung (De divinatione I), in: Rheinisches Museum 78 (1929) 371-397.
117 R. Harder: Über Ciceros Somnium Scipionis (Halle 1929) [Schriften der Königsberger Gelehrten Gesellschaft, geisteswiss. Kl. 6, 3].
118 H. Leisegang: Die Platondeutung der Gegenwart (Karlsruhe 1929) [Wissen und Wirken. Einzelschriften zu den Grundfragen des Erkennens und Schaffens 59].
119 J. Morr: Zur Sittenlehre des Poseidonios Rhodios, in: Philologus 85 (1930) 105-106.
120 R. Munz: Poseidonios und Strabon. I. Voruntersuchungen (Göttingen 1929). – Rez.: K. Reinhardt: in: Gnomon 6 (1930) 105; G. Rudberg: Zum Poseidonios-Problem, in: Theologische Rundschau 4 (1932) 90-122, dort 108.
121 K. W. Ringshausen: Poseidonios – Asklepiodot – Seneca und ihre Anschauungen über Erdbeben und Vulkane (Leipzig 1929). – Diss. München 1928.
122 G. Rudberg: Rez. von Heinemann 1928 [*110], in: Deutsche Literaturzeitung 50 (1929) 1526-1529.
123 W. Crönert: Rez. von M. Adler SVF 4 (Indices), in: Gnomon 6 (1930) 142-157.
124 W. Kroll: Die Kosmologie des Plinius, mit zwei Exkursen von H. Vogt (Breslau 1930) [Abhandlungen der Schlesischen Gesellschaft für vaterländische Kultur, geisteswiss. Reihe 3].
125 G. Pasquali: Cesare, Platone e Posidonio, in: Studi italiani di Filologia classica N.S. 8 (1930) 297-310.
126 M. Pohlenz: Rez. von Heinemann 1928 [*110], in: Göttingische Gelehrte Anzeigen 192 (1930) 137-156 [Kleine Schriften 1, 233-252].
127 R. Reitzenstein: Philologische Kleinigkeiten 7: Die Charakteristik der Philosophie bei Poseidonios, in: Hermes 65 (1930) 81-91.
128 G. Rudberg: Poseidonios und das Neue Testament. Beobachtungen und Gesichtspunkte, in: Theologische Studien und Kritiken 102 (1930) 316-323.
129 W. Theiler: Die Vorbereitung des Neuplatonismus (Berlin 1930) [Problemata 1]. – Bes. 61-153.
130 R. E. Witt: Plotinus and Posidonius, in: Classical Quarterly 24 (1930) 198-207.
131 P. Finger. Die drei kosmologischen Systeme im zweiten Buch von Ciceros Schrift über das Wesen der Götter, in: Rheinisches Museum 80 (1931) 151-200, 310-320.
132 E. Schwartz: Einiges über Assyrien, Syrien, Koilesyrien, in: Philologus 86 (1931) 373-399.
133 G. Stümpel: Das Germanenproblem und die von Poseidonios und Caesar bell. Gall. I 40, 5 beeinflussten Schriftsteller, vor allem Strabon und Cassius Dio, in: Zeitschrift für die Geschichte des Oberrheins 45 (1932) 536-566.
134 F. Egermann: Die Proömien zu den Werken des Sallust (Wien 1932) [Sitzungsberichte der Akademie der Wissenschaften in Wien, Phil.-hist. Kl. 214, 3].
135 M. Gentile: I fondamenti metafisici della morale di Seneca (Mailand 1932) [Pubblicazioni dell'Università cattolica del Sacro Cuore I 19].
136 R. M. Jones: Posidonius and solar eschatology, in: Class. Philology 27 (1932) 113-135.
137 O. Kristeller: Rez. von Theiler 1930 [*129], in: Deutsche Literaturzeitung 53 (1932) 438-445.
138 J. R. Mattingly: Posidonius and the light metaphor in Plotinus, in: Transactions and Proceedings of the American Philological Association 63 (1932) XXXV-XXXVI.
139 A. Lörcher: Bericht über die Literatur zu Ciceros philosophischen Schriften aus den Jahren 1922-1926, in: Bursians Jahresberichte 235 (1932) 1-98.
140 W. Lück: Die Quellenfrage im 5. und 6. Buch des Lukrez (Breslau 1932). – Diss.; Rez.: E. Reitzenstein, in: Gnomon 9 (1933) 542-549.
141 A. Modrze: Zur Ethik und Psychologie des Poseidonios. Poseidonios bei Seneca im 92. Brief, in: Philologus 87 (1932) 300-331.
142 G. Rudberg: Zum Poseidonios-Problem, in: Theologische Rundschau 4 (1932) 90-122.
143 Ulrich von Wilamowitz-Moellendorff: Der Glaube der Hellenen II (Berlin 1932, ND 1955). – Über Poseidonios: 402-417.
144 H. Cherniss: Galen and Posidonius' theory of vision, arranged from notes left by R. M. Jones, in: American Journal of Philology 54 (1933) 154-161.
145 D. Eginitis: Sur une erreur de Posidonius et

son influence à la découverte de l'Amérique, in: Πρακτικά τῆς 'Ακαδημίας 'Αθηνῶν 7 (1933) 253-255.

146 M. Pohlenz: Rez. von Grumach 1932 [§ 33 *708], in: Göttingische Gelehrte Anzeigen 195 (1933) 324-329 [Kleine Schriften 1, 94-99].

147 A. Diller: Geographical latitudes in Eratosthenes, Hipparchus and Posidonius, in: Klio 27 (1934) 258-269.

148 L. Edelstein: Cicero, De natura deorum II, in: Studi italiani di Filologia classica N.S. 11 (1934) 131-183.

149 W. Hamilton: The myth in Plutarch's De Facie (940 F-945 D), in: Classical Quarterly 29 (1934) 24-30.

150 W. Hamilton: The myth in Plutarch's De Genio (589 F-592 E), in: Classical Quarterly 28 (1934) 175-182.

151 P. Merlan: Beiträge zur Geschichte des antiken Platonismus II: Poseidonios über die Weltseele in Platons Timaios, in: Philologus 89 (1934) 197-214.

152 K. Schindler: Die stoische Lehre von den Seelenteilen und Seelenvermögen (1934) [§ 39 *70: bes. 46-70. 80-94].

153 K. Holl: Die Naturales Quaestiones des Philosophen Seneca (Jena 1935). – Diss. Berlin.

154 E. von Ivánka: Die Quelle von Ciceros De natura deorum II 45-60 (Poseidonios bei Gregor von Nyssa), in: Egyetemes Philologiai Közlöny 59 (1935) 10-21.

155 M. Truscelli: I Κελτικά di Posidonio e loro influsso sulla posteriore etnografia, in: Rendiconti della Classe di Scienze morali, storici e filologiche dell'Accademia dei Lincei (1935) 609-730.

156 P. Boyancé: Etudes sur le Songe de Scipion. Essais d'histoire et de psychologie religieuses (Bordeaux, Paris 1936).

157 A. Chodaczek: De Prisciani Lydi Solutionum capite VI (Lemberg 1936) [Acta Seminarii Philologici Universitatis Leopoldiensis 2].

158 L. Edelstein: The philosophical system of Posidonius, in: American Journal of Philology 57 (1936) 286-325.

159 E. Elorduy: Die Sozialphilosophie der Stoa (Leipzig 1936) [Philologus, Suppl. 28, 3].

160 E. von Ivánka: Die Autorschaft der Homilien Migne PG 44, 257-297, in: Byzantinische Zeitschrift 36 (1936) 46-57.

161 E. Skard: Nemesiosstudien I, Nemesios und die Genesisexegese des Origenes, in: Symbolae Osloenses 15/16 (1936) 23-43.

162 M. v. d. Bruwaene: La théologie de Cicéron (Löwen 1937).

163 F. Dirlmeier: Die Oikeiosis-Lehre Theophrasts (Leipzig 1937) [Philologus Suppl. 30, 1].

164 J. R. Mattingly: Cosmogony and stereometry in Posidonian physics, in: Osiris 3 (1937) 558-583.

165 E. Skard: Nemesiosstudien II. Nemesios und Galenos, in: Symbolae Osloenses 17 (1937) 9-25.

166 R. E. Witt: Albinus and the history of Middle Platonism (Cambridge 1937, ND 1971) [Cambridge Classical Studies].

167 E. Bickel: Die vates der Kelten und die interpretatio Graeca des südgallischen Matronenkultes im Eumenidenkult, in: Rheinisches Museum 87 (1938) 193-241.

168 G. Fegarotta: Le condizioni economiche della Sicilia sulle notizie di Posidonio di Apamea, in: Archivio storico per la Sicilia 4/5 (1938-1939) 1-18.

169 M. v. d. Bruwaene: Ψυχή et νοῦς dans le ‹Somnium Scipionis› de Cicéron, in: L'Antiquité classique 8 (1939) 127-152.

170 F. Lammert: Hellenistische Medizin bei Ptolemaios und Nemesios. Ein Beitrag zur Geschichte der christlichen Anthropologie, in: Philologus 94 (1939-1941) 125-141.

171 J. P. Maguire: The sources of Pseudo-Aristotle De mundo, in: Yale Classical Studies 6 (1939) 109-167.

172 J. R. Mattingly: Early Stoicism and the problem of its systematic form, in: Philosophical Review 48 (1939) 273-295.

173 G. Nebel: Zur Ethik des Poseidonios, in: Hermes 74 (1939) 34-57.

174 M. Pohlenz: Plutarchs Schriften gegen die Stoiker, in: Hermes 74 (1939) 1-33 [Kleine Schriften 1, 448-480].

175 E. Skard: Nemesiosstudien IV: Nemesios und die Physiologie des Galenos, in: Symbolae Osloenses 19 (1939) 46-56.

176 A. Lueder: Die philosophische Persönlichkeit des Antiochos von Askalon (Göttingen 1940). – Diss.

177 M. Pohlenz: Grundfragen der stoischen Philosophie (Göttingen 1940) [Abhandlungen der Gesellschaft der Wissenschaften zu Göttingen, Phil.-hist. Kl., 3. Folge, Nr. 26].

178 J. H. Waszink: Die sogenannte Fünfteilung der Träume bei Chalcidius und ihre Quellen, in: Mnemosyne 9 (1941) 65-85.

179 S. Blankert: Seneca (Epist. 90) over natuur en

cultuur en Posidonius als zijn bron (Amsterdam 1940). – Rez.: O. Luschnat, in: Deutsche Literaturzeitung 70 (1949) 263-269.
180 L. Krumme: Die Kritik der stoischen Theologie in Ciceros Schrift De natura deorum (Düsseldorf 1941). – Diss. Göttingen 1939.
181 J. H. Kuehn: Ύψος. Eine Untersuchung zur Entwicklungsgeschichte des Aufschwungsgedankens von Platon bis Poseidonios (Stuttgart 1941) [Würzburger Studien zur Altertumswissenschaft 14]. – Rez.: F. Wehrli, in: Gnomon 20 (1944) 173-175.
182 A. S. Pease: Caeli enarrant, in: Harvard Theological Review 34 (1941) 163-200.
183 R. Philippson: Cicero, De natura deorum Buch II und III. Eine Quellenuntersuchung, in: Symbolae Osloenses 21 (1941) 11-38; 22 (1942) 8-39; 23 (1944) 7-31; 24 (1945) 16-47.
184 M. Pohlenz: Tierische und menschliche Intelligenz bei Poseidonios, in: Hermes 76 (1941) 1-13 [Kleine Schriften 1, 292-304].
185 P. Boyancé: Sur le Songe de Scipion 26-28, in: L'Antiquité classique 11 (1942) 5-22. – Gegen Bruwaene 1939 [*169].
186 M. v. d. Bruwaene: Note sur le Songe de Scipion, in: L'Antiquité classique 11 (1942) 23-24. – Antwort auf Boyancé 1942 [*185].
187 M. v. d. Bruwaene: Traces de Posidonius dans le premier livre des Tusculanes, in: L'Antiquité classique 11 (1942) 55-66.
188 J. E. Drabkin: Posidonius and the circumference of the earth, in: Isis 34 (1942-1943) 509-512.
189 M. Mühl: Zu Poseidonios und Philon, in: Wiener Studien 60 (1942) 28-36.
190 E. Skard: Nemesiosstudien V: Galens Lehre von tierischer und menschlicher Intelligenz, in: Symbolae Osloenses 22 (1942) 40-48.
191 G. Soury: La démonologie de Plutarque. Essai sur les idées religieuses et les mythes d'un platonicien éclectique (Paris 1942).
192 L. Alfonsi: Sul Περὶ θεοῦ del Pap. 17027 di Berlino, in: Aegyptus 23 (1943) 262-269.
193 P. Barth, A. Goedeckemeyer: Die Stoa (⁶1946) [§ 33 *351: 128-148].
194 W. Theiler: Tacitus und die antike Schicksalslehre, in: Phyllobolia für P. von der Mühll (Basel 1946) 35-90.
195 H. Meyer: Geschichte der abendländischen Weltanschauung I (Würzburg 1947). – Bes. 340-346.
196 A. Vogliano: Sulle orme di Posidonio, in: La Parola del Passato 2 (1947) 90-94.
197 J. H. Waszink: Q. Septimi Florentis Tertulliani De anima. Edited with introduction and commentary (Amsterdam 1947).
198 A. Barigazzi: Sulle fonti del libro I delle Tusculane di Cicerone, in: Rivista di Filologia e di Istruzione classica 26 (1948) 161-203; 28 (1950) 1-29.
199 M. Pohlenz: Die Stoa (¹1948-1949, ⁴1971-1972) [§ 33 *353: bes. 1, 208-238. 2, 103-122].
200 L. Salvestroni: Sulle orme di Posidonio, in: Rivista critica di Storia della Filosofia 3 (1948) 1-7.
201 R. Almagia: La conoscenza del fenomeno delle maree nell'antichità, in: Archives internationales d'Histoire des Sciences 2 (1949) 887-899.
202 P. Boyancé: Posidonius d'Apamée, in: L'Information littéraire 1 (1949) 65-68.
203 C. Nailis: Posidonius getijdentheorie bij Plinius de naturalist, in: L'Antiquité classique 18 (1949) 369-377.
204 M. Pohlenz: Paulus und die Stoa, in: Zeitschrift für die Neutestamentliche Wissenschaft 42 (1949) 69-104.
205 R. Walzer: New light on Galen's moral philosophy, in: Classical Quarterly 43 (1949) 82-96.
206 W. und H. Gundel: Planeten bei Griechen und Römern, in: RE 20, 2 (1950) 2017-2185.
207 E. von Ivánka: Die stoische Anthropologie in der lateinischen Literatur, in: Anzeiger der Österreichischen Akademie der Wissenschaften in Wien, Phil.-hist. Kl. 87 (1950) 178-192.
208 E. Lepore: I due frammenti Rylands delle Storie di Sallustio, in: Athenaeum 28 (1950) 280-291.
209 P. Kraus, R. Walzer: Plato Arabus, I: Galeni compendium Timaei Platonis aliorumque dialogorum synopsis quae extant fragmenta (London 1951) [Corpus Platonicum Medii Aevi].
210 P. Merlan: Die Hermetische Pyramide und Sextus, in: Museum Helveticum 8 (1951) 100-105 [Kleine philosophische Schriften (Hildesheim 1976) 346-351].
211 H. R. Neuenschwander: Mark Aurels Beziehungen zu Seneca und Poseidonios (Bern 1951) [Noctes Romanae 3].
212 M. E. Reesor: The political theory of the Old and Middle Stoa (New York 1951).
213 W. Theiler: Marcus Aurelius Imperator, Wege zu sich selbst, herausgegeben und übertragen (Zürich 1951) [Bibliothek der alten Welt].

214 A. D. Leeman: Rez. von Neuenschwander 1951 [*211], in: Gnomon 24 (1952) 277-280.
215 A. D. Leeman: Seneca and Posidonius. A philosophical commentary on Sen. Ep. 102, 3-19, in: Mnemosyne 5 (1952) 57-79.
216 G. Quispel: Mensch und Energie im antiken Christentum, in: Eranos-Jahrbuch 21 (1952) 109-168.
217 H. Strohm: Studien zur Schrift von der Welt, in: Museum Helveticum 9 (1952) 137-175.
218 M. Fiévez: 'Opera peregrinationis huius' ou les étapes de la composition du De officiis, in: Latomus 12 (1953) 261-274.
219 A. Grilli: La posizione di Aristotele, Epicuro e Posidonio nei confronti della storia della civiltà (Mailand 1953) [Rendiconti dell'Istituto Lombardo, Classe di Lettere, Scienze morali e storiche 86].
220 H. Strohm: Theophrast und Poseidonios, in: Hermes 81 (1953) 278-295.
221 L. Alfonsi: Sull'ellenismo di Rutilio Namaziano, in: Aevum 28 (1954) 285-286.
222 L. Alfonsi: Ovidio e Posidonio, in: Aevum 28 (1954) 376-377.
223 A. D. Leeman: Posidonius the dialectician in Seneca's Letters, in: Mnemosyne 7 (1954) 233-240.
224 K. Reinhardt: Poseidonios von Apameia, der Rhodier genannt, in: RE 22, 1 (1953) 558-826 (Separatdruck Stuttgart 1954). – Rez.: F. A. Sandbach, in: Deutsche Literaturzeitung 79 (1958) 114-117; H. J. Mette, in: Gymnasium 68 (1961) 166-168.
225 C. J. de Vogel: A la recherche des étapes précises entre Platon et le néoplatonisme, in: Mnemosyne 7 (1954) 111-122.
226 R. Walzer: A diatribe of Galen, in: Harvard Theological Review 47 (1954) 243-254.
227 C. Wendel: Poseidonios Nr. 4, in: RE 22 (1953) 826.
228 H. Dörrie: Ὑπόστασις. Wort- und Bedeutungsgeschichte, in: Nachrichten der Akademie der Wissenschaften in Göttingen, Phil.-Hist. Kl. (1955) 3, 35-92 [Platonica Minora (München 1976) 13-69].
229 L. Alfonsi: Echi del giovane Aristotele in Taziano, in: Revue des Etudes augustiniennes 2 (1956) 251-256.
230 F. Altheim: Poseidonios und Sallust, in: Studi Francisci 1 (1956) 101-114.
231 A. Grilli: Il frammento 136 v. Str. di Panezio, in: Rivista di Filologia e di Istruzione classica 34 (1956) 266-272.

232 F. J. Masselink: De grieks-romeinse windroos (Utrecht 1956). – Diss. Leiden.
233 E. Skard: Zu Sallust, in: Symbolae Osloenses 32 (1956) 105-109.
234 E. Bickel: Μετασχηματίζεσϑαι. Ein übersehener Grundbegriff des Poseidonios, in: Rheinisches Museum 100 (1957) 98-99.
235 M. Flašar: Pathos in der Schrift vom Erhabenen, in: Živa antika 7 (1957) 17-39. – Serbisch mit dt. Zusammenfassung.
236 K. Kraft: Tougener und Teutonen, in: Hermes 85 (1957) 367-378.
237 M. Laffranque: Poseidonios d'Apamée et les mines d'Ibérie, in: Pallas 5 (1957) 17-25.
238 L. Alfonsi: L'inquadramento filosofico delle Metamorfosi ovidiane, in: N. I. Herescu (Hg.): Ovidiana (Paris 1958) 265-272.
239 A. Bartalucci: I 'sublimia' in Manilio (astron. I 813sqq.), in: Studi classici e orientali 7 (1958) 116-131.
240 M. v. d. Bruwaene: Cicero's leerjaar op Rhodos, in: Hermeneus 30 (1959) 65-71.
241 I. Kajanto: Notes on Livy's conception of history, in: Arctos N.S. 2 (1958) 55-63.
242 B. Hijmans: Posidonius' ethics, in: Acta classica 2 (1959) 27-42.
243 A. D. Nock: Posidonius, in: Journal of Roman Studies 49 (1959) 1-15.
244 G. Pfligersdorffer: Studien zu Poseidonios (Wien 1959) [Sitzungsberichte der Österreichischen Akademie der Wissenschaften in Wien, Phil.-hist. Kl. 232, 5]. – Rez.: M. Laffranque, in: Revue des Etudes latines 37 (1959) 281-285, O. Gigon, in: Archiv für Geschichte der Philosophie 44 (1962) 90-98.
245 E. Bickel: Senecas Briefe 58 und 65. Das Antiochus-Posidonius-Problem, in: Rheinisches Museum 103 (1960) 1-20.
246 J. Mau: Galen. Einführung in die Logik. Kritisch-exegetischer Kommentar mit deutscher Übersetzung (Berlin 1960) [Deutsche Akademie der Wissenschaften zu Berlin. Institut für griechisch-römische Altertumskunde. Arbeitsgruppe für hellenistisch-römische Philosophie Nr. 8].
247 J. Daniélou: La notion de confins (μεϑόριος) chez Grégoire de Nysse, in: Recherches de Science religieuse 49 (1961) 161-187.
248 M. Gigante: Σημαντικὸν ποίημα. Contributo alla storia dell'estetica antica, in: La Parola del Passato 16 (1961) 40-53.
249 F. Solmsen: Cleanthes or Posidonius? (1961) [§ 36 *23].

250 W. Spoerri: Zu Diodor von Sizilien I 7-8, in: Museum Helveticum 18 (1961) 63-82.
251 A. Ardizzoni: Intorno a due definizioni antiche di ποίημα e ποίησις, in: Rivista di Filologia e di Istruzione classica 40 (1962) 225-237.
252 R. Bendicty: Die Milieu-Theorie bei Prokop von Kaisareia, in: Byzantinische Zeitschrift 55 (1962) 1-10.
253 P. Boyancé: Les preuves stoïciennes de l'existence des dieux d'après Cicéron (De natura deorum, livre II), in: Hermes 90 (1962) 45-71.
254 A. Dihle: Zur Hellenistischen Ethnographie, in: Grecs et Barbares [Entretiens sur l'Antiquité classique 8] (Vandœuvres-Genève 1962) 205-239.
255 A. Dihle: Der fruchtbare Osten, in: Rheinisches Museum 105 (1962) 97-110.
256 J. Heurgon: Posidonius et les Etrusques, in: Hommages à A. Grenier, Collection Latomus 58 (1962) 799-808.
257 F. Kudlien: Poseidonios und die Ärzteschule der Pneumatiker, in: Hermes 90 (1962) 419-429.
258 P. Steinmetz: Zur Erdbebentheorie des Poseidonios, in: Rheinisches Museum 105 (1962) 261-263.
259 A. Adam: Die sprachliche Herkunft des Wortes 'elementum', in: Novum Testamentum 6 (1963) 229-232.
260 L. Alfonsi: Sallustio e Poseidonio. Bell. Cat. 12, 3-4, in: Aevum 37 (1963) 335-336.
261 L. Berger: Poseidonios frg. 18. Ein Beitrag zur Deutung der spätkeltischen Viereckschanzen? in: La Suisse Primitive 27 (1963) 26-28.
262 M. Laffranque: Poseidonios, Eudoxe de Cyzique et la circumnavigation de l'Afrique, in: Revue philosophique 153 (1963) 199-222.
263 K. Abel: Poseidonios und Senecas Trostschrift an Marcia (dial. 6,24,5ff.), in: Rheinisches Museum 107 (1964) 221-260.
264 V. Cilento: Per una ricostruzione di Posidonio, in: Annali della Facoltà di Lettere e Filosofia di Bari 9 (1964) 52-75.
265 M. Laffranque: Poseidonios historien. Un épisode significatif de la première guerre de Mithridate, in: Pallas 11 (1962 = 1964) 103-113.
266 M. Laffranque: Poseidonios d'Apamée, philosophe hellénistique, in: Actes du VIIe congrès de l'Association G. Budé, Aix-en-Provence (Paris 1964) 296-298.
267 P. Steinmetz: Die Physik des Theophrastos von Eresos (Bad Homburg v.d.H., Berlin, Zürich 1964) [Palingenesia 1].
268 E. Candiloro: Politica e cultura in Atene di Pidna alla guerra mitridatica, in: Studi classici e orientali 14 (1965) 134-176.
269 P. Grimal: Un Posidonius nouveau, in: Revue des Etudes latines 43 (1965) 89-95. – Ankündigung des Buches von Laffranque 1964 [*270].
270 M. Laffranque: Poseidonios d'Apamée. Essai de mise au point (Paris 1964).
271 G. Maurach: Zur Eigenart und Herkunft von Senecas Methode in den Naturales Quaestiones, in: Hermes 93 (1965) 357-369.
272 Carl Werner Müller: Gleiches zu Gleichem. Ein Prinzip frühgriechischen Denkens (Wiesbaden 1965) [Klassisch-Philologische Studien 31].
273 H. Strasburger: Poseidonios on problems of the Roman Empire, in: Journal of Roman Studies 55 (1965) 40-53.
274 P. Boyancé: Un livre français sur Posidonius, in: Revue des Etudes anciennes 68 (1966) 316-322. – Würdigung des Buches von Laffranque 1964 [*270].
275 H. Flashar: Melancholie und Melancholiker (Berlin 1966). – Bes. 118-133.
276 C. Nicolet: Mithridate et les 'ambassadeurs de Carthage', in: Mélanges A. Piganiol (Paris 1966) 807-814.
277 J. Touloumakos: Zu Poseidonios Fr. 36 [= Athenaios V 214 a-b], in: Philologus 110 (1966) 138-142.
278 A.-J. Voelke: Un point de vue nouveau sur Posidonius, in: Studia Philosophica 26 (1966) 281-289. – Würdigung des Buches von Laffranque 1964 [*270].
279 G. Mazzoli: Genesi e valore del motivo escatologico in Seneca. Contributo alla questione posidoniana, in: Rendiconti dell'Istituto Lombardo, Classe di Lettere e Scienze morali e storiche 101 (1967) 203-262.
280 G. Verbeke: Ethische paideia in het latere stoïcisme en het vroege Christendom, in: Tijdschrift voor Filosofie 27 (1965) 3-53. – Franz. Zusammenfassung.
281 P. van Beneden: Poseidonios von Apamea, Fr. 36 (Athenaios V 214 a-b), in: Philologus 113 (1969) 151-156. – Gegen Touloumakos 1966 [*277].
282 T. Liebmann-Frankfort: L'histoire des Parthes dans le livre XLI de Trogue Pompée. Essai d'identification de ses sources, in: Latomus 28 (1969) 894-922.

283 M. G. Morgan: The Roman conquest of the Balearic Isles, in: California Studies in Classical Antiquity 2 (1969) 217-231.
284 J. Pépin: «Que l'homme n'est rien d'autre que son âme». Observations sur la tradition du ‹Premier Alcibiade›, in: Revue des Etudes grecques 82 (1969) 56-70.
285 W. Richter: Einige Rekonstruktions- und Quellenprobleme in Cicero ‹De re publica›. Die Praefatio des 3. Buches und die griech. Kulturentstehungslehren, in: Rivista di Filologia e di Istruzione classica 97 (1969) 55-81.
286 J. M. Rist: Stoic philosophy (1969) [§ 33 *358: bes. 201-218].
287 T. Viljamaa: Ciceros Bildersprache und die Quellenfrage von Tusc. Disp. I 26-81, in: Arctos N.S. 6 (1969) 133-146.
288 M. Carbonara Naddei: Platone e Posidonio in Diogene Laerzio III, in: Logos 2 (1970) 523-540.
289 M. Manfredini: Argantonio re di Cadice e le fonti del ‹Cato maior› ciceroniano, in: Rivista di Filologia e di Istruzione classica 98 (1970) 278-291.
290 H. Strohm: Aristoteles, Meteorologie. Über die Welt (Darmstadt 1970) [Aristoteles. Werke in deutscher Übersetzung 12].
291 M. Untersteiner. Posidonio nei placita di Platone secondo Diogene Laerzio III (Brescia 1970) [Antichità classica e cristiana 7]. – Rez.: H. Görgemanns, in: Philosophische Rundschau 22 (1976) 140-143.
292 J. Harmatta: Poseidonios über die römische Urgeschichte, in: Acta Classica Universitatis Scientiarum Debreceniensis 7 (1971) 21-25.
293 R. Hoven: Stoïcisme et stoïciens face au problème de l'au-delà (Paris 1971) [Bibliothèque de la Faculté de Philosophie et Lettres de l'Université de Liège 197]. – Bes. 25-102.
294 I. G. Kidd: Posidonius on Emotions, in: Long (Hg.) 1971 [§ 33 *359: 200-215].
295 I. Lana: Scienza e tecnica a Roma da Augusto a Nerone, in: Atti dell'Accademia delle Scienze di Torino, Classe di Scienze morali, storiche e filologiche 105 (1971) 19-44.
296 B. Scardigli: Considerazioni sulle fonti della biografia plutarchea di Sertorio, in: Studi italiani di Filologia classica 43 (1971) 33-64.
297 H. Dörrie: Poseidonios von Apameia, in: KP 4 (1972) 1080-1084.
298 C. S. Phloratos: Strabon über Literatur und Poseidonios (Athen 1972).
299 L. Alfonsi: Sul 'Metus Punicus' sallustiano, in: Athenaeum N.S. 51 (1973) 383-384.

300 P. Desideri: Posidonio e la guerra mitridatica, in: Athenaeum N.S. 51 (1973) 237-269.
301 A. Dihle: Posidonius' system of moral philosophy, in: Journal of Hellenic Studies 93 (1973) 50-57.
302 H. Dörrie: Ciceros Entwurf zu einer Neuordnung des römischen Sakralwesens. Zu den geistigen Grundlagen von ‹De legibus›, Buch 2, in: Classica et Mediaevalia F. Blatt septuagenario dedicata (Kopenhagen 1973) 224-240.
303 C. R. S. Harris: The heart and vascular system in ancient Greek medicine from Alcmaeon to Galen (Oxford 1973).
304 P. Moraux: Der Aristotelismus bei den Griechen von Andronikos bis Alexander von Aphrodisias, 1. Bd.: Die Renaissance des Aristotelismus im 1. Jh. v. Chr. (Berlin, New York 1973) [Peripatoi 5].
305 M. Dragona-Monachou: Posidonius' 'hierarchy' between God, fate and nature and Cicero's De divinatione, in: Philosophie 4 (1974) 286-305.
306 E. Gabba: Storiografia greca e imperialismo romano (III-I sec. a.C.), in: Rivista storica italiana 86 (1974) 625-642.
307 F. Kudlien: Die stoische Gesundheitsbewertung und ihre Probleme, in: Hermes 102 (1974) 446-456.
308 A. A. Long: Hellenistic philosophy (1974) [§ 1 *396: bes. 216-222].
309 P. Pédech: L'analyse géographique chez Posidonius, in: Mélanges offerts à R. Dion (Paris 1974) 31-43.
310 Ernst Günther Schmidt: Die Definitionen des Guten im 118. Brief Senecas, in: Philologus 118 (1974) 65-84.
311 D. J. Allan: A passage from Iamblichus in praise of the contemplative life, in: Archiv für Geschichte der Philosophie 57 (1975) 246-268.
312 J. M. Alonso-Núñez: El noroeste de la peninsula ibérica en Estrabo, in: Boletín Avriense 5 (1975) 334-347.
313 R. Cantalamessa: Una fonte pseudoclementina in Tertulliano? in: Forma Futuri. Studi in onore di M. Pellegrino (Turin 1975) 350-360.
314 B. Dalsgaard Larsen: La place de Jamblique dans la philosophie antique tardive, in: De Iamblique à Proclus [Entretiens sur l'Antiquité classique 21] (Vandœuvres-Genève 1975) 1-34.
315 M. Dragona-Monachou: Το πρόβλημα του

κακού στο Φίλωνα τον Αλεξανδρέα με ειδική αναφορά στο Περὶ προνοίας, in: Philosophia 5/6 (1975-1976) 306-352. – Engl. Zusammenfassung.
316 A. Grilli: Lo stoicismo di mezzo, in: Dal Pra (Hg.) 1975 [§ 1 *338: 4, 141-166].
317 A. Momigliano: Polibio, Posidonio e l'imperialismo romano, in: Actes du IXe Congrès de l'Association G. Budé, Rome (Paris 1975) 184-194.
318 F. H. Sandbach: The Stoics (1975) [§ 33 *361: bes. 123-139].
319 G. P. Verbrugghe: Narrative pattern in Posidonius' History, in: Historia 24 (1975) 189-204.
320 L. Alfonsi: Su uno spunto paolino in rapporto ai classici, in: Aevum 50 (1976) 158.
321 G. Aujac: Poseidonios et les zones terrestres: Les raisons d'un échec, in: Bulletin de l'Association G. Budé (1976) 74-78.
322 E. Badian: Rome, Athens and Mithridates, in: American Journal of Ancient History 1 (1976) 105-128.
323 D. Nash: Reconstructing Poseidonios' Celtic ethnography: Some considerations, in: Britannia 7 (1976) 111-126.
324 F. P. Rizzo: Posidonio nei frammenti Diodorei sulla prima guerra servile di Sicilia, in: Studi di storia antica offerti a E. Manni (Rom 1976) 259-293.
325 M. Savagnone: Sull'ipotesi della derivazione Posidoniana del Bellum Iugurthinum, in: Studi di storia antica offerti a E. Manni (Rom 1976) 295-304.
326 P. Treves: La cosmopoli di Posidonio e l'Impero di Roma, in: Accademia nazionale dei Lincei 221 (Rom 1976) 27-70.
327 K. von Fritz: Poseidonios als Historiker, in: Historiographia Antiqua. Commentationes Lovanienses in honorem W. Peremans septuagenarii editae (Symbolae 6, Löwen 1977) 163-193.
328 A. Glibert-Thirry: La théorie stoïcienne de la passion chez Chrysippe et son évolution chez Posidonius, in: Revue philosophique de Louvain 75 (1977) 393-435.
329 G. Rocca-Serra: Le stoïcisme pré-impérial et l'esclavage, in: Centro Ricerche e Documentazione sull'Antichità classica. Atti 8 (1976-1977) 205-222.
330 M. Baltes: Die Zuordnung der Elemente zu den Sinnen bei Poseidonios und ihre Herkunft aus der Alten Akademie, in: Philologus 122 (1978) 183-196.

331 C. Feuvrier-Prévotat: Echanges et sociétés en Gaule indépendante; à propos d'un texte de Poseidonios d'Apamée, in: Ktema 3 (1978) 243-259.
332 I. G. Kidd: Philosophy and science in Posidonius, in: Antike und Abendland 24 (1978) 7-15.
333 I. G. Kidd: Posidonius and logic, in: Brunschwig (Hg.) 1978 [§ 33 *494: 273-283].
334 P. De Lacy: Galen, On the doctrines of Hippocrates and Plato. Edition, translation and commentary I-II (Berlin 1984) [Corpus Medicorum Graecorum V 4, 1, 2].
335 J. M. Alonso-Núñez: Les informations de Posidonius sur la Péninsule Ibérique, in: L'Antiquité classique 48 (1979) 639-646.
336 J. Alsina: Un enigma de la filosofía griega. Posidoni, in: Anuario de Filología 5 (1979) 1-18.
337 P. Botteri, M. Raskolnikoff: Posidonius, 'nom de notre ignorance'. A propos de la source de Diodore de Sicile dans les fragments consacrés aux Gracques, in: Quaderni di Storia 5 (1979) 135-155.
338 J. D. Gauger: Eine missverstandene Strabonstelle (zum Judenbericht XVI 2, 37), in: Historia 28 (1979) 211-224.
339 A. Grilli: L'approccio all'etnologia nell'antichità, in: Contributi dell'Istituto di Storia antica dell'Università cattolica del Sacro Cuore 6 (1979) 11-33.
340 A. Grilli: Die Gebirge Tirols. Poseidonios bei Strabo, in: Acta philologica Aenipontana 4 (1979) 46-47.
341 C. Romeo: Demetrio Lacone sulla grandezza del sole (PHerc. 1013), in: Cronache Ercolanesi 9 (1979) 11-35.
342 O. Gigon: Poseidonios und die Geschichte der stoischen Philosophie, in: Archaiognosia 1 (1980) 261-299.
343 U. Hackl: Poseidonios und das Jahr 146 v. Chr. als Epochendatum in der antiken Historiographie, in: Gymnasium 87 (1980) 151-166.
344 K. Janáček: Methodische Bemerkungen zum Poseidonios-Index, in: Listy Filologické 103 (1980) 1-9.
345 M. Kertsch: Meteorología clásica en imágenes de la última época de la antiguedad ilustrada con ejemplos sacados de Gregorio Nacianceno, in: Emérita 48 (1980) 105-121.
346 Katharina Schmidt: Kosmologische Aspekte im Geschichtswerk des Poseidonios (Göttingen 1980) [Hypomnemata 63].

347 R. Braun: Les règles de la parénèse et la composition du ‹De patientia› de Tertullien, in: Revue de Philologie 55 (1981) 197-203.
348 F. Collins III: Eutropius and the dynastic name Eumenes of the Pergamene pretender Aristonicus, in: The Ancient World 4 (1981) 39-43.
349 H.-T. Johann: Gerechtigkeit und Nutzen (1981) [§ 38 *39: bes. 98-193].
350 J. Bels: La survie de l'âme de Platon à Posidonius, in: Revue de l'Histoire des Religions 199 (1982) 169-182.
351 E. Bertoli: L'età dell'oro in Posidonio e Seneca, in: Quaderni di Lingue e Letterature 7 (1982) 151-179.
352 L. Canfora: Posidonio nel VI libro di Ateneo. La schiavitù 'degenerata', in: Index 11 (1982) 43-56.
353 E. Gabba: Posidonio, Marcello et la Sicilia, in: Ἀπαρχαί. Nuove ricerche e studi sulla Magna Grecia e la Sicilia antica in onore di P. E. Arias (Pisa 1982) 2, 611-614 [Biblioteca di Studi antichi 35].
354 W. Hering: Das Germanenbild im Rom des 1. Jhs. v.u.Z., in: Rom und Germanien, dem Wirken W. Hartkes gewidmet (Berlin 1982) 24-28 [Sitzungsberichte der Akademie der Wissenschaften der DDR, Gesellschaftswissenschaften 15 G].
355 G. Pfligersdorffer: Fremdes und Eigenes in Senecas 90. Brief an Lucilius, in: Aspekte der Kultursoziologie, Aufsätze zur Soziologie, Philosophie, Anthropologie und Geschichte der Kultur, zum 60. Geburtstag von M. Rassem (Berlin 1982) 303-326.

356 R. Urban: ‹Historiae Philippicae› bei Pompeius Trogus. Versuch einer Deutung, in: Historia 31 (1982) 82-96.
357 A. Cameron: Crantor and Posidonius on Atlantis, in: Classical Quarterly 33 (1983) 81-91.
358 J. Malitz: Die Historien des Poseidonios (München 1983) [Zetemata 79]. – Rez.: W. Kierdorf, in: Gymnasium 93 (1986) 304-306.
359 G. Mangani: La 'macchina dei climi': enciclopedismo, geografia, economia scritturale, in: Quaderni Urbinati di Cultura classica 43 (1983) 131-152.
360 W. Meid: Bemerkungen zur keltischen Ethnographie des Poseidonios aus der Sicht der inselkeltischen Überlieferung, in: Festschrift für R. Muth zum 65. Geburtstag (1983) [Innsbrucker Beiträge zur Kulturwissenschaft 22] 237-250.
361 A. Dihle: Serer und Chinesen, in: Antike und Orient. Gesammelte Aufsätze (Heidelberg 1984) 201-215 [Sitzungsberichte der Heidelberger Akademie, Suppl. 1983, 2].
362 A. R. Dyck: Notes on composition, text and sources of Cicero's ‹De officiis›, in: Hermes 112 (1984) 215-227.
363 K. Bringmann: Geschichte und Psychologie bei Poseidonios, in: Flashar/Gigon (Hg.) 1986 [§ 1 *366: 29-66].
364 A. Dihle: Philosophie – Fachwissenschaft – Allgemeinbildung, in: Flashar/Gigon (Hg.) 1986 [§ 1 *366: 185-231].
365 I. G. Kidd: Posidonian methodology and the self-sufficiency of virtue, in: Flashar/Gigon (Hg.) 1986 [§ 1 *366: 1-28].

§ 41. Die Stoa in der Mitte und zweiten Hälfte des ersten Jahrhunderts vor Christus

A. Überblick 706. – B. Einzelne Stoiker 708: 1. Athenodoros Kordylion aus Tarsos 708; 2. Antipatros aus Tyros 708; 3. Iason aus Nysa 709; 4. Asklepiodotos 709; 5. Phanias 710; 6. Geminos aus Rhodos 710; 7. Diodoros aus Alexandreia 710; 8. Athenodoros, Sohn des Sandon, aus Kana 711; 9. Apollonios aus Tyros 712; 10. Areios Didymos aus Alexandreia 712; 11. Theon aus Alexandreia 714. – C. Ausgaben und Sekundärliteratur 714: 1. Ausgaben und Fragmentsammlungen 714: a) Antipatros aus Tyros 714; b) Iason aus Nysa 714; c) Asklepiodotos 714; d) Geminos aus Rhodos 714; e) Athenodoros, Sohn des Sandon, aus Kana 714; f) Areios Didymos aus Alexandreia 714; 2. Allgemeine Sekundärliteratur 714; 3. Sekundärliteratur zu einzelnen Stoikern 715: a) Athenodoros Kordylion aus Tarsos 715; b) Antipatros aus Tyros 715; c) Iason aus Nysa 715; d) Asklepiodotos 715; e) Geminos aus Rhodos 715; f) Diodoros aus Alexandreia 715; g) Athenodoros, Sohn des Sandon, aus Kana 715; h) Areios Didymos aus Alexandreia 716.

A. ÜBERBLICK

Die Nachrichten über die Stoa des 1. Jh. v. Chr. in Athen sind sehr dürftig. Es ist nicht einmal bekannt, wer nach Mnesarchos und Dardanos die Schule geleitet hat. Cicero hebt für die Zeit um 80 und um 50 zwei Stoiker hervor, die in Athen gewirkt haben; Apollodoros aus Athen, der noch Schüler des Antipatros aus Tarsos und des Panaitios war und von dem Epikureer Zenon aus Sidon bekämpft wurde, und ein Dionysios, den der junge 'Hörer' Cicero in Athen gehört hat. Auf ihn scheinen Diogenes Laertios und Tertullian anzuspielen, und Philodem hat ihn offenbar bestritten (CICERO Tusc. II 26, DIOGENES LAERT. VI 43, IX 15, TERTULLIAN ad nationes II 2,14. 14, 1, PHILODEM de sign. col. 7ff.). Auf Grund dieser Erwähnungen hat man vermutet, Apollodor und Dionysios seien die auf Mnesarchos und Dardanos folgenden Scholarchen (SUSEMIHL 1892 [*101: 2, 243. 244], ZELLER ⁵1923 [*102: 589 Anm. 3, 606 Anm. 1]). In Athen wirkte zuletzt vor seinem Tode auch Antipatros aus Tyros. Vielleicht haben aber die Kämpfe um Athen im Mithridatischen Krieg auch die stoische Schule als Institution und ihr Vermögen (Gebäude, Bibliothek, Sammlungen) schwerer getroffen, so dass in der Folge in Athen zwar weiter stoische Philosophen wirkten, ohne dass aber die Schule als Institution noch weiter bestanden hätte.

Etwas aufschlussreicher sind die Nachrichten über die Schule des Poseidonios in Rhodos. Sein Nachfolger wurde der Sohn seiner Tochter, Iason aus Nysa. Neben ihm wirkten weitere Schüler: Asklepiodot, Phanias, Geminos aus Rhodos und vielleicht auch der von STRABON (XIV 655) erwähnte Leonidas aus Rhodos. Auf die Arbeit dieser Schüler scheinen auch Zitate wie οἱ περὶ Ποσειδώνιον bei Diogenes Laertios, Plutarch und Proklos hinzudeuten (vgl. POSIDONIUS F 89. 117. 126. 141ab. 189. 195. 288 EK). Zwei Tendenzen der Arbeit dieser Schüler treten deutlich hervor. Einerseits pflegt man das Erbe des Poseidonios und bemüht sich, es fruchtbar zu machen. Man ediert Vorlesungen des Lehrers, stellt von umfangreicheren Werken, wie es Poseidonios gelegentlich schon selbst getan hatte, handliche

Kurzfassungen her und verfasst Kommentare zu ihnen. All dies dient offensichtlich der Popularisierung (vgl. dazu Phanias, Asklepiodot und Geminos). Auch die von DIELS (DDG 181ff. 214ff.) erschlossenen Vetusta Placita, die ein anonymer Schüler des Poseidonios aus den philosophiegeschichtlichen und naturphilosophischen Forschungen des Poseidonios zusammengestellt hat, sind in diesem Zusammenhang zu erwähnen. Überhaupt scheint ein Bedürfnis nach doxographischen Darstellungen verschiedener Art zu bestehen, dem auch nicht wenige Stoiker Rechnung tragen (z.B. Iason aus Nysa, Apollonios aus Rhodos und Areios Didymos). In der Kommentierung wird aber auch eine zweite Tendenz sichtbar. Die Weiterführung der Forschungen des Poseidonios zielt auf eine immer stärkere Verwissenschaftlichung der Naturphilosophie. Die Arbeiten des Geminos aus Rhodos und des Diodoros aus Alexandreia sind dafür Zeugnisse. Ein Zeuge dieser Verwissenschaftlichung ist aber auch der Arzt Athenaios aus Attaleia, ein Schüler des Poseidonios, der auf der Grundlage von dessen Anthropologie die sogenannte pneumatische Ärzteschule begründete (POSIDONIUS F 190 EK = T 26a Th und dazu KUDLIEN 1962 [*105]; allerdings ist der spätantike Arzt Poseidonios, der um die Wende vom 4. zum 5. Jh. wirkte, von dem Philosophen fernzuhalten, vgl. FLASHAR 1966 [§ 40 *275: 121ff.]). Diese Verwissenschaftlichung war aber dem Nachwirken des Poseidonios wenig günstig. Denn sie weckte den Widerstand gegen dessen methodische und sachliche Neuerungen, z.B. gegen die Ursachenforschung. Dieser Widerstand orthodoxer stoischer Kreise ist gut zu fassen in der Kritik Strabons, der sich selbst durchaus als Stoiker fühlte, in der Hinwendung zu den Alten bei Apollonios aus Tyros und Theon aus Alexandreia und in der Tatsache, dass Areios Didymos zwar die naturphilosophischen Grundsätze des Poseidonios vermerkt, seine Ethik aber einfach ignoriert. Die Schule in Rhodos scheint nach Iason aus Nysa erloschen zu sein (JACOBY 1916 [*142]).

Für die Geschichte der Stoa ist eine weitere Tendenz von nicht geringer Bedeutung. Römische Grosse übernahmen von den hellenistischen Herrschern den Brauch, auch stoische Philosophen in ihr Haus aufzunehmen als Erzieher der Kinder und als Ratgeber, und eröffneten diesen so ein weites Wirkungsfeld. Ciceros erster Lehrer in Philosophie, Rhetorik und Mathematik war um 85 der Stoiker Diodotos. Dieser lebte später im Hause Ciceros und starb dort im hohen Alter erblindet (CICERO Acad. II 115, de nat. deor. I 6, Tusc. V 113, ad Atticum II 20). Sein Schüler war Apollonios, ein Freigelassener des Crassus (CICERO ad familiares XIII 16). M. Porcius Cato, der in Utica den Freitod einem Leben unter Caesar vorzog, hatte Antipatros aus Tyros und Athenodoros aus Tarsos, der den Spitznamen 'Kordylion' ('der Beulenkopf') trug, an sich gebunden. Vor seinem Tode diskutierte er mit dem Stoiker Apollonides über die Zulässigkeit des Selbstmords (PLUT. Cato minor 65f.). Die Stoiker Athenodoros, Sohn des Sandon, aus Kana, einem Dorf bei Tarsos, und Areios Didymos aus Alexandreia waren Lehrer und vertraute Ratgeber Octavians, des späteren Augustus. Nach dem Tode des Areios Didymos übernahm Theon aus Alexandreia wohl dessen Stelle im Hause des Augustus.

Schliesslich haben auch Römer in dieser Zeit sich zur Stoa bekannt und, wenn sie auch nicht als Schriftsteller hervorgetreten sind, so doch versucht, nach deren

15 Ueberweg: Antike 4/2

Grundsätzen zu leben. Es seien nur genannt M. Porcius Cato, dessen Bewunderer M. Favonius und Q. Lucilius Balbus, den Cicero im 2. Buch ‹De natura deorum› die stoische Theologie vortragen lässt. Cicero selbst verdanken wir in seiner grossangelegten kritischen Darstellung der hellenistischen Philosophie die ältesten erhaltenen Referate über Grundthemen des Stoizismus und dessen Kritik vom Standpunkt der akademischen Skepsis. Darüber hinaus hat er in Werken, in denen er in Detailfragen seine eigene Auffassung darlegt, nicht selten sich von Stoikern anregen lassen (vgl. oben S. 648. 658f.). Auch bei augusteischen Dichtern ist Vertrautheit mit stoischer Philosophie unverkennbar, so bei Horaz, der sich freilich stets als Epikureer fühlte, so bei Ovid in der Kosmogonie in seinen ‹Metamorphosen›.

B. EINZELNE STOIKER

1. Athenodoros Kordylion aus Tarsos

Athenodoros aus Tarsos, der den Spitznamen Kordylion ('der Beulenkopf') trug, ist ein etwas jüngerer Zeitgenosse des Poseidonios. Er war zunächst Vorsteher der Bibliothek von Pergamon und versuchte in dieser Stellung Schriften Zenons aus Kition und anderer alter Stoiker von Stellen, die wegen ihres provozierenden Kynismus längst als anstössig empfunden wurden, zu 'reinigen'. Als M. Porcius Cato im Jahre 70 in Pergamon weilte, überredete er den Bibliothekar, ihm nach Rom zu folgen. Athenodor lebte dann im Hause Catos bis zu seinem Tod, der demnach vor 46, dem Jahr des Freitods Catos in Utica, eingetreten ist (DIOGENES LAERT. VII 34, STRABON XIV 674, PLUT. Cato minor 10. 16, SUSEMIHL 1892 [*101: 2, 246], ZELLER ⁵1923 [*102: 606 Anm. 1], VON ARNIM 1896 [*121], POHLENZ ⁴1971-1972 [*104: 1, 242. 2, 124f.], SANDBACH 1975 [§ 33 *361: 142]). Aus seiner Zeit als Bibliothekar in Pergamon stammt wohl, wie aus einer gelehrten Randnotiz zu Tzetzes ‹De comoedia› (KAIBEL, ComGrF 1, 20,29) hervorzugehen scheint, sein Beitrag zur Hypothese von der Redaktion der homerischen Gedichte in Athen unter Peisistratos, die noch heute die Homerphilologie bewegt. Philosophische Schriften, die ausdrücklich dem Athenodoros Kordylion zugeschrieben sind, sind nicht bekannt. Allerdings können Schriften, als deren Autor ein Athenodoros aus Tarsos ohne Hinzufügung eines differenzierenden Spitznamens genannt wird, für Kordylion beansprucht werden, nämlich die bei Athenodoros, dem Sohne Sandons, angeführten Schriften Nr. 3-5 Περὶ σπουδῆς καὶ παιδιᾶς (Über Ernst und Scherz), Περὶ Ταρσοῦ (Über Tarsos) und Περίπατοι (Spaziergänge).

2. Antipatros aus Tyros

Antipatros aus Tyros ist ein jüngerer Zeitgenosse des Poseidonios. Wohl gegen Ende des 2. Jh. geboren, wurde er von einem sonst unbekannten Antidotus und von Stratokles, dem Schüler des Panaitios, in der Philosophie unterrichtet (STRABON XVI 757, Index Stoicorum Herc. col. LXXIX). Er selbst führte, wohl in den siebziger Jahren, M. Porcius Cato in die stoische Philosophie ein. Dass Horaz bei seinem Studienaufenthalt in Athen im Jahre 45 auch ihn gehört habe, ist eine ansprechende Vermutung von STENUIT (1979 [*134]). In Athen ist er dann im Jahre 44 gestorben (CICERO de off. II 86). DIOGENES LAERT. hatte ihm in dem verlorenen Teil des 7. Buches ein eigenes Kapitel gewidmet. Zwei Schriften dieses Mannes sind kenntlich:

1 Περὶ κόσμου – Über die Welt. – Wenigstens 8 Bücher. DIOGENES LAERT. (VII 139) bringt mindestens ein Zitat aus dieser Schrift. Bei weiteren Zitaten aus einer Schrift über die Welt eines Antipatros ist es strittig, ob die des Tyriers oder die seines Namensvetters aus Tarsos gemeint ist (vgl. oben S. 638).

2 Περὶ καθηκόντων – Über die Pflichten. – Diese Schrift diente offenbar der Ergänzung und Weiterführung der Schrift gleichen Titels des Panaitios. Jedenfalls bemängelte er unter anderem, dass Panaitios die Erörterungen der Sorge für Gesundheit und Vermögen übergangen habe (CICERO de off. II 86). Weitere Lehrmeinungen sind nicht überliefert.

3. Iason aus Nysa

Die Mutter des Iason aus Nysa, des Sohnes des Menekrates, ist eine Tochter des Poseidonios. Er wurde in Rhodos Schüler seines Grossvaters und folgte diesem in der Leitung der rhodischen Schule nach (nach 50 v. Chr.). An Schriftentiteln werden genannt:

1 Βίοι ἐνδόξων – Lebensbeschreibungen berühmter Männer.
2 Φιλοσόφων διαδοχαί – Geschichte der Philosophenschule.
3 Περὶ Ῥόδου – Über Rhodos.
4 Βίος Ἑλλάδος – Kulturgeschichte Griechenlands. – 4 Bücher. Die Autorschaft dieser Schrift war schon in der Antike zwischen diesem Iason und einem anderen Träger dieses Namens (Iason aus Argos) strittig (Suda s.v. Ἰάσων = POSIDONIUS T 40 EK = T 20 Th). Das Werk könnte von den Überlegungen des Poseidonios zur Kulturgeschichte der Menschheit angeregt sein.
5 Περὶ τῶν Ἀλεξάνδρου ἱερῶν – Über die Heiligtümer Alexanders. – Mindestens 3 Bücher. Ob diese einem Iason zugeschriebene Schrift vom Nachfolger des Poseidonios verfasst worden ist, ist fraglich.

Die Schriftentitel weisen deutlich auf historische und kulturhistorische Interessen Iasons hin. Philosophische Lehrmeinungen sind nicht überliefert (SUSEMIHL 1892 [*101: 245], GERCKE 1907 [*141: 120], JACOBY 1916 [*142: 780], ZELLER ⁵1923 [*102: 606 Anm. 1], THEILER 1982 [§ 40 *6: 2, 3. 412-414]).

4. Asklepiodotos

Dass der von Seneca zitierte Schüler des Poseidonios Asklepiodotos identisch sei mit jenem Asklepiodotos, dem Sohn des Asklepiodotos aus Nikaia, der im Index Stoicorum (col. LXXIII 4-6) als Schüler des Panaitios erwähnt wird, ist aus chronologischen Gründen wenig wahrscheinlich (TRAVERSA 1952 [*157: 94]). Weitere Nachrichten über das Leben Asklepiodots sind nicht erhalten. Zwei Werke dieses Schülers des Poseidonios sind bezeugt:

1 Αἰτίαι φυσικαί [oder] Αἰτιῶν φυσικῶν ζήτησις – Physikalische Ursachen [oder] Untersuchung physikalischer Ursachen. – Nach SENECA Quaest. nat. VI 17,3: «quod apud Asclepiodotum invenies, auditorem Posidonii, in his ipsis quaestionum naturalium causis». In diesem Werk waren im Anschluss an Poseidonios Probleme der Meteorologie untersucht. Seneca zitiert ihn an fünf Stellen (Quaest. nat. II 26,6. 30,1. V 15,1. VI 17,3. 22,2). Philosophisch gravierende Abweichungen von Positionen des Poseidonios sind nicht feststellbar, was natürlich Ergänzungen und Distanzierungen in wissenschaftlichen Sachfragen nicht ausschliesst. Seneca mag in mancher polemischen Äusserung gegen Poseidonios von Asklepiodot angeregt worden sein. Aber die alte, auf der Einquellenhypothese beruhende Vermutung, Seneca kenne Poseidonios nur durch Vermittlung des Asklepiodot (DDG 19, ODER 1898 [*152: 290f.], RINGSHAUSEN 1929 [*153]), hat sich nicht bestätigt.

2 Τακτικὰ κεφάλαια – Hauptkapitel der Taktik. – Diese älteste erhaltene Taktik behandelt in zwölf Kapiteln die Elementartaktik der Hoplitenphalanx der hellenistischen Zeit. Sie ist entweder eine verkürzende Überarbeitung der Taktik des Poseidonios oder wie THEILER 1982 [§ 40 *6: 2, 410] vermutet, die Edition der poseidonischen Taktikvorlesung.

5. Phanias

Phanias, ein Schüler des Poseidonios, ist nur durch eine Notiz des DIOGENES LAERT. (VII 41 = POSIDONIUS T 43 EK = T 22 Th) bekannt. Demnach schrieb er ein Werk Περὶ τῶν Ποσειδωνείων σχολῶν in mindestens zwei Büchern, wohl eine Zusammenfassung des in der Vorlesung vorgetragenen Lehrgangs der Philosophie des Poseidonios.

6. Geminos aus Rhodos

Über die Lebensumstände des Geminos aus Rhodos liegen antike Nachrichten nicht vor. Es scheint, wie AUJAC (1975 [*33: XXII-XXIV]) nach dem Vorgang von COSTIL (1949 [*176: 30]) vermutet, dass er mit Cn. Pompeius Geminus identisch ist, an den Dionysios aus Halikarnassos im Jahre 15 v. Chr. seinen Brief über den Stil Platons gerichtet hat. Demnach wäre Geminos vor 80 v. Chr. in Rhodos geboren, hätte dort eine philosophische Ausbildung in der Schule des Poseidonios genossen, hätte von Pompeius bei einem seiner Aufenthalte in Rhodos das römische Bürgerrecht erhalten und dann im literarischen Kreise des Pompeius in Rom gelebt und wäre schliesslich später wieder in seine Heimat zurückgekehrt. Drei oder vier Werke des Geminos sind bekannt:

1 Εἰσαγωγὴ εἰς τὰ φαινόμενα – Elementa Astronomiae – Einführung in die Astronomie. – Diese erhaltene Schrift ist eine leicht verständliche und klare wissenschaftliche Einführung in die Astronomie, die mathematische Geographie und in das Kalenderwesen, die offenbar auf das Studium anspruchsvollerer Spezialliteratur vorbereiten soll. Da in dieser Schrift kein Einfluss der poseidonischen Philosophie und Wissenschaft feststellbar ist, hat man sie entweder dem Stoiker Geminos abgesprochen (so noch THEILER 1982 [§ 40 *6: 2, 134]) oder sie für ein Jugendwerk des Geminos gehalten (TANNERY 1887 [*171: 283], AUJAC 1975 [*33: XXIV]).

2 Τῆς ἐπιτομῆς ⟨τῶν⟩ Ποσειδωνίου μετεωρολογικῶν ἐξήγησις – Kommentar zur Kurzfassung der Meteorologie des Poseidonios. – Gemeint ist offenbar ein Kommentar zu der Schrift Nr. 13 des Poseidonios. Dieser Kommentar wird von PRISCIANUS LYDUS (Ad Chosroem, Prooem.) ohne Hinweis auf die Kurzfassung zitiert (POSIDONIUS T 72 EK = T 37 Th). Simplikios hat aus einer Schrift von Alexander aus Aphrodisias ein längeres Stück dieses Werkes mit der Unterscheidung von Naturphilosophie (Physik) und Naturwissenschaft erhalten (SIMPLICIUS in Arist. Phys. 291,21-292,31 = POSIDONIUS F 18 EK = F 255 Th).

3 Ἡ τῶν μαθημάτων θεωρία – Die mathematische Wissenschaft. – Mindestens 6 Bücher. Die von PAPPOS (Coll. math. VIII 3) genannte Schrift Περὶ τῆς τῶν μαθημάτων τάξεως (Über die Ordnung der mathematischen Wissenschaften) scheint ein Teil dieses Werkes zu sein. Im Euklidkommentar zitiert PROKLOS (In primum Euclidis elementorum librum commentarius 38-42 FRIEDLEIN) ein längeres Stück über Theorie, Gliederung und Gegenstände der mathematischen Wissenschaften (Arithmetik und Geometrie sowie Mechanik, Astronomie, Optik, Geodäsie, Kanonik [= Harmonielehre] und Logistik [= Rechenkunst]). Aus weiteren Zitaten bei Proklos, Pappos, Eutokios, in den Variae collectiones zu Heron aus Alexandreia, aber auch aus der arabischen Übersetzung des an-Nairizi (= Anaritius) wird einerseits ein Interesse des Geminos an der Geschichte der Mathematik sichtbar, andererseits aber auch, dass er wie sein Lehrer Poseidonios vom stoischen Standpunkt aus gegen die Angriffe der skeptischen Akademiker und der Epikureer auf die erkenntnistheoretischen und logischen Grundlagen der Mathematik Stellung bezogen hat.

7. Diodoros aus Alexandreia

Diodoros aus Alexandreia ist als Meteorologe, Astronom und Mathematiker hervorgetreten. Einzelheiten über sein Leben sind nicht überliefert. Da er seine Meteorologie im Anschluss an Poseidonios verfasst hat (Aratea 39, 6-10 MAASS = POSIDONIUS F 128 EK = F 271b Th) und andererseits er selbst von dem Akademiker Eudorus aus Alexandreia, dem älteren Zeitgenossen des Areios

Didymos zitiert wird (Aratea 30, 20ff. MAASS, vgl. DDG 19, HULTSCH 1903 [*191: 710]), ist sein Leben in die Mitte des 1. Jh. v. Chr. zu datieren. Zwei Werktitel sind überliefert:

1 Μετεωρολογικὴ στοιχείωσις – Grundzüge der Meteorologie. – Die Fragmente, die dieser Schrift zugewiesen werden können, zeigen, dass er sich an Poseidonios angeschlossen und dessen Überlegungen und Untersuchungen in Einzelheiten weitergeführt hat, so in der Unterscheidung von Naturphilosophie und Naturwissenschaft, in der Bestimmung und Erklärung der sechs verschiedenen Bedeutungen von κόσμος (Kosmos), in der Definition der Gestirne, in der Erklärung der Milchstrasse (vgl. ACHILLES TATIUS 129B, Aratea 30, 20ff.; 39, 6-10; 41, 13ff.; MACROBIUS Commentarii in Ciceronis Somnium Scipionis I 15,5). Auffällig in diesen Fragmenten ist auch das philosophiehistorische Interesse.

2 Ἀνάλημμα – Geometrischer Aufriss. – In dieser Schrift war das iterierte Projektions- und Umklappungsverfahren zur Bestimmung der Höhe der Sonne oder eines anderen Gestirns für einen gegebenen Ort und für gegebene Zeit dargestellt und auch die orthographische Projektion des scheinbaren täglichen Sonnenlaufs behandelt. Hiermit waren auch die Grundregeln für die Konstruktion von Sonnenuhren gegeben. Die Schrift fand hohe Anerkennung. Noch PAPPOS (Coll. math. IV, 27, S. 246, 1 HULTSCH) hat sie kommentiert und noch im 4. Jh. hat Metrodoros den Autor in einem Epigramm gefeiert (Anthologia Palatina XIV 139).

Ob Diodor die Beschreibung der Sternbilder, den Nachweis, dass im Verhältnis zur Sonnensphäre die Erde als ein Punkt aufzufassen sei und demnach die Sonnenstrahlen allenthalben parallel auftreffen, und den Beweis des Euklidischen Parallelenpostulats durch viele verschiedene Figuren in den genannten oder in weiteren Schriften dargetan hat, kann nicht entschieden werden.

8. *Athenodoros, Sohn des Sandon, aus Kana*

Athenodoros, Sohn des Sandon, stammt aus Kana, einem Dorf bei Tarsos, weswegen man als seine Vaterstadt auch Tarsos angibt. Vermutlich zur Unterscheidung von dem älteren Athenodoros 'Beulenkopf' aus Tarsos wird er von Cicero 'Calvus' ('Kahlkopf') genannt. Auf diesen Spitznamen scheint auch Augustus einmal witzig angespielt zu haben. Athenodoros war wohl Schüler des Poseidonios. Er lebte schon um 50 in Rom als ein angesehener Philosoph. Im Jahre 44 unterstützte er Cicero bei der Ausarbeitung des 3. Buches ‹De officiis›, indem er zu dessen voller Zufriedenheit ein Hypomnema zur Pflichtenlehre, insbesondere über die Grundzüge des Konflikts des Nützlichen mit dem sittlich Guten anfertigte. Im gleichen Jahr wurde er neben Areios Didymos einer der Lehrer des jungen Octavian, des späteren Augustus, und lebte lange Zeit im engsten Kreis dieses Mannes und war so auch mit anderen Mitgliedern dieses Kreises bekannt, so mit Maecenas. Im Alter, offensichtlich nach 30 v. Chr., als Octavian auch schon den Osten beherrschte, kehrte er nach Tarsos zurück und benützte seine guten Beziehungen, um Tarsos von schlimmen Demagogen zu befreien und der Stadt Steuererleichterungen zu erwirken. In Tarsos ist er im Alter von 82 Jahren gestorben (STRABON XIV 674f. XVI 779, LUKIAN Makrob. 21. 23, DION CHRYSOSTOMOS or. XXXIII 24, AELIAN V.H. XII 25, DIO CASSIUS LII 36, LVI 43, ZOSIMOS Hist. I 6, Suda s.v. Ἀθηνόδωρος, CICERO ad familiares III 7,5, ad Atticum XVI 11,4. 14,4. DIOGENES LAERT. VII Epitome). Folgende Schriften sind bekannt:

1 Das Hypomnema für Cicero zur Pflichtenlehre hat Athenodoros vermutlich zu einer eigenen Schrift ausgearbeitet. Aus dieser Schrift stammen wohl drei Zitate SENECAS (De tranquillitate animi 3, 1-8. 7.2, Epist. mor. 10, 5). Besonders interessant ist die Erörterung, ob und wie der Weise am politischen Leben teilnehmen werde, die offensichtlich unter dem Eindruck der Katastrophe des Bürgerkriegs geschrieben ist.

2 Eine Schrift an Octavia, die Schwester des Augustus, in der die Tat des Mucius Scaevola erwähnt war (PLUT. Poplicola 17).

3 Περὶ σπουδῆς καὶ παιδιᾶς – Über Ernst und Scherz. – ATHENAIOS XII 519 b. Da der Autorname ohne Beiname angegeben ist, ist die Zuweisung dieser Schrift an diesen oder an Athenodoros Kordylion strittig.

4 Περὶ Ταρσοῦ – Über Tarsos. – STEPH. BYZ. s.v. Ἀγχιάλη. Auch die Autorschaft dieser Schrift ist zwischen den beiden Athenodoros aus Tarsos strittig. Für den Sohn Sandons spricht dessen politische Tätigkeit.

5 Περίπατοι – Spaziergänge. – Mindestens 8 Bücher. Aus dem 8. Buch führt DIOGENES LAERT. an vier Stellen (III 3, V 36, VI 81, IX 42) zum Teil gehässige Details aus dem Leben verschiedener Philosophen (Platon, Theophrast, Diogenes aus Sinope, Demokrit) an. Dem Anschein nach waren in dieser Schrift in der Art der Buntschriftstellerei verschiedene Themen, so im 8. Buch Philosophenviten, behandelt. Auch diese Schrift ist zwischen den beiden Athenodoros strittig. Falls sie dem Sohne Sandons gehören sollte, könnten die kulturhistorischen Notizen, die CLEMENS ALEXANDRINUS (Protrepticus IV 48, 2-4 = F 4 JACOBY) und STRABON (XVI 779 = F 5 JACOBY) anführen, aus dieser Schrift genommen sein.

6 Περὶ εὐγενείας – De nobilitate – Über Adel. – CICERO ad familiares III 7, 5 scheint in diesem Brief an Appius Pulcher vom Februar 50 auf eine Schrift dieses Titels anzuspielen.

7 Πρὸς τὰς Ἀριστοτέλους κατηγορίας – Gegen die Kategorien des Aristoteles. – SIMPLICIUS in Arist. Cat. 62, 24-28; 63, 4-6. 9-11. 15-16; 18, 26 bis 19, 7; 128, 5-8; 159, 23 bis 160, 10; 187. 24-36 KALBFLEISCH; PORPHYRIUS in Cat. prooem. 59, 16ff. BUSSE. In dieser Schrift griff Athenodoros vom Standpunkt der stoischen Logik und Sprachphilosophie die Kategorienlehre des Aristoteles an. Unter anderem warf er ihm vor, die Aufzählung der Redeteile sei unvollständig, es sei unkorrekt nach seinen eigenen Voraussetzungen, Flügel, Steuer und Hand unter den Korrelaten zu erwähnen, handle es sich doch um Teile von Substanzen und um Substanzen, und Substanzen gehörten nach Aristoteles nicht zu den Korrelaten. Mit dieser Schrift hat sich schon sein Zeitgenosse, der Peripatetiker Boethos aus Sidon, in seinem Kommentar zu den Kategorien auseinandergesetzt (MORAUX 1973 [*106: 150. 159]; die Vermutung MORAUX', die Schrift des Athenodoros sei jünger als Boethos, ist überflüssig; zur Zuweisung und Interpretation der Fragmente HIJMANS 1975 [*206]).

8 Aus den Zeugnissen seines Freundes Strabon folgt, dass Athenodoros auch (vermutlich in einer besonderen Schrift) über geophysikalische Fragen geschrieben und dabei im Anschluss an Poseidonios die Gezeiten untersucht hat. Er nennt Ebbe und Flut das Ein- und Ausatmen des Meeres (STRABON I 1, 9. 3, 12 = POSIDONIUS F 214-215 EK = F 2. 10 Th).

9. Apollonios aus Tyros

Apollonios aus Tyros, ein älterer Zeitgenosse STRABONS (XVI 757) ist uns als Biograph und Doxograph der Stoa kenntlich. Er schrieb eine Πίναξ τῶν ἀπὸ Ζήνωνος φιλοσόφων καὶ τῶν βιβλίων (Tafel der auf Zenon folgenden Philosophen und ihrer Schriften). Allein die Darstellung Zenons umfasste wenigstens zwei Bücher. Er ist eine unserer Hauptquellen über Zenon. DIOGENES LAERT. zitiert ihn zu Zenon an fünf Stellen (VII 1. 2. 6-8. 24. 28). Demnach hat er sich auch um Urkundliches bemüht und Anekdotisches ausgewertet. In der Chronologie ist ihm ein schwerer Fehler unterlaufen (vgl. oben S. 518f.). Ihm werden wohl die Schriftenverzeichnisse der Stoiker verdankt. In den Fragmenten tritt eine gewisse Hinneigung zu den Alten und damit zur Orthodoxie zutage.

10. Areios Didymos aus Alexandreia

Areios Didymos aus Alexandreia war zusammen mit Athenodoros, dem Sohne Sandons, nach 44 v. Chr. in Rom philosophischer Lehrer Octavians. Da an dem Unterricht auch seine beiden Söhne Dionysios und Nikanor teilnahmen und mitwirkten und er mit dem Lehrer Strabons, dem Peripatetiker Xenarchos aus Seleukeia, befreundet war, dürfte er noch vor 85 v. Chr. geboren sein. Er war aber nicht nur Lehrer, sondern lange Zeit auch vertrauter Ratgeber des Augustus. Nach der Eroberung von Alexandreia soll Octavian nicht zuletzt mit Rücksicht auf seinen vertrauten Lehrer dessen Vaterstadt geschont haben. In der Angelegenheit, ob Caesarion, der Sohn Caesars und Kleopatras, verschont werden solle, holte Octavian den Rat des Areios ein. Auch mit Maecenas war er vertraut (SUETON Augustus 89, STRABON XIV 670, DIO CASSIUS LI 16, 3-4. LII 36, 4, PLUT. Antonius 80, praecepta ger. reip. 18, 814d, Regum et imp. apophthegmata 207a-b. THEMISTIOS Or. 8, 163,21-164,3 DOWNEY). Noch im Jahre 9 v. Chr. lebte er im Kreise des Augustus. Denn anlässlich des Todes des Drusus richtete er ein Trostschreiben an dessen Mutter Livia, aus dem Seneca den

Anfang zitiert und weitere Gedanken paraphrasiert (SENECA Consolatio ad Marciam 4, 3 – 5, 6). Areios ist wohl bald danach in Korinth gestorben und dort begraben worden (LUKIAN vera Historia 2, 22 und dazu RENEHAN 1965 [*225]). Jedenfalls hat er Augustus nicht überlebt (Suda s.v. Θέων Ἀλεξανδρεύς).

Abgesehen von der Trostschrift an Livia sind Titel dogmatischer philosophischer Schriften nicht bekannt. Areios ist uns vielmehr nur als Doxograph fassbar. Die umfangreichen Reste des doxographischen Werks, die erhalten sind, bringen u.a. die ältesten ausführlicheren Referate über die stoische Philosophie in griechischer Sprache (über die Geschichte der Wiederentdeckung dieser Referate und die moderne Forschung zu ihnen informieren DDG 69ff., MORAUX 1973 [*228: 259-271]). Als Titel dieses Werkes wird in den antiken Zitaten bei Stobaios, Clemens Alexandrinus und Eusebios meist Ἐπιτομή (oder Ἐπιτομαί) angegeben, gelegentlich auch Περὶ αἱρέσεων (Über philosophische Richtungen) oder Περὶ ἀρεσκόντων (Über Lehrmeinungen), vgl. dazu MORAUX (1973 [*228: 270]). DIELS hat folgenden Aufbau des Werkes erschlossen (DDG 72ff.):

A. Προοίμιον περὶ φιλοσοφίας (Vorwort über die Philosophie)
   1. λογικὸν μέρος (Logik)
   2. φυσικὸν μέρος (Physik)
   3. ἠϑικὸν μέρος (Ethik)

B. Hauptteil
   I. Πλάτωνος καὶ τῶν λοιπῶν Ἀκαδημαϊκῶν δογμάτων ἐπιτομή (Auszug aus den Lehren Platons und der übrigen Akademiker)
     1. λογικόν (Logik)
     2. φυσικόν (Physik)
     3. ἠϑικόν (Ethik)
   II. Ἀριστοτέλους καὶ τῶν λοιπῶν Περιπατητικῶν δογμάτων ἐπιτομή (Auszug aus den Lehren des Aristoteles und der übrigen Peripatetiker)
     1. λογικόν (Logik)
     2. φυσικόν (Physik)
     3. ἠϑικόν (Ethik)
   III. Ζήνωνος καὶ τῶν λοιπῶν Στωϊκῶν δογμάτων ἐπιτομή (Auszug aus den Lehren Zenons und der übrigen Stoiker)
     1. λογικόν (Logik)
     2. φυσικόν (Physik)
     3. ἠϑικόν (Ethik)

Dass es einen IV. Teil mit einem Auszug aus der Philosophie Epikurs und der übrigen Epikureer gegeben habe, ist reine Vermutung. Von diesem umfangreichen Werk sind erhalten geblieben:
   a) Teile der Auszüge der Physik der Akademiker, Peripatetiker und Stoiker (B I 2, II 2 und III 2). Sie sind gesammelt und ediert von DIELS (1879 [*51: 447-472. 854]).
   b) Die (nochmals gekürzten?) Abschnitte des Vorworts über die Ethik sowie der peripatetischen und stoischen Ethik (A 3, B II 3 und III 3) bei STOB. Ecl II 7, S. 37, 11-152, 25 WACHSMUTH.

Angesichts der unüberschaubar gewordenen Fülle von Originalwerken ist nach den eigenen Worten des Areios Didymos Ziel seines Unternehmens die Herstellung eines ὑπομνηματισμός ('eines wissenschaftlichen Kompendiums'), das sich mit der Wiedergabe der Grundzüge und Hauptpunkte (τὰ κεφάλαια) begnügt (STOB. Ecl. II 7, S. 5, 15-17; 116, 15-18; 147, 26-148, 4; 150, 1; 152, 24-25), offensichtlich für die Bedürfnisse des Unterrichts und der wissenschaftlichen Diskussion. Das Werk erhob demnach keine literarischen Ansprüche. Die Form der Darstellung ist uneinheitlich. Bald sind, wie z.B. in den Abschnitten über die peripatetische Meteorologie, die Grundsätze aus den entsprechenden Werken des Aristoteles wörtlich oder leicht paraphrasiert ausgeschrieben und gelegentlich aus Theophrast ergänzt (AREIOS DID. F 11-14 DIELS, STEINMETZ 1964 [*224: 196-204. 274-278. 356-357], zum Teil anders MORAUX 1973 [*228: 289-299]), bald beschränkt sich die Darstellung auf die Aneinanderreihung thesenartiger Sätze unter Verzicht auf jede Beweisführung (z.B. die peripatetische Staatslehre bei STOB. Ecl. II 148,5-152,25), bald werden nur logische Begriffseinteilungen und Darlegungen der Bedeutungsunterschiede bestimmter mehrdeutiger Begriffe geboten, bald nur Definitionen angeführt, die gelegentlich kurz kommentiert werden. Ob diese formalen Unterschiede auf den unliterarischen Charakter des Werks oder auf die vom Autor herangezogenen unterschiedlichen Quellen oder auf eine spätere Epitomierung des Werks des Areios zurückzuführen sind, ist ebenso umstritten wie die Frage nach den vom Autor herangezogenen Quellen. Umstritten ist auch, ob der Autor mit Absicht der Darstellung der peripatetischen Ethik eine stoische Färbung gibt oder als Stoiker gelegentlich stoische Begriffe verwendet, die längst in der Schuldiskussion Allgemeingut geworden sind. Durch die jüngsten Arbeiten von MORAUX (1973 [*228]) und der Teilnehmer des Symposions zum Werk des Areios Didymos (FORTENBAUGH 1983 [*229]) ist die Diskussion neu im Fluss. Es kann aber schon jetzt festgehalten werden, dass man mit dem Stempel 'Eklektizismus' den Intentionen des Areios Didymos nicht gerecht wird.

11. Theon aus Alexandreia

Theon aus Alexandreia ist nur durch einen kurzen Artikel der Suda (s.v.) bekannt. Demnach lehrte dieser stoische Philosoph unter Augustus nach Areios, was wohl so zu verstehen ist, dass er nach dem Tode des Areios dessen Rolle im Hause des Augustus übernommen hat. Die Suda kennt zwei Schriften Theons:
1 Τῆς Ἀπολλοδώρου φυσιολογικῆς εἰσαγωγῆς ὑπόμνημα – Kommentar zu Apollodors [aus Seleukeia] Einführung in die Physik. – Dass Theon gerade diese Einführungsschrift, die in hohem Masse Chrysipp verpflichtet ist (vgl. oben S. 635), kommentiert hat, kann als Indiz der Abwendung von Poseidonios und der Hinwendung zur Orthodoxie der Stoa verstanden werden.
2 Περὶ τεχνῶν ῥητορικῶν – Über rhetorische Kunstfertigkeiten. – 3 Bücher.

C. AUSGABEN UND SEKUNDÄRLITERATUR

1. Ausgaben und Fragmentsammlungen: a) Antipatros aus Tyros [*1]; b) Iason aus Nysa [*11]; c) Asklepiodotos [*21]; d) Geminos aus Rhodos [*31-*33]; e) Athenodoros, Sohn des Sandon, aus Kana [*41-*42]; f) Areios Didymos aus Alexandreia [*51-*52]. – 2. Allgemeine Sekundärliteratur [*101-*106]. – 3. Sekundärliteratur zu einzelnen Stoikern: a) Athenodoros Kordylion aus Tarsos [*121-*122]; b) Antipatros aus Tyros [*131-*134]; c) Iason aus Nysa [*141-*142]; d) Asklepiodotos [*151-*159]; e) Geminos aus Rhodos [*171-*183]; f) Diodoros aus Alexandreia [*191-*192]; g) Athenodoros, Sohn des Sandon, aus Kana [*201-*207]; h) Areios Didymos aus Alexandreia [*211-*229].

1. Ausgaben und Fragmentsammlungen

a) Antipatros aus Tyros

1 H. Cohn: Antipater von Tarsos. Ein Beitrag zur Geschichte der Stoa (Berlin 1905). – Diss. Giessen 1904; 89.

b) Iason aus Nysa

11 F. Jacoby (Hg.): FGrH III C 1 (Leiden 1958). Nr. 632: 182 (unvollständig).

c) Asklepiodotos

21 W. A. Oldfather (Hg.): Ἀσκληπιοδότου φιλοσόφου τακτικὰ κεφάλαια (London 1923) [Loeb Classical Library].

d) Geminos aus Rhodos

31 K. Manitius (Hg.): Gemini elementa astronomiae ad codicum fidem recensuit et Germanica interpretatione et commentariis instruxit (Leipzig 1898) (mit den meteorologischen, ausser den mathematischen Fragmenten).
32 E. J. Dijksterhuis (Hg.): Gemini elementorum astronomiae capita I, III-VI, VIII-XVI with a glossary (Leiden 1957) [Textus minores 22].
33 G. Aujac (Hg.): Géminos, Introduction aux phénomènes. Texte établi et traduit (Paris 1975) [Collection Budé] (mit den längeren wörtlichen Fragmenten).

e) Athenodoros, Sohn des Sandon, aus Kana

41 Carolus Müller (Hg.): FHG III (Paris o.J. [um 1875]) 485-488 (unvollständig).
42 F. Jacoby (Hg.): FGrH III C 2 (Leiden 1958). Nr. 746: 729-731 (unvollständig).

f) Areios Didymos aus Alexandreia

51 H. Diels (Hg.): DDG (1879) [§ 1 *301: 447-472. 854] (Fragmente der Epitome über die akademische, peripatetische und stoische Physik).
52 C. Wachsmuth (Hg.): Ioannis Stobaei Anthologii libri duo priores qui inscribi solent Eclogae physicae et ethicae recensuit ... Vol. II (Berlin 1884, ND 1958) 37,11-152,25 (Prooemium zur Ethik und Epitome der stoischen und der peripatetischen Ethik).

2. Allgemeine Sekundärliteratur

101 F. Susemihl: Geschichte der griechischen Litteratur (1892) [§ 1 *333: 2, 243-256].
102 E. Zeller: Die Philosophie der Griechen III 1 (^{5}1923) [§ 1 *332: 606-609. 635-639].

103 O. Gilbert: Die meteorologischen Theorien des griechischen Altertums (Leipzig 1907).
104 M. Pohlenz: Die Stoa (⁴1971-1972) [§ 33 *352: 1, 239-247. 254-256; 2, 123-128. 131-133].
105 F. Kudlien: Poseidonios und die Ärzteschule der Pneumatiker, in: Hermes 90 (1962) 419-429.
106 P. Moraux: Der Aristotelismus bei den Griechen. Von Andronikos von Rhodos bis Alexander von Aphrodisias. Erster Band: Die Renaissance des Aristotelismus im 1. Jh. v. Chr. (Berlin 1973) [Peripatoi 5].

3. Sekundärliteratur zu einzelnen Stoikern

a) Athenodoros Kordylion aus Tarsos

121 H. von Arnim: Athenodoros (18) von Tarsos, in: RE 2 (1896) 2045.
122 H. Dörrie: Athenodoros (2), in: KP 1 (1964) 705.

b) Antipatros aus Tyros

131 H. von Arnim: Antipatros von Tyros, in: RE 1 (1894) 2516.
132 H. Cohn: Antipater von Tarsos (1905) [*1] 87-89: Exkurs: Antipater von Tyros.
133 H. Dörrie: Antipatros von Tyros, in: KP 1 (1964) 1539f.
134 B. Stenuit: Le séjour d'Horace à Athènes, in: Les Etudes classiques 47 (1979) 249-255.

c) Iason aus Nysa

141 A. Gercke: War der Schwiegersohn des Poseidonios ein Schüler Aristarchs? in: Rheinisches Museum 62 (1907) 116-122.
142 F. Jacoby: Iason (11) von Nysa, in: RE 9 (1914) 780-781.

d) Asklepiodotos

151 Karl Konrad Müller: Asklepiodotos (10), in: RE 2 (1896) 1637-1641.
152 E. Oder: Ein angebliches Bruchstück Demokrits über die Entdeckung unterirdischer Quellen (Leipzig 1898) [Philologus, Suppl. 7, 227-384].
153 K. W. Ringshausen: Poseidonios, Asklepiodot, Seneca und ihre Anschauungen über Erdbeben und Vulkane (Leipzig 1929). – Diss. München.
154 F. Lammert: Die römische Taktik zu Beginn der Kaiserzeit und die Geschichtsschreibung (Leipzig 1931) [Philologus, Suppl. 23, 2].

155 A. Dain: Les manuscrits d'Asclépiodote le philosophe, in: Revue de Philologie (1934) 341-360; (1935) 5-21.
156 A. Dain: Le Parisinus gr. 2522, in: Revue de Philologie (1941) 21-28.
157 A. Traversa (Hg.): Index Stoicorum Herculanensis (Genua 1952).
158 P. Steinmetz: Zur Erdbebentheorie des Poseidonios, in: Rheinisches Museum 105 (1962) 261-263.
159 A. Neumann: Asklepiodotos (1), in: KP 1 (1964) 643-644.

e) Geminos aus Rhodos

171 P. Tannery: La géométrie grecque (Paris 1887). – Aufsatzsammlung, zu Geminos besonders 209-219. 261-276. 283-292.
172 C. Tittel: De Gemini stoici studiis mathematicis quaestiones philologicae (Dresden 1895). – Diss.
173 C. Tittel: Geminos von Rhodos, in: RE 7 (1910) 1026-1050.
174 T. L. Heath: A history of Greek mathematics, 2 Bde. (Oxford 1921). – Bes. 2, 222-234.
175 T. L. Heath: Greek astronomy (London 1932). – Bes. 123-141.
176 P. Costil: L'esthétique littéraire de Denys d'Halicarnasse (Paris 1949). – Thèse dactylographiée.
177 O. Neugebauer: The exact sciences of Antiquity (Kopenhagen 1951).
178 M. Clagett: Greek science in Antiquity (New York 1955).
179 B. R. Goldstein: A note on the Metonic cycle, in: Isis 57 (1966) 115-116.
180 J. Mau: Geminos, in: KP 2 (1967) 731-733.
181 G. Aujac: La sphéropée ou la mécanique au service de la découverte du monde, in: Revue d'Histoire des Sciences 23 (1970) 93-107.
182 G. Aujac: Une source de la pensée scientifique de Proclus: Géminos de Rhodes, in: Diotima 4 (1976) 47-52.
183 G. E. R. Lloyd: Saving the appearances, in: Classical Quarterly N.S. 28 (1978) 202-222.

f) Diodoros aus Alexandreia

191 F. Hultsch: Diodoros (53) aus Alexandreia, in: RE 5 (1903) 710-712.
192 R. Böker: Diodoros (15), in: KP 2 (1967) 42-43.

g) Athenodoros, Sohn des Sandon, aus Kana

201 H. von Arnim: Athenodoros (19), in: RE 2 (1896) 2045.

202 M. Pohlenz: Cicero De officiis III, in: Nachrichten der Gesellschaft der Wissenschaften zu Göttingen, Philologisch-historische Klasse I 1 (Göttingen 1934) 1-39 [Kleine Schriften (Hildesheim 1965) 1, 253-291].
203 M. Fiévez: 'Opera peregrinationis huius' ou les étapes de la composition du De officiis, in: Latomus 12 (1953) 261-274.
204 H. Dörrie: Athenodoros (3), in: KP 1 (1964) 705.
205 G. W. Bowersock: Augustus and the Greek world (Oxford 1965).
206 B. L. Hijmans: Athenodorus on the Categories and a pun on Athenodorus, in: J. Mansfeld, L. M. de Rijk (Hg.): Kephalaion. Studies in Greek philosophy and its continuation offered to Professor C. J. de Vogel (Assen 1975) 105-114.
207 L. Moretti: Epigraphica 14-16, in: Rivista di Filologia e di Istruzione classica 104 (1976) 182-194.

h) Areios Didymos aus Alexandreia

211 A. Meineke: Zu Stobaeus, in: Zeitschrift für das Gymnasialwesen 13 (1859) 563-565.
212 H. von Arnim: Areios Didymos aus Alexandreia, in: RE 2 (1895) 626.
213 H. Stache: De Arii Didymi in morali philosophia auctoribus (Göttingen 1909). – Diss.
214 E. Howald: Das philosophiegeschichtliche Compendium des Areios Didymos, in: Hermes 55 (1920) 68-98.
215 H. von Arnim: Arius Didymus' Abriss der peripatetischen Ethik, in: Sitzungsberichte der Akademie der Wissenschaften in Wien, Philosophisch-historische Kl. 204, 3 (Wien, Leipzig 1926).
216 R. Walzer: Magna Moralia und aristotelische Ethik (Berlin 1929).
217 R. Philippson: Das 'Erste Naturgemässe', in: Philologus 87 (1932) 445-466.
218 W. Theiler: Die grosse Ethik und die Ethiken des Aristoteles, in: Hermes 69 (1934) 353-379.
219 F. Dirlmeier: Die Oikeiosis-Lehre Theophrasts (Leipzig 1937) [Philologus, Suppl. 30, 1].
220 D. J. Allan: Magna Moralia and Nicomachean Ethics, in: Journal of Hellenic Studies 77 (1957) 7-11.
221 J. H. Loenen: Albinus' metaphysics. An attempt at rehabilitation II, in: Mnemosyne 10 (1957) 35-56.
222 H. Dörrie: Areios Didymos, in: KP 1 (1964) 523-524.
223 M. Giusta: I dossografi di etica, 2 Bde. (Turin 1964-1967).
224 P. Steinmetz: Die Physik des Theophrastos von Eresos (Bad Homburg v.d.H., Berlin, Zürich 1964) [Palingenesia 1].
225 R. Renehan: Arius Didymus. A new biographical detail, in: Hermes 93 (1965) 256.
226 G. Movia: Anima e intelletto. Ricerche sulla psicologia peripatetica da Teofrasto a Cratippo (Padua 1968).
227 L. Robert: Théophane de Mytilène à Constantinople, in: Comptes rendus de l'Académie des Inscriptions et Belles-Lettres (1969) 42-64.
228 P. Moraux: Der Aristotelismus I (1973) [*106]. – 'Areios Didymos' 259-443.
229 W. W. Fortenbaugh (Hg.): On Stoic and Peripatetic ethics. The work of Arius Didymus (New Brunswick, London 1983) [Rutgers University Studies in Classical Humanities I]. – Enthält die Beiträge des Symposions an der Rutgers University, New Brunswick (26.-28. März 1981): (1) Ch. H. Kahn: Arius as a doxographer, 3-13; (2) D. E. Hahm: The diaeretic method and the purpose of Arius' doxography, 15-37; (3) A. A. Long: Arius Didymus and the exposition of Stoic ethics, 41-65; (4) N. P. White: Comments on Nr. 3, 67-73; (5) M. E. Reesor: On the Stoic goods in Stobaeus, Eclogae 2, 75-84; (6) D. Sedley: Comments on Nr. 5, 85-86; (7) G. B. Kerferd: Two problems concerning impulses 87-98; (8) A. Preus: Comments on Nr. 7, 99-106; (9) I. G. Kidd: Euemptosia-Proneness to disease, 107-113; (10) P. H. De Lacy: Comments on Nr. 9, 114-117; (11) P. M. Huby: Peripatetic definitions of happiness, 121-134; (12) M. D. Rohr: Comments on Nr. 11, 135-138; (13) R. W. Sharples: The Peripatetic classification of goods, 139-159; (14) D. J. Furley: Comments on Nr. 13, 160-164; (15) H. Görgemanns: Oikeiosis in Arius Didymus, 165-189; (16) B. Inwood: Comments on Nr. 15, 190-201; (17) W. W. Fortenbaugh: Arius, Theophrastus and the Eudemian Ethics, 203-223; (18) A. Gotthelf: Comments on Nr. 17, 224-236.

Fünftes Kapitel

Älterer Pyrrhonismus
Jüngere Akademie
Antiochos aus Askalon

Von Woldemar Görler

VORBEMERKUNG

Als ich im Dezember 1981 die Bearbeitung dieses 'Kapitels' übernahm, war der Abschluss des Manuskripts für 1984, die Publikation des ganzen Hellenismus-Bandes für 1985 vorgesehen. Schon bald zeigte sich, dass dabei die Fülle des Materials und die Probleme, die die komplizierte indirekte Überlieferung mit sich brachte, unterschätzt worden waren. Auch andere Gründe haben dazu beigetragen, dass sich das Erscheinen der nunmehr zwei Bände um mehr als acht Jahre verzögert hat. Für den Fortgang des Gesamtwerks ist das zu bedauern, aber für Leser und Benutzer dieses Kapitels liegt darin auch ein Vorteil: Mehrere grundlegende Zeugnissammlungen, Editionen und Abhandlungen, die während der langen Bearbeitungszeit erschienen sind, konnten – eine um die andere – noch berücksichtigt werden. Für den Autor wie für den Verlag war das ein mühevolles Unterfangen. Ein erstes Manuskript war 1987 abgeschlossen; es wurde immer wieder ergänzt und aktualisiert; nicht wenige Abschnitte sind – zum Teil mehrmals – völlig umgeschrieben worden. Dem Verlag sei dafür gedankt, dass er die kontinuierliche Metamorphose des ursprünglichen Textes so grosszügig hingenommen hat, dem Lektor dieses Bandes, Dr. Wolfgang Rother, für seine bewundernswerte Geduld und für die ebenso konsequent-sorgfältige wie liberale Betreuung des Manuskripts.

Auch von anderer Seite ist mir vielfache Hilfe zuteil geworden: Die 'Volkswagen-Stiftung' hat mir durch ein Akademie-Stipendium im Wintersemester 1987/1988 ein zusätzliches Forschungssemester ermöglicht. Die Universität des Saarlandes hat – in schwierigster Haushaltslage – zweimal namhafte Beträge für den Erwerb von Spezialliteratur und für die Einstellung von studentischen Hilfskräften zur Verfügung gestellt. Durch die freundliche Vermittlung von A. A. Long (Berkeley) konnte ich in einem frühen Stadium die für die ‹Cambridge History of Hellenistic Philosophy› erstellte Arbeitsbibliographie einsehen. Für all dies sei nachdrücklich gedankt.

In besonderer Weise verpflichtet bin ich den Freunden und Kollegen, die mich durch ihren Rat unterstützt haben: Fernanda Decleva Caizzi (Mailand), Tiziano Dorandi (Neapel/Florenz) und Carlos Lévy (Paris) haben das Manuskript kritisch gelesen, vor Irrtümern gewarnt und auf Übersehenes hingewiesen. Für wertvolle Anregungen danke ich William W. Fortenbaugh (Rutgers, New Brunswick), John Glucker (Tel Aviv), Jaap Mansfeld (Utrecht) sowie Carl Werner Müller (Saarbrücken) und Peter Steinmetz (Saarbrücken). Dass die volle Verantwortung für die folgenden Darlegungen bei mir allein liegt, ist keine blosse Floskel: der Leser wird bemerken, dass ich mich von keinem der Genannten in allen Punkten habe überzeugen lassen.

Mein Dank gilt auch den Mitarbeiterinnen des Instituts für Klassische Philologie in Saarbrücken Rosemarie Degen, Rosalinde Dier und Gerda Meyer für ihre stets zuverlässige Hilfe in bibliographischen Fragen, bei der Beschaffung entlegener Literatur, bei der Erstellung des Manuskripts und im administrativen Bereich.

Ohne die unermüdliche und selbstlose Mitwirkung meiner Doktoranden und studentischen Helfer wäre kaum je ein brauchbares Manuskript entstanden: Christoph Catrein, Georg Müller, Jutta Neu, Jörg Pusse, Dr. Michael P. Schmude, Heidi Thome, Thomas Weiten, Hans-Werner Zimmer und Christine Zwick haben die Änderungswut des Autors mit Verständnis und Humor ertragen, komplizierte Korrekturen auf Diskette umgesetzt, Bibliographien überprüft, Schreib- und Zitierweisen vereinfacht. Und vor allem waren sie kritische Leser: Unnachsichtig haben sie Irrtümer aufgedeckt, Unklarheiten gerügt und stilistische Glättungen verlangt. Dafür bin ich sehr dankbar.

Gewidmet sei dieses Kapitel meiner Frau: Evelyn, ἧς οὐκ ἄνευ.

Saarbrücken, im Dezember 1993   Woldemar Görler

§ 42. Einführung

A. Skeptiker und Akademiker 721. – B. Bibliographie 725: 1. Fragment- und Zeugnissammlungen zum gesamten Skeptizismus 725; 2. Bibliographien 725; 3. Gesamtdarstellungen des antiken 'Skeptizismus' 726; 4. Aufsatzsammlungen 726; 5. Grundlegende Arbeiten zu den Beziehungen zwischen Pyrrhonismus, jüngerer Akademie und Antiochos aus Askalon 727; 6. Stärker systematisch als historisch orientierte Abhandlungen 729; 7. Philosophische Auseinandersetzung. Nachleben 730; 8. Zur Terminologie 730.

A. SKEPTIKER UND AKADEMIKER

In diesem Kapitel wird zuerst die von Pyrrhon aus Elis begründete 'ältere' Skepsis dargestellt, danach das Schicksal der Akademie von Arkesilaos bis zu ihrem Ende unter Philon aus Larisa, schliesslich die von Antiochos aus Askalon begründete, von ihm als 'Alte Akademie' bezeichnete Schule. Diese Zusammenstellung kann als Verlegenheitslösung erscheinen. Die zu beschreibenden philosophischen Richtungen bilden weder eine homogene Gruppe, noch kann eine ungebrochene, klar überschaubare Entwicklung nachgezeichnet werden. In Altertum und Neuzeit wird meist zwischen der auf Pyrrhon zurückgehenden 'Skepsis' (im antiken Sinne; zur Geschichte des Terminus unten S. 724f.) und der Schule Platons geschieden; Antiochos aus Askalon, der die Akademie von erkenntniskritischen Irrwegen zu sokratisch-platonischer Tradition zurückrufen wollte, hat mit Pyrrhon überhaupt nichts zu tun.

Trotzdem ist diese Anordnung sinnvoll. Zwar gibt es nicht, wie sonst fast überall, einen einzelnen übergreifenden Aspekt für das ganze Kapitel, aber es gibt deren zwei, die einander ergänzen. Pyrrhon und den Akademikern von Arkesilaos bis zu Philon ist es gemeinsam, dass sie die Möglichkeit gesicherter Erkenntnis bestritten, also (im modernen Sinne) 'Skeptiker' waren. Unter einem anderen Gesichtspunkt ist die 'skeptische' Akademie hingegen mit dem 'Dogmatiker' Antiochos aus Askalon verbunden: Sowohl Arkesilaos und seine Nachfolger wie Antiochos beanspruchten für sich, die wahre akademische Tradition fortzuführen und das sokratisch-platonische Erbe in der rechten Weise zu verwalten. Dieser Streit um das akademische Erbe führte dazu, dass sich Antiochos von seinem Lehrer Philon lossagte und eine eigene Schule gründete, die er programmatisch als 'Alte', also als die echte und rechte Akademie bezeichnete. Aber auch, ja gerade die Sezession lenkt den Blick auf den gemeinsamen Ursprung beider Richtungen.

Unter dem Gesichtspunkt der Erkenntniskritik spannt sich demnach eine Klammer von Pyrrhon zu den 'skeptischen' Akademikern; in bezug auf ihre gemeinsame Herkunft aus sokratisch-platonischem Denken sind die akademische 'Skepsis' und der Dogmatismus des Antiochos miteinander verbunden. Schon im Altertum war keine Einigung darüber zu erzielen, ob Arkesilaos primär 'Skeptiker' war und damit Pyrrhon näherstand als Platon, oder aber als Akademiker Platons Lehre treu blieb, wenn er sie auch mit anderen Mitteln vertrat. Der alte Streit lebt in der neueren Forschung mit unverminderter Schärfe fort, und das kann nicht überraschen, denn für beide Zuordnungen lassen sich gute Gründe anführen. Es ist zweifellos sachlich berechtigt, die gemeinsamen Züge von Pyrrhon und Arkesilaos zusammenzusehen und dann von 'der antiken Skepsis' zu sprechen (so z.B. im 'alten' UEBERWEG [12]1926 [§ 1 *336: 461f.]). Dann ergibt sich eine nicht nur zeitliche, sondern auch sachliche Folge von Pyrrhon zu Arkesilaos, weiter über Karneades zu Philon. Für Antiochos und seine dogmatische Rückwendung ist in diesem Bild allerdings kein Raum; in der Geschichte des skeptischen Denkens hat er allenfalls darin eine Funktion, dass sein 'Rückfall' die Wiederbelebung des Pyrrhonismus durch Ainesidem ausgelöst haben dürfte (siehe unten S. 983-986). Aber für die 'gesamt-skeptische' Betrachtungsweise sprechen nicht nur die offenkundigen Gemeinsamkeiten zwischen pyrrhonischer und akademischer 'Skepsis'. Auch Zeitgenossen wie der Stoiker Ariston aus Chios und der Dichter Timon sprachen – meist mit polemischem Unterton – von einem Einfluss Pyrrhons auf Arkesilaos. Schon in der frühen Kaiserzeit fällt es schwer, Pyrrhoneer und Akademiker auseinanderzuhalten; es werden Abhandlungen über den Unterschied verfasst (siehe unten S. 725. 815), ja einmal erscheint Pyrrhon geradezu als der Gründer der Akademie (HIPPOLYTUS Refutatio I 23 = DDG 572, 20-23 = PYRRHON test. 82 DECLEVA CAIZZI (Hg.) 1981 [§ 43 *1: 74. 123. 280]). Ganz im Sinne dieser antiken Stimmen stellen diejenigen modernen Interpreten, die in Arkesilaos vor allem den Skeptiker sehen, seine Übereinstimmung mit pyrrhonischem Denken heraus.

Nicht minder berechtigt ist es jedoch, die durchgehende sokratisch-platonische Linie innerhalb der Akademie zu betonen, und das geschieht vor allem von seiten der klassischen Gräzistik. Bei dieser puristischen Interpretation bleibt Pyrrhon ausgeschlossen. In der Tat kann man darauf verweisen, dass kein antiker Akademiker ihn jemals als Vorgänger nennt: Arkesilaos und seine Nachfolger scheinen von Pyrrhons Verzicht auf dogmatische Aussagen nichts zu wissen oder geben doch vor nichts zu wissen; der Skeptiker Pyrrhon ist für sie schlechtweg nicht existent. Wie Philon im Streit mit Antiochos betonen die modernen Vertreter der These einer rein innerakademischen Entwicklung die Einheit der Akademie; sie verweisen auf die vorsichtig tastenden, apodiktische Aussagen vermeidenden Formulierungen in Platons Schriften und stellen die aporetischen Elemente bei Sokrates und Platon heraus. Sogar Antiochos' Rückkehr zum Dogmatismus fügt sich gut in diese Interpretation: Sokrates und Platon lassen sich unbestreitbar auch 'dogmatisch' verstehen; daher kann die antiocheische Rückwendung als blosse Akzentverschiebung innerhalb des überkommenen Erbes erscheinen. Im einzelnen weichen die Interpreten voneinander ab: Den einen scheint bereits Philon, der letzte Scholarch der platonischen Akademie, sich wieder einem sokratisch-platonischen Dogmatismus genähert zu haben; Antiochos habe dann den Wandel vollzogen und sei so zu einem Wegbereiter des wieder gänzlich dogmatisch ausgerichteten Mittel- und Neuplatonismus geworden. Nach anderer (besser begründeter) Auffassung hat Antiochos in seinem plumpen, fast ausschliesslich an der Stoa orientierten Dogmatismus den sokratisch-platonischen Boden vielmehr verlassen. In beiden Varianten aber ist das Leitmotiv die Auseinandersetzung um das rechte Verständnis von Sokrates und Platon.

Eine Entscheidung für das 'gesamt-skeptische' oder für das 'innerakademische' Verständnis der hier zu behandelnden Epoche ist nicht möglich; beide Deutungen haben offenkundig ihre innere und ihre historische Berechtigung. Die folgende Darstellung bemüht sich, dieser Tatsache gerecht zu werden. Eine unausweichliche Folge davon ist es, dass immer wieder kontroverse Ansichten, antike wie moderne, zu referieren sind. Dem vornehmlich an 'gesicherter Lehre' interessierten Leser wird damit viel Geduld abverlangt, auch einiges an Enttäuschung zugemutet, denn nur wenig ist wirklich 'gesichert'. Aber es wird durchweg versucht, ihn vor Täuschung zu bewahren.

Auch aus anderen Gründen kann es zuverlässige Rekonstruktionen 'der' Lehre der hier zu behandelnden Philosophen nur in Ausnahmefällen geben: Aus dem darzustellenden Bereich ist keine einzige Schrift, ja kaum ein einziges wörtliches Fragment erhalten. Alles was wir über die Lehre Pyrrhons und die der jüngeren Akademie wissen, stammt aus zweiter oder dritter Hand, meist aus später Zeit. Vor allem aber: Pyrrhon, Arkesilaos, Karneades und andere haben sich, dem Beispiel des Sokrates folgend, zu philosophischen Fragen nie schriftlich geäussert. Diese Tatsache wird nicht immer hinlänglich bedacht. In der Forschung wird meist darauf verwiesen, dass die Vermittlung der ungeschriebenen Lehre durch eng vertraute Schüler erfolgte, und es besteht eine gewisse Neigung, die Schriften eines Timon oder eines Kleitomachos als Ersatz für die nie geschriebenen Bücher von Pyrrhon oder Karneades anzusehen: darauf zu vertrauen, dass in den Büchern der Schüler 'das' Lehrsystem der Meister zuverlässig wiedergegeben war. Diese Annahme verkennt das Wesen mündlicher Lehre ebenso wie das Wesen der hellenistischen Philosophie. Die 'Lehre' der hellenistischen Denker bestand zu einem wesentlichen Teil in der Auseinandersetzung mit anderen Schulen. Selbst unsere dürftigen Quellen lassen eine permanente Diskussion erkennen: ein ernsthaft, aber ohne Verbissenheit geführtes Gespräch, ein geistiges Kräftemessen in der urbanen Atmosphäre Athens. Es ist zwar richtig, dass die hellenistischen Systeme im Gegensatz zur Klassik das Individuum und nicht mehr die Gemeinschaft in den Mittelpunkt ihres Denkens stellen; aber man könnte das Wesen dieser 'Individualphilosophie' nicht ärger missverstehen als durch die Vorstellung von Eigenbrötelei und selbstgerechter Abschottung der Schulen untereinander. Im Gegenteil: An die Stelle der Polis war die geistige Kosmopolis getreten, und man sprach miteinander in einer philosophischen Koiné.

In dieser Atmosphäre des wechselseitigen Austauschs 'lehrten' Pyrrhon, Arkesilaos und Karneades. Und sie 'lehrten' lange: Pyrrhon wurde fast 90 Jahre alt, Arkesilaos 75, Karneades 85 oder 90. Es ist nicht nur unwahrscheinlich, sondern nahezu ausgeschlossen, dass ihre Ansichten während der vielen Jahrzehnte mündlicher Äusserung stets die gleichen blieben. Der Dialog wäre rasch zum Erliegen gekommen, wenn von allen Seiten über Jahre hinweg mit automatenhafter Stereotypie immer wieder die gleichen Gedanken geäussert worden wären – selbst wenn es mehr war als das, was manche modernen Handbücher als 'gesicherte Lehre' bieten. Aus einzelnen Berichten erkennen wir noch die Umrisse eines Gesprächsverlaufs: Argumente und Gegenargumente, gelegentlich dann noch erneute Argumente. Aber bereits unsere antiken Gewährsleute sind einem Hang zur Klassifizierung und zur Verfestigung erlegen; oft wollen die referierten Rudimente eines Dialogs auch nicht mehr bieten als die genetische Erklärung einer philosophischen Position, die als solche dann angeblich für alle Zeiten unverrückbar blieb. Das aber widerspricht jeder Wahrscheinlichkeit und jeder Erfahrung. Es gibt auch zu denken, dass für Philon und Antiochos, die zahlreiche Bücher hinterlassen haben und bei denen daher eine Nachprüfung möglich war, ein Meinungswechsel ausdrücklich bezeugt ist. Spuren des lebendigen Gesprächs greifen wir vermutlich oft gerade dort, wo die Zeugnisse einander widersprechen oder doch nicht leicht in Einklang zu bringen sind. In solchen Fällen darf nicht gewaltsam harmonisiert werden. Es geht nicht an, einer vorgefassten Meinung zuliebe oder um eine klare Linie durchzuziehen, ein Zeugnis gegen das andere auszuspielen. Die Vielfalt der Nachrichten, die wohl fast immer die Vielfalt der lebendigen philosophischen Äusserung widerspiegelt, darf nicht willkürlich verengt werden.

In der folgenden Darstellung ist daher der Wiedergabe und der Besprechung der Zeugnisse breiter Raum gewährt. Oft erwies es sich als notwendig, auch moderne Interpretationen und ihre Begründung zu referieren, vor allem dort, wo mehrere Deutungen möglich und zunächst in gleicher Weise plausibel sind. Diese gelegentlich eingeschobenen kurzen Forschungsberichte mögen manchem Leser als eher hinderlich erscheinen; sie sind jedoch unvermeidlich, da nicht auf jede Entscheidung oder auf die Begründung der eigenen Entscheidung verzichtet werden sollte. Eine mechanische Trennung von 'Forschungsberichten' und eigentlicher 'Darstellung' hätte zahllose Wiederholungen und Rückverweise erfordert. Mehrfache Untergliederung und graphische Mittel sollen dazu beitragen, die Darstellung trotzdem so übersichtlich wie möglich zu halten.

Das komplizierte Verhältnis der skeptischen Richtungen untereinander spiegelt sich auch in der Terminologie (dazu grundlegend DECLEVA CAIZZI 1992 [§ 1 *82: 293-313]). Die Anhänger Pyrrhons (die 'älteren' wie die 'neueren' nach der Wiederbelebung durch Ainesidem) werden entweder nach dem Schulgründer Πυρρώνειοι genannt (nach DECLEVA CAIZZI 1981 [*51: 1, 119f.] zuerst von Sotion, 2. Jh. v. Chr.; über ihn oben § 1, S. 18) oder als ἀπορητικοί ('in Ratlosigkeit Verharrende'), ἐφεκτικοί ('jedes Urteil Zurückhaltende'), ζητητικοί ('Suchende') sowie als σκεπτικοί ('Abwägende', 'Untersuchende') bezeichnet (Liste der Begriffe bei DIOGENES LAERT. IX 69f., ähnlich SUDA s.v. Πυρρώνειοι; vgl. ferner GELLIUS XI 5, 6, wo diese Bezeichnungen auch den Akademikern zugesprochen werden). Der letzte Terminus setzte sich durch. Eine Vorform begegnet bereits bei Pyrrhons Schüler Timon, der Xenophanes die wahre «abwägend-untersuchende Haltung» abspricht (SEXTUS EMP. PH I 224 = 9 A 35 PPF = 833 SH, v. 3f.): ἀμενθήριστος ἁπάσης / σκεπτοσύνης; vgl. auch ἄσκοπος bei TIMON 9 A 5 PPF = SEXTUS EMP. math. IX 57 = 779 SH = 3 C LS, v. 2. Ob Timon damit die eigene philosophische Schule im technischen Sinne bezeichnen will, lässt sich nicht klären (ablehnend DECLEVA CAIZZI (Hg.) 1981 [§ 43 *1: 192], anders MANSFELD, in: Mnemosyne 40 (1987) 295 Anm. 31). Verwandt (aber in keiner Weise terminologisch verfestigt) ist der Gebrauch von σκέπτεσθαι, σκεπτέον, σκέψις u.ä. bei Platon und Aristoteles (siehe GIGON 1944 [*71: 49/414], WEISCHE 1961 [*72: 56], BURKERT 1965 [*74: 188]). Eindeutig auf die pyrrhonische Skepsis bezogen erscheint der Begriff erstmals bei PHILON AUS ALEXANDRIA (frühes 1. Jh. n. Chr.), Quaest. Gen. 3, 33 (nur in armenischer Übersetzung erhalten): dort sind (pyrrhonische) 'Skeptiker' und 'Akademiker' nebeneinander genannt; das zweitälteste Zeugnis ist GELLIUS XI 5, 1. – Die skeptisch orientierten Akademiker dagegen werden in der Antike so gut wie nie als σκεπτικοί/sceptici bezeichnet – sie heissen stets Ἀκαδημαϊκοί/Academici, und zwar in der Regel ohne Zusatz. Nur dort, wo die (im modernen Sinne) skeptische Akademie von der älteren dogmatischen abgehoben werden soll, geschieht das durch die Attribute 'alte' oder 'neue' ('neuere', 'jüngere') Akademie (GLUCKER 1978 [*151: 103-105]). Noch für Augustin ist 'Akademiker' gleichbedeutend mit Skeptiker. Auch in späterer Zeit ist die terminologische Trennung streng durchgehalten, obwohl die faktische Unterscheidung der beiden Schulen zunehmend Schwierigkeiten machte (zu GELLIUS XI 5, 6: TARRANT 1985 [*94: 123]). Eine gemeinsame Bezeichnung für die (bei allen Unterschieden im einzelnen) einander in der zentralen Aussage so nahestehenden Richtungen gab es im Altertum nicht. In der folgenden Darstellung ist die antike Unterscheidung in der Regel jedoch nicht beachtet; modernem Sprachgebrauch folgend werden beide Schulen als 'skeptisch' bezeichnet.

B. BIBLIOGRAPHIE

1. Fragment- und Zeugnissammlungen zum gesamten Skeptizismus (pyrrhonische und akademische 'Skepsis'): a) Griechische und lateinische Originaltexte [*1-*2]; b) Übersetzungen [*11-*13]. – 2. Bibliographien [*21-*22]. – 3. Gesamtdarstellungen des antiken 'Skeptizismus' [*29-*40]. – 4. Aufsatzsammlungen [*51-*54]. – 5. Grundlegende Arbeiten zu den Beziehungen zwischen Pyrrhonismus, jüngerer Akademie und Antiochos aus Askalon: a) Pyrrhon und die 'skeptische' Akademie [*61-*64]; b) Die sokratisch-platonische Tradition und die 'skeptische' Akademie [*71-*80]; c) Die Akademie und Antiochos aus Askalon [*91-*94]. – 6. Stärker systematisch als historisch orientierte Abhandlungen [*101-*124]. – 7. Philosophische Auseinandersetzung. Nachleben [*131-*143]. – 8. Zur Terminologie [*151-*153].

1. Fragment- und Zeugnissammlungen zum gesamten Skeptizismus (pyrrhonische und akademische 'Skepsis')

a) Griechische und lateinische Originaltexte

1 de Vogel 1963-1967 [§ 1 *292: 3, 184-230].
2 Long/Sedley 1987 [LS] [§ 1 *295: 1, 13-24. 438-467; 2, 1-17. 432-457].

b) Übersetzungen

Vgl. auch Annas/Barnes 1985 [*115].

11 A. Wifstrand, J. Palm (Hg.): Antika skeptiker. Einl. von A. W., Übers. von J. P. (Stockholm 1953).

12 J.-P. Dumont (Hg.): Les sceptiques grecs. Textes choisis et traduits par J.-P. D. (Paris 1966, ²1989) [Les Grands Textes. Bibliothèque classique de Philosophie].

13 A. Russo (Hg.): Scettici antichi (Turin 1978) [Classici della Filosofia].

Die jeweils einzelnen Schulen oder Philosophen gewidmeten Sammlungen sind unten in den Einzelbibliographien genannt.

2. Bibliographien

21 Lucina Ferraria, Giuseppina Santese: Bibliografia sullo scetticismo antico (1880-1978), in:

Giannantoni (Hg.) 1981 [*51: 2, 753-850]. – Zuverlässige Zusammenstellung mit Einschluss von wichtigen Rezensionen. Der Nachteil der alphabetischen Anordnung ist durch Indices (S. 846-850) teilweise kompensiert.
22 Patrizia Misuro: Bibliografia sullo scetticismo antico 1979-1988, in: Elenchos 11 (1990) 257-334. – Fortschreibung von *21.

3. Gesamtdarstellungen des antiken 'Skeptizismus'

Vgl. grundsätzlich die einschlägigen Abschnitte der umfassenden Darstellungen [§ 1 *332-*410], sowie vor allem Hirzel 1877-1883 [§ 1 *331: 3, 1-250: «Die verschiedenen Formen des Skeptizismus»; insbes. S. 1-22. 39-148: Ursprung und Entwicklung der pyrrhonischen Skepsis; S. 22-39. 149-250: Ursprung und Entwicklung der akademischen Skepsis].

29 Petrus Valentia (Pedro de Valencia): Academica sive de judicio erga verum, ex ipsis primis fontibus ... (Antwerpen 1596, London 1740, Paris 1740, Madrid 1781, 1797 u.ö.). – Erste neuzeitliche Darstellung des skeptischen Denkens im Altertum; nachhaltiger Einfluss vor allem in der Aufklärung. Vgl. unten § 58 *684-*688.
30 C. Waddington: Pyrrhon et le pyrrhonisme, in: Séances et Travaux de l'Académie des Sciences morales et politiques. Compte-rendu n.s. 25, tome 5 (105 de la collection) (Paris 1876) 85-116. 406-429. 646-675. ND in: C. W.: La philosophie ancienne et la critique historique (Paris 1904) 260-340. – Fortsetzung in *32.
31 V. Brochard: Les sceptiques grecs (Paris 1887, ^{2}1923, ND 1932 u. 1957; 1959 [nach der 1. Aufl.], 1969 [nach der 2. Aufl.]). – Span. Übers.: Buenos Aires 1954. Rez.: E. Pappenheim, in: Berliner Philologische Wochenschrift 8 (1888) 199-203; S. Reinach, in: Revue critique, n.s. 25 (1888) 102-107; P. Natorp, in: Philosophische Monatshefte 26 (1890) 61-75.
32 C. Waddington: Le scepticisme après Pyrrhon. Les nouveaux académiciens. Enésidème et les nouveaux pyrrhoniens, in: Séances et Travaux de l'Académie des Sciences morales et politiques. Compte-rendu, n.s. 62, tome 58 (157 de la collection) (Paris 1902) 223-243. ND in: C. W.: La philosophie ancienne et la critique historique (Paris 1904) 356-379. – Fortsetzung von *30.

33 A. Goedeckemeyer: Die Geschichte des griechischen Skeptizismus (Leipzig 1905, ND Aalen 1968). – Rez.: M. Pohlenz, in: Berliner Philologische Wochenschrift 26 (1906) 67-75.
34 Mary Mills Patrick: The Greek sceptics (New York 1929). – Rez.: R. Robinson, in: Philosophical Review 39 (1930) 519-520.
35 L. Robin: Pyrrhon et le scepticisme grec (Paris 1944) [Les Grands Philosophes]. – Rez.: J. Moreau, in: Revue philosophique 70, tome 135 (1945) 163-170.
36 M. Dal Pra: Lo scetticismo greco, 2 Bde. (Mailand 1950, Rom, Bari ^{2}1975, 3a ediz. aggiorn. 1989) [Piccola Biblioteca Filosofica Laterza]. – Rez.: M. Schiavone, in: Rivista di Filosofia neo-scolastica 43 (1951) 171-172.
37 A. Krokiewicz: Sceptycyzm Grecki od Pirrona do Karneadesa (Warschau 1964). – Zusammenfassende Darstellung von Pyrrhon bis Karneades (polnisch mit franz. Zusammenfassung S. 280-290).
38 Charlotte L. Stough: Greek scepticism. A study in epistemology (Berkeley, Los Angeles 1969) [ursprünglich Diss. Berkeley 1965]. – Rez.: A. A. Long, in: Philosophy 46 (1971) 77-78; Z. Stewart, in: American Journal of Philology 92 (1971) 376-378; Rosamond K. Sprague, in: Classical Philology 66 (1971) 75; M. Frede, in: Journal of Philosophy 70 (1973) 805-810.
39 Nathan Spiegel: The history of ancient scepticism (hebräisch) (Tel Aviv 1982). – Mit Textauswahl, Indices, Bibliographie.
40 Carlos Lévy: Cicero Academicus. Recherches sur les ‹Académiques› et sur la philosophie cicéronienne (Rom 1992) [Collection de l'Ecole Française de Rome 162]. – S. 9-57: Überblick über die Geschichte der Skepsis und der Akademie von Pyrrhon bis zu Antiochos. Auch in den primär Cicero gewidmeten Teilen wichtige Aussagen und Interpretationen zur skeptischen Akademie. (Das Buch konnte im Text nur noch teilweise berücksichtigt werden.)

4. Aufsatzsammlungen

Vgl. auch Schofield/Burnyeat/Barnes (Hg.) 1980 [§ 1 *362], Barnes/Brunschwig/Burnyeat/Schofield (Hg.) 1982 [§ 1 *363], Flashar/Gigon (Hg.) 1986 [§ 1 *366], Barnes/Mignucci (Hg.) 1988 [§ 1 *367], Dillon/Long (Hg.) 1988 [§ 1 *368], Huby/Neal (Hg.) 1989 [§ 1 *370], Everson (Hg.) 1990 [§ 1 *371], Brunschwig/Nussbaum (Hg.) 1993 [§ 1 *374].

51 G. Giannantoni (Hg.): Lo scetticismo antico – Atti del convegno organizzato dal Centro di studio del pensiero antico del C. N. R. Roma 5-8 novembre 1980, Bd. 1-2 (Rom 1981) [Collana Elenchos 6]. – Darin wichtig vor allem: Bd. 1: G. Giannantoni: Pirrone, la scuola scettica e il sistema delle 'successioni' (11-34); G. Calogero: Socratismo e scetticismo nel pensiero antico (34-46); V. Verra: Hegel e lo scetticismo antico. La funzione dei tropi (47-60); E. Berti: La critica allo scetticismo nel IV Libro della ‹Metafisica› (61-79); Fernanda Decleva Caizzi: Prolegomeni ad una raccolta delle fonti relative a Pirrone di Elide (93-128); Anna Maria Ioppolo: Il concetto di 'eulogon' nella filosofia di Arcesilao (143-161); M. Lancia: Arcesilao e Bione di Boristene (163-177); Eva di Stefano: Antioco di Ascalona e la crisi dello scetticismo nel I secolo a. C. (195-209); A. Brancacci: La filosofia di Pirrone e le sue relazioni con il cinismo (211-242); G. Reale: Ipotesi per una rilettura della filosofia di Pirrone di Elide (243-336); G. A. Ferrari: L'immagine dell'equilibrio (337-370); P. Cosenza: Οὐδὲν μᾶλλον (371-376); Stefania Nonvel Pieri: Due relativismi a confronto. Pirroniani e Accademici, di nuovo, nelle ‹Ipotiposi› di Sesto Empirico (435-446). Bd. 2: F. Adorno: Sesto Empirico: metodologia delle scienze e 'scetticismo' come metodo (447-485); Luciana Repici Cambiano: Sesto Empirico e i peripatetici (689-711); M. Gigante: Scetticismo e epicureismo (725-736); M. Dal Pra: Scetticismo e realismo (737-751). – Vgl. *21 und *64.

52 M. Burnyeat (Hg.): The skeptical tradition (Berkeley, Los Angeles, London 1983) [Major Thinkers Series 3]. – Beiträge u.a. von: D. Sedley: The motivation of Greek skepticism (9-29); P. Couissin: The stoicism of the New Academy (31-63); M. Frede: Stoics and skeptics on clear and distinct impressions (65-93); Gisela Striker: The ten tropes of Aenesidemus (95-115); M. F. Burnyeat: Can the skeptic live his skepticism? (117-148); J. Barnes: Ancient skepticism and causation (149-203); Charles B. Schmitt: The rediscovery of ancient skepticism in modern times (225-251); T. Penelhum: Skepticism and fideism (287-313).

53 A.-J. Voelke (Hg.): Le scepticisme antique. Perspectives historiques et systématiques. Actes du Colloque international sur le scepticisme antique, Lausanne 1988 (Genf, Lausanne, Neuchâtel 1990) [Cahiers de la Revue de Théologie et de Philosophie 15]. – Beiträge u.a.: L. Couloubaritsis: La problématique sceptique d'un impensé: ἡ σκέψις (9-28); J.-P. Dumont: Οὐδὲν μᾶλλον chez Platon (29-40); Fernanda Decleva Caizzi: Timone e i filosofi – Protagora (frg. 5 Diels) (41-53); M. Gigante: Quelques précisions sur le scepticisme et l'épicurisme (69-83); J. Barnes: La διαφωνία pyrrhonienne (97-106). – Die akademische Skepsis ist nur beiläufig berücksichtigt.

54 Scepticism. A pan-american dialogue, held at the Center for Ideas and Society, University of California, Riverside (Februar 1991). – ‹Proceedings› angekündigt.

5. Grundlegende Arbeiten zu den Beziehungen zwischen Pyrrhonismus, jüngerer Akademie und Antiochos aus Askalon

a) Pyrrhon und die 'skeptische' Akademie

Vgl. auch Striker 1980 [§ 1 *362: 54-83], Sedley 1983 [*52: 9-29], Decleva Caizzi 1986 [§ 1 *366: 147-183].

61 P. Couissin: L'origine et l'évolution de l'ἐποχή, in: Revue des Etudes grecques 42 (1929) 373-397. – Engl.: The origin and the evolution of the epoche, in: Graduate Faculty Philosophy Journal (New York) 11 (1986) 47-66.

62 J. Moreau: Pyrrhonien, académique, empirique? in: Revue philosophique de Louvain 77 (1979) 303-344.

63 Gisela Striker: Über den Unterschied zwischen den Pyrrhoneern und den Akademikern, in: Phronesis 26 (1981) 153-171.

64 M. R. Stopper: Schizzi Pirroniani, in: Phronesis 28 (1983) 265-297. – Grundsätzliche Betrachtungen im Rahmen einer Besprechung von Giannantoni (Hg.) 1981 [*51] und der Zeugnissammlung zu Pyrrhon von Decleva Caizzi 1981 [§ 43 *1].

b) Die sokratisch-platonische Tradition und die 'skeptische' Akademie

Vgl. auch Krämer 1971 [§ 1 *394: 14-107], Glucker 1978 [§ 1 *398: 31-64], Donini 1986 [§ 1 *53], Ioppolo 1986 [§ 1 *401], Long 1988 [§ 1 *404].

71 O. Gigon: Zur Geschichte der sogenannten Neuen Akademie, in: Museum Helveticum 1 (1944) 47-64. ND in: O. G.: Studien zur antiken Philosophie (Berlin, New York 1972) 412-431.

72 A. Weische: Cicero und die Neue Akademie. Untersuchungen zur Entstehung und Geschichte des antiken Skeptizismus (Münster, Westf. 1961, ND 1975) [Orbis Antiquus 18]. – 'Die skeptische Wende der Akademie stark vom Peripatos beeinflusst'. Diese These ist auf scharfe Kritik gestossen. Rez.: Boyancé, in: Latomus 20 (1961) 583-586; A. Michel, in: Revue des Etudes latines 39 (1961) 305-306; E. G. Schmidt, in: Deutsche Literaturzeitung 84 (1963) 29-31.

73 Marion Soreth: Studien zur akademischen Skepsis (Köln 1964). – Habil.-Schr., Masch.

74 W. Burkert: Cicero als Platoniker und Skeptiker, in: Gymnasium 72 (1965) 175-200. – Starke Betonung der sokratisch-platonischen Tradition; ernsthafte 'Suche nach der Wahrheit' auch in der jüngeren Akademie.

75 Carl Werner Müller: Die Kurzdialoge der Appendix Platonica. Philologische Beiträge zur nachplatonischen Sokratik (München 1975) [Studia et Testimonia Antiqua 17]. – S. 251f., 268-271, 327f. u.ö.: Zur Kontinuität platonischen Denkens auch nach dem Neuansatz von Arkesilaos.

76 G. Vlastos: Socrates' disavowal of knowledge, in: Philosophical Quarterly 35 (1985) 1-31.

77 P. Woodruff: The skeptical side of Plato's method, in: Revue internationale de Philosophie 40 (1986) 22-37.

78 Julia Annas: Platon le sceptique, in: Revue de Métaphysique et de Morale 95 (1990) 267-291; engl. Originalfassung (Plato the sceptic) in: J. C. Klagge, N. D. Smith (Hg.): Methods of interpreting Plato and his dialogues (Oxford 1992) [Oxford Studies in Ancient Philosophy. Supplementary volume 1992] 43-72. – Arkesilaos sah seine eigene dialektische Methode (ad hominem) bei Sokrates vorgebildet. Von den platonischen Dialogen entsprach vor allem der Theaitet diesem Bild. Auch unter Arkesilaos' Nachfolgern wurde Platon nur selektiv gelesen. Erst als die Schule sich wieder dem Dogmatismus angenähert hatte, richtete sich der Blick auf den ganzen Platon.

79 Carlos Lévy: Platon, Arcésilas, Carnéade. Réponse à J. Annas, in: Revue de Métaphysique et de Morale 95 (1990) 293-305. – Kritisch über *78: Arkesilaos und Karneades haben sich nicht auf eine enge Auswahl 'skeptischer' Argumente bei Platon berufen, sondern von Anfang an alle Dialoge auf ihre Weise interpretiert.

80 Carlos Lévy: Le concept de 'doxa' des Stoïciens à Philon d'Alexandrie. Essai d'étude diachronique, in: Brunschwig/Nussbaum (Hg.) 1993 [§ 1 *374: 250-284]. – Am Beispiel des Begriffes 'doxa' lässt sich zeigen, dass die skeptische Akademie, teilweise wider Willen, einen neuen dogmatischen Platonismus vorbereitet hat.

c) Die Akademie und Antiochos aus Askalon

91 W. Theiler: Die Vorbereitung des Neuplatonismus (Berlin 1930) [Problemata 1], ND 1964 mit Stellungnahme zu kritischen Einwänden. – Wichtige zustimmende Rezension: P. O. Kristeller, in: Deutsche Literaturzeitung 3 (1931) 57-61. Theilers Grundthese, Antiochos habe als Scholarch die platonische Akademie zum Dogmatismus zurückgeführt und sei damit ein 'Wegbereiter' des Mittel- und Neuplatonismus geworden, hat lange das Bild von der späteren Geschichte des platonischen Denkens geprägt. Sie ist inzwischen durch die Arbeiten von Glucker 1978 [*93] und Tarrant 1985 [*94] widerlegt.

92 J. Dillon: The Middle Platonists. A study of Platonism 80 B.C. to A.D. 220 (London 1977) 52-113. – Einfluss des Antiochos auf den späteren Platonismus geringer eingeschätzt als von Theiler, aber Antiochos gilt noch als Scholarch der Akademie und als Bindeglied zwischen Athen und dem frühen alexandrinischen Platonismus.

93 J. Glucker: Antiochus and the Late Academy (1978) [§ 1 *398]. – Dieses Buch hat die Erforschung der Philosophie des ersten vorchristlichen Jahrhunderts (und weit darüber hinaus) auf eine neue Grundlage gestellt: Antiochos war nie Scholarch der eigentlichen, von Platon gegründeten Akademie. Die Geschichte der platonischen Akademie endet mit Philon aus Larisa. Antiochos hat eine eigene Schule gegründet, die er programmatisch als 'Alte Akademie' bezeichnete. Es gibt keinerlei institutionelle Verbindung von Athen nach Alexandria und weiter zum Mittelplatonismus; auch mit der stark an der Stoa orientierten Schule des Antiochos hat der Mittelplatonismus nichts zu tun.

94 H. Tarrant: Scepticism or Platonism? The philosophy of the Fourth Academy (Cambridge 1985) [Cambridge Classical Studies]. – In der 'vierten Akademie' um Philon aus Larisa fand eine gemässigt skeptische Rückwendung zu Platon statt; von ihr führt eine ge-

dankliche, vielleicht auch institutionelle Verbindung zum frühen alexandrinischen Platonismus. Von der Kritik mit starken Vorbehalten aufgenommen. Rez.: C. Lévy: Cicéron et la quatrième Académie, in: Revue des Etudes latines 63 (1985) 32-41; Julia Annas, in: Canadian Philosophical Reviews 6 (1986) 33-35; J. Barnes, in: Classical Review 36 (1986) 75-77; J. M. Rist, in: Phoenix 40 (1986) 467-469; R. W. Sharples, in: The Philosophical Review 96 (1987) 601-603; Charlotte Stough, in: Oxford Studies in Ancient Philosophy 5 (1987) 217f., 222-228; Anna Maria Ioppolo: La testimonianza della Quarta Accademia, in: Elenchos 9 (1988) 139-148; J. Glucker, in: Journal of Hellenic Studies 109 (1989) 272f.; Gisela Striker, in: Ancient Philosophy 11 (1991) 202-206.

6. Stärker systematisch als historisch orientierte Abhandlungen

Vgl. auch Annas 1980 [§ 1 *362: 84-104], Striker 1990 [§ 1 *371: 143-160], Barnes 1990 [§ 1 *371: 204-224].

101 R. Wright: Greek scepticism, in: Pegasus 11 (1969) 13-24. – Knapper Überblick über Ursprung und zentrale Fragestellungen beider skeptischen Richtungen; Kernpunkte der antiken Kritik.
102 G. Preti: Lo scetticismo e il problema della conoscenza, in: Rivista critica di Storia della Filosofia 29 (1974) 3-31. 123-143. 243-263.
103 O. Johnson: Die gemässigte Skepsis, in: Ratio 18 (1976) 68-78.
104 A. Graeser: Bemerkungen zum antiken Skeptizismus, in: Allgemeine Zeitschrift für Philosophie 3 (1978) H. 2, 22-44.
105 M. Frede: Des Skeptikers Meinungen, in: Neue Hefte für Philosophie 15/16: Aktualität der Antike (Göttingen 1979) 102-129. – Engl.: The skeptic's beliefs, in: M. F.: Essays in ancient philosophy (Oxford [zugleich Minneapolis] 1987) 179-200/369.
106 M. F. Burnyeat: Conflicting appearances, in: Proceedings of the British Academy 65 (1979) 69-111.
107 M. F. Burnyeat: Can the skeptic live his skepticism? in: Schofield/Burnyeat/Barnes (Hg.) 1980 [§ 1 *362] 20-53. ND in: Burnyeat (Hg.) 1983 [*52] 117-148.
108 J. Barnes: The beliefs of a Pyrrhonist, in: Proceedings of the Cambridge Philological Society, N.S. 28 (1982) 1-29. ND in: Elenchos 4 (1983) 5-43.
109 Françoise Caujolle-Zaslawsky: La méthode des sceptiques grecs, in: Revue philosophique de la France et de l'Etranger 107 (1982) 371-381.
110 A.-J. Voelke: La vie sceptique et le thème traditionnel des genres de vie, in: Etudes de Lettres. Bulletin de l'Université de Lausanne et de la Societé des Etudes de Lettres (1983) 75-87.
111 M. F. Burnyeat: The sceptic in his place and time, in: R. Rorty, J. B. Schneewind, Q. Skinner (Hg.): Philosophy in history. Essays on the historiography of philosophy (Cambridge 1984) [Ideas in History] 225-254.
112 M. Frede: The sceptic's two kinds of assent and the question of the possibility of knowledge, in: R. Rorty, J. B. Schneewind, Q. Skinner (Hg.): Philosophy in history (1984) 255-278. ND in: M. F.: Essays in Ancient Philosophy (Oxford [zugleich Minneapolis] 1987) 201-222.
113 P. Aubenque: Vérité et scepticisme. Sur les limites d'une réfutation philosophique du scepticisme, in: Diogène 32 (1985) 100-110.
114 J. Vuillemin: Une morale est-elle compatible avec le scepticisme? in: Philosophie 7 (1985) 21-47.
115 Julia Annas, J. Barnes: The modes of scepticism (Cambridge 1985) [Ancient Texts and Modern Interpretations]. – Rez.: R. W. Jordan, in: Classical Review 37 (1987) 57f.; Charlotte Stough, in: Oxford Studies in Ancient Philosophy 5 (1987) 218-221. 229-234. Kurze historische Einführung. Übersetzung und ausführliche Besprechung der 'Tropen' der späteren pyrrhonischen Skepsis. Systematische Betrachtungen.
116 T. Maudlin: The structure of skepticism, in: Ancient Philosophy 6 (1986) 177-193.
117 Françoise Caujolle-Zaslawsky: Le problème de l'expression et de la communication dans le scepticisme grec, in: Philosophie du langage et grammaire dans l'Antiquité (Brüssel, Grenoble 1986) [Cahiers de philosophie ancienne 5 = Cahiers du groupe de recherches sur la philosophie et le langage 6-7] 311-324. – Eine skeptische Sprachtheorie wäre ein Widerspruch in sich; Sprache als Kompromiss für die praktische Lebensführung.
118 V. Cauchy: Critique de la théorie du signe et langage chez Sextus Empiricus, in: Philoso-

phie du langage et grammaire dans l'antiquité (Brüssel, Grenoble 1986) [Cahiers de philosophie ancienne 5 = Cahiers du groupe de recherches sur la philosophie et le langage 6-7] 325-338. – Zum Widerspruch zwischen der Forderung nach konsequenter ἐποχή und der sprachlichen Formulierung dieser Forderung; auch die Sprache beruht für die Skeptiker auf blosser 'Meinung'.

119 Julia Annas: Doing without objective values, in: Schofield/Striker (Hg.) 1986 [§ 1 *365] 3-29. – Dazu C. C. W. Taylor, in: Oxford Studies in Ancient Philosophy 5 (1987) 242f.

120 R. Bett: Scepticism as a way of life and scepticism as 'pure theory', in: M. Whitby, P. Hardie, Mary Whitby (Hg.): Homo viator. Classical essays for John Bramble (Oak Park, Illinois 1987) 49-57.

121 P. Woodruff: Aporetic Pyrrhonism, in: Oxford Studies in Ancient Philosophy 6 (1988) 139-168.

122 L. Groarke: Greek scepticism. Anti-realist trends in ancient thought (Montreal, Kingston 1990) [McGill-Queen's Studies in the History of Ideas 14].

123 J. Barnes: The toils of scepticism (Cambridge 1990).

124 Martha Nussbaum: Sceptic purgatives. Therapeutic arguments in ancient scepticism, in: Journal of the History of Philosophy 29 (1991) 521-527.

7. Philosophische Auseinandersetzung. Nachleben

Vgl. auch Schmitt 1972 [§ 58 *101], Verra 1981 [*51: 1, 47-60], Schmitt 1983 [*52: 225-251].

131 G. W. F. Hegel: Vorlesungen über die Geschichte der Philosophie, Bd. 2, in: Sämtliche Werke, aufgrund des Originaldrucks neu hg. von H. Glockner, Bd. 18 (Stuttgart ²1941). – 1. Teil: Geschichte der griechischen Philosophie, zweiter Abschnitt, 423-586: Dogmatismus und Skeptizismus.

132 S. T. Coleridge: The Philosophical Lectures 1818-1819, hg. von K. Coburn (London 1950). – 197-226: Sceptics, Cynics, Cyrenaics, Epicureans, Stoics.

133 R. Richter: Der Skeptizismus in der Philosophie, Bd. 1 (Leipzig 1904).

134 E. de Faye: The influence of Greek scepticism on Greek and Christian thought in the first and second centuries, in: The Hibbert Journal 22/4 (1924) 702-721. – Geschichte des antiken Skeptizismus von Pyrrhon bis Sextus Empiricus. Sein Einfluss auf Seneca, Clemens aus Alexandria, Origines, Numenios.

135 B. Russell: Sceptical essays (London 1935, ²1960, Nachdrucke). – Dt. Übers.: Frankfurt a.M. 1964; ital. Übers.: Mailand 1975.

136 R. H. Popkin: The history of scepticism from Erasmus to Descartes (Assen 1960); revised and expanded edition: The history of scepticism from Erasmus to Spinoza (Berkeley 1979).

137 A. Naess: Scepticism (New York, London 1968). – Rez.: B. Stroud, in: Philosophical Review 80 (1971) 253-256.

138 M. F. Burnyeat: Idealism and Greek philosophy. What Berkeley missed and Descartes saw, in: Philosophical Review 91 (1982) 3-40.

139 D. B. Dzokhadze: [Die Erkenntnistheorie des Skeptizismus und ihre Bedeutung für die Gegenwart], in: D. B. D.: [Die hellenistische Philosophie] (Moskau 1986) 32-66. – Russisch.

140 Michael Williams: Scepticism without theory, in: Review of Metaphysics 41 (1988) 547-588.

141 Thérèse Pentzopoulou-Valalas: L'époché ou la conquête du phénomène. Réflexions sur une confrontation possible de Husserl et de l'époché des sceptiques grecs, in: Kant-Studien 79 (1988) 218-235.

142 D. K. Glidden: From Pyrrhonism to postmodernism, in: Ancient Philosophy 10 (1990) 263-267.

143 J. C. Laursen: The politics of skepticism in the ancients, Montaigne, Hume and Kant (Leiden, New York, Köln 1992) [Brill's Studies in Intellectual History 35].

8. Zur Terminologie

Vgl. auch Gigon 1944 [*71: 49/414], Weische 1961 [*72: 56], Burkert 1965 [*74: 188-189], Decleva Caizzi 1981 [*51: 1, 119-120], Tarrant 1985 [*94: 22-27], Couloubaritsis 1990 [*53: 9-28].

151 J. Glucker: Antiochus and the Late Academy (1978) [§ 1 *398: 103-105. 206-225]. – In allen Quellen ist sorgsam unterschieden zwischen 'Akademikern' (im Sinne von Mitgliedern der Schule, vor allem der 'skeptischen' Akademie) und 'Platonikern' (Mittel- und Neu-

platonikern); nach dem Erlöschen der Schule mit Philon aus Larisa wird kein Platonanhänger mehr als 'Akademiker' bezeichnet.

152 K. Janáček: Das Wort σκεπτικός in Philons Schriften, in: Listy filologické 102 (1979) 65-68.

153 Fernanda Decleva Caizzi: Sesto e gli scettici, in: Giannantoni (Hg.) 1992 [§ 1 *82: 277-327]. – 285-313: Untersuchung der von Sextus gebrauchten Termini zur Bezeichnung skeptischer Schulen.

§ 43. Pyrrhon aus Elis

A. Pyrrhons Stellung innerhalb des antiken Skeptizismus 732. – B. Zeugnisse und Überlieferung 733. – C. Leben 734. – D. Lehre 735: 1. Vorbemerkung 735; 2. Grundlagen (Aristokles-Referat) 736; 3. Das Wesen der 'Dinge' 738; 4. Die Gottheit, das Gute 740; 5. Verzicht auf 'Meinung' und sprachliche Äusserung (skeptische 'Formeln', ἀφασία) 743; 6. Die 'Seelenruhe' 745; 7. Das 'Erscheinende' (φαινόμενον) als Richtschnur des Handelns? 745; 8. Unsicher bezeugte Lehrstücke 746. – E. Geistiger Hintergrund 748. – F. Lebensführung. Anekdoten 754. – G. Bibliographie 756: 1. Zeugnissammlungen 756; 2. Gesamtdarstellungen und -deutungen 756; 3. Probleme der Überlieferung 757; 4. Lehre 757; 5. Geistiger Hintergrund 758.

A. PYRRHONS STELLUNG INNERHALB DES ANTIKEN SKEPTIZISMUS

In der griechischen Philosophie nach Sokrates sind drei verschiedene, zeitlich aufeinanderfolgende Gruppen von (im modernen Sinne) 'skeptischen' Philosophen zu unterscheiden: 1. Pyrrhon aus Elis und seine unmittelbaren Schüler (hier als 'Älterer Pyrrhonismus' oder als 'Ältere Skepsis' bezeichnet), 2. die Schulleiter und Anhänger der von Platon gegründeten Akademie vom Scholarchat des Arkesilaos an bis zum Ende der Akademie unter Philon aus Larisa ('Jüngere Akademie'), 3. die jüngere skeptische Richtung, die zur Zeit Ciceros (?) von Ainesidem begründet und im 2. Jahrhundert n. Chr. von Sextus Empiricus eingehend dargestellt wurde. Den drei Schulen gemeinsam ist der Zweifel an der Möglichkeit gesicherter Erkenntnis. Ihr Verhältnis untereinander jedoch ist in vielen Punkten unklar und umstritten. Zwar wollen Ainesidem und Sextus Empiricus ihren Skeptizismus ausdrücklich als Erneuerung pyrrhonischer Gedanken verstanden wissen, aber es ist nicht strikt zu beweisen, dass auch nur das Grundgerüst ihrer Lehre, die sogenannten skeptischen 'Tropen', wirklich auf Pyrrhon und seine Schüler zurückgeht; es ist möglich, dass Pyrrhon, der schon früh zur legendären Figur geworden war, dem späteren Skeptizismus nicht viel mehr als den Namen gegeben hat. Die 'skeptische' Richtung der Akademie wurde schon im Altertum mehrfach mit der zeitlich unmittelbar vorausgehenden Lehre Pyrrhons in Verbindung gebracht; vor allem die jüngere Skepsis um Ainesidem und Sextus Empiricus rechnet Arkesilaos (wenn auch mit deutlichen Einschränkungen) zu den Ihren (SEXTUS EMP. PH I 232). Die Akademiker selbst dagegen berufen sich auf andere Vorgänger des aporetischen Denkens, wie Xenophanes, Empedokles, Parmenides, vor allem aber auf Sokrates und Platon. In diesen Aufzählungen erscheint Pyrrhons Name nie, und das kann nur als bewusste Distanzierung gedeutet werden. In der Tat lässt sich zeigen, dass sich Genese und Denkansatz der akademischen Skepsis von dem der Pyrrhoneer in wesentlichen Punkten unterscheiden. Das rechtfertigt es, die pyrrhonische und die akademische Skepsis in getrennten Abschnitten zu behandeln. Aber es ist unbestreitbar, dass auch von Pyrrhon und seinen Schülern ein Einfluss auf Arkesilaos ausgegangen ist, und der Einfluss der akademischen Skepsis auf die jüngere pyrrhonische Skepsis ist mit Händen zu greifen. Aus diesem Grunde folgt die Darstellung dem zeitlichen Ablauf. Der frühe Pyrrhonismus ist in die Darstellung der Akademie zwischen die letzten 'Dogmatiker' (Polemon, Krantor und Krates, vgl. Bd. 3, S. 151-174) und die ersten 'skeptischen' Akademiker eingeschoben. Die Wiederbelebung des Pyrrhonismus durch Ainesidem ist im Anschluss daran kurz skizziert (S. 983-986); eine ausführliche Darstellung des 'Jüngeren Pyrrhonismus' soll im Band 'Antike 5' gegeben werden.

B. ZEUGNISSE UND ÜBERLIEFERUNG

Pyrrhon hat sich, wie vor ihm Sokrates, nach ihm Arkesilaos, Karneades u.a. zu philosophischen Fragen nicht schriftlich geäussert (test. 43 D(ECLEVA) C(AIZZI) [*1] = DIOGENES LAERT. I 16; test. 53 D.C. = ARISTOKLES frg. 6 HEILAND [§ 1 *271] = 1 F 2 LS). Literarische Verbreitung fand seine Lehre erst in den Werken seines Schülers, des satirischen Dichters Timon aus Phl(e)ius (über ihn ausführlich unten § 44). Fragmente im eigentlichen Sinne (unzweifelhaft wörtliche Zitate) gibt es also nicht. Um 225 v.Chr., etwa 50 Jahre nach dem Tode Pyrrhons, verfasste Antigonos aus Karystos (über ihn oben § 1, S. 17) eine ausführliche Biographie. WILAMOWITZ (1881 [*44: 31-40]) glaubte zeigen zu können, dass grosse Teile der späten Pyrrhon-Biographie bei DIOGENES LAERT. (IX 62-67) auf Antigonos zurückgehen («... alles wesentliche was wir von Pyrrhons leben glaubhaftes wissen verdanken wir dem Antigonos»). Auch VON FRITZ (1963 [*23: 89]) führt «fast alles, was über das Leben des Pyrrhon überliefert ist», auf Antigonos zurück. Gegen diese 'unitarische' These meldeten u.a. DAL PRA (²1975 [§ 42 *36: 1, 40 Anm. 1; 42 Anm. 7; 79]), FERRARI (1968 [*46: 214-216], 1981 [§ 42 *51: 1, 340]) und BARNES (1986 [§ 1 *124: 387 Anm. 5]) Bedenken an: Manche richtigen Einzelheiten in der Vita des Diogenes Laert. könnten durchaus auch aus anderen Quellen, z.B. aus Schriften Timons stammen: Wilamowitz' Auffassung von Antigonos als alleinigem Träger zuverlässiger Überlieferung sei unhaltbar. Noch weiter ging LONG (1978 [*49: 68f.]), der nun die These vertrat, alle zuverlässigen Nachrichten gingen letztlich auf Timon zurück; selbst Antigonos aus Karystos habe auf ihn zurückgreifen müssen, sei er doch «a compiler rather than a biographer of independent value». Mit Recht wandte sich FERRARI (1981 [§ 42 *51: 1, 340 Anm. 4]) auch gegen diese Verabsolutierung: Alles spreche dafür, dass sowohl Antigonos als auch Timon unabhängig voneinander Berichte über Pyrrhons Leben und Lehre gegeben haben, die uns nun in verschiedenen Brechungen vorlägen. Das gleiche gilt vermutlich auch für andere Schüler Pyrrhons, wie Philon aus Athen (test. 20 D.C. = DIOGENES LAERT. IX 67 = 1 C 2 LS) und Numenios (?, vgl. unten S. 770). Die Unsicherheit in der Zuweisung zu einzelnen 'Quellen' beruht zum grossen Teil darauf, dass selbst dort, wo Timon oder Antigonos als Mittelsmänner genannt sind, vieles unsicher bleibt, da das 'Ende des Zitats' nur selten markiert ist. – Auch eine andere wichtige Quelle ist nur indirekt erhalten: Der Peripatetiker Aristokles aus Messene (über ihn oben § 1, S. 20; Datierung unsicher: Ende 1. Jh. v. Chr. bis Mitte 1. Jh. n. Chr.; vgl. MORAUX 1984 [§ 1 *277: 83-92], FOLLET 1989 [§ 1 *278: 382f.]) hatte in einer heute verlorenen Philosophiegeschichte die Vertreter anderer Schulen, darunter die Skeptiker, nachhaltig bekämpft. Aus dieser Polemik ist bei EUSEBIUS (Praeparatio Evangelica XIV 2, 4 bis XV 1, 10, darin frg. 6 HEILAND) ein längeres Referat über Pyrrhons Philosophie erhalten, das sich ausdrücklich auf Timon beruft. Durch die Verknüpfung mehrerer Thesen und Argumente zu einem Gesamtbild ist dieser Bericht unsere wertvollste Information über Pyrrhons Lehre. Leider ist die Überlieferung kompliziert und vielfach gebrochen: Pyrrhon – Timon – unbekannte Zwischenquelle (?, vgl. DUMONT 1972 [*27: 142], BURKHARD 1973 [*47: 15f.], DECLEVA CAIZZI (Hg.) 1981 [*1: 218-221]) – Aristokles – Eusebius. Eine zuverlässige Abgrenzung der pyrrhonischen Gedanken bzw. der Worte Timons von denen der verschiedenen Referenten ist daher nahezu unmöglich.

Weitere Nachrichten finden sich vor allem bei Sextus Empiricus (dazu DECLEVA CAIZZI 1992 [§ 1 *82: 314]), einzelne Notizen bei zahlreichen griechischen und lateinischen Autoren. Manches davon kann auf die genannten älteren Hauptquellen zurückgehen, aber ein Nachweis im Einzelfall ist unmöglich. Eine erhebliche Schwierigkeit liegt auch darin, dass viele wichtige Zeugnisse von

Gegnern des Skeptizismus formuliert wurden, so dass mit polemischen Verfälschungen zu rechnen ist.

Daneben gibt es eine grosse Zahl von Berichten über die 'Pyrrhonische Schule' (Πυρρώνειοι). Auch diese Zeugnisse können Elemente der Lehre des Schulgründers Pyrrhon enthalten; es ist jedoch in keinem Falle auszuschliessen, dass lediglich die spätere Lehre, d.i. die der von Ainesidem erneuerten ('jüngeren') pyrrhonischen Schule wiedergegeben wird. Die Entscheidung bleibt auch bei sorgfältiger Einzelinterpretation meist problematisch.

Die antiken Zeugnisse (Testimonien) über Pyrrhon und seine Lehre sind erstmals gesammelt und kommentiert von Fernanda DECLEVA CAIZZI (Hg.) (1981 [*1]). Diese Sammlung ist mit Recht konsequent auf die Zeugnisse beschränkt, in denen ausdrücklich Pyrrhon selbst genannt ist. – Ein Bildnis Pyrrhons hat sich nicht erhalten.

C. LEBEN

Pyrrhons Geburtsort Elis ist vielfach bezeugt. Als Namen des Vaters nennt PAUSANIAS (VI 24, 5), der sich auf eine Statueninschrift beruft, Pistokrates (zur Namensform vgl. WILAMOWITZ 1881 [*44: 29]), DIOGENES LAERT. (IX 61 = test. 1 A D.C. = 1 A 1 LS) dagegen Pleistarchos. Über die Lebensdaten gibt es keine genauen Zeugnisse. Im Suda-Artikel Πύρρων (test. 1 B D.C.) heisst es, er habe gelebt «unter Philipp von Makedonien in der 111. Olympiade (336-333 v. Chr.) und schon davor». Die '111. Olympiade' bezeichnet offenbar den Anfang der Regierungszeit Alexanders des Grossen; nach VON FRITZ (1963 [*23: 90]) kann also nur «gemeint sein, dass Pyrrhon schon vor Alexander lebte, aber unter ihm an die Öffentlichkeit trat». Über seine Jugend berichtet ANTIGONOS AUS KARYSTOS (test. 10 D.C. = DIOGENES LAERT. IX 62-64), er stamme aus ärmlichen Verhältnissen und sei zunächst Maler gewesen; im Gymnasium von Elis seien noch von ihm ausgeführte recht mittelmässige Fackelträger zu sehen. Später wandte er sich der Philosophie zu und folgte schliesslich Alexander auf seinem Zuge nach Indien. Beim Aufbruch (334 v. Chr.) dürfte Pyrrhon 25 bis 30 Jahre alt gewesen sein; das ergibt als Geburtsdatum etwa 365-360 v. Chr. Nach DIOGENES LAERT. IX 62 (test. 9 D.C. = 1 A 4 LS) wurde er nahezu 90 Jahre alt, starb also wahrscheinlich zwischen 275 und 270 v. Chr. Als philosophische Lehrer Pyrrhons werden in mehreren Quellen der Megariker (?) Bryson und der Demokriteer Anaxarchos aus Abdera genannt (über möglichen Einfluss des 'Kyrenaikers' Aristipp: S. 749f.). Ein entscheidender Impuls ging nach DIOGENES LAERT. IX 61 (test. 1 A D.C. = 1 A 1 LS) auch von den Gymnosophisten und Magiern aus, denen Pyrrhon auf dem Alexanderzug in Indien begegnete (Genaueres S. 753). Nach seiner Rückkehr lehrte er selbst in seiner Heimatstadt Philosophie, wobei er, wie die Fülle der über ihn verbreiteten Anekdoten zeigt, starke Beachtung fand und hohes Ansehen gewann. Er wurde zum Oberpriester gewählt, und nach dem Zeugnis des Antigonos aus Karystos (DIOGENES LAERT. IX 64 = test. 11 D.C.) beschlossen die Eleer im Hinblick auf ihn Steuerfreiheit für alle Philosophen. PAUSANIAS (VI 24, 5 = test. 12 D.C.) hat eine ihm errichtete Ehrenstatue gesehen. Pyrrhon lebte bescheiden in häuslicher Gemeinschaft mit seiner Schwester Philista, einer Hebamme. Bei den übrigen Nachrichten ist die Grenze zwischen einem historischen Kern, Ausschmückungen und erfundenen Anekdoten nicht leicht zu ziehen, so z.B. wenn berichtet wird (test. 14

D.C. = ERATOSTHENES bei DIOGENES LAERT. IX 66), er habe Geflügel und Ferkel auf den Markt zum Verkauf getragen (was als sehr erniedrigend galt: TIBULL II 3, 17f.), ja sogar ὑπ' ἀδιαφορίας, als Ausfluss (oder: zur Demonstration?) seiner Verachtung aller 'gleichgültigen' Dinge eigenhändig eine Sau gewaschen. Weiteres S. 754f.; über Pyrrhons Schüler Timon unten § 44, über die anderen 'Schüler' § 45.

D. LEHRE

1. Vorbemerkung

Zahlreiche Versuche, Pyrrhons Lehre zu rekonstruieren, haben zu voneinander stark abweichenden Ergebnissen geführt. (Einen nützlichen Überblick über die Deutungsansätze der letzten 80 Jahre geben DECLEVA CAIZZI 1981 [*50: 95-106]: chronologische Anordnung, und REALE 1981 [*115: 247-288]: systematisches Referat über acht verschiedene Interpretationstypen.) Das ist nicht überraschend, denn die Schwierigkeiten, die sich einer zuverlässigen Deutung entgegenstellen, sind nahezu unüberwindlich. Gerade innerhalb der am besten bezeugten Aussagen finden sich unbestreitbare Widersprüche. Zum Teil ist das dadurch zu erklären, dass Pyrrhon seine Zeitgenossen, wie die gleichen ältesten Texte zeigen, weniger durch philosophische Argumentation als durch seine Lebensführung und durch seine innere Haltung beeindruckte. Zwar dürfte Pyrrhon die an ihm bewunderte 'Gleichgültigkeit' und 'Seelenruhe' auch theoretisch begründet haben, aber erst Timon scheint Pyrrhons Lehre in philosophisch interessierten Kreisen bekanntgemacht zu haben (DECLEVA CAIZZI 1986 [§ 1 *366: bes. 163f. 169. 176]), und es ist gut vorstellbar, dass dieser bei der schriftlichen Fixierung der Argumente seines Lehrers stark systematisierend eingegriffen hat. Selbst unsere ältesten und ausführlichsten Zeugnisse dürfen deshalb nur mit Vorbehalt als pyrrhonisch angesehen werden.

Noch schwerer wiegt es, dass sich nicht einmal der Ausgangspunkt von Pyrrhons Denken eindeutig fassen lässt. Timons von Aristokles referierte Aussagen können so verstanden werden, als habe Pyrrhon primär einen Weg zur 'Glückseligkeit' und eine Norm für das rechte Handeln gesucht. Auch Cicero und seine Gewährsleute haben Pyrrhon so gedeutet: sie kennen ihn nur als Ethiker. Aber man kann Timon auch so verstehen, als habe Pyrrhon zunächst nach der Möglichkeit gesicherter Erkenntnis gefragt; nur weil diese sich als unmöglich erwies, habe er empfohlen, den Dingen gegenüber 'gleichgültig' zu bleiben und sich aller apodiktischen Aussagen zu enthalten. Die 'Glückseligkeit' wäre dann ein zwar willkommenes, aber doch nicht primär erstrebtes Resultat eines solchen Verhaltens. In einer als Gleichnis herangezogenen Anekdote über den Maler Apelles verbindet SEXTUS EMP. (PH I 28f.) beide Deutungen: Apelles habe ein Pferd möglichst naturgetreu malen wollen, sei aber an der Darstellung des Schaumes vor dem Maul gescheitert.

Da habe er voller Zorn den Pinsel nach der Leinwand geworfen – und auf diese Weise sei ihm das Abbild des Schaumes gelungen. Ähnlich hätten die Skeptiker versucht, die Seelenruhe durch gesicherte Erkenntnis zu erlangen; damit seien sie gescheitert, aber gerade im Scheitern und in der sich daraus ergebenden Urteilsenthaltung hätten sie dann doch den Seelenfrieden gefunden. Ob dieses Gleichnis im Kern auf Pyrrhon, der selbst einmal Maler war, zurückgeht, bleibt allerdings fraglich (DECLEVA CAIZZI (Hg.) 1981 [*1: 157], 1992 [§ 1 *82: 299f.]. Nach DIOGENES LAERT. IX 108 lehrten Timon und Ainesidem, die Gemütsruhe folge der ἐποχή wie ein Schatten. Zur Unerschütterlichkeit als Ziel HADOT 1991 [*78: 166. 180]). Die eigentümliche Mehrdeutigkeit geht bis ins Detail: In der zentralen Aussage des Aristokles-Berichts, die 'Dinge' seien 'unterschiedslos' (ἀδιάφορα), schwingen drei verschiedene Bedeutungen mit: 1. 'an sich ohne Unterschied' = objektiv gleichartig, 2. 'ohne für uns erkennbaren Unterschied' = ununterscheidbar, 3. 'ohne Wertunterschied' = gleichwertig. Ein ähnliches Ineinander von Ethik und Erkenntnistheorie kennzeichnet die vom Sokrates-Schüler Aristipp gegründete 'kyrenaische Schule', unter deren Einfluss Pyrrhon gestanden haben dürfte (siehe S. 749f.). Wahrscheinlich war sich Pyrrhon selbst nicht dessen bewusst, dass er Beschreibung und Bewertung miteinander vermengte; er orientierte sich am gängigen Sprachgebrauch und schloss unbewusst vom oft zufälligen Bedeutungsspektrum eines Wortes auf Einheit und Identität in der Sache. Manche den modernen Interpreten beunruhigenden Unklarheiten haben hier ihre Wurzel. Dass im folgenden gelegentlich zwischen einem gnoseologischen und einem ethischen Ansatz geschieden wird und dass einzelne Aspekte von Pyrrhons Lehre scheinbar systematisch nacheinander behandelt werden, ist lediglich ein praktischer Kompromiss.

2. Grundlagen (Aristokles-Referat)

Eine knappe und übersichtliche Einführung in Pyrrhons Denken bietet das bei EUSEBIUS erhaltene Referat des Peripatetikers Aristokles (PE XIV 18, 1-4 = ARISTOKLES frg. 6 HEILAND = PYRRHON test. 53 D.C. = 1 F LS, vgl. oben S. 733). Das wörtliche Zitat aus Aristokles beginnt mit dem Satz: ἀναγκαίως δ' ἔχει πρὸ παντὸς διασκέψασθαι περὶ τῆς ἡμῶν αὐτῶν γνώσεως· εἰ γὰρ αὖ μηδὲν πεφύκαμεν γνωρίζειν, οὐδὲν ἔτι δεῖ περὶ τῶν ἄλλων σκοπεῖν. «Zuallererst gilt es, die eigene Erkenntnismöglichkeit zu erforschen; denn wenn unsere Natur es uns nicht gestattet, etwas zu erkennen, dann braucht man über anderes gar keine Betrachtungen anzustellen.» Das kann der Ausgangspunkt von Pyrrhon selbst sein (so GOEDECKEMEYER 1905 [§ 42 *33: 10 mit Anm. 5], nach DUMONT 1972 [*27: 142f.] zumindest Zitat aus Timon), und die lapidare Klarheit dieses Satzes spricht für eine solche Annahme (Bedenken bei TRABUCCO 1960 [*45: 116], DECLEVA CAIZZI (Hg.) 1981 [*1: 218f.]). Es folgt ein Hinweis auf 'ältere Philosophen, die die gleiche Meinung geäussert haben', und auf eine Polemik des Aristoteles gegen diese Philosophen. Beides bleibt rätselhaft, denn von keinem Denker vor Pyrrhon ist ein derartiger Satz bezeugt (GOEDECKEMEYER a.a.O., HEILAND z. St. und DECLEVA CAIZZI a.a.O. verweisen auf ARISTOTELES Metaphysik Γ 1007 b 20ff., I 1053 a 35ff., K Kapitel

5-6; aber dort geht es um die Leugnung des Satzes vom Widerspruch, dazu unten S. 752f.).

Im anschliessenden Text sind die pyrrhonisch-timonischen Elemente unbezweifelbar, wörtliche Zitate wahrscheinlich; aus welchem Werk Timons (vgl. unten S. 761f.) Aristokles oder seine Zwischenquelle zitiert, muss freilich offenbleiben; müssige Spekulationen bei WACHSMUTH (Hg.) 1885 [§ 44 *1: 29] und DIELS (Hg.) 1901 PPF 175; übertriebene Vorbehalte gegen Aristokles' Zuverlässigkeit bei FREDE 1970 Rez. Stough 1969 [§ 42 *38] 806, BURKHARD 1973 [*47: 15-17]; vgl. dagegen FERRARI 1981 [§ 42 *51: 1, 362]:

ὁ δέ γε μαθητὴς αὐτοῦ Τίμων φησὶ δεῖν τὸν μέλλοντα εὐδαιμονήσειν εἰς τρία ταῦτα βλέπειν· πρῶτον μέν, ὁποῖα πέφυκε τὰ πράγματα· δεύτερον δέ, τίνα χρὴ τρόπον ἡμᾶς πρὸς αὐτὰ διακεῖσθαι· τελευταῖον δέ, τί περιέσται τοῖς οὕτως ἔχουσι. τὰ μὲν οὖν πράγματά φησιν αὐτὸν ἀποφαίνειν ἐπ' ἴσης ἀδιάφορα καὶ ἀστάθμητα καὶ ἀνεπίκριτα· διὰ τοῦτο μήτε τὰς αἰσθήσεις ἡμῶν μήτε τὰς δόξας ἀληθεύειν ἢ ψεύδεσθαι. διὰ τοῦτο οὖν μηδὲ πιστεύειν αὐταῖς δεῖν, ἀλλ' ἀδοξάστους καὶ ἀκλινεῖς καὶ ἀκραδάντους εἶναι, περὶ ἑνὸς ἑκάστου λέγοντας ὅτι οὐ μᾶλλον ἔστιν ἢ οὐκ ἔστιν ἢ καὶ ἔστι καὶ οὐκ ἔστιν ἢ οὔτε ἔστιν οὔτε οὐκ ἔστιν. τοῖς μέντοι γε διακειμένοις οὕτω περιέσεσθαι Τίμων φησὶ πρῶτον μὲν ἀφασίαν, ἔπειτα δ' ἀταραξίαν, Αἰνησίδημος δ' ἡδονήν.

«Wer nach Glück strebe, sagt sein (d.i. Pyrrhons) Schüler Timon, müsse dreierlei im Blick behalten: erstens, von welcher Art die Dinge sind, zweitens, wie wir uns ihnen gegenüber zu verhalten haben, und schliesslich (3), was für diejenigen, die sich so verhalten, daraus resultiert. (1) Was nun die Dinge angeht, sagt er, habe jener gezeigt, dass sie in gleicher Weise unterschiedslos (oder: ununterscheidbar) sind, ohne Festigkeit (oder: unwägbar), und unbestimmbar. Deshalb seien weder unsere Sinneswahrnehmungen noch unsere Meinungen (Denkakte?) wahr oder falsch; (2) und deshalb dürfe man ihnen nicht vertrauen, sondern man müsse sich freihalten von jeder Meinung, von jeder Zuneigung (zur einen oder zur anderen Ansicht), und man dürfe sich durch nichts erschüttern lassen. Über jeden einzelnen Gegenstand müsse man sagen, dass er nicht mehr 'sei' als 'nicht sei', oder: dass er sowohl 'sei' als 'nicht sei', oder: dass er weder 'sei' noch 'nicht sei'. (3) Denen nun, die sich so verhalten, werde, wie Timon sagt, zuerst 'Sprachlosigkeit' zuteil (also wohl: Verzicht auf jede Äusserung über die Dinge selbst), dann eine innere Unerschütterlichkeit, wie Ainesidem dagegen sagt, innere Freude.»

Der Text trägt alle Merkmale der Authentizität. DECLEVA CAIZZI (Hg.) (1981 [*1: 222]) vergleicht überzeugend den archaisch-feierlichen Ton von DEMOKRIT 68 B 3 DK τὸν εὐθυμεῖσθαι μέλλοντα χρὴ μὴ πολλὰ πρήσσειν ... und PLATON Gesetze 716 a 3f.; FERRARI (1981 [§ 42 *51: 1, 362f.]) betont die durchgängige ternäre Struktur: 3 Fragen, 3 zugehörige Antworten, 3 Charakteristika der πράγματα, 3 richtige Verhaltensweisen, 3 skeptische 'Formeln', 3 daraus resultierende Gemütsverfassungen. (Am letzten Punkt stört freilich, dass Ainesidems Lehre genannt ist, der Satz als ganzer also gar nicht von Pyrrhon oder Timon stammen kann. DECLEVA CAIZZI (Hg.) (1981 [*1: 221]) und REALE (bei FERRARI 1981 [§ 42 *51: 1, 362 Anm. 38]) vermuten, dass auch bei Timon eine dritte Gemütsverfassung genannt war, etwa ἀπάθεια.) Insgesamt steht der Text mit seinen apodiktisch erteilten Weisungen und Verheissungen dem Offenbarungscharakter des unten (S. 740-743) besprochenen test. 62 D.C. nicht fern.

Timons Bericht enthält offenkundig Aussagen zur Gnoseologie ebenso wie zur Ethik. Zu Unrecht haben moderne Interpreten diese beiden Aspekte getrennt und sich für die eine und gegen die andere Deutung entschieden. Vor allem in den Darstellungen, die Pyrrhon als ersten Vertreter des späteren 'Pyrrhonismus' von Ainesidem und Sextus sehen und die spätere Lehrsätze wie die skeptischen 'Tropen' auf Pyrrhon zurückprojizieren, wird die gnoseologische Komponente stark herausgestellt. Dem widerspricht der Wortlaut bei Aristokles und auch der Umstand, dass Cicero Pyrrhon nur als Ethiker kennt. Für Pyrrhon bestand kein grundsätzlicher Unterschied zwischen Erkenntnistheorie und Ethik, zwischen ontischer und axiologischer 'Adiaphorie'. Beide Aspekte sind für ihn unauflösbar miteinander verbunden, ja vermutlich sogar identisch (siehe S. 735f.).

3. Das Wesen der 'Dinge'

Um zur 'Glückseligkeit' zu gelangen, gilt es als erstes zu erkennen, 'von welcher Art die Dinge sind' (ὁποῖα πέφυκε τὰ πράγματα, test. 53 D.C. = 1 F 2 LS). Über sie lehrte Pyrrhon nach Aristokles zunächst, sie seien 'gleichermassen unterschiedslos' (ἐπ' ἴσης ἀδιάφορα). Wie der fast gleichzeitige stoische Sprachgebrauch vermuten lässt, ist damit nicht nur gesagt, dass alles ununterscheidbar ist, sondern auch, dass es keine Wertunterschiede zwischen den 'Dingen' gibt: nichts sei für den Menschen wirklich wertvoll, alles sei 'indifferent' (VON FRITZ 1963 [*23: 96]). Auch die anschliessende Charakterisierung der πράγματα als 'unbeständig' (ἀστάθμητα) weist in diese Richtung: was heute 'wertvoll' scheint, ist es morgen nicht mehr. Allerdings schwingt die Bedeutung 'unwägbar' mit; neben dem axiologischen steht also auch hier der gnoseologische Aspekt. Das dritte Charakteristikum, 'nicht genau bestimmbar' (ἀνεπίκριτα), wird leichter auf theoretische Erkenntnis bezogen, schliesst jedoch den Gesichtspunkt der Wertung nicht aus.

Der unbestimmte Ausdruck 'die Dinge' (τὰ πράγματα) im Aristokles-Bericht lässt nicht eindeutig erkennen, wovon die Rede ist: von den Dingen 'an sich' in ihrem wahren Sein, oder von ihrer stets wechselnden und darum unzuverlässigen Erscheinungsform. Für beide Auffassungen gibt es gute Gründe:

a) 'Gnoseologische' Interpretation (ZELLER 1879-1922 [§ 1 *332: 3.1, 501 mit Anm. 4], STOUGH 1969 [§ 42 *38: 18f.], LONG 1974 [§ 1 *396: 80f.] u.a.). – Die Attribute 'ununterscheidbar', 'unbeständig' (oder 'unwägbar'), 'unbestimmbar' fügen sich am besten zu der Art und Weise, in der die Aussenwelt uns 'erscheint': alles ist im Fluss, alles ist relativ, scharfe Abgrenzungen, die präzise Bestimmungen erlaubten, gibt es in der den Sinnen sich bietenden Welt nicht. Mehr als dieses Erscheinungsbild ist jedoch dem um Erkenntnis bemühten Subjekt niemals zugänglich; eine Aussage über das, was dahinter steht, und darüber, ob überhaupt etwas dahinter steht, ist darum unmöglich. In dieser Interpretation sind die drei Attribute der 'Dinge' deshalb nicht absolut zu verstehen: es handelt sich nicht um eine Aussage über die Dinge an und für sich, sondern um eine Aussage über das

Verhältnis der Dinge zu dem in seinen Erkenntnismöglichkeiten beschränkten Menschen. Dieses Verständnis findet eine Stütze in einem mehrfach überlieferten Vers TIMONS (frg. 69 PPF = frg. 843 SH = PYRRHON test. 63 D.C.): ἀλλὰ τὸ φαινόμενον πάντῃ σϑένει, οὗπερ ἂν ἔλϑῃ «... überall regiert die Erscheinung, wohin sie auch kommt ...». Das kann bedeuten: Es ist uns versagt, durch die in sich geschlossene Welt der Erscheinungen hindurchzudringen zu den Dingen in ihrem wahren Sein; die Erscheinungen stehen wie eine Barriere zwischen dem erkennenden Subjekt und der Wahrheit. Der Demokriteer Anaxarch, der als Lehrer Pyrrhons genannt wird, hatte in diesem Sinne das 'Seiende' (τὰ ὄντα) mit einer Bühnendekoration verglichen (SEXTUS EMP. math. VII 88 = 1 D LS). Gegen diese 'gnoseologische' Interpretation spricht jedoch, dass Timon bei Aristokles nicht die 'Phänomene', sondern die 'Dinge' (πράγματα) als 'unterschiedslos', 'unbeständig' und 'unbestimmbar' bezeichnet. Ausgangspunkt sind eindeutig die πράγματα, nicht die unzureichende menschliche Erkenntnis. Um die von ihm bevorzugte gnoseologische Interpretation zu halten, griff deshalb ZELLER in den Text ein (a.a.O.; ihm folgt u.a. STOPPER 1983 [§ 42 *64: 293 Anm. 53]); er änderte διὰ τοῦτο in διὰ τό, verstand also: 'die Dinge sind unterschiedslos, weil weder die sinnliche noch die Verstandeserkenntnis ein sicheres Wissen gewährt'. Aber Zellers Konjektur ist unhaltbar, weil auch der programmatische Einleitungssatz bei Aristokles ('als erstes ist die Beschaffenheit der πράγματα zu untersuchen') von den 'Dingen' ausgeht; erst danach soll das 'Verhalten ihnen gegenüber' behandelt werden.

b) *'Metaphysische' Interpretation* (DECLEVA CAIZZI (Hg.) 1981 [*1: 225-227], LONG/SEDLEY (Hg.) 1987 [§ 1 *295: 1, 16; 2, 6]). – Der von Aristokles referierte Wortlaut lässt keinen Zweifel daran, dass Timon die 'Dinge' selbst als 'unterschiedslos' usw. bezeichnet. Erst aus dieser Eigenschaft der 'Dinge' folgert er, dass «weder unsere Sinneswahrnehmungen noch unsere Meinungen (Denkakte?) richtig oder falsch sind» (διὰ τοῦτο μήτε τὰς αἰσϑήσεις ἡμῶν μήτε τὰς δόξας ἀληϑεύειν ἢ ψεύδεσϑαι). Der Gedankenschritt ist einleuchtend: Wenn die 'Dinge selbst' in ihrem eigentlichen Sein unterschiedslos und unbestimmt sind, kann weder die Wahrnehmung der Dinge noch die aus der Wahrnehmung gewonnene 'Meinung' über die Dinge wahre Unterschiede oder Bestimmungen ausmachen. Vor einem gänzlich indistinkten Seienden verlieren die Kategorien 'wahr' und 'falsch' jeden Sinn. In dieser 'metaphysischen' Deutung, die sich auf den Wortlaut des Aristokles-Referats berufen kann, ist also Pyrrhon eine weitreichende Aussage über die 'Dinge an sich' unterstellt. Aber auch dagegen erheben sich Bedenken. Die radikale Aussage über die πράγματα bleibt ohne jede Begründung. Das ist mit einer skeptischen Grundhaltung kaum zu vereinbaren. Vor allem aber widerspricht die These, alles Seiende sei unterschiedslos, unbeständig und unbestimmbar in eklatanter Weise der von Timon für Pyrrhon bezeugten Lehre, das Gute und Gott seien ewig (test. 62 D.C. = 2 E LS; dazu unten S. 740-743).

Es zeigt sich, dass weder eine rein erkenntniskritische noch eine rein ontologisch-metaphysische Deutung Aristokles' Text voll gerecht werden kann. Vermutlich haben Pyrrhon und Timon zwischen beiden Aspekten nicht scharf geschieden. Mit πράγματα sind zwar, wie es der Wortlaut nahelegt, die hinter den Erscheinungen stehenden 'Dinge' gemeint, aber die ihnen zugesprochenen Attribute gelten nicht ihrem wahren und eigentlichen Sein 'an sich', sondern der Art und Weise, in der sie uns erscheinen. Das ist leicht unscharf formuliert, aber nicht gänzlich widersinnig: immerhin kann auch das als eine Eigenschaft der 'Dinge selbst' erscheinen (und damit gelten), dass sie sich uns nur in wechselhafter und trügerischer Form darbieten und dass ihr wahres Sein uns verborgen bleibt.

c) Nihilistische Interpretation. – Ein weiterer Deutungsversuch kann nicht überzeugen. Den beiden zuvor skizzierten Ansätzen und dem beide verbindenden Deutungsvorschlag liegt die Annahme zugrunde, dass es hinter der wechselnden Welt der Erscheinungen ein absolut Seiendes gibt. Unlängst hat CONCHE (1973 [*29]) diese Grundlage in Frage gestellt und die Meinung vertreten, Pyrrhon habe hinter den Phänomenen kein wie auch immer geartetes Sein gelten lassen; schlechthin alles sei für Pyrrhon blosse Erscheinung. Auch Conche geht vom Aristokles-Bericht (test. 53 D.C. = 1 F LS) aus. Er zieht aus der Kernaussage τὰ μὲν οὖν πράγματά φησιν αὐτὸν ἀποφαίνειν ἐπ' ἴσης ἀδιάφορα καὶ ἀστάθμητα καὶ ἀνεπίκριτα folgenden Schluss (S. 50): «... la non-différence dans les choses (le texte d'Aristoclès parle bien de l'indifférence des pragmata, et non des phainomena) signifie l'abolition de leur 'être', et leur résolution en apparences.» Hinter den Phänomenen steht also nach Conche das reine Nichts, und aus diesem Grunde zieht er es vor, überhaupt nicht von Phänomenen (phénomènes) zu sprechen, denn φαινόμενον wird ja regelmässig verstanden als das Erscheinungsbild von etwas Seiendem für ein erkennendes Subjekt. Diese Art von Erscheinung hat Pyrrhon nach Conche jedoch nicht gemeint, sondern 'reine', in sich selbst ruhende Erscheinung (48f.: 'apparence pure', im Gegensatz zur 'apparence pour'). Pyrrhon ist für Conche Nihilist, und konsequenterweise auch Atheist (vgl. dazu REALE 1981 [§ 42 *51: 1, 281f.]). Diese nihilistische Deutung ist schon dadurch ausgeschlossen, dass Timon ausdrücklich von 'Dingen' (πράγματα) spricht; der Begriff 'Erscheinung' (φαινόμενον o.ä.) kommt im Aristokles-Referat überhaupt nicht vor. Dass Pyrrhon ein hinter den Erscheinungen stehendes absolutes Sein annahm, ergibt sich nicht nur aus dem anschliessend zu besprechenden test. 62 D.C.; es darf auch ex silentio erschlossen werden: Hätte Pyrrhon im Sinne des modernen Nihilismus jede Form von wirklichem Sein geleugnet, wäre dieser Zug seiner Lehre zweifellos sogleich stark herausgestellt und bestaunt worden. Aber davon gibt es keine Spur. Der Versuch, Pyrrhon als Nihilisten auszuweisen, muss als gescheitert gelten (zustimmend jedoch DECLEVA CAIZZI 1986 [§ 1 *366: 177]: «non c'è nulla da conoscere»).

4. Die Gottheit, das Gute

Aus einem vieldiskutierten Zeugnis geht hervor, dass Pyrrhon auch einen Bereich festen und unerschütterlichen Seins kannte. SEXTUS EMP. (math. XI 20 = test. 62 D.C. = 2 E LS) zitiert aus Timons ‹Indalmoi› in folgendem Zusammenhang vier Verse (WACHSMUTH (Hg.) ²1885 [§ 44 *1: 22] = frg. 68 PPF = frg. 842 SH):

κατὰ δὲ τὸ φαινόμενον τούτων ἕκαστον ἔχομεν ἕνος ἀγαθὸν ἢ κακὸν ἢ ἀδιάφορον προσαγορεύειν, καθάπερ καὶ ὁ Τίμων ἐν τοῖς Ἰνδαλμοῖς ἔοικε δηλοῦν, ὅταν φῇ·

> ἦ γὰρ ἐγὼν ἐρέω, ὥς μοι καταφαίνεται εἶναι,
> μῦθον ἀληθείης ὀρθὸν ἔχων κανόνα,
> ὡς ἡ τοῦ θείου τε φύσις καὶ τἀγαθοῦ αἰεί,
> ἐξ ὧν ἰσότατος γίνεται ἀνδρὶ βίος.

«Nur im Sinne blosser Erscheinung sind wir gewohnt, die einzelnen Gegenstände als gut, schlecht oder indifferent zu bezeichnen, und das scheint auch Timon in seinen ‹Indalmoi› auszudrücken, wenn er sagt:
> 'Wahrlich, nennen will ich dir, so wie es sich mir darstellt,
> ein Wort der Wahrheit, denn ich besitze die rechte Richtschnur
> (oder: ein Wort, denn ich besitze die rechte Richtschnur der Wahrheit):
> dass das Wesen der Gottheit und des Guten ewig ist,
> von denen her den Menschen ein ganz und gar gleichförmiges Leben zuteil wird.'»

Es liegt auf der Hand, dass zwischen Sextus' einleitendem Text und den Versen Timons ein Widerspruch besteht. Sextus ist bemüht zu zeigen, dass der Skeptiker, selbst wenn er einmal sagt, etwas sei 'gut' oder 'schlecht' ('böse'), doch im Grunde nur sagen wolle, es 'scheine' ihm so. Dafür aber sind Timons Verse ein denkbar schlechter Beleg, und in ἔοικε δηλοῦν klingt ein leises Unbehagen an der eigenen Deutung an. Die Verse können gar nicht anders verstanden werden denn als Versicherung, die lautere, absolute und unumstössliche Wahrheit zu sagen (über den Offenbarungscharakter gut DECLEVA CAIZZI (Hg.) 1981 [*1: 285f.], die PARMENIDES B 2, 1 DK und HOMER Odyssee XIX 224 vergleicht). Der fiktive Sprecher ist mit grosser Wahrscheinlichkeit Pyrrhon (DIELS PPF z. St., LLOYD-JONES/PARSONS SH z. St.), der Timon auf eine Frage (frg. 67 PPF = PYRRHON test. 61 A D.C. = 841 SH = 2 D LS) antwortet. Der Text gehört also zu den am besten bezeugten Lehrstücken Pyrrhons. Aber die darin enthaltenen Aussagen sind auf den ersten Blick mit anderen Zeugnissen nur schwer vereinbar: Erstens ist hier klar gesagt, dass es ein 'Göttliches' gibt, das von Natur aus ewig sei; zweitens heisst es auch über das Wesen des 'Guten', es sei von ewiger Dauer. Der Grundsatz skeptischer Zurückhaltung scheint also in eklatanter Weise durchbrochen: beide Aussagen sind krass dogmatisch. Und ferner: Während es zur Gottesfrage wenigstens keine gegenteiligen Äusserungen Pyrrhons gibt, steht die Aussage über die unwandelbare Natur des 'Guten' in auffälligem Gegensatz zu anderen Testimonien (siehe unten).

Und doch geht es nicht an, test. 62 D.C. (2 E LS) wegen seines dogmatischen Charakters zu entwerten oder zu ignorieren, zumal auch andere Quellen, wenn auch nur in allgemeinen Wendungen, von Dogmen Pyrrhons sprechen (vor allem NUMENIOS bei DIOGENES LAERT. IX 68 = test. 42 D.C.; vgl. grundsätzlich REALE 1981 [§ 42 *51: 1, 289-292 «L'atteggiamento positivo-dogmatico», 302f., 306-315 «La componente dogmatica di Pirrone e le sue ascendenze eleatico-megariche»]). Einen guten Überblick über die früheren Versuche, sich des unbequemen test. 62 D.C. (2 E LS) zu entledigen, gibt Reale jeweils mit durchschlagenden Gegengründen. Die letzten Vorschläge stammen von BURNYEAT (1980 [*81: 88f.]) und STOPPER (1983 [§ 42 *64: 270f., Anmerkungen 290f.]). Burnyeat deutet die syntaktische Struktur des Satzes anders, ändert die Interpunktion und versteht: «that the nature of the divine and the good is at any time / that from which life becomes most equable for a man» (sprachliche Bedenken gegen diese Deutung bei LONG 1978 [*49: 85 Anm. 16], DECLEVA CAIZZI (Hg.) 1981 [*1: 257f.] und REALE 1981 [§ 42 *51: 1, 308f.]; zustimmend LONG/SEDLEY (Hg.) 1987 [§ 1 *295: 1, 19. 21; 2, 11]). – Stopper zweifelt an der Zuverlässigkeit der Überlieferung und setzt an bei Vers 3, in dem in der Tat, wie man längst bemerkt hat, das Fehlen eines Verbums auffällig ist (aber nicht unerträglich: es kann Ellipse von ἐστί vorliegen; auch Decleva Caizzis Vorschlag, 'στί anstelle von τε zu schreiben, ist sehr ansprechend). Stopper vermutet, Sextus Empiricus zitiere nicht im Zusammenhang: zwischen den Versen 3 und 4 klaffe eine Lücke, die man folgendermassen ausfüllen könne: «... that the nature of the divine and of the good 'always remains hidden from us'.» Es ist zuzugeben, dass DIOGENES LAERT. IX 65, wie die Parallelüberlieferung bei Sextus Empiricus zeigt, einige Timon-Verse (67 PPF = PYRRHON test. 61 B D.C. = 841 SH = 2 D LS) lückenhaft zitiert; dort wird in der Tat durch die Auslassung der Sinn verfälscht, was dem Kompilator Diogenes offenbar gleichgültig war. Es ist jedoch undenkbar, dass der Skeptiker Sextus Empiricus Verse Timons, also Zeugnisse von höchster Authentizität, in einer Weise zitiert, dass der Ahnherr der eigenen Schule durch blosses Ungeschick als entschiedener Dogmatiker dasteht. Nichts berechtigt, aus test. 62 D.C. das Gegenteil dessen herauszulesen, was bei Sextus Empiricus steht (zur Auseinandersetzung mit Stopper siehe auch GÖRLER 1985 Rez. Decleva Caizzi (Hg.) 1981 [*1] 330f.).

Der Schlüssel zum richtigen Verständnis von test. 62 liegt im letzten Vers: Von der ewigwährenden Natur des Göttlichen und des Guten her wird dem Menschen ein βίος ἰσότατος zuteil, ein 'störungsfreies' Leben, wohl identisch mit dem bei Aristokles erwähnten Ideal der ἀταραξία. Der Weg zur ἀταραξία, der im Aristokles-Bericht (test. 53 D.C. = 1 F LS) nur negativ geschildert war, ist hier auch im Positiven gewiesen: er führt über das ἀγαθόν, das offenbar in (nicht näher aufzuhellender) Beziehung zur Gottheit steht. Das findet eine Bestätigung in den Zeugnissen Ciceros über Pyrrhon (test. 69 A-M D.C. = 2 F, G LS). Cicero kennt Pyrrhon nur als Vertreter einer radikalen ethischen Lehre und nennt ihn fast stets zusammen mit dem Stoiker Ariston, der – darin viel weiter gehend als seine orthodoxen Schulgenossen – ausser Tugend und Laster überhaupt keine Werte oder Unwerte, also keine προηγμένα oder ἀποπροηγμένα anerkannte. Eben das war nach Cicero auch Pyrrhons Auffassung, ja in einem Punkte war dieser noch radikaler: Ariston gab zu (PYRRHON test. 69 A D.C.), dass auch der (stoische) Weise gegenüber manchen vermeintlichen Gütern oder Übeln eine gewisse Zuneigung oder Abneigung spüre; Pyrrhon aber lehrte nach Cicero, der (skeptische) Weise spüre nicht einmal eine solche Regung, und das nenne man ἀπάθεια (vgl. test. 69 C D.C.). Nun ist zwar die Herleitung der ethischen Lehrsätze im Falle Pyrrhons einerseits und der Stoiker andererseits durchaus verschieden (vgl. IOPPOLO 1980 [*73: 176-178]), aber VON FRITZ 1963 [*23: 97] betont mit Recht, dass Ciceros Zeugnis gerade deshalb uneingeschränktes Vertrauen verdient (ganz abgesehen von der grösseren zeitlichen Nähe zu Pyrrhon, die oft übersehen wird). Und nichts hindert, Cicero Glauben zu schenken, denn der von ihm referierte ethische Aspekt und die anderswo bezeugten gnoseologischen Leitsätze Pyrrhons widersprechen einander nicht: Der Primat 'des Guten' und die Abwertung aller übrigen πράγματα, also auch aller vermeintlichen 'Güter', als 'indifferent' sind durchaus miteinander vereinbar.

Gegen diese Deutung scheint allerdings zu sprechen, dass bei DIOGENES LAERT. IX 61 (test. 1 A D.C. = 1 A 3 LS) neben καλόν und αἰσχρόν, womit äussere Ehre und Schande gemeint sein können, auch die Gerechtigkeit unter den Werten genannt ist, deren Gültigkeit Pyrrhon bestritt; ferner dass SEXTUS EMP. (math. XI 140 = test. 64 D.C. = 1 I LS) als Beispiel für von Menschen gesetzte Werte gerade ἀγαθόν und κακόν nennt (Wortlaut nicht sicher überliefert, aber der Sinn ist klar). Vielleicht geht auch der folgende bei SEXTUS EMP. (PH III 179-182, math. XI 69-78) und DIOGENES LAERT. (IX 101) als 'skeptisch' überlieferte Gedankengang auf Pyrrhon selbst zurück (dazu DECLEVA CAIZZI (Hg.) 1981 [*1: 146]): «Wenn es ein von Natur aus Gutes gäbe, müsste es für alle das gleiche sein, und es müsste Einigkeit darüber bestehen. Das aber ist nicht der Fall; also gibt es kein φύσει ἀγαθόν».

Aber der Widerspruch ist nicht unüberwindlich; folgende Erklärung ist möglich: Die pyrrhonische Polemik und die pyrrhonischen Argumente sind nicht gegen das 'Gute an sich' gerichtet, sondern gegen die Verabsolutierung konventioneller Werte. Die relativierende Abwertung der 'nur durch Übereinkunft' oder nur vermeintlich gültigen Normen aber steht dem Bekenntnis zu einem 'von Natur aus Guten' nicht im Wege. (Seltsamerweise erinnert gerade SEXTUS EMP. math. XI 70 daran, dass Platon von der gleichen Basis aus beweist, dass es ein φύσει ἀγαθόν, nämlich Gott, gibt; dazu DECLEVA CAIZZI (Hg.) 1981 [*1: 146]). Diese Interpretation findet eine Stütze darin, dass in den abwertend-relativierenden Zeugnissen allenfalls einmal der Terminus ἀγαθόν erscheint, nämlich in Sextus' Einleitung zu test. 64 D.C. (1 I LS). Dort kann jedoch eine korrigierende Umdeutung im Sinne des späteren Pyrrhonismus vorliegen, der die Existenz eines φύσει ἀγαθόν kategorisch leugnete. Zwar beruft sich Sextus auf einen Vers aus TIMONS ‹Indalmoi› (844 SH), aber die Begriffe 'gut' und 'schlecht' erscheinen dort nicht; es ist nur in allgemeiner Formulierung gesagt, 'dies' (ταῦτα) sei von Menschen gesetzt. Vielleicht wurde der Vers erst von Sextus auf 'das Gute' bezogen. Viel spricht also dafür, dass Pyrrhon die Relativierung der Wertvorstellungen auf den menschlichen Bereich beschränkte, daneben und im Gegensatz dazu jedoch ein 'von Natur aus Gutes' lehrte (ähnlich REALE 1981 [§ 42 *51: 1, 328f.]). Dieses 'Natur-Gute' näher zu bestimmen, ist freilich in Anbetracht der Überlieferungslage unmöglich. Man kann an einen rein formalen Wert denken, wie die konsequente Verweigerung jeder Aussage über die πράγματα (vgl. SEXTUS EMP. PH I 233; dazu unten § 47, S. 807), aber Ciceros Einordnung, die Pyrrhon an die Stoiker annähert, und die unbestreitbare Beziehung zu Sokratikern (vgl. S. 748f.) legen es nahe, auch die klassischen Kardinaltugenden in Erwägung zu ziehen.

5. Verzicht auf 'Meinung' und sprachliche Äusserung (skeptische 'Formeln', ἀφασία)

Das Erscheinungsbild der 'Dinge' ist wechselhaft und trügerisch. Man darf ihm nicht vertrauen ('Aristokles-Referat' = test. 53 D.C., Z. 15-17 = 1 F 4 LS), sondern muss sich freihalten von Meinung, unbewegt bleiben und sich durch nichts erschüttern lassen (ἀδοξάστους καὶ ἀκλινεῖς καὶ ἀκραδάντους εἶναι). In dieser dreifachen Forderung ist wiederum deutlich, dass Pyrrhon sowohl Seinsaussagen (ἀδοξάστους) wie Bewertungen im Sinne einer Motivation zum Handeln (ἀκλινεῖς, ἀκραδάντους) vermieden wissen will. Der ontische und der axiologische Aspekt sind für ihn nicht geschieden (siehe S. 735f.). Das Gebot des Urteilsverzichts ist mehrfach in raffinierter sprachlicher Form begründet. So lehrt Pyrrhon nach TIMON (test. 53 D.C., Z. 15 = 1 F 4 LS) über die Wahrnehmungen, dass sie «weder die Wahrheit sagen noch lügen». Durch den zweiten Teil dieser Aussage wird die Möglichkeit offengelassen, dass die Wahrnehmungen richtig sind, und damit bleibt alles in der Schwebe. Auch kurz zuvor (Zeile 13 = 1 F 3 LS) ist TIMON sorgfältig um eine ausgewogene Formulierung bemüht: alles ist 'in gleicher Weise' (ἐπ' ἴσης) unterschiedslos usw.: nicht einmal dadurch unterscheiden sich die 'Dinge' voneinander, dass die einen in höherem Masse als die anderen 'unterschiedslos' sind. Am kunstvollsten ist das Motiv des schwebenden Gleichgewichts ausgedrückt in der der Umgangssprache entnommenen, auch in der späteren Skepsis beliebten Formel οὐ μᾶλλον ('nicht mehr dies als jenes'). Timon empfiehlt, über alles und jedes zu sagen (test. 53 D.C., Z. 17f. = 1 F 4 LS), dass es «nicht mehr ist als es nicht ist». Wie in der deutschen Übersetzung ist das im Griechischen vieldeutig; es kann heissen: a) es ist und es ist nicht, b) weder ist es noch ist es nicht, c) es ist nicht in höherem Masse als es nicht ist. In nicht-philosophischen Texten lässt sich meist aus dem Zusammenhang erschliessen, welche Bedeutung jeweils vorliegt. Hier jedoch ist die Mehrdeutigkeit offensichtlich gesucht. Es ist darum nicht erstaunlich, dass die Formel οὐ μᾶλλον, die auch schon ältere Philosophen gelegentlich benutzt hatten, zu einem zentralen Instrument der pyrrhonischen Skepsis wurde. Bereits Timon war sich der Bedeutung der Formel voll bewusst und kommentierte (DIOGENES LAERT. IX 76 = frg. 80 PPF = PYRRHON test. 54 D.C. = 1 G LS): σημαίνει οὖν ἡ φωνή ... 'τὸ μηδὲν ὁρίζειν, ἀλλ' ἀπροσθετεῖν'. VON FRITZ (1963 [*23: 100]) weist mit Recht darauf hin, dass ὁρίζειν nicht etwa 'definieren' heisst, sondern 'als wahr gegen etwas Falsches abgrenzen', 'etwas Bestimmtes aussagen'; προσθετεῖν versteht er als 'einer festen Formulierung die Zustimmung geben'. Zur Vorgeschichte der Formel DE LACY 1958 [*61], GRAESER 1970 [*62], COSENZA 1981 [§ 42 *51: 1, 371-376].

Im Aristokles-Bericht nennt Timon nach der ersten (οὐ μᾶλλον ἔστιν ἢ οὐκ ἔστιν) noch zwei weitere Formeln des Urteilsverzichts: 'Es ist sowohl wie es nicht ist' (ἔστι καὶ οὐκ ἔστιν) und 'Weder ist es noch ist es nicht' (οὔτε ἔστιν οὔτε οὐκ ἔστιν). Wahrscheinlich handelt es sich dabei um blosse Ausformulierungen der in der ersten Formel angelegten Bedeutungen von οὐ μᾶλλον (MORAUX 1984 [*63: 156 Anm. 256a]); es ist jedoch nicht auszuschliessen, dass οὐ μᾶλλον allen drei Formeln übergeordnet ist und sie so verbindet. (Zur vermeintlichen Beziehung der drei Formeln zum indischen 'Tetralemma' siehe S. 753.) Eine konsequentere Verweigerung jeder Aussage über die Dinge selbst ist schlechterdings nicht denkbar, und mit Recht kann man den Rückzug auf die genannten Formeln als 'Sprachlosigkeit' im Sinne von 'Verzicht auf jede Äusserung' bezeichnen. Diese Haltung kommt der von späteren Skeptikern, Akademikern wie Pyrrhoneern, empfohlenen ἐποχή, d.i. der Zurückhaltung der Zustimmung zu einer dem Subjekt sich darbietenden 'Vorstellung', sehr nahe. Aber der Terminus ἐποχή begegnet bei Pyrrhon noch nicht (so richtig CONCHE 1973 [*29: 52f.], DECLEVA CAIZZI 1981 [§ 42 *51: 1, 116-120], (Hg.) 1981 [*1: 136], REALE 1981 [§ 42 *51: 1, 301]); vielleicht ist er von der Stoa oder von Arkesilaos geprägt worden (siehe unten S. 817f.).

6. Die 'Seelenruhe'

Bei Aristokles (test. 53 D.C., Z. 20f. = 1 F 5 LS) ist neben der 'Sprachlosigkeit' (ἀφασία) als Folge des konsequent skeptischen Verhaltens auch die 'Unerschütterlichkeit' (ἀταραξία) oder Seelenruhe genannt. Darin zeigt sich wiederum der zwischen Gnoseologie und Ethik schillernde Charakter von Pyrrhons Denken. Der Urteilsverzicht betrifft nicht nur Sachverhalte, sondern auch scheinbare 'Werte', die ein Begehren und ein Handeln auslösen könnten. Nur dadurch ist es möglich, dass die 'Sprachlosigkeit' gegenüber ontischen Fragen nahtlos übergeht in, ja fast gleichgesetzt wird mit innerer Ruhe: Der Skeptiker kennt keine Wertunterschiede, keine Werte oder Unwerte; alles gilt ihm gleich (ἀδιάφορα); nichts reizt sein Begehren, nichts löst bei ihm Furcht aus. Es ist darum gut denkbar, dass im Aristokles-Referat als dritte aus der skeptischen Haltung resultierende Verfassung, wie Decleva Caizzi und Reale vermuten (siehe S. 737), die 'Affektlosigkeit' (ἀπάθεια) genannt war. In einer der über Pyrrhon erzählten Anekdoten (test. 17 A,B D.C.) erscheinen ἀπάθεια und ἀταραξία als auswechselbare Synonyme. Denkbar wäre als drittes Resultat auch 'Gleichgültigkeit' (ἀδιαφορία). Sie ist als Lebensziel für Pyrrhon mehrfach bezeugt: test. 10, 14, 15A, vgl. 69A. Ob der Terminus ἀδιαφορία, der die Eigenschaft vom Objekt auf das Subjekt überträgt, von Pyrrhon selbst gebraucht wurde, muss allerdings offenbleiben; nach DIOGENES LAERT. VII 37 wurde er erst vom Stoiker Ariston aus Chios 'eingeführt'; vgl. BROCHARD ²1923 [§ 42 *31: 54], MOREAU 1948 [*72: 46 Anm. 1], CONCHE 1973 [*29: 46 Anm. 1], IOPPOLO 1980 [*73: 158. 176-178].

7. Das 'Erscheinende' (φαινόμενον) als Richtschnur des Handelns?

Späteren Skeptikern – Akademikern wie Pyrrhoneern – wurde folgendes Argument entgegengehalten: 'Beim Verzicht auf jede Meinung und auf jede Bewertung ist sinnvolles Handeln nicht möglich; der Skeptiker ist daher zu dauernder Untätigkeit verurteilt.' Ob schon Pyrrhon sich gegen den Vorwurf der ἀπραξία hat zur Wehr setzen müssen, wissen wir nicht (siehe unten S. 764). SEXTUS EMP. (math. VII 30 = test. 63 B D.C.) zitiert in diesem Sinne den Vers Timons «ἀλλὰ τὸ φαινόμενον πάντῃ σθένει ...» (frg. 69 PPF = frg. 843 SH, vgl. oben S. 739) und bezeichnet ausdrücklich das 'Erscheinende (φαινόμενον) als Richtschnur (κριτήριον) für Streben und Vermeiden' (vgl. auch AINESIDEM bei DIOGENES LAERT. IX 106 = test. 8 D.C. = 71 A 1 LS). HIRZEL (1877-1883 [§ 1 *331: 3, 52f.]) und andere schlossen daraus, dass Pyrrhon als φαινόμενα eine besondere Klasse von Erscheinungen bezeichnete, die aufgrund einer ihnen innewohnenden Wahrscheinlichkeit ein beschränktes Handeln ermöglichten. Dann hätte das φαινόμενον einen ähnlichen Status wie später das 'Wohlbegründete' (εὔλογον) des Arkesilaos und das 'Wahrscheinliche' (πιθανόν) des Karneades. Mit Recht weist jedoch DECLEVA CAIZZI (Hg.) (1981 [*1: 262-264]) darauf hin, dass die Macht des φαινόμενον betont wird; gemeint sei also eher: Niemand kann sich der 'Erscheinung' entziehen; ob wir es wollen oder nicht, unser Handeln wird beherrscht vom φαινόμενον.

8. Unsicher bezeugte Lehrstücke

Aus den oben (S. 733f.) dargelegten Gründen dürfen nur die ausdrücklich für Pyrrhon selbst bezeugten Ansichten unbedenklich als dessen eigene 'Lehre' angesehen werden. Andererseits ist nicht auszuschliessen, dass echtes pyrrhonisches Gedankengut zufällig nur unter der Bezeichnung Πυρρώνειοι o.ä. überliefert worden ist. So ist es z.B. durchaus möglich, dass einige der im späteren Pyrrhonismus kanonisch gewordenen 'Tropen' (Hauptargumente gegen die Möglichkeit sicherer Erkenntnis) bereits von Pyrrhon selbst formuliert worden sind. VON FRITZ (1963 [*23: 101-104. bes. 101]) hat in einer genauen Analyse (in einzelnen Punkten erweitert von seinem Schüler CHATZILYSANDROS 1970 [*91]) der zehn Ainesidemos zugeschriebenen Tropen den Nachweis versucht, «dass ... vor allem bei den ersten τρόποι jeweils am Anfang Argumente stehen, die eine starke Affinität mit Demokrit aufweisen ... Ist daher die herrschende Meinung aller Wahrscheinlichkeit nach richtig, dass Ainesidem zuerst die zehn τρόποι aufgestellt habe, so lässt es der Befund bei Diogenes Laertius doch auch weiter als sehr wahrscheinlich erscheinen, dass Ainesidem und seine unmittelbaren Nachfolger vor allem bei den ersten τρόποι und hier wiederum vor allem am Anfang in starkem Masse tralatizisches Gut verwendeten, das wahrscheinlich auf Pyrrhon selbst zurückgeht, zumal da demokriteisches Gedankengut in der hellenistischen Zeit ausser bei Epikur ... kaum eine Rolle spielt» (zustimmend STRIKER 1983 [*93: 97], für pyrrhonischen Ursprung des 'alten Kerns' auch BERTI 1981 [§ 42 *51: 1, 63]; kritisch DECLEVA CAIZZI 1981 [§ 42 *51: 1, 103f.]). Der erste Tropos erinnert daran, dass die gleichen äusseren Umstände von verschiedenen Lebewesen verschieden empfunden werden, was bei Diogenes Laertios mit der verschiedenen Art der Fortpflanzung und der 'Mischung' der Elemente begründet wird. Darin sieht VON FRITZ (1963 [*23: 102]) «spezifisch empedokleische und demokriteische» Gedanken (Einzelheiten bei VON FRITZ 1953 [*132: 83-99]). Ähnliches gilt für den zweiten Tropos, der die verschiedenartige Natur und 'Mischung' verschiedener Menschen (ἰδιοσυγκρασίαι) hervorhebt; hier kann von Fritz überzeugend auch daran erinnern, dass derartige Argumente gerade für den weitgereisten Pyrrhon naheliegen mussten (als Beispiel ist bei DIOGENES LAERT. IX 80 der Tischdekorateur Alexanders d. Gr. genannt, der im Schatten zu schwitzen und in der Sonne zu frieren pflegte). Im dritten Tropos (παρὰ τὰς τῶν αἰσθητικῶν πόρων διαφοράς) wird damit argumentiert, dass verschiedene Sinnesorgane des gleichen Individuums einander widersprechende Empfindungen haben können, so dass das objektiv Richtige nicht ermittelt werden kann. Die Lehre von den πόροι (Eingangswegen) ist nun nach von Fritz spezifisch demokriteisch. Als zusätzliches Argument bringt CHATZILYSANDROS (1970 [*91: 229]) eine von DIOGENES LAERT. (IX 114 = PPF 175, 7) über Timon berichtete Anekdote in Zusammenhang mit diesem Tropos: Timon habe häufig denen, die die Sinneswahrnehmungen unter Zuhilfenahme des Verstandes billigten, entgegengehalten: συνῆλθεν ἀτταγᾶς τε καὶ νουμήνιος, «da sind Rebhuhn und Brachvogel (?) zusammengekommen». Die Redensart ist offenbar sprichwörtlich und bezeichnet ein Paar von Gaunern. Nach Chatzilysandros hat Timon sagen wollen, Sinneswahrnehmung und Verstand seien zwei, die zur selben Rasse gehören und sich «darauf verstehen, den Menschen zu täuschen». Damit aber sei der dritte Tropos für die pyrrhonische Zeit gesichert. (Zu der ganz unsicheren Beziehung dieser Anekdote auf einen Schüler Pyrrhons mit Namen Numenios siehe unten S. 770.) Der vierte Tropos (Schlafende empfinden anderes als Wachende u.ä.) hat zwar eine Entsprechung bei Demokrit; der Gedanke ist jedoch so naheliegend, dass die Übereinstimmung nicht viel beweist. Für die folgenden Tropen ist auch nach von Fritz keinerlei Sicherheit zu gewinnen.

Ein weiteres später kanonisches Lehrstück lässt sich ebenfalls nicht mit Sicherheit auf Pyrrhon zurückführen: der sogenannte Selbsteinschluss. Hat der 'erste Skeptiker', der alle Wahrnehmungen und πράγματα radikal in Frage stellte, diesen Zweifel auch auf die Richtigkeit der eigenen Lehre ausgedehnt? Später war das fester Bestandteil der 'Lehre': vgl. z.B. SEXTUS EMP. PH I 14; DIOGENES LAERT. IX 76. Keines der für Pyrrhon mit Namensnennung überlieferten Zeugnisse weist eindeutig in diese Richtung, wie DECLEVA CAIZZI (Hg.) (1981 [*1: 235f.]) mit Recht betont. Und doch sprechen starke indirekte Argumente dafür, dass bereits Pyrrhon auch diesen radikalen Schritt getan hat: a) Bei DIOGENES LAERT. (IX 76 = test. 54 D.C.) findet sich der Gedanke des Selbsteinschlusses unmittelbar vor einem Timonzitat (frg. 80 PPF); der Zusammenhang lässt es als möglich erscheinen, dass das Zitat schon vor der Namensnennung beginnt. b) In test. 53 D.C., 2. Teil (ARISTOKLES bei EUSEBIUS PE XIV 18, 7) wird ein dem Selbsteinschluss nahe verwandter Gedanke ausdrücklich Timon zugeschrieben: «Wenn alles gleichgültig ist (im Griechischen schwingen die Bedeutungen 'ununterscheidbar' und 'nicht unterschieden' mit), dann auch eben dies, nämlich: gleichgültig sein oder nicht gleichgültig sein, oder: zu meinen oder nicht zu meinen. Weshalb sollte davon das eine mehr 'sein' als das andere, ... ja weshalb dieses 'weshalb' selbst?» c) Metrodor aus Chios, der in zwei Sukzessionsreihen als mittelbarer Lehrer Anaxarchs und damit auch Pyrrhons erscheint, lehrte nach frg. 70 B 1 DK (= PYRRHON test. 24 D.C. = EUSEBIUS PE XIV 19, 8-9 und CICERO Luc. 73): 'Wir wissen nichts, nicht einmal das, ob wir etwas wissen oder nicht.' Schon vor Pyrrhon also hatte eine skeptische Überlegung sich auf sich selbst gerichtet; es wäre seltsam, wenn dieser Gedanke Pyrrhon unbekannt geblieben wäre oder wenn er ihn nicht übernommen hätte. Aber letzte Sicherheit ist nicht zu gewinnen. (Wichtige systematische Überlegungen zum 'Selbsteinschluss' bei KRÄMER 1971 [*92: 105f. Anm. 419] und MCPHERRAN 1987 [*94]).

E. GEISTIGER HINTERGRUND

In den vielfältigen antiken Nachrichten über Pyrrhons 'Lehrer' und Vorbilder findet sich unbezweifelbar Richtiges neben offenkundig frei erfundenen oder gänzlich spekulativen Angaben; andererseits sind historisch und sachlich naheliegende Vorbilder nicht genannt. Eine kritische Durchsicht im einzelnen ist unabdingbar. Dabei fällt nur wenig zusätzliches Licht auf Pyrrhons Lehre.

Die antiken und spätantiken Darstellungen der Philosophiegeschichte fassten fast alle Denker in langen Lehrer-Schüler-Ketten (Diadochien) zusammen (vgl. VON KIENLE 1961 [§ 1 *122], GIANNANTONI 1981 [§ 42 *51: 1, 11-34]). Über Pyrrhons Vorläufer gibt es u.a. folgende Berichte:

a) DIOGENES LAERT. IX 61 (test. 1 A D.C. = 1 A 1 LS) ἤκουσε Βρύσωνος τοῦ Στίλπωνος ..., εἶτ' Ἀναξάρχου, ξυνακολουθῶν πανταχοῦ, ...

b) SUDA s.v. Πύρρων (test. 1 B D.C.) διήκουσε Βρύσωνος, τοῦ Κλεινομάχου μαθητοῦ, εἶτα Ἀλεξάνδρου, τοῦ Μητροδώρου μαθητοῦ, τοῦ Χίου, οὗ διδάσκαλος ἦν Μητρόδωρος ὁ Ἀβδηρίτης.

c) SUDA s.v. Σωκράτης (test. 2 D.C.) τινὲς δὲ Βρύσωνα οὐ Σωκράτους, ἀλλ' Εὐκλείδου ἀκροατὴν γράφουσι· τούτου δὲ καὶ Πύρρων ἠκροάσατο, ...

d) EUSEBIUS PE XIV 17, 10 (test. 25 B D.C.) (die Angaben über Anaxarch entsprechen im wesentlichen denen bei DIOGENES LAERT. IX 58) Ξενοφάνους δὲ ἀκουστὴς γέγονε Παρμενίδης· τούτου Μέλισσος, οὗ Ζήνων, οὗ Λεύκιππος, οὗ Δημόκριτος, οὗ Πρωταγόρας καὶ Νεσσᾶς· τοῦ δὲ Νεσσᾶ Μητρόδωρος, οὗ Διογένης, οὗ Ἀνάξαρχος. Ἀναξάρχου δὲ γνώριμος γέγονε Πύρρων, ...

Wenn man (mit fast allen Herausgebern) annimmt, dass in Bericht b) anstelle von Ἀλεξάνδρου zu schreiben ist Ἀναξάρχου, besteht Übereinstimmung über die unmittelbaren 'Lehrer' Pyrrhons: Es waren zuerst Bryson, der durchweg als 'Schüler' von Sokratikern erscheint, danach der Demokriteer Anaxarch, mit dem er besonders verbunden war (γνώριμος im Text d, vgl. auch unten S. 751f.).

Sokratisches. – Brysons angebliche Lehrer Stilpon, Kleinomachos (über ihn SEDLEY 1977 [§ 1 *397: 76f.]) und Eukleides scheinen ihn als Megariker auszuweisen, aber die drei ihn betreffenden Berichte nennen drei verschiedene Namen. Die Angabe bei DIOGENES LAERTIOS (Bericht a), Bryson sei Schüler von Stilpon gewesen, ist zudem chronologisch unhaltbar (VON FRITZ 1963 [*23: 93]); schon NIETZSCHE 1870 [*41: 223 mit Anm. 1; 179 mit Anm. 6] und ROEPER 1870 [*42: 562 Anm. 6] schlugen deshalb vor, anstelle von τοῦ Στίλπωνος zu lesen ἢ Στίλπωνος; in Bericht b) erwog Nietzsche, um die Diskrepanz zu a) und einen anderen chronologischen Anstoss zu beseitigen, die Änderung: Κλεινομάχου καθηγητοῦ, ROHDE 1878 [*43: 203 Anm. 1]: συμμαθητοῦ. Hier ist also alles unsicher. Mit Recht vermutet DÖRING (Hg.) (1972 [§ 1 *307: 92-94. bes. 93 mit Anm. 5 und 160]) im Anschluss an Eduard Schwartz, «dass uns hier in unterschiedlichen Brechungen Reste des Versuches vorliegen, Bryson nachträglich in die megarische bzw. dialektische Schule hineinzukonstruieren, um über ihn als Lehrer Pyrrhons die pyrrhoneische Skepsis an die Sokratik anzuschliessen» (zustimmend VON FRITZ 1975 Rez. Döring (Hg.) 1972 [§ 1 *307] 132, GIANNANTONI 1981 [§ 42 *51: 1, 26-30]). Das sei auch deshalb wahrscheinlich, weil sich im Sokrates-Artikel der Suda neben dem oben ausgeschriebenen Versuch, Pyrrhon mit der megarischen Schule zu verbinden, auch der Versuch angedeutet findet (SUDA s.v. Σωκράτης = test. 4 D.C., vgl. auch test. 3 D.C.), ihn an die elisch-eretrische Schule anzuhängen. Damit scheint die Nachricht über den ersten 'Lehrer' Pyrrhons auf eine blosse Namensnennung reduziert, denn über Brysons eigene Philosophie wissen wir so gut wie nichts (Zeugnisse und Fragmente bei DÖRING (Hg.) 1972 [§ 1 *307: 63-67. 164-166] und in SSR 1, 475-483; VON FRITZ' Versuch, megarisches Denken in den dürftigen Zeugnissen nachzuweisen (1975 Rez. Döring (Hg.) 1972 [§ 1 *307] 132) überzeugt nicht; BERTI 1981 [§ 42 *51: 69 Anm. 28: «fu certamente un megarico»] nennt gar keine Gründe). Dennoch enthalten die verworrenen Namensnennungen wahrscheinlich einen wahren Kern, denn in Pyrrhons Lehre finden sich unbestreitbar sokratische Elemente. Nicht ohne Grund erscheint er bei STOBAIOS II 1, 18 (Bd. 2, S. 7, 3f. WACHSMUTH) neben Sokrates und werden die 'Pyrrhonei' bei CICERO de oratore III 62 zusammen mit anderen Sokratikerschulen genannt. Es ist in der Tat vor allem die megarische Schule, zu der Pyrrhons Denken eine enge Affinität zeigt. Die für Pyrrhon zentrale οὐ-μᾶλλον-Formel begegnet auch in Stilpons Versuch, die Möglichkeit von Allgemeinbegriffen zu bestreiten (DIOGENES LAERT. II 119 = frg. 199 DÖRING [§ 1 *307]), also in einem Lehrstück, das jedenfalls Pyrrhons Beifall fand; vgl. test. 53 D.C. Mitte μήτε τὰς αἰσθήσεις ἡμῶν μήτε τὰς δόξας (wohl im Sinne von 'Denkakten') ἀληθεύειν ἢ ψεύδεσθαι ,.. Vor allem aber: Das Grunddogma des Eukleides (DIOGENES LAERT. II 106 = frg. 24 DÖRING [§ 1 *307]) lautet: ... ἓν τὸ ἀγαθὸν ἀπεφαίνετο πολλοῖς ὀνόμασι καλούμενον· ὁτὲ μὲν γὰρ φρόνησιν, ὁτὲ δὲ θεόν, καὶ ἄλλοτε νοῦν καὶ τὰ λοιπά. τὰ δ' ἀντικείμενα τῷ ἀγαθῷ ἀνῄρει, μὴ εἶναι φάσκων. Die Übereinstimmungen mit test. 62 D.C. (2 E LS) liegen auf der Hand: Gutes und Gottheit hier gleichgesetzt, dort aneinander angenähert und gleichgestellt (ewige Dauer), alles andere als unbedeutend, ja nicht wirklich existierend abgewertet. Zutreffend charakterisieren VON FRITZ (1931 [*111: 707-709]) und DÖRING (Hg.) (1972 [§ 1 *307: 82-87]) den Lehrsatz des Eukleides als eine Verbindung sokratischer und eleatischer Elemente, wobei jedoch die sokratische Frage nach dem Wesen des Guten Ausgangspunkt sei und entschieden im Vordergrund stehe. Das gleiche gilt, wie S. 735f. 738 gezeigt wurde, für Pyrrhon: Auch für ihn steht die Ethik im Vordergrund. Der andere Grundzug der megarischen Schule, die Pflege der Dialektik, hat dagegen, soweit wir wissen, bei Pyrrhon keinen Niederschlag gefunden. (Insofern darf es nicht überraschen, dass sich Eukleides unter den von Timon getadelten Philosophen findet; siehe S. 762f.)

Kyrenaisches. – Ein Einfluss der Kyrenaiker ist in antiken Zeugnissen nicht erwähnt, aber auch mit dieser sokratischen Schule gibt es beachtliche Gemeinsamkeiten. Die Kyrenaiker lehrten (frg. 211 A. B. 216. 217 MANNEBACH = frg. 216. 217. 212. 213 SSR), nur die Empfindungen (πάθη) würden erkannt, nicht aber das, was die Empfindungen hervorrufe. Das steht in deutlicher Analogie zu Pyrrhons Aussage über die Macht des φαινόμενον und die Unerkennbarkeit der Dinge an sich. Der (spätere) Pyrrhonismus wird gelegentlich (u.a. EUSEBIUS PE XIV 2, 4 = ARISTIPP frg. 211A MANNEBACH = frg. 216 SSR) neben der kyrenaischen Lehre genannt; SEXTUS EMP. (PH I 215 = frg. 216 M. = frg. 212 SSR) ist sogar um eine Abgrenzung zwischen beiden Schulen bemüht. Von besonderem Gewicht ist es, dass in der kyrenaischen wie in der früh-pyrrhonischen Lehre Erkenntniskritik und Ethik unauflösbar miteinander verbunden sind. Auch im Detail gibt es Übereinstimmungen: der von den Kyrenaikern gern gebrauchte Vergleich der Seelenruhe mit der Meeresstille (γαλήνη) findet sich auch bei Pyrrhon (test. 59 D.C., siehe auch test. 17 A, dazu DÖRING 1987 [*121: 60]). In der Forschung wurde bislang ein Einfluss Aristipps auf Pyrrhon nur selten in Erwägung gezogen (u.a. POHLENZ 1906 Rez. Goedeckemeyer 1905 [§ 42 *33] 69 und PRAECHTER [12]1926 [§ 1 *336: 463]), weil nach fast allgemein akzeptierter Auffassung erst der jüngere Aristipp (der 'Mutterschüler', Enkel des Schulgründers) erkenntniskritische Fragestellungen in die Schule eingeführt hat; dabei stand er nach verbreiteter Meinung unter dem Einfluss Pyrrhons. Vor kurzem hat jedoch DÖRING mit entscheidenden Argumenten gezeigt, dass alle wesentlichen Elemente der kyrenaischen Schule auf den Sokratesschüler und Schulgründer Aristipp zurückgehen (1987 [*121: 35-37. 69. zum Verhältnis zu Pyrrhon 23 Anm. 34]). Dann aber kann aus chronologischen Gründen nur Pyrrhon von den Kyrenaikern beeinflusst worden sein, nicht umgekehrt; die genannten Übereinstimmungen sprechen dafür, dass das auch geschehen ist.

Kynisches. – Kynischer Einfluss auf Pyrrhon (dazu grundsätzlich BRANCACCI 1981 [*138]) zeigt sich wahrscheinlich in der mehrfach begegnenden Abwertung von Sitten, Gebräuchen und positivem Recht (test. 1 A, 1 B, 64 D.C.); diese Thematik kann allerdings auch durch Anaxarch auf Demokrit zurückgehen (siehe S. 751f.; zu den vielfachen Berührungen zwischen Kynikern und Demokriteern siehe BRANCACCI 1980 [*135]). Eindeutig ist die Nähe zu den Kynikern in Pyrrhons Anspruch, ἄτυφος (frei von Dünkel, eigentlich 'nicht aufgeblasen') zu sein (test. 23 und 58 D.C. = 2 B LS), denn das Begriffspaar τῦφος – ἀτυφία ist sonst überwiegend in kynischen Texten zu finden (LONG 1978 [*49: 74f.], DECLEVA CAIZZI 1980 [*137]).

Eleatisches. – Manches spricht dafür, dass Pyrrhon nicht nur durch die Vermittlung der Megariker Stilpon und Bryson, sondern auch direkt von eleatischem Denken beeinflusst ist: a) Pyrrhons 'Prophet' Timon wies in seinen ‹Silloi› dem Schulgründer Xenophanes einen Ehrenplatz zu; auch Parmenides findet bei ihm hohes Lob (Einzelheiten S. 762f.). b) Timons Einleitung zu Pyrrhons Worten über das 'wahre Sein' (test. 62 D.C. = 2 E LS) lehnt sich in auffälliger Weise an Parmenides an; man vergleiche z.B. v. 1 ἦ γὰρ ἐγὼν ἐρέω mit PARMENIDES frg. B 2, v. 1 DK [§ 1 *303: Bd. 1, Kap. 28] εἰ δ'ἄγ' ἐγὼν ἐρέω, v. 2 μῦθον ἀληθείης mit PARMENIDES B 8, v. 1 μῦθος ὁδοῖο und B 2, v. 1 μῦθον ἀκούσας, v. 4 ἰσότατος βίος mit PARMENIDES B 8, v. 49 πάντοθεν ἶσον und B 9, v. 4 ἴσων ἀμφοτέρων (REALE 1981 [§ 42 *51: 1, 310f.]). c) Eine historisch vermutlich unrichtige, jedoch alte doxographische Tradition verbindet die eleatische mit der megarischen Schule (u.a. CICERO Lucullus 129 = frg. 26 A DÖRING [§ 1 *307], ARISTOKLES bei EUSEBIUS PE XIV 17, 1 = frg. 5 HEILAND = frg. 27 DÖRING; zur Bewertung VON FRITZ 1931 [*111: 707-717], 1934 [*112]; DÖRING (Hg.) 1972 [§ 1 *307: 83f.]). Als gemeinsamer Ausgangspunkt erscheint dort die Forderung, 'Wahrnehmungen und Vorstellungen zu bekämpfen' (τάς ... αἰσθήσεις καὶ τὰς φαντασίας καταβάλλειν) und nur dem Logos zu vertrauen. Die Abwertung der Sinneswahrnehmungen aber ist vornehmlich in der pyrrhonischen Skepsis zu Hause; wenn gerade diese Forderung eleatischen Monismus und megarische Ethik verknüpft, liegt es nahe, den Ursprung der Konstruktion im Pyrrhonismus zu suchen, der sich dann selbst als in der Nachfolge der Eleaten stehend ansah. Es mag sein, dass dieser Gedanke erst von Timon stärker herausgestellt wurde (so LONG 1978 [*49: 73. 78], vgl. unten S. 763f.), aber zumindest in test. 62 D.C. (2 E LS), wo Pyrrhon die 'stets gleiche' (und darum allem Werden entzogene) Natur der Gottheit und des Guten lehrt, steht er selbst offensichtlich eleatischen Gedanken ganz nahe.

Demokriteisches. – Auch im Falle des Demokriteers Anaxarch (Zeugnisse und Fragmente bei DIELS/KRANZ (Hg.) ⁵1934-1937 [§ 1 *303: Bd. 2, Kap. 72]; zur Deutung noch immer wichtig GOMPERZ 1877 [*131]), der als zweiter 'Lehrer' Pyrrhons genannt wird, bietet die Sukzessionsreihe erhebliche chronologische Schwierigkeiten (dazu VON FRITZ 1963 [*23: 93f.]). Seine Lehre ist uns jedoch in Grundzügen kenntlich. Und da die enge Verbundenheit Pyrrhons mit Anaxarch auch in Anekdoten bezeugt ist (siehe unten S. 754), kommt den Übereinstimmungen mit Pyrrhon besonderes Gewicht zu. Nach DIOGENES LAERT. IX 60 (frg. A 1 DK = 1 E LS) trug er den Beinamen Εὐδαιμονικός (etwa: 'der um Glückseligkeit Bemühte'), und zwar wegen seiner ἀπάθεια (Leidenschaftslosigkeit) und εὐκολία τοῦ βίου (Genügsamkeit im Leben). Bei Ps.-GALEN hist. phil. 4 = DDG 602, 2 = ANAXARCH frg. A 14 DK wird die εὐδαιμονία als Ziel seines Handelns bezeichnet. Das entspricht teilweise dem oben analysierten 'Aristokles-Referat' (test. 53 D.C. = 1 F LS) über Pyrrhon, wo dem nach 'Glückseligkeit' Strebenden ein Weg gewiesen war, an dessen Ende ἀφασία, ἀταραξία und wahrscheinlich ἀπάθεια standen (vgl. Timons bewundernde Frage an Pyrrhon test. 61 A-D D.C. = frg. 67 PPF = frg. 841 SH: «Pyrrhon, das verlangt mein Herz von dir zu wissen: Wie wandelst du nur als Mensch so völlig ruhig durchs Leben, ... indem du als einziger (unter) den Menschen nach Art eines Gottes den Weg weist ...?»). Auch hier zeigt sich eine gedankliche Verwandtschaft mit den Kynikern (zu den Beziehungen zwischen den Kynikern und Anaxarch siehe IOPPOLO 1980 [*136]). Wichtiger noch ist folgendes: Anaxarch (SEXTUS EMP. math. VII 88 = frg. A 16 DK) und der Kyniker Monimos verglichen 'das Seiende' (τὰ ὄντα) mit einer Theaterdekoration und lehrten, es gleiche dem, was einem im Traum oder im Wahn erscheine. Mit Recht bezieht VON FRITZ (1963 [*23: 94]) dieses Gleichnis auf Demokrits Lehre von der Subjektivität der sinnlichen Qualitäten: Vorn seien die Dinge farbig und schön; das was wirklich dahinterstehe, die Atome und das Leere, sei dagegen roh und farblos. Aber Anaxarch ging offenbar noch über Demokrit hinaus, denn durch die Analogie zu Wahn und Traum wird ja den ὄντα jede reale Existenz abgesprochen, zumindest werden die Phänomene als schlechthin bedeutungslos abgetan. Hierin berührt sich der Demokriteer aufs engste mit dem Megariker Eukleides (vgl. oben S. 749; bezeichnend auch, dass der Kyniker Monimos von Sextus als Vertreter der gleichen Meinung genannt wird); ein direkter Einfluss auf Pyrrhon ist so gut wie sicher. Während es hier offenbleibt, ob die Relativierung der ὄντα primär erkenntnistheoretisch oder ethisch gemeint ist, weist eine Anekdote (PLUTARCH Alexander 52, 6 = frg. A 3) über Anaxarchs Verhalten nach dem Tode des Kleitos in die Richtung der Ethik: Anaxarch tröstete Alexander, indem er die absolute Geltung ethischer Normen bestritt: Πᾶν τὸ πραχϑὲν ὑπὸ τοῦ κρατοῦντος ϑεμιτόν (ἐστι) καὶ δίκαιον, 'was auch immer ein Herrschender tut, (ist) recht und gerecht'. Ähnliches ist, wie bereits erwähnt, für Pyrrhon bezeugt (test. 1 A; 1 B; 64 D.C.), aber es sei daran erinnert (vgl. S. 740-743), dass Pyrrhon (unter megarischem Einfluss?) an ein ewig existierendes 'wahres Gutes' glaubte, während für Anaxarch nichts Derartiges bekannt ist. 'Lehrer' und 'Schüler' haben offenbar verschiedene Konsequenzen aus der seit längerem diskutierten Nomos-Physis-Antithese gezogen, und in der Tat sind beide Begriffe in eigentümlicher Weise ambivalent: 'Nomos' konnte das Ewig-Gültige, Ehrwürdige und als ein Göttliches den Menschen Gegenüberstehende bezeichnen; es konnte aber auch – und diese Bedeutung überwog bald – das 'nur Gültige' im Sinne einer 'nur vereinbarten' Norm bezeichnen und damit in Gegensatz zu 'Physis' treten. 'Physis' auf der anderen Seite konnte ein umfassendes, an hohen sittlichen Werten orientiertes Naturrecht bezeichnen; aber auch die biologisch-animalische 'Natur' konnte als die wahre 'Physis' herausgestellt werden, und aus der so verstandenen 'Physis' liess sich mühelos das Recht des Stärkeren und Überlegenen ableiten. Den prägenden Einfluss Demokrits im allgemeinen belegt ein sehr frühes Zeugnis: Philon aus Athen, ein Schüler Pyrrhons, pflegte zu erzählen, dass Pyrrhon besonders viel von Demokrit sprach, in zweiter Linie von Homer (DIOGENES LAERT. IX 67 = test. 20 D.C.). – Auf Demokrit könnte schliesslich die von Pyrrhon an zentraler Stelle gebrauchte οὐ-μᾶλλον-Formel zurückgehen (PLUTARCH adv. Colot. 1109 A = DEMOKRIT frg. B 156 DK [§ 1 *303: Bd. 2, Kap. 68] μὴ μᾶλλον τὸ 'δέν' ἢ τὸ 'μηδὲν' εἶναι; die Formel war allerdings weit verbreitet: vgl. S. 744f. und die dort genannte Literatur. – Über die unklar bezeugten Beziehungen zwischen Pyrrhon und der Schule Epikurs (wechselseitiger Einfluss?) siehe SEDLEY 1976 [*152], GIGANTE 1981 [*153: 37-49], GLIDDEN 1986 Rez. Gigante 1981 [*153], sowie oben ERLER S. 129. 133.

Aristotelisches. – Ob Pyrrhon mit Lehre und Schriften des Aristoteles vertraut war, ist nicht mit Sicherheit zu klären. DE LACY (1958 [*61: 64/597]) hat als erster darauf aufmerksam gemacht, dass Pyrrhons 'skeptische Formeln' ('ist nicht mehr als es nicht ist'; 'ist und ist nicht'; 'ist weder noch ist nicht', siehe S. 744f.) in deutlichem Gegensatz zu Aristoteles' Darlegungen über den Satz vom Widerspruch im vierten Buch der Metaphysik (Γ) stehen. Dort wendet sich Aristoteles in einer breit angelegten Polemik gegen nicht namentlich bezeichnete Gegner, die die Gültigkeit dieses logischen Grundaxioms bestritten hatten. Ein Vergleich von Pyrrhon test. 53 D.C. ('Aristokles-Referat', 1 F LS) mit Aristoteles (besonders deutlich 1008 a 30-37, 1008 b 14-17) zeigt, dass Pyrrhon genau das vertrat, was Aristoteles als undenkbar und damit auch als unvertretbar bezeichnet hatte. Dass Aristoteles gegen Pyrrhon polemisiert, ist aus chronologischen Gründen nahezu unmöglich. Die Übereinstimmungen können damit erklärt werden, dass Pyrrhon unter dem Einfluss eben der Philosophen stand, gegen die Aristoteles sich wandte; dabei handelt es sich mit grosser Wahrscheinlichkeit um die Megariker (BERTI 1981 [§ 42 *51: 1, bes. 69-73], REALE 1981 [§ 42 *51: 1, 316-318]). Aber es sollte nicht ausgeschlossen werden, dass Pyrrhon mit der aristotelischen Polemik gegen die skeptische 'Adiaphorie' vertraut war und gezielt widersprach. Er kann Aristoteles in Athen gehört haben; er kann auch während des Alexanderzuges von Aristoteles' Grossneffen Kallisthenes über die Lehre des Stagiriten informiert worden sein (weitere Einzelheiten bei GÖRLER 1985 Rez. Decleva Caizzi (Hg.) 1981 [*1] 325-327).

Indische Philosophie. – DIOGENES LAERT. (IX 61 = test. 1 A D.C. = 1 A LS) berichtet, Pyrrhon habe gemeinsam mit seinem Freund und Lehrer Anaxarch Alexander den Grossen nach Indien begleitet, wo er mit den Gymnosophisten und Magiern Umgang gehabt habe (ὡς καὶ τοῖς γυμνοσοφισταῖς ... συμμῖξαι καὶ τοῖς μάγοις), und fährt dann – unter Berufung auf einen sonst unbekannten Askanios aus Abdera (siehe unten S. 771) – fort: ὅθεν γενναιότατα δοκεῖ φιλοσοφῆσαι, τὸ τῆς ἀκαταληψίας καὶ ἐποχῆς εἶδος εἰσαγαγών, «daher scheint er denn in besonders edler Weise Philosophie getrieben zu haben, indem er den Standpunkt der Unbegreifbarkeit (der Dinge) und der Zurückhaltung (des Urteils) einführte». Hier ist offenbar ein Einfluss indischen Denkens auf Pyrrhon unterstellt. Es wurde wiederholt versucht, einen solchen Einfluss konkret nachzuweisen, und zwar in Pyrrhons oben besprochener (S. 744f.) skeptischer Formel, in der man ein typisch indisches 'Tetralemma' (Schema: P, nicht-P, P und nicht-P, weder P noch nicht-P) erkennen wollte. Nach FRENKIAN (1957 [*161: dt. Zusf. 247f.]), PIANTELLI (1978 [*162: 148f.]) und FLINTOFF (1980 [*163: 92]) hat sich zuletzt STOPPER (1983 [§ 42 *64: 272-274]) in diesem Sinne geäussert. Allerdings muss er dazu Pyrrhons Formel anders interpretieren als oben vorgeschlagen. Er stellt (272) οὐ μᾶλλον den nunmehr vier Möglichkeiten voran und versteht: '... indem man über ein jedes Ding sagt, dass es nicht mehr (1) ist, als es (2) nicht ist, oder (3) ist und nicht ist, oder (4) weder ist noch nicht ist'. Auf den ersten Blick scheint die Übereinstimmung mit dem indischen Tetralemma schlagend. Aber es gibt starke Argumente gegen Stoppers Verständnis des Aristokles-Berichts und gegen die Zurückführung von Pyrrhons Formel auf indische Logik: a) In der weitaus überwiegenden Zahl der Beispiele verbindet οὐ μᾶλλον nur zwei Begriffe, nicht aber drei oder mehr (vgl. DE LACY 1958 [*61] und COSENZA 1981 [§ 42 *51: 1, 371-376]). b) Das indische Tetralemma hat eine andere Funktion als die skeptische οὐ μᾶλλον-Formel. Das Tetralemma dient, wie die zahlreichen Beispiele zeigen, die Frenkian sowohl aus indischer Literatur als auch aus Sextus Empiricus zusammengetragen hat, ausschliesslich dazu, einen bestimmten Bereich begrifflich zu zerlegen und anschliessend durch Eliminierung zu erweisen, dass die so gewonnenen Teilbegriffe den Anforderungen nicht genügen oder aus irgendeinem Grunde ausscheiden. Im Aristokles-Bericht aber liegt etwas völlig anderes vor; von Durchmusterung und Eliminierung findet sich keine Spur, und das kann auch nicht anders sein, denn wenn Pyrrhon sich anschickte, nacheinander zu zeigen, dass die vier Möglichkeiten (ist, ist nicht usw.) nicht zutreffen, so wären das apodiktische Aussagen par excellence. Es soll und muss aber alles in der Schwebe bleiben. c) Die oben nach FERRARI (1981 [§ 42 *51: 1, 362f.]) aufgewiesene durchgängige ternäre Struktur spricht entschieden gegen ein wie auch immer geartetes Tetralemma. Auch dieser Versuch, indischen Einfluss konkret nachzuweisen, muss also als gescheitert gelten.

Ältere Vorbilder. – Als Vorläufer und mögliche Vorbilder Pyrrhons kommen in einem weiteren Sinne dagegen auch die Philosophen in Frage, die SEXTUS EMP. math. VII 48 (näher ausgeführt math. VII 49-88) als Vorläufer des (späteren)

Pyrrhonismus nennt, da sie «kein Unterscheidungsmerkmal (zwischen Wahrheit und Irrtum) hätten gelten lassen» (ἀνεῖλον τὸ κριτήριον): Xenophanes aus Kolophon, Xeniades aus Korinth, der Skythe Anacharsis, Protagoras, Dionysodoros, Gorgias, Metrodor aus Chios, der Kyniker Monimos, in einem noch weiteren Sinne auch die anschliessend (math. VII 89-140) aufgezählten Denker, darunter Empedokles und Heraklit. Ein konkreter Einfluss lässt sich nicht nachweisen; vieles an diesen Vorgängerlisten ist nichts als zweckorientierte doxographische Spekulation.

F. LEBENSFÜHRUNG. ANEKDOTEN

Weiteres Licht auf Pyrrhons Lehre werfen einige Nachrichten über die Lebensführung des Philosophen, die freilich oft Anekdotencharakter tragen und mit starker Zurückhaltung zu beurteilen sind: Nausiphanes (über ihn unten S. 768f.) und dessen Schüler Epikur bewunderten die Lebensweise Pyrrhons; Nausiphanes empfahl sie ausdrücklich zur Nachahmung, Epikur liess sich von ihm viele Details berichten (DIOGENES LAERT. IX 64 = test. 28 D.C.). – Antigonos aus Karystos (DIOGENES LAERT. IX 63 = test. 10 D.C.) führt Pyrrhons z.T. sehr eigenwilliges Verhalten auf ein Erlebnis in Indien zurück: Er musste mit anhören, wie man seinen Lehrer Anaxarch verhöhnte, er könne wohl kaum andere über 'das Gute' belehren, der er selbst als Höfling ein üppiges Leben führe. (Auch in Timons Versen frg. 58 PPF = 832-835 SH = ANAXARCH frg. A 10 DK wird Anaxarch vorgeworfen, er sei den von ihm gesetzten Normen nicht gerecht geworden.) Pyrrhon bemühte sich nun, seinerseits einem solchen Tadel zu entgehen: Er 'zog hinaus in die Einsamkeit und zeigte sich nur selten seinen Angehörigen'. Antigonos berichtet des weiteren, stets sei Pyrrhon 'in der gleichen Gemütsverfassung' gewesen; wenn ihn jemand mitten im Vortrag habe stehen lassen, habe er gleichmütig für sich allein zu Ende gesprochen. Dieses Verhalten zeigt unverkennbar provozierend-demonstrative Züge; mehr noch andere Details, die DIOGENES LAERT. (IX 62 = test. 6 D.C. = 1 A 4 LS), ebenfalls nach Antigonos, schildert: Gegen fahrende Wagen sei er angerannt (da er ja auf die Sinneswahrnehmungen nichts gab), auf Abgründe und wilde Hunde einfach losgegangen – nur begleitende Freunde hätten ihn gerettet. Noch weiter trieb er das Spiel gemeinsam mit Anaxarch (DIOGENES LAERT. IX 63 = PYRRHON test. 10 D.C. = ANAXARCH A 2 DK): Anaxarch fiel – kaum ohne Absicht – in ein Sumpfloch; Pyrrhon kam vorbei und tat nichts zu seiner Rettung. Die Zeugen dieses Vorgangs (die Anaxarch selbstverständlich sofort herauszogen) machten Pyrrhon heftige Vorwürfe, Anaxarch aber lobte ihn ob seiner 'Gleichgültigkeit' und 'Freiheit von Zuneigung' (τὸ ἀδιάφορον καὶ ἄστοργον). Pyrrhons geistiger Nachfahr Ainesidem hat derartige Exzesse später bestritten (DIOGENES LAERT. IX 62 = test. 7 D.C. = 1 A 4 LS). Andere Demonstrationen dienten offenbar der Bekräftigung seiner Lehre von der Indifferenz aller Güter und Übel: Eine Operation überstand er, ohne mit der Wimper zu zucken (DIOGENES LAERT. IX 67 = test. 16 D.C. = 1 C 1 LS; verwandt ist die vielfach ausgeschmückte Erzählung vom Tode Anaxarchs: DIOGENES LAERT. IX 59 = ANAXARCH frg. A 1 DK); er scheute sich nicht, eigenhändig eine Sau zu waschen (DIOGENES LAERT. IX 66 = test. 14

D.C.); während eines Seesturms empfahl er den verängstigten Mitreisenden ein ruhig fressendes Schwein als Vorbild (test. 17 D.C.); pathetische Worte gegen Verschwendung referiert Hegesander (ATHENAIOS X 419 D. E = test. 18 D.C.). Die meisten dieser Nachrichten stammen aus verhältnismässig frühen Quellen; sie dürften – ohne Anspruch auf historische Korrektheit im einzelnen – einen Wesenszug Pyrrhons richtig wiedergeben: seinem Verhalten haftete etwas Theatralisches an. Mit Recht betont LONG (1978 [*49: 70]) – ähnlich, aber zu zurückhaltend VON FRITZ (1963 [*23: 92]) – die Verwandtschaft mit den Kynikern Diogenes und Krates, die ebenfalls ihre Lehre durch allerlei drastische Demonstrationen unterstrichen. (Für Pyrrhon schliesst Long einen Einfluss der 'indischen Fakire' nicht aus, aber er verkennt nicht, dass der «guru type of Greek philosopher» viel älter ist.) Pyrrhons Festhalten an der eigenen Theorie bis hin zu absurden Konsequenzen ist übrigens auch vergleichbar z.B. mit Anaxagoras' Behauptung (CICERO Luc. 100 = frg. A 97 DK), ihm erscheine der Schnee schwarz, und Epikurs wunderlicher Lehre, die Sonne sei 'nicht grösser als sie erscheine' (Brief an Pythokles, bei DIOGENES LAERT. X 91). Wie im Falle Anaxarchs musste Pyrrhons Gebaren Kritik herausfordern, die ebenfalls in Anekdoten ihren Niederschlag gefunden hat (test. 15 D.C. = 1 C 1 LS): Als Pyrrhon einmal (offenbar ohne dass Freunde zur Rettung bereitstanden) von einem bösen Hund angefallen wurde, flüchtete er auf einen Baum und wurde darüber verlacht. Er aber sagte, es sei schwierig, 'den Menschen ganz auszuziehen'. Als er seiner Schwester wegen einer Nichtigkeit zürnte und getadelt wurde, das vertrage sich schlecht mit der von ihm propagierten ἀδιαφορία bzw. ἀπάθεια, gab er die alberne Antwort, an einer Frau lasse sich diese nicht gut demonstrieren (andere Deutung bei BRUNSCHWIG 1992 [*79]). Wahrscheinlich klingt auch in der Polemik von Aristokles (EUSEBIUS PE XIV 18, 27 = test. 23 D.C.) ältere Kritik nach: Pyrrhon habe Götter und Menschen geschmäht, sei also dem Dünkel (τῦφος) verfallen, obwohl er doch vorgab, ἄτυφος zu sein. Insgesamt bestätigen alle diese bunten Nachrichten und Anekdoten über Pyrrhons Leben den Eindruck, den die Zeugnisse über seine Lehre bieten: Epistemologische und ethische Fragestellungen bilden eine unauflösbare Einheit; die theoretischen Betrachtungen stehen für Pyrrhon stets im Dienste einer möglichen Nutzanwendung auf das praktische Leben. Vor allem diese vielfältigen Anekdoten dürften dazu beigetragen haben, dass Pyrrhon schon zu Lebzeiten weit über philosophische Kreise hinaus bekannt, ja berühmt wurde. Es war ein unklarer Ruhm: Wahres und Falsches, Tiefsinniges und Banales wurde nebeneinander überliefert, aber gerade dieses Neben- und Ineinander scheint die Nachwelt beeindruckt zu haben. Schon bald nach Pyrrhons Tod verlor sich jedes zuverlässige Wissen von seiner 'Lehre'. Nur das wusste man in vager Form, dass er an allem und jedem zweifelte: er galt als der Zweifler par excellence. Als in Ciceros Zeit Ainesidem das radikal-skeptische Denken zu neuem Leben erweckte, konnte er keine geeignetere Leitfigur finden als den legendenumwobenen Grübler aus Elis. – Auch in der Neuzeit ist Pyrrhons Name oft ein Symbol für Zweifel schlechthin. Montaignes Skeptizismus greift ausdrücklich auf 'pyrrhonisches' Denken zurück; in der französischen Klassik steht der 'Pyrrhonismus' neben Stoa und Aristotelismus als eine der grossen philosophischen Richtungen der Antike (siehe etwa PASCALS ‹Entretien avec M. de Saci sur Epictète et Montaigne› [1655, aufgezeichnet von N. FONTAINE] und MOLIÈRE, Le mariage forcé, 1664, scènes 4-5). Aus jüngerer Zeit sei ein Essay von Curzio MALAPARTE (1929 [*21]) erwähnt, in dem Pyrrhon als ein 'antiker Hamlet' erscheint, der 'stets überlegen lächelnd' Alexander nach Asien folgte «con la segreta speranza di poter raggiungere il limite estremo della terra, e di uscirne, dalla terra e dal tempo».

G. BIBLIOGRAPHIE

1. Zeugnissammlungen [*1-*2] (Übersetzungen [*11-*12]). – 2. Gesamtdarstellungen und -deutungen [*21-*31]. – 3. Probleme der Überlieferung. Quellenkritik [*41-*50]. – 4. Lehre: a) Οὐδὲν μᾶλλον, skeptische Formeln [*61-*64]; b) Ethik [*71-*79]; c) Die Gottheit, das Gute [*81]; d) Skeptische 'Tropen', 'Selbsteinschluss' [*91-*94]. – 5. Geistiger Hintergrund: a) Allgemeines [*101-*103]; b) Megarisches. Auseinandersetzung mit Aristoteles met. Γ 1007 b 20ff. [*111-*115]; c) Kyrenaisches [*121]; d) Theodoros Atheos. Bion vom Borysthenes [*125]; e) Demokriteisches. Kynisches [*131-*140]; f) Verhältnis zu Epikur und seinen Schülern [*151-*154]; g) Indischer Einfluss? [*161-*165].

1. Zeugnissammlungen

Vgl. auch de Vogel 1963-1967 [§ 1 *292: 3, 184-194].

1 Fernanda Decleva Caizzi (Hg.): Pirrone, Testimonianze (Neapel 1981) [Collana Elenchos 5]. – Zuverlässige Sammlung mit gründlichem Kommentar; gute Indices. Auswahlprinzip 'minimalistisch': Nur für Pyrrhon selbst (nicht für 'die Pyrrhoneer' o.ä.) Bezeugtes aufgenommen. Rez.: M. Montuori, in: Discorsi 3 (1983) 138-143; A. A. Long, in: Classical Review 34 (1984) 219-221; L. Rossetti, in: Verifiche 13 (1984) 379-384; W. Görler, in: Archiv für Geschichte der Philosophie 67 (1985) 320-335; K. Janáček: Randbemerkungen zum neuen Pyrrhon-Buch, in: Eirene 22 (1985) 77-85; J. Mansfeld, in: Mnemosyne 39 (1986) 478-481. Vgl. auch Stopper 1983 [§ 42 *64: 268-275].
2 Long/Sedley (Hg.) 1987 [LS] [§ 1 *295: 1, 13-22; 2, 1-13].

Übersetzungen

11 J.-P. Dumont (Hg.) 1966 [§ 42 *12: 7-48].
12 A. Russo (Hg.) 1978 [§ 42 *13: 57-111].

2. Gesamtdarstellungen und -deutungen

Vgl. auch Couissin 1929 [§ 42 *61], Ferrari 1981 [§ 42 *51: 1, 337-370], Decleva Caizzi 1986 [§ 1 *366: 147-183], Laursen 1992 [§ 42 *143: 33-40].

21 Curzio Malaparte: Ritratto di Pirrone, in: Pegaso 1 (1929) 44-47. – Essayistisch.
22 M. Raphael: Die pyrrhoneische Skepsis, in: Philosophische Hefte 3 (1931) 47-70. – Eigenwillige, 'metaphysische' Interpretation.
23 K. von Fritz: Art. 'Pyrrhon', in: RE 24 (1963) 89-106. – Knappe, in allen Punkten zuverlässige Darstellung.
24 M. Hossenfelder: Ungewissheit und Seelenruhe. Die Funktion der Skepsis im Pyrrhonismus (Giessen 1964). – Diss.; mit geringfügigen Änderungen auch in Sextus Emp. 1968, 1985 [§ 1 *64: 9-88 (Einl. von M. H.)]. Keine klare Trennung von Pyrrhon und spätem Pyrrhonismus.
25 J. A. García-Junceda: Pirrón y el escepticismo griego. Semblanza del apático Pirrón, in: Estudios filosóficos 16 (1967) 245-292 (La historia). 511-530 (La biografía); 17 (1968) 93-123 (La doctrina).
26 J. Glucker: Art. 'Pyrrhon', in: Oxford Classical Dictionary (Oxford ²1970) 903.
27 J.-P. Dumont: Le scepticisme et le phénomène. Essai sur la signification et les origines du pyrrhonisme (Paris 1972, ²1986) [Bibliothèque d'Histoire de la Philosophie].
28 D. J. Koutsoyannopoulos-Thiraios: Πύρρων ὁ Ἠλεῖος καὶ Σκεπτικὴ φιλοσοφία, in: Festschrift K. J. Merentitis (Athen 1972) 215-227.
29 M. Conche: Pyrrhon ou l'apparence. La mort et l'apparence (Villers-sur-Mer 1973). – Mit persönlichem Engagement vertretene 'nihilistische' Deutung (sachlich kaum haltbar).

30 G. Reale: Ipotesi per una rilettura della filosofia di Pirrone di Elide, in: Giannantoni (Hg.) 1981 [§ 42 *51: 1, 243-336]. – Ausgezeichneter Überblick über die verschiedenen Deutungen des frühen Pyrrhonismus (245-288); eigene Interpretation; dabei starke Betonung der dogmatischen Komponente, die R. aus eleatisch-megarischer Tradition herleitet (288-333).

31 A. Bächli: Untersuchungen zur pyrrhonischen Skepsis (1990) [§ 1 *76]. – Primär zu Sextus Emp., jedoch mit wichtigen historischen Rückblicken. Zu Pyrrhon: 52-54. 72-76 u.ö.

3. Probleme der Überlieferung. Quellenkritik

Vgl. auch Giannantoni 1981 [§ 42 *51: 1, 11-34], Barnes 1992 [§ 1 *139], Decleva Caizzi 1992 [§ 1 *82: 277-327].

41 F. Nietzsche: Analecta Laertiana, in: Rheinisches Museum für Philologie 25 (1870) 217-231 = Kritische Gesamtausgabe 2,1: Philologische Schriften (1867-1873), hg. von F. Bornmann und M. Carpitella (Berlin, New York 1982) 169-190.

42 G. Roeper: Zu Laertios Diogenes I, in: Philologus 30 (1870) 557-577.

43 E. Rohde: Γέγονε in den Biographica des Suidas, in: Rheinisches Museum für Philologie 33 (1878) 161-220.

44 U. von Wilamowitz-Moellendorff: Antigonos von Karystos (1881) [§ 1 *191]. – 27-31: Rekonstruktion der Lebensbeschreibung Pyrrhons. Die Bedeutung von Antigonos als alleiniger Quelle aller späteren Nachrichten ist überschätzt.

45 Fernanda Trabucco: La polemica di Aristocle di Messene contro lo scetticismo e Aristippo e i Cirenaici, in: Rivista critica di Storia della Filosofia 15 (1960) 115-140.

46 G. A. Ferrari: Due fonti sullo scetticismo antico (Diog. Laert. IX 66-108; Eus. Praep. Ev. XIV 18, 1-20), in: Studi italiani di Filologia classica n.s. 40 (1968) 200-224. – Gegen Wilamowitz 1881 [*44]: Neben Antigonos sind auch andere zuverlässige Überlieferungsträger, z.B. Timon aus Phleius, anzunehmen.

47 U. Burkhard: Die angebliche Heraklit-Nachfolge des Skeptikers Aenesidem (Bonn 1973). – Diss.; Rez.: G. Cortassa, in: Rivista di Filologia e di Istruzione classica, ser. III 105 (1977) 64-70; K. Janáček, in: Gnomon 49 (1977) 676-681.

48 G. Indelli: Polistrato contro gli scettici, in: Cronache Ercolanesi 7 (1977) 85-95. – Die Kritik Polystrats ist vornehmlich gegen die pyrrhonische Skepsis gerichtet (dagegen Decleva Caizzi 1986 [§ 1 *366: 158-161]).

49 A. A. Long: Timon of Phlius 1978 [§ 44 *13]. – Versuch, alle zuverlässigen Nachrichten auf Timon aus Phl(e)ius zurückzuführen.

50 Fernanda Decleva Caizzi: Prolegomeni ad una raccolta delle fonti relative a Pirrone di Elide, in: Giannantoni (Hg.) 1981 [§ 42 *51: 1, 93-128]. – Begründung des Auswahlprinzips von *1.

4. Lehre

a) Οὐδὲν μᾶλλον, skeptische Formeln

Vgl. auch Ferrari 1981 [§ 42 *51: 1, 337-370], Cosenza 1981 [§ 42 *51: 1, 371-376], Dumont 1990 [§ 42 *53: 29-40].

61 P. H. De Lacy: Οὐ μᾶλλον and the antecedents of ancient scepticism, in: Phronesis 3 (1958) 59-71. ND in: P. H. De Lacy: Essay in ancient Greek philosophy (Albany, N.Y. 1971) 593-606.

62 A. Graeser: Demokrit und die skeptische Formel, in: Hermes 96 (1970) 300-317.

63 P. Moraux: Der Aristotelismus bei den Griechen von Andronikos bis Alexander von Aphrodisias, Bd. 2 (Berlin, New York 1984). – 156 Anm. 256a.

64 Ineke Sluiter: On ἡ διασαφητικός and propositions containing μᾶλλον/ἧττον, in: Mnemosyne 41 (1988) 46-66.

b) Ethik

Vgl. auch Burnyeat 1980 [§ 42 *107].

71 M. Pohlenz: Das Lebensziel der Skeptiker, in: Hermes 39 (1904) 15-29.

72 J. Moreau: Ariston et le stoïcisme, in: Revue des Etudes anciennes 50 (1948) 27-48.

73 Anna Maria Ioppolo: Aristone di Chio e lo stoicismo antico (Neapel 1980) [Collana Elenchos 1]. – Zu Pyrrhon: 176-178.

74 Carlos Lévy: Un problème doxographique chez Cicéron: Les indifférentistes, in: Revue des Etudes latines 58 (1980) 238-251.

75 D. R. Hilley: The deep challenge of Pyrrhonian scepticism, in: Journal of the History of Philosophy 25 (1987) 185-213. – Ἀταραξία als Ziel der konsequenten Urteilsenthaltung.

76 H. W. Ausland: On the moral origin of the

Pyrrhonian philosophy, in: Elenchos 10 (1989) 359-434.
77 Gisela Striker: Ataraxia: Happiness as Tranquillity, in: The Monist 73 (1990) 97-110.
78 P. Hadot: Philosophie als Lebensform. Geistige Übungen in der Antike (Berlin 1991). – S. 166 und 180: Die 'Urteilsenthaltung' als geistige Übung.
79 J. Brunschwig: Pyrrhon et Philista, in: Marie-Odile Goulet-Cazé (Hg.): Σοφίης μαιήτορες. 'Chercheurs de sagesse'. Hommage à Jean Pépin (Paris 1992) [Collection des Etudes augustiniennes, sér. Antiquité 131] 133-146. – Von den beiden Versionen der Anekdote über Pyrrhon und seine Schwester (siehe oben S. 755) ist die des Aristokles bei Eusebius (test. 15 B D.C.) vorzuziehen. Bei Diogenes Laert. IX 66 (test. 15 A D.C.) ist zu lesen ὑπὲρ τῆς ἀδελφῆς: Pyrrhon zürnte einem Dritten 'im Namen der Schwester'. Seine Antwort ist in den Eusebius-Handschriften richtig überliefert: 'Vor einer Frau muss man unbedingt seine Gefühllosigkeit demonstrieren'. Das kann als kompromisslose ('bäuerlich-trotzige') ἀπάθεια verstanden werden, aber auch als ironischer Ausdruck urbaner πρᾳότης. Die Erzählung ist vermutlich im Zusammenhang mit der Frage nach Pyrrhons ethischem τέλος erfunden worden.

c) Die Gottheit, das Gute

81 M. F. Burnyeat: Tranquillity without a stop: Timon frag. 68, in: Classical Quarterly 72 (1980) 86-93. – Zu Timon frg. 842 SH = Pyrrhon test. 62 D.C = 2 E LS.

d) Skeptische 'Tropen', 'Selbsteinschluss'

91 E. A. Chatzilysandros: Geschichte der skeptischen Tropen, ausgehend von Diogenes Laertius und Sextus Empiricus (München 1970) [Abhandlungen zur griechischen Philosophie 1]. – Diss.; Erweiterung der Thesen von K. von Fritz 1963 [*23: 101-104]: Zumindest die ersten fünf der später von Ainesidem zusammengestellten Hauptargumente ('Tropen') enthalten im Kern pyrrhonische Ansätze. Nicht überzeugend.
92 H. J. Krämer 1971 [§ 1 *394: 105f. Anm. 419]. – Wichtige systematische Erörterung zum 'Selbsteinschluss'.
93 Gisela Striker: The ten tropes of Aenesidemus, in: Burnyeat (Hg.) 1983 [§ 42 *52: 95-116]. – Einige Tropen im Kern pyrrhonisch.

94 M. L. McPherran: Skeptical homeopathy and self-refutation, in: Phronesis 32 (1987) 290-328.

5. Geistiger Hintergrund

a) Allgemeines

Vgl. auch Sedley 1977 [§ 1 *397].

101 B. Wiśniewski: L'influence des sophistes sur Aristote, Epicure, stoïciens et sceptiques (Breslau, Warschau, Krakau 1966) [Archiwum Filologiczne 13]. – S. 35-38: Protagoras und die Skeptiker.
102 A. Krokiewicz: Arystoteles, Pirron i Plotyn (Warschau 1974).
103 S. Zeppi: Le radici presocratiche della gnoseologia scettica di Pirrone, in: La storia della filosofia come sapere critico. Studi offerti a Mario Dal Pra (Mailand 1984) 75-91.

b) Megarisches. Auseinandersetzung mit Aristoteles met. Γ 1007 b 20ff.

111 K. von Fritz: Art. 'Megariker', in: RE Suppl. 5 (1931) 707-724.
112 K. von Fritz: Rez. von A. Levi: Le dottrine filosofiche della scuola di Megara, in: Rendiconti della Reale Accademia dei Lincei 8 (1932) 463-499, in: Gnomon 10 (1934) 122-125.
113 E. Berti: La critica allo scetticismo nel IV libro della ‹Metafisica›, in: Giannantoni (Hg.) 1981 [§ 42 *51: 1, 61-79].
114 A. A. Long: Aristotle and the history of Greek scepticism, in: D. J. O'Meara (Hg.): Studies in Aristotle (Washington, D.C. 1981) [Studies in Philosophy and the History of Philosophy 9] 79-106.
115 G. Reale: Ipotesi per una rilettura della filosofia di Pirrone di Elide, in: Giannantoni (Hg.) 1981 [§ 42 *51: 1, 243-336]. – S. 315-321: «Lo scetticismo di Pirrone come rovesciamento della ontologia aristotelica».

c) Kyrenaisches

121 K. Döring: Der Sokratesschüler Aristipp und die Kyrenaiker (Stuttgart 1988) [Abhandlungen der geistes- und sozialwissenschaftlichen Klasse der Akademie der Wissenschaften und der Literatur Mainz 1988, 1]. – S. 60: Pyrrhons Vergleich der Seelenruhe (ἀταραξία) mit der Meeresstille (γαλήνη) von Aristipp übernommen.

d) Theodoros Atheos. Bion vom Borysthenes

125 A. Brancacci: Teodoro l'Ateo e Bione di Boristene fra Pirrone e Arcesilao, in: Elenchos 3 (1982) 55-85.

e) Demokriteisches. Kynisches

131 T. Gomperz: Anaxarch und Kallisthenes, in: Commentationes philologae in honorem Th. Mommseni (Berlin 1877) 471-480.
132 K. von Fritz: Democritus' theory of vision, in: Science, medicine and history. Essays in honour of C. Singer (Oxford 1953) 83-99.
133 A. Graeser: Demokrit und die skeptische Formel, in: Hermes 98 (1970) 300-317.
134 Fernanda Decleva Caizzi: Democrito in Sesto Empirico, in: F. Romano (Hg.): Democrito e l'atomismo antico. Atti del Convegno Internazionale Catania 1979 (Catania 1980) [Siculorum Gymnasium 33 (1980)] 393-410. – Die doxographische Tradition, die eine Verbindung von Atomismus und Skeptizismus behauptet, geht auf die Neue Akademie zurück, die sich auf prominente Vorläufer berufen wollte.
135 A. Brancacci: Democrito e la tradizione cinica, in: F. Romano (Hg.): Democrito e l'atomismo antico. Atti del Convegno Internazionale Catania 1979 (Catania 1980) [Siculorum Gymnasium 33 (1980)] 411-425.
136 Anna Maria Ioppolo: Anassarco e il cinismo, in: F. Romano (Hg.): Democrito e l'atomismo antico. Atti del Convegno Internazionale Catania 1979 (Catania 1980) [Siculorum Gymnasium 33 (1980)] 499-506.
137 Fernanda Decleva Caizzi: Τῦφος. Contributo alla storia di un concetto, in: Sandalion 3 (1980) 53-66. ND in: Margarete Billerbeck (Hg.): Die Kyniker in der modernen Forschung (Amsterdam 1991) [Bochumer Studien zur Philosophie 15] 273-285.
138 A. Brancacci: La filosofia di Pirrone e le sue relazioni con il cinismo, in: Giannantoni (Hg.) 1981 [§ 42 *51: 1, 211-242].
139 Fernanda Decleva Caizzi: Pirrone e Democrito. Gli atomi: un 'mito'? in: Elenchos 5 (1984) 5-23.
140 Tiziano Dorandi: I frammenti di Anassarco di Abdera, in: Atti e Memorie dell'Accademia Toscana di Scienze e Lettere 'La Colombaria' 69 = n.s. 45 (1994) 9-59. – Vgl. darin insbesondere S. 22-24: «Anassarco e Pirrone».

f) Verhältnis zu Epikur und seinen Schülern

Vgl. auch Burnyeat 1978 [§ 47 *113].

151 A. Barigazzi: Epicure et le scepticisme, in: Actes du VIIIe Congrès de l'Association G. Budé, Paris 1968 (Paris 1969) 286-293. – Die anti-skeptische Polemik bei Lukrez IV 469-472 geht auf Epikur zurück; gemeint ist Metrodor aus Chios.
152 D. Sedley: Epicurus and his professional rivals, in: J. Bollack, A. Laks (Hg.): Etudes sur l'épicurisme antique (Lille 1976) [Cahiers de Philologie 1] 119-159, bes. 134-137.
153 M. Gigante: Scetticismo e epicureismo. Per l'avviamento di un discorso storiografico (Neapel 1981) [Collana Elenchos 4]. – Einführungskapitel auch in: Giannantoni (Hg.) 1981 [§ 42 *51: 2, 725-736]. – Grundlegend. Erörterung aller Zeugnisse, die auf eine Wechselwirkung von Pyrrhonismus und Epikureismus deuten. Rez.: Margherita Isnardi Parente: A proposito di epicureismo e scetticismo, in: Rivista critica di Storia della Filosofia 38 (1983) 190-200; D. Fowler: Sceptics and Epicureans. A discussion of M. G., Scetticismo e epicureismo, in: Oxford Studies in Ancient Philosophy 2 (1984) 237-267; D. Glidden: Marcello Gigante and the sceptical Epicurean, in: Ancient Philosophy 6 (1986) 169-176.
154 M. Gigante: Quelques précisions sur le scepticisme et l'épicurisme, in: A.-J. Voelke (Hg.) 1990 [§ 42 *53: 69-83].

g) Indischer Einfluss?

161 A. M. Frenkian: Scepticismul grecşi filozofia indianǎ [rumänisch mit russ. und franz. Zusammenfassung] (Bukarest 1957). – Dt.: Der griechische Skeptizismus und die indische Philosophie, in: Bibliotheca Classica Orientalis 3 (1958) 212-249; engl.: Sextus Empiricus and Indian Logic, in: Philosophical Quarterly 30 (1957) 115-126.
162 M. Piantelli: Possibili elementi indiani nella formazione del pensiero di Pirrone di Elide, in: Filosofia 29 (1978) 135-164.
163 E. Flintoff: Pyrrho and India, in: Phronesis 25 (1980) 88-108.
164 T. McEvilley: Pyrrhonism and Mādhyamika, in: Philosophy East and West 32 (1982) 3-35.
165 Nanajivako Bhikkhu: The Indian origin of Pyrrho's philosophy of epoche, in: Indian Philosophical Quarterly 12 (1985) 319-340.

§ 44. Timon aus Phl(e)ius

A. Zeugnisse und Überlieferung 760. – B. Leben 760. – C. Werke 761. – D. Lehre 763. – E. Bibliographie 765: 1. Fragmentsammlungen 765; 2. Allgemeines 766; 3. Zu einzelnen Werken 766.

A. ZEUGNISSE UND ÜBERLIEFERUNG

Über die Lebensumstände von Pyrrhons bedeutendstem Schüler wissen wir nur wenig. Die meisten Nachrichten stehen im Timon-Abschnitt bei DIOGENES LAERT. (IX 109-116); einige Anekdoten überliefert Athenaios. Diogenes nennt als seine Quelle den sonst fast völlig unbekannten Grammatiker Apollonides aus Nikaia (tiberianische Zeit); Apollonides seinerseits benutzte, wie WILAMOWITZ (1881 [§ 1 *191: 31-33, synoptischer Text 41-44]) gezeigt hat, eine Biographie des zuverlässigen Antigonos aus Karystos. – Timons überaus reiche und vielseitige literarische Produktion ist uns nur noch durch vereinzelte Fragmente und Zeugnisse kenntlich. Neben den philosophischen Hauptwerken – ‹Python›, ‹Silloi›, ‹Indalmoi› – verfasste er Epen, Tragödien, Satyrspiele, Komödien (vgl. jedoch DIELS (Hg.) 1901 [*2: 174] zu DIOGENES LAERT. IX 110f. = frg. 9 A 1 PPF) und sehr umfangreiche Prosaschriften (Diels a.a.O. zweifelt an der überlieferten Angabe über den Umfang: «20 000 Zeilen»). Alle Zeugnisse und Fragmente sind gesammelt von WACHSMUTH (Hg.) ²1885 [*1: 8-55 (Kommentar); 89-187 (Text)] und DIELS (Hg.) 1901 [*2: 173-206] [PPF], die poetischen Fragmente in der jetzt massgeblichen Ausgabe von LLOYD-JONES/PARSONS (Hg.) 1983 [*3: 368-395] [SH]. Vgl. auch LONG/SEDLEY (Hg.) 1987 [*4] [LS] und DI MARCO (Hg.) 1989 [*5]. – Ein Bildnis ist nicht erhalten.

B. LEBEN

Timon, Sohn eines Timarchos, stammt aus der nordpeloponnesischen Stadt Phl(e)ius. Seine Lebensdaten sind nicht genau zu ermitteln. Nach DIOGENES LAERT. IX 112 wurde er «fast 90 Jahre alt». Arkesilaos († 241/240 v. Chr.) hat er mit Sicherheit überlebt, da er ihm ein literarisches ‹Leichenfest› (περίδειπνον) gewidmet hat. Er war erheblich jünger als Pyrrhon und hörte als junger Mann den Megariker Stilpon († um 300). Das führt auf eine Lebenszeit von etwa 320/315-230/225 v. Chr. Timon verdiente seinen Lebensunterhalt zunächst als Tänzer, wandte sich dann 'voller Verachtung' (καταγνούς) von diesem Beruf ab und begab sich nach Megara, um unter Stilpons Anleitung Philosophie zu treiben. Er kehrte in seine Heimat zurück, heiratete, zog mit seiner Frau zu Pyrrhon nach Elis, wo er vermutlich bis zu Pyrrhons Tod blieb. In ärmliche Verhältnisse geraten, brach er auf zum Hellespont und zur Propontis; er trat in Chalkedon als 'Sophist' auf und erntete dabei hohen Ruhm. Schliesslich liess er sich in Athen nieder, das er – mit einer kurzen Unterbrechung wegen einer Lehrtätigkeit in Theben – nicht mehr verliess. Hier machte er sich daran, die Gedanken seines verehrten Lehrers Pyrrhon in vielfältiger Form literarisch zu verbreiten; damit beginnt eine neue Phase des Pyrrhonismus, der nun auch bei anderen Schulen Beachtung findet (DECLEVA CAIZZI 1986 [§ 1 *366: 163. 179]). In Athen wurde er auch mit den Königen

Antigonos Gonatas und Ptolemaios Philadelphos bekannt gemacht; Anekdoten erzählen von Begegnungen mit Arkesilaos, Lakydes und dem Dichter Arat.

Timon legte – ähnlich wie sein Meister Pyrrhon – oft ein eigenwilliges Verhalten an den Tag: Er witzelte gleichmütig über seine Einäugigkeit. Seine Gedichte liess er sorglos herumliegen, «mitunter schon halb zerfressen». Als er einmal aus seinen Schriften vorlesen wollte, fand er den Anfang nicht und begann dann an einer beliebigen Stelle, bis er «das abgerissene Stück fand, von dem er nichts mehr wusste» (DIOGENES LAERT. IX 114). Der Zusatz des Diogenes τοσοῦτον ἦν ἀδιάφορος lässt vermuten, dass bei solchen Exzentrizitäten auch Berechnung im Spiel war: dass er auf diese Weise seine 'Unbekümmertheit' demonstrieren wollte. Das wird auch dadurch bestätigt, dass er bei seiner schriftstellerischen Tätigkeit äusserst ruhebedürftig, also gerade nicht ἀδιάφορος war (Antigonos aus Karystos bei DIOGENES LAERT. IX 112 nennt ihn φιλόκηπος ... καὶ ἰδιοπράγμων, 'gartenliebend und eigenbrötlerisch'); wenn Mägde oder Hunde ihn störten, gelang ihm nichts, «denn ihm lag sehr daran, allein zu sein» (DIOGENES LAERT. IX 113). – Über Timons Sohn Xanthos siehe unten S. 772, über seine Schüler unten S. 771-773.

C. WERKE

Sämtliche erhaltenen oder sonst kenntlichen Stellen aus Timons literarischem Werk behandeln philosophische Fragen; das dürfte auch für das meiste des Verlorenen gelten. Alle Schriften standen im Dienste der Lehre, der sich Timon nach der Abkehr von Stilpon verschrieben hatte: der pyrrhonischen Skepsis. Pyrrhon erscheint bei ihm immer wieder als Idealbild; mit Recht nennt SEXTUS EMP. (math. I 53 = frg. B 61 PPF = frg. 835 SH) ihn dessen προφήτης (zu dieser Bezeichnung vgl. DECLEVA CAIZZI 1992 [§ 1 *82: 324]). Fast alle Fragmente stammen aus drei Hauptwerken:

1. ‹Python›. – Vermutlich eine Prosaschrift (immerhin sind die Hexameter bei DIOGENES LAERT. IX 64f. = frg. B 48 PPF = frg. 822 SH nicht nur für die ‹Silloi›, sondern auch für den ‹Python› bezeugt), in der u.a. die Geschichte der Bekehrung Timons zum Pyrrhonismus geschildert war (ARISTOKLES frg. 6 HEILAND bei EUSEBIUS PE XIV 18, 14 = PYRRHON test. 52 D.C. [§ 43 *1] = TIMON frg. B 77 PPF): «Timon erzählt im ‹Python› in grosser Ausführlichkeit, wie er Pyrrhon, der auf dem Wege nach Delphi war (zu den Pythien?), am Heiligtum des Amphiaraos begegnete und worüber sie sich unterhielten ...». Das Heiligtum des Amphiaraos ist vermutlich das von Oropus, das tatsächlich auf dem Wege von Elis nach Delphi liegt, und eine Begegnung, wie sie hier geschildert war, ist selbstverständlich möglich (für autobiographische Deutung WACHSMUTH (Hg.) ²1885 [*1: 11. 28], GOEDECKEMEYER 1905 [§ 42 *33: 20], REALE 1981 [§ 42 *51: 1, 290f.]). Trotzdem handelt es sich wahrscheinlich um eine symbolisch zu verstehende literarische Fiktion. In diese Richtung weist bereits der Name von Timons Unterredner, der auch dem Dialog (?) den Namen gegeben hat: 'Python' ist offensichtlich eine «um der Pythien willen fingierte» Person (WILAMOWITZ 1881 [§ 1 *191: 38]). LONG (1978 [*13: 73f.]) vermutet ansprechend, Timon habe Pyrrhon mit Delphi in Verbindung gebracht, um an Chairephons bekannte Anfrage zu erinnern; Pyrrhon erscheine dadurch, wie damals Sokrates, als der Weiseste seiner Zeit. Weniger wahrscheinlich ist die Deutung von UNTERSTEINER (1954 [*21]), der von der Gestalt des Amphiaraos ausgeht: Der Rat des Amphiaraos an seinen Sohn Amphilochos, man müsse sich jeder Situation geschmeidig anpassen (überliefert u.a. bei KLEARCHOS frg. 75 WEHRLI), stehe in Analogie zur Lebensmaxime des Skeptikers, sich an den 'Phänomenen' zu orientieren (berechtigte chronologische Bedenken bei DECLEVA CAIZZI (Hg.) 1981 [§ 43 *1: 216f.]). Die dürftigen übrigen Fragmente lassen erkennen, dass von theoretischen Grundfragen der Skepsis die Rede war: Erläuterungen der Formel οὐδὲν μᾶλλον (frg. B 80 PPF), Verteidigung gegen den Vorwurf einer unkonventionellen Lebensführung (frg. B 81 PPF = 1 H 2 LS).

2. ‹Silloi›. – Σίλλος heisst ursprünglich 'schielend', σίλλοι sind also 'schielende Verse' oder Spottgedichte. Der Terminus begegnet überwiegend, aber nicht ausschliesslich in bezug auf Xenophanes aus Kolophon (dem sich Timon auch sonst verbunden fühlte – vgl. unten) und auf Timon (vorzügliche Stellensammlung zum Begriff und zur Geschichte der Gattung bei DIELS PPF 181f.). Über Umfang und Aufbau der ‹Silloi› Timons berichtet Antigonos aus Karystos (DIOGENES LAERT. IX 111 = frg. A 1 PPF = frg. 775 SH = 3 A LS): «Die Sillen bestehen aus drei Büchern, in denen er als Skeptiker alle dogmatischen Philosophen in burlesker Weise verspottet. Das erste Buch ist in der ersten Person verfasst, das zweite und dritte Buch in Form eines Dialogs. Er fingiert, über alles (einen jeden?) den Xenophanes zu befragen; der aber gibt ihm Antwort, und zwar im zweiten Buch über die früheren, im dritten, das darum auch als Epilog bezeichnet wird, über die späteren Philosophen». – Die Abfassungszeit der ‹Silloi› ist umstritten. Bislang wurde meist angenommen, Timon habe in diesem Werk nur bereits verstorbene Philosophen verspottet; darum galt der Tod des Kleanthes (etwa 230/229) als terminus post quem (WACHSMUTH (Hg.) ²1885 [*1: 13] u.a.); gelegentlich sah man in der Erwähnung von Kleanthes einen späten Einschub in das schon früher abgeschlossene Werk (so zuletzt DECLEVA CAIZZI 1986 [§ 1 *366: 161f.]). PRATESI (1986 [*46: 42-44]) hat jedoch wahrscheinlich gemacht, dass Timon auch Lebende nicht verschonte, und vertritt eine Datierung um 250-245 v. Chr. Als weiteres überzeugendes Argument für die Frühdatierung führt sie an, dass Timon in den ‹Silloi› Arkesilaos scharf kritisiert, ihm dagegen nach seinem Tode (241/240 v.Chr., weniger wahrscheinlich 244/243 – vgl. unten S. 795f.) eine rühmende Gedenkschrift – ‹Leichenfest für Arkesilaos› – gewidmet hat. Dieser Meinungswechsel habe sich schwerlich in ganz kurzer Zeit vollzogen.

Die etwa 150 erhaltenen Verse und Versteile (durchweg Hexameter, die meisten parodierend an Homer oder Hesiod angelehnt) lassen in Verbindung mit den Angaben aus Antigonos noch folgendes erkennen: Das erste Buch bestand aus zwei Teilen, einem 'Kampf' der Philosophen nach der Art iliadischer Kämpfe und einer schwer zu deutenden Allegorie (frg. 30-38 PPF = frg. 804-812 SH = 3 E, F, G LS). Viele Gelehrte glaubten im Anschluss an Diels einen 'Fischzug' zu erkennen, in dem die Dogmatiker möglichst viele Opfer in die Netze ihres Wahns ziehen wollten (u.a. LONG 1978 [*13: 79f.], LLOYD-JONES/PARSONS (Hg.) 1983 [SH] z. St., LONG/SEDLEY (Hg.) 1987 [LS] Bd. 1, 23; Bd. 2, 15). Aber diese Deutung war nie unumstritten (Gegenargumente z.B. bei PIANKO 1948-1949 [*32], GIGANTE 1963 [*35]) und ist durch DI MARCO (1983 [*43], (Hg.) 1989 [*5: Komm. z. St.]) und BILLERBECK (1987 [*47]) energisch in Frage gestellt worden: Nicht um einen Fischzug handele es sich, sondern vielmehr um die Vorbereitungen für einen Wettlauf (ablehnend AX 1990 [*51: 182 Anm. 18] und GLEI 1993 Rez. di Marco (Hg.) 1989 [*5] 114f.). In beiden Interpretationen bleiben die meisten Einzelheiten dunkel. Sicher ist nur, dass der Skepsis angeblich oder wirklich nahestehende Philosophen, wie Heraklit und Sokrates, sehr viel freundlicher gezeichnet werden als krasse Dogmatiker; der Stoiker Zenon z.B. erscheint als gefrässige alte Phoenizierin, die zudem so dumm ist, dass ihr die bereits gefangenen Opfer mitsamt dem Korbe, in den sie sie gesperrt hatte, wieder entwischen (DIOGENES LAERT. VII 15 = frg. B 38 PPF = frg. 812 SH = 3 F LS). Das zweite Buch war eine 'Nekyia': eine Totenschau in Anlehnung an das XI. Buch der Odyssee. Hier 'führt' Xenophanes Timon (wie später die cumaeische Sibylle Aeneas und Virgil Dante durch die Unterwelt geleiten werden). Das dritte Buch bot wahrscheinlich eine Fortsetzung der Nekyia und ging dann über zur satirischen Behandlung der Zeitgenossen.

3. Timons drittes Hauptwerk trug den eigenartigen Titel ‹Indalmoi› (Ἰνδαλμοί), wörtlich 'Bilder', 'Meinungen', 'Vorstellungen'. Aus diesem in 'elegischen' Distichen verfassten Gedicht sind nur wenige, aber für die Beurteilung von Timons (und Pyrrhons) Lehre entscheidende Sätze erhalten (siehe oben S. 740f. 745f.; vgl. auch unten).

4. Von einigen weiteren Schriften in Prosa haben sich nur dürftige Spuren erhalten: ‹Gegen die Naturphilosophen› (Πρὸς τοὺς φυσικούς), ‹Über Wahrnehmungen› (Περὶ αἰσθήσεων) (zu diesen beiden Werken grundlegend DECLEVA CAIZZI 1984 [*71]), ‹Leichenfest für Arkesilaos› (Ἀρκεσιλάου περίδειπνον).

D. LEHRE

Über Timons eigene Lehre lassen sich keine sicheren Aussagen machen. Da Pyrrhon seine Anschauungen nicht schriftlich formuliert hat, waren wir für ihre Rekonstruktion vor allem auf die Berichte seiner Schüler angewiesen, und das heisst konkret: auf Timon, denn der Zufall hat es gefügt, dass von keinem der anderen Schüler auch nur ein Satz erhalten geblieben ist. (Die Ausgangslage ist also noch ungünstiger als im Falle von Sokrates und Platon, denn dort steht immerhin Xenophon als Korrektiv zur Verfügung.) War es nun schwierig, aus den literarisch überformten Berichten und 'Zitaten' des Schülers ein Bild des verehrten Lehrers zu gewinnen, so gilt das auch umgekehrt. Es lässt sich nicht leicht erkennen, wo der treu ergebene Schüler, der nie gegen den Meister polemisiert, von der ursprünglichen Linie abweicht. Die folgenden Darlegungen können daher nur Mutmassungen sein.

Timon zeigt in seinen Gedichten (vor allem in den ‹Silloi›) eine ausgeprägte Neigung zur Auseinandersetzung mit anderen Philosophen, die er dabei konsequent in 'Freunde' und 'Feinde' einteilt. Für Pyrrhon ist derartiges nicht bezeugt und auch nicht wahrscheinlich (das Lob Demokrits test. 20 D.C. = 1 C 2 LS ist nur bedingt vergleichbar, da im gleichen Zusammenhang auch Homer genannt ist). Besonders auffällig ist dabei die herausgehobene Stellung der Eleaten Xenophanes und Parmenides. Xenophanes ist nicht nur 'Führer' und Auskunftsperson Timons in der Unterwelt; er heisst auch ὑπάτυφος, 'teilweise frei von Wahn' (frg. B 60 PPF = 834 SH), kommt also dem Ideal der ἀτυφία, das nur Pyrrhon erreicht (frg. B 9 PPF = 783 SH = 2 B LS), sehr nahe. Zenon, der Stoiker, sitzt dagegen als phoenizische Alte in schwerem τῦφος (frg. B 38 PPF = 812 SH = 3 F LS; vgl. dazu DECLEVA CAIZZI 1980 [§ 43 *137]). Über Parmenides heisst es (frg. B 44 PPF = 818 SH), er habe «die Gedanken vom Trug der Vorstellungen weg in die Höhe geführt». Auch Heraklit und Demokrit werden freundlich bedacht, kurz: die meisten derjenigen, die in späteren Sukzessionsreihen (vgl. S. 748) als 'Vorläufer' der pyrrhonischen Skepsis erscheinen. Gerade derjenige nun, auf den die Sukzessionsreihen im wesentlichen zurückgehen, der Peripatetiker Sotion aus Alexandreia (tätig zwischen 200 und 170 v. Chr., über ihn WEHRLI in UEBERWEG Antike 3 (1983) 584, Fragmentsammlung von WEHRLI 1978 [*39]), hat auch einen Kommentar zu den ‹Silloi› Timons verfasst (WEHRLI 1978 [*39: 31. 68]). Es ist daher eine wahrscheinliche Vermutung (LONG 1978 [*13: 78. 81]), dass die Konstruktion dieser Reihen von Timon ungewollt angeregt worden ist und dass die Popularität seiner Gedichte dazu beitrug, sie plausibel zu machen. In jedem Fall hat Timon als erster hellenistischer Philosoph die Autorität älterer Denker zur Stütze der eigenen Lehre herangezogen (wie später in anderem Sinne Antiochos aus Askalon).

Ohne erkennbare Entsprechung bei Pyrrhon ist eine vereinzelte Äusserung Timons zum Problem des Werdens in der Zeit: SEXTUS EMP. math. X 197 (ähnlich math. VI 66) = frg. B 76 PPF = 3 m LS (Bd. 2, 17): ἐν ἀμερεῖ ... χρόνῳ οὐδὲν πέφυκε γίνεσϑαι μεριστόν, ... οἷον τὸ γίνεσϑαι καὶ τὸ φϑείρεσϑαι καὶ πᾶν ὃ τούτοις ἔοικεν. Die Herkunft des Gedankens vom eleatischen Monismus liegt auf der Hand. LONG (1978 [*13: 72]) betont die Nähe zur megarischen Dialektik; ausführliche Diskussion der denkbaren Bezüge und Implikationen bei DECLEVA CAIZZI (1984 [*71: 101-105]). Eine sichere Deutung ist unmöglich. Sextus zitiert den Satz an beiden Stellen, um die Nicht-Existenz der Zeit zu erweisen. Das kann der Zusammenhang bereits bei Timon gewesen sein; denkbar ist aber auch, dass Timon damit die ewig gleiche Natur des wirklich Seienden, also der Gottheit und des Guten, beweisen wollte.

Wie DECLEVA CAIZZI (1981 [§ 43 *1: 263]) überzeugend darlegt, war Pyrrhon vermutlich noch nicht mit dem Vorwurf konfrontiert worden, die Skeptiker seien durch ihre Lehre zu konsequenter Untätigkeit verurteilt. Dieser Vorwurf sei erst von den Stoikern erhoben worden (PLUTARCH adv. Col. 1122 A-B = 69 A 1 LS; CICERO Lucullus 25. 31; DIOGENES LAERT. IX 107). Die chronologischen Bedenken gelten nun aber für Timon nicht mehr, ja wir wissen, dass er sich mit Zenon auseinandergesetzt hat. Vermutlich ist er es, der das später kanonische Gegenargument formuliert hat: Der Skeptiker orientiere sich im praktischen Leben an den 'Phänomenen', stelle jedoch keine apodiktischen Behauptungen auf (z.B. PYRRHON test. 8 D.C. = 71 A 1 LS; vgl. S. 745f.). Ebenfalls in den Bereich des praktischen Verhaltens weisen die Timon-Zeugnisse frg. B 74 PPF = 1 H 3 LS («ob Honig süss ist, muss offenbleiben; aber gern gebe ich zu, dass er mir süss erscheint», vgl. dazu DECLEVA CAIZZI 1984 [*71: 93-96]) und frg. B 81 PPF, wo an einem kaum verständlichen Beispiel gezeigt werden soll, dass auch der Skeptiker sich an die allgemeinen Sitten und Gebräuche hält.

Während es bei Pyrrhon fraglich bleiben musste, ob er das Problem des 'Selbsteinschlusses' bedacht und behandelt hat, ist für Timon die Frage mit Sicherheit zu bejahen. Dafür spricht nicht nur das S. 747 paraphrasierte Zeugnis aus Aristokles (PYRRHON test. 53 D.C., 2. Teil = frg. A 2 PPF, S. 176, 26f.); auch ein anderes Argument aus dem mit Timon-Zitaten durchsetzten Aristokles-Bericht ist schon wegen des drastischen Vergleichs dem Sillographen zuzuweisen (ARISTOKLES bei EUSEBIUS PE XIV 18, 21 = frg. A 2 PPF, S. 179, 13-16): Wie ein Abführmittel mit den 'überflüssigen Stoffen' (die hier den dogmatischen Irrglauben symbolisieren) auch sich selbst ausscheide, ebenso hebe die skeptische Lehre, die alles für unsicher erkläre, auch sich selbst mit auf (ähnlich SEXTUS EMP. PH II 188, math. VIII 480; DIOGENES LAERT. IX 76; logisch-systematische Interpretation bei MCPHERRAN 1987 [*15]).

Vielleicht steht auch der Titel von Timons philosophischem Hauptwerk ('Ινδαλμοί) in Beziehung zum Problem des 'Selbsteinschlusses'. Die wenigen (aber ausserordentlich wichtigen) Fragmente lassen erkennen, dass darin Pyrrhon auf eine einleitende Frage Timons (oder auf dessen wiederholte Fragen) die Grundzüge seiner Lehre erläuterte. Nun bedeutet ινδαλμοί 'Bilder', 'Vorstellungen', 'Erscheinungen'; Lloyd-Jones/Parsons kommentieren den Titel: «id est δόξαι vel φαινόμενα». Da es auf den ersten Blick äusserst unwahrscheinlich ist, dass die eigene, sehr feierlich vorgetragene Lehre so charakterisiert wird, hatte Wachsmuth in der ersten Auflage seiner ‹Sillographi› den Titel auf die von Timon kritisierten Meinungen der anderen Philosophen bezogen; ihm folgte NESTLE (1937 [*12: 1301]). Aber davon zeigen die Fragmente der ‹Indalmoi› keine Spur. Mit Recht wandte HIRZEL (1877-1883 [§ 1 *331: 3, 51 Anm. 1]) ein, dass auch der oben (S. 745f.)

erörterte Vers aus den ‹Indalmoi› frg. B 69 PPF eine polemische Abwertung der φαινόμενα erkennen lasse. Der Schlüssel zum Verständnis des Titels ‹Indalmoi› liege in einem 'Zitat' aus Homers Odyssee: der umstrittene Vers ἦ γὰρ ἐγὼν ἐρέω, ὥς μοι καταφαίνεται εἶναι (SEXTUS EMP. math. XI 20 = frg. B 68 PPF = frg. 842 SH = PYRRHON test. 62 D.C. = 2 E LS – dazu oben S. 740f.) sei unzweifelhaft nach Odyssee XIX 224 ἀλλὰ καὶ ὡς ἐρέω, ὥς μοι ἰνδάλλεται ἦτορ gebildet (vgl. auch Timons vorangehende Bitte frg. B 67 PPF = frg. 841 SH = 2 D LS τοῦτό μοι, ὦ Πύρρων, ἱμείρεται ἦτορ ἀκοῦσαι). Diese Homerstelle zeige, wie der Titel ‹Indalmoi› vermutlich zu verstehen sei: Odysseus gibt Penelope, die ihn noch nicht erkannt hat, zur Bekräftigung seiner fiktiven Geschichte eine wahrheitsgemässe Beschreibung seines wirklichen Äusseren; was durch den von Timon umgeformten Vers eingeleitet wird, stehe also in eigentümlicher Weise zwischen 'Lüge' und Wahrheit (vgl. Odyssee XIX 203 ... ψεύδεα πολλὰ λέγων ἐτύμοισιν ὁμοῖα). Wenn diese Beziehung nicht rein zufällig sei, habe Timon mit dem Homerzitat auch eine Aussage über den Gültigkeitsstatus der von Pyrrhon geäusserten Lehrsätze gegeben: Auch sie stehen zwischen trügerischer 'Meinung' und Wahrheit. Timon hätte dann die von Pyrrhon vielleicht noch apodiktisch vorgetragenen Maximen im Sinne des 'Selbsteinschlusses' relativiert.

Insgesamt ist deutlich, dass Timon im Vergleich mit seinem Lehrer stärker zur theoretischen Diskussion hinneigte und das Gespräch mit anderen philosophischen Schulen suchte. Es gibt Anzeichen dafür, dass er im Alter die Übereinstimmungen mit der skeptischen Akademie des Arkesilaos herausgestellt hat (‹Leichenfest für Arkesilaos›, siehe S. 762; ATHENAIOS X 438A: freundschaftlicher Verkehr mit Arkesilaos' Nachfolger Lakydes; vgl. unten S. 832). Das ist für die Frage nach der Einwirkung des Pyrrhonismus auf die akademische Skepsis von erheblicher Bedeutung.

E. BIBLIOGRAPHIE

1. Fragmentsammlungen [*1-*5]. – 2. Allgemeines [*11-*15]. – 3. Zu einzelnen Werken: a) Python [*21]; b) Silloi [*31-*51]; c) Indalmoi [*61-*62]; d) Andere Werke [*71-*72].

1. Fragmentsammlungen

1 C. Wachsmuth (Hg.): Sillographorum Graecorum Reliquiae, recognovit et enarravit C. W. Praecedit commentatio de Timone Phliasio ceterisque Sillographis (Leipzig ²1885) [Corpusc. poes. epicae Graecae ludibundae, ed. C. W. et P. Brandt, fasc. 2] [Bibliotheca Teubneriana] 8-55 (Komm.), 89-187 (Text). – In der Textgestaltung veraltet, aber wegen einzelner Erläuterungen noch nützlich.

2 Poetarum Philosophorum Fragmenta, ed. H. Diels (1901) [PPF] [§ 1 *302: 173-206]. – Für die Prosafragmente (Python u.a.) noch immer die massgebliche Ausgabe.

3 Lloyd-Jones/Parsons (Hg.): Supplementum Hellenisticum (1983) [SH] [§ 1 *294: 368-395]. – Enthält nur die poetischen Fragmente mit knappen (überwiegend philologischen) Erläuterungen.

4 Long/Sedley (Hg.): The Hellenistic philosophers (1987) [LS] [§ 1 *295]. – Ausgewählte Texte in engl. Übersetzung (1, 22-24) und im Original (2, 13-17).

5 Timone di Fliunte. Silli. Introduzione, edizione critica, traduzione e commento a cura di M. di

Marco (Rom 1989) [Edizioni dell'Ateneo]. – Rez.: Fernanda Decleva Caizzi, in: Elenchos 12 (1991) 130-135; R. Glei, in: Gnomon 65 (1993) 112-115; J. Mansfeld, in: Mnemosyne 46 (1993) 397-401.

2. Allgemeines

Vgl. auch Hirzel 1877-1883 [§ 1 *331: 3, 39-64].

11 J. Geffcken: Studien zur griechischen Satire, in: Neue Jahrbücher für das Klassische Altertum 26 (1911) 393-411. – Timon als Satiriker 409-411.
12 W. Nestle: Art. 'Timon (Nr. 13) aus Phleius', in: RE 6 A (1937) 1301-1303.
13 A. A. Long: Timon of Phlius: Pyrrhonist and satirist, in: Proceedings of the Cambridge Philological Society 204, n.s. 24 (1978) 68-91. – Umfassende Würdigung Timons als Dichter und als Philosoph; gute Skizze des geistigen Hintergrunds. Funktion Timons als (alleiniger) Überlieferungsträger für Pyrrhon überschätzt.
14 Rita Pratesi: Timone, Luciano e Menippo. Rapporti nell'ambito di un genere letterario, in: Prometheus 11 (1985) 40-68.
15 M. L. McPherran: Sceptical homeopathy and self-refutation, in: Phronesis 32 (1987). – 290-328: Systematische Überlegungen zum 'Selbsteinschluss' (Bild des Abführmittels).

3. Zu einzelnen Werken

a) Python

21 M. Untersteiner: Contributi filologici per la storia della filosofia, I: L'incontro fra Timone e Pirrone, in: Rivista critica di Storia della Filosofia 9 (1954) 285-287. ND in: M. U.: Scritti minori (Brescia 1971) 641-644. – Symbolische Deutung der Begegnung zwischen Timon und Pyrrhon.

b) Silloi

31 G. Pianko: Greckie podróze do piekiel i Tymon z Fleius [Griechische Reisen in die Unterwelt und Timon von Phleius], in: Meander 1 (1946) 240-251.
32 G. Pianko: De Timonis Phliasii Sillorum dispositione, in: Eos 43 (1948-49) 120-126.

33 G. Pianko: Silloi poemat satyryczny Tymona z Fliuntu [Das satirische Gedicht ‹Silloi› des Timon von Phlius], in: Meander 7 (1952) 389-406.
34 M. Gigante: Di una lectio difficilior in un frammento di Timone, in: La Parola del Passato 5 (1950) 62-66. – Zu frg. 804 SH; zu lesen ist nicht πλατίστακος (Name eines Fisches), sondern πλατίστατος, 'breit gebaut' (Anspielung auf Platon).
35 M. Gigante: Margini ascripta. De Arcesila scripsit Timon fr. 32 D. (ap. D. L. IV 33, Eus. Praep. Ev. 14, 5, 13), in: La Parola del Passato 18 (1963) 54-56. – Zu frg. 806 SH.
36 E. Vogt: Des Timon von Phleius Urteil über Xenophanes, in: Rheinisches Museum für Philologie 107 (1964) 295-298.
37 G. Cortassa: Due giudizi di Timone di Fliunte, in: Rivista di Filologia e d'Istruzione classica, ser. 3, 104 (1976) 312-326.
38 G. Cortassa: Note ai Silli di Timone di Fliunte, in: Rivista di Filologia e d'Istruzione classica, ser. 3, 106 (1978) 140-155.
39 F. Wehrli (Hg.): Die Schule des Aristoteles. Suppl. 2: Sotion 1978 [§ 1 *201]. – S. 31. 68.
40 Fernanda Decleva Caizzi: Τῦφος. Contributo alla storia di un concetto, in: Sandalion 3 (1980) 53-66. ND in: Margarete Billerbeck (Hg.): Die Kyniker in der modernen Forschung (Amsterdam 1991) [Bochumer Studien zur Philosophie 15] 273-285. – Zu den Fragmenten 812 und 834 SH. Antisthenes als geistiger Hintergrund.
41 G. Cortassa: Timone e Parmenide. Un'interpretazione di Timone, fr. 4 W (= 44 D.), in: Rivista di Filologia e d'Istruzione classica 110 (1982) 416-429. – Zu frg. 818 SH.
42 M. di Marco: Riflessi della polemica antiepicurea nei ‹Silli› di Timone. 1: Epicuro γραμμοδιδασκαλίδης, in: Elenchos 3 (1982) 325-346. 2: Epicuro, il porco e l'insaziabile ventre, in: Elenchos 4 (1983) 59-91.
43 M. di Marco: Note ai ‹Silli› di Timone, in: Giornale italiano di Filologia 35 (n.s. 14) (1983) 61-83. – Zu Fragmenten über Zenon und die Stoa, Empedokles, Parmenides, Pythagoras und Anaxarch. Wichtige Argumente gegen die Deutung der Fragmente 804, 805, 812 SH als allegorischer 'Fischzug'.
44 M. di Marco: Timone, fr. 13 D., in: Bollettino dei Classici 6 (1985) 107-110. – Eine Karikatur Zenons in frg. 787 SH.
45 F. de Martino: Cherilo, Timone e la cultura 'da maiale', in: Quaderni Urbinati di Cultura

classica 52 (n.s. 23) (1986) 137-146. – Verhöhnung Epikurs in frg. 825 SH.

46 Rita Pratesi: Note ai ‹Silli› di Timone di Fliunte, in: Prometheus 12 (1986) 36-56 und 123-138. – Für Frühdatierung der ‹Sillen› (250-245 v. Chr.); ausführliche Interpretation der Fragmente 819. 779. 799. 814. 832. 802. 824 SH.

47 Margarete Billerbeck: Faule Fische. Zu Timon von Phleius und seiner Philosophensatire, in: Museum Helveticum 44 (1987) 127-133. – Grundlegende Neuinterpretation der Fragmente 804. 805. 806. 826. 812 SH: Es handelt sich nicht um einen allegorischen Fischzug, sondern vermutlich um einen Wettlauf.

48 J. C. F. Gannon: An interpretation of Timon of Phlius fr. 38 D., in: American Journal of Philology 108 (1987) 603-611. – Zu frg. 812 SH.

49 Fernanda Decleva Caizzi: Timone e i filosofi, in: Voelke (Hg.) 1990 [§ 42 *53: 41-53]. – Für Timon galt Protagoras nicht als Vorläufer skeptischen Denkens.

50 A. Bächli 1990 [§ 1 *76]. – Zu Timons Silloi u.a. 4-19.

51 W. Ax: Timons Gang in die Unterwelt, in: Hermes 119 (1990) 177-193. – Umfassende Interpretation. S. 182 Anm. 18: Bedenken gegen Billerbecks 1987 [*47] Deutung.

c) Indalmoi

61 A. N. Zoumpos: Zu Timon von Phlius, in: Platon 18 (1966) 300. – Zur Beurteilung der φαινόμενα (Diogenes Laert. IX 105).

62 M. F. Burnyeat: Tranquillity without a stop: Timon, fragm. 68, in: Classical Quarterly 30 (1980) 86-93. – Zu frg. 842 SH.

d) Andere Werke

71 Fernanda Decleva Caizzi: Timone di Fliunte: I frammenti 74, 75, 76 Diels, in: La storia della filosofia come sapere critico. Studi offerti a Mario Dal Pra (Mailand 1984) 92-105.

72 J. Diggle: A new verse of Timon of Phlius? in: Liverpool Classical Monthly 8 (1983) 143. – Zu einem Vers bei Sextus Emp. math. XI 140.

§ 45. Weitere Schüler Pyrrhons. Fortbestand der Schule

A. Nausiphanes aus Teos 768. – B. Hekataios aus Abdera 769. – C. Theodoros aus Kyrene, der 'Gottlose' 769. – D. Eurylochos. Philon aus Athen 770. – E. Numenios (?) 770. – F. Askanios aus Abdera (?) 771. – G. Schüler Timons. Fortbestand des Pyrrhonismus 771. – H. Bibliographie 773: 1. Pyrrhons Schüler 773: a) Nausiphanes 773; b) Hekataios 773; c) Theodoros 773; d) Philon 774; e) Numenios (?) 774; f) Askanios aus Abdera (?) 774; 2. Fortbestand der Schule 774.

Von einer pyrrhonischen 'Schule' im eigentlichen Sinne kann nicht gesprochen werden. Das ist schon durch Pyrrhons unstetes Wanderleben ausgeschlossen; auch Timon verbrachte sein Leben (nach Pyrrhons Tod) teils in Chalkedon, teils in Athen. Ein permanenter Sitz der Schule lässt sich nicht erkennen. PAPPENHEIMS Hypothese (1888 [*52]), seit Timons Tod habe die 'Schule' ihren Sitz in Alexandria gehabt, entbehrt jeder Wahrscheinlichkeit. GLUCKER (1978 [*41: 165]) macht darauf aufmerksam, dass DIOGENES LAERT. (IX 115) nicht von Pyrrhons σχολή oder διατριβή spricht, sondern nur von einer ἀγωγή: damit sei nur eine 'Richtung', nicht aber eine Institution bezeichnet. Einige der im folgenden genannten 'Schüler' dürften zu Pyrrhon und Timon nur in einem lockeren Verhältnis gestanden haben; nicht alle können ohne weiteres als überzeugte Anhänger der pyrrhonischen Skepsis betrachtet werden.

A. NAUSIPHANES AUS TEOS

Nach DIOGENES LAERT. IX 64 (aus Antigonos aus Karystos) und 69 gewann Pyrrhon den späteren Atomisten und Lehrer Epikurs Nausiphanes (Fragmente bei DIELS/KRANZ (Hg.) [6]1951ff. [*1: Bd. 2, Kap. 75]) «als noch ganz jungen Mann», also vielleicht noch während des Asienfeldzuges, zum Schüler. Das Schülerverhältnis ist durch SEXTUS EMP. math. I 2 gesichert, demnach nicht – wie man vermuten könnte – blosse Fiktion, um durch Nausiphanes in den Sukzessionsreihen Epikur an Demokrit anschliessen zu können (z.B. CLEMENS strom. I 64, 3f.: Xenophanes – Parmenides – Zenon – Leukipp – Demokrit – Protagoras – Metrodor aus Chios – Diogenes aus Smyrna – Anaxarch – Pyrrhon – Nausiphanes – Epikur; vgl. dazu VON KIENLE 1961 [§ 1 *122: 11f.]). Da für Nausiphanes ein Geburtsdatum um 360 v. Chr. zu erschliessen ist, war dieser 'Schüler' nur wenig jünger als der Meister. Als Demokriteer distanzierte sich Nausiphanes später von Pyrrhons Lehre. Ob allerdings die von Antigonos aus Karystos (DIOGENES LAERT. IX 64 = frg. A 2 DK = 1 B 2 LS) überlieferte Äusserung, in der Grundhaltung müsse man Pyrrhoneer sein, in der Wortwahl (?) aber eigene Wege gehen (γίνεσθαι δεῖν τῆς μὲν διαθέσεως τῆς Πυρρωνείου, τῶν δὲ λόγων τῶν ἑαυτοῦ), damit in Zusammenhang steht (so GOEDECKEMEYER 1905 [§ 42 *33: 17]), ist sehr fraglich: wer die pyrrhonische διάθεσις beibehalten will, hat sich von der Skepsis gerade nicht entfernt (abwegig auch die Deutung von DECLEVA CAIZZI (Hg.) 1981 [§ 43 *1: 182f.]). Seinem Schüler Epikur galt er als enger Vertrauter Pyrrhons, denn dieser erkundigte sich bei Nausiphanes immer wieder nach dessen Lehrer, «den er wegen seiner Lebensweise bewunderte» (DIOGENES LAERT. IX 64 = frg. A 2 DK = PYRRHON test. 28 D.C. = 1 B 2 LS, aus Antigonos aus Karystos). Dass er eine persönliche Begegnung zwischen Pyrrhon und Epikur herbeigeführt hat, wird durch diese Nachricht geradezu ausgeschlossen (so richtig GIGANTE 1981 [§ 43 *153: 39] gegen SEDLEY 1976 [§ 43 *152: 136]). Unter den 'Fragmenten' des Nausiphanes weist auf die Skepsis nur SENECA ep. 88, 43 (frg. B 4 DK): «Nausiphanes ait ex his quae videntur esse nihil magis esse quam non esse»; vgl. ebda. 45 «Nausiphani hoc unum certum est nihil esse certi» (fehlt in DK). DIOGENES LAERT. IX 102 (PYRRHON test. 44 D.C.) nennt Nausiphanes unter den Schülern Pyrrhons, die seine Lehre schriftlich weitergegeben haben. Über seine eigene Lehre (demokritescher Atomismus) und sein später nachhaltig gestörtes Verhältnis zu Epikur siehe oben (ERLER, § 5, S. 66).

B. HEKATAIOS AUS ABDERA

DIOGENES LAERT. IX 69 nennt neben anderen Pyrrhon-Schülern auch den philosophierenden Historiker Hekataios aus Abdera (allgemeine Würdigung von JACOBY 1912 [*21], die historischen Fragmente gesammelt und eingehend kommentiert in FGrH 3. Teil A, Nr. 264). Obwohl er «der antiken Biographie in erster Linie als Philosoph gilt» (JACOBY 1912 [*21: 2753]), ist über seine philosophische Haltung so gut wie nichts bekannt (Fragmente, d.i. überwiegend kulturhistorische Reflexionen, bei DK, Bd. 2, Kap. 73). CLEMENS ALEXANDRINUS (strom. II 130, 4 = frg. A 4 DK) nennt als ethisches Telos die αὐτάρκεια. Eine weitergehende Berührung mit Pyrrhon ist nicht erkennbar. Vgl. auch unten (S. 771) über Askanios aus Abdera.

C. THEODOROS AUS KYRENE, DER 'GOTTLOSE'

Im Falle dieses 'Schülers' (einziges Zeugnis SUDA s.v. Θεόδωρος = PYRRHON test. 36 D.C.), der jedenfalls später mit dem kyrenaischen Hedonismus eine ganz andere Richtung vertrat, sind Zweifel angezeigt (Zeugnisse und Fragmente in SSR Bd. 2, 119-133). Wie VON FRITZ (1934 [*25: 1829]) glaubhaft darlegt, beruhen die Nachrichten der Suda, die Theodoros ausserdem auch zum Schüler des Stoikers Zenon und des Megarikers Bryson macht, auf einer «Konstruktion auf Grund des Begriffes der ἀδιαφορία, der bei T. wie bei jenen drei Philosophen eine grosse Rolle spielte» (mit leichter Modifizierung zustimmend DÖRING (Hg.) 1972 [§ 1 *307: 160 Anm. 2]). GOEDECKEMEYER (1905 [§ 42 *33: 17f.]) gibt eine sorgfältige Zusammenstellung von Berührungen zwischen den Kyrenaikern und dem Pyrrhonismus, vermag jedoch nicht zu überzeugen, wenn er an der Schülerschaft des Theodoros bei Pyrrhon festhält.

D. EURYLOCHOS. PHILON AUS ATHEN

Offenbar mehr ein eifernder Jünger als ein von der Theorie überzeugter Anhänger war ein gewisser nur aus DIOGENES LAERT. IX 68f. (PYRRHON test. 37 D.C.) bekannter Eurylochos. TIMON (frg. B 49 PPF = 823 SH) nannte ihn πολεμιώτατος τοῖς σοφισταῖς (d.h. den Dogmatikern), und damit mag es zusammenhängen, dass er einmal «so in Zorn geriet, dass er einen Koch mit erhobenem Bratspiess, an dem noch das Fleisch stak, bis zur Agora verfolgte», ein andermal, in einer Diskussion in Bedrängnis geraten, die Kleider ablegte und sich durch den Alpheios schwimmend seinen Unterrednern entzog. Ob der Pyrrhon-Schüler Eurylochos mit dem aus DIOGENES LAERT. (X 13, vgl. X 28 den Schriftentitel ‹Eurylochos an Metrodoros›) bekannten Anhänger Epikurs gleichzusetzen ist, muss offenbleiben; starke Argumente für Identität bei GIGANTE (1981 [§ 43 *153: 79-81]). – Auch über Philon aus Athen sind wir nur durch DIOGENES LAERT. IX 67 (PYRRHON test. 20 D.C. = 1 C 2 LS) und 69 (PYRRHON test. 38 D.C.) unterrichtet. Über sein Verhältnis zu Pyrrhon heisst es γνώριμος αὐτοῦ γεγονώς; das deutet auf einen eher geringen Altersunterschied. Er betonte die Verehrung Pyrrhons für Demokrit (vgl. S. 752). Im Gegensatz zu Eurylochos war er still und in sich gekehrt, was Timon zu wohlwollend-neckenden Versen veranlasste (frg. B 50 PPF = 824 SH): ἢ τὸν ἀπ' ἀνθρώπων αὐτόσχολον, αὐτολαλητήν, / οὐκ ἐμπαζόμενον δόξης ἐρίδων τε Φίλωνα.

E. NUMENIOS (?)

An zwei Stellen bei DIOGENES LAERT. wird ein Numenios genannt: IX 68 (PYRRHON test. 42 D.C.) «Numenios allein behauptet, er (d.i. Pyrrhon) habe auch Dogmen gehabt (δογματίσαι)» (es folgt die Erwähnung der Schüler Eurylochos und Philon); IX 102 (PYRRHON test. 44 D.C.): «Pyrrhon selbst hat nichts (Schriftliches) hinterlassen, wohl dagegen seine Genossen (συνήθεις) Timon, Ainesidem, Numenios, Nausiphanes und andere». Da an der zweiten Stelle neben Numenios auch ein sehr viel späterer Pyrrhoneer genannt ist, hat ZELLER ([3-8]1879-1922 [§ 1 *332: 3, 1, 499f. Anm. 4]) vermutet, auch Numenios sei in eine spätere Zeit zu setzen. HIRZEL (1877-1883 [§ 1 *331: 3, 40-45]) identifiziert den bei Diogenes genannten Numenios mit dem gleichnamigen Neupythagoreer (über ihn § 1, S. 20f.). WILAMOWITZ (1881 [§ 1 *191: 32 Anm. 8]) und VON FRITZ (1937 [*35: 1296], 1963 [§ 43 *23: 95. 99]) wandten dagegen ein, der oben (S. 747) referierte für Timon bezeugte Vergleich von Wahrnehmung und Verstand mit den Vögeln ἀτταγᾶς und νουμήνιος, einem Gaunerpaar, sei nur dann verständlich und witzig, wenn es einen Schüler Pyrrhons mit Namen Numenios gegeben habe. Nachhaltige Zweifel an dieser Deutung bei STOPPER (1983 [§ 42 *64: 270. 289 Anm. 25]) und BARNES (1992 [§ 1 *139: 4261f.]; vgl. auch GOEDECKEMEYER 1905 [§ 42 *33: 19 Anm. 5] und DECLEVA CAIZZI (Hg.) 1981 [§ 43 *1: 204f.]).

F. ASKANIOS AUS ABDERA (?)

Unter diesem Namen teilt DIOGENES LAERT. IX 61 (PYRRHON test. 1 A D.C.) eine kurze Charakterisierung der Lehre Pyrrhons mit; daraus folgt jedoch nicht, dass es sich um einen unmittelbaren Schüler Pyrrhons handelt. Er ist auf keine Weise zu datieren (siehe zuletzt BARNES 1992 [§ 1 *139: 4281]). DECLEVA CAIZZI (Hg.) (1981 [§ 43 *1: 135f.]) verweist auf die für Pyrrhons Zeit ungewöhnliche Terminologie (z.B. ἀκαταληψία), aber hier könnte Umformulierung durch Diogenes oder eine Zwischenquelle vorliegen. Der Vorschlag C. MÜLLERS (FHG Bd. 2, S. 384 Sp. 2, Anm.), anstelle von Ἀσκάνιος zu schreiben Ἑκαταῖος, wird überwiegend abgelehnt. Unverständlich ist die Bemerkung von WILAMOWITZ (1881 [§ 1 *191: 30]), der Name sei 'fremdartig' – er findet sich gerade an der Propontis (vgl. PAPE/BENSELER s.v. und STRABON XII 4, 5).

G. SCHÜLER TIMONS. FORTBESTAND DES PYRRHONISMUS

Über das Fortbestehen der pyrrhonischen Skepsis nach der ersten Schülergeneration liegen uns widersprüchliche Nachrichten vor:

a) DIOGENES LAERT. zählt (IX 115) unter Berufung auf HIPPOBOTOS (frg. 22 GIGANTE, zur Datierung § 1, S. 18) und SOTION (frg. 33 WEHRLI, frühes 2. Jahrhundert v. Chr., vgl. § 1, S. 18) vier Schüler Timons auf: Dioskurides aus Zypern, Nikolochos aus Rhodos, Euphranor aus Seleukia und Praÿlos aus der Troas. Über Praÿlos berichtet Diogenes (nach Phylarchos, 3. Jh. v. Chr.) ferner, dass er wegen angeblichen Verrats bestraft wurde (vermutlich mit dem Tode am Kreuz) und diese Strafe ertrug, ohne seine ungerechten Mitbürger auch nur eines Wortes zu würdigen. (Sein Tod erinnert an den des Anaxarch, vgl. S. 754; ganz im Sinne der antiken Berichte spricht GOEDECKEMEYER (1905 [§ 42 *33: 29]) von «echt skeptischer Adiaphorie». WILAMOWITZ (1881 [§ 1 *191: 107 Anm. 9]) identifiziert Praÿlos ansprechend mit einem bei CLEMENS strom. IV 56, 2 genannten 'Paulos', der mit dem Akademiker Lakydes befreundet war; vgl. S. 834.) Über keinen der Genannten ist sonst irgend etwas bekannt.

b) Im Anschluss an die Angaben über Timons Schüler findet sich bei DIOGENES LAERT. (IX 116) eine Sukzessionsfolge von Euphranor, der eben als Schüler genannt war, über Eubulos, Ptolemaios, Sarpedon und Herakleides, Ainesidem aus Knossos, Zeuxipp, Zeuxis, Antiochos aus Laodikeia, Menodotos aus Nikomedia und Herodot aus Tarsos bis zu Sextus Empiricus und seinem Schüler Saturninus. Diese Liste kann selbstverständlich nicht von Sotion oder Hippobotos stammen, ist also von der Schülerliste Timons unabhängig.

c) Während die eben betrachteten Zeugnisse an ein Weiterleben der 'Schule' in der einen oder anderen Form denken lassen, ist durch andere Gewährsleute ausdrücklich bezeugt, dass die 'Schule' nach Timons Tod zum Erliegen kam. So referiert DIOGENES LAERT. (IX 115) noch vor den bereits mitgeteilten Darlegungen unter Berufung auf MENODOTOS (Arzt der Empiriker-Schule, um 125 n. Chr., frg. 9 DEICHGRÄBER (Hg.) 1930 [§ 1 *305: 41]), Timon habe keinen Nachfolger (διά-

19 Ueberweg: Antike 4/2

δοχος) gehabt, sondern im skeptischen Denken (ἀγωγή, zur Bedeutung des Ausdrucks siehe unten) sei eine Unterbrechung eingetreten, bis es durch Ptolemaios aus Kyrene ('empirischer' Arzt, um 100 v. Chr.) wieder zum Leben erweckt wurde. Ähnlich äussert sich ARISTOKLES bei EUSEBIUS PE XIV 18, 29 (frg. 6 HEILAND = PYRRHON test. 48 A D.C.): Niemand habe mehr auf Pyrrhon und Timon gehört, «gerade so als habe es sie nie gegeben», bis 'unlängst' Ainesidem in Alexandria dieses 'Geschwätz' wieder zum Leben erweckt habe. Auch für SENECA (nat. quaest. VII 32, 2) steht es offensichtlich fest, dass der Pyrrhonismus seit langem erloschen ist. (Nicht unbedenklich ist es, wenn GOEDECKEMEYER 1905 [§ 42 *33: 29 Anm. 7] auch CICEROS Äusserungen de or. III 62, Luc. 130, fin. II 35 u.ö. in diesem Sinne interpretiert, denn Cicero kennt Pyrrhon und damit auch die 'Pyrrhonei' nur als radikale Ethiker.)

Wie diese miteinander unvereinbaren Berichte zu beurteilen sind, hat GLUCKER in einer eingehenden Analyse gezeigt (1978 [*41: 351-354], teilweise nach WILAMOWITZ-MOELLENDORFF, Hellenistische Dichtung, Bd. 1, Berlin 1924, 163 Anm. 2, und DEICHGRÄBER (Hg.) 1930 [§ 1 *305: 254 Anm. 1]): Die Angabe des 'Empirikers' Menodotos, mit Timons Tod sei eine Unterbrechung im skeptischen Denken eingetreten, verdient volles Vertrauen. Sie steht zur 'Schüler'-Liste von Sotion und Hippobotos nicht in Widerspruch. Wenn Menodotos sagt, Timon habe keinen διάδοχος gehabt, heisst das, er habe keine Schule gegründet, was nicht ausschliesst, dass er vier 'Hörer' hatte (διήκουσαν bei DIOGENES LAERT. IX 115). Aus dem Sprachgebrauch von Diogenes Laertios und anderen schliesst GLUCKER (1978 [*41: 165f.]), dass der Pyrrhonismus nie eine 'Schule' im Sinne einer organisierten Einheit war: es gab nur 'pyrrhonisches Denken' (ἀγωγή). Da Timon sehr alt wurde und vielleicht seine Schüler überlebte, spricht nichts gegen die Aussage von Menodotos, der Pyrrhonismus sei mit Timons Tod erloschen. Dagegen ist die Sukzessionsreihe (IX 116) durch keinerlei Autorität gestützt; hier handelt es sich nach Glucker um einen späten Versuch, die jüngere pyrrhonische Skepsis um Sextus Empiricus durch eine Aneinanderreihung von (wohl durchweg realen) Personen an den geistigen Ahnherrn Pyrrhon anzuknüpfen. Immerhin hat diese Liste vermutlich einen wahren Kern: Bereits von Timons Sohn Xanthos erfahren wir (DIOGENES LAERT. IX 109), dass ihn der Vater die ärztliche Kunst lehrte und als διάδοχος τοῦ βίου, «Fortsetzer seiner Lebensrichtung hinterliess» (Übersetzung von Apelt). Das ist recht vage ausgedrückt, und wir wissen nicht einmal, ob Timon selbst wirklich etwas von Medizin verstand. Aber man darf doch aus dieser Nachricht schliessen, dass Timons Sohn sich einem Gebiet verschrieben hat, das später für lange Zeit untrennbar mit 'pyrrhonischem Denken' verbunden war: der 'empirischen' (an der Erfahrung orientierten und darum undoktrinären) Medizin. Auch die wichtigsten uns kenntlichen Personen der angeblich pyrrhonischen Sukzessionsreihe sind – mit Ausnahme von Ainesidem – 'empirische' Ärzte: Ptolemaios aus Kyrene, Herakleides (aus Tarent? dazu unten S. 986), Menodotos und schliesslich Sextus selbst. Die 'Empirikerschule' hatte offenbar ihren Schwerpunkt für längere Zeit in Alexandria: Eubulos, angeblicher Enkelschüler Timons, lebte dort; Ptolemaios stammte aus dem benachbarten Kyrene; in Alexandria rief Ainesidem nach Aristokles (siehe oben) den Pyrrhonismus wieder ins Leben. Es mag also eine geistige Verbindung zwischen den in der Liste genannten Männern gegeben haben; aber was hier weitergegeben wurde, war nicht primär Philosophie, sondern eine ärztliche Tradition. Der philosophische Pyrrhonismus ist mit dem Tode Timons an sein Ende gelangt. Das änderte sich erst mit der Erneuerung streng skeptischen Denkens in der Zeit Ciceros (dazu unten S. 983-986). – Dass bereits Ptolemaios aus Kyrene die alte Lehre erneuert hat (DIOGENES LAERT. IX 115 aus Menodot), ist eher unwahrscheinlich (gegen VON KIENLE 1961 [§ 1 *122: 81]), da bei Sextus Empiricus nichts darüber steht. GLUCKER (1978 [*41: 354 Anm. 73]) vermutet vorsichtig, er habe vielleicht als erster einen ideologischen Zusammenhang zwischen Pyrrhonismus und empirischer Medizin hergestellt. – Auch die Polemik der Epikureer gegen skeptisches Denken (zuletzt LUKREZ IV 469-521 = 16 A LS) beweist nicht den kontinuierlichen Fortbestand der Schule: nirgends wird deutlich, dass gegen Zeitgenossen argumentiert wird, und die Einwände können durchweg auch gegen den 'demokriteischen' Skeptizismus eines Metrodor aus Chios oder gegen die skeptische Akademie gerichtet sein (siehe unten S. 793, zu Lukrez vgl. BURNYEAT 1978 [§ 47 *113]). – Zur Bewertung der Sukzessionslisten siehe auch GIGANTE 1986 [§ 1 *124: 92f.], MANSFELD 1986 [§ 1 *124: 302. 312], ARONADIO 1990 [§ 1 *204: 228-233], DECLEVA CAIZZI 1992 [§ 53 *32: 176-179].

H. BIBLIOGRAPHIE

1. Pyrrhons Schüler: a) Nausiphanes: α) Zeugnissammlung [*1]; β) Sekundärliteratur [*11-*15]; b) Hekataios [*21]; c) Theodoros [*25-*26]; d) Philon [*31]; e) Numenios (?) [*35]; f) Askanios aus Abdera (?) [*38]. – 2. Fortbestand der Schule [*41-*58] (Zu den Sukzessionsreihen und einzelnen dort genannten Namen [*51-*58]).

1. Pyrrhons Schüler

a) Nausiphanes

α) Zeugnissammlung

1 H. Diels (Hg.): Die Fragmente der Vorsokratiker 1903ff. [§ 1 *303: Bd. 2 (⁸1956) Kap. 75, 246-250] [DK].

β) Sekundärliteratur

Vgl. auch Sedley 1976 [§ 43 *152: bes. 135f.], Gigante 1981 [§ 43 *153: bes. 38-49. 90-92].

11 S. Sudhaus: Nausiphanes, in: Rheinisches Museum für Philologie 48 (1893) 321-341.
12 P. von der Mühll: Epikurs Κύριαι δόξαι und Demokrit, in: Festgabe A. Kaegi (Frauenfeld 1919) 172-178.

13 K. von Fritz: Art. 'Nausiphanes v. Teos', in: RE 16 (1935) 2021-2027.
14 R. Philippson: Die Rechtsphilosophie der Epikureer, in: Archiv für Geschichte der Philosophie 23 (1970) 289-337. 433-446.
15 F. Lasserre: Un papyrus sceptique méconnu (P. Louvre Inv. 3377 R°), in: Le monde grec. Pensée, littérature, histoire, documents. Hommages à Claire Préaux (Brüssel 1975) 537-548. – Hypothetische Zuweisung eines anonymen Papyrustextes an Nausiphanes (oder Timon).

b) Hekataios

21 F. Jacoby: Art. 'Hekataios (Nr. 4) aus Abdera', in: RE 7 (1912) 2750-2769.

c) Theodoros

25 K. von Fritz: Art. 'Theodoros (Nr. 32) aus Kyrene', in: RE 5 A (1934) 1825-1831.

26 A. Brancacci: Teodoro l'Ateo e Bione di Boristene fra Pirrone e Arcesilao, in: Elenchos 3 (1982) 55-85.

d) Philon

31 K. von Fritz: Art. 'Philon (Nr. 37) aus Athen', in: RE 19 (1938) 2532.

e) Numenios (?)

35 K. von Fritz: Art. 'Numenios (Nr. 8)', in: RE 17 (1937) 1296-1297.

f) Askanios aus Abdera (?)

38 Françoise Caujolle-Zaslawsky: Art. 'Askanios d'Abdère', in: DPA 1 (1989) 616f.

2. Fortbestand der Schule

41 J. Glucker: Antiochus and the Late Academy (1978) [§ 1 *398]. – Vgl. 352-354: Die erste 'pyrrhonische Schule' ist mit Timons Tod erloschen; die Sukzessionsreihen sind nachträglich konstruiert, um die empirische Ärzteschule und den kaiserzeitlichen Pyrrhonismus an Pyrrhon und Timon anzuschliessen.

Zu den Sukzessionsreihen
und einzelnen dort genannten Namen

Vgl. auch von Kienle 1961 [§ 1 *122], Glucker 1978 [*41: 330-379], Giannantoni 1981 [§ 42 *51: 1, 11-34], Aronadio 1990 [§ 1 *204: 228-233].

51 P. L. Haas: De Philosophorum scepticorum successionibus eorumque usque ad Sextum Empiricum scriptis (Würzburg 1875). – Diss.

52 E. Pappenheim: Der Sitz der Schule der pyrrhonischen Skeptiker, in: Archiv für Geschichte der Philosophie 1 (1888) 37-52. – Herakleides (Diogenes Laert. IX 116) ist mit Herakleitos aus Tyros zu identifizieren; er ist ein Vorläufer von Ainesidem und seiner pyrrhonischen Schule in Alexandria.

53 S. Sepp: Pyrrhoneische Studien (Freising 1893). – Diss. Erlangen. 1. Teil: Die philosophische Richtung des Cornelius Celsus (3-50), 2. Teil: Untersuchungen auf dem Gebiete der Skepsis (51-149). Vgl. auch Glucker 1978 [*41: 351-354]: Auseinandersetzung mit Sepp.

54 M. Wellmann: Art. 'Empirische Schule', in: RE 5 (1905) 2516-2524.

55 W. Capelle: Art. 'Menodotos (Nr. 2) v. Nikomedeia', in: RE 15 (1932) 901-916.

56 A. Dihle: Art. 'Ptolemaios (Nr. 72) v. Kyrene', in: RE 23 (1957) 1861.

57 M. Gigante: Diogene Laerzio storico e cronista dei filosofi antichi, in: Atene e Roma n.s. 18 (1973) 105-132.

58 I. G. Dellis: Ἡ Πυρρώνειος γνωσιολογία καὶ οἱ παράγοντες διαμορφώσεως αὐτῆς (mit engl. Zusammenfassung), in: Platon 29 (1977) 118-130.

§ 46. Die jüngere Akademie im allgemeinen

A. Zeugnisse und Überlieferung 775. – B. Allgemeines zur äusseren Schulgeschichte 776. – C. Antike Einteilungen der Akademie 779. – D. Bibliographie 781: 1. Allgemeines 781; 2. Wichtige Arbeiten zur 'skeptischen Wende': Gemeinsamkeiten und Unterschiede zwischen älterer und jüngerer Akademie 782; 3. Zeugnisse und Überlieferung 782; 4. Zur äusseren Schulgeschichte 784; 5. Beziehungen zu hellenistischen Staaten 784; 6. Beziehungen zu Rom 785; 7. Einteilungen der Akademie 785.

A. ZEUGNISSE UND ÜBERLIEFERUNG

Die Zeugnisse über die äussere Geschichte und über die Lehre der jüngeren (skeptischen) Akademie sind weit gestreut und nicht leicht zu werten. Da Arkesilaos, Karneades und andere sich nicht schriftlich zu philosophischen Fragen geäussert haben, waren ihre Ansichten schon im Altertum umstritten; das gilt in noch höherem Masse für die modernen Rekonstruktionen. Konkrete Aussagen über 'die' Lehrmeinungen einzelner Akademiker unterliegen auch deshalb stärksten Vorbehalten, weil sich gerade bei nur mündlicher 'Lehre', die weitgehend in der Auseinandersetzung mit Vertretern anderer Schulen bestand, im Laufe der jeweils langen Wirksamkeit die Ansichten nicht unerheblich gewandelt haben dürften.

Vor allem für die äussere Schulgeschichte (Lebensdaten, Sukzession der Scholarchen, räumliche Verhältnisse) ist eine auf zwei Papyri aus Herculaneum (1021: etwa 50 Kolumnen, 164: wenige kleinere Bruchstücke) in Teilen erhaltene Darstellung der Schulgeschichte von grösster Bedeutung. Sie besteht im wesentlichen aus einer Aneinanderreihung von Exzerpten aus älteren Quellenautoren (Dikaiarch, Antigonos aus Karystos, Apollodor u.a.); stellenweise hat sie den Charakter einer vorläufigen Notizensammlung: es gibt Wiederholungen, miteinander nicht vereinbare Varianten u.ä. PHerc. 164, die gelegentlich von PHerc. 1021 abweicht, scheint die sorgfältiger ausgearbeitete (endgültige?) Fassung. Ein Verfassername erscheint in den Papyri nicht. Aber der Fundort legt eine Vermutung nahe: Die berühmte Villa in Herculaneum, in der 1752-1754 Stücke von etwa 800 Papyrusrollen gefunden wurden, gehörte wahrscheinlich L. Calpurnius Piso Caesoninus, der als Gönner des Epikureers Philodem(os) aus Gadara (etwa 110-40/35 v. Chr., über ihn ausführlich ERLER oben § 25) vielfach bezeugt ist. Aus DIOGENES LAERT. X 3 ist bekannt, dass Philodem eine ‹Philosophenübersicht› (σύνταξις τῶν φιλοσόφων) verfasst hat. Daher schreiben zahlreiche Forscher den auf den Herculanenser Papyri erhaltenen Abriss und die zufällig dafür erhaltenen Vorarbeiten Philodem zu. Einen wirklich durchschlagenden Grund für diese Verfasserschaft gibt es jedoch nicht; das dürftige stilistische und gedankliche Niveau spricht dagegen. In der folgenden Darstellung ist deshalb der traditionelle Titel ACADEMICORUM (PHILOSOPHORUM) INDEX (HERCULANENSIS) verwendet. – Der Text ist in kommentierten neueren Teilausgaben [*22-*25] und in der jetzt massgeblichen Gesamtausgabe von DORANDI (1991 [*26]) bequem zugänglich (ausführlicher ERLER oben S. 298-300).

Wichtige Aussagen zur äusseren Schulgeschichte finden sich auch in den Lebensbeschreibungen des DIOGENES LAERT. (vgl. oben § 1, S. 14-16), der jedoch die akademische Sukzessionsreihe mit Kleitomachos enden lässt.

Für die Lehre der jüngeren Akademie ist der wichtigste Zeuge M. TULLIUS CICERO. Er bekannte sich selbst zu dieser Schule und hat vor allem in den ‹Academici libri› die Grundzüge der Auseinandersetzung der akademischen 'Skeptiker' mit den stoisch-antiocheischen 'Dogmatikern' eindrucksvoll geschildert. Leider ist dieses Werk nur teilweise (in zwei verschiedenen Fassungen) erhalten. Ciceros Aussagen sind nicht immer leicht zu gewichten, da weder er noch seine Quellen zwischen Arkesilaos, Karneades und anderen sorgfältig scheiden. Ein neuer Kommentar zu den ‹Academici libri› (vor allem zum ‹Lucullus›) ist seit langem ein dringendes Bedürfnis. Einzelheiten und ausführliche Bibliographien unten § 54-58.

Besonderes Gewicht haben auch die Zeugnisse des SEXTUS EMP. Zwar lehnt er als Anhänger der jüngeren pyrrhonischen Skepsis die akademische

Erkenntnistheorie weitgehend ab; er referiert jedoch deren Gedankengänge ausführlich und im wesentlichen zuverlässig (vgl. oben § 1, S. 12f.; zu Sextus' Tendenzen grundlegend IOPPOLO 1992 [§ 1 *82: 169-199]).

Eine andere wichtige Quelle ist stärker polemisch gefärbt: In der 2. Hälfte des 2. Jahrhunderts n. Chr. verfasste NUMENIOS AUS APAMEIA, der eine Verbindung von jüdischen, pythagoreischen und platonischen Weisheitslehren vertrat, eine Schrift Περὶ τῆς τῶν Ἀκαδημαϊκῶν πρὸς Πλάτωνα διαστάσεως (Über den Abfall der Akademiker von Platon). Sowohl die skeptische wie die (im stoischen Sinne) dogmatische Richtung des Antiochos aus Askalon wurden darin kritisiert und in teilweise drastischen Gleichnissen verspottet. Die Benutzung zuverlässiger Quellen ist wahrscheinlich, aber die Scheidung zwischen frei erfundener Verleumdung und einem historischen Kern ist schwierig. Fragmentsammlungen und Literatur: oben § 1, S. 20f.

Eine Sonderstellung nimmt AUGUSTINS Schrift ‹De Academicis› ein (zum Titel siehe Voss 1986 [*35: 45]). Augustin hat selbst keine griechischen Quellenschriften gelesen; was er über die skeptische Akademie weiss, weiss er aus Cicero. Aber da er auch aus für uns verlorenen Schriften Ciceros schöpfen konnte, haben manche seiner Aussagen echten Zeugniswert.

Die nur für einzelne Philosophen relevanten Autoren sowie inschriftliche Zeugnisse, bildliche Darstellungen usw. sind jeweils an der betreffenden Stelle genannt.

Nachdem lange überhaupt keine wissenschaftlichen Ansprüchen genügende Sammlung zur Verfügung stand, sind die Zeugnisse jetzt mehrfach zusammengestellt worden: H. J. METTE hat in drei aufeinanderfolgenden 'Berichten' (1984 [*42], 1985 [*43], 1986 [*44]) für die Scholarchen alle (durch Namensnennung) gesicherten Testimonien gesammelt und summarisch kommentiert. Die bibliographische Dokumentation weist allerdings empfindliche Lücken auf. – In der (allen hellenistischen Schulen gewidmeten) Sammlung von LONG/SEDLEY (Hg.) (1987 [§ 1 *295: 1, 438-467; 2, 432-457]) ist Vollständigkeit nicht angestrebt, aber die wichtigsten Texte sind enthalten. Diese Sammlung bietet im ersten Band jeweils eine englische Übersetzung mit überwiegend philosophisch orientiertem Kommentar; der zweite Band gibt die griechischen bzw. lateinischen Originaltexte und kurze (überwiegend philologische) Erläuterungen, ferner eine gut gegliederte Bibliographie. – Die wichtigsten Zeugnisse zur äusseren Schulgeschichte (und eine knappe Auswahl zur Lehre) sind mit deutscher Übersetzung und stark subjektivem Kurzkommentar bequem zusammengestellt bei DÖRRIE (Hg.) (1987 [*45]).

Von den bei KRÄMER in UEBERWEG Antike 3 (1983) 3 und 12f. erwähnten Arbeitsvorhaben sind zunächst in der Reihe 'La Scuola di Platone' [*41] zu erwarten: Arkesilaos (A. A. LONG) und Karneades (J. GLUCKER).

Einen vortrefflichen Überblick über die soziale und politische Stellung der athenischen Philosophenschulen bieten HABICHT (1988 [§ 1 *433]) und FERRARY (1988 [*58]).

B. ALLGEMEINES ZUR ÄUSSEREN SCHULGESCHICHTE

Die Übernahme der Schulleitung durch Arkesilaos (268-264 v. Chr.?) bedeutet einen Wechsel der philosophischen Ausrichtung und der Lehrinhalte: aus der 'dogmatischen' wurde die 'skeptische' Akademie. In der äusseren Organisation jedoch änderte sich nichts. Scholarchen und Mitglieder sahen sich weiterhin durchaus in der platonischen Tradition, und auch von Aussenstehenden wurde der Fortbestand der Schule nie in Zweifel gezogen. Aus diesem Grunde kann auf das in Band 3, S. 4-7 zur Schulgeschichte Ausgeführte in allen wesentlichen Punkten auch für die Zeit von Arkesilaos bis zum Ende der Akademie verwiesen werden. (Der von LYNCH 1972 [*52: 106-127] und GLUCKER 1978 [§ 1 *398: 229-230] gegen WILAMOWITZ 1881 [§ 1 *191: 263-291] geführte Nachweis, dass die Akademie nie ein 'Kultverein' [θίασος] im Dienste der Musen war, hat weitere Zustimmung gefunden: DILLON 1983 [*57], HABICHT 1988 [§ 1 *433: 2f.]; teilweise ablehnend zugunsten der alten Annahme ISNARDI PARENTE 1986 [*14: 351-357], MÜLLER 1993 [*61: 40 Anm. 45], CANFORA 1993 [§ 1 *434: 11]). Im einzelnen allerdings zeigen sich einige Tendenzen, die durch ihr Zusammenwirken den traditionellen Lehrbetrieb mehr und mehr verändern:

Herkunft der Scholarchen und der 'Schüler'. – Platon und drei der vier Vorsteher der älteren Akademie waren attische Bürger. In der hellenistischen Epoche dagegen wurde kein Athener mehr zum Scholarchen bestellt. Das ist kein blosser Zufall. Die Akademie hatte sich der gesamten griechischen Welt geöffnet. Der kosmopolitische Charakter der Schule zeigt sich auch in den Schülerlisten: Unter den etwa 15 namentlich bekannten Schülern des Arkesilaos ist kein einziger Athener, unter den etwa 40 in den Zeugnissen genannten Hörern des Karneades sind es nur zwei.

Sitz der Schule. Zur Lage der Akademie und zum archäologischen Befund jetzt grundlegend BILLOT 1989 [*59]. – Vermutlich waren Haus und Garten Platons bereits beim Amtsantritt des Arkesilaos nicht mehr im Besitz des Scholarchen (GLUCKER 1978 [§ 1 *398: 233f.], DILLON 1983 [*57]; anders MÜLLER 1993 [*61: 40f. Anm. 45]). Nur das Lehrlokal selbst, eine ἐξέδρα innerhalb des Gymnasion des Heros Akademos (oder: Hekademos), stand der Schule weiterhin zur Verfügung. Seine Benutzung war offenbar dem jeweiligen Scholarchen vorbehalten, der ἐξέδρα und σχολή seinem Nachfolger 'vererben' konnte (ACAD. IND. col. XXIX 39-42; CICERO fin. V 4; dazu GLUCKER 1978 [§ 1 *398: 235f. mit Anm. 29 und 30]). Dort lehrten Arkesilaos und die meisten seiner Nachfolger. Über den unmittelbaren Nachfolger Lakydes (241/240-224/223[?]) erfahren wir allerdings (DIOGENES LAERT. IV 60 = T 1a METTE): ... ἐσχόλαζεν ἐν Ἀκαδημείᾳ ἐν τῷ κατασκευασθέντι κήπῳ ὑπὸ Ἀττάλου τοῦ βασιλέως, καὶ Λακύδειον ἀπ' αὐτοῦ προσηγορεύετο. Offensichtlich wollte König Attalos der Schule ein bequemeres Lehrlokal am hergebrachten Ort geben (vgl. die bei DIOGENES LAERT. IV 38 erwähnten Zuwendungen des pergamenischen Königshauses an Arkesilaos). Die genaue Lage dieses 'Lakydeion' und sein späteres Schicksal sind unbekannt. Alle Gebäude des Akademie-Bereichs wurden vermutlich während der Belagerung Athens durch Philipp V. von Makedonien (200 v. Chr.) stark in Mitleidenschaft gezogen. Eine Anekdote über Karneades (siehe S. 854) zeigt, dass dieser Scholarch (vor 155-137/136 v. Chr.) wieder im traditionellen Gymnasion lehrte. Im Jahre 86 v. Chr. wurde der Hain der 'Akademie' von Sulla bei der Bestürmung Athens verwüstet (PLUTARCH Sulla 12, 4; APPIAN Mithr. 30 a. E.); auch die Gebäude dürften beschädigt worden sein. CICERO (fin. V 4) scheint eine Lehrtätigkeit in der Akademie noch nach diesen Zerstörungen, also eine Rückkehr der Schule anzunehmen (GLUCKER 1978 [§ 1 *398: 110 Anm. 40; 235f.]). Im Jahre 79 v. Chr. jedoch ist für Cicero und seine Begleiter die vor den Toren der Stadt gelegene Akademie nur noch eine Stätte nostalgischer Erinnerung (fin. V 4); die 'akademische' Lehrtätigkeit ist kurz zuvor zum Erliegen gekommen. Aber zu Unrecht spricht DÖRRIE (1978 [*53], 1987 [*45: 1, 262. 547f.]) von der 'Akademie in Ruinen': das sonst lebhafte Gelände ist 'einsam' nur am frühen Nachmittag (CICERO fin. V 1). Im Februar 50 v. Chr. spielt CICERO mit dem Gedanken, im Gelände der Akademie einen Torbogen (πρόπυλον) zu errichten, nicht um einen Schaden zu beheben, sondern um dort eine 'Erinnerungsstätte' (monumentum) zu haben (Att. VI 1 = 115 Sh.B., 26); im Juli scheint der Gedanke aufgegeben (Att. VI 6 = 121 Sh.B., 2). – Kleitomachos gründete vorübergehend eine eigene Schule (siehe auch unten, Einzelheiten S. 900) im Palladion (TRAVLOS 1971 [*51: 412-416]), ähnlich später Charmadas (Einzelheiten S. 906f.) im Ptolemaion, einem von Ptolemaios II. Philadelphos (oder Ptolemaios VI. Philometor: LYNCH 1972 [52: 157f.]) gestifteten Gymnasion im Stadtzentrum (TRAVLOS 1971 [*51: 233-241], HABICHT 1982 [§ 48 *14: 112-117]). Auch die 'Alte Akademie' des Antiochos aus Askalon hatte zumindest zeitweilig ihren Sitz im Ptolemaion (CICERO fin. V 1; siehe S. 944). Eine Inschrift (IG II/III² 1006, 19f., um 122 v. Chr.) zeigt, dass das Ptolemaion als zusätzliches Lehrlokal von mehreren Schulen genutzt wurde. – Im ACAD. IND. (XXXII 13-16) sind zwei Verse Apollodors erhalten (v. 131f. DORANDI (Hg.) 1982 [§ 1 *223: 35]), in denen zwei Akademiker (nicht Scholarchen) genannt sind, 'die nicht in der Akademie lehrten': Antipatros aus Alexandria, ein Schüler des Karneades (sonst erwähnt nur ACAD. IND. XXIII 9f.), und Metrodoros, vermutlich aus Stratonikeia (über ihn unten S. 905f.). – Vor allem zwei Scholarchen lehrten und wirkten nachhaltig auch ausserhalb von Athen: Karneades als Teilnehmer der legendären Philosophengesandtschaft nach Rom (155 v. Chr.) und Philon, der 88 v. Chr. in Rom vor den mithridatischen Wirren Zuflucht suchte und vermutlich nicht mehr nach Athen zurückkehrte.

Bestellung der Scholarchen, Richtungskämpfe. – Der Wechsel in der Schulleitung fand weiterhin grundsätzlich durch Wahl statt, doch es gab zahlreiche Unregelmässigkeiten. Bereits Arkesilaos wurde nicht unmittelbar als Nachfolger des Krates gewählt, sondern erst, als ein uns sonst nicht bekannter Sokratides zu seinen Gunsten 'zurückgetreten' war (ACAD. IND. XVIII 1-4 = T 1b, 39-41; DIOGENES LAERT. IV 32 = ARKESILAOS T 1a, 70f. METTE = 68 E 1 LS). Nach diesem doppelten Amtswechsel kam es zu einer Spaltung der Schülerschaft (ACAD. IND. XVIII 41-XIX 9 = T 1b, 51-54 METTE). Ob Arkesilaos im Alter die Schule gemeinsam mit Lakydes leitete (so GOEDECKEMEYER 1905 [§ 42 *33: 48] nach DIOGENES LAERT. VII 183 = SOTION frg. 22 WEHRLI = LAKYDES T 1a METTE = 31 O LS), bleibt unsicher; für Lakydes selbst jedoch ist sicher bezeugt, dass er die Leitung noch bei Lebzeiten zwei Nachfolgern anvertraute: den Phokaiern Telekles und Euandros (DIOGENES LAERT. IV 60). Eine Wahl hat offenbar nicht stattgefunden. Auch Karneades 'übergab' die Schulleitung noch bei Lebzeiten an Karneades 'den Jüngeren', Sohn des Polemarchos, nahm aber vielleicht trotzdem noch einige Zeit aktiven Anteil an der Leitung der Schule (METTE (Hg.) 1985 [*43: 121]). Auf Karneades d.J. folgte als Leiter der Schule nominell der uns nicht näher kenntliche Krates aus Tarsos. Lange zuvor jedoch (140/139 v. Chr.) hatte der bedeutendste Schüler des Karneades, Kleitomachos, im Palladion eine eigene Schule eingerichtet (ACAD. IND. XXIV 35-37; XXV 8-11; APOLLODOR v. 79 DORANDI (Hg.) [§ 1 *223: 34] = ACAD. IND. XXX 9f.), die als Tochterschule der Akademie gelten darf. Er leitete sie etwa 10 Jahre lang. Nach dem Tode des 'älteren' Karneades (129/128 v. Chr.) kehrte er 'mit vielen Freunden' – also wohl nicht ganz ohne Gewalt – in die Akademie zurück, wo er zunächst neben dem offiziellen Scholarchen Krates aus Tarsos eine vermutlich mächtige Stellung innehatte, bis er nach Krates' Tod 127/126 v. Chr. selbst Scholarch wurde (Einzelheiten unten S. 899-901). Vieles spricht dafür, dass die eigentliche akademische Tradition bereits während der 'Sezession' durch Kleitomachos verkörpert wurde. Auf Richtungskämpfe innerhalb der Schule deutet auch, dass Metrodoros, der von sich behauptete, Karneades besser verstanden zu haben als alle anderen Schüler (ACAD. IND. XXVI 8-11), nicht innerhalb der Akademie lehren konnte (GLUCKER 1978 [§ 1 *398: 75. 103. 107]). – Kleitomachos' Nachfolger, Philon aus Larisa, wurde 88 v. Chr. durch kriegerische Entwicklungen zur Flucht nach Rom gezwungen (CICERO Brutus 306). Antiochos aus Askalon, der lange Zeit als Nachfolger Philons galt, war niemals Vorsteher der eigentlichen (von Platon gegründeten) Akademie; er gründete eine eigene Schule, die er programmatisch als 'Alte Akademie' bezeichnete (GLUCKER 1978 [§ 1 *398: 106. 111 u.ö.]). Platons Schule ist also mit dem Tode Philons (84 v. Chr.) erloschen. Die 'Alte Akademie' des Antiochos 'übernahm' (ACAD. IND. XXXV 3: διεδέξατο; vgl. CICERO Brutus 332: 'heres') sein Bruder Aristos. Mit dessen Tod (zwischen 51 und 45 v. Chr.) erlischt auch diese 'Akademie'.

C. ANTIKE EINTEILUNGEN DER AKADEMIE

Für die Akademie sind (als einzige philosophische Richtung) bereits in der Antike historische Einteilungsschemata entwickelt worden. Das geschah vermutlich in drei Schritten:

1. Ausgangspunkt war die dogmatische Rückwendung des Antiochos aus Askalon. Er bezeichnete mit gezielter Polemik die eigene Lehre und dann auch die eigene Schule als die 'alte' Akademie, d.h. als Rückkehr zur wahren Lehre Platons. Dieser Terminus ist also zunächst nicht chronologisch, sondern programmatisch-inhaltlich zu verstehen und umfasst sowohl die eigene Lehre des Antiochos wie die Periode von Speusipp bis zu Krates. Damit lag es nahe, die von Antiochos abgelehnte 'skeptische' Richtung (von Arkesilaos bis zu Philon) als 'neue' Akademie zu bezeichnen. Deren Anhänger haben diese Bezeichnung jedoch gemieden, weil sie jederzeit bestritten, Platons Lehre verändert oder gar verfälscht zu haben (Philon bei CICERO Acad. I 13 u.ö.; vgl. GLUCKER 1978 [§ 1 *398: 104f.]). So spricht Cicero im allgemeinen nur von 'Academia' und 'Academici' und meint damit stets die skeptische Richtung. Nur dort, wo Cicero einen Antiocheer sprechen lässt, oder in Auseinandersetzungen mit Antiocheern begegnet der Ausdruck 'neue' Akademie. Gelegentlich – offenbar weil der Terminus sich trotzdem durchsetzte – stellt Cicero die 'Neuheit' der eigenen Richtung scherzhaft als Vorteil dar: Acad. I 13 (68 B LS) «certe enim recentissima quaeque sunt correcta et emendata maxime»; ep. fam. IX 8, 1 «os adulescentioris Academiae». Bei VARRO (AUGUSTIN civ. Dei XIX 1; 3) scheint das Begriffspaar bereits erstarrt, ebenso bei GELLIUS IX 5, 4 (wenn dort nicht die Dreiteilung (2.) vorliegt).

2. Eine Gliederung in 'Alte', 'Mittlere' und 'Neuere' Akademie findet sich zuerst in dem schwer verständlichen Text ACAD. IND. XXI 37-42 = Lakydes T 2b METTE: τὴν Μέσην Ἀκ[αδήμει]αν καὶ πλανῆτιν οὐδὲν ἧττον τῆς Σκυθικῆς ζωῆς στῆ-[σ]αι, τὴν ἀγωγὴν ἐξ ἀμφοῖν κεράσαντα καὶ Νεωτέρα[ν] ποῆσαι καλεῖσθαι ... «... der Mittleren Akademie, die nicht weniger unstet war als eine skythische Lebensweise (ein Nomadenleben), soll (Lakydes) festen Halt gegeben und, indem er

die Schule aus beiden (Richtungen?) mischte (wohl im Sinne von: einen Ausgleich herbeiführte), soll er bewirkt haben, dass sie die 'Neuere' (Akademie) genannt wurde». Als Begründer der 'Mittleren' Akademie ist offenbar (wie sonst fast überall) Arkesilaos vorausgesetzt, und es liegt nahe, in den beiden Richtungen (?) eine im Sinne von Arkesilaos skeptisch orientierte und eine im Gegensatz zu ihm weiterhin dogmatisch-platonische Gruppierung zu sehen (vgl. S. 793. 802. 833). (Vielleicht liegt ein spätes Echo dieser Kritik noch bei LAKTANZ vor (div. inst. III 6, 10 = F 14, 44 METTE), wo Arkesilaos' 'Art zu philosophieren' als «asystatum, quod Latine instabile vel inconstans possumus dicere» bezeichnet wird. Laktanz selbst versteht den griechischen Terminus im Sinne einer rhetorischen Kategorie; aber viel spricht dafür, dass er ihn mit den Übersetzungsvorschlägen bei Cicero vorfand und falsch deutete; ähnlich GLUCKER 1978 [§ 1 *398: 37 Anm. 88]). Auch bei DIOGENES LAERT. I 14, I 19, IV 59 und in der SUDA s.v. Λακύδης Nr. 72 ADLER ist Lakydes als Gründer der 'Neuen Akademie' bezeichnet; vgl. ferner DIOGENES LAERT. II 83 über den Lakydes-Schüler Aristipp aus Kyrene. GLUCKER (1978 [§ 1 *398: 234f.]) vermutet, dass die Nennung von Lakydes als Begründer einer 'Neuen' Akademie auf dem Missverständnis eines Doxographen beruht: mit 'neu' sei in einer älteren Quelle das neue Lehrlokal (das Lakydeion, siehe oben) bezeichnet gewesen, nicht eine neue philosophische Ausrichtung. In anderen Texten beginnt (aus unserer Sicht sachlich besser fundiert) die 'Neue' Akademie mit Karneades: SEXTUS EMP. PH I 220, Ps.-GALEN hist. phil. 3 = DDG 599, 11-600, 2; CLEMENS strom. I 64,1 (dort etwas unbestimmt nach der Nennung der μέση: εἶτα Καρνεάδης διαδέχεται Ἡγησίνουν καὶ οἱ ἐφεξῆς). Wann die Dreiteilung (in der einen oder anderen Version) entstanden ist, bleibt unsicher. Wenig überzeugend führt GIGON (1944 [§ 42 *71: 62/429]) die Einteilung bis auf Sotion (Anfang 2. Jh. v. Chr.) zurück. Von Gewicht ist es, dass Cicero durchweg von einer klaren Zweiteilung ausgeht; er fand also in den von ihm benutzten doxographischen Handbüchern die Dreiteilung vermutlich nicht. (In part. or. 139 «oratoriae partitiones ... e media illa nostra Academia effloruerunt» ist nicht eine 'Mittlere Akademie' genannt; gemeint ist 'mitten aus der Akademie': LÉVY 1980 [§ 56 *661]). Anderseits ist unwahrscheinlich, dass der Verfasser des ‹Academicorum Index› (Philodem?) sie selbst eingeführt hat: auch er hat doxographische Quellen benutzt (richtig MÜLLER 1975 [§ 42 *75: 250 Anm. 5]: Dreigliederung «zumindest in unserer Überlieferung nicht jünger als die Zweiteilung»). Wahrscheinlich sind beide Einteilungen unabhängig voneinander kurz nach der Gründung von Antiochos' 'Alter Akademie' entstanden. Dass Cicero, der die Einheit der Schule betonen möchte, (wenn überhaupt) nur die Zweiteilung erwähnt, ist nicht überraschend; ebensowenig dass aussenstehende Doxographen eine weitergehende Klassifizierung bevorzugten.

3. Die Dreiteilung wurde später erweitert. Ein erster Schritt dazu ist greifbar in den bei Eusebius erhaltenen Auszügen aus der Schrift Περὶ τῆς τῶν Ἀκαδημαϊκῶν πρὸς Πλάτωνα διαστάσεως (Über den Abfall der Akademiker von Platon) des Platonikers Numenios aus Apameia (2. Hälfte des 2. Jh. n. Chr.; Quellen der Schrift erheblich älter, siehe § 1, S. 20f.): Nachdem Karneades als Gründer der 'dritten' Akademie genannt ist (EUSEBIUS PE XIV 7, 15 = NUMENIOS frg. 3 LEEMANS = frg. 26 DES PLACES) berichtet NUMENIOS (EUSEBIUS PE XIV 9, 3 = frg. 8 LEEMANS = frg. 28

DES PLACES): Φίλωνος δὲ γίγνεται ἀκουστὴς Ἀντίοχος, ἑτέρας ἄρξας Ἀκαδημίας. Hier beginnt also erst mit Antiochos eine 'weitere' Akademie. Weitaus öfter jedoch wird – ebenfalls im Anschluss an die oben genannte Dreiteilung – Philon (teils zusammen mit Charmadas) als Begründer einer 'vierten', Antiochos als Begründer einer 'fünften' Akademie genannt: SEXTUS EMP. PH I 220. ἔνιοι δὲ καὶ τετάρτην προστιθέασι τῶν περὶ Φίλωνα καὶ Χαρμίδαν (sic), τινὲς δὲ καὶ πέμπτην καταλέγουσι τὴν τῶν περὶ τὸν Ἀντίοχον (= EUSEBIUS PE XIV 4, 16); Ps.-GALEN hist. phil. 3 = DDG 600, 3-4 εἰσὶ δὲ πρὸς ταύταις πάσαις Ἀκαδημίαι δύο νεώτεραι, ὧν τῆς μὲν προτέρας προέστη Φίλων, Ἀντίοχος δὲ τῆς ἐφεξῆς u.a. Diese Folge von fünf 'Akademien' ('alte' seit Platon oder Speusipp, 'mittlere' seit Arkesilaos, 'neue' seit Karneades, 'vierte' seit Philon, 'fünfte' seit Antiochos) ist auch in modernen Handbüchern weit verbreitet.

4. Völlig isoliert und sachlich wenig überzeugend ist eine auf der Papyrus Duke inv. G 178 (CPF [§ 1 *312]) I 1, 1, Nr. 1, S. 81-84, 4. Jh. n.Chr. (Liste von athenischen Scholarchen?) kenntliche Einteilung: Platon (?), Speusipp, Xenokrates, Polemon und Arkesilaos in einer ersten Gruppe ('Alte Akademie'?); Karneades allein als Vertreter der 'mittleren' (?) Akademie; Kleitomachos, Philion (sic) und Antiochos als Scholarchen (ἀρ[χηγέται) einer 'dritten' Akademie. Die Scholarchenliste zeugt auch sonst von bedenklicher Flüchtigkeit.

Weitere Details bei GLUCKER (1978 [§ 1 *398: 344-346]; nützliche Stellensammlung von GIGANTE 1980 [*91]). Zu der von DÖRRIE (Hg.) (1987 [*45: 1, 431]) erwogenen Analogie der Akademien-Folge mit der Abfolge der 'Zeitalter' siehe § 47, S. 789.

In der folgenden Darstellung ist für die Epoche von Arkesilaos bis Antiochos auf jede derartige Gliederung verzichtet: Die Einschnitte sind willkürlich, und den angeblichen Gründern – mit Ausnahme von Antiochos – «hat nichts ferner gelegen, als die Gründung einer neuen Schule» (GLUCKER 1978 [§ 1 *398: 346]); noch Plutarch war rückblickend um den Nachweis bemüht, dass es 'von Platon an nur eine Akademie gegeben habe' (Titel einer verlorenen Schrift, Lamprias-Katalog 63).

D. BIBLIOGRAPHIE

1. Allgemeines [*1-*6]. – 2. Wichtige Arbeiten zur 'skeptischen Wende': Gemeinsamkeiten und Unterschiede zwischen älterer und jüngerer Akademie [*11-*15]. – 3. Zeugnisse und Überlieferung: a) Academicorum Index [*20-*28]; b) Augustin: α) Ausgaben [*31-*32]; β) Sekundärliteratur [*33-*38]; c) Zeugnis- und Fragmentsammlungen [*41-*46]. – 4. Zur äusseren Schulgeschichte [*51-*61]. – 5. Beziehungen zu hellenistischen Staaten [*70-*77]. – 6. Beziehungen zu Rom. – 7. Einteilungen der Akademie [*91-*92].

1. Allgemeines

Vgl. die einschlägigen Abschnitte der umfassenderen Darstellungen [§ 1 *332-*404] sowie die einschlägigen Abschnitte der Gesamtdarstellungen des antiken Skeptizismus [§ 42 *31-*39].

1 L. Credaro: Lo scetticismo degli accademici, Bd. 1-2 (Mailand 1889-1893). – ND in einem Band mit Vorwort von Fernanda Decleva Caizzi (Mailand 1985) [Testi e interpreti del pensiero antico 2]. Rez. des ND: F. Minonzio, in: Elenchos 8 (1987) 173-178; L. Chiesara:

Luigi Credaro e Lo scetticismo degli accademici, in: Rivista di Storia della Filosofia 43 (1988) 479-500.
2 H. Herter: Platons Akademie (Bonn ²1952).
3 M. Baltes: Art. 'Academia', in: Augustinus-Lexikon, Bd. 1 (Basel 1986) Sp. 40-46.
4 Carl Werner Müller: Art. 'Akademie', in: H. H. Schmitt, E. Vogt (Hg.): Kleines Wörterbuch des Hellenismus (Wiesbaden 1988) 23-47 (Manuskript abgeschlossen 1968).
5 Linda M. Napolitano Valditara: Le idee, i numeri, l'ordine. La dottrina della mathesis universalis dall'Accademia antica al neoplatonismo (Neapel 1988) [Collana Elenchos 14]. – 283-342: Knappe Darstellung der hellenistischen Akademie von Arkesilaos bis zu Antiochos (für die Verf. noch Scholarch der platonischen Akademie); leitender Gesichtspunkt ist das jeweilige Verhältnis zur Mathematik. Die skeptischen Akademiker lehnen mathematisches Denken im Gegensatz zur Alten Akademie schroff ab; nur bei Karneades ist etwas wie eine Wahrscheinlichkeitsrechnung zu erkennen.
6 Carlos Lévy: Cicero Academicus (1992 [§ 42 *40]). – 9-57: Überblick über die skeptische Akademie.

2. Wichtige Arbeiten zur 'skeptischen Wende': Gemeinsamkeiten und Unterschiede zwischen älterer und jüngerer Akademie

Vgl. auch Couissin 1929 [§ 42 *61], Gigon 1944 [§ 42 *71], Burkert 1965 [§ 42 *74], Müller 1975 [§ 42 *75: 251f. 327f.].

11 P. Couissin: Le stoïcisme de la nouvelle Académie, in: Revue d'Histoire de la Philosophie 3 (1929) 241-276. – Engl.: The Stoicism of the New Academy, in: Burnyeat (Hg.) 1983 [§ 42 *52: 31-64]. Die Akademiker sehen das von ihnen in der Auseinandersetzung mit der Stoa gebrauchte Erkenntnismodell nicht als objektiv gültig an; sie übernehmen die stoischen Prämissen nur für eine gezielte Widerlegung dieser Schule 'ad hominem'. Diese These Couissins ('dialektische Interpretation') hat in jüngerer Zeit viel Zustimmung gefunden; Widerspruch dagegen vor allem bei Ioppolo 1986 [*13].
12 H. J. Krämer: Platonismus und hellenistische Philosophie (1971) [§ 1 *394: 14-58]. – Vorstufen der 'aporetischen' Dialektik in der Akademie vor Arkesilaos; Diskussion und Disputation verdrängen die 'Ideen-Dialektik'; das 'aporetische Moment' seit Arkesilaos im Zentrum.
13 Anna Maria Ioppolo: Opinione e scienza (1986) [§ 1 *401]. – Grundlegend für das Verhältnis von Arkesilaos zur stoischen Erkenntnistheorie.
14 Margherita Isnardi Parente: L'Accademia antica. Interpretazioni recenti e problemi di metodo, in: Rivista di Filologia e di Istruzione classica 114 (1986) 350-378.
15 R. Doty: The criterion of truth (New York, Frankfurt a.M. 1992) [American University Studies V 108]. – Diss. Columbia Univ. New York von 1973. Überblick über die erkenntniskritische Kontroverse zwischen der Stoa und der jüngeren Akademie.

3. Zeugnisse und Überlieferung

Vgl. auch die in § 1 genannten Quellenautoren und die zugehörige Sekundärliteratur.

a) Academicorum Index

Vgl. auch § 25 *140-*176.

20 F. Bücheler (Hg.): Academicorum philosophorum index Herculanensis (Greifswald 1896). – Index scholarum. Editio princeps; in der Textgestaltung heute kaum noch brauchbar: Apollodor-Verse noch nicht erkannt, Oxforder Abschriften noch nicht benutzt.
21 S. Mekler (Hg.): Academicorum philosophorum index Herculanensis (Berlin 1902, ND 1958). – Durch neuere Lesungen fast völlig überholt, jedoch vorerst unentbehrlich, da oft nach Seiten- und Zeilenzählung Meklers zitiert wird.
22 T. Dorandi: La 'Cronologia' di Apollodoro nel PHerc. 1021 (1982) [§ 1 *223]. – Teilausgabe der metrischen Exzerpte aus Apollodor (col. XXVII-XXXI) über Lakydes, Kleitomachos, Charmadas u.a.
23 T. Dorandi: Filodemo e la fine dell'Academia (PHerc. 1021, XXXIII-XXXVI), in: Cronache Ercolanesi 16 (1986) 113-118. – Teilausgabe der Fragmente über Philon und Antiochos.
24 T. Dorandi: Filodemo e l'Academia nuova (PHerc. 1021, XVIII-XXVI), in: Cronache Ercolanesi 17 (1987) 119-134. – Teilausgabe für

die Zeit von Arkesilaos bis zu den Schülern von Karneades.
25 K. Gaiser: Philodems Academica. Die Berichte über Platon und die Alte Akademie in zwei herkulanensischen Papyri (Stuttgart-Bad Cannstatt 1988) [Supplementum Platonicum 1]. – Teilausgabe für die Zeit von Platon bis Arkesilaos (col. I-XVIII), mit z.T. sehr kühnen Ergänzungen. Rez.: M. Baltes, in: Anzeiger für die Altertumswissenschaft 42 (1989) 155-158.
26 Filodemo: Storia dei filosofi. Platone e l'Academia (PHerc. 1021 e 164). Edizione, traduzione e commento a cura di T. Dorandi (Neapel 1991) [La Scuola di Epicuro 12]. – Massgebliche Gesamtausgabe; ausführliche Indices; S. 267-269 'Fasti Academici', die alle älteren Tabellen ersetzen.
27 M. Capasso: Manuale di papirologia ercolanese (Galatina, Lecce 1991). – Gute Einführung in alle Aspekte und Probleme der herkulanensischen Papyri; S. 41-64 nützlicher Forschungsbericht zur Frage des Eigentümers der Villa.
28 W. Burkert: Platon in Nahaufnahme. Ein Buch aus Herculaneum (Stuttgart, Leipzig 1993) [Lectio Teubneriana 2]. – Allgemeine Charakterisierung des ‹Academicorum Index›; Interpretation der Platon betreffenden Teile.

b) Augustin

α) Ausgaben

31 Aurelius Augustinus: Contra Academicos libri tres, De beata vita liber unus, De ordine libri duo, recensuit P. Knöll (Wien, Leipzig 1922, ND New York, London 1962) [CSEL 63,3].
32 Aurelii Augustini Contra Academicos, De beata vita, De ordine, De magistro, De libero arbitrio, cura et studio W. M. Green (Turnhout 1970) [Corpus Christianorum, Ser. Latina 29,2,2].

β) Sekundärliteratur

Vgl. auch Lévy 1992 [§ 42 *40: 642-644].
33 J. O'Meara: St. Augustine against the Academics (Westminster, Md. 1950).
34 J. A. Mourant: Augustine and the Academics, in: Recherches Augustiniennes 6 (1966) 67-96.
35 B. R. Voss: Art. 'Academicis (De -)', in: Augustinus-Lexikon, Bd. 1 (Basel 1986) Sp. 45-51.
36 G. Reale: Agostino e il Contra Academicos, in: L'opera letteraria di Agostino tra Cassiciacum e Milano (Palermo 1987) [Augustiniana. Testi e Studi 2] 13-30.

37 Ilsetraut Hadot: Erziehung und Bildung bei Augustin, in: Cornelius Mayer, K. H. Chelius (Hg.): Internationales Symposion über den Stand der Augustin-Forschung (Würzburg 1989) 99-130.
38 A. Graeser: Hauptwerke der Philosophie. Antike (Stuttgart 1992) [Reclams Universalbibliothek 8740, Reihe Interpretationen]. – 246-266: 'Augustin: Gegen die Akademiker'.

c) Zeugnis- und Fragmentsammlungen

Vgl. auch de Vogel 1963-1967 [§ 1 *292: 3, 195-218], Long/Sedley 1987 [§ 1 *295: 1, 438-467; 2, 432-457].
41 La Scuola di Platone. Collezione di testi, diretta da M. Gigante (Neapel 1980ff.). Bd. 1: Speusippo. Frammenti, edizione, traduzione e commento a cura di Margherita Isnardi Parente (1980) [darin 11-25: M. Gigante: Testimonianze sull'Accademia, Nachtrag dazu in: Elenchos 3 (1982) 355-359]; Bd. 2: De Léodamas de Thasos à Philippe d'Oponte. Témoignages et fragments. Edition, traduction et commentaire par F. Lasserre (1987); Bd. 3: Senocrate, Ermodoro. Frammenti. Edizione, traduzione e commento a cura di Margherita Isnardi Parente (1982). – Diese bisher vorliegenden Bände betreffen mit Ausnahme der Zeugnissammlung von Gigante (Bd. 1) [*91] noch nicht die hellenistische Akademie. Angekündigt sind Bände über Arkesilaos (A. A. Long) und Karneades (J. Glucker).
42 H. J. Mette: Zwei Akademiker heute: Krantor von Soloi und Arkesilaos von Pitane, in: Lustrum 26 (1984) 7-94.
43 H. J. Mette: Weitere Akademiker heute: Von Lakydes bis zu Kleitomachos, in: Lustrum 27 (1985) 39-148. – Forts. von *42.
44 H. J. Mette: Philon von Larisa und Antiochos von Askalon, in: Lustrum 28-29 (1986-1987) 9-63. – Forts. von *42 und *43. – Diese drei 'Berichte' sind nützlich als fast vollständige Zusammenstellung der Zeugnisse und Fragmente; empfindliche Lücken in der Bibliographie; die knappen Kommentare werden dem Forschungsstand nicht gerecht.
45 Der Platonismus in der Antike. Grundlagen – System – Entwicklung. Begründet von H. Dörrie, fortgeführt von M. Baltes unter Mitarbeit von F. Mann (Stuttgart-Bad Cannstatt 1987ff.). Bd. 1: H. Dörrie: Die geschichtlichen Wurzeln des Platonismus. Bausteine 1-35. Text, Übersetzung, Kommentar. Aus dem

Nachlass hg. von Annemarie Dörrie (1987); Bd. 2: H. Dörrie: Der hellenistische Rahmen des kaiserzeitlichen Platonismus. Bausteine 36-72. Text, Übersetzung, Kommentar. Aus dem Nachlass hg. und bearb. von M. Baltes unter Mitarbeit von Annemarie Dörrie und F. Mann (1990); Bd. 3: H. Dörrie, M. Baltes: Der Platonismus im 2. und 3. Jahrhundert nach Christus. Bausteine 73-100. Text, Übersetzung, Kommentar (1992). – In der Auswahl eigenwilliges Lesebuch; Forschungsstand nicht ausreichend berücksichtigt. Rez. von Bd. 1-2: J. Mansfeld, in: Mnemosyne 46 (1993) 567-572.

46 T. Dorandi: Four Testimonia on the Academy, in: Classical Quarterly 38 (1988) 576-578. – Neue Lesungen und Konjekturen zu Hesych und anderen Lexikographen zum Stichwort 'Akademie'.

4. Zur äusseren Schulgeschichte

Vgl. auch Glucker 1978 [§ 1 *398], Habicht 1988 [§ 1 *433]; zu Fragen der Chronologie Samuel 1972 [§ 1 *442]; Dorandi 1991 [§ 1 *446], Canfora 1993 [§ 1 *434], Cambiano 1993 [§ 1 *435].

51 J. Travlos: Bildlexikon zur Topographie des antiken Athen (Tübingen 1971).
52 J. P. Lynch: Aristotle's School. A study of a Greek educational institution (Berkeley, Los Angeles, London 1972).
53 H. Dörrie: Vestigia summorum virorum, in: Grazer Beiträge 7 (1978) 207-220.
54 J. Dillon: The Academy in the Middle Platonic period, in: Dionysius 3 (1979) 63-77, ND in: J. D.: The Golden Chain. Studies in the development of Platonism and Christianity (Brookfield, Vermont 1990).
55 C. Natali (Hg.): La scuola dei filosofi. Scienza ed organizzazione istituzionale della scuola di Aristotele (L'Aquila 1981) [Methodos 9]. – Auszüge (in ital. Übers.) aus Wilamowitz, Jackson, Jaeger, Wehrli, Düring, Lynch, Gottschalk. 145-169: Appendice von Natali.
56 C. Natali: Aspetti organizzativi di alcune scuole filosofiche Ateniesi, in: Hermes 111 (1983) 52-69.
57 J. Dillon: What happened to Plato's garden? in: Hermathena 134 (1983) 51-59, ND in: J. D.: The Golden Chain. Studies in the development of Platonism and Christianity (Brookfield, Vermont 1990).
58 J.-L. Ferrary: Philhellénisme et impérialisme (1988) [§ 1 *427]. – 441-444: 'Le déclin des écoles athéniennes. Essai de mise au point sur les diadochai, de l'ambassade de 155 à la crise mithridatique' (chronologische Übersicht).
59 Marie-Françoise Billot: Académie. Topographie et archéologie, in: DPA 1 (1989) 693-789. – Archäologischer Aspekt.
60 T. Dorandi: Art. 'Académie' (zur äusseren Schulgeschichte), in: DPA 2 [§ 1 *343]. – Von T. Dorandi ist ferner eine ausführliche Darstellung der äusseren Schulgeschichte in Buchform angekündigt.
61 Carl Werner Müller: Platons Akademiegründung, in: W. Frobenius, N. Schwindt-Gross, T. Sick (Hg.): Akademie und Musik (Saarbrücken 1993) [Saarbrücker Studien zur Musikwissenschaft N.F. 7]. – S. 40f. mit Anm. 45: Einzelheiten zu den Rechtsverhältnissen der frühen Akademie.

5. Beziehungen zu hellenistischen Staaten

70 C. Wachsmuth: Die Stadt Athen im Alterthum, Bd. 1 (Berlin 1874). – 636f.
71 Carl Schneider: Kulturgeschichte des Hellenismus, 2 Bde. (München 1967-1969).
72 Esther V. Hansen: The Attalids of Pergamon (Ithaca N.Y. 1947, ²1971). – Zu den engen Beziehungen zwischen dem pergamenischen Königshaus und der athenischen Akademie.
73 R. B. McShane: The foreign policy of the Attalids of Pergamum (Urbana 1964) [Illinois Studies in the Social Sciences 53]. – Zur Kulturpolitik bes. 53-55.
74 H. J. Schalles: Untersuchungen zur Kulturpolitik der pergamenischen Herrscher im dritten Jahrhundert vor Christus (Tübingen 1985) [Istanbuler Forschungen 36].
75 P. M. Fraser: Ptolemaic Alexandria, 3 Bde. (Oxford 1972). – Bd. 1: Text; Bd. 2: Notes; Bd. 3: Indexes. – Bd. 1, 480-494: 'Alexandrian philosophy. The main phases' (Anmerkungen dazu Bd. 2, 693-716). Wichtig für das Ende der Akademie und den (umstrittenen) Übergang zum Mittelplatonismus.
76 Margherita Isnardi Parente: L'Accademia antica e la politica del primo ellenismo, in: I filosofi e il potere nella società e nella cultura antica (Neapel 1988) [Acta Neapolitana 1] 87-112.
77 C. Habicht: Athens and the Attalids in the second century B.C., in: Hesperia 59 (1990) 561-577.

6. Beziehungen zu Rom

Vgl. Harder 1929 [§ 1 *421], Daly 1950 [§ 1 *422], Garbarino 1973 [§ 1 *423], Jocelyn 1977 [§ 1 *424], Crawford 1979 [§ 1 *425], Gruen 1984 [§ 1 *426].

7. Einteilungen der Akademie

Vgl. auch Müller 1975 [§ 42 *75: 250 Anm. 5], Dörrie (Hg.) 1987 [*45: 1, 431].

91 M. Gigante: Testimonianze sull'Accademia, in: Gigante (Hg.) 1980 [*41: 1, 11-25]. – Übersichtliche Zusammenstellung aller Zeugnisse.

92 A. A. Long: Diogenes Laertius, Life of Arcesilaus, in: Giannantoni (Hg.) 1986 [§ 1 *124: 444]. – Phaseneinteilung kaum früher als Karneades, wahrscheinlich im Umkreis von Philon und Antiochos entstanden.

§ 47. Arkesilaos

A. Zeugnisse und Überlieferung 786. – B. Leben 787. – C. Lehre 796: 1. Erkenntniskritik 796: a) Widerlegung von Scheinwissen 796; b) Kritik des Erkenntnisvorgangs 797; c) Konsequenz der skeptischen Haltung 801; 2. Ethik 806; 3. Menschliches Handeln 807; 4. Gott und Natur 811; 5. Einflüsse anderer Schulen 811: a) Allgemeines 811; b) Pyrrhon 812; c) Megarische Dialektik 815; d) Stoa 816; e) Peripatos 819; 6. Der Akademiker Arkesilaos 821. – D. Bibliographie 825: 1. Allgemeines. Zeugnisse und Überlieferung 825; 2. Leben 825; 3. Lehre 825: a) Motivation der 'skeptischen Wende', innere Konsequenz, Verhältnis zur Stoa 826; b) Ethik. Menschliches Handeln 826; c) Esoterischer Dogmatismus? 827; d) Einflüsse anderer Schulen 827.

A. ZEUGNISSE UND ÜBERLIEFERUNG

Die oft wiederholte Behauptung, Arkesilaos habe sich nie schriftlich geäussert, bedarf einer Modifizierung. DIOGENES LAERT. IV 30f. (T 1a, 47-60 METTE) hat zwei Gedichte des Philosophen erhalten (ausführliche Behandlung bei VON DER MÜHLL 1955 [*21] und GIGANTE 1970 [*22]; neueste Ausgabe: LLOYD-JONES/PARSONS (Hg.) 1983: Supplementum Hellenisticum [§ 1 *294] frg. 121. 122). Das erste rühmt in zwei Distichen den Wagensieg eines Attalos, der «seine Heimat Pergamon einst zu hohem Ruhm führen werde». Gemeint ist vermutlich der (selbst nicht zur Regierung gelangte) Vater des späteren Königs Attalos I. Soter (HANSEN ²1971 [§ 46 *72: 27. 396], SCHALLES 1985 [§ 46 *74: 44 Anm. 293]). Er ist vor 263 v. Chr. gestorben; das Gedicht ist also früh zu datieren. Das zweite ist ein Grabepigramm (drei Hexameter, auf die jeweils ein iambischer Trimeter folgt) auf den jung verstorbenen ἐρώμενος eines Mitschülers. Ebenfalls bei DIOGENES LAERT. IV 31 (T 1a, 64f. METTE) erwähnt ist eine Schrift über den Tragiker und Lyriker Ion aus Chios (das Imperfekt ἐχαρακτήριζε, 'wollte schildern' oder 'schilderte', lässt offen, ob die Schrift zustandegekommen ist). – Auf eine philosophische Veröffentlichung weist möglicherweise der für CHRYSIPP (SVF 2, frg. 16, S. 8. 21) bezeugte Buchtitel (DIOGENES LAERT. VII 198 = F 3 METTE): Πρὸς τὸ Ἀρκεσιλάου μεθόδιον πρὸς Σφαῖρον α', «Gegen das μεθόδιον des Arkesilaos, gewidmet dem Sphairos, in einem Band». LIDDELL/SCOTT/JONES und HICKS (Hg.) (1925 [§ 1 *112]) verstehen μεθόδιον als (mündlich praktizierte) 'Methode'. Aber die Deminutivform lässt eher an ein 'Büchlein' denken als an einen abstrakten Begriff (APELT 1921 [§ 1 *111] übersetzt 'Wegweiserbüchlein'). – Schriften sind vorausgesetzt bei DIOGENES

LAERT. IV 38 (T 1a, 138f. METTE): διὸ καὶ τούτῳ μόνῳ (Eumenes I. von Pergamon) τῶν ἄλλων βασιλέων προσεφώνει. Das Verbum ist fester Terminus technicus für die Widmung von Büchern (CICERO ep. Att. XV 13, 6 (= 13a, 2); XVI 11, 4; PLUTARCH Luc. 1, 4; ATHENAIOS VII 313F). Man muss also verstehen: 'Ihm allein widmete er Schriften' (gegen HANSEN ²1971 [§ 46 *72: 396]). Ob es sich dabei um philosophische Werke gehandelt hat, bleibt allerdings offen. – In seiner Theophrast-Vita zitiert DIOGENES LAERT. (V 41 = T 1a, 217-220) FAVORIN (frg. 53 MENSCHING = 92 BARIGAZZI), der seinerseits HERMIPPOS, den 'Kallimacheer', zitiert (frg. 53 WEHRLI): ... τοῦτο λέγειν Ἕρμιππον παρατιθέμενον ἱστορεῖν Ἀρκεσίλαον τὸν Πιταναῖον ἐν οἷς ἔφασκε πρὸς Λακύδην τὸν Κυρηναῖον. Hermipp führt also als seine Quelle an «Arkesilaos in seinen Ausführungen an Lakydes aus Kyrene». Das klingt nach einem Buchtitel; man kann an durch Arkesilaos autorisierte Aufzeichnungen des Lakydes denken (der Vergleich mit Eckermanns Gesprächesammlung drängt sich auf). Die Nachricht selbst, die bei Diogenes so umständlich auf Arkesilaos zurückgeführt wird, hat mit Philosophie nichts zu tun («Theophrast liess sich im Alter in einer Sänfte tragen»), aber der allgemeine Titel schliesst Philosophisches auch nicht aus. – Dass man philosophische Schriften des Arkesilaos für möglich hielt, zeigen übereinstimmende Berichte im ‹Academicorum Index› und bei Diogenes Laertios, die also wohl auf Antigonos aus Karystos zurückgehen (siehe S. 787): DIOGENES LAERT. IV 24 = Arkesilaos T 1a, 14f. METTE (vgl. ACAD. IND. XVI 12-15 = T 1a, 72f. METTE) «Krantor hatte seinem Freund unveröffentlichte Schriften im Umfang von 30000 Zeilen hinterlassen; einiges davon schreiben manche Gelehrte dem Arkesilaos zu»; DIOGENES LAERT. IV 32 = T 1a, 72f. METTE = 68 E 1 LS (vgl. ACAD. IND. XVIII 34-40 = T 1b, 48-50) «... er wurde erwischt, als er an (Krantors?) Schriften einiges berichtigte (διορῦῶν); nach Ansicht der einen hat er diese Schriften herausgegeben, nach der Ansicht anderer verbrannt» (zur Textgestaltung DORANDI (Hg.) 1987 [§ 46 *24: 121 Anm. 10] und 1991 [§ 46 *26: 243]). Es gab also Werke, deren Zuschreibung an Krantor oder Arkesilaos strittig war. BURKERT (1965 [§ 42 *74: 194 Anm. 50]) erklärt die Unsicherheit damit, dass bei Arkesilaos ebenso wie bei Krantor die Ethik im Zentrum des Denkens stand; für reine Herausgebertätigkeit des Arkesilaos LONG (1986 [*31: 432 Anm. 2]) und GAISER (Hg.) (1988 [§ 46 *25: 562]). Andererseits zeigen diese Nachrichten auch, dass schon früh die Meinung vertreten wurde, es gebe überhaupt keine schriftliche Hinterlassenschaft des Arkesilaos. In einigen antiken Berichten ist das ausdrücklich gesagt: PLUTARCH de Alexandri Magni fortuna 4, 328A = T 1d METTE; DIOGENES LAERT. IV 32 = T 1a, 72 METTE = 68 E 1 LS διὰ ... τὸ περὶ πάντων ἐπέχειν οὐδὲ βιβλίον, φασί τινες, συνέγραψεν, «weil er sich in jeder Hinsicht (des Urteils) enthielt, hat er, wie einige behaupten, auch kein Buch geschrieben»; diese Aussage wird aber sogleich durch die Gerüchte um Krantors Nachlass relativiert; ACAD. IND. XVIII 40f. = T 1b, 50 METTE δόγμα δ᾽ οὐδὲν οὐδ᾽ αἵ[ρεσιν συ]νετίθει, «er hat keine feste Lehre (Dogma) und keine Schulmeinung schriftlich formuliert» (unsichere Lesung); ACAD. IND. col. P 22-24 (bei DORANDI (Hg.) 1991 [§ 46 *26] Text S. 155, Übers. S. 194, Komm. S. 244) = T 1b 36 METTE αὐτὸς τῆς συγγραφῆς ἀπέστη ... τῆς ἀλλοτριολογί[ας; ... «... er selbst nahm Abstand davon, etwas zu schreiben ... der falschen Auslegung (?) ...» (zur Zuordnung und zur Interpretation DORANDI (Hg.) 1987 [§ 46 *24: 123 mit Anm. 36-38]).

Arkesilaos' Lehre wurde im wesentlichen durch seine Schüler festgehalten und weitergegeben; unter ihnen sind hervorzuheben: Pythodoros ὁ καὶ σχολὰς ἀναγράψας αὐτοῦ, «der auch seine Vorlesungen nachgeschrieben hat» (ACAD. IND. XX 42f.

= T 1b 71 METTE), und Arkesilaos' Nachfolger im Scholarchat Lakydes aus Kyrene: «(Arcesilae ratio) proxime a Lacyde solo retenta est» (CICERO Luc. 16 = 68 C 2 LS). Ob das oben erwähnte ‹Aufzeichnungsbuch› des Lakydes auch der Lehre galt, wissen wir nicht. – Die uns erhaltenen Berichte (vor allem der ‹Academicorum Index› und Diogenes Laertios) gehen zum grossen Teil auf Antigonos aus Karystos zurück: LONG (1986 [*31: 433]), GAISER (Hg.) (1988 [§ 46 *25: 133]); Versuche, Antigonos von jüngeren Quellen zu trennen bei WILAMOWITZ (1881 [§ 1 *191: 45-77]) und LONG (1986 [*31: 435f. 444-447]). Auch die bei Eusebios erhaltenen Exzerpte aus Numenios stammen teilweise aus dieser zuverlässigen Quelle, vieles ist allerdings boshaft entstellt. Die Nachrichten bei Sextus Empiricus sind zwar aus neupyrrhonischer Sicht formuliert, aber nicht eigentlich polemisch: für Sextus steht Arkesilaos der eigenen Schule weit näher als Karneades und dessen Nachfolger (genaue Analyse bei IOPPOLO 1992 [§ 1 *82: 179-185]). Nicht leicht zu deuten, aber durch ihre unbezweifelbare Authentizität wertvoll sind die Verse, die die Zeitgenossen Ariston aus Chios und Timon Arkesilaos gewidmet haben (SH frg. 805-808).

Die Zeugnisse sind erstmals zusammengestellt von METTE (Hg.) (1984 [§ 46 *42: 41-94], Nachträge 1985 [§ 46 *43: 54f. Anm. 1]). Die Sammlung bietet einen bequemen Überblick über das z.T. weit verstreute Material. Nicht überzeugend ist die Aufteilung in T(estimonia) und F(ragmenta), da es ausser den Gedichten nach herkömmlichem Sprachgebrauch nur 'Testimonia' gibt; empfindliche Lücken in der Bibliographie. Die wichtigsten Zeugnisse auch bei LONG/SEDLEY (Hg.) (1987 [§ 1 *295: 1, 438-467; 2, 432-457] [LS]). – Die Rückgewinnung der Lehre bleibt schwierig: Die Zuverlässigkeit wichtiger Aussagen ist umstritten; mit polemischen Verfälschungen und Irrtümern ist fast überall zu rechnen; in späten Texten wird vielfach nicht geschieden zwischen Arkesilaos selbst und der von ihm begründeten neu-akademischen Richtung im allgemeinen. – Ein Bildnis des Arkesilaos hat sich nicht erhalten.

B. LEBEN

Arkesilaos (Ἀρκεσίλαος, auch Ἀρκεσίλας; lat. Arcesilaus, häufiger, in den Cicero-Handschriften immer: Arcesilas) wurde 316/315 (?) v. Chr. in der aiolischen Hafenstadt Pitane (Ruinen bei Çandarlı, nordöstlich von Izmir) geboren (Berechnung des Geburtsjahres unten S. 796; andere Einzelnachweise übersichtlich bei METTE (Hg.) 1984 [§ 46 *42: 78-87]). Als Name seines Vaters wird Seuthes, in anderen Texten (weniger wahrscheinlich) Skythes angegeben. Er war offenbar wohlhabend (DIOGENES LAERT. IV 38). Arkesilaos war der jüngste (?) von fünf (Halb-)Brüdern, von denen zwei den gleichen Vater, zwei die gleiche Mutter hatten (zur Formulierung bei DIOGENES LAERT. IV 28: τέταρτος ἀδελφὸς ἦν siehe GAISER (Hg.) 1988 [§ 46 *25: 537]). Nach dem vermutlich frühen Tode des Vaters wurde Moireas, der ältere der ὁμοπάτριοι, Arkesilaos' Vormund. Noch in Pitane genoss Arkesilaos den Unterricht des bedeutenden Mathematikers und Astronomen Autolykos (über ihn BRUNET/NADAL 1979 [*42] und AUJAC (Hg.) 1979 [*43]), mit dem er auch Sardes besuchte. Moireas als Vormund wünschte, dass sein Mündel zum Redner ausgebildet werde; Arkesilaos aber «liebte die Philosophie» (DIOGENES LAERT. IV 29 = T 1a, 37 METTE). Nach den uns vorliegenden (auch sonst ein wenig romantisch gefärbten) Berichten verhalf ihm nun der ältere der mütterlichen Halbbrüder, Pylades, zur Flucht: zuerst nach Chios, dann nach Athen (DIOGENES LAERT. IV 43 = T 1a, 184-186 METTE; ACAD. IND. XVII 7-14 = T 1b, 20-24 METTE). Dort hörte Arkesilaos zunächst den Musiker Xanthos; dann wurde er Schüler Theophrasts (DIOGENES LAERT. IV 29 = T 1a, 35 und 44f. METTE; διήκουσε wörtlich: «hörte bis zu Ende»; es ist also an ein längeres Schülerverhältnis zu denken; vgl. auch NUMENIOS frg. 2 Zeile 15 LEEMANS = frg. 25 Zeile 15 DES PLACES = ARKESILAOS T 2, 6 METTE). LONG (1986 [*31: 440]) weist überzeugend darauf hin, dass es sich dabei eher um rhetorische als um philosophische Vorlesungen gehandelt haben dürfte (die ohnehin verdächtige Nachricht von der 'Flucht' nach Athen wird damit entwertet). Eine enge Freundschaft mit Krantor (KRÄMER in UEBERWEG Antike 3 (1983) 153. 161-164) führte ihn schliesslich in die Akademie. Die Einzelheiten sind unklar und durch novellistische Züge getrübt. DIOGENES LAERT. IV 29 (T 1a, 37-44 METTE) berichtet: «Krantor, der in ihn (Arkesilaos) verliebt war, wandte sich an ihn mit der Frage aus der Andromeda des Euripides 'Wenn ich dich rette, Mädchen, wirst du mir Dank wissen?', er aber antwortete mit dem (bei Euripides) folgenden Vers 'Nimm mich hin, Fremder, ob du mich nun als Dienerin magst oder als Gattin.' Von da an waren sie immer zusammen.» Zu Unrecht sieht LONG (1986 [*31: 440]) in diesem (nicht notwendig fiktiven) Scherzgespräch neben den offenkundigen erotischen Anspielungen den Wechsel von den ungeliebten rhetorischen Studien zur Philosophie symbolisiert, denn Arkesilaos wird auch bei Theophrast nebenher schon Philosophie getrieben haben.

Theophrast soll sich über den Weggang des begabten Schülers sehr geärgert haben (DIOGENES LAERT. IV 30 = T 1a, 44f. METTE); Arkesilaos aber fand durch Krantor bald Zugang auch zu Polemon, der damals die Akademie leitete, und zwar angeblich auf folgende Weise (DIOGENES LAERT. IV 24 = T 1a, 16-19): «Krantor war erkrankt und hatte sich zu einer Heilbehandlung ins Asklepieion begeben. Dort scharten sich viele junge Männer um ihn, die glaubten, er sei nicht krankheitshalber dort, sondern um eine eigene Schule zu gründen. Darunter war auch Arkesilaos, der den Wunsch hatte, durch Krantor mit Polemon bekannt gemacht zu werden ...». Diese Geschichte ist nicht nur schwer vereinbar mit der vorher erwähnten Version über die Begegnung zwischen Arkesilaos und Krantor; sie ist auch in sich widersinnig. Denn wenn Krantor im Begriffe stand, eine eigene Schule zu gründen, waren Zeitpunkt und Person am wenigsten geeignet, Arkesilaos Zutritt zum Leiter der Akademie zu verschaffen. Denkbar ist, dass Arkesilaos sich für die Neugründung interessierte und sich dann, nach Aufklärung des Missverständnisses, für Polemons Akademie gewinnen liess. Nachdem er Polemon und dessen Lieblingsschüler Krates kennengelernt hatte, soll er gesagt haben (ACAD. IND. XV 3-10 = T 1b, 2-5 METTE), sie seien ihm erschienen 'wie Götter oder noch Überlebende aus der alten goldenen Zeit' (zur Formulierung: wörtlich 'geformt aus dem goldenen Geschlecht' GAISER (Hg.) 1988 [§ 46 *25: 518]; teilweise wortgleich DIOGENES LAERT. IV 22 = T 1a, 3-4 METTE; zur Deutung DORANDI (Hg.) 1991 [§ 46 *26: 237]). Der (vielleicht authentische) Ausspruch zeugt in jedem Falle von hoher Bewunderung (GAISER (Hg.) 1988 [§ 46 *25: 520]); aber auch eine gewisse Ironie ist deutlich (KRÄMER in UEBERWEG Antike 3 (1983) 153); kaum richtig DÖRRIE (Hg.) (1987 [§ 46 *45: 1, 431]): «gutmütiger, aber treffender Spott». Zu Unrecht erwägt DÖRRIE a.a.O. eine Analogie zwischen der Abfolge der Akademien (siehe oben S. 779-781) und der Abfolge der Zeitalter («... er wird eine andere Akademie begründen, die sich im Wert zur ersten Akademie verhält wie das Silberne Zeitalter zum Goldenen»): der mutmassliche Quellenautor Antigonos aus Karystos wusste noch nichts von der späteren Entwicklung. Aus dem AKADEMIKER-INDEX hat GAISER (Hg.) (1988 [§ 46 *25: 244]) im Anschluss daran (XV 11-25, dazu PHerc. 164, frg. 31) noch folgenden (ganz unsicheren, bei DORANDI (Hg.) 1991 [§ 46 *26: 147f.] nur fragmentarisch gedruckten) Text hergestellt: «... was sich (seit damals) nur noch für ganz wenige ergab, dass sie eine so königliche, grossartige und überaus schöne Naturanlage hatten. Und sie hörten nicht auf zu erklären, dass sie am meisten von Platon gelernt hätten. Den Speusipp und den Xenokrates hatte er (= Arkesilaos) zugleich (mit jenen anderen) in die alles übertreffende Nachkommenschaft (der Götter und Heroen) eingereiht. 'So grosse Wegbereiter (wie diese philosophischen Lehrer und Vorgänger) verursachen aber', sagte er (= Arkesilaos), 'gefährliche Krankheiten bei einigen, für andere aber umreissen sie Forderungen, so dass sie (= die so Herausgeforderten) gewissermassen als Erstlingsbeute der Lebenszeit erbringen, darin geübt zu sein, dass man nicht der Respektlosigkeit verfällt'.» Zur Interpretation GAISER (Hg.) (1988 [§ 46 *25: 518-520]) und DORANDI (Hg.) (1991 [§ 46 *26: 238]). DIOGENES LAERT. berichtet auch (IV 22 = ARKESILAOS T 1a, 5-8 METTE) von einem herzlichen Einvernehmen zwischen Polemon, dem Scholarchen, seinem Schüler und ἐρώμενος Krates und dem Freundespaar Arkesilaos–Krantor; man habe gemeinsam bei Krantor gespeist.

Dass die drei Akademiker Arkesilaos auch philosophisch geprägt haben, steht ausser Frage. Wahrscheinlich waren es nicht in erster Linie metaphysische Probleme, die ihn anzogen, sondern die sokratische Tradition; er trieb wohl auch mathematische Studien (LONG 1986 [*31: 440f.]). Diese ergänzte er durch den Unterricht des Geometers Hipponikos (DIOGENES LAERT. IV 32 = T 1a, 66-68 METTE), den er als langweilig empfand (aber eben das spricht für ein ernsthaftes Interesse an der Mathematik, der er sich ja schon in Pitane gewidmet hatte). Auch mit stoischem Denken wurde Arkesilaos bald nach seinem Eintritt in die Akademie bekannt: Zenon war Schüler Polemons gewesen; seine Beziehungen zu Polemon und dessen Kreis dürften auch nach der Gründung der eigenen Schule nicht erloschen sein. Es ist jedoch nicht richtig, wenn Arkesilaos gelegentlich als jüngerer 'Mitschüler' Zenons bei Polemon bezeichnet wird: STRABON XIII 67 = SVF 1, frg. 10; missverständlich CICERO Acad. I 35. Als Zenon die Akademie verliess (Beginn der Lehrtätigkeit in der Stoa Poikile etwa 300 v. Chr.), war Arkesilaos erst etwa 15 Jahre alt und vermutlich noch nicht in Athen.

Näheren Kontakt hatte Arkesilaos wahrscheinlich mit Ariston aus Chios, der etwa der gleichen Generation angehörte wie er selbst. Ariston war zuerst Schüler Zenons und orthodoxer Stoiker; «als aber Zenon einmal ernstlich erkrankte, wandte er sich Polemon zu und änderte seine philosophische Haltung» (DIOGENES LAERT. VII 162 = SVF 1, frg. 333). Polemon konnte ihn dann offenbar doch nicht beeinflussen, denn Ariston vertrat später eine radikale Ethik, die zwischen Stoa und Kynismus stand, und gründete eine eigene kurzlebige Schule. Aber zwischen Arkesilaos und seinem zeitweiligen Mitschüler scheint eine dauerhafte Beziehung entstanden zu sein (DIOGENES LAERT. VII 162 = T 1a, 226f. METTE): «Mit Arkesilaos lag (Ariston) immer wieder im Streit» (ἀπετείνετο, Imperfekt der Wiederholung). Die anschliessende Anekdote setzt die skeptische Wende des Arkesilaos bereits voraus, gehört also wohl in spätere Zeit (zum Zeitpunkt der 'Wende' siehe S. 792f.), ebenso der vielfach zitierte Neckvers Aristons Πρόσϑε Πλάτων, ὄπιϑεν Πύρρων, μέσσος Διόδωρος (siehe S. 811f.). Ähnliche Neckereien gab es zwischen Ariston und dem Zenonschüler Persaios (DIOGENES LAERT. VII 162 = SVF 1, frg. 461, zur Deutung IOPPOLO 1980 [§ 43 *73: 29f.]): «Ariston hielt unerschütterlich fest am stoischen Lehrsatz, der Weise dürfe nicht in Meinung verfallen. Das wollte Persaios widerlegen und veranlasste von zwei Zwillingsbrüdern zunächst den einen, dem Ariston einen Wertgegenstand zur Verwahrung zu übergeben, dann den anderen, ihn zurückzufordern. Und so zeigte er ihm, dass er irren konnte.» Die Anekdote ist aus zwei Gründen bemerkenswert: erstens weil hier ein Stoiker gegen die Evidenz (ἐνάργεια) demonstriert, die die Stoiker im allgemeinen verteidigten; zweitens weil der Stoiker Persaios gegen die Evidenz genau das Phänomen ins Feld führt, das in Arkesilaos' Erkenntniskritik später eine entscheidende Funktion hat: Die 'Ununterscheidbarkeit' (ἀπαραλλαξία) extrem ähnlicher Gegenstände oder Personen. Auch Persaios dürfte zum Kreis des Arkesilaos gehört haben. Es ist gut denkbar, dass sich Arkesilaos' Polemik gegen die stoische Epistemologie am gleichen Gegenstand entzündet hat wie der Scherz des Persaios: an der provozierenden These Aristons, es sei grundsätzlich möglich, sich von jedem Irrtum freizuhalten (LONG 1986 [*31: 443] vermutet, dass die gesamte Auseinandersetzung primär gegen Ariston gerichtet war; dagegen S. 799). Die Berichte nennen noch weitere philosophische Einflüsse (DIOGENES LAERT. IV 33 = T 1a, 75f. METTE = 68 E 2 LS): «... auch den Pyrrhon bewunderte er (ἐζηλώκει wörtlich: war voller Eifer für ihn) nach Aussage einiger Leute, bemühte sich sehr um die Dialektik und eignete sich die Lehren der eretrischen Schule an». Diogenes' vage Ausdrucksweise zeigt, dass hier nicht an den Besuch von Schulen oder Vorlesungen zu denken ist. Aber auch indirekt konnte sich Arkesilaos mit dem Pyrrhonismus, der megarischen Dialektik (Diodoros Kronos) und der Eristik des Menedemos aus Eretria vertraut machen (zur Sache unten S. 811-816).

Nach Polemons Tod wurde Krates Leiter der Akademie (über ihn KRÄMER in UEBERWEG Antike 3 (1983) 153f. 164). Bereits unter seinem Scholarchat genoss Arkesilaos vermutlich hohes Ansehen in der Schule (kühne Ergänzung von GAISER (Hg.) 1988 [§ 46 *25: 263] zu ACAD. IND. XVII 41: «man sah deutlich, dass er führte in der Schule»). Der Übergang des Amtes auf Arkesilaos ist im AKADEMIKER-INDEX (vermutlich nach Antigonos aus Karystos) genau erzählt (XVII 41 bis XVIII 7, Ergänzungen und Übersetzung nach DORANDI (Hg.) 1991 [§ 46 *26: 193]): «Als Krates gestorben war, ⟨erhielt er, d.i. Arkesilaos⟩ selbst die ⟨Leitung der⟩ Akademie, weil ein gewisser Sokratides für ihn die ⟨Leitung der⟩ Schule freigemacht hatte, den, da er der Älteste war, die jungen Leute in einer Versammlung zum Vorsteher gewählt hatten»; teilweise wortgleich DIOGENES LAERT. IV 32 = T 1a, 70f. METTE = 68 E 1 LS. Das Datum dieses doppelten Amtswechsels lässt sich nur annähernd bestimmen. Im ACAD. IND. col. Q 4f. ist der Tod eines offenbar prominenten Akademikers 'unter dem Archontat des Philokrates' erwähnt. Diese Angabe wurde bislang auf Polemon bezogen (so u.a. noch KRÄMER in UEBERWEG Antike 3 (1983) 153). Das hat sich als falsch erwiesen: Polemon ist nach Hieronymus im dritten Jahr der 127. Olympiade = 270/269 gestorben (Überlieferung unsicher, dies jedoch die wahrscheinlichste Lesart); das Archontat von Philokrates aber ist jetzt für 276/275 gesichert (B. D. MERITT, in: Hesperia 26 (1977) 173). GAISER (Hg.) (1988 [§ 46 *25: 258, 534f.]) identifizierte den im Jahre 276/275 Gestorbenen mit Krates; damit war auch der Amtsantritt von Arkesilaos recht hoch hinauf datiert. In jeder Hinsicht überzeugender ist der Lösungsvorschlag von DORANDI (1991 [*32]): Er erinnert daran, dass bei DIOGENES LAERT. IV 27 über Krantor gesagt ist, er sei früh «noch vor Polemon und Krates» gestorben (πρὸ Πολέμωνος καὶ Κράτητος), und ergänzt nun auch in ACAD. IND. col. Q 3f. πρὸ] το[ῦ Π]ολέ[μωνος. Der Unbekannte, der im Jahre 276/275 gestorben ist, kann demnach nur Krantor sein. Auch das bei DIOGENES LAERT. IV 25 mitgeteilte Gedicht des Epigrammatikers Theaitetos betont das kurze Leben Krantors. Da im Papyrustext unmittelbar danach (Q 6-10) vom Übergang des Scholarchats von Polemon auf Krates die Rede ist, war an der beschädigten Stelle vermutlich ausgeführt, dass Krates deshalb Polemons Nachfolger wurde, weil der ursprünglich dafür vorgesehene Krantor schon vor Polemon gestorben war. Damit ergeben sich folgende Daten:

314/313 Tod des Xenokrates, Polemon wird Schulleiter
276/275 Tod Krantors
270/269 Tod Polemons, Krates wird Schulleiter

Das letzte Datum ist also terminus post quem für den Übergang des Scholarchats von Krates auf Arkesilaos. Über die Dauer von Krates' Amtsführung ist keine Sicherheit zu gewinnen. Die von einigen Herausgebern zu DIOGENES LAERT. IV 23 («Krates hinterliess bei seinem Tode viele Schriften») hinzugefügten Zeitangaben sind reine Spekulation. Auch das von DIOGENES LAERT. IV 45 genannte Datum der 'Blüte' des Philosophen hilft nicht weiter: es ist falsch überliefert (siehe unten) und muss durchaus nicht den Amtsantritt bezeichnet haben. Dorandi erwägt für den Amtsantritt vorsichtig die Jahre 268-264 v. Chr.

GLUCKER (1978 [§ 1 *398: 234 Anm. 25]) äussert die interessante Vermutung, dass die indirekte Wahl des Arkesilaos der Akademie als Institution einen empfindlichen Verlust gebracht hat: Sokratides als der zunächst und regelmässig gewählte Nachfolger von Krates war auch dessen bürgerlicher Erbe und damit rechtmässiger Eigentümer von Platons Haus und Garten. Er könnte sich geweigert haben, diesen Besitz dem Arkesilaos zu übergeben, nachdem er zum Rücktritt genötigt war. Einige Indizien deuten nämlich darauf hin, dass Arkesilaos nicht mehr Eigentümer von Platons Anwesen war (GLUCKER 1978 [§ 1 *398: 234], DILLON 1983 [§ 46 *57]). Nur das eigentliche Lehrlokal dürfte der Schule weiterhin zur Verfügung gestanden haben (siehe S. 777).

Im Zusammenhang mit der unregelmässigen Wahl stellt sich die Frage, wann Arkesilaos den Durchbruch zur Erkenntniskritik und zur Skepsis vollzogen hat. Leider ist man auch hier auf Mutmassungen angewiesen. KRÄMER (1971 [§ 1 *394: 36]) glaubt, «die grundlegenden Konzeptionen in die Siebziger, ja in die Achtziger Jahre des dritten Jahrhunderts zurückdatieren (zu) dürfen», und verweist auf die frühe Ansetzung der 'Blüte' (ἀκμή) bei DIOGENES LAERT. IV 45: 120. Olympiade = 300-296 v. Chr. Dort aber liegt offenkundig Textverderbnis vor, und wenn man den Text ändert, indem man zwischen τὴν und εἰκοστὴν eine Einerzahl und καὶ einfügt, sind alle Zahlen bis hin zur 126. Olympiade gleich plausibel. Zudem ist gänzlich unsicher, ob im noch einwandfreien Text die 'Blüte' den Amtsantritt, den Zeitpunkt philosophischer Neuerungen oder den des grössten Ruhmes bezeichnen sollte. Ein einleuchtendes Argument für einen frühen Ansatz der 'skeptischen Wende' ist es dagegen, dass Arkesilaos die Leitung der Akademie gerade deshalb erhalten haben könnte, weil er eine neue Lehre vertrat, möglicherweise in deutlichem Gegensatz zu Sokratides. Denn dass dieser wenig Neues zu bieten hatte, darf man daraus schliessen, dass über ihn sonst überhaupt nichts bekannt ist.

Gegen einen frühen Ansatz der Wende zur Aporetik spricht dagegen der Bericht im AKADEMIKER-INDEX (XVIII 7-15, = T 1b, 42-45 METTE), wo in unmittelbarem Anschluss an die Schilderung der Wahl gesagt ist, Arkesilaos habe 'zunächst' (τὸ μὲν πρῶτον) noch im Einklang mit der Lehre, die von Platon und Speusipp bis zu Polemon die gleiche geblieben war, Vorträge gehalten, sich dann jedoch von dieser Lehre entfernt (dazu ausführlicher unten S. 821f.). Wenig später (XVIII 41 bis XIX 19, 9 = T 1b, 51-54 METTE) ist eine Spaltung der Schülerschaft erwähnt (siehe unten S. 793). Auch ein anderes Zeugnis scheint zu zeigen, dass die Zeitgenossen die philosophische Haltung der Akademie unter Arkesilaos als 'unstet' ansahen (siehe S. 779f. 802. 833): damit war wohl weniger ein Schwanken in Arkesilaos' eigener Überzeugung gemeint, als dass sich die neue Lehre nur langsam durchsetzte; vgl. auch CICERO Lucullus 16 (F 8, 9 METTE = 68 C 2 LS): «cuius (Arcesilae) primo non admodum probata ratio ...».

Weitere Indizien scheiden bei näherem Hinsehen aus: Lange galt es als ausgemacht, dass Arkesilaos mit seiner skeptischen Haltung früh hervorgetreten war, weil man in PLUTARCH adv. Col. 26, 1121E = F 7, 10-12 METTE = 68 H 2 LS mit der handschriftlichen Überlieferung las: ... τοῦ δ' Ἀρκεσιλάου τὸν Ἐπίκουρον οὐ μετρίως ἔοικεν ἡ δόξα παραλυπεῖν ἐν τοῖς τότε χρόνοις μάλιστα τῶν φιλοσόφων ἀγαπηθέντος, «... der Ruhm des Arkesilaos, eines damals vor allen anderen Philosophen hochgeschätzten Mannes, schien Epikur heftig zu bekümmern». Epikur aber ist 271/270 v. Chr. gestorben. Da bei Plutarch im folgenden jedoch nicht von einer Polemik Epikurs gegen die Skepsis, sondern von der des Epikur-Anhängers Kolotes die Rede ist, ist CRÖNERTs Konjektur τὸν Ἐπικούρ[ει]ον (1906 [§ 48 *11: 13 Anm. 54]) heute fast allgemein akzeptiert. Die gegen die Skepsis gerichtete Argumentation bei LUKREZ IV 469-472 bezieht BURNYEAT (1978 [*113: 204]) auf Metrodoros aus Chios (falls überhaupt Epikur zugrunde liegt; wenn die Polemik von Lukrez selbst stammt, kann sie auch gegen die spätere akademische Skepsis gerichtet sein). – Zu Arkesilaos' Polemik gegen die Epikureer unten S. 794.

Arkesilaos war ein hervorragender Lehrer; intellektuelle Schärfe, die er unnachsichtig auch von anderen verlangte, verband sich bei ihm mit echter Güte und viel Humor: DIOGENES LAERT. IV 33 = T 1a, 84f. METTE ἦν δὲ καὶ ἀξιωματικώτατος καὶ συνηγμένος καὶ ἐν τῇ λαλιᾷ διαστατικὸς τῶν ὀνομάτων, ἐπικόπτης θ' ἱκανῶς καὶ παρρησιαστής, «er drückte sich sehr würdevoll und knapp aus und unterschied aufs genaueste die Bedeutungen der Wörter, war auch hart im Tadeln und nahm dabei kein Blatt vor den Mund»; ACAD. IND. col. P 21-24 = T 1b, 34f. τὸ μέντοι συ]νειπεῖν χαλεπ[ός, τὸ δ' ἐρω]τῆσαι καὶ πικρὸς [ἦ]ν, τ[ὸ σκῶμ]μα χάριτι μειγνύς, «er stimmte nicht leicht zu, konnte bohrend (wörtlich: 'bitter') fragen, sein Spott aber war nie ohne Charme» (vgl. dazu DORANDIS Kommentar 1991 [§ 46 *26: 244]); DIOGENES LAERT. IV 37 = T 1a, 122f. ἀλλ' ἔφερον ἡδέως καὶ γὰρ ἦν ἀγαθὸς σφόδρα καὶ ἐλπίδων ὑποπιμπλὰς τοὺς ἀκούοντας, «(den Tadel) jedoch ertrugen sie leicht, denn er war sehr gütig und sprach seinen Hörern stets Mut zu». Gegen Halbwissen und Faulheit war er unnachsichtig (DIOGENES LAERT. IV 36 = T 1a, 110-115). Der von Arkesilaos geforderte Verzicht auf jedes Dogma und auf jede Meinung behagte allerdings nicht allen Mitgliedern der Schule. Im AKADEMIKER-INDEX (XVIII 41 bis XIX 9 = T 1b, 51-54) ist von einer Spaltung der Schülerschaft die Rede: nur eine Minderheit fand zu einer «gesetzten und mässigen Lebensweise, die Mehrzahl wurde hochfahrend und herrisch und bekannte sich zu mancherlei Ansichten und Lehrsätzen».

Die Minderheit, die Arkesilaos für die 'Meinungslosigkeit' gewinnen konnte, war ihm treu ergeben; selbst gewisse Manierismen seiner Redeweise wurden eifrig nachgeahmt. Er war schlagfertig, wendig, äusserst vielseitig und ein glänzender Redner (DIOGENES LAERT. IV 37 = T 1a, 119-122 METTE), so dass er später wieder gewaltige Hörerscharen anzog. Das war ihm offenbar nicht unwillkommen: man warf ihm vor, er «buhle um die Gunst der Menge» (TIMON bei DIOGENES LAERT. IV 42 = frg. 808 SH = ARKESILAOS T 1a, 170-175 METTE = 3 E LS). Viele seiner Schüler sind namentlich bekannt (Einzelnachweise bei METTE (Hg.) 1984 [§ 46 *42: 82]): Apelles aus Chios, Apollonios aus Megalopolis, Arideikas aus Rhodos (vgl. S. 836f.), der Komiker Baton, Demophanes (oder Megalophanes), der – aus seiner Heimat Megalopolis verbannt – im athenischen Exil lebte und später mit seinem Landsmann Ekdemos die Heimat von der Tyrannis des Aristodemos befreite, Demosthenes aus Megalopolis, Dionysios aus Kolophon, Dorotheos aus Amisos, Dorotheos aus Telphusa, Ekdemos (Ekdelos?) aus Megalopolis (siehe oben), Panaretos, Telekles aus Metapont, Zopyros aus Kolophon; am nächsten standen Arkesilaos Pythodoros, der seine Vorlesungen mitschrieb (siehe S. 787) und sein späterer Nachfolger Lakydes aus Kyrene. Nicht ganz unverdächtig ist die bei DIOGENES LAERT. VII 183f. (ARKESILAOS T 1a, 237-240 METTE = 31 O LS) aus SOTION (frg. 22

WEHRLI) stammende Nachricht über Chrysipp (SVF 2, frg. 1. 2. 8-12): «Schliesslich (d.i. nach einer Lehrzeit bei Zenon und Kleanthes, DIOGENES LAERT. VII 179) begab er sich zu Arkesilaos und Lakydes in die Akademie und trieb mit ihnen zusammen Philosophie; so kommt es, dass er sowohl gegen wie für die gewohnheitsmässige Anschauungsweise (συνήθεια) geschrieben hat ...» (zur Diskussion über die συνήθεια vgl. F 4-5 METTE). Das kann heissen, dass Chrysipp sich als Arkesilaos' Schüler vorübergehend zur skeptischen Lehre bekannt hat; wahrscheinlicher ist – sofern dieses Schülerverhältnis nicht nur doxographisch erschlossen ist –, dass sich Chrysipp lediglich mit der dialektischen Methode vertraut machen wollte. – Der berühmteste Hörer des Arkesilaos (kaum 'Schüler' im engeren Sinne) ist Eratosthenes aus Kyrene (STRABON I 2, 2 = T 8 METTE).

Als ganz ungewöhnlich wurde es empfunden, dass Arkesilaos seine Schüler ausdrücklich aufforderte, auch andere Lehrer zu hören, selbst ausserhalb der Akademie (DIOGENES LAERT. IV 42 = T 1a, 176-179 METTE). Gegenüber Kleanthes, dessen religiös-schwärmerischer Stoizismus ihm fremd sein musste, zeigte er eine fast freundschaftliche Haltung: Als der Komödiendichter Baton Kleanthes auf der Bühne verunglimpft hatte, verbot ihm Arkesilaos die weitere Teilnahme an seinen Vorlesungen und liess ihn erst wieder zu, als er sich bei Kleanthes entschuldigt und Reue gezeigt hatte (PLUTARCH mor. 55C = T 21a METTE; zu dieser Episode GALLO 1976 [*41: 235-238] und 1981 [*44: 19-26]). Persönliche Gespräche mit Kleanthes sind bezeugt im INDEX STOICORUM (TRAVERSA (Hg.) 1952 [§ 39 *264]) col. 22 = T 21b METTE; mit dem Epikureer Charmides verband Arkesilaos eine herzliche Freundschaft (CICERO fin. V 94 = T 24 METTE). Auf philosophischem Felde freilich sahen Skeptizismus und Epikureismus sich als Gegner (CONCOLINO MANCINI 1976 [*111], GIGANTE 1981 [*114: 66-70], VANDER WAERDT 1989 [*115]). – Arkesilaos' Verhältnis zum Peripatetiker Hieronymus aus Rhodos war offenbar gespannt (DIOGENES LAERT. IV 41 = T 1a, 164-166 METTE); trotzdem führte er ihm einmal einen Schüler zu (DIOGENES LAERT. IV 42 = T 1a, 177-179). Treffend HABICHT (1988 [§ 1 *433: 6]): «a model gentleman».

Arkesilaos war umfassend gebildet; ausgeprägt ist sein Interesse an Dichtung und Literatur. Homer und Pindar schätzte er hoch; über den Tragiker und Lyriker Ion aus Chios wollte er eine eigene Schrift verfassen (DIOGENES LAERT. IV 31 = T 1a, 61-65 METTE; vgl. auch ACAD. IND. XVII 14-27 in GAISERS z.T. kühner Rekonstruktion 1988 [§ 46 *25: 262]). Sein enges Verhältnis zur Poesie bezeugen nicht nur die eigenen Gedichte (siehe S. 786), sondern auch die zahlreichen Dichterzitate, die er in jeder Situation witzig anzuwenden verstand. Dass er Platon «bewunderte», wird man nicht auffällig finden; bemerkenswerter ist, dass er «schon als junger Mann» dessen Werke besass (DIOGENES LAERT. IV 32 = T 1a = 68 E 1 LS; ACAD. IND. XIX 15f. = T 1b, 57f.). Von einer durch Arkesilaos besorgten oder veranlassten Ausgabe der Werke Platons ist nichts bekannt; über die von Wilamowitz häufig wiederholte Behauptung, 'zu Arkesilaos' Zeiten' sei eine massgebliche Platonausgabe entstanden, siehe unten S. 842f.

Als Scholarch versah Arkesilaos sein Amt mit grossem Ernst. DIOGENES LAERT. (IV 39 = T 1a, 147f. METTE) betont, er habe «sich stets in der Akademie aufgehalten» (vermutlich jedoch nicht im Hause Platons: GLUCKER 1978 [§ 1 *398: 234]) und sei «politischer Tätigkeit aus dem Wege gegangen». Es gab freilich Ausnahmen: Wir erfahren von gelegentlicher Lehrtätigkeit im Piraeus «aus Freundschaft für Hierokles», den von Antigonos Gonatas ernannten makedonischen Kommandanten (DIOGENES LAERT. IV 40 = T 1a, 149f.), und von einer offiziellen Gesandtschaft nach Demetrias (DIOGENES LAERT. IV 39 = T 1a, 146f.; dazu HANSEN ²1971 [§ 46 *72: 30 mit Anm. 18], McSHANE 1964 [§ 46 *73: 54]). Im Umgang mit Königen zeigte Arkesilaos stolze Zurückhaltung: Er war nicht bereit, wie viele andere Athener dem makedonischen König Antigonos Gonatas seine Aufwartung zu machen (DIOGENES LAERT. IV 39 = T 1a, 139-141). Eine nachhaltige Unterstützung durch Eumenes I. von Pergamon (das dem heimatlichen Pitane benachbart war) lehnte er allerdings nicht ab und «widmete ihm als einzigem von allen Königen» einige Schriften (DIOGENES LAERT. IV 38 = T 1a, 138f.), vgl. oben S. 786. Einen Arkader namens Archias führte er bei Eumenes ein und verhalf ihm damit 'zu hoher Würde' (DIOGENES LAERT. IV 38 = T 1a, 129f.). Auch das noch erhaltene Gedicht auf Attalos (siehe S. 786) bezeugt die engen Verbindungen zum pergamenischen Herrscherhaus. Zur Förderung der Akademie durch die Pergamener im allgemeinen HANSEN (²1971 [§ 46 *72: 396]), McSHANE (1964 [§ 46 *73: 54f.]), SCHALLES (1985 [§ 46 *74: 39]). Politische Gründe spielten mit: Pitane hatte schon von Philetairos eine beträchtliche Geldsumme erhalten (Inschriften von Pergamon 245 = OGIS 335, 135f.; dazu McSHANE 1964 [§ 46 *73: 38 mit Anm. 23], SCHALLES 1985 [§ 46 *74: 39]).

Die Nachrichten über das Privatleben sind durch mancherlei Klatsch entstellt. Arkesilaos war reich. Nicht nur Teile des Familienvermögens flossen ihm zu (DIOGENES LAERT. IV 38 = T 1a, 137f. METTE); auch Krantor hatte ihm eine stattliche Summe hinterlassen (DIOGENES LAERT. IV 25 = T 1a, 20f.). Er lebte gern luxuriös (DIOGENES LAERT. IV 40 = T 1a, 151-154), war aber auch sehr freigebig (DIOGENES LAERT. IV 37f. = T 1a, 124-136). Vermutlich von Hermippos aus Smyrna stammen die recht detaillierten Angaben über Arkesilaos' Liebesleben (DIOGENES LAERT. IV 40f. = T 1a, 152-163): Er habe sich 'öffentlich' mit Dirnen eingelassen; auch jungen Männern habe er nachgestellt. Dafür habe ihn der Stoiker Ariston aus Chios heftig getadelt (DIOGENES LAERT. IV 40 = ARISTON SVF 1, frg. 345). Ihm und anderen Kritikern hielt Arkesilaos die Lehrsätze des Kyrenaikers Aristipp entgegen. Als sicher gelten darf nur, dass er unverheiratet blieb und kinderlos starb (DIOGENES LAERT. IV 43 = T 1a, 187). Diogenes Laertios und andere überliefern eine grosse Zahl mehr oder weniger witziger Aussprüche und Anekdoten (reiche Auswahl in dt. Übers. bei METTE (Hg.) 1984 [§ 46 *42: 85-87]).

Arkesilaos wurde 75 Jahre alt (DIOGENES LAERT. IV 44 = T 1a, 201f. METTE). Als Todesjahr galt lange unbestritten 241/240 v. Chr.: der von DIOGENES LAERT. IV 61 mitgeteilte Zeitpunkt für den Amtsantritt von Lakydes (LAKYDES T 1a, 21f. METTE). DORANDI (1990 [§ 48 *26]) hat jedoch gezeigt, dass bei Apollodor eine andere Tradition vorliegen könnte, die den Amtsantritt 244/243 voraussetzt. Man kann an eine dreijährige gemeinsame Amtszeit von Arkesilaos und Lakydes denken (siehe unten S. 830f.) und damit am traditionellen Todesdatum von Arkesilaos festhalten; wenn beide Daten den Tod von Arkesilaos bezeichnen, ist eine Entscheidung unmöglich. Sollte das sich nach Apollodor ergebende Datum richtig sein, verschiebt sich auch das Geburtsjahr nach oben. Als Todesursache nennt DIOGENES LAERT. (IV 44 = T 1a, 201-203 METTE = HERMIPPOS frg. 43 WEHRLI) übermässigen Weingenuss, der Arkesilaos in Irrsinn verfallen liess (dazu WILAMOWITZ 1881 [§ 1 *191: 47]).

Eratosthenes, der ihn selbst gehört hatte, rechnete ihn neben dem Stoiker Ariston zu den bedeutendsten Männern seiner Zeit (STRABON I 2, 2 = ERATOSTHENES 241 T 10 FGrH = ARKESILAOS T 8 METTE).

C. LEHRE

1. Erkenntniskritik

a) Widerlegung von Scheinwissen

In mehreren zuverlässigen Berichten wird bezeugt, dass Arkesilaos keine eigene Lehrmeinung äusserte, sondern sich darauf beschränkte, fremde Ansichten zu widerlegen: ACAD. IND. XX 2-4 = T 1b, 63 METTE ἀ]ποφαινόμ[ε]νος δ' [αὐτὸ]ς οὐδὲ ἕν, μόνον δὲ τὰς ἄλλας ἐλέγχων αἱρέσεις, «indem er selbst überhaupt nichts apodiktisch erklärte, sondern nur die fremden Meinungen widerlegte»; CICERO Acad. I 45 = F 9, 16 METTE = 68 A 5 LS «contra omnium sententias disserens», «indem er sich gegen die Ansichten aller anderen aussprach» (ähnlich Lucullus 7); ferner: CICERO de or. III 67 und 80 = T 5a, 10f. und 16f. METTE = 68 L LS; CICERO fin. V 10 = F 12 METTE = 68 K LS; etwas anders CICERO fin. II 2 = F 11 METTE, wo Arkesilaos mit Sokrates verglichen und wo betont wird, dass die Unterredner ihre ursprüngliche These «so gut sie konnten, verteidigten». LONG (1986 [*31: 446]) weist darauf hin, dass dieses rein widerlegende Verfahren (εἰς ἐναντίαν ἐπιχειρεῖν) nicht mit der später von Karneades geübten Praxis des 'nach beiden Seiten' Argumentierens (εἰς ἑκάτερον ἐπιχειρεῖν, in utramque partem disserere) gleichgesetzt werden darf. Aber der Unterschied ist nur von geringer Bedeutung, denn wenn gegen alle anderen Meinungen argumentiert wird, ist, ebenso wie bei der Argumentation für und wider die gleiche These durch den gleichen Sprecher (εἰς ἑκάτερον), die den Hörern nahegelegte Konsequenz der Verzicht auf jede feste Meinung und jeden philosophischen Standpunkt. In einem der oben genannten Zeugnisse (CICERO Acad. I 45) sind denn auch beide Verfahren aufs engste verbunden: «... ut contra omnium sententias disserens de sua (hierzu vgl. die kritischen Apparate) plerosque deduceret (Argumentation εἰς ἐναντίαν), ut, cum in eadem re paria contrariis in partibus (Argumentation für und wider) momenta rationum invenirentur, facilius ab utraque parte assensio sustineretur»; vgl. ACAD. IND. col. XVIII 12-16 in GAISERS hypothetischer Herstellung (1988 [§ 46 *25: 266, dazu Kommentar 543]). In anderen Berichten wird gerade das 'in utramque partem disserere' als Eigenart des Arkesilaos herausgestellt: DIOGENES LAERT. IV 28 = T 1a, 27 METTE = 68 D LS πρῶτος ... εἰς ἑκάτερον ἐπεχείρησε; EUSEBIUS PE XIV 4, 15 = T 3, 5 METTE (εἶναι τοὺς εἰς ἑκάτερα λόγους ἰσοκρατεῖς ἀλλήλοις. Die einander entgegengesetzten Ansichten erweisen sich als 'gleich stark'. In CICEROS Formulierung (Ac. I 45) schwingt noch das Bild der Waage mit: «paria contrariis in partibus momenta» (aus 'movimentum', eig. 'Bewegungsimpuls', griechisches Vorbild vermutlich ἰσορροπία). Vgl. auch Luc. 124: contrariorum rationum paria momenta; anders nat. deor. I 10 (Cicero über seinen eigenen Grundsatz): ... rationis momenta *quaerenda* sunt (dazu unten S. 1097). Vielleicht wurden schon früh in der Akademie doxographische Übersichten erstellt, die dem gleichen Zwecke dienten: Einander widersprechende Dogmen (διαφωνία, ἀντιλογία) sollten konsequente Urteilsenthaltung nahelegen (MANSFELD 1988 [§ 1 *368: 89 Anm. 37, siehe auch 80], 1988 [§ 49 *89: 184 mit Anm. 9], 1989 [§ 1 *262: 339], 1990 [§ 1 *263: 3062], 1992 [§ 1 *264: 68]). – Siehe auch unten S. 837f. über Aristipp und Damon und S. 877 über Karneades.

Durch das Bild des Gleichgewichts steht Arkesilaos der pyrrhonischen Skepsis sehr nahe; man vergleiche z.B. SEXTUS EMP. PH I 8 Ἔστι δὲ ἡ σκεπτικὴ δύναμις ἀντιθετικὴ φαινομένων τε καὶ νοουμένων ..., ἀφ' ἧς ἐρχόμεθα διὰ τὴν ἐν τοῖς ἀντικειμένοις πράγμασι καὶ λόγοις ἰσοσθένειαν τὸ μὲν πρῶτον εἰς ἐποχήν, τὸ δὲ μετὰ τοῦτο εἰς ἀταραξίαν, «die Leistung der skeptischen Philosophie besteht darin, den Sinnen sich Darbietendes und Gedachtes mit jeweils Entgegengesetztem zu vergleichen ... mit ihrer Hilfe erreichen wir – in Ansehung des Gleichgewichts einander entgegengesetzter Umstände und Gedanken – zuerst die 'Enthaltung' (nämlich von jeder 'Zustimmung' zu einem der Gegensätze), danach aber die Gemütsruhe»; PH I 190 ... διὰ τὴν ἰσοσθένειαν τῶν ἀντικειμένων πραγμάτων εἰς ἀρρεψίαν καταλήγομεν, ... «aufgrund der Gleichgewichtigkeit einander widersprechender Umstände gelangen wir schliesslich zum Verzicht auf jede Hinneigung». Zu Pyrrhons Einfluss auf Arkesilaos und zur Abgrenzung zwischen pyrrhonischer und akademischer Skepsis ausführlich unten S. 812-815.

b) Kritik des Erkenntnisvorgangs

Die eben skizzierten dialektischen Methoden sind dazu geeignet, bestehende Ansichten zu relativieren und vermeintliches Wissen als Scheinwissen zu entlarven. Daneben ist für Arkesilaos ein völlig anderer Ansatzpunkt der Erkenntniskritik bezeugt: Hier richtet sich die Kritik nicht gegen schon vorhandenes (vermeintliches) Wissen, sondern es soll gezeigt werden, dass gesicherte Erkenntnis gar nicht erst *entstehen* kann. Beim dialektischen Ansatz war es gleichgültig, auf welche Weise das vermeintliche Wissen zustande gekommen ist: kritisiert und relativiert wird das 'Wissen' selbst, sein Inhalt. Im zweiten Ansatz dagegen wird der Erkenntnisvorgang ins Auge gefasst, und da Arkesilaos glaubt, nachweisen zu können, dass der dem Menschen vorgezeichnete Erkenntnisweg niemals zu sicherem Wissen führt, ist der Inhalt des vermeintlich Gewussten ohne Belang: der Nachweis gilt für jede nur denkbare Annahme oder Ansicht.

Die beiden Ansätze sind also durchaus verschieden und voneinander unabhängig. In gewisser Weise sind sie komplementär: Wenn der je einzelne Erkenntnisvorgang zum Scheitern verurteilt ist, kann es nicht überraschen, dass die so gewonnenen 'Erkenntnisse' der dialektischen Widerlegung nicht standhalten; und wenn es so ist, dass sich gegen jedes vermeintlich Gewusste gleichgewichtige Gegengründe vorbringen lassen, dann liegt es nahe, dass mit der Erkenntnismöglichkeit des Menschen etwas nicht in Ordnung ist.

Die dialektische Methode und das Bild des Gleichgewichts schienen der pyrrhonischen Skepsis verwandt; die Kritik des Erkenntnisvorgangs dagegen steht in enger Beziehung zur Stoa und ist offensichtlich in Auseinandersetzung mit Zenons Schule entstanden. Dort hatte man ein subtiles Erkenntnismodell entwickelt; an eben diesem Modell zeigt nun Arkesilaos, dass sichere Erkenntnis nicht zu gewinnen ist. Darüber liegen uns mehrere einander ergänzende Zeugnisse vor. Den längsten Bericht gibt SEXTUS EMP. math. VII 151-157 = F 2, 1-35 METTE = 41 C LS (ausführliche Interpretation KRÄMER 1971 [§ 1 *394: 39-43], IOPPOLO 1986 [*59: 25]). Vorausgesetzt ist die stoische Lehre von Wahrnehmung und Erkenntnis. Danach vollzieht sich jeder Erkenntnisvorgang, sinnlicher wie nicht-sinnlicher Art, in zwei Schritten: Zunächst wird dem Individuum eine 'Vorstellung' (φαντασία) zuteil, danach gibt oder verweigert das Individuum seine 'Zustimmung' (συγκατάϑεσις) zu dieser φαντασία. Es ist Pflicht des um Erkenntnis Bemühten, nur zuverlässigen 'Vorstellungen' die 'Zustimmung' zu geben. Sextus Empiricus erinnert daran (math. VII 151-152 = 41 C 1-5 LS), dass die Stoiker sorgfältig unterschieden zwischen ἐπιστήμη = 'Wissen', das dem Weisen vorbehalten sei, δόξα = 'Meinung' der Nicht-Weisen oder Toren, und κατάληψις = 'Erfassung', die von Weisen und Nicht-Weisen geleistet werden könne, also gewissermassen in der Mitte stehe zwischen 'Wissen' und 'Meinung'. Diese Mittelstellung hat im stoischen System ihren guten Sinn: κατάληψις ist das richtige 'Erfassen' eines einzelnen Sachverhalts und ist als solches beim Weisen und beim Nicht-Weisen gleich. Nur fügen sich beim Weisen, der alles richtig 'erfasst', die einzelnen 'Erfassungen' sogleich zu einem System, dem unverlierbaren 'Wissen' zusammen. Bei ihm ist also die κατάληψις sogleich auch (Teil der) ἐπιστήμη. Dem Nicht-Weisen dagegen kann eine einzelne κατάληψις wieder verlorengehen, und da bei ihm die richtigen 'Erfassungen' ohnehin stets mit 'Meinungen' durchsetzt sind, ist seine κατάληψις von geringerem Wert (ausführlicher STEINMETZ oben S. 529f.). Die je einzelne 'Erfassung' jedoch ist nach stoischer Lehre uneingeschränkt richtig und gilt darum als 'Kriterium der Wahrheit'.

Hier setzt die Kritik des Skeptikers Arkesilaos an (SEXTUS EMP. math. VII 153). Er bestritt, dass es ein Mittleres gebe zwischen 'Wissen' und 'Meinung' (nämlich die κατάληψις, 'Erfassung'). Denn nach stoischer Lehre seien alle Menschen entweder Weise oder Nicht-Weise; wenn aber der Weise einer zuverlässigen 'Vorstellung' zustimme, gewinne er Wissen, wenn der Nicht-Weise das tue, gewinne er nur 'Meinung'. Arkesilaos unterscheidet hier also – sicher bewusst polemisch – nicht zwischen dem Einzelakt, der auch beim Nicht-Weisen durchaus richtig sein kann, und dem Gesamtbestand an Erkenntnis, der beim Nicht-Weisen nach stoischer Lehre in der Tat nur 'Meinung' ist. Es wird ein stoischer Lehrsatz gegen einen anderen ausgespielt. Die Möglichkeit, Erkenntnis zu gewinnen, ist damit noch nicht aufgehoben; zunächst ist ja nicht bestritten, dass 'Weise', wenn auch vielleicht in geringer Zahl, existieren. Im folgenden jedoch (154) versucht Arkesilaos den Nachweis, dass es 'Zustimmungen' zu zuverlässigen 'Vorstellungen' überhaupt nicht geben kann. Die erste Begründung ist eher oberflächlich: 'Zustimmungen' erteile man nämlich 'Urteilen' (ἀξιώματα). In der Tat scheinen die Stoiker das gelehrt zu haben: STOBAIOS II 9b, S. 88, 3-4 WACHSMUTH = SVF 3, frg. 171 (nach IOPPOLO 1981 [*72: 155 mit Anm. 33], 1986 [*59: 171] allerdings erst Chrysipp). Arkesilaos' Argument kann trotzdem nicht überzeugen, ja es grenzt an Haarspalterei (anders IOPPOLO 1990 [*65: 438-441]), denn die Stoiker konnten jederzeit eine φαντασία in ein ἀξίωμα umformen; die 'Zustimmung' erfolgt dann z.B. nicht zur φαντασία 'Baum', sondern zum ἀξίωμα 'dort steht ein Baum'. Nahezu unwiderlegbar dagegen ist das zweite Argument. Hier bezieht sich Arkesilaos auf die von ihm zuvor (152) referierte stoische Definition der 'erfassungsvermittelnden' (und deshalb zuverlässigen) 'Vorstellung' (καταληπτικὴ φαντασία): 'Eine erfassungsvermittelnde Vorstellung ist nach ihrer (der Stoiker) Lehre jede Vorstellung, die wahr ist und nicht auch falsch sein könnte'. Es liegt auf der Hand, dass es keine κατάληψις und damit keinen Erkenntnisgewinn geben kann, wenn es keine καταληπτικαὶ φαντασίαι gibt. Eben diesen Nachweis versucht nun Arkesilaos (154 = Zeile 21f. METTE = 41 C 8 LS): ὅτι οὐδεμία τοιαύτη ἀληθὴς φαντασία εὑρίσκεται, οἵα οὐκ ἂν γένοιτο ψευδής, ὡς διὰ πολλῶν καὶ ποικίλων παρίσταται, «... weil es überhaupt keine wahre Vorstellung gebe, die so geartet sei, dass sie nicht auch falsch sein könnte, wie Arkesilaos an vielen verschiedenen Beispielen zeigt.»

Dies ist der Kernpunkt der Kritik. Es ist kein Zufall, dass CICERO ihm in seinem Abriss der akademischen Skepsis (Academici libri) eine zentrale Stelle zugewiesen hat (Lucullus 77 = 68 O, 40 D LS). Die witzige dialogische Einkleidung ist selbstverständlich von Cicero frei erfunden, geht aber im Kern auf eine zuverlässige Quelle zurück. Auch der Gesprächspartner des Arkesilaos ist mit Zenon wohl richtig benannt. LONG (1986 [*31: 442f.]) denkt unter Berufung auf DIOGENES LAERT. VII 162f. = SVF 1, frg. 346-347 an Zenons Schüler Ariston aus Chios; eine Diskussion über Grundsatzfragen stellt man sich jedoch eher unter Schulleitern vor, und chronologische Bedenken stehen dem nicht entgegen (Zenon †262/261 v. Chr.). Ausgangspunkt von Ciceros Referat ist die Forderung, der Weise dürfe nie 'meinen', d.i. Unbewiesenes oder gar Falsches mit Wahrem verwechseln. Darüber waren Arkesilaos und Zenon sich einig. Arkesilaos habe nun gefragt, fingiert Cicero (hier ist offenkundig eine langwierige Diskussion aus didaktischen Gründen zu einem Einzelgespräch zusammengezogen), ob das auch dann gelten solle, wenn gar nichts Wahres 'erfasst' werden könne, und Zenon habe zunächst zuversichtlich geantwortet, es gebe durchaus etwas, das man 'erfassen' könne, nämlich gewisse 'Vorstellungen' (in METTES Versuch einer Rückübersetzung ins Griechische [§ 46 *42: 90] ist αἰσθητόν durchweg durch φαντασία zu ersetzen). Auf Arkesilaos' Frage, welche Art von φαντασία er denn meine, habe Zenon eine Definition gegeben und sie schrittweise immer weiter präzisiert, bis sich ergab: «visum ex eo quod esset sicut esset, impressum et signatum et effectum, cuius modi ab eo quod non esset non posset esse». Das ist die kanonisch gewordene Definition der καταληπτικὴ φαντασία ('erfassenden', genauer: 'erfassungsvermittelnden' oder 'erkenntnisvermittelnden' Vorstellung), griechisch (u.a. bei SEXTUS EMP. PH II 4): ... τῆς καταληπτικῆς φαντασίας οὔσης ἀπὸ ὑπάρχοντος, κατ' αὐτὸ τὸ ὑπάρχον ἐναπομεμαγμένης καὶ ἐναπεσφραγισμένης, οἵα οὐκ ἂν γένοιτο ἀπὸ μὴ ὑπάρχοντος, «die erfassungsvermittelnde φαντασία ist eine solche, die, von einem Seienden ausgehend, diesem Seienden entsprechend abgeformt und hineingesiegelt ist (nämlich in die Seele des Individuums), wie sie es nicht sein könnte, wenn sie von einem Nicht-Seienden ausginge».

Wie bei SEXTUS EMP. (math. VII 154), steht auch hier am Ende des Berichts (CICERO Luc. 77), dass Arkesilaos nun alles tat, um zu beweisen, dass keine einzige φαντασία der strengen Definition genüge: «incubuit autem in eas disputationes, ut doceret nullum tale esse visum a vero, ut non eiusdem modi etiam a falso possit esse».

Die Stoiker konnten dem nur eines entgegenhalten: dass gewisse 'Vorstellungen' (oder: Eindrücke) so klar und unzweideutig seien, dass ihnen gegenüber jedes Misstrauen schwinde. Derartige φαντασίαι nannten sie 'evident' (ἐναργής, perspicuus, evidens). Sie waren sich dessen bewusst, dass dies nicht eigentlich ein Argument war, sondern lediglich der Hinweis auf ein als solches nicht näher erklärbares oder gar beweisbares Phänomen (CICERO Luc. 17. 46 u.ö.). Für Arkesilaos war es ein leichtes, dieses Phänomen zu bestreiten (CICERO Luc. 101, leicht spöttisch: «insignis illa et propria percipiendi nota»). In diesen Zusammenhang gehört die Nachricht, Arkesilaos habe sich 'als erster' gegen die συνήθεια (gewohnheitsmässige, naive Anschauungsweise) gewandt (PLUTARCH comm. not. 1, 1059B = F 5, 4f. METTE, aus stoischer Sicht polemisch formuliert) und habe «wie vor Gericht mit viel Pathos anhand kräftiger Argumente dargelegt, dass die συνήθεια oft 'dummes Zeug redet' und 'sich umsonst abmüht'» (PLUTARCH Stoic. rep. 10, 1037A = F 4, 7-9 METTE; Text und Deutung nach CHERNISS; METTE (Hg.) 1984 [§ 46 *42: 85. 92] ist entsprechend zu berichten). Welcher «vielen bunten Beispiele» (SEXTUS EMP. math. VII 154: πολλὰ καὶ ποικίλα) Arkesilaos sich dabei bediente, ist nicht ausdrücklich überliefert; es ist aber wahrscheinlich, dass die meisten Argumente, die bei Cicero und Sextus Empiricus ohne Namensnennung erscheinen, bereits auf Arkesilaos zurückgehen.

Im Bereich der sinnlichen Erkenntnis lassen sich drei Beispielgruppen unterscheiden (vgl. HARTMANN 1927 [*49: 32-40]): a) Wahnvorstellungen und Träume (GLUCKER 1978 [§ 1 *398: 81 Anm. 230] glaubt, hier eine platonische Wurzel der akademischen Skepsis zu erkennen: Theaet. 157 e 1ff., 159 d 7ff.); b) Sinnestäuschungen (gebrochenes Ruder, irisierender Taubenhals u.ä.); c) extreme Ähnlichkeit unter Zwillingen, Eiern, Ringen usw. (CICERO Luc. 79-82, 84-90; SEXTUS EMP. math. VII 403-411 = 40 H 2-4 LS). Alle diese Phänomene sollen zeigen, dass grundsätzlich jeder scheinbar zuverlässigen φαντασία eine falsche zur Seite treten kann, die ihr 'völlig gleich' ist (ἀπαράλλακτος). PLUTARCH (comm. not. 36, 1077C = 28 O 1 LS) lässt die Stoiker über die Akademiker klagen, ὡς πάντα πράγματα συγχέουσι ταῖς ἀπαραλλαξίαις, «dass sie durch ihr Prinzip der Aparallaxie alles durcheinander bringen»; SEDLEY (1977 [§ 1 *397: 95f.]) sieht in der Aparallaxie einen Spezialfall des 'Verhüllten' (dazu unten).

Einen Übergang zur Kritik der geistigen Erkenntnis bildet die Anwendung des Sorites ('Haufenschluss') zunächst auf den sinnlichen Bereich: Niemals lasse sich mit Sicherheit sagen, welche Vorstellung noch zuverlässig ('kataleptisch', καταληπτική), welche bereits 'akataleptisch' (ἀκατάληπτος) sei – wie man auch nicht eindeutig bestimmen könne, mit dem wievielten Korn eine Menge von Getreidekörnern zum 'Haufen' werde (SEXTUS EMP. math. VII 416f. = 37 F LS). Auch die Gültigkeit von Begriffsbildungen und Syllogismen scheint Arkesilaos in Zweifel gezogen zu haben: CICERO Acad. I 45 = F 9, 10f. METTE = 68 A 3 LS «neque esse quicquam quod cerni aut intellegi posset»; de or. III 67 = T 5a, 7 und 8f. METTE «nihil esse certi quod aut sensibus aut animo percipi posset ... Arcesilan aspernatum esse omne animi sensusque iudicium». Auch hier wurde offenbar der Sorites genannt (als Hindernis bei einer präzisen Begriffsbildung), ferner der 'Lügner' und der 'Verhüllte' (SEXTUS EMP. math. VII 418-421; CICERO Luc. 91-98; dazu MULLER (Hg.) 1985 [§ 1 *311: 111-119] sowie unten S. 815f.). Alle diese Beispiele und Argumente dienen dem einen Zweck: Es soll gezeigt werden, dass es eine καταληπτικὴ φαντασία im Sinne der strengen Definition, also eine solche, die unter keinen Umständen auch falsch sein könnte, nicht gibt. Die 'kataleptische Vorstellung' als ein Kriterium (κριτήριον im wörtlichen Sinne, eigentlich: 'Trennungshilfe') scheidet also aus. Es gibt keine Möglichkeit, wahre Vorstellungen, deren Existenz Arkesilaos durchaus nicht bestreitet, von den falschen abzusondern. SEXTUS EMPIRICUS nennt im Anschluss an den besprochenen Bericht die Folgerungen, die Arkesilaos daraus zog (math. VII 155 = F 2, 22-26 METTE = 41 C 9 LS): «Da es keine erfassungsvermittelnde Vorstellung gibt, wird keine Erfassung stattfinden, denn diese (αὕτη, Konjektur Mutschmanns für das kaum verständliche ἄν der Handschriften) war ja definiert als Zustimmung zu einer καταληπτικὴ φαντασία. Wenn es aber keine Erfassung gibt, wird alles unerfassbar (ἀκατάληπτον) sein; wenn aber alles unerfassbar ist, ergibt sich zwingend, dass auch nach stoischer Lehre der Weise sich (jeder Zustimmung) enthalten wird (ἐπέχειν)».

Das Ergebnis der Kritik des Erkenntnisvorgangs ist also das gleiche wie bei der zuvor betrachteten Praxis der Widerlegung und Relativierung: die Forderung nach konsequenter 'Enthaltung' (ἐποχή). Das verbindet beide Ansätze, obwohl der Terminus nicht genau die gleiche Bedeutung hat: Bei der kritischen Analyse des Erkenntnisaktes in streng technischer Terminologie ist die Verweigerung der 'Zustimmung' (συγκατάθεσις) gemeint; bei der Widerlegung von schon vorhandenem und verfestigtem (Schein-)Wissen bedeutet ἐποχή 'Zurückhaltung' in einem viel allgemeineren Sinne (vgl. die unten S. 817f. genannten Beispiele). Auch dadurch sind beide Ansätze verbunden, dass die Argumentation 'nach beiden Seiten hin' grundsätzlich auch bei der Beurteilung der Zuverlässigkeit einer sich darbietenden φαντασία Anwendung finden kann (so z.B. bei SEXTUS EMP. PH I 8). Ob Arkesilaos die beiden von Haus aus verschiedenen und unabhängigen Methoden in dieser Weise miteinander verknüpft hat, lassen die Zeugnisse nicht klar erkennen; in den uns überlieferten Beispielen ist eher an ein stilles Abwägen des Betrachters gedacht.

c) Konsequenz der skeptischen Haltung

Schon im Altertum war es umstritten, ob sich Arkesilaos wirklich von allen dogmatischen Anfechtungen befreit und die Konsequenzen der von ihm verkündeten skeptischen Grundsätze bis ins letzte durchdacht und befolgt hat; diese Kontroverse setzt sich fort bis in die neueste Zeit.

Im AKADEMIKER-INDEX (XXI 37-41) ist über Lakydes, Arkesilaos' Nachfolger im Amt, gesagt, erst er habe der Akademie, die zuvor ein 'unstetes Leben geführt habe', festen Halt verliehen. Das kann bedeuten, dass schon den Zeitgenossen die philosophische Haltung des Arkesilaos unklar und schwankend schien. (Die dialektische Methode der Argumentation 'in utramque partem' ist damit nicht gemeint, denn dann hätte der Vorwurf auch Karneades getroffen; das aber wird durch den Zusammenhang ausgeschlossen.) Vermutlich ist jedoch an einen graduellen Übergang der Schule von der 'dogmatischen' Lehre der 'Alten' Akademie zur skeptischen Richtung zu denken, vielleicht auch an Parteiungen innerhalb der Akademie (Einzelheiten S. 779f. 793. 833).

CICERO ist beeindruckt von der strengen Haltung des Arkesilaos und rühmt es, dass er im Bekenntnis seines Nicht-Wissens noch über Sokrates hinausgegangen ist (Acad. I 45 = F 9 8f. METTE = 68 A 3 LS): «Arcesilas negabat esse quicquam quod sciri posset, ne illud quidem ipsum, quod Socrates sibi reliquisset, ut nihil scire se sciret». Danach hat Arkesilaos auch den eigenen skeptischen Standpunkt ('Nichts ist erfassbar') dem Zweifel unterworfen – die radikalste Form skeptischen Denkens überhaupt. Zu dieser Art von Selbsteinschluss (περιτροπή) grundlegend KRÄMER (1971 [§ 1 *394: 104f. Anm. 419]), der überzeugend darlegt, dass gegen die aporetische Akademie der Einwand der Gegner (zuerst wohl des Stoikers Antipater aus Tarsos), durch die περιτροπή hebe der Zweifel sich selbst auf, nicht gilt: Dieser Einwand schlage nur durch gegen allgemeine Sätze, nicht jedoch gegen Sätze disjunktiven Inhalts (vgl. ferner MCPHERRAN 1987 [§ 44 *15]). Zweifel am 'Selbsteinschluss' bei Arkesilaos äussern MOREAU 1979 [*94: 304f.] und IOPPOLO 1981 [*72: 160 Anm. 48]; vgl. NUMENIOS bei EUSEBIUS PE XIV 8, 3 = ARKESILAOS T 2, 127-131 METTE.

Für den neu-pyrrhonischen Skeptiker SEXTUS EMP. steht Arkesilaos der eigenen strengen Richtung so nahe (PH I 232 = F 1, 8-12 METTE = 68 I 1-2 LS), «dass sein Standpunkt und der unsere mir zusammenzufallen scheinen; denn weder lässt er sich je auf einer Festlegung darüber ertappen, ob etwas wirklich vorhanden ist oder nicht (περὶ ὑπάρξεως ἢ ἀνυπαρξίας τινὸς ἀποφαινόμενος), noch misst er einem (Phänomen) mehr Glaubwürdigkeit bei als einem anderen (οὔτε κατὰ πίστιν ἢ ἀπιστίαν προκρίνει τι ἕτερον ἑτέρου), sondern über alles hält er sein Urteil zurück». Das sind klare Aussagen, und sie verdienen Glauben, denn im allgemeinen sehen die Pyrrhoneer auf Distanz zu den in ihren Augen für den Dogmatismus recht aufgeschlossenen Akademikern. Das zusammenfassende Urteil von Sextus Empiricus zeigt, wie weit sich Arkesilaos von einer Wahrheitssuche im sokratisch-platonischen Sinne entfernt hat; es zeigt auch, dass die Lehre vom 'Wohlbegründeten' (εὔλογον, siehe S. 807-811), das als Richtschnur des Handelns gilt, nichts mit einer Wahrscheinlichkeitslehre, wie sie später Karneades entwickelte, zu tun hat: Karneades hat 'wahrscheinliche' und weniger wahrscheinliche 'Vorstellungen' unterschieden (siehe unten S. 860-869), Arkesilaos dagegen kennt nach dem Zeugnis von Sextus Empiricus solche Unterschiede gerade nicht.

In deutlichem Gegensatz dazu stehen vereinzelte antike Zeugnisse, die von einem esoterischen oder gar geheimen Dogmatismus des Arkesilaos berichten. Nachdem noch GIGON (1944 [§ 42 *71: 53/419. 56/421]), THEILER (²1964 [§ 42 *91:

Vorwort zum ND]) und MORESCHINI (1969 [*52: 429-431]) darin einen historischen Kern hatten erkennen wollen, hat eine wiederholte sorgfältige Durchmusterung aller derartigen Nachrichten diese Legende wohl endgültig zerstört (WEISCHE 1961 [§ 42 *72: 20-26], KRÄMER [§ 1 *394: 55 Anm. 12], GLUCKER 1978 [§ 1 *398: 296-306], LÉVY 1978 [*81]). Es sind drei Gruppen von Texten zu unterscheiden:

α) Griechische Texte, in denen Arkesilaos mit Namen genannt ist: SEXTUS EMP. PH I 234 = F 1, 18-27 METTE = 68 I 5 LS; EUSEBIUS PE XIV 6, 5-6 = NUMENIOS frg. 2 LEEMANS = frg. 25 DES PLACES = T 2, 56-62 METTE = 68 F 2 LS;

β) Texte, in denen allgemein von 'den Akademikern' die Rede ist: Anonymer Kommentar zu Platons Theaitet, ed. H. DIELS und W. SCHUBART, Berlin 1905, col. LIV 14 bis LV 13; CICERO Luc. 60 = 68 Q LS, de orat. III 67f., nat. deor. I 11;

γ) Aussagen AUGUSTINS.

Die unter α) genannten Zeugnisse werden von den Gewährsleuten selbst nur mit deutlichem Misstrauen vorgetragen. Sextus weiss von Gerüchten, nach denen Arkesilaos durch die nach aussen zur Schau getragene aporetische Haltung seine Schüler nur habe 'prüfen' wollen: hätten sie sich als 'edel' (εὐφυής) erwiesen, habe er ihnen die Werke Platons in die Hand gegeben. Das dürfte aus dem Ariston-Vers (vgl. S. 811f.) herausgesponnen sein und verdient keinen Glauben. GLUCKER (1978 [§ 1 *398: 304]) geht zu weit, wenn er 'Privatseminare' für möglich hält, in denen die Scholarchen 'vertrauenswürdigen älteren Schülern' ihre 'Meinungen' darlegten. Jede inhaltliche Äusserung zu philosophischen Fragen, auch wenn sie ausdrücklich unter den Vorbehalt blosser Wahrscheinlichkeit gestellt war, wäre nach aussen gedrungen und hätte eine Spur in den doxographischen Handbüchern hinterlassen. Numenios referiert aus den ‹Diatriben› eines sonst unbekannten Diokles aus Knidos (nach WILAMOWITZ 1881 [§ 1 *191: 313 Anm. 23] zu identifizieren mit Di⟨kai⟩okles aus Knidos; vgl. ATHENAIOS XI 508F; nach WEISCHE 1961 [§ 42 *72: 21-23] mit Diokles aus Magnesia, siehe § 1, S. 18f.), Arkesilaos habe aus Furcht vor einigen Kyrenaikern und vor Bion vom Borysthenes kein Dogma verkündet, sondern wie ein Tintenfisch Dunkelheit um sich verbreitet. Das ist absurd (vgl. jedoch LANCIA 1981 [*131] und BRANCACCI 1982 [*132]). Bezeichnend ist, dass der Platoniker Numenios die Nachricht selbst für unglaubwürdig hält, denn ihm konnte es an sich nur willkommen sein, wenn Arkesilaos wirklich dogmatisiert hätte. Beide Zeugnisse sind nichts als Gerüchte aus den der Akademie feindlich gesonnenen Schulen.

Zu β): Der Anonymus (BASTIANINI/SEDLEY (Hg.) 1994 [§ 48 *64]: Ende 1. Jh. v. Chr.) wendet sich gegen die von 'einigen' vertretene Auffassung, Platon sei Skeptiker gewesen (dazu unten S. 839), und beteuert, sowohl Platon als auch die anderen Akademiker – mit wenigen Ausnahmen – hätten Dogmen gehabt. Der Sinn dieser Aussage ist umstritten. GLUCKER (1978 [§ 1 *398: 304-306]) sieht die 'dogmatisierenden' Akademiker in der frühen Akademie bis zu Polemon; TARRANT (1985 [§ 42 *94: 62]) will auch Arkesilaos einbeziehen; nach BASTIANINI/ SEDLEY (1994 [§ 48 *64]) gelten dem Verfasser 'praktisch alle Nachfolger Platons als platonisierende Dogmatiker'. In jedem Falle ist die Behauptung tendenziös; «vom Standpunkt des Mittelplatonismus aus» (KRÄMER 1971 [§ 1 *394: 55 Anm. 212]) soll die skeptische Periode der Akademie abgewertet werden. Auch die Cicero-Stellen beweisen nichts. Was nicht gern 'gezeigt' (de orat. III 67) und darum von den Dogmatikern als 'mysteria' verspottet wird (Luc. 60) und worüber die Akademiker 'nicht offen' ihre Meinung sagen (nat. deor. I 11), sind nicht etwa geheime Dogmen, sondern «ihre Stellung in den Kontroversen innerhalb der hellenistischen Akademie» (WEISCHE 1961 [§ 42 *72: 25]).

Zu γ): Als Zeugnisse wertlos sind die Aussagen Augustins. Dieser hat unter Berufung auf eine verlorene Cicero-Stelle (AUGUSTIN Acad. III 43, in Plasbergs Ausgabe von Ciceros ‹Academica› [§ 54 *272: 24, Zeile 5-7] gedruckt als Testimonium aus Ciceros Acad. post. II) die eigenwillige Theorie entwickelt, die Akademiker hätten im Hinblick auf die ebenso verderbliche wie einflussreiche Lehre der Stoa ihre wahre Lehre wie einen Goldschatz vergraben und den jeweiligen Nachfolgern nur als Geheimnis weitergegeben, bis sie dann mit Plotin wieder zutage getreten sei (AUGUSTIN Acad. III 37-43, kürzere Fassungen in epist. 1, 1-2 und 118, 16; ausführliche Besprechung bei GLUCKER 1978 [§ 1 *398: 297f. 315-318]; vgl. auch KRÄMER 1971 [§ 1 *394: 55 Anm. 212], LÉVY 1978 [*81: 344-346], BALTES 1986 [*82: 42f.]). AUGUSTIN selbst charakterisiert seine Konstruktion so (Acad. III 37, 3f.): «audite iam ... non quod sciam, sed quid existimem.» Er hatte also keinerlei Nachrichten, die nicht aus Cicero stammen (der seinerseits bereits subjektiv interpretiert hat, siehe zu β). Die ganze Fiktion steht offenkundig unter mittelplatonischem Einfluss. Wo der Name 'Arkesilaos' genannt ist (z.B. epist. 118, 16. 20), ist er nur Chiffre für die skeptische Akademie ganz allgemein. (Das gleiche gilt für die Nennung bei anderen späteren Autoren; da 'Academia' für sie immer die skeptische Akademie ist, sind die präzisierenden Einschübe bei METTE in T 1c¹, SCHOLIA IN PERSIUM 3, 79 p. 305 JAHN «... qui ⟨Mediam⟩ Academiam primus invenit», und F 14b, 3, LAKTANZ div. inst. III 4, 11 «Academiae ⟨Mediae⟩ conditor» verfehlt).

Auch in neuerer Zeit gehen die Deutungen von Arkesilaos' skeptischer Haltung weit auseinander. Einige Interpreten sehen in ihm einen bis ins letzte konsequenten Skeptiker, der keinerlei positive Dogmen gelten liess, auch nicht die Ausgangssätze seiner eigenen Argumentationen (zuerst COUISSIN 1929 [§ 46 *11], danach am entschiedensten STRIKER 1980 [*71] und 1981 [§ 42 *63: 155]: «Das wichtigste Kennzeichen eines Skeptikers ist ... , dass er keine Lehrmeinung vertritt»). Wenn Arkesilaos sich z.B. in der Auseinandersetzung mit den Stoikern deren Erkenntnismodell scheinbar zu eigen mache, sei er doch weit davon entfernt, die diesem Modell zugrundeliegenden dogmatischen Prämissen (real existierende Dinge, von ihnen herrührende 'Vorstellungen', die dem Menschen gegebene Möglichkeit der 'Zustimmung' u.a.) als gültig anzuerkennen: von welchen Prämissen auch immer er ausgehe, sie seien immer nur 'ad hominem' benutzt; «die Akademiker (argumentierten) nie in propria persona» (STRIKER 1981 [§ 42 *63: 168]). Der Skeptiker zeige lediglich dem Unterredner, dass dessen Prämissen unhaltbar sind; eigene Auffassungen äussere er überhaupt nicht: sie könnten ja nur auf unbegründeter 'Meinung' beruhen und wären ebenso angreifbar wie die des Gegners. «Hence for the ancient sceptic, purely *ad hominem* reasoning is the most ... serious kind; it is the most relevant, least vulnerable, and most effective» (ANNAS 1990 [§ 42 *78: 272/49]). Diese 'dialektische' oder 'Ad-hominem-Interpretation' ist vermutlich falsch; ausführliche kritische Auseinandersetzung unten S. 816-819.

Andere moderne Interpreten hingegen sehen Arkesilaos primär in der Nachfolge Platons (VON ARNIM 1895 [*1: 1166f.], GIGON 1944 [§ 42 *71: 53-56/419-421], WEISCHE 1961 [§ 42 *72: 78f.], BURKERT 1965 [§ 42 *74: 188f.], MÜLLER 1975 [§ 42 *75: 269], MOREAU 1979 [*94: 321f.], IOPPOLO 1981 [*72: 153], 1984 [*58: 346], MÜLLER 1988 [§ 46 *4: 34. 43]). Nach ihrer Auffassung ist die skeptische Grundhaltung des Arkesilaos und der jüngeren Akademie im allgemeinen nicht (destruktiver) Selbstzweck, sondern dient der Suche nach einer höheren Wahrheit im sokratisch-platonischen Sinne. Im einzelnen weichen diese Interpreten voneinander ab; allen Deutungen gemeinsam ist jedoch ein optimistisch-konstruktiver Grundzug: Arkesilaos habe es für möglich gehalten, sich aus nur anfänglicher Ratlosigkeit durch vorsichtig tastendes Fragen der Wahrheit immer weiter anzunähern. Dass eine solche Annahme mit einer konsequent skeptischen Haltung unvereinbar ist, liegt auf der Hand; auch in den Zeugnissen findet diese 'sokratische' Arkesilaos-Interpretation keine Stütze. Das Motiv einer konstruktiven Wahrheitssuche ist für Arkesilaos nirgends sicher belegt (so richtig KRÄMER 1971 [§ 1 *394: 56 mit Anm. 213]). Eine nur scheinbare Ausnahme ist CICERO Lucullus 76 (ARKESILAOS F 8, 35f. METTE = 68 O LS), aus der Einleitung zum fiktiven Dialog mit Zenon: «Arcesilan ... verum invenire voluisse ...». Im Zusammenhang zeigt jedoch auch diese Stelle eher das Gegenteil, denn das Folgende ist rein elenktisch. Die fiktive Replik des Arkesilaos bei AUGUSTIN Acad. III 6 (aus Cicero) = F 10 METTE «fortasse verum dicis, sed requiram diligentius» kommt dem platonischen σκεπτέον (etwa Staat 339b) zwar nahe, aber hier ist Arkesilaos wohl nur als Vertreter der skeptischen Haltung im allgemeinen genannt, und eine Umdeutung durch Cicero ist wahrscheinlich (siehe unten).

Zuverlässige griechische Zeugnisse beweisen dagegen, dass die skeptische Haltung des Arkesilaos den Zeitgenossen als ausschliesslich destruktiv galt: CHRYSIPP war der Ansicht (PLUTARCH Stoic. rep. 10, 1035F-1036A = SVF 2, frg. 127 = 31 P 1-2 LS), die Argumentation 'nach beiden Seiten' hin (πρὸς τὰ ἐναντία διαλέγεσθαι) sei nützlich nur für diejenigen, 'die in allem Epoché üben', nicht aber für die, die um Erkenntnis bemüht sind (nach CHERNISS (Hg.) 1976 [§ 1 *41: 437] vielleicht aus Chrysipps Schrift Πρὸς τὸ Ἀρκεσιλάου μεθόδιον), ferner (Stoic. rep. 1037B), ebenfalls aus CHRYSIPP (SVF 2, frg. 129 = 31 P 4 LS): «die Vernunft müsse man gebrauchen, um die Wahrheit zu entdecken und sich darin zu üben (Text unsicher: Konjektur von Pohlenz), nicht aber, wie es viele täten, für den gegenteiligen Zweck»; dazu Plutarch: mit den 'vielen' habe Chrysipp offenkundig die 'sich der Zustimmung enthaltenden', also die Akademiker, gemeint. Für Chrysipp stand demnach fest, dass die Akademiker seiner Zeit, d.i. Arkesilaos und seine Anhänger, nicht auf der Suche nach der Wahrheit waren, sondern «den gegenteiligen Zweck» verfolgten. An diesem klaren Befund ändert es nichts, dass PLUTARCH apologetisch versichert (Stoic. rep. 1037 C): ἀλλ' ἐκεῖνοι μὲν οὐδέτερον καταλαμβάνοντες εἰς ἑκάτερον ἐπιχειροῦσιν, ὡς εἴ τι καταληπτόν ἐστιν οὕτως ἂν μόνως ἢ μάλιστα κατάληψιν ἑαυτῆς τὴν ἀλήθειαν παρέχουσαν, «(die Akademiker) vertreten deshalb zwei einander entgegengesetzte Standpunkte, weil sie einerseits weder den einen noch den anderen 'erfassen', weil andererseits – wenn überhaupt irgendetwas 'erfassbar' ist – die Wahrheit sich nur so oder doch vornehmlich so 'erfassen' lässt».

Hier wird in der Tat den Akademikern eine gemässigt optimistische und konstruktive Wahrheitssuche zugeschrieben, aber das ist Plutarchs eigene Interpretation aus mittelplatonischer Sicht. Entscheidend bleibt das Zeugnis des Zeitgenossen Chrysipp.

Der ausschliesslich elenktische Charakter der akademischen Skepsis wird bestätigt durch SEXTUS EMPIRICUS PH I 226. Er sieht einen wichtigen Unterschied zwischen der eigenen Schule und der Akademie darin, dass die Akademiker kategorisch erklärten, nichts sei erfassbar (διαβεβαιοῦνται γὰρ περὶ τούτου); die Pyrrhoneer dagegen seien stets 'auf der Suche und schlössen nicht aus, dass Erfassung auch einmal möglich sei' (vgl. auch PH I 1-3; anders allerdings CICERO Acad. I 45, siehe oben S. 802).

Es trifft auch nicht zu, dass Arkesilaos nur die sinnliche Wahrnehmung in Zweifel zog (GIGON 1944 [§ 42 *71: 53/419]), so dass er «den Raum frei (liess) für die Ideenschau Platons»: auch gegenüber philosophischen Thesen hat er Epoché verlangt (CICERO Acad. I 45, de or. III 67). Wenn er sich selbst nicht untreu werden wollte, konnte er nicht dazu auffordern, 'unermüdlich die Wahrheit zu suchen'.

Die oben genannten Interpreten berufen sich denn auch vor allem auf Arkesilaos' institutionelle Stellung als Nachfolger Platons und auf seine in sehr allgemeiner Formulierung bezeugte Verehrung für den Schulgründer (siehe oben S. 794). Aber wahrscheinlich hat erst Cicero wieder eine Brücke vom skeptischen Zweifel zurück zu Platon geschlagen: er hat das (platonische) Motiv der Wahrheitssuche und der schrittweisen Annäherung an ein die Sinnenwelt transzendierendes Wissen in die trockenen Widerlegungen von Arkesilaos und Karneades hineininterpretiert. Ihm musste eine solche Deutung der akademischen Skepsis naheliegen, denn er konnte darin sein eigenes Philosophieren vorgebildet sehen. Es ist schwerlich ein Zufall, dass fast alle einschlägigen 'Zeugnisse' auch für die späteren Akademiker bei Cicero oder (durch Cicero vermittelt) bei Augustin stehen (zusammengestellt bei BURKERT 1965 [§ 42 *74: 187 mit Anm. 38] und MÜLLER 1975 [§ 42 *75: 269 Anm. 3]).

2. Ethik

Von einer Ethik im eigentlichen Sinne kann bei Arkesilaos nicht gesprochen werden (GIGON 1944 [§ 42 *71: 60/426]). Nach ATHENAIOS X 420 D = T 23a METTE sagte er scherzhaft über einen ungeschickten Schüler, dieser habe noch nie 'etwas Gutes gesehen', und das gelte auch für ihn selbst (... μηδὲν ἑωρακότι ἀγαϑόν, ὥσπερ οὐδ' ἐγώ). Ein Doppelsinn ist so gut wie sicher: Arkesilaos bestritt, etwas über das Wesen 'des Guten' zu wissen.

Immerhin ist sein erkenntnistheoretischer Ausgangspunkt (der Weise 'meint' nicht) ethisch motiviert. Das 'Meinen' (δοξάζειν, opinari) ist eine 'Verfehlung': SEXTUS EMP. math. VII 157 = F 2, 31f. METTE = 41 C 10 LS τοῦτο γὰρ ἀφροσύνης ἦν κατ' αὐτούς (d.i. nach der Lehre der Stoiker, die sich Arkesilaos hier zu eigen macht) καὶ τῶν ἁμαρτημάτων αἴτιον; deutlicher noch CICERO Luc. 77 = F 8, 38f. METTE = 68 O LS: «visa est Arcesilae cum vera sententia (nämlich: sapientem nihil opinari) tum honesta et digna sapienti». Am ethischen Charakter dieser Wertung kann kein Zweifel bestehen. Wenn nun das blosse 'Meinen' sittlich verwerflich ist, anderseits nichts mit Sicherheit 'erfasst' werden kann, ist es nicht überraschend, dass als letztes sittliches Ziel (τέλος) des Arkesilaos bei SEXTUS EMP. PH I 232 = F 1, 12f. = 68 I 3 LS die ἐποχή ('Enthaltung', nämlich von jeder Zustimmung und damit von jedem Urteil und jeder Meinung) genannt ist (ähnlich CICERO fin. III 31 über 'gewisse Akademiker'). SEXTUS EMP. fährt fort (PH I 233 = F 1, 14f.): «Die Enthaltung im Einzelfall nennt er (Arkesilaos) ein (sittliches) Gut, die Zustimmung im Einzelfall ein (sittliches) Übel». Mit dieser Wertung ist Sextus Empiricus als Pyrrhoneer völlig einverstanden, lehrte doch auch die eigene Schule (Zeile 13 METTE): ᾗ (der ἐποχῇ) συνεισέρχεσθαι τὴν ἀταραξίαν ἡμεῖς ἐφάσκομεν, «die Enthaltung aber hat, wie wir (d.h. die Pyrrhoneer) dargelegt haben, die Gemütsruhe im Gefolge» (vgl. § 43, S. 745 über PYRRHON test. 53 D.C. sowie SEXTUS EMP. PH I 8); ihn stört lediglich die apodiktische Formulierung (Zeile 15-18): in seiner eigenen Schule treffe man eine solche Aussage nur als 'uns so erscheinend' (κατὰ τὸ φαινόμενον ἡμῖν), Arkesilaos dagegen habe 'in bezug auf die Wirklichkeit' (πρὸς τὴν φύσιν) gelehrt, jede Enthaltung *sei* ein Gut. Freilich sind Zweifel erlaubt, ob Arkesilaos selbst die gerügte apodiktische Formulierung gebraucht hat: sie klingt nach einer späten doxographischen Tabelle, die auch für die akademische Skepsis eine Aussage zu 'Gut' und 'Übel' machen wollte.

Drei Aussprüche ethischen Inhalts sind überliefert: PLUTARCH de tranquillitate animi 9, 470 A = T 9 METTE 'Die meisten Menschen richten ihre Blicke begehrlich auf fremden Besitz und verkennen ihre eigenen Werte'; Ps.-PLUTARCH Consolatio ad Apollonium 15, 110 B = T 10 METTE 'Der Tod hat noch niemand durch seine Gegenwart bekümmert, nur solange man auf ihn wartet, schafft er Kummer' (dazu KASSEL 1958 [§ 48 *102: 80] «Arkesilaos ironisiert natürlich»); PLUTARCH frg. 152 SANDBACH = STOBAIOS IV 32a, 17 = T 11 METTE 'Die Armut bringt zwar Kummer, ist aber eine gute Lehrmeisterin der Jugend'. Diese Aperçus haben kaum philosophisches Gewicht; LÉVY (1990 [§ 42 *79: 296], 1993 [§ 1 *374: 265]) sieht darin einen Nachhall sokratischen Denkens.

3. Menschliches Handeln

Einer der Haupteinwände gegen die akademische Skepsis war es, dass konsequente Epoché den Menschen zur Untätigkeit verdamme, und zwar aus zwei Gründen (sorgfältig geschieden von STRIKER 1980 [*71: 63-69], vgl. auch VANDER WAERDT 1989 [*115]): Erstens wisse man nicht, *was* man tun solle; und zweitens *könne* man (selbst wenn man es wüsste) nichts tun, da jedes Handeln 'Zustimmung' voraussetze. Dieses 'Apraxia-(Untätigkeits-)Argument' verglich man mit dem Gorgonenhaupt, dessen Anblick versteinert (PLUTARCH adv. Col. 26, 1122A = F 7, 22f. METTE = 69 A 1 LS) – nicht ganz korrekt, denn nicht das Argument versteinerte die Akademiker: es sollte vielmehr zeigen, dass diese sich durch ihre Lehre selbst versteinerten.

Als Antwort auf den ersten Einwand ('kein Ziel für das Handeln erkennbar') entwickelte Arkesilaos folgende bei SEXTUS EMP. math. VII 158 = F 2, 39-44 METTE referierte Lehre: «Beim Streben und Meiden, ganz allgemein beim Handeln wird man sich das Wohlbegründete (τὸ εὔλογον) zur Richtschnur nehmen, und indem man nach diesem Merkmal (κριτήριον) vorgeht, wird man das Rechte treffen. Denn die Glückseligkeit stellt sich ein aufgrund von sittlicher Vernunft (φρόνησις); die sittliche Vernunft aber erweist sich in den sittlich-richtigen Taten (κατορθώματα); eine sittlich-richtige Tat aber ist eine solche, für die sich nach ihrer Ausführung eine vernünftige Begründung (εὔλογος ἀπολογία) geben lässt. Wer sich an das Wohlbegründete (εὔλογον) hält, wird demnach das Rechte treffen (κατορθώσει) und die Glückseligkeit erlangen.» Wir wissen nicht, ob sich die Stoiker mit dieser Antwort zufriedengegeben haben. In der Sache kann sie nicht überzeugen: Wenn das 'Wohlbegründete' den Menschen bei seinen Handlungen lenken soll, muss er es kennen. Gesicherte Erkenntnis aber ist nach Arkesilaos unmöglich. Die Lehre vom εὔλογον scheint also mit dem skeptischen Grundsatz unvereinbar. (Zu den inhärenten Schwächen von Arkesilaos' Handlungstheorie grundsätzlich BETT 1989 [§ 49 *108: 62-69].)

Es gibt verschiedene Möglichkeiten, diesen Widerspruch wo nicht zu beheben, so doch zu mildern: a) Die Formulierung ὅπερ πραχθὲν εὔλογον ἔχει τὴν ἀπολογίαν lässt vermuten, dass Arkesilaos an eine nachträgliche Überprüfung und Bestätigung der praktischen Entscheidung dachte (siehe auch unten S. 864. 876 über Karneades). Die 'sittlich-richtigen Taten' (κατορθώματα) würden sich dann erst im nachhinein als 'wohlbegründet' (εὔλογον) erweisen (FREDE 1984 [§ 42 *112: 264/209], IOPPOLO 1986 [*59: 143f.]; dazu kritisch BETT 1989 [§ 49 *108: 66 mit Anm. 11 und 16]). Damit kann jedoch nicht erklärt werden, wovon sich der Handelnde vor und bei der Handlung leiten liess; es führt auch nicht weiter, die εὔλογον-Lehre mit dem sogleich zu besprechenden Lehrstück vom 'Handeln ohne Zustimmung' zu verbinden, denn dieses ist seinerseits unbefriedigend. b) Vielleicht war das Gebot der Epoché in bezug auf das εὔλογον grundsätzlich gelockert. In sämtlichen Handschriften wird nämlich SEXTUS' Bericht über die praktische Lebensführung eingeleitet mit den Worten (math. VII 158 = F 2, 38f. METTE = 69 B 1 LS) ὅτι οὐ περὶ πάντων ἐπέχων κανονιεῖ τὰς αἱρέσεις ..., «Arkesilaos sagt, dass er nicht in bezug auf alles Enthaltung üben, sondern sich am Vernünftigen als Richtschnur orientieren wird». Freilich vermisst man dann eine Erklärung, wodurch das εὔλογον sich als solches zu erkennen gibt und damit den Handelnden von seiner Pflicht zur ἐποχή entbindet. Auch aus sprachlichen Gründen empfiehlt sich die leichte Änderung von οὐ in ὁ, so dass man jetzt wohl mit Recht allgemein versteht: «Der sich in bezug auf alles und jedes der Zustimmung Enthaltende wird sich das Wohlbegründete zur Richtschnur nehmen ... ». c) Die Lehre vom εὔλογον ist keine eigene, von Arkesilaos als gültig angesehene Handlungstheorie; er hat mit ihr lediglich zeigen wollen, zu welchen Konsequenzen die Stoiker von ihren Prämissen aus hätten gelangen müssen; zu dieser 'dialektischen' oder 'Ad-hominem-Deutung' unten S. 816-819.

Das Verständnis der Lehre vom εὔλογον wird auch dadurch erschwert, dass enge Berührungen mit stoischer Terminologie bestehen: εὔλογον, φρόνησις, κατόρθωμα. Besonders auffallend ist es, dass Arkesilaos das κατόρθωμα (die sittlich-richtige Tat) mit genau den gleichen Worten definiert wie Zenon das καθῆκον

(SVF 1, frg. 230): DIOGENES LAERT. VII 107 ... καθῆκόν φασιν εἶναι ὃ πραχθὲν εὔλογον ἴσχει ἀπολογισμόν; STOBAIOS II 8, S. 85, 13-15 WACHSMUTH ὁρίζεται ... τὸ καθῆκον· τὸ ἀκόλουθον ἐν ζωῇ, ὃ πραχθὲν εὔλογον ἀπολογίαν ἔχει. Nun ist aber das καθῆκον ('zukommende' Handlung) im stoischen System eine nur inhaltlich richtige (weil naturgemässe) Handlung; es steht weit unter dem κατόρθωμα, weil es noch nicht von der sittlichen Einsicht (φρόνησις) getragen ist. Nur der Weise kann κατορθώματα im stoischen Sinne vollbringen, denn nur er hat die φρόνησις, und die φρόνησις ist unteilbar. Lange galt es als sicher, dass Arkesilaos das stoische Merkmal des καθῆκον (εὔλογος ἀπολογία) auf das κατόρθωμα übertragen hat, und man erblickte darin eine Korrektur der stoischen Lehre, STRIKER (1980 [*71: 66]) sogar eine 'offenkundige Parodie'. Aber der Begriff κατόρθωμα war seit Aristoteles Gemeingut der philosophischen Sprache. Er wurde von Arkesilaos in seinem Sinne aufgegriffen und vermutlich erst daraufhin von der Stoa übernommen und neu definiert (so überzeugend IOPPOLO 1981 [*72: 148f. 159]); die beiden anderen Termini, εὔλογον und φρόνησις, sind ohnehin nicht ausschliesslich stoisch (IOPPOLO 1981 [*72: 151 mit Anm. 22 und 23; 157 mit Anm. 38], 1986 [*59: 127-131]). Über Arkesilaos' Verhältnis zur Stoa ausführlich unten S. 816-819.

Im einzelnen bleibt also vieles unsicher und unbefriedigend; aber so viel steht fest: Während Arkesilaos für die Erkenntnis im allgemeinen die Existenz eines zuverlässigen κριτήριον bestritt, liess er für die praktische Lebensführung (SEXTUS EMP. math. VII 158 = F 2, 36 METTE = 69 B 1 LS: βίου διεξαγωγή) ein κριτήριον zweiten Ranges zu: das 'Wohlbegründete' (εὔλογον). Wichtig ist die Beschränkung auf das Handeln: Das εὔλογον des Arkesilaos darf nicht mit dem 'Wahrscheinlichen' (πιθανόν) verwechselt werden, wie es später Karneades auch für theoretisches Erkennen elementarer Art gelten liess (siehe unten S. 859-876).

Der zweite Einwand des Apraxia-Arguments lautete: 'Jede Handlung setzt eine Zustimmung voraus; wer nie zustimmt, kann überhaupt nicht handeln.' Arkesilaos' Antwort lässt sich aus zwei Plutarch-Stellen erschliessen (sein Name ist dort nicht genannt, aber da schon Chrysipp an diesem Lösungsversuch Kritik übte, muss Arkesilaos der Urheber sein). In der Schrift gegen den Epikureer Kolotes (§ 1, S. 12; § 13, S. 236) wird im Rahmen einer schwierigen Argumentation ausgeführt, nach akademischer Lehre sei für bestimmte Handlungen eine rationale 'Zustimmung' nicht erforderlich (PLUTARCH adv. Col. 26, 1121F-1122D, bei METTE nur der Anfang als F 7); die wichtigsten Formulierungen: 1122B (69 A 1 LS) ἡ ὁρμὴ ... ἐξ ἑαυτῆς ἀγωγὸς ἐπὶ τὰς πράξεις ἐφάνη, μὴ δεομένη τοῦ προστίθεσθαι, (das Streben lässt sich nicht zur Zustimmung umdeuten, sondern) «führt von sich aus zu Handlungen, ohne dafür einer Zustimmung zu bedürfen»; 1122C (69 A 3 LS) τὸ δ' ὁρμητικὸν ἐγειρόμενον ὑπὸ τοῦ φανταστικοῦ πρὸς τὰ οἰκεῖα πρακτικῶς κινεῖ τὸν ἄνθρωπον, «das Strebevermögen wird vom Wahrnehmungsvermögen geweckt und lenkt den Menschen auf das ihm Zuträgliche, um damit eine Handlung zu bewirken», kurz darauf χρῶνται τῇ ὁρμῇ φυσικῶς ἀγούσῃ πρὸς τὸ φαινόμενον οἰκεῖον, (die Akademiker) «benutzen den Handlungsimpuls, der sie, wie die Natur es will (oder: ganz von selbst, ohne Zutun des Menschen) zu einem sich darbietenden Zuträglichen hinlenkt». – Der gleiche Gedanke in Chrysipps polemischer Formulierung (PLUTARCH Stoic. rep. 47, 1057A = SVF 3, frg. 177 = 53 S LS): πλάσματα λέγειν καὶ κενὰς ὑποθέσεις τοὺς ἀξιοῦντας οἰκείας φαντασίας γενομένης εὐθὺς ὁρμᾶν μὴ εἴξαντας μηδὲ συγκαταθεμένους, «Hirngespinste und unhaltbare Annahmen tragen diejenigen vor, die behaupten, sobald uns eine zuträgliche Vorstellung zuteil werde, setze sofort ein Streben ein, ohne dass wir nachgeben und zustimmen».

Auch diese Antwort auf das stoische Apraxia-Argument ist in der Sache unbefriedigend: Wenn bestimmte Handlungen 'ohne Zustimmung' ausgeführt werden, heisst das, dass sie ohne vorangehende Abwägung und ohne jede Wahlmöglichkeit ausgeführt werden, in anderen Worten: instinktiv und automatisch. Für solche Handlungen aber kann es keine sittliche Verantwortung geben: sie verdienen weder Lob noch Tadel. Dieser Einwand war den stoischen Kritikern geläufig (CICERO Luc. 39). Wir wissen nicht, was Arkesilaos darauf geantwortet hat. Bei Karneades ist das seltsame Lehrstück aufgegeben: er sucht einen Kompromiss zwischen Zustimmung und Epoché, indem er von 'Befolgen' oder 'Billigen' des Wahrscheinlichen spricht (siehe unten S. 869-873).

Nach Plutarch ist nicht das 'Wohlbegründete' (εὔλογον) von der Zustimmung befreit, sondern das 'Zuträgliche' (οἰκεῖον). Das 'Handeln ohne Zustimmung' darf also nicht ohne weiteres mit der zuvor besprochenen Lehre vom εὔλογον zu einer einheitlichen Handlungstheorie zusammengefasst werden. Es ist nicht selbstverständlich, dass gerade das 'Wohlbegründete', also Vernünftige, ohne Beteiligung der Vernunft zustande kommen sollte. Auch darin unterscheiden sich εὔλογον und οἰκεῖον, dass das erste eine Handlung beurteilt, das andere am erstrebten Gegenstand haftet, von den Bedenken gegen eine sachliche Identifizierung ganz zu schweigen. Manches spricht also dafür, die Lehre vom εὔλογον von den 'Handlungen ohne Zustimmung', die auf das elementar Zuträgliche (Wärme, Nahrung u.ä.) gerichtet sind, zu trennen. Die beiden Lehrstücke könnten verschiedenen Phasen der philosophischen Entwicklung von Arkesilaos angehören. Andererseits scheint ein bisher wenig beachtetes Fragment aus dem verlorenen zweiten Buch der zweiten Fassung von Ciceros ‹Academici libri› (siehe unten § 56, S. 1038) beide Ansätze zu verbinden: AUGUSTIN Acad. II 26 = CICERO Acad. frg. bei PLASBERG [§ 54 *272: S. 21, Z. 17 bis S. 22, Z. 3]: «probabile vel veri simile ... quod nos ad agendum sine adsensione potest invitare; sine adsensione autem dico ut id quod agimus non opinemur verum esse aut nos id scire arbitremur, agamus tamen ...» (kurz darauf wörtliches Zitat aus Cicero). Danach sind die Handlungen von einer 'Zustimmung' befreit, die sich auf ein 'probabile vel veri simile' richten; 'probabile' aber ist eine mögliche Übersetzung für εὔλογον (vgl. DIOGENES LAERT. VII 76 = SVF 2, frg. 201, vermutlich aus Diokles: εὔλογον δέ ἐστιν ἀξίωμα τὸ πλείονας ἀφορμὰς ἔχον εἰς τὸ ἀληθὲς εἶναι, «wohlbegründet ist eine Aussage, bei der die Mehrzahl der Anhaltspunkte für die Richtigkeit spricht»). Auch in der bei ATHENAIOS VIII 354E und DIOGENES LAERT. VII 177 (SVF 1, frg. 624f. = 40 F LS) überlieferten Anekdote über Zenons Schüler Sphairos bezeichnet εὔλογον einen hohen Grad von Wahrscheinlichkeit in ausdrücklichem Gegensatz zur Gewissheit. Folgender Zusammenhang ist denkbar: Die Natur lenkt das menschliche Handeln und lässt dem Menschen das 'Zuträgliche' (οἰκεῖον) als 'wohlbegründet' erscheinen. Die Bedeutung der Natur als Richtschnur des Handelns bei Arkesilaos hat

IOPPOLO (1986 [*59: 137-146], mit Sammlung von Belegen) herausgestellt. Sie vermutet mit grosser Wahrscheinlichkeit, dass Arkesilaos darin von Polemon und Krantor beeinflusst ist (zustimmend ANNAS 1988 Rez. Ioppolo 1986 [§ 1 *401] 108-111).

4. Gott und Natur

Bei zwei christlichen Autoren ist bezeugt, Arkesilaos habe der Unsicherheit menschlicher Erkenntnis das göttliche Allwissen gegenübergestellt. Ob man darin ein persönliches religiöses Bekenntnis sehen darf, ist zumindest zweifelhaft. Belege und Einzelheiten unten S. 823f.

Dass es eine Naturlehre des Skeptikers Arkesilaos nicht gibt, ist nicht überraschend. Nur eine Äusserung ist überliefert (PLUTARCH comm. not. 37, 1078C-D = F 16 METTE), wiederum in Auseinandersetzung mit der Stoa: Die Stoiker lehrten, zwei Körper könnten einander 'vollständig durchdringen' (κρᾶσις δι' ὅλων, SVF 2, frg. 463-481). Das versuchte Arkesilaos dadurch ad absurdum zu führen, dass er witzelte, dann könnten in einem einzigen abgehauenen und im Meere verwesten Bein die Flotten der Perser und Griechen miteinander kämpfen (dazu KRÄMER 1971 [§ 1 *394: 43f.], BRUNSCHWIG 1978 [§ 33 *494: 64], LONG 1980 [*55: 171]). – Bei TERTULLIAN ad nationes II 2, 15 (VARRO Antiquitates rerum divinarum frg. 23, 15 CARDAUNS), wo die Handschriften einen 'Actesilaos' als Urheber einer kosmisch-mythischen Theologie nennen, ist nicht, wie bisweilen angenommen, 'Arcesilaos' zu lesen, sondern 'Acusilaus' (GIGON, in: Wiener Studien 79 (1966) 213f.; METTE (Hg.) 1984 [§ 46 *42: 93 Anm. 1]).

5. Einflüsse anderer Schulen

a) Allgemeines

Bereits unter Arkesilaos' Zeitgenossen war es umstritten, ob die skeptische Wendung der Akademie auch auf Einflüsse aus anderen philosophischen Schulen zurückzuführen ist. Arkesilaos selbst leugnete mit grossem Nachdruck, irgendeine Neuerung eingeführt zu haben (CICERO Acad. I 46), und berief sich vor allem auf Sokrates und Platon, gelegentlich auch auf Parmenides und Heraklit (CICERO de or. III 67, Acad. I 16. 46, Luc. 74, fin. II 2, nat. deor. I 11, Tusc. I 8, V 11). Einen so vornehmen Stammbaum wollten Arkesilaos' philosophische Gegner nicht anerkennen; sie warfen ihm vor, er verstecke sich hinter den Genannten und schreibe ihnen zu Unrecht seine eigenen skeptischen Grundsätze zu (PLUTARCH adv. Col. 26, 1121F-1122A = F 7, 14-19 METTE = 68 H 3 LS). DIOGENES LAERT. (IV 33 = T 1a, 75f. METTE) berichtet, 'nach Meinung mancher Leute' habe er dem Pyrrhon nachgeeifert und sich um die Dialektik bemüht. Der Stoiker Ariston aus Chios (über seine enge Beziehung zu Arkesilaos oben S. 790) spottete (DIOGENES LAERT. IV 33 = SVF 1, frg. 343f. = 204 SH = 68 E 2 LS) in geistreicher Abwandlung eines homerischen Verses (Ilias VI 181, über die Chimaira):

πρόσϑε Πλάτων, ὄπιϑεν Πύρρων, μέσσος Διόδωρος

Nur 'von vorn' ist Arkesilaos hier Platoniker, also nur dem äusseren Anschein oder den eigenen Worten nach. In Wahrheit ist er für Ariston ein 'zweiter Pyrrhon', 'in der Mitte' dagegen ein raffinierter Dialektiker wie der 'Megariker' Diodoros Kronos (über ihn DÖRING (Hg.) 1972 [§ 1 *307: 28-44. 124-138]). In zwei Fragmenten aus Timons ‹Silloi› (siehe oben S. 761f.) wird ein ähnlicher Vorwurf erhoben (nur Platon ist dort nicht genannt). Beide stehen bei DIOGENES LAERT. IV 33, in unmittelbarem Anschluss an das Ariston-Zitat (805 SH = 68 E 2 LS):

τῇ γὰρ ἔχων Μενέδημον ὑπὸ στέρνοισι μόλυβδον
θεύσεται ἢ Πύρρωνα τὸ πᾶν κρέας ἢ Διόδωρον

Die Deutung ist umstritten (siehe oben S. 762). Vermutlich handelt es sich um das Bild eines sportlichen Wettkampfes. «Arkesilaos trainiert mit schweren Gewichten, wie die Athleten, die sich zur Steigerung ihrer Leistung mit Blei beschweren. Seine Übungsgewichte sind Menedemos oder Pyrrhon – rundum Fleisch – oder Diodor» (BILLERBECK 1987 [§ 43 *47: 131]).

In den gleichen sportlichen Zusammenhang dürfte der nach Diogenes kurz darauf folgende Vers gehören (806 SH = 68 E 2 LS, Arkesilaos spricht)

νήξομαι εἰς Πύρρωνα καὶ εἰς σκολιὸν Διόδωρον,

«ich werde zu Pyrrhon schwimmen und zum windungsreichen Diodoros.» Das Attribut σκολιός bezeichnet Diodors raffinierte Dialektik; auch der zuvor genannte Menedemos hatte sich als 'eristischer' Dialektiker einen Namen gemacht. Der Pyrrhoneer Timon sah in Arkesilaos offenbar zunächst einen Dogmatiker, der sich zu Unrecht pyrrhonischer Gedanken bemächtigt hat; τὸ πᾶν κρέας ('ganz und gar Fleisch') bezeichnet die (in Timons Urteil) sättigende Belehrung durch Pyrrhon.

Später hat sich Timon freundlicher geäussert und Arkesilaos durch das oben (S. 762) erwähnte ‹Leichenfest› geehrt (DIOGENES LAERT. IX 115 = T 1a, 246-248 METTE: ... ὅμως δὲ καθαπτόμενος τοῦ Ἀρκεσιλάου ἐν τοῖς Σίλλοις ἐπῄνεκεν αὐτὸν ἐν τῷ ἐπιγραφομένῳ Ἀρκεσιλάου περιδείπνῳ; vgl. auch NUMENIOS frg. 2 LEEMANS = frg. 25 DES PLACES = EUSEBIUS PE XIV 6, 5 = ARKESILAOS T 2, 51-53 METTE = 68 F 1 LS Μνασέας γοῦν καὶ Φιλόμηλος (empirische Ärzte neronischer Zeit?) καὶ Τίμων οἱ σκεπτικοὶ σκεπτικὸν αὐτὸν προσονομάζουσιν, ὥσπερ καὶ αὐτοὶ ἦσαν, ἀναιροῦντα καὶ αὐτὸν τὸ ἀληθὲς καὶ τὸ ψεῦδος καὶ τὸ πιθανόν). Auch die persönliche Freundschaft zwischen Timon und Arkesilaos' Nachfolger Lakydes (siehe § 48 B, S. 832) zeugt von eher wohlwollender Beurteilung. Ob auch die folgende sehr allgemeine Aussage bei NUMENIOS (EUSEBIUS PE XIV 6, 6 = T 2, 55f. METTE) auf Timon zurückgeht, ist zweifelhaft: ἦν μὲν τοίνυν Πυρρώνειος πλὴν τοῦ ὀνόματος, Ἀκαδημαϊκὸς δ'οὐκ ἦν πλὴν τοῦ λέγεσθαι. Immerhin steht er nach dem Urteil des Neu-Pyrrhoneers SEXTUS EMPIRICUS der echten Skepsis weit näher als seine Nachfolger (PH I 232, dazu oben S. 802 und IOPPOLO 1992 [§ 1 *82: 179-185]).

b) Pyrrhon

Der 'Dogmatiker' Ariston und der Pyrrhoneer Timon, beide Zeitgenossen von Arkesilaos, behaupten also einen Einfluss der pyrrhonischen Skepsis auf die Akademie des Arkesilaos. Tatsächlich gibt es deutliche Übereinstimmungen: Sowohl die Pyrrhoneer wie die Akademiker versuchten darzulegen, dass über den gleichen Gegenstand jeweils zwei einander ausschliessende Meinungen von gleichem Gewicht möglich sind; dem Menschen bleibe daher keine andere Möglichkeit, als sich jeder Festlegung zu 'enthalten' (ἐπέχειν). Dass es sich um nur zufällige Ähnlichkeiten handelt, ist im Hinblick auf die zeitliche und räumliche Nähe unwahrscheinlich.

Die Einwirkung Pyrrhons auf Arkesilaos im einzelnen zu klären und nachzuweisen, ist allerdings schwierig. Am deutlichsten noch ist die gemeinsame Verwendung des Bildes vom 'Gleichgewicht', das für Pyrrhon im 'Aristokles-Referat' (ausgeschrieben oben S. 736-738) bezeugt ist, wenn auch nur in vager Form: EUSEBIUS PE XIV 18, 2 = test. 53 Zeile 13 D.C. = 1 F 3 LS τὰ ... πράγματα ... ἐπ' ἴσης ἀδιάφορα (εἶναι); das Substantiv ἰσοσθένεια ist für Pyrrhon nicht belegt (DECLEVA CAIZZI (Hg.) 1981 [§ 43 *1: 223], REALE 1981 [§ 42 *51: 1, 301]). Es kann nicht ausgeschlossen werden, dass Arkesilaos in diesem Punkt die spätere (für uns vor allem durch Sextus Empiricus repräsentierte) Skepsis beeinflusst hat. Unklarer sind die Verhältnisse beim Bild der 'Enthaltung' (ἐποχή). In den für Pyrrhon namentlich bezeugten Berichten erscheint der Terminus noch nicht (so richtig DECLEVA CAIZZI (Hg.) 1981 [§ 43 *1: 136] und 1981 [§ 42 *51: 1, 100. 116-120] gegen HIRZEL 1877-1883 [§ 1 *331: 3, 24 Anm. 1]); Pyrrhon gebraucht ἀφασία ('Sprachlosigkeit', test. 53 D.C.) und ἀπροσθετεῖν («auf Hinzufügung (eines Urteils) verzichten», test. 54 D.C. = Timon frg. 80 PPF = 1 G LS). Nach COUISSIN (1929 [§ 42 *61: 390f.]) hat entweder Arkesilaos oder schon Zenon den technischen Begriff ἐποχή geprägt (zur älteren nicht-technischen Verwendung unten S. 817f.); vorsichtig zustimmend SEDLEY (1983 [§ 42 *52: 10]), entschiedener IOPPOLO (1984 [*58: 352f.]). Andererseits ist es deutlich, dass sowohl der Gedanke des Gleichgewichts als auch der des Urteils- und Aussageverzichts in Pyrrhons Denken ihren festen Platz haben (REALE 1981 [§ 42 *51: 1, 301], ANNAS 1988 Rez. Ioppolo 1986 [§ 1 *401] 106-108).

Bei der Frage nach Pyrrhons Einfluss dürfen folgende Unterschiede nicht übersehen werden: Der Akademiker stellt ein 'Gleichgewicht' zwischen zwei Standpunkten vor allem in den Dienst der Widerlegung von Scheinwissen, d.i. bei der Argumentation gegen abstrakte Annahmen und philosophische Thesen; bei Pyrrhon und in seiner Schule wird dieses Bild auf in gleicher Weise einleuchtende Sinnesdaten angewandt, oder auf einander widersprechende subjektive Empfindungen ('was dem einen süss erscheint, erscheint dem anderen bitter'). Die Kritik der Sinneswahrnehmungen wiederum geht bei Arkesilaos von einem ganz anderen Ansatz aus: Er macht sich das stoische Wahrnehmungsmodell zu eigen und weist nach, dass der Erkenntnisvorgang als solcher nicht zu zuverlässigen Ergebnissen führen kann: dass keine einzige φαντασία unbezweifelbar wahr ist, so dass niemals 'zugestimmt' werden darf. – Auch das jeweilige Weltbild ist verschieden: Für die Pyrrhoneer ist alles 'unterschiedslos (oder: ununterscheidbar), ohne Festigkeit (oder: unwägbar) und unerkennbar' (vgl. § 43, S. 736f.); nur das lässt sich nach ihrer Lehre aussagen, was einem gerade 'erscheint'; was ein Pyrrhoneer über die 'Dinge', d.i. die Aussenwelt äussert, ist deshalb 'weder wahr noch falsch' (vgl. oben S. 739f.). Für die Akademiker dagegen ist jede Aussage über die äussere Wirklichkeit notwendigerweise entweder wahr oder falsch. Die Unmöglichkeit des Erkennens begründen sie damit, dass sich in keinem einzigen Falle feststellen lasse, ob die 'Vorstellung' (φαντασία) trüge oder nicht, ob demnach eine 'zustimmende' Aussage wahr oder falsch sei. Niemals bestreiten sie, dass viele φαντασίαι richtig sind, dass eine 'zustimmende' Aussage also uneingeschränkt wahr sein könnte (ungenau CICERO nat. deor. I 70 = ARKESILAOS F 13a, 4-6 METTE: 'alle Sinneseindrücke falsch'; sie sind vielmehr 'unerfassbar', ἀκατάληπτα). Nur weil nie mit letzter Sicherheit ausgeschlossen werden kann, dass es sich nicht doch um eine der richtigen φαντασία täuschend ähnliche (ἀπαράλλακτος) falsche φαντασία handelt, ist berechtigte 'Zustimmung' für den Menschen unmöglich. In diesem Sinne bleibt die Wirklichkeit 'unerfassbar' (ἀκατάληπτος), aber keineswegs 'unterschiedslos' wie für die Pyrrhoneer. Der pyrrhonische Skeptiker resigniert gegenüber der Ununterschiedenheit und der Undurchdringbarkeit der 'Phänomene', er ist gar nicht geneigt, irgend eine Aussage zu machen (ἀφασία in test. 53 DECLEVA CAIZZI). Der Akademiker dagegen würde gern Urteile fällen, aber er urteilt nicht, weil er es nicht mit Sicherheit tun kann. Das lässt ihn unbefriedigt, denn er hätte gern die Wahrheit gefunden. Anders der Pyrrhoneer: die 'Sprachlosigkeit' hat 'innere Unerschütterlichkeit' (ἀταραξία) im Gefolge, nach Ainesidem sogar 'Freude' (siehe oben S. 737). Zu dem von SEXTUS EMPIRICUS (PH I 226 u.ö.) behaupteten Gegensatz, die Akademiker seien in ihrer skeptischen Haltung 'dogmatisch', siehe oben S. 806.

Aber auch bei Berücksichtigung dieser wesentlichen Unterschiede bleibt ein Einfluss Pyrrhons auf Arkesilaos im skeptischen Grundansatz wie in manchen Einzelheiten kaum bestreitbar. In der neueren Forschung wird er anerkannt u.a. von NATORP (1884 [*91: 290f.]), GOEDECKEMEYER (1905 [§ 42 *33: 33 Anm. 1]), PALEIKAT (1916 [*92: 3-15]), ROBIN (1944 [§ 42 *35: 45f.]), LONG (1974 [§ 1 *396: 88], zurückhaltender 1986 [§ 1 *366: 180] und 1987 [§ 1 *295: 1, 446]), SEDLEY (1983 [§ 42 *52: 15]), ANNAS (1988 Rez. Ioppolo 1986 [§ 1 *401] 106-108). – Pyrrhonischen Einfluss bestreiten: HIRZEL (1877-1883 [§ 1 *331: 3, 25ff.]), VON ARNIM (1895 [*1: 1165]), COUISSIN (1929 [§ 42 *61: 375-378]), GIGON (1944 [§ 42 *71: 57f./423f.]), WEISCHE (1961 [§ 42 *72: 13-15]). Vermittelnd DECLEVA CAIZZI (1986 [§ 1 *366: 152-177]): Kein direkter Einfluss Pyrrhons auf Arkesilaos, aber auch keine 'unüberwindbare Kluft zwischen den Schulen' (177); die Übereinstimmungen gehen auf gemeinsame Vorbilder zurück, z.B. Demokrit und kynisch-sokratische Denker wie Monimos; vermittelnd auch IOPPOLO (1986 [§ 1 *401: 36-40]) und LÉVY (1992 [§ 42 *40: 30f.]).

Zwei Argumente gegen einen Einfluss Pyrrhons überzeugen nicht: Man hat eingewandt, es sei «schon sozial betrachtet» undenkbar, dass Arkesilaos, «der Leiter der vornehmsten Schule Athens ..., bei dem biederen Wanderprediger aus Elis Belehrung gesucht hätte» (GIGON 1944 [§ 42 *71: 58/424]). In der Tat ist an ein gewöhnliches Lehrer-Schüler-Verhältnis nicht zu denken, und auch die antiken Zeugnisse unterstellen ein solches Verhältnis nicht. Aber Arkesilaos kann auch ohne direkten Kontakt von der neuen Lehre erfahren haben und durch sie beeindruckt worden sein. – Ebensowenig beweist der immer wieder zitierte Umstand, dass Arkesilaos und alle nachfolgenden Akademiker, bis hin zu Cicero, Pyrrhon niemals als geistiges Vorbild nennen. Gerade im Hinblick auf das stark unterschiedliche soziale Prestige der akademischen Vorgänger einerseits und des «wunderlichen Heiligen» (GIGON) andererseits wäre es nicht erstaunlich, wenn Arkesilaos die pyrrhonische Komponente seines Denkens bewusst verschwiegen hätte (SEDLEY 1983 [§ 42 *52: 16]; ähnlich IOPPOLO 1984 [*58: 338] «non vi si riconosceva»). Besonders auffällig ist es, dass auch Antiochos aus Askalon, der die skeptischen Neuerungen des Arkesilaos scharf missbilligte und ihm Verrat an Platons Lehre vorwarf, Arkesilaos offenbar nie polemisch mit Pyrrhon in Verbindung gebracht hat (vgl. unten S. 948).

In späterer Zeit verwischten sich die Grenzen zwischen akademischer und pyrrhonischer Skepsis so sehr, dass in mehreren Schriften die Frage diskutiert wurde, wodurch die beiden Schulen sich überhaupt unterschieden: PLUTARCH Περὶ τῆς διαφορᾶς τῶν Πυρρωνείων καὶ Ἀκαδημαϊκῶν, verloren (Lamprias-Katalog 64); GELLIUS XI 5, 6-8 (nach FAVORIN?), ib. 6 «vetus quaestio et a multis scriptoribus Graecis tractata, an quid et quantum Pyrrhonios et Academicos philosophos intersit»; SEXTUS EMP. PH I 220-235 Τίνι διαφέρει τῆς Ἀκαδημαϊκῆς φιλοσοφίας ἡ σκέψις. MINUCIUS FELIX Oct. 38, 5 (ARKESILAOS F 13b in METTE (Hg.) 1985 [§ 46 *43: 55]) sieht offenbar keinerlei Unterschied. Die Schulen waren einander dadurch nähergekommen, dass die (inzwischen Geschichte gewordene) akademische Skepsis den (nach langer Unterbrechung wiederbelebten) Pyrrhonismus beeinflusst hatte. Diese Erörterungen sind systematisch von grossem Interesse, tragen aber zur Klärung des historischen Verhältnisses zwischen Pyrrhon und Arkesilaos nichts bei. Die Diskussion dauerte fort bis in die Neuzeit (Beispiele bei LÉVY 1992 [§ 42 *40: 23]; zuletzt STRIKER 1981 [§ 42 *63]; vgl. auch oben S. 722f.).

c) Megarische Dialektik

Ariston und Timon setzen in den oben (S. 811f.) ausgeschriebenen Spottversen voraus, dass Arkesilaos auch durch die megarisch-eretrische Dialektik nachhaltig geprägt ist (vgl. ferner DIOGENES LAERT. IV 33 = T 1a METTE = 68 E 2 LS). Diese Aussagen werden ebenfalls unterschiedlich beurteilt: Für Glaubwürdigkeit vor allem HIRZEL 1877-1883 [§ 1 *331: 3, 29-37], SEDLEY 1977 [§ 1 *397], GLUCKER 1978 [§ 1 *398: 33 Anm. 78]; ablehnend u.a. VON ARNIM 1895 [*1: 1165], KRÄMER 1971 [§ 1 *394: 15 mit Anm. 55]. Megarisches Gedankengut lässt sich vor allem in der Benutzung des 'Verhüllten' (ὁ ἐγκεκαλυμμένος λόγος) und des Sorites erkennen. HIRZEL (1877-1883 [§ 1 *331: 3, 33 Anm. 2]) erinnert daran, dass Diodor als Erfinder des 'Verhüllten' gilt (zur Sache DÖRING (Hg.) 1972 [§ 1 *307: 107f.]), und verweist (a.a.O. 32 Anm. 1) auf die Verbindung zwischen dem 'Verhüllten' und der Aparallaxie-Lehre bei SEXTUS EMP. math. VII 410: 'Wenn aus einer Schlangengrube eine Schlange herausschnellt und wieder verschwindet und dieser Vorgang sich wiederholt, ist es unmöglich zu sagen, ob es sich um die gleiche Schlange gehandelt hat oder nicht' (vgl. auch KRÄMER 1971 [§ 1 *394: 66 mit Anm. 247], SEDLEY 1977 [§ 1 *397: 96]). Die Antwort der Stoiker darauf ist nach Hirzel in SEXTUS EMP. math. VII 252 (SVF 2, frg. 65, p. 26, 5 = 40 E 7 LS) erhalten; sie bedienten sich des gleichen Bildes: 'die καταληπτικὴ φαντασία unterscheidet sich durch ihre Eigenart (ἰδίωμα) von den anderen φαντασίαι wie die Hornschlangen (κεράσται) von den übrigen Schlangen'. Zum Sorites (Herleitung von Diodor und Verwendung durch die skeptische Akademie) SEDLEY (1977 [§ 1 *397: 89-93 mit Anm. 102]). HIRZEL (1877-1883 [§ 1 *331: 3, 34]) erinnert überzeugend daran, dass die Übernahme megarischer Elemente durch einen Akademiker nichts Auffälliges an sich hat, denn «der gemeinschaftliche Boden der Megariker und Akademiker (war) die Sokratik». Die isolierten Apophthegmata gegen die Dialektik, die bei STOBAIOS (II 2, 11 und 17, S. 22, 9-11 und 23, 11-13 W. = F 18ab METTE) dem Arkesilaos zugeschrieben sind, dürfen nicht als einseitig gegen die 'megarisch-stoische' Dialektik gerichtet interpretiert werden (gegen KRÄMER 1971 [§ 1 *394: 15 Anm. 55]); auch die umfangreichen dialektischen Erörterungen bei CICERO Lucullus 91-98 zeigen, dass Arkesilaos den Megarikern nicht wenig verdankte.

d) Stoa

Besonders umstritten ist Arkesilaos' Verhältnis zur Stoa. Seine Kritik des Erkenntnisvorgangs (oben S. 797-801) ist im wesentlichen eine Auseinandersetzung mit Zenon und seiner Schule. Sie bedient sich der stoischen Terminologie und geht von den gleichen Prämissen aus. Eine eigene Erkenntnistheorie des Arkesilaos ist nicht kenntlich, und wir erfahren auch so gut wie nichts über epistemologische Diskussionen mit anderen Schulen. Dieser Eindruck wird bestätigt von SEXTUS EMP. math. VII 159, der im Anschluss an den ausführlichen Bericht über Arkesilaos (siehe oben) fortfährt (KARNEADES F 2, 2-4 METTE (Hg.) 1985 [§ 46 *43: 73] = 70 A 1 LS): Ταῦτα καὶ ὁ Ἀρκεσίλαος· ὁ δὲ Καρνεάδης οὐ μόνον τοῖς Στωικοῖς, ἀλλὰ καὶ πᾶσι τοῖς πρὸ αὐτοῦ ἀντιδιετάσσετο περὶ τοῦ κριτηρίου, «Soweit Arkesilaos; Karneades aber stritt sich nicht nur mit den Stoikern, sondern mit allen Denkern vor ihm über das Erkenntniskriterion»; vgl. auch NUMENIOS frg. 2 LEEMANS = frg. 25 DES PLACES (EUSEBIUS PE XIV 6, 12-13 = T 2, 93-99 METTE = 68 G LS): «Aus Neid auf Zenons hohes Ansehen bekämpfte Arkesilaos mit allen Mitteln die von ihm erfundene erkenntnisvermittelnde Vorstellung (καταληπτικὴ φαντασία)». Es ist demnach nicht ein blosser Zufall der Überlieferung, der uns Arkesilaos als ausschliesslich auf die Stoa fixiert erscheinen lässt. Drei verschiedene Deutungen dieses Befundes sind möglich und vertreten worden:

α) CICEROS Bericht (Luc. 77 = F 8, 35-50 METTE = 40 D LS, vgl. oben S. 799) ist im ganzen richtig: Arkesilaos' Skeptizismus ist hervorgegangen aus der Diskussion mit den Stoikern. Arkesilaos hat sich wesentliche Teile der stoischen Erkenntnistheorie zu eigen gemacht, aber von den gleichen Voraussetzungen aus ist er zu einem anderen Ergebnis gelangt. Während die Stoiker 'Enthaltung' nur dort forderten, wo keine restlose Gewissheit vorlag (ἐποχὴ περὶ ἀκαταλήπτων), forderte Arkesilaos 'Enthaltung' in jedem Falle (ἐποχὴ περὶ πάντων).

β) Arkesilaos und die Stoiker verfügten bereits unabhängig voneinander über den gleichen Begriffsapparat und gingen z.T. von den gleichen Prämissen aus, z.B. τὸν σοφὸν μὴ δοξάζειν, 'der Weise meint nicht'. Die Auseinandersetzung bewegte sich darum, welche Folgerungen man von der gleichen Ausgangslage zu ziehen hatte. In diesem Falle ist es denkbar, dass auch ein Einfluss von Arkesilaos auf die Stoiker ausging.

γ) Arkesilaos und Zenon haben überhaupt keine gemeinsamen Prämissen. Arkesilaos will lediglich das stoische Erkenntnismodell widerlegen; nur dafür macht er es sich auf Zeit scheinbar zu eigen: Er will beweisen, dass von Zenons Prämissen aus (die er in propria persona durchaus nicht akzeptiert) kein Weg zu sicherer Erkenntnis führt (vgl. auch oben S. 804. 808). Diese 'dialektische' Arkesilaos-Interpretation ist weithin akzeptiert (COUISSIN 1929 [§ 46 *11], KRÄMER 1971 [§ 1 *394: 39f.], LONG 1974 [§ 1 *396: 93 mit Anm. 1], 1980 [*55: 169], STRIKER 1980 [*71], 1981 [§ 42 *63], SEDLEY 1983 [§ 42 *52: 9-29], LONG/SEDLEY (Hg.) 1987 [§ 1 *295: 1, 446-448]). BARNES (in: Phronesis 31 (1986) 281) nennt die dialektische Deutung sogar die «modern orthodoxy on Arcesilaus»; MACONI (1988 Rez. Ioppolo 1986 [§ 1 *401] 237f. 253) spricht anschaulich typisierend von 'Couissinites'. – Aber auch die ältere Auffassung, nach der Arkesilaos einige elementare Grundsätze als objektiv gültig anerkannte, hat wieder nachhaltige Befürwortung gefunden (IOPPOLO 1981 [*72], 1984 [*58], 1986 [*59 = § 1 *401: 29. 57-65. 123-131 u.ö.], 1989 [*64: 244-246]; zustimmend ANNAS 1988 Rez. Ioppolo 1986 [§ 1 *401] 109, MACONI 1988 Rez. Ioppolo 1986 [§ 1 *401], LÉVY 1992 [§ 42 *40: 20]).

Die Zeugnisse sprechen weitgehend für α). Das Lehrstück, dass Erkenntnis durch die Abfolge φαντασία ('Vorstellung', 'Sinneseindruck', in weitester Bedeutung) – συγκατάθεσις ('Zustimmung' zu dieser 'Vorstellung') zustande kommt, ist offensichtlich in der Stoa entwickelt worden. Es ist zuzugeben, dass es 'dogmatischen' Charakter hat. Trotzdem ist es in der akademischen Erkenntniskritik bis hin zu Philon überall vorausgesetzt. Wenn Arkesilaos wirklich nur ad hominem argumentiert hätte, also ohne sich den Vorstellungs-Zustimmungs-Mechanismus zu eigen zu machen, wären zumindest seine Nachfolger irgendwann einmal von anderen Prämissen ausgegangen. Aber überall liegt das stoische Erkenntnismodell zugrunde. Bereits für Zenon und Arkesilaos scheint sinngemäss zu gelten, was später Karneades über sein Verhältnis zu Chrysipp formulierte (vgl. S. 852): Ohne die dogmatische Erkenntnistheorie der Stoa hätte es in der Akademie keine skeptische Wende gegeben.

Gute Gründe sprechen auch für β). Es ist durch neuere Forschungen immer deutlicher geworden, dass einige bislang für ausschliesslich stoisch gehaltene Termini in Wahrheit älteren Ursprungs sind: καθῆκον, κατόρθωμα (GLUCKER 1978 [§ 1 *398: 33 Anm. 78 und 39f. Anm. 99], IOPPOLO 1984 [*58: 318]), εὔλογον (IOPPOLO 1981 [*72: 151]), φρόνησις (IOPPOLO a.a.O. 157, zu den vier genannten Termini auch 1986 [*59: 127-131]), καταλαμβάνω/κατάληψις (GLUCKER 1978 [§ 1 *398: 33 Anm. 78], dazu kritisch IOPPOLO, in: Elenchos 2 (1981) 217). Es gab offensichtlich in der ersten Hälfte des 3. Jahrhunderts etwas wie eine philosophische Koiné. Das unter α) Skizzierte ist deshalb zu modifizieren: es ist nicht leicht festzustellen, welche Schule im Einzelfall 'gab' und welche 'nahm'. Das zeigt sich exemplarisch am Begriff der Epoché. Für COUISSIN (1929 [§ 46 *11: 390f. 396]) setzt ἐπέχειν stets das Objekt τὴν συγκατάθεσιν voraus; da der Begriff 'Zustimmung' stoisch ist, gilt ihm Zenon als Urheber des Terminus ἐποχή. Auch andere Forscher halten es für ausgemacht, «dass die ἐποχή ihren natürlichen Platz in der Lehre von der voluntaristisch aufgefassten συγκατάθεσις hat» (WEISCHE 1961 [§ 42 *72: 51]). Aber ἐπέχειν im Sinne von 'auf eine voreilige Meinungsäusserung verzichten', 'sich zurückhalten' ist alter Sprachgebrauch: HERODOT I 32, 7 πρὶν δ' ἂν τελευτήσῃ, ἐπισχεῖν ...; VII 139, 1 οὐκ ἐπισχήσω (Ggs. γνώμην ἀποδέξασῦαι); AISCHYLOS Prom. 697 ἐπίσχες ἔστ' ἂν καὶ τὰ λοιπὰ προσμάῦῃς. An diesen Stellen ist ἐπέχειν intransitiv verwendet. Von Arkesilaos sagt DIOGENES LAERT. IV 28 (T 1a, 26 METTE = 68 D LS) πρῶτος ἐπισχὼν τὰς ἀποφάσεις (also nicht: συγκαταῦέσεις); in bezug auf die Stoiker wiederum gebraucht Arkesilaos einmal nicht ἐπέχειν, sondern ἀσυγκαταῦετεῖν (bei SEXTUS EMP. math. VII 157 = F 2, 33-35 METTE = 41 C 10 LS) – einen Terminus, der als Negierung der stoischen συγκατάῦεσις offensichtlich besser passt als ἐπέχειν (IOPPOLO 1984 [*58: 354f.]). Es ist zwar nicht bestreitbar, dass ἐπέχειν auch in stoischen Texten häufig begegnet; aber ein klares Ergebnis in der Prioritätsfrage ist nicht zu gewinnen (vgl. S. 813). Sicher ist nur, dass Arkesilaos und die Stoiker weithin den gleichen Begriffsapparat benutzen.

Auch der Grundsatz, von dem in CICEROS Darstellung Arkesilaos und Zenon ausgehen (Lucullus 77: 'der Weise ist frei von Meinungen'), scheint Gemeingut der Akademie und der Stoa gewesen zu sein (GIGON 1944 [§ 42 *71: 53/419], IOPPOLO 1980 [§ 43 *73: 29f. Anm. 29], 1981 [*72: 154]). Er steht fest in sokratisch-platonischer Tradition (MÜLLER 1975 [§ 42 *75: 252 Anm. 2] mit Hinweis auf Menon 98b, IOPPOLO 1984 [*58: 326f.]), und er ist ein plausibler Ausgangspunkt für die Diskussion mit der Stoa: Beide Schulen beanspruchten, das sokratische Erbe in der richtigen Weise zu pflegen (GLUCKER 1978 [§ 1 *398: 33 Anm. 78], LONG 1980 [*55: 164], IOPPOLO 1984 [*58: 340], 1986 [*59: 13 u.ö.]). Darum sollte es keinem Zweifel unterliegen, dass Arkesilaos diesen Satz auch unabhängig von seiner Diskussion mit den Stoikern, also nicht nur ad hominem (Deutung γ), uneingeschränkt billigte (IOPPOLO 1986 [*59: 29f. u.ö.]). – Das gleiche gilt für die gegen das Apraxia-Argument gerichtete Lehre vom 'Wohlbegründeten' (εὔλογον, siehe S. 807-809). Sie ist nicht nur polemisch formuliert, sondern ein ernsthaft und in propria persona vorgetragenes Handlungsmodell, dem einige Prämissen zugrunde liegen, die Arkesilaos mit den Stoikern teilte (so richtig GIGON 1944 [§ 42 *71: 53/418f.], IOPPOLO 1981 [*72: 154], 1984 [*58: 327. 349], 1986 [*59: 123-131], MACONI 1988 Rez. Ioppolo 1986 [§ 1 *401] 248-250, gegen VON ARNIM 1895 [*1: 1168], STRIKER 1981 [§ 42 *63: 163 u.ö.]).

Die Befürworter der Ad-hominem-Theorie γ), die in keiner der von Arkesilaos benutzten Prämissen einen eigenen Lehrsatz erkennen wollen und deshalb jede Gemeinsamkeit mit stoischer Lehre bestreiten, berufen sich neben dem allgemeinen Argument, ein konsequenter Skeptiker dürfe nicht von dogmatischen Prämissen ausgehen, vor allem auf zwei Testimonien (STRIKER 1980 [*71: 57]):

1. SEXTUS EMP. math. VII 150 (F 2, 1-4 METTE): «Arkesilaos und seine Anhänger haben im strengen Sinne (προηγουμένως) kein Kriterion (für sichere Erkenntnis) genannt; diejenigen aber, die eines genannt zu haben scheinen, haben es als Gegenangriff gegen die Stoiker formuliert (κατὰ ἀντιπαρεξαγωγὴν τὴν ὡς πρὸς τοὺς Στωϊκοὺς ἀπέδοσαν)». Es ist zuzugeben, dass durch diesen Vorspann der folgende Bericht (ARKESILAOS F 2 METTE = 41 C LS) relativiert scheint. Aber diese Einschränkung steht allein; in den übrigen Berichten ist mit keinem Wort gesagt, dass die Akademiker nicht einmal die von ihnen selbst angeführten Prämissen anerkannten. Andererseits gibt es innerhalb des scheinbar relativierten Berichts

ein Indiz dafür, dass es Arkesilaos mit der Empfehlung der ἐποχή durchaus ernst war. In § 155 (F 2, 25f. METTE = 41 C 9 LS) folgert er: πάντων δὲ ὄντων ἀκαταλήπτων ἀκολουθήσει καὶ κατὰ τοὺς Στωϊκοὺς ἐπέχειν τὸν σοφόν, «auch nach stoischer Lehre muss der Weise sich enthalten». 'Auch' kann nur heissen: 'ebenso wie nach unserer Lehre' – die als solche dann eben nicht in Zweifel gezogen wird. (COUISSIN 1929 [§ 46 *11: 246] übersetzt sehr gezwungen «même selon les Stoïciens», wobei offenbar unterstellt ist, dass die Stoiker die ärgsten Dogmatiker sind.)

2. SEXTUS EMP. math. IX 1, wo es über «Kleitomachos und seine Anhänger und die übrige Schar der Akademiker» heisst: «Sie begaben sich auf fremdes Terrain; dabei formulierten sie ihre Thesen so, dass sie denen, die anderer Ansicht waren, entgegenkamen, und zogen damit die Widerlegung über die Massen in die Länge». Die Stelle beweist nur, dass Kleitomachos und 'die anderen' gelegentlich wortreich in utramque partem disputierten; es ist nicht einmal angedeutet, dass sie sich bei der Widerlegung fremder Prämissen bedienten.

Ein anderer Text dagegen zeigt, dass eine wirkliche Nähe zu den Stoikern bestand. Ainesidem, der in ciceronischer Zeit (zur Datierung unten S. 983f.) die pyrrhonische Skepsis wieder zum Leben erweckte, äussert folgende Kritik (PHOTIOS Bibl. S. 170, 14-17 BEKKER = 71 C 9 LS): οἱ δ' ἀπὸ τῆς Ἀκαδημίας ... μάλιστα τῆς νῦν, καὶ Στωϊκαῖς συμφέρονται ἐνίοτε δόξαις, καὶ εἰ χρὴ τἀληθὲς εἰπεῖν, Στωϊκοὶ φαίνονται μαχόμενοι Στωϊκοῖς. Selbstverständlich meint Ainesidem in erster Linie Philon und seine Schule, aber die Kritik ist ausdrücklich nicht auf die 'derzeitigen' Akademiker beschränkt – auch die älteren 'machen sich gelegentlich stoische Dogmen zu eigen'.

Bei unbefangener Würdigung aller Zeugnisse kann demnach nicht ernsthaft bezweifelt werden, dass Arkesilaos und seine Nachfolger die Grundlagen der Erkenntnistheorie mit den Stoikern teilten.

Nicht in diesen Zusammenhang gehört AUGUSTINS Aussage über Metrodor aus Stratonikeia (Acad. III 41): «... primus dicitur esse confessus non directo placuisse Academicis nihil posse comprendi sed necessario contra Stoicos huius modi arma sumpsisse». Metrodor stellt, wenn man Augustinus glauben darf, nicht die gemeinsamen Prämissen in Frage, sondern den skeptischen Standpunkt als solchen. Im Hintergrund steht vermutlich Augustins persönliche Theorie von der wie ein Goldschatz vergrabenen wahren Lehre Platons. Einzelheiten S. 804. 905. 925f.

e) Peripatos

Arkesilaos hörte in Athen zunächst Theophrast (siehe oben S. 788). Ausgehend von dieser Nachricht haben GIGON (1944 [§ 42 *71: 49/414]) und dann ausführlicher WEISCHE (1961 [§ 42 *72]) die These vertreten, Arkesilaos sei wesentlich von peripatetischem Denken geprägt. Dabei berufen sie sich vor allem auf folgendes: α) Wie Aristoteles und Theophrast verwende Arkesilaos Lehrmeinungen früherer Philosophen als Argument für die eigene Haltung (GIGON 1944 [§ 42 *71: 61/428], 1955 [§ 57 *7: 35/238]). β) Es sei auffallend, dass kein skeptischer Akademiker je gegen den Peripatos polemisiere. γ) Die für Arkesilaos und seine Nachfolger bezeugte Methode des in utramque partem disserere werde von Cicero oft dem

Peripatos zugeschrieben. δ) Das akademische Verfahren, sich der Wahrheit schrittweise zu nähern und bei der Suche niemals nachzulassen, habe eine Vorstufe bei Theophrast, der z.B. in der Zoologie «mit einer Auffassung des Typos als etwas Vorläufigem» arbeite, «das im Laufe der Untersuchung durch scharf und klar definierte Begriffe ersetzt werden soll» (WEISCHE 1961 [§ 42 *72: 54]). In diesem Sinne sei es zu verstehen, dass Theophrast häufig Einzeluntersuchungen abschliesse mit der Bemerkung, die Sache müsse 'noch genauer betrachtet' werden: σκεπτέον, ἐπισκεπτέον, σκέψασϑαι δεῖ u.ä. (Stellen bei WEISCHE 1961 [§ 42 *72: 56 Anm. 10], Ergänzungen bei KRÄMER 1971 [§ 1 *394: 7 Anm. 13]). Weisches Ausführungen sind getragen von der Überzeugung (19): «Hinter der skeptischen Theorie, die sich in der Polemik gegen die dogmatischen Schulen der Stoiker und Epikureer entfaltete, muss eine bestimmte Weltansicht gestanden haben, die irgendwie einen positiven Inhalt gehabt haben dürfte». Diese 'Weltansicht' sei vermutlich im Peripatos zu finden (vgl. auch 78). Gegen diese Konstruktion erheben sich schwere Bedenken (grundsätzliche Kritik u.a. bei SCHMIDT 1963 Rez. Weische 1961 [§ 42 *72], BURKERT 1965 [§ 42 *74: 194 Anm. 51], KRÄMER 1971 [§ 1 *394: 11-13]). Zwar machen neuere Untersuchungen zur Geschichte der antiken Doxographie es wahrscheinlicher, dass bereits in der Akademie des Arkesilaos doxographisch argumentiert wurde (siehe α), und für spätere Akademiker sind solche Zusammenstellungen ausdrücklich bezeugt (siehe S. 797. 837f. 877f.). Aber in der Akademie dienten sie einem anderen Zweck als bei Aristoteles und im Peripatos: Aristoteles entscheidet sich in der Regel (wenn auch mit Modifikationen) für die These eines Vorgängers; «die neuakademische Doxographie verfährt gerade umgekehrt, wenn sie die Antithesen der Tradition unaufgelöst stehen lässt» (KRÄMER 1971 [§ 1 *394: 51 Anm. 207]). Dass der Peripatos nicht kritisiert wird (β), «erklärt sich zwanglos aus der Tatsache, dass (er) in der späteren hellenistischen Epoche philosophisch, von der Ethik abgesehen, keine Rolle mehr spielte» (KRÄMER 1971 [§ 1 *394: 11 Anm. 37]). Wie Krämer im einzelnen nachgewiesen hat (bes. 25-27), ist die Methode des dialektischen Streitgesprächs (γ) in der Akademie ebenso heimisch wie im Peripatos. Die «gelegentliche Formulierung weiterer Forschungsaufgaben» (KRÄMER 1971 [§ 1 *394: 12]) durch Wendungen wie σκεπτέον (δ) hat mit der Erkenntniskritik der neueren Akademie überhaupt nichts zu tun. Völlig unbewiesen und ganz unwahrscheinlich ist es, dass Arkesilaos von einem positiven Weltbild ausging. Weische konnte zu dieser Ansicht nur gelangen, weil er (19f.) «die neuakademische Philosophie ... als Einheit (sieht)» und darum auch Cicero unbefangen als Zeugen heranzieht, bei dem es in der Tat etwas wie konstruktiv-optimistische Wahrheitssuche und ein mehr oder weniger klares 'positives' Weltbild gibt. Aber diese Ausprägung des Skeptizismus gehört vermutlich Cicero allein; bei Arkesilaos und auch noch bei Karneades findet sich davon keine Andeutung.

6. Der Akademiker Arkesilaos

Ein gewisser Einfluss fremder Schulen auf Arkesilaos hat sich als wahrscheinlich erwiesen (Pyrrhonismus, megarische Dialektik, stoische Epistemologie). Schliesslich ist auch zu fragen, welche Motive innerhalb der Akademie zur skeptischen Wende beigetragen haben. Nicht wenige Forscher vertreten die Ansicht, Arkesilaos habe, wenn auch auf eine neue Weise, platonische Ansätze weitergeführt, u.a. WILAMOWITZ (1919 [§ 48 *24: 1, 582]): «Das soll kein agnostischer Dogmatismus sein, wie ihn Pyrrhon aufgebracht hatte; es schliesst weder den Fortschritt noch den Glauben aus, denn es ist Sokratik. Platon bleibt doch in den Händen und den Herzen ...» (vgl. ferner GIGON 1944 [§ 42 *71: 55/421], CARLINI 1962 [§ 48 *104: 61f.], BURKERT 1965 [§ 42 *74: 189], MÜLLER 1975 [§ 42 *75: 250f.], LÉVY 1990 [§ 42 *79]).

Dem steht ein ganz anderer Befund in den Quellen gegenüber: Wir erfahren nur wenig über Arkesilaos' geistiges Verhältnis zu Platon. Zwar soll er sich für seine skeptische Wende selbst auf den Stifter der Akademie berufen haben (siehe oben S. 811), und später wenden sich Philon aus Larisa und sein Schüler Cicero gegen den Vorwurf, Arkesilaos habe Platons Lehre verraten. Sie erinnern an die aporetischen Züge in den Dialogen und an die sokratische Ironie. Auch die modernen Interpreten, die Arkesilaos vor allem als Platoniker sehen, halten sich an diese allgemeinen Äusserungen. Aber es ist bezeichnend für die Unsicherheit der Forschung, dass die Akzente ganz unterschiedlich gesetzt werden: HIRZEL (1877-1883 [§ 1 *331: 3, 34-36]) und LONG (1988 [§ 1 *404: 158f.]) denken vor allem an den historischen Sokrates, SEDLEY (1983 [§ 42 *52: 10]) an die frühen sokratischen Dialoge, GLUCKER (1978 [§ 1 *398: 39-47]) an den Theaitet und an den Parmenides, ANNAS (1990 [§ 42 *78: 274-281/52-61]) an den Theaitet, IOPPOLO (1984 [*58: 349-351], allgemeiner 1986 [*59: 40-49]) an den späten Platon; DÖRRIE (Hg.) (1987 [§ 46 *45: 1, 429]) glaubt Übereinstimmungen in der didaktischen Folge zu erkennen. Nur über eines scheint Klarheit zu bestehen: Arkesilaos hatte, wenn er sich auf Platon berief, nicht apodiktische Aussagen, sondern eher vorsichtig tastende Formulierungen im Auge.

Andere antike Zeugnisse sprechen unumwunden aus, dass sich Arkesilaos in Wahrheit von Platon entfernte. Im Herkulanenser AKADEMIKER-INDEX wird berichtet (XVIII 7-16 = T 1b, 42-45 METTE) ... καὶ τὸ μὲν πρῶτον εἰπ[ὼν] θέσιν ἐπεχείρει κατὰ τὴν ἀπὸ Πλ[ά]τωνός τε καὶ Σπευσίππου [δια]μείνασαν ἕως Πολέμ[ωνο]ς αἵρεσιν. [εἶ]τα μετὰ το[ῦ]τον παρ[εξ]έβη τὸ [τ]ῆς Ἀκ[α]δημεϊκῆς ἀγωγῆς [ἢ] γέν[ο]ς ἢ σχῆμα τῆι γε δὴ φ[άσ]ει [τ]ε καὶ τ[ῆι] διαλύσει ..., «... und zuerst nahm er (= Arkesilaos) noch, wenn er eine These aufgestellt hatte, so dazu Stellung, wie es der von Platon und Speusipp her bis Polemon andauernden Schulrichtung entsprach. Doch dann, nach diesem (= Polemon), wich er ab von der sei es Eigenart oder Verhaltensweise (äusseren Form) der akademischen Erziehung (Lehre), und zwar sowohl mit der behauptenden als auch mit der bestreitenden (auflösenden) Argumentation ...» (Übersetzung von GAISER (Hg.) 1988 [§ 46 *25: 266], vgl. seinen Kommentar a.a.O. 542-545). Noch deutlicher DIOGENES LAERT. IV 28 = T 1a, 27-29 METTE = 68 D LS ... πρῶτος ... εἰς ἑκάτερον ἐπεχείρησε, καὶ πρῶτος τὸν λόγον ἐκίνησε τὸν ὑπὸ Πλάτωνος παραδεδομένον καὶ ἐποίησε δι' ἐρωτήσεως καὶ ἀποκρίσεως ἐριστικώτερον, «... als erster argumentierte er für und wider die gleiche Sache, und als erster rührte er an die von Platon her überlieferte Lehre (ἐκίνησε, wörtlich: bewegte) und machte sie durch Frage und Antwort streitbarer (ἐριστικώτερον)». Einige Forscher beziehen diese Aussage nicht auf den Inhalt der Lehre, sondern auf die Lehrmethode: APELT (1921 [§ 1 *111]) übersetzt: «die überlieferte Lehrweise»; ähnlich LONG/SEDLEY (Hg.) (1987 [§ 1 *295: 439]): «traditional Platonic discourse» (weniger entschieden ihr Kommentar a.a.O. 445; vgl. auch KRÄMER 1971 [§ 1 *394: 38. 48]). Aber λόγος kann kaum 'Lehrmethode' heissen, und die enge Verknüpfung mit dem Vorangehenden (πρῶτος ἐπισχὼν τὰς ἀποφάσεις ... πρῶτος εἰς ἑκάτερον ἐπεχείρησε ...) lässt keinen Zweifel daran, dass gemeint ist, Arkesilaos habe auch die Lehrinhalte Platons 'bewegt' oder 'angetastet' (so richtig HIRZEL 1877-1883 [§ 1 *331: 3, 36 mit Anm. 2]). Diese beiden Texte folgen der gleichen Quelle (vermutlich Antigonos aus Karystos; durch die von WILAMOWITZ 1881 [§ 1 *191: 60f.] und LONG 1986 [*31: 15-17] erhobenen Einwände wird nicht ausgeschlossen, dass der Kern auf ihn zurückgeht); sie stützen sich gegenseitig. Ähnlich auch EUSEBIUS PE XIV 4, 15 = T 3, 1-4 METTE Πολέμωνα γάρ φασι διαδέξασθαι Ἀρκεσίλαον, ὃν δὴ κατέχει λόγος ἀφέμενον τῶν Πλάτωνος δογμάτων ξένην τινὰ καὶ ὥς φασι δευτέραν συστήσασθαι Ἀκαδήμειαν, «den Polemon aber soll Arkesilaos abgelöst haben, von dem man ja sagt, dass er sich von Platons Lehre losgesagt und eine neuartige, sogenannte zweite Akademie gegründet hat ...» (nicht aus Numenios: GLUCKER 1978 [§ 1 *398: 345 mit Anm. 33]). Auch für Antiochos aus Askalon ist es klar, dass Arkesilaos mit Platon gebrochen hat und von ihm abgefallen ist, wie zwei Stellen aus CICERO zeigen: Acad. I 43 = 68 A 1 LS (Varro als Anhänger des Antiochos zum Akademiker Cicero) «tuae sunt nunc partes ... qui ab antiquorum ratione desciscis et ea quae ab Arcesila n o v a t a sunt probas, docere quod et qua de causa discidium factum sit, ut videamus satisne ista sit iusta d e f e c t i o; CICERO Luc. 15 (der Antiocheer Lucullus spricht) «nonne cum iam philosophorum disciplinae gravissimae constitissent, tum exortus est ... Arcesilas qui constitutam philosophiam e v e r t e r e t et in eorum auctoritate delitisceret, qui negavissent quicquam sciri aut percipi posse?». (Hinzu kommt später noch NUMENIOS' Schrift Περὶ τῆς τῶν Ἀκαδημαϊκῶν πρὸς Πλάτωνα διαστάσεως.)

Dass Cicero und die anderen Anhänger der skeptischen Akademie solche Vorwürfe zurückweisen und die Kontinuität der Akademie von Platon bis zur eigenen Zeit betonen, ist verständlich und kann nicht überraschen. Aber in ihrer Gesamtheit verdichten sich alle Berichte zu dem Eindruck, dass die Antiocheer die historische Wahrheit auf ihrer Seite haben und dass die skeptische Wendung des Arkesilaos nicht zu Unrecht schon früh als durchgreifende Neuerung angesehen wurde, ja als ein Bruch mit wesentlichen Elementen der platonischen Tradition. Platon ist seit Arkesilaos offensichtlich ganz in den Hintergrund getreten. Das wird dadurch bestätigt, dass wir nirgends auch nur andeutungsweise etwas über eine konkrete Beschäftigung des Arkesilaos mit Platons Werken erfahren. Zur angeblichen Editionstätigkeit siehe S. 794. 842f.; zu den vagen und umstrittenen Nachrichten, die gelegentlich als Zeugnisse dafür herangezogen werden, dass Platon auch in der skeptischen Akademie gelesen und interpretiert wurde, siehe unten S. 838-841.

In welchem Sinne sich Arkesilaos dennoch als Akademiker bezeichnen und als Platoniker fühlen durfte, ist durch die Forschungen KRÄMERS deutlich geworden (1971 [§ 1 *394: 5-107, bes. 14-58]; teilweise kritisch GLUCKER 1978 [§ 1 *398: 33ff. Anm. 79], LÉVY 1992 [§ 42 *40: 21f.]): Im Anschluss an RYLE (1965 [*50], 1968 [*51]) konnte er zeigen, dass schon zu Platons Lebzeiten in der Akademie neben einer «ontologisch intendierten Ideen-Dialektik» eine «propädeutisch-gymnastische Form der Dialektik» gepflegt wurde (1971 [§ 1 *394: 21], vgl. UEBERWEG Antike 3 (1983) 10). Dazu gehörten vor allem Übungen in Rede und Gegenrede (1971 [§ 1 *394: 24-27]). Auch unter Xenokrates und Polemon ist ein starkes Interesse an formaler Dialektik nachweisbar (1971 [§ 1 *394: 34f.], UEBERWEG Antike 3 (1983) 48-50. 155f.). Die 'Wende' des Arkesilaos lässt sich nach Krämer folgendermassen charakterisieren (1971 [§ 1 *394: 48]): «I. Die Dialektik der Diskussion und Disputation, die ursprünglich der Ideen-Dialektik Platons untergeordnet war, emanzipiert sich und verdrängt die Ideen-Dialektik vollständig. Es gibt fortan nur noch eine mehr oder weniger formale Dialektik. II. Die Dialektik wird bei Arkesilaos zum Organon einer prinzipiellen Aporetik und ändert damit ihre Zielsetzung weitgehend.» Auch nach Krämer ist also gegenüber der 'Alten' Akademie, bei der der dialektische Prozess im Dienste der Wahrheitsfindung stand, ein scharfer Umbruch erfolgt. Die Aporie ist nun nicht mehr ein heuristisches Durchgangsstadium des dialektischen Prozesses, sondern sie ist absolut gesetzt. KRÄMER (1971 [§ 1 *394: 51]): «Dies äussert sich in der Weise, dass jetzt zwischen Thesis und Antithesis keine Synthesis mehr intendiert, oder aristotelisch formuliert: dass keine λύσις der ἀπορία mehr angestrebt wird.» Gegenüber der älteren Dialektik sei das «aporetische Moment entschlossen ins Zentrum gerückt» (a.a.O. 52). Krämer empfiehlt aus diesem Grunde die Bezeichnung 'aporetische' Akademie; darin folgt er GIGON (1944 [§ 42 *71: 55/421]); der aber hatte Pyrrhons 'dogmatischem Agnostizismus' (wohl eine Umformung von WILAMOWITZ 1919 [§ 48 *24: 1, 582]: 'agnostischer Dogmatismus') eine 'echte Aporetik' im Sinne unermüdlicher Wahrheitssuche gegenübergestellt, also etwas wesentlich anderes gemeint. Es scheint wenig hilfreich, dieses terminologische Verwirrspiel fortzusetzen.

Eine weitere Verbindungslinie führt zurück zu Polemon und Krantor, wenn Ioppolos These richtig ist, dass Arkesilaos die Lehre von der Natur als normativer und handlungslenkender Instanz von ihnen übernommen hat (siehe S. 810f.). Auch an den Ausgangspunkt der Diskussion mit Zenon ist zu erinnern: an den sokratischen Grundsatz, der Weise müsse sich freihalten von blosser Meinung (siehe oben S. 799. 806).

Manche Interpreten gehen noch weiter und stellen Arkesilaos in einen 'theologisch-anthropologischen Horizont' (GIGON 1944 [§ 42 *71: 55/421], KRÄMER 1971 [§ 1 *394: 52f.], IOPPOLO 1984 [*58: 346f.], 1986 [*59: 49]; vgl. auch VLASTOS 1985 [§ 42 *76]): Das Wissen sei Gott allein vorbehalten, der Mensch habe in Irrtum und Aporie zu verharren. Die Zurückweisung der stoischen καταληπτικὴ φαντασία wäre dann theologisch begründet: der Mensch wird in seine ihm von Gott gesetzten Schranken gewiesen. Für die skeptische Akademie im allgemeinen ist dieser Gedanke vielfach bezeugt (Stellen bei KRÄMER 1971 [§ 1 *394: 52f. Anm. 209]), wenn auch fast nur bei Cicero und christlichen Autoren. Für Arkesilaos selbst gibt es nur zwei Testimonien: EUSEBIUS PE XIV 4, 15 = T 3, 6-8 METTE ἐπῄνει ... Ἡσιόδου τουτὶ τὸ ἀπόφθεγμα· (Erga 42) 'κρύψαντες γὰρ ἔχουσι θεοὶ νόον ἀνθρώποισιν', «er (Arkesilaos) pflegte folgendes Hesiodwort zu loben: Verborgen haben die Götter ihren Sinn (bei Hesiod: ihr Leben) vor den Menschen»; EPIPHANIOS adv. haeres. III 2, 9, 33 = DDG 592, 6 = ARKESILAOS F 15 METTE: Ἀρκεσίλαος ἔφασκε τῷ θεῷ ἐφικτὸν εἶναι μόνῳ τὸ ἀληθές, ἀνθρώπῳ δὲ οὔ, «Arkesilaos pflegte zu sagen, nur der Gottheit sei die Wahrheit erreichbar, den Menschen aber nicht». LÉVY (1990 [§ 42 *79: 299f.], vgl. 1992 [§ 42 *40: 307]) erinnert in diesem Zusammenhang an CICERO Luc. 142, wo im Rahmen einer doxographischen Liste der jeweiligen Wahrheitskriterien über Platon gesagt ist: «... omne iudicium veritatis veritatemque ipsam abductam ab opinionibus et a sensibus cogitationis ipsius et mentis esse voluit», «das Wahrheitskriterium und die Wahrheit selbst ist nach seiner Auffassung dem Bereich der Meinung und der Sinne völlig entrückt und allein Sache des Denkens und des Verstandes». Lévy hält es für denkbar, dass die skeptisch-akademische 'Urteilsenthaltung' nur eine neue Formulierung ist für das alte sokratisch-platonische Gebot, von den Sinnen und vom Körper zu abstrahieren und sich auf die seelischen Wahrheiten zurückzuziehen. Auch Arkesilaos' Aussage über das Gott vorbehaltene Wissen sei so zu verstehen: nicht als ein Verbot, sondern als Warnung vor allzu grossem Vertrauen in 'irdisches' Denken und vor dogmatischer Verfestigung. Aber der nüchtern-polemische Ton bei CICERO (Luc. 142) spricht gegen diese Deutung; auch das Motiv des menschlichen Nicht-Wissens sollte nicht überbewertet werden: es ist ein Gemeinplatz, der auch für Pyrrhon bezeugt ist (AREIOS DIDYMOS bei STOBAIOS II 1, 17 = PYRRHON test. 70 DECLEVA CAIZZI).

Die Wirkung der skeptischen Wende kann verschieden beurteilt werden. LONG sieht Arkesilaos und seine Nachfolger vor allem als Hüter intellektueller Redlichkeit (1986 [*31: 431]): «More than any other thinker of his time, Arcesilaus deserves the credit for ensuring that Hellenistic philosophy remained true to the classical tradition of argument, with no quarter given to sloppy thinking or idle dogmatism.» Das ist sicher richtig. Es war vor allem die nicht nachlassende Kritik der Akademie, die die Stoa vor einem Abgleiten in spekulative Metaphysik bewahrt – und ihr gerade damit zu immer grösserem Ansehen verholfen hat. Man kann mit BURKERT (1965 [§ 42 *74: 189]) vermuten, «dass der frische Wind, den Arkesilaos und Karneades in die Schuldebatten brachten, der wahren Philosophie zugute kam und vorzeitige Erstarrung, ja Vergreisung verhütet hat». Er hat jedoch nicht verhütet, dass mit und nach Arkesilaos an die Stelle der 'erstarrten' Schuldogmen im Grunde gar nichts (oder doch nur sehr wenig) getreten ist: für lange Zeit erschöpfte sich nun die Akademie in blosser Widerlegung und subtilen, manchmal auch skurrilen formalen Debatten. Aber auch das darf nicht verkannt werden: Indem die Mitglieder der Akademie einen Antidogmatiker wie Arkesilaos zum Scholarchen wählten, legten sie ein eindrucksvolles Zeugnis ab für die 'einzigartige Liberalität' dieser Schule (KRÄMER 1971 [§ 1 *394: 35. 53]).

D. BIBLIOGRAPHIE

1. Allgemeines. Zeugnisse und Überlieferung [*1-*22] (Zeugnissammlungen [*11-*12]; Zu den Gedichten [*21-*22]). – 2. Leben [*31-*44] (Einzelnes [*41-*44]). – 3. Lehre: a) Motivation der 'skeptischen Wende', innere Konsequenz, Verhältnis zur Stoa [*49-*65]; b) Ethik. Menschliches Handeln [*71-*74]; c) Esoterischer Dogmatismus? [*81-*82]; d) Einflüsse anderer Schulen: α) Pyrrhonismus [*91-*96]; β) Peripatos [*101]; γ) Epikureische Polemik [*111-*115]; δ) Demokrit; ε) Megarische Dialektik [*121-*122]; ζ) Theodoros Atheos. Bion vom Borysthenes [*131-*132].

1. Allgemeines. Zeugnisse und Überlieferung

Vgl. auch Wilamowitz 1881 [§ 1 *191: 45-47], Gaiser 1988 [§ 46 *25: 517-545], Ioppolo 1992 [§ 1 *82: 179-185].

1 H. von Arnim: Art. 'Arkesilaos von Pitane', in: RE 2 (1895) 1164-1168.
2 J. Glucker: Art. 'Arcesilaus', in: Oxford Classical Dictionary (Oxford ²1970, Nachdrucke) 95.
3 T. Dorandi: Art. 'Arcésilas de Pitane', in: DPA 1 (1989) 326-330.

Zeugnissammlungen

11 Mette (Hg.) 1984 [§ 46 *42: 41-94].
12 Long/Sedley (Hg.) 1987 [§ 1 *295: 1, 438-467; 2, 432-457].

Eine kommentierte Zeugnissammlung (A. A. Long) ist angekündigt für die Reihe 'La Scuola di Platone' [§ 46 *41].

Zu den Gedichten

21 P. Von der Mühll: Die Gedichte des Philosophen Arkesilaos, in: Studi in onore di U. E. Paoli (Florenz 1955) 717-724. ND in: P. V. d. M.: Kleine Schriften (Basel 1975) 276-285.
22 M. Gigante: Poesia e critica letteraria in Arcesilao, in: L. de Rosa (Hg.): Ricerche storiche ed economiche in memoria di C. Barbagallo, Bd. 1 (Neapel 1970) 429-441.

2. Leben

Vgl. auch Habicht 1988 [§ 1 *433], Dorandi 1992 [§ 1 *131: 3777-3784], zu den Beziehungen zum pergamenischen Herrscherhaus McShane 1964 [§ 46 *73: 54f.], Schalles 1985 [§ 46 *74], Habicht 1990 [§ 46 *77].

31 A. A. Long: Diogenes Laertius. Life of Arcesilaus, in: Giannantoni (Hg.) 1986 [§ 1 *124: 429-449].
32 T. Dorandi: Per la cronologia dei filosofi ellenistici: Cleante e Crantore, in: Proceedings of the XIX International Congress of Papyrology Cairo 1990 (im Druck). Teildruck in Dorandi 1991 [§ 1 *446: 3-6 «La successione di Polemone»]. – Grundlegend für das Datum des Amtsantritts.

Einzelnes

41 I. Gallo: Commedia e filosofia in età ellenistica. Batone, in: Vichiana 5 (1976) 206-242. – 235-238: Zur Baton-Episode.
42 J. P. Brunet, R. Nadal: L'œuvre conservée d'Autolycos de Pitane, in: L'astronomie dans l'antiquité classique. Actes du colloque Toulouse-le-Mirail, 21-23 oct. 1977 (Paris 1979) 73-82.
43 Germaine Aujac: Autolycos de Pitane – La sphère en mouvement. Levers et couchers héliaques. Testimonia. Texte établi et traduit par G. A., avec la collaboration de J.-P. Brunet et R. Nadal (Paris 1979) [Collection Budé]. – In der Einleitung: Arkesilaos als Schüler von Autolykos.
44 I. Gallo: Teatro ellenistico minore (Rom 1981). – 19-26: Zur Baton-Episode.

3. Lehre

Vgl. auch Hirzel 1877-1883 [§ 1 *331: 3, 22-39. 149-160], Brochard ²1923 [§ 42 *31: 99-122], Goedeckemeyer 1905 [§ 42 *33: 30-47], Dal Pra 1950 [§ 42 *36: 115-165], Stough 1969 [§ 42 *38], Long 1974 [§ 1 *396: 88-94], Lévy 1992 [§ 42 *40: 9-32], Doty 1992 [§ 46 *15].

*a) Motivation der 'skeptischen Wende',
innere Konsequenz, Verhältnis zur Stoa*

Vgl. auch Couissin 1929 [§ 42 *61], 1929 [§ 46 *11], Burkert 1965 [§ 42 *74], Krämer 1971 [§ 1 *394: 14-58], Ioppolo 1980 [§ 43 *73], Striker 1981 [§ 42 *63], Long 1988 [§ 1 *404: 156-160], Annas 1990 [§ 1 *371: 184-203].

49 H. Hartmann: Gewissheit und Wahrheit. Der Streit zwischen Stoa und akademischer Skepsis (Halle 1927).
50 G. Ryle: Dialectic in the Academy, in: R. Bambrough (Hg.): New essays on Plato and Aristotle (London 1965) 39-68.
51 G. Ryle: Dialectic in the Academy, in: G. E. L. Owen (Hg.): Aristotle on dialectics. The topics [Proceedings of the Third Symposium Aristotelicum Oxford 1963] (Oxford 1968) 69-79.
52 C. Moreschini: Atteggiamenti scettici ed atteggiamenti dogmatici nella filosofia accademica, in: La Parola del Passato 24 (1969) 426-436.
53 Gisela Striker: Κριτήριον τῆς ἀληθείας (Göttingen 1974) [Nachrichten der Akademie der Wissenschaften in Göttingen, phil.-hist. Kl. 1974, 2]. – 82-101: «Die Stoiker und die Skeptiker».
54 H. von Staden: The Stoic theory of perception and its 'Platonic' critics, in: P. K. Machamer, R. G. Turnbull (Hg.): Studies in perception. Interrelations in the history of philosophy and science (Columbus, Ohio 1978) 96-136.
55 A. A. Long: Stoa and sceptical Academy. Origins and growth of a tradition, in: Liverpool Classical Monthly 5 (1980) 161-174. – Gute Einführung in die epistemologische Auseinandersetzung zwischen der Akademie und der Stoa; Zustimmung zu Couissins 'dialektischer' Interpretation.
56 M. Frede: Stoics and Sceptics on clear and distinct ideas, in: Burnyeat (Hg.) 1983 [§ 42 *52: 65-93]. ND in: M. F.: Essays in ancient philosophy (Oxford [zugleich Minneapolis] 1989) 151-176.
57 P. A. Meijer: Arcesilaus scepticissimus, in: Lampas 16 (1983) 229-247 [niederländ., mit engl. Zusammenfassung].
58 Anna Maria Ioppolo: 'Doxa' ed 'epoche' in Arcesilao, in: Elenchos 5 (1984) 317-363.
59 Anna Maria Ioppolo: Opinione e scienza (1986) [§ 1 *401]. – Sorgfältige und ausführliche Besprechung aller Zeugnisse über die erkenntnistheoretische Auseinandersetzung zwischen Akademie und Stoa; Versuch der Abgrenzung der jeweiligen Positionen von Arkesilaos, Karneades, Zenon und Chrysipp. Arkesilaos fühlt sich als Erbe sokratisch-platonischen Denkens; die 'skeptische Wende' ist nicht durch die stoische Erkenntnistheorie ausgelöst. Arkesilaos und seine Schule teilen die stoischen Prämissen des Erkenntnismodells: keine lediglich 'dialektische' Argumentation ad hominem (Zustimmung in den o.a. Rezensionen von Annas und Maconi).
60 P. Woodruff: The skeptical side of Plato's method, in: Revue internationale de Philosophie 40 (1986) 22-37. – Vergleich zwischen Sokrates (bei Platon), Pyrrhon und Arkesilaos.
61 M. L. McPherran: Sceptical homeopathy and self-refutation, in: Phronesis 32 (1987) 290-328. – Zum skeptischen 'Selbsteinschluss'.
62 G. Watson: Phantasia in classical thought (Galway 1988). – 44-58: Zum stoischen Begriff der φαντασία.
63 G. Watson: Discovering the imagination. Platonists and Stoics on 'phantasia', in: Dillon/Long (Hg.) 1988 [§ 1 *368: 208-233].
64 Anna Maria Ioppolo: Stoici e Accademici sul ruolo dell'assenso (a proposito della pubblicazione di The Hellenistic philosophers), in: Elenchos 10 (1989) 231-246. – Rezensionsaufsatz zu Long/Sedley (Hg.) 1987 [§ 1 *295]. Darin Bekräftigung der Thesen von *59.
65 Anna Maria Ioppolo: Presentation and assent. A physical and cognitive problem in early Stoicism, in: Classical Quarterly 40 (1990) 433-449, ital. Fassung in: Antonina Alberti (Hg.): Logica, mente e persona. Studi sulla filosofia antica (Florenz 1990) 121-150. – Zenon greift mit seiner materiellen Auffassung der φαντασία auf Platons Wachstafel-Gleichnis zurück (Theaitet 191c-192c); von Platons anschliessender Argumentation, durch blosse Abdrücke sei Wissen nicht zu gewinnen (193c-195d), fühlt er sich (zu Unrecht) nicht getroffen. Arkesilaos erneuert indirekt die Einwände Platons. Wichtig zur Kontroverse zwischen der Stoa und Arkesilaos, ob die 'Zustimmung' einer materiellen 'Vorstellung' erteilt wird und damit ein rein materieller Vorgang ist, oder ob sie sich auf Aussagen (ἀξιώματα) bezieht (psychophysischer Akt).

b) Ethik. Menschliches Handeln

Vgl. auch Gigon 1944 [§ 42 *71: 60. 426], Vander Waerdt 1989 [*115], Laursen 1992 [§ 42 *143: 54-56].

71 Gisela Striker: Sceptical strategies, in: Schofield/Burnyeat/Barnes (Hg.) 1980 [§ 1 *362: 54-83]. – Grundlegend zum 'Apraxia'-Argument. Arkesilaos' Empfehlung, das Handeln am 'Wohlbegründeten' (εὔλογον) auszurichten, gibt nicht seine eigene Überzeugung wieder; er will den Stoikern 'ad hominem' zeigen, zu welchem Ergebnis sie von ihren Prämissen aus hätten gelangen müssen; teilweise 'Parodie' der stoischen Lehre.

72 Anna Maria Ioppolo: Il concetto di 'eulogon' nella filosofia di Arcesilao, in: Giannantoni (Hg.) 1981 [§ 42 *51: 1, 143-161]. – Gegen Striker: Das εὔλογον ist für Arkesilaos eine objektiv gültige Richtschnur des Handelns.

73 R. Bett: Carneades' pithanon. A reappraisal of its role and status, in: Oxford Studies in Ancient Philosophy 7 (1989) 59-94. – 59-69: Kritische Überlegungen zur inneren Stimmigkeit von Arkesilaos' Handlungsmodell.

74 Carlos Lévy: Le concept de 'doxa' des Stoïciens à Philon d'Alexandrie, in: Brunschwig/Nussbaum (Hg.) 1993 [§ 1 *374: 250-284]. – 266-269: Die Lehre vom Handeln ohne 'Zustimmung', indem 'die Natur den Menschen auf das ihm Zuträgliche hinlenkt' (oben S. 809-811), ist nicht von Arkesilaos, sondern erst wesentlich später entwickelt worden; sie stellt z.T. Plutarchs eigene Interpretation dar. Dagegen spricht, dass schon Chrysipp diese Handlungstheorie kritisiert hat.

c) Esoterischer Dogmatismus?

Vgl. Gigon 1944 [§ 42 *71: 53-56. 419-421], Moreschini 1969 [*52: 429-431], Glucker 1978 [§ 1 *398: 296-318], Tarrant 1985 [§ 42 *94: 66].

81 Carlos Lévy: Scepticisme et dogmatisme dans l'Académie: L'ésotérisme d'Arcésilas, in: Revue des Etudes latines 56 (1978) 335-348. – Gegen Gigon und Moreschini: Die unklaren Berichte über einen 'geheimen Dogmatismus' von Arkesilaos verdienen keinen Glauben.

82 M. Baltes: Art. 'Academia', in: Augustinus-Lexikon, Bd. 1 (Basel 1986) 40-46. – Zur legendären Ausgestaltung der Geschichte der Akademie bei Augustin.

d) Einflüsse anderer Schulen

α) Pyrrhonismus

Vgl. auch Striker 1981 [§ 42 *63], Decleva Caizzi 1981 [§ 42 *51: 1, 117-120], 1986 [§ 1 *366: 147-183].

91 Paul Natorp: Forschungen zur Geschichte des Erkenntnisproblems im Altertum (Berlin 1884, ND Hildesheim 1965). – 290f.: Enge Beziehungen zwischen Pyrrhon und Arkesilaos.

92 G. Paleikat: Die Quellen der akademischen Skepsis (Königsberg 1916). – Für Einfluss Pyrrhons.

93 W. Burkert: Cicero als Platoniker und als Skeptiker (1965) [§ 42 *74]. – Entschiedene Ablehnung pyrrhonischer Einflüsse.

94 J. Moreau: Pyrrhonien, académique, empirique? in: Revue philosophique de Louvain 77 (1979) 303-344.

95 Stefania Nonvel Pieri: Due relativismi a confronto: Pirroniani e Accademici, di nuovo, nelle ‹Ipotiposi› di Sesto Empirico, in: Giannantoni (Hg.) 1981 [§ 42 *51: 1, 435-446].

96 Margarete Billerbeck: Faule Fische (1987) [§ 44 *47]. – Timons Spottverse beweisen pyrrhonischen und megarischen Einfluss.

β) Peripatos

101 A. Weische: Cicero und die neue Akademie (1961) [§ 42 *72]. – Für starken peripatetischen Einfluss; von der Kritik überwiegend abgelehnt.

γ) Epikureische Polemik

111 Adele Concolino Mancini: Sulle opere polemiche di Colote, in: Cronache Ercolanesi 6 (1976) 61-67. – Zu den Fragmenten einer gegen die Skeptiker gerichteten Schrift.

112 G. Indelli: Polistrato contro gli scettici, in: Cronache Ercolanesi 7 (1977) 85-95. – Polemik gegen Arkesilaos (?) aus epikureischer Sicht.

113 M. Burnyeat: The upside-down back-to-front sceptic of Lucretius IV 472, in: Philologus 122 (1978) 197-206. – Lukrezens Kritik wahrscheinlich nicht gegen die akademische Skepsis gerichtet, sondern gegen Metrodor aus Chios.

114 M. Gigante: Scetticismo e epicureismo (1981) [§ 43 *153]. – 66-70: «Colote, Democrito e lo scetticismo»; 102-106 zu Polystrats Polemik gegen Arkesilaos.

115 P. A. Vander Waerdt: Colotes and the Epicurean refutation of skepticism, in: Greek, Roman and Byzantine Studies 30 (1989) 225-267. – Das Apraxia-Argument wurde vom Epikureer Kolotes gegen Arkesilaos entwickelt.

δ) Demokrit
Vgl. Decleva Caizzi 1980 [§ 43 *134].

ε) Megarische Dialektik
Vgl. auch Sedley 1977 [§ 1 *397].
121 K. Döring (Hg.): Die Megariker (1972) [§ 1 *307: 107f.]. – Zu den von den Akademikern übernommenen megarischen Trugschlüssen.
122 R. Muller (Hg.): Les Mégariques (1985) [§ 1 *311: 111-119]. – Zum 'Lügner' und zum 'Verhüllten'.

ζ) Theodoros Atheos. Bion vom Borysthenes
131 Margherita Lancia: Arcesilao e Bione di Boristene, in: Giannantoni (Hg.) 1981 [§ 42 *51: 1, 163-177]. – Das Tintenfisch-Gleichnis bei Numenios (Eusebius PE XIV 6, 6 = T 2, 56-61 Mette = 68 F 2 LS) ist historisch richtig und weist auf eine ethische Komponente in Arkesilaos' Denken.
132 A. Brancacci: Teodoro l'Ateo e Bione di Boristene fra Pirrone e Arcesilao, in: Elenchos 3 (1982) 55-85. – Pyrrhonische Elemente bei den Kyrenaikern und bei Arkesilaos.

§ 48. Lakydes und seine Nachfolger
Undatierbares aus der frühen skeptischen Akademie

A. Zeugnisse und Überlieferung 829. – B. Lakydes 830. – C. Telekles. Euandros. Hegesinus 834. – D. Andere Akademiker 836. – E. Verhältnis der frühen skeptischen Akademie zu Platon 838. – F. Pseudoplatonica 843. – G. Bibliographie 846: 1. Zeugnisse und Überlieferung 846; 2. Lakydes, seine Nachfolger und seine Schüler 846; 3. Verhältnis zu Platon 847; 4. Pseudoplatonica 847.

A. ZEUGNISSE UND ÜBERLIEFERUNG

Für Lakydes sind in einem isolierten Testimonium Schriften bezeugt (siehe S. 833); erhalten ist davon nichts. Die spärlichen Nachrichten über die Schicksale der Akademie von Lakydes bis Hegesinus sind erstmals zusammengestellt von METTE (Hg.) 1985 [§ 46 *43: 39-51 (Lakydes), 52 (Telekles, Euandros, Hegesinus)]. Es handelt sich im wesentlichen um drei Quellen: 1. DIOGENES LAERT. IV 59-61; 2. ACADEMICORUM INDEX HERCULANENSIS col. XXI und O, N, M (die Reihenfolge dieser isolierten Fragmente ist unsicher: DORANDI 1987 [§ 46 *24: 123f.], 1991 [§ 46 *26: 63 Anm. 199]); 3. Auszüge aus den in iambischen Trimetern abgefassten ‹Chronika› APOLLODORS, entstanden etwa 150-120 (110?) v.Chr., die sich in teilweise stark verstümmelter Form im ACAD. IND. (XXVII-XXVIII) erhalten haben. Der ‹Index› und die Apollodor-Exzerpte werfen viele schwierige Fragen auf. Die meisten Daten sind durch athenische Archonten bezeichnet; die zugehörigen Jahre sind teilweise unbekannt oder (unter Zuhilfenahme anderer Indizien) erst aus Apollodor erschlossen. Die Gefahr chronologischer Zirkelschlüsse ist daher gross und in der neueren Literatur nicht immer gemieden. Einen nützlichen Überblick bietet DORANDI (1990 [§ 1 *445]). Die einschlägigen Abschnitte aus Apollodor sind ausführlich behandelt von JACOBY (Hg.) (1902 [§ 1 *221: 346-351] und 1929 [§ 1 *222: 2 B 2, 1033-1034; 2 D 2, 739-741], beide Kommentare durch neuere Inschriftenfunde weitgehend überholt), zuletzt von DORANDI (1982 [§ 1 *223], unentbehrlich durch neue Lesungen der Papyri). – Wohl nicht ganz zufällig gibt es mehrere inschriftliche Zeugnisse für einige herausgehobene Akademiker: Telekles, Euandros, Arideikes, Hegesinus (?); darin spiegelt sich das Ansehen der Schule in Gesellschaft und Politik. Auch die fortdauernde Verbindung der Akademie mit dem pergamenischen Königshaus (vgl. S. 777. 795. 832) ist in einer Inschrift (S. 836) dokumentiert. – Bildnisse sind nicht erhalten. – Für eine Beschäftigung mit den Werken Platons innerhalb der Akademie gibt es keine eindeutigen Zeugnisse. Die wenigen Stellen aus späten Autoren, die einzelne Gelehrte in diesem Sinne gedeutet haben, sind S. 838-841 zusammengestellt. Auch für eine oder mehrere Ausgaben der Werke Platons durch die Akademie gibt es keine Zeugnisse. Die Editionstätigkeit der Schule kann jedoch aus dem Bestand des 'Corpus Platonicum' und seiner Appendix mit einiger Wahrscheinlichkeit erschlossen werden. – Die 'Pseudo-Platonica', deren Entstehung vielleicht in die Zeit der frühen skeptischen Akademie fällt, sind in 23 Handschriften erhalten, die auch echte Schriften Platons überliefern (BRUMBAUGH/WELLS 1968 [*107: 125-144]). Wie Platons Werke werden sie nach der Seitenzählung der Ausgabe von HENRICUS STEPHANUS (Estienne) (Paris 1578) zitiert. Sie sind in allen vollständigen Platon-Ausgaben und -Übersetzungen, meist im letzten Band, enthalten. Zur Interpretation und zur Bestimmung der Abfassungszeit grundlegend MÜLLER (1975 [*109]).

B. LAKYDES

Lakydes (Λακύδης), der Nachfolger des Arkesilaos, stammt aus dem nordafrikanischen Kyrene (Ruinen 15 km südlich von der Nordspitze der Cyrenaica), das auffallend viele literarische und wissenschaftliche Persönlichkeiten hervorgebracht hat (u.a. den Mathematiker Theodoros, den 'kyrenaischen' Philosophen Aristipp, den Dichter Kallimachos, den Geographen Eratosthenes, den Akademiker Karneades). Sein Vater hiess Alexandros; das Geburtsjahr ist unbekannt. Auch wann und auf welche Weise er nach Athen gelangt ist, wissen wir nicht. Aus der Nachricht (DIOGENES LAERT. VII 183 = T 1a, 38-40 METTE = 31 O LS), Chrysipp habe bei Arkesilaos und Lakydes in der Akademie studiert, ergibt sich, dass Lakydes schon vor dem Tode seines Vorgängers eine herausgehobene Stellung in der Schule innehatte; GOEDECKEMEYER (1905 [§ 42 *33: 48]) denkt sogar an eine gemeinsame Amtsführung während der letzten Lebensjahre des Arkesilaos (dazu unten S. 831). Die Übernahme des Scholarchats (und damit den Tod des Arkesilaos?) datiert DIOGENES LAERT. (IV 61 = T 1a, 21f.) präzise auf 241/240 v.Chr. (Dies ist das letzte absolut überlieferte Datum in der Geschichte der Akademie bis zur Philosophengesandtschaft des Jahres 155 v.Chr.) Diogenes teilt ferner mit, dass Lakydes 'als einziger seit Menschengedenken' die Schule bei Lebzeiten übergab, und zwar an die Phokaier Telekles und Euandros (IV 60 = T 1a, 15f. METTE), und dass er die Schule 26 Jahre lang geleitet hat (IV 61 = T 1a, 23f. METTE). Ein Todesdatum nennt Diogenes Laertios nicht.

Diese Angaben werden ergänzt durch ein im Herkulanenser ‹Academicorum Index› erhaltenes Exzerpt aus der Chronik Apollodors (APOLLODOR frg. 70 JACOBY (Hg.) 1902 = 244 F 47, 1-6 FGrH = v. 1-5 DORANDI (Hg.) [§ 1 *223: 33] = ACAD. IND. XXVII 1-7 = LAKYDES T 2a, 1-6 METTE):

... δω]κεν ὀκτὼ καὶ δέκα.
τοσαῦτα δ' ἕτερα προσλαβὼν τὴν τοῦ βίου
μεταλλαγὴν ἐποίησατ' ἐπὶ Καλλιστράτου·
ἐπὶ Πα⟨ν⟩τιάδου δ' ἕτεροι λέγουσιν, ὧν δέκα
ἔτη διαλιπεῖν τἀπὶ πᾶσι διὰ νόσον.

«... gab (?) er ... 18 Jahre lang; er fügte dann noch einmal ebenso viele Jahre hinzu und starb unter dem Archon Kallistratos – andere aber sagen: unter dem Archon Pantiades – von denen er am Ende (insgesamt?) 10 Jahre wegen Krankheit ausgesetzt habe».

Aus dem schwierigen Text kann als Todesdatum 207 v.Chr. erschlossen werden (siehe unten). Es sind offenbar zwei Zäsuren im Lebensweg des Lakydes bezeichnet: die Übergabe (?) der Schule «nach 18 Jahren» (vermutlich vom Amtsantritt an gerechnet) und das Auftreten (oder die Verschlimmerung) einer Krankheit, die Lakydes 10 Jahre lang an der Amtsführung gänzlich hinderte. Aus Diogenes' Angabe, Lakydes habe die Schule 26 Jahre lang geleitet, ergibt sich, dass Lakydes auch nach der (demnach nur teilweisen) 'Übergabe' als Scholarch betrachtet werden konnte. Folgender Verlauf lässt sich rekonstruieren: 18 Jahre nach dem Antritt des Scholarchats, den Diogenes Laertios für 241/240 bezeugt, also – bei inklusiver Rechnung – im Jahre 224/223 v.Chr., veränderte Lakydes den Status der Schulleitung. Offenbar richtete er eine kollegiale Leitung ein. Am Anfang des Apollodor-Textes ergänzen die Herausgeber meist im Hinblick auf die Formulierung von DIOGENES LAERT. IV 60 = T 1a, 15 METTE παρέδω]κεν; denkbar ist auch μετέδω]κεν. Ein Grund für diese Massnahme des Lakydes ist bei Apollodor nicht genannt; es ist also möglich, dass Lakydes 224/223 noch bei voller Gesundheit war. Nur 'von den letzten 18 Jahren' musste er 10 Jahre krankheitshalber 'aussetzen'. Das können die letzten Lebensjahre gewesen sein; es kann auch gemeint sein: 'insgesamt' (mit Unterbrechungen) 10 Jahre. (Zu Unrecht behält DORANDI in seinen Ausgaben 1982 [§ 1 *223: 33] und 1991 [§ 46 *26: 164] in v. 4 eine Konjektur von Wilamowitz bei, die eine andere Chronologie voraussetzt: ὡς statt ὦν. Der Infinitiv ist – leicht anakoluthisch – durch λέγουσιν in der Parenthese erklärbar.)

Zum Einzelnen: Die Archonten Pantiades und Kallistratos können nur aufgrund des vorliegenden Apollodor-Zeugnisses datiert werden, wobei 241/240 v. Chr. (nach Diogenes Laertios Amtsantritt des Lakydes) als Ausgangspunkt dient. Lakydes ist 2×18 = 36 Jahre danach gestorben. Da über das Todesdatum eines eher berühmten Mannes für Apollodor keine erheblichen Zweifel bestehen konnten, hat sich die Annahme durchgesetzt, dass Kallistratos und Pantiades in aufeinanderfolgende Jahre gehören. HABICHT (1982 [*14: 164]) hat sie endgültig datiert, indem er ihnen eine der wenigen Doppellücken in der sonst für den in Frage kommenden Zeitraum durch Inschriften und andere Indizien weitgehend gesicherten Archontenliste zuwies: 208/207 und 207/206 v. Chr. Lakydes dürfte demnach im Laufe des Jahres (im modernen Sinne) 207 v. Chr. gestorben sein. Bei jeweils inklusiver Rechnung der 2×18 Jahre bei Apollodor fügt sich das glatt zum Amtsantritt 241/240: Im 18. Jahr nach der Amtsübernahme trat der Wechsel in der Leitung ein; im 18. Jahr danach starb Lakydes (HABICHT a.a.O.). Alle älteren Datierungsversuche sind damit hinfällig (CRÖNERT 1906 [*11: 180], JACOBY (Hg.) 1902 [§ 1 *221] und 1929-1930 [§ 1 *222] z. St., WILAMOWITZ 1910 [*12: 406-414/272-280] und 1928 [*13: 377f./463]). – DORANDI (1990 [*26]) erkennt die inklusive Zählung nicht an und rechnet von 207 v. Chr. um 2×18 = 36 Jahre zurück; dann ergibt sich bei Apollodor ein Amtsantritt des Lakydes im Jahre 244/243 v. Chr. Darin sieht Dorandi eine von Diogenes Laertios abweichende Tradition. Das ist nicht unbedenklich, da die Archonten Kallistratos und Pantiades nur durch (inklusive) Weiterrechnung vom Datum des Diogenes aus datiert worden waren; aber auszuschliessen ist eine doppelte Überlieferung grundsätzlich nicht. Sie könnte dadurch entstanden sein, dass Lakydes' Amtsantritt einerseits mit seiner Bestellung als Mit-Scholarch durch Arkesilaos angesetzt wurde, andererseits mit dem Tode des Arkesilaos und der uneingeschränkten Übernahme des Scholarchats. – Nach DIOGENES LAERT. IV 61 = T 1a, 25 METTE starb Lakydes 'an Lähmung infolge von Trunksucht' (begründete Zweifel bei WILAMOWITZ 1881 [§ 1 *191: 47 mit Anm. 6], vgl. auch WEHRLI (Hg.) 1974 [§ 1 *197] zu HERMIPPOS frg. 43).

Über Lakydes' Lebensumstände und über seinen Charakter erfahren wir wenig. Im ACAD. IND. XXI 6-8 scheint seine schlechte Gesundheit angedeutet (Lesung sehr unsicher). Im Gegensatz zu seinem Vorgänger war Lakydes von Haus aus arm: DIOGENES LAERT. IV 59 = T 1a, 4 METTE; ACAD. IND. XXI 2f. = T 2b, 3f. METTE. Durch zähen Fleiss errang er sich einen gewissen Wohlstand (NUMENIOS frg. 26

LEEMANS = frg. 3 DES PLACES = EUSEBIUS PE XIV 7,1 = T 3,8f. METTE). Lakydes gab sich würdevoll (σεμνός), war aber entgegenkommend und angenehm im Umgang (DIOGENES LAERT. IV 59 = T 1a, 3-5 METTE). Einige Details deuten auf einen leicht schrulligen Charakter: Lakydes besass eine Gans, die ihm auf Schritt und Tritt folgte; nach ihrem Tode begrub er sie wie einen nahen Verwandten (T 10 METTE). In der sogleich zu besprechenden Erzählung über die diebischen Sklaven legte er Geiz und Misstrauen an den Tag, gepaart mit einer gewissen Beschränktheit. PLUTARCH (Quomodo adulator ab amico internoscatur 22, mor. 63 E-F = T 8 METTE) berichtet, er habe einen Freund vor gerichtlicher Verurteilung bewahrt, indem er ein Beweisstück geschickt verschwinden liess; das verrät mehr Bauernschläue als philosophisch fundierten Rechtssinn. ATHENAIOS (X 50, 438 A-B = T 9a METTE) weiss von einem freundschaftlichen Trinkwettstreit zwischen Lakydes und dem pyrrhonischen Dichter Timon (über ihn oben § 44; vgl. PRATESI 1986 [§ 44 *46: 41f.]). Über seinen Bildungsgang erfahren wir nur, dass er sich erst im Alter geometrischen Studien gewidmet hat (DIOGENES LAERT. IV 60 = T 1a, 19f. METTE); das trug ihm die spöttische Frage ein, ob es dafür nicht schon zu spät sei. – An intellektueller Schärfe und persönlicher Ausstrahlungskraft war Lakydes seinem Vorgänger zweifellos weit unterlegen. Trotzdem hat sein Scholarchat die Akademie wenigstens äusserlich gefördert. Etwa 20 Schüler sind namentlich bekannt (siehe unten S. 834. 838). Besondere Beachtung verdient es, dass die Attaliden die Akademie weiterhin unterstützten: Attalos I. Soter von Pergamon stiftete ein Gartengrundstück, in dem Lakydes seine Vorlesungen hielt und das darum nach dem Scholarchen Lakydeion genannt wurde (vgl. S. 777. 851; dazu McSHANE 1964 [§ 46 *73: 103], SCHALLES 1985 [§ 46 *74: 137f.]). Im ACAD. IND. col. O, 16-18 (DORANDI (Hg.) 1991 [§ 46 *26: 157]) werden als γνώριμοι ('Freunde' oder 'Schüler'?) der Akademie unter Lakydes die 'Könige Eumenes (ergänzt) und Attalos aus Asien' genannt. Eine Einladung zu Attalos lehnte Lakydes mit der originellen Begründung ab, «Standbilder müsste man aus der Ferne betrachten» (DIOGENES LAERT. IV 60 = T 1a, 18f. METTE).

Über die *Lehre* des Lakydes ist so gut wie nichts bekannt. HIRZEL (1883 [*21: 3, 161f.], 1883 [*22: 15f.]) und GOEDECKEMEYER (1905 [§ 42 *33: 47f.]) haben versucht, aus einer von DIOGENES LAERTIOS sehr knapp (IV 59 = T 1a, 6-11 METTE), von NUMENIOS (frg. 3 LEEMANS = frg. 26 DES PLACES = EUSEBIUS PE XIV 7, 1-13 = T 3, 1-80 METTE) ausserordentlich breit erzählten Geschichte Schlüsse auf Lakydes' philosophische Position zu ziehen: Lakydes war sehr geizig und schloss stets sorgsam die Speisekammer ab. Den Schlüssel aber wollte er nicht mit sich herumtragen; darum legte er ihn in einen Kasten, versiegelte den Kasten mit seinem Ring und warf dann den Ring durch das Schlüsselloch in die Speisekammer. Die Sklaven begriffen schnell, dass diese Art von Sicherung sinnlos war. Sie brachen das Siegel des Schlüsselkastens auf, gingen in die Speisekammer, schlossen ab und verwahrten Schlüssel und Siegelring genau wie ihr Herr. Der aber war ratlos (ἀπορῶν) über das Verschwinden der Vorräte, und «da er hörte, dass man bei Arkesilaos über die Unbegreiflichkeit (ἀκαταληψία) philosophiere», schloss er sich diesem Philosophen an. Als er jedoch versuchte, unter Hinweis auf die Vorkommnisse in seiner Speisekammer einen Bekannten zur Urteilsenthaltung (ἐποχή) zu bekehren, lachte dieser ihn aus. Lakydes änderte nun sein Verfahren; die Sklaven aber wurden noch dreister. Sie fälschten das Siegel ganz plump oder siegelten nach ihren Raubzügen gar nicht mehr. Wenn Lakydes sie zur Rede stellte, behaupteten sie, ein ordnungsgemässes Siegel zu sehen; wenn Lakydes keines sehen könne, sei er Opfer einer Sinnestäuschung. Und wenn er sagte, er erinnere sich ganz deutlich, die Kammer versiegelt zu haben, wandten die Sklaven ein (EUSEBIUS PE XIV 7, 9 = Zeile 57-60 METTE): ... σοφῷ γε ὄντι δεδόχϋαι τῷ Λακύδῃ εἶναι ἀδοξάστῳ ὥστε καὶ ἀμνημονεύτῳ· μνήμην γὰρ εἶναι δόξαν, «er als Weiser vertrete doch die Ansicht, der Weise habe keine 'Meinung', also auch keine Erinnerung, denn auch die Erinnerung sei eine Meinung.» Schliesslich beendete Lakydes den Spuk durch ein Machtwort. Diese Geschichte ist nicht von Numenios ersonnen, denn für ihn war Lakydes nichts als ein Name (HIRZEL 1883 [*21: 3, 162]); er referiert eine ältere, wahrscheinlich zeitgenössische Satire (kaum eine Komödie, wie HIRZEL 1883 [*22] annahm), die eine gewisse Sachkenntnis erkennen lässt. Die Polemik soll zeigen, dass philosophische Theorien vor den Banalitäten des Lebens nicht immer bestehen können; vergleichbar sind die Anekdoten über Pyrrhon und den bösen Hund (oben S. 755), über den Stoiker Ariston, der sich von Zwillingsbrüdern täuschen liess (oben S. 790), und über den weltfremden Karneades (unten S. 853f.).

Die in der Speisekammer-Geschichte persiflierte skeptische Haltung stimmt im wesentlichen mit der des Arkesilaos überein. Neu scheint nur zu sein, dass auch die Erinnerung (μνήμη) als 'Meinung' (δόξα) abgewertet wird. Hier könnte ein eigenes Lehrstück des Lakydes vorliegen (vgl. CICERO Luc. 22 = 40 M 3 LS und Luc. 106).

In der SUDA s.v. Λακύδης (T 1b METTE) findet sich die Nachricht: ἔγραψε ... φιλόσοφα καὶ Περὶ φύσεως, «er hat philosophische Werke geschrieben und ein Buch ‹Über die Natur›» (CAPELLE 1924 [*25: 532] nennt den Titel Περὶ φύσεως «bei einem Akademiker befremdlich»; er ist jedoch nicht unmöglich). Erhalten oder anderswo bezeugt ist von diesen Schriften nichts. Zu den Aufzeichnungen der Lehre (?) des Arkesilaos siehe oben S. 786.

In einigen doxographischen Berichten erscheint Lakydes als Gründer der (oder einer) 'Neuen Akademie'; im ACAD. IND. (XXI 37-42 = T 2b, 6-8 METTE) heisst es, Lakydes habe der bislang 'unsteten' Mittleren Akademie festen Halt verliehen und «es bewirkt, dass sie die 'Neue' genannt wurde» (Genaueres oben S. 779f. Solche Formulierungen zeigen, dass hier aus späterer Zeit rückblickend geurteilt wird. Die Doxographen sahen offenbar erst mit Lakydes die skeptische Wendung als wirklich vollzogen an, vielleicht weil er die neue Lehre auch schriftlich verbreitete, oder weil er – im Gegensatz zu Arkesilaos – von Anfang an unbeirrt daran festhielt (vgl. S. 802). Dass der Terminus 'Neue' Akademie erst von Antiochos und seinen Anhängern geprägt und überwiegend polemisch verwendet wurde, hat GLUCKER (1978 [§ 1 *398: 104f.]) überzeugend dargelegt. – Zwei berühmte Schüler des Lakydes sind nicht in der Akademie geblieben: der Stoiker Chrysipp (DIOGENES LAERT. VII 183f. = T 1a, 38-42 METTE) und der alexandrinische Dichter Euphorion aus Chalkis, der den römischen Neoterikern zum Vorbild wurde (SUDA s.v. Εὐφορίων = T 2b[1] METTE; ACAD. IND. col. M 20f. = T 2b, 15 METTE (kühne Ergänzung); die chronologischen Bedenken von F. SKUTSCH 1909, RE Art. 'Euphorion' 1175 'Studium erst mit 35 Jahren?', sind nicht durchschlagend, da Lakydes schon lange vor der Übernahme des Scholarchats gelehrt haben kann). – CLEMENS ALEXANDRINUS strom. IV 56, 2, erwähnt unter Bezugnahme auf einen sonst ganz unbekannten Timotheos aus Pergamon einen Freund des Lakydes namens 'Paulos'. WILAMOWITZ (1881 [§ 1 *191: 107 Anm. 9]) identifiziert ihn überzeugend mit dem pyrrhonischen Skeptiker Praÿlos (über ihn oben S. 771). Über die anderen Schüler des Lakydes siehe S. 836-838.

C. TELEKLES. EUANDROS. HEGESINUS

Die Geschichte der Akademie unter Lakydes' Nachfolgern ist nur in groben Umrissen erkennbar. Dass Lakydes die Schulleitung bei Lebzeiten abgegeben hat, scheint sicher (DIOGENES LAERT. IV 60 = LAKYDES T 1a, 15f. METTE). Diogenes spricht von einer Übergabe «an die Phokaier Telekles und Euandros». Das ist vermutlich stark vereinfacht. Als herausgehobenes Paar begegnen die beiden Phokaier sonst nur noch einmal: APOLLODOR (v. 7-9 DORANDI (Hg.) 1982 [§ 1 *223: 33] = ACAD. IND. XXVII 10-12 = LAKYDES T 2a, 8-10) nennt zunächst drei andere Lakydes-Schüler: Paseas, Thrasys, Aristipp, und fährt dann fort

... καὶ δύο
ἐπ[ισ]ημότατοι μάλ[ι]στα Τηλεκλῆ[ς] τε καὶ
Εὔαν[δρο]ς,

«und die zwei allerberühmtesten, Telekles und Euandros». Mit Recht schliesst WILAMOWITZ (1910 [*12: 409/276]) aus der Tatsache, dass sie dort innerhalb der Schülerliste stehen, dass Apollodor sie nicht als 'Nachfolger' im eigentlichen Sinne angesehen hat. In der Tat deuten auch zwei andere Nachrichten darauf hin, dass Lakydes nach seiner Erkrankung eine kollegiale Schulleitung auf breiterer Basis eingerichtet hat: a) In der SUDA s.v. Πλάτων (LAKYDES T 5 METTE) sind als Leiter der Akademie zwischen Lakydes und Karneades genannt: Euandros der Phokaier, Damon, Leonteus, Moschion, Euandros der Athener, Hegesinus. b) Auf die gleiche Tradition scheint zurückzugehen ACAD. IND. col. M 10-21 (T 2b, 10-15 METTE): «Bei seinem Tode hinterliess er als Nachfolger Leonteus und Demon aus Kyrene und Demetrios und Polites (?) aus Phokaia und zwei Männer namens Eubulos ... und Moschion ... und Agamestor und Euandros (?) und Telekles und Euphorion ...». Beide Listen sind offenkundig unvollständig. In der Suda fehlt Telekles, im ‹Index› fehlen die ersten Namen der Schülerliste Apollodors (siehe oben). Die Fülle der Namen zeigt, dass 'Nachfolger' (διάδοχοι) hier keinesfalls im Sinne von 'Scholarchen' verstanden werden darf. Offenbar gab es beim Tode des Lakydes überhaupt keinen ordentlich gewählten Scholarchen (WILAMOWITZ 1910 [*12: 408/274] sieht im Wortlaut ACAD. IND. col. M 10f. ... καταλιπὼν ὑνῄσκει zu Unrecht einen «direkten Gegensatz zu DIOGENES ⟨LAERT. IV⟩ 60 ... ζῶν παρέδωκε τὴν σχολήν»; in der Formulierung des ‹Index› bleibt völlig offen, wie lange Lakydes vor seinem Tode die Schulleitung geregelt hatte).

Andererseits waren vermutlich nicht alle in den Listen Genannten gleichberechtigt an der Schulleitung beteiligt. Eine herausgehobene Stellung von Telekles und Euandros machen (neben den bereits erwähnten) folgende Zeugnisse wahrscheinlich: a) Im ACAD. IND. col. O 32-35 = LAKYDES T 2b, 25f. METTE ist ein «Schüler des Telekles» mit Namen Apollonios erwähnt (nach ACAD. IND. XXVIII 10-13 gestorben 166/165 v. Chr.), der «Notizen aus seinen Vorlesungen niederschrieb» (ἀναγεγραφὼς ὑπομνήματα ἐκ τῶν σχολῶν αὐτοῦ); ACAD. IND. col. N 12-22 = T 2b, 31-35 METTE bietet eine Liste von Schülern des Telekles. MEKLER (Hg.) (1902 [§ 46 *21: 95]) sieht damit das Scholarchat des Telekles als erwiesen an. Das ist nicht zwingend (CRÖNERT 1906 [*11: 75]); aber wenn Telekles Vorlesungen hielt und eigene 'Schüler' hatte, ist an einer leitenden Stellung nicht zu zweifeln. (Einen anderen Telekles-Schüler hat CRÖNERT 1906 [*11: 180] in einer verworrenen Notiz der SUDA s.v. Διόδωρος [Nr. 1150] erkannt: Διόδωρος ὁ Οὐαλέριος ἐπικληθείς, φιλόσοφος, μαθητὴς Τηλεκλέους ..., offensichtlich Vermengung zweier Namensträger.) b) Telekles' Grabstein (Statuenbasis) ist als Fragment erhalten: IG II/III² 12764 = TELEKLES T 4 METTE; darauf war u.a. gesagt, Telekles' «weithallender Ruhm sei aus der Akademie zu den wackeren Athenern gedrungen». Wie WILAMOWITZ (1881 [§ 1 *191: 287 Anm. 21], 1910 [*12: 412 Anm. 1/278 Anm. 1]) richtig gesehen hat, passt der Wortlaut nicht für einen Scholarchen. Aber er deutet doch auf mehr als blosse Mitgliedschaft. c) Euandros ist zweimal in einer Reihe mit Scholarchen genannt: CICERO Luc. 16 = LAKYDES T 6, 4-6 METTE «(Carneades) est quartus ab Arcesila, audivit enim Hegesinum, qui Euandrum audiverat Lacydi discipulum, cum Arcesilae Lacydes fuisset»; EUSEBIUS PE XIV 7, 14f. (aus NUMENIOS? = frg. 26 DES PLACES) = LAKYDES T 3, 82-85 METTE ἐκ πάντων δ' αὐτοῦ τῶν γνωρίμων τὴν σχολὴν αὐτοῦ διεδέξατο Εὔανδρος καὶ οἱ μετὰ τοῦτον. μεθ' οὓς Καρνεάδης ὑποδεξάμενος τὴν διατριβὴν τρίτην συνεστήσατο Ἀκαδήμειαν, «aus der ganzen Zahl seiner Schüler übernahmen seine Schule Euandros und die Männer nach ihm; auf sie folgte Karneades, der dann die dritte Akademie einrichtete ...». An dieser Stelle befremdet der Ausdruck '*die* Männer nach Euandros', denn nach Euandros ist vor Karneades nur noch ein Schulleiter, Hegesinus, bezeugt. Die Änderung in μετὰ τούτου, 'die Männer mit (oder: um) Euandros' liegt darum nahe; dann wäre mit dem Zusatz eine kollegiale Leitung bezeichnet. Vgl. WILAMOWITZ (1910 [*12: 407/273]).

Die *Lebensdaten* von Telekles und Euandros sind weitgehend ungeklärt. DIOGENES LAERT. (IV 60 = LAKYDES T 1a, 15-17 METTE) scheint zunächst anzudeuten, dass beide gemeinsam die Akademie leiteten, richtiger wohl: dem Leitungsgremium vorstanden. Unmittelbar nach der Mitteilung über die Übergabe der Schule durch Lakydes fährt er jedoch fort: «Von Euandros übernahm sie Hegesinus aus Pergamon, von diesem Karneades.» Das kann nur bedeuten, dass Telekles vor Euandros gestorben ist. Diese Annahme findet darin eine Bestätigung, dass auch in den oben ausgeschriebenen Zeugnissen aus Cicero, Numenios und aus der Suda Euandros als derjenige erscheint, der die Leitung der Schule an Hegesinus weitergibt. (Früher wurde auch ACAD. IND. XXVII 14f. nach phantasiereichen Ergänzungen als Beleg für einen frühen Tod des Telekles genannt, u.a. von CRÖNERT 1906 [*11: 180], METTE (Hg.) 1985 [§ 46 *43: 42, T 2a, 12]; aber der Text ist unlesbar: DORANDI (Hg.) 1982 [§ 1 *223: 33]: «litterae passim», 1991 [§ 46 *26: 248]: «solo scarsi residui».) Bei APOLLODOR (v. 30 DORANDI (Hg.) 1982 [§ 1 *223] = ACAD. IND. XXVIII 9f. = LAKYDES T 2a, 25 METTE) ist im Rahmen einer längeren

Liste von Todesdaten Telekles' Tod auf das Archontat des Nikosthenes (167/166 v. Chr.) datiert. Um wie viele Jahre Euandros ihn überlebte, wissen wir nicht, auch nicht ob die Leitung erst bei seinem Tode auf Hegesinus überging.

In ACAD. IND. col. N 6-10 (T 2b, 27-30 METTE) ist noch erkennbar, dass ein Philosoph einem anderen dessen Schüler abspenstig machte (?); dieser habe ihm deshalb «die Schule nicht hinterlassen und auch keinem (oder: und auch nicht dem) anderen». Leider lässt sich auf keine Weise klären, von wem die Rede ist.

Über die persönlichen Verhältnisse von Telekles (Τηλεκλῆς) und Euandros (Εὔανδρος) ist so gut wie nichts bekannt. Beide stammten aus der ionisch-aiolischen Hafenstadt Phokaia (Foça nordwestlich von Izmir). Mit dieser Herkunft mag die fortdauernde Verbindung der Akademie mit dem Attalidenhaus (siehe S. 777. 795. 832. 851) in Zusammenhang stehen (der als Telekles' 'Nachfolger' genannte Hegesinus stammte aus Pergamon selbst). Auf Telekles' Grabstein stellt sich ein junger Sohn (?) namens Seleukos vor. – Auch Euandros ist inschriftlich erwähnt in einem Ehrendekret (IG II/III² 886 = EUANDROS T 6 METTE) von 197 v. Chr. für einen Pergamener, der «um philosophische Bildung» bemüht war (Zeile 9) und in einer Notlage (bes. Z. 17 τῶν ἁλόντων) den Schülern des Euandros (τῶν Εὐάνδρου σχολασ[τῶν?) Hilfe gewährt hatte (?). Weiter unten (Zeile 15) ist 'König Attalos' genannt. Wahrscheinlich hatte er sich während des Zweiten Makedonischen Krieges um athenische Gefangene bemüht (HABICHT 1982 [*14: 129 Anm. 50], SCHALLES 1985 [§ 46 *74: 138], HABICHT 1988 [§ 1 *433: 13]). HABICHT (1990 [§ 46 *77: 564]) vermutet vorsichtig im Geehrten Hegesinus aus Pergamon, den Nachfolger von Telekles und Euandros.

Auch über *Schriften* von Euandros und Telekles ist nichts Sicheres bekannt. Im ACAD. IND. col. N 21 scheinen ὑπομνήματα des Telekles (?) erwähnt; äusserst kühne Ergänzungen bei MEKLER (Hg.) (1902 [§ 46 *21]) und CRÖNERT (1906 [*11: 76]; vgl. auch DORANDI (Hg.) 1987 [§ 46 *24: 126 Anm. 54]).

Nachrichten über die *Lehre* der beiden Phokaier gibt es nicht, aber die grosse Zahl von Schülern und Mitgliedern aus vielen Teilen der griechischen Welt zeigt (siehe S. 838), dass die Schule unter der kollegialen Leitung jedenfalls äusserlich nicht verfiel.

Hegesinus (Ἡγησίνους) aus Pergamon ist nur in blossen Sukzessionslisten zwischen Euandros und Karneades genannt (vgl. oben S. 834, ferner GALEN hist. phil. 3 = DDG 600, 1). Bei CLEMENS strom. I 14, 64, 1 heisst er Ἡγησίλαος; ob Textverderbnis vorliegt oder eine Namensvariante (vgl. THEOPHRAST char. 28, 2), ist nicht zu entscheiden.

D. ANDERE AKADEMIKER

Nur von wenigen der zahlreichen Schüler von Arkesilaos, Lakydes und deren Nachfolgern ist mehr als Name und Herkunft bekannt.

Arideikes (Ἀριδείκης, auch Ἀριδίκης, in ACAD. IND. XX 7 Ἀριδείκας) *aus Rhodos* erscheint in einigen Anekdoten: ATHENAIOS X 420D (ARKESILAOS T 23a, 8-14 METTE) erzählt, Arkesilaos habe seinen Schüler Apelles Wein durchseihen lassen.

Als der sich dabei ungeschickt anstellte, habe er ihn als unpraktischen Grübler fortgeschickt (vgl. S. 806) und Arideikes mit der Aufgabe betraut. In DIOGENES LAERT. IV 42 (ARKESILAOS T 1a, 167-169 METTE), wo WILAMOWITZ (1881 [§ 1 *191: 75]) überzeugend den Namen eingesetzt hat, legt Arideikes seinem Lehrer bei einem fröhlichen Gelage ein philosophisches Problem vor; der aber scheut beim Wein solche Themen und antwortet, das sei ja gerade die Aufgabe der Philosophie, stets den rechten Augenblick zu kennen. Arideikes scheint danach nicht zu den begabtesten und einfühlsamsten Schülern gehört zu haben. Ob es der gleiche Arideikes ist, der bei PLUTARCH quaest. conviv. II 1, 12, 634 B-C einen neureichen Freigelassenen während eines Gelages grob abfertigt, lässt sich nicht entscheiden. POLYBIOS (IV 52, 2f.) erwähnt zum Jahre 220/219, dass die Rhodier einen Arideikes als Gesandten nach Byzanz schickten; Identität ist möglich. Wahrscheinlich ist das Grabepigramm des Arideikes erhalten: Auf einer in der Nähe der Stadt Rhodos gefundenen Statuenbasis wird in drei Distichen ein Arideikes, Sohn des Eumoireas, angeredet, den «die Musen auf platonischen Pfaden aufgezogen haben» (HILLER VON GAERTRINGEN 1912 [*31], 1919 [*32], PEEK, Griechische Versinschriften, Bd. 1, Berlin 1955, Nr. 1451). Auffallend ist der Anklang des Vaternamens Eumoireas an den von Arkesilaos' Bruder Moireas (beide sehr selten); Hiller von Gaertringen denkt an eine verwandtschaftliche Beziehung. – In einer anderen rhodischen Inschrift (IG XII 1, 766, 14) ist ein Damatrios, Sohn eines Arideikes, erwähnt. Hiller von Gaertringen identifizierte ihn mit dem Bildhauer Demetrios, der am Grabrelief für den Peripatetiker Hieronymos aus Rhodos mitgearbeitet hat, und sah in ihm einen Sohn des Arkesilaos-Schülers; der Sohn des Akademikers hätte dann sowohl für seinen Vater wie für dessen Rivalen Hieronymos das Grabmal geschaffen (HILLER VON GAERTRINGEN 1919 [*32: 107]; zur gespannten Beziehung zwischen Arideikes und Hieronymos siehe DIOGENES LAERT. IV 41 = ARKESILAOS T 1a, 164-167 METTE). Diese komplizierte Hypothese stösst jedoch auf schwere chronologische Bedenken (PUECH 1989 [*35: 351]; ausführliche Diskussion der verschiedenen Identifizierungen und Zuschreibungen bei FRASER 1977 [*33: 34-36; 103 mit Anm. 1; 129 mit Anm. 203] und GAISER 1980 [*34: 15-17]).

Als 'herausragenden' (διαφανής) Schüler des Lakydes erwähnt NUMENIOS (?) frg. 3 LEEMANS = frg. 26 DES PLACES (EUSEBIUS PE XIV 7, 14 = LAKYDES T 3, 82 METTE) *Aristippos aus Kyrene* (nicht zu verwechseln mit seinem berühmteren Namensvetter und Landsmann, dem Begründer der 'kyrenaischen' Ethik). Erwähnt ist er auch bei DIOGENES LAERT. II 83 (in der Homonymenliste) und im ACAD. IND. XXVII 9. DIOGENES LAERT. berichtet (VIII 21), dass in einer Schrift Περὶ φυσιολόγων (Über Naturphilosophen) eines Aristippos aus Kyrene der Name Pythagoras davon abgeleitet war, ὅτι τὴν ἀλήθειαν ἠγόρευεν οὐχ ἧττον τοῦ Πυθίου «dass er nicht weniger als der pythische (Apoll) die Wahrheit geredet (ἀγορεύω) habe». VON ARNIM (1896 [*53: 906]) hält die «den Pythagoras verherrlichende Stelle» für einem Akademiker unangemessen. Aber es ist möglich, dass Aristipp gegen die zitierte Etymologie polemisiert hat; ein starkes Argument für die Zuschreibung der Schrift ist es, dass in den langen Schriftenverzeichnissen des anderen Aristipp aus Kyrene der Titel nicht genannt ist (CLASSEN 1958 [*54], 1965 [*55]). Ohne überzeugende Begründung erschliesst GOEDECKEMEYER (1905 [§ 42

*33: 49 mit Anm. 5]) aus SYNESIOS Epistula 50 «eine berühmte Schrift über die akademische Lehre». – Über *Apollonios,* der «Notizen aus Telekles' Vorlesungen» niederschrieb, siehe S. 835.

In der SUDA s.v. Πλάτων (= LAKYDES T 5, 4 METTE) und im ACAD. IND. col. M 12 (= LAKYDES T 2b, 11 METTE) ist ein *Damon (Demon) aus Kyrene* als Schüler des Lakydes genannt. Über den gleichen (?) Damon aus Kyrene berichtet DIOGENES LAERT. I 40, er habe ein Buch Περὶ τῶν φιλοσόφων (Über die Philosophen) geschrieben, in dem alle Philosophen, vor allem aber die Sieben Weisen getadelt worden seien. Damons Schrift war also vermutlich ebenso wie die Schrift Περὶ φυσιολόγων seines Landsmanns Aristippos eine aus skeptischer Sicht gegebene Doxographie, in der die Lehren der Früheren kritisiert und als unhaltbar hingestellt wurden (CLASSEN 1965 [*55: 178-180]). Diese Methode wandte später auch Karneades an mit seiner berühmten Systematik aller je vertretenen (und überhaupt denkbaren) ethischen Standpunkte ('Divisio Carneadea', siehe S. 878-881; vgl. auch oben S. 797 über doxographische Arbeiten im Umkreis von Arkesilaos).

Teilweise stark beschädigte Listen von Schülern des Lakydes, Telekles und anderer (?) bei APOLLODOR v. 6ff. DORANDI (Hg.) (1982 [§ 1 *223]) = ACAD. IND. XXVII 7ff. = LAKYDES T 2a, 7ff. METTE; ACAD. IND. col. N 12ff. = LAKYDES T 2b, 31ff.; col. M 10ff. = LAKYDES T 2a, 10ff. Nützliche alphabetische Übersicht bei METTE (Hg.) (1985 [§ 46 *43: 50f.]). Rasche Information über die Herkunft der 'Schüler' und damit über das Ansehen der Akademie gibt MEKLERS 'Originum conspectus' (Ausgabe 1902 [§ 46 *21: 127f.]). Zuverlässige Zusammenstellung aller Namen und aller überlieferten und erschlossenen Daten bei DORANDI (Hg.) (1991 [§ 46 *26: 259-269]: ‹Prosopographia Academica› und ‹Fasti Academici›).

E. VERHÄLTNIS DER FRÜHEN SKEPTISCHEN AKADEMIE ZU PLATON

Eine Beschäftigung mit Platons Dialogen ist für Arkesilaos nur in allgemeinen Wendungen bezeugt (vgl. S. 794); für die anderen Vertreter der skeptischen Akademie (bis auf Charmadas: siehe unten S. 908) fehlt jede derartige Aussage. Das ist ein beunruhigender Befund bei einer Schule, die Platon als ihren Gründer betrachtete. Vor allem diejenigen Forscher, die in der skeptischen Akademie eine starke sokratisch-platonische Komponente sehen, haben deshalb den Nachweis versucht, dass Platons Werke in der Schule auch nach der arkesilaischen Wende gelesen und beachtet wurden. Sie können zwar auf CICERO verweisen, der mehrfach den sokratisch-platonischen Charakter der skeptischen Akademie betont: de or. III 67: «(Arcesilas) ... ex variis Platonis libris sermonibusque Socraticis hoc maxime arripuit nihil esse certi ...»; Luc. 74 (Sokrates und Platon als konsequente Aporetiker). Aber auch Cicero berichtet nichts über eine konkrete Beschäftigung akademischer Philosophen mit Platons Werk, und es bleibt offen, in welchen Dialogen Arkesilaos sein Platon-Verständnis bestätigt fand.

Bei einigen späteren Autoren jedoch werden konkrete Versuche zitiert, Platon aufgrund bestimmter Stellen in seinen Schriften als Skeptiker zu erweisen. Leider ist dort nirgends gesagt, von welcher Schule diese Argumentation ausging, so dass eine erhebliche Unsicherheit bleibt. Die Texte wurden zusammengestellt und interpretiert von GLUCKER (1978 [*61: 37-47]), der daran die Fortdauer der Beschäftigung mit Platon in der Akademie zeigen möchte, sowie von TARRANT (1985 [*62: 70-79]) und IOPPOLO (1992 [§ 1 *82: 186-192]), die sie dem Neu-Pyrrhoneer Ainesidem zuweisen. Die wichtigsten Stellen:

1. In einem anonymen ‹Kommentar zu Platons Theaitet› (hg. von DIELS/SCHUBART, Berlin 1905; zur Datierung BASTIANINI/SEDLEY (Hg.) 1994 [*64]: spätes 1. Jh. v. Chr.) heisst es zu Sokrates' Weigerung, positive Aussagen zu machen (Theait. 150c): LIV 38-43 ἐκ τοιούτων λέξεών τινες οἴονται Ἀκαδημαϊκὸν τὸν Πλάτωνα ὡς οὐδὲν δογματίζοντα, «aufgrund solcher Äusserungen glauben manche Leute (τινες), Platon sei ein (skeptischer) Akademiker, der keine festen Dogmen habe» (vgl. auch DIOGENES LAERT. IX 72).

2. Eine ausführliche Begründung für die These, Platon sei Skeptiker gewesen, findet sich in den anonymen ‹Prolegomena zu Platons Philosophie› (hg. von K. F. HERMANN, Leipzig 1852; L. G. WESTERINK, Amsterdam 1962 [mit ausführlichem Kommentar]; L. G. WESTERINK, Paris 1990 [mit französischer Übersetzung von J. TROUILLARD]). Fünf Argumente werden vorgetragen und sogleich aus neuplatonischer Sicht (Datum nach WESTERINK 1962 S. L: 2. Hälfte des 6. Jahrhunderts n. Chr.) widerlegt (S. 205,2-207,10 HERMANN = 21, 3ff. WESTERINK 1962): λέγουσι δέ τινες συνωθοῦντες τὸν Πλάτωνα εἰς τοὺς ἐφεκτικούς τε καὶ τοὺς Ἀκαδημαϊκοὺς ὡς καὶ αὐτοῦ ἀκαταληψίαν εἰσάγοντος, «einige Leute (τινες), die Platon gewaltsam unter die Skeptiker (ἐφεκτικοί) und Akademiker (Ἀκαδημαϊκοί, Hermanns Zusatz νέοι ist überflüssig und eher störend) einreihen wollen, behaupten, auch er trete für die Unbegreiflichkeit (ἀκαταληψία) ein». Auch hier wird nicht mitgeteilt, wer diese These vertrat. Es folgen die fünf sorgfältig durchgezählten Argumente und ihre Widerlegung: a) Unbestimmte Äusserungen in den Dialogen wie εἰκός, ἴσως, τάχα, ὡς οἶμαι, b) Argumentationen in utramque partem, c) die aporetische Haltung im Theaitet, d) 'es gibt zwei Erkenntniswege: Sinne und Intellekt, aber beide trügen', e) wiederholtes Eingeständnis des eigenen Nichtwissens. Die Argumentation ist durch zahlreiche Platonzitate untermauert (Nachweise bei Westerink).

3. SEXTUS EMPIRICUS berichtet PH I 221, Platon werde verschieden beurteilt: den einen gelte er als Dogmatiker, anderen als Aporetiker (ἀπορητικός), anderen teils als Dogmatiker, teils als Aporetiker. Im folgenden Paragraphen ist möglicherweise gesagt, wer Platon als Aporetiker ansah, aber gerade dort ist der Text korrupt (siehe unten).

Mehrere Forscher suchen die in den drei Texten nicht näher bezeichneten Vertreter der These, Platon sei Skeptiker gewesen, in der Akademie um und nach Arkesilaos (GLUCKER 1978 [*61: 38f.], ANNAS 1990 [§ 42 *78: 282-287/62-67], vorsichtiger LÉVY 1990 [§ 42 *79: 298], 1992 [§ 42 *40: 265 Anm. 72], 1993 [§ 42 *80: 265 Anm. 49], BASTIANINI/SEDLEY (Hg.) 1994 [§ 48 *64]). Es ist in der Tat gut denkbar, dass in der Akademie Platon in der skizzierten Art gelesen und gedeutet wurde und dass man mit Hilfe derartiger Argumente die Richtigkeit der eigenen Interpretation zu erweisen suchte. Aber es bleibt schwer erklärbar, dass eine so handgreiflich systematisierte Reihung von 'Beweisen' wie die in den ‹Prolegomena› sonst nirgends auch nur andeutungsweise mit der Akademie in Verbindung gebracht ist.

Andererseits gibt es gute Gründe dafür, die genannten Platon-Interpretationen dem durch Ainesidem wiederbelebten Neu-Pyrrhonismus zuzuschreiben. SEXTUS EMPIRICUS sagt im Anschluss an die oben genannte Stelle (PH I 222), gegen diejenigen, die Platon ganz oder teilweise als Dogmatiker ansähen, brauche man sich nicht weiter zu äussern; die Frage aber, ob er ein echter Skeptiker (εἰλικρινῶς σκεπτικός) sei, werde er ausführlicher in einer anderen Schrift behandeln (diese ist nicht erhalten); für jetzt – da es sich ja um einen Grundriss handle – wolle er nur einige Hauptargumente vorbringen. Der anschliessende Text ist korrupt: κατα περ⟨ὶ⟩ μηδοτον καὶ Αἰνησίδημον. Die Mehrzahl der Herausgeber stellt als ersten Namen vor Αἰνησίδημον her: Μηνόδοτον ('empirischer' Arzt und Skeptiker um 125 n. Chr.). Zwischen den beiden sicher gelesenen Präpositionen muss etwas ausgefallen sein. NATORP (1884 [§ 47 *91: 69f.]) hielt es für erwiesen, dass Sextus im Einklang mit prominenten Mitgliedern der eigenen Schule argumentierte, und ergänzte: κατὰ ⟨τοὺς⟩ περὶ Μηνόδοτον καὶ Αἰνησίδημον – οὗτοι γὰρ μάλιστα ταύτης προέστησαν τῆς στάσεως – ὅτι ..., «will ich in Übereinstimmung mit den Anhängern von Menodot und Ainesidem – denn die vor allem haben diese Meinung vertreten – geltend machen ...». Mit dieser Ergänzung und dieser Deutung ist es vereinbar, dass die 'Meinung' oder die 'Richtung' Ainesidems als στάσις bezeichnet wird: der Ausdruck ist wertneutral und wird gelegentlich von SEXTUS auf die eigene Schule angewandt, z.B. math. X 45 (DECLEVA CAIZZI brieflich). Weitere Argumente für die Ergänzung κατὰ ⟨τοὺς⟩ bei DECLEVA CAIZZI (1992 [§ 53 *32: 186f.]).

Kurz zuvor jedoch (PH I 210-212) polemisiert SEXTUS eindeutig gegen Ainesidems Aussagen über die Bedeutung Heraklits; es liegt darum nahe, dass er sich auch in I 222 *gegen* Ainesidem wendet. Aus diesem Grunde schlug Heintz vor zu ergänzen: κατὰ ⟨τῶν⟩ περὶ ... Αἰνησίδημον, «will ich *gegen* die Anhänger von Menodot und Ainesidem ... geltend machen ...» (W. HEINTZ: Studien zu Sextus Empiricus (Halle 1922) 30f.; übernommen von MUTSCHMANN/MAU (Hg.) 1958 [§ 1 *61], JANÁČEK 1977 [§ 1 *73: 92], IOPPOLO 1992 [§ 1 *82: 186f.] u.a.). Für diese Emendation spricht auch folgendes (IOPPOLO 1992 [§ 1 *82: 189]): Nach PHOTIOS (cod. 212, 170 a 14f. = 71 C 9 LS, dazu unten S. 983f.) tadelte Ainesidem 'vor allem die Akademiker seiner eigenen Zeit'. Damit können nur Philon und seine Schule gemeint sein. Gerade diese Richtung jedoch konnte kein Interesse daran haben, Platon als 'echten Skeptiker' zu erweisen: Philon hatte sich ja soeben von der strengen Haltung eines Kleitomachos abgewandt und die Akademie wieder an den Dogmatismus angenähert. Es ist dagegen gut denkbar, dass Ainesidem, der wahrscheinlich selbst einmal der Akademie angehört hat (dazu unten S. 984), einen 'skeptischen' Platon als Zeugen gegen Philons zunehmend weiche Haltung hat aufrufen wollen. TARRANT (1985 [*62: 72-77]) führt weitere Gründe dafür an, dass die oben ausgeschriebenen Argumente, die Platon als Skeptiker erweisen sollen, nicht aus der Akademie stammen, sondern aus dem durch Ainesidem wiederbelebten Pyrrhonismus. Eine sichere Entscheidung lässt sich nicht treffen.

Auch eine andere Überlegung GLUCKERs (1978 [*61: 40-47]) reicht nicht aus, eine konkrete Platon-Interpretation durch die skeptische Akademie zu erweisen. Im Platon fälschlich zugeschriebenen 2. Brief 314 c 1-4 heisst es über die tieferen Gedanken der Philosophie ... διὰ ταῦτα οὐδὲν πώποτ' ἐγὼ περὶ τούτων γέγραφα, οὐδ' ἔστιν σύγγραμμα Πλάτωνος οὐδὲν οὐδ' ἔσται, τὰ δὲ νῦν λεγόμενα Σωκράτους ἐστὶν καλοῦ καὶ νέου γεγονότος, «deshalb habe ich darüber nie etwas geschrieben, und es gibt keine Schrift Platons darüber und wird keine geben; das aber, was jetzt dafür gilt, gehört einem schönen und jungen (oder: wieder jung gewordenen) Sokrates». Der Verfasser des zweiten Briefes will damit offenbar sagen, die 'Dogmen' in den geschriebenen Dialogen seien nicht Platons wahre Meinung, sondern die des Sokrates; er erweist sich damit als Anhänger der vieldiskutierten 'ungeschriebenen Lehre'. GLUCKER (1978 [*61: 43-46]) hält es für bedeutungsvoll, dass Sokrates an der genannten Stelle als 'jung' bezeichnet ist, und versteht die Attribute in 314 c 4 καλοῦ καὶ νέου γεγονότος nicht im Sinne einer Idealisierung ('wieder schön und jung geworden'), sondern konkret. Der Fälscher habe den 'jungen' Sokrates genannt, weil er damit an Platons ‹Parmenides› erinnern wollte, den einzigen Dialog, in dem Sokrates als jung dargestellt ist. Der ‹Parmenides› nämlich habe vermutlich in der Auseinandersetzung zwischen dogmatischen und skeptischen Platonikern, also etwa in der Zeit des Arkesilaos, eine besondere Rolle gespielt; den Skeptikern, die Platon als einen der Ihren erweisen wollten, habe er hochwillkommen sein müssen (41 «... must have been a godsend»), denn dort widerlege Parmenides die vom jungen Sokrates vorgetragene Ideenlehre (135d), und der junge Sokrates verharre in Aporie. In der Abwertung der Dialoge durch den Verfasser des 2. Briefes ('All das ist nur die Meinung des jungen Sokrates') sieht Glucker eine Reaktion der dogmatischen Richtung auf ein Argument der Skeptiker: Die Dogmatiker gaben zu, dass die Dialoge aporetisches Denken erkennen lassen; darum 'verzichteten' sie auf die Dialoge und hielten sich an die ungeschriebene Lehre. An dieser komplizierten Konstruktion ist fast alles unsicher, angefangen mit der fragwürdigen Übersetzung νέος γεγονώς = 'noch jung'. Vor allem aber ist es kaum denkbar, dass sich keine klarere Nachricht davon erhalten hätte, wenn sich die skeptische Platon-Interpretation in der von Glucker angenommenen Schärfe auf eine einzige Passage im 'Parmenides' konzentriert hätte.

Das Ergebnis ist enttäuschend: Auch eine sorgfältige Sichtung später Quellen und kombinierende Rückschlüsse erbringen kein sicheres Indiz dafür, dass in der skeptischen Akademie Platons Werke weiterhin gelesen und philosophisch diskutiert wurden. Erst für Metrodoros aus Stratonikeia und für Philon ist in vager Form eine 'Rückkehr zu Platon' angedeutet (AUGUSTIN Acad. III 41; siehe § 50, S. 905; § 51, S. 926).

Dass in der Akademie mehrfach *Ausgaben von Platons Schriften* entstanden sind, ist zwar nirgends bezeugt, aber doch mit einiger Wahrscheinlichkeit zu erschliessen. Es muss schon früh ein festes Corpus von als 'platonisch' anerkannten Schriften gegeben haben, das auch Pseudepigrapha enthielt, denn nur die Beglaubigung durch die «einzige Autorität, die vor den Alexandrinern zu einer solch allgemein anerkannten Platonausgabe in der Lage war: die Akademie», konnte die alexandrinischen Philologen bewegen, auch offenkundig Unplatonisches und Zweifelhaftes als erhaltenswert anzuerkennen (MÜLLER 1975 [*77: 22-27. bes. 23f.]; ähnlich zuvor BICKEL 1904 [*71: 475f.]). Wann die erste 'offizielle' Ausgabe der Akademie anzusetzen ist, bleibt allerdings ungewiss. Ein relativ sicherer Anhaltspunkt findet sich bei DIOGENES LAERT. III 66. Er zitiert Antigonos aus Karystos, der in der Biographie des Stoikers Zenon eine 'vor kurzem' (νεωστί) erschienene Platonausgabe erwähnt hatte, für deren Benutzung man 'den Besitzern' eine Gebühr habe zahlen müssen. (Unmittelbar zuvor behandelt Diogenes die kritischen Zeichen der Platon-Philologie; daraus darf jedoch nicht geschlossen werden, dass es sich um eine frühe kritische Ausgabe handelte: SOLMSEN 1981 [*78: 102-104], DÖRRIE (Hg.) 1987ff. [*80: 354f.]). Die meisten Interpreten sehen in den 'Besitzern' die Akademie als Institution (u.a. MÜLLER 1975 [*77: 24f. Anm. 1], CAVALLO 1984 [*79: 8f.]); es können aber auch prominente Akademiker als Privatleute gemeint sein: Arkesilaos besass 'schon als junger Mann' Platons Werke (DIOGENES LAERT. IV 32, ACAD. IND. XIX 15). Noch weniger klar ist die Bedeutung von 'vor kurzem' (νεωστί). Im Hinblick auf Diogenes' Quelle (siehe oben) liegt eine Beziehung auf Zenon nahe, aber es gibt keinen wirklichen Grund, gerade an seine Ankunft in Athen zu denken (312/311 v. Chr.?), wie es meist geschieht: Zenon kann auch zu jeder anderen Zeit bis zu seinem Tode (262/261) in Platons Werke Einblick genommen haben. Möglich ist ferner, dass Antigonos mit 'vor kurzem' einen geringen Abstand von seiner eigenen Zeit meint (CARLINI 1972 [*76: 28]); das führt für die Ausgabe dann in die zweite Hälfte des 3. vorchristlichen Jahrhunderts. Immerhin ist Antigonos' Zenon-Biographie ein Terminus ante quem.

Auch eine andere Überlegung hilft nicht weiter. Nach Müllers einleuchtender Hypothese konnte nur die Akademie den unechten 'platonischen' Dialogen Aufnahme ins Corpus verschaffen. Daraus scheint sich zu ergeben, dass der jüngste dieser Dialoge einen Terminus post quem bildet. Aber andere Beobachtungen führen zu dem Ergebnis, dass die Sanktionierung der Pseudoplatonica 'in mehreren Schüben' erfolgt ist (MÜLLER 1975 [*77: 27]); vermutlich gab es nacheinander mehrere autoritative Ausgaben der Akademie, und wir sind frei, eine erste Ausgabe schon bald nach dem Tode des Schulgründers anzunehmen.

Unter dem Einfluss eines Aufsatzes von BICKEL (1904 [*71]) hatte WILAMOWITZ schon früh eine normierende Ausgabe des Corpus Platonicum in der Zeit von Arkesilaos angenommen; durch seine Autorität fand dieser von ihm oft wiederholte zeitliche Ansatz weiteste Verbreitung, ja erschien immer stärker als gesicherte Tatsache: Die Ilias und Homer (Berlin 1916) 7 Anm. 2; 1919 [*24: 1, 582; 2, 326]; Menander, Das Schiedsgericht (Berlin 1925) 7; Der Glaube der Hellenen (Berlin 1931-1932) Bd. 2, 277f. (in wohl unbeabsichtigt präziser Formulierung): (Arkesilaos) «sorgte für eine Ausgabe der platonischen Schriften». Immerhin hat diese Hypothese eine gewisse innere Wahrscheinlichkeit. Schon BICKEL hatte 1904 die Vermutung geäussert [*71: 479], die arkesilaische Akademie habe die Erbschaft Platons, an die sie selbst nicht mehr glaubte, als 'abgeschlossen' sicherstellen wollen; ähnlich WILAMOWITZ (1919 [*24: 2, 326]) über eine Ausgabe, die zusammenfasste, «was irgendwie als platonisch in ihrer Hand war»: «zur Zeit des Arkesilaos oder Lakydes ... wohl glaublich, gerade weil der Platon der alten Akademie aufgegeben war».

Auch die tetralogisch gegliederte Fassung, die die Reihenfolge der Dialoge in vielen Ausgaben bis heute bestimmt, lässt sich nicht mit Sicherheit datieren. Lange galt es als sicher, dass sie schon gegen Ende des 4. Jahrhunderts v. Chr. entstanden ist (zuletzt PFEIFFER 1968 [*74: 169/242f.], PHILIP 1970 [*75: 300]). MÜLLER (1975 [*77: 27-41. 328f.]) betrachtet die Aufnahme der ‹(H)alkyon›, die er auf die zweite Hälfte des 2. Jahrhunderts datiert (siehe unten S. 845), als terminus post quem und setzt die Entstehung der Tetralogieneinteilung in das frühe 1. Jahrhundert (ablehnend CARLINI (Hg.) 1992 [*96: 456f.]). SOLMSEN (1981 [*78: 105], ohne Kenntnis von MÜLLER) hält das Datierungsproblem für unlösbar.

F. PSEUDOPLATONICA

Einige der anonym in der Appendix Platonica (dem eben erwähnten 'Anhang für Unechtes') überlieferten Schriften werden in der Forschung mit unterschiedlich überzeugender Begründung der skeptischen Akademie zugewiesen.

De virtute. – Περὶ ἀρετῆς – Über die Tugend (STEPHANUS III 376a-379d); vielleicht identisch mit dem bei DIOGENES LAERT. III 62 unter den ὁμολογουμένως (nach allgemeiner Auffassung) unechten Dialogen genannten Μίδων ἢ Ἱπποτρόφος. – Ausführliche Interpretation bei MÜLLER (1975 [*109: 191-261]).

Sokrates zeigt einem unbenannt bleibenden Unterredner, dass Tugend (ἀρετή) weder lehrbar ist noch eine objektiv feststellbare Naturanlage. Sie erweist sich vielmehr als Gabe der Götter (379d10 ϑείᾳ μοίρᾳ παραγίγνεται; ähnlich das Ergebnis von PLATONS Menon 99e4-100a6). Zur Datierung von Περὶ ἀρετῆς erinnert MÜLLER (244) daran, dass Xenokrates offenbar mit Nachdruck den gegenteiligen Standpunkt vertreten hat (DIOGENES LAERT. IV 12 bezeugt eine Schrift Ὅτι παραδοτὴ ἡ ἀρετή). Müller setzt Περὶ ἀρετῆς nach Xenokrates an und erklärt die Rückkehr zum Standpunkt des platonischen Menon mit der skeptischen Wendung der Akademie durch Arkesilaos (253f.): Seit Arkesilaos stehe die Akademie «weitgehend im Zeichen der Auseinandersetzung mit der Stoa». Die Stoa aber vertrat die Lehrbarkeit der Tugend. Daher habe «es die Dialektik dieses eigentümlichen Verhältnisses (verlangt), dass jene (die Akademie) den Argumenten, die sich gegen eine Mitteilbarkeit der Tugend ins Feld führen liessen, Geltung zu verschaffen suchte». Nach dieser Deutung liegt die Argumentation von Περὶ ἀρετῆς auf einer Ebene mit der Widerlegung der stoischen Erkenntnistheorie (vgl. S. 797-801).

Dem widerspricht jedoch das dezidiert dogmatische Ergebnis: Wenn es 'göttliche Fügung' gibt, muss es Götter geben; auch die ἀρετή selbst wird weder in ihrer Existenz noch in ihrer Beschreibbarkeit irgendwo in Frage gestellt. Vor allem fehlt die dialektische Schärfe, die für die skeptische Akademie als charakteristisch galt; statt dessen zeigt sich eine gewisse seicht-naive Religiosität. Im Hinblick auf die Entwicklung der Akademie schlägt MÜLLER (254-260) eine Datierung um 260 v. Chr. vor; er hält es für möglich, dass die Schlussworte des Sokrates auf den Fall Athens im Jahre 261 v. Chr. anspielen (1979 [*110: 241 Anm. 25]); Bedenken gegen diesen Ansatz bei KRÄMER (in UEBERWEG Antike 3 (1983) 127).

Demodocus II, III, IV (Zählung nur bei C. W. MÜLLER). – Δημόδοκος – Demodokos (STEPHANUS III 382e6-386c7) – Ausführliche Interpretation bei MÜLLER (1975 [*109: 262-271]).

Die traditionelle Bezeichnung ist sinnlos. Sie passt allenfalls zum ersten der vier unter dem Namen ‹Demodokos› zusammengefassten Stücke, da dort ein gewisser Demodokos angeredet wird. In den drei kurzen daran angeschlossenen Berichten eines Namenlosen über jeweils ein Gespräch ist kein Teilnehmer benannt. MÜLLER (266f.) identifiziert den Erzählenden mit Sokrates. Wie er wahrscheinlich gemacht hat (126-128, 268-271), sind ‹Demodocus II, III, IV› jünger als ‹Demodocus I›; einiges spricht für eine Zuordnung zur skeptischen Akademie (zustimmend KRÄMER in UEBERWEG Antike 3 (1983) 125. 127). In den drei referierten Gesprächen geht es jeweils um die Widerlegung einer weithin anerkannten Meinung. Im ‹Demodocus II› wird mit zahlreichen Argumenten dargelegt, dass die Anhörung von zwei (oder mehr) Zeugen für die Wahrheitsfindung überflüssig ist. Im folgenden Gespräch muss sich jemand, der einen Freund vergeblich um ein Darlehen gebeten hat, sagen lassen, er habe 'sich verfehlt', nicht etwa der hartherzige Freund (ein billiges Spiel mit der Doppeldeutigkeit des griechischen Verbums ἁμαρτάνω). Im letzten Gespräch wird in eristischer Manier 'bewiesen', dass man Bekannten und Freunden nicht mehr trauen dürfe als gänzlich unbekannten Personen. Der Erzählende (Sokrates?) ist am Schluss jeweils ratlos und wünscht sich eine weitere Untersuchung der Frage. Das rein widerlegende Verfahren, das sich stets gegen eine vertraute Denkweise (συνήθεια) richtet, erinnert in der Tat an die für Arkesilaos bezeugte Technik der Disputation.

Aber es gibt auch Gründe gegen eine solche Zuweisung. Im ‹Demodocus II› ist die arkesilaische Methode des 'in utramque partem disputare' (εἰς ἑκάτερον ἐπιχειρεῖν) selbst Gegenstand der Widerlegung. Ferner wird ein wichtiges hier verwendetes Argument von PLUTARCH (Stoic. rep. 1034 E) dem Stoiker Zenon zugeschrieben (SVF 1, frg. 78; Bedenken gegen die Authentizität bei GLUCKER 1989 [*111]): 'Wenn der erste die Sache schon richtig dargelegt hat, braucht man keinen zweiten mehr zu hören; hat er sie aber nicht (richtig) dargelegt, ist es, als habe er gar nichts gesagt (und dann ist der zweite der 'erste'). In keinem Falle bedarf es der Anhörung eines zweiten.' Nach WEISCHE (1961 [§ 42 *72: 77f.]) ist diese Argumentation direkt gegen Arkesilaos gerichtet (man vergleiche auch PLUTARCH Stoic. rep. 1035F-1036A = SVF 2, frg. 127 = 31 P 1-2 LS; dazu oben S. 805). Mit dem ersten Teil des zenonischen Arguments stimmt nun ‹Demodocus II› 383 e 8-10 ziemlich genau überein: ... εἴπερ ταὐτὸ ... ἐμφανιοῦσιν ἑκάτεροι, τί δεῖ ἔτι τοῦ ὑστέρου ἀκούειν (ähnlich schon Demodocus I 381 b 3-5: εἰ δ' αὖ ταὐτὰ συμβουλεύουσι, τί δεῖ πάντας αὐτοὺς συμβουλεύειν; εἷς γὰρ αὐτῶν τὰ αὐτὰ συμβουλεύων ἱκανὸς ἔσται). MÜLLER (270) sieht einen Unterschied darin, dass bei Zenon der eine oder der andere 'erkennbar' die Wahrheit sagt, während im ‹Demodocus II› am Anfang der Untersuchung 'die Frage des Kriteriums' stehe. Aber von einem Kriterium ist in keinem der beiden Texte die Rede, und auch bei Zenon ist nicht gesagt, dass in irgendeiner Weise kenntlich ist, ob einer der beiden die Wahrheit sagt; es kommt Zenon nur darauf an festzuhalten, dass faktisch jeweils nur eine Aussage an der Wahrheitsfindung beteiligt ist (ohne dass man immer sagen könnte, ob es die erste oder die zweite Aussage war). Hinter dem Argument steht so gut wie sicher die These des Antisthenes (frg. 47-49 DECLEVA CAIZZI = 152-155 SSR): οὐκ ἔστιν ἀντιλέγειν, 'Über den gleichen Sachverhalt kann man nicht einander widersprechende Aussagen machen, denn nur eine der Sache angemessene Aussage (οἰκεῖος λόγος) ist überhaupt eine Aussage; sachlich unangemessene Aussagen sind so gut wie gar nicht erfolgt'. Die von Antisthenes (oder Prodikos: BINDER/LIESENBORGHS 1966 [*106]) vertretene enge Bindung zwischen bezeichnetem Gegenstand und sprachlichem Zeichen kommt dem stoischen Denken sehr nahe (IOPPOLO 1986 [§ 1 *401: 42f.], BRANCACCI 1990 [*112: 251 Anm. 46]; etwas anders REPICI 1993 [*113: 257f. Anm. 21]). Auch das rückt ‹Demodocus II› eher in die Nähe der Stoa. Zwar darf nicht übersehen werden, dass die eristische Polemik gegen das Argumentieren nach beiden Seiten hin nicht das letzte Wort im ‹Demodocus II› ist: 'Sokrates' will nicht entscheiden, ob der Kritiker der Methode recht hat; die Kritik selbst wird wieder relativiert. Ein direkter Widerspruch zur arkesilaischen Skepsis besteht also nicht. Trotzdem ist schwer vorstellbar, dass ein skeptisch-akademischer Verfasser so massive Argumente gegen die eigene Methode nur mit dem nachdenklichen Schweigen des 'Sokrates' kompensiert haben sollte. Es bleibt demnach sehr zweifelhaft, ob die Dialoggruppe 'Demodocus II-IV' wirklich als Erzeugnis der skeptischen Akademie gelten kann.

(H)alcyon. – Ἀλκυών (oder Ἀλκυών) ἢ περὶ μεταμορφώσεως – Der Eisvogel oder Die Verwandlung.

Der kurze Dialog ist überliefert in allen Platon-Handschriften, die die Appendix berücksichtigen; er galt zunächst als 'platonisch'. Später hat er auch in die Lukian-Überlieferung Eingang gefunden. Der letzte Satz und die Subscriptio Πλάτων[ος] Ἀλκυών sind ausserdem auf einem Papyrusfetzen aus Oxyrhynchos erhalten (Ende 2. Jahrhundert n.Chr., hg. von COCKLE 1984 [*95] und CARLINI 1992 [*96]). Bereits STEPHANUS hat die ‹(H)alkyon› nicht in seine Platonausgabe (Paris 1578) aufgenommen; seit BURNET (1907 [*91]) sind ihm die neueren Herausgeber Platons darin gefolgt. Die jüngsten Ausgaben der ‹(H)alkyon› finden sich daher in den gesammelten Werken Lukians (MACLEOD (Hg.) 1968 [*93], 1987 [*94]). Ausführliche Interpretation bei MÜLLER (1975 [*109: 272-319]); zur Verfasserfrage und zur Abfassungszeit siehe auch die genannten Herausgeber.

Für die ‹(H)alkyon› ist neben 'Platon' ein weiterer Verfassername bezeugt: DIOGENES LAERTIOS (III 62), der sich auf Favorin aus Arles beruft, teilt mit, der Dialog 'scheine verfasst von einem gewissen Leon'; ATHENAIOS (XI 506 C) zitiert Nikias aus Nikaia und nennt als Verfasser 'den Akademiker Leon'. Es liegt nahe, in ihm den Politiker Leon aus Byzanz zu sehen, der in seiner Jugend Platons Schüler gewesen ist (über ihn ausführlich E. BUX, RE 12 (1925) 2008-2012); vorsichtig für Identifizierung MACLEOD (Hg.) (1968 [*93: 303]), COCKLE (Hg.) (1984 [*95: 113]), CARLINI (Hg.) (1992 [*96: 465]).

Sokrates und Chairephon erörtern an einem der 'alkyonischen' Tage (einer Schönwetterperiode um die Wintersonnenwende) die Verwandlung der Aiolos-Tochter (H)alkyon(e) in einen Eisvogel. Sokrates verweist auf das beschränkte Erkenntnis- und Urteilsvermögen des Menschen: Zwar könne nicht bewiesen werden, dass ein solcher Übergang von der menschlichen zur tierischen Seinsform wirklich stattgefunden hat, aber eine derartige Verwandlung sei grundsätzlich möglich.

BRINKMANN (1891 [*100]) hatte den Verfasser des Dialogs als Stoiker erweisen wollen und in das 2. Jahrhundert v.Chr. datiert. Auch MÜLLER (1975 [*109: 315f.]) datiert die Schrift aufgrund sprachlicher Indizien in das spätere 2. Jahrhundert; aber er verweist darauf, dass die eindeutig stoischen Lehrsätze zweimal als Meinung 'anderer' zitiert werden (303) und dass die Argumentation des Sokrates eher dem erkenntniskritischen Standpunkt der skeptischen Akademie entspricht. Eine Stütze dieser Einordnung sieht er darin (303f.), dass der als Verfasser bezeugte Leon bei Athenaios als Ἀκαδημαϊκός bezeichnet ist: eine Benennung, die von der hellenistischen Zeit an überwiegend auf skeptische Akademiker angewandt wurde. Die Identifizierung mit Leon aus Byzanz muss er aus chronologischen Gründen verwerfen (304 Anm. 2): der Verfasser des Kurzdialogs sei mit keinem der uns sonst bekannten Namensträger gleichzusetzen. – Auch gegen diese philosophische Einordnung bleiben Bedenken: Die andächtig-religiöse Haltung der beiden Unterredner ist sehr weit entfernt von der dialektischen Schärfe der Akademie um Karneades und Kleitomachos, und es ist bedenklich, dass der Name 'Leon' in den langen Schüler- und Mitgliederlisten, die vor allem der Herculanensische ‹Akademiker-Index› erhalten hat, nirgends begegnet.

Axiochus. – Ἀξίοχος – Axiochos (STEPHANUS III 364a-372a).

Auf Bitten des Kleinias spendet Sokrates dessen Vater Axiochos, der mit dem Tode ringt, Trost: ‹Nicht der Tod ist ein Übel, sondern eher das Leben mit seinen Widrigkeiten von der Jugend bis ins hohe Alter; der Tod betrifft den Menschen nicht, denn wenn er ihn ereilt, ist der Mensch nicht mehr existent; früh befreien die Götter ihre Lieblinge von der Last des irdischen Daseins; der Tod bedeutet Befreiung aus einem Kerker›. Am Ende des kurzen Gesprächs wird die Hoffnung auf ein Leben nach dem Tode durch einen platonisierenden Mythos bekräftigt. – Es handelt sich um eine Trostschrift konventioneller Art; Standardargumente werden sorglos aneinandergereiht mit einigen sachlich nicht motivierten fast wörtlichen Wiederholungen. Durchweg bestehen enge Berührungen mit der pseudoplutarchischen Trostschrift an Apollonios und mit Ciceros erstem Tusculanenbuch. Sprachlich-stilistische Indizien und die abgegriffenen Argumente (CICERO Tusc. I 113: «deorum immortalium iudicia solent in scholis proferre de morte») legen ein spätes Abfassungsdatum nahe (KASSEL 1958 [*102: 37 Anm. 5]: «wohl 1. vorchristliches Jahrhundert»), Terminus ante quem nach MÜLLER (1975 [*109: 296 Anm. 6]) «die Konstituierung der Tetralogienordnung» (siehe oben S. 843). Der Inhalt sagt über die Schulzugehörigkeit des Verfassers nichts aus; dass er skeptischer Akademiker war, ist wenig wahrscheinlich.

Andere Zuschreibungen von Pseudoplatonica an die skeptische Akademie dürfen jetzt als widerlegt gelten: Clitopho, Alcibiades II, Theages, Amatores und De iusto gehören zur 'älteren' Akademie und sind von KRÄMER in UEBERWEG Antike 3 (1983) 125-127 behandelt worden.

G. BIBLIOGRAPHIE

1. Zeugnisse und Überlieferung [*1]. – 2. Lakydes, seine Nachfolger und seine Schüler: a) Chronologie [*11-*14]; b) Lakydes [*21-*26]; c) Arideikes aus Rhodos [*31-*35]; d) Aristippos. Damon [*53-*56]. – 3. Verhältnis zu Platon: a) Interpretation der Werke? [*61-*64]; b) Ausgaben von Platons Schriften [*71-*80]. – 4. Pseudoplatonica: a) Ausgaben und Übersetzungen [*91-*97]; b) Sekundärliteratur [*100-*113].

1. Zeugnisse und Überlieferung

Vgl. auch Apollodor aus Athen [§ 1 *221, *222], Dorandi 1982 [§ 1 *223], Academicorum Index [§ 46 *20-*27].

1 Mette 1985 [§ 46 *43: 39-52]. – Zeugnissammlung zu Lakydes und seinen Nachfolgern.

2. Lakydes, seine Nachfolger und seine Schüler

a) Chronologie

Vgl. auch Habicht 1988 [§ 1 *444], Dorandi 1990 [*26].

11 W. Crönert: Kolotes und Menedemos. Texte und Untersuchungen zur Philosophen- und Literaturgeschichte (Leipzig 1906, ND Amsterdam 1965) [Studien zur Palaeographie und Papyruskunde 6].
12 U. von Wilamowitz-Moellendorff: Lesefrüchte, in: Hermes 45 (1910) 387-417, bes. 406-414. ND in: Kleine Schriften 4 (Berlin 1962) 254-283, bes. 272-280.
13 U. von Wilamowitz-Moellendorff: Lesefrüchte, in: Hermes 63 (1928) 369-390, bes. 377f. ND in: Kleine Schriften 4 (Berlin 1962) 454-475, bes. 463f.
14 C. Habicht: Studien zur Geschichte Athens in hellenistischer Zeit (Göttingen 1982) [Hypomnemata 73].

b) Lakydes

21 R. Hirzel: Untersuchungen zu Cicero's philosophischen Schriften (1883) [§ 1 *331: Bd. 3]. – 161f.: Interpretation der Anekdote über Lakydes und die diebischen Sklaven.
22 R. Hirzel: Ein unbeachtetes Komödienfragment, in: Hermes 18 (1883) 1-16. – 15f.: Lakydes und die Sklaven.

23 F. Čáda: Akademik Lakydes, in: Sborník Prací Filologických Dvornímu Radovi J. Královi (Festschrift J. Král) (Prag 1913) 94-106.
24 U. von Wilamowitz-Moellendorff: Platon, 2 Bde. (Berlin 1919). Bd. 1: Sein Leben und seine Werke (5. Aufl., bearb. und Nachwort von B. Snell, 1959); Bd. 2: Beilagen und Textkritik (4. Aufl., bearb. und Nachwort von R. Stark, 1969). – Bd. 1, S. 582 Anm. 2 (^{5}1959): Hübsche Paraphrase der Speisekammer-Geschichte.
25 W. Capelle: Art. 'Lakydes', in: RE 12 (1924) 530-534.
26 T. Dorandi: Per la cronologia di Lacide, in: Rheinisches Museum für Philologie 133 (1990) 93-96. ND in: Dorandi 1991 [§ 1 *446: 7-10].

c) Arideikes aus Rhodos

31 F. Hiller von Gaertringen: Arideikes und Hieronymos von Rhodos, in: Bulletin de Correspondance hellénique 36 (1912) 230-239.
32 F. Hiller von Gaertringen: Δεύτεραι φροντίδες, in: Hermes 54 (1919) 104-107. – 105-107: «Damatrios und Arideikes».
33 P. M. Fraser: Rhodian funerary monuments (Oxford 1977). – Zu Arideikes und zum Grabrelief für Hieronymos aus Rhodos: 34-36; 103 mit Anm. 1; 129f. mit Anm. 203.
34 K. Gaiser: Das Philosophenmosaik in Neapel (Heidelberg 1980) [Abhandlungen der Heidelberger Akademie der Wissenschaften, phil.-hist. Kl. 1980, 2].
35 T. Dorandi, Bernadette Puech: Art. 'Aridicas de Rhodes', in: DPA 1 (1989) 350f.

d) Aristippos. Damon

53 H. von Arnim: Art. 'Aristippos von Kyrene', in: RE 2 (1896) 906.
54 C. J. Classen: Aristippos, in: Hermes 86 (1958) 182-192. – Zum Akademiker Aristipp aus Kyrene.

55 C. J. Classen: Bemerkungen zu zwei griechischen 'Philosophiehistorikern', in: Philologus 109 (1965) 175-181, bes. 178-180. – Über die doxographischen (?) Werke von Damon und Aristipp.
56 T. Dorandi: Art. 'Aristippe de Cyrène', in: DPA 1 (1989) 375f.

3. Verhältnis zu Platon

a) Interpretation der Werke?

Vgl. auch Annas 1990 [§ 42 *78], Lévy 1990 [§ 42 *79].

61 J. Glucker: Antiochus and the Late Academy (1978) [§ 1 *398]. – 37-47: Einige späte Texte zeigen, dass Platon weiterhin gelesen wurde, und zwar mit dem Ziel, ihn als 'Skeptiker' zu erweisen.
62 H. Tarrant: Scepticism or Platonism? (1985) [§ 42 *94]. – 70-79: Die Versuche, Platon als Skeptiker zu erweisen, sind dem Pyrrhonismus zuzuordnen.
63 Julia Annas, J. Barnes: The modes of scepticism (1985) [§ 42 *115]. – 13: Die akademische Skepsis beruft sich zu Unrecht auf Platon.
64 G. Bastianini, D. N. Sedley (Hg.): Kommentierte Neuausgabe des anonymen Theaitet-Kommentars, in: CPF [§ 1 *312], Teil III: Commentari filosofici (Florenz 1994).

b) Ausgaben von Platons Schriften

Vgl. auch Carlini (Hg.) 1992 [*96].

71 E. Bickel: Ein Dialog aus der Akademie des Arkesilas, in: Archiv für Geschichte der Philosophie 17 (1904) 460-479.
72 E. Bickel: Das platonische Schriftenkorpus der 9 Tetralogien und die Interpolation im Platontext, in: Rheinisches Museum für Philologie 92 (1944) 94-96.
73 E. Bickel: Geschichte und Recensio des Platontextes, in: Rheinisches Museum für Philologie 92 (1944) 97-159.
74 R. Pfeiffer: History of classical scholarship from the beginnings to the end of the Hellenistic age (Oxford 1968). – Dt.: Geschichte der Klassischen Philologie. Von den Anfängen bis zum Hellenismus (München 1978). – 196/242f.
75 J. A. Philip: The Platonic Corpus, in: Phoenix 24 (1970) 296-308.
76 A. Carlini: Studi sulla tradizione antica e medievale del Fedone (Rom 1972).
77 Carl Werner Müller: Die Kurzdialoge der Appendix Platonica (1975) [§ 42 *75]. – 24-26: Eine normierende Ausgabe durch die Akademie «möglicherweise noch im 4. Jahrhundert».
78 F. Solmsen: The Academic and the Alexandrian editions of Plato's works, in: Illinois Classical Studies 6 (1981) 102-111. – Erste Gesamtausgabe von Platons Schriften etwa 300-270 v. Chr., vielleicht durch Arkesilaos als Privatmann. Die Aufnahme von Unechtem spricht gegen die Benutzung von autographem Material. Die Entstehung der Tetralogienordnung lässt sich nicht datieren.
79 G. Cavallo: I rotoli di Ercolano come prodotti scritti, in: Scrittura e Civiltà 8 (1984) 5-30. – S. 8f.: Zu Diogenes Laert. III 66.
80 H. Dörrie: Der Platonismus in der Antike (1990) [§ 46 *45: Bd. 2]. – 354f.: Zu Diogenes Laert. III 66 und zur Entstehungszeit der kritischen Zeichen in Ausgaben platonischer Schriften.

4. Pseudoplatonica

a) Ausgaben und Übersetzungen

Einzelausgaben von De virtute, Demodocus II, III, IV, Alcyon und Axiochos gibt es nicht. Die meisten pseudoplatonischen Kurzdialoge finden sich in allen vollständigen Platon-Ausgaben und -Übersetzungen; am bequemsten zugänglich ist:

91 Platonis opera. Recognovit brevique adnotatione critica instruxit Io. Burnet, Bd. 5 (Oxford 1907, Nachdrucke) [Bibliotheca Oxoniensis].

Gut lesbare Übersetzungen in:

92 Platon. Sämtliche Werke, 3 Bde., hg. von E. Löwenthal, Bd. 3 (Heidelberg 1981). – 807-813: ‹Die bürgerliche Tüchtigkeit› von Hieronymus Müller; 814-824: ‹Demodokos› von F. Susemihl; 853-862: ‹Axiochos› von Hieronymus Müller.

(H)alkyon

Ausgaben

93 Lucian. With an English translation by M. D. Macleod, Bd. 8 (Cambridge, Mass., London 1968) [Loeb Classical Library] 303-317.
94 Luciani opera. Recogn. brevique adnot. critica instr. M. D. Macleod, Bd. 4 (Oxford 1987) [Bibliotheca Oxoniensis] 90-95.

Ausgaben der Papyrus Oxyrhynchia 3683

95 W. E. Cockle, in: The Oxyrhynchus Papyri 52 (1984) 113-116.

96 A. Carlini: Leo Academicus, in: CPF [§ 1 *312: I 1, 2 (1992) 463-466].

Vortreffliche Übersetzung von Christoph Martin Wieland:

97 Lucians von Samosata Sämtliche Werke, Bd. 5 (Leipzig 1789) 264-272. Nachdrucke in: C. M. Wieland: Sämtliche Werke, Bd. 50 (Wien 1813) u.ö.; u.a. in: Lukian. Werke in 3 Bdn. Aus dem Griechischen übersetzt von C. M. Wieland, Bd. 3 (Berlin, Weimar 1974) 155-159.

b) Sekundärliteratur

Die wesentlichen Arbeiten zu den pseudoplatonischen Schriften sind aufgeführt in Ueberweg Antike 3 (1983) 147f. [§ 7 *270-*307]. Zu den oben behandelten Dialogen wichtig ausserdem:

100 A. Brinkmann: Quaestionum de dialogis Platoni falso addictis specimen (Bonn 1891).– Diss. Bonn 1888. 16-26: Verfasser der ‹(H)alkyon› steht der Stoa nahe.

101 L. Alfonsi: L'Assioco pseudoplatonico. Ricerca sulle fonti, in: V. E. Alfieri, M. Untersteiner (Hg.): Studi di filosofia greca in onore di R. Mondolfo (Bari 1950) 245-275. – 'Hauptquelle ein Frühwerk des Aristoteles'.

102 R. Kassel: Untersuchungen zur griechischen und römischen Konsolationsliteratur (München 1958) [Zetemata 18]. – 37f.: Im ‹Axiochos› unkritische Häufung von Argumenten, Entstehungszeit 1. Jh. v.Chr.

103 Margherita Isnardi Parente: Un discorso consolatorio del Corpus Platonicum, in: Rivista critica di Storia della Filosofia 16 (1961) 33-47. – Zum ‹Axiochos›.

104 A. Carlini: Alcuni dialoghi pseudo-platonici e l'Accademia di Arcesilao, in: Annali della Scuola Normale Superiore di Pisa (Lettere, Storia, Filosofia) 31 (1962) 33-63.

105 W. F. J. Knight: Axiochos, in: Pegasus 1 (1964) 35-39.

106 G. Binder, L. Liesenborghs: Eine Zuweisung der Sentenz οὐκ ἔστιν ἀντιλέγειν an Prodikos von Keos, in: Museum Helveticum 23 (1966) 37-43; überarb. ND in: C. J. Classen (Hg.): Sophistik (Darmstadt 1976) [Wege der Forschung 187] 452-462. – Gegen die bislang vertretene Zuschreibung an Antisthenes; indirekt zu ‹Demodocus II›.

107 R. S. Brumbaugh, R. Wells: Plato manuscripts. A new index (New Haven 1968). – 125-144: Zur handschriftlichen Überlieferung der Pseudoplatonica.

108 A. Q. Morton, A. D. Winspear: The authorship of the Axiochus, in: A. Q. M., A. D. W. [u.a.]: It's Greek to the computer (Montreal 1971) 91-94.

109 Carl Werner Müller: Die Kurzdialoge der Appendix Platonica (1975) [§ 42 *75]. – Grundlegend.

110 Carl Werner Müller: Eine spätbyzantinische Rezension des pseudoplatonischen Dialogs Περὶ ἀρετῆς, in: Würzburger Jahrbücher N.F. 5 (1979) 237-251. – 241 Anm. 25: Zur Datierung von ‹De virtute›.

111 J. Glucker: Πρὸς τὸν εἰπόντα – Sources and credibility of De Stoicorum repugnantiis 8, in: Illinois Classical Studies 13 (1989) 473-489. – Die von Plutarch referierte Äusserung Zenons gegen die Berücksichtigung des jeweiligen Gegenstandpunkts ist bestenfalls eine scherzhafte Anekdote und darf nicht als stoisches Lehrstück verstanden werden; indirekt zu ‹Demodocus II›.

112 A. Brancacci: Oikeios logos. La filosofia del linguaggio di Antistene (Neapel 1990) [Collana Elenchos 20]. – 251 zum Verhältnis Antisthenes – Stoa, indirekt zu ‹Demodocus II›.

113 Luciana Repici: The Stoics and the elenchos, in: K. Döring, T. Ebert (Hg.): Dialektiker und Stoiker (Stuttgart 1993) [Philosophie der Antike 1] 253-269. – 257f.: Zenons Polemik (Plutarch Stoic. rep. 1034 E = SVF 1, frg. 78) darf nicht mit dem antisthenischen οὐκ ἔστιν ἀντιλέγειν identifiziert werden; indirekt zu ‹Demodocus II›.

§ 49. Karneades

A. Zeugnisse und Überlieferung 849. – B. Leben 851. – C. Lehre 855: 1. Erkenntniskritik 855; 2. Konsequenz der skeptischen Haltung 858; 3. Wahrscheinlichkeitslehre 859: a) 'Wahrscheinliches' als Richtschnur des Handelns 859; b) Der Begriff des 'Wahrscheinlichen' 860; c) Die Stufen der Wahrscheinlichkeit 866; d) Bewertung des πιθανόν: 'Zustimmung' oder blosses 'Befolgen'? 869; e) Persönlich vertretenes Handlungsmodell oder Ad-hominem-Argumentation? 873; f) Anwendungsbereich 874; 4. Auseinandersetzung mit philosophischen Dogmen 877: a) Methode 877; b) Ethik und Güterlehre 878; c) Theologie 884; d) Fatum. Willensfreiheit und Mantik 887; e) Positive philosophische Ansichten des Karneades? 891. – D. Bibliographie 892: 1. Zeugnisse und Überlieferung. Allgemeines 892: a) Gesamtdarstellungen 892; b) Zeugnissammlungen 892; c) Zur Abgrenzung karneadeischer Gedankengänge in den Quellen 893; d) Inschriftenbasis. Beziehungen zu Pergamon 893; e) Porträts 893; 2. Leben 894; 3. Lehre 894: a) Erkenntniskritik 894; b) Wahrscheinlichkeitslehre 895; c) Bewertung des πιθανόν: 'Zustimmung' oder blosses 'Befolgen'? 895; d) Ethik 896; e) Theologie 897; f) Willensfreiheit. Mantik 897.

A. ZEUGNISSE UND ÜBERLIEFERUNG

Karneades hat sich zu philosophischen Fragen nur mündlich geäussert; ausser einer Sammlung von Briefen an König Ariarathes V. von Kappadokien (DIOGENES LAERT. IV 65 = T 1a, 41f. METTE) kannte man von ihm keine Schriften: DIOGENES LAERT. a.a.O. = T 1a, 42f. METTE; ders. I 16 = T 1g¹ METTE; PLUTARCH de Alexandri fortuna 1, 4, 328 A = T 1g² METTE; zu HIERONYMUS ep. 60, 5, 2 = F 7c METTE (angebliche Trostschrift des Karneades) siehe KASSEL (1958 [*24: 26 Anm. 2]). Seine Lehre wurde durch Nachschriften seiner Schüler weitergegeben. Dabei gab es offenbar schon zu Lebzeiten des Karneades Kontroversen über die richtige Interpretation. Aus ACAD. IND. XXII 37-XXIII 2 (T 3b, 3-6 METTE) erfahren wir, ein gewisser Zenon aus Alexandria habe Karneades' Vorlesungen «aufgeschrieben», aber «als die Notizen einmal verlesen wurden, habe ihn Karneades in Gegenwart aller anderen scharf getadelt»; kurz darauf (XXIII 4-6 = T 3b, 7f. METTE, vgl. CICERO Luc. 16) heisst es über Hagnon aus Tarsos, er habe «das meiste aus den Vorlesungen wohlwollend (εὐνό⟨ω⟩ς) niedergeschrieben und sei gelobt worden». Auch Metrodor aus Stratonikeia (über ihn ausführlich S. 905f.) hat wahrscheinlich Vorlesungsnachschriften hinterlassen, denn er stand im Rufe, «Karneades besonders gut gekannt zu haben» (CICERO Luc. 16; de or. I 45 = KARNEADES F 4a, 6f. METTE), und behauptete, «alle anderen hätten Karneades missverstanden» (ACAD. IND. XXVI 4-11 = KARNEADES T 3b, 39-42). Den wichtigsten Beitrag für die Verbreitung der Lehre des Karneades leistete Kleitomachos aus Karthago, später selbst Scholarch, der schon im Altertum als besonders zuverlässiger Zeuge galt (über ihn S. 899-904). Er soll über 400 Buchrollen verfasst haben (DIOGENES LAERT. IV 67; CICERO Luc. 16).

Aus diesen Schriften zitiert Cicero wiederholt, aber grössere Zusammenhänge lassen sich nicht mehr rekonstruieren. Allenfalls in CICERO Tusc. III 54 = KARNEADES F 7a, 1-6 METTE = KLEITOMACHOS F 6 METTE ist die karneadeische Grundlinie noch erkennbar: Kleitomachos hatte nach der Zerstörung Karthagos durch die Römer (146 v.Chr.) an seine Mitbürger eine Trostschrift gerichtet; darin war ein (von Kleitomachos verkürzter) Vortrag des Karneades enthalten, in dem die These widerlegt wurde, der 'Weise' werde, wenn sein Vaterland in Feindeshand geraten sei, von Kummer befallen: «... (liber Clitomachi) quem ille eversa Karthagine misit consolandi causa ad captivos, cives suos; in eo est disputatio scripta Carneadis, quam se ait in commentarium rettulisse. cum ita positum esset, videri fore in aegritudine sapientem patria capta, quae Carneades contra dixerit, scripta sunt.» Zur stoischen Tendenz vgl. S. 881f. und IOPPOLO (1980 [*29]). – Die ausführlichste Wiedergabe einer zusammenhängenden Argumentation liegt vielleicht in den Fragmenten der Rede des L. Furius Philus in CICEROS De re publica (III 9-31) vor, die angeblich der zweiten Rede des Karneades im Jahre 155 v.Chr. (S. 853) folgt (CICERO rep. III 8; LAKTANZ div. inst. V 14,

3-5 = 68 M LS; vgl. KARNEADES F 11a METTE). Aber es ist keineswegs sicher, dass Karneades damals wirklich 'für' und 'gegen die Gerechtigkeit' sprach (FERRARY 1977 [*27: 153-156]): Cicero könnte im Hinblick auf die Glaukon-Rede in PLATONS ‹Politeia› (358e3-362c8) Karneades dieses Thema unterstellt haben, und unsere übrigen Zeugnisse hängen weitgehend von Cicero ab. Unsicher ist auch Ciceros Quelle: Mündliche Vermittlung des gesamten Gesprächs 'Über den Staat' durch P. Rutilius Rufus ist zweifellos literarische Fiktion (dazu HENDRICKSON 1906 [*21: 186], FERRARY 1988 [*32: 361]). Denkbar ist eine Benutzung der Autobiographie des Rutilius oder anderer Römer, kaum dagegen die einer Zusammenfassung durch Kleitomachos, der Karneades nicht gehört haben dürfte (FERRARY 1977 [*27: 155], 1988 [*32: 360f.]). Am wahrscheinlichsten ist es, dass Cicero eine eher allgemein gehaltene ethische Abhandlung des Kleitomachos selbst auf Fragen der politischen Moral zugespitzt hat; die als 'romfeindlich' empfundene Kritik des Imperialismus ist seine eigene Zutat (FERRARY 1988 [*32: 362]). Nach MORAUX (A la recherche de l'Aristote perdu, Paris 1957, 74 Anm. 21) und WEISCHE (1968 [*2: 856]) kannte Cicero die Argumentation des Karneades durch eine stoische Widerlegungsschrift.

Unsere Kenntnis der Lehre des Karneades basiert im wesentlichen auf zahlreichen Erwähnungen bei Cicero und einigen umfangreichen Berichten bei Sextus Empiricus. (Diogenes Laertios und der ‹Academicorum Index› sind für Karneades wenig ergiebig.) Das dort Mitgeteilte muss zumindest indirekt auf die Berichte und Nachschriften der oben genannten unmittelbaren Karneades-Schüler zurückgehen. Eine konkrete Zuweisung ist wegen der spärlichen und unklaren Quellenangaben jedoch meist problematisch; noch schwieriger ist die Abgrenzung des ausschliesslich auf Karneades Bezüglichen vom jeweiligen Kontext. So weisen z.B. MUTSCHMANN (1911 [*22: 191]) und WEISCHE (1968 [*2: 854]) den kürzeren Bericht des SEXTUS EMP. zur Wahrscheinlichkeitslehre (PH I 226-231 = F 1, 14-59 METTE) nur aufgrund der Wendung οἱ ... περὶ Καρνεάδην καὶ Κλειτόμαχον (§ 230, Zeile 50f. METTE) dem Kleitomachos zu. Nicht weniger willkürlich ist MUTSCHMANNS (192) Zuweisung des längeren Berichts (math. VII 159-189 = F 2, 1-177 = 70 A LS) an Antiochos aus Askalon nur wegen des isolierten Einschubs φησὶν ὁ Ἀντίοχος (§ 162 = Zeile 20 METTE); sie wurde von mehreren Interpreten übernommen, wobei freilich die Ansichten über den Umfang des Antiochos-Zitats weit auseinandergehen: METTE (Hg.) (1985 [*12: 123]) denkt nur an § 162 = F 2, 20-26, MUTSCHMANN an die ganze Ἀκαδημαϊκὴ ἱστορία (math. VII 141-189), LUCK (1953 [*23: 53]) an VII 159-189, TARRANT (1981 [*30: 78-83], 1985 [*31: 89f.]) sogar an math. VII 89-260 (gegen die Zuschreibung mit guten Gründen BARNES 1989 [§ 52 *21: 64f.]). Im Gegensatz dazu glaubt VON ARNIM (1921 [§ 50 *12: 659]) im Abschnitt math. VII 159-189 (F 2, 1-177 METTE) Kleitomachos als Quelle zu erkennen. All das bleibt unbeweisbar.

Für die zweite erhaltene Hauptquelle zur Erkenntniskritik und Wahrscheinlichkeitslehre, Ciceros ‹Lucullus›, liegen die Verhältnisse nicht besser. Der erste Hauptteil, die Rede des Dogmatikers Lucullus (11-62), gibt nach Ciceros eigener Aussage die Lehre des Antiochos aus Askalon wieder (Luc. 61; näheres § 52, S. 946). Die Antwortrede des Skeptikers Cicero (Luc. 64-146) ist nach Ciceros Aussage vom Standpunkt des Philon von Larisa aus formuliert (fam. IX 8, 1 = PHILON F 6 METTE): «mihi sumpsi (partis) Philonis»; aber in ihrem Gehalt ist die Rede durchaus orthodoxkarneadeisch (BRINGMANN 1971 [*26: 261-265], GLUCKER 1978 [*28: 392-405]; Näheres § 51, S. 919f.), so dass der Abschnitt jedenfalls zur ergänzenden Rekonstruktion von Karneades' Lehre herangezogen werden darf. Ob (in Überarbeitung durch Philon?) eine Nachschrift karneadeischer Lehre vorliegt oder ob Philon in einer frühen Phase selbst die karneadeische Lehre formuliert hat, ist nicht zu entscheiden. Im übrigen ist Cicero im ‹Lucullus› mit seinen Quellen zweifellos ebenso frei und souverän umgegangen wie in den übrigen Philosophica: Einschübe aus anderen 'Quellen', aber auch eigene Erinnerungen aus Vorlesungen und Gesprächen sind so gut wie sicher; persönlich-subjektive Äusserungen und Umdeutungen kommen hinzu.

Die wichtigsten Aussagen zu theologischen Fragen finden sich ebenfalls bei SEXTUS EMP. (math. IX 139-190) und bei CICERO (nat. deor. III 29-50). Auch hier ist eine saubere Abgrenzung unmöglich. Karneades' Name ist bei Sextus dreimal, bei Cicero zweimal genannt, aber es ist keineswegs sicher, dass alles zwischen den Namensnennungen Stehende wirklich von ihm stammt. Andererseits ist es denkbar, ja wahrscheinlich, dass sich karneadeisches Gedankengut an vielen Stellen findet, ohne dass sein Name genannt ist. Ähnlich verhält es sich mit den anderen Gebieten. Diese Unsicherheit hat dazu geführt, dass in der neuzeitlichen Forschung fast alle antidogmatischen Partien bei Cicero und anderen Autoren irgendwann einmal für Karneades in Anspruch genommen wurden, sicher nicht immer zu Unrecht. Auf solche Spekulationen kann hier nicht eingegangen werden. Nur die mit Karneades' Namen verbundenen Zeugnisse werden im folgenden berücksichtigt.

In neuerer Zeit sind zwei Testimoniensammlungen entstanden, die dem gleichen Grundsatz folgen: WIŚNIEWSKI (1970 [*11]), METTE (1985 [*12]). METTE verdient in jeder Hinsicht den Vorzug: Textgestaltung nach neueren kritischen Ausgaben, klare Gliederung, nützliche Indices, umfangreiche (jedoch keineswegs vollständige) Literaturhinweise. (Die in die lateinischen Texte vielfach eingeschobenen Rückübersetzungsversuche überzeugen nicht immer; sie hätten nicht ohne entsprechende Kennzeichnung in den griechischen Index aufgenommen werden sollen.)

Bei der Ausgrabung der Stoa des Attalos in Athen wurde 1880 eine Basis mit folgender Inschrift gefunden (IG II/III³ 3781 = T 1f¹ METTE, Abbildung in THOMPSON/WYCHERLEY 1972 [*41: Tafel 55c]):

ΚΑΡΝΕΑΔΗΝ ΑΖΗΝΙΕΑ
ΑΤΤΑΛΟΣ ΚΑΙ ΑΡΙΑΡΑΘΗΣ ΣΥΠΑΛΗΤΤΙ[ΟΙ]
ΑΝΕΘΗΚΑΝ

Lange galt es als sicher, dass die Stifter mit den Prinzen Attalos (später König Attalos II.) von Pergamon und Ariarathes (später König Ariarathes V.) von Kappadokien zu identifizieren seien (zur Verbindung des pergamenischen Königshauses mit der Akademie siehe S. 777. 795. 832; vgl. auch die unten S. 854 erwähnten Briefe an Ariarathes). Diese Identität wurde von MATTINGLY (1971 [*42: 28-32]) mit starken Argumenten in Frage gestellt: 'Nicht Prinzen seien die Stifter, sondern ein athenisches Brüderpaar, dem der Vater die Namen Attalos und Ariarathes gegeben hatte, um damit die Gönner der Akademie und Wohltäter Athens zu ehren.' Gegenargumente zugunsten der alten Annahme erhoben FRISCHER (1982 [*43: 194-196 Anm. 205]) und GAUTHIER (1985 [*44: 209]). Ein neuer Inschriftenfund jedoch bringt die Entscheidung für Mattingly: König Attalos gehörte der Phyle Attalis an; die Demenangabe der Inschrift ist damit unvereinbar (HABICHT 1988 [*45: 16], 1990 [§ 46 *77: 571f.], TRACY/HABICHT 1991 [*46: 217]).

Die Basis ist ausgestellt in der Vorhalle der Stoa; genaue Beschreibung bei RICHTER 1965 ([§ 1 *455: 2, 250 Abb. 1681]). Stilistische Merkmale deuten auf die 'Mitte des 2. Jahrhunderts v.Chr.' (RICHTER). Zwei tiefe Löcher auf der Oberseite zeigen, dass die Basis eine bronzene Sitzstatue trug. Vermutlich meint Cicero dieses Denkmal, wenn er während eines Spaziergangs in Athen versichert (fin. V 4), das Aussehen des Karneades sei ihm vertraut («est enim nota imago»).

Auch die heute erhaltenen Porträtbüsten gehen vielleicht auf sie zurück (bester Überblick bei RICHTER 1965 [§ 1 *455: 2, 249-251 mit Abb. 1680-1688]; vgl. ferner STEWART 1979 [*55: 53. 140f. Tafel 17b]): a) Büste im Nationalmuseum Ravenna (eingehend behandelt von ARIAS 1953 [*52: 119-122 mit Abb. 19-25]; Abb. auch bei NONVEL PIERI 1978 [*4] vor dem Titel); b) Kopf im Antikenmuseum Basel (besprochen von SCHEFOLD 1966 [*54: 41f.]; Abb. auch in LONG 1974 [§ 1 *396] vor dem Titel). a) und b) sind bis auf geringe Details identisch: römische Kopien vom gleichen Original. – Ebenfalls von diesem Original kopiert ist: c) eine heute verlorene Büste der Sammlung Farnese (Zeichnungen und Gipsabgüsse erhalten), die mit KARNEA... bezeichnet war und damit die Identifizierung auch der anderen Porträts ermöglicht hat. – d) Nach dem gleichen Bildtyp, aber freihändig gearbeitet, ist ein Relief (Teil eines Medaillons) in der Sammlung des Earl of Leicester, Holkham Hall, Norfolk (besprochen von POULSEN 1923 [* 51: 46f. Abb. 20]; Abb. auch bei ARIAS 1953 [*52: 120] und RICHTER 1965 [§ 1 *455: Bd. 2, Abb. 1687]). – Die Bilder zeigen einen etwa Siebzigjährigen mit schütterem weichgelockten Haar, stark gefurchter Stirn, auffallend tiefliegenden Augen und schlaffen Wangen über einem mittelgrossen Vollbart. – Über weitere Porträts (unsichere und inzwischen widerlegte Zuschreibungen) RICHTER (1965 [§ 1 *455: 2, 250f.]).

B. LEBEN

Karneades (Καρνεάδης, zur Namensform CRÖNERT 1906 [§ 48 *11: 95]; lat. Carneades) stammt wie sein mittelbarer Vorgänger Lakydes aus dem geistig überaus regsamen Kyrene (S. 830). Sein Vater hiess Philokomos (so ALEXANDER

POLYHISTOR bei DIOGENES LAERT. IV 62 = 273 F 90 FGrH = KARNEADES T 1a, 4 METTE; SUDA s.v. Καρνεάδης = T 1a[1] METTE; IG XIV 1170) oder (nur bei DIOGENES LAERT. IV 62 = T 1a, 4 METTE) Epikomos (unwahrscheinlich: CRÖNERT 1906 [§ 48 *11: 96f.]). Als Todesdatum nannte APOLLODOR in seiner Chronik 129/128 v. Chr. (DIOGENES LAERT. IV 65 = T 1a, 37-39 METTE = APOLLODOR 244 F 51 FGrH) und fügte hinzu, Karneades habe 85 Jahre gelebt (so auch LUKIAN Macr. 20 = T 1e[1]). Nach anderer Überlieferung (CICERO Luc. 16 = T 4a, 5 METTE; VALERIUS MAX. 8, 7 ext. 5 = T 1c[2], 3 METTE; CENSORINUS 15, 3 = T 1e[4] METTE) wurde er 90 Jahre alt. Das ergibt als Geburtsjahr entweder 214/213 oder 219/218 v. Chr. (weniger wahrscheinlich). Über Karneades' Jugend ist nichts bekannt. Vermutlich ist er früh nach Athen gekommen und hat sich dort der Akademie angeschlossen. Als er später das athenische Bürgerrecht erhielt (SYMMACHUS ad Theodosium X 5, 2 = T 1f[2] METTE), wählte er von den 140 Demen denjenigen aus, dem auch Platon und Chrysipp angehört hatten: AZENIA (IG II/III[2] 3781 = T 1f[1] METTE; vgl. HABICHT 1988 [*45: 14f.]). Nach CICERO (Luc. 16 = T 4a, 3f. METTE) 'hörte' er Hegesinus. CICERO (Luc. 98 = F 5, 88-91) erwähnt ferner dialektische Studien beim Stoiker Diogenes 'aus Babylon'. Auch der übrigen Lehre der Stoiker widmete sich Karneades mit grossem Eifer und las deren Schriften, vor allem die Chrysipps. Über ihn soll er gesagt haben (DIOGENES LAERT. IV 62 = T 1a, 8) Εἰ μὴ γὰρ ἦν Χρύσιππος, οὐκ ἂν ἦν ἐγώ, «wenn es Chrysipp nicht gäbe, gäbe es auch mich nicht» (Umbildung eines zu Chrysipps Ehren geprägten Verses: Εἰ μὴ γὰρ ἦν Χρύσιππος, οὐκ ἂν ἦν Στοά, bei DIOGENES LAERT. VII 183). Damit ist einerseits ausgedrückt, dass er die Widerlegung des um fast zwei Generationen Älteren (dem er persönlich nicht begegnet sein kann; Irrtum bei VALERIUS MAXIMUS VIII 7 ext. 5 = T 1c[2], 9 METTE) als Lebensaufgabe ansah; vor allem aber auch, dass er ihm viel verdankte: Chrysipp hatte zahlreiche Argumente gegen die Zuverlässigkeit der Sinneswahrnehmung und der Dialektik zusammengetragen, um sie anschliessend zu widerlegen; an diese skeptischen Argumente des dogmatischen Gegners konnte Karneades vielfach anknüpfen und zeigen, dass die Widerlegung misslungen war (CICERO Luc. 87 = F 5, 69-72 METTE, über Chrysipp: «... de quo queri solent Stoici, dum studiose omnia conquisierit contra sensus ... ipsum sibi respondentem inferiorem fuisse, itaque ab eo armatum esse Carneadem»; vgl. S. 856). Unter den Stoikern der eigenen Zeit bekämpfte Karneades vor allem den Schulleiter Antipater aus Tarsos (CICERO Luc. 28 und 109 = F 5, 9-16 und 149-158), der sich freilich einer offenen Diskussion nicht gewachsen fühlte und deshalb lieber in Form 'vieler Bücher' antwortete (daher sein Beiname καλαμοβόας 'Federschreiber': PLUTARCH de garrulitate 23, mor. 514 D = F 18b METTE u.ö.). – Mit dem Epikureer Philonides verband Karneades eine enge Freundschaft (GIGANTE 1973 [*62: 86], GALLO (Hg.) 1980 [*63: 2, 38]). CICERO (Ac. I 46 = T 4b METTE) nennt den Epikureer Zenon aus Sidon einen eifrigen Hörer und Bewunderer des Karneades, 'obwohl er völlig anders dachte'.

Die Leitung der Akademie übernahm Karneades von Hegesinus (DIOGENES LAERT. IV 60 = T 1a, 2f.; NUMENIOS bei EUSEBIUS PE XIV 8, 1 = frg. 4 LEEMANS = frg. 27 DES PLACES = KARNEADES T 2, 16 u.ö.); wann das geschah, ist weder direkt überliefert noch erschliessbar. Es ist jedoch so gut wie sicher, dass Karneades bereits Scholarch war, als er von den athenischen Behörden im Jahre 155 v. Chr.

zusammen mit dem Peripatetiker Kritolaos und dem Stoiker Diogenes 'von Babylon' wegen eines Konflikts mit Oropos nach Rom entsandt wurde ('Philosophengesandtschaft'): PLUTARCH Cato d.Ä. 22, 349D-350A = T 7 a[1]; ferner T 7 a[2] bis 7 k und APOLLODOR v. 99f. DORANDI (Hg.) 1982 [§ 1 *223: 34] = ACAD. IND. XXXI 1-2 (ohne Namensnennung, daher nicht bei METTE). Die Ergänzungen MEKLERS in ACAD. IND. XXII 16-35 sind durch die neue Lesung von Dorandi widerlegt. – Als die oben (S. 851) erwähnte Statue, deren Inschrift erhalten ist, gestiftet wurde, war Karneades bereits Scholarch; aber da die Stifter, wie nun feststeht, nicht die Prinzen Attalos und Ariarathes während ihres Studienaufenthalts in Athen waren, ist daraus kein Anhaltspunkt für den Beginn des Scholarchats und damit für den Erwerb der athenischen Staatsbürgerschaft zu gewinnen.

Im Jahre 137/136 v. Chr. übergab er aus Gesundheitsgründen (DIOGENES LAERT. IV 66 = T 1a, 56-58 berichtet von Erblindung) die Leitung der Akademie an einen jüngeren (?) Namensvetter (Verwandten?): Karneades, Sohn des Polemarchos. Als dieser noch vor dem älteren Karneades 131/130 gestorben war, wurde ein gewisser Krates aus Tarsos Scholarch, der nach kurzer Amtszeit von Kleitomachos verdrängt wurde, vermutlich im Zusammenhang mit dem für 129/128 bezeugten Tod des älteren Karneades (APOLLODOR v. 72-81 DORANDI (Hg.) 1982 [§ 1 *223: 34] = ACAD. IND. XXIX 38 bis XXX 12 = 244 F 54-55 FGrH = T 3a, 20-30 METTE; ACAD. IND. XXIV 27-34 = T 3b, 23-26 METTE; ACAD. IND. XXV 39 bis XXVI 4 = T 3b, 36-39; zu den einander widersprechenden Angaben über die Dauer von Krates' Scholarchat und anderen Einzelheiten siehe DORANDI 1991 [§ 1 *446: 11-16] und unten S. 900f.).

Karneades beeindruckte seine Schüler und andere Zeitgenossen durch eine ausgeprägte rhetorische Begabung und durch seine intellektuelle Wendigkeit (DIOGENES LAERT. IV 62 = T 1a, 12-14 METTE; PLUTARCH Cato d.Ä. 22, 3 = T 7a[1], 12-15; LUCILIUS frg. 31 MARX = frg. 51 KRENKEL = T 11b[1], 9-11 METTE). Er verstand es, einander ausschliessende philosophische Standpunkte jeweils mit solcher Überzeugungskraft zu vertreten (vgl. zu dieser Methode S. 877f.), dass er sogar seine Schüler verwirrte (CICERO Luc. 139 = F 5, 182-185 M.). Als er im Jahre 155 in Rom zunächst 'für die Gerechtigkeit' sprach (d.i. für ein vom Nutzen unabhängiges sittliches Verhalten), am nächsten Tage dann 'gegen die Gerechtigkeit' (vgl. jedoch S. 849f. zur Überlieferungslage), erregte er unter der bildungshungrigen römischen Jugend grösstes Aufsehen (LAKTANZ div. inst. V 14, 3f. = F 11b[1], 7-18 METTE = 68 M LS; PLUTARCH Cato d.Ä. 22, 3 = T 7a[1], 12-15 u.ö.). Cato sah altrömisches Denken gefährdet und bestand auf rascher Verabschiedung der 'Philosophengesandtschaft', konnte aber nicht verhindern, dass Karneades entscheidend zur «Einbürgerung der Philosophie in Rom» beitrug (Titel eines Aufsatzes von R. HARDER 1929 [§ 1 *421]). Eindrucksvoll waren auch die Fülle des Wissens, das Karneades zu Gebote stand, und das weite Feld seiner Interessen. Es ist bezeichnend, dass er im Zusammenhang mit seinem Aufenthalt in Rom auch den Tempel der Fortuna in Praeneste besichtigte (CICERO div. II 87 = F 9, 50-52 METTE).

Sein Arbeitseifer und seine Hingabe an die Philosophie hatten andererseits ein leicht skurriles Wesen zur Folge. DIOGENES LAERT. (IV 62 = T 1a, 11f.) berichtet, dass er Haare und Fingernägel unbekümmert wachsen liess; Einladungen zum Gastmahl soll er stets ausgeschlagen haben (ebda. 63 = Zeile 19). Bei den häuslichen Mahlzeiten war Karneades nach VALERIUS MAXIMUS (VIII 7 ext. 5 = T 1c², 3-7) so sehr in Gedanken versunken, dass ihm die Haushälterin die Hand zum Munde führen musste. Beim Vortrag im Gymnasion liess er seine starke Stimme meist hemmungslos erschallen und wurde dann von den Ordnungshütern um mehr Rücksicht auf andere gebeten (DIOGENES LAERT. IV 63 = T 1a, 15-17; PLUTARCH de garrulitate 21, mor. 513 C = T 1b¹ METTE). Einiges davon ist wohl anekdotische Ausschmückung, aber ein deutlicher Kontrast zum eleganten und urbanen Vorgänger Arkesilaos hat zweifellos bestanden.

Über Karneades' Privatleben ist fast nichts bekannt. Eine gewisse Melissa führte ihm «anstelle einer Gattin» den Haushalt (VALERIUS MAXIMUS VIII 7 ext. 5 = T 1c², 5f.); als sein Schüler Mentor sich ihr aufdringlich näherte, liess ihn Karneades nicht mehr zu seinen Vorträgen zu (DIOGENES LAERT. IV 63f. = T 1a, 20-29; NUMENIOS bei EUSEBIUS PE XIV 8, 13 = frg. 6 LEEMANS = frg. 27 DES PLACES = T 2, 66-71 METTE). DIOGENES LAERT. (IV 64 = T 1a, 31-34) und STOBAIOS (IV 52, 19 = T 1d) berichten, dass er im Alter an Selbstmord dachte (nach dem Vorbild des Stoikers Antipater), dann aber davor zurückschreckte und mit einem Scherzwort anstelle des Schierlingsbechers Honigwein trank, «wobei er spottete über den Eifer derer, die freiwillig aus dem Leben gehen». Der Wert der vermutlich auf Hermippos zurückgehenden Nachricht ist umstritten (VON ARNIM 1919 [*1: 1965]).

Bei der Nachwelt genoss Karneades eine mit irrationalen Zügen gemischte Verehrung. DIOGENES LAERT. (IV 64 = T 1a, 34-36; vgl. SUDA s.v. Καρνεάδης = T 1a¹ METTE) erzählt, als Karneades starb, habe sich der Mond verfinstert, «um seine Anteilnahme auszudrücken» (in der Sache vermutlich richtig: Mondfinsternis in Athen für 5. November 129 und 2. Mai 128 errechnet); eine ähnlich mystizistische Deutung verbindet PLUTARCH (quaest. conv. VIII 1, 2, mor. 717 D = T 1a⁵ METTE) mit dem Tag der Geburt: Karneades sei wie Platon am Tage eines Apollonfestes geboren (Karneia in Kyrene).

Vor allem aus dem Herculanenser Akademiker-Index sind über 40 Schüler mit Namen und Herkunftsort bekannt (alphabetische Liste bei METTE (Hg.) 1985 [*12: 122f.]). MEKLERS ‹Originum conspectus› (in seiner Ausgabe des ‹Academicorum Index› 1902 [§ 46 *21: 127f.]) dokumentiert eindrucksvoll, dass die Akademie aus der gesamten griechischen Welt Zuzug erhielt. Die Schule war auf den Höhepunkt ihres Ruhmes gelangt. – Nach der Neudeutung der oben (S. 851) erwähnten Inschrift muss es offenbleiben, ob auch die Prinzen Ariarathes von Kappadokien und Attalos von Pergamon zu den 'Schülern' des Karneades gehörten; aber die bei DIOGENES LAERT. IV 65 (T 1a, 41f. METTE) bezeugten Briefe an Ariarathes deuten auf eine langjährige Freundschaft, und die engen verwandtschaftlichen Beziehungen zwischen Ariarathes und Attalos sowie die traditionelle Fürsorge der Pergamener für die Akademie machen ein freundschaftliches Verhältnis auch zu Attalos sehr wahrscheinlich. – Hervorgehoben sei auch ein prominenter Gast aus Rom: Q. Caecilius Metellus Numidicus, cos. 109 v. Chr., der als junger Mann den schon hoch in den Achtzigern stehenden Karneades 'viele Tage lang' hörte (CICERO de or. III 68; zum Datum FERRARY 1988 [*66: 604 Anm. 62]). Dass L. Furius Philus, cos.

136 v. Chr., der Karneades während der 'Philosophengesandtschaft' im Jahre 155 v. Chr. gehört hatte (Cicero de or. II 154f.), von ihm die Methode übernahm, 'nach beiden Seiten hin zu argumentieren, weil er glaubte, so lasse sich am leichtesten die Wahrheit finden' (Cicero rep. III 8), dürfte literarische Fiktion Ciceros sein.

Über Zenon aus Alexandreia, auf dessen Nachschriften unsere Kenntnis der Lehre des Karneades teilweise beruht, siehe S. 849, über Kleitomachos und andere einflussreiche Schüler des Karneades S. 899-911.

C. LEHRE

1. Erkenntniskritik

Karneades greift die von Arkesilaos begonnene Auseinandersetzung mit der stoischen Schule über die Möglichkeit gesicherter Erkenntnis ('Erfassung', κατάληψις) auf. Wahrscheinlich ist er es, der die Streitfrage in folgender Weise zugespitzt hat (Cicero Luc. 40f. = 70 B LS und 83 = 40 J 1-4 LS): Vier Sätze entscheiden über Möglichkeit oder Unmöglichkeit gesicherter Erkenntnis: a) Es gibt wahre und falsche 'Vorstellungen' (φαντασίαι). b) Eine falsche 'Vorstellung' kann nicht zu richtiger Erkenntnis (κατάληψις) führen. c) Wenn zwei (oder mehr) Vorstellungen sich voneinander in keiner Weise unterscheiden, kann nicht die eine davon zu richtiger Erkenntnis führen, die andere(n) dagegen nicht. d) Es gibt keine einzige wahre 'Vorstellung', der nicht eine falsche, in völlig gleicher Erscheinungsform, entsprechen könnte. Die Sätze b) und c) werden von niemandem bestritten, den Satz a) bestreitet nur Epikur. Der Kern des Streits zwischen Akademikern und Dogmatikern ist Satz d). – Ähnlich Sextus Emp. math. VII 402 = Karneades F 2, 187-190 Mette (nach der Wiedergabe der stoischen Definition der καταληπτικὴ φαντασία, vgl. S. 799f.): τούτων δὲ (d.i. von den Merkmalen der καταληπτικὴ φαντασία) τὰ μὲν ἄλλα λέγουσιν οἱ περὶ τὸν Καρνεάδην συγχωρήσειν τοῖς ἀπὸ τῆς Στοᾶς, τὸ δὲ «οἵα οὐκ ἂν γένοιτο ἀπὸ μὴ ὑπάρχοντος» ἀσυγχώρητον εἶναι. γίνονται γὰρ καὶ ἀπὸ μὴ ὑπαρχόντων φαντασίαι ὡς ἀπὸ ὑπαρχόντων, «die anderen Merkmale gestünden sie den Stoikern gerne zu, sagen Karneades und seine Anhänger, der Zusatz aber: 'wie sie nicht ausgehen könnte von einem Nicht-Seienden', könne nicht zugestanden werden; auch von Nicht-Seiendem nämlich gehen Vorstellungen der gleichen Art aus wie von Seiendem». Bereits für Arkesilaos war es das wichtigste Argument gegen die stoischen Dogmatiker gewesen (S. 799f.), Sextus Emp. math. VII 154 = Arkesilaos F 2, 21f. Mette = 41 C 8 LS) ὅτι οὐδεμία τοιαύτη ἀληθὴς φαντασία εὑρίσκεται, οἵα οὐκ ἂν γένοιτο ψευδής, «dass sich keine einzige wahre Phantasia finden lässt, die so beschaffen ist, dass ihr nicht eine falsche in jeder Hinsicht gleichen könnte». Wie für Arkesilaos ergibt sich daraus auch für Karneades das Gebot konsequenter 'Enthaltung' von jeder 'Zustimmung'. Er verglich die ἐποχή mit der Abwehrhaltung eines Faustkämpfers (προβολή) und mit dem Anhalten eines Renngespanns durch seinen Lenker (Cicero Att. XIII 21 = 351 Shackleton Bailey, 3 = F 15 Mette; vgl. auch unten S. 1110).

Auf den Beweis dieser These hatte Arkesilaos viel Mühe verwandt; das gleiche tut nun Karneades. Seine Argumentation ist jedoch ungleich subtiler, geschärft vor allem durch die zahlreichen Argumente, die der Stoiker Chrysipp gegen Arkesilaos zusammengetragen hatte (vgl. S. 852). Er beginnt bei der einfachen Sinneswahrnehmung (αἴσϑησις) und geht dann über zur Kritik von Allgemeinbegriffen und dialektischen Schlussverfahren. Diese Reihenfolge ist beschrieben bei CICERO Luc. 42 (vgl. S. 858) und im skeptischen Teil des gleichen Dialogs detailliert ausgeführt (79-90: sensus; 91-98a: ratio). Theoretisch begründet ist sie in einem längeren Zeugnis bei SEXTUS EMP. math. VII 160-165 = F 2, 9-43 METTE = 70 A 3-4 LS (Karneades am Anfang genannt): «Wenn es überhaupt ein Merkmal (κριτήριον) gibt, mit dessen Hilfe sich Wahres und Falsches unterscheiden lässt, ist es in der Erfahrung des Einleuchtenden (τῆς ἐναργείας πάϑος) zu suchen. Denn durch das Wahrnehmungsvermögen (αἰσϑητικὴ δύναμις) unterscheidet sich das Lebewesen vom Leblosen, und durch dieses Vermögen wird es sich seiner selbst und der Aussenwelt bewusst». Ἐνάργεια ist hier in einem auffallend weiten Sinne verwandt: es scheint alles sich den Sinnen Darbietende zu bezeichnen, nicht nur das besonders 'Klare' oder 'Einleuchtende' (wie z.B. CICERO Luc. 17). Vielleicht hat Karneades diesen Begriff gewählt, um damit von vornherein dem Argument der Dogmatiker zu begegnen, gewisse Wahrnehmungen seien so 'einleuchtend', dass sich jeder Zweifel an ihrer Richtigkeit verbiete: Wenn alle Wahrnehmungen auf einer Stufe stehen, scheidet die ἐνάργεια als Kriterium aus. Denkbar ist jedoch auch, dass Karneades damit die eigene Wahrscheinlichkeitslehre (siehe S. 859-869) vorbereitet: Nur 'Einleuchtendes' kann zu einer πιϑανὴ φαντασία führen. (Über die mögliche Gleichsetzung der bei CICERO Luc. 34 genannten 'perspicua' mit den πιϑαναὶ φαντασίαι siehe S. 865f.) Im folgenden (161 = Zeile 18 METTE = 70 A 5 LS) ersetzt Karneades (bei Sextus) die 'Erfahrung des Einleuchtenden' durch den bekannteren Begriff der φαντασία; dabei legt er Wert darauf, zwei Aspekte zu betonen (163 = Zeile 26-29 METTE): «Wie das Licht einerseits sich selbst zeigt, andererseits die Gegenstände, die es beleuchtet, so zeigt die φαντασία einerseits sich selbst, andererseits dasjenige, was sie ausgelöst hat». Diese Unterscheidung, die sich bei den frühen Stoikern nicht findet, ist für Karneades' Wahrscheinlichkeitslehre von Bedeutung: Eine 'wahrscheinliche' φαντασία muss sich stets unter diesen beiden Aspekten bewähren: unter dem der Affiziertheit des Erkennenden und unter dem des zu erkennenden Gegenstandes (vgl. S. 861). In Sextus' Bericht folgt nun die These (163-164 = Zeile 29-39 METTE = 70 A 8 LS), dass keine einzige aus sinnlicher Wahrnehmung stammende φαντασία mit Sicherheit wahr, also 'erkenntnisvermittelnd' (καταληπτική) ist: jede dem Anschein nach wahre φαντασία könnte auch falsch sein.

Im Bereich der sinnlichen Wahrnehmung ist also ein Kriterium der Wahrheit nicht zu finden. Karneades (bei SEXTUS EMP. 165 = Zeile 39-43 METTE = 70 A 9-10 LS) fährt fort: «Wenn es aber keine (sinnliche) φαντασία gibt, die als Wahrheitskriterium taugt, dann dürfte auch das Denken (λόγος) kein Kriterium sein. Denn das Denken ist gegründet auf (oder: wird abgeleitet von) der sinnlichen Anschauung (φαντασία). Und das ist auch ganz natürlich; denn zuerst muss sich ja dem Denken etwas darbieten, das es beurteilen soll; darbieten kann sich aber nichts ausser durch das Wahrnehmungsvermögen, das vom Denken noch unberührt ist». Am Ende steht die Schlussfolgerung: «Weder die vernunftlose (ἄλογος) Wahrnehmung noch das Denken (λόγος) hat sich demnach als ein Kriterium (der Wahrheit) erwiesen». (Ähnlich bereits am Anfang des Berichts, 159 = Zeile 6f. METTE, in gestörter Reihenfolge: «Weder das Denken noch die Wahrnehmung noch die Phantasia noch sonst irgendetwas ist ein brauchbares Kriterium der Wahrheit»; vgl. auch CICERO Luc. 42, wo zwischen αἴσθησις und λόγος offenbar noch die συνήθεια, 'die gewohnheitsmässige Anschauung', genannt ist, dazu S. 858.

Bereits Arkesilaos soll anhand von 'vielen bunten Beispielen' den Nachweis geführt haben, dass es keine wahre Phantasia gebe, die nicht in eben dieser Erscheinungsform auch falsch sein könnte (SEXTUS EMP. math. VII 154 = ARKESILAOS F 2, 21f. METTE = 41 C 8 LS; vgl. dazu S. 799f.). Karneades hat, teils im Anschluss an Chrysipp, teils um ihn zu widerlegen (CICERO Luc. 87; vgl. S. 852) die Zahl der Beispiele und Argumente wesentlich vermehrt. Eine sichere Abgrenzung der älteren von den neueren Argumenten ist allerdings nicht möglich. Die wichtigsten Fundstellen sind CICERO Luc. 80-98 und SEXTUS EMP. math. VII 401-425 (bis 414 = KARNEADES F 2, 179-256 METTE, bis 410 = 40 H LS). Einige Beispiele sind bereits S. 800 genannt. Von Karneades stammt wahrscheinlich das bei SEXTUS EMP. math VII 403-407 = F 2, 191-218 = 40 H 2 LS referierte Argument: «Ein Beweis für die Ununterscheidbarkeit (von wahren und falschen φαντασίαι; griechisch: ἀπαραλλαξία – vgl. S. 800) ist es, dass sie in gleichem Masse einleuchtend (ἐναργεῖς) und anspornend (πληκτικαί) sind». (Hier ist also der Gedanke des 'Gleichgewichts' mit dem der Sinnestäuschung verbunden; bei Arkesilaos waren beide Ansätze noch weitgehend getrennt; siehe oben S. 797-801.) «Dafür wiederum ist es ein Beweis, dass jeweils die entsprechenden Handlungen ausgelöst werden.» So führe auch im Traum ein erfrischender Trunk zur Entspannung, das Traumbild eines wilden Tieres zu Angstreaktionen. Herakles hielt fälschlich die eigenen Kinder für die des Eurystheus, aber dieses Trugbild (ψευδὴς φαντασία) erschien ihm ebenso deutlich wie die richtige 'Vorstellung' der Pfeile, mit denen er seine Kinder tötete: motiviert also durch das Zusammenwirken einer falschen und einer richtigen Phantasia. – Auch folgender Gedankengang (SEXTUS EMP. math. VII 411-414 = F 2, 239-256 METTE) scheint wegen seiner strengen Gliederung von Karneades zu stammen (ROBIN 1944 [§ 42 *35: 81f.]): Optisch wahrnehmbare Eigenschaften sind deshalb nicht mit Sicherheit zu 'erfassen', weil sie in stetem Wechsel begriffen sind und subjektiv verschieden empfunden werden. Das wird begründet für a) Farbe, b) Grösse, c) äussere Form, d) Bewegung. Der Mensch z.B. ändere seine Farbe je nach Jahreszeit, Lebensalter, physischer Verfassung usw. Bei der Beurteilung der äusseren Form (σχῆμα) erscheine das gleiche dem einen Betrachter rund, dem anderen eckig (ein Turm aus der Entfernung), dem einen rauh, dem anderen glatt (die Oberfläche eines Gemäldes), ein Ruder sehe man bald gerade (ausserhalb des Wassers), bald gebrochen (im Wasser). Diese Beispiele gehen einerseits über in den Bereich der schon von Arkesilaos herausgestellten optischen Täuschungen, andererseits sollen sie die Schwierigkeit der Bildung von Allgemeinbegriffen zeigen, die die Akademiker vor allem durch den Sorites zu verdeutlichen pflegten (SEXTUS EMP. math. VII 416-421 = 37 F LS). – Unsicheres: Nach GALEN opt. doctr. S. 86, 3-5

MARQUARDT = KARNEADES F 12 METTE bestritt Karneades die Gültigkeit des Satzes 'Sind zwei Grössen einer dritten gleich, so sind sie untereinander gleich'. Eine Begründung teilt Galen nicht mit. Da weder Cicero noch Sextus dieses Argument zu kennen scheinen, sind Zweifel an der isolierten Nachricht geboten (kühne Deutung bei ROBIN 1944 [§ 42 *35: 86f.]). Ohne erkennbaren Grund führt ROBIN (87) die Bestreitung der Möglichkeit von Beweisen im weitesten Sinne, die SEXTUS EMP. math. VIII 337-347 referiert, auf Karneades zurück (ähnlich PRAECHTER [12]1926 [§ 1 *336: 468]).

Es ist nicht nötig, weitere Beispiele aufzuzählen. Das Verfahren des Karneades als solches ist treffend charakterisiert in CICEROS ‹Lucullus› 42 (der Dogmatiker Lucullus spricht): «... dividunt enim in partes et eas quidem magnas: primum in sensus, deinde in ea, quae ducuntur a sensibus et ab omni consuetudine, quam obscurari volunt. tum perveniunt ad eam partem, ut ne ratione quidem et coniectura ulla res percipi possit. haec autem universa concidunt etiam minutius ...», «sie (die Skeptiker) teilen den Problembereich auf, und zwar zunächst grob; (sie unterscheiden nämlich): erstens (den Bereich der) Sinneswahrnehmungen, zweitens das von den Sinneswahrnehmungen Abgeleitete (d.i. Allgemeinbegriffe) sowie das von der gewohnten Denkweise (griechisch sehr wahrscheinlich: συνήϑεια) Abgeleitete (etwa: die Auffassung des gesunden Menschenverstandes) – denn die gewohnte Denkweise wollen sie völlig vernebeln –; sie gelangen darauf drittens zu dem Punkt, dass auch durch Denken und Schlussfolgerungen nichts erkannt werden kann. Diese Hauptabschnitte teilen sie dann noch viel feiner auf ...». Karneades hätte diese vom Elementaren ausgehende und zum Komplexen fortschreitende Reihe (Wahrnehmung – Allgemeinbegriffe – Dialektik) fortsetzen und in einem vierten Schritt die Unsicherheit aller philosophischen Dogmen erschliessen können. VON ARNIM (1919 [*1: 1967]) unterstellt, dass er das wirklich getan hat: «... (der Weise) kann also auch nicht zu Dogmen gelangen, aus denen sich ein dogmatisches System aufbauen lässt». Aber es gibt kein einziges Zeugnis für einen solchen Übergang von der Kritik der elementaren Dialektik zur Kritik philosophischer Systeme. Mehrere Berichte zeigen, dass Karneades gegenüber philosophischen Positionen anders verfuhr: Er spielte eine Meinung gegen die andere aus, um dann aus dem 'Gleichgewicht' die Unsicherheit beider Positionen zu erschliessen. Für dieses Verfahren sind zahlreiche Beispiele erhalten; vgl. S. 877-883.

2. Konsequenz der skeptischen Haltung

Karneades war ein konsequenter, aber kein 'dogmatischer' Skeptiker: Er bejahte ausdrücklich den skeptischen 'Selbsteinschluss' (CICERO Luc. 28. 109f. = F 5, 8-16. 145-158 = 68 N 1 LS; vgl. auch NUMENIOS bei EUSEBIUS PE XIV 8, 3 = frg. 5 LEEMANS = frg. 27 DES PLACES = KARNEADES T 2, 27-31 METTE): «Wer behaupte, nichts könne mit Sicherheit erkannt werden, der nehme nichts davon aus»; auch der Satz selbst: 'Nichts kann mit Sicherheit erkannt werden' unterliegt daher dem skeptischen Zweifel: auch dieser Satz ist nicht 'erfasst', sondern nur 'wahrscheinlich' (CICERO Luc. 110). Das ist eine in sich stimmige Haltung. Man hat, wie bei

Arkesilaos, daraus geschlossen (COUISSIN 1929 [*81: 267f./50f.], STRIKER 1980 [*84: 82], SEDLEY 1983 [*105: 18], LONG/SEDLEY (Hg.) 1987 [§ 1 *295: 1, 459f.]), dass Karneades grundsätzlich jeden Satz und jede Annahme dem skeptischen Vorbehalt unterwirft, also auch die Prämissen, deren er sich in der Auseinandersetzung mit den Stoikern bedient: dass es objektiv Wahres und objektiv Falsches gibt, dass einige φαντασίαι wahr sind, dass die menschliche Erkenntnis sich in der Abfolge von 'Vorstellung' und 'Zustimmung' vollzieht u.a. Wie im Falle von Arkesilaos (dazu oben S. 804. 817) wurde vermutet, diese Sätze und Sachverhalte betrachte Karneades nicht als unbezweifelbar richtig: er benutze sie nur hypothetisch in seiner Auseinandersetzung mit den Stoikern, also nicht in propria persona, sondern ad hominem. Diese subtile Interpretation findet in den Zeugnissen keine Stütze. Nirgends ist auch nur angedeutet, dass Karneades an den genannten elementaren Sätzen zweifelte: er hielt sie offenbar unbefangen für richtig. Es trifft auch nicht zu, dass Karneades nur die Stoiker mit diesen, nach Meinung der genannten Interpreten also 'mit ihren eigenen' Prämissen bekämpfte: Mit dem gleichen Begriffsapparat bekämpfte er 'alle Philosophen vor ihm' (SEXTUS EMP. math. VII 159 = F 2,3f. METTE = 70 A 1 LS). Dass die Stoiker für Karneades die wichtigsten dogmatischen Gegner waren, ist historisch bedingt: sie hatten die sorgfältigste Erkenntnistheorie entwickelt, und Karneades sah keinen Grund, sich nicht das Modell als solches zu eigen zu machen (vgl. auch unten S. 873f.).

NUMENIOS (PE XIV 8, 12 = frg. 2 LEEMANS = frg. 27 DES PLACES = KARNEADES T 2, 62-64 METTE) behauptet, Karneades habe seine skeptische Haltung nur nach aussen zur Schau getragen, seinen Freunden jedoch heimlich 'die Wahrheit gesagt'. Das verdient keinen Glauben (vgl. oben S. 802-804 zu analogen Gerüchten über Arkesilaos).

3. Wahrscheinlichkeitslehre

a) 'Wahrscheinliches' als Richtschnur des Handelns

Wie Arkesilaos (siehe oben S. 807) sah sich auch Karneades mit dem Argument der dogmatischen Gegner konfrontiert, die konsequente Verweigerung der 'Zustimmung' (ἐποχή, eigentlich: 'Enthaltung') verdamme den Skeptiker zur Untätigkeit (PLUTARCH Col. 1122 A = 69 A 1 LS ἀπραξία; SEXTUS EMP. math. XI 162: ἀνενεργησία). Im dogmatischen Teil von Ciceros ‹Lucullus› (Rede des Lucullus) ist das Argument über den Bereich des elementaren Handelns hinaus erweitert (Luc. 22. 31. 38f. = 40 M, N, O LS): Ohne 'Zustimmung' und 'Erfassung' könne es keine 'Erinnerung' (memoria) geben, mithin keine Allgemeinbegriffe; darum auch keine Fertigkeiten und Künste, die doch auf sicheren Grundlagen ruhen müssten; auch sittliches Handeln werde unmöglich. Wer jede 'Zustimmung' verbiete und jede 'Erfassung' für unmöglich erkläre, der «reisse das menschliche Leben aus seinen Grundfesten heraus» (Luc. 31 totam vitam evertunt funditus, vgl. Luc. 99 = 42 I LS).

Mit dieser Erweiterung des Apraxia-Arguments verwandt, aber nicht identisch, ist ein anderer Gedankengang. Das Apraxia-Argument ist im Kern ein Postulat:

Handlungen sind unabdingbar für das menschliche Leben; daher ist konsequente ἐποχή unmöglich. An anderen Stellen wird umgekehrt argumentiert: Die Lebenserfahrung zeigt, dass es konsequente ἐποχή faktisch nicht gibt; der Mensch kann gar nicht anders, als besonders klaren 'Vorstellungen' 'zuzustimmen'. So führt z.B. NUMENIOS bei EUSEBIUS (PE XIV 7, 15) als Begründung für die weniger konsequente Skepsis von Karneades an (T 2, 8f. METTE): ἀδύνατον εἶναι ἄνθρωπον ὄντα περὶ ἁπάντων ἐπέχειν, «unmöglich sei es für menschliche Wesen, sich durchweg zu enthalten», ähnlich CICERO Luc. 38 = 40 O 3 LS: «ebenso notwendig wie eine Waagschale durch das Gewicht niedergedrückt wird, folgt der Verstand des Menschen klaren Eindrücken.» Dort spricht der Dogmatiker; aber auch der Skeptiker Cicero gibt das zu: Luc. 99 «etenim contra naturam esset probabile nihil esse»; 101 (über den skeptischen 'Weisen') «non enim est e saxo sculptus aut e robore dolatus; habet corpus, habet animum, movetur mente, movetur sensibus, ut ei multa vera videantur» (danach freilich einschränkend).

Karneades erkennt das Apraxia-Argument in seinen verschiedenen Ausprägungen grundsätzlich als gültig an und begegnet ihm mit einer detailliert ausgearbeiteten Lehre vom 'Wahrscheinlichen'.

b) Der Begriff des 'Wahrscheinlichen'

Ein absolut zuverlässiges Erkennen ('Erfassung', κατάληψις) gibt es nicht. Alles ist 'unerfassbar' (πάντα ἀκατάληπτα). Das bedeutet jedoch nach Karneades nicht, dass alles völlig 'unklar' (ἄδηλα) ist: NUMENIOS (? = EUSEBIUS PE XIV 7, 15 = frg. 26 DES PLACES) = KARNEADES T 2, 9f. METTE διαφορὰν ... εἶναι ἀδήλου καὶ ἀκαταλήπτου καὶ πάντα μὲν εἶναι ἀκατάληπτα, οὐ πάντα δὲ ἄδηλα, «es bestehe ein Unterschied zwischen Unerfassbarem und Unklarem; es sei zwar alles unerfassbar, nicht aber alles unklar» (zu Metrodors abweichender Behauptung unten S. 905f.). Ebenso Lucullus in seinem (leicht ironischen) Referat der Lehre des Karneades (CICERO Luc. 32 = 68 R 2 LS): Ein grosser Unterschied bestehe zwischen Unsicherem (incertum, Ciceros Übersetzung von ἄδηλα, vgl. Luc. 54) und dem, was nicht erfasst werden kann (id quod percipi non possit, ἀκατάληπτον). An diesen Unterschied müsse man sich halten; die Philosophen, die «alles im gleichen Grade für unsicher halten, wie ob die Gesamtzahl der Sterne gerade oder ungerade ist», sollen als «hoffnungslos» (desperati) beiseite gelassen werden. (Nach IOPPOLO 1986 [§ 1 *401: 66-70] ist damit die strengere skeptische Richtung des Arkesilaos gemeint, nach anderen der durch Ainesidem wiederbelebte Pyrrhonismus: siehe unten § 53, S. 984. Eine sichere Deutung ist nicht möglich.) Jene anderen aber, die den Unterschied anerkennen, «lehren, dass es etwas Wahrscheinliches gibt (probabile et quasi veri simile), an dem sich die praktische Lebensführung und theoretische Untersuchungen orientieren können».

Innerhalb der ἀκατάληπτα wird also offenbar unterschieden zwischen Wahrscheinlichem und weniger Wahrscheinlichem; das praktische Handeln darf und muss sich am Wahrscheinlichen orientieren, das sich auf diese Weise als ein Kriterium zweiten Ranges erweist (CICERO Luc. 99. 104 = KARNEADES F 5, 98-103. 127-134 METTE = 42 I, 69 I 2 LS; SEXTUS EMP. PH I 227 = F 1, 24-29 METTE; math.

VII 166 = F 2, 45-51 = 69 A 1 LS). Der häufigste griechische Terminus für das 'Wahrscheinliche' ist πιθανόν. Daneben findet sich gelegentlich auch πιστός ('zuverlässig'), und zwar ohne klare Abgrenzung von ἀληθής ('wahr'): SEXTUS EMP. math. VII 181 = 69 E 3 LS; VII 189; VII 398. Πιθανόν ist abgeleitet von πείθω, 'überreden', 'überzeugen'; die Grundbedeutung ist also 'überzeugend', 'vertrauenerweckend'. Sie wurde jedoch von Karneades kaum noch empfunden; wohl unter dem Einfluss eines rhetorischen Fachausdrucks hatte sich die Bedeutung 'wahrscheinlich' in den Vordergrund geschoben. Das ist vielfach verkannt worden, und man hat die völlig korrekte Übersetzung von πιθανόν durch 'wahrscheinlich', 'vraisemblable', 'probable' u.ä. kritisiert (VON ARNIM 1919 [*1: 1970] im Widerspruch zu seinem eigenen Sprachgebrauch, COUISSIN 1929 [*81: 262/46], BURNYEAT 1980 [*103: 28f./123f.], TARRANT 1985 [*107: 165 Anm. 5]). Dass πιθανόν bei Karneades ziemlich genau das gleiche Bedeutungsfeld hat wie 'wahrscheinlich' usw., zeigt die sorgfältige Erläuterung bei SEXTUS EMP. math. VII 168-175 = F 2, 55-92 METTE = 69 D LS. Er unterscheidet zunächst zwei Aspekte (σχέσεις) einer jeden Phantasia: den Gegenstand und den Erkennenden (τὸν φαντασιούμενον, 'den der die Phantasia erhält'). Unter dem Aspekt des Gegenstandes ist die Phantasia entweder wahr oder falsch; da jedoch alles unerfassbar ist, kann der Mensch das niemals mit Sicherheit entscheiden. Unter dem Aspekt des Erkennenden ist eine Phantasia entweder 'sich als wahr darbietend' (φαινομένη ἀληθής) oder 'sich nicht als wahr darbietend'. Eine 'sich als wahr darbietende' (also 'wahr aussehende' oder 'wahr scheinende') Phantasia heisst nach SEXTUS EMP. math. VII 169 = F 2, 60-63 METTE 'bei den Akademikern', genauer: bei Karneades, auch ἔμφασις (etwa: 'stark Erscheinendes') oder πιθανότης ('Glaubhaftigkeit') oder einfach πιθανὴ φαντασία ('wahrscheinliche Vorstellung'); die 'sich nicht als wahr darbietenden' Phantasiai heissen ἀπέμφασις usw. Das Hauptgewicht liegt also darauf, dass die Phantasia, an der sich das Handeln orientieren kann, 'wie eine wahre Phantasia erscheint', 'wie Wahrheit aussieht'. Dass sie Überzeugungskraft hat, ist eine Folge ihrer 'wahr-scheinlichen' Beschaffenheit, nicht etwa umgekehrt. Die 'sich nicht als wahr darbietenden' Vorstellungen scheiden als Kriterium selbstverständlich aus, ebenso diejenigen 'wahr-scheinlichen' (φαινόμεναι ἀληθεῖς), die in irgendeiner Weise unklar sind (math. VII 170-172 = F 2, 65-79). Es bleiben die Phantasiai, denen (171 = F 2, 74-76) 'neben ihrer Wahr-Scheinlichkeit noch ein heftiges Wahr-Scheinen innewohnt' (ἡ ... σὺν τῷ φαίνεσθαι ἀληθὴς ἔτι καὶ σφοδρὸν ἔχουσα τὸ φαίνεσθαι αὐτὴν ἀληθῆ); vgl. 173 = F 2, 79 φαινομένη ἀληθὴς καὶ ἱκανῶς ἐμφαινομένη. Ἐμφαίνεσθαι war vielleicht Terminus technicus, vgl. 169 = F 2, 61f.: ἔμφασις im Sinne von πιθανὴ φαντασία (anders jedoch DIOKLES AUS MAGNESIA bei DIOGENES LAERT. VII 51 = SVF 2, frg. 51: ἔμφασις = Scheinbild). Zu σφοδρόν vgl. CICERO Luc. 66 «visa ... acriter mentem sensumve pepulerunt».

Die 'hinlänglich wahr-scheinliche Vorstellung', versichert SEXTUS EMP. (math. VII 173 = F 2, 79f. METTE = 69 D 4 LS), sei für Karneades und seine Anhänger 'das Kriterium der Wahrheit' (κριτήριόν ἐστι τῆς ἀληθείας κατὰ τοὺς περὶ τὸν Καρνεάδην). Das kann in dieser Form nicht richtig sein. Die πιθανὴ φαντασία ist nicht Kriterium der Wahrheit, denn ein solches gibt es auch nach Karneades nicht, sondern Kriterium für das praktische Handeln. Es liegt entweder eine nachlässige Ausdrucksweise oder polemische Entstellung vor (den Pyrrhoneern galten die Akademiker als inkonsequente und halbherzige Skeptiker). Dass die πιθανὴ φαντασία nicht Kriterium 'der Wahrheit' ist, zeigt auch die bei Sextus folgende Aussage (173 = F 2, 80-82 Mette): '... sie hat eine beträchtliche (Intensitäts-)Breite (πλάτος ἱκανόν); es gibt innerhalb der Klasse der πιθαναὶ φαντασίαι erhebliche Unterschiede an Wahrscheinlichkeit und Motivationskraft'. Bei einem Kriterium 'der Wahrheit' wäre das undenkbar (vgl. auch Sextus Emp. math. VII 166 = F 2, 44-46: 'Ein Kriterium der Wahrheit gibt es nicht, als Kriterium für die Lebensführung lehrte Karneades ...'). Die Abstufung der Wahrscheinlichkeit ist bei Sextus Emp. ab 176 = F 2, 93ff. Mette = 69 E LS näher ausgeführt (darüber S. 866-869). Zunächst jedoch (174-175 = F 2, 82-92 Mette = 69 D 5 LS) wird der Begriff des πιθανόν genauer geklärt (ähnlich, ohne Bezug auf Karneades, Sextus Emp. math. II 63). Drei Bedeutungen sind zu unterscheiden: 1. das objektiv Wahre, das sich auch als Wahres 'darbietet' (ἀληθές τε ὂν καὶ φαινόμενον ἀληθές), also ersichtlich und unbezweifelbar Wahres; 2. das objektiv Falsche, das sich jedoch als Wahres darbietet, also: (nur) scheinbar Wahres; 3. (Textüberlieferung gestört, der Sinn jedoch klar:) eine Verbindung beider Begriffe (κοινὸν ἀμφοτέρων), also: (nur) vermutlich Wahres, unter dem sich auch Falsches befinden kann. Da sich nie mit Sicherheit feststellen lässt, was objektiv wahr oder falsch ist, kann bei der akademischen Definition eines Handlungskriteriums nur die dritte Bedeutung gemeint sein: dasjenige, das sich 'als wahr darbietet', jedoch auch falsch sein kann. Entscheidend ist nun, dass die Möglichkeiten 'wahr' und 'falsch' nicht etwa gleiches Gewicht haben. Das ist eine grundlegende Neuerung gegenüber Arkesilaos, und auch die Neu-Pyrrhoneer sahen hier einen der zentralen Unterschiede gegenüber der eigenen Schule: der Gedanke des 'Gleichgewichts' (ἰσοσθένεια) ist aufgegeben (Sextus Emp. PH I 227 τάς τε φαντασίας ἡμεῖς μὲν ἴσας λέγομεν εἶναι κατὰ πίστιν ἢ ἀπιστίαν ..., ἐκεῖνοι δὲ τὰς μὲν πιθανὰς εἶναί φασι, τὰς δὲ ἀπιθάνους.

Für die πιθανὴ φαντασία war gefordert, dass sie nicht nur 'wahr scheine', sondern 'heftig wahr scheine'. Wenn diese Bedingung erfüllt war, durfte man nach Karneades darauf vertrauen, dass die 'wahrscheinliche Vorstellung' sich nur in seltenen Ausnahmefällen als falsch erweisen würde (Sextus Emp. math. VII 175 = F 2, 89-92 Mette = 69 D 5 LS): οὐ μέντοι διὰ τὴν σπάνιον ταύτης (d.i. ψευδοῦς) παρέμπτωσιν ... ἀπιστητέον ἐστὶ τῇ ὡς ⟨ἐπὶ⟩ τὸ πολὺ ἀληθευούσῃ· τῷ γὰρ ὡς ἐπὶ τὸ πολὺ τάς τε κρίσεις καὶ τὰς πράξεις κανονίζεσθαι συμβέβηκεν, «weil jedoch nur selten eine falsche Vorstellung sich dazwischenschiebt, braucht man einem Vorstellungstyp, der meistens die Wahrheit vermittelt, nicht zu misstrauen; denn es gilt doch, seine Handlungen und Entscheidungen an dem auszurichten, was meistens eintritt». Πιθανόν bezeichnet demnach auch das im 'statistischen' Sinne Wahrscheinliche.

Bei Cicero ist das 'Wahrscheinliche' noch stärker an das 'Wahre' angenähert, und da Cicero eine der Hauptquellen für Karneades' Lehre ist, muss schon hier kurz auf seinen Wortgebrauch und auf die damit verbundene Umakzentuierung des akademischen Wahrscheinlichkeitsbegriffes eingegangen werden. Cicero übersetzt πιθανόν meist mit 'probabile', dem häufigsten lateinischen Wort für 'wahrscheinlich'. Auch er hat die 'statistische' Wahrscheinlichkeit im Sinn: De inventione I 46 «probabile est id quod fere fieri solet». Vermutlich war schon vor Cicero die Gleichsetzung von πιθανόν (im Sinne von 'wahrscheinlich') mit 'probabile' durch rhetorische Handbücher kanonisiert. Die Herleitung vom Verbum 'probare' wurde dort kaum noch empfunden. Aber für Cicero wurde sie zentral: Es war ein Glücksfall, dass im Lateinischen für die eingeschränkte Art der 'Zustimmung', die man dem 'Wahrscheinlichen' gewährte, ein etymologisch verwandtes Verbum zur Verfügung stand, während es im Griechischen nichts Derartiges gab (siehe unten S. 871f.). Hinzu kam, dass Cicero die positiven Konnotationen von probare (probus = bewährt, tüchtig) als indirektes Argument für seine konstruktive Umdeutung der akademischen Skepsis sehr willkommen waren. Es gehört zu seinen Meistergriffen als Übersetzer, dass er dies sogleich erkannt und konsequent genutzt hat. Von der etymologischen Grundbedeutung von πιθανόν, 'überredend', 'überzeugend', aber auch 'verführerisch', 'betörend' findet sich bei Cicero kaum noch eine Spur. Auf die an sich mögliche wörtliche Wiedergabe durch 'persuasibilis' (belegt bei QUINTILIAN inst. II 15, 13) hat er verzichtet. – Neben 'probabilis' benutzt Cicero (seltener) auch 'veri similis', meist bei der Beurteilung von abstrakten Sachverhalten und philosophischen Positionen, oder er stellt beide Begriffe als Synonyme nebeneinander. Dass 'veri similis' als Wiedergabe von πιθανόν weitgehend gemieden ist, mag daran liegen, dass in der griechischen Terminologie gerade die falschen Phantasiai als 'wahrheitsähnlich' bezeichnet wurden: SEXTUS EMP. math. VII 175 = F 2, 90 METTE spricht von der μιμουμένη τὸ ἀληθὲς φαντασία, ähnlich II 63 εἰκὸς ... ἀπὸ τοῦ ἐοικὸς εἶναι τῷ ἀληθεῖ (zu Ciceros Ausdrücken für 'Wahrscheinliches' ausführlicher GÖRLER 1992 [*126]).

Die Akademiker um Karneades hielten also einerseits daran fest, dass die Wahrheit selbst unerreichbar sei, liessen andererseits jedoch ein 'als wahr Erscheinendes' als Handlungskriterium gelten. Es konnte den Dogmatikern nicht entgehen, dass darin ein Widerspruch lag: Wer behauptete, das 'Wahre' nicht zu kennen, durfte sich kein Urteil darüber anmassen, was 'als wahr erschien', also dem Wahren irgendwie ähnlich war. Diesen Vorwurf formuliert der Dogmatiker Lucullus in CICEROS gleichnamigem Dialog (Luc. 32f., über das 'probabile et veri simile' als 'Richtschnur'): «Quae ista regula est veri et falsi, si notionem veri et falsi ... nullam habemus?», «was soll das für eine Richtschnur sein für wahr und falsch, wenn wir doch gar keinen Begriff von wahr und falsch haben?»; Luc. 36 «notum eis (den Akademikern, die sich auf das Wahrscheinliche berufen) esse debebit insigne veri», «man wird von ihnen fordern müssen, dass sie ein sicheres Merkmal des Wahren kennen»; vermutlich aus der entsprechenden Argumentation des verlorenen dritten Buches der ‹Academici posteriores› zitiert oder paraphrasiert AUGUSTIN (Acad. III 40f.): «quomodo enim approbat sapiens aut quomodo simile sequitur veri cum ipsum verum quod sit ignoret? ... cui esset simile, et perite norat et prudenter tegebat», «denn wie soll der Weise etwas billigen und wie soll er dem, was der Wahrheit ähnlich ist, folgen, wenn er die Wahrheit selbst nicht kennt? ... dasjenige, dem das Wahrscheinliche ähnlich war, kannte er gut, hielt es aber sorgfältig verborgen» (das Beweisziel ist bei Augustin grundlegend verändert: er benutzt das Argument, um im Rahmen seiner eigenwilligen Deutung der skeptischen Akademie – siehe S. 804. 905. 925f. – zu beweisen, dass die Akademiker 'die Wahrheit' wohl kannten, aber aus Furcht vor den Stoikern über Jahrhunderte hin verborgen hielten). – CICEROS Antwort (vermutlich nach Karneades) ist recht schwach (Luc. 111): 'Wir bestreiten nicht, dass es Wahres gibt: Die Sinne melden uns Wahres ebenso wie Falsches. Aber (nur) für die Billigung gibt es (trügerische) Indizien, ein (sicheres) Kriterium für die Erfassung fehlt.' Der Dogmatiker hätte sogleich zurückfragen können, woran sich denn die 'Billigung' (dazu S. 871f.) des 'Wahrheitsähnlichen' orientiere. Auf eine Kenntnis des Wahren oder auch nur von winzigen Ausschnitten der Wahrheit konnten sich die Akademiker nicht berufen, ohne ihren Grundsatz, nichts sei mit Sicherheit erkennbar, zu verraten. Eine (nur) auf den ersten Blick weniger verfängliche Antwort wäre, dass man aufgrund nachträglicher Überprüfung nach und nach Wahres kennenlerne und auf diese Weise auch für noch zu fällende Entscheidungen eine Orientierungshilfe gewinne (dazu unten S. 876).

Ob nach akademischer Auffassung die 'wahrscheinlichen' Vorstellungen sich als solche und je für sich allein durch spezifische Eigenschaften auswiesen, bleibt also unklar. Im langen Bericht des Sextus war nichts darüber gesagt, auf welche Weise sich die πιθανὴ φαντασία 'als wahr darbietet'. Zwei dem πιθανόν benachbarte Begriffe sind aussagekräftiger; es ist jedoch fraglich, ob sie zur Erläuterung hinzugezogen werden dürfen oder gar mit dem πιθανόν teilweise identisch sind.

Arkesilaos hatte gelehrt, elementare Handlungen bedürften keiner 'Zustimmung', da die Natur selbst den Menschen auf das ihm 'Zuträgliche' (οἰκεῖον) hinlenke: sobald dem Menschen eine 'zuträgliche' φαντασία zuteil werde, werde ein entsprechendes Streben ausgelöst (PLUTARCH Stoic. rep. 47, 1057 A = 53 S LS, dazu oben S. 809-811). Vielleicht ist Karneades noch einen Schritt weiter gegangen und hat auch im theoretischen Bereich den 'naturgemässen' und darum 'zuträglichen' φαντασίαι eine besondere Motivationskraft zugesprochen. In Ciceros ‹Lucullus› argumentiert der Dogmatiker (Luc. 38 = 40 O 3 LS): «... quomodo non potest animal ullum non appetere id, quod accommodatum ad naturam appareat – Graeci id οἰκεῖον appellant – sic non potest obiectam rem perspicuam non approbare», «ebenso wie ein jedes Lebewesen, das, was (seiner) Natur angemessen erscheint, erstreben muss – die Griechen nennen das οἰκεῖον ('verwandt') –, so kann es nicht umhin, einen klaren Eindruck, den es erhalten hat, zu billigen». Das Wahrscheinliche steht hier in enger Analogie zum 'Naturgemässen': beides zwingt den Menschen zu einer Anerkennung. Das Naturgemässe löst eine Handlung aus, das Wahrscheinliche, hier als 'einleuchtend' bezeichnet, nötigt zur Billigung (zu diesem Begriff unten S. 871f.). Die Übereinstimmung geht weiter, als es die sprachliche Form vermuten lässt. Es handelt sich nicht um einen blossen Vergleich. Das Nachgeben gegenüber dem 'Naturgemässen' ist ein Spezialfall der Anerkennung von etwas sich den Sinnen oder dem Verstand Darbietenden (φαντασία). Der Gedanke einer unwiderstehlichen Anziehungskraft, die vom Naturgemässen ausgeht, kommt der stoischen Oikeiosis-Lehre sehr nahe; es ist denkbar, dass Karneades, der ja eine Theorie des Handelns formulierte, den stoischen Gegnern ein Stück entgegengekommen ist und u.a. das als πιθανόν bezeichnet hat, was der Natur des Handelnden angemessen war (STRIKER 1980 [*122: 71f.]). Vielleicht ist das auch durch Formulierungen wie Sextus Emp. math. VII 169 und 172 (= F 2, 65 und 78 Mette = 69 D 2 und 4 LS) ausgedrückt: ... πέφυκεν ἡμᾶς πείθειν, 'ist von Natur aus so geartet, dass es uns überreden kann ...'. Aber wahrscheinlich steht πέφυκε mit verblasster Bedeutung nur als Hilfsverb; es ist auch nicht leicht einzusehen, inwiefern nicht-praktische Sachverhalte als 'zuträglich' oder 'nicht zuträglich' angesehen werden können.

Mehr spricht für eine teilweise Übereinstimmung von πιθανόν mit ἐναργές, 'klar', 'evident', 'unmittelbar einleuchtend', lat. 'perspicuum'. Bei Sextus ist mehrfach betont (vgl. oben), eine πιθανὴ φαντασία müsse 'in zureichender Weise' oder gar 'heftig' als wahr erscheinen. Der höchste Grad des 'Wahr-Erscheinens' ist nun nach stoischer Lehre die ἐνάργεια (Evidenz); sie ist das nicht weiter erklärbare oder begründbare (Cicero Luc. 17, Ac. I 41f. = SVF 1, frg. 60) Kennzeichen der καταληπτικὴ φαντασία und zwingt den Menschen, «ihn fast an den Haaren packend», zur Zustimmung (Sextus Emp. math. VII 257 = 40 K 3 LS, nicht in SVF). Die Akademiker, die stets bestritten, dass es eine καταληπτικὴ φαντασία geben könne, bestritten konsequenterweise auch die ἐνάργεια als konstitutives Merkmal einer solchen 'erkenntnisvermittelnden' Vorstellung: Cicero Luc. 101 (über den akademischen 'Weisen') «... ut ei vera multa videantur, neque tamen habere insignem illam et propriam percipiendi notam», «... so dass ihm vieles als wahr erscheint, ohne dass es doch jenes herausgehobene spezifische Merkmal des Erfassens (κατάληψις) hätte (d.i. die ἐνάργεια)»; Luc. 105 (der Skeptiker Cicero zum Dogmatiker Lucullus) «... da siehst du nun, dass du mit deiner Fürsprache für die Evidenz (perspicuitas) völlig widerlegt bist»; vgl. ferner Luc. 103 = 69 I 1 LS. Und doch gibt es einige Stellen, die zu beweisen scheinen, dass sich auch die Skeptiker bei der näheren Beschreibung des πιθανόν auf den Begriff des 'Einleuchtenden' (ἐναργές, ἐνάργεια) beriefen. Im oben (S. 856f.) besprochenen Bericht des Sextus war dreimal das 'Einleuchtende' als Gegenstand der Phantasia und als Grundlage der Wahrnehmung genannt (F 2, Zeilen 10. 15. 16 Mette = 70 A 3-5 LS). In math. II 63, wo in enger Parallele zu VII 174 = F 2, 82-86 Mette = 69 D 5 LS die drei Bedeutungen von πιθανόν erläutert werden, heisst es über das Wahre: ὅπερ ἐναργῶς τε ἀληθές ἐστι καὶ ἀληθοῦς ἐμποιοῦν φαντασίαν ἐπισπᾶται ἡμᾶς εἰς συγκατάθεσιν, «was in einleuchtender Weise wahr ist und die Vorstellung von etwas Wahrem vermittelt, zwingt uns (ἐπισπᾶται) zur Zustimmung». Das steht offenkundig der stoischen Beschreibung der καταληπτικὴ φαντασία sehr nahe. Die wichtigste Aussage findet sich bei Cicero Luc. 34 (vgl. auch nat. deor. I 12): Dort wendet sich der Dogmatiker gegen skeptische Philosophen, die einen Unterschied machen zwischen 'Erfasstem' (oder 'Erfassbarem', percepta, καταληπτά) und 'Einleuchtendem' (perspicua, ἐναργῆ) und sich um den Nachweis bemühen, dass es «durchaus manches Einleuchtende gebe: jenes der Seele und dem Verstand eingeprägte Wahre, das man trotzdem nicht erfassen und begreifen könne (beides für καταλαμβάνω)». Hier ist also (mit den Stoikern) eine höchste Stufe der Klarheit und Intensität angenommen, aber es wird (gegen die Stoiker) bestritten, dass dieser Grad von Klarheit eine völlig sichere Erkenntnis ermöglicht. Karneades' Name ist nicht genannt, diese Lehre passt jedoch zu ihm besser als zu Arkesilaos und nicht schlechter als zu Philon (so richtig Hirzel 1877-1883 [*101: 3, 205-214]; dagegen Goedeckemeyer

1905 [§ 42 *33: 60 Anm. 4]; GLUCKER 1978 [§ 1 *398: 77f.] denkt an eine akademische 'Splittergruppe' um Metrodoros [über ihn unten S. 905f.]; allgemeiner FREDE 1983 [*106]: Anerkennung des 'Einleuchtenden' seit Metrodor und Philon; TARRANT 1981 [*104: 72f.], 1985 [*107: 49-53] schreibt die Aufwertung des 'Einleuchtenden' Philon und der von ihm angenommenen 'Vierten Akademie' um Philon zu; vgl. unten S. 923f.).

c) Die Stufen der Wahrscheinlichkeit

Von der «sich als wahr darbietenden und auch hinlänglich deutlich sich darbietenden Vorstellung» (ἡ ... φαινομένη ἀληθὴς καὶ ἱκανῶς ἐμφαινομένη) sagt SEXTUS EMP. math. VII 173 = F 2, 80-82 METTE = 69 D 5 LS, sie habe eine 'beträchtliche (Begriffs-)Breite' (πλάτος ἱκανόν); es gebe erhebliche Unterschiede in der Wahrscheinlichkeit und in der Motivationskraft (ἐπιτεινομένης αὐτῆς ἄλλη ἄλλης ἐν εἴδει πιθανωτέραν τε καὶ πληκτικωτέραν ἴσχει φαντασίαν, zur Textgestaltung siehe die kritischen Apparate bei MUTSCHMANN (Hg.) 1914 [§ 1 *61] und METTE). In zwei einander weitgehend ergänzenden Berichten bei SEXTUS EMP. ist das näher ausgeführt: PH I 227-229 = F 1, 24-43 METTE; math. VII 166-189 = F 2, 44-177 METTE = 69 D,E LS. Hinzu kommen mehrere beiläufige Erwähnungen in CICEROS ‹Lucullus› (33. 35. 36. 59. 99. 101. 104. 105. 107. 108). In folgenden Punkten stimmen die drei Quellen überein: Eine Phantasia gewinnt an Wahrscheinlichkeit, wenn sie a) nicht in Widerspruch steht zu anderen Phantasiai, b) einer gründlichen Prüfung unterworfen ist. c) Den höchsten Wahrscheinlichkeitsgrad haben solche Phantasiai, die beide Bedingungen erfüllen.

Es gibt demnach drei Stufen der Wahrscheinlichkeit: lediglich 'wahrscheinliche' Vorstellungen (F 2, 148f. METTE πιθανὴ μόνον φαντασία, 153 αὐτὸ μόνον πιθανή); solche, bei denen *eine* Zusatzbedingung erfüllt ist; solche Phantasiai, die sowohl 'unwidersprochen' (ἀπερίσπαστοι) als auch 'durchgeprüft' (διεξωδευμέναι/περιωδευμέναι) sind. Die beiden Berichte des Sextus weichen darin voneinander ab, dass in den ‹Pyrrhoneioi Hypotyposeis› zunächst die 'gründliche Prüfung' genannt ist, zu der auf der dritten Stufe das Merkmal ἀπερίσπαστος hinzutritt, in math. VII 175-184 dagegen zunächst die 'Widerspruchslosigkeit' genannt ist. In einem zweiten Durchgang findet sich jedoch auch dort (185-189) die gleiche Reihenfolge wie in den ‹Pyrrhoneioi Hypotyposeis›. Bei Cicero sind jeweils nur zwei Stufen genannt: 'einfache Wahrscheinlichkeit' und 'Widerspruchslosigkeit' (Luc. 33 «sive probabilis visio sive probabilis et quae non impediatur»; ähnlich 59 = 69 F LS, 99 «probabile si nihil se offeret quod sit probabilitati illi contrarium», 104 = 69 I 3 LS, 107) bzw. 'einfache Wahrscheinlichkeit' und 'gründliche Prüfung' (Luc. 35 «primo quasi adspectu probabile ..., ex circumspectione [vgl. περιωδευμένη] aliqua et accurata consideratione ... visum ... sequi»).

Es ist verfehlt, aus den Abweichungen auf verschiedene Quellen zu schliessen und die eine oder die andere Version als zuverlässiger anzusehen, wie z.B. MUTSCHMANN (1911 [*102: 191]), der die Version der ‹Hypotyposeis› auf Kleitomachos zurückführt und deshalb für 'authentisch' erklärt, oder VON ARNIM (1919 [*1: 1969f.]), WEISCHE (1968 [*2: 854]) und METTE (Hg.) (1985 [*12: 126]), die umgekehrt die Version von math. VII bevorzugen. Wie die Beispiele bei Sextus zeigen, hängt es von der jeweiligen Situation ab, ob die sich darbietende 'einfach wahrscheinliche' Phantasia zunächst für sich allein 'durchgeprüft' oder zuerst durch Vergleich mit anderen möglicherweise widersprechenden Phantasiai überprüft wird. Beide Prüfverfahren werden von Sextus eingehend theoretisch beschrieben und durch Beispiele erläutert. Die 'Durchprüfung' (F 2, 175 METTE διέξοδος) geschieht unter mehreren Aspekten (math. VII 183 = 69 E 4 LS): dem des Prüfenden (F 2, 131 τοῦ κρίνοντος), dem des zu prüfenden Gegenstands (F 2, 131 τοῦ κρινομένου) und dem der näheren Umstände der Wahrnehmung (F 2, 131-133 τὸ δι' οὗ ἡ κρίσις); vgl. F 2, 55-57 über die zwei σχέσεις: Subjekt und Objekt. Der Prüfende muss ein einwandfreies Wahrnehmungsvermögen haben (F 2, 171 ἀπτίους αἰσθήσεις, vgl. 134), er muss sich dessen sicher sein, dass er wacht und nicht träumt (171f.) usw. Der zu prüfende Gegenstand darf nicht zu klein sein (F 2, 135). Die Wahrnehmung darf nicht unter ungeeigneten Umständen erfolgen (F 2, 135-139): 'Die Luft muss klar sein, der Abstand nicht zu gross, der Zwischenraum darf nicht verschwimmen (?); der Ort darf nicht unermesslich gross sein, die Zeit (wohl eher: der Gegenstand) nicht zu schnell, die Verfassung (des 'Gegenstandes', hier offenbar einer Person) darf sich nicht als wahnsinnig erweisen, die Betätigung darf nicht unannehmbar sein (?).'

Wie nach Karneades die Prüfung eines Gegenstandes geschieht, erläutert Sextus zweimal (PH I 227f. = F 1, 30-35 METTE; math. VII 187-188 = F 2, 162-169 METTE) an folgendem Beispiel: Wenn man einen dunklen Raum betritt und dort ein aufgerolltes Seil erblickt, kann man es zunächst für wahrscheinlich halten (πιθανὴ φαντασία), dass es sich um eine Schlange handelt. Nach dem ersten Schrecken jedoch schreitet man zur genauen Prüfung: Man stellt fest, dass der Gegenstand sich nicht bewegt (F 1, 33; F 2, 165), dass er eine bestimmte Farbe hat (F 1, 33) usw. Noch aber ist nicht das Höchstmass an Gewissheit erreicht, denn im Winter können auch Schlangen reglos sein (F 2, 166f.); daher untersucht man den Gegenstand mit Hilfe eines Stockes, bis sich die 'wahrscheinliche und durchgeprüfte' Vorstellung (F 1, 34f. φαντασία πιθανὴ καὶ περιωδευμένη) einstellt, dass ein Seil vor einem liegt.

Das Beispiel des Seils ist wohl deshalb gewählt, weil der fragliche Gegenstand völlig isoliert ist: keine 'benachbarten' Phantasiai konnten zu einer vergleichenden Prüfung herangezogen werden. Im Normalfall jedoch steht jede Phantasia in enger Verbindung mit anderen Phantasiai (math. VII 176 = F 2, 95 = 69 E 1 LS ἁλύσεως τρόπον, 'nach Art von Verkettung'). Dann hat der Prüfende zu fragen, ob eine andere Phantasia der primär untersuchten 'widerspricht', wörtlich: ob sie ihn 'abzieht' von der Zustimmung: F 1, 38f. περισπᾶν, F 2, 101 περιέλκειν, F 2, 177 ἀντιπαρέλκειν; eine Phantasia, der nicht durch 'Abziehen' 'widersprochen' wird, heisst ἀπερίσπαστος; ein Substantiv für den Vorgang der Prüfung ist nicht überliefert. Der Terminus ist Gemeingut von Stoa und Akademie: περισπᾶσθαι in der gleichen Bedeutung findet sich schon bei CHRYSIPP (PLUTARCH Stoic. rep. 1036 E = SVF 2, frg. 270 = 31 P 3 LS).

Wenn Sextus' Bericht zuverlässig ist, hatte Karneades bei dieser Prüfung zwei deutlich unterschiedene Gesichtspunkte im Auge. Sie erstreckt sich erstens auf gleichzeitig Wahrnehmbares (vor allem: Sichtbares), dieses wiederum unterteilt in Wahrnehmungen 'am Gegenstand selbst' (F 2, 97 METTE) und Wahrnehmungen 'ausserhalb des Gegenstands' (F 2, 98). In math. VII 176-178 = F 2, 96-105 wird das am Beispiel der Phantasia 'Sokrates' erläutert: An der (bereits 'wahrscheinlichen') 'Vorstellung' überprüft man die Hautfarbe, die Grösse, die Körperhaltung, die Sprechweise, die Kleidung und das Schuhwerk. Als Wahrnehmungen 'ausserhalb' nennt Sextus (F 2, 99f.): Luft, Licht, Tageszeit, Klima, Ort der Begegnung, (mit anwesende) Freunde. Wenn keine der so überprüften Wahrnehmungen 'am Gegenstand selbst' und 'ausserhalb des Gegenstandes' der ersten Vermutung, es handele sich um Sokrates, widerspricht, ist diese Phantasia nun 'unwidersprochen' (ἀπερίσπαστος). Es ist nicht recht deutlich, wodurch sich diese Art von Prüfung von der eben skizzierten 'Durchprüfung' (διέξοδος) unterscheidet, die Sextus am Beispiel des Seils erläutert hatte: auch dort wurden ja die Phänomene 'am Gegenstand selbst' (περὶ αὐτό), z.B. die Farbe (F 1, 33), genauer untersucht. Und die Überprüfung der Wahrnehmungen 'ausserhalb' ist kaum von der Prüfung unter dem Aspekt des δι' οὗ ἡ κρίσις (vgl. S. 867) zu unterscheiden. Ob Sextus ungenau berichtet oder aber die Einteilung schon bei Karneades widersprüchlich war, lässt sich nicht entscheiden. Für die Gesamtheit der benachbarten Phantasiai, die die zu prüfende dadurch bestätigen, dass sie mit ihr in Einklang stehen (F 2, 102 συμφώνως), gebraucht Karneades den Terminus συνδρομή (wörtlich 'Zusammenlauf', etwa: sich zusammenfügendes Bild), und zwar in Anlehnung an ärztliche Terminologie (F 2, 105-110 = 69 E 3 LS). Dieser Gedanke kann vom stoischen Begriff des 'Wissens' (ἐπιστήμη) beeinflusst sein, das als 'System' (σύστημα) von gesicherten Einzelerkenntnissen verstanden wurde (STOBAIOS II 73,21f. WACHSMUTH = 41 H LS).

Der Begriff der ἀπερίσπαστος φαντασία bezeichnet jedoch auch etwas anderes. Es kann vorkommen, dass eine Phantasia unter allen bisher erwähnten Aspekten (gleichzeitig und an gleicher Stelle Wahrnehmbares) als 'wahrscheinlich' und 'durchgeprüft' bestätigt wird, dass ihr jedoch anderes (nicht gleichzeitig Wahrnehmbares) widerspricht. Das verdeutlicht Sextus an zwei analogen Beispielen aus der Mythologie: Als Herakles dem Admet seine Gattin Alkestis aus der Unterwelt zurückbrachte, erwies sich ihr Erscheinungsbild nicht nur als 'wahrscheinlich', sondern hielt auch der 'Durchprüfung' in jeder Hinsicht stand. Da Admet aber wusste, dass Alkestis gestorben war und dass Tote nicht zurückkehren, wurde er trotzdem davon 'abgezogen', der Phantasia seiner Gattin 'zuzustimmen' (περιεσπᾶτο αὐτοῦ ἡ διάνοια ἀπὸ τῆς συγκαταθέσεως, PH I 228 = F 1, 35-40). Ebenso konnte Menelaos dem Erscheinungsbild der (wirklichen) Helena in Ägypten nicht 'zustimmen', weil er wusste, dass er ihr Trugbild, das er für die wirkliche Helena hielt, auf dem Schiff zurückgelassen hatte (math. VII 180 = F 2, 113-118). In beiden Fällen konkurriert mit einer gegenwärtigen sinnlichen Phantasia eine nur in der Erinnerung festgehaltene Phantasia, genauer: ein blosses Wissen um einen Umstand, der die vorliegende Phantasia unglaubhaft erscheinen lässt. Zu Unrecht nimmt MUTSCHMANN (1911 [*102: 194]) daran Anstoss, dass «zur Charakterisierung jener ἀπερίσπαστος φαντασία ihr gerades Gegenteil (dient)». Offenbar wollte Karneades durch die ein wenig gesuchten mythologischen Beispiele zeigen, dass derartige Fälle sehr selten sind: die meisten 'wahrscheinlichen Vorstellungen' sind von vornherein auch ἀπερίσπαστοι. Wie zuvor (math. VII 173 = F 2, 80-82 = 69 D 5 LS) von der (lediglich) wahrscheinlichen Phantasia sagt Sextus Emp. (math. VII 181 = F 2, 119f. = 69 E 2 LS) jetzt auch von der 'unwidersprochenen' Phantasia, sie habe 'eine gewisse Breite' (πλάτος). Damit wird die Relativität des Wahrscheinlichen einmal mehr unterstrichen: die Stufen gehen gleitend ineinander über. Es ist wohl nur ein Zufall, dass das gleiche nicht auch von der 'durchgeprüften' Phantasia gesagt ist. Was die Reihenfolge der beiden Prüfverfahren ('Durchprüfung' und 'Prüfung auf Widersprechendes') angeht, lassen die Beispiele bei Sextus keinerlei Grund erkennen, weshalb das eine oder das andere vorausgehen sollte (sofern sie sich überhaupt klar trennen lassen – siehe S. 868); es ist sogar gut denkbar, dass sie gleichzeitig oder alternierend durchgeführt werden sollten (gegen von Arnim 1919 [*1: 1969f.], Weische 1968 [*2: 854]).

Im wesentlichen die gleichen Prüfverfahren empfahlen die Stoiker. Sextus Empiricus berichtet (math. VII 253-257 = 40 K 1-3 LS, nicht in SVF), in der Stoa sei zunächst die 'erkenntnisvermittelnde Vorstellung' (καταληπτικὴ φαντασία) 'als solche' (ἁπλῶς) als Kriterium der Wahrheit angesehen worden; 'jüngere' (νεώτεροι) Stoiker hätten dann die Bedingung hinzugefügt, «sie dürfe kein Hindernis haben». Als Beispiele für 'behinderte' Vorstellungen nennt Sextus wie beim Verfahren des Karneades Alkestis und Helena. Anschliessend (math. VII 258 = 40 K 4 LS) schildert er das stoische Vorgehen, das der karneadeischen 'Durchprüfung' entspricht: Man muss nahe an das Objekt herantreten, sich die Augen reiben und alles tun, um einen möglichst zuverlässigen Eindruck zu erhalten; ähnlich Cicero Luc. 45 (es spricht der Dogmatiker Lucullus): «maiore quadam opus est vel arte vel diligentia, ne ab iis, quae clara sint ipsa per sese, ... depellamur»; 46 (über die Akademiker, die das Evidente nicht als solches anerkennen) «parum defigunt animos et intendunt in ea, quae perspicua sunt». Der entscheidende Unterschied ist selbstverständlich, dass für die Stoiker eine erfolgreiche Prüfung zur 'Erfassung', also zur Erkenntnis des Wahren führte, bei den Akademikern nur zu hochgradig Wahrscheinlichem. Aber die Gemeinsamkeiten im Verfahren selbst sind augenfällig. Das legt die Annahme nahe, dass die Grundgedanken der karneadeischen Wahrscheinlichkeitslehre auf die Stoa, vor allem auf Chrysipp zurückgehen (Tieleman 1992 [*109: 250-262]); Ioppolo (1986 [§ 1 *401: 201 Anm. 28]) sieht in dem Zusatz der 'jüngeren' Stoiker, die erkenntnisvermittelnde φαντασία dürfe 'kein Hindernis haben', die Reaktion auf eine Kritik des Karneades; siehe auch Steinmetz oben S. 651.

d) Bewertung des πιθανόν: 'Zustimmung' oder blosses 'Befolgen'?

Mit der Anerkennung von 'Wahrscheinlichem' als Kriterium für das Handeln hatte Karneades der skeptischen Lehre eine Blösse gegeben, die den Gegnern nicht verborgen blieb. In seinem Abriss der 'Unterschiede zwischen der akademischen Philosophie und der Skepsis' stellt der Neu-Pyrrhoneer Sextus Empiricus vorwurfsvoll fest (PH I 226), wenn die Akademiker etwas als 'gut' oder als 'schlecht' bezeichneten, täten sie es 'in der Überzeugung' (μετὰ τοῦ πεπεῖσθαι), dass dies mit grösserer Wahrscheinlichkeit so sei als nicht; der pyrrhonische Skeptiker dagegen lasse sich eher willenlos vom 'Leben' leiten, 'nur um nicht gänzlich untätig zu sein'. Das entspricht im wesentlichen einem Einwand, der schon von Karneades' Zeitgenossen erhoben wurde: Wer in einer konkreten Situation eine 'wahrscheinliche Vorstellung' gelten liess, 'stimmte' ihr offensichtlich 'zu'. 'Zustimmung' aber führte nach der strengeren Lehre des Arkesilaos unweigerlich zu (blosser) 'Meinung'; der Weise jedoch müsse frei sein von jeder 'Meinung', hatte er in Übereinstimmung mit dem Stoiker Zenon gelehrt (siehe S. 799. 806f.). Karneades sah sich dem Vorwurf ausgesetzt, er habe diesen Grundsatz aufgegeben.

Es gibt zwei einander widersprechende Traditionen darüber (erstmals klar geschieden von HIRZEL 1877-1883 [*101: 3, 162-180]), wie er auf diesen Vorwurf reagierte. Beide sind im wesentlichen nur aus Ciceros ‹Lucullus› bekannt: Als Skeptiker stellt CICERO klar (Luc. 78 = F 5, 56-60 METTE = 69 H LS), dass es eine καταληπτικὴ φαντασία im stoischen Sinne nicht gibt. Die damit zusammenhängende Frage, ob der (skeptische) 'Weise' je 'zustimmen' könne, schiebt er als zweitrangig beiseite: «... licebat enim nihil percipere et tamen opinari, quod a Carneade dicitur probatum ...», «denn es war ja möglich, zwar den Erwerb sicherer Erkenntnis zu bestreiten, aber trotzdem Meinungen zu hegen, was Karneades gebilligt haben soll ...». Als Gewährsleute nennt Cicero Philon aus Larisa und Karneades' Schüler Metrodor aus Stratonikeia. Sie überlieferten demnach als Lehre des Karneades: Auch der Weise 'stimmt' gelegentlich 'zu' (Luc. 67 = 69 G 2 LS «adsentiri aliquando»). Da aber nichts 'erfassbar' ist, gilt diese Zustimmung 'Unerfassbarem'; dadurch verfällt der Weise in 'Meinung' (vgl. auch Luc. 59 = F 5, 39-41 = 69 F 3 LS «Carneaden ... audiebamus solitum esse ⟨eo⟩ delabi interdum, ut diceret opinaturum id est peccaturum esse sapientem»; Luc. 112 = F 5, 163f.; Luc. 148 = F 5, 190f. = 69 K LS, Meinung des Karneades: «percipi nihil posse, adsensurum autem non percepto id est opinaturum esse sapientem»). Von den neueren Interpreten hält IOPPOLO dies für die authentische Lehre des Karneades (1986 [*124: 14f.]: «... costruisce tutta la sua filosofia proprio sull'opinione»).

Kleitomachos dagegen vertrat nach Luc. 78 die Meinung, Karneades habe sich konsequent jeder 'Zustimmung' und damit auch jeder 'Meinung' (δόξα) enthalten. Die oben zitierte Ansicht «nihil percipere et tamen opinari» sei von ihm nie gebilligt («probatum»), sondern nur im Rahmen einer Disputation vertreten worden («disputatum»). Ebenfalls aus Kleitomachos zitiert CICERO Luc. 104 (F 5, 130) «... placere, ut (sapiens) numquam adsentiatur»; vgl. auch Luc. 108 (F 5, 140-143) «credo ... Clitomacho ita scribenti, Herculi quendam laborem exanclatum a Carneade, quod ut feram et immanem beluam sic ex animis nostris adsensionem id est opinationem et temeritatem extraxisset», «ich stimme Kleitomachos zu, wenn er schreibt, Karneades habe eine des Herakles würdige Tat vollbracht, indem er die Zustimmung – und das heisst Meinung und Leichtfertigkeit – wie ein wildes Tier aus uns herausgerissen hat».

Welche der beiden Auffassungen historisch korrekt ist, lässt sich aufgrund dieser Texte nur schwer entscheiden, weil alle Beteiligten parteiisch sind: Kleitomachos vertrat gegenüber den unmittelbar nach Karneades aufkommenden dogmatischen Strömungen den orthodoxen Standpunkt strenger ἐποχή; Metrodor und Philon waren zu Konzessionen bereit (vgl. S. 905f. 920f.). Cicero macht aus seiner Sympathie für Kleitomachos hier kein Hehl; er scheint dessen Interpretation für die authentische zu halten (so auch u.a. STRIKER 1980 [*84: 61f. 78-83], BETT 1989 [*108: 70 Anm. 24]).

Aber es ist denkbar, dass Karneades in dieser Frage keinen festen Standpunkt hatte. Kleitomachos soll geklagt haben (CICERO Luc. 139), 'ihm sei nie recht deutlich geworden, welchen Standpunkt Karneades eigentlich billige' («numquam se intellegere potuisse, quid Carneadi probaretur»). An anderen Stellen des gleichen Dialogs ist ein Schwanken gerade in bezug auf das 'Meinen' des Weisen bezeugt: Luc. 112 = F 5, 163f. «... ne Carneade quidem huic loco (d.i.: sapientem interdum opinari) valde repugnante»; noch deutlicher Lucullus 59 = F 5, 39-41 = 69 F 3 LS «Carneaden solitum esse ⟨eo⟩ delabi interdum, ut diceret opinaturum id est peccaturum esse sapientem», «Karneades habe sich gelegentlich zu der These hinreissen lassen, dass der Weise 'meine' und damit 'sündige'» (SCHÄUBLIN 1992 [§ 56 *768: 49f.] und LÉVY 1992 [§ 42 * 267 Anm. 75] ziehen 'interdum' zu 'opinaturum esse'; das ist aus sprachlichen Gründen kaum möglich). Ferner Lucullus 67 = F 5, 51 = 69 G 2 LS: «Carneades nonnumquam secundum illud dabat adsentiri aliquando, ita sequebatur etiam opinari ...», «Karneades setzte gelegentlich als zweite Prämisse an, (der Weise) stimme von Zeit zu Zeit zu, und daraus ergab sich, dass er auch 'meine'» (SCHÄUBLIN 1992 [§ 56 *768: 52] möchte das vermeintliche Ärgernis durch einen Einschub beseitigen).

Auch andere Gründe sprechen dafür, dass Metrodor und Philon den Karneades nicht weniger 'authentisch' interpretieren als Kleitomachos. Zunächst: Ganz am Ende des ‹Lucullus› fasst Catulus die ihm nun vermittelte Überzeugung so zusammen (148 = KARNEADES F 5, 189-193 = 69 K LS): «ad patris revolvor (vgl. Luc. 59) sententiam, quam quidem ille Carneadiam esse dicebat: ut percipi nihil putem esse, adsensurum autem non percepto id est opinaturum sapientem existumem, sed ita ut intellegat se opinari sciatque nihil esse quod comprehendi et percipi possit» (es folgt ein hoffnungslos verderbter Satz). Das ist im wesentlichen die Deutung Metrodors (ähnlich GLUCKER 1978 [§ 1 *398: 76 mit Anm. 218. 396]; siehe unten S. 905f.; andere Deutung bei LÉVY 1993 [*128: 270-273]): 'Der Weise stimmt Unerfassbarem zu, also meint er.' Und Cicero widerspricht nicht, sondern schliesst den Dialog mit einem Scherzwort!

Ferner: Nach Kleitomachos hätte Karneades einer 'wahrscheinlichen Vorstellung' nicht 'zugestimmt', sondern nur sein Handeln an ihr ausgerichtet. Dem entspricht zwar Ciceros Sprachgebrauch weitgehend. Er bezeichnet die 'nicht-zustimmende' Anerkennung einer πιθανὴ φαντασία meist mit '(ad)probare/probatio' = 'billigen' (Luc. 99. 104. 107. 111 u.ö.) oder mit 'sequi' 'befolgen' (Luc. 8. 33. 35. 99. 104. 108 u.ö.). Wenn jedoch Karneades die 'Zustimmung' zu nur 'Wahrscheinlichem' ebenso konsequent abgelehnt hätte wie Kleitomachos und der ihm hierin folgende Cicero, müsste sich in den griechischen Berichten eine ähnlich scharfe terminologische Trennung finden. Aber das Gegenteil ist der Fall. Für '(ad)probare' gibt es überhaupt kein in der Grundbedeutung ('billigen') übereinstimmendes Wort. STRIKER (1980 [*84: 61 Anm. 21]) nennt eine Gruppe von Verben (κατακολουθεῖν, ἕπεσθαι, χρῆσθαι, παραλαμβάνειν, πείθεσθαι), die in annähernd gleicher Häufigkeit das 'nicht-zustimmende' Befolgen der πιθανὴ φαντασία bezeichnen.

(Hinzuzufügen sind προσχρῆσϑαι Sextus Emp. PH I 231, πιστεύειν Sextus Emp. math. VII 177 und 180, vgl. auch οὐκ ἀπιστεῖν math. VII 175 und ἀποδέχεσϑαι math. VII 401 und 435; weitere Einzelheiten bei Görler 1992 [*126: 162-165]). Gemeinsam ist diesen Begriffen, dass sie einen Vorbehalt und eine deutliche Distanzierung des ohne eigentliche 'Zustimmung' handelnden Individuums ausdrücken sollen: mehr ein Mit-sich-Geschehen-Lassen als ein aktives Tätigwerden (bezeichnend z.B. Sextus Emp. math. VII 186: ein Flüchtender wird 'gepackt' von der 'Vorstellung', an einem bestimmten Ort befänden sich Feinde; er 'folgt' dieser 'Wahrscheinlichkeit' und flüchtet anderswohin). Das erinnert an Arkesilaos' Lehre vom Handeln ohne Zustimmung (siehe oben S. 809-811). Aber während dort die unmittelbare Verknüpfung einer 'zuträglichen' Vorstellung mit dem Handlungsimpuls instinkthaft, ja fast automatenhaft wirkte, so dass der Verstand ausgeschaltet und keinerlei Wahlmöglichkeit zu bestehen schien, ist nach Karneades der Verstand nachhaltig beteiligt: es wird eine Entscheidung gefällt (zum Unterschied gut Bett 1989 [*108: 75]). Eine Entscheidung aber ist von einer 'Zustimmung' nicht leicht zu trennen. Die Vielzahl der Verben ist also Ausdruck einer Verlegenheit: der Terminus 'Zustimmung' sollte vermieden werden, obwohl es doch um nichts anderes ging als um eine Zustimmung 'zweiter Kategorie'. Aus dieser Verlegenheit heraus ist wohl auch das eben skizzierte Schwanken von Karneades zu verstehen. Die bezeugten Verben stehen in einer gewissen Analogie zu den stoischen Termini, mit denen das Verhalten gegenüber dem 'relativ Wertvollen' (προηγμένα) beschrieben wird: 'mitnehmen', 'auslesen', 'benutzen' (siehe oben bei Steinmetz S. 543). Auch hier wird deutlich, wieviel die hellenistischen Schulen dem intensiven Gespräch untereinander verdanken.

Hinzu kommt, dass die Scheidung von 'Zustimmung' und jener anderen Art von Billigung nicht streng durchgehalten ist. In keinem griechischen Text ist der Gegensatz als solcher erläutert oder auch nur konstatiert. Ja noch mehr: Gerade in den Berichten über Karneades ist gelegentlich von 'Zustimmung' (συγκατατίϑεσϑαι/συγκατάϑεσις) zu 'Wahrscheinlichem' die Rede: Sextus Emp. math. VII 172 = F 2, 78 Mette = 69 D 4 LS; math. VII 188 = F 2, 168 und 170; PH I 228 = F 1, 39. Das wurde von der strengeren pyrrhonischen Skepsis gerügt: In seinem Abriss über den ‹Unterschied zwischen der akademischen Philosophie und der Skepsis› (PH I 230 = Karneades F 1, 46-53 Mette) stellt Sextus Empiricus vorwurfsvoll fest, πείϑεσϑαι ('sich leiten lassen', 'gehorchen') bedeute für die Akademiker 'um Karneades und Kleitomachos' etwas anderes als für die Pyrrhoneer: Die Pyrrhoneer liessen sich fast willenlos von den Phänomenen leiten; die Akademiker dagegen gehorchten «mit innerer Anteilnahme, im Sinne eines starken Dranges zur Zustimmung» (μετὰ ... συμπαϑείας κατὰ τὸ σφόδρα βούλεσϑαι συγκατατίϑεσϑαι). Dieser Vorwurf ist übertrieben, wie die Versuche der Akademiker zeigen, durch immer wieder andere Termini das von ihnen Gemeinte zu bezeichnen. Aber es trifft zu, dass die Lehre vom 'Wahrscheinlichen' für die Schule des Karneades bald mehr wurde als ein blosser Notbehelf für die unabweisbaren Bedürfnisse des Lebens (vgl. § 47, S. 807-809), und es ist offenkundig, dass innerhalb der Akademie der Unterschied zwischen 'Zustimmung' und blosser 'Billigung' oft verschwamm.

Hier scheint sich eine innerakademische Diskussion zu spiegeln: Die 'Orthodoxen' um Kleitomachos sträubten sich gegen den Begriff 'Zustimmung', wurden jedoch zum Eingeständnis gedrängt, das 'Befolgen' (πείθεσθαι) komme einer 'Zustimmung' fast gleich. Karneades selbst war in der Formulierung weniger genau, was auch Kleitomachos nicht bestreiten konnte: CICERO Luc. 78 = F 5, 60; vgl. auch Luc. 104 = F 5, 127 = 69 I 2 LS (Zitat aus Kleitomachos) «dupliciter dici adsensus sustinere sapientem». Karneades sprach – zumindest 'gelegentlich' (Luc. 59. 67) – von der 'Zustimmung' des Weisen und den sich daraus ergebenden 'Meinungen'. Nur den Vorbehalt machte er, dass man 'Meinung' nicht mit Wissen verwechsele (Luc. 148 = F 5, 192f. = 69 K LS): «... ita ut intellegat se opinari sciatque nihil esse quod comprehendi et percipi possit.» Mit diesem Vorbehalt konnte Karneades 'Meinungen' in Kauf nehmen: 'Zustimmung' und (möglicher, keineswegs unausweichlicher) Irrtum beziehen sich ja immer nur auf Einzelsituationen; also können sich solche 'Meinungen' nicht zu einem Weltbild oder gar zu einem philosophischen System verfestigen. STRIKERS subtile Unterscheidung zwischen 'opinion' und 'belief' (1980 [* 84: 61. 81] 'something less than opinion') entbehrt jeder Grundlage in den Texten; andere Interpretationen bei FREDE (1984 [*123]) und IOPPOLO (1986 [* 124: 195-197]).

e) Persönlich vertretenes Handlungsmodell oder Ad-hominem-Argumentation?

Wie oben (S. 858f.) gezeigt, gibt es keinen Grund zu der Annahme, Karneades habe die von ihm bei seiner Erkenntniskritik benutzten Prämissen selbst nicht als gültig anerkannt, sondern sie nur 'ad hominem' und in dialektischer Absicht gegen die Stoiker ins Feld geführt. In seine Lehre vom Wahrscheinlichen und dessen Stufen sind noch mehr Prämissen eingegangen: die Gültigkeit von Erfahrungen, die sich zu einer statistischen Wahrscheinlichkeit verdichten; die Möglichkeit nachträglicher Überprüfung, bei der stillschweigend vorausgesetzt scheint, dass bereits Eingetretenes 'sicher' ist; der als solcher unbeweisbare Satz, dass falsche Phantasiai in der Regel durch ihnen 'benachbarte' richtige entlarvt werden u.a. Es ist zuzugeben, dass die Anerkennung solcher Sätze mit einer skeptischen Grundhaltung unvereinbar ist. Man hat deshalb vermutet, dass Karneades als konsequenter Skeptiker seine Wahrscheinlichkeitstheorie nicht als objektiv gültig ansah: wie bei der Erkenntniskritik werde nur dialektisch und hypothetisch argumentiert.

Drei verschiedene Vorschläge sind gemacht worden, um Karneades vom Makel der Inkonsequenz zu befreien (guter Überblick bei BETT 1989 [*108: 78-90]):

1. Die Lehre vom πιθανόν arbeitet weitgehend mit stoischen Begriffen; das deutet darauf, dass sie nur für die Auseinandersetzung mit den Stoikern entwickelt worden ist: Karneades wollte den Stoikern zeigen, auf welche Weise sie ein sinnvolles Handlungsmodell hätten entwickeln können (Ad-hominem-Deutung, vertreten u.a. von COUISSIN 1929 [*81: 267f./50f.], LONG/SEDLEY (Hg.) 1987 [§ 1 *295: 1, 459f.]).

2. Karneades hat die Wahrscheinlichkeitslehre, die ein Kriterium für das Handeln bietet, als Gegenstück zur skeptischen Grundaussage entwickelt, nach der es keinerlei Kriterium für wahr oder falsch gibt. Die beiden jeweils in sich stimmigen

Annahmen heben einander durch ihr Gleichgewicht (ἰσοσϑένεια) auf. Die Wahrscheinlichkeitslehre steht also im Dienste einer streng skeptischen Haltung (SEDLEY 1983 [*105: 18]).

3. Karneades betrachtete die Wahrscheinlichkeitslehre nicht als mit Sicherheit gültig und brauchbar, sondern nur als 'wahrscheinlich': er wendet die Lehre auf sie selbst an, 'stimmt' also nicht 'zu', dass es Wahrscheinliches gibt, sondern 'folgt' dieser Annahme in einer Haltung, die 'in der Mitte steht zwischen uneingeschränkter Zustimmung und völliger Passivität' (so mit einiger Vorsicht BETT 1989 [*108: 86-90. bes. 89]; er schliesst jedoch die Deutungen 1 und 2 nicht aus).

Keine dieser Deutungen findet einen Anhalt in den Texten. Zwar bleibt es möglich, dass Cicero und Sextus uns einige besonders subtile Überlegungen des Karneades vorenthalten haben; mehr spricht jedoch dafür, dass Karneades weniger streng gedacht hat als manche seiner modernen Interpreten und dass er an der objektiven Gültigkeit und Brauchbarkeit der Prämissen, die der Lehre vom Wahrscheinlichen zugrunde liegen, nie gezweifelt hat.

f) Anwendungsbereich

Die Wahrscheinlichkeitslehre dient in erster Linie der Entkräftung des Apraxia-Arguments: Karneades möchte zeigen, dass auch der Skeptiker begründet und sinnvoll handeln kann. Als 'wahrscheinlich' oder 'unwahrscheinlich' gelten ihm darum zunächst solche φαντασίαι, die geeignet sind, eine Handlung auszulösen oder zu verhindern (in stoischer Terminologie: φαντασίαι ὁρμητικαί). Aber einige Beispiele zeigen, dass Karneades über diesen Bereich hinausging: Er wandte die Unterscheidung auch auf Sachverhalte an, die ihrer Natur nach nicht zum Handeln einladen, sondern eher theoretischen Charakter haben. Der Dogmatiker Lucullus nennt in einer Skizze der karneadeischen (?) Wahrscheinlichkeitslehre beide Bereiche nebeneinander (CICERO Luc. 32 = 68 R 3 LS): «volunt enim ... probabile aliquid esse et quasi veri simile, eaque se uti regula et in agenda vita et in quaerendo ac disserendo»: das Wahrscheinliche dient als Richtschnur bei der Lebensführung und in theoretischen Fragen. In ähnlicher Weise sind der praktische und der theoretische Bereich nebeneinandergestellt bei SEXTUS EMP. math. VII 435: Das πιϑανόν ist entweder «nützlich für die Lebensführung» (πρὸς τὴν τοῦ βίου διεξαγωγὴν χρήσιμα), oder es dient der «Auffindung des wahren Seins der Dinge» (εὕρεσις τῆς ἐν τοῖς οὖσιν ἀληϑείας); ähnlich math. VII 173 = F 2, 81f. ἄλλη ἄλλης ... πιϑανωτέραν (theoretisch) τε καὶ πληκτικωτέραν (praktisch) ἴσχει φαντασίαν; VII 175 = F 2, 91f. = 69 D 5 LS τάς τε κρίσεις καὶ τὰς πράξεις; auch VII 179 = F 2, 110 κρίσις τῆς ἀληϑείας deutet auf theoretische Entscheidungen. Daraus darf nicht geschlossen werden, dass Karneades seine Lehre vom πιϑανόν auf alle theoretischen und abstrakten Fragen, bis hin zu philosophischen Kontroversen, angewandt hat. Das ist dadurch ausgeschlossen, dass es fast durchweg 'Vorstellungen' (φαντασίαι) sind, an denen die Eigenschaften 'wahrscheinlich' oder 'unwahrscheinlich' haften. Besonders deutlich CICERO Luc. 104 (KARNEADES F 5, 133-136 METTE = 69 I 3 LS; wörtliche Übersetzung aus Kleitomachos, Textüberlieferung leicht unsicher): «(Carneades) reliquit eius modi visa quibus ad actionem excitemur, item ea, quae interrogati in utramque partem respondere possimus, sequentes tantummodo quod ita visum sit, dum sine adsensu», «gelten liess (Karneades) Phantasiai, die uns zum Handeln anspornen; desgleichen die Phantasiai, über (deren Wahrheitsgehalt) man, auf eine entsprechende Frage, mit ja oder nein antworten kann ('quae' ist Akkusativ der Beziehung, vgl. CICERO de or. I 232 'quod cum interrogatus Socrates esset'), wenn wir dem, was sich so gezeigt hat (d.i. φαντασίαι der genannten Art) einfach 'folgen' (dazu oben S. 871f.), sofern es ohne 'Zustimmung' geschieht». Auch an den genannten Stellen aus Sextus Empiricus geht es nicht um die Beurteilung von Sachverhalten als solchen, sondern um mehr oder weniger 'wahrscheinliche' φαντασίαι. Als Beispiele nennt SEXTUS EMP. math. VII 438 die Fragen 'Sind Körper und Seele gesund?' und 'Wird der Gegenstand aus angemessener Entfernung betrachtet?', also einfache, der Sinneswahrnehmung nahestehende Entscheidungen. Ein von CICERO (Luc. 100) angeführtes Beispiel zeigt ebenfalls, dass Elementares gemeint ist: Der skeptische Weise wird sich durch seine Grundsätze nicht vom Handeln abhalten lassen «faciliorque erit ut albam esse nivem probet quam erat Anaxagoras ...», «und es wird ihm leichter fallen, zuzugeben, dass Schnee weiss ist, als dem Anaxagoras» ... (der, weil er wusste, dass Schnee aus Wasser bestand, ihn für schwarz erklärte). Anders formuliert: Auf die Frage 'Ist Schnee weiss?' wird der skeptische Weise mit 'ja' antworten, wenn auch mit dem Vorbehalt, dass es nur 'wahrscheinlich' so ist, und darum ohne 'Zustimmung'.

Die Stoiker, auf die die technische Verwendung des Begriffs φαντασία vermutlich zurückgeht, nahmen auch nicht-sinnliche 'Vorstellungen' an (DIOGENES LAERT. VII 51 = SVF 2, frg. 61 = 39 A 4 LS). Ebenso hat Karneades den Begriff gelegentlich über den Bereich des Sinnlich-Wahrnehmbaren hinaus ausgedehnt. In den oben referierten mythologischen Beispielen für eine nicht 'unwidersprochene' Vorstellung (Alkestis und Helena) wirkte ja nicht eine gleichzeitige 'widersprechende' Wahrnehmung der Anerkennung entgegen, sondern die Erinnerung daran, dass Alkestis gestorben, Helena auf dem Schiff geblieben war: nicht eine Phantasia im Sinne eines Erscheinungsbildes, sondern eher das Wissen um einen bestimmten Sachverhalt. Das gleiche gilt für die Überlegung (F 2, 166 METTE λογιζόμενος), dass Schlangen im Winter manchmal reglos sind; diese Überlegung tritt in Konkurrenz zu der sich bereits als 'wahrscheinlich' abzeichnenden Phantasia 'Seil' (F 2, 165 METTE ἤδη ... εἰς τὸ μὴ εἶναι ὄφιν ῥοπὴν ἴσχει). In diesem Sinne kann CICERO (Luc. 106) das Gedächtnis als mit dem skeptischen Vorbehalt vereinbar verteidigen: «esse ei locum, etiam si comprehensio perceptioque nulla sit» (gegen Luc. 22 = 40 M 3 LS, vgl. S. 859). Ob Karneades halb-abstrakte Wissenssätze der skizzierten Art als Phantasiai bezeichnet hat, lässt sich allerdings nicht entscheiden.

Auch Zukünftiges gilt gelegentlich als 'wahrscheinliche Phantasia'. Cicero gibt das Beispiel einer Seereise (Luc. 100 = 42 I LS): 'Niemand kann jemals völlig sicher sein, dass er sein Ziel wohlbehalten erreichen wird. Aber wenn die Strecke kurz, das Schiff solide gebaut, der Steuermann tüchtig ist usw., ist eine starke Wahrscheinlichkeit (probabile) gegeben, dass die Fahrt gelingen wird.' Weitere Beispiele sind Luc. 109 = F 5, 146-148 METTE genannt: Bei der Aussaat, bei der Wahl einer Gattin, bei der Zeugung von Kindern u.ä. gibt es keine Gewissheit für den Erfolg, wohl aber ein starkes 'probabile'. Dass diese Argumente auf Karneades zurückgehen, ist nicht beweisbar, aber sie passen gut in sein System: Karneades geht aus vom Erfordernis des Handelns; jede Handlung aber greift über die Gegenwart hinaus in die Zukunft. Ciceros Beispiele unterscheiden sich nur dadurch von einfachen Fällen (Griff nach einer Speise, Ausweichen vor einem Hindernis), dass die Zeitspanne zwischen der Anerkennung einer handlungsauslösenden Phantasia ('seetüchtiges Schiff', 'fruchtbares Ackerland' usw.) und dem erwarteten Ergebnis besonders lang ist, und dadurch, dass in seinen Beispielen eine zusätzliche, sachbedingte Unsicherheit enthalten ist: das Besteigen eines guten Schiffes führt nicht mit der gleichen Wahrscheinlichkeit zum Erfolg wie der Griff des Hungrigen nach der Speise, weil – schon aufgrund der längeren Zeitspanne – vielfache Störfaktoren denkbar bleiben. Strenggenommen sind hier zwei verschiedene Begriffe von 'wahrscheinlich' vermengt: a) die (epistemologische) Wahrscheinlichkeit, dass zum Zeitpunkt des Aufbruchs überhaupt ein Schiff vor Augen ist, b) die (statistische) Wahrscheinlichkeit, dass ein seetüchtiges Schiff sein Ziel erreichen wird. Vielleicht hat Cicero (oder schon Karneades) den Unterschied planvoll verwischt, um durch den Rückgriff auf die von niemandem bezweifelte statistische Wahrscheinlichkeit den skeptischen πιϑανόν-Begriff zu empfehlen. – Bei der Anwendung der 'Wahrscheinlichkeits'-Lehre auf Zukünftiges scheint vorausgesetzt, dass Prognosen auf ihre Richtigkeit nachträglich überprüft werden können, und zwar dann ohne einen Rest von Unsicherheit: im Beispiel des Flüchtenden (SEXTUS EMP. math. VII 186; vgl. S. 872) heisst es, er folge der Wahrscheinlichkeit, 'bevor er genau hingesehen habe' (πρὶν ἀκριβῶς ἐπιστῆσαι). Das wäre ein Verstoss gegen den skeptischen Grundsatz der allgemeinen Unerfassbarkeit der Dinge. Eigenartigerweise gibt es keine klare Aussage darüber, ob Karneades oder anderen Akademikern dieser Grundsatz im Falle nachträglicher Überprüfung als aufgehoben oder eingeschränkt galt (siehe aber S. 808); auch eine Kritik von pyrrhonischer Seite ist nicht überliefert.

Völlig isoliert sind zwei Aussagen im Bericht des SEXTUS EMP. (math. VII 166 und 184 = F 2, 46f. und 150 = 69 D 1, E 5 LS), wo als Ziel der Befolgung von πιϑαναὶ φαντασίαι die 'Glückseligkeit' (εὐδαιμονία) genannt ist. Da Karneades sich nie auf eine bestimmte ethische Lehre festgelegt und darum auch nicht definiert hat, worauf 'Glückseligkeit' beruht, kann damit nur das pragmatisch richtige Handeln in besonders wichtigen Situationen gemeint sein (Zeile 150 METTE: 'Wenn es um die εὐδαιμονία geht, muss man die dritte Stufe der Wahrscheinlichkeit beachten').

Auf philosophische Lehrmeinungen hat Karneades die Wahrscheinlichkeitslehre nie angewandt (gegen VON ARNIM 1919 [*1: 1971]); sie ist dafür unbrauchbar. Die oben skizzierten Verfahren eignen sich nur für die Prüfung von φαντασίαι, d.i. von Sinnlich-Wahrnehmbarem und von abstrakten Sätzen elementarer Art. Philosophische Ansichten aber gehen weit über diesen Rahmen hinaus und werden deshalb nach übereinstimmendem Sprachgebrauch nicht als φαντασία bezeichnet. Eine nur scheinbare Ausnahme ist es, dass bei SEXTUS EMP. PH II 76 (Text aus einer lateinischen Übersetzung zurückgewonnen, also ganz unsicher) die skeptische Grundaussage des Xeniades aus Korinth ('Alle φαντασίαι sind falsch') als φαντασία bezeichnet ist. In einer der ausführlicheren Fassungen (math. VII 388, 390), wo gezeigt werden soll, dass der Satz sich selbst widerspricht, heisst es über ihn, er könne 'als φαντασία in Erscheinung treten' (κατὰ φαντασίαν ὑφιστάμενον).

Philosophische Standpunkte gelten auch nicht als 'wahrscheinlich' im eben behandelten Sinne. Wiederum nur eine scheinbare Ausnahme ist es, wenn bei CICERO (Luc. 110) über den akademischen 'Weisen' gesagt ist, auch der skeptische Grundsatz ('Nichts kann erfasst werden') sei von ihm nicht 'erfasst' (perceptum), sondern für ihn nur 'wahrscheinlich' (probabile). Im Rahmen der technischen Erörterung lag es nahe, die technischen Termini auch auf den Selbsteinschluss anzuwenden. In keinem griechischen Zeugnis jedoch ist eine positive philosophische Meinung als in höherem oder geringerem Grade 'wahrscheinlich' (πιϑανόν) bezeichnet. (Am nächsten kommen SEXTUS EMP. math. IX 139 = F 3, 7 METTE = 70 C 3 LS: verneinend (ἀπίϑανον) über einen bestimmten Gottesbegriff, und PORPHYRIOS de abstin. III 20 = F 8b, 2f. und 13 METTE = 54 P 2 LS: ironisch über den stoischen Anthropozentrismus.)

4. Auseinandersetzung mit philosophischen Dogmen

a) Methode

Bei der Diskussion von philosophischen Ansichten hat Karneades von der Wahrscheinlichkeitslehre keinen Gebrauch gemacht: nicht nur, weil ein Dogma nicht als φαντασία behandelt werden konnte, sondern auch, weil es ihm fernlag, bestimmten Dogmen einen Vorrang vor anderen zu geben. Sein Anliegen ist vielmehr rein elenktisch: er möchte zeigen, dass kein Dogma absolute und objektive Gültigkeit beanspruchen darf. Dafür bediente er sich, wie vor ihm Arkesilaos (siehe S. 796f.), verschiedener dialektischer Methoden, die den gleichen Grundgedanken variieren: Gegen jede noch so gut begründete Ansicht lassen sich gleichstarke Gegengründe vortragen, so dass alles in der Schwebe bleiben muss (ἰσοσϑένεια). Dieser Ansatz hat mit der Lehre vom 'Wahrscheinlichen' und dessen drei Stufen nichts zu tun; er hat seine Wurzeln im Pyrrhonismus (siehe S. 737f. 796f.). Später wurde er auch in der jüngeren pyrrhonischen Skepsis gepflegt und heisst dort διαφωνία oder ἀντιλογία (MANSFELD 1988 [*89: 184 Anm. 9] verweist auf 'dissensio' bei CICERO Luc. 117 u.ö., aber dort liegt kaum ein fester Terminus vor).

Im einzelnen lassen sich folgende (einander nicht ausschliessende) Methoden unterscheiden:
– Einfache Widerlegung mit Sachargumenten (u.a. in der Bekämpfung des stoischen Schicksalsbegriffs),
– Argumentation für zwei oder mehr einander ausschliessende Meinungen ('in utramque partem' im engeren Sinne), dadurch indirekte Widerlegung (z.B. Reden 'für' und 'gegen die Gerechtigkeit' im Rahmen der Philosophengesandtschaft 155 v. Chr.),
– Sammlung und Klassifizierung aller bisher geäusserten und überhaupt denkbaren Meinungen zu einem bestimmten Problem, dadurch durchgehende Relativierung (vgl. § 47, S. 797 über doxographische Arbeiten in der 'Akademie des Arkesilaos', § 48, S. 837f. über Damon und Aristipp von Kyrene), wichtig vor allem die sogenannte 'Divisio Carneadea' in der Güter- und Teloslehre,

– Nachweis innerer Widersprüche einer bestimmten Lehre (z.B. Kritik des traditionellen Gottesbegriffs durch Soriten),
– scheinbar konstruktive Vorschläge zur 'Verbesserung' philosophischer Dogmen, die sich jedoch nicht verwirklichen lassen, ohne das System zu sprengen (Plädoyer für eine von der 'Klugheit' unabhängige Gerechtigkeit).

Karneades pflegte jeweils so überzeugend zu argumentieren, dass gelegentlich der Eindruck entstehen konnte, er 'billige' ein Dogma, so z.B. CICERO Luc. 139 = F 5, 183 = 69 L LS «ut (Calliphontis sententiam) probare etiam videretur»; dort ist aber sogleich als Korrektur die Aussage des Kleitomachos hinzugefügt (Z. 183-185 METTE), «er habe nie feststellen können, welche Ansicht Karneades wirklich billige». Karneades liess niemals eine persönliche Präferenz erkennen; er blieb den skeptischen Grundsätzen treu und war nur an Widerlegung und Relativierung interessiert. Zwar nennt CICERO (Tusc. V 11 = F 7a, 31-35) als angeblichen Grundsatz des Karneades, «in jeder Untersuchung zu fragen, welche Ansicht die wahrscheinlichste sei», «ut ... in omni disputatione quid esset veri simillimum quaereremus». Aber hier liegt eine Umdeutung Ciceros vor. Erst er ist es, der es für möglich hält, durch These, Antithese und Synthese der Wahrheit schrittweise näherzukommen (vgl. S. 805f. 928-930. 1089-1092).

b) Ethik und Güterlehre

Nach DIOGENES LAERT. IV 62 (T 1a, 11 METTE) wandte Karneades besonderen Eifer auf ethische Fragen. Seine wichtigsten Gegner waren, wie auf allen anderen Gebieten, die Stoiker. Aber er kritisiert ihre Ethik überwiegend indirekt und im Rahmen allgemeiner Erörterungen; eine direkte, ausschliesslich gegen die Stoa gerichtete Polemik findet sich nur selten.

Karneades schuf sich die Grundlage für seine Argumentation auf dem Felde der Ethik in einer systematischen Klassifizierung aller tatsächlich vertretenen oder auch nur vorstellbaren Standpunkte. Damit nahm er einen Gedanken Chrysipps auf, der eine zunächst lange Liste denkbarer ethischer Standpunkte aufgestellt hatte, um dann durch Zusammenfassung und Eliminierung die eigene Position als die einzig haltbare zu erweisen (CICERO Luc. 138 = SVF 3, frg. 21). Diese Methode wird jedoch von Cicero (und nach ihm in der modernen Forschung) als 'Divisio Carneadea' bezeichnet. Das ausführlichste und zuverlässigste Referat (hier vermittelt durch Antiochos aus Askalon) findet sich bei CICERO de finibus V 16-21 (F 6, 42-64 METTE = 64 E,G LS). Es muss Schritt für Schritt betrachtet werden. Nach der einleitenden Bemerkung, Karneades habe gesehen, «nicht nur wie viele Meinungen über das höchste Gut (summum bonum) bisher vertreten worden seien, sondern wieviele es überhaupt geben könne», nennt Cicero als Ausgangsgedanken des Karneades, eine jede 'Kunst' (ars) müsse einen Bezugspunkt (Ziel) ausserhalb ihrer selbst haben («semper illud extra est, quod arte comprehenditur; ... esse aliud artem ipsam, aliud quod propositum sit arti»). Als Beispiele nennt er die Medizin, der es um Gesundheit, und die Steuermannskunst, der es um sichere Seefahrt gehe. Ebenso müsse auch die 'prudentia' (griechisch wohl: φρόνησις, sittliche Vernunft) einen äusseren Bezugspunkt haben; er wird zunächst sehr vage mit 'vivere' angegeben («ut medicina valetudinis, navigationis gubernatio, sic vivendi ars est prudentia»). Dahinter steht der in der hellenistischen Philosophie allgegenwärtige Begriff der 'vita beata' (εὐδαιμονία), der 'Glückseligkeit': Die praktische Philosophie (prudentia) strebt nach 'Glück' wie die Medizin nach Gesundheit usw. Das bedarf weiterer Präzisierung. Worin besteht das 'Glück'? Was muss man tun oder erlangen, um 'glücklich' zu sein? Denn eben das, was das 'Glück' garantiert, ist in einem genaueren Sinne der äussere 'Bezugspunkt' der 'Lebenskunst'; im Hinblick darauf ist diese 'Kunst' begründet worden; davon geht sie aus («... esse constitutam et profectam»). Cicero fährt fort: Unter allen Philosophen besteht Einigkeit darüber, dass es sich dabei um etwas handeln muss, das «der Natur entspricht» («aptum et accommodatum naturae esse oportere») und dem ein gewisser Appellcharakter innewohnt («ut ipsum per se invitaret et alliceret appetitum animi»). In der Konkretisierung freilich ist man sich nicht einig. Für einige ist der eben skizzierte Ziel- und Bezugspunkt die 'Lust', für andere Schmerzlosigkeit, für eine dritte Gruppe das 'erste (elementare) Naturgemässe' (also körperliche Unversehrtheit, Gesundheit, Kraft, Schönheit usw.). Diese Dreiteilung ist das erste Ordnungselement für das von Karneades im folgenden entwickelte System.

Nach hellenistischem Sprachgebrauch handelt es sich um 'Ziele' (τέλη) des sittlichen Strebens. Aber dieser Terminus ist bei Karneades und bei Cicero zunächst vermieden. Das hat seinen Grund darin, dass zu der genannten Dreiteilung eine zweite Klassifizierung hinzutritt und dass erst die Kombination von beiden die 'Ziele' im technischen Sinne ergibt. Neben den eben genannten Bezugspunkten (oder: Tätigkeitsfeldern) fragt Karneades jeweils auch danach, ob das Streben selbst und für sich allein das sittliche 'Ziel' darstellt und damit auch die Glückseligkeit bewirkt, oder ob nur ein erfolgreiches Streben, ein konkretes Erlangen des Erstrebten als 'Ziel' angesehen wird. Die doppelte Fragestellung ist bereits in fin. V 17 angedeutet (... *in quo* prudentia *versaretur* et *quod assequi vellet*); im folgenden tritt sie noch deutlicher hervor (fin. V 18-19). Es ergibt sich eine Tafel möglicher 'Ziele' (τέλη), in V 20 ist mitgeteilt, wer sie jeweils vertrat:

	'Lust'	Schmerzlosigkeit	'(Erstes) Naturgemässes'
Sittliches 'Ziel' das Streben selbst (fin. V 19: facere omnia, etiamsi non consequare)	1. nicht vertreten	2. nicht vertreten	3. Stoiker
'Ziel' die konkrete Erlangung (fin. V 17: quod assequi vult; fin. V 19: ad obtinenda)	4. Aristipp	5. Hieronymos	6. Karneades selbst

In Worten formuliert: Für Lehre 1 ist es sittliche Pflicht, sich um Lust zu bemühen, selbst wenn man sie nicht erreicht; für Lehre 4, nach dem konkreten Gewinn von Lust zu streben usw. Es fällt auf, dass als Telos der Stoiker nicht die 'Tugend' (ἀρετή, virtus) genannt ist, ja dass sie in diesem System überhaupt nicht vorkommt. Das ist aber nur konsequent, denn Karneades legt einen rein formalen Tugendbegriff ('Aktwert', vgl. STEINMETZ oben S. 543. 615) zugrunde: 'Tugend' besteht darin, dass man sich der jeweiligen Zielauffassung entsprechend verhält. De finibus V 19: «ex eo ... quod statuerit esse, quo primum natura moveatur, existet recti etiam ratio atque honesti», «auch der (jeweilige) Begriff des Sittlich-Richtigen ergibt sich aus dem, wovon ein jeder meint, dass es ihn in natürlicher Weise motiviert». Die Tugend als materiales Ziel hat in diesem System vorerst keinen Platz.

Überraschend ist der weitere Ausbau von Karneades' System. Er fügt den sechs 'einfachen' Lehren noch drei 'verbundene und zweifache' hinzu, indem Lust, Schmerzlosigkeit und 'prima naturae' jeweils mit 'Tugend' ('honestas') kombiniert werden (fin. V 21 = 64 G 6 LS, fehlt bei METTE). Als Vertreter nennt er (7) Kalliphon und Deinomachos (Lust und 'honestas'), (8) Diodoros (Schmerzfreiheit und 'honestas') sowie (9) die 'Alten' – worunter er (Alt-)Akademiker und Peripatetiker verstanden wissen will – für die Verbindung des 'Ersten Naturgemässen' mit der Tugend. In dieser zusätzlichen Gruppe ist offenbar ein materialer Tugendbegriff zugrunde gelegt: die 'Tugend' steht neben Lust, Schmerzfreiheit und Naturgemässem. Der logische Widerspruch zum eben noch praktizierten formalen Tugendbegriff ist eklatant, darf jedoch nicht fortinterpretiert werden. Obwohl im Zusammenhang mit der 'Doppelung' ausdrücklich versichert wird, «mehr Lehren könnten es bei gründlicher Betrachtung auch nicht sein» ist nicht recht einzusehen, weshalb nur drei und nicht alle sechs 'einfachen' Lehren gedoppelt werden; ja es bleibt unklar, ob die Doppelung die Gruppe 1-3 oder die Gruppe 4-6 betrifft. Vermutlich hat Karneades sein eigenes Einteilungsprinzip mit einem älteren Prinzip – etwa den 'drei Güterklassen' der Peripatetiker oder der Einteilung Chrysipps (CICERO Luc. 138: «honestas aut voluptas aut utrumque») – in ungeschickter Weise verbunden. Ein Überlieferungsfehler ist unwahrscheinlich, denn Karneades selbst hat gelegentlich den Standpunkt des Kalliphon (7) mit Nachdruck vertreten (siehe unten).

Nur diese Übersicht über ethische Lehrmeinungen ist ausdrücklich mit dem Namen des Karneades verbunden, und nur hier findet sich die oben skizzierte Ableitung. Vielfach werden auch andere doxographische Listen (z.B. CICERO fin. II 34-35; Tusc. V 84-85) als Belege für die 'Divisio Carneadea' herangezogen. Aber die Abweichungen sind beträchtlich; andere Quellen sind nicht auszuschliessen (z.B. der Ansatz Chrysipps [S. 878], doxographische Handbücher, die in grosser Zahl kursierten, o.ä.). Ausführliche Diskussion aller in Frage kommenden griechischen und lateinischen Texte bei GIUSTA (1964-1967 [*153: 1, 217-429]; übersichtlicher und am schnellsten informierend DÖRING 1893 [*152]; vgl. auch MADVIG 1876 [*151], GLUCKER 1978 [§ 1 *398: 52-63], STRIKER 1991 [*145: 51f.], LEONHARDT 1994 [*154]).

Die 'Divisio' bot Karneades die Möglichkeit, alle Systeme zu widerlegen, indem er sie gegeneinander ausspielte und relativierte. In Tusc. V 83 (F 7a, 37-41 METTE) ist berichtet, Karneades habe häufig die These aufgestellt, die Tugend allein garantiere die Glückseligkeit, und zwar welche Meinung auch immer man über das sittliche Ziel vertrete. Für diesen Nachweis bediente er sich zweifellos seiner 'Divisio'. (Auch bei Cicero folgt ein doxographischer Überblick, aber er weicht deutlich von der 'Divisio' ab; die Argumente Ciceros stammen wenigstens teilweise von Antiochos aus Askalon.) Es ist bezeichnend für Karneades' Methode, dass er die stoische Behauptung, (nur) ihre Lehre garantiere Glückseligkeit unter allen äusseren Umständen, nicht direkt widerlegt, sondern entwertet, indem er zeigt, dass das auch für alle anderen Schulen gelte. Cicero fügt vorsichtig hinzu, Karneades habe diese Argumentation vorgetragen «ut contra Stoicos», 'als Waffe gegen die Stoiker': also nicht, weil er von ihrer Richtigkeit überzeugt war. In diesen Zusammenhang gehört es, dass Karneades als erster (wie später mit mehr Nachdruck und aus voller Überzeugung Antiochos aus Askalon) die These vertrat, die Stoiker unterschieden sich von den Peripatetikern nur durch neuartige Termini: Tusc. V 120 (F 7a, 57-60); fin. III 41 (F 6, 20-22); vgl. rep. III 12. Vgl. unten S. 947. 956-958.

Wenn Karneades, wie uns berichtet wird, gelegentlich den einen oder anderen ethischen Standpunkt 'vertrat', waren zweifellos ebenfalls taktische Gründe im Spiel: Wie auf einem Schachbrett plazierte er sich so, dass er die Gegenposition durch Argumente für den 'eigenen' Standpunkt indirekt schwächen konnte. In der graphischen Darstellung der 'Divisio' ist bereits angedeutet, dass er u.a. die 6. Position seines Systems (konkretes Erlangen des 'ersten Naturgemässen') einzunehmen pflegte (fin. V 20 = F 6, 61-63; weitere Belege: fin. II 35 = F 6, 8f., Tusc. V 84 = F 7a, 47f.; Luc. 131 = F 5, 177-179). An drei der vier Stellen macht Cicero ausdrücklich klar, dass es sich nicht um die wirkliche Meinung des Karneades handelte, sondern dass er mittelbar die Stoiker treffen wollte. In der Tat ist der Gegensatz zur stoischen Lehre (Position 3) deutlich. Karneades wird betont haben, dass blosses Streben nicht zum Glück genüge: dass es auf das konkrete Erlangen und 'Geniessen' (bei Cicero stereotyp 'frui') ankomme. – An zwei anderen Stellen (Luc. 139 = F 5, 181-185 = 69 L LS; fin. II 42 = F 6, 9-11) berichtet Cicero, Karneades habe mit grösster Überzeugungskraft (die selbst auf Kleitomachos ihren Eindruck nicht verfehlte) den Standpunkt des Kalliphon (Position 7) vertreten, der die sittliche Pflicht in der Erlangung von Lust in Verbindung mit Tugend sah. Auch von diesem 'summum bonum' sagt CICERO (fin. II 42), Karneades habe es nicht aus Überzeugung vertreten, sondern «ut Stoicis, quibuscum bellum gerebat, opponeret».

Die Nachrichten, nach denen Karneades gelegentlich einen bereits definierten ethischen Standpunkt in toto einnahm, werden ergänzt (und teilweise kompensiert) durch Mitteilungen über Äusserungen zu ethischen Einzelfragen: Aus fin. III 57 (F 6, 24-29) erfährt man, Karneades habe spätere Stoiker davon überzeugen können, dass der Ruhm – zumindest in einem eingeschränkten Sinn – ein 'Gut' sei. – Es kam auch vor, dass er in rein stoischem Sinne argumentierte: In einer von Kleitomachos für eine Trostschrift ausgeschriebenen Disputation versuchte er den Nachweis, dass der 'Weise' nicht einmal beim Verlust der Freiheit von Kummer befallen werde (Tusc. III 54 = F 7a, 2-6; vgl. S. 849 und IOPPOLO 1980 [*29]). Aus der gleichen Quelle dürfte die von PLUTARCH (tranqu. an. 16, 474 E-475 A = F 7 b¹ METTE) referierte These stammen, 'Kummer und Missmut' (λύπη καὶ ἀθυμία) würden meist durch 'Unerwartetes' (ἀπροσδόκητον) hervorgerufen. Mit Recht betont IOPPOLO (1986 [*88: 211-214]), dass daraus nicht die Forderung nach Affektlosigkeit im Sinne Chrysipps erschlossen werden darf (Kritik an Chrysipp Tusc. III 59f. = F 7a, 13-26; Tusc. IV 53 = F 7a, 27-30 = 32 H LS). Die Argumentation für die Autarkie der Tugend ist dagegen – abgesehen von ihrer Ausweitung – gut stoisch. – Karneades warf den Stoikern, die eine Vernunft der Tiere nicht anerkannten, Inkonsequenz vor: Wenn das göttliche πνεῦμα alles durchwalte, warum dann nicht auch die Tiere? Auch den Tieren gegenüber sei also 'Gerechtigkeit' zu üben (rep. III 19; vgl. TAPPE 1912 [*171: 24f.], POHLENZ 1948-1949 [§ 33 *74: 1, 39; 2, 21f.], CROISSANT 1938-1939 [*141: 562], MÜLLER 1975 [§ 42 *75: 309-311], FERRARY 1977 [*173: 139-142]). – CICERO fin. I 69 = 22 O 4 LS: Die Akademiker (Karneades?; keine Namensnennung) warfen den Epikureern vor, ihre (utilitaristische) Auffassung von der Freundschaft 'hinke'; daraufhin sei die epikureische Lehre modifiziert worden: zunächst suche man in der Freundschaft nur den eigenen Nutzen, später jedoch schätze man die Freunde auch um ihrer selbst willen («ipsi propter se amantur»). – Ein Scherz in einem Brief CICEROS an Atticus (VII 2 = 125 Sh.B., 4) scheint zu zeigen, dass Karneades wie Epikur (frg. 525. 527-529 Us.) die natürliche Zuneigung der Eltern zu ihren Kindern bestritt.

Nach CICEROS Zeugnis (rep. III 8 – vgl. jedoch S. 849f. zur Quellenproblematik) geht die Rede des L. Furius Philus 'gegen die Gerechtigkeit' (rep. III 9-31) im Kern auf Karneades zurück. Hier bleibt vieles unsicher: Nur isolierte Fragmente dieser Rede sind auf einigen Palimpsestblättern überliefert, deren Reihenfolge nicht durchweg feststeht; die Lücken sind beträchtlich. Hinzu kommen polemische Referate von Laktanz und Augustin sowie einige Testimonien. Guter Rekonstruktionsversuch von FERRARY (1977 [*27], siehe auch 1988 [§ 1 *427: 351-363], STRIKER 1991 [*145: 53-56]; zur Bewertung der Testimonien wichtig HECK 1966 [*25]). Folgende Argumente sind kenntlich: Es gibt kein Naturrecht; das zeigen die voneinander völlig abweichenden positiven Rechtssatzungen verschiedener Völker. Auch die Meinungen über die Götter und die rechte Form ihrer Verehrung sind durchaus verschieden. Die Erfahrung zeigt, dass die bestehenden Gesetze nicht um ihrer selbst willen beachtet werden, sondern nur aus Furcht vor Bestrafung. Wer Strafe nicht zu fürchten braucht und dennoch aus blosser Gerechtigkeitsliebe gegen den eigenen Vorteil handelt, ist nicht tugendhaft, sondern töricht (vgl. fin. II 59 = F 6, 14-17). Auch im politischen Leben erweist es sich immer wieder, dass nicht die Gerechtigkeit, sondern nur Egoismus und Schläue Richtschnur des Handelns sein können. Wären z.B. die Römer 'gerecht', müssten sie auf ihr Weltreich verzichten und in die 'Hütten des Romulus' zurückkehren (ausführliches Referat bei VON ARNIM 1919 [*1: 1980f.]). Diese Argumente sind nicht ausschliesslich und nicht ausdrücklich gegen die Stoa gerichtet: rep. III 9 = LAKTANZ inst. V 14, 5 «Carneades ..., ut Aristotelem refelleret et Platonem, iustitiae patronos, prima illa disputatione collegit ea omnia quae pro iustitia dicebantur, ut posset illa, sicut fecit, evertere». Aber sie treffen vor allem die stoische Zentralthese von der Identität der theoretischen und der praktischen Vernunft: Nach Zenon und

Chrysipp ist es ja die rechte Einsicht in den Gang des Kosmos, die den 'Weisen' zu stets richtigen sittlichen Entscheidungen befähigt. Karneades bestreitet nun diesen intellektualistischen Ansatz, indem er zeigt, dass 'Klugheit' und 'Gerechtigkeit' nichts miteinander zu tun haben. Nach LAKTANZ epit. 50 [55], 8 = CICERO rep. III 11 = F 11b² tat er das nicht, «um die Gerechtigkeit zu tadeln, sondern nur um zu zeigen, dass jene Befürworter der Gerechtigkeit mit untauglichen Mitteln argumentierten». Falls Laktanz diese Deutung überhaupt aus Ciceros verlorenem Text übernommen hat, handelt es sich um Ciceros Interpretation (vgl. nat. deor. III 44 über Karneades' Argumente gegen die Götter). Bei der Beurteilung der Philus-Rede darf nicht übersehen werden, dass sie (sofern sich Karneades wirklich 155 v. Chr. in Rom über die 'Gerechtigkeit' geäussert hat, vgl. dazu S. 849f.) nicht isoliert stand: Vorangegangen war eine Rede 'für die Gerechtigkeit'. Cicero wird einzelnes daraus in die Rede des Laelius (Fragmente und Zeugnisse rep. III 33-41) übernommen haben (Analyse bei VON ARNIM 1919 [*1: 1978f.]). Hier ist allerdings mit beträchtlichen Änderungen und Erweiterungen zu rechnen: bei Cicero sollte die 'Gerechtigkeit' als Siegerin dastehen. Aus diesem Grunde hat er auch die Reihenfolge der Reden des Karneades verkehrt.

Unsicheres. – In Plutarchs Schrift ‹Über allgemeine Auffassungen› (Περὶ τῶν κοινῶν ἐννοιῶν, De communibus notitiis) findet sich eine längere Polemik gegen ein scheinbares Paradox der stoischen Telos-Lehre (Kapitel 26-27, 1070 F-1072 F; zur Sache selbst siehe unten). Sie geht nach Meinung neuerer Interpreten ganz oder teilweise auf Karneades zurück, denn am Schluss des Abschnitts (1072 F 2-5 = F 18c METTE = 64 D 2 LS) findet sich die Bemerkung: «Manche meinen, das Vorangehende (τοῦτο, also Singular) richte sich nur gegen Antipater und nicht gegen die (stoische) Schule als solche. Denn der sei von Karneades bedrängt worden und habe sich durch solche Wortklaubereien (εὑρησιλογίαι) zu retten versucht». Das kann nur mit grössten Bedenken als Quellenangabe angesehen werden: Plutarch selbst ist sich über den Urheber im Zweifel. Es ist unmöglich, nach vorn abzugrenzen, was mit 'dem Vorangehenden' gemeint ist. Und schliesslich handelt es sich, wenn man Plutarch wörtlich nehmen darf, nicht etwa um die Argumente, mit denen Karneades den Antipater in Bedrängnis gebracht hat, sondern um die Kritik von Antipaters Reaktion auf Karneades' Kritik. Immerhin ist es denkbar, dass auch diese zweite Kritik von Karneades stammt. Der in vielfachen Brechungen wiederholte Einwand richtet sich gegen die stoischen Telos-Definitionen, die die sittliche Pflicht in der 'vernünftigen Wahl des Naturgemässen' bzw. in 'unablässiger Bemühung um das Naturgemässe' sahen. Damit seien entweder 'zwei Ziele' (τέλη) aufgestellt, oder aber der 'Bezugspunkt des Handelns' (das Naturgemässe) sei nicht identisch mit dem Telos (der 'vernünftigen Auswahl'). Die Stoiker konnten durch diese Kritik nicht ernsthaft getroffen werden; sie brauchten nur auf den Unterschied von τέλος (sittlicher Pflicht, in moderner Terminologie: einem Aktwert) und σκοπός (dem Bezugspunkt des Handelns, einem Güterwert) hinzuweisen, und das haben sie im Bogenschützengleichnis (u.a. bei CICERO fin. III 22 = 64 F LS) wiederholt getan. Auch der anonyme Kritiker kennt dieses Gleichnis (1071 B-C = 64 C 7 LS), aber er kann oder will es nicht verstehen und gefällt sich darin, den Stoikern immer neue absurde Formulierungen zu unterstellen. Es ist nur schwer vorstellbar, dass es sich um Karneades handelt, der in seiner 'Divisio' die stoische Aktwert-Formel korrekt und ohne Polemik wiedergibt. Dem verworrenen – und wohl auch in polemischer Absicht bewusst verwirrenden – Plutarch-Abschnitt sind viele Interpretationsversuche gewidmet worden (POHLENZ 1939 [*181], SANDBACH 1940 [*182], LONG 1967 [*183], SORETH 1968 [*184], STRIKER 1986 [*185], LONG/SEDLEY (Hg.) 1987 [§ 1 *295: 1, 408-410], STRIKER 1991 [*145: 24-35]).

c) Theologie

Auch in die Diskussion über Existenz und Wesen Gottes (der Götter) griff Karneades immer wieder ein. Er bemühte sich zu zeigen, dass keine der in anderen Schulen vorgetragenen Thesen einer rationalen Überprüfung standhält, ja dass der blosse Begriff Gottes in sich widersprüchlich ist. Die Argumentation lässt sich aus Cicero und Sextus Empiricus weitgehend rekonstruieren. Drei verschiedene methodische Ansätze sind kenntlich:

1. Karneades geht von kontradiktorischen Gegensatzpaaren aus und erklärt, dass die Gottheit weder als a noch als nicht-a gedacht werden kann. SEXTUS EMP. math. IX 148-150 (nicht bei METTE): 'Gott ist entweder begrenzt oder unendlich. Er ist nicht unendlich, da ein Unendliches unbewegt wäre, kann es sich doch nicht von einem Ort zu einem anderen bewegen; und es wäre unbeseelt, denn eine Seele als Zentrum ist nur in einem Begrenzten denkbar. Aber auch begrenzt kann Gott nicht sein, denn das Unendliche ist besser als das Begrenzte; es kann aber nichts Besseres geben als Gott. Also gibt es keinen Gott.' SEXTUS EMP. math. IX 151 = F 3, 27-31 METTE: 'Gott ist entweder körperlich oder unkörperlich. Er ist nicht unkörperlich, weil er dann unbeseelt und empfindungslos wäre und nichts ins Werk setzen könnte. Und er ist nicht körperlich, weil er dann dem Verfall anheimgegeben wäre. Gott aber muss ewig sein. Also gibt es keinen Gott.' Es ist deutlich, dass hier in den Widerlegungen stoische Thesen gegeneinander ausgespielt werden; Karneades hat sie vermutlich nicht ohne weiteres gebilligt. An anderer Stelle (SEXTUS EMP. math. IX 180f. = F 3, 33-41; CICERO nat. deor. III 34 = F 8a, 66-68; vgl. nat. deor. III 30 = F 8a, 40-42) geht die logische Zerlegung noch weiter: 'Wenn die Gottheit körperlich ist, ist sie entweder aus Elementen zusammengesetzt oder ein einzelnes Element. Sie ist nicht zusammengesetzt, denn dann müsste sie zerfallen. Ist Gott aber ein Element, dann entweder Feuer, Wasser, Luft oder Erde. Das ist unmöglich, denn diese Elemente sind unbeseelt. Also gibt es keinen Gott.' SEXTUS EMP. math. IX 176 (nicht bei METTE): 'Gott ist entweder tugendhaft oder nicht tugendhaft; beides ist unmöglich ...' (dazu S. 885). SEXTUS EMP. math. IX 178 (nicht bei METTE): 'Gott ist entweder sprachbegabt oder stumm. Ein stummer Gott ist undenkbar. Aber auch sprachbegabt kann er nicht sein; dann müsste er mit Sprechorganen ausgestattet sein, was absurd ist und den Faseleien Epikurs nahekommt.' Dieses Argument ist also ausdrücklich gegen die anthropomorphe Auffassung der Epikureer gerichtet, ebenso der ironische Zusatz: «Welche Sprache sollte Gott reden? Griechisch oder eine fremde Sprache, welchen der griechischen Dialekte ...?»

2. Karneades geht von einer verbreiteten philosophischen Aussage über das Wesen Gottes aus und zeigt, dass sie in sich widersprüchlich ist. SEXTUS EMP.

math. IX 138-147 = (teilweise) F 3, 1-27 METTE (ähnlich CICERO nat. deor. III 29-34 = F 8a, 24-66 METTE): 'Die Götter sind Lebewesen; als solche können sie von aussen Kommendes wahrnehmen, und zwar Zuträgliches und Abträgliches. Das aber bedeutet Veränderung und Verfall.' Dieses Argument trifft das materialistische stoische Gottesbild. Aber Karneades hat offenbar auch die Epikureer im Blick, wenn er erläutert (als wörtliches Zitat bezeugt): «Man darf Gott keinen der fünf Sinne absprechen – sonst wäre der Mensch ihm ja überlegen –; man sollte ihm vielmehr zusätzliche Sinneswerkzeuge zuerkennen, damit er mehr wahrnehmen kann» (SEXTUS EMP. math. IX 139f. = F 3, 5-11). SEXTUS EMP. math. IX 152-175 (fehlt bei METTE; für Karneades jedoch gesichert durch CICERO nat. deor. III 38; vgl. auch AUGUSTIN trin. XIV 12 = CICERO Hortensius frg. 50 MÜLLER = frg. 110 GRILLI): 'Gott muss über alle Tugenden verfügen, denn er ist glücklich, und Glück ohne Tugend ist undenkbar. Aber wichtige Tugenden sind mit dem Begriff Gottes unvereinbar. Er kann nicht standhaft sein, denn dann gäbe es etwas, dessen er sich nur mit Mühe enthält; er kann nicht tapfer sein, denn dann gäbe es Umstände, die ihn in Furcht versetzen könnten; er kann nicht über sittliche Einsicht (φρόνησις) verfügen, denn dann gäbe es auch für ihn Schlechtes und Gleichgültiges. All das aber darf es nicht geben; denn wäre Gott mit Verlockungen, Furchterregendem, Schlechtem usw. konfrontiert, müsste das zu Kummer und damit zu Veränderung und Verfall führen. Auch klug kann Gott nicht sein, denn die Klugheit setzt sich mit noch Unklarem auseinander; für Gott aber ist nichts unklar oder unerkannt.' Bei Cicero ist der Gedankengang in knapper Form auf die vier Kardinaltugenden reduziert. Es ist deutlich, dass hier die stoische These von der wechselseitigen Bedingtheit, ja Einheit aller Tugenden (ἀντακολουθία, vgl. STEINMETZ oben S. 615) gegen ihre Urheber gekehrt wird.

3. Während der erste Ansatz ganz allgemein gefasst war und auch der zweite sich noch allgemein gab, scheint eine letzte Argumentationsgruppe eng an konkrete religiöse Auffassungen gebunden. Bei genauerem Hinsehen freilich erweist auch sie sich als grundsätzlich und allgemein. An einer grösseren Zahl von Beispielen (CICERO nat. deor. III 43-52 = teilweise F 8a, 73-130 = teilweise 70 D LS; SEXTUS EMP. math. IX 182-190 = F 3, 43-81 METTE = teilweise 70 E LS) zeigt Karneades, dass, wenn bestimmte Gottheiten zu Recht verehrt würden, man mit dem gleichen Recht auch andere Wesenheiten als Götter verehren müsste. Dabei geht er graduell von Anerkanntem zu Entlegenerem und Unbedeutendem über, bis hin zu absurden Konsequenzen. Es soll deutlich werden, dass es eine klare Grenze zwischen Gottesverehrung und unsinnigem Aberglauben nicht gibt, ja dass der Begriff des Göttlichen überhaupt nicht definiert werden kann. «Ou rien n'est dieu, ou tout est dieu» (COUISSIN 1941 [*192: 56]). Diese Argumentationsweise wird von SEXTUS EMP. (Zeile 43 METTE) mit Recht als 'nach Art der Haufenschlüsse' (σωριτικῶς) bezeichnet. Bei Cicero sind zehn, bei Sextus fünf derartiger 'Schlüsse' überliefert. Sextus versichert, lediglich eine Auswahl zu bieten (Zeile 79 METTE). Nur drei der ciceronischen Beispiele finden sich auch bei Sextus (in leicht abweichender Form). Einen guten Überblick gibt der grundlegende Aufsatz von COUISSIN (1941 [*192]; stärker systematisch orientiert BURNYEAT 1982 [*193]).

Drei voneinander nicht scharf abgegrenzte Gruppen lassen sich unterscheiden:

a) Karneades weist Ungereimtheiten im traditionellen Polytheismus nach: 'Wenn Zeus und seine Geschwister Götter sind, sollte es auch sein Vater Kronos sein, ebenso dessen Vater Uranos; dann auch dessen Eltern Aither und Hemera und deren Geschwister (hier hält sich Karneades an Hesiods ‹Theogonie›) Liebe, List, Neid usw. Ist man zu deren Verehrung nicht bereit, darf man auch Zeus nicht als Gott verehren' (CICERO nat. deor. III 44 = F 8a, 86-96 = teilweise 70 D LS). Ähnlich CICERO nat. deor. III 45 = F 8a, 96-106: 'Apoll wird als Gott verehrt, nicht weniger aber Herakles, Asklepios und Dionysos. Diese aber haben sterbliche Mütter. Warum dann nicht auch andere Halbgötter verehren wie Aristaios und Theseus? Oder solche, deren Väter sterblich waren, wie Achill, Orpheus, Rhesus ...?' b) Gegenstand der Kritik ist der stoische Gottesbegriff ('vollendete Vernunft'). Dagegen wird ausgeführt, der traditionelle Glaube an die olympischen Götter (an dem die Stoiker teilweise festhielten) führe zwangsläufig zur göttlichen Verehrung von Affekten: 'Wenn Aphrodite göttlich ist, dann auch Eros; wenn aber Eros, muss auch Eleos (das Mitleid) Gott sein, denn Mitleid ist ebenso eine Gemütsbewegung wie die Liebe' (ἀμφότερα γάρ ἐστι ψυχικὰ πάθη) (SEXTUS EMP. math. IX 186-188 = F 3, 65-75 METTE). Vgl. auch die oben nach Hesiod aufgezählten 'Geschwister' von Aither und Hemera 'Liebe', 'List', 'Neid' usw. c) Gegen einen Begriff des Göttlichen ganz allgemein gerichtet sind die Soriten, die bestimmte rationale Erklärungen der Gottesverehrung zu widerlegen suchen. SEXTUS EMP. math. IX 182f. = F 45-55 METTE = 70 E 2 LS: 'Wenn Zeus Verehrung verdient, dann auch sein Bruder Poseidon, der Herr der Meere' (der Begriff 'Zeus' ist hier geschickt verengt zum Element 'Luft' oder 'Feuer'). 'Wenn aber die Meere Verehrung verdienen, dann auch die Flüsse, die Bäche, die Abzugsgräben ... Das ist absurd, also ist auch Zeus kein Gott. Wenn es aber Götter gäbe, wäre mit Sicherheit Zeus ein Gott. Also gibt es keine Götter.' SEXTUS EMP. math. IX 184 = F 3, 55-61 = 70 E 3 LS: 'Die Sonne ist eine Gottheit' (gemeint ist zunächst ganz allgemein: als Lebens- und Ordnungsprinzip; dann wird eingeengt); 'wenn die Sonne, dann auch der Tag' (wohl als ihre tägliche Wiederkehr), 'dann aber auch der Monat als Summe von Tagen, das Jahr ...'. In SEXTUS EMP. math. IX 185 = F 3, 61-64 soll gezeigt werden, dass man das Göttliche nicht als das 'in der Not Helfende' verstehen darf; verschiedene z.T. entlegene und lächerliche Attribute der Artemis werden dafür herangezogen. Demeter (= γῆ μήτηρ, Mutter Erde) kann verstanden werden als das Segensreiche schlechthin. Das widerlegt Karneades so (SEXTUS EMP. math. IX 189 = F 3, 75-78): 'Wenn die Erde eine Göttin ist, dann auch ihre Teile: Landzungen, Berge, jeder einzelne Stein ...'. Vermutlich im Anschluss an Karneades zeigt CICERO (nat. deor. III 49-50 = F 8a, 121-130), dass es zu absurden Konsequenzen führt, tüchtige Menschen als Götter gelten zu lassen, wendet sich also gegen den Euhemerismus (ähnliches ist erkennbar in nat. deor. III 45 = F 8a, 99f.: Aristaios als Entdecker des Ölbaums). Karneades dürfte diese Soriten etwa in folgender Weise verwandt haben: 'Gott ist entweder die uns überlegene Elementargewalt oder das himmlische Ordnungsprinzip oder das Segenspendende ... Nun zeigt sich, dass er weder dies noch jenes ist, da sich jeweils absurde Konsequenzen ergeben, also gibt es überhaupt keine Gottheit.' Karneades' Kritik ist also grundsätzlicher Art und richtet sich nicht nur, wie CICERO behauptet (nat. deor. III 44 = F 8a, 83-85 METTE), ausschliesslich gegen die in ihrer Rationalität allzu selbstsicheren Stoiker (Cicero folgen u.a. COUISSIN 1941 [*192] und LÉVY 1992 [§ 42 *40: 578]). Treffender SEXTUS EMPIRICUS IX 190 = F 3, 80: 'Die Soriten sollen zeigen, dass es keine Götter gibt'. Aber auch das ist vermutlich ungenau: Karneades war kein 'dogmatischer' Atheist und kann auch den eigenen 'Beweisen' gegen die Existenz von Göttern keine absolute Gültigkeit zugesprochen haben.

Primär gegen die Stoiker gerichtet ist die Kritik an der Lehre von der göttlichen Vorsehung und der sinnvollen Einrichtung des Kosmos. Karneades' Name ist genannt in einem bei PORPHYRIOS erhaltenen Referat Plutarchs (abst. III 20, 1-6 = PLUTARCH frg. 193, S. 356 und 360 SANDBACH = KARNEADES F 8b METTE = 54 P 2 LS). Chrysipp hatte in vielen Einzelheiten die Fürsorge des göttlichen Logos für den Menschen und die durchweg plan- und sinnvolle Einrichtung des Kosmos gepriesen. Dabei hatte er die Behauptung gewagt, dem Schwein, für die Ernährung des Menschen bestimmt, sei das Leben nur als eine Art Salz gegeben, damit es nicht vorzeitig verwese (CICERO nat. deor. II 160 = SVF 2, frg. 1154; im Kommentar von PEASE (Hg.) 1955-1958 [§ 54 *434: 959f.] viele Parallelen). Das griff Karneades auf und brachte es auf die witzige Formel (Zeile 17-19 METTE), das Schwein sei also von Natur darauf angelegt (φύσει γέγονε), geschlachtet zu werden; habe es dieses Schicksal erlitten, habe es «seine Pflicht erfüllt und das Lebensziel erreicht». Er schliesst die Frage an, wenn alles zum Vorteil des Menschen eingerichtet sei, welchen Vorteil man denn ziehe aus Fliegen, Mücken, Skorpionen und Nattern (vgl. CICERO Luc. 120 = F 5, 165-170)? Dann geht er noch einen Schritt weiter: Wer behaupte, einige Tiere seien um des Menschen willen geschaffen, sollte folgerichtig auch annehmen, der Mensch sei zum Vorteil gewisser Tiere geschaffen: nämlich als Nahrung für Krokodile, Wale und Schlangen. In diesem Zusammenhang ist daran zu erinnern, dass Karneades in der Auseinandersetzung mit der Stoa auch den Tieren Vernunft zusprach (siehe S. 882). Aus CICERO nat. deor. II 162 = F 8a, 18-22 ergibt sich, dass Karneades den Stoikern energisch entgegengetreten ist, als sie in der Möglichkeit der Mantik (dazu unten) einen besonderen Ausdruck göttlicher Fürsorge erkennen wollten. Nach CICERO nat. deor. I 4 = F 8a, 9 hat Karneades 'viele Argumente' (multa) gegen den stoischen Vorsehungsglauben angeführt; ein beträchtlicher Teil der entsprechenden Polemik in De natura deorum (vor allem III 65-93) wird daher im Kern auf ihn zurückgehen. Eine klare Abgrenzung ist jedoch unmöglich.

d) Fatum. Willensfreiheit und Mantik

Mit Entschiedenheit trat Karneades dem stoischen Dogma entgegen, auch künftiges Geschehen sei durch eine lückenlose Kausalkette streng determiniert, der menschliche Wille sei daher nicht frei. Er verwarf jedoch die epikureische Erklärung der Willensfreiheit: die 'Abweichung' der Atome (παρέγκλισις, declinatio). Auch ohne diese aus der Luft gegriffene These könnten die Epikureer Chrysipp widerlegen (CICERO fat. 23 = F 10, 9-15 METTE = 20 E 5 LS): 'Da sie ohnehin lehrten, es könne spontane Willensregungen geben, genüge es, diese Aussage mit Nachdruck zu vertreten. Der Wille nämlich sei zwar eine Ursache, aber keine äussere und keine vorausgehende Ursache. Daher könnten sie einerseits den evidenten Satz, nichts geschehe ohne Ursache, gelten lassen, andererseits aber bestreiten, dass alles aufgrund von vorausgehenden Ursachen geschieht.' Die Formulierung des Karneades ist ein wenig schief, denn vermutlich legten die Epikureer gerade auf die Verbindung von 'Atomabweichung' und freiem Willen des Menschen Wert (dazu LONG 1974 [§ 1 *396: 56-61], LONG/SEDLEY (Hg.) 1987 [§ 1 *295: 1, 466]). Der Ratschlag läuft also darauf hinaus, die Erklärung fallenzulassen und die These ohne Begründung zu vertreten: als ein offenkundiges Phänomen.

Nach WEISCHE (1961 [§ 42 *72: 49], 1968 [*2: 855]) hat Karneades vielleicht eine eigene Erklärung der Willensfreiheit gegeben, z.B. durch Verweis auf Platons Lehre von der Seele als einer selbständigen Quelle von Bewegung (Phaidros 245 c, Gesetze X 896 a). Das ist jedoch wenig wahrscheinlich, denn an anderer Stelle verzichtet er fast demonstrativ auf jede Begründung oder Erklärung: Im Anschluss an komplizierte Betrachtungen zum Problem der logischen Bivalenz von Aussagen über Künftiges teilt Cicero mit, Karneades habe diese Argumentation 'generell abgelehnt' und seine eigene Auffassung über die Vorherbestimmung in folgender Weise zum Ausdruck gebracht (fat. 31 = F 10, 16-22 METTE = 70 G 10 LS, Übersetzung von Karl Bayer): «Wenn (a) alles aufgrund vorangehender Ursachen geschieht, dann (b) geschieht alles aufgrund einer natürlichen, eng verflochtenen Verkettung von Umständen. Wenn (b) dem so ist, dann (c) ist es die Notwendigkeit, die alles bewirkt. Wenn (c) dies wahr ist, (nicht d) steht nichts in unserer Entscheidungsmacht. Nun (d) liegt aber etwas in unserer Entscheidungsmacht, also (nicht a) geschieht nicht alles aufgrund vorangehender Ursachen. Wenn jedoch (e) alles aufgrund des Fatums geschieht, (a) geschieht alles aufgrund von vorangehenden Ursachen. Daraus folgt: (nicht e) Es geschieht nicht alles aufgrund des Fatums.» Schematisiert:

$a \Rightarrow b \Rightarrow c \Rightarrow \neg d$
$d \Rightarrow \neg a$
$e \Rightarrow a$
$\neg a \Rightarrow \neg e$

In diesem (unnötig) komplizierten Syllogismus erscheint als nicht näher begründete Prämisse (d): «est autem aliquid in nostra potestate», eine nur sprachlich modifizierte Fassung des von Karneades gelobten epikureischen Lehrstücks «esse posse quendam animi motum voluntarium», «es könne spontane Willensregungen geben» (CICERO fat. 23 = F 10, 13f. METTE = 20 E 4 LS). Wahrscheinlich verwies Karneades auf die freie Betätigung des menschlichen Willens als ein evidentes Phänomen, oder aber er 'postulierte' sie, um die moralische Verantwortlichkeit des Menschen zu retten (LONG/SEDLEY (Hg.) 1987 [§ 1 *295: 1, 466]).

Ob und in welcher Form Karneades sich mit dem gefürchteten 'Meisterargument' (κυριεύων) des Diodoros Kronos (DÖRING (Hg.) 1972 [§ 1 *307: 38-44. 132-135], VUILLEMIN 1984 [*212: 231-251], MULLER (Hg.) 1985 [§ 1 *311: 45-51. 142-158]) und seiner Nachfolger auseinandergesetzt hat, bleibt unklar. Diodor hatte den Satz vom ausgeschlossenen Dritten auf Aussagen über künftige Ereignisse angewandt: Eine Aussage wie 'x wird morgen y tun' sei bereits heute, ja von aller

Ewigkeit her entweder wahr oder falsch; der tatsächliche Wahrheitswert bleibe uns zwar zunächst oft verborgen; das ändere jedoch nichts daran, dass einer der beiden möglichen Wahrheitswerte schon immer gegeben sei, und damit stehe unabänderbar fest, was geschehen werde. Diodor und seine Nachfolger schlossen also von der logischen Notwendigkeit auf die physikalisch-kausale Determiniertheit. Gegen diese Argumentation, von deren Richtigkeit die Stoiker überzeugt waren, hilft es nichts, den freien Willen des Menschen als eine (ihrerseits 'ursachlose') in die bereits bestehenden Verkettungen additiv eingreifende Ursache zu verstehen; Diodors Grundsatz gilt nämlich auch für Aussagen wie 'x wird morgen y wollen'. Es ist darum wenig wahrscheinlich, dass Karneades seine oben ausgeschriebene Argumentation gegen die diodorischen Argumente gewandt hat, wie CICERO es darstellt (fat. 31 = F 10, 16f. METTE: «Carneades genus hoc totum non probabat et nimis inconsiderate concludi hanc rationem putabat; itaque premebat alio modo ...»). Der durchschlagende Einwand gegen Diodor ist, dass man zu scheiden hat zwischen logischer und physischer Notwendigkeit: dass der (rein logische) Satz vom ausgeschlossenen Dritten und der bivalente Wahrheitsgehalt von Sätzen mit der physischen Realität nichts zu tun haben. Einige Gelehrte vermuten, dass Karneades so argumentiert hat (AMAND 1945 [*201: 67], WEISCHE 1961 [§ 42 *72: 32], 1968 [*2: 855], LONG 1974 [§ 1 *396: 103], vorsichtiger LONG/SEDLEY (Hg.) 1987 [§ 1 *295: 1, 466]). Eine klare Aussage dieser Art ist für Karneades jedoch nicht bezeugt. Allenfalls CICERO fat. 33 (70 G 13 LS, in F 10 METTE ausgelassen) lässt sich als Ansatz einer Scheidung von logischer und physischer 'Notwendigkeit' deuten: (über den Tod von M. Claudius Marcellus, Konsul 166, 155 und 152 v. Chr., ertrunken 148 v. Chr.) «erat hoc quidem verum ex aeternitate, sed causas id efficientis non habebat». Falls der Gedanke von Karneades stammt, hat Cicero ein griechisches Beispiel durch ein römisches ersetzt.

In CICERO fat. 24-30, einem teilweise recht dunklen Abschnitt, der sich zwischen die beiden eben behandelten Karneades-Zeugnisse schiebt, also vielleicht karneadeische Elemente enthält, wird Diodor entgegengehalten, nicht alle Ursachen seien 'ewig und unabänderlich' (28 = 70 G 6 LS). In diesem Zusammenhang ist von 'zufälligen' Ursachen (causae fortuitae) die Rede. Mit Recht betont WEISCHE (1968 [*2: 855]), dass eine derartige Annäherung an die epikureische Physik Karneades nicht zugetraut werden darf (anders LONG 1974 [§ 1 *396: 103]). Vielleicht stammt dagegen die in fat. 24 und 25 gegebene Präzisierung der Willensregung als einer 'causa' besonderer Art von Karneades: 24 (20 E 5 LS) «ita enim dicimus 'sine causa', ut dicamus 'sine externa et antecedente causa', non 'sine aliqua' ...; 25 (20 E 7 LS) ... ad animorum motus voluntarios non est requirenda externa causa; motus enim voluntarius eam naturam in se ipse continet, ut sit in nostra potestate nobisque pareat, nec id sine causa: eius rei enim causa ipsa natura est».

Eindeutig ist Karneades' Stellung zur Mantik. Aus dem freien Willen des Menschen folgt, dass jedenfalls alle den menschlichen Bereich berührenden Ereignisse nicht determiniert sind. Daher kann Karneades formulieren (CICERO fat. 32 = F 10, 28-30 = 70 G 12 LS), «nicht einmal Apoll könne Aussagen über die Zukunft machen, ausser in den Fällen, in denen die Ursachen so fest in der Natur gegründet seien, dass die Folge mit Notwendigkeit eintrete». Dabei ist offenbar an den aussermenschlichen Bereich gedacht: Bewegung von Himmelskörpern u.ä. Einzelheiten aus der Polemik gegen den Weissagungsglauben (vor allem, aber nicht ausschliesslich der Stoiker) sind uns aus CICEROS Schrift ‹De divinatione› bekannt. Zwei Grundlinien der Argumentation lassen sich erkennen. Einerseits (div. II 9-12 = teilweise F 9, 31-35 = 70 F LS) bestritt Karneades, dass es überhaupt eine Mantik als Wissenschaft geben könne; sie habe nämlich gar kein Anwendungsgebiet: Sie sei offenkundig unbrauchbar für all das, was durch die Sinnesorgane erfasst werden könne; da verlasse man sich lieber auf seine Augen, Ohren usw.; sie sei ebenso unbrauchbar im Bereich der Künste und der Technik, in der Philosophie und in der Politik. Nun müsse aber eine Wissenschaft entweder ganz allgemein anwendbar sein, oder aber es müsse sich ein spezielles Anwendungsfeld erkennen lassen. Allgemein anwendbar sei die Mantik nicht, da, wie gezeigt, wichtige Gebiete ausscheiden. Es lasse sich aber auch kein spezielles, nur der Mantik gehörendes Anwendungsfeld erkennen. Also gebe es keine wissenschaftliche Mantik. Hier endet dieser in sich geschlossene Gedankengang. – Ob auch das Folgende (div. II 13-18) auf Karneades zurückgeht, ist unsicher: Die Anhänger der Mantik ziehen sich darauf zurück (div. II 13-14), das 'Zufällige' sei Gegenstand dieser Wissenschaft. (Denkbar ist, dass Karneades mit dieser 'Konzession' einmal mehr zeigen wollte, wie oft sich die Stoiker im Widerstreit mit sich selbst befinden: gerade sie, die jeden Zufall bestritten, konnten die Mantik so nicht retten.) Aber auch das 'Zufällige' könne nicht Gegenstand der Mantik sein. Denn 'zufällig' dürfe nur das genannt werden, für dessen Eintritt es noch keinen zureichenden Grund gebe. «Wie aber lässt sich etwas im voraus erkennen, für das es noch keinen Grund gibt, und auch kein Merkmal, an dem sich ablesen liesse, dass es eintreten wird?» (div. II 17); «nicht einmal ein Gott kann im voraus wissen, was sich durch blinden Zufall ereignen wird» (div. II 18).

Neben dieser Kritik im Grundsätzlichen scheint Karneades auch die konkrete Ausübung der Mantik immer wieder mit spöttischen Fragen bedacht zu haben, z.B.: 'Weshalb bedient sich Jupiter gerade einer Krähe, die von links her, und eines Raben, der von rechts her seine Stimme erschallen lässt?' (div. I 12 = F 9, 9f.; vgl. nat. deor. III 14). Die Verteidiger der Weissagekunst entgegneten, eine Erklärung könnten auch sie nicht geben, aber lange Beobachtung habe die Gültigkeit bestimmter Zeichen erwiesen. Dem hielt Karneades entgegen, hier handele es sich eher um Zufall (CICERO div. I 23 = F 9, 15). Er nannte Beispiele für sehr weitgehende Zufälle: Würfel können oft hintereinander glücklich fallen; zufällige Farbtupfer können ein Gesicht ergeben; in einem Steinbruch auf Chios trat bei den Hauarbeiten ein Panskopf zutage (div. I 23 = teilweise F 9, 16-20; div. II 48f. = F 9, 37-47). Auch manche anderen von Cicero gegen die Gültigkeit der Weissagekunst vorgebrachten Argumente (überwiegend in De divinatione II) dürften auf Karneades zurückgehen (z.B. div. II 20-25: 'Mantik ist nutzlos, da sie nichts abwenden kann, ja schädlich'); doch ist hier keine Sicherheit zu erlangen. AMAND führt in seinem materialreichen Buch über den antiken Schicksalsglauben (1945 [*201]) praktisch jedes in der Antike ohne Namensnennung vorgetragene Gegenargument auf Karneades zurück (ebenso SCHRÖDER in seinem eng an Amand orientierten Artikel 'Fatum' (1969 [*202] und 1983 [*203]). Das ist reine Spekulation und wissenschaftlich nicht überprüfbar. Nur so viel darf als sicher gelten, dass Karneades' Einfluss beträchtlich war.

e) Positive philosophische Ansichten des Karneades?

Dass Karneades (ausser seinem erkenntnistheoretischen Grundansatz) keine philosophischen 'Überzeugungen' (Dogmen) vertrat, ergibt sich aus eben diesem Grundansatz; dass er die Probabilitätslehre nicht auf philosophische Fragen anwandte, ist oben (S. 876f.) gezeigt worden. Aber es bleibt möglich, dass er ohne strengen Beweis oder Nachweis einer Wahrscheinlichkeit bestimmte 'Meinungen' hegte. Man hat versucht, aus den eben skizzierten Argumentationen für oder gegen fremde Dogmen eigene Ansichten des Karneades zu erschliessen. Das hat zu einander krass widersprechenden Ergebnissen geführt.

CROISSANT (1938-1939 [*141]) sieht vor allem in Karneades' ethischen Stellungnahmen eine deutliche 'konstruktive Tendenz' und billigt ihm eine 'positive Morallehre' zu (545). Nach ihrer Deutung wendet sich Karneades deshalb gegen die stoische Ethik, weil er einer echten und autonomen Sittlichkeit das Wort rede: einer Sittlichkeit, die unabhängig sei von den 'Geboten der Natur', der Einsicht in das 'wahrhaft Nützliche' und dem 'Glück' (565f.). Karneades sei um den Nachweis bemüht, dass derartige Bezugswerte die Sittlichkeit nicht definierten, sondern vielmehr unterhöhlten. Nur eine klare Trennung von Glück und Tugend mache wahrhaft sittliches Verhalten möglich (566). Diese Deutung kann sich stützen auf das Referat des LAKTANZ epit. 50 [55], 8 = CICERO rep. III 11 = KARNEADES F 11b², 13-17 METTE: Karneades habe nicht etwa die 'Gerechtigkeit' tadeln, sondern nur zeigen wollen, dass ihre Befürworter unzureichende Argumente vortrügen (vgl. S. 883). Es ist jedoch keineswegs sicher, dass diese von Laktanz referierte Zielsetzung wirklich die des Karneades war: analoge Äusserungen vor allem in ‹De natura deorum› (III 44) weisen vielmehr auf Cicero. Für eine positive Ethik des Karneades scheint allenfalls PLUTARCH tranqu. an. 19, 477 B-C = F 7 b² METTE zu sprechen: «Wie bereits geleerte Weihrauchgefässe noch lange Wohlgeruch verströmen lassen, wirken in der Seele eines verständigen Menschen (τοῦ νοῦν ἔχοντος) die guten Taten (αἱ καλαὶ πράξεις) noch lange nach, sie gewähren Freude und ein Gefühl der Überlegenheit gegenüber denen, die die Erde für ein Jammertal halten.» Das bei PLUTARCH benachbarte Zeugnis (tranqu. an. 16, 474 E bis 475 A = F 7b¹ METTE: geistige Vorbereitung auf Wechselfälle des irdischen Glücks empfohlen) lässt vermuten, dass beide Zitate der oben (S. 849) erwähnten Trostrede entnommen sind. Die philosophische Bedeutung sollte nicht überbewertet werden.

Zu einem ganz anderen Ergebnis als Croissant gelangt MINAR (1949 [*142]). Er sieht in Karneades einen Atheisten; die bei CICERO nat. deor. III 44 (= KARNEADES F 8a, 83-85 = 70 D 2 LS) in die Kritik am Gottesbegriff eingeschaltete Bemerkung: «haec Carneades aiebat, non ut deos tolleret – quid enim philosopho minus conveniens –, sed ut Stoicos nihil de dis explicare convinceret ...» führt er (wohl mit Recht) auf Cicero zurück (siehe auch oben zu CICERO rep. III 11). Karneades ist für MINAR überzeugter Materialist; seine Physik stehe der Epikurs (!) nahe, seine Ethik sei rein utilitaristisch.

Minar und vor ihm VON ARNIM (1919 [*1: 1974f.]) sehen in Karneades' Kampf gegen den Determinismus seine wahre Überzeugung: er habe eintreten wollen für die Freiheit des menschlichen Willens, um «den Menschen das Bewusstsein ihrer sittlichen Verantwortung zu erhalten» (von Arnim). Es ist zuzugeben, dass wir von einer Argumentation des Karneades für den gegenteiligen Standpunkt nichts erfahren; aber der Determinismus war in der Stoa und in der diodorischen Dialektik stark genug vertreten. Wahrscheinlich haben LONG/SEDLEY (Hg.) (1987 [§ 1 *295: 1, 465]) recht mit der Vermutung, dass Karneades auch in dieser Frage die gegensätzlichen Standpunkte gegeneinander ausgespielt hat, um damit zur 'Urteilsenthaltung' zu führen.

Im Hinblick auf Karneades' methodologische Grundsätze muss jeder Versuch scheitern, etwas über seine eigene Weltanschauung zu erfahren. Wir müssen uns damit abfinden, in der gleichen Situation zu sein wie sein unmittelbarer Schüler Kleitomachos, der zu beteuern pflegte, 'er habe nie herausfinden können, was Karneades wirklich für richtig hielt' (CICERO Luc. 139 = KARNEADES F 5, 183-185 METTE = KLEITOMACHOS F 4 METTE = 69 L LS).

Karneades' Bedeutung liegt nicht darin, dass er selbst bestimmte Thesen vertrat. Sie liegt in seinem Einfluss auf andere Schulen, auf den philosophischen Dialog seiner Zeit überhaupt. Vor allem die Stoiker hat er genötigt, die eigenen Dogmen immer wieder zu überdenken und zu verteidigen. Er hat der Diskussion um die Willensfreiheit neue Wege gewiesen; vor keinem Detail im philosophischen Gespräch wich er zurück. Und Ciceros philosophisches Œuvre, dem wir unsere Kenntnis der hellenistischen Philosophie zum grösseren Teil verdanken, ist ohne das formale Vorbild seiner Dialektik nicht denkbar.

D. BIBLIOGRAPHIE

1. Zeugnisse und Überlieferung. Allgemeines: a) Gesamtdarstellungen [*1-*5]; b) Zeugnissammlungen [*11-*13]; c) Zur Abgrenzung karneadeischer Gedankengänge in den Quellen [*21-*33]; d) Inschriftenbasis. Beziehungen zu Pergamon [*41-*46]; e) Porträts [*51-*56]. – 2. Leben [*61-*67]. – 3. Lehre: a) Erkenntniskritik [*81-*89]; b) Wahrscheinlichkeitslehre [*101-*109]; c) Bewertung des πιθανόν: 'Zustimmung' oder blosses 'Befolgen'? [*121-*129]; d) Ethik: α) Allgemein [*141-*145]; β) Divisio Carneadea [*151-*154]; γ) Affekte [*161]; δ) Verhältnis zu den Tieren [*171-*173]; ε) Einfluss auf die stoische Telosformel [*181-*185]; e) Theologie [*191-*196]; f) Willensfreiheit. Mantik [*201-*213] (Zum 'Meisterargument' Diodors [*211-*213]).

1. Zeugnisse und Überlieferung. Allgemeines

a) Gesamtdarstellungen

1 H. von Arnim: Art. 'Karneades', in: RE 10 (1919) 1964-1985.
2 A. Weische, in: RE Suppl. 11 (1968) 853-856. – Ergänzungen zu *1.
3 F. H. Sandbach: Art. 'Carneades', in: Oxford Classical Dictionary (Oxford ²1970) 206f.
4 Stefania Nonvel Pieri: Carneade (Padua 1978) [Testi e Saggi 10].
5 T. Dorandi: Art. 'Carnéade de Cyrène', in: DPA 2 [§ 1 *351].

b) Zeugnissammlungen

11 B. Wiśniewski: Karneades, Fragmente. Text und Kommentar (Breslau, Warschau, Krakau 1970) [Archiwum Filologiczne 24]. – Unvoll-

ständig, Textgestaltung teilweise veraltet. Rez.: M. Gigante, in: La Parola del Passato 26 (1971) 380f.; G. B. Kerferd, in: Classical Review 22 (1972) 410f.

12 Mette (Hg.) 1985 [§ 46 *43: 53-141].

13 Long/Sedley 1987 [LS] [§ 1 *295: 1, 448-467; 2, 443-457].

Eine kommentierte Zeugnissammlung (John Glucker) ist angekündigt für die Reihe 'La Scuola di Platone' [§ 46 *41].

c) Zur Abgrenzung karneadeischer Gedankengänge in den Quellen

Vgl. auch Striker 1991 [*145: 51-56], Ioppolo 1992 [§ 1 *82: 169-199].

21 G. L. Hendrickson: Literary sources in Cicero's Brutus and the technique of citation in dialogue, in: American Journal of Philology 27 (1906) 184-199. – 186: Zur Philus-Rede in Ciceros De re publica.

22 H. Mutschmann: Die Stufen der Wahrscheinlichkeit bei Karneades, in: Rheinisches Museum für Philologie 66 (1911) 190-198.

23 G. Luck: Der Akademiker Antiochos (Bern, Stuttgart 1953) [Noctes Romanae 7]. – 53: Karneades-Referate bei Sextus Empiricus.

24 R. Kassel: Untersuchungen zur griechischen und römischen Konsolationsliteratur (München 1958) [Zetemata 18]. – 26 Anm. 2: Zur 'Trostschrift'.

25 E. Heck: Die Bezeugung von Ciceros Schrift De re publica (Hildesheim 1966) [Spudasmata 4].

26 K. Bringmann: Untersuchungen zum späten Cicero (Göttingen 1971) [Hypomnemata 29]. – 261-265: Cic. Luc. 64-146 im Kern karneadeisch.

27 J.-L. Ferrary: Le discours de Philus et la philosophie de Carnéade, in: Revue des Etudes latines 55 (1977) 128-156. – 153-156: Zweifel an der Authentizität der Philus-Rede.

28 J. Glucker: Antiochus and the Late Academy (1978) [§ 1 *398]. – 392-405: Cicero Luc. 64-146 im Kern eher karneadisch als philonisch.

29 Anna Maria Ioppolo: Carneade e il terzo libro delle ‹Tusculanae›, in: Elenchos 1 (1980) 76-91. – Zur 'Trostschrift'.

30 H. Tarrant: Agreement and the self-evident in Philo of Larissa, in: Dionysius 5 (1981) 66-97. – 78-83: Sextus Emp. math. VII 89-260 karneadeisch.

31 H. Tarrant: Scepticism or Platonism? (1985) [§ 42 *94]. – 89f.: Bekräftigung der Zuschreibung von Sextus Emp. math. VII 89-260 [*30] an Karneades.

32 J.-L. Ferrary: Philhellénisme et impérialisme (1988) [§ 1 *427]. – 361: Bekräftigung der Zweifel von 1977 [*27].

33 M. Giusta: Antioco di Ascalona e Carneade nel libro V del ‹De finibus bonorum et malorum› di Cicerone, in: Elenchos 11 (1990) 29-49. – Die Einteilung der ethischen Standpunkte in De finibus V folgt Karneades, nicht Antiochos (gegen Glucker 1978 [§ 1 *398: 55 Anm. 148]); nicht überzeugend.

d) Inschriftenbasis. Beziehungen zu Pergamon

Vgl. auch Hansen 1947, ²1971 [§ 46 *72], McShane 1964 [§ 46 *73], Schalles 1985 [§ 46 *74], Habicht 1990 [§ 46 *77].

41 H. A. Thompson, R. E. Wycherley: The Agora of Athens (Princeton 1972) [The Athenian Agora 14]. – Tafel 55c: Abbildung der Karneades-Inschrift.

42 H. B. Mattingly: Some problems in second century Attic prosopography, in: Historia 20 (1971) 26-46. – 28-32: Die in der Karneades-Inschrift genannten Attalos und Ariarathes sind keine Prinzen, sondern Privatpersonen.

43 B. Frischer: The sculpted word. Epicureanism and philosophical recruitment in ancient Greece (Berkeley, Los Angeles, London 1982). – S. 194-196, Anm. 205: Widerspruch gegen Mattingly 1971 [*42].

44 P. Gauthier: Les cités grecques et leur bienfaiteurs (Paris 1985) [Suppléments du Bulletin de Correspondance hellénique 12]. – 209: Widerspruch gegen Mattingly 1971 [*42].

45 C. Habicht: Hellenistic Athens and her philosophers (1988) [§ 1 *433]. – S. 16 mit Anm. 74 und 75: Ein neuer Inschriftenfund gibt Mattingly endgültig recht (vgl. Habicht 1990 [§ 46 *77: 571f.]).

46 C. V. Tracy, C. Habicht: New and old panathenaic victor lists, in: Hesperia 60 (1991) 187-236. – 217: Publikation der Inschrift, aus der zwingend hervorgeht, dass die auf der Karneades-Basis genannten Stifter athenische Privatpersonen sind.

e) Porträts

Vgl. auch Richter 1965 [§ 1 *455: 2, 248-251, Abb. 1680-1692].

51 F. Poulsen: Greek and Roman portraits in English country houses (Oxford 1923, ND

Rom 1968). – S. 46f., Abb. 20: Karneades-Relief in Holkham Hall.
52 P. E. Arias: Le erme di Ravenna, in: Jahrbuch des Deutschen Archäologischen Instituts 68 (1953) 102-123. – S. 119-122 mit Abb. 19-25: Karneades-Büste im Nationalmuseum Ravenna.
53 T. Lorenz: Galerien von griechischen Philosophen- und Dichterbildnissen bei den Römern (Mainz 1965). – S. 8 mit Tafel I 1: Über eine um 1805 in Kopenhagen verschollene Karneades-Büste (Gipsabguss noch vorhanden).
54 K. Schefold: Führer durch das Antikenmuseum Basel (Basel 1966). – 41f.: Karneades-Büste in Basel (siehe auch K. Schefold: Die Griechen und ihre Nachbarn (Berlin 1967, ND 1984) [Propyläen-Kunstgeschichte Bd. 1] 133. 200. Abb. 138).
55 Andrew Stewart: Attika. Studies in Athenian sculpture of the Hellenistic age (London 1979) [Society for the Promotion of Hellenic Studies. Supplementary Paper 14]. – 53. 140f. Tafel 17b.
56 A. Stähli: Die Datierung des Karneades-Bildnisses, in: Archäologischer Anzeiger (1991) 219-252.

2. Leben

61 W. Crönert: Kolotes und Menedemos (1906) [§ 48 *11]. – 95: Zur Namensform.
62 M. Gigante: Atakta I, in: Cronache Ercolanesi 3 (1973) 85-87. – 86: Karneades' Freundschaft mit dem Epikureer Philonides; nach einem isolierten Fragment der PHerc. 1044 'erwies Philonides sich nützlich für die Heimat von Karneades und anderen'.
63 I. Gallo (Hg.): Frammenti biografici da papiri (1980) [§ 1 *308: 2, 38]: Karneades' Freundschaft mit dem Epikureer Philonides.
64 Giovanna Garbarino: Roma e la filosofia greca (1973) [§ 1 *423]. – 1, 80-86; 2, 362-370: Zur Philosophengesandtschaft.
65 M. I. Finley: Censorship in classical antiquity (Text of a lecture given at the Anglo-American Conference of Historians), in: Times Literary Supplement 76 (1977) 923-925. – Zur Philosophengesandtschaft.
66 J.-L. Ferrary: Philhellénisme et impérialisme (1988) [§ 1 *427]. – 351-363: Zur Philosophengesandtschaft (mit weiterführender Literatur); Karneades und die römische Politik; Einfluss seiner Lehre in Rom.
67 K. E. Wilkerson: Carneades at Rome. A problem of sceptical rhetoric, in: Philosophy and Rhetoric (College Park, Md.) 21 (1988) 131-144.

3. Lehre

Vgl. auch Hirzel 1877-1883 [§ 1 *331: 3, 162-194], Goedeckemeyer 1905 [§ 42 *33: 51-91], Brochard ²1923 [§ 42 *31: 123-185], Stough 1969 [§ 42 *38: 50-66 u.ö.], Dal Pra ²1975 [§ 42 *36: 1, 167-285], Long 1974, ²1986 [§ 1 *396: 94-106], Lévy 1992 [§ 42 *40: 32-46].

a) Erkenntniskritik

Vgl. auch Moreau 1979 [§ 42 *62], Long 1980 [§ 47 *55].

81 P. Couissin: Le stoïcisme de la Nouvelle Académie (1929) [§ 46 *11]. – 267f./50f.: Auch Karneades erkennt (wie Arkesilaos) keinerlei Prämissen als gültig an; er argumentiert gegen die Stoiker nur 'ad hominem'.
82 O. Foss: The pigeon's neck, in: O. S. Due, N. Frijs Johansen, B. Dalsgaard Larsen (Hg.): Classica et Mediaevalia F. Blatt septuagenario dedicata (Kopenhagen 1973) [Classica et Mediaevalia. Dissertationes 9] 140-149. – Zu Cicero, Luc. 79.
83 Carlos Lévy: Opinion et certitude dans la philosophie de Carnéade, in: Revue Belge de Philologie et d'Histoire 58 (1980) 30-46.
84 Gisela Striker: Sceptical strategies (1980) [§ 1 *362: 54-83]. – 82: Zustimmung zu Couissin 1929 [*81].
85 W. N. A. Klever: Carneades. Reconstructie en evaluatie van zijn kennistheoretische positie (Rotterdam 1982). – Diss.; 106-162: wichtige Bemerkungen zur Nachwirkung bis in die Neuzeit.
86 Jackie Pigeaud: Voir, imaginer, rêver, être fou. Quelques remarques sur l'hallucination et l'illusion dans la philosophie stoïcienne, épicurienne, sceptique et la médecine antique, in: Littérature, Médecine et Société 5 (1983) 23-53.
87 V. Cauchy: Critique de la théorie du signe et langage chez Sextus Empiricus, in: Cahiers de Philosophie ancienne 5 = Cahiers du Groupe de Recherches sur la Philosophie et le Langage 6-7 (Brüssel, Grenoble 1986) 325-338. – Karneades' Kritik an der Gültigkeit sprachlicher Zeichen beruht auf der Bestreitung der Existenz von λεκτά.
88 Anna Maria Ioppolo: Opinione e scienza

(1986) [§ 1 *401, § 47 *59]. – 193-216: Widerspruch gegen Couissin 1929 [*81] und Striker 1980 [§ 1 *362: 54-83].

89 J. Mansfeld: Diaphonia: the argument of Alexander De fato chs. 1-2, in: Phronesis 33 (1988) 181-207. – 184 Anm. 9: Erkenntniskritik durch einander widerstreitende Thesen bei Karneades und seinen Schülern.

b) *Wahrscheinlichkeitslehre*

Vgl. auch Laursen 1992 [§ 42 *143: 56-59].

101 R. Hirzel: Untersuchungen zu Cicero's philosophischen Schriften (1877-1883) [§ 1 *331]. – Bd. 3, 205-216: Der von Cicero (Luc. 34 u.ö.) referierte Grundsatz der Skeptiker, sich am 'Einleuchtenden' (das jedoch trotzdem nicht 'erfassbar' sei) zu orientieren, ist Karneades zuzuschreiben.

102 H. Mutschmann: Die Stufen der Wahrscheinlichkeit bei Karneades, in: Rheinisches Museum für Philologie 66 (1911) 190-198.

103 M. Burnyeat: Can the sceptic live his scepticism? (1980) [§ 42 *107]. – 28f. 120f.: Die geläufige Wiedergabe von πιϑανόν mit 'wahrscheinlich' ist falsch; es bedeutet 'überredend'. Der mehrfach zitierte Vortrag von B., ‹Carneades was no probabilist› (1979), ist bisher nicht publiziert; B. plant die Erweiterung zu einem Buch.

104 H. A. S. Tarrant: Agreement and the self-evident in Philo of Larissa, in: Dionysius 5 (1981) 66-97. – 72f.: Gegen Hirzel 1877-1883 [*101]: Erst Philon und die 'Vierte Akademie' beriefen sich auf das 'Einleuchtende'.

105 D. Sedley: The motivation of Greek scepticism, in: Burnyeat (Hg.) 1983 [§ 42 *52: 9-29]. – 18: Karneades' Wahrscheinlichkeitslehre als ein 'Gegengewicht' gegen die Lehre von der Unmöglichkeit der Erkenntnis; zwischen beiden besteht ἰσοσϑένεια, so dass beide relativiert sind.

106 M. Frede: Stoics and sceptics on clear and distinct impressions, in: Burnyeat (Hg.) 1983 [§ 42 *52: 65-83]. ND in: M. F.: Essays in ancient philosophy (Oxford [zugleich Minneapolis] 1987) 151-176. – Seit Metrodor und Philon aus Larisa neigten die akademischen Skeptiker dazu, einem von zwei einander entgegenstehenden Standpunkten den Vorzug zu geben; die Unterschiede zum stoischen Dogmatismus verwischten sich. Eher systematisch-abstrakte als historische Erörterung.

107 H. A. S. Tarrant: Scepticism or Platonism? (1985) [§ 42 *94]. – 49-53: Bekräftigung der These von *104.

108 R. Bett: Carneades' pithanon: A reappraisal of its role and status, in: Oxford Studies in Ancient Philosophy 7 (1989) 59-94. – Systematische Überlegungen zur inneren Konsequenz von Karneades' Lehre; guter Überblick über die neueren Interpretationen. Die eigene Wahrscheinlichkeitslehre galt Karneades vielleicht ihrerseits nur als wahrscheinlich.

109 T. L. Tieleman: Galen and Chrysippus. Argument and refutation in the De placitis books II-III (Utrecht 1992). – Diss.; Verlagsausgabe in Vorbereitung. 250-262: Karneades' Begriff der Wahrscheinlichkeit und die Lehre von den drei Stufen geht im Kern auf Chrysipp zurück.

c) *Bewertung des* πιϑανόν: *'Zustimmung' oder blosses 'Befolgen'?*

Vgl. auch Frede 1979 [§ 42 *105].

121 R. Hirzel: Untersuchungen zu Cicero's philosophischen Schriften (1877-1883) [§ 1 *331]. – Bd. 3, 162-180: Grundlegend für die Unterscheidung der 'strengen' Interpretation des Karneades durch Kleitomachos von der dem Dogmatismus sich nähernden durch andere Schüler.

122 Gisela Striker: Sceptical strategies (1980) [§ 1 *362: 54-83]. – Die strenge Deutung durch Kleitomachos ist die richtige; Karneades lehnte 'Zustimmung' und daraus resultierende 'Meinungen' ab.

123 M. Frede: The sceptic's two kinds of assent (1984) [§ 42 *112]. – Unterscheidung von 'having a view' und 'taking a position or making a claim'.

124 Anna Maria Ioppolo: Opinione e scienza (1986) [§ 1 *401]. – 14. 64. 195-197. 215f. u.ö.: Karneades hat die arkesilaische Forderung nach konsequenter ἐποχή aufgegeben; nach ihm 'stimmt' auch der 'Weise' gelegentlich 'zu' und bildet sich Meinungen; sie sind die Grundlage seines Handelns.

125 R. Bett: Carneades' distinction between assent and approval, in: The Monist 73 (1990) 3-20. – Karneades wollte die unscharfe Verwendung des Begriffs 'Zustimmung' durch die Stoiker (bewusste Anerkennung oder unbewusst instinkthaftes Handeln?) vermeiden und hat darum nur den ersten Typ von Aner-

kennung als 'Zustimmung' (συγκατάθεσις) bezeichnet.
126 W. Görler: Ein sprachlicher Zufall und seine Folgen. 'Wahrscheinliches' bei Karneades und bei Cicero, in: C. W. Müller, K. Sier, J. Werner (Hg.): Zum Umgang mit fremden Sprachen in der griechisch-römischen Antike (Stuttgart 1992) [Palingenesia 36] 159-171. – Für Karneades ist das 'Wahrscheinliche' auf den praktischen Bereich beschränkt; erst Cicero hat auch philosophische Standpunkte als mehr oder weniger wahrscheinlich eingestuft.
127 Therese Fuhrer: Der Begriff 'veri simile' bei Cicero und Augustin, in: Museum Helveticum 50 (1993) 107-125.
128 Carlos Lévy: Le concept de 'doxa' des Stoïciens à Philon d'Alexandrie. Essai d'étude diachronique, in: Brunschwig/Nussbaum (Hg.) 1993 [§ 1 *374: 250-284]. – 270-273: Die in Luc. 148 von Catulus als 'karneadeisch' referierte Haltung ist nicht identisch mit der von Philon (vor den 'römischen Büchern') und Metrodor. Die Forderung, der Weise müsse sich dessen bewusst sein, dass er 'meint', zeugt vom Weiterleben sokratischer Traditionen in der skeptischen Akademie.
129 J. Glucker: 'Probabile', 'veri simile', and related terms, in: Powell (Hg.) 1994 [§ 54 *48].

d) Ethik

α) Allgemein

141 Jeanne Croissant: La morale de Carnéade, in: Revue internationale de Philosophie 1 (1938-1939) 545-570. ND in: J. C.: Etudes de philosophie ancienne (Brüssel 1986) [Cahiers de Philosophie ancienne 4] 230-275. – Karneades kritisierte die stoische Ethik, weil er eine von den Geboten der Natur unabhängige Sittlichkeit fordert; Gewissheit ist nicht zu erlangen, aber gerade der Wahrscheinlichkeitscharakter der ethischen Leitsätze lässt dem Menschen Freiraum zu eigenen ethischen Entscheidungen.
142 E. L. Minar: The positive Beliefs of the sceptic Carneades, in: Classical Weekly 43 (1949) 67-71. – Karneades als Utilitarist. Verfehlt.
143 A. Ravà: Carneade, filosofo del diritto, in: Annali del Seminario giuridico di Catania n.s. 5 (1950-1951) 49-56. – Zum Redenpaar in Ciceros ‹De re publica›.
144 Gisela Striker: Greek ethics and moral theory, in: The Tanner Lectures on Human Values 9 (1988) 181-202. – 196-198: Karneades' Kritik der stoischen Ethik.
145 Gisela Striker: Following Nature. A study in Stoic ethics, in: Oxford Studies in Ancient Philosophy 9 (1991) 1-73. – 50-61: «Carneades on moral theory».

β) Divisio Carneadea

Vgl. auch Glucker 1978 [§ 1 *398: 52-63], Lévy 1984 [§ 56 *806], Mansfeld 1988 [*89: 184 Anm. 9], Striker 1991 [*145: 51f.], Magnaldi 1991 [§ 52 *126: 13], Lévy 1992 [§ 42 *40: 353-360].

151 J. N. Madvig: Exkurs 4 zum Kommentar von Ciceros De finibus (Kopenhagen 1876, ND Hildesheim 1965) 815-825: «De primis naturae et de Carneadia divisione sententiarum de summo bono».
152 A. Döring: Doxographisches zur Lehre vom τέλος, in: Zeitschrift für Philosophie und philosophische Kritik N.F. 101 (1893) 165-203.
153 M. Giusta: I dossografi di etica (1964-1967) [§ 1 *261]. – Bd. 1, 217-429: Ausführliche Besprechung aller zugehörigen Texte; in der Interpretation nicht durchweg überzeugend.
154 J. Leonhardt: Zwischen Tusculum und Forum. Zwei Studien zur Verbindung von Rhetorik, Philosophie und Politik bei Cicero (angekündigt für 1994). – Beziehungen zur Ethik Chrysipps.

γ) Affekte

Vgl. auch Ioppolo 1980 [*29].

161 Anna Maria Ioppolo: Opinione e scienza (1986) [§ 1 *401]. – 211-214: Karneades forderte nicht, wie die Stoiker, konsequente Affektlosigkeit.

δ) Verhältnis zu den Tieren

Vgl. auch Croissant 1938-1939 [*141: 562], Müller 1975 [§ 42 *75: 309-311].

171 G. Tappe: De Philonis libro qui inscribitur Ἀλέξανδρος ἢ περὶ τοῦ λόγον ἔχειν τὰ ἄλογα ζῷα quaestiones selectae (Göttingen 1912). – Diss.; 24f.
172 M. Pohlenz: Die Stoa (1948-1949) [§ 33 *74]. – Bd. 1, 39 mit Bd. 2, 21f.
173 J.-L. Ferrary: Le discours de Philus (Cicéron, de re publica III 8-31) et la philosophie de Carnéade, in: Revue des Etudes latines 55 (1977) 128-156. – 139-142.

ε) Einfluss auf die stoische Telosformel

Vgl. auch Striker 1991 [*145: 24-35].

181 M. Pohlenz: Plutarchs Schriften gegen die Stoiker, in: Hermes 74 (1939) 1-33. ND in: Kleine Schriften, hg. von H. Dörrie, Bd. 1 (Hildesheim 1965) 448-480.
182 F. H. Sandbach: Plutarch on the Stoics, in: Classical Quarterly 34 (1940) 20-25. – Auseinandersetzung mit Pohlenz.
183 A. A. Long: Carneades and the Stoic telos, in: Phronesis 12 (1967) 59-90.
184 Marion Soreth: Die zweite Telosformel des Antipater von Tarsos, in: Archiv für Geschichte der Philosophie 50 (1968) 48-72.
185 Gisela Striker: Antipater, or the art of living, in: Schofield/Striker (Hg.) 1986 [§ 1 *365: 185-204].

e) Theologie

191 E. L. Minar: The positive beliefs of the sceptic Carneades (1949) [*142]. – Karneades war Atheist.
192 P. Couissin: Les sorites de Carnéade contre le polythéisme, in: Revue des Etudes grecques 54 (1941) 43-57.
193 M. Burnyeat: Gods and heaps, in: M. Schofield, Martha C. Nussbaum (Hg.): Language and Logos. Studies in ancient Greek philosophy presented to G. E. L. Owen (Cambridge 1982) 315-338. – Zu Karneades: 326-333. Eindringliche logische Analyse der Soriten.
194 J.-P. Dumont: Diogène de Babylone et la preuve ontologique, in: Revue philosophique de la France et de l'Etranger 172 (1982) 389-395. – Diogenes und Karneades zu Zenons Argumentation für eine Existenz der Götter.
195 E. Valgiglio: Il concetto di divinità in Platone e nella Nuova Accademia, in: Cristologia e pensiero contemporaneo (Genua 1982) [Pubblicazioni dell'Istituto di Filologia classica e medioevale 76] 19-50. – Die neue Akademie leugnete nicht die Existenz von Göttern, sondern bestritt nur die Gültigkeit der dafür von den Stoikern beigebrachten 'Beweise'. Darin steht sie dem modernen Glaubensbegriff nahe.

196 A. A. Long: Scepticism about gods in Hellenistic philosophy, in: M. Griffith, D. J. Mastronarde (Hg.): Cabinet of the Muses. Essays on classical and comparative literature in honor of T. G. Rosenmeyer (Atlanta 1990) 279-291.

f) Willensfreiheit. Mantik

Vgl. auch Long 1974, ²1986 [§ 1 *396: 101-104].

201 D. Amand: Fatalisme et liberté dans l'antiquité grecque. Recherches sur la survivance de l'argumentation morale anti-fataliste de Carnéade chez les philosophes grecs et les théologiens chrétiens des quatre premiers siècles (Löwen 1945, ND Amsterdam 1973) [Recueil de Travaux d'Histoire et de Philologie de l'Université de Louvain 3, 19]. – Zu Karneades: 41-68.
202 H. O. Schröder: Art. 'Fatum (Heimarmene)', in: RAC 7 (1969) 524-636. – Mit viel unsicherem Material.
203 H. O. Schröder: Marionetten. Ein Beitrag zur Polemik des Karneades, in: Rheinisches Museum für Philologie 126 (1983) 1-24. – Exkurs zu *202: 561. Spekulativ.
204 W. Görler: 'Hauptursachen' bei Chrysipp und Cicero? Philologische Marginalien zu einem vieldiskutierten Gleichnis (De fato 41-44), in: Rheinisches Museum für Philologie 130 (1987) 254-270.

Zum 'Meisterargument' Diodors

Vgl. auch Muller (Hg.) 1985 [§ 1 *311: 47-51. 142-158].

211 G. Giannantoni: Il κυριεύων λόγος di Diodoro Crono, in: Elenchos 2 (1981) 239-272.
212 J. Vuillemin: Nécessité ou contingence. L'aporie de Diodore et les systèmes philosophiques (Paris 1984). – 231-251: Carnéade et le nominalisme sceptique des modalités.
213 H. Weidemann: Das sogenannte Meisterargument des Diodoros Kronos und der aristotelische Möglichkeitsbegriff, in: Archiv für Geschichte der Philosophie 69 (1987) 18-53.

§ 50. Die Akademie zwischen Karneades und Philon

A. Zeugnisse und Überlieferung 898. – B. Die Scholarchen 898: 1. Karneades 'der Jüngere' und Krates aus Tarsos 898; 2. Kleitomachos 899: a) Leben 899; b) Schriften 902; c) Lehre 903; d) Schüler 904. – C. Andere Schüler des Karneades 905: 1. Metrodoros aus Stratonikeia 905; 2. Charmadas 906; 3. Hagnon aus Tarsos 909; 4. Melanthios aus Rhodos 909; 5. Aischines aus Neapolis 910; 6. Boethos aus Marathon 910; 7. Zenodoros aus Tyros 910; 8. Metrodoros aus Skepsis 911. – D. Die Akademie nach Karneades: Themen und Tendenzen 911. – E. Bibliographie 913: 1. Zeugnisse und Überlieferung 913; 2. Kleitomachos 913; 3. Charmadas 913; 4. Hagnon aus Tarsos. Melanthios aus Rhodos 914.

A. ZEUGNISSE UND ÜBERLIEFERUNG

Für die Akademiker der Generation nach Karneades, vor allem für Kleitomachos, sind zahlreiche Schriften bezeugt; sie sind ausnahmslos verloren. Die dürftigen Erwähnungen bei anderen Autoren erlauben kaum Rückschlüsse auf Umfang, Stil und Gedankenführung. Nur in wenigen Fällen werden die philosophischen Grundtendenzen sichtbar.

Zur äusseren Geschichte der Akademie stehen im wesentlichen wiederum die S. 829 genannten Quellen zur Verfügung: DIOGENES LAERTIOS, der ACADEMICORUM INDEX und die Vers-Chronik APOLLODORS. Auch hier bleibt vieles unklar und unsicher.

Weder Bildnisse noch Inschriften haben sich erhalten.

Für die drei Scholarchen zwischen Karneades (dem Älteren) und Philon hat METTE (1985 [§ 46 *43: 142-146]) die Zeugnisse und 'Fragmente' mit kurzem Kommentar zusammengestellt, für die übrigen Akademiker dieser Periode werden sie im folgenden jeweils vollständig genannt.

B. DIE SCHOLARCHEN

1. Karneades 'der Jüngere' und Krates aus Tarsos

Als Karneades (der Ältere, Sohn des Epikomos) im Jahre 137/136 v. Chr. aus Gesundheitsgründen die Leitung der Akademie niederlegte, übergab er sie nicht seinem zweifellos bedeutendsten Schüler Kleitomachos aus Karthago, sondern seinem jüngeren (?) Namensvetter und Verwandten (?) Karneades, Sohn des Polemarchos. Dieser starb nach sechsjähriger Amtszeit im Jahre 131/130 (Archontat des Epikles). Karneades 'der Ältere' (†129/128) war damals noch am Leben; auch der nächste Scholarch wurde daher kaum ohne seinen Einfluss bestellt: Krates aus Tarsos. Er leitete die Schule, bis er 129/128 v. Chr. durch Kleitomachos verdrängt wurde (oder: vier Jahre lang bis zu seinem Tode 127/126 v. Chr.; siehe dazu unten).
Zeugnisse: APOLLODOR v. 72-77 DORANDI (Hg.) [§ 1 *223: 34] = 244 F 54-55 FGrH = ACAD. IND. XXIX 38 bis XXX 9 = KARNEADES (der Ältere) T 3a, 20-26 METTE; ACAD. IND. XXIV 27-32 = KARNEADES d. Ä. T 3b, 23-25; ACAD. IND. XXV 39 bis XXVI 4 = K. d. Ä. T 3b, 36-39.

Weder über die Lehre noch über Schriften dieser beiden unmittelbaren Nachfolger des 'älteren' Karneades ist irgendetwas bekannt. Sie galten offenbar schon im Altertum als so unbedeutend, dass DIOGENES LAERT. vereinfachend lehren konnte (IV 67 = K. d. Ä. T 1a, 66f. METTE), der Nachfolger des Karneades sei Kleitomachos gewesen. Es ist denkbar, dass der 'ältere' Karneades nur halbherzig auf die Leitung der Schule verzichtete und deshalb bewusst zweimal einen unbedeutenden und farblosen Scholarchen wählen liess. Dafür spricht auch, dass in seinem Todesjahr – vermutlich also nach seinem Tode – Kleitomachos zumindest die faktische Schulleitung übernahm (siehe unten).

2. Kleitomachos

a) Leben

Kleitomachos (Κλειτόμαχος, Clitomachus) stammt aus Karthago. Als Geburtsjahr lässt sich 187/186 v. Chr. mit einiger Wahrscheinlichkeit erschliessen. Nach STEPHANUS AUS BYZANZ (s.v. Καρχηδών, p. 363, 14-17 MEINEKE = KARNEADES d.Ä. T 1h² METTE) hiess sein Vater Diognetos. Das ist vermutlich eine nachträgliche Gräzisierung, denn Kleitomachos selbst hiess ursprünglich Hasdrubal ('Ασδρούβας): ACAD. IND. XXV 1-2 = K. d. Ä. T 3b, 27f.; STEPHANUS BYZ. a.a.O.; DIOGENES LAERT. IV 67 = K. d. Ä. T 1a, 61f. METTE. Seine Muttersprache war Punisch; DIOGENES LAERT. IV 67 (K. d. Ä. T 1a, 62) berichtet, er habe zunächst 'in seiner eigenen Sprache in seiner Heimat Philosophie getrieben' (ἐφιλοσόφει, ob damit Schriften oder Lehrvorträge gemeint sind, bleibt unklar). Erst mit 24 Jahren (ACAD. IND. XXV 2-4 = K. d. Ä. T 3b, 28f.; DIOGENES LAERT. IV 67 = T 1a, 63 irrtümlich: 'mit 40 Jahren') gelangte er nach Athen, also vermutlich 163/162 v. Chr. Dort dürfte er bald mit Karneades in Kontakt getreten sein. STEPHANUS AUS BYZANZ (a.a.O.), PLUTARCH (De Alexandri fortuna I 5, 328D = K. d. Ä. T 1h¹ METTE) und DIOGENES LAERT. (IV 67 = K. d. Ä. T 1a, 64-67) erzählen, Karneades habe ihm 'elementare Kenntnisse' (τὰ πρῶτα στοιχεῖα) und die griechische Sprache vermittelt. Das kann romantische Ausschmückung sein. Erst nach vier Jahren (ACAD. IND. XXV 3-6 = K. d. Ä. T 3b, 29), also 159/158 v. Chr., trat er der Akademie bei. Für die Zwischenzeit mag gelten, was DIOGENES LAERT. (IV 67 = K. d. Ä. T 1a, 67-69) berichtet: «Er zeichnete sich aus» (διαπρέψας, Konjektur von COBET; Handschriften: διατρίψας = «hielt sich auf») in drei Schulen: der Akademie, dem Peripatos und der Stoa.

Kleitomachos blieb nun 19 Jahre lang (ACAD. IND. XXV 6f. = K. d. Ä. T 3b, 29f.), also bis etwa 140 v. Chr., Mitglied der Akademie. Während dieser Zeit wird er das attische Bürgerrecht erhalten haben (SYMMACHUS epist. X 5, 2f. = K. d. Ä. T 1f²). Ob er im Jahre 155 v. Chr. Karneades nach Rom begleitete, ist nicht zu klären. JACOBY (FGrH, Bd. 2 D, Berlin 1930, 743) hält es unter Hinweis auf zwei Schriften, die Kleitomachos berühmten Römern widmete (dazu S. 902f.), für «höchstwahrscheinlich»; begründete Zweifel bei CICHORIUS (1908 [*13: 11f. 41]) und FERRARY (1977 [§ 49 *27: 155], 1988 [§ 1 *427: 360f.]; vgl. auch STRASBURGER 1966 [*14: 63]).

Nach der neunzehnjährigen Zugehörigkeit zur Akademie gründete Kleitomachos «unter dem Archontat des Hagnotheos» (für das sich damit 140/139 v. Chr. ergibt) eine eigene Schule im 'Palladion' (ACAD. IND. XXIV 35-37; XXV 8-11 = K. d. Ä. T 3b, 26 und 30f.), einem anderen Gymnasion in Athen (TRAVLOS 1971 [§ 46 *51: 412-416]). Die Motive für diesen Schritt lassen sich nur vermuten. Es ist denkbar, dass sich Kleitomachos durch die Autorität des hochangesehenen Scholarchen zunehmend in der eigenen Entfaltung behindert fühlte. Sachliche Gründe mögen mitgesprochen haben: Kleitomachos vertrat eine streng orthodoxe Linie, während Karneades gelegentlich einen weniger rigiden Standpunkt einnahm (S. 871-873. 903f.). Auch eine persönliche Entfremdung ist nicht auszuschliessen; CICERO freilich (Luc. 98 = K. d. Ä. F 5, 95f.) versichert, «Kleitomachos sei mit Karneades bis ins hohe Alter zusammengewesen». Die Schulgründung dürfte auch dazu geführt haben, dass Kleitomachos drei Jahre später (137/136 v. Chr.) bei der Bestellung eines Nachfolgers von Karneades übergangen wurde.

Kleitomachos leitete die Schule im Palladion etwa 10 Jahre lang (ACAD. IND. XXV 10f. = K. d. Ä. T 3b, 31f.). Während dieser Zeit ging die Leitung der Akademie zunächst auf Karneades 'den Jüngeren', im Jahre 131/130 v. Chr. dann auf Krates aus Tarsos über. Im Jahre 129/128 starb der 'ältere' Karneades. In das gleiche Jahr fällt, wie mehrere einander ergänzende Zeitangaben bei Apollodor und im ‹Academicorum Index› erkennen lassen, folgendes Ereignis:

– APOLLODOR v. 78-81 DORANDI (Hg.) 1982 [§ 1 *223: 34] = FGrH 244 F 55 = ACAD. IND. XXX 6-12 = K. d. Ä. T 3a, 27-30 METTE: «Nachdem (Krates aus Tarsos) die Schule nur zwei Jahre lang geleitet hatte, machte sich Kleitomachos, der im Palladion eine Schule unterhielt, auf zur Akademie (μετῆλ[ϑ]εν) mit vielen seiner Schüler» (Schluss aus der Prosaparaphrase ergänzt);

– ACAD. IND. XXIV 29-36 = K. d. Ä. T 3b, 24-27 (Prosaparaphrase der Apollodor-Exzerpte, siehe DORANDI (Hg.) 1991 [§ 46 *26: 95f.], 1991 [§ 1 *446: 12 Anm. 1]): «... Krates aus Tarsos starb, nachdem er nur zwei Jahre lang (die Schule) geleitet hatte; zu diesem Zeitpunkt fiel Kleitomachos in die Akademie ein (ἐπέβαλεν) mit vielen seiner Schüler – vorher nämlich hatten sie ihre Schule im Palladion –, nach dem Tode des Karneades»;

– ACAD. IND. XXV 11-14 = K. d. Ä. T 3b, 32f.: «Die Schule des Karneades übernahm (Kleitomachos) als Nachfolger des Krates aus Tarsos unter dem Archontat des Lykiskos (129/128 v. Chr.)».

Selbst die teilweise verschleiernde Sprache lässt keinen Zweifel daran, dass es sich um eine gewaltsame Besetzung handelte. Ein Zusammenhang mit dem Tod des 'älteren' Karneades ist so gut wie sicher. (Darum kann in der eigentümlich nachklappenden Zeitangabe der Prosaparaphrase nur sein Tod gemeint sein, nicht der des zwei Jahre zuvor gestorbenen jüngeren Karneades; anders METTE (Hg.) 1985 [§ 46 *43: 64] und DORANDI (Hg.) 1991 [§ 46 *26: 247]). Offenbar sah sich Kleitomachos nun durch keine Rücksichtnahme mehr gehindert, das Amt für sich einzufordern, das er längst als das seine betrachtete. Ob es bei dem 'Einfall' zu Gewalttätigkeiten gekommen ist, wissen wir nicht.

Nach den oben ausgeschriebenen Zeugnissen betrug die Amtszeit von Krates zwei Jahre. Im ACAD. IND. (XXVI 1-4 = T 3b, 38f.) ist jedoch – offenbar aus einer anderen Quelle – auch eine vierjährige Amtszeit bezeugt. Der Widerspruch lässt sich am leichtesten in folgender Weise erklären (zuerst ZELLER 1879-1922 [§ 1 *332: Bd. 3,1 (⁴1909) 541f. Anm. 1], jetzt u.a. DORANDI 1991 [§ 1 *446: 11-16]): Als Kleitomachos nach dem Tode des älteren Karneades (129/128 v. Chr.) in die Akademie 'einfiel', war Krates noch am Leben. Er starb erst zwei Jahre später (127/126) und blieb bis zu seinem Tode Scholarch. Seine nominelle Amtszeit betrug also vier Jahre; aber da Kleitomachos nach der Rückkehr in die Akademie vermutlich der mächtigste Mann in der Schule war, konnte man auch von einer (faktischen) Amtszeit des Krates von zwei Jahren und von einer 'Übernahme des Scholarchats' durch Kleitomachos im Jahre 129/128 sprechen (ACAD. IND. XXV 11-14). Der Wortlaut Apollodors steht dieser Annahme nicht entgegen; nur mit der Prosaparaphrase scheint sie unvereinbar; dort ist ausdrücklich gesagt, Krates sei 'nach zwei Jahren gestorben' (so richtig GLUCKER 1978 [§ 1 *398: 107 Anm. 33]). Aber der Kompilator des ‹Academicorum Index› kann, als er Apollodor in Prosa umsetzte, aus der Angabe 'Leitung durch Krates nur zwei Jahre' einen falschen Schluss gezogen haben.

Von 127/126 an (Tod des Krates) war Kleitomachos auch offiziell Vorsteher der Akademie. Nach ACAD. IND. XXV 14-16 (KARNEADES d. Ä. T 3b, 33f.) leitete er die Schule '19 Jahre lang' (inklusive Zählung) und starb dann im Jahre 110/109 v. Chr. (Archontat des Polykleitos). An anderer Stelle des ACAD. IND. (XXXIII 15-17) ist für dieses Jahr auch der Beginn des Scholarchats von Philon aus Larisa bezeugt. In ACAD. IND. XXV 16-19 folgte offenbar noch eine alternative Angabe über die Lebenszeit («... einige ... mehr als siebzig (?) Jahre ...»), aber eine sichere Ergänzung ist nicht mehr möglich. (Weitere Einzelheiten und ausführliche Diskussion der chronologischen Fragen bei DORANDI 1991 [§ 1 *446: 11-16] und DORANDI (Hg.) 1991 [§ 46 *26: 73f.].) L. Licinius Crassus, der ihm während seiner Quaestur (etwa 110 v. Chr.) in Athen begegnete (CICERO de or. I 45 = K. d. Ä. F 4a, 3-6), sah und hörte Kleitomachos also in dessen letztem Lebensjahr. STOBAIOS III 7, 55 = K. d. Ä. T 1d¹, 7-9 METTE berichtet, er sei freiwillig aus dem Leben geschieden (zur Überlieferung FREUDENTHAL 1880 [*11: 429]).

Über Kleitomachos' äussere Lebensumstände, über sein Wirken als Lehrer und über seinen Charakter ist so gut wie nichts überliefert. CICERO Lucullus 98 (KARNEADES d.Ä. F 5, 96f. METTE) bleibt unanschaulich und ganz im Klischee verhaftet: «homo et acutus ut Poenus et valde studiosus et diligens» (vgl. Lucullus 16). Auch die von METTE (Hg.) (1985 [§ 46 *43: 146]) gesammelten Aussprüche zeigen wenig Individuelles. Nur das wird als Grundzug sichtbar, dass Kleitomachos der jungen Weltmacht Rom aufmerksam und offen gegenüberstand. Schon 144/143 oder 140/139 v. Chr. soll er über Scipio Aemilianus, der in diplomatischer Mission in Ägypten weilte, gesagt haben (PLUTARCH Apophthegmata 200 E = F 11 METTE), Scipio sei ausgesandt, «nach der Menschen Übermut und nach ihrem rechten Verhalten zu sehen» (HOMER Odyssee XVII 487) (dazu FERRARY 1988 [§ 1 *427: 429]). Mindestens zwei seiner Schriften sind Römern gewidmet (siehe S. 902f.). Damit steht Kleitomachos nicht allein; etwa gleichzeitig richteten die Stoiker Panaitios und Hekaton aus Rhodos mehrere Schriften an den vornehmen Römer Q. Aelius Tubero (vgl. FERRARY 1988 [§ 1 *427: 433]). Rom wurde immer deutlicher als künftige Wirkungsstätte griechischer Philosophie erkannt. Die Eroberung und Zerstörung der Heimatstadt Karthago (146 v. Chr.) muss für Kleitomachos ein schmerzlicher Konflikt gewesen sein, aber wir erfahren nicht, wie er dieses Ereignis politisch beurteilte. Aus der 'Trostschrift' (siehe unten) an die Karthager sind nur philosophische Gemeinplätze kenntlich.

b) Schriften

Kleitomachos hat nach DIOGENES LAERT. IV 67 (= K. d. Ä. T 1a, 66) «über vierhundert Schriften» verfasst. Nur fünf davon sind uns noch kenntlich:

1. Vier Bücher ‹Über die Zurückhaltung der Zustimmung› (CICERO Luc. 98 = K. d. Ä. F 5, 97 «quattuor ... libri ... de sustinendis adsensionibus», griechisch vermutlich: Περὶ ἐποχῆς). – Cicero zitiert aus dem ersten Buch mindestens einen Satz über den Unterschied von 'Erfassbarem' und 'Wahrscheinlichem'. Aus der gleichen Schrift könnte auch die wenig später (Luc. 108 = K. d. Ä. F 5, 139-143 = 69 J LS) zitierte (in ihrer trotzigen Unsachlichkeit kaum ganz ernst gemeinte) Entgegnung des Kleitomachos auf das Apraxia-Argument der Dogmatiker (siehe oben S. 807. 859f.) stammen: 'Das entschiedenste Handeln bestehe doch gerade darin, dass man seine Zustimmung zu den Vorstellungen konsequent und tapfer zurückhalte; Karneades' Argumentation stehe den Taten des Herakles gleich'. Ob auch an anderen Stellen des Lucullus aus dieser Schrift zitiert wird, lässt sich nicht entscheiden.

2. Eine Schrift ‹Über Philosophenschulen› (Περὶ αἱρέσεων) in mindestens zwei Büchern. – Nach DIOGENES LAERT. II 92 (= KLEITOMACHOS F 10 METTE) teilte Kleitomachos im ersten Buch mit, dass die Kyrenaiker Physik und Dialektik für überflüssig hielten. Mit diesem doxographischen Werk steht Kleitomachos in gut akademischer Tradition: vgl. S. 837f. über Damon und Aristipp aus Kyrene und S. 878-881 über die 'Divisio Carneadea'.

3. Trostschrift an die (ehemaligen) Mitbürger von Karthago nach der Eroberung und Zerstörung der Stadt 146 v. Chr., bezeugt bei CICERO Tusc. III 54 = K. d. Ä. F 7a, 2-6 (ausführliche Besprechung in IOPPOLO 1980 [*15]). – Sie enthielt u.a. die Kurzfassung eines Vortrags, in dem Karneades die These widerlegt hatte, «der Weise werde nach dem Verlust seiner Heimat von Kummer befallen» (S. 849. 881). Diese Schrift könnte (auch?) in punischer Sprache abgefasst gewesen sein (METTE (Hg.) 1985 [§ 46 *43: 145], FERRARY 1988 [§ 1 *427: 425-428]). Ob die bei STOBAIOS IV 34, 67 (S. 845, 9-11 HENSE) und IV 41, 29 (S. 936, 18 bis 937, 4) = KLEITOMACHOS T 1 d^2 und 1 d^3 erhaltenen Gemeinplätze über die Wechselfälle des Schicksals (darunter 2 Trimeter, vermutlich Zitat eines älteren Autors) dieser Schrift zuzuordnen sind, muss offenbleiben (Zweifel bei FERRARY 1988 [§ 1 *427: 426 Anm. 9]).

4. Eine erkenntnistheoretische Schrift, die dem römischen Satirendichter C. Lucilius gewidmet war: CICERO Luc. 102 = K. d. Ä. F 5, 114-119 = 69 I Vorspann LS. Cicero lobt die Schrift als vorzügliche Einführung in die Probleme der Erkenntniskritik; man darf vermuten, dass sie ihm diesen Dienst geleistet hat. Ein ausführliches, auch nach hinten klar abgegrenztes Zitat (Luc. 103-104 = K. d. Ä. F 5, 120-137 = 69 I 1-3 LS) gibt den Kern von Karneades' Wahrscheinlichkeitslehre in der Version des Kleitomachos wieder (S. 870. 903f.): Nichts ist 'erfassbar'; daher darf man in diesem Sinne niemals 'zustimmen', dem 'Wahrscheinlichen' dagegen darf man 'folgen'.

5. Zuvor hatte Kleitomachos dem hochstehenden Römer L. Marcius Censorinus, cos. 149 (RE Marcius Nr. 46), eine Schrift «über den gleichen Gegenstand» gewidmet (CICERO Luc. 102 = K. d. Ä. F 5, 116f. = 69 I Vorspann LS). Als terminus ante quem erschliesst CICHORIUS (1908 [*13: 41f.]) das Konsulatsjahr des Censorinus: 'Beim Versuch, Karthago von See her einzunehmen, hatte sich Censorinus einer niederträchtigen List bedient; der Karthager Kleitomachos hätte gerade ihm keine Schrift mehr gewidmet.' FERRARY (1988 [§ 1 *427: 431f.]) hält es für unwahrscheinlich, dass Kleitomachos, während er noch 'Schüler' von Karneades war, sich schriftlich zu epistemologischen Fragen geäussert hat, und schlägt als Abfassungszeit 'kurz nach 140' vor, also nach Gründung der eigenen Schule im Palladion. H. G. GUNDEL (Art. 'Marcius 13', in: KP 3 (1975) 999) vermutet, dass es sich bei der Censorinus gewidmeten Schrift um eine 'Erstausgabe' handelt, deren 'zweite Auflage' dann Lucilius gewidmet wurde.

Bei der enormen Produktivität von Kleitomachos wird man jedoch eher an zwei verschiedene Schriften denken, zumal auch die oben an erster Stelle genannte Schrift dem gleichen Thema galt. Dass sich Kleitomachos zur Frage der 'Zustimmung' mehrfach äusserte, ist zweifellos auch durch die innerakademische Diskussion (S. 870-873 und unten) bedingt.

Neben den genannten Zitaten finden sich bei Cicero, Sextus Empiricus, Plutarch und anderswo zweifellos grössere Auszüge aus dem umfangreichen Werk des Kleitomachos (Liste der in Frage kommenden Bücher und Buchteile bei VON ARNIM 1921 [*12: 659]). Eine Ausgrenzung im einzelnen ist jedoch nicht möglich.

c) Lehre

Von einer eigenen Lehre des Kleitomachos kann nur mit Einschränkungen gesprochen werden. Er sah sich selbst und galt den Zeitgenossen vor allem als treuer Schüler des Karneades, der die Lehre seines Meisters notierte, in vielfältiger Form schriftlich verbreitete und so der Nachwelt erhielt (CICERO Luc. 98 = K. d. Ä. F 5, 95-97; CICERO Orator 51 = K. d. Ä. F 4b; DIOGENES LAERT. IV 67 = K. d. Ä. T 1, 66f.). Aber schon zu Karneades' Lebzeiten und mehr noch nach seinem Tode bestand unter seinen Schülern vielfach Uneinigkeit darüber, was dieser wirklich gelehrt und gemeint hatte; bezeichnend dafür ist Kleitomachos' Klage (CICERO Luc. 139 = K. d. Ä. F 5, 183-185 = 69 L LS), «er habe nie herausfinden können, was Karneades für richtig gehalten habe» («numquam se intellegere potuisse, quid Carneadi probaretur»).

Zu beträchtlichen Divergenzen kam es über einige Kernsätze der Erkenntnistheorie; hier lässt sich die persönliche Stellungnahme des Kleitomachos zuverlässig rekonstruieren (S. 870-873; vgl. auch S. 849 über die schon seit längerem bestehenden Kontroversen). Mit Nachdruck trat Kleitomachos der Auffassung entgegen, man dürfe 'Wahrscheinlichem' 'zustimmen', auch 'der Weise hege daher Meinungen'. Da offenbar Karneades selbst diese und ähnliche Formulierungen gelegentlich gebraucht hat (S. 870-873), kann es über diese Frage zu einer Entzweiung mit dem Lehrer gekommen sein (vgl. S. 900). Hinter der Formulierung (CICERO Luc. 103 = K. d. Ä. F 5, 120 = 69 I 1 LS, wörtliches Zitat aus Kleitomachos) «Academicis placere», «die Akademiker lehrten» (also nicht: Karneades) könnte der Versuch stehen, Karneades von einem Irrweg zurückzurufen. Später bestritt Kleitomachos entschieden, dass Karneades je eine derartige Konzession gemacht habe: er habe (Luc. 78 = K. d. Ä. F 5, 60 = 69 H LS) die These «nihil percipere et tamen opinari sapientem» nur (im Rahmen einer Disputation) 'vertreten', jedoch nicht 'gebilligt' (vgl. S. 870). Mit diesem Argument dürfte Kleitomachos seine Gegner, Metrodor aus Stratonikeia (S. 905f.) und seinen Schüler und späteren Nachfolger Philon aus Larisa kaum überzeugt haben. Auch der hochpathetische Vergleich seines Lehrers mit Herakles (Luc. 108 = K. d. Ä. F 5, 141-143 = 69 J LS) scheint zu beweisen, dass sich der Streit in der Schülergeneration auf die Frage der 'Zustimmung' zugespitzt hatte: «Karneades hat eine Leistung vollbracht, die eines Herakles würdig wäre, indem er aus unserem Inneren jenes gefährliche Raubtier, die Zustimmung, und damit unbegründete Meinung und Leichtfertigkeit herausgerissen hat.» Wie oben (S. 871-873) gezeigt, hatte sich Karneades in bezug auf 'Zustimmung' und 'Meinung' des Weisen vermutlich nicht festgelegt, so dass sich beide Seiten mit einigem Recht auf ihn berufen konnten. Es ist offenkundig, dass Kleitomachos' Auffassung (keine 'Zustimmung' zu nur Wahrscheinlichem, darum auch keine 'Meinung') in sich konsequenter und in diesem Sinne orthodox ist. Er vertrat die Sache der reinen Lehre gegen eine sich bereits abzeichnende Annäherung an den Dogmatismus. Deshalb ist es nicht abwegig, dass er gelegentlich zusammen mit Karneades als Begründer der 'dritten Akademie' bezeichnet wird, während sein Altersgenosse Charmadas (S. 906-908), der auf der Gegenseite stand, mit Philon zur 'vierten Akademie' gezählt wird (SEXTUS EMP. PH I 220 = K. d. Ä. F 1, 11-13; EUSEBIUS PE XIV 4, 16 = K. d. Ä. T 5); dazu ausführlicher oben S. 780f.

Im übrigen lassen sich kaum eigene Lehrinhalte des Kleitomachos erkennen. Crassus berichtet in CICEROS De oratore I 46 (nicht bei METTE), Kleitomachos habe neben vielen anderen Philosophen zu denen gehört, die die Rhetorik scharf angriffen (vgl. auch SEXTUS EMP. math. II 20 = KLEITOMACHOS F 8 METTE). Damit folgte Kleitomachos jedoch einer allgemeinen Tendenz seiner Schule (siehe S. 908). – Auch die von SEXTUS EMP. math. IX 1 (KLEITOMACHOS F 2) skizzierte Methode 'der Leute um Kleitomachos und der übrigen akademischen Schar', sich fremder Positionen zu bedienen und fremde Ansichten wortreich zu widerlegen, charakterisiert die ganze Schule des Karneades.

DIOGENES LAERTIOS (I 19) bezeichnet «Kleitomachos aus Karthago» als Gründer «der dialektischen Schule». Diese isolierte Nachricht ist mit den starken Vorbehalten der akademischen Skeptiker gegen die Dialektik unvereinbar. Es dürfte eine Verwechslung mit Kleinomachos aus Thurioi vorliegen (erwähnt bei DIOGENES LAERT. II 112, SUDA s.v. Σωκράτης; über ihn als Schulgründer DÖRING 1989 [*23: 301-304]).

d) Schüler

Nur zwei Schüler des Kleitomachos sind namentlich bekannt: Herakleitos aus Tyros, «... qui et Clitomachum multos annos et Philonem audierat, homo sane in ista philosophia, quae nunc prope dimissa revocatur (d.i. in der skeptischen Akademie, die damals von Cicero 'erneuert' wurde) probatus et nobilis» (CICERO Luc. 11, siehe auch unten S. 917. 943. 985), und Philon aus Larisa.

Im Jahre 110 (?) v. Chr. waren unter den Hörern des Kleitomachos die Römer L. Licinius Crassus (CICERO de or. I 45; II 365) und M. Claudius Marcellus (de or. I 57), freilich nur für kurze Zeit (de or. III 75; dazu unten und MEYER 1970 [§ 56 *185: 44-47]).

C. ANDERE SCHÜLER DES KARNEADES

1. Metrodoros aus Stratonikeia

Die Lebensdaten sind nicht bekannt (siehe jedoch unten), auch nicht, aus welcher der gleichnamigen Städte er stammte. Bevor Metrodoros zur Akademie stiess, war er Anhänger Epikurs (nach DIOGENES LAERT. X 9 der einzige Epikureer, der seiner Schule je untreu geworden ist). Im ACAD. IND. XXIV 9-16 (sehr unsichere Lesung) werden als seine Lehrer genannt Apollodor, vermutlich der 'Gartentyrann', vielleicht auch Diogenes aus Tarsos (Ergänzung von Gomperz) oder Basilides (Ergänzung von Crönert; zu den Genannten ERLER oben § 22, S. 280f.). Er behauptete später, Karneades besser verstanden zu haben als andere. Das setzt eine nicht ganz kurze Zugehörigkeit zur Akademie unter Karneades (Scholarch bis 137/136 v.Chr.) voraus, so dass sich ein Geburtsdatum zwischen 170 und 165 v.Chr. ergibt. Für etwa 110 v.Chr. wird seine Lehrtätigkeit erwähnt, aber vermutlich nicht innerhalb der Akademie: CICERO de oratore I 45, nach der Nennung der Akademiker: «erat etiam Metrodorus ...», in ähnlicher Weise abgesetzt CICERO Lucullus 16; so gut wie sicher ist seine Identifizierung mit einem nicht näher bezeichneten Metrodoros bei APOLLODOR (v. 131f. DORANDI (Hg.) [§ 1 *223: 35] = FGrH 244 F 60 = ACAD. IND. XXXII 13-16) innerhalb einer Aufzählung von Akademikern, «die nicht in der Stadt lehrten» (vgl. GLUCKER 1978 [§ 1 *398: 75. 103. 107]). Im ACADEMICORUM INDEX sind zwei seiner Schüler erwähnt: Metrodor aus Pitane (XXXV 33-36) und Metrodor aus Kyzikos (XXXVI 8-13).

Ein Todesdatum lässt sich nicht erschliessen.

Über Metrodors Charakter und über seine Lehre berichtet der AKADEMIKER-INDEX (XXVI 4-11), er sei «bedeutend» gewesen «durch seinen Lebensweg und durch sein Wort» (μέγας καὶ βίῳ καὶ λόγῳ), aber «nicht in gleichem Masse liebenswert» (οὐκ ἀναλογούσας ἐδ[όκ]ει χάριτας ἔχειν): habe er doch behauptet, «alle anderen hätten Karneades missverstanden; denn nicht für unerfassbar (ἀκα[τάλη]πτα) habe jener alles gehalten ...» (Rest unlesbar). Dieses Zeugnis wird bestätigt durch CICERO Luc. 16 ('Metrodor stand im Rufe, Karneades besonders gut gekannt zu haben') und durch AUGUSTIN Acad. III 41: Noch vor Philon aus Larisa, der die Akademie zu Platon und zum Dogmatismus zurückgeführt habe, habe Metrodor «als erster zugegeben, dass die Akademiker keineswegs wirklich der Ansicht waren, nichts sei erfassbar; nur als eine Waffe gegen die Stoiker hätten sie diese These vertreten», «Metrodorus .. primus dicitur esse confessus non directo (Konjektur von KNÖLL; Handschriften: derecto; andere Herausgeber: decreto) placuisse Academicis nihil posse comprehendi, sed necessario contra Stoicos huius modi eos arma sumpsisse» (zur Glaubwürdigkeit des Motivs siehe S. 804. 925f.).

Metrodor hatte demnach den akademischen Kernsatz, alles sei 'unerfassbar', aufgegeben und lehrte, 'einiges sei erfassbar'; auch Karneades, behauptete er (vermutlich zu Unrecht), sei dieser Ansicht gewesen. Das ist ein deutlicher Schritt in Richtung auf den Dogmatismus. Es ist darum nicht überraschend, dass Metrodor – im Gegensatz zum streng konservativen Kleitomachos – gern daran erinnerte, dass

Karneades gelegentlich die 'Zustimmung' zum nur Wahrscheinlichen und damit 'Meinungen' gelten liess (S. 870-873). GLUCKER (1978 [§ 1 *398: 76 Anm. 218. 396]) unterscheidet die metrodorische Karneades-Interpretation («Karneades liess *stets* diese Art von Zustimmung und Meinungen zu», Luc. 78, AUGUSTIN Acad. III 41) von einer 'authentischeren' Interpretation (Notizen des älteren Catulus), nach der Karneades nur *gelegentlich* von Zustimmung sprach (Luc. 59. 67. 112). Bei der Kärglichkeit unserer Zeugnisse kann das nicht mehr als eine Vermutung sein. Wohl zu Unrecht sieht GLUCKER (1978 [§ 1 *398: 77f.]) hinter der Luc. 32 und 34 erwähnten Unterscheidung von 'Evidentem' (perspicua, griechisch vermutlich ἐναργῆ) und 'Erfasstem/Erfassbarem' (percepta, καταληπτά) eine häretische Splittergruppe um Metrodoros; diese Lehre ist mit Karneades' Probabilitätsstufen vereinbar: siehe S. 865f.

Wahrscheinlich wegen dieser unorthodoxen Ansichten durfte Metrodor unter dem Scholarchat des konservativen Kleitomachos nicht in der Akademie selbst lehren (siehe oben). Es ist bezeichnend für die sich auf breiter Front anbahnende Rückwendung der Akademie zum Dogmatismus, dass er sich trotzdem als Akademiker fühlen konnte und jedenfalls später auch als Akademiker galt. Er glaubte offenbar, mit der Preisgabe skeptischer Grundsätze lediglich eine Linie fortzusetzen, deren Anfang er bei Karneades sah.

2. Charmadas

Die Herkunft von Charmadas (im ACAD. IND. Χαρμάδας, bei SEXTUS EMP. und EUSEBIUS Χαρμίδας, SUDA s.v. Πλάτων 1 Ἁρμάδας) ist unbekannt. Mit grosser Wahrscheinlichkeit gelten ihm die biographischen Angaben bei APOLLODOR (v. 119-130 DORANDI (Hg.) 1982 [§ 1 *223: 35] = FGrH 244 F 59 = ACAD. IND. XXXI 35 bis XXXII 10), denn der dort Behandelte wird v. 126f. als φύσει μνήμων («von der Natur mit starkem Gedächtnis begabt») bezeichnet, und eben dafür war Charmadas berühmt (CICERO de or. II 360; Tusc. I 59; QUINTILIAN inst. or. XI 2, 26; PLINIUS nat. hist. VII 89); für Zuordnung BÜCHELER (Hg.) 1869 [§ 46 *20: 19], BLUM 1969 [*34: 120], DORANDI (Hg.) 1982 [§ 1 *223: 30], 1991 [§ 46 *26: 75 mit Anm. 273]; zurückhaltender HABICHT 1988 [§ 1 *444: 244 Anm. 44], 1988 [§ 1 *433: 14 mit Anm. 61]; andere Identifizierungsvorschläge (Metrodoros aus Skepsis? siehe unten S. 911) bei FERRARY 1988 [§ 1 *427: 447f.]. Nach Apollodor kam Charmadas (?) unter dem Archontat des Aristophantos (Datierung unsicher; HABICHT 1988 [§ 1 *444: 244]: «best possibilities 146/145 or 142/141») im Alter von 22 Jahren «zum ersten Mal» nach Athen; Geburtsjahr also 168/167(?) oder 164/163(?) v. Chr. Darauf hörte er «sieben Jahre lang Karneades, dann brach er nach Asien auf, wo es ihm gut ging und wo er sich als Redner vor den Leuten seiner Umgebung auszeichnete». Trotzdem kehrte er nach Athen zurück. «Wegen seiner Welterfahrung, seines guten Gedächtnisses und seiner Belesenheit erlangte er dort mit Leichtigkeit das Bürgerrecht und eröffnete eine Schule im Ptolemaion ...».

In den Prosateilen des ACADEMICORUM INDEX begegnet mehrfach Charmadas' Name, jedoch meist ohne erkennbaren Zusammenhang: XXIII 8 (Schülerliste des

Karneades) «Agathokles aus Tyros, den Charmadas in vielem nachahmte ...»; XXIII 24 und XXV 21: Namensfragmente; XXXV 35-38: Charmadas und viele «wandernde» (πλανώμενοι) Schüler (?) (zur Deutung GLUCKER 1978 [§ 1 *398: 114], DORANDI (Hg.) 1986 [§ 46 *23: 117 mit Anm. 34], GAISER (Hg.) 1988 [§ 46 *25: 381], DORANDI (Hg.) 1991 [§ 46 *26: 252]).

Aus der eigenen Schule muss Charmadas in die Akademie zurückgekehrt sein, denn dort hörten ihn die Römer Crassus (um 110 v. Chr., CICERO de or. I 45) und Antonius (um 102 v. Chr., de or. I 82 und 84, vgl. II 3). – Zum Todesdatum siehe unten.

Über Charmadas' Stellung innerhalb der Akademie gibt es keine zuverlässigen Berichte. In ‹De oratore› I 45 und im ‹Lucullus› 16 wird er jeweils neben anderen (Kleitomachos, Aischines aus Neapolis, Hagnon aus Tarsos, Melanthios aus Rhodos) genannt. Es fällt jedoch auf, dass SEXTUS EMP. (PH I 220) und EUSEBIUS (PE XIV 4, 16) ihn mit Philon aus Larisa als Begründer einer 'vierten Akademie' bezeichnen. GLUCKER (1978 [§ 1 *398: 110f.]) und TARRANT (1985 [*33: 34f.]) schliessen daraus und aus der vermeintlich herausgehobenen Funktion des Charmadas im Umgang mit den Römern Crassus und Antonius, dass Charmadas bei der dogmatischen Wende eine entscheidende Rolle gespielt hat. Glucker hält es für möglich, dass Charmadas während der Abwesenheit Philons in Rom als Amtsverweser («caretaker successor») oder schon vorher als Mit-Scholarch fungierte. Eine Stütze erhält diese These, wenn man in CICERO fin. V 4 (fiktive Gesprächszeit 79 v. Chr., über einen verwaisten Vorlesungsraum («exhedra») im Gelände der Akademie) das sinnlose 'modo enim fuit Carneades' nicht mit Madvig in 'Carneadis' emendiert, sondern mit Valesius und Glucker in 'Charmadae': 'vor kurzem noch gehörte er dem Charmadas'. Karneades' Tod lag 50 Jahre zurück; Charmadas war in jedem Falle viel später gestorben. Die Erwähnung seiner Lehrkanzel würde in der Tat eine herausgehobene Stellung in der Akademie nahelegen. Aber gegen diese Annahme erheben sich schwere Bedenken. Selbst wenn das spätere der oben vorgeschlagenen Geburtsdaten richtig ist, wäre Charmadas bei Philons Flucht bereits 76 Jahre alt gewesen. Crassus' Formulierung in de or. I 45 «(Academiam) Charmadas et Clitomachus et Aeschines obtinebant» beweist nicht viel, wenn man nicht auch in Aischines (siehe unten S. 910) einen Mit-Scholarchen sehen will; ebensowenig, dass Crassus (de or. I 47) 'sich Charmadas und nicht den Schulleiter Kleitomachos als Lehrer wählte' (gegen GLUCKER 1978 [§ 1 *398: 103 Anm. 19]): Wir wissen nicht, ob Crassus überhaupt eine Wahl hatte, und Charmadas mag an rhetorischen Fragen besonders interessiert gewesen sein (siehe auch unten zum Quellenwert dieser Stelle). Hinzu kommt, dass die Formulierung bei CICERO de or. II 360 kaum einen Zweifel daran lässt, dass Charmadas im Jahre 91 v. Chr. (im Gegensatz zu Metrodoros aus Skepsis) bereits nicht mehr am Leben war (FERRARY 1988 [§ 1 *427: 472 Anm. 122]).

Eine eigene Lehre des Charmadas ist unwahrscheinlich: Karneades lobte ihn, «er sage dasselbe wie er, und zwar (darin Kleitomachos übertreffend) auch auf die gleiche Art» (CICERO Orator 51). Dass er rhetorisch begabter als Kleitomachos war, wird bestätigt durch ein Lucullus in den Mund gelegtes Urteil: «industriae plurimum in Clitomacho fuit ... in Charmada eloquentiae» (CICERO Luc. 16).

In CICEROS Dialog ‹De oratore› erscheint Charmadas zweimal als Gesprächspartner vornehmer Römer: Crassus erzählt, er habe mit ihm Platons Gorgias gelesen (de or. I 47 «cum Charmada diligentius legi Gorgian»), Antonius referiert einen längeren Disput (angeblich 102 v. Chr.) zwischen Charmadas und athenischen Rednern über Wert und Rang der Rhetorik (de or. I 82-92). Der Quellenwert dieser Berichte ist sehr zweifelhaft. Cicero ist bemüht, seine Gesprächsfiguren als möglichst gebildet erscheinen zu lassen, und Platons Gorgias bot sich als immerhin denkbarer Berührungspunkt zwischen dem philosophisch wenig interessierten Redner Crassus und der Schule Platons geradezu an (falls die Lesung wirklich stattgefunden hat, dürften bei der Auswahl eines geeigneten Lesestoffes Charmadas die gleichen Überlegungen geleitet haben). Es ist abwegig, aus dem angeblichen Lektürestoff («non-aporetic dialogue») eine erkenntnistheoretische Position des Charmadas zu erschliessen (so TARRANT 1985 [*33: 34]: «no great devotion to the doctrine of 'non-apprehensibility'»).

Die von Antonius referierte Polemik des Charmadas kommt über Gemeinplätze nicht hinaus. Drei verschiedene Argumentationsgruppen lassen sich unterscheiden: a) De or. I 85-87 und 89: 'Philosophie ist für den Redner unentbehrlich; sie ist die Grundlage seiner Kunst'; b) 90-91: 'Rhetorik ist überhaupt keine Kunst; alle für die Rede notwendigen Fähigkeiten sind dem Menschen angeboren'; c) 92: 'Rhetorik ist keine Kunst, da Kunst Wissen voraussetzt, der Redner aber kann nur Meinungen vermitteln'. Zwischen a) und b) besteht offenkundig ein Widerspruch (PRÜMM 1927 [*42: 57f.], LEEMAN/PINKSTER 1981 [§ 54 *147: 1, 171]); falls diese Gedanken wirklich von Charmadas stammen, kann man darin ein Beispiel für These und Gegenthese nach Art des Karneades sehen (Leeman/Pinkster). Auch die Unterscheidung von 'Wissen' (cognita penitusque perspecta) und 'Meinung' (opinio) ist gut skeptisch-akademisch (CICERO Luc. 22. 107); es ist überflüssig, mit TARRANT (1985 [*33: 34]) einen Rückgriff auf Platon (Gorgias, Phaidros) anzunehmen. Cicero sind alle in der Fiktion von Charmadas geäusserten Argumente geläufig; der Verdacht drängt sich auf, dass er sie deshalb den Charmadas äussern lässt, weil er wusste, dass dieser als der beste Redner in der Schule des Kleitomachos galt.

Zuverlässiger ist die Mitteilung bei SEXTUS EMP. math. II 20, dass «der Kreis um Kritolaos (dazu WEHRLI in UEBERWEG Antike 3 (1983) 589) und die Leute von der Akademie, darunter Kleitomachos und Charmadas», sich gegen die Ansprüche der Rhetoriklehrer wandten, indem sie darauf hinwiesen, dass «die Staaten kein anderes Handwerk verbannen, wohl aber die Rhetorik oft als schädlich verfolgen». Diese Aussage zeigt, dass die von Cicero dem Charmadas beigelegte Grundtendenz richtig ist: auch Charmadas hat in die Diskussion zwischen Rhetorik und Philosophie eingegriffen und den Vorrang der Philosophie betont (vgl. S. 904 über Kleitomachos und unten über Hagnon; zu dieser Diskussion ausführlich VON ARNIM 1898 [*41: Kap. 1], KROLL 1940 [*43: 1083-1090], MARROU 1948 [*44: 288-291], BARWICK 1953 [*45: 25], BONNER 1977 [*46: 76-89]).

3. Hagnon aus Tarsos

Im AKADEMIKER-INDEX (XXIII 4-6) ist unter den Schülern des Karneades genannt «Hagnon (Ἅγνων, Hagno) aus Tarsos, der von den Vorlesungen das meiste wohlwollend niedergeschrieben und dafür Lob gefunden hat». Er gehört demnach zu den älteren Schülern des Karneades; die Lebensdaten sind unbekannt. In CICERO Luc. 16 wird er Kleitomachos intellektuell gleichgestellt (Textüberlieferung unsicher). QUINTILIAN inst. II 17, 15 bezeugt eine ‹Anklageschrift gegen die Rhetorik› (zum Thema siehe oben bei Charmadas). Mit grosser Wahrscheinlichkeit wird ihm eine Erzählung über die Klugheit von Elefanten zugewiesen (PLUTARCH De sollertia animalium 12, 968 D); das fügt sich zu Karneades' Argumentation für die Vernunftbegabtheit der Tiere (S. 882 und MÜLLER 1975 [*51: 310]). Unsicher bleibt die Zuweisung einer Aussage über sexuelle Gewohnheiten der Spartaner (ATHENAIOS XIII 602 D-E) und einer etymologischen Erklärung (SCHOL. HOMER Ilias IV 101).

4. Melanthios aus Rhodos

Vor seiner Hinwendung zur Philosophie war Melanthios aus Rhodos tragischer Dichter. Das wichtigste Zeugnis ist APOLLODOR (v. 101-106 DORANDI (Hg.) [§ 1 *223: 34] = FGrH 244 F 58 = ACAD. IND. XXXI 3-12): «Und du weisst, dass Melanthios einmal als tragischer Dichter einen Siegeskranz errungen und danach lange genug bei Aristarch (dem alexandrinischen Grammatiker?) studiert hat, viel länger noch in Athen ...». Dann ist im stark zerstörten Text eine «grosse Schwierigkeit» erwähnt, danach der Name Karneades. Im Prosateil des ACADEMICORUM INDEX (XXIII 14) erscheint Melanthios in einer Schülerliste des Karneades. Er muss zu den älteren Schülern gehört haben, da er bei DIOGENES LAERT. II 64 als Lehrer und Liebhaber des Aischines aus Neapolis (siehe unten) genannt wird, der seinerseits noch Schüler von Karneades war. Einen bei PLUTARCH de cohibenda ira 2, 453 E und de sera numinis vindicta 5, 551 A unter dem Namen eines Melanthios zitierten Trimeter hat WILAMOWITZ (1894 [*52]) dem rhodischen Philosophen zugewiesen; ihm folgt SNELL (Hg.) (1971, Tragicorum Graecorum Fragmenta, Bd. 1, 303f., 131 F 1); über den Zorn (θυμός)

τὰ δεινὰ πράσσει τὰς φρένας μετοικίσας,

«das Schlimme tut er, nachdem er den Verstand vertrieben hat».

WILAMOWITZ (a.a.O. 153/93) sieht darin einen «Nachhall der Polemik zwischen Akademie und Stoa» über die Psychologie der Affekte. – CICERO Luc. 16 (aus zweiter Hand, vgl. die strukturell gleiche Liste in de or. I 45) preist an Melanthios den «angenehmen Stil» (suavitas). Nach PSEUDO-PLUTARCH Vitae X oratorum 842 E befand sich «im Garten des Philosophen Melanthios» das Grab des Lykurgos. Weitere Einzelheiten bei DORANDI (Hg.) (1992 [§ 46 *26: 74f.]).

5. Aischines aus Neapolis

In einer Homonymenliste nennt DIOGENES LAERT. II 64 als sechsten Namensträger «Aischines aus Neapolis, den akademischen Philosophen, Schüler und Liebling des Melanthios aus Rhodos». Aus welcher der gleichnamigen Städte Aischines stammt, ist nicht zu ermitteln. Er gehörte zu den jüngsten Schülern des Karneades. Das zeigt nicht nur sein Verhältnis zu Melanthios, der selbst bereits Karneades-Schüler war, sondern auch eine von PLUTARCH überlieferte Anekdote (An seni gerenda res publica 13, 791 A-B = KARNEADES d. Ä. T 1b² METTE): Man hatte Aischines vorgeworfen, er könne Karneades wegen des grossen Altersunterschieds gar nicht gehört haben; darauf sagte er: «Doch, ich habe ihn gehört, als die Brandung und das Getöse seiner Redeweise sich durch das Alter schon gelegt hatten». Es fällt auf, dass CICERO (de or. I 45) ihn neben Kleitomachos und Charmadas zu den Akademikern rechnet, unter denen die Akademie (um 110 v. Chr.) «in Blüte stand». Vielleicht ist er auch in Lucullus 16 erwähnt: «ingeni non minus in Aeschine (fuit quam in Clitomacho)»; doch ist dort vermutlich 'in Hagnone' zu lesen (S. 909).

6. Boethos aus Marathon

Nur aus APOLLODOR (v. 45-57 DORANDI (Hg.) [§ 1 *223: 34] = FGrH 244 F 53 = ACAD. IND. XXVIII 38 bis XXIX 17, teilweise auch XXVI 32-44) ist Boethos aus Marathon bekannt. Über diesen vermutlich unbedeutenden Philosophen gibt der Chronograph fast befremdlich viele biographische Details: Sohn eines Hermagoras, Altersgenosse des Karneades, reich begabt, aber nicht sonderlich ausdrucksfähig, Schüler der Ephesier Ariston und Eubulos (Schüler des Lakydes: APOLLODOR v. 25-27 DORANDI = ACAD. IND. XXVIII 2-4 = FGrH 244 F 47, gestorben 174/173 v. Chr.: Archontat des Alexandros), überflügelte die Anhänger des Autolykos (des Mathematikers aus Pitane?) und den Amyntas, dann Leiter einer Schule ..., gestorben 10 Jahre nach Karneades, im Monat Thargelion, unter dem Archontat des Eumachos (120/119 v. Chr.). «Die Namen zeigen nur, wie wenig wir wissen» (JACOBY FGrH zu F 53). Da Boethos einen seiner philosophischen Lehrer um mehr als 50 Jahre überlebte, muss er sehr alt geworden sein. Weitere Einzelheiten bei DORANDI (Hg.) (1982 [§ 1 *223: 24. 42], 1991 [§ 46 *26: 71f.]).

7. Zenodoros aus Tyros

Nur aus ACAD. IND. XXIII 2-3 bekannt: Ζηνόδωρος Τύριος κατ' Ἀλεξάνδρειαν ἡγησά[μενος], «der in Alexandria an der Spitze stand». Aus dieser Formulierung schloss man früher (u.a. CRÖNERT 1906 [§ 48 *11: 76 Anm. 364]) auf eine Tochterschule der Akademie in Alexandria. Diese Annahme haben FRASER (1972 [§ 46 *75: 2, 703 Anm. 67; 707 Anm. 92]) und GLUCKER (1978 [§ 1 *398: 90-97]) endgültig widerlegt. In welchem Sinne Zenodoros in Alexandria 'führte', muss offenbleiben.

8. *Metrodoros aus Skepsis*

Erwähnt sei schliesslich der vor allem aus STRABON XIII 609f. bekannte Metrodor(os) aus Skepsis. Er war zuerst Philosoph und Mitglied der Akademie (STRABON; CICERO de or. III 75). Später wurde er Redelehrer, verliess Athen und erwarb sich in Asien grossen Ruhm (CICERO de or. II 360. 365). Ausführlicher GÄRTNER: Art. 'Metrodoros 9', in: KP 3 (1975) 1282 (wo der Beleg CICERO de or. I 45 zu streichen ist), BLUM (1969 [*34: 121f.]). Ob der Karneades-Schüler mit dem Vertrauten von Mithridates VI., der den Beinamen 'Römerhasser' erhielt, zu identifizieren ist, lässt sich nicht entscheiden (Vater und Sohn?); für Gleichsetzung FERRARY (1988 [§ 1 *427: 228f. mit Anm. 18]).

Über andere (meist nur mit Namen und Herkunftsort bekannte) Schüler des Karneades vgl. S. 854.

D. DIE AKADEMIE NACH KARNEADES: THEMEN UND TENDENZEN

Nach dem Rücktritt des Karneades bietet seine Schule ein uneinheitliches Bild. Die Akademie stand nach aussen hin in höchstem Ansehen; aus allen Teilen der griechischen Welt strömten ihr Schüler zu, wie die langen (sonst unergiebigen) Listen des ‹Academicorum Index› beweisen. Die überragende Persönlichkeit des Kyrenaiers behielt ihre Ausstrahlungskraft noch über den Tod hinaus. Aber Karneades hatte die Akademie nicht nur auf eine seit Platon nicht mehr erreichte Höhe, sondern auch an eine Grenze geführt. Er war den von Arkesilaos gewiesenen Weg bis ans Ende gegangen, hatte die 'skeptische' Grundposition in allen Konsequenzen durchdacht und den Gegnern die Konzessionen gemacht, die er machen durfte, ohne die Grundlagen seines Denkens zu verraten. Die Diskussion über die Möglichkeit gesicherter Erkenntnis war an ihr Ende geraten. Gewiss, das Gespräch ging weiter: wie CICERO glaubwürdig versichert, bis in seine Zeit (Lucullus 78 contentio quae *adhuc* permanserit, 83 pugna ... *est*). Aber Skeptiker wie Dogmatiker begannen, sich in Wiederholungen zu erschöpfen. Ein anschauliches Bild der steril gewordenen Debatten gibt POLYBIOS (XII 26c, 2, verfasst um 140 v. Chr.). Er spricht von der Freude am schockierenden Paradox: mit unsinnigen Spitzfindigkeiten vergeudeten die Akademiker die eigene Zeit und die ihrer Hörer. Als Beispiele nennt er die Probleme: 'Kann man es in Athen riechen, wenn in Ephesos Eier gekocht werden?' und 'Kann man sicher sein, nicht zu träumen, während man in der Akademie sitzt und diskutiert?' Die Positionen waren erstarrt, die Zeit reif für einen Wandel. Es ist bezeichnend für die Akademie, dass sie ihren Wandel, die allmähliche Wiederannäherung an den Dogmatismus, von innen heraus genommen hat.

Man wollte keinen Bruch mit der Tradition, sondern das Neue aus der Tradition heraus erklären. Auch der Wandel von Platon zur aporetischen 'Skepsis' hatte sich auf diese Weise vollzogen: Die erkenntniskritischen Züge bei Platon waren herausgestellt, der aporetische Charakter einiger Dialoge war betont worden – bis Platon selbst zeitweilig in den Hintergrund getreten war. Jetzt war es Karneades, der neu interpretiert wurde. Seine Autorität lag drückend über der Schule; es war undenkbar, seine Lehre direkt zu kritisieren oder gar zu verändern. Aber da er wie Sokrates keine Schriften hinterlassen hatte, waren manche Teile der Lehre für verschiedene Deutungen offen (HIRZEL 1877-1883 [§ 1 *331: 3, 171f.], LONG/SEDLEY (Hg.) 1987 [§ 1 *295: 1, 448]), um so mehr als er selbst sich in wichtigen Fragen entweder nicht festgelegt oder eine innere Wandlung durchlaufen hatte. Die starrkonservative, ja rückwärtsgewandte Karneades-Deutung eines Kleitomachos hatte keine Aussicht, sich durchzusetzen. Der Wind wehte ihr ins Gesicht. Die Mehrheit der Schüler hielt sich an die offeneren und weicheren, dem eigenen Denken und den eigenen Bedürfnissen entgegenkommenden Züge der karneadeischen Hinterlassenschaft; sie glaubten Metrodor – und später Philon –, dass der Meister das 'Wahrscheinliche' für so wohlbegründet gehalten habe, dass man ihm 'zustimmen' könne und sich nicht allzusehr vor blosser 'Meinung' zu fürchten habe. Freilich vollzog sich der Übergang nicht ohne Reibungen. Es kann kein Zufall sein, dass selbst die uns noch vorliegenden ganz lückenhaften Nachrichten immer wieder Absonderungen von Schulmitgliedern erkennen lassen; für Kleitomachos, Charmadas und Boethos aus Marathon ist sogar die Gründung eigener, also doch wohl: konkurrierender Schulen bezeugt, für Metrodor aus Stratonikeia ist sie höchst wahrscheinlich (weitere Vermutungen im Anschluss an ACAD. IND. XXXV 33-38 bei GLUCKER 1978 [§ 1 *398: 114]). Aber auch hier lässt sich das Traditionsdenken der Akademie erkennen: Alle sind in Platons Schule zurückgekehrt.

Es wurde behauptet, bereits mit Metrodor und Charmadas habe die 'vierte Akademie' begonnen: eine Wiederaufwertung Platons und ein Übergang von konsequentem Skeptizismus zu einer Phase kritischer, aber konstruktiver Wahrheitssuche (TARRANT 1985 [*33: 3. 16]). Das lässt sich nicht strikt widerlegen, weil wir so gut wie nichts über die Lehre des Charmadas wissen. Aber eben deshalb ist diese These auch sehr unwahrscheinlich: Wenn Charmadas wirklich Positionen vorweggenommen hätte, die wir mit dem Namen Philons verbinden, hätte Cicero es in einem seiner historischen Abrisse der skeptischen Akademie vermutlich erwähnt. Die Zeit zwischen Karneades und Philon hat in der Akademie keine wirklich neuen Lehrinhalte hervorgebracht. Sie ist eine Zeit des Umbruchs; es wurde der Boden bereitet für Philon – und für Antiochos.

Eine andere Folge von Karneades' Autorität ist es, dass neben die Diskussionen über Erkenntnis und Irrtum, die immer unfruchtbarer wurden, andere Fragestellungen traten. Es wird deutlich, dass die Akademie sich öffnete für Wissenschaft in einem weiten Sinne. Schon Kleitomachos muss in seinem immensen Œuvre auf viele Spezialfragen eingegangen sein. Sextus Empiricus bescheinigt ihm die Eigenart, 'sich auf fremdes Terrain zu begeben und darüber lange Bücher zu schreiben' (math. IX 1). Bei Hagnon fassen wir noch die Breite seiner Interessen. An die Stelle der Polemik gegen die Stoiker über die 'erfassende Vorstellung' trat ein neues Kampffeld: der Widerstand gegen die um sich greifenden Ansprüche der Rhetorenschulen. Kleitomachos, Charmadas und Hagnon haben sich in dieser Auseinandersetzung über den Vorrang von Philosophie oder Rhetorik hervorgetan. (Sie hat dazu geführt, dass ein Akademiker – ein seltener Fall – seiner Schule abtrünnig wurde: Metrodoros aus Skepsis, der sich für die Rhetorik entschied.)

Auch ein anderer Wandel vollzog sich zwischen Karneades und Philon: Immer mehr Römer besuchten die Akademie und setzten sich mit ihrer Lehre auseinander. Zunächst geschah das aus eher oberflächlicher Neugier: Crassus machte die Länge seines Aufenthalts in Athen davon abhängig, ob man bereit war, ihm zuliebe eine religiöse Feier zu wiederholen (!); Antonius hatte Schwierigkeiten mit dem Schiffsanschluss und nutzte die Wartezeit für einen Besuch in der Akademie (CICERO de or. III 75; I 82). Aber das änderte sich schnell: Schon Kleitomachos widmete zwei seiner Schriften prominenten Römern, und bald wurde Rom eines der wichtigsten Wirkungsfelder der Akademie. Die Zeit der pergamenischen Könige war vorüber.

E. BIBLIOGRAPHIE

1. Zeugnisse und Überlieferung [*1]. – 2. Kleitomachos [*11-*23] (Unsichere und falsche Zuschreibungen [*21-*23]). – 3. Charmadas [*31-*47] (Wert der Rhetorik [*41-*47]). – 4. Hagnon aus Tarsos. Melanthios aus Rhodos [*51-*52].

1. Zeugnisse und Überlieferung

Vgl. auch Apollodor aus Athen [§ 1 *221, *222], Dorandi 1982 [§ 1 *223], 1987 [§ 46 *24], Acad. Ind. 1991 [§ 46 *26], Diogenes Laert. [§ 1 *111-*115]; zur Chronologie Samuel 1972 [§ 1 *442], Dorandi 1980 [§ 1 *443], Habicht 1988 [§ 1 *444], Dorandi 1990 [§ 1 *445], 1991 [§ 1 *446].

1 Mette 1985 [§ 46 *43: 142-146]. – Zusammenstellung der Zeugnisse für die drei Scholarchen zwischen Karneades d. Ä. und Philon, weitgehend in Form von Rückverweisen auf zu Karneades d. Ä. ausgeschriebene Zeugnisse.

2. Kleitomachos

11 J. Freudenthal: Zu Phavorinus und der mittelalterlichen Florilegienlitteratur, in: Rheinisches Museum für Philologie 35 (1880) 408-430. – 429: Zu den Todesumständen.

12 H. von Arnim: Art. 'Kleitomachos', in: RE 11 (1921) 656-659.

13 C. Cichorius: Untersuchungen zu Lucilius (Berlin 1908). – 11f. 41: Kleitomachos hat Karneades im Jahre 155 v. Chr. nach Rom begleitet.

14 H. Strasburger: Der 'Scipionenkreis', in: Hermes 94 (1966) 60-72. – 63: Kleitomachos 155 v. Chr. nicht in Rom.

15 Anna Maria Ioppolo: Carneade e il terzo libro delle 'Tusculanae' (1980) [§ 49 *29]. – Versuch einer Rekonstruktion der Trostschrift.

16 T. Dorandi: Art. 'Clitomaque de Carthage', in: DPA 2 [§ 1 *351].

Unsichere und falsche Zuschreibungen

21 M. Plezia: Quaestionum isagogicarum specimina tria, in: Eos 42 (1947) 84-89.

22 M. Winiarczyk: Der erste Atheistenkatalog des Kleitomachus, in: Philologus 120 (1976) 32-46.

23 K. Döring: Gab es eine Dialektische Schule? in: Phronesis 34 (1989) 293-310. – 301-304: Bei Diogenes Laert. I 19 ('Kleitomachos Gründer der Dialektischen Schule') liegt eine Verwechslung mit Kleinomachos aus Thurioi vor.

3. Charmadas

31 H. von Arnim: Art. 'Charmadas', in: RE 3 (1899) 2172f.

32 H. Tarrant: Cicero and the Academics, in: Classicum 8 (1982) 7-11. – Kurze Vorankündigung der Thesen von 1985 [*33].

33 H. Tarrant: Scepticism or Platonism? (1985) [§ 42 *94]. – 34 u.ö.: Charmadas als Schlüsselfigur einer 'Vierten Akademie'; dazu ausführlich unten § 51, S. 930-932.

34 H. Blum: Die antike Mnemotechnik (Hildes-

heim, New York 1969) [Spudasmata 15]. – Zu den Aussagen über das ungewöhnliche Gedächtnis.
35 T. Dorandi: Art. 'Charmadas', in: DPA 2 [§ 1 *351].

Wert der Rhetorik

41 H. von Arnim: Leben und Werk des Dion von Prusa (Berlin 1898). – Kap. 1.
42 K. Prümm: Quaestionum Tullianarum ad dialogi de oratore partes philosophicas quae dicuntur spectantium specimen (Saarbrücken 1927). – Diss. Münster i.W.
43 W. Kroll: Art. 'Rhetorik', in: RE Suppl. 7 (1940) 1039-1138. bes. 1083-1090.
44 H.-I. Marrou: Histoire de l'éducation dans l'antiquité (Paris 1948). – 288-291.
45 K. Barwick: Das rednerische Bildungsideal Ciceros (Berlin 1953) [Abhandlungen der Sächsischen Akademie der Wissenschaften Leipzig, phil.-hist. Kl. 54,3]. – 25.
46 S. F. Bonner: Education in ancient Rome, from the Elder Cato to the Younger Pliny (London 1977). – 76-89.
47 J. Villcock: Rhetorik und Philosophie im Hellenismus, in: H. Schanze, J. Kopperschmidt (Hg.): Rhetorik und Philosophie (München 1989) 55-73. – Knapper Überblick (bis zum frühen Christentum) mit eigenwilliger philosophischer Akzentuierung.

*4. Hagnon aus Tarsos.
Melanthios aus Rhodos*

51 Carl Werner Müller: Die Kurzdialoge der Appendix Platonica (1975) [§ 42 *75]. – 310: Hagnon über die Intelligenz der Tiere.
52 U. von Wilamowitz-Moellendorff: Der Tragiker Melanthios von Rhodos, in: Hermes 29 (1894) 150-154. ND in: Kleine Schriften, Bd. 2 (Berlin 1941) 90-94. – Zuweisung eines Tragödienfragments an Melanthios.

§ 51. Philon aus Larisa

A. Zeugnisse und Überlieferung 915. – B. Leben 915. – C. Schriften 918. – D. Lehre 920: 1. Erkenntnistheorie 920: a) Entwicklungsphasen 920: α) Orthodox-kleitomacheische Phase 920; β) Mittlere Phase 920; γ) Phase der 'römischen Bücher' 921; δ) Zweite orthodoxe Phase? 921; b) Die Neuerungen der 'römischen Bücher' 922; 2. Ethik 926; 3. Rhetorik und Philosophie 928; 4. Unsicheres 928: a) Dialektische 'Annäherung an die Wahrheit': Philon oder Cicero? 928; b) 'A Fourth Academic Orthodoxy'? 930. – E. Persönlichkeit und Nachwirkung 932. – F. Bibliographie 935: 1. Zeugnisse und Überlieferung 935; 2. Allgemeines 935; 3. Leben 935; 4. Schriften 935; 5. Lehre 936.

A. ZEUGNISSE UND ÜBERLIEFERUNG

Hauptquelle für die Lebensdaten Philons ist der Herculanenser ACADEMICORUM INDEX (siehe oben S. 775. 829, Ausgaben § 46 *20-*26); Philon ist behandelt in Kolumne XXXIII. DIOGENES LAERTIUS steht für Philon nicht mehr zur Verfügung, da er die akademische Sukzessionsreihe in Einklang mit seiner Dreiteilung der 'ionischen' Philosophie (I 13f.) nach IV 67 mit Kleitomachos enden lässt (GIGANTE 1986 [§ 1 *124: 29], DORANDI 1992 [§ 1 *132: 3791]). Philons Persönlichkeit bleibt uns daher farblos; eine zusammenfassende Aussage über die (sämtlich verlorenen) Schriften fehlt. Nur ein Buchtitel ist bezeugt, eine andere Schrift ist in Umrissen kenntlich; weitere Schriften sind sehr wahrscheinlich. – Von hohem Zeugniswert für Philons philosophische Entwicklung sind einige Abschnitte aus CICEROS ‹Academica›. Ob sich bei Cicero wörtliche Übersetzungen oder Paraphrasen aus Philon finden, wird umstritten bleiben. – Über Philons Lehre gibt es einige, z.T. polemische Aussagen bei Cicero, Sextus Empiricus, Augustin u.a. Da Philon seinen philosophischen Standpunkt mehrmals gewechselt hat, ist eine verlässliche Deutung der meist zusammenhanglosen Zeugnisse kaum möglich. Gelegentlich werden auch allgemeine Aussagen über die Akademie, die einen von Karneades abweichenden Standpunkt erkennen lassen, für Philon in Anspruch genommen. Das ist in Anbetracht unseres geringen Wissens über die Akademie nach Karneades methodisch bedenklich. – Weder Bildnisse noch Inschriften haben sich erhalten.

Die Zeugnisse über Philons Leben und Lehre sind zusammengestellt von WIŚNIEWSKI (Hg.) (1982 [*1]) und von METTE (Hg.) (1986-1987 [*2]), jeweils mit kurzem Kommentar und (unvollständiger) Bibliographie. Im folgenden wird nach Mette zitiert, der neuere kritische Ausgaben zugrunde legt.

B. LEBEN

Der AKADEMIKER-INDEX (XXXIII = T 2 METTE, massgeblicher Text jedoch DORANDI (Hg.) 1991 [§ 46 *26: 169f.]) bietet eine Reihe von Archontenangaben, daneben einige relative Zeitaussagen. Da zwei der genannten Archonten aufgrund neuerer Inschriftenfunde jetzt datiert werden können, stehen folgende Lebensdaten fest:

Philon (Φίλων, in Papyrus Duke inv. G 178 = CPF I 1,1 col. II 9 und in den Eusebius-Handschriften Φιλίων, lat. Philo) wurde im Jahre 159/158 v. Chr. (Archontat des Aristaichmos, Druckfehler bei Mette) in Larisa in Thessalien geboren. Er hörte noch in seiner Heimatstadt «etwa acht Jahre lang» (ACAD. IND. XXXIII 8-11 περὶ ὀκτὼ σχεδὸν ἔτη) den Karneades-Schüler Kallikles (sonst unbekannt). Mit etwa 24 Jahren ging er nach Athen (also im Jahre 134/133 v. Chr., Archontat des Nikomachos, Druckfehler bei METTE). Es heisst dann weiter (ACAD. IND. XXXIII 11-15), Philon sei 'vierzehn Jahre lang Schüler des Kleitomachos gewesen', ausserdem zwei Jahre lang Schüler eines Apollodoros und sieben (neue Lesung von Dorandi) Jahre Schüler eines Stoikers (oder 'des Stoikers Apollodor?', 'des Apollodor und eines anderen Stoikers?', Lesungen sehr unsicher). DORANDI (1991 [§ 1 *446: 20. 60]) setzt die 'vierzehn Jahre' bei Kleitomachos unmittelbar nach der Ankunft in Athen an, also 134/133 bis 120/119 v. Chr. Dann wäre Philon am gewaltsamen Übergang vom Palladion in die Akademie im Jahre 129/128 beteiligt gewesen (siehe oben S. 900f.). Aber das ist unwahrscheinlich, weil sich bei diesem Ansatz eine Lücke von 10 Jahren zwischen der Schülerschaft bei Kleitomachos und der Übernahme des Scholarchats ergibt; die 'vierzehn Jahre' dürften vielmehr der Amtsübernahme unmittelbar vorausgehen.

Die Leitung der Akademie übernahm Philon nach dem Tode des Kleitomachos im Jahre 110/109 (Archontat des Polykleitos). Er starb im Alter von 74 Jahren «unter dem Archontat des Niketas» (neue Lesung von Dorandi), das jetzt auf 84/83 v. Chr. datiert werden kann; Philons Tod fällt vermutlich noch in das Jahr 84. Im anschliessenden, kaum noch lesbaren Text findet sich (ACAD. IND. XXXIII 20) die Spur der Zahl 'vier' (Variante des Todesdatums?), dann (Zeile 39f.) die Aussage: «... nachdem er ... undsechzig Jahre gelebt hatte, starb er unter dem Archontat des Niketas». DORANDI (1984 [*33]) hat gezeigt, dass auch diese Angabe sich auf Philon bezieht; da das gleiche Todesdatum genannt ist, handelt es sich um eine Variante des Geburtsdatums (zur Begründung im einzelnen vgl. VON FRITZ 1938 [*21: 2535f.], GLUCKER 1978 [*24: 100 Anm. 11], DORANDI 1984 [*33], 1986 [§ 46 *23: 113-115], 1991 [§ 46 *26: 77-79]).

Über das Leben Philons nach der Schulübernahme erfährt man aus dem ‹Academicorum Index› nichts, aus anderen Quellen nur wenig. Während des Ersten Mithridatischen Krieges floh Philon 88 v. Chr. mit der romfreundlichen attischen Oberschicht nach Rom, um Mithridates und der Schreckensherrschaft des Aristion zu entgehen (CICERO Brutus 306 = F 4 METTE). (BADIANS Annahme: 1976 [*32: 126 Anm. 46], bereits vor 88 v. Chr. seien alle philosophischen Schulen Athens als Unruheherde geschlossen gewesen, ist von FERRARY 1988 [§ 1 *427: 442-444] überzeugend zurückgewiesen worden.) In Rom hielt Philon alsbald philosophische Vorlesungen, die viel Interesse und Beifall fanden (PLUTARCH Cicero 3, 1 = KARNEADES T 13, 1-4 METTE). Hinzu traten Vorträge über Rhetorik, vielleicht auch öffentliche Disputationen (CICERO Tusc. II 9 = F 9, 6f.); nach Tusc. II 26 = F 9, 11 verstand es Philon, seine Darlegungen durch sinnvoll eingefügte Dichterzitate zu bereichern. Sein bedeutendster Hörer war M. TULLIUS CICERO (Brutus 306; Tusc. II 9 = F 9, 6; nat. deor. I 6 und 17 = F 10, 6f. und 10; fam. XIII 1, 2 = T 6 [dort irrtümlich: Att.]; TACITUS dial. 30, 3 [fehlt bei METTE]). Philon hat den damals knapp Zwanzigjährigen tief beeindruckt und sein Denken entscheidend geprägt.

In den Winter 87/86 v. Chr. fällt die unten näher beschriebene Auseinandersetzung zwischen Philon und seinem abgefallenen Schüler Antiochos aus Askalon. Wahrscheinlich ist Philon nicht mehr nach Athen zurückgekehrt; sonst wäre es kaum erklärlich, dass CICERO im Einleitungsgespräch zu De finibus V (1-8) seines verehrten Lehrers nicht gedenkt; vgl. Tusc. V 107 = F 2a: Philon in einer Liste von Philosophen, «qui semel egressi numquam domum reverterunt» (was freilich auch auf die Übersiedlung von Larisa nach Athen bezogen werden kann).

Das Schicksal der Akademie nach Philons Flucht (und nach seinem Tode) bleibt uns dunkel. Nicht wenige Schulmitglieder dürften dem Scholarchen und den anderen romfreundlichen Athenern ins Exil gefolgt sein. Ob in Athen ein rudimentärer Schulbetrieb aufrechterhalten wurde, wissen wir nicht; auch über einen Nachfolger Philons ist nichts überliefert. Antiochos aus Askalon, der lange für den Nachfolger gehalten wurde, hat eine eigene Schule gegründet, die er anspruchsvoll-programmatisch 'Alte Akademie' nannte. Das ist das jetzt fast allgemein anerkannte Ergebnis einer Durchmusterung aller einschlägigen Zeugnisse über Antiochos durch John Glucker. Antiochos scheidet also als Nachfolger Philons in der platonischen Akademie aus (Einzelheiten unten S. 940-942). GLUCKER hält es für möglich, dass Philon bei seinem Weggang (88 v. Chr.) Charmadas als Amtsverweser («caretaker successor») oder als Mit-Scholarchen zurückliess (1978 [*24: 109-111], zustimmend TARRANT 1985 [*26: 34 und 136 Anm. 2]); SEDLEY (1981 [*25: 74 Anm. 3]) erwägt Charmadas als regulären Nachfolger. Aber vermutlich war Charmadas bereits im Jahre 91 v.Chr. nicht mehr am Leben (siehe oben S. 907). Auch Herakleitos aus Tyros (über ihn unten) ist als möglicher Nachfolger Philons in Betracht gezogen worden (zuerst BÜCHELER (Hg.) 1869 [§ 46 *20: 20], weiteres bei DORANDI (Hg.) 1991 [§ 46 *26: 80f. Anm. 297]). Keiner dieser Vorschläge kann sich auf ein klares Zeugnis stützen. Andererseits zeigen einige Äusserungen CICEROS, dass er in Philon den letzten Vertreter der Skepsis erblickte: Der Dogmatiker Lucullus gibt in dem nach ihm benannten Dialog einen Überblick über die skeptische Periode der Akademie (16-17), in dem alle Scholarchen (ausser Karneades 'dem Jüngeren' und Krates aus Tarsos) sowie mehrere andere Schulmitglieder von geringerer Bedeutung genannt sind; am Ende sagt er: «Philone autem vivo patrocinium Academiae non defuit». Philon ist hier eindeutiger Schlusspunkt. Im Prooemium zu ‹De natura deorum› (I 6) wehrt sich CICERO gegen den Vorwurf, er versuche eine «herrenlose und schon längst aufgegebene» philosophische Richtung wieder zum Leben zu erwecken; er erinnert daran, dass das skeptische Denken «bis in seine Lebenszeit in Blüte gestanden habe» (usque ad nostram viguit aetatem), muss aber zugeben (I 11), dass diese Denkweise «jetzt in Griechenland selbst so gut wie verwaist» sei (ähnlich Luc. 11 «nunc prope dimissa»). Auch hier hätte eine Erwähnung von Philons Nachfolger so nahe gelegen, dass ein Schluss ex silentio erlaubt ist: Mit Philons Fortgang aus Athen, spätestens aber mit seinem Tode in Rom (84 v.Chr.) ist Platons Schule erloschen.

Über die Schüler Philons sind wir nur unzureichend unterrichtet, da die Schülerliste im ‹Academicorum Index› verloren ist. Aus der athenischen Zeit werden anderswo genannt Antiochos aus Askalon (über ihn § 52) und Herakleitos aus Tyros (CICERO Luc. 11), «qui et Clitomachum multos annos et Philonem audierat, homo sane in ista philosophia (der skeptischen Akademie) ... probatus et nobilis». Herakleitos muss demnach mit Philon etwa gleichaltrig gewesen sein. Nach CICERO Luc. 11f. hat er Philon in der Auseinandersetzung von 87/86 v.Chr. gegen Antiochos verteidigt (vgl. auch unten § 53, S. 943. 985). – Als weitere (mögliche)

Schüler Philons nennt TARRANT (1980 Rez. Glucker 1978 [§ 1 *398] 112f., 1983 [*89: 182f.], 1985 [*26: 130f. 172 Anm. 20]) den 'Akademiker' Theomnestos (aus Naukratis?, siehe PHILOSTRAT Vitae soph. I 6), bei dem Brutus im Jahre 44 v. Chr. Philosophie trieb (PLUTARCH Brutus 24, 1), und Eudoros aus Alexandria. Beide werden von anderen Forschern der Schule oder der Richtung des Antiochos aus Askalon zugeordnet (§ 53, S. 968. 986f.). – Zu den athenischen Hörern Philons gehörte auch der Römer C. Aurelius Cotta, cos. 75 (RE Nr. 96). CICERO lässt ihn in ‹De natura deorum› über seinen unfreiwilligen Aufenthalt in Athen seit 90 v. Chr. berichten (I 59: Philon empfiehlt Cotta, auch einen Epikureer zu hören; vgl. auch I 17; I 93; I 113); in Ciceros geistreicher Fiktion ist Cotta bereits als überzeugter Akademiker nach Athen gegangen: De or. III 145 (Cotta zu Crassus) «me quidem in Academiam totum compulisti» (fiktives Datum 91 v. Chr., also unmittelbar vor der Verbannung). – Aus der römischen Zeit nennt Cicero neben sich selbst die sonst unbekannten P. und C. Selius und Tetrilius (?) Rogus (Luc. 11), ferner Q. Lutatius Catulus, cos. 102 (RE Nr. 7), der mit der skeptischen Lehre so gut vertraut war, dass er Philon nach dem Erscheinen der 'römischen Bücher' Verfälschung der Lehre des Karneades vorwerfen durfte (CICERO Luc. 12, vgl. 148); auch Catulus' gleichnamiger Sohn, cos. 78 (RE Nr. 8), Gesprächsteilnehmer in der ersten Fassung von Ciceros ‹Academica›, gehörte zweifellos zu Philons Hörern. «Doch sind dies nur zufällige Einzelerwähnungen, und es geht aus den Bemerkungen Ciceros deutlich hervor, dass das ganze gebildete Rom damals seine Vorlesungen besuchte» (VON FRITZ 1938 [*21: 2536f.]). – Über Ainesidemos und L. Aelius Tubero siehe § 53, S. 983-985.

C. SCHRIFTEN

Über Philons literarische Tätigkeit gibt es nur spärliche Zeugnisse. AREIOS DIDYMOS (bei STOBAIOS II 7, 2 S. 39, 22f. WACHSMUTH = F 2, 4f. METTE) berichtet, dass er mehrere 'treffliche' Bücher geschrieben hat (τά τε ἄλλα πεπραγμάτευται δεξιῶς καί ...) und gibt ein längeres Referat (S. 39, 24-41, 26 W. = F 2) aus einer Schrift mit dem Titel Διαίρεσις τοῦ κατὰ φιλοσοφίαν λόγου, etwa: ‹Systematische Darstellung der Philosophie›; zur Wendung ὁ κατὰ φιλοσοφίαν λόγος vgl. DIOGENES LAERT. (VII 39 und 41 [stoische Einteilungsprinzipien] und dazu IOPPOLO 1980 [*41: 61f.]); HIRZEL (1877-1883 [§ 1 *331: 3, 246]) übersetzt «Eintheilung des philosophischen Vortrags». Es scheint sich um einen Grundriss für Vorlesungen oder um eine 'Programmschrift' (DÖRRIE (Hg.) 1987 [§ 46 *45: 1, 437]) gehandelt zu haben. (Der gleiche Schriftentitel ist bei STOBAIOS II 7, 2 S. 42, 8 WACHSMUTH für Eudoros aus Alexandria bezeugt; dazu § 53, S. 986f.). – Andere Schriftentitel sind nicht überliefert.

Die 'römischen Bücher'. – Cicero erwähnt nur ein Werk seines Lehrers. Als Antiochos im Winter 87/86 im Gefolge des Lucullus nach Alexandria gelangte, sah er zum ersten Male eine Schrift Philons in zwei Büchern, die wegen der in ihr vertretenen Ansichten und Behauptungen sein Erstaunen, ja seinen Zorn hervorrief (CICERO Luc. 11 = F 5, 16-19 METTE); er schrieb daraufhin ein ‹Sosos› betiteltes Buch gegen seinen ehemaligen Lehrer (CICERO Luc. 12 = F 5, 27f.; siehe unten § 52, S. 945f.). Philons Schrift lässt sich ziemlich genau datieren: Antiochos kennt sie im Winter 87/86 noch nicht; sie kann also nicht sehr lange zuvor entstanden sein. Andererseits hat der ältere Catulus die darin vertretenen Ansichten (nicht notwendig die Schrift selbst) bereits getadelt (Luc. 12 = F 5, 26); Catulus aber kam bereits im Laufe des Jahres 87 unter der marianischen Schreckensherrschaft ums Leben. Die 'beiden Bücher' sind demnach in der ersten Hälfte des Jahres 87 in Rom verfasst; sie werden deshalb in der Forschung häufig als 'römische Bücher' bezeichnet. Mit dieser Schrift dürfte sich Philon zwar auch an seine derzeitigen römischen Hörer gewandt haben; aber sie war keinem Römer gewidmet und in griechischer Sprache abgefasst: das Gegenteil hätte Cicero zweifellos erwähnt (RAWSON 1985 [*59: 57f.]). HIRZEL (1877-1883 [§ 1 *331: 3, 251-341. bes. 337-341]) hatte die These vertreten, der Rede Ciceros im ‹Lucullus› (Luc. 64-146) lägen Philons 'römische Bücher' als Quelle zugrunde (ähnlich LÖRCHER 1911 [*52: 258-284] für Lucullus 64-105; vorsichtig zustimmend noch IOPPOLO 1981 Rez. Glucker 1978 [§ 1 *398] 218). Diese Annahme ist von BRINGMANN (1971 [*56: 261-265]) und GLUCKER (1978 [*24: 392-405]) in eingehender Analyse widerlegt worden: Philons 'römische Bücher' müssen in entscheidenden Punkten von der 'orthodoxen' Lehre des Karneades und seines Schülers Kleitomachos abgewichen sein (CICERO Luc. 11f.; dazu S. 922-926); die Cicero-Rede aber ist in fast allen Punkten 'orthodox'. Eine Rekonstruktion der 'römischen Bücher' aus dieser Rede ist daher nicht möglich.

Nun schreibt jedoch Cicero bei der Übersendung der endgültigen Fassung seiner Academica an Varro (fam. IX 8, 1 = F 6): «tibi dedi partes Antiochinas, mihi sumpsi Philonis». Das kann so verstanden werden, als sei in der Tat eine Schrift Philons die Quelle für die skeptischen Partien in Ciceros Werk. Da die zwei 'römischen Bücher' nicht in Frage kommen, stellte Glucker im Zusammenhang mit seiner Auffassung von Philons philosophischer Entwicklung (dazu S. 921. 933f.) eine andere Hypothese auf (1978 [*24: 413-415. 419 (Tabelle)]; vorangegangen war PLEZIA 1936-1937 [*54: Diss. 2, 29f., Diss. 3, 169f.]): CICEROS Quelle für die skeptische Argumentation (Luc. 64-146) sei Philons Antwort auf Antiochos' ‹Sosos›. Auch diese Ansicht ist unhaltbar. Zunächst ist es keineswegs sicher, dass Philon auf den ‹Sosos› noch einmal geantwortet hat. Die als Beleg herangezogenen Stellen beweisen das nicht: CICERO Luc. 17 = F 5, 38 («solange Philon lebte, fehlte es der Akademie nicht an einem Fürsprecher») kann, aber muss nicht im Sinne einer schriftlichen Äusserung verstanden werden; AUGUSTINUS Acad. III 41 = F 8, 15f.: «Philon griff wieder zu seinen alten Waffen und leistete ihm (Antiochos) Widerstand bis zu seinem Tode» ist offenkundig aus der Luc. 17 entsprechenden Stelle der ‹Academica posteriora› abgeleitet. (Eine 'Antwort' Philons auf den ‹Sosos› halten grundsätzlich, d.i. ohne Bezug auf die Cicero-Rede im Lucullus, für möglich: PHILIPPSON 1939 [*55: 1133] (mit irriger Begründung für Philons Todesdatum),

VON FRITZ 1938 [*21: 2537], FRASER 1972 [§ 46 *75: 1, 488; 2, 706 Anm. 89]; ablehnend HIRZEL 1877-1883 [§ 1 *331: 3, 320-322], BRINGMANN 1971 [*56: 261 Anm. 2]). Ferner: Antiochos' ‹Sosos› muss persönliche Angriffe gegen Philon enthalten haben (CICERO Luc. 12 = F 5, 27f.: «nec se tenuit quin contra suum doctorem librum ... ederet»); davon ist jedoch in Philons angeblicher Antwort mit Ausnahme des Abschnitts 69-71 nichts zu erkennen. Wenn Glucker im orthodox-karneadeischen Charakter der Cicero-Rede eine Stütze seiner These sieht, argumentiert er zirkulär, denn eben dieser Charakter ist ihm auch Beweis für Philons Rückkehr zur Orthodoxie nach dem nur kurzen Intermezzo der 'römischen Bücher' (GLUCKER 1978 [*24: 83f. u.ö.]; siehe auch unten S. 933f.). Mit Recht ist daher der Versuch, den Kern der Cicero-Rede aus einer Antwortschrift Philons auf den 'Sosos' herzuleiten, auf Ablehnung gestossen (SEDLEY 1981 [*25: 74f. Anm. 4], IOPPOLO 1981 Rez. Glucker 1978 [§ 1 *398] 218, LÉVY 1992 [§ 42 *40: 195]).

Nichts hindert dagegen, eine ältere Schrift Philons (d.i. aus der Zeit vor der in den 'römischen Büchern' manifestierten Konversion) als Quelle für die Rede Ciceros anzunehmen. Glucker ging, wie viele andere vor ihm, davon aus, dass die Lucullus-Rede aus Antiochos' ‹Sosos› stammt; und da Cicero in seiner Antwortrede die Darlegungen von Lucullus sorgfältig berücksichtigt (so richtig GLUCKER 1978 [*24: 399-405] gegen Hirzel), schloss er eine Quelle vor dem ‹Sosos› aus. Aber auch die Herleitung der Lucullus-Rede aus dem ‹Sosos› ist wenig wahrscheinlich (§ 52, S. 946), so dass diese Beschränkung entfällt. Glucker hat gezeigt, dass Antiochos schon lange vor der 'Sosos-Affäre' von der skeptischen Akademie abgefallen war (1978 [*24: 15-20, bes. 19f.]; dazu § 52, S. 941f.). Dann aber kann es aus dieser Zeit («early nineties of the first century B.C.» bis 87/86 v.Chr.) eine oder mehrere Schriften des Antiochos gegen (den noch 'orthodoxen') Philon und eine oder mehrere Schriften Philons gegen (den bereits abgefallenen) Antiochos gegeben haben.

Es ist jedoch nicht einmal sicher, dass Ciceros Rede im Lucullus überhaupt eine Schrift Philons zugrunde liegt. Wenn CICERO an Varro schreibt (fam. IX 8, 1 = F 6), ihm habe er «die antiocheische Rolle, sich selbst die philonische zugewiesen», muss das keine Quellenangabe sein. Mit Antiochos und Philon sind die jeweiligen philosophischen Lehrer genannt, und da Cicero Philon noch vor der Phase der 'römischen Bücher' hörte (irrig TARRANT 1985 [*26: 43]), also von ihm in eine noch (relativ) 'orthodoxe' akademische Lehre eingeführt wurde, können die Namen als blosse Symbole für Dogmatismus und Skeptizismus stehen; vgl. nat. deor. I 17 = F 10, 10 METTE «ab eodem Philone nihil scire didicistis»; Att. XIII 19, 3 «quae erant contra ἀκαταληψίαν (nicht: gegen Philon) ... collecta ab Antiocho Varroni dedi». Tatsächlich ist Ciceros Dialog eine Auseinandersetzung zwischen diesen Grundpositionen; die persönlichen Elemente erscheinen nur am Rande (Luc. 18 Polemik gegen Philon, Luc. 69-71 Polemik gegen Antiochos). Auch eine Schrift des Kleitomachos (oder eines anderen Karneades-Schülers) kommt demnach als Ciceros Hauptquelle in Frage; die isolierten, ausdrücklich gegen Antiochos gerichteten Wendungen kann Cicero in Anlehnung an Philon (Vorlesungsnachschriften?) eingefügt haben (SEDLEY 1981 [*25: 74f. Anm. 4]).

Jeder sicheren Grundlage entbehren die wiederholten Versuche, andere Werke oder Abschnitte Ciceros auf philonische Schriften zurückzuführen: HIRZEL (1877-1883 [§ 1 *331: 3, 342-492, bes. 479-492]) sieht als einheitliche Quelle aller fünf Tusculanenbücher Philons oben erwähnte Schrift Διαίρεσις τοῦ κατὰ φιλοσοφίαν λόγου; VON ARNIM (1898 [*71: 98-112]) und WILAMOWITZ (1900 [*72: 18f. 240]) vermuten hinter ‹De oratore› III 54-143 eine Abhandlung Philons über die Beziehungen zwischen Philosophie und Rhetorik (dagegen KROLL 1903 [*73: 554-576], 1940 [*74: 1086-1088]); VON FRITZ (1938 [*21: 2542]) hält es für «möglich, im vierten Buch von ‹De finibus› Spuren (von Philons) Reden und Vorträgen, vor allem über Rhetorik, nachzuweisen».

D. LEHRE

1. Erkenntnistheorie

a) Entwicklungsphasen

α) Orthodox-kleitomacheische Phase

NUMENIOS (bei EUSEBIUS PE XIV 9, 1 = frg. 8 LEEMANS = frg. 28 DES PLACES = PHILON T 1, 7-10 METTE) berichtet, Philon sei «unmittelbar nach seiner Wahl von Freude und Dankbarkeit erfüllt gewesen, habe sich eng an die Lehre des Kleitomachos gehalten und habe wacker gegen die Stoiker gekämpft». Auch bei PLUTARCH (Cicero 3, 1 = KARNEADES T 13, 2-4 METTE) erscheint Philon vor allem als Schüler des Kleitomachos. Noch nach dem Abfall des Antiochos (nach GLUCKER 1978 [*24: 19f.] zwischen 100 und 95 v. Chr., nach SEDLEY 1981 [*25: 70] erheblich später) sieht ihn Cicero als zähen, wenn auch nicht sehr gescheiten und wenig erfolgreichen Streiter für ἐποχή und ἀκαταληψία (Luc. 111 = F 5, 80-83).

β) Mittlere Phase

Später (nach seiner Wahl zum Scholarchen?) muss Philon den strengen Standpunkt aufgegeben haben: a) CICERO sieht Philon neben Metrodor aus Stratonikeia (über ihn oben § 50, S. 905f.) als Vertreter einer 'weicheren' Karneades-Interpretation (Luc. 78 = F 5, 74-76): Karneades habe sogar dem Weisen gelegentliche 'Meinungen' zugestanden (vgl. oben § 49, S. 870-873). b) AUGUSTIN (Acad. III 41 = PHILON F 8, 8-11) behauptet, Metrodor habe noch vor Philon die Akademie zu Platons Lehre zurückzuführen versucht, indem er «gestanden habe, die Akademiker seien nicht wirklich – non directo (Konjektur von Knöll): Hs. derecto; andere Herausgeber schreiben: decreto – der Auffassung gewesen, nichts sei erfassbar (nihil posse comprehendi); nur als eine Waffe gegen die Stoiker hätten sie diese Ansicht vertreten» (zur Glaubwürdigkeit siehe S. 804. 925f.). Auch hier ist also eine Neuerung Philons mit dem Namen Metrodors verbunden. c) Im ACAD. IND. XXVI 10 ist als Teil von Metrodors Karneades-Interpretation gerade noch erkennbar: «... nicht für unerfassbar (ἀκατάληπτα) habe jener alles gehalten ...» (§ 50, S. 905f.), mit anderen Worten: einiges sei 'erfassbar' (καταληπτά). Das ist eine deutliche Abweichung von Karneades und Kleitomachos. Philon ging noch weiter und lehrte nach SEXTUS EMP. PH I 235 (F 1,5-7 = 68 T LS), «die Dinge» (τὰ πράγματα), also ohne erkennbare Einschränkung, seien (in einem sogleich näher zu erläuternden Sinne) «erfassbar» (καταληπτά). Diese Formulierung gehört vermutlich der 'römischen' Phase an, aber eine graduelle Entwicklung unter dem Einfluss Metrodors ist wahrscheinlich. d) In einigen Berichten wird Philon teils neben Charmadas (über ihn S. 906-908), teils allein als Gründer einer 'vierten Akademie' bezeichnet (SEXTUS EMP. PH I 220 = F 1, 2f. METTE; gleicher Wortlaut EUSEBIUS PE XIV 4, 16; Ps.-GALEN hist. phil. 3, DDG 600, 3f. = T 3 METTE). Diese Einordnung ist ebenfalls auf die mittlere Periode zu beziehen; da auch Charmadas genannt ist (gestorben vermutlich vor 91 v. Chr., siehe oben S. 907), kann die 'römische' Phase nicht gemeint sein.

γ) Phase der 'römischen Bücher'

Nach Ciceros klaren Aussagen enthielten Philons 'römische Bücher' Behauptungen und philosophische Ansichten, die völlig neu und selbst für Freunde und langjährige Schüler Philons überraschend waren. Mit Recht wird deshalb in der Forschung die erkenntnistheoretische Position Philons vor 87/86 v. Chr. von der Phase der 'römischen Bücher' unterschieden. Eine Abgrenzung ist allerdings nicht leicht, da sich einige wichtige Zeugnisse nicht eindeutig zuordnen lassen. GLUCKER (1978 [*24: 67]) und LÉVY (1992 [§ 42 *40: 48. 267f. Anm. 75], 1993 [§ 1 *374: 270-273]) bestreiten eine mittlere Phase und beziehen auch die in den oben genannten Zeugnissen Philon und Metrodor gemeinsam zugeschriebenen Neuerungen auf die 'römische' Zeit. Das ist unmöglich, da bei CICERO Luc. 11 eindeutig Philon allein für die so überraschenden und ärgerlichen Abweichungen verantwortlich ist: Antiochos fragt Herakleitos, «ob er je von Philon oder von irgendeinem anderen Akademiker derartiges gehört habe», was dieser verneint; eine schon von Metrodor (mit) vertretene Auffassung hätte ihm jedoch seit langem bekannt gewesen sein müssen.

δ) Zweite orthodoxe Phase?

GLUCKER hat die These vertreten, dass Philon nach der nur kurzen Phase der 'römischen Bücher' wieder zu einer konservativ-orthodoxen Haltung im Sinne von Karneades und Kleitomachos zurückgekehrt ist (1978 [*24: 83f.]). Dafür fehlt jeder klare Beleg (siehe oben S. 919); auch aus chronologischen Gründen ist eine solche dritte Phase wenig wahrscheinlich.

Es fällt auf, dass die Phasen sich in ihrer Dauer erheblich unterscheiden: Als Philon seinen geänderten Standpunkt in den 'römischen Büchern' kundtat, war er etwa 72 Jahre alt, hatte bereits etwa 24 Jahre an der Spitze der Akademie gestanden und der Schule insgesamt mindestens 38 Jahre angehört (ACAD. IND. XXXIII 11f. = T 2, 6f.: «vierzehn Jahre Schüler des Kleitomachos»). Auf die späte(n) Phase(n) dagegen entfallen nicht viel mehr als zwei Jahre. Schon diese Überlegung muss davor warnen, alle Zeugnisse über Philon auf die Zeit der 'römischen Bücher' zu beziehen; SEDLEY (1981 [*25: 71]) denkt deshalb an eine schrittweise Entwicklung Philons unter dem Einfluss der Ansichten Metrodors. Andererseits ist nicht zu verkennen, dass gerade die 'römischen Bücher' ihm bei Zeitgenossen und bei der Nachwelt grössere Beachtung gesichert haben. Die Vermutung liegt nahe, dass sich Philon in den frühen Phasen zur Erkenntnistheorie nicht schriftlich geäussert hat, denn sonst hätten seine Gegner nicht versäumt, diese Schriften gegen den späteren Standpunkt auszuspielen (TARRANT 1985 [*26: 146f. Anm. 2]).

b) Die Neuerungen der 'römischen Bücher'

Es gibt kein wirklich klares Zeugnis darüber, worin die nach CICEROS Bericht (Luc. 11) als so provozierend empfundenen 'Neuerungen' bestanden. In der modernen Forschung gehen die Meinungen z.T. weit auseinander (ausführliche Interpretationen mit Überblick über ältere Deutungen bei GLUCKER 1978 [*24: 64-88], BARNES 1989 [*91: 71-76], LÉVY 1992 [§ 42 *40: 290-300]).

Die wichtigsten Aussagen finden sich in Ciceros ‹Academica›. Cicero selbst lehnt Philons neue Ausrichtung offenkundig ab: Er lässt Lucullus auf die Auseinandersetzung mit Philon verzichten, da dieser ein «ungefährlicher Gegner» sei (Luc. 12 = F 5, 33-36); er widerlegt nirgends den von Lucullus gegen Philon erhobenen Vorwurf der 'Lüge' (Luc. 12 und 18 = F 5, 35f. 40 METTE; dazu unten S. 925); er gibt kein zusammenhängendes Referat des neuen philonischen Standpunkts, und seine eigene Antwortrede ist fast durchweg orthodox kleitomacheisch. Trotzdem empfiehlt es sich, den Versuch einer Deutung bei Cicero zu beginnen:

Im ersten Teil seiner Rede geht der Dogmatiker und Antiocheer Lucullus kurz auf Philons Neuerungen ein (Luc. 18 = F 5, 42-45 = 68 U 3 LS, für die 'römischen Bücher' erwiesen durch das vorangehende «dum nova quaedam commovet»). Danach 'bekämpfte' (infirmat tollitque) Philon die stoische Definition der 'erfassenden Vorstellung' (φαντασία καταληπτική), weil er der aus akademischer Sicht sonst unvermeidlichen Folgerung 'Nichts kann erfasst werden' (ἀκαταληψία) entrinnen wollte. 'Das aber nütze ihm gar nichts, denn gerade wenn die stoische Definition und damit die Möglichkeit, Erfasstes von Nicht-Erfasstem zu unterscheiden, entfalle, werde es unmöglich, überhaupt etwas zu erfassen. Deshalb – so der dogmatische Antiocheer – müsse man unbedingt an der stoischen Definition festhalten.' Aus diesem Zeugnis ergibt sich, dass Philon die alte Kontroverse zwischen Dogmatikern und akademischen Skeptikern (vgl. § 47 Arkesilaos S. 798-801; § 49 Karneades S. 855-858) mit völlig veränderten Fronten fortzuführen suchte. Das lässt sich (nach BARNES 1989 [*91: 76]) auf folgende Weise verdeutlichen: Von den drei Sätzen

1. Erkenntnis ist nur dann möglich, wenn die stoische Definition der 'erkenntnisvermittelnden Vorstellung' in allen Teilen erfüllt ist, also auch die dritte Bedingung: 'wie sie nicht ausgehen könnte von einem Nicht- oder Andersseienden',

2. die dritte Bedingung der stoischen Definition wird nie erfüllt,
3. Erkenntnis ist möglich,
waren nach Arkesilaos und Karneades die Sätze 1 und 2 richtig, darum 3 falsch. Ihre stoischen Kontrahenten und Antiochos (S. 952) dagegen lehnten Satz 2 ab, denn sie hielten es für möglich, dass diese strenge Bedingung gelegentlich erfüllt wird, und konnten darum Satz 3 als gültig anerkennen. Philon blieb darin Akademiker, dass er Satz 2 weiterhin als gültig ansah; aber da er auch Satz 3 anerkennen wollte, «weil er den Druck, der sich gegen die Hartnäckigkeit der Akademiker richtete, nicht länger ertragen konnte» (Luc. 18), bestritt er die Gültigkeit von Satz 1: Er 'bekämpfte' die stoische Definition, indem er lehrte, Erkenntnis sei möglich, auch ohne dass deren Bedingungen erfüllt seien.

Im gleichen Sinne ist auch das vieldiskutierte Zeugnis SEXTUS EMP. PH I 235 = F 1, 5-7 = 68 T LS zu verstehen: «Philon und seine Anhänger (οἱ περὶ Φίλωνα) lehren, nach Massgabe des stoischen Kriteriums, der erfassenden Vorstellung, sei alles unerfassbar, nach Massgabe der Natur der Dinge selbst dagegen erfassbar» (ὅσον μὲν ἐπὶ τῷ Στωϊκῷ κριτηρίῳ ... ἀκατάληπτα εἶναι τὰ πράγματα, ὅσον δὲ ἐπὶ τῇ φύσει τῶν πραγμάτων αὐτῶν, καταληπτά). Philon gab einerseits zu, dass 'in dem Masse, in dem die Stoiker es verlangen' keine 'Erfassung' möglich sei, hielt aber andererseits daran fest, dass 'Erfassung' durchaus möglich sei, 'um die Natur der Dinge selbst zu fassen' (oder: 'in dem Masse, in dem die Natur der Dinge es erfordert'; zu den Übersetzungen und ihrer Begründung TARRANT 1981 [*85: 88], 1985 [*26: 59]). Aus diesem Grunde 'bekämpfte' er die seiner Meinung nach unnötig eng gefasste stoische Definition des Wahrheitskriteriums. Er wandte sich vor allem gegen den Teil der Definition, der sie so gefährlich machte (Luc. 18 = F 5, 45f.): «visum ... quale esse non posset ex eo unde non esset», «eine Vorstellung, wie sie nicht sein könnte, wenn sie von etwas anderem ausginge». Die so vereinfachte Definition scheinen auch die Peripatetiker dieser Zeit verwendet zu haben (CICERO Luc. 112; fin. V 76); schon darum konnte es Philon nicht entgehen, dass mit seiner Neuerung die skeptische Schlüsselposition geräumt war.

NUMENIOS (bei EUSEBIUS PE XIV 9, 2 = frg. 8 LEEMANS = frg. 28 DES PLACES = PHILON T 1, 12f.) deutet an, welches Kriterium Philon an die Stelle der 'erfassenden Vorstellung' setzte: «die Deutlichkeit (Evidenz, ἐνάργεια) und die Übereinstimmung (ὁμολογία) der Sinnesdaten liessen ihn umdenken». Es ist demnach kein blosser Zufall oder eine rein mechanische Anreihung, wenn in CICEROS Lucullus der oben erörterten Stelle (Luc. 18 = F 5, 42-45) eine Behandlung des 'Evidenten' vorausgeht: für Cicero ist dieser Begriff ein Bindeglied zwischen den Stoikern und Philon. Bereits früher hatte man in der Akademie mit dem Begriff des 'Evidenten' operiert (CICERO Luc. 32 = 68 R 3 LS und 34; dazu § 49, S. 865f.; vgl. ferner CICERO nat. deor. I 12: «probabilia, quae quamquam non perciperentur, tamen, quia visum quendam haberent insignem et inlustrem, his ... vita regeretur», und nat. deor. III 9: Der Akademiker Cotta würde gegen einen 'evidenten und unumstrittenen' Sachverhalt nicht argumentieren). Das war ein nicht ungefährliches Zugeständnis an die Dogmatiker gewesen, denn eben sie hatten diesen Begriff entwickelt, um damit die Erfüllbarkeit der strengen stoischen Definition zu erweisen. Als 'evident' galt (Luc. 34): «verum illud et impressum in animo atque mente», also genau das, was

Philon von der strengen Definition noch übrigliess. Das so definierte 'Evidente' ist offenkundig die höchste Stufe des Wahrscheinlichen, und vor allem dieses Wahrscheinliche muss für Philon Gegenstand der 'Erfassung' (in der abgeschwächten Bedeutung, ὅσον ἐπὶ τῇ φύσει τῶν πραγμάτων αὐτῶν) gewesen sein. Vermutlich wurde der Begriff auch auf einfache nicht-sinnliche Sachverhalte angewandt: AINESIDEM bei PHOTIOS cod. 212, 170 a 37f. = 71 C 12 LS: εἰ ... ἐναργῶς κατ' αἴσθησιν ἢ κατὰ νόησιν καταλαμβάνεται, καταληπτὸν ἕκαστον φατέον (ohne ausdrücklichen Bezug auf Philon). TARRANT (1981 [*85: 74-78], 1985 [*26: 50f.]) hat anhand von zahlreichen Parallelstellen gezeigt, dass die 'Übereinstimmung' (ὁμολογία) als zusätzliches Kriterium diente: Wenn das 'Einleuchtende' ('Evidente') zudem in sich 'stimmig' war und von verschiedenen Beobachtern und zu verschiedenen Zeitpunkten 'übereinstimmend' beurteilt wurde, war ein sehr hoher Grad von Wahrscheinlichkeit erreicht. Mehr allerdings nicht: Philon hatte ja auf den dritten Teil der stoischen Definition verzichtet, gab also zu, dass auch das im höchsten Grade Wahrscheinliche falsch sein könnte. Aber ihm genügte die extrem hohe Wahrscheinlichkeit; wenn Evidenz gegeben und durch 'Übereinstimmung' bestätigt war, hielt er eine 'Erfassung' für möglich. Eine gewisse Ähnlichkeit mit den Prüfverfahren des Karneades ist deutlich.

Und doch ist die Änderung radikal. Karneades hatte (nach Kleitomachos) grössten Wert darauf gelegt, dass man dem 'Wahrscheinlichen' (πιθανόν) wohl 'folgen' könne, ihm jedoch niemals 'zustimmen' dürfe; und auch die skeptische Richtung, die ein 'Einleuchtendes' (ἐναργές) anerkannte (vielleicht ebenfalls Karneades: siehe S. 865f.), hatte das 'Einleuchtende' streng vom 'Erfassbaren' (καταληπτόν) geschieden. Für Philon fallen nun 'Einleuchtendes' und 'Erfassbares' zusammen. Und es sieht so aus, als sei auch der Rahmen weiter gefasst: Arkesilaos und Karneades hatten ihre Wahrscheinlichkeitslehre entwickelt, um dem Apraxia-Argument zu begegnen; Philon dagegen will mehr bieten als einen Ausweg aus der Not. Er lehrt zuversichtlich, 'Erfassung' und damit Gewinn von Wissen sei möglich. Vielleicht erinnerte er gelegentlich daran, dass völlige Gewissheit durch die 'Erfassung' im schwächeren Sinne nicht zu erlangen sei (TARRANT 1981 [*85: 96f.]), und wahrte damit den Schein eines skeptischen Akademikers; als entscheidend aber galt seinen Hörern und Lesern, dass er 'Erfassung' grundsätzlich für möglich hielt, denn eben das hatten alle seine Vorgänger (ausser Metrodor) stets entschieden bestritten. Es ist gut verständlich, dass eine solche Neuerung durch einen Scholarchen bei den konservativen Schulmitgliedern – aber auch bei den philosophischen Gegnern – Erstaunen und Empörung auslöste. AINESIDEM (bei PHOTIOS cod. 212, 170 a 14-17 = 71 C 9 LS) wirft den 'Akademikern seiner Zeit' vor (also mit grosser Wahrscheinlichkeit: Philon), 'sie stimmten nicht selten mit stoischen Auffassungen überein, ja sie seien in Wahrheit Stoiker, die mit anderen Stoikern (oder: nur zum Schein mit den Stoikern) im Streite lägen'. Auch innere Widersprüchlichkeit scheint AINESIDEM bei Philon getadelt zu haben (PHOTIOS cod. 212, 170 a 28-33 = 71 C 11 LS; aber der verderbte Text lässt sich nicht mit Sicherheit heilen; Vorschläge im kritischen Apparat bei LS; siehe ferner GÉLIBERT 1977 [*84: 114], LÉVY 1992 [§ 42 *40: 297]).

Philon hat dieser Kritik vermutlich dadurch begegnen wollen, dass er die gleichen oder ähnliche Auffassungen früheren prominenten Schulmitgliedern zuschrieb. Dabei ist er offensichtlich zu weit gegangen, und in diesem Zusammenhang warfen ihm die Dogmatiker (und wohl auch Mitglieder der eigenen Schule) eine oder mehrere 'Lügen' vor (CICERO Luc. 12 = F 5, 35f. METTE; Luc. 18 = F 5, 40 = 68 U 3 LS). Es ist nicht mit Sicherheit zu klären, auf welche seiner Neuerungen das zu beziehen ist. An der ersten Stelle ist der Inhalt der 'Lüge' so umrissen: «... quae sunt heri defensa, negat Academicos omnino dicere». Nach GLUCKER (1978 [*24: 80 Anm. 227]) ist zu verstehen, Philon habe bestritten, dass die am Vortag referierte Position von den skeptischen Akademikern 'ohne Einschränkung' vertreten werde: die scheinbar näherliegende Übersetzung 'dass ... überhaupt vertreten werde', «would not be a lie, but sheer idiocy»; niemand konnte bestreiten, dass in der Akademie vor Philon auch skeptisch argumentiert wurde. Diese Deutung wird vielleicht gestützt durch die Parallelität zu AUGUSTINs Nachricht, die Akademiker hätten 'nicht wirklich' («non directo» oder «non decreto») gelehrt, alles sei unerfassbar (siehe dazu oben S. 905. 920f.). Aber in beiden Texten ist das sprachliche Verständnis unsicher. Metrodors Neuerung kann auch deshalb kaum gemeint sein, weil Herakleitos aus Tyros dem empörten Antiochos ausdrücklich bestätigt (CICERO Luc. 11), weder von Philon noch von irgendeinem anderen Akademiker habe er solche Häresien je gehört. Das provozierend Neue (und damit die 'Lüge') muss demnach etwas erst kürzlich von Philon (und keinem anderen) Erfundenes sein. An der zweiten Stelle (Luc. 18) steht der Vorwurf der 'Lüge' in engem (aber nicht völlig eindeutigem) Zusammenhang mit Philons Verkürzung der stoischen Definition der φαντασία καταληπτική. Wenn Philon wirklich die Behauptung gewagt hat, alle Akademiker hätten wie er gelehrt, man könne auf die stoische Definition und die Erfüllung ihrer Bedingungen verzichten und daher seien 'Erfassung' und 'Wissen' möglich, war das in der Tat eine grobe Lüge und eine starke Provokation. – Philons in einigen Interpretationen stark herausgestellte Beteuerung, es gebe 'nur eine Akademie', da nämlich auch Sokrates und Platon im Grunde Skeptiker gewesen seien (CICERO Acad. I 13 = F 7, 2-4 = 68 B LS), ist keine Neuerung der 'römischen Bücher', sondern eine seit Arkesilaos stets wiederholte, längst konventionell gewordene Behauptung (GLUCKER 1978 [*24: 70], anders BARNES 1989 [*91: 70f. mit Anm. 79]). Gewiss war der Streit durch Antiochos und seine plakative Unterscheidung der 'alten' dogmatischen von der 'neuen' skeptischen Akademie wieder belebt worden; aber eben darum dürfte Philon die Formel von der 'einen Akademie' unmittelbar nach dem Abfall des Antiochos, also lange vor der 'römischen' Zeit entwickelt und gebraucht haben.

Es gibt keinerlei Zeugnis dafür, dass Philon auch abstrakte Sachverhalte als 'erfassbar' bezeichnet hat. Das 'Evidente' und seine 'Erfassung' scheinen auf den Bereich des sinnlich Wahrnehmbaren und auf einfache nicht-sinnliche Sachverhalte (S. 924) beschränkt. Auch darum ist es ganz unwahrscheinlich, dass Philon den älteren Akademikern im Rahmen seiner tendenziösen Darstellung 'Dogmen' unterstellt hat oder dass gar die törichten Notizen über einen geheimen Dogmatismus des Arkesilaos auf ihn zurückgehen (§ 47, S. 802-804, gegen TARRANT 1985 [*26: 62-65]; richtig TARRANT 1982 [§ 50 *32: 10]: «Enargeia and philosophy belonged to two different worlds»). – Die nur bei AUGUSTIN Acad. III 41 belegte

Behauptung, die Akademiker hätten die ἀκαταληψία als eine Art Schutzschild gegen die Stoa benutzt, dürfte von Augustin selbst (oder von einem neuplatonischen Mittelsmann) aus einer verlorenen Notiz CICEROS über Metrodor und Philon und Stellen wie Luc. 31, fin. II 42, Tusc. V 83 (Karneades verbirgt im 'Krieg' mit den Stoikern seine eigene Meinung) herausgesponnen sein (gegen DILLON 1981 Rez. Glucker 1978 [§ 1 *398] 61; vgl. auch S. 804. 905. 920).

2. Ethik

Aus Philons Schrift Διαίρεσις τοῦ κατὰ φιλοσοφίαν λόγου hat AREIOS DIDYMOS (bei STOBAIOS II 7, 2 S. 39,20 bis 42,1 WACHSMUTH = F 2 METTE; vgl. DDG 70) die ‹Einteilung der Ethik› erhalten (mit ital. Übers. und nützlichen Erläuterungen auch bei GRILLI (Hg.) 1987 [*105: 21-26]; zum sprachlichen Verständnis des schwierigen Einleitungssatzes PHILIPPSON 1938 [*101: 248 Anm. 1]). Danach sah Philon die Tätigkeit des Ethikers in 'Analogie' (S. 40, 10f. = Zeile 14 METTE; S. 40, 22 = Z. 24) zu der eines Arztes und unterschied sechs 'Aufgaben' oder 'Abschnitte' (ohne erkennbaren Unterschied ἔργον, λόγος oder τόπος genannt). Einige dieser Abschnitte sind nochmals zweigeteilt: 1. (προτρεπτικὸς λόγος). Wie der Arzt den Kranken zunächst überreden muss, von den Mitteln der Medizin Gebrauch zu machen, so muss der Philosoph den noch Unbelehrten zunächst für sein Angebot gewinnen: das geschieht a) durch den Nachweis des Nutzens der Tugend, b) durch die Widerlegung der gegnerischen Argumente. 2. ('Heilung', θεραπευτικός). Wie der Arzt a) die Krankheitskeime entfernt und b) gesundheitsfördernde Mittel zuführt, so ist die Aufgabe des Philosophen a) die «unmerkliche Beseitigung falscher Meinungen, das ist solcher, durch die die Entscheidungsfähigkeit der Seele beeinträchtigt wird», und b) die «Vermittlung gesunder Meinungen». Der 3. Abschnitt fällt aus der zeitlichen Sukzession heraus: 'Telos' (letztes Ziel, Endzweck) des Arztes ist die Gesundheit, das des Philosophen die 'Glückseligkeit' (εὐδαιμονία). Als 4. Abschnitt nennt Philon den λόγος περὶ βίων (‹Über die Lebensführung›): Wie der Arzt sich nicht damit begnügen darf, dem Kranken die Gesundheit zurückzugeben, sondern auch Ratschläge für deren Erhaltung zu geben hat, muss der Philosoph auch 'Regeln' (θεωρήματα) für die Lebensführung aufstellen. Dieser Abschnitt ist wiederum zweigeteilt: a) 'Regeln' für den Einzelnen ('soll man sich politisch betätigen?', 'soll man heiraten?'), b) 'Regeln' für die Allgemeinheit. Dieser Unterabschnitt gilt Philon (oder seinem Interpreten Areios?) als «so bedeutend, dass er als (5.) πολιτικὸς λόγος für sich allein stehen sollte» (S. 41, 13-16 = Zeile 35-37 METTE); in ihm geht es z.B. um die Frage nach der besten Verfassung. – «Wenn alle Menschen weise wären, bedürfte es keiner weiteren Abschnitte, denn die feineren Untergliederungen sind nur Ableger des bereits Genannten» (S. 41, 16-18 = Z. 37-39 METTE). Aber das ist nicht der Fall; daher fügt Philon zum Nutzen der Menschen von 'mittelmässiger Gesinnung', die sich aus verschiedenen Gründen der Philosophie noch nicht voll ergeben haben, noch (6.) einen ‹Abschnitt mit Ratschlägen› (ὑποθετικὸς λόγος, lat. praecepta) an, die «in knapper Formulierung sicheren und richtigen Umgang» mit den Dingen des Alltags gewährleisten sollen.

Bei der Bewertung dieses Zeugnisses darf nicht übersehen werden, dass es sich um die Darstellung einer Einteilung handelt, nicht etwa um konkrete ethische Lehrsätze. Das Ganze ist ein rein formaler Rahmen, der mit ganz verschiedenem Inhalt gefüllt werden kann. Die Nennung der 'Tugend' (ἀρετή) im ersten Abschnitt darf nicht im engen stoischen Sinne verstanden werden; gemeint ist nur: verändertes Verhalten aufgrund ethischer Reflexion. Auch dass als 'Telos' die Eudaimonia genannt ist, ist keine individuelle Lehrmeinung, sondern im Rahmen der hellenistischen Ethik eine fast tautologische Selbstverständlichkeit: der Streit unter den Schulen ging darum, *welches* Telos die 'Glückseligkeit' verschafft. Philon folgt mit seiner ‹Einteilung›, von der durch Zufall nur der der Ethik gewidmete Teil in Paraphrase erhalten ist, einer Modeströmung der Philosophie seiner Zeit (CICERO Lucullus 43; DDG 81f. Anm. 5). Auch der Arztvergleich ist durchaus konventionell: HERMANN (1851 [*81: 6 Anm. 33]) nennt als platonische Parallelen Charmides 156b-157c, Kriton 47b-c, Gorgias 478b-479b, Sophistes 230c-d; stoische Parallelen bei VON FRITZ (1938 [*21: 2542]) und DIHLE (1973 [*103: 52 mit Anm. 10]). Die Einbeziehung der Durchschnittsmenschen erinnert an die stoische Lehre vom sittlichen 'Fortschritt' (προκοπή). DIHLE (1973 [*103: 57 Anm. 27]) hat gezeigt, dass die Hinzufügung des ὑποθετικὸς λόγος auf das Vorbild von Poseidonios zurückgeht. Über mögliche Nachwirkungen des philonischen Schemas siehe HAHM (1983 [*104: 27f. 35f. Anm. 44-47]).

Ob Philon selbst je in der geschilderten Weise als 'Seelenarzt' tätig geworden ist, wissen wir nicht. Es ist denkbar, dass er gelegentlich – wie Karneades (der es allerdings nur 'disserendi causa' tat, vgl. § 49, S. 878. 881) – ein bestimmtes Telos vertreten hat; im Rahmen des zweiten Abschnitts ('Heilung') könnte er dabei auf Platons Begriff der 'richtigen Meinung' (ὀρθὴ δόξα, Menon 97b) oder auf die seinem Schema ähnliche Abfolge: Beseitigung von Scheinwissen, danach Erkenntnis (Menon 84a-c), verwiesen haben (TARRANT 1981 [*85: 71], MÜLLER 1988 [§ 46 *4: 44]). Aber wahrscheinlich ist das schon deshalb nicht, weil Philon in keiner der zahlreichen erhaltenen ethischen Doxographien und ihren Telos-Tafeln auch nur genannt ist (auch CICERO fin. II 43 ist ein starkes argumentum e silentio). Vieles spricht also dafür, dass sich Philon ausschliesslich der Widerlegung der anderen Schulen gewidmet hat; die ‹Einteilung› dürfte die dabei meist befolgte Ordnung wiedergeben. GRILLI (1971 [*102], 1987 [*105: 27-35]) hat die kühne These vertreten, dass sich Cicero bei der Planung seiner philosophischen Schriften von ihr hat leiten lassen.

In CICEROS ‹De natura deorum› I 113 (= F 10, 17-19 METTE) berichtet Cotta, während seines Aufenthalts in Athen (90 v. Chr.) habe Philon 'die Behauptung der Epikureer, die weichlichen und zarten Genüsse seien ihnen gleichgültig, nicht hinnehmen wollen'; er habe aus dem Gedächtnis viele Aussagen Epikurs zitiert, die das widerlegten. Falls dieses 'Zeugnis' Vertrauen verdient, deutet es auf eine elenktische Haltung im Sinne des Karneades.

3. Rhetorik und Philosophie

Philon hat, zumindest in seiner römischen Zeit, die ablehnende Haltung der Akademie gegenüber der Rhetorik (§ 50, S. 904. 908f.) aufgegeben. In Rom liess er seine philosophischen Darlegungen mit rhetorischer Unterweisung (praecepta) wechseln (CICERO Tusc. II 9 = F 9, 6-9 METTE). Dazu können ihn auch wirtschaftliche Überlegungen bewogen haben. Crassus weiss im Jahre 91 v. Chr. (fiktives Datum des Dialogs) zu berichten (CICERO de or. III 110 = F 3), Philon («quem in Academia vigere audio») mache den Redelehrern mit Erfolg ihre Domäne streitig, indem er auch Einzelprobleme ('causae temporibus locis reis definitae' = 'quaestiones finitae', ὑποθέσεις) in seinem rhetorischen Unterricht behandeln lasse. Es ist freilich nicht auszuschliessen, dass hier eine Rückprojektion der römischen Gepflogenheiten vorliegt.

4. Unsicheres

a) Dialektische 'Annäherung an die Wahrheit': Philon oder Cicero?

Cicero nennt als Motiv für die philosophischen Auseinandersetzungen der Akademiker mit den anderen Schulen oft die 'Suche nach Wahrheit' (Luc. 7 «verum invenire ... volumus»; ferner rep. II 8; Luc. 60. 65. 76; fin. I 3. 13, IV 27; nat. deor. I 4. 11; Tusc. III 46. 56; div. II 28). Gelegentlich äussert er sich, wie man es von einem Vertreter der akademischen Skepsis erwartet, über den möglichen Erfolg dieser Suche entschieden pessimistisch, z.B. in De natura deorum I 57 und II 2, wo der Akademiker Cotta betont, ihm falle es leichter, fremde Ansichten zu widerlegen, als selbst zu bestimmten Ansichten zu gelangen, oder Academica I 44, wo Cicero beiläufig Arkesilaos und dessen 'Vorgänger' von Anaxagoras bis zu Sokrates zitiert, die gelehrt hätten, «nichts könne erkannt werden, nichts erfasst, kein Wissen sei möglich ... in unermesslicher Tiefe sei die Wahrheit verborgen» (vgl. auch Luc. 32). Viel häufiger jedoch zeigt sich Cicero im Hinblick auf einen Erkenntnisfortschritt optimistisch. Die Wahrheit selbst bleibe zwar unerreichbar, aber eine weitgehende Annäherung an sie scheint ihm möglich. Darum mahnt er, bei der Suche nicht zu ermüden: fin. I 3 «... nec modus est ullus investigandi veri, nisi inveneris, et quaerendi defatigatio turpis est»; Luc. 7 «... neque nos studium exquirendi defatigati relinquemus ...». Was erreicht werden kann, nennt Cicero meist 'der Wahrheit ähnlich', 'wahrscheinlich' (veri similis: Luc. 66. 127; Tusc. II 9 u.ö.); dem Gedanken der Annäherung entspricht es, dass auch die Steigerungsstufen begegnen: nat. deor. III 95 (über das Ergebnis des Gesprächs) «... mihi Balbi (disputatio) ad veritatis similitudinem videretur esse propensior»; 'veri simillimus': Tusc. I 8; IV 47; div. II 150; leicht variiert Tusc. V 82 'species veritatis'. Neben 'veri similis' gebraucht Cicero vereinzelt auch für den theoretischen Bereich den Begriff 'probabilis' ('was anerkannt werden kann'), der sonst überwiegend bei der Bewertung der 'Vorstellungen' (φαντασίαι) begegnet (siehe oben S. 863).

An zahlreichen Stellen erläutert Cicero, auf welchem Wege ihm die 'Annäherung an die Wahrheit' möglich scheint: durch 'Argumentation nach beiden Seiten hin' (disputatio in utramque partem). Bereits in ‹De re publica› (III 8), einem Werk der mittleren Schaffensperiode, gilt es als 'bekannte Gepflogenheit' der Akademie, 'nacheinander für gegensätzliche Standpunkte zu argumentieren, da so die Wahrheit (!) am leichtesten gefunden werden kann'. In der Vorrede zum Lucullus (7) formuliert CICERO programmatisch: «... neque nostrae disputationes quicquam aliud agunt, nisi ut in utramque partem dicendo et audiendo eliciant et tamquam exprimant aliquid, quod aut verum sit, aut ad id quam proxime accedat», es soll «etwas hervorgelockt werden, das entweder wahr ist, oder aber so nahe wie möglich an die Wahrheit herankommt» (vgl. Luc. 60). Ferner: nat. deor. I 11 «... quibus propositum est veri reperiendi causa et contra omnes philosophos et pro omnibus dicere»; off. II 8 «contra ... omnia disputantur a nostris, quod hoc ipsum probabile elucere non posset, nisi ex utraque parte causarum esset facta contentio»; Tusc. I 8 «vetus et Socratica ratio contra alterius opinionem disserendi ... nam ita facillime, quid veri simillimum esset, inveniri posse Socrates arbitrabatur». Auch Arkesilaos hatte gegen alle anderen Ansichten, Karneades hatte für und wider bestimmte Ansichten disputiert. Aber beide hatten damit nur zeigen wollen, dass es in theoretischen Fragen keine Erkenntnis geben kann. Nie haben sie philosophische Positionen als mehr oder weniger 'wahrscheinlich' bezeichnet. Ihr Skeptizismus war pessimistisch und rein destruktiv (gegen BURKERT 1965 [§ 42 *74: 187-189], IOPPOLO 1986 [§ 1 *401: 159f.] u.a.; vgl. oben S. 805f. 876f.). Die zitierten Cicero-Stellen dagegen sind von einer anderen Haltung getragen: Das dialektische Verfahren scheint geeignet, die Wahrheit zwar nicht zu erreichen, aber ihr doch sehr nahezukommen. Man kann von einem 'optimistischen' und 'konstruktiven' Skeptizismus sprechen. Diese Haltung begegnet nur bei Cicero; aber da man dem Römer keine philosophischen Neuerungen zutraute, wurde immer wieder versucht, die dialektische Methode, zu 'wahrscheinlichen' philosophischen Ansichten zu gelangen, auf seinen Lehrer Philon zurückzuführen (zuletzt TARRANT 1985 [*26: 4. 25f.], LONG/SEDLEY 1987 [§ 1 *295: 2, 441]). Für eine solche Zuschreibung jedoch findet sich in den Zeugnissen nicht der geringste Anhalt. An der von Long und Sedley angeführten Stelle (SEXTUS EMP. math. VII 435-437) ist Philons Name nicht genannt, und es geht auch nicht um philosophische Positionen, sondern um die Bewertung von φαντασίαι (siehe oben S. 874f.). Weder für Philon noch für die skeptischen Akademiker im allgemeinen ist in einem griechischen Text eine dialektische 'Annäherung an die Wahrheit' auch nur angedeutet; im Gegenteil: SEXTUS EMP. (PH I 1-3) versichert, die Akademiker hätten die Wahrheit grundsätzlich für 'nicht erfassbar' gehalten; die pyrrhonischen Skeptiker dagegen seien stets 'auf der Suche' nach ihr. Es bleiben die überwiegend allgemein gehaltenen Äusserungen Ciceros, in denen er 'den Akademikern' von Sokrates bis hin zu Philon den Grundsatz optimistischer Wahrheitssuche bescheinigt. Die Vermutung ist unabweisbar, dass Cicero selbst den aporetischen Skeptizismus der Griechen im konstruktiven Sinne umgeprägt und seine eigene Version auf die griechischen Akademiker zurückprojiziert hat. Das zeigt nicht nur das Schweigen der griechischen Quellen: die einzigen Beispiele für die Anwendung einer dialektischen Wahrheitsfindung stammen von Cicero selbst, der vor allem in den grossen Dialogen ‹De finibus bonorum et malorum› und ‹De natura deorum›, aber auch in ‹De divinatione› und in den ‹Academica› eindrucksvoll gezeigt hat, was er unter 'Annäherung an die Wahrheit' verstand.

Das schliesst nicht aus, dass Cicero von Philon einzelne Anregungen empfangen hat. Die 'wahrscheinlichen' philosophischen Standpunkte stehen in einer gewissen Analogie zu den 'wahrscheinlichen' φαντασίαι; das zeigen einige Stellen, an denen kurz hintereinander von theoretischen Ansichten und vom 'Wahrscheinlichen' als Handlungskriterium (bezeichnend dafür das Verbum 'sequi') die Rede ist: Luc. 7f., fin. II 43; nat. deor. I 12; off. II 7f. Wie die 'Vorstellung' (φαντασία) 'durchgeprüft' (διεξοδεύω) wird, muss sich eine philosophische Lehre vor allen gegnerischen Argumenten bewähren. Den Gedanken der 'Prüfung' hatte Philon nach Tarrant gegenüber Kleitomachos wieder stärker betont, indem er 'übereinstimmende' Beurteilung durch mehrere Personen verlangte (siehe oben S. 924). Vielleicht gehört in diesen Zusammenhang ein bislang wenig beachtetes Fragment aus CICEROS ‹Hortensius› (NONIUS S. 193, 11-13 = frg. 59 MÜLLER, 30 GRILLI): 'Wenn man bei einer Rechnungsprüfung alle Einzelposten als richtig anerkannt hat (si ... probasti), muss man auch die Summe anerkennen'. Mit diesem Gleichnis könnte die logische Verknüpfung von 'gebilligten' einzelnen 'Vorstellungen' zu einem grösseren gedanklichen System gemeint sein.

Daneben steht unverkennbar der Einfluss der Rhetorik, und hier wird Philons Rolle etwas deutlicher. Philon hatte, vielleicht schon in Athen, sicher jedoch in seiner römischen Zeit rhetorischen Fragen und Übungen breiten Raum gewidmet (S. 916. 928). Nach CICERO (de or. I 263) sind 'jetzt' (iam, d.i. 91 v. Chr.) die rhetorischen Übungen auch bei den Philosophen zu Hause, und zwar vor allem bei denen, «qui de omni re proposita in utramque partem solent copiosissime dicere»; später (de or. III 107 mit Rückbezug auf III 67) wird ausgeführt, die 'disputatio in utramque partem' sei 'jetzt' (nunc) die Domäne der Akademiker und der Peripatetiker (vgl. Tusc. II 9). Interessant ist, dass Cicero an zwei weiteren Stellen die aristotelische Methode von der akademischen deutlich absetzt: fin. V 10 «ab Aristotele ... de singulis rebus in utramque partem dicendi exercitatio est instituta ut non contra semper, sicut Arcesilas, diceret ...»; de or. III 80 «Aristotelio more de omnibus rebus in utramque sententiam ... dicere ..., aut hoc Arcesilae modo et Carneadis contra omne quod propositum sit (disserere) ...». Manches spricht dafür, dass Philon die (eher konstruktive) aristotelische Methode besonders pflegte (dazu fügt es sich, dass er die Definition der 'erkenntnisvermittelnden Vorstellung' allem Anschein nach auf die peripatetischen Merkmale reduzierte, S. 923). Hier könnte Cicero entscheidende Impulse für seinen dialektischen Ansatz empfangen haben (WEISCHE 1961 [§ 42 *72: 78f.] betont einerseits das Neue an Cicero, führt dann jedoch das 'antilogistische' Verfahren der Wahrheitssuche zu Unrecht schon auf Karneades zurück). Näheres über Cicero unten S. 1089-1092.

b) 'A Fourth Academic Orthodoxy'?

Harold Tarrant hält Philons 'römische Bücher' für das Manifest einer neuen 'akademischen Orthodoxie'. Unter der oben zitierten Überschrift hat er die für

Philon namentlich bezeugten Lehrinhalte durch allgemeine Aussagen über 'die Akademiker' ergänzt und ist dabei zu interessanten Resultaten gelangt (TARRANT 1985 [*26: 41-65]). Im anonymen ‹Kommentar zu Platons Theaitet› (Verfasser nach TARRANT 1983 [*89]: Eudoros aus Alexandria, dazu § 53, S. 987) heisst es (col. LIV 45 bis LV 2), 'Platon und alle anderen Akademiker hätten Dogmen gehabt, mit ganz wenigen Ausnahmen'. Die 'Ausnahmen' sind nach TARRANT (1985 [*26: 63]) Karneades und Kleitomachos (gegen GLUCKER 1978 [*24: 305f.], vgl. auch oben S. 803). Philon und seine Anhänger hatten demnach 'Dogmen'. Einige dieser Dogmen sieht TARRANT (1985 [*26: 44-49]) in vier von AËTIOS für 'die Akademiker' bezeugten Lehrstücken (DDG 403 b 8-11; 396 b 17-19; 396 b 5-7; 398 b 24). Es handelt sich um eine Theorie des Sehens und um die Aussagen: 'Die Sinnesorgane sind gesund, da wir durch sie richtige Vorstellungen empfangen, aber nicht genau'; 'der Wahrnehmungsvorgang ist weder Erfassung noch Zustimmung'; 'den Weisen erkennt man nicht an seinem Äusseren, sondern durch den Logos'.

Auch AINESIDEM (bei PHOTIOS cod. 212, 170 a 14-17 = 71 C 9 LS) wirft 'den Akademikern' vor, im Kampf mit den Stoikern deren Begriffe zu übernehmen und so zu 'dogmatisieren'; als Beispiele nennt er (PHOTIOS 170 a 17-20) die Begriffspaare 'Tugend' und 'Unvernunft', 'gut' und 'schlecht', 'wahr' und 'falsch', 'wahrscheinlich' und 'unwahrscheinlich', 'seiend' und 'nicht-seiend' (TARRANT 1985 [*26: 63f.]). In der Tat operierten die Akademiker mit diesen Begriffen. Nun galt ihnen zwar die blosse Aufstellung eines Begriffs kaum als ein 'Dogma', aber es ist richtig, dass sie auf diese Weise in Dogmen 'hineingleiten' konnten (TARRANT 1985 [*26: 65], in Anlehnung an Ainesidem bei PHOTIOS 170 a 28 οὐ συνίσασιν), wie etwa in Sätze der Art: 'Es gibt Tugend' oder 'Es gibt Wahres'. Nach Tarrant setzten die Akademiker um Philon einer solchen Verfestigung keinen nachhaltigen Widerstand entgegen: sie hielten ja 'Erfassung' (wenn auch in einem abgeschwächten Sinne) für möglich. Der skeptische Vorbehalt der 'vierten Akademie', wie Tarrant sie sieht, richtet sich vor allem gegen die einzelnen Sinneswahrnehmungen: sie können nicht zuverlässig sein, denn die Sinnenwelt ist stetem Wandel unterworfen. Auch diesen Satz rechnet TARRANT (1985 [*26: 64f. 79]) zu den «Dogmen der 'vierten Akademie'» (zustimmend DECLEVA CAIZZI 1988 [§ 1 *367: 451]). Er erschliesst dieses Dogma indirekt aus dem Eigenlob AINESIDEMS (PHOTIOS cod. 212, 169 b 40 bis 170 a 11 = 71 C 6-7 LS), die Pyrrhoneer lehrten *nicht*, 'bald sei ein Ding so beschaffen, bald anders; dem einen erscheine der gleiche Gegenstand so, einem anderen anders' usw. Die an dieser Stelle kritisierten Akademiker hätten sich demnach auf Wechsel und Relativität berufen. Eine Bestätigung sieht Tarrant im anonymen THEAITET-KOMMENTAR (col. LXIII 48 bis LXIV 36), wo ebenfalls die Lehre vom 'Fluss' neben der Relativität genannt ist. Diese Deutung der Sinnenwelt verbindet Tarrant nun mit der oben erläuterten und für Philon klar bezeugten Bewertung der ἐνάργεια, des 'Evidenten' oder 'Einleuchtenden': Im Hinblick auf den steten Wechsel der Erscheinungen verdient selbst 'Einleuchtendes' nur dann (relatives) Vertrauen, wenn es durch Beobachtungen zu anderer Zeit und von anderem Ort aus bestätigt wird, also im Prüfverfahren der ὁμολογία 'Übereinstimmung' (dazu S. 923f.). Ist das der Fall, dann kann es gelingen, das Wahre und Bleibende im Fluss der Erscheinungen zu erkennen. Damit erweise sich Philon als würdiger Nachfolger Platons, denn durch seinen konstruktiven Neuansatz bereite er den Boden für eine Wiedergewinnung der Lehre des Schulgründers: Die Sinnenwelt bleibt abgewertet, aber die neu definierte 'Erfassung' gibt den Blick frei auf das Reich der Ideen (1985 [*26: 11. 13]). So sei es zu erklären, dass Philon der eigentliche Wegbereiter des Mittel- und Neuplatonismus wurde, nicht etwa Antiochos, wie meist angenommen wird; die antiocheische Verteidigung der Sinnesdaten und der empirischen Welt habe vielmehr dem Platonismus den Boden entzogen.

Vieles an dieser Konstruktion ist angreifbar. Tarrant sieht die 'vierte Akademie' als eine Einheit und betont, diese Einheit sei nicht denkbar ohne die Autorität eines Scholarchen (1985 [*26: 41f.]). Andererseits bezieht er sich ausdrücklich auf die 'römischen Bücher' und ihre Neuerungen; als diese Bücher entstanden, war Philon jedoch de facto nicht mehr Leiter der Schule. Am schwersten wiegt es, dass Cicero, dem Philon sehr nahegestanden hatte und der Platon 'wie einen Gott' verehrte (Att. IV 16, 3; nat. deor. II 32), von einer Rückwendung Philons zu Platon nichts zu wissen scheint. Auch im Sachlichen bleiben Bedenken. Die Prüfung unter dem Gesichtspunkt der 'Übereinstimmung' scheint nicht geeignet, den Blick von der empirischen Welt fort auf einen Bereich des Bleibenden zu lenken; sie kann nur Sinnesdaten einen höheren Grad von Gewissheit verleihen. Es ist schliesslich nicht gut vorstellbar, dass gerade Philon, dem an einer Annäherung an den Dogmatismus gelegen war, die seit Arkesilaos sattsam bekannten Argumente von Wechsel und Relativität besonders stark herausstellte. Aber es soll nicht bestritten werden, dass einzelne der von Tarrant angeführten 'Dogmen' in der Akademie unter Philon entstanden oder gelegentlich vertreten worden sein können.

E. PERSÖNLICHKEIT UND NACHWIRKUNG

Keiner der 'grossen' akademischen Scholarchen bleibt für uns so unanschaulich, ja rätselhaft wie Philon. Über sein Wirken als Lehrer in Athen erfahren wir nur wenig: Der römische Redner Crassus weiss in Ciceros Fiktion vom Hörensagen, dass Philon 'jetzt' (d.i. 91 v. Chr.) in Athen in hohem Ansehen steht (CICERO de or. III 110 = F 3, 2f. METTE); Cotta berichtet, dass er während seines Aufenthalts in Athen seit 90 v. Chr. von Philon aufgefordert wurde, auch den Epikureer Zenon zu hören (CICERO nat. deor. I 59 = F 10, 12-16). Wenn dieses Zeugnis Glauben verdient, war Philon in diesem Punkte ähnlich grosszügig wie Arkesilaos, der seinem Rivalen Hieronymos aus Rhodos einen Schüler zugeführt hatte und auch sonst viel Offenheit im Umgang mit anderen Schulen zeigte (§ 47, S. 794). Über die literarische Tätigkeit Philons in Athen fehlt ebenfalls fast jedes antike Urteil: AREIOS DIDYMOS (bei STOBAIOS II 7, 2 S. 39, 21-23 WACHSMUTH = F 2, 3-5) spendet ihm das nichtssagende Lob, er habe (neben der Einteilung der Ethik) 'auf den übrigen Gebieten hinlänglichen Fortschritt erzielt und treffliche Schriften verfasst'. Wirkliche Aufmerksamkeit hat Philon bei seinen Zeitgenossen offenbar erst im Exil, also sehr spät im Leben, gefunden: als er in den 'römischen Büchern'

Thesen vertrat, die man von ihm während der vorangegangenen Jahrzehnte nicht gehört hatte. Die römische Lehrtätigkeit wird von CICERO als 'vielseitig und bedeutend' gerühmt (Brutus 306 = F 4, 7); PLUTARCH (Cicero 3, 1 = KARNEADES T 13, 2-4 METTE) weiss zu berichten, die römischen Hörer hätten Philon «wegen seines Vortrags bewundert und wegen seines Charakters geliebt».

Angesichts dieser dürftigen Notizen kann es nicht überraschen, dass Philon in der Forschung stark unterschiedlich bewertet wird. Karl Friedrich HERMANN hatte Philon 1851 [*81: 8f.] als treuen Anhänger Platons ausweisen wollen und damit wenig Glauben gefunden (zuletzt bei WIŚNIEWSKI (Hg.) 1982 [*1: 28f.]). Seit HIRZEL (1877-1883 [§ 1 *331: 3, 214. 222]) und GOEDECKEMEYER (1905 [§ 42 *33: 123f.]) galt Hermanns Interpretation als überwunden, und man sah in Philon vor allem den Erkenntniskritiker.

In neuerer Zeit stehen einander im wesentlichen zwei Interpretationen gegenüber. John GLUCKER (1978 [*24: 88f. 108f.]) verweist auf das Fehlen aller Nachrichten über einen persönlichen philosophischen Standpunkt Philons in der athenischen Zeit und schliesst daraus, dass er damals keine eigene Lehre vertrat. Philon sei bis zur Veröffentlichung der 'römischen Bücher' stets 'mittelmässig und farblos' gewesen, aber eben dieses unauffällige Mittelmass habe ihn den konservativen Schulmitgliedern als Nachfolger des Kleitomachos empfohlen: Philon galt als 'schwach', von ihm erwartete man keine philosophischen Neuerungen. Diese Erwartung habe Philon nach seiner Wahl auch über zwanzig Jahre lang getreulich erfüllt; unter seinem Scholarchat sei die Schule in rückwärtsgewandter Erstarrung versunken. Als Folge dieser geistigen Verarmung sei, vor allem nach dem Abfall des Antiochos (nach Glucker 'vor 95 v. Chr.'), die Schülerzahl der Akademie ständig zurückgegangen: die ältere, noch an Kleitomachos orientierte Generation starb aus; die Jüngeren fühlten sich zur erbaulicheren Lehre des abtrünnigen Antiochos hingezogen. Auch Philon selbst sei schliesslich des 'rein analytischen und negativen Charakters' der bislang vertretenen Lehre überdrüssig geworden. Im römischen Exil habe er dann einen kühnen Versuch unternommen, den Anschluss an die neuen dogmatischen und eklektischen Strömungen zu gewinnen, ja sich selbst als den eigentlichen Wortführer der neuen Richtung auszugeben – und das auch aus einem konkreten Grunde: durch Antiochos' wachsenden Einfluss habe Philon seine Position als Scholarch gefährdet gesehen. Erst mit den 'römischen Büchern' habe sich Philon über das Niveau 'monotoner Orthodoxie' erhoben und sei für kurze Zeit zum Philosophen geworden (GLUCKER 1978 [*24: 89]). Aber der gewünschte Erfolg blieb aus. Philon hatte sich 'zwischen die Stühle gesetzt': Er hatte die konservativen Schulmitglieder vor den Kopf gestossen und musste sich von den Antiocheern den Vorwurf innerer Widersprüchlichkeit gefallen lassen. Das auf Antiochos zurückgehende Argument in CICEROS Lucullus (18) zeigt, dass Philon in einem entscheidenden Punkte beide Seiten gegen sich geeint hatte: Die dogmatischen Antiocheer wollten ebensowenig wie die skeptischen Akademiker zulassen, dass die Definition der 'erfassenden Vorstellung' (φαντασία καταληπτική) vereinfacht wurde (dazu S. 922-924): die einen, weil sie an der grundsätzlichen 'Unerfassbarkeit' (ἀκαταληψία) festhalten wollten, die anderen, weil sie den Unterschied zwischen ihrer Haltung und der skeptischen Richtung nicht verwässert sehen wollten – sie hielten ja die Definition für erfüllbar und wollten dieses Zugeständnis auch von ihren Gegnern. Philons Lösung musste ihnen als ein unredlicher Schleichweg zum Dogmatismus erscheinen. Philon habe denn auch bald einsehen müssen, dass mit den Neuerungen der 'römischen Bücher' nichts zu gewinnen war, und sei deshalb zur orthodoxen Lehre 'seiner glücklicheren Tage' zurückgekehrt (GLUCKER 1978 [*24: 83f.]; zur Sache siehe oben S. 919. 921).

Zu einer gänzlich anderen Wertung gelangt Harold TARRANT. Er distanziert sich energisch von Gluckers ungünstigem Urteil (1980 Rez. Glucker 1978 [§ 1 *398] 117; 1981 [*85: 66]; ähnlich SEDLEY 1981 [*25: 71]). Er sieht in Philon den führenden Kopf der 'vierten Akademie', die in behutsamer, aber doch klarer Abkehr von der eher destruktiven Phase unter Karneades und Kleitomachos den Weg zurück zu Platon gesucht und gefunden habe. Tarrants Argumente sind S. 930-932 referiert.

Entsprechend unterschiedlich ist die Einschätzung von Philons Einfluss auf die Nachwelt. Nach Glucker konnte Philon weder als konservativer Scholarch noch in seiner römischen Periode nennenswerten Anhang gewinnen; selbst der ihm emotional gewogene Cicero habe die 'römischen' Thesen abgelehnt und sich an Karneades und Kleitomachos gehalten; die Akademie und ihr Denken habe mit Philon ein ruhmloses Ende gefunden. Eine 'goldene Kette' von Platon bis zum späten Platonismus (DAMASKIOS bei PHOTIOS Bibl. cod. 242, 346a, 17-19) gebe es nicht (GLUCKER 1978 [*24: 306-315]). – TARRANT dagegen sieht einen nachhaltigen Einfluss der 'vierten Akademie' auf die spätere Entwicklung: Philons Philosophie, die ihm geprägt scheint 'eher durch Zurückhaltung als durch ernsthaften Zweifel', habe einen Fortsetzer gefunden in Eudoros aus Alexandria, der Platon wieder ganz in den Mittelpunkt gerückt habe; von Eudoros aber führe eine gerade Linie bis zum Beginn des Mittelplatonismus zur Zeit Plutarchs. Zwar sei die Akademie als Institution nach Philon zum Erliegen gekommen, aber es habe 'von Philons Tod bis zu Plutarch ohne Unterbrechung akademische Lehrtätigkeit gegeben' («continued Academic activity»); 'etwa zweihundert Jahre' lang sei also 'der Einfluss Philons lebendig geblieben' (1985 [*26: 3. 135f.]). Sollte diese These richtig sein, würde das Bild der 'goldenen Kette' wieder einigen Glanz gewinnen. Aber sie beruht auf einer Reihe unsicherer Annahmen und hat das Schweigen aller Mittel- und Neuplatoniker über einen Platonismus Philons gegen sich. Die stärkeren Gründe sprechen für Gluckers Interpretation.

F. BIBLIOGRAPHIE

1. Zeugnisse und Überlieferung: a) Zeugnissammlungen [*1-*3]; b) Quellenschriften [*11-*12]. – 2. Allgemeines [*21-*26]. – 3. Leben [*31-*33]. – 4. Schriften: a) Zur Διαίρεσις [*41]; b) Philon als Quelle für Ciceros ‹Academici libri›? [*51-*59]; c) Unsicheres [*71-*74]. – 5. Lehre: a) Erkenntnistheorie [*81-*91]; b) Ethik [*101-*105].

1. Zeugnisse und Überlieferung

a) Zeugnissammlungen

1 B. Wiśniewski: Philon von Larissa. Testimonia und Kommentar (Breslau 1982). – Unbefriedigend. Rez.: Gigante, in: Studi italiani di Filologia classica, 3a ser. 2 (1984) 137-138; Glucker, in: Scripta Class. Israel. 8-9 (1985-1988) 192-195; Wyszomirski, in: Eos 76 (1986) 141-143; Segoloni, in: Elenchos 8 (1987) 119-127.
2 Mette (Hg.) 1986-1987 [§ 46 *44: 9-24]. – Zeugnisse fast vollständig; die wichtigen Texte aus dem ‹Academicum Index› jedoch noch in der veralteten Fassung von Mekler. Zahlreiche Druckfehler. Bibliographie lückenhaft.
3 Long/Sedley 1987 [§ 1 *295: 1, 438-467; 2, 432-457]. – Gute Auswahl von Zeugnissen zur gesamten skeptischen Akademie mit (überwiegend) 'philosophischem' Kommentar.

b) Quellenschriften

Zum ‹Academicorum Index› (Philodem?) vgl. die oben [§ 46 *20-*26], zu Ciceros ‹Academici libri› die unten [§ 54 *271-*275] genannten Angaben.

11 W. von Kienle: Sukzessionen (1961) [§ 1 *122: 10]. – Es lässt sich nicht mehr klären, weshalb Diogenes Laert. seine Darstellung mit Kleitomachos abbricht, also Philon gar nicht mehr erwähnt.
12 M. Gigante: Biografia e dossografia in Diogene Laerzio (1986) [§ 1 *124: 7-102]. – 29: Diogenes' Abbruch nach Kleitomachos ist systematisch begründet.

2. Allgemeines

Vgl. auch Hirzel 1877-1883 [§ 1 *331: 3, 170. 195-250], Brochard 1887, ²1923 [§ 42 *31: 186-208], Goedeckemeyer 1905 [§ 42 *33: 103-130], Dal Pra 1950, ²1975 [§ 42 *36: 301-322], Weische 1961 [§ 42 *72: 103-105], Stough 1969 [§ 42 *38: 8-9], Barnes 1989 [§ 52 *21].

21 K. von Fritz: Art. 'Philon (Nr. 40) von Larissa', in: RE 19 (1938) 2535-2544.
22 J. Glucker: Art. 'Philon of Larissa', in: Oxford Classical Dictionary (Oxford ²1970) 822.
23 H.-T. Johann: Art. 'Philon, Akademiker', in: KP 4 (1975) 770-771.
24 J. Glucker: Antiochus and the Late Academy (1978) [§ 1 *398]. – Zu Philon: 13-91. 391-420 u.ö. Grundlegend.
25 D. Sedley: The end of the Academy, in: Phronesis 26 (1981) 67-75. – Rezensionsaufsatz zu Glucker 1978 [*24].
26 H. Tarrant: Scepticism or Platonism? (1985) [§ 42 *94]. – Versuch einer grundlegenden Neuinterpretation (dazu S. 930-932 u.ö.); wichtig auch die Rezensionen von Anna Maria Ioppolo (1988), J. Glucker (1989) und Gisela Striker (1991).

3. Leben

Vgl. auch Dorandi 1986 [§ 46 *23: 113-115].

31 W. B. Dinsmoor: The archons of Athens in the Hellenistic Age (Cambridge, Mass. 1931). – 291f.: Herakleitos von Tyros als Nachfolger Philons.
32 E. Badian: Rome, Athens and Mithridates, in: American Journal of Ancient History 1 (1976) 105-128. – Zur Lage der athenischen Philosophenschulen während der mithridatischen Wirren.
33 T. Dorandi: Per la cronologia di Filone di Larissa, in: Sileno 10 (1984) [Studi Barigazzi Bd. 1] 207-208; erweiterter ND in Dorandi 1991 [§ 1 *446: 17-20].

4. Schriften

a) Zur Διαίρεσις

Vgl. auch Grilli 1971 [*102], 1987 [*105].

41 Anna Maria Ioppolo: Aristone di Chio e lo stoicismo antico (Neapel 1980) [Collana Elenchos 1]. – 61f.

b) Philon als Quelle für Ciceros ‹Academici libri›?

Vgl. auch Fraser 1972 [§ 46 *75: 1, 488; 2, 706 Anm. 89], Lévy 1992 [§ 42 *40: 186-204].

51 Hirzel: 1877-1883 [§ 1 *331]. – 3, 251-341, bes. 337-341: Quelle für Lucullus 64-146 sind Philons 'römische Bücher'.

52 A. Lörcher: Das Fremde und das Eigene in Ciceros Büchern 'De finibus bonorum et malorum' und den 'Academica' (Halle a.d. Saale 1911). – 258-284: Philon Quelle für Luc. 64-105.

53 A. Krokiewicz: De duobus Philonis libris Romae scriptis, in: Eos 33 (1930-1931) 395-410.

54 M. Plezia: De Ciceronis Academicis dissertationes tres, in: Eos 37 (1936) 425-449; Eos 38 (1937) 10-30. 169-186 (ND Lemberg 1937). – Ciceros Quelle für die skeptische Gegenrede (Luc. 64-146) war Philons Antwort auf den ‹Sosos› des Antiochos.

55 R. Philippson: Art. 'M. Tullius (Nr. 29) Cicero – Die philosophischen Schriften', in: RE 7 A (1939) 1104-1192. – 1133: Philon hat auf Antiochos' Sosos schriftlich geantwortet.

56 K. Bringmann: Untersuchungen zum späten Cicero (1971) [§ 49 *26]. – 261-265: Die Cicero-Rede (Luc. 64-146) im wesentlichen orthodox karneadeisch, also nicht von Philon beeinflusst oder gar übernommen.

57 J. Glucker: Antiochus and the Late Academy (1978) [§ 1 *398]. – 413-415 u.ö.: Zustimmung zu Plezia 1936-1937 [*54].

58 Anna Maria Ioppolo: Rezension von Glucker 1978 [§ 1 *398]. – 218: Vorsicht gegen Glucker für die Quellenhypothese Hirzels.

59 Elizabeth Rawson: Intellectual life in the late Roman Republic (London 1985). – 57f.: Die 'römischen Bücher' waren in griechischer Sprache abgefasst und keinem Römer gewidmet.

c) Unsicheres

71 H. von Arnim: Dion von Prusa (1898) [§ 50 *41]. – 98-112: Cicero, De oratore III 54-143, gibt eine Schrift Philons über die Beziehungen zwischen Philosophie und Rhetorik wieder.

72 U. von Wilamowitz-Moellendorff: Asianismus und Attizismus, in: Hermes 35 (1900) 1-52 [= Kleine Schriften, Bd. 3 (Berlin 1969) 223-273]. – 18f. 240: Zustimmung zu von Arnim 1898 [*71].

73 W. Kroll: Studien über Ciceros Schrift De oratore, in: Rheinisches Museum für Philologie 58 (1903) 552-597.

74 W. Kroll: Art. 'Rhetorik' (1940) [50 *43]. – 1086-1088: Gegen von Arnim und Wilamowitz.

5. Lehre

a) Erkenntnistheorie

Vgl. auch Tarrant 1980 Rez. Glucker 1978 [§ 1 *398], Lévy 1992 [§ 42 *40: 290-300].

81 C. F. (Karl Friedrich) Hermann: Disputatio de Philone Larissaeo, (Göttingen 1851). – Index Scholarum SS 1851.

82 C. F. Hermann: De Philone Larissaeo disputatio altera (Göttingen 1855). – Index Scholarum SS 1855. – Platonisierende Deutung.

83 W. Burkert: Cicero als Platoniker und Skeptiker (1965) [§ 42 *74]. – 187-189: Die skeptische Akademie ist von Anfang an unermüdlich bemüht, die Wahrheit zu suchen und zu finden; das gilt auch für Philon.

84 R. Gélibert: Philon de Larissa et la fin du scepticisme académique, in: Permanence de la philosophie. Mélanges Joseph Moreau (Neuchâtel 1977) 82-126. – Philon hat die orthodoxe Lehre von der 'Unerfassbarkeit' ἀκαταληψία endgültig aufgegeben; er vertritt ein 'καταληπτόν phénoménal'. Den Skeptizismus von Arkesilaos hat er damit auf ein menschliches Mass zurückgeführt.

85 H. A. S. Tarrant: Agreement and the self-evident in Philo of Larissa, in: Dionysius 5 (1981) 66-97.

86 H. A. S. Tarrant: Cicero and the Academics (1982) [§ 50 *32]. – Die für uns vor allem bei Cicero kenntliche konstruktiv-eklektizistische Haltung ist ein typischer Zug der 'Vierten Akademie' um Metrodor, Charmadas und Philon: Der Akademiker darf mehr oder weniger nachhaltige Meinungen haben.

87 H. A. S. Tarrant: Two fragments of Cicero, Academica book I, in: Liverpool Classical Monthly 7 (1982) 21-22.

88 B. Wiśniewski: Deux conceptions de la connaissance dans les Academica priora, in: Emerita 50 (1982) 3-16.

89 H. A. S. Tarrant: The date of Anon. in Theaetetum, in: Classical Quarterly n.s. 33 (1983) 161-187.

90 H. A. S. Tarrant: Antiochus and Stoic epistemology, in: Dialectic. Journal of the Newcastle Philosophy Club 24 (1985) (Special Number on Greek Philosophy) 34-49. – Philons Ein-

fluss auf den erkenntnistheoretischen Standpunkt des Antiochos aus Askalon.
91 J. Barnes: Antiochus of Ascalon, in: Griffin/Barnes (Hg.) 1989 [§ 1 *369: 51-96]. – 68-78: 'Antiochus and Philo'; grundlegend zum veränderten erkenntnistheoretischen Standpunkt der 'römischen Bücher'.

b) Ethik

101 R. Philippson: Diogene di Enoanda e Aristotele, in: Rivista di Filologia e di Istruzione classica 16 (1938) 235-252.
102 A. Grilli: Il piano degli scritti filosofici di Cicerone, in: Rivista critica di Storia della Filosofia 26 (1971) 302-305. – Cicero hat sich bei der Planung seiner Philosophica an Philons Διαίρεσις orientiert. Nicht überzeugend.
103 A. Dihle: Posidonius' system of moral philosophy, in: Journal of Hellenic Studies 93 (1973) 50-57.
104 D. E. Hahm: The diaeretic method and the purpose of Arius' doxography, in: Fortenbaugh (Hg.) 1983 [§ 1 *251: 15-37].
105 A. Grilli (Hg.): M. Tullio Cicerone. Tuscolane, libro II, testo, introduzione, versione e commento (Brescia 1987) [Testi classici 9]. – 21-26: Text der ‹Einteilung› mit ital. Übers. und Erläuterungen.

§ 52. Antiochos aus Askalon und seine Schule

A. Zeugnisse und Überlieferung 938. – B. Antiochos aus Askalon 939: 1. Leben 939; 2. Schriften 945; 3. Lehre 947: a) Allgemeines. Antiochos als Interpret der Philosophiegeschichte 947; b) Physik 949; c) Dialektik (Erkenntnistheorie) 952; d) Ethik 955: α) Das 'Ziel' (Telos) und sein geschichtlicher Hintergrund 955; β) Abgrenzung von der stoischen Ethik 956; γ) Sittliche Entwicklung 958; δ) 'Güter' und 'Tugenden' 961; ε) 'Vita beata' und 'vita beatissima' 963; ζ) Einzelnes 964; 4. Gesamtbild 965. – C. Aristos und seine Schüler 967. – D. Brutus und Varro 969. – E. Bibliographie 976: 1. Antiochos aus Askalon 976; 2. Die Schule nach dem Tode des Antiochos. Aristos und seine Schüler 979; 3. Brutus und Varro 979.

A. ZEUGNISSE UND ÜBERLIEFERUNG

Antiochos' Leben und die äussere Geschichte seiner 'Alten Akademie' waren im Herculanenser ACADEMICORUM INDEX ausführlich behandelt. Leider sind wichtige Aussagen durch die Zerstörung des Papyrus teils nicht mehr lesbar, teils nicht sicher zu deuten. Unsere Kenntnis der Lebensumstände wird ergänzt durch einige Nachrichten in PLUTARCHS Biographien (Lucullus, Cicero und Brutus). Antiochos' Lehrtätigkeit in Athen wird von Cicero mehrfach erwähnt.

Über Antiochos' Lehre gibt es so gut wie keine aussagekräftigen griechischen Zeugnisse. Unsere Hauptquelle ist CICERO. Dazu steht es in merkwürdigem Gegensatz, dass AUGUSTIN der Meinung war, Cicero habe Antiochos' 'gesamte Hinterlassenschaft unterdrückt' (Acad. III 41 = ANTIOCHOS F 8a, 26f. METTE). Vermutlich handelt es sich um ein Missverständnis Augustins: Was Cicero 'unterdrückt' hat, ist Antiochos' Polemik gegen seinen und Ciceros Lehrer Philon aus Larisa (CICERO Luc. 12 = F 5, 41f. METTE); an einer verlorenen Stelle der ‹Academica› dürfte das noch deutlicher ausgedrückt gewesen sein (GLUCKER 1978 [*17: 85f.]; kaum richtig BARNES 1989 [*21: 77], der an Ciceros skeptische Argumentation gegen den Dogmatismus des Antiochos in den Academica denkt: eine philosophische Haltung kann nicht mit 'reliquiae' bezeichnet werden). Von dieser Ausnahme abgesehen bietet Cicero einen Überblick über alle Aspekte von Antiochos' Lehre. Im ersten Teil des Lucullus gibt er, nach eigener Aussage in enger Anlehnung an eine Schrift des Antiochos, die Grundzüge der Argumentation gegen die karneadeische Skepsis wieder. In De finibus V ist Antiochos' Ethik breit dargestellt (GÖRLER 1989 [*56: 247f. 258f. Anm. 3 und Anm. 8]; nicht überzeugend GIUSTA 1990 [*57]). Ciceros Umsetzungen verdienen schon deshalb volles Vertrauen, weil er Antiochos' Lehre weitgehend billigte (Luc. 139 = F 5, 256f. METTE; fin. V 76 = F 9, 183f. METTE zur Ethik; Att. XIII 19, 5 = F 6c, 10 zur Erkenntnistheorie). Seine Berichte werden durch einzelne Zeugnisse VARROS (bei Augustin) ergänzt.

Es gibt nur ein wörtlich zitiertes Fragment bei SEXTUS EMP. (math. VII 201 = F 2, 13-15 METTE). – Die Zeugnisse wurden erstmals zusammengestellt von LUCK (Hg.) (1953 [*1: 73-94]), danach von METTE (Hg.) (1986-1987 [*4: 25-63]). Beide Sammlungen vermitteln nur ein unvollständiges Bild der Lehre, da aus Raumgründen Ciceros umfangreiche Wiedergaben nur auszugsweise abgedruckt sind. Im folgenden wird durchweg auf Mettes Fragmentzählung verwiesen. Ausgewählte Zeugnisse (unter Ausschluss der Ethik) mit deutscher Übersetzung und teilweise ausführlichem Kommentar in DÖRRIE (Hg.) (1987 [*5: 188-211. 449-483]). – Ein Bildnis des Antiochos hat sich nicht erhalten.

Für die Geschichte der Schule nach Antiochos' Tod ist der AKADEMIKER-INDEX die Hauptquelle. Er wird ergänzt durch einige Nachrichten über die persönlichen Beziehungen von Antiochos' Bruder und Nachfolger Aristos zu den Römern Cicero und Brutus. Die Weiterentwicklung von Antiochos' Ethik durch VARRO ist nur aus AUGUSTINS ‹Gottesstaat› bekannt, Varros übrige philosophischen Ansichten ebenfalls aus Augustin und aus Laktanz. Ein Kopfporträt des Brutus findet sich auf Münzen, die er selbst als 'Imperator' zwischen 44 und 42 v. Chr. auf der Flucht vor Antonius prägen liess; sie zeigen ein scharfes, fast asketisches Profil mit ungepflegt umrandendem Backenbart: Ausdruck der Trauer über die gefährdete

Republik. Einzelheiten bei BERNOULLI (1881 [§ 1 *450: 1, 187-189. 295, Münztafel III 75-79]), CRAWFORD (1974 [§ 1 *456: 517f.]); gute Abbildung in: L. VOIT, H. BENGL: Römisches Erbe (München 1950) Tafel 13a. – Weitere ganz unsichere Identifizierungen (Gemmen, Marmorbüsten) bei BERNOULLI (1881 [§ 1 *450: 191f.]), ARNDT/BRUCKMANN (1891-1942 [§ 1 *451: Nr. 691f.]). – Ein Bildnis Varros ist nicht erhalten.

B. ANTIOCHOS AUS ASKALON

1. Leben

Antiochos' Geburtsort Askalon (heute Ashqelon, an der israelischen Mittelmeerküste, 55 km südlich von Tel Aviv) ist vielfach bezeugt. Das Geburtsdatum lässt sich nur indirekt und nur grob annähernd bestimmen: zwischen 140 und 125 v. Chr. Nach CICERO (Luc. 69 = F 5, 110f. METTE) war Antiochos 'länger als irgendein anderer' Philons Schüler in der Akademie. Da Cicero Philons Vorgänger Kleitomachos nicht nennt (was seine Argumentation unterstützt hätte), ergibt sich als frühester Termin für den Beginn der Schülerschaft 110/109 v. Chr. (Kleitomachos' Tod, Beginn von Philons Scholarchat); spätestes Datum für das Ende der 'Lehrzeit' ist 88 v. Chr. (Philons Flucht nach Rom).

NUMENIOS (bei EUSEBIUS PE XIV 9, 3 = frg. 8 LEEMANS = frg. 28 DES PLACES = PHILON T 1, 17-20 METTE) und AUGUSTIN (Acad. III 41 = ANTIOCHOS F 8a, 22 METTE, vgl. CICERO Luc. 69 = F 5, 118f. METTE) nennen als philosophischen Lehrer des Antiochos auch den Stoiker Mnesarchos; bei Cicero wird neben Mnesarchos noch Dardanos erwähnt, der vielleicht gemeinsam mit Mnesarchos nach dem Tode von Panaitios (110/109 v. Chr.) die Stoa leitete (siehe oben STEINMETZ S. 660f.; Zweifel bei FERRARY 1988 [*38: 451-459], DORANDI 1991 [§ 1 *446: 31]). Ob Antiochos zunächst nur der Stoa förmlich angehörte oder während seiner Zugehörigkeit zur Akademie auch in der Stoa 'hospitierte', lässt sich nicht entscheiden. LUCK (1953 [*1: 15]) vermutet ansprechend, dass Antiochos durch den Stoiker Sosos, der ebenfalls aus Askalon stammte (über ihn oben STEINMETZ, S. 661 und unten S. 945f.), in die Philosophie eingeführt wurde; Sosos könnte auch den Kontakt zur Stoa um Mnesarchos und Dardanos hergestellt haben (GLUCKER 1978 [*17: 14 Anm. 4]).

Wann und in welcher Form sich Antiochos von Philon getrennt hat, ist umstritten. Eindeutig bezeugt ist ein offener Bruch erst für 87/86 v. Chr., als Antiochos die 'römischen Bücher' Philons zum ersten Male sah und darauf voller Empörung mit einer polemischen Gegenschrift reagierte (S. 945f.). Einige Forscher sehen die Gründung von Antiochos' eigener Schule in engem Zusammenhang mit dieser Auseinandersetzung und datieren den Bruch mit Philon entsprechend (LUEDER 1940 [*15: 3f.], LUCK 1953 [*1: 14], DILLON 1977 [*16: 53], METTE (Hg.) 1986-1987 [*4: 56], DORANDI 1991 [§ 1 *446: 30]). Aber eine sorgfältige Analyse der Zeugnisse zeigt, dass die Trennung von Philon und wohl auch die eigene Schulgründung erheblich früher anzusetzen sind (GLUCKER 1978 [*17: 15-21], BARNES 1989 [*21: 68-70]).

Es ist zu unterscheiden zwischen der Änderung des philosophischen Standpunkts und dem institutionellen Bruch mit der von Philon geleiteten Akademie. Für CICERO steht es fest, dass sich Antiochos früh vom Skeptizismus abgewandt hat: Im zweiten Teil des Lucullus (69 = F 5, 113-120 METTE) fragt er (in eigener Person, als skeptischer Akademiker) den 'abtrünnigen' Antiochos, welche plötzliche Erleuchtung ihn zur Aufgabe der Lehre bewogen habe, die er doch zuvor selbst so energisch vertreten habe, und fährt fort: «cur non se transtulit ad alios et maxime ad Stoicos?» Das hätte ihm naheliegen müssen, denn die Stoa wiche doch in genau der gleichen Frage von der Akademie ab wie Antiochos. «Quid? eum Mnesarchi paenitebat? quid? Dardani? qui erant Athenis tum principes Stoicorum.» 'Tum', 'damals', muss sich auf den Zeitpunkt von Antiochos' Meinungswechsel beziehen; von Mnesarchos und Dardanos aber konnte man von etwa 110 v. Chr. an sagen, sie seien «die führenden Stoiker» gewesen, allerdings kaum noch nach 95 v. Chr. (GLUCKER 1978 [*17: 19f.], DORANDI 1991 [§ 1 *446: 30-34]). Statt dessen, sagt Cicero, sei Antiochos bei Philon geblieben, «bis er eigene Schüler hatte». Daraus ergibt sich, dass zwischen der 'Konversion' und dem förmlichen Austritt aus der Akademie eine nicht ganz kurze Zeit verstrichen ist. Ebenfalls in Ciceros Rede im Lucullus (111 = F 5, 191-198 METTE; vgl. Luc. 44) ist ein 'berühmtes' Argument gegen die skeptische Erkenntniskritik erwähnt, mit dem Antiochos Philon in Verlegenheit zu bringen 'pflegte'. Das kann auf Kontroversen noch innerhalb von Philons Schule bezogen werden; wahrscheinlicher ist es, dass Antiochos das Argument bereits als Leiter seiner eigenen Schule vortrug.

Dass der philosophische Sinneswandel Antiochos zum Austritt aus Platons Akademie und zur Gründung einer eigenen Schule veranlasst hat, ist nach den Untersuchungen von LYNCH (1972 [*33: 177-189. bes. 181f.]) und GLUCKER (1978 [*17: 98-106]) gesichert (zustimmend zu Lynch WEHRLI, in: Gnomon 48 (1976) 128-134, DILLON 1977 [*16: 60], zu Glucker TARRANT 1980 Rez. Glucker 1978 [§ 1 *398] 109, SEDLEY 1981 [§ 51 *25: 67f.], TARRANT 1985 [§ 51 *26: 136 Anm. 2], DORANDI (Hg.) 1986 [§ 46 *23: 116], FERRARY 1988 [*38: 447f.], HABICHT 1988 [§ 1 *433: 2 Anm. 7], LÉVY 1992 [§ 42 *40: 48]; ablehnend nur IOPPOLO 1981 Rez. Glucker 1978 [§ 1 *398] 217). Die wichtigsten Argumente sind:

a) Antiochos wird nirgends als Scholarch 'der' Akademie bezeichnet.

b) Es fehlt jede sichere Nachricht über einen Nachfolger Philons. Dorandi hat im ACAD. IND. XXXIV 34 das Wort διεδ[έξ]ατο, 'er übernahm', gelesen. Daraus hat BARNES (1989 [*21: 58]) zu Unrecht geschlossen, dass im ‹Academicorum Index› Antiochos als Philons Nachfolger bezeichnet war. Obwohl eine Schülerliste des Antiochos (?) vorangeht und Angaben über Reisen und Tod des Antiochos folgen, muss nicht Antiochos Subjekt von διεδέξατο gewesen sein. DORANDI (Hg.) (1986 [§ 46 *23: 116]) erwägt im Anschluss an SEDLEY (1981 [§ 51 *25: 74 Anm. 3]) vorsichtig Charmadas (siehe dagegen oben S. 907. 917); andere Vorschläge bei DORANDI (Hg.) (1991 [§ 46 *26: 80f. mit Anm. 297]). Der Zusammenhang bleibt unklar; DORANDI (1991) 'schliesst nicht aus', dass es sich um das Ende des Lebensabrisses von Philon handelt.

c) Über die Nachfolge des Antiochos heisst es im AKADEMIKER-INDEX (XXXV 2-5 = T 3, 12f. METTE): «... seine Schule (διατριβὴν αὐτοῦ) übernahm sein Bruder und Schüler Aristos». Das hätte über einen Leitungswechsel innerhalb 'der' Akademie so nicht formuliert werden können. Vielleicht war zuvor ausdrücklich gesagt, dass Antiochos die Schule Platons nicht übernommen hatte (XXXV 2 ... δεδεγ[μ]έν[ο]ς; dazu GLUCKER 1978 [*17: 101 mit Anm. 17], DORANDI (Hg.) 1991 [§ 46 *26: 81]).

d) Auch eine Formulierung von NUMENIOS (bei EUSEBIUS PE XIV 9, 3 = frg. 8 LEEMANS = frg. 28 DES PLACES = PHILON T 1, 16f. METTE, nur mit Vorbehalt zu werten, da stark polemisch eingefärbt) weist in diese Richtung: «... Antiochos, der eine andere Akademie begann» (ἑτέρας ἄρξας Ἀκαδημίας).

e) Eine neben der eigentlichen Akademie bestehende Schule ist vorausgesetzt bei SENECA nat. quaest. VII 32, 2 «Academici et veteres et minores nullum antistitem reliquerunt».

Wann Antiochos die eigene Schule eröffnete, lässt sich nicht eindeutig klären. Sicher ist nur, dass er diesen Schritt noch in Athen vollzogen hat. Nach CICERO Luc. 69 (F 5, 119f. METTE) wartete Antiochos damit, 'bis er eigene Schüler hatte' (ipse coepit qui se audirent habere). Das kann nur auf die noch ruhigen athenischen Verhältnisse bezogen werden, nicht auf das alexandrinische Exil. Vermutlich gab es nach Antiochos' innerer Abkehr vom Skeptizismus (siehe oben) zunächst eine Phase fortschreitender Entfremdung zwischen Lehrer und Schüler; und da Antiochos nicht von einem Tage zum anderen 'eigene Schüler haben' konnte, dürfte auch eine Parteiung innerhalb von Philons Akademie der Neugründung vorangegangen sein. Das spricht gegen SEDLEYS Annahme (1981 [§ 51 *25: 70]), Antiochos habe sich, in der Hoffnung, zu Philons Nachfolger gewählt zu werden, bewusst ruhig verhalten, bis durch Philons Flucht eine völlig veränderte Situation eingetreten sei. Dass die 'Alte Akademie' noch in Athen gegründet worden ist, geht auch daraus hervor, dass CICERO im Zusammenhang mit der 'Sosos-Affäre' in Alexandria (Luc. 11-12 = F 5, 18-36 METTE) einen institutionellen Bruch nicht einmal andeutet und dass andererseits bei den Aussagen über Antiochos' Abfall vom Skeptizismus (Luc. 69-70 = F 5, 108-123 METTE) diese Affäre nicht erwähnt wird (BARNES 1989 [*21: 68]). Ciceros empörte rhetorische Frage, welche überraschende Erkenntnis Antiochos zur Meinungsänderung bewogen habe, schliesst den Kausalzusammenhang mit dem Ärger über Philons 'römische Bücher' geradezu aus. Antiochos war schon als Leiter seiner eigenen Schule nach Alexandria gegangen.

GLUCKER (1978 [*17: 19f.]) datiert den Abfall von Philon auf 'die frühen neunziger Jahre' (ohne allerdings zwischen der persönlichen Meinungsänderung und der Schulgründung zu differenzieren). Gegen einen so frühen Ansatz sprechen CICEROS Aussagen (Luc. 69 = F 5, 112 METTE), Antiochos habe sich 'im Alter' gegen die skeptische Akademie gewandt, und die über das 'besonders lange' Schülerverhältnis bei Philon (Luc. 69 = F 5, 110f. METTE). Kein gültiges Gegenargument gegen den Frühansatz ist es, dass in Ciceros Dialog ‹De oratore› (fiktives Datum des Gesprächs 91 v. Chr.) eine eigene Schule oder Richtung des Antiochos nirgends erwähnt, ja dass nicht einmal sein Name genannt ist: die zeitgenössische Akademie, von der vor allem Crassus gelegentlich spricht, ist mit Selbstverständlichkeit die skeptische Schule unter Philon (de or. III 110); die hochgestellten römischen Unterredner sind mit philosophischen Fragen nur oberflächlich vertraut, und Cicero hatte im Rahmen dieses Dialoges keinen Anlass, seine Leser mit dem Streit zwischen Philon und Antiochos vertraut zu machen.

Einen mittleren Ansatz der Schulgründung legen zwei Argumente nahe: a) In CICEROS zuverlässigem Bericht (Luc. 12 = F 5, 40f. METTE) erscheinen die Alexandriner Ariston und Dion als seit langem vertraute, persönliche Schüler («quibus ille secundum fratrem plurimum tribuebat ...»; über sie unten S. 968f.). b) Plutarch berichtet über die philosophische Bildung von Lucullus (PLUTARCH Luc. 42,3 = T 6a, 1-7 METTE): 'Von Anfang an schätzte Lucullus die akademische Philosophie, jedoch nicht die sogenannte Neue Akademie, obwohl diese damals mit der Lehre des Karneades, die Philon vertrat, in hoher Blüte stand, sondern die Alte, die in Antiochos damals einen überzeugungskräftigen und beredten Leiter hatte'. Wenn man dieses Zeugnis nicht völlig verwerfen will, muss man ihm entnehmen, dass zu der Zeit, als Lucullus erstmals philosophisches Interesse zeigte (nach GLUCKER 1978 [*17: 20]: 87 v. Chr., nach BARNES 1989 [*21: 91] 'in den neunziger Jahren'), die eigentliche Akademie (nunmehr im Hinblick auf ihre skeptische Grundhaltung als 'Neue' bezeichnet) und Antiochos' 'Alte' Akademie nebeneinander bestanden (GLUCKER 1978 [*17: 20. 380-390]; zur Deutung von Plutarchs Wortlaut ferner JONES 1982 [*37], BARNES 1989 [*21: 90-92]).

Auch über die näheren Umstände von Antiochos' Schulgründung gibt es keine klaren Zeugnisse. Aus CICERO (Luc. 70 = F 5, 120-122 METTE: Beibehaltung des 'ehrwürdigen Namens') ergibt sich, dass die Schule von Anfang an 'Akademie' hiess, und zwar (zweifellos zur Abgrenzung von Philons Schule) 'Alte Akademie'. Diese Bezeichnung findet sich bei CICERO Luc. 70 = F 5, 120 METTE («unde ... subito Vetus Academia revocata est?»), Acad. I 14 = F 7, 16 METTE (Varro soll die Lehre der 'Alten Akademie' des Antiochos referieren), ferner (überall wie ein Eigenname gebraucht) Brutus 120 (als Glossem verdächtigt); 149; 315 = F 4, 1f. METTE; 332; PLUTARCH Luc. 42, 3 = T 6a, 5 METTE.

Das Schicksal des Antiochos und seiner Schüler während der Wirren des Mithridatischen Krieges (88 v. Chr.) ist nicht bekannt. In den älteren Handbüchern (so noch METTE (Hg.) 1986-1987 [*4: 56]) ist zu lesen, er sei mit Philon nach Rom geflohen. Dafür fehlt jedes Zeugnis. Gegen einen Aufenthalt in Rom zu diesem Zeitpunkt spricht, dass CICERO zwar Philons Lehrtätigkeit nachdrücklich erwähnt (Brutus 306 = PHILON F 4 METTE), über Antiochos jedoch schweigt. Selbst wenn Antiochos in Rom nicht als Scholarch seiner 'Alten Akademie' aufgetreten sein sollte, hätten die schroffen Meinungsverschiedenheiten mit Philon Ciceros Aufmerksamkeit finden müssen (oder er hätte es im ‹Brutus› rückblickend so dargestellt). Noch schwerer wiegt es, dass Antiochos in Alexandria (87/86 v. Chr.) von den 'römischen Büchern' Philons überrascht wird (siehe oben); die gerade aus Rom gekommenen Mitglieder der Gesprächsgruppe (P. und C. Sel(l)ius, Tetrilius Rogus) sind dagegen mit Philons neuer Lehre aus dessen Vorlesungen gut vertraut (Luc. 11 = F 5, 16-25, dazu GLUCKER 1978 [*17: 20]). Antiochos könnte demnach nur sehr kurze Zeit in Rom gewesen sein.

Das erste sichere Datum in Antiochos' Lebensgang ist der eben erwähnte Aufenthalt in Alexandria im Winter 87/86 v.Chr. Er gehört dort zum Gefolge des römischen Feldherrn L. Licinius Lucullus (CICERO Luc. 11 = F 5, 19f. METTE,

Lucullus spricht: «cum Alexandriae pro quaestore ... essem, fuit Antiochus mecum ...»; über Lucullus grundlegend VAN OOTEGHEM 1959 [*32]). Wo er Lucullus kennengelernt hat, ist unsicher. Aus CICEROS Wortlaut (Luc. 11 = F 5, 20f. METTE «erat iam antea Alexandriae ... Heraclitus») ergibt sich, dass Antiochos gemeinsam mit Lucullus nach Alexandria gekommen ist. Viel spricht für GLUCKERS Vermutung (1978 [*17: 381 mit Anm. 6]), dass er während der Schreckenszeit unter Aristion aus Athen in Sullas Lager geflohen ist, dort mit Lucullus bekannt geworden ist und dann mit Lucullus über Kreta und Kyrene (PLUTARCH Luc. 2, 3-6) nach Alexandria segelte. Lucullus sollte in Sullas Auftrag Geld und vor allem eine Flotte beschaffen; dabei konnte ein mit den Verhältnissen im östlichen Mittelmeerraum und mit griechischen Gepflogenheiten vertrauter Vermittler, wie Antiochos es war, von grösstem Nutzen sein (zu diesem Aspekt des Verhältnisses von Antiochos und Lucullus ausgezeichnet GLUCKER 1978 [*17: 21-27], siehe auch FERRARY 1988 [*38: 602-615]). Es ist denkbar, dass er Lucullus beim Entwurf einer Verfassung für Kyrene half und ihre Annahme durch die Erinnerung an einen Ausspruch Platons erreichte (PLUTARCH Luc. 2, 4-5; dazu VAN OOTEGHEM 1959 [*32: 25]).

Über Antiochos' Aufenthalt in Alexandria gibt CICERO (Luc. 11f. = F 5, 19-41 METTE) einen anschaulichen Bericht (Quelle vielleicht Antiochos' ‹Sosos›). Ausgelöst durch die Überraschung über Philons 'römische Bücher' (§ 51, S. 918f.) und über seine geänderte Lehre ergab sich eine philosophische Diskussion. Auf Antiochos' Seite waren neben ihm selbst sein Bruder Aristos sowie seine alexandrinischen Schüler Ariston und Dion (über sie S. 968f.) beteiligt; die skeptische Akademie vertrat Herakleitos aus Tyros, ein Schüler Philons, der dessen Lehre treu geblieben war (über ihn § 51, S. 917. 985). Als Zuhörer (oder weitere Teilnehmer?) nennt CICERO ausser den erwähnten Römern 'mehrere Gelehrte' (Luc. 12 = F 5, 39 METTE). Aus welchen Gründen sich die Genannten in Alexandria aufhielten, wissen wir nicht. Vermutlich suchten sie Schutz vor den politischen Wirren in Athen. Nach Ciceros Schilderung hatte die Diskussion einen eher privaten Charakter; Lucullus erscheint als eine Art Schirmherr und Gönner. Nichts deutet auf eine philosophische 'Schule', die damals in Alexandria bestanden haben könnte. Antiochos' Schüler und Freunde dürften nach der Eroberung Athens durch Sulla (März 86 v. Chr.) alsbald mit ihrem Lehrer dorthin zurückgekehrt sein. Die gelegentlich vertretene These, der alexandrinische Zweig einer 'Schule' des Antiochos habe den Platoniker Eudoros (über ihn § 53, S. 986f.) geprägt und damit zur Entstehung des Mittelplatonismus beigetragen, gehört in das Reich der Legende (GLUCKER 1978 [*17: 90-97]; Einzelheiten unten S. 986f.).

Einige stark zerstörte Zeilen des ACADEMICORUM INDEX enthielten vermutlich Aussagen über das Schicksal des Antiochos und seiner Schule nach dem Exil in Alexandria (XXXIV 2-6 = T 3, 2-4 METTE): Erwähnt war 'seine Schule' und eine Gruppe 'aus Athen', die 'von Alexandria aus sich anschloss' (oder: 'heransegelte'). Das kann sich auf die Rückkehr aus dem Exil beziehen. Rätselhaft ist in diesem Zusammenhang der sicher gelesene Name Μαίκιος, wohl der lateinische Gentilname Maecius (dazu GLUCKER 1978 [*17: 99-102], DORANDI (Hg.) 1986 [§ 46 *23: 115f.]).

Das nächste sichere Datum ist 79 v. Chr.: Antiochos lehrt in Athen als Leiter der

'Alten Akademie'; unter seinen Hörern sind M. Tullius Cicero, Ciceros Bruder Quintus, sein Vetter Lucius, T. Pomponius Atticus und M. Pupius Piso (CICERO fin. V 1 = F 9, 1-4 METTE; Brutus 315 = F 4 METTE; PLUTARCH Cic. 4, 1-4 = T 5a METTE; ANONYMUS VIR. ILL. 81, 1 = T 5b METTE; über Atticus: CICERO leg. I 54 = F 3, 10-12 METTE; dort ist auch häusliche Gemeinschaft mit Atticus erwähnt). Nach PLUTARCHS Zeugnis (Cic. 4, 3-4 = T 5a METTE) hat Antiochos damals Cicero, der sich ganz der Philosophie widmen wollte, zur politischen Tätigkeit geraten. Noch vor Cicero hatte der berühmte Antiquar und Polyhistor Varro Antiochos in Athen gehört (CICERO Acad. I 12 = F 7, 4f. METTE; AUGUSTIN civ. Dei XIX 3 = F 8b METTE), vermutlich zwischen 84 und 82 v. Chr. (S. 971).

Der Sitz von Antiochos' 'Alter Akademie' war das Ptolemaion, ein elegantes Gymnasion innerhalb der Stadt (§ 46, S. 778). Im Bereich von Platons Akademie gab es offenbar keine philosophische Betätigung mehr. Aber es trifft nicht zu, dass Antiochos in das Ptolemaion ausweichen musste, weil die eigentliche Akademie noch «in Ruinen lag» (DÖRRIE (Hg.) 1987 [*5: 546]). Ciceros Schilderung zeigt vielmehr, dass das Gelände von Platons Akademie im Jahre 79 bereits wieder ein betriebsamer Ort war: man musste die frühe Nachmittagsstunde wählen, um dort allein zu sein (fin. V 1 = F 9, 5f. METTE).

Der AKADEMIKER-INDEX (XXXIV 36-39 = T 3, 8f. METTE) berichtet von einer Gesandtschaftsreise des Antiochos nach Rom und von Reisen zu den 'Statthaltern in den Provinzen' (anschliessend die Nachricht über seinen Tod, siehe unten). Diese ehrenvollen Aufträge wurden ihm jedenfalls in späterer Zeit zuteil, als er der älteste und angesehenste Philosoph in Athen war (GLUCKER 1978 [*17: 26f. Anm. 47; 111]). Antiochos hat seinen Gönner Lucullus auch auf dem armenischen Feldzug begleitet und die Schlacht von Tigranocerta (heute vermutlich Silvan, Südosttürkei) miterlebt (Oktober 69 v. Chr.). Er schrieb darüber in seiner Schrift ‹Über die Götter›, «noch nie habe die Sonne eine solche Schlacht gesehen» (PLUTARCH Luc. 28, 8 = T 7 METTE). Bald darauf ist er gestorben (ACAD. IND. XXXIV 39-43 = T 3, 9-11 METTE): «... als er schliesslich Lucullus getreulich nach Mesopotamien begleitete, starb er, geschwächt von den vielen Strapazen»; CICERO Luc. 61 = F 5, 94f. METTE (Lucullus spricht, nach der zusammenhängenden Darstellung der Lehre des Antiochos) «dies lehrte Antiochos damals (87/86 v. Chr.) in Alexandria und noch viel nachdrücklicher viele Jahre später, als er mit mir in Syrien war, kurz vor seinem Tode». (Damit ist kaum ein förmlicher Lehrvortrag gemeint; irreführend LYNCH 1972 [*33: 181 Anm. 19]: «travelled around and lectured ...», «taught both in Alexandria and in Syria».) Da Antiochos die Schlacht von Tigranocerta noch in einem Buch erwähnen konnte, dürfte sein Tod in das Jahr 68 v. Chr. fallen. Antiochos' Nachfolger in der Leitung der 'Alten Akademie' war sein Bruder Aristos (ACAD. IND. XXXV 1-5 = T 3, 12 METTE).

Als Antiochos' Schüler nennt Cicero neben Aristos noch Ariston und Dion, «die er nächst dem Bruder am meisten schätzte» (Luc. 12 = F 5, 40f. METTE). Im AKADEMIKER-INDEX finden sich zwei Schülerlisten, die sich auf Antiochos beziehen können. Die erste Liste (XXXIV 6-16 = T 3, 4-8 METTE) geht der Todesnachricht voran und ist von ihr durch das erstmals von Dorandi gelesene διεδ[έξ]ατο ('er übernahm'; dazu oben S. 940) getrennt. Trotzdem ist die Zuordnung zu Antio-

chos unsicher (Zweifel bei BARNES 1989 [*21: 59]). Diese Liste enthält die Namen: Iollas aus Sardes (über ihn HABICHT 1988 [*39]), Menekrates aus Mytilene, Mnaseas aus Tyros, Polos (?) aus Akragas, Melanthios, Lysimachos, Herakleitos. Die zweite Liste folgt auf die Nachricht von der Schulübernahme durch Aristos (XXXV 5-18 = T 3, 13-16 METTE) und wird syntaktisch besser (aber nicht zwingend) auf Aristos bezogen; in ihr sind jedoch die 'Alexandriner Ariston und Dion' genannt, die nach Cicero bereits Schüler des Antiochos waren. Eine eindeutige Zuordnung ist daher auch bei dieser Liste nicht möglich. Einzelheiten unten S. 968.
– Die römischen Hörer des Antiochos sind oben genannt.

2. Schriften

Eine umfangreiche schriftstellerische Tätigkeit ist wahrscheinlich, aber nur wenige Titel sind bekannt (vgl. auch BARNES 1989 [*21: 62-64], DORANDI 1989 [*22: 218]):

a) Schriften aus der skeptischen Phase bezeugt CICERO (Luc. 69 = F 5, 111 METTE): «scripsit de iis rebus (über die bei Philon gelernten skeptischen Grundsätze) acutissime».

b) Nicht datierbar sind die Κανονικά, eine Schrift in mindestens zwei Büchern, aus der SEXTUS EMP. (math. VII 201 = F 2, 13-15 METTE) ein wörtliches Zitat mitteilt: «Ein Mann, in der Heilkunst einer der besten, der sich jedoch auch mit Philosophie befasst hat, war der Überzeugung, dass die Sinneswahrnehmungen uneingeschränkt richtige Wiedergaben sind (τὰς ... αἰσθήσεις ὄντως καὶ ἀληθῶς ἀντιλήψεις εἶναι), dass wir dagegen durch das Denken gar nichts erfassen können» (sorgfältige stilistische Analyse bei LUEDER 1940 [*15: 7 Anm. 37]). Nach Sextus steht diese Lehre der der Kyrenaiker sehr nahe; er identifiziert den von Antiochos nicht benannten Arzt mit Asklepiades aus Bithynien. Der rein doxographische Charakter des Zitats lässt nicht erkennen, ob die Κανονικά noch der skeptischen oder schon der dogmatischen Phase angehören. Auch die Bedeutung des Titels ist unklar. Der Zusammenhang bei Sextus deutet auf Fragen der Erkenntniskritik, aber nur im Epikureismus wurden solche Fragen und die Dialektik im allgemeinen als Κανονικά bezeichnet. Der normale Sprachgebrauch lässt eher an 'Fragen der Lebensführung' denken (DILLON 1977 [*16: 59]). – Im gleichen Zusammenhang ('über Erkenntniskriterien', περὶ κριτηρίου) zitiert SEXTUS EMP. (math. VII 162 = F 2, 3-5 METTE) ein Beispiel, mit dem Antiochos einen Satz des Karneades erläutert hatte: «Wenn wir etwas erblickt haben, wird unser Gesichtssinn affiziert; er ist danach nicht mehr im gleichen Zustand wie vor dem Erblicken des Objekts». Ob auch dieses Zitat den Κανονικά entnommen ist, lässt sich nicht entscheiden. Über die kühnen Versuche, im Hinblick auf diese isolierte Nennung des Antiochos den ganzen Bericht über Karneades (math. VII 159-189) oder grosse Teile davon auf Antiochos zurückzuführen, siehe § 49, S. 850; mit Recht ablehnend GLUCKER 1989 Rez. Tarrant 1985 [§ 42 *94] 272, BARNES 1989 [*21: 64f.]. Nach SEDLEY (1982 [*55]) und LONG/SEDLEY (Hg.) (1987 [§ 1 *295: 1, 94f. 96f.; 2, 88. 94]) ist der auf das oben genannte Zitat folgende Abschnitt über Epikur (math. VII 203-216) 'so gut wie sicher' den Κανονικά entnommen; allerdings habe Antiochos Epikur in einem wesentlichen Punkte missverstanden: Verwechslung der Prüfung durch 'Bestätigung/Nicht-Bestätigung' (ἐπιμαρτύρησις/ἀντιμαρτύρησις) mit dem Verfahren der 'Eliminierung' (ἀνασκευή). Auch das bleibt unbeweisbar.

c) Der Dialog (?) ‹Sosos› ist während des Aufenthalts in Alexandria (87/86 v. Chr.) entstanden oder bald danach: In seiner Empörung über Philons römische Bücher «konnte es sich Antiochos nicht versagen, sogar ein Buch gegen seinen Lehrer zu veröffentlichen, das den Titel Sosos trägt» (CICERO Luc. 12 = F 5, 35f. METTE). Ciceros Angabe, es habe sich um 'ein' Buch gehandelt (im Gegensatz zu Philons zwei 'römischen Büchern'), ist wörtlich zu nehmen und erlaubt Rückschlüsse auf den Umfang: eine Buchrolle (GLUCKER 1978 [*17: 392 Anm. 5]). Mit dem Titel ehrte Antiochos seinen Landsmann Sosos, einen stoischen Philosophen (STEPHANUS BYZ. S. 132, 3-5 MEINEKE = T 4b METTE). Da Sosos nach Aussage des herkulanensischen INDEX STOICORUM [§ 39 *264: LXXV 1-4] in Teanum (eher T. Sidicinum in Kampanien als T. Apulum) gestorben ist, wird er dort auch gewirkt haben. Das eröffnet die 'faszinierende Möglichkeit, dass der Dialog in Italien spielte' (RAWSON 1985 [*54: 22f. 58]).

Der ‹Sosos› gilt fast allen Forschern als Quelle für die antiocheischen Teile von Ciceros ‹Academica› (zuletzt GLUCKER 1978 [*17: 419f.], dort (406-418) umfassender Forschungsbericht; entschieden gegen den ‹Sosos› PLEZIA 1936-1937 [*51: Diss. 2, 26-28], SÜSS 1966 [*52: 40. 248]). Dafür gibt es jedoch keinen Anhaltspunkt, ausser dass der ‹Sosos› im ‹Lucullus› erwähnt ist (aber durchaus nicht als Quelle). Vieles spricht gegen den ‹Sosos› als Ciceros Vorlage: a) Die dogmatischen Partien bei Cicero waren in der ersten und in der zweiten Fassung zweigeteilt, der ‹Sosos› aber bestand nur aus einem Buch. b) In Antiochos' Dialog muss die Titelfigur am Gespräch beteiligt gewesen sein, in Ciceros ‹Lucullus› nimmt weder Sosos noch ein anderer Stoiker teil. Die Argumente einer dritten Schule hätten das Gespräch jedoch so bereichert, dass ein Schluss ex silentio erlaubt ist. c) Der ‹Sosos› war eine Schrift 'gegen' Philon, und zwar gegen die Neuerungen der 'römischen Bücher'. Der Dogmatiker Lucullus geht jedoch nur einmal kurz auf Philons Neuerungen ein (Luc. 18 = F 5, 46-60 METTE = 68 U 3 LS); zuvor heisst es ausdrücklich, die Auseinandersetzung mit Philon solle 'übergangen' werden (Luc. 12 = F 5, 42-44 METTE; ähnlich in der Cicero-Rede Luc. 71 = F 5, 136f. METTE: «sed cum hoc (Antiocho) alio loco plura»). Der Streit über die 'römischen Bücher' ist also gerade nicht der Inhalt der ‹Academica›. Zu Unrecht verweist BARNES (1989 [*21: 67f.]) auf Acad. I 13, wo Varro sich anschickt zu referieren, 'was Antiochos gegen Philon geschrieben hat' («quae contra Philonem (Lesart unsicher) Antiochus scripserit»), und schliesst daraus, das folgende müsse wenigstens teilweise dem ‹Sosos›, der sich ja ausdrücklich mit Philon auseinandersetzte, entnommen sein. Das ist ein Trugschluss. Anknüpfungspunkt war Philons Behauptung, 'es gebe nur eine Akademie'. Diese Behauptung aber war in der skeptischen Akademie schon lange vertreten worden; vermutlich hatte sich bereits Arkesilaos auf Sokrates und Platon als seine skeptischen Vorgänger berufen. Mit den provozierenden Neuerungen der 'römischen Bücher' hat das nichts zu tun; die Freund und Feind längst geläufige These von der Einheit der Akademie konnte niemanden mehr provozieren. Auch im folgenden Text (Acad. I 15-42) findet sich keine Spur von einer Polemik gegen Philon. Varros Darlegungen sind gegen die akademische Skepsis im allgemeinen gerichtet; er will zeigen, dass Arkesilaos die Lehre Platons verraten hat und dass es die Stoiker waren, die sie besser fortgeführt haben (ausführlicher GÖRLER 1990 [*71]). Für die dogmatische Argumentation des ersten Tages gilt offenbar ebenfalls, was Lucullus am Tage darauf zu Beginn seines Vortrags ausdrücklich sagt (Luc. 12): Die nur gegen Philon gerichteten Einwände bleiben beiseite.

Von den Argumenten des ‹Sosos›, die sich fast ausschliesslich gegen Philon gerichtet haben müssen, wissen wir also so gut wie nichts. Selbstverständlich bleibt es möglich, dass Cicero Einzelgedanken aus dem ‹Sosos› in seine ‹Academica› eingefügt hat; seine Hauptvorlagen aber müssen andere Schriften des Antiochos gewesen sein (siehe unten; zu den Quellenhypothesen für die ‹Academica› vgl. auch § 51, S. 918-920).

d) Die in Ciceros Dialog ‹De natura deorum› erwähnte Schrift an Balbus war offenbar dem Nachweis gewidmet, Stoa und Peripatos lehrten im wesentlichen das gleiche; nur in der jeweiligen Formulierung bestehe ein Unterschied (nat. deor. I 16 = F 11 METTE). Balbus hat diese Schrift 'vor kurzem' (nuper) erhalten; die fiktive Dialogzeit ist 77 bis 75 v. Chr., Antiochos' Schrift wäre dann auf etwa 78 v. Chr. zu datieren.

e) Die Schrift Περὶ θεῶν (Über die Götter) muss in Antiochos' letztes Lebensjahr fallen (siehe oben über seinen Tod).

f) Von Cicero benutzte Schriften. Drei Bücher Ciceros gehen nach dessen eigenem klaren Zeugnis auf Antiochos zurück: a) Zu Beginn und am Ende des zentralen Teils von ‹De finibus› V finden sich klare Hinweise auf Antiochos als Vorbild: fin. V 8 = F 9, 27f. 34-36 METTE; fin. V 75 = F 9, 176f. METTE; zu den scheinbaren Quellenangaben in fin. V 12 (Aristoteles, Nikomachos, Theophrast) GÖRLER 1989 [*56: 247. 258 Anm. 3. 259 Anm. 8]. Die weitgehend analoge Argumentation in ‹De finibus› IV zeigt, dass dort streckenweise die gleiche Schrift benutzt ist; das gilt in geringerem Masse auch für ‹De finibus› II. b) Auch die Rede des Dogmatikers Lucullus im gleichnamigen Dialog ist von klaren Quellenangaben gerahmt (Luc. 12 = F 5, 33-44 METTE; ib. 61 = F 5, 93-95 METTE). c) Der doxographische Überblick über die ältere Akademie und über die Stoa, den Varro in den ‹Academica posteriora› gibt (Acad. I 14-42), beruht in der Fiktion auf Vorlesungen des Antiochos (Acad. I 14 = F 7, 20 METTE: «ex Antiocho iam pridem audita»). Nach dem Vortrag Varros wird Antiochos wiederum genannt; Cicero rekapituliert zustimmend dessen Hauptthese, die ältere Akademie und die Stoa lehrten im wesentlichen das Gleiche (Acad. I 43 = F 7, 32-34 METTE). Über diesen Vortrag Varros und über den (verlorenen) zweiten Vortrag Varros, der der Lucullus-Rede entsprach, schreibt CICERO an Atticus (Att. XIII 19 = 326 Sh.B., 5 = F 6c, 10f. METTE), Antiochos' Argumente seien von ihm 'sorgfältig dargelegt' (diligenter expressa): «acumen habent Antiochi, nitorem orationis nostrum.» – Obwohl Cicero in keinem Falle ausdrücklich eine Schrift als seine Quelle nennt, spricht der jeweilige Umfang mehr für diese Form der Vorlage als für Vorlesungsnachschriften oder ähnliche Zusammenfassungen; allerdings ist nicht mit wörtlicher Übersetzung zu rechnen (zu skeptisch BARNES 1989 [*21: 65f.]).

Neben diesen unzweifelhaft antiocheischen Partien wurden immer wieder auch andere Schriften Ciceros sowie Abschnitte aus Seneca, Areios Didymos, Sextus Empiricus u.a. ganz oder teilweise für Antiochos in Anspruch genommen (guter Überblick bei LUEDER 1940 [*15: 13-18], METTE (Hg.) 1986-1987 [*4: 27-29]). All das bleibt im Bereich subjektiver Vermutungen.

3. Lehre

a) Allgemeines. Antiochos als Interpret der Philosophiegeschichte

Antiochos war zunächst entschiedener Skeptiker, später ebenso entschiedener Dogmatiker (CICERO Luc. 69 = F 5, 110-112 METTE). Über die erste Phase gibt es keine eindeutigen Zeugnisse; das ist auch nicht überraschend, da er sich offenbar in jeder Hinsicht an Philon anschloss. Die zweite Phase ist in Ciceros ausführlichen Referaten vorzüglich dokumentiert. Die Rekonstruktion der Lehre ist allerdings nicht leicht und erfordert besondere Sorgfalt: Nirgends macht Antiochos seine eigene Position als solche kenntlich, ja erhebt gar nicht den Anspruch, eigene Ansichten zu vertreten; was er darlegt und vertritt, ist nach seiner Behauptung die Lehre der 'Alten'. Damit sind vor allem Sokrates, Platon und die Akademie bis zu Krantor sowie Aristoteles gemeint. Auch die Stoa wird oft eingeschlossen, denn sie lehrte nach Antiochos im wesentlichen das Gleiche (siehe auch S. 956). Für die Ethik hatte das bereits Karneades behauptet; siehe oben S. 881. Nicht in diesem Sinne zu deuten ist die Kritik Polemons an Zenon bei DIOGENES LAERT. VII 25 = SVF 1, frg. 5 (sofern sie überhaupt historisch ist): «Du stiehlst mir meine Lehrsätze und kleidest sie dann phönizisch ein»; Antiochos lehrte sachliche Übereinstimmung zwischen Alter Akademie, Peripatos und Stoa; Polemon dagegen stritt mit Zenon über die Sache (CICERO fin. IV 45; vgl. GÖRLER 1990 [*71: 137f. Anm. 34].)

Antiochos präsentiert seine Lehre gern im Gewande doxographischer Abrisse. So ist im ersten Teil von Ciceros ‹Academica posteriora› (Rede Varros) die Entwicklung der Philosophie von den Anfängen bis auf Arkesilaos und Zenon dargestellt; das fünfte Buch von ‹De finibus›, eingeleitet durch eine 'Divisio Carneadea' (vgl. oben S. 878), bietet angeblich die 'peripatetische' Ethik, in Wahrheit weitgehend das eigene ethische System des Antiochos (vgl. unten S. 956). Diese geschichtlichen Darlegungen sind teils objektive Berichte mit wichtigen, nur hier gegebenen Nachrichten, meist aber unverkennbar tendenziös: Da Antiochos wesentliche Übereinstimmungen zwischen älterer Akademie, Peripatos und der Stoa sah oder sehen wollte, ist er durchgehend bemüht, die Unterschiede zwischen diesen Schulen zu verringern. Seine eigene Auffassung wird vor allem dort deutlich, wo er Lob oder Tadel spendet. Das geschieht gelegentlich nur indirekt, und nicht immer ist die Wertung auf den ersten Blick klar.

In diesem Zusammenhang ist die Gliederung des historischen Abrisses der ‹Academica posteriora› (15-42) von entscheidender Bedeutung (dazu ausführlicher GÖRLER 1990 [*71]): Varro gibt zunächst einen Überblick über die Lehre der 'Alten' im Sinne des Antiochos (Acad. I 24-32). Im Anschluss daran sollen die Veränderungen behandelt werden, die diese Lehre später erfahren habe (Acad. I 33). Leider scheint hier die Überlieferung gestört; das 'disputationes' der Handschriften kann kaum gehalten werden (Baiter: dissupationes, Davies: immutationes). Vermutlich hat Antiochos einen wertneutralen Ausdruck gebraucht; er wurde jedoch von Cicero (oder dieser von einem Abschreiber) im Sinne von 'Entartung' missverstanden, weil zunächst von einer solchen die Rede ist: Im Peripatos kam es nach Varro (Antiochos) schnell zu einer Fehlentwicklung: die Physik verdrängte die so viel wichtigere Ethik; in der Akademie dagegen wurde bis zu Polemon und Krantor die alte Lehre 'sorgfältig bewahrt' (Acad. I 34).

Es ist so gut wie sicher, dass Antiochos in der Schrift, die Varros Bericht zugrunde liegt, nach der deutlich abwertenden Schilderung der peripatetischen Irrwege auch die Verirrungen des Arkesilaos getadelt hat. Ein Nachhall davon findet sich noch in Varros Aufforderung an Cicero (Acad. I 43), nun solle er als Vertreter der skeptischen Akademie darlegen, worin die 'Neuerungen' des Arkesilaos bestanden, wie es zur 'Spaltung' (discidium) gekommen sei, und welchen Grund es für Arkesilaos' 'Verrat' (defectio) gegeben habe: gerade Arkesilaos' skeptische Wende hielt Antiochos ja für so verkehrt, dass er selbst programmatisch zur 'alten' Akademie von Platon und Polemon zurückkehrte. (Auffallend ist, dass Antiochos den Begründer der skeptischen Richtung offenbar nicht mit Pyrrhon in Verbindung gebracht hat, was sachlich nahegelegen hätte und als besonders scharfe Kritik empfunden worden wäre; dazu § 47, S. 814f.) Cicero hat den gegen Arkesilaos gerichteten Teil von Antiochos' historischem Abriss fortgelassen, da die antiskeptische Polemik im Verlauf seines Dialogs an anderer Stelle breit behandelt werden sollte. Die Standardantwort der Skeptiker auf den vermutlich oft wiederholten Vorwurf des 'Abfalls von Platon' steht in knapper Form z.B. bei CICERO nat. deor. I 11: «ratio contra omnia disserendi ... profecta a Socrate, repetita ab Arcesila, confirmata a Carneade ...».

Der letzte Teil von Varros Vortrag (Acad. I 35-42) gilt der Lehre der Stoa; wie im ersten Teil werden hier wiederum die Teilgebiete Ethik, Physik und Dialektik nacheinander behandelt. Der Status dieses Teils ist verkannt worden. Es handelt sich keineswegs um abschätzige Kritik (typisch für den Irrtum etwa RUCH (Hg.) 1970 [§ 54 *283: 16]: «les déviations péripatéticiennes et stoïciennes»). Eine 'Abweichung' sah Antiochos bei den Peripatetikern und vor allem bei Arkesilaos; die stoische Lehre dagegen findet seinen fast uneingeschränkten Beifall. Das ist schon daran abzulesen, dass sich im stoischen Teil von Varros Vortrag kaum ein kritisches Wort findet, und wird noch deutlicher dadurch, dass die angebliche Lehre der 'Alten' im ersten Teil bereits viele unverkennbar stoische Züge aufweist. Es ist also durchaus keine 'Ironie' (falsch LUEDER 1940 [*15: 12. 66f.]), wenn Varro (Antiochos) dem Gründer der Stoa bescheinigt, er habe die Lehre der 'Alten' 'berichtigen' wollen (Acad. I 35): «Zeno ... corrigere conatus est...». Das richtige Verständnis von 'corrigere' wird auch dadurch nahegelegt, dass CICERO im scherzhaften Vorgespräch (Acad. I 13) den eigenen skeptischen Standpunkt als den am nachhaltigsten 'verbesserten und berichtigten' bezeichnet. Zenon brachte nach Antiochos' Auffassung das altakademische Denken in der Tat auf den rechten Weg zurück. In der Ethik ging er ihm, wie zu zeigen sein wird, einen kleinen Schritt zu weit (freilich mehr in der Formulierung als der Sache nach), und es musste Antiochos als Akademiker verdriessen, dass das alte Lehrgut nun in eine fremde Schule übergegangen war (CICERO fin. V 74, rhetorisch zugespitzt: die Stoiker als 'Diebe'). Aber in vielen wesentlichen Fragen stimmte er mit Zenon überein. Von den beiden bedeutenden Schülern Polemons (Acad. I 34f.) galt ihm Zenon und nicht Arkesilaos als der wahre Erbe der 'alten' Akademie: Zenon hielt am Primat der Ethik fest, er vermied sowohl den Irrweg der Peripatetiker (Abgleiten in Fragen der Physik) als auch die skeptische Sackgasse des Arkesilaos. Sogar CICERO gibt nach Varros Vortrag zu (Acad. I 43 = F 7, 32-34 METTE), dass die Stoa «eher eine Berichtigung der älteren Akademie als eine neue Lehre» sei. Der Stoiker-Teil von Varros Vortrag darf deshalb fast durchweg als Antiochos' eigene Lehre angesehen werden. Vor allem für die Physik ist das von weittragender Bedeutung.

Antiochos hat die seit Xenokrates (KRÄMER in UEBERWEG Antike 3 (1983) 46f.) übliche Dreiteilung der Philosophie in Physik (unter Einschluss von 'Metaphysik' und Theologie), Ethik und Dialektik in seinen Berichten streng durchgeführt. In der Vorlage des Varro-Vortrags findet sich zweimal die Reihenfolge Ethik, Physik, Dialektik (Acad. I 19-32; 35-42 = (teilweise) F 7 METTE). Die Teilgebiete wurden von Antiochos stark unterschiedlich gewichtet. Im Vordergrund steht eindeutig die Ethik: CICERO Acad. I 34 «maxime necessaria pars philosophiae»; fin. V 15 'wenn die Ethik fest gegründet ist, ist damit auch alles andere fest gegründet'; AUGUSTIN civ. Dei XIX 1 (aus Varro) «nulla est ... causa philosophandi nisi finis boni». An zweiter Stelle steht für ihn die Erkenntnistheorie, also ein Teilgebiet der Dialektik: CICERO Luc. 29 = F 5, 76f. METTE 'Wahrheitskriterium und letztes Handlungsziel sind die wichtigsten Aufgaben der Philosophie'. Die Physik ist Antiochos eher unsympathisch: Zu Beginn von Varros geschichtlichem Bericht (Acad. I 15) wird Sokrates ausdrücklich dafür gelobt, dass er 'als erster die Philosophie von den dunklen und schwierigen Fragen der Naturbetrachtung mitten ins Leben hereingeführt' habe; der Peripatetiker Straton dagegen erhält einen schroffen Tadel, weil er den umgekehrten Weg gegangen ist (Acad. I 34; fin. V 13 = F 9, 44f. METTE). Aus systematischen Gründen empfiehlt es sich trotzdem, die folgende Darstellung mit der Physik zu beginnen.

b) Physik

Im geschichtlichen Abriss der ‹Academica posteriora› werden zweimal die Grundfragen der 'Naturlehre' behandelt: Zunächst (Acad. I 24-29) referiert Varro die Lehre der 'Alten', dann deren 'Berichtigung' durch Zenon und die Stoa (Acad. I 39). Keine der beiden Lehren wird ausdrücklich als die eigene des Antiochos bezeichnet, aber, wie oben gezeigt, dürfen beide Teile als von Antiochos gebilligt gelten, und sachliche Unterschiede finden sich kaum. Nach Antiochos lehrten die 'Alten' (Acad. I 24), es gebe zwei Urprinzipien: ein 'Bewirkendes' und ein 'sich dem Bewirkenden Darbietendes, aus dem etwas bewirkt wird' (Überlieferung unsicher), in anderen Worten: 'Wirkkraft' (vis) und Materie. Jedes der beiden sei jeweils im anderen enthalten (in utroque ... utrumque), denn Materie könne nicht ohne eine wirkende Kraft 'zusammengehalten' werden, und es könne keine 'Wirkkraft' geben ohne Materie. Das sind eindeutig stoische Thesen: 'Wirkkraft' ausserhalb von Materie ist nicht denkbar; damit ist ein transzendentes Sein, etwa von Ideen, so gut wie ausgeschlossen. Das ist im nächsten Satz noch einmal gesagt: «Es gibt nämlich nichts, das nicht genötigt wäre, irgendwo zu sein»; es gibt demnach nur räumliches Sein. Die von REID (Hg.) (1885 [§ 54 *271: zur Stelle]) betonte Ähnlichkeit mit PLATON Timaios 52b ... ἀναγκαῖον εἶναί που τὸ ὂν ἅπαν ἔν τινι τόπῳ καὶ κατέχον χώραν τινά ... ist schwerlich ein Zufall. Wie andere eng benachbarte Reminiszenzen aus dem Timaios zeigen, handelt es sich um ein bewusstes Zitat. Aber in der Sache besteht ein klarer Gegensatz: bei Platon ist der 'Raum' (χώρα) eines von *drei* Prinzipien: er beherbergt wie eine Mutter nur das 'Werdende', nicht aber dessen wahrhaft seiendes Urbild. Bei Antiochos dagegen ist ein unräumliches Urprinzip nicht einmal angedeutet. Das ist ein erstaunlicher Befund: Antiochos schreibt die stoische Naturauffassung, die nur *zwei* Urprinzipien kennt, unbefangen der älteren Akademie zu und sucht diese Behauptung durch aus dem Zusammenhang gerissene Platon-Zitate zu untermauern (ausführlicher GÖRLER 1990 [*71]).

Auch das folgende (Acad. I 24 und 26) ist orthodox stoisch. Durch die Verbindung der beiden Urprinzipien entstehen 'Körper' mit bestimmten Eigenschaften: zunächst die vier Elemente, aus ihnen dann die vielfältigen Einzeldinge. In etwas präziserer Formulierung kurz darauf noch einmal (Acad. I 27): 'Die Ur-Materie ist völlig ungeformt und ohne jede Eigenschaft, aber geeignet, in ihrer Gesamtheit alle Formen in sich aufzunehmen, sich ständig in allen ihren Teilen zu wandeln und deshalb auch wieder aufzulösen, nicht in nichts, sondern in ihre Bestandteile'. Der Gedanke der 'Auflösung' ist eine offenkundige Anspielung auf den stoischen Weltenbrand (ἐκπύρωσις), wenn auch, um die angeblich 'altakademische' Lehre nicht geradezu zu verfälschen, ein Hinweis auf die periodische Wiederkehr fehlt. Die 'Wirkkraft' heisst im folgenden (Acad. I 28) 'Eigenschaft' (qualitas, griechisch zweifellos ποιότης). Auch das ist ein eindeutig stoischer Begriff (SVF 2, frg. 449 = PLUTARCH Stoic. rep. 1054 A-B = 47 M 2 LS); man definierte die 'Eigenschaften' (ποιότητες) als 'Hauch und luftartige Spannungen', die den Teilen der Ur-Materie, die sie durchdringen, 'Gestalt und Einzelformen verleihen'. Zu Unrecht hat man Antiochos' 'qualitas' mit dem platonischen εἶδος (Idee) gleichsetzen wollen (THEILER 1930 [*81: 39 Anm. 1], DILLON 1977 [*15: 82]). Sie ist identisch mit der vorher genannten 'Wirkkraft' (Acad. I 24 res efficiens, vis), und diese ist stets *in* der Ur-Materie (in utroque utrumque); die Vorstellung eines 'Abstiegs' von Ideen in den niederen Bereich der Materie (Dillon) bleibt fern. Die 'Wirkkraft' als das eigenschaftsverleihende Prinzip hat keine wie auch immer geartete von der Materie unabhängige Subsistenz. Nur im Denkakt können Ur-Materie und 'Wirkkraft' voneinander geschieden werden. Das stoische Naturbild wird weiter entfaltet (Acad. I 28-29): Alle Teile des Kosmos sind miteinander eng verflochten; ausserhalb des Kosmos gibt es keine Materie und nichts Körperliches. Der Kosmos wird von einer 'denkenden Wesenheit' (natura sentiens) 'zusammengehalten' (teneantur). Diese Formulierung macht es klar, dass auch die Gottheit identisch ist mit der 'Wirkkraft' (Acad. I 24 ... neque materiam ipsam *cohaerere* potuisse si nulla vi *contineretur*); sie ist also dem Kosmos immanent. Diese Kraft heisst auch 'Weltseele', ist vollendete Vernunft, regelt fürsorglich alles Geschehen am Himmel und im menschlichen Bereich. Durch 'schicksalhafte und unabänderliche Verkettung' ist alles Geschehen auf ewig festgelegt.

Der immanent-materialistische Charakter dieses Weltbildes wird auch dadurch unterstrichen, dass die menschliche Seele mit Selbstverständlichkeit als materiell aufgefasst ist; nur als Ausnahme wird beiläufig erwähnt, dass nach Aristoteles die 'Seelen und die Sterne' (richtiger wohl: 'die Seelen der Menschen und die Sterne') aus einem 'fünften Element' bestünden (Acad. I 26). Die Nähe zur Stoa zeigt sich ferner darin, dass gegen die Atomisten und Epikur 'unendliche Teilbarkeit' der Materie angenommen wird (Acad. I 27; SVF 2, frg. 482 = DIOGENES LAERT. VII 150 = 50 B LS).

Das Vorstehende ist nach Varro (Antiochos) die Naturlehre der 'Alten'. Sie ist so weitgehend an die der Stoiker angeglichen, dass die von Varro in Acad. I 39 referierten 'Berichtigungen' Zenons das Bild nicht mehr wesentlich verändern können. Es wird nur der materialistische Grundzug stärker betont: Zenon habe das 'fünfte Element' des Aristoteles ausdrücklich abgelehnt, und er habe nicht, wie 'Xenokrates und die älteren Philosophen' an eine 'unkörperliche Wesenheit' (natura expers corporis) geglaubt: alles, was wirke oder bewirkt werde, müsse körperlich sein. Hier zeigt sich, wie Antiochos bei der Angleichung der Standpunkte vorging. Im ersten Teil war ein immaterielles, transzendentes Prinzip mit keinem Wort erwähnt worden (auch Aristoteles' 'fünftes Element' ist körperlich zu denken). Erst nachträglich – im Zusammenhang mit der Ablehnung durch die Stoa – erfährt man, dass die 'älteren Philosophen' ein solches Prinzip durchaus kannten. Und auch hier wird planvoll verschleiert, indem nicht etwa Platon, sondern nur Xenokrates genannt wird. Der Gegensatz zwischen der älteren Akademie und der Stoa soll als ganz unbedeutend erscheinen.

Antiochos' Auffassung vom Wesen Gottes fiel, wie gezeigt, mit der stoischen zusammen. Aus diesem Grunde konnte Cicero in ‹De natura deorum› darauf verzichten, einen Vertreter der 'Alten Akademie' seine Ansicht darlegen zu lassen (nat. deor. I 16 = F 11, 8-12 METTE; DILLON 1977 [*16: 88f.]). – Willy Theiler hatte 1930 versucht, die bei VARRO (AUGUSTIN civ. Dei VII 28), SENECA (ep. 65, 7) und später im Neuplatonismus auftretende Deutung der platonischen Ideen als Gedanken Gottes auf Antiochos zurückzuführen (THEILER 1930 [*81: 15. 17f. 40]). Diese These ist mit Antiochos' materialistischer Grundauffassung unvereinbar; sie war von Anfang an umstritten (ablehnend WITT 1937 [*82: 72], LUEDER 1940 [*15: 18], TARRANT 1985 [§ 42 *94: 118f.] u.a.; zustimmend LUCK 1953 [*1: 28], WIMMEL 1974 [*85], DILLON 1977 [*16: 95], DONINI 1982 [*86: 76], KRISTELLER 1989 [*88], 1991 [§ 1 *406: 130-132]; zurückhaltender BURKERT 1965 [§ 42 *74: 190f. Anm. 45]; Auseinandersetzung mit der Kritik bei THEILER [*81: Vorrede zum ND 1964]). Keine der von Theiler herangezogenen Stellen ist für Antiochos namentlich bezeugt; der Schluss von Varro auf Antiochos ist unzulässig, da bei dem gelehrten Reatiner vielerlei Einflüsse nachweisbar sind. – In der Frage eines Lebens nach dem Tode dürfte sich Antiochos eng an die stoische Auffassung angelehnt haben; andere Möglichkeiten (unter Einbeziehung von für Antiochos nicht gesicherten Texten) erörtert DILLON (1977 [*16: 96-101]).

c) Dialektik (Erkenntnistheorie)

Antiochos' epistemologischer Standpunkt ist fast durchweg identisch mit dem der Stoa. Das zeigt sich bereits daran, dass Varro (Antiochos) im zweiten Teil seines geschichtlichen Überblicks das stoische Erkenntnismodell ohne einen Anflug von Kritik wiedergibt (Acad. I 40-42). Hatte es in der vorangehenden Behandlung der Ethik noch sein Missfallen erregt, dass die Stoiker für altbekannte Dinge neue und künstlich anmutende Begriffe verwandten, nimmt er hier die komplizierte Terminologie ausdrücklich in Schutz (Acad. I 41): «Zenon lehrte nämlich etwas Neues» («nova enim dicebat»; der Zusammenhang zeigt, dass diese Bemerkung aus dem griechischen Original und nicht von Cicero stammt). Das 'Neue' findet ohne Einschränkung Antiochos' Beifall. Den dogmatischen Teil von Ciceros Lucullus (13-62) hätte auch ein Stoiker so schreiben können.

In der Auseinandersetzung mit Philon (S. 922f.) hielt Antiochos ohne Einschränkung an der stoischen Definition der 'erkenntnisvermittelnden Vorstellung' (καταληπτικὴ φαντασία) fest, ja er zeigt sich entschlossen, für sie zu kämpfen (CICERO Luc. 18) «omnis oratio contra Academiam suscipitur a nobis, ut retineamus eam definitionem, quam Philo voluit evertere; quam nisi obtinemus, percipi nihil posse concedimus», «unsere ganze Argumentation gegen die skeptische Akademie läuft darauf hinaus, diese Definition aufrechtzuerhalten, die Philon zu Fall bringen wollte; wenn uns das nicht gelingt, dann geben wir zu, dass nichts erkannt werden kann». Nur auf der Grundlage der stoischen Definition ist sicherer Erkenntnisgewinn möglich: nur dann, wenn die 'Vorstellung' (z.B. ein Sinneseindruck) so beschaffen ist, dass sie 'nicht auch falsch sein könnte', ist die 'Zustimmung' erlaubt und sinnvoll. Und im Gegensatz zu allen Akademikern – Philon eingeschlossen – hielt Antiochos die Erfüllung dieser Bedingung für möglich.

Die wichtigsten Einwände der Stoiker gegen die akademische Skepsis sind oben kurz skizziert: Verweis auf 'Evidentes', 'Untätigkeit' (ἀπραξία, ja allgemeine Lähmung) als Folge einer konsequenten skeptischen Haltung (S. 800. 807. 856. 859f.). Antiochos machte sie sich in vollem Umfang zu eigen. Daneben bezeichnet Cicero zwei Argumente ausdrücklich als von Antiochos erdacht: a) Die dogmatischen Gegner hatten von den Akademikern gefordert, sie sollten wenigstens ihre eigene Grundaussage als 'sicher erfassbar' anerkennen: nämlich dass nichts sicher erfassbar sei. Weder Arkesilaos noch Karneades gaben dies zu: sie beharrten darauf, dass auch dieser Grundsatz dem skeptischen Vorbehalt unterliege (sog. 'Selbsteinschluss der Skepsis': § 47, S. 802; § 49, S. 858f.). Lucullus berichtet nun in seiner pro-dogmatischen Argumentation (CICERO Luc. 29 = 68 N 2 LS, ähnlich der Skeptiker Cicero in seiner Widerlegung Luc. 109 = F 5, 69-82 METTE und 181-190), Antiochos habe nochmals 'mit festerem Griff' (pressius) diese Forderung an

Philon (?) gerichtet: Dem Weisen dürfe nur das als ein 'Grundsatz' (decretum, δόγμα) gelten, was 'erfasst und erkannt' sei (comprensum perceptum cognitum); dieser Bedingung müsse auch der skeptische Grundsatz, nichts könne 'erfasst' werden, genügen. Der Einwand ist schwach. Es konnte den Skeptikern nicht schwerfallen zu antworten, 'Grundsätze' nach der Definition des Antiochos hätten sie in der Tat nicht; auch der Satz 'nihil posse percipi' gelte ihnen nicht als ein 'decretum'. b) Auch das andere Argument (CICERO Luc. 44 und 111 = F 5, 191-198 METTE), das nach Antiochos' eigener Aussage 'Philon in grösste Verlegenheit brachte' (vgl. S. 940), ist nicht schwer zu widerlegen. Zwei der skeptischen Ausgangssätze (§ 49, S. 855) lauten: 'Es gibt wahre und falsche Vorstellungen'; 'wahre Vorstellungen lassen sich grundsätzlich nicht von den falschen unterscheiden'. Darin sah Antiochos einen Widerspruch. Der zweite Satz sagt jedoch nichts über den objektiven Wahrheitswert der Vorstellungen; es wird nur bestritten, dass ihr Wahrheitswert an einem uns erkennbaren Kriterion ablesbar ist. Dass Philon diese Antwort nicht zu geben wusste, ist kaum vorstellbar.

In Antiochos' Bericht über die Erkenntnistheorie der 'Alten' (Acad. I 30-32) wird aber auch deutlich, dass er um eine äusserliche Angleichung des stoischen Dogmatismus an die Lehre Platons und seiner Schule bemüht war. Im Anschluss an die oben dargelegte Kosmologie unterscheidet er die in stetem Wandel begriffene, von den Sinnen wahrnehmbare Welt von dem, was «Platon als Idee bezeichnet habe»: «was immer einfach, von einer Art, sich selbst gleichbleibend ist». REID (Hg.) (1885 [§ 54 *271: zur Stelle]) verweist treffend auf PLATON Phaidon 78d ... ὅ ἐστι, μονοειδὲς ὂν αὐτὸ καθ' αὑτό, ὡσαύτως κατὰ ταὐτὰ ἔχει, καὶ οὐδέποτε οὐδαμῇ οὐδαμῶς ἀλλοίωσιν οὐδεμίαν ἐνδέχεται. Nur in bezug auf dieses Bleibende und Beharrende dürfe man von Wahrheit sprechen; das 'Kriterium der Wahrheit liege nicht bei den Sinnen, sondern allein beim Verstand' (Acad. I 30). Das von den Sinnen Wahrgenommene hätten die Alten deshalb als 'Bereich der Meinung' bezeichnet (Acad. I 31). Auf den ersten Blick scheint hier die platonische Unterscheidung zwischen Erscheinungswelt und der 'wahren' Welt der Ideen vorzuliegen. Aber das ist durchaus nicht gemeint. Nur in der Formulierung hat sich Antiochos an Platon angenähert; er hat einerseits weitgehende verbale Übereinstimmung mit Platon gesucht, andererseits jeden Hinweis auf ein transzendentes Sein vermieden. Von einem für sich bestehenden Reich der Ideen ist keine Rede. Das Beharrende existiert nur im Verstand; es sind allgemeine Begriffe und die daraus gezogenen weiterreichenden Schlüsse (Acad. I 32): «Scientiam autem nusquam esse censebant nisi in animi notionibus atque rationibus». (Zu Antiochos' Bewertung und Umdeutung der platonischen Ideen ausführlicher BARNES 1989 [*21: 95f.], GÖRLER 1990 [*71: 129-132]).

Folgendes Erkenntnisschema zeichnet sich ab: Die Sinne nehmen Eindrücke der Aussenwelt auf; da sie nur Wandelbares erfassen, kann aus den Sinnesdaten allein keine 'Wahrheit' gewonnen werden. Der Verstand verbindet dann verwandte Sinneseindrücke zu einfachen Begriffen wie 'weiss', 'süss', 'Pferd', 'Hund' (CICERO Luc. 21 = 39 C 1 LS «qualia sunt haec, quae sensibus percipi dicimus, talia sequuntur ea quae non sensibus ipsis percipi dicuntur, sed quodam modo sensibus, ut haec: illud est album, hoc dulce ... animo iam haec tenemus comprehensa, non sensibus. Ille, deinceps, equus est, ille canis ...»; vgl. Luc. 30 = 40 N 2 LS über die Mitwirkung des Gedächtnisses). Die Begriffe werden schliesslich mit Hilfe syllogistischer Operationen miteinander verknüpft: Luc. 21 «cetera series deinde sequitur, maiora nectens, ut haec ...: si homo est, animal est mortale rationis particeps»; Luc. 30 = 40 N 2 LS (ebenfalls als dritter Schritt) «ratio argumentique conclusio»; Acad. I 32 «post (nach dem sinnlichen Eindruck und nach der Bildung einfacher Begriffe) argumentis ... utebantur ad probandum et ad concludendum id, quod explanari volebant». Aber der gesamte Vorgang ist ohne die Sinne und ihre Wahrnehmung nicht denkbar; sie sind Grundlage und Ausgangspunkt (principium) für das folgende (Acad. I 42 = 41 B 3 LS): 'Von ihnen ausgehend prägen sich später Begriffe (notiones) in die Seele ein; diese sind dann ihrerseits nicht nur Ausgangspunkte, sondern eröffnen breitere Wege zur Erkenntnis der Wahrheit'.

Antiochos ist also weit entfernt davon, die Sinneseindrücke abzuwerten, im Gegenteil: sie sind das Fundament für die auf ihnen aufruhenden höheren Stufen der Erkenntnis. Das zeigt auch ein wichtiges indirektes Zeugnis. Im vierten Buch von ‹De finibus› (42) hält CICERO, hierin sicher Antiochos folgend (S. 958f.), der stoischen Ethik entgegen, sie sei in sich widersprüchlich: bei der Bestimmung des höchsten Zieles sei man ausgegangen vom naturgemässen Streben, später aber – unter dem Eindruck des Glanzes der Tugend – werde dieses Streben für falsch und wertlos erklärt. Damit verhielten sich die Stoiker «wie gewisse Philosophen, die von den Sinneswahrnehmungen ausgegangen seien, dann aber, nachdem sie etwas Bedeutenderes und Erhabeneres erblickt hätten, von den Sinnen nichts mehr wissen wollten» (sensus reliquerunt). Das kann nur auf Platon und seine Ideenlehre bezogen werden (vgl. Acad. I 33; Luc. 142). Antiochos wendet sich demnach gegen die platonische Abwertung der Sinne und ihrer Daten. Der grundlegende Unterschied zu Platon zeigt sich auch in der Definition des Verstandes (mens, νοῦς), die Lucullus (Antiochos) bei CICERO gibt (Luc. 30 = 40 N 1 LS): Der Verstand ist 'Quelle der Sinne' (sensuum fons) und 'selbst ein Sinn'. Das ergibt sich folgerichtig aus dem materialistischen Weltbild. Er «hat eine natürliche Fähigkeit, sich auf das zu richten, wodurch er bewegt wird» (CICERO Luc. 30); er erscheint damit geradezu als ein Sammelbecken und Koordinierungsorgan der wahrnehmenden Sinne. Es ist deutlich, dass Antiochos' 'Begriffe' (Acad. I 32, 42 u.ö.: notiones; Luc. 22, 30, fin. V 59: notitiae) mit Platons Ideen nur wenig gemein haben; sie sind dagegen nahezu identisch mit den stoischen 'Allgemeinbegriffen' (κοιναὶ ἔννοιαι) und 'Vorwegnahmen' (προλήψεις; dazu SANDBACH 1971 [*102] und STEINMETZ oben S. 594f.). – Ein Unterschied zwischen der antiocheischen und der stoischen Erkenntnistheorie scheint allerdings darin zu bestehen, dass die Stoiker auch einzelne Sinneswahrnehmungen als 'wahr' bezeichneten, während Antiochos nach Varros Bericht dieses Prädikat nur den Allgemeinbegriffen zuerkannte, also miteinander verknüpften und dadurch geprüften Wahrnehmungen (Acad. I 30 «non esse iudicium veritatis in sensibus»; 31 «hanc omnem partem rerum, d.i. die Sinneswahrnehmungen, opinabilem appellabant»; dazu LONG 1974 [*103: 228]). Im dogmatischen Teil des ‹Lucullus› wird jedoch die stoische Lehre ohne diese Einschränkung geboten. Es ist denkbar, dass Antiochos den Gedanken der Prüfung von Sinnesdaten von Karneades übernommen hat; sollte Tarrants Philon-Deutung richtig sein (§ 51,

S. 931f.), dürfte die Relativierung der in stetem Flusse begriffenen Sinnenwelt auf Antiochos' unmittelbaren Lehrer zurückgehen (dazu auch TARRANT 1985 [§ 51 *90]; interessante Vermutungen über peripatetische und mittelstoische Einflüsse auf Antiochos' Epistemologie bei TARRANT 1987 [*105]).

Antiochos lobt die Bemühungen der 'alten' Akademie um Definitionen, 'Etymologien' und um die Rhetorik (Acad. I 32). CICERO wirft Antiochos vor (Luc. 143), sich in der Dialektik allzu eng an Chrysipp angeschlossen zu haben, die Lehre der eigenen Schule dagegen zu missbilligen. Vielleicht hatte er dabei die griechische Vorlage seiner eigenen ‹Topica› (vgl. § 56, S. 1047) im Auge: Dort sind in auffallender Weise stoische Elemente mit den aus den ‹Academica› bekannten dialektischen Grundsätzen des Antiochos verbunden; DILLON (1977 [*16: 103f.]) vermutet daher Antiochos als Verfasser; siehe jedoch HUBY 1989 [§ 54 *47: 61-76]. – Vgl. ferner TARRANT (1980 Rez. Glucker 1978 [§ 1 *398] 110 Anm. 7) über CICERO fin. IV 9-13 und V 10 ('Einfluss aristotelischer Logik').

d) Ethik

α) Das 'Ziel' (Telos) und sein geschichtlicher Hintergrund

Im ersten Teil seines zusammenhängenden Vortrags über die 'peripatetische' Ethik stellt der Antiochos-Anhänger Piso folgende Telos-Formel auf (CICERO fin. V 26): «Als höchstes Gut für den Menschen muss es gelten, entsprechend der Natur zu leben; und das deuten wir so: leben entsprechend der Natur des Menschen, die in jeder Hinsicht zur Vollendung gebracht worden ist und der nichts mangelt». Diese Formulierung steht der stoischen Telos-Formel ὁμολογουμένως τῇ φύσει ζῆν ('entsprechend der Natur leben') sehr nahe. Noch deutlicher wird diese Nähe in der Nachricht (DIOGENES LAERT. VII 89 = SVF 1, frg. 555): «Unter der Natur, der entsprechend man leben soll, versteht Chrysipp sowohl die allgemeine Natur wie die spezifisch menschliche; Kleanthes dagegen lässt nur die Allnatur gelten ...».

Die weitgehende Übereinstimmung ist kein Zufall. Beide Definitionen gehen auf die ältere Akademie zurück. Schon für Platons Neffen und ersten Nachfolger SPEUSIPP ist als Formel überliefert (CLEMENS ALEX. strom. II 133, 4 = frg. 101 ISNARDI PARENTE) ἕξις τελεία ἐν τοῖς κατὰ φύσιν ἔχουσιν, 'ein vollendetes Sich-Verhalten im Naturgemässen' (dazu KRÄMER in UEBERWEG Antike 3 (1983) 34f. 157; ausführlicher 1979 [*114: 204-216]). Polemon hatte Abhandlungen verfasst ‹Über das naturgemässe Leben› (CLEMENS ALEX. strom. VII 32, 9); als 'höchstes Gut' galt ihm nach Antiochos (CICERO fin. IV 14; II 34 = POLEMON frg. 129, 127 GIGANTE) ein 'naturgemässes Leben' (secundum naturam vivere). Zu den Schülern Polemons gehörte der spätere Stoiker Zenon (DIOGENES LAERT. VII 2. 25). Er behielt den ethischen Grundansatz seines Lehrers bei. Insofern hat Antiochos recht mit seiner mehrfach wiederholten Behauptung, die Stoa habe ihre gesamte Lehre von der Akademie übernommen (fin. V 22. 74). Aber Zenon und mehr noch seine Nachfolger gaben der Formel vom 'naturgemässen Leben' schrittweise eine andere Bedeutung, indem unter 'Natur' nicht mehr die menschliche Natur, sondern die übergeordnete All-Natur verstanden wurde, also der göttliche Logos. Ihm hatte der einzelne sich unterzuordnen. Als Konsequenz ergab sich für die Stoiker, dass wirklich 'gut' nur das Göttliche im Menschen ist: nur die Tugend. Das ist nach Antiochos' Auffassung ein Irrweg; er vertritt wieder die Ansprüche der menschlichen Natur. Damit glaubte er das nachzuholen, was seiner Meinung nach 175 Jahre zuvor von Arkesilaos versäumt worden war: die Verteidigung der wahren akademischen Lehre.

Vermutlich hatte Antiochos seine Ethik nicht als 'peripatetisch' bezeichnet, sondern als die 'der Alten', d.i. als gemeinsame Lehre der älteren Akademie und des Peripatos. Erst Cicero hat die Einengung vorgenommen, da die Akademie, wie er sie verstand, in ‹De finibus› durch seine eigenen Beiträge aus skeptischer Sicht angemessen vertreten schien. Auch die dem Hauptteil von Buch V vorgeschaltete Durchmusterung peripatetischer Quellen (fin. V 9-23) geht auf Cicero zurück und hat mit der in sich geschlossenen Darstellung der Ethik nach Antiochos ursprünglich nichts zu tun; Cicero hat antiocheische Wertungen verschiedener Herkunft (Vorlesungsnotizen?) frei zusammengestellt.

β) Abgrenzung von der stoischen Ethik

Antiochos' Verhältnis zur stoischen Ethik ist von einem Gegensatz geprägt. Auf der einen Seite war er sich der gemeinsamen Herkunft des Grundgedankens (Natur als Norm) durchaus bewusst und fühlte sich der Ethik der Stoa eng verbunden. Auch in der Sache stand er der Stoa nahe, da er der 'Tugend' einen ungleich höheren Rang zubilligte als den körperlichen und äusseren 'Gütern' (siehe unten). Andererseits betonte er die unterschiedliche Auslegung des Begriffes 'Natur', so dass Antiochos' ethische Erörterungen auch von einer durchgehenden Polemik gegen die Stoa durchzogen sind (für uns am deutlichsten im vierten Buch von Ciceros ‹De finibus›).

Wie eng sich Antiochos' Ethik mit der der Stoa berührte, ist schon daran abzulesen, dass er immer wieder betonte, die Stoa lehre nichts anderes als die 'Alten' gelehrt hätten; nur in der Formulierung bestehe ein Unterschied. Damit nahm er einen Gedanken von Karneades auf (§ 49, S. 881), verlieh ihm aber ungleich stärkeren Nachdruck. Meist wird nur vage umrissen, wer unter den 'Alten' zu verstehen ist: CICERO leg. I 54 (= F 3 METTE) «antiqui omnes», später: «Xenocrates, Aristoteles, Platonis familia»; fin. IV 57 «Peripatetici»; fin. IV 61 «Platonis illi et deinceps qui eorum auditores fuerant»; fin. V 14 Aristoteles und Polemon; Tusc. IV 6 «illa vera elegansque philosophia, quae ducta a Socrate in Peripateticis adhuc permansit»; Tusc. V 32 «Peripatetici». Karneades hatte nur die Peripatetiker genannt, da die Akademiker seiner Zeit keine ethischen Dogmen vertraten. Antiochos aber greift in die Vergangenheit zurück; daher ist seine Aufzählung umfassender: die ganze 'alte' Akademie bis zu Krantor hat er im Blick und fast den ganzen Peripatos. Nur Theophrast wird ausgeschlossen, denn er hatte in seiner Schrift ‹Über die Glückseligkeit› die 'Tugend ihres Glanzes beraubt und geschwächt', indem er lehrte, die Tugend allein könne kein 'glückliches Leben' (vita beata, εὐδαιμονία) gewähren (CICERO Acad. I 33. 35; vgl. fin. V 12; Luc. 134; Tusc. V 24). Speusipp, Xenokrates und Polemon dagegen hatten, sokratisch-platonische Ansätze fortführend, ausdrücklich erklärt, die Tugend sei sich selbst genug, die 'Glückseligkeit' zu garantieren: SPEUSIPP frg. 102-106 ISNARDI PARENTE (KRÄMER in UEBERWEG Antike 3 (1983) 35); XENOKRATES frg. 241-245, 248 ISNARDI PARENTE (anders frg. 232 ISNARDI PARENTE, siehe KRÄMER in UEBERWEG Antike 3 (1983) 64); POLEMON bei CLEMENS ALEX. strom. II 133, 7 = frg. 123 GIGANTE: «er lehrt, dass ohne Tüchtigkeit der Seele die Eudämonie niemals bestehen könne, dass aber die Tüchtigkeit getrennt von den körperlichen und äusseren Gütern zur Eudämonie hinreichend sei», vgl. CICERO fin. IV 51, Tusc. V 30 (dazu KRÄMER in UEBERWEG Antike 3 (1983) 158). Es ist daher nicht überraschend und historisch richtig, wenn sich Antiochos, der den hohen Rang der Tugend auf jede Weise herausstellen wollte, vor allem als ihren Nachfolger und damit als den Wiedererwecker der 'alten' Akademie betrachtet.

Wahrscheinlich ist er in der Bewertung der Tugend über seine Vorgänger noch hinausgegangen. Antiochos hielt zwar gegen die Stoa daran fest, dass es drei Klassen von 'Gütern' gebe: die körperlichen, die äusseren und die seelischen (dazu unten S. 961); aber er wurde nicht müde, das Übergewicht der 'seelischen Güter', d.i. der Tugenden, in immer neuen Bildern zu verdeutlichen: 'Wie das Licht einer Laterne am Tage von den Strahlen der Sonne fast ausgelöscht wird, wie es gleichgültig ist, ob zu Kroisos' Reichtum noch ein Viertel-As hinzukommt, so verblassen die niederen Güterklassen vor dem Range und dem Glanze der Tugend' (CICERO fin. IV 29); 'körperliche und äussere Übel fallen gegenüber der Tugend so wenig ins Gewicht wie ein einzelnes Unkraut in einem üppig gedeihenden Getreidefeld oder ein winziger Nachteil in einem gewinnträchtigen Handel' (fin. V 91; vgl. fin. V 71, Tusc. V 86). Der Peripatetiker Kritolaos wird zitiert, der am Bilde einer Waage gelehrt hatte, so mächtig sei die Tugend, dass sie 'Erde und Meere aufwiegen' könne (CICERO fin. V 92; Tusc. V 51 = KRITOLAOS frg. 21f. WEHRLI). Einige der anderen Gleichnisse waren schon in der Stoa formuliert worden, um das gänzliche 'Verschwinden' der körperlichen und äusseren Güter κατὰ φύσιν zu veranschaulichen (fin. III 45; ANTIPATROS frg. 53 [SVF 3, S. 552] = SENECA ep. 92, 5). Antiochos greift sie nun in seinem Sinne auf.

Er sah also faktisch nur einen geringen Unterschied zwischen der stoischen und seiner eigenen Ethik, die er als die der 'Alten' ausgab. Es ist deshalb keine Kritik in der Sache, wenn er den Stoikern rein sprachliche Abweichungen von der 'alten' Lehre vorwirft und das auch im einzelnen exemplifiziert: Was jedermann sonst 'gut' oder 'übel' nenne, nennten sie 'vorgezogen' oder 'zurückgesetzt'; anstelle von 'erstreben' sprächen sie von 'wählen' oder 'mitnehmen' (fin. IV 20; V 88f.; Acad. I 37). Aber die Formulierung sei sekundär, und in der Sache sei man sich einig. Gelegentlich mischt sich ein polemisch-gereizter Ton ein: 'Die Stoiker haben die klassische Ethik gestohlen, und um das zu vertuschen, haben sie wie gewöhnliche Diebe die Bezeichnungen auf dem Diebesgut verändert' (fin. V 74); die stoische Terminologie ist so künstlich, 'dass man einen Dolmetscher braucht, um sie zu verstehen' (fin. V 89); Antiochos dagegen ist ehrlich und will die klassischen 'Güter' nicht um ihren Namen 'betrügen' (fin. V 91). Aber auch solche Töne zeigen, dass Antiochos sich in der Sache den Stoikern eng verbunden fühlte.

Auf der anderen Seite verschweigt er nicht, dass bei aller Nähe in der faktischen Bewertung der äusseren und körperlichen Güter einerseits und der Tugend andererseits in der Grundlegung der Ethik ein unüberbrückbarer Gegensatz besteht.

Sittliche Norm für die Stoiker war die All-Natur. Die menschliche Natur galt ihnen nur insoweit als leitendes Vorbild, als sie an der All-Natur teilhat. Ihr Lebensziel betraf nur die 'göttliche' Schicht der menschlichen Person: ein 'Gut' ist für sie deshalb nur die Tugend. Für die ältere Akademie und für Antiochos dagegen ist die Norm abzuleiten von der Natur des Menschen, und zwar von seiner ganzen Natur: aus dem Körper, den äusseren Bedürfnissen und aus denen der Seele. An vielen Stellen hält daher Antiochos den Stoikern entgegen, sie berücksichtigten nur einen Teil der menschlichen Natur: der Mensch bestehe aus Körper und Seele – wie könne man da den Körper plötzlich 'aufgeben' (fin. IV 26. 32)?; 'der Natur entsprechend leben' heisse für die Stoiker offenbar: 'sich von der Natur entfernen' (fin. IV 41 «ergo id est convenienter naturae vivere, a natura discedere»). Wer den äusseren und körperlichen Gütern jeden Wert abspreche, habe vergessen, von welchem natürlichen Streben er selbst bei der Herleitung des Telos ausgegangen sei (fin. V 72). Vgl. ferner unten S. 972f. über Varros Version.

γ) Sittliche Entwicklung

In Pisos Vortrag ist ausführlich dargelegt, wie die sittliche Einsicht des Menschen nach und nach reift (CICERO fin. V 24-64, mit wichtigen Parallelen in fin. IV). Diese Darstellung ist durchzogen vom Motiv der 'ganzen menschlichen Natur' und begründet die klassischen drei Arten von 'Gütern': körperliche, äussere und 'Güter' der Seele (Tugenden). Am Anfang steht eine Aussage, die fast alle hellenistischen Schulen anerkannten (dazu BRUNSCHWIG 1986 [*123]): 'Von Geburt an liebt ein jedes Lebewesen sich selbst und ist auf seine Erhaltung bedacht' (fin. V 24). Nach stoischer Auffassung ist es die fürsorgliche All-Natur, die das Lebewesen mit sich selbst 'vertraut macht' (οἰκειόω) und ihm das 'Zuträgliche' (οἰκεῖον) zeigt. Der Fachausdruck für diesen Vorgang ist 'Oikeiosis' (οἰκείωσις); er wird in der modernen Literatur oft auch für die anderen Schulen verwandt und bezeichnet dann allgemein den Ausgangspunkt des Strebens nach Naturgemässem.

Das erste Streben richtet sich auf Elementares; es gilt der blossen Selbsterhaltung. Nach und nach treten komplexere Ziele hinzu: Das Wesen lernt sich in allen seinen Schichten und Teilen immer genauer kennen und will alles in ihm Angelegte voll entfalten. Von Anfang an betont Antiochos, dass ein jedes 'animal' eine artspezifische Natur hat; nur als Leerformel gelte also für alle Lebewesen, 'nach der Natur zu leben': der Inhalt dieses Gebots sei ein anderer für den Menschen als z.B. für das Pferd oder für das Rind (fin. V 25f.). Die menschliche Natur und das ihr 'Gemässe' wird dann Schritt für Schritt erörtert, über den Körper mit seinen Entfaltungsmöglichkeiten bis zur Seele und den sittlichen Tugenden als ihrer Vollendung. Das kann hier nicht im einzelnen verfolgt werden. Es sei jedoch auf zwei typisch antiocheische Motive hingewiesen:

1. Die Natur gibt dem Menschen nur erste Hinweise; es obliegt dem Menschen, die Erkenntnisse weiter auszubilden und auf der von der Natur gewiesenen Bahn fortzuschreiten. Dafür begegnen mehrere Metaphern: Die Erkenntnis ist zunächst 'dunkel' und unklar (fin. V 41; vgl. leg. I 26); wie durch einen Nebel muss der Mensch hindurchzublicken versuchen (fin. V 43). Die Natur hat nur den 'Samen' für Wissen und Erkenntnis in den Menschen hineingelegt (fin. IV 17f.; V 18. 43; vgl.

fin. V 33 ingenuit, V 36 ingenerantur, V 43 germen). An anderen Stellen findet sich das Bild eines Funkens oder einer noch zarten Flamme (fin. V 18. 43; vgl. Tusc. III 2; leg. I 33). Die Natur hat die sittliche Begriffsbildung nur 'begonnen' (inchoare fin. IV 35; V 43. 59; vgl. leg. I 27. 30), der Mensch muss sie vollenden (leg. I 59). Wie Phidias eine von einem anderen begonnene Statue weiter bearbeiten kann, so muss philosophisches Streben die von der Natur eingeleitete Bildung weiterführen und vollenden (fin. IV 34). Dahinter steht vermutlich die stoische Lehre von den ἔμφυτοι προλήψεις (PLUTARCH Stoic. rep. 1041E = SVF 3, frg. 69 = 60 B LS, vgl. comm. not. 1070C σύμφυτος γένεσις): nicht vorgeburtliche Kenntnisse, die durch eine Anamnesis im Sinne Platons wieder erweckt werden, sondern Begriffe aus der «angeborenen inneren Wahrnehmung, in der Besinnung auf unser Wesen, die uns lehrt, was diesem von Natur frommt» (POHLENZ 1940 [*111: 93]), «inbred (not 'innate') preconceptions» (CHERNISS (Hg.) 1976 [§ 1 *41: XIII 2, 480f. Anm. b] zu PLUTARCH Stoic. rep. 1041E). Antiochos geht also einen Mittelweg zwischen apriorischer Erkenntnis und strengem Sensualismus. Dieser Kompromiss bietet für sein ethisches System einen doppelten Vorteil: Die 'keimhaft eingeborenen' sittlichen und anderen Wertvorstellungen erscheinen als objektive Norm, nicht als subjektiv gewonnene Erfahrung; der hohe 'Eigenanteil' des Menschen ist andererseits eine einleuchtende Erklärung für sittliches Fehlverhalten, das im Rahmen einer rein intellektualistischen Ethik nicht leicht erklärt werden kann.

2. In der Polemik gegen die Stoa betont Antiochos immer wieder, es gelte die *ganze* Natur des Menschen zu berücksichtigen, also Körper und Seele. Aber dieses Verhältnis ist nicht rein additiv. Es zeichnet sich die Vorstellung von Schichten ab, die aufeinander aufruhen und sich in ihrer Werthöhe unterscheiden. Beim 'Hinzutreten' einer neuen Schicht bleibt die ältere erhalten (CICERO fin. IV 37): 'Stets nimmt die Natur in dem Sinne etwas hinzu, dass sie auch ihre früheren Gaben erhält'. Die 'niedrigste', rein animalische Schicht bezeichnet Varro – zweifellos in Anlehnung an Antiochos (dazu S. 972f.) - als 'vita' und fasst das Verhältnis der Schichten in folgendem knappen Satz zusammen (AUGUSTIN civ. Dei XIX 3): «non enim hoc est vita quod virtus, quoniam non omnis vita, sed sapiens vita virtus est; et tamen qualiscumque vita sine ulla virtute potest esse, virtus vero sine ulla vita non potest esse», 'zwar gibt es blosses Leben ohne Tugend, Tugend ohne Leben dagegen ist undenkbar'. Antiochos hat das offenbar am Beispiel eines Rebstocks erläutert (fin. IV 38; V 39-40; vgl. auch nat. deor. II 35, SENECA epist. 41, 7), der nach und nach auf die Stufe eines Menschen gehoben wird: Zunächst erhält er zur pflanzlichen noch die tierische Natur, danach auch den 'animus hominis'.

Antiochos legt also grossen Wert auf die Feststellung, dass beim Hinzutreten einer höheren Schicht die darunterliegende erhalten bleibt (Cicero fin. IV 37; V 40 «non necesse est et illa pristina manere ...?»). Auf die oben angedeutete Auffächerung der 'Teile' des Menschen (mit ihren je spezifischen 'Tugenden') angewandt heisst das: Die sittlichen Tugenden sind nicht denkbar ohne die Schicht der Sinne und die der reinen Vitalität, das Leben nicht ohne den Körper. Wie in einem Gebäude bauen sich die Schichten der menschlichen Natur aufeinander auf, und wie bei den Schichten eines Gebäudes ist die Reihenfolge nicht umkehrbar. Die rohen, aber stärkeren Schichten haben ihren Platz im Fundament, die feiner durchgebildeten, aber weniger tragfähigen, ruhen auf ihnen auf. Für den antiocheischen Ursprung dieses Gedankens spricht die Analogie zur Erkenntnisanalyse (fin. IV 42), die Antiochos eigens betont: auch nach der Bildung allgemeiner Begriffe darf man die Sinne nicht 'aufgeben', denn sie sind die Grundlage der höheren Erkenntnis; siehe S. 953f.

Bereits mit der Schichtenmetapher ist die Annahme einer unterschiedlichen Werthöhe nahegelegt, aber Antiochos sagt es auch ausdrücklich (fin. IV 37): 'In jedem Lebewesen gibt es ein Bestes ...; beim Menschen findet die Vervollkommnung dessen, was in ihm das Beste ist, das höchste Lob: die Tugend'; (fin. V 38) 'die Vollendung (virtus) des jeweils Besten ist im höchsten Grade erstrebenswert; so kommt es, dass die geistigen Vollendungszustände (virtutes) den körperlichen vorgezogen werden und dass die freiwilligen Tugenden mehr gelten als die unfreiwilligen' (dazu unten). Im Rebengleichnis (fin. V 40): 'Das jeweils Hinzutretende ist der Rebe teurer als ihr altes Wesen, und innerhalb der Seele ist der beste Teil ihr am teuersten'. Innerhalb der menschlichen Person stehen am höchsten der Verstand (mens, νοῦς) und die sittliche Vernunft (ratio, λόγος oder φρόνησις). Eine solche Hierarchie ermöglicht es Antiochos, ethische Konflikte zu erklären: Das Streben des Menschen richtet sich zwar fast immer auf ein 'Naturgemässes' und in diesem Sinne objektiv Wertvolles, aber es kann vorkommen, dass ein höherer Wert zugunsten eines niederen vernachlässigt wird.

Auch ein anderes Problem, das sich jeder naturalistischen Ethik stellt, hat Antiochos zu lösen versucht. Wer sittliche Normen aus dem 'natürlichen' Streben des Menschen ableiten will, kommt über deskriptive Sätze nicht hinaus. Es kann nur ein 'Wollen' beschrieben werden; eine Instanz des 'Sollens' fehlt. Diese Schwierigkeit hat Antiochos auf folgende Weise überwinden wollen: Piso wiederholt (ab CICERO fin. V 37) fast stereotyp, der Mensch und seine Teile seien wertvoll auch 'an sich' (per se, ipsa propter se o.ä.); in fin. V 46 wird dies ausdrücklich als eine 'neue Argumentationsreihe' angekündigt (aliud argumentandi genus). 'Nicht nur weil wir uns lieben', strebt man nach Schönheit, Gesundheit und Kraft, sondern 'auch um dieser Dinge selbst willen' (fin. V 46f.). Das gilt selbstverständlich auch für die geistigen Werte (fin. V 50 studia) und für die Tugenden (fin. V 61): «honesta ... praeterquam quod nosmet ipsos diligamus, praeterea suapte natura per se esse expetenda». Die sittlichen Ziele sind also doppelt begründet: subjektiv durch die von der Oikeiosis ausgehende Eigenliebe und objektiv durch die (nicht bewiesene und auch nicht beweisbare) Behauptung, die vollkommene Ausbildung aller Teile und Schichten sei ausserdem wertvoll an sich. Ob diese Doppelung von Antiochos selbst stammt oder von älteren Akademikern übernommen wurde, lässt sich nicht klären. (Sie begegnet auch im Peripatetiker-Bericht des AREIOS DIDYMOS bei STOBAIOS II 7, S. 119, 22-124, 14 WACHSMUTH; über die vieldiskutierte Frage nach dem Verhältnis dieses Textes zu Antiochos bei CICERO fin. V siehe LUCK 1953 [*1: 25-27], BRINK 1956 [*113: 135-139], MORAUX 1973 [*117: 333-350], GÖRGEMANNS 1983 [*120: 166-168], KRÄMER in UEBERWEG Antike 3 (1983) 160, ANNAS 1990 [*125], MAGNALDI 1991 [*126]. Die sachlichen Unterschiede gegenüber Antiochos (bei Cicero) haben sich als so beträchtlich erwiesen, dass eine direkte Abhängigkeit von Antiochos wenig wahrscheinlich ist.) Die Einführung des objektiven Prinzips macht es im übrigen völlig klar, dass Antiochos mit 'Natur des Menschen' die allgemein-menschlichen Wesensmerkmale gemeint hat, nicht etwa die jeweilige individuelle Veranlagung als Norm setzen wollte (gegen LUEDER 1940 [*15: 35f.]; die von ihr herangezogenen Stellen zeigen nur, dass die Ziele in unterschiedlichem Masse erreicht werden).

δ) 'Güter' und 'Tugenden'

Grundsätzlich orientiert sich Antiochos an der alt-akademischen und peripatetischen Dreiteilung der Güter (PLATON Gorgias 477 b-c, Gesetze 697 b u.ö.; ARISTOTELES Nikom. Ethik I 8, 1098 b 12-18 u.ö.). Nach CICERO Acad. I 19 ist es das «Ziel (Telos), alles Naturgemässe zu erlangen im Bereich der Seele, des Körpers und des Lebens»; vgl. fin. V 84 (Cicero in seiner stoisierenden Kritik von Antiochos' Ethik) «tria genera bonorum». Die Gesamtheit des 'Naturgemässen' (und darum 'um seiner selbst willen zu Erstrebenden') zerfällt für Antiochos in seelisch-geistige, körperliche und äussere 'Güter'. Aber er setzt die drei Klassen nicht auf der gleichen Ebene an. Nur die seelisch-geistigen und die körperlichen 'Güter' tragen zur Vollendung des Telos bei (fin. V 68): 'Das um seiner selbst willen Erstrebte zerfällt in zwei Arten: einerseits das, wodurch das höchste Ziel erfüllt wird, und das betrifft die Seele und den Körper; die äusseren Güter dagegen, wie Freunde, Verwandte, Vaterland haben zwar auch ihren Wert in sich, sind aber von anderer Art als die vorher genannten' (vgl. Acad. I 21; fin. V 81). Folgerichtig sind in den präziseren Definitionen des antiocheischen Telos denn auch nur 'animus' und 'corpus' genannt: «Erstrebt wird das Leben, das getragen ist von allen Tugenden (im Sinne von: Erfüllungszuständen, siehe unten) der Seele und des Körpers» (fin. V 37); «wir bestehen aus Seele und Körper ...; darauf muss das letzte Ziel gegründet werden» (fin. IV 25).

Zu den äusseren 'Gütern', die naturgemäss sind und deshalb objektiven Eigenwert haben, rechnet Antiochos neben Freunden und Verwandten auch Reichtum, Ehre, Macht u.ä. (fin. V 81). Diese 'Güter' haben eine doppelte Funktion: Sie sind das Tätigkeitsfeld der sittlichen Tugenden (fin. V 67. 69), und sie 'tragen bei' zur Gewinnung und Erhaltung der seelischen und körperlichen 'Güter' (Acad. I 21; fin. V 81). Häufig gebrauchte Termini für diesen Sachverhalt sind 'benutzen' (uti), 'besitzend geniessen' (frui), 'erlangen' (adipisci), 'haben' (habere) u.ä. Der Gedanke ist einerseits stoisch: Tugend besteht im rechten Umgang mit dem Naturgemässen (Tugend als 'Aktwert', die κατὰ φύσιν als 'Sachwerte', siehe oben S. 880). Aber das Motiv der 'tätigen' Tugend weist auch auf akademisch-peripatetische Diskussionen zurück. Im knappen Überblick, den Varro bei CICERO gibt (Acad. I 21f.), ist zweimal der Terminus 'virtutis usus' gebraucht, griechisch zweifellos χρῆσις ἀρετῆς. Damit ist zunächst gemeint, dass die Tugend nicht eine blosse Haltung (ἕξις), innere Bereitschaft (διάθεσις) oder blosser 'Besitz' (κτῆσις) ist, sondern tätiger Vollzug und 'Gebrauch' (ἐνέργεια, χρῆσις) (über diesen Gedanken in der Akademie und bei Aristoteles siehe BURKERT 1972 [*116: 32 Anm. 1; 34 mit Anm. 3]: 'Leib als Werkzeug der Seele', KRÄMER in UEBERWEG Antike 3 (1983) 64, FLASHAR in UEBERWEG Antike 3 (1983) 338). Aber der Terminus ist in beiden Sprachen mehrdeutig und wohl schon von Aristoteles bewusst so gebraucht. Neben der genannten Bedeutung: a) Tugend wird 'angewandt', kann man verstehen: b) die Tugend 'benutzt' anderes, nämlich die körperlichen und äusseren Güter (genitivus subiectivus); c) die Tugend 'wird benutzt' (genitivus obiectivus). Zu dieser Mehrdeutigkeit und zur Verwendung bei Aristoteles siehe HUBY (1983 [*121: 124f.], ROHR 1983: 'Comments' zu Huby 136). Auch zwischen ἕξις und χρῆσις ist bei ARISTOTELES nicht immer scharf geschieden: Nikom. Ethik X 9, 1179 b 3. Dass Antiochos diese Aspekte nicht trennen wollte, zeigt Varros Referat bei AUGUSTIN civ. Dei XIX 3: «omnibus (primis naturae) simul et se ipsa utitur», «die Tugend benutzt das Naturgemässe *und* sich selbst»; «(virtus) bene utitur et se ipsa et ceteris, quae hominem faciunt beatum, bonis». (Bei Augustin erscheinen 'uti' und 'frui' vielfach als Gegensätze; diese Unterscheidung geht jedoch nicht auf Antiochos zurück: siehe unten S. 974.)

Antiochos gibt noch ein weiteres Argument dafür, dass er die äusseren Güter nicht in seine Telos-Definition aufgenommen hat (CICERO fin. V 68): «Niemand könnte je das höchste Ziel erreichen, wenn alle äusseren Güter, erstrebenswert wie sie sind, zum höchsten Gut gerechnet würden». Das sieht nach Wunschdenken aus; hinter der 'Begründung' steht offenkundig das (unbewiesene und unbeweisbare) Postulat, das höchste Ziel müsse grundsätzlich erreichbar sein. Immerhin ist der Unterschied zwischen den körperlichen und geistig-seelischen Vorzügen einerseits und den äusseren Dingen andererseits auch systematisch erklärt: Bei dem im körperlichen und geistig-seelischen Bereich 'Naturgemässen' handelt es sich nicht eigentlich um 'Güter', sondern um Zustände. Auch CICERO (Antiochos) gebraucht den Terminus 'bona' nur selten (fin. V 71. 81). Gemeint ist die vollendete Ausbildung des jeweiligen 'Teiles' der menschlichen Person, also eine 'Tugend' (ἀρετή) im aristotelischen Sinne. Deshalb spricht Piso (Antiochos) von den 'Tugenden' des Körpers (fin. V 37. 38), von 'perfectio' (fin. IV 35) und 'praestantia' (Acad. I 19); für den körperlichen Bereich begegnet auch 'commoda' (fin. V 72; griech. εὐχρηστήματα: fin. III 69); an anderen Stellen ist ein Substantiv fast ängstlich vermieden (Acad. I 19-21). Zu den körperlichen Vollendungszuständen gehört es (fin. V 35), dass alle 'Teile' wie Stirn, Augen, Ohren gesund sind und ihre Funktionen erfüllen; aber auch eine natürliche Haltung, ein anmutiger Gang u.ä. sind 'naturgemässe körperliche Tugenden'. (Nur bei AUGUSTIN civ. Dei XIX 3 – vgl. civ. Dei VIII 8 – findet sich die Einschränkung: Körperliche und äussere Güter sind nur für den Tugendhaften 'gut', für alle anderen sind sie schädlich. Dieses platonische Motiv (Gesetze 661 b 4-7; vgl. 631 b-d) ist entweder von Varro oder von Augustin mit der antiocheischen Ethik verbunden worden; S. 973f.)

Die Seele (animus) zerfällt in die Sinne und den Verstand (mens, νοῦς). Ein jeder Sinn hat seine Funktion; wenn er sie störungsfrei erfüllt, hat er seine 'Tugend' erreicht (fin. V 36). Der 'Verstand' wird nun seinerseits wieder zerlegt in 'geistige Begabung' (ingenium) und 'Vernunft' (ratio, λόγος). Die Tugenden des 'ingenium' sind 'rasche Auffassungsgabe' (docilitas), Gedächtnis (memoria) u.ä.; der 'ratio' dagegen sind die 'grossen und eigentlichen' Tugenden zugeordnet: Klugheit, Mässigung, Tapferkeit und Gerechtigkeit (fin. V 36; Acad. I 20). – Hier trifft Antiochos noch eine weitere Unterscheidung (fin. V 36. 38): Auffassungsgabe und Gedächtnis, die 'Tugenden' des 'ingenium', 'entstehen von selbst' (ingenerantur suapte natura) und heissen deshalb 'un-freiwillig', 'nicht dem Willen unterworfen' (non voluntariae); die Kardinaltugenden dagegen sind 'freiwillig' (voluntariae); in Acad. I 20 werden entsprechend 'von der Natur verliehene' und 'sittliche' Tugenden unterschieden. Für die 'freiwilligen' Tugenden kann man sich selbst entscheiden; ihr Erwerb ist für einen jeden jederzeit möglich. Hierin unterscheiden sie sich von den körperlichen 'Tugenden' oder 'Gütern' (vermutlich auch von den 'unfreiwilligen' Tugenden des Verstandes; das ist jedoch nirgends ausdrücklich gesagt): Niemand kann sich 'freiwillig' ein schöneres Gesicht oder ein schärferes Gehör verschaffen. Diese 'Güter' sind zwar auch uneingeschränkt 'naturgemäss', aber 'nicht in unserer Gewalt' (fin. IV 26; vgl. IV 15). Antiochos wollte wie die Stoiker garantieren, dass 'Glückseligkeit' (vita beata, εὐδαιμονία) nicht an zufällige Bedingungen geknüpft ist, sondern allein einer inneren Haltung entspringt. Daher gelten ihm nur die 'freiwilligen' Tugenden als notwendige (und insofern auch hinreichende) Voraussetzung für das Glück. (Nur scheinbar verwandt ist ein Fragment aus CICEROS Hortensius (frg. 50 MÜLLER = 110 GRILLI) bei AUGUSTIN trin. XIV 12, wo die klassischen Kardinaltugenden dem Bereich des 'Notwendigen' zugerechnet werden und nur die 'Schau des Wahren' als ein Akt des Willens gilt; dazu S. 974.)

ε) 'Vita beata' und 'vita beatissima'

Der Gedanke, die sittliche Tugend genüge für die Eudaimonie, ist für Speusipp, Xenokrates und Polemon belegt (S. 956f.). Hier konnte Antiochos ebenso anknüpfen wie bei der Stoa. Xenokrates hatte jedoch an anderer Stelle die körperlichen und äusseren Güter als Voraussetzung (ὧν οὐκ ἄνευ) für das Glück bezeichnet (CLEMENS ALEX. strom. II 22, 133, 5-6 frg. 232 ISNARDI PARENTE, dazu KRÄMER in UEBERWEG Antike 3 (1983) 64). Auch in der mittleren Stoa gab es Unsicherheiten: Antipater aus Tarsos billigte den äusseren Gütern einen Einfluss auf das Glück zu, wenn auch nur 'einen geringen' (SENECA ep. 92, 5 = SVF 3 ANTIPATER 53 = 64 m LS Bd. 2; dazu GÖRLER 1984 [*122: 460]); Panaitios und Poseidonios erklärten 'die Tugend für nicht autark: unabdingbar seien Gesundheit, ein gewisser Wohlstand und Stärke' (DIOGENES LAERT. VII 128 = frg. 110 VAN STRAATEN, frg. 173 EDELSTEIN/KIDD = 64 o LS Bd. 2; vgl. auch EPIKUR frg. 407 Us. = 21 K LS).

Antiochos fand folgenden Kompromiss: Die sittlichen Tugenden allein sind hinreichend für ein 'glückliches Leben' (vita beata); da diese Tugenden 'freiwillig' sind und 'in unserer Macht stehen', ist durch eigene Entscheidung ein 'glückliches' Leben jederzeit möglich; äusserliche und zufällige Hindernisse kann es nicht geben. Aber auch vieles von dem, was 'nicht in unserer Macht steht', ist 'naturgemäss'. Daher kann es nicht gänzlich folgenlos sein, wenn zu den sittlichen Tugenden noch etwas aus diesem Bereich hinzutritt; das 'Glück' muss dann eine Steigerung erfahren. Also lehrte er: Wer ausser den eigentlichen und wahren Tugenden auch noch Gesundheit, Schönheit, Freunde und Reichtum besitzt, führt nicht nur ein 'glückliches', sondern 'das glücklichste' Leben (vita beatissima): CICERO Acad. I 22; Luc. 134 = F 5, 236-238 METTE; fin. V 71. 81 = F 9, 139-141. 225-227 METTE; Tusc. V 22 = F 10 METTE; SENECA ep. 92, 14. Und das ist nicht nur ein quantitatives Mehr: die (sittlichen) Tugenden des so Begünstigten sind ja dann nicht nur für sich allein einfach da, sondern auch in der rechten Weise 'tätig' (siehe oben S. 961f.).

31 Ueberweg: Antike 4/2

Eine überzeugende Folgerung aus dieser Lehre ist es, dass Antiochos als ideale Lebensform weder den (unphilosophischen) βίος πρακτικός (vita activa) noch den (nur philosophischen) βίος θεωρητικός (vita contemplativa) gelten lässt, sondern eine Verbindung beider Lebensformen: «ex tribus porro illis vitae generibus, otioso, actuoso et quod ex utroque compositum est, hoc tertium sibi placere (Academici veteres) adseverant» (AUGUSTIN civ. Dei XIX 3, vgl. F 8b); zur Sache ANDREONI FONTECEDRO (1981 [*119: 69f. 88-91] mit älterer Literatur).

An keiner der oben genannten Stellen ist genau gesagt, was zum 'glücklichen' Leben hinzukommen muss, um daraus das 'glücklichste Leben' zu machen: teils sind nur körperliche, teils summarisch körperliche und äussere Güter genannt. Auch die 'unfreiwilligen' Tugenden des Verstandes (Auffassungsgabe, Gedächtnis u.ä.) kommen in Frage, sind aber nirgends erwähnt. Es ist jedoch kein Zufall, dass Antiochos in diesem Punkt so vage ist: Auch wenn er aus systematischen Gründen sittliche Tugenden und naturgemässe Güter für kommensurabel ansah, lehrte er doch ein erdrückendes Übergewicht der Tugend (S. 957); wenn sich aber etwa hinzutretende äussere und körperliche Güter zur Tugend verhalten wie der klägliche Schein einer Laterne zum strahlenden Sonnenlicht (fin. IV 29), kann der Unterschied zwischen 'Glück' und 'grösstem Glück' nicht sehr erheblich sein. – Eine präzisere Variante, die drei Stufen unterscheidet: 'vita beata', 'vita beatior', 'vita beatissima', bietet Varro bei AUGUSTIN civ. Dei XIX 3; dazu S. 973.

ζ) Einzelnes

Antiochos' Einteilung der Tugenden des Verstandes (CICERO fin. V 36) in die Gruppen Auffassungsgabe (docilitas) und Gedächtnis (memoria) einerseits, die klassischen sittlichen Tugenden andererseits weist eine oberflächliche Ähnlichkeit auf mit der des ARISTOTELES (Nikom. Ethik I 13, 1103 a 3-10 u.ö.) in 'dianoëtische' und 'ethische' (d.i. durch Gewöhnung sich bildende und insofern freiwillige) Tugenden. Sie bedingen einander (Nikom. Ethik VI 13, 1144 b 30-32): ohne sittliche 'Einsicht' (φρόνησις) keine ethische Trefflichkeit, ohne die 'ethischen' Tugenden keine sittliche 'Einsicht'. Nach Antiochos dagegen entstehen die 'freiwilligen' sittlichen Tugenden unmittelbar aus der Vernunft als deren höchste Ausprägung (fin. V 38): «virtutes voluntariae ... ex ratione gignuntur».

Auch in anderen Punkten folgt Antiochos der intellektualistischen Ethik der Stoiker: Er lehrte die wechselseitige Bedingtheit (ἀντακολουθία) der sittlichen Tugenden (CICERO fin. V 65. 67); wie die Stoiker forderte er die Freiheit von allen Affekten (CICERO Luc. 135 = F 5, 245-252 METTE). Insoweit fällt Antiochos' Auffassung mit der durch Zenon 'geänderten' akademischen Lehre zusammen (Acad. I 38f.). An anderer Stelle (Brutus 149) schreibt CICERO der 'Alten Akademie' des Antiochos die peripatetische Lehre vom 'rechten Mittelmass' (μεσότης) zu: «Omnis virtus mediocritas». Das dürfte ein Irrtum Ciceros sein, aber es kann auch Antiochos seine Meinung geändert haben. – Der stoische Lehrsatz von der Gleichheit aller 'Verfehlungen' (peccata) wurde dagegen von Antiochos 'auf das entschiedenste abgelehnt' (CICERO Luc. 133 = F 5, 234f. METTE). Das ist vermutlich eine Konsequenz aus seiner von der Stoa abweichenden Güterlehre: Da er neben dem sittlichen Laster auch andere 'Übel' anerkannte, war Fehlverhalten ganz unterschiedlicher Art möglich, und es leuchtet ein, dass er das 'Verfehlen' eines körperlichen oder äusseren 'Gutes' anders beurteilte als das des höchstrangigen 'Naturgemässen', d.i. der sittlichen Tugend.

4. Gesamtbild

Über Antiochos' persönliches Wesen und über sein Wirken als Lehrer sind wir durch Cicero (und die von ihm abhängigen Zeugnisse) aus erster Hand unterrichtet; er entwirft ein sympathisches Bild seines wichtigsten Lehrers während der athenischen Studienzeit: Antiochos war hochbegabt und umfassend gebildet (CICERO Luc. 4. 69. 113 = F 5, 7f. 113. 202f. METTE; nat. deor. I 16 = F 11, 12f. METTE; leg. I 54 = F 3, 12f. METTE; Att. XIII 19, 5 = F 6c, 11 METTE). Er «bezauberte» seine Schüler durch den «wohllautenden Fluss seiner Rede und durch seinen Charme» (PLUTARCH Cicero 4, 1 = T 5a, 2f. METTE). Cicero und er empfanden füreinander starke Zuneigung (CICERO Luc. 113 = F 5, 201f. METTE); Atticus lebte mit Antiochos zeitweise in häuslicher Gemeinschaft und hätte sich von ihm «fast für die Akademie gewinnen lassen» (CICERO leg. I 54 = F 3, 10-12 METTE). Nur aussergewöhnliche Umstände konnten Antiochos zornig machen, denn er war «von äusserst sanfter Gemütsart, niemand war friedfertiger als er» (Luc. 11 = F 5, 26f. METTE). Aber sein Stil war geschliffen (CICERO Luc. 113 = F 5, 202 METTE), und er entfaltete «gewaltige Überredungskraft» (PLUTARCH Lucullus 42, 3 = T 6a, 5 METTE; CICERO Att. XIII 19, 5 = F 6c, 10 METTE). Vielleicht erhielt er deshalb den (nur bei STEPHANUS BYZ. S. 132, 4 M. = T 4b, 2 METTE überlieferten) seltsamen Beinamen 'der Schwan' (ὁ Κύκνος).

Bei der Nachwelt wurde Antiochos weit ungünstiger beurteilt. In mittelplatonischen Kreisen verargte man ihm seine Annäherung an die Stoa (PLUTARCH Cicero 4, 2 = T 5a, 4-8 METTE; NUMENIOS bei EUSEBIUS PE XIV 9, 3 = frg. 8 LEEMANS = frg. 28 DES PLACES = PHILON T 1, 16-20 METTE; SEXTUS EMP. PH I 235 = PHILON F 1, 8-12 = 68 T LS); AUGUSTIN sah in ihm nur noch das Zerrbild eines Platonikers, eine 'Strohpuppe, die von Cicero in alle Winde verblasen wurde' (Acad. III 41 = F 8a, 13f. METTE).

In der Neuzeit wurde ihm immer wieder vorgeworfen, er habe verschiedene philosophische Systeme unverständig miteinander vermengt. Besonders scharf ist das Urteil MOMMSENS (1856, ⁹1904 [*141: 571]): «Antiochos von Askalon ..., der mit dem stoischen System das Platonisch-Aristotelische zu einer organischen Einheit zusammengeklittert zu haben behauptete, brachte es in der Tat dahin, dass seine missgeschaffene Doktrin die Modephilosophie der Konservativen seiner Zeit ... ward.» Später verbinden sich solche Vorwürfe meist mit dem abwertenden Schlagwort 'Eklektizismus' ('Auswahlphilosophie'). In diesem Sinne tadelt VON ARNIM (1894 [*13: 2493f.]) an Antiochos den «Mangel an Schärfe und Folgerichtigkeit des Denkens»; HEINEMANN (1921 [*142: 49]) spricht von einer «üblen Mischmasch-Philosophie, die sich wahllos Verschiedenes aus mehreren Systemen zusammengesucht» habe.

Zu einer anderen Wertung gelangten Willy THEILER (1930 [*131]) und sein

Schüler Georg LUCK (1953 [*1]), die in Antiochos vornehmlich einen Platoniker und einen 'Wegbereiter des Neuplatonismus' sahen (zustimmend noch KRISTELLER 1989 [*88], 1991 [§ 1 *406: 129-132]; zurückhaltender DILLON 1977 [*16: 105f.], DONINI 1982 [*86: 73-81]). Diese Interpretation, die sich fast ausschliesslich auf nicht namentlich für Antiochos bezeugte Lehrstücke stützte, kann jetzt als widerlegt gelten (WITT 1937 [*82: 72-76], LUEDER 1940 [*15: 17f.], DE VOGEL 1954 [*83], TARRANT 1980 Rez. Glucker 1978 [§ 1 *398] 110-112, TARRANT 1981 [§ 51 *85: 97], 1985 [§ 42 *94: 4. 10f. 13f.], DÖRRIE (Hg.) 1987 [*5: 449f. Anm. 2; 472-483]).

Eine besonnene Würdigung der sicher bezeugten Testimonien bietet Annemarie LUEDER (1940 [*15]). Ihre Formulierung (74), Antiochos habe einen 'doppelten Weg zur Wahrheit' eingeschlagen, indem er neben das eigene Denken die 'auctoritas veterum' gesetzt habe, trifft das Wesentliche. Antiochos hätte sein Denken vorstellen können, ohne auf Übereinstimmungen mit anderen zu verweisen. Aber er fand sich am Ende einer philosophischen Blütezeit und konnte sich dem Eindruck nicht entziehen, alle wesentlichen Positionen seien schon einmal vertreten worden. Es zeugt von epigonalem Denken, dass er die eigenen Überzeugungen als die der 'Alten' ausgibt, aber es zeugt auch von Dankbarkeit und Demut. Ein deutlicher Hang zur Vereinfachung und zum Ausgleich kommt hinzu. Antiochos greift auf Karneades' System der möglichen ethischen Standpunkte zurück (CICERO Luc. 129-131 = F 5, 212-225 METTE; fin. V 16-22 = F 9, 65-134 METTE = 64 E, G LS u.ö.; zu Karneades siehe § 49, S. 878-880), weil er wirklich glaubt, daraus gehe sein eigener Kompromiss zwischen Stoa und Alter Akademie als der schlechthin plausibelste Standpunkt hervor. Es ist auch keine eigentliche Unredlichkeit im Spiel, wenn er die stoische Kosmologie, die er für richtig hält, bereits bei Platon entdecken will (siehe oben S. 950f.; vgl. auch SEXTUS EMP. PH I 235 = PHILON F 1, 8-10 = 68 T LS), oder wenn er umgekehrt versichert, die Stoiker hätten ihre Lehre zum grossen Teil aus der Akademie entlehnt. Er sah keinen entscheidenden Unterschied: da ihm immaterielles Sein nicht vorstellbar war, konnte er Platon nur im stoischen Sinne interpretieren. Vielleicht hat er den Gedanken der Übereinstimmung zwischen älterer Akademie und Stoa von Panaitios übernommen (so GLUCKER 1978 [*17: 28-30], der an Mnesarchos als Vermittler denkt). Das lässt sich nicht beweisen und ist auch unerheblich. Derartige Überlegungen lagen im Geiste der Zeit: augenfälligstes Indiz dafür ist es, dass Panaitios, ohne eine neue Schule zu gründen, die Stoa in der Sache bedenklich nahe an Platon und die ältere Akademie angenähert hat (GRILLI 1975 [§ 57 *174: 77], siehe auch STEINMETZ oben S. 650).

Aber auch wenn Antiochos' System sich als historische Konstruktion gibt und so verstanden werden kann, auch wenn sein Denken eher auf Ausgleich als auf Konfrontation gerichtet war – seine Lehre ist kein vager Kompromiss. Die philosophische Position ist in sich geschlossen und geprägt von der Persönlichkeit dessen, der sie vertrat (vgl. auch BARNES 1989 [*21: 79 mit Anm. 103. 90]). Antiochos zeigt durchweg eine deutliche Abneigung gegen metaphysische Spekulation; aus diesem Grunde kann er der stoischen Grundlegung der Ethik und ihren provozierend-radikalen Formulierungen nicht folgen. Aber die ihm eigene hohe Moralität empfahl ihm den stoischen Primat der Tugend und liess ihn in der praktischen Ethik über die Unterschiede hinwegsehen. Er vertraut dem gesunden Urteil des gemeinen Verstandes, und das führt ihn von Philon fort zur stoischen Epistemologie. Sein Weltbild ist monistisch, er denkt streng immanent; das führt ihn von Platon fort zur stoischen Physik. CICEROS Urteil, Antiochos sei 'mit ganz geringen Abweichungen ein reinrassiger Stoiker' (Luc. 132 = F 5, 230f. METTE, ähnlich Luc. 137), kommt der Wahrheit sehr nahe.

C. ARISTOS UND SEINE SCHÜLER

Antiochos' Nachfolger in der Leitung 'seiner' Schule, d.i. der 'Alten Akademie', wurde sein Bruder und Schüler Aristos (ACAD. IND. XXXV 2-5 = ANTIOCHOS T 3, 12f. METTE; CICERO Brutus 332 «illa Vetus Academia atque eius heres Aristus»). Sein Geburtsort ist vermutlich ebenfalls Askalon; Geburts- und Todesjahr sind unbekannt. Im Juni 51 v. Chr. war Aristos noch am Leben (siehe unten); aus der Erwähnung bei CICERO Brutus 332 scheint sich zu ergeben, dass er auch 46 v. Chr. (Abfassungsjahr des Brutus) noch lebte (DILLON 1977 [*16: 61], STÉNUIT 1979 [§ 53 *12: 252]). Spätestens im Jahre 45 muss er gestorben sein: Ciceros Sohn, der vom Herbst 45 an in Athen studiert, hört nur den Peripatetiker Kratippos (der von Aristos' Schule abgefallen war, siehe unten), Brutus während seines athenischen Aufenthalts im August 44 nur Kratippos und den 'Akademiker' Theomnestos (über ihn unten). Beide aber hätten zweifellos vor allem Aristos gehört, wenn er noch am Leben gewesen wäre. Aristos hat demnach seinen Bruder um etwa 20 Jahre überlebt.

Nach PLUTARCH (Brutus 2, 3 = ANTIOCHOS T 8, 6-8 METTE) «stand Aristos hinter manchen anderen Philosophen an geistiger Wendigkeit (τῇ ἐν λόγοις ἕξει, rednerischer Gewandtheit?) zurück, aber in seiner geordneten Lebensführung (εὐταξία) und durch sein sanftes Wesen konnte er es mit den Besten aufnehmen». Das ist ein zweifelhaftes Lob für einen Philosophen, und es mag kein Zufall sein, dass mehrere Schüler die 'Akademie' verliessen. M. Iunius Brutus, der spätere Caesarmörder, machte Aristos zu seinem 'Freund und Gefährten' (PLUTARCH Brutus 2, 3 = ANTIOCHOS T 8, 5f. METTE). Plutarch begründet das mit Brutus' Zuneigung zur Schule Platons und mit seiner Bewunderung für Antiochos (den Brutus, geboren zwischen 85 und 78 v. Chr., nicht mehr kennengelernt haben kann). Da Plutarch jedoch die gleiche Formulierung (φίλος καὶ συμβιωτής) wie für das Verhältnis zwischen Lucullus und Antiochos gebraucht, ist damit vermutlich auch hier die Rolle eines persönlichen politischen Beraters gemeint (S. 943). Brutus kann Aristos während eines frühen Studienaufenthalts in Athen kennengelernt haben (vgl. [Ps.-] AURELIUS VICTOR vir. ill. 82, 1). – Im AKADEMIKER-INDEX (XXXV 5-7 = ANTIOCHOS T 3, 13f. METTE, zum Bezug auf Aristos siehe unten) wird mitgeteilt, Aristos «habe mehr Hörer gehabt, obwohl er sehr beschäftigt gewesen sei». Damit kann gemeint sein, dass sich Brutus von ihm auf seinen politischen Reisen in den östlichen Mittelmeerraum begleiten liess, z.B. 58 v. Chr. nach Zypern und 53 v. Chr. nach Kilikien (GLUCKER 1978 [*17: 25 Anm. 43; 112f.]). Sicher ist, dass Brutus bei

Aristos intensive philosophische Studien getrieben hat (CICERO fin. V 8 = ANTIOCHOS F 9, 35 METTE; Acad. I 12 = F 7, 4 METTE; Tusc. V 21 = F 10, 22 METTE; Tusc. V 30). – Auch Cicero war mit Aristos befreundet. Er wohnte bei ihm in Athen auf der Durchreise in seine Provinz Kilikien im Juni 51 v. Chr. (Att. V 10, 5 = 103 SHACKLETON BAILEY (Hg.) 1965-1970 [§ 54 *636: Bd. 3, Nr. 103]) und während seiner Rückreise im Oktober 50 (Tusc. V 22; nach SHACKLETON BAILEY, a.a.O. S. 206, ist diese Angabe ebenfalls auf Juni 51 zu beziehen). In Tusc. V 30 bezeichnet Cicero Aristos indirekt als seinen 'Lehrer'.

Eine eigene philosophische Lehre hat Aristos offenbar nicht entwickelt. Nach CICERO Tusc. V 21f. folgte er in der Unterscheidung von 'vita beata' und 'vita beatissima' treu der Auffassung seines Bruders. Auch Schriften sind für Aristos nicht bezeugt.

Über das Schicksal der Schule nach Aristos' Tod ist nichts bekannt. Seine namentlich bezeugten Schüler scheiden als Nachfolger aus (siehe unten); CICERO hatte im Juni 51 den Eindruck, mit der Philosophie in Athen stehe es schlecht (Att. V 10 = 103 Sh.B., 5), 'nur Aristos sei noch von Bedeutung' (Überlieferung unsicher). Brutus hörte im August 44 'den Akademiker Theomnestos' (PLUTARCH Brutus 24, 1). Daraus hat zuerst ZUMPT (1844 [§ 1 *441: 69]) den Schluss gezogen, Theomnestos sei Aristos' Nachfolger in der Leitung der Akademie geworden; er identifizierte ihn mit einem Theomnestos aus Naukratis in Ägypten, von dem PHILOSTRAT (Vitae sophistarum I 6 p. 486) mitteilt, man habe ihn wegen seiner rhetorischen Fähigkeiten nicht nur als Philosophen, sondern auch als Sophisten angesehen. Diese These wurde vielfach übernommen (u.a. von PRAECHTER 1926 [§ 1 *336: 664, Tabelle], DILLON 1977 [*16: 61]); sie ist jedoch reine Spekulation. Ein starkes Gegenargument ist es, dass Ciceros Sohn, über dessen athenische Studien (45/44 v. Chr.) wir gut informiert sind, Theomnestos offenbar nicht kennt (weitere Gegengründe bei GLUCKER 1978 [*17: 114f.]). Mit Recht weist TARRANT 1980 (Rez. Glucker 1978 [§ 1 *398] 112f.) darauf hin, dass die Bezeichnung des Theomnestos als 'Akademiker' ohne nähere Qualifikation eher an einen Akademiker skeptischer Ausrichtung denken lässt.

Im AKADEMIKER-INDEX (XXXV 5-18 = ANTIOCHOS T 3, 14-16 METTE) findet sich folgende Schülerliste (sie wird syntaktisch einfacher auf Aristos als auf Antiochos bezogen: GLUCKER 1978 [*17: 95 Anm. 257], anders MORAUX 1973 [*157: 181], BARNES 1989 [*21: 59]; vgl. oben S. 945) «... unsere Freunde Ariston und Dion aus Alexandria und Kratippos aus Pergamon, von denen Ariston und Kratippos ... gehört hatten (?) ... Peripatetiker wurden und sich von der Akademie trennten». Vielleicht gehört in diese Liste auch noch der nach einer längeren Lücke genannte Metrodor aus Pitane, Schüler des Metrodor aus Stratonikeia (siehe oben S. 905).

Über die Genannten ist aus anderen Quellen folgendes bekannt: Ariston und Dion waren bereits Antiochos' Schüler gewesen; sie gehören im Winter 87/86 v. Chr. zu seinem Kreis in Alexandria (CICERO Luc. 12 = ANTIOCHOS F 5, 40f. METTE; siehe auch oben S. 943). – Der Schulwechsel von Ariston und Kratipp ist nur im ‹Academicorum Index› bezeugt, aber ein Peripatetiker Ariston aus Alexandria ist gut bekannt und durch einige Schriftentitel kenntlich (MORAUX 1973 [*157: 181-193], WEHRLI in UEBERWEG Antike 3 (1983) 594f., Fragmentsammlung von

MARIOTTI (Hg.) 1966 [*156]). Die Identität mit dem abtrünnigen Akademiker und Antiochos-Schüler ist so gut wie sicher. Umstritten ist dagegen die Identifizierung mit einem Peripatetiker gleichen Namens, der zur Zeit von Strabon und Eudoros eine Schrift ‹Über den Nil› verfasst hat (STRABON XVII 1, 5, 790 = test. 7 MARIOTTI); für Identität MARIOTTI (Hg.) (1966 [*156: 37-41]), FRASER (1972 [*34: 1, 489]); unentschieden GLUCKER (1978 [*17: 95f.]); dagegen DÖRRIE (Art. 'Ariston', in: KP 1 (1964) 571f.), MORAUX (1973 [*157: 182]), WEHRLI (in UEBERWEG Antike 3 (1983) 595). Fraser schliesst aus der blossen Tatsache des Nilbuches, dass Ariston länger in Alexandria geblieben ist und dort gemeinsam mit Eudoros dazu beigetragen hat, antiocheisches Denken an Potamon und Areios Didymos weiterzugeben (siehe auch unten S. 987). Dagegen wendet Glucker mit Recht ein, dass Ariston das sicher nicht als konvertierter Peripatetiker getan hat; die Nennung als Schüler von Antiochos und Aristos zeige, dass Ariston nach der Sosos-Affäre zunächst nach Athen gegangen und dort einige Zeit geblieben sei. – Dion aus Alexandria ist aller Wahrscheinlichkeit nach identisch mit dem 'Akademiker Dion', der als Leiter einer alexandrinischen Gesandtschaft 57 v.Chr. in Rom auf Geheiss von Ptolemaios XII. Auletes ermordet wurde (STRABON XVII 1, 11, 796; CASSIUS DIO XXXIX 12-14; CICERO Pro Caelio 23-24. 51; VON ARNIM 1903 [*153: 847]). Seine Funktion als Gesandter zeigt, dass er lange zuvor von Athen nach Alexandria zurückgekehrt war. Vielleicht ist er der Verfasser von bei PLUTARCH (quaest. conv., pr. 612 D-E) erwähnten ‹Trinkgesprächen› (λόγοι παρὰ πότον γενόμενοι); daraus vermutlich die bei ATHENAIOS I 61, 34B zitierte Äusserung über die Trunksucht der Ägypter. Zu weiteren ganz unsicheren Zuweisungen kritisch MARIOTTI (Hg.) (1966 [*156: 25 Anm. 16]) und FRASER (1972 [*34: 2, 709f. Anm. 106]). – Kratippos aus Pergamon erscheint nur im Herculanenser ‹Index› als Akademiker. Die zahlreichen anderen Zeugnisse beziehen sich auf die Zeit nach dem Schulwechsel, der nicht datiert werden kann. (Mit Recht erinnert DORANDI (Hg.) 1991 [§ 46 *26: 82 Anm. 305] daran, dass die Formulierung im ‹Index› es offenlässt, ob Kratippos – und mit ihm Ariston – von der eigentlichen Akademie oder von Antiochos' 'Alter' Akademie abgefallen sind; zum Schulwechsel auch GOTTSCHALK 1987 [*159: 1110. 1120f.]). Über Kratipp ausführlich MORAUX (1973 [*157: 223-256]), WEHRLI (in UEBERWEG Antike 3 (1983) 593f.); siehe auch FERRARY (1988 [*38: 469 Anm. 115]). – Von den drei im ‹Index› erwähnten Schülern des Aristos hat demnach einer Athen früh wieder verlassen, die beiden anderen haben sich von der Schule abgewandt. Auch das spricht dafür, dass die 'Alte Akademie' mit Aristos' Tod als Institution zum Erliegen kam.

D. BRUTUS UND VARRO

Bleibenden Einfluss hatte ihre Lehre dagegen bei den römischen Hörern und Freunden von Antiochos und Aristos: Varro, Cicero und Brutus.

M. Iunius Brutus (geb. zwischen 85 und 78, Selbstmord 42 v.Chr.; ausführliche Biographie GELZER 1916 [*171]), der bei Aristos Philosophie betrieben und ihn zu seinem 'Freund und Gefährten' gemacht hatte (siehe oben S. 967), ist selbst durch mehrere philosophische Schriften hervorgetreten. CICERO spendet ihnen hohes Lob (Acad. I 12 «... sic philosophiam Latinis litteris persequitur, nihil ut eisdem de rebus Graeca desideres») und widmet Brutus sechs seiner eigenen Werke (Brutus, Paradoxa Stoicorum, Orator, De finibus bonorum et malorum, Tusculanae disputationes, De natura deorum). Plutarch sieht ihn in Parallele mit dem Syrakusaner Dion, der Platons Idealstaat in politische Wirklichkeit umsetzen wollte (PLUTARCH Dion und Brutus 1, 2: «Der eine hatte mit Platon selbst Umgang, der andere wuchs mit Platons Schriften auf; beide machten sich also gewissermassen von der gleichen Übungsstätte aus auf den Weg zu grossen Taten»). Auch in der frühen Kaiserzeit schätzte man Brutus als philosophischen Schriftsteller (QUINTILIAN inst. X 1, 123: 'er war seinem Stoff vollauf gewachsen; man spürt, dass es ihm ernst ist mit dem, was er sagt'; TACITUS dial. 21, 5). Folgende Werke sind kenntlich: a) De virtute, ‹Über die Tugend›, 45 v. Chr., Cicero gewidmet, zitiert bei CICERO fin. I 8, Tusc. V 1, vgl. 21 und 30, SENECA dial. XII (cons. Helv.) 9, 4 (vgl. 8, 1). b) De officiis, ‹Über die Pflichten›, zitiert bei PRISCIAN S. 199, 8f. KEIL, SENECA ep. 95, 45 mit dem griechischen Nebentitel (?) περὶ καθήκοντος. c) De patientia, ‹Über das Dulden›, zitiert bei DIOMEDES S. 383, 8 KEIL.

Aus CICEROS fünftem Tusculanenbuch (21. 30 u.ö.) wird deutlich, dass sich Brutus in der Schrift ‹Über die Tugend› eng an die antiocheische Ethik anschloss: 'Die Tugend ist nicht das einzige Gut, das Laster nicht das einzige Übel. Auch Armut, Schmerzen und Krankheit sind Übel an sich. Das Übergewicht der Tugend ist jedoch so stark, dass der Weise auch inmitten dieser Übel stets glücklich ist. Ist er dagegen von ihnen frei und verfügt er auch über die wichtigsten körperlichen und äusseren Güter, ist ihm das glücklichste Leben (vita beatissima) beschieden.' Ein Zitat bei SENECA (dial. XII = cons. Helv. 9, 4) lässt konsolatorische Züge erkennen und verrät einen auf Pointen gerichteten Stil: Der zu Unrecht nach Mytilene verbannte Marcellus lebt aufgrund seiner inneren Haltung 'aufs glücklichste' (beatissime), so dass der Besucher beim Abschied den Eindruck hat, 'er selbst sei in Wahrheit der Verbannte'. – Die Schrift ‹Über die Pflichten› galt offenbar der praktisch-kasuistischen Ethik; sie enthielt 'viele Ratschläge für Eltern, Kinder und Brüder'. SENECA (ep. 95, 45) vermisst in ihr die theoretische Grundlegung.

Der Verlust von Brutus' Schriften wiegt schwer. Sie waren offenbar stärker als die teilweise enzyklopädisch orientierten Dialoge und Abhandlungen Ciceros von der persönlichen Moralität ihres Verfassers getragen. Es ist ein Paradox der Geschichte, dass Cicero, der Brutus so sehr schätzte, durch sein eigenes Werk diesen «aufgehenden Stern am Himmel der römischen Schriftsteller» (Alfred Heuss) schon früh verdunkelt hat. Die antiken Urteile über Brutus (gute Zusammenstellung bei GELZER 1916 [*171: 1019]) stimmen darin überein, dass er seine philosophische Haltung ins Leben umzusetzen strebte und vermochte, bis hin zur entscheidenden Tat an den Iden des März. DIO CASSIUS (XLVII 49, 1-2) berichtet, er habe vor dem Selbstmord bei Philippi aus einer (unbekannten) Tragödie zitiert: «Arme Tugend, so warst du doch nur ein blosses Wort; ich aber habe dich verehrt, als gebe es dich wirklich – und du warst ein Spielball des Zufalls». Die Authentizität ist jedoch umstritten (MOLES 1983 [*174]).

M. Terentius Varro (116-27 v. Chr., über Leben und Werk grundlegend DAHLMANN 1935 [*181]) hörte noch vor Cicero in Athen die Vorlesungen des Antiochos (vermutlich etwa 84-82 v. Chr., siehe oben S. 944; vgl. auch FERRARY 1988 [*38: 607 Anm. 68]). Er ist seiner Lehre in wichtigen Bereichen treu geblieben. Noch im Jahre 45 v. Chr. steht es für CICERO fest, dass Varro den erkenntnistheoretischen Standpunkt des Antiochos 'billigt' (Att. XIII 12 = 320 Sh.B., 3 = ANTIOCHOS F 6a, 3f. METTE; Att. XIII 16 = 323 Sh.B., 1 = F 6b, 6; fam. IX 8 = 254 Sh.B.: Widmungsbrief an Varro, 1 = F 6, 3f. METTE). Diese Einschätzung war zweifellos richtig, denn Varro liess sich von Cicero ohne Widerspruch zum Vertreter der antiocheischen Lehre in der endgültigen Fassung der ‹Academica› machen und nahm auch die Widmung des Werkes offenbar gern an.

Nachhaltig von Antiochos geprägt war Varros verlorene Schrift ‹Über die Philosophie› (Liber de philosophia). Aus ihr sind bei Augustin ausführliche Referate zur Begründung der Ethik und zur Güterlehre erhalten (Ausgabe und Erklärung der Fragmente von LANGENBERG (Hg.) 1959 [*201], s. auch LEONHARDT 1994 [§ 49 *154]). Ob die Schrift auch die anderen Teilgebiete der Philosophie behandelte, lässt sich nicht klären; auch die literarische Form ist unbekannt (gegen die willkürliche Einordnung als 'logistoricus', d.h. literarisch eingekleideter Kurzdialog, mit durchschlagenden Gründen LANGENBERG 1959 [*201: 31-36]). Die Schrift muss nach 45 v. Chr. entstanden sein, denn in CICEROS ‹Academica› ist vorausgesetzt, dass Varro noch keine philosophischen Schriften verfasst hat (Acad. I 3. 4. 9). Augustins Exzerpte zeigen, dass Varro in ‹De philosophia› nicht nur referieren und historisch belehren, sondern den eigenen Standpunkt begründen wollte. Darum dürfen die z.T. erheblichen Abweichungen von der bei Cicero dargestellten antiocheischen Ethik nicht ohne weiteres auf andere Schriften oder einen geänderten Standpunkt des Antiochos zurückgeführt werden: persönliche Ergänzungen und Umgestaltungen durch Varro sind wahrscheinlicher.

Eine besonders augenfällige Neuerung Varros ist die Erweiterung der 'Divisio Carneadea' (§ 49, S. 878-880; § 52, S. 966) auf nicht weniger als 288 vertretene oder theoretisch vertretbare ethische Positionen (AUGUSTIN civ. Dei XIX 1 = frg. 1-2 LANGENBERG): Es gibt vier Gegenstände natürlichen Strebens: a) 'Lust' (voluptas), b) 'Ruhe' oder Freiheit von Schmerz (quies), c) 'Lust' und 'Ruhe' zusammen, 'was Epikur als Lust bezeichnet' (utraque, quam tamen uno nomine voluptatis Epicurus appellat), d) das 'erste Naturgemässe ganz allgemein' (universaliter prima naturae). Der nächste Schritt gilt dem Verhältnis dieser vier Grundziele (an anderer Stelle als 'primigenia' bezeichnet) zur 'Tugend', die 'erst später durch Lernen eingepflanzt wird'. Sie wird entweder um dieser Grundziele willen erstrebt, oder die Grundziele um ihretwillen, oder aber beide um ihrer selbst willen, so dass sich 12 'Richtungen' (sectae) ergeben. Diese Zahl vermehrt sich weiter durch vier voneinander unabhängige 'Unterscheidungsmerkmale' (differentiae): a) Man strebt entweder nur für sich selbst oder auch für andere (differentia ex vita sociali: 24 'Richtungen'). b) Das Ziel kann als sicher angesehen werden oder als nur wahrscheinlich (differentia ex Academicis novis: 48 'Richtungen'). c) Das Ziel kann in kynischer oder in nichtkynischer Haltung angestrebt werden (differentia ex Cynicis: 96 'Richtungen'). d) Es wird entweder ein untätig-beschauliches Leben bevorzugt (vita otiosa), oder ein politisch-tätiges Leben (vita negotiosa) oder eine Verbindung beider Ideale. Die Zahl der 'Richtungen' wird also noch einmal verdreifacht auf 288. Hier ist die Hand des systematisierenden Polyhistors unverkennbar; man vergleiche die ähnlich strukturierte Klassifizierung landwirtschaftlicher Erwerbsmöglichkeiten in De re rustica II 1, 12 (auch pythagoreische Zahlenmystik mag beteiligt sein: S. 975).

MADVIG nannte Varros Tafel eine «abgeschmackte und alberne Spielerei» (1876 [§ 49 *151: 824]). Auch Varro selbst sah darin vermutlich ein Spiel, wie ein Fragment (402 BÜCHELER, ASTBURY) aus seiner 'menippeischen' Satire Περὶ αἱρέσεων (Über philosophische Richtungen) zeigt: «... ferner gehen von jeder Wegscheide je drei Wege aus, deren jeder ein eigenes Ende und 'Ziel' (bei Varro griechisch τέλος) hat. Von der ersten Wegscheide aus bahnt sich Epikur den äusseren rechten Weg ...». Im übrigen weist die Tafel offenkundige Lücken auf: für das stoische Telos, das nur die Tugend gelten liess, hat sie keinen Platz (LANGENBERG (Hg.) 1959 [*201: 48]).

Nach AUGUSTIN hat Varro seine eigene Tafel alsbald wieder drastisch verringert (civ. Dei XIX 1-2 = frg. 3 LANGENBERG): Die vier 'Unterscheidungsmerkmale' (differentiae) haben nichts mit dem 'letzten Ziel' (finis bonorum) zu tun und sollen deshalb unberücksichtigt bleiben, so dass die Zahl der echten 'Richtungen' (sectae) auf 12 absinkt. Die 'Grundziele' (jetzt 'primigenia' genannt) werden danach ihrerseits reduziert: Lust, Schmerzlosigkeit und die Verbindung von beiden seien nur Unterbegriffe des 'ersten Naturgemässen'. Nur drei Positionen bleiben übrig: Das 'erste Naturgemässe' wird um der Tugend willen erstrebt; die Tugend wird wegen des 'ersten Naturgemässen' erstrebt; beides wird um seiner selbst willen erstrebt. Bei der Auswahl unter diesen drei Möglichkeiten folgt Varro genau der aus Cicero bekannten Grundlehre des Antiochos: Der Mensch besteht aus Körper und Seele; der Körper verlangt nach den 'prima naturae', die Seele findet ihre Vollendung in der 'virtus'. Weder Körper noch Seele dürfen vernachlässigt werden; das richtige Telos ist also das dritte: Sowohl das 'erste Naturgemässe' wie die Tugend sind um ihrer selbst willen zu erstreben.

Der Schichtengedanke tritt stellenweise noch deutlicher hervor als bei Cicero: 'Es geht nicht um das letzte Ziel eines Baumes, nicht um das eines Tieres, nicht um das eines Gottes, sondern um das Ziel für den Menschen' (AUGUSTIN civ. Dei XIX 3 = frg. 4 LANGENBERG). Damit ist zunächst die rein vegetative, dann die animalische Schicht bezeichnet; hinzugefügt ist ein fiktives körperloses (?) Wesen. Auch die unterschiedliche Werthöhe ist betont (frg. 4 LANGENBERG): 'Die Tugend benutzt alle niederen Schichten und sich selbst; sie hat ihre Freude an allen, aber an den höheren in höherem Masse; sie ist stets bereit, um Höheres zu gewinnen oder zu erhalten, auf Niedrigeres zu verzichten'. In einigen Punkten weicht die von Augustin referierte Lehre Varros von Ciceros Bericht ab:

1. Bei CICERO (fin. V 36) sind 'Gedächtnis' (memoria) und 'rasche Auffassungsgabe' (docilitas) als 'unfreiwillige Tugenden' bezeichnet; bei Varro (frg. 4 LANGENBERG) gelten 'Gedächtnis' (memoria) und 'Denkfähigkeit' (ratio) als notwendige Voraussetzungen für die auf ihnen aufruhende 'sittliche Vernunft' ('doctrina', dem entspricht 'ratio' bei Cicero). Der Unterschied ist teilweise so zu erklären, dass

Varro Gedächtnis und Denkkraft als 'Teil' oder 'Organ' eines jeden gesunden Menschen im Blick hat, Cicero dagegen die vollendete Ausbildung dieses 'Teils' meint. Aber es ist auch unverkennbar, dass der Schichtengedanke strenger durchgeführt ist: Varro kennt und betont unabdingbare Voraussetzungen für die 'Glückseligkeit' (vita beata) neben der Tugend.

2. Das zeigt sich auch in der jeweiligen Definition der 'vita beata': Nach Antiochos bei CICERO (Acad. I 22; Luc. 134; fin. V 71. 81; Tusc. V 22) beruht sie 'auf der Tugend allein'; nach Varro dagegen (frg. 4 LANGENBERG) 'auf der Tugend und den Gütern der Seele und des Körpers, ohne die die Tugend nicht bestehen kann' (vgl. dagegen fin. V 71: «... bona corporis ... complent ... quidem beatissimam vitam, sed ita, ut sine illis possit beata vita existere»). Welche körperlichen 'Güter' Varro als unabdingbar ansah, berichtet Augustin leider nicht. Aber er gibt Beispiele für körperliche Vorzüge, die zwar uneingeschränkt naturgemäss und darum erstrebenswert, jedoch *nicht* unabdingbar sind: Schönheit und sportliche Tüchtigkeit. Man darf vermuten, dass Varro Gesundheit, Vollzähligkeit und elementare Funktionsfähigkeit der Sinne u.ä. zu den für Tugend und Glück notwendigen Voraussetzungen gerechnet hat.

3. Varro unterscheidet drei Stufen des Glücks (frg. 4 LANGENBERG): Wer ausser den notwendigen Voraussetzungen auch noch über 'einige oder fast alle' der wünschenswerten, aber nicht notwendigen Güter verfügt, hat ein 'glücklicheres Leben' (vita beatior); wer dagegen alle überhaupt denkbaren Güter erlangt hat, dem ist das 'allerglücklichste Leben' (vita beatissima) zuteil geworden. Diese dreifache Stufung ist vermutlich eine Neuerung Varros gegenüber Antiochos; sie passt gut zu seinem pedantischen Systemdenken (dagegen ist es unwahrscheinlich, dass Cicero, der Antiochos' Lehre korrekt referieren wollte, in diesem Punkte vergröbert hat).

4. Keinerlei Entsprechung bei Cicero hat folgender Gedanke Varros (AUGUSTIN civ. Dei XIX 3 = frg. 4 LANGENBERG): 'Ohne die Tugend sind die anderen Güter, so viele es auch sein mögen, für den, der sie hat, nicht gut; er kann nur schlechten Gebrauch von ihnen machen, darum verdienen sie nicht den Namen Güter'. Mit anderen Worten: Erst die zuletzt hinzutretende Tugend verleiht den niederen Gütern ihren Wert und Rang als 'Güter'. Diese Lehre ist mit der Argumentation gegen die Stoiker, die CICERO in De finibus IV und V aus Antiochos referiert, unvereinbar; sie kommt dem stoischen Tugendbegriff bedenklich nahe. In knapperer Form (und auf die äusseren Güter beschränkt) begegnet der Gedanke auch civ. Dei VIII 8: 'Diese Güterklasse ist gut für die Guten, für die Schlechten dagegen ein Übel' (ob an dieser Stelle ebenfalls Varro zugrunde liegt, ist umstritten: dafür DRÄSEKE 1916 [*222: 559-562], LORENZ 1952-1953 [*211: 47]; dagegen AGAHD 1898 [*221: 93-106], LANGENBERG (Hg.) 1959 [*201: 41]). Ausgangspunkt ist vermutlich die sokratisch-platonische Gleichsetzung von 'gut' und 'nützlich' (z.B. Staat V 457b 5) und Formulierungen wie Gesetze I 631b: 'Es gibt göttliche und menschliche Güter: die menschlichen hängen ab (ἤρτηται) von den göttlichen', Gesetze II 661b: 'Die gleichen Besitztümer sind für die Guten das Beste, für die Ungerechten das schlimmste Übel'. Im Anschluss an die erstgenannte Stelle wird bei STOBAIOS II S. 55, 22-56, 7 WACHSMUTH Platon die stoische These 'Nur das sittlich Gute ist ein Gut' (μόνον τὸ καλὸν ἀγαθόν) zugeschrieben; das habe er

durch folgende Gleichnisse erläutert: 'Wie ein Holzscheit und ein Eisen nicht von sich aus warm werden, sondern nur durch das Feuer, wie der Mond nicht von sich aus leuchtet, sondern sein Licht von der Sonne empfängt, so ist nichts ein Gut, das nicht teilhat an der Tugend' (vgl. Symposion 180 e 4-181 a 4: 'die jeweilige Gesinnung entscheidet über Wert oder Unwert von Handlungen'). Ob schon Varro oder erst Augustin dieses Lehrstück in die antiocheische Ethik hineingetragen hat, lässt sich nicht entscheiden (vgl. immerhin TERENZ Heautontimorumenos 195f., über Eltern, Vaterland, Freunde und Reichtümer: «Damit steht es so, wie mit der Gesinnung ihres Besitzers: Güter sind sie für den, der sie recht zu gebrauchen weiss; Übel sind sie für den, der das nicht vermag»).

5. Antiochos lehrte, die Tugend 'benutze' die äusseren und körperlichen Güter. Dieses Verhältnis bezeichnet CICERO mit 'usus'/'uti', daneben häufig auch mit 'frui' ('geniessen'): fin. II 34. 35; IV 15; Luc. 131 u.ö. Bei Augustin sind jedoch 'uti' und 'frui' oft ein Gegensatzpaar; das Notwendige wird 'benutzt'; 'frui' gehört in den Bereich der freien Entscheidung; die 'geniessende' Betrachtung richtet sich vornehmlich auf Gott. Mit Recht hat PFLIGERSDORFFER (1971 [*212]) den Versuch zurückgewiesen, diese Verwendung des Begriffspaares auf Varro (und damit indirekt auf Antiochos) zurückzuführen. Dagegen spricht allein schon, dass gerade im antiocheischen Zusammenhang die Begriffe offenbar als Synonyme verwandt sind (civ. Dei XIX 3 = frg. 4 LANGENBERG «virtus utitur illis et fruitur»); auch CICERO stellt 'uti' und 'frui' gern ohne erkennbaren Unterschied verstärkend nebeneinander: nat. deor. I 103; II 152; fam. VII 30, 2; steigernd Sex. Rosc. 131. Dahinter steht offenkundig der juristische Terminus 'ususfructus' ('Niessbrauch'). Bei Antiochos war vermutlich nur von 'gebrauchen' (χρῆσϑαι) die Rede.

Der Einfluss des Antiochos auf Varro lässt sich vielleicht auch an folgendem Detail erkennen: VARRO zitiert in De lingua Latina VII 37 Platons Phaidon als ‹Plato in quarto›. Dies ist die älteste Bezeugung der Tetralogieneinteilung der platonischen Dialoge (jedoch nicht unbedingt für alle 9 Tetralogien: SOLMSEN 1981 [§ 48 *78: 106]). MÜLLER (1975 [§ 42 *75: 29 Anm. 1]) vermutet, dass Varro als «Anhänger und Schüler der Akademie des Antiochos» mit dieser Zählweise vertraut wurde.

Die vielfältigen anderweitigen Einflüsse auf Varros philosophische Ansichten können hier nur angedeutet werden (guter Überblick bei DAHLMANN 1935 [*181: 1259-1268]; zur Einordnung in das geistige Umfeld RAWSON 1985 [§ 51 *59: 282-297]). Im Anschluss an ein älteres Einteilungsprinzip unterscheidet Varro drei verschiedene Bereiche oder Aspekte der Theologie: eine 'mythische' Theologie, der sich vor allem die Dichter bedienen, eine 'physische' Theologie, die Gotteslehre der Philosophen, und eine 'bürgerliche' Theologie, die die konkrete Kultausübung in den einzelnen Staaten bestimmt (AUGUSTIN civ. Dei IV 27, VI 5, VI 12; vgl. LIEBERG 1973 [*226]). Diese Lehre wurde früher meist auf Panaitios zurückgeführt; das ist inzwischen widerlegt (LIEBERG 1982 [*231]). Aber stoische Einflüsse sind in Varros philosophischer Theologie unverkennbar: Gott ist die 'Seele, die die Welt durch ihre Bewegung und durch Vernunft lenkt' (AUGUSTIN civ. Dei IV 31); 'die Weltseele und ihre Teile sind die wahren Götter' (civ. Dei VII 5; der Plural darf nicht darüber hinwegtäuschen, dass Varro Gott als Einheit sieht). In diesem Sinne mag Varro von den platonischen Ideen als 'Gedanken Gottes' gesprochen haben (civ. Dei VII 28; dazu THEILER 1930 [*81: 18f. 40], vgl. S. 951f.). Nicht zu Unrecht wird Varro meist als Monotheist bezeichnet; er selbst betont allerdings (AUGUSTIN civ. Dei VII 17 = Rerum Divinarum liber XV frg. 204 CARDAUNS), dass er von rationaler Gewissheit in bezug auf das Göttliche weit entfernt sei. Insofern zeigt er sich auch als von der skeptischen Akademie beeinflusst. Zu Varros Gottesauffassung siehe BOYANCÉ (1955 [*223]: darin auch kühne Vermutungen), LIEBERG (1972 [*225]), CARDAUNS (1978 [*230]).

Auch in der Psychologie folgt Varro teilweise der Stoa (LAKTANZ op. D. 17, 5): 'Die Seele ist Luft, die durch den Mund eingeatmet, in der Lunge erwärmt, im Herzen auf die rechte Temperatur gebracht und dann im ganzen Körper verteilt wurde.'

Daneben ist Varro aufs stärkste vom Pythagoreismus geprägt. Äusserliches Indiz dafür ist seine Neigung zu Zahlenkombinationen jeder Art: Spekulationen über die Siebenzahl (GELLIUS III 10, 1f. und 17), Gliederung eines biographischen Bilderbuches (‹Imagines›) in Hebdomaden ($2 \times 7 \times 7 \times 7 + 14 = 700$ Abschnitte), 9×9 Abschnitte in De re rustica II 1, 12 (vgl. 25-28). Bezeugt ist eine Schrift ‹De principiis numerorum› (Über Zahlenstrukturen). Auch in den ‹Antiquitates rerum divinarum› war vielfach die pythagoreische Lehre berührt; wahrscheinlich wurden sie von Ovid als Quelle für Teile der Fasten und für die Pythagoras-Rede (met. XV 75-478) benutzt. Den ungewöhnlichsten Ausdruck fand Varros Überzeugung in seinem Wunsch, nach pythagoreischem Ritus (Pythagorio modo) bestattet zu werden, d.i. in einem tönernen Sarg mit Blättern von Myrten, Ölbäumen und Schwarzpappeln (PLINIUS NH XXXV 160; dazu CARDAUNS 1978 [*230: 90 Anm. 32]). Zu Varros Pythagoreismus im allgemeinen siehe SCHMEKEL (1885 [*241: 76-87], 1892 [*242: 409-423. 449f.]), DAHLMANN (1935 [*181: 1261]), FERRERO (1955 [*244: 319-334]).

Vor allem in der literarischen Form der menippeischen Satire zeigt sich schliesslich der Einfluss des Kynismus. Im Sinne der Kyniker verspottet Varro andere Philosophenschulen und empfiehlt eine schlichte Lebensführung. Aber sein Kynismus ist 'oberflächlich': er meint das einfache Leben im Sinne des 'mos maiorum', nicht ein einfaches Leben 'gemäss der Natur' (RAWSON 1985 [§ 51 *59: 283]).

E. BIBLIOGRAPHIE

1. Antiochos aus Askalon: a) Überlieferung. Zeugnis- und Fragmentsammlungen [*1-*5]; b) Gesamtdarstellungen [*11-*22]; c) Leben (einzelne Aspekte und Episoden) [*31-*40]; d) Schriften (Detailfragen) [*51-*57]; e) Lehre (Einzelaspekte): α) Antiochos als Interpret der Philosophiegeschichte [*71]; β) Physik. Ideen als Gedanken Gottes? [*81-*88]; γ) Erkenntnistheorie und Dialektik [*101-*105]; δ) Ethik [*111-*126]; ε) Nachwirkung [*131]; ζ) Gesamtdeutung [*141-*143]. – 2. Die Schule nach dem Tode des Antiochos. Aristos und seine Schüler [*151-*161]. – 3. Brutus und Varro: a) Brutus [*171-*174]; b) Varro: α) Leben und Werke [*181-*182]; β) Forschungsberichte [*191-*193]; γ) Ethik (Liber de philosophia) [*201-*202]; δ) Begriffspaar 'uti'-'frui' [*211-*212]; ε) Theologie [*221-*231]; ζ) Einflüsse anderer Schulen (Pythagoreismus, Kynismus) [*241-*245].

1. Antiochos aus Askalon

a) Überlieferung.
Zeugnis- und Fragmentsammlungen

Vgl. grundsätzlich die oben § 46 *20-*26 genannten Ausgaben des ‹Academicorum Index› (Philodem?) und die Ausgaben und Kommentare von Ciceros ‹Academici libri› [§ 54 *271-*284].

1 G. Luck: Der Akademiker Antiochos (Bern, Stuttgart 1953) [Noctes Romanae 7]. – 73-94: Testimonia und Fragmente. In der Textgestaltung überholt, der Kommentar steht unter dem Einfluss von Theiler 1930 [*131], der die inzwischen widerlegte These vertrat, Antiochos sei ein 'Wegbereiter' des Mittel- und Neuplatonismus.

2 A. Russo (Hg.) 1978 [§ 42 *13: 411-421]. – Einige Fragmente mit ital. Übers.

3 Eva di Stefano: Per una nuova raccolta delle testimonianze e dei frammenti di Antioco di Ascalona, in: Quaderni Catanesi 6 (1984). – Vorarbeit für eine bisher nicht erschienene Sammlung.

4 H. J. Mette (Hg.) 1986-1987 [§ 46 *44: 25-63]. – In der Textgestaltung überholt, Bibliographie lückenhaft.

5 H. Dörrie (Hg.) 1987 [§ 46 *45: 1, 188-211. 449-483]. – Knappe, eher subjektive Auswahl von Zeugnissen.

b) Gesamtdarstellungen

Vgl. auch Luck 1953 [*1].

11 Ch. Chappuis: De Antiochi vita et doctrina (Paris 1854).
12 R. Hoyer: De Antiocho Ascalonita (Bonn 1883). – Diss.
13 H. von Arnim: Art. 'Antiochos (Nr. 62) von Askalon', in: RE 1 (1894) 2493-2494.
14 H. M. Strache: Der Eklektizismus des Antiochos von Askalon (Berlin 1921) [Philologische Untersuchungen 26].
15 Annemarie Lueder: Die philosophische Persönlichkeit des Antiochos von Askalon (Göttingen 1940). – Diss. Vortreffliche Darstellung, frei von Vorurteilen und Spekulationen.
16 J. Dillon: The Middle Platonists (1977) [§ 42 *92]. – 52-106: 'Antiochus of Ascalon: the turn to dogmatism'. Guter Überblick; philosophische Deutung im wesentlichen nach Theiler 1930 [*131].
17 J. Glucker: Antiochus (1978) [§ 1 *398]. – Grundlegend, vgl. auch § 42 *93.
18 A. Grilli: Antiochos von Askalon und seine Wirkung in der hellenistischen und römischen Kultur, in: Acta Philologica Aenipontana 4 (1979) 48-49.
19 Eva di Stefano: Antioco di Ascalona, in: Giannantoni (Hg.) 1981 [§ 42 *51: 1, 195-209].
20 Eva di Stefano: Antioco di Ascalona tra platonismo scettico e medio platonismo, in: Momenti e problemi della storia del platonismo (Catania 1984) 37-52.
21 J. Barnes: Antiochus, in: Griffin/Barnes (Hg.) 1989 [§ 1 *369: 51-96]. – Ausgezeichnete Einführung; wichtig vor allem für die Auseinandersetzung mit Philon und für die Erkenntnistheorie.
22 T. Dorandi: Art. 'Antiochos d'Ascalon', in: DPA 1 (1989) 216-218.

c) Leben (einzelne Aspekte und Episoden)

31 M. Gelzer: Art. 'L. Licinius (Nr. 104) Lucullus', in: RE 13 (1926) 376-414.
32 J. van Ooteghem: Lucius Licinius Lucullus (Brüssel 1959). – 25: Antiochos im Gefolge des Lucullus; wichtig für die Chronologie des Aufenthalts in Alexandria.

33 J. P. Lynch: Aristotle's school (1972) [§ 1 *432, § 46 *52]. – 177-189. bes. 181f.: Antiochos war nie Scholarch der platonischen Akademie.
34 P. M. Fraser: Ptolemaic Alexandria (1972) [§ 46 *75: 1, 489; 2, 707-709]. – Antiochos hinterliess in Alexandria eine 'Schule', aus der u.a. der Platoniker Eudoros hervorging. Gegen diese verfehlte Annahme u.a. Glucker 1978 [§ 1 *398: 90-97] und Ferrary 1988 [*38: 472 Anm. 121].
35 J. Glucker: Antiochus (1978) [§ 1 *398]. – 98-106: Antiochos gründete eine eigene Schule, die er 'Alte Akademie' nannte.
36 H. Dörrie: Vestigia summorum virorum (1978) [§ 46 *53]. – Lehre in Athen 79 v. Chr.; falsch über den Zustand des Akademiegeländes ('in Ruinen').
37 Christopher P. Jones: Plutarch, Lucullus 42, 3-4, in: Hermes 110 (1982) 254-256. – Antiochos und Lucullus.
38 J.-L. Ferrary: Philhellénisme (1988) [§ 1 *427, § 46 *58]. – 441-483 u.ö.: Datierungsfragen, Verhältnis zu Lucullus, rechtliche Stellung der 'Alten Akademie'.
39 C. Habicht: Der Akademiker Iollas von Sardis, in: Zeitschrift für Papyrologie und Epigraphik 74 (1988) 215-218. – Ein Schüler des Antiochos auch inschriftlich bezeugt.
40 S. C. R. Swain: Plutarch's characterization of Lucullus, in: Rheinisches Museum für Philologie 135 (1992) 307-315.

d) *Schriften (Detailfragen)*

Vgl. auch Dillon 1977 [*16], Magnaldi 1991 [*126], Lévy 1992 [§ 42 *40: 186-204].

51 M. Plezia: De Ciceronis Academicis dissertationes tres (1936-1937) [§ 51 *54]. – Eos 38 (1937) (ND Lemberg 1937). – 26-28: Der ‹Sosos› nicht die Quelle für die dogmatischen Teile der Academica.
52 W. Süss: Cicero. Eine Einführung in seine philosophischen Schriften (mit Ausschluss der staatsphilosophischen Werke), in: Abhandlungen der Mainzer Akademie der Wissenschaften, geistes- u. sozialwiss. Klasse Jg. 1965, Nr. 5 (Wiesbaden 1966) 209-385. – 248: Der ‹Sosos› nicht Ciceros Quelle.
53 J. Glucker: Antiochus (1978) [§ 1 *398]. – 419f.: ‹Sosos› wichtigste Quelle für die dogmatischen Teile der ‹Academica›.
54 Elizabeth Rawson: Intellectual life (1985) [§ 51 *59]. – 22f. 58: Da der stoische Philosoph Sosos in Italien gestorben ist, könnte der antiocheische ‹Sosos› einen italischen Schauplatz gehabt haben.
55 D. Sedley: On signs, in: Barnes/Brunschwig/Burnyeat/Schofield (Hg.) 1982 [§ 1 *363: 239-272]. – Sextus Emp. math. VII 203-216 aus Antiochos' Kanonika.
56 W. Görler: Cicero und die 'Schule des Aristoteles', in: Fortenbaugh/Steinmetz (Hg.) 1989 [§ 54 *47: 246-263]. – 247f. 258 Anm. 3. 259 Anm. 8: Cicero fin. V geht im Kern auf Antiochos zurück (gegen Gigons These: 'im ganzen aristotelisch').
57 M. Giusta: Antioco di Ascalona e Carneade nel libro V del ‹De finibus bonorum et malorum› di Cicerone, in: Elenchos 11 (1990) 29-49. – Quelle von fin. V nicht Antiochos. Zustimmung bei Magnaldi 1991 [*126: 92].

e) *Lehre (Einzelaspekte)*

α) Antiochos als Interpret der Philosophiegeschichte

71 W. Görler: Antiochos von Askalon über die 'Alten' und über die Stoa. Beobachtungen zu Cicero, Academici posteriores 1, 24-43, in: P. Steinmetz (Hg.): Beiträge zur hellenistischen Literatur und ihrer Rezeption in Rom (Stuttgart 1990) [Palingenesia 28] 123-139.

β) Physik. Ideen als Gedanken Gottes?

81 W. Theiler: Die Vorbereitung des Neuplatonismus (1930) [*131, § 42 *91]. – 15. 17f. 40; Vorrede zum ND: Die neuplatonische Lehre, die Ideen seien 'Gedanken Gottes', geht auf Antiochos zurück. Hauptbelege: Augustinus civ. Dei VII 28; Seneca ep. 65, 7; dort ist Antiochos jedoch nicht genannt.
82 R. E. Witt: Albinus and the history of Middle Platonism (Cambridge 1937) [Transactions of the Cambridge Philological Society 7]. – 72-76: Widerlegung der These von Theiler.
83 Cornelia J. de Vogel: A la recherche des étapes précises entre Platon et le néoplatonisme, in: Mnemosyne 7 (1954) 111-122. bes. 120.
84 E. Bickel: Senecas Briefe 58 und 65. Das Antiochos-Poseidonios-Problem, in: Rheinisches Museum für Philologie 103 (1960) 1-20. – Gegen Theiler.
85 W. Wimmel: Cicero auf platonischem Feld. Zu § 9 des Orator, in: Studia Platonica. Festschrift H. Gundert (Amsterdam 1974) 185-194. ND in: W. W.: Collectanea (Stuttgart 1987) 385-395. – Antiocheischer Einfluss in Cicero, Orator 8-9?

86 P. L. Donini: Le scuole, l'anima e l'impero. La filosofia da Antioco a Plotino (Turin 1982). – 73-81: Zustimmung zu Theiler.
87 S. Gersh: Middle Platonism (1986) [§ 57 *25: 1, 101-118].
88 P. O. Kristeller: Die Ideen als Gedanken der menschlichen und göttlichen Vernunft (Heidelberg 1989) [Sitzungsberichte der Heidelberger Akademie der Wissenschaften, phil.-hist. Kl. 1989, 2]. – Ausarbeitung einer unveröffentlichten Abhandlung (entstanden Berlin 1930); für Theiler.

γ) Erkenntnistheorie und Dialektik

Vgl. auch Wiśniewski 1982 [§ 51 *88], Tarrant 1985 [§ 42 *94: 89-114], 1985 [§ 51 *90].
101 Ph. De Lacy: A new fragment of Antiochus? in: American Journal of Philology 77 (1956) 74. – Zu Plutarch adv. Col. 1122 A: Auch Antiochos könnte den Skeptikern die aus ihrer Lehre resultierende 'Untätigkeit' (ἀπραξία) vorgeworfen haben.
102 F. H. Sandbach: Ennoia and prolepsis in the Stoic theory of knowledge, in: A. A. Long (Hg.): Problems in Stoicism (London 1971) 22-37. – Zum Status der Allgemeinbegriffe bei Antiochos.
103 A. A. Long: Hellenistic philosophy (1974, ²1986) [§ 1 *396]. – 228: Allgemeinbegriffe bei Antiochos und in der Stoa.
104 J. Dillon: The Middle Platonists (1977) [*16, § 42 *92]. – 102-105: Überblick über die Zeugnisse zur Dialektik und zur Rhetorik; kühn die Rückführung von Ciceros ‹Topica› auf Antiochos.
105 H. Tarrant: The Peripatetic and Stoic epistemology in Boethus and Antiochus, in: Apeiron 20 (1987) 17-37. – Antiochos (in deutlichem Gegensatz zu Philon) eng an der materialistischen stoischen Lehre orientiert.

δ) Ethik

111 M. Pohlenz: Grundfragen der stoischen Philosophie (Göttingen 1940) [Abhandlungen der Gesellschaft der Wissenschaften zu Göttingen, philol.-hist. Kl. 3, 26]. – 88-99: Zur sittlichen Entwicklung nach Antiochos.
112 H. A. K. Hunt: The humanism of Cicero (Melbourne 1954). – 116-122: 'The Stoic and Antiochean definitions of the Good'.
113 C. O. Brink: Οἰκείωσις and οἰκειότης: Theophrastus and Zeno on nature in moral theory, in: Phronesis 1 (1956) 123-145.
114 H. J. Krämer: Platonismus und hellenistische Philosophie (1971) [§ 1 *394]. – 204-216: 'Naturgemässes Leben' als Ziel innerhalb der Akademie, vor allem bei Polemon.
115 S. G. Pembroke: Oikeiosis, in: A. A. Long (Hg.): Problems in Stoicism (London 1971) 114-149.
116 W. Burkert: Zur geistesgeschichtlichen Einordnung einiger Pseudopythagorica, in: K. von Fritz (Hg.): Pseudepigrapha I (Genf 1972) [Entretiens sur l'Antiquité classique 18] 23-55: – Zum Motiv der 'tätigen' Tugend.
117 P. Moraux: Der Aristotelismus bei den Griechen. Von Andronikos bis Alexander von Aphrodisias, Bd. 1 (Berlin, New York 1973). – 333-350: Sittliche Entwicklung bei Areios Didymos (Stobaios II 119-124 Wachsmuth) und bei Antiochos.
118 N. P. White: The basis of Stoic ethics, in: Harvard Studies in Classical Philology 83 (1979) 143-178. – Zu ‹De finibus› V: Quelle vermutlich Antiochos aus Askalon; eher peripatetisch als stoisch geprägt.
119 Emanuela Andreoni Fontecedro: Il dibattito su vita e cultura nel De re publica di Cicerone (Rom 1981). – 69f. 88-91: Antiochos über die Verbindung der 'Lebensformen' (βίος θεωρητικός und βίος πρακτικός).
120 H. Görgemanns: Oikeiosis in Arius Didymus, in: Fortenbaugh (Hg.) 1983 [§ 1 *251: 165-201]. – 166-168: Areios Didymos und Antiochos.
121 Pamela Huby: Peripatetic definitions of happiness, in: Fortenbaugh (Hg.) 1983 [§ 1 *251: 121-134]. – 124f.: Zu 'Besitz' und 'Benutzung' der Tugend bei Aristoteles: Begriffe nicht immer klar geschieden; siehe auch die Bemerkungen von M. D. Rohr ebda. 136.
122 W. Görler: Zum virtus-Fragment des Lucilius (1326-1338 Marx) und zur Geschichte der stoischen Güterlehre, in: Hermes 112 (1984) 445-468. – 460: Vorstufe der Unterscheidung von 'vita beata' und 'vita beatissima' bei Antipater aus Tarsos.
123 J. Brunschwig: The cradle argument, in: Schofield/Striker (Hg.) 1986 [§ 1 *365: 113-144]. – Erste Regungen der Neugeborenen als Indiz für ethisch richtiges Verhalten.
124 G. Schönrich: Oikeiosis. Zur Aktualität eines stoischen Grundbegriffs, in: Philosophisches Jahrbuch 96 (1989) 34-51.
125 Julia Annas: The Hellenistic version of Aristotle's ethics, in: The Monist 73 (1990) 80-96. – Zum Peripatetiker-Bericht bei Areios Di-

dymos (siehe oben S. 960f.); ‹De finibus› V antiocheisch.

126 Giuseppina Magnaldi: L'Οἰκείωσις peripatetica in Ario Didimo e nel ‹De finibus› di Cicerone (Florenz 1991) [Università degli Studi di Torino. Fondo di Studi Parini-Chirio. Filologia. Testi e Studi 2]. – Zustimmung zu Giusta 1990 [*57]. Die peripatetische Oikeiosis-Lehre (überliefert bei Areios Didymos und in ‹De finibus› V) ist von der stoischen sorgfältig zu unterscheiden.

ε) Nachwirkung.

131 W. Theiler: Die Vorbereitung des Neuplatonismus (1930) [§ 42 *91]. – 34-55 u.ö.: Antiochos kehrte zum Dogmatismus zurück und stellte Platons Ideenlehre wieder ins Zentrum akademischen Philosophierens. Auf diese Weise bahnte er dem Mittel- und Neuplatonismus einen Weg. Zustimmung u.a. bei Luck 1953 [*1], Dillon 1977 [*16, § 42 *92] (mit Einschränkungen), Donini 1982 [*86], Kristeller 1989 [*88]. Theilers These wird jetzt jedoch überwiegend abgelehnt.

ζ) Gesamtdeutung

141 Th. Mommsen: Römische Geschichte, Bd. 3: Von Sullas Tode bis zur Schlacht von Thapsus (Berlin ⁹1904, Nachdrucke). – 571: Scharfe Ablehnung des antiocheischen Eklektizismus (zitiert S. 965).

142 J. Heinemann: Poseidonios' metaphysische Schriften, Bd. 1 (Breslau 1921). – 49: Abfällig über die 'Mischmasch-Philosophie'.

143 Ilsetraut Hadot: Du bon et du mauvais usage du terme 'éclectisme' (1990) [§ 1 *405]. – Zu Antiochos: 155-157.

2. Die Schule nach dem Tode des Antiochos. Aristos und seine Schüler

Vgl. auch Sténuit 1979 [§ 53 *12].

151 H. von Arnim: Art. 'Aristos (Nr. 9) von Askalon', in: RE 2 (1895) 1010.

152 A. Gercke: Art. 'Ariston (Nr. 54) von Alexandreia', in: RE 2 (1895) 956.

153 H. von Arnim: Art. 'Dion (Nr. 14) aus Alexandreia', in: RE 5 (1903) 847.

154 H. von Arnim: Art. 'Kratippos (Nr. 3) aus Pergamon', in: RE 11 (1922) 1658f.

155 Anneliese Modrze: Art. 'Theomnestos (Nr. 13) aus Naukratis', in: RE 5 A (1934) 2036.

156 I. Mariotti: Aristone d'Alessandria. Edizione e interpretazione (Bologna 1966) [Edizioni e saggi universitari di filologia classica 1]. – Zeugnis- und Fragmentsammlung.

157 P. Moraux: Der Aristotelismus bei den Griechen, Bd. 1 (1973) [*117]. – 181-193: Zu Ariston und Dion; 223-256: zu Kratippos aus Pergamon (wichtig vor allem für die Zeit nach dem Übertritt aus der Akademie zum Peripatos).

158 J. Glucker: Antiochus (1978) [§ 1 *398]. – 114f.: Theomnestos nicht Nachfolger von Aristos; die 'Alte Akademie' mit Aristos' Tod erloschen.

159 H. B. Gottschalk: Aristotelian philosophy in the Roman world from the time of Cicero to the end of the second century AD, in: ANRW II 36, 2 (1987) 1079-1174. – 1110. 1120f.: Über den Schulwechsel von Ariston und Kratipp.

160 T. Dorandi: Art. 'Aristos d'Ascalon', in: DPA 1 (1989) 408.

161 Françoise Caujolle-Zaslawsky, R. Goulet: Art. 'Ariston d'Alexandrie', in: DPA 1 (1989) 396f.

3. Brutus und Varro

a) Brutus

171 M. Gelzer: Art. 'M. Iunius (Nr. 53) Brutus', in: RE 10 (1916) 973-1020.

172 G. L. Hendrickson: Brutus ‹De virtute›, in: American Journal of Philology 60 (1939) 401-413. – Der bei Cicero (Brutus 11-13. 330) erwähnte Brief des Brutus ist identisch mit der Schrift ‹De virtute›. Nicht überzeugend.

173 A. E. Raubitschek: Brutus in Athens, in: Phoenix 11 (1957) 1-11.

174 J. Moles: Some 'last words' of M. Iunius Brutus, in: Latomus 42 (1983) 775-779.

b) Varro

α) Leben und Werke

181 H. Dahlmann: Art. 'M. Terentius (Nr. 84) Varro', in: RE Suppl. 6 (1935) 1172-1277.

182 F. Della Corte: Varrone. Il terzo gran lume romano (Genua 1954, Florenz ²1970).

β) Forschungsberichte

191 H. Dahlmann: Varroniana, in: ANRW I 3 (1973) 3-25.

192 Giovanna Galimberti Biffino: Rassegna di studi varroniani dal 1974 al 1980 (Rieti 1981) [Pubblicazioni del Centro di Studi Varroniani 5].

193 B. Cardauns: Stand und Aufgaben der Varroforschung (mit einer Bibliographie der Jahre 1935-1980) (Wiesbaden 1982) [Akademie der Wissenschaften und der Literatur Mainz. Abhandlungen, Geistes- und sozialwiss. Klasse 1982, 4].

γ) Ethik (Liber de philosophia)

201 G. Langenberg (Hg.): M. Terenti Varronis Liber de philosophia. Ausgabe und Erklärung der Fragmente (Köln 1959). - Diss.

202 H. Hagendahl: Augustine and the Latin classics, vol. 2: Augustine's attitude (Göteborg 1967) [Studia Graeca et Latina Gothoburgensia 20, 2] 620-627.

δ) Begriffspaar 'uti'-'frui'

211 R. Lorenz: Die Herkunft des augustinischen Frui Deo, in: Zeitschrift für Kirchengeschichte 64 (1952-1953) 34-60. 359f.

212 G. Pfligersdorffer: Zu den Grundlagen des augustinischen Begriffspaares 'uti'-'frui', in: Wiener Studien 84 (N.F. 5) (1971) 195-224.

ε) Theologie

221 R. Agahd (Hg.): M. Terenti Varronis Antiquitatum rerum divinarum libri I, XIV, XV, XVI. Praemissae sunt quaestiones Varronianae, in: Jahrbücher für Klassische Philologie, Suppl.-Bd. 24 (Leipzig 1898) 1-220, 367-381.

222 J. Dräseke: Zur Frage nach den Quellen von Augustins Kenntnis der griechischen Philosophie, in: Theologische Studien und Kritiken 89 (1916) 541-562.

223 P. Boyancé: Sur la théologie de Varron, in: Revue des Etudes Anciennes 57 (1955) 57-84. ND in: P. B.: Etudes sur la religion romaine (Rom 1972) [Collection de l'Ecole Française de Rome 11] 253-282.

224 B. Cardauns (Hg.): Varros Logistoricus über die Götterverehrung (Curio de cultu deorum) - Ausgabe und Erklärung der Fragmente (Würzburg 1960). - Ursprünglich Diss. Köln 1958.

225 G. Lieberg: Varros Theologie im Urteil Augustins, in: Studi classici in onore di Quintino Cataudella, Bd. 3 (Catania 1972) 185-201.

226 G. Lieberg: Die 'theologia tripertita' in Forschung und Bezeugung, in: ANRW I 4 (1973) 63-115.

227 B. Cardauns (Hg.): M. Terentius Varro. Antiquitates Rerum Divinarum. 1: Fragmente, 2: Kommentar (Wiesbaden 1976) [Akademie der Wissenschaften und der Literatur Mainz. Einzelveröffentlichung].

228 G. Lieberg: Il giudizio di S. Agostino sulla teologia di Varrone, in: Atti del Congresso internazionale di Studi Varroniani, Bd. 2 (Rieti 1976) 409-413.

229 P. Boyancé: Les implications philosophiques des recherches de Varron sur la religion romaine, in: Atti del Congresso internazionale di Studi Varroniani, Bd. 1 (Rieti 1976) 137-161.

230 B. Cardauns: Varro und die römische Religion, in: ANRW II 16, 1 (1978) 80-103.

231 G. Lieberg: Die theologia tripertita als Formprinzip antiken Denkens, in: Rheinisches Museum für Philologie 125 (1982) 25-53.

ζ) Einflüsse anderer Schulen (Pythagoreismus, Kynismus)

Vgl. auch Rawson 1985 [§ 51 *59: 282-297].

241 A. Schmekel: De Ovidiana Pythagoreae doctrinae adumbratione (Greifswald 1885). - Diss.; 76-87: Appendix Varronis Pythagoreae doctrinae fragmenta continens.

242 A. Schmekel: Die Philosophie der Mittleren Stoa, in ihrem geschichtlichen Zusammenhange dargestellt (Berlin 1892). - Zu Varro: 409-423. 449f.

243 A. Gianola: Pitagora e le sue dottrine negli scrittori latini del 1° secolo a.C., fasc. 1: Frammenti della dottrina di Pitagora desunti dalle opere di Terenzio Varrone (Rom 1911).

244 L. Ferrero: Storia del pitagorismo nel mondo romano (Turin 1955). - Zu Varro: 319-334.

245 A. Solignac: Doxographies et manuels dans la formation philosophique de Saint Augustin, in: Recherches Augustiniennes 1 (1958) 113-148.

§ 53. Ausklang und Übergang

A. Zeugnisse und Überlieferung 981. – B. Das Ende der Akademie 981. – C. Ainesidemos 983. – D. Platonismus in Alexandria 986. – E. Bibliographie 988: 1. Das Ende der Akademie 988; 2. Ainesidemos 988; 3. Platonismus in Alexandria 989; 4. Die skeptische Akademie und Philon aus Alexandria 989; 5. Nachwirkung bei Favorin aus Arles 989.

A. ZEUGNISSE UND ÜBERLIEFERUNG

Einige Texte zur Geschichte der Akademie und der späteren 'platonischen' Schule in Athen (dort noch als 'Akademie' bezeichnet) sind zugänglich in DÖRRIE (Hg.) (1987 [§ 46 *45: 1, 258-270. 544-557]: mit dt. Übers., knappe Erläuterungen).

Weder für Ainesidemos noch für die alexandrinischen Platoniker gibt es gesonderte Testimonien- oder Fragmentsammlungen. Die nicht sehr zahlreichen Zeugnisse sind jedoch bequem zu überschauen anhand der Arbeiten von NATORP (1883 [*21]), JANÁČEK (1976 [*28]), DILLON (1977 [§ 42 *92]) und MORAUX (1984 [*47]).

B. DAS ENDE DER AKADEMIE

In älteren Darstellungen wurde vielfach gelehrt, Platons Akademie habe weit über die ciceronische Zeit hinaus bestanden: bis zur Schliessung aller heidnischen Schulen durch Kaiser Justinian im Jahre 529 n. Chr. Diese Ansicht hat sich als unhaltbar erwiesen. Neuere Forschungen haben immer deutlicher werden lassen, dass Platons Schule als Institution mit Philons Flucht nach Rom (88 v. Chr.) oder kurz danach erloschen ist (LYNCH 1972 [§ 1 *432: 177-189], GLUCKER 1978 [*45: 121-158. 306-315]; CHAPPUIS [§ 52 *11: 1] hatte bereits 1854 gegen die damals herrschende Ansicht vermutet, mit Antiochos sei die platonische Akademie an ihr Ende gelangt).

Es gibt keine greifbare Kontinuität von Philon über die 'dunklen Jahrhunderte' hinweg zum Neuplatonismus um Plutarch aus Athen und Syrianos: Die spätantike Schule lehrte nicht mehr an der alten Stätte, im Gymnasion und im Hain des Akademos vor den Toren der Stadt, sondern in der Stadt selbst (LYNCH 1972 [§ 1 *432: 188]). Der Name 'Akademie' ging unter. Der sonst ganz unbekannte Theomnestos, dessen Vorlesungen Brutus im Herbst 44 v. Chr. hörte, ist der letzte in Athen lebende und lehrende Philosoph, der in den antiken Quellen als 'Akademiker' bezeichnet wird (GLUCKER 1978 [*45: 121]; über die 'Akademiker' Plutarch aus Chaironea und Favorin sowie zur Verwendung des Begriffs bei Epiktet siehe GLUCKER a.a.O. 256-295, DILLON 1979 [*1: 66 mit Anm. 11], IOPPOLO 1993 [*71]). Die Mittel- und Neuplatoniker heissen stets 'Platoniker' (Πλατωνικοί), ihre Schule 'philosophische Schule in Athen' oder ähnlich (GLUCKER 1978 [*45: 153. 252f.]). Für die Jahrhunderte zwischen Philon aus Larisa und Plutarch aus Athen gibt es kein einziges Zeugnis, das auf eine Schule oder schulähnliche Institution in Athen zu schliessen erlaubte. Über die in älteren Lehrbüchern und Tabellen als 'Scholarchen' der 'Akademie' ausgegebenen Philosophen (u.a. PRAECHTER [12]1926 [§ 1 *336: 665]) ist teils nur überliefert, dass sie platonischem Denken verbunden waren, z.B. für Ammonios, den Lehrer Plutarchs, und Kalvisios (oder Kalvenos) Tauros (LYNCH 1972 [§ 1 *432: 183], GLUCKER 1978 [*45: 121-158], DILLON 1979 [*1: 66-69]); teils handelt es sich um die Inhaber der von Mark Aurel 176 n.Chr. eingerichteten staatlichen Professur für 'platonische' Philosophie (Theodotos, Eubulos). Aber diese Professur hat mit einer autonomen Schule nichts zu tun: ihr Inhaber war nur der platonischen Richtung verpflichtet; das ergibt sich schon daraus, dass analoge Professuren auch in Pergamon und Alexandria bestanden (LYNCH 1972 [§ 1 *432: 170f.], GLUCKER 1978 [§ 1 *398: 146-153], DILLON 1979 [*1: 76f.]).

Dass die späten Neuplatoniker sich als Platons 'Nachfolger' sahen und von einer 'goldenen Kette' sprachen, die von Platon in ununterbrochener Sukzession bis in die eigene Zeit reiche, dass sie den Reichtum der neuplatonischen 'athenischen Schule' als das inzwischen durch Stiftungen vervielfachte 'Erbvermögen' Platons ausgaben (διαδοχικά): all das ist sentimentale Konstruktion (LYNCH 1972 [§ 1 *432: 183-187], GLUCKER 1978 [*45: 248-255. 296-329], DILLON 1979 [*1: 66 Anm. 10]). Nach Philons Flucht gab es keine Schule und kein 'Erbvermögen' mehr, das man weitergeben konnte. Erst mit Plutarch aus Athen (Anfang 5. Jh. n. Chr.) wird – innerhalb der 'athenischen Schule' – wieder eine regelmässige Abfolge von Schulleitern (διάδοχοι) erkennbar, erst jetzt wieder handelt es sich um eine 'Schule' im klassischen Sinne. Aber zwischen Platons Akademie und der neuplatonischen 'Schule in Athen' klafft eine Lücke von fast 500 Jahren.

Die letzten Spuren von Platons Akademie in ciceronischer Zeit verlieren sich rasch. Die späteste Bezeugung 'akademischer' Lehrtätigkeit ist enttäuschend allgemein und unanschaulich (PLUTARCH Brutus 24, 1): Brutus 'hört' bei Theomnestos. Dieser Name sagt uns nichts (S. 968). Noch vor Brutus (Herbst 44 v. Chr.) hielten sich viele prominente junge Römer in Athen auf, um dort zu studieren, u.a. der Sohn Ciceros, der Sohn von Caesars Konsulatskollegen M. Calpurnius Bibulus, M. Valerius Messalla Corvinus (der spätere Gönner Tibulls) und der junge Horaz, damals wie Ciceros Sohn etwa 20 Jahre alt. HORAZ berichtet später (Epistel II 2, 45), er habe «im Haine des Akademos nach der Wahrheit zu streben gelernt» (dazu GANTAR 1972 [*11: 12-14], STÉNUIT 1979 [*12], LEBEK 1981 [*13: 2036]). Wir müssen feststellen, dass wir schlechterdings nichts darüber wissen, bei wem und in welcher Form das geschah. Wahrscheinlich ist die Erwähnung des 'Haines' nur ein literarischer Topos (MÜLLER 1988 [§ 46 *4: 25]).

Einige Spuren weisen in andere Schulen und Richtungen. Der Abfall von zwei Schülern der 'Alten Akademie' des Antiochos (der seinerseits von der platonischen Akademie abgefallen war) ist bereits erwähnt (S. 968f.): Ariston aus Alexandria und Kratipp aus Pergamon gingen zum Peripatos über. Ein anderer Abfall hatte weiterreichende Folgen: Der Begründer der jüngeren 'pyrrhonischen' Skepsis ist vermutlich Philons Akademie abtrünnig geworden.

C. AINESIDEMOS

Über das Leben des Ainesidemos (bei SEXTUS EMP. u.a. Αἰνησίδημος, bei DIOGENES LAERT. u.a. Αἰνεσίδημος, lat. Aenesidemus) gibt es nur wenige, überwiegend unklare Nachrichten, die verschieden gedeutet worden sind. Nach DIOGENES LAERTIOS IX 116 stammte er aus Knossos auf Kreta; PHOTIOS (cod. 212, 170 a 41 BEKKER = 71 C 13 LS) spricht von «Ainesidem aus Aigai». DECLEVA CAIZZI (1992 [*32: 177-181]) sieht darin nicht eine Variante des Geburtsortes, sondern eine wichtige Station im Lebensweg (siehe dazu unten). Nach ARISTOKLES (EUSEBIUS PE XIV 18, 29 = frg. 6 HEILAND) lehrte er in Alexandria, wo er nach langer Unterbrechung «gestern oder vorgestern» den Pyrrhonismus wieder ins Leben gerufen habe (vgl. oben S. 772). Diese ohnehin sehr vage Zeitangabe hilft nicht dazu, Ainesidems Lebenszeit zu bestimmen, denn Aristokles selbst ist nicht mit Sicherheit zu datieren: MORAUX (1984 [*47: 85-99]) rückt ihn gerade aufgrund dieser Aussage nahe an die von ihm angenommene Lebenszeit Ainesidems heran.

Das wichtigste Zeugnis ist PHOTIOS (cod. 212, 169 b 18-171 a 4 BEKKER = 71 C, 72 L LS). Der Patriarch berichtet über eine Streitschrift gegen die akademische Skepsis in acht Büchern (Πυρρώνειοι λόγοι), die Ainesidem «einem συναιρεσιώτης (siehe dazu unten) aus der Akademie» gewidmet hatte, «dem Römer L. Tubero, aus berühmter Familie, der bedeutende politische Ämter anstrebte». Alles spricht dafür, dass es sich um Ciceros Alters- und Studiengenossen L. Aelius Tubero handelt (zur Verbindung mit Cicero und zu Tuberos philosophischen und literarischen Interessen KLEBS 1893 [*24]; hinzugefügt sei, dass Varro ihm seinen Logistoricus ‹De origine humana› widmete, vgl. DAHLMANN 1935 [§ 52 *181: 1268]). Im Rahmen eines längeren Auszugs aus den ‹Pyrrhonischen Darlegungen› zitiert PHOTIOS (cod. 212, 170 a 14-17 = 71 C 9 LS) folgenden Vorwurf: Im Gegensatz zu den Pyrrhoneern 'stimmen die Akademiker, vor allem die jetzigen, mit stoischen Ansichten überein, ja – um die Wahrheit zu sagen – sie sind geradezu Stoiker, obwohl sie mit den Stoikern im Streite liegen; und zweitens haben sie über manches feste Ansichten (δόγματα)'. Nach weithin akzeptierter Auffassung kann damit nur Philon und seine Schule gemeint sein, denn Antiochos und seine 'Alte Akademie' waren sich mit den Stoikern in der Erkenntnistheorie einig; gegen sie wäre Ainesidems Kritik ins Leere gegangen (BROCHARD ²1923 [§ 42 *31: 245f.], GLUCKER 1978 [*45: 117 mit Anm. 66]). Die Kritik fügt sich sowohl zu Philons mittlerer Phase wie zu der der 'römischen Bücher' (siehe oben S. 920-924). Philons Tod (84 v. Chr.) scheint damit ein nahezu sicherer terminus ante quem für Ainesidems Schrift. Damals war Tubero zwar kaum älter als 20 Jahre, aber gegen chronologische Bedenken anderer zeigt GLUCKER (1978 [*45: 117 Anm. 67]), dass die Formulierungen der Widmung mit Tuberos Alter vereinbar sind. Die ‹Pyrrhonischen Darlegungen› Ainesidems könnten demnach um 85 v. Chr. entstanden sein (GLUCKER 1978 [*45: 118f.], TARRANT 1980 Rez. Glucker 1978 [§ 1 *398] 111, TARRANT 1985 [§ 42 *94: 140 Anm. 4]; etwas späterer Ansatz bei BARNES 1989 [*31: 93f.]).

Aus Photios' Bemerkung, Ainesidem habe die ‹Pyrrhonischen Darlegungen› einem συναιρεσιώτης aus der Akademie gewidmet, wird von fast allen Forschern geschlossen, Ainesidem sei wie Tubero (oder gar gleichzeitig mit Tubero) Mitglied der Akademie gewesen (BARNES 1989 [*31: 94]: «... we may believe that shortly after Athens had been liberated (März 86 v. Chr.), Tubero and Aenesidemus were fellow-students in the Academy»). DECLEVA CAIZZI (1992 [*32: 182-185]) hat den Sinn dieser Aussage in Frage gestellt: Συναιρεσιώτης bedeute nicht, wie bislang stets angenommen, 'Mitschüler', sondern – ohne persönlichen Bezug auf Ainesidem – lediglich 'Anhänger einer Richtung' (eine analoge Bedeutungsverschiebung zeigt das deutsche Wort 'Mit-glied', das semantisch dem englischen 'member' entspricht; vergleichbar ist auch die schillernde Bedeutung von 'Genosse'). Der im klassischen Griechisch überaus seltene Ausdruck sei kein wörtliches Zitat aus Ainesidem, sondern mit pejorativem Unterton von Photios geprägt. Freilich zeigt das von Decleva Caizzi herangezogene lexikographische Material nur, dass bei Photios die genannte Bedeutung vorliegen kann; es schliesst die hergebrachte Deutung nicht aus.

Wenn wirklich nur Tubero, nicht aber Ainesidem Mitglied oder Schüler in der Akademie war, entfällt einer der Gründe für eine Frühdatierung Ainesidems. DECLEVA CAIZZI (1992 [*32: 179-181]) nimmt an, Ainesidem habe Tubero, der 61-58 v. Chr. als Legat von Q. Cicero in der Provinz Asia tätig war, während dieser Zeit im aiolischen Aigai kennengelernt; dieser Ort sei wahrscheinlich in der Widmung genannt gewesen, und daraus sei Photios' irreführender Ausdruck Αἰνησίδημος ὁ ἐξ Αἰγῶν entstanden (siehe oben). Die Schrift Ainesidems müsse daher nach Tuberos Aufenthalt in Asien entstanden sein, allerdings 'im Hinblick auf die späteren Ereignisse in Tuberos Leben' (Verwicklung in den Bürgerkrieg) nicht allzulange danach (DECLEVA CAIZZI 1992 [*32: 185]). Dem Einwand, dass es nach Philons Tod keine akademische Schule mehr gab, gegen die sich die oben zitierte Kritik hätte richten können, begegnet DECLEVA CAIZZI (188) mit der Vermutung, Ainesidem habe vielleicht erst von Tubero genauere Kenntnis über die Lehre der Akademie erlangt; er selbst sei mit der pyrrhonischen Tradition vertraut gewesen; so könnte sich aus dem Austausch philosophischer Erinnerungen die Anregung zur Abfassung der Schrift ergeben haben. Das ist eine in sich stimmige Interpretation.

Dagegen spricht jedoch die bei PHOTIOS (cod. 212, 170 a 15f. = 71 C 9 LS) offenbar wörtlich zitierte Zeitangabe οἱ ἀπὸ τῆς Ἀκαδημίας ..., μάλιστα τῆς νῦν. Auch dass es sich um eine Streitschrift handelte, lässt eher an lebende und Ainesidem gut bekannte Gegner denken. Unter diesem Gesichtspunkt hat das traditionelle Verständnis von συναιρεσιώτης die grössere Wahrscheinlichkeit für sich: Ainesidem war zunächst Mitglied der Akademie.

Mit der zunehmend weichen Haltung Philons kann er nicht einverstanden gewesen sein. Einige Forscher haben deshalb die bei CICERO Luc. 32 genannte 'härtere' Skepsis («qui omnia incerta dicunt», vgl. dazu oben S. 860) mit Ainesidem in Verbindung gebracht (BROCHARD ²1923 [§ 42 *31: 245], DAL PRA ²1975 [§ 42 *36: 2, 352 Anm. 10], STRIKER 1980 [§ 1 *362: 64], LONG/SEDLEY (Hg.) 1987 [§ 1 *295: 2, 441]). Lucullus spricht dort nicht von einer anderen Schule, sondern von einer Richtung innerhalb der Akademie. Es ist denkbar, dass tatsächlich zunächst innerhalb der Akademie eine Parteiung entstand; αἵρεσις kann eine solche schulinterne 'Richtung' bezeichnen (GLUCKER 1978 [*45: 166f.]); TARRANT (1985 [§ 42 *94: 60 mit Anm. 83]) versteht deshalb συναιρεσιώτης als 'Sympathisant der gleichen innerakademischen Richtung'. – Aus SEXTUS EMPIRICUS PH I 222 scheint sich zu ergeben, dass Ainesidem den Nachweis versucht hat, Platon sei 'ein Skeptiker im engeren Sinne' gewesen (εἰλικρινῶς σκεπτικός, zur Sache siehe oben S. 840). Auch das lässt sich verstehen als eine Kontroverse innerhalb der Akademie: Philon sah den Schulgründer immer mehr als Dogmatiker, Ainesidem versuchte, das zu widerlegen. Aber die Überlieferung ist unsicher; auch die Deutung kann nicht mehr als eine Vermutung sein. Abwegig PAPPENHEIM 1888 [§ 45 *52: 41] und PHILIPPSON 1938 [*25: 249], die eine Anspielung auf Ainesidem sehen bei CICERO Luc. 11 (über die wiederauflebende Skepsis): «... philosophia, quae nunc prope dimissa revocatur» und deshalb den bei DIOGENES LAERT. IX 116 als Lehrer Ainesidems bezeichneten 'Herakleides' mit dem bei Cicero kurz zuvor genannten Herakleitos aus Tyros, dem Vertreter der philonischen Skepsis (siehe oben S. 943), identifizieren. Dort ist die Erneuerung der akademischen Skepsis durch Cicero selbst zum fiktiven Gesprächszeitpunkt (zwischen 63 und 60 v.Chr.) gemeint (vgl. nat. deor. I 6, REID (Hg.) 1885 [§ 54 *271: zur Stelle], LYNCH 1972 [§ 1 *432: 181]).

Unerklärlich ist es, dass Cicero den Neubegründer der pyrrhonischen Skepsis nirgends erwähnt, weder in den philosophischen Schriften noch sonstwo in seinem umfangreichen Werk; an vier Stellen bezeichnet er die 'pyrrhonische Lehre' als 'seit langem erloschen' (de or. III 62; fin. II 35; V 23; off. I 6). MORAUX (1984 [*47: 88]) und andere schlossen daraus, dass Ainesidems programmatische Schrift erst nach Ciceros Tod erschienen ist. Das ist aus den oben genannten Gründen unmöglich. Die allgemeinen Äusserungen über den 'erloschenen' Pyrrhonismus können damit erklärt werden, dass es an den genannten Stellen primär oder ausschliesslich um ethische Fragen geht. Aber Ciceros Schweigen über Ainesidems Erkenntniskritik bleibt auffallend. Nach DAL PRA (1950 [§ 42 *36: 2, 352]) war die neu-pyrrhonische Bewegung noch so unbedeutend, dass sie Ciceros Aufmerksamkeit entging; RIST (1970 [*26: 311]) begründet Ciceros Unkenntnis mit der räumlichen Entfernung zwischen Alexandria und Rom. DECLEVA CAIZZI (1992 [*32: 188]), die die Zugehörigkeit Ainesidems zur Akademie bestreitet, hält es für denkbar, dass Ainesidems Buch, als das eines Aussenseiters, in der Akademie keine Beachtung fand und dass es auch für den Widmungsempfänger Tubero 'wenig Bedeutung hatte', ja dass es vielleicht gar nicht in seine Hände gelangte. Wahrscheinlicher ist es, dass Cicero über Ainesidem als Gegner seines Lehrers Philon bewusst geschwiegen hat (GLUCKER 1978 [§ 1 *398: 117 Anm. 64], GIGANTE 1981 [§ 43 *153: 38]). Erinnert sei an Ciceros ebenso rätselhaftes Schweigen über Lukrez.

Ainesidems Lehre ist Ausgangspunkt und Grundlage der späteren ('jüngeren') Skepsis; sie wird deshalb im Zusammenhang mit Sextus Empiricus und seiner Schule dargestellt (UEBERWEG Antike 5). Hier sollen nur einige Hinweise zu seinem geistigen Hintergrund und zu seiner Rolle innerhalb der pyrrhonischen Skepsis gegeben werden. Darüber gibt es einander widersprechende Aussagen. Nach ARISTOKLES (EUSEBIUS PE XIV 18, 29 = frg. 6 HEILAND) war es Ainesidem, der 'nach langer Unterbrechung diesen Unfug wieder zu entfachen' begann. Das kann bedeuten, dass er von sich aus – unzufrieden mit der Entwicklung, die Philon genommen hatte – das alte pyrrhonische Ideal der auf konsequenter Urteilsenthaltung gegründeten Gemütsruhe wieder aufgegriffen hat.

Andererseits erscheint Ainesidem auch in den oben (S. 771-773) betrachteten Lehrer-Schüler-Listen der pyrrhonisch-empirischen Skepsis. Ihr Wert ist gering, und es liegt auf der Hand, dass Ainesidem nicht gleichzeitig Mitglied der athenischen Akademie und ein Glied in der pyrrhonischen Sukzessionsfolge in Alexandria gewesen sein kann. Aber ein geistiger Einfluss der alexandrinischen Empirikerschule ist denkbar. Nach DIOGENES LAERT. IX 116 war Ainesidem Schüler eines Herakleides. Dieser war vermutlich 'empirischer' Arzt (auch wenn die von DEICHGRÄBER (Hg.) 1930 [§ 1 *305: 172f. 258f.] vorgeschlagene Identifizierung mit dem berühmten Arzt Herakleides aus Tarent auf chronologische Bedenken stösst: ZELLER 1879-1922 [§ 1 *332: Bd. III 2, 3f. Anm. 1], BROCHARD ²1923 [§ 42 *31: 232f.], GLUCKER 1978 [*45: 109 Anm. 38], DECLEVA CAIZZI 1992 [*32: 178 Anm. 7]). Herakleides seinerseits war Schüler von Ptolemaios aus Kyrene: ebenfalls empirischer Arzt. Von ihm sagte Menodotos (empirischer Arzt um 125 n. Chr.), er habe die skeptische Richtung wiederbelebt (DIOGENES LAERT. IX 115, dazu oben S. 771f.). Es ist durchaus denkbar, dass Ptolemaios einen ersten Schritt in diese Richtung getan hat. Sein Schüler Herakleides, der Lehrer Ainesidems, könnte diesem eine genauere Kenntnis der Lehre Pyrrhons vermittelt und damit den Anstoss für seinen Meinungswechsel gegeben haben. Wenn das so war, kann man von einem historischen Ausgleich sprechen: Die radikale skeptische Haltung eines Pyrrhon und eines Timon hatte keine Anhänger mehr gefunden, als Arkesilaos und die Akademie sich erkenntnistheoretischen Fragestellungen zuwandten. Für etwa fünf Generationen blieb Platons Schule die vornehmste Heimstatt kritischer Epistemologie. Daneben gab es allenfalls noch eine schwache Tradition rein pyrrhonischen Denkens, die sich jedoch rasch in der 'empirischen' Medizin verlor. Als dann Philon die skeptischen Grundsätze praktisch aufgab, kehrte sich die Entwicklung um: der längst totgeglaubte Pyrrhonismus, der einst mit dazu beigetragen hatte, die Akademie auf neue Bahnen zu weisen, wurde innerhalb der Akademie erneut virulent und trug so zu ihrer Auflösung bei.

D. PLATONISMUS IN ALEXANDRIA

Es war auch im lokalen Sinne eine Auflösung, der die Akademie verfiel. Nach Brutus' Aufenthalt (44 v. Chr.) gibt es für mehr als 100 Jahre kein Zeugnis mehr für platonisches Philosophieren in Athen. Aber schon um die Mitte des letzten vorchristlichen Jahrhunderts lebte in Alexandria der Platonismus wieder auf, zunächst vertreten durch den 'Akademiker' Eudoros (ausführliche Behandlung UEBERWEG Antike 5). Sein Verhältnis zur Akademie lässt sich nicht befriedigend klären. Ältere Forscher hatten die Vorstellung entwickelt, Antiochos aus Askalon (den man damals für ein Mitglied und für den vorletzten Scholarchen der platonischen Akademie ansah) habe nach seinem Aufenthalt in Alexandria (87/86 v. Chr.) dort «eine blühende Schule (hinterlassen), aus welcher namentlich auch Eudoros, mag er nun den Antiochos noch selbst gehört haben oder nicht, und weiterhin Areios Didymos ... hervorging» (SUSEMIHL 1891-1892 [§ 1 *333: 2, 295]; weitere Vertreter dieser Annahme bei GLUCKER 1978 [*45: 90f.]). Als alexandrinische

Schulverwalter oder -vorsteher dachte man sich die dort ansässigen Ariston und Dion (über sie S. 968f.). Diese Annahme ging in Handbücher und in weitreichende Spekulationen ein; typisch THEILER (1930 [§ 42 *91: 40]), der Antiochos als einen 'Vorneuplatoniker' erweisen wollte: «es mag dort der Platonismus in der Schule still geblüht haben» (zuletzt in diesem Sinne DONINI 1982 [*46: 73-81]). Auch der Historiker FRASER (1972 [*43: 1, 488-490], ähnlich 1967 [*44]) spricht vom 'Kreis des Antiochos' in Alexandria. Dieses Bild kann nicht aufrechterhalten werden. GLUCKER (1978 [*45: 90-97]; vgl. auch FERRARY 1988 [§ 1 *427: 472 Anm. 121]) hat in detaillierter Argumentation gezeigt, dass es eine akademische 'Schule' in Alexandria nie gegeben hat: Antiochos hielt sich dort nur kurz auf, Ariston und Dion folgten ihm nach Athen (siehe auch S. 969). Es gibt keinerlei Zeugnis dafür, dass Eudoros, der 'Eklektiker' Potamon oder Areios Didymos in der Antike jemals als Schüler oder Anhänger des Antiochos angesehen wurden.

Eine nicht-institutionelle Verbindung zwischen der Akademie und Eudoros (und damit von Athen nach Alexandria) ist dagegen denkbar. Eudoros' Lebenszeit lässt sich nicht genau bestimmen. Einerseits erscheint er als Altersgenosse eines Peripatetikers Ariston; wenn es sich dabei um den abtrünnigen Antiochos-Schüler (S. 968) handelt, kann auch er selbst noch Antiochos oder sogar Philon gehört haben. Andererseits bezeichnet Strabon ihn als seinen Altersgenossen, dann könnte er immerhin noch Aristos gehört haben (FRASER 1972 [*43: 2, 708 Anm. 96], GLUCKER 1978 [*45: 112]). In jedem Falle dürfte er seine Landsleute Ariston und Dion gekannt haben, und Dion, der wie Eudoros als 'Akademiker' bezeichnet wird, kommt als Vermittler akademischer Lehre durchaus in Frage (TARRANT 1985 [§ 42 *94: 151 Anm. 39]). Nur darf das Beiwort 'Akademiker' in seiner Aussagekraft nicht überschätzt werden (vgl. PLUTARCH Antonius 80, 2f. über einen Sophisten, der sich zu Unrecht als Akademiker ausgab, und grundsätzlich GLUCKER 1978 [*45: 112], TARRANT 1985 [§ 42 *94: 131]); es ist auch nicht leicht vorstellbar, welche 'akademischen' Gedanken aus dem Kreis um Antiochos Eudoros geprägt haben sollen: wie oben (S. 949-952) gezeigt, gibt es keine Verbindung zwischen Antiochos und dem Mittelplatonismus.

Doch wichtiger als die Suche nach allenfalls denkbaren persönlichen Kontakten ist die Frage nach einem philosophischen Einfluss der athenischen Akademie auf Eudoros und andere Platoniker in Alexandria. Hier hat TARRANT der Forschung neue Wege gewiesen: Nicht von Antiochos' 'Alter Akademie' führe eine Spur nach Alexandria, sondern von Philon aus Larisa, bei dem er eine bewusste Rückwendung zu einem platonischen Weltbild zu sehen glaubt (1985 [§ 42 *94: 3-5. 131-135], vgl. oben S. 930-932). Dabei stützt er sich nicht nur auf die wenig aussagekräftigen Zeugnisse über Eudoros, sondern auch auf den anonymen Kommentar zu Platons Theaitet. Sein Versuch, Eudoros selbst als Verfasser zu erweisen (1983 [§ 51 *89]), hat mehr Widerspruch als Zustimmung gefunden; aber es besteht seit Tarrant Einvernehmen darüber, dass der Kommentar in der zweiten Hälfte des ersten vorchristlichen Jahrhunderts entstanden ist, also zur mutmasslichen Lebenszeit Eudors (zum Forschungsstand siehe BASTIANINI/SEDLEY (Hg.) 1994 [§ 48 *64]). Bei Philon ist nach Tarrant die Bindung an Platon noch schwach, eher eine theoretische Grundlegung als wirklicher Rückgriff auf die Dialoge; erst bei Eudor sei

Platon wieder beherrschendes Vorbild; durch ihn sei die Tür geöffnet worden für den späteren Platonismus (TARRANT 1985 [§ 42 *94: 135]). Die Diskussion von Tarrants Thesen fällt nicht mehr in den Rahmen dieses Bandes. Wenn sie richtig sind, gibt es neben Ainesidem eine weitere Spur aus der untergehenden Akademie nach Alexandria – und von dort später zurück nach Athen. Aber ob Eudoros nun auf Philon zurückgegriffen hat, oder auf die ältere Akademie, oder auf Platon selbst: Das Weiterleben platonischer Gedanken an anderem Ort und in einem anderen Rahmen ist als solches ein eindrucksvolles Beispiel von Kontinuität. In diesem Sinne reicht wirklich eine 'goldene Kette' weit über das Ende der institutionellen Akademie hinaus.

E. BIBLIOGRAPHIE

1. Das Ende der Akademie [*1-*13] (Horaz in der 'Akademie' [*11-*13]). – 2. Ainesidemos [*21-*32]. – 3. Platonismus in Alexandria [*41-*52]. – 4. Die skeptische Akademie und Philon aus Alexandria [*61-*63]. – 5. Nachwirkung bei Favorin aus Arles [*71].

1. Das Ende der Akademie

Vgl. auch Modrze 1934 [§ 52 *155], Lynch 1972 [§ 1 *432, § 46 *52, § 52 *33], Glucker 1978 [§ 1 *398].

1 J. Dillon: The Academy in the Middle Platonic period, in: Dionysius 3 (1979) 63-77.
2 J.-M. André: Les écoles philosophiques aux deux premiers siècles de l'Empire, in: ANRW II 36,1 (1987) 5-77.

Horaz in der 'Akademie'

11 K. Gantar: Horaz zwischen Akademie und Epikur, in: Živa Antika 22 (1972) 5-24.
12 B. Sténuit: Le séjour d'Horace à Athènes, in: Les Etudes classiques 47 (1979) 249-255.
13 W. D. Lebek: Horaz und die Philosophie: Die 'Oden', in: ANRW II 31, 3 (1981) 2031-2092. – Vgl. 2036.

2. Ainesidemos

Vgl. auch die Bibliographie zu § 45.

21 P. Natorp: Untersuchungen über die Skepsis im Alterthum, in: Rheinisches Museum für Philologie 38 (1883) 28-91.
22 P. Natorp: Forschungen zur Geschichte des Erkenntnisproblems im Alterthum (Berlin 1884, ND Hildesheim 1965). – 63-126: über Ainesidem; 256-285: über Ainesidems Verhältnis zu Demokrit und Epikur.
23 H. von Arnim: Art. 'Ainesidemos (Nr. 9) aus Knossos', in: RE 1 (1893) 1023f.
24 E. Klebs: Art. 'L. Aelius (Nr. 150) Tubero', in: RE 1 (1893) 534f.
25 R. Philippson: Diogene di Enoanda e Aristotele, in: Rivista di Filologia e di Istruzione classica n.s. 16 (1938) 235-252.
26 J. M. Rist: The Heracliteanism of Aenesidemus, in: Phoenix 24 (1970) 300-319.
27 U. Burkhard: Die angebliche Heraklit-Nachfolge des Skeptikers Aenesidem (Bonn 1973). – Diss.
28 K. Janáček: Zur Interpretation des Photios-Abschnittes über Ainesidemos, in: Eirene 14 (1976) 93-100.
29 K. Janáček: Ainesidemos und Sextos Empeirikos, in: Eirene 17 (1980) 5-16.
30 J. Barnes: Ancient scepticism and causation, in: Burnyeat (Hg.) 1983 [§ 42 *52: 149-203].
31 J. Barnes: Antiochus (1989), in: Griffin/Barnes (Hg.): Philosophia Togata [§ 1 *369: 51-96]. – 93f. (Appendix C): 'Photius, Bibl. 212, 170 a 14-22'. Zur Datierung von Ainesidems 'Pyrrhonischen Darlegungen': 'kaum früher als die siebziger Jahre, jedenfalls nach 85 v. Chr.'.
32 Fernanda Decleva Caizzi: Aenesidemus and the Academy, in: Classical Quarterly 42 (1992) 176-189.

3. Platonismus in Alexandria

Vgl. auch Susemihl 1891-1892 [§ 1 *333], Theiler 1930 [§ 42 *91, § 52 *131], Dillon 1977 [§ 42 *92: 114-135], Tarrant 1983 [§ 51* 89], 1985 [§ 42 *94: 3-5. 129-135], Bastianini/Sedley (Hg.) 1994 [§ 48 *64].

41 H. Dörrie: Der Platoniker Eudoros von Alexandria, in: Hermes 79 (1944) 25-39. ND in H. D.: Platonica Minora (München 1976) [Studia et Testimonia Antiqua 8] 297-309.

42 W. Theiler: Philo von Alexandria und der Beginn des kaiserzeitlichen Platonismus, in: Parusia. Festschrift J. Hirschberger (Frankfurt a.M. 1965) 199-218. ND in: Untersuchungen zur antiken Literatur (Berlin 1970) 484-501. – 209-212/494-497: Photios cod. 249 (Leben des Pythagoras) geht auf Eudoros zurück; ablehnend Moraux 1984 [*47: 517].

43 P. M. Fraser: Ptolemaic Alexandria (1972) [§ 46 *75]. – Vgl. bes. 1, 489f.; 2, 708f. Anm. 95-103.

44 P. M. Fraser: The Alexandrian view of Rome, in: Bulletin de la Société Archéologique d'Alexandrie 42 (1967) 1-16.

45 J. Glucker: Antiochus (1978) [1* 398]. – 90-97: Keine akademische 'Schule' in Alexandrien.

46 P. L. Donini: Le scuole (1982) [§ 52 *86]. – 73-81: Antiochos geistiges Bindeglied zwischen der athenischen Akademie und dem Platonismus in Alexandria.

47 P. Moraux: Der Aristotelismus bei den Griechen, Bd. 2 (Berlin, New York 1984). – Vgl. bes. 509-527.

48 W. Görler: Virtus-Fragment (1984) [§ 52 *122]. – 461: Zur stoisierenden Ethik Eudors.

49 Linda M. Napolitano: Il platonismo di Eudoro: tradizione protoaccademica e medioplatonismo alessandrino, in: Museum Patavinum 3 (1985) 27-49.

50 Linda M. Napolitano: Eudoro di Alessandria: monismo, dualismo, assiologia dei principi nella tradizione platonica, in: Museum Patavinum 3 (1985) 289-313.

51 M. Giusta: Ario Didimo e la diairesis dell'etica di Eudoro di Alessandria (Turin 1986) [Atti della Accademia delle Scienze di Torino, Classe di Scienze morali, storiche e filologiche 120].

52 Carlos Lévy: Cicéron et le moyen platonisme: le problème du souverain bien selon Platon, in: Revue des Etudes latines 68 (1990) 50-65. – Die im Mittelplatonismus häufig zitierte 'Telosformel' Platons, der Mensch habe sich so weit wie möglich an Gott anzunähern (Theaitet 176 a-b), findet sich weder in der skeptischen Akademie noch bei Antiochos aus Askalon. An den Mittelplatonismus hat sie vermutlich nicht Eudoros weitergegeben, sondern Areios Didymos. Vgl. auch Lévy 1992 [§ 42 *40: 341f. Anm. 17].

4. Die skeptische Akademie und Philon aus Alexandria

Vgl. auch Horsley 1978 [§ 57 *712].

61 Carlos Lévy: Le 'scepticisme' de Philon d'Alexandrie: une influence de la Nouvelle Académie? in: A. Caquot, M. Hadas-Lebel, J. Riaud (Hg.): Hellenica et Judaica: Hommage à V. Nikiprowetzky (Löwen, Paris 1986) 29-41.

62 J. Mansfeld: Philosophy in the service of Scripture. Philo's exegetical strategies, in: Dillon/Long (Hg.) 1988 [§ 1 *368: 70-102].

63 Carlos Lévy: Le concept de 'doxa' des Stoïciens à Philon d'Alexandrie. Essai d'étude diachronique, in: Brunschwig/Nussbaum (Hg.) 1993 [§ 1 *374: 250-284].

5. Nachwirkung bei Favorin aus Arles

71 Anna Maria Ioppolo: The Academic position of Favorinus of Arelate, in: Phronesis 38 (1993) 183-213.

Sechstes Kapitel

Cicero

Von Günter Gawlick und Woldemar Görler

VORBEMERKUNG

Die Grundkonzeption dieses Kapitels und etwa die Hälfte des Textes stammen von Günter Gawlick. Da er seit 1986 durch eine schwere Erkrankung an der Weiterarbeit gehindert wurde, übernahm Woldemar Görler die Darstellung der noch ausstehenden Aspekte (§ 56 A, § 57 A 1-6). Die von Gawlick verfassten Abschnitte wurden an einigen Stellen leicht überarbeitet und ergänzt; Gawlick hat seinerseits die von Görler verfassten Teile kritisch gelesen und durch seinen Rat gefördert. In diesem Sinne zeichnen beide Autoren für das ganze Kapitel verantwortlich. Sie haben jedoch darauf verzichtet, die jeweiligen Texte in allen Einzelheiten zu harmonisieren. Der aufmerksame Leser wird gelegentlich Unterschiede in der Nuancierung bemerken; wo es der Zusammenhang nahelegte, wurden auch kurze Überschneidungen bewusst in Kauf genommen.

In den darstellenden Teilen bleibt die Auseinandersetzung mit der modernen Forschung – anders als in den vorangehenden Kapiteln – weitgehend im Hintergrund. Die grosse Zahl von Aufsätzen und Büchern zu fast jeder Schrift und zu fast jedem Bereich des ciceronischen Denkens hat diese Beschränkung unausweichlich gemacht; nur in Ausnahmefällen konnte der aktuelle Stand der Forschung skizziert werden. Einen Ersatz dafür sollen die ausführlichen Bibliographien bieten. Sie stammen im Kern von Günter Gawlick; in Saarbrücken wurden sie stärker untergliedert, erweitert und laufend aktualisiert. Es sind nur solche Titel aufgenommen, die für Ciceros philosophisches Werk und für sein Denken von Interesse sind; allerdings wurde bei der Abgrenzung zu benachbarten Gebieten und Aspekten (Rhetorik, Politik, literarische Kritik) nicht kleinlich verfahren; auch den Wechselwirkungen zwischen Ciceros Bildungsweg, seinem privaten Leben und seiner politischen Tätigkeit auf der einen und seinem philosophischen Denken auf der anderen Seite ist breiter Raum gewährt.

Die Literatur konnte nur bis etwa 1990 systematisch erfasst werden; soweit uns neuere Titel bekannt geworden sind, sind auch diese genannt. Dem Verlag und dem Lektor dieses Bandes, Herrn Dr. Wolfgang Rother, danken wir dafür, dass das in so grosszügiger Weise möglich war.

Auch sonst ist vielfach Dank zu sagen: Carlos Lévy (Paris) hat die Fahnenkorrekturen mitgelesen, uns dadurch vor manchem Irrtum bewahrt und wichtige Hinweise gegeben. Die Universität des Saarlandes hat einen substantiellen Zuschuss für die Gewinnung von studentischen Mitarbeitern zur Verfügung gestellt und damit die Bibliographien in ihrer jetzigen Form erst möglich gemacht: ohne die Findigkeit und das tatkräftige Engagement von Christoph Catrein, Jörg Pusse und Hans-Werner Zimmer müsste der Benutzer mit weit mehr Lücken und Ungenauigkeiten rechnen, als es jetzt noch (wie wir ahnen) der Fall ist. Besonderen Dank schulden wir Frau Rosemarie Degen, der Bibliothekarin des Instituts für Klassische Philologie in Saarbrücken, für ihre unermüdliche Hilfsbereitschaft.

Bochum und Saarbrücken, im Dezember 1993   Günter Gawlick
                                                  Woldemar Görler

§ 54. Zeugnisse. Überlieferung. Ausgaben

A. Einführung 995. – B. Bibliographie 996: 1. Allgemeines 996: a) Bibliographien und Forschungsberichte 996; b) Sammelbände 997; c) Spezialzeitschriften 997; 2. Zu den Bildnissen 998; 3. Ausgaben und Übersetzungen 998: a) Gesamtausgaben 998; b) Ausgaben einzelner Schriften 999; c) Lexika und Indices 1007.

A. EINFÜHRUNG

Über keinen anderen antiken Philosophen sind wir so gut unterrichtet wie über Cicero. Seine Reden und Schriften, vor allem die Vorreden zu den philosophischen Werken, enthalten zahlreiche Selbstzeugnisse; der Briefwechsel gewährt uns Einblick in sein tägliches Leben und in die Entstehungsgeschichte seiner Schriften. Zahlreiche weitere Einzelheiten werden von späteren antiken Autoren überliefert, insbesondere von Plutarch, dessen Cicero-Biographie sich wahrscheinlich auf die verlorengegangene Lebensbeschreibung stützt, die Ciceros Sekretär, Tiro, bald nach dessen Tod verfasst und veröffentlicht hat (anders GLUCKER 1988 [§ 55 *17: 55-57]). Eine andere wichtige Quelle für Ciceros Leben und für seine politische Betätigung ist das Geschichtswerk von Cassius Dio (2.-3. Jh. n.Chr.), der das für Ciceros Zeit weitgehend verlorene grosse Werk von Livius benutzt.

Es sind mindestens acht antike Porträtbüsten erhalten, die sich drei verschiedenen Typen zuordnen lassen (SCHWEITZER 1948 [*81: 93-95. Abb. 135. 137-139. 142f. 156]). Alle sind in der Kaiserzeit gefertigt: Kopien verlorener Originale, vielleicht auch eines einzigen Urbildes, das noch zu Lebzeiten Ciceros entstanden ist. Die Identifizierung beruht auf der Namensinschrift 'Cicero' auf der Büste im Apsley House, London. Ihre Echtheit wird bezweifelt (zuletzt GÖTTE 1985 [*85]; für Echtheit der Inschrift GIULIANI 1986 [*86]). Andererseits legen auch die weite Verbreitung und stilistische Gründe die Zuweisung der Gruppe an einen berühmten Mann der ausgehenden Republik nahe. Alle Bildnisse zeigen Cicero (?) an der Schwelle des Alters. Am ausdrucksvollsten sind die Büsten im Vatikan, im Kapitolinischen Museum zu Rom und in den Florentiner Uffizien. «Wir erkennen darin Intelligenz, feine Bildung und ein liebenswürdiges Wesen, dabei aber Nervosität und Mangel an Energie» (W. Helbig, über die vatikanische Büste). – Zweifelhaft bleibt die Identifizierung eines Terrakotta-Kopfes ciceronischer Zeit in der Antikensammlung München (SCHEFOLD 1943 [§ 1 *453: 179f.], RICHTER 1955-1962 [§ 1 *454: Bd. 3, S. 35. Tafel XXIX Abb. 138f.]). – Weitere unsichere Zuschreibungen antiker Bildnisse an Cicero (darunter Gemmen) bei BERNOULLI (1882 [§ 1 *450: Theil 1, 135-144]). – Früher auf Cicero bezogene Münzen aus Magnesia am Sipylos sind zu Ehren seines gleichnamigen Sohnes geprägt worden und tragen dessen Kopfbild (STUMPF 1991 [*88: 86-88]).

Ciceros Werk ist so vielfältig wie das kaum eines anderen antiken Autors. Er hat die meisten seiner Reden in überarbeiteter Form herausgegeben, rhetorische und philosophische Schriften verfasst, Übersetzungen aus dem Griechischen angefertigt. Hinzu kommt ein umfangreiches Corpus von Briefen. Was Cicero als publikationsreif ansah, gab er seinem Freund T. Pomponius Atticus, der für die Verbreitung sorgte, also in einem gewissen Sinne Ciceros 'Verleger' war. Nicht alles ist erhalten, auch nicht alle philosophischen Schriften; manches ist nur fragmentarisch überliefert; einige Werke hat Cicero selbst nicht vollendet. Das Erhaltene füllt – je nach der Anordnung – in den Gesamtausgaben 15 bis 20 Bände. – Die handschriftliche Überlieferung von Ciceros literarischer Hinterlassenschaft ist fast unübersehbar; für die meisten Werke steht eine vollständige Erfassung noch aus. Keine der erhaltenen Handschriften enthält alle philosophischen Schriften; auch ein Archetyp mit allen Philosophica lässt sich nicht erschliessen. Nachweisbar ist dagegen eine spätantike Sammlung mit folgenden Schriften: ‹De natura deorum›, ‹De divinatione›, ‹Timaeus›, ‹De fato›, ‹Topica›, ‹Paradoxa Stoicorum›, ‹Lucullus›, ‹De legibus› (unvollständig). Auf diese Sammlung gehen vier der wichtigsten Handschriften zurück. Auffallend ist, dass die Philosophica teils in sehr vielen, teils nur in ganz wenigen Codices überliefert sind. Der Schlussabschnitt von ‹De re publica›, das sogenannte 'Somnium Scipionis', findet sich zusammen mit dem Kommentar des Macrobius in vom übrigen Corpus unabhängigen Handschriften. Zeugnisse und Fragmente der verlorenen Werke sind bei spätlateinischen Grammatikern wie Nonius und lateinischen christlichen Schriftstellern, vor allem bei Laktanz und Augustin, erhalten.

GÜNTER GAWLICK

B. BIBLIOGRAPHIE

1. Allgemeines: a) Bibliographien und Forschungsberichte [*1-*17]; b) Sammelbände [*31-*48]; c) Spezialzeitschriften [*61-*70]. – 2. Zu den Bildnissen [*81-*92]. – 3. Ausgaben und Übersetzungen: a) Gesamtausgaben [*101-*107]; b) Ausgaben einzelner Schriften: α) Rhetorici libri (De inventione) [*111-*113]; β) De oratore [*121-*147]; γ) De re publica [*161-*202]; δ) De legibus [*211-*241]; ε) Paradoxa Stoicorum [*251-*258]; ζ) Academica [*271-*284]; η) De optimo genere oratorum [*291-*295]; ϑ) Brutus [*301-*308]; ι) Orator [*321-*330]; κ) De finibus bonorum et malorum [*341-*372]; λ) Tusculanae disputationes [*381-*421]; μ) De natura deorum [*431-*452]; ν) De divinatione [*461-*468]; ξ) De fato [*471-*495]; ο) Cato maior de senectute [*511-*521]; π) Laelius de amicitia [*531-*551]; ρ) Topica [*561-*571]; σ) De officiis [*581-*614]; τ) Reden [*621-*622]; υ) Briefe [*631-*641]; φ) Timaeus [*651-*654]; χ) Aratea [*660-*662]; ψ) Verlorenes [*671-*726]; c) Lexika und Indices [*731-*734].

1. Allgemeines

a) Bibliographien und Forschungsberichte

1 A. Lörcher: Bericht über die Literatur zu Ciceros philosophischen Schriften aus den Jahren 1902-1911, in: Bursians Jahresbericht über die Fortschritte der klassischen Altertumswissenschaft 162 (1913) 1-183. – Ders.: ... 1912-1921, ebd. 200 (1924) 71-165; 204 (1925) 59-154; 208 (1926) 23-66; ders.: ... 1922-1926, ebd. 235 (1932) 1-98.

2 L. Laurand: Notes bibliographiques sur Cicéron, in: Musée Belge 18 (1914) 139-156. – Ders.: ..., ebd. 26 (1922) 289-308; ders.: ..., in: Revue des Etudes latines 7 (1929) 348-369.

3 P. van de Woestijne: Ciceronis scripta philosophica. Kritisch-bibliographische nota (1928-1933), in: L'Antiquité classique 3 (1934) 253-261.

4 K. Büchner, J. B. Hofmann: Lateinische Literatur und Sprache in der Forschung seit 1937 (Bern 1951). – 64-90: «Cicero und Sallust».

5 W. Allen jun.: A survey of selected Ciceronian bibliography, 1939-1953, in: The Classical World 47 (1954) 129-139. ND in: The Classical World bibliography of philosophy, religion, and rhetoric (New York 1978) [Garland Reference Library of the Humanities 95] 243-255.

6 S. E. Smethurst: Cicero's rhetorical and philosophical works, 1939-1956. A bibliographical survey, in: The Classical World 51 (1957-1958) 1-4. 24. 32-41. ND in: The Classical World bibliography of philosophy, religion, and rhetoric (New York 1978) [Garland Reference Library of the Humanities 95] 289-300. – Ders.: Cicero's rhetorical and philosophical works, 1957-1963, ebd. 58 (1964-1965) 36-45. ND ebd. 301-311; ders.: ..., 1964-1967, ebd. 61 (1967) 125-133. ND ebd. 312-322.

7 A. D. Leeman: Recente publikaties over Cicero (sinds 1904), in: Hermeneus 30 (1958) 93-97.

8 P. Boyancé: Travaux récents sur Cicéron (1939-1958), in: Association G. Budé. Actes du Congrès de Lyon (Paris 1960) 254-291. ND in: Boyancé 1970 [*39: 36-73].

9 A. Michel: Rhétorique et philosophie chez Cicéron. Essai sur les fondements philosophiques de l'art de persuader (Paris 1960). – 665-707: Sehr ausführliche Bibliographie.

10 W. Totok: Handbuch der Geschichte der Philosophie, Bd. 1: Altertum. Indische, Chinesische, Griechisch-römische Philosophie (Frankfurt a.M. 1964). – Zu Cicero: 296-310.

11 P. G. van der Nat: Cicero, in: Lampadion 7 (1966-68) 33-56.

12 R. J. Rowland jun.: A survey of selected Ciceronian bibliography, 1953-1965, in: The Clas-

sical World 60 (1966-1967) 51-65. 101-115 (ND in: The Classical World bibliography of philosophy, religion, and rhetoric (New York 1978) [Garland Reference Library of the Humanities 95] 257-287); ..., 1965-1974, ebd. 71 (1978) 289-327.

13 A. E. Douglas: Cicero (Oxford 1968, ²1978 mit Nachträgen) [Greece and Rome. New surveys in the Classics 2].
14 B. Finger: Auswahl zu einer Cicero-Bibliographie der letzten Jahre, in: Radke (Hg.) 1968 [*38: 246-259].
15 A. Michel: Cicéron et les grands courants de la philosophie antique. Problèmes généraux (1960-1970), in: Lustrum 16 (1971-72) 81-103.
16 G. Reale: Storia della filosofia antica, Bd. 5: Lessico, indici e bibliografia (Mailand 1980, ²1983). – Bibliographie zu Cicero: 339-344.
17 Philippa Smith: Bibliography, in: Griffin/Barnes (Hg.) 1989 [§ 1 *369: 259-281]. – Gut gegliederte Auswahlbibliographie, besonders nützlich in den Sachthemen gewidmeten Abschnitten.

Spezialberichte liegen vor zu ‹De re publica› von Peter Lebrecht Schmidt 1973 [§ 56 *222] und W. Suerbaum 1978 [§ 56 *224], zu ‹De legibus› von Elizabeth Rawson 1973 [§ 56 *591], zu ‹De officiis› von P. Fedeli 1973 [§ 56 *1161].

b) Sammelbände

Vgl. auch Griffin/Barnes (Hg.) 1989 [§ 1 *369].

31 K. Kumaniecki (Hg.): Acta Sessionis ciceronianae diebus 3-5 mensis Decembris a. 1957 Varsoviae habitae (Warschau 1960).
32 Atti del I Congresso internazionale di Studi ciceroniani. Roma Aprile 1959, 2 Bde. (Rom 1961).
33 Marco Tullio Cicerone. Scritti di L. Alfonsi [und anderer] (Rom 1961).
34 Studies in Cicero (Rom 1962) [Collana di Studi ciceroniani 2]. – Beiträge von J. Ferguson und anderen.
35 T. A. Dorey (Hg.): Cicero (London 1964) [Studies in Latin Literature and its Influence].
36 R. Klein (Hg.): Das Staatsdenken der Römer (Darmstadt 1966, ³1980) [Wege der Forschung 46].
37 H. Oppermann (Hg.): Römische Wertbegriffe (Darmstadt 1967, ³1983) [Wege der Forschung 34].
38 G. Radke (Hg.): Cicero, ein Mensch seiner Zeit. Acht Vorträge zu einem geistesgeschichtlichen Phänomen (Berlin 1968).

39 P. Boyancé: Etudes sur l'humanisme cicéronien (Brüssel 1970) [Collection Latomus 121]. – Sammlung älterer Aufsätze des Verfassers.
40 K. Büchner (Hg.): Das neue Cicerobild (Darmstadt 1971) [Wege der Forschung 27].
41 J. R. C. Martyn (Hg.): Cicero and Virgil. Studies in honour of H. Hunt (Amsterdam 1972).
42 B. Kytzler (Hg.): Ciceros literarische Leistung (Darmstadt 1973) [Wege der Forschung 240].
43 A. Michel, R. Verdière (Hg.): Ciceroniana. Hommages à K. Kumaniecki (Leiden 1975) [Roma aeterna 9].
44 G. Maurach (Hg.): Römische Philosophie (Darmstadt 1976) [Wege der Forschung 193].
45 W. Ludwig (Hg.): Eloquence et rhétorique chez Cicéron (Genf 1982) [Entretiens sur l'Antiquité classique 28]. – Darin u.a.: G. Calboli: La retorica preciceroniana e la politica a Roma (41-108); A. Michel: La théorie de la rhétorique chez Cicéron: éloquence et philosophie (109-147).
46 R. Chevallier (Hg.): Présence de Cicéron. Hommage à M. Testard (Paris 1984) [Caesarodunum 19 bis].
47 W. W. Fortenbaugh, P. Steinmetz (Hg.): Cicero's knowledge of the Peripatos (New Brunswick, London 1989) [Rutgers University Studies in Classical Humanities 4].
48 J. G. F. Powell (Hg.): Cicero the philosopher. A collection of papers (Oxford, angekündigt für 1994). – Beiträge u.a.: J. G. F. Powell: Cicero's philosophical works and their background; A. A. Long: Cicero's Plato and Aristotle; M. Schofield: Cicero's definition of 'res publica'; W. Görler: Silencing the troublemaker: De legibus 1, 39 and the continuity of Cicero's scepticism; J. Glucker: 'Probabile', 'veri simile', and related terms; M. Stokes: Cicero on Epicurean pleasures; M. R. Wright: Cicero on self-love and love of humanity in De finibus 3; A. E. Douglas: Form and content in the Tusculan Disputations; S. E. White: Cicero and the therapists; R. W. Sharples: Causes and necessary conditions in the Topica and De fato; J. G. F. Powell: Cicero's translations from Greek.

c) Spezialzeitschriften

Vom Centro di Studi ciceroniani, Rom, wurden zwei ausschliesslich Cicero gewidmete Zeitschriften herausgegeben:

61 Cicero. Commentarii auspice Collegio studiis ciceronianis provehendis editi. Informazioni e

note a cura del Centro di Studi ciceroniani, Bd. 1 (1958-1959), Heft 1 (April 1958). Heft 2 (August 1958). Heft 3 (Juni 1959). – Neben diesen Heften in lateinischer Sprache erschien gleichzeitig eine italienische Version. Erscheinen eingestellt.

62 Ciceroniana. Rivista di Studi ciceroniani 1 (1959). 2 (1960). 3-6 (1961-1964).

Seit 1973 erscheint eine «nuova serie» von ‹Ciceroniana›, die die auf den Colloquia Tulliana gehaltenen Vorträge enthält:

63 1. Rom-Arpino 1972: [Critica testuale ciceroniana] (Rom 1973).
64 2. Rom 1974: [Cicerone e la filosofia] (Rom 1975).
65 3. Rom 1976: [Cicerone e il diritto] (Rom 1978).
66 4. Palermo 1979: [Cicerone e la Sicilia] (Rom 1980).
67 5. Rom-Arpino 1982: [Cicerone e la poesia] (Rom 1984).
68 6. Meran 1986: Cicerone e il ciceronianismo nel mondo culturale di lingua tedesca (Rom 1988).
69 7. Warschau 1989: Cicerone e lo stato (Rom 1990).
70 8. New York 1991: Cicerone in America (in Vorbereitung).

2. Zu den Bildnissen

Vgl. auch Bernoulli 1882 [§ 1 *450: Theil 1, 132-144. Taf. X-XII. Münztaf. II 49. 50], Arndt/Bruckmann 1891-1942 [§ 1 *451: Nr. 252-258], Schefold 1943 [§ 1 *453: 174f. 178-180], Richter 1955-1962 [§ 1 *454: Bd. 3, 35. Tafel XXIX Abb. 138f.].

81 B. Schweitzer: Die Bildniskunst der römischen Republik (Leipzig 1948). – Zu Cicero: S. 91-105; Abb. 135. 137-139. 142-143. 146-147. 156.
82 M. Borda: Iconografia ciceroniana, in: Marco Tullio Cicerone 1961 [*33: 255-265].
83 L. Budde: Das Bildnis des Marcus Tullius Cicero, in: Radke (Hg.) 1968 [*38: 10-20].
84 F. Johansen: Antike Portrætter af Marcus Tullius Cicero, in: Meddelelser fra Ny Carlsberg Glyptothek 29 (1972) 120-138.
85 F. Johansen: Ritratti antichi di Cicerone e Pompeo Magno, in: Analecta Romana Instituti Danici 8 (1977) 39-69. – Zu Cicero: 39-49.
86 Joyceline M. C. Toynbee: Roman historical portraits (London [zugleich Ithaca, N.Y.] 1978) 28-30.

87 H. R. Götte: Zum Bildnis des 'Cicero', in: Mitteilungen des Deutschen Archäologischen Instituts, Römische Abteilung 92 (1985) 291-318 mit Tafeln 116-125. – Inschrift der Büste von Apsley House modern; damit die Zuweisung an Cicero hinfällig.
88 L. Giuliani: Bildnis und Botschaft. Hermeneutische Untersuchungen zur Bildniskunst der römischen Republik (Frankfurt a.M. 1986). – S. 324f. Anm. 6; 328 Anm. 38: Einwände gegen Götte 1985 [*87]; die Inschrift auf der Büste im Apsley House vermutlich doch antik.
89 M. Hofter: Bildnis des M. Tullius Cicero, in: Katalog der Ausstellung «Kaiser Augustus und die verlorene Republik» (Berlin 1988). – 303f.: Zur kapitolinischen Büste.
90 Anna Sadurska: Due ritratti di Cicerone nelle collezioni polacche, in: Cicero Polonorum (Warschau 1989) [Festgabe der Polnischen Akademie der Wissenschaften für die Teilnehmer des Colloquium Tullianum, Warschau 1989] 14-18. – Über neuzeitliche Repliken.
91 G. R. Stumpf: Numismatische Studien zur Chronologie der römischen Statthalter in Kleinasien (122 v.Chr.–163 n.Chr.) (Saarbrücken 1991) [Saarbrücker Studien zur Archäologie und Alten Geschichte 4]. – 86-88: Münzprägung in Magnesia am Sipylos zu Ehren von Ciceros Sohn.
92 A. Mlasowsky: Bildnis des Cicero, in: Katalog der Ausstellung «Herrscher und Mensch. Römische Marmorbildnisse in Hannover» (Hannover 1992) 14-21. – Ausführliche Beschreibung und Interpretation eines frühaugusteischen Kopfbildes (Privatsammlung). Abbildung auch in: B. Andreae, Römische Kunst (Freiburg i.Br. 1973) S. 14 Abb. 4.

3. Ausgaben und Übersetzungen

Die folgende Zusammenstellung beschränkt sich auf den Zeitraum seit 1920. Ältere Ausgaben und Übersetzungen wurden nur aufgenommen, wenn sie unentbehrlich sind oder in einem Neudruck vorliegen. Schulausgaben sind in der Regel nicht berücksichtigt.

a) Gesamtausgaben

101 M. Tulli Ciceronis opera quae supersunt omnia. Ed. J. G. Baiter et C. L. Kayser, 11 Bde. (Leipzig 1860-1869).

102 M. Tulli Ciceronis scripta quae manserunt omnia. Recogn. Carl Friedrich Wilhelm Müller, 10 Bde. (1.1, 1.2, 2.1, 2.2, 2.3, 3.1, 3.2, 4.1, 4.2, 4.3) (Leipzig 1878-1898 u.ö.). – Unkritische Leseausgabe.

103 Cicero in 28 Volumes (London, New York [später: Cambridge, Mass.] 1912-1976) [Loeb Classical Library] (im folgenden = Loeb, mit Bandangabe innerhalb der Cicero-Ausgabe). – Mit engl. Übers. Knapper, nicht immer ausreichender kritischer Apparat.

Ausserdem sind folgende kritische Gesamtausgaben begonnen worden:

104 M. Tulli Ciceronis scripta quae manserunt omnia (Leipzig 1914ff.) [Bibliotheca Teubneriana] (im folgenden = Teubner). Geplant waren etwa 50 'Faszikel', von denen die meisten erschienen sind, zum Teil in mehreren Auflagen und mit wechselnden Herausgebern. Seit 1987 entfällt die Einteilung in 'Faszikel' und die Zählung entfallen. Zur wechselvollen Geschichte dieser unübersichtlich gewordenen Gesamtausgabe siehe B. Doer: Über die Ausgaben der Bibliotheca Teubneriana, in: Kumaniecki (Hg.) 1960 [*31: 169-177].

105 M. Tulli Ciceronis opera omnia quae exstant critico apparatu instructa consilio et auctoritate Collegii ciceronianis studiis provehendis (Mailand: Mondadori 1962ff.) (Ohne Bandzählung; im folgenden = Mondadori). Bislang etwa 40 Bände. – Neben dieser kritischen Ausgabe erscheint eine 'edizione divulgativa' mit Einleitungen in italienischer Sprache, italienischer Übersetzung und knappen Sacherläuterungen; sie ist im folgenden nur in Ausnahmefällen genannt.

106 Einer Gesamtausgabe kommen nahe die lateinisch-französischen Einzelausgaben der Collection Guillaume Budé (Paris 1918ff.) (im folgenden = Budé). – Kritische Ausgaben von stark unterschiedlicher Qualität, bislang etwa 50 Bände.

Auch im Rahmen der ‹Scriptorum Classicorum Bibliotheca Oxoniensis› werden die bislang fehlenden philosophischen Schriften demnächst in kritischen Ausgaben vorliegen.

Übersetzung ausgewählter Schriften

107 Werke in drei Bänden. Hg. von Liselot Huchthausen. Bd. 1: Auswahl aus den Briefen, Erste Verhandlung gegen Verres, Rede über den Oberbefehl des Gnaeus Pompeius, Zweite Rede über das Ackergesetz, Vier Reden gegen Catilina, Rede für Marcus Caelius, Erste und vierzehnte Philippische Rede, übers. von Liselot Huchthausen u.a.; Bd. 2: Vom Redner, Der Staat, Gespräche in Tusculum (Buch I und III), übers. von Liselot Huchthausen sowie C. Rothe und Ursula Rothe; Bd. 3: Über die Weissagekunst, Laelius über die Freundschaft, Pflichtenlehre, übers. von H. Dieter und Liselot Huchthausen (Berlin 1989) [Bibliothek der Antike].

Herausgeber und Erscheinungsjahr der die philosophischen und rhetorischen Werke enthaltenden Bände sind bei den jeweiligen Einzelschriften genannt.

b) Ausgaben einzelner Schriften

α) Rhetorici libri (De inventione)

111 Rhetorici libri duo qui vocantur de inventione. Recogn. E. Stroebel (Leipzig 1915, ND Stuttgart 1965) [Teubner Fasc. 2].

112 De l'invention (De inventione). Trad. nouvelle par H. Bornecque (Paris 1932).

113 De inventione. With an Engl. transl. by H. M. Hubbell (London, Cambridge, Mass. 1949 u.ö.) [Loeb Bd. 2] (Zus. mit De optimo genere oratorum, Topica).

β) De oratore

Vollständige Textausgaben

121 De oratore libri tres. With introd. and notes by A. S. Wilkins (Oxford 1892, ND Amsterdam 1962, Hildesheim 1965).

122 De l'orateur. Texte établi et trad. par E. Courbaud (Bd. 3: Texte établi par H. Bornecque et trad. par E. Courbaud), 3 Bde. (Paris 1922-1930 u.ö.) [Budé].

123 De oratore. With an Engl. transl. by E. W. Sutton and H. Rackham, 2 Bde. (London, New York 1942 u.ö.) [Loeb Bde. 3-4] (Bd. 4 enthält auch De fato, Paradoxa Stoicorum, Partitiones oratoriae).

124 De oratore. Ed. K. Kumaniecki (Leipzig 1969) [Teubner Fasc. 3].

125 De oratore – Über den Redner. Lat. und dt. Übers., komm. und mit einer Einl. hg. von H. Merklin (Stuttgart 1976) [Reclam, Universalbibliothek 6884].

Teilausgabe

131 De oratore liber secundus. Introd., comm. e indici a cura di G. Porta (Florenz 1970).

Übersetzungen
141 Vom Redner. Mit Einl. und Anm. von F. Spiro (Leipzig 1928).
142 De oratore. Oversat og kommenteret af T. Hastrup, 2 Bde. (Odense 1981).

Kommentar (ohne Text)
147 De oratore libri III. Komm. von A. D. Leeman und H. Pinkster, ab Bd. 2 mit H. L. W. Nelson, E. Rabbie (Heidelberg 1981ff.). Bisher erschienen: Bd. 1 (1981): Buch I, 1-165; Bd. 2 (1985): Buch I, 166-265. Buch II, 1-98; Bd. 3 (1989): Buch II, 99-290 [Wissenschaftliche Kommentare zu griechischen und lateinischen Schriftstellern].

γ) De re publica

Vollständige Textausgaben
161 M. Tulli Ciceronis De re publica librorum sex quae manserunt. Recogn. K. Ziegler (Leipzig 1915, [7]1969) [Teubner Fasc. 39].
162 De re publica. With an Engl. transl. by C. W. Keyes (London, New York 1928 u.ö.) [Loeb Bd. 16] (Zus. mit De legibus).
163 De re publica librorum sex quae supersunt. Ed. L. Castiglioni, testimonia adiecit G. Galbiati (Turin 1936, [3]1960).
164 Della repubblica libri sei. Testo illustrato da U. Pedroli. Seconda edizione a cura di G. Giannelli (Florenz 1939, ND 1941, 1961).
165 De re publica. Introd., testo e comm. di L. Ferrero (Florenz 1950, [2]1953 u.ö.).
166 De re publica – Vom Gemeinwesen. Lat. und dt. Eingel. und neu übertr. von K. Büchner (Zürich 1952, [3]1973, ND 1979 [Bibliothek der Alten Welt], 4. erweiterte Aufl.: Der Staat, Zürich, München 1987) [Tusculum].
167 De re publica. Vollständige Textausgabe. Erläuterungen von H. Schwamborn, 2 Bde. (Paderborn 1953-1958, Nachdrucke). – Als Schulausgabe konzipiert; die 'Erläuterungen' jedoch von wissenschaftlichem Niveau. Ausgezeichnete Einführung.
168 De re publica librorum sex quae supersunt. P. Krarup recogn. (Mailand 1967) [Mondadori].
169 Staatstheoretische Schriften [d.i.: De re publica, De legibus]. Lat.-dt. hg. von K. Ziegler (Berlin, zugleich Darmstadt 1974; Nachdrucke, zuletzt 1988).
170 De re publica – Vom Gemeinwesen. Übers. und hg. von K. Büchner (Stuttgart 1979, Nachdrucke) [Reclam, Universalbibliothek 9909].
171 Lo stato. Edizione, trad. e introd. a cura di F. Cancelli (Florenz 1979).
172 La république. Texte établi et trad. par Esther Bréguet, 2 Bde. (Paris 1980, ND 1989) [Budé].
173 Sobre la república. Introd., trad., apéndice y notas de A. d'Ors (Madrid 1984).
174 La república. Trad. de J. de Binaghi y F. Navarro y Calvo (Barcelona 1985).

Teilausgaben
181 De re publica. Libro I. Con introd. e comm. di V. Sirago (Florenz 1952).
182 Somnium Scipionis. Introd. e comm. a cura di A. Ronconi (Florenz 1961, [2]1966).
183 Laelius, On friendship (Laelius De amicitia) and the Dream of Scipio (Somnium Scipionis). Ed. with introd., transl. and comm. by J. G. F. Powell (Warminster, Wiltshire 1990).
184 C. A. Behr: A new fragment of Cicero's De re publica, in: American Journal of Philology 95 (1974) 141-149. – Testimonium in einem politischen Traktat byzantinischer Zeit: Bildung eines Staatsrats von 10 'besten Männern' als βασιλική φροντίς; aus Buch 5?

Übersetzungen
191 On the Commonwealth. Transl. with notes and introd. by G. H. Sabine and Stanley Barney Smith (Columbus 1929, ND Indianapolis, New York 1950).
192 De la république. Des lois. Ed. et trad. par C. Appuhn (Paris 1933).
193 Über den Staat. Übers. von W. Sontheimer (Stuttgart 1956).
194 Der Staat. Übers., erl. und mit einem Essay «Zum Verständnis des Werkes» hg. von R. Beer (Reinbek 1964).
195 Vom Staatswesen. Übers. von W. Siegfried (Köln 1968).

Kommentare (ohne Text)
201 De re publica. Komm. von K. Büchner (Heidelberg 1984) [Wissenschaftliche Kommentare zu griechischen und lateinischen Schriftstellern].
202 M. de Guzmán: Comentario al Sueño de Escipión, in: Humanidades 10 (1959) 213-236.

δ) De legibus

Vollständige Textausgaben
211 De legibus libri tres. Ed. G. H. Moser. Apparatum codicum et ineditorum congessit suasque notas addidit F. Creuzer (Frankfurt a.M. 1824, ND Hildesheim 1973).

212 De legibus libri. Ex recognitione J. Vahleni (Berlin 1871, ²1883).
213 I tre libri intorno alle leggi. Testo colla versione e comm. di G. Sichirollo (Padua 1878).
214 De legibus libri tres. Erklärt von A. du Mesnil (Leipzig 1879).
215 De legibus. With an Engl. transl. by C. W. Keyes (London, New York 1928 u.ö.) [Loeb Bd. 16] (Zus. mit De re publica).
216 De legibus. Textbearbeitung, Einl., krit. Apparat und erklärendes Verzeichnis der Eigennamen von K. Ziegler (Heidelberg 1950, 3. Aufl., überarb. und durch Nachträge ergänzt von W. Görler, Freiburg i.Br., Würzburg 1979) [Heidelberger Texte 20].
217 De legibus. Las Leyes. Trad., introd. y notas par A. d'Ors (Madrid 1953, ²1970).
218 Traité des lois. Texte établi et trad. par G. de Plinval (Paris 1959, ND 1968) [Budé].
219 Le leggi. A cura di F. Cancelli (Mailand 1969).
220 Delle leggi. Testo, trad. e note di Anna Resta Barrile (Bologna 1972).
221 De legibus libri tres. K. Büchner recogn. (Mailand 1973) [Mondadori].
222 Staatstheoretische Schriften [d.i. De re publica, De legibus]. Lat.-dt. hg. von K. Ziegler (Berlin, zugleich Darmstadt 1974, Nachdrucke, zuletzt 1988). – Text, kritischer Apparat (gekürzt) und wesentliche Teile der Einleitung sind der Heidelberger Ausgabe (²1963) [*216] entnommen.

Teilausgabe
231 De legibus I. Ed. with introd. and comm. by N. Rudd and T. Wiedemann (Bristol 1987).

Übersetzungen
235 Über die Gesetze. Übers., erl. und mit einem Essay «Zum Verständnis des Werkes» hg. von E. Bader und L. Wittmann (Reinbek 1969).
236 Fragmente über die Rechtlichkeit. Übers., Anm. und Nachwort von K. Büchner (Stuttgart 1969).

Kommentar (ohne Text)
241 L. P. Kenter: M. Tullius Cicero. De legibus. A commentary on Book 1 (Amsterdam 1971). – Diss.

ε) Paradoxa Stoicorum
Vgl. auch Ronnick 1991 [§ 56 *697].
251 Paradoxa Stoicorum. With an Engl. transl. by H. Rackham (London, New York 1942 u.ö.) [Loeb Bd. 4] (Zus. mit De oratore III, De fato, Partitiones oratoriae).
252 Paradoxa ad Marcum Brutum. Introd. y notas de J. Guillén (Salamanca 1953).
253 Paradoxa Stoicorum. Ed. A. G. Lee (London 1953). – Mit knappem Kommentar.
254 Paradoxa Stoicorum. A cura di G. Bruno (Mailand 1956).
255 I paradossi degli Stoici. Con introd. e comm. di N. Marinone (Mailand 1958).
256 M. Tulli Ciceronis Paradoxa Stoicorum. R. Badalì recogn. (Mailand 1968) [Mondadori].
257 Les paradoxes des Stoïciens. Texte établi et trad. par J. Molager (Paris 1971) [Budé].
258 On Stoic good and evil. De finibus bonorum et malorum liber III and Paradoxa Stoicorum, ed. with introd., transl. and comm. by M. R. Wright (Warminster, Wiltshire 1991).

ζ) Academica
Vollständige Textausgaben
271 M. Tulli Ciceronis Academica. The text revised and explained by J. S. Reid (London 1885, Nachdrucke).
272 Academicorum reliquiae cum Lucullo. Recogn. O. Plasberg (Leipzig 1922, ND Stuttgart 1966) [Teubner Fasc. 42].
273 Academica. With an Engl. transl. by H. Rackham (London, New York 1933 u.ö.) [Loeb Bd. 19] (Zus. mit De natura deorum).
274 Le dispute accademiche, cur. R. del Re (Mailand 1977) [Mondadori, ediz. divulgativa].
275 Cuestiones académicas. Introd., texto, trad. y notas de J. Pimentel Alvarez (Mexico 1980).
276 Hortensius. Lucullus. Academici libri. Lat. u. dt. hg. von Laila Straume-Zimmermann, O. Gigon und F. Broemser (Zürich, München 1990) [Tusculum]. – Mit knappem Kommentar.

Eine weitere kommentierte Ausgabe ist angekündigt von A. Graeser und C. Schäublin für die ‹Philosophische Bibliothek›, Verlag Felix Meiner, Hamburg.

Teilausgaben
281 Academicus primus. Revisione del testo, introd. e comm. di R. del Re (Florenz 1961).
282 Lucullo. Comm. di C. Moreschini (Turin 1969).
283 Academica Posteriora, liber primus. Ed., introd. et comm. de M. Ruch (Paris 1970) [Collection Erasme].
284 Testi dal Lucullus, dal De fato, dai Topica con introd. e trad. commentata a cura di M. Baldassarri (Como 1985) [La logica stoica. Testimonianze e frammenti 6].

η) De optimo genere oratorum

291 De optimo genere oratorum. Ed. W. Friedrich (Leipzig 1914, Nachdrucke) [Teubner Fasc. 6] (Zus. mit Topica, Partitiones oratoriae).
292 Du meilleur genre d'orateurs. Texte établi par H. Bornecque (Paris 1921) [Budé] (Zus. mit Orator).
293 De optimo genere oratorum. A cura di M. Biglia (Turin 1933).
294 De optimo genere oratorum. Comm. di A. Anzioso (Palermo 1935).
295 De optimo genere oratorum. With an Engl. transl. by H. M. Hubbell (London, Cambridge, Mass. 1949 u.ö.) [Loeb Bd. 2] (Zus. mit De inventione, Topica).

ϑ) Brutus

301 Brutus. Erklärt von O. Jahn (Berlin 1849, 5. Aufl. bearb. von W. Kroll 1908, 6. Aufl. überarb. von B. Kytzler 1962).
302 Brutus. Texte établi et trad. par J. Martha (Paris 1923, ⁵1973) [Budé].
303 Brutus. With an Engl. transl. by G. L. Hendrickson (London, New York 1939) [Loeb Bd. 5] (Zus. mit Orator).
304 Brutus. Recogn. Enrica Malcovati (Leipzig 1965) [Teubner Fasc. 4].
305 Brutus. Ed. with introd. and comm. by A. E. Douglas (Oxford 1966).
306 Bruto. Edizione crit. con trad. e note a cura di E. V. d'Arbela (Mailand 1967).
307 Brutus. Lat.-dt. hg. von B. Kytzler (München 1970, ⁴1990) [Tusculum].
308 Bruto. A cura di Enrica Malcovati (Mailand 1981) [Mondadori].

ι) Orator

321 Ad Brutum Orator. A revised text with introductory essays and critical and explanatory notes by J. E. Sandys (Cambridge 1885, ND Hildesheim 1973).
322 Orator. Erklärt von W. Kroll (Berlin 1913, ND 1964).
323 Orator. Ed. P. Reis (Leipzig 1932, ND Stuttgart 1971) [Teubner Fasc. 5].
324 Orator. Con comm. di F. Galli (Mailand 1937).
325 Orator. With an Engl. transl. by H. M. Hubbell (London, New York 1939) [Loeb Bd. 5] (Zus. mit Brutus).
326 Orator. Textbearbeitung, Einl., krit. App. von O. Seel (Heidelberg 1952).

327 L'‹Orator›. Edizione crit. con trad. e note italiane a cura di E. V. d'Arbela (Mailand 1958).
328 L'orateur. Texte établi et trad. par A. Yon (Paris 1964) [Budé] (Zus. mit ‹Du meilleur genre d'orateurs›).
329 Orator. Lat.-dt. hg. von B. Kytzler (München 1975, ³1988) [Tusculum].
330 Orator. Ed. R. Westman (Leipzig 1980) [Teubner Fasc. 5].

χ) De finibus bonorum et malorum

Vollständige Textausgaben
341 De finibus bonorum et malorum libri quinque. J. N. Madvigius recensuit et enarravit (Kopenhagen ³1876, ND Hildesheim 1965).
342 De finibus bonorum et malorum. With an Engl. transl. by H. Rackham (London, New York 1914, ²1931) [Loeb Bd. 17].
343 De finibus bonorum et malorum. Recogn. T. Schiche (Leipzig 1915, ND Stuttgart 1961) [Teubner Fasc. 43].
344 Des termes extrêmes des biens et des maux. Texte établi et trad. par J. Martha, 2 Bde. (Paris 1928-1930, Nachdrucke; Bd. 1 zuletzt ⁵1990 revu et corrigé par C. Lévy, Bd. 2 ⁵1989, revu et corrigé par C. Rambaud) [Budé].
345 De finibus bonorum et malorum. Das höchste Gut und das schlimmste Übel. Lat. und dt. hg. von A. Kabza (München 1960) [Tusculum].
346 Von den Grenzen im Guten und Bösen. Lat. und dt.. Eingel. und übertr. von K. Atzert (Zürich, Stuttgart 1964) [Bibliothek der Alten Welt].
347 Del supremo bien y del supremo mal. Introd., trad. y notas de V. J. Herrero Llorente (Madrid 1987).
348 Über die Ziele des menschlichen Handelns. Lat.-dt. hg. und übers. von O. Gigon und Laila Straume-Zimmermann. Mit einer Einführung, Erläuterungen und Literaturhinweisen (Zürich, München 1988) [Tusculum].
349 De finibus bonorum et malorum. Über das höchste Gut und das grösste Übel. Lat.-dt. Übers. und hg. von H. Merklin (Stuttgart 1989) [Reclam, Universalbibliothek 8593].

Teilausgaben
361 De finibus bonorum et malorum libri I, II. Ed. by J. S. Reid (Cambridge 1925, ND Hildesheim 1968).
362 De finibus bonorum et malorum libros I et II ed., Italice vertit, adnotationibus instruxit A. Selem (Rom 1962).
363 On Stoic good and evil. De finibus bonorum

et malorum liber III and Paradoxa Stoicorum, ed. with introd., transl. and comm. by M. R. Wright (Warminster, Wiltshire 1991).

Übersetzungen

371 Vom höchsten Gut und vom grössten Übel. Übers. und eingel. von O. Büchler (Bremen 1957).
372 On the good life. Transl. from the Latin by M. Grant (Harmondsworth 1971).

λ) Tusculanae disputationes

Vollständige Textausgaben

381 Tusculanarum disputationum libri V. Erklärt von O. Heine. 2 Hefte (Leipzig 1864. 1. Heft: ⁴1892. 2. Heft: ⁴1896, ND Stuttgart 1957).
382 Tusculanarum disputationum libri quinque. A revised text with introd. and comm. and a collation of numerous manuscripts. By T. W. Dougan and R. M. Henry, 2 Bde. (Cambridge 1905-1934, ND London 1979).
383 Tusculanae disputationes. Recogn. M. Pohlenz (Leipzig 1918, ND Stuttgart 1965) [Teubner Fasc. 44].
384 Tusculan disputations. With an Engl. transl. by J. E. King (London, New York 1927 u.ö.) [Loeb Bd. 18].
385 Tusculanes. Texte établi par G. Fohlen et trad. par J. Humbert, 2 Bde. (Paris 1931 u.ö.) [Budé].
386 Gespräche in Tusculum. Lat.-dt. mit ausführl. Anmerkungen neu hg. von O. Gigon (München 1951, ²1970, Zürich, München ⁵1984) [Tusculum].
387 Gespräche in Tusculum. Lat.-dt. Eingel. und neu übertr. von K. Büchner (Zürich 1952, ²1966, ND München 1984) [Bibliothek der Alten Welt].
388 Tusculanarum disputationum libri quinque. H. Drexler recogn. (Mailand 1964) [Mondadori].
389 Disputas Tusculanas. Texto, introd., versión y notas de J. Pimentel Alvarez, 2 Bde. (Mexico City 1979).
390 Tusculanae disputationes. Ed. M. Giusta (Turin 1984).

Teilausgaben

401 Tusculanarum disputationum libri V. Mit Benutzung von O. Heines Ausgabe erklärt von M. Pohlenz. Erstes Heft: Libri I et II (Leipzig, Berlin 1912, ND Stuttgart 1957). – Mehr nicht erschienen; das ebenfalls 1957 nachgedruckte 'Zweite Heft' gehört zur Ausgabe von O. Heine (1864, ⁴1896) [*381].
402 Tusculanarum disputationum liber tertius. A cura di A. Barigazzi (Turin 1943, ²1956).
403 Tusculanarum disputationum liber primus. A cura di A. Barigazzi (Turin 1949).
404 Tusculanarum disputationum liber secundus. A cura di A. Grilli (Turin 1955).
405 Tusculan disputations. Ed. with transl. and notes by A. E. Douglas, 2 Bde. (Bd. 1: Buch 1, Bd. 2: Bücher 2 und 5, «with a summary of III and IV») (Warminster 1985-1990). – Rez.: W. Görler, in: Gnomon 59 (1987) 448-450 (zu Bd. 1), 64 (1992) 117-120 (zu Bd. 2).
406 Tuscolane. Libro II. Testo, introd., versione e comm. a cura di A. Grilli (Brescia 1987). – Gegenüber der Ausgabe Turin (1955) [*404] stark erweitert.

Übersetzungen

411 Gespräche in Tusculum. Übers., Komm. und Nachwort von O. Gigon (Stuttgart 1973, ND 1991) [dtv 2271].
412 Le discussioni di Tusculo. Introd., trad. e note a cura di G. Burzacchini e L. Lanzi, 2 Bde. (Bologna 1980-1983).

Kommentar (ohne Text)

421 Tusculanarum disputationum IV. Introd. e comm. di M. Sansone (Mailand 1933).

μ) De natura deorum

Vollständige Textausgaben

431 De natura deorum. Post O. Plasberg ed. W. Ax (Leipzig 1917, ²1933, ND Stuttgart 1961) [Teubner Fasc. 45].
432 De natura deorum. With an Engl. transl. by H. Rackham (London, New York 1933 u.ö.) [Loeb Bd. 19] (Zus. mit Academica).
433 De natura deorum. Avec une trad. nouvelle par C. Appuhn (Paris 1936).
434 De natura deorum libri III. Ed. by A. S. Pease, 2 Bde. (Cambridge, Mass. 1955-1958, ND Darmstadt 1968). – Mit sehr materialreichem Kommentar. Vgl. § 56 *924.
435 De natura deorum. A cura di N. Marinone (Florenz 1960, ²1968).
436 De natura deorum. Livre I-III. Ed. M. van den Bruwaene, 4 Bde. (Text, franz. Übers., Kommentar, für jedes der drei ciceronischen 'Bücher' ein Band, dazu ein Band «Tables») (Brüssel 1970-1986) [Collection Latomus 107. 154. 175. 192].
437 Vom Wesen der Götter. Lat.-dt., hg., übers. und erl. von W. Gerlach und K. Bayer (München 1978, unveränd. ND ²1987, ³1990) [Tusculum]. – 781-859: «Ciceros ‹De natura deorum› in der europäischen Literatur».

Teilausgaben

441 Il primo libro del De natura deorum. Introd. e note di C. Moreschini (Bologna 1968).
442 De natura deorum. Ausgewählt, eingel. und komm. von G. Gröhe. Text (Münster 1983) [= Neubearbeitung der in 10 Auflagen erschienenen Ausgabe von E. Bernert]. Kommentar (Münster 1982) [= Neubearbeitung der in 6 Auflagen erschienenen Ausgabe von E. Bernert]. – Gute Schulausgabe.

Übersetzungen

451 Vom Wesen der Götter. Nach der Übers. von R. Kühner neu hg. von O. Güthling (Leipzig 1928).
452 The nature of the Gods. Transl. by H. C. P. McGregor, introd. by J. MacDonald Ross (Baltimore 1972).

v) De divinatione

461 De divinatione libri duo. Ed. by A. S. Pease, in: University of Illinois Studies in Language and Literature 6 (1920) 161-500, 8 (1923) 153-474 (ND Darmstadt 1963). – Mit sehr materialreichem Kommentar.
462 De divinatione. Text and Engl. transl. by W. A. Falconer (London, New York 1923) [Loeb Bd. 20] (Zus. mit De senectute und De amicitia).
463 De divinatione. Introd. e comm. di E. V. Marmorale, 2 Bde. (Mailand 1933-1934, ND 1946-1952).
464 De divinatione. De fato. Timaeus. Recogn. W. Ax (Leipzig 1938, ND Stuttgart 1965) [Teubner Fasc. 46].
465 De divinatione. De fato. Timaeus. Ed. R. Giomini (Leipzig 1975) [Teubner Fasc. 46].
466 Della divinazione, a cura di S. Timpanaro (Mailand 1988, ND 1991).
467 Über die Wahrsagung. De divinatione. Lat. und dt. hg. und übers. von C. Schäublin. Mit einer Einführung, Anmerkungen und Literaturhinweisen (Zürich, München 1991) [Tusculum].

Übersetzung

468 De la divination. Trad. et comm. par G. Freyburger et J. Scheid (Paris 1992) [La Roue à Livres].

ξ) De fato

Vollständige Textausgaben

471 Traité du destin. Texte établi et trad. par A. Yon (Paris 1933, ND 1950) [Budé].
472 De divinatione. De fato. Timaeus. Recogn. W. Ax (Leipzig 1938, ND Stuttgart 1965) [Teubner Fasc. 46].
473 De fato. With an Engl. transl. by H. Rackham (London, New York 1942 u.ö.) [Loeb Bd. 4] [Zus. mit De oratore III, Paradoxa Stoicorum, Partitiones oratoriae).
474 De fato. Introd. e comm. di M. Paolillo (Florenz 1957).
475 De fato – Über das Fatum. Lat.-dt. hg. von K. Bayer (München 1963, [3]1980) [Tusculum].
476 Sobre el destino. Introd., trad. y notas de A. J. Capelletti (Rosario 1964).
477 Il fato. Trad., introd., comm. di D. Pesce (Padua 1970).
478 De divinatione. De fato. Timaeus. Ed. R. Giomini (Leipzig 1975) [Teubner Fasc. 46].
479 Cicero: On fate (De fato) and Boethius: The Consolation of Philosophy IV 5-7, V. Ed. with introd., transl. and comm. by R. W. Sharples (Warminster, Wiltshire 1991).

Eine weitere kommentierte Ausgabe ist angekündigt von Dorothea Frede, Swarthmore/Hamburg.

Teilausgabe

491 Testi dal Lucullus, dal De fato, dai Topica con introd. e trad. commentata a cura di M. Baldassarri (Como 1985) [La logica stoica. Testimonianze e frammenti 6].

Kommentar

495 D. P. Marwede: A commentary on Cicero's De fato (Baltimore 1984) (Zusammenfassung in: Dissertation Abstracts 45 (1985) 2088A). – Diss. Johns Hopkins University.

o) Cato maior de senectute

511 Cato maior. Laelius. Recogn. K. Simbeck. De gloria. Recogn. O. Plasberg (Leipzig 1917, ND Stuttgart 1961) [Teubner Fasc. 47].
512 De senectute. Text and Engl. transl. by W. A. Falconer (London, New York 1923 u.ö.) [Loeb Bd. 20] (Zus. mit De amicitia und De divinatione).
513 Caton l'Ancien (De la vieillesse). Texte établi et trad. par P. Wuilleumier (Paris 1940, [4]1989) [Budé].
514 Cato Maior. Textbearbeitung, Einführung und erklärendes Namensverzeichnis von H. Herter (Heidelberg 1949) [Heidelberger Texte 19].
515 Cato maior de senectute. A cura di P. Venini (Florenz 1960).

516 Cato Maior de senectute – Cato der Ältere. Über das Alter. Ed. M. Faltner (München 1963, ²1980) (Neuausgabe 1988 zus. mit Laelius) [Tusculum].
517 Cato Maior de senectute. M. Bonaria recogn. (Mailand 1968) [Mondadori].
518 De senectute. Texte présenté, annoté et commenté par M. Ruch (Paris 1972).
519 La vecchiezza. Con introd. e note di E. Narducci, trad. di C. Saggio, testo latino a fronte (Mailand 1983).
520 Catone il vecchio, la vecchiaia. Introd., trad. e note di N. Flocchini (Mailand 1987).
521 Cato Maior de senectute. Ed. with introd. and comm. by J. G. F. Powell (Cambridge 1988).

π) Laelius de amicitia

Text
531 Laelius de amicitia dialogus. Mit einem Komm. hg. von M. Seyffert. 2. Aufl. besorgt von C. F. W. Müller (Leipzig 1876, ND Hildesheim 1965).
532 De amicitia. Text and Engl. transl. by W. A. Falconer (London, New York 1923 u.ö.) [Loeb Bd. 20] (Zus. mit De senectute und De divinatione).
532 L'amitié. Texte établi et trad. par L. Laurand (Paris 1928, ⁵1965) [Budé].
533 Laelius, De amicitia. Introd. e comm. di G. Schiassi (Bologna 1955).
534 Laelius de amicitia – Laelius. Über die Freundschaft. Ed. M. Faltner (München 1961, ³1980) (Neuausgabe 1988 zus. mit Cato Maior) [Tusculum].
535 L'amitié. Texte établi et trad. par R. Combès (Paris 1971, ³1983) [Budé].
536 Laelius de amicitia. P. Fedeli recogn. (Mailand 1971) [Mondadori].
537 Laelius de amicitia. Lelio, l'amicizia. Introd., trad. e note di N. Flocchini (Mailand 1987).
538 Laelius, On friendship (Laelius de amicitia) and the Dream of Scipio (Somnium Scipionis). Ed. with introd., transl. and comm. by J. G. F. Powell (Warminster, Wiltshire 1990).

Kommentar
551 K. A. Neuhausen: M. Tullius Cicero – Laelius. Einleitung und Kommentar (Heidelberg 1981ff.) [Wissenschaftliche Kommentare zu griechischen und lateinischen Schriftstellern]. – Bisher erschienen: Lieferung 1 (1981), 2 (1985), 3 (1992).

ρ) Topica

Text
561 Rhetorica. Vol. 2: Brutus, Orator, De optimo genere oratorum, Partitiones oratoriae, Topica. Recogn. brevique adnotatione critica instruxit A. S. Wilkins (Oxford 1903, Nachdrucke) [Bibliotheca Oxoniensis].
562 De optimo genere oratorum. Partitiones oratoriae. Topica. Recogn. W. Friedrich (Leipzig 1914, Nachdrucke) [Teubner Fasc. 6].
563 Divisions de l'art oratoire. Topiques. Texte établi et trad. par H. Bornecque (Paris 1924, ND 1960) [Budé].
564 Topica. With an Engl. transl. by H. M. Hubbell (Cambridge, Mass. 1949 u.ö.) [Loeb Bd. 2] (Zus. mit De inventione, De optimo genere oratorum).
565 Topik. Lat.-dt. Übers. und mit einer Einl. hg. von H. G. Zekl (Hamburg 1983) [Philosophische Bibliothek 356].

Teilausgabe
571 Testi dal Lucullus, dal De fato, dai Topica con introd. e trad. commentata a cura di M. Baldassarri (Como 1985) [La logica stoica. Testimonianze e frammenti 6].

σ) De officiis

Vollständige Textausgaben
581 De officiis libri tres. With introd., analysis and comm. by H. A. Holden (Cambridge 1899, ND Amsterdam 1966).
582 De officiis. With an Engl. transl. by Walter Miller (London, New York 1913 u.ö.) [Loeb Bd. 21].
583 De officiis. De virtutibus. Ed. K. Atzert (Leipzig 1923, ⁴1963, ND 1971) [Teubner Fasc. 48]. – Am zuverlässigsten ist die 3. Aufl. (1949); die 4. Aufl. ist durch eine wenig wahrscheinliche Interpolationstheorie und durch zahlreiche Druckfehler ein deutlicher Rückschritt.
584 De officiis libri tres. Ed. O. Gigon (Zürich 1945, ³1958).
585 De los deberes; versión española y notas par B. Estrada Morán. Introd. de A. Gómez Robledo (Mexico 1948).
586 Dei doveri. Testo latino, trad. e note di D. Arfelli (Bologna 1958, ND 1987).
587 De officiis libri tres. P. Fedeli recogn. (Mailand 1965) [Mondadori].
588 Les devoirs. Texte établi et trad. par M. Testard, 2 Bde. (Bd. 1: Paris 1965, ND 1974; Bd. 2: 1970, ²1984) [Budé].

589 De officiis. Vom pflichtgemässen Handeln. Übers., komm. und hg. von H. Gunermann (Stuttgart 1976, ³1992) [Reclam, Universalbibliothek 1889].
590 Vom rechten Handeln. Lat.-dt. hg. und übers. von K. Büchner (Zürich, Stuttgart 1953, ²1964 ³1987). – 1. Aufl. ohne lat. Text; 2. Aufl.: Bibliothek der Alten Welt; 3. Aufl. erstmals: Tusculum.
591 Von den Pflichten. Lat.-dt. Neu übertr. und hg. von H. Merklin. Mit einem Nachwort von M. Fuhrmann (Frankfurt a.M., Leipzig 1991) [Insel Taschenbuch 1273].

Teilausgaben
601 De officiis, libro 1. Introd., comm. e append. crit. a cura di S. Prete (Florenz 1951).
602 De officiis liber tertius. Introd. e comm. di G. Schiassi (Bologna 1954).

Übersetzungen
611 De officiis. Erl. und übers. von K. Atzert (Limburg 1951).
612 On moral obligation. A new transl. with introd. and notes by J. Higginbotham (London [zugleich Berkeley] 1967).
613 De officiis. On duties. Transl. with introd. and notes by H. G. Edinger (Indianapolis 1974).
614 On Duties. Ed. by Miriam Griffin and E. Margaret Atkins (Cambridge 1991) [Cambridge Texts in the History of Political Thought].

τ) Reden
Ausgaben der Reden sind in allen oben genannten Gesamtausgaben enthalten, ausserdem bequem zugänglich in:
621 Orationes. Recogn. brevique adnotatione critica instruxit A. C. Clark (Bd. 3 und 5: W. Peterson), 6 Bde. (Oxford 1905-1916, Nachdrucke) [Bibliotheca Oxoniensis].
622 Sämtliche Reden. Eingel., übers. und erl. von M. Fuhrmann, 7 Bde. (Zürich, München 1970-1982).

υ) Briefe
631 The correspondence of M. Tullius Cicero. Arranged according to its chronological order; with a revision of the text, a commentary and introductory essays by R. Y. Tyrrell and L. C. Purser, 7 Bde. (Dublin, London 1879-1901, ²⁻³1904-1933, ND Hildesheim 1969).
632 Epistulae. Recogn. brevique adnotatione critica instruxit W. S. Watt (Band 2,2: D. R. Shackleton Bailey) Bd. 1-3 (in 4) (Oxford 1958-1982) [Bibliotheca Oxoniensis].
633 Atticus-Briefe. Lat.-dt. hg. von H. Kasten (München 1959, ND 1990) [Tusculum].
634 Epistularum ad familiares libri XVI – An seine Freunde. Lat.-dt. hg. von H. Kasten (München 1964, ⁴1989) [Tusculum].
635 Epistulae ad Quintum fratrem. Epistulae ad Brutum. Fragmenta Epistularum – An Bruder Quintus. An Brutus. Brieffragmente. Lat.-dt. hg. von H. Kasten (München 1965) [Tusculum].
636 Letters to Atticus. Ed. by D. R. Shackleton Bailey, 7 Bde. (Cambridge 1965-1970) [Cambridge Classical Texts and Commentaries 3-9].
637 Epistulae ad familiares. Ed. by D. R. Shackleton Bailey, 2 Bde. (Cambridge 1977) [Cambridge Classical Texts and Commentaries 16-17].
638 Epistulae ad Quintum fratrem et M. Brutum. Ed. by D. R. Shackleton Bailey (Cambridge 1980) [Cambridge Classical Texts and Commentaries 22].
Diese drei Ausgaben [*636-*638] bieten den Text, (teilweise) eine Übersetzung und einen ausführlichen (überwiegend historischen) Kommentar. Innerhalb der drei Sammlungen sind die Briefe streng nach den Absendedaten geordnet (teilweise stark abweichend von der Anordnung in der handschriftlichen Überlieferung); daher eigene ohne Buchzählung durchlaufende Numerierung. In der folgenden Darstellung ist die Zählung nach Shackleton Bailey [Sh.B.] jeweils neben der konventionellen Zählung vermerkt.
639 Epistulae ad Atticum. Ed. D. R. Shackleton Bailey, 2 Bde. (Stuttgart 1987) [Teubner, ohne Bandzählung].
640 Epistulae ad familiares. Ed. D. R. Shackleton Bailey (Stuttgart 1988) [Teubner, ohne Bandzählung].
641 Epistulae ad Quintum fratrem. Epistulae ad M. Brutum. Commentariolum petitionis. Fragmenta epistularum. Ed. D. R. Shackleton Bailey (Stuttgart 1988) [Teubner, ohne Bandzählung].

φ) Timaeus
651 Timaeus. Ed. O. Plasberg (Leipzig 1908).
652 Timaeus. Ed. W. Ax (Leipzig 1938, ND Stuttgart 1987) [Teubner Fasc. 46] (Zus. mit De divinatione und De fato).

653 Timaeus. F. Pini recogn. (Mailand 1965) [Mondadori].
654 Timaeus. Ed. R. Giomini (Leipzig 1975) [Teubner Fasc. 46] (Zus. mit De divinatione und De fato).

χ) Aratea

660 Hugonis Grotii Batavi Syntagma Arateorum (Leiden 1600). – Darin: Arati Solensis Phaenomena ex metaphrasi Hug. Grotii, intertextis Ciceronis reliquiis.
661 Les Aratéa. Texte établi, trad. et comm. par V. Buescu (Bukarest 1941, ND Hildesheim 1966).
662 Aratea. Fragments poétiques. Texte établi et trad. par J. Soubiran (Paris 1972) [Budé].

ψ) Verlorenes

Sammlung sämtlicher Fragmente in der Gesamtausgabe von C. F. W. Müller, Bd. 4.3 (1879) [*102].

Fragmente aller Prosaschriften

671 Fragmenta ex libris philosophicis, ex aliis libris deperditis, ex scriptis incertis Ioanna Garbarino recogn. (Mailand 1984) [Mondadori].

Hortensius

681 M. Ruch: L'Hortensius de Cicéron. Histoire et reconstitution (Paris 1958).
682 Hortensius. Ed., commentario instruxit A. Grilli (Mailand 1962) [Testi e Documenti per lo Studio dell'Antichità 5].
683 Laila Straume-Zimmermann: Ciceros Hortensius (Bern, Frankfurt a.M. 1976). – Rez.: W. Görler, in: Gnomon 52 (1980) 123-130.
684 Iamblichos: Aufruf zur Philosophie. Erste deutsche Gesamtübersetzung. Mit zweisprachiger Ausgabe von Ciceros Hortensius. Von O. Schönberger (Würzburg 1984).
685 Hortensius. Lucullus. Academici libri. Lat.-dt. hg., übers. und komm. von Laila Straume-Zimmermann, O. Gigon und F. Broemser (Zürich, München 1990) [Tusculum]. – Mit knappem Kommentar.

Andere Prosaschriften

691 Consolationis fragmenta C. Vitelli recogn. (Mailand 1979) [Mondadori]. – Dazu: C. Vitelli: Sull'edizione Mondadoriana della Consolatio de Cicerone (o.O. o.J. [Lodi 1977?]).
701 Oeconomicus. Fragmente in der Cicero-Ausgabe von C. F. W. Müller, Bd. 4.3 (1879) [*102] 307ff.
711 Protagoras. Fragmente in der Cicero-Ausgabe von C. F. W. Müller, Bd. 4.3 (1879) [*102] 310ff.
715 M. Tulli Ciceronis de virtutibus libri fragmenta, ed. H. Knöllinger (Leipzig 1908) [Supplementum ciceronianum]. – Versuch der Rückgewinnung aus einer Schrift (La Salade) des Antonius de la Sale (15. Jh.); äusserst unsichere Ergebnisse. Vgl. auch Atzert (Hg.) 1923 [*583].

Fragmente der Dichtungen

721 The poems of Cicero. Ed. with introd. and notes by W. W. Ewbank (London 1933).
722 M. Tullius Ciceronis poetica fragmenta. Rec. A. Traglia. Fasc. 1-2 (Rom 1950-52) [Opuscula. Testi per esercitazioni accademiche].
723 I frammenti poetici. A cura di A. Traglia (Rom 1962) [Mondadori, ediz. divulgativa].
724 M. Tulli Ciceronis poetica fragmenta. A. Traglia recogn. (Mailand 1963) [Mondadori].
725 Aratea. Fragments poétiques. Texte établi et trad. par J. Soubiran (Paris 1972) [Budé].
726 Fragmenta poetarum Latinorum epicorum et lyricorum praeter Ennium et Lucilium post W. Morel ed. K. Büchner (Leipzig 1982). – Cicero: 79-101.

c) Lexika und Indices

731 J. C. Orelli, J. G. Baiter: Onomasticon Tullianum, 3 Bde. (Zürich 1836-1838, ND Hildesheim 1965).
732 H. Merguet: Lexikon zu den philosophischen Schriften Ciceros, 3 Bde. (Jena 1887-1894, ND Hildesheim 1987).
733 K. M. Abbott, W. A. Oldfather, H. V. Canter: Index verborum in Ciceronis Rhetorica necnon incerti auctoris libros ad Herennium (Urbana 1964).
734 Elisabeth Gerbardt, E. Sordina: Onomasticon ciceronianum et fastorum. Post editiones vetustiores correctum et auctum (Padua 1968).

§ 55. Leben

A. Überblick 1008. – B. Bibliographie 1009: 1. Antike Quellen (neben Ciceros eigenen Werken) 1009: a) Plutarchs Cicero-Biographie 1009; b) Cassius Dio 1010; 2. Moderne Darstellungen 1010: a) Umfassende Biographien 1010; b) Zu einzelnen Lebensabschnitten und Ereignissen 1011; c) Allgemeine Charakterisierungen 1011; d) Bildung und geistiges Umfeld 1012; e) Politische Bezüge in den philosophischen (und rhetorischen) Schriften 1012; f) Philosophisches in den Reden und Briefen 1013.

A. ÜBERBLICK

Die überreichen Quellen gestatten es, Ciceros Leben sehr genau nachzuzeichnen, für einzelne Perioden sogar Tag für Tag. Eine solche Darstellung bietet M. GELZER (1939 [*39]). Hier seien nur die wichtigsten Lebensdaten genannt: Marcus Tullius Cicero wurde am 3. Januar 106 v. Chr. auf dem väterlichen Landgut bei Arpinum im Liris-Tal (südliches Latium, 115 km südöstlich von Rom) geboren. Mit etwa 10 Jahren kam er nach Rom, wo sein Vater, der dem Ritterstand angehörte, ihm eine gediegene Bildung zuteil werden liess: Redekunst, Rechtswissenschaft und Philosophie sollten ihn zu Anwaltstätigkeit und Staatsämtern qualifizieren. Schon als Knabe begegnete Cicero dem Epikureer Phaidros (fam. XIII 1 = 63 Sh.B., 2). Als Philon aus Larisa, das Haupt der Akademie, im Jahre 88 v. Chr. aus Athen nach Rom geflohen war (siehe oben § 51, S. 916), schloss sich Cicero eng an ihn an (Brutus 306); von ihm ist er für sein ganzes Leben geprägt worden. Von etwa 85 v. Chr. an studierte er stoische Philosophie, vor allem Dialektik, bei Diodotos, der seine letzten Lebensjahre in Ciceros Haus verbrachte (Brutus 309; Att. II 20 = 40 Sh.B., 6).

Gegen Ende der 80er Jahre nahm Cicero seine Anwaltstätigkeit auf. Da sie seine Gesundheit angriff, vielleicht aber auch, weil sie ihn politisch missliebig machte, trat er im Jahre 79 eine zweijährige Reise nach Griechenland und Kleinasien an. Zunächst hielt er sich ein halbes Jahr lang in Athen auf, wo er Antiochos aus Askalon hörte, der sich von der skeptischen Akademie getrennt hatte und in der von ihm gegründeten 'Alten Akademie' eine Verbindung von Platonismus und Stoizismus vertrat. Auch diese Lehre hat Cicero nachhaltig beeinflusst. Daneben machte er sich in den Vorlesungen von Phaidros und Zenon aus Sidon mit der epikureischen Philosophie vertraut. Einzelne Erinnerungen an seine Studien hat Cicero später dem 'Akademiker' Cotta in ‹De natura deorum› in den Mund gelegt (I 59. 79. 93, III 49). Die Philosophie schlug ihn so sehr in den Bann, dass er erwog, sich ihr ganz zu widmen, falls die Verhältnisse in Rom ihm die politische Laufbahn verschliessen sollten (PLUTARCH Cicero 4, 3). Auf Rhodos besuchte er den Stoiker Poseidonios, dessen Freundschaft er gewann; in Smyrna traf er mit P. Rutilius Rufus zusammen, dem letzten noch lebenden Angehörigen des von ihm später so liebevoll (und mit manchen Ausschmückungen) dargestellten 'Scipionenkreises'.

Nach Rom zurückgekehrt, durchlief er erfolgreich die traditionelle Ämterlaufbahn; zum jeweils frühestmöglichen Zeitpunkt gewählt, war er im Jahre 75 Quästor, 69 Ädil, 66 Prätor, 63 Konsul. Seine Amtsführung, auch die Verwaltung der Provinz Kilikien (51 v. Chr.), fand einhellige Anerkennung. Den Höhepunkt seiner politischen Karriere erreichte er in seinem Konsulat, als er den Umsturzversuch Catilinas energisch niederschlug. Durch die Art seines Vorgehens gegen die Verschwörer schuf er sich jedoch Feinde, die im Jahre 58 seine zeitweilige Verbannung erzwangen (unter der er sehr litt, wie seine Briefe zeigen).

Wahrscheinlich hat Cicero nach dem Tode des Lukrez (55 v. Chr.) dessen Lehrgedicht herausgegeben (HIERONYMUS chron. zum Jahre 95 v. Chr. (?), über die 'Verse des Lukrez': «quos postea Cicero emendavit»; vgl. CICERO ad Q. fr. II 9 = 14 Sh.B., 3; beide Zeugnisse nicht unumstritten). Merkwürdigerweise findet sich in den publizierten Werken Ciceros nicht der geringste Hinweis auf Lukrez, obwohl er sonst oft und gern Dichter zitiert (siehe auch ERLER oben S. 397).

Als die Machtverhältnisse der ausgehenden Republik, zunächst der Triumvirat, danach die Alleinherrschaft Caesars, Cicero keine politische Betätigung, die seinen Vorstellungen entsprach, erlaubten, als darüber hinaus die Trauer über den Tod seiner Tochter Tullia (Februar 45) ihn zu überwältigen drohte, wandte er sich wieder ganz der Theorie zu und begann seine rhetorischen und philosophischen Werke zu schreiben. In der zweiten Hälfte der 50er Jahre und in den Jahren 46-44 verfasste er in schneller Folge Werke zur Redekunst, zur Staats- und Rechtsphilosophie, zur Erkenntnistheorie, Ethik und Theologie.

Nach Caesars Tod setzte Cicero sich leidenschaftlich für die Wiederherstellung der Republik ein; deshalb fiel er den von Caesars Erben beschlossenen Proskriptionen zum Opfer. Am 7. Dezember 43 v. Chr. wurde er in der Nähe seines Landhauses bei Formiae ermordet.   GÜNTER GAWLICK

B. BIBLIOGRAPHIE

1. Antike Quellen (neben Ciceros eigenen Werken): a) Plutarchs Cicero-Biographie: α) Ausgaben und Übersetzungen [*1-*7]; ß) Sekundärliteratur [*11-*18]; b) Cassius Dio: Ausgaben und Übersetzungen [*21-*24]. – 2. Moderne Darstellungen: a) Umfassende Biographien [*31-*64]; b) Zu einzelnen Lebensabschnitten und Ereignissen [*71-*84]; c) Allgemeine Charakterisierungen [*91-*101]; d) Bildung und geistiges Umfeld [*111-*129]; e) Politische Bezüge in den philosophischen (und rhetorischen) Schriften [*141-*159]; f) Philosophisches in den Reden und Briefen [*170-*190].

1. Antike Quellen
(neben Ciceros eigenen Werken)

a) *Plutarchs Cicero-Biographie*

α) Ausgaben und Übersetzungen

1 Plutarchus: Vitae parallelae. Ed. C. Lindskog et K. Ziegler, Bd. I 2 (Leipzig 1914, ³1964) 312-373 [Bibliotheca Teubneriana].

2 Plutarch's Lives. With an Engl. transl. by B. Perrin, Bd. 7 (London, New York 1919) 82-209 [Loeb Classical Library].

3 Plutarch: M. Tullius Cicero. Ein Lebensbild. Ins Deutsche übertr. und mit Anm. versehen von K. Atzert (Limburg 1952).

4 Plutarch: Grosse Griechen und Römer. Eingel. und übers. von K. Ziegler, Bd. 4 (Zürich, Stuttgart 1957) 252-306 [Bibliothek der Alten Welt].

5 Plutarchi Vita Ciceronis. Introd., comm. e trad. a cura di D. Magnino (Florenz 1963) [Biblioteca di Studi Superiori 44].
6 Plutarque: Vies. Tome XII. Texte établi et trad. par R. Flacelière et E. Chambry (Paris 1976) 51-124 [Collection Guillaume Budé].
7 Plutarchus: The life of Cicero. Text with an introd., transl. and comm. by J. L. Moles (Warminster, Wiltshire 1988).

β) Sekundärliteratur

Forschungsbericht

11 Barbara Scardigli: Die Römerbiographien Plutarchs. Ein Forschungsbericht (München 1979). - Zu Cicero: 114-119. 194-196.

Studien

15 H. Peter: Die Quellen Plutarchs in den Biographieen der Römer (Halle 1865, ND Amsterdam 1965). - 'Plutarchs wichtigste Quelle ist Tiro'; dies ist seitdem fast allgemein akzeptiert.
16 A. Gudeman: The sources of Plutarch's life of Cicero (Philadelphia 1902, ND Rom 1971) [Publications of the University of Pennsylvania. Series in Philology and Literature 8.2]. - Plutarchs Quelle nicht Tiros Biographie, sondern ein kaiserzeitliches Werk in lateinischer Sprache.
17 J. Glucker: Cicero's philosophical affiliations, in: Dillon/Long (Hg.) 1988 [§ 1 *368: 34-69, hier 55-57]. - Plutarch benutzte eine späte lateinische Quelle; mit Missverständnissen bei der Übersetzung ist zu rechnen.
18 S. Swain: Plutarch's lives of Cicero, Cato, and Brutus, in: Hermes 118 (1990) 192-203.

b) Cassius Dio: Ausgaben und Übersetzungen

21 Cassius Dio Cocceianus: Römische Geschichte, übers. von L. Tafel, 4 Bde. (Stuttgart 1831-1844).
22 Cassius Dio Cocceianus: Historiarum Romanorum quae supersunt ed. U. P. Boissevain, Bd. 1-5 (Berlin 1895-1931, ND Berlin 1955-1969).
23 Dio's Roman History with an Engl. transl. by E. Cary, Bd. 1-9 (London, Cambridge, Mass. 1914-1927, ND London 1961-1968) [Loeb Classical Library].
24 Cassius Dio: Römische Geschichte. Übers. von O. Veh, eingel. von G. Wirth, 5 Bde. (Zürich, München 1985-1987) [Bibliothek der Alten Welt].

2. Moderne Darstellungen

a) Umfassende Biographien

31 E. G. Sihler: Cicero of Arpinum. A political and literary biography (New Haven 1914, ²1933, ND New York 1969).
32 T. Petersson: Cicero. A biography (Berkeley 1920, ND New York 1963).
33 E. Ciaceri: Cicerone e i suoi tempi, 2 Bde. (Mailand 1926-1930, Genua ²1939-1941, ND 1964).
34 T. Frank: Cicero (London 1932) [Proceedings of the British Academy 18].
35 L. Laurand: Cicéron (Paris 1933, ²1939).
36 M. Maffii: Cicerone e il suo dramma politico (Mailand 1933, ²1957). Dt.: Cicero und seine Zeit (Zürich, Leipzig 1943).
37 G. C. Richards: Cicero. A study. The fall of a republic (New York 1935, ND Westport, Conn. 1970).
38 K. Sprey: Marcus Tullius Cicero. Een biographie (Amsterdam 1938).
39 Art. 'M. Tullius Cicero', in: RE II, 13 (1939) 827-1274. - Darin: M. Gelzer: Cicero als Politiker (827-1091); W. Kroll: Die rhetorischen Schriften (1091-1103); R. Philippson: Die philosophischen Schriften (1104-1192); K. Büchner: Briefe. Fragmente (1192-1274).
43 C. Höeg: Introduktion til Cicero. Kunstneren, statsmanden, mennesket (Kopenhagen 1942).
44 R. N. Wilkin: Eternal lawyer. A legal biography of Cicero (New York, London 1947).
45 J. Guillén: Cicerón. Su época, su vida y su obra (Madrid 1950) [Estudios Clásicos Portuenses].
46 O. Seel: Cicero. Wort, Staat, Welt (Stuttgart 1953, ²1961, ³1967).
47 K. Kumaniecki: Cyceron i jego wspólczesni (Warschau 1959). Ital.: Cicerone e la crisi della repubblica Romana (Rom 1972) [Collana di Studi ciceroniani 5].
48 C. Nicolet, A. Michel: Cicéron (Paris 1961) [Collection Ecrivains de toujours 52].
49 H. H. Scullard: The political career of a 'novus homo', in: Dorey (Hg.): Cicero (1964) [§ 54 *35: 1-25].
50 Richard Edwin Smith: Cicero the statesman (Cambridge 1966).
51 M. Gelzer: Cicero. Ein biographischer Versuch (Wiesbaden 1969). - Im wesentlichen identisch mit dem Beitrag «Cicero als Politiker» in RE 1939 [*39: 827-1091].
52 Wolfgang Schmid: Cicero, in: K. Fassmann (Hg.): Die Grossen der Weltgeschichte, Bd. 1

(Zürich 1971) 866-892. ND in: Kytzler (Hg.) 1973 [§ 54 *42: 33-68] und in: Exempla Historica 11 (Frankfurt 1986) 11-42.
53 D. R. Shackleton Bailey: Cicero (London 1971) [Classical Life and Letters].
54 D. Stockton: Cicero. A political biography (London 1971). Ital.: Mailand 1971.
55 S. L. Utčenko: Ciceron i ego vremja (Moskau 1972). Ital.: Cicerone e il suo tempo (Rom 1975). Dt.: Cicero (Berlin 1978).
56 Elizabeth Rawson: Cicero. A portrait (London 1975, ND mit Korr. Bristol 1983).
57 Marion Giebel: Marcus Tullius Cicero, mit Selbstzeugnissen und Bilddokumenten dargestellt (Reinbek 1977) [Rowohlts Biographien 261].
58 T. N. Mitchell: [Bd. 1] Cicero. The ascending years (New Haven, London 1979). [Bd. 2] Cicero. The senior statesman (New Haven, London 1991).
59 J. Guillén: Héroe de la libertad. Vida política de M. Tullio Cicerón, 2 Bde. (Salamanca 1981).
60 P. Grimal: Cicéron (Paris 1984) [Collection Que sais-je?].
61 P. Grimal: Cicéron (Paris 1986). Ital.: Mailand 1987. Dt.: Cicero. Philosoph, Politiker, Rhetor (München 1988).
62 M. Fuhrmann: Cicero und die römische Republik (München, Zürich 1989, ³1991).
63 C. Habicht: Cicero der Politiker (München 1990). Zugleich engl.: Cicero the politician (Baltimore, London 1990).
64 E. Narducci: Introduzione a Cicerone (Rom, Bari 1992) [Gli scrittori 36].

b) Zu einzelnen Lebensabschnitten und Ereignissen

71 L. Gueuning: L'initiation de Cicéron aux Mystères d'Eleusis. Paginae bibliographicae (Brüssel 1927).
72 A. E. Raubitschek: Phaidros and his Roman pupils, in: Hesperia 18 (1949) 96-103.
73 M. van den Bruwaene: Cicero's leerjaar op Rhodos, in: Hermeneus 30 (1958) 65-71.
74 Ioannes (Giovanni) Coppa: De Diodoto Stoico Ciceronis magistro, in: Cicero 1 (1958-1959) Heft 3, 21-29 [§ 54 *61].
75 Helene Homeyer: Die antiken Berichte über den Tod Ciceros und ihre Quellen (Baden-Baden 1964) [Deutsche Beiträge zur Altertumswissenschaft 18].
76 H. Haffter: Ciceros griechische Reise, in:

H. H.: Römische Politik und römische Politiker (Heidelberg 1967) 193-200.
77 Helene Homeyer: Ciceros Tod im Urteil der Nachwelt, in: Das Altertum 17 (1971) 165-174.
78 W. C. McDermott, P. T. Heesen: Cicero and Diodotus, in: The Classical Bulletin 52 (1976) 38-41.
79 Helene Homeyer: Die Quellen zu Ciceros Tod, in: Helikon 17 (1977) 56-96.
80 W. K. Lacey: Cicero and the end of the Roman republic (New York 1978).
81 K. A. Neuhausen: Ciceros Vater, der Augur Scävola und der junge Cicero, in: Wiener Studien N.F. 13 (1979) 76-87.
82 Christopher P. Jones: Plutarch, Lucullus 42, 3-4, in: Hermes 110 (1982) 254-256. – Ciceros persönliches Verhältnis zu Antiochos aus Askalon und zu Philon aus Larisa.
83 P. A. Brunt: Cicero's 'officium' in the Civil War, in: Journal of Roman Studies 76 (1986) 14-17.
84 W. Görler: Cicero zwischen Politik und Philosophie, in: Ciceroniana n.s. 7 (1990) [§ 54 *69: 61-73]. – Zum Studienaufenthalt in Athen und Rhodos 79-77 v. Chr.

c) Allgemeine Charakterisierungen

91 O. Plasberg: Cicero in seinen Werken und Briefen. Aus dem Nachlass hg. von W. Ax (Leipzig 1926, ND Darmstadt 1962) [Das Erbe der Alten, R. 2, 11].
92 F. Klingner: Cicero, in: F. K.: Römische Geisteswelt (Wiesbaden ²1952, München ³1956, ⁴1961, ⁵1965) ²63-119, ³92-141, ⁴110-159, ⁵110-159.
93 K. Büchner: Cicero. Grundzüge seines Wesens, in: Gymnasium 62 (1955) 299-318. ND in: Büchner 1962 [*96: 1-24] und in: Büchner (Hg.) 1971 [§ 54 *40: 417-445].
94 K. Kumaniecki: Cicero, Mensch – Politiker – Schriftsteller, in: Kumaniecki (Hg.) 1960 [§ 54 *31: 9-27]. ND in: Büchner (Hg.) 1971 [§ 54 *40: 348-370].
95 A. Michel: Cicéron et l'humanisme romain, in: Civilisation romaine (Paris 1961) [La table ronde 157] 50-60.
96 K. Büchner: Studien zur römischen Literatur, Bd. 2: Cicero (Wiesbaden 1962).
97 J. Graff: Ciceros Selbstauffassung (Heidelberg 1963). – Mit reicher, vorzüglich gegliederter Stellensammlung.
98 J. P. V. D. Balsdon: Cicero the man, in: Dorey (Hg.) 1964 [§ 54 *35: 171-214].

99 P. Briot: Cicéron. Approches d'une psychanalyse, in: Latomus 28 (1969) 1040-1049.
100 A. Michel: Humanisme et anthropologie chez Cicéron, in: Revue des Etudes latines 62 (1984) 128-142.
101 Lucia Mancini: Recenti studi sulla psicologia di Cicerone, in: Rudiae. Ricerche sul Mondo classico 3 (1991) 123-130. – Ciceros Charakter aus psychoanalytischer Sicht; kurzer Überblick über ähnliche Studien.

d) Bildung und geistiges Umfeld

Vgl. auch Pütz 1925 [§ 56 *82], Raubitschek 1949 [*72], Meyer 1955 [§ 56 *84], van den Bruwaene 1958 [*73], Coppa 1959 [*74], Haffter 1967 [*76], Kuklica 1977-1978 [§ 57 *430], Jones 1982 [*82], Görler 1990 [*84].

111 R. Harder: Die Einbürgerung der Philosophie in Rom (1929) [§ 1 *421].
112 R. S. Conway: Makers of Europe (Cambridge, Mass. 1931). – 20-45: The originality of Cicero.
113 E. K. Rand: The humanism of Cicero, in: Proceedings of the American Philosophical Society 71 (1932) 207-216.
114 (Sister) Mary Alexaidia Trouard: Cicero's attitude towards the Greeks (Chicago 1942). – Diss.
115 P. Boyancé: La connaissance du grec à Rome, in: Revue des Etudes latines 34 (1956) 111-131.
116 M. Ruch: Nationalisme culturel et culture internationale dans la pensée de Cicéron, in: Revue des Etudes latines 36 (1958) 187-204.
117 K. Jax: Ciceros Zugeständnis an die nationale Reaktion gegen den griechischen Kultureinfluss, in: Ciceroniana 1 (1959) 148-157.
118 U. Knoche: Cicero, ein Mittler griechischer Geisteskultur, in: Hermes 87 (1959) 57-74. ND in: G. Maurach (Hg.): Römische Philosophie (Darmstadt 1976) [Wege der Forschung 193] 118-141 und in: U. K.: Ausgewählte Kleine Schriften (Frankfurt a.M. 1986) [Beiträge zur klassischen Philologie 175] 101-118.
119 H. Guite: Cicero's attitude to the Greeks, in: Greece and Rome 9 (1962) 142-159.
120 K. Büchner: Cicero. Bestand und Wandel seiner geistigen Welt (Heidelberg 1964).
121 M. Ruch: Etudes cicéroniennes (Paris [1970]) [Les cours de l'Université de Nancy]. – Exemplar im Institut für Klassische Philologie Saarbrücken. Darin u.a.: Cicéron adversaire des jurisconsultes et des stoïciens? (72-79); La conception des 'artes' chez Cicéron. Synthèse ouverte ou système? (88-94).
122 H. D. Jocelyn: The ruling class of the Roman republic and Greek philosophers, in: Bulletin of the John Rylands Library (1976-1977) 323-366.
123 M. H. Crawford: Greek intellectuals and the Roman aristocracy in the first century B.C., in: P. D. A. Garnsey, C. R. Whittaker (Hg.): Imperialism in the ancient world (Cambridge 1979) 193-207.
124 J. Kaimio: The Romans and the Greek language (Helsinki 1979) [Commentationes humanarum litterarum 64].
125 R. Urban: Die Griechen aus der Sicht des Advokaten, Politikers und Privatmannes Cicero, in: H. Heinen (Hg.): Althistorische Studien, Hermann Bengtson zum 70. Geburtstag (Wiesbaden 1983) [Historia Einzelschriften 40] 157-173.
126 Elizabeth Rawson: Intellectual life in the late Roman republic (London 1985).
127 A. Michel: Cicéron et l'humanisme. L'idéal, la tolérance et la culture, in: Validità perenne dell'umanesimo (Florenz 1986) 209-225.
128 M. Plezia: De viris consularibus philosophantibus, in: Meander 44 (1989) 119-127.
129 A. Grilli: Scuole filosofiche e filosofi a Roma nell'età di Cicerone e Cesare, in: Atti del Congresso 'La repubblica romana da Mario e Silla a Cesare e Cicerone', Mantova 1988 (Mantua 1990) 43-64.

e) Politische Bezüge in den philosophischen (und rhetorischen) Schriften

Vgl. auch Gabba 1979 [§ 56 *1204].

141 R. Heinze: Ciceros ‹Staat› als politische Tendenzschrift, in: Hermes 59 (1924) 73-94. ND in R. H.: Vom Geist des Römertums, hg. von E. Burck (Stuttgart 1938, Darmstadt ³1960) 141-159.
142 A. P. Wagener: Reflections of personal experience in Cicero's ethical doctrine, in: Classical Journal 31 (1936) 359-370.
143 M. Gelzer: Ciceros Brutus als politische Kundgebung, in: Philologus 93 (1938) 128-131. ND in M. G.: Kleine Schriften, Bd. 2 (Wiesbaden 1963) 248-250.
144 S. E. Smethurst: Cicero and Roman imperial policy, in: Transactions and Proceedings of the American Philological Association 84 (1953) 216-226.

145 K. Kumaniecki: Tradition et apport personnel dans l'œuvre de Cicéron, in: Revue des Etudes latines 37 (1959) 171-183.
146 S. J. Adamczyk: Political propaganda in Cicero's essays 47-44 B.C. (New York 1961). – Diss. Fordham University.
147 D. Romano: Motivi politici ed autobiografici nel ‹De officiis› di Cicerone, in: Annali del Liceo Classico G. Garibaldi di Palermo 5-6 (1968-1969) 21-31.
148 K. Bringmann: Untersuchungen zum späten Cicero (Göttingen 1971) [Hypomnemata 29]. – Wechselwirkungen von Philosophie und politischer Tätigkeit.
149 K. Heldmann: Ciceros ‹Laelius› und die Grenzen der Freundschaft. Zur Interdependenz von Literatur und Politik 44/43 v. Chr., in: Hermes 104 (1976) 72-103.
150 T. Gargiulo: Aspetti politici della polemica antiepicurea di Cicerone. Il ‹Laelius de amicitia›, in: Elenchos 1 (1980) 292-332.
151 Gustav Adolf Lehmann: Politische Reformvorschläge in der Krise der späten römischen Republik. Cicero, De legibus III und Sallusts Sendschreiben an Caesar (Meisenheim 1980) [Beiträge zur klassischen Philologie 117].
152 W. Heilmann: Ethische Reflexion und römische Lebenswirklichkeit in Ciceros Schrift De officiis. Ein literatursoziologischer Versuch (Wiesbaden 1982) [Palingenesia 17].
153 K. M. Girardet: Die Ordnung der Welt. Ein Beitrag zur philosophischen und politischen Interpretation von Ciceros Schrift ‹De legibus› (Wiesbaden 1983) [Historia Einzelschriften 42].
154 J. Mandel: State religion and superstition as reflected in Cicero's philosophical works, in: Euphrosyne 12 (1983-84) 79-110.
155 T. N. Mitchell: Cicero on the moral crisis of the late republic, in: Hermathena 136 (1984) 21-41.
156 E. Narducci: Valori aristocratici e mentalità acquisitiva nel pensiero di Cicerone, in: Index 13 (1985) 93-125.
157 P. A. Brunt: Cicero's 'officium' in the Civil War, in: Journal of Roman Studies 76 (1986) 12-32.
158 H. Strasburger: Ciceros philosophisches Spätwerk als Aufruf gegen die Herrschaft Caesars. Hg. von Gisela Strasburger (Hildesheim, Zürich, New York 1990) [Spudasmata 45].
159 T. N. Habinek: Towards a history of friendly advice. The politics of candor in Cicero's ‹De amicitia›, in: Nussbaum (Hg.) 1990 [§ 1 *372: 165-185]. – Vergleich zwischen dem theoretischen Ideal im ‹Laelius› und der Praxis politischer 'Ratschläge' in den Briefen.

f) Philosophisches in den Reden und Briefen

Vgl. auch Classen 1978 [§ 56 *636], Gigante ²1983 [§ 26 * 98], Delattre 1984 [§ 26 *99], Gruber 1988 [§ 57 *676], Havas 1990 [§ 57 *686], Gagliardi 1991 [§ 57 *227]; zu ‹Pro Sestio› 96-143 vgl. auch [§ 57 *751-*776].

170 H. Ranft: Quaestiones philosophicae ad orationes Ciceronis pertinentes (Leipzig 1912). – Diss.
171 P. Niederberger: Die Staatstheorie Ciceros im Spiegel seiner Reden (Einsiedeln 1943). – Schulprogramm.
172 P. Boyancé: Cum dignitate otium, in: Revue des Etudes Anciennes 43 (1941) 172-191. ND in: Boyancé 1970 [§ 54 *39: 114-134]. Dt. in: Klein (Hg.) 1966 [§ 54 *36: 348-374].
173 Edeltraud Lasch: Philosophisches Gedankengut in Ciceros Reden (Wien 1942). – Masch. Diss.
174 J. Carcopino: Les secrets de la correspondance de Cicéron (Paris 1947). Engl.: London 1951, ²1970. – Stark umstritten.
175 R. Ernstberger: Studien zur Selbstdarstellung Ciceros in seinen Briefen (Heidelberg 1956). – Diss.
176 C. C. Coulter: Plato's ‹Crito› and Cicero's ‹In Catilinam› I, in: Classical Bulletin 33 (1956) 1-2.
177 Virginia Guazzoni Foà: I problemi metafisico ed etico nelle epistole ciceroniane, in: Giornale di Metafisica 12 (1957) 223-229.
178 Ursula Heibges: The religious beliefs of Cicero's time as reflected in his speeches (Bryn Mawr 1962). – Diss.
179 W. K. Lacey: Cicero, Pro Sestio 96-143, in: The Classical Quarterly n.s. 12 (1962) 67-71.
180 A. Michel: La philosophie de Cicéron avant 54, in: Revue des Etudes anciennes 67 (1965) 324-341. – Zu den ethischen Reflexionen in den Briefen.
181 Ursula Heibges: Religion and rhetoric in Cicero's speeches, in: Latomus 28 (1969) 833-849.
182 M. Plezia: The first of Cicero's philosophical essays, in: Michel/Verdière (Hg.) 1975 [§ 54 *43: 196-205]. – Über Brief I 1 (= 1 Sh.B.) an den Bruder Quintus (60 v. Chr.): Ethisch fundierte Ratschläge für die Provinzverwaltung.

183 D. M. Tsitsikli: Ὁ Δικαίαρχος στὶς Ἐπιστολῆς τοῦ Κικέρωνα; in: Hellenika 35 (1984) 239-260.
184 M. E. Clark, J. S. Ruebel: Philosophy and rhetoric in Cicero's ‹Pro Milone›, in: Rheinisches Museum für Philologie 128 (1985) 57-72.
185 B. C. Burke: Cicero the champion of 'virtus' (Bryn Mawr 1986). – Diss., vgl. Diss. Abstracts International 47,5 (November 1986) S. 1711 A. Vergleich von philosophischem Anspruch und Tagespolitik.
186 J. Boes: La philosophie et l'action dans la correspondance de Cicéron (Nancy 1990) [Travaux et Mémoires. Etudes anciennes 5].
187 A. Grilli: Riflessi filosofici nelle orazioni di Cicerone, in: G. Reggi (Hg.): Cicerone oratore. Rendiconti del corso di aggiornamento Lugano 1987 (Lugano 1990) 87-102.
188 Claudia Bergemann: Politik und Religion im spätrepublikanischen Rom (Stuttgart 1992) [Palingenesia 38]. – Zur Rede ‹De domo sua›.
189 Miriam Griffin: Philosophical badinage in Cicero's letters to his friends, in: Powell (Hg.) 1994 [§ 54 *48].
190 J. Leonhardt: Zwischen Tusculanum und Forum. Zwei Studien zur Verbindung von Rhetorik, Philosophie und Politik bei Cicero (angekündigt für 1994).

§ 56. Schriften

A. Allgemeines 1015: 1. 'Philosophische Schriften' 1015; 2. Anlässe und Beweggründe für die Abfassung 1016; 3. Beziehung der Schriften untereinander. Plan einer Gesamtdarstellung 1019; 4. Literarische Form. Szenische Gestaltung 1021; 5. Dialektische Methoden. Aufbau der Schriften 1023; 6. Verhältnis zu den 'Quellen' 1026; 7. Verbreitung und Aufnahme der Schriften 1028. – B. Werkbeschreibung 1030: 1. Die erhaltenen Schriften 1030: a) Rhetorici libri (De inventione) 1030; b) De oratore 1031; c) De re publica 1032; d) De legibus 1035; e) Partitiones oratoriae 1036; f) Brutus 1036; g) Paradoxa Stoicorum 1037; h) Orator 1037; i) De optimo genere oratorum 1037; j) Academica 1038; k) De finibus bonorum et malorum 1039; l) Tusculanae disputationes 1041; m) De natura deorum 1043; n) De divinatione 1044; o) De fato 1045; p) Cato maior de senectute 1046; q) Laelius de amicitia 1046; r) Topica 1047; s) De officiis 1047; 2. Verlorenes 1050: a) Hortensius 1050; b) Consolatio 1050; c) Cato 1050; d) Laudatio Porciae 1051; e) De gloria 1051; f) De virtutibus 1051; g) De auguriis 1051; h) De iure civili in artem redigendo 1051; 3. Geplante, aber nicht ausgeführte Schriften 1052: a) Politischer Dialog 1052; b) Naturphilosophischer Dialog 1052; c) Ἡρακλείδειον 1052; 4. Übersetzungen 1052 : a) Oeconomicus 1052; b) Protagoras 1052; c) Timaeus 1053; d) Aratea 1053. – C. Bibliographie 1054: 1. Allgemeines 1054: a) Sprache und Stil (Allgemeines, Metaphorik, philosophische Terminologie) 1054; b) Literarische Form. Szenische Gestaltung. Historische Treue 1055; c) Die philosophischen Schriften als 'Corpus': Streben nach systematischer Darstellung aller Teilgebiete. Pläne und ihre Ausführung 1056; d) Verhältnis zu den 'Quellen' 1056; e) Cicero als Übersetzer. Griechische Fremdwörter und Zitate 1057; f) Publikation und Verbreitung 1058; 2. Zu einzelnen Schriften 1058: a) Rhetorici libri (De inventione) 1058; b) De oratore 1058; c) De re publica 1060; d) De legibus 1067; e) Partitiones oratoriae 1069; f) Brutus 1069; g) Paradoxa Stoicorum 1069; h) Orator 1070; i) De optimo genere oratorum 1070; j) Academica 1070; k) De finibus bonorum et malorum 1071; l) Tusculanae disputationes 1072; m) De natura deorum 1073; n) De divinatione 1076; o) De fato 1077; p) Cato maior de senectute 1078; q) Laelius de amicitia 1079; r) Topica 1079; s) De officiis 1080; 3. Verlorenes 1082: a) Hortensius 1082; b) Consolatio 1083; c) Andere verlorene Prosaschriften 1083; 4. Übersetzungen 1083; 5. Dichtungen 1083.

A. ALLGEMEINES

1. 'Philosophische Schriften'

Nur ein Teil der theoretischen Prosawerke Ciceros sind philosophische Schriften im engeren Sinne. Cicero selbst macht es jedoch deutlich, dass er den Begriff sehr weit gefasst wissen wollte. In der Vorrede zum zweiten Buch der Schrift ‹Über die Weissagung› (div. II 1-4) gibt er zunächst eine annähernd vollständige Liste seiner damals (März 44 v.Chr.) bereits vorliegenden im engeren Sinne philosophischen Werke. Diese Aufzählung wird dann in mehreren Schritten erweitert: Die Schrift ‹Über den Staat› (De re publica) müsse man «dazurechnen» (adnumerare), denn dabei handele es sich um ein wichtiges Teilgebiet der Philosophie, das auch von Platon, Aristoteles und allen übrigen Peripatetikern behandelt worden sei. Danach bezieht er «wegen der heilsamen Wirkung» die ‹Trostschrift› (Consolatio) ein, die er nach dem Tode seiner Tochter an sich selbst gerichtet hatte; ferner ohne nähere Begründung die Schrift ‹Über das Alter› (Cato maior de senectute). Und da vor allem die Philosophie einen Mann «gut und tapfer» mache, sei auch die (verlorene)

Lobschrift auf den jüngeren Cato (mit dem Titel ‹Cato›) einzubeziehen; schliesslich: da so bedeutende Männer wie Aristoteles und Theophrast neben der Philosophie auch die Rhetorik behandelt hätten, «gehören auch meine der Redekunst gewidmeten Bücher dazu» (nostri quoque oratorii libri in eundem librorum numerum referendi videntur), nämlich ‹Über den Redner› (De oratore), ‹Brutus› und ‹Der Redner› (Orator). Zu den im weiteren Sinne philosophischen Schriften zählen demnach die staatstheoretischen Abhandlungen, die rhetorischen Schriften, ja mit dem ‹Cato› sogar ein Essay, der primär der Tagespolitik dient. Auch im Vorwort zu ‹De officiis› (I 3), wo er seinem Sohn gegenüber stolz erklärt, seine philosophischen Schriften kämen im Umfang «bereits fast seinen Reden gleich», hat er offenbar eine weite Auslegung im Sinn.

Mit dieser Ausweitung des Begriffes der Philosophie folgt Cicero nicht so sehr griechischen Vorbildern, wie die ein wenig pedantische Berufung auf Platon, Aristoteles und die anderen Peripatetiker vermuten lassen könnte. Sie ist vielmehr Ausdruck einer Überzeugung, die sich Cicero selbst früh gebildet hatte: dass Philosophie, Politik und Rhetorik (sei es im Dienste der Politik oder im Dienste der Rechtspflege) eine unauflösbare Einheit bilden. Dahinter steht offenkundig PLATONS bekannte Forderung, die Philosophen müssten zu Königen, die Könige zu Philosophen werden (Staat 473 d, 7. Brief 326 b). Zu diesem Ideal bekennt sich Cicero bereits in der Jugendschrift ‹De inventione› (I 1-5); gegen 60 v. Chr. sieht er in der Provinzverwaltung seines Bruders dieses Ideal erreicht, für den Staat in seiner Gesamtheit hält er es für «vielleicht erreichbar» (Q. fr. I 1 = 1 Sh.B., 29). Dabei denkt er zweifellos an sich selbst. In den Schriften ‹De oratore› und ‹De re publica› (55-54 v. Chr.) wird das Ideal theoretisch begründet und breit ausgeführt. Mit Stolz verweist Cicero darauf, dass er – anders als Platon und Aristoteles – staatsmännische Erfahrung und philosophische Bildung in der eigenen Person verbinde (rep. I 13).

Es war Cicero Ernst damit. Er hat versucht, durch seine Politik das Wunschbild zu verwirklichen. Auch im privaten Leben war er tief von der Philosophie geprägt. Das zeigen in ergreifender Weise vor allem die Briefstellen, an denen er sich und anderen eingesteht, dass er in schweren Krisen die Gebote der Philosophie nicht erfüllen und keinen inneren Halt an ihr finden konnte (Att. VIII 11 = 161 Sh.B.; XII 46 = 287 Sh.B., 1; fam. IX 17 = 195 Sh.B., 2; V 15 = 252 Sh.B., 3 u.ö.; vgl. Tusc. V 3).

In einem weiteren Sinne dürfen darum alle überlieferten Äusserungen, auch die Reden und die Briefe, als Zeugnisse für Ciceros philosophischen Standpunkt gelten. Die folgende Darstellung beschränkt sich im wesentlichen auf die längeren theoretischen Schriften, schliesst jedoch – Ciceros ausdrücklichem Wunsch entsprechend – auch die staatstheoretischen und rhetorischen Werke ein.

2. Anlässe und Beweggründe für die Abfassung

Ein äusserer Anlass für die Abfassung einer Schrift lässt sich nur selten erkennen oder nachweisen. Die unvollendete Jugendschrift ‹Rhetorici libri› oder ‹De inventione› (Über das Auffinden von Argumenten) kann als schriftstellerische Übung verstanden werden; wahrscheinlich ist sie gegen Ciceros Willen in Umlauf geraten (de or. I 5). – Die grossen Dialoge der mittleren Schaffensperiode, ‹Über den Redner›, ‹Über den Staat› und ‹Über die Gesetze› (55-51 v. Chr.) galten der Forschung lange als rein literarische Werke in der Nachfolge Platons. Neuere Untersuchungen (SCHMIDT 1969 [*49], LEHMANN 1980 [*641], GIRARDET 1983 [*645], RUDD/WIEDEMANN (Hg.) 1987 [§ 54 *231: 8]) haben jedoch gezeigt, dass die staatstheoretischen Schriften auch konkret gemeinte politische Reformvorschläge enthalten. – Ausschliesslich durch ein äusseres Ereignis veranlasst war die Lobschrift auf den jüngeren Cato (‹Cato›, 45 v. Chr.), der im Jahre zuvor Selbstmord begangen hatte, nachdem er bei Utica von Caesar besiegt worden war. – Eine Zwischenstellung zwischen philosophischer Abhandlung und unverhüllter Stellungnahme zur Tagespolitik hätten die 45 und 44 v. Chr. geplanten, aber nicht ausgeführten Schriften eingenommen: σύλλογος πολιτικός «nach Art des Dikaiarch» und Ἡρακλείδειον (vgl. dazu unten). – Hermann STRASBURGER hat in einer eindringlichen Untersuchung (1990 [§ 55 *158]) nachgewiesen, dass das philosophische Spätwerk, obwohl aus ganz anderen Motiven entstanden, von einem Netz politischer Anspielungen durchzogen ist, das sich zu einem Aufruf gegen Caesars Gewaltherrschaft verdichtet. – Die letzte Schrift (De officiis) ist, wenigstens der Fiktion nach, durch den Studienaufenthalt von Ciceros Sohn in Athen (44 v. Chr.) veranlasst; auch in der äusseren Form (kein Dialog, direkter 'Lehrbrief' an den Sohn) hebt es sich von den anderen Werken der späten Periode ab.

Cicero betont mehrfach, bis zur Machtergreifung Caesars habe er sich nur nebenher seinen geistigen Interessen und philosophischen Studien widmen können. Schon im Gedicht ‹Über mein Konsulat› (De consulato meo, 60 v. Chr.) lässt er sich von der Muse Urania versichern (frg. 11 TRAGLIA [§ 54 *724] = frg. 6 MOREL/BÜCHNER [§ 54 *726], v. 78): «Was dir der Dienst am Vaterland an freier Zeit lässt, das hast du stets diesen (den philosophischen) Neigungen und uns (den Musen) gewidmet.» Im Vorgespräch von ‹De legibus› (I 9) erklärt Cicero, er habe seine Schriften (gemeint sind: De oratore, De re publica und De legibus) in den wenigen freien Stunden verfasst, die ihm der Dienst am Staat gelassen habe («tempora subsiciva», wörtlich: 'Schnittreste', Abfallzeiten); ähnlich de or. I 2 «so sehr ich es wünschte, fand ich keine Musse für geistige Arbeit», (im Rückblick) Acad. I 11, «ich trug die Philosophie nur im Inneren mit mir herum, und wenn sich eine Gelegenheit bot, frischte ich meine Kenntnisse durch Lektüre auf»; Luc. 6 (über die Zeit der politischen Aktivität) «cum fungi muneribus debeamus ..., ne litteram quidem ullam fecimus nisi forensem», «als ich politische Pflichten wahrzunehmen hatte, habe ich keine Zeile geschrieben, die nicht im Dienste meines öffentlichen Wirkens stand». Während des Ersten Triumvirats wurde die Belastung durch politische 'Pflichten' weniger drückend; aber Cicero fühlte sich weiterhin verantwortlich für das Schicksal des Staates, und es ist nicht selbstverständlich, dass er die Zeit für drei umfangreiche Schriften gefunden hat.

Unter Caesars Diktatur war Cicero jede politische Tätigkeit verwehrt; nun litt er unter der ihm aufgezwungenen Musse. In den Vorreden dieser Zeit erscheint mehrmals eine merkwürdige und missverständliche Begründung für seine schriftstellerische Tätigkeit: Acad. I 11 «... nihil aliud video, quod agere possumus», «... ich sehe nichts anderes, womit ich mich beschäftigen könnte»; Tusc. II 1 «necesse mihi quidem esse arbitror philosophari; nam quid possum, praesertim nihil agens, agere melius?», «ich kann nicht anders als Philosophie treiben, denn was könnte ich, der ich sonst nichts zu tun habe, Besseres tun?»; div. II 6 «nec nihil agere poteram nec quid potius, quod quidem me dignum esset, agerem reperiebam», «ich wollte meine Zeit nicht mit Nichtstun verbringen, und mir fiel sonst nichts Standesgemässes oder für mich Passendes ein»; Luc. 6 (als Begründung für die philosophischen Schriften) «qui nosmet ipsos hebescere et languere nolumus», «da ich nicht in Stumpfsinn und Untätigkeit vor mich hin leben wollte»; vgl. ferner off. II 3f., III 1f. Unfreundliche Interpreten haben das wörtlich genommen: nur aus Langeweile habe Cicero zur Feder gegriffen, die Philosophie sei ihm eine Ersatzbeschäftigung gewesen für politische Tätigkeit, die er jederzeit bevorzugt hätte. Dabei ist übersehen, dass Cicero schon während seiner aktiven Zeit als Schriftsteller hervorgetreten war. Die zitierten Äusserungen sind geprägt von Bitterkeit und Ironie; aus ihnen spricht tiefe Resignation über den Untergang der Republik.

Ein anderes Motiv dagegen, das Cicero von ‹De legibus› an, vor allem aber in den späten Werken fast regelmässig nennt, darf wörtlich genommen werden: Er möchte mit den philosophischen Schriften seinen Mitbürgern einen Dienst erweisen. Gern betont er dabei die Analogie zu den unter glücklicheren Umständen für den Staat erbrachten politischen Leistungen: Luc. 6 «quod si, cum fungi munere debebamus, non modo operam nostram numquam a populari coetu removimus ..., quis reprehendet otium nostrum, qui in eo ... ut plurimis prosimus enitimur?», «da ich, als ich Ämter und politische Pflichten ausübte, meine Tatkraft niemals der Öffentlichkeit vorenthalten habe, wer wollte es da tadeln, dass ich nun auch in einem ruhigeren Lebensabschnitt möglichst vielen von Nutzen sein will?»; Tusc. I 5 «... si occupati profuimus aliquid civibus nostris, prosimus etiam, si possumus otiosi», «... habe ich meinen Mitbürgern in der Zeit der politischen Aktivität genützt, will ich ihnen auch jetzt zu Diensten stehen, da ich zur Musse gezwungen bin» (vgl. Acad. I 11; fin. I 10; div. II 1, Philippica II 20); allgemeiner formuliert: div. II 4 «quod ... munus rei publicae adferre maius meliusve possumus quam si docemus atque erudimus iuventutem?», «welch grösseren Dienst könnte ich dem Staat leisten, als die Jugend zu erziehen und zu belehren?»; ferner leg. I 5 ‘die Abfassung eines Geschichtswerkes ist vaterländische Pflicht’, fin. I 7 ‘gute Übersetzungen als Dienst an den Mitbürgern’, u.ö. Gelegentlich mischt sich ein nationalistischer Unterton ein: nat. deor. I 7 ‘es liegt im Interesse des Staates, den Römern die Philosophie nahezubringen; denn so wichtige Themen sollten auch in lateinischer Sprache zugänglich sein’; Tusc. I 5 ‘es ist hohe Zeit, die Philosophie nicht länger den Griechen zu überlassen’; besonders nachdrücklich Tusc. II 5 ‘ich appelliere an alle, die sich dazu in der Lage fühlen, auch auf dem Gebiete der Philosophie die Vorrangstellung den Griechen, die darin nichts Rechtes mehr zuwegebringen, zu entreissen und für uns zu gewinnen’; div. II 5 ‘es ist grossartig und für die Römer ein Anlass zum Stolz, wenn sie in der Philosophie nicht auf griechische Bücher angewiesen bleiben’; Tusc. I 1 ‘die Philosophie kann nur gewinnen, wenn die Römer sie von den Griechen übernehmen’; ferner Acad. I 12 (über Brutus' philosophische Schriften), Att. XIII 13 = 321 Sh.B., 1 (über die Academica), off. II 5 u.ö.

Gewiss haben die genannten Motive auch eine apologetische Funktion: Cicero musste sich gegen kritische Einwände zur Wehr setzen: Es zieme sich nicht für einen römischen Konsular, seine Zeit auf die Abfassung längerer Werke zu verwenden; Philosophie sei unnütz, ja sogar schädlich; wenn man schon Philosophie treiben wolle, solle man zu griechischen Werken greifen, die in grosser Zahl zur Verfügung stünden. Aber Cicero hätte sich auch ohne solchen Tadel im gleichen Sinne geäussert: er ist wirklich fest davon überzeugt, dass seine Schriften den Römern 'nützen' und Ruhm bringen werden.

Nun wird allerdings kein ernsthafter Leser von Ciceros Schriften glauben, dass diese ihre Entstehung ausschliesslich dem Vorsatz verdanken, die Mitbürger zu belehren und den Ruhm der römischen Literatur zu mehren. Die philosophischen Werke sind nicht nur rational konzipierte, didaktischen Überlegungen folgende Lehrbücher: fast jede Seite verrät inneres Engagement. Gelegentlich sagt Cicero ausdrücklich, dass persönliche Motive, meist eine innere Unruhe, ihn zum Schreiben gedrängt haben: Att. XII 14 = 251 Sh.B., 3 (über die ‹Consolatio›) «ich habe es unternommen, mich selbst durch ein Buch zu trösten» (vgl. Tusc. I 83; div. II 3); Acad. I 11 «ich suche Trost in der Philosophie» (nach dem Tod der Tochter und der Verdrängung aus der Politik); nat. deor. I 9 «mein Kummer hat mich gedrängt, philosophische Werke zu schreiben»; off. II 4 «die Beschäftigung mit der Philosophie hielt ich für den edelsten Weg, meinen Verdruss zu überwinden»; fam. XII 23 = 347 Sh.B., 4 (44 v. Chr.) «ich bin der Philosophie dankbar, dass sie mich nicht nur meinen Kummer vergessen lässt, sondern auch gegen alle Schicksalsschläge wappnet». Dieser individuell-ethische Aspekt hat seinen stärksten Ausdruck gefunden im ergreifenden 'Gebetshymnus an die Philosophie' (Tusc. V 5f., ausführliche Interpretation von HOMMEL 1968 [*859]).

Aber nicht nur der Wunsch, in der Philosophie Trost und Stärkung zu finden, hat Cicero bei der Abfassung seiner Schriften geleitet. Sein vornehmstes Motiv ist ein unstillbarer Erkenntnisdrang, die 'Liebe zur Weisheit': φιλοσοφία im eigentlichen Sinne.

3. Beziehung der Schriften untereinander. Plan einer Gesamtdarstellung

Im Zusammenhang mit Ciceros Wunsch, seinen Mitbürgern durch Belehrung zu 'nützen', stellt sich die Frage, ob den philosophischen Schriften von Anfang oder von einem bestimmten Zeitpunkt an ein konkreter Plan zugrunde liegt (Einzelheiten bei STEINMETZ 1990 [*78]).

Die grossen Werke der mittleren Periode sind deutlich aufeinander bezogen, teils sogar miteinander verbunden: In ‹De oratore› entwirft Cicero ein Bild des ideal gebildeten Politikers; es wird ergänzt durch die Abhandlungen über die ideale Verfassung (De re publica) und über die idealen Gesetze (De legibus). Die letztgenannte Schrift wird von Cicero unter Berufung auf Platon im Dialog selbst als Fortsetzung von ‹De re publica› bezeichnet (sachlich nicht ganz zutreffend; siehe unten S. 1035).

Ein eigentlicher Plan für die Darstellung der gesamten Philosophie wird erst im Jahre 46 v. Chr. sichtbar (Orator 148): Mit umfangreicheren und bedeutenderen

Themen als denen der vorliegenden rhetorischen Abhandlung sei er beschäftigt, sagt Cicero; «wenn dieses Vorhaben abgeschlossen ist, wird meine häusliche literarische Tätigkeit ein würdiges Gegenstück zu meinem öffentlichen Wirken sein». Damit können nur die damals erst geplanten philosophischen Schriften gemeint sein. Es ist bemerkenswert, dass Cicero sie schon im voraus so hoch über seine rhetorischen Studien stellt. – In ‹De natura deorum› I 9 (Anfang März 44) wird deutlicher, dass eine umfassende systematische Darstellung geplant ist: Cicero will nicht nur (philosophische) «Bücher lesen, sondern die gesamte Philosophie gründlich behandeln (totam philosophiam pertractare). Deren Hauptteile und Einzelgebiete aber lassen sich dann am leichtesten verstehen, wenn die Probleme in ihrer Gesamtheit schriftlich dargelegt werden; es besteht nämlich ein erstaunlich enger Zusammenhang zwischen den Problemen untereinander: ein jedes erweist sich als von einem anderen abhängig und alle als miteinander verbunden und verkettet.» – Offenkundig im Dienste der geplanten Gesamtdarstellung steht eine eigentümliche Vorarbeit. Cicero hatte im voraus eine Sammlung von Vorreden allgemeinen Inhalts (‹volumen prooemiorum›) verfasst, die er den einzelnen Werken nach und nach voranstellte; das ergibt sich aus einem Brief an Atticus (XVI 6 = 414 Sh.B., Juli 44), in dem er gesteht, dass er versehentlich das gleiche 'prooemium' zweimal benutzt hat. Welche der erhaltenen Vorreden diesem Band entnommen sind, bleibt ungewiss.

In der kurz nach ‹De natura deorum› erschienenen Schrift ‹De divinatione› wird der Plan einer Gesamtdarstellung nochmals erwähnt, jetzt auch mit Angabe der zugehörigen Schriften (div. II 1-3): Der Vorsatz, den Römern eine Einführung in die Philosophie zu geben (optimarum artium vias tradere), sei durch mehrere Werke bereits teilweise verwirklicht. Zunächst nennt Cicero den ‹Hortensius› als 'Mahnung zur Philosophie', dann die ‹Academica› als Begründung des eigenen Standpunkts; dort sei dargelegt, «welche philosophische Richtung mir am wenigsten selbstgerecht, dagegen am meisten in sich stimmig und am feinsinnigsten scheint» (minime adrogans maximeque et constans et elegans). Es folgen die fünf Bücher ‹De finibus bonorum et malorum›, «da die Kenntnis des höchsten Gutes und des schlimmsten Übels die Grundlage (fundamentum) allen Philosophierens bildet»; die ‹Tusculanen› schliessen sich an, in deren fünf Büchern «die für eine glückliche Lebensführung wichtigsten Lehrsätze» (res ad beate vivendum maxime necessariae) enthalten seien, was durch kurze Inhaltsangaben der einzelnen Bücher näher erläutert wird. Als letzte Werke nennt Cicero ‹De natura deorum›, «eine vollständige Behandlung des ganzen Problemkreises», ‹De divinatione› (also die vorliegende Schrift), um darin die Theologie «ganz und gar, fast übergründlich zum Abschluss zu bringen» (ut plane esset cumulateque perfecta), und kündet als Vorhaben ‹De fato› an: nach dessen Vollendung werde «dieser ganze Bereich (tota haec quaestio) mehr als zur Genüge (abunde) behandelt sein».

Es sind also zunächst einführende (Hortensius) und grundlegende Werke (Academica) genannt; diese Gruppe bildete vor der Umarbeitung der ‹Academica› mit den Dialogen ‹Hortensius›, ‹Catulus› und ‹Lucullus› eine Art Trilogie. Es folgen die grossen ethischen Schriften. An dritter Stelle stehen die Schriften zur 'Physik' im antiken Sinne, d.i. unter Einschluss der Theologie.

Dass diese (in groben Zügen) systematische Anordnung der chronologischen Folge genau entspricht, deutet auf einen im voraus konzipierten Plan. In die gleiche Richtung weist es, dass Cicero zwei philosophische Schriften, die bei einer rein chronologischen Aufzählung hätten genannt werden müssen, in seine Liste nicht aufgenommen hat: die ‹Consolatio›, verfasst, als der ‹Hortensius› bereits in Arbeit war (vgl. PHILIPPSON 1939 [§ 57 *5: 1126]), und den ‹Cato maior›, verfasst zwischen den ‹Tusculanen› und ‹De divinatione›. Diese beiden Werke rechnet er zwar zu seinen philosophischen Schriften (siehe oben S. 1015), sie gehören aber offenbar nicht zum hier referierten Gesamtplan. Nach der Aufzählung der übrigen (in einem weiteren Sinne) philosophischen Werke deutet Cicero vage zusätzliche Schriften an, «damit nun wirklich alle philosophischen Themen auch in lateinischer Sprache zugänglich sind» (div. II 4). An welche Gegenstände er dabei denkt, muss offenbleiben.

Innerhalb des verwirklichten Gesamtplanes sind von den drei philosophischen Hauptgebieten nur der Ethik und der Physik längere Schriften gewidmet. Immerhin ist ein Teilgebiet der Dialektik, die Erkenntnistheorie, wichtigster Gegenstand der von Cicero zu den grundlegenden Werken gezählten ‹Academica›. Eine darüber hinausgehende Behandlung dialektischer Fragen plante Cicero zunächst jedenfalls nicht: am Schluss des ‹Lucullus› (147) kündigt er Dialoge zur Physik und zur Ethik an (die er dann ja auch geliefert hat), die Dialektik dagegen wird mit einer gewissen Erleichterung als erledigt beiseite geschoben: «Wir wollen in Zukunft lieber über schwierige Fragen der Naturerkenntnis und über ethische Kontroversen reden, aber nicht mehr über die Mängel unseres Wahrnehmungsvermögens, über Trugschlüsse und andere Fallstricke der Stoiker» (anders STEINMETZ 1990 [*78: 147 mit Anm. 16]). – Erst in den ‹Topica›, die sich durch die nicht-dialogische Form von den Schriften des 'Gesamtplanes' unterscheiden, ist Cicero dann doch noch einmal zu einem dialektischen Teilgebiet zurückgekehrt; dort bekundet er in der Vorrede (6) seine Absicht, «falls er die Zeit dazu finde», nach der Technik des 'Auffindens' der Argumente (Topik) auch die Beurteilung der Argumente (Dialektik im engeren Sinne) zu behandeln. Er hat diese Absicht nicht mehr verwirklichen können. – Ciceros letzte Schriften, ‹Laelius› und ‹De officiis›, waren offenbar nie Teil eines grösseren Planes, aber sie ergänzen das Gesamtwerk.

Im wesentlichen hat Cicero sein weitgestecktes Ziel, den Römern alle Bereiche der Philosophie nahezubringen, verwirklicht. Nur zwei Teilgebiete, die seinem Wesen besonders fernstanden, hat er nicht oder nur beiläufig behandelt: physikalisch-ontologische Grundfragen und die eigentliche Dialektik.

4. Literarische Form. Szenische Gestaltung

Ciceros Schriften sind zum grössten Teil Dialoge. Bereits in ‹De oratore› (November 55) macht er deutlich, dass er mit der Wahl dieser Form dem Vorbild Platons folgt (ZOLL 1962 [*45], GÖRLER 1988 [*59]). Im einzelnen gibt es mehrere Varianten, für die sich Cicero gelegentlich auch auf andere Muster beruft: Die Gespräche von ‹De oratore›, ‹De re publica›, ‹Cato maior›, ‹Laelius› und die des geplanten ‹Herakleideion› sind in die Vergangenheit verlegt. In zwei Briefen (Q. fr. III 5 = 25 Sh.B., 1; 54 v.Chr.; Att. XIII 19 = 326 Sh.B., 14; 45 v.Chr.) erläutert Cicero, dass er diese Technik vom Platonschüler und späteren Peripatetiker Herakleides aus Pontos übernommen hat. – Grösser ist die Zahl der Dialoge, in denen Cicero selbst am Gespräch beteiligt ist. Dafür beruft er sich auf die (uns verlorenen) Dialoge des Aristoteles, «in denen die anderen zwar auch redend auftreten, aber doch so, dass er selbst die führende Rolle (principatus) hat» (Att. XIII 19 = 326 Sh.B., 4; vgl. Q. fr. III 5 = 25 Sh.B., 1). Von Aristoteles übernahm er ferner die Gepflogenheit, (fast) jedes 'Buch' mit einem eigenen Prooemium einzuleiten, also innerhalb der gleichen Schrift mehrere Vorreden zu bieten (Att. IV 16 = 89 Sh.B., 2). Auch darin folgt Cicero Aristoteles, dass er anstelle eines lebhaften Wechselgespräches, wie es bei Platon überwiegt, meist in sich geschlossene Reden und Gegenreden bietet (de or. II 11 über die dialogischen und die in sich geschlossenen Teile: 'sermo' oder 'disputatio', ähnlich fam. I 9 = 20 Sh.B., 23 'dialogus' oder 'disputatio'; fat. 1 über die geschlossenen Reden 'perpetua oratio'). Der Anteil Ciceros am Gespräch variiert stark: In ‹De natura deorum› ist er auf die Rolle eines blossen Zuhörers beschränkt (der allerdings am Schluss für sich selbst ein wichtiges Urteil fällt), in den ‹Tusculanen› dagegen ist Cicero der schlechthin dominierende Lehrer, dessen Gesprächspartner ganz farblos bleibt. Als geistig überlegener Leiter längerer Streitgespräche erscheint er vor allem in ‹De legibus›, den ‹Academica›, ‹De finibus› und ‹De divinatione›.

‹De oratore›, ‹De re publica›, ‹De legibus›, die ‹Academica› in beiden Fassungen, ‹De finibus› V und ‹De natura deorum› haben eine liebevolle szenische Einkleidung; auch in anderen Dialogen ist darauf einige Sorgfalt verwandt. Die Gespräche finden überwiegend in der gepflegten Atmosphäre römischer Landsitze statt; fiktiver Zeitpunkt sind oft Festtage oder besondere Anlässe. ‹De oratore›, ‹De re publica› und ‹Cato maior› spielen unmittelbar vor dem Tode des Hauptsprechers; über diesen Dialogen liegt eine zarte Abschiedsstimmung.

Selbstverständlich sind alle Gespräche frei erfunden. Trotzdem versucht Cicero, einer platonischen Konvention folgend, gelegentlich durch genaue 'Quellenangaben' seiner Fiktion den Anschein historischer Authentizität zu geben. So nennt er als Gewährsmann für die in ‹De re publica› wiedergegebenen Gespräche P. Rutilius Rufus, einen der letzten Überlebenden des 'Scipionenkreises', den er «als ganz junger Mann» bei einem Besuch in Smyrna noch kennengelernt hatte (rep. I 13. 17); die Erörterungen ‹Über den Redner› will er von C. Aurelius Cotta, einem der Teilnehmer, erfahren haben (de or. I 23. 26. 29, III 16). Diese Schriften sind also 'doppelt referiert' (ähnlich der ‹Laelius›). Auch das ist eine platonische Tradition. Für den antiken Leser war das als ein Spiel mit literarischen Formen leicht durchschaubar. Immerhin ist das von Cicero entworfene (weitgehend fiktive) Bild des 'Scipionenkreises' so überzeugend geraten, dass es in viele moderne Darstellungen der römischen Geistesgeschichte als historische Tatsache eingegangen ist (siehe jedoch STRASBURGER 1966 [*47], ZETZEL 1972 [*50]). – Cicero war sich dessen bewusst, dass die schwierigen theoretischen Erörterungen, die er bedeutenden Vertretern der römischen Nobilität in den Mund legte, oft mit deren tatsächlichem Bildungsstand unvereinbar waren. Gegenüber Atticus spricht er offen über Lucullus' 'Unerfahrenheit in diesen Dingen' (Att. XIII 16 = 323 Sh.B., 1); ähnlich (Att. XIII 19 = 326 Sh.B., 5): der Stoff der ‹Academica› sei viel zu abstrakt, «als dass Catulus, Lucullus und Hortensius je davon hätten träumen können». Trotzdem hatte er in der Einleitung der nach Lucullus benannten Schrift – mit für die meisten Leser leicht erkennbarer Ironie – versichert, der Titelheld habe «stets geistige Studien, vor allem Philosophie getrieben»; «das wisse er von ihm selbst» (Luc. 4). An Varro schreibt Cicero bei der Übersendung der zweiten Fassung der ‹Academica› (fam. IX 8 = 254 Sh.B., 1): «Du wirst es vielleicht seltsam finden, dass wir da in einem Gespräch dargestellt sind, das nie stattgefunden hat – aber du weisst ja, wie man es in den Dialogen macht.»

Neben den 'referierten' Dialogen, denen durch die häufigen Verba des Sagens, Fragens, Antwortens usw. eine gewisse Schwerfälligkeit anhaftet, gibt es einige 'dramatische' Dialoge mit einfacher Bezeichnung des jeweiligen Sprechers (Tusc. I 8 «quo commodius disputationes nostrae explicentur, sic eas exponam, quasi agatur res, non quasi narretur», ähnlich II 9): ‹De legibus›, ‹Partitiones oratoriae›, ‹Cato maior› (mit vorgeschalteter Einführung in die Gesprächssituation), ‹Tusculanen› und ‹Laelius›. – Keine Dialoge, sondern reine Abhandlungen sind ‹De inventione›, ‹Paradoxa Stoicorum›, ‹Orator›, ‹De optimo genere oratorum›, ‹Topica›, ‹De officiis› (dies eher ein 'Lehrbrief').

5. Dialektische Methoden. Aufbau der Schriften

Cicero bekennt sich grundsätzlich zur akademischen Skepsis und zu ihrer Methode einer indirekten, von Haus aus elenktischen Argumentation. Dabei lassen sich theoretisch zwei Spielarten unterscheiden:
– die Widerlegung einer oder mehrerer vom Unterredner aufgestellter Thesen,
– die Argumentation zunächst für, dann gegen eine These ('disputatio in utramque partem').

Beide Verfahren stehen im Dienste der akademischen Erkenntniskritik; sowohl die direkte Widerlegung von Thesen wie ihre Aufhebung durch eine Gegenthese von gleichem Gewicht können zeigen, dass gesicherte Erkenntnis unmöglich ist. Die Verfahren sind miteinander eng verwandt: Die sukzessive Argumentation für zwei einander ausschliessende Thesen ist zugleich die Widerlegung der jeweiligen Gegenthese; sie lässt sich also verstehen als eine Doppelung des zuvor genannten Verfahrens. Eine dritte Spielart, die Argumentation gegen alle aufgestellten oder überhaupt nur aufstellbaren Thesen, ist nicht wesensverschieden und dient dem gleichen Zweck. Es ist darum nicht überraschend, dass Cicero die einzelnen Versionen nicht immer scheidet; auch bei der Nennung der griechischen Urheber ist er nicht genau: nat. deor. I 11 «die philosophische Methode, gegen alle Thesen zu argumentieren (ratio contra omnia disserendi), zu keiner Frage seine Meinung offen darzulegen, die von Sokrates ausgeht, von Arkesilaos wieder aufgenommen und von Karneades weiter ausgebaut wurde»; de or. III 80 «nach Art des Aristoteles sich über jeden Gegenstand nach beiden Seiten hin äussern (de omnibus rebus in utramque partem dicere), ... nach Art von Arkesilaos und Karneades gegen eine jede aufgestellte These argumentieren (contra omne, quod propositum sit, disserere)»; Acad. I 46 (über Platon) «nichts wird apodiktisch erklärt, zu vielen Fragen das Für und Wider erörtert (nihil adfirmatur et in utramque partem multa disseruntur)»; Tusc. I 8 «die sokratische Methode, gegen die Meinung eines anderen zu argumentieren (contra alterius opinionem disserere)»; vgl. ferner de or. III 167f.; fin. II 2; V 10, div. I 7. Die Nennung von Aristoteles, der nie im skeptischen Sinne Erkenntniskritik betrieben hat, ist wohl dadurch zu erklären, dass im Peripatos die Argumentation 'nach beiden Seiten hin' als Redeübung betrieben wurde (neben den genannten Stellen siehe auch de or. III 107; or. 46; Tusc. II 9). Cicero hat, im Einklang mit seiner Grundüberzeugung von der Einheit von Philosophie, Rhetorik und Politik, hier nicht klar geschieden. Der Einfluss des Antiochos aus Askalon, der den Peripatos stark an die Akademie heranzurücken pflegte, dürfte hinzukommen.

Die genannten (vom Ansatz her elenktischen) Techniken bestimmen den Aufbau vieler Schriften Ciceros. Die grossen Dialoge der späten Zeit, ‹Academica›, ‹De finibus bonorum et malorum›, ‹De natura deorum› und ‹De divinatione› sind eindrucksvolle Beispiele für eine Argumentation 'nach beiden Seiten hin'. Aber Cicero hat der akademischen Dialektik ein persönliches Gepräge gegeben, ja sie grundlegend umakzentuiert. Auch bei ihm dient sie zwar noch dem Nachweis, dass gesicherte Erkenntnis unmöglich ist, vor allem jedoch der Auffindung von 'Wahrscheinlichem'. Aus dem destruktiv-elenktischen Ansatz der Griechen ist bei ihm eine 'konstruktive' Methode der Annäherung an die Wahrheit geworden (ausführlicher dazu unten S. 1097-1099). Es ist kein Zufall, dass der 'skeptische Akademiker' Cicero bei keinem griechischen Vertreter 'seiner' Richtung Vorbilder für seine Werke finden konnte: Dialoge, wie Cicero sie vorgelegt hat, haben ihr Vorbild beim 'Dogmatiker' Aristoteles und bei Platon, der zwar von Arkesilaos und seinen Nachfolgern in gewaltsamer Interpretation als 'Skeptiker' ausgegeben wurde, im antiken Verständnis jedoch ebenfalls eher 'Dogmatiker' war.

Immer wieder betont Cicero, durch die 'disputatio in utramque partem' werde etwas 'Wahrscheinliches' sichtbar: de or. I 158 (Teil eines Bildungsprogramms) «über jedes Thema muss man nach beiden Seiten hin argumentieren und auf diese Weise hervorlocken (eliciendum), was jeweils als wahrscheinlich (probabile) gelten kann»; Luc. 7 «neque nostrae disputationes quicquam aliud agunt, nisi ut in utramque partem dicendo atque audiendo eliciant et tamquam exprimant aliquid quod aut verum sit aut ad id quam proxime accedat», «unsere Erörterungen haben kein anderes Ziel, als durch den Vortrag und durch das Anhören nach beiden Seiten hin etwas hervorzulocken und sprachlich auszudrücken (oder: herauszupressen), was entweder wahr ist oder doch der Wahrheit möglichst nahekommt»; Tusc. I 8 «Sokrates glaubte, dass durch die Widerlegung fremder Meinungen am leichtesten das Wahrscheinlichste (veri simillimum) gefunden werden könne»; Tusc. II 9 «nur durch die akademische Methode, nach beiden Seiten hin zu argumentieren, lässt sich herausfinden, was bei einer jeden Frage als wahrscheinlich (veri simile) gelten kann»; fat. 1 «durch zusammenhängende Reden für und wider eine These kommt es zur Billigung (probare) dessen, das am ehesten Billigung verdient (maxime probabile)», also des Wahrscheinlichen.

Wie oben (§ 47, S. 805f.; § 49, S. 876f.; § 51, S. 928-930) dargelegt, ist Arkesilaos, Karneades und wahrscheinlich auch Philon ein solches Ziel fremd: Sie wollen durch ihre Widerlegungen und durch die Argumentation nach beiden Seiten hin zeigen, dass gleichgewichtige Argumente einander aufheben. Cicero dagegen ist überzeugt, dass eine weitgehende Annäherung an die Wahrheit möglich ist, und darum schält sich bei ihm aus These und Gegenthese in der Regel eine 'Synthese' heraus. In den 'aristotelischen' Dialogen (siehe oben S. 1022) ist er selbst an diesem Prozess beteiligt und hat damit eine doppelte Funktion inne: Einerseits argumentiert er als Dialogfigur mit solcher Entschiedenheit für oder (häufiger) gegen einen bestimmten Standpunkt, dass das Missverständnis entstehen kann, er selbst betrachte seine Darlegungen als objektiv gültig und als jedem Zweifel enthoben (vgl. unten S. 1045 über div. II). Andererseits macht es der Verfasser Cicero deutlich, dass auch diese seine 'eigenen' Plädoyers nur Teil der dialektischen Annäherung an die Wahrheit sind und nicht verabsolutiert werden dürfen. Ausnahmslos werden die in Ciceros Augen schwächeren Thesen als erste vertreten; sie werden dann entweder widerlegt oder von dem am wenigsten Einleuchtenden 'gereinigt'; am Ende steht oft ein Kompromiss. Nicht immer wird er in klare Worte gefasst; die Folgerungen werden oft ausdrücklich dem Hörer oder Leser überlassen: nat. deor. I 10 «Wer aber wissen möchte, was meine eigene Meinung über diesen oder jenen Gegenstand ist, verrät unziemliche Neugier; denn bei solchen Erörterungen soll man sich nicht an eine fremde Autorität, sondern an Verstandesgründe halten»; ähnlich 11 über die 'sokratische' Methode: «nullam rem aperte iudicare»; Tusc. V 11 «ut nostram ipsi sententiam tegeremus»; V 83 «(nos), quorum oratio nihil ipsa iudicat»; Luc. 60 'die Akademiker verbergen ihre eigene Meinung'; vgl. de or. III 67, div. II 150. In anderen Dialogen ist die vermittelnde Synthese ausformuliert: fin. I 6 («iudicium ... nostrum adiungimus»), fin. V 95, nat. deor. III 95, ähnlich Luc. 141. In seltenen Fällen werden Gesprächsteilnehmer geradezu 'bekehrt': de or. III 145, div. II 100; das gleiche gilt vielleicht für Hortensius im gleichnamigen Dialog.

In den ‹Tusculanen› benutzt Cicero eine Fortentwicklung der vor allem für Arkesilaos bezeugten Methode, fremde Thesen zu widerlegen. Zunächst scheint es überraschend, dass auch von diesem seiner Konzeption nach rein elenktisch-destruktiven Verfahren gesagt wird (Tusc. I 8), es sei «besonders geeignet zur Ermittlung des Wahrscheinlichen». Aber das ursprüngliche Verfahren ist gewissermassen pervertiert: Da der Schüler jeweils das Gegenteil von dem was er bewiesen haben möchte, als These aufstellt, handelt es sich nur der Form nach um eine Widerlegung, in der Sache jedoch vielmehr um einen Beweis. Insofern scheinen die ‹Tusculanen› geradezu dogmatisch. Das wird dann durch eine andere Besonderheit wieder aufgehoben: Obwohl Cicero in diesem 'Dialog' allein argumentiert, geht er in allen fünf Büchern nacheinander von zwei einander ausschliessenden Voraussetzungen aus und gelangt jeweils gegen Ende des Buches zu einer Art Kompromiss (siehe auch unten S. 1041f.). Zum dialektischen Charakter der ‹Tusculanen› siehe auch fat. 4 «Academicorum contra propositum disputandi consuetudo»; das nur teilweise überlieferte Werk ‹De fato› hatte offenbar eine ähnliche Struktur.

6. Verhältnis zu den 'Quellen'

Es ist offenkundig und unbestritten, dass Cicero in fast allen philosophischen Schriften griechisches Quellenmaterial benutzt hat. Über Art und Umfang der Benutzung jedoch gehen die Meinungen weit auseinander. Lange Zeit stand die Forschung unter dem Eindruck einer scherzhaften Äusserung Ciceros gegenüber Atticus (Att. XII 52 = 294 Sh.B., 3): Nachdem er die erste Fassung der ‹Academica› erhalten hatte, hatte der Freund Cicero gefragt, «wie er denn solche Werke zuwege bringe». Cicero antwortete: «Das sind doch nur Abschriften (ἀπόγραφα); die machen mir nicht viel Mühe: mein Beitrag ist nur der sprachliche Ausdruck, und da fehlt es bei mir nicht (verba tantum adfero, quibus abundo)». Daraus hat man entnommen, Cicero habe mehr oder weniger wörtlich übersetzt; nur die unzweifelhaft römischen Beispiele wurden als seine eigene Leistung anerkannt. Die Vorstellung vom Übersetzer Cicero verleitete immer wieder zu Versuchen, aus Ciceros Schriften die von ihm benutzten (uns ausnahmslos verlorenen) hellenistischen Schriften zu rekonstruieren. Die Ergebnisse gerieten jedoch bald zueinander immer mehr in Widerspruch; wo das geschah, und wo man Ciceros Gedankenführung spröde fand, suchte man die Schuld dafür beim Römer. Bezeichnend für diese Haltung ist das Urteil von HOYER (1898 [*80: 39]): «... es ist möglich, die wüste Verworrenheit Ciceros mit klarem Blick zu durchschauen. Man muss ihn nur mit Liebe lesen, die er eigentlich nicht verdient. Als Philologe aber sieht man durch den trüben Unverstand des römischen Dilettanten hinein in die Tiefen edler griechischer Geister»; ähnlich URI (1914 [§ 57 *273: 3]): «Überall, wo es uns möglich ist, aus der Darstellung Ciceros einen einheitlich gegliederten organischen Gesamtaufbau nachzuweisen, stammt dieser aus einer einheitlichen griechischen Quelle.» Eine derart naive 'Quellenforschung' fand bald immer weniger Anhänger und geriet in Verruf. Aber noch etwa 1934 schrieb der um Ciceros Philosophica hochverdiente Robert PHILIPPSON: «Es ist ... abwegig, bei ihm selbständige philosophische Gedanken entdecken zu wollen ... Alle philosophischen Gedanken, die er als seine vorträgt, sind entlehnt» (1939 [§ 57 *5: 1181]). Immerhin billigt Philippson Cicero «eigene Ansichten» zu (1180). Erst seit der Mitte des Jahrhunderts hat sich die Erkenntnis durchgesetzt, dass Cicero nicht nur wichtige Zeugnisse über die hellenistischen Systeme überliefert, sondern eigene philosophische Werke verfasst hat.

Dass die genannte Briefstelle nicht wörtlich genommen werden darf, zeigen andere Äusserungen Ciceros, in denen er sein Verhältnis zu den 'Vorlagen' erläutert: Acad. I 10 «Ennius, Pacuvius und Accius, die griechische Dramendichter übersetzt haben – und zwar nicht Wort für Wort, sondern sinngemäss (non verba, sed vim Graecorum expresserunt) –, finden viel Beifall; sollten da nicht Philosophen, die Platon, Aristoteles und Theophrast in gleicher Weise wiedergeben (imitari) wie jene Aischylos, Sophokles und Euripides, auf noch mehr Beifall rechnen dürfen?»; fin. I 4-5 'Wenn die lateinischen Fassungen von Dichtern und ihren Fabeleien Leser finden, wie sollten dann nicht auch Platons Lehren über die rechte Lebensführung in römischer Form willkommen sein?'. An beiden Stellen bedient sich Cicero eines Enthymems a minore ad maius: Die Philosophie steht hoch über der Dichtung; wer ihre Werke ins Lateinische überträgt, erwirbt sich damit höhere Verdienste als die römischen Dramatiker. Kurz darauf (fin. I 7) kündigt Cicero an, dass er bei Gelegenheit «einzelne Stellen» (locos quosdam) aus Platon und Aristoteles übersetzen werde; bisher (also bis Mitte 45 v. Chr.) habe er das freilich noch nie getan. Das heisst: Keine der bislang vorliegenden Schriften ist eine Übersetzung. Was er bisher getan hat, charakterisiert Cicero ganz anders: fin. I 6 'Nicht das Amt eines Übersetzers üben wir aus', sondern «wir machen uns zum Sachwalter der Ansichten derer, die wir schätzen (tuemur ea, quae dicta sunt ab eis, quos probamus, Übersetzung von PATZIG 1979 [*805: 308]), geben unser eigenes kritisches Urteil dazu ab und ordnen das Ganze nach unseren eigenen schriftstellerischen Vorstellungen (nostrum iudicium et nostrum scribendi ordinem adiungimus)». Mit einer 'Übersetzung', auch mit einer noch so freien, hat das nichts gemein. Gleich darauf sagt Cicero noch einmal, seine Arbeiten seien «glänzend geschrieben und nicht aus dem Griechischen übersetzt» (splendide scripta neque conversa de Graecis). Es ist andererseits auch angedeutet, dass Cicero nicht völlig frei komponiert: Ausgangspunkt sind die «Ansichten derer, die er schätzt» (dicta ab eis, quos probamus); zu ihnen wird das Urteil und die Anordnung 'hinzugefügt'.

Nur einmal nennt Cicero eine 'Quelle', die er für ganze Bücher benutzt hat: Das erste und das zweite Buch ‹Über die Pflichten› (De officiis) sind nach Panaitios' Schrift Περὶ τοῦ καθήκοντος gearbeitet. Auf dieses Vorbild beruft er sich dort wiederholt, aber er betont auch, dass er nicht einfach übersetzt: off. I 6 «In dieser Abhandlung halte ich mich an die Stoiker, nicht als Übersetzer, sondern, wie ich es immer tue, bediene ich mich dieser Quellen nur in dem Masse und nur so, wie es mir mein eigenes Urteil und meine eigene freie Entscheidung nahelegen»; off. II 60 «Panaitios, dem ich mich in dieser Schrift weitgehend angeschlossen habe, ohne ihn jedoch zu übersetzen»; off. III 7 «Panaitios, dem ich mit einigen Berichtigungen vorzugsweise gefolgt bin». Cicero hat nach eigener Aussage (off. III 7) die drei Bücher des Panaitios zu zwei Büchern zusammengezogen. Wie frei die Wiedergabe im einzelnen ist, zeigt der Vergleich eines zufällig in wörtlicher Übersetzung erhaltenen Abschnitts aus Panaitios (bei GELLIUS XIII 28 = PANAITIOS frg. 116 VAN STRAATEN) mit der entsprechenden Stelle bei Cicero (off. I 81): Cicero hat ein umfangreiches Gleichnis weggelassen und stark gekürzt.

In drei weiteren Fällen nennt Cicero zwar den Autor, dem er 'folgt', aber nicht den Titel der Schrift seines Gewährsmannes: Aus fin. V 8 und 75 ergibt sich, dass der zentrale Teil von De finibus V auf Antiochos aus Askalon zurückgeht; der gleiche Quellenautor ergibt sich aus Acad. I 14 für Academica I 15-42 (Darstellung der Lehre der 'Alten') sowie aus Luc. 10 für den dogmatischen Teil des ‹Lucullus› (13-53). Hier kann nicht ausgeschlossen werden, dass Cicero jeweils mehrere Schriften nebeneinander, Auszüge, Paraphrasen, Vorlesungsnachschriften oder ähnliches benutzt hat.

Von keinem anderen Werk Ciceros ist der 'Quellenautor' sicher. Es gibt zwar kaum eine 'dogmatische' Partie Ciceros, die nicht irgendwann einmal Panaitios, Poseidonios oder Antiochos aus Askalon zugeschrieben worden ist, kaum eine 'skeptische' Partie, die man nicht mit Kleitomachos oder Philon in Verbindung gebracht hat. Aber beweisbar ist davon nichts.

Auf sicherem Boden steht man dagegen dort, wo Cicero kurze Stellen und isolierte Gedanken griechischer Autoren mit Namensnennung zitiert. Das geschieht oft und zum Teil sehr sorgfältig. Die Vermutung drängt sich auf, dass Cicero dort, wo er keine Quelle nennt, auch keine zitierbare Quelle benutzt hat. Als Vorlagen dürften ihm (mit den oben genannten Ausnahmen) nicht so sehr eigentliche 'Schriften' hellenistischer Autoren gedient haben, sondern ein vielfältiges Arbeitsmaterial, das er sich gelegentlich von anderen eigens anfertigen liess (Att. XVI 11 = 420 Sh.B., 4; 14 = 425 Sh.B., 4): Résumés, doxographische Handbücher, Vorlesungsnotizen und ähnliches (Einzelheiten bei GÖRLER 1989 [§ 57 *258: 253-256]).

Die uns vorliegenden spärlichen Fragmente von Abhandlungen hellenistischer Philosophen lassen den weiten Abstand erkennen zwischen den trocken-abstrakten Abhandlungen der Griechen, aus denen Cicero als 'Quellen' zu schöpfen hatte, und dem urbanen Glanz seiner eigenen Werke. Cicero hat zwei Elemente zusammengeführt: die sprachlich anspruchslosen, eher abstossenden hellenistischen Traktate und die literarische Tradition platonischer und aristotelischer Dialoge; er hat die traditionellen Formen mit neuem Inhalt gefüllt und auf diese Weise das hellenistische Denken in den Rahmen grosser Literatur gestellt. Das konnte nicht geschehen durch blosse Auswahl von geeigneten 'Vorlagen'; auch deshalb nicht, weil die hellenistischen Schriften in der Regel keine Dialoge waren; dort gab es also keine Paare von Argumentation und Gegenargumentation. Cicero selbst musste Rede und Gegenrede entwerfen, im günstigsten Falle aufeinander abstimmen. Dabei sind ihm kleinere Unstimmigkeiten unterlaufen, aber «nicht dass es bisweilen misslang, sondern dass es meist gelang, ist zu verwundern» (PHILIPPSON 1939 [§ 57 *5: 1188]). Über die endgültige Fassung der ‹Academica› schreibt Cicero an Atticus (XIII 13 = 321 Sh.B., 1): «Die Bücher haben jetzt eine Gestalt gewonnen, dass es auf diesem Gebiet selbst bei den Griechen nichts Vergleichbares gibt.» Dieser Stolz ist wahrscheinlich berechtigt.

Auch als Übersetzer im eigentlichen Sinne hat sich Cicero verdient gemacht. Am umfangreichsten waren die (verlorenen) Übersetzungen von Xenophons ‹Oikonomikos› und Platons ‹Protagoras›, ferner die mit einigen Lücken erhaltene Teilübersetzung des platonischen ‹Timaios›. Daneben sind in viele Schriften kürzere übersetzte Passagen aus Platon, griechischen Dichtern u.a. eingefügt. Nicht alle sind in gleichem Masse gelungen, aber sie zeugen durchweg von viel Sorgfalt. – Für die Geschichte der Philosophie von grösserer Bedeutung sind Ciceros Übersetzungen philosophischer Fachausdrücke. Hier lässt sich in vielen Fällen ein tastendes Suchen erkennen; oft werden zwei oder mehr Varianten zur Auswahl gestellt, und erst in einer späteren Schrift trifft Cicero eine Entscheidung. Nicht wenige von Ciceros Übersetzungen haben die philosophische Sprache bis heute geprägt.

7. Verbreitung und Aufnahme der Schriften

Ciceros Schriften waren von Anfang an für eine Veröffentlichung bestimmt. In der Regel wurden alsbald nach Abschluss zahlreiche Kopien hergestellt. Cicero selbst verfügte über mehrere Abschreiber ('librarii'); die eigentliche Publikation jedoch lag in den Händen seines Freundes, des 'Verlegers' T. Pomponius Atticus. Dabei ist nicht an ein rein kommerzielles Verhältnis zu denken. Atticus war für Cicero zunächst und vor allem ein an Faktenwissen überlegener Berater in historischen und literarischen Fragen. Ein Honorar dürfte Cicero nicht erhalten haben. Für Atticus dagegen sind auch geschäftliche Interessen erkennbar; so weiss Cicero, dass er ihm mit dem Rückruf der ersten Fassung der ‹Academica› einen finanziellen Verlust zumutet (Att. XIII 13 = 321 Sh.B., 1). Auch von Cicero nicht autorisierte Versionen gerieten gelegentlich in Umlauf, z.B. der ‹Lucullus›. Die Schrift ‹Über die Gesetze› (De legibus) hat Cicero offenbar nicht als abgeschlossen betrachtet; sie sollte in dem uns vorliegenden Zustand nicht veröffentlicht werden (siehe unten S. 1035).

Cicero stellt mehrfach mit offenbarer Befriedigung fest, er habe sein Ziel, den Römern die Philosophie nahezubringen, erreicht: fin. I 2 'Der Hortensius hat das Interesse für die Philosophie (hominum studia) erregt'; noch stolzer nat. deor. I 8 'Mein Unterfangen habe ich nie bereut, bemerke ich doch deutlich, bei wie vielen Menschen ich die Lust nicht nur zum Lernen, sondern auch zum Schreiben erweckt habe' (fast gleichlautend off. II 2 «libri nostri complures non modo ad legendi sed etiam ad scribendi studium excitaverunt», vgl. auch off. I 2). Aber die Wahrheit sah anders aus. Dass 'viele' Römer es ihm mit dem Schreiben nachtaten, ist zumindest übertrieben. Nur für Brutus (Acad. I 12; QUINTILIAN inst. X 1, 123; ausführlicher oben S. 969f.) und Varro (Acad. I 9, ausführlicher oben S. 971-975) sind philosophische Schriften bezeugt, und bei beiden bleibt es zweifelhaft, ob sie tatsächlich Ciceros Beispiel folgten.

Auch die Zahl der Leser darf man sich nicht hoch vorstellen. Über ‹De re publica› hatte ein Freund an Cicero geschrieben (fam. VIII 1 = 77 Sh.B., 4; 51 v.Chr.): «Deine politische Schrift steht überall im höchsten Ansehen» (tui politici libri omnibus vigent). Eine solche Aussage gibt es über die späteren, im engeren Sinne philosophischen Schriften nicht; mehrfach klingt bei Cicero eine gewisse Enttäuschung an über die geringe Resonanz: Im zweiten Tusculanenprooemium klagt er (Tusc. II 3), dass die Kritik an seiner philosophischen Schriftstellerei nicht verstumme; anders als bei den Reden finde er keine Unterstützung beim breiten Publikum (II 4 adiutore populo ... minime uti posse videmur), die Philosophie aber «begnügt sich mit wenigen kompetenten Lesern und meidet von sich aus bewusst die grosse Menge» (est philosophia paucis contenta iudicibus, multitudinem consulto ipsa fugiens); vgl. auch fin. I 2 über die Aufnahme des ‹Hortensius› durch die 'Urteilsfähigen' (quos ego posse iudicare arbitrarer). Vor allem jugendliche Leser vermisst Cicero (div. II 5): «Ich denke nicht, dass es möglich ist, und ich verlange es auch gar nicht, dass alle jungen Leute sich mit solchen Dingen befassen, aber wären es doch nur einige wenige! Ich für mein Teil freilich sehe auch darin eine Anerkennung meiner Arbeit, dass ältere Leute meine Schriften in ihrer Musse lesen»; von ihnen gebe es mehr, als er gedacht habe, und ihr Leseeifer rege ihn immer mehr zum Weiterschreiben an. Auch die Zeugnisse über Reaktionen einzelner Freunde und kompetenter Leser sind, gemessen an der hohen Zahl erhaltener Briefe, sehr spärlich. Es finden sich einige eher unverbindliche Komplimente; in der Korrespondenz mit Atticus gibt es mehrere Anspielungen, aber Fragen der Quellenbeschaffung und der Publikation überwiegen. Nur ganz selten wird eine philosophische Diskussion mit Zeitgenossen sichtbar. Als Cicero 50 v. Chr. auf der Rückreise aus seiner Provinz Kilikien in Athen Station machte, wohnte er bei Aristos, dem Bruder und Nachfolger des Antiochos aus Askalon (siehe oben S. 968). Mit ihm führte er ein Gespräch über die Unterschiede zwischen der stoischen und der antiocheischen Ethik (Tusc. V 22). Über den gleichen Gegenstand wird er sich mit seinem jüngeren Freund Brutus unterhalten haben; ein literarischer Meinungsaustausch ist bezeugt: Im Prooemium von ‹De finibus› wendet sich Cicero an Brutus, dem «der Hortensius gefallen habe» (fin. I 2), als einen Kenner ethischer Probleme und erwähnt wenig später Brutus' (Cicero gewidmete) Schrift ‹De virtute›. In den nun wieder Brutus gewidmeten ‹Tusculanen› setzt sich Cicero mit der von Brutus vertretenen antiocheischen Ethik auseinander (Tusc. V 1. 12. 30; zur Sache oben S. 955-964. 970).

Der Eindruck überwiegt, dass Cicero gerade in den letzten Jahren, in denen so viele Schriften entstanden sind, nur selten Gelegenheit zu echten philosophischen Gesprächen hatte und dass seine Schriften bei Lebzeiten nur wenige wirklich sachkundige Leser fanden. Die immer mehr in Agonie verfallende Republik bot kein günstiges Klima für geistigen Gedankenaustausch. Man darf vermuten, dass Cicero lieber mit Antiochos diskutiert hätte als mit dessen geistig unbedeutendem Bruder. Aber als er mit eigenem Denken und eigenen Schriften hervortrat, waren die philosophischen Lehrer seiner Jugendzeit schon lange tot. Sie konnten kein Urteil mehr sprechen über die schriftstellerische Leistung (worauf Cicero viel gegeben hätte); sie konnten sich auch zur Sache nicht mehr äussern. Ciceros philosophisches Werk ist weithin ein Dialog mit der Vergangenheit.

Es hätte Cicero befriedigt, dass das Werk, dem bei den lebenden Zeitgenossen die gebührende Beachtung versagt blieb, viele Jahrhunderte später dann doch eine beispiellose und weitreichende Wirksamkeit entfaltete: In der beginnenden Neuzeit stand sein Name für das antike Denken schlechthin. Erst durch Cicero wurden Petrarca und seine geistigen Nachfolger mit Platon bekannt, durch Ciceros Vermittlung wurde das wieder erwachende Abendland für die Antike gewonnen.

WOLDEMAR GÖRLER

B. WERKBESCHREIBUNG

1. Die erhaltenen Schriften

a) Rhetorici libri (De inventione)
Über das Auffinden (von Argumenten)

Der Titel dieses Jugendwerks steht ebensowenig fest wie die genaue Entstehungszeit (vermutlich 2. Hälfte der achtziger Jahre). Die zwei Bücher entwickeln einen der fünf Teile der Rhetorik, nämlich die Lehre von der 'inventio' oder vom Aufspüren der wahren oder wahrscheinlichen Argumente, die eine Sache plausibel machen (I 9);

falls Cicero noch weitere Bücher geplant hatte, so hat er sie nicht ausgeführt. Die Darstellung hat lehrbuchartigen Charakter, doch ist das Bemühen um eine gefällige sprachliche Form unverkennbar (besonders im Vergleich mit dem trockenen Handbuch des sog. 'Auctor ad Herennium', das ungefähr gleichzeitig entstanden ist, dessen Verhältnis zu ‹De inventione› jedoch noch nicht restlos aufgeklärt ist).

Was den Inhalt angeht, so hält Cicero sich im grossen und ganzen an die Schulrhetorik (einer ihrer prominentesten Vertreter, Hermagoras, wird mehrfach zitiert), aber er reklamiert auch Selbständigkeit gegenüber der Tradition (II 8). Bemerkenswert ist der starke philosophische Einschlag des Werks, insbesondere im Prooemium zu Buch I. Die dort skizzierte Kulturentstehungslehre wird von einigen auf Poseidonios, von anderen auf Philon aus Larisa zurückgeführt. Hinter anderen Passagen hat die Forschung Panaitios vermutet (II 166-169). Aristoteles wird mehrfach genannt, anscheinend aber nicht direkt benutzt. Besonderes Gewicht haben die beiden Prooemien. Schon im ersten tritt uns die Auffassung entgegen, dass Philosophie und Rhetorik zu verbinden seien (was Cicero auch später fordert); im Prooemium zu Buch II vergleicht Cicero sein Vorgehen mit dem des Malers Zeuxis, der für sein Bildnis der Helena in Kroton mehrere Jungfrauen als Modell nahm: auch Cicero verfährt eklektisch, da keine einzelne 'ars rhetorica' als vollkommen gelten kann. Später war Cicero mit seiner Leistung in diesem Jugendwerk nicht mehr zufrieden (de or. I 5). In II 10 legt der etwa Zwanzigjährige ein nachhaltiges Bekenntnis zur akademischen Skepsis ab, das zweifellos ernstgemeint ist, aber durch das hohe Pathos ein wenig unreif wirkt.

b) De oratore
Über den (idealen) Redner

Der dem Bruder Quintus gewidmete Dialog über den Redner ist das erste Werk, das Cicero schrieb, als ihm der Erste Triumvirat die gewohnte politische Tätigkeit unmöglich machte und er sich aus dem öffentlichen Leben zurückzog. Das Manuskript ging im November 55 v. Chr. an den Verleger (Att. IV 13 = 87 Sh.B., 2). Der fiktive Zeitpunkt des Gesprächs ist das Jahr 91, Teilnehmer sind die beiden bedeutendsten Redner jener Zeit, L. Licinius Crassus und M. Antonius, sowie einige Nebenfiguren. Die Szenerie lehnt sich an platonische Dialoge, insbesondere an den ‹Phaidros› an.
Buch I thematisiert nach dem Prooemium (1-23) das Verhältnis von Philosophie und Redekunst mit häufigem Bezug auf griechische Diskussionen. Voran ein emphatisches Lob der Redekunst: Sie hat das eigentlich Menschliche im Menschen zum Gegenstand und stiftet so die menschliche Gemeinschaft; sie erlaubt es, in dem Punkt, in dem die Menschen die Tiere übertreffen, die Menschen selbst zu übertreffen (30-34, vgl. III 53, wo der grosse Redner «sozusagen ein Gott unter den Menschen» genannt wird). Ein Dialogpartner weist diesen Anspruch als überzogen zurück: Nicht den Rednern verdanken wir den Staat, sondern den Männern der Tat; die Redner werden von den Philosophen immer wieder der Oberflächlichkeit oder gar Unwissenheit überführt (35-44). Doch dann wird die Leistung der Redekunst präzisiert und verteidigt: Es geht natürlich nicht darum, zu irgendeinem Thema grosse Worte ohne Sachverstand zu machen, sondern darum, Glanz und Fülle des Ausdrucks zu entfalten, was die Vertrautheit des Redners mit allen Lebensbereichen und wissenschaftlichen Disziplinen voraussetzt; um die Menschen durch das Wort zu lenken, muss man genaue Kenntnis der menschlichen Natur besitzen. Die Redekunst zielt nicht auf blosse Wortgewandtheit ('verborum volubilitas'), sondern auf Beredsamkeit ('eloquentia'), d.h. auf die Fähigkeit, über jedes Thema elegant und wirkungsvoll zu reden. Dazu gehört eine umfassende Bildung nicht nur in den philosophischen Disziplinen, sondern auch in Rechtswissenschaft und Geschichtswissenschaft (45-73). Wer diese Bildung besitzt, kann sich zu allen Sachfragen besser äussern als der Fachgelehrte. Dazu ist natürlich mehr erforderlich als das Handwerk der Schulrhetorik, das schon deshalb nicht genügt, weil es von Männern ohne Praxis gelehrt wird (74-95). In der zweiten, grösseren Hälfte des Buches kommen dann die Voraussetzungen zur Sprache, die der Redner mitbringen muss: natürliche Begabung, Lerneifer, theoretische und praktische Aneignung verschiedener Disziplinen (107-261).
Buch II behandelt die inhaltlichen Aspekte der Redekunst: die verschiedenen Arten und Zielsetzungen der Rede, die Findung, Anordnung und Einprägung der Argumente zu einem Thema. Cicero will kein System der Rhetorik vorlegen und lockert die Darstellung daher immer wieder durch Abschnitte auf, die den Rahmen der Schulrhetorik sprengen und den universalen Charakter der von ihm gemeinten Redekunst verdeutlichen: ein neuerliches Lob der Redekunst (33-38), Betrachtungen über die Erfordernisse der Geschichtsschreibung (51-65), über den Nutzen der einzelnen Philosophenschulen für den Redner (152-161) und nicht zuletzt über den Witz als Mittel, die Zuhörer zu beeinflussen – Ansätze zu einer Ästhetik des Komischen (216-290).
Buch III ist den formalen Aspekten der Redekunst gewidmet (die sich freilich von den inhaltlichen so wenig trennen lassen wie der Geist vom

Körper: 19-25). Es geht um die stilistische Gestaltung und den richtigen Vortrag der Rede. Mitten in den ersten Teil, zwischen die Erörterung der korrekten und der klaren Sprache und die Behandlung der angemessenen und der wirkungsvollen Sprache, ist der Exkurs über den idealen Redner eingeschoben, in dem Cicero durch den Mund des Crassus seine ureigene Überzeugung ausspricht (54-143): Weder die Philosophie noch die Rhetorik bringt für sich allein den vollkommenen Redner hervor, der eine führende Rolle in der menschlichen Gemeinschaft zu spielen bestimmt ist, sondern nur beide zusammen in Verbindung mit der Praxis. Das hatten die Menschen ursprünglich sehr wohl gesehen und im Begriff der Weisheit gedacht, aber die damit gemeinte Einheit ging seit Sokrates verloren, es entstand jenes verhängnisvolle «discidium quasi linguae et cordis» und die Tendenz zum Rückzug aus der Politik ins Private (56-61). Nur die Peripatetiker und die Akademiker haben etwas von der ursprünglichen Einheit bewahrt, ihre Philosophie ist daher für den Redner am meisten von Nutzen (62-71). Der Redner, der verantwortlich in der Gemeinschaft wirken will, muss eine umfassende Bildung besitzen, er muss mit Dialektik, Ethik, Politik, Recht und Geschichte vertraut sein, denn nur die Fülle des Inhalts vermag die Fülle des Ausdrucks hervorzubringen (125). Cicero weiss, dass er damit eine sehr hohe Forderung an den Redner stellt, aber er hält sie nicht für unerfüllbar. Der Redner muss mit allen Disziplinen vertraut sein, er braucht sie jedoch nicht zu seinem Beruf zu machen, sondern nur im Hinblick auf den Gebrauch zu betreiben. Die berufsmässige Beschäftigung mit der Philosophie führt zu nichts, denn jede Problemlösung schafft ein neues Problem, und dieser Prozess ist unabschliessbar (88). Der Redner, so könnte man sagen, muss die Philosophie im doppelten Sinn des Wortes 'beherrschen'.

Das Werk zeigt insgesamt eine souveräne Verbindung von griechischer Theorie und römischer Praxis. In der Darstellung der rhetorischen Einzelfragen orientiert Cicero sich an den Einteilungen, die in der Schulrhetorik üblich sind; aber er drückt immer wieder (z.B. II 75-83) seine Unzufriedenheit mit den griechischen Lehrbüchern aus, deren Verfasser keine forensische Praxis besassen und die daher nur blasse und abstrakte Regeln enthielten. Er sucht diesem Mangel durch stärkeren Rückgriff auf die römische Geschichte und Verfassung abzuhelfen.

Neben anderem steht im Hintergrund eine philosophische Theorie, nach der die Rhetorik dem Menschen als sprechendem Wesen zur Selbstverwirklichung verhilft. Den Ursprung dieser Theorie hat die Forschung nacheinander bei Philon aus Larisa, Antiochos aus Askalon und Poseidonios vermutet. In neuerer Zeit hat sich die Einsicht durchgesetzt, dass Cicero «in diesem wohl schönsten der ganz erhaltenen Dialoge frei über das, was Lehrer, griechische Schriften, eigenes Urteil und reiche Erfahrung ihm geschenkt haben, verfügt» (PHILIPPSON 1939 [§ 57 *5: 1108]). Beherrschend ist der platonische Gedanke, 'Rhetorik' (d.i. Politik) und Philosophie müssten zu einer neuen Einheit zusammenfinden.

c) De re publica
Über den Staat

Das Werk wird in der Korrespondenz zum ersten Mal im Mai 54 erwähnt, als Cicero seinem Bruder Quintus von der Arbeit an dem nur langsam fortschreitenden, weil mühevollen Unternehmen berichtet (Q. fr. II 13 = 17 Sh.B., 1). Im gleichen Monat bittet er Atticus, dessen Bibliothek, in der sich die Schriften Varros fanden, auch in seiner Abwesenheit benutzen zu dürfen, denn er benötige Material für das Werk (Att. IV 14 = 88 Sh.B., 1). Ein weiterer Brief an Atticus vom Juni/Juli 54 lässt erkennen, dass das Werk den Charakter eines Dialogs erhalten soll; als Sprecher sind Scipio Aemilianus und seine Freunde vorgesehen (Att. IV 16 = 89 Sh.B., 2). Von einem von ihnen, P. Rutilius Rufus, will Cicero den Hergang des Gesprächs erfahren haben (rep. I 13. 17). Das ist selbstverständlich literarische Fiktion: weder das Gespräch noch die urbane geistige Atmosphäre des von Cicero hier und im ‹Laelius› entworfenen 'Scipionenkreises' sollen als historisch treue Abbildung verstanden werden. Im Oktober/November 54 teilt er seinem Bruder Einzelheiten mit: Es sollten ursprünglich neun Bücher «de optimo statu civitatis et de optimo cive» werden, die ein neuntägiges Gespräch im Jahre 129, dem Todesjahr Scipios, wiedergaben. Als er zwei Bücher vollendet hatte und sie sich vortragen liess, wies ihn ein Freund darauf hin, dass er mit grösserer Autorität in eigener Person sprechen würde: er sei kein Herakleides aus Pontos (dessen Schriften für ihre phantasiereichen Fabeleien bekannt waren), sondern ein erfahrener Konsular; wenn er seine Gedanken Männern der Vergangenheit in den Mund lege, werde man sie unnötigerweise für blosse Erdichtungen halten; auch Aristoteles habe in seinen Dialogen über den Staat und über die Gerechtigkeit selber das Wort geführt. Cicero beschloss daraufhin, seinen Bruder und sich selbst als Gesprächspartner einzuführen, was ihm ermöglicht hätte, auch auf die Erschütterungen des römischen Staates in der jüngeren und jüngsten Vergangenheit einzugehen (Q. fr. III 5 = 25 Sh.B., 1f.). Später ist er zu der ersten Konzeption zurückgekehrt, gewiss auch deshalb, weil er keinen Lebenden verletzen wollte. Allerdings hat er den Plan leicht modifiziert. Das Werk umfasst jetzt sechs Bücher, je zwei geben das Gespräch eines Tages wieder. An keinem seiner Werke hat Cicero so lange gearbeitet wie an diesem: die Abfassung erstreckte sich über drei Jahre. Im Mai 51 erwähnt ein Korrespondent Ciceros, dass das Werk in aller Munde sei (fam. VIII 1 = 77 Sh.B., 4). Der Titel ‹De re publica› wird von Cicero selber an mehreren Stellen verwendet (Att. XIII 19 = 326 Sh.B., 4; Tusc. I 53; div. II 3 u.ö.). Er lehnt sich offensichtlich an den von Platons staatsphilosophischem Hauptwerk ‹Politeia› an; zu diesem Werk weist ‹De re publica› mehrere strukturelle und inhaltliche Parallelen auf. Daneben hat er nicht wenige andere Quellen herangezogen, z.B. Aristoteles, Dikaiarch und Polybios für die Lehren vom Kreislauf der Verfassungen und vom Primat der 'gemischten' Verfassung.

Auch später wurde das Werk eifrig gelesen: Die lateinischen Kirchenväter, vor allem Augustin, haben sich eingehend mit ihm auseinandergesetzt; der Schluss des VI. Buches, das sog. 'Somnium Scipionis' wurde von Macrobius und von Favonius Eulogius kommentiert. Aber dann ging das Werk verloren, mit Ausnahme des Somnium Scipionis, das in Verbindung mit dem Kommentar des Macrobius gesondert überliefert wurde. Das Mittelalter und die frühe Neuzeit kannten das Werk nur aus den Nachrichten der Kirchenväter und den Exzerpten der Grammatiker. Erst 1819 entdeckte Angelo Mai, dass ein Palimpsest der Vatikanischen Bibliothek Teile des Werks, insgesamt etwa ein Viertel des Textes, hauptsächlich aus den Büchern I-III, enthielt. Seit Mai den Text im Jahre 1822 edierte, gehört ‹De re publica› wieder zu den meistgelesenen Schriften Ciceros; Philologen, Althistoriker, Philosophen, Politologen und Didaktiker haben die Schrift in unzähligen Abhandlungen erläutert und diskutiert.

Der Aufbau des Werkes ist klar: je zwei Bücher bilden eine Einheit, die durch ein Prooemium eingeleitet wird. Die Bücher I und II beschreiben den besten Staat, die Bücher III und IV behandeln seine sittlichen Grundlagen, die Bücher V und VI schildern den Staatsmann, den der beste Staat erfordert.

Buch I. Das Prooemium legt die Pflicht dar, sich aktiv für die Gemeinschaft einzusetzen, insbesondere durch Teilnahme am politischen Leben. Cicero begründet dies mit Beispielen aus der römischen Geschichte, beweist es aber aus dem Begriff der Tugend. Der reinen Philosophie misst er geringeren Wert bei als der praktischen Staatskunst (1-3). Er erörtert ausführlich verschiedene Einwände gegen die Teilnahme am politischen Leben und weist sie zurück (4-11). Die Argumentation für den Vorrang des tätigen Lebens vor dem kontemplativen hat auch einen persönlich-tragischen Zug: Cicero weiss, dass sein Ausscheiden aus der Politik seit dem Ende der Verbannung mit den von ihm selbst gesetzten Normen nicht vereinbar scheint; ausdrücklich betont er daher, dass man auch durch theoretische Untersuchungen der Gemeinschaft nützen kann (12).

Das Vorgespräch (14-34) dient dazu, das Thema einzuführen und die Gesprächsteilnehmer als wissenschaftlich gebildete Männer mit staatsmännischer Erfahrung zu charakterisieren, die sich zu der Frage nach dem besten Staat autoritativ äussern können. Das Problem von Theorie und Praxis, das auch hier berührt wird, verklammert das Hauptgespräch mit dem Prooemium.

Der Hauptteil des Buches (35-71) behandelt die verschiedenen aus der griechischen Tradition geläufigen Staatsformen. Nach der aristotelisch gefärbten Definition des Staates ('res publica') als Sache des Volkes ('res populi'), wobei unter 'Volk' ein auf gemeinsame Rechtsanschauung und Interessengemeinschaft gegründeter Zusammenschluss von Menschen verstanden wird (39), werden Monarchie, Aristokratie und Demokratie sowie die entsprechenden Verfallsformen Tyrannis, Oligarchie und Ochlokratie eingeführt (35-46). Die drei guten Staatsformen werden ausführlich entwickelt, verglichen und bewertet: unter ihnen verdient die Monarchie den Vorzug, aber die gemischte Staatsform, die das Gute der drei einfachen Staatsformen vereinigt und daher am wenigsten dem Wandel unterliegt, ist die beste (47-64). Der Umschlag von einer Staatsform zur anderen wird nur kurz berührt (65-68); Cicero sieht im Unterschied zu Polybios, dessen Lehre er hier zweifellos vor Augen hatte, keine Gesetzmässigkeiten in diesem Umschlag: jede Staatsform kann aus jeder anderen hervorgehen.

Buch II setzt die geschichtliche Betrachtungsweise an die Stelle der apriorischen Konstruktion des besten Staates, wie sie in Platons ‹Politeia› vorliegt. Es ist dem Nachweis gewidmet, dass die römische Republik die Vorzüge der drei einfachen positiven Staatsformen vereinigt und daher das Ideal des besten Staats in der Geschichte verkörpert. Cicero zeichnet ein idealisiertes Bild von der Entwicklung Roms und betont, dass die römische Verfassung nicht das Werk eines Einzelnen ist, sondern das Ergebnis eines geschichtlichen Prozesses, zu dem viele grosse Persönlichkeiten beigetragen haben.

Das Prooemium zu Buch III enthält Bruchstücke einer philosophischen Anthropologie: der Mensch als Stiefkind der Natur, dem zur Kompensation seiner Mängel die Vernunft gegeben ist (1-7). Wie diese Anthropologie sich zu dem Natur- und Vernunftbegriff verhält, der in der Naturrechtslehre dieses Buches vorausgesetzt wird, bedarf der Klärung.

Der zentrale Teil hat die Bedeutung der Gerechtigkeit für den Staat zum Thema. Er knüpft an ein historisches Ereignis an: 155 v.Chr. war der Akademiker Karneades mit einer athenischen Gesandtschaft nach Rom gekommen und hatte dort zwei aufsehenerregende Vorträge gehalten: am ersten Tage hatte er alles vorgebracht, was sich für die 'Gerechtigkeit' sagen liess, am folgenden Tage alles, was sich gegen sie sagen liess (zur Frage der Historizität siehe oben S. 849f.). Cicero hat die Erörterung der Gerechtigkeit gleichfalls antithetisch aufgebaut, aber die Reihenfolge umgekehrt. Zunächst lässt er Philus die These vertreten, dass ein Staat ohne Ungerechtigkeit nicht bestehen könne (8-31), danach Laelius die These, dass ein Staat ohne Gerechtigkeit nicht bestehen könne (32-40). Die erste These wird damit begründet, dass die Gerechtigkeit ebenso wie das Recht nicht auf der Natur, sondern auf der Konvention beruhe und dass sie sich am Nutzen orientiere. Die zweite These wird mit der stoischen Lehre von dem ewigen und unveränderlichen Gesetz begründet, das die Welt durchwaltet und die Norm des menschlichen Handelns abgibt, weil es mit der «rechten Vernunft» identisch ist. Der Text dieses überaus wichtigen Abschnitts ist leider nur sehr fragmentarisch überliefert. Längere Referate bei Laktanz und Augustin vermitteln uns zwar einen Überblick über die Argumentation, gestatten aber keine Rekonstruktion im einzelnen. Cicero hält offenbar die These, dass die Gerechtigkeit auf der Natur beruhe und für einen Staat unabdingbar sei, für besser begründet als die Gegenthese. Im Schlussteil des Buches führt er daher die Entartung der guten Staatsformen auf den Mangel an Gerechtigkeit zurück (41-48).

Buch IV dient der Klärung, welche weiteren Tugenden neben der Gerechtigkeit für den Staat wesentlich sind und wie diese gefördert werden können. Cicero gibt der römischen Erziehung den Vorzug vor der griechischen und geht auf Platons ‹Politeia› kritisch ein: er weist die Aufhebung des Privateigentums und der Familie zurück und stellt die Kritik an der Dichtkunst unter andere Prämissen.

Wenn die Sittlichkeit, wie Cicero annimmt, die Grundlage des Staates ist, so stellt sich naturgemäss die Frage, wie diese wiederherzustellen ist, damit dem Verfall des Staates gesteuert werden kann. Dies ist der leitende Gesichtspunkt der letzten beiden Bücher, die vom Staatsmann handeln. Welche äussere und innere Bildung muss er erhalten, welche Stellung und welche Funktionen muss er haben, wenn sein Wirken segensreich sein soll? Während klar ersichtlich ist, dass Cicero vom Staatsmann umfassende Kenntnisse, Vertrautheit mit dem Recht und Beherrschung der Redekunst verlangt, haben die kärglichen Reste seiner Aussagen über Stellung und Funktionen des Staatsmannes divergierende Deutungen erfahren. Vereinzelt ist die Auffassung vertreten worden, er habe eine bestimmte zeitgenössische Persönlichkeit im Auge gehabt (Pompeius) oder ihm habe etwas wie der spätere Prinzipat vorgeschwebt. Die Mehrzahl der Forscher neigt jedoch zu der Ansicht von HEINZE (1924 [*511]), dass der 'rector rei publicae' im Rahmen der Verfassung gesehen werden muss, die Cicero als die beste empfiehlt: dies ist aber die gemischte Verfassung der altrömischen Republik, die den Monarchen ausschliesst. Cicero hat seinem Staatsmann kein präzise definiertes neues Amt zugewiesen, sondern eine herausgehobene Stellung in der Gesellschaft, die er teils seiner Bildung, teils seiner Bewährung in den herkömmlichen Ämtern verdankt. Der Schluss des Werkes, der von Scipio Aemilianus eingehend referierte 'Traum' ('Somnium Scipionis'), ist dank der Sonderüberlieferung vollständig erhalten. Leitender Gedanke ist die Unsterblichkeit als Lohn des gerechten Staatsmannes. Das ist offenbar eine Anlehnung an den Mythos, mit dem Platons ‹Politeia› schliesst, aber mit charakteristischen Umformungen. Cicero ist nur am Schicksal des Gerechten interessiert; den Ungerechten will er weder warnen noch als verantwortlich für sein Tun hinstellen. Und was Platon einem vom Tode auferstandenen gefallenen Soldaten in den Mund legt, stellt Cicero als Traumerlebnis eines grossen Staatsmannes dar: Scipio erzählt, wie ihm vor langer Zeit sein Adoptivgrossvater und sein leiblicher Vater im Traum erschienen seien, um ihm die Wertlosigkeit des irdischen

Ruhmes zu offenbaren und die Unsterblichkeit des Gerechten zu verkünden. Diese Einkleidung dient ebenso wie die sprachliche Gestaltung der Überhöhung der Aussagen, aber auch ihrer Relativierung: die Unsterblichkeitsbeweise (darunter auch das Argument aus PLATON Phaidros 245 c) verlieren von ihrer Verbindlichkeit, wenn sie als Inhalt eines Traums erscheinen (vgl. GÖRGEMANNS 1968 [*547]).

d) De legibus
Über die Gesetze

Über die Entstehung des Werkes liegen uns keine direkten Zeugnisse vor. Aus der Tatsache, dass Cicero es in der Aufzählung seiner philosophischen Schriften im Prooemium zu ‹De divinatione› II nicht erwähnt, ist zu schliessen, dass er es im Frühjahr 44 noch nicht veröffentlicht, wahrscheinlich nicht einmal vollendet hatte. Er hat es wohl in den späten fünfziger Jahren, parallel zu ‹De re publica›, konzipiert, denn es schliesst in der Sache an ‹De re publica› an und enthält mehrere Rückverweise auf dieses Werk. Das Thema ist möglicherweise zunächst Bestandteil der ursprünglichen Konzeption von ‹De re publica› in neun Büchern gewesen und dann verselbständigt worden. Die Tatsache, dass auf den Tod des P. Clodius Pulcher (Januar 52) angespielt und von Pompeius ebenso wie von dem jüngeren Cato als von Lebenden gesprochen wird, während jeder Hinweis auf den Bürgerkrieg fehlt, deutet gleichfalls auf die späten fünfziger Jahre als die wahrscheinlichste Abfassungszeit. Da Cicero am 1. Mai 51 aus Rom abreiste, um die Verwaltung der Provinz Kilikien zu übernehmen, markiert dieses Datum wohl das vorläufige Ende der Arbeit an ‹De legibus›. Ein Brief an Varro vom April 46 (fam. IX 2 = 177 Sh.B., 5) scheint auf erneute Beschäftigung mit dem Werk hinzudeuten, aber der Text von ‹De legibus› weist keine eindeutigen Spuren einer Überarbeitung auf. Vermutungen, nach denen Buch I später als Buch II entstanden (REITZENSTEIN 1893 [*599], in abgewandelter Form BÜCHNER 1961 [*616]) oder gar der gesamte Text in den beiden letzten Lebensjahren Ciceros verfasst sein soll (ROBINSON 1950 [*611]), dürfen nach den Untersuchungen von SCHMIDT (1959 [*613], 1969 [*620]) und HENTSCHKE (1971 [*625]) als widerlegt gelten (anders GRILLI 1990 [*651], der wieder für 46 v. Chr. plädiert). Was die äussere Form angeht, so hat Cicero hier die schon im Zusammenhang mit ‹De re publica› vorübergehend gehegte Absicht verwirklicht, seinen Bruder Quintus und sich selbst (sowie seinen Freund Atticus) als Unterredner einzuführen. Die literarische Einkleidung ist besonders sorgfältig gestaltet; sie ist derjenigen der platonischen Dialoge ebenbürtig.

Das Werk wurde vermutlich nach dem Tode Ciceros von Tiro in unfertigem Zustand herausgegeben. Es ist nur unvollständig erhalten: die Bücher I und II ganz, Buch III etwa zur Hälfte. Das Altertum kannte mehr, denn Macrobius zitiert auch aus Buch V; der Wortlaut seines Zitats lässt vermuten, dass noch weitere Bücher folgten. Wieviele folgen sollten und wieviele Cicero tatsächlich geschrieben hat, wissen wir nicht. Die von KEYES (1937 [*605]) und RUCH (1949 [*610]) vertretene Ansicht, Cicero habe das Werk vollendet, hat keine Zustimmung gefunden.

Cicero erklärt, ‹De legibus› stehe zu ‹De re publica› im gleichen Verhältnis wie die platonischen ‹Nomoi› zur ‹Politeia› (leg. I 15; II 14). Aber das ist ein offenkundiger Irrtum, denn er trägt nicht wie Platon in dem späteren Werk keine revidierte Fassung seiner Staatsphilosophie vor, sondern legt die Gesetze des Staates dar, den er in dem früheren Werk geschildert hat. Da er dort die altrömische Verfassung als die beste hingestellt hat, kann er jetzt auch die Gesetze an die römische Rechtsordnung anlehnen (abgesehen von einigen Veränderungen, die ihm unumgänglich scheinen: III 12).

Nach einem Vorgespräch über Dichtung und Geschichtsschreibung (1-12) führt Cicero behutsam zum Thema hin: Was Recht ist, lehrt uns nicht das Edikt des Prätors oder das Zwölftafelgesetz, sondern die Philosophie, die das Wesen des Rechts aufzeigt und aus der Natur des Menschen herleitet (13-18). Diese Herleitung geschieht in zwei Argumentationszügen, unter kosmologisch-anthropologischen (18-34) und unter moralphilosophischen Aspekten (40-52). Recht ist ‘von Natur’, denn der Mensch ist von Natur auf eine Rechtsgemeinschaft angelegt. Er hat eine bevorzugte Stellung in der Welt, die anderen Dinge sind zu seinem Nutzen und Gebrauch geschaffen. Ausdruck seiner Vorzugsstellung ist die Vernunft, die ihn mit den Göttern verbindet. Die Welt ist gleichsam der gemeinsame Staat von Göttern und Menschen, dessen Gesetz die höchste Vernunft ist, die gebietet, was zu tun ist, und das Entgegenstehende verbietet. Alle Menschen sind von Natur gleich und stehen in einer natürlichen Gemeinschaft miteinander. Aber ihre Naturanlagen sind durch gesellschaftliche Einflüsse verdorben, die natürliche Gleichheit ist verdeckt, Nutzen und Recht sind auseinandergerissen (18-34).

Das Recht ist aber auch in anderer Hinsicht 'von Natur': Es ist nämlich ein Aspekt des Sittlichguten, und dies ist seinerseits 'von Natur', d.h. objektiv gültig, wie eine Fülle einzelner Argumente zeigen soll (40-52). Cicero weiss, dass diese Argumente nur bei denen Zustimmung finden werden, die überzeugt sind, dass das Sittlichgute um seiner selbst willen erstrebt werden muss (35-39): die Frage nach dem Wesen des Rechts hängt mit der Frage nach dem höchsten Gut zusammen, die sehr umstritten ist, aber nach Ciceros Überzeugung entschieden werden muss (52-57). Das Buch schliesst mit einem Lob der Weisheit, die den Menschen die Welt und seine Stellung in der Welt erkennen lässt und ihn so lehrt, wie er zu leben hat (58-62).

Cicero legt hier, wie GIRARDET (1983 [*645]) gezeigt hat, kein Naturrecht im Sinne eines Kanons höchster, ewig gültiger Normen vor, an denen das positive Recht zu orientieren ist, sondern erklärt dasjenige Recht, das der Natur des Menschen entspringt und daher unabhängig von den Entscheidungen eines Gesetzgebers gilt, für 'Recht von Natur'. Was dieser Norm nicht genügt, ist gar kein Recht. Das ist wichtig für das Verständnis der beiden folgenden Bücher.

Nach einem reizvollen Vorgespräch rekapituliert Buch II die Ergebnisse von Buch I (8-15) und entwickelt dann das Sakralrecht: Als «Vorspruch zum Gesetz», wie PLATON ihn fordert (Nomoi IV 722 d), werden die Grundsätze einer philosophischen Religion genannt (15-18), dann folgen die in archaisierender Sprache abgefassten Religionsgesetze selbst (19-22). Den Hauptteil des Buches nimmt die Erläuterung und Begründung der einzelnen Bestimmungen ein (24-68).

Buch III bringt das Staats- und Verfassungsrecht. Nach einer Einleitung über Wesen und Notwendigkeit der Staatsgewalt (2-5) werden (wiederum in archaisierender Sprache) Stellung und Funktion der einzelnen Magistrate und des Senats umrissen sowie Vorschriften über Gesandtschaften und Abstimmungen gegeben (6-11). Ein Rückblick auf die Geschichte des Verfassungsrechts in der griechischen Philosophie und in Rom (12-17) leitet über zu dem mit zahlreichen historischen Details durchsetzten Kommentar (18-47), dessen erster Teil verloren ist. Hier, wo der institutionelle Rahmen des besten Staates, den ‹De re publica› schildert, ausgefüllt wird, ist vom «rector rei publicae» mit keinem Wort die Rede.

Nach der auf rechtssystematische Erwägungen gegründeten Vermutung von DE PLINVAL (Hg.) (1959 [§ 54 *218: LIII-LVI]) behandelten die Bücher III und IV das Öffentliche Recht (III 47 werden Ausführungen über Rechtsprechung und Strafrecht in Aussicht gestellt), die Bücher V und VI dagegen das Zivilrecht (III 29f. scheint auf das Familienrecht zu verweisen; Buch VI sollte wohl das Vermögensrecht darstellen). Hiervon sind jedoch nicht einmal einzelne Fragmente erhalten.

e) Partitiones oratoriae
'Gliedernder Abriss der Redekunst'

Unter diesem Titel, der einerseits durch den Text selbst (139), andererseits durch QUINTILIAN (Institutio oratoria III 3, 7; 11, 19) verbürgt ist, schrieb Cicero ein kurzes, schulmässiges Kompendium der Rhetorik für seinen Sohn. Da er es nirgendwo sonst erwähnt, ist die Datierung ungewiss. Einige stellen es zu den rhetorischen Schriften des Jahres 46, andere setzen es in die Zeit, als Ciceros Sohn Rhetorik studierte, d.h. ums Jahr 54. Die Schrift behandelt in Form von Fragen und Antworten das Gesamtgebiet der Rhetorik in drei Abschnitten: von den Aufgaben des Redners (5-26), von den Teilen (27-60) und von den Themen einer Rede (61-138). – Am Ende der Schrift (139) sagt Cicero über die vorstehenden 'Einteilungen': «e media illa nostra Academia effloruerunt ...», «sie sind mitten aus der von mir bevorzugten Akademie erwachsen» (nicht etwa: 'aus der mittleren Akademie'; vgl. LÉVY 1980 [*661]). Was damit gemeint ist, bleibt unklar. Zwar ist eine philosophische Allgemeinbildung durchweg vorausgesetzt, aber nichts deutet im einzelnen auf die skeptische Akademie.

f) Brutus

Mit dieser Geschichte der Redekunst in Rom von den Anfängen bis in die eigene Zeit setzt Cicero die Reihe der rhetorischen Schriften fort. Die Form ist wieder die des Dialogs; die Gesprächsteilnehmer sind Brutus, Atticus und Cicero, der das Wort führt. Die Schrift ist in den ersten Monaten des Jahres 46 entstanden. Die Skizzen der vielen bekannten und unbekannten römischen Redner verraten nicht nur erstaunliches historisches Detailwissen, sondern auch einen scharfen Blick für Entwicklungszusammenhänge und einen feinen Sinn für ästhetische und stilkritische Fragen. Man darf hier von einem Markstein in der Geschichte der antiken Literaturkritik sprechen. Die Schrift hat aber noch eine weitere Dimension: Die Redekunst, so betont Cicero, steht und fällt mit der politischen Freiheit; damit gewinnt die

Widmung an Brutus mehr als bloss persönliche Bedeutung.

Am Schluss schildert Cicero seinen eigenen geistigen Werdegang (306-316). Hier finden sich die wichtigsten Aussagen über seine philosophischen Lehrer und die von ihm angestrebte Symbiose von Rhetorik und Philosophie. In nur schwacher Verhüllung deutet Cicero seine Überzeugung an, dass sich die römische Redekunst in ihm selbst vollende. Mit Recht nennt Georg MISCH den Dialog den «vollkommensten Versuch einer Selbstanalyse, der vor Augustin gemacht worden ist» (^{3}1949 [*674: 1, 347]).

g) Paradoxa Stoicorum
Die paradoxen Lehrsätze der Stoiker

Das Werk ist bald nach dem Dialog ‹Brutus› im Frühjahr 46 entstanden (5) und Brutus gewidmet. Cicero entwickelt sechs stoische Sätze, die dem gewöhnlichen Verstand zunächst abwegig erscheinen: Dass nur das Sittlichgute gut sei; dass die Tugend zur Glückseligkeit genüge; dass alle Verfehlungen ebenso wie alle rechten Handlungen gleich seien; dass die Nichtweisen nicht bei Verstande seien; dass nur der Weise frei sei; dass nur der Weise reich sei. (Beim vierten Paradoxon ist die Überlieferung gestört; der erhaltene Text entspricht eher der These 'Nur der Weise ist ein wahrer Bürger'; vielleicht ist ein grösseres Stück des Textes ausgefallen.) Cicero will diese Sätze dem Leser mit sprachlichen Mitteln akzeptabel machen, denn «nichts ist so unglaubhaft, dass es nicht durch Worte plausibel würde» (3). Diese Bemerkung in Verbindung mit der Tatsache, dass Cicero an anderer Stelle (fin. IV 74) die stoischen Paradoxe ablehnt, wirft die Frage auf, welche Absicht Cicero mit seiner Schrift verfolgt. Vielleicht stellt sie nur eine rhetorische Übung dar. Die Argumente, die Cicero verwendet, entstammen der kynisch-stoischen Popularphilosophie; eine grosse Last ruht auf den Beispielen, die vorzugsweise der römischen Geschichte entnommen sind; die Sprache ist rhetorisch. In dem Katalog seiner philosophischen Schriften, mit dem Cicero das zweite Buch ‹De divinatione› eröffnet, fehlen die ‹Paradoxa Stoicorum›. Einige Interpreten vertreten die Auffassung, Cicero habe durch den Hinweis auf die strengen Grundsätze der stoischen Ethik seinen politischen Freunden in einer für die römische Republik höchst bedrohlichen Lage Mut machen wollen.

h) Orator
Der Redner

Auf die Geschichte der römischen Beredsamkeit im ‹Brutus› liess Cicero noch im gleichen Jahr 46 eine systematische Darstellung folgen, die ebenfalls Brutus gewidmet war und im Herbst veröffentlicht wurde (Att. VI 3 = 117 Sh.B.; fam. XII 17 = 204 Sh.B., 2). Sie greift in eine damals aktuelle Auseinandersetzung zwischen zwei Richtungen der Redekunst ein, dem Attizismus und dem Asianismus. Cicero bekennt sich zu den klassischen attischen Rednern als Vorbildern, aber er lehnt die Fixierung auf den schmucklosen Stil eines Lysias oder gar Thukydides ab, die er bei einigen seiner jüngeren Zeitgenossen beobachtete, und lobt die Flexibilität eines Demosthenes, der je nach Art des Themas eine andere Stilart angewendet habe (20-32). Obwohl Cicero Demosthenes als grossen Redner anerkennt, sieht er ihn doch nicht als vollkommen an (104), denn der vollkommene Redner ist ein Ideal im Sinne Platons und daher in der Erfahrung nicht gegeben (7-10), jedenfalls solange philosophische und rhetorische Bildung nebeneinanderherlaufen (17). Cicero bestimmt sein Ideal wie in ‹De oratore› durch handwerkliches Wissen (43-60. 121-133) und umfassende Bildung (113-120; hier am Schluss die vielzitierte These, dass man ohne Kenntnis der Geschichte sein Leben lang ein Kind bleibt). Doch ein neues Element kommt hinzu: Cicero kombiniert die bekannten Unterscheidungen dreier Aufgaben des Redners und drei Stilarten. Der vollkommene Redner bedient sich beim Informieren ('docere') des einfachen Stils, beim Unterhalten ('delectare') des mittleren, beim Beeinflussen ('movere') des grandiosen (69). In dieser Zuordnung erkennt DOUGLAS (1957 [*712], 1973 [§ 57 *399: 118]) eine Innovation; sie findet sich weder in der Rhetorik vor Cicero noch in den früheren rhetorischen Schriften Ciceros. Aber auch der umfangreiche Schlussteil der Schrift verrät Originalität: Die Erörterung des Prosarhythmus als des Gipfels der Redekunst, mit der Cicero über seine Vorgänger hinauszugehen meinte (174. 226), ist der Entwurf zu einer Sprachästhetik (168-236).

i) De optimo genere oratorum
Über den besten Rednertyp

Dieser kurze Text war als Einleitung zu einer Übersetzung der Kranzrede des Demosthenes und der dazugehörigen Rede des Aischines gedacht. Es ist unklar, ob Cicero diese Übersetzung nur geplant oder auch ausgeführt hat. Jedenfalls setzt er sich in der Einleitung im gleichen Sinne mit den zeitgenössischen Attizisten auseinander wie im ‹Orator›, was eine etwa gleichzeitige Entstehung beider Schriften vermuten lässt (46 v. Chr.). Die Echtheit der Schrift ist gelegentlich bezweifelt worden.

j) Academica
'Erkenntnistheoretische Grundfragen'

Über die Entstehung des Werkes, das dem Erkenntnisproblem gewidmet und in Dialogform abgefasst ist, sind wir durch den Briefwechsel gut unterrichtet (Zeugnisse bei PLASBERG (Hg.) 1922 [§ 54 *272: III-VII]). Cicero hatte zunächst eine Fassung in zwei Büchern, die jeweils ein aus Rede und Gegenrede bestehendes 'Gespräch' enthielten, ausgearbeitet; sie war Mitte Mai 45 vollendet (Att. XIII 32 = 305 Sh.B., 3). Gesprächsteilnehmer waren Q. Lutatius Catulus, Lucullus und Hortensius; die fiktive Gesprächszeit war 63-60 v.Chr. Bald darauf schienen Cicero diese Männer als Dialogfiguren für den schwierigen Stoff wenig geeignet, und er begann, die beiden Gespräche auf Cato, Brutus und sich selbst zu übertragen (Att. XIII 16 = 323 Sh.B., 1). Noch während der Arbeit an dieser zweiten Fassung machte Atticus Cicero darauf aufmerksam, dass Varro gern als Gesprächspartner in einem ciceronischen Dialog eingeführt werden wolle; daraufhin wählte Cicero als endgültige Teilnehmer Varro, Atticus und sich selbst; die fiktive Zeit ist jetzt um 46 v.Chr. Diese dritte, nun Varro gewidmete Fassung in vier Büchern (fam. IX 8 = 254 Sh.B.) war Anfang Juli 45 vollendet (Att. XIII 21 = 351 Sh.B., 4). Cicero konnte aber nicht verhindern, dass auch die erste Fassung verbreitet wurde. Wie der Titel lauten sollte, ist nicht ganz klar. Cicero redet teils von ‹Academica› (Tim. 1 und off. II 8), teils von ‹IV Academici libri› (Tusc. II 4, nat. deor. I 11 und div. II 1). Da er an den letztgenannten Stellen offensichtlich die Anzahl der Bücher der endgültigen Fassung hervorheben will, dürfte der kürzere Titel authentisch sein. Das Werk ist unvollständig erhalten. Von der ersten Fassung, den ‹Academica 'priora'›, besitzen wir nur das zweite Buch (das auch als ‹Lucullus› zitiert wird), von der zweiten Fassung, den ‹Academica 'posteriora'›, mehr als die Hälfte des ersten Buches sowie einzelne Fragmente. Die verlorenen Bücher III und IV dürften in der Gedankenführung weitgehend dem ‹Lucullus› entsprechen; die verlorenen Teile der ersten Hälfte lassen sich nicht rekonstruieren. – Zur vieldiskutierten Frage nach Ciceros Quellen für die 'dogmatischen' Argumente (Antiochos?) und für deren 'skeptische' Widerlegung (Kleitomachos? Philon?) siehe oben S. 918-920. 946f.

Wie gewöhnlich in seinen Dialogen präsentiert Cicero verschiedene Auffassungen des Problems, hier die des Dogmatikers Antiochos aus Askalon und die der skeptischen Akademie.

Das erste Buch der ‹Academica 'posteriora'› skizziert zunächst die Lehre des Antiochos: seine synkretistische Auffassung von der Geschichte der Philosophie sowie seine Ideen in der Ethik, Physik und Dialektik. Dieser Skizze, die von Varro vorgetragen wird, setzt Cicero seine historische Rechtfertigung der Neuen Akademie entgegen, von der aber nur die ersten Paragraphen erhalten sind.

Das zweite Buch der ‹Academica 'priora'› ('Lucullus'), das vollständig überliefert ist, ist eine wichtige Quelle unserer Kenntnis des antiken Skeptizismus. Das Erkenntnisproblem wird hier in eigentümlicher Schachtelung abgehandelt. Lucullus beruft sich auf eine persönliche Erinnerung: Als er in den Jahren 87/86 v.Chr. als Proquaestor in Alexandria weilte, wurde Antiochos, der sich seit einiger Zeit in seinem Gefolge befand, in eine Diskussion mit dem 'skeptischen' Akademiker Herakleitos aus Tyros verwickelt. Der römische Feldherr und Konsular referiert nun gut 20 Jahre später die 'dogmatischen' Argumente, die Antiochos damals vortrug, fungiert also als Wortführer eines griechischen Philosophen. Cicero dagegen antwortet im eigenen Namen und verteidigt die 'skeptische' Akademie. Das Redenpaar des ‹Lucullus› ist zugleich eine Auseinandersetzung zwischen der Neuen ('skeptischen') Akademie und der Stoa, denn die Stoiker galten als die Dogmatiker par excellence, und auf dem Felde der Erkenntniskritik fallen die stoischen Argumente mit denen des Antiochos zusammen.

Lucullus beginnt mit der antiocheischen Kritik am Geschichtsbild der Neuen Akademie: Sie berufe sich fälschlich auf die alten Philosophen: diese seien keine Skeptiker gewesen, sondern Dogmatiker; mithin sei der erneuerte Dogmatismus des Antiochos der legitime Erbe der 'alten' Philosophie. Ferner: Die akademische Argumentation verkenne auch den Fortschritt, den die Philosophie gemacht habe. Dann hebt Lucullus die nachteiligen Konsequenzen des Skeptizismus hervor: er mache Künste und Wissenschaften, die Philosophie, selbst das Handeln unmöglich. Lucullus bekräftigt die metaphysische Annahme, dass der Mensch von Natur zur Erkenntnis bestimmt ist und folglich bei vorsichtigem Gebrauch seiner Kräfte auch zur Erkenntnis gelangen kann. – Die ausführliche Darstellung und Kritik der skeptischen Methode macht das Kernstück der Ausführungen des Lucullus aus. Er versucht zu zeigen, dass die Folgerungen, die die Akademiker aus einzelnen Fehlleistungen im Erkenntnisvorgang ziehen, entweder ungerechtfertigt oder aber auch für sie selbst fatal sind. Er schliesst mit einem 'argumentum ad hominem': ausgerechnet Cicero, der auf dem Höhepunkt seiner politischen Laufbahn, in der Krise des Jahres 63, erklärte, er wisse von den Umsturzplänen Catilinas, wolle leugnen, dass es so etwas wie Wissen gibt?

Cicero geht in der Erwiderung nur auf die ihm wichtig erscheinenden Argumente des Lucullus ein. Vorweg versichert er, dass er persönlich hinter seinen Ausführungen stehe. Den Hauptstreitpunkt zwischen Dogmatikern und Skeptikern sieht er im Begriff der 'Erfassung' (perceptio, κατάληψις); die Dogmatiker haben seiner Meinung nach diesen Begriff nicht befriedigend bestimmt, die Einwände der Skeptiker sind also nicht ausgeräumt. Dann wiederholt er die bekannten skeptischen Argumente, ohne ihnen Neues hinzuzufügen: Die Sinneswahrnehmungen sind trügerisch, Traum und Wachzustand nicht sicher zu unterscheiden, auch die Dialektik führt nicht zur Gewissheit. Danach legt er die positive Lehre des Karneades dar: Das Wahrscheinliche ('probabile') ist eine ausreichende Grundlage des Handelns, mit der sich oft auch die Dogmatiker begnügen. Im übrigen leugnen die Skeptiker nicht den Unterschied zwischen wahren und falschen 'Vorstellungen', sondern die Fähigkeit des Menschen, ihn zu erfassen. Zum Schluss hebt er die Diskussion ins Allgemeine: Keine der dogmatischen Philosophenschulen kann ihre Position überzeugend begründen, in allen Fragen herrscht daher Dissens: in der Physik, in der Ethik, in der Dialektik. Wie soll ein Anfänger in der Philosophie sich zwischen den verschiedenen Schulen entscheiden? Er tut besser daran, sein Urteil zurückzuhalten und seine Freiheit zu bewahren. Das erlaubt ihm nur die Neue Akademie.

k) De finibus bonorum et malorum
Über das höchste Gut und das schlimmste Übel

Die Schrift wird von Cicero zum ersten Mal am 16. März 45 erwähnt (Att. XII 12 = 259 Sh.B., 2). Das erste Buch geht Ende Mai an Atticus ab (Att. XIII 32 = 305 Sh.B., 2). Anfang Juni bittet Cicero Atticus um Auskunft über einige Persönlichkeiten der römischen Geschichte, die er als 'exempla' anführen will (Att. XII 5 = 242 Sh.B., 2; fin. II 54). Bald darauf äussert er die Absicht, das Werk Brutus zu widmen (Att. XIII 12 = 320 Sh.B., 3). Anfang Juli ist es abgeschlossen und wird abgeschrieben (Att. XIII 23 = 331 Sh.B., 2). Die Übersicht in ‹De divinatione› (II 1f.) stellt es zwischen die ‹Academica› und die ‹Tusculanae disputationes›. In den Briefen führt Cicero das Werk mehrmals unter der Bezeichnung Περὶ τελῶν an (Att. XIII 12 = 320 Sh.B., 3. 19 = 326 Sh.B., 4). Der lateinische Titel entspricht aber nicht ganz dem griechischen, denn Cicero fasst 'finis' hier als «extremum ..., ultimum ..., summum» auf (fin. III 26). Der Plural erklärt sich dadurch, dass er vom Äussersten im Guten *und* im Schlechten redet (zur Bedeutung des Titels vgl. auch DIANO 1933 [*784]).

‹De finibus› enthält in fünf Büchern drei getrennte Gespräche über die letzten Ziele menschlichen Handelns. Zuerst wird die epikureische Ethik diskutiert (I und II), danach die stoische (III und IV), zuletzt die 'peripatetische' des Antiochos aus Askalon (V). Jedesmal lässt Cicero die Lehre einer Schule von einem Gesprächspartner vortragen, um sie dann selber zu kritisieren.

Die Bücher I und II geben der Fiktion nach ein Gespräch wieder, das L. Manlius Torquatus, C. Valerius Triarius und Cicero im Jahre 50 geführt haben. Buch I enthält nach dem Prooemium (1-13) und dem Vorgespräch (14-29), das auch eine allgemeine Kritik Ciceros am epikureischen System einschliesst (17-26), die Darstellung der epikureischen Ethik durch Torquatus (29-72). Der Aufbau der Darstellung ist einfach: Zunächst wird das Grundprinzip von der Lust als dem höchsten Gut entfaltet und begründet (29-42). Dann wird gezeigt, dass die traditionelle Schätzung der Tugenden dieses Prinzip bestätigt (42-54) und dass die richtige Auffassung von der Lust zu der Einsicht führen muss, dass der Weise stets glücklich, der Tor dagegen stets unglücklich ist (55-64). Zuletzt wird die epikureische Lehre von der Freundschaft skizziert (65-70).

Buch II enthält Ciceros Kritik an der epikureischen Ethik: in ihr werde der Begriff der Lust unbefriedigend bestimmt (3-17), was zu Widersprüchen in der Bestimmung des höchsten Gutes führe (18-33). Nach einer Übersicht über die Lehren der hellenistischen Philosophenschulen vom höchsten Gut (34-43) setzt Cicero den Ausführungen des Epikureers seine eigene Auffassung entgegen: Es gibt ein Sittlichgutes, das um seiner selbst willen erstrebt wird (44-77). Die Bestimmung dieses Sittlichguten (45-47) findet auffallende Parallelen in De officiis I 11-14. Wenn dieses Sittlichgute geleugnet wird, kann die Freundschaft nicht bestehen (70-84). Epikur verfehlt den Hauptzweck der Ethik, den Menschen zum Glück zu führen, denn wer den Schmerz für das grösste Übel hält, kann nicht glücklich sein (86-108). Cicero versagt nicht seinen Respekt vor Epikurs tapferer Haltung im Angesicht des Todes: gerade durch sie freilich werde die Lehre widerlegt (96-103). Der Schluss des Buches moralisiert: die Lust muss man den Tieren überlassen, der Mensch ist zu Höherem geboren (109-119).

Die Bücher III und IV sind in der Fiktion ein Gespräch, das M. Porcius Cato und Cicero im Jahre 52 geführt haben. Buch III enthält nach dem Prooemium (1-7) und dem Vorgespräch (8-16) eine Darlegung der stoischen Ethik, die wie folgt aufgebaut ist: Es wird das 'Naturgemässe' als Gegenstand menschlichen Strebens und damit als Ausgangspunkt der Ethik umrissen (16-22) sowie das Sittlichgute als das einzige Gut erwiesen (23-39). Hieran schliesst sich eine Auseinandersetzung mit nicht-stoischen Lehren vom höchsten Gut (41-50). Es folgen die Entwicklung der verschiedenen Arten von sittlich neutralen Dingen, der 'Adiaphora' (50-57), und ein Abriss der Pflichtenlehre (58-72). Zuletzt wird auf Dialektik und Physik als Voraussetzungen einer wissenschaftlich begründeten Ethik und somit als Tugenden des Weisen hingewiesen (73f.). Der Epilog preist den systematischen Aufbau der stoischen Ethik und hebt die Eigenschaften des stoischen Weisen hervor (75f.). Cicero benutzt hier höchstwahrscheinlich ein Lehrbuch der stoischen Ethik, das dem 2. Jh. angehören dürfte und dessen strengen Aufbau er durch eingestreute Bemerkungen (19. 40) auflockert, gelegentlich durch Umstellungen verändert.

Ciceros Auseinandersetzung mit der stoischen Ethik in Buch IV ist von zwei längeren Abschnitten umrahmt, die zeigen sollen, dass die Stoiker auf allen Gebieten, auch in der Ethik und besonders in der Lehre vom höchsten Gut, der Sache nach mit der Alten Akademie und dem Peripatos übereinstimmen und nur durch eine neue Terminologie den Eindruck einer eigenständigen Lehre zu erwecken suchen (1-12. 56-77). Die Kritik selbst zielt auf den Kern der stoischen Ethik: das höchste Gut wird von den Stoikern falsch bestimmt, denn sie berücksichtigen nur die Vernunftnatur des Menschen, nicht seine körperliche Natur (24-39). Wenn das höchste Gut nur in der Tugend besteht, so ist das Streben nach dem 'Naturgemässen' ethisch belanglos, und das Prinzip 'Lebe der Natur gemäss' verliert seinen Sinn (40-48). Die dialektischen Schlüsse der Stoiker mögen formal einwandfrei sein, aber ihre Prämissen können nicht gebilligt werden, folglich auch nicht ihre Schlussfolgerungen (48-55). Abschliessend verweist Cicero auf Panaitios, der die Anstösse in der Lehre der Schulgründer beseitigte, indem er Gedanken Platons und des Aristoteles sowie ihrer Schüler aufnahm (78-80).

Buch V gibt ein Gespräch wieder, das im Jahre 79 in der Akademie zu Athen geführt worden sein soll. Hauptunterredner sind M. Pupius Piso und Cicero. Nach dem Vorgespräch (1-8) trägt Piso eine 'Lehre des Peripatos' vor, die mit der der Alten Akademie identisch sei. Deutliche Hinweise am Anfang und am Ende seines Vortrages zeigen, dass es sich in Wahrheit um die Ethik des Antiochos aus Askalon handelt (dazu oben S. 946. 955-964). Piso beginnt mit einem allgemeinen Überblick über die Philosophie (9-15) und über die Lehren vom höchsten Gut (15-23). Die Darlegung der 'peripatetischen' Lehre umfasst die folgenden Punkte: die 'Oikeiosis' (24-33), die menschliche Natur und ihre Implikationen für die Ethik (34-45), Bewegung und Streben als Charakteristika des Menschen (46-60), das Sittlichgute, das wir nicht nur aus Eigenliebe, sondern auch um seiner selbst willen erstreben (61-74). Cicero stellt fest, dass es zwischen ihm und Piso keine grosse Meinungsverschiedenheit gebe; er macht jedoch geltend, dass die Peripatetiker inkonsequent seien, wenn sie einerseits äussere Dinge zu den Gütern zählten, anderseits aber den Weisen ohne Rücksicht auf äussere Güter für glückselig hielten (75-86). Piso verteidigt die 'Peripatetiker' gegen diesen Vorwurf mit dem Argument, der Begriff der Glückseligkeit lasse eine quantitative Abstufung zu: der Weise sei zwar glückselig, aber falls es ihm an äusseren Gütern mangele, sei er nicht im höchsten Masse glückselig (dazu ausführlich oben S. 963f. 973). Zunächst zeigt sich Cicero davon nicht befriedigt, aber nachdem Piso in anschaulichen Beispielen gezeigt hat, dass wegen des starken Übergewichts der Tugend das Vorhandensein oder Fehlen der äusseren und körperlichen Güter nur einen ganz geringen Unterschied im 'Glück' bewirken könne, stimmt er Piso vorsichtig zu.

‹De finibus› hat keine destruktiv-skeptische Tendenz. Cicero will nicht die Unfähigkeit der Vernunft zur Erkenntnis des höchsten Gutes demonstrieren, sondern in einem dialektisch aufgebauten Gedankengang zeigen, dass die epikureische und die stoische Lehre vom höchsten Gut einseitig sind und dass die peripatetische Lehre diese Einseitigkeit vermeidet. Cicero teilt mit den genannten Philosophenschulen die Überzeugung, dass die Philosophie die Aufgabe hat, das Glück des Menschen zu schaffen, dass dazu die richtige Bestimmung des höchsten Guts erfordert wird und dass diese in Einklang mit der menschlichen Natur stehen muss. Die 'peripatetische' Philosophie scheint ihm diese Aufgabe am besten zu erfüllen – nicht ohne Grund fällt die Kritik an ihr so kurz aus: Cicero ist mit Piso über die Prämissen einig und macht nur hinsichtlich der Kohärenz des ganzen Lehrgebäudes einen Vorbehalt (anders MICHEL 1969 [*799: 614]).

GIANCOTTI (1961 [*795]) hat den dialektischen Aufbau und damit auch die Einheit des Werkes herausgearbeitet: Buch I bringt die These, Buch II erweist sie als einseitig; Buch III bringt die Antithese, Buch IV erweist sie als einseitig. Buch V schliesslich bringt die Synthese, nämlich eine Theorie des höchsten Gutes, die sich auf die volle Natur des Menschen stützt, also sowohl der sinnlichen als auch der vernünftigen Natur des Menschen Rechnung trägt (vgl. auch oben S. 1023-1025 über Ciceros dialektische Methode im allgemeinen). Hierauf stützt sich auch die Kritik an der epikureischen und der stoischen Lehre. – Die logische Struktur des Werkes ist progressiv: der Gedankengang schreitet von den schlechter begründeten Thesen zu den besser begründeten fort. Der zeitliche Aufbau ist dagegen regressiv: die besser begründeten Thesen sind die älteren. Nach Giancottis Vermutung soll dieser Aufbau zum Ausdruck bringen, dass das Wahre das Alte, Ursprüngliche ist, von dem sich die Philosophie im Laufe ihrer Geschichte entfernt hat.

Die Erörterung des Sachproblems könnte durch Kants Unterscheidung zwischen dem obersten Gut und dem vollendeten Gut gefördert werden. Die Stoiker suchen das oberste Gut und bestimmen es richtig, aber sie irren, wenn sie meinen, es sei auch das vollendete. Die Epikureer dagegen suchen das vollendete Gut und bestimmen es richtig, nämlich in Beziehung auf das Empfinden des Menschen; aber sie irren, wenn sie dies für ethisch befriedigend halten.

l) Tusculanae disputationes
Disputationen in Tusculum

Am 29. Mai 45 bestellt Cicero Dikaiarchs Schrift Περὶ ψυχῆς (Att. XIII 32 = 305 Sh.B., 2), die er vermutlich in den doxographischen Partien des ersten Tusculanenbuches heranziehen wollte. Über den Gang der Arbeit wissen wir nichts Näheres; es ist anzunehmen, dass Cicero gleichzeitig an den ‹Tusculanen› und an ‹De natura deorum› arbeitete. Im Mai 44 lagen die ‹Tusculanae disputationes› Atticus vor (Att. XV 2 = 379 Sh.B., 4. 4 = 381 Sh.B., 3); sie waren jedoch wohl schon längere Zeit vorher abgeschlossen: sonst würden sie auf ein für Cicero so einschneidendes Ereignis wie die Ermordung Caesars Bezug nehmen. Wahrscheinlich sind sie in der zweiten Hälfte des Jahres 45 entstanden. Der Titel ist im Werk selbst (V 1), im Schriftenkatalog (div. II 2) sowie an den zuletzt genannten Briefstellen bezeugt; Cicero hat ihn nicht wie sonst nach dem Thema oder dem Hauptwortführer gewählt, sondern nach dem angenommenen Ort des Gesprächs, seinem Landhaus in Tusculum. Die ‹Tusculanen› erscheinen im Katalog (div. II 3) als eine Art Ergänzung zu ‹De finibus› und sind darum ebenfalls Brutus gewidmet (Tusc. I 1, V 121). An einigen Stellen finden sich Rückverweise auf das frühere Werk (IV 82, V 32. 121; vgl. dazu LÉVY 1992 [*769: 446-452]).

Die Vorreden zu den einzelnen Büchern sind wichtig, denn sie enthalten grundsätzliche Aussagen über das Wesen der Philosophie, über Ciceros Verhältnis zur Philosophie im allgemeinen und zur Akademie im besonderen, über die Entwicklung der Philosophie in Rom und über Roms Verhältnis zur griechischen Kultur. Der Text enthält zahlreiche Stellen, die nicht ohne weiteres in den Zusammenhang eingeordnet werden können und von vielen Forschern als Glosseme betrachtet werden. LUNDSTRÖM (1964 [*853]) hat jedoch versucht, diese Stellen als echt zu erweisen. Die Hypothese von GIUSTA (1969 [*860], 1991 [*873]), nach der es zwei Originalausgaben der ‹Tusculanae disputationes› gegeben hat, auf die die vielen Diskrepanzen zurückgehen, ist nicht ausreichend begründet.

Das Werk bereitet dem Verständnis manche Schwierigkeiten. Zwischen der Vorrede zu Buch I, die das Ganze als eine rhetorische Übung erscheinen lässt, und der Durchführung, die starkes Engagement an der Sache verrät, besteht eine gewisse Spannung; das Werk scheint «zwischen formalem Exercitium und sachlicher Protreptik ... zu schwanken» (GIGON (Hg.) ²1970 [§ 54 *386: 417]). Auf den ersten Blick unterscheiden sich die ‹Tusculanen› von den anderen philosophischen Dialogen Ciceros dadurch, dass hier kein echtes Gespräch geführt wird; der nicht individualisierte Gesprächspartner (oft als 'Schüler' bezeichnet) stellt zu Beginn eines jeden Buches eine These auf, die dann vom 'Lehrer' Cicero widerlegt wird. Aber der Schein trügt: Die These wird jeweils nacheinander aufgrund von zwei verschiedenen Prämissen widerlegt; mehrmals macht sich der philosophische Lehrmeister Cicero die eben erst 'widerlegten' Einwände seines Gesprächspartners für den zweiten Beweisgang ausdrücklich zu eigen. Auch darin zeigt sich der dialektische Charakter der ‹Tusculanen›, dass Cicero keineswegs apodiktisch und dogmatisch argumentiert: er erfüllt eine ihm gestellte Aufgabe und zeigt damit nur – wie früher Arkesilaos und Karneades –, dass die Eingangsthese des 'Schülers' widerlegt werden *kann*. Dem jeweils am Ende formulierten Kompromiss kommt darum – gut skeptisch – keine Gewissheit, sondern nur eine hohe Wahrscheinlichkeit zu (ausführlicher GÖRLER 1992 Rez. Douglas (Hg.) 1985-1990 [§ 54 *405] 118f.).

Buch I geht aus von der These des 'Schülers', der Tod sei ein Übel. Cicero bestreitet das nachdrücklich, doch sucht er dogmatische Festlegungen soweit als möglich zu vermeiden. Ob der Tod ein Übel ist, lasse sich nicht unabhängig von der weiteren Frage entscheiden, was denn der Tod überhaupt ist. Diese zweite Frage wird von Cicero nicht definitiv beantwortet. Er zeigt vielmehr die Konsequenzen, die zwei mögliche Antworten auf sie für die Entscheidung der ersten Frage haben: Wenn der Tod die Rückkehr der Seele an ihren kosmischen Ursprungsort bringt, dann ist er ein Gut; wenn er dagegen ein absolutes Ende ist, dann kann er kein Übel sein, denn in diesem Falle gibt es keinerlei Empfindung mehr. Cicero lässt den Wunsch erkennen, die erste Antwort möge richtig sein, und er führt zu ihrer Erhärtung reiches doxographisches Material über die Natur der Seele an sowie mehrere historische und metaphysische Argumente für ihre Unsterblichkeit (18-81), u.a. den Beweis 'e consensu gentium' (30) und PLATONS Beweise (Phaidros 245f.) aus der Selbstbewegung der Seele (53f.). Er ahnt jedoch, dass die Argumente schwach sind, und misst daher der zweiten, weniger weitreichenden Antwort gleiches Gewicht bei (82-111). Die Meinung, dass die Seele zwar den Tod des Körpers überlebt, aber ein unglückliches Leben in der Unterwelt fristet, tut er beiläufig als ein blosses Mythologem ab (10. 48). Somit glaubt er sich zu der Annahme berechtigt, die These vom Tod als einem Übel sei in jedem Falle falsch, gleichgültig wie man über die Natur der Seele denke.

Buch II hängt mit Buch I insofern zusammen, als der Schmerz, der hier zur Sprache kommt, neben dem Tod die wichtigste Quelle der Angst ist, von der die Philosophie den Menschen zu befreien hat. Der Gesprächspartner stellt die These auf: 'Der Schmerz ist das grösste Übel'; sie wird als Lehre Aristipps und Epikurs identifiziert (14f.). Die Widerlegung setzt bei den Konsequenzen an: Wer die These annimmt, kann nicht glücklich sein, denn gegen den Schmerz ist niemand gefeit. Mythische Beispiele menschlichen Leidens zeigen, dass der Schmerz als Übel empfunden wird (19-26). Aber die Schande ist ein so viel grösseres Übel als der Schmerz, dass es unwesentlich ist, ob man diesen als Übel anerkennt oder nicht. Dass der Schmerz ertragen werden kann, zeigen wiederum Beispiele (28-43). Die Philosophie soll den Schmerz nicht wegdisputieren, sondern lehren, wie er zu überwinden ist; denn die Vernunft hat die Kraft, ihn zu überwinden (42-65). Cicero bleibt trotz der Benutzung vieler stoischer Argumente, die er wahrscheinlich Panaitios' Brief an Q. Tubero ‹De dolore patiendo› verdankt (dazu STEINMETZ oben S. 649), seiner skeptischen Haltung treu: Er lässt offen, ob der Schmerz ein Übel ist, und zeigt lediglich, dass er nicht das grösste aller Übel ist. Die Philosophie hat seiner Meinung nach nicht in erster Linie die theoretische Frage nach dem Charakter des Schmerzes zu entscheiden, sondern vielmehr dem Menschen zu helfen, den Schmerz zu überwinden.

In Buch III geht es um die Frage, ob der Weise vom Kummer betroffen wird. Cicero sucht zu zeigen, dass die Frage verneint werden muss. Er stützt sich dabei in erster Linie auf stoische Argumente, insbesondere auf die These, dass der Kummer keine Naturgegebenheit ist, sondern auf einer willkürlichen Einbildung des Menschen beruht, etwa einer falschen Meinung über den Wert eines verlorenen Gegenstandes (8-75). Cicero stellt zusammen, was die Philosophie zur Therapie des Kummers aufbieten kann und empfiehlt, die Trostmittel je nach Lage und Charakter des zu Tröstenden einzusetzen (75-79). Er sieht selbst, dass sich die Erörterung von der Ausgangsthese entfernt hat (80): es geht weniger um den Weisen, der ja nur die Schande für ein Übel hält und folglich bei einem Verlust nicht vom Kummer betroffen werden kann, als vielmehr um den gewöhnlichen Menschen, der falsche Meinungen über den Wert der Dinge hegt.

Buch IV hängt sachlich eng mit Buch III zusammen: Es behandelt die allgemeinere Frage, ob der Weise von jedem Affekt frei ist. Cicero legt Wesen und Arten der Affekte in offensichtlichem Anschluss an eine stoische Schrift dar (11-33). Bei dem Nachweis, dass der Weise frei von jeder 'Leidenschaft' ist, wird der stoischen Forderung nach völliger Freiheit von 'Leidenschaft' (Apathie) der Vorrang vor der peripatetischen Forderung nach Masshalten in der Leidenschaft (Metriopathie) gegeben (34-57). Cicero selbst möchte sich aus dem Streit der Schulen heraushalten und sich mit dem Wahrscheinlichen begnügen (47); er betont den Konsens der Schulen darüber, dass die Leidenschaft bekämpft werden muss. Der Schlussteil legt die Therapie der Affekte dar (58-83).

Buch V erörtert das Problem, ob die Tugend zur Glückseligkeit genügt. Nach einer vorläufigen Entscheidung im Sinne der Stoiker (12-18) greift Cicero weiter aus. Er stellt den Zusammenhang des Problems mit der Bestimmung des höchsten Gutes klar (26-31) und prüft, ob er sich nicht selber widerspricht, wenn er die Autarkie der Tugend bejaht (32-36). Dann trägt er die stoischen Argumente hierfür vor, die er mit historischen 'exempla' tugendhaften und lasterhaften Lebens durchsetzt (37-67). Er schildert, wie der Weise, der sich auf allen Gebieten der Philosophie betätigt, am öffentlichen Leben teilnimmt und Freundschaften pflegt, auf solche Weise sein Glück bewirkt (68-72), und er sucht den Einwand zu entkräften, dass dieses sein Glück durch Schmerz beeinträchtigt werden könne (73-82). Dann wird das Problem aus anderer Perspektive neu aufgerollt: Alle Philosophen sind sich darüber einig, dass die Tugend zur Glückseligkeit genügt, gleichgültig, wie sie das höchste Gut im einzelnen bestimmen. Denn nicht nur die Stoiker, sondern auch die Akademiker ebenso wie die Peripatetiker (ausgenommen Theophrast) und sogar die Epikureer erklären den Weisen ungeachtet seines äusseren Schicksals für glücklich (83-120). Hier wird noch einmal das Motiv vom Konsens im Wesentlichen und Dissens im Unwesentlichen angeschlagen, welches das ganze Werk durchzieht.

m) De natura deorum
Über das Wesen der Götter

Die Arbeit an dieser Schrift ist für den Sommer des Jahres 45 bezeugt: am 4. August erwähnt Cicero, dass er «gegen die Epikureer schreibe» (Att. XIII 38 = 341 Sh.B., 1), was auf I 57-124 zu beziehen ist; am folgenden Tag bittet er Atticus um das Werk des Epikureers Phaidros über die Götter (Att. XIII 39 = 342 Sh.B., 2). Das Brutus gewidmete Werk ist als Gespräch angelegt, das zwischen 77 und 75 im Hause des C. Aurelius Cotta stattgefunden haben soll; neben Cotta sind C. Velleius und Q. Lucilius Balbus beteiligt, sowie als stummer Zuhörer Cicero selbst. Es geht um die philosophische Theologie: die epikureische und die stoische Doktrin werden dargestellt und jeweils anschliessend von dem Vertreter der Akademie kritisiert. Es fehlt die Lehre des Peripatos, was durch Hinweis auf ihre Übereinstimmung mit der Lehre der Stoa entschuldigt wird (I 16).

Cicero hat während der Arbeit an dem Werk seine Konzeption geändert: Zunächst war eine andere zeitliche Gliederung vorgesehen, von der sich noch Spuren erhalten haben (II 73; III 18). Darüber hinaus hatte er ursprünglich wohl sich selbst die Rolle des Kritikers zugedacht, die jetzt Cotta innehat. Ob das Werk von Cicero veröffentlicht worden ist, steht nicht fest. Wo er es später erwähnt, bezeichnet er es nur als 'abgeschlossen'; vielleicht wollte er es zusammen mit der zugehörigen Schrift ‹De divinatione› herausgeben. Für die Annahme, es sei erst posthum veröffentlicht worden, besteht jedoch kein zwingender Grund. Die Angaben über den Titel schwanken. Die besten Handschriften haben ‹De deorum natura›; Cicero zitiert das Werk jedoch unter dem Titel ‹De natura deorum› (div. I 7; 8; II 3; 148; fat. 1), die Herausgeber sind ihm gefolgt.

Das Buch I enthält nach dem Prooemium zum Gesamtwerk (1-14) und dem Vorgespräch (15-17) zunächst eine vorgezogene Polemik des Epikureers Velleius gegen die platonische und die stoische Vorstellung vom Weltenschöpfer (18-24), sodann einen Abriss der Geschichte der philosophischen Theologie von Thales bis Diogenes 'von Babylon', der aus epikureischer Sicht verfasst und mit bissiger Kritik durchsetzt ist (25-41). Nach einem Seitenblick auf die Gottesvorstellungen der Dichter und des Volkes (42-43) folgt das sehr knappe Exposé der epikureischen Theologie (43-56). Dieser Hauptteil bietet grosse sachliche und textliche Schwierigkeiten; besonders die Aussagen über den Ursprung des Gottesbegriffs (44f.) und über die physische Konstitution der Götter und ihrer Abbilder (49f.) sind noch immer stark umstritten.

In seiner ausführlichen Erwiderung (57-124) geht Cotta das Exposé Punkt für Punkt durch und sucht die epikureischen Thesen teils als sachlich falsch, teils als unzureichend begründet, teils als unverständlich, teils als verderblich für Moral und Religion zu erweisen. Seine Kritik gipfelt in dem Vorwurf, den bereits Poseidonios erhoben hatte: Epikur sei in Wahrheit Atheist und wolle dies mit seiner Rede von den Göttern nur vertuschen, um sich vor dem Hass des Volkes zu schützen (123).

Buch II enthält die Darstellung der stoischen Theologie, die viel ausführlicher ist als die Darstellung der epikureischen Theologie in Buch I. Das hängt wohl nicht nur mit der stärkeren Differenziertheit der stoischen Tradition zusammen, sondern auch damit, dass Cicero die stoische Lehre mit grösserer Sympathie betrachtet als die epikureische.

Die Darstellung wird in vier Teile gegliedert: es geht 1. um das Dasein der Götter (13-44), 2. um ihre Eigenschaften (45-72), 3. um ihre Lenkung der Welt (73-153) und 4. um ihre Sorge für den Menschen (154-168). Die Gliederung wird als 'stoisch' bezeichnet (3) und kann auch als stoisch gelten (THEILER 1930 [§ 42 *91: 142] gegen HEINEMANN 1928 [*895: 2, 166]). Sie ist jedoch nicht streng durchgeführt: es finden sich mehrere Überschneidungen. Das ist nicht verwunderlich, denn einerseits sind Existenzbeweise ohne einen – wie immer vorläufigen – Wesensbegriff von den Göttern undenkbar, andererseits ist Cicero der Unterschied zwischen der teleologischen Struktur einzelner Naturdinge und der teleologischen Struktur der Gesamtnatur, d.h. ihrer Hinordnung auf einen Endzweck, nicht klar geworden.

Die Darstellung ist trotz aller Mängel der Anordnung lebhaft, anschaulich und reich an Nachrichten aus der antiken Wissenschaft. Ihre Quellen sind heftig umstritten; die Anhaltspunkte sind zu dürftig, als dass sich zweifelsfrei entscheiden liesse, was Kleanthes, Chrysipp, Panaitios oder Poseidonios, was einem stoischen oder auch akademischen 'Handbuch' zuzuschreiben sein könnte.

In dem lückenhaft erhaltenen Buch III trägt Cotta die akademische Kritik an der stoischen Theologie vor, nicht um das Dasein der Götter zu bestreiten oder die hergebrachte Religion zu untergraben, sondern lediglich um die Beweisansprüche der Stoa zu widerlegen (5f. 8f. 93). Er folgt dabei der Gliederung von Buch II und erörtert zunächst die Existenzbeweise (7-19), danach die Attributenlehre (20-64). Seine Kritik an der Lehre von der göttlichen Weltlenkung ist verloren, ebenso der Anfang der Kritik, die er an der Lehre von einer besonderen Vorsehung für den Menschen übt (65-93). Die lateinischen Kirchenväter lasen noch den vollständigen Text; die durch eine Nachricht des Arnobius (III 7) genährte Vermutung, das Fehlende sei wegen seiner religionskritischen Tendenz unterdrückt worden, liegt nahe, ist aber unbeweisbar (PEASE 1913 [*891: 32 Anm. 4], (Hg.) 1955-1958 [§ 54 *434: 1143f.]). Philosophisch interessant ist der Versuch von Christian Viktor KINDERVATER (1792 [*890: 2. Theil, 290-338]), die grosse Lücke durch einen Dialog zweier

«Weltweiser neuerer Zeit» im Geist der Aufklärung auszufüllen.

Am Ende (III 95) bezieht Cicero selbst zu den vorgebrachten Argumenten Stellung. In vorsichtig verklausulierter Form gibt er der stoischen Position den Vorzug vor der akademischen. Diese Stellungnahme überrascht zunächst, denn im Prooemium hat er die Frage nach seiner persönlichen Überzeugung abgewiesen und sich überdies generell zur Akademie bekannt (I 10-12). Man hat daher an der Aufrichtigkeit seiner Stellungnahme gezweifelt und in ihr ein taktisches Manöver, bestenfalls einen Nachtrag, gesehen. Damit wird man ihr jedoch nicht gerecht. Cicero hat zweifellos mit dem Einwand gerechnet, die akademische Kritik an den stoischen Beweisen zerstöre gleichzeitig die hergebrachte Religion (vgl. div. I 9); möglicherweise war eben dies der Grund dafür, dass er die Rolle des akademischen Kritikers in dem Gespräch nicht selber übernommen, sondern Cotta zugewiesen hat. Aber seine Stellungnahme schliesst keinen Widerspruch ein. Denn zum einen bindet er sich an die Position der Akademie ebensowenig wie an die irgendeiner anderen Schule (I 17); zum andern hält er die stoische Konzeption der Vernunft, die die Welt durchwirkt und die Gemeinschaft von Göttern und Menschen begründet, mit vollem Recht weder für bewiesen noch für widerlegt; im Hinblick auf Moral und Religion scheint sie ihm unentbehrlich. Cicero unterscheidet zwischen den theoretischen Aspekten des Problems (die er für unentscheidbar hält) und den praktischen (die für ihn den Ausschlag geben). Allerdings bedeutet seine Stellungnahme für die Stoa nicht, dass er alle ihre Thesen billigt: in den beiden folgenden Schriften ‹De divinatione› und ‹De fato› wird sein Missbehagen an einigen Implikationen der stoischen Metaphysik deutlich.

n) De divinatione
Über Weissagung

Die Schrift ist zwischen dem Sommer 45 und dem Frühjahr 44 entstanden, gleichzeitig mit ‹De natura deorum› oder kurz danach. Nach dem Tode Caesars hat Cicero einzelne Passagen eingefügt (I 119; II 25. 36f. 110) und auch die Vorrede zu Buch II geschrieben, die eine Übersicht über Umfang und Absicht seines philosophischen Werks gibt. Die Mantik war fester Bestandteil der stoischen Theologie und daher in ‹De natura deorum› II 7-12 berührt worden; jetzt wird sie in angemessener Ausführlichkeit behandelt, und zwar in

Form eines Gesprächs zwischen Marcus Cicero und seinem Bruder Quintus, das auf Marcus' Landgut bei Tusculum stattfindet. Quintus referiert und verteidigt die stoische Auffassung, Cicero kritisiert sie vom akademischen Standpunkt.

Das Referat in Buch I berücksichtigt die stoische Tradition von Chrysipp bis Poseidonios. Die Frage, welcher Abschnitt auf welchen Autor zurückgeht, ist bisher aber nicht zufriedenstellend beantwortet. Manches könnte durch den Peripatetiker Kratippos vermittelt sein, der öfters erwähnt wird. Das Referat dient aber auch gar nicht der Absicht, eine einheitliche Theorie der Mantik vorzustellen. Cicero folgt der Einteilung in künstliche und natürliche Mantik; beide Zweige werden in zwei Durchgängen behandelt: Opferschau und Vogelschau 12-33 und 72-109, Orakel- und Traumdeutung 34-71 und 110-132. Über weite Strecken herrscht die Schilderung von Einzelfällen vor, von denen viele aus dem römischen Bereich stammen; es fehlen aber auch nicht die typischen Syllogismen der älteren Stoiker (82f.). Das Referat nimmt schon auf die folgende Kritik Rücksicht, etwa mit dem Hinweis, dass man sich der Weissagung bedienen dürfe, auch wenn man keine Erklärung für sie habe (12. 35. 109), oder dass eine Kunst nicht schon dadurch widerlegt werde, dass bei ihrer Anwendung Fehler unterlaufen (24).

Die Kritik an der Mantik in Buch II geht im wesentlichen wohl auf Karneades zurück. Sie beginnt mit allgemeinen Einwänden (8-25) und nimmt dann die beiden Zweige der Mantik einzeln aufs Korn, um sie als theoretisch unbegründet zu erweisen. Bei der Opferschau sei kein Zusammenhang zwischen Zeichen und Ereignis erkennbar (28-41); Wunderzeichen gebe es überhaupt nicht (42-69); die Astrologie werde sogar von dem Stoiker Panaitios verworfen (87-89); Orakel und Träume seien ganz unsicher (100-147). Am Ende seiner Argumentation 'gegen die Weissagung' (148-149) richtet Cicero eine leidenschaftliche Anklage gegen die zerstörerische Kraft des Aberglaubens, betont jedoch, dass er damit nicht die Religion treffen wolle. Dieser Abschnitt wurde später oft als Beweis für seinen aufgeklärten Rationalismus angeführt (so zuletzt BLÄNSDORF 1991 [*992]). Dabei ist übersehen, dass Marcus Cicero sein Plädoyer nicht absolut verstanden wissen will: Die Reden der Brüder sind ausdrücklich als eine akademische 'disputatio in utramque partem' charakterisiert (div. I 7 ut diligenter ... argumenta cum argumentis comparemus, II 150 conferre causas); ein abschliessendes Urteil wird nicht gefällt (div. II 150). Es ist jedoch unverkennbar, dass Marcus Cicero den Praktiken der Mantik auch persönlich wenig Sympathie und wenig Vertrauen entgegenbringt.

o) De fato
Über schicksalhafte Vorherbestimmung

Cicero hat mehrfach angekündigt, dass er auf das Problem von Schicksal und Willensfreiheit eingehen wolle (nat. deor. III 19; div. I 127; II 3. 19); im Frühsommer 44 hat er sein Versprechen eingelöst. Er hat ‹De fato› aber eine andere literarische Form gegeben als den Werken, zu denen es thematisch gehört: Er fingiert ein Zusammentreffen mit seinem Freunde Hirtius, von dem er sich eine These vorgeben lässt, um sie zu widerlegen; es ist die stoische These von der kausalen Determiniertheit allen Geschehens, die Cicero vom akademischen Standpunkt aus kritisiert. Welchen Quellen er seine Einwände entlehnt, geht aus dem Text nicht hervor. Die Substanz der Argumente dürfte auf Karneades zurückgehen; die Erwähnung des Poseidonios lässt auf einen späteren Mittelsmann schliessen (falls sie nicht Zutat Ciceros ist). Wenn am Schluss des Hauptteils der Versuch spürbar wird, zwischen den streitenden Parteien zu vermitteln (45), so erinnert das an Antiochos aus Askalon.

‹De fato› ist nur unvollständig überliefert, Anfang und Schluss des Hauptteils fehlen. Der erhaltene Text zeigt eine auffallende argumentative Dichte: Wir sind Zeugen einer grossen Anstrengung des Begriffs; Beispiele haben nur untergeordnete Bedeutung. Drei Argumentationsansätze zeichnen sich ab: 1. der Ansatz der Physik. Die kosmische Sympathie, auf die Chrysipp und Poseidonios sich berufen, ist kein zureichender Beweis für das 'fatum' (5-11). 2. Der Ansatz der Logik und Metaphysik. Die stoische Annahme, dass logische Notwendigkeit reale Notwendigkeit nach sich ziehe, ist falsch. Chrysipp kommt der Möglichkeitslehre des Diodoros Kronos, die er explizit verwirft, bedenklich nahe (11-18). Sein Insistieren auf dem Satz vom Widerspruch ist ebenso verkehrt wie Epikurs Polemik gegen diesen Satz (18-23). Man muss die Tatsache der Freiheit anerkennen, wie Karneades es tat, und in der Lehre von den Ursachen Unterscheidungen einführen, die dieser Tatsache Rechnung tragen. Chrysipp gelingt es nicht, 'fatum' und Freiheit zu vereinbaren (23-38). 3. Der Ansatz der Psychologie. Die Hauptfrage ist, ob unsere Urteile und Willensregungen frei sind. Da etwas in unserer

Verfügung steht, können sie nicht dem 'fatum' unterliegen. Doch vielleicht ist der Streit zwischen Anhängern und Gegnern des 'fatum' nur verbal (40-45). Am Schluss weist Cicero (wie schon 18f.) Epikurs Lösung des Freiheitsproblems durch die Annahme einer unverursachten Bahnabweichung der Atome zurück (46-48).

p) Cato maior de senectute
Cato der Ältere oder Über das Alter

Die Schrift über das Alter ist im Frühjahr 44, noch vor Caesars Ermordung, verfasst; im Mai war sie veröffentlicht (Att. XIV 21 = 375 Sh.B., 3). Das Schriftenverzeichnis in ‹De divinatione› II 3 erwähnt sie bereits. Sie ist Atticus gewidmet und durch persönliche Erfahrung veranlasst: Autor und Adressat verspüren die Last des Alters und müssen die rechte Einstellung dazu finden; die kleine Schrift soll dabei helfen. Sie hat Dialogform: der hochbetagte Cato unterredet sich mit dem jüngeren Scipio und C. Laelius. Die literarische Einkleidung soll den vorgetragenen Gedanken Autorität verleihen.

Nach dem Prooemium (1-3) und dem Einleitungsgespräch (4-14) weist Cato vier Hauptklagen ab, die unter dem pragmatischen, dem physiologischen, dem moralischen und dem metaphysischen Aspekt gegen das Alter vorgebracht werden. Die erste Klage lautet, das Alter ziehe von den Geschäften, d.h. von der politischen Tätigkeit ab. Es gilt jedoch, die Aufgaben zu erkennen, die dem Alter gemäss sind. Alte nützen dem Gemeinwesen durch Überlegung, Ansehen und Urteil, und solange sie ein aktives Interesse an etwas nehmen, bewahren sie sich ihre Geisteskräfte (15-26). Zweitens wird geklagt, das Alter schwäche den Körper. Alte müssen jedoch alles nach Massgabe ihrer Kräfte tun und dürfen sich nicht der Untätigkeit ergeben. Wer dem Körper nach ein Greis ist, braucht es nicht auch dem Geist nach zu sein (27-38). Was die dritte Klage angeht, das Alter entbehre der sinnlichen Vergnügungen, so hat man sich klarzumachen, dass dies kein Unglück, sondern ein Vorzug ist. Die Freuden wissenschaftlicher Erkenntnis werden durch das Alter jedenfalls nicht beeinträchtigt, ebensowenig wie die des Landlebens. Die Krone des Alters ist das Ansehen ('auctoritas'), welches höheren Wert besitzt als alle sinnlichen Vergnügen der Jugend (39-65). Und wenn es viertens heisst, das Alter bringe uns dem Tode immer näher, so muss man sich an die Erkenntnis halten, dass der Tod zu verachten ist: Er setzt entweder allem ein Ende, oder er führt uns an einen besseren Ort. Für Alte ist der Tod natürlich und somit kein Übel. Doch soll die Natur selbst auflösen, was sie zusammengefügt hat; man soll weder sich an das Leben klammern noch den Tod suchen. Durch den Mund Catos bekennt Cicero seinen Glauben an die Unsterblichkeit. Die Autorität der grössten Philosophen spricht dafür, und alle grossen Taten setzen diesen Glauben voraus. Mit der Möglichkeit des Irrtums scheint er hier kaum zu rechnen (66-85).

q) Laelius de amicitia
Laelius oder Über Freundschaft

Die Schrift über die Freundschaft wird in Ciceros Briefwechsel nicht erwähnt; ihre Abfassungszeit muss daher aus Indizien erschlossen werden. Einige Interpreten entscheiden sich für März/April, andere für September/Oktober 44 v.Chr. Cicero hat der Atticus gewidmeten kleinen Schrift die Form eines Gesprächs im Freundeskreis um den jüngeren Scipio gegeben; es treten Laelius und seine Schwiegersöhne C. Fannius und Q. Mucius Scaevola auf; den Letztgenannten hat Cicero noch persönlich gekannt, von ihm will er den Inhalt des Gesprächs erfahren haben. Die Szenerie ist ins Jahr 129 gelegt, kurz nach dem Tode Scipios. Dadurch wird die Schrift zum literarischen Denkmal der Freundschaft zwischen Scipio und Laelius; mittelbar verewigt sie die Freundschaft zwischen Cicero und Atticus. Inhaltliche Berührungen mit ‹De officiis› machen es wahrscheinlich, dass Cicero Gedanken des Stoikers Panaitios aufnimmt; aber auch von Aristoteles und Theophrast sind Spuren nachweisbar.

Nach dem Prooemium (1-5) und dem Einleitungsgespräch (6-17) bestimmt der erste Hauptteil (18-24) das Wesen der Freundschaft als «Übereinstimmung in allen göttlichen und menschlichen Dingen, verbunden mit Wohlwollen und Liebe» (20). Eine solche Beziehung, so wird betont, kann nur zwischen 'Guten' bestehen (dieser Begriff schillert hier zwischen der rein ethischen Bedeutung, die er in ‹De officiis› hat, und der rein politischen Bedeutung, die er in Ciceros Reden hat). Die Wesensbestimmung endet mit einem Preis der Freundschaft und ihrer Annehmlichkeiten.

Der zweite Hauptteil gibt die 'Beschaffenheit' (quale) oder richtiger den 'Ursprungsort' (ortus) der Freundschaft an: Sie beruht nicht auf der Schwäche und Hilfsbedürftigkeit des einzelnen, sondern auf der natürlichen Liebe zum anderen.

Der dritte und bei weitem umfangreichste, etwas unübersichtlich gegliederte Hauptteil (33-

100) gibt 'Vorschriften' (praecepta) in bezug auf die Bildung, Erhaltung und Gestaltung der Freundschaft. Zunächst: Wie weit darf die Freundesliebe gehen, wenn die Freundschaft Bestand haben soll? Es ist ein «unverbrüchliches Gesetz» (40), dass man weder den Freund um etwas Unehrenhaftes bitten, noch auf seine Bitten hin etwas Unehrenhaftes tun darf (33-43), wobei Cicero unter dem 'Unehrenhaften' vor allem das versteht, was der 'res publica' schadet. Philosophische Lehrmeinungen, die das Problem beseitigen, indem sie das persönliche Engagement in der Freundschaft reduzieren wollen, werden zurückgewiesen (44-55). Die Grenzen der Freundesliebe müssen richtig bestimmt werden (56-61). Ferner: Wir müssen unsere Freunde sorgfältig auswählen, etwaige Rangunterschiede ausgleichen, vorschnell eingegangene Freundschaften behutsam lösen (61-85). Schliesslich zum Umgang mit dem Freund: Es ist manchmal nötig, den Freund zu ermahnen oder gar zu tadeln; Schmeichelei ist gänzlich fernzuhalten (88-100).

r) Topica
'(Die Kunst, argumentative) Gemeinplätze (zu finden)'

Die Schrift enthält ein durch Beispiele erläutertes System der 'Fundstellen' (loci) für die Argumente, mit denen der Redner seine Thesen einleuchtend machen kann; sie liegt somit im Grenzbereich zwischen Logik und Rhetorik. Wie es im Prooemium (1-5) heisst, geht die Schrift auf eine Anregung des Juristen C. Trebatius zurück; dieser hatte «eine gewisse Topik des Aristoteles» (Aristotelis Topica quaedam) in Ciceros Bibliothek gefunden und wünschte sich eine Erklärung des Werks. Cicero will der Bitte während einer Schiffsreise von Velia nach Rhegium im Juli 44 nachgekommen sein, wo er keine Bücher zur Verfügung hatte und sich nur auf sein Gedächtnis stützen konnte (vgl. auch fam. VII 19 = 334 Sh.B.). Die so entstandene Schrift hat aber sehr wenig mit der uns vorliegenden ‹Topik› des Aristoteles gemeinsam und berührt sich eher mit dessen ‹Rhetorik›. Ohne zureichenden Grund hat man den Hauptteil (6-78) auf Antiochos aus Askalon zurückgeführt; das ist auch mit Ciceros ungewöhnlich genauer Quellenangabe unvereinbar. KAIMIO (1976 [*1139]) will die Schwierigkeit mit der Annahme lösen, dass Cicero hier wie auch schon de or. II 162-173, wo das gleiche System der «loci» vorliegt, ein Pseudepigraphon mit dem Titel ‹Topica› benutzt habe, dessen Verfasserschaft ihm selbst schon zweifelhaft geworden war (deshalb die eigentümliche distanzierte Quellenangabe). – Boethius (5.-6. Jh. n.Chr.) hat die ‹Topica› in einem umfangreichen, weitgehend erhaltenen Kommentar erläutert.

s) De officiis
Über sittlich-richtige Handlungen

Die letzte in der Reihe der philosophischen Schriften ist im Herbst 44 v.Chr. auf Ciceros Landgut in Puteoli entstanden. Einem Brief vom 28. Oktober ist zu entnehmen, dass Cicero an dem Werk arbeitet und dass er es seinem in Athen studierenden Sohn zueignen will (Att. XV 13a = 417 Sh.B., 2). Anfang November schreibt Cicero, dass er Panaitios' drei Bücher Περὶ τοῦ καθήκοντος in zwei Büchern zusammengefasst hat und für das Problem des Konflikts von Sittlichkeit und Nützlichkeit, das Panaitios nicht behandelt hat, eine Schrift des Poseidonios heranziehen will, deshalb habe er Athenodorus Calvus einen Auszug daraus gebeten; ausserdem verteidigt er die Wiedergabe von καθῆκον mit 'officium' (Att. XVI 11 = 420 Sh.B., 4). Er erhielt den erbetenen Auszug noch im November (Att. XVI 15 = 425 Sh.B., 4). Am 9. Dezember kehrte Cicero nach Rom zurück und stürzte sich in seine letzte grosse politische Auseinandersetzung, die ihm kaum Zeit gelassen haben dürfte, sich weiter mit dem Werk zu befassen. ‹De officiis› trägt deutliche Spuren der Unfertigkeit.

Buch I. Auf das Prooemium, das die Interdependenz von Philosophie und Redekunst betont (1-4) und die Bedeutung der Pflichtenlehre herausstreicht (4-6), folgt eine Einleitung, die neben Begriffsbestimmungen und Einteilungen (7-9) eine anthropologische Fundierung der Pflichtenlehre enthält (10-17). Die menschliche Natur ist ein Gefüge aus verschiedenen Grundtriebkräften: dem Trieb nach Erkenntnis, nach Selbsterhaltung und Gemeinschaft, nach Autonomie, nach Mass und Ordnung. Jedem dieser Triebe entspricht eine der vier klassischen Kardinaltugenden (für die Tapferkeit tritt die Seelengrösse, 'magnitudo animi', ein). Sittlich handeln heisst die natürlichen Triebkräfte mittels der Vernunft so zu regulieren, dass sie alle befriedigt werden, ohne sich gegenseitig zu behindern: das Handeln soll ein harmonisches Ganzes sein – so will es die Natur. Diejenigen Handlungsweisen nun, die aus einer der vier Grundtriebkräfte entspringen und geeignet sind, die Harmonie des Ganzen zu bewirken und zu bewahren, heissen Pflichten.

Dass Cicero mit Recht beansprucht, nicht bloss eine griechische Vorlage zu übersetzen, zeigt schon die Gliederung des Werks. Panaitios hatte drei Fragen unterschieden:
- Was ist sittlich (honestum) bzw. unsittlich (turpe)?
- Was ist nützlich?
- Wie ist zu verfahren, wenn das Nützliche dem Sittlichen zu widerstreiten scheint?

Aber er hatte die dritte Frage unbeantwortet gelassen und eine weitere gar nicht gestellt: In welchem Rangverhältnis stehen die verschiedenen Formen des Sittlichen bzw. des Nützlichen untereinander? Was bei Panaitios fehlt, sucht Cicero teils durch eigene Überlegungen (III 43 Marte nostro), teils im Rückgriff auf die Werke anderer Stoiker zu ergänzen.

Der Hauptteil des Buches legt die Pflichten als Erscheinungsformen des Sittlichen in den vier Bereichen des Handelns dar (18-151); dabei erhalten die einzelnen Bereiche stark unterschiedliches Gewicht. Der Bereich der Erkenntnis wird sehr kurz behandelt (18f.). Es kommen nur die Pflichten der Klugheit in den Blick, die es mit der Erkenntnis selbst zu tun haben (Evidenz und Relevanz der Gegenstände, Primat der Praxis). Die Pflichten im sozialen Bereich werden ausführlich dargelegt, und zwar zunächst die Pflichten der Gerechtigkeit (20-41), dann die des Wohlwollens (42-60); beide Arten von Pflichten schränken einander wechselseitig ein. Die Abstufung der menschlichen Gemeinschaft (Menschheit, Staat, Gemeinde, Sippe, Familie, Freundeskreis) wird hervorgehoben, weil sie die Verpflichtung zum Wohltun im Einzelfall begrenzt (50-58). Daran schliessen sich die Pflichten an, die der Seelengrösse entsprechen (62-92). Cicero betont, dass Seelengrösse ein Fehler ist, wenn sie wie bei Caesar nicht mit Gerechtigkeit gepaart ist (61-65), und dass sie ihr Betätigungsfeld nicht bloss im Kriege, sondern vor allem im Frieden und im zivilen Leben findet (74-81). In diesem Zusammenhang werden auch die Pflichten der Staatslenker umrissen (85-92).

Der lange Abschnitt über die Pflichten im Bereich von Mass und Ordnung (93-151) ist wichtiger, als seine Stellung im Ganzen erwarten lässt. Das Schickliche (decorum, πρέπον) ist nämlich einerseits das Sittliche überhaupt, insofern es in jedem Bereich des Handelns die Harmonie zu wahren gilt, welche die Natur vorgezeichnet hat; andererseits ist es dasjenige, was aus dem besonderen Trieb nach Mass und Ordnung hervorgeht und der Tugend der Mässigung und Selbstbeherrschung entspricht (93-106). Zukunftweisend ist der Versuch, die Bedeutung des Individuellen in der Ethik zu bestimmen: Jeder Mensch hat gewissermassen mehrere 'Personen' oder Rollen. Die erste ist durch die allgemeine Vernunftnatur gesetzt, die ihn mit allen anderen verbindet, die zweite durch seine individuelle Natur (d.h. Begabung und Naturell), die er nicht verleugnen kann, ohne sich Zwang anzutun, und der er daher folgen soll, soweit dies nicht in Widerspruch zur allgemeinen Vernunftnatur steht. Dazu tritt noch die Rolle, die er aufgrund seiner sozialen Stellung spielt und die durch den Zufall der Geburt bestimmt ist, schliesslich die selbstgewählte Lebensbahn, in erster Linie der Beruf (107-121). Obwohl sich daher für zwei Menschen auch in gleichen äusseren Umständen nicht unbedingt das Gleiche schickt, lassen sich einige Leitlinien des Schicklichen angeben (122-151).

Der Schluss des ersten Buches ist der Frage gewidmet, welche Rangfolge unter den Pflichten der verschiedenen Bereiche besteht (152-161). Cicero geht nicht auf alle denkbaren Fälle von Pflichtenkonkurrenz ein, sondern greift nur zwei heraus: Die Pflichten, die aus der menschlichen Gemeinschaft erwachsen, haben stets Vorrang vor den Pflichten der Erkenntnis; sie stehen jedoch hinter den Pflichten des Anstands zurück – wenigstens theoretisch, denn in der Praxis, so meint Cicero, kann der Fall nicht eintreten, dass einer etwas Abscheuliches tun muss, um die menschliche Gemeinschaft zu bewahren.

Buch II. Im Anschluss an das Prooemium, das Ciceros Hinwendung zur Philosophie und seine Art zu philosophieren verteidigt (1-8), wird das Thema eingegrenzt, denn der Versuch, Vorschriften über all das zu geben, was dem Menschen in irgendeiner Hinsicht nützlich sein kann, würde offenbar ins Uferlose führen. Nun ist dem Menschen bei der Realisierung aller seiner Zwecke, auch der sittlichen, nichts nützlicher (oder nichts hinderlicher) als der Mensch; selbst das, was die Natur dem Menschen an Mitteln zur Verfügung stellt, lässt sich nur durch zweckgerichtetes gemeinschaftliches Handeln, kurz: durch Arbeit nutzen. Es gilt daher zu zeigen, wie man die Unterstützung anderer bei der Realisierung der eigenen Zwecke gewinnt (9-20). Erfahrungsgemäss werden die Menschen nicht durch Furcht, sondern durch Liebe motiviert, einen anderen zu unterstützen; man muss folglich ihre Liebe zu gewinnen suchen (21-29). Das kann durch Freundschaft geschehen (30f.), mehr noch durch Ansehen, und dieses erlangt man durch Wohltätigkeit

(32-37), vor allem aber durch Gerechtigkeit (38-47); auch Beredsamkeit ist nützlich (48-51). Das wirksamste Mittel sind Wohltaten, die man anderen als Privatmann (52-71) oder als Staatsmann (72-85) erweist. Über die Pflege der Gesundheit und des Vermögens, die ja gleichfalls nützlich sind, hat Panaitios, so meint Cicero, deshalb nichts gesagt, weil dies sich teils von selbst versteht, teils die Kompetenz des Philosophen übersteigt (86f.). Der abschliessende Vergleich zwischen verschiedenen Arten des Nützlichen fällt sehr summarisch aus (88f.).

Buch III. Nach einem kurzen Prooemium, in dem Cicero seine durch Untätigkeit und Einsamkeit geprägte Lage mit der des älteren Scipio vergleicht (1-6), wendet er sich dem zentralen Thema des Buches zu. Panaitios hatte schon die Frage aufgeworfen, wie denn zu verfahren sei, wenn das Nützliche dem Sittlichen zu widerstreiten scheint, aber er hatte sie bewusst nicht beantwortet. Einen wirklichen Widerstreit dieser Art kann es für den Stoiker nämlich nicht geben: Nur das ist nützlich, was zu etwas Gutem dient, nur das Sittlichgute aber ist wahrhaft gut. Und selbst wenn ein Widerstreit bestünde, darf man nicht zwischen dem Sittlichen und dem Nützlichen schwanken, denn das wäre ja schon sittlich schlecht.

Die Pflichtenlehre jedoch, die Cicero bieten will, richtet sich nicht an Weise, sondern an gewöhnliche Menschen, die weder den sittlichen Charakter noch die Folgen ihrer Handlungen durchschauen und daher oft den Eindruck haben, dass eine Handlung einerseits unsittlich, andererseits nützlich ist. Auch wenn der Konflikt aus der Sicht des Weisen blosser Schein ist, braucht der gewöhnliche Mensch einen Fingerzeig, wie er aufzulösen ist (7-19). Diesen Fingerzeig will Cicero ihm geben. Er entwickelt dazu eine Verfahrensregel ('formula'), die dem stoischen System entspricht (19-34), und erläutert sie an zahlreichen Beispielen (35-120). Diese Verfahrensregel, die von einigen Interpreten auf Poseidonios zurückgeführt wird, über dessen Pflichtenlehre Cicero sich hatte informieren lassen, lautet: Den eigenen Vorteil durch den Nachteil eines anderen vergrössern, ist mehr gegen die Natur als Armut, Schmerz und Tod, denn es hebt die menschliche Gemeinschaft auf, wie sich deutlich zeigt, wenn man es als allgemeine Praxis vorstellt (21, vgl. 25). Dass jeder lieber für sich als für den anderen sorgt, ist zugestanden, aber die Natur duldet es nicht, ja das Gesetz der Natur ('lex naturae') verbietet es, dass einer den anderen um des eigenen Vorteils willen schädigt oder verletzt (22. 27). Der in dieser Regel aufscheinende Naturbegriff ist freilich kein empirischer Begriff, sondern ein normativer: Verbindliches Mass ist die Natur, wie man sie vernünftigerweise wünschen kann.

Die zahlreichen Fälle, die Cicero anschliessend zur Verdeutlichung anführt und die er erst spät und oberflächlich nach den vier Bereichen des Sittlichen gliedert (96), stammen überwiegend aus Wirtschaft und Politik und betreffen fast ausnahmslos den Konflikt von Gerechtigkeit und Nützlichkeit (die in 40 und 90 geschilderten Fälle handeln vom Konflikt zweier Pflichten). Die meisten Fälle spiegeln Probleme des täglichen Lebens, häufig in römischem Kolorit, einige wenige erscheinen konstruiert. Die Problemkonstellationen sind sehr unterschiedlich. Einige Fälle, wie z.B. der des C. Canius, der auf Sizilien beim Grundstückskauf betrogen wurde (58-60), bieten selbst dem gewöhnlichen Verstand keinerlei Schwierigkeiten, andere wiederum sind schwerer zu beurteilen und hatten schon zu Diskussionen innerhalb der stoischen Schule geführt (50-56. 91).

Die anfangs eingeführte Verfahrensregel wird bei der Besprechung der Fälle nicht herangezogen, vielmehr wird die Konfliktlösung jetzt in etwas anderer Richtung gesucht: Da es einen wirklichen Konflikt von Sittlichkeit und Nützlichkeit nicht geben kann, muss der Handelnde sich eine falsche Meinung darüber gebildet haben, was in seiner Lage sittlich bzw. nützlich ist. Eine Handlung, die auf den ersten Blick als nützlich erscheint, ist oft mit dem wohlverstandenen langfristigen Interesse des Handelnden unvereinbar; eine Handlung, die ihm auf den ersten Blick als geboten bzw. verboten erscheint, stellt sich manchmal bei näherer Betrachtung anders dar (89-95: Beispiele dafür aus Hekatons Schrift ‹Über die Pflicht›, über ihn vgl. STEINMETZ oben § 39, S. 663). Was den gewöhnlichen Menschen bei der Urteilsfindung zunächst verwirren kann, ist die Hoffnung, seine schlechte Tat werde verborgen bleiben (38f. 72-76), Voreingenommenheit für einen Freund (43-46), starkes politisches Interesse (46-49. 82-89) oder die Tatsache, dass die Pflichtverletzung klein, der Nutzen aber gross zu sein scheint (79-82). Die Erörterung des scheinbaren Konflikts von Mässigung und Nützlichkeit gibt Cicero am Ende noch einmal Gelegenheit, seine Ablehnung des epikureischen Hedonismus zu bekräftigen (116-120).

Das Werk hat die Form eines Sendschreibens an den Sohn Marcus, aber Cicero hat sicher nicht bloss an diesen gedacht, als er es niederschrieb (vgl. II 45): Die Belehrung ist allen Menschen zugedacht. Und so sehr die Perspektive gelegentlich auch durch Ciceros gesellschaftliche Stellung eingeschränkt sein mag, es wäre falsch zu sagen, das Werk drücke nur die Ideologie der römischen Führungsschicht in spätrepublikanischer Zeit aus. Wenn dem so wäre, bliebe der Erfolg des Werkes unverständlich. Tatsächlich ist ‹De officiis› eines der grossen Lehrbücher der Menschheit geworden. Die reiche Lebenserfahrung und das moralische Engagement, das aus ihm spricht, die Vielfalt der Gesichtspunkte und die Anschaulichkeit der Darstellung haben zu jeder Zeit die Leser angezogen. Bis zum Ende des 18. Jahrhunderts haben Ethiker daran angeknüpft, selbst wenn sie von ganz anderen philosophischen und historischen Voraussetzungen ausgingen: sie sahen in ‹De officiis› ein Kompendium der praktischen Ethik, das ohne grosse Schwierigkeit veränderten Bedingungen angepasst werden konnte. Erst seit die philosophische Ethik bewusst davon absieht, Handlungsanweisungen zu geben, ist Ciceros letztes Werk in den Hintergrund getreten.

2. Verlorenes

a) Hortensius

Das im Winter 46/45 entstandene Werk gehört zur Gattung des Protreptikos: Es ist eine Verteidigung der Philosophie im allgemeinen und diente als Auftakt zur geplanten systematischen Darstellung der gesamten Philosophie (siehe oben S. 1020). Das Werk ist verloren, aber mehr als hundert Fragmente geben einen gewissen Einblick in den Aufbau, wenngleich sie keine Rekonstruktion im einzelnen erlauben. Es handelte sich um einen Dialog zwischen Cicero und prominenten Zeitgenossen (Hortensius, Lucullus, Catulus). Der fiktive Zeitpunkt des Gesprächs liegt zwischen 65 und 60 v. Chr.

Hortensius fiel in dem Gespräch die Rolle des Kritikers der Philosophie zu. Zu den Argumenten, die er vorgebracht hat, zählen diese: Die Philosophie ist im Gegensatz zur Rhetorik nutzlos; sie ist auch überflüssig, weil die Natur als Lehrmeisterin genügt; ihr spätes Auftreten in der Geschichte widerlegt schon ihre Unentbehrlichkeit. Der Gegensatz von Theorie und Praxis macht die Philosophen unglaubwürdig. Die Dialektik vernichtet sich selbst, und auf einigen Gebieten wie dem der Theologie führt das philosophische Denken zu paradoxen Resultaten.

Cicero verteidigte die Philosophie mit teils formalen, teils inhaltlichen Argumenten: Wer sagt, man solle nicht philosophieren, der philosophiert, denn es ist Sache des Philosophen zu sagen, was man tun soll und was nicht. Philosophie schafft zwar keinen unmittelbaren Nutzen, aber sie macht Freude. Die Suche nach der Wahrheit ist wertvoll, auch wenn sie nicht zum Ziele führt. Der Vergleich verschiedener Lebensformen zeigt, dass die Philosophie allererst ein erfülltes menschliches Leben möglich macht; sie allein kann dem Menschen die Todesfurcht nehmen. In einer grossen Schlussrede entfaltete Cicero das Lob der Philosophie: Alle Menschen wollen glücklich sein, also müssen sie philosophieren, denn nur die Philosophie weist den Weg zu einem Glück, das der Geistnatur des Menschen entspricht. Sie dürfen aber über der Philosophie die Aufgaben des Lebens nicht vernachlässigen. Vermutlich erklärte sich Hortensius am Ende des Gespräches von der Notwendigkeit der Philosophie überzeugt.

Eindrucksvolles Zeugnis für die mitreissende Kraft von Ciceros Darstellung und Argumentation ist es, dass AUGUSTIN nach seinem eigenen Zeugnis (Confessiones III 4) durch die Lektüre des ‹Hortensius› eine Revolution seiner Denkart erfuhr.

b) Consolatio
Trostschrift

Im Februar 45 starb Ciceros Tochter Tullia. Um sich über diesen Schicksalsschlag hinwegzuhelfen, las Cicero die vorliegende Trostliteratur und schrieb sich selbst eine Trostschrift, was «vor ihm noch keiner getan hatte» (Att. XII 14 = 251 Sh.B., 3). Die Schrift ist in der Aufzählung der veröffentlichten Philosophica (div. II 3) genannt und auch in den ‹Tusculanen› mehrfach erwähnt. Die wenigen Fragmente deuten auf die gattungsüblichen Argumente (KASSEL 1958 [§ 49 *24: 18. 35. 58. 75. 82]). Cicero sagt in frg. 7 VITELLI, dass er Krantor folge, aber er hat auch viele andere Autoren benutzt (Att. XII 21 = 260 Sh.B., 5).

c) Cato (bei GELLIUS XIII 20, 3 *Laus Catonis*)

Die Lobschrift auf den jüngeren Cato (45 v. Chr.) rechnet Cicero (div. II 3) zu seinen philosophischen Schriften. Die Anregung dazu ging von Brutus aus (Orator 35). Cicero war sich darüber im klaren, dass die Verherrlichung von Caesars prominentestem Gegner, der sich nach der Niederlage bei Utica (46 v. Chr.) den Tod gegeben hatte, ein politisch gefährliches Unterfangen war (Att. XII 4 = 240 Sh.B., 2: 'Es ist ein πρόβλημα Ἀρχιμήδειον, einerseits Cato gerecht zu werden, andererseits Caesar nicht zu verärgern'). Vielleicht hat er versucht, die aktuelle politische Brisanz seines Themas durch allgemeine Betrachtungen über das Wesen der 'virtus' abzuschwächen. Ciceros Schrift fand sogleich viele Leser und Nachahmer, ebenso später in den oppositionellen Kreisen der frühen Kaiserzeit. Caesar fühlte sich durch den ‹Cato› und seine Wirkung so getroffen, dass er einen in Verleumdungen schwelgenden ‹Anticato› verfasste. Von Ciceros Lobschrift sind zwei wörtliche Zitate erhalten, in denen Cato mit viel rhetorischem Aufwand verherrlicht wird.

d) Laudatio Porciae

Der in zwei Briefen an Atticus (XIII 48 = 345 Sh.B., 2 und XIII 37 = 346 Sh.B., 3, beide vom 21. August 45) erwähnte Nachruf auf Catos Schwester Porcia, Witwe des bei Pharsalos umgekommenen L. Domitius Ahenobarbus, dürfte in ähnlicher Weise allgemeine Betrachtungen mit politischem Engagement verbunden haben. Es sind keine Fragmente erhalten.

e) De gloria

Im Sommer 44 schrieb Cicero ein Werk in zwei Büchern über den Ruhm (erwähnt Att. XV 27 = 406 Sh.B., 2; XVI 2 = 412 Sh.B., 6; XVI 3 = 413 Sh.B., 1; off. II 31). Es war vermutlich ähnlich wie ‹Laelius de amicitia› gegliedert und in Anlehnung an Panaitios geschrieben. Die wenigen Fragmente geben über die Gestaltung im einzelnen, über Thesen und Argumente nur mangelhaft Aufschluss.

f) De virtutibus

Ein Werk über die vier Tugenden ist bei Cicero selbst nicht mit Nennung des Titels erwähnt, aber von HIERONYMUS bezeugt (Ad Zachariam 1. 2). Cicero scheint zweimal auf das Werk anzuspielen (Att. XV 13, 6 = 417 Sh.B., 2; off. I 4). Wenn das zutrifft, könnte es im Anschluss an ‹De officiis› entstanden sein. Fragmente sind nur in sehr geringer Anzahl erhalten. Der Versuch von KNÖLLINGER (Hg.) (1908 [§ 54 *715]), einige Bruchstücke durch Rückübersetzung aus einer französischen Schrift des Antonius de la Sale (15. Jh.) zu gewinnen, ist auf Skepsis gestossen.

g) De auguriis
Über Vogelschau

Das Werk, dessen Titel bei CHARISIUS (105. 122. 139 KEIL) und bei SERVIUS (Aen. V 738 «Cicero in auguralibus libris») bezeugt ist und das thematisch mit ‹De divinatione› zusammenhängt, ist so gut wie vollständig verloren. Seine Entstehungszeit ist umstritten. Einige setzen sie in das Jahr 50 v. Chr.: Cicero war 53 als Nachfolger des bei Carrhae gefallenen Crassus zum Augur gewählt worden; Anfang 50 hatte ihm Ap. Claudius Pulcher den ersten Teil einer Schrift über das Auguralrecht gewidmet (fam. III 9 = 72 Sh.B., 3). In diesem Zusammenhang spricht Cicero vage von einer 'ähnlichen Gegengabe'. Dass Ciceros ‹De auguriis› im Katalog der philosophischen Schriften (div. II 1-4) nicht genannt ist, könnte durch den technischen Charakter der Schrift erklärt werden (HIRZEL 1877-1883 [§ 57 *3: 1, 537 Anm. 3]). Andere sehen in div. II 76 eine Ankündigung von ‹De auguriis›: «sed de hoc loco (über das Auguralrecht) plura in aliis (libris)»; dann wäre das Werk frühestens 44 v. Chr. entstanden.

h) De iure civili in artem redigendo
System des Bürgerlichen Rechts

GELLIUS (I 22, 7) zitiert aus einem ciceronischen «(liber), qui inscriptus est De iure civili in artem redigendo» (vgl. CHARISIUS 138 KEIL «De iure civili»). Falls damit nicht eines der verlorenen Bücher von ‹De legibus› gemeint ist, könnte es sich um die Realisierung eines lange gehegten Planes handeln, das gesamte Bürgerliche Recht zu einer Wissenschaft (ars) zu erheben, d.h. es durch Einteilung in Gattungen und weiter in Teilgebiete sowie durch Begriffsbestimmungen in ein übersichtliches und fassliches System zu bringen: de or. I 190 (Crassus spricht) «si enim aut mihi facere licuerit, quod iam diu cogito, aut alius quispiam (!) ... effecerit, ut primum omne ius civile in genera digerat, quae perpauca sunt, deinde eorum generum quasi quaedam membra dispertiat, tum propriam cuiusque vim definitione declaret, perfectam artem iuris civilis habebitis»; de or. II 142 (Antonius über Crassus) «est ... heri nobis ... pollicitus se ius civile ... in certa genera coacturum et ad artem facilem redacturum». Das Konzept stammt demnach aus dem Jahre 55. In welchem Umfang und wann Cicero den Plan ausgeführt hat, ist jedoch ungewiss.

3. Geplante, aber nicht ausgeführte Schriften

a) Politischer Dialog
Σύλλογος πολιτικός

Im Mai und im Juni 45 v. Chr. plante Cicero einen «politischen Dialog», dessen Schauplatz «nach Art des Dikaiarch Olympia oder ein anderer (griechischer) Ort» sein sollte (Att. XIII 30 = 303 Sh.B., 2; vgl. auch 31 = 302 Sh.B., 2; 32 = 305 Sh.B., 2; 33 = 309 Sh.B., 2-3; 6 = 310 Sh.B., 4; 4 = 311 Sh.B., 1). Als fiktiver Zeitpunkt war das Jahr 146 v. Chr. vorgesehen, in dem eine Gesandtschaft des Senats die politischen Verhältnisse von Achaia zu ordnen hatte. Unmittelbares Vorbild war vermutlich Dikaiarchs verlorener Dialog Τριπολιτικός ('Dreierverfassung'?); das deutet auf eine Diskussion über Grundfragen des Staatsrechts. Einer Anspielung in einem der Briefe (Att. XIII 31 = 302 Sh.B., 2) lässt sich entnehmen, dass der Dialog ein zunächst geplantes politisches Sendschreiben an Caesar ersetzen sollte; er hätte demnach auch in der verhüllenden Form eines in die Vergangenheit verlegten Gesprächs deutliche Bezüge zur Tagespolitik gehabt. Der Plan wurde offenbar aufgegeben.

b) Naturphilosophischer Dialog

Die fragmentarisch erhaltene Einleitung zur Teilübersetzung von Platons ‹Timaios› (dazu unten S. 1053) zeigt, dass diese Übersetzung Teil eines Dialogs über Naturphilosophie ('Physik') sein sollte. Als Gesprächsteilnehmer (des ersten Buches?) waren vorgesehen der Pythagoreer P. Nigidius Figulus, der Peripatetiker Kratippos und Cicero selbst; ob in weiteren Büchern noch andere Personen (etwa ein Vertreter der Stoa) hinzutreten sollten, wissen wir nicht. Das vorliegende Fragment ist nach dem Tode des Nigidius (45 v. Chr.) verfasst, vermutlich vor ‹De natura deorum›, da in Tim. 1 nur die ‹Academica› als bereits vorliegende Behandlung 'physikalischer' Fragen genannt sind; vielleicht darf man in Tusc. V 10 (Ankündigung einer Auseinandersetzung mit dem Pythagoreismus) einen Vorverweis auf das geplante Werk sehen. Mutmassliche Abfassungszeit ist daher der Sommer 45 v. Chr. Weder in den Briefen noch im Werkkatalog (div. II 1-4) ist das Vorhaben erwähnt. Offensichtlich wurde der Plan aufgegeben und durch die 'Trilogie' ‹De natura deorum›, ‹De divinatione› und ‹De fato› ersetzt (STEINMETZ 1990 [*78: 149]).

c) Ἡρακλείδειον
Dialog nach Art von Herakleides aus Pontos

Im Mai 44 drängt Atticus Cicero, Caesars Ermordung literarisch zu behandeln (Att. XIV 17 = 371 Sh.B., 6); nach einigem Zögern erklärt sich Cicero bereit, das in Form eines Ἡρακλείδειον zu tun (Att. XV 4 = 381 Sh.B., 3); gemeint ist ein Dialog, in dem historisch bedeutende Personen auftreten, der Verfasser jedoch im Hintergrund bleibt (Att. XIII 19 = 326 Sh.B., 4 über ‹De re publica› und ‹De oratore›). C. Trebonius, Teilnehmer an der Verschwörung gegen Caesar, rechnete damit, in dem Gespräch eine Rolle zu erhalten (fam. XII 16 = 328 Sh.B., 4); Cicero hätte ihn dann vermutlich seine Tat ethisch rechtfertigen lassen. Aber auch dieser Plan wurde nicht weiter verfolgt.

4. Übersetzungen

a) Oeconomicus

Im Alter von etwa zwanzig Jahren übersetzte Cicero Xenophons ‹Oikonomikos›, wie er selbst berichtet (off. II 87). Wörtliche Fragmente sind nur in ganz geringer Zahl erhalten, doch finden sich längere Paraphrasen in Columellas ‹De re rustica› (Buch XI und XII). Nach SERVIUS (Georg. I 43) war die Übersetzung im Unterschied zum Original in drei Bücher gegliedert, aber diese Gliederung braucht nicht auf Cicero zurückzugehen.

b) Protagoras

QUINTILIAN bezeugt (Inst. X 5, 2), dass Cicero eine Platon-Übersetzung veröffentlicht habe. Dass es sich um den Dialog ‹Protagoras› handelte, zeigen die wenigen Zitate daraus, die wir bei spätantiken Grammatikern finden. Die Entstehungszeit der Übersetzung ist nicht mit Sicherheit festzustellen. Eine Bemerkung Ciceros in De finibus I 7 könnte so verstanden werden, dass die Protagoras-Übersetzung erst nach ‹De finibus› entstanden sei, doch ist diese Deutung nicht zwingend (MÜL-

LER 1964 [*1314: 93]). Wahrscheinlich haben wir es auch hier mit einer Jugendarbeit Ciceros zu tun.

c) Timaeus

In seiner zweiten literarischen Schaffensperiode, wohl nach ‹De finibus› und vor ‹De natura deorum›, fertigte Cicero eine Übersetzung des platonischen Dialogs ‹Timaios› an (oder liess sie anfertigen: GELZER 1969 [§ 55 *51: 222]). Er wollte sie vermutlich in einer Dialogschrift zur Naturphilosophie, die er plante, benutzen (dazu oben S. 1052). Von den 44 Kapiteln des platonischen Dialogs umfasst die uns vorliegende Übersetzung nur den Abschnitt 27d6-47b2, mit zwei wohl durch die Überlieferung bedingten Lücken. Ob Cicero mehr übersetzen wollte, bleibt unsicher. Die Übersetzung hat unverkennbar noch den Charakter des Entwurfs und weist manche sprachliche Besonderheit auf. Dass Cicero bei der Arbeit einen hellenistischen Timaios-Kommentar benutzt hat, lässt sich nicht nachweisen (MÜLLER 1964 [*1314: 105ff.]).

d) Aratea
Lehrgedicht nach Arat

Ebenfalls aus Ciceros Jugendjahren stammt die Übersetzung eines Lehrgedichts des Aratos, der ‹Phainomena›, die in ‹De natura deorum› II 104 erwähnt wird. Es ist nicht ganz klar, ob Cicero diese Arbeit unternahm, weil er sich für die stoische Lehre von Himmelserscheinungen und Wetterzeichen interessierte, die das Lehrgedicht darstellt, oder ob er der lateinischen Dichtung ein neues Gebiet erschliessen wollte. Etwa die Hälfte der Übersetzung ist erhalten. Kein Geringerer als HUGO GROTIUS (1600 [§ 54 *660]) hat das Fehlende elegant ergänzt. Lukrez hat wahrscheinlich Ciceros Übersetzung gekannt und Anregungen aus ihr empfangen (BÜCHNER 1939 [§ 55 *39: 1242-1245]).

GÜNTER GAWLICK

C. BIBLIOGRAPHIE

1. Allgemeines: a) Sprache und Stil (Allgemeines, Metaphorik, philosophische Terminologie) [*1-*18]; b) Literarische Form. Szenische Gestaltung. Historische Treue [*31-*63]; c) Die philosophischen Schriften als 'Corpus': Streben nach systematischer Darstellung aller Teilgebiete. Pläne und ihre Ausführung [*71-*78]; d) Verhältnis zu den 'Quellen' [*80-*90]; e) Cicero als Übersetzer. Griechische Fremdwörter und Zitate [*101-*132]; f) Publikation und Verbreitung [*141-*147]. – 2. Zu einzelnen Schriften: a) Rhetorici libri (De inventione) [*151-*156]; b) De oratore [*171-*207]; c) De re publica: α) Forschungsberichte [*221-*224]; β) Allgemeines [*231-*249]; γ) Szenische Gestaltung. Dialogführung. Historizität [*261-*263]; δ) Sprachliches. Cicero als Übersetzer [*271-*274]; ε) Zur Anordnung der Fragmente [*281-*285]; ζ) 'Quellen' und philosophische Vorbilder [*301-*323]; η) Vorrede und Vorgespräch [*331-*340]; ϑ) Pflicht zur politischen Betätigung [*351-*356]; ι) Zur Staatsdefinition (rep. I 39) [*371-*385]; κ) Staatsformen. Kreislauf der Verfassungen. Verhältnis zu Polybios (Buch I) [*391-*411]; λ) Zur römischen Frühgeschichte (Buch II) [*421-*431]; μ) Redenpaar für und wider die 'Gerechtigkeit'. Naturrecht (Buch III) [*441-*450]; ν) Zu Buch IV und V [*461-*462]; ξ) Ciceros Verfassungsentwurf [*471-*477]; o) Der ideale Staatslenker [*491-*501]; π) Politischer Zeitbezug [*511-*518]; ρ) Somnium Scipionis [*531-*563]; σ) Bezeugung und Nachwirkung in der Antike [*571-*573]; d) De legibus: α) Forschungsbericht [*591]; β) Studien [*599-*654]; e) Partitiones oratoriae [*659-*661]; f) Brutus [*671-*679]; g) Paradoxa Stoicorum [*691-*698]; h) Orator [*710-*716]; i) De optimo genere oratorum [*731-*733]; j) Academica [*751-*770]; k) De finibus bonorum et malorum [*781-*822]; l) Tusculanae disputationes [*841-*874]; m) De natura deorum [*890-*960]; n) De divinatione [*971-*993]; o) De fato [*1011-*1033]; p) Cato maior de senectute [*1051-*1076]; q) Laelius de amicitia [*1091-*1113]; r) Topica [*1131-*1142]; s) De officiis: α) Forschungsbericht [*1161]; β) Studien [*1171-*1230]. – 3. Verlorenes: a) Hortensius [*1240-*1268]; b) Consolatio [*1281-*1285]; c) Andere verlorene Prosaschriften [*1301]. – 4. Übersetzungen [*1311-*1321]. – 5. Dichtungen [*1331].

1. Allgemeines

Vgl. auch Philippson 1939 [§ 55 *39: 1183-1190].

a) Sprache und Stil (Allgemeines, Metaphorik, philosophische Terminologie)

Vgl. auch Codoñer 1990 [§ 57 *435].

1 M. O. Liscu: Etude sur la langue de la philosophie morale chez Cicéron (Paris 1930). – Diss.
2 N. Stang: Zur philosophischen Sprache Ciceros, in: Symbolae Osloenses 13 (1934) 93-102.
3 M. O. Liscu: L'expression des idées philosophiques chez Cicéron (Paris 1937).
4 A. Haury: L'ironie et l'humour chez Cicéron (Leiden 1955). – Diss. Paris.
5 Virginia Guazzoni Foà: La terminologia filosofica ciceroniana, in: Giornale di Metafisica 13 (1958) 225-242.
6 Wolfgang Schmid: Das Werden der lateinischen Philosophensprache, in: Wiener Humanistische Blätter 5 (1962) 11-17.
7 V. C. Heck, B. R. Reece: A statistical study of the philosophical vocabulary of Cicero, in: Furman Studies, Furman University Bulletin 12,3 [ca. 1965] 12-30.
8 M. von Albrecht: M. Tullius Cicero. Sprache und Stil, in: RE Suppl. 13 (1973) 1237-1347.
9 Peter Lebrecht Schmidt: Cicero und die republikanische Kunstprosa, in: M. Fuhrmann (Hg.): Römische Literatur (Frankfurt a.M. 1974) [Neues Handbuch der Literaturwissenschaft] 147-179. – 170-177: «Die philosophischen Schriften».
10 Elżbieta Zakrzewska-Gebka: Deminutywa – hapax eiremena w pismach Cycerona (De deminutivis Tullianis semel in litteris Latinis occurrentibus), in: Eos 62 (1974) 245-253. – Polnisch mit lat. Zusammenfassung.
11 Elżbieta Zakrzewska-Gebka: Deminutywa użyte przez Cycerona w krytyce pogladów stoickich i epikurejskich (Deminutives used by Cicero in his critical writings on stoicism and epicurism), in: Eos 65 (1977) 91-102. – Polnisch mit engl. Zusammenfassung.
12 C. Moreschini: Osservazioni sul lessico filosofico di Cicerone, in: Annali della Scuola Normale Superiore di Pisa, Classe di Lettere e Filosofia 9 (1979) 99-178.

13 Marie-Louise Teyssier: Le langage des arts et l'expression philosophique chez Cicéron: ombres et lumières, in: Revue des Etudes latines 57 (1979) 187-203.

14 H. C. Gotoff: Cicero's style for relating sayings, in: Illinois Classical Studies 6 (1981) 294-316.

15 Madeleine Bonjour: Cicero nauticus, in: Caesarodunum 19a (1984) 9-19. – Zu den Seefahrtmetaphern.

16 A. Michel: La tradition de la philosophie hellénistique dans le vocabulaire esthétique et moral à Rome: de Cicéron à Tacite, in: J. Harmatta (Hg.): Actes du VIIe Congrès de la Fédération internationale des associations d'études classiques, Bd. 1 (Budapest 1984) 415-424.

17 Carlos Lévy: Cicéron créateur du vocabulaire latin de la connaissance. Essai de synthèse, in: La langue latine langue de la philosophie. Actes du colloque organisé par l'Ecole Française de Rome (Rome, 17-19 mai 1990) (Rom 1992) [Collection de l'Ecole Française de Rome 161] 91-106.

18 B. Riposati: La genesi e la tecnica definitoria nelle opere di Cicerone, in: Studi di filologia classica in onore di G. Monaco, Bd. 2 (Palermo 1991) 835-841.

b) Literarische Form. Szenische Gestaltung. Historische Treue

31 R. Hirzel: Der Dialog. Ein literarhistorischer Versuch, 2 Bde. (Leipzig 1895, ND Hildesheim 1963). – Zu Cicero: 1, 457-552.

32 G. L. Hendrickson: Literary sources in Cicero's Brutus and the technique of citation in dialogue, in: American Journal of Philology 27 (1906) 184-199.

33 W. Kiauleh: De scaenico dialogorum apparatu capita tria (Halle 1913) [Dissertationes Philologicae Halenses 23,2].

34 Robert E. Jones: Cicero's accuracy of characterization in his dialogues (Baltimore 1934). Teilveröffentlichung unter demselben Titel in: American Journal of Philology 60 (1939) 307-325.

35 Ernst Becker: Technik und Szenerie des ciceronischen Dialogs (Osnabrück 1938). – Diss. Münster.

36 J. Fraudeau: L'art et la technique dans les dialogues de Cicéron (Paris 1943).

37 M. Ruch: Vérité historique, véracité de la tradition, vraisemblance de la mise en scène dans les dialogues de Cicéron, in: Revue des Etudes latines 26 (1948) 61-63. – Zusammenfassung eines Vortrags.

38 W. Süss: Die dramatische Kunst in den philosophischen Dialogen Ciceros, in: Hermes 80 (1952) 419-436. ND in: Büchner (Hg.) 1971 [§ 54 *40: 155-178].

39 P. Grimal: Les caractères généraux du dialogue romain de Lucilius à Cicéron, in: L'Information littéraire 7 (1955) 192-198.

40 A. E. Astin: Scipio Aemilianus und Cato Censorius, in: Latomus 15 (1956) 159-180. – Zur historischen Zuverlässigkeit von Ciceros Cato-Bild: 168-172.

41 Rudolf Schuster: Cicero als Psychologe. Ein Beitrag zum literarischen Porträt der Antike (Leipzig 1957). – Masch. Diss.

42 P. Levine: Cicero and the literary dialogue, in: Classical Journal 53 (1958) 146-151.

43 M. Ruch: Le préambule dans les œuvres philosophiques de Cicéron. Essai sur la genèse et l'art du dialogue (Paris 1958) [Publications de la Faculté des Lettres de Strasbourg 136]. – Unveränderter Abdruck der zunächst unter dem Titel «Le prooemium philosophique chez Cicéron. Signification et portée pour la genèse et l'esthétique du dialogue» vorgelegten Dissertation.

44 I. Trencsényi-Waldapfel: Poésie et réalité historique dans la théorie et la pratique littéraire de Cicéron, in: Annales Univ. Budapest de R. Eötvös nominatae, Sect. philol. 2 (1960) 3-18.

45 G. Zoll: Cicero Platonis aemulus. Untersuchung über die Form von Ciceros Dialogen, besonders von De oratore (Zürich 1962). – Diss. Freiburg i.Ue.; Rez.: Peter Lebrecht Schmidt, in: Gnomon 36 (1964) 833-835.

46 A. Michel: A propos de l'art du dialogue dans le De republica. L'idéal et la réalité chez Cicéron, in: Revue des Etudes latines 43 (1965) 237-261.

47 H. Strasburger: Der Scipionenkreis, in: Hermes 94 (1966) 60-72.

48 H. Görgemanns: Die Bedeutung der Traumeinkleidung im Somnium Scipionis, in: Wiener Studien N.F. 2 (1968) 46-69. – Auch zu anderen Techniken der Relativierung 'dogmatischer' Aussagen.

49 Peter Lebrecht Schmidt: Die Abfassungszeit von Ciceros Schrift über die Gesetze (Rom 1969) [Collana di Studi ciceroniani 4]. – Stark überarbeitete Fassung der masch. Diss. 1959 [*613]. 25-73: «Dialog und Szenerie» (von ‹De

legibus›, jedoch mit wichtigen Aussagen auch über andere Werke).

50 J. E. G. Zetzel: Cicero and the Scipionic circle, in: Harvard Studies in Classical Philology 76 (1972) 173-180.

51 M. van den Bruwaene: Influence d'Aratus et de Rhodes sur l'œuvre philosophique de Cicéron, in: ANRW I 4 (1973) 428-437. – Zu den Dichterstellen (Übersetzungen) vor allem in ‹De divinatione› und ‹De natura deorum›.

52 H. D. Jocelyn: Greek poetry in Cicero's prose writings, in: Yale Classical Studies 23 (1973) 61-111.

53 A. Michel: Dialogue philosophique et vie intérieure. Cicéron, Sénèque, Saint Augustin, in: Helmantica 28 (1977) 353-376.

54 H. Dörrie: Summorum virorum vestigia. Das Erlebnis der Vergangenheit bei Cicero leg. 2,4 und fin. 5,1-8, in: Grazer Beiträge 7 (1978) 207-220. – Zur Szenerie der Dialoge.

55 Peter Lebrecht Schmidt: Cicero's place in Roman philosophy. A study of his prefaces, in: Classical Journal 74 (1978-1979) 115-127.

56 B. Riposati: La tecnica dialogica nel De oratore di Cicerone, in: Vichiana 11 (1982) 254-263.

57 A. Michel: Cicéron et la tragédie. Les citations des poètes dans les livres II-IV des Tusculanes, in: Helmantica 34 (1983) 442-454.

58 A. Brinton: Cicero's use of historical examples in moral argument, in: Philosophy and Rhetoric 21 (1988) 169-184.

59 W. Görler: From Athens to Tusculum, in: Leff (Hg.) 1988 [*204].

60 M. Plezia: De viris consularibus philosophantibus, in: Meander 44 (1989) 119-126. – Polnisch mit lat. Zusammenfassung.

61 Rossella Granatelli: L"In utramque partem disserendi exercitatio' nell'evoluzione del pensiero retorico e filosofico dell'antichità, in: Vichiana, 3a ser., 1 (1990) 165-181.

62 G. Forsythe: A philological note on the Scipionic Circle, in: American Journal of Philology 112 (1991) 363-364.

63 A. E. Douglas: Form and content in the Tusculan Disputations, in: Powell (Hg.) 1994 [§ 54 *48].

c) Die philosophischen Schriften als 'Corpus': Streben nach systematischer Darstellung aller Teilgebiete. Pläne und ihre Ausführung

71 S. Häfner: Die literarischen Pläne Ciceros (München 1928). – Diss.; ND von S. 110-118 (Schlussbemerkungen) in: Kytzler (Hg.): 1973 [§ 54 *42: 138-148].

72 P. A. Sullivan: The plan of Cicero's philosophical corpus (Boston 1951). – Diss. Fordham University.

73 R. Wolf: Cicero as historian of philosophy, in: Classical Bulletin 36 (1960) 37-39.

74 P. Boyancé: Cicéron et les parties de la philosophie, in: Revue des Etudes latines 49 (1971) 127-154.

75 A. Grilli: Il piano degli scritti filosofici di Cicerone, in: Rivista critica di Storia della Filosofia 26 (1971) 302-305. – Philon aus Larisa F 2 Mette = Stob. 2,7,2 ist die Grundlage für Ciceros Gesamtplan.

76 A. Grilli: in: Marco Tullio Cicerone, Tusculane. Libro II. Testo, introd., versione e comm. a cura di A. G. (Brescia 1987) 21-26. – Erneuerung und Verteidigung der These von *75.

77 J. Glucker: Cicero's philosophical affiliations, in: J. M. Dillon, A. A. Long (Hg.): The question of 'eclecticism' (Berkeley, Los Angeles, London 1988) 34-69. – 57-69: «Cicero's two philosophical corpora».

78 P. Steinmetz: Plan und Planänderung der philosophischen Schriften Ciceros, in: P. S. (Hg.): Beiträge zur hellenistischen Literatur und ihrer Rezeption in Rom (Stuttgart 1990) [Palingenesia 28] 141-153.

d) Verhältnis zu den 'Quellen'

80 R. Hoyer: Quellenstudien zu Ciceros Büchern De natura deorum, De divinatione, De fato, in: Rheinisches Museum für Philologie 53 (1898) 37-65.

81 K. Svoboda: Essai sur les sources des écrits philosophiques de Cicéron, in: Listy filologicke (1919) 3-13. 65-79. 129-161. 257-268. 327-336. – Bestandsaufnahme der Quellenforschung.

82 T. Pütz: De M. Tulli Ciceronis bibliotheca (Münster 1925). – Diss.

83 P. Boyancé: Les méthodes de l'histoire littéraire. Cicéron et son œuvre philosophique, in: Revue des Etudes latines 14 (1936) 288-309.

84 Franz Ludwig Meyer: Cicero und die Bücher (Zürich 1955). – Diss.

85 A. Reiff: Interpretatio, imitatio, aemulatio. Begriff und Vorstellung literarischer Abhängigkeit bei den Römern (Köln 1959). – Diss.; zu Cicero: 22-51.

86 R. Wolf: Cicero as historian of philosophy, in: Classical Bulletin 36 (1960) 37-39.

87 G. Rohde: Über das Lesen im Altertum, in: G. R.: Studien und Interpretationen zur antiken Literatur, Religion und Geschichte (Berlin 1963) 290-303.
88 O. Gigon: Cicero und die griechische Philosophie, in: ANRW I 4 (1973) 226-261. ND in O. G.: Die antike Philosophie als Massstab und Realität (Zürich 1977) 162-207.
89 G. Hamza: Ciceros Verhältnis zu seinen Quellen mit besonderer Berücksichtigung der Darstellung der Staatslehre in De re publica, in: Klio 67 (1985) 492-497.
90 W. Görler: Cicero und die 'Schule des Aristoteles', in: Fortenbaugh/Steinmetz (Hg.) 1989 [§ 54 *47: 246-263]. – Wo Cicero einer Quelle wörtlich oder in enger Anlehnung folgt, nennt er sie; wo kein Gewährsmann genannt ist, formuliert Cicero in der Regel selbständig und sehr frei.

e) Cicero als Übersetzer.
Griechische Fremdwörter und Zitate

101 Robert Fischer: De usu vocabulorum apud Ciceronem et Senecam Graecae philosophiae interpretes (Freiburg i.Br. 1914). – Diss.
102 F. Peters: T. Lucretius et M. Cicero quo modo vocabula Graeca Epicuri disciplinae propria Latine verterint (Münster 1926). – Diss.
103 N. Stang: Ciceros Wiedergabe von dem privativen ἀ, in: Symbolae Osloenses 17 (1937) 67-76.
104 Hans Eberhard Richter: Übersetzen und Übersetzungen in der römischen Literatur (Erlangen 1938). – Diss.
105 Thelma B. DeGraff: Plato in Cicero, in: Classical Philology 35 (1940) 143-153.
106 J. Humbert: A propos de Cicéron traducteur du grec, in: Mélanges de philologie, de littérature et d'histoire anciennes offerts à A. Ernout (Paris 1940) 197-200.
107 A. Traglia: Note su Cicerone critico e traduttore (Rom 1947).
108 P. Oksala: Die griechischen Lehnwörter in den Prosaschriften Ciceros (Helsinki 1953) [Annales Acad. Scient. Fennicae, ser. B, tom. 80,1].
109 F. M. Brignoli: Studi ciceroniani (Neapel 1957). – 99-162: «Le parole greche nelle opere di Cicerone».
110 R. Poncelet: Cicéron traducteur de Platon. L'expression de la pensée complexe en latin classique (Paris 1957). Übers. des Kapitels «Conclusions. I. Déterminisme des solutions Cicéroniennes» (362-368) unter dem Titel «Cicero als Übersetzer Platons» in: Kytzler (Hg.) 1973 [§ 54 *42: 170-180].
111 A. Traglia: De quibusdam novis verbis a Cicerone adhibitis in Academiae ratione illustranda, in: Cicero 1 (1958-1959) Heft 1, 26-30 [§ 54 *61].
112 T. de Villapadierna: Cicerón traductor, in: Helmantica 9 (1958) 425-443. – Zum Somnium Scipionis.
113 D. M. Jones: Cicero as a translator, in: Bulletin of the Institute of Classical Studies of the University of London 6 (1959) 22-34.
114 Helmut Müller: Ciceros Prosaübersetzungen. Beiträge zur Kenntnis der ciceronischen Sprache (Marburg 1964). – Diss.
115 M. Swoboda: De artis vocabulis, quae ad percipiendi rationem pertinent apud Ciceronem obviis, in: Eos 54 (1964) 116-138. – Polnisch mit lat. Zusammenfassung.
116 M. Swoboda: De Latinis artis vocabulis Epicuri notiones morales apud Ciceronem declarantibus, in: Eos 55 (1965) 121-141. – Polnisch mit lat. Zusammenfassung.
117 Susanne Widmann: Untersuchungen zur Übersetzungstechnik Ciceros in seiner philosophischen Prosa (Tübingen 1968). – Diss.
118 H.-J. Hartung: Ciceros Methode bei der Übersetzung griechischer philosophischer Termini (Hamburg 1970). – Diss.
119 M. Nagnajewicz: Technika identyfikowania terminów greckich z ich odpowiednikami łacińskimi w pismach naukowych Cycerona [Methoden der Übersetzung griechischer Termini durch lateinische Äquivalente in den wissenschaftlichen Schriften Ciceros], in: Société des Lettres et des Sciences de l'Université Catholique de Lublin. Annales de Lettres et Sciences Humaines 19.3 (1971) 5-43. – Mit engl. Zusammenfassung. 34-43: umfassende alphabetische Liste fast aller von Cicero übersetzten griechischen Fachausdrücke mit Rückverweisen auf die vorangehende Untersuchung.
120 A. Traglia: Note su Cicerone traduttore di Platone e di Epicuro, in: Studi filologici e storici in onore di V. de Falco (Neapel 1971) 305-340.
121 A. Alberte González: Consideraciones sobre la trascendencia lexicológica de Cicerón. Pervicencia de ciertas vacilaciones de lengua, in: Durius 3 (1975) 155-173.
122 D. Krömer: Kyros' Unsterblichkeitsbeweis bei Xenophon und Cicero, in: Würzburger

Jahrbücher für die Altertumswissenschaft N.F. 3 (1977) 93-104.
123 M. Puelma: Cicero als Platon-Übersetzer, in: Museum Helveticum 37 (1980) 137-178.
124 G. Pascucci: Parafrasi e traduzioni da autori greci nel De legibus di Cicerone, in: Letterature comparate: problemi e metodo. Studi in onore di E. Paratore (Bologna 1981) 413-427.
125 Noëmi Lambardi: Il ‹Timaeus› ciceroniano. Arte e tecnica del 'vertere' (Florenz 1982) [Quaderni di Filologia latina 2].
126 O. Panagl: Die Wiedergabe griechischer Komposita in der lateinischen Übersetzungsliteratur, in: A. Etter (Hg.): O-o-pe-ro-si. Festschrift für Ernst Risch zum 75. Geburtstag (Berlin 1986) 574-582.
127 M. Puelma: Die Rezeption der Fachsprache griechischer Philosophie im Lateinischen, in: Freiburger Zeitschrift für Philosophie und Theologie 33 (1986) 45-69.
128 Justina Gregory: Cicero and Plato on democracy. A translation and its source, in: Latomus 50 (1991) 639-644.
129 W. Görler: Ein sprachlicher Zufall und seine Folgen. 'Wahrscheinliches' bei Karneades und bei Cicero, in: C. W. Müller, K. Sier, J. Werner (Hg.): Zum Umgang mit fremden Sprachen in der griechisch-römischen Antike (Stuttgart 1992) [Palingenesia 36] 159-171.
130 C. Mueller-Goldingen: Cicero als Übersetzer Platons, in: C. W. Müller, K. Sier, J. Werner (Hg.): Zum Umgang mit fremden Sprachen in der griechisch-römischen Antike (Stuttgart 1992) [Palingenesia 36] 173-187.
131 L. Cicu: Convertere ut orator. Cicerone fra traduzione scientifica e traduzione artistica, in: Studi di filologia classica in onore di G. Monaco, Bd. 2 (Palermo 1991) 849-857.
132 J. G. F. Powell: Cicero's translations from Greek, in: Powell (Hg.) 1994 [§ 54 *48].

f) Publikation und Verbreitung

141 R. Sommer: T. Pomponius Atticus und die Verbreitung von Ciceros Werken, in: Hermes 61 (1926) 389-422.
142 J. Carcopino: Les secrets de la correspondance de Cicéron, Bd. 1-2 (Paris 1947). – 2, 305-363: Atticus als Verleger.
143 K. Büchner: Überlieferungsgeschichte der lateinischen Literatur des Altertums, in: H. Hunger (Hg.): Geschichte der Textüberlieferung der antiken und mittelalterlichen Literatur, Bd. 1 (Zürich 1961). ND: Die Textüberlieferung der antiken Literatur und der Bibel (München 1975) [dtv] 309-422. – Zu Cicero: 381-384.
144 W. C. McDermott: M. Cicero and M. Tiro, in: Historia 21 (1972) 259-286.
145 J. Glucker: Chapter and verse in Cicero, in: Grazer Beiträge. Zeitschrift für die Klassische Altertumswissenschaft 11 (1984) 103-112. – Die Einteilung in 'Kapitel' geht auf die Ausgabe von J. Gruter (Basel 1618), die jetzt gebräuchlichere Einteilung in 'Paragraphen' (kleinste Abschnitte) auf die Ausgabe von Alexander Scot (Lyon 1588-1589) zurück.
146 J. J. Phillips: Atticus and the publication of Cicero's works, in: Classical World 79 (1985-1986) 227-237.
147 O. Perlwitz: Titus Pomponius Atticus. Untersuchungen zur Person eines einflussreichen Ritters in der ausgehenden römischen Republik (Stuttgart 1992) [Hermes Einzelschriften 58]. – 20-22: Zweifel an der verlegerischen Tätigkeit.

2. Zu einzelnen Schriften

a) Rhetorici libri (De inventione)

151 G. Herbolzheimer: Ciceros rhetorici libri und die Lehrschrift des Auctor ad Herennium, in: Philologus 81 (1926) 391-426.
152 M. Medved: Das Verhältnis von Ciceros libri rhetorici zum Auctor ad Herennium (Wien 1940). – Diss.
153 J. Adamietz: Ciceros De inventione und die Rhetorik ad Herennium (Marburg 1960). – Diss.
154 K. Barwick: Die Vorrede zum zweiten Buch der rhetorischen Jugendschrift Ciceros und zum vierten Buch des Auctor ad Herennium, in: Philologus 105 (1961) 307-314.
155 P. Giuffrida: I due proemi del De inventione, in: Lanx Satura N. Terzaghi oblata (Genua 1963) 113-216.
156 L. Alfonsi: Dal proemio del De inventione alle 'virtutes' del De officiis (I), in: Ciceroniana n.s. 2 (1975) [§ 54 *64: 111-120].

b) De oratore

Vgl. auch den Kommentar von Leemann/Pinkster 1981ff. [§ 54 *147].

171 C. Prümm: Quaestionum Tullianarum ad dialogi De oratore partes philosophicas quae

dicuntur spectantium specimen (Saarbrücken 1927). – Diss. Münster 1926.
172 H. K. Schulte: Orator. Untersuchungen über das ciceronianische Bildungsideal (Frankfurt 1935) [Frankfurter Studien zur Religion und Kultur der Antike 11].
173 F. Solsmen: Aristotle and Cicero on the orator's playing upon the feelings, in: Classical Philology 33 (1938) 390-404. – Zu II 185-214.
174 W. L. Grant: Cicero on the moral character of the orator, in: Classical Journal 38 (1938) 472-478.
175 J. Perret: A propos du second discours de Crassus (de oratore, I, 45-73), in: Revue des Etudes latines 24 (1946) 169-189.
176 P. MacKendrick: Cicero's ideal orator. Truth and propaganda, in: Classical Journal 43 (1948) 339-347.
177 M. Orban: Réhabilitation de la parole dans le De oratore de Cicéron, in: L'Antiquité classique 19 (1950) 27-44.
178 W. Steidle: Einflüsse römischen Lebens und Denkens auf Ciceros Schrift De oratore, in: Museum Helveticum 9 (1952) 10-41. ND in: Kytzler (Hg.) 1973 [§ 54 *42: 372-420] und in: W. S.: Ausgewählte Aufsätze (Amsterdam 1987) 689-720.
179 E. Gilson: Eloquence et sagesse chez Cicéron, in: Phoenix 7 (1953) 1-19. Dt.: Beredsamkeit und Weisheit bei Cicero, in: Büchner (Hg.) 1971 [§ 54 *40: 179-207].
180 Annemarie Guillemin: Cicéron entre le génie grec et le 'mos maiorum', in: Revue des Etudes latines 33 (1955) 209-230. – Die aristotelische Logik in De oratore.
181 A. Michel: La philosophie et l'action dans le De oratore, in: L'Information littéraire 11 (1959) 201-207.
182 H. V. Sitta: Beiträge zur Interpretation von Ciceros De oratore (Tübingen 1962). – Masch. Diss.
183 K. Barwick: Das rednerische Bildungsideal Ciceros (Berlin 1963) [Abhandlungen der Sächsischen Akademie der Wissenschaften in Leipzig. Philologisch-historische Klasse 54,3].
184 G. Monaco: Il trattato ‹de ridiculis› (De oratore II, 216-290) (Palermo 1964).
185 Rolf Dieter Meyer: Literarische Fiktion und historischer Gehalt in Ciceros De oratore. Crassus, Antonius und ihre Gesprächspartner (Freiburg i.Br. 1970). – Diss.
186 A. Michel: La digression philosophique du De oratore (III, 54ss.). Sources doxographiques, in: Acta conventus XI Eirene, 21-25 oct. 1968 (Warschau 1971) 181-188.
187 M. O'Mara: The structure of the De oratore (Chapel Hill 1971). – Diss. University of North Carolina.
188 A. D. Leeman: The structure of Cicero's De oratore I, in: Michel/Verdière (Hg.) 1975 [§ 54 *43: 140-149].
189 R. di Lorenzo: The critique of Socrates in Cicero's De oratore. Ornatus and the nature of wisdom, in: Philosophy and Rhetoric 11 (1978) 247-261.
190 A. D. Leeman: Entstehung und Bestimmung von Ciceros De oratore, in: Mnemosyne 31 (1978) 253-264.
191 F. Wehrli: Studien zu Cicero De oratore, in: Museum Helveticum 35 (1978) 74-99.
192 B. Wiśniewski: Gorgias, Hippias et le De oratore de Cicéron, in: Prometheus 6 (1980) 248-258.
193 B. Riposati: La tecnica dialogica nel De oratore di Cicerone, in: Vichiana 11 (1982) 254-263.
194 A. Alberte González: Idealismo y pragmatismo en el tratado ciceroniano De oratore, in: Estudios clásicos 26 (1984) 303-310.
195 A. D. Leeman: De geschiedschrijving in Cicero's De oratore, in: Lampas 17 (1984) 248-253.
196 A. D. Leeman: Ironie in Ciceros De oratore, in: A. D. L.: Form und Sinn. Studien zur röm. Literatur (1954-1984) (Frankfurt 1985) [Studien zur Klass. Philologie 15] 39-47.
197 A. D. Leeman: L'historiographie dans le De oratore de Cicéron, in: Bulletin de l'Association Guillaume Budé (1985) 280-288.
198 H. L. W. Nelson: Ciceros Vorschläge für ein neues juristisches Lehrbuch. Betrachtungen über De oratore I, 185-192, in: Wissenschaftliche Zeitschrift Rostock 34,1 (1985) 37-39.
199 A. Michel: La pédagogie de Cicéron dans le De oratore. Comment unir l'idéal et le réel? in: Revue des Etudes latines 64 (1986) 72-91.
200 E. Rabbie: Cicero über den Witz. Kommentar zu De oratore 2, 216-290 (Amsterdam 1986). – Diss.; wesentliche Teile nachgedruckt in Leemann/Pinkster (Hg.) 1981ff. [§ 54 *147: 3, 172-333].
201 G. Achard: Pourquoi Cicéron a-t-il écrit le De oratore? in: Latomus 46 (1987) 318-329.
202 H. Merklin: System und Theorie in Ciceros De oratore, in: Würzburger Jahrbücher für die Altertumswissenschaft N.F. 13 (1987) 149-161.

203 R. Schottländer: Die ethische Überordnung der oratorischen über die rhetorische Redekunst. Zum theoretischen Gehalt von Ciceros De oratore, in: Rhetorik 7 (1988) 1-12.

204 M. Leff (Hg.): Cicero on Tatnic. Papers from the Rutgers University conference on De oratore, held in Tatnic, Maine, October 1987 [Rhetorica 6,3 (1988)]. – Darin u.a.: W. Görler: From Athens to Tusculum: Gleaning the background of Cicero's De oratore (215-235), E. Schütrumpf: Platonic elements in the structure of Cicero, De oratore Book 1 (237-258).

205 J. Wisse: Ethos and pathos from Aristotle to Cicero (Amsterdam 1989). – 222-300: Zur Lehre von den Affekten in de or. II 185-214.

206 E. Schütrumpf: Cicero De oratore I and Greek philosophical tradition, in: Rheinisches Museum für Philologie 131 (1990) 310-321.

207 M. von Albrecht: Ciceros rhetorisches Bildungsideal in De oratore, mit besonderer Berücksichtigung des Sokrates, in: P. Neukam (Hg.): Die Antike im Brennpunkt (München 1991) [Dialog Schule-Wissenschaft. Klassische Sprachen und Literaturen 25] 7-25.

c) De re publica

α) Forschungsberichte

221 P. Boyancé: Les problèmes du De re publica de Cicéron, in: L'Information littéraire 16 (1964) 18-25. ND in: Boyancé 1970 [§ 54 *39: 180-196].

222 Peter Lebrecht Schmidt: Cicero, De re publica. Die Forschung der letzten fünf Dezennien, in: ANRW I 4 (1973) 262-333.

223 W. Suerbaum: Römisches Staatsdenken in der neueren Forschung 1960-1975, in: Suerbaum ³1977 [*238: 307-392].

224 W. Suerbaum: Studienbibliographie zu Ciceros De re publica, in: Gymnasium 85 (1978) 59-88.

β) Allgemeines

231 O. Plasberg: Cicero in seinen Werken und Briefen, aus dem Nachlass hg. von W. Ax (Leipzig 1926, ND Darmstadt 1962) [Das Erbe der Alten II 11]. – 113-143: gute Einführung.

232 K. Sprey: De M. Tullii Ciceronis politica doctrina (Zutphen 1928). – Diss. Amsterdam.

233 N. Wilsing: Aufbau und Quellen von Ciceros Schrift De re publica (Leipzig 1929). – Diss.

234 V. Pöschl: Römischer Staat und griechisches Staatsdenken bei Cicero. Untersuchungen zu Ciceros Schrift De re publica (Berlin 1936, ND Darmstadt 1962, 1990) [Neue Deutsche Forschungen 104].

235 R. Stark: Res publica (Göttingen 1937). Teil-ND in: Oppermann (Hg.) 1967 [§ 54 *37: 43-98]. – Diss.

236 P. Grenade: Autour du De re publica, in: Revue des Etudes latines 29 (1951) 162-183.

237 K. Büchner: Die beste Verfassung. Eine philologische Untersuchung zu den ersten drei Büchern von Ciceros ‹Staat›, in: Studi italiani di Filologia classica 26 (1952) 37-140. Überarb. Fassung in K. B.: Studien zur römischen Literatur, Bd. 2 (Wiesbaden 1962) 25-115.

238 W. Suerbaum: Vom antiken zum frühmittelalterlichen Staatsbegriff. Über Verwendung und Bedeutung von res publica, regnum, imperium und status von Cicero bis Jordanis (Münster i.W. 1961, ²1970, ³1977) [Orbis Antiquus 16/17].

239 K. F. Kindler: Ciceros politische Anthropologie, in: Schulwarte 17 (1964) 1053-1080.

240 J. F. Hernández-Tejero: El pensamiento jurídico de Cicerón en el ‹De re publica›, in: Revista de la Facultad de Derecho de la Universidad Complutense Madrid 10 (1966) 345-394.

241 A. Sáenz Badillos: Teoría política del De re publica de Cicerón, in: Perficit 2. ser. 1 (1967) 2-39.

242 C. F. Lombardi: Filosofía jurídica de Cicerón en el tratado De re publica, in: Stromata (Ciencia y Fe) 25 (1969) 433-445.

243 Will Richter: Einige Rekonstruktions- und Quellenprobleme in Ciceros De re publica. I. Die Praefatio des III. Buches und die griechischen Kulturentstehungslehren, in: Rivista di Filologia e di Istruzione classica 97 (1969) 55-81. II. Die Nonios-Zitate ... und das Ende des II. Buches De re publica, ebd. 273-279. III. Naturae imago (2,68), ebd. 279-295.

244 Armin Müller: Autonome Theorie und Interessedenken. Studien zur politischen Philosophie bei Platon, Aristoteles und Cicero (Wiesbaden 1971).

245 O. Gigon: Studien zu Ciceros De re publica, in: O. G.: Die antike Philosophie als Massstab und Realität (Zürich 1977) 208-355.

246 J. Heurgon: Platon, Cicéron et la république, in: Mélanges offerts à Léopold Sédart Senghor. Langues, littérature, histoire anciennes (Dakar 1977) 177-183.

247 J. Sprute: Rechts- und Staatsphilosophie bei Cicero, in: Phronesis 28 (1983) 150-176.
248 K. Büchner: M. Tullius Cicero, De re publica. Kommentar (Heidelberg 1984).
249 Marie-José Bénéjam-Bontemps: Métaphysique et politique dans le ‹De republica› de Cicéron, in: J. Granarolo, Michèle Biraud (Hg.): Hommage à René Braun, Bd. 1 (Nizza, Paris 1990) 253-260.

γ) Szenische Gestaltung. Dialogführung. Historizität

261 G. Maurach: Africanus Maior und die Glaubwürdigkeit des Somnium Scipionis, in: Hermes 92 (1964) 299-313.
262 A. Michel: A propos de l'art du dialogue dans le De republica (1965) [*46].
263 H. Görgemanns: Die Bedeutung der Traumeinkleidung (1968) [*48].

δ) Sprachliches. Cicero als Übersetzer

271 R. Poncelet: Cicéron traducteur de Platon (A propos du De re publica I 66), in: Revue des Etudes latines 25 (1947) 178-196.
272 A. Ronconi: Osservazioni sulla lingua del Somnium Scipionis, in: Studi in onore di G. Funaioli (Rom 1955) 394-405. ND in: A. R.: Interpretazioni grammaticali (erw. Aufl. Rom 1971) 61-80.
273 Esther Bréguet: Les archaïsmes dans le De re publica de Cicéron, in: M. Renard, R. Schilling (Hg.): Hommages à J. Bayet (Brüssel 1964) [Collection Latomus 70] 122-131.
274 Justina Gregory: Cicero and Plato on democracy (1991) [*128].

ε) Zur Anordnung der Fragmente

281 E. Heck: Die Bezeugung von Ciceros Schrift De re publica (Hildesheim 1966) [Spudasmata 4].
282 S. Döpp: Der Gedankengang in Cicero, De re publica I,33,50, in: Rheinisches Museum für Philologie 127 (1984) 285-292.
283 J. Christes: Noch einmal Cicero, De re publica 1,33,50. Wer ist der Sprecher? in: Würzburger Jahrbücher für die Altertumswissenschaft N.F. 13 (1987) 163-180.
284 J.-L. Ferrary: Cicéron (De re publica 3,35,48) et les institutions rhodiennes, in: Filologia e forme letterarie. Studi offerti a Francesco della Corte, Bd. 2 (Urbino 1987) 247-252.
285 J. Christes: Bemerkungen zu Cicero, De re publica 1,60; 2,21-22; 2,30; 3,33, in: Gymnasium 96 (1989) 38-48.

ζ) 'Quellen' und philosophische Vorbilder

301 F. Taeger: Die Archaeologie des Polybios (Stuttgart 1922). – 8-122: Polybianisches Gedankengut in rep. II 1-37.
302 S. E. Smethurst: Cicero and Dicaearchus, in: Transactions and Proceedings of the Amer. Philological Association 83 (1952) 224-232.
303 H. Hommel: Cicero und der Peripatos, in: Gymnasium 62 (1955) 319-334. ND in: H. H.: Symbola. Kleine Schriften zur Literatur- und Kulturgeschichte der Antike, Bd. 1, hg. von B. Gladigow (Hildesheim, New York 1976) [Collectanea 5] 290-307. – Darin 324-334/ 299-307: «2. De re publica I und Dikaiarch».
304 P. Moraux: A la recherche de l'Aristote perdu. Le dialogue Sur la justice (Louvain, Paris 1957). – 65-79: Spuren des Werks in rep. I und III.
305 A. D. Leeman: De Aristotelis Protreptico Somnii Scipionis exemplo, in: Mnemosyne 11 (1958) 139-151.
306 Maximilian Schäfer: Des Panaitios ἀνὴρ ἀρχικός bei Cicero. Ein Interpretationsbeitrag zu Ciceros Schrift De re publica, in: Gymnasium 67 (1960) 500-517.
307 E. Pahnke: Studien über Ciceros Kenntnis und Benutzung des Aristoteles und die Herkunft der Staatsdefinition De re publica I 39 (Freiburg i.Br. 1962). – Diss.
308 E. Berti: Il De re publica di Cicerone e il pensiero politico classico (Padua 1963). – Aristotelische Gedanken in ‹De re publica›.
309 R. Coleman: The dream of Cicero, in: Proceedings of the Cambridge Philological Society N.S. 10 (1964) 1-14. – Pythagoreische Elemente, vor allem im Somnium Scipionis.
310 H. Strasburger: Poseidonios on problems of the Roman empire, in: Journal of Roman Studies 55 (1965) 40-53. – Kleitomachos als Vermittler der Karneades-Rede; gegen Panaitios als Quelle.
311 K. Büchner: Zum Platonismus Ciceros. Bemerkungen zum vierten Buch von Ciceros Werk De re publica, in: K. Döring, W. Kullmann (Hg.): Studia Platonica. Festschrift für Hermann Gundert zu seinem 65. Geburtstag (Amsterdam 1974) 165-184.
312 M. Plezia: De Politici Aristotelii vestigiis apud Ciceronem in libris qui sunt De re publica conspicuis, in: Eos 56 (1966) 139-145. Dt.: Spuren des ‹Politikos› des Aristoteles in Ciceros ‹De re publica›, in: P. Moraux (Hg.): Frühschriften des Aristoteles (Darmstadt 1975) 315-324.

313 K. Büchner: Somnium Scipionis. Quellen, Gestalt, Sinn (Wiesbaden 1976) [Hermes Einzelschriften 36].
314 B. Wiśniewski: Protagoras, Hippias et le De re publica de Cicéron, in: Les Etudes classiques 46 (1978) 281-291.
315 I. G. Taïphakos: Il De re publica di Cicerone e il modello dicearcheo della costituzione mista, in: Platon 31 (1979) 128-135.
316 I. G. Taïphakos: Cicero's Republic and the Aristotelian Politics on Spartan constitution, in: Platon 32-33 (1980-1981) 250-257.
317 J. Doignon: Le trait du livre III du De re publica de Cicéron sur le 'nomen' de Sardanapale. Sa postérité chez Saint Jérôme, ses rapports avec un fragment d'Aristote, in: Chevallier (Hg.) 1984 [§ 54 *46: 107-115].
318 Dorothea Frede: Constitution and citizenship. Peripatetic influence on Cicero's political conceptions in the De re publica, in: Fortenbaugh/Steinmetz (Hg.) 1989 [§ 54 *47: 77-100].
319 G. Hamza: Ciceros Verhältnis zu seinen Quellen, mit besonderer Berücksichtigung der Darstellung der Staatslehre in De re publica, in: Klio 67 (1985) 492-497.
320 R. W. Sharples: Plato's Phaedrus-argument for immortality and Cicero's Somnium Scipionis, in: Liverpool Classical Monthly (1985) 66-67.
321 M. Plezia: De Q. Ennii epigrammate (Varia 23 Vahlen) Ciceronis Somnii Scipionis fonte, in: Meander 41 (1986) 393-401.
322 S. Döpp: Platonisch oder peripatetisch? Zu Cic. Rep. 2,11,22, in: Rheinisches Museum für Philologie 130 (1987) 40-47.
323 H. Meyerhöfer: Platons Πολιτεία, Ciceros De re publica. Versuch eines Vergleichs, in: Anregung 33 (1987) 218-231.

η) Vorrede und Vorgespräch

331 M. Pohlenz: Cicero De re publica als Kunstwerk, in: Festschrift R. Reitzenstein (Leipzig, Berlin 1931) 70-105. ND in: M. P.: Kleine Schriften, Bd. 2 (Hildesheim 1965) 374-409.
332 Erwin (später: Michel) Ruch: Zur Bedeutung des Vorgesprächs in Ciceros De re publica, in: Philologus 96 (1944) 213-233.
333 Michel Ruch: La composition du De republica, in: Revue des Etudes latines 26 (1948) 157-171. – Fast durchweg Übersetzung von *332.
334 M. Ruch: Météorologie, astronomie et astrologie chez Cicéron, in: Revue des Etudes latines 32 (1954) 200-219. – Dieser Aufsatz und die Aufsätze von 1944 [*332] und 1948 [*333] sind in Ruchs Buch von 1958 [*43] wenig verändert übernommen worden.
335 M. Ruch: De l'astronomie à la science politique, avec Cicéron, De republica, in: Les Humanités. Classe de Lettres, Section classique 41 (1964-1965) 7,26f. 8,25f. 9,24-26. 10,24-26.
336 M. Ruch: Notwendigkeit und Zufälligkeit in Kosmos und Gesellschaft nach der Weltanschauung Ciceros, in: Gymnasium 72 (1965) 499-511.
337 K. Büchner: Der Eingang von Ciceros Staat, in: M. Renard, R. Schilling (Hg.): Hommages à J. Bayet (Brüssel 1964) [Collection Latomus 70] 132-153. ND in: K. B.: Studien zur römischen Literatur, Bd. 6 (Wiesbaden 1967) 46-64.
338 A. Haury: Cicéron et l'astronomie (A propos de Rep. I,22), in: Revue des Etudes latines 42 (1964) 198-212.
339 A. Grilli: I proemi del De re publica di Cicerone (Brescia 1971). – 15-137: zu Buch I; 139-225: zu Buch III.
340 F. Cancelli: Filosofi e politici e il 'responsum' di Senocrate nel proemio al De re publica di Cicerone, in: Letterature comparate. Problemi e metodo. Studi in onore di E. Paratore (Bologna 1981) 373-411.

ϑ) Pflicht zur politischen Betätigung

351 E. de Saint-Denis: La théorie cicéronienne de la participation aux affaires publiques, in: Revue de Philologie, de Littérature et d'Histoire anciennes 64 (1938) 193-215.
352 G. Pfligersdorffer: Politik und Musse. Zum Prooemium und Einleitungsgespräch von Ciceros De re publica (München 1969).
353 L. Perelli: L'elogio della vita filosofica in De re publica, I 26-29, in: Bollettino di Studi latini 1 (1971) 389-401.
354 Emanuela Andreoni Fontecedro: Il dibattito su vita e cultura nel De re publica di Cicerone (a proposito di un frammento d'incerta sede) (Rom 1981).
355 H. Merklin: Zum Verhältnis von Theorie und Praxis in Ciceros De re publica, in: O. Herding, E. Olshausen (Hg.): Wegweisende Antike. Zur Aktualität humanistischer Bildung. Festgabe für Günter Wöhrle (Stuttgart 1986) [Humanistische Bildung Beiheft 1] 51-66.
356 Reimar Müller: Das Problem Theorie – Pra-

xis in der Peripatos-Rezeption von Ciceros Staatsschrift, in: Fortenbaugh/Steinmetz (Hg.) 1989 [§ 54 *47: 101-113].

ι) Zur Staatsdefinition (rep. I 39)

371 R. Stark: Ciceros Staatsdefinition, in: La Nouvelle Clio 6 (1954) 56-69. ND in: Klein (Hg.) 1966 [§ 54 *36: 332-347].

372 F. Crosara: Concetto e ideale dello Stato nel termine 'respublica' secondo Cicerone, in: Ciceroniana 1 (1959) 83-105.

373 E. Pahnke: Studien über Ciceros Kenntnis und Benutzung des Aristoteles und die Herkunft der Staatsdefinition Rep. I,39 (Freiburg i.Br. 1962). – Diss.

374 G. Jossa: L'"utilitas rei publicae' nel pensiero di Cicerone, in: Studi romani 12 (1964) 269-286. – Zur Staatsdefinition (rep. I 39).

375 H. P. Kohns: Res publica – res populi (zu Cic. rep. I 39), in: Gymnasium 77 (1970) 392-404.

376 F. Cancelli: 'Iuris consensu' nella definizione ciceroniana di res publica, in: Rivista di Cultura classica e medioevale 14 (1972) 247-267.

377 L. Perelli: La definizione e l'origine dello stato nel pensiero di Cicerone, in: Atti della Accademia delle Scienze di Torino. Classe di Scienze morali, storiche e filologiche 106 (1972) 281-309.

378 R. Werner: Über Herkunft und Bedeutung von Ciceros Staatsdefinition, in: Chiron 3 (1973) 163-178.

379 H. P. Kohns: Consensus iuris – communio utilitatis (zu Cic. rep. I 39), in: Gymnasium 81 (1974) 485-498.

380 H. P. Kohns: Prima causa coeundi (zu Cic. rep. I 39), in: Gymnasium 83 (1976) 209-214.

381 G. Mancuso: Sulla definizione ciceroniana dello stato, in: Sodalitas. Scritti in onore di Antonio Guarino (Neapel 1984-1985) Bd. 2, 609-613.

382 V. Pöschl: Quelques principes fondamentaux de la politique de Cicéron, in: Comptes rendus de l'Académie des Inscriptions et Belles-Lettres (1987) 340-350.

383 H. Kupiszewski: La nozione di stato nel De republica di Cicerone, in: Ciceroniana n.s. 7 (1990) [§ 54 *69: 193-199].

384 A. Grilli: L'idea di stato dal De re publica al De legibus, in: Ciceroniana n.s. 7 (1990) [§ 54 *69: 249-262].

385 M. Schofield: Cicero's definition of 'res publica', in: Powell (Hg.) 1994 [§ 54 *48].

x) Staatsformen. Kreislauf der Verfassungen. Verhältnis zu Polybios (Buch I)

391 E. Ciaceri: Il trattato di Cicerone De re publica e le teorie di Polibio sulla costituzione romana, in: Rendiconti della Classe di Scienze morali, storiche e filologiche dell'Accademia dei Lincei (1918) 236-249. 266-278. 303-315.

392 F. Solmsen: Die Theorie der Staatsformen bei Cicero de re publica I (Kompositionelle Betrachtungen), in: Philologus 88 (1933) 326-341. ND in: Klein (Hg.) 1966 [§ 54 *36: 315-331] und in: F. S.: Kleine Schriften, Bd. 2 (Hildesheim 1968) 380-395.

393 K. Glaser: Die Bewertung der Staatsformen in der Antike, in: Wiener Studien 57 (1939) 38-57. – Zu rep. I 54-57.

394 K. Büchner: Der Tyrann und sein Gegenbild in Ciceros ‹Staat›, in: Hermes 80 (1952) 343-371. ND in: K. B.: Studien zur römischen Literatur, Bd. 2 (Wiesbaden 1962) 116-147.

395 K. von Fritz: The theory of the mixed constitution in antiquity. A critical analysis of Polybius' political ideas (New York 1954, ND 1975).

396 J. Kroymann: Die Stellung des Königtums im I. Buch von Ciceros ‹Staat›, in: Harvard Studies in Classical Philology 63 (1958) 309-332.

397 J. Blänsdorf: Cicero, de re publica I 54-55, in: Rivista di Cultura classica e medioevale 3 (1961) 167-176.

398 J. Michelfeit: Der König und sein Gegenbild in Ciceros ‹Staat›, in: Philologus 108 (1964) 262-287.

399 K. H. Mühlhaus: Das demokratische Element in Ciceros Mischverfassung (München 1964). – Diss.

400 K. F. Eisen: Polybiosinterpretationen. Beobachtungen zu Prinzipien griechischer und römischer Historiographie bei Polybios (Heidelberg 1966). – Ursprünglich Diss. Freiburg i.Br. 1963; 64-74: Polybios wichtige, aber nicht einzige Quelle.

401 G. J. D. Aalders: Die Theorie der gemischten Verfassung im Altertum (Amsterdam 1968).

402 F. W. Walbank: Polybius (Berkeley, Los Angeles 1972) [Sather Classical Lectures 42]. – 130-156: u.a. zum Kreislauf der Verfassungen; 157-183: «Polybios and Rome», zu Cicero bes. 147f.

403 Elaine Fantham: 'Aequabilitas' in Cicero's political theory and the Greek tradition of

proportional justice, in: Classical Quarterly N.S. 23 (1973) 285-290. – Zu rep. I 43 und 53.

404 P. Krarup: Scipio Aemilianus as a defender of kingship. A contribution to the interpretation of Cicero's De re publica, in: O. S. Due, N. Friis Johansen, B. Dalsgaard Larsen (Hg.): Classica et mediaevalia F. Blatt septuagenario dedicata (Kopenhagen 1973) 209-223.

405 H. P. Kohns: 'Libertas populi' und 'libertas civium' in Ciceros Schrift De re publica, in: A. Lippold, N. Himmelmann (Hg.): Bonner Festgabe J. Straub zum 65. Geburtstag (Bonn 1977) 201-211.

406 Emanuela Andreoni: Sul contrasto ideologico fra il De re publica e il poema di Lucrezio (La genesi della società civile), in: Studi di poesia latina in onore di Antonio Traglia, Bd. 1 (Rom 1979) 281-321.

407 I. G. Taïphakos: Il De re publica di Cicerone e il modello dicearcheo della costituzione mista, in: Platon 31 (1979) 128-135.

408 I. G. Taïphakos: Cicerone e Polibio; sulle fonti del De re publica, in: Sileno 5-6 (1979-1980) 11-17.

409 J. Christes: Beobachtungen zur Verfassungsdiskussion in Ciceros Werk De re publica, in: Historia 32 (1983) 461-483.

410 M. Erren: Die Königsrede im 1. Buch von Ciceros De re publica, in: Würzburger Jahrbücher für die Altertumswissenschaft N.F. 9 (1983) 115-122.

411 S. Döpp: Der Gedankengang in Cicero, De re publica 1,33,50, in: Rheinisches Museum für Philologie 127 (1984) 285-292.

λ) Zur römischen Frühgeschichte (Buch II)

Vgl. auch Krarup 1973 [*404].

421 F. Taeger: Die Archaeologie des Polybios (1922) [*301].

422 C. J. Classen: Romulus in der römischen Republik, in: Philologus 106 (1962) 174-204.

423 R. Klein: Königtum und Königszeit bei Cicero (Erlangen 1962). – Diss.

424 C. J. Classen: Die Königszeit im Spiegel der Literatur der römischen Republik. Ein Beitrag zum Selbstverständnis der Römer, in: Historia 14 (1965) 385-403. – 400-403: zu rep. II.

425 U. Knoche: Romulus als Urbild des 'pater patriae' bei Cicero, in: Der Altsprachliche Unterricht 9,1 (1966) 34-50.

426 R. F. Hathaway: Cicero, De re publica II, and his Socratic view of history, in: Journal of the History of Ideas 29 (1968) 3-12.

427 L. Perelli: Natura e ratio nel II libro del De re publica ciceroniano, in: Rivista di Filologia e di Istruzione classica 100 (1972) 295-311.

428 Elizabeth Rawson: Cicero the historian and Cicero the antiquarian, in: Journal of Roman Studies 62 (1972) 33-45.

429 J.-L. Ferrary: L'archéologie du De re publica (2,2,4-37,63). Cicéron entre Polybe et Platon, in: Journal of Roman Studies 74 (1984) 87-98.

430 J. Christes: Bemerkungen zu Cicero (1989) [*285].

431 V. Buchheit: Plutarch, Cicero und Livius über die Humanisierung Roms durch König Numa, in: Symbolae Osloenses 66 (1991) 71-96.

μ) Redenpaar für und wider die 'Gerechtigkeit'. Naturrecht (Buch III)

441 H. Fuchs: Der geistige Widerstand gegen Rom in der antiken Welt (Berlin 1938, ²1964). – 2-5. 28f. 83-86. 90 zur 'Karneades-Rede' von L. Furius Philus.

442 K. Büchner: 'Iustitia' in Ciceros De re publica, in K. B.: Studien zur römischen Literatur, Bd. 6 (Wiesbaden 1967) 65-82. 189.

443 H. Dieter: Der 'iustitia'-Begriff Ciceros, in: Eirene 7 (1968) 33-48.

444 F. Cancelli: Sull'origine del diritto romano secondo un motivo ricorrente in scrittori ellenistico-romani e Cicerone, De re publica 5,3, in: Studia et Documenta Historiae et Iuris 37 (1971) 328-337.

445 J.-L. Ferrary: Le discours de Laelius dans le IIIᵉ livre du De re publica de Cicéron, in: Mélanges d'Archéologie et d'Histoire de l'Ecole Française de Rome 86 (1974) 745-771.

446 J.-L. Ferrary: Le discours de Philus (Cicéron, De re publica III, 8-31) et la philosophie de Carnéade, in: Revue des Etudes latines 55 (1977) 128-156.

447 A. Michel: A propos du De re publica III, la politique et le désir, in: Mélanges de littérature et d'épigraphie latines, d'histoire ancienne et d'archéologie. Hommage à la mémoire de Pierre Wuilleumier (Paris 1980) 229-238.

448 J. C. Dumont: Conquête et esclavage chez Cicéron, De republica III, 36-37, in: Ktema 8 (1983) 113-128.

449 K. E. Wilkerson: Carneades at Rome. A problem of sceptical rhetoric, in: Philosophy and Rhetoric 21 (1988) 131-144.

450 J. Christes: Bemerkungen zu Cicero (1989) [*285].

v) Zu Buch IV und V

461 C. A. Behr: A new fragment of Cicero's De republica, in: American Journal of Philology 95 (1974) 141-149. – Isoliertes Testimonium in einem byzantinischen Traktat: Bildung eines Staatsrats von zehn 'besten Männern' als βασιλικὴ φροντίς; aus Buch V? Zweifel bei Ferrary 1988 [§ 57 *674: 104 Anm. 38].

462 K. Büchner: Zum Platonismus Ciceros (1974) [*311].

ξ) Ciceros Verfassungsentwurf

471 C. W. Keyes: Original elements in Cicero's ideal constitution, in: American Journal of Philology 42 (1921) 309-323.

472 W. W. How: Cicero's ideal in his De re publica, in: Journal of Roman Studies 20 (1930) 24-42.

473 M. Wheeler: Cicero's political ideal, in: Greece and Rome 21 (1952) 49-56.

474 F. Crosara: Concetto e ideale dello Stato nel termine res publica secondo Cicerone, in: Ciceroniana 1 (1959) 83-105.

475 D. Cresci: Il concetto di res publica in Cic. Rep. I, 39, in: Anazetesis 1 (1978) 41-49.

476 J. Christes: Beobachtungen zur Verfassungsdiskussion (1983) [*409].

477 H. Cambeis: Das monarchische Element und die Funktion der Magistrate in Ciceros Verfassungsentwurf, in: Gymnasium 91 (1984) 237-260.

o) Der ideale Staatslenker

Vgl. auch Born 1933 [§ 57 *731].

491 R. Reitzenstein: Die Idee des Principats bei Cicero und Augustus, in: Nachrichten von der K. Gesellschaft der Wissenschaften zu Göttingen, Philosophisch-historische Klasse (1917) 399-436. 481-498.

492 K. Atzert: Die Apotheose der 'Virtus Romana' in Ciceros Schrift De re publica (Breslau 1929, ²1933).

493 R. Meister: Der Staatslenker in Ciceros De re publica, in: Wiener Studien 57 (1939) 57-112.

494 U. Knoche: Die geistige Vorbereitung der augusteischen Epoche durch Cicero, in: H. Berve (Hg.): Das neue Bild der Antike, Bd. 2 (Leipzig 1942) 200-218. ND in: Klein (Hg.) 1966 [§ 54 * 36: 404-426] und in: H. Oppermann (Hg.): Römertum (Darmstadt 1962) 203-223.

495 E. Lepore: Il 'princeps' ciceroniano e gli ideali politici della tarda repubblica (Neapel 1954).

496 P. Krarup: Rector rei publicae. Bidrag til fortolkningen af Ciceros De re publica (Kopenhagen 1956). – Mit engl. Zusammenfassung.

497 Maximilian Schäfer: Cicero und der Prinzipat des Augustus, in: Gymnasium 64 (1957) 310-335.

498 Izabella Bieżuńska-Małowist: Les points de vue de Cicéron sur les taches et les devoirs de l'homme d'état, in: Kumaniecki (Hg.) 1960 [§ 54 *31: 37-50]. – Zusammenfassung einer längeren Abhandlung in polnischer Sprache: Poglądy Cycerona na zadania i obowiązki meża stanu, in: Kwartalnik Historyczny 65 (1958) 353-367.

499 H. Schwamborn: Prudens. Gedanken zu Cicero, De re publica II 64-70, in: Der Altsprachliche Unterricht 13,1 (1970) 17-45.

500 A. S. Fotiou: A reconsideration of Cicero's 'princeps civitatis' in the light of a new evidence from a sixth century political treatise, in: D. F. Bright, E. S. Ramage (Hg.): Classical texts and their traditions. Studies in honor of C. F. Trahman (Chico 1984) [Scholars Press Homage Series 6] 41-58.

501 M. Oka: The statesman in Cicero's De re publica, in: Hosei shi kenkyu 34 [Legal History Review] (1984) 23-46. – Japanisch mit engl. Zusammenfassung.

π) Politischer Zeitbezug

511 R. Heinze: Ciceros ‹Staat› als politische Tendenzschrift, in: Hermes 59 (1924) 73-94. ND in: R. H.: Vom Geist des Römertums, hg. von E. Burck (Stuttgart ³1960, ⁴1972) 141-159 und in: Klein (Hg.) 1966 [§ 54 *36: 291-314].

512 E. Lepore: Il 'princeps' ciceroniano (1954) [*495].

513 M. Fuhrmann: Cum dignitate otium. Politisches Programm und Staatstheorie bei Cicero, in: Gymnasium 67 (1960) 481-500. – Zu De re publica: 497-500.

514 J. Kroymann: Römisches Sendungs- und Niedergangsbewusstsein, in: J. K. (Hg.): Eranion. Festschrift für H. Hommel (Tübingen 1961) 69-91. – Zu De re publica: 76-82.

515 K. Büchner: Das Somnium Scipionis und sein Zeitbezug, in: Gymnasium 69 (1962) 220-241. ND in: K. B.: Studien zur römischen Literatur, Bd. 2 (Wiesbaden 1962) 148-172. 197f.

516 J. Kroymann: Res publica restituenda, in: P. Steinmetz (Hg.): Politeia und Res publica (Wiesbaden 1969) [Palingenesia 4] 245-266.

517 J. Geiger: Contemporary politics in Cicero's

De re publica, in: Classical Philology 79 (1984) 38-43.
518 G. Achard: Le ‹De re publica›: une candidature déguisée? in: Latomus 49 (1990) 370-382.

ρ) Somnium Scipionis

531 R. Harder: Über Ciceros Somnium Scipionis (Halle 1929) [Schriften der Königsberger Gelehrten Gesellschaft, Geisteswissenschaftliche Klasse, 6. Jahr, Heft 3, 115-150]. ND in: R. H.: Kleine Schriften (München 1960) 354-395.
532 C. Josserand: L'âme-dieu. A propos d'un passage du Songe de Scipion, in: L'Antiquité classique 4 (1935) 141-152.
533 P. Boyancé: Etudes sur le Songe de Scipion (Bordeaux, Paris 1936). – Diss.
534 M. van den Bruwaene: Ψυχή et νοῦς dans le Somnium Scipionis de Cicéron, in: L'Antiquité classique 8 (1939) 127-152.
535 P. Boyancé: Sur le Songe de Scipion 26-28, in: L'Antiquité classique 11 (1942) 5-22. ND in: Boyancé 1970 [§ 54 *39: 276-293].
536 A. A. C. Sier: Cicero's Somnium Scipionis (Nijmegen 1945). – Diss.
537 A. J. Festugière: Les thèmes du Songe de Scipion, in: Eranos Rudbergianus. Opuscula philologica G. Rudberg dedicata (Göteborg 1946) [Eranos 44] 370-388.
538 A. Traglia: Sulle fonti e sulla lingua del Somnium Scipionis (Rom 1947).
539 G. Luck: Studia divina in vita humana. On Cicero's Dream of Scipio and its place in Graeco-Roman philosophy, in: Harvard Theological Review 49 (1956) 207-218.
540 A. Piganiol: Sur la source du Songe de Scipion, in: Comptes rendus de l'Académie des Inscriptions et Belles-Lettres (1957) 88-93.
541 M. de Guzmán: Comentario al Sueño de Escipión, in: Humanidades 10 (1958) 213-236.
542 A. D. Leeman: De Aristotelis protreptico Somnii Scipionis exemplo, in: Mnemosyne 11 (1958) 139-151.
543 T. de Villapadierna: Cicerón traductor, in: Helmantica 9 (1958) 425-443. – Zur Platon-Übersetzung (Phaidros 245c-246) in rep. VI 27f.
544 K. Büchner: Das Somnium Scipionis und sein Zeitbezug (1962) [*515].
545 R. Coleman: The dream of Cicero, in: Proceedings of the Cambridge Philological Society N.S. 10 (1964) 1-14. – Pythagoreischer Einfluss im Somnium, aber als Leitmotiv auch in allen anderen Teilen von De re publica.
546 J. Fontaine: Le songe de Scipion premier Anti-Lucrèce? in: R. Chevallier (Hg.): Mélanges d'archéologie et d'histoire offerts à A. Piganiol (Paris 1966) 1711-1729.
547 H. Görgemanns: Die Bedeutung der Traumeinkleidung (1968) [*48].
548 Helmut Kohl: 'Theorie' und 'Praxis' in Ciceros ‹Somnium Scipionis›, in: Der Altsprachliche Unterricht 13,1 (1970) 46-61.
549 K. C. Grollios: Observationes quaedam in auctores qui Somnii Scipionis doctrinas primi enuntiaverunt, in: Romanitas 9 (1971) 271-281.
550 L. Scarpa: Sistema celeste e armonia delle sfere nel Somnium Scipionis ciceroniano, in: Atti e Memorie dell'Accademia Patavina di Scienze, Lettere ed Arti, Classe di scienze morali 87 (1974-1975) Teil 3, 17-24.
551 W. Eckle: Geist und Logos bei Cicero und im Johannesevangelium. Eine vergleichende Betrachtung des ‹Somnium Scipionis› und der johanneischen Anschauung vom Abstieg und Aufstieg des Erlösers (Hildesheim 1978) [Spudasmata 36].
552 F. Lucidi: Funzione divinatoria e razionalismo nel Somnium Scipionis, in: Rivista di Cultura classica e medioevale 21-22 (1979-80) 57-75.
553 G. Wojaczek: Ὄργια ἐπιστήμης. Zur philosophischen Initiation in Ciceros Somnium Scipionis, in: Würzburger Jahrbücher für die Altertumswissenschaft N.F. 9 (1983) 123-145; 11 (1985) 93-128.
554 R. Knab: Zur Einleitung des ‹Somnium Scipionis›, in: Hermes 112 (1984) 501-504.
555 Roberta Montanari Caldini: Necessità e libertà nel Somnium Scipionis. La morte dell'Emiliano, in: Atene e Roma 29 (1984) 17-41.
556 Gerlinde Bretzigheimer: Zur Paränese und Didaxe in Ciceros ‹Somnium Scipionis›, in: Wiener Studien N.F. 19 (1985) 125-150.
557 M. Cristiani: Sogni privati e sogni pubblici. Macrobio e il platonismo politico, in: Studi storici 27 (1986) 685-699.
558 A. Wankenne: Le Songe de Scipion (Cicéron, De re publica 6,9-29), in: Les Etudes classiques 54 (1986) 159-168.
559 G. Wojaczek: Struktur und Initiation. Beobachtungen zu Ciceros Somnium Scipionis, in: P. Neukam (Hg.): Reflexionen antiker Kulturen (München 1986) [Dialog Schule – Wis-

senschaft, Klassische Sprachen und Literaturen 20] 144-190.
560 A. D. Leeman: Scipio's droom. Cicero De re publica 6,9-29 (inleiding), in: Hermeneus 59,1 (1987) 1-8.
561 M. Fuhrmann: Scipios Traum. Philosophische Verheissung in drängender politischer Lage, in: G. Reinhart u.a. (Hg.): Zeit und Ewigkeit. Antikes Denken im Spannungsfeld zwischen irdischer Begrenztheit und Jenseitsvorstellung. XIII. Ferienkurs für Lehrer der alten Sprachen, 3.-8. August 1987, Gaienhofen (Stuttgart 1988) 68-95.
562 Emanuela Andreoni Fontecedro: Il sogno dell'uomo politico nel De re publica, in: Ciceroniana n.s. 7 (1990) [§ 54 *69: 149-158].
563 R. F. Glei: Kosmologie statt Eschatologie. Ciceros ‹Somnium Scipionis›, in: G. Binder, B. Effe (Hg.): Tod und Jenseits im Altertum (Trier 1991) 122-143.

σ) Bezeugung und Nachwirkung in der Antike

571 K. Mras: Macrobius' Kommentar zu Ciceros Somnium. Ein Beitrag zur Geistesgeschichte des 5. Jh. n.Chr., in: Sitzungsberichte der Preussischen Akademie der Wissenschaften, Philosophisch-historische Klasse (Berlin 1933) 232-286.
572 E. Heck: Die Bezeugung von Ciceros Schrift De re publica (Hildesheim 1966) [Spudasmata 4].
573 A. Huettig: Macrobius im Mittelalter. Ein Beitrag zur Rezeptionsgeschichte der Commentarii in Somnium Scipionis (Frankfurt a.M. 1990) [Frankfurter Beiträge zur mittelalterlichen Geschichte 2].

d) De legibus

Vgl. auch [§ 57 *701-*719]

α) Forschungsbericht

591 Elizabeth Rawson: The interpretation of Cicero's De legibus, in: ANRW I 4 (1973) 334-356.

β) Studien

599 R. Reitzenstein: Drei Vermutungen zur Geschichte der Römischen Literatur, in: Festschrift Theodor Mommsen zum 50jährigen Doctorjubiläum überreicht (Marburg 1893), 3. Abhandlung, mit eigenem Titelblatt und eigener Paginierung. – 1-31: «I. Die Abfassungszeit des ersten Buches von Ciceros De legibus».

600 Elisa Vianello: Il trattato sulle leggi di M. Tullio Cicerone, in: Historia 2 (1928) 121-178.
601 W. Theiler: Die Vorbereitung des Neuplatonismus (Berlin 1930) [Problemata 1]. ND mit neuer Vorrede Berlin 1964. – Zu den Quellen von Buch 1.
602 P. Finger: Die drei Grundlegungen des Rechts im 1. Buche von Ciceros Schrift de legibus, in: Rheinisches Museum für Philologie 81 (1932) 155-177. 243-262.
603 R. Harder: Zu Ciceros Rechtsphilosophie (De legibus 1), in: Atti del Congresso internazionale di Diritto romano (Rom, April 1933) 1 (Pavia 1934) 171-176. ND in: R. H.: Kleine Schriften, hg. von W. Marg (München 1960) 396-400.
604 E. Kalbe: Quibus temporibus M. Tullius Cicero libros De legibus III scripserit (Leipzig 1934). – Diss.
605 C. W. Keyes: Did Cicero complete the De legibus? in: American Journal of Philology 58 (1937) 403-417.
606 M. Pohlenz: Der Eingang von Ciceros ‹Gesetzen›, in: Philologus 93 (1938) 102-127. ND in: M. P.: Kleine Schriften, hg. von H. Dörrie, Bd. 2 (Hildesheim 1965) 410-435.
607 E. A. Robinson: Cornelius Nepos and the date of Cicero's De legibus, in: Transactions and Proceedings of the American Philological Association 71 (1940) 524-531.
608 E. A. Robinson: Did Cicero complete the De legibus? in: Transactions and Proceedings of the American Philological Association 74 (1943) 109-112.
609 E. A. Robinson: The date of Cicero's De legibus, in: Transactions and Proceedings of the American Philological Association 77 (1946) 321-322.
610 M. Ruch: La question du De legibus, in: Les Etudes classiques 17 (1949) 3-21.
611 E. A. Robinson: The date of Cicero's De legibus (1950). – Diss. Harvard University, nicht gedruckt; Vorankündigung in *609; Zusammenfassung in: Harvard Studies in Classical Philology 60 (1951) 299-301.
612 K. Ziegler: Zur Textgestaltung von Cicero De Legibus, in: Hermes 81 (1953) 303-317.
613 Peter Lebrecht Schmidt: Interpretatorische und chronologische Grundfragen zu Ciceros Werk De legibus (Freiburg i.Br. 1959). – Masch. Diss.; vgl. *620.
614 P. Boyancé: Cicéron et les semailles d'âmes du Timée (De legibus, I, 24), in: Comptes

rendus de l'Académie des Inscriptions et Belles-Lettres (1960) 283-289. ND in: Romanitas 3 (1961) 111-117 und in: Boyancé 1970 [§ 54 *39: 294-300].

615 K. C. Grollios: Κικέρων καὶ Πλατωνικὴ ἠθική. Σχόλια σὲ μερικὰ χωρία τῶν διαλόγων τοῦ Κικέρωνος De legibus καὶ De finibus bonorum et malorum (Athen 1960).

616 K. Büchner: Sinn und Entstehung von De legibus, in: Atti del I Congresso di Studi ciceroniani (1961) [§ 54 *32: 2, 81-90].

617 M. van den Bruwaene: Précisions sur la loi religieuse du De legibus II,19-22 de Cicéron, in: Helikon 1 (1961) 40-93.

618 P. Boyancé: Cicéron et le Premier Alcibiade, in: Revue des Etudes latines 41 (1963) 210-229. ND in: Boyancé 1970 [§ 54 *39: 256-275]. – Antiochos aus Askalon als Hauptquelle von Buch 1.

619 U. Knoche: Ciceros Verbindung der Lehre vom Naturrecht mit dem römischen Recht und Gesetz. Ein Beitrag zu der Frage: Philosophische Begründung und politische Wirklichkeit in Ciceros Staatsbild, in: Radke (Hg.) 1968 [§ 54 *38: 38-60]. ND in: U. K.: Ausgewählte kleine Schriften (Frankfurt 1986) [Beiträge zur Klassischen Philologie 175] 154-176.

620 Peter Lebrecht Schmidt: Die Abfassungszeit von Ciceros Schrift über die Gesetze (1969) [*49]. – Stark überarbeitete Fassung von *613.

621 K. Büchner: Römische Konstanten und De legibus, in: K. B.: Studien zur römischen Literatur, Bd. 8 (Wiesbaden 1970) 21-39.

622 A. Michel: Les origines romaines de l'idée de tolérance, in: Revue des Etudes latines 48 (1970) 433-459.

623 C. Nicolet: Cicéron, Platon et le vote secret, in: Historia 19 (1970) 39-66.

624 G. Pascucci: L'arcaismo nel De legibus di Cicerone, in: Studia Florentina A. Ronconi oblata (Rom 1970) 311-324.

625 Ada Hentschke: Zur historischen und literarischen Bedeutung von Ciceros Schrift ‹De legibus›, in: Philologus 115 (1971) 118-130.

626 M. Villey: Rückkehr zum Naturrecht, in: Büchner (Hg.) 1971 [§ 54 *40: 259-303].

627 L. P. Kenter: De legibus. A commentary on book I (Amsterdam 1972). – Diss.

628 F. Cancelli: Per l'interpretazione del De legibus di Cicerone, in: Rivista di Cultura classica e medioevale 15 (1973) 185-245.

629 H. Dörrie: Ciceros Entwurf zu einer Neuordnung des römischen Sakralwesens. Zu den geistigen Grundlagen von De legibus, Buch 2, in: O. S. Due, N. Friis Johansen, B. Dalsgaard Larsen (Hg.): Classica et Mediaevalia F. Blatt septuagenario dedicata (Kopenhagen 1973) 224-240.

630 P. Krarup: Quelques remarques sur l'originalité de Cicéron dans ses œuvres politiques, in: Mélanges de philosophie, de littérature et d'histoire ancienne offerts à P. Boyancé (Rom 1974) [Collection de l'Ecole Française de Rome 22] 455-461.

631 A. Watson: Law making in the later Roman republic (Oxford 1974).

632 P. Boyancé: L'éloge de la philosophie dans le De legibus I, 58-62, in: Ciceroniana n.s. 2 (1975) [§ 54 *64: 21-40].

633 O. Gigon: Literarische Form und philosophischer Gehalt von Ciceros De legibus, in: Ciceroniana n.s. 2 (1975) [§ 54 *64: 59-72]. ND in O. G.: Die antike Philosophie als Massstab und Realität (Zürich 1977) 356-377.

634 A. Heuss: Ciceros Theorie vom römischen Staat (Göttingen 1975) [Nachrichten der Akademie der Wissenschaften in Göttingen. Philosophisch-historische Klasse 1975, 8]. – Zu leg. III.

635 J. Blänsdorf: Griechische und römische Elemente in Ciceros Rechtstheorie, in: Würzburger Jahrbücher N.F. 2 (1976) 135-147.

636 C. J. Classen: Cicero, the laws and the law-courts, in: Latomus 37 (1978) 597-619.

637 W. Görler: Das Problem der Ableitung ethischer Normen bei Cicero, in: Der Altsprachliche Unterricht 21,2 (1978) 5-19.

638 J. Guillén: El derecho religioso en Cicerón, in: Helmantica 29 (1978) 313-352. – Zu leg. II.

639 R. A. Horsley: The law of nature in Philo and Cicero, in: Harvard Theological Review 71 (1978) 35-59.

640 B. Kjeldsen: Ciceros politiske testamente. En analyse af forfatningsudkastet i De legibus III (Kopenhagen 1979) [Opuscula Graecolatina 18]. – Mit engl. Zusammenfassung.

641 Gustav Adolf Lehmann: Politische Reformvorschläge in der Krise der späten römischen Republik. Cicero De legibus III und Sallusts Sendschreiben an Caesar (Meisenheim 1980) [Beiträge zur Klassischen Philologie 117].

642 G. Pascucci: Parafrasi e traduzioni da autori greci nel De legibus di Cicerone, in: Letterature comparate. Problemi e metodo. Studi in onore di E. Paratore (Bologna 1981) 413-427.

643 F. Serrao: Cicerone e la lex publica, in: Cice-

roniana n.s. 3 (1978) [§ 54 *65: 79-110]. ND in: Legge e società nella repubblica romana 1 (1981) 401-438.
644 L. Troiani: Per un'interpretazione delle Leggi ciceroniane, in: Athenaeum 60 (1982) 315-335.
645 K. M. Girardet: Die Ordnung der Welt. Ein Beitrag zur philosophischen und politischen Interpretation von Ciceros Schrift De legibus (Wiesbaden 1983) [Historia Einzelschr. 42].
646 P. Parroni: Le due patrie di Cicerone, in: Lunario Romano (1983) 511-525.
647 H. Cambeis: Das monarchische Element (1984) [*477].
648 José Turpin: Cicéron, De legibus I-II et la religion romaine. Une interprétation philosophique à la veille du principat, in: ANRW II 16.3 (1986) 1877-1908.
649 S. Bernadete: Cicero's de legibus I. Its plan and intention, in: American Journal of Philology 108 (1987) 295-309.
650 K. M. Girardet: 'Naturrecht' bei Aristoteles und bei Cicero (De legibus): Ein Vergleich, in: Fortenbaugh/Steinmetz (Hg.) 1989 [§ 54 *47: 114-132].
651 A. Grilli: Data e senso del De Legibus di Cicerone, in: La Parola del Passato 45 (1990) 175-187.
652 A. Grilli: L'idea di stato dal De re publica al De legibus, in: Ciceroniana n.s. 7 (1990) [§ 54 *69: 249-262].
653 W. Wołodkiewicz: Stato e diritto nel De legibus, in: Ciceroniana n.s. 7 (1990) [§ 54 *69: 75-82].
654 W. Görler: Silencing the troublemaker. De legibus 1. 39 and the continuity of Cicero's scepticism, in: Powell (Hg.) 1994 [§ 54 *48].

e) Partitiones oratoriae

659 B. B. Gilleland: The date of Cicero's ‹Partitiones oratoriae›, in: Classical Philology 56 (1961) 23-32.
660 A. Grilli: Sulle fonti delle ‹Partitiones oratoriae› di Cicerone, in: Rendiconti dell'Istituto Lombardo. Classe di Lettere, Scienze morali e storiche 97 (1963) 129-152; ND in: A. G.: Stoicismo, epicureismo e letteratura (Brescia 1992) 255-280.
661 Carlos Lévy: Media Academia, Part. or., 40, 139, in: L'Antiquité classique 49 (1980) 260-264. – Cicero nennt nicht eine 'Mittlere Akademie', sondern sagt, das Vorstehende sei 'mitten aus der Akademie' geflossen.

f) Brutus

671 R. Haenni: Die litterarische Kritik in Ciceros Brutus (Sarnen 1905). – Diss. Freiburg i.Ue. 1904-1905.
672 G. L. Hendrickson: Literary sources in Cicero's Brutus (1906) [*32].
673 M. Gelzer: Ciceros Brutus als politische Kundgebung, in: Philologus 93 (1938) 128-131. ND in: M. G.: Kleine Schriften, Bd. 2 (Wiesbaden 1963) 248-250.
674 G. Misch: Geschichte der Autobiographie, Bd. 1: Das Altertum 1 (Frankfurt ³1949). – 347-351: Zu Ciceros Selbstdarstellung im Brutus.
675 P. Pazzini: La critica letteraria nel Brutus di Cicerone, in: Aevum 36 (1962) 355-369.
676 A. Desmouliez: A propos du jugement de Cicéron sur Caton l'Ancien (Brutus XVI-XVIII 63-69 et LXXXV-LXXXVII 292-300), in: Philologus 126 (1982) 70-89.
677 Maria Bellincioni: Ancora sulle intenzioni politiche del ‹Brutus›, in: Sapienza antica. Studi in onore di Domenico Pesce (Mailand 1985) 49-67.
678 Etienne (István) Borzsak: Le ‹Dialogue› de Tacite et le ‹Brutus› de Cicéron, in: Bulletin de l'Association Guillaume Budé (1985) 289-298.
679 C. Rathofer: Ciceros ‹Brutus› als literarisches Paradigma eines Auctoritas-Verhältnisses (Frankfurt a.M. 1986) [Beiträge zur Klassischen Philologie 174].

g) Paradoxa Stoicorum

Vgl. auch die kommentierte Ausgabe von A. G. Lee (1953) [§ 54 *253].

691 K. Kumaniecki: Ciceros Paradoxa Stoicorum und die römische Wirklichkeit, in: Philologus 101 (1957) 113-134. ND in: K. K.: Scripta minora (Breslau, Warschau, Krakau 1967) 189-207.
692 A. Michel: Cicéron et les Paradoxes stoïciens, in: Acta Antiqua Academiae Scientiarum Hungaricae 16 (1968) 225-232.
693 F. Stok: Omnes stultos insanire. La politica del paradosso in Cicerone (Pisa 1981) [Akroamata 2].
694 B. Wiśniewski: Les Paradoxa Stoicorum de Cicéron et la sophistique, in: Les Etudes classiques 49 (1981) 293-303.
695 Barbara Price Wallach: Rhetoric and paradox: Cicero, ‹Paradoxa Stoicorum IV›, in: Hermes 118 (1990) 171-183.

696 W. Englert: Bringing philosophy to the light. Cicero's ‹Paradoxa Stoicorum›, in: Nussbaum (Hg.) 1990 [§ 1 *372: 117-142]. – Die Paradoxa haben bei Cicero eher den Charakter rhetorischer Gemeinplätze als den philosophischer Thesen.
697 P. Grimal: Réflexions sur les ‹Paradoxa Stoicorum› de Cicéron, in: Tradizione dell'antico nelle letterature e nelle arti d'Occidente. Studi in memoria di Maria Bellincioni Scarpat (Rom 1990) 1-6.
698 Michele V. Ronnick: Cicero's ‹Paradoxa Stoicorum›. A commentary, an interpretation and a study of its influence (Bern, Frankfurt a.M. usw. 1991) [Studien zur Klassischen Philologie 62].

h) Orator

710 S. F. Silbiger: Cicero Platonis aemulus (Ciceronis Orator et Platonis Phaedrus secum comparentur [sic!]), in: Eos 37 (1936) 19-26. 129-142.
711 P. Giuffrida: La dottrina stoica delle 'phone' e l'Orator di Cicerone, in: Scritti vari, pubbl. dalla Facoltà di Magistero dell'Università di Torino 1 (1950) 115-128.
712 A. E. Douglas: A Ciceronian contribution to rhetorical theory, in: Eranos 55 (1957) 18-26. – Die Zuordnung von 'docere', 'delectare', 'movere' zu den drei Stilarten ist Ciceros eigene Theorie.
713 A. Yon: Sur la composition de l'Orator de Cicéron, in: Bulletin de l'Association Guillaume Budé (1958,4) [Lettres d'Humanité 17] 70-84. Dt.: Der Aufbau von Ciceros ‹Orator›, in: Kytzler (Hg.) 1973 [§ 54 *42: 440-459].
714 W. Wimmel: Cicero auf platonischem Feld. Zu § 9 des Orator, in: Studia Platonica. Festschrift für H. Gundert (Amsterdam 1974) 185-194. ND in: W. W.: Collectanea (Stuttgart 1987) 386-395.
715 C. Marchesi: L'‹Oratore› di M. T. Cicerone, in: C. M.: Scritti minori di filologia e di letteratura, Bd. 1 (Florenz 1978) 93-113.
716 Rita degl'Innocenti Pierini: Cicerone 'demiurgo' dell'oratore ideale. Riflessioni in margine a Orator 7-10, in: Studi italiani di Filologia classica 51 (1979) 84-102.

i) De optimo genere oratorum

731 G. L. Hendrickson: Cicero de optimo genere oratorum, in: American Journal of Philology 47 (1926) 109-123.

732 A. Dihle: Ein Spurium unter den rhetorischen Werken Ciceros, in: Hermes 83 (1955) 303-314.
733 E. Bickel: Die Echtheit von Ciceros De optimo genere oratorum, in: Rheinisches Museum für Philologie 98 (1955) 288.

j) Academica

Vgl. grundsätzlich auch die oben § 46-52 genannten Arbeiten zur skeptischen Akademie.

751 H. Hartmann: Gewissheit und Wahrheit. Der Streit zwischen Stoa und akademischer Skepsis (Halle 1927).
752 M. Plezia: De Ciceronis Academicis dissertationes tres, in: Eos 37 (1936) 425-449; 38 (1937) 10-30. 169-186. ND Lemberg 1937.
753 M. Ruch: A propos de la chronologie et de la genèse des Academica et du De finibus, in: L'Antiquité classique 19 (1950) 13-26.
754 A. Weische: Cicero und die Neue Akademie. Untersuchungen zur Entstehung und Geschichte des antiken Skeptizismus (Münster 1961) [Orbis antiquus 18].
755 P. A. Meador: Skeptic theory of perception. A philosophical antecedent to Ciceronian probability, in: Quarterly Journal of Speech 54 (1968) 340-351.
756 A. Michel: Doxographie et histoire de la philosophie chez Cicéron (Luc. 128 sqq.), in: J. Harmatta (Hg.): Studien zur Geschichte und Philosophie des Altertums (Amsterdam [zugleich Budapest] 1968) 113-120.
757 M. Ruch: La 'disputatio in utramque partem' dans le ‹Lucullus› et ses fondements philosophiques, in: Revue des Etudes latines 47 (1969) 310-335.
758 M. Ruch: Un exemple du syncrétisme philosophique de Cicéron, Academica posteriora § 21, in: Revue des Etudes latines 48 (1970) 205-228.
759 O. Foss: The pigeon's neck, in: O. S. Due, N. Friis Johansen, B. Dalsgaard Larsen (Hg.): Classica et mediaevalia F. Blatt septuagenario dedicata (Kopenhagen 1973) [Classica et Mediaevalia. Dissertationes 9] 140-149. – Zu Luc. 79.
760 Gisela Striker: Sceptical strategies, in: Schofield/Burnyeat/Barnes (Hg.) 1980 [§ 1 *362: 54-83].
761 J. Doignon: Cicéron a-t-il comparé Epicure à Liber? (Academicorum fragm., apud Augustinum, C. Acad. 3,7,16), in: Revue des Etudes latines 59 (1981) 153-163.

762 H. A. S. Tarrant: Two fragments of Cicero, Academica, Book I, in: Liverpool Classical Monthly 7 (1982) 21-22.
763 B. Wiśniewski: Deux conceptions de la connaissance dans les Academica priora, in: Emerita 50 (1982) 3-16.
764 K. A. Neuhausen: Academicus sapiens. Zum Bild des Weisen in der Neuen Akademie, in: Mnemosyne 40 (1987) 353-390.
765 Carmen Johanson, D. Londey: Cicero on propositions: Academica II.95, in: Mnemosyne 41 (1988) 325-332.
766 E. Lefèvre: Cicero als skeptischer Akademiker. Eine Einführung in die Schrift Academici libri, in: H. W. Schmidt, P. Wülfing (Hg.): Antikes Denken – Moderne Schule. Beiträge zu den antiken Grundlagen unseres Denkens (Heidelberg 1988) [Gymnasium Beiheft 9] 108-132.
767 W. Görler: Antiochos von Askalon über die 'Alten' und über die Stoa (1990) [§ 52 *71].
768 C. Schäublin: Kritisches und Exegetisches zu Ciceros ‹Lucullus›, in: Museum Helveticum 49 (1992) 41-52.
769 Carlos Lévy: Cicero Academicus. Recherches sur les ‹Académiques› et sur la philosophie cicéronienne (Rom 1992) [Collection de l'Ecole Française de Rome 162]. – Eingehende historische und philosophische Interpretation; wichtig auch zur Quellenfrage. (Konnte in der Darstellung nur noch teilweise berücksichtigt werden.)
770 C. Schäublin: Kritisches und Exegetisches zu Ciceros ‹Lucullus› II, in: Museum Helveticum 50 (1993) 158-169.

k) *De finibus bonorum et malorum*

Vgl. auch Striker 1983 [§ 37 *444].

781 A. Lörcher: Das Fremde und das Eigene in Ciceros Büchern De finibus bonorum et malorum und den Academica (Halle 1911, ND Hildesheim 1975).
782 H. von Arnim: Arius Didymus' Abriss der peripatetischen Ethik (Wien, Leipzig 1926) [Akademie der Wissenschaften in Wien, Sitzungsberichte, phil.-hist. Kl. 204.3]. – Zu fin. V.
783 F. Moscarini: Cicerone e l'etica stoica nel III° libro del De finibus (Rom 1930).
784 C. Diano: Il titolo ‹De finibus bonorum et malorum›, in: Giornale critico della Filosofia italiana 14 (1933) 167-169.
785 Maximilian Schäfer: Ein frühmittelstoisches System der Ethik bei Cicero (München 1934). – Diss.
786 J. Stroux: Das Gericht über die Lebensziele (Cicero de fin. II 36ff.), in: Philologus 89 (1934) 126-132.
787 M. N. P. Packer: Cicero's presentation of Epicurean ethics. A study based primarily on De finibus 1 and 2 (New York 1938). – Diss.
788 G. Kilb: Ethische Grundbegriffe der alten Stoa und ihre Übertragung durch Cicero im 3. Buch De finibus bonorum et malorum (Freiburg i.Br. 1939). – Diss.; S. 42-63 nachgedruckt in: Büchner (Hg.) 1971 [§ 54 *40: 38-64].
789 J. Pfaffenwimmer: 'Expositio' et 'enodatio' Ciceronis libri De finibus quarti (Wien 1939). – Diss.
790 Annemarie Lueder: Die philosophische Persönlichkeit des Antiochos von Askalon (Göttingen 1940). – Diss.; zu fin. IV und V.
791 M. Pohlenz: Grundfragen der stoischen Philosophie (1940) [§ 33 *352]. – 47-82: Cic. fin. und Antiochos aus Askalon.
792 Bolesława Duszyńska: Cicero's argumentation in the first dialogue of his De finibus bonorum et malorum, in: Eos 43 (1948-1949) 211-218.
793 M. Ruch: A propos de la chronologie et de la genèse des Academica et du De finibus, in: L'Antiquité classique 19 (1950) 13-26.
794 K. C. Grollios: Κικέρων καὶ Πλατωνικὴ ἠθική. Σχόλια σὲ μερικὰ χωρία τῶν διαλόγων τοῦ Κικέρωνος (1960) [*615].
795 F. Giancotti: Profilo interiore del ‹De finibus›, in: Atti del I Congresso di Studi ciceroniani (1961) [§ 54 *32: 1, 223-244]. Dt.: Der innere Grundzug von De finibus, in: Büchner (Hg.) 1971 [§ 54 *40: 388-416].
796 G. D'Anna: La polemica antiepicurea nel ‹De finibus› di Cicerone (Rom 1962).
797 J.-P. Dumont: La formation stoïcienne du concept de souverain bien (Cicero, De finibus III 33), in: Revue de l'Enseignement philosophique 18 (1967-1968) 1-11.
798 Marion Soreth: Die zweite Telosformel des Antipater von Tarsos, in: Archiv für Geschichte der Philosophie 50 (1968) 48-72. – Zu fin. III 22f. und V 16ff.
799 A. Michel: A propos du souverain bien. Cicéron et le dialogue des écoles philosophiques, in: Jacqueline Bibauw (Hg.): Hommage à M. Renard I (Brüssel 1969) [Collection Latomus 101] 610-621.

800 A. Graeser: Ein unstoischer Beweisgang in Cicero, De finibus 3,27? in: Hermes 100 (1972) 492-495.
801 J. R. Howes: Cicero's moral philosophy in the De finibus, in: Martyn (Hg.) 1972 [§ 54 *41: 37-59].
802 J. Mingay: Coniunctio inter homines hominum. Cicero, De finibus V 65 and related passages, in: S. M. Stern, A. Hourani, Vivian Brown (Hg.): Islamic philosophy and the classical tradition. Essays presented by his friends and pupils to R. Walzer on his seventieth birthday (Oxford [zugleich Columbia, S.C.] 1972) 261-275.
803 D. Pesce: L'etica stoica nel terzo libro del De finibus (Brescia 1977) [Coll. Antichità classica e cristiana 15].
804 A. Michel: A propos du bonheur: pensée latine et tradition philosophique, in: Revue des Etudes latines 56 (1978) 349-368.
805 G. Patzig: Cicero als Philosoph, am Beispiel der Schrift ‹De finibus›, in: Gymnasium 86 (1979) 304-322.
806 Carlos Lévy: La dialectique de Cicéron dans les livres II et IV du De finibus, in: Revue des Etudes latines 62 (1984) 111-127. – Zur 'Divisio Carneadea'.
807 D. Londey: An open question in Cicero, in: Apeiron 18 (1984) 144-147. – Zu fin. II 15.
808 Catherine J. Castner: Difficulties in identifying Roman Epicureans. Orata in Cicero De finibus 2,22,70, in: Classical Journal 81 (1986) 138-147.
809 Jeanne Croissant: La moralité comme trait distinctif de l'homme dans un texte de Cicéron, in: J. C.: Etudes de Philosophie ancienne (Brüssel 1986) [Cahiers de Philosophie ancienne 4] 283-296. – Zu fin. II 45-47.
810 C. J. Classen: Maledicta, contumeliae, tum iracundiae ... indignae philosophia, in: Agora, zu Ehren von Rudolph Berlinger (Amsterdam, Würzburg 1987) [Perspektiven der Philosophie 13] 318-329. – Zu fin. I 27.
811 A. Selem: Antiepicurismo e politica nei primi due libri del De finibus, in: Cultura e Scuola 26 (1987) n. 103, 57-60.
812 O. Gigon: The Peripatos in Cicero's De finibus, in: W. W. Fortenbaugh, R. W. Sharples (Hg.): Theophrastian Studies (New Brunswick 1988) [Rutgers University Studies in Classical Humanities 3] 259-271.
813 O. Gigon: Überlegungen zum Gehalt und zum Text von Ciceros De finibus, in: Filologia e forme letterarie. Studi offerti a Francesco della Corte, Bd. 2 (Urbino 1987) 235-246.
814 O. Gigon: Theophrast in Ciceros De finibus, in: Fortenbaugh/Steinmetz (Hg.) 1989 [§ 54 *47: 159-185].
815 W. Görler: Cicero und die 'Schule des Aristoteles', in: Fortenbaugh/Steinmetz (Hg.) 1989 [§ 54 *47: 246-263]. – S. 258 Anm. 3 und S. 259 Anm. 7: Quelle von fin. V ist Antiochos aus Askalon.
816 T. E. Kinsley: Cicero, De finibus III.75, in: Mnemosyne 42 (1989) 96.
817 G. Schoenrich: Oikeiosis. Zur Aktualität eines stoischen Grundbegriffs, in: Philosophisches Jahrbuch 96 (1989) 34-51. – U.a. zu fin. III 16 und 20.
818 M. Giusta: Antioco di Ascalona e Carneade nel libro V del De finibus ... di Cicerone, in: Elenchos 11 (1990) 29-49.
819 B. Inwood: Rhetorica disputatio. The strategy of De finibus II, in: Nussbaum (Hg.) 1990 [§ 1 *372: 143-164].
820 Giuseppina Magnaldi: L'οἰκείωσις peripatetica in Ario Didimo e nel ‹De finibus› di Cicerone (Florenz 1991) [Università degli Studi di Torino. Fondo di Studi Parini-Chirio, Filologia: Testi e studi 2]. – Fin. V ist im Kern peripatetisch; die Oikeiosis-Lehre geht auf Theophrast zurück.
821 M. Stokes: Cicero on Epicurean pleasures, in: Powell (Hg.) 1994 [§ 54 *48].
822 M. R. Wright: Cicero on self-love and love of humanity in De finibus 3, in: Powell (Hg.) 1994 [§ 54 *48].

l) Tusculanae disputationes

841 Roger M. Jones: Posidonius and Cicero's Tusculan disputations I 17-81, in: Classical Philology 18 (1923) 202-228.
842 P. Finger: Die beiden Quellen des III. Buches der Tusculanen Ciceros, in: Philologus 84 (1929) 51-81. 320-348.
843 R. Philippson: Das dritte und vierte Buch der Tusculanen, in: Hermes 67 (1932) 245-294.
844 R. Miceli: La classificazione stoica delle passioni nelle Tusculane di Cicerone, in: Sophia 3 (1935) 181-186.
845 M. van den Bruwaene: La théologie de Cicéron (Löwen 1937). – 54-83: Quellen von Tusc. I.
846 M. van den Bruwaene: Traces de Posidonius dans le premier livre des Tusculanes, in: L'Antiquité classique 11 (1942) 55-66.

847 A. Barigazzi: Sulle fonti del libro 1 delle Tusculane di Cicerone, in: Rivista di Filologia classica n.s. 26 (1948) 161-203; 28 (1950) 1-29. – Quellen: Platonische Akademie (Krantor); früher Aristoteles; Poseidonios.

848 R. Harder: Das Prooemium von Ciceros Tusculanen (Die Antithese Rom – Griechenland), in: Ἑρμηνεία. Festschrift für Otto Regenbogen (Heidelberg 1952) 104-118. ND in: R. H.: Kleine Schriften (München 1960) 413-430.

849 J. Salinero Portero: La inmortalidad del alma en Cicerón (El libro primero de las Tusculanas), in: Humanidades 10 (1958) 71-95.

850 H. Drexler: Zu Überlieferung und Text der Tusculanen (Rom 1961).

851 A. Michel: Rhétorique et philosophie dans les Tusculanes, in: Revue des Etudes latines 39 (1961) 158-171.

852 Wolfgang Schmid: Ein Tag und der Aion. Betrachtungen zu Ciceros Doxologie der Philosophie, in: Wort und Text. Festschrift F. Schalk (Frankfurt 1963) 14-33. ND in: Maurach (Hg.) 1976 [§ 54 *44: 142-168]. – Zu Tusc. V 5.

853 S. Lundström: Vermeintliche Glosseme in den Tusculanen (Uppsala 1964).

854 A. J. Kleywegt: Philosophischer Gehalt und persönliche Stellungnahme in Tusc. I 9-81, in: Mnemosyne, ser. 4, 19 (1966) 359-388.

855 N. Marinone: Il pensiero cirenaico nel libro III delle Tusculanae, in: Rivista di Filologia e di Istruzione classica 94 (1966) 424-440.

856 L. Alfonsi: Studi sulle ‹Tusculanae›, in: Wiener Studien N.F. 1 (1967) 147-155. – Atticus und Cornelius Nepos als Quelle in Buch IV und V. Beziehung zur verlorenen Schrift De gloria.

857 E. Gierstorfer: Cicero, Tusculanae disputationes. Quellen des ersten Buches (München 1967). – Diss.

858 R. A. Gould: Cicero's indebtedness to the Platonic dialogues in Tusc. disp. I (Princeton 1968). – Diss.

859 H. Hommel: Ciceros Gebetshymnus an die Philosophie. Tusculanen V 5 (Heidelberg 1968) [Sitzungsberichte der Heidelberger Akademie der Wissenschaften, Philosophisch-historische Klasse 1968, 3].

860 M. Giusta: Due edizioni originali delle Tusculane? in: Atti della Accademia delle Scienze di Torino. Classe di Scienze morali, storiche e filologiche 103 (1969) 437-499.

861 T. Viljamaa: Ciceros Bildersprache und die Quellenfrage von Tusc. disp. I 26-81, in: Arctos 6 (1969) 133-146.

862 A. Grilli: Su due passi delle Tuscolane di Cicerone (I 87-88 e III 8-11), in: Mélanges P. Boyancé (Rom 1974) 345-356.

863 J.-M. André: Le stoïcisme et le livre 2 des Tusculanes, in: Ciceroniana n.s. 2 (1975) [§ 54 *64: 107-110].

864 A. Michel: A propos du bonheur (1978) [*804].

865 Anna Maria Ioppolo: Carneade e il terzo libro delle Tusculanae, in: Elenchos 1 (1980) 76-91.

866 A. J. Kleywegt: Happiness and the heap of corn (on Tusc. disp. 5,45), in: J. den Boeft, A. H. M. Kessels (Hg.): Actus. Studies in honour of H. L. W. Nelson (Utrecht 1982) 175-188.

867 G. B. Kerferd: Two problems concerning impulses, in: Fortenbaugh (Hg.) 1983 [§ 1 *251: 87-98]. – Affekte als ‘Krankheiten' (Tusc. IV 23-31).

868 A. Michel: Cicéron et la tragédie (1983) [*57].

869 Jula Kerschensteiner: Socrates philosophiam devocavit a caelo, in: W. Suerbaum, F. Maier (Hg.): Festschrift für Franz Egermann zu seinem 80. Geburtstag am 13. Februar 1985 (München 1985) 41-56.

870 S. Lundström: Zur Textkritik der Tusculanen (Uppsala 1986) [Studia Lat. Upsal. 9].

871 C. J. Classen: Die Peripatetiker in Ciceros Tuskulanen, in: Fortenbaugh/Steinmetz (Hg.) 1989 [§ 54 *47: 186-200].

872 A. E. Douglas: Three passages in Cicero, Tusculan Disputations 2 (16.48-49,49-50), in: Liverpool Classical Monthly 15 (1990) 101-105.

873 M. Giusta: Il testo delle 'Tusculane' (Turin 1991) [Filologia. Testi e studi. Università di Torino, Fondo di Studi Parini-Chirio; 1].

874 A. E. Douglas: Form and content in the Tusculan Disputations, in: Powell (Hg.) 1994 [§ 54 *48].

m) De natura deorum

890 J. C. V. Kindervater: Anmerkungen und Abhandlungen philosophischen und philologischen Inhalts über Ciceros Bücher von der Natur der Götter, 2 Theile (Leipzig 1790-1792).

891 A. S. Pease: The conclusion of Ciceros ‹De natura deorum›, in: Transactions and Proceedings of the American Philological Association 44 (1913) 25-37.

892 K. Reinhardt: Poseidonios (München 1921, ND Hildesheim 1976). – S. 214-262: Poseidonios' Schrift Περὶ θεῶν Hauptquelle von nat. deor. II.
893 J. Tolkiehn: Der Titel der ersten religionsphilosophischen Schrift Ciceros, in: Berliner Philologische Wochenschrift 42 (1922) 477-479.
894 K. Reinhardt: Kosmos und Sympathie. Neue Untersuchungen über Poseidonios (München 1926, ND Hildesheim 1976). – Versuch genauerer 'Abgrenzung' der poseidonischen Elemente in nat. deor. II.
895 I. Heinemann: Poseidonios' metaphysische Schriften, Bd. 2 (Breslau 1928). – 144-224: Quellenkritische Analyse von nat. deor. II; wichtige Einwände gegen Reinhardts Methode in *892 und *894.
896 P. Finger: Die drei kosmologischen Systeme im zweiten Buch von Ciceros Schrift über das Wesen der Götter, in: Rheinisches Museum für Philologie 80 (1931) 151-200. 310-320.
897 H. Jeanmaire: Introduction à l'étude du livre II du De nat. deor., in: Revue d'Histoire de la Philosophie et d'Histoire générale de la Civilisation 1 (1933) 5-57.
898 L. Edelstein: Cicero, De nat. deor. II, in: Studi italiani di Filologia classica n.s. 11 (1934) 131-183.
899 F. Guglielmino: L'agnosticismo di C. Aurelio Cotta nel De nat. deor., in: Religio 11 (1934) 118-144.
900 M. van den Bruwaene: La théologie de Cicéron (Löwen 1937).
901 K. Kerényi: Religio Academici, in: Pannonia (Pécs) 4 (1938) 320-329.
902 R. Philippson: Die Quelle der epikureischen Götterlehre in Ciceros erstem Buche De nat. deor., in: Symbolae Osloenses 19 (1939) 15-40. ND in: R. P.: Studien zu Epikur und den Epikureern (Hildesheim 1983) 249-274.
903 R. Philippson: Des Akademikers Kritik der epikureischen Theologie im ersten Buche der Tuskulanen [sic! vielmehr: De natura deorum] Ciceros, in: Symbolae Osloenses 20 (1940) 21-44.
904 L. Krumme: Die Kritik der stoischen Theologie in Ciceros Schrift de nat. deor. (Düsseldorf 1941). – Diss. Göttingen 1939.
905 A. Nolte: Een aristotelische bewijsvoering bij Cicero en Apuleius, in: Tijdschrift voor Philosophie 3 (1941) 241-276. – Zu nat. deor. II 42.
906 R. Philippson: Cicero, De nat. deor., Buch II und III. Eine Quellenuntersuchung, in: Symbolae Osloenses 21 (1941) 11-38; 22 (1942) 8-39; 23 (1944) 7-31; 24 (1945) 16-47.
907 A.-J. Festugière: La révélation d'Hermès Trismégiste, Bd. 2: Le dieu cosmique (Paris 1949).
908 E. von Ivánka: Die stoische Anthropologie in der lateinischen Literatur, in: Anzeiger der Österreichischen Akademie der Wissenschaften in Wien 87 (1950) 178-192.
909 A. di Girolamo: Carattere e valore della ricerca storica nel discorso di Velleio nel I libro De natura deorum di Cicerone, in: Giornale italiano di Filologia 4 (1951) 43-58.
910 K. Reinhardt: Poseidonios (Theologie), in: RE 22,1 (1953) 697-719. – Ausbau und Verteidigung der Thesen von *892 und *894.
911 P. Frassinetti: Cicerone e gli dei di Epicuro, in: Rivista di Filologia e di Istruzione classica n.s. 32 (1954) 113-132.
912 G. Freymuth: Eine Anwendung von Epikurs Isonomiegesetz (Cicero, De nat. deor. I 50), in: Philologus 98 (1954) 101-115.
913 G. Freymuth: Methodisches zur epikureischen Götterlehre, in: Philologus 99 (1955) 234-244.
914 G. Gawlick: Untersuchungen zu Ciceros philosophischer Methode (Kiel 1956). – Masch. Diss.; zum Prooemium von nat. deor.
915 P. Levine: The original design and the publication of the ‹De natura deorum›, in: Harvard Studies in Classical Philology 62 (1957) 7-36.
916 G. Pfligersdorffer: Cicero über Epikurs Lehre vom Wesen der Götter (De nat. deor. I 49), in: Wiener Studien 70 (1957) 235-253.
917 R. Cadiou: Atomes et éléments graphiques, in: Bulletin de l'Association Guillaume Budé (1958,3) 54-64. – Zu nat. deor. II 37.
918 B. F. Harris: Cicero as an academic. A study of ‹De natura deorum› (Auckland 1961) [University of Auckland Bulletin 58, Classics series 2].
919 K. Kleve: Cicerone e la teologia epicurea, in: Atti del I Congresso di Studi ciceroniani (1961) [§ 54 *32: 2, 471-477].
920 A. J. Kleywegt: Ciceros Arbeitsweise im zweiten und dritten Buch der Schrift ‹De natura deorum› (Groningen 1961). – Diss.
921 C. Moreschini: Due fonti sulla teologia epicurea, in: La Parola del Passato 16 (1961) 342-372.
922 F. Solmsen: Cleanthes or Posidonius? The basis of Stoic physics, in: Mededelingen der

Koninklijke Nederlandse Akademie van Wetenschappen. Afd. Letterkunde N.R. 24,9 (Amsterdam 1961) 265-289. – Zu Cicero (vor allem De natura deorum): 265-269.

923 P. Boyancé: Les preuves stoïciennes de l'existence des dieux d'après Cicéron (De natura deorum, livre II), in: Hermes 90 (1962) 45-71. ND in: Boyancé 1970 [§ 54 *39: 301-334]. Dt.: Die stoischen Gottesbeweise nach Cicero (De natura deorum, Buch II), in: Büchner (Hg.) 1971 [§ 54 *40: 446-488].

924 O. Gigon: Besprechung von Cicero, De nat. deor. libri, ed. A. S. Pease, in: Gnomon 34 (1962) 662-676.

925 G. Vallot: La cosmologia stoica nella polemica di Velleio (Cicero, De natura deorum I 18-24), in: Atti dell'Istituto Veneto di Scienze, Lettere ed Arti, Classe di Scienze morali e Lettere 121 (1962-1963) 1-18.

926 K. Kleve: Gnosis theon. Die Lehre von der natürlichen Gotteserkenntnis in der epikureischen Theologie. Ausgangspunkt der Studie: Cicero, De natura deorum I (Oslo 1963) [Symbolae Osloenses Suppl. 19].

927 A. H. Chroust: The concept of God in Aristotle's lost dialogue ‹On philosophy›, in: Emerita 33 (1965) 205-228. – Zu nat. deor. I 33.

928 Ilona Opelt: Ciceros Schrift ‹De natura deorum› bei den lateinischen Kirchenvätern, in: Antike und Abendland 12 (1966) 141-155.

929 P. Steinmetz: Eine jungepikureische Sicht der Geschichte der Philosophie, in: Archiv für Geschichte der Philosophie 48 (1966) 153-162. – Zu nat. deor. I 25-41.

930 M. Swoboda: Epicureae doctrinae de deorum natura beatitudine aeternitateque apud Ciceronem (Nat. deor. I 19, 49sq.) interpretatio, in: Eos 56 (1966) 273-280.

931 J. A. Akinpelu: The Stoic 'scala naturae' (with special reference to the exposition of it in Cicero's ‹De natura deorum›), in: Proceedings of the African Classical Association 10 (1967) 29-35. – Zu II 33-36.

932 M. Swoboda: Filozoficzna i polityczna problematyka dialogu Cycerona ‹De natura deorum›, in: Meander 22 (1967) 517-528.

933 H. A. K. Hunt: Some problems in the interpretation of Stoicism, in: Journal of the Australasian Universities Language and Literature Association 28 (1967) 165-177. – Zu nat. deor. II.

934 B. Effe: Studien zur Kosmologie und Theologie der aristotelischen Schrift ‹Über die Philosophie› (München 1970) [Zetemata 50]. – Zu den Zitaten aus der Schrift in nat. deor. II.

935 A. Graeser: Zu Aristoteles Περὶ φιλοσοφίας (Cicero, Nat. deor. II 16,44), in: Museum Helveticum 27 (1970) 16-27.

936 G. W. R. Ardley: Cotta and the theologians, in: Prudentia 5 (1973) 33-50.

937 D. Lemke: Die Theologie Epikurs. Versuch einer Rekonstruktion (München 1973) [Zetemata 57]. – Zu nat. deor. I.

938 Ruth Schian: Untersuchungen über das 'argumentum e consensu omnium' (Hildesheim 1973) [Spudasmata 28].

939 E. Valgiglio: Tra scetticismo filosofico e tradizionalismo religioso. C. Aurelio Cotta in Cicerone e Cecilio Natale in Minucio Felice, in: Rivista di Studi classici 21 (1973) 234-255.

940 W. Lackner: Eine Konjektur zur Lücke in Ciceros ‹De natura deorum›, in: Grazer Beiträge 2 (1974) 93-96.

941 A. H. Chroust: Some comments on Cicero, De natura deorum II, 15,42-16,44. A fragment of Aristotle's ‹On philosophy›, in: Classical Folia 29 (1975) 103-113.

942 A. H. Chroust: Some comments to Cicero, De natura deorum II 37,95-96. A fragment of Aristotle's ‹On philosophy›, in: Emerita 43 (1975) 197-205.

943 C. P. E. Clausen: Ciceros portræt af Velleius, in: Museum Tusculanum 25-26 (1975) 34-47. – Mit franz. Zusammenfassung.

944 K. Kleve: On the beauty of God. A discussion between Epicureans, Stoics and Sceptics, in: Symbolae Osloenses 53 (1978) 69-83. – Zu nat. deor. I.

945 Ernst A. Schmidt: Die ursprüngliche Gliederung von Ciceros Dialog ‹De natura deorum›, in: Philologus 122 (1978) 59-67.

946 M. van den Bruwaene: Traces de mythologie égyptienne dans le ‹De natura deorum› de Cicéron, in: Latomus 38 (1979) 368-412. – Zu nat. deor. III 53-60.

947 C. L. Thompson: Cicero's editing of mythographic material in the ‹De natura deorum›, in: Classical Journal 75 (1980) 143-152.

948 J. Mansfeld: The Cleanthes fragment in Cicero, De natura deorum II 24, in: J. den Boeft, A. H. M. Kessels (Hg.): Actus. Studies in honour of H. L. W. Nelson (Utrecht 1982) 203-210. ND in: J. M.: Studies in later Greek philosophy and gnosticism (London 1989) Nachdruck IV.

949 J.-L. Girard: Probabilisme, théologie et religion. Le catalogue des dieux homonymes

dans le ‹De natura deorum› de Cicéron (III,42 et 53-60), in: H. Zehnacker, G. Hentz (Hg.): Hommages à Robert Schilling (Paris 1983) [Collection d'Etudes latines. Série scientifique 37] 117-126.
950 M. Schofield: The syllogisms of Zeno of Citium, in: Phronesis 28 (1983) 31-58.
951 A. J. Kleywegt: Cleanthes and the 'vital heat', in: Mnemosyne 37 (1984) 94-102.
952 José Kany-Turpin: Les images divines. Cicéron lecteur d'Epicure, in: Revue philosophique de la France et de l'Etranger 176 (1986) 39-58. - Zu nat. deor. I 49.
953 R. Schilling: L'exposé du stoïcien Balbus dans le traité sur la nature des dieux est-il entaché d'inconséquence? in: A. Bonanno, H. C. R. Vella (Hg.): Laurea corona. Studies in honour of Edward Coleiro (Amsterdam 1987) 67-72.
954 L. Tarán: Cicero's attitude towards stoicism and scepticism in the ‹De natura deorum›, in: K.-L. Selig, R. Somerville (Hg.): Florilegium Columbianum. Essays in honor of P. O. Kristeller (New York 1987) 1-22. - Nützlicher Überblick über verschiedene Deutungen von Ciceros Schlusswort (III 95).
955 D. J. Furley: Aristotelian material in Cicero's ‹De natura deorum›, in: Fortenbaugh/Steinmetz (Hg.) 1989 [§ 54 *47: 201-219].
956 C. Schäublin: Philosophie und Rhetorik in der Auseinandersetzung um die Religion. Zu Cicero, De natura deorum I, in: Museum Helveticum 47 (1990) 87-101.
957 B. Wiśniewski: Sur les traces de la sophistique dans le IIIème livre du ‹De natura deorum› de Cicéron, in: Giornale italiano di Filologia 42 (1990) 99-103.
958 Clara Auvray-Assayas: Le livre I du ‹De natura deorum› et le traité ‹De signis› de Philodème, in: Revue des Etudes latines 69 (1991) 51-62.
959 J. Mansfeld: Aspects of Epicurean theology, in: Mnemosyne 46 (1993) 172-210. - 190-210: Zu nat. deor. I 49 und verwandten Berichten.
960 R. McKirahan: Epicurean doxography in Cicero, De natura deorum I 25-41, in: Atti del Congresso internazionale 'L'epicureismo greco e romano', Neapel 1994 [Collana Elenchos].

n) De divinatione

971 P. Finger: Die zwei mantischen Systeme in Ciceros Schrift über die Weissagung (De divinatione 1), in: Rheinisches Museum für Philologie 78 (1929) 371-397.
972 F. Solmsen: Cicero on 'religio' and 'superstitio', in: The Classical Weekly 37 (1943-1944) 159-160. ND in: F. S.: Kleine Schriften, Bd. 2 (Hildesheim 1968) 405-406.
973 L. Pitzalis: Date di composizione del ‹De divinatione› e del ‹De gloria› di Cicerone, in: Giornale italiano di Filologia 10 (1957) 97-107.
974 R. J. Goar: The purpose of ‹De divinatione›, in: Transactions and Proceedings of the American Philological Association 99 (1968) 241-248.
975 R. Giomini: Problemi cronologici e compositivi del ‹De divinatione› ciceroniano (Rom 1971).
976 R. J. Goar: Cicero and the state religion (Amsterdam 1972).
977 Myrto Dragona-Monachou: Posidonius' hierarchy between God, Fate and nature and Cicero's ‹De divinatione›, in: Philosophia 4 (1974) 286-305.
978 J. Kroymann: Cicero und die römische Religion, in: Michel/Verdière (Hg.) 1975 [§ 54 *43: 116-128].
979 J. Boes: A propos du ‹De divinatione›: ironie de Cicéron sur le 'nomen' et l''omen' de Brutus, in: Revue des Etudes latines 59 (1981) 164-176.
980 J. Linderski: Cicero and Roman divination, in: La Parola del Passato 37 (1982) 12-38.
981 F. Guillaumont: Philosophe et augure. Recherches sur la théorie cicéronienne de la divination (Brüssel 1984) [Collection Latomus 184]. - Nur beiläufig über ‹De divinatione›.
982 Anne-Marie Taisne: Cicéron et la poésie latine des prodiges (Paris 1984), in: Chevallier (Hg.) 1984 [§ 54 *46: 57-66].
983 N. Denyer: The case against divination. An examination of Cicero's De divinatione, in: Proceedings of the Cambridge Philological Society 31 (1985) 1-10.
984 C. Schäublin: Cicero, ‹De divinatione› und Poseidonios, in: Museum Helveticum 42 (1985) 157-167.
985 Mary Beard: Cicero and divination. The formation of a Latin discourse, in: Journal of Roman Studies 76 (1986) 33-46.
986 J. Linderski: Watching the birds. Cicero the augur and the augural 'templa', in: Classical Philology 81 (1986) 330-340.
987 C. Schäublin: Ementita auspicia, in: Wiener Studien N.F. 20 (1986) 165-181.

988 M. Schofield: Cicero for and against divination, in: Journal of Roman Studies 76 (1986) 47-65.
989 C. Schäublin: Kritische und exegetische Bemerkungen zu Cicero, De divinatione II, in: Museum Helveticum 44 (1987) 181-190.
990 José Kany-Turpin, P. Pellegrin: Cicero and the Aristotelian theory of divination by dreams, in: Fortenbaugh/Steinmetz (Hg.) 1989 [§ 54 *47: 220-245].
991 C. Schäublin: Weitere Bemerkungen zu Cicero, De divinatione, in: Museum Helveticum 46 (1989) 42-51.
992 J. Blänsdorf: 'Augurenlächeln' – Ciceros Kritik an der römischen Mantik, in: H. Wissmann (Hg.): Zur Erschliessung von Zukunft in den Religionen. Zukunftserwartung und Gegenwartsbewältigung in der Religionsgeschichte (Würzburg 1991) 45-65. – 59-64: Gute Analyse von De divinatione II. Der dialektische Charakter des Buches (siehe div. I 7, II 150) ist jedoch verkannt; zu Unrecht werden Marcus Ciceros Argumente als objektiv gültige rationale Kritik verstanden.
993 J. Mansfeld: A Theophrastean excursus on God and nature and its aftermath in Hellenistic thought, in: Phronesis 37 (1992) 314-335. – 327f.: Zu div. II 42-44.

o) De fato

1011 Margaret Y. Henry: Cicero's treatment of the free-will problem, in: Transactions and Proceedings of the American Philological Association 58 (1927) 32-42.
1012 Pamela M. Huby: An epicurean argument in Cicero, De fato XVII-40, in: Phronesis 15 (1970) 83-85.
1013 P. L. Donini: Crisippo e la nozione del possibile, in: Rivista di Filologia e di Istruzione classica 101 (1973) 333-351.
1014 A. J. Kleywegt: Fate, free will and the text of Cicero, in: Mnemosyne 26 (1973) 342-349.
1015 Bärbel Platz: Fatum et Libertas. Untersuchungen zu Leibniz' Theodizee und verwandten Schriften sowie Ciceros ‹De fato› (Köln 1973). – Diss.
1016 P. L. Donini: Fato e volontà umana in Crisippo, in: Atti della Accademia delle Scienze di Torino. Classe di Scienze morali, storiche e filologiche 109 (1975) 187-230.
1017 Octave Hamelin: Sur le ‹De fato›. Publié et annoté par M. Conche (Paris 1978). – Verfasst um 1900. Ausführliche Würdigung und philosophische Auseinandersetzung: Celluprica 1982 [*1021].
1018 G. Luck: On Cicero, De Fato 5 and related passages, in: American Journal of Philology 99 (1978) 155-158.
1019 H. Eisenberger: Zur Frage der ursprünglichen Gestalt von Ciceros Schrift ‹De fato›, in: Grazer Beiträge 8 (1979) 153-172.
1020 J. Guillén: El hado en la teología de Cicerón, in: Helmantica 30 (1979) 197-236.
1021 Vincenza Celluprica: Necessità megarica e fatalità stoica, in: Elenchos 3 (1982) 361-385. – Philosophische Auseinandersetzung mit Hamelin 1978 [*1017].
1022 Geneviève Rodis-Lewis: Note sur la composition du ‹De fato›, in: Etudes philosophiques 37 (1982) 231-233.
1023 J. Barnes: Cicero's ‹De fato› and a Greek source, in: P. Oliva, Alena Frolikova (Hg.): Proceedings of the 16th International Eirene Conference Prague 31.8.-4.9. 1982, Bd. 1 (Prag 1983) 189-193. Leicht erweiterte Fassung in: J. Brunschwig, C. Imbert, A. Roger (Hg.): Histoire et structure. A la mémoire de Victor Goldschmidt (Paris 1985) 229-239.
1024 S. J. Harrison: Cicero and 'crurifragium', in: Classical Quarterly 33 (1983) 453-455. – Zu fat. 5-6.
1025 J. Vuillemin: Nécessité ou contingence. L'aporie de Diodore et les systèmes philosophiques (Paris 1984).
1026 M. Szymański: De fato 8,15. Can 'coniunctio' mean implication? in: Hermes 113 (1985) 383-384.
1027 J. Talanga: Zukunftsurteile und Fatum. Eine Untersuchung über Aristoteles' De interpretatione 9 und Ciceros De fato, mit einem Überblick über die spätantiken Heimarmene-Lehren (Bonn 1986) [Habelts Dissertationsdrucke, Reihe Klassische Philologie 36].
1028 W. Görler: 'Hauptursachen' bei Chrysipp und Cicero? Philologische Marginalien zu einem vieldiskutierten Gleichnis (De fato 41-44), in: Rheinisches Museum für Philologie 130 (1987) 254-274.
1029 Anna Maria Ioppolo: Le cause antecedenti in Cic. De fato 40, in: Barnes/Mignucci (Hg.) 1988 [§ 1 *367: 397-425].
1030 Stephan Schröder: Philosophische und medizinische Ursachensystematik und der stoische Determinismus (Teil 1-3), in: Prometheus 15 (1989) 209-239; 16 (1990) 5-26

und 136-154. – Einwände gegen Görler 1987 [*1028].
1031 Csilla Szekeres: 'Contagio' und 'vis fatalis'. Einige Bemerkungen zu Ciceros De fato, in: Acta Classica Universitatis Scientiarum Debreceniensis 26 (1990) 57-61.
1032 M. Vegetti: Fato, valutazione e imputabilità: un argomento stoico in Alessandro, De fato 35, in: Elenchos 12 (1991) 257-270. – Zu Cicero fat. 40-41.
1033 R. W. Sharples: Causes and necessary conditions in the Topica and De fato, in: Powell (Hg.) 1994 [§ 54 *48].

p) Cato maior de senectute

Vgl. auch Narducci 1989 [§ 57 *679: 13-78].
1051 T. Tosi: Sul ‹Cato maior› di Cicerone (Florenz 1929). ND in: T. T.: Scritti di filologia e di archeologia, a cura di N. Terzaghi (Florenz 1957) 186ff.
1052 R. Gnauk: Die Bedeutung des Marius und Cato maior für Cicero (Berlin 1936). – Diss.; 70-104: Das Verhältnis Ciceros zu Cato d.Ä.
1053 A. Dyroff: Junkos und Ariston von Keos über das Greisenalter, in: Rheinisches Museum für Philologie 86 (1937) 241-269.
1054 A. Dyroff: Der Peripatos über das Greisenalter (Paderborn 1939) [Studien zur Geschichte und Kultur der Antike 21.3].
1055 P. Wuilleumier: L'influence du ‹Cato maior›, in: Mélanges de philologie, de littérature et d'histoire anciennes offerts à A. Ernout (Paris 1940) 383-388.
1056 F. della Corte: Catone maggiore e i ‹Libri ad Marcum filium›, in: Rivista di Filologia e d'Istruzione classica n.s. 19 (1941) 81-96.
1057 F. Wehrli: Lykon und Ariston von Keos (Basel 1952, ²1968) [Die Schule des Aristoteles 6]. – 51f.: Ariston aus Keos als Ciceros Vorbild (und Quelle?).
1058 L. Alfonsi: La composizione del ‹De senectute› ciceroniano, in: Siculorum Gymnasium 8 (1955) 429-454.
1059 L. Alfonsi: Il pensiero ciceroniano nel ‹De senectute›, in: Studi letterari in onore di Emilio Santini (Palermo 1955). ND unter dem Titel: Das ciceronische Denken in ‹De senectute›, in: Büchner (Hg.) 1971 [§ 54 *40: 208-228].
1060 L. Alfonsi: Sulle fonti del ‹De senectute›, in: La Parola del Passato 41 (1955) 121-129.
1061 A. E. Astin: Scipio Aemilianus and Cato Censorius, in: Latomus 15 (1956) 159-180. –

168-172: Zur historischen Zuverlässigkeit von Ciceros Cato-Bild.
1062 E. Huebener: Ciceros ‹De senectute› in gerontologischer Schau, in: Altertum 3 (1957) 46-52.
1063 Paola Venini: La vecchiaia nel ‹De senectute› di Cicerone, in: Athenaeum 38 (1960) 98-117.
1064 U. Kammer: Untersuchungen zu Ciceros Bild von Cato Censorius (Frankfurt 1963). – Diss.
1065 G. Pacitti: Sul significato ultimo del Cato Maior, in: Giornale italiano di Filologia 18 (1965) 236-260.
1066 U. Knoche: Ciceros Dialog über das Alter, in: Das Altern (Göttingen 1966) [Veröffentlichungen der Joachim-Jungius-Gesellschaft der Wissenschaften Hamburg] 158-175. ND in: U. K.: Ausgewählte kleine Schriften, hg. von W.-W. Ehlers (Frankfurt 1984) [Beiträge zur klassischen Philologie 175] 136-153.
1067 M. Manfredini: Argantonio re di Cadice e le fonti del ‹Cato maior› ciceroniano, in: Rivista di Filologia e di Istruzione classica n.s. 48 (1970) 278-291.
1068 C. Gnilka: Altersklage und Jenseitssehnsucht, in: Jahrbuch für Antike und Christentum 14 (1971) 5-23.
1069 G. Castelli: Il ‹Cato maior de senectute› come Ἡρακλείδειον, in: Rivista di Studi classici 20 (1972) 5-12.
1070 D. Krömer: Kyros' Unsterblichkeitsbeweis bei Xenophon und Cicero, in: Würzburger Jahrbücher für die Altertumswissenschaft N.F. 3 (1977) 93-104.
1071 B. d'Agostino: 'Voluptas' e 'virtus'. Il mito politico della ingenuità italica, in: Annali dell'Istituto Universitario Orientale di Napoli, Sezione di Archeologia e Storia Antica 3 (1981) 117-127. – Zu Cato 18.
1072 A. Michel: Le ‹Caton› et le ‹Laelius›. Originalité philosophique et expérience personnelle dans deux traités cicéroniens, in: Vita Latina 85 (1982) 12-18.
1073 E. Narducci: Il ‹Cato maior›, o la vecchiezza dell'aristocrazia romana, in: Quaderni di Storia 8 (1982) 121-163.
1074 H. Bengtson: Bemerkungen zu Ciceros Schrift ‹Cato maior de senectute›, in: A. Kraus (Hg.): Land und Reich, Stamm und Nation. Probleme und Perspektiven bayerischer Geschichte. Festgabe für Max Spindler zum 90. Geburtstag, I: For-

schungsberichte. Antike und Mittelalter (München 1984) 261-267.
1075 J. Bollók: Une source oubliée du ‹Cato maior›, in: Acta Classica Universitatis Scientiarum Debreceniensis 20 (1984) 21-30.
1076 S. Mariotti: I piaceri senili di Nevio e di Plauto, in: Filologia e forme letterarie. Studi offerti a Francesco della Corte, Bd. 2 (Urbino 1987) 21-26.

q) Laelius de amicitia

Vgl. auch Hommel 1955 [§ 57 *236: 319-323/290-299], Narducci 1989 [§ 57 *679: 79-110].

1091 E. Cione: Il ‹De amicitia› (Florenz 1939).
1092 Erwin (später: Michel) Ruch: Das Prooemium von Ciceros ‹Laelius de amicitia› (Strassburg 1943). ND in: Hermes 78 (1944) 132-162. – Teilveröffentlichung der Diss. (1958 [*43]).
1093 C. Groeninckx: Een onderzoek naar de bronnen van Cicero's ‹De amicitia› (Löwen 1945). – Diss.
1094 K. Büchner: Der ‹Laelius› Ciceros, in: Museum Helveticum 9 (1952) 88-106. ND in: K. B.: Studien zur römischen Literatur, Bd. 2 (Wiesbaden 1962) 173-194.
1095 H. Heusch: Zum Proömium von Ciceros ‹Laelius›, in: Rheinisches Museum 96 (1953) 67-77. – Kritisch über Ruch 1943 [*1092].
1096 W. Ricken: Zur Entstehung des ‹Laelius de amicitia›, in: Gymnasium 62 (1955) 360-374.
1097 Maximilian Schäfer: Panaitios bei Cicero und Gellius, in: Gymnasium 62 (1955) 334-353.
1098 J. Steinberger: Begriff und Wesen der Freundschaft bei Aristoteles und Cicero (Erlangen 1956). – Diss.
1099 Erika Klein: Studien zum Problem der 'römischen' und 'griechischen' Freundschaft (Freiburg i.Br. 1957). – Diss.
1100 H. L. F. Drijepondt: Ciceros ‹Laelius de amicitia›, eine Einheit, in: Acta Classica. Proceedings of the Classical Association of South Africa 6 (1963) 64-80.
1101 P. Pucci: Politica ed ideologia nel ‹De amicitia›, in: Maia 15 (1963) 342-358.
1102 F.-A. Steinmetz: Die Freundschaftslehre des Panaitios nach einer Analyse von Ciceros ‹Laelius de amicitia› (Wiesbaden 1967) [Palingenesia 3].

1103 Maria Bellincioni: Struttura e pensiero del ‹Laelius› ciceroniano (Brescia 1970).
1104 R. Bodéüs: L'amour naturel du genre humain chez Cicéron, in: Les Etudes classiques 42 (1974) 50-57. – Panaitios ist Quelle von Lael. 19-22.
1105 K. Heldmann: Ciceros ‹Laelius› und die Grenzen der Freundschaft. Zur Interdependenz von Literatur und Politik 44/43 v. Chr., in: Hermes 104 (1976) 72-103.
1106 K. A. Neuhausen: Ciceros Vater, der Augur Scävola und der junge Cicero, in: Wiener Studien N.F. 13 (1979) 76-87. – Zur Einleitung.
1107 T. Gargiulo: Aspetti politici della polemica antiepicurea di Cicerone. Il ‹Laelius de amicitia›, in: Elenchos 1 (1980) 292-332.
1108 A. Michel: Le ‹Caton› et le ‹Laelius› (1982) [*1072].
1109 A. Grilli: Sull'amicizia epicurea nel ‹Laelius›, in: Elenchos 5 (1984) 221-224. – Zu Gargiulo 1980 [*1107].
1110 E. Piscione: Il primato dell'amicizia nella filosofia antica, in: Sapienza 37 (1984) 377-395.
1111 A. de Rosalia: Riflessioni sul concetto ciceroniano di amicizia (Palermo 1984).
1112 A. Poliseno: Dalla spontaneità dell'amicizia al dovere della solidarietà. Attualità del ‹Laelius› di Cicerone, in: Maia n.s. 40 (1988) 263-269.
1113 T. N. Habinek: Towards a history of friendly advice. The politics of candor in Cicero's ‹De amicitia›, in: Nussbaum (Hg.) 1990 [§ 1 *372: 165-185]. – Vergleich mit der Praxis politischer 'Ratschläge' in den Briefen.

r) Topica

1131 B. Riposati: Quid Cicero de thesi et hypothesi in Topicis senserit, in: Aevum 18 (1944) 61-71.
1132 B. Riposati: Studi sui ‹Topica› di Cicerone (Mailand 1947).
1133 T. Viehweg: Topik und Jurisprudenz (München 1953, ³1965). – Zu top. 10-15.
1134 E. Orth: De Ciceronis Topicis, in: Helmantica 9 (1958) 393-413.
1135 B. Riposati: Una singolare nozione di 'aequitas' in Cicerone, in: Studi in onore di B. Biondi, Bd. 2 (Mailand 1965) 445-465.
1136 G. Crifò: Per una lettura giuridica dei ‹Topica› di Cicerone, in: Annali dell'Istituto

italiano per gli Studi storici 1 (1967-1968) 113-145.

1137 G. Crifò: L'"argumentum ex contrario' in Cicerone e Boezio con particolare riferimento a Cicerone, Top. 3, 17, in: Jacqueline Bibauw (Hg.): Hommages à Marcel Renard, Bd. 1 (Brüssel 1969) [Collection Latomus 101] 280-292.

1138 B. Riposati: Quomodo Topicorum Ciceronis textus intellegendus sit, in: Ciceroniana n.s. 1 (1973) [§ 54 *63: 91-97].

1139 J. Kaimio: Cicero's ‹Topica›. The preface and sources (Turku 1976).

1140 N. J. Green-Pedersen: Reflections on Cicero's ‹Topica›, in: Museum Tusculanum 32-33 (1978) 43-54.

1141 Pamela M. Huby: Cicero's ‹Topics› and its Peripatetic sources, in: Fortenbaugh/Steinmetz (Hg.) 1989 [§ 54 *47: 61-76].

1142 R. W. Sharples: Causes and necessary conditions in the Topica and in De fato, in: Powell (Hg.) 1994 [§ 54 *48].

s) De officiis

α) Forschungsbericht

1161 P. Fedeli: Il ‹De officiis› di Cicerone. Problemi e atteggiamenti della critica moderna, in: ANRW I 4 (1973) 357-427.

β) Studien

Vgl. auch Narducci 1989 [§ 57 *679: 111-188].

1171 E. Remy: Du groupement des peuples en états d'après le ‹De officiis› de Cicéron, 1.53, in: Mélanges P. Thomas (Brügge 1930) 583-593.

1172 G. von Beseler: De iure civili Tullio duce ad naturam revocando, in: Bollettino dell'Istituto di Diritto romano 39 (1931) 295-348. – Zu off. III 49-72.

1173 G. Rudberg: Ein Cicero-Konzept. Zu De officiis 1, in: Symbolae Osloenses 9 (1930) 1-27.

1174 Lotte Labowsky: Der Begriff des Prepon in der Ethik des Panaitios. Mit Analysen von Cicero De officiis I 93-149 und Horaz Ars poetica (Heidelberg 1932). – Diss.; erschienen in Buchform u.d.T.: Die Ethik des Panaitios. Untersuchungen zur Geschichte des Decorum bei Cicero und Horaz (Leipzig 1934).

1175 H. Gomoll: Der stoische Philosoph Hekaton. Seine Begriffswelt und Nachwirkung unter Beigabe seiner Fragmente (Bonn 1933). – Zu off. III.

1176 Gred Ibscher: Der Begriff des Sittlichen in der Pflichtenlehre des Panaitios. Ein Beitrag zur Erkenntnis der mittleren Stoa (München 1934). – Diss.

1177 M. Pohlenz: Antikes Führertum. Cicero ‹De officiis› und das Lebensideal des Panaitios (Leipzig, Berlin 1934, ND Amsterdam 1967); ital.: L'ideale di vita attiva secondo Panezio nel ‹De officiis› di Cicerone (Brescia 1970).

1178 M. Pohlenz: Cicero De officiis III (Göttingen 1934) [Nachrichten der Gesellschaft der Wissenschaften zu Göttingen. Philosophisch-historische Klasse N.F. 1]. ND in: M. P.: Kleine Schriften, Bd. 1 (Hildesheim 1965) 253-291.

1179 W. J. Brüser: Der Textzustand von Ciceros Büchern ‹De officiis› (Köln 1948). – Masch. Diss., vervielfältigt und vertrieben um 1952.

1180 E. Bréhier: Sur une des origines de l'humanisme moderne, le ‹De officiis› de Cicéron, in: Proceedings of the 10th International Congress of Philosophy, Amsterdam 1948 (Amsterdam 1949) 1105-1107.

1181 M. Fiévez: 'Opera peregrinationis huius' ou les étapes de la composition du ‹De officiis›, in: Latomus 12 (1953) 261-274.

1182 E. Zorzi: Note sulla struttura del I libro ‹De officiis›, in: Aevum 33 (1959) 404-415.

1183 H. Dieter: Ciceros Werk ‹De officiis›, eine ideologische Tendenzschrift (Potsdam 1960). – Diss. Pädagog. Hochschule.

1184 P. Giuffrida: Il libro I del ‹De officiis› (Turin 1960).

1185 E. Zorzi: Note sulla struttura del II libro del ‹De officiis›, in: Aevum 34 (1960) 564-570.

1186 Q. Cataudella: Sulle fonti del ‹De officiis› di Cicerone, in: Atti del I Congresso internazionale di Studi ciceroniani (1961) [§ 54 *32: 2, 479-491].

1187 E. Zorzi: Note sulla struttura del III libro del ‹De officiis›, in: Aevum 35 (1961) 136-149.

1188 G. Jossa: L'"utilitas rei publicae' nel pensiero di Cicerone (1964) [*374].

1189 D. Romano: Motivi politici ed autobiografici nel ‹De officiis› di Cicerone, in: Annali del Liceo Classico G. Garibaldi di Palermo n.s. 5-6 (1968-69) 21-31.

1190 O. Gigon: Bemerkungen zu Ciceros ‹De officiis›, in: P. Steinmetz (Hg.): Politeia und Res Publica (Wiesbaden 1969) [Palingenesia 4] 267-278. Erw. ND in: O. G.: Die antike

Philosophie als Massstab und Realität (Zürich 1977) 378-395.
1191 M. Ruch: L'histoire romaine dans le ‹De officiis›, in: Caesarodunum 6 (1971) 111-122.
1192 M. Testard: Aspects de l'humanisme cicéronien dans le ‹De officiis›, in: L'Information littéraire 23 (1971) 220-228.
1193 K. B. Thomas: Textkritische Untersuchungen zu Ciceros Schrift ‹De officiis› (Münster 1971).
1194 R. G. Tanner: Cicero on conscience and morality, in: Martyn (Hg.) 1972 [§ 54 *41: 87-112].
1195 W. C. Korfmacher: Cicero and the 'bellum iustum', in: The Classical Bulletin 48 (1972) 49-52. – Zu off. I 34-40.
1196 P. A. Brunt: Aspects of the social thought of Dio Chrysostom and of the Stoics, in: Proceedings of the Cambridge Philological Society N.S. 19 (1973) 9-34. – 26-34: «Appendix: Panaetius and Cicero, ‹De officiis› 1.50f.»
1197 E. Kessler: Autobiographie als philosophisches Argument? Ein Aspekt des Philosophierens bei Cicero und die gegenwärtige Praxis der Philosophie, in: E. Hora, E. Kessler (Hg.): Studia Humanitatis. Ernesto Grassi zum 70. Geburtstag (München 1973) 173-187. – Zum Prooemium.
1198 M. Thurmair: Das 'decorum' als zentraler Begriff in Ciceros Schrift ‹De officiis›, in: E. Hora, E. Kessler (Hg.): Studia Humanitatis. Ernesto Grassi zum 70. Geburtstag (München 1973) 63-78.
1199 H. A. Gärtner: Cicero und Panaitios. Beobachtungen zu Ciceros ‹De officiis› (Heidelberg 1974) [Sitzungsberichte der Heidelberger Akademie der Wissenschaften, Philosophisch-historische Klasse 1974, 5].
1200 L. Alfonsi: Dal proemio del ‹De inventione› alle 'virtutes' del ‹De officiis› (I), in: Ciceroniana n.s. 2 (1975) [§ 54 *64: 111-120].
1201 P. Walcot: Cicero on private property. Theory and practice, in: Greece and Rome 22 (1975) 120-128. – Zu I 21, II 55. 64. 78f.
1202 A. Michel: Philosophie grecque et libertés individuelles dans le ‹De officiis› de Cicéron, in: La filosofia greca e il diritto romano. Colloquio italo-francese Roma 14-17 apr. 1973, Bd. 1 (Rom 1976) [Accademia Nazionale dei Lincei Quad. 221: Problemi attuali di scienza e di cultura] 83-96.
1203 K.-H. Ilting: Antike und moderne Ethik. Zur Lektüre ciceronischer Texte im Lateinunterricht der Sekundarstufe II, in: Gymnasium 84 (1977) 149-167.
1204 E. Gabba: Per un'interpretazione politica del ‹De officiis› di Cicerone, in: Rendiconti della Classe di Scienze morali, storiche e filologiche dell'Accademia dei Lincei 34 (1979) 117-141.
1205 A. R. Dyck: The plan of Panaetius' Περὶ τοῦ καθήκοντος, in: American Journal of Philology 100 (1979) 408-416.
1206 A. R. Dyck: Cicero, De officiis 2. 21-22, in: Philologus 124 (1980) 201-211.
1207 Giovanna Garbarino: Il concetto etico-politico di 'gloria' nel ‹De officiis› di Cicerone, in: Tra Grecia e Roma. Temi antichi e metodologie moderne (Rom 1980) 197-204.
1208 Giovanna Garbarino: Aspetti del pensiero di Panezio nel ‹De officiis› di Cicerone, in: I. Lana (Hg.): I principi del buon governo secondo Cicerone e Seneca (Turin 1981) 141-151.
1209 W. Heilmann: Ethische Reflexion und römische Lebenswirklichkeit in Ciceros Schrift ‹De officiis› (Wiesbaden 1982) [Palingenesia 17].
1210 M. Wacht: Privateigentum bei Cicero und Ambrosius, in: Jahrbuch für Antike und Christentum 25 (1982) 28-64. – Zu I 20-25. 50-52.
1211 M. van den Bruwaene: Les valeurs de justice dans le parler cicéronien, in: Acta Classica Universitatis Scientiarum Debreceniensis 19 (1983) 41-48.
1212 J. Kraye: Cicero, Stoicism and textual criticism. Poliziano on κατόρθωμα, in: Rinascimento 23 (1983) 79-110. – Zu off. I 8.
1213 J. Moreau: La place des 'officia' dans l'éthique stoïcienne, in: Revue de Philosophie ancienne 1 (1983) 99-112.
1214 A. R. Dyck: Notes on composition, text and sources of Cicero's ‹De officiis›, in: Hermes 112 (1984) 215-227.
1215 H. Herrera Cajas: Apelación a la historia en el ‹De officiis› de Cicerón, in: Semanas de Estudios romanos 2 (1977-1982) (Valparaíso 1984) 103-123.
1216 E. Narducci: Il comportamento in pubblico, in: Maia n.s. 36 (1984) 203-229.
1217 J. Doignon: Nuances esthétiques du stoïcisme chez Cicéron d'après un fragment de l'Hortensius et un trait du ‹De officiis›, in: Hermes 113 (1985) 459-468. – Zu off. I 96.
1218 C. Feuvrier-Prévotat: Donner et recevoir.

Remarques sur les pratiques d'échanges dans le De officiis de Cicéron, in: Dialogues d'Histoire ancienne 11 (1985) 257-290.

1219 Helga Botermann: Ciceros Gedanken zum 'gerechten Krieg' in De officiis 1, 34-40, in: Archiv für Kulturgeschichte 69 (1987) 1-29.

1220 M. Erren: Wovon spricht Cicero in ‹De officiis›? in: Würzburger Jahrbücher für die Altertumswiss. N.F. 13 (1987) 181-194.

1221 Annekatrin Puhle: Persona. Zur Ethik des Panaitios (Frankfurt a.M. usw. 1987).

1222 C. Gill: Personhood and personality. The four-personae theory in Cicero, De officiis I, in: Oxford Studies in Ancient Philosophy 6 (1988) 169-199.

1223 H. Zab(o)ulis: Le dévouement à l'Etat selon la conception de Cicéron et dans la réalité, in: Ciceroniana 1988 [§ 54 *68: 173-178].

1224 Gisela Striker: Greek ethics and moral theory, in: The Tanner Lectures on Human Values 9 (1988) 181-202. – S. 198-200: Behandlung des 'scheinbaren' Konflikts zwischen 'utile' und 'honestum' in ‹De officiis›.

1225 Julia Annas: Cicero on Stoic moral philosophy and private property, in: Griffin/Barnes (Hg.) 1989 [§ 1 *369: 151-173].

1226 P. Grimal: Le ‹De officiis› de Cicéron, in: Vita Latina 115 (1989) 2-9.

1227 Carlos Lévy: Le ‹De officiis› dans l'œuvre philosophique de Cicéron, in: Vita Latina 116 (1989) 11-16.

1228 D. Auverlot: Structure et sens du livre I du ‹De officiis›, in: L'Information littéraire 42 (1990) N° 2, 3-9.

1229 E. Margaret Atkins: 'Domina et regina virtutum': Justice and 'societas' in ‹De officiis›, in: Phronesis 35 (1990) 258-289.

1230 A. Graeser: Hauptwerke der Philosophie. Antike (Stuttgart 1992) [Reclams Universalbibliothek 8740]. – S. 170-196: «Cicero: Über die Pflichten».

3. Verlorenes

a) Hortensius

Vgl. auch Grilli 1962/1992 [§ 57 *238].

1240 I. Bywater: On a lost dialogue of Aristotle, in: Journal of Philology 2 (1869) 55-69. Dt. in: P. Moraux (Hg.): Frühschriften des Aristoteles (Darmstadt 1975) [Wege der Forschung 224] 21-36.

1241 H. Diels: Zu Aristoteles' ‹Protreptikos› und Ciceros ‹Hortensius› in: Archiv für Geschichte der Philosophie 1 (1888) 477-497. ND in: P. Moraux (Hg.): Frühschriften des Aristoteles (Darmstadt 1975) [Wege der Forschung 224] 59-80.

1242 J. Stroux: Augustinus und Ciceros Hortensius nach dem Zeugnis des Manichaeers Secundinus, in: Festschrift für R. Reitzenstein (Leipzig, Berlin 1931) 106-118.

1243 W. Süss: De Ciceronis Hortensio, in: Jahrbuch f. d. Bistum Mainz 5 (1950) 293-304.

1244 M. Ruch: 'Consulares philosophi' chez Cicéron et chez Saint Augustin, in: Revue des Etudes Augustiniennes 5 (1959) 99-102.

1245 O. Gigon: Die Szenerie des ciceronischen ‹Hortensius›, in: Philologus 106 (1962) 222-245. ND in O. G.: Studien zur antiken Philosophie (Berlin 1972) 326-348.

1246 L. Alfonsi: Studi sull'‹Hortensius› di Cicerone, in: Athenaeum 42 (1964) 121-130.

1247 J. Glucker: 'Consulares philosophi' again, in: Revue des Etudes Augustiniennes 11 (1965) 229-234.

1248 Danuta Turkowska: L'‹Hortensius› de Cicéron et le ‹Protreptique› d'Aristote (Breslau 1965).

1249 M. Plezia: Les philosophes consulaires, politiques et plébéiens de Cicéron, in: Zetesis. Album amicorum aangeboden aan E. de Strycker (Antwerpen 1973) 367-372.

1250 B. A. Marshall: Q. Cicero, Hortensius and the lex Aurelia, in: Rheinisches Museum für Philologie 118 (1975) 136-152.

1251 P. Monat: Lactance et Cicéron. A propos d'un fragment de l'‹Hortensius›, in: Revue des Etudes Latines 53 (1975) 248-267.

1252 C. Vitelli: La ‹Pro Archia› e l'‹Hortensius›: Analogie e loro significato, in: Hermes 104 (1976) 59-72.

1253 Emanuela Andreoni Fontecedro: Intorno a un frammento dell'‹Hortensius› di Cicerone, in: Studi italiani di Filologia classica n.s. 52 (1980) 191-206.

1254 J. Doignon: Une leçon méconnue du fragment 81 (Müller) de l'‹Hortensius› de Cicéron transmis par Saint Augustin, in: Revue de Philologie 55 (1981) 237-244.

1255 J. Doignon: La problématique cicéronienne du protreptique du ‹De libero arbitrio› II, 35 de Saint Augustin, in: Latomus 40 (1981) 807-817.

1256 J. Doignon: Un éclairage nouveau du fragment 104 (Grilli) de l'‹Hortensius› de Cicéron, in: Hermes 111 (1983) 458-464.

1257 J. Doignon: Pivots et tensions de l'éthique

cicéronienne dans la ‹Cité de Dieu› de Saint Augustin, in: Latomus 43 (1984) 813-826.

1258 Rosanna Rocca: Cic. Hort. fr. 35 Gr., in: Studi Noniani 9 (Genua 1984) 217-223.

1259 A. Grilli: Democrito e l'Hortensius, in: Studi in onore di Adelmo Barigazzi, Bd. 1 (Rom 1984) [Sileno 10] 263-276.

1260 J. Doignon: Nuances esthétiques du stoïcisme chez Cicéron d'après un fragment de l'‹Hortensius› et un trait du ‹De officiis›, in: Hermes 113 (1985) 459-468. – Zu fr. 64 Gr.

1261 Rosanna Rocca: Cic. Hort. fr. 43 Gr., in: Studi Noniani 10 (Genua 1985) 241-244.

1262 Rosanna Rocca: Cic. Hort. fr. III Gr., in: Studi Noniani 11 (Genua 1986) 169-177.

1263 Rosanna Rocca: Cic. Hort. fr. 104 Grilli, in: Studi Noniani 12 (Genua 1987) 107-111.

1264 M. Plezia: De viris consularibus philosophantibus, in: Meander 44 (1989) 119-126.

1265 M. Plezia: De Ciceronis Hortensio dialogo sive de consolatione philosophiae, in: Meander 44 (1989) 311-322. – Polnisch mit lat. Zusammenfassung.

1266 Rosanna Rocca: Cic. Hort. fr. 64 Gr., in: Studi Noniani 13 (Genua 1990) 265-268.

1267 A. Grilli: Fortuna dell'‹Hortensius›, in: Memores tui. Studi ... in onore di M. Vitaletti (Sassoferrato 1990) 61-70.

1268 A. Grilli: Democrito nell'‹Hortensius› e altri echi del dialogo, in: A. G.: Stoicismo, epicureismo e letteratura (Brescia 1992) 291-318.

b) Consolatio

1281 K. Kumaniecki: Die verlorene ‹Consolatio› des Cicero, in: Acta Classica Universitatis Scientiarum Debreceniensis 4 (1968) 27-47.

1282 J. Doignon: Lactance intermédiaire entre Ambroise de Milan et la ‹Consolation› de Cicéron? in: Revue des Etudes latines 51 (1973) 208-219.

1283 C. Vitelli: La ‹Consolatio› ciceroniana. Cronologia della composizione, in: Rendiconti della Classe di Scienze morali, storiche e filologiche dell'Accademia dei Lincei 28 (1973) 673-681.

1284 C. Vitelli: Sull'edizione Mondadoriana della ‹Consolatio› de Cicerone (o.O. o.J. [Lodi 1977?]).

1285 G. Mazzoli: La plebs e il rex (fr. 17 ed. Vitelli). Per l'interpretazione della ‹Consolatio› ciceroniana, in: Athenaeum 60 (1982) 359-385.

c) Andere verlorene Prosaschriften

Vgl. auch Knöllinger (Hg.) 1908 [§ 54 *715] (De virtutibus).

1301 P. R. Coleman-Norton: The fragmentary philosophical treatises of Cicero, in: Classical Journal 34 (1939) 213-228.

4. Übersetzungen

1311 W. Leuthold: Die Übersetzung der ‹Phaenomena› durch Cicero und Germanicus (Zürich 1942). – Diss.

1312 A. Traglia: Note su Cicerone critico e traduttore (Rom 1947).

1313 L. Alfonsi: La traduzione ciceroniana dell'‹Economico› di Senofonte, in: Ciceroniana 3-6 (1961-1964) 7-17.

1314 Helmut Müller: Ciceros Prosaübersetzungen. Beiträge zur Kenntnis der ciceronischen Sprache (Marburg 1964). – Diss.

1315 R. Giomini: Ricerche sul testo del ‹Timeo› ciceroniano (Rom 1967).

1316 R. Giomini: Cicerone. Tim. 6,17, in: Rivista di Cultura classica e medioevale 10 (1968) 59-71.

1317 R. Giomini: Emendamenti e precisazioni al testo del ‹Timeo› di Cicerone, in: Studi classici in onore di Quintino Cataudella, Bd. 3 (Catania 1972) 115-127.

1318 M. van den Bruwaene: Influence d'Aratus et de Rhodes sur l'œuvre philosophique de Cicéron (1973) [*51]. – Zu Ciceros Aratea.

1319 Noëmi Lambardi: Appunti critici sulla problematica del ‹Timaeus› ciceroniano, in: A. Ronconi (Hg.): Cultura e ideologia da Cicerone a Seneca (Florenz 1981) [Quaderni di Filologia latina 1] 9-36.

1320 Noëmi Lambardi: Il ‹Timaeus› ciceroniano (1982) [*125].

1321 K. Bayer: Antike Welterklärung, ausgehend von Ciceros ‹Timaeus sive de universo› (1983) [§ 57 *1020].

5. Dichtungen

1331 M. Plezia: De la philosophie dans le ‹De consulatu suo› de Cicéron, in: H. Zehnacker, G. Hentz (Hg.): Hommages à Robert Schilling (Paris 1983) [Collection d'Etudes latines. Série scientifique 37] 383-392.

§ 57. Philosophie

A. Darstellung 1084: 1. Philosophische Entwicklung 1084; 2. Auf der Suche nach Wahrheit 1089; 3. Das 'Wahrscheinliche' 1092; 4. Skeptische Offenheit 1095; 5. Zwischen Glauben und Zweifel 1099; 6. Der Skeptiker Cicero 1116; 7. Gesamtbild 1118. – B. Bibliographie 1126: 1. Gesamtdarstellungen. Gesamtwürdigungen 1126; 2. Übergreifende Darstellungen unter speziellen Gesichtspunkten 1128; 3. Philosophische Entwicklung 1128; 4. Verhältnis zu anderen Denkern 1128: a) Vorsokratiker und Sophisten 1128; b) Pyrrhon aus Elis (als Ethiker) 1128; c) Sokrates und Platon. Die 'Alten' 1129; d) Skeptische Akademie 1129; e) Antiochos aus Askalon 1130; f) Cicero als 'Eklektiker' 1130; g) Stoa 1130; h) Aristoteles und der Peripatos 1131; i) Epikur und der Epikureismus 1132; j) Lukrez 1133; k) Andere römische Philosophen 1134; 5. 'Dialektik' (im weiten Sinn) 1134: a) Erkenntniskritik. 'Skeptische' Grundhaltung 1134; b) Dialektik (im engeren Sinn: Logik) 1134; c) Rhetorik in ihrem Verhältnis zur Philosophie 1134; d) Sprachphilosophie. Literaturkritik 1136; e) Ästhetik 1136; 6. Ethik 1137: a) Allgemeines. Güterlehre 1137; b) Wesen der 'virtus' 1137; c) Gewissen 1137; d) Wille 1137; e) Affekte 1138; f) Ruhm 1138; g) Freundschaft 1138; h) Selbstmord 1138; i) Verschiedenes 1138; 7. Staat und Politik 1139: a) Allgemeines 1139; b) Naturrecht 1140; c) Wesen des Gesetzes 1142; d) Politische Tätigkeit oder 'otium cum dignitate'? 1142; e) Krieg und Frieden. Völkerrecht 1143; f) Positives Recht. Juristisches 1143; g) Geschichte und Geschichtsphilosophie 1145; 8. Religion 1145: a) Allgemeines 1145; b) Gottesbeweise 1145; c) Philosophische Gottesbegriffe 1146; d) Cicero und die Staatsreligion 1146; e) Weissagung 1146; f) Verschiedenes 1146; 9. Natur und Kosmos 1147: a) Allgemeines 1147; b) Menschenbild 1147; c) Psychologie. Leben nach dem Tod 1147; d) Medizin 1147; 10. Zu einzelnen Begriffen 1148.

A. DARSTELLUNG

1. Philosophische Entwicklung

In Ciceros erster Schrift, den ‹Rhetorici libri› oder ‹De inventione›, findet sich ein eigentümliches Bekenntnis. Nachdem der jugendliche Verfasser versichert hat, er habe alle ihm zur Verfügung stehenden Quellenwerke sorgfältig gelesen und daraus das jeweils Beste ausgewählt, fährt er fort (inv. II 9-10): «Sollte es sich jedoch zeigen, dass ich leichtfertig irgendetwas übersehen oder ungeschickt dargestellt habe, werde ich mich gern von einem anderen belehren lassen und meine Meinung ändern. Denn nicht das ist verwerflich, noch nicht genug zu wissen, sondern auf einer nicht hinlänglich begründeten Ansicht in dümmlichem Trotz zu verharren: ein Irrtum ist durch die menschliche Unzulänglichkeit leicht zu entschuldigen, auf dem Irrtum zu beharren dagegen ist eine persönliche schuldhafte Verfehlung. Deshalb ist es mein Vorsatz, nichts mit dem Anspruch unumstösslicher Wahrheit auszusagen, sondern stets vorsichtig tastend vorzugehen (sine ulla adfirmatione, simul quaerentes, dubitanter unum quicque dicemus); denn ich will nicht etwa, damit ich das bescheidene Ziel, ein hübsches Buch vorzulegen, erreiche, darüber das Wichtigste aus den Augen verlieren: nämlich niemals etwas vorschnell und selbstsicher als richtig anzuerkennen (ne cui rei temere atque arroganter assenserimus). Diesen Grundsatz werde ich, soweit mir das möglich ist, mit Entschiedenheit verfolgen, jetzt und mein ganzes Leben lang.» Das Jugendwerk ist zwischen 85 und 80 v. Chr. entstanden. Cicero stand damals unter dem noch frischen Eindruck der Vorlesungen Philons aus Larisa, der 88 v. Chr. nach Rom gekommen war (siehe oben S. 916). Das eben zitierte Versprechen Ciceros ist ein Bekenntnis zu den Grundsätzen der von Philon repräsentierten skeptischen Akademie; 'adsentire' ist offenkundig eine Wiedergabe des erkenntnistheoretischen Terminus συγκατατίϑεσϑαι. Am philosophischen Ernst einer so pathetischen Beteuerung im Rahmen eines trockenen Handbuchs scheinen zwar Zweifel erlaubt; es ist wohl auch jugendlicher Überschwang im Spiel. Ähnliche, in ihrem Zusammenhang überzeugendere Bekenntnisse finden sich jedoch in zahlreichen Schriften (vor allem der letzten Periode), bis hin zu ‹De officiis›, wo Cicero ebenfalls den Grundsatz verkündet (off. II 8), die 'Selbstsicherheit apodiktischer Aussagen' (affirmandi adrogantia) und die damit verbundene 'Voreiligkeit' (temeritas) zu vermeiden.

Das legt den Schluss nahe, dass Cicero während seines ganzen Lebens ein Anhänger der skeptischen Akademie gewesen und geblieben ist, so dass man von einer philosophischen Entwicklung nicht sprechen kann. Aber dieses Bild ist zu einfach. Bald nach der Abfassung von ‹De inventione› brach Cicero zu rhetorischen und philosophischen Studien nach Athen auf; dort hörte er vor allem Antiochos aus Askalon. Auch von ihm wurde er stark beeindruckt; Spuren seiner Lehre lassen sich in fast allen Schriften von ‹De re publica› bis zu ‹De officiis› erkennen.

Der antiocheische Einfluss ist deutlicher in den Schriften der mittleren Periode (in denen erkenntnistheoretische Fragen im Hintergrund bleiben); der akademisch-skeptische Einfluss überwiegt dagegen in den späten Schriften. Das spricht für eine Verschiebung von Ciceros Präferenz, und einige vieldiskutierte Stellen scheinen diese Annahme zu bestätigen. Im Anfangsgespräch der endgültigen Fassung der Academica (I 13) lässt sich Cicero von Varro fragen: «Was hört man da von dir? Du hast die alte Akademie verlassen und beschäftigst dich jetzt mit der neuen?» (relictam a te veterem Academiam, tractari autem novam); Cicero antwortet: 'Antiochos ist von der neuen zur alten Akademie gewandert: da sollte es mir verboten sein, von der alten zur neuen überzugehen?' Die Anspielung auf Antiochos' Meinungswechsel ist klar: Er ist von der 'neuen' (skeptischen) Akademie zur 'alten' (dogmatischen) zurückgekehrt und hat eine Schule gegründet, die er programmatisch auch so benannte: 'Alte Akademie' (siehe oben S. 942). In Varros erstaunter Frage und in Ciceros Antwort scheint unterstellt, Cicero habe ebenfalls seine Ansicht geändert, nur in umgekehrter Richtung: Cicero sei von einem (antiocheischen) Dogmatiker zum akademischen Skeptiker geworden. Auch ein Satz aus der Vorrede zu ‹De natura deorum› (I 6) kann in diesem Sinne gedeutet werden: «Viele haben es als seltsam empfunden, dass ich mich gerade für die philosophische Richtung entschieden habe, die alles in Dunkelheit hüllt, und dass ich mich so ganz unerwartet einer schon lange aufgegebenen Lehre angenommen habe» (desertae disciplinae et iam pridem relictae patrocinium necopinatum a nobis esse susceptum); vgl. auch Lucullus 11 (über die skeptische Akademie, die seit Philons Tod nicht mehr vertreten wurde) «philosophia quae nunc prope dimissa revocatur» (nämlich durch Cicero; zur gelegentlich erwogenen Beziehung auf Ainesidem siehe oben S. 985).

Aus diesen Stellen haben mehrere Gelehrte geschlossen (HIRZEL 1877-1883 [*3: 3, 488f. Anm. 1 zu 488], POHLENZ (Hg.) 1912 [§ 54 *401: 13f.], ¹1949 ⁴1972 [§ 33 *353: 2, 126], GLUCKER 1988 [*85], STEINMETZ 1989 [*86]), Cicero sei in seiner mittleren Periode ein Anhänger des Antiochos aus Askalon gewesen; erst im Zusammenhang mit der Gesamtdarstellung der griechischen Philosophie habe er seine Überzeugung geändert und sich nun wiederum, wie schon in seiner Jugend, zur skeptischen Akademie bekannt; er habe also seinen philosophischen Standpunkt zweimal gewechselt: GLUCKER (1988 [*85: 53]) «Cicero ... changed his affiliations twice: once, from a youthful enthusiasm for Philo of Larissa and Academic Skepticism to Antiochus's 'Old Academy' – albeit with reservations and with a lingering respect for the Skeptical tradition – and then, some time in 45 B.C., back to the Skepticism of Carneades and Philo»; STEINMETZ (1989 [*86: 13]) «... Wende von den Positionen des Antiochos, die er seit seinem Studium in Athen eingenommen hatte, zurück zu einer Haltung, die im ganzen von den Auffassungen des Philon von Larissa bestimmt ist ...»; (17) (nach ‹De inventione› hat Cicero) «während seines Studienaufenthalts in Athen ... unter dem Einfluss des Antiochos den prinzipiellen Zweifel ... letztlich aufgegeben ...; das Problem der Erkenntnis (trat) für ihn in den Hintergrund»; im Zusammenhang mit der Darstellung der griechischen Philosophie hat er dann «auch das Problem der Erkenntnistheorie neu durchdacht und sich wenigstens zu einer partiellen Rückkehr zu den Positionen Philons von Larissa entschlossen ...».

Diese Formulierungen gehen weit über den Befund in Ciceros Schriften hinaus. Die These von der zweimaligen Konversion Ciceros bedarf einer deutlichen Modifizierung (zum folgenden ausführlicher GÖRLER 1994 [*87]). Auch Hirzel, Glucker und Steinmetz verkennen nicht, dass es bei Cicero während der von ihnen angenommenen 'antiocheischen' Phase Hinweise auf eine skeptische Grundhaltung und positive Äusserungen über die 'neue' Akademie gibt. Aber sie unterschätzen die Zahl und die Tragweite der Indizien; weiteres lässt sich hinzufügen:

In ‹De oratore›, das als erstes der grösseren Werke zur dogmatisch-antiocheischen Periode gehören soll, ist mehrfach von der athenischen Akademie die Rede (I 43. 45. 84; III 67f. 80. 109. 110. 145), und stets handelt es sich um die skeptische Akademie. Bezeichnend sind die historischen Abrisse in III 67f. und III 80. Dort erscheinen Arkesilaos und Karneades als die legitimen Erben und Nachfahren Platons – das ist das Gegenteil dessen, was Antiochos lehrte (siehe GÖRLER 1990 [*176]); in I 84 wird die akademische Disputationstechnik als 'patrius mos' bezeichnet. In III 79 ist die Akademie nicht beim Namen genannt, aber die Formulierung des Ziels (quod in quoque veri simile est eliciendum, vgl. inv. I 57, de or. I 158. 262f.) schliesst einen Zweifel aus. In III 145 erklärt sich Cotta für überzeugt durch Crassus' Argumentation: er sei 'gewonnen für die Akademie'. Das ist eine Art Schlusswort, ähnlich wie fin. V 95 und nat. deor. III 95. Selbstverständlich ist die skeptische Akademie gemeint; nur von ihr war im Vorstehenden die Rede, und Cotta fungiert später in ‹De natura deorum› als ihr Repräsentant. Ein durchschlagendes Argument gegen einen antiocheischen Hintergrund von ‹De oratore› ist es, dass nur Philon namentlich erwähnt ist (III 110), der Name des Antiochos dagegen nirgends begegnet, obwohl dieser zur fiktiven Zeit des Dialogs (91 v. Chr.) entweder bereits seine eigene 'Alte Akademie' gegründet hatte oder aber in heftiger Auseinandersetzung mit der eigentlichen Akademie unter Philon begriffen war (Einzelheiten siehe oben S. 939-942).

Auch in ‹De re publica› ist die akademisch-skeptische Methode als etwas dem Verfasser und seinen Lesern längst Vertrautes und Selbstverständliches vorausgesetzt (III 8. 11): Die Erörterung für und wider ist hilfreich bei der Suche (quaerere) nach der 'Gerechtigkeit' (d.i. dem Naturrecht). Wie im Jahre 155 v. Chr. Karneades (dazu oben S. 849f. 852f. 1034) zuerst für und dann gegen die 'Gerechtigkeit' gesprochen hatte, argumentiert L. Furius Philus 'gegen', Laelius 'für' die Gerechtigkeit, damit deutlich wird, dass sich keine unumstösslichen Beweise für die Existenz eines von Natur aus Rechten anführen lassen, in anderen Worten: dass man über die Anerkennung von Wahrscheinlichem nicht hinausgelangen kann. Dass Cicero gegenüber Karneades die Reihenfolge des Für und Wider umkehrt, ist mit der karneadeischen Methode durchaus vereinbar: es zeigt nur, welche Seite Cicero für die 'wahrscheinlichere' hielt (anders STEINMETZ 1989 [*86: 8]; Laktanz [inst. V 16, 13 = rep. III 31] hatte den Eindruck, Laelius' 'Widerlegung' sei teilweise misslungen). Scipio Aemilianus lobt die Weisheit des Sokrates (rep. I 15), der auf Naturphilosophie ganz verzichtet hat, weil diese Fragen die Möglichkeiten rationaler Erkenntnis übersteigen, und tadelt die allzu selbstsichere Erklärungsfreudigkeit des Stoikers Panaitios. Auch die Traumeinkleidung der Offenbarungen, die der ältere Scipio seinem Enkel gibt, dient der Relativierung seiner Aussagen: sie sollen nicht als unbezweifelbare Gewissheit erscheinen, sondern als eine 'höhere' Wahrheit in einem spezifisch ciceronischen Sinne (GÖRGEMANNS 1968 [§ 56 *48], GÖRLER 1974 [*20: 96-102]).

Nicht weniger deutliche Hinweise auf eine skeptische Grundausrichtung finden sich in ‹De legibus›: In I 36 spielt Atticus auf Ciceros Grundsatz an, sich 'in allen Erörterungen ungebunden zu fühlen' (libertas disserendi) und das eigene Urteil höherzustellen als fremde Autorität. Damit ist die akademische Offenheit gemeint, die Bereitschaft, sich jederzeit durch gute Argumente umstimmen zu lassen (siehe unten S. 1095-1097). In diesem Sinne fügt Cicero einer Definition des Begriffes 'Gesetz' hinzu (leg. I 19): «ut mihi plerumque videri solet» (ähnlich z.B. Luc. 121 «modo hoc modo illud probabilius videtur»; Tusc. V 33 «nos in diem vivimus: quodcumque nostros animos probabilitate percussit, id dicimus, itaque soli sumus liberi»). Ein nur scheinbares Gegenargument ist die von GLUCKER (1988 [*85: 48-50]) und STEINMETZ (1989 [*86: 9]) zur Stütze ihrer These herangezogene Charakterisierung der skeptischen Akademie als einer 'Unruhestifterin' (I 39). Cicero hat sich im ersten Teil des Gesprächs zum hohen Rang des Naturrechts und zum Walten der Götter in der Welt bekannt und möchte sich diese Auffassung nicht zerreden lassen. Darum sollen die Epikureer, die anderer Meinung sind, «selbst wenn sie recht haben sollten (!), das nur in ihren Gärten verkünden»; die neuere Akademie aber, die «in solchen Fragen stets nur Verwirrung stiftet (perturbatrix harum omnium rerum Academia ... ab Arcesila et Carneade recens), wollen wir bitten, zu schweigen. Denn wenn sie in unser eben errichtetes hübsches Gebäude einbricht, dürfte sie einiges in Ruinen legen. Aber ich will sie nur beschwichtigen – sie ganz beiseite zu schieben wage ich nicht.» Damit ist klar ausgesprochen, dass nach Ciceros Meinung das 'schöne Gebäude' (Primat der Tugend, Naturrecht) einer rationalen Prüfung nicht standhalten würde (ähnlich der Skeptiker Cotta in nat. deor. I 61, nachdem er den Wunsch (!) geäussert hat, fest an die Götter glauben zu können: «multa enim occurrunt, quae conturbent (vgl. perturbatrix), ut interdum nulli esse videantur»). Aber für die Dauer des dem Alltag entrückten Gespräches 'über die Gesetze' will sich Cicero von den Fesseln der strengen und darum auch engen Ratio befreien; in deutlicher Analogie dazu hatte sich zuvor Atticus über elementare Grundsätze seiner epikureischen Grundhaltung erhoben (leg. I 21): Er stimmt Cicero zu, dass göttlicher Logos die Welt in allen Teilen durchwaltet, aber nur, «weil das Vogelgezwitscher und das Rauschen des Wassers es verhindern, dass einer seiner Schulgenossen diesen Verrat bemerkt» – ein kaum verhüllter Hinweis darauf, dass er nicht für immer zum Stoizismus bekehrt ist. Wichtig auch der letzte Satz in leg. I 39: Cicero 'wagt es nicht', die inneren Zweifel für immer zum Schweigen zu bringen (ähnlich fin. IV 1 über die stoische Ethik: Cicero 'wagt es noch (!) nicht', sie als wahr zu bezeichnen, obwohl er starke Sympathien für sie hat).

Die drei grossen Werke der mittleren Periode sind demnach ebenfalls von einer akademisch-skeptischen Grundhaltung geprägt. Es bleibt die Frage, weshalb und in welchem Sinne sich Ciceros Zeitgenossen im Jahre 45 v. Chr. über eine 'unerwartete' Hinwendung zur skeptischen Akademie 'wunderten' (siehe oben über Acad. I 13 und nat. deor. I 6). Auch Cicero legt offenbar Wert auf die Feststellung, dass er mit dem ‹Hortensius› und mit den ‹Academica› etwas Neues begonnen hat, denn er selbst ist es ja, der uns nicht ohne einen gewissen Stolz von der 'Verwunderung' seiner Leser in Kenntnis setzt. Die Antwort ist einfach: Cicero meint seine griechischen Vorbilder und seine Themen. Bislang hatte er sich inhaltlich und formal eng an Platon angelehnt: in ‹De oratore› an den ‹Phaidros›, in Einzelheiten auch an den ‹Staat›; in ‹De re publica› und in ‹De legibus› an die entsprechenden platonischen Dialoge. Schon mit dem ‹Hortensius› war das anders: Vorbild war vermutlich Aristoteles. Mit den abstrakten erkenntnistheoretischen Erörterungen der ‹Academica› hatte er sich dann weit von Platon entfernt und das ureigene Gebiet der 'neuen' Akademie betreten. In diesem Sinne hatte er «die alte Akademie verlassen» und «behandelte nun die neue skeptische Akademie» (Acad. I 13 «relictam a te veterem Academiam, tractari autem novam»). 'Tractare' heisst nichts anderes als 'schriftlich darstellen' (am deutlichsten nat. deor. I 9: ... si me non modo ad legendos libros, sed etiam ad totam philosophiam pertractandam dedissem; omnes autem eius partes ... tum facillume noscuntur, cum totae quaestiones scribendo explicantur ...; siehe ferner de or. III 54, or. 72. 118; ausführlicher GÖRLER 1994 [*87]). Ein Wechsel des erkenntnistheoretischen Standpunkts ist weder angedeutet noch impliziert.

Auch von den philosophischen Aussagen her deutet nichts auf einen solchen Wechsel. Es hat sich gezeigt, dass die vermeintlich antiocheisch-dogmatischen Werke der mittleren Schaffensperiode von skeptischen Äusserungen durchzogen sind; umgekehrt fehlt es in der 'skeptischen' Phase nicht an dogmatischen und antiocheischen Elementen: Am Ende von ‹De finibus› steht als Synthese mit starkem Nachdruck die Ethik des Antiochos, am Ende von ‹De natura deorum› bekennt sich Cicero fast uneingeschränkt zur stoischen Kosmologie. In seinem philosophischen Werk gibt es durchweg zwei Konstanten: die skeptische Grundhaltung und die platonisch-antiocheischen 'Dogmen'. Sie stehen zueinander nicht in Widerspruch: Themen und Inhalte seines Philosophierens übernimmt Cicero weitgehend von Platon und den 'Alten' (im Sinne des Antiochos; siehe dazu oben S. 947. 956); die neu-akademische Grundhaltung dagegen betrifft den jeweiligen Grad der Gewissheit. Insofern kann eine rein antiocheische Lehre wie die vom Übergewicht der Tugend über die anderen 'Güter' gut akademisch (genauer: ciceronisch, siehe dazu unten S. 1092-1094) als 'wahrscheinlich' hingestellt werden. Unvereinbar sind die Standorte von Antiochos einerseits und der skeptischen Akademie andererseits nur auf dem Gebiet der Erkenntnistheorie selbst – und hier hat sich Cicero niemals im Sinne des Antiochos geäussert.

Eine philosophische Entwicklung im eigentlichen Sinne hat Cicero also nicht durchlaufen. Trotzdem ist eine gewisse Akzentverschiebung von der 'dogmatischen' zur 'skeptischen' Komponente zwischen 46 und 45 v. Chr. nicht zu verkennen. In den grossen Werken der fünfziger Jahre werden die Lehren der 'Alten' zu Staat und Gesetz, zum Verhältnis von Philosophie, Politik und Rhetorik sowie zu eschatologischen Fragen ohne ausführliche methodische Vorbemerkungen direkt vorgetragen. Die skeptischen Vorbehalte bleiben im Hintergrund, so dass der Eindruck entstehen kann, Cicero spreche als unbefangener Dogmatiker. Das ändert sich in den späteren Schriften. Wahrscheinlich im Zusammenhang mit der Konzeption einer Gesamtdarstellung aller philosophischen Teilgebiete (siehe oben S. 1019f.) hatte Cicero die epistemologischen Grundprobleme erneut systematisch durchdacht. Von jetzt an steht die Frage nach der Möglichkeit gesicherter Erkenntnis im Vordergrund: sei es als das eigentliche Thema wie in den ‹Academica›, sei es innerhalb der Prooemien, sei es in der Gesamtstruktur der Dialoge, die durch die Erörterung des Für und Wider näher an die Wahrheit heranführen wollen. GLUCKER (1988 [*85: 52f.]) und STEINMETZ (1989 [*86: 10f.]) sehen im Epilog des Orator (237, September 46 v. Chr.) den ersten Hinweis auf die von ihnen angenommene 'Rückwendung' zum Skeptizismus; als erste philosophische Schrift der stärker erkenntnistheoretisch orientierten Phase nennt Glucker überzeugend den ‹Hortensius› (Frühjahr 45 v. Chr.).

2. Auf der Suche nach Wahrheit

Von früher Jugend an bekannte sich Cicero zur skeptischen Akademie. Gesicherte Erkenntnis hielt er für unmöglich. Gelegentlich beruft er sich dafür auf Simonides (nat. deor. I 60) und Demokrit, die in tiefer Resignation die Suche nach der Wahrheit aufgegeben hatten, «da die Natur selbst sie in einem unermesslichen Abgrund versenkt habe» (Luc. 32 nach DEMOKRIT 68 B 117 DK, vgl. Acad. I 44). Mit der gleichen Begründung hatte Sokrates, der Ahnherr der akademischen Skepsis, auf naturwissenschaftliche Spekulationen verzichtet (Acad. I 15): «dies seien dunkle Bereiche, die die Natur selbst verhüllt habe». Kurz darauf noch allgemeiner (Acad. I 16): «(Socrates) ita disputat, ut nihil affirmet ipse, refellat alios, nihil se scire dicat nisi id ipsum, eoque praestare ceteris, quod illi, quae nesciant, scire se putent, ipse se nihil scire id unum sciat ...», «er führte seine Gespräche so, dass er selbst keinerlei positive Aussagen machte, lediglich die Gesprächspartner widerlegte; nur das wisse er, dass er nichts wisse, und er sei allen anderen dadurch überlegen, dass jene zu wissen meinten, was sie nicht wissen, er selbst dagegen das eine wisse, dass er nichts wisse ...» Die gleiche Haltung sieht Cicero – ganz im Sinne der skeptischen Akademie (vgl. oben S. 722. 779. 811. 815. 823) – auch bei Platon (Acad. I 46), «in dessen Schriften keine apodiktische Aussage getroffen, vieles nach zwei Seiten hin erörtert wird, bei dem alles in Frage gestellt und nichts Sicheres gesagt wird». Arkesilaos ging noch weiter, denn er lehrte (Acad. I 45), «ganz und gar nichts könne man wissen, nicht einmal das, was Sokrates als einziges habe gelten lassen (das Wissen um das eigene Nicht-Wissen); so sehr sei alles in tiefstes Dunkel gehüllt». Auch sich selbst reiht Cicero ein (div. II 8): «dicendum est mihi ... ita, nihil ut affirmem, quaeram omnia, dubitans plerumque et mihi ipse diffidens», «nur so darf ich mich äussern, dass ich jede apodiktische Aussage vermeide, dass ich alles in Frage stelle, überall Zweifel einfliessen lasse und mir selbst nicht traue». An allen diesen Stellen scheint Ciceros skeptische Haltung kompromisslos und konsequent: die Wahrheit ist in ihrem Wesen nach unerkennbar.

Aber die gleiche Strenge ist nicht überall durchgehalten. Eine bemerkenswerte Abweichung findet sich in den Grundsatzerklärungen des von Cicero für ‹De natura deorum› entworfenen Skeptikers C. Aurelius Cotta: I 57 «Mir fällt es leichter zu sagen, warum ich etwas für falsch, als warum ich etwas für wahr halte»; I 60 «eher kann ich sagen, was nicht der Fall ist, als was der Fall ist»; I 91 «könnte ich nur ebenso leicht die Wahrheit finden, wie fremde Irrtümer widerlegen»; II 2 (mit Rückverweis auf I 57) «leichter ist es, zumal bei einem so schwierigen Gegenstand (der Theologie), darzulegen, was nicht meine Ansicht ist, als das, was ich wirklich glaube». Durch die Komparative ist die skeptische Grundhaltung hier durchweg relativiert. Die Widerlegung fremder Ansichten und der Verzicht auf affirmative Formulierungen erscheinen zwar noch als das Näherliegende und 'Leichtere' – und in der Tat beschränkt sich Cotta im Verlauf des Gespräches auf die Widerlegung der Epikureer und der Stoiker –, aber eigene 'Ansichten', ja sogar die Möglichkeit, 'die Wahrheit zu finden', werden nicht grundsätzlich ausgeschlossen. Einer griechischen 'Vorlage' folgt Cicero darin nicht: die zitierten Stellen stehen innerhalb der von ihm frei komponierten Überleitungsgespräche.

An vielen anderen Stellen geht Cicero noch weiter. Vom undurchdringlichen Dunkel, das die Wahrheit umhüllt, von Pessimismus und Resignation ist dort nichts zu spüren. An ihre Stelle tritt ein zuversichtlicher Grundton: Es ist sinnvoll und lohnend, sich um die Wahrheit zu bemühen; man kann der Wahrheit näherkommen; durch zähes Fragen und Forschen lernt man ein 'der Wahrheit Ähnliches', ein 'Wahr-Scheinliches' kennen, ja vielleicht die Wahrheit selbst. Die Zuversicht ist unterschiedlich akzentuiert. Hier und dort klingt an, dass die volle Wahrheit unerreichbar bleibt, und es lassen sich manche anderen Stellen anführen mit dem Tenor: 'Nur Wahrscheinliches ist erreichbar': Luc. 99; Tusc. I 17; II 5; IV 47; Tim. 8 = PLATON Timaios 29 c-d. Weit zahlreicher jedoch sind die entschieden optimistischen Äusserungen; immer wieder versichert Cicero, es sei das Ziel seiner Untersuchungen (und das der Akademie im allgemeinen), das 'Wahrscheinliche' oder gar 'die Wahrheit' zu finden: De oratore III 79 'Die Philosophie lockt hervor, was jeweils wahrscheinlich ist' (ähnlich de or. I 158); rep. III 8 (an Philus gerichtet) «wir kennen deine Gewohnheit, nach beiden Seiten hin zu argumentieren, weil du glaubst, so lasse sich die Wahrheit am leichtesten finden» (ita facillume verum inveniri); Luc. 7 «meine Abhandlungen verfolgen nur das eine Ziel, durch die Argumentation nach beiden Seiten hin etwas hervorzulocken, was entweder wahr ist oder doch der Wahrheit möglichst nahekommt» (quod aut verum sit aut ad id quam proxime accedat), ähnlich Luc. 36 «si magnam partem ... ut solent dicere (d.i. die Skeptiker) aut ad verum ipsum aut quam proxime accedant»; Luc. 60 (die Skeptiker behaupten), «man müsse, um die Wahrheit zu finden (veri inveniendi causa), von allem das Für und Wider erörtern»; Luc. 65f. «ich brenne vor Begier die Wahrheit zu finden» (studio veri reperiendi); «denn wie sollte ich nicht begierig darauf sein, wo ich mich doch schon freue, wenn ich etwas ihr Ähnliches (also Wahrscheinliches: veri simile) gefunden habe?»; Luc. 76 (Arkesilaos hat seinen Streit mit Zenon begonnen,) «weil er die Wahrheit finden wollte» (verum invenire voluisse); fin. I 13 «wir wollen die Wahrheit finden» (verum invenire); fin. IV 27 (ein Beispiel wird eingeführt,) «damit wir leichter die Wahrheit finden» (quo verum facilius repariamus); Tusc. I 8 «es ist eine alte sokratische Methode, gegen die Meinung eines anderen zu argumentieren, denn so, meinte Sokrates, lasse sich am leichtesten finden, was jeweils das Wahrscheinlichste ist» (veri simillimum; ähnlich II 9); Tusc. III 46 «es ist mein Ziel bei jeder Untersuchung, die Wahrheit ans Licht zu bringen» (ut veritas explicetur); Tusc. III 56 θέσις und Beispiel als «duplex ratio veri inveniendi»; Tusc. IV 7 «wir bleiben unserem Vorsatz treu, frei von den Fesseln irgendeiner dogmatischen Lehre, stets das jeweils Wahrscheinlichste zu suchen» (ähnlich IV 47); nat. deor. I 4 (Karneades hat sich oft gegen die stoische Theologie geäussert,) «um den Wunsch nach Aufspürung der Wahrheit zu erwekken» (ut excitaret homines ... ad veri investigandi cupiditatem); nat. deor. I 11 (über die Akademie, die Cicero hier von Sokrates ausgehen lässt,) «die das Prinzip hat, um die Wahrheit zu finden (veri reperiendi causa), bald für, bald gegen alle anderen philosophischen Lehren zu argumentieren»; div. II 28 'wir Akademiker sind die einzigen, die ohne andere zu verärgern, die Wahrheit erforschen können' (Text unsicher); off. II 8 «wir Akademiker argumentieren gegen alle dogmatischen Positionen, weil anders das von uns gesuchte Wahrscheinliche (hoc ipsum probabile) nicht aufleuchten (elucere) kann». Von einer resignierend-demütigen Haltung, wie man sie bei Arkesilaos hat erkennen wollen (siehe oben S. 823f.) und wie sie später durch Lessing klassischen Ausdruck gefunden hat («Eine Duplik» I 1778), ist Cicero hier weit entfernt.

Die konstruktiv-optimistische Einstellung Ciceros ist besonders deutlich an zwei Stellen, an denen er auffordert, 'bei der Wahrheitssuche nicht zu ermüden': Luc. 7 «... auch wenn das Ziel vielleicht nicht erreichbar ist: ich werde meine Bemühungen ebensowenig aufgeben wie meine Vorgänger»; fin. I 3 (nachdem er es als denkbar bezeichnet hat, dass man 'zur Weisheit selbst gelange') «... falls sich das jedoch als schwierig erweist, darf es kein Nachlassen bei der Suche nach der Wahrheit geben; es wäre schändlich, müde zu werden und aufzugeben ...». Mit Recht erinnern BURKERT (1965 [*154: 187]) und IOPPOLO (1986 [§ 1 *401: 159-161]) an platonische

Wendungen wie Staat 445b οὐ χρὴ ἀποκάμνειν (ähnlich Protagoras 333b), Staat 349a οὐ μέντοι ... ἀποκνητέον (ähnlich Gesetze 639a), Gorgias 505e χρῆναι πάντας ἡμᾶς φιλονείκως ἔχειν πρὸς τὸ εἰδέναι τὸ ἀληϑές. Aber zu Unrecht führen sie das nur bei Cicero begegnende Motiv der zuversichtlichen Wahrheitssuche auf Arkesilaos (Burkert auch auf Karneades und Philon) zurück. Die griechischen Quellen berichten nur von verschiedenen Methoden der Widerlegung; von einer 'konstruktiven' Haltung der skeptischen Akademiker wissen sie nichts. Dieses argumentum ex silentio wiegt schwer, denn der Neu-Pyrrhoneer Sextus Empiricus hat sonst keine Gelegenheit ausgelassen, die Akademiker dogmatischer Neigungen zu verdächtigen. Dass Cicero einmal die Suche nach Wahrheit als Motiv des Arkesilaos nennt (Luc. 76), hat nicht viel zu sagen: er nimmt ihn für seine Interpretation in der gleichen Weise in Anspruch, wie dieser es mit Sokrates und Platon getan hatte. Aber es ist bedeutsam, dass er sich meist auf die Akademie im allgemeinen und damit auf Platon beruft. Und diesen Anspruch erhebt er – anders als die Griechen – mit Recht, denn durch seine Neudeutung ist die akademische Skepsis wirklich wieder nahe an Platon herangerückt.

3. Das 'Wahrscheinliche'

Ciceros persönliche Akzentuierung zeigt sich auch beim Begriff des 'Wahrscheinlichen'. Arkesilaos und Karneades hatten, da sie gesicherte Erkenntnis für unmöglich hielten, als eine Notlösung für das tägliche Handeln eine Orientierung an Wahrscheinlichem gelten lassen. Der Anwendungsbereich war eng: Nahezu ausnahmslos werden in den Zeugnissen nur 'Vorstellungen' (φαντασίαι) als 'wahrscheinlich' oder 'unwahrscheinlich' bezeichnet, d.h. im wesentlichen Sinneseindrücke, allenfalls noch elementare Sätze und psychophysische Grundgegebenheiten (siehe oben S. 874-877). Auf philosophische Lehren haben die Griechen die Kategorie des 'Wahrscheinlichen' niemals angewandt. Die augenfälligste und folgenreichste Neuerung Ciceros ist es, dass er auch philosophischen Sätzen, ja ganzen Systemen mehr oder minder grosse Wahrscheinlichkeit beimisst.

Zu dieser Ausweitung hat vermutlich ein sprachlicher Zufall beigetragen. Die Griechen hatten keinen festen Terminus für die 'Anerkennung' von (nur) Wahrscheinlichem ausgebildet (siehe oben S. 871f.). Bei Cicero dagegen heisst diese Anerkennung fast durchweg 'probatio' ('Billigung'), das dazugehörige Verbum ist 'probare'. Beides passt vorzüglich zu dem häufigsten lateinischen Wort für 'wahrscheinlich': 'probabilis'. Das Verbum 'probare' aber wird im Lateinischen oft gebraucht, um das Bekenntnis zu einer philosophischen Lehre zu bezeichnen (z.B. Acad. I 7 «Academiam Veterem nos probamus», fin. III 16 «placet his, quorum ratio mihi probatur ...»). Es lag also für Cicero nahe, die 'gebilligten' Lehren als 'probabilis', 'billigenswert', und damit zugleich als 'wahrscheinlich' zu bezeichnen. Mehr als ein Anstoss dürfte das allerdings nicht gewesen sein, denn es konnte ihm nicht entgehen, dass er mit der Ausweitung der karneadeischen Lehre von den φαντασίαι πιϑαναί auf philosophische Lehrinhalte die akademische Skepsis entscheidend veränderte. Diesen Schritt hat er bewusst getan.

Aber nicht nur der Bereich des 'Wahrscheinlichen' ist gegenüber den Griechen erweitert; auch der Begriff selbst hat eine andere Färbung gewonnen. Πιθανός und das zugehörige πείθεσθαι haben die Konnotationen des 'Überredens' und 'Betörens': es scheint eher bedenklich, dem in diesem Sinne 'nur scheinbar Wahren' zu folgen. Ganz anders 'probabilis'; man hört heraus: 'Anerkennung, wem Anerkennung gebührt'. Cicero weiss um diese Beiklänge und macht davon geschickten Gebrauch: bezeichnend die suggestive Frage kurz vor dem Schlusskompromiss in fin. V 76 «quis ... potest ea, quae probabilia videntur ei, non probare?» Gesucht vorsichtig dagegen die Formulierungen de or. I 158 «quod probabile videri possit», Luc. 99 «specie probabile». Ausführlicher zum Vorstehenden GÖRLER (1992 [*349]).

Auch der zweite von Cicero für 'wahrscheinlich' gebrauchte Ausdruck hat durch den substantivischen Bestandteil eher positive Konnotationen: 'veri similis', 'der Wahrheit ähnlich' (vgl. Tusc. V 82 'species veritatis'; zur philosophischen Problematik der Konzeption eines 'der Wahrheit Ähnlichen' siehe oben S. 863f.). Karl Friedrich HERMANN hatte 1855 [§ 51 *82: 16] vermutet, 'probabilis' sei Ciceros Wiedergabe des karneadeischen πιθανός, 'veri similis' dagegen entspreche dem platonischen εἰκώς, das Cicero in den Schriften und Vorträgen Philons aus Larisa kennengelernt habe. Aber das kann nicht richtig sein: Für Cicero sind beide Termini offensichtlich Synonyme, die er gelegentlich auch nebeneinander setzt: Luc. 32 «probabile aliquid ... et quasi veri simile»; Acad. II frg. 19 MÜLLER, bei PLASBERG (Hg.) 1922 [§ 54 *272] S. 22 Zeile 4-6 = AUGUSTIN Acad. II 26 «... quae probabilia vel veri similia putavi nominanda; quae tu si alio nomine vis vocare, nihil repugno»; Luc. 99f.: 'similia veri' aufgenommen als 'probabilia'; Tusc. II 5. In seiner Übersetzung des platonischen ‹Timaios› gibt Cicero (Tim. 8) εἰκότα gerade nicht mit 'veri similia' wieder, sondern mit 'probabilia'. Auch im Griechischen sind εἰκώς und πιθανός gelegentlich synonym (PLATON Phaidros 272 d-e; ARISTOTELES Poetik 1460 a 27). Gegen Hermanns Annahme spricht ferner, dass in den uns vorliegenden Zeugnissen zur hellenistischen Erkenntnistheorie εἰκώς überhaupt nicht begegnet. – 'Probabilis' verwendet Cicero auch als Wiedergabe des stoischakademischen Terminus εὔλογος (off. I 8. 101; zur Sache oben S. 808f.). – In einem Brief an Atticus (XIII 19 = 326 Sh.B., 5) nennt er die antiocheischen Argumente im Streit über die gesicherte Erkenntnis scherzhaft «vehementer πιθανά» – eine beachtliche Äusserung, denn er selbst vertritt in den ‹Academica› die andere Seite.

Da Cicero eine weitgehende Annäherung an die Wahrheit für möglich hält, ist es nicht überraschend, dass sich bei ihm sowohl von 'probabilis' als auch (häufiger) von 'veri similis' die jeweiligen Steigerungsstufen finden. Und er ist noch weiter gegangen. Der Begriff 'wahr' ist absolut und daher nicht steigerungsfähig. Das weiss Cicero und betont es mehrfach: de or. II 30 «plus uno verum esse non (potest)»; Luc. 115 «plura ... vera discrepantia esse non possunt»; nat. deor. I 5 (über einander widersprechende Ansichten) «alterum fieri ... potest, ut earum nulla, alterum certe non potest, ut plus una vera sit»; vgl. Luc. 147 und unten über nat. deor. III 95. Um so auffälliger ist es, dass er trotzdem an philosophisch wichtigen Stellen Komparative und Superlative von 'verus' bildet. Mehrfach erscheint als Ziel philosophischer

Untersuchungen nicht das 'Wahre', sondern das 'Allerwahrste': fin. I 11 «quid verissimum sit, exquirere» (ebenso Tusc. V 104); nat. deor. I 60 (über Simonides) «dubitantem, quid eorum (Meinungen über das Wesen Gottes) esset verissimum, desperasse omnem veritatem»; off. I 16 «ut quisque maxime perspicit, quid in quaque re verissimum sit ...». Auch der jeweils vertretene Standpunkt heisst manchmal 'im höchsten Grade wahr': par. 4 «paradoxa ... maxime videntur esse Socratica longeque verissima», 23 «praesertim cum hac sententia non modo verior, sed ne utilior quidem ... reperiri ulla possit»; fin. II 71 «cave putes quicquam esse verius»; div. I 84 (Quintus spricht) «quid est igitur cur dubitandum sit, quin sint ea, quae disputavi, verissima?»; mit ausdrücklicher Relativierung (und darum in sich leicht widersprüchlich) Luc. 10 (der Dogmatiker Lucullus spricht) «ut quidem nunc se causa habet, etsi hesterno sermone labefacta est, mihi tamen videtur esse verissima»; Tusc. V 82 «habes, quae fortissime de beata vita dici putem, et, quomodo nunc est, etiam verissime». An anderen Stellen wird der 'Wahrheits'-Grad von zwei Ansichten miteinander verglichen: Tusc. II 30 (über die stoische Lehre von der Affektlosigkeit) «optare hoc quidem est, non docere; illud melius et verius» (die peripatetische Metriopathie); nat. deor. III 4 (über die stoische Theologie) «etiam si minus vera, tamen apta et inter se cohaerentia»; Lael. 14 «sin autem illa veriora, ut idem sit interitus animorum et corporum ...»; Tim. 12 «rectene ... unum mundum diximus, an fuit plures ... dictu melius et verius?» (Platon: ὀρϑῶς ... ἢ ... ὀρϑότερον); vgl. nat. deor. I 123. Besonders interessant ist die Verwendung des Komparativs in Ciceros Epilog zum Gespräch ‹Über das Wesen der Götter› (nat. deor. III 95): «... ita discessimus, ut Velleio Cottae disputatio verior, mihi Balbi ad veritatis similitudinem videretur esse propensior». Cicero selbst ist fast ängstlich um eine korrekte Formulierung bemüht; der logisch anstössige Komparativ bleibt dem unsensiblen Epikureer vorbehalten. Man hört einen leisen Tadel heraus. Aber das ist eine Ausnahme; an allen anderen eben genannten Stellen sprechen Cicero oder seine Dialogfiguren unbefangen von 'wahreren' und 'allerwahrsten' philosophischen Sätzen und Positionen. Auch das ist Ausdruck von Ciceros Überzeugung, auf dem Wege über das 'Wahrscheinliche' könne man der Wahrheit selbst sehr nahekommen, ja sie vielleicht sogar erreichen. 'Verus' ist – durch die Steigerungsstufen relativiert – zu einem Synonym für 'wahrscheinlich' geworden, zu einem Synonym mit einer Besonderheit: in ihm sind die Konnotationen von Unsicherheit und Zweifel weitgehend gelöscht; das so bezeichnete Wahrscheinliche ist ganz nahe an das Wahre herangerückt. Der Übergang ist gleitend; die noch für Karneades so wesentliche Grenzlinie zwischen (selbst hochgradig) Wahrscheinlichem und dem unbezweifelbar Wahren ist planvoll verwischt. Und doch bleibt der Gegensatz zu den stoischen Dogmatikern bestehen. Es ist bezeichnend, dass Cicero im Gegensatz zu ihnen (und auch zu Philon: siehe oben S. 923f.) so gut wie niemals von 'Evidenz' spricht. Nach Meinung der Dogmatiker ist das 'Einleuchtende' und darum Unbezweifelbare für jeden Gutwilligen jederzeit ohne weiteres erkennbar; Ciceros 'verissimum' dagegen ist das Ergebnis eines geduldigen und entsagungsreichen Prozesses.

4. Skeptische Offenheit

Wie Arkesilaos und Karneades sah Cicero im 'Wahrscheinlichen' eine Grundlage für elementares Handeln. Die von Karneades dafür entwickelten Prüfverfahren (siehe oben S. 866-869) hielt er offensichtlich für brauchbar und zweckmässig. Aber er hat das Anwendungsgebiet der Probabilitätslehre erweitert: auch philosophische Thesen gelten ihm als in unterschiedlichem Grade 'wahrscheinlich'. Für diesen Bereich sind die karneadeischen Verfahren nicht verwendbar; sie eignen sich nur für die Prüfung von einzelnen 'Vorstellungen' oder 'Eindrücken' (φαντασίαι), nicht aber für abstrakte Systeme. Es stellt sich die Frage, anhand welcher Kriterien Cicero die jeweilige 'Wahrscheinlichkeit' philosophischer Gedanken beurteilte.

Einige Texte vermitteln den Eindruck, als folge Cicero dabei überhaupt keiner Methode: er halte bald die eine, bald eine andere philosophische Meinung für 'wahrscheinlicher', ohne dass es dafür einen erkennbaren oder nachvollziehbaren Grund gebe: Luc. 121 «Bald scheint mir dies, bald jenes wahrscheinlicher» (ähnlich Luc. 134); Tusc. V 33 (Cicero wehrt sich dagegen, auf eine bestimmte Ansicht festgelegt zu werden) «Ich lebe in den Tag hinein; was mich gerade als wahrscheinlich berührt, das sage ich»; Tusc. V 82 (der 'Schüler' zu Cicero) «... der du durch keinerlei Schulzugehörigkeit gebunden bist, sondern von allen Lehren das als unverbindliche Kostprobe nimmst (libas), was dir gerade am wahrscheinlichsten vorkommt»; kurz zuvor hatte Cicero seine Darlegungen über die weitgehende Autarkie der 'Tugend' geschlossen mit den Worten, das eben Vorgetragene halte er «unter den derzeitigen Umständen» (quomodo nunc est) für «besonders wahr» (verissime); off. III 20 «die Akademie erlaubt mir sehr grosszügig, das als eigene Ansicht zu vertreten, was mir gerade als das Wahrscheinlichste vorkommt»; vgl. auch leg. I 19 (über die Herleitung des Begriffes 'Gesetz', lex, von der 'Auswahl', legere) «was mir meistens richtig scheint»; off. I 6 «für heute (hoc quidem tempore) und für dieses Thema schliesse ich mich den Stoikern an». Durch derartige Äusserungen haben sich einige Forscher täuschen lassen; sie unterstellen Cicero ein plan- und zielloses Hin- und Herschwanken zwischen einander ausschliessenden Lehren: ZELLER/WELLMANN (⁴1909 [§ 1 *332: 3.1, 679]) «... er ist (seiner Überzeugung) nie so sicher, dass er sich nicht die Möglichkeit vorbehielte, über die gleichen Gegenstände ein andermal auch eine andere Meinung zu haben; ja er ist oberflächlich genug, sich dieser Unbeständigkeit noch zu rühmen»; M. L. CLARKE (1956 [*8: 64]) «... an indifference to consistency verging on irresponsibility»; GLUCKER (1988 [*85: 63]) «... the picture is not that of a well-organized body of eclectic philosophy ..., but of the bee flitting from flower to flower and choosing according to its taste and mood of the time». Dabei ist der starke selbstironische Einschlag übersehen (vgl. oben S. 1026 zu Att. XII 52 = 294 Sh.B.: 'die philosophischen Schriften blosse ἀπόγραφα'). Cicero ist weit entfernt davon, nur aufgrund von Zufällen und Launen bald die eine, bald eine andere philosophische Lehre als 'wahrscheinlicher' anzusehen. Er hat dazu jeweils gute und wohlerwogene Gründe. Die eben zitierten Stellen werden denn auch durch andere ernsthaft gemeinte Erklärungen ins rechte Licht gerückt: off. II 7 «non enim sumus ei, quorum vagetur animus errore nec habeat umquam, quid sequatur; quae enim esset ista mens vel quae vita potius, non modo disputandi sed etiam vivendi ratione sublata?», «ein solcher Mann bin ich nicht, der geistig planlos umherirrt und gar keiner Überlegung folgt; denn was wäre das für eine Denkhaltung, ja was für eine Lebensweise überhaupt, wenn man bei seinen (philosophischen) Erörterungen und bei seiner Lebensführung auf jegliche Anwendung von Vernunft verzichten wollte?» Deutlicher noch Lucullus 35: «... si quod cuique occurrit et primo quasi aspectu probabile videtur, id confirmatur, quid eo levius?», «wenn jemand das, was ihm gerade unter die Augen kommt und dabei wahrscheinlich aussieht, sofort anerkennt, ist das nicht höchst leichtfertig?» So fragt zwar der Dogmatiker Lucullus; aber er weiss sehr wohl und sagt es auch sogleich (Luc. 36), dass die akademischen Skeptiker das nicht taten: sie 'folgten' dem Wahrscheinlichen erst nach einer «umsichtigen und sorgfältigen Prüfung» (ex circumspectione aliqua et accurata consideratione). Es ist nicht überraschend, dass der Skeptiker Cicero in seiner Antwort dies eingehend und nachhaltig bestätigt (Luc. 99. 101. 104. 105. 108 u.ö.).

Nun geht es in der Auseinandersetzung zwischen Lucullus und Cicero, die sich eng an griechische Quellen anlehnt, nicht um philosophische Standpunkte, sondern um die Beurteilung von φαντασίαι im Sinne der karneadeischen Prüfverfahren (siehe oben S. 866-869, vgl. auch S. 923f. über Philon); die von Lucullus genannte (Luc. 36) 'sorgfältige Prüfung' ist nicht ohne weiteres auf abstrakte Gedankensysteme übertragbar. Aber eine gewisse Analogie besteht doch. Für Karneades wurde der Grad der Wahrscheinlichkeit einer φαντασία gesteigert, wenn man von ihr nicht durch eine ihr widersprechende φαντασία 'abgezogen' wurde (siehe oben S. 867-869); eine solche 'Vorstellung' heisst darum ἀπερίσπαστος, 'unwidersprochen'. Dieses Verfahren wendet Cicero nun auch auf theoretische Sachverhalte an. Wie Karneades 'benachbarte' φαντασίαι daraufhin ins Auge fasste, ob sie der in Prüfung befindlichen widersprachen, konfrontiert Cicero die jeweilige These mit einer Gegenthese über die gleiche Frage. Wenn die Gegenthese scheitert, ist die ursprüngliche These erhärtet und hat damit an Wahrscheinlichkeit gewonnen. Es liegt auf der Hand, dass die Wahrscheinlichkeit besonders gross ist, wenn die Prüfung durch den Versuch der Widerlegung besonders hart war – wie auch eine φαντασία dann besonderes Vertrauen erweckt, wenn nach bestem Wissen alle möglicherweise entgegenstehenden φαντασίαι in die Prüfung einbezogen worden sind. Daraus folgt, dass derjenige, der seinen philosophischen Überzeugungen ein Höchstmass an Wahrscheinlichkeit sichern will, zunächst mit allen Mitteln um eine Widerlegung eben dieser Überzeugungen bemüht sein muss. In diesem Sinne sind die nicht wenigen Stellen zu verstehen, an denen Cicero erklärt (oder seine Dialogfiguren erklären lässt), er sei offen auch für andere Ansichten, ja er wünsche geradezu, widerlegt zu werden: inv. II 9 'gern werde ich mich belehren lassen und meine Meinung ändern'; fam. I 9 = 20 Sh.B., 21 (an Lentulus, Dezember 54 v. Chr., ein wichtiges Dokument für das Hineinwirken der Philosophie in die Tagespolitik) 'bei veränderten Umständen darf man nicht starr bei der gleichen Meinung bleiben' (das wird erläutert durch ein schönes Gleichnis aus der Schiffahrt); Mur. 65f. (an den strengen Stoiker Cato gerichtet, mit leichtem Spott über dessen Prinzipien) «'in sententia permaneto'. vero, nisi sententiam sententia vicerit melior»; Luc. 10

Skeptische Offenheit 1097

(Lucullus spricht) 'ich bin nicht verbissen darum bemüht, euch von meiner Meinung zu überzeugen; denn ich bin nicht auf diesen Standpunkt festgelegt und lasse mich gerne auch vom Gegenteil überzeugen' (dicam enim nec mea nec ea, in quibus, si non fuerint, non vinci me malim quam vincere); Tusc. II 4 «ich habe nicht nur nichts dagegen, dass andere mir schriftlich widersprechen: ich wünsche es geradezu»; II 5 «... nos qui sequimur probabilia nec ultra id, quod veri simile occurrit progredi possumus, et refellere sine pertinacia et refelli sine iracundia parati sumus», «ich orientiere mich nur am Wahrscheinlichen und komme darüber nicht hinaus; deshalb bin ich darauf eingerichtet, andere ohne Rechthaberei zu widerlegen und mich selbst ohne Groll widerlegen zu lassen»; III 46 «cupio refelli: quid enim laboro, nisi ut veritas in omni quaestione explicetur?», «ich habe den dringenden Wunsch widerlegt zu werden; denn nur darauf richtet sich all meine Bemühung, bei einer jeden Frage die Wahrheit ans Licht zu bringen»; III 51 «verum dicentibus facile cedam»; nat. deor. III 95 (Cotta als Skeptiker zum Stoiker Balbus) «ego vero et opto redargui me ... et facile me a te vinci posse certo scio», «ich möchte gern von dir widerlegt werden ..., und ich weiss, dass du mich leicht besiegen kannst».

Die Stellen sind in ihrem Tenor nicht gleich. Aus einigen spricht Zurückhaltung und echte Offenheit; gelegentlich ist die Widerlegung auch erfolgreich (dazu gehören formal alle fünf Tusculanenbücher). Andere Stellen scheinen von der Gewissheit geprägt, jeder Versuch einer Widerlegung werde misslingen. Darin spiegelt sich der unterschiedliche Grad der jeweiligen subjektiven 'Wahrscheinlichkeit'. Aber der Grundgedanke ist überall der gleiche: Eine zunächst eher intuitive und noch ganz ungesicherte Überzeugung wird erhärtet, wenn es nicht gelingt, sie als falsch zu erweisen. Das erinnert an Karl Poppers These, Theorien seien niemals streng beweisbar, müssten aber stets falsifizierbar sein.

Das eben skizzierte Verfahren lehnt sich, wie gezeigt, an ein von Karneades für die Prüfung von 'Vorstellungen' oder '(Sinnes-)Eindrücken' entwickeltes Verfahren an. Auch die von Arkesilaos und Karneades gegenüber philosophischen Dogmen praktizierte Methode hat Cicero übernommen: die Argumentation 'nach beiden Seiten hin' (zu Arkesilaos oben S. 796f., zu Karneades oben S. 877f.). Sie prägt die Struktur vor allem der grossen Dialoge. Gelegentlich verweist Cicero auf Arkesilaos und Karneades als seine Vorbilder. Aber das darf nicht darüber hinwegtäuschen, dass die 'disputatio in utramque partem' bei ihm einem anderen Zweck dient als bei den Griechen. Diese wollten ein Gleichgewicht herstellen zwischen zwei einander ausschliessenden und damit aufhebenden Thesen und dadurch den Verzicht auf jede philosophische 'Meinung' empfehlen. Cicero hingegen setzt voraus (und wünscht), dass einer der beiden Standpunkte sich als der stärkere erweist: sein Vorgehen ist nicht elenktisch, sondern konstruktiv. Immer wieder spricht er von der Argumentation in These und Gegenthese als einem bewährten Mittel, sich der Wahrheit anzunähern (vgl. auch oben S. 1023f. 1091): rep. III 8; Luc. 60; Tusc. I 8, III 56; div. I 7 «etiam atque etiam argumenta cum argumentis comparare», II 150 «proprium ... Academiae ... conferre causas et quid in quamque sententiam dici possit expromere»; besonders anschaulich Luc. 7 «neque nostrae disputationes quicquam aliud agunt, nisi ut in utramque partem dicendo et audiendo eliciant et tamquam exprimant aliquid, quod aut verum sit aut ad id quam proxime accedat»; off. II 8 «contra autem omnia disputantur a nostris, quod hoc ipsum probabile elucere non possit, nisi ex utraque parte causarum esset facta contentio»: das Wahrscheinliche – oder gar das 'Wahre' – soll 'hervorgelockt' und 'herausgepresst' werden, als Ergebnis der Erörterung für und wider 'leuchtet es auf'. Diese Stellen zeigen deutlich, wie weit sich Cicero von Arkesilaos und Karneades entfernt hat. Die Argumentation dient einem positiven Zweck; als Ergebnis wird zuversichtlich erwartet, dass eine der beiden Seiten sich als die stärkere erweist (ähnlich, aber auf sehr oberflächlichem Niveau PLINIUS ep. VII 27, 16 «licet etiam utramque in partem ... disputes, ex altera tamen fortior, ne me suspensum incertumque dimittas»). Mit einem Gleichgewicht zwischen These und Antithese (ἰσοσθένεια), wie es die Griechen herzustellen suchten, hätte Cicero sich nur ungern abgefunden. Sein Sinn stand nicht nach konsequenter ἐποχή.

Oft ist das Ergebnis eine Synthese aus den vorausgegangenen Argumenten für und wider; gelegentlich – am eindrucksvollsten im fünften Buch von ‹De finibus bonorum et malorum› – wird die Synthese ihrerseits wieder zur These, die dann durch eine neue Antithese relativiert wird. Der Kompromiss ist mehrmals klar ausgesprochen; in anderen Fällen bleibt eine Schlussfolgerung den Hörern und Lesern überlassen. Zu Einzelheiten und zum Formalen siehe oben S. 1023-1025.

Da Cicero glaubt, aus dem 'Streit der Standpunkte' heraus könne das Wahrscheinliche 'aufleuchten' (off. II 8), ist es konsequent, dass er das Aufeinanderprallen der konträren Positionen in seinen Schriften in aller Härte geschehen liess. Die grossen Richtungen werden deshalb (aber auch aus didaktischen Gründen) in ihrer ursprünglichen streng-orthodoxen Form dargestellt. Wie ERLER (1992 [*292]) gezeigt hat, setzt sich Cicero in ‹De finibus› und in ‹De natura deorum› nicht mit dem zeitgenössischen Epikureismus auseinander, sondern mit einer älteren noch ganz schroffen Form der Lehre vom Primat der Lust. Das hat seine Entsprechung im Falle der anderen Schulen. Über Poseidonios, den führenden Stoiker der neueren Zeit, den Cicero in seiner Jugend selbst gehört hatte, erfahren wir aus Ciceros Schriften nur wenig; auch Panaitios hat er nur in ‹De officiis› herangezogen. Zenon und Chrysipp stehen in den grossen systematischen Schriften im Zentrum. Selbst die eigene Schule präsentiert Cicero in einer längst historisch gewordenen Form: nicht Philons erkenntnistheoretischer Standpunkt wird erläutert, sondern die strenge Haltung von Karneades und Kleitomachos.

Eine Anregung für die 'dialektische' Methode, durch die Konfrontation entgegengesetzter Standpunkte Wahres oder Wahrscheinliches 'hervorzulocken', hat Cicero mit Sicherheit in der Rhetorik empfangen. Schon in ‹De inventione› definiert er (I 57): «Das Raisonnement (ratiocinatio) ist eine Erörterung, die aus den Fakten selbst etwas Wahrscheinliches hervorlockt (probabile aliquid eliciens)». Während hier offenbleibt, wie das geschehen soll, ist es in ‹De oratore› I 158 ausdrücklich gesagt (im Rahmen eines Ausbildungsprogramms für den idealen Redner/Politiker): «Über einen jeden Gegenstand muss man nach zwei Seiten hin argumentieren und (auf diese Weise) hervorlocken und aussprechen, was in einer jeden Frage als wahrscheinlich angesehen werden kann». Das entspricht den Formulierungen für philosophische Probleme (rep. II 8; de or. III 79; Tusc. I 8 u.ö.); zur engen Beziehung von Rhetorik und Philosophie siehe auch Tusc. III 56 und fin. IV 6: 'quaestio finita' und θέσις als Methoden der Wahrheitsfindung; de or. III 107: die 'Übung' (!) der Argumentation für und wider als Besonderheit der Akademie und des Peripatos; paradoxa 2: die Akademie als Mutter der Rhetorik; ähnlich nat. deor. II 1; Tusc. I 7; fat. 3; off. I 3: viele griechische Philosophen pflegten auch rhetorische Studien. Eine prägende Rolle hat vermutlich Philon aus Larisa gespielt (siehe auch oben S. 928-930). Er hielt während seines Aufenthaltes in Rom (88 bis zu seinem Tode 84 v. Chr.) abwechselnd philosophische und rhetorische Übungen ab, an denen Cicero oft teilnahm (Tusc. II 9). Unmittelbar davor spricht Cicero von der «peripatetisch-akademischen Gepflogenheit, nach beiden Seiten hin zu argumentieren»; sie habe ihm aus zwei Gründen stets gefallen: weil «nur so das jeweils Wahrscheinliche gefunden werden könne» und weil es sich um eine treffliche Redeübung handele. Es ist denkbar, dass Philon in seinen philosophischen Übungen gelegentlich durch eine Erörterung für und wider eine philosophische These als die 'wahrscheinlichere' hat erweisen wollen und dass Cicero hier einen Denkanstoss erhalten hat. Aber Philons Einfluss darf nicht überschätzt werden. Es gibt kein Zeugnis darüber, dass er je in ähnlicher Weise wie Cicero eine Annäherung an die Wahrheit gesucht hat, und Sextus Empiricus hätte über ein in seinen Augen so skandalöses Unterfangen wohl nicht geschwiegen. Ciceros konstruktiv-dialektische Methode ist von ihm selbst geprägt und entwickelt.

So nachhaltig hatte er sich diese Denkform angeeignet, dass sie ihm auch bei schwierigen persönlichen und politischen Entscheidungen wichtig war: Im Frühsommer 44 v. Chr. erwägt er in Briefen an Atticus (XIV 13 = 367 Sh.B., 4) und an Oppius (fam. XI 29 = 335 Sh.B., 1) das Für und Wider einer Flucht ausführlich 'in utramque partem', und wie in mancher philosophischen Abhandlung das 'Ansehen' einer bestimmten Lehre, fällt hier «das Urteil und der Rat» des Freundes entscheidend ins Gewicht (magnum pondus accessit ad tollendam dubitationem iudicium et consilium tuum). Ein noch beredteres Zeugnis für den hohen Rang, den die Philosophie für Cicero auch im Leben hatte, ist ein Brief an Atticus (IX 4 = 173 Sh.B.; März 49 v. Chr.), in dem Cicero in griechischer Sprache einen langen Katalog politischer-ethischer Grundfragen aufstellt, über die er in der gegebenen Situation (kurz nach Beginn des Bürgerkriegs) nachdenke. Sein Nachwort zeigt, wie unauflösbar für ihn Philosophie, Tagespolitik und Rhetorik verbunden sind: «Mit solchen Erwägungen also übe ich mich, argumentiere nach beiden Seiten hin, bald in griechischer, bald in lateinischer Sprache; ich lenke mich auf diese Weise ein wenig von den Misshelligkeiten des Alltags ab – und bin doch zugleich mitten in aktuellen Erwägungen» (siehe auch oben S. 1096 zu fam. I 9 = 20 Sh.B., 21; eher oberflächlich ist die Erwähnung der 'sokratischen' Methode εἰς ἑκάτερον in Att. II 3 = 23 Sh.B., 3.)

5. Zwischen Glauben und Zweifel

Cicero hatte sich genug mit Erkenntnistheorie beschäftigt um zu wissen, dass es nach streng skeptischen Grundsätzen eine Annäherung an die Wahrheit, wie er sie versuchte, nicht geben kann. Die Dialektik von These und Gegenthese beruht auf dogmatischen Voraussetzungen; wenn die Synthese richtig sein oder doch der Wahrheit näherstehen soll als die Sätze, von denen man ausgegangen war, muss der Grad der Richtigkeit dieser Sätze feststehen und bekannt sein. Das Ergebnis einer Prüfung kann nur dann objektive Gültigkeit beanspruchen, wenn es eine objektiv gültige Norm gibt, an der das zu Prüfende sich bewährt oder nicht bewährt hat. Es ist im Kern der gleiche Einwand, der schon gegen Karneades erhoben worden war: Wer etwas als wahrheits-ähnlich oder als wahrheits-nah erweisen möchte, muss wissen, wie die Wahrheit aussieht und wo sie zu finden ist (siehe oben S. 863f.).

Cicero kennt diesen Einwand; darum kann es nicht überraschen, dass bei ihm neben der zuvor (S. 1089-1092) skizzierten Zuversicht oft eine tiefe Unsicherheit zu beobachten ist. Vor allem in den grossen Schriften der letzten Jahre brechen immer wieder Zweifel durch; es entsteht der Eindruck eines irrationalen Auf und Ab, und dieser Eindruck wird verstärkt durch die oben ausgeschriebenen Äusserungen, in denen Cicero sich selbst als unstet und flatterhaft bezeichnet.

Aber der Schein trügt. Eine genauere Betrachtung der einander auf den ersten Blick so ungeordnet widersprechenden philosophischen Aussagen zeigt, dass sie weithin durch bestimmte subjektiv-emotionale Attribute charakterisiert sind, die sich zu einem System zusammenfügen. Das seinem Anspruch nach rationale Verfahren der dialektischen Ermittlung des Wahrscheinlichen wird ergänzt durch einen zweiten Weg der Annäherung an die Wahrheit: einen Weg, der sich von der Ratio stellenweise ausdrücklich distanziert. Er ist jedoch nicht gänzlich irrational und willkürlich. Cicero geht ihn bewusst und mit Konsequenz; er 'schaut sich beim Philosophieren über die Schulter', beobachtet und analysiert, so dass er jeweils genau weiss, wann und weshalb er die Verstandesgründe hinter sich lässt. Er hat damit eine Dimension erschlossen, die den griechischen Akademikern fremd geblieben ist.

Zu den wichtigsten philosophischen Fragen kennt Cicero in der Regel zwei einander entgegenstehende Positionen: eine eher nüchtern-rationale, auf den ersten Blick einleuchtende Ansicht, die jedoch den inneren Bedürfnissen des Menschen wenig Befriedigung gewährt, und einen 'erhabenen' Standpunkt, der nicht bewiesen werden kann, dafür aber dem Gemüt und seinen Wünschen entgegenkommt: Dass die Seele den Tod überdauert, kann nicht bewiesen werden, aber Cicero 'wünscht', dass es so sei, und will sich zum Glauben an die Unsterblichkeit durchringen; der Untergang der Seele mit dem Körper dagegen ist augenfällig, scheint leicht beweisbar, und es bedarf keiner intellektuellen Anstrengung, sich diese Auffassung zu eigen zu machen. Es ist eine tröstliche und darum willkommene Ansicht, dass sittliche Vollkommenheit allein dem Menschen dauerhaftes Glück garantiert; beweisbar ist das freilich nicht; die Erfahrung und der Verstand, der die Erfahrungen verknüpft, weisen eher in die andere Richtung: dass der Nicht-Besitz und der Verlust etwa von Reichtum und Gesundheit sehr wohl unglücklich machen können. Für Cicero – und, wie er voraussetzt, auch für viele andere – ist es eine beruhigende und darum gern gehegte Annahme, dass ein Sinn waltet im Weltgeschehen, dass unser Kosmos von einer planenden Gottheit geschaffen ist und erhalten wird. Aber auch das ist unbeweisbar; auch hier legt die Erfahrung oft die gegenteilige Annahme nahe. – Zwischen den genannten Extremen lassen sich 'mittlere' philosophische Positionen erkennen, deren Charakterisierung für Ciceros Denkweise besonders aussagekräftig ist (siehe unten S. 1109-1112). Die 'gewünschten' Ansichten heissen 'weit', 'geräumig', 'vornehm', ja 'göttlich' und besonders oft 'hoch' und 'erhaben'; die dem Verstand leichter zugänglichen und von der Alltagserfahrung bestätigten Ansichten dagegen gelten als eng und kleinlich, als vulgär; sie 'haften am Boden' und sind 'niedrig'. Es liegt nahe, die Höhenmetapher zu übernehmen und von 'höheren' und 'niederen' Standpunkten zu sprechen. Die folgende Zusammenstellung nennt nur die wichtigsten Gebiete und ist stark simplifiziert:

Götter

'hoch': Götter als vernünftige Weltenlenker, mit Fürsorge für den Menschen (Stoa)
'niedrig': Atheismus (für Cicero steht auch Epikur auf dieser Stufe)

Leben nach dem Tode

'hoch': Unsterblichkeit, die menschliche Seele den Göttern verwandt, ewiges Leben nach dem Tode (Platon und die 'Alten')
'Mitte': Begrenztes Weiterleben nach dem Tode (Stoa)
'niedrig': Untergang der Seele mit dem Körper (Materialisten, Epikur)

Ethik und Güterlehre

'hoch': Nur die Tugend ist ein Gut; sie für sich allein garantiert vollendete Glückseligkeit (Stoa)
'Mitte': Tugend wichtigstes 'Gut', aber daneben auch körperliche und äussere 'Güter' (Alt-Akademiker und Peripatetiker, Antiochos aus Askalon)
'niedrig': Höchstes Ziel ist die 'Lust' (Epikur)

Affekte

'hoch': Alle Affekte verwerflich; ἀπάθεια (Affektlosigkeit) ist erreichbar (Stoa)
'Mitte': 'Metriopathie', d.h. Affekte bis zu einem gewissen Grade natürlich, unvermeidbar, teilweise sogar nützlich (Peripatetiker)
'niedrig': Schlimmstes Übel ist der Schmerz (Epikur)

Freundschaft

'hoch': amicitia propter se solum petenda ⎫
'Mitte': amicitia propter se et utilitatem petenda ⎬ Formulierungen nach inv. II 167
'niedrig': amicitia propter utilitatem modo petenda ⎭

Erkenntniskritik

'hoch':   Sichere Erkenntnis unmöglich, daher konsequente 'Enthaltung' von jeder Zustimmung und jedem Urteil (angeblich Sokrates und Platon; Arkesilaos)
'Mitte':   Gelegentliche 'Zustimmung' zu hochgradig Wahrscheinlichem (Karneades in der Deutung von Metrodor und Philon; vgl. oben S. 870-873); Zustimmung zu den 'erkenntnisvermittelnden Vorstellungen' (καταληπτικαὶ φαντασίαι) (Stoa)
'niedrig': Naiver Realismus: alle Sinnesdaten zuverlässig; die Sinne einzige Quelle der Erkenntnis (Epikur)

Bildung des Redners

'hoch':   Identität von Redekunst und Philosophie, Rückkehr zur ursprünglichen Einheit aller 'artes' (Crassus, de or. III 20f.)
'Mitte':   Philosophische Bildung für den Redner teilweise erforderlich (Antonius in Buch I)
'niedrig': Philosophische Bildung überflüssig (Sulpicius)

Es mag überraschen, dass in dieser Aufzählung auch Ciceros Ansicht über Bildung und Aufgaben des Redners genannt ist. Dieser Bereich scheint von den anderen deutlich unterschieden: Die Ausbildung zum vollendeten Redner ist eine vom Individuum zu erbringende, aus Ciceros Sicht grosse und schwierige Leistung; bei den eschatologischen, theologischen und ethischen Fragen dagegen geht es um die Anerkennung oder Nicht-Anerkennung von Sachverhalten, die der Mensch nicht beeinflussen oder verändern kann. Dort besteht die Schwierigkeit darin, an die jeweils erwünschten Thesen zu glauben. Aber Cicero hat hier keinen tiefgreifenden Unterschied gesehen, und das lässt einen wesentlichen Zug seiner Denkweise erkennen. 'Leistung' und 'Glauben' stehen für ihn einander nahe: Wer fest an die Gültigkeit des Bildungsideals glaubt, wird es leichter erreichen als der Zweifler; und umgekehrt setzt der Glaube an bestimmte Sachverhalte eine Bemühung des Individuums voraus. Besonders deutlich ist das bei der Frage nach dem Wert der inneren und äusseren Güter. Hier steht der stoische Lehrsatz, nichts ausser der Tugend sei ein Gut ('nihil bonum nisi virtus'), für Cicero am höchsten. Aber er ist unbeweisbar, und es ist schwer, an ihn zu glauben: nicht nur, weil es sich um einen wenig einleuchtenden und durch die Erfahrung in keiner Weise bestätigten Sachverhalt handelt, sondern auch, weil der Glaube an die Autarkie der Tugend von einer entsprechenden Lebensweise nicht getrennt werden kann. Es ist nicht möglich, distanziert und theoretisch die Überzeugung zu hegen, dass Tugend allein fortwährendes Glück sichert: zu diesem Glauben gelangt man und ihn bewahrt man nur durch ein hohes Mass von Selbstüberwindung und Willensstärke. Das aber ist 'schwierig' und in ähnlichem Sinne eine 'Leistung' wie die Ausbildung zum vollendeten Redner. Die intellektualistische Ethik der Stoiker ist damit gewissermassen in ihr Gegenteil gekehrt: Zenon und Chrysipp lehrten, die rechte Einsicht ziehe mit Notwendigkeit das vollkommen richtige Handeln nach sich; für Cicero führt richtiges Handeln zur rechten Überzeugung – allerdings nicht zu unumstösslicher Gewissheit, wie die Stoiker sie für sich beanspruchten, sondern nur zu einem jederzeit gefährdeten 'Glauben'.

Mehrfach betont Cicero, wie mühevoll es ist, zur richtigen Einschätzung wahrer und vermeintlicher Güter zu gelangen: Tusc. II 66 «debes existimare aut non esse malum dolorem aut ... tantulum tamen esse, ut a virtute obruatur ...; quae meditare ... dies et noctes»; 58 «hoc praeceptum, quod de dolore datur, patet latius: omnibus enim rebus, non solum dolori, simili contentione animi resistendum est»; vgl. III 84. Das Ringen um die rechte Überzeugung erscheint als eine Übung; bezeichnend ist das Verbum 'meditari'. Auch zum Glauben an ein Weiterleben nach dem Tode gelangt man durch Übung. Hier geht es weniger um eine bestimmte Lebensweise, als um eine zähe Auseinandersetzung mit den mächtigen Argumenten, die gegen diese Annahme sprechen: Tusc. I 78 'äusserst schwierig ist die Annahme, es könne eine Seele ohne Körper existieren'; 75 'es gilt, schon im Leben die Seele möglichst oft zu sich selbst zu rufen', «secernere autem a corpore animum ... est mori discere; quare hoc commentemur ... disiungamusque nos a corporibus»; Cato m. 74 «post mortem ... sensus aut optandus aut nullus est; sed hoc meditatum ab adulescentia debet esse ..., sine qua meditatione tranquillo esse animo nemo potest». – Ähnlich der Stoiker Balbus über die Annäherung an die richtige Auffassung vom Wesen des Göttlichen (nat. deor. II 45): «Restat ut qualis eorum natura sit consideremus, in quo nihil est difficilius quam a consuetudine oculorum aciem mentis abducere».

Auch für die Lehrenden ist es eine schwierige Aufgabe, die 'höheren' Ansichten zu vermitteln. Der stoische Satz von der Autarkie der Tugend (Tusc. V 1) ist «schwer zu beweisen» (difficile probatu), aber «für eine solche Lehre lohnt sich die Mühe» (tale tamen est, ut elaborandum sit, quo facilius probetur); der Beweis für die Unsterblichkeit der Seele (Tusc. I 26) ist 'mühevoll' ('arduum', wörtlich: 'steil'; man beachte die Metapher der Höhe); schwierig ist es, andere davon zu überzeugen, dass all das was uns in Affekte verfallen lässt, in Wahrheit weder 'gut' noch 'schlecht' ist (Tusc. IV 65). Darum ist es ein Wagnis, solche Lehren zu verkünden; siehe de or. III 126: Crassus hat es 'gewagt', für den Redner die altererbte Fülle der Bildung zurückzufordern; Tusc. III 13: Cicero will es 'wagen', die Affekte mit Stumpf und Stiel auszurotten; Tusc. V 75: die Peripatetiker sollen es 'wagen', wie die Stoiker die Autarkie der Tugend zu lehren (weiteres GÖRLER 1974 [*20: 179-181]).

Zu Beginn des zweiten Tusculanenbuches äussert sich der 'Schüler' dankbar und befriedigt über den Erfolg der ersten Disputation: nun sei er wirklich von Todesfurcht befreit. Cicero gibt den Dank weiter an die Heilkraft der Philosophie, fügt aber hinzu (II 11), diese habe nicht bei allen die gleiche Wirkung: «tum valet multum, cum est idoneam complexa naturam; fortes enim non modo fortuna adiuvat ..., sed multo magis ratio ...; te natura excelsum quendam videlicet et altum et humana despicientem genuit; itaque facile in animo forti contra mortem habita insedit oratio». Nicht jeder ist demnach empfänglich für philosophische Belehrung im hier gemeinten Sinne; nur dem erschliessen sich die 'höheren' Einsichten, der einen kongenialen 'hohen' Charakter hat. Das ist ein elitärer Zug, der stärker an

Platon erinnert als an die hellenistischen Schulen. Auch 'tapfer' nennt Cicero die am Schüler gelobte Gesinnung: ebenfalls ein Attribut der erwünschten 'höheren' Positionen (Einzelheiten 1974 [*20: 181f.]). – Bevor Cicero im gleichen Buch den Nachweis versucht, dass der Schmerz kein Übel sei, richtet er eine seltsame Forderung an seinen Unterredner (Tusc. II 15): Die Aufgabe sei schwierig; sie könne nur gelingen, wenn man ihm ohne inneres Widerstreben folge (magna res est animoque mihi opus est non repugnante). Gern geht der 'Schüler' darauf ein: «habebis id quidem; ut enim heri feci, sic nunc rationem, quo ea me cumque ducet, sequar» (zur Verwendung von 'ratio' siehe unten S. 1105f.). Und er hält Wort. Als Cicero ihn inmitten des Beweisganges fragt, ob er Einwände habe (42), verneint er das fast empört, «so sehr lenke ihn Ciceros Rede zum Glauben hin» (ita me ad credendum tua ducit oratio). Es ist offenkundig, dass er von Cicero überzeugt werden *will*; er verzichtet nicht nur darauf, Einwände zu äussern: er unterdrückt sie bewusst, lässt sie sich gar nicht in den Sinn kommen (vgl. Tusc. I 55 «ego vero facile sim passus ne in mentem quidem aliquid contra venire: ita isti faveo sententiae»).

An anderen Stellen ist der Verzicht auf eigene kritische Einwände noch deutlicher formuliert. In hohem Grade 'erwünscht' ist ein Weiterleben der Seele nach dem physischen Tod. Der 'Schüler' zeigt sich im ersten Tusculanenbuch von dieser Aussicht entzückt (24): «me ... delectat, idque primum ita esse velim, deinde, etiam si non sit, mihi persuaderi tamen velim». Der Wunsch ist so nachhaltig, dass alle Skrupel des Verstandes zurücktreten: sogar wider besseres Wissen will er an die Unsterblichkeit der Seele glauben. Kurz darauf (39) geht er noch einen Schritt weiter. Cicero hat angekündigt, er werde nun Platons Beweise für ein Leben nach dem Tode referieren; darauf der Schüler begeistert: «errare malo cum Platone, quam cum istis (den Materialisten) vera sentire». Man erwartet einen scharfen Tadel des 'Lehrers' Cicero für diese unverhohlene Bereitschaft, sich einem Wunsche zuliebe von der Wahrheit abzukehren; der jedoch äussert ein Lob und pflichtet bei (40): «macte virtute! ego enim ipse cum eodem ipso non invitus erraverim». Das ist zunächst höchst befremdlich. (Man ist versucht, in Ciceros Formulierung eine bewusst provozierende Umkehrung des Aristoteles zugeschriebenen Grundsatzes «Amicus Plato, sed magis amica veritas» zu sehen, aber die Überlieferungslage ist sehr dunkel.) Der Wortlaut liefert einen Schlüssel zum Verständnis: Cicero lobt den Gesprächspartner wegen seiner 'virtus', versteht also die rückhaltlose Bereitschaft, Platon zu 'glauben', als eine tapfere Leistung im oben (S. 1102f.) skizzierten Sinne. Ebenso gern irrt Cato, wenn es um die Unsterblichkeit geht (Cato m. 85): «Quodsi in hoc erro, qui animos hominum immortales esse credam, libenter erro nec mihi hunc errorem, quo delector, dum vivo, extorqueri volo». Auch ihm wollte Cicero kein billiges Wunschdenken unterstellen. Davon hält er nichts und tadelt andere dafür: Tusc. II 30 (über Zenons angebliche Wortklaubereien) «optare hoc quidem est, non docere»; fat. 46 (über Epikurs Lehre von der 'Abweichung' der Atome) «optare hoc quidem est, non disputare»; Luc. 121 (Straton aus Lampsakos über den Atomismus) «somnia censet haec esse Democriti, non docentis, sed optantis»; vgl. nat. deor. I 19.

Cicero wusste also, welchem Vorwurf er sich aussetzte; und doch werden in seinen Schriften immer wieder bestimmte Überzeugungen 'gewünscht'. Zwei andere markante Beispiele: Tusc. V 20 «Wie Xerxes für die Erfindung einer neuen Art von Lust einen Preis ausgesetzt hatte», möchte Cicero denjenigen belohnen, «der uns ein Mittel verschafft, noch fester (an die Autarkie der Tugend) zu glauben». Der Akademiker Cotta 'wünscht', von der Existenz der Götter fest überzeugt zu sein (nat. deor. I 61): «... esse deos persuaderi mihi non opinione solum sed etiam ad veritatem plane velim ...». Nicht Beweise wünscht sich der Skeptiker, nicht Indizien für eine hochgradige Wahrscheinlichkeit – er will nur 'glauben'. Zu Anfang des dritten Buches äussert er sich ähnlich (nat. deor. III 7): «si id est primum, quod inter omnes nisi admodum impios convenit, mihi quidem ex animo exuri non potest: esse deos ...», «ich lasse es mir aus meinem Kopf nicht herausreissen, dass es Götter gibt ...» (Weiteres 1974 [*20: 118-132]).

Es liegt auf der Hand, dass der irrationale 'Wunsch', zu philosophischen Überzeugungen zu gelangen, mit einer wie auch immer gearteten rationalen Suche nach Wahrheit unvereinbar ist. Wer eine im vorhinein festgelegte Ansicht und damit ein bestimmtes Ergebnis der Untersuchung 'wünscht', hat sein Verfahren von Anfang an disqualifiziert. Das gilt auch für Ciceros oben skizzierte Methode, sich durch These und Antithese über das Wahrscheinliche der Wahrheit zu nähern. Die jeweilige 'Wünschbarkeit' einer These kann kein Indiz sein für ihre grössere oder geringere Nähe zum objektiv Wahren. Dennoch hat Cicero beide Ansätze miteinander verbunden: auch in den grossen dialektisch aufgebauten Dialogen scheint das 'Gewünschte' mit dem Wahrscheinlichen oft geradezu identisch. Die dialektische Annäherung an die Wahrheit ist demnach kein rein rationales Verfahren. Das wird besonders deutlich aus den Bekenntnissen des Skeptikers Cotta, der immer wieder betont, er sei zum Glauben an die Götter nicht durch die Philosophie oder durch Argumente gelangt, ja dieser Standpunkt lasse sich rational überhaupt nicht begründen; nur glauben könne er an das Dasein und das Walten der Götter, und darin folge er der Tradition der Vorväter; die von den Epikureern und Stoikern dafür beigebrachten Beweise dagegen überzeugten ihn nicht: nat. deor. I 62 (zum Epikureer Velleius) «placet enim omnibus fere mihique ipsi in primis esse deos ...; rationem tamen eam, quae a te adfertur (Gottesbeweis e consensu gentium), non satis firmam puto»; III 6 (nach dem langen Vortrag des Stoikers Balbus) «von dir als einem Philosophen erwarte ich eine rationale Begründung deiner Lehre, unseren Ahnen dagegen darf ich glauben, ohne dass sie mir Gründe anführen»; kurz darauf (III 7): «dass es Götter gibt, daran halte ich unbeirrbar fest (mihi ... ex animo exuri non potest); diese Überzeugung haben mir unsere Vorfahren vermittelt, deren Autorität mir viel gilt; aber warum das so ist, darüber lerne ich von dir nichts»; III 15 «du bringst mich nicht dazu, mit meinem Verstand das Dasein von Göttern zu begreifen (non intellego esse deos); ich glaube, dass es sie gibt (quos equidem credo esse), aber von den Stoikern lerne ich nichts». Zu Beginn seiner ausführlichen Widerlegung der stoischen Argumente geht Cotta noch einen Schritt weiter (III 10): «Du führst Vernunftgründe gegen mich ins Feld: lass also meine Gründe gegen dich kämpfen» (... ratione pugnas: patere igitur rationem meam cum tua ratione contendere); geradezu schädlich sei der Versuch einer rationalen Argumentation: «adfers haec omnia argumenta, cur di sint, remque mea sententia minime dubiam argumentando dubiam facis». Cottas Rede lässt dann auch keinen Zweifel an der destruktiven Gewalt der überlegenen 'ratio'. Auf der Ebene der 'ratio' ist der Glaube an göttliches Walten nicht haltbar, und das gilt für die 'höheren' Ansichten allgemein.

Dem scheint es zu widersprechen, dass Cicero im ersten Tusculanenbuch von Platons 'Vernunftgründen' (rationes) für die Unsterblichkeit der Seele spricht (I 49). Aber der Zusammenhang zeigt, dass der Begriff hier mit leiser Ironie verwendet ist: «Selbst wenn Platon gar keinen rationalen Grund angeführt hätte, würde ich mich seiner erdrückenden Autorität beugen; nun aber hat er so viele Argumente gesammelt, dass er offenkundig alle anderen überzeugen wollte, sich selbst jedenfalls auch überzeugt hat». Nur bei Platon selbst haben demnach die vielen 'Argumente' ihre Wirkung getan, nur er selbst hat sich zur gewünschten Überzeugung verholfen. Auch die Betonung der Vielzahl verrät Ciceros Einschätzung: Er war sich dessen wohl bewusst, dass wenn ein Sachverhalt beweisbar ist, *ein* durchschlagender Grund mehr ist als eine Fülle von (dann offenbar schwachen) Argumenten. Die gleiche Ironie zeigt sich kurz darauf noch einmal. Nach der Wiedergabe einer komplizierten Folge von Syllogismen aus Platons ‹Phaidros› ruft Cicero bewundernd aus (I 55): «Da mögen nun alle plebejischen Philosophen zusammenlaufen: nie werden sie einen so eleganten Beweis zustande bringen, ja sie werden nicht einmal begreifen, wie feinsinnig (subtiliter) hier eines aus dem anderen gefolgert wird». Das ist nicht wörtlich zu verstehen: Cicero kann nicht ernsthaft gemeint haben, Platon habe einen unumstösslichen Beweis für das Leben nach dem Tode geliefert, und er hätte auch nicht bestritten, dass ein entsprechend gebildeter Epikureer darüber urteilen konnte, ob die syllogistische Kette den technischen Regeln der Logik entsprach. Cicero lobt Platon für eine andere Denkweise: für eine 'Logik des Gefühls', die den Blick auf Höheres richtet. Dass der gemeine Verstand nicht fähig ist, das Wesentliche zu sehen, hat er schon Crassus in ‹De oratore› aussprechen lassen (III 20): 'Die Alten (veteres illi) hatten noch den rechten Blick für die grossen kosmischen Zusammenhänge, für die sinnvolle Verknüpfung aller einzelnen Wesen und Bereiche; unser Scharfsinn dagegen ist solcher Einsicht nicht mehr fähig' (maius quiddam animo complexi plus multo etiam vidisse videntur, quam quantum nostrorum ingeniorum acies intueri potest); kurz darauf, nach einigen sachlichen Abstrichen (22): «sed si hoc quoque videtur esse altius, quam ut id nos humi strati suspicere possimus ...». Hier ist auch gesagt, weshalb unsere Einsicht im Gegensatz zu der der 'Alten' beschränkt ist: Wir haften am Boden und sind ausserstande das 'Höhere' in seiner wahren Bedeutung zu erfassen (siehe auch GÖRLER 1974 [*20: 49 Anm. 62; 113 Anm. 72; 142 Anm. 32; 182 Anm. 32]; 1988 [§ 56 *204: 226f.]). Vernunftgründe taugen also wenig, um zu den gewünschten Überzeugungen zu gelangen. Eine so entschiedene Absage an die rationale Argumentation wirft die Frage auf, von welchen Kriterien Cicero sich leiten lässt bei der oben beschriebenen dialektischen Annäherung an die Wahrheit. Sie kann erst später beantwortet werden.

Den meisten der von Cicero 'begünstigten' Thesen ist es gemeinsam, dass sie dem menschlichen Dasein einen einsehbaren Sinn zu geben vermögen: Sittlichrichtige Handlungen müssen ihren Wert in sich selbst tragen; sonst würde das menschliche Zusammenleben zu einem Kampf um individuelle Vorteile entarten.

Richtiges Handeln muss belohnt werden, auch wenn es von Menschen unbeachtet bleibt oder gar bestraft wird; Unrecht muss eine Strafe finden. Der Mensch will sich geborgen fühlen in einem sinnvollen Kosmos; er will lieber einer vernünftigen Gottheit vertrauen als sich dem Spiel blinden Zufalls ausgesetzt sehen. Er muss frei sein in seinen Handlungen, die er sonst nicht zu verantworten hätte und nicht verantworten könnte. Einige dieser Gedanken kommen den 'praktischen Postulaten' Immanuel Kants nahe: Gott, Freiheit, Unsterblichkeit (HENRY 1925 [*151: 32-42]). Es ist kein blosser Zufall, dass auch Cicero sich des Verbums 'postulare' bedient (off. III 33, zu Beginn der Behandlung der zentralen Frage dieses Buches, ob das Sittlich-Richtige mit dem Nützlichen in Konflikt geraten kann): «ut geometrae solent non omnia docere, sed postulare, ut quaedam sibi concedantur, sic ego a te postulo, mi Cicero, ut mihi concedas ... nihil praeter id, quod honestum sit, propter se esse expetendum ...». Cicero weiss, dass der Satz, dessen Anerkennung er von seinem Sohn 'fordert', seiner Natur nach nicht beweisbar ist (vgl. leg. I 21). Auch dort, wo andere Verben benutzt sind, ist der gleiche Gedanke vielfach latent vorhanden, teils eher unbewusst, teils in vollem Bewusstsein formuliert. Es gibt dafür ein breites Spektrum sprachlicher Mittel, vom einfachen 'velle' in der abgeschliffenen Bedeutung 'behaupten, dass etwas ist' bis hin zu fast leidenschaftlichen Forderungen und Wünschen (1974 [*20: 125-131]).

Ein anderes Merkmal der 'höheren' Standpunkte ist die 'Vorbildhaftigkeit' ihrer Vertreter ('auctoritas'). Auf den ersten Blick scheint das eine objektiv überprüfbare Norm. Aber das wäre ein Zirkel: Vor allem deshalb schreibt Cicero ja Platon ein so hohes Ansehen zu, weil dieser eine Lehre vertritt, die er selbst 'begünstigt'. Autorität in philosophischen Fragen kann es nicht geben; auch das höchste Ansehen ist kein gültiges Argument. Dessen ist sich Cicero bewusst: Er spottet über die Epikureer, die ihren Schulgründer wie einen Gott verehren (Tusc. I 48), und rügt mehrfach allzu bereitwillige oder gar blinde Unterordnung unter fremde 'auctoritas' (leg. I 36; Luc. 9. 60; Tusc. V 83; nat. deor. I 17. 66; div. II 150). Auch die oben (S. 1096f.) ausgeschriebenen Stellen gehören hierher, an denen Cicero seine Bereitschaft bekundet, sich jederzeit widerlegen zu lassen. Und doch gilt ihm selbst Platon als 'Gott' (Tusc. I 79; nat. deor. II 32; Att. IV 16 = 89 Sh.B., 3), und doch dient immer wieder das Ansehen von Philosophen und Staatsmännern dazu, die von ihnen vertretenen Lehren und Grundsätze zu empfehlen. Das geschieht oft mit viel Pathos und beinahe suggestiv. Eine solche Empfehlung hat zwei verschiedene Aspekte, die bei Cicero meist ineinander verwoben sind: Dem Hörer oder Leser wird auf der kognitiven Ebene nahegelegt, einen Sachverhalt als richtig anzuerkennen. Daneben steht eine ethische Komponente: Es klingt an, dass es auch sittlich richtig ist, sich zu der 'erhabenen' Ansicht zu bekennen. Das ist (wie viele ethisch wertvolle Handlungen) eine schwierige 'Leistung' (siehe oben S. 1102f.); sie wird jedoch erleichtert durch das Vorbild derer, die diesen Weg schon gegangen sind.

Das Motiv der 'vorbildhaften' Denker durchzieht das gesamte philosophische Werk Ciceros (1974 [*20: 154-171]); einige Beispiele mögen genügen: In der Frage des Lebens nach dem Tode besitzt Platon für Cicero soviel Autorität, dass er, «selbst wenn er gar kein Argument vorgetragen hätte, jeden Widerstand brechen würde» (Tusc. I 49; vgl. oben S. 1106). Im ‹Laelius› findet sich eine eindrucksvolle Reihe von Gewährsleuten. Der Titelheld missbilligt die in Rom gerade damals (fiktives Datum 129 v. Chr.) in Mode geratene epikureische Lehre, nach der die Seele mit dem physischen Tode erlischt (13): «plus apud me antiquorum auctoritas valet: vel nostrorum maiorum ... vel eorum, qui in hac terra fuerunt Magnamque Graeciam ... institutis et praeceptis suis erudierunt, vel eius qui Apollinis oraculo sapientissimus est iudicatus ... quod idem Scipioni videbatur». In typisch ciceronischer Weise ist hier das griechische mit dem römischen Element durchsetzt; der unbestimmte Ausdruck 'die Alten' ('antiqui') wird aufgegliedert in die römischen Altvordern, die Pythagoreer und Sokrates; schliesslich nennt Laelius, aus seiner Sicht von besonderer Bedeutung, die Überzeugung des gerade verstorbenen Aemilianus. Im ‹Hortensius› hatte Cicero als Zeugen für die Lehre vom Leben nach dem Tode auf die «consulares philosophi» verwiesen (frg. 114 GRILLI = AUGUSTIN epist. 104, 1, 3): vermutlich die 'Alten' im Sinne des Antiochos aus Askalon (siehe oben S. 947. 956). – Der gläubige Skeptiker Cotta erkennt nur die römischen Vorfahren an als Autorität für seine Auffassung vom Wesen des Göttlichen; bezeichnend nat. deor. III 7 «quod mihi persuasum est auctoritate maiorum ...»; vgl. auch III 6. 9. 42f.; har. resp. 18 u.ö. – Den Philosophen, die der Tugend den rechten Rang einräumen, und den Stoikern, die versichern, der Schmerz sei überhaupt kein Übel, billigt Cicero «summa (maxima) auctoritas» zu (off. II 10; III 105). Ein römisches Beispiel hat besonderes Gewicht. Am Anfang des fünften Tusculanenbuches äussert Cicero Zweifel an der stoischen Tugendlehre; dann aber ruft er sich zur Ordnung (Tusc. V 4), will doch an die «Kraft der Sittlichkeit» (robur virtutis) glauben und versichert Brutus, dem die Schrift gewidmet ist, sein Onkel habe durch sein Leben und durch seinen Tod «den Zweifel behoben». Hier ist der doppelte Aspekt des Vorbilds besonders deutlich: Der jüngere Cato war Stoiker nicht nur im Sinne einer theoretischen Überzeugung; er hat auch durch sein Handeln dieser Lehre die Treue gehalten und damit bewiesen, dass sich ihre Forderungen erfüllen lassen. – Eine ähnliche Funktion erfüllen für das Streben nach der idealen Bildung des 'Redners' wieder die 'Alten': Sie lehrten nicht nur die Einheit aller Künste und Wissenschaften, sondern sie verkörperten sie auch selbst (de or. III 70-73 u.ö.).

Wie oben (S. 1100) angedeutet, sind die 'höheren' Standpunkte stets von Zweifeln bedroht. Diese haben zwei verschiedene Wurzeln. Vieles von dem, was die 'vornehmsten' Lehren verkünden und implizieren, erweist sich als schwer vereinbar mit der konkreten Erfahrung. Auch Cotta, der sich so oft und so entschieden zu den Göttern seiner Väter bekennt, weiss das sehr wohl (nat. deor. I 61): «Ich wünschte mir, fest vom Dasein der Götter überzeugt zu sein, nicht nur auf der Ebene einer vielleicht falschen Meinung, sondern im Sinne unumstösslicher Wahrheit; gar manches nämlich muss ich bemerken (oder: kommt mir in den Sinn), das mich unsicher macht, so dass ich den Eindruck gewinne, es gebe keine Götter». Cotta meint vermutlich Krankheiten, Not und Leid, kurz: das Übel in der Welt, das nicht leicht mit der Lehre von göttlicher Fürsorge in Einklang zu bringen ist. Ähnlich Cicero selbst über die tröstende Kraft der Tugend (Tusc. V 3): «Wenn ich die Schicksalsschläge überdenke, die ich habe hinnehmen müssen, dann kommen mir Zweifel an dieser Lehre ...». Der erhebende stoische Grundsatz, an den er gerne glauben möchte, findet keine Bestätigung in der Wirklichkeit, die ihn die Verbannung, den Sturz der Republik und den Tod der Tochter hatte erleben lassen. Auch gegen die stoische Forderung nach Ausmerzung aller Affekte erheben sich empirisch begründete Zweifel; die Erfahrung zeigt, dass sie unerfüllbar ist, ja sie scheint der Natur selbst zu widersprechen (de or. I 220; Tusc. II 42; Cato m. 46 u.ö.). – Andere Zweifel entstehen im kühl kalkulierenden oder bohrend grübelnden Verstand. Im ersten Tusculanenbuch berichtet der 'Schüler' (24), er sei bereits mehrere Male jeweils während der Lektüre von Platons ‹Phaidon› von der Unsterblichkeit der Seele überzeugt gewesen; kaum habe er jedoch das Buch aus der Hand gelegt, sei ihm «die ganze Zustimmung wieder entglitten»; ähnlich Tusc. V 13 über die drastischen Gleichnisse, mit denen die Stoiker die Autarkie der Tugend veranschaulichten: «cum ... animum ab ista pictura imaginibusque virtutum ad rem veritatemque traduxeris, hoc nudum relinquitur, possitne quis beatus esse, quam diu torqueatur». Als später der Lehrer Cicero seinen Unterredner von der Unsterblichkeit überzeugt hat, spricht er selbst von unausbleiblichen Zweifeln (I 77): «Allzu sicher sein darf man in solchen Fragen nie; oft lassen wir uns von einer spitzfindigen Argumentation beeindrucken, und wir schwanken (labamus) und ändern unsere Meinung auch über Dinge, die klarer zutage liegen; bei unserer Frage aber gibt es einiges, das dunkel bleibt».

Die Zweifel und andere Anfechtungen werden gelegentlich mit einem 'Abgleiten' oder 'Abstürzen' verglichen: ein Indiz für die Berechtigung für das von uns verwendete Bild der 'höheren' und 'niederen' Positionen. Im fünften Buch von ‹De finibus› lobt Cicero die Geschlossenheit der stoischen Ethik und warnt davor, einen Kompromiss mit anderen Auffassungen zu suchen (84): «Drei Klassen von Gütern? Da begibt man sich auf eine abschüssige Bahn; kommt man an ihr Ende, sitzt man fest zwischen Holpersteinen» (tria genera bonorum? proclivi currit oratio; venit ad extremum: haeret in salebra). Gemeint ist: Sobald man die stoische Lehre, nichts ausser der Tugend sei ein 'Gut', und damit die 'höchste' ethische Position aufgegeben hat, gibt es kein Halten mehr; zunächst gelangt man mühelos und ohne innere Skrupel zur peripatetischen Lehre von den drei Güterklassen, von da aber geht es unaufhaltsam weiter bergab bis zur (von Cicero stets verachteten) Lust- und Schmerz-Ethik Epikurs. Ein ähnliches Bild gebraucht Cicero im ‹Lucullus›, um den 'Abstieg' von der akademisch-peripatetischen Ethik zu beschreiben (139): «... video, quam suaviter voluptas sensibus nostris blandiatur: labor eo, ut adsentiar Epicuro aut Aristippo». – Nicht weniger anschaulich sind einige Aussagen über die Affekte. Auch hier empfiehlt Cicero den 'höchsten', stoischen Standpunkt. Wer wie die Peripatetiker ein 'rechtes Mass' ('Metriopathie') befürwortet, findet kein Halten mehr (Tusc. IV 41): «... dann könnte man es auch für möglich halten, dass jemand, der sich vom leukadischen Felsen ins Meer gestürzt hat, seinen Fall nach Belieben wieder aufhalten kann. Denn ebensowenig, wie das möglich ist, kann einer, der sich einmal hat verwirren und anstossen lassen (animus perturbatus et incitatus), sich selbst wieder Einhalt gebieten und dort zum Stehen kommen, wo er will»; (Tusc. IV 42) «wer sich selbst im Fehlverhalten eine Grenze setzt (qui vitiis modum apponit), verfällt ein Stück weit den Lastern; das ist schon an sich verwerflich, besonders übel aber dadurch, dass (alle) Laster am Rande einer schlüpfrigen und abschüssigen Bahn angesiedelt sind und, einmal angestossen, unaufhaltsam abwärts gleiten». Das Haltlose dieser Bewegung ist an anderer Stelle (Tusc. V 52) durch einen Sorites verdeutlicht: «Wer dem Kummer (aegritudo) verfällt, verfällt zwangsläufig auch in Furcht; der Furchtsame aber ist auch ängstlich und feige, so dass er irgendwann einmal gänzlich unterliegt».

Fast stereotyp verwendet Cicero das Bild des 'Abgleitens' bei der Behandlung erkenntniskritischer Fragen, und hier hat es vermutlich seinen Ursprung. Die 'Zustimmung' zu Falschem und nicht hinlänglich Erkanntem muss nach akademischer Lehre zurückgehalten werden. Diese 'Zurückhaltung' heisst im Griechischen ἐποχή, das zugehörige Verbum ist ἐπέχειν. Cicero hat sorgfältig nach einer treffenden Übersetzung gesucht und sich schliesslich für 'sustinere' entschieden (Att. XIII 21 = 351 Sh.B., 3; nützliche Übersicht auch über die anderen Wiedergaben bei LÉVY 1992 [*33: 247 mit Anm. 10-12]). Dabei dachte er zunächst wie Karneades (siehe oben S. 855) an das Anhalten eines Renngespanns durch seinen Lenker. Aber auch die Grundbedeutung von 'sustinere' war ihm wichtig: 'emporhalten', 'nicht sinken oder fallen lassen'. Die Griechen hatten von 'überstürzter Zustimmung' zu nicht hinlänglich Erkanntem gesprochen (PLUTARCH Stoic. rep. 1056 F = SVF 2, frg. 993 προπίπτειν, dazu GÖRLER 1977 [§ 33 *415: 87f.]). Cicero verstärkt dieses Bild: aus einem einfachen Straucheln wird ein gefährlicher Sturz, z.B. in seiner Schilderung der Tücken des Sorites (Luc. 94): Der Dogmatiker will «wie ein versierter Wagenlenker die Pferde rechtzeitig anhalten (sustinere), zumal dann, wenn sie sonst in einen Abgrund (locus praeceps) stürzen würden». Ebenso charakterisiert Cicero die Gefahren der 'Zustimmung' im allgemeinen (Luc. 68): «... sustinenda est potius omnis adsensio, ne praecipitet, si temere processerit». Auch hier wird empfohlen, sich besser gar nicht erst auf eine gefährliche Bahn zu begeben: «es ist sicherer, von Anfang an auf jede Zustimmung zu verzichten»; kurz zuvor: «Selbst wenn es möglich sein sollte, etwas zuverlässig zu erkennen, bleibt doch schon die blosse Gewohnheit (gelegentlich) zuzustimmen gefährlich und lässt leicht ins Rutschen geraten» (ipsa consuetudo adsentiendi periculosa esse videtur et lubrica). Nach Lucullus 108 ist es «die grösste Tat, sich gegen die (auf Anerkennung drängenden) φαντασίαι zu wehren, sich der Meinung entgegenzustemmen, die schlüpfrigen Zustimmungen zurückzuhalten». Wer leichtfertig 'zustimmt', 'gleitet ab' (labi) in blosse 'Meinung': Luc. 114 «... ut ego nusquam labar, nihil opiner ...»; 115 «... nos, qui labi nolumus...»; 138 «... mihi verenti, ne labar ad opinionem». Arkesilaos wird von Cicero gelobt für seine Empfehlung (Acad. I 45): «... cohibere ... semper et ab omni lapsu continere temeritatem». Eine geistreiche Variation bietet Cicero in seinem Bericht über eine Abweichung des Karneades von streng orthodoxen Grundsätzen (Luc. 59): «... solitum esse eo delabi interdum, ut diceret opinaturum ... esse sapientem» (zur Sache siehe oben S. 870-873). Karneades hatte offenbar in Einzelfällen eine 'Zustimmung' auch für den 'Weisen' zugelassen; das bedeutete jeweils ein 'Abgleiten in Meinung'. Dieser Vorwurf schwingt bei Cicero mit, aber primär bezeichnet er hier Karneades' Konzession, seine theoretische Aufweichung der strengen Skepsis als 'delabi'. Das entspricht dem Sprachgebrauch, der sich bei der Güterlehre beobachten liess: auch dort ist die Abweichung in der Lehre als 'Abgleiten' bezeichnet.

Gemeinsamer Tenor der eben betrachteten Stellen ist es, vor jedem Zugeständnis und vor jedem Kompromiss zu warnen: Wer den Zweifeln oder der menschlichen Schwäche nachgibt, sinkt unaufhaltsam immer 'tiefer'. Die 'mittleren' Positionen (siehe die Übersicht S. 1101f.) sind gefährdet: es ist schwer, wenn nicht unmöglich, sich dort zu halten. Dagegen erweisen sich die 'höheren' Standpunkte als eine relativ sichere Plattform. Man tut gut daran, auf ihr zu verharren, ja sich an sie zu klammern im Kampf mit Anfechtungen jeder Art. Dafür hat Cicero eindrucksvolle Bilder gefunden. Im ersten Tusculanenbuch will sich der bekehrte 'Schüler' aus seinem gerade gewonnenen Glauben an ein Fortleben der Seele nicht 'vertreiben' lassen (77) «me nemo de immortalitate depellet»; der ältere Cato verbittet es sich, dass man ihm eben diesen Glauben, selbst wenn er irrig sein sollte, 'entwinde' (Cato m. 85) «nec mihi hunc errorem, quo delector, ... extorqueri volo». Den stärksten Ausdruck gebrauchte Cotta in ‹De natura deorum› (III 7): Nicht 'ausbrennen' lässt er sich seinen Glauben an die Götter: «mihi ex animo exuri non potest esse deos»; anschaulich auch II 46: 'Epikur wird mich durch seine alberne Kritik nicht von der Überzeugung abbringen, dass es Götter gibt' (numquam me movebit); III 5 «nec me ex ea opinione, quam a maioribus accepi ..., ullius umquam oratio aut docti aut indocti movebit» (hier ist angedeutet, von welcher Seite die Gefahr droht: es sind die Bedenken der grübelnden Vernunft, aber auch die Versuche, zu beweisen, was nicht bewiesen werden kann). Witzig ist Ciceros Äusserung über den vollkommenen Redner, den er im ‹Orator› entworfen hat (100): «Da haben wir nun den Mann, den wir suchen – aber leider nur in der Theorie; denn wenn ich ihn physisch packen könnte, würde er mich mit all seiner Redekunst nicht dazu bringen, ihn wieder loszulassen». 'Anklammern' will sich Cicero an sein Ideal, wie Cato an seinen Glauben an die Unsterblichkeit. Auch an eine 'mittlere' Position muss man sich klammern, um nicht weiter abzugleiten (Luc. 139): «a Polemonis et Peripateticorum et Antiochi finibus non facile *divellor* nec quicquam habeo adhuc probabilius. verum tamen video, quam suaviter voluptas sensibus nostris blandiatur: *labor* eo, ut adsentiar Epicuro aut Aristippo».

Gelegentlich ist durch die sprachliche Form ausgedrückt, dass es schwer ist, auf der bevorzugten Position zu verharren. Häufig sind Konditionalsätze und das Verbum 'tenere'; dabei soll eine militärische Konnotation mitgehört werden: es gilt, eine Stellung zu 'halten'. Cicero lobt den stoischen Satz, nur das Sittlich-Richtige sei ein 'Gut', und fährt fort (Tusc. V 46): «quod ni ita tenebimus, multa erunt, quae nobis bona dicenda sint» (vgl. Tusc. II 28 «hoc si tenebis ...», nämlich dass sittliche Verfehlungen ein schlimmeres Übel sind als der Schmerz). Quintus Cicero will in seinem Plädoyer für die Kraft der Weissagung an der stoischen Lehre vom Wesen der Götter festhalten (div. I 117): «quam si obtinemus, stabit illud, quod hunc locum continet, esse deos et eorum providentia mundum administrari eosdemque consulere rebus humanis ...; haec si tenemus, quae mihi quidem non videntur posse convelli, profecto hominibus a dis futura significari necesse est». Hier sind Zweifel und trotzige Entschiedenheit miteinander verbunden. Das Verbum 'convellere' ist vergleichbar mit 'depellere' (Tusc. I 77, vgl. Luc. 141), 'extorquere' (Cato m. 85) und 'exurere' (nat. deor. III 7). Aber es ist weniger Selbstsicherheit in Quintus' Formulierung: '... ich jedenfalls meine, diese These lasse sich nicht entkräften ...'; auch im doppelten Wenn-Satz klingen Zweifel an, ob die für ihn so wichtige stoische Position wirklich 'gehalten' werden kann.

An anderen Stellen ist der 'höchste' Standort bereits aufgegeben; dort wird mit grosser Entschiedenheit beteuert, zu weiteren Konzessionen sei man nun nicht mehr bereit: Einige Beispiele (ausführlicher 1974 [*20: 89-96]): In ‹De oratore› kommt Crassus seinen Kritikern entgegen und macht Abstriche von seinen sehr weitgehenden Forderungen an die Bildung des Redners; manches aber sei unabdingbar (de or. I 68, über die Beschäftigung mit der Ethik als drittem Teilgebiet der Philosophie): «tertium vero ... nisi tenebimus, nihil oratori, in quo magnus esse possit, relinquemus»; ähnlich I 65 «licet hinc quantum cuique videtur circumcidat atque amputet, tamen illud tenebo ...», III 22 «illud certe tamen ... nosse et tenere debemus». Im fünften Buch der ‹Tusculanen› ist Cicero immer wieder bereit, auch andere 'Güter' neben der Tugend anzuerkennen, solange klar bleibe, dass die sittlichen Werte allen anderen weit überlegen seien (76) «sint enim tria genera bonorum ..., dum corporis et externa iaceant humi ..., animi autem illa divina longe lateque se pandant caelumque contingant»; ähnlich fin. V 12 «dummodo plus in virtute teneamus, quam ille (Theophrast) tenuit, firmitatis et roboris», Tusc. V 34 'mögen Brutus und die Antiocheer ruhig lehren, der Weise sei immer (im grossen und ganzen) glücklich', «nos tamen teneamus, ut sit idem beatissimus» (in vollendeter Weise glücklich; zur Sache siehe oben S. 963f.). Auch der skeptische Weise wird sich der Anerkennung vieler Sinneseindrücke nicht verschliessen (Luc. 99): «teneatur modo illud, non inesse in iis quicquam tale, quale non etiam falsum nihil ab eo differens esse possit» (zur Sache siehe oben S. 799f. 855).

Diesen 'Abgrenzungen nach unten' stehen einige Stellen mit einer komplementären Tendenz gegenüber: Cicero versucht, die Vertreter einer 'mittleren' und darum gefährdeten Position 'nach oben' zu ziehen. Er verweist auf die innere Stimmigkeit und die damit verbundene Unangreifbarkeit der stoischen Ethik (fin. V 83); fast suggestiv appelliert er an die Anhänger der peripatetischen Güterlehre, die doch schon so weit fortgeschritten seien auf dem richtigen Wege, nun auch noch den letzten Schritt zu tun. Er erinnert an das Bild der Waage, mit dem Kritolaos das starke Übergewicht der Tugend über die äusseren Güter und die des Körpers anschaulich zu machen pflegte, und fährt beschwörend fort (Tusc. V 51): «quid ergo aut hunc prohibet aut etiam Xenocratem, illum gravissimum philosophorum, exaggerantem tantopere virtutem, extenuantem cetera et abicientem, in virtute non beatam modo vitam sed etiam beatissimam ponere?» Das Xenokrates gespendete Lob erscheint zugleich als eine Verpflichtung, nun endlich dem Ruhm durch eine entsprechende Lehre gerecht zu werden (vgl. Tusc. V 30). Der gleiche Ton wenig später (Tusc. V 75): «me quidem auctore etiam Peripatetici veteresque Academici balbuttire aliquando desinant aperteque et clara voce audeant dicere beatam vitam in Phalaridis taurum descensuram». Der Kompromiss der 'mittleren' Position gilt hier als ein zaghaftes Stammeln, unwürdig wahrer Philosophen. Das ihnen nahegelegte 'Wagnis' geht sehr weit: Sie sollen sich zur stoischen Ethik bekennen, bis hin zur extremen Konsequenz, dass der Weise auch unter schlimmsten Foltern vollendetes Glück geniesse. Bei seinen Versuchen, die gemässigten Güterlehren an die stoische anzugleichen, macht Cicero gern von der Behauptung des Antiochos aus Askalon Gebrauch, die Alt-Akademiker und Peripatetiker unterschieden sich von den Stoikern nur durch eine andere Terminologie (siehe oben S. 956f.; 1974 [*20: 198-205]). In der Frage des Lebens nach dem Tode sind es die Stoiker, die Cicero von ihrer halbherzigen Haltung fort 'nach oben' ziehen möchte (Tusc. I 78): «... qui, quod tota in hac causa difficillimum est, suscipiant: posse animum manere corpore vacantem, illud autem, quod non modo facile ad credendum est, sed eo concesso, quod volunt, consequens, id vero non dant: ut cum diu permanserit, ne intereat». Auch hier der Tenor: 'Das Schwierigste ist doch schon geschafft, nun tut auch noch den letzten Schritt ...'.

All dies sind Spielarten des einen Grundgedankens: Gewisse philosophische Lehrsätze verdienen den Vorzug vor anderen, nicht aufgrund rationaler Beweise, sondern nur deshalb, weil sie dazu helfen, im menschlichen Dasein einen Sinn zu erkennen. Es ist bereits zweimal deutlich geworden, dass Cicero weiss, wie bedenklich eine solche Annäherung an die Wahrheit ist: Die Relativierung des Begriffes 'wahr', die er selbst praktiziert, tadelt er bei anderen in klaren Worten (siehe oben S. 1093f.); obwohl er selbst nicht müde wird, 'Autoritäten' für die von ihm begünstigten Lehren zu empfehlen, rügt er den Autoritätsglauben anderer (siehe oben S. 1107). Das gleiche gilt für das eben betrachtete Motiv. Cicero weiss, dass eine vorsätzlich kompromisslose Verteidigung des eigenen Standpunkts zu der von ihm sonst empfohlenen Offenheit (siehe oben S. 1096f.) in unauflösbarem Widerspruch steht. Das zeigt sich dort, wo sich Vertreter einer von Cicero getadelten Lehre an ihre Anschauung klammern. Am deutlichsten ist die Kritik am Epikureer Velleius (nat. deor. I 66): «prius ... te quis de omni vitae statu quam de ista auctoritate deiecerit; ante enim iudicasti Epicureum te esse oportere quam ista cognovisti». Velleius folgt einem Vor-Urteil, nicht vernünftiger Abwägung, und doch würde er lieber Leib und Leben aufgeben als die Meinung des Meisters ('deicere' gehört in die Reihe der oben betrachteten Verben 'expellere', 'extorquere', 'exurere' und 'divellere'). Cicero rügt es, dass die Stoiker in der Ethik an ihrem Sprachgebrauch festhalten (fin. IV 78): «re eadem defendunt, quae Peripatetici; verba tenent mordicus; quae ... dum sibi evelli ... nolunt ...». Auch der Dogmatiker Lucullus verteidigt 'verbissen' den Kernpunkt der eigenen Lehre (Luc. 51): «(perspicuitas,) quam mordicus tenere debemus», und auch hier finden sich Verben der Gewaltanwendung: Luc. 45 «ne ab his, quae clara sint ipsa per sese (das Evidente), ... depellamur» (vgl. auch Luc. 141 sowie Acad. I 41 über das durch 'Erfassung' gewonnene 'Wissen': «ita ... comprehensum, ut ratione non posset convelli»).

An den genannten Stellen wird also getadelt, was in anderem Zusammenhang Ciceros Beifall findet. Auch darin zeigt sich die eigentümliche Polarität, die Ciceros Denken prägt. Zwei Kräfte wirken gegeneinander. Auf der einen Seite fühlt sich Cicero hingezogen zu den 'erhabenen' Lehren, die innere Befriedigung verheissen; andererseits weiss er (und will dieses Wissen auch gar nicht verdrängen), dass durch Wünsche keine Gewissheit, sondern im besten Falle eine subjektive Überzeugung gewonnen werden kann. Er ist sich selbst gegenüber unnachsichtig genug, Gewünschtes nicht mit Erwiesenem zu verwechseln; er weiss, dass die erlebte Realität nur selten die erhebenden Lehrsätze bestätigt. Äussere und innere Erfahrungen sprechen nachhaltig gegen das stoische Lehrstück vom unverbrüchlichen

Glück des 'Weisen'; eine umfassende philosophische Bildung für den idealen Redner und Politiker lässt sich kaum realisieren.

Aber das ist nicht alles. Nicht nur, weil er vor der Realität mit Bedauern resigniert, spricht sich Cicero stellenweise gegen die von ihm sonst empfohlenen und gewünschten Lehren aus: er hat auch philosophische Bedenken. Einige Sätze scheinen ihm unvereinbar mit dem Wesen des Menschen, und darum macht er sich zum Anwalt einer spezifisch menschlichen Vernunft gegen die rigiden Forderungen von Denkern, die sich dem Leben entfremdet hatten. Er verteidigt menschliches Mass und menschliche Schwäche. Das schönste Beispiel dafür ist die ebenso humane wie humorvolle Belehrung des Fanatikers Cato in der Rede für Murena vom November 63 v.Chr. (Mur. 61-66): Höher als die Natur selbst es gewollt habe, sagt er dort, hätten die stoischen Lehrmeister der Tugend die Zielmarke gesteckt (fines officiorum paulo longius quam natura vellet protulisse); deshalb seien Vorschriften wie die, man dürfe niemals verzeihen oder sich von Mitleid erweichen lassen, nur soweit zu befolgen, wie 'es sich zieme' (... ut ... tamen ubi oporteret consisteremus). Der Gedanke der Naturwidrigkeit durchzieht wie ein roter Faden die gesamte antistoische Argumentation (1974 [*20: 106-116]). Vor allem das Niederkämpfen aller Affekte hält Cicero für unvereinbar mit der menschlichen Natur (Tusc. III 12): «Wir sind nicht von Stein ...; in unsere Seele hat die Natur auch etwas Zartes und Weiches gelegt, das vom Kummer wie von einem Sturm geschüttelt wird»; dass Antiochos, dessen ethisches System das gar nicht vertrug, von den Stoikern die Forderung nach völliger Affektlosigkeit übernahm (siehe oben S. 964), nennt Cicero (Luc. 136) eine 'Ungeheuerlichkeit' ('atrocitas'). Wie ernst ihm die Frage nach der Berechtigung der Affekte war, zeigen einige Äusserungen in Reden nach der Rückkehr aus der Verbannung, in denen er sich gegen den Vorwurf verteidigt, er habe sich nicht so verhalten, wie man es von einem Philosophen hätte erwarten dürfen: Sest. 49 «Dann könnte ich auch bestreiten, ein Mensch zu sein, wenn ich behaupten wollte, ich hätte die Trennung von all meinen Lieben ohne Schmerz ertragen», dom. 97 «Hätte ich so tun sollen, als sei ich kein Mensch? Hätte ich meine doch allgemein-menschlichen, mir von der Natur eingegebenen Empfindungen niederkämpfen sollen? ... Eine solche Verhärtung würde ich eher Stumpfsinn (stupor) nennen als Tugend.» – Auch die stoische Güterlehre wird der spezifisch menschlichen Natur nicht gerecht: Luc. 134 «sed ille (Zeno) vereor, ne virtuti plus tribuebat, quam natura patiatur ...»; fin. IV 55 «sensus enim cuiusque et natura rerum atque ipsa veritas clamabat quodam modo non posse se adduci, ut inter eas res, quas Zeno exaequaret, nihil interesset». Nicht weniger als drei Stimmen erheben sich gegen die stoische Behauptung, alle Nicht-Weisen seien in gleichem Grade töricht, alle Verfehlungen in gleichem Grade zu verurteilen, alle sittlich-richtigen Taten gleichwertig: Das widerspreche der sinnlichen Erfahrung, wendet Cicero ein, den Gegebenheiten der Natur, und sei deshalb in evidenter Weise unwahr. Auch in Tusc. V 14 ist die Realität ('res veritasque') den stoischen Wunschbildern gegenübergestellt. – Ähnliche Bedenken erheben sich gegen die konsequente Urteils-'Enthaltung' des Skeptikers, und auch hier hat Cicero nicht nur für, sondern als Anwalt des Menschlichen ebenso gegen den 'höchsten' Standpunkt argumentiert (Luc. 101): (Der Akademiker) «ist doch nicht von Stein oder

Holz; er hat einen Körper, hat eine Seele, und ist daher empfänglich für geistige und für sinnliche Eindrücke (movetur mente, movetur sensibus), so dass ihm vieles wahr zu sein scheint ...» (vgl. auch Luc. 141).

So wird es verständlich, dass Cicero zu zentralen philosophischen Fragen zwei einander ausschliessende Haltungen vertritt, und zwar oft innerhalb der gleichen Schrift. Er wirbt für den 'höchsten' Standpunkt, da nur er Sicherheit biete und in sich konsequent sei, und das tut er aus Überzeugung: dies sind ja zugleich die ihm 'erwünschten' Ansichten. Er wirbt aber auch um Verständnis dafür, dass Zweifel und Schwierigkeiten unüberwindbar sind, und darum argumentiert er bisweilen gegen Thesen, die er eben noch vertreten hat. Das hat die Leser immer wieder verwirrt, vom eigenen Bruder an (div. I 8) bis hin in die neueste Zeit. Einige Interpreten glauben, dort auf sicherem Boden zu stehen, wo Cicero einen Mittelweg einzuschlagen scheint. In den oben (S. 1111f.) betrachteten 'Abgrenzungen nach unten' wollte man 'die' eigenen Auffassungen Ciceros erkennen; ebenso in anderen Kompromissen: In ‹De officiis› I 89 kommt Cicero den Peripatetikern entgegen: Die Mesotes-Lehre findet seine Zustimmung, «wenn sie nur nicht auch den Zorn lobten und erklärten, er sei eine nützliche Gabe der Natur»; sogar in bezug auf die 'voluptas' ist er zu Zugeständnissen bereit (off. I 105), «sofern sie nicht auf tierischem Niveau steht».

Aber eine so einfache Deutung wird Cicero nicht gerecht. Sie verkennt den dynamischen Charakter seines Denkens. Cicero spürte in sich den Widerstreit der beiden skizzierten Kräfte; er wusste, dass es nicht gelingen konnte, eine der beiden Stimmen zum Schweigen zu bringen, und er wollte es auch nicht, da er beiden ihr Recht zuerkannte. Vielfache Erfahrung hatte ihn gelehrt, dass bald der eine, bald der andere Einfluss stärker war oder gar die Oberhand behielt. Darum lag es ihm fern, nach einem festen Kompromiss zu suchen, den er fortan als gültig betrachten oder allenfalls leicht korrigieren würde. Nicht mehr hat er gesucht als einen Schwebezustand zwischen erwünschtem Glauben und dem durch Erfahrung und nüchternes Denken nahegelegten Zweifel: ein Gleichgewicht, von dem er wusste, dass es jederzeit gefährdet war und darum nicht statisch sein konnte.

Aus der von Cicero so konsequent angewandten Höhenmetaphorik folgt, dass die Bemühung um einen Ausgleich zwischen 'oben' und 'unten' nicht in einem gelassenen Abwägen bestehen kann. Das Streben nach den 'höchsten' Positionen erfordert Mut und Kraft; nur mit Anstrengung sind sie zu erreichen, und nur wenigen gelingt es, für immer auf ihnen zu beharren. Die andere Bewegung dagegen geschieht ohne unser Zutun: Zweifel und Bedenken 'drücken nach unten'. Den Wahrnehmungen der Sinne und den Forderungen der Realität erliegt man von selbst, wenn man sich nicht dagegen stemmt. Ganz von selbst wird man zum Epikureer, ganz von selbst wird der angehende Redner zum ungebildeten Praktiker, wenn nicht ein starker Wille dagegen aufsteht. Wer unter einander entgegenwirkenden Kräften von so verschiedener Stärke ein Gleichgewicht bewahren will, muss sich in den Dienst der schwächeren Seite stellen. Genau das hat Cicero getan. Ein Beispiel dafür ist der Kompromiss, den er am Ende von ‹De finibus bonorum et malorum› eingeht. Zunächst hatte er den Antiocheer Piso kritisiert (fin. V 79-86) und für den 'höchsten' Standpunkt plädiert: die stoische Lehre, nur die Tugend sei ein 'Gut', und sie allein sichere vollkommenes Glück, sei in sich stimmig; die Anerkennung von drei Güterklassen dagegen führe auf eine abschüssige Bahn (siehe oben S. 1109). Als Piso dann noch einmal in besonders anschaulichen Bildern den Primat der Tugend betont hat (87-95), erklärt Cicero sich einverstanden, aber nur unter einer Voraussetzung (95): «atqui iste locus est, Piso, tibi etiam atque etiam confirmandus ...; quem si tenueris ... etiam me ipsum abducas licebit». Der Kompromiss ist stets gefährdet; immer und immer wieder muss man ihn gegen eine Aushöhlung von 'unten' her 'sichern'; es bedarf unablässiger Anstrengung, die Stellung zu 'halten' (siehe oben S. 1111f.).

6. Der Skeptiker Cicero

Auch in der Erkenntniskritik ist die 'höchste' Stufe, die konsequente Urteils-'Enthaltung' (ἐποχή) nicht leicht zu erreichen; sie ist eine Leistung, die nur wenige vollbringen. Die suggestive Kraft der Sinnesdaten ist gross; allzu leicht erteilt man voreilig seine 'Zustimmung' zu nicht hinlänglich Erkanntem und verfällt in verwerfliche 'Meinung'. Schuld daran ist die menschliche Schwäche (1974 [*20: 194f.], 1977 [§ 33 *415]). «Die tüchtigste Handlung» besteht darin, «sich gegen die Sinneseindrücke (visa) zur Wehr zu setzen, sich gegen (blosse) Meinung zu stemmen, die Zustimmung zurückzuhalten, die nur allzu leicht entgleiten will» (Luc. 108). Cicero gibt Kleitomachos recht, der Karneades mit Herakles verglichen hatte: er habe uns «von der Zustimmung und damit von leichtfertiger Meinung» befreit «wie von einem gefährlichen Raubtier». «Nitamur igitur nihil posse percipi», «bemühen wir uns also um die Einsicht, dass nichts erfasst werden kann» (Luc. 68).

Dieser Wunsch ist zunächst sehr befremdlich. Es ist nicht leicht zu verstehen, weshalb eine Leistung erbracht werden soll, die, je besser sie gelingt, um so destruktiver ist. Man begreift nicht, weshalb Cicero, dem doch an der Annäherung an die Wahrheit gelegen war, sich auch hier in den Dienst der schwierigeren Aufgabe und der schwächeren Seite gestellt hat. Dass er an das Dasein der Götter, an ein Leben nach dem Tode und an den Primat der Tugend glauben 'will', liess sich erklären aus dem Bedürfnis, dem menschlichen Dasein einen Sinn zu geben. Aber das gilt offenkundig nicht für den Vorsatz, an allem und jedem zu zweifeln. Eine solche Haltung scheint weder 'erhaben' noch durch vornehme Vorbilder gestützt. In der Tat fügt sich die Erkenntnistheorie nicht restlos in das oben beschriebene 'Stufenschema' ein. Das ist darin begründet, dass sie eine eigentümliche Doppelfunktion hat: Sie ist eines von mehreren philosophischen Teilgebieten; vor allem aber ist sie die theoretisch-methodische Grundlegung philosophischen Fragens überhaupt; sie wirkt in alle Bereiche hinein und ist dadurch allgegenwärtig.

Auch bei Cicero ist die Erkenntnistheorie primär die methodische Basis und Rechtfertigung dessen, was er über die anderen Gebiete sagt. Unter einem Aspekt jedoch liegt seine epistemologische Haltung auf der gleichen Ebene wie seine Behandlung ethischer und eschatologischer Fragen. Der gemeinsame Nenner ist die Distanzierung von der Sinnenwelt. Vor allem die empirischen Eindrücke üben eine Anziehung aus, der sich nur schwer widerstehen lässt. Cicero warnt im ‹Lucullus› immer wieder davor, dieser Suggestion zu erliegen und 'voreilig' seine 'Zustimmung' zu erteilen. Das gleiche gilt für die 'Physik': Auch bei der Behandlung des Todesproblems (Tusc. I 38) nennt Cicero es eine grosse Leistung, «sich aus dem Bann sinnlicher Wahrnehmung zu befreien und die Gedanken auf weniger gewohnte Bahnen zu lenken» (magni ... est ingenii sevocare mentem a sensibus et cogitationem ab consuetudine abducere; vgl. Tusc. I 51. 67; Mil. 84). Ähnlich der Stoiker Balbus, dessen Ausführungen Cicero am Ende von ‹De natura deorum› (III 95) als «der Wahrscheinlichkeit sehr zugeneigt» bezeichnet (nat. deor. II 45): «Bei der Frage nach dem Wesen der Götter ist es die grösste Schwierigkeit, das Denken vom sinnlich Wahrnehmbaren zu lösen.» Genau dazu aber hilft die von Cicero empfohlene skeptische Haltung, und hier zeigt sich ihre wesentliche Funktion: Die konsequente Verweigerung gegenüber den empirischen Daten führt fort vom naiven Realismus, in dem für metaphysische Annahmen wenig Raum ist. Indem die Erkenntniskritik den Sinnesdaten ihre Zuverlässigkeit bestreitet, macht sie den Weg frei für Anschauungen anderer Art. Sie ermöglicht den Glauben an eine höhere Seinsordnung. Aber sie hat auch eine einschränkende Funktion: das Gebot konsequenter ἐποχή ist nicht auf die Sinnenwelt beschränkt, und daraus ergibt sich, dass es beim Glauben bleiben muss.

Eine wichtige Frage ist noch offen: die nach den Kriterien, von denen sich Cicero leiten lässt bei seinem Versuch einer dialektischen Annäherung an die Wahrheit (oben S. 1106). Keines der zuletzt besprochenen Merkmale der 'höheren' oder 'niederen' Standpunkte darf objektive Gültigkeit beanspruchen, am wenigsten der Grad der 'Wünschbarkeit' einer bestimmten Überzeugung. Den oben betrachteten 'Postulaten' misst Cicero viel Gewicht bei, aber ein unbezweifelbares Wahrheitskriterium sind auch sie nicht: es ist denkbar, dass kein Sinn waltet in der Welt – eine Ahnung, die Cicero nicht selten beschlich. Es sind keine überprüfbaren Gründe, die Cicero veranlassen, eine philosophische Lehre für wahrscheinlicher zu erklären als eine andere. Er folgt dem, was ihn intuitiv und persönlich als 'wahrheitsnah' berührt. Zu diesem subjektiven Weg fühlte er sich berechtigt, weil er als Skeptiker wusste, dass es einen objektiven Weg zur philosophischen Wahrheit nicht gibt. Als Konsequenz sah er nur kleinliche Elenktik und dumpfe ἐποχή. Beides war seinem Wesen ganz fern, und es ist menschlich, dass er seinem Temperament folgte. Er erlag wohl auch der Suggestion der eigenen rhetorischen Kunst: Er bewunderte Platon und die 'Alten'; grosse Teile der stoischen Lehre schienen ihm 'tüchtig' und darum richtig. Wie hätte er nicht 'billigen' sollen, was ihm Billigung zu verdienen schien (fin. V 76; dazu oben S. 1092f.)? Das mag mancher tadelnswert finden und unsauberes Wunschdenken schelten. Es ist zuzugeben, dass hier Grenzen verschwimmen: Das Bedürfnis, etwas zu glauben, kann übergehen in den Glauben selbst; das für wahrscheinlich Gehaltene gerät leicht in die Nähe von Gewissheit. Aber dieser Vorwurf trifft Cicero nur zu einem kleinen Teil. Sein Denken ist nicht nur menschlich, sondern auch ehrlich. Wo er seinen 'Wünschen' nachgibt, bleibt er sich fast überall unnachsichtig dessen bewusst, dass er Unbewiesenes und Unbeweisbares vorträgt. Gelegentlich spekuliert er mit Freude; das schönste Zeugnis dafür ist ein Bekenntnis im ‹Lucullus› (66): «Ich bin kein solcher Mann, der niemals etwas Falsches gelten lässt, der niemals zustimmt, der nie in Meinung verfällt ... Ich bin ganz gross im Meinen (magnus sum opinator) – ich bin nämlich kein Weiser –; und ich lasse mich bei meinen Überlegungen nicht vom Hundeschwanz (einem nützlichen, aber unscheinbaren Sternbild) leiten, sondern vom strahlenden Siebengestirn, das soll heissen: von weiten und erhabenen Gedanken (rationes latiore specie), nicht von kleinlichen Tüfteleien (rationes ad tenue limatae). So kommt es, dass ich weit umherschweife und irre.» Es ist auch die Lust am Paradox und am Widerspruch mit im Spiel, wenn Cicero sich gerade in der Schrift, die die akademische Skepsis empfiehlt, so freudig-leidenschaftlich zum 'Meinen' und zum Irren bekennt.

Es gab Zeiten, in denen schlimme Erfahrungen die Zweifel übermächtig werden liessen (Tusc. V 3 u.ö.; siehe oben S. 1108). Dann erfuhr Cicero, wie schwer es war, ja welchen Mut es erforderte (siehe oben S. 1102f.), trotzdem an die Autarkie der Tugend und an das Walten der Götter zu glauben. 'Billig' war sein Wunschdenken dann nicht. Cicero war stolz darauf, dass philosophische Grundsätze sein politisches Wirken prägten (fam. XV 4 = 110 Sh.B., 16; nat. deor. I 7); dass auch das Leben seine Philosophie nicht unberührt liess, war ihm kein Anlass zum Stolz (siehe oben S. 1016. 1108f. 1114). Aber er wusste, dass er sich dessen nicht zu schämen hatte. Er hat sich selbst treffend charakterisiert in einer seiner letzten Reden (Phil. XII 24, März 43 v.Chr.): «nemo me minus timidus, nemo tamen cautior.» Es gibt keinen anderen antiken Philosophen, bei dem die Wechselwirkung zwischen Denken und öffentlichem Handeln so klar zutage liegt.

Woldemar Görler

7. Gesamtbild

Philosophie – was kann das sein bei einem Mann, von dem es heisst, er sei eigentlich kein Philosoph gewesen, jedenfalls habe er keinen Gedanken geäussert, der nicht auch bei den Griechen nachzuweisen wäre? Wenn es nach manchen Interpreten geht, so sind höchstens die Vorreden zu den Schriften als originale Leistung Ciceros zu werten. Einen Katalog von 'Lehrmeinungen' wird man aus diesen aber schwerlich herleiten können. Doch selbst wenn diese 'minimalistische' Interpretation berechtigt wäre, blieben noch Fragen: Was brachte Cicero dazu, philosophische Schriften zu verfassen? Welche Ziele verfolgte er? Welche Ordnung und Gestalt hat er dem von anderen entlehnten Material gegeben? Was versteht er überhaupt unter Philosophie? Welche Funktion kommt ihr in seinen Augen zu? Hier wird mehr von Ciceros Art zu philosophieren als von seinen einzelnen philosophischen Thesen zu handeln sein.

Gehört Cicero überhaupt in eine Geschichte der Philosophie? Sein Platz in der Geschichte der römischen Republik ebenso wie der römischen Literatur kann ihm nicht streitig gemacht werden, aber es scheint nicht abwegig zu fragen, ob er wirklich als Philosoph und nicht vielmehr nur als Politiker, Anwalt oder Schriftsteller zu betrachten ist. Wenn man sich an Ciceros Selbstaussagen hält, so ist die Antwort klar: Er hat sich als Philosophen gesehen. Er war mit philosophischen Studien aufgewachsen; auch in den Jahren seiner forensischen und politischen Tätigkeit gehörte der Philosophie seine Liebe; ihr widmete er seine ganze Kraft in den Zeiten, da er politisch untätig sein musste. Briefstellen (fam. I 9 = 20 Sh.B.; IV 4 = 203 Sh.B., 4 u.ö.) und Bemerkungen in den Vorreden seiner Schriften (Tusc. V 5; nat. deor. I 6) lassen erkennen, was ihm die Philosophie bedeutete. Er hat in ihr den bestimmenden Einfluss auf sein Leben gesehen; es ist ihm Ernst damit, wenn er in ‹De legibus› (I 63) sagt, die Philosophie habe ihn zu dem gemacht, was er sei: er verdankt ihr also auch, was er als Politiker, Anwalt oder Schriftsteller geleistet hat. Mit vollem Recht hat HARALD FUCHS von «Ciceros Hingabe an die Philosophie» gesprochen (1959 [*10]).

Aber genügt eine solche Selbsteinschätzung, um jemandem den Titel eines Philosophen zu sichern? Und gibt es nicht Stellen, an denen Cicero der Philosophie eine sekundäre Rolle zuzuweisen scheint? Sie ist ihm der 'Hafen', in dem er Zuflucht sucht vor den Stürmen des Lebens (fam. VII 30 = 265 Sh.B., 2; Tusc. V 5); sie soll ihm helfen, die durch die politischen Verhältnisse aufgezwungenen Musseperioden auszufüllen (off. II 4; III 1-4); sie ist die Medizin, die die seelische Erschütterung heilen soll, die der Tod seiner Tochter Tullia hervorgerufen hatte (Acad. I 11; div. II 3). Sie ist ihm Gegenstand eines kulturpolitischen Programms: Cicero will seine Landsleute, insbesondere die Jugend, mit der Philosophie in ihrem ganzen Umfang bekannt machen (Acad. I 3; Tusc. I 1; nat. deor. I 7; div. II 1; off. II 5), nicht zuletzt, um zu zeigen, dass sie auf diesem bisher vernachlässigten Gebiet ebensoviel leisten können wie die Griechen (div. II 5). Solche durch Bedürfnisse oder Interessen vermittelten Arten des Zugangs zur Philosophie sind professionellen Philosophiehistorikern stets suspekt gewesen; sie entsprechen jedoch durchweg den Funktionen, die die hellenistischen Schulen der Philosophie zuzuweisen pflegten. Verwirkt man den Anspruch, Philosoph zu heissen, wenn man von der Philosophie entgegennimmt, was sie zu geben verspricht?

Wer Cicero den Titel eines Philosophen abspricht, geht von einem Philosophiebegriff aus, der aus einem anderen Zusammenhang stammt und nicht ohne weiteres auf ihn anwendbar ist. Wie will man denn seine Reflexion über den Menschen und seine Natur, über seine Stellung in der physischen und sozialen Welt bezeichnen, wenn nicht als Philosophie? Sicherlich hat seine Reflexion einen anderen Zuschnitt als die eines Platon, Aristoteles, Epikur oder der Stoiker, schon weil sie wesentlich Reflexion über deren Reflexion ist, aber was besagt das? Der Begriff der Philosophie ist ein geschichtlicher Begriff, der systematisch offen ist; keine geschichtliche Exemplifikation dieses Begriffs kann normative Geltung beanspruchen. Daher wird es immer Diskussionen geben, ob Cicero ein Philosoph ist oder nicht. Es wäre voreilig und für das Verständnis der Geschichte der Philosophie nachteilig, wollte man ihn aufgrund eines allzu engen Begriffs von Philosophie unberücksichtigt lassen. Definitionsfragen sollten uns nicht den Blick auf die Phänomene verstellen.

Cicero setzt die Worterklärung von 'Philosophie' als 'Liebe zur Weisheit' (leg. I 58) oder 'Streben nach Weisheit' (Tusc. I 1; IV 5) voraus und bestimmt die Weisheit als Wissen von den göttlichen und menschlichen Dingen (fin. II 37) und deren Ursachen (de or. I 212; Tusc. IV 57; V 7; off. II 5). Daneben nennt er die Philosophie auch die Kunst des (richtigen) Lebens (Tusc. II 12; IV 5). Das sind traditionelle Formeln, und die Frage ist, wie weit Cicero sie sich zu eigen macht. Denn in einer

Zeit des Übergangs – so ist die Zeit Ciceros zu charakterisieren – kommen die alten Begriffe in Fluss. Die alte römische Lebensordnung, die durch die 'Sitte der Väter' (mos maiorum) bestimmt war, löste sich zusehends auf, es entstand eine Orientierungskrise, aus der die Philosophie herauszuführen versprach. Aber die Philosophie der Zeit war in mehrere Schulen zerfallen, die sich gegenseitig den Anspruch streitig machten, den Menschen zur Wahrheit zu führen. Die Krise wurde dadurch verschärft, denn für welche Schule sollte man sich entscheiden? Die Entscheidung musste sozusagen blind getroffen werden, und sie wurde durch die Konkurrenz der anderen immer wieder in Frage gestellt. Das machte nicht allein den Einstieg in die Philosophie, sondern die gesamte Rolle der Philosophie problematisch. Cicero war sich dessen klar bewusst (Luc. 8f.).

Die Philosophie tritt seit den Anfängen in drei Hauptfunktionen auf:
– als Erkenntnis dessen, was ist,
– als Kritik dessen, was nicht so ist, wie es sein soll,
– und als Versöhnung mit dem, was der Mensch ändern möchte, aber nicht ändern kann.

Die kognitive Funktion gilt dabei als die primäre, denn sie liefert auch die Normen der Kritik und die Mittel der Therapie; wenn sie ins Zwielicht gerät, ist die Philosophie im ganzen betroffen. Bei dem harten Widerstreit, in dem die Philosophenschulen im Zeitalter des Hellenismus standen, war der Anspruch einer jeden Schule zugleich die Negation der Ansprüche aller anderen; dadurch wurde fraglich, ob ein 'Wissen von den göttlichen und menschlichen Dingen und ihren Ursachen' überhaupt möglich war. Die Verneinung dieser Frage zog auch die kritische und die therapeutische Funktion der Philosophie in Mitleidenschaft. Denn es galt in diesem Falle, die Kritik der bestehenden Verhältnisse auf eine andere Grundlage zu stellen und darüber hinaus die Illusion zu kritisieren, dass die Philosophie das gesuchte Wissen liefern könne. Ebenso musste die Bewältigung der Kontingenzerfahrung anders aussehen, wenn es kein Wissen davon gab, dass das wahre Wesen des Menschen die Endlichkeit transzendiert; und dass der Mensch stets irren kann, war eine neue Kontingenzerfahrung, die ebenfalls bewältigt werden musste. Diese Veränderungen sind bei Cicero deutlich spürbar, wenngleich er sie nicht immer deutlich reflektiert.

Zunächst einmal ist festzuhalten, dass Cicero aus der Situation der Philosophie in seiner Zeit tatsächlich die Folgerung zog, dass das gesuchte Wissen unerreichbar sei und dass man sich damit abzufinden habe. Er war von frühester Jugend an mit einer Anzahl philosophischer Welterklärungen und normativer Konzepte vertraut, und das Staunen über diese Vielfalt scheint ihn auf den Weg der Reflexion gebracht zu haben: Wie war es möglich, dass so verständige und scharfsinnige Köpfe wie die griechischen Philosophen zu so verschiedenen Interpretationen der Welt und der Stellung des Menschen in ihr gelangten? Wie kam es, dass jeder von ihnen die eigene Interpretation für unumstösslich gewiss hielt und jedermanns Zustimmung forderte, obwohl er sah, dass sie umstritten war? Lag da nicht jene Überstürzung des Urteils vor, die dem Weisen ebenso wie dem um Weisheit Bemühten so schlecht ansteht? Cicero hatte den Eindruck, dass die Streitfragen unentscheidbar waren; er sah es als möglich, aber auch notwendig an, sich aus ihnen herauszuhalten, d.h. einen Standpunkt jenseits der konkurrierenden Systeme zu finden. Diesen Standpunkt bot ihm die Neue Akademie, die alle Wissensansprüche verneinte und sich mit dem Wahrscheinlichen begnügte. Cicero hat sich seit der Begegnung mit Philon aus Larisa, von der ersten bis zur letzten Schrift (inv. II 9f.; off. III 20), als Akademiker betrachtet und bezeichnet.

In der Akademie fand er die Freiheit vom Systemzwang, die er brauchte (Luc. 8, Tusc. II 5; V 82f.), sowie die Ermächtigung, das jeweils Wahrscheinliche anzunehmen und ohne Arroganz zu vertreten, seine Meinung bei begründeter Kritik zu revidieren (vgl. oben S. 1096f.). Die akademische Skepsis hinderte ihn auch nicht, die Philosophie für nützlich, ja unentbehrlich zu erklären und für sie zu werben; es war nur nötig, den Philosophen und seine vollendete Gestalt, den Weisen, nicht mehr durch den Besitz der Wahrheit über die göttlichen und menschlichen Dinge, sondern durch die Suche nach ihr zu definieren (Hort. frg. 107 GRILLI). Diese Veränderung kann nicht ohne Folgen bleiben.

Die Philosophie in ihrer kritischen und therapeutischen Funktion muss nun ohne das Wissen auskommen, das die Philosophen in der Regel zu besitzen behaupten. Wenn Cicero die bestehenden Verhältnisse kritisiert, misst er sie nicht an einer Utopie, in der die Idee der Gerechtigkeit Gestalt angenommen hat, sondern an einer historischen Realität, nämlich der römischen Republik auf dem Höhepunkt ihrer Entwicklung um die Mitte des 2. Jahrhunderts v. Chr. (De re publica). Wenn er die Menschen mit ihrer Endlichkeit versöhnen will, dann nicht auf der Grundlage eines Wissens von der Unsterblichkeit der Seele, sondern auch unter Berücksichtigung alternativer Möglichkeiten, die alle unter Vorbehalten stehen (Tusculanae disputationes I). Dass er letzte Fragen mit Hilfe von Wahrscheinlichkeiten beantwortet, hat man ihm als Schwäche ausgelegt, doch es ist nur konsequent. Am stärksten macht sich die Veränderung natürlich in der kognitiven Funktion der Philosophie bemerkbar. Cicero betrachtet das gesuchte 'Wissen von den göttlichen und menschlichen Dingen' ganz aus der Distanz, fast wie ein Unbeteiligter: Er findet mit gutem Grund, dass die Philosophen ihren Anspruch auf Erkenntnis dessen, was ist, nicht eingelöst haben; als Skeptiker ist er der Überzeugung, dass dieser Anspruch auch nicht eingelöst werden kann. Anstatt nun die Folgerung zu ziehen, dass es nur noch darum gehen kann, wahrscheinliche Annahmen über das, was ist, zu machen, eine induktive Logik zu entwickeln, die Aufstellung und Überprüfung von Hypothesen zu problematisieren, vollzieht er sozusagen eine Wende: Die Philosophie hat es bei ihm gar nicht mehr direkt mit der Erkenntnis dessen, was ist, zu tun, sondern nur noch indirekt: sie betrachtet verschiedene Entwürfe zu dieser Erkenntnis, diskutiert ihre Probleme und Ergebnisse. Cicero wiederholt zwar noch die alten Formeln von der Erkenntnis der gesetzmässigen Ordnung der Natur, die den Philosophen erfüllt und erhebt (Tusc. V 68), aber diese Formeln haben bei ihm nur den Charakter von Zitaten. Er wendet sich nicht direkt der Sache zu, sondern referiert philosophische Lehrmeinungen über die Sache. Statt Begriffe zu bestimmen, Phänomene zu beschreiben und nach ihren Ursachen zu fragen, allgemeine Thesen aufzustellen und durch Argumente abzustützen, berichtet er in der Regel nur, wie die Sache in der Sicht verschiedener Philosophen erscheint. Er fingiert dazu ein Gespräch, in dem Vertreter der verschiedenen Schulen ihre Lehre nacheinander im Zusammenhang vortragen. Diese Lehren weichen stark voneinander ab, ja sie sind trotz einiger Berührungspunkte meistens miteinander unvereinbar. Das Verfahren ist geeignet, den Leser zu informieren, aber es lässt ihn auch verblüfft und ratlos zurück: er weiss nicht, was er von der Sache halten soll, um die es eigentlich geht. Ihm ist, als hätte sich ein Schleier von Theorien um die Sache gelegt, so dass er von der Sache weniger erkennt als vorher. Diese Wirkung ist beabsichtigt. Cicero will damit beim Leser das Bewusstsein dafür wecken, dass die Dinge 'dunkel und schwierig' sind (diese Begriffsverbindung taucht immer wieder auf, an prominenter Stelle etwa nat. deor. I 1), dass sie sich dem Zugriff entziehen und kein sicheres Urteil erlauben. Der direkte Zugang zu den Dingen, wie ihn die dogmatischen Philosophen suchen, ist immer einseitig und unzulänglich, führt nur zu angemasster Gewissheit; am Ende steht nicht der Konsens, sondern unheilbarer Dissens. Skeptische Urteilsenthaltung ist daher geboten. Auch wenn es um Probleme der praktischen Philosophie geht, in denen Skepsis nicht angezeigt ist, greift Cicero auf die Methode, die Dinge von zwei Seiten zu betrachten, zurück (De re publica III), oder er gibt durch die literarische Form zu erkennen, dass seine These nicht dogmatisch zu verstehen ist ('Somnium Scipionis').

Dass Cicero auf eigene Untersuchungen und Erklärungen verzichtet, bedeutet noch etwas anderes: Bei ihm beginnt sich das Geschäft des Philosophen von dem des Naturforschers abzulösen. Damit setzt eine Entwicklung ein, die freilich noch viele Jahrhunderte braucht, bis sie sich durchsetzt; an ihrem Ende steht die Ausgrenzung aller Einzelwissenschaften aus der Philosophie. Cicero steht praktisch schon auf dem modernen Standpunkt: Der Philosoph greift auf die Erkenntnisse der Wissenschaften zurück, aber er vermehrt sie nicht.

Für Cicero kommt es augenscheinlich nicht mehr darauf an, eine neue Theorie zu den Phänomenen oder eine neue Antwort auf die fundamentalen Fragen zu liefern, sondern darauf, sich zu vorliegenden Theorien und Antworten in ein Verhältnis zu setzen: er referiert, diskutiert, vergleicht und bewertet die Lehren anderer. Seine Leistung ist insofern keine spekulative, sondern eine räsonierende – das ist kein negatives Werturteil. Und welche Norm liegt zugrunde, wenn er die vorliegenden Theorien beurteilt und bewertet? Man könnte meinen, dass er alle in sich widerspruchsfreien Lehren als gleichwertig betrachtet, weil es keinen ausreichenden Grund zu geben scheint, die eine der anderen vorzuziehen. Das ist aber nicht der Fall.

Immer wenn Cicero verschiedene Lehren diskutiert, mag es nun um das Verhältnis von Philosophie und Redekunst (De Oratore), um das höchste Gut (De finibus), um die Unsterblichkeit (Tusculanae disputationes I), um die Rolle der Affekte (ebda II-IV), um die Autarkie der Tugend (V), um die Natur der Götter (De natura deorum) oder um das Wesen der Freundschaft gehen (Laelius de amicitia), lässt er, wie GÖRLER (1974 [*20]) gezeigt hat, deutliche Präferenzen erkennen. Schon wenn er die Lehren einführt, weist er einigen einen niederen, anderen einen hohen, wieder anderen einen mittleren Rang zu. Die Lehren niederen Ranges – meistens sind es epikureische Dogmen – gehen von der sinnlichen Erkenntnis aus und erheben sich nicht weit darüber; sie haben eine sensualistische, materialistische oder utilitaristische Tendenz, die Cicero als eng, kleinlich oder unwürdig ablehnt. Die Lehren hohen Ranges hingegen – sie sind platonischen oder stoischen Ursprungs – erheben sich ins Reich der Spekulation und zeichnen sich durch innere Konsequenz und eine idealistische Tendenz aus; sie sind eines Philosophen würdig, aber nicht zu beweisen und sogar nur schwer zu glauben. Cicero möchte ihnen gern zustimmen, aber er kann sich der Zweifel nicht erwehren. Die Lehren mittleren Ranges schliesslich erscheinen realistisch und gemässigt, denn sie fassen den Menschen weder bloss als Sinnenwesen noch als reines Vernunftwesen auf; sie stehen der Erfahrung näher als die erhabenen Lehren, aber sie sind inkonsequent und labil. Cicero findet sie am plausibelsten, aber er gibt ihnen nicht eindeutig den Vorzug; vielmehr wird er zwischen den gemässigten und den erhabenen Lehren gleichsam hin- und hergerissen: der Verstand verweist ihn auf die mittleren, das Gefühl auf die erhabenen Lehren. Er wünscht sich, die erhabenen Lehren wären wahr, doch von den mittleren, so weiss er, lässt sich leichter Rechenschaft geben.

Es wäre aber falsch, aus Ciceros hoher Einschätzung der stoischen Lehre den Schluss zu ziehen, er wäre gern ein konsequenter Stoiker gewesen, wenn die Beweislage es nur zugelassen hätte. Er sieht sehr wohl, dass der Sieg der stoischen Dialektik ein Pyrrhussieg sein würde. Denn die stoische Lehre hat Aspekte, die für ihn nicht akzeptabel sind. Durch die Mantik, jene Nutzanwendung der Lehre vom durchgängigen Zusammenhang aller Teile der Welt, würde sie dem Aberglauben Tür und Tor öffnen, wie Cicero in ‹De divinatione› II zu betonen nicht müde wird, und durch ihren Determinismus macht sie die Zuweisung von Lob und Tadel, Schuld und Verantwortung problematisch, was die Praxis nicht verträgt (De fato). Ciceros Verhältnis zur Stoa erscheint daher 'gebrochen'; doch das ist, wie wir heute wissen, der Sache angemessener als pauschale Ablehnung oder Zustimmung – Vereinfachungen, die der Komplexität der philosophischen Systeme nicht Rechnung tragen, schaffen kurzfristig klare Verhältnisse, längerfristig aber Schwierigkeiten, die nur durch grössere Eingriffe zu lösen sind.

Das skizzierte Dreierschema ist sogar in Ciceros Diskussion der erkenntnistheoretischen Lehren anzutreffen, in der er seinen eigenen skeptischen Standpunkt begründet (Lucullus). Die niederste Ansicht auf diesem Gebiet vertreten seiner Meinung nach diejenigen, die volles Vertrauen in die Sinne setzen und einem naiven Realismus huldigen, die höchste die radikalen Skeptiker, die ihr Urteil ausnahmslos in allem zurückhalten, um sich nicht vorschnell auf etwas festzulegen, was sie dann nicht verteidigen können. Cicero hat für den kompromisslosen Skeptizismus Bewunderung, aber er erscheint ihm naturwidrig, lebenszerstörend und daher nicht durchhaltbar. Er empfiehlt eine mittlere Lehre, die er auf Karneades zurückführt: Wir können nicht umhin, einiges als wahrscheinlich zu akzeptieren, auch wenn daraus die Gefahr erwächst, dass wir in Meinungen abgleiten und irren (Luc. 99. 101). Bei der Bewertung philosophischer Lehren gilt ihm das als wahrscheinlich, worüber allgemeiner Konsens besteht (das Dasein von Göttern, die Unsterblichkeit des Menschen), oder was dem sittlichen Bewusstsein entspricht (die stoische Lehre von der Natur und der Vorsehung der Götter). Ciceros gemässigter Skeptizismus ergibt sich ebenso wie seine zurückhaltende Stellungnahme in anderen Fragen aus der Diskussion vorliegender Theorien.

Ciceros Begriff von Philosophie ist aber nicht nur unter dem Gesichtspunkt der drei Funktionen Erkenntnis, Kritik und Therapie zu betrachten, sondern auch unter dem von Theorie und Praxis. Dieser Gesichtspunkt ist schon in den beiden angeführten Definitionen der Philosophie als Streben nach Weisheit und als Kunst des Lebens angelegt. Denn Weisheit umfasst ja immer mehr als nur Wissen, nämlich auch den richtigen Gebrauch davon, und bei der Kunst des Lebens liegt der Zusammenhang mit Praxis wohl noch offener zutage.

Ciceros Begriff von Philosophie ist der einer Einheit von Theorie und Praxis. Es genügt nach seiner Überzeugung nicht, Erkenntnis in der Abgeschiedenheit der Bibliothek oder des Hörsaals zu gewinnen; sie muss in der Praxis, am Widerstand der Realität, erarbeitet und erprobt werden. Der Philosoph darf daher nicht bloss ein Gelehrter sein, er muss am öffentlichen Leben teilnehmen, Ämter und Verantwortung übernehmen, zu aktuellen Fragen Stellung beziehen, all die Belastungen und Belästigungen aushalten, die praktische Politik nun einmal mit sich bringt; er muss nötigenfalls auch die Konsequenzen seines Denkens und Handelns tragen. Entzieht er sich diesen Forderungen, so fehlt seiner Theorie das Unterfutter der Erfahrung, und er ist unglaubwürdig. Cicero hat sich bemüht, Theorie und Praxis, soweit möglich, zu vereinigen; nur so ist seine Aussage verständlich, er habe dann am meisten philosophiert, wenn es am wenigsten den Anschein hatte (nat. deor. I 6). Philosophen und Rhetoren, die abseits von der Lebenswirklichkeit folgenlos dozierten, hat er belächelt (de or. II 21); dass sie die Menschen nur intellektuell belehrten, anstatt sie auch existentiell zu verändern, hat er getadelt (fin. IV 7). Er verlangt nicht nur, dass Philosophen, die diesen Namen verdienen wollen, Vorschriften für das praktische Handeln geben (off. I 5) – die heute immer mehr zunehmende Spezialisierung auf die theoretische Philosophie oder gar die Geschichte der Philosophie würde er wohl nicht verstehen –, sondern er fordert auch, dass Philosophen ihren eigenen Vorschriften gemäss leben (Tusc. II 11f.) – das hat er freilich selbst nicht immer getan.

Wenn Philosophie auf die Einheit von Theorie und Praxis zielt und wenn Praxis das Miteinander von Menschen voraussetzt, so ist es für den Philosophen unerlässlich, dass er sich den Menschen verständlich macht und ihre Zustimmung gewinnt, um sie zu beeinflussen. Wenn er ihnen Ideen und Einsichten vermittelt, Normen bewusst macht und Ziele erläutert, Vorurteile und Ängste nimmt, so geschieht das immer im Medium der Sprache, die nicht bloss eine kognitive, sondern auch eine emotive Funktion hat. Deshalb muss der Philosoph die Sprache so vollkommen wie möglich beherrschen und einsetzen; er muss seine Begriffe deutlich explizieren, seine Fragen angemessen stellen, seine Antworten übersichtlich und ansprechend vortragen, sie nicht in abstrakte Thesen, sondern in lebendige Rede fassen – sonst redet er an den Menschen vorbei. Diese Beherrschung der Sprache heisst Redekunst, und Redekunst ist für Cicero ein integraler Bestandteil der Philosophie. Er betrachtet manche seiner philosophischen Schriften als angewandte Redekunst (Tusc. I 7; off. I 2f.) und rechnet seine rhetorischen Schriften zum Corpus der philosophischen Schriften (div. II 4).

Philosophie und Redekunst sind nach Ciceros Urteil aufeinander angewiesen; die eine wäre unvollkommen ohne die andere. Philosophie ohne Redekunst ist ohnmächtig, weil sie die Menschen nicht erreicht; auch kommt der philosophisch-wissenschaftliche Erkenntnisprozess nicht recht in Gang, wenn die 'Dunkelheit der Dinge' nicht durch das 'Licht der Worte' erhellt wird. Redekunst ohne Philosophie hingegen ist einerseits leer, weil ihr die sachlichen Inhalte fehlen, andererseits gefährlich, weil sie die Menschen zu beliebigen Zwecken manipulierbar macht. Der vollkommene Redner ist daher auch in Philosophie und Wissenschaften zu Hause, mit dem Recht und der Geschichte vertraut; seine Beredsamkeit ist nichts anderes als in sprachlicher Fülle präsentierte Weisheit (part. orat. 79). Der vollkommene Philosoph hingegen ist zugleich der vollkommene Redner und Schriftsteller, der durch sprachlich vollendeten Ausdruck seiner Gedanken mehr erreicht als durch formallogisch richtige Beweise – Gedanken, auf ihr logisches Skelett reduziert, wirken abstossend. Cicero tadelt, dass die Epikureer die Redekunst verachteten, die Stoiker sie vernachlässigten und sich an «kleine, verdrehte, subtile Schlüsse ohne Überzeugungskraft» hielten (fin. IV 7; Tusc. II 42). Ciceros Postulat der gegenseitigen Durchdringung von Philosophie und Redekunst ist meistens einseitig verstanden worden, nämlich als Aufforderung an den Redner, seine Kunst in einer umfassenden Bildung zu fundieren und verantwortungsvoll auszuüben. Aber es hat eine zweite, nicht minder wichtige Seite: Cicero verlangt vom Philosophen, dass er nicht bloss an die Sache, sondern auch an den Hörer oder Leser denkt – andernfalls steht er sich selbst im Wege. Cicero hält es mit Recht für unerträglich, dass Philosophen Menschheitsfragen im Jargon der Spezialisten diskutieren: Da die Sache jeden angeht, muss sie ein sprachliches Gewand bekommen, das jeden anspricht. Er habe immer diejenige Philosophie für die vollkommene gehalten, bekennt er (Tusc. I 7), die derartige Fragen perspektivenreich und ansprechend behandeln könne. Auch aus diesem Grunde hat ihn die Akademie besonders angezogen, denn in ihr wurde die Redekunst besonders gepflegt. Von Ciceros Lehrer, Philon aus Larisa, ist überliefert, dass er beiden Disziplinen gleich viel Aufmerksamkeit schenkte (siehe oben S. 916. 928. 930). Auch dass die Akademie so grossen Wert auf saubere Begriffsbestimmung legte, empfand Cicero als Vorzug, denn es kam der sprachlichen Ausdrucksfähigkeit zugute. Schliesslich war die Methode des Disputierens nach zwei Seiten, die beide Disziplinen verband, in der Akademie zu Hause. Was seine Leistungen als Redner anging, hat Cicero bekannt, dass er sie nicht der Rhetorenschule, sondern der Akademie verdankte (Orator 12).

GÜNTER GAWLICK

B. BIBLIOGRAPHIE

1. Gesamtdarstellungen. Gesamtwürdigungen [*1-*33]. – 2. Übergreifende Darstellungen unter speziellen Gesichtspunkten [*51-*59]. – 3. Philosophische Entwicklung [*81-*87]. – 4. Verhältnis zu anderen Denkern: a) Vorsokratiker und Sophisten [*111-*114]; b) Pyrrhon aus Elis (als Ethiker) [*121]; c) Sokrates und Platon. Die 'Alten' [*131-*147]; d) Skeptische Akademie [*151-*163]; e) Antiochos aus Askalon [*171-*176]; f) Cicero als 'Eklektiker' [*191-*193]; g) Stoa [*201-*228]; h) Aristoteles und der Peripatos [*231-*264]; i) Epikur und der Epikureismus [*270-*295]; j) Lukrez [*301-*314]; k) Andere römische Philosophen [*321-*322]. – 5. 'Dialektik' (im weiten Sinn): a) Erkenntniskritik. 'Skeptische' Grundhaltung [*341-*351]; b) Dialektik (im engeren Sinn: Logik) [*361-*369]; c) Rhetorik in ihrem Verhältnis zur Philosophie [*381-*410]; d) Sprachphilosophie. Literaturkritik [*420-*436]; e) Ästhetik [*441-*453]. – 6. Ethik: a) Allgemeines. Güterlehre [*471-*480]; b) Wesen der 'virtus' [*491-*499]; c) Gewissen [*511-*512]; d) Wille [*521-*525]; e) Affekte [*541-*543]; f) Ruhm [*551-*555]; g) Freundschaft [*571-*575]; h) Selbstmord [*581-*584]; i) Verschiedenes [*591-*602]. – 7. Staat und Politik: a) Allgemeines [*621-*692]; b) Naturrecht [*701-*719]; c) Wesen des Gesetzes [*731-*735]; d) Politische Tätigkeit oder 'otium cum dignitate'? [*751-*777]; e) Krieg und Frieden. Völkerrecht [*791-*805]; f) Positives Recht. Juristisches [*811-*846]; g) Geschichte und Geschichtsphilosophie [*861-*879]. – 8. Religion: a) Allgemeines [*901-*913]; b) Gottesbeweise [*921-*922]; c) Philosophische Gottesbegriffe [*930-*933]; d) Cicero und die Staatsreligion [*941-*952]; e) Weissagung [*960-*966]; f) Verschiedenes [*981-*989]. – 9. Natur und Kosmos: a) Allgemeines [*1011-*1021]; b) Menschenbild [*1031-*1037]; c) Psychologie. Leben nach dem Tod [*1051-*1055]; d) Medizin [*1061]. – 10. Zu einzelnen Begriffen: aequabilitas [*1081]; aequitas [*1091-*1098]; amicitia [*1111]; anima/animus [*1121-*1122]; auctoritas [*1131-*1133]; Bildung [*1141]; caritas [*1151]; consensus [*1161-*1162]; cultura [*1171-*1173]; decorum [*1181-*1183]; dignitas [*1191-*1195]; fides [*1211]; fortitudo [*1221]; gloria [*1231-*1232]; honestum; honos [*1241]; humanitas [*1251-*1254]; intellegentia [*1261]; iucundus [*1271]; ius publicum [*1281]; iustitia [*1291]; Kanon [*1301]; libertas [*1311-*1315]; magnanimus [*1331]; maiores [*1341]; moderatio [*1351-*1352]; natura [*1361-*1362]; norma [*1371]; officium [*1381]; otium; persona [*1391-*1393]; perspicuus [*1401]; φιλόλογος [*1411]; philosophia [*1421-*1423]; potentia [*1431]; princeps [*1441]; probabilis [*1451]; prudens [*1461]; pulchritudo [*1471]; ratio [*1481-*1482]; regula [*1491]; res publica [*1501]; sapiens/sapientia [*1511-*1517]; utilitas publica [*1531]; veri similis; veritas [*1541]; vir [*1551]; virtus [*1561]; voluntas [*1571-*1572].

Vgl. grundsätzlich auch die zu den einzelnen Schriften genannten Arbeiten.

1. Gesamtdarstellungen. Gesamtwürdigungen

1 Johann Friedrich Herbart: Über die Philosophie des Cicero (Akademischer Festvortrag 1811), in: Königsberger Archiv 1812, Bd. 1, 22-42. ND in: J. F. H.: Sämtliche Werke, hg. von G. Hartenstein, Bd. 12 (Leipzig 1852) 167-183; J. F. H.: Sämtliche Werke in chronologischer Reihenfolge, hg. von K. Kehrbach und O. Flügel, Bd. 3 (Langensalza 1888, ND Aalen 1964) 83-95. – Engagierte Würdigung im Gesamtrahmen der nachplatonischen Philosophie: Mit «ruhiger Würde» verteidigte Cicero den Rang des Sittlichen gegen die «Seichtigkeit Epikurs» und gegen den «Aberglauben» und die «Schwärmerey» der Stoa. Seine Werke sind entstanden aus der «Absicht, seines Kummers mächtig zu werden»; trotzdem verschloss er sich nicht unwillkommenen Einsichten und verschmähte billige Tröstungen. So wurde er für seine Zeit und für die Nachwelt zum vorbildhaften Lehrer des Denkens.

2 Heinrich Ritter: Geschichte der Philosophie alter Zeit, Bd. 4 (Hamburg 1834). – Besonders klare, einfühlsame und (da noch nicht von Mommsen beeinflusst) objektive Darstellung.

3 R. Hirzel: Untersuchungen zu Ciceros philosophischen Schriften, Bd. 1, 2.1, 2.2, 3 (Leipzig 1877-1883, ND Hildesheim 1964).

4 P. Boyancé: Les méthodes de l'histoire littéraire. Cicéron et son œuvre philosophique, in:

Revue des Etudes latines 14 (1936) 288-309. ND in Boyancé 1970 [§ 54 *39: 199-221].

5 R. Philippson: M. Tullius Cicero. Die philosophischen Schriften, in: RE II 13 (1939) 1104-1192.

6 H. A. K. Hunt: The humanism of Cicero (Melbourne, Cambridge 1954).

7 O. Gigon: Die Erneuerung der Philosophie in der Zeit Ciceros, in: Recherches sur la tradition platonicienne (Vandœuvres-Genève 1955) [Entretiens sur l'Ant. class. 3] 25-59. ND in: Büchner (Hg.) 1971 [§ 54 *40: 229-258].

8 M. L. Clarke: The Roman mind. Studies in the history of thought from Cicero to Marcus Aurelius (London 1956). – Zu Cicero: Kap. 4-5.

9 Carl Becker: Cicero, in: RAC 3 (1957) 86-127.

10 A. Bacci: De philosophandi genere M. T. Ciceronis deque testimonio animae naturaliter Christianae in eius scriptis, in: Latinitas 6 (1958) 163-176.

11 H. Fuchs: Ciceros Hingabe an die Philosophie, in: Museum Helveticum 16 (1959) 1-28. ND in: Büchner (Hg.) 1971 [§ 54 *40: 304-347].

12 A. E. Douglas: Platonis aemulus? in: Greece and Rome 9 (1962) 41-51.

13 P. Grimal: Cicéron était-il philosophe? in: Revue des Etudes anciennes 64 (1962) 117-126.

14 J. Ferguson: Cicero's contribution to philosophy, in: Studies in Cicero (1962) [§ 54 *34: 104-111].

15 A. E. Douglas: Cicero the philosopher, in: Dorey (Hg.) 1964 [§ 54 *35: 135-170].

16 W. Süss: Cicero. Eine Einführung in seine philosophischen Schriften, mit Ausnahme der staatsphilosophischen Werke (Wiesbaden 1966) [Akademie der Wissenschaften und der Literatur in Mainz, Abhandlungen der geistes- und sozialwissenschaftlichen Klasse (1965) 5, 209-385].

17 K. Bringmann: Untersuchungen zum späten Cicero (Göttingen 1971) [Hypomnemata 29].

18 K. Büchner: Der Denker Cicero, in: Büchner (Hg.) 1971 [§ 54 *40: VII-XXV].

19 Giovanna Garbarino: Roma e la filosofia greca dalle origini alla fine del II secolo a.C., Bd. 1-2 (Turin 1973). – Kommentierte Stellensammlung.

20 W. Görler: Untersuchungen zu Ciceros Philosophie (Heidelberg 1974).

21 F. Adorno: Note su aspetti e momenti del pensiero di Cicerone, in: Studi romani 23 (1975) 137-152. Auch in: Ciceroniana n.s. 2 (1975) [§ 54 *64: 43-58].

22 Armin Müller: Theorie, Kritik oder Bildung? Abriss der Geschichte der antiken Philosophie von Thales bis Cicero (Darmstadt 1975) [Impulse der Forschung 19]. – Zu Cicero: 96-132.

23 J.-M. André: La philosophie à Rome (Paris 1977). – Kap. 2: «Cicéron créateur de la philosophie latine», 50-101.

24 J. Glucker: Antiochus and the late Academy (1978) [§ 1 *398, § 42 *93]. – Grundlegend für die Geschichte der Akademie: Platons Schule erlischt mit dem Tode Philons aus Larisa; Antiochus war nie Vorsteher der eigentlichen Akademie. Ausgangspunkt der Untersuchung sind weithin Ciceros Schriften. Dadurch entsteht indirekt ein umfassendes Bild auch von dessen philosophischer Haltung.

25 Marcia L. Colish: The Stoic tradition from antiquity to the early Middle Ages, Bd. 1: Stoicism in classical Latin literature (Leiden 1985) [Studies in the History of Christian Thought 34]. – Zu Cicero: 61-158. Ausführliche Darstellung auch der nicht-stoischen Elemente; gute Einführung in die philosophischen Schriften.

26 S. Gersh: Middle Platonism and Neoplatonism. The Latin tradition, Bd. 1-2 (Notre Dame, Indiana 1986) [Publications in Medieval Studies 23,1-23,2]. – Zu Cicero: Bd. 1, 53-154. Gesamtüberblick über alle philosophischen Schriften; die Rolle Ciceros als eines Mittlers zwischen der platonischen Akademie und dem Mittelplatonismus ist überschätzt.

27 J. Glucker: Cicero's philosophical affiliations, in: Dillon/Long (Hg.) 1988 [§ 1 *368: 34-69].

28 T. I. Oiserman: La sous-estimation de la philosophie cicéronienne, in: Ciceroniana n.s. 6 (1988) [§ 54 *68: 151-157]. – Im Gegensatz zur griechischen Skepsis verfolgt Cicero eine konstruktive dialektische Methode der Wahrheitsfindung; sein vermeintlicher 'Eklektizismus' ergibt sich aus der von ihm angestrebten Verbindung von Philosophie und praktischer Politik.

29 P. MacKendrick: The philosophical books of Cicero (London 1989).

30 G. Maurach: Geschichte der römischen Philosophie. Eine Einführung (Darmstadt 1989) [Die Altertumswissenschaft]. – Zu Cicero: 53-78.

31 Philippe Muller: Cicéron. Un philosophe pour notre temps (Lausanne 1990).

32 A. Reckermann: Ciceros Theorie rhetorischer Rationalität, in: Synthesis philosophica (Zagreb) 10/2 (1990) 507-530. – Die akademische Skepsis bedeutet für Cicero keine «Ver-

pflichtung zu einem generellen Wissensverzicht» (514); 'optimistische Grundhaltung'; 'Wahrheit ist unberechenbar verteilt auf verschiedene Personen und Wissensformen' (516). Rhetorik im Dienst der Wahrheitsfindung.

33 Carlos Lévy: Cicero Academicus. Recherches sur les ‹Académiques› et sur la philosophie cicéronienne (Rom 1992) [Collection de l'Ecole Française de Rome 162]. – Umfassende Gesamtinterpretation; Ciceros persönliche Philosophie vor dem Hintergrund der (griechischen) skeptischen Akademie. (Im Text konnte das Buch nur noch teilweise berücksichtigt werden.)

2. Übergreifende Darstellungen unter speziellen Gesichtspunkten

51 G. Tarozzi: La romanità del pensiero filosofico di Cicerone, in: Archivio di Storia della Filosofia italiana 2 (1933) 132-151.
52 Virginia Guazzoni Foà: Il metodo di Cicerone nell'indagine filosofica, in: Rivista di Filosofia neo-scolastica 48 (1956) 293-315.
53 A. Michel: Cicéron et les sectes philosophiques. Sens et valeur de l'éclectisme académique, in: Eos 57 (1967-1968) 104-117.
54 O. Seel: Cicero und das Problem des römischen Philosophierens, in: Radke (Hg.) 1968 [§ 54 *38: 136-160].
55 M. J. Buckley: Philosophical method in Cicero, in: Journal of the History of Philosophy 8 (1970) 143-154.
56 P. Boyancé: Cicéron et les parties de la philosophie, in: Revue des Etudes latines 49 (1971) 127-154.
57 J. C. Davies: The originality of Cicero's philosophical works, in: Latomus 30 (1971) 105-119.
58 Peter Lebrecht Schmidt: Cicero's place in Roman philosophy. A study of his prefaces, in: Classical Journal 74 (1978-1979) 115-127.
59 J. Mančal: Untersuchungen zum Begriff der Philosophie bei M. Tullius Cicero (München 1982) [Humanistische Bibliothek 1, 39].

3. Philosophische Entwicklung

Vgl. auch Lévy 1992 [*33: 96-126].

81 L. Alfonsi: Cicerone filosofo. Linee per lo studio del suo iter speculativo, in: Studi romani 9 (1961) 127-134. ND in: Marco Tullio Cicerone (1961) [§ 54 *33: 175-185].
82 A. Michel: La philosophie de Cicéron avant 54, in: Revue des Etudes anciennes 67 (1965) 324-341.
83 L. Alfonsi: L'iter filosofico di Cicerone, in: Quaderni Urbinati di Cultura classica 5 (1968) 7-21.
84 T. Masłowski: The chronology of Cicero's anti-epicureanism, in: Eos 62 (1974) 55-78.
85 J. Glucker: Cicero's philosophical affiliations, in: Dillon/Long (Hg.) 1988 [§ 1 *368: 34-69]. – Cicero war in der mittleren Schaffensperiode Anhänger der dogmatischen Lehre des Antiochos aus Askalon. Erst um 45 v. Chr. bekannte er sich erneut (wie in seiner Jugend) zur skeptischen Akademie.
86 P. Steinmetz: Beobachtungen zu Ciceros philosophischem Standpunkt, in: Fortenbaugh/Steinmetz (Hg.) 1989 [§ 54 *47: 1-22]. – Unabhängig von Glucker 1988 [*85] im wesentlichen die gleiche These.
87 W. Görler: Silencing the troublemaker: De legibus 1. 39 and the continuity of Cicero's scepticism, in: Powell (Hg.) 1994 [§ 54 *48]. – Gegen Glucker 1988 [*85] und Steinmetz 1989 [*86]: Cicero bekannte sich auch in der mittleren Schaffensperiode zur skeptischen Akademie.

4. Verhältnis zu anderen Denkern

a) Vorsokratiker und Sophisten

111 H. Diller: Heraclitea bei Cicero, in: W. Wimmel (Hg.): Forschungen zur römischen Literatur. Festschrift zum 60. Geburtstag von K. Büchner (Wiesbaden 1970) 60-65.
112 B. Wiśniewski: Protagoras, Hippias et le ‹De re publica› de Cicéron, in: Les Etudes classiques 46 (1978) 281-291.
113 O. Gigon: Il libro sugli dei di Protagoras, in: Rivista critica di Storia della Filosofia 40 (1985) 419-448.
114 A. Grilli: Democrito e l'Hortensius, in: Studi in onore di Adelmo Barigazzi, Bd. 1 (Rom 1986) 263-276.

b) Pyrrhon aus Elis (als Ethiker)

121 Carlos Lévy: Un problème doxographique chez Cicéron: Les indifférentistes, in: Revue des Etudes latines 58 (1980) 238-251.

c) Sokrates und Platon. Die 'Alten'

131 S. F. Silbiger: Cicero Platonis aemulus, in: Eos 37 (1936) 19-26. 129-142.
132 Thelma B. DeGraff: Plato in Cicero, in: Classical Philology 35 (1940) 143-153.
133 K. C. Grollios: Ἡ ἐπίδρασις τῆς Πλατωνικῆς παραδόξεως ἐπὶ τῆς θεολογίας τοῦ Κικέρωνος, in: Platon 4 (1952) 263-288.
134 P. Boyancé: Le platonisme à Rome. Platon et Cicéron, in: Association Guillaume Budé. Congrès de Tours et Poitiers. Actes du Congrès (Paris 1954) 195-222. ND in: Boyancé 1970 [§ 54 *39: 222-247].
135 R. Poncelet: Cicéron traducteur de Platon. L'expression de la pensée complexe en latin classique (Paris 1957). Dt. Teilübers. (= Conclusions I, 362-368) in: Kytzler (Hg.) 1973 [§ 54 *42: 170-180].
136 M. Ruch: 'Consulares philosophi' chez Cicéron et chez Saint Augustin, in: Revue des Etudes Augustiniennes 5 (1959) 99-102. – Mit diesem ehrenden Attribut bezeichnet Cicero die von ihm bevorzugten 'alten' Philosophen: Sokrates, Platon, Aristoteles. Siehe auch Glucker 1965 [§ 56 *1247] und Plezia 1973 [§ 56 *1249].
137 K. C. Grollios: Κικέρων καὶ Πλατωνικὴ ἠθική. Σχόλια σὲ μερικὰ χωρία τῶν διαλόγων τοῦ Κικέρωνος De legibus καὶ De finibus bonorum et malorum (Athen 1960).
138 J. Pépin: «Que l'homme n'est rien d'autre que son âme». Observations sur la tradition du Premier Alcibiade, in: Revue des Etudes grecques 82 (1969) 56-70.
139 H. Dörrie: Die Erneuerung des Platonismus im ersten Jahrhundert vor Christus, in: Le Néoplatonisme: Colloques internationaux du Centre National de la Recherche Scientifique (Royaumont, 9.-13. Juni 1969) (Paris 1971) 17-33. ND in: H. Dörrie: Platonica minora (München 1976) [Studia et Testimonia antiqua 8] 154-165.
140 K. Büchner: Zum Platonismus Ciceros. Bemerkungen zum vierten Buch von Ciceros Werk De re publica, in: K. Döring, W. Kullmann (Hg.): Studia Platonica. Festschrift für H. Gundert (Amsterdam 1974) 165-184.
141 H. Dörrie: Le renouveau du platonisme à l'époque de Cicéron, in: Revue de Théologie et de Philosophie 24 (1974) 13-29.
142 Jula Kerschensteiner: Socrates philosophiam devocavit a caelo, in: W. Suerbaum, F. Maier (Hg.): Festschrift für Franz Egermann zu seinem 80. Geburtstag am 13. Februar 1985 (München 1985) 41-56.
143 R. W. Sharples: Plato's Phaedrus-argument for immortality and Cicero's Somnium Scipionis, in: Liverpool Classical Monthly 10 (1985) 66-67.
144 H. Meyerhöfer: Platons Πολιτεία, Ciceros De re publica. Versuch eines Vergleichs, in: Anregung. Zeitschrift für Gymnasialpädagogik 33 (1987) 218-231.
145 A. A. Long: Socrates in Hellenistic philosophy, in: Classical Quarterly N.S. 38 (1988) 150-171.
146 Carlos Lévy: Cicéron et le moyen platonisme. Le problème du souverain bien selon Platon, in: Revue des Etudes latines 68 (1990) 50-65. – Die im Mittelplatonismus häufig zitierte 'Telosformel' Platons, der Mensch habe sich soweit wie möglich an Gott anzunähern (Theaitet 176 a-b), findet sich weder in der skeptischen Akademie noch bei Antiochos aus Askalon, aber u.a. bei Cicero Tusc. V 70. An den Mittelplatonismus hat sie vermutlich Areios Didymos weitergegeben.
147 A. A. Long: Cicero's Plato and Aristotle, in: Powell (Hg.) 1994 [§ 54 *48].

d) Skeptische Akademie

151 Margaret Y. Henry: The relation of dogmatism and scepticism in the philosophical treatises of Cicero (New York 1925). – Diss. Columbia University.
152 B. F. Harris: Cicero as an academic. A study of De natura deorum (Auckland 1961) [University of Auckland Bulletin 58. Classics Series 2].
153 A. Weische: Cicero und die neue Akademie. Untersuchungen zur Entstehung und Geschichte des antiken Skeptizismus (Münster 1961, 2. unveränd. Aufl. 1975) [Orbis antiquus 18].
154 W. Burkert: Cicero als Platoniker und Skeptiker, in: Gymnasium 72 (1965) 175-200.
155 P. A. Meador: Skeptic theory of perception. A philosophical antecedent to Ciceronian probability, in: Quarterly Journal of Speech 54 (1968) 340-351.
156 W. Görler: Untersuchungen (1974) [*20: 185-197]: «Ciceros Skeptizismus».
157 A. Grilli: L'Accademia del I secolo e Cicerone, in: Dal Pra (Hg.) 1975 [§ 1 *338: 4, 179-198].
158 H. A. S. Tarrant: Cicero and the Academics, in: Classicum 8 (1982) 7-11.

159 G. E. Ryan: Cicero, rhetoric and the sceptical Academy (Princeton 1983). – Diss.
160 H. Tarrant: Scepticism or Platonism? (1985) [§ 42 *94, § 51 *25].
161 Carlos Lévy: Cicéron et la quatrième Académie, in: Revue des Etudes latines 63 (1985) 32-41. – Rezensionsaufsatz zu Tarrant 1985 [*160].
162 K. A. Neuhausen: Academicus sapiens. Zum Bild des Weisen in der neuen Akademie, in: Mnemosyne 40 (1987) 353-390.
163 E. Lefèvre: Cicero als skeptischer Akademiker. Eine Einführung in die Schrift ‹Academici libri›, in: H. W. Schmidt, P. Wülfing (Hg.): Antikes Denken – Moderne Schule. Beiträge zu den antiken Grundlagen unseres Denkens (Heidelberg 1988) [Gymnasium Beihefte 9] 108-132.

e) Antiochos aus Askalon

171 Annemarie Lueder: Die philosophische Persönlichkeit des Antiochos von Askalon (Göttingen 1940). – Diss.
172 G. Luck: Der Akademiker Antiochos (Bern 1953).
173 P. Boyancé: Cicéron et le Premier Alcibiade, in: Revue des Etudes latines 41 (1963) 210-229. ND in: Boyancé 1970 [§ 54 *39: 256-275]. – Platonische Elemente vermittelt durch Antiochos.
174 A. Grilli: Cicerone tra Antioco e Panezio, in: Ciceroniana n.s. 2 (1975) [§ 54 *64: 73-80]. ND in: A. G.: Stoicismo, epicureismo e letteratura (Brescia 1992) 281-290.
175 J. Glucker: Antiochus and the Late Academy (1978) [§ 1 *398, § 42 *93].
176 W. Görler: Antiochos von Askalon über die 'Alten' und über die Stoa. Beobachtungen zu Cicero, Academici posteriores I 24-43, in: P. Steinmetz (Hg.): Beiträge zur hellenistischen Literatur und ihrer Rezeption in Rom (Stuttgart 1990) [Palingenesia 28] 123-139.

f) Cicero als 'Eklektiker'

191 V. L. da Silva: O eclecticismo de Cicero, in: Filosofia 5 (1958) 102-118.
192 P. Giuffrida: Ricerche sull'ecletticismo ciceroniano. Dalle lezioni dell'anno academico 1962-63, a cura di Felicità Portalupi (Turin 1963).
193 A. Michel: Cicéron et les sectes philosophiques (1967-1968) [*53].

g) Stoa

Vgl. auch Coppa 1958-1959 [§ 55 *74].

201 K. Reinhardt: Poseidonios (München 1921, ND Hildesheim 1976).
202 K. Reinhardt: Kosmos und Sympathie. Neue Untersuchungen zu Poseidonios (München 1926, ND Hildesheim 1976).
203 L. Meylan: Panétius et la pénétration du stoïcisme à Rome au dernier siècle de la République, in: Revue de Théologie et de Philosophie N.S. 17 (1929) 172-201.
204 H. Gomoll: Der stoische Philosoph Hekaton. Seine Begriffswelt und Nachwirkung. Unter Beigabe seiner Fragmente (Bonn 1933). – Hekatons Schrift ‹Über die Pflicht› als mutmassliche Quelle für ‹De officiis›.
205 Gred Ibscher: Der Begriff des Sittlichen in der Pflichtenlehre des Panaitios (München 1934). – Diss.
206 Lotte Labowsky: Die Ethik des Panaitios. Untersuchungen zur Geschichte des 'decorum' bei Cicero und Horaz (Leipzig 1934).
207 K. Schindler: Die stoische Lehre von den Seelenteilen und Seelenvermögen, insbesondere bei Panaitios und Poseidonios, und ihre Verwendung bei Cicero (München 1934). – Diss.
208 G. Kilb: Ethische Grundbegriffe der alten Stoa und ihre Übertragung durch Cicero im 3. Buch De finibus bonorum et malorum (Freiburg i.Br. 1939). – Diss.; S. 42-63 nachgedruckt in: Büchner (Hg.) 1971 [§ 54 *40: 38-64].
209 E. von Ivánka: Die stoische Anthropologie in der lateinischen Literatur, in: Anzeiger der Österreichischen Akademie der Wissenschaften in Wien 87 (1950) 178-192.
210 M. Schäfer: Panaitios bei Cicero und Gellius, in: Gymnasium 62 (1955) 334-353.
211 M. Valente: L'éthique stoïcienne chez Cicéron (Paris 1956). – Diss.
212 A. Traversa: L'antica e media Stoà. Dalle opere filosofiche di Cicerone (Turin 1957) [Crestomazia latina 2]. – Ausgewählte Texte mit kurzem Kommentar.
213 P. Boyancé: Le stoïcisme à Rome, in: Association Guillaume Budé. Actes du VIIe congrès Aix-en-Provence 1963 (Paris 1964) 218-255. – Zu Cicero: 237-242.
214 G. Schiassi: Etica greca stoica ed etica romana del 'mos maiorum' nell'interpretazione e nella terminologia ciceroniana, in: Vichiana 1 (1964) 269-291.

215 K. Büchner: Cicero und Panaitios. Gemeinschaft und Individuum, in: K. B.: Studien zur römischen Literatur, Bd. 6 (Wiesbaden 1967) 83-92.
216 K. Abel: Die kulturelle Mission des Panaitios, in: Antike und Abendland 17 (1971) 119-143.
217 G. Watson: The natural law and Stoicism, in: A. A. Long (Hg.): Problems in Stoicism (London 1971) 216-238.
218 G. B. Kerferd: Cicero and Stoic ethics, in: Martyn (Hg.) 1972 [§ 54 *41: 60-74].
219 M. Spanneut: Permanence du stoïcisme. De Zénon à Malraux (Gembloux 1973). – Zu Cicero: 112-119.
220 Myrto Dragona-Monachou: Posidonius' hierarchy between God, Fate and nature and Cicero's ‹De divinatione›, in: Philosophia 4 (1974) 286-305.
221 A. Grilli: Cicerone tra Antioco e Panezio, in: Ciceroniana n.s. 2 (1975) [§ 54 *64: 73-80].
222 W. C. McDermott, P. T. Heesen: Cicero and Diodotus, in: Classical Bulletin 52 (1976) 38-41.
223 A. J. Kleywegt: Stoïsche elementen bij Cicero, in: Lampas 16 (1983) 54-64.
224 Marcia L. Colish: The Stoic tradition (1985) [*25: 1, 61-158].
225 Annekatrin Puhle: Persona. Zur Ethik des Panaitios (Frankfurt a.M., Bern, New York, Paris 1987) [Europäische Hochschulschriften 20, 224].
226 M. Forschner: Stoa und Cicero über Krieg und Frieden (Barsbüttel 1988) [Beiträge zur Friedensethik 2]. – 8–17: 'Mittelstoisches Gedankengut' in rep. II 31, III 35 und off. I 34-40.
227 Paola Gagliardi: Cicerone e lo stoicismo. Note a ‹Pro Murena› 58-77, in: Vichiana, ser. 3, 2 (1991) 231-239.
228 M. R. Wright: Cicero on self-love and love of humanity in De finibus 3, in: Powell (Hg.) 1994 [§ 54 *48].

h) Aristoteles und der Peripatos

231 F. Dirlmeier: Zur Ethik des Theophrast, in: Philologus 90 (1935) 248-250. – Zu ‹De finibus› und ‹De divinatione›.
232 E. Bignone: L'Aristotele perduto e la formazione filosofica di Epicuro, 2 Bde. (Florenz 1936, ND 1973).
233 A. Nolte: Een aristotelische bewijsvoering bij Cicero en Apuleius, in: Tijdschrift voor Filosofie 3 (1941) 241-276. – Zu nat. deor. II 42.
234 F. Solmsen: The Aristotelian tradition in ancient rhetoric, in: American Journal of Philology 62 (1941) 35-50. 169-190. – Zu Cicero: 173-182.
235 S. E. Smethurst: Cicero and Dicaearchus, in: Transactions of the American Philological Association 83 (1952) 224-232.
236 H. Hommel: Cicero und der Peripatos. 1: Laelius De amicitia und Theophrast Περὶ φιλίας. 2: De re publica I und Dikaiarch, in: Gymnasium 62 (1955) 319-334. ND in: H. H.: Symbola. Kleine Schriften zur Literatur- und Kulturgeschichte der Antike, Bd. 1, hg. von B. Gladigow (Hildesheim, New York 1976) [Collectanea 5] 290-307.
237 O. Gigon: Cicero und Aristoteles, in: Hermes 87 (1959) 143-162. ND in: O. G.: Studien zur antiken Philosophie (Berlin, New York 1972) 305-325.
238 A. Grilli: Cicerone e l'Eudemo, in: La Parola del Passato 17 (1962) 96-128; stark überarb.: ‹Eudemo› e ‹Protrettico› da Cicerone a Giamblico, in: A. G.: Stoicismo, epicureismo e letteratura (Brescia 1992) 319-373.
239 A.-H. Chroust: The concept of God in Aristotle's lost dialogue On philosophy, in: Emerita 33 (1965) 205-228. – Zu nat. deor. I 33.
240 P. Boyancé: Sur les origines péripatéticiennes de l'"humanitas', in: W. Wimmel (Hg.): Forschungen zur römischen Literatur. Festschrift zum 60. Geburtstag von K. Büchner (Wiesbaden 1970) 21-30.
241 A. Graeser: Zu Aristoteles Περὶ φιλοσοφίας (Cicero, Nat. deor. II 16, 44), in: Museum Helveticum 27 (1970) 16-27.
242 A.-H. Chroust: The akatonomaston in Aristotle's On philosophy, in: Emerita 40 (1972) 461-468. – Zu Academica I 26.
243 A.-H. Chroust: Some comments on Cicero, De natura deorum II, 15,42 – 16,44. A fragment of Aristotle's On philosophy, in: Classical Folia 29 (1975) 103-113.
244 A.-H. Chroust: Some comments to Cicero, De natura deorum II 37, 95-96. A fragment of Aristotle's On philosophy, in: Emerita 43 (1975) 197-205.
245 P. Moraux: Cicéron et les ouvrages scolaires d'Aristote, in: Ciceroniana n.s. 2 (1975) [§ 54 *64: 81-96].
246 A.-H. Chroust: Cicero and the Aristotelian doctrine of the akatonomaston, in: Philologus 120 (1976) 73-85.

247 P. Mastandrea: 'Aristoteleus mos' in Cicerone e in Sant'Agostino, in: A. Mastrocinque (Hg.): Omaggio a Piero Treves (Padua 1983) 227-235. – Einfluss der aristotelischen Dialektik.
248 D. M. Tsitsikli: Ὁ Δικαίαρχος στὶς ἐπιστολῆς τοῦ Κικέρωνα, in: Hellenika 35 (1984) 239-260.
249 A. Motte: Cicéron et Aristote. A propos de la distinction entre la sophia et la phronèsis, in: Aristotelica. Mélanges offerts à Marcel de Corte (Brüssel 1985) [Cahiers de Philosophie ancienne 3] 263-303.
250 Sigrid Schweinfurth-Walla: Studien zu den rhetorischen Überzeugungsmitteln bei Cicero und Aristoteles (Tübingen 1986) [Mannheimer Beiträge zur Sprach- und Literaturwissenschaft 9].
251 H. B. Gottschalk: Aristotelian philosophy in the Roman world from the time of Cicero to the end of the second century A.D., in: ANRW II 36,2 (1987) 1079-1174.
252 O. Gigon: The Peripatos in Cicero's De finibus, in: W. W. Fortenbaugh, R. W. Sharples (Hg.): Theophrastean Studies (New Brunswick 1988) [Rutgers University Studies in Classical Humanities 3] 259-271.
253 W. W. Fortenbaugh: Cicero's knowledge of the rhetorical treatises of Aristotle and Theophrastus, in: Fortenbaugh/Steinmetz (Hg.) 1989 [§ 54 *47: 39-60].
254 Dorothea Frede: Constitution and citizenship: Peripatetic influence on Cicero's political conceptions in the De re publica, in: Fortenbaugh/Steinmetz (Hg.) 1989 [§ 54 *47: 77-100].
255 D. J. Furley: Aristotelian material in Cicero's De natura deorum, in: Fortenbaugh/Steinmetz (Hg.) 1989 [§ 54 *47: 201-219].
256 O. Gigon: Theophrast in Ciceros De finibus, in: Fortenbaugh/Steinmetz (Hg.) 1989 [§ 54 *47: 159-185].
257 K. M. Girardet: 'Naturrecht' bei Aristoteles und bei Cicero (De legibus): Ein Vergleich, in: Fortenbaugh/Steinmetz (Hg.) 1989 [§ 54 *47: 114-132].
258 W. Görler: Cicero und die 'Schule des Aristoteles', in: Fortenbaugh/Steinmetz (Hg.) 1989 [§ 54 *47: 246-263].
259 Pamela M. Huby: Cicero's Topics and its Peripatetic sources, in: Fortenbaugh/Steinmetz (Hg.) 1989 [§ 54 *47: 61-76].
260 José Kany-Turpin, P. Pellegrin: Cicero and the Aristotelian theory of divination by dreams, in: Fortenbaugh/Steinmetz (Hg.) 1989 [§ 54 *47: 220-245].
261 J. Mansfeld: Gibt es Spuren von Theophrasts Phys. op. bei Cicero? in: Fortenbaugh/Steinmetz (Hg.) 1989 [§ 54 *47: 133-158].
262 Reimar Müller: Das Problem Theorie–Praxis in der Peripatos-Rezeption von Ciceros Staatsschrift, in: Fortenbaugh/Steinmetz (Hg.) 1989 [§ 54 *47: 101-113].
263 D. T. Runia: Aristotle and Theophrastus conjoined in the writings of Cicero, in: Fortenbaugh/Steinmetz (Hg.) 1989 [§ 54 *47: 23-38].
264 A. A. Long: Cicero's Plato and Aristotle, in: Powell (Hg.) 1994 [§ 54 *48].

i) Epikur und der Epikureismus

Vgl. auch § 26.

270 H. Uri: Cicero und die epikureische Philosophie. Eine quellenkritische Studie (Leipzig 1914). – Diss. München.
271 A. Rostagni: Risonanze dell'estetica di Filodemo in Cicerone, in: Atene e Roma 3 (1922) 28-44.
272 F. Peters: T. Lucretius et M. Cicero quo modo vocabula Graeca Epicuri disciplinae propria Latine verterint (Münster 1926). – Diss.
273 M. N. P. Packer: Cicero's presentation of Epicurean ethics. A study based primarily on De finibus 1 and 2 (New York 1938). – Diss. Columbia University.
274 C. Vicol: Cicerone espositore e critico dell'epicureismo, in: Ephemeris Dacoromana 10 (1945) 155-347.
275 A. E. Raubitschek: Phaidros and his Roman pupils, in: Hesperia 18 (1949) 96-103.
276 E. J. Boerwinkel: Burgershap en individuele autonomie. Epicurus en epicureisme in het oordeel van Lucretius en Cicero (Amsterdam, Paris 1956). – Diss. Utrecht.
277 J. Campos: Por qué fue Cicerón antiepicúreo, in: Helmantica 9 (1958) 415-423.
278 K. Kleve: Cicerone e la teologia epicurea, in: Atti del I Congresso internazionale di Studi ciceroniani (1961) [§ 54 *32: 2, 471-477].
279 F. Sbordone: Cicerone e Filodemo, in: Atti del I Congresso internazionale di Studi ciceroniani (1961) [§ 54 *32: 1, 187-192].
280 G. d'Anna: Alcuni aspetti della polemica antiepicurea di Cicerone (Rom 1965) [Quaderni della Rivista di Cultura classica e medioevale 8].
281 D. Klinck: Studien zur Epikurrezeption.

Aufnahme und Verbreitung des Epikureismus zur Zeit Ciceros und im französischen 17. Jahrhundert (Kiel 1967). – Diss.

282 A. Michel: L'épicurisme et la dialectique de Cicéron, in: Association Guillaume Budé. Actes du VIIIe Congrès, Paris, 5-10 avril 1968 (Paris 1969) 393-411.

283 T. Masłowski: The chronology of Cicero's anti-epicureanism, in: Eos 62 (1974) 55-78.

284 T. Masłowski: Cicero, Philodemus, Lucretius, in: Eos 66 (1978) 215-226.

285 A. Grilli: Sull'amicizia epicurea nel Laelius, in: Elenchos 5 (1984) 221-224. – Zu Gargiulo 1980 [§ 56 *1107].

286 J. Doignon: Cicéron a-t-il comparé Epicure à Liber? (Academicorum fragm., apud Augustinum, C. Acad. 3, 7, 16), in: Revue des Etudes latines 59 (1981) 153-163.

287 Catherine J. Castner: Difficulties in identifying Roman Epicureans. Orata in Cicero De finibus 2, 22, 70, in: Classical Journal 81 (1986) 138-147.

288 José Kany-Turpin: Les images divines. Cicéron lecteur d'Epicure, in: Revue philosophique de la France et de l'Etranger 176 (1986) 39-58.

289 C. J. Classen: Maledicta, contumeliae, tum iracundiae ... indignae philosophia, in: Agora, zu Ehren von Rudolph Berlinger (Amsterdam, Würzburg 1987) [Perspektiven der Philosophie 13] 318-329. – Zu fin. I 27.

290 A. Selem: Antiepicurismo e politica nei primi due libri del De finibus, in: Cultura e Scuola 26 (1987) 103, 57-60.

291 Catherine J. Castner: Prosopography of Roman Epicureans between the 2nd century B.C. and the 2nd century A.D. (Frankfurt a.M., Bern, New York, Paris 1988) [Studien zur Klassischen Philologie 34]. – Vollständiger Überblick über alle von Cicero genannten römischen Epikureer.

292 M. Erler: Cicero und 'unorthodoxer' Epikureismus, in: Anregung 38 (1992) 307-322. – Die von Cicero bekämpfte starre Form des Epikureismus war zu seiner Zeit bereits überholt; einige Schriften Philodems zeigen, dass die radikale Lustlehre in Einzelheiten modifiziert worden war.

293 L. Landolfi: Cicerone e la φιλία epicurea, in: Atti del Congresso internazionale «L'epicureismo greco e romano» (Neapel 1994) [Collana Elenchos].

294 R. McKirahan: Epicurean doxography in Cicero, De natura deorum I 25-41, in: Atti del Congresso internazionale «L'epicureismo greco e romano» (Neapel 1994) [Collana Elenchos].

295 M. Stokes: Cicero and Epicurean pleasures, in: Powell (Hg.) 1994 [§ 54 *48].

j) Lukrez

Vgl. auch § 29.

301 O. Tescari: Cicerone e Lucrezio, in: Convivium 6 (1934) 241-261.

302 G. Della Valle: Marco Tullio Cicerone editore e critico del poema di Lucrezio, in: Memorie della Classe di Scienze morali, storiche e filologiche dell'Accademia d'Italia 7, 1 (1941) 307-416.

303 J. Martin: Lukrez und Cicero, in: Würzburger Jahrbücher für die Altertumswissenschaft 4 (1949-1950) 1-52. 309-329.

304 V. d'Antò: Il giudizio di Cicerone sul poema di Lucrezio, in: Mondo classico 17 (1950) 12-18.

305 G. Pavano: Il giudizio di M. Tullio Cicerone su Lucrezio e una polemica letteraria del I sec. a.C., in: Annali della Facoltà di Lettere dell'Università di Palermo 1 (1951) 51-84.

306 P. Numminen: Quo modo Cicero de Lucretio (et quodam Sallustio) iudicaverit (Turku 1953).

307 I. Trencsényi-Waldapfel: Cicéron et Lucrèce, in: Acta Antiqua Academiae Scientiarum Hungaricae 6 (1958) 321-383. Dt. in: I. T.-W.: Untersuchungen zur Religionsgeschichte (Amsterdam 1966) 286-346.

308 J. Fontaine: Le Songe de Scipion premier Anti-Lucrèce? in: R. Chevallier (Hg.): Mélanges d'archéologie et d'histoire offerts à A. Piganiol (Paris 1966) 1711-1729.

309 G. C. Pucci: Echi lucreziani in Cicerone, in: Studi italiani di Filologia classica 38 (1966) 70-132.

310 G. Jachmann: Lucrez im Urteil des Cicero, in: Athenaeum 45 (1967) 89-118.

311 D. Ferrin Sutton: 'Lucreti poemata' once again, in: Rivista di Studi classici 19 (1971) 289-298. – Zu Cicero, ep. Q. fr. 2, 11 = 15 Sh.B., 5.

312 J.-M. André: Cicéron et Lucrèce. Loi du silence et allusions polémiques, in: Mélanges de philosophie, de littérature et d'histoire ancienne offerts à P. Boyancé (Rom 1974) [Collection de l'Ecole Française de Rome 22] 21-38.

313 Emanuela Andreoni: Sul contrasto ideolo-

gico fra il De re publica di Cicerone e il poema di Lucrezio (La genesi della società civile), in: Studi di poesia latina in onore di A. Traglia, Bd. 1 (Rom 1979) [Storia e Letteratura. Raccolta di Studi e Testi 146] 281-321.
314 U. Pizzani: Il problema della presenza lucreziana in Cicerone, in: Ciceroniana n.s. 5 (1984) [§ 54 *67: 173-188].

k) *Andere römische Philosophen*

321 K. Kumaniecki: Cicerone e Varrone. Storia di una conoscenza, in: Athenaeum 40 (1962) 221-243.
322 J. Kwapiszewski: Roman philosophers in the philosophical works of Cicero, in: Symbolae Philologorum Posnaniensium 1 (1973) 65-75.

5. 'Dialektik' (im weiten Sinn)

a) *Erkenntniskritik. 'Skeptische' Grundhaltung*

Vgl. auch Lévy 1992 [§ 56 *17], 1992 [*33: 284-290].

341 M. Swoboda: De artis vocabulis, quae ad percipiendi rationem pertinent apud Ciceronem obviis, in: Eos 54 (1964) 116-138.
342 W. Görler: Untersuchungen (1974) [*20: 185-197]: «Ciceros Skeptizismus».
343 Krystyna Tyszyńska: Etyczny aspekt epistemologii Cycerona ('Der ethische Aspekt von Ciceros Erkenntnistheorie'), in: Eos 66 (1978) 231-247.
344 Dagmar Muchnová: 'Veritas' dans les traités philosophiques de Marcus Tullius Cicéron, in: Graecolatina Pragensia 8 [Acta Universitatis Carolinae. Philologica 3 (1980)] 41-51.
345 C. Schäublin: Konversionen in antiken Dialogen? in: Catalepton. Festschrift für B. Wyss (Basel 1985) 117-131. - S. 118: In Ciceros Dialogen in der Regel keine Bekehrung; Ausnahme: div. II 100. Siehe jedoch auch de or. III 145, fin. V 95.
346 K. A. Neuhausen: Academicus sapiens. Zum Bild des Weisen in der Neuen Akademie, in: Mnemosyne 40 (1987) 353-390.
347 E. Lefèvre: Cicero als skeptischer Akademiker (1988) [*163].
348 F. Cupaiuolo: Cicerone e il problema della conoscenza, in: Paideia 45 (1990) 51-92.
349 W. Görler: Ein sprachlicher Zufall und seine Folgen. 'Wahrscheinliches' bei Karneades und bei Cicero, in: C. W. Müller, K. Sier,

J. Werner (Hg.): Zum Umgang mit fremden Sprachen in der griechisch-römischen Antike (Stuttgart 1992) [Palingenesia 36] 159-171.
350 Therese Fuhrer: Der Begriff 'veri simile' bei Cicero und Augustin, in: Museum Helveticum 50 (1993) 107-125.
351 J. Glucker: 'Probabile', 'veri simile', and related terms, in: Powell (Hg.) 1994 [§ 54 *48].

b) *Dialektik (im engeren Sinn: Logik)*

Vgl. auch § 56 *1131-*1142.

361 G. Crifò: L'"argumentum ex contrario' in Cicerone e Boezio con particolare riferimento a Cicerone, Top., 3, 17, in: Jacqueline Bibauw (Hg.): Hommages à Marcel Renard, Bd. 1 (Brüssel 1969) [Collection Latomus 101] 280-292.
362 Ruth Schian: Untersuchungen über das 'argumentum e consensu omnium' (Hildesheim 1973) [Spudasmata 28].
363 P. Mastandrea: 'Aristoteleus mos' in Cicerone e in Sant'Agostino (1983) [*247: 227-235]. - Zur dialektischen Methode.
364 Carlos Lévy: La dialectique de Cicéron dans les livres II et IV du De finibus, in: Revue des Etudes latines 62 (1984) 111-127.
365 D. Londey: An open question in Cicero, in: Apeiron 18 (1984) 144-147. - Zu einer methodischen Grundsatzäusserung in fin. II 15.
366 Pamela M. Huby: Boetius vindicates Cicero as a logician, in: Liverpool Classical Monthly 13 (1988) 60-61.
367 Carmen Johanson, D. Londey: Cicero on propositions: Academica II. 95, in: Mnemosyne 41 (1988) 325-332.
368 H. Kleger: 'Common' sense als Argument. Zu einem Schlüsselbegriff der Weltorientierung und politischen Philosophie, in: Archiv für Begriffsgeschichte 33 (1990) 22-59. - Zu Aristoteles und Cicero.
369 B. Riposati: La genesi e la tecnica definitoria nelle opere di Cicerone, in: Studi di filologia classica in onore di G. Monaco, Bd. 2 (Palermo 1991) 835-841.

c) *Rhetorik in ihrem Verhältnis zur Philosophie*

Vgl. auch Ludwig (Hg.) 1982 [§ 54 *45].

381 W. Kroll: Cicero und die Rhetorik, in: Neue Jahrbücher für das Klassische Altertum 11 (1903) 681-689. ND in: Kytzler (Hg.) 1973 [§ 54 *42: 73-85].
382 R. Weidner: Ciceros Verhältnis zur griechi-

schen und römischen Schulrhetorik seiner Zeit (Erlangen 1925). – Diss. 1923.
383 H. K. Schulte: Orator. Untersuchungen über das ciceronianische Bildungsideal (Frankfurt a.M. 1935) [Frankfurter Studien zur Religion und Kultur der Antike 11].
384 F. Solsmen: Aristotle and Cicero on the orator's playing upon the feelings, in: Classical Philology 33 (1938) 390-404.
385 F. Solmsen: The Aristotelian tradition in ancient rhetoric, in: American Journal of Philology 62 (1941) 35-50. 169-190. – Zu Cicero: 173-182.
386 W. L. Grant: Cicero on the moral character of the orator, in: Classical Journal 38 (1943) 472-478.
387 P. MacKendrick: Cicero's ideal orator. Truth and propaganda, in: Classical Journal 43 (1948) 339-347.
388 E. Gilson: Eloquence et sagesse chez Cicéron, in: Phoenix 7 (1953) 1-19. Dt.: Beredsamkeit und Weisheit bei Cicero, in: Büchner (Hg.) 1971 [§ 54 *40: 179-207].
389 Annemarie Guillemin: Le legs de Cicéron, in: Revue des Etudes latines 34 (1956) 159-178. – Cicero als Begründer der lateinischen Rhetorik und somit einer klassischen Kultur.
390 O. Gigon: Cicero und Aristoteles, in: Hermes 87 (1959) 143-162.
391 H. Rahn: Cicero und die Rhetorik, in: Ciceroniana 1 (1959) 158-179. ND in: Kytzler (Hg.) 1973 [§ 54 *42: 86-110].
392 A. Michel: Rhétorique et philosophie chez Cicéron. Essai sur les fondements philosophiques de l'art de persuader (Paris 1960). – Grundlegend; sehr umfangreiche Bibliographie.
393 A. Michel: Rhétorique et philosophie dans les Tusculanes, in: Revue des Etudes latines 39 (1961) 158-171.
394 A. Michel: Le Dialogue des Orateurs de Tacite et la philosophie de Cicéron (Paris 1962) [Etudes et Commentaires 44].
395 K. Barwick: Das rednerische Bildungsideal Ciceros (Berlin 1963) [Abhandlungen der Sächsischen Akademie der Wissenschaften zu Leipzig 54, 3]. Teil-ND in: Kytzler (Hg.) 1973 [§ 54 *42: 129-137].
396 P. H. Meador: Rhetoric and humanism in Cicero, in: Philosophy and Rhetoric 3 (1970) 1-12.
397 A. Michel: L'originalité de l'idéal oratoire de Cicéron, in: Les Etudes classiques 39 (1971) 311-328.

398 G. Kennedy: The art of rhetoric in the Roman world 300 B.C. – A.D. 300 (Princeton 1972) [A History of Rhetoric 2]. – Zu Cicero: 103-283.
399 A. E. Douglas: The intellectual background of Cicero's rhetorica. A study in method, in: ANRW I 3 (1973) 95-138.
400 A. Michel: Rhétorique et philosophie dans les traités de Cicéron, in: ANRW I 3 (1973) 139-208.
401 R. Schottländer: Der Beitrag der ciceronischen Rhetorik zur Entwicklung der Humanitätsidee, in: Antike und Abendland 22 (1976) 54-69.
402 S. Döpp: Weisheit und Beredsamkeit. Gedanken zu ihrer Relation bei Cicero, Quintilian und Augustinus, in: P. Neukam (Hg.): Information aus der Vergangenheit (München 1982) [Dialog Schule – Wissenschaft. Klassische Sprachen und Literaturen 16] 37-63.
403 A. Michel: La théorie de la rhétorique chez Cicéron: éloquence et philosophie, in: Ludwig (Hg.) 1982 [§ 54 *45: 109-147].
404 A. Michel: Rhétorique et maladie de l'âme. Cicéron et la consolation des passions, in: Littérature, Médecine et Société 5 (1983) 11-22.
405 G. E. Ryan: Cicero, rhetoric and the Sceptical Academy (Princeton 1983). – Diss.
406 M. von Albrecht: Cicéron. Théorie rhétorique et oratoire, in: Les Etudes classiques 52 (1984) 19-24.
407 J. M. Cooper: Plato, Isocrates and Cicero on the independence of oratory from philosophy, in: Proceedings of the Boston Area Colloquium in Ancient Philosophy I (1985) (Lanham 1986) 77-96.
408 A. Alberte González: Cicerón ante la retórica. La 'auctoritas' platónica en los criterios retóricos de Cicerón (Valladolid 1987) [Lingüística y Filología 3].
409 A. Weische: Rhetorik und Philosophie in der Antike. 'Amplificatio' – 'dilatatio' und die stoische Forderung nach 'brevitas', in: H. Schanze, J. Kopperschmidt (Hg.): Rhetorik und Philosophie (München 1989) 23-33.
410 A. Reckermann: Ciceros Theorie rhetorischer Rationalität, in: Synthesis philosophica (Zagreb) 10/2 (1990) 507-530. – Fruchtbare Überlegungen zum Zusammenwirken von Philosophie und Rhetorik.

d) Sprachphilosophie. Literaturkritik

Vgl. auch Swoboda 1962 [*444], Ciceroniana 5 (1984) [§ 54 *67].

420 A. P. McKinlay: Cicero's conception of literary art, in: Classical Journal 21 (1925-1926) 244-259.
421 F. Gay: Le idee grammaticali di Cicerone. Contributo alla storia dell'analogia e dell'anomalia (Fossano 1929).
422 J. F. D'Alton: Roman literary theory and criticism (London 1931, ND New York 1962). – Kap. 3: «Cicero as critic», 141-207.
423 F. W. Wright: Cicero and the theater (Northampton, Mass. 1931) [Smith Coll. Classical Studies 11].
424 Enrica Malcovati: Cicerone e la poesia (Pavia 1943).
425 A. Traglia: Note su Cicerone critico e traduttore (Rom 1947).
426 G. Rohde: Cicero und die Sprache (1952), in: G. R.: Studien und Interpretationen zur antiken Literatur, Religion und Geschichte (Berlin 1963) 149-166.
427 A. Ronconi: Aspetti di critica letteraria in Cicerone, in: Maia 10 (1958) 81-100.
428 A. Tondini: Cicerón lingüista, in: Humanidades 10 (1958) 117-136.
429 Peter Lebrecht Schmidt: Cicero und die republikanische Kunstprosa, in: M. Fuhrmann (Hg.): Römische Literatur (Frankfurt a.M. 1974) [Neues Handbuch der Literaturwissenschaft 3] 147-180.
430 J.-C. Dumont: Cicéron et le théâtre, in: Actes du IXᵉ Congrès international de l'Association Guillaume Budé, Rome 1973, Bd. 1 (Paris 1975) 424-430.
431 P. Kuklica: Ciceros Beziehung zur Literatur, in: Graecolatina et Orientalia 9-10 (1977-1978) 63-85.
432 G. Corà: Lineamenti di una filosofia del linguaggio in Cicerone, in: Verifiche 18 (1989) 111-207.
433 G. Styka: M. Tulli Ciceronis de tragoedia Romana opiniones criticae, in: Meander 45 (1990) 127-142.
434 G. Styka: De comoedia Romana Cicero quid iudicaverit, in: Meander 45 (1990) 279-292.
435 Carmen Codoñer: Terminología especializada. La critica literaria, in: Voces 1 (1990) 99-119. – Ausgangspunkt Ciceros ‹Brutus› und ‹Partitiones oratoriae›.
436 N. Horsfall: Cicero and poetry. The place of prejudice in literary history, in: Papers of the Leeds International Latin Seminar 7 (1993) 1-7.

e) Ästhetik

441 W. Edinger: Ciceros Stellung zur Kunst (Dichtkunst, bildende Kunst, Musik) in seinen rhetorischen Schriften (Innsbruck 1951). – Diss.
442 K. Svoboda: Les idées esthétiques de Cicéron, in: K. Kumaniecki (Hg.): Acta Sessionis Ciceronianae (1960) [§ 54 *31: 109-120].
443 E. Grassi: Die Theorie des Schönen in der Antike (Köln 1962) [Dumont Dokumente Reihe 1. Geschichte der Ästhetik 1]. – «Cicero»: 157-161; «Stoizismus»: 152-157. – Überarb. Neuausg. (Köln 1980) [Dumont-Taschenbücher 90]: «Cicero»: 203-207; «Stoizismus»: 196-202.
444 M. Swoboda: Quid Cicero de poesi et arte iudicaverit, in: Meander 17 (1962) 64-85.
445 W. A. Laidlaw: Cicero and the arts, in: Studies in Cicero (1962) [§ 54 *34: 127-142].
446 A. Michel: Cicéron et la psychologie de l'art, in: Maia 18 (1966) 3-19.
447 M. Ruch: La conception des 'artes' chez Cicéron. Synthèse ouverte ou système? in: M. R.: Etudes cicéroniennes (Paris [1970]) [Les cours de l'Université de Nancy] 88-94.
448 J. C. Davies: Was Cicero aware of natural beauty? in: Greece and Rome (1971) 152-165.
449 A. Desmouliez: Cicéron et son goût. Essai sur une définition d'une esthétique romaine à la fin de la République (Brüssel 1976) [Collection Latomus 150].
450 P. Kuklica: Ciceros ästhetische Ansichten, in: Graecolatina et Orientalia 11-12 (1979-1980) 17-29.
451 Marie-Louise Teyssier: Cicéron et les arts plastiques. Peinture et sculpture, in: Chevallier (Hg.) 1984 [§ 54 *46: 67-76].
452 N. A. Fëdorov: ... ('Die semantische Besonderheit des Begriffs pulchritudo bei Cicero'), in: B. B. Piotrovskij (Hg.): Anticnaja kult'ura i sovremennaja nauka (Moskau 1985) 161-166.
453 Anne Leen: Cicero and the rhetoric of art, in: American Journal of Philology 112 (1991) 229-245.

6. Ethik

a) Allgemeines. Güterlehre

471 M. O. Liscu: Etude sur la langue de la philosophie morale chez Cicéron (Paris 1930).
472 L. Mahieu: Cicéron moraliste, in: Mélanges de Science religieuse 5 (1948) 89-108.
473 A. Michel: A propos du souverain bien. Cicéron et le dialogue des écoles philosophiques, in: Jacqueline Bibauw (Hg.): Hommages à Marcel Renard, Bd. 1 (Brüssel 1969) [Collection Latomus 101] 610-621.
474 L. Alfonsi: Dal proemio del De inventione alle 'virtutes' del De officiis (I), in: Ciceroniana n.s. 2 (1975) [§ 54 *64: 111-120].
475 W. Görler: Das Problem der Ableitung ethischer Normen bei Cicero, in: Der Altsprachliche Unterricht 21, 2 (1978) 5-19.
476 A. Michel: A propos du bonheur. Pensée latine et tradition philosophique, in: Revue des Etudes latines 56 (1978) 349-368.
477 H. T. Johann: Gerechtigkeit und Nutzen. Studien zur ciceronischen und hellenistischen Naturrechts- und Staatslehre (Heidelberg 1981).
478 G. Lotito: Modelli etici e base economica nelle opere filosofiche di Cicerone, in: A. Giardina, A. Schiavone (Hg.): Società romana e produzione schiavistica, Bd. 3: Modelli etici, diritto e trasformazioni sociali (Rom, Bari 1981) 79-126.
479 W. Heilmann: Ethische Reflexion und römische Lebenswirklichkeit in Ciceros Schrift De officiis (Wiesbaden 1982) [Palingenesia 17].
480 J. Leonhardt: Zwischen Tusculanum und Forum. Zwei Studien zur Verbindung von Rhetorik, Philosophie und Politik bei Cicero (angekündigt für 1994).

b) Wesen der 'virtus'

491 J. L. Gárfer: La esencia de la felicidad y el concepto de virtud en Cicerón, in: Humanidades 10 (1958) 97-115.
492 W. Eisenhut: Virtus Romana. Ihre Stellung im römischen Wertesystem (München 1973) [Studia et Testimonia antiqua 13]. – Zu Cicero: 57-76.
493 H. Steinmeyer: Der 'virtus'-Begriff bei Cicero und Seneca, in: Der Altsprachliche Unterricht 17, 2 (1974) 50-59.
494 P. Kuklica: Ciceros Begriff 'virtus' und dessen Interpretation, in: Graecolatina et Orientalia 7-8 (1975-76) 3-23.
495 B. Wiśniewski: Deux conceptions de la vertu cicéronienne, in: Rivista di Studi classici 24 (1976) 21-34.
496 J. Sarsila: Some notes on 'virtus' in Sallust and Cicero, in: Arctos 12 (1978) 135-143.
497 J. Sarsila: Some aspects of the concept of 'virtus' in Roman literature until Livy (Jyväskylä 1982) [Studia Philologica Jyväskyläensia 16]. – Zu Cicero: 85-102.
498 B. C. Burke: Cicero the champion of 'virtus' (Bryn Mawr 1986). – Diss., vgl. Diss. Abstracts International 47, 5 (November 1986) S. 1711 A.
499 Jeanne Croissant: La moralité comme trait distinctif de l'homme dans un texte de Cicéron, in: J. C.: Etudes de philosophie ancienne (Brüssel 1986) [Cahiers de Philosophie ancienne 4] 283-296. – Zu fin. II 45-47.

c) Gewissen

511 G. Rudberg: Cicero und das Gewissen, in: Symbolae Osloenses 31 (1955) 96-104.
512 R. G. Tanner: Cicero on conscience and morality, in: Martyn (Hg.) 1972 [§ 54 *41: 87-112].

d) Wille

Vgl. auch Begley 1988 [*1572].

521 Margaret Y. Henry: Cicero's treatment of the free-will problem, in: Transactions and Proceedings of the American Philological Association 58 (1927) 32-42.
522 M. Thomas: Les anciens philosophes et le problème de l'instinct, in: Scientia 81 (1947) 21-32.
523 J. Hatinguais: Sens et valeur de la volonté dans l'humanisme de Cicéron, in: Bulletin de l'Association Guillaume Budé (1958, 4) [Lettres d'Humanité 17] 50-69.
524 A.-J. Voelke: L'idée de volonté dans le stoïcisme (Paris 1973) [Bibliothèque de Philosophie contemporaine].
525 A. Dihle: The theory of will in classical antiquity (Berkeley 1982) [Sather Classical Lectures 49]. Gekürzte dt. Übers. des Verf.: Die Vorstellung vom Willen in der Antike (Göttingen 1985) [Sammlung Vandenhoeck]. – Grundlegend; zu Cicero nur beiläufig (149-154).

e) Affekte

Vgl. auch Solmsen 1938 [§ 56 *173], Wisse 1989 [§ 56 *204].

541 C. Miani: Libido come stimolo psicopedagogico in Cicerone? in: I Problemi della Pedagogia (1972) 2-3.
542 G. B. Kerferd: Two problems concerning impulses, in: Fortenbaugh (Hg.) 1983 [§ 1 *251: 87-98]. – Affekte als 'Krankheiten' (Tusc. IV 23-31).
543 A. Michel: Rhétorique et maladie de l'âme (1983) [*404: 11-22].

f) Ruhm

551 F. A. Sullivan: Cicero and 'gloria', in: Transactions and Proceedings of the American Philological Association 72 (1941) 382-391.
552 A. D. Leeman: Gloria. Cicero's waardering van de roem en haar achtergrond in de hellenistische wijsbegeerte en de romeinse samenleving (Leiden 1949). – Diss.
553 A. Haury: Cicéron et la gloire, une pédagogie de la vertu, in: Mélanges de philosophie, de littérature et d'histoire ancienne offerts à P. Boyancé (Rom 1974) [Collection de l'Ecole Française de Rome 22] 401-417.
554 J. Moreau: L'âme et la gloire, in: Giornale di Metafisica 29 (1974) 113-127.
555 Giovanna Garbarino: Il concetto etico-politico di 'gloria' nel De officiis di Cicerone, in: Tra Grecia e Roma. Temi antichi e metodologie moderne (Rom 1980) 197-204.

g) Freundschaft

571 J. Steinberger: Begriff und Wesen der Freundschaft bei Aristoteles und Cicero (Erlangen 1956). – Masch. Diss.
572 P. A. Brunt: 'Amicitia' in the late Roman republic, in: Proceedings of the Cambridge Philological Society N.S. 11 (1965) 1-20. – Politische 'Freundschaften'.
573 F.-A. Steinmetz: Die Freundschaftslehre des Panaitios nach einer Analyse von Ciceros ‹Laelius de amicitia› (Wiesbaden 1967) [Palingenesia 3].
574 E. Piscione: Il primato dell'amicizia nella filosofia antica, in: Sapienza 37 (1984) 377-395.
575 L. Landolfi: Cicerone e la φιλία epicurea, in: Atti del Congresso internazionale «L'epicureismo greco e romano» (Neapel 1994) [Collana Elenchos].

h) Selbstmord

581 R. Hirzel: Der Selbstmord, in: Archiv für Religionswissenschaft 11 (1908) 75-104. 243-284. 417-476. ND Darmstadt 1967 [Libelli 189].
582 M. di Martino Fusco: Il suicidio nelle dottrine di Cicerone, in: Μουσεῖον. Rivista d'Antichità 1 (1923) 95-99.
583 Yolande Grisé: Le suicide dans la Rome antique (Montréal 1982).
584 Miriam Griffin: Philosophy, Cato and Roman suicide, in: Greece and Rome 33 (1986) 64-77. 192-202.

i) Verschiedenes

591 R. McKeon: The development of the concept of property in political philosophy. A study of the background of the constitution, in: Ethics. An international Journal of Social, Political and Legal Philosophy 47 (1938) 297-366. – Zu Cicero: 312-316.
592 B. Biliński: Elogio della mano e la concezione ciceroniana della società, in: Atti del I Congresso internazionale di Studi ciceroniani [§ 54 *32: 1, 195-212]. – Zur widersprüchlichen Bewertung handwerklicher Tätigkeit bei Cicero.
593 J.-M. André: L'"otium" dans la vie morale et intellectuelle romaine (Paris 1966) [Publications de la Faculté des Lettres et Sciences humaines de Paris. Recherches 30]. – Zu Cicero: 261-334.
594 P. Courcelle: Cicéron et le précepte delphique, in: Giornale italiano di Filologia 21 (1969) 109-120.
595 P. Walcot: Cicero on private property. Theory and practice, in: Greece and Rome 22 (1975) 120-128.
596 K. Abel: De maleficio committendo et puniendo Cicero quid iudicarit quaeritur, in: Ciceroniana n.s. 3 (1978) [§ 54 *65: 163-173].
597 Krystyna Tyszyńska: Etyczny aspekt epistemologii Cycerona ('Der ethische Aspekt von Ciceros Erkenntnistheorie'), in: Eos 66 (1978) 231-247.
598 M. Wacht: Privateigentum bei Cicero und Ambrosius, in: Jahrbuch für Antike und Christentum 25 (1982) 28-64. – Zu Cicero off. I 20f. und Ambrosius off. min. I 130ff.
599 Sandra Citroni Marchetti: Forme della rappresentazione del costume nel moralismo romano, in: Annali della Facoltà di Lettere e

Filosofia dell'Università di Siena 4 (1983) 41-114.
600 B. Wiśniewski: Devoir et plaisir chez Cicéron, in: Latomus 42 (1983) 597-600.
601 E. Narducci: Valori aristocratici e mentalità acquisitiva nel pensiero di Cicerone, in: Index 13 (1985) 93-125.
602 Julia Annas: Cicero on Stoic moral philosophy and private property, in: Griffin/Barnes (Hg.) 1989 [§ 1 *369: 151-173].

7. Staat und Politik

a) Allgemeines

621 R. Heinze: Ciceros ‹Staat› als politische Tendenzschrift, in: Hermes 59 (1924) 73-94. ND in: R. H.: Vom Geist des Römertums (Darmstadt ³1960) 141-159 und in: Klein (Hg.) 1966 [§ 54 *36: 291-314].
622 K. Sprey: De M. Tulli Ciceronis politica doctrina (Zutphen 1928). – Diss. Amsterdam.
623 G. Righi: La filosofia civile e giuridica di Cicerone (Bologna 1930).
624 F. Solmsen: Die Theorie der Staatsformen bei Cicero De re publica I (Kompositionelle Beobachtungen), in: Philologus 88 (1933) 326-341. ND in: Klein (Hg.) 1966 [§ 54 *36: 315-331].
625 V. Pöschl: Römischer Staat und griechisches Staatsdenken bei Cicero. Untersuchungen zu Ciceros Schrift De re publica (Berlin 1936, ND Darmstadt 1962, 1990) [Neue Deutsche Forschungen 104].
626 R. Stark: Res publica (Göttingen 1937). ND und Nachträge 1966, in: Oppermann (Hg.) 1967 [§ 54 *37: 42-110]. – Diss.
627 A. Steinwenter: Utilitas publica, utilitas singulorum, in: Festschrift P. Koschaker zum 60. Geburtstag überreicht von seinen Fachgenossen, Bd. 1 (Weimar 1939) 84-102.
628 P. Boyancé: Cum dignitate otium, in: Revue des Etudes anciennes 43 (1941) 172-191. ND in: Boyancé 1970 [§ 54 *39: 114-134]. Dt. in: Klein (Hg.) 1966 [§ 54 *36: 348-374].
629 U. Knoche: Die geistige Vorbereitung der augusteischen Epoche durch Cicero, in: H. Berve (Hg.): Das neue Bild der Antike, Bd. 2 (Leipzig 1942) 200-218. ND in: Klein (Hg.) 1966 [§ 54 *36: 405-426] und in: U. K.: Ausgewählte Kleine Schriften, hg. von W.-W. Ehlers (Frankfurt a.M. 1986) [Beiträge zur klassischen Philologie 175] 82-100.

630 F. J. Hackelsberger: Die Staatslehre des M. Tullius Cicero (Köln 1948). – Masch. Diss.
631 C. Wirszubski: 'Libertas' as a political idea at Rome during the late republic and early principate (Cambridge 1950, ²1960). Dt.: 'Libertas' als politische Idee im Rom der späten Republik und des frühen Prinzipats (Darmstadt 1967). – Ciceros Staatstheorie: 98-108.
632 M. Hammond: City-state and world state in Greek and Roman political theory until Augustus (Cambridge, Mass. 1951). – Zu Cicero: Kap. 8-11.
633 H. F. Reynders: 'Societas generis humani' bij Cicero (Groningen 1954). – Diss.
634 R. Stark: Ciceros Staatsdefinition, in: La nouvelle Clio 6 (1954) 56-69. ND in: Klein (Hg.) 1966 [§ 54 *36: 332-347].
635 C. Wirszubski: Cicero's 'cum dignitate otium': a reconsideration, in: Journal of Roman Studies 44 (1954) 1-13. Dt.: Noch einmal: Ciceros 'cum dignitate otium', in: Klein (Hg.) 1966 [§ 54 *36: 375-404].
636 S. E. Smethurst: Politics and morality in Cicero, in: Phoenix 9 (1955) 111-121.
637 V. Sirago: Tyrannus. Teoria e prassi antitirannica in Cicerone e suoi contemporanei, in: Rendiconti della Accademia di Archeologia, Lettere e Belle Arti di Napoli 31 (1956) 179-225.
638 A. Dermience: La notion de 'libertas' dans les œuvres de Cicéron, in: Les Etudes classiques 25 (1957) 157-167.
639 H. Drexler: Res publica, in: Maia 9 (1957) 247-281 und 10 (1958) 1-37. ND (Teilabdruck) in: Oppermann (Hg.) 1967 [§ 54 *37: 111-119] und (gekürzt) in: H. Drexler: Politische Grundbegriffe der Römer (Darmstadt 1988) 1-30.
640 F. Hampl: 'Stoische Staatsethik' und frühes Rom, in: Historische Zeitschrift 184 (1957) 249-271.
641 D. Pesce: Città terrena e città celeste nel pensiero antico. Platone, Cicerone, Sant'Agostino (Florenz 1957).
642 W. Suerbaum: Vom antiken zum frühmittelalterlichen Staatsbegriff. Über Verwendung und Bedeutung von res publica, regnum, imperium und status von Cicero bis Jordanis (Münster 1961, ³1977) [Orbis antiquus 16/17]. – Kap. 1: «Die Grundlagen: Cicero, De re publica», 1-70.
643 G. Jossa: L'"utilitas rei publicae' nel pensiero di Cicerone, in: Studi romani 12 (1964) 269-288.

644 K. H. Gugg: Cicero, in: H. Maier, H. Rausch, H. Denzer (Hg.): Klassiker des politischen Denkens, Bd. 1: Von Plato bis Hobbes (München 1968, ⁴1972) 64-86. 380-383.

645 Barbara Wicha: Der Mensch im Staat bei Cicero. Versuch einer Standortbestimmung des Menschen an Hand der staatsphilosophischen Werke (Salzburg 1970). – Maschinenschriftl. Diss.

646 A. Michel: Histoire des doctrines politiques à Rome (Paris 1971) [Que sais-je? 1442].

647 Armin Müller: Autonome Theorie und Interessedenken. Studien zur politischen Philosophie bei Platon, Aristoteles und Cicero (Wiesbaden 1971). – Kap. 3: «Ciceros affirmative Applikation der praktischen Philosophie der alten Stoiker», 107-143.

648 J. M. Carter: Cicero. Politics and philosophy, in: Martyn (Hg.) 1972 [§ 54 *41: 15-36].

649 J. Ferguson: Utopias of the classical world (London 1975) [Aspects of Greek and Roman life].

650 A. Heuss: Ciceros Theorie vom römischen Staat (Göttingen 1975) [Nachrichten der Akademie der Wissenschaften in Göttingen. Philol.-hist. Klasse 1975, 8].

651 M. Plezia: The first of Cicero's philosophical essays, in: Michel/Verdière (Hg.) 1975 [§ 54 *43: 196-205]. – Über den Brief I 1 (1 Sh.B.) an den Bruder Quintus aus dem Jahre 60 v. Chr. (ethisch fundierte Ratschläge für die Provinzialverwaltung).

652 M. Rostock: Die antike Theorie der Organisation staatlicher Macht. Studien zur Geschichte der Gewaltenteilungslehre (Meisenheim 1975) [Schriften zur politischen Wissenschaft 8]. – § 18: «Ciceros Theorie als Schlusspunkt antiken Verfassungsdenkens», 340-375.

653 P. Weber-Schäfer: Einführung in die antike politische Theorie, Bd. 2: Von Platon bis Augustinus (Darmstadt 1976) [Die Altertumswissenschaft]. – Zu Cicero: 108-121.

654 H. P. Kohns: 'Libertas populi' und 'libertas civium' in Ciceros Schrift De re publica, in: A. Lippold, N. Himmelmann (Hg.): Bonner Festgabe Johannes Straub zum 65. Geburtstag ... (Bonn 1977) 201-211.

655 P. A. Brunt: Laus imperii, in: P. D. A. Garnsey, C. R. Whittaker (Hg.): Imperialism in the ancient world (Cambridge 1978) 159-191.

656 Curtis N. Johnson: 'Libertas' and 'res publica' in Cicero and Tacitus (New York 1980). – Diss. Columbia University.

657 Paul M. Martin: Cicéron 'princeps', in: Latomus 39 (1980) 850-878.

658 J. Guillén: La constitución romana según Cicerón, in: Humanitas 33-34 (1981-82) 147-212.

659 I. Lana: I principi del buon governo nella pubblicistica ellenistico-romana e cristiana, in: Atti della Accademia delle Scienze di Torino 115 (1981) 89-107. ND in: Mondo classico e cristianesimo (Rom 1982) 101-116.

660 I. Lana: I principi del buon governo secondo Cicerone e Seneca (Turin 1981).

661 J. B. Morrall: Cicero as a political thinker, in: History today 32 (1982) 3, 33-37.

662 A. Ronconi: Cicerone e la costituzione romana, in: Studi italiani di Filologia classica N.S. 54 (1982) 7-28.

663 W. Breil: Republik ohne Demagogie. Ein Vergleich der soziopolitischen Anschauungen von Polybios, Cicero und Alexander Hamilton (Bochum 1983) [Bochumer Historische Studien. Alte Geschichte 6].

664 K. M. Girardet: Die Ordnung der Welt. Ein Beitrag zur philosophischen und politischen Interpretation von Ciceros Schrift De legibus (Wiesbaden 1983) [Historia Einzelschriften 42].

665 I. Soós: M. T. Ciceros Betrachtungen über die Institutionen der athenischen Demokratie, in: Oikumene 4 (1983) 71-79.

666 J. Sprute: Rechts- und Staatsphilosophie bei Cicero, in: Phronesis 28 (1983) 150-176.

667 P. Weber-Schäfer: Ciceros Staatstheorie und ihre Bedeutung für die moderne Politikwissenschaft, in: Gymnasium 90 (1983) 478-493.

668 H. Cambeis: Das monarchische Element und die Funktion der Magistrate in Ciceros Verfassungsentwurf, in: Gymnasium 91 (1984) 237-260.

669 Michèle Ducos: Les Romains et la loi. Recherches sur les rapports de la philosophie grecque et de la tradition romaine à la fin de la République (Paris 1984).

670 G. Mancuso: Sulla definizione ciceroniana dello stato, in: Sodalitas. Scritti in onore di Antonio Guarino, Bd. 2 (Neapel 1984-1985) 609-613.

671 L. Perelli: Rassegna di studi sul pensiero politico ciceroniano (1970-1984), in: Bollettino di Studi latini 15 (1985) 51-84.

672 P. Grimal: Les éléments philosophiques dans l'idée de monarchie à Rome à la fin de la République, in: Flashar/Gigon (Hg.) 1986 [§ 1 *366: 233-281].

673 J. Gruber: Xenophon und das hellenistisch-römische Herrscherideal, in: P. Neukam (Hg.): Reflexionen alter Kulturen (München 1986) [Dialog Schule – Wissenschaft. Klassische Sprachen und Literaturen 20] 27-46.
674 J.-L. Ferrary: Cicéron et la dictature, in: F. Hinard (Hg.): Dictature. Actes de la Table ronde Paris 1984 (Paris 1988) 97-105.
675 Miriam Griffin: Philosophy for statesmen. Cicero and Seneca, in: H. W. Schmidt, P. Wülfing (Hg.): Antikes Denken – Moderne Schule (Heidelberg 1988) [Gymnasium Beihefte 9] 133-150.
676 J. Gruber: Cicero und das hellenistische Herrscherideal. Überlegungen zur Rede ‹De imperio Cn. Pompei›, in: Wiener Studien 101 (1988) 243-258.
677 N. Wood: Cicero's social and political thought (Berkeley 1988).
678 H. Zab(o)ulis: Le dévouement à l'Etat selon la conception de Cicéron et dans la réalité, in: Ciceroniana n.s. 6 (1988) [§ 54 *68: 173-178].
679 E. Narducci: Modelli etici e società. Un'idea di Cicerone (Pisa 1989) [Biblioteca di ‹Materiali e Discussioni› 7].
680 L. Perelli: Il pensiero politico di Cicerone. Tra filosofia greca e ideologia aristocratica romana (Florenz 1990) [Biblioteca di Cultura 170].
681 I. Lana: La concezione ciceroniana della pace, in: Ciceroniana n.s. 7 (1990) [§ 54 *69: 45-59].
682 W. Görler: Cicero zwischen Politik und Philosophie, in: Ciceroniana n.s. 7 (1990) [§ 54 *69: 61-73].
683 W. Wołodkiewicz: Stato e diritto nel De legibus, in: Ciceroniana n.s. 7 (1990) [§ 54 *69: 75-82].
684 Michèle Ducos: Les magistrats et le pouvoir dans les traités politiques de Cicéron, in: Ciceroniana n.s. 7 (1990) [§ 54 *69: 83-96].
685 Marie-José Bénéjam-Bontemps: 'Virtus' – Vertu d'Etat, in: Ciceroniana n.s. 7 (1990) [§ 54 *69: 111-119].
686 L. Havas: L'idée d'Etat dans les discours consulaires de Cicéron, in: Ciceroniana n.s. 7 (1990) [§ 54 *69: 133-147].
687 Emanuela Andreoni Fontecedro: Il sogno dell'uomo politico nel De re publica, in: Ciceroniana n.s. 7 (1990) [§ 54 *69: 149-158].
688 J. Axer: Cicerone e la società alla luce delle orazioni giudiziarie, in: Ciceroniana n.s. 7 (1990) [§ 54 *69: 175-182].
689 H. Kupiszewski: La nozione di Stato nel De re publica di Cicerone, in: Ciceroniana n.s. 7 (1990) [§ 54 *69: 193-199].
690 Ioannes (Giovanni) Pascucci: Quid de tribunatu plebis Cicero senserit, in: Ciceroniana n.s. 7 (1990) [§ 54 *69: 231-234].
691 A. Grilli: L'idea di Stato dal De re publica al De legibus, in: Ciceroniana n.s. 7 (1990) [§ 54 *69: 249-262].
692 M. Schofield: Cicero's definition of 'res publica', in: Powell (Hg.) 1994 [§ 54 *48].

b) Naturrecht

Vgl. auch Görler 1978 [*475].

701 R. N. Wilkin: Cicero, oracle of natural law, in: Classical Journal 44 (1949) 453-456.
702 F. Flückiger: Geschichte des Naturrechts, Bd. 1: Altertum und Frühmittelalter (Zollikon-Zürich 1954). – Zu Cicero: 213-238.
703 M. Villey: Cours d'histoire de la philosophie du droit, Fasc. 4: La formation de la pensée juridique moderne (Paris 1955). – Zu Cicero: 428-470. Dt.: Rückkehr zur Rechtsphilosophie, in: Büchner (Hg.) 1971 [§ 54 *40: 259-303].
704 T. Mayer-Maly: Gemeinwohl und Naturrecht bei Cicero, in: Völkerrecht und rechtliches Weltbild. Festschrift für A. Verdross (Wien 1960) 195-206. ND in: Büchner (Hg.) 1971 [§ 54 *40: 371-387].
705 G. Watson: The natural law and Stoicism, in: A. A. Long (Hg.): Problems in Stoicism (London 1971) 216-238.
706 M. Pallasse: Cicéron et les sources de droits (Paris 1966) [Annales de l'Université de Lyon. Sér. 3: Droit, Fasc. 8].
707 U. Knoche: Ciceros Verbindung der Lehre vom Naturrecht mit dem römischen Recht und Gesetz, in: Radke (Hg.) 1968 [§ 54 *38: 38-60].
708 K. Büchner: 'Utile' und 'honestum', in: F. Hörmann (Hg.): Probata – Probanda (München 1974) 5-21.
709 M. C. Horowitz: The Stoic synthesis of the idea of natural law in man, in: Journal of the History of Ideas 35 (1974) 3-16.
710 J. Blänsdorf: Griechische und römische Elemente in Ciceros Rechtstheorie, in: Würzburger Jahrbücher für die Altertumswissenschaft N.F. 2 (1976) 135-147.
711 P. Grimal: Contingence historique et rationalité de la loi dans la pensée cicéronienne,

in: Helmantica 28 (1977) 201-209. – Auch in: Ciceroniana n.s. 3 (1978) [§ 54 *65: 175-182].

712 R. A. Horsley: The law of nature in Philo and Cicero, in: Harvard Theological Review 71 (1978) 35-59.

713 P. Stein: The sources of law in Cicero, in: Ciceroniana n.s. 3 (1978) [§ 54 *65: 19-31].

714 H.-T. Johann: Gerechtigkeit und Nutzen. Studien zur ciceronischen und hellenistischen Naturrechts- und Staatslehre (Heidelberg 1981).

715 K. M. Girardet: Die Ordnung der Welt. Ein Beitrag zur philosophischen und politischen Interpretation von Ciceros Schrift De legibus (Wiesbaden 1983) [Historia Einzelschr. 42].

716 P. Weber-Schäfer: Ciceros Staatstheorie und ihre Bedeutung für die moderne Politikwissenschaft, in: Gymnasium 90 (1983) 478-493.

717 C. R. Kesler: Cicero and the Natural Law (Cambridge, Mass. 1985). – Diss.

718 J. Blänsdorf: Das Naturrecht in der Verfassung. Von Ciceros Staatstheorie zum modernen Naturrechtsdenken, in: H.-J. Glücklich (Hg.): Lateinische Literatur heute wirkend, Bd. 2 (Göttingen 1987) [Kleine Vandenhoeck-Reihe 1530] 30-59.

719 K. M. Girardet: 'Naturrecht' bei Aristoteles und bei Cicero (De legibus): Ein Vergleich, in: Fortenbaugh/Steinmetz (Hg.) 1989 [§ 54 *47: 114-132].

c) *Wesen des Gesetzes*

Vgl. auch Classen 1978 [§ 56 *636].

731 L. K. Born: Animate law in the ‹Republic› and the ‹Laws› of Cicero, in: Transactions and Proceedings of the American Philological Association 64 (1933) 128-137. – Der Staatslenker als 'sprechendes Gesetz'.

732 C. J. Classen: Bemerkungen zu Ciceros Äusserungen über die Gesetze, in: Rheinisches Museum 122 (1979) 278-302.

733 Michèle Ducos: Les Romains et la loi (1984) [*669].

734 D. H. van Zyl: Cicero's legal philosophy (Roodeport 1986).

735 Michèle Ducos: Les fondements sacrés du droit et la tradition cicéronienne, in: Bulletin de l'Association Guillaume Budé (1990) 262-274.

d) *Politische Tätigkeit oder 'otium cum dignitate'?*

751 E. Remy: 'Dignitas cum otio', in: Musée Belge 32 (1928) 113-127.

752 E. Remy: Trois programmes de vie civique. 'Dignitas cum otio' (Cic., De or., 1, 1). 'Aurea mediocritas' (Hor. Carm. II, 10, 5). 'Obsequium cum securitate' (Tac. Hist. IV, 74), in: Les Etudes classiques 4 (1935) 93-107.

753 Marianne Kretschmar: 'Otium', 'studia litterarum', Philosophie und βίος θεωρητικός in Leben und Denken Ciceros (Würzburg 1938). – Diss. Leipzig.

754 E. de Saint-Denis: La théorie cicéronienne de la participation aux affaires publiques, in: Revue de Philologie 12 (1938) 193-215.

755 P. Boyancé: Cum dignitate otium, in: Revue des Etudes anciennes 43 (1941) 172-191. ND in: Boyancé 1970 [§ 54 *39: 114-134]. Dt. in: Klein (Hg.) 1966 [§ 54 *36: 348-374].

756 E. Bernert: Otium, in: Würzburger Jahrbücher für die Altertumswissenschaft 4 (1949-1950) 89-99.

757 A. Grilli: Otium cum dignitate, in: Acme 4 (1951) 227-240.

758 A. Grilli: Il problema della 'vita contemplativa' nel mondo greco-romano (Mailand 1953).

759 L. Alfonsi: Tra l'ozio e l'inerzia, in: Aevum 28 (1954) 375-376.

760 C. Wirszubski: Cicero's 'cum dignitate otium': a reconsideration (1954) [*635: 1-13]. Dt. in: Klein (Hg.) 1966 [§ 54 *36: 375-404].

761 R. Joly: Le thème philosophique des genres de vie dans l'antiquité classique (Brüssel 1956).

762 J.-M. André: 'Otium' chez Cicéron, ou le drame de la retraite impossible, in: Association Guillaume Budé. Actes du Congrès de Lyon (Paris 1960) 300-304.

763 J. P. V. D. Balsdon: Auctoritas, dignitas, otium, in: Classical Quarterly N.S. 10 (1960) 43-50.

764 M. Fuhrmann: Cum dignitate otium. Politisches Programm und Staatstheorie bei Cicero, in: Gymnasium 67 (1960) 481-500. – Vor allem zu Sest. 96-100.

765 Reimar Müller: Die Wertung der Bildungsdisziplinen bei Cicero. Βίος πρακτικός und Bildung, in: Klio 43-45 (1965) 77-173.

766 Reimar Müller: Βίος θεωρητικός bei Antiochos von Askalon und Cicero, in: Helikon 8 (1968) 222-237. – Zusammen mit 1965 [*765] ursprünglich Diss. Jena (1963): Die Wertung der Bildungsdisziplinen bei Cicero. – Marxistische Interpretation.

767 J.-M. André: L''otium' (1966) [*593: 261-334].

768 P. Boyancé: Cicéron et la vie contemplative,

in: Latomus 26 (1967) 3-26. ND in: Boyancé 1970 [§ 54 *39: 89-113].
769 D. Perlich: 'Otium' oder 'accedere ad rem publicam'. Das Problem der politischen Betätigung bei Cicero, in: Der Altsprachliche Unterricht 13, 1 (1970) 5-16.
770 A. Weische: Philosophie grecque et politique romaine dans la partie finale du ‹Pro Sestio›, in: Bulletin de l'Association Guillaume Budé 29 (1970) 483-488.
771 O. Gigon: Posidoniana – Ciceroniana – Lactantiana, in: W. den Boer u.a. (Hg.): Romanitas et Christianitas. Studia J. H. Waszink oblata (Amsterdam 1973) 145-180. ND in: O. G.: Die antike Philosophie als Massstab und Realität (Zürich 1977) 396-436. – Zum Ideal des Βίος θεωρητικός.
772 Emanuela Andreoni: Sul contrasto ideologico fra il ‹De re publica› di Cicerone e il poema di Lucrezio (La genesi della società civile), in: Studi di poesia latina in onore di A. Traglia, Bd. 1 (Rom 1979) [Storia e Letteratura. Raccolta di Studi e Testi 146] 281-321.
773 Emanuela Andreoni Fontecedro: Il dibattito su vita e cultura nel ‹De re publica› di Cicerone (a proposito di un frammento d'incerta sede) (Rom 1981). – 'Otium' und politische Betätigung.
774 J. Doignon: Pivots et tensions de l'éthique cicéronienne dans la ‹Cité de Dieu› de Saint Augustin, in: Latomus 43 (1984) 813-826.
775 H. Zab(o)ulis: Le dévouement à l'Etat selon la conception de Cicéron et dans la réalité, in: Ciceroniana n.s. 6 (1988) [§ 54 *68: 173-178].
776 J. Christes: 'Cum dignitate otium' (Cic. Sest. 98) – eine Nachbereitung, in: Gymnasium 95 (1988) 303-315. – Kurzer Forschungsbericht; Auseinandersetzung vor allem mit Fuhrmann 1960 [*764].
777 W. Görler: Cicero zwischen Politik und Philosophie, in: Ciceroniana n.s. 7 (1990) [§ 54 *69: 61-73].

e) Krieg und Frieden. Völkerrecht

791 E. Remy: Sur une application de la morale au 'ius belli', in: Musée Belge 24 (1920) 25-38. 53-72.
792 W. Capelle: Griechische Ethik und römischer Imperialismus, in: Klio 25 (1932) 86-113. ND in: H. Kloft (Hg.): Ideologie und Herrschaft in der Antike (Darmstadt 1979) 238-270.
793 H. F. Reynders: 'Societas generis humani' bij Cicero (Groningen 1954). – Diss. Utrecht.
794 J. Michel: Sur les origines du 'jus gentium', in: Revue internationale des Droits. 3ᵉ sér. 3 (1956) 313-348.
795 A. Michel: Les lois de la guerre et les problèmes de l'impérialisme romain dans la philosophie de Cicéron, in: J.-P. Brisson (Hg.): Problèmes de la guerre à Rome (Paris 1969) 171-183.
796 W. C. Korfmacher: Cicero and the 'bellum iustum', in: The Classical Bulletin 48 (1972) 49-52. – Zu off. I 34-40.
797 R. Del Re: La 'civitas omnium gentium' nel pensiero etico e giuridico di Cicerone, in: Ciceroniana n.s. 3 (1978) [§ 54 *65: 157-159].
798 J. C. Dumont: Conquête et esclavage chez Cicéron, De re publica III, 36-37, in: Ktema 8 (1983) 113-128.
799 J. Barnes: Cicéron et la guerre juste, in: Bulletin de la Société française de Philosophie 80 (1986) 37-80.
800 Helga Botermann: Ciceros Gedanken zum 'gerechten Krieg' in De officiis 1, 34-40, in: Archiv für Kulturgeschichte 69 (1987) 1-29.
801 M. Forschner: Stoa und Cicero über Krieg und Frieden (1988) [*226: 8-17].
802 I. Lana: L'idea della pace in Aristotele, Cicerone, Agostino, in: B. Amata (Hg.): Cultura e lingue classiche II. 2° convegno di aggiornamento e di didattica, Roma 31 ottobre-1 novembre 1987 (Rom 1988) [Studi, Testi, Commenti Patristici 14] 27-66.
803 I. Lana: Studi sull'idea della pace nel mondo antico (Turin 1989) [Memorie dell'Accademia delle Scienze di Torino. Classe di Scienze morali V, 13, fasc. 1-2].
804 I. Lana: La concezione ciceroniana della pace, in: Ciceroniana n.s. 7 (1990) [§ 54 *69: 45-59].
805 E. Narducci: Gli 'slogans' della pace in Cicerone, in: La pace nel mondo antico (Turin 1991) 165-209.

f) Positives Recht. Juristisches

811 E. Costa: Cicerone giureconsulto, 4 Bde. (Bologna 1911-1919, 2 Bde. ²1927, ND Rom 1964).
812 J. Stroux: Summum ius summa iniuria (Berlin 1926). ND in: J. S.: Römische Rechtswissenschaft und Rhetorik (Potsdam 1949) 7-66. Ital. in: Annali del Seminario Giuridico dell'Università di Palermo 1 (1934).
813 G. Righi: La filosofia civile e giuridica di Cicerone (Bologna 1930).

814 Fritz Schulz: The history of Roman legal science (Oxford 1946, ²1953). – Dt. 1961.
815 R. N. Wilkin: Eternal lawyer. A legal biography of Cicero (New York 1947).
816 V.-A. Georgesco: «Nihil hoc ad ius, ad Ciceronem!» Note sur les relations de M. T. Cicéron avec la 'iurisprudentia' et la profession de 'iuris consultus', in: Mélanges de philologie, de littérature et d'histoire anciennes offerts à J. Marouzeau (Paris 1948) 189-206.
817 O. Robleda: La 'aequitas' en Cicerón, in: Humanidades 2 (1950) 31-57.
818 H. J. Mette: Ius civile in artem redactum (Göttingen 1954). – Zu Cicero: 50-64.
819 K. Büchner: Summum ius summa iniuria, in: K. B.: Humanitas Romana. Studien über Werte und Wesen der Römer (Heidelberg 1957) 80-105.
820 O. Robleda: Cicerón y el derecho romano, in: Humanidades 10 (1958) 33-58.
821 V. Arangio-Ruiz: Cicerone giurista, in: Ciceroniana 1, 2 (1959) 3-19. ND in: Marco Tullio Cicerone (1961) [§ 54 *33: 187-207].
822 B. Riposati: Una singolare nozione di 'aequitas' in Cicerone (Mailand 1961). ND in: Studi in onore di B. Biondi, Bd. 2 (Mailand 1965) 445-465.
823 G. Ciulei: Die juristische Eloquenz im Werke Ciceros, in: Das Altertum 9 (1963) 205-213.
824 G. Pugliese: Cicerone tra diritto e retorica, in: Raccolta di scritti in onore di A. C. Jemolo (Mailand 1963) 561-587.
825 Josef Schneider: Untersuchungen über das Verhältnis von 'humanitas' zu Recht und Gerechtigkeit bei Cicero (Freiburg i.Br. 1964). – Diss.
826 O. Robleda: Filosofía jurídica de Cicerón, in: Studi in onore di B. Biondi, Bd. 2 (Mailand 1965) 467-482.
827 J. F. Hernández-Tejero: El pensiamento jurídico de Cicerón en el ‹De re publica›, in: Revista de la Facultad de Derecho de la Universidad Complutense Madrid 10 (1966) 345-394.
828 A. Zamboni: L'"aequitas' in Cicerone, in: Archivio giuridico 170 (1966) 167-203.
829 G. Ciulei: Les rapports de l'équité avec le droit et la justice dans l'œuvre de Cicéron, in: Revue historique de Droit français et étranger 46 (1968) 639-647.
830 H. Dieter: Der iustitia-Begriff Ciceros, in: Eirene 7 (1968) 33-48.
831 C. S. Tomulescu: Der juristische Wert des Werkes Ciceros, in: M. N. Andreev u.a. (Hg.): Gesellschaft und Recht im griechisch-römischen Altertum, Bd. 1 (Berlin 1968) 226-267 [Deutsche Akademie der Wissenschaften Berlin. Schriften der Sektion für Altertumswissenschaft 52].
832 D. Daube: Roman law. Linguistic, social and philosophical aspects (Edinburgh 1969).
833 C. F. Lombardi: Filosofía jurídica de Cicerón en el tratado ‹De re publica›, in: Stromata (Ciencia y Fe) 25 (1969) 433-445.
834 G. Ciulei: Eléments de la philosophie grecque dans la conception cicéronienne de l'équité, in: Etudes offertes à J. Macqueron (Aix-en-Provence 1970) 201-207.
835 M. Ruch: Cicéron adversaire des jurisconsultes et des stoïciens? in: M. R.: Etudes cicéroniennes (Paris [1970]) [Les cours de l'Université de Nancy] 72-79.
836 G. Ciulei: L'équité chez Cicéron (Amsterdam 1972).
837 Elaine Fantham: 'Aequabilitas' in Cicero's political theory and the Greek tradition of proportional justice, in: Classical Quarterly N.S. 23 (1973) 286-290.
838 P. Grimal: Contingence historique et rationalité de la loi dans la pensée cicéronienne, in: Helmantica 28 (1977) 201-209. – Auch in: Ciceroniana n.s. 3 (1978) [§ 54 *65: 19-31].
839 M. Bretone: Cicerone e i giuristi del suo tempo, in: Ciceroniana n.s. 3 (1978) [§ 54 *65: 47-68].
840 F. Wieacker: Cicero und die Fachjurisprudenz seiner Zeit, in: Ciceroniana n.s. 3 (1978) [§ 54 *65: 69-77].
841 O. Behrends: Die 'fraus legis'. Zum Gegensatz von Wortlaut- und Sinngeltung in der römischen Gesetzesinterpretation (Göttingen 1982) [Göttinger Rechtswissenschaftliche Studien 121]. – 61-98: Einfluss der skeptischen Akademie auf die Rechtsauslegung.
842 G. Hamza: Cicero und der Idealtypus des 'iurisconsultus', in: Helikon 22-27 (1982-87) 281-297.
843 G. Aricò Anselmo: 'Ius publicum' – 'ius privatum' in Ulpiano, Gaio e Cicerone, in: Annali del Seminario Giuridico di Palermo 37 (1983) 445-787.
844 M. van den Bruwaene: Les valeurs de justice dans le parler cicéronien, in: Acta Classica Universitatis Scientiarum Debreceniensis 19 (1983) 41-48.
845 H. L. W. Nelson: Ciceros Vorschläge für ein neues juristisches Lehrbuch. Betrachtungen

über De oratore I, 185-192, in: Wissenschaftliche Zeitschrift der Wilhelm-Pieck-Universität Rostock 34, 1 (1985) 37-39.
846 D. H. van Zyl: Cicero's legal philosophy (Roodeport 1986).

g) *Geschichte und Geschichtsphilosophie*

861 B. L. Hallward: Cicero historicus, in: Cambridge Historical Journal 3 (1931) 221-237.
862 V. Paladini: Sul pensiero storiografico di Cicerone, in: Latomus 6 (1947) 329-344.
863 J. Bayet: Approches historiques de Cicéron, in: Critique 37 (1949) 527-538.
864 L. Ferrero: Osservazioni sugli interessi storici ciceroniani, in: Giornale italiano di Filologia 3 (1950) 219-237.
865 P. Defourny: Histoire et éloquence d'après Cicéron, in: Les Etudes classiques 21 (1953) 156-166.
866 M. Rambaud: Cicéron et l'histoire romaine (Paris 1953).
867 K. Fromm: Ciceros geschichtlicher Sinn (Freiburg i.Br. 1954). – Maschinenschriftl. Diss.
868 M. Ruch: Nationalisme culturel et culture internationale dans la pensée de Cicéron, in: Revue des Etudes latines 36 (1958) 187-204.
869 R. F. Hathaway: Cicero, De re publica II, and his Socratic view of history, in: Journal of the History of Ideas 29 (1968) 3-12.
870 G. W. R. Ardley: Cicero on philosophy and history, in: Prudentia 1 (1969) 28-41.
871 M. Ruch: L'histoire romaine dans le De officiis, in: Caesarodunum 6 (1971) 111-122.
872 K. E. Petzold: Cicero und Historie, in: Chiron 2 (1972) 253-276.
873 Elizabeth Rawson: Cicero the historian and Cicero the antiquarian, in: Journal of Roman Studies 62 (1972) 33-45.
874 K. A. Sinkovich: Cicero historicus, in: Rivista di Studi classici 22 (1974) 164-175.
875 J. Gaillard: La notion cicéronienne d'"historia ornata', in: Caesarodunum 15 bis (1980) 37-45.
876 P. Kuklica: Cicero als potentieller Historiker, in: Graecolatina et Orientalia 15-16 (1983-1984) 25-46.
877 A. D. Leeman: De geschiedschrijving in Cicero's De oratore, in: Lampas 17 (1984) 248-253. – Franz.: L'historiographie dans le De oratore de Cicéron, in: Bulletin de l'Association Guillaume Budé (1985) 280-288.
878 E. Cizek: La poétique cicéronienne de l'histoire, in: Bulletin de l'Association Guillaume Budé (1988) 16-25.
879 M. Fleck: Cicero als Historiker (Stuttgart, Leipzig 1993) [Beiträge zur Altertumskunde 39].

8. Religion

a) *Allgemeines*

901 W. D. Hooper: Cicero's religious beliefs, in: Classical Journal 13 (1917-1918) 88-95.
902 E. Burriss: Cicero's religious unbelief, in: Classical Weekly 17 (1923) 101-104.
903 L. Gueuning: Les idées religieuses de Cicéron, in: Nova et Vetera 7 (1925) 233-246, 324-343; 8 (1926) 1-22; 11 (1929) 24-38.
904 M. van den Bruwaene: La théologie de Cicéron (Löwen 1937).
905 P. Defourny: Les fondements de la religion d'après Cicéron, in: Les Etudes classiques 22 (1954) 241-253. 366-378.
906 J. E. Rexine: Religion in Plato and Cicero (New York 1959).
907 J. Ferguson: The religion of Cicero, in: Studies in Cicero (1962) [§ 54 *34: 81-96].
908 Ursula Heibges: The religious beliefs of Cicero's time as reflected in his speeches (Bryn Mawr 1962). – Diss.
909 Ursula Heibges: Religion and rhetoric in Cicero's speeches, in: Latomus 28 (1969) 833-849.
910 Abd el Hadi Ben Mansour: Aspects de la religion de Cicéron, in: Bulletin de l'Association Guillaume Budé (1970) 359-373.
911 J. Pépin: Idées grecques sur l'homme et sur Dieu (Paris 1971). – 56-70: «Deux attitudes de Cicéron».
912 J.-M. André: La philosophie religieuse de Cicéron. Dualisme académique et tripartition varronienne, in: Michel/Verdière (Hg.) 1975 [§ 54 *43: 11-21].
913 J. Guillén: Introducción a la teología de Cicerón, in: Helmantica 27 (1976) 193-259.

b) *Gottesbeweise*

921 Ruth Schian: Untersuchungen über das 'argumentum e consensu omnium' (Hildesheim 1973) [Spudasmata 28].
922 D. Fasciano: Deos ... esse nemo negat, in: Mélanges offerts en hommage à Etienne Gareau (Ottawa 1982) [Cahiers des Etudes anciennes 14] 191-195.

c) Philosophische Gottesbegriffe

930 J. Beaujeu: Les constantes religieuses du scepticisme, in: Jacqueline Bibauw (Hg.): Hommages à M. Renard (Brüssel 1969), Bd. 2 [Collection Latomus 102] 61-73.
931 Virginia Guazzoni Foà: I fondamenti filosofici della teologia ciceroniana (Mailand 1970).
932 M. J. Buckley: Motion and motion's God. Thematic variations in Aristotle, Cicero, Newton, and Hegel (Princeton 1971). – Part II: Cicero, 89-156.
933 F. Guillaumont: Cicéron et le sacré dans la religion des philosophes, in: Bulletin de l'Association Guillaume Budé (1989) 56-71.

d) Cicero und die Staatsreligion

941 E. E. Burriss: Cicero and the religion of his day, in: Classical Journal 21 (1925-1926) 524-532.
942 G. Emilie: Cicero and the Roman 'pietas', in: Classical Journal 39 (1943-1944) 536-542.
943 F. Solmsen: Cicero on 'religio' and 'superstitio', in: The Classical World 37 (1943-1944) 159-160.
944 R. D. Sweeney: 'Sacra' in the philosophic works of Cicero, in: Orpheus 12 (1965) 99-131.
945 Ursula Heibges: Cicero, a hypocrite in religion? in: American Journal of Philology 90 (1969) 304-312.
946 R. J. Goar: Cicero and the state religion (Amsterdam 1972).
947 J. Guillén: Dios y los dioses en Cicerón, in: Helmantica 25 (1974) 511-565.
948 J. Kroymann: Cicero und die römische Religion, in: Michel/Verdière (Hg.) 1975 [§ 54 *43: 116-128].
949 K. Döring: Antike Theorien über die staatspolitische Notwendigkeit der Götterfurcht, in: Antike und Abendland 24 (1978) 43-56. – Zu nat. deor. I 118 (S. 43) und zu Ciceros Beurteilung der Vogelschau in De legibus und in De divinatione (S. 54).
950 J. Mandel: State religion and superstition as reflected in Cicero's philosophical works, in: Euphrosyne 12 (1983-1984) 79-110.
951 A. Momigliano: The theological efforts of the Roman upper classes in the first century B.C., in: Classical Philology 79 (1984) 199-211.
952 L. Troiani: La religione e Cicerone, in: Rivista storica italiana 96 (1984) 920-952.

e) Weissagung

960 Silvia Jannaccone: Divinazione e culto ufficiale nel pensiero di Cicerone, in: Latomus 14 (1965) 116-119.
961 F. Pfeffer: Studien zur Mantik in der Philosophie der Antike (Meisenheim 1976) [Beiträge zur Klassischen Philologie 64]. – Zu Cicero: 43-95. 104-109.
962 J. Linderski: Cicero and roman divination, in: La Parola del Passato 37 (1982) 12-38.
963 F. Guillaumont: Philosophe et augure. Recherches sur la théorie cicéronienne de la divination (Brüssel 1984) [Collection Latomus 184].
964 Mary Beard: Cicero and divination. The formation of a Latin discourse, in: Journal of Roman Studies 76 (1986) 33-46.
965 F. Guillaumont: Cicéron et les techniques de l'haruspicine, in: La divination dans le monde étrusco-italique, Bd. 2 (Tours 1986) [Caesarodunum Suppl. 54] 121-135.
966 José Kany-Turpin, P. Pellegrin: Cicero and the Aristotelian theory of divination by dreams, in: Fortenbaugh/Steinmetz (Hg.) 1989 [§ 54 *47: 220-245].

f) Verschiedenes

981 L. Gueuning: L'initiation de Cicéron aux Mystères d'Eleusis. Paginae bibliographicae (Brüssel 1927).
982 A.-J. Festugière: La révélation d'Hermès Trismégiste, Bd. 2: Le dieu cosmique (Paris 1949). – «Le témoignage de Cicéron sur la religion cosmique», 370-459.
983 P. Boyancé: La religion astrale de Platon à Cicéron, in: Revue des Etudes grecques 65 (1952) 312-350.
984 G. Luck: Studia divina in vita humana. On Cicero's Dream of Scipio and its place in Graeco-Roman philosophy, in: Harvard Theological Review 49 (1956) 207-218.
985 R. D. Sweeney: 'Sacra' in the philosophic works of Cicero, in: Orpheus 12 (1965) 99-131.
986 P. Courcelle: Cicéron et le précepte delphique, in: Giornale italiano di Filologia 21 (1969) 109-120.
987 J. L. Girard: Probabilisme, théologie et religion. Le catalogue des dieux homonymes dans le ‹De natura deorum› de Cicéron (III, 42 et 53-60), in: H. Zehnacker, G. Hentz (Hg.): Hommages à Robert Schilling (Paris

1983) [Collection d'Etudes latines. Série scientifique 37] 117-126.
988 José Turpin: Cicéron, De legibus I-II et la religion romaine. Une interprétation philosophique à la veille du principat, in: ANRW II 16,3 (1986) 1877-1908.
989 José Kany-Turpin: Les images divines. Cicéron lecteur d'Epicure, in: Revue philosophique de la France et de l'Etranger 176 (1986) 39-58.

9. Natur und Kosmos

a) Allgemeines

1011 A. Litman: Cicero's doctrine of nature and man (New York 1930).
1012 P. R. Coleman-Norton: Cicero's doctrine of the great year, in: Laval théologique et philosophique 3 (1947) 293-302.
1013 P. R. Coleman-Norton: Cicero and the music of spheres, in: Classical Journal 45 (1950) 237-241.
1014 A. Foucher: Cicéron et la nature, in: Bulletin de l'Association Guillaume Budé (1955, 3) 32-49.
1015 P. Boyancé: Cicéron et les semailles d'âmes du Timée (De legibus, I, 24), in: Comptes Rendus de l'Académie des Inscriptions et Belles-Lettres (1960) 283-289. ND in: Romanitas 3 (1961) 111-117 und in: Boyancé 1970 [§ 54 *39: 294-300].
1016 F. Solmsen: Cleanthes or Posidonius? The basis of Stoic physics, in: Mededelingen der Koninklijke Nederlandse Akademie van Wetenschappen. Afd. Letterkunde N.R. 24,9 (Amsterdam 1961) 265-289. – Zu Cicero (v.a. De natura deorum) 265-269.
1017 K. G. Sallmann: Studien zum philosophischen Naturbegriff der Römer mit besonderer Berücksichtigung des Lukrez, in: Archiv für Begriffsgeschichte 7 (1962) 140-284.
1018 A. Haury: Cicéron et l'astronomie (A propos de Rep. I, 22.), in: Revue des Etudes latines 42 (1964) 198-212.
1019 M. Ruch: Notwendigkeit und Zufälligkeit in Kosmos und Gesellschaft nach der Weltanschauung Ciceros, in: Gymnasium 72 (1965) 499-511.
1020 K. Bayer: Antike Welterklärung, ausgehend von Ciceros Timaeus sive de universo, in: P. Neukam (Hg.): Struktur und Gehalt (München 1983) [Dialog Schule – Wissenschaft. Klassische Sprachen und Literaturen 17] 122-148.
1021 Anna Maria Ioppolo: Le cause antecedenti in Cic. De Fato 40, in: Barnes/Mignucci (Hg.) 1988 [§ 1 *367: 397-424].

b) Menschenbild

1031 E. von Ivánka: Die stoische Anthropologie (1950) [*209: 178-192].
1032 V. d'Agostino: Il contrapposto fra l'uomo e gli animali nelle opere di Cicerone, in: Rivista di Studi classici 12 (1964) 150-159.
1033 J. Pépin: «Que l'homme n'est rien d'autre que son âme» (1969) [*138: 56-70].
1034 A. Michel: L'homme se réduit-il à son âme? Cicéron juge et témoin de la tradition platonicienne, in: Diotima 7 (1979) 137-141.
1035 T. Palacios Chinchilla: El hombre según Cicerón, in: Helmantica 34 (1983) 509-522.
1036 A. Michel: Humanisme et anthropologie chez Cicéron, in: Revue des Etudes latines 62 (1984) 128-142.
1037 Jeanne Croissant: La moralité (1986) [*499: 283-296]. – Zu fin. II 45-47.

c) Psychologie. Leben nach dem Tod

1051 E. Giafardini: L'immortalità dell'anima in Cicerone, in: Rivista di Filosofia neoscolastica 13 (1921) 245-263.
1052 G. Benkner: Ciceros Unsterblichkeitsglaube in Zusammenhang mit seiner Psychologie (Erlangen 1923). – Diss.
1053 F. A. Sullivan: Intimations of immortality among the ancient Romans, in: Classical Journal 39 (1943-1944) 15-24.
1054 J. Salinero Portero: La immortalidad del alma en Cicerón (el libro primero de las Tusculanas), in: Humanidades 10 (1958) 71-95.
1055 J. Moreau: L'âme et la gloire, in: Giornale di Metafisica 29 (1974) 113-127.

d) Medizin

1061 E. Orth: Cicero und die Medizin (Borna-Leipzig 1925). – Diss. Würzburg.

10. Zu einzelnen Begriffen

aequabilitas

1081 Elaine Fantham: 'Aequabilitas' in Cicero's political theory and the Greek tradition of proportional justice, in: Classical Quarterly N.S. 23 (1973) 285-290.

aequitas

1091 O. Robleda: La 'aequitas' en Cicerón, in: Humanidades 2 (1950) 31-57.

1092 B. Riposati: Una singolare nozione di 'aequitas' in Cicerone (Mailand 1961). ND in: Studi in onore di B. Biondi, Bd. 2 (Mailand 1965) 445-465.

1093 A. Zamboni: L"aequitas' in Cicerone (1966) [*828: 167-203].

1094 G. Ciulei: Les rapports de l'équité avec le droit et la justice dans l'œuvre de Cicéron (1968) [*829: 639-647].

1095 G. Ciulei: Eléments de la philosophie grecque dans la conception cicéronienne de l'équité (1970) [*834: 201-207].

1096 G. Ciulei: L'équité chez Cicéron (Amsterdam 1972).

1097 F. d'Agostino: Epieikeia. Il tema dell'equità nell'antichità greca (Mailand 1973) [Pubbl. Istituto di Filosofia del Diritto Università di Roma 3, 8].

1098 F. d'Agostino: La tradizione dell'epieikeia nel medioevo latino (Mailand 1976).

amicitia

1111 P. A. Brunt: 'Amicitia' in the late Roman republic, in: Proceedings of the Cambridge Philological Society N.S. 11 (1965) 1-20.

anima/animus

1121 A. M. Negri: Uso parallelo di 'animus' e 'anima' in Cicerone, in: Ciceroniana 2 (1960) 169-179.

1122 J. L. Conde Calvo: Sobre la traducción de 'animus', in: Carmen Codoñer, Maria Pilar Fernández Alvarez, J. A. Fernández Delgado (Hg.): Stephanion. Homenaje a María C. Giner (Salamanca 1988) [Acta Salmanticensia] 183-187.

auctoritas

1131 R. Heinze: Auctoritas, in: Hermes 60 (1925) 348-366. ND in: R. H.: Vom Geist des Römertums (Stuttgart 1938, Darmstadt ³1960) 43-58.

1132 J. C. Plumpe: Wesen und Wirkung der 'auctoritas maiorum' bei Cicero (Münster 1935). – Diss.

1133 J. P. V. D. Balsdon: Auctoritas, dignitas, otium, in: Classical Quarterly N.S. 10 (1960) 43-50.

Bildung

1141 H. Altevogt: Der Bildungsbegriff im Wortschatze Ciceros (Emsdetten 1940). – Diss. Münster.

caritas

1151 H. Pétré: Caritas. Etude sur le vocabulaire latin de la charité chrétienne (Löwen 1948) [Spicilegium Sacrum Lovaniense 22].

consensus

1161 J. Christes: Beobachtungen zur Verfassungsdiskussion in Ciceros Werk De re publica, in: Historia 32 (1983) 461-483.

1162 A. Michel: La notion de 'consensus' chez Cicéron, in: Sodalitas. Scritti in onore di Antonio Guarino, Bd. 1 (Neapel 1984-1985) 203-217.

cultura

1171 J. Niedermann: Kultur. Werden und Wandlungen des Begriffs und seiner Ersatzbegriffe von Cicero bis Herder (Florenz 1941).

1172 O. Bianco: Cultura animi, in: Quaderni dell'Istituto di Lingue e Letterature classiche 2 (1983) 7-16.

1173 Antoinette Novara: Cultura. Cicéron et l'origine de la métaphore latine, in: Bulletin de l'Association Guillaume Budé (1986) 51-66.

decorum

1181 Lotte Labowsky: Der Begriff des πρέπον in der Ethik des Panaitios. Mit Analysen von Cicero De officiis I 93-149 und Horaz Ars poetica (Heidelberg 1932). – Diss., ersch. in Buchform u.d.T.: Die Ethik des Panaitios. Untersuchungen zur Geschichte des 'decorum' bei Cicero und Horaz (Leipzig 1934).

1182 M. Thurmair: Das 'decorum' als zentraler Begriff in Ciceros Schrift De officiis, in: E. Hora, E. Kessler (Hg.): Studia humanitatis. Ernesto Grassi zum 70. Geburtstag (München 1973) [Humanistische Bibliothek 1, 16] 63-78.

1183 N. A. Fëdorov: Stanovlenie esteticeskogo komponenta v semantike leksiceskoj gruppy 'decus' – 'decorum' – 'decere' – 'dignitas' (na materiale tekstov Cicerona) ('Die Entstehung der ästhetischen Komponente im semantischen Gehalt der Wortgruppe 'decus' – 'decorum' – 'decere' – 'dignitas' dargestellt an Texten aus Cicero'), in: Vestnik Moskovskogo Universiteta. Serija 9: Filologija 1 (1981) 49-61.

dignitas
Vgl. auch *751-*776.
1191 E. Remy: Le concept cicéronien de la 'dignitas', in: Nova et Vetera 3 (1921) 5-14; 4 (1922) 129ff.
1192 H. Wegehaupt: Die Bedeutung und Anwendung von 'dignitas' in den Schriften der republikanischen Zeit (Breslau 1932). – Diss.; zu Cicero: 9-68.
1193 J. P. V. D. Balsdon: Auctoritas, dignitas, otium, in: Classical Quarterly N.S. 10 (1960) 43-50.
1194 Teresa Piscitelli Carpino: 'Dignitas' in Cicerone. Tra semantica e semiologia, in: Bollettino di Studi latini 9 (1979) 253-267.
1195 V. Pöschl: Der Begriff der Würde im antiken Rom und später (Heidelberg 1989) [Sitzungsberichte der Heidelberger Akademie der Wissenschaften. Phil.-hist. Klasse 1989, 3]. – Zu Cicero: 32-42.

fides
1211 R. Heinze: Fides, in: Hermes 64 (1929) 140-166. ND in R. H.: Vom Geist des Römertums (Stuttgart 1938, Darmstadt ³1969) 59-81.

fortitudo
1221 R. Scheer: Ein topos bei Cicero und Tacitus, in: H. Kalcyk, B. Gullath, A. Graeber (Hg.): Studien zur alten Geschichte. Siegfried Lauffer zum 70. Geburtstag (Rom 1986) [Historica 2] 777-783.

gloria
Vgl. auch *551-*555.
1231 A. D. Leeman: Gloria. Cicero's waardering van de roem en haar achtergrond in de hellenistische wijsbegeerte en de romeinse samenleving (Leiden 1949). – Diss.
1232 Miriam Griffin: Philosophy, politics and politicians at Rome, in: Griffin/Barnes (Hg.) 1989 [§ 1 *369: 1-37]. – S. 35.

honestum
Vgl. *491-*499.

honos
1241 F. Klose: Die Bedeutung von 'honos' und 'honestus' (Breslau 1933). – Diss.

humanitas
1251 Josef Mayer: 'Humanitas' bei Cicero (Freiburg i.Br. 1951). – Masch. Diss. von 1950.
1252 L. A. Moritz: Humanitas (Cardiff 1962).
1253 Josef Schneider: Untersuchungen über das Verhältnis von 'humanitas' zu Recht und Gerechtigkeit bei Cicero (Freiburg i.Br. 1964). – Diss.
1254 D. Gagliardi: Il concetto di 'humanitas' da Terenzio a Cicerone. Appunti per una storia dell'umanesimo romano, in: Le Parole e le Idee 7 (1965) 187-198.

intellegentia
1261 A. Hus: 'Intellegentia' et 'intellegens' chez Cicéron, in: M. Renard, R. Schilling (Hg.): Hommages à J. Bayet (Brüssel 1964) [Collection Latomus 70] 264-280.

iucundus
1271 N. A. Fëdorov: O nekatoryh semanticeskih osobennostah leksiceskoj gruppy 'iucundus' – 'iucunditas' v tekstah Cicerona ('Über einige semantische Besonderheiten der lexikalischen Gruppe 'iucundus' – 'iucunditas' bei Cicero'), in: Razyskanija Dzetemata (Moskau 1984) [Voprosy klassiceskoj Filologii 8] 209-217.

ius publicum
1281 G. Lombardi: Il concetto di 'ius publicum' negli scritti di Cicerone, in: Rendiconti dell'Istituto Lombardo di Scienze e Lettere 72 (1939) 465-483.

iustitia
1291 H. Dieter: Der 'iustitia'-Begriff Ciceros, in: Eirene 7 (1968) 33-48.

Kanon
1301 H. Oppel: Kanon. Zur Bedeutungsgeschichte des Wortes und seiner lateinischen Entsprechungen (regula – norma) (Leipzig 1937) [Philologus Suppl. 30, 4].

libertas
1311 H. Kloesel: Libertas (Breslau 1935). – Diss. Teil-ND in: Oppermann (Hg.) 1967 [§ 54 *37: 120-172].

1312 C. Wirszubski: 'Libertas' as a political idea (1950, ²1960) [*631]. Dt.: 'Libertas' als politische Idee (1967). – Zu Ciceros Staatstheorie: 98-108.
1313 A. Dermience: La notion de 'libertas' dans les œuvres de Cicéron, in: Les Etudes classiques 25 (1957) 157-167.
1314 H. P. Kohns: 'Libertas populi' und 'libertas civium' in Ciceros Schrift De re publica, in: A. Lippold, N. Himmelmann (Hg.): Bonner Festgabe Johannes Straub zum 65. Geburtstag ... (Bonn 1977) 201-211.
1315 Curtis N. Johnson: 'Libertas' and 'res publica' in Cicero and Tacitus (New York 1980). – Diss. Columbia University.

magnanimus
1331 M. B. McNamee: Honor and the epic hero. A study in the concept of magnanimity in philosophy and epic poetry (New York 1960). – 40-50: «Cicero's magnanimus man».

maiores
1341 H. Roloff: Maiores bei Cicero (Göttingen 1938). – Diss. Leipzig. Teil-ND in: Oppermann (Hg.) 1967 [§ 54 *37: 274-322].

moderatio
1351 H. Dieter: Zum Begriff der 'moderatio' bei Cicero, in: Eirene 6 (1967) 69-81.
1352 Paola Militerni della Morte: Alcune osservazioni sul termine 'moderatio' in Cicerone, in: Bollettino di Studi latini 10 (1980) 26-37.

natura
1361 M.-E. Chabot: Nature et raison chez Cicéron, in: Laval théologique et philosophique 14 (1958) 89-132. 236-286.
1362 K. G. Sallmann: Studien zum philosophischen Naturbegriff der Römer mit besonderer Berücksichtigung des Lukrez, in: Archiv für Begriffsgeschichte 7 (1962) 140-284.

norma
1371 H. Oppel: Kanon (1937) [*1301].

officium
1381 E. Bernert: De vi atque usu vocabuli officii (Breslau 1930). – Diss.

otium
Vgl. *751-*776.

persona
1391 I. Lana: Panezio scopritore del concetto filosofico di 'persona'? in: Rivista di Storia e Letteratura religiosa 1 (1965) 94-96.
1392 M. Fuhrmann: 'Persona', ein römischer Rollenbegriff, in: O. Marquard, K. Stierle (Hg.): Identität (München 1979) [Poetik und Hermeneutik 8] 83-106.
1393 Maria Bellincioni: Il termine 'persona' da Cicerone a Seneca, in: Quattro studi latini a Vittore Pisani per il suo 82° compleanno (Brescia 1981) [Università degli Studi di Parma. Istituto di Lingua e Letteratura latina 5] 37-115. ND in: M. B.: Studi senecani e altri scritti (Brescia 1986) 35-102.

perspicuus
1401 T. E. Kinsey: Cicero and 'perspicuus', in: Jacqueline Bibauw (Hg.): Hommages à Marcel Renard, Bd. 1 (Brüssel 1969) [Collection Latomus 101] 501-505. – Statistische Untersuchung des Gebrauchs von 'perspicuus' und seinen Synonymen.

φιλόλογος
1411 H. Kuch: Φιλόλογος. Untersuchungen eines Wortes von seinem ersten Auftreten in der Tradition bis zur ersten überlieferten lexikalischen Festlegung (Berlin 1965) [Deutsche Akademie der Wissenschaften zu Berlin. Schriften der Sektion für Altertumswissenschaft 48]. – Erweiterte Fassung der Diss. Humboldt-Universität Berlin 1962. Darin: «Die Cicero-Zeugnisse», 60-72; auch einzeln veröffentlicht u.d.T.: Φιλόλογος bei Cicero, in: Helikon 4 (1964) 99-110.

philosophia
1421 N. Stang: 'Philosophia', 'philosophus' bei Cicero, in: Symbolae Osloenses 11 (1932) 82-93.
1422 J. Mančal: Untersuchungen zum Begriff der Philosophie bei M. Tullius Cicero (München 1982) [Humanistische Bibliothek 1, 39].
1423 A. Grilli: A proposito del concetto di filosofia in Cicerone, in: Latomus 45 (1986) 855-860. – Rezensionsaufsatz zu Mančal 1982 [*1422].

potentia
1431 H. L. Gonin: 'Potentia' by Cicero. 'N woordondersoek, in: Acta classica. Proceedings of the Classical Association of South Africa 17 (1974) 49-57.

princeps

1441 A. Gwosdz: Der Begriff des römischen 'princeps' (Breslau 1933). – Diss.

probabilis

Vgl. Görler 1992 [*349], Fuhrer 1993 [*350], Glucker 1994 [*351].

progressus

1451 Antoinette Novara: Les idées romaines sur le progrès d'après les écrivains de la République (essai sur le sens latin du progrès), 2 Bde. (Paris 1982-1983) [Collection d'Etudes anciennes. Publications de la Sorbonne. Histoire ancienne et médiévale 9/10].

prudens

1461 H. Schwamborn: Prudens. Gedanken zu Cicero, De re publica II 64-70, in: Der Altsprachliche Unterricht 13, 1 (1970) 17-45.

pulchritudo

1471 N. A. Fëdorov: ... ('Die semantische Besonderheit des Begriffes 'pulchritudo' bei Cicero'), in: B. B. Piotrovskij (Hg.): Anticnaja kul'tura i sovremennaja nauka (Moskau 1985) 161-166.

ratio

1481 A. Yon: 'Ratio' et les mots de la famille de 'reor'. Contribution à l'étude historique du vocabulaire latin (Paris 1933).

1482 H. Frank: 'Ratio' bei Cicero (Frankfurt a.M., Berlin, Bern, New York, Paris, Wien 1992) [Studien zur Klassischen Philologie 75]. – Diss. Düsseldorf 1991.

regula

1491 H. Oppel: Kanon (1937) [*1301].

res publica

1501 R. Stark: Res publica (Göttingen 1937). – Diss. ND in: Oppermann (Hg.) 1967 [§ 54 *37: 42-110].

sapiens/sapientia

1511 E. Remy: La sémantique de 'sapientia', in: Nova et Vetera 14 (1932) 330-341.

1512 Helene Homeyer: Zur Bedeutungsgeschichte von 'sapientia', in: L'Antiquité classique 25 (1956) 301-318.

1513 G. Luck: Zur Geschichte des Begriffs 'sapientia', in: Archiv für Begriffsgeschichte 9 (1964) 203-215.

1514 Giovanna Garbarino: Evoluzione semantica dei termini 'sapiens' e 'sapientia' nei secoli III e II a.C., in: Atti della Accademia delle Scienze di Torino 100 (1965-66) 253-284.

1515 Ursula Klima: Untersuchungen zum Begriff 'sapientia'. Von der republikanischen Zeit bis Tacitus (Bonn 1971) [Habelts Dissertationsdrucke. Reihe Klassische Philologie 10]. – Zu Cicero: 85-139.

1516 Giovanna Panico: Caton et Lélius chez Cicéron. Sagesse grecque ou sagesse romaine? in: J. B. Caron, M. Fortin, G. Maloney (Hg.): Mélanges d'études anciennes offerts à Maurice Lebel (Quebec 1980) 257-266.

1517 K. A. Neuhausen: Academicus sapiens. Zum Bild des Weisen in der Neuen Akademie, in: Mnemosyne 40 (1987) 353-390.

utilitas publica

1531 J. Gaudemet: Utilitas publica, in: Revue historique de Droit français et étranger 29 (1951) 465-499.

veri similis

Vgl. Görler 1992 [*349], Fuhrer 1993 [*350], Glucker 1994 [*351].

veritas

1541 Dagmar Muchnová: 'Veritas' dans les traités philosophiques de Marcus Tullius Cicero 1980 [*344].

vir

1551 P. Hamblenne: 'Cura ut vir sis!' ... ou une 'vir(tus)' peu morale, in: Latomus 43 (1984) 369-388.

virtus

Vgl. auch *491-*499.

1561 G. Liebers: 'Virtus' bei Cicero (Dresden 1942). – Diss. Leipzig.

voluntas

Vgl. auch *521-*525.

1571 J. Hatinguais: Sens et valeur de la volonté dans l'humanisme de Cicéron, in: Bulletin de l'Association Guillaume Budé (1958, 4) [Lettres d'Humanité 17] 50-69.

1572 Carol Lindsay Begley: 'Voluntas' in Cicero (Chapel Hill 1988). – Diss. University of North Carolina.

§ 58. Nachwirkung

A. Überblick 1152. – B. Bibliographie 1156: 1. Umfassende Darstellungen 1156: a) Zu Ciceros Nachwirkung im allgemeinen 1156; b) Spezielle Gesichtspunkte 1157; 2. Nachwirkung einzelner Schriften 1157: a) De inventione 1157; b) De re publica 1157; c) De legibus 1157; d) Paradoxa Stoicorum 1158; e) Orator 1158; f) Academica 1158; g) Tusculanae disputationes 1158; h) De natura deorum 1158; i) De fato 1158; j) Cato maior de senectute. Laelius de amicitia 1158; k) De officiis 1159; l) Hortensius 1159; 3. Wirkung auf einzelne Epochen und Autoren 1159: a) Römische Kaiserzeit. Heidnische Spätantike 1159; b) Frühes Christentum 1160; c) Byzanz 1162; d) Mittelalter 1163; e) Renaissance und Humanismus 1163; f) Von der Aufklärung bis zur Gegenwart 1166; 4. Wirkung auf einzelne Kulturkreise und Länder 1167: a) Romanische Länder 1167; b) Spanien 1167; c) Frankreich 1167; d) England 1167; e) Deutschland 1167; f) Ehemalige Ostblockländer 1167; g) Litauen 1167; h) Polen 1167; i) Ungarn 1168; j) Amerika 1168.

A. ÜBERBLICK

Cicero gehörte lange zu den meistgelesenen und meistzitierten Philosophen der Antike. Seine Schriften sind unvergleichlich besser überliefert als die der anderen Denker seiner Zeit; sie sind unzählige Male ediert, übersetzt und kommentiert worden.

Bedeutende Köpfe aller Nationen und Zeiten haben sich zu seinem Werk geäussert; einige hatten ein sehr enges Verhältnis zu ihm, wie Thaddäus ZIELIŃSKI in seiner noch immer nicht ersetzten Untersuchung gezeigt hat (1897, ⁴1929 [*2]). Bei aller Zustimmung und Anerkennung hat es aber keine 'Ciceronianer' gegeben (ausser unter rein literarischen Aspekten). Das Ganze des ciceronischen Werks war unwiederholbar, deshalb musste sich die Nachwelt eklektisch zu ihm verhalten: Sie hat sich von ihm anregen, belehren oder trösten lassen. Der Vorgang ist erstaunlich. Wie konnte ein Philosoph, dessen Name sich mit keiner einzelnen Idee oder Lehre verbindet, gelegentlich (z.B. bei Voltaire) als einer der grössten Philosophen überhaupt bezeichnet werden? Ein Teil des Interesses an seinem Werk mag aus dem Interesse an seiner Person abgeleitet sein. Sein Aufstieg aus mittleren Verhältnissen zu den Höhen politischer Macht, sein Triumph in einer Staatskrise, sein anschliessender Fall, sein Ende als Märtyrer freiheitlicher Gesinnung – all das hätte ihm die Anteilnahme der Nachwelt gesichert, auch wenn sein Werk weniger beachtlich gewesen wäre. Doch was fand man daran beachtlich? Philosophen können auf sehr verschiedenen Wegen wirken: durch Begriffe, die sie prägen, durch eine Sprache, die sie schaffen, durch Methoden, die sie entwickeln, durch einzelne Thesen oder ein ganzes System, das die geistige Situation verändert, durch Lehrbücher, die ganze Generationen beeinflussen, schliesslich auch durch wichtige Informationen, die sich zufällig nur in ihren Schriften finden und diese in den Rang von Quellen erheben. Cicero hat auf mehreren dieser Wege gewirkt – und gerade nicht auf den Wegen, die manchen Philosophiehistorikern als die einzig möglichen erscheinen. Dabei müssen wir zwischen seiner Wirkung auf das grosse Bildungspublikum und auf die Fachwelt unterscheiden.

Ciceros philosophische Schriften sind im besten Sinn des Wortes 'für die Welt' geschrieben. Als Leser hatte Cicero die jüngeren Vertreter der römischen Führungsschicht im Auge, aber seine Schriften haben auch unter ganz anderen politischen, sozialen und kulturellen Verhältnissen als denen Roms in spätrepublikanischer Zeit ihre aufklärende und orientierende Funktion behalten. Durch ihre thematische und didaktische Ausrichtung sind sie bald zu Lehrbüchern des höheren Unterrichts geworden und haben über Jahrhunderte hinweg vielen Generationen den Zugang zur Philosophie eröffnet und erste Bekanntschaft mit dem griechischen Denken vermittelt. Cicero bemüht sich, hochkomplexe Probleme übersichtlich zu entwickeln, ohne sich in Subtilitäten zu verlieren; er stellt die verschiedenen Lösungsversuche so objektiv wie möglich dar, ohne die eigene Stellungnahme zu unterdrücken oder überzubewerten. Damit kam er dem Publikum entgegen: man spürte, dass er den Leser nicht einfach auf seine Seite ziehen, sondern ihm die Freiheit geben wollte, zu sich selbst zu finden. Die Weltläufigkeit und Lebenserfahrung, die aus seinen Schriften spricht, der Geist der Toleranz, in dem er sich mit anderen Auffassungen auseinandersetzt, der Reichtum an historischem Detail, die Brillanz der sprachlichen Gestaltung – all das hat zu jeder Zeit die Leser angezogen und Cicero eine Breitenwirkung verschafft, die viel 'bedeutenderen' Philosophen versagt geblieben ist. Seine Schriften sprechen jedoch nicht jedes Lebensalter an, denn sie setzen reife Urteilskraft voraus; dass Cicero eine so starke Stellung im Schulunterricht erlangte, war seiner Wirkung daher nicht in jeder Hinsicht günstig – vielen ist er offenbar bereits in jungen Jahren verleidet worden.

Cicero hat aber auch auf die spätere Philosophie gewirkt, und zwar in mehrerlei Hinsicht: als Historiker, als Dogmatiker und als Skeptiker. Als Historiker: Seine Schriften sind eine wichtige Quelle für die Philosophiegeschichte im Zeitalter des Hellenismus, aus dem nur wenige Originalwerke unversehrt auf uns gekommen sind. Epochen, denen die griechische Überlieferung nicht zugänglich war, haben ihre philosophiehistorische Bildung in erster Linie aus Cicero geschöpft, der ja erstaunlich viele Nachrichten überliefert, getreu seiner Maxime, dass, wer nicht weiss, was vor seiner Zeit geschah, ewig ein Kind bleibt (Orator 120). Man darf dabei freilich nicht vergessen, dass er kein Philosophiehistoriker modernen Zuschnitts ist, sondern die historische Information in einen systematischen Zusammenhang stellt.

Als Dogmatiker: Was Cicero über Recht und Staat, über das pflichtgemässe Handeln, über den Wert der Freundschaft und die Würde des Alters sagt, hat ebenso wie sein Beitrag zur Theorie der Redekunst sehr bald autoritative Geltung erlangt. Denn was bei anderen Autoren oft nur abstraktes Schulkonzept ist, das ist hier auf den Begriff gebrachte Erfahrung. Die dialektische Erörterung über Nutzen und Nachteil der Gerechtigkeit im Staat und für den Staat (De re publica III) zeigt die Doppelrolle der Philosophie als Kritik der bestehenden Verhältnisse und als systemstabilisierende Ideologie und ist schon von Laktanz und Augustin in ihrer grundsätzlichen Bedeutung erkannt worden. Die Lehre, dass sich die Gesetze an der richtigen Vernunft orientieren müssen, wenn sie nicht bloss dem Interesse der Herrschenden dienen sollen, ist in der europäischen Rechtsphilosophie bis in die Gegenwart lebendig geblieben, freilich mehr im Sinne einer unerledigten Aufgabe als einer akzeptierten Lösung. Mit seiner Pflichtenlehre, die der allgemeinen Menschennatur ebenso wie dem individuellen Charakter und den konkreten Umständen des Handelnden Rechnung zu tragen sucht und den Leser von den allgemeinsten Prinzipien der Moral bis zu den Detailfragen der Wirtschaftsethik führt, hat Cicero den Bezugsrahmen für zahllose Entwürfe der praktischen Ethik geliefert – die Adaptionen reichen von Ambrosius von Mailand bis zu Christian Garve.

Als Skeptiker: Ciceros Maxime, in metaphysischen Fragen nichts zu entscheiden, ist sehr verschieden aufgenommen worden. Wer primär an seiner praktischen Philosophie interessiert war, hat sie in der Regel ignoriert. Andere sahen in ihr ein Zeichen der Schwäche, des Mangels an 'philosophischem Geist', oder hielten sie für falsch, weil ihnen der Skeptizismus teils mit theoretischen Argumenten widerlegbar, teils aus praktischen Gründen unhaltbar erschien. Ciceros Skepsis wurde aber von denen begrüsst, die wie er die menschliche Vernunft für ausserstande hielten, die Fragen nach den Eigenschaften und der Vorsehung Gottes, nach dem Ursprung der Welt, nach dem Woher und Wohin des Menschen zu beantworten. Seine Schriften haben daher in der Auseinandersetzung zwischen antikem und christlichem Denken eine grosse Rolle gespielt. Die skeptische Cicero-Rezeption konnte allerdings in zwei verschiedene Richtungen gehen: Die einen folgerten aus der Bankrotterklärung der Vernunft, dass die Antwort auf die metaphysischen Fragen nur von der Religion erwartet werden könne, die andern wollten alle Fragen dieser Art grundsätzlich abschneiden und den Menschen ganz aufs Diesseits verweisen. Dass Cicero die Skepsis auf den Bereich der theoretischen Erkenntnis begrenzt und im Bereich der Praxis Entschiedenheit für möglich, ja für geboten hält, dass er die Erfordernisse der praktischen Vernunft zur Norm des Wahrscheinlichen auch für theoretische Vernunft macht, ist nur selten gewürdigt worden.

Mit der Skepsis hängt ein anderer Aspekt der Nachwirkung Ciceros zusammen. Seine Schriften demonstrieren die Kunst, komplexe Probleme von verschiedenen Seiten zu beleuchten, jedem philosophischen Ansatz eine Chance zu geben, keinen absolut zu setzen, auch bei grundsätzlichen Meinungsverschiedenheiten den freundschaftlichen Umgangston zu wahren, den Gesprächspartner zu respektieren, auch wenn er nach langer Diskussion bei seiner Meinung bleibt – damit war ein Beispiel gegeben, das je unaufdringlicher, um so nachhaltiger wirkte. In Zeiten, wo die weltanschaulichen Auseinandersetzungen mit Härte, ja mit Fanatismus geführt wurden, haben Ciceros Schriften humanisierend gewirkt und für die Idee der Toleranz geworben. Durch die Art, wie er auch heikle Themen vorzubringen wusste, die unter anderen historischen Bedingungen nicht offen diskutiert werden durften, konnte Cicero dem Zeitalter der Aufklärung geradezu als ein Prophet der Denkfreiheit erscheinen.

Im 18. Jahrhundert erreichte der Einfluss Ciceros einen Höhepunkt, allerdings zerlegte er sich in deutlich unterschiedene Stränge: die metaphysische Skepsis und das vorsichtige Ja zu den Grundwahrheiten der natürlichen Religion, die Naturrechtslehre und die Pflichtenlehre wurden von je verschiedenen Gruppen rezipiert. Nur die These, dass Philosophie mehr als eine Angelegenheit der Schule sein muss, dass der Philosoph für den Zustand der Gesellschaft mitverantwortlich ist, fand allgemeine Zustimmung. Als das Zeitalter der Aufklärung zu Ende ging, nahm Ciceros Ansehen und Einfluss schnell ab. Mit Kant trat eine tiefgreifende Veränderung der Philosophie ein; die deutschen Idealisten konnten Cicero kaum noch etwas abgewinnen, für sie repräsentierte er die Philosophie der Aufklärung, die sie ablehnten. Die aufkommende Klassische Philologie trat mit Fragestellungen an ihn heran, die von der aktuellen philosophischen Diskussion losgelöst waren. Die philologische Erforschung seines Werks hat im 19. und im frühen 20. Jahrhundert viele wichtige Einsichten gebracht, doch es wurde mit der Zeit immer weniger verständlich, wie Cicero als Philosoph so lange Zeit so hohes Ansehen hatte geniessen können. Erst in jüngster Zeit beginnen Philosophen wieder, sich für Cicero zu interessieren, nicht zuletzt, weil seine Art, konstrastierende Urteile über ein philosophisches Problem gegeneinander abzuwägen, in erstaunlicher Weise dem Lehrbetrieb der akademischen Philosophie von heute entspricht.

GÜNTER GAWLICK

B. BIBLIOGRAPHIE

1. Umfassende Darstellungen: a) Zu Ciceros Nachwirkung im allgemeinen [*1-*10]; b) Spezielle Gesichtspunkte [*21-*26]. – 2. Nachwirkung einzelner Schriften: a) De inventione [*51-*52]; b) De re publica [*61-*73]; c) De legibus [*81-*82]; d) Paradoxa Stoicorum [*88]; e) Orator [*91-*92]; f) Academica [*101-*102]; g) Tusculanae disputationes [*111-*114]; h) De natura deorum [*121-*127]; i) De fato [*131]; j) Cato maior de senectute. Laelius de amicitia [*141-*144]; k) De officiis [*151-*166]; l) Hortensius [*181]. – 3. Wirkung auf einzelne Epochen und Autoren: a) Römische Kaiserzeit. Heidnische Spätantike: α) Allgemeines [*201-*206]; β) Wirkung auf einzelne Autoren: Vergil [*211-*214]; Horaz [*221-*223]; Seneca d.J. [*231-*233]; Plinius d.Ä. [*241]; Silius Italicus [*251]; Gellius [*261]; b) Frühes Christentum: α) Allgemeines [*271-*276]; β) Wirkung auf einzelne Autoren: Minucius Felix [*291-*292]; Tertullian [*301]; Arnobius [*311]; Laktanz [*321-*327]; Ambrosius [*341-*350]; Hieronymus [*361-*363]; Augustin [*371-*397]; Boethius [*401-*403]; c) Byzanz [*411]; d) Mittelalter: α) Allgemeines [*421-*433]; β) Wirkung auf einzelne Autoren: Abaelard und Zeitgenossen [*441-*442]; Bernhard von Clairvaux [*451]; Johannes von Salisbury [*461]; Thomas von Aquin [*471-*472]; Dante [*481-*482]; e) Renaissance und Humanismus: α) Allgemeines [*491-*503]; β) Wirkung auf einzelne Autoren: Petrarca [*511-*518]; Boccaccio [*531]; Gasparino Barzizza und Filelfo [*541-*542]; Ludzisko [*551]; Theodoros Gaza [*561-*563]; Palmieri [*571]; Poliziano [*581]; Erasmus und Zeitgenossen [*591-*598]; Luther und der deutsche Protestantismus [*611-*613]; Vives [*621-*624]; Nizolius [*631]; Giraldi [*641]; Ramus [*651]; Bodin [*661]; Montaigne [*671-*674]; Suárez [*681]; Pedro de Valencia [*684-*688]; Hobbes [*691]; Descartes [*701]; Guez de Balzac [*711]; f) Von der Aufklärung bis zur Gegenwart: α) Allgemeines [*721-*724]; β) Wirkung auf einzelne Autoren: Swift [*731]; Vico [*741-*742]; Montesquieu [*751-*754]; Voltaire [*761-*762]; Samuel Johnson [*771-*772]; Hume [*781-*786]; Kant [*791-*792]; Mirabeau [*801]; Hegel [*811]. – 4. Wirkung auf einzelne Kulturkreise und Länder: a) Romanische Länder [*821]; b) Spanien [*831]; c) Frankreich [*841-*843]; d) England [*851]; e) Deutschland [*861-*869]; f) Ehemalige Ostblockländer [*881]; g) Litauen [*891]; h) Polen [*901-*905]; i) Ungarn [*921]; j) Amerika [*931-*935].

Vgl. auch die Sammelbände Chevallier 1984 [§ 54 *46], Ciceroniana n.s. 6 (1988) [§ 54 *68], Ciceroniana n.s. 7 (1990) [§ 54 *69], Ciceroniana n.s. 8 [§ 54 *70].

1. Umfassende Darstellungen

a) Zu Ciceros Nachwirkung im allgemeinen

1 R. Hirzel: Der Dialog. Ein literarhistorischer Versuch, 2 Bde. (Leipzig 1895, ND Hildesheim 1963). – Vor allem Bd. 2 (Literarische Dialoge von der Kaiserzeit bis zur Gegenwart) wichtig für die Nachwirkung der äusseren Form.

2 T. Zieliński: Cicero im Wandel der Jahrhunderte (Leipzig, Berlin 1897, ⁴1929, ND Stuttgart 1967). Auszug in: Kytzler (Hg.) 1973 [§ 54 *42: 69-72].

3 J. C. Rolfe: Cicero and his influence (Boston 1923, ND New York 1963).

4 J. Jiménez Delgado: Supervivencia de Cicerón, in: Helmantica 9 (1958) 351-362.

5 J. Dolch: Lehrplan des Abendlandes. Zweieinhalb Jahrtausende seiner Geschichte (Ratingen 1959, ³1971).

6 E. Paratore: Cicerone attraverso i secoli, in: Ciceroniana 1 (1959) 110-125.

7 B. Weil: 2000 Jahre Cicero (Zürich 1962).

8 Wolfgang Schmid: Cicerowertung und Cicerodeutung, in: Die Grossen der Weltgeschichte, Bd. 1 (Zürich 1971) 876-891. ND in: Kytzler (Hg.) 1973 [§ 54 *42: 33-68].

9 R. Pfeiffer: A history of classical scholarship from 1300 to 1850 (Oxford 1976). Dt.: Die klassische Philologie von Petrarca bis Mommsen (München 1982) [Beck'sche Elementarbücher].

10 F. F. Schwarz: Hieronymus flagellatus. Überlegungen zum literarischen Schlagschatten Ciceros, in: Acta Antiqua Academiae Scientiarum Hungaricae 30 (1982-1984) 363-378.

b) Spezielle Gesichtspunkte

Vgl. auch Blänsdorf 1987 [§ 57 *718].

21 K. Büchner: Überlieferungsgeschichte der lateinischen Literatur des Altertums, in: H. Hunger (Hg.): Geschichte der Textüberlieferung der antiken und mittelalterlichen Literatur, Bd. 1 (Zürich 1961). ND: Die Textüberlieferung der antiken Literatur und der Bibel (München 1975) [dtv] 309-422. – Zu Cicero: 381-384.

22 M. L. Clarke: Non hominis nomen, sed eloquentiae, in: Dorey (Hg.) 1964 [§ 54 *35: 81-107]. – Überblick über Ciceros Nachwirkung als Redner, ausgehend von Quintilian, inst. X 1, 112.

23 Helene Homeyer: Ciceros Tod im Urteil der Nachwelt, in: Das Altertum 17 (1971) 165-174.

24 D. Nörr: Cicero-Zitate bei den klassischen Juristen. Zur Bedeutung literarischer Zitate bei den Juristen und zur Wirkungsgeschichte Ciceros, in: Ciceroniana n.s. 3 (1978) [§ 54 *65: 111-150].

25 P. Weber-Schäfer: Ciceros Staatstheorie und ihre Bedeutung für die moderne Politikwissenschaft, in: Gymnasium 90 (1983) 478-493.

26 G. Gawlick: «Nihil tam absurde dici potest ...». Ein ciceronischer Zwischenruf und sein Nachhall, in: R. W. Puster (Hg.): Veritas filia temporis. Festschrift für R. Specht (Berlin 1995). – Zu div. II 119.

2. Nachwirkung einzelner Schriften

a) De inventione

51 M. Dickey: Some commentaries on the De inventione and Ad Herennium of the eleventh and twelfth centuries, in: Medieval and Renaissance Studies 6 (1968) 1-41.

52 K. M. Fredborg: The commentary of Thierry of Chartres on Cicero's De Inventione, in: Cahiers de l'Institut du Moyen-Age grec et latin de l'Université de Copenhague 7 (1971) 225-260.

b) De re publica

61 Paul Lehmann: Nachrichten und Gerüchte von der Überlieferung der libri sex Ciceronis De re publica, in: Studi italiani di Filologia classica 27-28 (1956) 202-215.

62 P. Courcelle: La postérité chrétienne du Songe de Scipion, in: Revue des Etudes latines 36 (1958) 205-234.

63 G. Rabuse: Dantes Jenseitsvision und das Somnium Scipionis, in: Wiener Studien 72 (1959) 144-164.

64 W. Suerbaum: Vom antiken zum frühmittelalterlichen Staatsbegriff. Über Verwendung und Bedeutung von 'res publica', 'regnum', 'imperium' und 'status' von Cicero bis Jordanis (Münster, Westf. 1961, ³1977) [Orbis antiquus 16/17].

65 E. Heck: Die Bezeugung von Ciceros Schrift De re publica (Hildesheim 1966) [Spudasmata 4].

66 E. Heck: Scipio am Scheideweg. Die Punica des Silius Italicus und Ciceros Schrift De re publica, in: Wiener Studien N.F. 4 (1970) 156-180.

67 D. Baker-Smith: Juan Vives and the Somnium Scipionis, in: R. R. Bolgar (Hg.): Classical influences on European culture A.D. 1500-1700 (Cambridge 1976) 239-244.

68 B. Munk Olsen: Quelques aspects de la diffusion du Somnium Scipionis de Cicéron au Moyen Age (du IXe au XIIe siècle), in: K. Ascani u.a. (Hg.): Studia Romana in honorem P. Krarup septuagenarii (Odense 1976) 146-153.

69 E. Heck: Iustitia civilis – iustitia naturalis. A propos du jugement de Lactance concernant les discours sur la justice dans le De re publica de Cicéron, in: J. Fontaine, M. Perrin (Hg.): Lactance et son temps. (Paris 1978) [Théologie historique 48] 171-184.

70 P. Weber-Schäfer: Ciceros Staatstheorie und ihre Bedeutung für die moderne Politikwissenschaft, in: Gymnasium 90 (1983) 478-493.

71 A. Fotiou: A reconsideration of Cicero's 'princeps civitatis' in the light of new evidence from a sixth century political treatise, in: D. F. Bright, E. S. Ramage (Hg.): Classical texts and their traditions. Studies in honor of C. R. Trahman (Chico 1984) [Scholars Press Homage Series 6] 41-58.

72 A. Hüttig: Macrobius im Mittelalter. Ein Beitrag zur Rezeptionsgeschichte der Commentarii in Somnium Scipionis (Frankfurt a.M. 1990) [Frankfurter Beiträge zur mittelalterlichen Geschichte 2].

73 Maximus Planudes: M. Tullii Ciceronis Somnium Scipionis in Graecum translatum, ed. A. Pavano (Rom 1992) [Bibliotheca Athena 29].

c) De legibus

81 Peter Lebrecht Schmidt: Zeugnisse antiker Autoren zu Ciceros Werk De legibus, in:

J. Irmscher u.a. (Hg.): Miscellanea critica. Aus Anlass des 150jährigen Bestehens der Verlagsgesellschaft und des graphischen Betriebes B. G. Teubner, Bd. 2 (Leipzig 1965) 301-333.

82 Peter Lebrecht Schmidt: Die Überlieferung von Ciceros Schrift ‹De legibus› in Mittelalter und Renaissance (München 1974) [Studia et Testimonia antiqua 10]. Zusammenfassung in: P. L. S.: Die handschriftliche Überlieferung von ‹De legibus›. Resultate und Perspektiven, in: Ciceroniana n.s. 1 (1973) [§ 54 *63: 83-89].

d) Paradoxa Stoicorum

88 Michele V. Ronnick: Cicero's Paradoxa Stoicorum. A commentary, an interpretation and a study of its influence (Bern, Frankfurt a.M. usw. 1991) [Studien zur Klassischen Philologie 62].

e) Orator

91 M. A. Grant, G. C. Fiske: Cicero's Orator and Horace's Ars poetica, in: Harvard Studies in Classical Philology 35 (1924) 1-75.

92 C. O. Brink: Cicero's Orator and Horace's Ars poetica, in: Ciceroniana n.s. 2 (1975) [§ 54 *64: 97-106].

f) Academica

Vgl. auch Petrus Valentia 1596 [*684].

101 Charles B. Schmitt: Cicero scepticus. A study of the influence of the ‹Academica› in the Renaissance (Den Haag 1972) [Archives internationales d'Histoire des Idées 52]. – Rez.: G. Gawlick, in: Archiv für Geschichte der Philosophie 57 (1975) 69-71.

102 E. De Olaso: Las ‹Academica› de Cicerón y la filosofía renacentista, in: International Studies in Philosophy. Studi internazionali di Filosofia (1975) 57-68. – Rezensionsaufsatz zu *101.

Eine umfassende Untersuchung über die Überlieferung der Academica wird vorbereitet von T. J. Hunt (siehe J. Glucker: Chapter and verse in Cicero, in: Grazer Beiträge 11 (1984) 105, A. 8).

g) Tusculanae disputationes

111 Q. Cataudella: I Soliloqui di Agostino e il libro I delle Tusculane, in: Aevum 40 (1966) 550-552.

112 G. Vallese: Erasmo e Cicerone. Le lettere-prefazioni erasmiane al De officiis e alle Tuscolane, in: Le Parole e le Idee 11 (1969) 265-272.

113 C. Béné: Erasme et Cicéron: Les lettres-préfaces au De officiis et aux Tusculanes, in: Colloquia Erasmiana Turonensia (Paris 1972) 241-246. 571-579.

114 J.-C. Margolin: Les Tusculanes, guide spirituel de la Renaissance, in: Chevallier (Hg.) 1984 [§ 54 *46: 129-155].

h) De natura deorum

121 G. Lazzati: Il ‹De natura deorum› fonte del ‹De testimonio animae› di Tertulliano? in: Atene e Roma 7 (1939) 153-166.

122 T. J. Hunt: The medieval tradition of Cicero's theological works, in: Pegasus 5 (1966) 52-57.

123 Ilona Opelt: Ciceros Schrift De natura deorum bei den lateinischen Kirchenvätern, in: Antike und Abendland 12 (1966) 141-155.

124 Lucia Dondoni: Una pagina inedita di filologia umanistica. 'La Praelectio in de natura deorum Ciceronis libros' di G. B. Giraldi, in: Rendiconti della Classe di Scienze morali, storiche e filologiche dell'Accademia dei Lincei 29 (1974) 557-569.

125 Paola Busdraghi: Il De natura deorum di Cicerone e Nonio Marcello, in: Studi noniani 5 (1978) 7-37.

126 W. Gerlach, K. Bayer: Ciceros ‹De natura deorum› in der europäischen Literatur, in: Cicero. Vom Wesen der Götter, übers. und erläutert von W. Gerlach und K. Bayer (1978, ^{3}1990) [§ 54 *437: 781-859].

127 H. Le Bonniec: L'exploitation apologétique par Arnobe du De natura deorum de Cicéron, in: Chevallier (Hg.) 1984 [§ 54 *46: 89-101].

i) De fato

131 Bärbel Platz: Fatum et libertas. Untersuchungen zu Leibniz' Theodizee und verwandten Schriften sowie zu Ciceros ‹De fato› (Köln 1973). – Diss.

j) Cato maior de senectute. Laelius de amicitia

141 H. Susebach: Caxton, Tulle of old age. Textuntersuchung mit literarischer Einführung (Göttingen 1933). – Diss.; enthält ‹Cato maior De senectute› und ‹Laelius De amicitia›, beides aus dem Mittelfranzösischen des

Laurent du Premierfait ins Mittelenglische übersetzt von William Worcester, nach dem Druck von Caxton (London 1481).
142 P. Delhaye: Deux adaptations du De amicitia de Cicéron au XIIe siècle, in: Recherches de Théologie ancienne et médiévale 15 (1948) 304-331.
143 R. Gelsomino: S. Bernardo di Chiaravalle e il De amicitia di Cicerone, in: Studia anselmiana 43 (1958) 180-186.
144 G. Salanitro: Teodoro Gaza e il De senectute di Cicerone, in: Giornale italiano di Filologia 20 (1967) 291-298.

k) De officiis

151 N. E. Nelson: Cicero's De officiis in Christian thought, 300-1300, in: University of Michigan Publications, Language and Literature 10 (1933) 59-160.
152 K. Reich: Kant und die Ethik der Griechen (Tübingen 1935) [Philosophie und Geschichte 56]. – Die stoische Ethik durch Ciceros ‹De officiis› an Kant vermittelt.
153 G. Radbruch: Verdeutschter Cicero. Zu Johann von Schwarzenbergs Officien-Übersetzung, in: Archiv für Rechts- und Sozialphilosophie 35 (1942) 143-154.
154 P. Delhaye: Une adaptation du De officiis au XIIe siècle, le 'Moralium dogma philosophorum', in: Recherches de Théologie ancienne et médiévale 16 (1949) 227-258; 17 (1950) 5-28.
155 A. F. Coyle: Cicero's De officiis and De officiis ministrorum of St. Ambrose, in: Franciscan Studies 15 (1955) 224-256.
156 O. Hiltbrunner: Die Schrift ‹De officiis ministrorum› des Hl. Ambrosius und ihr ciceronisches Vorbild, in: Gymnasium 71 (1964) 174-189.
157 G. des Jardins: Terms of De officiis in Hume and Kant, in: Journal of the History of Ideas 28 (1967) 237-242.
158 G. Vallese: Erasmo e Cicerone. Le lettere-prefazioni erasmiane al De officiis e alle Tuscolane, in: Le Parole e le Idee 11 (1969) 265-272.
159 C. Béné: Erasme et Cicéron (1972) [*113: 241-246. 571-579].
160 K. Zelzer: Zur Beurteilung der Cicero-Imitatio bei Ambrosius, De officiis, in: Wiener Studien N.F. 11 (1977) 168-191.
161 M. Wacht: Privateigentum bei Cicero und Ambrosius, in: Jahrbuch für Antike und Christentum 25 (1982) 28-64. – Zu Cicero off. I 20f. und Ambrosius off. min. I 130ff.
162 V. Fera: Un proemio al ‹De officiis› tra Filelfo e Barzizza, in: Giornale italiano di Filologia N.S. 14 (1983) 113-131.
163 J. Kraye: Cicero, Stoicism and textual criticism. Poliziano on κατόρθωμα, in: Rinascimento 23 (1983) 79-110. – Zu off. I 8 und der Deutung von κατόρθωμα im 15. und 16. Jh.
164 J. Chomarat: Le De officiis et la pensée de Montesquieu, in: Chevallier (Hg.) 1984 [§ 54 *46: 195-206].
165 M. Testard: Saint Ambroise et son modèle cicéronien dans le ‹De officiis›, in: Chevallier (Hg.) 1984 [§ 54 *46: 103-106].
166 G. O'Gorman (Hg.): Marcus Tullius Ciceroes thre bokes of duties, to Marcus his sonne, turned oute of latine into english, by Nicolas Grimalde (Washington, London, Toronto 1990) [Publications of the Renaissance English Text Society].

l) Hortensius

Vgl. auch Claesen 1930 [*373], Taylor 1963 [*381], Madec 1969 [*384], Russell 1975 [*386], Feldmann 1976 [*387], Grilli 1990 [§ 56 *1267], Testard 1992 [*396].

181 A. Grilli: Echi dell'Hortensius, in: Helmantica 28 (1977) 189-199; überarb. Fassung 1992 in § 56 *1268.

3. Wirkung auf einzelne Epochen und Autoren

a) Römische Kaiserzeit. Heidnische Spätantike

α) Allgemeines

201 U. Knoche: Die geistige Vorbereitung der augusteischen Epoche durch Cicero, in: H. Berve (Hg.): Das neue Bild der Antike, Bd. 2 (Leipzig 1942) 200-218. ND in: Klein (Hg.) 1966 [§ 54 *36: 405-426] und in: U. K.: Ausgewählte kleine Schriften, hg. von W.-W. Ehlers (Frankfurt a.M. 1986) [Beiträge zur klassischen Philologie 175] 82-100.
202 H.-J. Marrou: Histoire de l'éducation dans l'antiquité (Paris ³1955). Dt.: Geschichte der Erziehung im klassischen Altertum (Freiburg i.Br., München 1957).
203 Will Richter: Das Cicerobild in der römischen Kaiserzeit, in: Radke (Hg.) 1968 [§ 54 *38: 161-197].

204 Marcia L. Colish: The Stoic tradition from antiquity to the early Middle Ages, Bd. 1: Stoicism in classical Latin literature (Leiden 1985) [Studies in the History of Christian Thought 34]. – Zur Darstellung der stoischen Physik bei Cicero und ihrer Nachwirkung: 109-126.

205 S. Gersh: Middle Platonism and Neoplatonism. The Latin tradition, 2 Bde. (Notre Dame, Indiana 1986) [Publications in Medieval Studies 23,1-23,2]. – Ciceros Funktion als Vermittler griechischer Philosophie.

206 Carlos Lévy: Cicéron et le moyen platonisme: le problème du souverain bien selon Platon, in: Revue des Etudes latines 68 (1990) 50-65.

β) Wirkung auf einzelne Autoren

Vergil

211 Eduard Fraenkel: Vergil und Cicero, in: Atti e Memorie della R. Accademia Virgiliana di Mantova 19-20 (1926-1927) 217-227.

212 Rosa Lamacchia: Ciceros ‹Somnium Scipionis› und das 6. Buch der Aeneis, in: Rheinisches Museum für Philologie 107 (1964) 261-278.

213 A. Setaioli: Un influsso ciceroniano in Virgilio, in: Studi italiani di Filologia classica 47 (1975) 5-26. – Nachwirkung von ‹De consulatu› (div. I 17-22); die Anchises-Rede in Aen. VI und der Schluss von georg. II ciceronisch geprägt.

214 A. Grilli, Jane Crawford: Art. 'Cicerone', in: Enciclopedia Virgiliana, Bd. 1 (Rom 1984) 774-777.

Horaz
Vgl. auch Sténuit 1979 [§ 53 *12].

221 M. A. Grant, G. C. Fiske: Cicero's Orator and Horace's Ars poetica, in: Harvard Studies in Classical Philology 35 (1924) 1-75.

222 C. O. Brink: Cicero's Orator and Horace's Ars poetica, in: Ciceroniana n.s. 2 (1975) [§ 54 *64: 97-106].

223 Roland Mayer: Horace's ‹Epistles› I and philosophy, in: American Journal of Philology 107 (1986) 55-73. – 63-65: Anklänge an Cicero in ep. I 1.

Seneca d.J.

231 D. G. Gambet: Cicero in the works of Seneca philosophus, in: Transactions and Proceedings of the American Philological Association 101 (1970) 171-183.

232 C. Moreschini: Cicerone filosofo fonte di Seneca, in: Rivista di Cultura classica e medioevale 19 (1977) 527-534.

233 P. Grimal: Sénèque juge de Cicéron, in: Mélanges de l'Ecole Française de Rome. Antiquité 96 (1984) 655-670.

Plinius d.Ä.

241 R. E. Wolverton: The encomium of Cicero in Pliny the elder, in: C. Henderson jun. (Hg.): Classical, Mediaeval and Renaissance studies in honor of B. L. Ullmann, Bd. 1 (Rom 1964) 159-164. – Zu nat. hist. VII 116-117.

Silius Italicus

251 E. Heck: Scipio am Scheideweg. Die Punica des Silius Italicus und Ciceros Schrift De re publica, in: Wiener Studien N.F. 4 (1970) 156-180.

Gellius

261 Silvia Jannaccone: Cicerone in Gellio, in: Ciceroniana 3-6 (1961-1964) 193-198.

b) *Frühes Christentum*

α) Allgemeines

271 G. Thiaucourt: Les premiers apologistes chrétiens à Rome et les traités philosophiques de Cicéron (Paris 1904).

272 J. T. Muckle: The influence of Cicero in the formation of Christian culture, in: Transactions of the Royal Society of Canada ser. 3, 42 (1948) 107-125.

273 Carl Becker: Cicero, in: RAC 3 (Stuttgart 1957) 86-127.

274 H. Hagendahl: Latin fathers and the classics. A study on the apologists, Jerome and other Christian writers (Göteborg 1958) [Studia Graeca et Latina Gothoburgensia 6].

275 Virginia Guazzoni Foà: Il pensiero ciceroniano, anello di congiunzione tra ellenismo e cristianesimo, in: Sophia 25 (1957) 208-217.

276 G. Gawlick: Cicero in der Patristik, in: Studia Patristica 9. Papers presented to the 4th International Conference on Patristic Studies (Berlin 1966) [Untersuchungen zur Geschichte der altchristlichen Literatur 94] 57-62.

β) Wirkung auf einzelne Autoren

Minucius Felix

291 E. Behr: Der Octavius des Minucius Felix in seinem Verhältnis zu Ciceros Büchern De natura deorum (Jena 1870). – Diss.

292 G. Lieberg: Die römische Religion bei Minucius Felix, in: Rheinisches Museum 106 (1963) 62-79.

Tertullian

301 G. Lazzati: Il ‹De natura deorum› fonte del ‹De testimonio animae› di Tertulliano? in: Atene e Roma 7 (1939) 153-166.

Arnobius

311 H. Le Bonniec: L'exploitation apologétique par Arnobe du De natura deorum de Cicéron, in: Chevallier (Hg.) 1984 [§ 54 *46: 89-101].

Laktanz

321 B. Barthel: Über die Benutzung der philosophischen Schriften Ciceros durch Lactanz. Programm (Strehlen 1903).

322 C. Egger: De Caecilio Firmiano Lactantio Cicerone Christiano, in: Latinitas 1 (1953) 38-53.

323 E. Heck: Iustitia civilis – iustitia naturalis. A propos du jugement de Lactance concernant les discours sur la justice dans le De re publica de Cicéron, in: J. Fontaine, M. Perrin (Hg.): Lactance et son temps. Recherches actuelles (Paris 1978) [Théologie historique 48] 171-184.

324 R. M. Ogilvie: The library of Lactantius (Oxford 1978). – Zu Cicero: 58-72.

325 V. Buchheit: Jupiter als Gewalttäter. Laktanz (inst. 5, 6, 6) und Cicero, in: Rheinisches Museum 125 (1982) 338-342.

326 E. Heck: Ein Cicero-Zitat über den Nutzen der Philosophie bei Laktanz (Divinae institutiones 3, 16, 5), in: Eos 75 (1987) 335-351.

327 V. Buchheit: Cicero inspiratus – Vergilius propheta? Zur Wertung paganer Autoren bei Laktanz, in: Hermes 118 (1990) 357-372.

Ambrosius

341 A. F. Coyle: Cicero's De officiis and De officiis ministrorum of St. Ambrose, in: Franciscan Studies 15 (1955) 224-256.

342 O. Hiltbrunner: Die Schrift ‹De officiis ministrorum› des hl. Ambrosius und ihr ciceronisches Vorbild, in: Gymnasium 71 (1964) 174-189.

343 (Sister) Charles: The classical Latin quotations in the letters of St. Ambrose, in: Greece and Rome 15 (1968) 186-197.

344 G. Madec: Saint Ambroise et la philosophie (Paris 1974) [Etudes Augustiniennes]. – Zu Cicero: 141-166.

345 K. Zelzer: Zur Beurteilung der Cicero-Imitatio bei Ambrosius, De officiis, in: Wiener Studien N.F. 11 (1977) 168-191.

346 M. Wacht: Privateigentum bei Cicero und Ambrosius, in: Jahrbuch für Antike und Christentum 25 (1982) 28-64. – Zu Cicero off. I 20f. und Ambrosius off. min. I 130ff.

347 W. Steidle: Beobachtungen zu des Ambrosius' Schrift De officiis, in: Vigiliae christianae 38 (1984) 18-66. ND in: W. S.: Ausgewählte Aufsätze (Amsterdam 1987) 507-555.

348 M. Testard: Saint Ambroise et son modèle cicéronien dans le ‹De officiis›, in: Chevallier (Hg.) 1984 [§ 54 *46: 103-106].

349 W. Steidle: Beobachtungen zum Gedankengang im 2. Buch von Ambrosius, De officiis, in: Vigiliae christianae 39 (1985) 280-298. ND in: W. S.: Ausgewählte Aufsätze (Amsterdam 1987) 649-667.

350 Marcia L. Colish: Cicero, Ambrose, and Stoic ethics: transmission or transformation? in: A. S. Bernardo, S. Levin (Hg.): The classics in the Middle Ages. Papers of the twentieth annual conference of the Center for Medieval and Early Renaissance Studies (Binghamton 1990) 95-112.

Hieronymus

361 Silvia Jannaccone: Sull'uso degli scritti filosofici di Cicerone da parte di S. Girolamo, in: Giornale italiano di Filologia 17 (1964) 329-341.

362 (Mother) Adele M. Fiske: Hieronymus Ciceronianus, in: Transactions and Proceedings of the American Philological Association 96 (1965) 119-138.

363 F. F. Schwarz: Hieronymus flagellatus. Überlegungen zum literarischen Schlagschatten Ciceros, in: Acta Antiqua Academiae Scientiarum Hungaricae 30 (1982-1984) 363-378.

Augustin

371 J. B. Eskridge: The influence of Cicero upon Augustine in the development of his oratorical theory for the training of the ecclesiastical orator (Chicago 1912). – Diss.

372 Walter Ernst Neumann: De Augustino Ciceroniano (Königsberg 1924). – Diss.

373 A. Claesen: Augustinus en Cicero's Hortensius, in: Miscellanea Augustiniana. Gedenkboek (Rotterdam 1930) 391-417.

374 F. X. Millar: The significance of St. Augustine's criticism of Cicero's definition of the state, in: F. J. von Rintelen (Hg.): Philosophia perennis. Abhandlungen zu ihrer Vergangenheit und Gegenwart. Festgabe J. Geyser zum 60. Geburtstag, Bd. 1: Abhandlungen über die Geschichte der Philosophie (Regensburg 1930) 99-109.

375 Mirdza Berzins: Die Auseinandersetzung Augustins mit Cicero De re publica (Freiburg i.Br. 1951). – Masch. Diss.
376 L. D. McNew: The relation of Cicero's rhetoric to Augustine, in: Research Studies of the State College of Washington 25 (1957) 5-13.
377 E. Peusch: Cicero und die ‹Civitas Dei›. Eine philologisch-ideologische Untersuchung (Mainz 1957). – Masch. Diss.
378 M. Testard: Saint Augustin et Cicéron, 2 Bde.: Bd. 1: Cicéron dans la formation et dans l'œuvre de Saint Augustin, Bd. 2: Répertoire des textes (Paris 1958) [Etudes augustiniennes].
379 O. Tescari: Se effettivamente S. Agostino abbia disistimato Cicerone, in: Atti del I Congresso internazionale di Studi ciceroniani (1961) [§ 54 *32: 2, 197-265].
380 Wolfgang Schmid: Il problema della valutazione di Cicerone nelle Confessioni di S. Agostino, in: Maia 15 (1963) 211-218. 528. ND in: Studi in onore G. Perotta (Florenz 1964) 207-214. 520.
381 J. H. Taylor: St. Augustine and the Hortensius of Cicero, in: Studies in Philology 60 (1963) 487-498.
382 Q. Cataudella: I ‹Soliloqui› di Agostino e il libro I delle ‹Tusculane›, in: Aevum 40 (1966) 550-552.
383 H. Hagendahl: Augustine and the Latin classics (Göteborg 1967) [Studia Graeca et Latina Gothoburgensia 20, 1-2]. – Zu Cicero: 479-588.
384 G. Madec: L'Hortensius de Cicéron dans les livres XIII-XIV du ‹De trinitate›, in: Revue des Etudes augustiniennes 15 (1969) 167-171.
385 V. Hand: Augustin und das klassisch-römische Selbstverständnis. Eine Untersuchung über die Begriffe 'gloria', 'virtus', 'iustitia' und 'res publica' in De civitate Dei (Hamburg 1970) [Hamburger Philologische Studien 13].
386 R. P. Russell: Cicero's Hortensius and the problem of riches in Saint Augustine, in: C. P. Mayer, W. Eckermann (Hg.): Scientia Augustiniana. Studien über Augustinus, den Augustinismus und den Augustinerorden. Festschrift Adolar Zumkeller zum 60. Geburtstag (Würzburg 1975) [Cassiciacum] 12-21.
387 E. Feldmann: Der Einfluss des Hortensius und des Manichäismus auf das Denken des jungen Augustinus (Münster 1976). – Diss.
388 J. Doignon: La problématique cicéronienne du protreptique du De Libero Arbitrio II, 35 de Saint-Augustin, in: Latomus 40 (1981) 807-817. – Augustin beeinflusst durch fin. V.
389 J. Doignon: Clichés cicéroniens dans la polémique de Julien d'Eclane avec Augustin, in: Rheinisches Museum 125 (1982) 88-95.
390 J. Doignon: La raison et l'usage: Une 'synkrisis' d'inspiration cicéronienne dans le De libero arbitrio de Saint-Augustin, in: Wiener Studien N.F. 17 (1983) 181-188.
391 E. Valgiglio: Sant'Agostino e Cicerone, in: Fede e sapere nella conversione di Agostino (Genua 1986) 43-70.
392 B. Hendley: Saint Augustine and Cicero's dilemma, in: B. H. (Hg.): Plato, time and education. Essays in honor of Robert S. Brumbaugh (Albany 1987) 195-204.
393 G. K. Mainberger: Rhetorica I. Reden mit Vernunft. Aristoteles. Cicero. Augustinus (Stuttgart-Bad Cannstatt 1987) [Problemata 116].
394 J. L. Treloar: Cicero and Augustine. The ideal society, in: Augustinianum 28 (1988) 565-590.
395 J. Doignon: Factus erectior (B. vita 1, 4): une étape de l'évolution du jeune Augustin à Carthage, in: Vetera Christianorum 27 (1990) 77-83.
396 M. Testard: Artikel 'Cicero', in: Augustinus-Lexikon, Bd. 1 (Basel 1992) 913-930.
397 P. Prestel: Die Rezeption der ciceronischen Rhetorik durch Augustinus in ‹De doctrina Christiana› (Frankfurt a.M., Bern usw. 1992).

Boethius
401 G. Crifò: L'argumentum ex contrario in Cicerone e Boezio con particolare riferimento a Cicerone Top. 3.17, in: Jacqueline Bibauw (Hg.): Hommages à M. Renard, Bd. 1 (Brüssel 1969) [Collection Latomus 101] 280-292.
402 Pamela M. Huby: Boetius vindicates Cicero as a logician, in: Liverpool Classical Monthly 13 (1988) 60-61.
403 D. Z. Niketas: Τα ρητορικά έργα του Κικέρωνα ως πηγές του De topicis differentiis του Βοηθίου (mit dt. Zusammenfassung: 'Ciceros rhetorische Schriften als Quelle von Boethius' ...), in: Πρακτικά Γ΄ Πανελληνίου Συμποσίου Λατινικών Σπουδών (Thessaloniki 1989) 243-279.

c) Byzanz
Vgl. auch Planudes 1992 [*73].
411 J. Irmscher: Cicero und Byzanz, in: Kumaniecki (Hg.) 1960 [§ 54 *31: 143-168].

d) Mittelalter

α) Allgemeines

421 E. K. Rand: Founders of the Middle Ages (Cambridge, Mass. 1928, ND New York 1957).
422 G. Traub: Studien zum Einfluss Ciceros auf die höfische Moral (Greifswald 1933). – Diss., zugleich erschienen in der Reihe: Deutsches Werden. Greifswalder Forschungen zur deutschen Geistesgeschichte 1.
423 H. Baron: Cicero and the Roman civic spirit in the Middle Ages and Early Renaissance, in: Bulletin of the John Rylands Library 22 (1938) 72-97.
424 W. C. Grummel: The Ciceronian tradition in the Middle Ages, in: Classical Journal 45 (1949-1950) 340-341.
425 E. R. Curtius: Europäische Literatur und lateinisches Mittelalter (Bern 1948, [5]1965).
426 R. Bossuat: Cicéron au moyen âge, in: Dictionnaire des lettres françaises, Bd. 1: Le moyen âge (Paris 1964) 194-196.
427 T. J. Hunt: The medieval tradition of Cicero's theological works, in: Pegasus 5 (1966) 52-57.
428 B. Munk Olsen: Quelques aspects de la diffusion du Somnium Scipionis de Cicéron au moyen âge (du IXe au XIIe siècle), in: K. Ascani u.a. (Hg.): Studia Romana in honorem P. Krarup septuagenarii (Odense 1976) 146-153.
429 W. Rüegg, D. Briesemeister, P. Kesting, Peter Lebrecht Schmidt: Cicero in Mittelalter und Humanismus, in: R. H. Bautier (Hg.): Lexikon des Mittelalters, Bd. 2 (München, Zürich 1983) 2063-2077.
430 J. Moorhead: Aspects of the Carolingian response to Cicero, in: Philologus 129 (1985) 109-120.
431 Marcia L. Colish: The Stoic tradition from antiquity to the early Middle Ages, Bd. 1: Stoicism in classical Latin literature (Leiden 1985) [Studies in the History of Christian Thought 34]. – Zur Darstellung der stoischen Physik bei Cicero und ihrer Nachwirkung: 109-126.
432 S. Gersh: Middle Platonism and Neoplatonism. The Latin tradition, 2 Bde. (Notre Dame, Indiana 1986) [Publications in Medieval Studies 23,1-23,2]. – Ciceros Funktion als Vermittler griechischer Philosophie.
433 Cary S. Nederman: Nature, sin and the origins of society. The Ciceronian tradition in medieval thought, in: Journal of the History of Ideas 49 (1988) 3-26.

β) Wirkung auf einzelne Autoren

Abaelard und Zeitgenossen

441 G. d'Anna: Abelardo e Cicerone, in: Studi medievali 10,1 (1969) 333-419.
442 K. M. Fredborg: The commentary of Thierry of Chartres on Cicero's De Inventione, in: Cahiers de l'Institut du Moyen-Age grec et latin de l'Université de Copenhague 1 (1971) 7, 225-260.

Bernhard von Clairvaux

451 R. Gelsomino: S. Bernardo di Chiaravalle e il De amicitia di Cicerone, in: Studia anselmiana 43 (1958) 180-186.

Johannes von Salisbury

461 H. Liebeschütz: Mediaeval humanism in the life and writings of John of Salisbury (London 1950, ND Nendeln 1968).

Thomas von Aquin

471 E. K. Rand: Cicero in the courtroom of St. Thomas Aquinas (Milwaukee 1946).
472 C. Vansteenkiste: Cicerone nell'opera di S. Tommaso, in: Angelicum 36 (1959) 343-382.

Dante

481 G. Rabuse: Dantes Jenseitsvision und das Somnium Scipionis, in: Wiener Studien 72 (1959) 144-164.
482 V. Branca: Cicerone fra Dante, Petrarca e Boccaccio, in: Ciceroniana n.s. 7 (1990) [§ 54 *69: 201-205].

e) Renaissance und Humanismus

α) Allgemeines

491 R. Sabbadini: Storia del ciceronianismo e di altre questioni letterarie nell'età della Rinascenza (Turin 1885) 1-74.
492 K. Müllner (Hg.): Reden und Briefe italienischer Humanisten. Ein Beitrag zur Geschichte der Pädagogik des Humanismus (Wien 1899, ND München 1970).
493 W. Dilthey: Weltanschauung und Analyse des Menschen seit Renaissance und Reformation (Berlin, Leipzig 1914, [7]1964) [Gesammelte Schriften 2].
494 A. B. Modersohn: Cicero im englischen Geistesleben des 16. Jahrhunderts, in: Archiv für das Studium der neueren Sprachen 149 (1926) 33-51. 215-245.

495 M. L. Clarke: Classical education in Britain 1500-1900 (Cambridge 1959).
496 C. J. Classen: Cicerostudien in der Romania im 15. und 16. Jahrhundert, in: Radke (Hg.) 1968 [§ 54 *38: 198-245].
497 J. E. Seigel: Rhetoric and philosophy in Renaissance humanism. The union of eloquence and wisdom, Petrarch to Valla (Princeton 1968).
498 R. Landfester: Historia magistra vitae. Untersuchungen zur humanistischen Geschichtstheorie des 14. bis 16. Jahrhunderts (Genf 1972) [Travaux d'Humanisme et Renaissance 123].
499 Charles B. Schmitt: Cicero scepticus (1972) [*101].
500 A. Michel: Epicurisme et christianisme au temps de la Renaissance. Quelques aspects de l'influence cicéronienne, in: Revue des Etudes latines 52 (1974) 356-383.
501 E. de Olaso: Las Academica de Cicerón y la filosofía renacentista, in: Studi internazionali di Filosofia 7 (1975) 57-68.
502 J.-C. Margolin: Les Tusculanes, guide spirituel de la Renaissance, in: Chevallier (Hg.) 1984 [§ 54 *46: 129-155].
503 J. S. Freedman: Cicero in XVIth and XVIIth century rhetoric instruction, in: Rhetorica 4 (1986) 227-254.

β) Wirkung auf einzelne Autoren

Petrarca

511 P. del Nolhac: Pétrarque et l'humanisme, 2 Bde. (Paris ²1907, ND 1965). – «Pétrarque et Cicéron», Bd. 1, 213-268.
512 W. Rüegg: Cicero und der Humanismus. Formale Untersuchungen über Petrarca und Erasmus (Zürich 1946). Teil-ND: Cicero und der Humanismus. Petrarca, in: Büchner (Hg.) 1971 [§ 45 *40: 65-128].
513 F. Klingner: Cicero und Petrarca, in: F. K.: Römische Geisteswelt (München ³1956, ⁴1961, ⁵1965) ³600-619. ⁴670-689. ⁵684-703.
514 B. Kytzler: Petrarca, Cicero und Caesar, in: H. Meller, H. J. Zimmermann (Hg.): Lebende Antike. Symposion für R. Sühnel (Berlin 1967) 111-119.
515 Peter Lebrecht Schmidt: Petrarcas Korrespondenz mit Cicero, in: Der Altsprachliche Unterricht 21, 1 (1978) 30-38.
516 Maristella Lorch: Petrarch, Cicero, and the classical pagan tradition, in: A. Rabil (Hg.): Renaissance Humanism, Bd. 1 (Philadelphia 1988) 71-94.
517 V. Branca: Cicerone fra Dante, Petrarca e Boccaccio, in: Ciceroniana n.s. 7 (1990) [§ 54 *69: 201-205].
518 Maristella Lorch: In defense of 'negotium': Cicero answers Petrarch, in: Ciceroniana n.s. 7 (1990) [§ 54 *69: 207-214]. – Ciceronische Argumente für die 'aktive' Lebensweise in der Form eines fiktiven Briefes (Antwort auf Petrarca fam. rer. 24, 4).

Boccaccio

531 V. Branca: Cicerone fra Dante, Petrarca e Boccaccio, in: Ciceroniana n.s. 7 (1990) [§ 54 *69: 201-205].

Gasparino Barzizza und Filelfo

541 G. W. Pigman: Barzizza's studies of Cicero, in: Rinascimento 21 (1981) 123-163.
542 V. Fera: Un proemio al ‹De officiis› tra Filelfo e Barzizza, in: Giornale italiano di Filologia n.s. 14 (1983) 113-131.

Ludzisko

551 H. S. Bojarski: Quibus fontibus Johannes de Ludzisko in sua oratione De laudibus et dignitate philosophiae componenda usus sit, in: Eos 56 (1966) 206-212.

Theodoros Gaza

561 G. Salanitro: Teodoro Gaza e il De senectute di Cicerone, in: Giornale italiano di Filologia 20 (1967) 291-298.
562 G. Salanitro: Theodoro Gaza interprete di Cicerone, in: Helikon 9-10 (1969-1970) 622-631.
563 Theodorus Gaza: M. Tulli Ciceronis Liber de senectute in Graecum translatus, ed. G. Salanitro (Leipzig 1987) [Bibliotheca Teubneriana].

Palmieri

571 A. Buck: Matteo Palmieri als Repräsentant des Florentiner Bürgerhumanismus, in: Archiv für Kulturgeschichte 47 (1965) 77-95. ND in: A. B.: Die humanistische Tradition in der Romania (Bad Homburg, Berlin, Zürich 1968) 253-270.

Poliziano

581 J. Kraye: Cicero, Stoicism and textual criticism. Poliziano on κατόρϑωμα, (1983) [*163: 79-110].

Erasmus und Zeitgenossen

591 G. Radbruch: Verdeutschter Cicero (1942) [*153: 143-154].
592 W. Rüegg: Cicero und der Humanismus. Formale Untersuchungen über Petrarca und Erasmus (Zürich 1946).

593 G. Vallese: Erasmo e Cicerone. Le lettere-prefazioni erasmiane al De officiis e alle Tuscolane, in: Le Parole e le Idee 11 (1969) 265-272.

594 C. Béné: Erasme et Cicéron (1972) [*113: 241-246. 571-579].

595 Maria Cytowska: De Erasmo philosophiae antiquae cultore, in: Meander 32 (1977) 208-218.

596 J. Chomarat: Sur Erasme et Cicéron, in: Chevallier (Hg.) 1984 [§ 54 *46: 117-127].

597 Maria Cytowska: Erasme et les auteurs classiques, in: Eos 72 (1984) 179-187.

598 F. Tateo: Il ciceronianismo di Giulio Camillo Delminio, in: Filologia e forme letterarie. Studi offerti a F. della Corte, Bd. 5: Religione e filosofia antica. Medioevo e umanesimo. La presenza classica (Urbino 1987) 529-542.

Luther und der deutsche Protestantismus

611 Oswald Gottlob Schmidt: Luther's Bekanntschaft mit den alten Classikern. Ein Beitrag zur Lutherforschung (Leipzig 1883).

612 G. Chiarini: Melantone e i suoi amici. Per una storia del ciceronianismo in Germania, in: Ciceroniana n.s. 6 (1988) [§ 54 *68: 31-47].

613 W. Kirsch: Der deutsche Protestantismus und Cicero (Luther, Melanchthon, Sturm), in: Ciceroniana n.s. 6 (1988) [§ 54 *68: 131-149].

Vives

621 D. Baker-Smith: Juan Vives and the Somnium Scipionis, in: R. R. Bolgar (Hg.): Classical influences on European culture A.D. 1500-1700 (Cambridge 1976) 239-244.

622 F. Argudo Sánchez: Vives y el humanismo ciceroniano, in: Homenaje a Luis Vives. Ponencias leidas en el VI Congreso internacional de Estudios clásicos, Madrid 2-6 de septiembre de 1974 (Madrid 1977) 121-149.

623 Ioannis Lodovici Vivis Praefatio in Leges Ciceronis, aedes legum, ed. C. Matheeussen (Leipzig 1984) [Bibliotheca Teubneriana].

624 A. Fontán: El ciceronianismo de Vives, un humanista español del XVI en los Paises Bajos, in: Ciceroniana n.s. 6 (1988) [§ 54 *68: 87-98].

Nizolius

631 Q. Breen: Marius Nizolius: Ciceronian lexicographer and philosopher, in: Archiv für Reformationsgeschichte 46 (1955) 69-87.

Giraldi

641 Lucia Dondoni: Una pagina inedita di filologia umanistica. La Praelectio in de natura deorum Ciceronis libros di G. B. Giraldi, in: Rendiconti della Classe di Scienze morali, storiche e filologiche dell'Accademia dei Lincei 29 (1974) 557-569.

Ramus

651 K. Meerhoff: Ramus et Cicéron, in: Revue des Sciences philosophiques et théologiques 70 (1986) 25-35.

Bodin

661 G. Perinet: Jean Bodin et Cicéron, in Caesarodunum 3 (1969) 181-185.

Montaigne

671 C. B. Brush: Montaigne and Bayle, Variations on the theme of skepticism (Den Haag 1966).

672 J. M. Green: Montaigne's critique of Cicero, in: Journal of the History of Ideas 36 (1975) 595-612.

673 V. S. Mansey: Montaigne and Cicero (Philadelphia 1977). – Diss. University of Pennsylvania.

674 Barbara Wojciechowska Bianco: La concezione ciceroniana dello stato in Montaigne, in: Ciceroniana n.s. 7 (1990) [§ 54 *69: 215-221].

Suárez

681 V. Bejarano Sanchez: La presencia de Cicerón en el tratado ‹De legibus› del P. Suárez, in: Helmantica 28 (1977) 33-44.

Pedro de Valencia

Vgl. auch Schmitt 1972 [*101: 74-76].

684 Petrus Valentia: Academica sive de judicio erga verum, ex ipsis primis fontibus ... (Antwerpen 1596, London 1740, Paris 1740, Madrid 1781, 1797 u.ö.). – Erste neuzeitliche Darstellung des skeptischen Denkens im Altertum. Quelle vor allem Ciceros ‹Academici libri›. Nachhaltiger Einfluss in der Aufklärung.

685 M. Serrano y Sanz: Pedro de Valencia. Estudio biográfico-crítico (Badajoz 1910).

686 M. Solana: Historia de la filosofía española. Epoca del Rinascimiento (siglo XVI), 3 Bde. (Madrid 1941). – Bd. 1, 357-376: Zu den ‹Academica sive de judicio erga verum›.

687 M. Menendez Pelayo: Ensayos de crítica filosófica (Santander 1948). – 235-256: Zu den ‹Academica sive de judicio erga verum›.

688 Carlos Lévy: Pierre de Valence, historien de la philosophie sceptique, in Vorbereitung für: Actes du Colloque ‹Retour du scepticisme à l'âge classique›, Cahiers de Fontenay 1995.

Hobbes
691 P. Dimoff: Cicéron, Hobbes et Montesquieu, in: Annales Universitatis Saraviensis. Philosophie-Lettres 1 (1952) 19-47.

Descartes
701 A. Corsano: Cicerone fra Cartesio e Vico, in: Filosofia 26 (1975) 67-70.

Guez de Balzac
711 J. Jehasse: Guez de Balzac et Cicéron dans les premières Epîtres latines (1637), in: Chevallier (Hg.) 1984 [§ 54 *46: 157-170].

f) Von der Aufklärung bis zur Gegenwart

α) Allgemeines
721 G. Gawlick: Cicero and the enlightenment, in: Studies on Voltaire and the XVIIIth century 25 (1963) 657-682.
722 D. Klinck: Studien zur Epikurrezeption. Aufnahme und Verbreitung des Epikureismus zur Zeit Ciceros und im französischen 17. Jahrhundert (Kiel 1967). – Diss.
723 A. Michel: L'influence de l'académisme cicéronien sur la rhétorique et la philosophie du XVIIe, La Mothe le Vayer, Huet, Pascal, Leibnitz, in: G. Kuiper, E. Kessler (Hg.): Acta Conventus Neolatini Amstelodamensis 1973 (München 1979).
724 Gerda Schwarz: Cicero – Apollinaire. Zur Antikenrezeption bei Giorgio de Chirico, in: Grazer Beiträge 12/13 (1985-1986) 283-293.

β) Wirkung auf einzelne Autoren
Swift
731 H.-J. Müllenbrock: Cicero und Quintilian als Mentoren britischer Publizistik. Die rhetorische Struktur von Swifts ‹The Conduct of the Allies› (1711), in: Antike und Abendland 32 (1986) 173-185.

Vico
741 A. Corsano: Cicerone fra Cartesio e Vico, in: Filosofia 26 (1975) 67-70.
742 A. Michel: Vico entre Cicéron et Tacite. Les progrès et le déclin des lois dans le De nostri temporis studiorum ratione, in: Ciceroniana n.s. 3 (1978) [§ 54 *65: 151-156].

Montesquieu
751 P. Dimoff: Cicéron, Hobbes et Montesquieu, in: Annales Universitatis Saraviensis. Philosophie-Lettres 1 (1952) 19-47.
752 M. Lakebrink: Montesquieus Cicero-Rezeption (Würzburg 1967). – Diss. Freiburg i.Br.
753 J. Chomarat: Le De officiis et la pensée de Montesquieu, in: Chevallier (Hg.) 1984 [§ 54 *46: 195-206].
754 P.-M. Martin: Montesquieu, panégyriste de Cicéron, in: Chevallier (Hg.) 1984 [§ 54 *46: 207-228].

Voltaire
761 D. A. Day: Voltaire and Cicero, in: Revue de Littérature comparée 39 (1965) 31-43.
762 R. Gartenschläger: Voltaires Cicero-Bild. Versuch einer Bestimmung von Voltaires humanistischem Verhältnis zu Cicero (Marburg 1968). – Diss.

Samuel Johnson
771 E. Clodd: Dr. Johnson and Cicero on friendship, in: Fortnightly Review 120 (1923) 134-143.
772 M. N. Austin: Cicero and Samuel Johnson, in: Martyn (Hg.) 1972 [§ 54 *41: 3-14].

Hume
781 G. A. Burnett: The reputation of Cicero among the English deists (1696-1776) (Los Angeles 1947). – Diss. University of Southern California.
782 J. V. Price: Empirical theists in Cicero and Hume, in: Texas Studies in Literature and Language 5 (1963) 255-264.
783 J. V. Price: Sceptics in Cicero and Hume, in: Journal of the History of Ideas 25 (1964) 97-106.
784 G. des Jardins: Terms of De officiis in Hume and Kant, in: Journal of the History of Ideas 28 (1967) 237-242.
785 C. Battersby: The Dialogues as original imitation: Cicero and the nature of Hume's skepticism, in: McGill Hume Studies (San Diego 1979) 239-252.
786 Peter Jones: Hume's sentiments. Their Ciceronian and French context (Edinburgh 1982). – 29-41: «Hume and Cicero».

Kant
791 K. Reich: Kant und die Ethik der Griechen (Tübingen 1935) [Philosophie und Geschichte 56]. – Die stoische Ethik durch Ciceros ‹De officiis› an Kant vermittelt.
792 G. des Jardins: Terms of De officiis in Hume and Kant, in: Journal of the History of Ideas 28 (1967) 237-242.

Mirabeau
801 O. Ferrara: Cicerón y Mirabeau. La moral de dos grandes oradores (Madrid 1949).

Hegel

811 J. Mančal: Untersuchungen zum Begriff der Philosophie bei M. Tullius Cicero (München 1982) [Humanistische Bibliothek 1, 39]. – Hegels Kritik an Cicero: 7-30.

4. Wirkung auf einzelne Kulturkreise und Länder

a) Romanische Länder

821 C. J. Classen: Cicerostudien in der Romania im 15. und 16. Jahrhundert, in: Radke (Hg.) 1968 [§ 54 *38: 198-245].

b) Spanien

831 J. Guillén: Cicerón en España, in: Atti del I Congresso internazionale di Studi ciceroniani (1961) [§ 54 *31: 2, 247-282].

c) Frankreich

841 R. Martin: Présence de Cicéron sur les tréteaux français, ou les métamorphoses d'un grand homme, in: Chevallier (Hg.) 1984 [§ 54 *46: 229-247].

842 A. Haury: Cicéron et la devise républicaine française, in: Ciceroniana n.s. 7 (1990) [§ 54 *69: 159-160].

843 J. Irmscher: Cicero und die Grande Revolution, in: Ciceroniana n.s. 7 (1990) [§ 54 *69: 105-110].

d) England

851 M. L. Clarke: Classical education in Britain 1500-1900 (Cambridge 1959).

e) Deutschland

861 F. Paulsen: Geschichte des gelehrten Unterrichts auf den deutschen Schulen und Universitäten vom Ausgang des Mittelalters bis zur Gegenwart, 2 Bde. (Leipzig 1885, ³1919-21, ND Berlin 1965).

862 F. J. Worstbrock: Deutsche Antike-Rezeption 1450-1550, Teil 1: Verzeichnis der deutschen Übersetzungen antiker Autoren (Boppard 1976) [Veröffentlichungen zur Humanismusforschung]. – Zu Cicero: 48-60.

863 M. Fuhrmann: Die Tradition der Rhetorikverachtung und das deutsche Bild vom 'Advokaten' Cicero, in: Ciceroniana n.s. 6 (1988) [§ 54 *68: 19-30].

864 G. Chiarini: Melantone e i suoi amici. Per una storia del Ciceronianismo in Germania, in: Ciceroniana n.s. 6 (1988) [§ 54 *68: 31-47].

865 L. Canfora: Cicerone tra Drumann e Mommsen, in: Ciceroniana n.s. 6 (1988) [§ 54 *68: 99-108].

866 Peter Lebrecht Schmidt: Cicero in der deutschen Wissenschaft des frühen Historismus, in: Ciceroniana n.s. 6 (1988) [§ 54 *68: 109-130].

867 W. Kirsch: Der deutsche Protestantismus und Cicero (Luther, Melanchthon, Sturm), in: Ciceroniana n.s. 6 (1988) [§ 54 *68: 131-149].

868 T. I. Oiserman: Sur la sous-estimation de la philosophie cicéronienne, in: Ciceroniana n.s. 6 (1988) [§ 54 *68: 151-157].

869 Reimar Müller: Herder und das Erbe Ciceros, in: Ciceroniana n.s. 6 (1988) [§ 54 *68: 159-171].

f) Ehemalige Ostblockländer

881 M. Ruch: Cicéron au-delà du 'rideau de fer', ou la permanence de l'humanisme européen, in: Les Etudes classiques 29 (1961) 111-117.

g) Litauen

891 H. Zab(o)ulis: Jurisprudence de Cicéron en Lituanie au XVIe siècle, in: Ciceroniana n.s. 7 (1990) [§ 54 *69: 235-247].

h) Polen

901 J. Axer: Ciceronianismo nell'antica cultura polacca, in: Cicero Polonorum (Warschau 1989) [Festgabe der Polnischen Akademie der Wissenschaften für die Teilnehmer des Colloquium Tullianum, Warschau 1989] 3-8.

902 M. Plezia: Studi su Cicerone in Polonia, in: Cicero Polonorum (Warschau 1989) 8-14.

903 Anna Sadurska: Due ritratti di Cicerone nelle collezioni polacche, in: Cicero Polonorum (Warschau 1989) 214-218.

904 J. Łanowski: La Filologia classica nella Polonia del dopoguerra, in: Cicero Polonorum (Warschau 1989) 18-21.

905 M. Plezia: De Polonorum studiis Tullianis oratio, in: Ciceroniana n.s. 7 (1990) [§ 54 *69: 35-43].

i) Ungarn

921 I. Borzsák: De Cicerone, lumine et oculo litterarum Hungaricarum, in: Ciceroniana n.s. 6 (1988) [§ 54 *68: 49-57].

j) Amerika

931 W. Breil: Republik ohne Demagogie. Ein Vergleich der soziopolitischen Anschauungen von Polybios, Cicero und Alexander Hamilton (Bochum 1983) [Bochumer Historische Studien. Alte Geschichte 6].
932 P. MacKendrick: The philosophical books of Cicero (London 1989). – S. 294-315: «Cicero in America».
933 A. Balbo: Alcune considerazioni sull' VIII Colloquium Tullianum ‹Cicerone in America›, in: Bollettino di Studi latini 21 (1991) 327-331.
934 M. Petruzzelli: Colloquium Tullianum anni MCMXCI (New York, 6-10 maggio 1991). Cicerone tra i grattacieli, in: Civiltà classica e cristiana 12 (1991) 233-243.
935 Atti del VIII Colloquium Tullianum, New York, 6-10 maggio 1991. Cicerone in America [Ciceroniana n.s. 8] [§ 54 *70].

GRIECHISCHES GLOSSAR

Das Glossar enthält die griechischen Originalformen der wichtigsten in diesem Doppelband vorkommenden philosophischen Begriffe mit entsprechenden Verweisen auf das Sachregister, aus dem die Stellen entnommen werden können.

ἄδηλα → Unklares
ἀδιάφορα, ἀδιαφορία → Gleichgültiges, Gleichgültigkeit, → Unterschiedslosigkeit
αἵρεσις → Wählen
αἱρετά → Wählbares
αἴσθησις → Wahrnehmung, sinnliche
αἴτιον → Ursache
ἀκατάληπτα, ἀκαταληψία → Unerfassbares, Unerfassbarkeit
ἁμάρτημα → Verfehlung
ἀναφορά → Reduktionismus
ἄνδρες → Männer, bedeutende
ἀνεπίκριτος → Unbestimmbares
ἀντακολουθία → Tugenden – ihre wechselseitige Bedingtheit
ἀντιλογία → Ansichten, widersprechende
ἀντιμαρτύρησις → Widerlegung
ἀξία → Wert
ἀξίωμα → Aussage
ἀξίωμα διεζευγμένον → Aussage, disjunktive
ἀξίωμα συμπεπλεγμένον → Aussage, konjunktive
ἀξίωμα συνημμένον → Aussage, implikative
ἀπάθεια → Affektlosigkeit
ἀπαξία → Wertlosigkeit, Unwert
ἀπαράλλαξία → Ununterscheidbarkeit
ἀπογεγεννημένον → Erzeugnis
ἀπονία → Schmerzlosigkeit
ἀποπροηγμένα → Zurückgesetztes
ἀπραξία → Untätigkeit(sargument)
ἀπροσδόκητον → Unerwartetes
ἀρετή → Tugend
ἀσάφεια → Unklarheit, stilistische
ἀστάθμητος → Unbeständiges
ἀσφάλεια → Sicherheit
ἀταραξία → Seelenruhe, Gemütsruhe, Unerschütterlichkeit
αὐτάρκεια → Selbstgenügsamkeit
ἀφασία → Sprachlosigkeit

βασιλεία → Königtum
βίος → Lebensform
βίος πρακτικός/θεωρητικός → Leben, praktisches/betrachtendes

διάρθρωσις → Atome – Separation der Atome
διαφωνία → Ansichten, widersprechende
δικαιοσύνη → Gerechtigkeit
δόξα → Meinen, Meinung, Wähnen

ἐγκύκλιος παιδεία → Bildung, Bildungsgüter
εἴδωλον → Bild
εἱμαρμένη → Schicksal
εἰς ἑκάτερον ἐπιχείρησις → Argumentation nach beiden Seiten
εἰς ἐναντίαν ἐπιχείρησις → Widerlegung, Widerlegung fremder Ansichten
ἐκλέγειν → auslesen
ἐκπύρωσις → Ekpyrosis, 'Ausbrennung', Weltenbrand
ἐλάχιστα → Minima
ἐνάγισμα → Erinnerungsmahl
ἐνάργεια → Evidenz
ἐννόημα → Allgemeinbegriff
ἕξις → Haltekraft
ἐπιθυμία → Begierde
ἐπιλογισμός → Überlegung
ἐπιμαρτύρησις → Nachprüfung
ἐπιμέλεια τῆς ψυχῆς → Seelenleitung, Seelenfürsorge
ἐπιστήμη → Wissen, → Wissenschaft, → Erfassung, wissenschaftliche
ἐποχή → Urteilsenthaltung, Urteilsverzicht
ἔρως → Liebe
εὐδαιμονία → Glück, Glückseligkeit
εὐκολία → Genügsamkeit
εὐλάβεια → Vorsicht
εὔλογον → Wohlbegründetes
εὐσεβεία → Frömmigkeit
εὐτυχία → Glück

εὐφροσύνη → Frohsinn
ἐφ' ἡμῖν → Dinge in unserer Macht

ἡγεμονικόν → Zentralorgan
ἡδονή → Lust
ἡδονὴ ἐν κινήσει → Lust, kinetische
ἡδονὴ καταστηματική → Lust, katastematische (statische)

θάνατος → Tod
θεός, τὸ θεῖον → Gott, Gottheit
θίασος → Kultverein

ἰσοσθένεια → Gleichgewicht zweier Ansichten

καθῆκον → Pflicht
καθ' ὁμοιότητα → Analogiemethode
καθ' ὁμοιότητα μετάβασις → Analogiebeweis
κακία → Laster, Untugend
καλόν → sittlich Schönes
κανών → Kanon
κατὰ τὴν ἀνασκευήν → Elimationsverfahren
κατὰ φύσιν → Naturgemässes
κατάληψις (καταληπτικός, καταληπτός) → Erfassung
κατόρθωμα → Entscheidung, richtige
κενόν → Leeres
κίνησις → Bewegung
κοινὴ ἔννοια → Allgemeinbegriff
κολακεία → Schmeichelei
κόσμος → Welt
κρᾶσις (δι' ὅλων) → Mischung (vollkommene)
κριτήριον (τῆς ἀληθείας) → Kriterium (der Wahrheit)
κυριεύων → Meisterargument des Diodoros Kronos

λεκτόν → Bezeichnetes
λέξις → Ausdruck, sprachlicher
ληπτόν → Mitzunehmendes
λογισμός → Vernunft, Verstand
λύπη → Kummer, Leid, Trauer

μανία → Wahnsinn
μετέωρα → Himmelskörper
μετριοπάθεια → Metriopathie
μῖξις → Mischung
μνήμη → Erinnerung

νοῦς → Vernunft, Verstand

οἰκεῖον, οἰκείωσις → Zuträgliches, Zuträglichkeit
οἰκονομία → Hausverwaltung
ὅλον → All
ὁμοίωσις θεῷ → Gottähnlichkeit, Angleichung an Gott
ὁμολογία → Übereinstimmung des Sinnesdaten
ὀργή → Zorn
ὁρμή → Trieb, Antrieb
ὁσιότης → Frömmigkeit
οὐ μᾶλλον ... → Skeptische Formeln

πάθος → Affekt, Empfindung
παιδεία → Bildung, Erziehung
παλιγγενεσία → Palingenesia, 'Wiedergeburt'
παλμός → Vibration
παρὰ φύσιν → Naturwidrigkeit
παρέγκλισις → Atomabweichung
περιτροπή → Selbsteinschluss, skeptischer
πιθανόν → Wahrscheinliches
ποιόν, ποιότης → Eigenschaft
πόνος → Schmerz
πράγματα → 'Dinge an sich'
πρέπον → Schickliches, Geziemendes
προηγμένα → Bevorzugtes
προκόπτοντες → Fortschreitende
πρόληψις → Vorbegriff, Allgemeinbegriff
πρόνοια → Vorsehung
προπέτεια → Überstürzung des Urteils
πρός τί πως ἔχον → Bestimmtheit, relationale
πρόσθεσις → Atome – Zusammenspiel der Atome
πρόσωπον → Person, Maske
πρῶτα κατὰ φύσιν → Erstes Naturgemässes
πῦρ → Feuer
πῶς ἔχον → Bestimmtheit, zuständliche

σαφήνεια → Klarheit, stilistische
σημαινόμενον → Bezeichnetes
σημαῖνον → Bezeichnendes
σημεῖον → Zeichen
σοφός → Weiser
στερέμνιον → Körper
συγκατάθεσις, συγκατατίθεσθαι → Zustimmung
σύγκρισις → Atomaggregat, Atomverbindung
συμπάθεια → Sympathie, kosmische
σύμπτωμα → Akzidens
συμφέρον → Nutzen

συνδρομή → 'Zusammenlauf' stimmiger Merkmale
συνείδησις → Gewissen
συνήθεια → Gewohnheit, gewohnheitsmässige Anschauungsweise

τάραχος → Beunruhigung
τέλος → Telos, Ziel, Lebensziel
τέρψις → Vergnügen, Ergötzen
τέχνη → Kunst
τόνος → Spannung
τόπος → Ort
τῦφος → Dünkel, Wahn
τύχη → Zufall

ὕλη → Materie
ὑπερηφανία → Hochmut
ὑπόθεσις → Übungsrede
ὑποθετικὸς λόγος → Ratschläge, ethische
ὑπόληψις ψευδής → Vorstellung, falsche

φαινόμενον → Erscheinung, Erscheinendes
φαντασία → Vorstellung
φαντασία καταληπτική → Vorstellung, erfassende, erkenntnisvermittelnde
φάντασμα → Vorstellung, leere
φανταστικὴ ἐπιβολὴ τῆς διανοίας → Hinwendung des Verstandes, vorstellende
φθόνος → Neid
φιλαργυρία → Habsucht
φιλία → Freundschaft
φόβος → Furcht
φυγή → Meiden
φυσιολογία → Physiologie
φύσις → Natur
φωνή → Stimme, Laut

χαρά → Freude
χάρις → Dankbarkeit

ψυχαγωγία → Seelenleitung, Seelenfürsorge

LATEINISCHES GLOSSAR

Das Glossar enthält die lateinischen Originalformen der wichtigsten in diesem Doppelband vorkommenden philosophischen Begriffe mit entsprechenden Verweisen auf das Sachregister, aus dem die Stellen entnommen werden können. Vgl. auch die oben (S. 1148-1151) aufgeführten Arbeiten zu einzelnen Begriffen bei Cicero.

adsensio, adsensus → Zustimmung
adulatio → Schmeichelei
aegritudo → Kummer, Leid, Trauer
aestimatio → Wert
amicitia → Freundschaft
amor → Liebe
ars vitae → Lebenshilfe
artes liberales → Bildung, Bildungsgüter
auctoritas → Ansehen
avaritia → Habsucht

clinamen → Atomabweichung
comprehensio → Erfassung
conscientia → Gewissen
cultura → Kultur
cupiditas → Begierde

decorum → Schickliches, Geziemendes
deus → Gott, Gottheit
disputatio in utramque partem → Argumentation nach beiden Seiten
divitiae → Reichtum
dolor → Schmerz

eligere → auslesen
enuntiatio → Aussage
expetenda → Wählbares

fatum → Schicksal
fides → Glauben
finis → Telos, Ziel, Lebensziel
fortitudo → Tapferkeit
frui → 'Geniessen' eines 'Gutes'

gloria → Ruhm
gratia → Dankbarkeit

honestum → sittlich Schönes

imitatio → Nachahmung
imitatio dei → Gottähnlichkeit, Angleichung an Gott
incertum → Unklares
insania → Wahnsinn
invidia → Neid
ira → Zorn
ius → Recht
iustitia → Gerechtigkeit

metus → Furcht
mors → Tod

natura → Natur
naturae contraria → Naturwidrigkeit

oeconomia → Hausverwaltung
officium → Pflicht
opinio → Meinen, Meinung, Wähnen

passio → Affekt
perceptio → Erfassung
persona → Person, Maske
perspicuitas → Evidenz
pietas → Frömmigkeit
praecepta → Ratschläge, ethische
praeposita → Bevorzugtes
pretium → Wert
prima naturae → Erstes Naturgemässes
probabile → Wahrscheinliches
probare, probatio → Billigung
producta → Bevorzugtes
providentia → Vorsehung
prudentia → Klugheit

quaestio finita → Übungsrede
qualitas → Eigenschaft

ratio → Vernunft, Verstand
reiecta → Zurückgesetzes
res publica → Staat

sapiens, sapientia → Weiser, Weisheit
scientia → Wissen
secundum naturam → Naturgemässes
signum → Zeichen
simulacrum → Bild
spiritus → Pneuma
sumenda → Mitzunehmendes
superbia → Hochmut

timor → Furcht
tranquillitas animi → Seelenruhe

uti → 'Benutzung' eines 'Gutes'

veri simile → Wahrscheinliches
veritas → Wahrheit
virtus → Tugend
vis → 'Wirkkraft'
visum → Vorstellung
vita activa → Leben, praktisches
vita beata, vita beatissima → Glück, Glückseligkeit
vita contemplativa → Leben, betrachtendes
vitium → Laster, Untugend
voluntas → Wille
voluptas → Lust

SACHREGISTER

Das Register verzeichnet alle wichtigen in diesem Doppelband vorkommenden philosophischen und historischen Begriffe. Darüber hinaus sind auch die Namen von Schulen, philosophischen Strömungen und geographischen Orten aufgenommen, die für das Auffinden bestimmter Stellen nützlich sein können. Die Seitenzahlen *hinter* dem Stichwort beziehen sich auf die Darstellungsteile, die mit Ordnungsnummern zwischen eckigen Klammern versehene Seitenzahlen *unter* dem Stichwort auf die Bibliographien.

Abderitische Schule   293 300
Aberglaube   249 326 440 450 885f.
   638 [*13]
Ad-hominem-Argumentation in der skeptischen Akademie?   816-819 858f. 873f.
Adiaphora → Gleichgültiges, Gleichgültigkeit
Affekt(e), Empfindung (πάϑος)   76 84 91 100 126 131 **133f.** 154 242 **323** 440 547 548 576 591 616-618 633 659 691f. 693 1101
   521 [*4] 580 [*13] 663 [*5] 675 [*22]
   1138 [*541-*543]
   – Hauptaffekte   547 618
   – εὐπάϑεια   633 640 659
Affektlosigkeit (ἀπάϑεια)   618 659 692 745 751 881f. 909 964 1042f. 1094 1101 1109 1114
Ähnlichkeitsmethode, Ähnlichkeitsverfahren
   → Analogiemethode
Aitiologie   534
Akademie   72 141 190 298-300 314 528 545 569 631 **717-989**
   – Academicorum Index   8 11 18 **298-300** 775 829 898 938
   782f. [*20-*28]
   – 'Alte', des Antiochos   721 925 940-942
   – antike Einteilungen   779-781 785
   – 'aporetische'   823
   – äussere Schulgeschichte   776-779
   781ff. [*1-*92]
   – esoterischer Dogmatismus in der skeptischen Akademie?   802-804 859 905f. 925f.
   – Förderung durch das pergamenische Königshaus   5 777 786 795 832 836 851 853
   – jüngere   **775-781** 802-804 807 812-815
   – skeptische   237 239 721-725 **775-781** 806 838-843 1036 1038 1085-1089 1092-1094 1121
   1129f. [*151-*163]
   – 'Vierte'   930-932 987f.
Akoluthie   600

Akrokorinth   556
Aktwert und Güterwert   543 615 880 883f. 961
Akzidens   **77** 88 106 159
Alexandreia   5 768 943 986-988
'All' (ὅλον)   523
   521 [*9]
Allegorese   533 571
Allgemeinbegriff (ἐννόημα, κοινὴ ἔννοια,
   s. auch → Vorbegriff)   532 594f. 614 631 856 953f.
'Alten', die (veteres), bei Antiochos   947 956 1108
Altruismus   37 166
Analogie   85 138 139 439
Analogiebeweis   151
Analogiemethode   138 139 261 271 330
Analogieschluss   417
Angleichung an Gott → Gottähnlichkeit
Anomalie   596
Anschauung, Formen der   537
Anschauungsweise, gewohnheitsmässige
   → Gewohnheit
Ansehen, Autorität   1046 1048 1087 1105 1106 1107 1108 1113
   1148 [*1131-*1133]
Ansichten, widersprechende (ἀντιλογία, διαφωνία)   797 877
Antakoluthie → Tugenden, ihre wechselseitige Bedingtheit
Anthropologie   439 534 540 654f. 1047-1050
Antizipation → Vorbegriff
Antrieb → Trieb
Aparallaxie → Ununterscheidbarkeit
Apathie → Affektlosigkeit
Apraxia-Argument → Untätigkeitsargument
Argumentation nach beiden Seiten (εἰς ἑκάτερον ἐπιχείρησις, disputatio in utramque partem)   796f. 801f. 805 821 844 853 855 877 929f. 1023 1024 1025 1028 1045 1087 1089 1091 1096 1097-1099 1125

Armut 112 237
Arterhaltungstrieb 613
Ärzteschule, empirische 771-773 986
– pneumatische 707
Arztvergleich 926f.
Asphalt 671
Ästhetik 631 633 656 1031 1036 1037
  1136 [*441-*453]
Astrologie 632 652f. 689
  648 [*1]
Astronomie 97 225 425 448 534
  710 [*1]
Ataraxie → Seelenruhe
Atheismus 397 653
Athen 4 5 290
Atom(e) 76 85 88 89 96 98 137 140 141 142
  145 149 151 161 263 314 330 331 417 418 423
  445
  569 [*51] 580 [*5 *6]
  – Separation der Atome 145
  – Zusammenspiel der Atome 145
Atomabweichung 143 160 271 330
Atomaggregat, Atomverbindung 88 96 145 150
  271 420
Atombewegung 420 440
Atomismus, Atomisten 35 36 66 100 126 224
  439
  177ff. [*208-*301]
Aufklärung 36 189
Ausbrennung → Ekpyrosis
Ausdruck, sprachlicher, Lexis 630
  629 [*1] 634 [*1] 637 [1]
'auslesen' (ἐκλέγειν) 543 544
Aussage(n) (ἀξίωμα) 597-600
  568 [*50] 580 [*30]
  – definite 596
  – disjunktive 600
  – einfache, affirmative 598f.
  – einfache, negative 599f.
  – implikative 599
  – indefinite 596
  – konjunktive 600
  – Modi 597f.
  – nicht einfache 599f.
  – verneinte 587
  – Wahrheitswert 597
Aussagenlogik 595-603
Autarkie → Selbstgenügsamkeit
Autarkie der Tugend → Tugend, ihre Autarkie
Autorität → Ansehen

'Befolgen' wahrscheinlicher Vorstellungen 869-873

Begierde, Begehren (ἐπιθυμία, cupiditas) 81
  146 **157-159** 323 547 548
Beharren auf Ansichten 1111f.
'Benutzung' eines 'Gutes' (χρῆσθαι, uti) 237
  961 974
Besonnenheit 542
Bestimmtheit, relationale/zuständliche 604
Beunruhigung 213 238
'Bevorzugtes' (προηγμένα, praeposita,
  producta) 543 545 560 575 616 632 692
Bewegung, Kinetik **142-144** 540 604
Bezeichnendes 595f.
Bezeichnetes, Lekton 533 536 570 595 596-603
Bild 88 96f. 132 136 148 326 424
Bildung, Bildungsgüter, Erziehung 68 104 112
  127 **169f.** 233 272 316 385 438 522
  521 [*7] 568 [*32] 1148 [*1141]
Billigung (s. auch → Zustimmung) 1024
  – wahrscheinlicher Vorstellungen 869-873
  1092 1117
  – zuträglicher Vorstellungen 864
Blitz 541
Bogenschützengleichnis 883f.
Botanik 534

Chaos 524
Christentum 189 478
cradle-argument 154 958

Dankbarkeit 88 **322f.**
Denken, Denkkraft 607 856-858
Determinismus (s. auch → Schicksal) 100 130
  144 161 548 610-612 627 1123
Dialektik 128 137 219 246 248 **532** 570 585
  595-603 639 652 685 823 1050
  568 [*48] 580 [*29] 620ff. [*221-*287]
  629 [*2] 677 [*42] 1134 [*361-*369]
'Dialektische Schule' 904
Dichtung → Poetik
'Dinge an sich' (τὰ πράγματα) 737-740
Dinge in unserer Macht (ἐφ' ἡμῖν) 543 611
Dissidenten 211 283-286 **301** 319 778f. 900 906
  940
Divisio Carneadea 877 878-881 971f.
  896 [*151-*154]
'Dogmatiker' 721-725
Donner 541
Doxographie, antike 17-20 713 837f. 877 880
  1028
Drogen 616
Dünkel, Wahn (τῦφος) 750 754 763

Ehe 87 641
  556 [*3] 638 [*16]
'Eigenschaft' (ποιότης) 95 537 604 950
Einleuchtendes → Evidenz
Eklektizismus 6 99 965
Ekpyrosis, 'Ausbrennung', Weltenbrand 538
  540 571 572 627 628 631 636 639 652f. 687
Eleaten 293 300 749-751 763
Elemente 98f. 137 146f. 418 523 535 540 687
  580 [*2] 634 [*2]
Eliminationsverfahren 138
Elisch-eritreische Schule 749 790
Elternliebe 264 882
Empfindung → Affekt
Empirie, Empiriker 271 330 331
Enthaltung → Urteilsenthaltung, Urteilsverzicht
Entscheidung, richtige (κατόρθωμα) 526 544
  545 547 548 616
Epigramme 293f.
Epikureismus, Epikureer 203-490 684 752 794
  927
  759 [*151-*154] 827 [*111-*115]
  1132f. [*270-*295]
Epilogismus 284
Epirus 671
Erde 97 524 687
Erfassung (κατάληψις, comprehensio,
  perceptio) 529 530 531 545 560 **798-801** 814
  855-858 905f. 920f. 923 925 1039
Erfassung, wissenschaftliche (s. auch
  → Wissenschaft) 529 530 532 544
Ergötzen → Vergnügen
Erinnerung 100 206 532 833 859
Erinnerungsmahl 64
Erkenntniskritik 796-806 855-858 1102
  1134 [*341-*351]
Erkenntnismodell, stoisches 529-533 798-801
  816-819 952
Erkenntnistheorie, Erkenntnislehre 35 36 37 90
  101 **131-138 528-532** 570 580 593-595 636 639
  651f. 1038f.
  551f. [*91-*122] 620 [*201-*212]
Erörterung des Für und Wider → Argumentation nach beiden Seiten
Erscheinung, Erscheinendes (φαινόμενον) **329-332** 739f. 745f. 749 764
Erscheinungen, atmosphärische 79
Erstes Naturgemässes (τὰ πρῶτα κατὰ φύσιν,
  prima naturae) 545 614 879 958f.
'Erzeugnis' (ἀπογεγεννημένον) 100 160 161
Erziehung → Bildung
esoterischer Dogmatismus → Akademie

Ethik 7 82 94 127 128 129 134 **153-170** 258
  318-325 332-334 365 440 526 **541-549** 560 569
  570 574-576 612-618 632f. 640f. 655-660 684
  690-693 806f. 878-884 926-928 955-965 1101
  183ff. [*403-*543] 553f. [*201-*273]
  580 [*10] 624f. [*401-*452] 630 [*8]
  675 [*19] 1137ff. [*471-*602]
  – atomistische 160f.
  – intellektuelle 1102f.
  – naturalistische 960
  – peripatetische 956
  – stoische 883f. 956 1040
Eudaimonie → Glück, Glückseligkeit
Euhemerismus 609 886
Evidenz, Einleuchtendes (ἐνάργεια,
  perspicuitas) 133f. 790 800 856 865f. 923f.
  952 1094 1113

Fehlschluss, naturalistischer 615 960
Feuer 538 571
'Fortschreitende' (προκόπτοντες) 545 616
'freiwillige/unfreiwillige' Tugenden
  → Tugend(en)
Freude (χαρά; s. auch → Lust) 84 575 633 640
  659 737
Freundschaft 70 81 106 164 **166f.** 205 208 212
  230 242 247 303 323 327 328 882 1039f.
  1046f. 1048 1101 1122
  568 [*39] 1138 [*571-*575] 1148 [*1111]
Frohsinn (εὐφροσύνη) 84
Frömmigkeit 89 91 94 120 **167-169 328f.** 450
  359f. [*518-*565]
Furcht (φόβος, metus, timor) 81 102 117 119
  126 138 139 144 145 146 147 149 158 428 478
  547
Fürsorge → Vorsehung

Gadara 289
Gades 671 683
Gebet 98 168 230 294
Gemütsruhe → Seelenruhe
'Geniessen' eines 'Gutes' (frui) 881 961 974
Genügsamkeit (εὐκολία, s. auch → Selbstgenügsamkeit) 751
Geographie 693f.
Geometrie 141 169 170 224 225 253 254 **259f.**
  676 [*25] 677 [*44] 711 [*2]
Gerechtigkeit (s. auch → Naturrecht, → Recht)
  81 82 87 164 542 591 615 633 660 882f. 1034
  1149 [*1291]
Geschichte **338** 1032 1037 1125
  1145 [*861-*879]

Geschichtsschreibung 365 693f.
Gesellschaftsvertrag 164 229 1034
Gesetze 107 116 232 239 333 1035f.
　521 [*6] 568 [*30] 580 [*17] 630 [*10]
　1142 [*731-*735]
Gewissen 208
　1137 [*511 *512]
Gewohnheit, gewohnheitsmässige Anschauungsweise (συνήθεια) 237 800 844 857f.
Gezeiten 671 683 693
　712 [*8]
Geziemendes → Schickliches
Glauben 1102f. 1104f.
　1149 [*1211]
　– an philosophische Lehrmeinungen 1103 1117
Gleichgewicht zweier Ansichten (ἰσοσθένεια) 132 744 797 813 857 874 1097f.
Gleichgültiges, Gleichgültigkeit, Unterschiedslosigkeit (ἀδιάφορα, ἀδιαφορία) 526 542 543 544 548 560 561 563 575 614 615 632 640 692 735 736-738 745 754 761 769 1040
Glück, Glückseligkeit (εὐδαιμονία, vita beata) 37 62 80 83 91 93 104 108 126 127 139 145 149 153 155 157 159 163 164 165 166 168 169 193 194 237 242 264 283 316 328 332 333 335 336 342 563 574 612 627 628 657 664 692 738f. 963f. 973 1037 1039 1040 1041 1050 1114
　580 [*4]
Goldene Kette 934 982 988
Goldenes Zeitalter 693
Gott, Gottheit, Götter (θεός, τὸ θεῖον) 79 86 89 90 91 94 98 99 102 108f. 112 116 126 **149-153** 168 207 218 226 232 258 264 269 294 301 315 **325-329** 331 439 440 539 540 557 572 589 609f. 632 639 **652-654** 686 **740-743** 811 823f. **884-887** 951 975 1043f. 1094 1100-1103 1105 1107 1108 1111 1116 1118 1123 1154 181ff. [*337-*399] 358f. [*499-*513] 556 [*4] 568 [*11] 638 [*9] 675 [*15]
Gottähnlichkeit, Angleichung an Gott 110 150 303
Götterfurcht, Götterverehrung 119f. 269 306 326 327 417
Gottesbeweis 609 627 1044 1105
　1145 [*921 *922]
Grammatik 257 271 533
Gut, das Gute, höchstes Gut
　(s. auch → Lebensziel, → Ziel) 93 548 740-743 1039-1041 1122
　663 [*2] 677 [*39]
　– drei Klassen 961f.

Güter, Güterlehre 542 560 562 575 615f. 657f. 692 878-884 961 973f. 1101 1109 1110 1112 1114 1116 1122
　1137 [*471-*480]
Gyges 87

Habsucht 321
'Haltekraft' (ἕξις) 607 608
Handeln (s. auch → Untätigkeitsargument; sittliches Handeln: s. auch → Pflicht) 87 615f. 808f. 872
　568 [*36]
　– ohne Zustimmung 809-811 872
Haufenschluss → Sorites
Hausverwaltung 319f.
　356 [*415-*424]
Hedonismus → Lust
Hegemonikon → Zentralorgan
Heimarmene → Schicksal
Herculaneum 11 291 775
Hetären 169 287f.
Himmelserscheinungen 97 98 139 145 **428**
Himmelskörper 77 78 **79** 95 149
Hinwendung des Verstandes, vorstellende (φανταστικὴ ἐπιβολὴ τῆς διανοίας) 131f. **135f.** 143
Historiographie → Geschichtsschreibung
Hochmut (ὑπερηφανία) 320f.
Homerphilologie 708
Homosexualität 523
Hydrologie 534
Hymnos auf Zeus 576-578

Ideen, platonische 953f.
Ideen – 'Gedanken Gottes' 951 975
Imitation → Nachahmung
Immanenz des aktiven Prinzips 539 950
Indifferenz → Gleichgültiges, Gleichgültigkeit, Unterschiedslosigkeit
Indische Philosophie, Einfluss auf Pyrrhon? 753
Induktion 641f.
Interdependenz der Teile des Kosmos
　→ Sympathie, kosmische
Inzest 523
Irrationales 545 548
Irrtum 528 532 547
Isonomiegesetz 140 150
Isotachie 142

Juden
 674 [*3]

Kampanien 291 366 372
Kanon, Kanonik 82 90 94 100 128 **131-136** 213 214 254 448
 174ff. [*124-*203]
Kardinaltugenden → Tugend
Kategorie, Kategorienlehre 604f. 609 712 [*7]
Katharsis 308
Katorthoma → Entscheidung, richtige
Kepos 72 108 190 **205-214** 216-288 316f. 366 367 368 373 401
 214f. [*1-*48]
Kinetik → Bewegung
Kition 519
Klarheit, stilistische (σαφήνεια) 305 310 438
Klima, Klimatologie 652 693
 673 [*1]
Klugheit 633
 1151 [*1461]
Königtum, König 85 86 164 238 239 296f. 557 1033f.
 556 [*1] 568 [*38] 580 [*14]
Kontinuum 635 686
Körper 95 115 139 141 148
 – drei Arten 688
Kosmologie 77 78 94 97 **144f.** 258 439 523 534 540 571 603-606 **652-654**
 180f. [*306-*320]
Krasis → Mischung
Kreislauf, ewiger, des Kosmos → Palingenesia
Kriterium (der Wahrheit) 76 100 128 131 627 636 651 684 754 856f. 861f. 1106 1117
 175f. [*132-*185] 674 [*5] 826 [*53]
Kultur, Kulturentstehung 293 314 **339** 426 479 1148 [*1171-*1173]
Kultverein (θίασος) 206 776f.
Kummer, Leid, Trauer (λύπη, aegritudo) 100 547 849 881 1043
Kunst (τέχνη) 532 570
 568 [*5]
Kyklopen 524
Kynismus, Kyniker 220 236 237 336 525 557 635 664 750 751 754
 759 [*137 *138]
Kynosarges 559
Kyrenaiker 334 749f.
Kyrene (als geistiges Zentrum) 830
Kyrieuon → Meisterargument des Diodoros Kronos

Lakydeion 780 832
Lampsakos 105 113f. 216 217 224 225 228 235 244 245
Laodikeia 251
Laster, Untugend 318 575 615
Laut → Stimme
Leben, praktisches/betrachtendes (vita activa/contemplativa) 658 964
Leben in Übereinstimmung mit dem Logos 612f.
Leben nach dem Tode (s. auch → Unsterblichkeit) 147 952 1034f. 1100-1103 1107 1116 1147 [*1051-*1055]
Lebensform 86f. 321 590
Lebenshilfe (ars vitae) 126f. 1019 1119f.
Lebenskraft 607 608
Lebensziel → Telos
Leeres 85 95 96 137 139 141 142 151 271 277 417 418 423 440 445 536 686 687
 674 [*10]
Leid → Kummer
Leidenschaft → Affekt
Leistung, philosophische Ansichten als 1102f. 1107f. 1116
Lekton → Bezeichnetes
Lexis → Ausdruck, sprachlicher
Liebe 89 166 325 523 524
 556 [*6] 568 [*23 *25]
Literaturkritik 1036 1037
 1136 [*420-*436]
Logik 37 128 257 **270f. 329-332** 560 569 588 593-603 651f. **684f.**
 551f. [*91-*122]
Logos 529 537 538 539 542 548 562 572 574 616 630 631 651 686 688
 568 [*33] 580 [*25]
 – ὀρθὸς λόγος 528 684
 – σπερματικὸς λόγος 540
Lügner (logisches Dilemma) 801
Lust (ἡδονή, voluptas; s. auch → Freude) 51 80 81 86 87 89 90 91 93 100 104 110 115 127 132 153 165 219 220 226 241 263 313 323 327 332 334 420 425 440 446 544 547 561
 – kinetische und katastematische (statische) 84 **155f.** 416
 – körperliche/geistige 157
Lustethik, atomistische 159f.
Lustkalkül **157-159** 160 220
Lustlehre 37 **154-159** 283
 183ff. [*403-*463]
Luxus 158

'Männer, bedeutende' 50 126 244 268
Mantik 88 238 328 538 627 632 640 652 689 887-891 1044f. 1111 1123
 580 [*18] 630 [*7] 638 [*10] 675 [*18]
Maske → Person
Massilia 671
Massstab → Kanon
Materialismus 67 193 194 249 535 950f.
Materie 417 535 536 950
Mathematik 169 224 225 254 257 **270** 685 710 [*3]
Mechanik 277
Medizin 106 129 277 926f.
 – empirische → Ärzteschule, empirische
Meeresstille (γαλήνη), Bild für Seelenruhe 750
Megariker 595 601 748-751 763 790 815f. 758 [*111 *112] 828 [*121 *122]
Meiden (φυγή) 84
Meinen, Meinung, Wähnen (δόξα, opinio) 248 249 528 532 547 616 798 799 1095 1110 1116 1118 1121 1123
 568 [*27]
 – falsche 107 324 342 440
 – für den Weisen verwerflich 806 818
 – Verzicht auf Meinung 743-745
Meisterargument (κυριεύων) des Diodoros Kronos 598 639 888f. 1045f.
 634 [*3] 638 [*4] 897 [*211-*213]
Melancholie 616
Memorieren (epikureische Lehrmethode) 49 80 208
Menschenbild 1034 1035
Meteorologie 254 425 428 439 448 449 523 534 540 541
 674 [*12 *13] 710 [*2] 711 [*1]
Methode 137f.
Metriopathie, Mesotes-Lehre 964 1043 1094 1101 1109 1115
Mikrokosmos 574
Milet 257
Mimesis 307 308 342
Mineralogie 534
Minima (ἐλάχιστα) 85 130 140 **141f.** 170 224 225 259 263 270
Minimalisierung der Ansprüche 127 159
Mischung (μῖξις, κρᾶσις) 535 606-608 636
 – vollkommene (κρᾶσις δι' ὅλων) 608 636 811
Mittelmass, rechtes → Metriopathie, Mesotes-Lehre
Mittel- und Neuplatonismus 932-934 951 965f. 981 987f.
'Mitzunehmendes' (ληπτά, sumenda) 543 544 957

Monarchie → Königtum, König
Mondfinsternis 523 525
Monotheismus 632
Musik 90 307 **313-315 341f.** 631 354f. [*335-*363] 629 [*4] 649 [*8]
Mythenallegorese 609 639 654 664
Mytilene 227

Nachahmung (s. auch → Mimesis) 50 51 63 154 206 242 261
Nachprüfung (s. auch → Prüfverfahren) 137
Natur 537 542 543 574 589 613 653 811 567 [*2] 635 [*1] 1147 [*1011-*1061] 1150 [*1361 *1362]
Naturgemässes (κατὰ φύσιν, secundum naturam; s. auch → Erstes Naturgemässes) 157f. 543 560 575 616 632 692
Naturlehre → Physik
Naturphilosophie (s. auch → Physik, → Physiologie) 569 570 589
 674 [*8]
Naturrecht 614f. 627 743 882f. 1035f. 1036 1087 1088
 1141f. [*701-*719]
 – von Epikur bestritten 164f.
Naturwidrigkeit 543 616
Naturwissenschaft (s. auch → Physik) 77 322 385 573
Neapel 5 274
Neid 325
 568 [*22]
Nicht-Weiser 523 542 544 563 616
Nomos-Physis-Antithese (s. auch → Naturrecht) 613 743 752
Nutzen 164

Oikeiosis → Zuträgliches, Zuträglichkeit
Olbia 579
Ontologie 534 603-606 949-951 1021
Ort (stoische Definitionen) 536 537 603

Paideia → Bildung
Palingenesia, 'Wiedergeburt' 538 631 639 652 687
Palladion 778 900
Pantheismus 540 570 636 653 662 688
Paradoxon 527
 663 [*6]
Parathesis 607
Parenklisis → Atomabweichung
Pergamon 5

Peripatos, Peripatetiker 129 190 209 242 261 298 299 307 314 545 684 819f. 881 947
Person, Maske 656 1048
 1150 [*1391-*1393]
Pessimismus 384 429
Pflanzen 654
Pflicht (καϑῆκον, officium) 544 561 614 616 628 658f. 664f. 693 1040 1047-1050
 521 [*5] 568 [*15] 580 [*11] 648 [*2] 663 [*4] 675 [*21] 709 [*2] 1150 [*1381]
Phantasia → Vorstellung
Philologie 212-214 216 258 262 263 269
 1150 [*1411]
Philosophie – Ciceros Definitionen 1119
 1150 [*1421-*1423]
 – Einteilung 6 527 593 683f. 949
 – stoische Definition 527
Physik 82 94 99 128 129 139-153 257 258 277 365 439 440 534-541 548 560 570 589 603-612 631f. 636 652-655 684 686-690 811 949-952 1021
 177ff. [*208-*399] 552f. [*131-*175] 569 [*55] 622ff. [*301-*359]
Physiologie 66 90 96 127 139 158 218 219 249 262 277 305 306 334 335 339 417 427 428 438 445
Pitane 795
Platoniker (Definition) 981
Platonkommentare 676f.
Pneuma 539 572 594 606-608 654 661 689
Poetik 212 219 236 257 260f. 272 294f. 306-313 342f. 384 401 402 569
 351ff. [*246-*332] 568 [*14]
Polis 496
Politik 163 209 212 245 246 253 273 283 305 340 364 570 1016 1124
 1139ff. [*621-*879]
Poseidonische Frage 677-681
Postulate 859f. 888 962 1107
Prolepsis → Vorbegriff
Promiskuität 523
Pronoia → Vorsehung
Protreptik 51 79 1020 1050
Prüfverfahren 137 866-869 1096-1099
 – karneadeisches 1096f.
Pseudoplatonica 843-845
 847f. [*91-*113]
Psychagogie → Seelenleitung, Seelenfürsorge
Psychologie 94 100 146f. 439 534 608 636 662 689f.
 181 [*325-*332]
Ptolemaion 778 944
Pythagoreismus, Pythagoreer 293 300 314 315 972 975

Ratio → Vernunft, Verstand
Ratschläge, ethische (ὑποϑετικὸς λόγος, praecepta) 926f.
Rebengleichnis 959f.
Recht (s. auch → Naturrecht) 162-166 1032 1034 1036 1051 1125
 1143ff. [*811-*846] 1149 [*1281]
Reduktionismus (ἀναφορά) 127 159
Reichtum 81 119 218 220 237 320 335f.
 580 [*26]
Rhetorik 86 92 93 169 211 218 219 220 226 228 229 232 245 246 283 286 303-306 339-341 365 446f. 532 533 570 603 652 661 685 908 912 928 955 1016 1030-1032 1034 1036 1037 1050 1098f. 1102 1124 1125
 350f. [*198-*241] 569 [*54] 620ff. [*221-*287] 629 [*3] 677 [*43] 1134f. [*381-*410]
Rhodos 4 670
Rom 399 449
 – Einbürgerung des Epikureismus 363-373 374ff. [*1-*217]
 – Einbürgerung der Philosophie 5 853 913 1018
 27 [*421-*427]
Ruhm 158 632 881
 568 [*27] 580 [*27] 1138 [*551-*555] 1149 [*1231 *1232]
Ruhmsucht 104 107 319

Samen 580
 580 [*3]
Satz vom ausgeschlossenen Dritten 888f.
Satzarten 596f.
'Schichten' des Seienden 959f. 972
Schickliches, Geziemendes (πρέπον, decorum) 656 1048
 1148f. [*1181-*1183]
Schicksal (s. auch → Determinismus) 88 537 539 548 573 589 609f. 614 636 653 689 887-891 1045f.
 635 [*2] 675 [*17]
Schluss → Syllogismus, Syllogistik
Schmeichelei 230 318f.
 356 [*401-*411]
Schmerz (πόνος, dolor) 81 90 106 132 153 155 158 220 264 283 327 440 547 659 1042 1101 649 [*4]
Schmerzlosigkeit (ἀπονία) 153 156
Scholarchen 4 205f. 777-779
Schule von Kos 283-286 304 316
Schule von Rhodos 283-286 304 316
Schwierigkeit, an philosophische Lehrmeinungen zu glauben 1103

Scipionenkreis 647 660 662 1022 1032f. 1046
Seele 77 95 115 126 147 148 189 190 262 314
  324 333 538 541 590 631 654 688
  635 [*4] 638 [*7] 675 [*14] 677 [*36]
  1148 [*1121 *1122]
  – ihre Feinteiligkeit 148
  – ihre Teile 576 608 654f.
  – ihre Unsterblichkeit → Unsterblichkeit
    (der Seele)
Seelenleitung, Seelenfürsorge, Psychagogie 7f.
  146 309 310 311 341 439 441 442 446 447 448
Seelenruhe, Gemütsruhe, Unerschütterlichkeit
  (ἀταραξία) 78 80 84 87 89 106 126 127 153
  157 165 168 213 239 263 326 440 735-737 745
  750 751 797 807
Seelenwanderungslehre 232
Sehen 148
  521 [*8]
Selbsteinschluss, skeptischer (περιτροπή) 747
  764 802 858 877 952f.
  758 [*92 *94]
Selbsterhaltung 548 613
Selbstgenügsamkeit (αὐτάρκεια), Genügsamkeit
  237 751 769
Sensualismus 36 128 131
Sicherheit 81 82 163 164
Sinneswahrnehmung → Wahrnehmung,
  sinnliche
sinnlich nicht Wahrnehmbares → Unklares
sittlich Schönes (s. auch → Tugend) 656 1149
Sizilien 299
Skepsis, Skeptizismus, Skeptiker 129 248 555
  560 721-725 732f. 806 983-986 1031 1121
  – Pyrrhonische Skepsis und skeptische
    Akademie 812-815
Skeptische Formeln (οὐ μᾶλλον ...) 743-745 749
  761
  757 [*61-*64]
Sokratiker 293 300f. 748f.
Sonne 572
  674 [*11]
Sonnenfinsternis 523 525
Sophistik, Sophisten 205 211 218 305 314 340
Sorites 800f. 816 857 885-887 1100
Spannung (τόνος) 571 575 606
Sprache 101 135 **136f.** 219
  176f. [*191-*203]
Sprachkonventionalismus 218
Sprachlosigkeit (ἀφασία) 743-745 751
Sprachphilosophie 570
Staat **162-166** 220 239 **522f.** 614 660 1032-1035
  521 [*1] 568 [*28] 649 [*5] 1139ff. [*621-
  *879] 1151 [*1501]
Stimme, Laut 533 595 630

Stoa, Stoiker 72 104 129 144 149 162 163 165
  225 232 236 237 248 260 269 270 281 283 298
  300 307 314 **317f.** 334 337 401 **491-716** 808f.
  816-819 873f. 881 882f. 886f. 890 947 949 955
  966
  – Charakteristik 495f.
  – Forschungslage 501f.
  – Quellen 496-499
  – Stoicorum Index 11 **300** 497
Stufung des Seienden (s. auch → 'Schichten' des
  Seienden) 541 654
Substanz 686
  638 [*5]
Syllogismus, Syllogistik 587 601-603 639 685
  801
Sympathie, kosmische 607 653 683 686 687
  689 693 1045

Tapferkeit (s. auch → Tugenden,
  Kardinaltugenden) 581 615
  1149 [*1221]
Tarraco 671
Telos, Ziel, Lebensziel (τέλος, finis) 144 562
  563 612f. 632 634f. 640 656f. 664 677 690
  955f. 1039-1041 1101
  663 [*1]
  – 'zwei Ziele' 883f.
Telosformel 525 526 541 574 612
Termlogik 595-603
Tetralemma (indische Logik) 753
Tetrapharmakos 81 88 317 334 440
Themata (Metaregeln) 601 602
Theodizee 589 610-612 639 887 1108f.
Theologie → Gott, Gottheit, Götter
Theorie und Praxis 1124
Therapie (s. auch → Seelenleitung) 129 262 309
  324 926f. 1124
Tiere 654 845 882 909
  638 [*8]
Titanen 524
Tod 80 81 86 88 90 104 111 126 139 159 241
  242 243 **332f.** 334 422 440
  361 [*593-*603] 580 [*28] 677 [*37]
Todesfurcht 306 326 327 332 333 417 420 422
  440 442 443
Toleranz 1153 1154
Trauer → Kummer
Traum 148 150
  – als skeptisches Argument 800 857
Trieb, Antrieb (ὁρμή) 547 613 616f. 656 809f.
  864 958
  568 [*9] 580 [*12]

Tropen (Stilmittel) 746
  568 [*49] 758 [*91 *93]
Tugend(en) 80 100 104 159 237 261 305 314
  327 526 542 561 575 615 658 664 885 964
  1037 1051
  568 [*19 *41] 663 [*3] 675 [*20]
  1137 [*491-*499] 1151 [*1561]
  – 'freiwillige' und 'unfreiwillige' 963
  – ihre Autarkie 657 1043 1095 1100-1103
    1105 1109 1118 1122
  – ihre Einheit 561
  – ihr 'Gebrauch' 961f.
  – ihre wechselseitige Bedingheit
    (ἀντακολουϑία) 615 658 662 664 885 964
  – Kardinaltugenden 615 658 664
Tyrannis 86

Übel 1039-1041
  677 [*39]
Übereinstimmung (ὁμολογία) der Sinnesdaten
  923f. 931 932
Überlegung 80 117 136
Überstürzung des Urteils, vorschnelle
  Zustimmung (προπέτεια) 528 1085 1110
  1116f. 1120
Übungsrede (ὑπόϑεσις, quaestio finita) 928
  1099
Unbeständiges (ἀστάϑμητος) 738
Unbestimmbares (ἀνεπίκριτος) 738
Unerfassbares, Unerfassbarkeit (ἀκατάληπτα,
  ἀκαταληψία) 860 905f. 920f. 923-926 1116
Unerschütterlichkeit → Seelenruhe
Unerwartetes 882
Unklares, sinnlich nicht Wahrnehmbares
  (ἄδηλα, incertum) 101 137 860 984
Unklarheit, stilistische (ἀσάφεια) 294 305 306
Unsterblichkeit (der Seele) 189 190 207 422
  541 654 662 1042 1046 1101 1103 1104 1106
  1109 1111 1121 1122 1123
Untätigkeitsargument, Apraxia-Argument 745f.
  764 **807-811** 859-876 902 924 952
Unterschiedslosigkeit (ἀδιαφορία; s. auch
  → Gleichgültiges, Gleichgültigkeit) 736 739
Untugend → Laster
Ununterscheidbarkeit (ἀπαραλλαξία) 800 814
  815 857
Unwert → Wertlosigkeit
Ursache(n) 145 605f. 709 888f.
  – stoische Einteilung 605f. 611
Urteilsenthaltung, Urteilsverzicht (ἐποχή) 555
  744 745 801 807 813 817f. 855 1039 1098
  1102 1110 1114f. 1116 1122 1123
  – Entstehung des Terminus 817f. 855 1110

Verantwortung, sittliche (s. auch → Wille,
  Willensfreiheit) 610-612 1123
Vererbung 541
Verfassung, gemischte 660 1033
  – Kreislauf der Verfassungen 1033
Verfehlung 526 544 964f.
Vergnügen, Ergötzen (s. auch → Freude,
  → Lust) 314 341
'Verhüllter' (logisches Dilemma) 801 815
Vernunft, Verstand 249 537 688 1034 1035
  1044 1088 1100 1105f. 1111 1114
  1151 [*1481 *1482]
Vibration 142 148
Vitalismus 570 571 636 653 688
Volksglauben 609
Vorbegriff, Allgemeinbegriff, Prolepsis 76 90
  131f. **134f.** 154 160f. 594f. 614 856 953f.
Vorherbestimmung → Determinismus,
  → Schicksal
Vorsehung, Pronoia 189 **329** 385 537 539 548
  573 590 636 887 1044 1111
  648 [*1]
Vorsicht 633
Vorsokratiker 66 128
Vorstellung (φαντασία, visum) 94 326 529 530
  545 570 594 611 616 798 856 874f. 1095
  – 'durchgeprüfte' (διεξωδευμένη/
    περιωδευμένη φαντασία) 866-869
  – 'erfassende', 'erkenntnisvermittelnde'
    (καταληπτικὴ φαντασία) 529 530 545 594
    651 **799-801** 855-858 922-925 930 933 952
  – falsche 152 168
  – leere 529 594
  – 'unwidersprochene' (ἀπερίσπαστος
    φαντασία) 866-869
  – wahrscheinliche (πιϑανὴ φαντασία) 860-
    866
Vorwegnahme → Vorbegriff
Vulkanismus 671

Waagengleichnis 957
Wachstumskraft 607 608 654
Wagnis 1103
Wählbares (αἱρετά, expetenda) 543
Wählen (αἵρεσις) 84
Wahn → Dünkel
Wähnen → Meinen
Wahnsinn 104 325 800 857
Wahrheit 49 101 115 207 248 260 271 438
  1091 1093
  1151 [*1541]
  – Annäherung an die Wahrheit 929f. 1093
    1098

Wahrheitskriterium → Kriterium (der Wahrheit)
Wahrheitssuche 805f. 878 929f. 1091f. 1098f.
Wahrheitswert 600
Wahrnehmung 90 95 154 332 445 631 175f. [*132-*185]
– evidente 137
– sinnliche 76 77 78 81 93 97 101 102 119 131 **132f.** 135 146 **147-149** 211 221 238 248 263 264 271 277 330 417 424 529 651 568 [*4]
Wahrscheinliches, Wahrscheinlichkeit (πιϑανόν, probabile, veri simile) 859-877 928 1024 1025 1039 1042 1087 1090 1091 1092-1094 1095 1097-1099 1100 1102 1105 1121 1123 1151
– bei Platon 1039
– statistische Wahrscheinlichkeit 862f. 876
– Stufen der Wahrscheinlichkeit 862 866-869
– Zukunftsaussagen 875f.
– ἔμφασις 861
– πιστόν 861
Weiser, Weisheit 62 81 86 87 88 108 150 152 162 165 207 220 221 232 237 238 242 294 313 316 317 320 326 333 334 342 522 523 526 527 528 542 544 563 592 616 661 662 799 870f. 1151 [*1511-*1517]
Welt 95 686
580 [*1] 638 [*6] 708 [*1]
– ein lebendiger Organismus 539
– ihre Einheit 535
– pantheistisch 540
– sich selbst steuerndes physikalisches System 537 540
– vitalistisch 540
Weltbild, materialistisches 949-955
Weltenbrand → Ekpyrosis
Weltperioden 538 540
Weltseele 539 606f. 951
Wert (ἀξία, aestimatio, pretium) 543 546 575 616 632 640
Wertlosigkeit, Unwert 543 616
Wetterleuchten 541
Widerlegung (ἀντιμαρτύρησις), Widerlegung fremder Ansichten (εἰς ἐναντίαν ἐπιχείρησις) 138 139 796f. 877

Widerstreit der Vernunft mit sich selbst 617
Wille, Willensfreiheit (s. auch → Determinismus) **160f.** 194 327 420 548f. 611 627 **887-891** 1045 1123
185f. [*467-*478] 1137 [*521-*525] 1151 [*1571 *1572]
'Wirkkraft' (vis) 950f.
Wissen (ἐπιστήμη, scientia) 529f. 798 953
Wissenschaft (s. auch → Erfassung, wissenschaftliche) 562
568 [*37]
Wohlbegründetes (εὔλογον) 544 808-811
Wortarten 596
Wortbildung 596
Wortformen 596

Zeichen 138 329-332
360f. [*575-*589] 521 [*10]
Zeit 95 102f. 140 536 537 603f. 763f.
567 [*1]
Zentralorgan, Hegemonikon 529 572 608 616 634 654 659
630 [*5]
Ziel → Telos
Zoologie 534
Zorn 84 211 230 233 284 285 **323-325**
357f. [*470-*490] 638 [*14] 675 [*23]
Zufall 80 81 145 889
Zukommendes → Pflicht
'Zurückgesetztes' (ἀποπροηγμένα, reiecta) 543 545 560 616
'Zusammenlauf' (συνδρομή) stimmiger Merkmale 868
Zustimmung (συγκατάϑεσις, adsensio) 529 530 545 594 611 616 651 744 798 801 809f. 870-873 905f. 1085 1102 1120
1148 [*1161 *1162]
Zuträgliches, Zuträglichkeit (οἰκεῖον, οἰκείωσις) 229 545 613-615 628 633 634 651 655f. 692 809-811 864 958f. 1040
Zweifel 1090 1099-1116 1123

PERSONENREGISTER

Das Register verzeichnet alle in diesem Doppelband erwähnten Personen: die antiken Philosophen, Dichter, Politiker usw., die wirkungsgeschichtlich bedeutsamen Denker des Mittelalters und der Neuzeit sowie die modernen Herausgeber der Werke und Verfasser von Monographien und Aufsätzen. Darüber hinaus sind auch fiktive und mythologische Personen aufgenommen, die für das Auffinden bestimmter Stellen nützlich sein können. Die Seitenzahlen *hinter* dem Stichwort beziehen sich auf die Darstellungsteile, die meist mit Ordnungsnummern zwischen eckigen Klammern versehenen Seitenzahlen *unter* dem Stichwort auf die Bibliographien.

Aalders, G. J. D.
   515 [*773]   553 [*222]   668 [*117]
   1063 [*401]
Abaelard
   1163 [*441 *442]
Abbagnano, N.
   40 [*44]
Abbott, K. M.
   1007 [*733]
Abel, Karlhans   647
   379 [*189]   516 [*803]   619 [*29]
   625 [*441]   668 [*109]   702 [*263]
   1131 [*216]   1138 [*596]
Abreu Gomez, E.
   395 [*160]
Achard, G.
   1059 [*201]   1066 [*518]
Achilles   296
Ackermann, E.   418
   467 [*489]
Acosta Méndez, E.   130 300 318
   60 [*129]   121 [*39]   124 [*146]   183 [*392]
   184 [*424 *429]   349 [*172]   356 [*409]
Acuña, R.
   395 [*159]
Adam, A.
   702 [*259]
Adam, H.
   12 [*52]
Adam, L.
   645 [*454]
Adamczyk, S. J.
   1013 [*146]
Adamietz, J.
   1058 [*153]
Adeimantos   299 300

Adkins, A. W. H.
   461 [*319]
Adler, A.
   505 [*341]
Adler, M.
   503 [*11]   696 [*51]
Admet   868
Adorno, F.   76
   22 [*312]   40 [*33]   41 [*54]   121 [*14 *15]
   179 [*282]   250 [*23]   551 [*95]   552 [*135]
   727 [*51]   1127 [*21]
Adriani, A.   227
   73 [*15]   233 [*9]
Aelian   290 364
Aemilius Macer   411
Aëtios   285 428 498 931
   19f. [*261-*267]
Aferschatian, S.   522
   549 [*5]
Agahd, R.   678 973
   695 [*37]   980 [*221]
Agathoboulos   50 65
Agemortos   227
Agesilaos   338
Agis IV.   579
Agosti, G.
   482 [*18]
Agozzino, T.   478
   486 [*148]
Ahl, F.
   460 [*283]
Aigeus   111
Ainesidem   754 755 771 772 839 840 924 931
   983-986   1085
Aischines aus Neapolis (Akademiker)   **910**
Aischines der Redner   **246** 1037
Aischylos   133 261 443

Akinpelu, J. A. 541
    511 [*600 *605 *607] 552 [*137 *142]
    1075 [*931]
Aktos 254
Albeggiani, F.
    171 [*29]
Albert, M.
    279 [*6]
Alberte González, A.
    1057 [*121] 1059 [*194] 1135 [*408]
Alberti, A.
    200 [*179 *181 *182 *187]
Albrecht, M. von 447
    380 [*211] 460 [*267] 1054 [*8]
    1060 [*207] 1135 [*406]
Albucius, T. 364 366
Aldobrandini, Th.
    58 [*24]
Alesse, Francesca
    24 [*365] 517 [*818]
Alexander aus Aphrodisias 499
    14 [*91-*98]
Alexander der Grosse 66 338 417 734 751
Alexander Polyhistor 297
Alexinos aus Elis 232 558
Alexis 70
Alfano Caranci, L.
    180 [*291] 390 [*175]
Alfieri, V. E. 384
    122 [*54] 177 [*220] 178 [*230]
    182 [*362] 387 [*49 *56 *57] 465 [*422]
    482 [*17]
Alfinito, L.
    465 [*437]
Alfonsi, L. 371 400 477 478
    275 [*16] 355 [*371] 361 [*602]
    378 [*134] 379 [*178] 454 [*80]
    463 [*367] 482 [*13] 486 [*161]
    700 [*192] 701 [*221 *222 *229 *238]
    702 [*260] 703 [*299] 704 [*320]
    848 [*101] 997 [*33] 1058 [*156]
    1073 [*856] 1078 [*1058-*1060]
    1081 [*1200] 1082 [*1246] 1083 [*1313]
    1128 [*81 *83] 1137 [*474] 1142 [*759]
Alford, J. A.
    488 [*208]
Algra, K.
    181 [*319]
Alkaios 261
Alkestis 868 875
Alkinoos 312
Alkios 290 364
Alkiphron 70

Allan, D. J.
    703 [*311] 716 [*220]
Allen, A.
    453 [*33] 472 [*688] 473 [*722]
Allen, D. C.
    198 [*119]
Allen, J.
    14 [*78]
Allen, W., jun. 290
    345 [*48] 403 [*24] 996 [*5]
Allison, R.
    393 [*81]
Allroggen-Bedel, A.
    54 [*52] 55 [*61]
Almagia, R.
    700 [*201]
Alonso-Núñez, J. M.
    703 [*312] 704 [*335]
Alpers, K. 64
    74 [*65]
Alpers-Gölz, R.
    515 [*774] 624 [*422]
Alsina, J. 677
    704 [*336]
Altevogt, H.
    1148 [*1141]
Altheim, F. 522
    549 [*6] 701 [*230]
Altmann, G.
    695 [*46]
Alunni, C.
    488 [*209]
Alvarado, L.
    395 [*157]
Aly, W. 241
    243 [*9]
Amafinius, C. 365 366 369
Amand, D. 889 890
    897 [*201]
Ambrogio, E.
    394 [*148] 464 [*404 *407]
Ambrosius 48 229 328 648 1154
    1161 [*341-*350]
Amelung, W.
    72 [*2]
Ament, E. J. 480
    488 [*227]
Amerio, R. 150
    60 [*117] 182 [*365] 183 [*415] 186 [*489]
Ammonios (Lehrer Plutarchs) 982
Ammoun, F.
    550 [*21]
Amoroso, F. 323
    357 [*465] 461 [*317]

Amory, A. 441 443 445
 454 [*82]
Amphis 423
Amundsen, L.
 124 [*158]
Amynomachos 206 223
Amyot 238
Anacharsis 754
Anastasi, R.
 618 [*3]
Anaxagoras 67 99 115 128 263 411 415 **418f.**
 419 421 449 755 875 928
Anaxarch aus Abdera 66 86 319 734 739 747
 751 754 771
Anaxarch (Adressat eines Epikur-Briefes) 104
Anaxikrates 69
Anaximenes 84
Ancus 423
Anderson, Ö.
 122 [*68]
Anderson, W. S.
 453 [*52]
Andò, V.
 267 [*69]
André, J.-M. 368 477
 196 [*33] 374 [*25] 375 [*40 *51] 376 [*82 *90] 377 [*117 *119] 379 [*190] 386 [*20] 434 [*162] 988 [*2] 1073 [*863] 1127 [*23] 1133 [*312] 1138 [*593] 1142 [*762 *767] 1145 [*912]
Andreae, B.
 73 [*30]
Andreoni Fontecedro, Emanuela 964
 377 [*94] 978 [*119] 1062 [*354] 1064 [*406] 1067 [*562] 1082 [*1253] 1133 [*313] 1141 [*687] 1143 [*772 *773]
Andrés, G.
 458 [*208]
Andriopoulos, D. Z.
 507 [*411]
Andromenides 260 261 307 311f.
Angeli, A. 38 51 68 76 78 92 105 115 118 119 129 130 142 210 211 212 219 225 241 244 245 246 254 257 259 268 269 270 271 272 282 290 295 300 313 316 317 322 326 327 336 337 338
 41 [*69] 42 [*86] 43 [*88 *89] 56 [*90 *104] 124 [*148] 215 [*31] 246 [*6-*10] 265 [*10] 272 [*3] 286 [*2] 345 [*31 *32] 349 [*172] 355 [*375] 362 [*626 *627]
Annaforte, E.
 394 [*134]

Annas, Julia 38 143 159 160 804 811 813 814 817 839 960
 13 [*67] 14 [*82] 23 [*362] 24 [*365] 25 [*369 *371 *373] 26 [*374] 27 [*401 *407 *408] 184 [*431] 185 [*453 *461] 186 [*478] 187 [*517] 358 [*489] 375 [*54] 507 [*421] 728 [*78] 729 [*115 *94] 730 [*119] 847 [*63] 978 [*125] 1082 [*1225] 1139 [*602]
Anonymus in Theaetetum 839 931 987
Anselmi, G. M.
 488 [*211 *214]
Anteia 296
Antidorus 85 334
Antigonos aus Karystos 300
 17 [*191-*196]
Antigonos Gonatas 70 104 108 111 116 300 317 519 556 557 558 761 795
Antigonos Monophthalmos 107 245 519
Antikrates 295
Antimachos 328
Antiochos aus Askalon 138 252 276 298 299 300 661 662 683 721 781 881 925 **938-975** 1008 1024 1027 1030 1038 1039 1040 1085f. 1088 1089 1113 1114
 976ff. [*1-*143] 1130 [*171-*176]
Antiochos aus Laodikeia 771
Antiochos IV. Epiphanes 251 253 296
Antipatros aus Alexandreia 778
Antipatros aus Tarsos 66 70 105 299 300 496 634 **637-642** 647 661 706 802 852 883 963 **644f.** [*401-*416]
Antipatros aus Tyros 637 648 706 707 **708f.** 714 [*1] **715** [*131-*134]
Antiphanes 252 253 **285** 327 328
Antisthenes aus Rhodos 150 297 529 844
Antonius, M. (der Redner, cos. 99 v. Chr.) 907f. 913
Antonius, M. (der Triumvir) 291
Anytos 538
Anzioso, A.
 1002 [*294]
Aouad, M.
 14 [*98]
Apelles (Adressat eines Epikur-Briefes) 104
Apelles aus Chios (Schüler des Arkesilaos) 793
Apelles aus Kolophon (Maler) 735
Apelt, O. 786 822
 15 [*111] 61 [*166]
Apia 68 287 337
Apollodor (der Kepotyrann, Epikureer) 51 65 210 257 268 **280f.** 584 905
 282 [*1-*3]

Apollodor aus Athen (der Chronograph) 63 64
66 67 105 205 297 299 300 318 328 497 584
633 829
18 [*221-*227]
Apollodor aus Athen (Stoiker, Schüler des
Antipatros aus Tarsos) 641 706
Apollodor aus Seleukeia (Stoiker, Schüler des
Diogenes aus Seleukeia) 497 635
644 [*251-*253]
Apollon 65
Apollonides aus Nikaia 760
Apollonides aus Smyrna 633
Apollonios (aus Kyrene? Schüler des Telekles
aus Phokaia) 835
Appollonios aus Megalopolis (Schüler des
Arkesilaos) 793
Apollonios aus Nysa 661
Apollonios aus Perge 251
Apollonios aus Rhodos 707
Apollonios aus Tyros 518 **712**
Apollonios Empiricos 263
Apollophanes 333 561
Appuhn, C.
1000 [*192] 1003 [*433]
Apuleius 277 477
Arangio-Ruiz, V.
1144 [*821]
Arat aus Sikyon 300 556
Arat aus Soloi 556 557 578 635 641 761 1053
676 [*26]
Archedemos aus Tarsos 496 626 634f. 636
644 [*201]
Archelaos 281
Archephontes 117
Archestratos 315 591
Archilochos 237 308 311
Ardizzoni, A.
186 [*487] 458 [*209] 702 [*251]
Ardley, G. W. R.
1075 [*936] 1145 [*870]
Areios Didymos aus Alexandreia 498 707 711
712f. 960 987
16 **19** [*250-*255] 714 [*51 *52] **716** [*211-*229]
Arens, J. C.
488 [*225]
Arfelli, D.
1005 [*586]
Argudo Sánchez, F.
1165 [*622]
Ariarathes V. von Kappadokien 849 851 854
Arias, P. E. 851
73 [*19] 894 [*52]

Aricò Anselmo, G.
1144 [*843]
Arideikes aus Rhodos 793 836f.
846f. [*31-*35]
Ariotti, P. E.
178 [*249]
Aristarch aus Samos 567 573
568 [*7]
Aristeides 66
Aristion (Tyrann in Athen 87/86 v. Chr.) 163
211 268 269 **281f.** 916 943
282 [*13 *14]
Aristipp aus Kyrene 118 155 157 246 317 558
734 750 795 837f. 879 1042
846f. [*53-*56]
Aristipp der Jüngere (der 'Mutterschüler') 750
Aristoboulos 65 85 104 302
Aristokles aus Messene 209 733
20 [*271-*278]
Ariston aus Alexandria 299 942-945 968f. 982
987
Ariston aus Chios 308 495 521 555 557 **558-561** 562 575 579 585 632 722 742 745 787 790
795 799
564 [*201-*231]
Ariston aus Keos 65 66 306 318 320 321 559
Aristonymos 111 113
Aristophanes aus Byzanz 263 308
Aristos aus Askalon 299 300 943 **967-969** 1030
Aristoteles 36 79 87 99 118 129 139 140 141
142 143 145 146 155 161 314 326 449 451 479
480 537 604 650 658 682 683 688 690 712
736f. 752f. 819f. 962 964 1022 1023 1024 1031
1032 1033 1046 1047 1088
758 [*113-*115] 1131f. [*231-*264]
Aristoxenos 313 315 422 423
Arkesilaos aus Pitane 49 72 229 236 238 239
249 299 300 520 555 559 560 567 579 584 585
721 760 762 **786-824** 842 948 1023 1042 1086
1087 1090 1098 1110
825ff. [*1-*132]
Arkins, B.
187 [*534]
Armstrong, A. H.
181 [*354]
Armstrong, C. B. 519
550 [*34]
Arnaldi, F.
387 [*45]
Arndt, G.
120 [*1]
Arndt, P. 521 586 672 939
28 [*451] 72 [*1 *2]

Arnim, H. von   75 239 240 241 313 341 365 **500**
  518 559 566 569 570 571 573 574 575 576 584
  585 586 587 588 590 591 592 642 678 708 805
  814 815 818 837 850 854 858 861 866 869 876
  882 883 892 903 908 920 965
  59 [*70]   120 [*2]   177 [*209]   234 [*20]
  240 [*9]   243 [*8]   266 [*40]   274 [*9]
  282 [*1]   286 [*6]   350 [*202 *205]
  355 [*367]   374 [*6]   503 [*11]   505 [*271]
  513 [*705]   517 [*903]   564 [*161 *211]
  565 [*262]   581 [*12]   619 [*23 *103]
  643 [*152]   644 [*251 *301 *402]   645 [*451]
  663 [*8]   669 [*263]   696 [*80]   697 [*102]
  715 [*121 *131 *201]   716 [*212 *215]
  825 [*1]   846 [*53]   892 [*1]   913 [*12 *31]
  914 [*41]   936 [*71]   976 [*13]   979 [*151
  *153 *154]   988 [*23]   1071 [*782]
Arnobius   478 1044
  1161 [*311]
Aronadio, F.   773
  18 [*204]
Arragon, R. F.   441
  453 [*56]
Arrheneides   318
Arrian   499
Arrighetti, G.   37 44 45 46 47 48 52 76 78 82 86
  87 89 90 94 95 96 97 98 99 100 101 102 103
  104 105 107 108 109 110 111 112 113 114 115
  116 117 118 119 148 152 212 238 244 285 298
  302 326 327
  40 [*34 *38]   41 [*71]   55 [*68 *71]   57 [*9
  *12]   59 [*82]   121 [*24-*26]   122 [*85 *86
  *89]   123 [*91 *92 *95 *97 *99]   124 [*142]
  173 [*75]   174 [*110]   182 [*367]
  184 [*440]   187 [*519]   358 [*505 *507 *509]
  359 [*511]   474 [*742]
Artemidoros   261
Artemon   95 252
Arthur, E. P.
  507 [*425]   552 [*116]   620 [*212]
Asconius   290
Askanios aus Abdera (?)
  774 [*38]
Asklepiades aus Bithynien   **276-278** 945
  279 [*1-*31]
Asklepiodot   706 **709**
  714 [*21]   **715** [*151-*159]
Asklepios   169
Asmis, E.   132 133 134 135 136 138 145 149
  212 300 307 308 330 339 416 441
  174 [*126]   179 [*274]   185 [*470]
  344 [*11]   348 [*135]   354 [*319 *321 *325-
  *327]   457 [*175]   471 [*640]
Aspasios   499

As Sahrastani   522
Assos   299
Astin, A. E.
  1055 [*40]   1078 [*1061]
Athanassievitch, X.
  177 [*211]
Athenaios   46 92 103f. 104 229 245 269 287 337
Athenaios aus Attaleia   707
Athenodor aus Kana   707 **711f.**
  714 [*41 *42]   **715f.** [*201-*207]
Athenodor aus Soloi   521
Athenodor aus Tarsos   707 **708**
  715 [*121 *122]
Athenodorus Calvus
  675 [*21]
Atkins, E. Margaret
  1006 [*614]   1082 [*1229]
Atreus   324
Attalos I. Soter, König von Pergamon   777 832
Attalos (Vater von Attalos I. von Pergamon)
  786
Attalos II. Philadelphos von Pergamon   851 854
Atticus, T. Pomponius   63 167 205 257 268 269
  273 281 364 367 369 399 648 944 965 995
  1026 1029 1038 1039 1046 1052
Attridge, H. W.
  183 [*389]
Atzert, K.
  1002 [*346]   1005 [*583]   1006 [*611]
  1009 [*3]   1065 [*492]
Aubenque, P.   194
  26 [*395]   39 [*32]   40 [*40]   200 [*200]
  506 [*356]   515 [*744]   553 [*208]
  729 [*113]
Augustin   46 189 478 725 776 804 819 841 863
  905f. 920f. 925f. 938 965 971 996 1033 1034
  1037 1050 1153
  783 [*31 *32]   1161f. [*371-*397]
Augustus   209 707 711 712 714
Aujac, Germaine   710 788
  504 [*113]   704 [*321]   714 [*33]   715 [*181
  *182]   825 [*43]
Aulotte, R.
  506 [*356]
Aurelius Opilius   363
Ausland, H. W.
  757 [*76]
Austin, C.
  266 [*32]
Austin, M. N.
  1166 [*772]
Austin, N.
  396 [*231]
Autolykos (Mathematiker)   788

Auverlot, D.
  1082 [*1228]
Auvray-Assayas, Clara
  1076 [*958]
Avallone, R.
  377 [*115 *116]
Avotins, I.
  179 [*267] 180 [*316] 184 [*428] 472 [*679
  *681 *682 *686]
Ax, W. 762
  510 [*543] 767 [*51] 1003 [*431]
  1004 [*464 *472] 1006 [*652]
Axer, J.
  1141 [*688] 1167 [*901]

Babut, D.
  12 [*51] 183 [*385] 515 [*743]
Bacchielli, L. 586
  619 [*88]
Bacci, A.
  1127 [*10]
Bachelard, G.
  177 [*212]
Bächli, A.
  14 [*76] 757 [*31] 767 [*50]
Bachmann, H.
  392 [*43]
Bacon, Francis 479 480
Badalí, R.
  1001 [*256]
Bader, E.
  1001 [*235]
Badian, E. 916
  704 [*322] 935 [*32]
Baer, G.
  171 [*13]
Bagnall, R.
  41 [*69]
Baguet, F. N. G. 588 589 590
  619 [*21]
Bailbé, J.
  199 [*137] 506 [*356]
Bailey, C. 36 45 75 148 166 383 384 385 398
  401 417 418 429 448
  57 [*4] 122 [*79] 171 [*12] 201 [*214]
  377 [*130] 386 [*14] 387 [*68] 388 [*83]
  391 [*11 *17] 393 [*78] 482 [*27]
Baillou, J.
  487 [*178]
Baiter, J. G.
  998 [*101] 1007 [*731]
Bake, J. 678
  694 [*1]

Baker-Smith, D.
  1157 [*67] 1165 [*621]
Balbo, A.
  1168 [*933]
Baldassarri, L. 297 300 335
  348 [*147]
Baldassarri, M. 500
  503 [*15] 505 [*263] 510 [*515]
  622 [*286] 1001 [*284] 1004 [*491]
  1005 [*571]
Baldry, H. C. 523
  550 [*63]
Balkwill, M.
  582 [*77]
Balsdon, J. P. V. D.
  1011 [*98] 1142 [*763] 1148 [*1133]
  1149 [*1193]
Baltes, M. 804
  704 [*330] 782 [*3] 783 [*25 *45]
  784 [*45] 827 [*82]
Baran, N.
  459 [*237] 460 [*256] 465 [*432]
Baratin, M.
  509 [*506] 510 [*508] 622 [*273]
Barbieri, A. 373
  379 [*199]
Barbu, N. J.
  40 [*32] 465 [*438]
Bardenhewer, O.
  517 [*901]
Barié, P.
  457 [*157]
Barigazzi, A. 37 70 97 168 247
  40 [*45 *47] 73 [*32] 121 [*22 *38]
  122 [*69 *81] 125 [*165] 172 [*55]
  178 [*228 *231] 187 [*531] 196 [*57]
  355 [*376] 375 [*37] 392 [*27] 431 [*32]
  462 [*346] 469 [*558] 475 [*798]
  476 [*819] 700 [*198] 759 [*151]
  1003 [*402 *403] 1073 [*847]
Barkuras, G.
  201 [*217]
Barlow, J. F.
  461 [*304]
Barnes, J. 262 298 733 770 771 817 850 922
  925 938 939 940 941 942 945 946 947 953 966
  984
  13 [*67] 14 [*75 *79] 15 [*124 *125]
  16 [*139] 23 [*362] 24 [*363 *367]
  25 [*367 *369 *371] 26 [*398] 41 [*67
  *72] 176 [*180] 267 [*85] 349 [*168]
  351 [*232 *236] 375 [*54] 504 [*97]
  509 [*494] 510 [*509 *519] 512 [*628]
  552 [*155] 622 [*274] 727 [*52 *53]

729 [*108 *115 *94]   730 [*123]   937 [*91]
976 [*21]   988 [*30 *31]   1077 [*1023]
1143 [*799]
Baron, H.
   1163 [*423]
Barone, C.   425
   474 [*741]
Baronovitch, L.
   201 [*234]
Barra, G.   342
   375 [*30]   388 [*106]   436 [*214 *219]
   460 [*257]   464 [*390]   470 [*595]
   471 [*643]   472 [*667]
Barreau, H.   570
   509 [*494]   582 [*34]
Barrett, A. A.
   378 [*143]
Barrio, J.
   178 [*232]
Barron, A. J.
   471 [*646]
Bartalucci, A.   444
   457 [*168]   701 [*239]
Bartelink, G. J. M.
   180 [*318]
Barth, P.   631 632 635
   506 [*351]   563 [*3]   619 [*26]   643 [*23]
   666 [*19]   700 [*193]
Barthel, B.
   1161 [*321]
Bartolomeo da Montepulciano   190
Barwick, K.   408 426 908
   436 [*205]   474 [*757]   510 [*534]
   643 [*26]   914 [*45]   1058 [*154]
   1059 [*183]   1135 [*395]
Barzizza, Gasparino
   1164 [*541 *542]
Basileides aus Tyros   210 252 253 259 **280** 300
   323 633 641
Basilieva, T.
   434 [*139]
Basilius   106
Bassi, D.   47 318 325
   349 [*180]   350 [*207]   357 [*464]
   358 [*492]   619 [*107]
Bastianini, G.   803 839 987
   847 [*64]
Bastide, G.
   454 [*77]
Bästlein, A.
   462 [*330]
Bastomsky, J.
   197 [*91]
Batis   68 216 223 244 287 337

Baton (Schüler des Arkesilaos, Komiker)   70
   793f.
Battersby, C.
   1166 [*785]
Battisti, M.
   460 [*264]
Baudy, G. J.
   184 [*434]   187 [*524]
Baumgardt, D.
   202 [*249]
Baumgarten, A.
   39 [*20]
Bäumker, C.   686
   695 [*29]
Bayer, K.
   1003 [*437]   1004 [*475]   1083 [*1321]
   1147 [*1020]   1158 [*126]
Bayet, J.
   389 [*125]   463 [*377]   464 [*391]
   1145 [*863]
Bayle, Pierre   193 268
   387 [*35]
Beard, Mary
   1076 [*985]   1146 [*964]
Beaujeu, J.
   1146 [*930]
Becker, Carl
   1127 [*9]   1160 [*273]
Becker, Ernst
   1055 [*35]
Becker, J. B.
   667 [*99]
Becker, O.   595 598 603
   508 [*467]
Beer, R.
   1000 [*194]
Behr, C. A.
   1000 [*184]   1065 [*461]
Behr, E.
   1160 [*291]
Behrends, O.
   1144 [*841]
Bejarano Sanchez, V.
   1165 [*681]
Belaval, Y.
   512 [*621]   554 [*266]
Belder, L. de
   466 [*464]
Bellandi, F.
   472 [*676]
Bellerophontes   296
Bellincioni, Maria
   1069 [*677]   1079 [*1103]   1150 [*1393]

Bellonzi, F.
 346 [*57]
Belowski, E.
 487 [*179]
Bels, J.
 513 [*651]   553 [*174]   623 [*346]
 643 [*40]   705 [*350]
Beltrani, G.
 378 [*148]
Benario, H. W.
 472 [*674]
Bendicty, R.
 702 [*252]
Béné, C.
 1158 [*113]   1159 [*159]   1165 [*594]
Beneden, P. van
 702 [*281]
Benedum, J.
 279 [*21]
Bénéjam-Bontemps, Marie-José
 1061 [*249]   1141 [*685]
Beneke, F. E.
 201 [*211]
Benfield, G. E.
 392 [*48]
Bengtson, H.
 1078 [*1074]
Benkner, G.
 1147 [*1052]
Bennett, A. W.
 404 [*76]   484 [*79]
Bennett, C. E.
 393 [*88]
Bentham, Jeremy   36 194
 200 [*202]
Benvenga, C.
 345 [*23]
Benz, E.
 513 [*704]
Beonio-Brocchieri, V.
 514 [*716]
Berchem, D. van
 431 [*23]
Bergemann, Claudia
 1014 [*188]
Berger, L.
 702 [*261]
Bergk, T.   587
 619 [*101]
Bergmann, J.
 197 [*81]
Bergson, Henri   481
 388 [*100]   392 [*45]

Bergson, L.
 356 [*429]
Bernadete, S.
 1069 [*649]
Bernays, J.   231 427
 170 [*1]
Bernert, E.
 1004 [*442]   1142 [*756]   1150 [*1381]
Bernhard von Clairvaux
 1163 [*451]
Bernhardt, J.
 40 [*40]
Bernoulli, J. J.   497 521 586 672 939 995
 28 [*450 *452]
Berns, G.
 466 [*465]
Berrettoni, P.
 459 [*238]
Bertelli, L.
 196 [*54]
Bertelli, S.
 487 [*185 *188]
Berti, E.   746 752
 24 [*364]   173 [*80]   727 [*51]   758 [*113]
 1061 [*308]
Bertier, J.
 509 [*494]
Bertoli, E.
 467 [*497]   705 [*351]
Berzins, Mirdza
 1162 [*375]
Beseler, G. von
 1080 [*1172]
Betensky, A.
 460 [*265]   467 [*490]
Bett, R.   808 871 872 873 874
 730 [*120]   827 [*73]   895 [*108 *125]
Betz, H. D.
 197 [*95 *96]
Beye, C. R.
 464 [*416]
Bhikkhu, Nanajivako
 759 [*165]
Bianco, O.
 1148 [*1172]
Bichler, R.   4
 10 [*4 *8]
Bickel, E.   842
 121 [*36 *37]   663 [*4]   669 [*262]
 699 [*167]   701 [*234 *245]   847 [*71-*73]
 977 [*84]   1070 [*733]
Bicknell, P. J.
 179 [*283]

Bidez, J.
  513 [*707] 581 [*15]
Bieber, Margarete
  72 [*6] 73 [*21]
Biedl, A. 45
  54 [*35]
Bielowski, E.
  199 [*158]
Bieżuńska-Małowist, Izabella
  1065 [*498]
Biglia, M.
  1002 [*293]
Bignone, E. 36 45 68 79 81 86 92 93 94 109
  118 129 262 301 416 429 450
  60 [*115] 121 [*45 *49] 123 [*114-*116
  *120] 170 [*8] 171 [*15 *16 *18-*20 *22 *23
  *26-*28 *30-*33] 174 [*107] 183 [*406]
  233 [*1] 250 [*15] 265 [*7] 266 [*47 *49
  *52] 358 [*501] 361 [*596] 388 [*71 *87]
  458 [*192] 463 [*367 *368] 469 [*571]
  471 [*655] 472 [*659] 482 [*1] 1131 [*232]
Bilabel, F.
  123 [*121]
Biliński, B.
  1138 [*592]
Billanovich, G.
  487 [*183]
Billerbeck, Margarete 762 812
  767 [*47] 827 [*96]
Billot, Marie-Françoise
  784 [*59]
Binaghi, J. de
  1000 [*174]
Binder, G. 108 844
  124 [*141 *145 *147] 848 [*106]
Binder, H.
  695 [*44]
Bingen, J.
  250 [*22]
Bion vom Borysthenes 249 264 325 556 803
  759 [*125] 828 [*131 *132]
Bischoff, B.
  433 [*108] 487 [*189]
Bitterlich-Willmann, H.
  431 [*37]
Bizos, M.
  506 [*356]
Björck, G.
  174 [*108]
Blanchard, A. 221
  222 [*19]
Blanché, R.
  508 [*481]

Blankert, S. 679
  699 [*179]
Blänsdorf, J. 1045
  1063 [*397] 1068 [*635] 1077 [*992]
  1141 [*710] 1142 [*718]
Blatt, J,
  469 [*582]
Blayney, M. L.
  468 [*542]
Blickman, D. R.
  469 [*562]
Blin, G.
  620 [*109]
Bloch, H. 46
  54 [*29] 345 [*49]
Bloch, O. 37
  60 [*108] 200 [*172] 389 [*133]
Blomqvist, J.
  13 13 [*72]
Bloomfield, M. W.
  487 [*182]
Bloos, L. 526 528 535 571 606 607 608
  511 [*612] 623 [*322]
Blossius, C. 641
Blum, H. 906 911
  913 [*34]
Blume, M. E.
  178 [*235]
Blumenberg, H.
  195 [*10]
Bo, D.
  504 [*181]
Boccaccio 479
  1164 [*531]
Boccadamo, G.
  54 [*32] 345 [*24]
Boccuto, G.
  488 [*215 *219]
Bochenski, I. M. 595 603
  508 [*459 *464]
Bodelón, S.
  472 [*690]
Bodéus, R.
  516 [*795] 668 [*112] 1079 [*1104]
Bodin, Jean
  1165 [*661]
Bodson, L.
  468 [*543]
Boeck, U.
  432 [*69]
Boeft, J. den
  16 [*156]
Boehm, R. G.
  475 [*793]

Boer, E.
57 [*8]
Boer, W. den
516 [*809]
Boerwinkel, E. J.
376 [*75] 1132 [*276]
Boes, J.
1014 [*186] 1076 [*979]
Boethius 407 1047
1162 [*401-*403]
Boethos aus Marathon (Akademiker) **910**
Boethos aus Sidon 635f. 654 712
644 [*301-*305]
Bogaard, P. A.
178 [*252]
Bohnenblust, G. 648
666 [*52]
Boidion 68 287
Boissevain, U. P.
1010 [*22]
Bojarski, H. S.
1164 [*551]
Böker, R.
715 [*192]
Boll, F. 678
695 [*33]
Bollack, Jean 45 78 82 141 151 156 166 261
410 416
39 [*32] 40 [*52] 57 [*11 *13 *16]
186 [*498] 462 [*334 *335] 468 [*522]
Bollack, M. 138 409 427 429 479
40 [*52] 57 [*11] 378 [*140] 390 [*157]
436 [*224] 462 [*339] 466 [*466]
468 [*522] 486 [*157]
Bolland, P.
392 [*49]
Bollók, J.
378 [*152] 1079 [*1075]
Bonamino, R.
490 [*298]
Bonanno, M. G.
267 [*68]
Bonelli, G. 384 443
184 [*430] 390 [*169] 455 [*107]
Bonhöffer, A. 496 528 574
513 [*701 *702] 642 [*15] 643 [*154]
695 [*34] 696 [*52]
Bonifaz Nuño, R.
395 [*162]
Bonjour, Madeleine
1055 [*15]
Bonneau, D.
476 [*813] 506 [*356]

Bonner, S. F. 908
914 [*46]
Bonzonis, G. A.
175 [*156]
Boon, J. P.
198 [*135]
Borda, M.
998 [*82]
Borgia, Girolamo 399
Borie, P.
394 [*104]
Borle, J.-P. 426
464 [*412]
Borleffs, J. W. Ph.
485 [*111]
Bormann, F.
201 [*235]
Born, L. K.
1142 [*731]
Bornecque, H.
999 [*112 *122] 1002 [*292] 1005 [*563]
Borovskii, I. M.
458 [*207 *220] 464 [*413]
Borra, S.
489 [*258]
Borrelli, A.
200 [*183]
Borthwick, E. K.
471 [*621]
Borzsák, István
392 [*52] 1069 [*678] 1168 [*921]
Boserup, I.
359 [*530 *531]
Bossuat, R.
1163 [*426]
Botermann, Helga
1082 [*1219] 1143 [*800]
Bott, H.
255 [*14]
Botteri, P.
704 [*337]
Botticelli 477
Boucher, J. P.
380 [*217]
Boucher-Colozier, S. 586
619 [*85]
Bouquet, J.
466 [*475] 467 [*491]
Bourgey, L.
175 [*151]
Bourne, F. C.
376 [*63] 474 [*760]
Bousset, W.
696 [*56]

Boussoulas, N. I.
40 [*42]
Bowersock, G. W.
716 [*205]
Boyancé, P.   363 385 415 429 439 441 442 444 679 975
60 [*108]   181 [*353]   202 [*243]   374 [*20]
388 [*102 *109]   389 [*114]   403 [*37]
452 [*21]   454 [*60]   462 [*332]   464 [*400]
466 [*467]   472 [*663]   482 [*5]   506 [*356]
581 [*20]   668 [*108]   699 [*156]   700 [*185
*202]   702 [*253 *274]   728 [*72]   980 [*223
*229]   996 [*8]   997 [*39]   1012 [*115]
1013 [*172]   1056 [*74 *83]   1060 [*221]
1066 [*533 *535]   1067 [*614]   1068 [*618
*632]   1075 [*923]   1126 [*4]   1128 [*56]
1129 [*134]   1130 [*173 *213]   1131 [*240]
1139 [*628]   1142 [*755 *768]   1146 [*983]
1147 [*1015]
Boyd, M. J.
472 [*658]
Boyle, Robert   450 479
Bozonis, G. A.
178 [*247]
Bracker, J.
73 [*28]
Bradley, E. M.
466 [*453]
Brams, J.
26 [*398]
Branca, V.
487 [*205]   1163 [*482]   1164 [*517 *531]
Brancacci, A.   750 803 844
15 [*135]   23 [*361]   24 [*364]   727 [*51]
759 [*125 *135 *138]   774 [*26]   828 [*132]
848 [*112]
Brandis, C. A.   678
695 [*22]
Brandt, E.   63
73 [*25]
Brandt, S.
402 [*1]   484 [*107]
Branham, R. B.
196 [*60]
Braun, R.
705 [*347]
Brecht, Bert   481
Breen, Q.
1165 [*631]
Bréguet, Esther
1000 [*172]   1061 [*273]
Bréhier, E.   500 531 587 588 589 590 592 678 680
22 [*337]   170 [*9]   503 [*13]   507 [*404]

511 [*572]   551 [*92]   619 [*24]   622 [*301]
676 [*25]   696 [*57]   1080 [*1180]
Breil, W.
1140 [*663]   1168 [*931]
Brenk, F. E.
483 [*48]
Brescia, C.
54 [*30 *36]   186 [*492]
Bretone, M.
1144 [*839]
Bretzigheimer, Gerlinde
1066 [*556]
Brieger, A.   415
170 [*5 *6]   177 [*208]   430 [*4]   435 [*202]
Brien, P.
180 [*310]
Briesemeister, D.
1163 [*429]
Bright, D. F.   429
476 [*816]
Brignoli, F. M.
1057 [*109]
Brind'Amour, P.   401
404 [*78]
Bringmann, K.   648 850 919
24 [*366]   196 [*38]   376 [*88]   668 [*110]
705 [*363]   893 [*26]   936 [*56]
1013 [*148]   1127 [*17]
Brink, C. O.   307 309 615 960
243 [*1]   352 [*280]   353 [*288]   553 [*207]
624 [*409]   978 [*113]   1158 [*92]
1160 [*222]
Brinkmann, A.   845
697 [*97]   848 [*100]
Brinton, A.
1056 [*58]
Briot, P.
1012 [*99]
Brisset, J.
625 [*434]
Brisson, J.-P.   370
378 [*139]   483 [*37]
Brisson, L.
15 [*131]
Broccia, G.   450
267 [*72]   389 [*140 *143]   460 [*278]
470 [*605]   489 [*244]
Brochard, V.   745 983 986
38 [*7]   170 [*2]   726 [*31]
Brodie, J.
393 [*85]
Broecker, H.   649
667 [*81]

Broemser, F.
470 [*615]   1001 [*276]   1007 [*685]
Bromios   **285f.** 330 331 338
Brophy, B.
490 [*307]
Broughton, A. L.
470 [*585]
Brouwers, J. H.
504 [*181]
Brown, E.
197 [*76]
Brown, P. M.   413 414 424
392 [*34]
Brown, R. D.   409 425
392 [*33]   462 [*347]   472 [*692]
Brown, V.
433 [*118]
Brown, W. Hannaford
393 [*91]
Browne, G.
41 [*69]
Brozek, M.
395 [*186]   403 [*47]   434 [*140]   482 [*11 *12]
Bruckmann, F.   521 586 672 939
28 [*451]
Brumbaugh, R. S.   829
848 [*107]
Brun, J.
57 [*10]   202 [*245]   506 [*354]
Brunet, J. P.   788
825 [*42]
Brunhölzl, F.
433 [*95]
Bruni, Leonardo   325
Bruno, Giordano   479
1001 [*254]
Bruns, G.   206
73 [*47]
Bruns, I.   415
435 [*203]   486 [*176]
Brunschwig, J.   137 139 154 755 958
23 [*362]   24 [*363 *365]   25 [*367 *368]
26 [*374]   41 [*72]   177 [*198]   180 [*300 *314]   182 [*376]   185 [*450]   509 [*494]
517 [*822]   625 [*449]   758 [*79]   978 [*123]
Brunt, P. A.
25 [*369]   375 [*54]   1011 [*83]
1013 [*157]   1081 [*1196]   1138 [*572]
1140 [*655]   1148 [*1111]
Brüser, W. J.
1080 [*1179]
Brush, C. B.
1165 [*671]

Brutus, M. Iunius (Caesarmörder)   399 967f.
969f. 1018 1029 1030 1037 1039 1041 1043
1050 1112
979 [*171-*174]
Bruwaene, M. van den
699 [*162 *169]   700 [*186 *187]   701 [*240]
1003 [*436]   1011 [*73]   1056 [*51]
1066 [*534]   1068 [*617]   1072 [*845 *846]
1074 [*900]   1075 [*946]   1081 [*1211]
1083 [*1318]   1144 [*844]   1145 [*904]
Bryson (Lehrer Pyrrhons?)   734 748f. 769
Buccheri, G.
379 [*171]
Bücheler, F.   906 917
347 [*120]   348 [*140]   359 [*521]   782 [*20]
Buchheit, V.   417 438
468 [*533 *544]   471 [*620]   1064 [*431]
1161 [*325 *327]
Büchler, O.
1003 [*371]
Büchner, K.   365 383 408 409 418 441 443 446
447 448 648 1035 1053
172 [*34]   374 [*23]   378 [*133]   379 [*182 *191]   386 [*13]   388 [*91]   389 [*115]
390 [*160]   392 [*22]   393 [*67 *72]
432 [*57 *88]   436 [*215]   457 [*164]
461 [*301]   466 [*476]   473 [*711]
476 [*809]   490 [*276]   506 [*356]   667 [*100 *101]   996 [*4]   997 [*40]   1000 [*166 *170 *201]   1001 [*221 *236]   1003 [*387]
1006 [*590]   1007 [*726]   1010 [*39]
1011 [*93 *96]   1012 [*120]   1058 [*143]
1060 [*237]   1061 [*248 *311]   1062 [*313 *337]   1063 [*394]   1064 [*442]
1065 [*515]   1066 [*544]   1068 [*616 *621]
1079 [*1094]   1127 [*18]   1129 [*140]
1131 [*215]   1141 [*708]   1144 [*819]
1157 [*21]
Buck, A.
1164 [*571]
Buckley, M. J.
1128 [*55]   1146 [*932]
Budde, L.
998 [*83]
Buehring, G.
514 [*738]
Buescu, V.
1007 [*661]
Bufano, A.
485 [*125]
Buffière, F.
504 [*211]
Bureau, O.
467 [*492]

Buriks, A. A. 581
 583 [*166]
Burke, B. C.
 1014 [*185] 1137 [*498]
Burkert, W. 298 724 787 805 806 820 821 824
 929 951 961 1091
 349 [*174 *175] 458 [*221] 728 [*74]
 783 [*28] 827 [*93] 936 [*83] 978 [*116]
 1129 [*154]
Burkhard, U. 733 737
 757 [*47] 988 [*27]
Burleigh, Walter de 45
Burnet, John
 847 [*91]
Burnett, G. A.
 1166 [*781]
Burney, P.
 392 [*44]
Burnyeat, M. F. 160 741 773 861 885
 23 [*362] 24 [*363] 41 [*67 *72] 123 [*96]
 173 [*88] 176 [*166] 200 [*184]
 513 [*652] 622 [*275] 727 [*52] 729 [*106
 *107 *111] 730 [*138] 758 [*81] 767 [*62]
 827 [*113] 895 [*103] 897 [*193]
Burriss, E. E.
 1145 [*902] 1146 [*941]
Burwick, F. L.
 489 [*241]
Bury, R. G.
 13 [*63] 430 [*15] 431 [*16]
Burzacchini, G.
 1003 [*412]
Busche, J. 3
 10 [*3]
Buschor, E.
 73 [*16]
Busdraghi, Paola
 1158 [*125]
Bux, E. 845
Bywater, I.
 695 [*27] 1082 [*1240]

Cabisius, G.
 456 [*128 *141]
Čáda, F.
 846 [*23]
Cadiou, R.
 345 [*21] 453 [*48] 1074 [*917]
Caelius Aurelianus 277
Caesar 209 290 292 296 321 367 400 1009 1017
 1041 1044 1046 1048 1050 1051 1052
 376 [*60-*65]
Caesarion 712

Caini, C.
 352 [*266] 356 [*405]
Cairns, F.
 378 [*162]
Calboli, G.
 472 [*683] 621 [*240] 997 [*45]
Calidus, L. Iulius 397
Callaghan, W. J.
 393 [*97]
Callahan, J. F.
 512 [*640]
Callebat, L.
 486 [*141]
Calogero, G.
 727 [*51]
Calpurnius Bibulus, L. M. f. (RE 27) 982
Cambeis, H.
 1065 [*477] 1069 [*647] 1140 [*668]
Cambiano, G.
 23 [*361] 24 [*364] 27 [*435]
Cameron, A. 294
 347 [*116] 705 [*357]
Campese, L.
 196 [*29]
Campos, J.
 376 [*76] 458 [*210 *211 *214 *217 *222]
 1132 [*277]
Canali, L. 385
 388 [*110]
Cancelli, F.
 1000 [*171] 1001 [*219] 1062 [*340]
 1063 [*376] 1064 [*444] 1068 [*628]
Candiloro, E.
 702 [*268]
Canfora, L. 777
 27 [*434] 405 [*99 *100] 435 [*180]
 437 [*250] 471 [*622 *632] 705 [*352]
 1167 [*865]
Cantalamessa, R.
 703 [*313]
Cantarella, M.
 54 [*26]
Cantarella, R. 102 103
 122 [*83 *87 *88 *90] 123 [*92] 266 [*54]
Canter, H. V.
 1007 [*733]
Cantin, E.
 403 [*42] 463 [*387]
Capasso, M. 37 46 47 50 51 52 53 67 68 99 100
 102 103 108 128 207 219 230 236 237 241 242
 247 248 249 253 256 258 259 260 261 262 264
 274 291 292 296 297 301 302 303 304 306 307
 308 309 311 312 313 314 316 317 318 319 320
 321 322 323 325 326 328 329 330 332 333 334

335 336 371 592
  41 [*73] 43 [*86 *88] 53 [*8] 55 [*77]
  56 [*84 *88] 57 [*1] 173 [*89] 174 [*97]
  180 [*295] 195 [*1] 201 [*233] 215 [*29
  *40-*42] 243 [*2 *3] 250 [*19 *25]
  254 [*2] 267 [*73] 288 [*3] 353 [*310]
  356 [*430] 361 [*586 *614] 378 [*163]
  620 [*115] 783 [*27]
Capelle, P.
  696 [*63]
Capelle, W. 660 678 833
  40 [*39] 462 [*356] 666 [*64] 695 [*45]
  696 [*76] 774 [*55] 846 [*25] 1143 [*792]
Capone Braga, G.
  171 [*17] 172 [*36] 177 [*225] 182 [*363]
Cappelletti, A. J.
  179 [*262] 390 [*163 *174] 395 [*161]
  467 [*510 *511] 468 [*523] 490 [*282]
  1004 [*476]
Cappelluzzo, M. G. 304
  254 [*2] 350 [*218]
Carbonara Naddei, M.
  489 [*268] 703 [*288]
Carcopino, J.
  1013 [*174] 1058 [*142]
Cardauns, B. 975
  980 [*193 *224 *227 *230]
Carena, C.
  433 [*97]
Caretta, A.
  60 [*122]
Carilli, M.
  483 [*57]
Cariou, M.
  482 [*14]
Carlini, A. 238 821 842 843 844 845
  240 [*16] 847 [*76] 848 [*96 *104]
Carlotti, E.
  389 [*129]
Carlozzo, G.
  457 [*178] 460 [*266] 461 [*286]
Carnap, Rudolf 595
Carter, J. M.
  1140 [*648]
Cary, E.
  1010 [*23]
Casanova, Gennaro (Papyrologe) 241 588
Casaubon, Isaac 192 289
Cascajero Garcés, J.
  405 [*93]
Casertano, G.
  215 [*30]
Casevitz, M. 3
  10 [*8]

Casini, N.
  403 [*35]
Casini, P.
  464 [*417]
Cassata, L.
  472 [*680] 475 [*772]
Cassius, C. 399
Cassius Dio 86 163 363 366 373 523 995
  1010 [*21-*24]
Castaldi, F.
  214 [*5] 362 [*619]
Castelli, G.
  483 [*35 *40 *41 *44] 486 [*159]
  1078 [*1069]
Castiglioni, L.
  358 [*479] 431 [*27] 469 [*575]
  1000 [*163]
Castner, Catherine J. 68 169 287 363 364 365
  367 372
  288 [*2] 375 [*52] 377 [*102] 456 [*123
  *148] 1072 [*808] 1133 [*287 *291]
Castorina, E.
  455 [*92]
Cataudella, Q. 325
  352 [*258] 379 [*180] 667 [*96]
  1030 [*1186] 1158 [*111] 1162 [*382]
Catius Insuber 365 366 369 373
Cato, M. Porcius, der Ältere ('Censorius',
  cos. 195 v. Chr.) 853
Cato, M. Porcius, der Jüngere ('Uticensis') 521
  707 708 1016 1017 1035 1040 1050 1096 1108
  1114
Catto, B. A.
  467 [*504] 468 [*545]
Catull 281 291 294 343 363 367 397 399 400
  401 425 444
Catulus, Q. Lutatius (cos. 102 v. Chr.) 918
Catulus, Q. Lutatius (cos. 78 v. Chr.) 918 1038
Cauchy, V.
  729 [*118] 894 [*87]
Cauderlier, P.
  350 [*222]
Caujolle-Zaslawsky, Françoise
  179 [*268] 509 [*494] 729 [*109 *117]
  774 [*38] 979 [*161]
Cavallo, G. 103 264 292 293 295 297 336 842
  54 [*46 *53] 55 [*78] 847 [*79]
Caviglia, F.
  435 [*194]
Cavini, W. 588
  620 [*114]
Cazzaniga, I. 81
  122 [*53] 358 [*504] 389 [*123] 436 [*229]

Cèbe, J.-P.
455 [*102]
Ceccarelli, L.
456 [*133]   460 [*268]
Čekalova, E. J.
467 [*512]   472 [*675]
Čekalova, J. I.
461 [*320]
Celluprica, Vincenza
23 [*361]   509 [*494 *502]   513 [*654]
554 [*272]   621 [*250 *266]   624 [*353]
1077 [*1021]
Centrangolo, E.
394 [*144 *149]
Centrone, B.
16 [*137]
Cerasuolo, S.
468 [*546]
Chabot, M.-E.
1150 [*1361]
Chadwick, H.
187 [*520]
Chairedem   48 50 65 117 302
Chairemon   310f.
Chairestrate   64
Chairon aus Pellene   299 300
C(h)alcidius
16 [*151-*157]
Chambry, E.
1010 [*6]
Chappon, G.
394 [*122]
Chappuis, Ch.   981
976 [*11]
Charbonneaux, J.
550 [*51]
Charinos   112 116
Charisius   1051
Charles, Sr.
485 [*122]   1161 [*343]
Charleton, W.
214 [*1]
Charmadas   299 300 781 **906-908** 917 921 940
913f. [*31-*35]
Charmides   794
Chartier, E. A. (gen. Alain)
507 [*406]
Châtelet, F.
40 [*40]
Chatillon, F.
458 [*215]
Chatzilysandros, E. A.   746 747
758 [*91]

Chaumartin, F.-R.
12 [*32]   186 [*503]   553 [*221]   668 [*118]
669 [*265]
Chausserie-Laprée, J.-P.
458 [*198]
Cherniss, H. F.   576 685 800 805 959
12 [*41]   506 [*363]   511 [*576]   513 [*711]
698 [*144]
Chevalier, R.
997 [*46]
Chevallier, A. M.
473 [*715]
Chiarini, G.
1165 [*612]   1167 [*864]
Chiesara, L.
781 [*1]
Chilton, C. W.   87 110
59 [*75]   124 [*152]   176 [*195]   181 [*329]
186 [*494]   374 [*28]   475 [*783]
Chisleag, M. G.
465 [*432]
Chodaczek, A.
699 [*157]
Choirilos   311
Chomarat, J.
1159 [*164]   1165 [*596]   1166 [*753]
Chremonides   521
Christensen, J.   501 604 605 606
506 [*355]   516 [*810]   622 [*310]
Christes, J.
1061 [*283 *285]   1064 [*409 *430 *450]
1065 [*476]   1143 [*776]   1148 [*1161]
Christian, C.
621 [*233]
Christiani, M.
1066 [*557]
Chronis, N.
517 [*811]   623 [*331]
Chroust, A.-H.
472 [*677]   475 [*777]   1075 [*927 *941
*942]   1131 [*239 *242-*244 *246]
Chrysipp aus Soloi   143 238 300 329 496 545
547 561 569 571 572 579 **584-618** 626-645 651
654 657 659 682 685 686 688 690 691 692 693
794 833 852 856 1044 1098
618ff. [*1-*452]   638 [*12]
Chrysermos aus Alexandreia   633
Ciaceri, E.
1010 [*33]   1063 [*391]
Ciceri, P. L.
487 [*177]
Cicero, Marcus Tullius   51 106 128 135 136 150
151 156 190 191 229 236 239 273 274 281 289
290 291 292 294 296 323 338 339 340 341 363

365 366 367 **368-370** 397 398 399 400 401 406
477 498 523 539 547 548 572 581 627 646 648
670 671 672 682 706 708 711 735 742 749 772
775 777 863 916 928-930 944 968 **991-1168**
10f. 376f. [*70-*110] 663 [*4] **996ff.** [*1-
*734] **1009ff.** [*1-*188] **1054ff.** [*1-*1331]
1126ff. [*1-*1572] **1156ff.** [*1-*935]
Cicero, Lucius Tullius (Vetter des Redners) 944
Cicero, M. Tullius (Sohn des Redners) 982
Cicero, Quintus Tullius (Bruder des Redners)
944 984
Cichorius, C. 290 291 899
346 [*74] 666 [*54] 913 [*13]
Cicu, L.
1058 [*131]
Cilento, V.
485 [*137] 702 [*264]
Cini, G. F. 407
434 [*163]
Cinna, C. Helvius 401
Cione, E.
1079 [*1091]
Ciruelo, J. I.
483 [*53]
Citroni Marchetti, Sandra
196 [*45] 1138 [*599]
Citti, V.
471 [*641]
Ciulei, G.
1144 [*823 *829 *834 *836] 1148 [*1094-
*1096]
Cizek, E.
1145 [*878]
Claesen, A.
1161 [*373]
Clagett, M.
715 [*178]
Clair, A.
187 [*518]
Clark, A. C.
1006 [*621]
Clark, J. R.
12 [*31] 196 [*32]
Clark, M. E.
1014 [*184]
Clarke, M. L. 205 1095
214 [*21] 374 [*27] 434 [*133 *166]
435 [*188] 1127 [*8] 1157 [*22]
1164 [*495] 1167 [*851]
Classen, C. J. 373 385 411 440 444 446 447 448
837 838
14 [*82] 42 [*74] 377 [*105] 379 [*195]
380 [*203] 386 [*29] 436 [*230]
457 [*167] 516 [*788] 846 [*54] 847 [*55]

1064 [*422 *424] 1068 [*636] 1072 [*810]
1073 [*871] 1133 [*289] 1142 [*732]
1164 [*496] 1167 [*821]
Clausen, C. P. E.
1075 [*943]
Clausen, W.
431 [*28] 432 [*52] 433 [*98]
Clay, D. 47 49 50 51 52 69 71 75 81 82 83 88
91 93 94 104 110 114 138 162 168 207 218
221 224 242 301 335 383 385 401 410 411 412
414 415 425 428 429 441 442 450
21 [*295] 54 [*50] 55 [*72] 73 [*37]
74 [*68] 121 [*52] 124 [*153] 179 [*269]
183 [*395 *397] 197 [*64 *70] 215 [*35]
390 [*166] 456 [*149] 459 [*246]
462 [*344] 465 [*427] 466 [*468]
Cleary, V. J.
483 [*43]
Clemens aus Alexandreia 46 189
Clodd, E.
1166 [*771]
Clouard, H.
394 [*117]
Clumska, E.
465 [*433]
Cobet, C. G. 45
58 [*27] 357 [*472]
Cocchi, A.
279 [*1]
Cochez, J.
392 [*20]
Cochlaeus, Johannes 191
Cockle, W. E. 844 845
847 [*95]
Codoñer, Carmen
1136 [*435]
Cogniot, G. 385
389 [*116] 394 [*119]
Cohen, A. S.
466 [*483]
Cohen, S. J. D.
347 [*99]
Cohn, H. 637 639 640
638 [*7] 644 [*403] 714 [*1] 715 [*132]
Cohn, L.
504 [*151]
Colaclidès, P.
124 [*131] 583 [*92]
Colaizzo, M. 78 92 241 254 257 268 269 270
271 272 282 290 322 326
272 [*3]
Cole, Th. 164
178 [*239]

Coleman, R.
 1061 [*309]   1066 [*545]
Coleman-Norton, P. R.
 1083 [*1301]   1147 [*1012 *1013]
Coleridge, S. T.   381 383 385
 730 [*132]
Coles, R. A.
 233 [*3]
Colin, J.
 431 [*48 *49]   464 [*393 *394]
Colish, Marcia L.
 506 [*368]   510 [*510]   1127 [*25]
 1131 [*224]   1160 [*204]   1161 [*350]
 1163 [*431]
Collins, F.
 705 [*348]
Colombo, A. M.
 620 [*112]
Combès, R.
 1005 [*535]
Commager, H. S.   429
 379 [*187]   476 [*810]
Comparetti, D.   80 81 127 134 232 297 333 662
 53 [*13]   54 [*24]   361 [*608]   668 [*261]
Conche, M.   740 745
 57 [*15]   173 [*71]   392 [*50]   756 [*29]
Concolino Mancini, Adele   236 237 794
 240 [*4]   254 [*2]   827 [*111]
Conde Calvo, J. L.
 1148 [*1122]
Conrad, C. W.
 461 [*308]
Conroy, D. P.
 180 [*313]
Conte, G.-B.
 390 [*180]   437 [*242 *257]   454 [*75]
 473 [*708]
Conti, M.
 467 [*513]
Conway, P.
 185 [*471]
Conway, R. S.
 1012 [*112]
Cooper, J. M.
 1135 [*407]
Copley, F. O.
 394 [*106]   453 [*44]
Coppa, Giovanni
 1011 [*74]
Coppola, C.
 353 [*306]
Coppola, G.
 74 [*58]

Corà, G.
 1136 [*432]
Cordier, A. L.
 387 [*65]
Cornutus, L. Annaeus   499
 504 [*161]
Corsano, A.
 1166 [*701 *741]
Corssen, P.   678
 695 [*23 *25]
Cortassa, G.   533
 14 [*80]   250 [*24]   509 [*495]   551 [*106]
 621 [*253]   766 [*37 *38 *41]
Cosattini, A.
 121 [*32]   122 [*76]
Cosenza, P.   744 753
 727 [*51]
Costa, A.
 476 [*811]
Costa, C. D. N.
 392 [*30]
Costa, E.
 1143 [*811]
Costa, Uriel da   193
Costabile, F.
 42 [*77]
Costantini, M. L.
 390 [*149]
Costil, P.   710
 715 [*176]
Cotta, C. Aurelius (cos. 75 v. Chr.)   329 918
Couissin, P.   804 813 814 817 819 859 861 873
 885 887
 727 [*52 *61]   782 [*11]   894 [*81]
 897 [*192]
Coulon, V.
 432 [*58]
Couloubaritsis, L.
 24 [*366]   727 [*53]
Coulter, C. C.
 1013 [*176]
Courbaud, E.
 999 [*122]
Courcelle, P.
 506 [*356]   1138 [*594]   1146 [*986]
 1157 [*62]
Courtès, J.-M.
 465 [*434]
Courtney, E.
 475 [*787]   487 [*198]
Cousin, J.
 470 [*584]   473 [*701]
Cox, A. S.   440
 392 [*51]   436 [*232]   437 [*237]   454 [*83]

Coyle, A. F.
   1159 [*155]   1161 [*341]
Craca, C.
   473 [*721]   475 [*790 *792]
Crassus, L. Licinius (cos. 95 v. Chr.)   276 647
   901 904 907f. 913 928
Crawford, Jane
   1160 [*214]
Crawford, M. H.   939
   27 [*425]   28 [*456]   375 [*41]   1012 [*123]
Crawley, L. W. A.
   389 [*111]
Credaro, L.
   781 [*1]
Creech, Thomas   479
Cresci, D.
   1065 [*475]
Cressey, J.
   471 [*628]
Cresson, A.
   392 [*41]
Creuzer, F.
   1000 [*211]
Crifò, G.
   1079 [*1136]   1080 [*1137]   1134 [*361]
   1162 [*401]
Cristaldi, R. V.
   186 [*509]
Croce, B.
   387 [*47]   487 [*180]   488 [*236]
Croisille, J. M.
   470 [*608]
Croissant, Jeanne   882 891
   390 [*172]   506 [*367]   550 [*19]
   896 [*141]   1072 [*809]   1137 [*499]
   1147 [*1037]
Crönert, W.   36 68 85 108 114 115 117 150 230
   235 236 237 239 241 248 249 251 253 254 256
   257 259 260 271 280 291 297 300 301 302 303
   317 321 322 325 326 329 330 332 333 335 585
   592 628 641 642 679 684 831 835 836 851 852
   910
   40 [*48]   53 [*15-*17 *19 *20 *22]
   123 [*112]   254 [*1]   255 [*9 *11 *13]
   348 [*142 *143]   360 [*578]   619 [*51 *105]
   643 [*101]   698 [*123]   846 [*11]   894 [*61]
Cronk, G. G.
   488 [*235]
Crosara, F.
   1063 [*372]   1065 [*474]
Crossley, H.
   582 [*73]
Crouzel, H.
   197 [*89]

Cuda, J. A.
   390 [*154]
Cumont, F.   678
   696 [*71]   697 [*88 *93]
Cupaiuolo, F.
   1134 [*348]
Curiazzi, D.
   474 [*747]
Curley, E. M.
   21 [*293]
Currie, H. M.
   456 [*137]
Curtius, Ernst Robert
   1163 [*425]
Curtius, Ludwig   63
   72 [*10]
Cydrilla   294
Cytowska, Maria
   1165 [*595 *597]

D'Agostino, B.
   1078 [*1071]
D'Agostino, F.
   1148 [*1097 *1098]
D'Agostino, V.
   386 [*15]   1147 [*1032]
Dahlmann, H.   257 260 574 971 974 975 983
   176 [*191]   266 [*59]   352 [*270]
   517 [*906]   582 [*31]   979 [*181 *191]
Daiber, H.
   121 [*27]
Dain, A.
   433 [*101]   715 [*155 *156]
Dale, F. R.
   403 [*49]
Dalfen, J.   574
   582 [*26]
Dalpane, F.
   484 [*109]
Dal Pra, M.   733
   15 [*121]   22 [*338]   201 [*227]   282 [*2]
   726 [*36]   727 [*51]
Dalsgaard Larsen, B.
   703 [*314]
D'Alton, J. F.
   1136 [*422]
Daly, L. W.   406
   27 [*422]   431 [*22]
Dalzell, A.
   386 [*19]   390 [*164]   432 [*81]   466 [*454]
Dam, H. J. van
   196 [*40]
Damaskios   934

D'Amelio, M.
  357 [*443]
Damon aus Athen (Musikschriftsteller) 313 314
Damon (Demon) aus Kyrene (Schüler des Lakydes) 834 838
  846f. [*53-*56]
Damoxenos 70 118
Danaos 333
D'Andrea, A.
  120 [*4]
Danek, S.
  468 [*547] 508 [*481]
D'Angers, P. J.-E.
  506 [*356]
Daniélou, J.
  701 [*247]
D'Anna, G. 368
  275 [*17] 376 [*81] 404 [*64 *69] 1071 [*796] 1132 [*280] 1163 [*441]
Dante 190
  1163 [*481 *482]
D'Antò, V.
  376 [*72] 1133 [*304]
Daraki-Mallet, M.
  509 [*494] 516 [*796]
D'Arbela, E. V.
  1002 [*306 *327]
Dardanos 641 660 **661f.** 706 939f.
  668 [*211]
D'Arms, J. H.
  54 [*44]
Daube, D.
  1144 [*832]
Davies, J. C.
  1128 [*57] 1136 [*448]
Day, D. A.
  1166 [*761]
Decharme, P.
  181 [*342]
Decleva Caizzi, Fernanda 277 278 724 733 734 735 736 739 740 741 742 743 745 746 747 750 761 762 764 769 770 771 773 813 814 840 931 983 984 986
  14 [*82] 16 [*138] 23 [*361] 24 [*366] 25 [*367] 250 [*28] 279 [*30] 727 [*51 *53] 731 [*153] 756 [*1] 757 [*50] 759 [*134 *137 *139] 766 [*40] 767 [*49 *71] 988 [*32]
De Falco, V. 256 258 259 260 261 262 264 318
  265 [*7] 266 [*60] 356 [*403]
Defourny, P.
  1145 [*865 *905]
De Franciscis, A.
  56 [*85]

Degl'Innocenti Pierini, Rita
  471 [*633] 1070 [*716]
DeGraff, Thelma B.
  472 [*661] 1057 [*105] 1129 [*132]
Deichgräber, K. 772 986
  21 [*305] 171 [*14] 470 [*587] 564 [*62]
Deinomachos 880
Deissner, K.
  513 [*706]
De Lacy, Estelle Allen 37 129 143 268 291 329 330 420 641 642
  26 [*391] 175 [*139 *140] 361 [*583 *585] 645 [*453]
De Lacy, Ph. H. 37 129 143 235 249 268 290 291 329 330 415 420 605 641 642 692 744 752 753
  12 [*42 *49] 19 [*251] 39 [*18] 172 [*45] 174 [*111] 175 [*137 *140 *152] 176 [*193] 180 [*311] 181 [*326] 184 [*418 *419] 240 [*3 *15] 250 [*20] 345 [*48] 361 [*583 *585] 452 [*16] 454 [*69] 462 [*348] 463 [*378] 502 [*1] 505 [*261] 506 [*355] 508 [*456] 511 [*594] 622 [*303] 645 [*453] 668 [*120] 704 [*334] 716 [*229] 757 [*61] 978 [*101]
Delamarre, A. J.-L.
  510 [*541]
Delattre, D. 48 313 314 315
  355 [*360-*362] 377 [*99]
Delbrueck, R.
  72 [*3]
Delcourt, M.
  198 [*136]
Deleuze, G.
  388 [*104] 389 [*134] 465 [*439]
Del Grande, C.
  581 [*16]
Delhaye, P.
  1159 [*142 *154]
Della Casa, A.
  510 [*536]
Della Corte, F. 364
  346 [*55] 375 [*34] 467 [*514] 979 [*182] 1078 [*1056]
Della Corte, M. 63
  73 [*23]
Della Valle, G. 399
  54 [*28] 402 [*11 *12 *14-*16] 403 [*20 *22 *25 *28 *30 *32] 462 [*359] 1133 [*302]
Dell'Era, A.
  460 [*269]
Dellis, I. G.
  774 [*58]

Del Nero, U.
  488 [*216]
Del Nolhac, P.
  1164 [*511]
Del Re, R.
  345 [*18] 1001 [*274 *281] 1143 [*797]
Delta, S.
  582 [*75]
De Marzo, C.
  178 [*250]
Demetria 68 228 287
Demetrios aus Byzanz 256 260 307 308
Demetrios aus Phaleron 69
Demetrios aus Phokaia (Schüler des Lakydes)
  834
Demetrios Lakon 50 52 80 84 91 93 112 140
  159 170 188 212 213 218 225 251 253 **256-265**
  269 293 306 330 331 338 415 641
  265ff. [*1-*87]
Demetrios Magnes 66
Demetrios Poliorketes 69 70 109 110 116 167
  208 245 338
Demetrios I. Soter 251 252
Demézil, G.
  453 [*35]
Demmel, F. M.
  376 [*80]
Demo 295
Demochares 299
Demokles 108 111 223
Demokrit 36 87 118 126 127 129 133f. 139 150
  155 160 194 325 332 429 567 737 746 751 763
  1089
  568 [*6] 759 [*131-*139] 828
Demophanes (?) aus Megalopolis (Schüler des
  Arkesilaos) 793
Demosthenes (der Redner) 652 1037
Demosthenes (?) aus Megalopolis (Schüler des
  Arkesilaos) 793
Demoustier, V.
  355 [*346]
Dempsey, C. 477
  490 [*309-*311]
Denizert, F.
  490 [*290]
Denon, L.
  123 [*123]
Denyer, N. 166
  25 [*367] 173 [*86] 187 [*532] 1076 [*983]
De Olaso, E.
  1158 [*102] 1164 [*501]
De Petra, G.
  53 [*13]

Deratani, N. F.
  470 [*592]
Dermience, A.
  1139 [*638] 1150 [*1313]
De Rosalia, A.
  1079 [*1111]
De Rossi, A.
  583 [*98]
Derouchette, L.
  469 [*573 *574 *576]
Derwa, M.
  198 [*136]
Desanti, J.-T.
  388 [*98]
Desbordes, Bernadette Anne
  15 [*127]
Descartes, René 193
  1166 [*701]
Deshayes, M.-L.
  433 [*102] 453 [*47]
Desideri, P.
  703 [*300]
Des Jardins, G.
  1159 [*157] 1166 [*784 *792]
Desmouliez, A.
  473 [*706] 1069 [*676] 1136 [*449]
Des Places, E.
  21 [*282] 506 [*356] 552 [*136] 583 [*86]
  667 [*89]
Dessì, A.
  198 [*98]
Detel, W. 126 595 596
  175 [*160] 200 [*173 *175] 622 [*267]
Deubner, L.
  74 [*53]
D'Eufemia, M.
  375 [*35]
Deutsch, R. E. 410 444
  458 [*195] 490 [*291]
Devenuto, D.
  474 [*738]
De Villapadierna, T.
  1057 [*112] 1066 [*543]
Devine, F. E.
  515 [*752]
De Witt, N. W. 88 126 166 167 207 322 371
  39 [*14] 122 [*79] 124 [*136] 172 [*37 *38
  *41] 175 [*141] 177 [*216 *217]
  180 [*307] 182 [*357 *358] 183 [*411]
  186 [*486] 195 [*6] 214 [*7-*9] 374 [*15]
  377 [*131] 379 [*172 *176] 482 [*25]
D'Holbach, Ph.-H. Th. 192 193
  200 [*195]
Diagoras 98

Diano, C.   36 47 87 105 106 109 113 156 159
    302 333 1039
    40 [*45]   57 [*5 *6]   120 [*6 *7]   124 [*138]
    177 [*218]   181 [*325]   183 [*405 *407]
    184 [*423]   185 [*454 *469]   352 [*269]
    379 [*186]   1071 [*784]
Di Cesare, D.
    177 [*199]
Dickey, M.
    1157 [*51]
Diderot, D.   193
    200 [*193]
Didymus Caecus   108
Dieckhöfer, K.
    215 [*32]
Diehl, E.
    266 [*22]
Diels, H.   248 326 327 383 407 408 415 480 498
    578 713 737 762
    21 [*301-*303]   124 [*163]   266 [*39]
    279 [*5]   358 [*499 *500 *502]   387 [*44]
    391 [*12]   393 [*68]   505 [*262]   697 [*89]
    714 [*51]   765 [*2]   773 [*1]   1082 [*1241]
Dieter, H.
    999 [*107]   1064 [*443]   1080 [*1183]
    1144 [*830]   1149 [*1291]   1150 [*1351]
Digby, J.
    60 [*99]
Diggle, J.
    767 [*72]
Di Giovine, C.
    386 [*21]   486 [*162 *166]
Di Girolamo, A.
    388 [*95]   1074 [*909]
Dihle, A.   7 147 927
    17 [*192]   24 [*366]   27 [*402]   42 [*84]
    179 [*284]   185 [*472]   516 [*797]
    554 [*236]   702 [*254 *255]   703 [*301]
    705 [*361 *364]   774 [*56]   937 [*103]
    1070 [*732]   1137 [*525]
Dijksterhuis, E. J.
    714 [*32]
Dikaiarch   251 299 313 422 423 650 1017 1033
    1041 1052
Diller, A.
    699 [*147]
Diller, H.   138 409 420
    175 [*136]   436 [*213]   1128 [*111]
Dillon, J.   776 777 792 926 939 940 945 950 951
    952 955 966 967 968 982
    16 [*157]   25 [*368]   26 [*398]   516 [*798]
    728 [*92]   784 [*54 *57]   976 [*16]
    978 [*104]   988 [*1]

Di Lorenzo, R.
    1059 [*189]
Dilthey, W.
    199 [*138]   1163 [*493]
Di Marco, M.   64 65 70 762
    74 [*74 *76]   765f. [*5]   766 [*42-*44]
Di Martino, F.
    766 [*45]
Di Martino, M.
    1138 [*582]
Dimoff, P.
    1166 [*691 *751]
Di Napoli, G.
    198 [*127]
Dinsmoor, W. B.   518
    345 [*38]   550 [*35]   935 [*31]
Diodor (Schüler Speusipps)   299
Diodoros aus Agyron ('Siculus')   682
Diodoros aus Alexandreia   707 **710f.**
    715 [*191 *192]
Diodoros aus Tyros   880
Diodoros Kronos   84 101 111 141 143 161 249
    520 570 598 600 888f. 1045
Diodotos (Stoiker)   707 1008
Diogenes aus Babylon   252 300 305 306 313 315
    328 599 852
Diogenes aus Oinoanda   37 46 65 70 71 77 83
    104 110 113 114 143 148 154 164 167 211 221
    228 232 283 440 451
Diogenes aus Seleukeia   496 **629-636** 637 639
    640 647 652 661
    643f. [*151-*168]
Diogenes aus Sinope   220 317 318 327 755
Diogenes aus Tarsos   50 62 162
Diogenes Laertios   45 46 62 190 235 **496f.** 499
    14ff. [*111-*140]   **58** [*22-*39]   **61** [*159-
    *180]   505 [*316 *317]
Diogenes Sotion   62
Diokles aus Knidos   803
Diokles aus Magnesia   299 558 584 629 636 803
    810
    18f. [*241-*243]   504 [*96 *97]
Dion aus Alexandreia (Schüler des Antiochos)
    942 968f. 987
Dionigi, I.   120 385 414 442 443 444 446 450
    451
    389 [*147]   390 [*176]   456 [*142]
    460 [*285]   466 [*469]
Dionysidor (Mathematiker)   252 254
Dionysidor (Sophist)   754
Dionysios (Stoiker)   331 706
Dionysios II., Tyrann von Syrakus   246
Dionysios aus Halikarnassos   309 340 710

Dionysios aus Herakleia 283 495 521 555 557
558
286 [*6] 564 [*151-*161]
Dionysios aus Kolophon (Schüler des
Arkesilaos) 793
Dionysios aus Kyrene 225 261 269 270 326 330
634 641f.
645 [*451-*455]
Dionysios aus Lamptrai 210 247 280 300
Dionysios Thrax 629
Dioskurides aus Zypern 771
Diotimos 113 116
Diphilos 561
Dirkzwager, A.
583 [*101]
Dirlmeier, F. 615
517 [*907] 624 [*404] 699 [*163]
716 [*219] 1131 [*231]
Di Salvo, L.
471 [*644]
Disandro, C. A.
390 [*170] 395 [*158] 431 [*33] 453 [*34]
Disch, H.
374 [*8]
Disnardo, C. A.
458 [*202]
Di Stefano, Eva
727 [*51] 976 [*3 *19 *20]
Di Vona, P.
41 [*60]
Di Zenzo, S. F.
198 [*128]
Di(kai)okles aus Knidos 803
Doblhofer, E.
379 [*200]
Dobson, J. F. 678
644 [*302] 696 [*65]
Dodds, E. R.
517 [*905]
Doignon, J.
377 [*97] 1062 [*317] 1070 [*761]
1081 [*1217] 1082 [*1254-*1257]
1083 [*1260 *1282] 1133 [*286]
1143 [*774] 1162 [*388-*390 *395]
Dolç, M.
395 [*169]
Dolch, J.
1156 [*5]
Domenicucci, P.
474 [*744]
Donat 398
Dondoni, Lucia
1158 [*124] 1165 [*641]

Donini, P. L. 6 612 951 966 987
12 [*53] 23 [*361] 24 [*364] 25 [*368]
437 [*247] 456 [*124] 512 [*624] 623 [*324
*326] 978 [*86] 989 [*46] 1077 [*1013
*1016]
Donnay, G.
468 [*524]
Dontas, G. W. 63
73 [*29]
Donzelli, G.
54 [*38 *39]
Döpp, S.
1061 [*282] 1062 [*322] 1064 [*411]
1135 [*402]
Dorandi, T. 47 84 85 86 104 108 113 116 142
209 210 221 225 228 230 235 247 248 251 252
256 257 259 268 270 280 281 282 289 291 292
295 296 297 298 299 300 301 303 304 306 307
308 309 311 312 313 317 318 319 321 322 323
326 327 328 329 332 336 338 775 787 789 791
793 795 829 831 835 836 838 853 900 901 906
907 909 910 915 916 917 939 940 941 943 945
11 [*11-*13] 12 [*45] 15 [*132] 17 [*194-
*196] 18 18 [*223 *227] 28 [*443 *445
*446] 41 [*69] 42 [*77] 55 [*73] 56 [*79]
74 [*75 *79] 173 [*85] 196 [*58] 214 [*25]
215 [*26 *33 *45] 265 [*10] 267 [*73]
272 [*4] 282 [*3 *14] 288 [*4] 344 [*12
*13] 346 [*58 *62] 348 [*127 *129 *133
*149 *151] 349 [*158 *160 *163 *164 *166
*169 *170 *171 *173 *176] 351 [*238-*240]
354 [*328 *330] 355 [*383] 356 [*384 *411]
357 [*438 *439] 360 [*565] 362 [*633]
550 [*42 *43] 551 [*72] 782 [*22-*24]
783 [*26] 784 [*46 *60] 825 [*3 *32]
846 [*26 *35] 847 [*56] 892 [*5] 913 [*16]
914 [*35] 935 [*33] 976 [*22] 979 [*160]
Dorey, T. A.
997 [*35]
Döring, A. 880
643 [*153] 896 [*152]
Döring, K. 155 246 748 749 750 769 815 888
940
14 [*82] 17 [*182] 21 [*307] 59 [*76]
185 [*455] 246 [*5] 758 [*121] 828 [*121]
913 [*23] 1146 [*949]
Dorjahn, A. P.
352 [*260]
Dorotheos aus Amisos (Schüler des Arkesilaos)
793
Dörrie, Annemarie → Lueder, Annemarie
Dörrie, H. 522 574 585 672 686 776 777 781
789 821 842 918 938 944 966 969 981
511 [*608] 512 [*625] 549 [*5] 554 [*267]

582 [*25 *32]   619 [*28]   701 [*228]
703 [*297 *302]   715 [*122 *133]   716 [*204
*222]   783f. [*45]   784 [*53]   847 [*80]
977 [*36]   989 [*41]   1056 [*54]
1068 [*629]   1129 [*139 *141]
D'Ors, A.
1000 [*173]   1001 [*217]
Dositheos   89 104
Doty, R.
621 [*247]   782 [*15]
Dougan, T. W.
1003 [*382]
Douglas, A. E.   1037
997 [*13 *48]   1002 [*305]   1003 [*405]
1056 [*63]   1070 [*712]   1073 [*872 *874]
1127 [*12 *15]   1135 [*399]
Drabkin, J. E.
177 [*215]   471 [*657]   700 [*188]
Dragona-Monachou, Myrto
512 [*622]   552 [*150]   583 [*95]
623 [*329]   703 [*305 *315]   1076 [*977]
1131 [*220]
Dragoni, G.   559
550 [*41]   564 [*215]
Dräseke, J.   973
980 [*222]
Drexler, H.   408
461 [*302]   465 [*423]   474 [*736]
1003 [*388]   1073 [*850]   1139 [*639]
Dreyer, O.
434 [*132]
Drijepondt, H. L. F.
1079 [*1100]
Droysen, Johann Gustav   3f.
10 [*1]
Drusus   712
Duban, J. M.
467 [*493]   468 [*515]
Dubarle, D.
509 [*503]   622 [*268]
Dübner, F.
16 [*171]
Dubois, C.
461 [*299 *300]
Dubourdieu
458 [*194]
Duckworth, G. E.   447
461 [*309 *311 *313 *314]
Ducos, Michèle
1140 [*669]   1141 [*684]   1142 [*733 *735]
Dudley, D. R.   443
386 [*26]   454 [*72]
Duening, H. H. A.
222 [*1]

Duff, J. D.
391 [*10]
Dulière, A.
489 [*243]
Du Mesnil, A.
1001 [*214]
Dumézil, G.
463 [*381]
Dumont, J.-C.
1064 [*448]   1136 [*430]   1143 [*798]
Dumont, J.-P.   520 733 736
24 [*363]   176 [*174]   197 [*75]   509 [*494]
512 [*629]   551 [*73 *98]   624 [*354]
644 [*163 *166]   725 [*12]   727 [*53]
756 [*27]   897 [*194]   1071 [*797]
Dunbabin, K. M. D.   63
74 [*77]
Duncan, A. R. C.
514 [*730]
Dunn, H. M.
459 [*247]
Duret, L.
486 [*164]
Düring, I.
240 [*11]
Du Rondel, J.
73 [*46]
Dürr, E.   320
357 [*432]
Dürr, K.
508 [*454 *462]   620 [*225]
Düsing, K.   194
201 [*203]
Duszyńska, Bolesława
1071 [*792]
Duval, Y.-M.
405 [*82]
Duvernoy, J.-F.
184 [*441]
Dvorák, J.
396 [*233]
Dyck, A. R.   648
668 [*122 *123 *127 *131]   705 [*362]
1081 [*1205 *1206 *1214]
Dyer, R. R.
484 [*70]
Dykman, S.
395 [*211]
Dynnik, M. A.
175 [*153]
Dyroff, A.
436 [*204]   513 [*703]   1078 [*1053 *1054]
Dzokhadze, D. B.
730 [*139]

Easterling, P.
 181 [*328]
Ebener, D.
 393 [*73]
Ebert, T.
 14 [*81]
Eckle, W.
 1066 [*551]
Edelstein, L.   417 571 651 670 679 680 681 685
 686 687 689 691 692
 279 [*12]   465 [*428]   470 [*588]
 506 [*357]   581 [*18]   622 [*314]   666 [*20]
 674 [*10]   675 [*13]   695 [*5]   699 [*148
 *158]   1074 [*898]
Eden, P. T.
 473 [*717]
Edinger, H. G.
 1006 [*613]
Edinger, Wilhelmine
 1136 [*441]
Edlow, R. B.
 509 [*490]   621 [*244]
Edmunds, L.
 489 [*267]
Edwards, M. J.
 462 [*350]
Effe, B.   411 412 416 441
 59 [*91]   437 [*243]   551 [*66]   564 [*63]
 1075 [*934]
Egermann, F.
 698 [*134]
Egger, C.
 1161 [*322]
Eginitis, D.
 698 [*145]
Egli, U.   598 636
 508 [*475]   509 [*494]   510 [*531 *538 *540]
 621 [*236 *254]   644 [*351]
Egnatius   363 400
Ehlers, W.
 504 [*192]
Einarson, B.   235
 12 [*42]   240 [*3]
Einstein, Albert   480 537
 552 [*134]
Eirenaios   257 264
Eisen, K. F.
 1063 [*400]
Eisenberger, H.
 623 [*338]   1077 [*1019]
Eisenhut, W.
 1137 [*492]
Ekdemos aus Megalopolis (Schüler des
 Arkesilaos)   793

Elder, J. P.
 470 [*596]   484 [*69]
Elders, E.
 516 [*804]
Eller, H.
 471 [*649]
Ellis, R.
 473 [*734]
El-Mosalamy, A. H. S.
 43 [*89]
Elorduy, E.
 506 [*360]   508 [*455]   514 [*717]
 619 [*30]   699 [*159]
Else, G. F.
 452 [*8]   473 [*702]
Emilie, G.
 1146 [*942]
Empedokles   98 115 139 231 232 238 406 410
 411 415 416 **418** 419 449 480 732 746 754
Engberg-Pedersen, T.   615
 24 [*365]   517 [*823]   625 [*450]   668 [*133]
Engels, Friedrich   481
Englert, W.   143 144 161
 25 [*372]   180 [*293]   1070 [*696]
Ennius   410 413 416 417 443 445 447
Enríquez Gonzáles, J. A.
 389 [*148]
Ephoros   310
Epicharm   170
Epiktet aus Hierapolis   499
 505 [*241-*246]
Epikur   **29-202** 203-490 518 520 545 558 567
 580 591 613 642 754 755 792 887f. 927 1039f.
 1042 1043 1045 1046 1049
 759 [*151-*154]   1132f. [*270-*295]
Epp, R. H.
 503 [*4]
Erasistratos   147 276 608
Erasmus
 1164f. [*591-*598]
Eratosthenes aus Kyrene   558 559 561 579 794
 796
Erdt, W.
 486 [*158]
Erler, M.   38 49 82 130 188 212 213 214 249
 263 296 339 363 366 371 385 438 752 1098
 56 [*96]   215 [*47 *48]   250 [*29]
 377 [*109]   378 [*165]   380 [*205]
 457 [*158]   1133 [*292]
Ernout, A.   383 422 429
 388 [*77]   391 [*14]   392 [*31]   394 [*116]
 432 [*72]   458 [*212]   472 [*671]   473 [*698]
Ernstberger, R.
 1013 [*175]

Erotian 258 265
Erotion 68 287
Erren, M.
  1064 [*410] 1082 [*1220]
Escoubas, E.
  186 [*496] 515 [*746]
Eskridge, J. B.
  1161 [*371]
Estrada Morán, B.
  1005 [*585]
Eteokles 324
Etienne (Stephanus), Henri(cus) 192
  58 [*23]
Euandros 299 **834-836**
Eubulos aus Alexandreia 771f.
Eubulos aus Ephesos (Schüler des Lakydes) 834
Eubulos aus Eretria (Schüler des Lakydes) 834
Eucken, Chr.
  279 [*27]
Eudemos (Mathematiker) 251 254
Eudemos von Rhodos 595
Eudoros aus Alexandreia 710 918 931 934 943 **986-988**
Eudoxos aus Knidos 67 68 77 97 129 142 155 327
Eudoxos aus Kyzikos 109
Eudromos 641
Euergetes 338
Eukleides aus Megara 748f.
Euklid 170 224 225 259 260 270 280
Eumenes I. von Pergamon 786 795 832
Euphorion aus Chalkis 833
Euphranor aus Seleukia 771
Euripides 170 228 232 261 263 310 311 312 443 575
Eurylochos 48 50 89 105 **770**
Euthios 113 116
Evans, J. D. G.
  515 [*763]
Everson, S. 133
  13 [*67] 25 [*371 *373] 26 [*375]
  176 [*185]
Evolceanu, D.
  473 [*697]
Ewbank, W. W.
  1007 [*721]
Eyben, E.
  516 [*781] 645 [*415]
Eyselein, K.
  457 [*159]

Fabbri, Th.
  403 [*44] 489 [*263]

Fabian, B.
  200 [*180] 488 [*228]
Fabricius, C. 363
Fackelmann, A. 46
  54 [*45]
Faggi, A.
  511 [*574]
Faider, P.
  431 [*17]
Falchi, A.
  549 [*11]
Falcone, N.
  254 [*2]
Falconer, W. A.
  1004 [*462 *512] 1005 [*532]
Falivene, M. R.
  347 [*100 *108]
Falk, K.
  453 [*57]
Fallot, J.
  173 [*82] 183 [*412]
Faltner, M. 648
  667 [*97] 1005 [*516 *534]
Fances, Sr.
  454 [*68]
Fannius, C. 660
Fantham, Elaine
  1063 [*403] 1144 [*837] 1148 [*1081]
Farquharson, A. S. L.
  505 [*251]
Farrell, J. A.
  475 [*797] 483 [*54]
Farrington, B. 36 164 364 385
  186 [*490 *497] 374 [*12 *14] 389 [*135]
  403 [*33] 404 [*50] 436 [*227] 463 [*384
  *388] 473 [*704] 483 [*34 *38]
Fasciano, D.
  1145 [*922]
Fausta Cornelia 400
Fauth, W. 50 384 385 450
  466 [*452]
Favonius, M. (Caesargegner) 708
Favonius Eulogius 1033
Favorin aus Arelate ('Akademiker') 981
Faye, E. de
  730 [*134]
Fechner, G. Th. 194
  201 [*212]
Fedeli, P.
  378 [*147] 1005 [*536 *587] 1080 [*1161]
Fëdorov, N. A.
  1136 [*452] 1148 [*1183] 1149 [*1271]
  1151 [*1471]

Feeney, J. M.
    467 [*484]
Fegarotta, G.
    699 [*168]
Fehling, D.
    177 [*196]
Feldman, B.
    389 [*124]
Feldmann, E.
    1162 [*387]
Fellin, A. 399
    394 [*147] 403 [*39]
Fenves, P.
    201 [*236]
Feo, G. de
    387 [*52]
Fera, V.
    1159 [*162] 1164 [*542]
Ferguson, J. 368
    195 [*15 *28] 461 [*287] 515 [*771]
    997 [*34] 1127 [*14] 1140 [*649]
    1145 [*907]
Ferguson, W. S. 206
    214 [*11]
Ferrara, O.
    1166 [*801]
Ferrari, F. A.
    510 [*571]
Ferrari, G. A. 733 737 753
    24 [*364] 727 [*51] 757 [*46]
Ferrari, W.
    430 [*13] 452 [*15]
Ferraria, Lucina
    725 [*21]
Ferrarino, P. 383 413
    436 [*217] 476 [*817] 484 [*91]
Ferrario, M. 208 304 320 329 341
    350 [*191 *215 *220] 351 [*223 *227 *229
    *237] 356 [*422]
Ferrary, J.-L. 268 776 850 854 882 899 901 902
    906 907 916 939 940 943 971 987
    27 [*427] 375 [*53] 668 [*113] 784 [*58]
    893 [*27 *32] 894 [*66] 896 [*173]
    977 [*38] 1061 [*284] 1064 [*429 *445
    *446]
Ferrero, L. 444 975
    453 [*28] 980 [*244] 1000 [*165]
    1145 [*864]
Ferwerda, R.
    390 [*165]
Festa, N. 500 521 523 557 561 569
    503 [*12] 549 [*3] 550 [*64] 564 [*152]
    *202 *212 *252 *52] 565 [*263] 581 [*3]
    583 [*152] 618 [*3]

Festugière, A.-J. 36 37 149 166 168 523 658
    182 [*359] 183 [*408] 550 [*62] 582 [*84]
    667 [*82] 1066 [*537] 1074 [*907]
    1146 [*982]
Feuerbach, Ludwig 194
    201 [*213]
Feuvrier-Prévotat, C.
    704 [*331] 1081 [*1218]
Ficino, Marsilio 191
Fiévez, M.
    667 [*78] 701 [*218] 716 [*203]
    1080 [*1181]
Figulus, P. Nigidius 1052
Filandri, G.
    462 [*323]
Filelfo, Francesco
    1164 [*541 *542]
Fillion-Lahille, J. 325
    358 [*482 *486]
Finch, C. E.
    432 [*82] 433 [*119]
Finelli, R.
    201 [*232]
Finger, B.
    997 [*14]
Finger, P.
    666 [*63] 667 [*73] 698 [*115 *116 *131]
    1067 [*602] 1072 [*842] 1074 [*896]
    1076 [*971]
Finley, M. I.
    894 [*65]
Firpo, L.
    201 [*226]
Fiscal, W. A.
    452 [*22]
Fisch, M. H.
    514 [*720]
Fischel, H. A.
    197 [*92]
Fischer, Eitel
    17 [*193]
Fischer, I.
    432 [*62]
Fischer, K. D.
    474 [*745]
Fischer, Robert
    1057 [*101]
Fiske, Adele M.
    1161 [*362]
Fitton Brown, A. D.
    431 [*41]
Fittschen, K.
    234 [*13]

Fitzgerald, W. H.
 463 [*382]   468 [*534]
Flacelière, R.
 172 [*47]   186 [*491]   1010 [*6]
Flašar, M.
 701 [*235]
Flashar, H.   707 961
 24 [*366]   42 [*84]   279 [*18]   676 [*30]
 702 [*275]
Fleck, M.
 1145 [*879]
Fleischmann, W. B.   478
 200 [*198]   482 [*8]   487 [*195]   488 [*226
 *238]   489 [*239 *240 *242]
Fletcher, G. B. A.
 432 [*73]   433 [*124]
Fleury, H.
 490 [*289]
Flintoff, E.   753
 759 [*163]
Flocchini, N.
 1005 [*520 *537]
Flores, E.   407
 433 [*113]   435 [*170 *174]   455 [*99]
 460 [*281]   471 [*630]
Florio, K. C. A.
 471 [*634]
Flückiger, F.
 1141 [*702]
Flückiger, H.
 14 [*77]
Fohlen, G.
 1003 [*385]
Fois, M.
 198 [*124]
Follet, Simone   733
 20 [*278]
Fomaro, P.
 198 [*99]
Fontaine, J.
 376 [*83]   485 [*135]   1066 [*546]
 1133 [*308]
Fontán, A.
 1165 [*624]
Foraboschi, D.   319
 356 [*424]
Fornaro, P.
 405 [*87]   462 [*324]   475 [*791]   486 [*168]
Forschner, M.   536 542 544 548 549 574 597
 605 606 607 608 610 612 613 614 615 617 618
 633 635 640 657 691 692
 24 [*366]   184 [*435]   516 [*790]
 625 [*435]   643 [*38]   1131 [*226]
 1143 [*801]

Forsythe, G.
 1056 [*62]
Fortenbaugh, W. W.   713
 17 [*181]   19 [*251]   716 [*229]   997 [*47]
 1132 [*253]
Foss, O.
 432 [*89]   894 [*82]   1070 [*759]
Fossataro, P.
 351 [*249]
Fosse, B.
 56 [*95]
Foster, J.
 483 [*45]
Fotiou, A. S.
 1065 [*500]   1157 [*71]
Foucher, A.
 1147 [*1014]
Fowler, D.   86 129 246 385 451
 25 [*369]   26 [*400]   57 [*16]   173 [*87 *94]
 185 [*473]   390 [*177]   759 [*153]
Fowler, H. N.
 663 [*8]   665 [*1]   668 [*251]
Foxley, Ch.
 394 [*137]
Fraenkel, Eduard   372
 379 [*183]   1160 [*211]
Fraisse, J.-C.   70
 186 [*508]   515 [*754]
Fraisse, S.
 198 [*134]   199 [*139]   487 [*186]
 488 [*224]
Frank, H.
 1151 [*1482]
Frank, T.
 377 [*125-*128]   402 [*8 *13]   474 [*756]
 482 [*26]   1010 [*34]
Franke, P. R.   586
 619 [*89]
Fraser, P. M.   253 837 910 919 969 987
 255 [*17]   784 [*75]   846 [*33]   977 [*34]
 989 [*43 *44]
Frassinetti, P.
 82 [*377]   183 [*390]   376 [*74]   392 [*28]
 1074 [*911]
Fraudeau, J.
 1055 [*36]
Fredborg, K. M.
 1157 [*52]   1163 [*442]
Frede, Dorothea
 513 [*653]   623 [*347]   1062 [*318]
 1132 [*254]
Frede, M.   528 570 587 595 597 598 599 600
 602 603 606 639 684 737 808 866 873
 21 [*286]   23 [*362]   24 [*363 *365]

25 [*371]   179 [*270]   506 [*365]
507 [*426]   509 [*487 *488]   510 [*539]
512 [*643]   517 [*824]   552 [*117]
554 [*242]   621 [*243 *255]   622 [*282]
623 [*339]   625 [*451]   643 [*31]   727 [*52]
729 [*105 *112]   826 [*56]   895 [*106 *123]
Fredouille, J. C.
  466 [*449]
Freedman, J. S.
  1164 [*503]
Frege, Gottlob   533   595
Freise, H.
  196 [*41]
Frel, F. C.
  73 [*36]
Frel, J.
  73 [*24]
Frenkian, A. M.   63   753
  74 [*60]   759 [*161]
Freud, Sigmund   194
Freudenburg, K.
  476 [*822]
Freudenthal, J.
  913 [*11]
Freyburger, G.
  1004 [*468]
Freymuth, G.
  177 [*222]   182 [*366 *368]   358 [*508]
  1074 [*912 *913]
Friedländer, P.   416   442   443   444   445
  458 [*196]   469 [*581]   470 [*586]
Friedrich, Hugo
  487 [*181]
Friedrich, W.
  1002 [*291]   1005 [*562]
Friedrich, W.-H.
  436 [*212]
Friedrich der Grosse   480
Frischer, B.   63   64   70   216   370   851
  73 [*35 *37 *38]   378 [*150]   893 [*43]
Fritz, K. von   268   270   271   330   502   518   519   520
  523   526   529   530   532   534   537   541   543   544   574
  595   597   598   612   628   641   642   662   677   680   683
  685   694   733   738   742   746   748   749   750   751   755
  770   916   919   920   927
  21 [*307]   58 [*46]   171 [*25]   240 [*10]
  272 [*2]   509 [*487]   550 [*15]   551 [*93]
  621 [*256]   643 [*102]   645 [*455]
  668 [*211]   676 [*25]   704 [*327]   756 [*23]
  758 [*111 *112]   759 [*132]   773 [*13 *25]
  774 [*31 *35]   935 [*21]   1063 [*395]
Frobenius, Johannes   450   562
Froidefond, Ch.
  12 [*54]

Fromm, K.
  1145 [*867]
Fuchs, Harald   1119
  379 [*181]   1064 [*441]   1127 [*11]
Fuhrer, Therese
  896 [*127]   1134 [*350]
Fuhrmann, M.
  355 [*107]   1006 [*591 *622]   1011 [*62]
  1065 [*513]   1067 [*561]   1142 [*764]
  1150 [*1392]   1167 [*863]
Furley, D. J.   37   135   141   142   144   159   415   418
  421   425   426   449
  19 [*251]   24 [*365]   26 [*374]   172 [*66]
  174 [*102]   178 [*240 *248]   179 [*261]
  180 [*301 *316]   181 [*320]   185 [*467]
  187 [*536]   462 [*338 *340]   467 [*485]
  475 [*781]   716 [*229]   1076 [*955]
  1132 [*255]
Fusil, C. A.
  488 [*233 *234]   489 [*259]
Fussl, M.   367
  376 [*65]

Gabaude, J.-M.
  175 [*161]   176 [*162]   179 [*277]   184 [*439
  *442]   201 [*222]   215 [*36]
Gabba, E.
  24 [*364]   703 [*306]   705 [*353]
  1081 [*1204]
Gabriel, B.
  454 [*88]
Gaeta, F.
  198 [*120]   487 [*185]
Gagliardi, D.
  1149 [*1254]
Gagliardi, Paola
  1131 [*227]
Gaillard, J.
  1145 [*875]
Gain, D. B.   398
  404 [*79]
Gaines, R. N.   305
  351 [*224 *225 *233]
Gaiser, K.   297   298   299   409   578   787   788   789
  791   796   821   907
  74 [*64]   348 [*152-*154]   349 [*161 *167]
  433 [*90]   583 [*93]   783 [*25]   846 [*34]
Gale, M. R.
  483 [*60]
Galenos aus Pergamon   134   220   277   499   537
  685
  505 [*261-*266]
Galilei, Galileo   193   479

Galimberti Biffino, Giovanna
  980 [*192]
Galindo, R. P.
  387 [*46]
Gallagher, M.
  396 [*228]
Gallavotti, C. 263
  172 [*64 *65] 266 [*24]
Galli, F.
  1002 [*324]
Galli, U.
  345 [*44]
Gallo, I. 95 231 251 252 253 254 297 301 794
  12 [*55] 22 [*308] 56 [*80] 215 [*37]
  234 [*22] 254 [*3] 348 [*148 *150]
  349 [*155] 825 [*41 *44] 894 [*63]
Galloway, A.
  468 [*548]
Galperine
  506 [*356]
Galvagno, R. 480
  489 [*245]
Gambet, D. G.
  1160 [*231]
Gandt, F. de
  24 [*363]
Gannon, J. C. F.
  767 [*48]
Gantar, K. 372 982
  379 [*194] 988 [*11]
Garbarino, Giovanna 363
  27 [*423] 375 [*31] 894 [*64] 1007 [*671]
  1081 [*1207 *1208] 1127 [*19] 1138 [*555]
  1151 [*1514]
Garbo, G.
  186 [*484]
Garbugino, G.
  461 [*288]
García Calvo, A.
  120 [*10]
García Gual, C.
  60 [*129] 184 [*424]
García-Junceda, J. A.
  756 [*25]
García Sola, M.
  510 [*512]
Gárfer, J. L.
  1137 [*491]
Gargiulo, T. 292 296 318 319 364 365 366 368
  369
  184 [*436] 197 [*63] 356 [*408] 374 [*1]
  377 [*95] 1013 [*150] 1079 [*1107]
Garin, E. 191
  198 [*121] 471 [*623]

Gartenschläger, R.
  1166 [*762]
Gärtner, H. A. 648 649 656 659 911
  668 [*114 *128] 1081 [*1199]
Garve, Christian 1154
Garzon Diaz, J.
  267 [*74]
Gasparotto, G. 479
  484 [*101] 485 [*140] 486 [*142 *170]
  487 [*192 *196 *202 *203]
Gasparov, M. L.
  60 [*144]
Gassendi, Pierre 35 45 46 75 91 114 192 193
  207 479 480
  38 [*1] 58 [*33] 199 [*153 *154]
Gaudemet, J.
  667 [*75] 1151 [*1531]
Gauer, W. 227
  233 [*10]
Gauger, J. D.
  704 [*338]
Gauna, M.
  198 [*125]
Gauthier, P. 851
  893 [*44]
Gavaris, V.
  390 [*173]
Gawlick, G.
  1074 [*914] 1157 [*26] 1158 [*101]
  1160 [*276] 1166 [*721]
Gay, F.
  1136 [*421]
Gaza, Theodoros
  1164 [*561-*563]
Geddes, A. 68 287
  288 [*1]
Geer, R. M.
  60 [*102] 393 [*98] 431 [*44]
Geffcken, J.
  766 [*11]
Geiger, J.
  1065 [*517]
Gélibert, R. 924
  936 [*84]
Gellius, L. 52 115 273 648 725 1027 1051
  1160 [*261]
Gelsomino, R.
  1159 [*143] 1163 [*451]
Gelzer, M. 970 1008 1053
  976 [*31] 979 [*171] 1010 [*39 *51]
  1012 [*143] 1069 [*673]
Gemelli, B. 363 364
  179 [*263] 187 [*521] 375 [*44]

Geminos aus Rhodos 499 706 707 **710**
 504 [*111-*113] 674 [*_13_] 714 [*31-*33]
 715 [*171-*183]
Genaille, R.
 15 [*113] 61 [*175]
Gennaro, G.
 465 [*440]
Gennaro, S.
 197 [*85] 485 [*132 *136]
Gent, W.
 515 [*745] 553 [*209] 624 [*410]
Gentile, M.
 698 [*135]
Gentinetta, P. M.
 510 [*535]
Georgesco, V.-A.
 1144 [*816]
Georgescu, C.
 459 [*233]
Gerbardt, Elisabeth
 1007 [*734]
Gercke, A. 589 590 709
 11 [*21] 59 [*69] 619 [*102] 715 [*141]
 979 [*152]
Gerhardt, I. G. M.
 394 [*111]
Gerhäusser, W.
 696 [*53]
Gerlach, W.
 1003 [*437] 1158 [*126]
Gerlo, A. 397
 388 [*101 *107] 403 [*48] 404 [*55]
Germanicus 411
Gersh, S.
 978 [*87] 1127 [*26] 1160 [*205]
 1163 [*432]
Gerson, L.
 21 [*296] 516 [*805]
Gervais, A.
 476 [*818]
Getto, G.
 485 [*133]
Geyer, F. 70 109
 74 [*50 *51]
Ghidini Tortorelli, M.
 583 [*96]
Ghiselli, A.
 455 [*113]
Giafardini, E.
 1147 [*1051]
Giancotti, F. 384 414 444 1041
 389 [*112 *117 *136] 390 [*158] 404 [*60]
 435 [*175] 437 [*245] 453 [*36 *53]
 454 [*58 *62 *63] 455 [*94 *103]

456 [*125] 457 [*153] 467 [*486 *505]
 471 [*635] 486 [*165] 488 [*207]
 1071 [*795]
Giancotti, G.
 374 [*26]
Giangrande, G.
 346 [*80 *81] 347 [*89 *90 *94 *101]
 583 [*103]
Giannantoni, G. 100 101 118 232 236 237 238
 497 598 748
 14 [*82] 15 [*124 *130] 21 [*306] 22 [*309
 *313] 23 [*361] 24 [*364] 24f. [*367]
 42 [*76 *77] 59 [*72 *78] 123 [*101]
 173 [*79] 174 [*105] 184 [*443]
 185 [*447] 356 [*386] 622 [*271]
 727 [*51] 897 [*211]
Giannattasio Andria, Rosa 326
 15 [*126] 59 [*77] 349 [*156 *165]
Giannelli, G.
 1000 [*164]
Gianola, A.
 980 [*243]
Gianotti, G. F.
 437 [*247] 456 [*124] 473 [*710]
Giardina, G. C.
 379 [*193]
Giardini, G.
 390 [*150]
Giebel, Marion
 1011 [*57]
Gierstorfer, E.
 1073 [*857]
Gifanius 450
Gigante, M. 36 37 45 46 47 62 64 66 81 84 85
 86 87 89 90 91 97 98 101 104 105 109 114 127
 129 162 169 170 191 207 208 211 220 231 232
 236 238 247 248 249 251 256 257 258 259 261
 262 263 264 268 274 290 291 292 293 294 296
 297 298 301 306 309 314 317 318 319 321 322
 325 326 327 332 333 334 335 336 337 338 343
 364 369 370 371 372 422 423 438 477 752 762
 769 770 773 781 786 794 915
 15 [*114 *124] 16 [*140] 18 [*211 *212]
 26 [*400] 40 [*35] 41 [*61 *63] 42 [*77]
 43 [*90] 53 [*7] 55 [*55 *58 *59 *62-*64 *69
 *70 *74 *75] 56 [*89 *91 *92 *97 *99]
 61 [*180] 73 [*42] 74 [*81] 123 [*97]
 173 [*72 *85 *87] 174 [*112] 184 [*426]
 215 [*40] 240 [*18] 255 [*18] 265 [*17]
 275 [*14 *15 *18] 344 [*1 *8-*10] 345 [*33]
 346 [*60 *63 *83] 347 [*109 *110 *113
 *114] 348 [*131 *134] 349 [*181]
 350 [*213] 352 [*278] 355 [*355 *373 *374]
 356 [*423] 357 [*450-*453] 361 [*597 *599-

*601 *603 *610] 362 [*639 *644] 375 [*45]
377 [*98] 378 [*157 *163 *164] 379 [*196]
380 [*207] 436 [*220] 482 [*15] 483 [*59]
511 [*599] 582 [*24] 621 [*230] 644 [*159
*162] 701 [*248] 727 [*51 *53] 759 [*153
*154] 766 [*34 *35] 774 [*57] 783 [*41]
785 [*91] 825 [*22] 827 [*114] 893 [*11]
894 [*62] 935 [*1 *12]
Gigon, O. 680 684 694 724 780 802 805 806
811 814 815 818 819 821 823 1041
15 [*124] 24 [*366] 42 [*84] 59 [*88]
124 [*137] 181 [*332] 379 [*201]
386 [*27] 390 [*171] 391 [*18] 455 [*121]
550 [*20] 619 [*34] 667 [*106] 701 [*244]
704 [*342] 727 [*71] 1001 [*276]
1002 [*348] 1003 [*386 *411] 1005 [*584]
1007 [*685] 1057 [*88] 1060 [*245]
1068 [*633] 1072 [*812-*814] 1075 [*924]
1080 [*1190] 1082 [*1245] 1127 [*7]
1128 [*113] 1131 [*237] 1132 [*252 *256]
1135 [*390] 1143 [*771]
Gil Fernández, J.
473 [*707]
Gilbert, C. D.
473 [*712]
Gilbert, N. W.
464 [*418] 487 [*190]
Gilbert, O.
715 [*103]
Gill, C.
26 [*373] 620 [*117] 1082 [*1222]
Gilleland, B. B.
1069 [*659]
Gilli, F.
437 [*254]
Gillis, D. J.
454 [*78]
Gilson, E.
1059 [*179] 1135 [*388]
Gimpel, P.
471 [*637]
Giomini, R.
1004 [*465 *478] 1007 [*654] 1076 [*975]
1083 [*1315-*1317]
Giorgiantonio, M.
175 [*146] 199 [*165]
Giraldi, Giambattista
1165 [*641]
Girard, J. L.
1075 [*949] 1146 [*987]
Girardet, K. M. 1017 1036
1013 [*153] 1069 [*645 *650] 1132 [*257]
1140 [*664] 1142 [*715 *719]

Giuffrè, V.
375 [*32]
Giuffrida, P. 363
374 [*17] 474 [*763] 1058 [*155]
1070 [*711] 1080 [*1184] 1130 [*192]
Giuliani, L. 995
998 [*88]
Giulietti, G.
186 [*511]
Giussani, C. 383 384 415 417 422 429 449
387 [*39] 391 [*8] 394 [*141 *142]
Giusta, M. 62 1041 162 635 880
19 [*252] 20 [*261] 74 [*61 *62] 643 [*27]
716 [*223] 893 [*33] 896 [*153] 977 [*57]
989 [*51] 1003 [*390] 1072 [*818]
1073 [*860 *873]
Glaser, K.
1063 [*393]
Glatzel, A.
345 [*16]
Glazewski, J. 477
484 [*71]
Glei, R. 762
198 [*103] 1067 [*563]
Glibert-Thirry, A. 618
625 [*427] 704 [*328]
Glidden, D. 752
27 [*400] 41 [*64] 42 [*75] 173 [*90]
176 [*172 *177 *178] 177 [*201] 184 [*432]
467 [*494] 730 [*142] 759 [*153]
Glucker, John 5 62 84 205 206 209 210 273
725 768 772 773 776 777 779 780 781 791 792
794 800 803 804 815 817 818 821 822 823 833
839 841 844 850 866 880 901 906 907 910 916
917 919 920 921 922 925 931 933 934 938 939
940 941 942 943 944 945 946 966 967 968 969
981 982 983 986 987 995 1086 1087 1089
1095
25 [*368] 26 [*398] 214 [*23] 728 [*93]
729 [*94] 730 [*151] 756 [*26] 774 [*41]
783 [*41] 825 [*2] 847 [*61] 848 [*111]
893 893 [*28] 896 [*129] 935 [*1 *22 *24]
936 [*57] 976 [*17] 977 [*35 *53]
979 [*158] 989 [*45] 997 [*48] 1010 [*17]
1056 [*77] 1058 [*145] 1082 [*1247]
1127 [*24 *27] 1128 [*85] 1130 [*175]
1134 [*351]
Gnauk, R.
1078 [*1052]
Gneisse, G.
430 [*1]
Gnilka, C.
1078 [*1068]

Goar, R. J.
474 [*739]   1076 [*974 *976]   1146 [*946]
Gobry, I.
186 [*512]
Godolphin, F. R. B.
393 [*90]
Godwin, J.   424
392 [*32 *35]
Goedeckemeyer, A.   496 631 632 635 736 761
768 769 770 771 772 814 830 832 866 933
170 [*4]   506 [*351]   563 [*3]   619 [*26]
643 [*23]   666 [*19]   700 [*193]   726 [*33]
Goethals, E.
462 [*357]
Goethe, Johann Wolfgang   36 481
Goffinet, E.
486 [*143]
Goffis, C. F.
487 [*199]
Goldschmidt, V.   163 165 595 603 604 633
24 [*363]   176 [*167]   186 [*513]   187 [*518
*527]   507 [*418]   509 [*494]   511 [*593
*611]   514 [*739]   552 [*144]   620 [*208]
622 [*305]   643 [*25]
Goldstein, B. R.
715 [*179]
Gómez Robledo, A.
1005 [*585]
Gomoll, H.   664 665
352 [*262]   663 [*4 *8]   668 [*252]
1080 [*1175]   1130 [*204]
Gomperz, Th.   248 271 307 328 751
38 [*6]   56 [*105]   122 [*61 *74 *75]   250 [*6
*13]   266 [*38]   348 [*141]   350 [*199]
351 [*247]   354 [*338]   357 [*470]   359 [*519
*522 *523]   360 [*575 *577]   361 [*593]
759 [*131]
Gompf, L.   409 417
432 [*83]
Gonin, H. L.
1150 [*1431]
Goold, G. P.
432 [*70]
Gordon, C. A.
391 [*1]
Görgemanns, H.   960 1035 1087
19 [*251]   703 [*291]   716 [*229]
978 [*120]   1055 [*48]   1061 [*263]
1066 [*547]
Gorgias   754
Gorgippos
568 [*21]
Gori, G.
200 [*174 *176]

Görler, W.   529 532 544 545 548 575 606 611
618 632 633 640 742 753 863 872 938 946 947
948 950 953 963 1021 1028 1042 1086 1087
1088 1093 1103 1106 1122
376 [*91]   506 [*358]   507 [*415]
516 [*790]   517 [*812 *813]   551 [*105]
554 [*238 *241]   620 [*207]   624 [*359]
625 [*442 *445]   644 [*164 *167]   756 [*1]
896 [*126]   897 [*204]   977 [*56 *71]
978 [*122]   989 [*48]   997 [*48]
1001 [*216]   1003 [*405]   1007 [*683]
1011 [*84]   1056 [*59]   1057 [*90]
1058 [*129]   1060 [*204]   1068 [*637]
1069 [*654]   1071 [*767]   1072 [*815]
1077 [*1028]   1127 [*20]   1128 [*87]
1129 [*156]   1130 [*176]   1132 [*258]
1134 [*342 *349]   1137 [*475]   1141 [*682]
1143 [*777]
Gosling, J. C. B.   156
184 [*437]   516 [*799]   554 [*237]   582 [*40]
Gotoff, H. C.
1055 [*14]
Götte, H. R.   995
998 [*87]
Gotthelf, A.
19 [*251]   716 [*229]
Gottschalk, H. B.   119 278
19 [*253]   58 [*53]   279 [*23]   465 [*424]
471 [*624]   564 [*217]   979 [*159]
1132 [*251]
Gould, G. P.
504 [*132]
Gould, J. B.   548 593 594 595 597 600 602 603
604 606 607 608 609 610 611 612 613 615 618
512 [*614]   515 [*762]   554 [*265]
619 [*29]   621 [*237]   622 [*311]   623 [*325
*350]
Gould, R. A.
1073 [*858]
Goulet, R.
14 [*98]   23 [*351]   279 [*31]   504 [*221]
509 [*494]   621 [*257]   979 [*161]
Goulet-Cazé, Marie-Odile
15 [*134]   356 [*385]   622 [*276]   644 [*253]
Goulon, A.
486 [*149]
Gourevitch, D.   276
279 [*29]
Govaerts, S.
386 [*3]
Gow, A. S. F.
346 [*82]
Graca, C.
469 [*563]

Gracchus, Tiberius Sempronius 641
Graeser, A. 238 502 519 528 529 530 531 533
534 536 544 548 549 605 606 686 687 744
23 [*340] 240 [*17] 506 [*365] 509 [*491
*494 *497] 512 [*630] 515 [*759 *768]
550 [*16] 551 [*107] 552 [*151] 553 [*214
*218] 623 [*332] 729 [*104] 757 [*62]
759 [*133] 783 [*38] 1072 [*800]
1075 [*935] 1082 [*1230] 1131 [*241]
Graff, J.
1011 [*97]
Granarolo, J.
376 [*60] 389 [*118 *137]
Grandillac, M. de
506 [*356]
Granatelli, Rossella
1056 [*61]
Grant, M.
1003 [*372]
Grant, M. A.
1158 [*91] 1160 [*221]
Grant, W. L.
1059 [*174] 1135 [*386]
Grassi, E.
1136 [*443]
Graver, Margaret
25 [*372]
Green, J. M.
1165 [*672]
Green, R. P. H.
486 [*145]
Green, W. M.
463 [*371]
Green-Pedersen, N. J.
1080 [*1140]
Greenberg, N. A.
345 [*25] 352 [*275 *279] 459 [*253]
460 [*274]
Gregory, Justina
1058 [*128] 1061 [*274]
Gregory, J. C.
38 [*8]
Grenade, P.
196 [*51] 1060 [*236]
Grieco, G.
467 [*498] 468 [*516]
Griffin, Miriam
25 [*369] 375 [*54] 1006 [*614]
1014 [*189] 1138 [*584] 1141 [*675]
1149 [*1232]
Griffith, H. J. G.
435 [*183]
Griffiths, A. H.
346 [*84]

Grilli, A. 87 264 327 369 372 519 648 649 653
657 658 672 926 966 1035
39 [*15] 42 [*75] 58 [*50 *52] 59 [*73]
74 [*72] 172 [*39] 174 [*114 *119]
186 [*504] 355 [*382] 358 [*506]
377 [*100] 378 [*160] 380 [*208]
389 [*141] 455 [*118] 467 [*495]
470 [*609] 472 [*666] 506 [*362] 550 [*17
*37] 563 [*8] 582 [*29] 619 [*32]
643 [*33] 666 [*26] 667 [*77 *79 *83 *90
*91 *93 *105] 668 [*115] 701 [*219 *231]
704 [*316 *339 *340] 937 [*102 *105]
976 [*18] 1003 [*404 *406]
1007 [*682] 1012 [*129] 1014 [*187]
1056 [*75 *76] 1062 [*339] 1063 [*384]
1069 [*651 *652 *660] 1073 [*862]
1079 [*1109] 1083 [*1259 *1267 *1268]
1128 [*114] 1129 [*157] 1130 [*174]
1131 [*221 *238] 1133 [*285] 1141 [*691]
1142 [*757 *758] 1150 [*1423] 1159 [*181]
1160 [*214]
Grimal, P. 291 296 371 398 400 401 416 450
672
24 [*366] 348 [*125] 375 [*48] 378 [*153]
386 [*18] 404 [*61] 405 [*89] 455 [*104]
456 [*126] 462 [*333] 470 [*601]
623 [*316] 702 [*269] 1011 [*60 *61]
1055 [*39] 1070 [*697] 1082 [*1226]
1127 [*13] 1140 [*672] 1141 [*711]
1144 [*838] 1160 [*233]
Grimm, J.
476 [*814]
Grisé, Yolande
1138 [*583]
Groarke, L.
730 [*122]
Groeninckx, C.
1079 [*1093]
Gröhe, G.
1004 [*442]
Grollios, K. Ch.
395 [*176] 396 [*229] 1066 [*549]
1068 [*615] 1071 [*794] 1129 [*133 *137]
Gronau, K. 678
696 [*58]
Gronewald, M.
58 [*54]
Grotius, Hugo 1053
1007 [*660]
Grube, G. M. A.
350 [*210]
Gruber, J.
433 [*103] 1141 [*673 *676]

Gruen, E. S.
  27 [*426]   42 [*78]
Grumach, E.   531 574
  513 [*708]   624 [*401]
Grummel, W. C.
  1163 [*424]
Grummond, W. W. de
  475 [*788]
Guadagno, G.
  56 [*93]
Guarducci, M.
  73 [*34]
Guazzoni Foà, Virginia
  41 [*55]   184 [*427]   624 [*423]
  1013 [*177]   1054 [*5]   1128 [*52]
  1146 [*931]   1160 [*275]
Gudeman, A.
  1010 [*16]
Guérin, Ch.
  389 [*144]
Guerlac, H.   193
  199 [*166]
Guerri, D.   190
  198 [*109]
Gueuning, L.
  1011 [*71]   1145 [*903]   1146 [*981]
Guez de Balzac, Jean-Louis
  1166 [*711]
Gugg, K. H.
  1140 [*644]
Guglielmino, F.
  1074 [*899]
Guiberteau, P.
  198 [*111]
Guillaumont, F.
  1076 [*981]   1146 [*933 *963 *965]
Guillemin, Annemarie
  388 [*72]   463 [*369 *372]   483 [*29]
  1059 [*180]   1135 [*389]
Guillén, J.
  1001 [*252]   1010 [*45]   1011 [*59]
  1068 [*638]   1077 [*1020]   1140 [*658]
  1145 [*913]   1146 [*947]   1167 [*831]
Guite, H.
  1012 [*119]
Gulley, N.
  186 [*477]   469 [*564]
Gullini, G.
  56 [*86]
Gumpert, C. G.
  279 [*2]
Gundel, H.   902
  700 [*206]

Gundel, W.
  700 [*206]
Gunermann, H.
  1006 [*589]
Gutas, D.
  17 [*181]
Güthling, O.
  1004 [*451]
Gutiérrez Galino, M. A.
  461 [*289]
Guyau, M.   36 167 188
  183 [*404]
Guzmán, M. de
  1000 [*202]   1066 [*541]
Gwosdz, A.
  1151 [*1441]

Haas, P. L.
  774 [*51]
Haber, T. B.
  432 [*59]   490 [*277]
Habicht, Chr.   4 776 778 794 831 836 851 852
  906 940
  27 [*433]   28 [*444]   74 [*78]   784 [*77]
  846 [*14]   893 [*45]   977 [*39]   1011 [*63]
Habinek, T. N.
  25 [*372]   1013 [*159]   1079 [*1113]
Hackelsberger, F. J.
  1139 [*630]
Hackl, U.
  704 [*343]
Hadas, M.
  345 [*47]   474 [*754]
Hadas-Lebel, M.
  504 [*152]
Hadot, Ilsetraut   6 49 50 208
  16 [*171 *174]   27 [*405]   214 [*17 *18]
  515 [*753]   645 [*412]   667 [*107]
  783 [*37]   979 [*143]
Hadot, P.   528 736
  201 [*237]   509 [*504]   551 [*81 *83]
  622 [*269]   758 [*78]
Hadrian   205 209 210
Hadzsits, G. D.   169
  181 [*343 *344]   195 [*7]   387 [*70]
  485 [*113 *138]
Haenni, R.
  1069 [*671]
Haffter, H.
  1011 [*76]
Hafner, G.
  28 [*457]

Häfner, S.
1056 [*71]
Hagendahl, H. 478
197 [*90] 485 [*112 *134] 980 [*202]
1160 [*274] 1162 [*383]
Hager, P.
623 [*348]
Hagius, H.
509 [*499] 621 [*262]
Hagnon aus Tarsos 849 **909**
914 [*52]
Hahm, D. E. 534 571 606 927
16 [*136] 19 [*251 *255] 176 [*170]
507 [*416] 512 [*626] 513 [*663]
582 [*33] 623 [*330] 624 [*355]
716 [*229] 937 [*104]
Hahn, E. A.
470 [*589 *612]
Halkyoneus 556 557
Hall, C. M.
374 [*10]
Hallward, B. L.
1145 [*861]
Halperin, D. M.
202 [*251]
Halton, T.
455 [*108]
Hamann, Johann Georg 3
Hamblenne, P.
1151 [*1551]
Hamelin, Octave
512 [*631] 1077 [*1017]
Hamilton, W.
699 [*149 *150]
Hammerstaedt, J. 304 305
74 [*80] 351 [*241]
Hammond, M.
1139 [*632]
Hampl, F.
514 [*735] 1139 [*640]
Hamza, G.
1057 [*89] 1062 [*319] 1144 [*842]
Hand, V.
1162 [*385]
Händel, P.
389 [*126]
Hankinson, R. J.
26 [*373 *374]
Hannaford Brown, W.
393 [*91]
Hanon, L.
483 [*32]
Hansen, Esther V. 786 795
784 [*72]

Hanson, A.
41 [*69]
Harder, R. 5 853
27 [*421] 374 [*9] 698 [*117] 1012 [*111]
1066 [*531] 1067 [*603] 1073 [*848]
Hardie, P. R.
483 [*55]
Harig, G. 277 278
279 [*28]
Haringer, J. von
57 [*7] 59 [*87]
Härke, G.
436 [*208]
Harmatta, J.
703 [*292]
Harris, B. F.
1074 [*918] 1129 [*152]
Harris, C. R. S. 692
703 [*303]
Harrison, Ch. T.
199 [*159]
Harrison, S. J.
475 [*801] 1077 [*1024]
Harry, B.
178 [*245]
Hartmann, H. 800
507 [*401] 826 [*49] 1070 [*751]
Hartmann, P.
453 [*45]
Hartung, H.-J.
1057 [*118]
Hartung, J. A.
356 [*415]
Häsler, B. 46 47 230 256 292 295 306 325
54 [*41] 122 [*84] 489 [*266]
Hastrup, T.
1000 [*142]
Hathaway, R. F.
1064 [*426] 1145 [*869]
Hatinguais, J.
1137 [*523] 1151 [*1571]
Haulotte
26 [*398]
Haury, A.
506 [*356] 1054 [*4] 1062 [*338]
1138 [*553] 1147 [*1018] 1167 [*842]
Hausrath, A. 307 311
351 [*246]
Haussleiter, J.
38 [*9] 39 [*12]
Havas, L.
1141 [*686]
Hay, W. H.
508 [*477]

Haynes, R. P.
 514 [*742]
Hayter, John 46 248
Heath, T. L.
 267 [*62] 715 [*174 *175]
Heck, E. 882
 893 [*25] 1061 [*281] 1067 [*572]
 1157 [*65 *66 *69] 1160 [*251] 1161 [*323
 *326]
Heck, V. C.
 1054 [*7]
Hedeia 68 223 287
Heel, J. van
 267 [*86]
Heesen, P. T.
 1011 [*78] 1131 [*222]
Hegel, G. W. F. 35 36 126 129 194
 38 [*2] 730 [*131] 1167 [*811]
Hegesandros aus Delphi 755
Hegesianax 50 89 104
Hegesinus aus Pergamon 835f. 852
Hegesippos 70
Heiberg, J. L. 259
 265 [*6]
Heibges, S.
 18 [*198]
Heibges, Ursula
 1013 [*178 *181] 1145 [*908 *909]
 1146 [*945]
Heidel, W. A. 278
 279 [*11]
Heidmann, J.
 352 [*265]
Heidsieck, F.
 121 [*13]
Heiland, H.
 20 [*271]
Heiland, K. 192
 198 [*133]
Heilmann, W.
 196 [*37] 471 [*617] 1013 [*152]
 1081 [*1209] 1137 [*479]
Heine, O.
 1003 [*381]
Heinemann, Isaak 648 679 965 1004
 666 [*57] 696 [*72 *81] 697 [*110]
 979 [*142] 1074 [*895]
Heintz, W. 840
Heintze, H. von 63 64
 73 [*41]
Heinze, R. 383 678 1034
 391 [*9] 695 [*30] 1012 [*141]
 1065 [*511] 1139 [*621] 1148 [*1131]
 1149 [*1211]

Hejnic, J.
 487 [*193]
Hekataios aus Abdera **769**
 773 [*21]
Hekaton aus Rhodos 648 660 **662-665** 901
 1049
 668f. [*251-*266]
Hekler, A.
 72 [*4 *13]
Helbig, W. 995
Heldmann, K.
 1013 [*149] 1079 [*1105]
Helena 868 875
Heliodor 205 210
Helvétius, C.-A. 192 193 194
 200 [*196 *197]
Hemker, J.
 469 [*552]
Hemmerdinger, B.
 346 [*54] 433 [*114 *125 *126]
Henderson, A. A. R. 477
 476 [*815] 484 [*85]
Hendley, B.
 1162 [*392]
Hendrick, P. H.
 487 [*206]
Hendrickson, G. L. 850
 346 [*73] 893 [*21] 979 [*172]
 1002 [*303] 1055 [*32] 1069 [*672]
 1070 [*731]
Henrichs, A. 328
 359 [*532-*536 *538 *539 *542] 360 [*543
 *545 *547]
Henriot, E.
 388 [*88]
Henry, Margaret Y. 1107
 1077 [*1011] 1129 [*151] 1137 [*521]
Henry, R. M.
 1003 [*382]
Hense, O.
 16 [*161] 504 [*171] 644 [*404]
Hentschke, Ada 1035
 1068 [*625]
Hepp, N.
 464 [*395]
Herakleides ('empirischer' Arzt, aus Tarent?)
 771f. 986
Herakleides aus Pontos 277 278 299 300 307
 308 313 315 558 573 1022 1032
Herakleides aus Tarsos 641
Herakleides Lembos 63 64 205 297
Herakleitos aus Tyros 904 917 943 945 985
 1038
 504 [*211]

Herakleodor 307 310 311 312
Herakles 868
Heraklit 411 415 **418** 419 442 449 499 538 569
 571 754 762
 580 [*8]
Herbart, Johann Friedrich
 1126 [*1]
Herbolzheimer, G.
 1058 [*151]
Herder, Johann Gottfried 3 481
Herescu, N. J.
 458 [*223]
Herillos aus Kalchedon 495 521 555 **562f.** 567
 564f. [*251-*265] 568 [*8]
Hering, W.
 705 [*354]
Hermagoras aus Amphipolis 557 1031
 674 [*7]
Hermann, Karl Friedrich 927 933 1093
 936 [*81 *82]
Hermarch 50 51 62 68 69 71 77 82 104 106 110
 112 115 126 164 165 206 207 210 211 212 217
 221 223 **227-233** 235 240 247 253 268 287 305
 316 317 325 327 328 333
 233f. [*1-*25]
Hermes, T.
 195 [*26]
Hermias aus Atarneus 298
Hermippos aus Smyrna 65 299 556 584
 18 [*197 *198]
Hermodor aus Syrakus 299
Hernández-Tejero, J. F.
 1060 [*240] 1144 [*827]
Herodot (der Historiker) 64 75-77 78 79 87 88
 90 95 105 112 132 142 148 161
Herodot aus Tarsos 771
Herophilos 147 276 608
Herrera Cajas, H.
 1081 [*1215]
Herrero Llorente, V. J.
 1002 [*347]
Herrmann, L.
 379 [*173] 404 [*51 *70] 432 [*63]
Hershbell, J. P.
 12 [*56 *57] 195 [*15] 197 [*69]
Herter, H.
 782 [*2] 1004 [*514]
Herzog-Hauser
 581 [*17]
Hesiod 65 320 328 443 520 523 762
Hesych 209
Heurgon, J.
 476 [*812] 702 [*256] 1060 [*246]

Heusch, H.
 1079 [*1095]
Heuss, Alfred 970
 1068 [*634] 1140 [*650]
Heuten, G.
 181 [*345] 463 [*363]
Hicks, R. D. 45 786
 15 [*112] 61 [*170] 121 [*20]
Hierokles 499
 505 [*271]
Hieronymos aus Rhodos 384 397 398 399 478
 628 794 879 1009 1051
 1161 [*361-*363]
Hiersche, R.
 510 [*537] 621 [*251]
Higginbotham, J.
 1006 [*612]
Highet, G.
 195 [*25] 196 [*50] 485 [*126]
Higuchi, K.
 395 [*220]
Hijmans, B. 712
 506 [*356] 701 [*242] 716 [*206]
Hilarius von Poitiers 478
Hiller von Gaertringen, F. 837
 846 [*31 *32]
Hilley, D. R.
 757 [*75]
Hiltbrunner, O. 256 260
 267 [*65] 347 [*87] 1159 [*156]
 1161 [*342]
Hinds, S.
 471 [*647]
Hippias 165
Hippobotos
 18 [*211 *212]
Hippokleides 247 302
Hippokrates 263 276 277
Hippolytos 537
Hipponikos (Geometer) 789
Hippothales 236
Hirst, M. E.
 376 [*70]
Hirzel, R. 531 571 574 686 745 764 814 815
 816 821 822 832 833 865 870 912 918 919 920
 1051 1086
 22 [*331 *334] 551 [*91] 564 [*61]
 565 [*261] 581 [*11] 642 [*12] 666 [*51]
 695 [*24] 846 [*21 *22] 895 [*101 *121]
 1055 [*31] 1126 [*3] 1138 [*581] 1156 [*1]
Hobbes, Thomas 167 192 193 479
 1166 [*691]
Hobein, H. 579
 583 [*163]

Hocke, G. R.
482 [*2]
Höeg, C.
1010 [*43]
Hoffman, G. N.   110 114
124 [*130]
Hoffmann, Ernst
514 [*724 *733]   696 [*82]
Hofmann, J. B.
386 [*13]   388 [*91]   996 [*4]
Hofter, M.
998 [*89]
Hohler, R. C.
452 [*6]
Holden, H. A.
1005 [*581]
Holl, K.
699 [*153]
Holland, L. A.   399
405 [*90]
Holtsmark, E. B.
465 [*435]   472 [*668]   490 [*301]
Holtze, F. W.
457 [*183]
Holzer, E.
354 [*340]
Homer   296 325 328 342 417 423 443 741 752
765 794
676 [*26]
Homeyer, Helene
1011 [*75 *77 *79]   1151 [*1512]   1157 [*23]
Hommel, H.   648 1019
667 [*85]   1061 [*303]   1073 [*859]
1131 [*236]
Hooper, W. D.
1145 [*901]
Horaz   49 80 165 188 192 296 309 319 325 333
363 365 367 370 **372f.** 477 708 982
379f. [*170-*212]   1160 [*221-*223]
Horna, K.
122 [*64-*66]
Horowitz, M. C.
515 [*764]   553 [*217]   1141 [*709]
Horsfall, N.
1136 [*436]
Horsley, R. A.
625 [*429]   1068 [*639]   1142 [*712]
Hortensius, Q. Hortalus (cos. 69 v. Chr.)   1038
Hose, H. F.
387 [*55]
Hosius, C.
11 [*22]
Hoslett, S. D.
387 [*66]

Hossenfelder, M.   127 156 157 158 680
13 [*64]   23 [*340]   24 [*365]   42 [*81]
177 [*203]   185 [*451]   195 [*17]
506 [*369]   621 [*238]   756 [*24]
Houghton, H. P.
388 [*89]   452 [*4]
House, D. K.
13 [*74]
Housman, A. E.
430 [*8]   504 [*131 *191]
Hout, M. van den
121 [*23]
Hövels, F. E.
390 [*151]
Hoven, R.   541 679
511 [*610]   703 [*293]
How, W. W.
1065 [*472]
Howald, E.   679
697 [*87]   716 [*214]
Howard, C. L.
433 [*91]
Howe, H. M.   368 369
374 [*16]   376 [*73]   378 [*136]   464 [*399]
Howes, J. R.
1072 [*801]
Hoyer, R.   1026
976 [*12]   1056 [*80]
Hubbell, H. M.
171 [*10]   350 [*208]   999 [*113]   1002 [*295
*325]   1005 [*564]
Hübner, H. G.   45
58 [*26]
Huby, Pamela M.   87 128 129 238 962
17 [*181]   19 [*251]   25 [*370]   43 [*87]
173 [*73]   185 [*468]   186 [*499]
716 [*229]   978 [*121]   1077 [*1012]
1080 [*1141]   1132 [*259]   1134 [*366]
1162 [*402]
Huchthausen, Liselot
999 [*107]
Hudson-Williams, A.
431 [*34]
Huebener, E.
1078 [*1062]
Huettig, A.
1067 [*573]
Hug, A.   206
73 [*48]
Hülsen, R.   595 596
622 [*267]
Hülser, K.   500
14 [*82]   503 [*16]   510 [*531]

Hultsch, F. 711
 266 [*41] 695 [*36] 715 [*191]
Humbert, J.
 1003 [*385] 1057 [*106]
Humbert, Sylvie
 10 [*8]
Hume, David 193
 200 [*192] 1166 [*781-*786]
Humphries, R.
 394 [*101] 470 [*599]
Hunt, H. A. K. 501 519 535 536 537 538 540 607
 511 [*606] 552 [*143 *151] 554 [*262]
 978 [*112] 1075 [*933] 1127 [*6]
Hunt, T. J.
 1158 [*122] 1163 [*427]
Hunting, H. W.
 393 [*83]
Hurst, M. 600
 508 [*453] 620 [*223]
Hus, A.
 1149 [*1261]
Hutcheson, F.
 200 [*194]
Hüttig, A.
 1157 [*72]
Hypsikles 280

Iason aus Nysa 297 670 706 707 **709** 714 [*11] **715** [*141 *142]
Ibscher, Gred 656
 666 [*67] 1080 [*1176] 1130 [*205]
Idomeneus 62 68 70 71 75 77 91 105 106 107 108 109 111 112 157 163 212 216 217 221 223 224 229 235 **244-246** 287 301 337 **246** [*1-*10]
Ievolo, A. 327 332
 350 [*214]
Ilberg, J. 276
 279 [*9]
Ilting, K.-H.
 668 [*121] 1081 [*1203]
Imbert, Claude 594
 23 [*362] 509 [*494 *505] 620 [*209]
 621 [*263]
Immarco Bonavolontà, R.
 42 [*77]
Immisch, O.
 696 [*73]
Indelli, G. 209 211 213 228 229 247 248 249 257 261 264 280 284 292 293 301 314 318 323 324 325 332
 42 [*75 *86] 55 [*65] 173 [*72] 214 [*25]

250 [*1 *8 *18 *21 *22 *30] 355 [*355]
 358 [*483-*485 *487 *488] 362 [*642 *643]
 757 [*48] 827 [*112]
Infeld, L. 537
 552 [*134]
Ingalls, W. B. 410
 437 [*238]
Inge, W. R.
 431 [*20 *25]
Ingenkamp, H. G.
 42 [*74] 511 [*610]
Ingholt, H. 586
 619 [*86]
Ingvarsson, K.-E.
 458 [*203 *204]
Innocenti, P.
 40 [*49] 195 [*8] 196 [*52]
Inwood, B. 139
 19 [*251 *254] 21 [*296] 25 [*372]
 26 [*374] 179 [*275] 516 [*791 *800]
 517 [*819 *820] 625 [*440 *446 *447]
 643 [*43] 716 [*229] 1072 [*819]
Iolaos 252
Iollas aus Sardes (Schüler des Antiochos?) 945
Ion aus Chios 786 794
Ioppolo, Anna Maria 560 618 742 745 751 787 790 798 799 802 805 808 809 811 812 813 814 815 817 818 821 839 840 844 849 860 869 873 881 882 918 919 929 940 981 1091
 14 [*82] 21 [*295] 23 [*361] 24 [*362 *364] 25 [*367] 26 [*398] 27 [*401]
 353 [*299] 513 [*664] 515 [*765]
 552 [*120] 564 [*216 *218 *219] 624 [*419 *420] 727 [*51] 729 [*94] 757 [*73]
 759 [*136] 782 [*13] 826 [*58 *59 *64 *65]
 827 [*72] 893 [*29] 894 [*88] 895 [*124]
 896 [*161] 913 [*15] 935 [*26 *41]
 936 [*58] 989 [*71] 1073 [*865]
 1077 [*1029] 1147 [*1021]
Iphigenie 417 419
Iribadžakov, N.
 390 [*167]
Irmscher, J.
 1162 [*411] 1167 [*843]
Irwin, T. H.
 23 [*343] 24 [*365] 174 [*101] 517 [*825]
 625 [*452]
Isaios 79 116
Isnardi Parente, Margherita 4 66 86 90 103 106 126 140 219 221 223 249 262 302 305 308 330 777
 10 [*5] 12 [*55] 14 [*82] 23 [*361]
 26 [*400] 40 [*50] 41 [*58 *65] 42 [*82]
 60 [*121] 173 [*83 *91 *95] 178 [*238 *241

*242 *256]   179 [*258 *271]   183 [*386]
197 [*68]   250 [*17]   354 [*312]   503 [*18]
512 [*644]   515 [*766]   553 [*220]
554 [*234]   623 [*340]   668 [*126]
759 [*153]   782 [*14]   783 [*41]   784 [*76]
848 [*103]
Isodor   478
Isokrates   79 280 298 300 305 340
Ittel, G. W.
490 [*278]
Ivánka, E. von
699 [*154 *160]   700 [*207]   1074 [*908]
1130 [*209]   1147 [*1031]
Iwata, G.
395 [*219]   485 [*131]

Jachmann, G.
377 [*129]   404 [*75]   1133 [*310]
Jackson, K. R.
176 [*175]
Jackson, Th.
393 [*82]
Jacobs, F.
346 [*68]
Jacobson, H.
433 [*115 *120]   434 [*134 *156]   435 [*182]
Jacoby, F.   244 245 497 518 556 670 681 709
769 829 831 899 910
18 [*221 *222]   246 [*3 *4]   550 [*31]
694 [*3]   714 [*11 *42]   715 [*142]   773 [*21]
Jacques, J.
490 [*295]
Jaeger, Werner   36 678 689
696 [*59]
Jager, M.   602
510 [*514]   550 [*23]   622 [*283]
Jagu, A.
506 [*356]
Jahn, O.
1002 [*301]
Jammer, M.   603
622 [*308]
Janáček, K.   840 981
13   13 [*61 *70 *71 *73]   15 [*118]
704 [*344]   731 [*152]   756 [*1]   988 [*28
*29]
Janko, R.   48 307 308 313
56 [*101 *103]   353 [*302]   354 [*322]
Jannaccone, Silvia
1146 [*960]   1160 [*261]   1161 [*361]
Jannone, A.   534
172 [*56]   506 [*356]   511 [*601]   552 [*138]

Jaspers, Karl
39 [*24]
Jax, K.
1012 [*117]
Jeanmaire, H.
1074 [*897]
Jefferson, Thomas   35
Jeffreys, R. L.
472 [*687]   473 [*718]
Jehasse, J.   192
199 [*140]   1166 [*711]
Jelenko, G.
474 [*755]
Jensen, Ch.   308 309 312 319 334 438
41 [*61]   54 [*25]   124 [*134]   351 [*251]
352 [*261 *263]   356 [*395 *402 *418]
Jensen, I. H.
170 [*7]
Jensen, P. J.
16 [*151]
Jesus Christus   478
Jiménez Delgado, J.
1156 [*4]
Jocelyn, H. D.
27 [*424]   375 [*38]   473 [*725]   474 [*746]
1012 [*122]   1056 [*52]
Johann, H.-Th.   633 640 658 660 665 679
506 [*353]   624 [*414]   643 [*39]
668 [*129]   705 [*349]   935 [*23]
1137 [*477]   1142 [*714]
Johannes von Salisbury
1163 [*461]
Johansen, F.
998 [*84 *85]
Johanson, Carmen
1071 [*765]   1134 [*367]
Johnson, Curtis N.
1140 [*656]   1150 [*1315]
Johnson, L. L.
393 [*95]
Johnson, O.
729 [*103]
Johnson, Samuel
1166 [*771 *772]
Johnson, W. R.
378 [*158]
Johnston, M.
469 [*578 *579]   471 [*654]   489 [*255]
Joja, A.
508 [*474]
Joly, R.
1142 [*761]
Jones, Christopher P.   942
196 [*62]   977 [*37]   1011 [*82]

Jones, D. M.
  1057 [*113]
Jones, H. 188
  195 [*12]
Jones, Peter
  1166 [*786]
Jones, Robert E.
  1055 [*34]
Jones, Roger M. 679 685
  674 [*5]   675 [*13]   697 [*94 *103]
  698 [*136 *144]   1072 [*841]
Jones, W. H. S.
  279 [*13]
Jope, J.
  468 [*525 *539]   476 [*823]
Jossa, G.
  1063 [*374]   1080 [*1188]   1139 [*643]
Josserand, C.
  1066 [*532]
Joukowsky, F. 192
  199 [*141 *142]
Jufresa, M. 290 292
  41 [*73]   60 [*132]   345 [*29]   348 [*130]
Julian 48 189 210
Jungkuntz, R. P.
  197 [*87 *89]
Jürss, F.
  41 [*56]   175 [*127]   176 [*163 *164]
Justinus Martyr 189
Juvenal 443

Kábrt, I.
  465 [*433]
Kabza, A.
  1002 [*345]
Kahl, J.
  202 [*252]
Kahn, Charles H. 160
  19 [*251]   25 [*368]   185 [*475]   187 [*528]
  508 [*478]   621 [*239]   716 [*229]
Kaibel, G.
  346 [*70 *71]   357 [*437]   695 [*35]
Kaimio, J. 1047
  1012 [*124]   1080 [*1139]
Kaiser, L. M.
  453 [*39]
Kaisermatte, H.
  183 [*416]
Kajanto, I.
  701 [*241]
Kalbe, E.
  1067 [*604]
Kallias 205

Kallikles (Schüler des Karneades, Lehrer
  Philons) 165 915
Kallimachos 263 328 443
Kalliphon 880
Kallipos aus Korinth 521
Kallisthenes (Grossneffe des Aristoteles) 753
Kallistolas 90
Kallistratos 117
Kalvisios (Kalvenos) Tauros 982
Kambyses 338
Kammer, U.
  1078 [*1064]
Kammerer-Grothaus, H.
  55 [*61]
Kannengiesser, A.
  430 [*2]
Kant, Immanuel 194 479 1041 1107 1155
  1166 [*791 *792]
Kany-Turpin, José
  377 [*103]   1069 [*648]   1076 [*952]
  1077 [*990]   1132 [*260]   1133 [*288]
  1146 [*966]   1147 [*988 *989]
Kargon, K. H.
  490 [*296]
Karneades 143 249 252 268 271 299 610 627
  629 633 637 639 640 649 651 780 **849-892** 924
  1023 1034 1039 1042 1045 1086 1087 1096f.
  1098 1100 1110 1116 1123
  892ff. [*1-*213]
Karneades 'der Jüngere' 853 **898f.**
Karneiskos 50 117 167 **241-243** 335
  243 [*1-*10]
Kassel, R. 4 807 1050
  10 [*6]   266 [*32]   360 [*554]   848 [*102]
  893 [*24]
Kasten, H.
  1006 [*633-*635]
Katsimanis, K. S.
  362 [*640]
Kaussen, J.
  666 [*14]
Kayser, C. L.
  998 [*101]
Keen, R.
  179 [*276]   437 [*253]   460 [*270]
Keenan, J. G. 87 89 216
  124 [*144]   222 [*4]
Kegel, W. M.
  452 [*12]
Keil, B. 592
  619 [*106]
Keim, M.
  620 [*109]

Keller, A. C.
　463 [*383]
Keller, Carolus
　172 [*40]　511 [*591]
Kelly, S. T.
　434 [*150]　435 [*176]
Kemke, J.　313
　354 [*337]
Kennedy, E. J.
　455 [*95]
Kennedy, G.
　1135 [*398]
Kenney, E. J.　384 401 411 413 417 423 426 438
　439 441 442 444 445 446 447 451
　389 [*142]　390 [*155]　392 [*24]　454 [*89
　*90]　460 [*258]　475 [*773]　484 [*92]
Kenter, L. P.
　1001 [*241]　1068 [*627]
Kerényi, K.
　458 [*199]　462 [*358]　463 [*373]
　1074 [*901]
Kerferd, G. B.　146 147 544 545 548 594 611
　618
　19 [*251]　21 [*295]　120 [*8]　181 [*330]
　506 [*365]　507 [*419 *420]　509 [*494]
　516 [*782 *783]　551 [*108 *109]　553 [*215]
　554 [*226]　620 [*210]　625 [*437]
　716 [*229]　893 [*11]　1073 [*867]
　1131 [*218]　1138 [*542]
Kerkidas　334
Kerschensteiner, Jula
　1073 [*869]　1129 [*142]
Kertsch, M.
　704 [*345]
Kesler, C. R.
　1142 [*717]
Kessler, E.
　1081 [*1197]
Kesting, P.
　1163 [*429]
Keyes, C. W.　1035
　1000 [*162]　1001 [*215]　1065 [*471]
　1067 [*605]
Keyser, C. J.
　180 [*306]
Khatschikian, L. S.　522
　549 [*4]
Kiaulehn, W.
　1055 [*33]
Kidd, I. G.　544 548 618 658 670 680 681 684
　685 692
　19 [*251]　24 [*366]　25 [*369 *370]
　26 [*396]　375 [*54]　506 [*359 *365]
　509 [*494]　514 [*734]　515 [*756]

516 [*784]　553 [*206 *212 *213]　554 [*228]
624 [*408 *415 *416]　625 [*428]　645 [*414]
667 [*86]　674 [*10]　695 [*5]　703 [*294]
704 [*332 *333]　705 [*365]　716 [*229]
Kienle, W. von　748 768
　15 [*122]　214 [*15]　935 [*11]
Kierdorf, W.
　705 [*358]
Kilb, G.　543
　514 [*722]　1071 [*788]　1130 [*208]
Kindervater, J. Christian Viktor　1044
　1073 [*890]
Kindler, K. F.
　1060 [*239]
Kindstrand, J. F.
　15 [*124]　173 [*67]　267 [*70]　351 [*234]
Kineas　363
Kinesias　261
King, J. E.
　1003 [*384]
King, J. K.
　456 [*143]
Kinsey, T. E.
　404 [*63]　433 [*104 *116]　1072 [*816]
　1150 [*1401]
Kirsch, W.
　1165 [*613]　1167 [*867]
Kirsopp, A.
　379 [*177]
Kjeldsen, B.
　1068 [*640]
Kleanthes aus Assos　229 300 313 315 328 495
　521 555 **566-579** 1044
　581ff. [*1-*107]　638 [*12]
Klebs, E.　983
　988 [*24]
Kleger, H.
　1134 [*368]
Klein, Erika
　1079 [*1099]
Klein, R.
　997 [*36]　1064 [*423]
Kleinias　237
Kleinomachos aus Thurioi (Lehrer Pyrrhons?)
　748f.　904
Kleitomachos aus Karthago　299 849 **899-904**
　1038 1098 1116
　913 [*11-*16]
Kleitos　751
Kleomedes　262 499 682
　504 [*221]
Kleomenes　579
Kleon　77 110

Klepl, H. 371
 436 [*209]
Kleve, K. 100 129 148 150 152 326 342 385
 399 411 415 440 449
 39 [*26] 42 [*77] 43 [*88] 56 [*95]
 120 [*9] 173 [*92] 174 [*115] 179 [*265
 *272] 181 [*327] 182 [*371 *373 *376]
 183 [*387 *391] 358 [*510] 376 [*78]
 390 [*178] 437 [*248] 462 [*345]
 465 [*441] 470 [*613] 512 [*632]
 1074 [*919] 1075 [*926 *944] 1132 [*278]
Klever, W. N. A.
 894 [*85]
Kleywegt, A. J.
 582 [*42] 1073 [*854 *866] 1074 [*920]
 1076 [*951] 1077 [*1014] 1131 [*223]
Klima, Ursula
 1151 [*1515]
Klinck, D.
 376 [*85] 1132 [*281] 1166 [*722]
Klinger, V.
 346 [*78]
Klingner, F. 384 421
 390 [*161] 453 [*37] 463 [*385]
 472 [*662] 1011 [*92] 1164 [*513]
Kloefk, J. J.
 489 [*250]
Kloesel, H.
 1149 [*1311]
Klose, F.
 1149 [*1241]
Knab, R.
 1066 [*554]
Knapp, F. P.
 198 [*114]
Kneale, M. 595 599 602 603
 508 [*471] 621 [*231]
Kneale, W. 595 599 602 603
 508 [*461 *471] 621 [*231]
Knebel, Karl Ludwig von 481
 393 [*62 *69]
Knecht, D.
 483 [*39]
Knight, W. F. J.
 848 [*105]
Knoche, U.
 379 [*185] 1012 [*118] 1064 [*425]
 1065 [*494] 1068 [*619] 1078 [*1066]
 1139 [*629] 1141 [*707] 1159 [*201]
Knoepfler, D.
 15 [*128] 56 [*102]
Knögel, W.
 356 [*404]

Knöllinger, H. 1051
 1007 [*715]
Koch, H. A.
 697 [*83]
Kochalsky, A.
 61 [*165]
Koenen, L. 108
 41 [*69] 124 [*141]
Kohl, Helmut
 1066 [*548]
Köhler, U.
 254 [*8]
Kohnke, F. W.
 622 [*312]
Kohns, H. P.
 1063 [*375 *379 *380] 1064 [*405]
 1140 [*654] 1150 [*1314]
Koikoa 261
Kojève, A.
 40 [*43]
Kolár, J.
 395 [*193]
Kollmann, E. D.
 460 [*259] 462 [*325 *341]
Kolotes 36 68 70 107 108 117 163 168 **235-240**
 244 249 296 302 793
 240 [*1-*18]
Kondo, E. 240
 356 [*406 *407]
Konstan, D. 142 146
 178 [*251] 179 [*264 *278] 181 [*331]
 187 [*529] 516 [*801]
Koopmans, J. H.
 197 [*84] 202 [*244]
Korfmacher, W. C.
 489 [*257] 1081 [*1195] 1143 [*796]
Korpanty, J.
 484 [*96]
Körte, A. 216 240 262 291 292 319 371
 222 [*2] 356 [*401]
Koster, S. 65 291 342
 353 [*286] 377 [*96]
Kotzia-Panteli, P.
 582 [*38]
Koursanov, G. A.
 175 [*154]
Koutsoyannopoulos-Thiraios, D. J.
 756 [*28]
Kouznetsov, B.
 202 [*248]
Kövendi, D.
 464 [*414]
Kraetsch, A. E.
 457 [*184]

Kraft, K.
550 [*52]   701 [*236]
Krämer, H. J.   37 66 140 141 155 156 159 188
   191 192 193 194 249 528 534 605 747 776 789
   791 792 798 802 803 804 805 811 815 816 817
   820 822 823 824 843 845 949 955 957 960 961
   963
   26 [*392 *394]   172 [*58]   184 [*433 *444]
   758 [*92]   782 [*12]   978 [*114]
Krantor   299 300 520 649 733 786 788f. 795
   956 1050
Kranz, W.   416
   21 [*303]   452 [*19]
Krarup, P.
   1000 [*168]   1064 [*404]   1065 [*496]
   1068 [*630]
Krateros   105 108 111
Krates (Komödiendichter)   261
Krates (Scholarch der Akademie)   229 299 733
   779 791
Krates aus Mallos   307 308 311 626 633 647
Krates aus Tarsos   299 **898-901**
Krates aus Theben   520 755
Kratipp aus Pergamon (Schüler des Aristos)
   299 982 968f. 1045 1052
Kraus, P.
   700 [*209]
Kraye, J.
   1081 [*1212]   1159 [*163]   1164 [*581]
Kretschmar, Marianne
   1142 [*753]
Krevelen, D. A. van   313
   59 [*81]   348 [*122]   350 [*209]   352 [*268]
   355 [*345]
Krinis   599 636 637
   644 [*351]
Kristeller, P. O.   191 951 966
   27 [*406]   433 [*109]   698 [*137]   978 [*88]
Kritias   98 237
Kritolaos aus Phaselis   305 627 629 957 1112
Krohn, K.   81 227 232 233
   233 [*1]
Krokiewicz, A.
   121 [*33 *48]   175 [*133]   181 [*349]
   184 [*422]   361 [*582]   395 [*188]
   454 [*59]   726 [*37]   758 [*102]   936 [*53]
Kroll, J.
   470 [*603 *604]   696 [*54 *64 *66]
Kroll, W.   908 920
   222 [*14]   266 [*48]   274 [*9]   436 [*206]
   460 [*260]   698 [*124]   914 [*43]   936 [*73
   *74]   1002 [*301 *322]   1010 [*39]
   1134 [*381]

Krömer, D.
   1057 [*122]   1078 [*1070]
Kronios   77 117 208 302f.
Kronska, I.
   178 [*257]   470 [*602]
Kroymann, J.
   1063 [*396]   1065 [*514 *516]   1076 [*978]
   1146 [*948]
Krüger, G.   595 596
   622 [*267]
Krumme, L.
   700 [*180]   1074 [*904]
Kruse, H.-J.   521
   550 [*53]
Kruse-Berdoldt, V.   63 216 227
   73 [*33]
Ktesipp   117 228
Kuch, H.
   1150 [*1411]
Kudlien, F.   692 707
   515 [*767]   676 [*30]   702 [*257]
   703 [*307]   715 [*105]
Kuehn, J. H.
   700 [*181]
Kühner, R.
   1004 [*451]
Kuiper, T.   332
   361 [*595]
Kuklica, P.
   1136 [*431 *450]   1137 [*494]   1145 [*876]
Kullmann, W.   136 415 417 419 420 425 448
   172 [*57]   457 [*174]
Kumaniecki, K.
   997 [*31]   999 [*124]   1010 [*47]
   1011 [*94]   1013 [*145]   1069 [*691]
   1083 [*1281]   1134 [*321]
Kupiszewski, H.
   1063 [*383]   1141 [*689]
Kwapiszewski, J.
   1134 [*322]
Kytzler, B.
   997 [*42]   1002 [*301 *307 *329]
   1164 [*514]

Labarrière, Jean-Louis
   26 [*374]
Laberius   363
Labowsky, Lotte   656 657
   666 [*68]   1080 [*1174]   1130 [*206]
   1148 [*1181]
Labuske, H.
   201 [*228]

Lacey, W. K.
 1011 [*80]   1013 [*179]
Lachelier, J.
 121 [*44]   181 [*337]
Lachmann, K.   383 407 426
 391 [*6]
Lackenbacher, H.
 473 [*735]
Lackner, W.
 1075 [*940]
Lacroix, L.
 468 [*517]
Laelius Sapiens C. (cos. 140 v. Chr.)   242 634
 647 660 1108
Laffranque, Marie   671 672 677 680 683 685
 689 691 692 694
 506 [*356]   701 [*237 *244]   702 [*262 *265
 *266 *270]
Laidlaw, W. A.
 1136 [*445]
Lakebrink, M.
 1166 [*752]
Laks, A.   45 62 64 65 66 67 69 75 78 85 105 110
 112 114 115 117 142 211 231 238 261
 26 [*374]   40 [*52]   57 [*14 *16]   74 [*70]
 123 [*100]   180 [*296]   182 [*383]
 185 [*462]   187 [*518]
Laktanz   46 80 162 189 190 383 407 449 478
 996 1034 1087 1153
 1161 [*321-*327]
Lakydes   299 584 585 765 771 780 **830-834
 846** [*21-*26]
Lamacchia, Rosa
 1160 [*212]
Lambardi, Noëmi
 1058 [*125]   1083 [*1319 *1320]
Lambinus   152 450 479
Lamettrie, Julien Offray de   193
Lamia   70 110
Lammert, F.
 696 [*74]   699 [*170]   715 [*154]
Lamy, Guillaume   192
Lana, I.
 667 [*102]   703 [*295]   1140 [*659 *660]
 1141 [*681]   1143 [*802-*804]   1150 [*1391]
Lancia, Margherita   803
 564 [*220]   727 [*51]   828 [*131]
Landfester, R.
 1164 [*498]
Landino, Cristoforo   325
Landolfi, L.   294 343 367
 375 [*43]   456 [*134 *144]   1133 [*293]
 1138 [*575]

Landucci, S.   192
 200 [*177]
Lang, C.
 504 [*161]
Lange, F. A.   152
 38 [*4]
Langenberg, G.   971 972 973
 980 [*201]
Langerbeck, H.
 171 [*24]
Łanowski, J.
 1167 [*904]
Lanternari, D.
 353 [*291]
Lanza, D.
 187 [*525]
Lanzi, L.
 1003 [*412]
La Penna, A.
 347 [*96]   378 [*139]   431 [*42]   484 [*67]
Lapidge, M.   534 540 606
 506 [*365]   511 [*613]   512 [*633]   552 [*146
 *154]   623 [*323 *333]
Lasch, Edeltraud
 1013 [*173]
Laskowsky, P. M.
 59 [*92]
Lasos   310
Lasserre, F.   299
 23 [*361]   266 [*58]   346 [*59]   349 [*157]
 515 [*770]   773 [*15]   783 [*41]
Last, H. M.
 361 [*581]
Latham, R. E.
 393 [*92]
Lathière, A.-M.
 455 [*105]   459 [*254]
Laurand, L.
 996 [*2]   1005 [*532]   1010 [*35]
Laurens, P.   343 367
 374 [*24]
Laurenti, R.   220 319 320
 356 [*421]
Laurenzi, L.
 73 [*14]
Laursen, J. C.
 730 [*143]
Laursen, S.   99 100
 123 [*104 *108 *110]
Lauter, P.
 176 [*182]
Lavagnini, B.
 346 [*75 *76]   347 [*98]   452 [*23]

Lavery, G. B.
    469 [*553]
Lavieille, E.
    60 [*109]
Lazzati, G.
    1158 [*121]   1161 [*301]
Leanza, S.
    198 [*100]
Lebek, W. D.   372 373 982
    380 [*206]   484 [*74]   988 [*13]
Le Bonniec, H.
    1158 [*127]   1161 [*311]
Le Boulluec, A.
    512 [*615]   551 [*69]   583 [*97]
Lee, A. G.
    1001 [*253]
Lee, E. N.
    176 [*169]
Lee, G.
    434 [*157]
Lee, S. van der
    476 [*820]
Leeman, A. D.   477 478 908
    196 [*35]   482 [*7]   511 [*597]   701 [*214
    *215 *223]   996 [*7]   1000 [*147]   1059 [*188
    *190 *195-*197]   1061 [*305]   1066 [*542]
    1067 [*560]   1138 [*552]   1145 [*877]
    1149 [*1231]
Leemans, E.-A.
    20 [*281]
Leen, Anne
    457 [*176]   1136 [*453]
Lefèvre, E.   372
    380 [*202 *212]   504 [*146]   1071 [*766]
    1130 [*163]   1134 [*347]
Legros, E.
    354 [*341 *342]
Lehmann, Gustav Adolf   1017
    1013 [*151]   1068 [*641]
Lehmann, Paul
    1157 [*61]
Leibniz, Gottfried Wilhelm   193
Leinhard, J. T.
    471 [*618]
Leisegang, H.
    514 [*722]   644 [*303]   666 [*71]   698 [*118]
Lelarge, P.
    473 [*715]
Lelièvre, F. J.
    459 [*224]   475 [*784]
Lembo, D.
    55 [*60]   174 [*118]
Lemke, D.   91 148 150 151
    182 [*383]   1075 [*937]

Lenaghan, L.   442
    470 [*614]
Lenz, C.   410
    430 [*14]
Lenz, F. W.
    353 [*283]
Leo, F.
    246 [*2]
Leon (Akademiker)   845
Leon, H. J.
    463 [*364]
Leonard, W. E.
    391 [*15]   393 [*79]
Leone, G.   94 98 130
    42 [*77 *86]   56 [*100]   123 [*102 *105]
Leonhardt, J.   880 971
    377 [*110]   896 [*154]   1014 [*190]
    1137 [*480]
Leonidas aus Rhodos   706
Leonteus   67 68 77 90 105 107 109 112 114 163
    224 235 244 287 317 337
Leonteus (aus Kyrene? Schüler des Lakydes)
    834
Leontion   68 70 104 109f. 115 169 216 217 229
    287 303
Leopardi, G.
    489 [*260]
Leopold, J. H.
    122 [*63]
Lépine, J.
    459 [*248 *249]   461 [*315]
Lepore, E.
    700 [*208]   1065 [*495]
Le Roy, G.
    511 [*588]
Leroy, L.   397
    403 [*45]
Lesky, A.
    514 [*725]
Leslie, R. J.
    374 [*18]
Lessing, Gotthold Ephraim   480 1091
Leszl, W.
    456 [*145]
Leśniak, K.
    361 [*584]
Leukipp   100 115 139 141
Leuthold, W.
    1083 [*1311]
Levi, A.
    175 [*143]   177 [*219]   507 [*402]
Levine, P.
    1055 [*42]   1074 [*915]

Lévy, Carlos 780 803 804 807 814 815 817 821
   823 824 839 871 887 919 921 922 924 940
   1036 1041 1110
   25 [*369] 26 [*374 *398] 625 [*436]
   726 [*40] 728 [*79 *80] 729 [*94]
   757 [*74] 782 [*6] 827 [*74 *81] 894 [*83]
   896 [*128] 989 [*52 *61 *63] 1002 [*344]
   1055 [*17] 1069 [*661] 1071 [*769]
   1072 [*806] 1082 [*1227] 1128 [*33 *121]
   1129 [*146] 1130 [*161] 1134 [*364]
   1160 [*206] 1165 [*688]
Levy, F.
   697 [*111]
Lewis, D. M.
   74 [*67]
Liberman, G.
   472 [*689]
Lichtenberg, Georg Christoph 480
Lieberg, G. 425 974 975
   404 [*57] 466 [*455] 513 [*655] 980 [*225
   *226 *228 *231] 1160 [*292]
Liebers, G.
   1151 [*1561]
Liebeschütz, H.
   1163 [*461]
Liebeschütz, W.
   465 [*429]
Liebich, W. 69 77 86 109 113 116 117 119 206
   241 302 303
   54 [*33] 345 [*51] 349 [*189]
Liebmann-Frankfort, T.
   702 [*282]
Liechtenhan, R.
   697 [*90]
Liénard, E.
   461 [*321]
Lienhard, J. T.
   436 [*233]
Lienhard, S. J.
   436 [*233]
Liesenborghs, L. 108 844
   124 [*141 *147] 848 [*106]
Lightfoot, G. C.
   392 [*19]
Lilley, D. J.
   434 [*158]
Lind, L. R.
   490 [*283]
Linde, P.
   53 [*21]
Linderski, J.
   1076 [*980 *986] 1146 [*962]
Lindsay Begley, Carol
   1151 [*1572]

Lippmann, E. O. von
   463 [*360]
Lippold, G. 63 216
   72 [*1 *2 *5 *7 *8 *12] 73 [*18]
Lipsius, Justus 192
Liscu, M. O.
   1054 [*1 *3] 1137 [*471]
Lissi Caronna, E.
   73 [*31]
Litman, A.
   1147 [*1011]
Livia 712
Livius, T. 995
Livrea, E.
   21 [*294]
Lloyd, A. C. 548 598 605 618
   506 [*359 *365] 508 [*484] 509 [*494]
   516 [*785] 551 [*100] 553 [*173]
   554 [*229] 621 [*241 *258] 625 [*430]
Lloyd, G. E. R.
   24 [*363 *364] 457 [*171] 715 [*183]
Lloyd-Jones, H. 762 764
   21 [*294] 765 [*3]
Lobel, E.
   266 [*25]
Locke, John 194
   199 [*155]
Loenen, J. H.
   716 [*221]
Logre, J. B. 384
   388 [*74 *84]
Lohmann, J.
   508 [*458 *476] 510 [*533]
Lombardi, C. F.
   1060 [*242] 1144 [*833]
Lombardi, G.
   1149 [*1281]
Lo Moro, F.
   196 [*34]
Londey, D.
   1072 [*807] 1134 [*365]
Long, A. A. 5 37 65 98 99 129 130 135 137 138
   140 141 143 149 151 152 156 159 162 163 164
   165 167 205 501 519 528 529 534 537 544 548
   549 569 574 604 606 608 609 610 611 612 615
   618 633 635 640 680 733 738 739 742 750 751
   755 761 762 763 776 787 789 790 796 799 811
   814 817 821 822 859 873 884 888 889 892 912
   929 945 954
   15 [*124] 19 [*251] 21 [*295] 24 [*363
   *366] 25 [*368 *370 *373] 26 [*396]
   27 [*404] 40 [*46] 42 [*83] 57 [*17]
   173 [*74] 174 [*103] 175 [*157]
   176 [*181] 179 [*259] 187 [*535]

503 [*17]   506 [*359 *365]   508 [*485]
509 [*494 *498]   512 [*616]   513 [*656 *657
*665]   515 [*748 *749 *755 *775]
517 [*814]   551 [*101 *111]   552 [*115 *149]
553 [*162 *175 *211 *223]   554 [*231 *263]
563 [*9]   582 [*27 *37 *43]   619 [*31]
620 [*211]   621 [*242]   623 [*318 *319 *349]
624 [*356 *412 *424]   643 [*29 *32 *37 *41
*44]   666 [*24]   668 [*130 *132]   703 [*308]
716 [*229]   756 [*1]   757 [*49]   758 [*114]
765 [*4]   766 [*13]   783 [*41]   785 [*92]
825   825 [*31]   826 [*55]   897 [*183 *196]
978 [*103]   997 [*48]   1129 [*145 *147]
1132 [*264]
Long, H. S. 45
   15 [*115]   58 [*28]
Longo, G.
   394 [*133]
Longo, O.
   459 [*234]
Longo Auricchio, F.   47 50 66 68 92 105 119
   126 207 211 219 227 228 229 230 231 233 268
   283 284 285 287 301 304 305 306 318 319 324
   330 340
   41 [*69]   43 [*88]   55 [*66]   56 [*81 *82]
   173 [*84]   174 [*96 *98]   214 [*24]   233 [*4]
   234 [*25]   254 [*2]   286 [*12 *18]   350 [*211
   *212 *216 *219]   351 [*226 *228 *235]
   353 [*281]   356 [*410]   359 [*512]
Longrigg, J.   534
   471 [*619]   473 [*716]   512 [*617]   552 [*145
   *148]   623 [*327]
Lonie, I. M.   278
   279 [*14 *15]
López Eire, A.
   509 [*492]
Lorch, Maristella de Panizza   191
   198 [*126]   1164 [*516 *518]
Lörcher, A.   919
   697 [*96]   698 [*139]   936 [*52]   996 [*1]
   1071 [*781]
Lord, H. G.
   434 [*135 *151]
Lorenz, R.   973
   980 [*211]
Lorenz, T.
   894 [*53]
Lorenz, W.   595 596
   622 [*267]
Lorenzo di Buoninconti   479
Lortie, P. E.
   388 [*92]   464 [*392]
Lossky, N.
   511 [*573]

Lotito, G.
   1137 [*478]
Lowenstein, O. E.
   462 [*337]
Löwenthal, E.
   847 [*92]
Loy, L. S.
   200 [*186]
Lozano Escribano, A. J.
   467 [*499]
Lucanus, M. Annaeus   429 499
   504 [*191 *192]
Lucchetta, G. A.
   179 [*273]
Lucci, G.
   361 [*587]
Lucidi, F.
   1066 [*552]
Lucilius, C. (Sotiendichter)   443 902
Lucilius Balbus, Q.   708
Luck, Georg   938 939 951 960 966
   182 [*374]   346 [*79]   405 [*98]   487 [*191]
   514 [*731]   668 [*116]   893 [*23]   976 [*1]
   1066 [*539]   1077 [*1018]   1130 [*172]
   1146 [*984]   1151 [*1513]
Lück, W.   415
   436 [*207]   698 [*140]
Lucot, R.
   358 [*481]   457 [*165]   461 [*306]
Lucullus, L. Licinius (cos. 74 v.Chr.)   942f.
   1038
Ludger, A.
   175 [*142]
Ludvíkovsky, J.
   60 [*149]
Ludwig, H.   439
   390 [*152]
Ludwig, M.
   455 [*114]
Ludwig, W.
   997 [*45]
Ludzisko, Johannes de
   1164 [*551]
Lueder, Annemarie (verehel. Dörrie)   939 945
   947 948 951 961 966
   699 [*176]   784 [*245]   976 [*15]
   1071 [*790]   1130 [*171]
Lukasiewicz, J.   595 602
   508 [*452 *460 *482]
Lukian   189 210 283
Lukrez   49 75 78 88 158 160 164 188 190 191
   192 205 231 232 239 276 294 313 333 339 342
   363 365 366 368 **381-490** 773 793 1109 1053
   11   1133f. [*301-*314]

Lundström, S. 1041
   1073 [*853 *870]
Lunelli, A.
   455 [*109]
Luppe, W.
   359 [*537 *540]   360 [*544 *546 *548-*552 *555-*562]
Luria, S.
   172 [*51]   177 [*213]
Luschey, H.   586
   619 [*87]
Luschnat, O.
   355 [*347]   361 [*598]   514 [*726 *737]
   700 [*179]
Luther, Martin   191
   1165 [*611-*613]
Lykon   229
Lykos   117 302
Lykurg   219
   580 [*16]
Lynch, J. P.   5 69 205 206 209 776 778 940 944 981 982
   27 [*432]   214 [*20]   784 [*52]   977 [*33]
Lynden, F. G. van
   665 [*11]
Lysander   338
Lysiades   273
Lysias   105 111 1037
Lysidice   295
Lysimachos   70 105 107 110 111 112 118 209 244f. 945
Lysis   236

Maas, E.   297
Mac... s. auch unter Mc...
MacDonald Ross, J.
   1004 [*452]
Mac Gregor, A.
   435 [*177]
Machamer, P. K.
   176 [*168]
Mächler, B.
   199 [*145]
MacIntyre, A.
   516 [*792]
MacKay, L. A.
   431 [*35]   432 [*53 *60 *64]   433 [*92]
   434 [*159]
MacKendrick, P.
   1059 [*176]   1127 [*29]   1135 [*387]
   1168 [*932]
Macleod, C. W.
   380 [*204]

Macleod, M. D.   844 845
   847 [*93 *94]
MacL. Currie, H.
   175 [*148]
Maconi, H.   817 818
   27 [*401]
Macrobius   115 236 239 407 478 996 1033 1035
Madden, J. D.   478
   486 [*167]
Madec, G.
   1161 [*344]   1162 [*384]
Madvig, J. N.   880 972
   896 [*151]   1002 [*341]
Maecenas   363 364 367 711 712
Maecius (?) (Schüler des Antiochos?)   943
Maffii, M.
   1010 [*36]
Maggiulli, G.
   392 [*28]
Magi, F.
   582 [*30]
Magnaldi, Giuseppina   960
   979 [*126]   1072 [*820]
Magnenus, Joh. Chrisostomus   479
Magnino, D.
   1010 [*5]
Maguinness, W. S.   410 444 447
   379 [*175]   459 [*239]
Maguire, J. P.
   699 [*171]
Mahieu, L.
   1137 [*472]
Mai, Angelo   1033
Maier, Barbara
   468 [*549]   469 [*554]   473 [*724]
Mainberger, G. K.
   1162 [*393]
Maiuri, A.
   54 [*37]
Makovelskii, A. O.
   464 [*405]
Malaparte, Curzio   756
   756 [*21]
Malcangi, G.
   389 [*127]
Malcovati, Enrica
   1002 [*304 *308]   1136 [*424]
Malgrini, A. B.
   564 [*222]
Malherbe, A. J.
   198 [*101]
Malherbe, M.
   183 [*388]

Malingrey, A.-M.
  506 [*356]
Malitz, J. 679 694
  705 [*358]
Malkin, E. E.
  512 [*618]
Mallock, W. H.
  393 [*86]
Mammarion 68 287
Mančal, J.
  1128 [*59] 1150 [*1422] 1167 [*811]
Mancini, G.
  514 [*723] 624 [*406]
Mancini, Lucia
  1012 [*101]
Mancuso, G.
  1063 [*381] 1140 [*670] 1141 [*674]
Mandel, J.
  1013 [*154] 1146 [*950]
Mandilaras, B. G.
  42 [*86]
Manetti, G.
  177 [*202]
Manfredini, M.
  703 [*289] 1078 [*1067]
Mangani, G. 680
  705 [*359]
Mangoni, C. 291 307 308 309
  43 [*89] 354 [*315 *317 *323 *329 *331]
Manilius 411 499
  504 [*131 *132]
Manitius, K.
  504 [*111] 714 [*31]
Mann, F.
  783 [*45] 784 [*45]
Mann, W.
  514 [*718]
Mannebach, E.
  59 [*74]
Manning, C. E.
  473 [*726]
Manning, F.
  214 [*1]
Manolidis, G. 66 69
  180 [*294]
Mansey, V. S.
  1165 [*673]
Mansfeld, J. 78 88 138 143 150 153 528 531
  533 536 610 636 686 724 773 797 877
  15 [*124] 20 [*262-*264 *267]
  25 [*368] 174 [*104] 183 [*399] 356 [*387]
  437 [*258] 467 [*506] 471 [*648]
  473 [*727] 504 [*96] 512 [*641] 550 [*18]
  552 [*118 *151] 553 [*156 *157 *160]

582 [*35 *41] 622 [*284] 643 [*36 *45]
  756 [*1] 784 [*45] 895 [*89] 989 [*62]
  1075 [*948] 1076 [*959] 1077 [*993]
  1132 [*261]
Manson, M.
  456 [*122]
Mansour, Abd el Hadi Ben
  1145 [*910]
Mantero, T. 400
  390 [*153]
Mantinband, J. H.
  393 [*99]
Manuli, Paola
  24 [*364]
Manusia, G.
  394 [*145]
Manuwald, A. 101 132 134 135
  175 [*158]
Manuwald, B. 164 232 426
  475 [*785]
Manzoni, A.
  177 [*210] 181 [*348]
Marache, R.
  197 [*65]
Marcellus, M. Claudius (cos. 222 v. Chr.)
  677 [*45]
Marcellus, M. Claudius (cos. 166, 155, 152
  v. Chr.) 889
Marcellus, M. Claudius (RE 227) 904
Marcellus, M. Claudius (Caesargegner, RE 229)
  970
Marchena, A.
  395 [*163]
Marchesi, C. 384
  388 [*78 *93] 485 [*110] 1070 [*715]
Marchetti, Alessandro 480
  394 [*138 *150]
Marcius Censorinus, L. (cos. 149) 660 902
Marcovich, M. 574
  15 74 [*69] 120 [*11] 347 [*105]
  359 [*541] 581 [*21] 583 [*89]
Marcovits, F.
  201 [*225]
Marcus Aurelius 82 106 210 499
  505 [*251]
Margolin, J.-C.
  1158 [*114] 1164 [*502]
Maricki-Gadjanski, K.
  465 [*444]
Marinelli Marcacci, O.
  435 [*171]
Marinone, N.
  375 [*36] 1001 [*255] 1003 [*435]
  1073 [*855]

Mariotti, I. 969
  979 [*156]
Mariotti, S.
  1079 [*1076]
Marius 671
Markov, M.
  395 [*198]
Markowski, H.
  644 [*407]
Marmier, J.
  199 [*167]
Marmorale, E. V.
  403 [*41] 1004 [*463]
Maron, G.
  199 [*146]
Marot, Clément 192
Maróth, M.
  509 [*500] 621 [*264]
Marpicati, P.
  456 [*146]
Marrone, L. 588
  42 [*77] 43 [*86] 620 [*116 *118]
Marrou, H.-I. 908
  914 [*44] 1159 [*202]
Marschall, F. H. 63
  73 [*26]
Marshall, B. A.
  1082 [*1250]
Martha, C. 381 383 397
  387 [*36]
Martha, J.
  1002 [*302 *344]
Martin, J. 383 409
  392 [*23] 393 [*71] 431 [*30] 1133 [*303]
Martin, Paul M.
  1140 [*657] 1166 [*754]
Martin, R.
  489 [*246] 1167 [*841]
Martin, R. H.
  452 [*18]
Martinazzoli, F.
  182 [*360]
Martini, E.
  19 [*243] 266 [*42]
Martini, R.
  453 [*40]
Martinus von Bracara
  663 [*4]
Martyn, J. R. C.
  997 [*41]
Marullus 409 479
Marwan, K.
  199 [*161]

Marwede, D. P.
  1004 [*495]
Marx, F.
  375 [*39] 458 [*190]
Marx, Karl 35 36 194 481
  38 [*3]
Masi, G.
  26 [*399]
Masłowski, T. 368 369
  377 [*92 *93] 405 [*80] 1128 [*84]
  1133 [*283 *284]
Maso, S.
  196 [*36]
Massa Positano, L.
  60 [*120]
Massaro, M.
  460 [*284] 482 [*16]
Masselink, F. J.
  701 [*232]
Masson, J. 384 399
  387 [*41] 405 [*95]
Mastandrea, P.
  484 [*73] 1132 [*247] 1134 [*363]
Mates, B. 595 597 599 601 602 603 605
  508 [*457 *461] 621 [*234]
Matron 116
Mattingly, H. B. 851
  893 [*42]
Mattingly, J. R.
  698 [*138] 699 [*164 *172]
Mau, J. 143 685 840
  13 [*61] 124 [*139] 175 [*144] 177 [*223
  *224] 255 [*19] 508 [*468] 620 [*227
  *229] 701 [*246] 715 [*180]
Mauch, H.
  380 [*210]
Maudlin, T.
  729 [*116]
Maurach, G.
  375 [*39 *49 *55] 378 [*141] 390 [*179]
  702 [*271] 997 [*44] 1061 [*261]
  1127 [*30]
Maxwell-Stuart, P. G.
  347 [*95]
Mayer, August
  355 [*381]
Mayer, Josef
  1149 [*1251]
Mayer, Roland
  1160 [*223]
Mayer-Maly, T.
  1141 [*704]
Maykowska, M.
  582 [*76]

Mayo, Th. F. 193
   199 [*160]
Mazzacane, R.
   435 [*189]
Mazzeo, J. A.
   198 [*110]
Mazzocchini, P.
   474 [*740 *743]
Mazzoli, G.
   196 [*42]   377 [*118]   702 [*279]
   1083 [*1285]
McCartney, E. S.
   458 [*191]
McColley, G.
   199 [*162]
McDermott, W. C.
   1011 [*78]   1058 [*144]   1131 [*222]
McEvilley, T.
   759 [*164]
McGregor, H. C. P.
   1004 [*452]
McIlwaine, I. C.
   43 [*86]   53 [*1 *2]   344 [*3]
McIntosh Snyder, J.
   347 [*91]
McKay, K. L. 426
   454 [*70]
McKeon, R.
   175 [*150]   1138 [*591]
McKinlay, A. P.
   1136 [*420]
McKirahan, R.
   1076 [*960]   1133 [*294]
McLeod, E. M.
   454 [*64]
McNamee, M. B.
   1150 [*1331]
McNew, L. D.
   1162 [*376]
McPherran, M. L. 747 764 802
   758 [*94]   766 [*15]   826 [*61]
McShane, R. B. 795 832
   784 [*73]
Meador, P. A.
   1070 [*755]   1129 [*155]
Meador, P. H.
   1135 [*396]
Medved, M.
   1058 [*152]
Meerhoff, K.
   1165 [*651]
Meerwaldt, J. D. 571
   352 [*264]   581 [*13 *19]

Megalophanes (?) aus Megalopolis (Schüler des Arkesilaos) 793
Mehus, L.
   198 [*123]
Meibom, M. 45
   58 [*25]   61 [*160]
Meid, W.
   705 [*360]
Meijer, P. A. 168
   183 [*393]   583 [*105 *106]   826 [*57]
Meineke, A.
   716 [*211]
Meinel, P. 574
   582 [*28]
Meister, R.
   1065 [*493]
Mejer, J. 297 497
   15 [*123 *129]   74 [*82]   173 [*68]
Mekler, S. 835 836 838 854
   266 [*43]   348 [*146]   361 [*594]   782 [*21]
Melanthios (Sohn des Aischines, Schüler des Antiochos?) 945
Melanthios aus Rhodos (Schüler des Karneades) 299 **909**
   914 [*52]
Melazzo, L.
   509 [*489]   621 [*245]
Meleager 289
Meletos 538
Melis, C. M.
   456 [*139]
Melissa (Haushälterin des Karneades) 854
Melissos 238
Memmius, C. 205 281 291 399 400 401 411 416 419 422
Menander (Komödiendichter) 66 325
Mendez Plancarte, G.
   392 [*40]
Menedemos aus Eretria 36 236 237 238 556 558
Menekles 232
Menekrates aus Mytilene (Schüler des Antiochos?) 945
Menelaos 868
Menendez Pelayo, M.
   1165 [*687]
Menestratos 221
Menippos 289
Meniskos 257
Menodotos aus Nikomedeia ('empirischer' Arzt) 771 840 986
Menoikeus 79f. 92 116 153
Mentor (Schüler des Karneades) 854
Mentorides 216 324 337

Menzione, A.
  453 [*49]
Merbach, F.
  174 [*125] 386 [*10 *11]
Merguet, H.
  1007 [*732]
Meritt, B. D. 518 791
  550 [*36]
Merkelbach, R.
  214 [*22] 267 [*63] 347 [*88]
Merklin, H.
  999 [*125] 1002 [*349] 1006 [*591]
  1059 [*202] 1062 [*355]
Merlan, Ph. 84 151 156 157 426
  120 [*5] 180 [*312] 181 [*350] 182 [*375
  *380] 379 [*179] 388 [*90] 474 [*758]
  699 [*151] 700 [*210]
Merone, E.
  473 [*705]
Merrill, W. A. 371
  402 [*2] 430 [*7] 452 [*5] 457 [*185]
  461 [*294-*298] 482 [*24] 484 [*65]
Mesnard, P.
  463 [*374]
Messalla Corvinus, M. Valerius (cos. 31, Gönner Tibulls) 982
Mesturini, A. M.
  469 [*555]
Metrodor aus Chios 747 754
Metrodor aus Kyzikos 905
Metrodor aus Lampsakos 50 51 62 63 64 68 69
  70 71 77 82 83 88 89 90 91 93 94 100 101 104
  105 107 108 109 110 111 112 118 126 137 163
  206 207 210 211 **216-221** 223 224 227 228 229
  232 235 239 247 253 260 262 264 268 283 287
  301 305 306 316 319 320 324 325 332 335 336
  337
  222 [*1-*22]
Metrodor aus Pitane 905 968
Metrodor aus Skepsis (Akademiker und Rhetor) 906 **911**
Metrodor aus Stratonikeia 281 299 849 **905f.**
  920f. 926
Mette, H. J. 45 96 99 776 788 799 800 811 829
  835 838 851 866 900 902 915 938 939 947
  41 [*59 *62] 42 [*79] 250 [*16] 266 [*23
  *27 *29] 344 [*2] 349 [*159 *162]
  353 [*296 *298] 468 [*526] 564 [*101]
  701 [*224] 783 [*42-*44] 1144 [*818]
Metellus Numidicus, Q. Caecilius (cos. 109 v.Chr.) 854
Metzger, H.
  174 [*109]

Meurig-Davies, E. L. B.
  431 [*24 *31 *36 *38]
Mewaldt, J. 399 408 409 415 424 451
  59 [*89] 121 [*21] 387 [*48 *58] 402 [*5]
  430 [*5]
Meyer, Franz Ludwig
  1056 [*84]
Meyer, H. 679
  508 [*466] 700 [*195]
Meyer, R.
  475 [*782]
Meyer, Rolf Dieter 904
  1059 [*185]
Meyerhöfer, H.
  1062 [*323] 1129 [*144]
Meylan, L.
  666 [*59] 1130 [*203]
Miani, C.
  1138 [*541]
Mianowski, T.
  476 [*807 *808]
Miceli, R.
  1072 [*844]
Michael, F. S.
  621 [*248]
Michel, A. 369 385 1041
  199 [*144] 376 [*86 *89] 378 [*144]
  404 [*71] 467 [*496] 490 [*299]
  506 [*356] 625 [*431] 728 [*72] 996 [*9]
  997 [*15 *43 *45] 1010 [*48] 1011 [*95]
  1012 [*100 *127] 1013 [*180] 1055 [*16
  *46] 1056 [*53 *57] 1059 [*181 *186 *199]
  1061 [*262] 1064 [*447] 1068 [*622]
  1069 [*692] 1070 [*756] 1071 [*799]
  1072 [*804] 1073 [*851 *868] 1078 [*1072]
  1079 [*1108] 1081 [*1202] 1128 [*53 *82]
  1130 [*193] 1133 [*282] 1135 [*392-*394
  *397 *400 *403 *404] 1136 [*446]
  1137 [*473 *476] 1138 [*543] 1140 [*646]
  1143 [*795] 1147 [*1034 *1036]
  1148 [*1162] 1164 [*500] 1166 [*723 *742]
Michel, J.
  1143 [*794]
Michelfeit, J.
  1063 [*398]
Michels, A. K.
  404 [*73] 464 [*396] 483 [*33]
Michels, L. C.
  396 [*226]
Mico von Saint-Riquier 407
Micocci, V.
  437 [*252]
Mielsch, H.
  56 [*98]

Migliorini, P.
 484 [*93]
Mignucci, M. 598
 24 [*367] 25 [*367] 508 [*473] 509 [*494]
 621 [*235 *259]
Mihaescu, H.
 60 [*137]
Milanese, G. 52 294 415 418 421 439 449
 456 [*135] 457 [*154 *177] 471 [*645]
 486 [*171]
Milazzo, A. M.
 348 [*128]
Miles, G. B.
 378 [*154]
Militello, C. 302
 350 [*193 *194]
Militerni della Morte, Paola
 1150 [*1352]
Mill, J. Stuart
 201 [*219]
Millar, F. X.
 1161 [*374]
Miller, F.
 186 [*514]
Miller, F. J.
 378 [*132]
Miller, Walter
 1005 [*582]
Millot, C. 99
 40 [*52] 123 [*98]
Mills Patrick, Mary
 726 [*34]
Miltiades 561
Mimnermos 328
Minadeo, R.
 433 [*127] 436 [*228 *234] 454 [*73]
Minar, E. L. 891
 896 [*142] 897 [*191]
Mingay, J.
 1072 [*802]
Minonzio, F.
 24 [*366] 781 [*1]
Minucius Felix
 1160 [*291 *292]
Minyard, J. D. 385 410 451
 375 [*46] 462 [*322]
Mirabeau
 1166 [*801]
Miralles, C.
 60 [*128]
Misch, G. 1037
 1069 [*674]
Misuro, Patrizia
 726 [*22]

Mitchell, T. N.
 1011 [*58] 1013 [*155]
Mithres 70 91 105 106 107 108 110-112 117
 119 209 245 302 303 319 336
Mitsis, P. 166 167
 26 [*374] 185 [*456] 187 [*538 *541]
Mizera, S. M.
 483 [*52]
Mizuchi, M. 521
 550 [*40]
Mlasowsky, A.
 998 [*92]
Mnaseas aus Tyros (Schüler des Antiochos?)
 519 945
Mnesagoras aus Alexandreia in der Troas 633
Mnesarchos (Lehrer des Antiochos) 647 660
 661f. 706 939f.
 668 [*211]
Modersohn, A. B.
 1163 [*494]
Modrze, Anneliese
 698 [*141] 979 [*155]
Moireas (Halbbruder des Arkesilaos) 788 837
Molager, J.
 1001 [*257]
Moles, J.
 979 [*174] 1010 [*7]
Molière 756
Molyneux, J. H.
 432 [*74]
Momigliano, A. 68 109 245 364 368
 74 [*54] 374 [*14] 704 [*317] 1146 [*951]
Mommsen, Th. 965
 979 [*141]
Monaco, G.
 1059 [*184]
Monat, P.
 1082 [*1251]
Mondini Marchetti, A.
 348 [*126]
Monet, A. 330
 361 [*589]
Monimos (Kyniker) 751 754
Montaigne 192 480 755
 1165 [*671-*674]
Montanari, E.
 180 [*315] 512 [*642]
Montanari Caldini, Roberta
 1066 [*555]
Montefusco, L.
 459 [*243]
Montesquieu
 1166 [*751-*754]

Montgomery, H. C.
    200 [*201]
Monti, A.
    55 [*76]
Monti, R. C.
    473 [*720]
Monti Tenti, C. M.
    55 [*76]
Montoneri, L.
    22 [*310]
Montuori, M.
    756 [*1]
Moore, G. E.   615
Moorhead, J.
    1163 [*430]
Moormann, E. M.
    56 [*87]
Moraux, P.   636 683 712 713 733 744 850 960
    968 969 981 983
    14 [*95]   15 [*124]   19 [*250]   20 [*277]
    362 [*641]   514 [*740]   644 [*305]
    703 [*304]   715 [*106]   716 [*228]
    757 [*63]   978 [*117]   979 [*157]   989 [*47]
    1061 [*304]   1131 [*245]
Moreau, J.   534 653 745 802 805
    39 [*32]   172 [*35]   178 [*253]   182 [*381]
    183 [*413]   506 [*356 *366]   509 [*494]
    511 [*576]   512 [*634]   514 [*736]
    516 [*806]   564 [*213]   619 [*33]
    622 [*302]   667 [*80]   727 [*62]   757 [*72]
    827 [*94]   1081 [*1213]   1138 [*554]
    1147 [*1055]
Morel, W.
    473 [*699]   1007 [*726]
Moreschini, C.   803
    359 [*529]   488 [*210]   826 [*52]
    1001 [*282]   1004 [*441]   1054 [*12]
    1074 [*921]   1160 [*232]
Moretti, L.
    516 [*777]   716 [*207]
Morgan, M. G.
    703 [*283]
Morgante, F.
    389 [*120]   466 [*456]
Morisset, R.
    392 [*42]
Moritz, L. A.
    1149 [*1252]
Moritz, M.
    463 [*362]
Morr, J.
    697 [*100 *104 *105 *112]   698 [*119]
Morrall, J. B.
    1140 [*661]
Morton, A. Q.
    848 [*108]
Moscarini, F.
    1071 [*783]
Moschion aus Mallos (Schüler des Lakydes)
    834
Moser, G. H.
    1000 [*211]
Mosino, F.
    471 [*626]
Motte, A.
    1132 [*249]
Motto, Anna Lydia
    12 [*31 *35]   196 [*32]
Mouchet, C.
    394 [*120]
Mourant, J. A.
    783 [*34]
Mouraviev, S. N.
    356 [*388]
Moutsopoulos, E.
    178 [*243]   184 [*445]   517 [*815]
Movia, G.
    644 [*304]   716 [*226]
Moya Fernández, E.
    202 [*254]
Mras, K.
    1067 [*571]
Muchnová, Dagmar
    1134 [*344]   1151 [*1541]
Mucius Scaevola, Q.   653 660
Muckle, J. T.
    1160 [*272]
Mudry, Ph.
    279 [*25]
Muecke, F.
    468 [*518]
Mueller, Ian   602
    20 [*266]   24 [*363]   506 [*365]   508 [*479]
    509 [*496 *501]   551 [*110]   621 [*260 *265]
Mueller-Goldingen, C.
    1058 [*130]
Mugler, Ch.
    172 [*49]   177 [*221 *226]   178 [*234]
Mühl, A.
    433 [*128]
Mühl, M.
    697 [*101]   700 [*189]
Mühlhaus, K. H.
    1063 [*399]
Mühll, P. von der   36 45 82 92 106 562 635 786
    58 [*39]   121 [*46 *51]   197 [*86]
    565 [*264]   644 [*252]   773 [*12]   825 [*21]

Mulgen, R. G.
 376 [*64]
Müllenbrock, H.-J.
 1166 [*731]
Müller, Armin
 40 [*41] 1060 [*244] 1127 [*22]
 1140 [*647]
Müller, Carl 771
 694 [*2] 714 [*41]
Müller, Carl Friedrich Wilhelm
 999 [*102] 1005 [*531] 1007 [*701 *711]
Müller, Carl Werner 520 685 777 780 805 806
 818 821 829 842 843 844 845 882 909 974 982
 517 [*909 *910] 702 [*272] 728 [*75]
 782 [*4] 784 [*61] 847 [*77] 848 [*109
 *110] 914 [*51]
Müller, Gerhard 384 409 410 414 416 418 419
 420 421 426 429 439 442
 432 [*71 *75] 437 [*245] 465 [*430]
 467 [*486] 475 [*778]
Müller, G. E.
 186 [*495]
Müller, Helmut 1052f. 1053
 1057 [*114] 1083 [*1314]
Müller, Karl Konrad
 715 [*151]
Müller, Konrad 383 407 442
 392 [*25] 434 [*148 *160 *164]
Muller, Philippe
 1127 [*31]
Müller, Reimar 36 165 169 232 264 340
 39 [*32] 40 [*36] 41 [*56] 173 [*81]
 179 [*285] 185 [*460] 186 [*500 *505 *507]
 187 [*533] 201 [*218] 267 [*67]
 351 [*230] 465 [*442 *446] 469 [*556]
 517 [*816] 1062 [*356] 1132 [*262]
 1142 [*765 *766] 1167 [*869]
Muller, Robert 801 888
 22 [*311] 828 [*122]
Mullett, C. F.
 453 [*50]
Müllner, K.
 1163 [*492]
Mund-Dopchie, M.
 434 [*141]
Munk Olsen, B.
 435 [*190] 1157 [*68] 1163 [*428]
Muñoz Valle, I.
 379 [*198]
Munro, H. A. J. 383 449
 391 [*7] 393 [*89] 394 [*100]
Munro, Th.
 182 [*384]

Munz, R.
 696 [*67 *77] 697 [*84 *113] 698 [*120]
Münzer, F. 400
 402 [*4 *9]
Murărasu, D.
 395 [*172]
Murley, C.
 402 [*6] 452 [*17 *24]
Murphy, T. M.
 511 [*609]
Murr, Ch. G. von 313
 354 [*336]
Murray, O. 296
 348 [*124 *132] 380 [*209]
Musaios 328
Muscettola, S. A. 227
 234 [*12]
Musiolek, P.
 465 [*445]
Mussehl, J. 408 409
 430 [*6]
Musonius Rufus, C. 499
 504 [*171]
Mutschler, Fritz-Heiner
 484 [*80]
Mutschmann, H. 840 850 866 868
 13 [*61] 195 [*22] 696 [*68] 893 [*22]
 895 [*102]
Mys 111 115 209

Nachtgael, G.
 250 [*22]
Nadal, R. 788
 825 [*42]
Naddei Carbonara, M.
 618 [*4]
Naess, A.
 730 [*137]
Nagnajewicz, M.
 1057 [*119]
Nailis, C.
 620 [*110] 700 [*203]
Namia, G.
 455 [*110]
Napolitano, Linda M.
 989 [*49 *50]
Nardelli, M. L. 308 309 310
 41 [*69] 54 [*51] 250 [*26] 353 [*295 *297
 *300 *303 *304 *307]
Nardo, D.
 375 [*29]

Narducci, E.
  1005 [*519] 1011 [*64] 1013 [*156]
  1078 [*1073] 1081 [*1216] 1139 [*601]
  1141 [*679] 1143 [*805]
Nash, D.
  704 [*323]
Nasti de Vincentis, M.
  509 [*507] 510 [*516]
Nat, P. G. van der
  996 [*11]
Natali, C.
  74 [*73] 784 [*55 *56]
Natorp, Paul 814 840 981
  827 [*91] 988 [*21 *22]
Naughtin, V. P.
  461 [*303]
Naum, T.
  395 [*173]
Naumann, H. 274 370
  275 [*13] 378 [*151]
Nausiphanes aus Teos 66 69 103 105 115 129
  155 219 305 306 317 **768f.**
Navarro y Calvo, F.
  1000 [*174]
Neal, G.
  25 [*370] 43 [*87]
Neanthes 299
Nebel, G. 693
  514 [*714] 553 [*203] 699 [*173]
Neck, G. 140
  178 [*236]
Nederman, Cary S.
  1163 [*433]
Negri, A. M.
  1148 [*1121]
Nelson, H. L. W.
  1000 [*147] 1059 [*198] 1144 [*845]
Nelson, N. E.
  1159 [*151]
Németh, B.
  405 [*94]
Neokles 48 50 64 65 90 91
Neoptolemos aus Parion 260 307 308 309
Nepi, G.
  389 [*119]
Nepos, Cornelius 167 397
Nero, Tiberius Claudius (RE 254, Vater des
  Kaisers Tiberius, erster Gatte der Livia) 257
  260
Nesselrath, H. G.
  196 [*61]
Nestle, W. 764
  21 [*291 *304] 766 [*12]
Nestor (mythischer König von Pylos) 296

Nestor aus Tarsos (Stoiker) 633 641
Nethercut, W. R.
  196 [*31] 474 [*767] 483 [*47]
Neubecker, Annemarie J. 313 342 631
  355 [*348 *356 *359] 643 [*157]
Neudling, Ch. L.
  345 [*52] 453 [*29]
Neuenschwander, H. R.
  700 [*211]
Neugebauer, O.
  715 [*177]
Neuhausen, K. A.
  1005 [*551] 1011 [*81] 1071 [*764]
  1079 [*1106] 1130 [*162] 1134 [*346]
  1151 [*1517]
Neumann, A.
  715 [*159]
Neumann, H.
  389 [*130]
Neumann, Walter Ernst
  1161 [*372]
Neustadt, E.
  582 [*81]
Newton, Isaac 35 193 384 479
Niccoli, Niccolò 407
Niccolini, O. B.
  388 [*99] 436 [*218]
Nichols, J. H. 451
  187 [*515]
Nickel, R.
  515 [*760]
Nicolet, C.
  702 [*276] 1010 [*48] 1068 [*623]
Nicoll, W. S. M.
  433 [*129] 434 [*136]
Nicolosi, I. T.
  485 [*115 *118 *119]
Niederberger, P.
  1013 [*171]
Niedermann, J.
  1148 [*1171]
Nietzsche, Friedrich 440 748
  18 [*241] 19 [*242] 757 [*41]
Nikagoras 646
Nikander 265 411
Nikasikrates 211 280 **283-285** 297 301 319 323
  324 327 371
  286 [*11 *12]
Niketas, D. Z.
  1162 [*403]
Nikidion 68 221 287
Nikolochos aus Rhodos 771
Nikomedes III. 338

Nisbet, B.
    201 [*205]
Nisbet, R. G. M.   46 290 291
    54 [*40]
Nizan, P.   385
    39 [*10]
Nizolius, Marius
    1165 [*631]
Nobile, E.
    388 [*79]
Nock, A. D.   679 691 692 694
    701 [*243]
Nolte, A.
    1074 [*905]   1131 [*233]
Nonius   478 996
Nonvel Pieri, Stefania
    727 [*51]   827 [*95]   892 [*4]
Norden, E.   51 52 678
    53 [*23]   460 [*261]   695 [*43]   696 [*55
    *78]   697 [*85]
Nörr, D.
    1157 [*24]
Nováková, J.
    458 [*219]   459 [*235]
Novara, Antoinette
    1148 [*1173]   1151 [*1451]
Nowicki, A.
    460 [*279]
Numenios (Schüler Pyrrhons?)   770
    774 [*35]
Numenios aus Apameia   38 130 209 210 316
    770 776
    20f. [*281-*286]
Numminen, P.
    395 [*214]   403 [*43]   464 [*415]
    1133 [*306]
Nussbaum, Martha C.
    24 [*365]   25 [*372]   26 [*374]   180 [*300]
    185 [*452]   474 [*749]   730 [*124]
Nysius   660

Oates, W. J.
    60 [*100]   393 [*94]
Obbink, D.   48 87 89 116 119 120 150 152 216
    230 328
    125 [*168 *169]   183 [*398]   234 [*23]
    360 [*563]
Oberhummer   519
    550 [*32]
Obginti, F.
    402 [*18]
O'Brien, D.
    179 [*279]

Obstoj, A.
    196 [*43]
Octavia   711
Oder, E.   678 709
    695 [*38]   715 [*152]
Odysseus   296 312
Offermann, H.
    475 [*774]
Ogilvie, R. M.
    486 [*155]   1161 [*324]
O'Gorman, G.
    1159 [*166]
O'Hara, J. J.
    469 [*557]
Ohly, R.
    357 [*458]
Oiserman, T. I.
    1127 [*28]   1167 [*868]
Ojeman, M. R.
    459 [*225 *228 *232]
Oka, M.
    1065 [*501]
Okál, M.
    40 [*53]   124 [*125]
Okpanku, A. A.
    490 [*294]
Oksala, P.
    1057 [*108]
Oldfather, W. A.
    714 [*21]   1007 [*733]
Oliver, J. H.   209
    214 [*10]
Olivier, F.
    431 [*45]
Olivieri, A.   321
    347 [*121]   357 [*449]
Ollier, F.
    583 [*164]
Oltramare, P.
    11 [*23]
Olympiodor   105 116
O'Mara, M.
    1059 [*187]
O'Meara, J.
    783 [*33]
Onians, R. B.
    474 [*753]
Ooteghem, J. van   943
    976 [*32]
Opelt, Ilona
    486 [*150]   1075 [*928]   1158 [*123]
Oppel, H.   131
    175 [*138]   1149 [*1301]   1150 [*1371]
    1151 [*1491]

Oppermann, H.
 175 [*134]   997 [*37]
Orban, M.
 1059 [*177]
Orelli, J. C.
 1007 [*731]
Orestes 133 152
Origenes 537
Oros-Reta, M. J.
 40 [*32]
Orth, E.
 124 [*126]   352 [*259]   432 [*61 *65 *84]
 463 [*375]   464 [*409]   644 [*405]
 1079 [*1134]   1147 [*1061]
Oświecimski, S.
 386 [*12]
Ott, W.
 461 [*318]
Otten, K.
 489 [*248]
Otto, W. F.
 40 [*51]
Ovid 406 477 708
Owen, W. H. 413
 434 [*130]   436 [*231]

Pabón, C. T.
 468 [*535]
Pacchi, A. 193
 200 [*178]
Pachet, P.
 507 [*408]   509 [*494]   551 [*104]
 621 [*246]
Paci, E.
 39 [*16]
Pacitti, G.
 1078 [*1065]
Packer, M. N. P.
 1071 [*787]   1132 [*273]
Packman, M. 426
 475 [*779]
Pacuvius 443
Paganini, G.
 201 [*204]
Page, D. L.
 266 [*25 *26]   346 [*82]   347 [*93]
Pagliaro, A.
 175 [*147]   620 [*228]
Pagnoni, M. R. 190 191
 198 [*113]
Pahnke, E.
 1061 [*307]   1063 [*373]

Pakcińska, M.
 172 [*48]   184 [*417]
Palacios Chinchilla, T.
 1147 [*1035]
Paladini, M. L.
 432 [*66 *76 *85]
Paladini, V.
 388 [*75]   1145 [*862]
Palasse, M.
 1141 [*706]
Paleikat, G. 814
 827 [*92]
Palm, J.
 725 [*11]
Palmieri, Matteo
 1164 [*571]
Pamphilos 65
Panagl, O.
 645 [*413]   1058 [*126]
Panaitios aus Rhodos   300 415 449 496 559 634
 637 641 **646-660** 660-665 670 682 684 686 689
 693 706 901 963 966 974 1027 1031 1040
 1042 1044 1046 1047-1049 1051 1087 1098
 665ff. [*1-*133]
Panaretos (Schüler des Arkesilaos) 793
Pancheri, L. U.
 178 [*246 *254]   179 [*266]   434 [*152]
Pandermalis, D.
 54 [*47]
Panico, Giovanna
 1151 [*1516]
Panizza, A.
 394 [*136]
Pannuti, U. 63
 73 [*40]
Pansa, C. Vibius 366
Paolillo, M.
 1004 [*474]
Paolucci, M. 363
 348 [*123]   374 [*19]   388 [*94]   431 [*51]
Papa, R.
 454 [*65]   464 [*397]
Papanghelis, Th. D.
 390 [*169]   435 [*172]   471 [*638]
Papantoniou, S. K.
 513 [*658]
Pappenheim, E. 768
 774 [*52]
Papu, E.
 60 [*137]
Parain, Ch.
 403 [*46]

Paratore, E. 363 368 442
  374 [*21] 375 [*33] 378 [*149] 379 [*197]
  388 [*76] 389 [*138] 392 [*46] 403 [*38]
  404 [*64 *66] 453 [*54] 470 [*590 *606]
  483 [*30 *31 *36] 1156 [*6]
Parella, P.
  394 [*140 *143]
Paris 296
Parker, D. S.
  432 [*54] 453 [*38]
Parmenides 103 238 419 427 732 741 750 763
Parroni, P.
  1069 [*646]
Parsons, P. 762 764
  21 [*294] 347 [*111] 765 [*3]
Pascal, Blaise 755
Pascal, C.
  123 [*113] 374 [*7] 387 [*40] 482 [*23]
  484 [*108]
Paschalis, M. H.
  483 [*56]
Pascucci, Giovanni
  1058 [*124] 1068 [*624 *642] 1141 [*690]
Paseas (Schüler des Lakydes) 834
Pasetto, D.
  433 [*96]
Pasoli, E. 443 444
  404 [*56] 455 [*115] 459 [*251] 472 [*670]
Pasquali, A.
  186 [*502]
Pasquali, G.
  698 [*125]
Pasquino, P.
  509 [*494] 512 [*635] 552 [*152]
Patin, H. 383 384 385
  387 [*37]
Paton, W. R.
  346 [*72]
Patron 205 210 273 **281**
  282 [*8]
Patzig, G. 1027
  1072 [*805]
Paulo De Silva, C.
  454 [*76]
Paulos (Freund des Lakydes) 771 834
Paulsen, Friedrich
  1167 [*861]
Paulson, J.
  386 [*1]
Paulus (der Apostel) 210 637
Pausanias 329
Pausimachon 307
Pavano, G.
  403 [*40] 1133 [*305]

Pazzini, P.
  1069 [*675]
Pearce, T. E. V.
  46 [*312] 465 [*436]
Pearson, A. C.
  549 [*1] 581 [*1]
Pease, A. S. 1044
  582 [*83] 700 [*182] 1003 [*434]
  1004 [*461] 1073 [*891]
Pédech, P.
  703 [*309]
Pedro de Valencia
  725 [*29] 1165 [*684-*688]
Pedroli, U.
  1000 [*164]
Pellegrin, E.
  431 [*26]
Pellegrino, M.
  485 [*120]
Pellizer, A.
  459 [*240]
Pelling, Chr.
  25 [*369] 197 [*67]
Pellini, S.
  222 [*11 *13]
Pembroke, S. G. 615
  506 [*359] 515 [*757] 624 [*417]
  978 [*115]
Pendzig, P.
  199 [*156]
Penelhum, T.
  727 [*52]
Pentzopoulou-Valalas, Thérèse
  730 [*141]
Pépin, J.
  182 [*378] 703 [*284] 1129 [*138]
  1145 [*911] 1147 [*1033]
Perdikkas 67
Perelli, L. 384 398 450
  172 [*43] 389 [*139] 390 [*156 *159]
  392 [*47] 436 [*211] 452 [*25] 464 [*410]
  465 [*431] 474 [*765] 1062 [*353]
  1064 [*427] 1140 [*671] 1141 [*680]
Perikles 269
Perinet, G.
  165 [*661]
Perlich, D.
  143 [*769]
Perlwitz, O.
  1058 [*147]
Perret, J. 420
  453 [*370] 471 [*656] 483 [*46]
  1059 [*175]

Perrin, B.
 1009 [*2]
Perron, H. 319
 356 [*417]
Perrot, J.
 458 [*216]
Persaios aus Kition   104 495 518 521 **555-557**
 558 790
 564 [*51-*63]
Perseus   116 300 328 646
Persius Flaccus, A.   49 499
 504 [*181]
Perutelli, A.   426
 475 [*786]
Pesce, D.
 60 [*118]   184 [*438]   466 [*461]
 468 [*536]   471 [*625]   516 [*778]
 643 [*35]   1004 [*477]   1072 [*803]
 1139 [*641]
Peter, H.
 1010 [*15]
Peters, F.
 458 [*189]   1057 [*102]   1132 [*272]
Petersen, Ch.
 619 [*22]
Peterson, W.
 1006 [*621]
Petersson, T.
 1010 [*32]
Petit, M.
 504 [*153]
Petrarca   190 479 1030
 1164 [*511-*518]
Pétré, H.
 1148 [*1151]
Petron   477
Petronio, G.
 452 [*10]
Petrovskij, F. A.
 391 [*16]   395 [*181]
Petrucciani, M.
 455 [*93]
Petrusevski, M. D.
 583 [*90]
Petruzzelli, M.
 1168 [*934]
Petruzziello, C.
 460 [*275]
Petzold, K. E.
 1145 [*872]
Peusch, E.
 1162 [*377]
Pezzini, M.
 458 [*205]

Pfaff, K.
 620 [*108]
Pfaffenwimmer, J.
 1071 [*789]
Pfeffer, F.
 1146 [*961]
Pfeiffer, R.   843
 847 [*74]   1156 [*9]
Pfligersdorffer, G.   679 974
 182 [*370]   469 [*559]   701 [*244]
 705 [*355]   980 [*212]   1062 [*352]
 1074 [*916]
Phaidros (Epikureer)   1008
Phaidros aus Athen   167 210 **273** 281 290 328
 341 366 415 1043
 274 [*1 *2]
Phanias   299 670 706 **710**
Phila   108
Philainion   295
Philetairos   795
Philinos aus Kos   264
Philion, der Skeptiker   263 264
Philip, J. A.   843
 847 [*75]
Philipp V. von Makedonien   777
Philipp aus Opus   299
Philippos   105 109 113 336
Philippson, R.   64 65 67 87 151 163 165 231
 232 240 248 252 254 256 262 285 289 290 291
 292 293 294 297 301 305 307 308 309 316 319
 322 325 326 327 328 330 331 333 334 632 638
 647 648 649 650 655 656 657 664 679 919 926
 1021 1026 1028 1032
 41 [*74]   74 [*55]   121 [*35 *47]   181 [*346
 *347 *351 *355]   182 [*356]   183 [*403
 *409]   186 [*483]   233 [*1]   234 [*21]
 250 [*14]   255 [*16]   265 [*7]   266 [*55]
 274 [*1]   282 [*8]   286 [*1 *11 *17]
 345 [*19]   346 [*77]   348 [*121]   357 [*449
 *475 *477]   358 [*480 *500 *503]   359 [*526
 *528]   360 [*570 *576]   361 [*579 *580]
 362 [*625]   379 [*170]   511 [*575]
 513 [*709]   514 [*712]   553 [*172 *201]
 643 [*156]   645 [*452]   666 [*17 *60-*62 *65
 *72]   700 [*183]   716 [*217]   773 [*14]
 936 [*55]   937 [*101]   988 [*25]   1010 [*39]
 1072 [*843]   1074 [*902 *903 *906]
 1127 [*5]
Philiskos aus Aegina   290 299 364
Philistas   50 167 241 242
Philista (Schwester Pyrrhons)   734 755
Phillips, J. H.
 437 [*244]   467 [*507]   468 [*527 *537]

Phillips, J. J.
   1058 [*146]
Philochoros 299
Philodem aus Gadara 47 48 50 51 64 65 70 78
   81 84 85 87 88 91 93 96 97 98 102 107 108
   111 112 113 114 115 117 119 128 129 130 136
   138 152 169 170 208 212 213 219 221 227 228
   230 231 232 247 251 259 260 264 268 270 272
   280 281 283 284 285 **289-343** 365 366 367 369
   370 371 373 385 415 418 423 438 439 498 627
   629 641
   11 [*11-*13] **344ff.** [*1-*644]
Philomelos 308
Philon (Megariker) 598 600
Philon aus Alexandreia 498 627 725
   504 [*151-*153]
Philon aus Athen (Schüler Pyrrhons) 752 **770**
   774 [*31]
Philon aus Larisa 209 268 299 300 721 781 905
   907 **915-934** 983 987 1008 1031 1038 1085f.
   1098 1099 1121 1125
   935ff. [*1-*105]
Philonides aus Laodikeia (Epikureer) 51 95 97
   163 188 212 221 225 230 **251-254** 258 259 284
   285 293 296 297 301 337 364 556 852
   254f. [*1-*19]
Philonides aus Theben (Stoiker) 521 555 556
   558
   564 [*101]
Philopolis 300
Philoponos 119
Philostrat 210
Philus, L. Furius (cos. 136 v. Chr.) 854
Phlegon aus Tralles 273 281
Phloratos, C. S.
   551 [*103] 668 [*111] 703 [*298]
Phoroneus 333
Photios 108 265
Phrontis 68
Phyrson 85 113 303
Piaggio, Antonio 46 48 314
Pianezzola, E.
   434 [*144] 460 [*263] 466 [*478]
   486 [*153]
Pianko, G. 762
   766 [*31-*33]
Piantelli, M. 753
   759 [*162]
Piatkowski, A. C.
   455 [*111]
Picavet, F.
   181 [*340 *341]
Pichon, R.
   402 [*3]

Picht, G.
   667 [*74]
Pieri, A. 478
   467 [*487] 486 [*160]
Piganiol, A.
   1066 [*540]
Pigeaud, Jackie 276 277 426 429
   179 [*286] 182 [*382] 279 [*24] 467 [*500
   *508] 468 [*528 *538] 469 [*560]
   507 [*427] 625 [*438] 894 [*86]
Pighi, G. B.
   464 [*398]
Pigman, G. W.
   1154 [*541]
Pillinger, H. E.
   484 [*86]
Pimentel Alvarez, J.
   1001 [*275] 1003 [*389]
Pinborg, J.
   621 [*232]
Pinchetti, B.
   394 [*146]
Pindar 311 315 328 794
Pineaux, J.
   199 [*143]
Piñeiro Prmuy, J.
   464 [*401]
Pini, F.
   1007 [*653]
Pinkster, H. 908
   1000 [*147]
Pippidi, D. M.
   345 [*28]
Pire, G.
   514 [*736]
Pirola, G.
   202 [*253]
Pisano, G.
   240 [*12]
Piscione, E.
   185 [*446] 1079 [*1110] 1138 [*574]
Piscitelli Carpino, Teresa
   1149 [*1194]
Piso Caesoninus, Lucius Calpurnius 46 289 290
   292 294 296 316 366
Piso Frugi, Cn. Calpurnius 290 291 305 660
Piso Frugi Calpurnianus, M. Pupius (cos. 61
   v. Chr.) 944
Piso Pontifex, L. Calpurnius 46
Pitzalis, L.
   1076 [*973]
Pius, Q. Metellus 366

Pizzani, U. 397 408
377 [*101] 432 [*77 *78] 460 [*271]
468 [*529] 488 [*212 *217 *218] 489 [*247
*249] 1134 [*314]
Pizzolato, L. F.
486 [*146]
Planudes, Maximos
1157 [*73]
Plasberg, O.
1001 [*272] 1003 [*431] 1004 [*511]
1006 [*651] 1011 [*91] 1060 [*231]
Platon 36 99 102 110 115 127 128 129 135 136
137 140 144 149 150 155 156 164 165 168 169
236 237 238 239 240 246 249 299 300 304 314
315 320 416 451 576 578 591 650 682 690 732
794 803 805 811 824 908 946 950 953 966
973f. 985 1053
638 [**11*] 677 [*32-*34*] 1129 [*131-*147]
– als Skeptiker gedeutet 925
– Ausgaben der Schriften 841-843
– in der skeptischen Akademie 838-843
– Philosophenkönige 1016
– über Gott als das Gute 743
– und Arkesilaos 821f.
– und Cicero 1017 1019 1021 1024 1028
1031 1033 1034 1035 1036 1037 1042 1052
1086 1088 1089 1090 1106 1107 1109
– und die skeptische Akademie 721f.
– und Philon aus Larisa 933
Platz, Bärbel
1077 [*1015] 1158 [*131]
Plautus 363
Plebe, A.
355 [*349] 643 [*158]
Pleister, W.
201 [*238]
Plezia, M. 919 946
913 [*21] 936 [*54] 977 [*51] 1012 [*128]
1013 [*182] 1056 [*60] 1061 [*312]
1062 [*321] 1070 [*752] 1082 [*1249]
1083 [*1264 *1265 *1331] 1140 [*651]
1167 [*902 *905]
Plinius d.Ä. 63 64 109 276 277 672
1160 [*241]
Plinius d.J. 298
Plinval, G. de 1036
472 [*660] 1001 [*218]
Plotina 209
Plotius Tucca 274 291 319 367 370 371 372
398
Plumpe, J. C.
1148 [*1132]
Plutarch aus Athen 189 982

Plutarch aus Chaironeia 46 51 64 65 67 70 89
93 104 107 114 117 119 133 219 221 235 238
239 296 364 499 537 627 682 806f. 981 995
1008
12 [*41-*57] 240 [*3] 505 [*236 *237]
1009f. [*1-*7]
Poggio Bracciolini 190 407
Pohlenz, M. 66 497 500 501 519 522 523 526
528 529 531 533 556 557 566 571 573 574 576
594 595 596 605 606 608 609 611 613 615 618
633 634 635 639 640 642 646 647 648 649 651
652 653 655 656 657 658 662 664 665 672 678
679 684 685 686 688 691 692 708 750 882 884
959 1086
74 [*59] 171 [*28] 240 [*2] 355 [*350]
503 [*14] 505 [*237] 506 [*352 *353]
510 [*532] 513 [*708] 514 [*717]
549 [*12] 550 [*33] 563 [*4] 564 [*53 *153
*203] 565 [*253] 581 [*4] 582 [*82]
583 [*153 *165] 618 [*2] 619 [*24 *27]
620 [*202 *224] 638 [**16*] 642 [*2]
643 [*22 *24] 665 [*3] 666 [*18 *20-*22 *53
*56 *66 *69] 668 [*252] 695 [*4 *39 *47 *49
*50] 675 [*23*] 696 [*60] 697 [*91 *92
*107] 698 [*126] 699 [*146 *174 *177]
700 [*184 *199 *204] 715 [*104] 716 [*202]
757 [*71] 896 [*172] 897 [*181]
978 [*111] 1003 [*383 *401] 1062 [*331]
1067 [*606] 1071 [*791] 1080 [*1177 *1178]
Pöhlmann, E. 157 410 411 413
355 [*354 *359 *361] 437 [*239] 474 [*769]
476 [*802]
Pokrovskaja, Z. A.
174 [*113 *117] 347 [*97] 405 [*88]
437 [*251] 455 [*100] 456 [*150]
459 [*227] 465 [*425 *426] 468 [*519]
490 [*280]
Polemon 299 300 520 559 560 733 788f. 789f.
955 956
Polignac, Melchior de 194 383 480
Poliseno, A.
1079 [*1112]
Polites (?) aus Phokaia (Schüler des Lakydes)
834
Politi, F.
394 [*139]
Poliziano, Angelo 325 479
1164 [*581]
Polle, F.
386 [*9]
Pollini, L.
387 [*54]
Polos (?) aus Akragas (Schüler des Antiochos?)
945

Polyainos 50 51 62 68 70 77 92 93 103 109 112
  116 126 142 206 207 217 **223-226** 228 229 232
  235 253 258 259 268 284 287 293 301 304 336
  337 641
  226 [*1 *2]
Polybios 646 647 649 911 1033
  673 [*2]
Polymedes 92
Polyneikes 324
Polystrat 128 140 210 212 228 **247-249** 300 335
  17 **250** [*1-*30]
Pompeius 398 670 671 692 710
  673 [*3]
Poncelet, R.
  1057 [*110] 1061 [*271] 1129 [*135]
Ponnier, K.
  201 [*223]
Pontano 399 479
Pope, M.
  180 [*292]
Pope, S. R.
  453 [*30]
Popilius Theotimus 210
Popkin, R. H. 192 193
  199 [*168] 730 [*136]
Poplawski, M. S.
  402 [*7]
Popper, Karl 1097
Porphyrios 230 231 232 239 309 333 365
  233 [*2]
Porta, G.
  999 [*131]
Porter, J. I.
  354 [*318 *332]
Pöschl, V.
  374 [*22] 1060 [*234] 1063 [*382]
  1139 [*625] 1149 [*1195]
Poseidonios aus Alexandreia 521
Poseidonios aus Apameia 7 150 168 257 262
  269 282 318 415 496 536 576 637 647 648 657
  660 **670-694** 706 707 710 711 927 963 1031
  1043 1044 1047 1049 1098
  694ff. [*1-*365]
Postumius, L. 364
Potamon aus Alexandria ('Eklektiker') 987
Poulsen, F. 851
  72 [*9 *11] 893 [*51]
Powell, I. U.
  582 [*72]
Powell, J. G. F.
  997 [*48] 1000 [*183] 1005 [*521 *538]
  1058 [*132]
Pozzo, G. M.
  175 [*145]

Praechter, K. 4 35 138 678 679 750 858 968
  982
  22 [*336] 222 [*2] 348 [*144] 357 [*478]
Prantl, C. 595
  508 [*451]
Pratesi, Rita 762 832
  766 [*14] 767 [*46]
Praxiphanes aus Mytilene 67 105 241 242 307
  308
Praÿlos aus der Troas 771 834
Préaux, C.
  623 [*317]
Préaux, J.
  404 [*62] 433 [*121]
Prehn, K.
  121 [*21]
Prestel, P.
  1162 [*397]
Prete, S.
  1006 [*601]
Preti, G.
  508 [*465] 729 [*102]
Preus, A.
  19 [*251] 516 [*794] 554 [*235] 716 [*229]
Price, J. V.
  1166 [*782 *783]
Price Wallach, Barbara
  1069 [*695]
Prioco, S.
  485 [*129]
Priscian 407
Pritchett, W. K. 518
  550 [*36]
Probus, Valerius 407 410
Procopé, J.
  358 [*490]
Prodikos 98 328
Prodikos aus Keos (?) 844
Proitos 296
Proklos 230 236 239 269
Properz 363
Protagoras 115 754
Protarchos aus Bargylia 210 256 257 259 302
Proussis, C.
  550 [*39]
Prufer, T.
  200 [*185]
Prümm, K. 908
  914 [*42] 1058 [*171]
Ptolemaios I. Soter 519
Ptolemaios II. Philadelphos 238 239 296 579
  761 778
Ptolemaios IV. Philopator 579
Ptolemaios VI. Philometor 778

Ptolemaios aus Kyrene ('empirischer' Arzt)
  771-773 986
Pucci, G. C.
  376 [*84]   459 [*236]   1133 [*309]
Pucci, P.
  1079 [*1101]
Puccioni, G.
  458 [*197]   467 [*509]
Puech, A.   837
  266 [*53]
Puelma, M.   365 444
  375 [*42 *47 *50]   1058 [*123 *127]
Puglia, E.   47 49 50 80 99 100 103 212 213 252
  253 254 256 257 258 261 262 263 264 265 330
  43 [*86 *88]   56 [*94]   123 [*106 *109]
  215 [*34]   265 [*11]   267 [*75 *79 *81 *83]
  355 [*363]
Pugliese, G.
  1144 [*824]
Puhle, Annekatrin
  1082 [*1221]   1131 [*225]
Puliga, O.
  179 [*287]
Pumiathon   519
Purser, L. C.
  1006 [*631]
Pütz, T.
  1056 [*82]
Puxeddu, E.
  387 [*59]
Pylades (Halbbruder des Arkesilaos)   788
Pyrrhon aus Elis   66 89 105 210 555 721 722
  732-756 761 790 812-815 948
  756ff. [*1-*165]   1128 [*121]
Pyrson   104
Pythagoras   298
Pytharatos   71 111
Pythodoros (Schüler des Arkesilaos)   787
Pythokles   76 77-79 95 106 109 110 112 113 116
  117 138 221 224 228 303 333 336

Quellet, H.
  459 [*250]
Quevédo, Francisco de   191
Quinn, K.
  454 [*66]
Quintilian   112 477 1036 1052
Quintilius Varus (aus Verona, Dichterfreund
  Vergils)   274 291 319 321 367 370 371
Quispel, G.
  701 [*216]

Raasted, J.
  432 [*55]
Rabbie, E.
  1000 [*147]   1059 [*200]
Rabbow, P.   208 322
  214 [*13]   514 [*731]   696 [*60]
Rabel, R. J.
  512 [*649]   515 [*772]   516 [*779]
  554 [*224]   623 [*344]   624 [*421]
  625 [*425]
Rabirius   365
Rabuse, G.
  1157 [*63]   1163 [*481]
Rackham, H.
  999 [*123]   1001 [*251 *273]   1002 [*342]
  1003 [*432]   1004 [*473]
Radbruch, G.
  1159 [*153]   1164 [*591]
Radetti, G.
  198 [*122]
Radke, G.
  472 [*664]   997 [*38]
Radt, S.
  266 [*31 *33]
Rahn, H.
  1135 [*391]
Raimondi, Cosimo   191
Raimondi, E.
  487 [*204]
Raith, O.
  196 [*30]   214 [*19]
Ramain, G.
  430 [*9]
Rambaud, C.
  1002 [*344]
Rambaud, M.   367
  40 [*32]   376 [*62]   1145 [*866]
Rambaux, C.
  473 [*719]
Ramorino Martini, L.
  483 [*58]
Ramus, Petrus
  1165 [*651]
Rand, E. K.   422 444
  387 [*60]   473 [*700]   1012 [*113]
  1163 [*421 *471]
Ranft, H.
  1013 [*170]
Rankin, H. D.
  433 [*99]   465 [*443]   470 [*616]
Ranzoli, C.
  377 [*124]
Raphael, M.
  756 [*22]

Rapisarda, E.
485 [*116 *117 *121 *123 *127]
Rapisardi, M.
394 [*135]
Raskolnikoff, M.
704 [*337]
Rathofer, C.
1069 [*679]
Raubitschek, A. E. 167 273 410
214 [*12] 431 [*18] 979 [*173] 1011 [*72]
1132 [*275]
Raumer, S. von
457 [*186]
Ravà, A.
896 [*143]
Ravinel, R. de
431 [*50]
Rawson, Elizabeth 276 367 919 946 974 975
25 [*369] 195 [*13] 215 [*39] 279 [*26]
936 [*59] 977 [*54] 1011 [*56]
1012 [*126] 1064 [*428] 1067 [*591]
1145 [*873]
Raynaud, A. G. M.
279 [*3]
Real, H. J.
396 [*232]
Reale, G. 37 740 741 742 743 745 752 761 813
23 [*339] 41 [*57] 550 [*22] 619 [*35]
643 [*42] 666 [*27] 727 [*51] 757 [*30]
758 [*115] 783 [*36] 997 [*16]
Reckermann, A.
1127 [*32] 1135 [*410]
Reckford, K. J.
379 [*184]
Redlow, G.
39 [*28]
Reece, B. R.
1054 [*7]
Rees, D. A.
431 [*46]
Reesor, Margaret E. 605 610 611 658
19 [*251] 173 [*93] 506 [*365] 508 [*463]
*469] 509 [*486] 511 [*604] 512 [*625
*636] 514 [*726 *727] 553 [*205] 554 [*261
*269] 622 [*306 *313] 623 [*321 *334]
624 [*407] 644 [*409] 667 [*76]
700 [*212] 716 [*229]
Reeve, M. 407
435 [*178]
Reeves, R. C.
392 [*48]
Regenbogen, O. 384 385 416 438 441
175 [*135] 356 [*419] 387 [*53]

Rehm, A.
697 [*86]
Reich, K.
15 [*111] 1159 [*152] 1166 [*791]
Reiche, H.
465 [*447]
Reid, J. S. 950 953
1001 [*271] 1002 [*361]
Reiff, A.
1056 [*85]
Reiley, K. C.
457 [*188]
Reinach, Th.
266 [*53]
Reiner, H.
515 [*747 *750 *768] 553 [*210 *218]
624 [*413]
Reinhardt, K. 634 648 653 672 679 680 681
683 684 685 686 687 688 689 691 692 693 694
642 [*16] 666 [*58] 667 [*84] 673 [*1a]
674 [*3-*5 *11] 675 [*23] 676 [*24]
677 [*32 *45] 697 [*87 *106] 698 [*114
*120] 701 [*224] 1074 [*892 *894 *910]
1130 [*201 *202]
Reis, P.
1002 [*323]
Reiter, S.
504 [*151]
Reitz, Ch.
390 [*181]
Reitzenstein, E.
171 [*11]
Reitzenstein, R. 1035
698 [*127] 1065 [*491] 1067 [*599]
Remy, E.
1080 [*1171] 1142 [*751 *752] 1143 [*791]
1149 [*1191] 1151 [*1511]
Renard, E. C.
470 [*597]
Renaut, A.
120 [*12]
Renehan, R. 713
583 [*88 *94 *99] 716 [*225]
Renna, E. 258
43 [*86 *88] 183 [*396] 265 [*9] 267 [*80]
Repellini, F. F.
24 [*364]
Repici Cambiano, Luciana 844
23 [*361] 27 [*435] 727 [*51] 848 [*113]
Resta Barrile, Anna
1001 [*220]
Revel, J. F.
39 [*30]

Rex, F. 608
  622 [*315]
Rexine, J. E.
  464 [*411]   1145 [*906]
Rey-Coquais, J.-P.
  124 [*143]
Reynders, H. F.
  1139 [*633]   1143 [*793]
Reynolds, L. D.   407
  11 [*24 *25]   434 [*131]   435 [*184]
Ribezzo, F.
  181 [*352]
Ricciardelli Apicella, G.
  74 [*66]
Richards, G. C.
  1010 [*37]
Richardson, W.
  624 [*411]
Richmond, J. A.
  378 [*159]   460 [*255]   461 [*310]
Richter, Gisela M. A.   63 216 227 235 497 521
  559 567 586 672 851 995
  28 [*454 *455]   73 [*20 *27]
Richter, Hans Eberhard
  1057 [*104]
Richter, R.
  730 [*133]
Richter, Will
  434 [*153 *165]   703 [*285]   1060 [*243]
  1159 [*203]
Ricken, F.
  23 [*341]
Ricken, W.   648
  667 [*87]   1079 [*1096]
Ridolfi, R.
  487 [*187 *197]
Riestra Rodríguez, J. L.
  551 [*71]
Rieth, O.   605 606 613 632 638 640 691
  513 [*708 *711]   514 [*712 *713]   553 [*202]
  624 [*402 *403]   643 [*18 *19]   644 [*406]
Riganti, E.
  471 [*631]
Righi, G.
  1139 [*623]   1143 [*813]
Rijksbaron, A.
  394 [*113]
Riley, M. T.   246
  173 [*76]
Ringshausen, K. W.   709
  698 [*121]   715 [*153]
Riposati, B.
  1055 [*18]   1056 [*56]   1059 [*193]
  1079 [*1131 *1132 *1135]   1080 [*1138]
  1134 [*369]   1144 [*822]   1148 [*1092]

Rispoli, G. M.   136 308 309 313
  26 [*400]   42 [*77]   43 [*86]   177 [*200]
  350 [*221]   353 [*311]   354 [*313]   355 [*351
  *353 *357 *358]
Rist, J. M.   133 136 150 502 526 529 531 536
  542 548 561 563 574 604 605 610 612 618 652
  653 655 656 657 658 680 688 689 691 692
  26 [*396]   172 [*60]   184 [*425]   187 [*526]
  196 [*44]   506 [*358 *359 *365]   507 [*428
  *429]   508 [*483]   509 [*494]   512 [*637]
  515 [*769]   516 [*802]   550 [*14]
  551 [*112]   552 [*122]   553 [*219]   554 [*225
  *230]   563 [*6]   623 [*320]   643 [*30]
  666 [*23]   703 [*286]   729 [*94]   988 [*26]
Ritter, Heinrich   4 678
  695 [*21]   1126 [*2]
Ritti, T.
  41 [*54]
Rizzo, F. P.
  704 [*324]
Robbins, F. E.
  696 [*79]
Robert, L.
  196 [*55]   716 [*227]
Roberts, L.
  386 [*2]   462 [*342]
Robin, L.   383 814 857 858
  22 [*335]   39 [*11]   177 [*214]   391 [*14]
  726 [*35]
Robinson, E. A.   1035
  1067 [*607-*609 *611]
Robleda, O.
  1144 [*817 *820 *826]   1148 [*1091]
Roca Meliá, I.
  460 [*276]
Rocca, Rosanna
  1083 [*1258 *1261-*1263 *1266]
Rocca-Serra, G.
  515 [*776]   704 [*329]
Rochot, B.   193
  199 [*163 *169]   487 [*200]
Röd, W.
  23 [*340]
Rodis-Lewis, Geneviève
  186 [*510]   506 [*356]   515 [*754]
  1077 [*1022]
Rodney, J. M.
  200 [*171]
Roeper, G.   297 748
  348 [*140]   757 [*42]
Rohde, E.   748
  757 [*43]
Rohde, G.
  1057 [*87]   1136 [*426]

Rohr, M. D. 962
  19 [*251] 716 [*229]
Rolfe, J. C.
  1156 [*3]
Rolke, K.-H.
  551 [*70] 620 [*113]
Roller, D. W. 401 416
  405 [*81] 437 [*256]
Roloff, K.-H.
  458 [*213] 1150 [*1341]
Romanes, N. H.
  430 [*11 *12]
Romano, D. 481
  472 [*678] 489 [*269] 1013 [*147]
  1080 [*1189]
Romano, F.
  173 [*78]
Romeo, C. 256 257 258 260 261 262 264 265
  306 309 311
  43 [*86 *88 *89] 265 [*1 *8 *12] 267 [*71
  *76-*78 *82 *87] 344 [*7] 704 [*341]
Ronchi, V.
  464 [*420]
Ronconi, A. 86 169 342 438
  353 [*289] 388 [*81] 389 [*131 *145]
  454 [*67] 1000 [*182] 1061 [*272]
  1136 [*427] 1140 [*662]
Ronnick, Michele V.
  1070 [*698] 1158 [*88]
Roos, B.
  433 [*122]
Rösch, H.
  452 [*3]
Rose, H. J.
  472 [*665]
Rose, K. F. C.
  432 [*79]
Rose, V.
  505 [*316]
Roselli, A. 263
  215 [*46] 267 [*84]
Rosenbaum, S. E.
  185 [*459] 187 [*537 *542]
Rosivach, V. J.
  435 [*179]
Rösler, W. 416 418 481
  462 [*343] 490 [*281]
Ross, T.
  435 [*185]
Rossetti, L.
  756 [*1]
Rossi, M.
  347 [*102 *103]

Rostagni, A. 237 292 371 398 399
  266 [*50] 274 [*10] 345 [*46] 346 [*53]
  351 [*248 *252] 374 [*13] 378 [*137]
  388 [*85] 403 [*23] 436 [*223] 453 [*42]
  482 [*28] 1132 [*271]
Rostock, M.
  1140 [*652]
Rothe, C.
  999 [*107]
Rothe, Ursula
  999 [*107]
Rouse, W. H. D.
  391 [*13] 393 [*80]
Rousseau, Jean-Jacques 193 480
Rowland, R. J., jun.
  996 [*12]
Rozelaar, M. 384
  387 [*69]
Ruch, Erwin (später: Michel) 948 1035
  454 [*81] 474 [*768] 1001 [*283]
  1005 [*518] 1007 [*681] 1012 [*116 *121]
  1055 [*37 *43] 1062 [*332-*336]
  1067 [*610] 1070 [*753 *757 *758]
  1071 [*793] 1079 [*1092] 1081 [*1191]
  1082 [*1244] 1129 [*136] 1136 [*447]
  1144 [*835] 1145 [*868 *871] 1147 [*1019]
  1167 [*881]
Rudberg, G. 679
  696 [*69] 697 [*98] 698 [*122 *128 *142]
  1080 [*1173] 1137 [*511]
Rudd, N. 1017
  379 [*188] 1001 [*231]
Ruebel, J. S.
  456 [*140] 1014 [*184]
Rüegg, W.
  1163 [*429] 1164 [*512 *592]
Ruiz Castellanos, A.
  361 [*588]
Ruland, H.-J.
  14 [*91]
Runchina, G.
  390 [*168]
Runia, D. T. 797
  20 [*265] 1132 [*263]
Rupprecht, K. 588
  620 [*111]
Rusch, P.
  462 [*331] 695 [*26]
Ruschenbusch, E. 206
  214 [*16]
Rüsen, J. 4
  10 [*2]
Russell, Bertrand
  730 [*135]

49 Ueberweg: Antike 4/2

Russell, R. P.
 1162 [*386]
Russo, Antonio
 13 [*62 *65 *66]   725 [*13]   976 [*2]
Rutgers van der Loeff, A.
 394 [*112]
Rutherford, I.
 354 [*320]
Rutilius Rufus, P. (cos. 105 v.Chr., RE 34)   660
 850 1008 1022 1032
Ryan, G. E.
 1130 [*159]   1135 [*405]
Ryba, B.
 121 [*34]
Rychlewska, L.
 433 [*105]   436 [*221]
Ryle, G.   823
 826 [*50 *51]
Ryneveld, L. van
 475 [*796]

Sabbadini, R.
 1163 [*491]
Sabetti, A.
 201 [*215 *230]
Sabine, G. H.
 1000 [*191]
Saccenti, M.
 394 [*151]   396 [*230]
Sachelli, A.
 195 [*23]
Sadurska, Anna
 998 [*90]   1167 [*903]
Sáenz Badillos, A.
 1060 [*241]
Saffrey, H. D.
 187 [*516]
Saggio, C.
 1005 [*519]
Saint-Denis, E. de
 454 [*61]   1062 [*351]   1142 [*754]
Sakhnovic, M. M.
 41 [*66]   183 [*394]
Salanitro, G.
 346 [*56]   1159 [*144]   1164 [*561-*563]
Sale, Antonius de la   1051
Salem, J.
 185 [*458]
Salemme, C.
 456 [*127 *129 *130 *132 *147]   471 [*627 *629]
Salinero Portero, J.
 1073 [*849]   1147 [*1054]

Sallmann, K. G.   401 406 426 440 443 450
 179 [*288]   405 [*96]   455 [*96]   459 [*229]
 475 [*794]   1147 [*1017]   1150 [*1362]
Sallust   422
Saltzer, W. G.
 462 [*336]
Salvaneschi, E.
 177 [*197]
Salvatore, A.
 483 [*49]
Salvestroni, L.
 355 [*372]   700 [*200]
Samarati, L.
 60 [*122]
Sambucus, I.
 61 [*159]
Sambursky, S.   534 604 606 607 608
 178 [*227 *229 *233]   506 [*356]   511 [*592
 *595 *597 *602]   552 [*133 *139]
 622 [*307]   623 [*335]
Sammartano, R.
 60 [*119]
Samuel, A. E.
 28 [*442]   345 [*39]
Sandbach, F. H.   129 397 519 529 531 544 548
 561 571 576 585 594 595 618 647 662 672 680
 708 884 954
 174 [*99]   403 [*26 *27]   433 [*100]
 506 [*359 *361 *370]   507 [*403 *409 *410]
 512 [*623]   550 [*24]   551 [*102]   563 [*7]
 583 [*167]   620 [*201 *205]   643 [*34]
 666 [*25]   667 [*105]   701 [*224]
 704 [*318]   892 [*3]   897 [*182]   978 [*102]
Sandulescu, C.
 472 [*669]
Sandvoss, E. R.
 23 [*342]
Sandys, J. E.
 1002 [*321]
Sansone, M.
 1003 [*421]
Santayana, G.
 387 [*42]
Santese, Giuseppina
 725 [*21]
Santo, L.
 487 [*201]
Sappho   443
Sardanapal   338
Sardi, G.
 453 [*43]
Sarpedon ('empirischer Arzt'?)   771
Sarsila, J.
 1137 [*496 *497]

Sartori, F. 521
   550 [*38]
Sasso, G.
   187 [*523]
Saturninus Kythenas 771
Saufeius, L. 281 365
Saunders, T. J.
   185 [*474] 434 [*161]
Sauppe, H. 245 246
   246 [*1] 359 [*520]
Sauron, G.
   55 [*67]
Sauter, J.
   513 [*710]
Savage, J. J.
   403 [*29] 485 [*128] 487 [*184]
Savagnone, M.
   704 [*325]
Savan, D.
   73 [*39]
Savić-Rebac, A.
   395 [*206] 431 [*39]
Sayers, B.
   187 [*539]
Saylor, C. F.
   466 [*450]
Sbordone, F. 118 302 307 309 313 316 325
   41 [*73] 54 [*42 *48] 55 [*54] 122 [*55]
   124 [*127] 274 [*2] 275 [*12] 350 [*217]
   351 [*246] 352 [*271-*274 *276 *277]
   353 [*282 *285 *287 *290 *292-*294 *301
   *306-*309] 355 [*369] 376 [*79]
   1132 [*279]
Scaliger, Julius Caesar 192
Scamuzzi, U.
   404 [*52 *53] 490 [*293]
Scarborough, J.
   279 [*16 *20]
Scarcia, R.
   404 [*64 *67 *74] 470 [*611]
Scardigli, Barbara
   703 [*296] 1010 [*11]
Scarpa, L.
   1066 [*550]
Schachermeyr, F. 64
   74 [*56]
Schächter, R. 307
   351 [*250] 351f. [*253-*255] 352 [*257]
Schadewaldt, W.
   430 [*10]
Schäfer, Maximilian 496 632 635 638 640 648
   354 [*343] 513 [*712] 643 [*20 *155]
   667 [*88 *94 *95] 1061 [*306] 1065 [*497]
   1071 [*785] 1079 [*1097] 1130 [*210]

Schalles, H. J. 786 795 832 836
   784 [*74]
Schanz, M.
   517 [*904]
Schaub, Wiebke
   11 [*21]
Schäublin, Ch. 871
   377 [*108] 1004 [*467] 1071 [*768 *770]
   1076 [*956 *984 *987] 1077 [*989 *991]
   1134 [*345]
Scheer, R.
   1149 [*1221]
Schefold, K. 235 521 559 567 586 672 995
   28 [*453] 73 [*17] 240 [*1] 564 [*231]
   894 [*54]
Scheid, J.
   1004 [*468]
Schelling, Friedrich Wilhelm Joseph 194
Schenkeveld, D. M. 260 309
   353 [*284]
Schenkl, H.
   505 [*241]
Schian, Ruth
   1075 [*938] 1134 [*362] 1145 [*921]
Schiassi, G.
   1005 [*533] 1006 [*602] 1130 [*214]
Schiche, T.
   1002 [*343]
Schiesaro, A.
   457 [*155] 474 [*748] 475 [*799 *800]
   490 [*284]
Schiff, D. C.
   437 [*240]
Schildhauer, H.
   195 [*24]
Schiller, Friedrich 47 157
Schilling, R.
   394 [*118] 470 [*598] 1076 [*953]
Schindler, K. 655 690
   666 [*70] 699 [*152] 1130 [*207]
Schindler, W.
   476 [*803]
Schlumberger, D.
   202 [*247]
Schmekel, A. 496 641 642 647 652 653 655 657
   662 672 678 975
   505 [*350] 642 [*14] 663 [*8] 665 [*12]
   695 [*31] 696 [*61] 980 [*241 *242]
Schmid, Walter
   378 [*161]
Schmid, Wilhelm
   517 [*902]
Schmid, Wolfgang 36 37 68 78 79 82 98 106
   108 109 117 119 120 129 150 151 167 168 189

206 207 208 231 235 240 247 252 258 262 274
293 302 333 370 384 408 409 410 417 418 420
422 427 440 450 479 480 481
39 [*13 *19 *21 *25 *29 *32]   41 [*61 *68
*74]   42 [*80]   54 [*43]   58 [*48 *49]
122 [*67]   124 [*135]   125 [*164 *166 *167]
176 [*192]   182 [*364]   186 [*493]
266 [*61]   267 [*64]   345 [*27]   346 [*86]
361 [*609]   375 [*39]   389 [*122]   431 [*19]
434 [*167]   436 [*216]   463 [*380]
467 [*488]   470 [*591]   482 [*3 *9]
485 [*130]   1010 [*52]   1054 [*6]
1073 [*852]   1156 [*8]   1162 [*380]
Schmidt, Ernst A.
  1075 [*945]
Schmidt, Ernst Günther   147 292 496 522 634
  635 820
  41 [*56]   124 [*129]   201 [*221 *229]
  345 [*30]   436 [*225]   466 [*470]
  489 [*265]   515 [*761]   551 [*67 *68]
  553 [*216]   644 [*161 *201]   703 [*310]
  728 [*72]
Schmidt, Franz
  489 [*262]
Schmidt, Jochen   191 194
  195 [*14]
Schmidt, Jürgen   415 418 419 421 426 449
  462 [*351]
Schmidt, Katharina   680
  704 [*346]
Schmidt, Oswald Gottlob
  1165 [*611]
Schmidt, Peter Lebrecht   1017 1035
  1054 [*9]   1055 [*49]   1056 [*55]
  1060 [*222]   1067 [*613]   1068 [*620]
  1128 [*58]   1136 [*429]   1157 [*81]
  1158 [*82]   1163 [*429]   1164 [*515]
  1167 [*866]
Schmidt, Rudolf Traugott   639
  510 [*531]   620 [*221]   644 [*401]
Schmidt, Wolfgang
  255 [*12]
Schmitt, Charles B.
  487 [*194]   490 [*297]   727 [*52]
  1158 [*101]   1164 [*499]
Schmitt, Hatto H.   4
  10 [*7]
Schmitz-Kahlmann, G.
  352 [*267]
Schmutz, E.
  458 [*218]
Schnädelbach, H.
  202 [*255]

Schneider, Carl
  27 [*431]   784 [*71]
Schneider, Ignaz
  457 [*187]
Schneider, Josef
  1144 [*825]   1149 [*1253]
Schneider, J. G.
  58 [*38]
Schneidewin, W.
  350 [*206]
Schober, A.   328
  359 [*525 *527]
Schoder, R. V.
  453 [*31]
Schofield, M.
  23f. [*362]   24 [*365]   25 [*367]   41 [*67
  *72]   42 [*85]   377 [*104]   507 [*422]
  512 [*645]   552 [*119]   564 [*223]
  644 [*165]   997 [*48]   1063 [*385]
  1076 [*950]   1077 [*988]   1141 [*692]
Scholz, U. W.
  484 [*72]
Schömann, G. F.
  356 [*416]
Schön, I.
  459 [*252]
Schönberger, O.
  484 [*102]   1007 [*684]
Schönheim, U.
  459 [*241]
Schönrich, G.
  978 [*124]   1072 [*817]
Schottländer, R.
  172 [*42]   195 [*27]   1060 [*203]
  1135 [*401]
Schreiber, A.
  490 [*308]
Schrijvers, P. H.   385 411 413 414 418 420 421
  426 429 439 441 442 443 444
  386 [*17]   389 [*142]   454 [*84]   456 [*131]
  457 [*172]   466 [*457 *471]   467 [*501]
  468 [*520 *530]   475 [*775]
Schröder, H.
  452 [*1]
Schröder, H. O.   890
  897 [*202 *203]
Schröder, Stephan
  180 [*299]   1077 [*1030]
Schroeter, J.
  12 [*48]
Schubert, P.   528
  551 [*82]   697 [*108]
Schubert, W.
  460 [*282]

Schuhl, P.-M. 501
    202 [*246]   502 [*3]   506 [*356]
Schühlein, F.
    695 [*41]
Schulte, H. K.
    1059 [*172]   1135 [*383]
Schulte, M. B.
    434 [*149]
Schulz, Fritz
    1144 [*814]
Schulz, P.-R.
    464 [*402]
Schuster, Rudolf
    1055 [*41]
Schütrumpf, E.
    1060 [*204 *206]
Schütz, C. G.
    354 [*335]
Schwamborn, H.
    1000 [*167]   1065 [*499]   1151 [*1461]
Schwartz, Eduard   497 678 684 748
    18 [*226]   38 [*5]   53 [*18]   183 [*414]
    505 [*317]   514 [*728]   673 [*3]   695 [*42]
    698 [*132]
Schwarz, F. F.
    1156 [*10]   1161 [*363]
Schwarz, Gerda
    1166 [*724]
Schweigert, E.   64
    74 [*57]
Schweinfurth-Walla, Sigrid
    1132 [*250]
Schweitzer, B.   995
    998 [*81]
Schwenke, P.   151
    181 [*338]
Schwob, Michel   384
Scipio Aemilanus, P. Cornelius (der jüngere
    Africanus, cos. 147, 134 v. Chr.)   242 646 647
    660 901 1108
Scipio Africanus, P. Cornelius (der Ältere, cos.
    205, 194 v. Chr.)   423 649
Scott, D.
    176 [*183]
Scott, W.   47
    58 [*45]   181 [*339]
Scullard, H. H.
    1010 [*49]
Sdrakas, E. D.
    388 [*96]
Sedley, D. N.   5 37 38 52 65 66 67 68 71 76 77
    84 85 87 89 90 92 93 94 95 97 98 99 100 102
    103 105 109 110 113 114 115 116 117 128 130
    134 135 136 137 138 139 140 141 142 143 145
    151 152 153 156 159 160 161 205 210 211 212
    213 217 218 221 224 225 238 253 259 261 262
    283 301 302 304 322 329 332 340 501 739 742
    752 769 776 800 803 813 814 815 816 817 821
    822 839 859 873 874 884 888 889 892 912 917
    919 920 922 929 934 940 941 945 987
    14 [*82]   19 [*251]   21 [*295]   23 [*362]
    24 [*363]   25 [*367 *369 *370]   26 [*374 *397
    *398]   57 [*13 *17]   123 [*93 *94 *103]
    173 [*68-*70]   176 [*176 *184]   179 [*280
    *289]   180 [*298]   185 [*476]   215 [*44]
    250 [*8]   503 [*17]   507 [*423]   510 [*511
    *517]   513 [*666]   622 [*277 *278 *287]
    624 [*357]   716 [*229]   727 [*52]
    759 [*152]   765 [*4]   847 [*64]   895 [*105]
    935 [*25]   977 [*55]
Seeck, G. A.
    504 [*147]
Seel, O.   163 367
    186 [*506]   376 [*61]   389 [*121 *128]
    1002 [*326]   1010 [*46]   1128 [*54]
Segal, C.
    437 [*236]   457 [*156]   469 [*550]   472 [*672
    *691]
Segoloni, L. M.
    935 [*1]
Segura Ramos, B.
    471 [*642]   472 [*684]
Seidler, A.
    346 [*69]
Seigel, J. E.
    1164 [*497]
Selem, A.
    377 [*106]   1002 [*362]   1072 [*811]
    1133 [*290]
Sellar, W. Y.   385 446
    387 [*38]
Sel()ius, C. (Hörer Philons)   918 942
Sel()ius, P. (Hörer Philons)   918 942
Seneca, Lucius Annaeus, der Jüngere   46 93 107
    118 163 188 190 211 218 229 363 499 682 772
    11f. [*21-*35]   504 [*141 *146 *147]
    663 [*4]   1160 [*231-*233]
Senster, R. P.
    457 [*173]
Sepp, S.
    774 [*53]
Serenus Sammonicus   399
Serrano y Sanz, M.
    1165 [*685]
Serrao, F. S.
    1068 [*643]
Serrao, M.
    436 [*169]

Serres, M. 385
  394 [*152]   466 [*479]
Servius 190 371 1051
Setaioli, A. 574
  582 [*36]   1160 [*213]
Sextus Empiricus 46 137 138 256 257 259 263
  265 276 278 292 306 314 499 537 682 771 802
  12ff. [*61-*82]
Seydel, M.
  393 [*64]
Seyffert, M.
  1005 [*531]
Sgobbo, I.
  233 [*11]
Shackleton Bailey, D. R. 968
  435 [*191]   1006 [*632 *636-*641]
  1011 [*53]
Shapiro, H.
  21 [*293]
Sharples, R. W. 612
  14 [*92 *96 *97]   17 [*181]   19 [*251]
  23 [*361]   467 [*502]   512 [*619 *622]
  513 [*650 *659]   553 [*161]   554 [*271 *273]
  582 [*39]   622 [*279 *280]   623 [*345]
  716 [*229]   729 [*94]   997 [*48]
  1004 [*479]   1062 [*320]   1078 [*1033]
  1080 [*1142]   1129 [*143]
Shea, J.
  466 [*480]
Shikibu, H.
  549 [*13]
Shulman, J.
  484 [*94]
Sichirollo, G.
  1001 [*213]
Sickle, J. van 413
  437 [*249]
Sider, D. 291 294
  347 [*106 *112 *115]   354 [*324]
Siefert, G. 648
  666 [*55]
Siegel, R. E.
  178 [*244]
Siegfried, W.
  1000 [*195]
Siegmann, E.
  124 [*140]
Siena, R.
  172 [*61]
Sier, A. A. C.
  1066 [*536]
Sier, K.
  583 [*107]

Sigsbee, D. L.
  669 [*266]
Sihler, E. G.
  1010 [*31]
Sikes, E. E. 385 399 444
  387 [*43 *62]   452 [*14]
Silbiger, S. F.
  1070 [*710]   1129 [*131]
Silius Italicus 429
  1160 [*251]
Silk, E. T.
  583 [*91]
Sillitti, G.
  23 [*361]
Silva, V. L. da
  1130 [*191]
Silvestre, M. L. 129 130
  174 [*100]   468 [*541]
Simbeck, K.
  1004 [*511]
Simon, Erika
  73 [*22]
Simon, H.
  511 [*594]   514 [*729]
Simon, Marcel
  583 [*102]
Simon, Marie
  15 [*111]   197 [*94]   511 [*590 *594 *598]
Simonides aus Keos 1089 1094
Simplikios 141 499
  16 [*171-*174]
Simpson, A. D.
  197 [*82]
Simpson, D.
  198 [*102]
Sinclair, B. W.
  476 [*821]
Singer, I.
  465 [*421]
Sinker, A. P.
  387 [*64]
Sinkovich, K. A.
  1145 [*874]
Sinnige, T. G.
  516 [*786]   554 [*232]   625 [*432]
Sirago, V.
  1000 [*181]   1139 [*637]
Siron **274** 291 319 334 366 367 371
  274f. [*9-*18]
Siskin, A. F.
  184 [*420]
Sisson, C. H.
  394 [*105]

Sitta, H. V.
  1059 [*182]
Skard, E. 689
  388 [*108] 453 [*51] 699 [*161 *165 *175]
  700 [*190] 701 [*233]
Skiljan, D.
  466 [*462]
Skinner, M. B.
  405 [*86]
Slijpen, A.
  469 [*577]
Slings, S. R.
  583 [*104]
Slote, M.
  516 [*807] 554 [*239] 625 [*443]
Sluiter, Ineke
  757 [*64]
Smethurst, S. E.
  996 [*6] 1012 [*144] 1061 [*302]
  1131 [*235] 1139 [*636]
Smith, I. H.
  488 [*237]
Smith, Martin Ferguson 37
  40 [*52] 59 [*79] 196 [*59] 392 [*26]
  394 [*102] 405 [*97] 433 [*117] 434 [*142
  *154] 435 [*192] 457 [*166] 474 [*764]
Smith, Philippa
  25 [*369] 997 [*17]
Smith, Richard Edwin
  1010 [*50]
Smith, Stanley B.
  391 [*15] 1000 [*191]
Smolak, K.
  486 [*147 *152 *154]
Smuts, F.
  644 [*410]
Snell, B. 909
  266 [*28]
Snyder, J. M. 442 444 445
  454 [*85] 455 [*97 *101 *120] 456 [*131]
  466 [*472] 468 [*531]
Sobolesvskij, S. I.
  60 [*142 *143]
'Socration' (Catull c. 47, 1) 291
Sodnik-Zupanec, A.
  182 [*369]
Sogliano, A.
  402 [*19]
Sokrates 86 236 237 246 298 300 538 560 575
  640 649 650 651 722 732 762 811 839 925 928
  946 1023 1024 1032 1087 1089 1090 1108
  580 [*16] 1129 [*131-*147]
Sokratides (kurzzeitig Scholarch der Akademie)
  299 791f.

Solana, M.
  1165 [*686]
Soleri, G.
  388 [*73]
Solignac, A.
  980 [*245]
Sollenberger, M. G.
  15 [*133]
Solmsen, F. 572 608 842 843 974
  172 [*50] 179 [*260] 180 [*308 *309]
  432 [*67] 435 [*168] 475 [*770] 582 [*23]
  622 [*309] 701 [*249] 847 [*78]
  1059 [*173] 1063 [*392] 1074 [*922]
  1076 [*972] 1131 [*234] 1135 [*384 *385]
  1139 [*624] 1146 [*943] 1147 [*1016]
Solon 49 81 219
Solovine, M.
  60 [*107]
Sommariva, G.
  435 [*181] 475 [*789] 484 [*95]
Sommer, R.
  1058 [*141]
Sontheimer, W.
  1000 [*193]
Soós, I.
  1140 [*665]
Sophokles 263 324 325 527 575
Sophokles aus Sunion 69
Sophron 261
Sorabji, R. 141 145 549 612
  23 [*362] 173 [*77] 180 [*290 *297]
  512 [*646] 513 [*660] 553 [*158] 623 [*341
  *351]
Sordi, M.
  197 [*97]
Sordina, E.
  1007 [*734]
Soreth, Marion 640 884
  644 [*411] 728 [*73] 897 [*184]
  1071 [*798]
Sosigenes 64 641
Sosikrates aus Rhodos 297 559
Sosos aus Askalon 661 939
Sotion aus Alexandreia 63 64 297 584 763
  18 [*201 *204]
Soubiran, J.
  461 [*305] 1007 [*662 *725]
Soury, G.
  700 [*191]
Spaeth, J. W.
  403 [*31] 489 [*274]
Spanneut, M.
  505 [*246] 506 [*356] 1131 [*219]

Sparshott, F. E.
  506 [*365] 552 [*113]
Specht, R.
  200 [*199]
Spencer, T. J. B.
  482 [*6]
Spengel, L. 52 92
  350 [*198] 359 [*518]
Speusipp 118 299 300 317 789 955 956
Sphairos vom Borysthenes 521 555 **579-581** 810
  583 [*151-*167]
Spiegel, Nathan
  726 [*39]
Spina, L. 105 107 114 117 119 301 302 303 313
  172 [*59] 349 [*190] 350 [*192]
  351 [*231] 354 [*316]
Spinelli, E. 218 321
  222 [*17] 357 [*439]
Spink, J. S.
  199 [*164]
Spinoza, Baruch de 192 193
  199 [*157]
Spiro, F.
  1000 [*141]
Spoerri, W. 371
  182 [*372] 378 [*142 *145 *146] 702 [*250]
Sprey, K.
  1010 [*38] 1060 [*232] 1139 [*622]
Springer, L. A.
  466 [*481]
Sprute, J.
  1061 [*247] 1140 [*666]
Stabile, G. 190
  198 [*112]
Staden, H. von
  507 [*417] 552 [*114] 826 [*54]
Stähli, A.
  894 [*56]
Stählin, O.
  517 [*902]
Stang, N.
  1054 [*2] 1057 [*103] 1150 [*1421]
Stanley, Ch.
  387 [*63]
Stannard, J.
  279 [*17] 511 [*596]
Stark, R.
  124 [*128] 1060 [*235] 1063 [*371]
  1139 [*626 *634] 1151 [*1501]
Starobinski, J.
  490 [*279]
Statius 398 477

Stearns, J. B.
  186 [*485] 402 [*10]
Steckel, H. 37 53 64 65 67 68 69 70 71 78 80 84
  85 86 87 88 89 91 92 93 94 97 98 100 108 109
  110 111 115 116 117 118 130 156 164 208 209
  253
  39 [*31] 184 [*421]
Stefanini, L.
  171 [*21]
Steffen, W.
  435 [*186]
Stegemann, V.
  511 [*577]
Stehle, E. M.
  465 [*448]
Steidle, W.
  1059 [*178] 1161 [*347 *349]
Stein, L.
  553 [*171]
Stein, M.
  356 [*411]
Stein, P.
  1142 [*713]
Steinberger, J.
  1079 [*1098] 1138 [*571]
Steinmetz, F.-A. 648
  667 [*105] 1079 [*1102] 1138 [*573]
Steinmetz, Peter 502 523 524 535 538 555 557
  561 563 574 609 626 627 632 713 1019 1021
  1042 1049 1052 1086 1087 1089
  26 [*393] 27 [*403] 40 [*37] 74 [*63]
  197 [*66] 345 [*26] 513 [*668] 517 [*908]
  550 [*65] 551 [*74 *99] 552 [*141]
  563 [*5] 564 [*10] 581 [*22] 582 [*44]
  624 [*358] 643 [*28 *46] 644 [*168]
  675 [*_13_] 702 [*258 *267] 715 [*158]
  716 [*224] 997 [*47] 1056 [*78]
  1075 [*929] 1128 [*86]
Steinmeyer, H.
  1137 [*493]
Steinthal, H. 639
  620 [*222] 642 [*11]
Steinwenter, A.
  1139 [*627]
Stella, L. A.
  345 [*50]
Sténuit, B. 708 967 982
  715 [*134] 988 [*12]
Stepanov, V. G.
  437 [*255] 456 [*151] 475 [*780]
Stern-Gillet, S.
  187 [*543]
Stesicheros 315

Stevens, E. B.
 473 [*703]
Stewart, Andrew 851
 894 [*55]
Stewart, D. J.
 472 [*673]
Stewart, Zeph
 378 [*135]
Stiehl, R. 522
 549 [*6]
Stilpon (Megariker) 118 238 520 748f. 760
Stobaios 46 107 230
 16 [*161]
Stocks, J. L.
 345 [*17]
Stockton, D.
 1011 [*54]
Stodach, G. K.
 60 [*101]
Stok, F.
 1069 [*693]
Stokes, M.
 997 [*48] 1072 [*821] 1133 [*295]
Stokes, M. C.
 473 [*713]
Stopper, M. R. 739 741 742 753 770
 727 [*64]
Stork, Traudel 423
 473 [*709]
Störmer, F. C.
 56 [*95]
Stothers, R. B.
 469 [*551]
Stough, Charlotte L. 612 738
 13 [*67] 506 [*365] 512 [*638] 554 [*270]
 623 [*336] 726 [*38] 729 [*94]
Straaten, M. van 646 647 648 649 652 653 655
 657 658 661 662
 512 [*627] 516 [*780] 554 [*268]
 625 [*426] 665 [*2] 666 [*20] 667 [*92]
 668 [*119]
Strabon 65 66 67 256 289 670 682 707
Strache, H. M.
 716 [*213] 976 [*14]
Stramondo, G.
 485 [*139]
Strasburger, H. 1017 1022 647 899
 667 [*104] 702 [*273] 913 [*14]
 1013 [*158] 1055 [*47] 1061 [*310]
Strathmann, G.
 344 [*14]
Stratokles aus Rhodos 300 637 646 661 708
Straton aus Lampsakos 67 949

Straume-Zimmermann, Laila
 1001 [*276] 1002 [*348] 1007 [*683 *685]
Strauss, L.
 389 [*132] 454 [*79]
Strebeľová, T.
 466 [*482]
Striker, Gisela 76 131 132 135 136 137 529 615
 746 804 807 809 815 817 818 859 864 871 873
 880 882 884
 23 [*362] 24 [*365] 25 [*371] 26 [*374]
 41 [*70] 42 [*85] 175 [*159] 176 [*165]
 185 [*457 *463] 507 [*413] 516 [*808]
 625 [*444] 645 [*416] 727 [*52 *63]
 729 [*94] 758 [*77 *93] 826 [*53]
 827 [*71] 894 [*84] 895 [*122] 896 [*144
 *145] 935 [*26] 1070 [*760] 1082 [*1224]
Strodach, G. K.
 393 [*96]
Stroebel, E.
 999 [*111]
Strohm, H.
 675 [*13] 701 [*217 *220] 703 [*290]
Stroux, J.
 1071 [*786] 1082 [*1242] 1143 [*812]
Stroux, L. 529
 551 [*97]
Stryker, E. de
 511 [*593]
Strzelecki, L.
 470 [*593]
Stückelberger, A. 479
 195 [*9 *11 *16] 279 [*19 *22] 482 [*10]
 490 [*300]
Stümpel, G.
 698 [*133]
Stumpf, G. R.
 998 [*91]
Sturniolo, L.
 388 [*80]
Styka, G.
 1136 [*433 *434]
Suárez Francisco
 1165 [*681]
Sudhaus, S. 208 220 303 304 336 678
 170 [*3] 214 [*4] 222 [*3 *12] 345 [*15]
 350 [*200 *201 *203 *204] 362 [*638]
 695 [*40] 773 [*11]
Suerbaum, W.
 378 [*155 *156] 435 [*196] 1060 [*223 *224
 *238] 1139 [*642] 1157 [*64]
Sueton 398
Sulla 163 211 268 273 281 282 400 777
Sullivan, F. A.
 1138 [*551] 1147 [*1053]

Sullivan, J. P.
  196 [*39]
Sullivan, P. A.
  1056 [*72]
Surcikašvili, L. S.
  466 [*477]
Surdu, A.
  508 [*480]
Susarion 82
Susebach, J.
  1158 [*141]
Susemihl, F. 297 587 634 637 647 661 662 671
  672 706 708 709 986
  22 [*333] 279 [*4] 563 [*2] 583 [*161]
  619 [*104] 642 [*13] 665 [*13] 714 [*101]
Süss, W. 946
  977 [*52] 1055 [*38] 1082 [*1243]
  1127 [*16]
Sutton, D. Ferrin 308 397
  353 [*305] 405 [*83] 434 [*143]
  1133 [*311]
Sutton, E. W.
  999 [*123]
Svoboda, K.
  1056 [*81] 1136 [*442]
Swain, S.
  977 [*40] 1010 [*18]
Swanson, D. C. 444
  459 [*230]
Sweeney, R. D.
  1146 [*944 *985]
Swift, Jonathan 443
  1166 [*731]
Swoboda, M.
  174 [*116] 182 [*379] 471 [*636]
  1057 [*115 *116] 1075 [*930 *932]
  1134 [*341] 1136 [*444]
Sykes Davies, H. 441 446
  387 [*51] 452 [*11]
Syme, R. 399
  346 [*61] 404 [*68]
Syndikus, H. P.
  473 [*723]
Szekeres, Csilla
  1078 [*1031]
Szymański, E.
  395 [*187]
Szymański, M.
  471 [*639] 1077 [*1026]

Tacitus 219 477
Taeger, F.
  1061 [*301] 1064 [*421]

Tafel, L.
  1010 [*21]
Tagliente, M. C.
  488 [*213]
Taiphakos, I. G.
  668 [*124 *125] 1062 [*315 *316]
  1064 [*407 *408]
Tais, E.
  475 [*795]
Taisne, Anne-Marie
  1076 [*982]
Tait, J. I. M.
  345 [*20]
Taladoire, B. A.
  466 [*458] 474 [*759] 489 [*275]
Talanga, J.
  513 [*669] 1077 [*1027]
Tanaka, M.
  395 [*219]
Tanner, R. G.
  1081 [*1194] 1137 [*512]
Tannery, P. 710
  715 [*171]
Tappe, G. 882
  896 [*171]
Tarán, L.
  1076 [*954]
Tarditi, G.
  455 [*98]
Taronian, G. A.
  356 [*420]
Tarozzi, G.
  1128 [*51]
Tarrant, H. A. S. 725 803 839 840 850 861 866
  907 908 917 918 919 922 923 924 929 930 931
  932 934 940 951 955 966 968 983 987 988
  26 [*398] 552 [*121] 728 [*94] 847 [*62]
  893 [*30 *31] 895 [*104 *107] 913 [*32
  *33] 935 [*26] 936 [*85-*87 *89 *90]
  978 [*105] 1071 [*762] 1129 [*158]
Tatakis, B. N. 647 649 652 653 655 657
  666 [*17]
Tateo, F.
  1165 [*598]
Tatum, W. J. 438
  462 [*349]
Tauros 982
Taylor, C. C. W. 131 132 156
  23 [*362] 24 [*365] 42 [*85] 172 [*54]
  176 [*173] 184 [*437] 516 [*799]
  554 [*237] 582 [*40] 730 [*119]
Taylor, J. H.
  1162 [*381]

Taylor, L. R.
  404 [*77] 463 [*386]
Taylor, M.
  463 [*376]
Telegdi, Z. 595
  510 [*513] 621 [*249]
Telekles aus Metapont (Schüler des Arkesilaos) 793
Telekles aus Phokaia (Akademiker) 299 **834-836**
Telesio, Bernardino 192
Tempesti, A. M.
  392 [*28]
Temporini, H.
  196 [*53]
Tennemann, Wilhelm Gottlieb 4
Tepedino Guerra, A. 66 70 88 92 94 101 105 111 112 113 116 206 209 211 218 219 223 224 225 228 247 248 257 259 280 283 284 285 287 297 300 301 304 306 321 322 324 325 330 335 336 340
  41 [*69] 43 [*89] 123 [*107] 173 [*84] 214 [*25] 215 [*27 *38 *43] 222 [*15 *16 *18 *21 *22] 226 [*2] 254 [*2] 272 [*1] 286 [*12 *18] 349 [*179 *182 *183] 357 [*444 *459] 358 [*494] 362 [*620] 375 [*54]
Tepes, M.
  395 [*203]
Terenz 363
Ternois, R.
  200 [*170]
Terpander 315
Tertullian 189
  1161 [*301]
Terzaghi, N.
  463 [*365]
Tescari, O. 384
  13 [*62] 171 [*18] 183 [*410] 374 [*11] 379 [*174] 387 [*61 *67] 402 [*17] 452 [*13] 463 [*366] 470 [*583] 485 [*124] 1133 [*301] 1162 [*379]
Testard, M.
  446 [*473] 1005 [*588] 1081 [*1192] 1159 [*165] 1161 [*348] 1162 [*378 *396]
Tetrilius (?) Rogus (Hörer Philons) 918 942
Teyssier, Marie-Louise
  1055 [*13] 1136 [*451]
Thales 328
Thaletas 315
Theiler, Willy 572 670 671 679 681 683 684 685 686 687 688 689 690 692 694 709 710 802 950 951 965 975 987 1044
  506 [*361] 517 [*905] 673 [*1 *1a *3]
  674 [*5 *8 10-*12] 675 [*13 *18 *23] 676 [*25 *27 *29-*31] 677 [*32 *45] 695 [*6] 698 [*129] 700 [*194 *213] 716 [*218] 728 [*91] 977 [*81] 979 [*131] 989 [*42] 1067 [*601]
Themison aus Laodikeia 277
Themista 68 90 105 109 116 117 244 287 302
Themistokles 338
Theodoros Atheos 289 **769**
  759 [*125] 773f. [*25 *26] 828 [*131 *132]
Theokrit 425
Theomnestos aus Naukratis ('Akademiker') 918 968 981 982
Theon aus Alexandreia 52 92 107 244 635 707 **714**
Theophanes aus Mytilene 670
Theopheides 228
Theophrast aus Eresos 71 78 138 140 209 313 428 449 520 523 534 538 574 588 595 601 650 682 683 687 689 788 819f. 956 1043 1046 1112
  17 [*181 *182]
Theotimos 209 269
Thespis 210 252 **280** 323
Thévenot, G.
  392 [*42]
Theyskens, G.
  452 [*20]
Thiaucourt, G.
  1160 [*271]
Thiel, J. H.
  452 [*9]
Thielemann, A.
  503 [*31]
Thierry von Chartres
  1163 [*442]
Thierry, C. F.
  643 [*151]
Thirel, X.
  469 [*565]
Thomas von Aquin
  1163 [*471 *472]
Thomas, E. 221
  122 [*62] 222 [*10]
Thomas, I.
  255 [*15]
Thomas, K. B.
  1081 [*1193]
Thomas, M.
  1137 [*522]
Thomas, P.-F.
  174 [*124]
Thompson, C. L.
  1075 [*947]

Thompson, H. A.
 893 [*41]
Thomson, Charles 35
Thorius Balbus, L. 366
Thornton, A.
 459 [*231]
Thornton, H.
 459 [*231]
Thrasymachos 87
Thrasys (Schüler des Lakydes) 834
Thuillier, J.-P.
 475 [*776]
Thukydides 305 338 416 429 443 1037
Thurmair, M.
 1081 [*1198] 1148 [*1182]
Thury, E. M.
 455 [*116] 457 [*152] 460 [*280]
Thyestes 324
Thyresson, I. L. 53
 55 [*56]
Tibull 363 477
Tieleman, T. L. 869
 895 [*109]
Tielsch, E. W.
 187 [*522]
Tignosi, Ambrogio 191
Till, R.
 393 [*65]
Timaios 299
Timarchos 221
Timasagoras 211 252 280 **283-285** 319 323 324
 286 [*17 *18]
Timokrates 64 67 68 71 75 85 91 94 103 107
 109 110 112f. 114 128 153 169 206 210 211
 217 219 221 223 224 247 248 **283** 301 302 320
 324
 286 [*1 *2]
Timon aus Phl(e)ius 62 65 518 520 555 722
 733 **760-765** 787 832
 765ff. [*1-*72]
Timpanaro, S. 407
 201 [*220 *231] 432 [*80 *86] 434 [*137]
 435 [*169] 458 [*200] 1004 [*466]
Tiro, M. Tullius 995 1035
Tittel, C.
 715 [*172 *173]
Tityos 422
Todd, R. B. 536 540 606 608
 26 [*396] 178 [*255] 179 [*281]
 506 [*365] 507 [*412 *414] 512 [*623 *639]
 552 [*153] 620 [*206] 623 [*337]
Todini, U.
 456 [*138]

Tohte, T.
 175 [*132]
Tolkiehn, J.
 1074 [*893]
Tomasco, D.
 434 [*155]
Tomulescu, C. S.
 1144 [*831]
Tondini, A.
 1136 [*428]
Torquatus, L. Manlius (cos. 65 v. Chr.,
 Epikureer, Dialogfigur Ciceros) 131 134 165
 339 369 439 1039
Tosi, T.
 1078 [*1051]
Totok, W.
 39 [*27] 502 [*2] 996 [*10]
Touloumakos, J.
 702 [*277]
Tourlidès, G. A.
 466 [*463]
Townend, G. B. 408 409
 435 [*173] 437 [*246] 454 [*74] 461 [*316]
Toynbee, Joyceline M. C.
 998 [*86]
Trabucco, Fernanda 736
 20 [*274-*276] 172 [*46] 757 [*45]
Tracy, C. V. 851
 893 [*46]
Traglia, A. 370 372 399
 376 [*87] 379 [*192] 403 [*34] 404 [*58]
 458 [*201] 1007 [*722-*724] 1057 [*107
 *111 *120] 1066 [*538] 1083 [*1312]
 1136 [*425]
Traiantaphyllopoulos, J.
 472 [*685]
Traina, A. 397 477
 378 [*138] 390 [*162] 405 [*84] 431 [*43]
 460 [*272 *277]
Trajan 209
Trannoy, A. J.
 469 [*580]
Traub, G.
 1163 [*422]
Traversa, A. 297 300 661 662 709
 348 [*145] 669 [*264] 715 [*157]
 1130 [*212]
Traversari, Ambrogio 45 191 450
Travlos, J. 778
 784 [*51]
Trebatius Testa, C. 367 369
Treloar, J. L.
 1162 [*394]

Tremoli, P.
   396 [*225]
Trencsényi-Waldapfel, I.
   376 [*77]   1055 [*44]   1133 [*307]
Treptow, E.
   202 [*250]
Trevelyan, R. C.
   393 [*87]
Treves, P.
   201 [*216]   345 [*22]   704 [*326]
Trillhaas, W.
   514 [*732]
Trimarchi, F.
   186 [*509]
Trincia, F. S.
   201 [*232]
Troiani, L.
   1069 [*644]   1146 [*952]
Troilo, E.
   452 [*26]
Tronskij, I. M.
   470 [*607]
Trouard, Mary Alexaidia
   1012 [*114]
Trüdinger, K.
   696 [*70]
Truscelli, M.
   699 [*155]
Tschiżewskij, D.
   386 [*16]
Tsekourakis, D.   548 574
   515 [*770]   564 [*221]
Tsinorema, V.
   185 [*448]
Tsirimba, A.
   514 [*719]
Tsitsikli, D. M.
   1014 [*183]   1132 [*248]
Tubero, L. Aelius (Freund Ciceros, RE 150)
   983-985
Tubero, Q. Aelius (RE 155)   660 901
   663 [*4]
Tuerk, E.
   486 [*144]
Tuilier, A.
   186 [*501]
Turkowska, Danuta
   1082 [*1248]
Turnbull, R. G.
   176 [*168]
Turner, E. G.
   54 [*49]   122 [*79]
Turner, J. H.
   186 [*488]
Turner, P.
   489 [*261]
Turolla, E.
   387 [*50]
Turowski, E.
   697 [*109]
Tweedale, M. M.
   513 [*662]
Tyrrell, R. Y.
   1006 [*631]
Tyszyńska, Krystyna
   1134 [*343]   1138 [*597]

Ueberweg, Friedrich   4 35 138
   22 [*336]
Ullmann, B. L.
   432 [*87]
Ungern-Sternberg, J. von   49 82
   56 [*96]
Unnik, W. C. van
   197 [*93]
Untersteiner, M.   49 679 761
   120 [*3]   215 [*28]   394 [*132]   703 [*291]
   766 [*21]
Urban, R.
   705 [*356]   1012 [*125]
Uri, H.   1026
   1132 [*270]
Usener, H.   36 44 45 46 47 48 52 53 62 65 67
   68 75 78 81 82 84 85 87 88 89 90 91 92 94 98
   104 105 106 107 109 111 113 114 115 116 117
   119 166 216 221 223 230 232 240 242 244 247
   253 285 333 364 399 415
   57 [*3]   58 [*59]   59 [*82]   255 [*10]
Ussani, V.
   54 [*27]
Ussing, S. C.
   356 [*394]
Utčenko, S. L.
   1011 [*55]
Uxkull-Gyllenband, W. Graf
   697 [*99]

Vahlen, J.
   469 [*570]
Vahleni, J.
   1001 [*212]
Vail, A.
   490 [*302]
Valente, M.
   1130 [*211]

Valentí-Fiol, E.
 388 [*86] 392 [*21 *29] 395 [*168]
 454 [*71]
Valenti Pagnini, R.
 460 [*273]
Valerius Maximus 247
Valesio, P.
 459 [*242]
Valgiglio, E.
 897 [*195] 1075 [*939] 1162 [*391]
Valk, J. van de
 430 [*3]
Valla, Lorenzo 191 193
Vallese, G.
 1158 [*112] 1159 [*158] 1165 [*593]
Vallette, P.
 463 [*361]
Vallot, G.
 389 [*146] 436 [*226] 489 [*264]
 1075 [*925]
Vallot, I. P.
 433 [*110]
Vanella, G.
 453 [*55]
Vanini, J. C.
 199 [*151 *152]
Vansteenkiste, C.
 1163 [*472]
Vant, F.
 176 [*194]
Varius Rufus, Lucius (Dichterfreund Vergils)
 291 319 321 332 367 370 371 372 398
Varro, M. Terentius aus Reate 260 944 **971-975**
 1023 1029 1035 1038
 979f. [*181-*245]
Vasiljeva, T. V.
 434 [*145] 436 [*235]
Vavilov, S. I.
 463 [*379]
Vegetti, M.
 24 [*364] 42 [*76] 196 [*56] 554 [*240]
 1078 [*1032]
Veh, O.
 1010 [*24]
Velde, A. J. J. van de
 396 [*227]
Velleius, C. 366
Venini, Paola
 1004 [*515] 1078 [*1063]
Verbeke, G. 566 569 571 573 576
 15 [*124] 506 [*356] 509 [*493 *494]
 511 [*588] 552 [*132] 581 [*17] 621 [*252
 *261] 622 [*304] 702 [*280]

Verbrugghe, G. P.
 704 [*319]
Verdière, R.
 432 [*68] 433 [*93] 434 [*146 *147]
 464 [*403] 997 [*43]
Veremans, J.
 461 [*307]
Vergil 274 291 296 319 363 367 **370-372** 373
 398 399 407 413 414 447 477 478
 377f. [*124-*165] 1160 [*211-*214]
Verhoeven, C.
 466 [*459]
Verra, V.
 727 [*51]
Versteegh, C. H. M.
 510 [*542] 622 [*270]
Verstraete, B. C.
 467 [*503]
Vertue, H. St. H.
 388 [*82] 470 [*600]
Vianello, Elisa
 1067 [*600]
Vianna, S. B.
 172 [*52]
Viano, C. A.
 24 [*364] 508 [*470]
Vico, Giambattista
 1166 [*741 *742]
Vicol, C.
 1132 [*274] 182 [*361] 376 [*71]
Viedebantt, O.
 696 [*62 *75]
Vigellius, M. 660
Viehweg, T.
 1079 [*1133]
Vilas, H. von
 279 [*8]
Viljamaa, T.
 703 [*287] 1073 [*861]
Villcock, J.
 914 [*47]
Villena Maldonaro, F.
 516 [*793]
Villey, M.
 1068 [*626] 1141 [*703]
Virieux-Reymond, A.
 175 [*155] 463 [*389] 506 [*356 *364]
 507 [*406 *407] 508 [*458 *472 *473]
 510 [*518] 511 [*589] 620 [*226]
Viscido, L.
 486 [*163]
Vitelli, C.
 1007 [*691] 1082 [*1252] 1083 [*1283
 *1284]

Vitruv 478
Vives, Juan Luis
 1165 [*621-*624]
Vlastos, G. 141 259
 178 [*237] 266 [*56] 267 [*66] 728 [*76]
Voelke, A.-J. 548 618
 27 [*409] 187 [*530] 507 [*424]
 514 [*740] 515 [*751 *762] 622 [*272]
 625 [*439] 667 [*98] 702 [*278] 727 [*53]
 729 [*110] 1137 [*524]
Vogel, Cornelia J. de 966
 21 [*292] 39 [*23] 701 [*225] 977 [*83]
Vogliano, A. 36 47 104 110 301 335 336 337
 362 [*625]
 39 [*17] 54 [*31 *34] 58 [*46 *47 *51]
 59 [*64] 122 [*77 *79 *80 *82 *84]
 123 [*117-*119 *122 *124] 214 [*6] 266 [*51
 *57 *58] 349 [*188] 355 [*368 *370 *372]
 700 [*196]
Vogt, Ernst 4
 10 [*7] 766 [*36]
Voigt, E. M.
 266 [*30]
Vollenhoven, T. T.
 551 [*94]
Voltaire 194 383 480 1152
 1166 [*761 *762]
Vonessen, F.
 446 [*451]
Vonlaufen, J.
 460 [*262]
Vooys, C. J.
 59 [*81]
Voss, B. R.
 783 [*35]
Vretska, K.
 393 [*66]
Vries, G. J. de
 346 [*85] 347 [*92]
Vuillemin, J. 888
 176 [*179] 622 [*285] 729 [*114]
 897 [*212] 1077 [*1025]

Wachsmuth, C. 737 761 762
 16 [*161] 714 [*52] 765 [*1] 784 [*70]
Wacht, M.
 386 [*4] 517 [*817] 1081 [*1210]
 1138 [*598] 1159 [*161] 1161 [*346]
Waddington, C.
 726 [*30 *32]
Waerdt, P. A. Vander 87 162 165 166 229 232
 794 807
 187 [*540] 234 [*24] 827 [*115]

Wagenblass, J. H.
 482 [*4]
Wagener, A. P.
 1012 [*142]
Wagenvoort, H.
 431 [*47] 436 [*222] 458 [*206] 474 [*762]
Wais, F.
 121 [*50]
Walbank, F. W. 660
 667 [*103] 1063 [*402]
Walcot, P.
 1081 [*1201] 1138 [*595]
Wald, L.
 459 [*244 *245]
Wallace, E. O.
 485 [*114]
Wallach, B. P. 420 423 443
 455 [*106 *112 *117]
Wallner, F.
 172 [*62]
Walsh, G. B.
 354 [*314]
Walter, F.
 469 [*572]
Waltz, R.
 388 [*97] 394 [*121] 431 [*40] 453 [*27]
 470 [*594]
Walzer, R.
 505 [*266] 700 [*205] 701 [*226]
 716 [*216]
Wankel, K.
 74 [*71]
Wankenne, A.
 466 [*460] 1066 [*558]
Wardy, R.
 469 [*561]
Ware, A. P.
 453 [*46]
Wasserstein, A.
 176 [*171] 197 [*92]
Waszink, J. H. 385 690
 16 [*151 *154] 197 [*83] 453 [*32 *41]
 464 [*419] 474 [*766] 699 [*178]
 700 [*197]
Watson, A.
 1068 [*631]
Watson, G. 531 604f. 606
 25 [*368] 506 [*359] 507 [*407]
 515 [*758] 554 [*264] 620 [*204]
 624 [*418] 826 [*62 *63] 1131 [*217]
 1141 [*705]
Watt, W. S.
 435 [*195] 1006 [*632]

Watts, W. J.
  486 [*151]
Way, A. S.
  393 [*84]   582 [*74]
Weber-Schäfer, P.
  1140 [*653 *667]   1142 [*716]   1157 [*25 *70]
Wegehaupt, H.
  1149 [*1192]
Wehrli, F.   242 497 558 559 585 627 683 763 831 908 940 968 969
  18 [*197 *201]   243 [*10]   357 [*431]
  564 [*214]   700 [*181]   766 [*39]
  1059 [*191]   1078 [*1057]
Weidemann, H.
  897 [*213]
Weidner, R.
  1134 [*382]
Weil, B.
  1156 [*7]
Weil, E.   534
  511 [*603]   552 [*140]
Weische, A.   724 803 804 805 814 817 819 820 844 850 866 869 888 889 930
  728 [*72]   827 [*101]   892 [*2]   1070 [*754]
  1129 [*153]   1135 [*409]   1143 [*770]
Wellesley, K.
  470 [*610]   473 [*714]
Wellmann, M.   278 1095
  279 [*7 *10]   774 [*54]
Wells, R.   829
  848 [*107]
Wendel, C.
  644 [*408]   676 [*29]   701 [*227]
Wendland, P.   678
  695 [*28 *32]
Werner, R.
  1063 [*378]
West, D. A.   385 444 445 446
  433 [*106 *107 *111 *112 *123]   454 [*86 *87 *91]   457 [*170]   483 [*50 *51]
West, G. S.
  456 [*136]
West, M. L.
  360 [*553]   433 [*94]
West, S. R.
  486 [*156]
Westendorp Boerma, R. E. H.
  275 [*11]
Westerink   522 839
  551 [*67]
Westman, R.   89 167 235 238 239
  12 [*50]   21 [*295]   42 [*75]   240 [*2 *14]
  250 [*27]   1002 [*330]

Westphalen, K.   426
  474 [*761]
Wheeler, M.
  1065 [*473]
White, E.
  347 [*104]
White, M. J.
  24 [*362]   512 [*647 *648]   513 [*661 *667]
  553 [*159]   622 [*281]   623 [*342 *343 *352]
White, N. P.
  19 [*251]   516 [*787 *789]   517 [*821]
  554 [*227 *233]   625 [*433 *448]   716 [*229]
  978 [*118]
White, S. E.
  997 [*48]
Whittick, G. C.
  431 [*21]
Wicha, Barbara
  1140 [*645]
Widerporsten, Heinz   194
Widmann, H.   47 53
  176 [*192]
Widmann, Susanne
  1057 [*117]
Wieacker, F.
  1144 [*840]
Wiedemann, T.   1017
  1001 [*231]
Wieland, Christoph Martin   194
  848 [*97]
Wieland, W.
  59 [*90]
Wiersma, W.   635
  514 [*721]   552 [*131]   553 [*204]
  624 [*405]   643 [*21]
Wifstrand, A.
  725 [*11]
Wigodsky, M.
  435 [*193]   457 [*169]
Wikarjak, M.
  435 [*187]
Wilamowitz-Moellendorff, U. von   69 206 578 733 734 761 770 771 772 776 787 803 821 822 823 831 834 835 842 909 920
  17 [*191]   53 [*14]   214 [*3]   266 [*45 *46]
  354 [*339]   359 [*524]   582 [*71]   666 [*16]
  695 [*48]   697 [*95]   698 [*143]   757 [*44]
  846 [*12 *13 *24]   914 [*52]   936 [*72]
Wilcken, U.
  282 [*13]
Wilke, K.   247 248 323
  250 [*7]   357 [*473 *474 *476]
Wilkerson, K. E.
  894 [*67]   1064 [*449]

Wilkin, R. N.
 1010 [*44]   1141 [*701]   1144 [*815]
Wilkins, A. S.
 999 [*121]   1005 [*561]
Wilkinson, L. P.   313 314 398
 354 [*344]   403 [*36]   483 [*42]
Wille, G.   631
 355 [*352]   644 [*160]
William, J.
 59 [*71]   266 [*44]
Williams, Michael
 730 [*140]
Wilner, O. L.
 489 [*256]
Wilsing, N.
 1060 [*233]
Wilson, N. G.   407
 61   434 [*131]
Wiltshire, S. F.   440
 437 [*241]
Wimmel, W.   951
 484 [*66 *68]   977 [*85]   1070 [*714]
Winckelmann, Johann Joachim   47 481
Winden, J. C. M. van
 16 [*155]   26 [*398]
Winiarczyk, M.
 181   913 [*22]
Winspear, A. D.   385 400
 388 [*105]   389 [*113]   393 [*93]   848 [*108]
Winterbottom, M.
 466 [*474]
Wirszubski, C.
 1139 [*631 *635]   1142 [*760]   1150 [*1312]
Wirth, G.
 1010 [*24]
Wiseman, T. P.   398 400 401
 347 [*107]   405 [*85 *92]
Wismann, H.   45
 57 [*11]
Wisse, J.
 1060 [*205]
Wistrand, E.
 436 [*210]
Wiśniewski, B.   851 915 933
 172 [*44 *53 *63]   174 [*106]   175 [*149]
 360 [*564]   468 [*532]   507 [*405]
 512 [*620]   514 [*741]   551 [*96]
 552 [*147]   620 [*203]   623 [*328]
 758 [*101]   892 [*11]   935 [*1]   936 [*88]
 1059 [*192]   1062 [*314]   1069 [*694]
 1071 [*763]   1076 [*957]   1128 [*112]
 1137 [*495]   1139 [*600]
Witt, R. E.   951 966
 698 [*130]   699 [*166]   977 [*82]

Wittmann, L.
 1001 [*235]
Woestijne, P. van de
 996 [*3]
Wojaczek, G.
 1066 [*553 *559]
Wojciechowska Bianco, Barbara
 1165 [*674]
Wojcik, M. R.   46
 56 [*83]
Wolf, R.
 1056 [*73 *86]
Wolff, F.
 468 [*521]
Wolff, M.
 25 [*367]
Wołodkiewicz, W.
 1069 [*653]   1141 [*683]
Woltjer, J.   414 449
 435 [*201]
Wolverton, R. E.
 1160 [*241]
Wooby, P. F.
 394 [*103]
Wood, N.
 1141 [*677]
Woodruff, P.
 728 [*77]   730 [*121]   826 [*60]
Woodward, P. G.   152
 359 [*513]
Wormell, D. E. W.   384 401
 388 [*103]   404 [*54 *72]
Worstbrock, F. J.
 1167 [*862]
Wotke, C.   46 82
 58 [*59]
Wrede, H.
 234 [*14]   503 [*31]
Wreschniok, R.
 452 [*2]
Wright, F. A.
 345 [*45]
Wright, F. W.
 1136 [*423]
Wright, M. R.
 997 [*48]   1001 [*258]   1003 [*363]
 1072 [*822]   1131 [*228]
Wright, R.
 729 [*101]
Wruzdzińska, D.
 201 [*224]
Wuilleumier, P.
 1004 [*513]   1078 [*1055]

Wüst, E.
 393 [*63]
Wycherley, R. E. 69 205
 214 [*14] 893 [*41]
Wyszomirski
 935 [*1]
Wyttenbach, D. 678
 694 [*1]

Xanthippe 295
Xantho 295
Xanthos (Musiker) 788
Xanthos (Timons Sohn) 772
Xenarchos aus Seleukeia 712
Xeniades aus Korinth 754 876
Xenokrates 66 141 299 300 650 789 843 949
 956 963 1112
Xenophanes aus Kolophon 300 301 724 732
 750 754 762
Xenophon aus Athen 82 320 1028 1052
Xerxes 423

Yon, A.
 1002 [*328] 1004 [*471] 1070 [*713]
 1151 [*1481]
Young, A.-M.
 514 [*715]

Zabuga, M. P.
 405 [*91]
Zab(o)ulis, H.
 1082 [*1223] 1141 [*678] 1143 [*775]
 1167 [*891]
Zacher, K.-D. 65 68 71 84 219 220
 184 [*430] 185 [*449] 196 [*57]
Zakrzewska-Gebka, Elżbieta
 1054 [*10 *11]
Zamboni, A.
 1144 [*828] 1148 [*1093]
Zanardi, M.
 458 [*193]
Zannoni, G.
 60 [*116]
Zaranka, J.
 60 [*127]
Zecchini, G.
 43 [*86]
Zehnacker, H. 424
 474 [*737]
Zekl, H. G.
 1005 [*565]

Zeller, E. 4 35 129 333 523 531 635 647 661
 662 672 678 706 708 709 738 739 901 1095
 22 [*332] 550 [*61] 563 [*1] 583 [*162]
 619 [*25] 643 [*17] 663 [*8] 666 [*15]
 714 [*102]
Zelzer, K. 328
 1159 [*160] 1161 [*345]
Zenodoros aus Tyros 252 **910**
Zenon aus Alexandreia (Schüler des
 Karneades) 849
Zenon aus Kition 63 104 116 141 220 236 300
 317 318 323 495 496 **518-549** 555-583 585 593
 594 595 603 605 606 608 612 615 617 626 627
 632 640 650 651 653 654 657 659 684 686 688
 689 690 691 762 769 789 844 1114
 549ff. [*1-*273]
Zenon aus Sidon 50 52 138 143 163 188 208
 210 211 212 213 221 225 240 241 253 256 257
 258 259 261 **268-272** 282 283 290 300 304 307
 308 317 321 322 326 329 330 331 337 340 341
 415 438 448 521 641 685 706 852 1008
 272 [*1-*4] 676 [*25]
Zenon aus Tarsos 300 496 **628** 629
 643 [*101 *102]
Zeppi, S.
 758 [*103]
Zetzel, J. E. G. 1022
 455 [*119] 1056 [*50]
Zeuxipp ('empirischer' Arzt?) 771
Zeuxis ('empirischer' Arzt) 771 1031
Zicàri, M.
 475 [*771]
Ziebarth, E.
 74 [*49]
Ziegler, K. 223 398 499
 226 [*1] 240 [*13] 403 [*21] 505 [*236]
 1000 [*161 *169] 1001 [*216 *222] 1009 [*1
 *4] 1067 [*612]
Zieliński, Thaddäus 1152
 581 [*14] 1156 [*2]
Zilch, G.
 357 [*471]
Zimmermann, O. J.
 432 [*56]
Zimmerspitz, E.
 452 [*7]
Zoll, G. 397 1021
 404 [*59] 1055 [*45]
Zonneveld, J. J. M.
 459 [*226] 464 [*406]
Zopyros aus Kolophon (Schüler des Arkesilaos)
 241 793
Zoroaster 239

Zorzi, E.
 1080 [*1182 *1185 *1187]
Zoumpos, A. N.
 565 [*265] 767 [*61]
Zucker, F.
 352 [*256]
Zumpt, K. G.
 28 [*441] 214 [*2]

Zuntz, G. 578
 582 [*85]   583 [*87 *100]
Zwierlein, O.
 504 [*141]
Zyl, D. H. van
 1142 [*734] 1145 [*846]

VERZEICHNIS DER PAPYRI

Das Verzeichnis enthält die in diesem Doppelband erwähnten Papyri. Nicht an allen angegebenen Textstellen sind die Papyri genannt; wo erforderlich, ist daher der entsprechende Werktitel oder auch nur der Autor in Klammern hinzugefügt.

Berol. 9780 (Hierokles)   499 505 [*271] 614
Berol. 9782 (Anon. in Theaet.)   839 847 [*64] 987
Berol. 16369   46
Duke inv. G 178 (Liste athenischer Scholarchen)   781 915
Herc. 19   281 284 330
Herc. 26   325 326
Herc. 57   293 325
Herc. 81   306
Herc. 89   325
Herc. 97   335
Herc. 104   306
Herc. 111   306
Herc. 118   303
Herc. 124   256 258 264
Herc. 128   258 264
Herc. 142   306
Herc. 150   306
Herc. 152   306 325 327
Herc. 153   306
Herc. 154   97
Herc. 155 (Philod. de Stoic.)   293 306 317 498 518 522f.
Herc. 157   325 327
Herc. 163   335
Herc. 164 (Philod. Hist. Acad.; Acad. Ind.)   293 297 298 775 789
Herc. 168   328
Herc. 176   50 65 68 70 104 106 108 109 224 228 242 287 293 302 336 337
Herc. 177   326
Herc. 182   293 323
Herc. 188   256 260
Herc. 189   332
Herc. 200   220 335
Herc. 207   291 306 307
Herc. 208   236
Herc. 210   306
Herc. 211   306
Herc. 222   318 319
Herc. 223   318

Herc. 225 (Philod. de mus.)   313 498 629 643 [*157] 644 [*160]
Herc. 228   306 307 309
Herc. 229 (Philod. de pietate)   328 498
Herc. 242   328
Herc. 243   328
Herc. 247   328
Herc. 248   328
Herc. 253   291 319 321 370 371
Herc. 255   292 306
Herc. 256   306
Herc. 257   306
Herc. 260   306
Herc. 261   306
Herc. 296   306
Herc. 307 (Chrys. Quaest. log.)   588 619 [*105] 620 [*116 *118]
Herc. 310   302
Herc. 312   291 292 319 334
Herc. 319   306
Herc. 320   306
Herc. 321   306
Herc. 322   306
Herc. 323   306
Herc. 327   293 297 300
Herc. 336   248
Herc. 339 (Philod. de Stoic.)   293 317 498 518 522f.
Herc. 346   139 295 335
Herc. 353   325
Herc. 354   306
Herc. 355   306
Herc. 356   306
Herc. 362   103
Herc. 363   306
Herc. 381   306
Herc. 382   306
Herc. 403   306 307 312
Herc. 407   306 307 313
Herc. 411   313
Herc. 415   321
Herc. 418   292

Herc. 419 99 100
Herc. 421 321
Herc. 424 313
Herc. 433 328
Herc. 437 103 328
Herc. 444 306 307 313
Herc. 452 328
Herc. 458 332
Herc. 459 332
Herc. 460 306 307 311
Herc. 463 304 306
Herc. 465 321
Herc. 466 306 307 312
Herc. 495 293 297 300 335
Herc. 558 293 297 300
Herc. 671 329
Herc. 697 99 100 258
Herc. 698 281 284 330
Herc. 807 332
Herc. 831 218 256 258 262
Herc. 832 219 304
Herc. 861 329
Herc. 873 323
Herc. 896 321
Herc. 986 291 292 336
Herc. 993 96
Herc. 994 306 307 309
Herc. 998 101 329
Herc. 1003 329 330
Herc. 1004 304
Herc. 1005 263 316
Herc. 1006 256 258
Herc. 1007 291 304 328
Herc. 1008 318 320
Herc. 1010 96
Herc. 1012 80 84 91 93 112 212 254 256 257 258 262 264
Herc. 1013 50 256 257 258 261
Herc. 1014 256 257 260
Herc. 1015 219 304
Herc. 1018 (Philod. Hist. Stoic.; Stoic. Ind.) 11 293 297 300 551 [*72] 566 584f. 628f. 633f. 635 641 646f. 650 660f. 688 [*261] 669 [*264] 709 715 [*157] 794
Herc. 1020 (Chrysipp [?] über den stoischen Weisen) 591f. 619 [*103 *105 *106] 620 [*115]
Herc. 1021 (Philod. Hist. Acad.; Acad. Ind.) 8 11 18 293 297 298 775 782f. [*20-*28] 829 898 915 938
Herc. 1025 321
Herc. 1027 241
Herc. 1032 237
Herc. 1038 (Chrys. de prov.) 590 619 [*107]

Herc. 1039 103
Herc. 1041 50 68
Herc. 1042 97
Herc. 1044 (Philod. Vita Philonidis) 50 251 297 301 852 894 [*62 *63]
Herc. 1050 77 332 334
Herc. 1055 256 258 264
Herc. 1056 99 100 103 258
Herc. 1061 (Dem. Lakon) 256 258 259 641
Herc. 1065 (Philod. de signis) 329 330 641f. 706
Herc. 1073 306 307 311 312
Herc. 1074 306 311
Herc. 1074a 307 312
Herc. 1074b 307 309
Herc. 1077 321
Herc. 1081 306 311 312
Herc. 1081a 307 312
Herc. 1081b 307 309
Herc. 1082 291 318 319 321 325 370 371
Herc. 1083 258
Herc. 1084 292
Herc. 1088 328
Herc. 1089 318
Herc. 1090 321
Herc. 1091 292
Herc. 1094 313
Herc. 1098 101 328
Herc. 1100 326
Herc. 1108 326
Herc. 1111 231
Herc. 1112 292
Herc. 1113 260 306
Herc. 1114 260
Herc. 1148 98
Herc. 1149 96
Herc. 1150 248
Herc. 1151 99
Herc. 1167 325
Herc. 1191 99 100 258
Herc. 1232 93 110 112 293 301
Herc. 1251 127 134 231 333
Herc. 1258 256 258 259
Herc. 1275 306 313
Herc. 1289 293 301
Herc. 1384 325
Herc. 1389 268 329 330
Herc. 1403 313
Herc. 1413 102
Herc. 1414 322
Herc. 1417 100
Herc. 1418 109 293 302
Herc. 1420 99 100 103
Herc. 1421 (Chrys. de prov.) 619 [*107]
Herc. 1423 304

Herc. 1424 318 319
Herc. 1425 306 307 308 309
Herc. 1426 304
Herc. 1427 (Philod. Rhet.) 303 498 629
Herc. 1428 328
Herc. 1429 256 258 259
Herc. 1431 102
Herc. 1457 239 318 319 321 336
Herc. 1471 293 321 322
Herc. 1479 100
Herc. 1497 313 314
Herc. 1506 230 304
Herc. 1507 296
Herc. 1508 293 297 300
Herc. 1520 249
Herc. 1538 306 307 308
Herc. 1572 313
Herc. 1575 313
Herc. 1576 313
Herc. 1577 325
Herc. 1578 313
Herc. 1579 325
Herc. 1581 306 307 308
Herc. 1583 313
Herc. 1601 285
Herc. 1609 328
Herc. 1610 328
Herc. 1613 321
Herc. 1634 99 100

Herc. 1642 (Dem. Lakon) 256 258 641
Herc. 1645 321
Herc. 1647 256 258 259
Herc. 1648 328
Herc. 1669 304
Herc. 1670 329
Herc. 1672 304
Herc. 1674 232 268 304
Herc. 1675 115 318 319
Herc. 1676 306 307 309
Herc. 1677 306 307
Herc. 1678 325
Herc. 1696 259 295 336
Herc. 1746 297 301
Herc. 1780 209 248 280 293 297 300
Herc. 1786 256 258 264
Herc. 1822 256 259
Herc. 1827 258
Herc. Paris. 2 291 371
Monac. lat. 14429 399
Oxy. 215 119f. 167 168
Oxy. 3318 231
Oxy. 3683 (Leon [?], Halkyon) 844 847f. [*95 *96]
Oxy. 3724 294
Paris. Louvre 2 (2326) Letronne (Chrys. de neg. enunt.) 587f. 620 [*114]
Paris. Louvre 3377^r (Nausiphanes? Timon?) 773 [*15]